Ross의 재무관리

13th Edition

Fundamentals of Corporate Finance

Fundamentals of Corporate Finance

Ross의 재무관리

박원규 · 박상수 공역

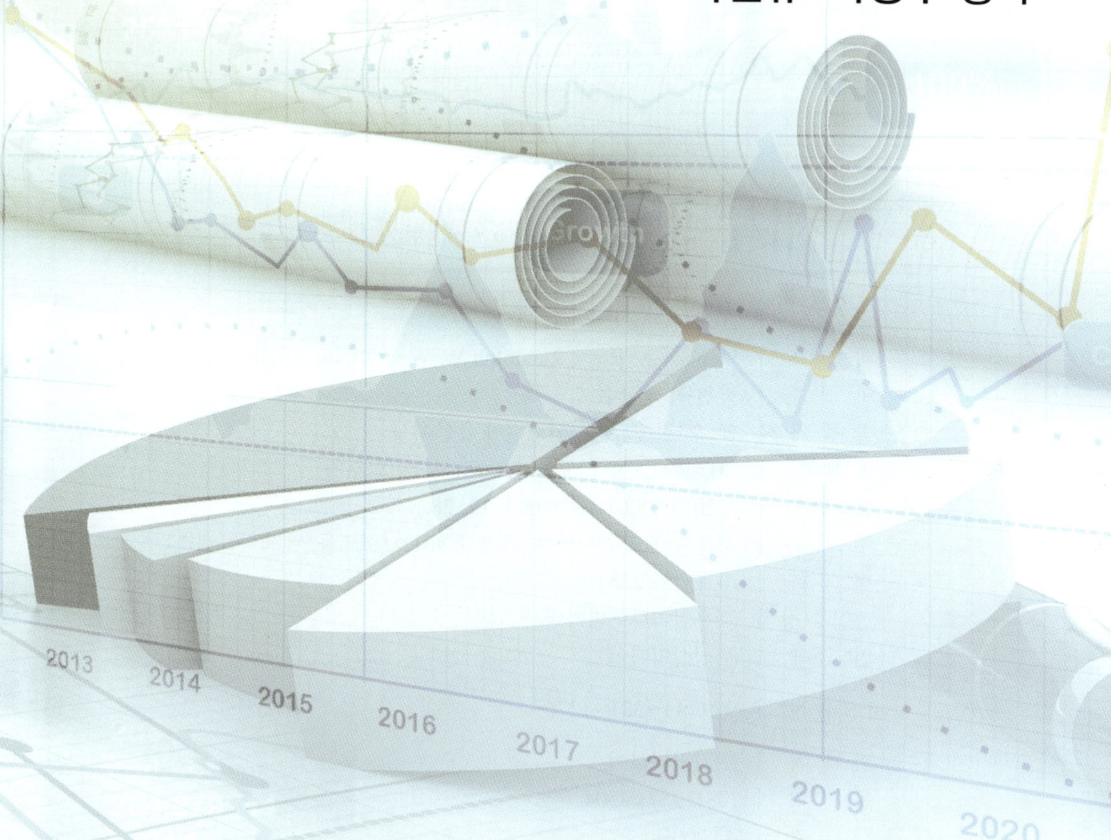

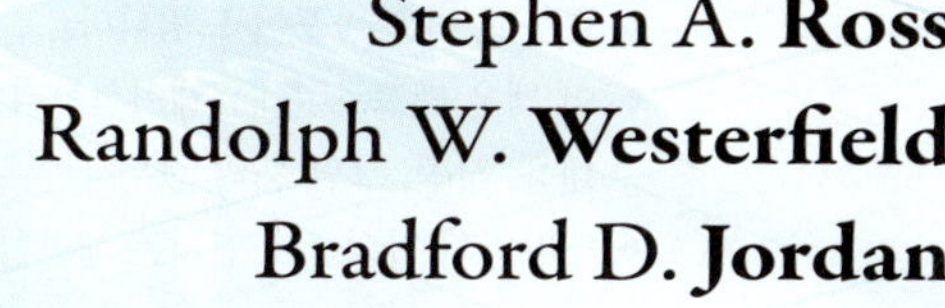

Stephen A. Ross
Randolph W. Westerfield
Bradford D. Jordan

Fundamentals of CORPORATE FINANCE, Thirteenth Edition

1 2 3 4 5 6 7 8 9 10 MHE-KOREA 20 23

Original: Fundamentals of CORPORATE FINANCE, Thirteenth Edition
By Stephen A. Ross, Randolph W. Westerfield, Bradford D. Jordan
ISBN 978-1-260-77239-5

Korean ISBN 979-11-321-1276-1 93320

Printed in Korea

발 행 일 | 2023년 2월 10일
저 자 | Stephen A. Ross, Randolph W. Westerfield, Bradford D. Jordan
역 자 | 박원규, 박상수
발 행 처 | 맥그로힐에듀케이션코리아 유한회사
발 행 인 | SHARALYN YAP LUYING(샤랄린얍루잉)
등록번호 | 제2013-000122호(2012. 12. 28.)
주 소 | 서울시 마포구 양화로 45, 8층 801호(서교동, 메세나폴리스)
전 화 | (02)325-2351
편집·교정 | ㈜우일미디어디지텍
인 쇄 | ㈜성신미디어

I S B N | 979-11-321-1276-1

판 매 처 | ㈜지필미디어
문 의 | (031)957-4504
정 가 | 42,000원

저자 소개

STEPHEN A. ROSS

Stephen A. Ross

고(故) 로스 교수는 매사추세츠공과대학교(MIT) 슬로언 경영대학의 재무 및 경제학 전공 교수인 프랑코 모딜리아니 헌정교수였다. 로스 교수는 재무와 경제학 분야에서 가장 많은 논문을 발표한 학자 중 한 명이며, 재정가격이론(APT)을 개발한 교수로 잘 알려져 있다. 신호이론, 대리인이론, 옵션가격 책정, 이자율의 기간구조 등에 대한 연구를 통해 큰 공헌을 한 교수로도 잘 알려져 있다. 미국 재무학회의 회장을 역임했으며, 여러 전문학술지와 실무적 학술지의 부편집인으로도 활동하면서 칼텍의 평의원이기도 했다.

RANDOLPH W. WESTERFIELD

Marshall School of Business, University of Southern California

Randolph W. Westerfield

웨스터필드 교수는 남캘리포니아대학교(USC) 마샬 경영대학의 명예학장이며, 찰스 B. 손톤 재무교수이기도 하다. 펜실베이니아주, 펜실베이니아대학의 와튼 스쿨에서 20년 동안 재무분야 교수로 재직하면서 재무학과 학과장으로 일하다가 USC로 자리를 옮겼다. 웨스터필드 교수는 현재 오크트리 캐피털 뮤추얼펀드의 이사회 멤버로 활동하고 있는 기업재무정책, 투자관리, 주식가격 분석 전문가이다.

BRADFORD D. JORDAN

Warrington College of Business, University of Florida

Bradford D. Jordan

조단 교수는 현재 플로리다대학 월링톤 경영대 초빙교수로 있다. 이전에는 켄터키 대학에서 듀퐁 석좌교수로 여러 해 동안 재직하면서 자본비용, 자본구조, 증권가격 분석에 대해 수많은 논문을 발표했다. 또한 미국 남부 재무학회의 회장을 역임했으며, 맥그로힐이 출간하고 있는 금융 교재인 *Fundamentals of Investments: Valuation and Management*, 9e의 공동 저자이기도 하다.

저자 서문

우리가 기업재무관리 교과서를 만들기로 결심했을 때 하나의 원칙을 지키기로 했다. 그 원칙은 기업재무관리가 몇 개의 강력한 개념에 의해 설명되어야 한다는 것이다. 그동안의 기업재무관리는 느슨하게 연결된 주제들을 묶어서 소개되는 경우가 많았다. 따라서 우리는 보다 나은 방법으로 기업재무관리에 대해 설명할 수 있을 것이라고 믿었다.

우리가 확실히 원했던 것은 기존의 책들과 "유사한" 또 하나의 책을 쓰지는 않겠다는 것이었다. 그에 따라 우리는 여러 도움을 받으면서 정말로 중요하고 유용한 것이 무엇인가를 열심히 살펴보고 생각했다. 그러는 과정에서 적절하지 않은 주제들과 순수이론적인 주제들은 제외시켰으며, 또한 직관적으로 쉽게 이해될 수 있는 것들과 실무적 유용성이 적은 것들에 대해서는 복잡한 계산을 하여 설명하는 것을 최소화하였다.

이에 따라 이 책(*Fundamentals of Corporate Finance*)은 세 가지 면에 초점을 맞추어 집필하였다.

직관에 대한 강조

우리는 보다 자세한 설명을 하기 전에 먼저 상식과 직관에 의해 원칙들을 설명하려는 노력을 기울였다. 따라서 기본개념들은 매우 일반적인 수준에서 설명하였으며, 재무관리자가 문제를 어떻게 다루어야 하는지 예제를 통해 살펴봄으로써 독자들이 기본개념에 대해 확실히 이해할 수 있도록 노력했다.

가치평가를 중심으로 한 일관성

우리는 순현가(NPV)라는 가치평가 원칙을 재무관리의 기초개념으로 삼았다. 이 원칙을 지속적으로 일관성 있게 사용하는 교과서는 많지 않다. 비용을 능가하는 시장가치를 의미하는 것이 순현가라는 가장 기본적이고 중요한 개념에 대한 이해가 기계적 계산을 지나치게 강조하는 교과서들의 경우에 종종 망각되고 있다. 따라서 우리는 기업재무관리의 여러 주제들을 모두 순현가에 따른 가치평가에 기초하여 설명하였으며, 기업재무의 각 의사결정이 순현가로 파악되는 기업가치에 어떤 영향을 미치는지에 초점을 맞추어 설명하는 데 주의를 기울였다.

경영적 판단에 맞춘 초점

독자들은 기업재무관리도 기업의 전반적인 관리(경영)에 대한 것이라는 점을 잊어서는 안 된다. 따라서 우리는 재무관리자가 갖는 의사결정자로서의 역할과 재무관리가 갖는 경영적 판단 측면을 강조했다. 우리는 재무관리가 마치 "블랙박스(black box)"인 것처럼 다루어지는 현상을 개선하려는 노력을 의식적으로 했으며, 이를 위해 실제로 적용될 수 있는 기업재무 분석들의 내용을 포함시키려는 노력을 기울였다. 따라서 기업재무에서 빠질 수 있는 함정과 기업재무관리의 한계에 대해서도 설명하였다.

1991년에 이 책이 처음 나왔을 때 모든 기업인들이 그랬던 것처럼 우리도 희망과 우려를 동시에 가졌었다. 시장에서 이 책이 어떻게 받아들여질 것인가? 그 당시 우리는 거의 30년 후에 이 책의 13판을 준비하게 될 것이라는 생각은 전혀 하지 못했고, 세월이 이만큼 흐르는 동안 전 세계의 친구와 동료들과 함께 오스트레일리아판, 캐나다판, 유럽판, 인도판, 남아프리카판, 국제판, 중국판, 프랑스판, 폴란드판, 포르투갈판, 타이판, 러시아판, 한국판, 스페인판 등이 출간되리라고도 결코 예상하지 못했다. 이 책과 별도로 발간되고 있는 *Essentials of Corporate Finance*도 이제 10판이 출판되었다.

다시 새로운 판의 책을 내놓으면서 우리가 지닌 목표는 우리를 여기까지 데리고 온 기본원칙들을 끝까지 지킨다는 것이다. 우리는 이 전판의 독자로부터 받은 엄청난 양의 피드백에 기초하여 이번 판을 좀 더 유연하게 만드는 노력을 기울였다. 우리는 기업재무와 관련된 기본적인 주제들에 대해 충분히 이해하기를 원하는 분들에게 이 책이 큰 도움을 줄 것으로 믿는다.

Stephen A. Ross
Randolph W. Westerfield
Bradford D. Jordan

강의와 학습을 위한 다양한 도움

『Ross의 재무관리 13판』은 강사들의 강의를 돕기 위해 보충자료와 미디어 자료 등을 다양하게 제공하고 있다. 강사들은 자신에게 맞는 도구를 선택하여 활용하기 바란다.

강사들을 위한 자료

강의를 위한 모든 보충자료를 한 곳에서 찾아볼 수 있다! Connect Library에는 강의자료 매뉴얼, 해답, 문제은행, 컴퓨터를 활용한 시험이나 퀴즈 문제의 선택, 파워포인트 등이 한 곳에 모여 있어 쉽게 찾을 수 있다. 강사들은 자신의 강의를 등록하여 활용하기 바란다.

- **해답집**
  저자들이 준비한 해답집은 각 장의 연습문제에 대한 해답을 제공한다. 개념복습과 개념질문에 대한 해답, 연습문제에 대한 해답, 작은 사례에 대한 해답 등이 모두 있다.

- **문제은행**
  매 장마다 100개가 넘는 질문과 문제가 마련되어 있다! 해당 장의 핵심용어를 이해하고 있는지를 확인하는 질문, 앞부분에 있는 학습목표를 반영하는 질문, 개념질문, 처음에 제공되는 사례들과 연관된 질문, 각 장에서 강조된 표현들과 관련된 문제들, 다양한 수준에 맞춘 객관식 연습문제, 보다 높은 이해와 문제 해결능력을 배양하기 위한 에세이형 질문들이 포함되어 있다.

- **기업재무와 관련된 동영상 비디오의 제공**
  간단하지만 심도 있는 영상을 통해 학생들의 기업재무에 대한 이해를 높여준다.

- **파워포인트의 제공**
  강사들에게 제공되는 파워포인트는 전보다 더 설명을 많이 넣었으며, 실제 사례, 강의 팁 등도 보강되었고, 기업윤리와 관련된 간단한 메모도 삽입되어 있다.

- **Connect를 통해서 제공되는 시험문제 만들기**
  클라우드를 통해 강사들이 연습문제나 시험문제를 만들 수 있도록 하였으며, LMS를 통해 온라인으로 관리할 수 있으며, 출력도 가능하다.

문제 만들기(Test Builder)를 통해 다음과 같은 것을 할 수 있다.

- 각 주제와 관련된 모든 시험문제에 접근할 수 있다.
- 필터링 기능을 통해서 관련된 내용의 문제를 골라낼 수 있다.
- 문제의 순서를 정하거나 문제를 섞을 수 있다.
- 문제 중 하나에 해당되는 부분을 가르쳐 그 부분과 관련된 질문을 할 수 있다.
- 자신이 원하는 알고리즘에 맞춘 문제를 선택할 수 있다.
- 문제가 제공되는 형태와 여백 등을 조정할 수 있다.
- 문제를 내는 형태나 전반적인 모양새가 고정되도록 만들 수 있다.

문제 만들기(Test Builder)를 통해 만들어진 (시험)문제들은 잘 보호되며, 또한 학생들의 답에 대한 평가도 바로 이루어질 수 있도록 되어 있다.

역자 소개

박원규

서울대학교 경영학과 졸업

코넬대학 MBA

코넬대학 경제학 박사

경희대학교 경영대학 교수

현) 경희대학교 경영대학 명예교수

박상수

서울대학교 경영학과 졸업

시카고대학 MBA

시카고대학 경영학 박사

뉴욕주립대학교(버팔로) 조교수

경희대학교 경영대학 교수

한국재무학회 회장

현) 경희대학교 경영대학 명예교수

역자 서문

이 책은 많은 나라에서 재무관리 교과서로 사용되고 있으면서 많은 재무관리 교과서들의 모태(母胎)이기도 하다. 저자들은 세 수준의 재무관리 교과서를 출간하고 있다. 이 역서는 이들 중 중간 수준인 *Fundamentals of Corporate Finance*의 13판을 한국어로 옮긴 것이다. 이 책을 중간 수준이라고 한 것은 세 수준의 책 중 이 책이 기업재무와 관련된 개념들에 대한 충분한 이해를 도우면서도 재무 분석의 적용 예들도 잘 살펴볼 수 있도록 해놓은 보다 균형이 잡힌 책이라는 의미이다.

이 책을 통해 재무관리 교과서의 전형적인 모형을 제시한 것은 저자들의 큰 업적이 아닐 수 없으며, 이 책은 다른 재무관리 교과서에서 다루지 않거나 소홀히 하고 있는 점이나 독자들이 이해해두면 많은 도움이 되는 개념들을 잘 설명하고 있다는 면에서 상당한 독창성이 있다. 무엇보다도 재무적 개념들이 직관과 상식 수준에서 이해할 수 있도록 쉽게 설명되어 있는 것이 이 책의 가장 큰 장점이다.

개념복습 문제, 자가진단 문제, 그리고 수준별로 구분되어 있는 연습문제들, 또한 각 장의 절마다 관련된 웹사이트들을 언급해놓은 것은 학습자들을 돕고자 하는 저자들의 진지한 노력을 잘 보여주고 있다.

역자의 생각에는, 독자들이 각 장에 언급되어 있는 웹사이트에 한 번씩은 접속하여 보기를 권한다. 이를 통해 기업재무의 다양한 측면에서 사용되는 영어 표현들과 해당 부분에 대한 이해를 증진시킬 수 있을 것이다. 또한 해당 장들의 본문에도 설명되어 있고 부록에도 첨부되어 있는 재무계산기의 사용 방법을 익혀둔다면 재무계산기의 사용 방법뿐만 아니라 기업재무 관련 연습문제의 성격을 이해하는 데 도움이 될 것이라 생각한다.

지난 판들에 이어 다시 이번 개정판을 번역하게 된 역자들도 저자들의 이러한 노력이 잘 전달될 수 있도록 이번에도 많은 노력을 기울였다. 그러므로 독자들로부터 많은 피드백이 있기를 기대한다.

이 책의 발간을 위해 애써주신 맥그로힐에듀케이션코리아의 송은영 이사와 유혜정 팀장에게 감사를 드린다.

2023년 1월

박원규

박상수

맥그로힐Connect®: 학생들의 성적향상을 위한 3년 연속 US CODiE 수상에 빛나는 가장 안정적이고 사용하기 편리한 개인맞춤형 학습

Adaptive Learning(개인 맞춤형 솔루션)

- Connect를 통한 과제 수행은 내용과 연관 있는 내용부터 적용 할 수 있게 함으로써 내용 이해와 비판적 사고를 도와줍니다.
- Connect는 SmartBook 2.0® 을 통해 각각의 개인에 맞추어진 개별화된 학습 방향을 제시합니다.
- SmartBook 2.0® 의 개인 맞춤 하이라이팅과 연습문제 출제는 학생들로 하여금 양방향 학습경험을 제공하여 더욱 효율적인 학습을 도와줍니다.

Connect를 이용한 후 학생들의 성적향상

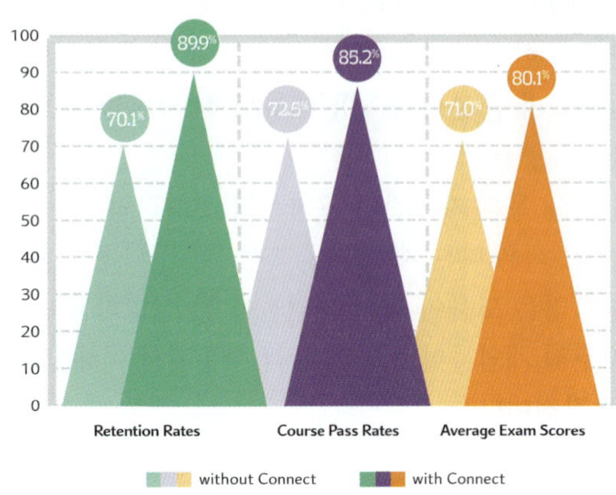

학생들이 대답한 **70억 개가 넘는 연습문제**의 방대한 데이터는 Mcgrawhill의 Connect를 보다 지능적이고, 믿을 수 있고 정확한 제품으로 만들어줍니다.

Connect를 활용한 학생들의 평균 **10% 이상**의 코스 합격률과 성적 향상

양질의 최신 강의자료

- Connect 안에는 강의를 위한 자료가 단순하고 직관적인 인터페이스로 구성이 되어 있습니다.
- Connect의 smartbook 2.0은 모바일과 태블릿PC에 최적화되어 있어, 어디서나 인터넷 환경에 구애받지 않고 접속하여 공부할 수 있습니다.
- Connect에는 동영상, 시뮬레이션, 게임 등과 같이 학생들의 비판적 사고를 길러줄 수 있는 다양한 콘텐츠가 있습니다.

Connect를 사용한 73%의 교수님들의 강의평가가 평균 28% **향상**되었습니다.

Connect Insight: 강력한 분석과 리포트

©Hero Images/Getty Images RF

- Connect Insight는 개별 학생들의 분석과 성취도를 전체 또는 특정 과제로 분류하여 한눈에 보기 쉬운 형태로 보고서를 작성합니다.
- Connect Insight는 학생들의 과제 소요 시간, 개별학습 태도, 성취도 등의 모든 데이터를 대시 보드로 제공합니다. 교수님들은 어떤 학생이 어떤 분야에 취약한지 바로 알아볼 수 있습니다.
- Connect을 통해 과제와 퀴즈의 자동 성적 평가가 가능하며, 개별 그리고 전체 반 학생들의 성취도를 한눈에 알아볼 수 있는 보고서로 제공됩니다.

학생들은 Connect로 강의를 들을 때, 더 많은 A와 B를 취득합니다.

신뢰할 수 있는 서비스와 기술지원

- Connect는 대학 학사관리시스템(LMS)과 통합로그인(Single Sign On)으로 접속하며 성적평가도 자동으로 연동됩니다.
- Connect는 종합적인 서비스와 기술지원 그리고 솔루션 사용을 위한 각 단계에 맞는 사용법 트레이닝을 제공합니다.
- Connect 사용법에 대해 궁금하다면 주소창에 https://www.mheducation.com/highered/connect.html을 쳐보세요.

요약차례

차례

PART 2 재무제표와 장기재무계획

CHAPTER 3

CHAPTER 4

PART 3 미래현금흐름의 가치평가

CHAPTER 8

PART 4 자본예산

CHAPTER 9

CHAPTER 10

자본투자의 의사결정 329

MAKING CAPITAL INVESTMENT DECISIONS

CHAPTER 11

투자안의 분석평가 371

PROJECT ANALYSIS AND EVALUATION

PART 5 위험과 수익

CHAPTER 12

CHAPTER 13

PART 6 자본비용과 장기재무정책

CHAPTER 16

CHAPTER 17

PART 7 단기재무계획과 유동자산의 관리

CHAPTER 20

PART 8 기업재무의 특별 논제들

CHAPTER 21

CHAPTER 22

CHAPTER 23

CHAPTER 24

옵션과 기업재무 *845*

OPTIONS AND CORPORATE FINANCE

CHAPTER 25

옵션의 평가 *887*

OPTION VALUATION

CHAPTER 26

부록 A

부록 B

부록 C

부록 D

1 재무관리 서론

Introduction to Corporate Finance

2009년에 Adam Neumann은 사업동료들과 뉴욕시 맨해튼의 리틀이탈리아에 처음으로 WeWork 공간을 마련하여 사무실 공간 임대 사업을 시작했다. 누구든 필요한 사람은 이 공간을 빌릴 수 있으며 짧게는 하루 동안도 공간을 빌릴 수 있다. 2019년이 되어 WeWork는 29개 국가의 111개 도시에서 공간 임대사업을 하는 정도로 성장하였다. 연간 수입은 약 30억$로 커졌다. 하지만 이 회사는 아직 손실을 발생시키고 있다. 2019년 초에 거대 테크 투자기업인 SoftBank는 WeWork의 가치를 470억$로 판단하고 이 회사에 투자했다.

그러나 모든 일이 순조롭게 진행되지는 않았다. 2019년 중반에 WeWork는 계획했던 기업 공개를 돌연 취소하였으며, 2019년 말에 WeWork에 또 상당한 투자를 하기로 했던 SoftBank는 2020년에 그 투자를 철회했다. 무슨 일이 있었던 것인가? 다른 이유들보다 아마도 COVID-19 팬데믹이 사무실 공간 임대사업모델의 수익성에 회의를 갖게 했을 것이다.

스타트업 기업에서 거대 수십억 달러 기업으로 성장한 WeWork의 성장 과정과 성장을 위한 WeWork의 노력을 이해하는 것은 주식회사라는 형태의 기업조직, 주식회사의 목표, 주식회사에 대한 통제권과 같은 문제를 이해하는 것과 연결되어 있으며, 이 장에서는 이러한 것들에 대해 살펴본다.

학습목표 _Learning Objectives

이 장을 공부한 후에는 다음과 같은 것들에 대해 알아야 한다.

- **LO1** 재무관리 의사결정의 기본 유형들과 재무관리자의 역할
- **LO2** 재무관리의 목표
- **LO3** 서로 다른 기업 형태가 갖는 재무적 의미
- **LO4** 경영자와 소유자 사이에 발생할 수 있는 이해관계의 상충

현대 기업재무관리에 대한 공부의 출발점으로, 이 장에서는 기업재무의 두 가지 핵심문제에 대해 살펴보기로 한다. 첫 번째는 기업재무가 무엇이고 기업에서 재무관리자의 역할은 무엇인가 하는 것이며, 두 번째는 재무관리자의 목표는 무엇인가 하는 것이다. 또한 기업재무관리의 환경을 설명하기 위하여 주식회사(corporate)라는 기업조직과 주식회사 내에서 발생할 수 있는 마찰들에 대해 설명할 것이다. 마지막으로, 미국의 금융시장에 대해서도 간단히 살펴볼 것이다.

1.1 재무관리: 훑어보기

기업재무에 대한 설명을 시작하기 전에 재무에 대한 지식이 필요한 중요한 금융분야와 직종에 대해 간단히 언급한 후에 마케팅, 일반경영, 회계, 기술 등 다른 분야에서도 재무에 대한 지식이 필요하다는 것을 말하고자 한다.

재무에 대한 지식이 중요한 다섯 분야

재무와 관련된 분야는 크게 다섯 개로 구분될 수 있다.

1. 기업재무
2. 투자
3. 금융기관
4. 국제 재무
5. 핀테크

이것들에 대해 아주 간단히 설명하기로 한다.

재무·금융 및 이와 관련된 직업에 대해 알아보려면 **www.careers-in-business.com**을 참조하라.

기업재무 기업재무(corporate finance)는 이 교재의 중심 주제이다. 기업재무에 대한 설명은 다음 절부터 시작하기로 한다. 한 가지 미리 말하자면 기업재무라고 할 때 이것이 기업에만 관련된 것을 의미한다고 생각할 수 있지만, 기업재무에서 다루는 거의 모든 주제들이 더 넓은 영역과 분야에 적용될 수 있다는 것이다. 그런 의미에서 기업재무는 모든 종류의 경영에 적용될 수 있는 경영재무(business finance)라고 부르는 편이 더 적절할 수 있다. 그러나 이 또한 기업재무를 충분히 넓게 정의하지는 않는다. 그 이유는 기업재무에서 다루는 기본 개념들과 원칙이 재무, 금융을 벗어난 다른 분야에도 적용될 수 있는 것들이기 때문이다.

투자 넓게 정의하면 투자(investment)는 주식이나 채권과 같은 금융자산을 다루는 분야이다. 투자와 관련된 중요한 질문 중 일부는 다음과 같다.

1. 주식과 같은 금융자산의 가격을 결정하는 것은 무엇인가?
2. 금융자산에 대한 투자의 잠재적 위험과 보상은 무엇인가?
3. 어떤 금융자산들의 배합을 갖는 것이 가장 좋은가?

투자 분야에 전문성을 추구하는 학생들은 다양한 직종의 기회를 갖는다. 가장 일반적인 직종은 금융자문가(financial adviser)이다. Merrill Lynch와 같은 대기업에서 근무하는 금융자문가는 투자 대상이 될 수 있는 금융자산들을 고객에게 추천하고 이를 팔고 사는 의사결정을 돕는다.

포트폴리오 관리자(portfolio manager)는 투자 관련 두 번째 직종이다. 개인 투자자들은 종종 뮤추얼펀드(mutual funds)에 투자한다. 뮤추얼펀드는 투자자들의 돈을 모아서 투자하는 것으로 이렇게 모아진 투자자들의 돈을 적절하게 분산투자하여 관리하는 사람이 포트폴리오 관리자이며, 이름이 말해주듯이 이들은 연금기금, 보험회사, 기타 기관투자자들의 투자금을 분산투자 관리하기도 한다.

증권분석가(security analyst)는 투자 관련 세 번째 직종이다. 증권분석가는 특정 기업의 주식을 분석하고 그 기업 주식 가격이 적정한가에 대해 판단한다. 이를 위해 증권분석가는 해당 기업에 대한 정보, 해당 기업이 속한 산업에 대한 정보뿐만 아니라 기타 유용한 관련 정보에 대해 꾸준히 분석한다. 금융자문가와 포트폴리오 관리자들은 종종 증권분석가가 제공하는 정보나 추천에 의존한 판단을 하기도 한다.

투자와 관련된 이러한 직종들은 잘할 때는 금전적으로 매우 큰 보상을 받는다는 점에서 금융의 기타 분야들과 마찬가지이다. 그러나 매우 힘들고 서로 경쟁도 치열하기 때문에 아무나 쉽게 선택할 수 있는 직종은 아니다.

금융기관 금융기관(financial institutions)은 말 그대로 금융을 다루는 기관이다. 일반적으로 가장 익숙한 금융기관은 은행과 보험회사이다. 이러한 금융기관은 금융관련 업무를 담당하는 직원을 고용하여 다양한 금융관련 서비스를 제공한다. 예를 들어 대출을 담당하는 은행의 팀은 대출을 원하는 특정 기업이나 개인이 대출금을 갚을 수 있는 능력을 갖는지에 대해 평가한다. 보험회사에 근무하는 분석가는 특정한 위험에 보험을 제공하는 것이 적정한지, 보험료를 얼마로 할 것인지를 결정한다.

국제재무 국제재무(international finance)는 앞에서 언급한 여러 분야처럼 별도로 구분하여 전문화된 분야라고는 할 수 없다. 다시 말해 국제재무는 기업재무, 투자, 금융기관의 국제적 측면을 다루는 분야이다. 예를 들어 포트폴리오 관리자나 증권분석가의 일부는 해외기업에 전문화하고 있다. 또한 많은 기업들이 해외에서도 사업을 하므로 환율이라든가 해당 국가의 정치적 위험에 대한 분석을 위한 직원을 필요로 한다. 은행 또한 외국기업이나 외국투자자들에게도 대출을 하므로 국제재무를 담당하는 직원이 필요하다.

핀테크 금융은 항상 보다 빠르고 보다 비용이 적게 드는 기술을 채택한다. 금융(finance)과 기술(technology)의 결합을 핀테크(fintech)라고 부른다. 인터넷, 휴대폰, 소프트웨어, 클라우드를 사용하여 금융서비스를 제공하는 것을 핀테크라고 하며, 이러한 금융서비스를 제공하는 기업들을 핀테크 기업이라고 한다. 핀테크에 대해서는 조금 뒤에 보다 자세히 설명하기로 한다.

왜 재무를 배워야 하는가?

재무에 대한 지식이 있어야 하는 사람은 누구인가? 바로 당신이다. 당신이 재무분야의 직업을 가질 계획이 없더라도 재무에 대한 지식을 갖추고 있어야 하는 이유는 많다. 이러한 이유들의 일부에 대해 간단히 살펴보기로 하자.

마케팅과 재무 당신이 마케팅 분야의 직업에 관심이 있더라도 재무에 대해 알아야 한다. 그 이유는 다른 활동과 마찬가지로 마케팅도 예산제약하에서 이루어지기 때문에 마케팅 프로그램과 비용을 서로 비교하여 가장 효과적인 마케팅을 찾아내는 방법을 알아내야 하기 때문이다. 모든 종류의 투자에 대해 그 비용과 혜택을 분석하여 가장 좋은 선택을 찾아내는 것은 재무관리의 가장 중요한 주제 중 하나이다. 따라서 재무관리에서 배우는 도구들은 마케팅 분석, 마케팅 디자인, 마케팅 경로, 제품가격 책정 등에 사용되는 매우 중요한 도구들이다.

또한 재무분석가는 마케팅분석가의 마케팅관련 판단 자료에 크게 의존하면서 해당 투자안이나 제품의 수익성에 대한 판단을 하게 되므로 두 사람은 항상 자주 서로 같이 일을 하게 된다. 이 책의 나중 장에서 살펴보는 자본예산(capital budgeting) 부분에서 알 수 있겠지만 모든 신제품 관련 투자분석의 핵심 자료중 하나인 예상되는 매출액에 대한 추정은 마케팅 부서와 재무관리부서의 공동 작업으로 이루어진다.

뿐만 아니라 예금, 각종 보험, 뮤추얼펀드와 같은 금융자산들을 판매하는 많은 마케터들이 재무금융산업에는 종사하고 있다. 금융서비스 마케팅은 마케팅 분야에서 가장 빠른 성장을 하고 있는 부분이며 성공적인 금융서비스 마케터들은 많은 보상을 받고 있기도 한다. 금융서비스 마케터의 경우에도 금융자산의 재무적 성격에 대한 이해는 필수적이다.

회계와 재무 회계에 종사하는 사람들이 재무에 관한 지식을 갖추는 것은 당연한 일이다. 특히 작은 기업에서 회계부서의 직원들은 통상적인 업무인 회계장부의 작성뿐만 아니라 재무적 판단을 해야 하는 경우가 많다. 또한 다양한 새로운 금융계약들이 개발되고 그러한 계약들이 갖는 의미를 이해하고, 계약이 체결되는 경우에 기업의 재무제표에 미치는 영향을 이해하는 것이 중요해지고 있다. 특히 회계적 원가분석과 재무관리는 투자안의 판단에 있어서 매우 밀접한 관계를 갖고 있다.

재무분석가는 광범한 회계정보를 항상 사용한다. 회계자료를 사용하는 가장 중요한 사용자 중 하나가 재무분석가이다. 재무관리에 대한 지식은 어떤 종류의 회계정보가 특히 중요한지를 회계사들이 알 수 있게 도와주고, 또한 회계정보가 실제로 어떻게 사용되고 있으며 어떻게 남용되고 있는지를 알 수 있게 해준다.

경영과 재무 경영에 있어서 매우 중요한 분야 중 하나는 경영전략이다. 재무전략에 대한 고려 없는 경영전략은 기업의 실패를 위한 가장 좋은 처방이다. 따라서 경영전략을 짜는 사람들은 그러한 전략에 따른 사업계획들이 갖는 재무적 의미에 대해 매우 명확한 이해를 가져야 한다.

좀 더 넓게 말해 기업의 경영과 관련된 일을 하는 모든 종류의 사람들은 그들의 일이 기업의 수익성에 어떤 영향을 미치는지에 대해 이해해야 하며, 지신의 영역에서 기업의 수익성을 높이는 역할을 해야 한다. 이 점이 기업재무를 공부할 때 기업재무가 가르치고 있는 것이다. 가치를 창조하는 활동의 특징들은 무엇인가?

기술과 재무 최근에는 스템(Science, Technology, Engineering, Math: STEM) 교육이 강조되고 있다. 재무관리는 스템 교육에 포함되는 분야이다. 특히 앞에서 언급한 핀테크는 재무에서 스템에 초점을 맞추고 있다. 핀테크의 몇 가지 예를 살펴보자. 핀테크 기업들은 전통적인 오프라인 금융기관보다 더 값싸고, 더 빠르고, 더 편리한 금융서비스를 제공하고 있다.

은행업과 핀테크 핀테크 기업들은 전통적인 은행업과 경쟁을 시작했다. 모바일 결제는 빠르게 성장하고 있는 핀테크이다. 사람들은 관련 앱을 설치한 후에 그러한 앱(예: PayPal)을 통해 빠르게 자금을 다른 사람에게 보낼 수 있다. 이로 인해 개인수표를 많이 이용하는 미국의 경우에 개인수표를 이용해서 대금을 지불할 필요성이 크게 줄어들었다. 미국의 경우, 2019년에 1조$ 이상의 금액이 모바일 결제를 통해 이루어졌다.

Kickstarter나 GoFundMe 같은 기업은 회원이 직접 다른 사람들로부터 투자금을 모을 수 있는 크라우드펀딩(crowdfunding) 서비스를 제공하고 있다. 이러한 기업들이 제공하는 금융서비스는 조금씩 다르기도 하다. Kickstarter 회원은 어떤 제품이 시장에 나오기 전에 그 제품 구매를 위한 자금을 미리 지불하여 제품을 선구매하는 데 이용되며, GoFundMe는 어떤 목적을 위한 투자금을 모으는 데 이용되고 있다.

Kabbage, Lendio, Accion과 같은 핀테크기업은 기업들이 필요로 하는 운전자본(working

capital) 조달할 수 있는 시장을 개설하고 있다. 이들이 제공하는 운전자본 공급 서비스는 은행보다 더 간소화 절차를 통해 제공되고 있으며, 통상적으로 전통적인 방법으로 자금을 조달하기가 쉽지 않은 스타트업 기업들을 대상으로 하고 있다.

Upstart나 Prosper와 같은 핀테크 기업들은 소비자에게 직접 필요한 자금을 대여해주는 시장을 제공하고 있다. 이 기업의 한 회원이 필요한 자금의 대출을 신청하면 다른 회원이 직접 필요한 자금을 대여해준다. 은행을 통한 대출은 통상적으로 신용평가와 대출신청자의 과거 기록을 검토한 후 그 적합성이 인정된 후에 대출이 이루어지지만, 핀테크 기업을 통한 대여는 이와는 다른 요소들을 판단 기준으로 하여 이루어진다.

블록체인과 가상화폐 블록체인 기술은 많은 새로운 핀테크 서비스를 가능하게 해주는 핵심기술이다. 블록체인은 블록이라고 부르는 거래 내역의 일련의 기록이다. 각 블록은 이전 블록의 내용, 시각, 거래 자료 등을 해시 알고리즘으로 암호한 자료로 되어 있다. 따라서 블록체인은 변경이 불가능하게 이미 이루어진 거래를 정확히 기록한다.

암호화폐는 중앙은행이 통제할 수 없는 화폐 기능을 하는 디지털 자산이다. 비트코인(Bitcoin)은 2009년에 만들어진 최초의 암호화폐이다. 비트코인 이후로 4,000개가 넘는 유사한 암호화폐가 만들어졌다.

보험 인슈어텍(insurtech)으로 불리는 보험과 결합된 통신기술은 보험회사를 직접 방문하지 않고 온라인으로 보험을 구할 수 있게 해준다. 인슈어텍 기업들은 위험에 대한 평가와 그에 따른 보험료 책정, 보상금 청구와 관련된 모든 절차를 간소화하여 고객을 모으고 있다. 인슈어 테크의 대표적 기업인 Lemonade를 비롯하여 Oscar Health, Trov 등은 집주인과 세입자 간에 필요한 보험, 건강보험, 한 물건에 대한 임의 기간동안의 보험가입 등 모든 종류의 보험시장에 진출하고 있다.

로보-어드바이징과 주식거래 전통적으로 투자는 투자에 대한 조언을 하는 중개 브로커를 통해 이루어진다. 그러나 로보-어드바이징(robo-advising)은 수학원칙이나 알고리즘에 기반을 둔 투자자문역할을 한다. 이는 투자자와 투자자문가 간의 인적관계가 거의 사라진다는 것을 의미한다.

Robinhood와 같은 주식거래 앱은 투자자가 수수료 없이 주식거래를 할 수 있게 해준다. Acorn과 같은 앱은 투자자들이 1$ 같은 적은 금액의 투자도 가능하게 해주고 있다. 이러한 투자 관련 앱들은 소액투자자들이 주식시장에 보다 쉽고 값싸게 접근할 수 있도록 해주고 있다.

예산관리 앱 핀테크가 잘 활성화되고 있는 곳은 일반인들이 흔히 사용하는 예산관리 앱일 것이다. 예산관리 앱은 소득, 월 지출액, 사용 금액 등을 휴대폰을 통해 기록하게 해준다. 이를 통해 사람들은 자신의 자금 상황과 미래의 재무 계획을 세우는 데 도움을 받고 있다.

당신과 재무 당신이 재무관리에 대한 지식을 갖추어야 하는 중요한 첫 번째 이유는 앞으로 아마도 당신이 자신에게 중요한 재무적 의사결정을 하게 되어 있다는 점일 것이다. 예를 들어 당신이 어떤 회사에 취직한다면 어떤 식으로 은퇴연금을 적립할 것인가를 당신이 선택하여야 할 것이다. 이 경우에 당신의 선택에 따라 미래의 당신의 금전적 복지에 엄청난 차이가 발생할 수 있다.

만약 당신이 자신의 사업을 한다면 어떨까? 재무관리에 대한 지식 없이 사업을 시작하고 운영한다면 당신이 운이 좋기를 바란다. 그러나 아마도 기업재무에 대한 지식이 매우 중요한 것임을 결국 깨닫게 될 것이다. 당신이 대학등록금을 위해 학자금을 대출받을 때 나중에 갚아야 할 금액이 얼마인지 알고 싶은가? 알고 싶지 않더라도 그 금액인 얼마인지를 계산하는 법은 재무관리를 배우면서 알게 될 것이다.

이러한 간단한 예를 떠나서, 재무관리에 대한 지식은 당신 개인의 삶이나 당신 기업의 성과에 큰 영향을 미치게 된다. 재무적 문제들을 검토한 후에 적절한 재무적 의사결정을 해야 하는 상황은 당신이 원하든 원하지 않든 당신의 삶에서 피할 수 없을 것이다. 우리는 당신이 미래에 현명한 재무적 판단을 하기를 바라면서 당신이 이 책을 계속 읽어 재무적 지식을 쌓기를 바란다.

개념질문 _Concept Questions

1.1a 재무와 관련된 중요한 분야에는 어떤 것들이 있는가?

1.1b 재무관리라는 과목에서 좋은 성적을 받는 것과는 별도로, 재무를 이해해야 하는 이유는 무엇인가?

1.2 기업재무관리와 재무관리자

이 절에서는 재무관리자가 기업에서 어떤 위치를 차지하는가에 대해 살펴본다. 먼저 기업재무와 재무관리자의 역할을 정의하는 것으로 시작하자.

기업재무란 무엇인가?

당신이 자신의 사업을 시작한다고 해보자. 당신이 어떤 종류의 사업을 시작하든지 아래와 같은 세 가지 질문에 답해야 할 것이다.

1. 어떤 장기투자를 해야 하는가? 다시 말해 어떤 종류의 사업을 할 것이며, 어떤 종류의 빌딩, 기계, 장비를 필요로 하는가?
2. 투자를 지원하기 위한 장기자금을 어디서 구해야 할 것인가? 다른 사람과 공동으로 기업을 소유하는 것으로 하여 자금을 조달할 것인가, 아니면 돈을 빌려야 할 것인가?
3. 고객으로부터 대금을 회수하고 원재료 공급자에게 대금을 지급하는 것과 같은 매일의 재무활동을 어떻게 관리할 것인가?

이러한 질문들은 당신이 답해야 하는 많은 질문 중 일부이지만 가장 중요한 질문이기도 하다. 기업재무는 넓게 말해 이 세 가지 질문에 대한 답을 살펴보는 것이다. 따라서 앞으로 살펴볼 여러 장에서 이러한 문제들에 대해 살펴볼 것이다.

재무관리자

CFO가 현재 직면하고 있는 문제들에 대해서는 **ww2.cfo.com**을 참조하라.

대규모 주식회사가 갖는 특징 중 하나는 소유주(주주: stockholder)들이 (특히 매일의) 경영적 의사결정에 직접 관련하지 않는다는 것이다. 그 대신 주식회사는 소유주의 이해관계를 대변하고 그들을 위한 의사결정을 하는 경영자(manager)를 고용한다. 대규모 주식회사에서 재무관리자는 위와 같은 세 가지 질문에 대해 답할 책임을 진다.

재무관리기능은 일반적으로 재무담당 부사장이나 최고재무관리자(chief financial officer: CFO)와 같이 기업의 최상위층 경영자와 관련되어 있다. 그림 1.1은 대기업에서 재무활동이 차

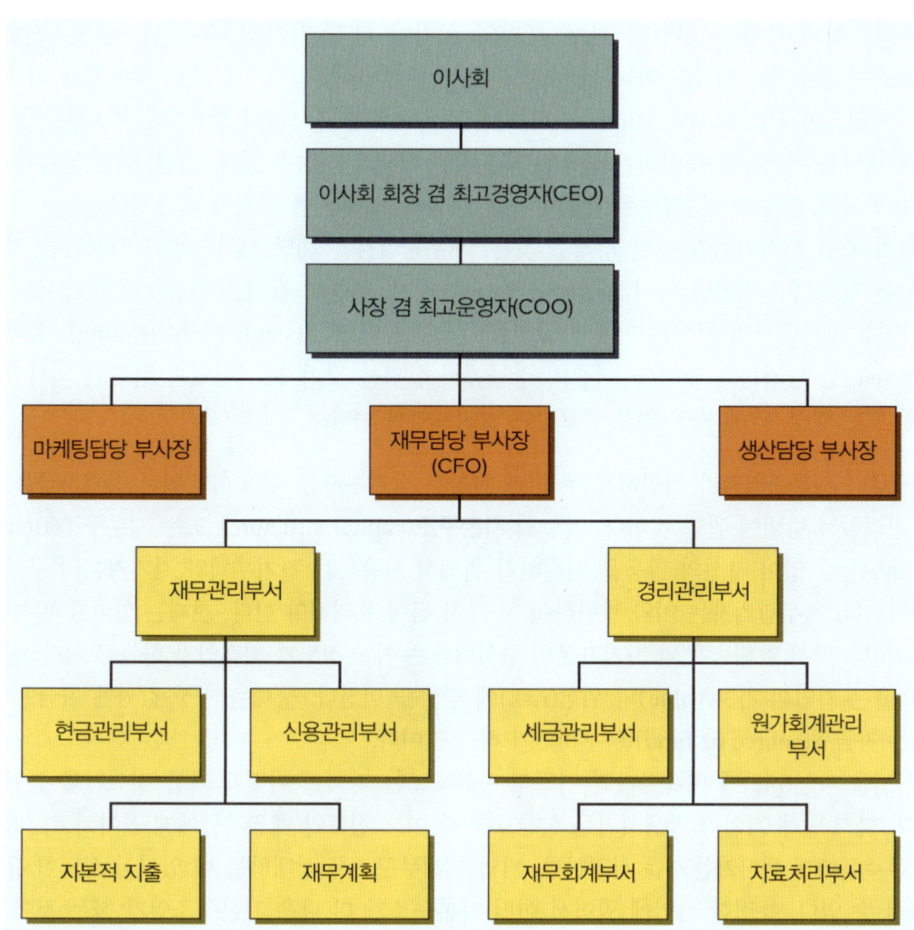

그림 1.1
기업조직도의 간단한 예

지하는 위치를 간단한 조직도로 보여주고 있다. 그림에서처럼 재무담당부사장은 재무관리부서(treasurer)와 경리관리부서(controller)의 활동을 조정한다. 경리관리부서는 원가회계와 재무회계, 세금지불, 경영정보시스템에 대한 책임을 지며, 재무관리부서는 기업의 현금, 신용거래에 대한 관리, 재무계획, 자본적 지출에 대한 책임을 진다. 이러한 재무관리부서의 활동들은 모두 앞에서 언급한 세 가지 일반적 질문과 관련되어 있으며, 앞으로 다룰 사항들도 주로 이들과 관련된 것이다. 따라서 우리가 살펴보는 활동들의 대부분이 주로 재무관리부서의 역할과 관련된 것이다.

재무관리의 의사결정

재무관리자(financial manager)의 일이 앞에서 언급한 세 가지 유형의 기본적 사항과 관련되어 있으므로 이에 대해서 자세히 살펴보기로 한다.

자본예산 첫 번째 사항은 기업의 장기투자에 대한 것이다. 기업의 장기투자를 계획하고 관리하는 과정을 **자본예산**(capital budgeting)이라 부른다. 자본예산에서 재무관리자는 투자에 들어가는 비용보다 더 많은 가치를 가져다주는 투자기회를 선별해내려고 노력한다. 투자기회란 간단히 말해 한 자산이 발생시키는 현금흐름의 가치가 그 자산을 획득하는 데 드는 비용을 초과하는 것을 말한다.

자본예산(capital budgeting): 기업의 장기투자를 계획하고 관리하는 과정

투자기회의 종류는 기업이 하는 사업의 성격에 따라 달라질 수 있다. 대형 소매점인 Walmart의 경우에는 매장을 하나 더 열 것인지, 열지 않을 것인지가 중요한 자본예산 의사결정이 될 수 있으며, Oracle이나 Microsoft와 같은 소프트웨어 회사들의 경우에는 새로운 스프레드 시트를 개발하여 판매할 것인지가 중요한 자본예산 의사결정일 수 있다. 한편, 어떤 컴퓨터를 구입할 것인지와 같은 의사결정들은 기업이 하는 사업의 성격과 큰 관련이 없을 수 있다.

고려 중인 투자기회가 어떤 성격을 갖든, 재무관리자는 해당 투자기회가 가져다줄 것으로 예상되는 현금의 크기뿐만 아니라 현금이 들어올 시기, 현금이 들어올 가능성에 대해서도 유의해야 한다. 자본예산의 핵심은 미래에 발생할 현금흐름의 크기(size), 시간성(timing), 불확실성(위험: risk)을 평가하는 것이다. 나중의 장들에서 살펴볼 것이지만, 경영과 관련된 의사결정을 평가할 때는 항상 이 세 가지 면을 중요하게 살펴보아야 한다.

자본구조(capital structure): 기업이 갖고 있는 부채와 자기자본의 구성비율

자본구조 재무관리자가 직면하는 두 번째 사항은 장기투자를 지원하기 위한 장기자금을 획득하고 관리하는 방법에 관한 것이다. 기업의 **자본구조**(capital structure) 또는 재무구조(financial structure)는 기업이 자신의 활동을 지원하기 위해서 사용하는 장기부채와 자기자본의 구성비율을 의미한다. 재무관리자는 이와 관련하여 두 가지 점에 유의해야 한다. 첫째는 얼마를 빌려야 할 것인지이다. 다시 말해 부채와 자기자본의 구성비율은 어느 정도가 최적인가 하는 것이다. 선택된 구성비율은 기업의 가치(value)와 위험(risk)에 영향을 미친다. 둘째는 가장 값싸게 자금을 빌릴 수 있는 자금원(source of fund)은 무엇인가 하는 것이다.

기업을 파이(pie)에 비유한다면 기업의 자본구조는 파이를 어떻게 자를 것인가를 결정하는 것이다. 다시 말해 기업이 발생시키는 현금흐름 중 어느 정도가 채권자들에게 돌아가고, 어느 정도가 주주들에게 돌아가는가를 결정한다. 기업은 재무구조를 선택하는 데 있어서 상당한 유연성을 가질 수 있다. 특정한 기업에 있어서 어떤 자본구조가 더 나은 자본구조인가 하는 것이 자본구조 문제의 핵심사항이다.

자본구조에 대한 의사결정에 추가하여 재무관리자는 필요한 돈을 어디서 어떻게 조달할 것인지도 결정해야 한다. 장기자금을 조달할 때 발생하는 비용은 그 전체적 크기가 매우 클 수 있기 때문에 여러 가능한 자금조달 방법에 대해 제대로 된 평가가 이루어져야 한다. 또한 기업은 여러 다양한 자금공급자들로부터 다양한 방법으로 필요한 돈을 빌릴 수 있다. 따라서 적절한 자금공급자를 선택하고 적절한 자금의 종류를 선택하는 것 또한 재무관리자가 해야 하는 일이다.

운전자본(working capital): 기업의 단기자산(유동자산)과 단기부채(유동부채)

운전자본의 관리 세 번째 사항은 운전자본의 관리에 대한 것이다. **운전자본**(working capital)이란 재고와 같은 기업의 단기자산(유동자산)과 기업의 단기부채(유동부채)를 언급하는 표현이다. 운전자본의 관리란 기업활동이 장애를 일으켜 값비싼 비용을 지불하지 않을 정도의 충분한 자원을 보유하도록 기업활동을 매일매일 관리하는 것을 말한다. 이는 현금의 유입 및 유출과 관련된 여러 활동들을 포함한다.

운전자본관리와 관련된 사항들에는 (1) 현금이나 재고를 어느 정도 보유하고 있어야 하는가? (2) 외상판매(신용판매)를 해야 하는가? 만약 해야 한다면 어떤 조건에서 또 누구에게 해야 하는가? (3) 단기적으로 필요한 자금을 어떻게 조달해야 하는가? 외상구입을 해야 하는가, 단기로 돈을 빌려야 하는가? 단기로 빌리면 어디서 어떻게 빌려야 하는가? 이러한 것들은 기업의 운전자본관리와 관련된 사항 중 일부이다.

결론 기업재무관리를 자본예산, 자본구조, 운전자본관리라는 세 가지 영역으로 구분하는 것은 매우 넓은 구분이다. 각 영역에는 다양한 문제들이 있으며, 여기서는 각 영역들에서 나타나는 일부 문제들만 언급했을 뿐이다. 앞으로 이들 영역에서 다루는 문제들에 대해 보다 자세히 살펴볼 것이다.

개념질문 _Concept Questions

1.2a 자본예산(capital budgeting) 의사결정이란 무엇인가?
1.2b 한 기업이 선택하는 장기부채와 자기자본의 특정한 배합비율을 무엇이라고 부르는가?
1.2c 현금관리는 재무관리의 어떤 영역에 속하는가?

기업조직의 형태 1.3

대기업들은 보통 주식회사의 형태를 띠고 있다. 우리는 개인회사, 합명 · 합자회사, 주식회사라는 세 가지 형태의 기업조직에 대해 간단히 살펴보기로 한다. 이 세 가지 형태의 기업조직은 각각 기업의 수명, 현금조달능력, 세금에 대해 서로 다른 장점과 단점을 갖고 있다. 한 가지 확실한 것은 기업이 성장함에 따라 주식회사는 그 장점이 단점을 능가한다는 것이다.

개인회사

개인회사(sole proprietorship)는 개인이 사업을 소유하고 있는 기업조직 형태이다. 이는 사업을 시작하기에 가장 간단하고, 정부의 규제도 가장 적게 받는 기업조직 형태이다. 당신이 어느 지역에 사는가에 따라 약간은 차이가 날지 몰라도 사업면허를 얻어 사업을 시작함으로써 당신은 개인회사를 출발시킬 수 있다. 이러한 이유로 어떤 다른 형태의 조직보다 개인회사의 수가 더 많으며, 나중에 주식회사가 된 기업도 처음에는 조그마한 개인회사에서 출발한다.

개인회사(sole proprietorship): 개인이 사업을 소유하고 있는 기업조직 형태

개인회사의 소유주는 발생하는 모든 이익을 자신이 갖는다. 이는 개인회사의 장점이다. 그러나 빚이 있다면 그에 대해서는 무한책임(unlimited liability)을 진다는 것이 단점이다. 이는 개인회사의 소유주는 회사가 진 빚에 대해서 자신의 개인자산을 팔아서라도 빚을 갚아야 한다는 것을 의미한다. 또한 개인소득과 기업소득 간의 구별이 없어 모든 기업소득이 개인소득으로 간주되어 세금이 부과된다. 그러나 2017년에 발효된 미국의 감세 및 일자리법(The Tax Cuts and Jobs Act)에 의해서 사업소득의 20%까지는 세금이 면제될 수 있게 되었다. (이에 대한 내용을 구체적으로 살펴보는 것은 이 책의 범위를 넘는다.)

개인회사의 수명은 소유주의 자연적 수명에 의해 제한되며 기업이 확보할 수 있는 자기자본이 소유주 개인이 갖고 있는 부(wealth)에 의해 제한된다. 이러한 제한은 종종 개인회사의 경우에는 자본이 충분하지 않으므로 좋은 사업기회를 놓칠 수 있음을 의미하기도 한다. 개인회사의 소유권을 이전하기 위해서는 사업 전체를 다른 사람에게 판매해야 하므로 소유권의 이전이 쉽지 않을 수도 있다.

합명 · 합자회사

합명 · 합자회사(partnership): 두 사람 이상의 개인이나 법인에 의해서 만들어진 기업조직 형태

합명 · 합자회사(partnership)는 동업자가 있다는 점을 제외하면 개인회사와 유사하다. 합명회사(general partnership)는 소유주 모두가 회사가 발생시킨 이득이나 손실을 나누어 가지며 무한책임을 진다. 발생하는 이득이나 손실을 나누는 방법은 계약에 의해 결정된다. 그러한 계약은 "제초기 사업을 같이 시작하자"와 같은 비공식적인 구두계약이 될 수도 있고, 공식적으로 작성된 서류에 의해서도 이루어질 수 있다.

합자회사(limited partnership)는 동업자 중 한 사람 이상이 회사를 운영하면서 무한책임을 지고, 다른 동업자들은 회사 운영에 직접 참가하지 않으면서 제한된 책임만 지는 것을 말한다. 유한책임을 지는 동업자들의 책임한계는 자신이 출자한 금액에 국한된다. 이 형태의 기업조직은 부동산 벤처기업에서 자주 나타난다.

합명 · 합자회사의 장점과 단점은 기본적으로 개인회사의 경우와 같다. 비공식적인 합의에 의해 합명 · 합자회사를 만드는 것은 쉽고, 비용도 크게 들지 않는다. 합명회사의 경우, 동업자들은 회사가 지는 부채에 대해서 무한책임을 지며, 무한책임을 지는 동업자 중 하나가 회사를 팔기를 원하거나 사망하는 경우에 합명회사는 사라지게 된다. 회사의 모든 소득은 동업자 모두에게 발생한 개인소득으로 간주되어 세금이 부과되며, 자기자본의 크기는 동업자들이 갖고 있는 부(wealth)의 합에 의해 제한된다. 합명 · 합자회사의 경우에도 개인회사와 마찬가지로 미국의 "감세 및 일자리법"에서 기술하고 있는 여러 규정에 따라 2018년부터 소득의 20%까지는 세금이 면제될 수도 있게 되었다. 합명회사의 동업자는 회사의 부채에 대해 모든 책임을 질 수도 있으므로 동업자들 간에 서류로 된 계약을 작성하는 것이 매우 중요하다. 동업자들 각각이 갖는 권리와 의무를 확실히 해두지 않으면 나중에 동업자들 간에 오해를 불러일으킬 수 있다. 또한 만약 당신이 유한책임을 갖는 동업자라면 경영의사결정에 깊이 관여해서는 안 된다. 왜냐하면 일이 잘못되는 경우에 비록 당신이 유한책임을 지는 동업자라고 하더라도 무한책임 동업자로 인정될 수 있기 때문이다.

이상의 설명을 요약하면 기업조직의 형태로서 개인회사와 합명 · 합자회사의 주된 단점은 (1) 회사의 빚에 대해서 소유주가 무한책임을 지며, (2) 회사가 한정된 수명을 가지며, (3) 소유권의 이전이 어렵다는 것이다. 이러한 세 가지 단점은 하나의 핵심 문제로 귀결된다. 즉 이러한 형태의 기업조직은 자금조달 능력에 한계가 있기 때문에 기업의 성장이 크게 제약받을 수 있다.

주식회사

주식회사(corporation): 한 명 이상의 개인이나 법인에 의해 소유되며 별개의 법인격으로 창조된 회사

주식회사(corporation)는 사업을 하는 조직형태로서는 그 규모면에서 볼 때 가장 중요한 형태이다. 주식회사는 그 소유주와는 구별되는 법적 인격체(legal person)이며 실제적인 사람과 마찬가지로 많은 권리, 의미, 특권을 갖는다. 주식회사는 스스로 돈을 빌릴 수도 있고, 재산을 소유할 수도 있다. 또한 법적 소송을 할 수도 있고 또한 당할 수도 있으며, 상대방과 어떤 계약을 할 수도 있다. 주식회사는 다른 합명 · 합자회사에 무한책임 동업자나 유한책임 동업자로 참가할 수 있으며 다른 주식회사의 주식을 소유할 수도 있다.

주식회사를 출발시키는 것은 당연히 다른 형태의 기업을 출발시키는 것보다 복잡하다. 주식회사를 설립하기 위해서는 정관(charter, 定款) 또는 설립규약(articles of incorporation)과 조례(bylaws, 條例)를 갖추어야 한다. 정관에는 회사 이름, 예정된 수명(무한대일 수 있음), 사업목적(업종), 발행할 수 있는 총주식 수(수권자본, 授權資本) 등이 포함된다. 이러한 정보는 일반적으

로 주식회사가 설립될 국가 또는 주(state)의 행정당국에 신고되어야 한다. 법적으로 주식회사는 설립된 국가의 거주인(resident, 居住人)이 된다.

조례는 주식회사가 자신의 존재를 어떻게 규제할 것인가에 대한 규칙들이다. 예를 들어 조례는 이사를 어떻게 선출하는가를 규정한다. 조례는 몇 가지 원칙이나 절차를 규정하는 것으로 그칠 수도 있고, 대규모 주식회사의 경우처럼 매우 많은 규정을 포함하고 있을 수도 있다. 조례는 주주들에 의해서 수정되거나 추가될 수 있다.

대규모 주식회사의 경우, 주주(stockholder)와 경영자(manager)는 일반적으로 서로 분리된 집단이다. 주주들은 이사들을 선출하고 이사들은 경영진을 선출한다. 경영자들은 주주들의 이익을 대변하여 주식회사를 관리하는 책임을 진다. 주주들이 이사들을 선출하기 때문에 주식회사를 관리 · 통제하는 이들은 원칙적으로는 주주들이다.

소유(ownership)와 경영(management)이 분리되어 있으므로 주식회사라는 기업조직은 여러 장점을 갖고 있다. (보유주식수로 대변되는) 소유권은 언제든지 이전될 수 있고, 따라서 주식회사의 수명은 제한되지 않는다. 주식회사는 자신의 명의로 돈을 빌릴 수 있다. 따라서 주주는 주식회사의 부채에 대해 제한된 책임(유한책임)을 갖는다. 주주들이 잃을 수 있는 최대손실액은 해당 주식회사의 주식에 투자한 금액이다.

소유권 이전의 용이성, 회사가 지고 있는 부채에 대한 유한책임, 회사의 수명이 제한되지 않는다는 점들은 주식회사가 필요한 자금을 조달하는 데 있어서 다른 형태의 기업조직보다 우월성을 갖는 이유들이다. 예를 들어 주식회사가 자신의 자기자본(equity)을 증가시키려면 새로운 주식을 발행하여 투자자들에게 판매하면 된다. 한 예로 개인용 컴퓨터 사업의 개척자인 Apple의 경우를 보면, Apple 컴퓨터에 대한 수요가 폭발적으로 증가했을 때 Apple은 회사의 성장과 신제품 개발을 위한 자금을 마련하기 위해서 주식회사라는 형태로 기업조직을 전환했다. 주주의 수는 상당히 많아 수천수백만의 사람들이 주주가 될 수 있다. 예를 들어 2020년에 General Electric (GE)은 약 44만 명의 주주를 보유하고 있었으며, 발행된 주식 수는 약 87억 주에 이르렀다. 이 경우, 기업의 소유권은 회사의 지속성에 영향을 미치지 않으면서 계속 바뀔 수 있다.

대규모 주식회사가 갖는 현금 조달 능력은 회사를 살릴 수도 있다. 2020년에 COVID-19 바이러스로 인해 유람선 산업이 멈췄다. 그럼에도 불구하고 세계에서 3번째로 큰 Norwegian Cruise Line은 팬데믹이 절정에 도달했을 때도 22억$의 투자금을 모집하여 유람선을 전혀 운항하지 않았던 1년이 넘는 동안에도 회사를 유지할 수 있었다.

한편, 주식회사는 중요한 단점도 갖고 있다. 주식회사는 법인(legal person)이므로 세금을 내야 한다. 또한 주주에게 배당(dividend)으로 지불되는 돈은 주주의 개인소득으로 간주되어 또다시 세금이 부과된다. 이는 이중과세(double tax)가 되며 주식회사의 이익에 대해 세금이 두 번 부과된다는 것을 의미한다. 즉 이익이 생겼을 때 세금이 부과되고 이익이 주주들에게 분배될 때 또 주주 개인의 차원에서 세금이 부과되는 것이다.[1]

오늘날 미국에서는 유한책임회사(limited liability company: LLC)라는 새로운 형태의 기업조직이 허용되고 있다. 이러한 기업조직의 목표는 합명 · 합자회사처럼 운영되고 세금이 부과되지만 소유자는 유한책임을 지게 하는 것이다. 따라서 LLC는 기본적으로 합명 · 합자회사와 주식회사를 혼합해놓은 것과 같다. 미국의 각 주들이 LLC에 대해 서로 약간 다른 정의를 내리

[1]한편 S 주식회사는 세금이 합명 · 합자회사(partnership)처럼 부과되어 이중과세가 되지 않는 특별한 형태의 소규모 주식회사이다. 2020년 기준으로, S 주식회사의 최대 주주 수는 100명으로 제한되어 있다.

고 있지만 가장 중요한 것은 미국세청(Internal Revenue Service: IRS)의 입장이다. 미국세청은 LLC가 특정한 기준을 충족시키지 않는 한, 주식회사로 간주하여 이중과세하고 있다. 간단히 말해, LLC가 너무 주식회사와 유사하다면 IRS는 이를 주식회사로 간주한다는 것이다. LLC는 흔한 형태의 기업조직으로 나타나기 시작했다. 예를 들어 미국 Wall Street의 마지막 합자회사인 Goldman, Sachs and Co.(골드만삭스)는 합자회사에서 LLC로 전환하기로 결정했다(나중에는 기업을 공개했다). 또한 많은 대형 회계법인과 법률회사들이 LLC로 전환하였다.

이 절에서의 설명이 말해주듯이 대규모 사업을 위해서는 주식회사 형태의 기업조직이 최선의 선택이다. 주식회사가 갖는 이러한 중요성 때문에 우리는 주식회사에 초점을 맞추어 기업재무를 설명할 것이다. 또한 배당정책과 같이 재무관리에서 중요한 문제 중 일부는 주식회사의 경우에만 해당되는 문제인 것도 있다. 그러나 어떤 종류, 어떤 규모의 사업이든 모두 재무관리를 필요로 하기 때문에 우리가 다루는 대부분의 주제들은 모든 형태의 기업조직과 관련을 갖는 것이다.

주식회사의 다른 이름들

주식회사는 전 세계적으로 많은 변형을 갖고 있다. 이러한 변형 조직들은 법과 규제가 국가에 따라 차이가 있어 내용면에서는 서로 다르지만 소유권의 공개(public ownership)와 유한책임(limited liability)이라는 주식회사의 핵심특징은 그대로 갖고 있다. 이러한 기업들은 소속 국가와 기업의 특정한 성격에 따라 종종 합주회사(joint stock company: 合株會社), 공개유한회사(public limited company), 유한책임회사(limited liability company) 등으로 불린다.

표 1.1은 일부 국제적으로 잘 알려진 주식회사들의 명칭과 해당 국가, 회사 명칭 뒤에 붙은 약어를 영어로 번역한 것을 정리해 보여주고 있다.

혜택기업

혜택기업에 대해 더 많은 정보를 얻기 위해서는 **benefitcorp.net**을 참조하라.

2020년 초에 미국의 36개 주는 혜택기업(benefit corporation)이라는 새로운 종류의 영리기업을 법으로 만들었다. 혜택기업은 영리를 추구하지만 책임성, 투명성, 목적이라고 불리는 세 가지 법적 의무를 갖는 기업이다. 책임성(accountability)은 혜택기업이 어떤 행동을 취할 때 주주, 직원, 고객, 지역, 환경에 어떤 영향을 미치는가를 고려한 행동을 취해야 한다는 것을 의미한다. 투

표 1.1 여러 국가들의 주식회사 명칭

		회사의 형태	
회사 이름	국가	원어	영어 표현
Bayerische Motoren Werke (BMW) AG	독일	Aktiengesellschaft	Corporation
Lindauer Dornier GmbH	독일	Gesellschaft mit Beschränkter Haftung	Limited liability company
Rolls-Royce PLC	영국	Public limited company	Public limited company
Shell UK Ltd.	영국	Limited	Corporation
Unilever NV	네덜란드	Naamloze Vennootschap	Joint stock company
Assicurazioni Generali SpA	이탈리아	Società per Azioni	Joint stock company
Volvo AB	스웨덴	Aktiebolag	Joint stock company
Peugeot SA	프랑스	Société Anonyme	Joint stock company

명성(transparency)은 기존의 주식회사들이 제출하는 연간 보고서 이외에 회사가 공적 혜택을 한 해 동안 어떻게 추구했는가를 구체적으로 기술한 연간보고서를 추가적으로 제출하도록 한 것이다. 마지막으로 목적(purpose)은 혜택기업이 사회나 환경에 공적 혜택을 제공해야 한다는 것을 의미한다.

개념질문 _Concept Questions

1.3a 기업조직의 세 가지 형태는 무엇인가?
1.3b 개인회사와 합명 · 합자회사의 장점과 단점은 무엇인가?
1.3c 합명회사(general partnership)와 합자회사(limited partnership)의 차이는 무엇인가?
1.3d 자금을 조달하는 데 있어서 주식회사가 우월한 조직형태인 이유는 무엇인가?

재무관리의 목표 1.4

기업재무관리의 목표는 기업이 돈을 벌게 해 주는 것이다. 다시 말해 기업소유자에게 더 많은 가치를 발생시켜주는 것이다. 이러한 목표는 약간 모호하므로 재무관리의 목표에 대한 보다 정확한 정의를 위해 다른 식으로 살펴보기로 한다. 기업재무관리의 목표에 대한 정의는 재무적 의사결정을 하는 데 있어서 뿐만 아니라 재무적 의사결정을 평가하는 데 있어서 객관적 기준이 된다는 점에서 중요한 것이다.

가능한 목표

기업재무관리의 목표로는 다음과 같은 것들이 생각될 수 있다.

기업의 생존
재무적 곤경과 파산의 방지
경쟁에서 이기기
매출액 또는 시장점유율의 극대화
비용의 극소화
이익의 극대화
수익의 안정적 증가

이러한 것들은 우리가 열거할 수 있는 많은 목표 중 일부이다. 그러나 이러한 것들은 기업재무관리의 목표로서는 문제점을 갖고 있다.

예를 들어 시장점유율을 증가시킨다거나 매출액을 늘리는 것은 쉽다. 이를 위해 해야 할 것은 가격을 내리고, 보다 느슨한 신용판매(외상판매) 정책을 취하면 된다. 마찬가지로 연구개발과 같은 활동을 하지 않음으로써 비용을 낮출 수도 있다. 또한 돈을 절대로 빌리지 않거나 위험한 사업을 하지 않는 것에 의해서 파산을 방지할 수도 있다. 그러나 이러한 행동들이 주주들의 이해관계에 맞는 행동인지는 의문스럽다.

이익극대화는 아마도 가장 일반적으로 언급되는 기업의 목표일 것이다. 그러나 이것도 그리 정확한 목표는 아니다. 이익이 올해의 이익을 의미하는가? 만약 그렇다면 유지관리비의 지출을 미룬다거나, 재고의 보충을 미룬다거나, 기타 비용을 절감시키는 조치를 취하면 될 것이다. 그러나 이런 행동은 바람직한 것이 아닐 수도 있다.

이익극대화는 "장기이익" 또는 "평균"이익의 극대화를 의미할 수 있다. 그러나 이 경우에도 이익이 무엇을 의미하는지가 확실하지 않다. 회계적인 순이익(accounting net income)을 의미하는가, 아니면 주당순이익(earnings per share)을 의미하는가? 다음 장에서 보다 자세히 살펴볼 것이지만 회계적 수치는 기업에 좋은 것이 무엇이고 나쁜 것이 무엇인지를 알려 주는 수치와는 관계가 없을 수도 있다. 또한 장기(long run)란 것이 어느 정도의 기간을 의미하는 것인가? 유명한 경제학자가 말했듯이 장기에 우리 모두는 죽는다! 또한 장기이익의 극대화는 현재이익과 미래이익의 적절한 상호교환(trade-off)에 대해 말해주고 있는 것이 없다.

앞에서 언급한 목표들은 모두 서로 다른 것들이지만 전체적으로 두 가지 종류 중 하나에 속한다. 첫 번째 종류는 수익성과 관련된 것이다. 매출액, 시장점유율, 비용에 대한 통제와 관련된 목표들은 이익을 발생시키거나 증가시키는 여러 방법들과 적어도 잠재적으로 관련된 것이다. 두 번째 종류는 파산의 방지(bankruptcy avoidance), 안정성(stability), 안전성(safety) 등과 관련된 것으로, 결국 위험의 관리와 관련된 것이다. 그러나 이러한 두 종류의 목표들은 어느 정도 상반되는 성격을 갖는다. 이익의 추구는 통상 위험의 증가와 함께 하며, 따라서 안전성과 수익성을 동시에 극대화하는 것은 실제로 가능하지 않다. 따라서 우리가 필요로 하는 목표는 이러한 요소들을 모두 포함하는 목표여야 한다.

재무관리의 목표

주식회사의 재무관리자는 주주를 위한 의사결정을 해야 한다. 따라서 재무관리자의 목표가 될 수 있는 항목들을 열거하는 것 대신에, 보다 근본적인 것에 대해 답해야 한다. 근본적인 것은 주주의 입장에서 볼 때 좋은 재무관리 의사결정이란 무엇인가 하는 것이다.

주주들이 재무적 이득을 얻기 위해서 주식을 산다고 가정한다면 이러한 질문에 대한 답은 명확하다. 즉, 좋은 재무관리 의사결정은 주식의 가치를 증가시키고 나쁜 재무관리 의사결정은 주식의 가치를 감소시킨다는 것이다.

이러한 관점에서 볼 때, 재무관리자는 주식의 가치를 증가시키는 의사결정을 함으로써 주주의 이해관계를 최대한 구현하는 의사결정을 하는 것이다. 따라서 재무관리자의 적절한 목표는 다음과 같이 아주 간단하고 쉽게 표현할 수 있다.

재무관리의 목표는 기존 주식의 주당 현재가치를 극대화하는 것이다.

주식가치의 극대화라는 목표는 위에서 언급한 다른 목표들이 갖는 문제점을 갖지 않는다. 이 기준에는 모호성이 존재하지 않으며 또한 단기와 장기의 문제를 구분할 필요도 없게 만든다.

이 목표가 좀 강하거나 하나의 측면만을 보는 것이라는 생각이 든다면, 기업에 남는 잔여 부분에 대해 소유권을 갖는 자가 주주라는 점을 기억하라. 이는 근로자, 원재료 공급자, 채권자(기타 기업에 대해 법적 청구권을 갖는 모든 사람)들에게 기업이 지불해야 하는 것을 지불한 후에 남는 잔여 부분만을 주주들이 소유한다는 것을 의미한다. 이러한 사람들에게 지불되어야 하는 것이 지불되지 않고서는 주주들은 아무것도 가져갈 수 없다. 따라서 잔여 부분이 증가함으로써 주주들이 이득을 본다는 것은 다른 사람들도 모두 이득을 본다는 것을 의미한다.

재무관리의 목표가 주식가치의 극대화이므로 주식가치에 긍정적 영향을 미치는 투자나 재무적 결정이 어떤 것인지를 확인하는 방법을 알아야 할 것이다. 바로 이러한 것이 우리가 살펴보려고 하는 것이다. 따라서 기업재무를 기업의 재무적 의사결정과 주식가치의 상관관계를 살펴보는 것이라고 정의할 수도 있다.

보다 일반적인 목표

앞에서 정의한 것처럼 주식가치의 극대화가 재무관리의 목표라면, 다음과 같은 질문이 떠오를 수 있다. 만약 어떤 기업의 주식이 시장에서 거래되지 않는다면 그 기업의 적절한 목표는 무엇인가? 주식회사만이 기업조직의 유일한 형태가 아니며, 또한 모든 주식회사들의 주식이 왕성하게 거래되고 있는 것도 아니기 때문에 특정 시점에서 어떤 주식회사의 주식가치가 얼마인지 말하는 것은 어려울 수도 있다.

우리가 살펴보는 것은 이익을 추구하는 기업에 국한된 것이므로 이러한 경우에 약간의 수정이 요구된다. 주식의 총가치는 소유주 지분(持分, owner's equity)의 가치와 일치한다. 따라서 보다 일반적으로 표현하면, 재무관리의 목표는 현재 있는 소유주 지분의 시장가치를 극대화하는 것이다.

이렇게 본다면 개인회사이든, 합명 · 합자회사이든, 주식회사이든 기업 형태는 문제가 되지 않는다. 모든 형태의 기업에 있어서 좋은 재무적 의사결정은 소유주 지분의 시장가치를 증가시키는 것이며, 나쁜 재무적 의사결정은 그 가치를 감소시키는 것이다. 우리가 가정하는 기업조직은 주식회사이지만, 앞으로 설명하는 원칙들은 모든 형태의 기업조직에 해당하는 것이다. 또한 그러한 원칙들 중 많은 것이 이익을 추구하지 않는 기관에도 적용되는 것이다.

마지막으로, 이렇게 정의한 재무관리의 목표는 재무관리자가 불법적이거나 비윤리적인 행동을 해서라도 기업 소유주 지분의 시장가치를 증가시켜야 한다는 것을 의미하지는 않는다. 자유로운 시장에서 가치를 인정받아 요구되면서 기업의 가치를 높여주는 재화와 서비스를 알아내어 공급하는 것이 재무관리자가 기업 소유주의 이해관계를 가장 잘 대변한다는 것이다.

사베인스-옥슬리법

Enron, WorldCom, Tyco, Adelphia와 같은 기업들의 부패 행위를 막기 위해서 미의회는 2002년 사베인스-옥슬리법(Sarbanes-Oxley Act)을 도입했다. "SOX"로 불리는 이 법은 기업들의 부정한 행위로부터 투자자들을 보호하기 위해 만들어진 것이다. 예를 들어 이 법의 한 조항은 WorldCom의 CEO였던 Bernie Ebbers가 했던 것처럼 회사 대표나 임직원 개인이 자기 회사로부터 돈을 빌리는 것을 금지하고 있다.

2004년 11월 15일부터 발효된 SOX의 핵심 조항 중 하나인 404조는 기업의 연간보고서에 기업의 내부통제 구조에 대한 평가서와 재무보고서를 포함시키도록 하고 있으며, 이 보고서에 대해 감사의 소견서를 첨부하도록 하고 있다.

SOX는 또한 기업 대표가 기업의 연간보고서를 검토한 후에 사인을 할 것을 요구하고 있으며, 연간보고서에 거짓이 없고 중요한 내용이 누락되어 있지 않다는 것, 재무제표가 재무적 결과를 공정하게 나타내고 있다는 것, 자신이 기업 내부통제에 대해 책임을 지고 있다는 것들을 기업 대표가 명시적으로 신고할 것을 요구하고 있다. 마지막으로, 이 법은 내부통제에 결함이 있는 경우에 그러한 결함들을 연간보고서에 나열하여 기록할 것도 요구하고 있다. 요약하면, SOX는 회

사베인스-옥슬리법에 대해서는 **www.soxlaw.com**을 참조하라.

사 경영진이 회사의 재무제표에 대한 정확성에 대해 책임을 지도록 하고 있는 법이다.

한편, SOX가 기업에 대해 요구하는 보고서가 광범위하기 때문에 SOX를 준수하는 데 상당한 비용이 발생하는 의도하지 않은 결과가 나타나기도 한다. SOX가 시행된 이후로 수백 개의 공개기업들이 자신들의 주식이 더 이상 주요 주식시장에서 거래되지 않도록 하는 선택을 하였다. 왜냐하면 그러한 경우에는 SOX의 적용을 피할 수 있기 때문이다. 이들 기업 대부분은 그렇게 한 이유로 이 법을 준수하는 데 따르는 비용을 피하기 위한 것이라고 답하고 있다. 아이러니하게도 기업의 공개성을 증가시키려는 것을 목적으로 하는 이 법이 기업의 공개성을 감소시키는 결과를 가져오고 있다.

개념질문 _Concept Questions

1.4a 재무관리의 목표는 무엇인가?
1.4b 이익극대화라는 목표가 갖는 한계점들은 무엇인가?
1.4c 기업재무에 대한 정의를 내릴 수 있는가?

1.5 대리인문제와 주식회사의 관리

재무관리자는 자기 회사의 주식의 가치를 증가시키는 행동을 함으로써 주주의 이해관계에 맞춘 행동을 취해야 한다. 그러나 대규모 주식회사의 경우 소유권이 수많은 주주들에게 분산되어 있다. 이러한 소유권의 분산은 실제로 기업을 관리하는 이들이 주주가 아니라 경영진임을 의미한다. 이러한 경우에 경영진은 주주들의 이해관계에 초점을 맞춘 행동을 한다고 말할 수 있는가? 달리 말해, 경영진은 주주들에게 비용을 발생시키면서 자신의 목표를 추구하려고 하는 것은 아닌가? 이와 관련된 사항들을 간단히 살펴보도록 한다.

대리인관계

주주와 경영진의 관계는 대리인관계(agency relationship)라고 불린다. 이러한 관계는 주인(principal)이 자신의 일을 대신할 대리인(agent)을 고용하는 경우에 항상 발생하는 것이다. 예를 들어 당신이 당신의 자동차를 팔기 위해서 어떤 사람을 고용할 경우에 대리인관계가 발생하는 것이다. 그러한 관계에서는 주인과 대리인 사이에 이해가 충돌할 가능성이 존재한다. 그러한 충돌을 **대리인문제**(agency problem)라고 한다.

대리인문제(agency problem): 기업의 주주(주인)와 경영진(대리인) 사이에 이해관계가 충돌할 가능성

당신이 자동차를 팔기 위해 어떤 사람을 고용하고 그 사람이 차를 파는 경우에 일정한 수수료를 주기로 했다고 하자. 이 경우 대리인은 당신을 위해 최고의 가격으로 차를 팔려는 인센티브를 갖지 않을 수 있다. 그러나 고정수수료 대신에 판매된 가격의 10%를 수수료로 주기로 한다면 대리인문제는 발생하지 않을 수도 있다. 이 예는 대리인문제에 영향을 주는 요인 중 하나가 대리인에 대한 보상방법이라는 점을 알려주고 있다.

경영자의 목표

경영자와 주주의 이해관계가 어떻게 다를 수 있는가를 살펴보기 위해서 어떤 기업이 새로운 투

자를 계획하고 있는 경우를 보자. 새로운 투자는 주식가치에 긍정적인 영향을 미칠 것으로 기대되고 있지만 동시에 상대적으로 위험한 모험이기도 하다. 기업의 소유주들은 그 투자로 인해 주식가치가 상승할 것으로 기대하기 때문에 그 투자를 하기 원할 수 있다. 그러나 경영자는 일이 잘못되는 경우에는 자신의 일자리를 잃을 가능성이 있기 때문에 그 투자를 하지 않으려고 할 수 있다. 경영자가 그 투자를 하지 않는다면 주주들은 가치 있는 기회를 잃어버릴 수도 있다. 이러한 것이 대리인비용(agency cost)의 한 예이다.

보다 일반적으로 말하자면 대리인비용은 주주와 경영자 사이에 이해관계의 충돌로 인해 발생하는 비용을 말한다. 이러한 대리인비용은 직접적으로 발생할 수도 있고, 간접적으로 발생할 수도 있다. 간접 대리인비용(indirect agency cost)은 앞에서 언급한 것과 같이 잃어버리는 기회의 가치이다.

직접 대리인비용(direct agency cost)은 두 가지 형태로 나타난다. 첫 번째 유형은 경영진에게는 혜택을 주지만 주주들에게는 비용을 발생시키는 금전적 지출이다. 사치스럽고 불필요한 회사 비행기를 구입하는 것이 이러한 것에 속할 것이다. 두 번째 유형은 경영진의 행동을 감독해야 하는 필요성에 의해 발생하는 비용이다. 재무적 정보의 정확성을 평가하기 위해서 외부감사 비용을 지불하는 것이 하나의 예이다.

가만 놔두면 경영자들은 그들이 관리하는 자원의 크기, 보다 일반적으로 말해, 기업이 갖는 영향력이나 부(wealth)를 극대화하려는 경향을 갖는다는 주장이 때때로 제기되고 있다. 경영자들이 갖는 이러한 목표는 기업의 규모나 성장을 지나치게 강조하는 것으로 나타날 수 있다. 예를 들어 경영자들은 사업규모를 확대하기 위해서 또는 기업의 영향력을 과시하기 위해서 과다한 비용을 지불하면서 다른 회사를 인수했다는 비난을 종종 받는다. 과다한 비용을 지불하면서 다른 기업을 인수하는 것은 분명 주주들에게 혜택을 가져다주는 행위가 아니다.

이러한 점은 경영자가 자신의 자리를 유지하기 위해서 기업의 생존을 과다하게 강조하는 경향을 가질 수 있다는 것도 말해주고 있다. 또한 경영자는 외부로부터의 간섭을 싫어할 수 있어 기업의 독립성과 자립성을 중요한 목표로 할 수도 있다.

경영자들은 주주의 이익을 위해서 행동하는가?

경영자들이 실제로 주주들의 이익을 위해 최선의 노력을 기울이는지는 두 가지 요소에 달려 있다. 첫 번째 요소는 경영자의 목표가 주주의 목표와 얼마나 일치하는가 하는 것이다. 이러한 질문은 적어도 부분적으로는 경영자가 보상을 받는 방법과 관련되어 있다. 두 번째 요소는 주주의 목표를 추구하지 않는 경영자는 교체될 수 있는가 하는 것이다. 이 문제는 기업의 지배권과 관련된 문제이다. 앞으로 살펴볼 것이지만, 대규모 기업들의 경우에도 경영자가 주주의 이익을 위해서 행동하려는 인센티브를 갖는다고 생각할 수 있는 여러 이유들이 있다.

경영자들에 대한 보상 경영자는 종종 두 가지 이유로 인해 주식가치를 증대시키려는 중요한 경제적 인센티브를 갖는다. 첫 번째, 경영자들이 받는 보상, 특히 최상위 경영자들이 받는 보상은 일반적으로 재무적 성과와 연결되어 있으며 또한 종종 주식가치와 연결되어 있는 경우가 많다. 예를 들어 경영자들에게는 때때로 자사의 주식을 싼 가격으로 살 수 있는 스톡옵션이 주어지거나, 일정한 조건이 충족되면 회사가 일정한 수의 주식을 경영자에게 양도하는 **제한조건부 주식**(restricked stock unit: RSU)이 주어진다. 주식 가치가 증가하면 이러한 형태의 보상이 갖는 가치도 증가한다. 실제로 이러한 선택권은 최상위 경영진들뿐만 아니라 모든 종류의 근로자들에게

제한조건부주식
(restricted stock unit: RSU):
제한조건부주식은 일정한 조건이 충족되고 일정한 기간이 지나면 기업이 근로자에게 일정한 수의 주식을 양도하는 보상방법이다. 일정한 조건에는 일정한 성과나 근무 기간이 포함된다.

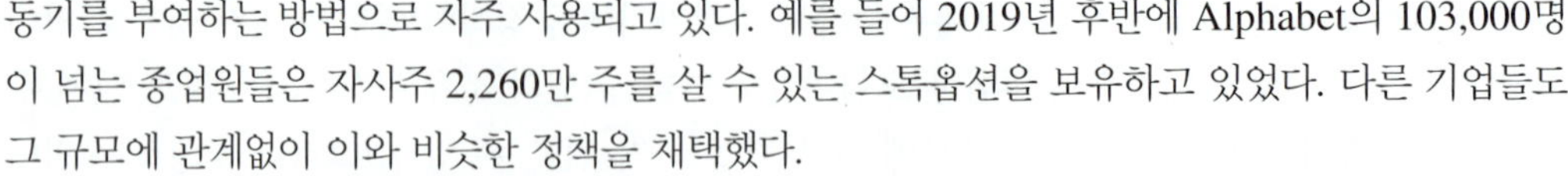

동기를 부여하는 방법으로 자주 사용되고 있다. 예를 들어 2019년 후반에 Alphabet의 103,000명이 넘는 종업원들은 자사주 2,260만 주를 살 수 있는 스톡옵션을 보유하고 있었다. 다른 기업들도 그 규모에 관계없이 이와 비슷한 정책을 채택했다.

경영자들이 갖는 두 번째 인센티브는 자신의 일자리와 관련된 것이다. 기업 내에서 더 좋은 성과를 보이는 사람들은 승진될 가능성이 커진다. 일반적으로, 주주의 목표를 성공적으로 추구한 경영자들에 대한 노동시장의 수요는 증가할 것이며, 따라서 그러한 경영자들은 보다 높은 봉급을 요구할 수 있다.

RSU에 대한 보다 자세한 내용은 **www.investopedia.com/terms/r/restricted-stock-unit.asp**를 참조하라.

실제로 주주의 목표를 성공적으로 달성한 경영자들은 엄청난 보상을 가져가고 있다. 예를 들어 USA Today에 의하면 2019년에 가장 높은 보수를 받은 CEO는 Alphabet의 Sundar Pichai로 약 2.81억$를 받았다. 그 다음으로 높은 보수를 받은 CEO는 Intel의 Robert Swan으로 약 6.7천만$를 받았다. 비교를 위해 살펴보면, 연예인 Taylor Swift는 약 1.85억$를 벌었으며, 농구선수 LeBron James는 약 8.9천만$를 벌었다.

어느 정도가 경영자들에게 주어지는 보상의 크기로 적정한가에 대해서는 견해의 차이들이 있을 수 있고 논의의 대상이 될 수 있지만, 불법적이고 비윤리적인 행동을 한 경영자들에게 주어지는 보너스나 다른 여러 형태의 보상은 문제가 된다. 최근에 이러한 잘못된 보상에 대해서 환수(clawbacks)를 하거나 지급을 연기하는 조치가 취해지고 있다. 사기 같은 행위를 한 경영자로부터는 지급한 보너스 등을 환수할 수 있게 되었다. 예를 들어 2019년에 Goldman Sachs는 전임 CEO인 Lloyd Blankfein와 David Solomon로부터 각각 14.2백만$, 15.4백만$를 환수할 것을 검토하고 있다고 밝혔다. 이는 이들의 말레이시아 부패법에 저촉한 행동으로 인해 이 투자은행의 가치가 절반으로 떨어진 후에 발표되었다. 보상금의 지급이 연기되는 경우도 증가했는데 이는 임원에 대한 보상금의 지급을 여러 해 뒤로 미루어 지급하는 것이다. 경우에 따라서는 보상금의 지급이 취소될 수도 있다.

기업윤리에 대해서는 **www.business-ethics.com**을 참조하라.

기업의 지배권 궁극적으로 기업에 대한 지배권은 주주들에게 있다. 주주들은 이사회(board of director)의 이사들을 선출하며 이들은 다시 경영자를 고용하고 또한 해고한다. 주주들이 주식회사를 지배한다는 사실은 Apple의 Steve Jobs의 경험으로 볼 때 두말할 나위 없이 명백해진다. Steve Jobs는 회사를 설립한 사람 중 하나였고 회사의 제품을 성공시키는 데 중대한 역할을 했지만, Steve Jobs가 없는 것이 Apple에는 더 나을 것 같다고 Apple의 주주들이 결정했기 때문에 주주들은 선출한 이사들을 통해서 Steve Jobs를 해고했다. 물론 나중에 Steve Jobs는 Apple에 다시 고용되어 iPhone과 iPad와 같은 새로운 제품으로 Apple이 전기를 마련하는 것을 도왔다. 창업자들은 기업을 지배하기 위한 다른 방법을 사용해왔다. 예를 들어 Facebook 창업자인 Mark Zuckerberg는 의결권이 없는 주식을 발행했다. 왜 그렇게 했을까? 이에 대한 답은 그가 자신이 살아있는 동안 갖고 있는 주식의 99%를 양도한다고 약속했기 때문이다. 그가 갖고 있던 의결권이 없는 클래스 C 주식은 그가 만든 자선단체인 Chan Zuckerberg Initiative에 양도하는 것으로 되어 있었다. 이러한 주식이 양도된다고 하더라도 Zuckerberg는 Facebook에 대한 자신의 지배권을 유지할 수 있는 것이다. Alphabet의 창업자인 Sergey Brin과 Larry Page도 자신들의 의결권이 줄어들지 않도록 하기 위해서 다른 기업의 인수나 임직원에게 주는 스톡옵션으로 필요자금을 확보하기 위해서 클래스 C 주식을 발행했다.

불만을 갖는 주주들이 기존의 경영층을 교체하는 행동을 취할 수 있는 하나의 중요한 방법은 위임장대결(proxy fight)이라고 불리는 것이다. 위임(proxy)은 다른 주주를 대신해서 투표할 수 있는 권한을 말한다. 위임장대결은 한 그룹의 주주들이 기존의 이사들을 교체하기 위해서 다른 주주들로부터 위임장을 받아내려는 경우에 발생하며, 그로 인해 기존의 경영진이 교체된다. 이러한 위임장대결은 격렬하며 또한 끈질기게 나타나는 경우가 종종 있다. 예를 들어, Land & Buildings Investment Management 창업자인 Jonathan Litt는 쇼핑몰을 다수 소유하고 있는 Taubman Properties와 여러 차례의 위임장 대결을 하였다. Litt는 Taubman이 갖고 있는 여러 주요 부동산 처분에 대한 의사결정에 동의하지 않았으며 의사결정에 참여할 수 있도록 Taubman 이사회의 의석을 차지하기 위한 위임장대결을 했다. 이에 따라 2017년의 위임장대결에서는 패했지만, 2018년의 위임장대결에서는 승리하여 이사회의 의석을 확보하는 데 성공했다. 또한 2019년에는 Taubman이 여러 자산을 매각하지 않는다면 또 다시 위임장 대결을 시도하겠다고 공언했다.

경영진을 교체할 수 있는 다른 방법에는 기업인수가 있다. 부실한 기업은 잘 경영되고 있는 기업에 비해서 인수로 인해 인수기업이 얻을 수 있는 잠재적 이익이 더 크므로 매력적인 인수대상이 된다. 따라서 다른 기업에 의해서 인수되는 것을 피해야 한다는 압박감은 경영자가 주주의 이익을 위해서 행동하도록 만드는 또 다른 인센티브를 제공한다. 예를 들어 2019년에, 장난감 제조 및 판매 글로벌 기업인 Hasbro는 영화와 TV시리즈를 제작 배포하는 엔터테인먼트 회사인 Entertainment One을 인수했다. 이를 통해 Hasbro는 자신이 갖고 있는 어린이용 TV 시리즈인 Peppa Pig와 Transformers 시리즈물에 더하여 20억$의 가치를 갖는 시리즈물을 획득하였다.

결론 기존의 이론과 증거들은 주주들이 기업의 지배권을 가지며, 주식회사의 목표는 주주들의 부(wealth)를 극대화하는 것이라는 견해와 일치한다. 그렇다 하더라도 경영자가 주주들에게 비용을 발생시키면서 적어도 일시적이라도 자신의 목표를 위한 행동을 취하는 경우는 있을 것이다.

이해관계자

지금까지의 논의는 경영자와 주주만이 기업의 의사결정에 이해관계를 갖는다고 가정한 것이었다. 그러나 이는 말할 것도 없이 너무 지나친 단순화이다. 근로자, 고객, 원재료 공급자, 심지어 정부를 포함한 모두가 기업과 금전적 이해관계를 갖고 있다.

이러한 다양한 집단들을 총체적으로 기업의 **이해관계자**(stakeholder)라고 부른다. 일반적으로 이해관계자는 주주나 채권자 외에 기업의 현금흐름에 대해 잠재적 청구권을 갖는 사람이다. 이해관계자들도 기업 소유주들에게 피해를 발생시키면서 기업에 대한 지배권을 행사하려고 할 수 있다.

이해관계자(stakeholder): 주주나 채권자 외에 기업의 현금흐름에 대해 잠재적 청구권을 갖는 사람

개념질문 _Concept Questions

1.5a 대리인관계란 무엇을 말하는가?
1.5b 대리인문제는 무엇이며, 그러한 문제는 왜 발생하는가? 대리인비용은 무엇인가?
1.5c 대규모 주식회사에서 경영자들로 하여금 주식가치를 극대화하도록 만드는 인센티브에는 어떤 것들이 있는가?

1.6 금융시장과 주식회사

앞에서 기업조직의 한 형태로서 주식회사가 갖는 주된 장점으로 다른 기업조직 형태보다 소유권의 이전이 쉽고 빠르게 될 수 있으며, 필요자금도 보다 쉽게 모을 수 있다는 점을 언급했다. 이러한 두 가지 장점은 모두 금융시장(financial market)이 존재함으로써 훨씬 더 커지며, 금융시장은 주식회사의 기업재무에 극히 중요한 역할을 한다.

기업의 현금유입과 현금유출

주식회사와 금융시장의 상호작용은 그림 1.2에 나타나 있다. 그림 1.2의 화살표들은 금융시장에서 기업으로의 현금흐름과 기업에서 금융시장에로의 현금흐름을 나타낸다.

현금을 마련하기 위해서 돈을 빌리거나 주식을 매각하는 기업에서 시작해보자. 금융시장에서 기업으로 현금이 흘러간다(A). 기업은 그 현금을 유동자산이나 고정자산에 투자한다(B). 이러한 자산들은 현금을 창출하며(C), 그중 일부는 법인세를 지불하는 데 사용된다(D). 세금이 지불된 후에 남는 현금흐름의 일부는 기업 내에 재투자된다(E). 나머지는 채권자나 주주들에게 지불되는 현금으로 금융시장에 되돌아간다(F).

금융시장도 다른 시장과 마찬가지로 구매자와 판매자가 서로 만나는 곳이다. 금융시장에서 거래되는 재화는 부채증권(debt security; 채권)과 지분증권(equity security; 주식)이다. 그러나 금융시장들은 세부적으로 보면 서로 다르다. 중요한 차이가 나는 측면은 거래되는 증권의 종류, 거래가 이루어지는 방법, 구매자와 판매자가 누구인가 하는 것들이다. 이러한 차이 중 몇 가지를 살펴보기로 한다.

그림 1.2
기업과 금융시장 간의 현금흐름

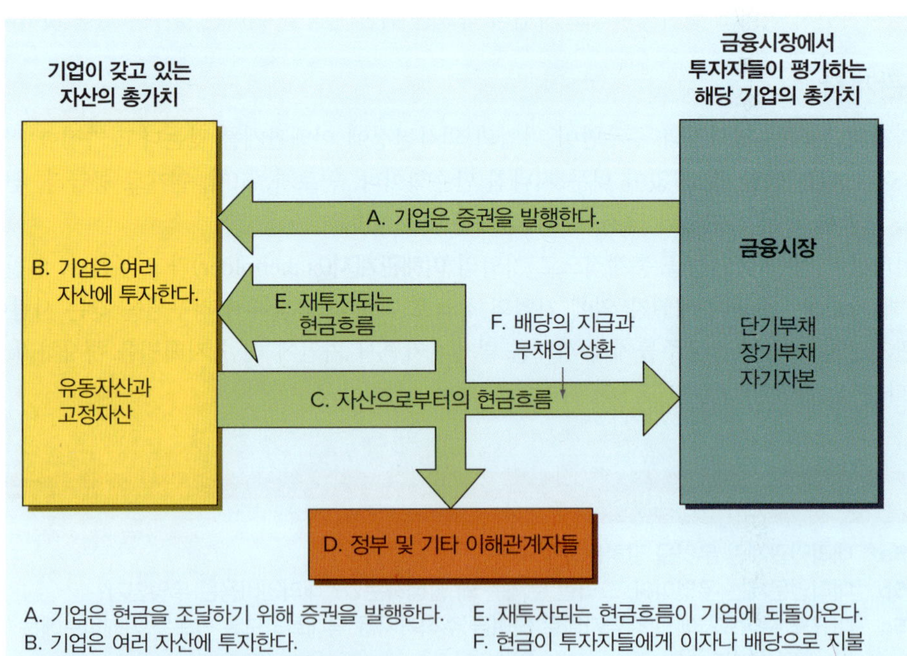

발행시장과 유통시장

금융시장은 채권과 주식의 발행시장(primary market)과 유통시장(secondary market)의 기능을 한다. 발행시장은 정부나 주식회사가 증권을 최초로 판매하는 시장을 의미한다. 유통시장은 발행된 증권이 거래되는 시장을 말한다. 주식은 당연히 주식회사만 발행한다. 채권은 정부와 주식회사 모두에 의해 발행된다. 이후의 논의에서는 주식회사의 증권에 대해서만 초점을 맞추기로 한다.

발행시장 발행시장(primary market)에서 주식회사는 증권을 판매함으로써 필요한 자금을 조달한다. 발행시장에서 주식회사는 공모(public offering, 公募)와 사모(private placement, 私募)라는 두 종류의 거래를 할 수 있다. 공모는 그 명칭에서 알 수 있듯이 일반 대중에게 증권을 판매하는 것을 의미한다. 반면에 사모는 특정한 구매자와의 협상을 통해 증권을 판매하는 것을 의미한다.

미국 법은 미국에서 채권과 주식을 공모하는 경우에는 미국증권거래위원회(Securities and Exchange Commission: SEC)에 등록하도록 하고 있다(참고: 우리나라에서는 증권거래법에 따라 금융감독위원회에 등록하여야 한다). 등록을 하기 위해서 기업은 증권을 판매하기 전에 많은 정보들을 공개하여야 한다. 공모를 위해 지불해야 하는 회계적, 법적 비용과 판매비용이 무시할 수 없을 정도로 클 수도 있다.

SEC에 대해 더 알아보려면 **www.sec.gov**를 참조하라.

부분적인 이유이지만, 공모에 따르는 여러 규제와 비용을 피하기 위해서 채권과 주식은 종종 생명보험회사나 뮤추얼펀드와 같은 대형 금융기관에 사적으로 판매되기도 한다. 사모를 하는 경우에는 SEC에 등록할 필요가 없으며 인수회사[underwriter; 일반 대중에게 증권을 파는 데 전문화한 투자은행(investment bank)]들을 통할 필요도 없다.

유통시장 유통시장(secondary market)에서의 거래는 증권을 소유하고 있는 사람이 다른 사람에게 증권을 파는 것을 의미한다. 따라서 증권의 소유권을 이전시키는 기능을 제공하는 것이 유통시장이다. 주식회사는 발행시장에서의 거래(현금을 얻기 위하여 증권을 파는 거래)에서만 시장과 직접적인 관계를 갖지만 유통시장은 주식회사에게 여전히 중요하다. 그 이유는 투자자들이 자신이 구입한 증권을 나중에 팔 수 있는 경우에만 발행시장에서 증권을 매입하려고 하기 때문이다. 표 1.2는 세계 전체적으로 주식시장의 규모를 대략적으로 살펴볼 수 있도록 큰 자본시장을 갖고

표 1.2
세계 10대 주식시장, 2018년(단위: 10억$)

1.	미국	$30,436
2.	중국	6,325
3.	일본	5,297
4.	홍콩특별행정구(중국)	3,819
5.	프랑스	2,366
6.	인도	2,083
7.	캐나다	1,938
8.	독일	1,755
9.	스위스	1,441
10.	한국	1,414
	전 세계 주식시장의 총가치	$68,654

출처: https://data.worldbank.org/indicator/CM.MKT.LCAP.CD, September 12, 2019.

있는 국가들과 이들 국가의 주식시장 총가치를 요약해서 보여주고 있다.

거래소에 대해 더 자세한 사항을 알기 위해서는 **www.nyse.com**과 **www.nasdaq.com**을 참조하라.

딜러시장과 경매시장 유통시장에는 경매시장(auction market)과 딜러시장(dealer market)이라는 두 종류의 시장이 있다. 일반적으로 말해, 딜러들은 자신을 위하여 증권을 사거나 팔며 그에 따르는 위험은 자신이 감수한다. 예를 들어 자동차 딜러의 경우 자동차를 사기도 하고 팔기도 한다. 이와는 대조적으로 브로커(broker)와 대리인(agent)은 구매자와 판매자를 연결시켜 주기만 하며, 거래되는 재화를 실제로 자신들이 소유하지는 않는다. 예를 들어 부동산 중개업자는 자신이 거래하는 집을 자신이 직접 사거나 팔지 않는다.

주식과 장기채권의 딜러시장은 장외시장[over-the-counter (OTC) market]이라고 부른다. 대부분의 채권거래는 장외시장에서 이루어진다. Over-the-counter는 글자 그대로 사무실의 계산대(counter)에서 증권이 판매되고 구매되던 과거 시절에 사용되던 표현이다. 오늘날 상당수의 주식시장과 대부분의 장기채권시장은 어떤 중심되는 거래장소를 갖고 있지 않으면서 많은 딜러들이 전자시설로 연결되어 형성되고 있다.

경매시장은 두 가지 측면에서 딜러시장과 차이가 난다. 첫째, 경매시장 또는 거래소(exchange)는 물리적 거래장소(예: Wall Street)를 갖는다. 둘째, 딜러시장에서는 대부분의 거래가 딜러들에 의해 이루어지는 반면에 경매시장의 주목적은 구매를 원하는 쪽과 판매를 원하는 쪽을 연결시켜주는 것이다.

증권거래 미국에서 대기업의 주식은 대부분 조직화된 경매시장에서 거래된다. 이러한 경매시장으로 가장 큰 곳은 뉴욕증권거래소(New York Stock Exchange: NYSE)이다. 증권거래소 외에도 주식이 거래되는 대규모 장외(OTC)시장이 있다. 1971년 전국증권딜러협회(National Association of Securities Dealers: NASD)는 딜러와 브로커들에게 나스닥(NASDAQ)이라고 불린 전자호가시스템을 사용할 수 있도록 했다[나스닥은 NASD에 자동호가(Automated Quotation)시스템의 약자를 붙인 것이다]. 나스닥에 상장된 회사들의 규모는 뉴욕증권거래소에 비해 작으며 거래도 상대적으로 덜 빈번하게 이루어지고 있다. 물론 예외적인 경우도 있는데, 예를 들어 Microsoft와 Intel은 모두 장외시장에서 거래되고 있다. 이러한 경우를 포함하더라도 나스닥 주식의 총가치는 뉴욕증권거래소 주식의 총가치보다 훨씬 적다.

미국 밖에도 크고 중요한 금융시장들이 많이 있으며, 점점 더 많은 미국 기업들이 필요한 자금을 조달하기 위해서 이러한 시장들을 살펴보고 있다. 도쿄 증권거래소(Tokyo Stock Exchange: TSE)와 런던 증권거래소(London Stock Exchange: LSE)는 매우 잘 알려져 있다. 장외시장이 물리적 장소를 갖고 있지 않다는 사실은 국가들 간의 국경이 큰 장벽으로 작용하지 않는다는 것을 의미하며, 현재 거대한 국제적 장외채권시장이 존재하고 있다. 세계화(globalization)로 인하여 전 세계적으로 볼 때 금융시장들에서의 거래는 시간적으로 멈추지 않고 지속적으로 발생하고 있다.

상장 조직화된 거래소에서 거래되는 주식은 해당 거래소에 상장(listing)되어 있다고 말한다. 거래소에 상장하기 위해서 기업은 해당 거래소가 요구하는 최소한의 기준(예: 자산규모와 주주의 수)을 충족시켜야 한다. 이러한 기준은 거래소마다 다르다.

뉴욕증권거래소는 미국에서 가장 엄격한 요구조건을 내세우고 있다. 예를 들어 뉴욕증권거래소에 상장되기 위해서는 일반 대중이 소유하고 있는 해당 기업 주식의 시장가치가 최소한 1억 $가 되어야 한다. 이 밖에도 순이익, 자산, 발행주식수에 대해서도 최소한의 기준이 주어져 있다.

개념질문 _Concept Questions

1.6a 딜러시장이란 무엇인가? 딜러시장과 경매시장은 어떻게 다른가?
1.6b 장외(OTC)시장이란 무엇인가? 주식이 거래되는 가장 큰 장외시장은 무엇인가?
1.6c 미국에서 가장 큰 경매시장은 어떤 시장인가?

요약과 결론 1.7

이 장은 기업재무에서의 몇 가지 기본개념에 대해 설명하고 있다.

1. 기업재무는 세 가지 중요한 영역을 갖고 있다.
   a. 자본예산: 기업은 어떤 장기투자를 해야 하는가?
   b. 자본구조: 기업은 투자에 필요한 장기자금을 어떻게 조달할 것인가? 다시 말해 부채(타인자본)와 자기자본의 구성비율을 어떻게 하여 기업활동에 필요한 자금을 조달해야 하는가?
   c. 운전자본관리: 기업은 매일의 재무활동을 어떻게 관리해야 하는가?
2. 이익을 추구하는 기업에서 재무관리의 목표는 주식의 가치(다시 말해 주식의 시장가치)를 증가시키는 의사결정을 하는 것이다.
3. 주식회사라는 기업조직은 다른 기업조직들보다 필요한 자금을 모으고 소유권을 이전하는 데 있어서 우월하다. 하지만 발생한 이익에 대해 이중과세된다는 중대한 불이익을 받고 있다.
4. 대규모 주식회사에서는 주주와 경영자 사이의 이해관계가 충돌할 가능성이 있다. 이러한 충돌을 대리인문제라고 하며, 우리는 이러한 문제를 어떻게 관리하여 대리인비용을 감소시킬 수 있는가에 대해 간단히 살펴보았다.
5. 주식회사 형태의 기업조직이 갖는 장점은 금융시장이 존재함으로써 더 커진다. 금융시장은 발행시장과 유통시장이라는 두 가지 기능을 하며, 딜러시장이나 경매시장 중 어느 하나로 조직될 수 있다.

이상에서 논의한 주제들 중에서 가장 중요한 것은 "주식가치의 극대화"라는 재무관리의 목표이다. 우리는 이 책을 통해서 앞으로 많은 종류의 재무적 의사결정들에 대해 살펴볼 것이다. 그러나 그 모든 경우에서 우리가 던지는 질문은 항상 다음과 동일한 질문일 것이다. "고려 중인 의사결정은 주식의 시장가치에 어떤 영향을 미치는가?"

개념복습과 개념질문

1. **재무의사결정 [LO1]** 세 종류의 재무적 의사결정에 대해 언급하라. 각 종류의 의사결정과 관련된 기업활동의 예를 들어보라.
2. **개인회사와 합명 · 합자회사 [LO3]** 개인회사와 합명 · 합자회사의 네 가지 중요한 단점은 무엇인가? 주식회사와 비교해 갖는 장점은 무엇인가?
3. **주식회사 [LO3]** 주식회사 형태의 기업조직이 갖는 가장 큰 단점은 무엇인가? 주식회사의 장점을 적어도 두 가지 들어보라.
4. **사베인스-옥슬리(Sarbanes-Oxley) [LO4]** 사베인스-옥슬리법에 반응하면서 미국의 많은 중소기업들은 그들의 주식을 미국 주식시장에서 거래되지 않도록(go dark) 하고 있다. 기업들이 그렇게 하는 이유는 무엇인가? 주식시장에서 주식을 거래시키지 않을 때 발생하는 비용은 무엇인가?
5. **기업재무조직 [LO1]** 대규모 주식회사에서 최고재무관리자에게 보고하는 두 개의 하부조직은 각각 어떤 부서인가? 어느 부서가 기업재무의 초점이 되는가?
6. **재무관리의 목표 [LO2]** 재무관리자의 활동에 항상 동기를 부여하는 것은 어떤 목표인가?
7. **대리인문제 [LO4]** 주식회사를 소유하는 것은 누구인가? 주식회사의 소유주들이 기업의 경영을 어떻게 통제하는가를 설명하라. 주식회사에서 대리인관계가 존재하는 주된 이유는 무엇인가? 대리인관계에서 어떤 문제가 발생할 수 있는가?
8. **발행시장과 유통시장 [LO3]** 당신은 아마도 신문에서 어떤 회사의 증권을 최초 공모(initial public offering: IPO)한다는 기사를 본 적이 있을 것이다. IPO는 발행시장 거래인가, 유통시장 거래인가?
9. **경매시장과 딜러시장 [LO3]** 뉴욕 증권거래소를 경매시장이라고 말할 때 이는 무엇을 의미하는가? 경매시장은 딜러시장과 어떻게 다른가? 나스닥은 어떤 종류의 시장인가?
10. **비영리기업의 목표 [LO2]** 당신이 비영리법인(예: 병원)의 재무관리자라고 하자. 이 경우 재무관리자의 목표로 어떤 목표가 적절하다고 생각하는가?
11. **기업의 목표 [LO2]** 다음의 표현을 평가하라. "경영자는 현재의 주식가치에 초점을 맞추어서는 안 된다. 왜냐하면 그렇게 할 경우 너무 단기적인 이익만을 강조하게 되어 장기적인 이익을 소홀히 하기 때문이다."
12. **윤리와 기업목표 [LO3]** 주식가치의 극대화라는 기업의 목표는 비윤리적이거나 불법적인 행위를 하지 않는다는 것과 충돌하는 목표인가? 특히 고객이나 종업원의 안전, 환경, 사회 전체의 행복과 같은 것들은 이 목표와 조화되는 것인가, 아니면 이 목표에서는 기본적으로 무시되고 있는 것인가?
13. **국제적 기업의 목표 [LO2]** 다른 국가에서 활동하는 기업은 주식가치의 극대화라는 기업의 목표와는 다른 기업의 목표를 가져야 하는가? 왜 그런가, 왜 그렇지 않은가?
14. **대리인문제 [LO4]** 당신이 어떤 기업의 주식을 소유하고 있다고 하자. 현재 주가는 주당 25$이다. 한편, 다른 회사가 당신 회사를 인수하기 원하며 현재 발행되어 있는 모든 주식에 대해서 주당 35$를 지급하겠다고 발표했다고 하자. 당신 회사의 경영진은 곧바로 이러한 적대적 주식매수에 대해 대응하기 시작한다. 경영진의 이러한 행동은 주주의 이익을 최대화하는 행동인가? 왜 그런가, 왜 그렇지 않은가?
15. **대리인문제와 주식회사의 소유구조 [LO4]** 주식회사의 소유구조는 국가들마다 다르다. 미국의 경우에는 역사적으로 개인들이 상장기업 주식의 대부분을 소유하고 있다. 그러나 독일이나 일본에서는 은행이나 기타 대형 금융기관, 다른 기업들이 상장기업 주식의 대부분을 소유하고 있다.

당신은 미국에서보다 독일이나 일본에서 대리인문제가 더 심각할 수 있다고 생각하는가 아니면 덜 심각할 수 있다고 생각하는가? 그 이유는? 최근에는 미국에서도 뮤추얼펀드나 연금기금(pension fund) 등 대형 금융기관들이 주식의 지배적 소유주들이 되고 있다. 또한 이러한 기관들은 주식회사들의 활동에 더 적극적으로 개입하고 있다. 대리인문제와 기업지배권의 측면에서 이러한 추세가 의미하는 것은 무엇인가?

16. **중역에 대한 보상 [LO4]** 미국 기업들의 최고경영진에 대한 보상이 너무 높기 때문에 줄여야 한다는 비판이 미국에서 제기되었었다. 대기업의 경우를 보면, 예를 들어 Advanced Micro Devices의 CEO인 Lisa Su는 2019년에 59백만$를 받았다. 이러한 보상은 너무 많은 것인가? 답을 하기 전에, 슈퍼스타 운동선수인 LeBron James, 톱 연예인 Taylor Swift와 Dwayne Johnson을 비롯한 각 분야의 정상 위치에 있는 다른 사람들도 이보다 더 많이는 아니지만 적어도 이 정도는 번다는 사실을 알면 도움이 될 것이다.

작은 사례

McGee Cake Company

2016년 초에 Doc과 Lyn McGee는 McGee Cake Company를 설립했다. 이 회사는 모든 종류의 케이크를 생산하는데 주요 제품에는 체스 케이크,* 레몬파운드 케이크, 더블 아이스 케이크, 더블 초콜릿 케이크 등이 있다. 두 사람은 각자 현재의 일을 하면서 별도로 이 회사를 차렸다. Doc은 빵 굽는 일을 하고, Lyn은 마케팅, 유통 문제를 관리한다. 좋은 품질과 좋은 마케팅으로 인해 회사는 매우 빠른 속도로 성장해갔다. 2021년 초에 McGee Cake는 기업 관련 유명 잡지에 소개되었고, 그해 말에는 전문식품 잡지의 선두를 달리고 있는 *Gourmet Desserts*에도 소개되었다. *Gourmet Desserts*에 기사가 실린 후에 판매량이 급팽창하여 전 세계에서 주문이 밀려들기 시작했다.

판매량이 증가함에 따라 Doc과 Lyn은 자신이 따로 하던 일을 그만두었다. 급증하는 수요에 맞추기 위해 근로자들이 추가로 고용되었다. 하지만 불행하게도 빠른 성장으로 인해 현금흐름과 생산능력 문제에 봉착하게 되었다. 최대량의 케이크가 생산되고 있었지만 수요는 계속 증가하고 있었다. 더욱이 전국적 체인망을 갖고 있는 슈퍼마켓 체인 기업으로부터 전 매장에 케이크를 공급해줄 것을 요청받고 있으며, 전국적 체인망을 갖고 있는 레스토랑 체인 업체와는 브랜드 표시 없이 케이크를 공급하기로 계약했다.

Doc과 Lyn은 회사를 개인회사 형태로 운영했다. 이들이 당신에게 회사의 경영과 성장 방향에 대해 조언을 구하려고 한다. 이들은 당신에게 구체적으로 다음과 같은 질문을 하였다.

*체스 케이크는 매우 맛있으며, 치즈 케이크와는 다른 종류이다.

질문

1. 회사 형태를 개인회사에서 LLC 형태로 바꿀 때 그 이점과 불리한 점은 무엇인가?
2. 회사 형태를 개인회사에서 주식회사로 바꿀 때 그 이점과 불리한 점은 무엇인가?
3. 당신은 어떤 것을 추천하겠는가? 그 이유는?

2 재무제표, 세금, 현금흐름

Financial Statements, Taxes, and Cash Flow

2020년 초에 시작된 COVID-19는 많은 산업에 영향을 미쳤다. 그 가운데서 가장 큰 타격을 입은 산업은 항공산업이다. 국제항공운송협회(IATA)는 항공운송량이 48%, 항공산업의 매출액이 55% 감소한 것으로 추정했으며, 이에 따라 항공회사들은 큰 손실을 입었다. 예를 들어 유나이티드 항공회사는 2020년 1분기에 약 20억$의 손실이 발생했으며, COVID-19 상황이 지속된다면 손실은 이보다 더 커질 것으로 보았다. 이 회사가 예측한 2020년 5월 한 달 동안의 탑승객 수는 과거 통상적인 5월 하루 동안의 탑승객 수보다도 적었다.

물론 전 세계적 팬데믹이 기업들의 손실을 발생시킨 이유의 전부는 아니다. 2019년 중반에 Procter & Gamble은 자사의 Gillette 브랜드의 가치 하락으로 80억$에 가까운 손실처리를 발표했다. 이보다 두 달 전에 Disney는 자사가 투자한 Vice Media의 가치 하락으로 4억$의 손실처리를 발표했다.

항공회사의 적자로 인해 이 회사의 주주들도 손실을 본 것인가? 당연히 그렇다. 그렇다면 Procter & Gamble과 Disney가 회계상으로 손실처리를 했을 때도 이 회사의 주주들이 손실을 본 것인가? 손실을 봤다고 할 수 없다. 그 이유를 알기 위해서는 이 장의 주제이면서 극히 중요한 개념인 현금흐름(cash flow)에 대해 이해해야 한다.

학습목표 _Learning Objectives

이 장을 공부한 후에는 다음과 같은 것들에 대해 알아야 한다.

LO1 회계적 가치(장부가치)와 시장가치의 차이

LO2 회계적 이익과 현금흐름의 차이

LO3 평균세율과 한계세율의 차이

LO4 재무제표를 활용하여 현금흐름을 구하는 방법

이 장에서는 재무제표, 세금, 현금흐름에 대해 살펴볼 것이다. 우리가 강조하는 것은 재무제표의 작성법이 아니라 재무제표가 재무적 의사결정을 하는 데 필요한 주요 정보들을 제공하는 자료가 된다는 점을 인식하여, 재무제표를 간단히 살펴봄으로써 재무제표로부터 유용한 정보를 알아내는 것에 대한 것이다. 특히 현금흐름(cash flow)인 것과 현금흐름이 아닌 것의 구별에 초점을 맞추면서 현금흐름(cash flow)과 관련된 구체적 사항에 대해 살펴볼 것이다.

이 장을 읽어가면서 두 가지의 종류의 중요한 차이점에 특별한 주의를 기울이기 바란다. (1) 회계적 가치(accounting value)와 시장가치(market value)의 차이, (2) 회계적 순이익(accounting income)과 현금흐름(cash flow)의 차이. 이들의 차이를 인식하는 것은 이 책 전체적으로 매우 중요한 것이다.

2.1 재무상태표

재무상태표(statement of financial position, balance sheet): 특정한 날짜를 기준으로 기업의 자산과 부채와 자기자본의 회계적 가치를 보여주는 재무제표

재무상태표(statement of financial position, balance sheet)는 한순간을 사진 찍는 것처럼 한 시점에서 본 기업의 상황을 나타낸 것이다. 이는 특정 시점에서 한 기업이 무엇을 소유하고 있으며(자산: asset), 무엇을 빚지고 있는지(부채: liability), 그리고 이 둘 사이의 차이(자기자본: shareholders' equity)는 무엇인지를 체계적으로 요약해서 보여주는 편리한 도구이다. 그림 2.1은 재무상태표가 어떻게 구성되는지를 보여주고 있다. 그림에서 알 수 있듯이 재무상태표의 왼쪽은 기업의 자산들을 나타내며, 오른쪽은 부채와 자기자본을 나타내고 있다.

자산: 재무상태표의 왼쪽

기업들의 재무정보를 살펴볼 수 있는 매우 유용한 세 사이트는 **finance.yahoo.com**, **finance.google.com**, **www.reuters.com/finance/markets**이다.

자산들은 유동자산(current asset)이나 고정자산(비유동자산)[fixed asset (non-current asset)] 중 하나로 구별되어 기록된다. 고정자산은 상대적으로 긴 수명을 갖는 자산이다. 고정자산은 트럭이나 컴퓨터처럼 유형자산(tangible asset)일 수도 있고, 상표나 특허처럼 무형자산(intangible asset)일 수도 있다. 유동자산은 1년 미만의 수명을 갖는 자산을 말한다. 이는 12개월 내에 해당 자산이 현금으로 전환된다는 것을 의미한다. 예를 들어 재고(inventory)는 통상 1년 이내에 구매되어 판매되며, 따라서 유동자산으로 분류된다. 현금은 당연히 유동자산이다. 매출채권[외상매출금(accounts receivable); 고객이 해당 기업에 대해 빚지고 있는 돈]도 유동자산이다.

부채와 자기자본: 재무상태표의 오른쪽

부채는 재무상태표의 오른쪽에 맨 처음 기록되는 항목이다. 부채는 유동부채(current liabilities)와 장기부채(비유동부채)[long-term liabilities (non-current liabilities)]로 구분된다. 유동부채는 유동자산처럼 1년 미만의 수명을 갖는다. 이는 1년 이내에 해당 기업이 갚아야 한다는 것을 의미한다. 매입채무[(외상매입금: accounts payable); 해당 기업이 원재료 공급자에게 지고 있는 빚]는 유동부채이다.

다음 해까지 갚지 않아도 되는 부채는 장기부채(비유동부채)로 분류된다. 예를 들어 5년 후에 갚아야 하는 차입금은 장기부채이다. 기업은 다양한 방법으로 장기적으로 돈을 빌린다. 장

그림 2.1

재무상태표:
왼쪽: 자산의 총가치
오른쪽: 부채 및 자기자본의 총가치

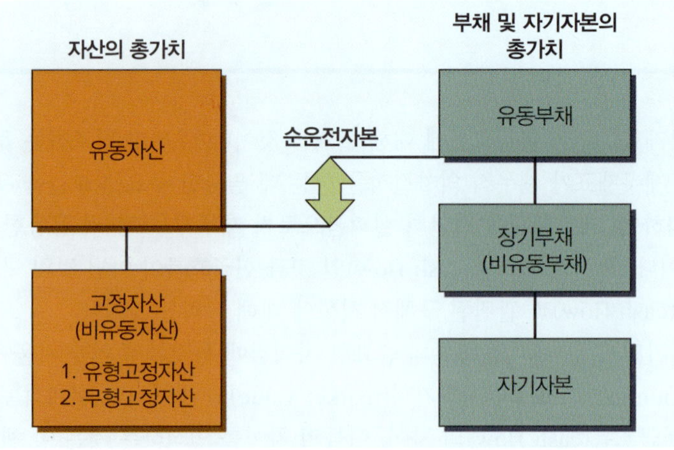

기부채(long-term debt)와 장기채권자(long-term creditor)를 흔히 채권(bond)과 채권자(bondholder)라고 부른다.[1]

마지막으로 총자산[유동자산 + 고정자산(비유동자산)]의 가치와 총부채(유동부채 + 장기부채)의 차이는 정의상 자기자본(shareholder's equity)이다. 자기자본은 보통주 지분(common equity) 또는 소유주 지분(owner's equity)으로 부르기도 한다. 재무상태표의 이러한 배열은 기업이 자신의 자산 전부를 팔아 들어온 돈을 부채를 갚는 데 사용하고, 남는 가치는 모두 주주들에게 속한다는 사실을 반영하기 위한 것이다. 따라서 재무상태표는 왼쪽과 오른쪽의 가치가 항상 일치하기 때문에 "균형"을 이룬다. 다시 말해 기업이 갖고 있는 자산의 가치는 기업의 부채와 자기자본의 합과 일치한다.

자산(assets) = 부채(liabilities) + 자기자본(shareholders' equity) **[2.1]**

위의 표현은 재무상태표 항등식이며, 자산과 부채의 차이를 자기자본으로 정의하기 때문에 이러한 관계는 항상 성립한다.

순운전자본

그림 2.1에 표현되어 있는 바와 같이 유동자산과 유동부채의 차이는 **순운전자본**(net working capital)이라고 부른다. 순운전자본은 유동자산이 유동부채보다 클 때 양(+)의 값을 갖는다. 유동자산과 유동부채의 정의에 의하면 이는 앞으로 12개월 동안 사용할 수 있는 현금이 같은 기간 동안에 갚아야 하는 현금의 크기보다 크다는 것을 의미한다. 따라서 재무상태가 건전한 기업의 순운전자본은 일반적으로 양(+)의 값을 갖는다.

순운전자본(net working capital): 유동자산에서 유동부채를 빼준 것

재무상태표의 작성 — 예제 2.1

어떤 기업이 유동자산 100$, 순고정자산 500$, 단기부채 70$, 장기부채 200$를 갖고 있다. 이 기업의 재무상태표는 어떻게 구성되겠는가? 자기자본의 크기는 얼마인가? 순운전자본의 크기는?

이 경우 총자산은 $100 + $500 = 600$이며, 총부채는 $70 + $200 = 270$이다. 따라서 자기자본은 $600 − $270 = 330$가 된다. 재무상태표는 다음과 같이 될 것이다.

자산		부채 및 자기자본	
유동자산	$100	유동부채	$ 70
순고정자산	500	장기부채	200
		자기자본	330
자산 총계	$600	부채 및 자기자본 총계	$600

순운전자본은 유동자산과 유동부채의 차이인 $100 − $70 = 30$이다.

[1] owner's equity, shareholder's equity, stockholder's equity는 모두 기업의 자기자본(equity)을 표현하는 용어로 사용되고 있다. 또한 순가치(net worth)라는 표현도 사용된다. 이외에 다른 표현들이 사용되기도 한다.

표 2.1
재무상태표

U.S. CORPORATION 2020년과 2021년 재무상태표(statement of financial position, balance sheet) (단위 : 백만$)					
자산(assets)			부채 및 자기자본(liabilities and owners' equity)		
	2020	2021		2020	2021
유동자산(current assets)			유동부채(current liabilities)		
현금(cash)	$ 104	$ 221	매입채무(외상매입금: accounts payable)	$ 232	$ 266
매출채권(외상매출금: accounts receivable)	455	688	지급어음(notes payable)	196	123
재고(inventory)	553	555	합계	$ 428	$ 389
합계	$1,112	$1,464			
고정자산(비유동자산) (fixed assets, noncurrent assets)					
순고정자산 (고정자산−누적감가상각비)	$1,644	$1,709	장기부채(비유동부채) (long-term debt, noncurrent liabilities)	$ 408	$ 454
			자기자본(owners' equity)		
			보통주와 자본잉여금	$ 600	$ 640
			누적이익잉여금 (누적유보이익: retained earnings)	1,320	1,690
			합계	$1,920	$2,330
자산 총계(total assets)	$2,756	$3,173	부채 및 자기자본 총계	$2,756	$3,173

표 2.1은 한 가상 기업인 U.S. Corporation의 단순화한 재무상태표를 보여주고 있다. 재무상태표의 자산들은 현금화하는 데 걸리는 기간이 짧은 것부터 기록된다. 마찬가지로 부채의 경우에도 갚아야 하는 기간이 짧은 순서로 기록된다.

어떤 기업의 자산구조는 그 기업이 하는 사업(속해 있는 산업)을 반영하며, 또한 현금과 재고를 얼마나 갖고 있을 것인가와 신용정책(외상매출정책), 고정자산에 대한 투자규모 등에 대한 경영자의 의사결정을 반영한다.

Disney는 투자자들을 위한 사이트를 운영하고 있다. **thewaltdisneycompany.com/investors**를 참조하라.

재무상태표의 부채는 자본구조(capital structure)에 대한 경영자의 의사결정과 단기부채 사용에 대한 경영자의 의사결정을 반영한다. 예를 들어 2021년 U.S. Corporation의 총장기부채는 454$, 총자기자본은 $640 + $1,690 = 2,330$였으며, 따라서 총장기자금은 $454 + $2,330 = 2,784$였다(단위는 백만$이다). 이 중 16.31%(= $454/$2,784)가 장기부채였다. 이 비율은 U.S. Corporation의 경영진이 이전에 선택한 자기 회사의 자본구조에 대한 의사결정을 반영하고 있는 것이다.

재무상태표를 살펴볼 때는 유동성, 부채와 자기자본, 시장가치와 장부가치라는 세 가지 점에 특별히 유의해서 살펴보아야 한다.

대부분의 미국 상장기업들의 연간 또는 분기(3개월)별 재무제표를 포함한 많은 정보는 **www.sec.gov**에 있는 EDGAR 데이터베이스에서 찾을 수 있다.

유동성

유동성(liquidity)은 자산을 현금으로 전환하는 데 따르는 신속성과 용이성을 의미한다. 금(gold)은 상대적으로 유동성이 매우 높은 자산이고, 주문 제작된 생산설비는 유동성이 매우 낮은 자산이다. 실제로 어떤 자산의 유동성은 전환의 용이성과 가치의 상실이라는 두 차원에서 판단된다. 가격을 충분히 낮춘다면 어떠한 자산이라도 쉽게 현금으로 바로 전환될 수 있다. 따라서 유동성이 높은 자산이란 중대한 가치손실 없이 빠르게 판매될 수 있는 자산을 의미한다. 유동성이 낮은 자산은 가격을 상당히 낮추지 않고는 빠르게 현금으로 전환되지 않는 자산을 말한다.

통상적으로 자산은 유동성이 떨어지는 순서로 재무상태표에 기록된다. 다시 말해 더 높은 유동성을 갖는 항목이 더 먼저 기록된다. 유동자산은 상대적으로 유동성이 높은 것으로 현금과 12개월 내에 현금으로 전환될 것으로 예상되는 자산들이 포함된다. 예를 들어 외상매출금은 판매 후 고객으로부터 아직 대금이 회수되지 않는 금액을 말하므로 당연히 가까운 미래에 현금화될 것으로 기대될 수 있다. 재고는 많은 기업들에 있어서 유동자산 중에서 가장 유동성이 떨어지는 자산이다.

대부분의 고정자산은 상대적으로 유동성이 낮다. 고정자산에는 빌딩이나 설비와 같이 (현금을 창출하기 위해 사용되지만) 일상적인 기업 활동을 통해서는 현금으로 전혀 전환되지 않는 유형자산이 포함된다. 상표와 같은 무형자산들은 물리적 존재를 갖지 않지만 매우 가치가 큰 자산일 수 있다. 유형고정자산과 마찬가지로 무형고정자산도 일상적인 기업활동을 통해서는 현금으로 전환되지 않으며, 따라서 일반적으로 비유동적이라고 본다.

유동성은 가치를 갖는 것이다. 어떤 사업이 갖는 유동성이 크면 클수록 재무적 곤경(financial distress; 부채를 갚거나 필요한 자산을 구매하기 어려운 상황)에 처할 가능성은 낮아진다. 그러나 일반적으로 유동성이 있는 자산은 수익성이 떨어지는 자산이다. 예를 들어 현금을 소유하는 것은 모든 투자 중에서 가장 유동성이 높은 투자이다. 그러나 현금은 때때로 수익을 전혀 발생시키지 않고 그냥 그대로 있는 경우가 있다. 따라서 유동성을 확보하는 것은 유동성이 가져다주는 혜택과 유동성으로 인해 발생하는 잠재적 이익의 상실이라는 상호교환관계를 발생시킨다.

COVID-19 팬데믹은 유동성의 중요성을 부각시켰다. 2019년 후반에 Apple이나 Microsoft 같은 대형 테크기업들은 엄청난 현금을 보유하고 있는 것에 대해서 여론의 비판을 받았다. 그러나 이 기업들은 2020년 봄에 미국 정부가 취한 이동 제한 조치로 경기가 급격히 하락하고 있을 때 잘 버텨냈다. 하지만 거대 자동차 렌트 회사인 Hertz와 대형 소매 유통기업인 J.C. Penney는 현금 고갈로 더 이상 회사를 운영할 수 없게 되었다.

부채와 자기자본

돈을 빌리는 경우에 통상적으로 기업은 돈을 빌려주는 사람(채권자)에게 기업의 현금흐름에 대해 우선청구권을 준다. 주주들은 채권자에게 지불하고 남는 부분인 잔여가치(residual value)에 대해서만 권리를 갖는다. 이러한 잔여 부분의 가치가 기업의 자기자본이며, 기업이 갖고 있는 자산의 총가치에서 기업의 총부채의 가치를 뺀 것이다.

자기자본(shareholder's equity) = 자산(assets) − 부채(liabilities)

회계에서는 자산에서 부채를 뺀 나머지 부분을 자기자본으로 정의하고 있기 때문에 회계적 관점에서 이러한 관계는 맞다. 더 중요한 것은 경제적 관점에서도 이러한 관계가 맞는다는 것이다. 즉 기업이 자신의 자산을 팔아 빚을 갚고 남는 현금은 주주들의 몫이 된다는 것이다.

기업의 자본구조에서 부채의 사용을 재무레버리지(financial leverage)라고 부른다. 기업이 더 많은 부채(자산에 대한 비율로 볼 때)를 갖고 있을 때 기업의 재무레버리지도(degree of financial leverage)는 더 커진다. 나중 장들에서 논의할 것이지만, 부채의 사용이 이익이나 손실을 확대시킬 수 있다는 점에서 부채는 마치 지렛대와 같은 역할을 한다. 따라서 재무레버리지는 주주들에게 돌아가는 잠재적 보상을 증가시키면서 동시에 재무적 곤경이나 사업실패의 가능성도 증가시킨다.

시장가치와 장부가치

일반적으로 인정된 회계원칙(Generally Accepted Accounting Principles: GAAP): 회계감사를 받는 재무제표를 작성하는 기준과 절차에 관한 일반원칙

재무상태표에 나타나는 자산의 가치는 장부상의 가치로, 일반적으로 자산들이 갖는 실제 가치를 나타내지 않는다. **일반적으로 인정된 회계원칙**(Generally Accepted Accounting Principles: GAAP)에 따라서 감사를 받는 재무제표는 자산을 역사적 비용(historical cost)으로 기록한다. 다시 말해 자산은 얼마나 오래전에 구입되었는지, 현재 얼마의 가치를 갖는지에 관계없이 구입을 위해 기업이 지불한 금액대로 장부에 기록된다.

유동자산의 경우에는 시장가치와 장부상에 기록된 장부가치가 큰 차이가 나지 않을 수 있다. 왜냐하면 유동자산은 상대적으로 짧은 기간 내에 구입되고 현금화되기 때문이다. 그러나 그렇지 않은 경우에 두 가치가 크게 다를 수 있다. 더욱이 고정자산의 경우에는 실제 시장가치(매각한다면 받을 수 있는 금액)가 장부가치와 동일하게 나타나는 것은 순전히 우연일 것이다. 예를 들어 철도회사는 한 세기 전이나 그 이전에 엄청난 면적의 땅을 구입하여 소유하고 있을 수 있다. 철도회사가 현재 땅을 팔 경우 받을 수 있는 금액은 그 당시에 지불한 금액의 수백, 수천 배가 될 수 있다. 그렇지만 철도회사의 재무상태표는 구입한 땅의 가치를 그 역사적 비용으로 기록한다.

미국 회계기준위원회(Financial Accounting Standards Board: FASB)의 홈페이지는 **www.fasb.org**이다.

시장가치와 장부가치의 차이는 회계적 수치로 표시된 이익이나 손실의 의미를 이해하는 데 중요하다. 예를 들어 때때로 회계처리 기준은 변하며 그에 따라 어떤 자산의 장부가치는 감소할 수 있다. 하지만 회계처리 기준의 변화는 어떤 자산이 갖는 실제 가치에 아무런 영향을 미치지 못한다. 한 자산의 시장가치는 그 자산과 관련된 위험성이나 현금흐름과 같은 것들에 의해 영향을 받는 것이며, 위험성이나 현금흐름은 회계와는 아무런 관련을 갖지 않는다.

재무상태표는 잠재적으로 많은 사람들에게 유용하게 이용된다. 원재료 공급자는 해당 기업이 자신의 청구대금을 얼마나 빨리 갚을 수 있는지를 알아보기 위해 해당 기업의 재무상태표에서 매입채무(외상매입금)의 크기를 살펴볼 수 있다. 잠재적 채권자는 재무상태표를 통해 해당 기업의 유동성과 재무레버리지도를 살펴보려 할지도 모른다. 또한 기업 내부적으로도 재무상태표를 통해 경영자는 자기 기업이 현재 갖고 있는 현금이나 재고의 크기를 알아볼 수 있다. 이러한 용도로 재무상태표를 이용하는 것에 대해서는 3장에서 보다 자세히 살펴본다.

경영자나 투자자는 기업의 가치를 알고 싶어 한다. 그러나 그러한 정보는 재무상태표에 나타나지 않는다. 재무상태표에 나타나는 자산의 가치는 역사적 비용을 나타내므로 재무상태표에 나타나는 자산의 총가치와 기업의 가치가 어떤 필연적 관련성을 갖는 것은 아니다. 기업이 갖고 있는 유능한 경영진, 명성, 유능한 직원들과 같이 기업에서 가장 가치 있는 자산들은 재무상태표에 전혀 나타나지 않는다.

마찬가지로 재무상태표에 나타나는 자기자본의 수치와 자기자본의 실제 가치가 서로 관련이 있을 필요도 없다. 예를 들어 2019년 후반에 IBM의 자기자본 장부가치는 약 176억$였지만 시장가치는 1,290억$였다. 같은 시기에 Alphabet의 자기자본 장부가치는 1,720억$였고, 시장가치는 8,310억$였다.

재무관리자에게 자기자본의 장부가치는 특별한 관심사가 아니다. 중요한 것은 시장가치

(market value)이다. 따라서 우리가 어떤 기업의 자산가치라든가 기업가치에 대해서 말할 때는 우리는 그것의 시장가치를 의미한다. 그렇기 때문에 재무관리자의 목표가 주식가치를 높이는 것이라고 말할 때의 주식가치는 주식의 시장가치를 의미하는 것이다.

시장가치와 장부가치 예제 2.2

Klingon은 장부가치 700$의 고정자산을 갖고 있는데 그 시장가치는 약 1,000$로 평가되었다. 장부상으로 나타나는 순운전자본은 400$이지만 모든 유동자산을 처분한다면 약 600$가 될 것으로 평가되었다. Klingon은 장부가치와 시장가치가 동일한 500$의 장기부채를 갖고 있다. 자기자본의 장부가치는 얼마인가? 시장가치는?

우리는 두 개의 단순화한 재무상태표를 작성해볼 수 있다. 하나는 회계적(장부가치)으로 작성되는 것이고, 다른 하나는 경제적(시장가치)으로 작성되는 것이다.

KLINGON CORPORATION
재무상태표
시장가치와 장부가치

	자산			부채 및 자기자본	
	장부가치	시장가치		장부가치	시장가치
순운전자본	$ 400	$ 600	장기부채	$ 500	$ 500
순고정자산	700	1,000	자기자본	600	1,100
	$1,100	$1,600		$1,100	$1,600

이 예에서 자기자본의 실제 가치는 장부가치의 거의 두 배로 나타난다. 장부가치와 시장가치의 구별이 중요한 이유는 장부가치가 진정한 가치인 경제적 가치와 크게 다를 수 있기 때문이다.

개념질문 _Concept Questions

2.1a 재무상태표 항등식이란 무엇인가?
2.1b 유동성이란 무엇인가? 유동성은 왜 중요한가?
2.1c 재무레버리지가 의미하는 것은 무엇인가?
2.1d 회계적 가치(장부가치)와 시장가치의 차이점을 설명하라. 재무관리자에게는 어느 것이 더 중요한가? 왜 그런가?

손익계산서 2.2

손익계산서(income statement)는 통상 일 년 또는 분기(3개월)별이라는 일정 기간 동안에 이룩한 기업의 성과를 나타낸다. 손익계산서의 방정식은 다음과 같다.

손익계산서(income statement): 특정 기간 동안 기업이 달성한 성과를 요약한 재무제표

수입(revenues) − 비용(expenses) = 이익(income) [2.2]

표 2.2
손익계산서

U.S. CORPORATION 2021년 손익계산서(Income Statement) (단위: 백만$)		
순매출액(net sales)		$1,509
매출원가(cost of goods sold)		750
감가상각비(depreciation)		65
이자 및 법인세 차감전 이익(earnings before interest and taxes: EBIT)		$ 694
이자비용(interest paid)		70
법인세 차감전 이익(earnings before taxes: EBT)		$ 624
세금(taxes, 21%)		131
순이익(net income)		$ 493
배당(dividends)	$123	
이익잉여금 증가분(유보이익증가분: addition to retained earnings)	370	

재무상태표가 스냅사진이라고 한다면 손익계산서는 한 스냅사진과 다른 스냅사진 사이의 기간을 비디오로 녹화한 것이라고 할 수 있다. 표 2.2는 U.S. Corporation의 단순화한 손익계산서를 보여주고 있다.

손익계산서에 제일 먼저 기록되는 것은 통상 해당 기업의 주된 사업과 관련하여 발생한 수입과 비용이다. 그 다음으로는 지급비용과 같은 금융비용이 기록된다. 세금은 별도로 구분하여 기록된다. 가장 마지막 항목은 순이익(net income)으로, 일명 바닥선(bottom line)이라고도 한다. 순이익은 한 주당의 순이익으로 표시되기도 하는데 이는 주당순이익(earnings per share: EPS)이라고 한다.

표에서 보는 바와 같이 U.S. Corporation은 123$를 현금배당했다. 순이익과 현금배당의 차이는 370$이며, 이는 유보이익(=이익잉여금)에 추가된다. 이 금액은 재무상태표상의 유보이익에 누적된다. U.S. Corporation의 두 재무상태표를 표 2.1에서 다시 살펴보면 이익잉여금이 $1,320 + $370 = 1,690$로 증가했음을 알 수 있을 것이다.

예제 2.3 주당순이익과 주당배당금의 계산

U.S. Corporation이 2018년 말 현재 발행하고 있는 주식 수가 200백만 주라고 하자. 표 2.2의 손익계산서에 의하면 주당순이익(EPS)은 얼마인가? 주당배당금(dividends per share: DPS)은?

손익계산서에서 우리는 U.S. Corporation이 이 해에 493백만$의 순이익을 발생시킨 것을 알 수 있다. 총배당금액은 123백만$이다. 200백만 주의 주식이 발행되어 있으므로 주당순이익과 주당배당금은 아래와 같이 계산된다.

주당순이익 = 순이익/발행주식수
= $493/200 = 주당 $2.465
주당배당금 = 배당금/발행주식수
= $123/200 = 주당 $0.615

손익계산서를 살펴볼 때 재무관리자가 유의해야 할 세 가지 점은 일반적으로 인정된 회계원칙(GAAP), 현금항목과 비현금항목, 시간(time)과 비용(cost)들이다.

GAAP과 손익계산서

US-GAAP은 수입이 발생(accrue)했을 때 수입을 손익계산서에 기록하도록 하고 있다. 수입이 발생했을 때와 실제로 현금이 들어온 때가 서로 항상 일치하는 것은 아니다. 회계에서 사용하는 이러한 발생주의 원칙(realization principle, recognition principle)은 수입을 발생시키는 상황이 끝나서 재화나 서비스의 가치를 알 수 있거나, 신뢰성 있게 측정할 수 있을 때에 수입으로 기록한다는 것이다. 따라서 이 원칙에 의하면 현금이 실제로 회수되는 시점이 아닌 판매시점에서 수입이 인식되는 것이다.

손익계산서상의 비용(expense)은 수익–비용 대응원칙(matching principle)에 의해 기록된다. 이 원칙은 발생주의 원칙에 의해 확인된 수입에 대응하여 그와 관련된 비용도 발생한 것으로 본다는 것이다. 한 제품을 생산하여 외상으로 판매한다면 수입은 판매시점에서 실현된 것이며 그 제품의 판매와 관련된 생산비용이나 기타 비용들도 마찬가지로 판매시점에서 발생한 것으로 본다는 것이다. 하지만 실제로 현금이 유출되는 시점은 판매시점과 다를 수 있다.

따라서 발생주의에 의해서 손익계산서에 기록되는 수입과 비용 수치들은 그 기간 동안 실제로 발생한 현금유입과 현금유출을 제대로 나타내고 있는 것이 아니다.

비현금항목

손익계산서에 나타나는 순이익과 순현금흐름이 서로 차이가 나는 주된 이유는 손익계산서가 **비현금항목**(noncash item)들을 포함하고 있기 때문이다. 이 중에서 가장 중요한 항목이 감가상각비(depreciation)이다. 한 기업이 5,000$의 자산을 구입하고 그 대금을 현금으로 지불했다고 하자. 분명히 이 기업은 자산을 구매하는 시점에서 5,000$의 현금유출을 발생시켰다. 그러나 회계상으로는 5,000$를 비용으로 바로 빼주지 않고 해당 자산을 5년에 걸쳐 감가상각할 수 있다.

비현금항목(noncash item): 감가상각비처럼 현금흐름에 직접 영향을 주지 않고 수입에 대응하는 비용으로 처리되는 항목들

만약 감가상각비를 정액법(straight-line method)으로 계산하고, 해당 자산의 잔존가치를 0으로 본다면 매년 $5,000/5 = 1,000$가 손익계산서상에 비용으로 기록될 것이다.[2] 여기서 중요한 것은 1,000$의 감가상각비가 회계상의 수치이지 현금이 아니라는 점이다. 현금유출은 자산을 구매했을 때 이미 실제로 발생했다.

감가상각비의 명목으로 비용을 기록하는 것은 회계에서의 수익–비용 대응원칙을 그대로 적용한 것이다. 고정자산은 일반적으로 상당한 기간에 걸쳐 수입을 발생시킨다. 따라서 회계에서는 고정자산을 구입하는 데 든 비용을 고정자산이 발생시키는 혜택과 대응시킨다.

앞으로 살펴볼 것이지만, 재무관리자에게 현금유입(cash inflow)과 현금유출(cash outflow)이 실제로 발생한 시점은 어떤 것의 시장가치를 합리적으로 측정하는 데 있어서 매우 중요하다. 따라서 우리는 회계장부상의 비현금항목의 수치를 현금흐름과 구분하는 방법을 알아야 한다. 실제로 순현금흐름(현금유입 – 현금유출)과 회계적 순이익의 차이는 매우 크게 날 수도 있다. 예를 들어 General Electric (GE)은 2019년 3분기에 94.7억$의 순손실을 보고했다. 이는 안

[2]정액법(straight-line method)이란 감가상각 방법 중 하나로 매년 동일한 금액으로 감가상각이 되는 것으로 보는 감가상각법이다. 이 경우에 잔존가치를 0으로 본다는 것은 5년 뒤에 해당 자산의 가치가 0이라고 가정한다는 것을 의미한다. 감가상각에 대해서는 10장에서 더 자세히 살펴본다.

좋은 것으로 보인다. 그러나 GE는 순현금흐름이 6.5억$ 발생했다는 것도 동시에 보고했다. 이 두 수치의 차이는 약 101억$나 된다! 그러나 때때로 이러한 관계는 특히 성장기업의 경우에 반대로 나타날 수 있다. 예를 들어 Netflix는 2019년의 순이익을 12억$로 보고했지만 순현금흐름은 −29억$로 보고했다. 그 영화 콘텐츠를 만들고 구매하는 데 엄청난 현금을 지출했기 때문에 Netflix의 현금흐름이 음(−)으로 나타나게 된 것이다.

시간과 비용

미래를 단기(short run)와 장기(long run)로 구별하는 것은 때때로 매우 유용하다. 그러나 이러한 구분이 반드시 기간을 기준으로 이루어지는 것은 아니다. 이는 비용이 고정되어 있는 것인지 아니면 변동될 수 있는 것인지에 관한 구분이다. 장기에서 모든 비용은 변동비용이다. 충분한 시간이 주어진다면 모든 자산은 판매될 수 있고 부채는 상환될 수 있다.

그러나 기간이 상대적으로 짧다면 일부 비용들의 크기는 실제로 고정된다(예: 재산세). 그러나 임금이나 원재료 공급자에 대해 지불하는 비용은 기간이 상대적으로 짧더라도 여전히 변동적일 수 있다. 따라서 단기에서 기업은 이러한 비용들에 대한 지출을 변화시키면서 생산량을 변화시킬 수 있다.

고정비용(fixed cost)과 변동비용(variable cost)을 구분하는 것은 재무관리자에게 중요하다. 그러나 비용이 손익계산서에 기록되는 형태로는 어떤 비용이 고정비용이고, 어떤 비용이 변동비용인지 구분하기 힘들다. 그 이유는 회계에서는 비용을 생산비용과 기간비용으로 구별하기 때문이다.

생산비용(product cost)은 원료비, 직접 노무비, 생산관련 간접비 등이 포함한다. 이러한 비용들은 손익계산서에서 매출원가(cost of goods sold)로 보고되지만, 고정비용과 변동비용 모두를 포함한다. 기간비용(period cost)은 특정한 기간 동안에 발생하는 비용으로 판매비와 일반관리비로 보고된다. 기간비용도 생산비용의 경우와 마찬가지로 그 일부는 고정비용이고 다른 일부는 변동비용일 수 있다. 예를 들어 사장의 월급은 기간비용이면서 적어도 단기적으로는 고정비용에 속할 것이다.

IFRS에 대한 더 많은 정보를 얻기 위해서는 **www.ifrs.org**를 참조하라.

지금까지 우리가 사용한 재무상태표와 손익계산서는 가상적인 것이다. 미국 상장 기업들의 실제 재무상태표와 손익계산서와 기타 많은 정보들은 www.sec.gov에 있는 EDGAR 데이터베이스에서 온라인으로 찾아볼 수 있다. (꼭 한번 접속하여 살펴보기를 권한다!) 또한 기업들이 점점 세계화하면서 회계기준(accounting standards)을 국가 간에 서로 일치시킬 필요성이 대두되었다. 이에 따라 미국의 회계기준이 국제회계기준(International Financial Reporting Standards: IFRS)에 보다 가깝게 바뀌고 있다. 또한 미국의 일반회계원칙(GAAP)에 대해 책임지고 있는 FASB (Financial Accounting Standards Board)와 IFRS에 대해 책임지고 있는 IASB (International Accounting Standards Board)는 2002년 이후로 두 회계기준의 통일을 위해 서로 협조해왔고, US-GAAP과 IFRS는 유사해지고 있다. 하지만 2022년 현재, 이 두 회계정책기관 간의 완전한 합의는 이루어지지 않고 있다.[3]

---

[3]**역자 주**: 대부분의 국가들이 국제회계기준(IFRS)을 도입함에 따라 우리나라도 2011년에 IFRS를 채택하였다. 이에 따라 재무제표의 명칭들이 바뀌었는데 그중에서도 가장 큰 변화는 대차대조표(balance sheet)가 재무상태표(statement of financial position)로 바뀐 것이다. 또한 세부적 회계기록 방법도 변하였고 재무제표에 나타나는 각 항목의 명칭도 바뀐 것들이 있다. 회계기록에서 IFRS적 접근방법이 기존의 GAAP

개념질문 _Concept Questions

2.2a 손익계산서 방정식은 무엇인가?
2.2b 손익계산서를 살펴볼 때 유의해야 할 점 세 가지는 무엇인가?
2.2c 회계적 순이익이 순현금흐름과 다른 이유는 무엇인가? 두 가지 이유를 들어보라.

2.3 세금

세금은 기업의 가장 큰 현금유출 중 하나이다. 예를 들어 2019년에 Southwest Airlines의 세전 이익은 약 29.6억$였으며, 이 회사가 전 세계적으로 지불한 세금은 6.57억$였다. 이는 세전이익의 약 22%에 달하는 것이다. 또한 2019년에 Walmart의 경우에는 세전 이익 201.1억$에 대해 49.2억$의 세금을 냈다. 따라서 평균세율은 약 24%였다. 간단히 말해 번 돈의 약 24%를 세금으로 낸 것이다.

세금으로 내야 하는 금액은 자주 개정되는 여러 규정들로 구성된 세법에 의해 결정된다. 이 절에서는 법인세율과 세금이 어떻게 계산되는지에 대해 살펴본다. 세금과 관련되는 다양한 규정들이 당신에게 혼란스럽게 느껴진다면, 세법 조항들이 정치적 역학관계의 산물이지, 경제원칙에 기초한 산물이 아니라는 점을 이해해야 할 것이다. 따라서 세법 조항들이 반드시 경제적 합리성을 따르고 있는 것은 아니다.

법인세율

2017년에 통과된 감세 및 일자리법(The Tax Cuts and Jobs Act)에 의해, 미국의 주식회사에 대한 법인세율은 21%의 단일세율로 모두 통일되었다. 그러나 개인회사, 합명 · 합자회사, LLC에 대한 세율은 단일화되어 있지 않다. 이러한 형태의 기업들에 대한 세금이 갖는 중요한 점들을 표 2.3의 미국 개인소득에 대한 세율을 가지고 살펴보기로 하자. 표에서 보듯이 2020년의 경우에 미국 개인소득의 과세표준은 최저세율 10%, 최고 세율 37%로 하여 7단계로 구별되어 있다.

평균세율과 한계세율

재무적 의사결정에 있어서는 많은 경우, 평균세율과 한계세율을 구별하는 것이 중요하다. **평균세율**

평균세율(average tax rate): 세금으로 납부한 총금액을 총과세대상소득으로 나눈 것

적 접근방법과 차이가 나는 점은 자산의 가치를 공정가치(fair value)로 표시하도록 하고 있는 것이다. 공정가치는 재무관리에서 강조하고 있는 시장가치, 경제적 가치와 통하는 개념이다. 회계기록 방식이 궁극적으로는 전 세계적으로 IFRS로 통일될 가능성이 높지만 미국, 일본, 중국 등은 아직 자국의 GAAP에 따르고 있다. 현재(2022년)까지도 미국기업들은 balance sheet이라는 표현을 사용하고 있다. 이 책의 원서도 US-GAAP에 의한 영어 명칭을 대부분 사용하고 있다. 하지만 IFRS와 GAAP 사이에서 나타나는 명칭의 변화나 장부기록상의 세부적 변화가 재무관리에서 설명하고자 하는 개념에 영향을 주지는 않는다. 따라서 재무관리 학습자들이 회계적 표현의 변화나 다양성으로 인해 혼란스러워할 필요는 없다. 어떤 회계적 항목의 명칭으로 다른 용어가 사용되더라도 그 의미가 동질성을 갖는 것이라면 그 용어는 재무관리의 내용을 이해하는 데 문제없이 사용될 수 있다. 예를 들어 retained earnings는 회계적 명칭으로는 '이익잉여금'으로 표현되지만 '유보이익'이나 '사내유보(이익)' 등의 표현이 사용될 수 있다. 고정자산을 비유동자산으로, 장기부채를 비유동부채로, 매출채권을 외상매출금으로, 매입채무를 외상매입금으로, 지급채무를 지급어음으로, EBIT를("기타 손익"이 없다고 가정하거나 무시하여) 영업이익(operating income, operating profit)으로 표현하는 것 등은 재무관리적 의사결정과 관련해서는 문제가 되지 않는다.

표 2.3
미혼 개인에 대한 2020년도 미국의 개인소득세

과세대상소득	세율
$ 0– 9,875	10%
9,875– 40,125	12
40,125– 85,525	22
85,525–163,300	24
163,300–207,350	32
207,350–518,400	35
518,400+	37

한계세율(marginal tax rate): 추가적인 과세대상소득 금액에 대해 적용되는 세율

(average tax rate)은 세금으로 내는 총금액을 과세대상소득(taxable income)으로 나눈 것이다. 다시 말해 과세대상소득 중에서 세금으로 지출되는 금액의 퍼센트를 말한다. **한계세율**(marginal tax rate)은 추가적으로 1$(1원)를 더 벌 때 그 추가적인 과세대상소득에 대해 적용되는 세율이다. 표 2.3에 나타나는 세율은 모두 한계세율이다. 다시 말해 표 2.3에 있는 세율들은 과세대상소득 각 단계에 대해서만 적용되는 세율이지 과세대상소득 전체 금액에 대해서 적용되는 세율이 아니다.

평균세율과 한계세율의 차이점은 간단한 예를 통해서 살펴보면 쉽게 이해된다. 예를 들어 당신이 싱글이고 2020년에 100,000$의 과세대상소득이 발생했다면 당신은 얼마의 세금을 내야 할까? 표 2.3에 따라 다음과 같이 계산하면 당신이 내야 할 세금을 알 수 있다.

$$
\begin{aligned}
0.10(\$9{,}875) &= \$\ \ \ 987.50 \\
0.12(\$40{,}125 - 9{,}875) &= \ \ 3{,}630.00 \\
0.22(\$85{,}525 - 40{,}125) &= \ \ 9{,}988.00 \\
0.24(\$100{,}000 - 85{,}525) &= \ \ \underline{3{,}474.00} \\
&\ \ \ \ \ \underline{\underline{\$18{,}079.50}}
\end{aligned}
$$

당신이 내야 할 세금은 18,079.50$이다.

미국세청(Internal Revenue Service: IRS)의 홈페이지는 **www.irs.gov**이다.

이 평균세율은 얼마인가? 과세대상소득이 100,000$이고, 내는 세금이 총 18,079.50$이므로 평균세율은 $18,079.50/$100,000 = 18.08%이다. 한계세율은 얼마인가? 만약 당신의 과세대상소득이 1$ 더 증가한다면 그 1$에 대해 내야 하는 세금은 24센트가 된다. 따라서 한계세율은 24%이다.

예제 2.4 세금에 대해 더 자세히 알아보기

미혼인 개인이 운영하는 작은 개인회사 Algernon의 과세대상소득은 80,000$이다. 이 회사가 내야 할 세금은 얼마인가? 평균세율은 얼마인가? 한계세율은 얼마인가?

표 2.3에서 처음 9,875$에 대해 적용되는 세율이 10%, 그 다음 30,250$에 대해 적용되는 세율이 12%, 그리고 나머지 80,000$까지 적용되는 세율이 22%이다. 따라서 Algernon은 0.10 × $9,875 + 0.12 × $30,250 + 0.22 × ($80,000 − 40,125) = 13,390$의 세금을 내야 한다. 따라서 평균세율은 $13,390/$80,000 = 0.1674 = 16.74%이다. 과세대상소득이 1$ 늘어나면 22센트의 세금을 더 내야 하므로 Algerno의 한계세율은 22%이다.

재무적 의사결정과 관련하여 적용되어야 하는 세율은 통상적으로 한계세율이다. 그 이유는 새롭게 발생하는 현금흐름에 대해서 적용되는 세율이 한계세율이기 때문이다. 재무적 의사결정은 새로운 현금흐름을 발생시키거나, 기존의 현금흐름을 변화시키기 때문에 한계세율이 재무적 의사결정이 발생시키는 세금효과를 알려주는 세율이다.

한 가지 언급해야 할 점은 이 절에서 설명한 세율은 미국 연방정부의 법인세율이라는 점이다. 따라서 주(洲)정부나 지방정부가 기업에 부과하는 세금이 있다면 기업이 직면하는 세율은 이보다 더 높아진다.

개념질문 _Concept Questions

2.3a 한계세율과 평균세율의 차이는 무엇인가?

2.3b 미국의 2017년 감세 및 일자리법(The Tax Cuts and Jobs Act)은 미국 기업의 법인세율을 어떻게 변화시켰는가?

현금흐름 2.4

이제 재무제표로부터 얻어낼 수 있는 가장 중요한 재무정보 중 하나인 현금흐름(cash flow)에 대해 알아보도록 한다. 순현금흐름(net cash flow)이라고 말할 때 이는 들어오는 돈과 나가는 돈의 차이를 의미한다. 하지만 현금흐름이라고 표현하면서 실제로는 순현금흐름을 의미하는 경우도 종종 있다. 당신이 어떤 사업을 한다면 당신이 가장 큰 관심을 갖는 것은 그 사업에서 실제로 얼마만큼의 현금을 벌 수 있는가 하는 것이다. 그러한 현금의 크기를 파악하는 것이 우리가 살펴보려는 것이다.

현금흐름에 대한 정보를 우리가 원하는 방식으로 알려주는 표준화된 재무제표는 없다. 따라서 U.S. Corporation의 예를 통해서 현금흐름을 계산하는 방법을 알아보고, 그 결과가 표준화된 재무제표의 결과와 어떻게 다른가를 살펴보자. 현금흐름표(statement of cash flows)라고 불리는 회계적 표준 재무제표가 있기는 하지만 문제를 약간 다르게 다루기 때문에 이 절에서 살펴보는 것과 혼동하지 않기 바란다. 회계적 현금흐름표에 대해서는 3장에서 살펴본다.

재무상태표 항등식으로부터 기업이 갖고 있는 자산의 가치는 기업의 부채에 자기자본을 합한 것의 가치와 일치한다. 이와 마찬가지로 자산에서 발생하는 현금흐름은 채권자에게 발생하는 현금흐름과 주주(소유주)들에게 발생하는 현금흐름의 합과 일치해야 한다. 즉,

자산으로부터의 현금흐름 = 채권자에로의 현금흐름 + 주주에로의 현금흐름 [2.3]
(cash flow from assets) (cash flow to creditors) (cash flow to stockholders)

이것이 현금흐름 항등식(cash flow identity)이다. 이는 기업의 자산으로부터 발생하는 현금흐름의 크기는 기업에 자본을 공급해주는 자본공급자들에게 지불되는 현금흐름의 크기와 일치한다는 것을 말해준다. 이는 기업이 자신의 다양한 활동을 통해 현금을 발생시키며 또한 발생한 현금은 채권자에 대한 채무를 갚거나 기업의 소유주에게 지불하는 현금으로 사용된다는 사실을 말하는 것이다. 이제 이러한 현금흐름을 구성하는 것들에 대해 살펴보도록 하자.

자산으로부터의 현금흐름

자산으로부터의 현금흐름
(cash flow from assets):
채권자와 주주에게 돌아가는 총현금흐름으로 영업현금흐름, 자본지출, 순운전자본의 변화라는 세 가지 요소로 구성된다.

영업현금흐름
(operating cash flow: OCF):
기업의 일상적인 영업활동으로부터 발생하는 현금흐름

자산으로부터의 현금흐름(cash flow from assets)은 영업현금흐름, 자본지출, 순운전자본의 변화라는 세 가지 요소로 구성된다. **영업현금흐름**(operating cash flow: OCF)은 기업의 매일매일의 생산 및 판매활동으로부터 발생하는 현금흐름을 말한다. 기업이 자산을 구입하기 위해 필요한 자금을 조달하는 데 따르는 비용은 영업활동과 관련된 비용이 아니기 때문에 여기에 포함되지 않는다.

1장에서 언급한 바와 같이, 기업은 발생시킨 현금흐름 중 일부를 자신에게 다시 투자한다. 자본지출(capital spending)은 고정자산에 대한 순지출(고정자산의 매입에서 고정자산의 매각을 차감한 금액)을 말한다. 마지막으로, 순운전자본의 변화(change in net working capital)는 해당 기간 동안에 발생한 유동부채와 비교한 유동자산의 순변화액으로 측정되며 순운전자본에 지출된 금액을 나타낸다. 이 세 가지 구성요소들에 대해 보다 자세히 살펴보도록 하자.

영업현금흐름 영업활동으로부터 발생하는 현금흐름을 계산하기 위해서 수입에서 비용을 차감해야 하지만 감가상각비는 현금유출이 아니기 때문에 포함되어서는 안 되며, 또한 이자도 금융비용이지 영업활동과 관련된 비용이 아니기 때문에 제외되어야 한다. 그러나 세금의 경우는 현금으로 지급되기 때문에 이에 포함되어야 한다.

U.S. Corporation의 손익계산서(표 2.2)를 보면 이자와 법인세 차감전 이익(earnings before interest and tax: EBIT)이 694$이다. 이 수치는 이자로 지불되는 비용을 포함하고 있지 않기 때문에 우리가 찾는 수치와 거의 유사하다. 우리는 두 가지만 조정하면 된다. 첫째, 감가상각비가 비현금지출임을 기억하라. 따라서 현금흐름을 측정하기 위해서 우리는 우선 65$의 감가상각비를 EBIT에 더해 주어야 한다. 둘째, 세금은 현금으로 지출되는 것이므로 131$의 세금을 차감해 주어야 한다. 이러한 조정을 한 후에 나타나는 영업현금흐름은 아래와 같다.

U.S. CORPORATION 2021년 영업현금흐름	
이자와 법인세 차감전 이익(EBIT)	$694
+ 감가상각	65
− 세금	131
영업현금흐름	$628

따라서 U.S. Corporation의 2021년도 영업현금흐름은 628$이다.

영업현금흐름은 기업의 영업활동에서 발생하는 현금유입이 기업의 매일매일의 현금유출을 감당하기에 충분한지를 말해주는 것이기 때문에 아주 기본적인 수준에서 중요한 수치이다. 이러한 이유로 음(−)의 영업현금흐름은 종종 문제가 있음을 알려주는 신호역할을 한다.

영업현금흐름에 대해 말할 때 바람직하지 않은 혼동이 발생할 수 있다. 회계적 관행에서는 영업현금흐름은 종종 순이익 더하기 감가상각으로 정의된다. U.S. Corporation의 경우 이러한 금액은 $493 + $65 = 558$이다.

영업현금흐름에 대한 회계적 정의는 순이익을 계산할 때 이자가 차감된다는 점에서 우리의 정의와 다르다. 우리가 계산한 628$의 영업현금흐름과 558$의 차이는 해당 연도의 이자비용인 70$(측정단위가 백만$이므로 이는 7천만$이다)이다. 따라서 회계적 영업현금흐름의 정의는 이자를 영업비용으로 보며, 우리의 정의는 이자를 금융비용으로 본다. 만약 이자비용이 없다면 이 두 정의는 같아질 것이다.

U.S. Corporation이 자신의 자산으로 발생시킨 현금흐름의 계산을 끝내기 위해서 우리는 628$의 영업현금흐름 중 얼마가 기업에 재투자되는지를 살펴보아야 한다. 우선 고정자산에 대한 지출을 살펴보기로 하자.

자본지출 순자본지출(net capital spending)은 고정자산의 매입으로 유출된 현금에서 고정자산의 매각으로 유입된 현금을 빼준 것이다. 2020년 말 U.S. Corporation의 순고정자산(표 2.1)은 1,644$였다. U.S. Corporation의 손익계산서(표 2.2)를 보면 2012년 한 해 동안 고정자산의 가치가 65$ 감가상각되었다. 따라서 이 회사가 새로운 고정자산을 구입하지 않았다면 2020년도 재무상태표에 나타나는 순고정자산은 $1,644 − $65 = 1,579$일 것이다. 그러나 2021년도 재무상태표에 나타난 순고정자산의 크기는 1,709$이다. 따라서 U.S. Corporation은 2021년도에 $1,709 − $1,579 = 130$를 고정자산의 구입을 위해 지출한 것이다.

기말 순고정자산	$1,709
− 기초 순고정자산	1,644
+ 감가상각비	65
감가상각비	$ 130

이 130$가 2021년도의 순자본지출이다.

순자본지출은 음(−)이 될 수 있는가? 가능하다. 기업이 구입한 자산의 금액보다 매각한 자산의 금액이 더 클 경우 그러한 상황이 발생한다. 여기서 순(net)이라는 뜻은 고정자산의 매입액에서 고정자산의 매각액을 차감한 것을 의미한다. 자본지출은 종종 CAPEX라고 부르는데 이는 자본지출(capital expenditure)의 앞 글자들로 만들어진 약어이다.

순운전자본의 변화 기업은 고정자산에 대한 투자뿐만 아니라 유동자산에도 투자한다. 예를 들어 표 2.1의 재무상태표로 돌아가면 2021년 말 U.S. Corporation의 유동자산이 1,464$였음을 알 수 있다. 그러나 2020년 말 유동자산은 1,112$였다. 따라서 2018년도에 이 회사는 $1,464 − $1,112 = 352$를 유동자산에 투자한 것이다.

기업이 유동자산에 대한 투자를 변화시킬 때 통상적으로 유동부채도 변한다. 따라서 순운전자본의 변화를 측정하는 가장 간단한 방법은 기초와 기말의 순운전자본(NWC)의 차이를 살펴보는 것이다. 2021년 말의 순운전자본은 $1,464 − $389 = 1,075$이며, 2020년 말의 경우에는 $1,112 − $428 = 684$이다. 따라서 다음과 같은 결과를 얻는다.

기말 순운전자본	$1,075
− 기초 순운전자본	684
순운전자본의 변화	$ 391

순운전자본은 391$ 증가했다. 달리 말해 U.S. Corporation은 2018년에 391$를 순운전자본에 순투자했다. NWC의 이러한 변화는 종종 NWC의 추가(addition to NWC)라고 부른다.

결론 지금까지의 계산에서 얻은 수치들을 가지고 "자산으로부터의 현금흐름"을 계산할 수 있다. 자산에 의해서 발생한 총현금흐름은 영업현금흐름의 크기에서 고정자산과 순운전자본에 대한 투자금액을 빼준 것이다. U.S. Corporation의 경우에는 아래와 같이 나타난다.

U.S. CORPORATION 2021년 자산으로부터의 현금흐름	
영업현금흐름	$628
− 순자본지출	130
− 순운전자본의 변화	391
자산으로부터의 현금흐름	$107

앞에서 언급한 현금흐름 항등식에 의해 우리는 자산으로부터의 현금흐름 107$가 채권자에로의 현금흐름과 주주에로의 현금흐름의 합과 일치한다는 것을 안다. 이제 이에 대해 살펴보기로 하자.

성장하는 기업이 음(−)의 현금흐름을 발생시키는 것은 전혀 예외적인 상황이 아니다. 다음에 살펴볼 것이지만 음(−)의 현금흐름이 의미하는 것은 기업이 해당 연도에 채권자와 주주들에게 지급한 돈보다 더 많은 돈을 차입이나 주식발행으로 조달했다는 것이다.

free cash flow: 자산으로부터의 현금흐름(cash flow from assets: CFFA)의 다른 이름

"Free" Cash Flow라는 용어 자산으로부터의 현금흐름은 때때로 영어로 **free cash flow**라 불리기도 한다. 물론 공짜 현금과 같은 것은 없다. 여기서 공짜(free)라는 말은 기업이 채권자와 주주들에게 자유롭게 분배할 수 있는 잉여현금, 여유현금을 지칭하는 것이다. 왜냐하면 이 현금은 운전자본이나 고정자산에 대한 투자를 위해 필요한 현금이 아니기 때문이다. 이는 매우 중요한 개념이기 때문에 우리는 "자산으로부터의 현금흐름(cash flow from assets)"이라는 명칭을 고수할 것이다. 그 이유 중 하나는 실제로 free cash flow(잉여현금흐름)를 계산할 때 사람에 따라 다르게 계산하기 때문이다. 그렇지만 "free cash flow"라는 소리를 들을 때 그 말이 "자산으로부터의 현금흐름"이나 또는 이와 매우 유사한 것을 말하는 것임을 알아두기 바란다.

채권자와 주주에로의 현금흐름

채권자에로의 현금흐름 (cash flow to creditors): 채권자에게 지불하는 이자에서 순신규차입금을 차감한 것

주주에로의 현금흐름 (cash flow to stockholders): 주주에게 지급한 배당금에서 보통주와 자본잉여금의 순증가액을 차감한 것

채권자와 주주에로의 현금흐름은 해당 연도에 채권자와 기업소유주에게 지불되는 순지급액을 나타낸다. 이들은 자산으로부터의 현금흐름과 유사한 방법으로 계산할 수 있다. **채권자에로의 현금흐름**(cash flow to creditors)은 지급된 이자에서 순신규차입금을 빼주면 되고, **주주에로의 현금흐름**(cash flow to stockholders)은 지급된 배당금에서 주식발행에 의해 새롭게 조달한 추가적 금액을 빼주면 된다.

채권자에로의 현금흐름 표 2.2의 손익계산서를 보면 U.S. Corporation이 채권자들에게 70$의 이자를 지급했다는 것을 알 수 있다. 표 2.1의 재무상태표에서는 장기부채가 $454 − $408 = 46$ 증가했다는 것을 알 수 있다. 따라서 U.S. Corporation은 이자로 70$를 지불하고 46$를 추가적으로 빌렸다. 따라서 채권자에로의 현금흐름은 아래와 같다.

U.S. CORPORATION 2021년 채권자에로의 현금흐름	
지급이자	$70
− 순신규차입금	46
채권자에로의 현금흐름	$24

채권자에로의 현금흐름의 영어표현인 "cash flow to creditors"는 때때로 "cash flow to bondholders"라고도 한다.

주주에로의 현금흐름 손익계산서에서 주주들에게 123$가 배당금으로 지급된 것을 알 수 있다. 주식발행으로 새롭게 조달된 금액을 알기 위해서 재무상태표의 보통주(자본금)와 자본잉여금 항목을 살펴보아야 한다. 이 항목은 기업이 얼마나 많은 주식을 발행했는지를 알려준다. 2018년도에 U.S. Corporation의 이 항목은 40$ 증가했다. 따라서 이 회사는 주식발행으로 40$의 자금을 조달했다.

U.S. CORPORATION 2021년 주주에로의 현금흐름	
지급배당금	$123
– 주식발행으로 조달한 금액	40
주주에로의 현금흐름	$ 83

따라서 2021년도의 주주에로의 현금흐름은 83$이다.

마지막으로 계산상의 실수를 한 것은 없는지를 알아보기 위해 현금흐름 항등식이 성립하는지를 확인한다. 앞에서 우리는 자산으로부터의 현금흐름이 107$라는 것을 알았다. 채권자와 주주에로의 현금흐름은 $24 + $83 = 107$이다. 따라서 모든 것이 확인되었다. 표 2.4는 앞으로 계속 참고할 수 있도록 지금까지의 여러 현금흐름들을 계산하는 공식을 요약해 놓은 것이다.

지금까지 설명한 바와 같이 기업이 자신의 현금흐름을 항상 주목하고 있어야 한다는 것은 가장 기본적으로 기억되어야 할 사항이다. "순이익은 견해이고 현금은 팩트(fact)"라는 점을 항상 기억하기 바란다.

예제: Dole Cola의 현금흐름

이 예제에서는 이 장에서 설명하고 있는 여러 현금흐름을 계산해본다.

영업현금흐름 해당 연도에 Dole Cola의 매출액과 매출원가는 각각 600$와 300$이다. 감가상

표 2.4
현금흐름의 요약

I. 현금흐름 항등식
자산으로부터의 현금흐름 = 채권자에로의 현금흐름 + 주주에로의 현금흐름
II. 자산으로부터의 현금흐름
자산으로부터의 현금흐름 = 영업현금흐름 – 순자본지출 – 순운전자본(NWC)의 변화
영업현금흐름 = 이자 및 법인세 차감전 이익(EBIT) + 감가상각비 – 법인세
순자본지출 = 기말 순고정자산 – 기초 순고정자산 + 감가상각비
순운전자본의 변화 = 기말 순운전자본 – 기초 순운전자본
III. 채권자에로의 현금흐름
채권자에로의 현금흐름 = 지급이자 – 순신규차입금
IV. 주주에로의 현금흐름
주주에로의 현금흐름 = 지급배당금 – 새로운 주식발행으로 조달한 금액

각비는 150$이며, 이자비용은 30$이다. 법인세율은 21%이며, 배당금은 36$이다(측정 단위는 모두 백만$이다). Dole의 영업현금흐름은 얼마인가? 이는 왜 순이익과 다르게 나타나는가?

답을 구할 수 있는 가장 쉬운 방법은 손익계산서를 작성하는 것이다. 그런 다음, 우리가 필요로 하는 수치를 이용하면 된다. Dole Cola의 손익계산서는 다음과 같다.

DOLE COLA 2021년 손익계산서		
순매출액		$600
매출원가		300
감가상각비		150
이자 및 법인세 차감전 이익		$150
지급이자		30
과세대상소득		$120
세금		25
순이익		$ 95
배당	$36	
유보이익증가분	59	

Dole의 순이익은 95$이다. 이제 우리는 필요한 모든 자료를 가졌다. U.S. Corporation의 경우와 표 2.4의 공식들을 참고로 하면 Dole의 영업현금흐름은 아래와 같이 구할 수 있다.

DOLE COLA 2021년 영업현금흐름	
이자 및 법인세 차감전 이익(EBIT)	$150
+ 감가상각비	150
− 세금	25
영업현금흐름	$275

이 예에서 알 수 있듯이 영업현금흐름과 순이익은 같지 않다. 왜냐하면 순이익을 구하기 위해서는 감가상각비와 이자를 모두 차감해야 하기 때문이다. 앞에서 언급한 바와 같이 영업현금흐름을 구할 때 감가상각비를 빼주지 않는 것은 감가상각비가 비현금항목이기 때문이며, 이자를 빼주지 않는 것은 이자가 금융비용이지 영업비용이 아니기 때문이다.

순자본지출 회계연도 초 순고정자산이 500$이고, 회계연도 말 순고정자산이 750$였다고 하자. 해당 연도의 순자본지출은 얼마인가?

Dole의 손익계산서로부터 해당 연도의 감가상각비가 150$라는 것을 안다. 순고정자산은 250$ 증가했다. 따라서 Dole은 250$에 더해 추가적으로 150$를 지출한 것이며, 따라서 순자본지출 총액은 400$가 된다.

NWC의 변화와 자산으로부터의 현금흐름 Dole의 회계연도 초 유동자산이 2,130$, 유동부채가 1,620$이고, 회계연도 말에는 각각 2,276$와 1,710$라고 한다면 이 회계연도에 발생한 순운전자본(NWC)의 변화는 얼마인가? 자산으로부터의 현금흐름은? 이를 순이익과 비교하면 어떤 차이가 있는가?

순운전자본은 $2,130 − $1,620 = 510$에서 출발하여 $2,276 − $1,710 = 566$로 끝났다. 따라서 순운전자본의 증가는 $566 − $510 = 56$이다. 이상을 종합하면 다음과 같은 결과를 얻는다.

DOLE COLA 2021년 자산으로부터의 현금흐름	
영업현금흐름	$275
− 순자본지출	400
− NWC의 변화	56
자산으로부터의 현금흐름	−$181

Dole의 자산으로부터의 현금흐름은 −181$이다. 순이익은 95$로 양(+)의 값을 보인다. 자산으로부터의 현금흐름이 음(−)의 값으로 나타난다는 것은 경고신호를 보낼 만한 이유가 되는가? 반드시 그렇지는 않다. 이 예에서 음(−)의 현금흐름이 나타난 것은 주로 고정자산에 대한 대규모 투자 때문이다. 만약 이 고정투자가 바람직한 투자라면 현금흐름이 음(−)으로 나타난다고 하여 우려할 사항은 아니다.

주주와 채권자에로의 현금흐름 위에서 본 것과 같이 Dole의 자산으로부터의 현금흐름은 −181$이다. 자산으로부터의 현금흐름이 음(−)의 값이라는 것은 Dole이 해당 연도에 주주와 채권자들에게 지불한 금액보다 더 많은 금액을 새로운 부채와 주식발행으로 조달했다는 것을 의미한다. 예를 들어 해당 연도에 Dole이 아무런 새로운 주식을 발행하지 않았다고 하자. 그렇다면 주주에로의 현금흐름은 얼마인가? 채권자에로의 현금흐름은?

새로운 주식을 발행하지 않았으므로 Dole의 주주에로의 현금흐름은 현금배당으로 지불한 금액과 같다.

DOLE COLA 2021년 주주에로의 현금흐름	
지급배당금	$36
− 주식발행으로 조달된 금액	0
주주에로의 현금흐름	$36

이제 현금흐름 항등식에서 우리는 채권자와 주주에게 지급된 총금액이 −181$라는 것을 안다. 주주에로의 현금흐름은 36$이다. 따라서 채권자에로의 현금흐름은 −$181 − $36 = −217$가 된다.

채권자에로의 현금흐름 + 주주에로의 현금흐름 = −$181
채권자에로의 현금흐름 + $36 = −$181
채권자에로의 현금흐름 = −$217

채권자에로의 현금흐름이 −217$이고 손익계산서의 이자비용이 30$이므로 새로 차입한 금액이 얼마인지를 알 수 있다. Dole은 해당 연도에 고정자산을 확대하기 위해서 247$를 신규차입한 것이다.

DOLE COLA 2021년 채권자에로의 현금흐름	
지급이자	$30
− 순신규차입금	− 247
채권자에로의 현금흐름	−$217

개념질문 _Concept Questions

2.4a 현금흐름 항등식이란 무엇인가? 그것이 의미하는 것을 설명해보라.
2.4b 영업현금흐름의 구성요소들은 무엇인가?
2.4c 이자비용이 영업현금흐름에 포함되지 않는 이유는 무엇인가?

2.5 요약과 결론

이 장에서는 재무제표의 기본사항들과 세금, 현금흐름에 대해 설명했다.

1. 재무상태표에 기록되어 있는 장부가치는 시장가치와 매우 다를 수 있다. 재무관리의 목표는 주식의 시장가치를 극대화하는 것이지 장부가치를 극대화하는 것이 아니다.
2. 손익계산서상에 나타나는 순이익은 영업현금흐름과 다르다. 가장 큰 이유는 순이익을 계산할 때 비현금지출항목인 감가상각비를 차감해주기 때문이다.
3. 한계세율과 평균세율은 다를 수 있으며 대부분의 재무의사결정에 있어서 보다 중요한 것은 한계세율이다.
4. 미국의 기업들에게 적용되는 법인세는 21%의 단일세이다. 주정부세와 지방정부세로 인해 실제 법인세율은 이보다 높을 것이다.
5. 재무상태표 항등식처럼 현금흐름 항등식이 있다. 이는 자산으로부터의 현금흐름이 채권자와 주주에로의 현금흐름과 동일하다는 것을 말해준다.

재무제표를 이용하여 현금흐름을 구하는 것은 어렵지 않다. 감가상각비와 같은 비현금항목들을 다룰 때 조심하고, 영업활동과 관련된 비용을 금융활동과 관련된 비용과 구별하도록 조심하면 된다. 무엇보다도 장부가치와 시장가치, 회계적 이익과 영업현금흐름을 혼동하지 않는 것이 중요하다.

복습과 자가진단

2.1 Mara 주식회사의 현금흐름 이 문제는 재무제표를 가지고 현금흐름을 알아내는 연습문제이다. Mara에 대한 다음의 정보를 가지고 2021년도 손익계산서와 2020년도 및 2021년도 재무상태표를 작성해보라. 그런 다음 이 장에서 살펴본 U.S. Corporation의 예를 따라 2021년도 Mara의 자산으로부터의 현금흐름, 채권자에로의 현금흐름, 주주에로의 현금흐름을 계산해보라. 법인세율로는 21%를 적용한다. 다음에 당신의 답을 확인할 수 있는 해답이 주어져 있다.

	2020년	2021년
매출액	$4,203	$4,507
매출원가	2,422	2,633
감가상각	785	952
이자	180	196
배당	275	352
유동자산	2,205	2,429
순고정자산	7,344	7,650
유동부채	1,003	1,255
장기부채	3,106	2,085

복습과 자가진단의 해답

2.1 재무상태표를 작성할 때 자산에서 부채를 차감한 잔여분이 자기자본이라는 점을 기억하라. Mara의 재무상태표는 아래와 같다.

MARA CORPORATION 2020년과 2021년 재무상태표					
	2020년	2021년		2020년	2021년
유동자산	$ 2,205	$ 2,429	유동부채	$ 1,003	$ 1,255
순고정자산	7,344	7,650	장기부채	3,106	2,085
			자기자본	5,440	6,739
자산 총계	$ 9,549	$10,079	부채 및 자기자본 총계	$ 9,549	$10,079

손익계산서는 쉽게 작성할 수 있다.

MARA CORPORATION 2021년 손익계산서		
매출액		$4,507
매출원가		2,633
감가상각		952
이자 및 법인세 차감전 이익		$ 922
지급이자		196
과세대상소득		$ 726
순이익		152
세금(21%)		$ 574
배당	$352	
유보이익증가분	222	

유보이익(이익잉여금)은 순이익에서 배당을 빼준 것이다.

이제 영업현금흐름을 구하기 위한 수치들을 골라낼 수 있다.

MARA CORPORATION 2021년 영업현금흐름	
이자 및 법인세 차감전 이익	$ 922
+ 감가상각비	952
− 법인세	152
영업현금흐름	$1,722

다음으로 고정자산의 변화를 살펴봄으로써 해당 연도의 순자본지출을 구한다. 감가상각된 금액을 염두에 두어야 한다는 것을 기억하라.

기말 순고정자산	$7,650
− 기초 순고정자산	7,344
+ 감가상각	952
순자본지출	$1,258

기초와 기말의 NWC를 계산한 후, 이 둘의 차이로 NWC의 변화를 알아낸다.

기말 NWC	$1,174
− 기초 NWC	1,202
NWC의 변화	−$ 28

이제 자산으로부터의 현금흐름을 구하기 위해 영업현금흐름, 순자본지출, 순운전자본의 변화를 결합시킨다.

MARA CORPORATION 2021년 자산으로부터의 현금흐름	
영업현금흐름	$1,722
− 순자본지출	1,258
− NWC의 변화	−28
자산으로부터의 현금흐름(CFFA)	$ 492

해당 연도에 장기차입이 1,021$ 감소했고, 이자로 196$가 지급되었으므로 채권자에로의 현금흐름은 아래와 같다.

MARA CORPORATION 2021년 채권자에로의 현금흐름	
지급이자	$ 196
− 순신규차입금	−1,021
채권자에로의 현금흐름	$1,217

마지막으로 배당금 352$가 지급되었다. 신규로 발행된 주식으로 조달된 금액을 알기 위해서 우리는 추가적 계산을 해주어야 한다. 총자기자본은 $6,739 − $5,440 = 1,299$로 증가했으며, 이 중에서 222$가 유보이익증가분으로 처리되었으므로 2021년도에 새로운 주식의 발행으로 조달된 금액은 1,077$가 된다. 따라서 주주로의 현금흐름은 다음과 같다.

MARA CORPORATION 2021년 주주에로의 현금흐름	
지급배당금	−$ 352
− 주식발행	1,077
주주에로의 현금	−$ 725

검산을 위해서 자산으로부터의 현금흐름($492)이 채권자에로의 현금흐름에 주주에로의 현금흐름을 더한 것과 같아지는지를 확인한다($1,217 − $725 = $492).

개념복습과 개념질문

1. **유동성** [LO1] 유동성이 측정하는 것은 무엇인가? 높은 유동성과 낮은 유동성의 상호교환관계에 대해 설명하라.
2. **회계와 현금흐름** [LO2] 손익계산서에 나타나는 일정 기간 동안의 수입과 비용이 그 기간 동안에 실제로 발생한 현금유입과 현금유출을 반영하지 못하는 이유를 설명하라.
3. **장부가치와 시장가치** [LO1] 재무상태표를 작성할 때 표준화된 회계관행이 시장가치가 아닌 역사적 비용에 초점을 맞추는 이유는 무엇인가?
4. **영업현금흐름** [LO4] 회계적 순이익과 영업현금흐름을 비교할 때 영업현금흐름에서는 나타나지 않지만 순이익의 계산에서는 나타나는 두 가지 대표적 항목을 말해보라. 이들은 왜 영업현금흐름의 계산에서 제외된 것인가?
5. **장부가치와 시장가치** [LO1] 표준 회계원칙하에서는 기업의 부채가 자산을 능가할 수 있다. 이러한 상황이 발생했을 때 자기자본은 음(−)의 값을 갖는다. 이러한 상황이 항목들이 시장가치로 측정할 경우에도 나타날 수 있는가? 왜 그런가? 왜 그렇지 않은가?
6. **자산으로부터의 현금흐름** [LO4] 기업의 자산으로부터의 현금흐름이 특정 기간 동안 음(−)으로 나타났다고 하자. 이는 좋은 신호인가, 나쁜 신호인가?
7. **영업현금흐름** [LO4] 어떤 기업의 영업현금흐름이 수년 동안 음(−)의 값을 보였다고 하자. 이는 좋은 신호인가, 나쁜 신호인가?
8. **순운전자본과 자본지출** [LO4] 어떤 해의 NWC의 변화가 음(−)의 값으로 나타날 수 있는가?(힌트: 그렇다.) 어떻게 그렇게 될 수 있는지를 설명하라. 순자본지출은 어떠한가?
9. **주주와 채권자에로의 현금흐름** [LO4] 어떤 해의 주주에로의 현금흐름이 음(−)의 값을 가질 수 있는가?(힌트: 그렇다.) 어떻게 그렇게 될 수 있는지를 설명하라. 채권자에로의 현금흐름은 어떠한가?
10. **기업가치** [LO1] 이 장의 처음에 언급했던 소개한 Procter & Gamble의 경우에서 손익계산서에서 손실처리를 했다고 해서 Procter & Gamble의 주주들이 손실을 봤다고 할 수 없다고 했다. 그러한 결론의 근거는 무엇인가?
11. **기업가치** [LO1] 한 기업의 가치는 해당 기업의 부채와 자기자본의 시장가치에서 현금 및 그 등가물을 차감한 것이다. 이는 해당 기업을 구매하려는 잠재적 구매자에게 특히 중요한 수치이다. 왜 그런가?
12. **이익관리** [LO2] 기업들은 종종 회계장부상의 이익을 상당히 안정된 속도로 증가시키려고 하기 때문에 기간에 따라 이익이 크게 변동하여 나타나는 것을 막으려는 노력을 한다. 기업들은 또한 자신의 이익을 목표이익에 맞추기 위한 노력을 하면서 이를 위해 여러 방법을 사용한다. 가장 간단한 방법은, 모든 기업들이 적어도 어느 정도는 할 수 있는 것으로, 회계장부에 나타나는 수입과

비용의 발생 시기를 조절하는 것이다. 예를 들어 이번 분기의 이익이 너무 낮아질 것 같으면 회계상 비용으로 처리되는 비용 중 일부를 다음 분기에 발생하는 것으로 연기시킨다. 이익관리(earnings management)라고 불리는 기업들의 이러한 매우 일반적인 관행은 많은 의문점을 갖게 한다. 기업들은 왜 이러한 행동을 하는가? GAAP하에서도 기업들의 이러한 관행이 허용되는 이유는 무엇인가? 이러한 행동은 윤리적인 행동인가? 이러한 행동이 기업의 현금흐름과 주주의 부에 대해 의미하는 것은 무엇인가?

연습문제

초급문제
(1-11)

1. **재무상태표의 작성 [LO1]** Bing, Inc.는 유동자산으로 5,400$, 순고정자산으로 28,100$, 유동부채로 4,100$, 장기부채로 10,600$를 갖고 있다. 이 회사의 자기자본은 얼마인가? 순운전자본은?
2. **손익계산서의 작성 [LO1]** Nataro, Inc.의 매출액은 742,000$, 매출원가는 316,000$, 감가상각비는 39,000$, 이자비용은 34,000$ 그리고 법인세율은 21%이다. 이 회사의 순이익은 얼마인가?
3. **배당과 유보이익 [LO1]** 문제 2에 있는 기업이 125,000$의 현금배당을 했다. 유보이익증가분(이익잉여금 증가분)은 얼마인가?
4. **주당순이익과 주당배당 [LO1]** 문제 3에 있는 기업이 발행한 보통주는 75,000주이다. 주당순이익(EPS)과 주당배당은 얼마인가?
5. **세금 계산 [LO3]** Timmy Tappan은 과세대상소득이 189,000$인 미혼이다. 표 2.3에 있는 개인소득세율을 이용하여 그가 내야 할 소득세를 계산하라. 평균소득세율은 얼마인가? 한계소득세율은 얼마인가?
6. **OCF의 계산 [LO4]** Graff, Inc.의 매출액은 49,800$, 비용은 23,700$, 감가상각비는 2,300$, 이자비용은 1,800$이다. 법인세율이 22%라면, 영업현금흐름(OCF)은 얼마인가?
7. **순자본지출의 계산 [LO4]** Wallace Driving School의 2020년도 재무상태표는 2.3백만$의 순고정자산을 나타내고 있고 2021년도 재무상태표는 3.1백만$의 순고정자산을 나타내고 있다. 이 회사의 2021년 손익계산서는 327,000$의 감가상각비를 나타내고 있다. 이 회사의 2021년도 순자본지출액(net capital spending)은 얼마인가?
8. **순운전자본의 변화 계산 [LO4]** Dugan, Inc.의 2020년도 재무상태표는 유동자산 5,320$, 유동부채 2,510$를 보이고 있으며, 2021년도 재무상태표는 유동자산 5,970$와 유동부채 3,240$를 보이고 있다. 이 회사의 2021년도 순운전자본(NWC)의 변화는?
9. **채권자에로의 현금흐름 [LO4]** Osaka's Tennis Shop, Inc.의 2020년도 재무상태표는 2.25백만$의 장기부채를, 2021년도 재무상태표는 2.66백만$의 장기부채를 기록하고 있다. 또한 2021년도 손익계산서는 이자비용으로 305,000$를 기록하고 있다. 이 회사의 2021년 채권자에로의 현금흐름은 얼마인가?
10. **주주에로의 현금흐름 [LO4]** Osaka's Tennis Shop, Inc.의 2020년도 재무상태표는 780,000$의 보통주와 4.78백만$의 자본잉여금을 보여주고 있다. 2021년도 재무상태표는 각각에 대해서 965,000$와 5.04백만$를 보여주고 있다. 만약 이 회사가 2021년에 배당으로 654,000$를 지불했다면 2021년도 주주에로의 현금흐름은 얼마인가?
11. **총현금흐름 [LO4]** 문제 9와 문제 10의 Osaka's Tennis Shop, Inc.의 2021년도 순자본지출이 1.5백만$이고, 순운전자본에 대한 투자는 55,000$만큼 줄었다고 하자. 이 회사의 2021년 영업현금흐름(OCF)은 얼마인가?

중급문제
(12-21)

12. **시장가치와 장부가치 [LO1]** Klingon Widgets사는 3년 전에 신형 기계를 6백만$를 지불하고 구입했다. 그 기계는 당장 Romulans사에게 5.4백만$에 팔 수 있다. Klingon의 현재 대차대조표는

순고정자산 3.5백만$, 유동부채 945,000$, 순운전자본 275,000$를 나타내고 있다. 만약 모든 유동자산을 당장 현금화한다면 이 회사는 1.25백만$의 현금을 받는다. Klingon이 현재 갖고 있는 총자산의 장부가치는 얼마인가? 유동자산의 시장가치와 고정자산의 시장가치의 합은 얼마인가?

13. **총현금흐름 계산** [LO4] Nightwish Corp.의 2021년도 손익계산서는 다음과 같은 정보를 보여준다. 매출액 = 336,000$, 매출원가 = 194,000$, 기타 비용 = 9,800$, 감가상각비 = 20,600$, 이자비용 = 14,200$, 세금 = 21,275$, 배당 = 21,450$. 또한 이 회사는 2021년에 7,100$의 새로운 주식을 발행했고, 5,400$의 장기부채를 상환했다.

a. 2021년도 영업현금흐름은?

b. 2021년도 채권자에로의 현금흐름은?

c. 2021년도 주주에로의 현금흐름은?

d. 2021년도에 순고정자산이 53,200$ 증가했다면 순운전자본의 증가액은 얼마인가?

14. **손익계산서의 활용** [LO1] Troiano Pizza Co.에 대한 다음의 정보를 활용하여 감가상각비를 계산하라. 매출액 = 76,800$, 비용 = 36,900$, 유보이익증가분 = 6,800$, 배당 = 2,370$, 이자비용 = 5,300$, 법인세율 = 22%.

15. **재무상태표의 작성** [LO1] 다음 정보를 활용하여 Willis Corp.의 2021년도 재무상태표를 작성하라. 현금 = 165,000$, 특허권과 저작권 = 858,000$, 매입채무 = 273,000$, 매출채권 = 149,000$, 유형 순고정자산 = 2,093,000$, 재고 = 372,000$, 지급어음 = 201,500$, 누적 유보이익(이익잉여금) = 1,778,000$, 장기부채 = 1,079,000$.

16. **잔여청구권** [LO1] Polska, Inc.은 올해 채권자들에게 10,300$를 지불해야 한다.

a. 이 회사 자산의 시장가치가 11,600$라면 자기자본의 시장가치는 얼마인가?

b. 자산의 시장가치가 9,400$라면 자기자본의 시장가치는 얼마인가?

17. **순이익과 영업현금흐름** [LO2] 2021년 Raines Umbrella Corp.의 매출액은 565,000$, 매출원가, 판매비와 관리비, 감가상각비는 각각 535,000$, 125,000$, 170,000$이고, 이자비용은 90,000$, 법인세율은 25%이다(세금의 차기이월은 없고 이자비용에 대해서는 100% 감세된다고 가정한다).

a. 이 회사의 2021년도 순이익은?

b. 영업현금흐름은?

c. 문제 a와 문제 b의 결과를 설명해보라.

18. **회계적 가치와 현금흐름** [LO1, 2] 문제 17의 Raines Umbrella가 128,000$를 배당했다고 하자. 이는 가능한 것인가? 순자본지출과 순운전자본이 0이고, 그 해에 새롭게 발행한 주식도 없다면 이 회사의 신규 차입금은 얼마인가?

19. **현금흐름의 계산** [LO2] 다음은 Martinez Industries의 2021년도 영업결과이다. 매출액 = 38,072$, 매출원가 = 27,168$, 감가상각비 = 6,759$, 이자비용 = 3,050$, 배당 = 2,170$. 2021년 초의 순고정자산은 22,790$, 유동자산은 8,025$, 유동부채는 4,511$. 2021년 말의 순고정자산은 28,053$, 유동자산은 9,904$, 유동부채는 5,261$, 2021년도 세율은 22%이다.

a. 2021년도의 순이익은 얼마인가?

b. 2021년도의 영업현금흐름은 얼마인가?

c. 2021년도의 자산으로부터의 현금흐름은 얼마인가? 이는 가능한 것인가? 설명하라.

d. 이 해에 새로 발행한 채권이 없다면 채권자에로의 현금흐름은 얼마인가? 주주에로의 현금흐름은? 문제 a에서 문제 d까지의 답에서 값이 음(−)으로 나타나는 경우와 양(+)으로 나타나는 경우에 대해 그 이유를 설명해보라.

20. **현금흐름의 계산 [LO4]** Parrothead Enterprises의 요약 재무제표는 아래와 같다.

PARROTHEAD ENTERPRISES 2020년과 2021년 재무상태표의 일부					
자산			부채 및 자기자본		
	2020년	2021년		2020년	2021년
유동자산	$1,327	$1,438	유동부채	$ 530	$ 595
순고정자산	5,470	6,587	장기부채	2,891	3,075

PARROTHEAD ENTERPRISES 2021년 손익계산서	
매출액	$16,831
비용	7,849
감가상각비	1,499
이자비용	427

a. 2020년과 2021년의 자기자본은 얼마인가?

b. 2021년의 순운전자본의 변화액은?

c. 2021년에 Parrothead는 2,740$의 고정자산을 새로 구입했다. 그렇다면 Parrothead는 얼마만큼의 고정자산을 매각했는가? 이 해의 자산으로부터의 현금흐름은 얼마인가? 세율은 21%이다.

d. 2021년에 Parrothead는 554$의 장기부채를 새로 차입했다. 이 해에 Parrothead는 얼마만큼의 장기부채를 상환했는가? 채권자에로의 현금흐름의 크기는?

21. **현금흐름 항등식 [LO4]** Graffiti Advertising, Inc.은 지난 두 해의 재무제표를 다음과 같이 보고했다. 이 회사의 현금흐름 항등식을 작성해보라. 그리고 각 수치가 무엇을 의미하는지 설명하라.

2021년 손익계산서	
매출액	$750,727
매출원가	430,821
판매 및 일반관리비	165,676
감가상각비	72,489
이자 및 법인세 차감전 이익(EBIT)	$ 81,741
이자비용	25,630
법인세 차감전 이익(EBT)	$ 56,111
세금	14,028
순이익	$ 42,083
배당	$ 14,200
유보이익 증가분	27,883

GRAFFITI ADVERTISING, INC. 2020년 재무상태표			
현금	$ 17,691	매입채무	$ 12,721
매출채권	25,228	지급어음	19,149
재고	18,321	유동부채	$ 31,870
유동자산	$ 61,240	장기부채	$181,000
순고정자산	$457,454	자기자본	$305,824
자산 총계	$518,694	부채 및 자기자본 총계	$518,694

GRAFFITI ADVERTISING, INC. 2021년 재무상태표			
현금	$ 19,003	매입채무	$ 13,962
매출채권	28,025	지급어음	21,872
재고	30,222	유동부채	$ 35,834
유동자산	$ 77,250	장기부채	$201,900
순고정자산	$539,679	자기자본	$379,195
자산 총계	$616,929	부채 및 자기자본 총계	$616,929

고급문제 (22-24)

22. 순고정자산과 감가상각 [LO4] 재무상태표에서 순고정자산(NFA)은 구입비용으로 기록된 총고정자산(FA)에서 그동안 누적된 감가상각비(AD)를 차감한 것이다. NFA = FA − AD라는 사실을 이용하여 이 장에서 자본지출을 계산할 때 적용한 순기말고정자산(NFA_{end}) − 순기초고정자산(NFA_{beg}) + 감가상각비(D)는 총기말고정자산(FA_{end}) − 총기초고정자산(FA_{beg})임을 보여라.

Taco Swell, Inc.에 대한 다음 정보를 가지고 문제 23과 문제 24에 대해 답하라(세율은 21%로 가정한다).

	2020년	2021년
매출액	$21,514	$24,047
감가상각	3,089	3,229
매출원가	7,397	8,750
기타 비용	1,759	1,531
이자	1,443	1,723
현금	11,279	12,021
매출채권	14,934	17,529
단기지급어음	2,176	2,133
장기부채	37,778	45,798
순고정자산	94,601	100,893
매입채무	8,150	8,632
재고	26,551	28,421
배당	2,573	3,008

23. 재무제표 [LO1] 이 회사의 2020년도와 2021년도의 손익계산서와 재무상태표를 작성하라.

24. 현금흐름의 계산 [LO4] 2021년도의 자산으로부터의 현금흐름, 채권자에로의 현금흐름, 주주에로의 현금흐름을 계산하라.

작은 사례

Sunset Boards, Inc.의 현금흐름과 재무제표

Sunset Boards는 말리부에서 서핑 보드(surf board)를 제작 판매하는 작은 회사이다. Tad Marks는 이 회사의 창립자며 서프보드를 디자인하고 판매하는 책임을 맡고 있다. 그러나 그는 파도타기의 전문가이지 사업을 하던 사람이 아니었다. 따라서 이 회사의 재무기록은 잘 정리되어 있지 않다.

Sunset Boards의 초기 투자자금은 Tad와 그의 친구 및 가족에 의해 제공되었다. 초기 투자가 상대적으로 적었으므로 이 회사는 자신의 상점에서 판매되는 정도의 서핑 보드만 만들었으며 투자자들은 Tad로부터 자세한 재무제표를 요구하지도 않았다. 그러나 전문 파도타기 선수들의 입소문을 통해 알려지면서 최근 Sunset Boards의 판매량이 급등하여 Tad는 회사의 확장을 고려 중이다. Tad는 하와이에 또 하나의 상점을 개점할 계획을 하고 있으며 또한 자신의 제품을 다른 판매자에게도 판매하려는 계획을 갖고 있다.

Tad의 사업확장 계획은 상당한 투자자금을 요구하기 때문에 Tad는 투자자금 중 일부는 은행으로부터 차입하고 또 다른 일부는 외부투자자들로부터 조달할 계획을 갖고 있다. 당연히 새로운 투자자들이나 채권자들은 Tad가 이전에 갖고 있던 것보다는 잘 짜여진 세부적 재무제표를 원한다. 투자자들의 이러한 요구로 인해 Tad는 회사의 과거 성과를 평가하기 위해 Christina Wolfe라는 재무분석가를 고용했다.

과거 은행 관련 서류들과 판매영수증, 세금신고서 그리고 기타 서류들을 살펴보고서 Christina는 다음과 같은 정보를 수집하였다.

Sunset Boards는 현재 순이익의 40%를 배당으로 Tad와 초기 투자자들에게 지불하고 있으며 21%의 법인세율이 적용되고 있다. 당신이 Christina의 보조원이라 하고, Christina가 당신에게 아래와 같은 것들을 준비하도록 요구했다고 하자.

	2020년	2021년
매출원가	$306,726	$387,290
현금	44,261	66,870
감가상각비	86,590	97,871
이자비용	18,824	21,576
판매 및 일반관리비	60,322	78,732
매입채무	31,423	53,181
순고정자산	382,014	465,426
매출액	601,729	733,469
매출채권	31,363	40,681
지급어음	35,654	38,929
장기부채	192,827	210,408
재고	60,382	81,209
신주발행	0	23,400

1. 2020년도와 2021년도의 손익계산서
2. 2020년도와 2021년도의 재무상태표
3. 각 연도의 영업현금흐름
4. 2021년도의 자산으로부터의 현금흐름
5. 2021년도의 채권자에로의 현금흐름
6. 2021년도의 주주에로의 현금흐름

질문

1. Sunset Boards의 2021년도 현금흐름에 대해서 당신은 어떤 말을 할 수 있는가? 간단히 적어보라.
2. 앞의 질문에 대한 당신의 설명에 비추어볼 때 Tad의 사업확장 계획에 대해서 당신은 어떻게 생각하는가?

3 재무제표의 분석

Working with Financial Statements

보통주 한 주의 가격은 미국 이동통신회사 T-Mobile의 경우에 2020년 5월 22일 약 78$였다. T-Mobile의 주가순이익비율(price-earnings ratio: PER, PE)은 23이었다. 이는 투자자들이 T-Mobile의 순이익 1$당 23$를 지불할 용의가 있었음을 의미하는 것이다. 같은 시기에 투자자들은 Amazon, LVMH, Progressive에 대해서는 그들의 순이익 1$당 각각 116$, 28$, 12$를 지불할 용의를 보였다. 다른 극단적인 예로는 Slack과 Lyft의 경우가 있다. 이 두 회사는 모두 전년도에 음(–)의 순이익을 보였다. 하지만 주가는 각각 약 32$, 약 31$로 형성되었다. 순이익이 음(–)이었기 때문에 이 회사들의 PER가 음(–)의 값을 갖게 되므로 PER는 표시되지 않았다. 그 당시에 S&P 500 지수에 포함되어 있던 대기업들의 주식은 대략 21의 PER 값을 보이면서 거래되고 있었다. 다시 말해 주당순이익의 약 21배의 가격에 거래되고 있었다.

기업들 간의 PER를 비교해보는 것은 재무비율을 활용하는 하나의 예이다. 이 장에서 살펴볼 것이지만 재무비율의 종류는 다양하고, 이들은 모두 기업의 재무상황의 어떤 측면을 요약하여 보여주는 것이다. 우리는 재무제표를 활용하여 재무비율들을 계산하는 것 외에도 재무비율이 주는 정보를 누가 사용하며, 왜 사용하는지에 대해서 살펴볼 것이다.

학습목표 _Learning Objectives

이 장을 공부한 후에는 다음과 같은 것들에 대해 알아야 한다.

- **LO1** 비교를 위해 재무제표를 표준화하는 방법
- **LO2** 재무비율들의 계산 방법과 그것들이 갖는 의미
- **LO3** 기업의 수익성을 결정짓는 요소들
- **LO4** 재무제표를 이용한 분석이 갖는 문제점과 한계점

2장에서는 재무제표와 현금흐름의 몇 가지 핵심 개념들에 대해 살펴보았다. 2부의 이번 장과 다음 장에서는 앞에서 설명하지 않은 부분을 설명한다. 여기서 하려고 하는 것은 재무제표가 담고 있는 정보를 사용하는 것(과 잘못 사용하는 것)에 대한 이해를 높이는 것이다. 재무제표를 잘 이해하는 것은 재무제표로부터 도출된 수치들이 기업 내부나 외부의 재무적 정보를 주고 받는 수단이라는 점에서 매우 중요하다. 간단히 말해, 이 장에서 설명하는 용어들은 기업재무에서 많이 사용되는 용어들이다.

재무제표의 정보를 사용하는 데에는 다양한 방법이 있으며, 사용하는 사람들의 유형도 다양하다. 이러한 다양성은 재무제표의 정보가 많은 종류의 의사결정에서 중요한 역할을 한다는 사

실을 알려주는 것이다.

완벽한 세계에서는 재무관리자는 기업의 모든 자산의 시장가치에 대해 완벽한 정보를 갖고 있다. 그러나 그러한 경우는 거의 없다. 따라서 우리가 필요로 하는 재무적 정보 중 상당 부분을 회계적 수치에 의존하는 이유는 우리가 원하는 시장정보의 전부 또는 그 일부분이라도 얻는 것이 불가능하기 때문이다. 기업의 의사결정을 평가하는 방법으로 유일하게 의미를 갖는 것은 해당 의사결정이 경제적 가치를 창출하는가 하는 것이다(1장 참조). 그러나 많은 중요한 상황들에서 해당 의사결정이 가져다주는 시장가치효과를 알 수 없기 때문에 그러한 판단을 직접적으로 하는 것은 불가능하다.

회계적 수치들은 종종 경제적 실체를 제대로 반영하지 못하지만 가장 쉽게 구할 수 있는 정보임에는 틀림없다. 예를 들어 개인기업, 비영리기업, 중소기업들에 대한 직접적인 시장가치 정보는 거의 존재하지 않는다. 이러한 상황에서는 회계사들의 보고가 매우 중요하다.

회계사들이 갖는 중요한 목표 중 하나가 의사결정에 유용한 형태로 재무정보를 제공하는 것이라는 점은 확실하다. 그러나 아이러니하게도 그러한 정보는 사용자에게 유용한 형태로 제공되지 않는다. 다시 말해 재무제표는 사용자 가이드와 함께 제공되지 않는다. 이 장과 다음 장은 이러한 현실적인 결함을 보충하는 첫 단계이다.

3.1 현금흐름과 재무제표: 자세히 살펴보기

가장 기본적 수준에서 기업들은 두 가지 서로 다른 행위, 즉 현금을 발생시키는 행위와 현금을 소비하는 행위를 한다. 현금은 제품, 자산, 증권을 판매함으로써 발생된다. 증권의 판매는 차입이나 기업지분의 판매를 의미한다. 현금은 제품을 생산할 때 원재료나 노동의 대가를 지불하고 자산을 구입하는 데 소비된다. 채권자나 소유주들에 대한 지불에도 현금이 소비된다.

2장에서 기업의 현금활동은 다음과 같은 항등식에 의해 요약된다는 것을 보았다.

자산으로부터의 현금흐름 = 채권자에로의 현금흐름 + 주주에로의 현금흐름

현금흐름 항등식은 해당 연도에 기업이 행한 모든 거래가 현금에 미치는 영향을 전체적으로 요약하는 표현이다. 이 절에서는 특정 연도에 이 항등식이 의미하는 현금과 관련된 사건들을 보다 자세히 살펴봄으로써 현금흐름이라는 주제로 다시 돌아온다.

현금의 원천과 사용

현금의 원천(source of cash): 현금을 발생시키는 기업의 활동들

현금의 사용(use of cash): 현금을 소비하는 기업의 활동들. Applications of cash라는 표현도 사용된다.

현금을 발생시키는 활동을 **현금의 원천**(source of cash)이라고 하며, 현금을 소비하는 활동을 **현금의 사용**(use of cash)이라고 부른다. 우리가 해야 하는 것은 기업의 재무상태표에 나타나는 변화들을 추적하여 특정 기간 동안 기업이 자신의 현금을 어떻게 획득했으며, 또한 어떻게 소비했는지를 살펴보는 것이다.

이제 표 3.1의 Prufrock 주식회사의 재무상태표를 살펴보는 것부터 시작하기로 하자. 우선 재무상태표상에 있는 각 항목의 변화를 계산한 것에 주목하라.

Prufrock의 재무상태표를 살펴볼 때 우리는 해당 연도에 많은 항목에서 변화가 있었음을 알 수 있다. 예를 들어 Prufrock의 순고정자산은 149$ 증가했고, 재고는 29$ 증가했다(모든 수치들의 단위는 백만$이다). 이를 위한 돈은 어디서 왔는가? 이에 답하고 이와 관련된 질문들에 답하

표 3.1

PRUFROCK CORPORATION 2020년과 2021년 재무상태표(단위: 백만$)			
	2020년	2021년	Change년
자산			
유동자산			
현금	$ 84	$ 146	+$ 62
매출채권(외상매출금)	165	188	+ 23
재고	393	422	+ 29
합계	$ 642	$ 756	+$114
고정자산(비유동자산)			
순고정자산	$2,731	$2,880	+$149
자산 총계	$3,373	$3,636	+$263
부채 및 자기자본			
유동부채			
매입채무(외상매입금)	$ 312	$ 344	+$ 32
지급어음	231	196	− 35
합계	$ 543	$ 540	−$ 3
장기부채(비유동부채)	$ 531	$ 457	−$ 74
자기자본			
보통주와 자본잉여금	$ 500	$ 550	+$ 50
누적이익잉여금(누적유보이익)	1,799	2,089	+ 290
합계	$2,299	$2,639	+$340
부채 및 자기자본 총계	$3,373	$3,636	+$263

기 위해서 먼저 현금을 사용한 변화(현금의 사용)와 현금을 가져온 변화(현금의 원천)를 확인해야 한다.

이 경우에 약간의 상식이 필요하다. 기업은 자산을 구입하거나 지불을 할 때 현금을 소비한다. 따라서 간단히 말해 자산항목의 수치가 증가한 것은 순변화라는 측면에서 기업이 자산을 구입한 것으로, 이는 "현금의 사용"을 의미한다. 만약 자산항목의 수치가 낮아졌다면 이는 순변화라는 측면에서 기업이 자산을 판매했다는 것으로 "현금의 원천"을 의미한다. 마찬가지로 부채항목의 수치가 낮아진다면 이는 기업이 순지불(net payment)을 했다는 것을 말하며 "현금의 사용"을 의미한다.

이런 식으로 생각하면, 기계적으로 적용할 수 있는 다음과 같은 유용한 정의를 얻을 수 있다. 재무상태표의 왼쪽 항목(자산항목)의 증가와 오른쪽 항목(부채나 자기자본)의 감소는 "현금의 사용"이며, 마찬가지로 자산항목의 감소나 부채 또는 자기자본 항목의 증가는 "현금의 원천"이다.

기업의 재무정보는 **finance.yahoo.com**, **finance.google.com**, **money.msn.com** 등과 같은 많은 웹에서 발견할 수 있다.

Prufrock의 경우를 다시 살펴보면 재고가 29$ 증가했다. 이는 Prufrock이 재고를 증가시키기 위해서 29$를 실제로 지불한 것이므로 순사용(net use)이다. 외상매입금은 32$ 증가했다. 이는 Prufrock이 실제로 연말에 갚는 것으로 하여 32$를 추가적으로 빌린 것이므로 현금의 원천이다. 한편, 지급어음은 35$ 감소했으며, 따라서 Prufrock은 35$의 단기채무를 갚은 것이므로 이는 현금의 사용이다.

이상의 논의에 근거하여, 재무상태표로부터 현금의 원천과 사용에 관한 다음과 같은 요약된 정보를 얻을 수 있다.

현금의 원천(Sources of cash):	
매입채무(외상매입금)의 증가(Increase in accounts payable)	$ 32
보통주의 증가(Increase in common stock)	50
이익잉여금(유보이익)의 증가(Increase in retained earnings)	290
총원천(Total sources)	$372
현금의 사용(Uses of cash):	
매출채권(외상매출금)의 증가(Increase in accounts receivable)	$ 23
재고의 증가(Increase in inventory)	29
지급어음의 감소(Decrease in notes payable)	35
장기부채의 감소(Decrease in long-term debt)	74
순고정자산의 취득(Net fixed asset acquisitions)	149
총사용(Total uses)	$310
현금의 순증가(Net addition to cash)	$ 62

현금의 순증가는 현금의 원천과 현금의 사용 사이의 차이이다. 위에서 얻은 62$라는 결과는 표 3.1의 재무상태표상에 나타나는 현금의 변화 62$와 일치한다.

이 간단한 보고서는 해당 연도에 발생한 변화의 상당한 부분을 우리에게 알려주지만 모든 이야기를 나 해주고 있는 깃은 이니다. 예를 들어 유보이익의 증가는 순이익(자금의 원천)에서 배당(자금의 사용)을 빼준 것이다. 이러한 것들은 별도로 정리하는 것이 보다 자세한 상황을 알게 해줄 것이다. 또한 우리는 고정자산의 순증가만을 살펴보았지만 고정자산의 총지출을 아는 것도 흥미로울 것이다.

따라서 해당 연도에 기업을 통해서 발생한 현금의 흐름을 보다 자세히 추적하기 위해서는 손익계산서가 필요하다. Prufrock의 손익계산서는 표 3.2에 표시되어 있다.

재무상태표에 나타난 유보이익의 증가분 290$는 손익계산서에서 순이익 435$와 배당금 145$의 차이라는 것을 살펴보라.

현금흐름표

현금의 원천과 사용은 다양한 형식으로 요약할 수 있다. 어떠한 형식으로 요약하든 그러한 것을 **현금흐름표**(statement of cash flows)라고 한다.

현금흐름표
(statement of cash flows):
특정 기간 동안 현금의 원천과 현금의 사용을 요약한 재무제표

표 3.3은 한 형태의 현금흐름표를 보여주고 있다. 기본 개념은 모든 변화를 영업활동에 의한 현금흐름, 재무활동에 의한 현금흐름, 투자활동에 의한 현금흐름이라는 세 영역으로 구분하는 것이다. 구체적인 보고형태는 보고자에 따라 달라질 수 있다.

혹시 다른 형태로 정리된 경우를 보더라도 놀랄 필요는 없다. 제공되는 정보는 매우 유사할 것이며 다만 순서가 다를 수 있다. 기억해야 할 점은 84$의 현금에서 출발하여 146$의 현금으로 끝나서 현금의 순증가가 62$라는 것이다. 우리는 단지 어떠한 사건들이 이러한 변화를 가져왔는지를 보고자 하는 것뿐이다.

표 3.2

PRUFROCK CORPORATION 2020년 손익계산서(단위: 백만$)		
매출액		$2,311
매출원가		1,344
감가상각비		276
이자 및 법인세 차감전 이익(EBIT)		$ 691
이자비용		141
과세대상소득		$ 550
세금(21%)		116
순이익(Net income)		$ 435
배당	$145	
이익잉여금 증가분	290	

표 3.3

PRUFROCK CORPORATION 2021년 현금흐름표(Statement of Cash Flows)(단위: 백만$)	
기초의 현금(Cash, beginning of year)	$ 84
영업활동(Operating activity)	
순이익	$435
더하기:	
감가상각비	276
매입채무(외상매입금)의 증가	32
빼기:	
매출채권(외상매출금)의 증가	− 23
재고의 증가	− 29
영업활동에 의한 순현금흐름(Net cash from operating activity)	$691
투자활동(Investment activity)	
고정자산의 취득	−$425
투자활동에 의한 순현금흐름(Net cash from investment activity)	−$425
재무활동(Financing activity)	
지급어음의 감소	−$ 35
장기부채의 감소	− 74
지급배당	− 145
보통주의 증가	50
재무활동에 의한 순현금흐름(Net cash from financing activity)	−$204
현금의 순증가(Net increase in cash)	$ 62
기말의 현금(Cash, end of year)	$146

2장으로 돌아가면, 여기에 약간의 개념적 문제가 있음을 발견할 수 있다. 이자비용은 분명히 재무활동에 의한 현금흐름에 포함되어야 한다. 그러나 회계에서는 불행하게도 이런 식으로 다루지 않는다. 그 이유는 순이익을 계산할 때 이자가 비용으로 이미 차감되기 때문이다. 또한 고

정자산의 순구매가 149$인 것을 살펴보라. 이는 Prufrock이 자산의 가치 중 276$어치를 감가상각으로 차감해주었기 때문에 Prufrock은 고정자산에 총 $149 + $276 = 425$의 현금을 지출한 것이다.

현금흐름표를 구한 다음, 순이익을 주당순이익으로 표시했듯이 현금흐름의 변화를 주당 변화로 표현해주는 것이 더 좋을 수도 있다. 그러나 투자자들이 주당현금흐름에 대해 관심을 가질 수 있음에도 불구하고 아이러니하게도 표준 회계관행은 이러한 정보를 나타내는 것을 금지하고 있다. 그 이유는 회계사들이 현금흐름을 회계적 순이익을 대체할 수 있는 것으로 생각하지 않기 때문이며, 따라서 주당순이익만을 회계보고서에 보고하도록 하고 있다.

표 3.4가 보여주고 있듯이 때에 따라서는 동일한 정보를 다른 형태로 표현하는 것도 유용할 수 있다. 우리는 이러한 보고서를 "현금의 원천과 사용표(sources and uses of cash statement)"라고 부를 것이다. 재무회계에서는 이러한 보고서가 없지만 이는 수년 전에 사용되었던 형태와 비슷한 보고서이다. 이 형태는 매우 간편하지만 현금흐름의 변화를 일반적으로는 이러한 형태로 보고하지는 않는다는 점을 알아두기 바란다.

이제 우리는 현금과 관련된 다양한 정보를 갖게 되었고, 해당 연도의 현금흐름과 관련하여

표 3.4

PRUFROCK CORPORATION 2021년 현금의 원천과 사용(단위: 백만$)	
기초의 현금	$ 84
현금의 원천(Sources of cash)	
영업:	
순이익	$435
감가상각비	276
	$711
운전자본:	
매입채무(외상매입금)의 증가	$ 32
장기금융:	
보통주의 증가	50
현금원천 총계	$793
현금의 사용(Uses of cash)	
운전자본:	
매출채권(외상매출금)의 증가	$ 23
재고의 증가	29
지급어음의 감소	35
장기금융:	
장기부채의 감소	74
고정자산의 획득	425
배당 지급	145
현금사용 총계	$731
현금의 순증가(Net addition to cash)	$ 62
기말의 현금	$146

어떤 일들이 발생했는가를 알게 되었다. Prufrock은 고정자산의 획득과 현금배당을 위해 현금을 주로 사용하였다. 이러한 활동들을 위해 요구되는 현금은 주로 영업활동에 의해 발생한 현금으로 지불되었다.

Prufrock은 또한 장기부채의 일부를 상환했으며 유동자산도 증가시켰다. 마지막으로 유동부채는 크게 변하지 않았으며 상대적으로 적은 양의 새로운 주식이 발행되었다. 이상으로 살펴본 간단한 상황은 해당 연도에 Prufrock에서 발생한 현금의 주요 원천들과 사용들을 확인해주고 있다.

개념질문 _Concept Questions

3.1a 현금의 원천은 무엇을 말하는가? 그 예를 세 가지 들어보라.
3.1b 현금의 사용은 무엇을 말하는가? 그 예를 세 가지 들어보라.

3.2 표준화된 재무제표

우리는 Prufrock의 재무제표를 이와 비슷한 다른 회사의 재무제표와 비교해 볼 수도 있다. 그러나 이 경우 곧바로 문제에 부딪친다. 이는 기업의 규모가 서로 다르기 때문에 한 기업의 재무제표를 다른 기업의 재무제표와 직접 비교하는 것은 거의 불가능하다는 것이다.

예를 들어 Ford와 GM은 자동차 시장에서 심한 라이벌 관계에 있다. 그러나 GM은 Ford보다 훨씬 큰 기업(자산이라는 측면에서)이며, 따라서 이 두 회사를 직접 비교하기는 어렵다. 이러한 문제 때문에 동일한 기업이라도 그 규모가 크게 변했다면 그 기업의 서로 다른 시점의 재무제표들을 서로 비교하는 것도 어려운 일이다. 기업규모와 관련된 이러한 문제는 GM과 Toyota를 서로 비교하는 경우에는 더 커진다. Toyota의 재무제표가 엔화로 표시되어 있다면 규모의 차이라는 문제 외에 기준통화의 차이라는 추가적인 문제를 갖게 된다.

따라서 기업들을 서로 비교하기 위해서 필요로 하는 것은 어떤 표준화된 재무제표일 것이다. 비교를 하기 위한 가장 일반적이고 유용한 방법은 절대 금액이 아니라 비율로 재무제표의 각 항목들을 표현하는 것이다. 이 절에서는 이러한 식으로 표준화된 재무제표를 만드는 방법에 대해 설명한다.

표준규모 재무제표

재무제표들을 표준화하는 가장 유용한 방법은 재무상태표상의 각 항목을 자산과 비교한 비율로 표시하고, 손익계산서상의 각 항목을 매출액과 비교한 비율로 표현하는 방법이다. 이렇게 표현된 재무제표를 **표준규모 재무제표**(common-size statement)라고 부른다. 이들에 대해 살펴보도록 하자.

표준규모 재무제표
(common- size statement): 모든 항목을 비율로 표시한 표준화된 재무제표. 재무상태표의 각 항목은 자산과 비교한 비율로, 손익계산서의 각 항목은 매출액과 비교한 비율로 표시된다.

표준규모 재무상태표 표준규모 재무상태표(common-size balance sheet)를 작성하는 하나의 방법은 각 항목을 총자산의 비율로 표시하는 것이다. Prufrock의 2020년도와 2021년도의 표준규모 재무상태표는 표 3.5에 표시되어 있다.

표 3.5

PRUFROCK CORPORATION 2020년과 2021년 표준규모 재무상태표			
	2020년	2021년	변화
자산			
유동자산			
현금	2.5%	4.0%	+1.5%
매출채권(외상매출금)	4.9	5.2	+0.3
재고	11.6	11.6	+ 0
합계	19.0	20.8	+1.8
고정자산			
순고정자산	81.0	79.2	−1.8
자산 총계	100.0%	100.0%	0
부채 및 자기자본			
유동부채			
매입채무(외상매입금)	9.2%	9.5%	+0.2%
지급어음	6.9	5.4	−1.5
합계	16.1	14.9	−1.2
장기부채	15.7	12.6	−3.2
자기자본			
보통주와 자본잉여금	14.8	15.1	+0.3
이익잉여금(유보이익)	53.4	57.5	+4.1
합계	68.2	72.6	+4.4
부채 및 자기자본 총계	100.0%	100.0%	0

각 항목의 합계가 정확하게 100%가 되지 않는 것은 소수점 오차 때문이다. 또한 연초의 비율이나 연말의 비율들을 모두 합하면 각각 100%가 되어야 하기 때문에 이들 간의 총변화는 0이 되어야 한다는 점도 살펴보기 바란다.

이러한 표준화된 형식은 읽거나 비교하기가 상대적으로 쉽다. 예를 들어 Prufrock의 두 재무상태표를 보더라도 2020년에 유동자산이 총자산의 19.0%에서 2021년에는 20.8%로 증가했음을 바로 알 수 있다. 같은 기간 동안에 유동부채는 부채 및 자기자본 총계의 16.1%에서 14.9%로 감소했다. 마찬가지로 자기자본은 부채 및 자기자본 총계의 68.2%에서 72.6%로 증가했다.

유동부채와 비교한 유동자산으로 측정되는 유동성은 Prufrock의 경우 전반적으로 일 년 동안 증가했다. 동시에 Prufrock의 부채는 총자산의 비율로 볼 때 감소했다. 우리는 Prufrock의 재무상태표가 더 건실해졌다고도 생각할 수 있다. 이에 대해서는 재무비율 분석에서 다시 자세히 살펴보도록 한다.

표준규모 손익계산서 손익계산서를 표준화하는 유용한 방법은 각 항목을 표 3.6처럼 총매출액의 비율로 표시하는 것이다.

표준규모 손익계산서(common-size income statement)는 매출액 1$당 어떤 상황이 발생했는가를 말해준다. Prufrock의 경우에 매출액 1$당 0.061$가 이자비용으로 지불되었고, 세금으

표 3.6

PRUFROCK CORPORATION 2021년 표준규모 손익계산서		
매출액		100.0%
매출원가		58.2
감가상각비		11.9
이자 및 법인세 차감전 이익(EBIT)		29.9
이자비용		6.1
세전이익(세대상소득)		23.8
세금(21%)		5.0
순이익		18.8%
배당	6.3%	
이익잉여금(유보이익) 증가분	12.5	

로는 0.05$가 지불되었다. 최종적으로 매출액 1$당 0.188$의 순이익이 발생했으며, 순이익 중 0.125$는 유보이익으로 회사에 유보되었고, 나머지 0.063$는 배당으로 지불되었다.

비율들은 비교를 하는 경우에 매우 유용하다. 예를 들어 비용을 비율로 나타내주는 것은 매우 유용하다. Prufrock의 경우, 매출액 1$당 0.582$가 매출원가로 지불되었다. 이 비율을 Prufrock의 주요 경쟁회사들의 비율과 비교해 보면, Prufrock이 비용관리를 얼마나 잘했는지를 알 수 있을 것이다.

표준규모 현금흐름표 우리는 표준규모 현금흐름표를 작성하지는 않았지만 표준규모 현금흐름표(common-size statement of cash flows)를 작성하는 것도 가능하고 또한 매우 유용할 것이다. 그러나 불행하게도 현재 정해진 현금흐름표 양식을 가지고 표준규모 현금흐름표를 작성하려고 할 때 표준규모 재무상태표를 작성하는 경우의 총자산이라든가, 표준규모 손익계산서를 작성하는 경우의 총매출액과 같은 어떤 기준이 되는 공통분모가 없다. 그러나 표 3.4와 비슷한 형태로 현금흐름에 관한 정보가 요약된다면 현금흐름표의 각 항목을 총원천이나 총사용의 비율로 표시할 수 있을 것이며, 그에 따라 각 항목을 총현금원천과 비교한 비율이나 총현금사용과 비교한 비율로 설명할 수 있을 것이다.

표준연도 재무제표: 추세분석

어떤 기업의 지난 10년간의 재무상태표가 주어지고 그 기업의 활동에서 나타나는 추세를 조사한다고 해보자. 그 기업은 더 많은 부채를 사용하는 추세를 보이는가, 그 반대의 추세를 보이는가? 그 기업의 유동성은 더 커지는 추세를 보이는가, 그 반대의 추세를 보이는가? 이러한 것들을 알아보기 위한 표준화된 재무제표를 작성하는 방법은 어떤 기준연도를 정하여 매해 나타나는 각 항목의 수치를 기준연도의 그 항목의 수치와 비교하여 상대적 크기로 나타내는 것일 것이다. 이러한 재무제표를 **표준연도 재무제표**(common-base year statement)라고 부를 것이다.

표준연도 재무제표
(common base year statement): 모든 항목의 수치를 어떤 기준연도의 그 항목의 수치와 비교하여 상대적 크기로 나타낸 표준화된 재무제표

예를 들어 표 3.1을 보면, 2020년부터 2021년까지 Prufrock의 재고는 393$에서 422$로 증가했다. 2020년도를 기준연도로 한다면 우리는 2020년도의 재고를 1로 놓는다. 그 다음 해인 2021년의 상대적 재고는 $422/$393 = 1.07로 계산된다. 이 경우 우리는 한 해 동안 재고가 약 7% 증가했다고 말할 수 있다. 여러 해를 서로 비교하는 경우에는 매해의 재고를 393$로 나누어

표 3.7

PRUFROCK CORPORATION
표준 재무상태표(자산항목만 표시)(단위: 백만$)

	자산		표준규모 자산		표준연도 자산	표준규모 및 표준연도 자산
	2020년	2021년	2020년	2021년	2021년	2021년
유동자산						
현금	$ 84	$ 146	2.5%	4.0%	1.74	1.61
외상매출금	165	188	4.9	5.2	1.14	1.06
재고	393	422	11.7	11.6	1.07	1.00
총유동자산	$ 642	$ 756	19.0	20.8	1.18	1.09
고정자산						
순고정자산	$2,731	$2,880	81.0	79.2	1.05	0.98
자산 총계	$3,373	$3,636	100.0%	100.0%	1.08	1.00

참고: 표준규모 수치(common-size number)는 각 연도의 각 항목을 그 연도의 총자산으로 나누어 계산된다. 예를 들어 2020년도의 표준 규모 현금액은 $84/$3,373 = 2.5%이다. 표준연도 수치(common-base year number)는 2021년도 각 항목의 수치를 기준연도인 2020년도 그 항목의 수치로 나누어 계산된다. 따라서 표준연도 현금은 $146/$84 = 1.74가 되며 이는 현금이 74% 증가한 것을 나타낸다. 표준규모 수치와 표준연도 수치를 혼합한 수치는 각 표준규모 수치를 기준연도(2020년)의 표준규모 수치로 나누어 계산된다. 현금의 경우에 이 수치는 4.0%/2.5% = 1.61이 되며 이는 총자산의 비율로서의 현금이 61% 증가했다는 것을 나타낸다. 각 열에 있는 항목들의 합은 소수점 오차로 인하여 정확하게 100%가 되지 않을 수도 있다.

주면 된다. 그러한 상대적 수치들은 쉽게 계산되며 또한 그 결과를 다른 기업들의 경우와 비교하는 것도 매우 쉽다. 표 3.7은 그렇게 계산한 재무상태표의 왼쪽의 자산 항목들의 수치를 보여주고 있다.

표준규모 및 표준연도의 혼합분석

이상 설명한 추세분석(trend analysis; 표준연도 분석)은 앞서 언급한 표준규모 분석과 혼합될 수 있다. 이렇게 하는 이유는 총자산이 증가함에 따라 다른 항목들도 동시에 증가하기 때문에 먼저 표준규모 재무제표를 작성한 후 그 다음으로 우리는 이러한 전반적 성장효과를 제거하고자 하는 것이다.

표 3.7에서 Prufrock의 2020년도 외상매출금은 165$로 총자산의 4.9%이다. 2021년에 외상매출금은 188$로 증가했다. 이는 총자산의 5.2%이다. 금액만을 비교한다면 $188/$165 = 1.14로 외상매출금이 14% 증가한 것으로 나타난다. 그러나 표준규모 재무상태표로 비교하면 2020년도에 총자산의 4.9%에서 2021년도에는 총자산의 5.2%로 증가했기 때문에 5.2%/4.9% = 1.06이 된다. 이 수치는 총자산의 비율로 표시된 외상매출금이 6% 증가했다는 것을 알려준다. 대략적으로 말하면, 총 14% 증가한 외상매출금 중 약 8% (14% − 6%)는 단순히 총자산이 증가한 이유로 증가한 것이라고 할 수 있다.

개념질문 _Concept Questions

3.2a 표준 재무제표가 필요한 이유는 무엇인가?

3.2b 두 종류의 표준화된 재무제표의 명칭을 언급하고, 그것들이 각각 어떻게 작성되는지를 설명하라.

비율분석

3.3

서로 다른 규모를 갖는 기업들을 비교하는 데 발생하는 문제를 피하는 또 다른 방법은 기업들의 **재무비율**(financial ratio)을 살펴보는 것이다. 이러한 비율들은 여러 재무정보들 간의 관계를 살펴보고 또한 재무정보들을 비교해보는 수단이 된다. 재무비율을 사용함으로써 기업규모가 차이 나는 문제는 자연히 사라지게 된다. 따라서 재무비율에서 우리가 구하는 것은 비율(percentage), 배수(multiple), 기간(time period)과 같은 것들이다.

재무비율(financial ratio): 재무제표상에 있는 두 항목 간의 비율로, 기업의 여러 측면을 살펴보는 데 이용된다.

비율이란 단순히 어떤 수치를 다른 수치로 나눈 것이고, 또한 우리가 이용할 수 있는 회계적 수치는 매우 많기 때문에 우리가 살펴볼 수 있는 재무비율들도 수없이 많다는 것이 재무비율을 이용하는 경우에 부딪치는 문제 중 하나이다. 따라서 재무분석가는 자기가 선호하는 비율을 가질 수 있다.

이 절에서는 자주 사용되는 재무비율들의 일부를 소개한다. 우리는 이 재무비율들이 반드시 가장 좋은 비율들이라고 생각하지는 않는다. 실제로 이들 중 일부에 대해 당신은 비논리적이고 또한 다른 어떤 비율과 비교해서 그 유용성이 떨어지는 비율이라고 생각할 수도 있다. 그렇다 하더라도 크게 신경 쓰지 말기를 바란다. 재무분석가로서 당신은 항상 당신이 원하는 식으로 어떤 비율을 계산할 수 있다.

당신이 신경 써야 하는 것은 많은 사람들이 많은 자료를 가지고 이러한 비율들을 정확하게 동일한 방법으로 계산하지 않기 때문에 많은 혼란이 발생한다는 사실이다. 여기서 우리가 사용하는 특정한 비율에 대한 정의는 당신이 어디서 보았거나 앞으로 보게 될 비율과 같을 수도 있고, 같지 않을 수도 있다. 기업에 대한 분석을 위해서 재무비율을 사용하는 경우에는 언제나 각 비율을 어떻게 계산했는지를 명확히 해놓아야 한다. 다시 말해 한 자료를 사용하여 구한 수치들과 다른 자료를 사용하여 구한 수치들을 서로 비교하는 경우에 그러한 수치들이 어떻게 계산되었는지를 확실히 해두어야 한다.

재무비율들이 어떻게 사용되고 그러한 비율들을 사용할 때 어떤 문제가 발생할 것인지에 대해서는 주로 이 장의 뒷부분에서 언급할 것이다. 우선 우리가 논의할 재무비율들에 대해 살펴보아야 할 몇 가지 점에 대해 언급하기로 한다.

1. 그 비율이 어떻게 계산되는 것인가?
2. 그 비율은 무엇을 측정하려는 것이며, 그 비율에 관심을 갖는 이유는 무엇인가?
3. 그 비율의 측정 단위는 무엇인가?
4. 그 비율의 수치가 높고 낮은 것은 무엇을 말하며, 그 비율의 수치가 어떤 잘못된 판단을 하게 할 수도 있는가?
5. 그 비율의 수치는 어떻게 개선될 수 있는가?

재무비율들은 전통적으로 다음과 같이 분류된다.

1. 단기지급능력(또는 유동성) 비율
2. 장기지급능력(또는 재무레버리지) 비율
3. 자산관리(또는 회전율) 비율
4. 수익성 비율
5. 시장가치 비율

핵심성과지표
(key performance indicators: KPI): 기업이 주요 경영 목표를 달성하기 위해 어느 정도로 잘하고 있는지를 보여주는 수치

우리는 이러한 분류 순서대로 그에 해당하는 재무비율들을 살펴볼 것이다. Prufrock과 관련하여 이러한 비율들을 계산하는 경우에 별도의 언급이 없다면 2021년도 재무상태표를 사용하는 것으로 한다. 여러 비율을 계산할 때 사용하는 수치들이 손익계산서상의 수치인지 재무상태표상의 수치인지 구별하는 것도 각 비율을 이해하는 데 도움이 될 것이다. (참고로, 비율들의 항목이 파란색으로 표시되면 손익계산서로부터 온 항목이며, 연두색으로 표시되면 재무상태표로부터 온 항목이다.) 우리가 살펴보는 재무비율들은 기업에서 종종 **핵심성과지표**(key performance indicators: KPI)로도 활용되고 있는 재무비율들이다. 핵심성과지표는 기업이 주요 경영 목표를 달성하기 위해 어느 정도로 잘하고 있는지를 보여주는 수치를 말한다.

단기지급능력(또는 유동성) 척도

용어 자체에서 알 수 있듯이 단기지급능력을 나타내는 비율들은 기업의 유동성에 관한 정보를 제공하기 위한 것이다. 따라서 이러한 비율들은 종종 유동성 비율(liquidity ratio)이라고도 한다. 이 비율들이 주로 보는 것은 기업이 단기에 과도한 압박을 받지 않고 자신의 부채를 지불할 능력을 갖는가 하는 것이다. 따라서 이 비율들은 유동자산과 유동부채에 초점을 맞추고 있다.

유동성 비율들은 특히 단기채권자들에게 유용하다. 재무관리자는 항상 은행이나 기타 단기자금 대여자들과 접촉하기 때문에 이 비율들을 이해하는 것이 매우 중요하다.

유동자산과 유동부채를 이용할 때 발생하는 하나의 장점은 이들의 장부가치와 시장가치가 거의 차이가 없다는 것이다. 항상 그런 것은 아니지만 유동자산과 유동부채는 장부가치와 시장가치가 매우 큰 차이를 보일 때까지 계속 기업에 머무르지 않는다. 반면에 기타 유사현금(near-cash)들과 마찬가지로 유동자산과 유동부채는 매우 빠르게 변할 수 있고, 또한 변하기 때문에 현재의 수치가 미래에 나타날 수치를 가늠하게 해주는 유용한 기준이 되지 않을 수 있다.

많은 기업들의 상대적 재무비율을 보려면 **www.reuters.com**을 참조하라.

유동비율 가장 잘 알려지고 가장 많이 사용되는 비율은 유동비율(current ratio)이다. 유동비율은 다음과 같이 정의된다.

$$\textbf{유동비율} = \frac{\textbf{유동자산}}{\textbf{유동부채}} \qquad [3.1]$$

Prufrock의 2021년 유동비율은 다음과 같다.

$$\text{유동비율} = \frac{\$756}{\$540} = 1.40\text{배}$$

유동자산과 유동부채는 원칙적으로 12개월 내에 현금으로 전환되므로 유동비율은 단기유동성을 측정하는 척도이다. 척도의 단위는 금액이나 배수이다. 따라서 우리는 Prufrock은 유동부채 1$당 1.40$의 유동자산을 갖고 있다고 말하거나, Prufrock의 유동자산이 유동부채의 1.40배라고 말할 수 있다.

채권자에게, 특히 단기채권자에게 유동비율은 자금의 공급자라는 입장에서 그 수치가 높은 것이 좋다. 높은 유동비율은 기업의 유동성이 풍부하다는 것을 말해주지만 동시에 현금이나 기타 유동자산들을 비효율적으로 많이 사용하고 있는 것을 말해주기도 한다. 특별한 상황이 아니라면 우리는 유동비율이 적어도 1이 될 것을 기대한다. 왜냐하면 유동비율이 1보다 낮다는 것은 순운전자본(유동자산 − 유동부채)이 음(−)이라는 것을 의미하기 때문이다. 대부분의 사업들에

서 건실한 기업에서는 이러한 경우가 거의 나타나지 않는다.

유동비율도 다른 비율과 마찬가지로 거래 형태에 따라 달라질 수 있다. 예를 들어 기업이 장기로 돈을 조달한다고 해보자. 이는 단기적으로는 그 기업의 현금을 증가시킬 것이며 또한 장기부채를 증가하게 만들 것이다. 그러나 유동부채는 영향을 받지 않으므로 유동비율은 증가할 것이다.

한편, 기업이 돈을 빌릴 충분한 여력을 갖고 있다면 유동비율이 낮다는 것이 기업에 나쁜 신호를 주는 것은 아니라는 점도 유의하기 바란다.

유동비율에 관한 질문 — 예제 3.1

어떤 기업이 원재료공급자와 단기채권자에 대한 부채를 상환한다면 유동비율은 어떻게 되는가? 재고를 현금으로 추가 구입한다면 유동비율은 어떻게 되는가? 제품을 추가적으로 판매한다면 유동비율은 어떻게 되는가?

첫 번째 질문은 약간의 함정이 있는 질문이다. 답은 유동비율의 값이 1에서 더 멀어진다는 것이다. 만약 현재의 유동비율이 일반적인 경우처럼 1보다 큰 경우에는 유동비율의 값은 더 커진다. 만약 1보다 작은 경우에는 더 작아진다. 이 점을 살펴보기 위해서 이 기업이 4$의 유동자산과 2$의 유동부채를 갖고 있어 유동비율이 2라고 해보자. 유동부채를 감소시키기 위해서 1$의 현금을 사용한다면 새로운 유동비율은 ($4 − $1)/($2 − $1) = 3이 된다. 그러나 처음의 상황이 2$의 유동자산과 4$의 유동부채로 수치가 거꾸로 되어 있었다면 새로운 유동비율은 1/2에서 ($2 − $1)/($4 − $1) = 1/3로 낮아진다.

두 번째 질문은 별다른 함정을 갖고 있지 않다. 유동비율에는 아무런 변화가 발생하지 않는다. 현금은 줄어들지만 재고가 증가하여 유동자산에는 변화가 없기 때문이다.

세 번째 질문의 경우에는 유동비율이 통상적으로는 증가할 것이다. 왜냐하면 재고는 비용으로 표시되고 매출액은 비용보다 더 크기 때문이다(그 차이가 이익이다). 따라서 현금이나 외상매출금(매출채권)의 증가는 재고의 감소보다 크다. 이는 유동자산을 증가시키고 따라서 유동비율은 증가한다.

당좌비율 재고는 가장 유동성이 떨어지는 유동자산이다. 또한 재고의 질이 고려되지 않기 때문에 장부가치를 시장가치로 보기가 가장 어려운 자산이기도 하다. 재고의 일부는 손상을 입었거나, 진부해졌거나, 분실된 것으로 나타날 수도 있다.

또한 재고가 매우 많은 것은 종종 기업이 단기적 문제를 갖고 있음을 알려주는 신호이기도 하다. 기업은 매출액을 과다 추정하여 제품을 과다하게 생산하거나 구매했을지 모른다. 그런 경우 기업의 유동성 중 상당 부분이 완만하게 이동하는 재고에 묶여 있을 수 있다.

기업의 유동성을 더 살펴보기 위하여 당좌비율(quick ratio 또는 acid-test ratio)이 사용된다. 당좌비율의 계산은 재고가 제외된다는 점 외에는 유동비율의 계산과 같다.

$$\text{당좌비율} = \frac{\text{유동자산} - \text{재고}}{\text{유동부채}} \qquad [3.2]$$

재고를 구입하기 위해 현금을 사용하는 경우에 유동자산은 변하지 않지만 당좌비율은 감소한다는 것을 유의하라. 따라서 당좌비율은 재고가 현금에 비해 상대적으로 유동성이 떨어진다는 점을 반영하는 비율이다.

2021년도 Prufrock의 당좌비율은 다음과 같다.

$$당좌비율 = \frac{\$756 - \$422}{\$540} = 0.62배$$

Prufrock의 경우에 유동자산의 반 이상을 재고가 차지하고 있기 때문에 당좌비율은 유동비율과는 약간 다른 이야기를 전하고 있다. 당좌비율의 요점을 과장하여 표현하면, 판매되지 않은 재고가 예를 들어 핵발전시설이라고 생각하면 Prufrock은 낮은 당좌비율에 대해 우려해야 한다는 것이다.

최근의 예를 가지고 유동비율과 당좌비율을 비교해보면, Walmart와 ManpowerGroup의 유동비율은 각각 0.80과 1.44이다. 그러나 ManpowerGroup은 이렇다 할 재고를 갖고 있지 않지만, Walmart의 유동자산은 거의 모두가 재고이다. 따라서 결과적으로 Walmart의 당좌비율은 0.23으로 자신의 유동비율보다 훨씬 낮게 나타났고, ManpowerGroup의 당좌비율은 자신의 유동비율과 거의 같은 1.44로 나타났다.

또 다른 유동성 비율들 유동성을 측정하는 다른 세 가지 척도에 대해 간단히 언급하기로 한다. 단기채권자들은 아마도 현금비율(cash ratio)에 관심을 가질 것이다.

$$현금비율 = \frac{현금}{유동부채} \qquad [3.3]$$

2021년도 Prufrock의 경우에 이 비율이 0.27배인 것을 확인하기 바란다.

순운전자본(NWC)은 종종 기업이 갖고 있는 단기유동성의 크기로 인식되기 때문에 우리는 NWC를 총자산으로 나누어준 비율을 고려해볼 수도 있다.

$$순운전자본\ 대\ 총자산비율 = \frac{순운전자본}{총자산} \qquad [3.4]$$

이 수치가 상대적으로 낮은 경우에는 이는 유동성이 상대적으로 낮다는 것을 알려주는 것일 수 있다. Prufrock의 경우 이 비율은 ($756 − $540)/$3,636 = 0.06 = 6%로 나타난다.

마지막으로, Prufrock이 파업에 직면하여 현금유입이 줄어들기 시작했다고 가정해보자. 이 경우 사업은 얼마나 오래 더 유지될 수 있을까? 이에 대한 하나의 답은 간격척도(interval measure)에 의해 얻을 수 있다.

$$간격척도 = \frac{유동자산}{일일\ 평균비용} \qquad [3.5]$$

감가상각비와 이자비용을 제외한 Prufrock의 2018년도 비용은 1,344$이다. 일일 평균 비용은 $1,344/365 = 3.68$이다.[1] 따라서 간격척도의 값은 $756/$3.68 = 205일이다. 이 수치에 의하면 Prufrock은 6개월 남짓 지탱할 수 있다.[2]

[1]일일 평균수치를 사용하는 경우, 실무적으로 1년을 360일로 간주하는 경우가 종종 있다. 이는 소위 은행가의 1년(banker's year)이라고 불리던 것으로 90일을 1분기로 하여 1년을 4분기로 보는 것이다. 이러한 계산방법은 휴대용 계산기가 나오기 전에는 편리함을 주었지만 우리는 1년을 365일로 한다.

[2]때때로 일일 평균비용을 계산할 때 감가상각비나 이자를 포함하기도 하지만, 감가상각비는 현금으로 나가는 비용이 아니다. 따라서 이를 계산에 포함하는 것은 합리적이라고 할 수 없다. 이자는 금융비용이다. 따라서 우리는 정의상 이를 제외시켰다. 우리는 회사운영과 관련된 비용만을 고려했다. 물론 이자비용을 포함시켜 다른 이름을 갖는 비율로 정의할 수도 있다.

간격척도나 이와 유사한 어떤 척도는 종종 새로 출발하여 그 수입이 매우 적은 회사들에게 유용한 척도이다. 그러한 회사들에 대해서 간격척도는 추가적으로 자금을 조달할 때까지 얼마나 오래 사업을 계속할 수 있는지를 알려준다. 신생기업의 일일 평균비용은 종종 번레이트(burn rate)라고 불린다. 이는 사업이 수익성을 가질 때까지 현금이 불에 태워지듯이 소비된다는 의미에서 유래한 것이다.

COVID-19 팬데믹으로 항공회사들이 막대한 수입 감소를 경험하면서 신생기업뿐만 아니라 기존 기업들도 번레이트에 관심을 갖게 되었다. 예를 들어 Delta 항공은 2020년 3월 말경 하루에 1억$의 번레이트를 발생시키고 있었으며 2분기가 되어야 번레이트를 반으로 줄일 수 있을 것으로 예상했었다. United 항공도 이와 비슷한 손실을 보고했다.

장기지급능력 척도

장기지급능력비율은 기업의 장기지급능력을 측정하는 비율이다. 또는 더 일반적으로 말해 기업의 재무레버리지를 살펴보는 비율이다. 이 비율은 때때로 재무레버리지비율(financial leverage ratio) 또는 그냥 레버리지비율(leverage ratio)이라고 불리기도 한다. 우리는 가장 많이 사용되는 세 가지 비율과 그 변형들에 대해 살펴보기로 한다.

총부채비율 총부채비율(total debt ratio)은 모든 종류의 만기를 갖는 모든 채권자에 대한 채무를 고려한다. 이 비율은 여러 방법으로 정의될 수 있다. 가장 쉬운 방법은 아래와 같다.

$$\text{총부채비율} = \frac{\text{총자산} - \text{총자기자본}}{\text{총자산}} = \frac{\$3,636 - \$2,639}{\$3,636} = 0.27\text{배} \qquad [3.6]$$

이 경우, Prufrock이 27%의 부채를 사용하고 있다고 말할 수 있을 것이다.[3] 이 수치가 높은 것인지 낮은 것인지, 문제가 되는 것인지 아닌지에 관한 판단은 제6부에서 살펴볼 자본구조와 관련되어 있다.

Prufrock은 자산 1$당 0.27$의 부채를 갖고 있다. 따라서 부채 0.27$에 대해서 0.73$(1$ − 0.27$)의 자기자본을 갖고 있다. 이 점을 염두에 두고 우리는 총부채비율의 두 가지 변형인 자기자본-부채비율(debt-equity ratio)과 자기자본승수(equity multiplier)를 정의할 수 있다.

$$\text{자기자본-부채비율} = \text{총부채}/\text{총자기자본} = \$0.27/\$0.73 = 0.37\text{배} \qquad [3.7]$$

$$\text{자기자본승수} = \text{총자산}/\text{총자기자본} = \$1/\$0.73 = 1.37\text{배} \qquad [3.8]$$

자기자본승수 = 1 + 자기자본-부채비율이라는 것은 우연이 아니다.

$$\begin{aligned}\text{자기자본승수} &= \text{총자산}/\text{총자기자본} = \$1/\$0.73 = 1.37\\ &= (\text{총자기자본} + \text{총부채})/\text{총자기자본}\\ &= 1 + \text{자기자본-부채비율} = 1.37\text{배}\end{aligned}$$

[3]우선주가 있는 경우에는 총자기자본에 우선주(8장과 그 외의 장에서 설명되어 있다)도 포함된다. 총부채는 유동부채 + 장기부채이다.

여기서 주목해야 할 것은 이 세 비율(총부채비율, 자기자본-부채비율, 자기자본승수) 중 어느 하나를 알면 다른 두 비율도 알 수 있다는 것이다. 따라서 이들은 모두 동일한 것을 말하고 있는 것이다.

기술기업들을 분석하는 데 사용되는 비율들은 **www.chalfin.com**의 "Publications"를 참조하라.

참고: 총장기자본과 총자산 흔히, 재무분석가들은 기업의 단기부채보다는 장기부채에 더 관심을 갖는다. 그 이유는 단기부채란 항상 변하는 것이기 때문이다. 또한 기업의 외상매입금(매입채무)은 기업의 부채관리정책을 반영하기보다는 거래관습을 반영하는 경우가 더 많다. 이러한 이유들로 인해 아래와 같은 장기부채비율(long-term debt ratio)이 종종 사용된다.

$$\text{장기부채비율} = \frac{\text{장기부채}}{\text{장기부채} + \text{총자기자본}} = \frac{\$457}{\$457 + \$2{,}639} = \frac{\$457}{\$3{,}096} = 0.15\text{배} \qquad [3.9]$$

장기부채 + 총자기자본인 3,096$는 종종 기업의 총장기자본(total capitalization)이라고 부르며, 재무관리자들은 총자산보다 총장기자본의 크기에 초점을 맞추는 경우가 많다.

사람에 따라서(교과서에 따라서) 부채비율(debt ratio)이라는 용어가 서로 다른 것을 의미하는 경우가 있어 혼란이 발생하고 있기도 하다. 부채비율이라고 말할 때 어떤 사람은 총부채비율을 의미하며, 다른 사람은 장기부채비율을 의미한다. 그리고 불행하게도 사람들이 부채비율이라고 말할 때 무엇을 말하는지를 확실히 하지 않는다.

이는 혼란을 초래하는 원인이 되므로 두 척도에 대해 각각 별도의 이름을 붙였다. 이와 동일한 문제가 자기자본-부채비율의 경우에도 발생한다. 이 비율을 계산할 때 재무분석가들은 종종 장기부채만을 사용하기도 한다.

이자보상배수비율 기업의 장기지급능력을 측정하는 또 하나의 일반적 척도는 이자보상배수비율[times interest earned (TIE) ratio]이다. 이 비율도 여러 가지로 정의할 수 있지만 가장 전통적인 정의를 따르기로 한다.

$$\text{이자보상배수비율} = \frac{\text{이자 및 법인세 차감전 이익(EBIT)}}{\text{이자}} = \frac{\$691}{\$141} = 4.9\text{배} \qquad [3.10]$$

이름에서도 알 수 있듯이, 이 비율은 기업이 자신의 이자지불 의무를 얼마나 잘 이행하고 있는지를 측정하며, 종종 이자보상비율(interest coverage ratio)이라고도 불린다. Prufrock의 경우에는 이자의 4.9배를 보상할 여력을 갖고 있다.

현금보상비율 TIE비율의 문제점은 이자 및 법인세 차감전 이익(EBIT)을 기준으로 한다는 것이다. 이자 및 법인세 차감전 이익은 이자를 지불하기 위해 사용 가능한 현금을 나타내는 것이 아니다. 그 이유는 현금지출이 아닌 감가상각비가 차감되었기 때문이다. 이자는 분명히 채권자에 지불되는 현금유출이기 때문에 이러한 문제점을 피하는 방법은 현금보상비율(cash coverage ratio)을 구하는 것이다.

$$\text{현금보상비율} = \frac{\text{EBIT} + \text{감가상각비}}{\text{이자}} = \frac{\$691 + \$276}{\$141} = \frac{\$967}{\$141} = 6.86\text{배} \qquad [3.11]$$

분자의 EBIT + 감가상각비는 종종 EBITD(에비트-디: earnings before interest, taxes and depreciation; 이자, 법인세, 감가상각 차감전 이익)로 줄여서 말한다. 이는 기업이 자신의 영업활동으로부터 현금을 창출하는 능력을 측정하는 하나의 기본 척도이며, 종종 기업이 자신의 재무적 의무를 충족하기 위해 사용할 수 있는 현금흐름을 나타내는 척도로 사용된다.

EBITD의 변형 중 하나는 EBITDA(에비트-다아: earnings before interest, taxes, depreciation and amortization; 이자, 법인세, 감가상각비, 무형자산상각비 차감전 이익)이다. 여기서 아모타이제이션(amortization)은 유형자산(예: 기계)에 대한 감가상각(depreciation)처럼 무형자산(예: 특허권)에 대해서도 가치감소를 회계적으로 나타내는 것으로 무형자산에 대한 비현금 지출적 차감을 말한다. 따라서 여기서의 아모타이제이션은 일반적 의미인 부채의 할부상환(나중 장에서 다룸)과는 다른 의미를 갖는다. EBITDA도 영업활동에 의해 창출된 현금흐름을 나타내는 또 하나의 영업현금흐름 척도로 자주 사용되고 있다.

자산관리(또는 회전율) 척도

다음으로 우리는 Prufrock이 자신의 자산을 얼마나 효율적으로 사용하는지에 대해 살펴본다. 여기서 말하는 척도들은 종종 자산활용비율(asset utilization ratio)이라고도 불리며, 모두 어떤 회전율을 측정하는 척도들이다. 이들이 측정하고자 하는 것은 기업이 매출을 발생시키기 위해서 자신의 자산을 얼마나 효율적으로 사용하는지에 대한 것이다. 먼저 두 가지 중요한 유동자산인 재고자산과 외상매출금(매출채권)에 대해 살펴보도록 한다.

재고자산회전율과 평균재고일 해당 연도에 Prufrock의 매출원가는 1,344$였고, 연말 재고는 422$였다. 따라서 재고자산회전율은 다음과 같다.

$$\text{재고자산회전율} = \frac{\text{매출원가}}{\text{재고}} = \frac{\$1,344}{\$422} = 3.18\text{회} \qquad [3.12]$$

어떤 의미에서 Prufrock은 전체 재고를 3.2회 판매 또는 회전했다고 말할 수 있다.[4] 재고가 없어 판매를 못한 경우가 아니라면 이 비율이 높을수록 재고를 보다 효율적으로 관리한 것이라고 말할 수 있다.

해당 연도에 재고를 3.2회 회전시킨 것을 안다면 우리는 곧바로 재고를 한번 회전시키는 데 평균적으로 얼마나 걸렸는지를 알 수 있다. 평균재고일(days' sales in inventory)은 다음과 같다.

[4]분자에 매출원가를 사용한 것을 살펴보라. 경우에 따라서는 매출원가 대신 매출액을 사용하는 것이 더 유용할 수도 있다. 예를 들어 재고 1$당 발생한 매출액을 알기 원한다면 매출원가 대신 매출액을 사용할 수 있다.

$$\text{평균재고일} = \frac{365\text{일}}{\text{재고자산회전율}} = \frac{365\text{일}}{3.18} = 115\text{일} \qquad [3.13]$$

이는 대략적으로 재고가 한 번 팔리기 전까지 평균적으로 115일 걸렸다는 것을 말해준다. 재고자산회전율을 구할 때 가장 최근의 재고자산과 매출원가 수치를 사용했다면 이는 현재 재고를 판매하는 데 약 115일이 걸린다는 것을 의미한다.

예를 들어 2020년 3월 COVID-19 팬데믹으로 미국 자동차 회사들은 전체적으로 정상적인 경우에 갖고 있는 60일분의 공급량의 거의 두 배가 되는 116일분의 공급량을 갖고 있었다. 이는 평균재고기간이 116일이라는 것을 의미한다. 즉, 그 당시의 판매속도로 보았을 때 재고를 다 소진하기 위해서 평균적으로 116일이 걸린다는 것을 의미한다. 물론 자동차 모델에 따라서 상당한 차이는 있었다. 예를 들어 소형트럭의 판매량이 처음으로 일반 승용차의 판매량을 능가했다. 그에 따라 소형트럭의 재고가 400,000대밖에 없었고, GM의 경우 소형트럭의 생산량을 늘리려 했지만 부품 부족사태로 생산량 증가도 여의치가 않았다.

자동차 재고 대 판매비율을 보려면 **fred.stlouisfed.org/series/AISRSA**를 참조하라.

재고자산회전율을 계산할 때 평균재고를 사용하는 것이 더 적절할 수 있다. 그렇게 할 경우 재고자산회전율은 \$1,344/[(\$393 + \$422)/2] = 3.3회가 된다.[5] 어느 쪽을 선택하는지는 계산의 목적에 따라 다르다. 만약 현재의 재고를 판매하는 데 얼마나 걸릴 것인지를 알기 원한다면 기말의 재고(처음에 우리가 했던 것처럼)를 사용하는 것이 아마 더 나을 것이다.

다음에 설명하는 많은 비율들에서도 마찬가지로 평균수치가 사용될 수 있다. 다시 말하지만 과거에 대해 신경 쓴다면 평균수치가 더 적절할 것이며, 미래에 관심을 갖는다면 기말수치를 사용하는 것이 더 나을 것이다. 또한 일상적으로 기말수치를 사용하여 대부분의 산업 관련 수치들이 보고되므로 기말수치를 사용하는 것이 더 좋을 수도 있다. 따라서 우리는 기말수치를 사용할 것이다.

외상매출금회전율과 평균회수일 앞에서 본 재고 관련 수치들은 제품을 얼마나 빨리 판매했는가에 대한 정보를 주는 것이었다. 여기에서는 제품판매대금을 얼마나 빨리 회수하는가에 대해 살펴본다. 외상매출금회전율(receivables turnover ratio)은 재고자산회전율처럼 다음과 같이 계산된다.

$$\text{외상매출금회전율} = \frac{\text{매출액}}{\text{외상매출금}} = \frac{\$2{,}311}{\$188} = 12.29\text{회} \qquad [3.14]$$

대략적으로 말해, Prufrock은 해당 연도에 자신의 외상매출금을 회수하고 다시 대여하는 것을 12.29회 했다.[6]

[5]평균재고는 (기초재고 + 기말재고)/2로 구한 것이다.

[6]우리는 모든 판매가 외상판매라고 가정하고 있다. 만약 그렇지 않다면 총매출액이 아니라 총외상매출액을 사용해야 할 것이다.

이 비율을 다음과 같이 외상매출금평균회수일(days' sales in receivables)로 전환하면 더 이해하기 쉽다.

$$\text{외상매출금평균회수일} = \frac{365\text{일}}{\text{외상매출금회전율}} = \frac{365}{12.29} = 30\text{일} \quad [3.15]$$

따라서 Prufrock은 평균적으로 외상매출금을 30일 후에 회수했다. 이 비율은 흔히 평균회수기간(average collection period: ACP)이라고 불린다.

가장 최근의 수치를 사용했다면 이는 현재 30일분의 매출액을 회수하지 못하고 있다는 것을 말해주고 있는 것이다. 나중에 외상매출정책(신용정책)을 논의할 때 이에 대해 더 자세히 살펴볼 것이다.

외상매입금(매입채무)회전율 예제 3.2

외상매입금회수기간과 관련하여 살펴볼 수 있는 것은 기업이 자신이 지불해야 할 대금을 평균적으로 얼마 후에 지불하는가 하는 것이다. 이에 대한 답을 얻기 위해서 매출원가를 외상매입금으로 나누어야 한다. 우리는 Prufrock이 모든 것을 외상으로 구입한다고 가정한다.

매출원가는 1,344$이고, 외상매입금은 344$이다. 따라서 외상매입금회전율은 $1,344/$344 = 3.91회이다. 따라서 외상매입금은 약 365일/3.91 = 93일마다 현금으로 지불된다. Prufrock은 자신의 외상매입금을 평균적으로 93일이 지나서 지불한다. Prufrock의 잠재적 채권자는 아마도 이 수치를 기억해 두는 것이 좋을 것이다.

자산회전율 재고나 외상매출금과 같은 특정 항목 이외에 보다 "큰 그림"의 여러 비율들도 살펴볼 수 있다. 예를 들어 순운전자본회전율(NWC turnover ratio)은 다음과 같다.

$$\text{순운전자본회전율} = \frac{\text{매출액}}{\text{NWC}} = \frac{\$2,311}{\$756 - \$540} = 10.7\text{회} \quad [3.16]$$

이 비율은 매출을 달성하는 데 운전자본을 얼마나 잘 활용하고 있는가를 나타낸다. 매출기회를 놓치지 않는다는 가정하에서 이 비율은 높을수록 좋다(왜 그런가?).

한편, 고정자산회전율은 아래와 같다.

$$\text{고정자산회전율} = \frac{\text{매출액}}{\text{순고정자산}} = \frac{\$2,311}{\$2,880} = 0.8\text{회} \quad [3.17]$$

이 수치는 Prufrock이 고정자산 1$당 0.8$의 매출을 달성했다는 것도 알려준다.

자산관리 척도로 마지막으로 살펴볼 것은 총자산회전율(total asset turnover ratio)이다. 이 비율은 매우 자주 나타난다. 우리는 이 장의 뒷부분과 다음 장에서 이 비율을 다시 볼 것이다. 이름에서 알 수 있듯이, 총자산회전율은 다음과 같이 계산된다.

$$\text{총자산회전율} = \frac{\text{매출액}}{\text{총자산}} = \frac{\$2{,}311}{\$3{,}636} = 0.636\text{회} \qquad [3.18]$$

이는 Prufrock이 자산 1$당 0.636$의 매출을 달성했다는 것도 말해준다.

실제 재무제표를 사용하여 구한 최근의 고정자산회전율과 총자산회전율의 예를 살펴보면, Hilton의 총자산회전율은 0.66이며, IBM의 총자산회전율은 0.63이다. 그러나 호텔기업이 훨씬 더 많이 고정자산에 투자하고 있다는 사실은 Hilton의 고정자산회전율이 0.77이고, IBM의 고정자산회전율이 1.05라는 것에서 알 수 있다.

예제 3.3 총자산회전율

어떤 회사의 총자산 1$당 매출액이 0.4$라는 것을 발견했다고 하자. 이 회사는 자신의 총자산을 얼마나 자주 회전시켰는가?

총자산회전율은 연간 0.4회이다. 따라서 이 회사가 자신의 총자산을 완전히 한 번 회전시키는 데는 1/0.4 = 2.5년이 걸린다.

수익성 척도

여기서 다룰 세 가지 척도들은 재무비율 중에서 아마도 가장 잘 알려지고 가장 많이 사용되는 비율들일 것이다. 이들은 기업이 자산을 얼마나 효율적으로 사용하며, 또한 영업활동을 얼마나 효율적으로 하는가를 측정하기 위한 것이다. 이 비율들의 초점은 손익계산서의 마지막 줄에 나타나는 순이익이다.

매출액순이익률 기업들이 가장 큰 관심을 갖는 매출액순이익률(return on sales: ROS, profit margin: 마진율)은 아래와 같이 구한다.

$$\text{매출액순이익률} = \frac{\text{순이익}}{\text{매출액}} = \frac{\$435}{\$2{,}311} = 18.80\% \qquad [3.19]$$

이 수치는 Prufrock이 회계적 의미에서 매출액 1$당 19센트보다 약간 적은 금액의 이익을 발생시켰다는 것을 알려준다.

다른 것들이 동일하다면 분명히 이 수치는 높은 것이 바람직한 것이다. 이는 비용 대 매출액 비율이 낮은 것에 상응하는 것이다. 그러나 통상적으로 다른 것들은 일정하지 않다.

예를 들어 판매가격을 낮춘다면 일반적으로 판매량은 증가할 것이며 이는 일반적으로 매출

표 3.8
미국의 여러 산업에서 나타나는 평균 매출액순이익률

All manufacturing	8.65%
Scientific research and development services	−19.59
Management and technical consulting services	1.24
Motion picture and sound recording industries	3.30
Computer systems design and related services	6.04
Food	6.59
Wood products	7.05
Apparel and leather products	9.28
Chemicals	11.36
Pharmaceuticals and medicines	21.67
Broadcasting, except internet	43.57

출처: U.S. Census Bureau, U.S. Manufacturing, Mining, Wholesale Trade, and Selected Service Industries, Second Quarter 2019.

액순이익률을 하락하게 만들 것이다. 그러나 순이익의 크기(또는 더 중요하게 영업현금흐름)는 증가할 수도 있고 감소할 수도 있다. 따라서 매출액순이익률이 낮아진다는 것이 반드시 나쁜 것을 의미하는 것은 아니다. 그러나 흔히 듣는 것처럼 "가격이 매우 낮아 판매하는 매 단위마다 우리는 손해를 보고 있다. 그러나 우리는 이를 판매량으로 보충한다"라는 말은 맞는가?[7]

매출액순이익률(마진율)은 기업이 얼마나 이익을 내고 있는가를 보여주는 척도이므로 널리 사용되는 비율이다. 그러나 다른 비율들처럼 매출액순이익률도 산업에 따라 매우 다르게 나타난다. 표 3.8은 미국의 여러 산업에서 나타난 최근 3개월의 매출액순이익률을 보여주고 있다. 표를 보면 미국 제조회사들의 평균 매출액순이익률은 8.65%이다. 그러나 scientific research 산업은 약 −20%의 매출액순이익률을 보였으며, broadcasting 산업은 약 44%의 매출액순이익률을 보였다.

총자산순이익률 총자산순이익률(return on assets: ROA)은 자산 1$당 이익을 나타내는 척도이다. 이는 여러 방법으로 정의될 수 있지만 가장 대표적인 것은 다음과 같은 것이다.

$$\text{총자산순이익률} = \frac{\text{순이익}}{\text{총자산}} = \frac{\$435}{\$3{,}636} = 0.1196 = 11.96\% \qquad [3.20]$$

자기자본순이익률 자기자본순이익률(return on equity: ROE)은 주주들이 해당 연도에 보상받은 정도를 측정하는 척도이다. 우리의 목표는 주주들에게 혜택을 가져다주는 것이므로 ROE는 적어도 회계적 의미에서 기업의 진정한 성과를 측정하는 것이다. ROE는 일반적으로 다음과 같이 측정된다.

$$\text{자기자본순이익률} = \frac{\text{순이익}}{\text{총자기자본}} = \frac{\$435}{\$2{,}639} = 0.1648 = 16.48\% \qquad [3.21]$$

[7]맞지 않다.

따라서 Prufrock은 자기자본 1$당 16.48센트의 이익을 발생시켰다. 그러나 다시 말하지만 이는 어디까지나 회계적 척도이다.

ROA와 ROE는 매우 자주 언급되는 수치들이므로 이들이 회계적 수익률이라는 사실을 기억하는 것이 중요하다. 따라서 이 수치들은 장부상의 총자산순이익률(return on book assets), 장부상의 자기자본순이익률(return on book equity)이라고 부르는 것이 적절하다. 실제로 ROE는 때때로 순가치수익률(return on net worth)이라고도 부른다. 어떻게 부르든지 이 수치를 금융시장에서 나타나는 이자율과 비교하는 것은 적절하지 않다. 회계적 수익률(accounting rate of return)들에 대해서는 앞으로 살펴볼 장에서 더 살펴볼 것이다.

ROE가 ROA를 능가한다는 것은 Prufrock이 재무레버리지를 사용하고 있다는 것을 말해준다. 이 둘 사이의 관계에 대해 더 자세히 살펴보자.

예제 3.4 **ROE와 ROA**

ROE와 ROA는 이전 기간의 성과를 측정하는 것이므로 이들을 측정하는 데 각각 평균자기자본과 평균자산을 사용하는 것이 더 의미가 있다. Prufrock의 경우에 이들은 어떻게 계산되는가?

우선 평균자산과 평균자기자본을 계산해야 한다.

평균자산 = ($3,373 + 3,636)/2 = $3,505
평균자기자본 = ($2,299 + 2,639)/2 = $2,469

이 평균치들을 가지고 우리는 다음과 같이 ROA와 ROE를 계산할 수 있다.

$$\text{ROA} = \frac{\$435}{\$3,505} = 0.124 = 12.40\%$$

$$\text{ROE} = \frac{\$435}{\$2,469} = 0.176 = 17.60\%$$

이 수치는 앞에서 계산한 수치보다 약간 높다. 이는 평균수치가 기말수치보다 적기 때문이다.

시장가치 척도

마지막으로 살펴볼 척도들은 부분적으로는 재무제표에 나타나지 않는 정보(주식의 시장가격)에 기초하고 있다. 따라서 이 척도들은 주식이 공개적으로 거래되고 있는 상장기업들에 대해서만 계산될 수 있다.

Prufrock이 발행한 총주식 수가 33백만 주, 연도 말의 주당 가격이 88$라고 가정하자. Prufrock의 순이익이 435백만$였으므로 주당순이익(earnings per share: EPS)은 다음과 같이 계산된다.

$$\text{EPS} = \frac{\text{순이익}}{\text{발행주식수}} = \frac{\$435}{33} = \$13.17$$

주가순이익비율 시장가치 척도 중 첫 번째는 주가순이익비율(price-earnings ratio: PER, PE 비율) 또는 주가순이익배수(price-earnings multiple)로 다음과 같이 정의된다.

$$\text{PER} = \frac{\text{주당 가격}}{\text{주당 순이익}} = \frac{\$88}{\$13.17} = 6.68\text{배} \qquad [3.22]$$

주식시장에서 사용되는 표현을 빌리면 Prufrock의 주식이 순이익의 약 7배의 가격으로 거래되고 있다거나, Prufrock의 주식이 6.68의 PER를 갖고 있다고 말한다.

PER는 기업에 따라 상당히 다르다. 그러나 2020년 미국 대기업들의 전형적인 PER는 15~20 사이의 값을 보였다. 이는 과거의 기록에서 볼 때 높은 쪽에 속하지만 아주 높은 것은 아니다. 가장 낮았던 PER 수치는 1974년의 약 5였으며, 가장 높았던 PER 수치는 2009년의 약 70이였다. PER는 국가에 따라서도 다르게 나타난다. 예를 들어 역사적으로 일본기업들의 PER는 그에 상응하는 미국기업들의 PER와 비교해서 훨씬 높았다.

PER는 투자자들이 기업의 현재 순이익 1$에 대해서 얼마를 지불할 용의가 있는가를 측정하는 척도로, 높은 PER는 종종 해당 기업이 높은 성장잠재력을 갖고 있는 것을 의미하는 것으로 이해되고 있다. 물론 기업의 순이익이 전혀 없거나 거의 없는 경우에도 PER는 매우 높은 값을 가질 수 있다. 따라서 이 비율을 해석할 때는 항상 주의해야 한다.

때때로 일부 분석가들은 PER를 기대되는 미래순이익 증가율(%)로 나눈 비율인 PEG을 사용하기도 한다. Prufrock의 기대 EPS 증가율이 6%라고 하면, Prufrock의 PEG은 6.68/6 = 1.11이 된다. PEG을 사용하는 이유는 PER가 기대되는 미래의 성장률에 영향을 받아 그 값이 높거나 낮게 나타나므로 그러한 효과를 제거하기 위한 것이다. 따라서 PEG이 높게 나타나는 것은 기대되는 성장률에 비해 PER가 너무 높다는 것을 의미하며 그 반대도 마찬가지이다.

PEG비율 = PER/기대되는 순이익 증가율(%)

PER를 계산할 때 어떤 기간의 순이익을 사용할 것인가 하는 문제가 발생한다. 가장 일반적으로는 가장 최근 과거 12개월 동안의 순이익을 사용하는 것이다. 이렇게 계산된 PER를 후행(trailing) PER라고 부른다. 아무런 언급이 없는 경우에는 이 후행PER를 말한다. 그러나 앞으로 다가올 1년 동안 예상되는 미래 추정순이익을 사용하는 경우도 많다. 이렇게 계산된 PER는 선행(forward) PER라고 부른다. 이 둘은 값이 많이 다르게 나타날 수 있다. 표 3.9는 후행PER와 선행PER를 보여준다. 표에서 볼 수 있듯이 homebuilding 산업은 가장 낮은 PE비율을 보여주고 있으며 internet software 산업은 가장 높은 PE비율을 보여주고 있다. 하지만 성장성을 함께 포함시키면 이 두 산업은 비슷한 PEG비율을 보여준다.

주가매출액비율 기업은 상당 기간 동안 손실을 발생시키고 있을 수 있다. 이러한 경우에 PER는 별 의미를 갖지 못한다. 신생기업의 경우가 좋은 예가 될 수 있다. 그러나, 이러한 기업들도 매출은 있을 것이므로 분석가들은 이러한 기업들에 대해 주가매출액비율(price-sales ratio: PSR)을 종종 살펴본다.

PSR = 주당가격/주당 매출액

표 3.9
미국의 여러 산업들의 PE비율과 PEG비율

	Trailing PE	Forward PE	PEG Ratio
Homebuilding	10.45	8.04	2.41
Auto Parts	18.92	11.88	1.27
Apparel	55.05	14.04	1.72
Computer Services	19.29	15.48	1.40
Retail (General)	18.48	16.25	2.50
Household Products	40.46	17.84	2.57
Retail (Grocery and Food)	12.67	19.04	0.86
Cable TV	10.69	23.55	4.04
Green & Renewable Energy	16.64	28.64	2.36
Software (Internet)	70.27	121.85	2.57

출처: http://people.stern.nyu.edu/adamodar/New_Home_Page/dataarchived.html#variables, September 18, 2019.

Prufrock의 경우에 매출액이 2,311백만$였으므로, PSR = $88/($2,311/33) = $88/$70 = 1.26배가 된다. PER의 경우에도 그러하지만, PSR이 높거나 낮은 것도 해당 산업이 어떤 산업인가에 따라 달라질 수 있다.

시장가치 대 장부가치비율 세 번째로 자주 사용되는 시장가치척도는 시장가치 대 장부가치비율(market-to-book ratio: MB비율)이다. 이는 주가장부가치비율(price book-value ratio: PBR)이라고도 부른다.

$$\text{시장가치 대 장부가치비율} = \frac{\text{주당 시장가치}}{\text{주당 장부가치}} = \frac{\$88}{\$2{,}639/33} = \frac{\$88}{\$80.0} = 1.10\text{배} \quad [3.23]$$

주당 장부가치는 보통주만이 아니라 총자기자본을 발행주식수로 나눈다는 점을 유의하라.

주당 장부가치는 회계적 수치이므로 이는 역사적 비용을 나타내는 것이다. 따라서 대략적으로 말해, 시장가치 대 장부가치 비율은 기업의 투자가 갖는 시장가치와 투자의 비용을 비교한 것이다. 이 수치가 1보다 적은 것은 기업이 주주들을 위해 가치를 창조하는 데 성공하지 못했다는 것을 의미할 수 있다.

최근에 나타나는 시장가치 대 장부가치비율은 과거에 나타나던 수치보다 높게 나타나고 있다. 예를 들어 다우존스산업평균(Dow-Jones Industrial Average: DJIA) 지수를 구성하는 30개의 블루칩기업(우량기업)들의 역사적 기준은 약 1.7이다. 그러나 이들의 최근 시장가치 대 장부가치비율은 이 수치의 두 배가 되었다.

또 하나의 비율로 MB비율과 매우 유사한 토빈스 큐(Tobin's Q)가 있다. 이 비율은 기업의 자산이 갖는 현재 시장가치를 그것의 현재 대체원가로 나눈 것이다.

토빈스 큐(Tobin's Q) = 자산의 시장가치/자산의 대체비용
= 부채 및 자기자본의 시장가치/자산의 대체비용

앞 식의 분자에서 자산의 시장가치와 부채 및 자기자본의 시장가치가 동일하다는 점에 유의하라.

개념적으로, Q비율은 현재를 기준으로 기업의 가치와 기업 자산을 대체하는 데 드는 비용을 비교하고 있으므로 MB비율보다는 더 나은 비율이다. 높은 Q비율을 보이는 기업은 매력적인 투자기회를 갖고 있는 기업이거나, 매우 큰 경쟁 우위를 갖고 있는 기업(또는 둘 다)일 가능성이 높다. MB비율은 장부상에 나타나는 과거의 비용과 비교한 비율이므로 Q비율에 비해 적합성이 떨어진다.

그러나 현실적으로, 기업이 갖고 있는 자산을 그대로 현재 새롭게 갖추는 데 드는 비용인 대체비용을 측정한다는 것이 어려우므로 Q비율을 정확하게 측정하기란 어렵다. 또한 기업이 갖고 있는 부채의 시장가치를 알 수 없는 경우도 많다. 그러한 경우에는 부채의 장부가치를 사용할 수 있지만, 이 경우 Q비율의 정확성이 떨어지게 된다.

EBITDA비율 한 기업의 기업가치(enterprise value: EV)는 그 기업이 갖고 있는 영업자산(operating assets)의 시장가치이다. 영업자산이란 현금을 제외한 그 기업이 갖고 있는 모든 자산을 말한다. 기업이 갖고 있는 모든 영업자산 각각의 시장가치를 파악하기란 현실적으로 어렵다. 따라서 재무상태표의 오른쪽 항목들을 이용하여 기업가치를 파악한다. 즉,

기업가치(EV) = 주식의 시가총액 + 모든 부채의 장부가치 − 현금
= 주식의 시가총액 + 순부채 **[3.24]**

모든 부채의 시장가치를 구할 수 없고 또한 부채의 경우에는 장부가치와 시장가치가 매우 유사하기 때문에(단기부채의 경우에는 더욱 그렇다) 일반적으로 부채는 장부가치를 사용한다. 재무상태표의 양변은 값이 일치하므로 주식의 시가총액과 부채의 합은 기업이 갖고 있는 자산의 가치와 일치한다. 기업가치를 구하기 위해서는 여기에서 현금을 차감하면 된다. 기업가치(EV)는 다음과 같은 EBITDA비율(배수)을 구하는 데 이용된다.

EBITDA비율 = EV/EBITDA **[3.25]**

이 비율은 기업이 갖고 있는 모든 영업자산의 가치(=기업가치)를 기업이 그 자산으로부터 발생하는 영업현금흐름(operating cash flow = EBITDA)으로 나눈 비율이다. 다시 말해 기업가치가 영업활동에 의해 발생한 현금흐름의 몇 배인가를 나타내는 비율이다.

비율분석에서 유의할 점 어떤 재무비율의 수치를 볼 때 어떤 기간의 자료가 사용되었는가를 살펴보는 것이 중요하다. 사용된 자료의 기간을 나타내기 위해서 간단한 약자가 사용되기도 한다. 예를 들어, *mrq*는 가장 최근 분기(分期)를 의미하고, *ttm*은 이전 12개월을 의미한다. 또한 *yoy*나 *y/o/y*(year-over-year)는 지난해를 기준으로 한 변화를 언급하는 것이며, *lfy*는 “last fiscal year”를 *ntm*는 “next 12 months”를 의미하는 약자이다.

결론

이상으로 대표적인 재무비율들에 대한 정의를 마친다. 좀 더 많은 비율들에 대해 설명할 수 있지만 지금으로서는 이 정도로 충분하다. 이제 비율들을 어떻게 사용하는지에 대해 살펴보기로 한다. 표 3.10은 지금까지 논의한 비율들을 요약해주고 있다.

표 3.10 대표적 재무비율들

I. 단기지급능력(또는 유동성) 비율	II. 장기지급능력(또는 재무레버리지) 비율
유동비율 $= \dfrac{\text{유동자산}}{\text{유동부채}}$	총부채비율 $= \dfrac{\text{총자산} - \text{총자기자본}}{\text{총자산}}$
당좌비율 $= \dfrac{\text{유동자산} - \text{재고}}{\text{유동부채}}$	자기자본-부채비율 = 총부채/총자기자본
현금비율 $= \dfrac{\text{현금}}{\text{유동부채}}$	자기자본승수 = 총자산/총자기자본
순운전자본 대 총자산비율 $= \dfrac{\text{순운전자본}}{\text{총자산}}$	장기부채비율 $= \dfrac{\text{장기부채}}{\text{장기부채} + \text{총자기자본}}$
간격척도 $= \dfrac{\text{유동자산}}{\text{일일평균 비용}}$	이자보상배수비율 $= \dfrac{\text{이자 및 법인세 차감전 이익(EBIT)}}{\text{이자}}$
	현금보상비율 $= \dfrac{\text{EBIT} + \text{감가상각비}}{\text{이자}}$
III. 자산관리(또는 회전율) 비율	**IV. 수익성 비율**
재고자산회전율 $= \dfrac{\text{매출원가}}{\text{재고}}$	매출액순이익률(ROS) $= \dfrac{\text{순이익}}{\text{매출액}}$
평균재고일 $= \dfrac{\text{365일}}{\text{재고자산회전율}}$	총자산순이익률(ROA) $= \dfrac{\text{순이익}}{\text{총자산}}$
외상매출금회전율 $= \dfrac{\text{매출액}}{\text{외상매출금}}$	자기자본순이익률(ROE) $= \dfrac{\text{순이익}}{\text{총자기자본}}$
외상매출금평균회수일 $= \dfrac{\text{365일}}{\text{외상매출금회전율}}$	ROE $= \dfrac{\text{순이익}}{\text{매출액}} \times \dfrac{\text{매출액}}{\text{총자산}} \times \dfrac{\text{총자산}^{*}}{\text{총자기자본}}$
순운전자본회전율 $= \dfrac{\text{매출액}}{\text{순운전자본}}$	**V. 시장가치 비율**
고정자산회전율 $= \dfrac{\text{매출액}}{\text{순고정자산}}$	주가순이익비율(PER, PE비율) $= \dfrac{\text{주당 가격}}{\text{주당 순이익}}$
총자산회전율 $= \dfrac{\text{매출액}}{\text{총자산}}$	PEG비율 $= \dfrac{\text{PER}}{\text{기대되는 순이익 증가율(\%)}}$
	주가매출액비율(PSR) $= \dfrac{\text{주당 가격}}{\text{주당 매출액}}$
	시장가치 대 장부가치비율(MB비율, PBR) $= \dfrac{\text{주당 시장가격}}{\text{주당 장부가치}}$
	토빈스 큐(Tobin's Q) 비율 $= \dfrac{\text{자산의 시장가치}}{\text{자산의 대체비용}}$
	EBITDA비율 $= \dfrac{\text{기업가치(EV)}}{\text{EBITDA}}$

개념질문 _Concept Questions

3.3a 다섯 종류의 비율들은 무엇인가? 각 종류의 비율에서 두세 개의 비율을 들어보라.

3.3b 총부채비율이 주어졌을 때 계산할 수 있는 다른 두 비율은 어떤 것들인가? 어떻게 계산하는가를 설명하라.

3.3c 회전율은 분자에 두 가지 수치 중 하나를 사용한다. 이 두 가지 수치는 어떤 것들인가? 회전율들이 측정하는 것은 무엇인가? 그 결과들은 어떻게 해석해야 하는가?

3.3d 수익성 비율은 모두 분자에 동일한 수치를 사용한다. 그 수치는 어떤 수치인가? 수익성 비율들이 측정하는 것은 무엇인가? 그 결과들은 어떻게 해석해야 하는가?

듀퐁항등식 3.4

ROA와 ROE를 설명할 때 언급한 것처럼 이 두 수익성 비율의 차이는 부채 여부, 즉 재무레버리지를 반영하는 것이다. 이 절에서 우리는 이 두 척도 간의 관계를 ROE를 여러 구성요소들로 나누는 유명한 방법을 통해 살펴보도록 한다.

자세히 살펴보는 ROE

ROE는 다음과 같이 정의된다는 것을 기억하자.

$$\text{자기자본순이익률} = \frac{\text{순이익}}{\text{총자기자본}}$$

이 비율에 총자산/총자산을 곱해 주면 다음과 같다.

$$\begin{aligned}\text{자기자본순이익률(ROE)} &= \frac{\text{순이익}}{\text{총자기자본}} = \frac{\text{순이익}}{\text{총자기자본}} \times \frac{\text{총자산}}{\text{총자산}} \\ &= \frac{\text{순이익}}{\text{총자산}} \times \frac{\text{총자산}}{\text{총자기자본}}\end{aligned}$$

이제 ROE는 ROA와 자기자본승수의 곱으로 표현되었다.

$$\text{ROE} = \text{ROA} \times \text{자기자본승수} = \text{ROA} \times (1 + \text{자기자본-부채비율})$$

Prufrock의 경우, 자기자본-부채비율은 0.37이었고, ROA는 11.96%였다. 따라서 위의 방식대로 계산하여 얻는 Prufrock의 ROE는 아래와 같으며, 이는 앞에서 구한 ROE와 같다.

$$\text{ROE} = 0.1196 \times 1.37 = 16.38\%$$

ROE와 ROA의 차이는 특정한 사업의 경우 매우 클 수 있다. 예를 들어 2019년에 American Express의 ROA는 2.61%였다. 이는 금융기관의 경우에 일반적으로 나타나는 수치이다. 그러나 금융기관들은 많은 돈을 빌리며, 그 결과 상대적으로 매우 큰 자기자본승수를 갖고 있다. American Express의 ROE는 약 22%였으며, 이는 American Express의 자기자본승수가 8.43배라는 것을 의미한다.

분자와 분모에 매출액을 곱해줌으로써 ROE를 더 세분화하여 표현할 수 있다.

$$ROE = \frac{\text{매출액}}{\text{매출액}} \times \frac{\text{순이익}}{\text{총자산}} \times \frac{\text{총자산}}{\text{총자기자본}}$$

이를 정리하면 ROE는 다음과 같이 된다.

$$\mathbf{ROE} = \underbrace{\frac{\text{순이익}}{\text{매출액}} \times \frac{\text{매출액}}{\text{총자산}}}_{\text{총자산순이익률(ROA)}} \times \frac{\text{총자산}}{\text{총자기자본}} \qquad [3.26]$$

$$= \text{매출액순이익률} \times \text{총자산회전율} \times \text{자기자본승수}$$

듀퐁항등식(DuPont identity): 영업효율성, 자산사용의 효율성, 재무레버리지라는 세 가지 부분으로 구분한 널리 이용되는 공식

이는 ROA를 매출액순이익률과 총자산회전율이라는 두 가지 구성요소로 나눈 것이다. 이 마지막 식은 이를 널리 사용하게 만든 듀퐁(DuPont Corporation)의 이름을 따서 **듀퐁항등식**(DuPont identity)이라고 부른다.

Prufrock의 매출액순이익률은 18.8%였고, 총자산회전율은 0.636이었다. 따라서 Prufrock의 ROE를 듀퐁항등식으로 표현하면 아래와 같다.

$$\begin{aligned} ROE &= \text{매출액순이익률} \times \text{총자산회전율} \times \text{자기자본승수} \\ &= 0.188 \times 0.636 \times 1.37 \\ &= 16.38\% \end{aligned}$$

이 ROE는 앞에서 구한 것과 일치한다.

듀퐁항등식은 ROE가 세 가지에 의해 영향을 받는다고 말해주고 있다.

1. 영업효율성(매출액순이익률로 측정됨)
2. 자산사용의 효율성(총자산회전율로 측정됨)
3. 재무레버리지(자기자본승수로 측정됨)

영업효율성이나 자산활용의 효율성이 낮아지거나 또는 둘 다 낮아진다면 총자산순이익률(ROA)이 감소하고 이는 ROE가 감소하는 것으로 연결된다.

듀퐁항등식에 의하면 ROE는 기업이 부채의 사용량을 증가시킴으로써 높일 수 있는 것으로 나타난다. 그러나 부채의 사용을 증가시키면 동시에 이자비용도 증가하며 이는 매출액순이익률을 감소시켜 ROE를 감소시키는 작용을 한다는 것을 주목하기 바란다. 따라서 부채의 사용 증가는 ROE를 높일 수도 있고 낮출 수도 있다. 그러나 더 중요한 점은 부채를 통한 자금조달이 여러 다른 효과를 발생시킨다는 것이며, 또한 제6부에서 자세히 살펴볼 것이지만, 한 기업이 갖는 레버리지의 크기는 그 기업의 자본구조정책(capital structure policy)에 의해 결정된다는 것이다.

ROE를 이와 같이 그 구성요소로 나누는 것은 재무제표분석을 체계적으로 접근하는 데 편리하다. ROE가 만족스럽지 않게 나타나는 경우에 듀퐁항등식은 어디서부터 그 문제점을 찾을 것인가를 알려준다.

GM사의 예는 어떻게 듀퐁항등식이 매우 유용하게 사용될 수 있으며 또한 ROE 수치를 해석할 때 주의해야 할 점을 말해주고 있다. 1989년에 GM의 ROE는 12.1%였다. 그러나 1993년에 와서는 ROE가 44.1%로 개선되는 큰 변화를 보였다. 그러나 보다 자세히 들여다보면, 같은

기간 동안 GM의 매출액순이익률은 3.4%에서 1.8%로 하락했으며, ROA는 2.4%에서 1.3%로 하락했다. 이러한 ROA의 하락도 같은 기간 동안 총자산회전율이 0.71에서 0.73으로 증가한 것에 의해 약간 완화된 것이었다.

이러한 상황에서 GM의 ROE가 그렇게 크게 상승한 것이 어떻게 가능했을까? 우리가 이해하는 듀퐁항등식에 의하면 이는 GM의 자기자본승수가 크게 상승했기 때문이 확실하다. 회계처리 규정의 변화로 인하여 GM의 연금채무가 1992년에 하룻밤 사이에 자기자본에서 삭제되어 GM의 장부상의 자기자본가치가 크게 감소하는 상황이 실제로 발생했다. 장부상의 자기자본의 가치가 크게 감소하여 자기자본승수의 값이 크게 증가한 것이었다. GM의 경우 자기자본승수는 1989년 4.95에서 1993년 33.62로 커졌다. 이를 종합하면, GM의 극적인 ROE 상승은 거의 전부가 자기자본승수의 값을 변화시킨 회계처리방식의 변화로 발생한 것이지, 실제적으로 재무성과가 개선되어 나타난 것이 전혀 아니다.

비율분석이 서로 다른 기업을 비교하는 데 이용될 수 있듯이 듀퐁항등식도 기업들을 비교하는 데 사용될 수 있다. Amazon과 Alibaba는 세계적으로 매우 중요한 인터넷 회사들이다. 우리는 이 두 회사의 경우를 가지고 기업들 간의 재무적 성과의 내용을 서로 비교 판단하는 데 듀퐁항등식이 유용하게 사용될 수 있다는 것을 살펴보기로 한다. Amazon과 Alibaba의 듀퐁항등식의 요소들의 수치는 표 3.11에 정리되어 있다.

표에서 보듯이 Amazon의 2019년 ROE는 18.7%였고, 이는 2018년의 ROE 보다 4% 줄어든 것이었다. 한편 Alibaba의 2019년 ROE는 34.9%였고, 이는 2018년의 ROE 16.6%의 두 배를 넘는 수치였다. 3년간 두 회사의 ROE를 비교해보면 두 해 동안 Alibaba의 ROE가 Amazon의 ROE보다 높게 나타났다.

듀퐁항등식의 요소들을 자세히 살펴보면, 이 두 회사의 ROE가 왜 차이가 난 것인가를 알 수 있다. Alibaba의 매출액순이익률(마진율)은 계속 20%가 넘었지만 Amazon의 마진율은 계속 한 자리 수에 머물러 있었다. 그러나 Amazon은 Alibaba에 비해 거의 두 배의 총자산회전율과 자기자본승수를 보여주고 있다. 따라서 듀퐁항등식은 Alibaba가 Amazon보다 훨씬 더 높은 영업효율성을 보였지만, Amazon은 Alibaba보다 자산을 활용하는 데 있어서 훨씬 더 높은 효율성을 보였다는 것을 말해주고 있다.

표 3.11

	ROE		매출액순이익률		총자산회전율		자기자본승수
Amazon							
2019년	18.7%	=	4.1%	×	1.245	×	3.63
2018년	23.1	=	4.3	×	1.432	×	3.73
2017년	10.9	=	1.7	×	1.355	×	4.74
Alibaba							
2019년	34.9%	=	35.2%	×	0.507	×	1.96
2018년	16.6	=	21.3	×	0.390	×	2.00
2017년	16.8	=	24.5	×	0.349	×	1.96

듀퐁 분석의 확장

지금까지 우리는 듀퐁항등식이 매출액순이익률, 총자산회전율, 재무레버리지로 어떻게 나뉠 수 있는가를 보았다. 이제 우리는 이 분석을 연장하여 기업의 활동을 구성하는 주요 부분들이 어떻게 ROE로 연결되는지에 대해 보다 자세히 살펴보기로 한다. 이를 위해 우리는 finance.yahoo.com에 들어가서 과학과 기술의 거대기업인 DuPont의 재무제표를 살펴보았다. 표 3.12는 우리가 발견한 것을 요약해 주고 있다.

그림 3.1은 표 3.12에 있는 정보를 사용하여 DuPont de Nemours에 대해 확장된 듀퐁 분석을 어떻게 하는지를 차트 형식의 분석으로 보여주고 있다. 확장된 듀퐁차트가 갖는 이점은 여러 비율을 동시에 검토할 수 있어 해당 기업의 전반적 성과를 보다 잘 파악할 수 있으며, 그에 따라 어떤 부분이 개선되어야 할 부분인가를 알려준다는 데 있다.

그림 3.1의 듀퐁차트의 왼쪽은 수익성과 관련된 항목들을 보여주고 있다. 앞에서와 마찬가지로 매출액순이익률(마진율)은 순이익을 매출액으로 나눈 것이다. 그러나 이 차트는 순이익이 매출액과 매출원가나 판매 및 일반 관리비와 같은 여러 비용들에 의해 달라진다는 것을 강조하고 있다. 듀퐁은 매출액을 증가시키거나 비용 중 일부를 감소시킴으로써 자신의 ROE를 증가시킬 수 있다. 달리 말해 수익성을 높이고 싶다면 어느 부분에 초점을 맞추어야 하는가를 이 차트는 분명하게 보여주고 있다.

그림 3.1의 오른쪽은 총자산회전율을 구성하는 주요 요소들을 보여주고 있다. 따라서 우리는 예를 들어 효율적인 관리를 통해 재고를 줄인다면 이는 유동자산을 감소시키며 이는 다시 총자산을 감소시켜 총자산회전율을 상승시킨다는 것을 이 차트를 통해 알 수 있다.

표 3.12

DUPONT DE NEMOURS의 재무제표 2019년 12월 31일(단위: 백만$)					
손익계산서		**재무상태표**			
매출액	$21,512	유동자산		유동부채	
매출원가	14,056	현금	$ 1,540	매입채무	$ 3,830
매출총이익	$ 7,456	매출채권	3,802	기타	2,934
판매 및 일반관리비	2,663	재고	4,657	합계	1,582
R&D 비용	3,385	합계	$ 9,999		$ 8,346
EBIT	$ 1,408				
이자비용	668	고정자산	$59,397	장기부채	$19,494
EBT	$ 740				
세금	140			자기자본 총계	$41,556
순이익	$ 600	자산 총계	$69,396	부채 및 자기자본 총계	$69,396

그림 3.1 DuPont de Nemours의 재무제표를 이용한 확장된 듀퐁 차트

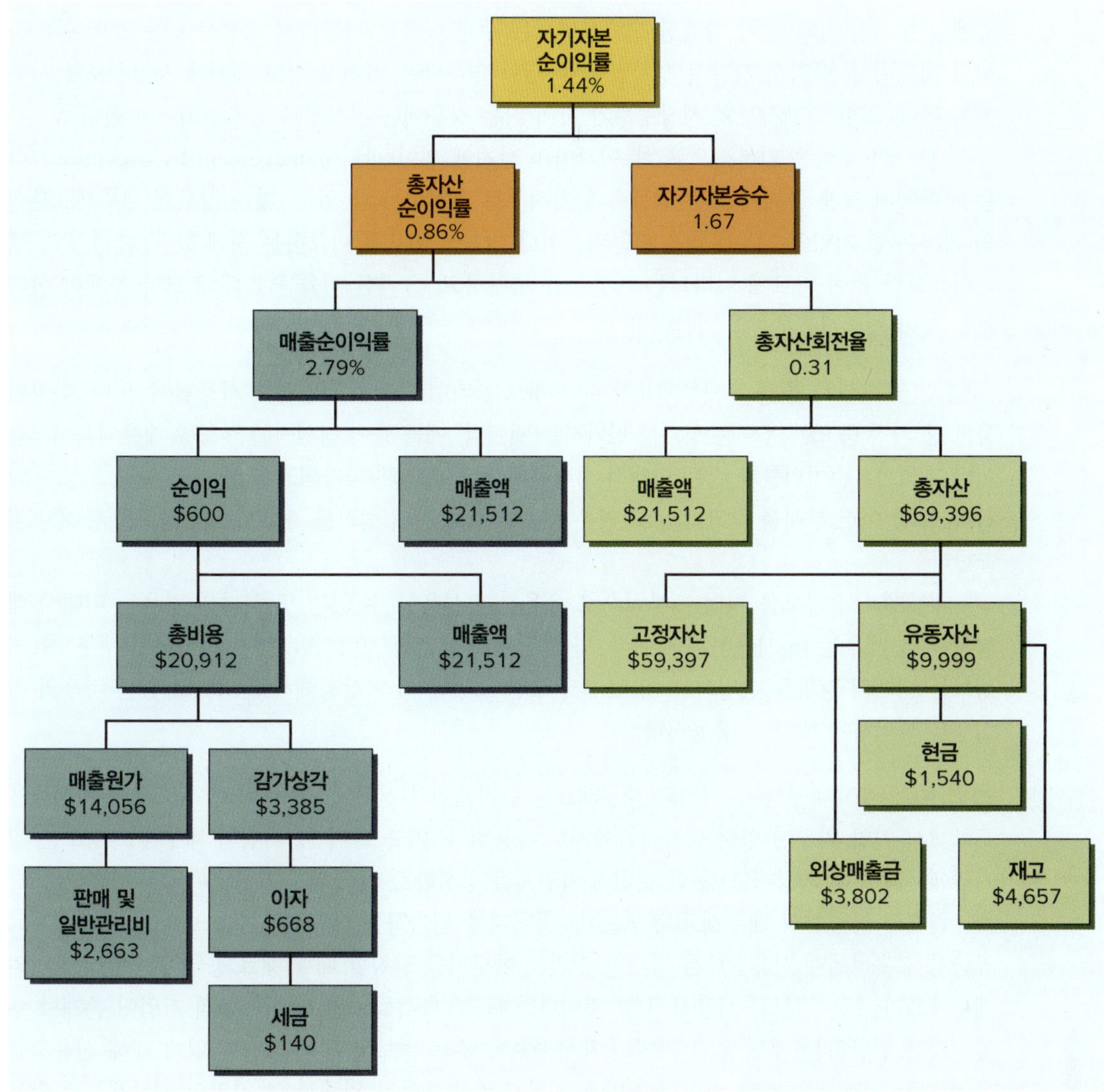

개념질문 _Concept Questions

3.4a 총자산순이익률(ROA)은 두 비율의 곱으로 표시될 수 있다. 이 두 비율은 무엇인가?

3.4b 자기자본순이익률(ROE)은 세 비율의 곱으로 표시될 수 있다. 이 세 비율은 무엇인가?

재무제표 정보의 사용 3.5

마지막으로 재무제표분석을 실제로 사용하는 것에 대해 보다 자세히 살펴보기로 한다. 특히 재무제표를 분석하는 이유와 비교기준이 되는 정보를 어떻게 얻으며, 그러한 과정에서 발생하는 문제들은 무엇인가에 대해 살펴볼 것이다.

재무제표를 평가하는 이유는 무엇인가?

앞에서 논의한 바와 같이 회계정보를 살펴보는 주된 이유는 시장가치 정보를 얻는 것이 불가능하기 때문이다. 따라서 시장정보를 얻을 수 있는 경우에는 회계적 정보 대신에 시장정보를 사용해야 한다. 또한 회계정보와 시장정보가 차이 나는 경우에는 시장정보가 우선되어야 한다.

재무제표분석은 기본적으로 "특이사항의 발견에 의한 관리(management by exception)"라는 시각에서 크게 문제가 되는 점들을 일차적으로 파악하는 데 있다. 많은 경우에 재무제표분석의 핵심은 한 기업의 재무비율을 평균비율이나 대표적 비율과 비교하는 것에 있다. 다시 말해 평균비율보다 많이 다르게 나타나는 비율들을 파악하고, 그러한 비율들에 대해 보다 자세히 살펴보는 것이 재무제표분석의 기본이다.

기업 내부에서의 활용 재무제표가 주는 정보는 기업 내에서 다양하게 사용될 수 있다. 다양한 용도 중 가장 중요한 용도는 성과를 평가하는 것이다. 예를 들어 경영자들은 종종 매출액순이익률이나 자기자본순이익률과 같은 회계적 성과측정 척도에 의해 평가되고 또한 그에 따라 보상을 받는다. 또한 여러 부서를 갖고 있는 기업은 종종 부서들 간의 성과를 재무제표의 정보를 통해서 비교한다.

재무제표의 정보를 기업 내부적으로 유용하게 사용할 수 있는 또 하나의 경우는 미래에 대한 계획을 세우는 데 사용하는 것이다. 다음 장에서 살펴볼 것이지만, 역사적 기록인 재무제표의 정보는 미래의 상황을 설정하는 데 있어서 또한 그러한 미래 상황에서 가정되고 있는 것들의 현실성을 확인하는 데 매우 유용하다.

기업 외부에서의 사용 기업의 재무제표는 단기채권자나 장기채권자 또한 잠재적 투자자들을 포함해서 기업 외부에 있는 당사자들에게도 유용하다. 예를 들어 한 기업의 재무제표 정보는 그 기업에 신용판매(외상매출)를 할 것인지 아닌지를 결정하는 데도 매우 유용하다.

원재료 공급자의 재무제표 정보는 그 공급자를 평가하는 데 사용되며, 또한 반대로 원재료 공급자가 우리에게 신용판매를 확대할 것인지 아닌지를 결정할 때 원재료 공급자는 우리 기업의 재무제표가 주는 정보를 사용하려 할 것이다. 대규모 고객들은 미래에도 우리 기업이 존재할 수 있는지를 판단하는 데도 우리 기업의 재무제표가 주는 정보를 활용한다. 기업에 대해 신용등급을 매기는 기관들은 해당 기업의 전반적 신용도를 평가하기 위해서 그 기업의 재무제표를 활용한다. 이 모든 것들이 알려주는 핵심 내용은 어떤 기업의 재무제표는 그 기업의 재무적 건전성을 알려주는 가장 중요한 정보원이라는 것이다.

재무제표 정보는 주된 경쟁기업을 평가하는 데도 유용하게 사용된다. 기업이 새로운 제품을 시장에 내놓으려고 할 때 가장 큰 관심을 갖는 것은 아마 경쟁기업이 곧바로 새로운 제품시장에 동시에 뛰어들지 않을까 하는 부분일 것이다. 이 경우 기업은 경쟁기업이 그러한 능력을 갖고 있는지를 알기 위해 경쟁기업의 재무적 능력을 살펴보려 할 것이다.

마지막으로, 기업은 다른 기업을 인수하려는 계획을 갖고 있을 수도 있다. 그 경우 재무제표 정보는 인수대상이 될 수 있는 기업들을 확인하고, 인수하는 경우에 얼마를 지불하는 것이 적정한지를 판단하는 데도 매우 유용하게 사용될 수 있을 것이다.

비교기준의 선택

재무제표에 기초하여 어떤 기업이나 어떤 부서를 평가하려고 할 때 곧바로 기본적 문제, 즉 무엇

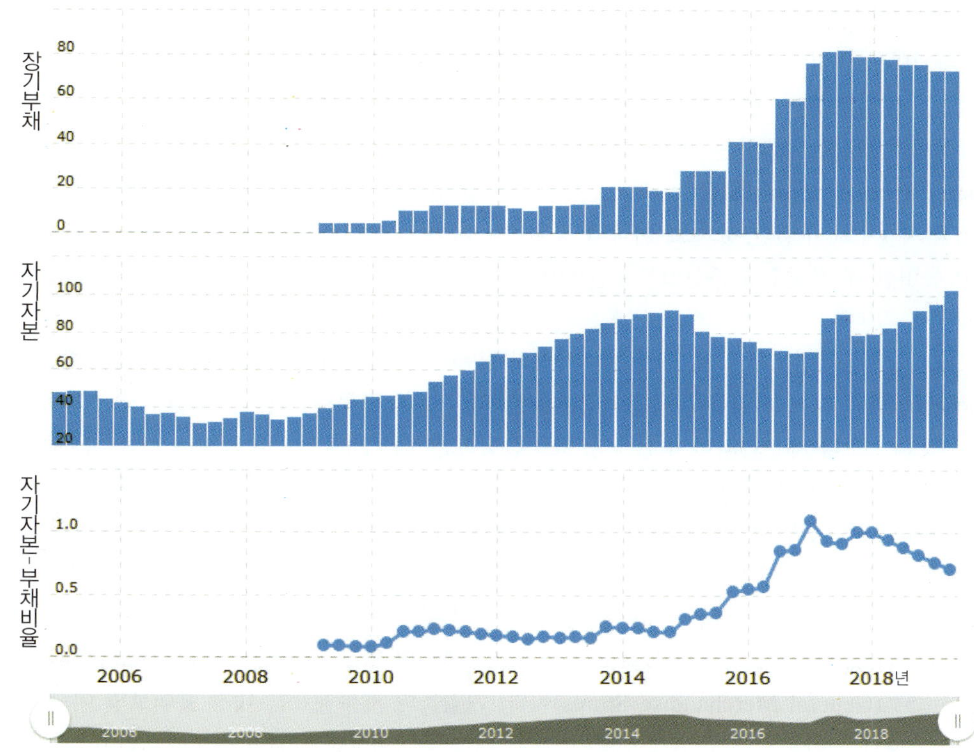

그림 3.2

Microsoft의 자본구조: 2004~2019년

출처: www.macrotrends.net/ stocks/charts/MSFT/microsoft/ debt-equity-ratio, September 25, 2019.

을 기준으로 비교해야 하는가 하는 문제에 부딪치게 된다.

추세분석(time trend analysis) 비교기준의 하나로 사용할 수 있는 것은 과거의 수치이다. 예를 들어 어떤 기업의 최근 재무제표를 통해 그 기업의 유동비율이 2.4인 것을 알았다고 하자. 이 경우 지난 10년간의 이 비율을 살펴본 결과, 그동안 이 비율이 매우 꾸준히 하락해 왔다는 것을 발견할지도 모른다.

이러한 관찰에 근거해 그 기업의 유동성이 꾸준히 악화되어온 것으로 생각할 수도 있다. 물론 그러한 변화는 그 기업이 자신의 유동자산을 보다 효율적으로 사용하는 방향으로 정책을 변화시켰거나, 기업의 사업성격이 변했거나, 사업관행이 변화했기 때문에 발생한 변화일 수도 있다. 좀 더 조사해 보면 이러한 것들 중 어떤 것이 유동비율을 하락시켜 왔는지를 발견할 수 있을지도 모른다. 재무비율의 용도로 앞에서 언급한 "특이사항의 발견에 의한 관리"란 이와 같은 분석을 의미한다. 악화되고 있는 추세가 나쁜 것이 아닐 수 있지만, 재무비율을 비교하여 어떤 상황을 발견하고 그 이유를 살펴보는 것은 그만한 가치를 갖는다.

추세분석의 한 예로 그림 3.2는 지난 15년간 Microsoft의 자기자본-부채비율을 보여주고 있다. 그림에서 볼 수 있듯이 2009년 이전까지 장기부채를 갖고 있지 않던 Microsoft는 2009년부터 장기부채를 갖기 시작했으며, 2017년에 와서 자기자본-부채비율이 1을 넘었다. Microsoft는 기업활동을 위해 점점 더 많은 부채에 의존하여 왔다. 하지만 이를 두고 Microsoft에 문제가 있다고 말할 수는 없다. 왜 그럴까?

동종기업집단과의 비교분석(peer group analysis) 비교기준을 선택하는 또 하나의 방법은 동일한 시장에서 서로 경쟁하면서, 비슷한 자산을 갖고 있고 사업운영방식도 비슷한 기업들의 비율을 기준으로 하는 것이다. 다시 말해 동종기업집단(peer group)을 확인할 필요가 있다. 어느 두 기업도 완전히 동일하지는 않으므로 동종기업들을 확인하는 데는 분명히 문제가 있을 수 있다. 결국, 비교대상으로 어느 기업들을 선택할 것인가는 주관적인 것일 수 있다.

표준산업분류번호
[Standard Industrial Classification (SIC) Code]: 사업의 종류에 따라 기업(산업)을 분류하는 번호

동종기업들을 확인하는 방법으로 가장 많이 사용되는 것은 **표준산업분류번호**[Standard Industrial Classification (SIC) code]에 기초하는 것이다. 이는 각국 정부가 통계적 목적을 위해 산업을 자릿수로 구별한 것으로, 미국의 경우에는 네 자리 숫자의 표준산업분류번호를 기준으로 하여 동일한 네 자릿수 표준산업분류번호에 속하는 기업들을 일반적으로 매우 유사한 기업들로 생각할 수 있다.

표준산업분류번호의 첫째 자릿수는 사업의 일반적 종류를 의미한다. 예를 들어 금융업, 보험업, 부동산업을 하는 기업들은 표준산업분류번호가 모두 6으로 시작한다. 자릿수가 추가됨으로써 산업들이 보다 세분화되어 구별된다. 표준산업분류번호가 60으로 시작하는 기업들은 대부분이 은행이나 은행과 유사한 금융업을 하는 기업들이다. 602로 시작하는 기업들은 대부분이 상업은행들이다. 표준산업분류번호 6025는 연방준비위원회에 속하는 은행들이다. 표 3.13은 두 자릿수 번호(네 자릿수 분류번호의 앞 두 자릿수)와 그에 속하는 산업들의 일부를 보여주고 있다.

표준산업분류번호는 완전한 분류와는 거리가 먼 분류체계이다. 당신이 미국에서 가장 큰 소매점인 Walmart의 재무제표를 살펴보고 있다고 하자. 이 경우 적합한 두 자릿수 표준산업분류번호는 53 (General Merchandise Stores)이다. 기업들의 재무제표를 대강 훑어보면 이 표준산업분류번호에 속하는 것으로 약 20개의 공개된 대형 주식회사를 발견할 것이다. 그러나 이들 중 일부에 대해서 과연 이들이 동일한 사업을 하고 있는 것으로 분류될 수 있는 것인가에 대해 의구심이 생길 수도 있다. Target을 Walmart와 동종기업으로 보는 데는 무리가 없을 것이나, Neiman-Marcus와 같은 고급백화점도 Walmart와 동일한 산업분류번호를 갖고 있다. Walmart와 Neiman-Marcus가 정말 비교 가능한 것인가?

표 3.13
두 자릿수 표준산업분류번호의 예

Agriculture, Forestry, and Fishing	Transportation, Communication, Electric, Gas, and Sanitary Service
01 Agriculture production—crops	40 Railroad transportation
08 Forestry	45 Transportation by air
09 Fishing, hunting, and trapping	49 Electric, gas, and sanitary services
Mining	**Retail Trade**
10 Metal mining	54 Food stores
12 Bituminous coal and lignite mining	55 Automobile dealers and gas stations
13 Oil and gas extraction	58 Eating and drinking places
Construction	**Finance, Insurance, and Real Estate**
15 Building construction	60 Banking
16 Construction other than building	63 Insurance
17 Construction—special trade contractors	65 Real estate
Manufacturing	**Services**
28 Chemicals and allied products	78 Motion pictures
29 Petroleum refining and related industries	80 Health services
37 Transportation equipment	82 Educational services

이를 통해서 알 수 있듯이, 표준산업분류번호에 기초한 평균치를 그대로 사용하는 것은 적절하지 않을 수 있다. 그 대신 분석가들은 종종 주요 경쟁기업들을 확인하고 이러한 경쟁기업 집단의 재무비율의 평균치를 비교기준으로 사용한다. 또한 어떤 산업에 속하는 기업들의 평균치가 아닌 그 산업에 속하는 상위 몇 개 기업들에 대해 더 큰 관심을 갖고 이들의 재무비율을 비교기준으로 선택할 수도 있다. 이러한 상위기업 집단을 열망집단(aspirant group)이라고 부르며 그 이유는 기업들이 그러한 기업이 되기를 열망하기 때문이다. 이들을 비교기준으로 하는 재무제표 분석은 기업이 이들과 같은 상태에 도달하기 위해서 얼마나 더 가야 하는지를 알려준다.

1997년에 새로운 산업분류체계가 마련되었다. 특히 북아메리카산업분류체계(North American Industry Classification System: NAICS, 네익스)는 미국이 갖고 있던 기존의 오래된 표준산업분류번호를 대체하기 위해 개발된 것으로, 결국 이 분류체계가 사용될 것이다. 그러나 현재로서는 기존의 표준산업분류번호가 여전히 널리 사용되고 있다.

NAICS에 대해 더 알아보기 위해서는 **www.naics.com**을 참조하라.

표준산업분류번호가 갖는 문제점에 유의하면서 특정 산업에 대해 살펴볼 수 있다. 예를 들어 하드웨어 소매사업을 살펴본다고 하자. 표 3.14는 이 전에 Robert Morris Associates로 불리던 위험관리협회(Risk Management Association: RMA)로부터 구한 이 산업의 요약 표준규모 재무제표(common-size financial statement)를 보여주고 있다. 물론 이러한 정보는 다른 여러 출처로부터 구할 수도 있다. 표 3.15는 이 자료를 통해 구한 재무비율의 일부를 보여주고 있다.

여기에는 많은 정보가 있으며 이들 대부분은 별도의 설명 없이 바로 알 수 있는 것들이다. 표 3.14의 오른쪽은 매출액을 기준으로 분류된 기업집단들의 최근 정보를 보여주고 있다. 매출액을 기준으로 분류된 각 기업집단들의 표준재무제표에 근거한 정보들이 표현되어 있다. 예를 들어 매출액이 10백만~250백만$ 범위에 있는 기업들의 현금 및 그 등가물(cash and equivalents)은 총자산의 2.0%이다. 여기에 속하는 기업 수는 48개이며, 전체 기업의 수는 258개이다.

표 3.14의 왼쪽은 전체 기업집단에 대한 지난 3년간의 과거 정보를 요약해서 나타내고 있다. 예를 들어 영업이익(operating profit)은 이 기간 동안 11.7%에서 11.4%로 약간 감소했다.

표 3.15는 몇 가지 선택된 비율들의 수치를 보여주고 있다. 표의 오른쪽은 매출액 규모를 기준으로 구분된 기업집단에 대한 것이고, 왼쪽은 기간별로 구분된 전체 기업집단에 대한 것이다. 이러한 정보를 어떻게 사용하는지를 알아보기 위해 우리 기업의 유동비율이 2라고 가정해보자. 이 표에 있는 이 비율들을 기준으로 할 때 이 수치는 예외적인 수치인가?

가장 최근 연도(표 3.15의 세 번째 열)의 전체 기업집단의 유동비율을 볼 때 우리는 3개의 수치를 발견하게 되며, 이 중 가운데 있는 수치는 2.1로 이는 중앙값(median)을 나타낸다. 다시 말해 258개의 기업 중 절반이 이 수치보다 낮은 유동비율을 보이고 있으며, 나머지 절반이 이 수치보다 높은 유동비율을 보이고 있다. 나머지 두 수치는 상위 4분위(quartile)와 하위 4분위 수치들이다. 따라서 기업들 중 25%가 4.0보다 높은 유동비율을 보여주었으며 25%가 1.4보다 낮은 유동비율을 보여주었다. 따라서 우리가 가정했던 유동비율 수치 2는 이 범위 안에 있는 수치로 예외적인 것으로는 보이지 않는다. 이러한 비교는 비율의 평균치뿐만 아니라 비율의 범위 또한 중요하다는 것을 알려주고 있다. 지난 3년간 기업들의 유동비율이 상당히 안정적으로 나타난 것도 살펴보기 바란다.

표 3.14 추출된 재무제표 정보의 예

Manufacturing—Wineries (NAICS 312130)									
COMPARATIVE HISTORICAL DATA				CURRENT DATA SORTED BY SALES					
			Type of Statement						
38	33	29	Unqualified	1			2	4	22
40	53	41	Reviewed		2		15	15	9
17	15	12	Compiled	1	2	3	3	2	1
24	25	26	Tax Returns	11	6	4	4	1	
100	150	150	Other	24	35	20	18	26	27
4/1/13–3/31/14	4/1/14–3/31/15	4/1/15–3/31/16		31 (4/1–9/30/15)		227 (10/1/15–3/31/16)			
ALL	ALL	ALL		0–1MM	1–3MM	3–5MM	5–10MM	10–25MM	25MM & OVER
219	276	258	NUMBER OF STATEMENTS	37	45	27	42	48	59
%	%	%	**Assets**	%	%	%	%	%	%
5.2	5.3	5.0	Cash & Equivalents	6.8	5.0	8.7	5.2	2.0	4.4
8.4	8.1	9.2	Trade Receivables (net)	5.6	7.3	7.5	9.0	11.0	12.3
44.4	47.4	47.3	Inventory	52.0	50.1	49.4	42.6	47.0	44.9
2.4	1.9	1.7	All Other Current	0.6	1.6	0.7	1.8	1.6	2.8
60.5	62.7	63.1	Total Current	65.0	64.0	66.3	58.6	61.6	64.3
32.0	29.2	29.8	Fixed Assets (net)	28.4	32.6	22.9	36.3	29.4	27.6
3.5	4.0	3.7	Intangibles (net)	4.5	1.5	3.7	3.1	5.0	4.1
4.0	4.1	3.4	All Other Non-current	2.0	2.0	7.1	2.0	3.9	4.0
100.0	100.0	100.0	Total	100.0	100.0	100.0	100.0	100.0	100.0
			Liabilities						
14.1	16.8	15.7	Notes Payable-Short term	17.7	14.3	10.0	12.3	18.8	18.1
2.1	1.8	1.3	Cur. Mat.-L.T.D	0.9	1.0	0.9	2.0	1.4	1.6
8.8	8.9	8.8	Trade Payables	5.9	9.0	7.2	7.8	12.2	9.3
0.2	0.2	0.2	Income Taxes Payable	0.4	0.3	0.0	0.3	0.0	0.1
6.0	6.0	6.5	All Other Current	7.6	4.8	6.0	4.1	8.7	7.4
31.2	33.8	32.6	Total Current	32.5	29.3	24.1	26.5	41.2	36.5
19.8	17.4	18.5	Long-Term Debt	20.5	17.5	17.8	22.5	17.4	16.6
0.4	0.3	0.4	Deferred Taxes	0.0	0.0	0.2	0.7	0.7	0.4
6.3	6.7	6.6	All Other Non-current	13.5	5.6	7.8	7.5	4.4	3.6
42.2	41.8	41.9	Net Worth	33.5	47.6	50.1	42.8	36.3	42.9
100.0	100.0	100.0	Total Liabilities & Net Worth	100.0	100.0	100.0	100.0	100.0	100.0
			Income Data						
100.0	100.0	100.0	Net Sales	100.0	100.0	100.0	100.0	100.0	100.0
48.9	50.0	49.3	Gross Profit	57.1	54.1	55.8	49.5	45.0	41.0
37.2	37.9	37.9	Operating Expenses	51.4	44.5	39.4	38.2	32.5	27.8
11.7	12.0	11.4	Operating Profit	5.7	9.7	16.4	11.3	12.5	13.3
2.7	2.6	2.6	All Other Expenses (net)	3.4	1.9	1.1	4.3	2.9	2.1
9.0	9.5	8.8	Profit Before Taxes	2.3	7.8	15.3	7.1	9.6	11.2

M은 천$를, MM은 백만$를 의미함.

자료의 해석: RMA는 이 자료들이 일반적인 수치이지 이 산업의 기준이 되는 수치들이 아니라는 점에 유의할 것을 언급하고 있다. 그 이유는 이 자료들에 사용된 샘플 기업의 수가 적으며, 기업들이 그들이 속하는 표준산업분류번호에 따라 구분되었고, 또한 같은 산업에 속하는 기업들 간에도 사업방식이 다를 수 있기 때문이다. 이러한 이유들 때문에 RMA는 이러한 수치들을 다른 방법에 의한 재무분석에 추가하여 사용할 수 있는 일반적인 기준으로 인식할 것을 권하고 있다.

표 3.15 추출된 재무비율들

Manufacturing—Wineries (NAICS 312130)																		
COMPARATIVE HISTORICAL DATA									CURRENT DATA SORTED BY SALES									
						Type of Statement												
	38		33		29	Unqualified		1						2		4		22
	40		53		41	Reviewed				2				15		15		9
	17		15		12	Compiled		1		2		3		3		2		1
	24		25		26	Tax Returns		11		6		4		4		1		27
	100		150		150	Other		24		35		20		18		26		
							31 (4/1–9/30/15)				227 (10/1/15–3/31/16)							
4/1/13–3/31/14 ALL 219		4/1/14–3/31/15 ALL 276		4/1/15–3/31/16 ALL 258		NUMBER OF STATEMENTS	0–1MM 37		1–3MM 45		3–5MM 27		5–10MM 42		10–25MM 48		25MM & OVER 59	
						Ratios												
	4.0		4.5		4.0	Current		4.1		5.8		5.9		3.8		2.4		3.4
	2.1		2.0		2.1			2.7		2.3		3.3		2.3		1.5		1.9
	1.4		1.4		1.4			1.4		1.5		1.8		1.8		1.2		1.3
	0.9		0.9		0.9	Quick		1.2		1.1		1.9		1.2		0.6		0.7
	0.3		0.3		0.3			0.3		0.3		0.5		0.4		0.3		0.4
	0.2		0.2		0.2			0.1		0.2		0.2		0.2		0.1		0.2
16	23.0	**15**	24.8	**15**	23.7	Sales/Receivables	**0**	UND	**7**	49.3	**11**	32.8	**16**	22.4	**21**	17.2	**28**	13.1
30	12.2	**34**	10.6	**31**	11.8		**10**	35.6	**28**	12.9	**20**	18.3	**29**	12.6	**37**	9.8	**41**	8.9
51	7.1	**52**	7.0	**52**	7.0		**46**	7.9	**50**	7.3	**39**	9.4	**57**	6.4	**56**	6.5	**59**	6.2
261	1.4	**332**	1.1	**304**	1.2	Cost of Sales/ Inventory	**192**	1.9	**304**	1.2	**261**	1.4	**304**	1.2	**365**	1.0	**261**	1.4
456	0.8	**521**	0.7	**521**	0.7		**608**	0.6	**608**	0.6	**608**	0.6	**608**	0.6	**521**	0.7	**365**	1.0
730	0.5	**912**	0.4	**730**	0.5		**912**	0.4	**912**	0.4	**730**	0.5	**730**	0.5	**730**	0.5	**608**	0.6
25	14.4	**26**	14.0	**21**	17.3	Cost of Sales/ Payables	**0**	UND	**10**	36.2	**21**	17.2	**23**	16.0	**36**	10.1	**23**	16.1
55	6.6	**59**	6.2	**51**	7.2		**48**	7.6	**53**	6.9	**35**	10.3	**47**	7.8	**69**	5.3	**51**	7.2
101	3.6	**122**	3.0	**107**	3.4		**166**	2.2	**146**	2.5	**70**	5.2	**122**	3.0	**122**	3.0	**76**	4.8
	1.4		1.3		1.3	Sales/Working Capital		1.2		1.2		1.1		1.3		2.0		1.9
	2.7		2.4		2.6			2.0		2.8		2.3		2.1		3.7		2.9
	6.6		5.1		5.2			7.8		5.8		4.0		2.8		6.7		6.0
(200)	9.7	(252)	11.4	(235)	14.3	EBIT/Interest	(31)	4.5	(36)	7.9	(25)	31.5	(40)	12.3	(46)	13.0		19.9
	3.9		4.7		3.7			1.0		3.6		9.0		2.3		4.1	(57)	5.7
	1.4		1.7		1.3			−2.1		1.2		2.1		1.1		1.2		2.8
	8.0		9.1		9.5	Net Profit + Depr.,										6.9		17.3
(42)	4.8	(55)	5.0	(45)	5.9	Dep,. Amort./Cur.									(10)	3.5	(24)	7.7
	1.9		2.6		2.6	Mat. L/T/D										1.8		4.3
	0.3		0.2		0.2	Fixed/Worth		0.2		0.2		0.1		0.4		0.2		0.3
	0.8		0.7		0.7			0.6		0.7		0.4		1.0		0.8		0.8
	1.6		1.4		1.5			4.5		1.5		1.1		1.5		1.9		1.3
	0.6		0.6		0.6	Debt/Worth		0.5		0.5		0.4		0.6		1.2		0.8
	1.5		1.4		1.4			2.6		1.0		1.2		1.4		2.1		1.1
	4.1		3.0		3.9			24.2		2.7		4.3		2.8		4.3		3.2
(194)	32.8	(253)	33.9	(230)	32.7	% Profit Before Taxes/Tangible Net Worth	(29)	34.2	(41)	25.0	(25)	47.0	(38)	20.0	(43)	42.2	(54)	27.9
	14.8		15.6		13.6			5.5		11.8		20.5		7.4		19.6		18.3
	2.7		3.3		2.7			−8.9		4.6		3.3		0.4		3.7		10.2
	12.0		12.8		12.1	% Profit Before Taxes/Total Assets		13.6		9.1		23.9		8.7		13.4		13.1
	5.1		5.6		4.8			1.4		5.2		7.2		2.7		4.4		7.0
	0.7		0.9		0.6			−5.0		0.8		1.5		0.2		0.8		3.0

(계속)

표 3.15 추출된 재무비율들 (계속)

4/1/13–3/31/14 ALL 219		4/1/14–3/31/15 ALL 276		4/1/15–3/31/16 ALL 258		NUMBER OF STATEMENTS	31 (4/1–9/30/15) 0–1MM 37		1–3MM 45		227 (10/1/15–3/31/16) 3–5MM 27		5–10MM 42		10–25MM 48		25MM & OVER 59	
	7.4		9.5		8.6	Sales/Net Fixed Assets		7.3		6.8		13.9		3.9		33.5		9.0
	2.5		3.0		2.9			5.0		2.3		5.1		1.4		2.1		3.3
	1.1		1.1		1.2			2.4		1.5		1.7		0.9		1.0		1.4
	1.1		1.0		1.1	Sales/Total Assets		1.1		1.1		1.2		1.0		1.1		1.1
	0.7		0.7		0.7			0.7		0.7		0.8		0.6		0.7		0.7
	0.5		0.5		0.5			0.5		0.5		0.5		0.4		0.4		0.5
(171)	2.4	(214)	2.4	(199)	2.1	% Depr., Dep., Amort./Sales	(22)	3.4	(31)	1.6	(18)	1.1	(35)	2.7	(37)	2.3	(56)	1.4
	5.2		5.1		5.3			5.9		5.8		3.9		7.1		6.1		4.0
	8.3		8.1		8.4			14.3		8.7		9.6		9.1		9.3		7.1
	3.1		2.7		2.6	% Officers', Directors', Owners' Comp/Sales												
(27)	4.3	(35)	4.1	(33)	4.1													
	7.7		9.5		7.3													
4892971M		**8360552M**		**5519014M**		**Net Sales ($)**	**19825M**		**82307M**		**103312M**		**287163M**		**774866M**		**4251541M**	
6963108M		**8811913M**		**8435750M**		**Total Assets ($)**	**49293M**		**161278M**		**147637M**		**602723M**		**1722233M**		**5752586M**	

M은 천$를, MM은 백만$를 의미함.

예제 3.5 비율에 대해 더 알아보기

표 3.15에서 가장 최근의 Cost of Sales/Inventory와 EBIT/Interest를 살펴보라. 전체 기업들이 보여주는 이 비율들의 중앙값은 얼마인가? 이 비율들은 무엇인가?

앞에서 살펴본 것을 기억하면 이들은 각각 재고자산회전율과 이자보상배수비율(TIE비율)인 것을 알 수 있을 것이다. 전체 기업들의 재고자산회전율의 중앙값은 0.7이다. 따라서 평균재고일은 365/0.7 = 521일이다. 굵게 표시된 수치 521이 이를 표시해주고 있다. 이는 다른 산업들과 비교할 상당히 긴 기간인 것으로 보인다. 그러나 이 산업(winery) 전체와 비교해서는 그렇게 긴 것으로는 보이지 않는다. 이 산업의 TIE의 중앙값은 3.7이다. 괄호로 표시된 수치 235는 이 수치가 258개 기업 중에서 235개 기업만을 대상으로 계산된 것임을 알려주고 있다. 235개의 기업만을 대상으로 한 것은 이들 기업만이 어느 정도 의미를 갖는 크기의 이자를 지급했기 때문이다.

여기서 우리가 살펴본 것 외에도 재무비율 정보를 알려 주는 사이트는 많이 있다. 이들은 유용하게 사용할 수 있는 비교기준이 되는 정보와 함께 많은 기업들에 대한 재무비율 정보를 알려주고 있다. 가장 좋은 웹사이트 중 하나는 www.reuters.com이다. 꼭 한번 접속해보기를 권한다. 예를 들어 Home Depot의 경우를 살펴보려면 이 회사의 티커심볼(ticker symbol)인 "HD"를 입력하고 "Key Metrics"에 들어가 보라.

기업들의 재무비율에 대해 또 다른 정보를 주는 사이트로는 **www.marketwatch.com**이나 **www.morningstar.com**을 참조하라.

재무제표분석의 문제점

우리는 재무제표를 이용한 분석에서 나타날 수 있는 일부 추가적인 문제점을 지적하면서 이 장을 마치도록 한다. 재무제표를 이용한 분석이 갖는 기본적인 문제점은 어떤 비율들을 살펴보아야 하는지를 결정하는 데 있어서, 또한 비교기준을 결정하는 데 있어서 그 밑바탕을 이루는 이론이 없다는 것이다.

다른 장들에서 살펴볼 것이지만, 많은 경우에 있어서 재무이론이나 경제논리는 어떤 것의 가치와 그것이 갖는 위험을 판단하는 지침을 제공하고 있다. 그러나 재무제표를 통한 분석을 돕는 이론은 거의 존재하지 않는다. 이러한 이유 때문에 어떤 비율이 가장 중요한 비율이고, 또한 어떤 수치가 높은 수치이며, 어떤 수치가 낮은 수치인지를 말할 수 없다.

특히 한 가지 심각한 문제점은 많은 기업들이 서로 관련이 없는 여러 사업을 하고 있는 복합기업(conglomerate)이라는 것이다. 그러한 기업의 결합재무제표를 가지고 분석을 하는 경우에는 비교기준이 되는 어떤 산업을 정하기가 어렵다. 잘 알려진 GE나 3M사가 이런 경우이다. 좀 더 일반적으로 말하면 우리가 설명한 동종기업들과의 비교를 통한 분석은 기업들이 정확하게 같은 사업을 하며, 산업이 경쟁적이며 사업운영방식이 오직 하나인 경우에 가장 잘 들어맞는 분석이다.

또 다른 문제점은 한 산업에 있는 주요 경쟁기업들과 동종기업들이 전 세계 시장을 대상으로 사업하는 것이 점점 더 일반적으로 나타난다는 것이다. 자동차산업은 이를 보여주는 좋은 예이다. 이 경우의 문제점은 미국 이외의 지역에서 작성되는 재무제표가 반드시 미국의 GAAP를 따라서 작성되는 것이 아니라는 것이다. 국가마다 회계기준과 절차가 다르다는 것이 국경을 넘어 재무제표를 서로 비교하는 것을 매우 어렵게 만든다.

동일한 사업을 하는 기업들을 서로 비교하는 것조차도 어려울 경우가 있다. 예를 들어 미국의 경우 전력공급회사들은 모두 동일한 산업군(미국 표준산업분류번호 4911)에 속하는 것으로 간주되고 있다. 따라서 이 산업에 속하는 기업들은 비교적 동질적인 것으로 인식되고 있다. 그러나 대부분의 전력공급회사들은 정부의 규제를 받고 사업을 하는 독점기업들이므로 서로 간에 그다지 큰 경쟁을 하지 않는다. 주주가 있는 회사들도 많고 주주 없이 협동조합의 형태로 조직되어 있는 회사들도 많다. 또한 전력을 생산하는 방법도 수력발전에서 핵발전에 이르기까지 다양하므로, 전력공급회사들의 영업활동도 서로 매우 다를 수 있다. 마지막으로 이러한 회사들의 수익성은 규제환경에 따라 매우 큰 영향을 받으므로 서로 다른 지역에 있는 전력공급회사들은 영업활동이 매우 유사하다고 하더라도 이익은 매우 다르게 나타날 수 있다.

몇 가지의 다른 문제점들도 종종 발생한다. 첫째, 회사들마다 회계처리를 하는 기준이 다를 수 있다. 예를 들어 재고를 기록하는 기준이 다를 경우에 재무제표를 의미 있게 서로 비교하는 것은 어려울 수 있다. 둘째, 기업들의 회계연도 기간이 서로 다를 수 있다. 계절성을 갖는 사업을 하는 기업(예: 대부분의 매상이 크리스마스 시즌에 이루어지는 어떤 소매업)의 경우 1년 중 회계항목들의 수치가 매우 큰 변동을 보이기 때문에 특정 일을 기준으로 이러한 기업의 재무상태표를 다른 기업의 재무상태표와 비교하는 데에는 어려움이 있을 수 있다. 마지막으로, 어떤 기업이든 일회성에 그치는 사건(예: 자산의 처분)이 해당 기업의 재무적 성과에 영향을 줄 수도 있다. 따라서 기업들을 서로 비교할 때 일회성 사건들은 해당 기업에 대해 잘못된 판단을 하게 만들 수도 있다.

개념질문 _Concept Questions

3.5a 재무제표분석은 어느 경우에 사용되는가?
3.5b 재무제표분석을 “특이사항의 발견에 의한 관리”로 인식하는 이유는 무엇인가?
3.5c 표준산업분류번호는 무엇이며 어느 경우에 유용하게 사용될 수 있는가?
3.5d 재무제표분석이 갖는 문제점들에는 어떤 것들이 있는가?

3.6 요약과 결론

이 장에서는 재무제표분석의 여러 측면들에 대해 살펴보았다.

1. **현금의 원천과 사용**: 우리는 기업들이 현금을 획득하고 사용하는 것을 어떻게 확인하는지에 대해서, 또한 연중 발생하는 현금흐름을 어떻게 추적하는지에 대해 설명했다.
2. **표준화된 재무제표**: 기업의 규모가 서로 달라서 기업들의 재무제표를 서로 비교하는 것이 어렵기 때문에 비교를 보다 쉽게 하기 위해서 어떻게 표준규모 재무제표와 표준연도 재무제표를 만드는가에 대해서 설명했다.
3. **비율분석**: 회계적 수치를 사용하여 구한 비율을 평가하는 것은 재무제표 정보를 기업들 간에 서로 비교할 수 있는 또 하나의 방법이다. 따라서 우리는 일반적으로 가장 많이 사용되는 재무비율들을 정의하고 그에 대해 설명하였다. 우리는 또한 재무적 성과를 분석하는 방법의 하나로 잘 알려진 듀퐁항등식에 대해서도 설명했다.
4. **재무제표의 활용**: 비교를 하기 위해서 비교기준을 어떻게 설정하는지에 대해서 설명하였으며 또한 그러한 비교를 통해 알아낼 수 있는 일부 정보들에 대해서도 언급했다.

이 장을 통해 재무제표의 활용과 남용에 대해 어느 정도의 시각을 가지게 되었을 것이라고 기대한다. 또한 경영 및 재무와 관련된 용어들에 대해서도 상당히 익숙해졌을 것으로 기대한다.

개념복습과 개념질문

3.1 현금의 사용과 원천 Philippe사의 재무상태표는 다음 표와 같다. 여러 항목들의 변화를 계산하고, 그러한 변화가 현금의 원천인지, 현금의 사용인지를 나타내보라. 주요 현금의 원천과 사용으로는 어떤 것들이 있었는가? 한 해 동안 이 회사의 유동성은 다소 커졌는가, 작아졌는가? 한 해 동안 현금은 얼마나 변했는가?

PHILIPPE CORPORATION 2020년과 2021년 재무상태표(단위: 백만$)		
	2020년	2021년
자산		
유동자산	$ 210	$ 215
현금	355	310
외상매출금	507	328
재고	$1,072	$ 853
합계		
고정자산	$6,085	$6,527
순고정자산	$7,157	$7,380
자산 총계		

(계속)

PHILIPPE CORPORATION 2020년과 2021년 재무상태표(단위: 백만$)		
	2020년	2021년
부채 및 자기자본		
유동부채		
외상매입금	$ 207	$ 298
지급어음	1,715	1,427
합계	$1,922	$1,725
장기부채	$1,987	$2,308
자기자본		
보통주와 자본잉여금	$1,000	$1,000
유보이익	2,248	2,347
합계	$3,248	$3,347
부채 및 자기자본 총계	$7,157	$7,380

3.2 표준화된 재무제표 다음은 Philippe사의 가장 최근 손익계산서이다. 이를 사용하여 표준규모 손익계산서를 작성하라. 표준화된 순이익을 어떻게 해석하겠는가? 매출원가는 매출액의 몇 퍼센트인가?

PHILIPPE CORPORATION 2021년 손익계산서(단위: 백만$)		
매출액		$4,053
매출원가		2,816
감가상각		550
이자 및 법인세 차감전 이익		$ 687
지급이자		502
과세대상소득		$ 185
세금(21%)		39
순이익		$ 146
배당	$47	
유보이익	99	

3.3 재무비율 앞의 두 문제에서 본 재무상태표와 손익계산서에 근거하여 2021년도의 아래의 비율들을 구해보라.

유동비율 ______________

당좌비율 ______________

현금비율 ______________

재고자산회전율 ______________

외상매출금회전율 ______________

평균재고일 ______________

평균회수일 ______________

총부채비율 ______________

장기부채비율 ______________

이자보상배수비율 ______________

현금보상비율 ______________

3.4 ROE와 듀퐁항등식 Philippe사의 2021년도 ROE를 구하고, 듀퐁항등식을 이용하여 ROE의 값을 그 구성요소들의 수치로 표시해보라.

복습과 자가진단의 해답

3.1 다음의 표에 답을 기록하였다. 자산의 증가와 부채의 감소는 현금을 사용한 것을 의미하고 자산의 감소와 부채의 증가는 현금을 얻는 방법이라는 것을 기억하라.

Philippe는 자사의 현금을 고정자산을 구입하고 단기부채를 갚는 데 주로 사용했다. 주요 현금의 원천으로는 장기차입의 증가, 유동자산의 감소, 그리고 유보이익의 증가가 있다.

PHILIPPE CORPORATION
2020년과 2021년 재무상태표(단위: 백만$)

	2020년	2021년	변화	현금의 원천과 현금의 사용
자산				
유동자산				
현금	$ 210	$ 215	+$ 5	
외상매출금	355	310	− 45	원천
재고	507	328	− 179	원천
합계	$1,072	$ 853	−$219	
고정자산				
순고정자산	$6,085	$6,527	+$442	사용
자산 총계	$7,157	$7,380	+$223	
부채 및 자기자본				
유동부채				
외상매입금	$ 207	$ 298	+$ 91	원천
지급어음	1,715	1,427	− 288	사용
합계	$1,922	$1,725	−$197	
장기부채	$1,987	$2,308	+$321	원천
자기자본				
보통주와 자본잉여금	$1,000	$1,000	+$ 0	—
유보이익	2,248	2,347	+ 99	원천
합계	$3,248	$3,347	+$ 99	
부채 및 자기자본 총계	$7,157	$7,380	+$223	

유동비율은 $1,072/$1,922 = 0.56에서 $853/$1,725 = 0.49가 되었다. 따라서 이 회사의 유동성은 약간 하락한 것으로 나타난다. 그러나 전체적으로 사용 가능한 현금은 5$ 증가했다.

3.2 이 회사의 표준규모 손익계산서는 다음 표와 같다. 이는 각 항목을 단순히 총매출액으로 나눈 것임을 기억하라.

순이익은 매출액의 3.6%이다. 표준규모 손익계산서에서 순이익은 매출액순이익률(마진율)로 바로 표시된다. 매출원가는 매출액의 69.5%이다.

PHILIPPE CORPORATION 2021년 표준규모 손익계산서		
매출액		100.0%
매출원가		69.5
감가상각		13.6
이자 및 법인세 차감전 이익		17.0
지급이자		12.4
과세대상소득		4.6
세금(21%)		1.0
순이익		3.6
배당	1.2%	
유보이익	2.4	

3.3 다음은 구해진 비율들이다. 각 비율의 정의를 기억하지 못한다면 표 3.10을 다시 살펴보기 바란다.

유동비율	$853/$1,725	= 0.49배
당좌비율	$525/$1,725	= 0.30배
현금비율	$215/$1,725	= 0.12배
재고자산회전율	$2,816/$328	= 8.59회
외상매출금회전율	$4,053/$310	= 13.07회
평균재고일	365/8.59	= 42.51일
외상매출금평균회수일	365/13.07	= 27.92일
총부채비율	$4,033/$7,380	= 0.546 = 54.6%
장기부채비율	$2,308/$5,655	= 0.408 = 40.8%
이자보상배수비율	$687/$502	= 1.37배
현금보상비율	$1,237/$502	= 2.46배

3.4 자기자본순이익률은 순이익을 총자기자본으로 나눈 것이다. Phillippe의 자기자본순이익률은 $146/$3,347 = 4.4%이며 이는 크게 눈에 띄는 수치는 아니다.

듀퐁항등식을 이용한 ROE의 분해는 아래와 같다.

$$\begin{aligned} \text{ROE} &= \text{매출액순이익률} \times \text{총자산회전율} \times \text{자기자본승수} \\ &= \$146/\$4,053 \times \$4,053/\$7,380 \times \$7,380/\$3,347 \\ &= 0.036 \times 0.549 \times 2.20 \\ &= 4.4\% \end{aligned}$$

총자산순이익률(ROA)은 3.6% × 0.549 = 1.98%임을 살펴보라.

개념복습과 개념질문

1. **유동비율 [LO2]** 다음 상황들이 기업의 유동비율에 미치는 효과는 무엇인가? 순운전자본은 양(+)이라고 가정한다.
   - **a.** 재고의 구매
   - **b.** 원재료공급자에 대한 대금지급
   - **c.** 은행으로부터 빌린 단기차입금의 상환
   - **d.** 장기부채의 조기상환
   - **e.** 한 고객으로부터의 외상매출금의 회수
   - **f.** 재고가 원가에 판매되었다.
   - **g.** 재고가 이익을 남기고 판매되었다.

2. **유동비율과 당좌비율** **[LO2]** 최근 연도에 Dixie Co.는 자신의 유동비율을 현저히 증가시켰다. 동시에 당좌자산은 감소했다. 어떤 일이 발생했는가? 이 회사의 유동성은 개선되었는가?

3. **유동비율** **[LO2]** 어떤 회사의 유동비율이 0.5라는 것은 무엇을 의미하는지 설명하라. 유동비율이 1.5라면 이 회사는 더 나아진 것인가? 유동비율이 15인 경우에는 어떤가? 설명해보라.

4. **재무비율** **[LO2]** 다음 비율들이 주는 정보에 대해 충분히 설명해보라.

   a. 당좌비율
   b. 현금비율
   c. 총자산회전율
   d. 자기자본승수
   e. 장기부채비율
   f. 이자보상배수비율
   g. 매출액순이익률
   h. 총자산순이익률
   i. 자기자본순이익률
   j. 주가순이익비율

5. **표준화된 재무제표** **[LO1]** 표준규모 재무제표가 기업에 대해 주는 정보는 어떤 것인가? 표준규모 재무제표가 가장 유용하게 사용되는 경우는 어떤 경우인가? 표준연도 재무제표는 무슨 목적으로 작성되는가? 표준연도 재무제표는 어느 경우에 사용되는가?

6. **동종기업집단 분석** **[LO2]** 동종기업집단 분석의 의미를 설명하라. 재무관리자로서 당신은 동종기업집단 분석을 당신 기업의 성과를 평가하는 데 어떻게 사용하는가? 동종기업집단은 열망집단과 무엇이 다른가?

7. **듀퐁항등식** **[LO3]** 듀퐁항등식이 한 기업의 성과를 분석하는 데 매우 가치 있는 도구인 이유는 무엇인가? ROE 그 자체만을 살펴볼 때 얻는 정보와 듀퐁항등식을 통해서 얻는 정보를 서로 비교해보라.

8. **특정 산업에서의 비율** **[LO2]** 때때로 특정한 산업에서는 특수한 비율들이 사용된다. 예를 들어 반도체산업에서는 주문액 대 출하액(book-to-bill)비율이라고 불리는 비율이 중요시된다. 이 비율의 수치가 0.93이라면 일정 기간 동안 출하된 100$어치의 반도체칩에 대해 93$의 새로운 주문이 들어왔다는 것을 의미한다. 2019년 8월 반도체 장비산업의 주문액 대비 출하액 비율은 1.02였으며, 2019년 7월에는 1.00이었다. 이 비율은 2009년 1월에 0.47로 가장 낮은 수치를 보였고, 2010년 7월에 1.23이라는 가장 높은 수치를 보였다. 이 비율이 측정하고자 하는 것은 무엇인가? 반도체 기업들이 이 비율을 계속 주시하는 이유는 무엇이라고 생각하는가?

9. **특정 산업에서의 비율** **[LO2]** McDonald's나 Sears사와 같이 다각화된 회사들에게는 "동일상점 매출액(same-store sales)"이라는 척도가 매우 중요하다. 그 이름에서 알 수 있듯이 이 척도는 동일한 상점이 다른 두 시점에서 발생시킨 수입을 서로 비교하는 것이다. 회사들이 총매출액이 아닌 동일상점 매출액에 초점을 맞추는 이유는 무엇이라고 생각하는가?

10. **특정 산업에서의 비율** **[LO2]** 표준화된 재무제표의 정보는 이 장에서 설명한 것 이외에도 활용하는 방법은 많이 있다. 이러한 정보가 갖는 일반적인 목적은 비교를 위해서 기업들을 동일한 기준에 놓는다는 것이다. 예를 들어 자동차 제조회사들의 경우 매출액, 비용, 이익을 자동차 한 대당 얼마라는 식으로 표현하는 것이 일반적이다. 아래의 각 산업들에 대해서 실제 기업의 예를 하나 들고, 표준재무제표가 유용하게 사용될 수 있는 예를 하나 또는 그 이상 들어보라.

    a. 공공산업
    b. 대형소매업
    c. 항공운송회사
    d. 온라인서비스
    e. 병원
    f. 대학교재 출판사

11. **현금흐름표** **[LO4]** 최근에 여러 제조업 기업들이 미 재무부 증권의 판매로부터 들어온 현금흐름을 현금흐름표에서 영업활동으로 인한 현금흐름 부분에 표시하였다. 이러한 관행이 갖는 문제점은 무엇인가? 이러한 관행이 받아들여질 수도 있는 상황이 있는가?

12. **현금흐름표** **[LO4]** 어떤 기업이 자신의 공급자에게 지불하는 대금의 지불 기간을 연장했다고 하

자. 이러한 행동은 현금흐름표에 어떤 영향을 미치는가? 이로 인한 현금흐름의 변화는 얼마 동안 유지될 수 있는가?

연습문제

초급문제
(1-17)

1. **유동비율의 계산 [LO2]** SDJ Inc.의 순운전자본은 2,630$이며, 유동부채는 5,970$, 재고는 3,860$이다. 유동비율은 얼마이며, 당좌비율은 얼마인가?
2. **수익성 비율의 계산 [LO2]** Denver, Inc.의 매출액은 14.2백만$, 총자산은 11.3백만$, 총부채는 4.9백만$이다. 매출액순이익률이 5%라면 순이익은 얼마인가? ROA는? ROE는?
3. **평균회수기간의 계산 [LO2]** Dahlia Corp.의 대차대조표상에 현재 나타나고 있는 외상매출금(매출채권) 항목의 금액은 513,260$이다. 일 년 동안의 외상매출금은 4,986,340$이다. 외상매출금회전율은 얼마인가? 평균회수일은 얼마인가? 지난 해에 이 회사의 고객이 자신의 외상매입금을 갚는 데 평균적으로 얼마나 걸렸는가?
4. **재고자산회전율의 계산 [LO2]** Top Corporation의 기말재고는 426,287$이며, 한 해 동안의 매출원가는 4,738,216$였다. 재고자산회전율은 얼마인가? 평균재고일은 얼마인가? 재고가 판매되기까지 평균적으로 얼마의 시간이 걸렸는가?
5. **레버리지비율의 계산 [LO2]** Mobius, Inc.의 총부채비율은 0.57이다. 자기자본-부채비율은 얼마인가? 자기자본승수는 얼마인가?
6. **시장가치비율의 계산 [LO2]** Bolton Corp.의 한 해 동안의 유보이익증가분은 435,000$이다. 이 회사는 245,000$를 배당했으며, 기말의 총자기자본은 5.7백만$이다. 이 회사가 현재 발행하고 있는 보통주의 수가 175,000주라면 주당순이익은 얼마인가? 주당배당은? 주당 장부가격은? 보통주의 현재가격이 주당 78$라면 시장가치 대 장부가치 비율은 얼마인가? 주가순이익 비율(PER, PE)은? 이 회사의 매출액이 7.45백만$라면, 주가매출액 비율(PSR)은?
7. **듀퐁항등식 [LO4]** Roten Rooters Inc.의 자기자본승수는 1.43이며, 총자산회전율은 1.87, 매출액순이익률(마진율)은 6.05%이다. 이 회사의 ROE는 얼마인가?
8. **듀퐁항등식 [LO4]** Jackson Corp.의 매출액순이익률(마진율)은 5.8%이고, 총자산회전율은 1.75, ROE는 13.85%이다. 이 회사의 자기자본-부채비율은 얼마인가?
9. **현금의 원천과 사용 [LO1]** Ortiz Corp.에 대한 다음의 정보에 근거할 때 이 회사의 현금은 증가했는가, 감소했는가? 그 금액은 얼마인가? 각 경우를 현금의 원천과 현금의 사용으로 구별해보라.

재고의 감소	$425
매입채무(외상매입금)의 감소	230
지급어음의 증가	280
매출채권(외상매출금)의 증가	290

10. **평균매입기간의 계산 [LO2]** Dexter, Inc.,의 매출원가는 75,318$였다. 연도 말의 외상매입금은 18,452$였다. 이 해에 이 회사는 평균적으로 얼마 후에 원료공급업자에게 대금을 지불했는가? 이 비율의 수치가 크다면 이는 무엇을 의미하는가?
11. **EV/EBITDA비율 [LO2]** Nina, Inc.의 주식의 시가총액은 755,000$이다. 재무상태표상에 나타나 있는 현금은 63,000$이고, 부채는 220,000$이다. 손익계산서는 95,000$의 EBIT와 178,000$의 유 · 무형 감가상각비를 나타내고 있다. 이 회사의 EV/EBITDA비율은 얼마인가?
12. **자기자본승수와 자기자본순이익률 [LO3]** Kodi Company의 자기자본-부채비율은 0.63이다. 총자산순이익률은 8.4%이고, 총자기자본은 645,000$이다. 이 회사의 자기자본승수의 값은 얼마인가? 자기자본순이익률은? 순이익은?

Just-Dew-It Corporation의 2020년과 2021년의 재무상태표는 다음과 같다. 이 정보를 이용하여 문제 13에서 문제 17까지 답하라.

JUST DEW IT CORPORATION 2020년과 2021년 재무상태표					
자산			부채 및 자기자본		
	2020년	2021년		2020년	2021년
유동자산			유동부채		
현금	$ 14,588	$ 17,631	외상매입금	$ 55,653	$ 63,073
외상매출금	35,258	41,019	지급어음	21,895	25,324
재고	65,567	71,505	합계	$ 77,548	$ 88,397
합계	$115,413	$130,155			
			장기부채	$ 58,000	$ 62,000
			자기자본		
			보통주와 자본잉여금	$ 60,000	$ 60,000
			유보이익	397,278	418,179
순고정자산	$477,413	$498,421	합계	$457,278	$478,179
자산 총계	$592,826	$628,576	부채 및 자기자본 총계	$592,826	$628,576

13. **표준화된 재무제표의 작성 [LO1]** Just-Dew-It의 2020년과 2021년의 표준규모 재무상태표를 작성해보라.
14. **표준화된 재무제표의 작성 [LO1]** Just-Dew-It의 2021년도 표준연도 재무상태표를 작성해보라.
15. **표준화된 재무제표의 작성 [LO1]** Just-Dew-It의 2021년도 혼합 표준규모 재무상태표와 표준연도 재무상태표를 작성해보라.
16. **현금의 원천과 사용 [LO1]** 이 회사의 재무상태표상에 있는 각 항목에 대해 2021년도에 나타난 변화를 보이고 그러한 변화가 현금의 원천인지 사용인지를 표시하라. 구한 수치를 모두 합하면 맞는 것으로 나타나는가? 총자산에 대해 얻은 수치와 부채 및 자기자본 총액에 대해 얻는 수치를 서로 비교해보라.
17. **재무비율의 계산 [LO2]** Just-Dew-It의 재무상태표를 사용하여 매년 아래 재무비율들의 값을 구해보라.
    - **a.** 유동비율
    - **b.** 당좌비율
    - **c.** 현금비율
    - **d.** 순운전자본(NWC)의 총자산비율
    - **e.** 자기자본-부채비율과 자기자본승수
    - **f.** 총부채비율과 장기부채비율

중급문제
(18-30)

18. **듀퐁항등식의 사용 [LO3]** Y3K Inc.의 매출액은 5,987$이고, 총자산은 2,532$, 자기자본-부채비율은 0.57이다. 자기자본순이익률이 11%라면, 이 회사의 순이익은 얼마인가?
19. **평균회수일 [LO2]** 한 회사의 순이익이 213,700$, 매출액순이익률(마진율)은 7.1%, 외상매출금은 126,385$이다. 매출액의 65%가 외상매출이라고 가정할 때, 이 회사의 평균회수일은 얼마인가?
20. **비율과 고정자산 [LO2]** Mikado Company의 장기부채비율은 0.35이고, 유동비율은 1.45이다. 한편, 유동부채는 1,140$, 매출액은 8,370$, 매출액순이익률(마진율)은 8.3%, ROE는 16.5%이다. 이 회사의 순고정자산의 크기는 얼마인가?

21. 매출액순이익률 [LO4] 가격이 너무 높다는 고객들의 불평으로 인해, 한 식품체인점이 다음과 같은 광고를 냈다. "50$어치의 물건을 사는 심부름을 시키기 위해서 당신이 당신 아이에게 1.25$를 지불한다면 당신 아이가 심부름하는 값으로 버는 돈은 우리가 버는 돈의 두 배를 버는 것입니다." 당신은 이 식품체인점의 재무제표로부터 다음과 같은 정보를 얻었다.

(단위: 백만$)	
매출액	$680
순이익	8.5
총자산	380
총부채	270

이 식품체인점의 주장을 평가해보라. 이 식품체인점이 이러한 주장을 하는 이유는 무엇인가? 이러한 주장은 사실을 왜곡하는 말인가? 왜 그런가, 왜 그렇지 않은가?

22. 자기자본순이익률 [LO2] 기업 A와 기업 B의 총부채비율(총부채/총자산)은 각각 60%와 35%이고, 총자산순이익률(ROA)은 각각 4.5%와 8%이다. 어느 기업이 더 높은 자기자본순이익률을 갖고 있는가?

23. 현금보상비율의 계산 [LO2] Whipporwill, In.c의 최근 연도의 순이익은 19,382$이고, 법인세율은 21%이다. 이 회사는 이자비용으로 3,681$를 지불하였고, 감가상각비로 4,738$를 차감하였다. 이 회사의 최근 연도의 현금보상비율은 얼마인가?

24. 매출원가 [LO2] Cage Corp.의 유동부채는 415,000$이고, 당좌비율은 0.86, 재고자산회전율은 10.3, 유동비율은 1.34이다. 이 회사의 매출원가는 얼마인가?

25. 비율과 외국기업 [LO2] Prince Albert Canning PLC는 315,650£의 매출과 함께 26,382£의 순손실을 입었다. 이 회사의 매출액순이익률(마진율)은 얼마인가? 이러한 수치들이 외국의 화폐단위로 표시되었다는 것이 무슨 차이를 발생시키는가? 왜 그런가? 달러로 표시된 매출액은 385,815$이다. 달러로 표시된 순손실은 얼마인가?

Smolira Golf Corp.의 최근 재무제표의 일부는 다음과 같다. 이 정보를 사용하여 문제 26에서 문제 30까지 답하라.

SMOLIRA GOLF CORP. 2020년과 2021년 재무상태표					
자산			부채 및 자기자본		
	2020년	2021년		2020년	2021년
유동자산			유동부채		
현금	$ 32,653	$ 39,350	외상매입금	$ 34,886	$ 44,285
외상매출금	16,911	28,877	지급어음	18,058	16,848
재고	34,495	44,336	기타	18,871	25,619
합계	$ 84,059	$112,563	합계	$ 71,815	$ 86,752
			장기부채	$110,000	$140,000
			자기자본		
			보통주와 자본잉여금	$ 55,000	$ 55,000
고정자산			유보이익	288,343	333,683
순고정자산	441,099	502,872	합계	$343,343	$388,683
자산 총계	$525,158	$615,435	부채 및 자기자본 총계	$525,158	$615,435

SMOLIRA GOLF CORP. 2021년 손익계산서		
매출액		$531,750
매출원가		377,294
감가상각		46,686
이자 및 법인세 차감전 이익		$107,770
지급이자		20,650
과세대상소득		$ 87,120
세금(25%)		21,780
순이익		$ 65,340
배당	$20,000	
유보이익	45,340	

26. **재무비율의 계산** **[LO2]** Smolira Golf Corp.에 대해 아래의 재무비율들의 값을 구해보라(평균 수치보다 기말 수치를 사용하는 것이 더 적절한 경우에는 기말 수치를 사용하라).

단기지급능력 비율

a. 유동비율 ________________

b. 당좌비율 ________________

c. 현금비율 ________________

자산의 활용 비율

d. 총자산회전율 ________________

e. 재고자산회전율 ________________

f. 외상매출금회전율 ________________

장기지급능력 비율

g. 총부채비율 ________________

h. 자기자본-부채비율 ________________

i. 자기자본승수 ________________

j. 이자보상배수비율 ________________

k. 현금보상비율 ________________

수익성 비율

l. 매출액순이익률(마진율) ________________

m. 총자산순이익률 ________________

n. 자기자본순이익률 ________________

27. **듀퐁항등식** **[LO3]** Smolira Golf Corp.의 듀퐁항등식을 작성해보라.

28. **현금흐름표** **[LO1]** Smolira Golf Corp. 2021년도 현금흐름표를 작성해보라.

29. **시장가치비율** **[LO2]** Smolira Golf Corp.는 현재 15,000주의 보통주를 발행하고 있으며 2021년 말에 한 주당 가격은 79$를 나타냈다. 주가순이익비율(PER)은 얼마인가? 주당 배당금은 얼마인가? 2021년 말에 측정된 시장가치 대 장부가치 비율은 얼마인가? 이 회사의 순이익 증가율이 9%라면, PEG비율의 값은 얼마인가?

30. **토빈스 큐(Tobin's Q)** **[LO2]** Smolira Golf의 Tobin's Q비율의 값은? 이 경우 부채의 시장가치와 장부가치에 대해 당신은 어떤 가정을 하고 있는 것인가? 자산의 장부가치와 시장가치에 대해서는 어떠한 가정을 하는가? 이러한 가정은 현실적인 가정인가? 왜 그런가, 왜 그렇지 않은가?

작은 사례

S&S Air의 재무비율과 재무계획

Chris Guthrie는 최근에 재무계획을 세우고 또한 기업성과를 높이는 일을 돕기 위해 S&S Air에 취직했다. Chris는 재무를 전공하여 5년 전에 대학을 졸업했다. 그 이후 Fortune 500에 속하는 어떤 기업의 재무부서에서 일을 했다.

S&S Air는 10년 전에 서로 친구인 Mark Sexton과 Todd Story에 의해 설립되었다. 이 회사는 그동안 경비행기를 생산해 오면서 제품의 안정성과 견고성에서 높은 평가를 받아왔다. 이 회사는 주로 개인비행기를 소유하려는 사람들에게 비행기를 파는 틈새시장을 겨냥해왔다. 이 회사가 만드는 모델에는 두 가지가 있었다. 하나는 Birdie라고 부르는 것으로 한 대당 103,000$에 판매되고 있었으며, 다른 하나는 Eagle이라고 부르는 것으로 한 대당 178,000$에 판매되고 있었다.

이 회사는 비행기 제조회사이기는 하지만 다른 비행기 제조회사들과는 달리 이미 만들어져 있는 부품들을 조립하여 비행기를 만들기 때문에 비행기 한 대를 만드는 데 5주밖에 걸리지 않는다. 이 회사는 또한 각 주문에 대해 미리 일정액의 선불을 받았으며 또한 생산이 완료되기 전에 나머지 잔금도 부분적으로 받는 형태로 운영되어 왔다. 이와는 대조적으로 일반 항공기 제작회사들은 주문을 받고 생산하는 데 1년 내지 1년 반이 걸렸다.

Mark와 Todd는 Chris에게 다음과 같은 재무제표를 주었으며, Chris 자신은 경비행기 제조 산업의 재무비율들을 수집했다.

S&S AIR, INC.
2021년 손익계산서

매출액		$37,038,492
매출원가		27,629,530
기타비용		4,696,692
감가상각		1,659,882
EBIT		$ 3,052,388
이자		580,078
과세대상소득		$ 2,472,310
법인세(25%)		618,078
순이익		$ 1,854,232
배당	$ 565,000	
유보이익	1,289,232	

S&S AIR, INC.
2021년 재무상태표

자산		부채 및 자기자본	
유동자산		유동부채	
현금	$ 419,970	외상매입금	$ 854,685
외상매출금	674,475	지급어음	1,951,642
재고	988,129	총유동부채	$ 2,806,327
총유동자산	$ 2,082,574		
		장기부채	$ 5,100,000
고정자산			
순고정자산	$16,305,556	자기자본	
		보통주	$ 410,000
		유보이익	10,071,803
		총자기자본	$10,481,803
자산 총계	$18,388,130	부채 및 자기자본 총계	$18,388,130

경비행기 제조산업의 재무비율

	하위	중앙값	상위
유동비율	0.50	1.43	1.89
당좌비율	0.21	0.35	0.62
현금비율	0.08	0.21	0.39
총자산회전율	0.68	0.85	1.38
재고자산회전율	4.89	6.15	10.89
매출채권회전율	6.27	9.82	14.11
총부채비율	0.41	0.52	0.61
자기자본-부채비율(D/E)	0.68	1.08	1.56
자기자본승수(EM)	1.68	2.08	2.56
이자보상배수비율(TIE)	5.18	8.06	9.83
현금보상비율	5.84	9.41	10.27
매출액순이익률(ROS)	4.05%	5.10%	7.15%
총자산순이익률(ROA)	6.05%	9.53%	13.21%
자기자본순이익률(ROE)	9.93%	15.14%	19.15%

질문

1. 주어진 S&S Air의 재무제표를 사용하여 이 회사의 재무비율들(경비행기 제조산업의 재무비율표에 나열되어 있는 재무비율들)을 구해보라.
2. Mark와 Todd는 비율분석이 회사의 성과를 측정해 줄 수 있다는데 동의했다. 이들은 Boeing을 비교대상 기업으로 하고 싶어 한다. 당신은 Boeing을 비교대상 기업으로 선택하겠는가? 왜 그런가, 왜 그렇지 않은가? 이 회사가 비교할 수 있는 다른 항공기 제조회사들도 있다. Bombardier, Embraer, Cirrus Aircraft Corporation 같은 항공기 제조회사들이 비교대상으로 적절한지를 논의해보라.
3. S&S Air의 성과를 이 산업의 성과와 비교해보라. 각 비율에 대해서 S&S Air의 비율이 산업비율에 비해 긍정적으로 나타나는지 부정적으로 나타나는지에 대해 말해보라. 당신이 재고를 유동부채로 나누어 재고비율(inventory ratio)이라는 것을 만들었다고 할 때 S&S Air의 이 비율은 산업평균비율과 비교해서 어떻다고 생각하는가?

4 장기재무계획과 성장

Long-Term Financial Planning and Growth

기업의 성장률은 해당 기업을 평가하고 그 주식가치를 평가하는 데 있어서 중요한 도구이다. 기업의 성장률에 대해서는 상식적으로 생각해보는 것이 도움이 된다. 예를 들어 거대 소매체인점인 Walmart는 2020년에 11.27억 평방피트에 달하는 매장, 물류센터 등의 영업면적을 갖고 있었다. 2021년에는 영업면적이 약 4% 증가할 것으로 Walmart는 예상하고 있었다. 이러한 증가율이 터무니없는 것 같지는 않다. 그러나 Walmart가 매년 4%라는 영업면적 증가율을 영원히 유지할 수 있을까?

만약 Walmart가 앞으로 291년 동안 계속해서 영업면적을 매년 4%씩 증가시켜 나간다면 이 회사는 약 106조 평방피트의 영업면적을 갖게 될 것이다. 이는 대략 미국 전체의 면적에 해당하는 것이다! 이는 미국 땅 전체가 하나의 큰 Walmart가 된다는 무서운 이야기다.

Beyond Meat의 경우도 상식적으로 생각해봐야 하는 또 하나의 예이다. 이 회사의 2018년도 2분기 총매출액은 약 17.4백만$였고, 2019년도 2분기 총매출액은 약 67.25백만$였다. 이는 연간 약 287%라는 매출액 성장률을 의미하는 것이다. 이 회사가 이러한 성장률을 계속 달성할 수 있을까? 이러한 성장률이 계속 유지된다면 10년 뒤에 이 회사의 매출액은 약 50.9조$가 될 것이며, 이는 미국의 국내총생산(GDP)의 두 배가 넘는 수치이다. 따라서 Beyond Meat의 앞으로 수년 동안의 성장률은 확실히 크게 낮아질 것이다. 따라서 우리는 기업의 장기적 성장률을 추정할 때 매우 조심해야 한다. 기업의 장기성장률 예측치를 구할 때 도움이 되는 하나의 어림원칙은 기업의 장기성장률이 경제 전체의 성장률보다 훨씬 더 빠르지는 않을 것이라는 가정이다. 인플레이션을 제거한 미국 경제 전체의 성장률은 약 1~3%이다.

성장은 기업에 있어 매우 중요하다. 따라서 이 장에서는 미래를 위한 기업의 장기계획이 중요하다는 점을 강조하면서 성장과 관련하여 기업이 사용하거나 관리할 수 있는 도구들에 대해 살펴보기로 한다.

학습목표 _*Learning Objectives*

이 장을 공부한 후에는 다음과 같은 것들에 대해 알아야 한다.

LO1 매출액 백분율법

LO2 기업의 성장을 위해 필요한 외부자금액을 구하는 방법

LO3 기업의 성장을 결정짓는 요소들

LO4 성장계획과 관련하여 발생할 수 있는 문제점

효과적인 장기계획의 결여는 흔히 재무적 곤경과 실패를 가져오는 원인 중 하나로 지적되고 있다. 이 장에서 설명하는 바와 같이, 장기계획을 세우는 것(long-range planning)은 기업이 자신의 미래에 대해서 체계적으로 생각하는 수단이 될 뿐만 아니라 실제로 문제가 발생하기 이전에 문제를 미리 예상하는 수단이 된다. 물론 미래를 알려주는 마술거울과 같은 것이 존재하는 것은 아니다. 따라서 우리가 할 수 있는 최선의 방법은 알려지지 않은 미래를 논리적이고 조직적으로 살펴보는 것일 뿐이다. GM사의 이사 중 한 사람이 말했듯이 "계획을 통해 우리가 최대로 얻을 수 있는 것은 미래에 뒤로 나자빠지지 않도록 도움을 받는 것"이다.

재무계획은 기업의 변화와 성장에 대한 지침(guideline)을 확립해준다. 따라서 재무계획은 큰 틀에 초점을 맞춘다. 이는 재무계획이 기업의 재무정책이나 투자정책의 주요 측면들을 살펴보는 것이지, 그러한 정책들의 세부적 내용을 살펴보는 것은 아니라는 것을 의미한다.

이 장의 목적은 장기재무계획에 대해 살펴보고, 기업의 여러 투자결정과 재무결정이 서로 연관되어 있음을 보여주는 것이다. 그러한 의사결정들이 구체적으로 어떻게 이루어지는지에 대해서는 나중의 장들에서 자세히 살펴볼 것이다.

먼저 재무계획(financial planning)이 무엇을 의미하는지에 대해 살펴보기로 한다. 여기서 재무계획이란 장기계획(long-term planning)에 대한 것이다. 단기재무계획에 대해서는 나중의 장에서 살펴볼 것이다. 우리는 기업이 장기재무계획을 세움으로써 무엇을 달성할 수 있는지 살펴볼 것이다. 이를 위해 단순하지만 매우 유용한 장기계획수립 방법인 매출액 백분율법(percentage of sales approach)을 사용하기로 한다. 따라서 이 방법이 어떤 방법인지를 간단한 예를 통해 살펴보고 이를 약간 확장하여 사용하는 것에 대해서도 살펴보기로 한다.

재무계획을 수립하기 위해 경영자는 기업의 재무정책의 어떤 부분을 확립해야 한다. 재무계획을 세우기 위해서 확립해야 할 재무정책의 기본측면들에는 다음과 같은 것들이 있다.

1. **새로운 자산을 취득하는 데 요구되는 투자액**: 이는 기업이 하고자 하는 투자가 있을 경우에 발생하며, 기업의 자본예산 의사결정의 결과로 나타난다.
2. **기업이 채택하고자 하는 재무레버리지의 정도**: 이는 실물자산에 투자하기 위해 조달해야 하는 자금의 크기를 결정하는 것으로 기업의 자본구조정책과 관련된다.
3. **주주들에게 지불해야 할 필요가 있다고 기업이 판단하는 적절한 금액의 현금**: 이는 기업의 배당정책과 관련된 것이다.
4. **사업을 계속하기 위하여 기업이 필요로 하는 유동성과 운전자본의 크기**: 이는 기업의 순운전자본에 대한 결정과 관련된 것이다.

이 네 가지 측면들에 대한 의사결정은 (앞으로 우리가 살펴볼 것이지만) 기업의 미래 수익성, 외부자금 조달의 필요성, 성장가능성에 직접적인 영향을 미친다.

이 장에서 얻어야 하는 중요한 교훈은 기업의 투자정책과 재무정책이 서로 관련되어 있다는 것이며, 따라서 이들을 서로 분리하여 생각해서는 안 된다는 것이다. 기업이 구입하려고 계획하는 자산의 종류나 양은 그러한 투자에 요구되는 자본을 조달할 수 있는 기업의 능력과 함께 고려되어야 한다. 경영학을 배우는 많은 학생들은 마케팅에서 전통적으로 언급하고 있는 3P(또는 4P)에 대해 알고 있을 것이다. 재무계획을 하는 사람은 이보다 더 많은 적어도 6P를 알아야 할 것이다. 이는 "적절한 사전계획이 나쁜 성과를 예방해준다(Proper Prior Planning Prevents Poor Performance)"라는 것이다.

재무계획은 기업으로 하여금 자신의 목표에 대해 생각하게 해준다. 기업이 흔히 설정하는 목표는 성장(growth)이다. 거의 대부분의 기업들이 자신의 장기재무계획의 중요한 요소로 성장률을 사용한다. 예를 들어 2007년 9월에 Toyota Motor는 2008년에 약 980만 대, 2009년에 1,040만 대의 자동차를 판매하여 연간 1천만 대 이상을 판매하는 최초의 자동차 제조회사가 될 계획이라고 발표했다. 물론 Toyota의 이 계획은 달성되지 못했다. 이 회사는 2009년에는 720만 대의 자동차밖에 판매하지 못했으며, 2010년에는 860만 대의 자동차를 판매했다. 2013년에 이 회사는 998만 대를 판매하여 4년 전에 계획했던 판매량에 근접하는 성과를 보였다. 그 이후로 2014년에는 1,013만 대, 2019년에는 1,060만 대를 판매하였다.

기업이 달성할 수 있는 성장과 기업의 재무정책은 직접적으로 관련되어 있다. 다음 절들은 기업의 성장(률)이 어떻게 달성될 수 있는지를 이해하는 데 재무계획모형이 도움이 된다는 것을 보여줄 것이며, 재무계획모형이 달성 가능한 성장률의 한계를 확인하는 데에도 사용될 수 있다는 것을 보여줄 것이다.

재무계획이란 무엇인가? 4.1

재무계획은 재무적 목표가 달성되는 방법을 공식화하는 것이다. 따라서 재무계획은 미래에 이루어져야 하는 것을 나타내는 하나의 기술서이다. 대부분의 의사결정은 그것이 실제로 시행되기까지 많은 시간을 요구한다. 이는 불확실한 현실세계에서 의사결정은 그것이 구체적으로 실행되기 훨씬 전에 이루어진다는 것을 말한다. 예를 들어 어떤 기업이 2024년에 공장을 짓기를 원한다면 그 기업은 2021년이나 그보다 훨씬 전에 공장을 짓기 위한 계약을 체결하고, 그에 필요한 자금을 확보해야 한다는 것을 의미한다.

재무관리의 목표로서의 성장

이 장의 설명들은 기업의 성장을 전제로 하고 있기 때문에 기업의 성장에 대해 한 가지 주의할 점이 있다. 이는 성장 그 자체가 재무관리자의 목표가 되는 것은 아니라는 것이다. Seinfeld라는 기발한 카탈로그로 텔레비전 쇼를 통해 유명해진 옷 소매기업인 J. Peterman은 이러한 교훈을 매우 힘들게 배웠다. 자신의 강한 브랜드 명성과 수년간에 걸친 폭발적 매출액 성장에도 불구하고 이 회사는 1999년에 파산신청을 했다. 이 회사는 자신의 너무 야심적이고 성장지향적인 확장 정책에 의해 희생된 것이었다.

대형 온라인 소매기업인 Amazon은 또 다른 예이다. 한때 Amazon의 모토(motto)는 "어떤 희생을 치르더라도 성장을 추구한다(growth at any cost)"라는 것처럼 보였다. 그러나 불행하게도 실제 이 회사의 급속한 성장은 급속한 손실의 증가를 가져왔다. 이에 따라 Amazon은 수익성을 위해 성장을 희생시키는 방향으로 사업초점을 다시 맞추었다. 그러한 변화는 실제의 성과로 연결되어 Amazon은 수익성을 갖는 거대 소매기업이 되었다.

1장에서 설명했듯이 기업의 적절한 목표는 소유자지분(자기자본)의 시장가치를 증가시키는 것이다. 물론 기업이 이를 성공적으로 해나간다면 기업의 성장은 그와 함께 나타나는 결과일 것이다. 따라서 성장은 좋은 의사결정의 결과이지, 그 자체가 하나의 목표가 되는 것은 아니다. 우리가 성장을 전제로 설명하는 것은 기업의 장기계획이 일반적으로 어떤 성장률을 전제로 작성되기 때문이다. 앞으로 살펴볼 것이지만, 성장은 기업의 재무정책이나 투자정책이 갖는 여러 측

성장률에 대해 알아보려면 **www.reuters.com**과 **finance.yahoo.com**을 참조하라.

면들을 요약해서 보여주는 편리한 수단이다. 또한 성장을 소유자지분이 갖는 시장가치의 증가로 생각한다면 성장이라는 목표와 소유자지분의 시장가치 증가라는 목표가 서로 다른 것은 아니다.

재무계획의 두 가지 측면

계획시계(planning horizon): 장기재무계획이 대상으로 하는 계획기간(통상적으로 2년에서 5년)

통합(aggregation): 비교적 작은 규모의 투자를 모두 합하여 하나의 큰 투자로 정리하는 장기재무계획 작성과정

계획을 세우는 경우에는 미래를 단기와 장기로 나누는 것이 유용할 때가 있다. 일반적으로 단기란 1년 내의 기간을 의미한다. 그러나 일반적으로 재무계획이라고 할 때는 통상 앞으로 2년에서 5년 사이의 장기재무계획을 의미한다. 이러한 기간을 일반적으로 **계획시계**(planning horizon)라고 부른다. 재무계획에서는 이러한 계획시계를 우선 정해야 한다.

재무계획을 세울 때는 모든 개별사업이나 투자들을 포함하여 투자에 필요한 총자금을 파악해야 한다. 따라서 각 활동단위나 사업부문들이 하려고 하는 비교적 작은 규모의 투자들이 모두 합해져서 하나의 큰 투자계획으로 인식되어 처리되며, 이러한 과정을 **통합**(aggregation)이라고 부른다. 통합의 수준은 재무계획을 세울 때 결정되어야 하는 두 번째 측면이다.

계획시계(planning horizon)와 통합수준(level of aggregation)이 결정된 후에 재무계획은 중요한 변수들에 대한 상황적 대안을 포함하여 작성된다. 예를 들어 A기업이 소비자 제품과 가스터빈 엔진을 생산 · 판매하는 두 사업 부문을 갖고 있다고 하자. 이 회사는 장기재무계획의 일환으로 각 사업 부문에 대해 앞으로 3년간을 대상으로 세 가지 상황에 대한 사업계획을 세우도록 요구할 수 있다.

1. **최악의 상황**: 이러한 상황을 가정한 재무계획은 회사의 제품과 경제상황에 대해 가장 비관적인 가정을 하여 작성되는 재무계획이다. 이러한 비관적 계획은 예상외로 나쁜 상황에서 각 부문이 이를 잘 견뎌내는 능력을 갖출 것을 강조하는 계획이며, 이러한 계획에서는 비용절감이나 심지어 분사(divestiture)와 청산(liquidation)까지 가정하여 그 상황에 대한 보다 자세한 내용이 검토되어야 한다. 예를 들어 2019년에 Bed Bath & Beyond는 1.94억$의 재고를 장부에서 지웠다고 공표했다. 이 회사는 자기 제품에 대한 수요를 너무 낙관적으로 예상했던 것이었다.
2. **정상적 상황**: 이러한 상황을 가정한 재무계획은 회사의 제품이나 경제상황에 대해 나타날 확률이 가장 높은 상황을 가정하여 작성되는 재무계획이다.
3. **최선의 상황**: 이러한 상황을 가정한 재무계획에서는 각 사업부문이 가장 낙관적인 상황을 가정하여 자신의 사업계획을 제출하도록 요구된다. 낙관적 상황을 전제로 작성되는 재무계획은 새로운 제품의 개발이나 시설확장에 필요한 자금을 구체적으로 파악하는 것이 포함될 수 있다. 낙관적인 상황을 가정한 계획을 마련하지 못하면 얻을 수 있는 이익을 얻지 못할 수 있다. 예를 들어 2019년 후반에 Intel은 최고의 매출을 달성했지만 더 높은 매출을 달성할 수 있을 것으로 보였다. 그러나 Intel의 PC 관련 부서의 매출액은 마이크로프로세서의 수요에 대처하지 못하면서 하락했다. 2016년에 Intel은 다음 3년간 매출액 증가율이 20%가 될 것으로 예측했는데 수요의 증가속도가 예측한 것보다 훨씬 빨라서 수요에 대처하지 못하여 매출을 더 증가시킬 수 있는 기회를 놓쳤다. 이에 따라 Intel은 미래 수요에 대처하기 위해서 2020년까지 생산능력을 25% 증가시키는 투자를 발표했었다.

이 예에서 A기업의 재무계획은 각 사업 부문의 활동을 통합한 것이며, 계획시계는 3년이다. 예상 가능한 모든 상황을 포함하는 재무계획은 경기순환적 기업(경제 전반적으로 나타나는 경기순환에 의해 사업이 크게 영향을 받는 기업)들에게는 특히 중요하다.

계획은 무엇을 달성하는가?

재무계획을 세울 때는 앞에서 언급한 것과 같이 기본이 되는 여러 가능한 상황(시나리오)을 검토하는 데 상당한 시간을 소비하기 때문에 재무계획이 어떤 역할을 하는가를 살펴보는 것이 중요하다.

상호관련성의 검토 재무계획에서는 기업의 서로 다른 활동단위들이 갖는 투자안들 사이에 어떤 관련성이 있으며 그에 따라 어떤 재무적 선택이 가능한지를 명확히 해야 한다. 다시 말해 기업이 새로운 투자나 사업을 계획하고 있다면 그러한 투자들을 지원하기 위한 자금을 어디서 구할 것인지를 결정해야 한다.

선택 가능안들에 대한 검토 재무계획을 작성하는 것은 기업에 여러 가능한 상황을 알아내고, 그러한 상황들을 분석하고, 또한 상황들을 일관성 있게 서로 비교해볼 수 있는 기회를 제공한다. 재무계획을 세우는 과정에서 다양한 투자안들과 자금조달안들이 검토될 수 있으며, 그러한 것들이 기업의 주주들에게 미치는 영향이 검토될 수 있다. 기업이 추구하는 미래 사업이 어떠한 것이 되어야 하며, 또한 어떤 식으로 자금을 조달하는 것이 최적인가에 대한 질문들이 재무계획 과정에서 논의되며, 새로운 제품을 개발하거나 일부 공장을 폐쇄하는 것과 같은 선택안들에 대한 평가도 이루어진다.

돌발상황에 대한 대처 재무계획은 다른 상황이 발생한다면 회사에 어떤 일이 발생할 것인가를 인식하는 것이어야 한다. 특히 만약 상황이 매우 나쁘게 전개될 경우, 다시 말해 미래에 대한 현재의 가정이 크게 잘못된 경우에 회사가 어떤 행동을 취해야 하는가에 대한 검토를 포함해야 한다. 물리학자 Niels Bohr는 "예측한다는 것은 매우 어려운 일이며, 특히 미래에 대한 예측은 더욱 그렇다"라고 말했다.[1] 따라서 재무계획의 목적 중 하나는 돌발상황에 대비하는 것이며, 재무계획은 돌발상황에 대한 계획(contingency plan)도 포함해야 한다.

예를 들어 Tesla Motors는 2017년에 Tesla Semi의 생산을 2019년에 시작한다고 발표했다. 그러나 2019년에 생산을 하지 못하고 2020년 후반부로 생산을 미룬다고 발표했다. 그러나 이 약속도 지키지 못하고 2020년 4월에 Tesla는 Tesla Semi의 생산을 다시 2021년 말로 미루었다. Tesla가 새로운 모델의 생산일을 지키지 못한 것은 이 경우만이 아니다. 이 회사는 2012년에 Model X의 생산을 2014년에 시작한다고 발표했었다. 그 이후 여러 번의 번복이 있은 후에 Model X는 2015년 가을부터 판매되기 시작했다. 이 예에서 알 수 있듯이 적절한 계획을 세우지 못하면 높은 기술력을 갖춘 기업이라 하더라도 문제에 봉착할 수 있는 것이다.

타당성과 내부적 일관성의 유지 가치를 창조한다는 일반적 목표 이외에 기업은 보다 구체적인 많은 목표들을 갖고 있다. 그러한 목표들은 시장점유율, 자기자본순이익률, 재무레버리지 등과 같은 것으로 표현된다. 기업이 하는 사업이 갖는 서로 다른 목표나 서로 다른 측면들 사이에 존재하는 관련성을 알아내는 것은 때때로 힘들 수 있다. 그러나 재무계획에서는 그러한 것들 간의 관련성을 명확히 하고 서로 다른 목표나 목적을 조정하여 이들을 통합하는 작업이 이루어져야 한다. 다시 말해 재무계획은 기업이 하는 여러 특정한 활동들의 목표와 계획의 타당성과 일관성을 확인하는 수단이 된다. 목표들은 종종 서로 충돌할 수 있다. 따라서 통합된 재무계획을 만들기 위해서

[1]Niels Bohr(1885~1962)

는 목표나 목적들은 서로 수정되어야 하여 그들 간에 우선순위가 주어져야 한다.

예를 들어 어떤 기업은 연간 12%의 매출량 증가를 하나의 목표로 하면서 동시에 총부채비율을 40%에서 20%로 낮추는 것을 또 다른 목표로 할 수 있다. 이 두 목표는 서로 공존할 수 있는 것인가? 이들은 동시에 달성될 수 있는 것인가? 이에 대한 답은 그럴 수도 있으며 그렇지 않을 수도 있다. 앞으로 살펴볼 것이지만, 재무계획은 무엇이 가능한가를 알아내는 하나의 수단이며, 따라서 무엇이 가능하지 않은가를 알아내는 수단이 되기도 한다.

결론 재무계획이 가져다주는 가장 중요한 측면은 재무계획이 경영진들로 하여금 목표들에 대해 생각하도록 만들고 그들 간에 우선순위를 결정하도록 만드는 데 있다. 실제로 기업인들이 일반적으로 갖고 있는 인식은 "재무계획(financial plan)이 계획대로 되는 경우가 없을지 몰라도 재무계획을 세우는 것(financial planning)은 매우 유용하다"라는 것이다. 미래는 그 속성상 알 수 없는 것이다. 따라서 우리가 할 수 있는 것은 우리가 가려는 방향을 확정하고 그러한 방향으로 나갈 때 나타날 수 있는 것들에 대해 근거 있는 예상을 하는 것이다. 이러한 작업을 잘 한다면 미래에 나타나는 어떤 상황에 대해 잘 대처할 수 있을 것이다.

개념질문 _Concept Questions

4.1a 재무계획에서 우선 결정되어야 하는 두 가지 측면은 무엇인가?
4.1b 기업이 재무계획을 가져야 하는 이유는 무엇인가?

4.2 재무계획모형들: 전반적으로 살펴보기

기업들의 규모나 제품이 서로 다르듯이 재무계획 과정도 기업에 따라 다르다. 이 절에서 우리는 재무계획이 갖고 있는 공통적 요소들에 대해서 살펴보고, 이러한 요소들로 구성된 기초적 재무계획모형에 대해 설명한다. 따라서 다음에서는 재무계획의 전반적 상황을 살펴볼 것이다. 여러 주제에 따른 보다 자세한 내용은 다음 절에서 살펴보도록 한다.

재무계획모형: 구성요소들

대부분의 재무계획모형들은 미래에 대해 몇 가지 가정을 하는 데서 출발한다. 그러한 가정을 기초로 하여 재무계획모형들은 여러 변수들에 대한 예측치를 알려준다. 모형들은 그 복잡성에 있어서 서로 매우 다를 수 있지만 거의 모든 모형들이 다음과 같은 구성요소들을 갖고 있다.

예상매출액 거의 모든 재무계획들은 외생적으로 주어지는 예상매출액을 요구한다. 다시 말해 아래에 있는 우리의 예처럼 재무계획모형에서는 예상매출액의 크기를 결정해야 하며, 기타 대부분의 구성요소들의 값은 주어진 예상매출액에 근거하여 계산된다. 대부분의 사업들에 있어서 재무계획은 예상되는 미래 매출액과 그러한 매출액을 달성하는 데 요구되는 자산과 필요자금에 초점을 맞추고 있다.

흔히 예상매출액은 그 크기보다는 성장률로 주어진다. 그러나 이 둘은 기본적으로 동일한 것이다. 왜냐하면 매출액성장률을 안다면 예상매출액의 크기도 알 수 있기 때문이다. 물론 예상매출액은 불확실한 미래의 경제상황에 따라 실제 매출액과 다르게 나타나기 때문에 매출액을 완벽하게 예측하는 것은 불가능하다. 기업들이 자신의 매출액을 예상하는 것을 돕기 위해 전반적 거시경제상황이나 산업상황을 예측하는 것을 주업으로 하는 기업들도 있다.

앞에서 설명한 것과 같이, 우리는 여러 대안들을 평가하는 데 관심을 가질 것이다. 따라서 예상매출액이 반드시 정확해야 할 필요는 없다. 발생할 수 있는 서로 다른 여러 매출액 수준에서 요구되는 투자나 자금 사이의 상호관련성을 검토하는 것이 우리의 목표이지, 예상매출액을 정확하게 예측하는 것이 목표가 아니다.

추정재무제표 재무계획에서는 추정재무상태표, 추정손익계산서, 추정현금흐름표를 만들어야 한다. 이러한 추정재무제표들은 프로포마 재무제표(pro forma statement) 또는 간단히 프로포마(pro forma)라고 부른다. 프로포마의 글자 그대로의 뜻은 "하나의 형식으로"라는 것이다. 우리의 경우에는 각각의 미래상황을 하나의 형식으로 요약하는 재무제표를 의미한다. 아무리 간단한 재무계획모형에서라도 최소한 매출액을 포함한 중요한 항목들의 예상치를 근거로 해서 추정재무제표가 만들어져야 한다.

우리가 설명할 모형에서는 추정(예상)매출액에 근거하여 그에 따른 추정손익계산서와 추정재무상태표가 만들어진다.

요구되는 자산 재무계획은 예상되는 자본지출(capital spending)을 포함해야 한다. 다시 말해 추정재무상태표는 최소한 총고정자산과 순운전자본의 변화를 담고 있어야 한다. 이러한 변화들은 기업의 자본예산(capital budgeting)과 관련하여 파악된다. 또한 기업의 여러 사업부문들에서 제안되는 자본지출안들은 재무계획에서 계획되는 기업 전체적 자본지출의 증가에 맞추어 조정되어야 한다.

요구되는 자금 재무계획은 그에 따라 요구되는 자금조달에 대한 내용을 담고 있어야 한다. 이러한 부분은 배당정책(dividend policy)과 채무정책(debt policy)에 대해 언급하고 있어야 한다. 기업은 새로운 주식의 발생이나 차입을 통해 필요한 자금을 조달할 수 있다. 재무계획은 어떤 종류의 증권을 판매해야 할 것이며, 어떤 방법으로 판매하는 것이 가장 적절한가를 고려한 것이어야 한다. 이러한 주제들에 대해서는 장기자금조달, 자본구조, 배당정책들을 설명하는 곳(6부)에서 살펴볼 것이다.

조정변수 예상매출액과 그에 따라 요구되는 자산의 추정치가 확인된 후에 추가적으로 조달되어야 할 자금이 종종 나타나게 된다. 왜냐하면 추정된 총자산이 추정된 총부채와 자기자본의 크기를 종종 능가하는 것으로 나타나기 때문이다. 다시 말해 동일하게 나타나야 할 재무상태표의 왼쪽과 오른쪽의 수치가 더 이상 동일하게 나타나지 않기 때문에 이를 동일하게 만들어 주어야 한다.

추정된 자본지출을 지원하기 위한 추가적 자금조달이 필요할 수도 있기 때문에 재무적 "조정변수(plug variable)"가 주어져야 한다. 필요한 자금을 보충하거나 남는 자금을 처분하여 재무상태표 양쪽의 균형을 맞추기 위해 사용하는 이러한 조정변수의 원천은 기업 외부적인 것일 수도 있고 내부적인 것일 수도 있다.

예를 들어 많은 투자기회를 갖고 있지만 현금흐름이 부족한 기업은 새로운 주식을 발행하여 필요한 자금을 조달할 수 있고, 성장기회는 많지 않지만 현금흐름이 충분한 기업은 자금이 남아 추가적인 배당을 해야 할지도 모른다. 첫 번째 경우에는 외부에서 조달된 자기자본이 조정변수가 되고, 두 번째 경우에는 배당이 조정변수가 된다.

경제상황에 대한 가정 재무계획은 기업이 계획기간 동안 처하게 될 경제적 환경에 대해 명시적으로 기술해 주어야 한다. 경제상황에 대한 가정 중 중요한 것으로는 이자율 수준이라든가, 기업이 직면하는 법인세율에 대한 가정들이 있다.

간단한 재무계획모형

장기계획모형에 대한 설명을 비교적 간단한 예로 시작하기로 하자. Computerfield Corporation의 최근 재무제표는 다음과 같다.

COMPUTERFIELD CORPORATION 재무제표					
손익계산서		재무상태표			
매출액	$1,000	자산	$500	부채	$250
비용	800			자본	250
순이익	$ 200	총계	$500	총계	$500

Computerfield의 재무계획자는 별도의 언급이 없으면 모든 변수가 매출액과 직접적으로 연결되어 있고, 매출액과의 그러한 관계가 최적이라고 가정한다. 이는 모든 항목들이 매출액과 똑같은 비율로 성장한다는 것을 의미한다. 물론 이는 상황을 너무 단순화시킨 것이지만 설명의 요점을 보이기 위해 이러한 가정을 하는 것이다.

매출액이 1,000$에서 1,200$로 20% 증가할 것으로 예상한다고 하자. 재무계획 작성자는 이에 따라 비용도 800$에서 $800 × 1.2 = 960$로 증가할 것으로 예측할 것이다. 따라서 추정손익계산서는 다음과 같다.

추정손익계산서	
매출액	$1,200
비용	960
순이익	$ 240

모든 변수들이 20% 증가한다고 가정하는 것은 추정재무상태표도 쉽게 작성할 수 있게 해준다.

추정재무상태표			
자산	$600 (+100)	부채	$300 (+ 50)
		자기자본	300 (+ 50)
합계	$600 (+100)	합계	$600 (+100)

우리는 모든 항목을 단순히 20% 증가시켰다. 괄호 속의 수치는 각 항목들의 변화액을 나타낸다.

현금흐름의 추정에 대한 insight를 원한다면 **www.planware.org**를 참조하라.

이제 우리는 이들 두 추정재무제표를 조정해야 한다. 예를 들어 순이익이 240$가 되는데 어떻게 자기자본은 50$밖에 커지지 않는가? 이에 대한 답은 Computerfield가 $240 − $50 = 190$를 아마도 현금으로 배당한다는 것일 것이다. 이 경우, 배당이 조정변수가 된다.

만약 Computerfield가 190$를 배당으로 지불하지 않았다고 한다면, 유보이익의 증가는 240$가 될 것이다. 따라서 Computerfield의 자기자본은 처음의 250$에 순이익 240$를 더한 490$가 될 것이다. 그러나 부채 및 자기자본 총액이 총자산의 크기인 600$와 같아지려면 부채의 일부가 상환되어야 할 것이다.

총자산이 600$이고 자기자본이 490$일 때, 총부채는 $600 − $490 = 110$가 된다. 우리는 250$의 부채에서 시작하였으므로 Computerfield는 $250 − $110 = 140$의 부채를 상환해야 할 것이다. 결과적으로 나타나는 추정재무상태표는 다음과 같다.

추정재무상태표			
자산	$600 (+100)	부채	$110 (−140)
		자기자본	490 (+240)
합계	$600 (+100)	합계	$600 (+100)

이 경우에는 추정재무상태표의 양변을 일치시키기 위해서 부채가 조정변수로 사용되었다.

이 간단한 예는 매출액의 성장과 재무정책 간에 존재하는 상호 연관성을 보여준다. 매출액이 증가할 때 그에 따라 총자산도 증가한다. 이는 보다 높은 매출액을 지원하기 위해서 순운전자본과 고정자산에 투자도 이루어져야 하기 때문이다. 총자산이 증가함에 따라 재무상태표의 오른쪽에 있는 부채 및 자기자본 총액도 마찬가지로 증가해야 한다.

우리가 이 예에서 주목해야 할 점은 부채와 자기자본의 변화는 기업의 재무정책과 배당정책에 의해 결정된다는 것이다. 다시 말해 자산의 증가는 그를 위해 기업이 어떻게 자금을 조달해야 하는가를 결정하게 만든다. 이는 순전히 또 다른 경영적 의사결정이다. 앞의 예에서는 기업이 외부로부터의 자금을 조달할 필요가 없다. 그러나 이는 일반적인 경우가 아니다. 따라서 우리는 다음 절에서 보다 자세히 상황을 살펴보기로 한다.

개념질문 _Concept Questions

4.2a 재무계획의 기본 구성요소들은 무엇인가?

4.2b 재무계획모형에서 조정변수를 정해야 하는 이유는 무엇인가?

매출액 백분율법 4.3

앞 절에서는 모든 항목이 동일한 비율로 증가하는 간단한 재무계획모형을 살펴보았다. 일부 항목에 대해서는 그러한 가정은 합리적인 가정일 수 있다. 그러나 장기부채와 같은 항목들에 대해서는 아마도 합리적인 가정이 아닐 것이다. 왜냐하면 장기부채의 크기는 경영자들에 의해 결정되는 것이지 매출액 수준과 직접적인 관련을 갖고 변하는 것이 아니기 때문이다.

이 절에서는 앞의 단순한 모형을 보다 확장하기로 한다. 단순한 모형과의 기본적 차이점은 손익계산서와 재무상태표의 항목들을 매출액과 직접 관련되어 변하는 항목들과 그렇지 않은 항목들로 크게 두 그룹으로 구별하는 것이다. 그렇게 함으로써 주어진 예상매출액을 지원하기 위해 어느 정도의 자금을 조달해야 하는지를 계산할 수 있을 것이다.

매출액 백분율법(percentage of sales approach): 재무제표 일부 항목들의 수치가 예상매출액에 따라 달라진다고 가정하여 재무계획을 작성하는 방법

다음에 설명하는 재무계획모형은 **매출액 백분율법**(percentage of sales approach)에 기초한 것이다. 우리의 목표는 추정재무제표를 작성하는 빠르고 실용적인 방법을 살펴보는 것이다. 이 절의 마지막 부분에서는 이 방법에 추가하여 고려되어야 할 점들에 대해서 설명할 것이다.

손익계산서

표 4.1이 보여주는 Rosengarten Corporation의 가장 최근 손익계산서를 갖고 시작하기로 하자. 비용, 감가상각, 이자 등을 모두 하나의 항목인 비용항목에 포함시킴으로써 항목을 단순화했다.

Rosengarten은 매출액 증가율을 25%로 예상하고 있다. 따라서 예상매출액은 $1,000 × 1.25 = 1,250$가 될 것이다. 추정손익계산서를 만들기 위해서 총비용이 계속 매출액의 83.3%($833/$1,000)로 유지될 것이라고 가정한다. 이러한 가정하에서 작성된 Rosengarten의 추정 손익계산서는 표 4.2에 표시되어 있다. 비용이 매출액의 일정비율로 유지된다는 가정은 매출액순이익률(profit margin)이 일정한 값을 갖는다는 것을 말한다. 이를 확인하기 위해 처음의 매출액순이익률 수치가 $132/$1,000 = 13.2%였고, 추정손익계산서의 매출액순이익률 또한 $165/$1,250 = 13.2%로 변하지 않았음을 살펴보라.

다음으로 배당금을 예측해야 한다. 배당금의 크기는 Rosengarten 경영진의 결정에 따라 달라진다. 우리는 Rosengarten이 순이익의 일정한 부분을 현금 배당하는 정책을 갖고 있다고 가정한다. 가장 최근의 **배당성향률**(dividend payout ratio)은 다음과 같다.

배당성향률(dividend payout ratio): 주주들에게 지불되는 배당금을 순이익으로 나눈 것

배당성향률 = 현금배당/순이익
= $44/$132 = 1/3 **[4.1]**

표 4.1
Rosengarten Corporation의 손익계산서

ROSENGARTEN CORPORATION 손익계산서		
매출액		$1,000
비용		833
과세대상소득		$ 167
세금(21%)		35
순이익		$ 132
배당	$44	
이익잉여금 증가분(유보이익증가분)	88	

표 4.2
Rosengarten Corporation의 추정손익계산서

ROSENGARTEN CORPORATION 추정손익계산서	
매출액(추정액)	$1,250
비용(매출액의 83.3%)	1,041
과세대상소득	$ 209
세금(21%)	44
순이익	$ 165

순이익에 대한 유보이익의 비율은 아래와 같이 계산된다.

유보이익 증가분/순이익 = $88/$132 = 2/3

이 비율은 **유보율**(retention ratio 또는 plowback ratio)이라고 부르며 배당된 후에 남는 것이 유보이익이므로 이 비율의 값은 (1 − 배당성향률)과 같다. 배당성향률이 일정하다고 가정하면, 추정배당액이나 추정유보이익은 다음과 같아질 것이다.

유보율
(retention ratio, plowback ratio):
유보이익을 순이익으로 나눈 것

추정배당액 = $165 × 1/3 = $ 55
추정유보이익 = $165 × 2/3 = 110
$165

재무상태표

추정재무상태표를 만들기 위해서 표 4.3의 최근 재무상태표를 사용하는 것으로 시작한다.

재무상태표에서 일부 항목들은 매출액과 직접 관련을 가지면서 변하고, 다른 항목들은 그렇지 않다고 가정한다. 매출액과 함께 변하는 항목들에 대해서 최근 연도의 재무상태표에서 매출액의 백분율을 표시하였다. 그렇지 않은 항목에 대해서는 해당 없음(not applicable)인 "n/a"로 표시하였다.

예를 들어 가장 최근 연도 재무상태표의 자산에서 재고는 매출액의 60%로 나타난다. 이러한 비율은 앞으로도 그대로 유지될 것으로 가정하고 매출액 1$의 증가가 0.6$의 재고를 증가시킬 것으로 추정한다. 매출액에 대한 총자산의 비율은 $3,000/$1,000 = 300%이다.

총자산을 매출액으로 나눈 비율은 **자본집중률**(capital intensity ratio)이라고 불리며, 이는 매출액 1$를 달성하기 위해서 요구되는 자산액을 말해준다. 따라서 이 비율의 값이 더 큰 기업일수록 자본집중도가 더 높은 기업이다. 한편, 이 비율은 이전 장에서 살펴본 총자산회전율의 역

자본집중률(capital intensity ratio):
총자산을 매출액으로 나눈 것으로,
1$의 매출액을 달성하기 위해서
필요한 자산의 크기

표 4.3 Rosengarten Corporation의 재무상태표

ROSENGARTEN CORPORATION 재무상태표					
자산			부채 및 자기자본		
	$	매출에 대한 비율		$	매출에 대한 비율
유동자산			유동부채		
현금	$ 160	16%	외상매입금	$ 300	30%
외상매출금	440	44	지급어음	100	n/a
재고	600	60	합계	$ 400	n/a
자산총계	$1,200	120	장기부채	$ 800	n/a
고정자산			자기자본		
순고정자산	$1,800	180	보통주와 자본잉여금	$ 800	n/a
			누적이익잉여금(누적유보이익)	1,000	n/a
			합계	$1,800	n/a
자산 총계	$3,000	300%	부채 및 자기자본 총계	$3,000	n/a

수이기도 한다.

Rosengarten의 경우, 이 비율이 일정하다고 가정하면 1$의 매출액을 달성하기 위하여 3$의 총자산이 요구된다(Rosengarten은 자본집약적인 회사로 보인다). 따라서 매출액이 100$ 증가하면 Rosengarten은 총자산을 그 3배인 300$ 증가시켜야 한다.

재무상태표의 오른쪽에 있는 부채에서는 외상매입금(매입채무)이 매출액과 같이 변한다. 그 이유는 매출액이 증가함에 따라 원재료 공급자에게 더 많은 원재료를 주문해야 할 것으로 예상되기 때문이다. 따라서 외상매입금은 매출액과 동시에 변한다. 한편, 지급어음은 은행차입과 같은 단기부채를 대변하는 것이다. 별도의 결정을 하지 않는 한, 매출액이 변한다고 하여 단기부채가 반드시 변하는 것은 아니므로 이를 “n/a”로 표시하였다.

이와 마찬가지로 장기부채도 매출액과 함께 자동적으로 변하는 것이 아니므로 “n/a”로 표시하였다. 이는 보통주와 자본잉여금에 대해서도 마찬가지이다. 오른쪽의 마지막 항목인 유보이익은 매출액과 함께 변할 것이다. 그러나 매출액의 몇 %라는 식으로 계산되지는 않는다. 그 대신 추정되는 순이익과 배당금에 기초하여 유보이익의 변화를 계산해야 할 것이다.

이제 우리는 Rosengarten의 재무상태표 일부를 작성할 수 있다. 이를 위해 우리는 방금 계산한 퍼센트를 사용하여 추정 가능한 항목들의 수치를 계산한다. 예를 들어 새로운 매출액인 1,250$에서 매출액의 180%인 순고정자산의 크기는 $\$1,250 \times 1.8 = 2,250\$$가 된다. 이는 $\$2,250 - \$1,800 = 450\$$의 순고정자산의 증가를 의미한다. 매출액과 관련되어 직접적으로 변하지 않는 항목들에 대해서는 일단은 변화가 없다고 생각하고 처음의 금액을 적어 두면 된다. 이러한 결과는 표 4.4에 정리되어 있다. 한편, 유보이익의 변화는 추정손익계산서를 이용해서 구한 110$와 같다.

추정재무상태표를 살펴보면, 자산이 750$ 증가한 것을 알 수 있다. 그러나 추가적인 자금조달이 없다면 부채 및 자기자본 총액은 185$ 증가하는 것에 그칠 것이다. 이는 자금이 $750 −

표 4.4

ROSENGARTEN CORPORATION
부분적 추정재무상태표

자산	추정치	전년도와의 차이	부채 및 자기자본	추정치	전년도와의 차이
유동자산			유동부채		
현금	$ 200	$ 40	외상매입금	$ 375	$ 75
외상매출금	550	110	지급어음	100	0
재고	750	150	합계	$ 475	$ 75
총계	$1,500	$300	장기부채	$ 800	$ 0
고정자산					
순고정자산	$2,250	$450	자기자본		
			보통주와 자본잉여금	$ 800	$ 0
			누적이익잉여금(누적유보이익)	1,110	110
			합계	$1,910	$110
자산 총계	$3,750	$750	부채 및 자기자본 총계	$3,185	$185
			필요외부자금(EFN)	$ 565	$565

$185 = 565$ 부족하다는 것을 말해준다. 우리는 이를 필요외부자금(external financing needed: EFN)이라고 부르기로 한다.

하나의 시나리오

우리의 재무계획모형은 "좋은 소식과 나쁜 소식이 같이 한다"라는 말을 떠오르게 한다. 좋은 소식은 매출액이 25% 증가할 것으로 예상된다는 것이고, 나쁜 소식은 만약 Rosengarten이 565$라는 자금을 새로 조달하지 못한다면 그것이 달성되지 않는다는 것이다.

이는 재무계획 과정이 어떻게 잠재적 마찰과 문제점을 알려주는가를 보여주는 좋은 예이다. 예를 들어 Rosengarten이 외부로부터 자금을 차입하지 않거나, 새로운 주식을 발행하지 않는 정책을 갖고 있다면 25%의 매출액 증가는 달성되기 어려울 것이다.

565$의 자금을 새로 조달하기로 한다면 Rosengarten은 단기차입, 장기차입, 신주발행이라는 세 가지 자금원을 갖고 있다. 이들을 어떻게 배합할 것인가는 경영진의 의사결정에 달렸다. 우리는 가능한 많은 선택 중 한 가지에 대해서 살펴보도록 한다.

Rosengarten이 필요한 자금을 차입하기로 결정했다고 하자. 이 경우 Rosengarten은 일부는 단기로, 일부는 장기로 차입할지 모른다. 예를 들어 유동자산은 300$ 증가하는 반면, 유동부채는 75$밖에 증가하지 않는다. Rosengarten은 $300 − $75 = 225$를 단기로 차입하고 순운전자본의 크기를 변화시키지 않을 수 있다. 이 경우 필요자금 565$ 중 나머지 $565 − $225 = 340$는 장기부채로 조달되어야 할 것이다. 표 4.5는 Rosengarten의 완성된 추정재무상태표를 보여준다.

우리는 조정변수로 단기부채와 장기부채를 사용하였다. 그러나 이렇게 하는 것이 최선의 방법인 것은 아니며, 단지 선택 가능한 것 중 하나일 뿐이다. 이외에도 다른 선택들이 가능할 것이다. 이 경우에 3장에서 살펴본 여러 재무비율들이 상당히 유용하게 사용될 수 있다. 예를 들어

표 4.5

ROSENGARTEN CORPORATION 추정재무상태표					
자산			부채 및 자기자본		
	추정치	전년도와의 차이		추정치	전년도와의 차이
유동자산			유동부채		
현금	$ 200	$ 40	외상매입금	$ 375	$ 75
외상매출금	550	110	지급어음	325	225
재고	750	150	합계	$ 700	$300
총계	$1,500	$300	장기부채	$1,140	$340
고정자산					
순고정자산	$2,250	$450	자기자본		
			보통주와 자본잉여금	$ 800	$ 0
			누적이익잉여금(누적유보이익)	1,110	110
			합계	$1,910	$110
자산 총계	$3,750	$750	부채 및 자기자본 총계	$3,750	$750

우리가 방금 검토한 시나리오하에서 예상되는 유동비율과 총부채비율의 수치들을 구해보고 그러한 수치들을 통해 부채 수준이 적절하다고 판단되는지 살펴볼 수 있다.

이제 추정재무상태표가 완성되었으며 이에 따라 예상되는 모든 현금의 원천과 현금의 사용을 파악할 수 있게 되었다. 따라서 이제 3장에서 설명한 바에 따라 추정현금흐름표만 작성하면 추정재무제표의 작성을 마치게 된다. 우리는 추정현금흐름표의 작성을 당신의 연습문제로 남기고 그 대신 또 하나의 중요한 시나리오에 대해서 살펴보도록 한다.

다른 시나리오

자산이 매출액의 일정한 비율을 차지한다는 가정은 편리한 가정이기는 하지만 많은 경우에 적절한 가정이 아닐 수도 있다. 특히, 매출액의 증가가 고정자산의 증가를 가져온다고 가정하는 것은 실제로 Rosengarten이 현재 자신의 생산용량(고정자산)의 100%를 사용하고 있다고 가정하는 것이다.

이러한 가동률(capacity utilization) 100%라는 가정은 비현실적인 것은 아니다. 2020년 봄에 COVID-19 팬데믹으로 인해 패닉 상태에 빠진 미국 소비자들이 화장지를 사재기했을 때 이러한 사실이 확인될 수 있었다. 그 당시 미국 전 지역에서 화장지 부족 상황이 급격히 나타났다. 그 이유는 그동안 미국 화장지 제조회사들이 일주일 내내 하루 24시간 공장을 거의 100% 가까이 가동하고 있었기 때문이다. 따라서 공급을 빠르게 증가시킬 수가 없었다. 상업용 화장지의 수요가 줄어들기는 했지만, 화장지 크기가 일치하지 않는 등의 문제로 상업용을 가정용 생산으로 쉽게 전환할 수도 없었다. 일반적으로 기업들은 생산능력에 여유를 가지면서 생산하고 있었다. 연방준비위원회의 자료에 의하면, 전체적으로 볼 때 미국 제조기업들의 평균적인 가동률은 2019년 8월에는 77.9%, 9월에는 77.5%로 나타났다.

그러나 가동률은 평균적으로 말할 수 있는 것은 아닐 수 있다. 다음 그림은 미국에 있는 자동차 제조회사 공장들의 가동률을 보여주고 있다. 그림에서 보듯이 2019년 3분기의 경우에, 가동률 100%를 넘기면서 생산하고 있던 GM 공장은 4군데였고, 가동률이 100% 못 미치면서 생산하고 있던 공장은 7군데였다. 따라서 GM이 전체적으로 생산능력에 여유를 갖고 있다 하더라도, 낮은 가동률을 갖는 공장에서 생산되는 자동차 모델의 판매가 증가하는 경우에는 추가적인 생산시설이 필요 없지만, 100%의 가동률을 넘기면서 생산하고 있는 공장에서 생산되는 자동차 모델의 판매가 증가하는 경우에는 새로운 생산시설이 추가되어야 한다.

Rosengarten의 예에서 Rosengarten가 생산용량의 70%만 사용하면서 생산하고 있다면, 외부금융의 필요성은 많이 달라질 것이다. "생산용량의 70%"라는 말은 현재의 판매량을 충족시키기 위해서 시설의 70%만 가동하면 된다는 것을 의미한다.

현재 판매량 = \$1,000 = 0.7 × 생산시설 완전가동 시의 매출액
생산시설 완전가동 시의 매출액 = \$1,000/0.7 = \$1,429

이는 새로운 고정자산의 증가 없이도 매출액이 1,000\$에서 1,429\$로 거의 43% 증가할 수 있다는 것을 말해준다.

앞에서 살펴본 시나리오에서는 순고정자산을 450\$ 증가시키는 것이 필요하다고 가정했다. 그러나 이 경우의 시나리오에서는 순고정자산의 증가를 위한 지출이 필요하지 않다. 왜냐하면

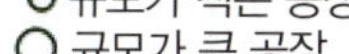

2019년 3분기 미국 내 자동차 제조회사 공장들의 생산용량 가동률

o 규모가 작은 공장
O 규모가 큰 공장

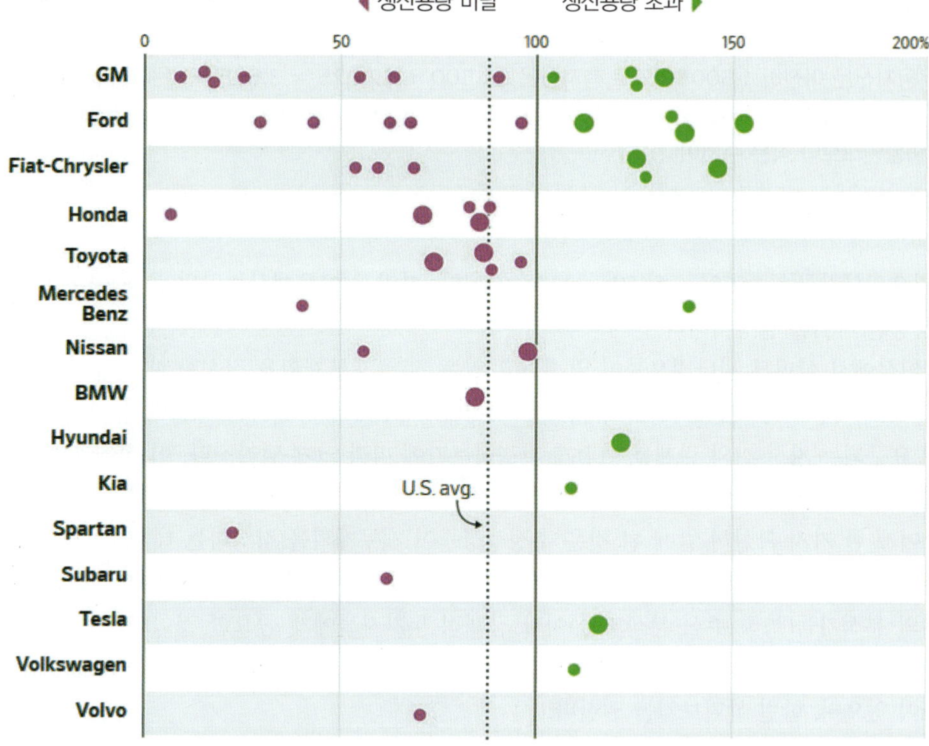

참고: 규모가 작은 공장은 2019년 3분기에 75,000대 미만을 생산하는 공장을 말하며, 규모가 큰 공장은 75,000대 이상을 생산하는 공장을 말한다.

출처: Wards Intelligence

©www.wsj.com, November 1, 2019.

매출액이 1,250$로 증가할 것으로 추정되었는데 이는 생산시설 완전가동 시의 매출액 1,429$보다 훨씬 적은 매출액이기 때문이다.

따라서 처음 추정된 565$의 필요외부자금은 너무 높게 추정된 것이다. 우리는 순고정자산의 증가가 450$ 요구된다고 추정하였다. 그러나 이 경우에는 순고정자산의 증가를 위한 지출은 필요하지 않다. 따라서 현재의 매출액이 생산시설의 70%만을 사용하여 달성될 수 있는 것이라

필요외부자금과 생산시설의 활용 — 예제 4.1

Rosengarten이 생산능력의 90%만을 사용하고 있다고 하자. 생산시설을 완전가동했을 때의 매출액은 얼마가 되는가? 생산시설 필요외부자금과 생산시설의 활용을 완전가동할 때 자본집중률은 얼마가 되는가? 또한 생산시설을 완전가동할 때 필요외부자금은 얼마가 되는가?

생산시설 완전가동 시의 매출액은 $1,000/0.9 = 1,111$이다. 표 4.3에서 고정자산이 1,800$이다. 생산시설 완전가동 시의 매출액에 대한 고정자산의 비율은 다음과 같다.

고정자산/생산시설 완전가동 시의 매출액 = $1,800/$1,111 = 1.62

(계속)

이는 Rosengarten이 생산시설을 완전가동하고 있는 경우에 매출액 1$당 1.62$의 고정자산을 필요로 한다는 것을 말해준다. 따라서 추정매출액이 1,250$라면 Rosengarten은 $1,250 × 1.62 = 2,025$의 고정자산을 필요로 한다. 이는 우리가 처음에 추정한 2,250$보다 225$ 적은 금액이다. 따라서 필요외부자금(EFN)은 $565 − $225 = 340$가 된다.

유동자산은 여전히 1,500$이므로 총자산은 $1,500 + $2,025 = 3,525$가 된다. 따라서 자본집중률은 $3,525/$1,250 = 2.82가 되며, 이는 우리가 여유생산능력을 갖고 있지 않다고 가정하여 구한 자본집중률인 3보다 작은 수치이다.

면 필요외부자금은 $565 − $450 = 115$가 된다. 따라서 여유생산능력의 존재 여부는 예측치에 상당한 차이를 발생시킨다.

이상에서 살펴본 시나리오들이 말해주고 있는 것은 재무계획을 작성할 때 재무제표의 정보를 그대로 사용하는 것은 적절하지 않다는 것이다. 재무계획의 결과는 매출액과 그를 달성하기 위해 요구되는 자산 간의 관계를 어떻게 가정하는가에 따라 크게 달라진다. 이 점에 대해서는 조금 후에 다시 살펴볼 것이다.

이제 한 가지 확실히 알게 된 것은 추정성장률이 재무계획을 작성하는 데 매우 중요한 역할을 한다는 것이다. 예상되는 성장률을 추정하는 것은 세부적인 자료 분석이 필요한 일이며, 기업 외부의 분석가들(특히 주식 분석가들)이나 잠재적 투자자들에게 중요한 것이다. 전문가들이 기업들에 대해 예측하고 있는 이익이나 매출액 성장률을 알아볼 수 있는 곳으로는 finance.yahoo.com이 있으며, 한번 살펴보기를 권한다.

개념질문 _Concept Questions

4.3a 매출액 백분율법이 갖고 있는 기본개념은 무엇인가?
4.3b 별도의 고려가 없는 경우에 매출액 백분율법은 고정자산의 가동률에 대해 어떤 가정을 하고 있는가?

4.4 외부자금의 조달과 성장

기업이 필요로 하는 외부금융과 기업의 성장은 분명히 서로 관계를 갖는다. 다른 상황이 동일하다면, 매출액 성장률이 높을수록 필요외부자금의 크기도 증가할 것이다. 앞 절에서는 성장률이 주어진 것으로 하고 그러한 성장률을 달성하는 데 필요한 외부금융액을 살펴보았다. 이 절에서는 상황을 약간 뒤집어보기로 한다. 다시 말해 기업의 재무정책이 주어졌다고 했을 때, 새로운 투자를 지원할 수 있는 기업의 능력과 그에 따른 성장 간의 관계에 대해 살펴보기로 한다.

다시 말하지만, 우리가 성장에 초점을 맞추는 것은 성장이 적절한 목표이기 때문이 아니라 성장이 투자계획과 기업의 재무적 의사결정 간의 상호관련성을 살펴보는 데 매우 편리한 수단이기 때문이다.

표 4.6

HOFFMAN COMPANY 손익계산서와 재무상태표		
손익계산서		
매출액		$500.0
비용		416.5
세전이익(과세대상소득)		$ 83.5
세금(21%)		17.5
순이익		$ 66.0
배당	$22	
이익잉여금 증가분(유보이익 증가분)	44	

재무상태표					
자산			부채 및 자기자본		
	금액	매출액에 대한 비율		금액	매출액에 대한 비율
유동자산	$200	40%	총부채	$250	n/a
순고정자산	300	60%	자기자본	250	n/a
자산 총계	$500	100%	부채 및 자기자본 총계	$500	n/a

필요외부자금과 성장

먼저 살펴보아야 할 것은 필요외부자금(EFN)과 성장(growth)의 관계이다. 이를 위해 우리는 Hoffman Company의 단순화한 손익계산서와 재무상태표를 표 4.6에 정리했다. 단순화를 위해 단기부채와 장기부채를 모두 합해 부채로 표시하였다. 우리는 유동부채가 매출액과 동시에 변하지 않는 것으로 가정하고 있다. 이러한 가정은 생각보다 무리한 가정이 아니다. 유동부채 중 일부(예: 외상매입금)가 매출액과 함께 변한다면 그러한 항목의 수치는 유동자산의 수치와 동시에 빠져나가는 것으로 가정할 수 있다. 손익계산서에서도 감가상각, 이자, 비용을 모두 합해 비용으로 단순화시켰다.

Hoffman은 다음 해의 매출액이 100$ 증가하여 600$가 될 것으로 예측하고 있다. 따라서 매출액의 예상증가율은 $100/$500 = 20%이다. 매출액 백분율법과 표 4.6의 수치를 사용하여 표 4.7처럼 추정손익계산서와 추정재무상태표를 작성할 수 있다. 표 4.7에서 알 수 있듯이 20%의 성장률에서 Hoffman은(생산시설의 완전가동을 가정할 때) 100$의 새로운 자산을 필요로 한다. 예상되는 유보이익의 증가가 52.8$이므로, 필요외부자금(EFN)은 $100 − $52.8 = 47.2$가 된다.

Hoffman의 자기자본-부채비율은 처음(표 4.6)에 $250/$250 = 1이었다. 우리는 Hoffman이 새로운 주식을 발행하지 않는다고 가정한다. 이 경우 47.2$의 외부금융이 부채로 조달되어야 할 것이다. 새로운 자기자본-부채비율은 얼마가 되는가? 표 4.7에서 우리는 총자기자본이 302.8$로 추정되고 있음을 알 수 있다. 새로운 총부채액은 처음의 250$에 새로운 부채 47.2$를 더한 297.2$가 된다. 따라서 자기자본-부채비율은 1.0에서 $297.2/$302.8 = 0.98로 약간 낮아진다.

표 4.7

HOFFMAN COMPANY 추정손익계산서와 추정재무상태표		
손익계산서		
매출액(추정치)		$600.0
비용(매출액의 83.3%)		499.8
세전이익(과세대상소득)		$100.2
세금(21%)		21.0
순이익		$ 79.2
배당	$26.4	
이익잉여금 증가분(유보이익 증가분)	52.8	

재무상태표

자산	금액	매출액에 대한 비율	부채 및 자기자본	금액	매출액에 대한 비율
유동자산	$240.0	40%	총부채	$250.0	n/a
순고정자산	360.0	60	자기자본	302.8	n/a
자산 총계	$600.0	100%	부채 및 자기자본 총계	$552.8	n/a
			외부필요자금	$ 47.2	n/a

표 4.8
Hoffman Company의 성장률과 추정필요외부자금

추정매출액 성장률	요구되는 자산증가액	추정유보이익 증가분	필요외부자금 (EFN)	추정자기자본 -부채비율
0%	$ 0	$44.0	−$44.0	0.82
5	25	46.2	−21.2	0.77
10	50	48.4	1.6	0.84
15	75	50.6	24.4	0.91
20	100	52.8	47.2	0.98
25	125	55.0	70.0	1.05

표 4.8은 여러 성장률에서 나타나는 필요외부자금(EFN)의 크기를 나타내고 있다. 각각의 추정매출액성장률에 따른 추정유보이익과 추정자기자본-부채비율 또한 표시되어 있다(연습을 위해 이들 중 몇 개는 직접 계산해보기 바란다). 자기자본-부채비율은 필요한 자금을 부채로 조달한다는 가정하에서 구해진 것이며, 또한 여유자금은 부채상환에 사용된다고 가정하였다. 따라서 성장률이 0일 때 부채는 250$에서 206$로 44$만큼 줄어든다. 표 4.8의 자산증가액은 단순히 처음 자산액 500$에 성장률을 곱해서 구한 것이다. 이와 마찬가지로 유보이익도 처음 유보이익인 44$에 (44$ × 성장률)을 더해서 구해진 것이다.

표 4.8은 비교적 낮은 성장률에서 Hoffman은 여유자금을 가지며 자기자본-부채비율은 하락한다는 것을 보여주고 있다. 그러나 성장률이 10% 정도로 커지면 여유자금은 사라지고 부채가 발생하게 된다. 또한 성장률이 20%를 넘으면 자기자본-부채비율은 처음 수치인 1보다 커진다.

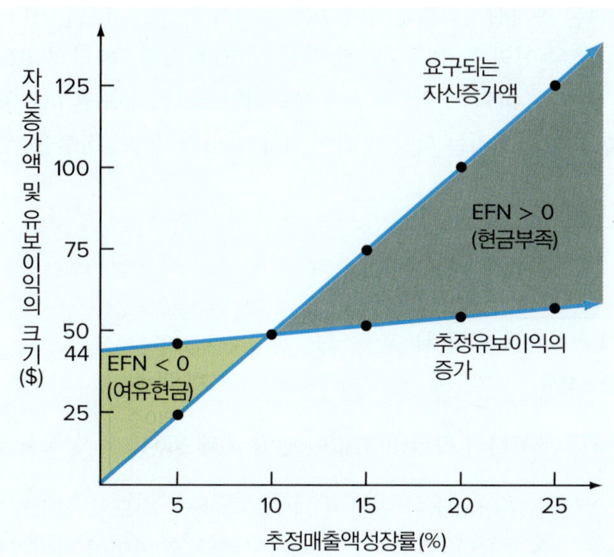

그림 4.1
Hoffman Company의 성장률과 필요외부자금

그림 4.1은 표 4.8에서 요구되는 자산증가액과 추정유보이익의 크기를 성장률과 대비하여 그래프로 표시해 주고 있다. 그림에서 볼 수 있듯이 요구되는 자산의 증가액은 추정유보이익의 증가액보다 훨씬 빠르게 커진다. 따라서 유보이익에 의해 제공되는 내부자금은 빠르게 사라진다.

이상에서 알 수 있듯이 기업이 여유현금을 갖거나 현금이 부족한 상황에 빠지거나 하는 것은 성장률에 따라 달라진다. 물론 성장률이 유일한 요소는 아니지만 Microsoft가 이를 보여주는 좋은 예이다. 1990년대에 10년 동안 연평균 30%가 넘는 매출액 성장률을 보인 Microsoft의 매출액성장률은 매우 놀랄 만한 것이었다. 성장률은 2000~2010년 기간에는 크게 낮아졌지만 그럼에도 불구하고 Microsoft의 높은 성장률과 높은 매출액순이익률은 Microsoft에게 엄청난 여유현금을 가져다주었다. Microsoft가 배당을 거의 안 했던 것도 부분적인 이유로 작용하여 현금은 엄청나게 축적되어 갔다. 2020년에 Microsoft가 보유하고 있던 현금은 1,370억$가 넘었다.

재무정책과 성장

앞에서 설명한 것에 비추어 볼 때 기업의 성장과 외부금융은 직접적인 관계를 갖는다. 이 절에서는 장기재무계획에 특히 유용한 두 가지 성장률에 대해서 살펴보기로 한다.

내부성장률 먼저 살펴볼 성장률은 외부금융의 조달 없이 기업이 달성할 수 있는 최대성장률이다. 이는 기업이 내부적으로 조달되는 자금만을 가지고 달성할 수 있는 성장률이므로 **내부성장률**(internal growth rate)이라고 부른다. 그림 4.1에서 두 개의 직선이 만나는 점에서의 성장률이 내부성장률이다. 이 점에서 요구되는 자산의 증가액은 유보이익의 크기와 정확하게 일치한다. 따라서 필요외부자금(EFN)은 0이 된다. 그림 4.1에서는 이 점이 10%보다 아주 약간 낮은 성장률에서 나타난다. 약간의 수학을 사용하면(이 장의 연습문제 31 참조), 내부성장률을 다음과 같이 보다 정확하게 정의된다.

내부성장률(internal growth rate): 어떤 종류의 외부자금의 사용 없이도 기업이 달성할 수 있는 최대성장률

$$\text{내부성장률} = \frac{\text{ROA} \times b}{1 - \text{ROA} \times b} \qquad [4.2]$$

ROA는 3장에서 살펴본 총자산순이익률이며, b는 앞에서 언급한 유보율이다.

Hoffman의 경우, 순이익은 66$이고 총자산은 500$였다. 따라서 ROA는 $66/$500 = 13.2%이다. 순이익 66$ 중 44$가 기업 내부에 유보되었으므로 유보율 b는 $44/$66 = 2/3가 된다. 이러한 수치들을 가지고 우리는 다음과 같이 Hoffman의 내부성장률을 계산할 수 있다.

$$\text{내부성장률} = \frac{\text{ROA} \times b}{1 - \text{ROA} \times b} = \frac{0.132 \times (2/3)}{1 - 0.132 \times (2/3)} = 9.64\%$$

따라서 Hoffman은 외부로부터의 자금조달 없이 연간 최대 9.64%의 성장을 할 수 있다.

유지가능성장률 앞에서 Hoffman이 연간 9.64%보다 빠른 속도로 성장하기 원한다면 외부금융을 조달해야 한다는 것을 보았다. 다음으로 살펴볼 성장률은 기업이 자기자본-부채비율을 그대로 유지하면서 또한 외부로부터의 자기자본금융(새로운 주식의 발행)을 조달하지 않는 상황에서 달성할 수 있는 최대성장률이다. 이러한 성장률은 기업이 자신의 재무레버리지를 증가시키지 않으면서 달성할 수 있는 최대성장률을 의미하므로 흔히 **유지가능성장률**(sustainable growth rate)이라고 불린다.

유지가능성장률 (sustainable growth rate): 자기자본-부채비율을 그대로 유지하면서 또한 외부로부터의 자기자본을 조달하지 않은 상태에서 기업이 달성할 수 있는 최대성장률

기업이 주식을 발행하여 자금을 조달하지 않는 데에는 여러 이유들이 있다. 예를 들어 15장에서 살펴볼 것이지만 주식을 새로 발행하는 것은 매우 비싼 비용을 발생시킬 수 있다. 또한 현재의 소유주들이 새로운 소유주들을 받아들이는 것을 원하지 않거나 주식을 추가적으로 구입하려 하지 않을 수도 있다. 기업이 어떤 특정한 자기자본-부채비율을 최적 비율이라고 생각할 수 있는가에 대해서는 14장과 16장에서 살펴볼 것이다. 지금으로서는 특정한 비율이 주어진 상황이라고 생각하기로 한다.

표 4.8에서 볼 때 Hoffman의 유지가능성장률은 약 20%이다. 왜냐하면 이 성장률에서 Hoffman의 자기자본-부채비율이 거의 1이 되기 때문이다. 정확한 유지가능성장률의 수치(이 장의 연습문제 31 참조)는 아래와 같이 계산된다.

$$\textbf{유지가능성장률} = \frac{\textbf{ROE} \times b}{1 - \textbf{ROE} \times b} \qquad [4.3]$$

이 공식은 ROA 대신 ROE(자기자본순이익률)를 사용한 것 이외에는 내부성장률을 구하는 공식과 똑같다.

Hoffman의 경우 순이익은 66$이고 총자기자본은 250$였다. 따라서 ROE는 $66/$250 = 26.4%이다. 유보율(plowback ratio) b는 여전히 2/3이므로 Hoffman의 유지가능성장률은 아래와 같이 계산된다.

$$\text{유지가능성장률} = \frac{\text{ROE} \times b}{1 - \text{ROE} \times b} = \frac{0.264 \times (2/3)}{1 - 0.264 \times (2/3)} = 21.35\%$$

유지가능성장률 예제 4.2

Hoffman이 정확히 자신의 유지가능성장률인 21.35%와 동일한 성장률로 성장한다고 하자. 이 경우 Hoffman의 추정재무제표는 어떻게 나타나는가?

21.35%의 성장률에서 매출액은 500$에서 606.7$가 될 것이다. 따라서 추정손익계산서는 아래와 같아진다.

HOFFMAN COMPANY 추정손익계산서		
매출액(추정치)		$606.7
비용(매출액의 83.3%)		505.4
세전이익(과세대상소득)		$101.3
세금(21%)		21.3
순이익		$ 80.0
배당	$26.7	
이익잉여금 증가분(유보이익 증가분)	53.3	

다음은 추정재무상태표이다. 이 경우, 유보이익의 증가가 53.3$이므로 자기자본도 250$에서 303.3$로 53.3$만큼 증가하는 것임을 주목하라.

HOFFMAN COMPANY 추정재무상태표					
자산			부채 및 자기자본		
	금액	매출액에 대한 비율		금액	매출액에 대한 비율
유동자산	$242.7	40%	총부채	$250.0	n/a
고정자산	364.0	60	자기자본	303.3	n/a
자산 총계	$606.7	100%	부채 및 자기자본 총계	$553.3	n/a
			외부필요자금	$ 53.3	n/a

추정재무상태표에서 알 수 있듯이 EFN은 53.3$이다. 이 금액을 차입한다면 Hoffman의 총부채는 303.3$가 되며, 자기자본-부채비율은 정확히 1이 된다. 이는 앞에서 계산한 유지가능성장률이 맞는다는 것을 확인해준다.

따라서 Hoffman은 외부로부터의 자기자본금융 없이도 연간 최대 21.35%의 성장률을 달성할 수 있다.

성장의 결정요소들 3장에서 듀퐁항등식을 통해서 자기자본순이익률(ROE)이 여러 요소로 구성된다는 것을 보았다. ROE가 유지가능성장률을 결정짓는 요소이므로, ROE를 구성하는 요소들 또한 유지가능성장률을 결정짓는 중요한 요소가 된다.

3장에서 ROE는 아래와 같은 세 가지 요소로 구성된다는 것을 보았다.

ROE = 매출액순이익률 × 총자산회전률 × 자기자본승수

유지가능성장률 공식을 살펴보면 ROE를 증가시키는 것은 분자의 값을 크게 만들고, 분모의 값을 작게 만든다는 것을 알 수 있다. 유보율(b)을 증가시키는 것도 마찬가지 효과를 발생시킨다.

이러한 점을 모두 종합하면, 기업의 유지가능성장률이 다음의 네 가지 요소들에 의해 영향을 받는다는 것을 알 수 있다.

1. **매출액순이익률**: 매출액순이익률의 증가는 기업의 내부자금 조달능력을 증가시키므로 기업의 유지가능성장률을 증가시킨다.
2. **배당정책**: 순이익에서 배당으로 지급되는 비율(배당성향률)이 줄어들면 유보율이 증가한다. 유보율의 증가는 기업의 내부자금 조달능력을 증가시키므로 기업의 유지가능성장률을 증가시킨다.
3. **재무정책**: 자기자본-부채비율의 증가는 기업의 재무레버리지를 증가시킨다. 이는 부채로 조달될 수 있는 자금의 크기를 증가시키므로 기업의 유지가능성장률을 증가시킨다.
4. **총자산회전율**: 총자산회전율의 증가는 자산 1$당 발생하는 매출액을 증가시킨다. 이는 매출액이 증가함에 따라 자산을 새롭게 구입할 필요성을 감소시키므로 기업의 유지가능성장률을 증가시킨다. 총자산회전율의 증가는 자본집중률의 감소와 같은 것임을 기억하라.

유지가능성장률은 재무계획을 세우는 데 매우 유용한 수치이다. 유지가능성장률이 보여주는 것은 기업의 네 가지 주요 사항들 간의 명시적 관련성이다. 네 가지 주요 사항이란 매출액순이익률이 나타내는 영업의 효율성, 총자산회전률이 나타내는 자산운용의 효율성, 유보율이 나타내는 기업의 배당정책, 자기자본-부채비율이 나타내는 기업의 재무정책이다.

이들 네 가지 사항에 대한 수치가 주어졌을 때 달성될 수 있는 성장률은 단 하나이다. 이는 중요하므로 아래에 요약하여 다시 정리한다.

어떤 기업이 새로운 주식을 발행하지 않고, 또한 그 기업의 매출액순이익률, 배당정책, 재무정책, 총자산회전율(또는 자본집중도)이 모두 고정되어 있다면 그 기업이 달성할 수 있는 성장률은 단 하나뿐이다.

이 장의 앞부분에서 설명했듯이 장기재무계획이 가져다주는 중요한 혜택 중 하나는 기업이 갖고 있는 여러 목표들에 대해서 내부적인 일관성을 유지하게 해준다는 것이다. 유지가능성장률이라는 개념은 이러한 점을 잘 지적하고 있다. 이제 우리는 계획된 성장률의 달성가능성을 살펴보기 위하여 재무계획모형이 어떻게 사용될 수 있는지를 알게 되었다. 매출액이 유지가능성장률보다 더 높은 비율로 성장한다면 기업은 매출액순이익률을 증가시키거나, 총자산회전율을 증가시키거나, 재무레버리지를 증가시키거나, 유보율을 증가시키거나, 새로운 주식을 발행해야 한다.

표 4.9에 내부성장률과 유지가능성장률이 요약되어 있다.

유지가능성장률의 계산: 참고사항

흔히 유지가능성장률은 우리의 공식과는 다르게 공식의 분자 부분인 ROE × b만으로 단순히 표현되기도 한다. 이러한 관행이 혼란을 일으키므로 이 점에 대해서 분명히 해두고자 한다. 문제는 ROE가 어떻게 계산되는가에 달려 있다. ROE는 순이익을 총자기자본으로 나누어 구해진다. 만

표 4.9
내부성장률과 유지가능성장률의 요약

I. 내부성장률

$$\text{내부성장률} = \frac{\text{ROA} \times b}{1 - \text{ROA} \times b}$$

ROA = 총자산순이익률 = 순이익/총자산
b = 유보율
= 유보이익 증가분/순이익

내부성장률은 어떠한 종류의 외부자금 조달 없이 달성될 수 있는 최대성장률이다.

II. 유지가능성장률

$$\text{유지가능성장률} = \frac{\text{ROE} \times b}{1 - \text{ROE} \times b}$$

ROE = 자기자본순이익률 = 순이익/자기자본
b = 유보율
= 유보이익 증가분/순이익

유지가능성장률은 자기자본-부채비율을 일정하게 유지하면서 또한 외부로부터 자기자본을 조달하지 않는 상태에서 달성될 수 있는 최대성장률이다.

IN THEIR OWN WORDS ...

Robert C. Higgins 교수의 유지가능성장률에 대한 설명

대부분의 재무관리자는 돈이 있어야 돈을 벌 수 있다는 것을 직관적으로 알고 있다. 매출액의 급속한 성장은 외상매출금, 재고, 공장의 형태로 자산의 증가를 요구한다. 이는 그러한 자산을 구입하기 위한 돈이 요구되는 것을 의미한다. 재무관리자들은 또한 자기 기업이 돈이 필요할 때 돈을 갖고 있지 않다면 자기 기업이 글자 그대로 성장하면서 망할 수 있다는 것을 알고 있다. 유지가능성장률 공식은 이러한 직관적 진실을 잘 나타내주고 있다.

유지가능성장률은 종종 은행이나 기타 기업 외부의 분석가들에 의해 해당 기업의 신용도를 평가하기 위해서 사용되기도 한다. 이들은 연간 유지가능성장률을 포함한 기업들의 과거 재무적 성과에 대해 자세한 분석을 제공하는 컴퓨터 소프트웨어의 도움을 받는다.

은행들은 이러한 정보를 여러 방법으로 사용한다. 한 기업의 실제 성장률과 유지가능성장률을 바로 비교해 봄으로써 은행들은 그 기업의 최고경영진이 직면하고 있는 재무적 문제가 무엇인지에 대해서 알 수 있다. 기업들의 실제 성장률이 유지가능성장률을 능가한다면 기업의 경영층이 직면하는 문제는 성장을 지원하기 위한 현금을 어디서 구할 것인가 하는 것일 것이다. 따라서 이러한 경우, 은행들은 자금을 대출해 주면서 이자를 충분히 받을 것으로 기대할 수 있다. 이와 반대로 기업들의 유지가능성장률이 지속적으로 실제 성장률보다 높게 나타난다면 기업의 경영층은 쌓여가는 현금을 어떻게 할 것인가 하는 문제에 직면하게 될 것이며, 이 경우 은행은 투자대상이 되는 금융상품을 기업의 경영층에 설명하는 준비를 해야 할 것이다.

또한 은행은 재무적 경험이 부족한 중소기업 소유자나 너무나 낙관적인 기업가에게 기업의 장기적 생존을 위해 성장성과 수익성의 적절한 균형을 취하는 것이 필요하다는 점을 설명할 때 유지가능성장률 공식을 유용하게 사용할 수 있다.

마지막으로 기업의 실제 성장률과 유지가능성장률을 비교해봄으로써 은행은 기업이 돈을 빌리는 이유가 무엇이며 또한 얼마 동안 돈을 필요로 할 것인지를 파악하는 데 도움을 받을 것이다. 실제의 예로, 어떤 기업이 한 은행에게 자신의 원재료 공급자들에게 대금을 지불하기 위해 100,000$의 대여를 신청하면서 외상매출금이 곧 회수되는 대로 수개월 내에 갚는다는 약속을 했다. 그러나 그 은행이 해당 기업에 대한 유지가능성장률 분석을 통해 알게 된 것은 그 기업의 실제 성장률이 유지가능성장률의 4~6배였으며, 그러한 성장은 당분간 계속 유지될 것이라는 것이었다. 이러한 사실의 확인을 통해 해당 은행은 원재료 공급자들이 대금지불을 독촉하는 것은 그 기업이 "너무 급속한 성장"이라는 근본적인 병을 앓고 있다는 것을 알게 되었으며, 100,000$는 그 기업이 앞으로 계속 지불해야 하는 훨씬 더 큰 대금의 일부에 지나지 않는다는 점을 파악하게 되었다.

Robert C. Higgins 교수는 워싱턴대학(University of Washington)의 재무전공 교수이다. 그는 유지가능성장률을 재무분석에 최초로 사용하였다.

약 기말 재무상태표에 나타나는 총자기자본의 수치를 사용한다면(지금까지 우리는 그렇게 해왔고 실제의 관행도 그렇다) 우리가 사용한 유지가능성장률 공식이 맞는 것이다. 그러나 만약 기초에 나타나는 총자기자본의 수치를 사용한다면 더 단순한 표현이 맞는 것이다.

원칙적으로 어떤 수치를 사용하든(ROE를 순이익을 총자기자본으로 나눈 것으로 계산하는 한) 두 경우 모두 동일한 값의 유지가능성장률을 얻게 된다. 그러나 현실적으로는 회계처리와 관련된 문제로 인하여 두 수치 간에 약간의 차이가 나타날 수도 있다. 일부에서 주장하는 것처럼 자기자본의 크기로 기초와 기말의 자기자본 크기의 평균치를 사용한다면, 또 다른 공식이 사용되어야 한다. 이상에서 언급한 내용은 내부성장률의 경우에도 마찬가지로 해당된다.

간단한 예를 통해 이를 살펴보기로 하자. 어떤 기업의 순이익이 20$, 유보율이 0.6이라고 하자. 기초의 자산은 100$, 자기자본-부채비율은 0.25이다. 따라서 기초의 자기자본은 80$이다.

기초의 자료를 사용하는 경우에는

ROE = \$20/\$80 = 0.25 = 25%
유지가능성장률 = 0.60 × 0.25 = 0.15 = 15%

한편, 기말자기자본은 \$80 + 0.6 × \$20 = 92$이다.

ROE = \$20/\$92 = 0.2174 = 21.74%
유지가능성장률 = 0.6 × 0.2174/(1 − 0.6 × 0.2174) = 0.15 = 15%

이 두 성장률은 (두 번째 계산의 경우 약간의 반올림 처리를 고려하면) 정확히 일치한다. 내부성장률도 12%로 동일하게 나오는지 확인해보라.

예제 4.3 매출액순이익률과 유지가능성장률

Sandar Co.의 자기자본-부채비율은 0.5, 매출액순이익률은 3%, 배당성향률은 40%, 자본집중률은 1이다. Sandar의 유지가능성장률은 얼마인가? Sandar가 10%의 유지가능성장률을 목표로 설정하고 이를 달성하기 위해 매출액순이익률을 높이는 계획을 세웠다. 이에 대해 당신은 어떻게 생각하는가?

ROE는 0.03 × 1 × 1.5 = 4.5%이다. 유보율은 1 − 0.4 = 0.6이다. 따라서 유지가능성장률은 0.045(0.6)/[1 − 0.045(0.6)] = 2.77%.

Sandar가 10% 성장률을 달성하려면 매출액순이익률이 증가해야 한다. 이를 살펴보기 위해 유지가능성장률이 10%일 때의 매출액순이익률(profit margin: PM)을 구하면 다음과 같다.

0.10 = PM(1.5)(0.6)/[1 − PM(1.5)(0.6)]
PM = 0.1/0.99 = 0.101 = 10.1%

계획을 달성하기 위해 매출액순이익률은 3%에서 10%로 매우 크게 증가해야 한다. 따라서 이러한 목표는 달성하기 어려울지도 모른다.

개념질문 _Concept Questions

4.4a 회계적 수치인 자기자본순이익률(ROE)과 기업의 유지가능성장률은 어떠한 관련을 갖는가?

4.4b 기업의 성장률을 결정짓는 요소들은 무엇인가?

재무계획모형에서 고려되어야 할 점들 4.5

재무계획모형들이 던지는 질문이 항상 적절한 질문인 것은 아니다. 그 주된 이유는 기본적으로 재무계획모형이 회계적인 것과 관련된 것이지 재무적인 것과 관련된 것은 아니기 때문이다. 특히 기업가치에서 고려되어야 할 세 가지 기본요소인 현금흐름의 크기(cash flow size), 현금흐름의 위험(risk), 현금흐름의 시간성(timing)이 무시되고 있기 때문이다.

이러한 이유 때문에 때때로 재무계획모형들은 기업의 가치를 증가시키기 위해서 어떤 전략을 채택해야 하는지에 대해 의미 있는 대답을 해주지 못하면서 이를 사용하는 사람들이 자기자본-부채비율과 성장률 간의 관계에 관심을 갖도록 만든다.

재무계획모형들은 Hoffman사에 대해 적용한 간단한 예에서 보는 것처럼, 기본적으로는 추정재무제표를 만들어주는 수단이다. 따라서 재무계획모형들은 불일치성을 파악하게 해주어 필요한 자금의 크기를 알려주는 역할을 하기는 하지만 그러한 문제들을 어떻게 다루어야 하는지에 대해서는 이야기해 주는 것이 없다.

마지막으로, 장기재무계획이란 반복되는 과정이라는 것을 인식하기 바란다. 계획이란 만들어지고 검토되고 다시 계속 수정되는 것이다. 최종계획은 그 과정에 참가한 서로 다른 모든 당사자들 간에 이루어진 타협의 산물로 나타나게 된다. 실제로 기업들의 장기재무계획은 프로크루스테스(Procrustes) 과정이라고 부를 수 있는 과정을 통해 작성된다.[2] 상위계층의 경영진이 갖고 있는 마음속의 목표에 맞추기 위해서 장기재무계획자들은 반복적인 작업을 통해 그 목표를 달성할 수 있는 계획을 최종적으로 작성하게 된다.

따라서 최종계획은 묵시적으로 여러 다양한 제약들을 만족하면서 서로 다른 사업부문들의 다양한 목표들을 포함하게 된다. 이러한 이유 때문에 재무계획이 미래에 대해 우리가 판단하는 객관적 판단일 필요는 없다. 그 대신 재무계획은 기업 내 서로 다른 집단들의 계획된 행동들을 서로 조정하고 미래를 위해 공동의 목표를 세우는 수단이 될 수 있다.

개념질문 _Concept Questions

4.5a 재무계획모형들에서 종종 무시되는 요소들에는 어떤 것들이 있는가?

4.5b 계획이 반복되는 과정이라고 말하는 이유는 무엇인가?

[2] 프로크루스테스(Procrustes)는 그리스신화에 나오는 거인으로, 여행자를 잡아 철제 침대에 묶고 침대 크기에 맞추기 위해서 다리가 긴 여행자의 다리는 자르고, 다리가 짧은 여행자의 다리는 늘렸다고 한다.

4.6 요약과 결론

재무계획은 기업들로 하여금 미래에 대해 생각하게 만든다. 우리는 재무계획 과정이 갖는 여러 특징들에 대해 살펴보았다. 그리고 재무계획이 달성할 수 있는 것이 무엇이며, 재무계획모형을 구성하는 요소들이 무엇인가에 대해 설명하였다. 또한 성장과 그에 따른 필요자금 간의 관계에 대해 설명하였고, 재무계획 모형이 이들 간의 관계를 파악하는 데 갖는 유용성에 대해서도 설명하였다.

재무계획이 순전히 기계적으로 작성되어서는 안 된다. 그렇게 한다면 아마도 재무계획은 잘못된 것에 초점을 맞추게 될지도 모른다. 재무계획이 가치창조와 연결된 명확한 연결고리 없이 단순히 목표성장률을 가지고 작성되는 경우가 많으며, 또한 너무 과다하게 회계적 재무제표를 의식하여 작성되는 경우가 많기는 하지만, 재무계획을 갖고 있음으로써 기업은 미래에 직면할 수 있는 어려움을 피해갈 수 있다. 이러한 점은 유명한 야구포수인 Yogi Berra의 다음과 같은 말에 의해 아마 가장 잘 표현될 것이다. "당신이 어디로 가는지 모르는 경우에는 항상 앞을 잘 살펴보아야 한다. 당신은 거기에 도착하지 못할 수도 있다."[3]

복습과 자가진단

4.1 EFN의 계산 다음은 Skandia Mining Company에 대한 정보이다. 이 회사의 매출액이 예상한 대로 10% 성장한다면 EFN은 얼마인가? 매출액 백분율법을 사용하고, 이 회사가 항상 생산시설을 완전가동하고 있다고 가정한다. 배당성향률은 일정하다.

SKANDIA MINING COMPANY
재무제표

손익계산서		재무상태표			
		자산		부채 및 자기자본	
매출액	$4,250.0	유동자산	$ 900.0	유동부채	$ 500.0
비용	3,936.7	순고정자산	2,200.0	장기부채	1,800.0
세전이익(과세대상소득)	$ 313.3			자기자본	800.0
세금(21%)	65.8				$3,100.0
순이익	$ 247.5	자산 총계	$3,100.0	부채 및 자기자본 총계	
배당	$ 82.6				
유보이익의 증가분	164.9				

4.2 EFN와 시설가동률 문제 4.1에서 Skandia의 순고정자산가동률이 60%라면 EFN은 얼마인가? 95%일 때는 얼마인가?

4.3 유지가능성장률 문제 4.1에서 만약 Skandia가 외부금융을 사용하지 않는다면 달성할 수 있는 성장률은 얼마인가? 유지가능성장률은 얼마인가?

[3]Yogi가 정확히 무엇에 대해 한 말인지는 모르지만, 우리는 Yogi의 말이 갖는 뉘앙스를 좋아한다.

복습과 자가진단의 해답

4.1 EFN을 알기 위해서 매출액 백분율법을 사용하여 추정재무제표를 작성한다. 매출액이 $4,250 × 1.1 = 4,675$라는 것을 주목하라.

SKANDIA MINING COMPANY 추정재무제표		
추정손익계산서		
매출액	$4,675.0	Forecast
비용	4,330.4	(매출액의 92.63%로 예측)
세전이익(과세대상소득)	$ 344.6	
세금(21%)	72.4	
순이익	$ 272.3	
배당	$ 90.9	(순이익의 33.37%)
유보이익증가분	181.4	

자산			부채 및 자기자본		
유동자산	$ 990.0	21.18%	유동부채	$ 550.0	11.76%
순고정자산	2,420.0	51.76%	장기부채	1,800.0	n/a
			자기자본	981.4	n/a
자산 총계	$3,410.0	72.94%	부채 및 자기자본 총계	$3,331.4	n/a
			EFN	$ 78.6	n/a

4.2 생산시설 완전가동 시의 매출액은 현재의 매출액을 생산시설 가동률로 나눈 것이다. 60%의 가동률을 가정할 때 100%의 가동률에서 달성할 수 있는 매출액은 다음과 같이 계산된다.

$4,250 = 0.60 × 생산시설 완전가동 시의 매출액
$7,083 = 생산시설 완전가동 시의 매출액

따라서 매출액이 4,675$일 때, 새로운 고정자산을 구입할 필요가 없다. 그러므로 우리가 추정한 외부금융의 크기는 과장된 것이다. 우리는 고정자산의 증가가 $2,420 − $2,200 = 220$라고 추정하였다. 따라서 필요한 새로운 외부금융의 크기는 $78.6 − $220 = −141.4$가 되어 자금이 모자란 것이 아니라 남는 것이다. 이 경우 외부금융은 필요하지 않다.

현재의 시설가동률이 95%라고 가정한다면 생산시설 완전가동 시의 매출액은 4,474$이다. 생산시설 완전가동 시의 매출액에 대한 고정자산의 비율은 $2,200/ $4,474 = 49.18%이다. 매출액이 4,675$일 때 우리는 $4,675 × 0.4918 = 2,299.0$의 순고정자산을 필요로 하며, 이는 99$의 순고정자산의 증가를 의미한다. 이는 처음에 추정한 순고정자산의 증가액보다 $220 − $99 = 121$가 적은 것이다. 따라서 EFN은 $78.6 − $121 = −42.4$가 된다. 이는 외부금융이 필요한 것이 아니라 42.4$의 여유자금이 생긴다는 것을 의미한다.

4.3 순이익 중에서 Skandia가 유보하는 비율은 b = 1 − 0.3337 = 66.63%이다. 총자산순이익률은 $247.5/$3,100 = 7.98%이다. 따라서 내부성장률은 아래와 같다.

$$\frac{\text{ROA} \times b}{1 - \text{ROA} \times b} = \frac{0.0798 \times 0.6663}{1 - 0.0798 \times 0.6663}$$
$$= 5.62\%$$

Skandia의 자기자본순이익률은 $247.5/$800 = 30.94%이다. 따라서 유지가능성장률은 다음과 같다.

$$\frac{\text{ROE} \times b}{1 - \text{ROE} \times b} = \frac{0.3094 \times 0.6663}{1 - 0.3094 \times 0.6663}$$
$$= 25.97\%$$

개념복습과 개념질문

1. **매출액의 예측** **[LO1]** 대부분의 장기재무계획이 매출액에 대한 예측으로 시작하는 이유는 무엇이라고 생각하는가? 다시 말해 미래의 매출액이 재무계획의 중요한 요소가 되는 이유는 무엇인가?
2. **유지가능성장률** **[LO3]** 이 장에서 Rosengarten의 경우를 들어 필요외부자금(EFN)의 크기를 계산하는 방법을 설명하였다. Rosengarten의 ROE는 약 7.3%이고, 유보율은 약 67%이다. Rosengarten의 유지가능성장률을 계산해보면 5.14%에 그친다는 것을 알 수 있을 것이다. Rosengarten이 필요로 하는 외부금융의 크기를 구할 때 우리는 25%의 성장률을 사용하였다. 그러한 성장률은 가능한 성장률인가? (힌트: 가능한 성장률이다. 그 이유는?)
3. **필요외부자금** **[LO2]** Testaburger, Inc.는 외부금융을 사용하지 않으면서 양(+)의 유보율을 유지하고 있다. 매출액이 15% 증가할 때 이 회사가 예상하는 필요외부자금액은 음(−)으로 나타난다. 이러한 사실이 이 회사의 내부성장률에 대해 말해주고 있는 것은 무엇인가? 유지가능성장률에 대해서는? 이러한 매출액성장률에서 이 회사의 유보율이 증가하면 예상되는 필요외부자금의 크기는 어떻게 되는가? 유보율이 감소하는 경우에는 어떻게 되는가? 이 회사가 순이익 전부를 배당으로 지불한다면 예상되는 필요외부자금의 크기는 어떻게 되는가?
4. **EFN**과 성장률 **[LO2, 3]** Broslofski Co.는 양(+)의 유보율을 갖고 있으면서 매년 고정된 자기자본-부채비율을 유지하고 있다. 매출액이 20% 증가할 때 이 회사의 추정필요 외부자금액은 음(−)의 값을 갖는다. 이러한 사실이 이 회사의 유지가능성장률에 대해 말해주고 있는 것은 무엇인가? 내부성장률이 20%보다 큰지 작은지를 확실히 말할 수 있는가? 그 이유는? 유보율이 증가하면 추정필요 외부자금액의 크기는 어떻게 되는가? 유보율이 감소하는 경우에는 어떻게 되는가? 유보율이 0이라면 어떻게 되는가?

   다음의 정보를 사용하여 문제 5~10까지의 질문에 답하라. 작은 회사인 Grandmother Calendar Company는 개인의 사진을 넣은 달력을 팔기 시작했는데, 이 제품이 성공하여 매출액이 예상했던 것을 훨씬 넘어 크게 증가하였다. 몰려드는 수요로 인해 주문이 밀려 이 회사는 더 넓은 공간을 임차하고 생산시설도 확장하였지만, 주문에 맞춰 생산하는 데 여전히 어려움이 있었다. 생산시설은 과다한 사용으로 자주 고장이 났으며, 제품의 질도 떨어지기 시작했다. 운전자본은 생산시설을 확장하는 데 사용되었으며 또한 종종 제품이 고객들에게 배달될 때까지 고객들의 대금지불도 늦어졌다. 주문날짜에 맞추어 배달하는 것이 불가능해지면서 이 회사는 현금부족에 직면하게 되어 급기야 종업원들에게 봉급으로 지불한 수표도 부도내기 시작했다. 마침내 현금이 바닥나고 이 회사는 3년 뒤에 활동을 멈추게 되었다.
5. **매출액** **[LO4]** 이 회사 제품이 큰 인기를 얻지 못했더라도 이 회사가 같은 운명에 처했을 것이라고 생각하는가? 왜 그런가? 왜 그렇지 않은가?

6. **현금흐름 [LO4]** Grandmother Calendar는 분명히 현금흐름에 문제를 갖고 있었다. 2장에서 설명한 현금흐름 분석을 활용할 때 고객들이 제품이 배달될 때까지 대금을 지불하지 않은 것은 이 회사의 현금흐름에 어떤 영향을 미쳤다고 생각하는가?
7. **가격의 책정 [LO4]** 이 회사의 제품이 경쟁기업의 제품보다 더 우수했음에도 불구하고 이 회사는 자사의 제품가격을 경쟁기업의 가격보다 약 20% 낮게 책정했다. 돌이켜 생각해볼 때, 이 선택은 현명한 선택이었는가?
8. **차입 [LO4]** 이 회사가 제품판매에 매우 성공적이었지만 은행이나 다른 투자자들이 이 회사가 필요로 하는 현금을 계속 대여해주지 않으려고 한 이유는 무엇인가?
9. **현금흐름 [LO4]** 이 회사를 망하게 만든 가장 큰 범인은 어느 것인가? 너무 많은 주문인가, 너무 적은 현금인가, 아니면 너무 적은 생산능력(production capacity)인가?
10. **현금흐름 [LO4]** 매출액 성장이 생산능력을 훨씬 앞지르고 또한 자사가 사용할 수 있는 재무적 자원을 능가할 때 Grandmother Calendar와 같은 소기업이 취할 수 있는 행동들에는 어떤 것들이 있는가? 주문량이 생산능력을 초과할 때 생산시설의 확대 이외에 어떤 다른 선택이 있을 수 있는가?

연습문제

초급문제
(1-15)

1. **추정재무제표 [LO1]** Wesney Corporation의 상황이 아래와 같은 단순화한 재무제표에 의해 표시되었다(법인세는 없다고 가정).

손익계산서		재무상태표			
매출액	$39,400	자산	$29,200	부채	$ 9,400
비용	34,700			자기자본	19,800
순이익	$ 4,700	총계	$29,200	총계	$29,200

이 회사는 매출액이 15% 증가할 것으로 예측했다. 또한 재무상태표에 있는 모든 항목의 수치가 그에 따라 15%로 증가할 것으로 예측했다. 추정재무제표를 작성하고 항목들의 수치를 조정해보라. 이 경우 무엇이 조정변수가 되는가?

2. **추정재무제표와 EFN [LO1, 2]** 문제 1에서, 이 회사가 순이익의 절반을 현금 배당하며, 비용과 자산은 매출액과 함께 변하지만 부채와 자기자본은 매출액과 함께 변하지 않는다고 가정할 때, 추정재무제표를 작성하라. 필요외부자금의 크기는 얼마인가?
3. **EFN의 계산 [LO2]** Camryn, Inc.의 가장 최근의 재무제표는 다음과 같다(법인세는 없다고 가정).

손익계산서		재무상태표			
매출액	$7,900	자산	$22,900	부채	$ 9,100
비용	5,360			자기자본	13,800
순이익	$2,540	총계	$22,900	총계	$22,900

자산과 비용은 매출액과 비례하며 변하지만, 부채와 자기자본은 그렇지 않다. 배당은 지불되지 않는다. 다음 해의 예상매출액은 9,164$이다. 필요외부자금의 크기는 얼마인가?

4. **EFN의 계산 [LO2]** Mixton, Inc.의 가장 최근 재무제표는 다음과 같다.

손익계산서		재무상태표			
매출액	$20,300	자산	$47,000	부채	$26,900
비용	17,100			자기자본	20,100
과세대상소득	$ 3,200	자산 총계	$47,000	부채 및 자기자본 총계	$47,000
세금(21%)	672				
순이익	$ 2,528				

자산과 비용은 매출액과 비례하여 변하며, 부채와 자기자본은 그렇지 않다. 1,400$의 배당이 지급되었다. 이 회사는 배당성향률을 일정하게 유지하려고 한다. 다음 해의 예상매출액은 23,345$이다. 필요외부자금의 크기는 얼마인가?

5. **EFN의 계산 [LO2]** Assouad, Inc.의 가장 최근 재무제표는 아래와 같다.

손익계산서		재무상태표			
매출액	$8,700	유동자산	$ 4,200	유동부채	$ 1,900
비용	5,600	고정자산	10,400	장기부채	3,800
과세대상소득	$3,100			자기자본	8,900
세금(25%)	775	자산 총계	$14,600	부채 및 자기자본 총계	$14,600
순이익	$2,325				

자산, 비용, 유동부채는 매출액과 비례하여 변하며, 장기부채와 자기자본은 그렇지 않다. 이 회사는 배당성향률을 40%로 일정하게 유지하고 있다. 이 산업에 있는 다른 기업들과 마찬가지로 이 회사는 내년 매출액이 15% 증가할 것으로 예상하고 있다. 필요외부자금의 크기는 얼마인가?

6. **내부성장률의 계산 [LO3]** Mandy Co.의 가장 최근 재무제표는 아래와 같다.

손익계산서		재무상태표			
매출액	$16,400	유동자산	$11,200	유동부채	$13,600
비용	11,200	고정자산	24,300	자기자본	21,900
과세대상소득	$ 5,200	자산 총계	$35,500	부채 및 자기자본 총계	$35,500
세금(21%)	1,092				
순이익	$ 4,108				

자산과 비용은 매출액과 비례하여 변하며, 부채와 자기자본은 그렇지 않다. 이 회사는 배당성향률을 30%로 일정하게 유지하고 있다. 내부성장률은 얼마인가?

7. **유지가능성장률의 계산 [LO3]** 문제 6에서 유지가능성장률은 얼마인가?

8. **매출액과 성장 [LO2]** Tran Co.의 최근 재무제표는 아래와 같다.

손익계산서		재무상태표			
매출액	$38,600	유동자산	$16,500	장기부채	$29,000
비용	32,400	고정자산		자기자본	51,700
과세대상소득	$ 6,200	자산 총계	64,200	부채 및 자기자본 총계	$80,700
세금(23%)	1,426		$80,700		
순이익	$ 4,774				

자산과 비용은 매출액과 비례하여 변한다. 이 회사는 배당성향률을 40%로 일정하게 유지하며 자기자본-부채비율도 일정하게 유지한다. 새로운 자기자본이 조달되지 않는다고 가정할 때, 유지할 수 있는 매출액의 최대증가율은 얼마인가?

9. **추정손익계산서로 유보이익(이익잉여금) 구하기** [LO1] 다음은 Heir Jordan Corporation의 손익계산서이다.

HEIR JORDAN CORPORATION 손익계산서		
매출액		$53,000
비용		40,900
세전이익(과세대상소득)		$12,100
세금(22%)		2,662
순이익		$ 9,438
배당	$3,500	
이익잉여금 증가	5,938	

매출액은 20% 성장할 것으로 예측된다. 비용이 매출액과 함께 변하고, 배당성향률은 일정하다고 가정하여 추정손익계산서를 작성해보라. 유보이익의 증가는 얼마로 추정되는가?

10. **매출액 백분율법의 적용** [LO1] Heir Jordan Corporation의 재무상태표는 다음과 같다. 재무상태표가 주는 정보와 문제 9의 손익계산서로부터 얻을 수 있는 정보를 가지고 매출액 백분율법을 사용하여 아래의 재무상태표에서 빈칸을 채워보라. 외상매입금은 매출액과 함께 변하며, 지급어음은 그렇지 않다. 필요한 경우에는 "n/a"로 표시하라.

HEIR JORDAN CORPORATION 재무상태표					
자산			부채 및 자기자본		
	금액	매출액에 대한 비율		금액	매출액에 대한 비율
유동자산			유동부채		
현금	$ 3,140	—	외상매입금	$ 2,600	—
외상매출금	4,200	—	지급어음	5,700	—
재고	6,500	—	합계	$ 8,300	—
합계	$13,840	—	장기부채	$28,000	—
고정자산			자기자본		
순고정자산	$43,200	—	보통주와 자본잉여금	$ 5,000	—
			누적이익잉여금	15,740	—
			합계	$20,740	—
자산 총계	$57,040	—	부채 및 자기자본 총계	$57,040	—

11. **EFN과 매출액** [LO2] 앞의 두 문제로부터 EFN을 나타내는 추정재무상태표를 작성해보라. 매출액증가율은 15%이고, 부채나 자기자본을 외부에서 조달하지 않으며, 배당성향률은 일정하다고 가정하라.

12. **내부성장률** [LO3] Fairlane Co.의 ROA는 8.3%이고, 배당성향률은 35%이다. 이 회사의 내부성장률은?

13. **유지가능성장률 [LO3]** Premier Corp.의 ROE는 14.1%이고, 배당성향률은 25%이다. 이 회사의 유지가능성장률은?

14. **유지가능성장률 [LO3]** 다음의 정보를 이용하여 Kayla's Heavy Equipment의 유지가능성장률을 계산하라.

매출액순이익률 = 7.3%
자본집중률 = 0.95
자기자본-부채비율 = 1.05
순이익 = $84,000
배당 = $24,000

15. **유지가능성장률 [LO3]** 아래의 비율들이 일정하다고 가정할 때 유지가능성장률은 얼마인가?

총자산회전률 = 3.20
매출액순이익률 = 5.2%
자기자본승수 = 0.95
배당성향률 = 35%

중급문제
(16-26)

16. **생산시설 완전가동 시의 매출액 [LO1]** Pinnacle Mfg., Inc.는 현재 자신의 고정자산이 갖고 있는 생산능력의 94%만을 사용하고 있다. 현재의 매출액은 830,000$이다. 새로운 고정자산이 필요해지기 전까지 매출액은 얼마나 빠르게 성장할 수 있는가?

17. **고정자산과 가동률 [LO1]** 문제 16에서 고정자산이 590,000$이고, 매출액은 910,000$로 증가할 것으로 예상된다고 할 때, 매출액의 이러한 성장을 지원하기 위해 새롭게 구입되어야 하는 고정자산의 크기는 얼마인가?

18. **성장과 매출액순이익률 [LO3]** Gamgee Co.는 연간 성장률을 11%, 자기자본-부채비율을 0.75 순이익 중 배당하는 배당금의 비율인 배당성향률을 25%로 유지하기 원한다. 총자산은 매출액의 0.65배로 일정하게 유지된다. 이 회사는 얼마의 매출액순이익률(마진율)을 달성해야 하는가?

19. **성장과 자산 [LO3]** 어떤 기업이 내부성장률을 6.4%로, 배당성향률을 25%로 유지하기 원한다. 현재의 마진율(매출액순이익률)은 5.7%이다. 외부자금은 사용하지 않는다. 총자산회전률은 얼마가 되어야 하는가?

20. **유지가능성장률 [LO3]** 다음의 정보를 가지고 Hendrix Guitars, Inc.의 유지가능성장률을 계산하라.

마진율(매출액순이익률) = 5.9%
총자산회전율 = 1.15
총부채비율 = 0.45
배당성향률 = 40%

21. **유지가능성장률과 외부금융 [LO3]** 다음은 Caccamisse, Inc.에 대한 정보이다.

매출액 = $255,000
순이익 = $19,200
배당 = $7,500
총부채 = $67,000
총자기자본 = $77,000

이 회사의 유지가능성장률은 얼마인가? 만약 이 회사가 이와 같은 성장률로 성장한다면, 자기자본-부채비율이 일정하게 유지된다고 가정할 때 다음 해에 새롭게 차입해야 할 금액은 얼마인가? 외부자금을 조달하지 않을 경우에 달성할 수 있는 성장률은 얼마인가?

22. **유지가능성장률 [LO3]** Deprey, Inc.의 기초의 자기자본은 153,000$였다. 이 회사의 기말의 총자산은 215,000$였다. 일 년 동안 이 회사가 새로 발행한 주식은 없다. 한 해 동안의 순이익은 29,000$였으며, 배당액은 6,400$였다. 이 회사의 유지가능성장률은 얼마인가? 유지가능성장률을 구하는 공식으로 ROE × *b*를 사용하고, 자기자본으로 기초의 자기자본을 사용할 때 유지가능성장률은 얼마인가? 자기자본으로 기말의 자기자본을 사용할 때 유지가능성장률은 얼마로 나타나는가? 이 수치는 너무 높은 수치인가, 너무 낮은 수치인가? 그 이유는?

23. **내부성장률 [LO3]** 문제 22에서 내부성장률을 계산하라. 기초의 총자산과 기말의 총자산을 사용하여 ROA × *b* 공식에 의해 각각의 경우 나타나는 내부성장률을 구해보라. 당신은 무엇을 발견하는가?

24. **EFN의 계산 [LO2]** Crosby, Inc.의 최근 재무제표는 다음과 같이 나타난다. 2021년에 매출액은 20% 증가할 것으로 예측된다. 이자비용은 일정한 크기로 유지된다. 또한 법인세율과 배당성향률도 일정하게 유지된다. 비용, 기타 지출, 유동자산, 고정자산, 외상매입금은 매출액과 함께 변화한다. 현재 이 회사가 생산시설을 완전가동하면서 운영되고 있고, 새로운 부채나 자기자본조달은 없다고 할 때, 20%의 매출액 성장률을 지원하기 위해서 요구되는 외부자금의 크기는 얼마인가?

CROSBY, INC. 2020년 손익계산서		
매출액		$686,530
비용		554,420
기타 지출		14,020
이자 및 법인세 차감전 이익		$118,090
이자비용		12,090
과세대상소득		$106,000
세금(21%)		22,260
순이익		$ 83,740
배당	$27,475	
이익잉여금 증가분(유보이익 증가분)	56,265	

CROSBY, INC. 2020년 12월 31일 재무상태표			
자산		**부채 및 자기자본**	
유동자산		유동부채	
현금	$ 20,940	매입채무(외상매입금)	$ 53,790
매출채권(외상매출금)	31,970	지급어음	13,215
재고	71,320	합계	$ 67,005
합계	$124,230	장기부채	$127,500
고정자산		자기자본	
순고정자산	$341,980	보통주와 자본잉여금	$105,000
		누적이익잉여금(누적유보이익)	166,705
		총자기자본	$271,705
자산 총계	$466,210	부채 및 자기자본 총계	$466,210

25. **가동률과 성장 [LO2]** 문제 24에서 이 회사가 2020년에 생산능력의 80%만을 사용하고 있다고 하면 EFN은 얼마가 되는가?

26. **EFN의 계산 [LO2]** 문제 24에서 이 회사가 자기자본-부채비율을 일정하게 유지하기를 원한다면 EFN은 얼마가 되는가?

고급문제
(27-32)

27. **EFN과 내부성장률 [LO2, 3]** 매출액성장률을 20%가 아닌 15%와 25%로 가정하고 문제 24를 다시 풀어보라. 그래프를 사용하여 EFN과 성장률의 관계를 설명해보라. 어떤 성장률에서 EFN이 0이 되는가? 여기서 구한 내부성장률이 교과서에 있는 방정식을 사용할 때 나타나는 내부성장률과 다르게 나타나는 이유는 무엇인가?

28. **EFN과 유지가능성장률 [LO2, 3]** 매출액성장률을 20%가 아닌 30%와 35%로 가정하고 문제 26을 다시 풀어보라. 그래프를 사용하여 EFN과 성장률의 관계를 설명해보라. 어떤 성장률에서 EFN이 0이 되는가? 여기서 구한 유지가능성장률이 교과서에 있는 방정식을 사용할 때 구해지는 유지가능성장률과 다른 이유는 무엇인가?

29. **성장의 한계 [LO3]** Tinsley, Inc.은 연간 12%의 성장률, 0.55의 자기자본-부채비율을 갖기 원한다. 매출액순이익률은 6.2%이고, 총자산은 매출액의 1.05배이다. 이 성장률은 가능한 것인가? 답하기 전에 배당성향률이 얼마가 되어야 하는가를 결정하라. 당신이 얻은 결과를 설명해보라.

30. **EFN [LO2]** 아래에 약자들의 의미가 주어져 있다.

    S = 전년도의 매출액
    A = 총자산
    E = 총자기자본
    g = 추정 매출액성장률
    PM = 매출액순이익률(마진율)
    b = 유보율

    모든 부채가 고정되어 있다고 가정하고, EFN이 다음과 같이 표현될 수 있음을 증명하라.

    $$\text{EFN} = -\text{PM(S)}b + (\text{A} - \text{PM(S)}b) \times g$$

    힌트: 필요한 자산의 크기는 A × g가 될 것이며, 유보이익의 증가는 $\text{PM(S)}b \times (1 + g)$가 될 것이다.

31. **성장률 [LO3]** 문제 30에서 나타나는 내부성장률과 유지가능성장률이 이 장에서 설명한 공식에 의해 구해지는 성장률과 같음을 보여라. (힌트: 내부성장률을 구하기 위해서 EFN을 0으로 놓고 g를 구해보라.)

32. **유지가능성장률 [LO3]** 이 장에서 우리는 유지가능성장률을 구하는 두 종류의 공식에 대해 설명했다. 기초의 ROE를 사용한다면 이 장에서 제시한 공식이 ROE × b가 된다는 것을 증명해보라. 또한 내부성장률의 공식도 ROA × b가 됨을 증명해보라.

작은 사례

S&S Air의 성장을 위한 재무계획

Chris는 S&S Air에 대한 비율분석을 마쳤다(3장 참고). Mark와 Todd는 내년 매출액 계획을 위해 Chris와 논의하려고 한다. 이 회사는 필요한 자금을 살펴보기 위한 재무계획을 작성해오지 않았고, 그에 따라 현금흐름 문제로 어려운 기간도 경험했었다. 재무계획을 세우지 않음으로써 매출기회를 놓치기도 했었다. 따라서 이들은 Chris가 내년도의 재무계획을 작성하여 필요한 외

S&S AIR, INC. 2021년 손익계산서		
매출액		$37,038,492
매출원가		27,629,530
기타 지출		4,696,692
감가상각		1,659,882
EBIT		$ 3,052,388
이자비용		580,078
과세대상소득		$ 2,472,310
세금(21%)		618,078
순이익		$ 1,854,232
배당	$ 565,000	
이익잉여금 증가분(유보이익 증가분)	1,289,232	

S&S AIR, INC. 2021년 재무상태표			
자산		부채 및 자기자본	
유동자산		유동부채	
현금	$ 419,970	매입채무(외상매입금)	$ 854,685
매출채권(외상매출금)	674,475	지급어음	1,951,642
재고	988,129	유동부채 합계	$ 2,806,327
유동자산 합계	$ 2,082,574	장기부채	$ 5,100,000
고정자산			
순고정자산	$16,305,556	자기자본	
		보통주	$ 410,000
		누적이익잉여금(누적유보이익)	10,071,803
		총자기자본	$10,481,803
자산 총계	$18,388,130	부채 및 자기자본 총계	$18,388,130

부자금을 파악해주기를 원했다. 손익계산서와 재무상태표는 다음과 같다.

질문

1. S&S Air의 내부성장률과 유지가능성장률을 계산하라. 이 수치들이 의미하는 것은 무엇인가?
2. S&S Air는 내년에 매출액을 12% 증가시키려고 계획하고 있다. 이 회사가 생산시설을 100% 가동하고 있다고 가정하고, 이 회사의 EFN을 계산하라. 이러한 매출액 성장률은 달성될 수 있는가?
3. 대부분의 자산은 매출액과 동일한 비율로 증가할 수 있다. 예를 들어 현금은 어떠한 비율로든 증가할 수 있다. 그러나 고정자산은 특정한 수치로만(공장이나 기계는 잘라서 일부만 구입할 수 있는 것이 아니므로) 증가시키는 것이 가능하다. 따라서 고정자산에 대한 비용은 계단 모양처럼 일정한 크기의 배수로 증가하게 된다. 현재 S&S Air가 100%의 가동률로 생산하고 있다고 가정할 때, 생산량을 증가시키기 위해서 이 회사는 5,000,000$를 지불하여 새로운 생산시설을 마련해야 한다. 이러한 가정하에서 EFN을 구하라. 이 경우, 이 회사의 내년도 생산시설 가동률은 얼마가 되는가?

5 가치평가의 기초: 화폐의 시간적 가치

Introduction to Valuation: The Time Value of Money

당신도 아마 알고 있겠지만, 미국 정부는 상당한 액수의 부채를 갖고 있다. 미 재무부가 발행하는 Series EE 저축채권을 포함하여 다양한 종류의 미국 정부 채권이 다양한 투자자들에 의해 소유되고 있다. 2020년 초, 미 재무부는 자신이 발행한 Series EE 저축채권에 대해 연 0.1%의 이자 지급을 약속하고 있었다. 이 채권의 흥미로운 점은 당신이 이 채권을 20년 동안 소유한다면 미 재무부는 당신이 지불한 비용의 두 배를 돌려주기로 약속하고 있다는 것이다. 예를 들어 오늘 당신이 25$를 지불하고 이 채권을 구입하면 이 채권을 소유하고 있는 기간 동안 매년 이자 수입을 얻는다. 그러나 그 채권을 20년 동안 갖고 있어도 원금과 그동안의 이자 수입을 모두 합해 50$가 되지 않는다면 미 재무부는 이 채권의 가치를 자동적으로 50$로 만들어준다는 것이다.

그렇다면 오늘 25$를 포기하고 20년 뒤에 50$를 받는 것은 수지맞는 거래인가? 이는 당신이 포기하는 1$당 2$를 돌려받는 것이다. 이렇게 생각하면 이 거래는 상당히 좋은 것으로 생각된다. 그러나 문제는 당신이 20년을 기다려야 한다는 것이다. 따라서 당신은 이러한 교환관계를 판단할 수 있는 도구에 대해 알아야 한다. 이 장은 이러한 판단을 하는 데 필요한 도구에 대해 설명한다.

학습목표 _Learning Objectives

이 장을 공부한 후에는 다음과 같은 것들에 대해 알아야 한다.

- **LO1** 현재 이루어진 투자의 미래가치 구하는 방법
- **LO2** 미래 특정한 날 받는 현금의 현재가치 구하는 방법
- **LO3** 투자수익률 구하기
- **LO4** 어떤 투자의 가치가 그 목표 가치에 도달하는 데 걸리는 기간 구하기

재무관리자가 직면하는 문제 중 하나는 미래에 기대되는 현금흐름의 현재가치를 결정하는 것이다. 예를 들어 파워볼(PowerBall™) 복권의 당첨금은 1억1천만$이다. 이는 당첨금이 1억1천만$의 가치를 갖는 것을 의미하는가? 그렇지 않다. 왜냐하면 당첨금은 연간 550만$씩 20년에 걸쳐 지불되기 때문이다. 그렇다면 당첨금은 얼마의 가치를 갖는가? 이에 대한 답은 화폐의 시간적 가치에 따라 달라진다.

화폐의 시간적 가치(time value of money)란 현재의 1$가 미래 어떤 시점에서 약속된 1$보다 더 가치가 크다는 것을 의미한다. 이렇게 되는 현실적 이유 중 하나는 기다리는 동안 이자를 벌 수 있기 때문이다. 따라서 현재의 1$는 나중에 1$보다 더 커진다. 따라서 현재의 돈과 미래의

돈 간의 교환관계(trade-off)는 무엇보다도 투자를 통해 벌 수 있는 수익률에 따라 달라진다. 이 장에서 살펴보려는 것은 현재의 돈과 미래 어떤 시점에서의 돈이 갖는 교환관계를 명확하게 평가하는 것이다.

이 장의 내용을 완전히 이해하는 것은 나중 장들의 내용을 이해하는 데 매우 중요하므로 이 장의 내용을 잘 공부하기 바란다. 이 장에서 여러 예제들을 제공할 것이다. 많은 문제에서 당신이 얻는 답은 제공된 답과 약간 다를 수 있다. 수치가 정확하게 일치하지 않는 것은 소수점 처리와 관련된 것이므로 특별히 신경 쓸 필요는 없을 것이다.

5.1 미래가치와 복리계산

미래가치(future value: FV): 한 기간 또는 더 긴 기간 후에 현재의 투자가 갖는 가치

먼저 미래가치에 대해 살펴보자. **미래가치**(future value: FV)는 주어진 이자율로 투자금액이 증가하여 미래 일정 기간이 지난 후 투자금액이 얼마가 되는가를 나타내는 것이다. 다시 말해 미래가치는 미래 어떤 시점에서 현재의 투자가 갖는 돈의 가치를 말한다. 가장 간단한 형태인 한 기간의 투자를 살펴보기로 하자.

한 기간의 투자

당신이 100$를 연 10%의 이자를 주는 은행에 저축했다고 하면, 1년 후에 당신은 110$를 받을 것이다. 이 110$는 처음 원금 100$에 이자 10$를 더한 금액이다. 이 경우 100$를 1년 동안 10%의 이자율로 투자하는 금액의 미래가치는 110$라고 말한다. 이는 단순히 현재의 100$가 이자율이 10%인 경우에 1년 후에 110$의 가치를 갖는다는 것을 의미한다.

일반적으로 말해, 이자율 r로 한 기간 동안만 투자한다면 한 기간 후에 투자액 1$는 $\$1(1 + r)$가 된다. 앞의 예에서 r은 10%이다. 따라서 당신의 투자액 1$는 1년 후에 $\$1(1 + 0.10) = 1.1\$$가 된다. 따라서 당신이 투자한 금액 100$는 일 년 후에 $\$100 \times 1.1 = 110\$$가 된다.

한 기간 이상의 투자

100$를 투자하는 경우를 다시 살펴보자. 이자율이 변하지 않는다고 가정할 때, 2년 후에는 얼마를 갖게 되는가? 110$를 그대로 은행이 둔다면 두 번째 해에 받는 이자는 $\$110 \times 0.1 = 11\$$가 되어 2년 후는 $\$110 + \$11 = 121\$$가 된다. 이 121$는 10%의 이자율에서 100$가 갖는 2년 후의 미래가치이다. 이를 달리 살펴보면, 지금으로부터 일 년 후에 당신은 10%의 이자율로 110$를 일 년 동안 투자하는 것이다. 이는 한 기간의 문제이므로 당신이 투자한 금액은 1$당 1.1$를 받게 되어 총 $\$110 \times 1.1 = 121\$$가 된다.

복리계산(compounding): 더 많은 이자를 받기 위해서 처음의 투자액에 매번의 이자를 축적하면서 투자액을 증가시켜나가는 것

이자에 대한 이자(interest on interest): 전번 기에 받은 이자를 재투자하여 받는 이자

복리(compound interest): 최초에 투자한 원금과 전번 기에 얻은 이자를 재투자한 것에 대해 얻는 이자

단리(simple interest): 최초에 투자된 원금에 대해서만 얻는 이자

이 121$는 네 부분으로 구성되어 있다. 첫 번째 부분은 원금 100$이다. 두 번째 부분은 첫 번째 해에 버는 이자 10$이다. 세 번째 부분은 두 번째 해에 버는 10$이다. 이들을 모두 합하면 120$가 된다. 마지막 네 번째 부분은 첫 번째 해에 번 이자에 대해 두 번째 해에 주어지는 이자 $(\$10 \times 0.1) = 1\$$이다.

한 기간 이상의 기간 동안 원금과 누적된 이자를 그대로 두어 이자가 재투자되는 과정을 **복리계산**(compounding)이라고 부른다. 이자를 복리로 계산한다는 것은 **이자에 대한 이자**(interest on interest)가 발생하게 한다는 것을 말하며, 이렇게 구해진 이자를 **복리**(compound interest, 複利)라고 부른다. **단리**(simple interest, 單利)란 이자가 재투자되지 않고 매기간 원금에 대

이자에 대한 이자 **예제 5.1**

2년 동안 연간 14%의 수익률을 가져다주는 투자가 있다고 하자. 이 경우 325$를 투자한다면 2년 후에 받는 금액은 얼마가 되는가? 단리 이자는 얼마가 되는가? 복리 이자는 얼마가 되는가?

일 년 후에 받는 돈은 $325 × (1 + 0.14) = 370.50$가 된다. 이 돈 전부를 다시 투자한다면, 다시 말해 복리 계산을 한다면 2년 후에는 $370.50 × 1.14 = 422.37$가 된다. 따라서 이자로 버는 총액은 $422.37 − $325 = 97.37$가 된다. 최초의 원금 325$는 매년 $325 × 0.14 = 45.50$의 이자를 벌어들인다. 따라서 2년간의 단리 이자는 91$가 된다. 추가적으로 얻는 $97.37 − $91 = 6.37$는 복리계산 때문에 발생한 금액이다. 이는 첫 번째 해에 버는 45.50$라는 이자에 대한 이자로서 두 번째 해에 받는 금액이 $45.50 × 0.14 = 6.37$가 된다는 것으로 확인할 수 있다.

해서만 발생하는 이자를 말한다.

이제 미래가치 121$를 어떻게 구했는지를 보다 자세히 살펴보기로 한다. 121$를 얻기 위해서 110$를 1.1로 곱해주었다. 그러나 110$는 100$에 1.1을 곱해준 것이다. 즉, 다음과 같다.

$$
\begin{aligned}
\$121 &= \$110 \times 1.1 \\
&= (\$100 \times 1.1) \times 1.1 \\
&= \$100 \times (1.1 \times 1.1) \\
&= \$100 \times 1.1^2 \\
&= \$100 \times 1.21
\end{aligned}
$$

뻔한 이야기를 지루하게 말하는 것인지 모르겠지만 다음과 같은 질문을 해보자. 100$는 3년 동안 얼마로 커지는가? 이는 2년 후에 받는 돈 121$를 10%의 이자를 받고 1년 더 투자하는 것이다. 우리는 투자금액 1$당 1.1$를 받을 것이다. 따라서 121$는 $121 × 1.1 = 133.10$가 될 것이다. 이를 위에서 한 것처럼 표현하면 다음과 같다.

$$
\begin{aligned}
\$133.10 &= \$121 \times 1.1 \\
&= (\$110 \times 1.1) \times 1.1 \\
&= (\$100 \times 1.1) \times 1.1 \times 1.1 \\
&= \$100 \times (1.1 \times 1.1 \times 1.1) \\
&= \$100 \times 1.1^3 \\
&= \$100 \times 1.331
\end{aligned}
$$

이러한 계산들을 통해 일반적인 결과를 도출할 수 있다. 예에서 볼 수 있듯이 t 기간 동안 기간당 r의 이자율로 투자된 돈의 미래가치는 아래와 같이 계산된다.

$$\textbf{미래가치} = \$1 \times (1 + r)^t \qquad [5.1]$$

$(1 + r)^t$는 t 기간 동안 매기간당 r%로 투자된 1$의 미래가치이자요소(future value interest factor) 또는 간단히 미래가치요소(future value factor)라고 불리며, 간단히 $FVIF_{(r,\,t)}$로 표현된다.

이 예에서 5년 후 100$의 가치는 얼마가 되는가? 이에 해당되는 미래가치요소는 다음과 같다.

$$(1 + r)^t = (1 + 0.10)^5 = 1.1^5 = 1.6105$$

표 5.1
10%의 이자율에서 100$의 미래가치

연	처음 금액	단리 이자수입	복리(이자에 대한 이자)	복리 이자수입	최종 금액
1	$100.00	$10	$ 0.00	$10.00	$110.00
2	110.00	10	1.00	11.00	121.00
3	121.00	10	2.10	12.10	133.10
4	133.10	10	3.31	13.31	146.41
5	146.41	10	4.64	14.64	161.05
총		$50	$11.05	$61.05	

따라서 100$는 5년 후에 다음과 같은 금액이 된다.

$$\$100 \times 1.6105 = \$161.05$$

100$가 매년 커지는 것은 표 5.1에 표시되어 있다. 표에서 알 수 있듯이, 매년 이자로 벌어들이는 금액의 크기는 초기 금액에 이자율 10%를 곱해준 것과 같다.

표 5.1에서 이자로 벌어들이는 총금액이 61.05$임을 확인해보라. 5년 동안 100$를 계속 투자할 때 벌어들이는 단리는 매년 $\$100 \times 0.1 = 10\$$로 총 50$가 된다. 나머지 11.05$는 복리계산으로 인해 발생하는 추가적인 금액이다.

그림 5.1은 표 5.1의 복리 계산된 이자가 커져가는 것을 보여주고 있다. 매년 단리의 크기는 일정하지만 매년 복리로 얻는 크기는 점점 더 커져가는 것을 살펴보라! 복리로 얻게 되는 이자수입이 점점 커지는 것은 점점 더 큰 이자액이 축적되면서 이자가 계산되는 이자액이 점점 더 커지기 때문이다.

그림 5.1
미래가치, 단리 이자수입, 복리 이자수입

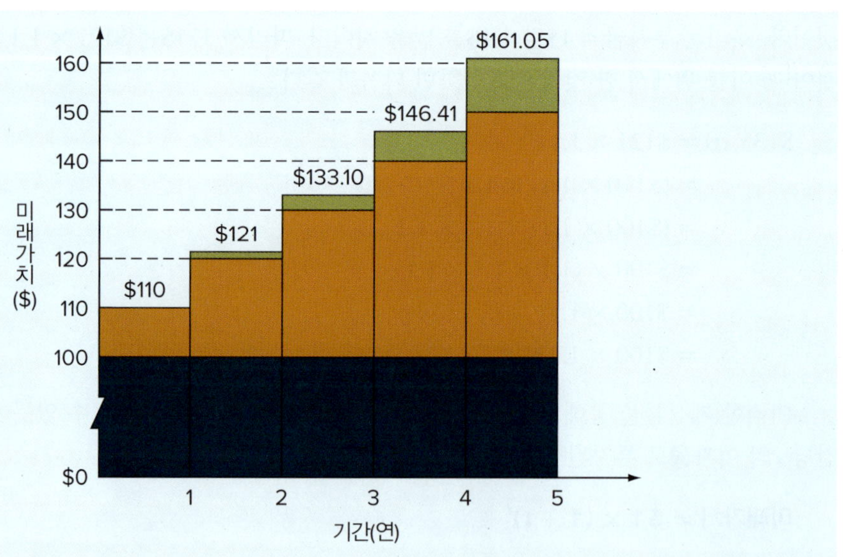

연간 10%의 이자율에서 처음 금액 100$가 커가는 모양새. 청남색 부분은 원금 100$를, 오렌지색 부분은 단리 이자수입을, 연두색 부분은 복리(이자에 대한 이자)로 인해 증가하는 복리 이자수입을 나타낸다. 참고로 위의 예에서 기간을 더 확장하여(예를 들어 20~30년) 이와 같은 막대표를 그린다면 3가지의 색 중에서 연두색 부분(이자에 대한 이자로 인한 수입)이 나머지 부분보다 더 길게 나타날 것이다. 아주 오랜 기간 후를 상상해 보면 연두색 부분이 막대표의 거의 전체를 차지하게 될 것이다. 이는 복리(이자에 대한 이자)의 위력을 잘 보여주는 것이다.

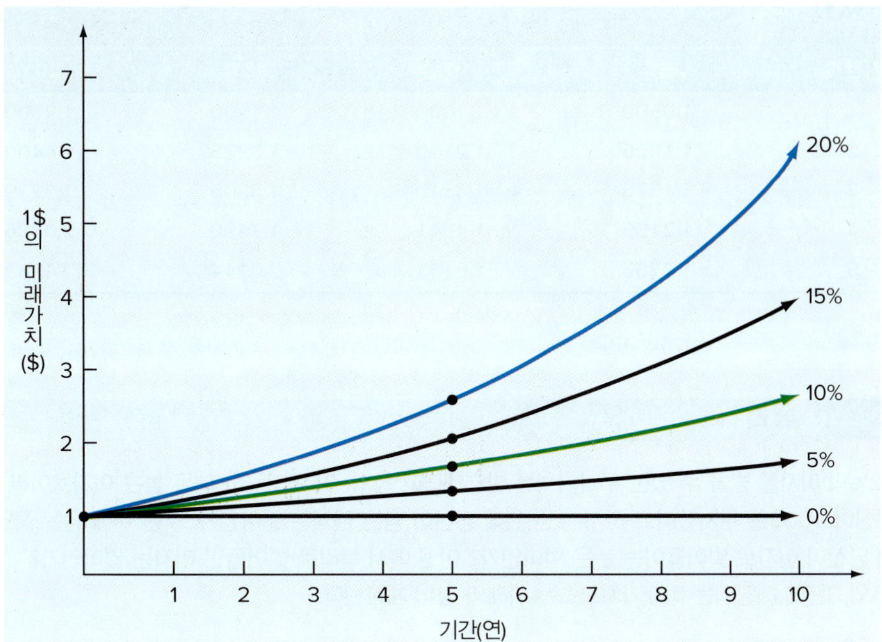

그림 5.2

서로 다른 기간과 이자율에 따른 1$의 미래가치

미래가치의 크기는 어떤 이자율을 적용하는가에 따라 크게 달라지며, 특히 장기간의 투자에서는 더욱 그러하다. 그림 5.2는 1$가 커가는 것을 다른 이자율과 다른 기간을 비교하여 보여줌으로써 이러한 점을 잘 나타내주고 있다. 20%의 이자율을 적용할 때 10년 후의 1$는 약 6.2$가 된다. 그러나 10%의 이자율을 적용할 때는 2.6$가 된다. 이 경우, 이자율이 두 배가 되면 미래가치는 두 배 이상이 된다.

주요 재무개념들에 대한 간단한 설명은 **www.teachmefinance.com**을 참조하라.

미래가치 문제를 풀기 위해서는 적절한 미래가치요소를 알아야 한다. 앞의 예제에서는 1.1을 다섯 번 곱해줌으로써 미래가치요소를 알 수 있다. 그러나 투자기간이 예를 들어 30년인 경우 이러한 방식으로 미래가치요소를 알아내는 것은 매우 지루한 방법이 될 것이다.

다행스럽게도 미래가치를 좀 더 쉽게 구할 수 있는 방법이 몇 가지 더 있다. 대부분의 계산기는 "y^x"라고 표시된 키가 있다. 숫자 1.1을 누른 다음, 이 키를 누른 후 5를 누르고, 그 다음으로 "=" 키를 누르면 앞의 예제에서 얻은 답을 쉽게 구할 수 있다. 계산기를 사용하는 것은 매우 쉽고 빠르고 정확한 방법이다.

다른 방법은 여러 이자율 수준과 여러 기간에 따른 미래가치요소를 작성해놓은 표를 사용하는 것이다. 표 5.2는 이 책의 부록에 있는 표 A.1의 일부를 보여주고 있다. 이러한 표를 사용하는 방법은 10%에 해당하는 열을 찾고 5년의 기간에 해당하는 행을 찾으면 된다. 이 경우 발견하게 되는 미래가치요소의 값은 1.6105가 된다.

표 5.2와 같은 표는 예전처럼 자주 사용되지는 않는다. 왜냐하면 계산기의 값이 매우 저렴해졌고, 표가 나타내주는 이자율들이 매우 제한적이기 때문이다. 또한 보통 이자율은 소수점 이하 3~4자리까지 표시되는 것이 일반적인데, 표로 그러한 소수점까지 표시해 주려면 상당히 큰 표가 필요해지기 때문이다. 우리는 계산기를 사용하기로 한다. 그러나 이러한 표들은 계산이 정확했는지를 확인하는 용도로 여전히 사용될 수 있다.

표 5.2
미래가치이자요소(FVIF)

기간 수	이자율			
	5%	10%	15%	20%
1	1.0500	1.1000	1.1500	1.2000
2	1.1025	1.2100	1.3225	1.4400
3	1.1576	1.3310	1.5209	1.7280
4	1.2155	1.4641	1.7490	2.0736
5	1.2763	1.6105	2.0114	2.4883

예제 5.2 복리

연간 12%의 이자를 받을 수 있는 투자기회를 발견했다고 하자. 이 이자율이 매우 높은 이자율이라고 판단되어 당신이 400$를 투자했다고 하자. 3년 뒤에 당신이 받는 금액은 얼마인가? 7년 뒤에 받는 금액은? 7년 뒤에 당신이 이자로 벌어들이는 돈은 얼마인가? 이 중에서 복리로 벌어들인 이자는 얼마인가?

12%와 3년에 해당되는 미래가치요소는 아래와 같이 계산된다.

$$(1 + r)^t = 1.12^3 = 1.4049$$

따라서 당신의 400$는 $400 × 1.4049 = 561.97$로 커진다.

7년 후에 금액은 $400 × 1.12^7 = $400 × 2.2107 = 884.27$가 된다. 따라서 7년에 걸쳐 당신은 돈을 두 배 이상으로 만들게 된다.

400$를 투자하고 이자로 받는 금액은 $884.27 − $400 = 484.27$가 된다. 단리로 계산하면 400$에 대해 매년 12%의 이자를 받기 때문에 매년 받은 이자는 $400 × 0.12 = 48$가 된다. 따라서 7년 동안 받는 단리는 7 × $48 = 336$가 된다. 복리 계산으로 인해 추가적으로 받는 이자는 $484.27 − $336 = 148.27$가 된다.

복리계산이 갖는 효과는 단기간에서는 크게 나타나지 않는다. 그러나 시간이 길어질수록 그 효과가 점점 쌓여져 크게 나타나기 시작한다. 극단적인 경우를 들어보면, 당신의 조상 중 한 분이 당신을 위해서 연 6%의 이자로 200년 전에 5$를 투자했다고 하자. 이 경우 당신이 받는 현재의 금액은 얼마가 되겠는가? 미래가치요소는 1.06200 = 115,125.9가 된다. 따라서 당신은 현재 $5 × 115,125.90 = 575,629.52$를 받게 된다. 이 경우 단리로 계산하는 경우 매년 받게 되는 이자는 $5 × 0.06 = 0.3$가 되고 이를 200년 동안 받으므로 총 이자는 60$가 될 뿐이다. 따라서 나머지 부분의 이자는 받은 이자를 재투자해서 받게 되는 이자(이자에 대한 이자)이다. 이것이 **복리의 위력(The power of compound interest)**이다!

그 섬을 위해 얼마를 지불했는가? 예제 5.3

기간이 길어지면 길어질수록 복리 이자가 갖는 점점 다 강력한 위력을 이해하기 위해서, 네덜란드의 아메리카 식민지였던 New Netherlands의 초대 총독(1626~1631년)이었던 Peter Minuit과 인디언 사이에 있었던 거래에 대해 살펴보기로 하자. 1626년에 Minuit은 인디언들에게 약 24$어치의 물건과 장신구를 주고 맨해튼 섬 전체를 사들였다. 이 거래는 얼듯 보기에는 Minuit이 아주 헐값으로 맨해튼을 구입한 것처럼 보이지만 인디언들에게 더 수지맞는 거래였을지도 모른다. 그 이유를 살펴보기 위해 인디언들이 받은 물건을 24$에 팔아 그 돈을 연 10%의 이자를 주는 데 투자했다고 해보자. 이 돈은 현재 얼마가 되겠는가?

이 거래가 있은 후, 약 395년이 흘렀다. 따라서 이 기간 동안 24$는 매년 10%로 커갔을 것이다. 얼마가 될까? 미래가치이자요소는 약 $(1 + r)^t = 1.1^{395} \fallingdotseq 22{,}393{,}000{,}000{,}000{,}000$이 된다. 이는 22,393 뒤에 12개의 0이 붙은 수치이다. 따라서 미래가치는 수백 조 달러의 차이는 무시하더라도 약 $24 × 22.393 = 537,000조$(53.7경; 1경 = 10,000조)가 된다.

53.7경$는 어마어마하게 큰 돈이다. 얼마나 큰 돈인가? 당신이 이만한 돈을 갖고 있다면 당신은 미국 전체를 현금을 주고 산 후에, 남는 돈으로 캐나다와 멕시코를 사고, 또 그 나머지 돈으로 세계의 다른 부분도 살 수 있다.

물론 이 예는 조금 과장된 것이기는 하다. 1626년 당시에는 안정적으로 매년 10%의 이자를 395년 동안 주는 투자기회를 발견하기란 쉽지 않았을 것이다.

재무계산기 사용에 대한 힌트

미래가치요소를 계산하는 방법에는 여러 가지가 있지만 아마도 당신은 재무계산기를 사용하기 원할 것이다. 만약 재무계산기를 사용하기로 결정했다면 아래의 내용을 읽어야 할 것이다. 그렇지 않다면 이 부분은 읽지 않아도 된다.

재무계산기는 약간의 특수기능이 포함된 일반 계산기이다. 재무계산기에는 자주 사용되는 재무공식들이 미리 입력되어 있기 때문에 미래가치와 같은 계산은 바로 해준다.

계산기는 많은 계산을 스스로 해준다는 장점을 갖고 있지만 모든 계산을 다 해주는 것은 아니다. 따라서 계산기를 사용하는 방법을 알아야 한다. 계산기는 단지 산술적인 계산만을 한다. 계산기와 관련해서는 다음과 같은 오래된 농담이 있다. "누구나 화폐의 시간적 가치를 계산하는 데 실수할 수 있다. 그러나 계산을 엉망으로 하기 원할 때는 재무계산기를 사용하라!" 따라서 이 절에서 우리는 계산기를 가지고 미래가치를 어떻게 계산하는가를 살펴보고 또한 사람들이 재무계산기를 사용할 때 흔히 하는 실수를 어떻게 피할 수 있는가에 대해 설명하기로 한다.

재무계산기로 미래가치 구하기

전형적인 재무계산기를 살펴보면 당신은 다섯 개의 키에 특히 관심을 가질 것이다. 이들 키는 보통 다음과 같이 생겼다.

이제 이 중에 네 개의 키에 대해 살펴보기로 하자. PV와 FV로 표시된 키는 현재가치와 미래가치를 나타내는 키이다. N으로 표시된 키는 기간의 수를 나타내는 키이다. 이는 우리가 지금 t로 표시했던 것이다. 마지막으로 I/Y 로 표시된 키는 이자율을 나타내는 것으로 이는 우리가 지금까지 *r*로 표시했던 것이다.[1]

재무계산기를 제대로 설정했다면(이에 대해서는 다음 절에서 살펴본다.) 미래가치를 구하는 것은 쉽다. 앞에서 살펴본 우리의 예로 돌아가면 연 10%의 이자율로 100$를 투자했을 때 5년 뒤에 받는 돈은 161.05$였다. 계산기의 키는 계산기마다 조금씩 차이가 날 수 있지만 가장 기본적으로 눌러야 하는 키는 다음과 같은 것들이다.

1. −100을 입력한 다음 PV 키를 누른다. (음수의 부호는 아래에서 설명한다.)
2. 10을 입력한 다음 I/Y 키를 누른다. (0.1을 입력하는 것이 아니라 10을 입력하는 것에 조심하라.)
3. 5를 입력한 다음 N 키를 누른다.

이제 우리는 필요한 정보를 입력했다. 미래가치를 얻기 위해서 계산기에게 FV가 얼마인가를 묻기만 하면 된다. 사용하는 계산기에 따라 "CPT (compute의 약자)"로 표시된 키를 누른 다음에 FV 키를 누르거나 아니면 그냥 바로 FV 키를 누르기만 하면 된다. 어떤 경우이든 당신은 161.05라는 수치를 얻을 것이다. 이러한 수치를 얻지 못했다면(재무계산기를 처음 사용하는 경우라면 그럴 수 있다!) 다음 절에 있는 설명을 참조하기 바란다.

재무계산기를 사용할 때 부딪치게 되는 문제점들을 설명하기 전에, 우선 이러한 경우 표준적인 계산기 조작방법을 표시하면 다음과 같다.

입력	5	10		−100	
	N	I/Y	PMT	PV	FV
구하기					161.05

부록 D는 가장 흔히 사용되는 Texas Instruments TI BA II Plus 재무계산기의 자세한 사용방법을 알려주고 있다. 당신이 사용하는 계산기가 이 재무계산기라면 설명대로 따라하면 된다. 만약 당신이 사용하는 계산기가 아니라면 당신 계산기에 첨부된 설명서를 참조해야 할 것이다.

계산기를 사용할 때 잘못된 답을 얻는 경우

재무계산기를 사용할 때 일반적으로 문제를 발생시키는 두 가지 점이 있다. 이 절에서는 계산기를 사용할 때 해야 할 것과 하지 않아야 할 것을 설명하기로 한다.

계산기를 사용할 때 해주어야 하는 것은 크게 두 가지로 구분된다. 이 중 하나는 한 번만 해주면 되는 것이고, 다른 하나는 계산할 때마다 새로 해주어야 하는 것이다. 처음에 한 번만 해주어야 하는 것은 다음과 같은 계산기의 설정에 관한 사항들이다.

1. 계산기의 소수점 자리를 가능한 최대로 설정하는 것이다. 대부분의 계산기는 소수점 두 번째 자리까지만 표시한다. 우리는 주로 이자율과 같은 매우 작은 숫자를 사용하므로 소수점 자릿수를 너무 작게 잡으면 정확한 수치를 얻지 못할 수 있다.
2. 매기간 또는 매년 한 번만 지불되는 것으로 계산기가 인식하도록 계산기를 설정한다. 대부분의 계산기는 따로 설정을 해주지 않으면 매달(일 년에 12번) 지불되는 것으로 설정되어 있다.
3. 계산기를 "기말(end)"로 설정해주어야 한다. 대부분의 계산기가 기말로 설정되어 있지만 계산기를 다루는 동안 우연히 "기초(begin)"로 설정해버리게 되는 경우도 있다.

이 세 가지의 설정을 어떻게 하는지 모른다면 부록 D나 계산기에 딸려오는 설명서를 참조하기 바란다.

---

[1] 재무계산기가 *N*과 *I/Y*로 표시하는 이유는 계산기가 주로 상환해야 하는 대출금을 계산하는 데 사용되어 왔기 때문이다. 이 경우 *N*은 상환해야 하는 횟수를 말하는 것이며, *I/Y*는 대출금에 대한 이자율을 나타내는 것이다. 그러나 앞으로 살펴볼 것이지만, 재무계산기는 대출금의 상환이나 이자율과는 관계없는 다른 용도의 계산에도 많이 사용된다.

어떤 문제를 계산할 때마다 매번 새롭게 계산기를 설정해주어야 하는 사항은 다음의 세 가지이다.

1. 계산을 하기 전에 계산기의 이전 내용을 완전히 지운다. 이는 매우 중요한 것으로 이렇게 하지 않으면 잘못된 결과를 얻는다. 따라서 새로운 문제를 풀 때마다 계산기를 완전히 지우는 습관을 들이는 것이 좋다. 계산기의 내용을 완전히 지우는 방법은 계산기마다 다르지만, 계산기에 표시되는 숫자만 지우는 것에 그쳐서는 안 된다. Texas Instruments BA II Plus 계산기의 경우에는 **2nd** 를 누른 다음 **CLR TVM** (clear time value of money)을 누르면 된다.

   계산기를 껐다가 다시 켠다고 해서 이 기능이 수행되는 것이 아니라는 점에 유의하기 바란다. 대부분의 계산기는 계산기를 끈 후에도 입력된 내용을 여전히 기억하고 있다. 다시 말해 잘못 입력된 것이라도 이를 완전히 지우지 않으면 계산기는 여전히 잘못 입력된 것을 기억하고 있다. 문제를 풀다가 실수한 경우에도 계산기를 완전히 지우고 처음부터 계산을 다시 해야 한다. 잘못된 답을 얻는 것보다 번거롭지만 맞는 답을 얻어야 한다.
2. 현금유출인 경우에는 음(−)의 부호를 입력해주어야 한다. 대부분의 계산기는 현금유입의 경우에는 양(+)의 부호를, 현금유출의 경우에는 음(−)의 부호를 붙이게 되어 있다. 따라서 현재가치를 입력할 때는 음(−)의 부호를 입력해야 한다는 것을 의미한다. 이는 현재가치가 미래의 현금흐름을 얻기 위해 현재 포기해야 하는 금액을 나타내기 때문이다. 따라서 현재가치를 구하는 계산의 결과가 음(−)으로 나타나는 것에 대해서 놀랄 필요가 없다.
3. 이자율을 정확하게 입력한다. 재무계산기는 이자율을 퍼센트로 표시한다. 따라서 0.08 (8%)을 입력할 때는 0.08이 아닌 8을 입력해야 한다.

이러한 사항들(특히 계산기를 완전히 지우는 것)을 제대로 해준다면 재무계산기를 사용하여 답을 얻는 데 문제가 발생하지 않을 것이다.

복리적 증가에 대한 참고 사항

이자를 지불하는 은행계좌에 돈을 저축할 것을 고려할 때 그 계좌에 적용되는 이자율은 당신이 돈의 일부를 인출하지 않는 한, 당신의 돈이 커가는 비율을 나타낸다. 이자율이 10%라면 당신의 돈은 매년 전년도보다 10% 더 커져간다. 이 경우 이자율은 복리적 증가를 나타내는 하나의 예일 뿐이다.

복리를 적용하여 미래가치를 구하는 방법은 매우 일반적인 것으로 증가나 성장과 관련된 다른 유형의 문제들에 대한 답을 구할 때도 그대로 적용될 수 있는 것이다. 예를 들어 당신 회사가 현재 10,000명의 근로자를 고용하고 있으며 당신 회사의 근로자 수는 매년 3% 증가할 것으로 예상된다고 하자. 이 경우 5년 후에 당신 회사의 근로자는 몇 명이 되겠는가? 이 문제에서 우리는 10,000$가 아닌 10,000명이라는 사람 수로 시작하고, 또한 근로자 수의 증가율을 이자율이라고 부르지는 않지만 계산하는 방법은 똑같다.

$$10{,}000 \times 1.03^5 = 10{,}000 \times 1.1593 = 11{,}593\text{명}$$

따라서 5년 동안 새로 고용되는 근로자는 약 1,593명이 된다.

다른 예로, Walmart는 2019년도에 약 5,240억$의 매출을 달성했다. 이 회사의 매출액이 매년 15% 증가한다면 2024년에 가서 이 회사의 매출액은 얼마가 될까? 답은 약 1.054조$이다. 매출액은 5년 사이에 두 배 이상으로 커진다.

예제 5.4 배당의 증가

TICO 주식회사는 현재 한 주당 5$의 현금배당을 하고 있다. 그리고 배당금은 매년 4%씩 영원히 증가한다고 하자. 8년 뒤에 한 주당 배당금은 얼마가 되는가?

이 경우의 계산도 앞에서 한 것과 같이 해주면 된다.

$$\text{미래가치} = \$5 \times 1.048 = \$5 \times 1.3686 = \$6.84$$

한 주당 배당금은 이 기간 동안 1.84$만큼 더 커진다.

개념질문 _Concept Questions

5.1a 투자의 미래가치라고 말할 때 우리가 의미하는 것은 무엇인가?

5.1b 복리란 무엇을 의미하는가? 복리는 단리와 어떻게 다른가?

5.1c 매기간 r의 이자율로 t 기간 동안 투자된 1$의 미래가치는 얼마인가?

5.2 현재가치와 할인

미래가치를 설명할 때 우리는 다음과 같은 질문을 생각했었다. 내 돈 2,000$를 매년 6.5%의 수익률을 얻는 곳에 투자했을 때 6년 후에 내 돈의 크기는 얼마가 되는가? 이에 대한 답은 매년 6.5%의 이자율로 6년 동안 증가하는 2,000$의 미래가치이다(답이 약 2,918$임을 확인해 보라).

미래가치와 관련되어 있으면서 재무관리에서 더 자주 제기되는 다른 종류의 질문이 있다. 10년 후에 10,000$가 필요하다고 하고 투자한 금액에 대해서는 매년 6.5%의 수익률을 얻을 수 있다고 하자. 10년 후에 10,000$를 얻기 위해서 현재 얼마를 투자해야 하는가? 이에 대한 답은 5,327.26$인 것을 확인할 수 있을 것이다. 이러한 답을 어떻게 얻을 수 있는가? 이에 대해 살펴보기로 하자.

한 기간의 경우

현재가치(present value: PV): 적절한 할인율로 할인한 미래현금흐름의 현재가치

연 10%의 이자율로 일 년 동안 투자된 1$의 미래가치는 1.10$이다. 이제 약간 다른 질문을 해보자. 연이자율이 10%일 때 일 년 후에 1$를 얻기 위해 현재 얼마를 투자해야 하는가? 다시 말해 미래가치가 1$인 것의 **현재가치**(present value: PV)는 얼마인가? 이에 대한 답을 구하는 것은 그렇게 어렵지 않다. 현재 투자한 금액이 얼마이든 간에 투자한 금액은 연말에 1.1배가 될 것이다. 연말에 1$가 필요하기 때문에 아래와 같은 관계가 성립해야 한다.

$$\text{현재가치} \times 1.1 = \$1$$

따라서 이를 현재가치에 대해 풀면 아래와 같이 된다.

$$\text{현재가치} = \$1/1.1 = \$0.909$$

이렇게 구해진 현재가치는 다음과 같은 질문에 대한 답이 된다. 연이자율이 10%일 때 현재 얼마의 돈이 일 년 뒤에 1$가 되는가? 따라서 현재가치는 미래가치와 반대되는 것이다. 현재의 돈을 미래로 보내기 위해서 현재의 돈을 복리계산을 해주는 대신, 미래의 돈을 현재의 돈으로 되돌리기 위해서는 미래의 돈을 거꾸로 **할인**(discount)해주면 된다.

할인(discount): 미래의 금액을 현재가치로 환산해주는 것

한 기간의 현재가치 — 예제 5.5

교과서를 사기 위하여 내년에 400$가 필요하다고 하자. 투자한 돈에 대해서는 7%의 이자수입을 얻을 수 있다고 하자. 이를 위해 현재 얼마의 돈을 저축해야 하는가?

이에 대한 답을 얻기 위해서는 연 7%의 이자율로 커지는 돈이 1년 뒤에 400$가 될 때 그 돈의 현재가치를 구하면 된다. 앞에서 한 것과 같은 방법을 적용해보면 다음과 같다.

$$\text{현재가치} \times 1.07 = \$400$$

이제 현재가치에 대해 풀면 다음과 같다.

$$\text{현재가치} = \$400 \times (1/1.07) = \$373.83$$

따라서 현재가치는 373.83$가 된다. 다시 말해 이는 이 금액을 일 년 동안 7%의 이자율로 투자하면 일 년 후에 얻는 미래가치는 400$가 된다는 것을 의미한다.

이상의 예를 통해 볼 때 한 기간 후에 받는 1$의 현재가치는 아래와 같이 일반식으로 표현된다.

$$PV = \$1 \times [1/(1 + r)] = \$1/(1 + r)$$

이제 두 기간 이후에 발생하는 미래금액의 현재가치를 구하는 것에 대해 살펴보기로 하자.

여러 기간의 경우

2년 후에 1,000$가 필요하다고 하자. 연 7%의 수익률을 얻을 수 있다면 2년 후에 1,000$를 얻기 위해서 현재 얼마를 투자해야 하는가? 다시 말해 연수익률이 7%일 때 2년 후 1,000$의 현재가치는 얼마인가?

미래가치에 대해 우리가 갖고 있는 지식을 사용한다면 우리는 현재 투자된 돈이 2년 후에 1,000$가 되어야 한다는 것을 안다. 따라서 아래와 같이 되어야 한다.

$$\begin{aligned}\$1{,}000 &= PV \times 1.07 \times 1.07\\ &= PV \times 1.07^2\\ &= PV \times 1.1449\end{aligned}$$

이를 현재가치에 대해 풀면 다음과 같다.

$$\text{현재가치} = \$1{,}000/1.1449 = \$873.44$$

따라서 2년 후에 1,000$를 얻는 목적을 달성하기 위해서 현재 투자되어야 하는 금액은 873.44$이다.

예제 5.6 **저축하기**

당신이 새 자동차를 사려고 하는데 50,000$ 정도의 돈을 갖고 있다. 그러나 사려는 차의 값은 68,500$이다. 투자한 돈에 대해 연 9%의 이자를 벌 수 있다면 2년 후에 그 자동차를 사기 위해서는 현재 얼마를 투자해야 하는가? 당신은 충분한 돈을 갖고 있는가? 자동차의 가격은 변하지 않는다고 가정하라.

우리가 알아내야 하는 것은 2년 후에 지불해야 하는 금액 68,500$의 현재가치를 구하는 것이다. 연 9%의 이자율을 가정한다면 계산은 다음과 같이 된다.

$$PV = \$68,500/1.09^2 = \$68,500/1.1881 = \$57,655.08$$

따라서 차를 사기 위해서 2년을 기다린다고 하더라도 당신은 현재 약 7,655$의 돈이 부족하다.

이상에서 알 수 있듯이 현재가치를 구하는 것은 미래가치를 구하는 것과 매우 유사하며, 두 경우에 적용되는 일반 공식은 기본적으로는 같은 것이다. 할인율이 r일 때, t 기간 후에 받는 1$의 현재가치는 아래와 같다.

$$PV = \$1 \times [1/(1 + r)^t] = \$1/(1 + r)^t \qquad [5.2]$$

할인율(discount rate): 미래현금흐름의 현재가치를 구할 때 사용하는 비율

현금흐름할인법(discounted cash flow valuation: DCF법): 미래현금흐름의 현재가치를 구하는 방법

괄호 안에 있는 표현 $1/(1 + r)^t$은 여러 다른 이름으로 부르지만 미래현금흐름을 할인해 주는 데 사용되기 때문에 종종 할인요소(discount factor)라고 부른다. 따라서 할인요소에 포함되어 있는 r은 **할인율**(discount rate)이라고 부른다. 또한 $1/(1 + r)^t$은 1$에 대한 r%에서의 t 기간 동안의 현재가치이자요소(present value interest factor) 또는 간단히 현재가치요소(present value factor)라고 부르며, 요약하여 $PVIF_{(r,\ t)}$로 표시되기도 한다. 한편, 미래현금흐름의 현재가치를 구하는 것을 **현금흐름할인법**(discounted cash flow valuation: DCF법)이라고 부른다.

예를 들어 3년 후에 1,000$가 필요하다고 하고 투자한 돈에 대해서는 15%의 수익률을 달성할 수 있다고 할 때 현재 얼마를 투자해야 하는가? 이에 대한 답은 15%의 수익률로 3년 후에 1,000$가 되는 금액의 현재가치를 구하면 된다. 이를 위해 1,000$를 매년 15%로 3년간 할인해 주면 된다. 할인요소는 아래와 같다.

$$1/(1 + 0.15)3 = 1/1.5209 = 0.6575$$

따라서 현재 투자되어야 되는 돈은 아래와 같다.

$$\$1,000 \times 0.6575 = \$657.52$$

657.50$는 연 15%의 수익률로 3년 후에 받는 1,000$의 현재가치 또는 할인가치이다.

미래가치요소에 대한 표가 제공되듯이 현재가치요소에 대한 표도 제공되고 있는데 사용 방법은 같다. 표 5.3은 현재가치요소 표의 일부를 보여주고 있다. 보다 큰 표는 부록 표 A.2에 있다.

표 5.3에서 방금 우리가 구한 0.6575라는 할인요소는 15%로 표시되어 있는 열을 따라 내려가면 셋째 행에서 발견할 수 있다.

기간 수	이자율			
	5%	10%	15%	20%
1	0.9524	0.9091	0.8696	0.8333
2	0.9070	0.8264	0.7561	0.6944
3	0.8638	0.7513	0.6575	0.5787
4	0.8227	0.6830	0.5718	0.4823
5	0.7835	0.6209	0.4972	0.4019

표 5.3
현재가치이자요소(PVIF)

재무계산기의 사용

미래가치 문제를 풀 때 재무계산기를 사용한 것과 같은 방법으로 현재가치를 구할 수 있다. 앞에서 살펴본 예(15%의 수익률로 3년 후에 1,000$가 되는 금액의 예)에 대해서는 아래와 같은 계산기 키를 눌러주면 된다.

입력 3 15 1,000

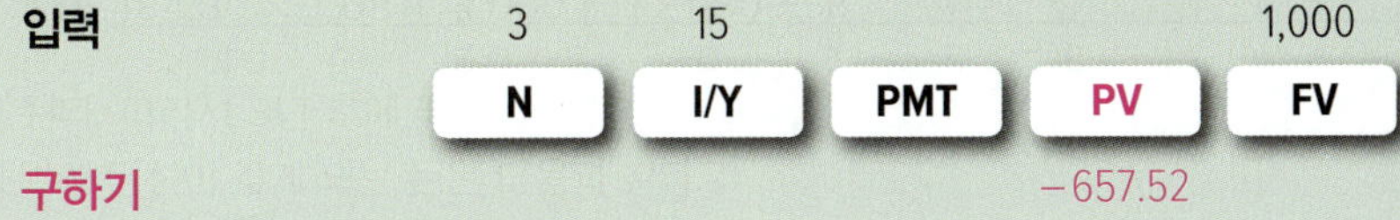

구하기 −657.52

답이 음(−)으로 나타나는 것을 살펴보라. 이는 앞에서 설명했듯이, 미래에 1,000$의 현금유입을 위해 현재 현금이 유출되어야 한다는 것을 의미한다.

기만적 광고? 예제 5.7

기업들은 종종 "우리 제품을 한번 써 보십시오. 구경 오시기만 하더라도 100$를 드리겠습니다"라는 식의 광고를 한다. 프린트물에 적힌 작은 글씨를 읽어보면 실제로 25년 후에 100$를 주는 저축증서를 주겠다는 내용이 적혀 있는 것을 발견할 수 있다. 그러한 저축증서에 대해 연 10%의 할인율을 적용한다면 기업들이 실제로 당신에게 현재 주겠다고 하는 돈은 얼마인가?

실제로 당신이 얻는 것은 25년 후에 지불되는 100$이다. 따라서 연 10%의 할인율을 적용하면 할인요소는 아래와 같다.

$$1/1.1^{25} = 1/10.8347 = 0.0923$$

이는 25년 후의 1$의 현재가치는 10%의 할인율을 적용할 경우 9센트 정도 된다는 것을 의미한다. 따라서 판촉활동으로 그러한 기업이 당신에 지불하고자 하는 돈은 약 $\$100 \times 0.0923 = 9.23\$$이다. 이 정도의 돈이 고객을 유인하기에 충분한 돈일지는 모르지만, 실제로 100$를 주는 것이 아니라는 점은 확실하다.

그림 5.3
서로 다른 기간과 이자율에 따른 1$의 현재가치

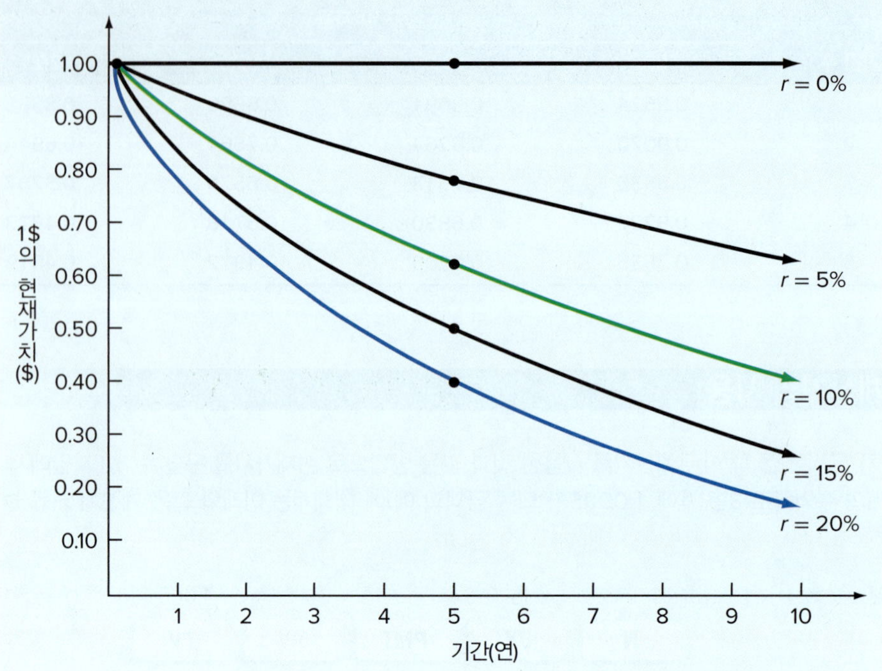

에서 할인율이 높아질수록 현재가치는 작아진다. 다시 말해 현재가치와 할인율은 서로 역의 관계를 갖는다. 할인율을 증가시키면 현재가치(PV)는 줄어들고, 할인율을 감소시키면 현재가치(PV)는 커진다.

그림 5.3은 시간, 할인율, 현재가치들 간의 관계를 보여주고 있다. 10년쯤 되면 여러 할인율에서 현재가치는 미래가치보다 현저히 작아짐을 살펴보라.

개념질문 _Concept Questions

5.2a 투자의 현재가치라는 것은 무엇을 말하는가?
5.2b 미래의 금액을 현재의 금액으로 되돌리기 위해서 할인해주는 것은 무엇과 반대되는 것인가?
5.2c 현금흐름할인법이란 무엇을 말하는가?
5.2d 기간당 할인율이 r%일 때 t 기간 후에 받은 1$의 현재가치는 얼마인가?

5.3 현재가치와 미래가치에 대한 추가 설명

현재가치와 미래가치에 관한 공식을 다시 살펴보면 이 둘 사이에 매우 간단한 관계가 성립함을 알 수 있다. 이 절에서는 이들 간의 관계 및 그와 관련된 사항을 살펴보도록 한다.

현재가치와 미래가치

현재가치요소는 단순히 미래가치요소의 역수이다.

미래가치요소 $= (1 + r)^t$
현재가치요소 $= 1/(1 + r)^t$

계산기에서 현재가치요소를 구하는 쉬운 방법은 먼저 미래가치요소를 계산한 후에 "$1/x$" 키를 눌러주면 된다.

FV_t를 t 기간 후의 미래가치를 나타내는 것으로 하면 미래가치와 현재가치의 관계는 다음과 같이 간단히 표현된다.

$$\mathbf{PV} \times (1 + r)^t = \mathbf{FV}_t$$
$$\mathbf{PV} = \mathbf{FV}_t/(1 + r)^t = \mathbf{FV}_t \times [1/(1 + r)^t] \qquad [5.3]$$

우리는 이 마지막 표현을 "현재가치 기본등식(basic present value equation)"으로 부르고 이 용어를 사용하기로 한다. 이 표현에 대한 여러 변형된 표현이 있지만, 이 간단한 등식은 재무관리의 많은 중요한 개념들의 밑바탕을 이루고 있다.

투자안의 평가 — 예제 5.8

현재가치와 미래가치를 어떻게 사용하는가를 이해하기 위해 다음과 같은 간단한 투자의 경우를 살펴보기로 하자. 당신 회사가 어떤 자산을 335$에 구입하는 것을 고려 중에 있으며 그 투자는 매우 안전한 투자라고 하자. 구입한 자산은 3년 후에 400$에 되팔 수 있다. 당신 회사는 위험이 거의 없는 다른 투자에 335$를 투자하여 10%의 수익률을 달성할 수 있다고 하자. 당신은 당신 회사가 고려 중인 투자에 대해서 어떻게 생각하는가?

이 투자는 좋은 투자가 아니다. 왜 그런가? 당신 회사는 다른 곳에 335$를 투자하여 10%의 수익률을 달성할 수 있기 때문이다. 다른 곳에 투자한다면 335$는 3년 후에 아래와 같이 커진다.

$$\begin{aligned}\$335 \times (1 + r)^t &= \$335 \times 1.1^3\\ &= \$335 \times 1.331\\ &= \$445.89\end{aligned}$$

고려 중인 투자안은 400$밖에 주지 못하므로 다른 투자보다 좋지 않은 것이다. 이를 달리 살펴보는 방법은 3년 후의 400$의 현재가치를 구하는 것이다.

$$\$400 \times [1/(1 + r)^t] = \$400/1.13 = \$400/1.331 = \$300.53$$

이렇게 구해진 현재가치는 3년 후에 400$를 얻기 위하여 335$가 아닌 약 300$ 정도만 투자하면 된다는 것을 말해주고 있다.

할인율의 결정

우리는 종종 어떤 투자에 내재해 있는 할인율을 결정해주어야 한다. 이를 위해서는 현재가치 기본등식을 살펴보아야 한다.

Window를 사용하는 PC에서 재무계산기를 다운받으려면 **www.calculator.org**를 참조하라.

$$PV = FV_t/(1 + r)^t$$

이 등식에는 현재가치(PV), 미래가치(FV_t), 할인율(r), 투자수명(t)의 4가지 변수가 있다. 따라서 3개 변수의 값들을 알면 우리는 나머지 한 변수의 값을 구할 수 있다.

예제 5.9 한 기간 투자에 대한 할인율 구하기

한 기간 동안의 투자를 살펴보자. 1,250$를 투자하면 한 기간 후에 1,350$를 얻는다고 하자. 이러한 투자의 수익률은 얼마인가?

이 경우에 답은 쉽게 알 수 있다. 처음 투자한 금액 1,250$에 대해 100$를 더 얻는 것이다. 따라서 이 투자가 갖고 있는 내재적 수익률은 $100/$1,250 = 8%이다.

보다 공식적으로 살펴보면, 현재가치 기본등식에 의해 현재가치(현재 투자하는 금액)는 1,250$이고, 미래가치는 1,350$, 기간은 한 기간이므로 우리는 다음과 같이 계산할 수 있다.

$$\$1,250 = \$1,350/(1+r)^1$$
$$1+r = \$1,350/\$1,250 = 1.08$$
$$r = 0.08 = 8\%$$

이처럼 간단한 경우에는 계산기를 사용할 필요가 없겠지만, 다음에 설명하는 것과 같이 여러 기간에 걸친 투자인 경우에는 계산기를 사용하여야 할 것이다.

여러 기간의 경우를 살펴보기 위해서, 100$의 비용을 들여 8년 후에 투자금액의 두 배를 얻는 투자기회가 있다고 해보자. 이러한 투자와 다른 투자들을 서로 비교하기 위해서 우리는 이 투자에 내재되어 있는 할인율을 알아야 한다. 이러한 할인율을 투자수익률(rate of return 또는 return)이라고 부른다. 이 경우, 현재가치는 100$, 미래가치는 200$, 기간은 8년이다. 수익률을 구하기 위해서 현재가치 기본등식을 이용하면 아래와 같다.

$$PV = FV_t/(1+r)^t$$
$$\$100 = \$200/(1+r)^8$$

이를 달리 표현하면 아래와 같다.

$$(1+r)^8 = \$200/\$100 = 2$$

이제 이 식을 풀어 r을 구하하면 된다. r을 구하는 방법에는 세 가지가 있다.

1. 재무계산기를 사용한다.
2. 등식 양변에 8제곱근을 취한 후 $1+r$에 대해 등식을 푼다. 이는 양변을 또는 0.125제곱해 주는 것과 같다. 계산기를 이용하는 경우 "y^x"키를 사용하면 이를 쉽게 할 수 있다. 2를 입력한 후 "y^x"를 누르고 0.125를 입력한 후 "="키를 누르면 된다. 8제곱근은 약 1.09가 되며 이는 r이 9%라는 것을 의미한다.
3. 미래가치표를 이용한다. 이 경우 8년 동안의 미래가치요소는 2이다. 표 A.1에서 8에 해당하는 행에서 열을 따라 오른쪽으로 살펴보면 미래가치요소가 2가 되는 열에서 9%를 발견할 수 있으며, 이는 수익률이 9%라는 것을 의미하는 것이다.

이 예와 같이 특별한 경우에는, 72법칙(rule of 72)이라는 유용한 어림법칙을 이용할 수 있다. 이는 원금을 두 배로 만드는 시간은 대략적으로 72/r%가 된다는 법칙이다. 이 예에 이 법칙을 적용하면 72/r% = 8년을 뜻하므로 r이 9%임을 알 수 있다. 이 법칙은 할인율이 5%에서 20% 사이인 경우에는 비교적 정확하다.

스니커(sneaker)에 대한 투자 예제 5.10

2019년 1월에, 농구 스타였던 Stephen Curry가 신었던 신발이 샌프란시스코 지역의 STEM 교육을 강화하기 위한 기금 마련을 위해 경매에 부쳐졌다. 그 신발은 58,100$에 판매되었다. 전문수집가들은 이러한 종류의 수집품은 통상 10년마다 그 가치가 두 배가 되는 것으로 보고 있다.

그렇다면 이러한 수집품에 대한 투자는 좋은 투자인가? 72법칙에 의하면 전문수집가들이 예측하는 연수익률은 약 72/10 = 7.2%이다. 이 정도의 수익률이란 그저 그런 정도의 수익률일 뿐이다.

한때, 예술품 수집시장에서 일반적으로 인식되고 있었던 어림원칙은 “5년 후에는 원금을 찾을 수 있고, 10년 후에는 원금의 두 배를 얻는다”라는 것이었다. 그렇다면 이런 경우에 투자한 금액이 얼마나 점점 커지는가를 살펴보기로 하자. 2019년에 Claude Monet의 Meule(건초더미)가 1.107억$에 경매되었으며, 이는 그때까지 경매된 그림 중 9번째로 높은 가격이었다. 이 작품은 판 사람은 1986년에 이 작품을 2.5백만$를 주고 구입했다. 그렇다면 이 판매자가 얻은 수익률은 얼마인가?

예술품에 투자한 돈은 10년 뒤에는 두 배가 된다는 어림원칙(rule of thumb)에 72법칙을 적용하면 수익률은 연 7.2%가 된다. 이 작품은 약 33년 후에 재판매되었다. 따라서 현재가치는 2.5백만$이고, 미래가치는 1.107억$이다. 이 경우의 연수익률 r은 다음과 같이 구할 수 있다.

72법칙이 성립하는 이유에 대해서는 **www.moneychimp.com**을 참조하라.

$$\$2{,}500{,}000 = \$110{,}700{,}000/(1 + r)^{33}$$
$$(1 + r)^{33} = 44.28$$

여기서 r을 구하면 우리는 판매자가 약 연 12.17%의 수익률을 달성한 것을 알 수 있다. 이는 어림원칙의 연수익률인 7.2%보다 훨씬 높은 수익률이다.

다른 수집품의 경우는 어떠할까? 우표수집가들 사이에 가장 높은 가격을 받는 우표는 거꾸로 찍힌 복엽비행기(biplane) 그림이 있는 1918년도 24센트짜리 Jenny C3a우표이다. 이 우표 중 하나가 2018년 1,350,000$에 경매되었다. 그렇다면 이 우표는 연 몇 %로 그 가치가 증가한 것인가? 이에 대한 답을 구해보기 바란다. 기간을 100년으로 볼 때 답은 약 16.82%이다.

일부 수집용 스포츠용품은 그 가치가 매우 오른 것들도 있다. 1972년에 있었던 올림픽 미국 대표선수 선발대회에 참가하는 선수들을 위해 나이키가 만든 “Moon Shoes”는 2019년에 437,500$에 경매되었다. 이 신발이 일반 대중에게 판매되지는 않았지만 판매되었다면 그 당시 가격으로 100$라고 가정하면, 이 신발의 가치는 연 19.53%씩 증가한 것이 된다.

물론 모든 수집품의 가치가 이와 같이 크게 증가하는 것은 아니다. 2019년에 순금으로 된 로마 동전이 700,000$에 경매되었다. 이 동전은 서기 약 293년경에 주조된 것이며 Allectus의 옆 얼굴이 들어 있다. 이 동전이 주조되었을 당시의 가격이 5$라고 가정할 때, 언뜻 보기에 엄청난 수익률인 것으로 생각될지 모르지만 1,726년이 지났다는 점을 감안하면 연간수익률은 약 0.69%밖에 되지 않는다.

가장 희귀한 동전 중 하나인 샌프란시스코 조폐국이 발행한 1894년 S dime (10센트짜리 동전)은 단 24개만 만들어졌으며, 이 중 9개만이 남아있는 것으로 알려져 있다. 2019년에 이 중 한 개가 1.32백만$에 경매되었다. 이 경우, 연수익률이 약 14.02%라는 것을 확인해보기 바란다.

약간 극단적인 예로는 Benjamin Franklin이 남긴 유산이 있다. 1790년 4월 17일 사망한

Franklin은 자신의 유서에 1,000파운드를 매사추세츠주와 보스턴시에 주었으며, 또한 동일한 금액을 펜실베이니아주와 필라델피아시에도 주었다. 그 돈은 Franklin이 정치인으로 공직에 있을 때 받은 봉급이었으나 Franklin은, 공직자는 자신이 제공하는 서비스에 대해 보상을 받아서는 안 된다고 생각하여 그 돈을 전부 다시 돌려준 것이었다(오늘날의 정치인들은 이러한 인식에 동의하고 있는 것 같지는 않다).

Franklin은 그가 사망한 뒤 100년 후에 그 돈이 젊은 사람들을 훈련시키는 데 사용되도록 명시하였다. 그러나 여러 가지 법적 공방이 있은 후에 그가 사망한 뒤 200년 후인 1990년에야 그 돈이 지불되었다. 그동안 펜실베이니아주가 받은 돈은 약 200만$로 늘어났으며 매사추세츠주가 받은 돈은 약 450만$로 늘어났다. 그 돈은 보스턴시와 필라델피아시에 Franklin Institute를 설립하는 데 사용되었다. 1,000파운드가 1,000$와 같다고 가정하고(1792년까지 달러는 미국의 공식적인 화폐가 아니었다), 이 두 주(state)가 그동안 벌어들인 수익률은 얼마인가?

펜실베이니아주의 경우 미래가치는 200만$이고 현재가치는 1,000$이다. 200년의 기간이 흘렀으므로 r은 다음과 같이 계산된다.

$$\$1,000 = \$2\text{백만}/(1 + r)^{200}$$
$$(1 + r)^{200} = 2,000$$

r을 계산하면 펜실베이니아주의 돈은 약 연 3.87%로 늘어났음을 알 수 있다. 매사추세츠주의 돈은 그보다 더 높은 4.3%의 수익률로 늘어났다. 이 예를 통해 우리는 수익률의 조그마한 차이가 오랜 기간 지속되면 실제로 받는 돈의 크기가 매우 달라진다는 것을 알 수 있다.

재무계산기의 사용

재무계산기를 사용하여 수익률을 구하는 방법을 펜실베이니아주의 경우를 예로 하여 살펴보면 아래와 같다.

	N	I/Y	PMT	PV	FV
입력	200			−1,000	2,000,000
구하기		3.87			

앞에서 살펴본 바와 같이, 현재가치 앞에 붙은 음(−)의 부호는 Franklin이 여러 해 전에 지불한 돈을 나타내는 것이다. 매사추세츠주의 경우를 계산하기 위해서는 어떻게 해야 하는가?

예제 5.11 자녀를 대학에 보내기 위한 저축

당신의 자녀를 8년 후에 대학에 보내기 위해서 약 80,000$가 필요하다고 하자. 현재 갖고 있는 돈은 약 35,000$이다. 연간 20%를 벌 수 있다면 8년 후에 자녀를 대학에 보낼 수 있겠는가? 연간 몇 %를 벌면 보낼 수 있는가?

연간 20%를 번다면 8년 후 35,000$의 미래가치는 아래와 같다.

$$FV = \$35,000 \times 1.20^8 = \$35,000 \times 4.2998 = \$150,493.59$$

(계속)

따라서 당신은 그 정도의 금액을 쉽게 만들 수 있다. 80,000$를 만들기 위한 최소한의 수익률 r을 구하기 위해서는 아래와 같이 하면 된다.

$$\text{FV} = \$35{,}000 \times (1 + r)^8 = \$80{,}000$$
$$(1 + r)^8 = \$80{,}000/\$35{,}000 = 2.2857$$

따라서 미래가치요소는 2.2857이다. 표 A.1의 행을 따라 기간 8을 찾으면 이 미래가치요소의 값이 10% (2.1436)와 12% (2.4760) 사이에 있는 것을 발견하게 된다. 따라서 당신이 연간 약 11%를 번다면 8년 후에 80,000$를 얻을 수 있다. r을 정확히 계산하기 위해서는 재무계산기를 사용하거나 다음과 같이 구하면 된다.

$$(1 + r)^8 = \$80{,}000/\$\ 35{,}000 = 2.2857$$
$$1 + r = 2.2857^{1/8} = 2.2857^{0.125} = 1.1089$$
$$r = 0.1089 = 10.89\%$$

은퇴까지 남은 기간이 단 18,262.5일 — 예제 5.12

당신이 50년 후에 백만장자가 되어 은퇴하고 싶고 현재 가진 돈이 10,000$라고 하면 1백만$를 얻기 위하여 연 몇 %의 수익률을 얻어야 하는가?

미래가치는 1,000,000$이고, 현재가치는 10,000$이며, 은퇴할 때까지는 50년이 남아 있다. 할인율은 다음과 같이 구하면 된다.

$$\$10{,}000 = \$1{,}000{,}000/(1 + r)^{50}$$
$$(1 + r)^{50} = 100$$

따라서 미래가치요소는 100이다. 당신은 할인율이 약 9.65%임을 알 수 있을 것이다.

실제로 성장률(증가율)이나 수익률을 구할 때 화폐의 시간적 가치를 고려하지 않아 종종 잘못된 결과를 얻을 수 있다. 예를 들어 사랑과 미움을 가장 많이 받는 New York Yankees는 1988년 시즌에 약 19백만$의 가장 높은 임금을 지불했다. 2019년에는 Boston Red Sox가 가장 2.13억$의 가장 높은 임금을 지불했다. 이는 1,021%라는 최고임금의 증가율이다! 역사가 반복된다면, 우리는 앞으로 미국 야구선수들의 임금상승률이 연 8.11%가 될 것이라고 생각할 수 있다. 이는 매우 높은 연간 임금상승률이다. 하지만 1,021%보다는 훨씬 작은 수치이다.

고지도(古地圖)의 경우는 어떨까? 수년 전에 1507년 로마에서 제작된 최초의 미국 지도가 약 135,000$로 평가되었다. 이는 10년 전에 평가되었던 80,000$보다 69% 증가한 것이다. 당신이 이 고지도를 10년 동안 소유하고 있었다고 가정하면 10년 동안 달성한 연수익률은 얼마인가? 매년의 수익률이 (가치증가율 69%보다는 훨씬 적은 수치인) 약 5.4%임을 확인해보라.

고지도이든 야구선수의 임금이든 수익률이 화폐의 시간적 가치를 고려하지 않고 언급되어 잘못 인식될 수 있다. 그러나 이러한 약간 기만적 표현은 일부 몰지각한 사람들만 사용하는 것이 아니다. 한 주요 경제잡지의 특집기사 제목이 "다우 존스 산업 평균(Dow Jones Industrial Average)이 앞으로 5년 내에 70% 치솟을 것"이라고 표현된 적이 있었다. 이는 당신이 투자한 돈이 연 70%의 수익률을 달성한다고 말하는 것인가? 잘 생각해보기 바란다!

투자기간 구하기

50,000$짜리 자산을 구입할 것을 고려 중이라고 하자. 현재 가진 돈은 25,000$이다. 이 25,000$에 대해 연 12%의 수익을 벌 수 있으면 50,000$가 될 때까지 얼마를 기다려야 하는가? 이에 대한 답을 얻기 위해서는 현재가치 기본등식의 마지막 변수인 투자기간을 구하면 된다. 당신은 이미 이와 같이 특별한 경우에는 어떻게 답을 구하는지 알고 있을 것이다. 돈을 두 배로 만들면 된다는 것을 주목하라. 72법칙에 의해 수익률이 12%인 경우, 72/12 = 6년이 걸린다는 것을 알 수 있다.

정확한 답을 얻기 위해서는 현재가치 기본등식을 사용하면 된다. 현재가치가 25,000$이고, 미래가치는 50,000$이다. 12%의 할인율을 적용하는 경우, 현재가치 기본등식은 다음과 같다.

$$\$25{,}000 = \$50{,}000/1.12^t$$
$$\$50{,}000/\$25{,}000 = 1.12^t = 2$$

따라서 12%에 대한 미래가치요소는 2이다. 이제 우리는 t를 구하면 된다. 표 A.1에서 12%에 해당하는 열을 살펴보면 미래가치요소가 1.9738이 되는 것이 6년임을 알 수 있을 것이다. 보다 정확한 답을 얻기 위해서는 t를 계산하거나 재무계산기를 사용하여야 할 것이다. 그렇게 해보면 답이 6.1163년이 나온다는 것을 알 수 있을 것이다. 따라서 우리가 대강 구한 수치는 정확한 답과 매우 근사한 수치이다.

재무계산기의 사용

재무계산기를 사용하는 경우에는 아래와 같이 하면 된다.

	N	I/Y	PMT	PV	FV
입력		12		−25,000	50,000
구하기	6.1163				

예제 5.13 고도(Godot)를 기다리며

당신이 Godot company를 사기 위해 저축을 해왔다고 하자. 총구입비용은 10백만$이고, 현재 당신이 갖고 있는 돈은 약 2.3백만$이다. 당신이 당신의 돈에 대해 연 5%의 수익을 낼 수 있다면, 당신은 Godot를 사기 위하여 얼마를 기다려야 하는가? 연 16%의 수익을 낼 수 있다면 얼마를 기다려야 하는가?

수익률이 연 5%인 경우에 당신은 오랜 기간을 기다려야 할 것이다. 현재가치 기본등식은 아래와 같이 표현된다.

$$\$2.3\text{백만} = \$10\text{백만}/1.05^t$$
$$1.05^t = 4.35$$
$$t = 30\text{년}$$

수익률이 16%인 경우에는 기다리는 많이 짧아져서 약 10년이 된다는 것을 확인해보기 바란다.

표 5.4

화폐의 시간적 가치 공식

I.	용어 설명
	PV = 현재가치, 미래현금흐름의 (현재)가치는 얼마인가? FV = 미래가치, 미래에 현금흐름의 크기는 얼마가 되는가? r = 이자율(interest rate), 수익률(rate of return), 할인율(discount rate) – 통상적으로 1년을 기준으로 한다. t = 기간의 수 – 통상적으로 연수(年數)를 말한다. C = 현금의 크기
II.	**t 기간 동안 기간당 r%에 투자된 C의 미래가치**
	$FV_t = C \times (1 + r)^t$ $(1 + r)^t$는 미래가치요소라고 부른다.
III.	**t 기간 동안 기간당 r%에 투자된 C의 현재가치**
	$PV = C/(1 + r)^t$ $1/(1 + r)^t$는 현재가치요소라고 부른다.
IV.	**현재가치와 미래가치 사이의 관계를 나타내는 현재가치 기본등식**
	$PV = FV_t/(1 + r)^t$

이 장의 처음에서 언급했던 미국 정부의 EE 저축 채권(U.S. EE Savings Bond)에 대해 살펴보자. 이 채권은 액면가인 50$의 1/2에 판매된다. 다시 말해 25$를 지불하여 이 채권을 구입하고 미래에 그 채권의 만기가 도래했을 때 액면가 50$를 받는 것이다. 원금을 받을 때까지는 채권에 대한 이자를 받지 못한다. 이자율은 6개월마다 조정된다. 따라서 투자한 25$가 50$가 되기까지 걸리는 시간은 미래의 이자율이 어떻게 되는가에 따라 달라진다. 그러나 이 채권은 최악의 경우라고 하더라도 20년 후에는 50$를 돌려준다. 따라서 당신이 이 채권을 구입하고 기다려야 하는 가장 긴 기간은 20년이다. 만약 당신이 20년을 기다린다면 당신이 버는 이자율은 얼마인가?

화폐의 시간적 가치의 계산이나 그 외의 계산에 엑셀(Excel)을 어떻게 사용하는지에 대해서는 **www.studyfinance.com**을 참조하라.

이 채권에 대한 투자는 20년 후에 그 가치가 2배가 되는 것이므로 72법칙을 적용하면 그 답이 72/20 = 3.6%임을 바로 알 수 있다. 이 수익률은 최저로 보장되는 수익률이기 때문에 당신은 이보다 더 나은 수익률을 얻을 수도 있을 것이다. 이 예를 마지막으로 하여 화폐의 시간적 가치에 대한 기초개념들의 설명을 마치기로 한다. 표 5.4는 현재가치와 미래가치의 계산을 요약한 것이다.

개념질문 _Concept Questions

5.3a 현재가치 기본등식은 무엇인가?
5.3b 72법칙은 무엇인가?

5.4 요약과 결론

이 장에서는 현재가치와 현금흐름할인법에 대한 기본 원칙들을 살펴보았으며 화폐의 시간적 가치와 관련된 다음과 같은 점들을 살펴보았다.

1. 현재 이루어진 투자의 미래 특정 시점에서의 가치는 주어진 수익률(rate of return)을 가지고 그 투자의 미래가치를 계산하여 구할 수 있다.
2. 미래현금흐름의 현재가치는 주어진 수익률로 현금흐름의 현재가치를 계산함으로써 구할 수 있다.
3. 현재가치 기본등식은 수익률 r과 기간 t가 주어졌을 때 현재가치와 미래가치의 관계가 다음과 같음을 알려준다.

   $$PV = FV_t/(1 + r)^t$$

   이미 설명한 바와 같이 네 변수(PV, FV_t, r, t) 중 세 변수의 값을 안다면 나머지 한 변수의 값을 구할 수 있다.

이 장에서 설명된 원칙들은 나중 장들에서 중요한 역할을 할 것이다. 그 이유는 금융자산에 대한 투자이든, 실물자산에 대한 투자이든, 대부분의 투자가 현금흐름할인법(discounted cash flow approach: DCF법)을 통해 분석되기 때문이다. DCF법은 실제로 널리 사용되고 있다. 따라서 앞으로 나가기 전에 다음의 문제들을 풀어보기 바란다.

복습과 자가진단

5.1 미래가치의 계산 이자율이 6%인 은행계좌에 오늘 10,000$를 예금했을 때 5년 후에 받는 돈은 얼마인가?

5.2 현재가치의 계산 당신의 19번째 생일을 맞아 부자인 당신 삼촌이 당신이 30세가 될 때 150,000$를 지불하는 신탁펀드에 계약했다고 하자. 할인율이 9%라면 이 펀드의 현재가치는 얼마인가?

5.3 수익률의 계산 10년 후에 원금의 두 배를 주는 투자안이 있다고 하자. 이 투자안의 수익률은 얼마인가? 72법칙으로 답을 확인해보라.

5.4 투자기간의 계산 연 9%를 지급하는 투자기회가 주어져서 15,000$를 투자했다면 30,000$가 되는데 얼마나 걸리는가? 45,000$가 되는 데는 얼마가 걸리는가?

복습과 자가진단의 해답

5.1 연 6%의 이자율로 10,000$의 5년 후의 미래가치를 계산하면 된다. 미래가치요소는 $1.06^5 = 1.3382$이다. 따라서 미래가치는 $10,000 × 1.3382 = 13,382.26$이다.

5.2 연 9%의 수익률로 11년 후에 150,000$가 되는 돈의 현재가치를 계산해야 한다. 할인요소(discount factor)는 $1/1.09^{11} = 1/2.5804 = 0.3875$이다. 따라서 현재가치는 약 58,130$이다.

5.3 현재 1,000$를 투자했다고 했을 때 10년 후에는 2,000$가 될 것이다. 따라서 1,000$는 현재가치이고, 2,000$는 10년 후에 받는 금액으로 미래가치가 된다. 현재가치 기본등식에 의하면 다음과 같다.

$$\$2,000 = \$1,000 \times (1 + r)^{10}$$
$$2 = (1 + r)^{10}$$

여기서 r을 풀면 된다. 이미 설명했듯이 r을 구하는 방법은 여러 가지가 있다. 2의 1/10제곱근을 푸는 방법을 사용하면 다음과 같다.

$$2^{1/10} = 1 + r$$
$$1.0718 = 1 + r$$
$$r = 0.0718 = 7.18\%$$

72법칙을 사용하면 72/t = r%, 즉 72/10 = 7.2%이다. 따라서 답은 맞은 것 같다(72법칙은 근사치만을 알려준다는 것을 기억하라).

5.4 현재가치 기본등식은 다음과 같다.

$$\$30{,}000 = \$15{,}000 \times (1 + 0.09)^t$$
$$2 = (1 + 0.09)^t$$

t에 대해서 풀면 t = 8.04년이 된다. 72법칙을 사용하면 72/9 = 8년을 얻는다. 따라서 답은 맞은 것 같다. 45,000$를 받기 위해서는 12.75년을 기다려야 한다는 것을 확인해보라.

개념복습과 개념질문

1. **현재가치 [LO2]** 현재가치 기본등식은 네 가지 요소로 이루어져 있다. 어떤 것들인가?
2. **복리계산 [LO1, 2]** 복리계산이란 무엇인가? 할인해준다는 것은 무엇을 말하는가?
3. **복리계산과 기간 [LO1]** 기간이 길어질수록 미래가치는 어떻게 되는가? 현재가치는 어떻게 되는가?
4. **복리계산과 이자율 [LO1]** 이자율이 증가하면 미래가치는 어떻게 되는가? 현재가치는 어떻게 되는가?
5. **윤리적 고려 [LO2]** 예제 5.7을 다시 살펴보자. 이는 기만적 광고인가? 그와 같은 광고를 하는 것은 비윤리적인 것인가?

다음의 정보를 사용하여 문제 6~10까지의 질문들에 답하라.

2008년 3월 28일 Toyota의 자회사인 Toyota Motor Credit Corporation (TMCC)은 약간의 증권을 발행했다. 거래조건은 TMCC가 2038년 3월 28일에 이 증권의 소유자에게 한 장당 100,000$를 지불한다는 것이었다. 다만 그때까지는 한 푼의 돈도 지불하지 않는 것이다. 투자자들은 이 증권 한 장당 24,099$를 TMCC에게 지불했다. 따라서 투자자들은 증권 한 장당 30년 뒤에 100,000$를 돌려받기 위해 2008년 3월 28일에 24,099$를 지불한 것이다.

6. **화폐의 시간가치 [LO2]** 왜 TMCC는 미래에 약 4배에 해당하는 100,000$를 지급하기로 약속하면서 적은 금액인 24,099$를 받으려고 하는가?
7. **콜조항 [LO2]** TMCC는 자신이 원한다면 일정한 가격에 증권을 되살 수 있는 권리를 갖고 있다. 이러한 권리를 규정하는 조항을 콜조항(call provision)이라고 한다. 이러한 콜조항은 이 증권의 투자가치에 어떤 영향을 미치겠는가?
8. **화폐의 시간적 가치 [LO2]** 당신은 30년 후에 100,000$를 받는 조건으로 현재의 24,099$를 기꺼이 지불하겠는가? 이 문제에 답할 때 고려해야 할 가장 중요한 점은 무엇인가? 누가 30년 후에 지급하는가에 따라 당신의 답은 달라지는가?
9. **투자의 비교 [LO2]** TMCC가 증권을 24,099$에 발행할 때 미국 재무부도 동일한 종류의 증권을 발행했다고 하자. 미 재무부 증권은 TMCC 증권보다 더 높은 가격을 갖겠는가, 더 낮은 가격을

갖겠는가? 그 이유는?

10. **투자기간 [LO2]** TMCC 증권은 뉴욕증권거래소(New York Stock Exchange)에서 거래된다. 당신이 이 증권의 현재가격을 살펴본다면 현재가격은 원래 가격 24,099$보다 더 높게 나타날 것으로 생각되는가? 그 이유는? 2019년의 가격은 현재가격보다 더 높을 것으로 생각되는가, 더 낮을 것으로 생각되는가? 그 이유는?

연습문제

초급문제
(1-14)

1. **단리와 복리 [LO1]** First City Bank는 저축예금에 대해 연 7.5%의 단리를 지급하지만 Second City Bank는 연 7.5%의 복리를 지급한다. 당신이 각 은행에 8,600$를 예금한다면 8년 후에 당신은 Second City Bank로부터 얼마나 더 많은 돈을 받는가?

2. **미래가치의 계산 [LO1]** 다음 각각에 대해서 미래가치를 계산하라.

현재가치	기간(연)	이자율	미래가치
$ 2,597	11	13%	
7,834	7	9	
81,286	14	12	
213,612	16	6	

3. **현재가치의 계산 [LO2]** 아래 각각에 대해서 현재가치를 계산하라.

현재가치	기간(연)	이자율	미래가치
	17	9%	$ 16,832
	9	7	48,318
	23	13	886,073
	35	21	550,164

4. **이자율의 계산 [LO3]** 아래 각각에 대해서 이자율을 계산하라.

현재가치	기간(연)	이자율	미래가치
$ 181	8		$ 317
335	13		1,080
48,000	11		185,382
40,353	25		531,618

5. **투자기간의 계산 [LO4]** 아래 각각에 대해서 투자기간을 계산하라.

현재가치	기간(연)	이자율	미래가치
$ 610		7%	$ 1,389
940		8	1,821
26,350		9	289,715
43,500		21	430,258

6. **이자율의 계산 [LO3]** 18년 후에 당신 자녀를 대학에 보내기 위해서는 325,000$의 교육비가 필

요하다. 당신이 현재 투자할 수 있는 금액은 85,000$이다. 당신 자녀의 대학교육비를 충당하기 위해서 당신이 벌어야 하는 연이자율은 얼마인가?

7. **투자기간의 계산** [LO4] 4.3%의 이자율로 당신의 돈을 두 배로 만드는 데는 얼마가 걸리는가?
8. **이자율의 계산** [LO3] 2019년 10월에 미국에서 집 한 채의 가격은 평균 368,600$였다. 2000년 10월에는 평균가격이 197,700$였다. 집 가격의 연간 상승률은 얼마였는가?
9. **투자기간의 계산** [LO4] 당신이 275,000$짜리 신형 Ferrari 자동차를 사기 위해서 저축을 한다고 하자. 당신이 현재 은행에 저축할 수 있는 돈은 50,000$이다. 은행은 예금에 대해 연간 4.8%의 이자를 지급한다. 당신이 이 차를 사기에 충분한 돈을 마련하는 데는 얼마나 걸리겠는가?
10. **현재가치의 계산** [LO2] Imprudential Inc.는 20년 후에 지급해야 하는 4.5억$의 연금채무를 갖고 있다. 회사의 주식가치를 평가하기 위해서 재무분석가는 이 채무를 현재가치로 할인하려고 한다. 적정 할인율을 연 5.2%라고 하면 이 채무의 현재가치는 얼마인가?
11. **현재가치의 계산** [LO2] 당신이 복권에서 1등에 당첨되어 2백만$를 받게 되었다. 그러나 당첨금은 지금부터 80년 후인 당신의 100번째 생일날 지급된다. 당신이 그때까지 산다고 가정하고 적정 할인율이 연 9.1%라면 이 당첨금의 현재가치는 얼마인가?
12. **미래가치의 계산** [LO1] 당신은 1952년도 1$짜리 은화 50개를 갖고 있다. 당신의 조부모님이 이 은화들을 당시 액면가로 구입했다고 하자. 은화의 가치가 연 4.3%씩 상승한다고 가정하면 당신이 은퇴하는 2067년에 이 은화의 가치는 얼마가 되겠는가?
13. **이자율과 미래가치의 계산** [LO1, 3] 1895년에 첫 번째 U.S. Open Golf Championship이 열렸다. 우승상금은 150$였다. 2019년의 우승상금은 2.25백만$였다. 이 기간 동안 우승상금의 연 상승률은 얼마인가? 우승상금이 이 같은 비율로 상승한다면 2044년에 우승상금은 얼마가 되는가?
14. **수익률의 계산** [LO3] 세련된 감각을 지닌 사람들에게는 매력이 될 수 있지만 수집품으로서 미술품이 항상 많은 수익을 가져다주는 것은 아니었다. 2003년에 Sotheby's는 Edgar Degas의 청동조각품 Petite Danseuse de Quatorze Ans가 10,311,500$에 판매되었다. 그러나 불행하게도 전 소유자는 그 작품을 1999년에 구입할 때 12,377,500$를 지불했다. 이 경우, 전 소유자의 연간수익률은 얼마인가?

중급문제 (15-20)

15. **수익률의 계산** [LO3] 2018년 경매에서 "Brasher doubloon" 금화가 5.5백만$에 거래되었다. 1787년에 처음 주조된 이 금화에 찍혀 있던 금액은 15$였다. 1979년에 이 금화는 43만$에 거래되었었다. 처음 제작되었을 때의 가치 15$에서 1979년에 거래된 가격까지 이 금화의 가치 상승률은 연 퍼센트였는가? 1979년에 이 동전을 구입한 사람이 2018년에 판매하여 얻은 연수익률은 얼마인가? 처음 제작되었을 때의 가치 15$에서 2018년에 거래된 가격까지 이 금화의 가치 상승률은 연 퍼센트였는가?
16. **수익률의 계산** [LO3] 이 장의 처음에서 언급했던 Series EE 저축채권과 관련하여 다음의 질문에 답하라.
    a. 이 채권을 액면가인 50$에 구입했다고 하자. 이 채권의 가치가 두 배가 될 때까지 20년 동안 이 채권을 갖고 있는다면 이 채권의 연수익률은 얼마인가?
    b. 2019년 초에 이 채권을 액면가 50$에 구입했고, 이 채권의 가치가 매년 0.1%씩 상승한다고 하면 2029년에 이 채권의 가치는 얼마가 되는가?
    c. 이 채권을 2029년에 그 가치에 판매하지 않고, 액면가의 두 배가 되는 2039년까지 갖고 있는다면 나머지 10년 동안의 연수익률은 얼마가 되는가?
17. **현재가치의 계산** [LO2] 문제 9에서 언급한 275,000$의 Ferrari를 당신이 아직도 소유하기 원한다고 하자. 당신은 당신이 투자한 뮤추얼펀드(mutual fund)가 연 11.2%의 수익률을 달성할 것으로 생각하고 있고, 또한 당신이 30세 되는 9년 후에 이 차를 구입하기 원한다면, 당신이 오늘 뮤추

얼펀드에 투자해야 하는 금액은 얼마가 되어야 하는가?

18. **미래가치의 계산 [LO1]** 당신이 개인퇴직금계좌에 5,500$를 입금했다고 하자. 그 계좌의 수익률이 연 10%이고, 더 이상의 입금이 없다면, 45년 후에 당신이 은퇴할 때 그 계좌에 있는 돈은 얼마가 되겠는가? 10년 후에 입금한다면 어떻게 되겠는가? (이 질문이 어떤 투자전략을 세우는데 도움을 주는가?)

19. **미래가치의 계산 [LO1]** 2년 후에 20,000$를 받을 예정이며, 그 돈을 받았을 때 연간 6.8%의 수익률로 6년간 더 투자할 계획이다. 8년 후에 받는 돈은 얼마가 되는가?

20. **투자기간의 계산 [LO4]** 당신은 2년 후 졸업할 때 10,000$를 받을 예정이다. 그 돈을 연 11%의 수익률을 갖는 곳에 투자하여 60,000$가 될 때까지 기다리려고 한다. 당신은 지금부터 얼마나 오랫동안 기다려야 하는가?

6 현금흐름의 할인에 의한 가치평가

Discounted Cash Flow Valuation

유명한 운동선수들의 계약금에 대해 많은 사람들이 큰 관심을 보인다. 그러나 계약금 액수는 종종 잘못된 크기로 인식되고 있다. 예를 들어 2019년 말 포수(catcher) Yasmani Grandal은 Chicago White Sox와 73백만$의 계약금에 사인했다. 이는 무지한 도구(tools of ignorance; 포수가 사용하는 도구를 빗대어 하는 농담)를 사용하면서 생활을 꾸려가는 사람치고는 괜찮은 금액이다. 한편 투수(pitcher) Stephen Strasburg는 Washington Nationals와 245백만$의 계약에 사인했다.

Yasmani와 Stephen은 꽤 좋은 계약을 한 것처럼 보이다. 그러나 New York Yankees의 팬들 앞에서 사인한 Gerrit Cole의 경우를 보자. Gerrit의 계약금은 약 324백만$였다. 하지만 이 금액은 여러 해에 걸쳐 나누어 지급되는 것이다. 계약금 중 36백만$는 첫해에, 나머지 288백만$는 2020년부터 2028년에 걸쳐 나누어 지급된다. Yasmani와 Stephen의 계약금도 마찬가지로 여러 해에 걸쳐 나누어 지급되는 것이다.

이들 계약금은 모두 미래에 나누어 지급되는 것이므로 우리는 화폐의 시간적 가치를 고려해야 한다. 다시 말해 이 선수들이 실제로 받는 금액은 계약금과 동일한 금액이 아니라는 것이다. 이들이 실제로 받는 금액은 얼마일까? 이 장은 이러한 질문에 대한 답을 얻기 위한 도구를 제공한다.

학습목표 _*Learning Objectives*

이 장을 공부한 후에는 다음과 같은 것들에 대해 알아야 한다.

LO1 여러 기간에 걸쳐 발생하는 현금흐름의 미래가치와 현재가치를 구하기

LO2 대출상환금과 대출이자율을 구하기

LO3 대출금의 상환방법들

LO4 이자율이 (잘못) 표시되는 경우들

앞 장에서는 기초적인 현금흐름할인법에 대해 살펴보았다. 우리는 단 한 번의 현금흐름에 관해 다루었다. 그러나 실제로 많은 투자는 여러 기간에 걸쳐 매기간 현금흐름을 발생시킨다. 예를 들어 Target이 새로운 백화점을 개장한다면 처음에는 이를 위해 매우 큰 현금유출이 발생할 것이다. 그런 다음 수년간 현금유입이 발생할 것이다. 이 장은 이러한 투자의 경우 그 가치를 어떻게 평가하는가에 대해 살펴보는 것으로 시작하기로 한다.

이 장을 마친 후에 당신은 현실적으로 매우 유용한 기술을 얻게 될 것이다. 예를 들어 당신 자동차 할부금의 가치를 어떻게 평가하는지 또는 학자금 대출상환액의 가치를 어떻게 계산하는

것인지에 대해 알게 될 것이다. 또한 매달 일정한 금액을 지불하면서 당신이 사용한 신용카드 금액을 다 지불하는 데는 (그런 식의 상환을 권장하지는 않지만) 얼마의 기간이 걸리는지를 계산할 수 있을 것이다. 우리는 어느 이자율이 제일 낮고, 어느 이자율이 제일 높은지 비교하는 방법에 대해서 설명할 것이다. 또한 이자율은 다양한 방법으로 표현될 수 있으며 경우에 따라서는 매우 기만적인 방법으로 표현될 수 있다는 것에 대해서도 설명할 것이다.

6.1 여러 기간에 걸친 현금흐름의 현재가치와 미래가치

지금까지는 현재의 일시불에 대한 미래가치 또는 미래 어떤 시점의 일시불에 대한 현재가치를 살펴보았다. 이 절에서는 여러 기간에 걸친 현금흐름의 가치를 평가하는 방법에 대해 살펴보기로 한다. 우선 미래가치부터 시작하기로 하자.

여러 기간에 걸친 현금흐름의 미래가치

현재 연 8%의 이자를 주는 은행계좌에 100$를 저축하고 1년 후에 추가적으로 100$를 더 저축한다고 하자. 그렇다면 2년 후에 이들은 모두 얼마가 되는가? 이 문제는 비교적 쉽다. 첫 번째 해 말에 108$를 얻고 다시 그 돈에 100$를 추가해서 두 번째 해 초에는 총 208$를 저축하게 된다. 따라서 208$에 대해서 연 8%의 이자를 얻으므로 두 번째 해 말에 나타나는 총금액은 다음과 같이 된다.

$$\$208 \times 1.08 = \$224.64$$

그림 6.1은 이 두 번의 100$ 저축에 대한 미래가치를 계산하는 과정을 보여주는 시간선(time line)을 보여주고 있다. 이와 같은 그림은 복잡한 문제를 푸는 데 매우 유용하다. 현재가치나 미래가치를 구하는 문제에서 어려움을 갖는 경우에는 항상 시간선을 그려보면 실제로 어떤 상황이 발생하는가에 대해 보다 나은 이해를 하게 될 것이다.

그림 6.1의 첫 번째 부분은 시간선에 따라 발생하는 현금흐름을 표시해주고 있다. 이 경우 중요한 것은 실제로 현금흐름이 발생하는 시점에 현금흐름의 크기를 적는 것이다. 이 예에서는 첫 번째 현금흐름이 현재 발생하는 것이므로 0이라고 표시된 시간선 아래에 "$100"가 표시되었다. 두 번째 100$의 현금흐름은 현재로부터 1년 후에 발생하는 것이다. 따라서 이 100$는 1이라고 표시된 시간선 아래에 표시되었다. 그림 6.1의 두 번째 부분은 매 기간의 미래가치를 구하여

그림 6.1
시간선의 활용

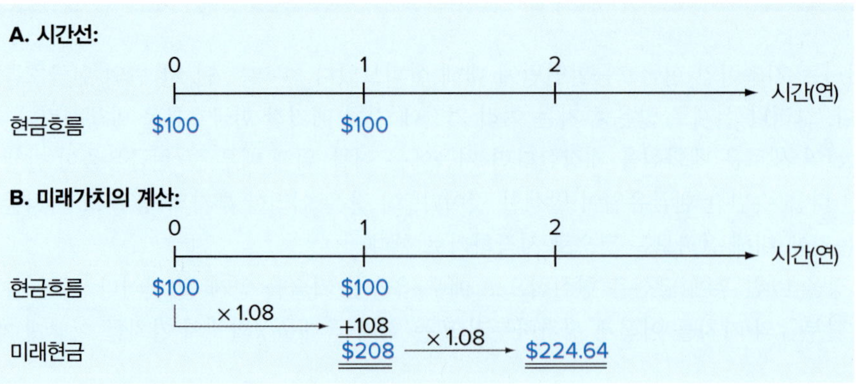

최종 미래가치인 224.64$를 계산하는 과정을 보여주고 있다.

저축에 대해 다시 살펴보기 **예제 6.1**

당신이 앞으로 3년 동안 매년 말에 4,000$를 은행에 저축할 수 있다고 해보자. 은행이 주는 이자율은 연 8%이다. 현재 은행에 7,000$를 저축하고 있다고 할 때, 3년 후에 당신의 돈은 얼마가 되는가? 4년 후에는?

첫 번째 해 말에 당신이 갖는 돈은

$$\$7,000 \times 1.08 + 4,000 = \$11,560$$

두 번째 해 말에 당신이 갖는 돈은

$$\$11,560 \times 1.08 + 4,000 = \$16,484.80$$

이와 같은 과정을 세 번째 해에 대해서도 적용하면

$$\$16,484.80 \times 1.08 + 4,000 = \$21,803.58$$

이 된다. 따라서 3년 후에 당신은 21,803.58$를 갖게 된다. 이 돈을 1년 더 은행에 저축해두면 네 번째 해 말에 당신이 갖게 되는 돈은 다음과 같다.

$$\$21,803.58 \times 1.08 = \$23,547.87$$

두 번에 걸친 100$ 저축의 미래가치를 계산할 때 매해 초에 발생하는 잔액을 계산하고 그 금액을 다음 해로 가져갔다. 그러나 이를 보다 빠른 방법으로 계산할 수 있다. 첫 번째 100$는 연 8%의 이자율로 2년간 저축되는 것이므로 그 미래가치는 다음과 같다.

$$\$100 \times 1.08^2 = \$100 \times 1.1664 = \$116.64$$

두 번째 100$는 연 8%의 이자율로 1년간 저축되는 것이므로 그 미래가치는 다음과 같다.

$$\$100 \times 1.08 = \$108$$

총미래가치는 이 두 미래가치를 합하면 구해진다.

$$\$116.64 + 108 = \$224.64$$

이러한 예를 통해서 여러 기간에 걸쳐 발생하는 현금흐름의 미래가치를 계산하는 데는 두 가지 방법이 있다는 것을 알 수 있다. (1) 하나는 누적된 잔액들을 복리로 계산해서 일 년씩 다음 해로 보내는 방법이며, (2) 다른 하나는 각 현금흐름의 미래가치를 우선 구하고 이들을 모두 합해주는 것이다. 이 두 가지 방법은 동일한 답을 주므로 어느 방법을 사용하든 관계없다.

미래가치를 계산하는 두 가지 방법을 살펴보기 위해서 앞으로 5년간 매년 말에 2,000$씩 투자하는 경우를 살펴보자. 현재의 잔액은 0$이고, 이자율은 10%라고 하자. 우선 시간선을 그림 6.2와 같이 그린다.

시간선에서 첫해 말까지는 아무 일도 발생하지 않는다. 첫해 말에 가서 처음으로 2,000$를

그림 6.2

5년 동안 매년 말에 투자되는 2,000$에 대한 시간선

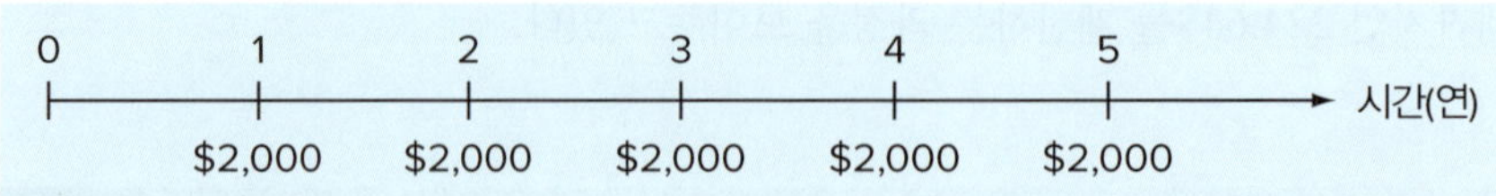

그림 6.3 **한 번에 한 기간씩 복리계산을 해준 미래가치**

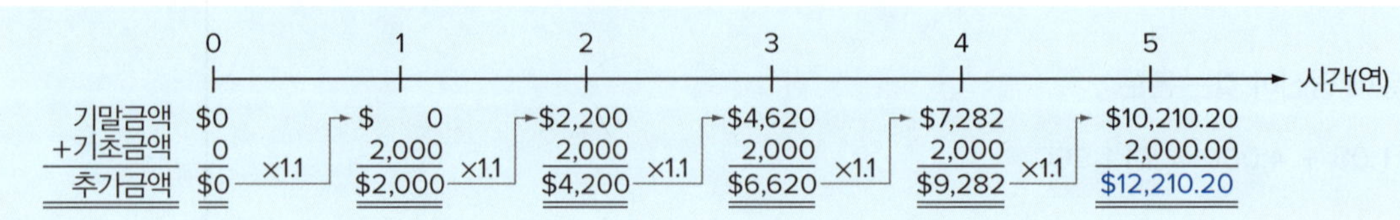

그림 6.4

각각의 현금흐름을 개별적으로 복리계산하여 구한 미래가치

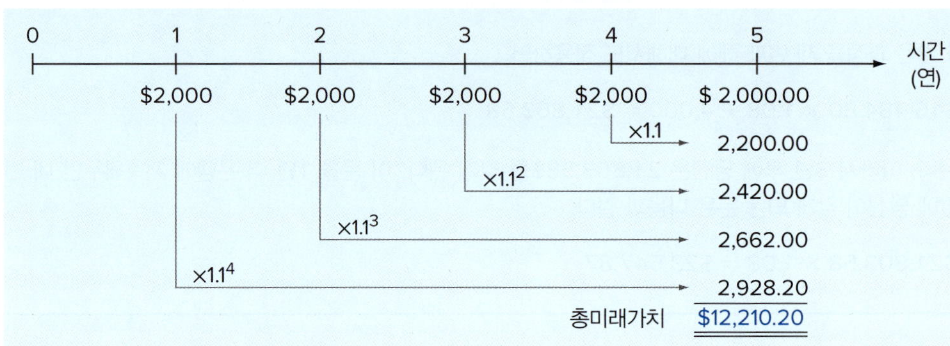

투자하고 그 금액은 나머지 4년간(5년이 아님) 이자를 번다. 또한 마지막 2,000$는 5년째 말에 투자되므로 이자를 전혀 벌지 못한다.

그림 6.3은 투자에 대해 매기간 복리계산을 해줄 때의 계산과정을 보여준다. 그림에서 알 수 있듯이 미래가치는 12,210.20$가 된다.

그림 6.4는 두 번째 방법을 사용하여 계산한 것이다. 두 결과는 당연히 같다.

예제 6.2 저축에 대해 또 한 번 살펴보기

1년 후에 100$를 저축하고, 2년 후에 200$, 3년 후에 300$를 저축한다면 3년 후에 어느 정도의 금액이 될까? 그중 얼마가 이자로 버는 금액인가? 5년 후에는 어느 정도의 금액이 되는가? 이자율은 연 7%라고 가정하자.

우리는 각 저축액에 대해 3년 후의 미래가치를 구하기로 한다. 100$는 2년 동안 이자를 벌며, 200$는 1년 동안만 이자를 벌며, 마지막 300$는 이자를 전혀 벌지 못한다는 점에 유의하자. 따라서 미래가치는 다음과 같이 계산된다.

$$
\begin{aligned}
\$100 \times 1.07^2 &= \$114.49 \\
\$200 \times 1.07 &= 214.00 \\
+\ \$300 &= \underline{300.00} \\
\text{총미래가치} &= \underline{\underline{\$628.49}}
\end{aligned}
$$

(계속)

총미래가치는 628.49$이며, 총이자는 다음과 같다.

$628.49 − ($100 + 200 + 300) = $28.49

5년 후에는 얼마가 될까? 우리는 3년 후에 돈이 628.49$가 된다는 것을 안다. 따라서 이 돈을 2년간 더 은행에 저축해 놓는다면 다음과 같이 커질 것이다.

$\$628.49 \times 1.07^2 = \$628.49 \times 1.1449 = \$719.56$

각 금액의 미래가치를 별도로 구할 수도 있다. 다시 언급하지만 기간에 주의하기 바란다. 앞에서 계산했듯이 첫 번째 100$는 4년 동안의 이자를 벌고, 두 번째 200$는 3년 동안의 이자를 벌며, 마지막 300$는 2년 동안의 이자를 번다.

$$\begin{aligned} \$100 \times 1.07^4 &= \$100 \times 1.3108 = \$131.08 \\ \$200 \times 1.07^3 &= \$200 \times 1.2250 = 245.01 \\ + \$300 \times 1.07^2 &= \$300 \times 1.1449 = \underline{343.47} \\ \text{총미래가치} &= \underline{\underline{\$719.56}} \end{aligned}$$

여러 기간에 걸친 현금흐름의 현재가치

미래 여러 기간에 걸쳐 발생하는 현금흐름의 현재가치를 구할 필요가 자주 발생한다. 미래가치와 마찬가지로 현재가치를 구하는 데도 두 가지 방법이 있다. 한 번에 한 기간씩 거꾸로 할인해 주거나 아니면 각각의 현금흐름의 현재가치를 별도로 구해서 이들을 모두 합해 줄 수도 있다.

당신이 1년 후에 1,000$를 필요로 하고 2년 후에 2,000$가 필요하다고 해보자. 당신이 투자한 돈에 대해서는 연 9%의 이자를 벌 수 있다고 하자. 미래에 필요한 이러한 금액의 돈을 마련하기 위해서 당신은 현재 얼마를 투자해야 하는가? 다시 말해 연 9%의 이자율에서 이 두 현금흐름의 현재가치는 얼마인가?

연 9%의 이자율에서 2년 후 2,000$의 현재가치는 다음과 같다.

$\$2,000/1.09^2 = \$1,683.36$

1년 후 1,000$의 현재가치는 다음과 같다.

$1,000/1.09 = $917.43

따라서 총현재가치는 다음과 같다.

$1,683.36 + $917.43 = $2,600.79

2,600.79$가 맞는 답인지 확인하기 위해서 2년 후에 2,000$가 지불된 후에 아무 돈도 남아있지 않는가를 살펴보면 된다. 첫해에 2,600.79$를 9%의 이자율로 투자하면 첫해 말의 금액은 다음과 같다.

$2,600.79 × $1.09 = $2,834.86

이 중에서 1,000$를 사용하면 1,834.86$가 남는다. 이 금액은 다시 1년 동안 9%의 이자를 벌어 다음과 같은 금액이 된다.

그림 6.5
각각의 현금흐름을 별도로 할인하여 구한 현재가치

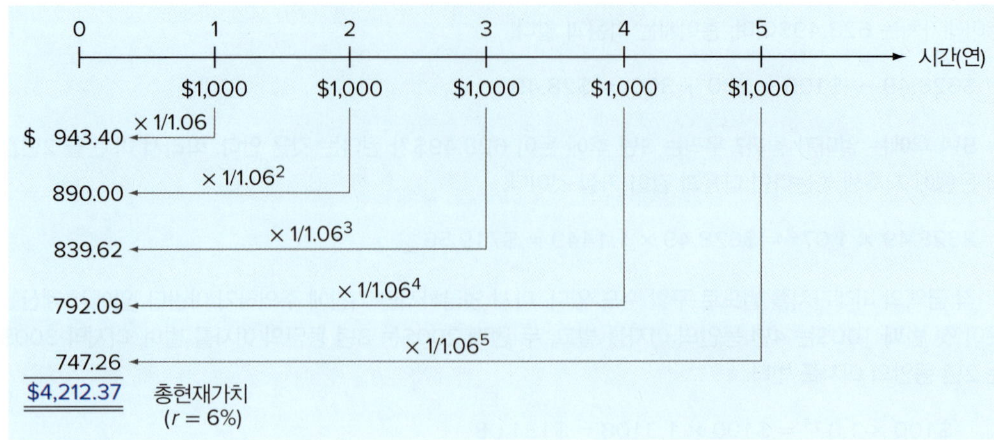

$$\$1,834.86 \times 1.09 = \$2,000$$

이는 계획한 것과 정확히 일치한다. 이 예가 보여주고 있듯이 (주어진 할인율에서) 미래에 발생하는 현금흐름들의 현재가치는 미래에 동일한 현금흐름들이 발생하도록 만들기 위해서 현재 투자해야 하는 금액과 같은 것이다.

여러 기간에 걸친 현금흐름의 현재가치를 구하는 한 가지 방법은 각각의 현금흐름의 현재가치를 별도로 구해서 이들을 모두 합해 주는 것이다. 예를 들어 앞으로 5년간 매년 말 1,000$의 현금을 가져다주는 투자가 있다고 해보자. 이러한 현금흐름의 현재가치를 구하기 위해서는 각 1,000$의 현재가치를 구하고 이들 현재가치를 모두 합하면 된다. 그림 6.5는 연 6%의 할인율을 가정할 때 이러한 방법을 보여주고 있다. 소수점 차이를 무시한다면 이 계산의 결과는 4,212.37$로 나타난다.

현재가치를 구하는 다른 방법은 다음과 같다. 먼저 제일 마지막 현금흐름을 한 기간 할인하여 이를 끝에서부터 두 번째 기간의 현금흐름에 더해 줄 수 있다.

$$(\$1,000/1.06) + \$1,000 = \$943.40 + \$1,000 = \$1,943.40$$

그 다음 이 금액을 다시 한 기간만 할인하여 끝에서부터 3년째의 현금흐름에 더해 준다.

$$(\$1,943.40/1.06) + \$1,000 = \$1,833.40 + \$1,000 = \$2,833.40$$

이러한 과정을 계속 거치면 마지막으로 총현재가치를 구할 수 있다. 그림 6.6은 이러한 방법을 보여주고 있다.

그림 6.6 **한 번에 한 기간씩 뒤로 할인하여 구한 현재가치**

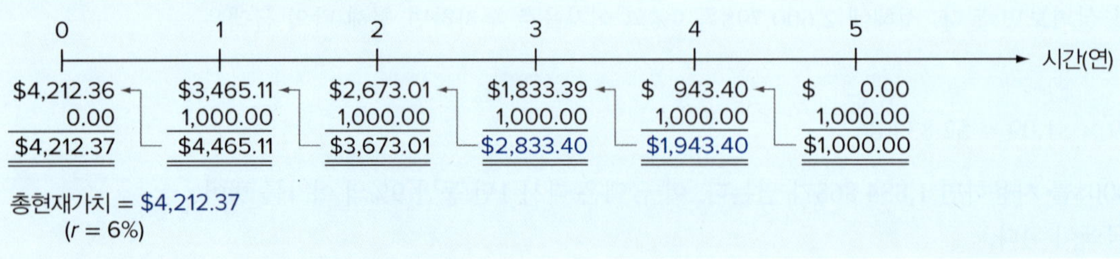

그것이 갖는 가치는 얼마인가? 예제 6.3

1년 뒤에 200$, 2년 뒤에 400$, 3년 뒤에 600$, 그리고 4년 뒤에 800$를 가져다주는 투자가 있다고 하자. 또한 이와 비슷한 다른 투자에서 얻을 수 있는 수익률은 연 12%라고 하자. 이러한 투자를 위해 당신이 지불할 수 있는 최대금액은 얼마인가?

답을 구하기 위해서는 이러한 현금흐름의 현재가치를 계산해야 한다. 각 현금흐름의 현재가치를 구하고 이들 현재가치를 모두 합하면 다음과 같이 된다.

$$
\begin{aligned}
\$200 \times 1/1.12^1 &= \$200/1.1200 = \$\ \ 178.57\\
\$400 \times 1/1.12^2 &= \$400/1.2544 = \ \ \ \ 318.88\\
\$600 \times 1/1.12^3 &= \$600/1.4049 = \ \ \ \ 427.07\\
+\ \$800 \times 1/1.12^4 &= \$800/1.5735 = \ \ \ \ \underline{508.41}\\
&\text{총현재가치} = \$1,432.93
\end{aligned}
$$

이와 비슷한 다른 투자에서 얻을 수 있는 수익률이 12%이므로 1,432.93$를 거기에 투자하면 이 투자의 현금흐름과 동일한 현금흐름을 얻을 수 있다. 따라서 당신이 이 투자를 위해 지불할 수 있는 최대금액은 1,432.93$이다.

그것이 갖는 가치는 얼마인가? 두 번째 문제 예제 6.4

당신이 5,000$를 세 번 지불해야 하는 어떤 투자를 제안받았다고 하자. 첫 번째 지불은 4년 후에, 두 번째 지불은 5년 후에, 세 번째 지불은 6년 후에 한다고 하자. 당신이 어느 곳에 투자하든 연 11%의 수익률을 달성할 수 있다면 이 투자는 최대 얼마의 현재가치를 갖는가? 이 현금흐름의 미래가치는 얼마인가?

이 질문의 요점을 설명하기 위해서 우리는 두 번째 질문의 답부터 구하기로 한다. 이 현금흐름의 6년 후의 미래가치는 다음과 같다.

$$
\begin{aligned}
(\$5,000 \times 1.11^2) + (\$5,000 \times 1.11) + \$5,000 &= \$6,160.50 + 5,550 + 5,000\\
&= \$16,710.50
\end{aligned}
$$

그러므로 현재가치는 다음과 같다.

$$\$16,710.50/1.11^6 = \$8,934.12$$

이를 확인하기 위해서 각 현금흐름의 현재가치를 구하고, 이들을 다 합해 총현재가치를 구하면 다음과 같다.

$$
\begin{aligned}
\$5,000 \times 1/1.11^6 &= \$5,000/1.8704 = \$2,673.20\\
\$5,000 \times 1/1.11^5 &= \$5,000/1.6851 = \ \ \ 2,967.26\\
\$5,000 \times 1/1.11^4 &= \$5,000/1.5181 = \ \ \ \underline{3,293.65}\\
&\text{총현재가치} = \$8,934.12
\end{aligned}
$$

이는 앞에서 구한 답과 같다. 설명하고자 하는 요점은 각 현금흐름의 현재가치를 먼저 구하여 총현재가치를 구하든, 각 현금흐름의 총미래가치를 먼저 구하여 그 총현재가치를 구하든 상관없으므로 편한 방법으로 구하면 된다는 것이다. 동일한 할인율을 사용하고 기간을 확실히 한다면 항상 동일한 답을 얻는다.

재무계산기의 사용

여러 기간에 걸친 미래현금흐름의 현재가치를 재무계산기로 구하기

여러 기간에 걸친 현금흐름의 현재가치를 재무계산기를 사용하여 구할 때 앞 장에서 한 것과 같이 각 현금흐름의 현재가치를 하나씩 계산기로 구해서 모두 더해주면 된다. 그러나 계산기를 잘 사용하면 이를 보다 간단히 할 수 있다. 예제 6.3의 경우를 가지고 이를 설명하기로 한다.

우선 계산기의 기존 기록을 모두 지우는 것을 잊지 말아야 한다. 그런 다음, 1년 후에 받게 되는 첫 번째 현금흐름 $200을 12%로 할인하는 것으로 다음과 같이 하면 된다.

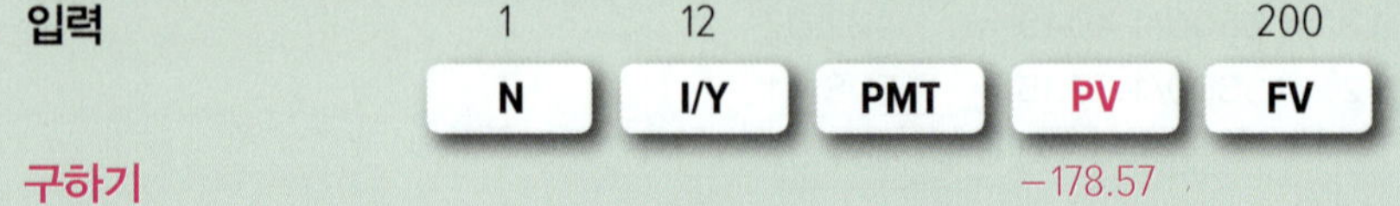

이제 구한 답을 적어 두어야 한다. 그러나 그렇게 하는 것은 비효율적이다. 모든 계산기는 숫자를 기억하는 기능을 갖고 있다. 이러한 기억기능을 사용하는 것이 따로 적어놓을 필요도 없어 실수도 적게 만들 뿐만 아니라, 계산도 더 빠르게 할 수 있도록 해준다.

다음으로 두 번째 현금흐름의 현재가치를 구한다. 이를 위해 N을 2로 바꾸고 FV를 400으로 바꿔주어야 한다. 다른 키를 건드리지 않는 한, I/Y를 다시 치거나 계산기를 초기화할 필요는 없다. 따라서 다음과 같이 하면 된다.

이 숫자를 첫 번째 계산에서 구한 값에 더해서 저장하고 남은 계산에 대해서도 마찬가지로 하면 된다.

참고로, 일부 재무계산기들은 미래현금흐름의 모든 값을 한 번에 입력하도록 하여 계산하게도 해준다.

현금흐름의 시점

현재가치나 미래가치를 구할 때는 현금흐름의 시점이 매우 중요하다. 대부분의 계산에서는 현금흐름이 각 기간의 끝에 발생하는 것으로 묵시적으로 가정되고 있다. 우리가 지금까지 설명한 모든 공식들뿐만 아니라 현재가치나 미래가치표에 나타나는 수치, 또한 모든 재무계산기도 기본적으로 현금흐름이 해당 기간의 끝에서 발생하는 것으로 설정되어 있다. 따라서 별도의 언급이 없는 한, 이렇게 가정되어 있다는 것을 잊지 말기 바란다.

이상을 간단히 살펴보기 위해서 첫해의 현금흐름이 100$, 둘째 해의 현금흐름이 200$, 셋째 해의 현금흐름이 300$인 3년짜리 투자가 있다고 하자. 이 경우 시간선을 그리면 다음과 같다.

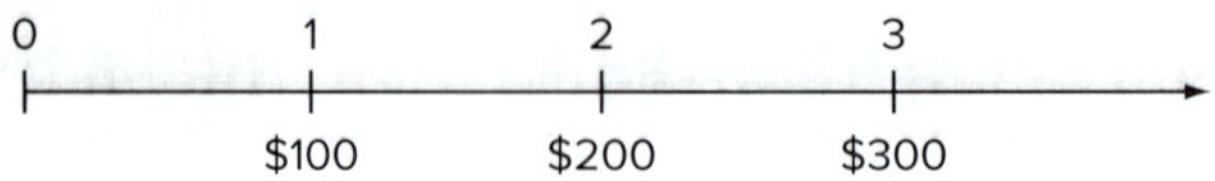

첫 번째 현금흐름은 첫 번째 기간의 끝, 두 번째 현금흐름은 두 번째 기간의 끝, 세 번째 현금흐름은 세 번째 기간의 끝에 발생하는 것으로 표시되어 있다는 것을 확인하라.

마지막으로 이 장 처음에 언급했던 투수 Stephen Strasburg의 계약금에 대한 질문에 답해보기로 하자. 계약금의 액수는 245백만$였으며, 그 지급방식은 7년간 매년 23.6백만$를 지급하고 마지막 해인 2027년에 80백만$를 지급하는 것으로 되어 있었다. 12%가 적절한 할인율이라고 하면, Stephen은 얼마를 받는 것인가?

답을 얻기 위해 매년 받는 봉급의 현재가치를 다음과 같이 구하면 된다(돈의 지불은 매년 말에 이루어진다고 가정한다).

Year 1 (2020): $\$23{,}600{,}000 \times 1/1.12^1 = \$21{,}071{,}428.57$

Year 2 (2021): $\$23{,}600{,}000 \times 1/1.12^2 = \$18{,}813{,}775.51$

. . .

. . .

Year 8 (2027): $\$80{,}000{,}000 \times 1/1.12^8 = \$32{,}310{,}658.24$

연습을 위해 표시되어 있지 않은 연도들의 현재가치를 스스로 구해보기 바란다. 당신이 구한 현재가치들을 모두 더해주면 당신은 Stephen이 1.4002억$의 (현재)가치를 갖는 계약을 한 것임을 알게 될 것이다. 이는 계약서에 명시되어 있던 금액 2.45억$의 약 57%에 해당하는 금액이다.

개념질문 _Concept Questions

6.1a 여러 기간에 걸쳐 발생하는 현금흐름의 미래가치를 어떻게 구하는지 설명해보라.

6.1b 여러 기간에 걸쳐 발생하는 현금흐름의 현재가치를 어떻게 구하는지 설명해보라.

6.1c 별도로 언급되지 않는 한, 미래가치나 현재가치를 구하는 문제에서 가정하는 현금흐름의 발생시점은 언제인가?

동일한 현금흐름의 가치평가: 연금과 영구연금 6.2

우리는 동일한 크기의 현금흐름이 여러 기간에 걸쳐 발생하는 상황을 자주 접하게 된다. 예를 들어 차입금의 상환을 일반적으로 일정 기간에 걸쳐 매번 동일한 금액을 채무자가 갚아 나가게 하고 있다. 자동차 구입금의 대출과 같이 모든 가계대출금과 주택저당대출금은 보통 매달 일정한 금액을 상환하는 형태로 갚아 나가게 되어 있다.

어떤 주어진 기간 동안 동일한 금액이 매기간 말에 발생하는 현금흐름을 **일반연금**(ordinary annuity)이라고 부르며, 이를 보다 정확히 말할 때 현금흐름이 일반연금 형태를 갖는다고 말한다. 연금은 금융적 거래에서 매우 자주 나타나는데 연금의 가치를 구하는 데는 유용하고 간단한 방법이 있다. 앞으로 우리가 연금이라고 말할 때는 일반연금을 뜻하는 것으로 한다.

연금(annuity): 일정한 기간 동안 매번 동일한 금액으로 나타나는 현금흐름

연금형태의 현금흐름이 갖는 가치

앞으로 3년 동안 매년 말에 500$를 지불하는 어떤 자산이 있다고 하자. 이 자산이 발생시키는 현금흐름은 3년 동안 매년 일정하게 500$를 발생시키는 연금형태를 갖는다. 투자한 돈에 대해 연 10%의 수익률을 기대한다면, 이러한 연금에 대해 지불할 수 있는 최대금액(연금의 가치)은 얼마인가?

앞 절에서 한 것처럼 각 500$를 할인하여 그들의 현재가치를 구하고 이들을 모두 합하여 총 현재가치를 구할 수 있다.

$$\begin{aligned}\text{현재가치} &= \$500/1.1^1 + \$500/1.1^2 + \$500/1.1^3 \\ &= \$500/1.1 + \$500/1.21 + \$500/1.331 \\ &= \$454.55 + \$413.22 + \$375.66 \\ &= \$1{,}243.43\end{aligned}$$

이 방법도 괜찮지만 현금흐름의 수가 매우 많을 경우에 이 방법을 사용하는 것은 매우 번거로울 수 있다. 예를 들어 전형적인 주택저당대출의 경우 30년 동안 매달 동일한 금액을 갚아 나가게 되어 있으며, 이 경우 지불하는 횟수는 360번이 된다. 이러한 현금흐름의 현재가치를 구하기 위해서는 보다 간단한 방법을 사용하는 것이 낫다.

연금 형태의 현금흐름은 현금흐름이 매번 동일한 금액이므로 현재가치 기본등식을 약간 변형하여 매우 유용한 공식을 얻을 수 있다. t 기간 동안 매번 일정한 C$의 현금흐름을 갖는 연금의 현재가치는 수익률(이자율)을 r이라고 할 때 다음과 같이 표현된다.

$$\begin{aligned}\textbf{연금의 현재가치} &= \mathbf{C} \times \left(\frac{\mathbf{1 - 현재가치요소}}{\boldsymbol{r}}\right) \\ &= \mathbf{C} \times \left\{\frac{\mathbf{1-[1/(1+\boldsymbol{r})^{\boldsymbol{t}}]}}{\boldsymbol{r}}\right\}\end{aligned} \qquad \textbf{[6.1]}$$

괄호 안에 있는 표현은 연금의 현재가치이자요소(present value interest factor for annuities)라고 불리기도 하며 간단히 PVIFA(r, t)로 표시한다.

연금의 현재가치를 구하는 공식은 약간 복잡하게 보일지는 모르지만 사용하기에 아주 어려운 것은 아니다. $1/(1 + r)^t$는 우리가 사용했던 현재가치요소(present value factor)이다. 위의 예에서처럼 이자율이 10%이고 기간이 3년이라면 현재가치요소는 다음과 같다.

$$\text{현재가치요소} = 1/1.1^3 = 1/1.331 = 0.751315$$

연금의 현재가치요소를 구하기 위해서는 이를 대입하기만 하면 된다.

$$\begin{aligned}\text{연금의 현재가치요소} &= (1 - \text{현재가치요소})/r \\ &= (1 - 0.751315)/0.10 \\ &= 0.248685/0.10 = 2.48685\end{aligned}$$

따라서 앞에서 계산한 것과 같이 500$의 3년짜리 연금의 현재가치는 다음과 같다.

$$\text{연금의 현재가치} = \$500 \times 2.48685 = \$1{,}243.43$$

예제 6.5 **당신의 지급능력은 얼마인가?**

새로운 스포츠카를 구입하려고 하는 사람이 자신의 상황을 살펴본 결과, 매달 632$를 지불할 수 있을 것으로 판단했다고 하자. 또한 이 사람이 은행에 전화를 걸어 확인한 결과, 매달 1%의 이자를 내고 48개월 동안 돈을 빌릴 수 있다는 것을 알았다고 하자. 이 사람이 자신의 지급능력에 맞게 스포츠카 구입비용의 일부를 빌린다면 얼마의 돈을 빌릴 수 있는가?

(계속)

얼마나 빌릴 수 있는지를 알기 위해서는 월 1%의 이자로 48개월 동안 매달 632$가 발생하는 연금의 현재가치를 구하면 된다. 은행 융자금의 상환은 일반연금 형태로 이루어진다. 따라서 연금의 현재가치요소는 다음과 같다.

$$\text{연금의 현재가치요소} = (1 - \text{현재가치요소})/r$$
$$= [1 - (1/1.01^{48})]/0.01$$
$$= (1 - 0.6203)/0.01 = 37.9740$$

이 요소를 가지고 매번 632$의 현금흐름이 48번 발생하는 연금의 현재가치를 구하면 다음과 같다.

현재가치 = $632 × 37.9740 = $24,000

따라서 이 사람의 상환능력에 맞게 빌릴 수 있는 돈의 액수는 24,000$이다.

연금표 현재가치요소표가 있는 것과 같이 연금의 현재가치요소표도 있다. 표 6.1은 그 일부를 보여주고 있다. 부록에 있는 표 A.3은 더 많은 수치들을 보여주고 있다. 앞에서 구한 연금의 현재가치요소를 확인하기 위해서는 기간이 3에 해당되는 행에서 10%가 있는 열을 찾아보면 된다. 당신은 소수점 4자리까지 계산한 수치인 2.4869를 발견할 것이다. 연습 삼아 이들 연금의 현재가치요소의 값을 몇 개 구해 보고, 그 결과를 표의 수치와 비교해보면서 연금의 현재가치요소를 구하는 법을 익히기 바란다. 재무계산기를 사용한다면 일정한 금액 C$를 항상 1$로 입력하고 연금의 현재가치를 구하면 나타나는 결과가 연금의 현재가치요소가 된다.

표 6.1
연금의 현재가치(이자)요소

	이자율			
기간 수	5%	10%	15%	20%
1	0.9524	0.9091	0.8696	0.8333
2	1.8594	1.7355	1.6257	1.5278
3	2.7232	2.4869	2.2832	2.1065
4	3.5460	3.1699	2.8550	2.5887
5	4.3295	3.7908	3.3522	2.9906

재무계산기의 사용

연금의 현재가치

재무계산기로 연금의 현재가치를 구하기 위해서는 PMT 키를 사용해야 한다. 일시불의 현재가치를 구하는 경우와 비교할 때 두 가지 중요한 차이점이 있다. 첫째, PMT 키를 사용하여 연금의 현금흐름을 입력한다. 둘째, 미래가치 FV 에는 아무 값도 입력하지 않는다. 앞에서 살펴본 3년 동안 매년 500$의 현금흐름이 발생하는 연금의 현재가치를 구해보기로 하자. 할인율이 10%라고 하면 계산기를 가지고 다음과 같이 하면 된다. (계산하기 전에 계산기의 기억을 지우는 것을 잊지 말기 바란다!)

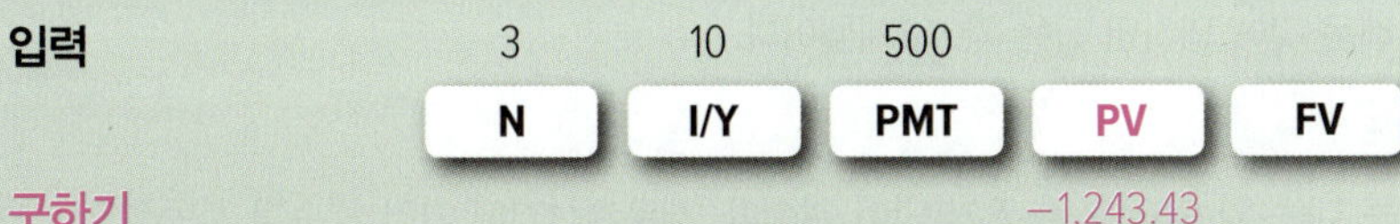

입력	3	10	500		
	N	I/Y	PMT	PV	FV
구하기				−1,243.43	

항상 그렇듯이 현재가치는 음(−)의 부호로 표시된다.

상환액 구하기 당신이 건강식품 중 최근에 유행하고 있는 냉동 야크우유를 전문적으로 생산하는 새로운 사업을 시작한다고 하자. 제품을 생산하고 마케팅하기 위해서 100,000$를 빌려야 한다. 이 제품에 대한 유행이 오래가지 않을 것이라고 판단되어 당신은 빌린 돈을 5년에 걸쳐 동일한 금액으로 갚으려고 한다. 이자율이 18%라면 매번 일정하게 상환해야 하는 금액은 얼마인가?

이 경우 현재가치가 100,000$, 이자율이 18%, 기간이 5년이다. 상환액의 크기가 동일하므로 우리는 연금의 현재가치요소를 구한 후 상환액의 크기를 구해야 한다.

$$
\begin{aligned}
\text{연금의 현재가치} &= \$100,000 = C \times [(1 - \text{현재가치요소})/r] \\
&= \$100,000 = C \times \{[1 - (1/1.18^5)]/0.18\} \\
&= \$100,000 = C \times [(1 - 0.4371)/0.18] \\
&= \$100,000 = C \times 3.1272 \\
&= \$100,0\ \mathrm{C} = \$100,000/3.1272 = \$31,977.78
\end{aligned}
$$

따라서 당신은 매번 32,000$보다 약간 적은 금액을 5번 지불해야 한다.

재무계산기의 사용

연금상환액

연금상환액을 재무계산기로 구하는 것은 쉽다. 위의 예를 사용하면 PV는 100,000$, 이자율은 18%, 기간은 5년이다. 따라서 다음과 같이 하면 연금상환액을 구할 수 있다.

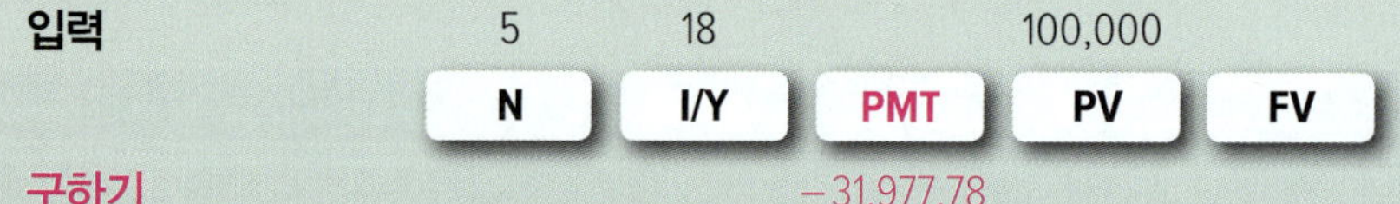

	N	I/Y	PMT	PV	FV
입력	5	18		100,000	
구하기			−31,977.78		

지급액은 현금유출이므로 음(−)의 부호를 갖는 것으로 나타난다.

예제 6.6 연금의 상환기간 구하기

봄 방학 때 사용할 돈이 조금 모자라 신용카드로 1,000$를 사용하기로 했다고 하자. 매달 상환할 수 있는 돈은 20$이며, 신용카드를 사용할 때 지불하는 이자율은 월 1.5%라고 하자. 1,000$를 다 갚는 데는 얼마나 걸릴까?

이 문제는 월 1.5%로 매달 20$를 갚는 연금의 상환기간에 관한 문제이다. 현재가치는 1,000$이다. 약간의 계산을 하거나, 계산기를 사용하여 답을 구할 수 있다.

$$
\begin{aligned}
\$1,000 &= \$20 \times [(1 - \text{현재가치요소})/0.015] \\
(\$1,000/\$20) \times 0.015 &= 1 - \text{현재가치요소} \\
\text{현재가치요소} &= 0.25 = 1/(1 + r)^t \\
1.015^t &= 1/0.25 = 4
\end{aligned}
$$

따라서 이제 이 문제는 월 1.5%의 이자율로 돈이 네 배가 되기까지는 얼마나 걸리는가 하는 문제와 같은 것이 된다. 앞 장에서 배운 것에 의하면 답은 약 93개월이다.

$$1.015^{93} = 3.99 \approx 4$$

따라서 1,000$를 갚는 데는 약 93/12 = 7.75년이 걸린다. 재무계산기에 따라 연수를 자동적으로 반올림해주는 경우도 있으므로 유의하기 바란다.

재무계산기의 사용

상환기간 구하기

계산기를 사용하여 이 문제를 풀기 위해서는 다음과 같이 하면 된다.

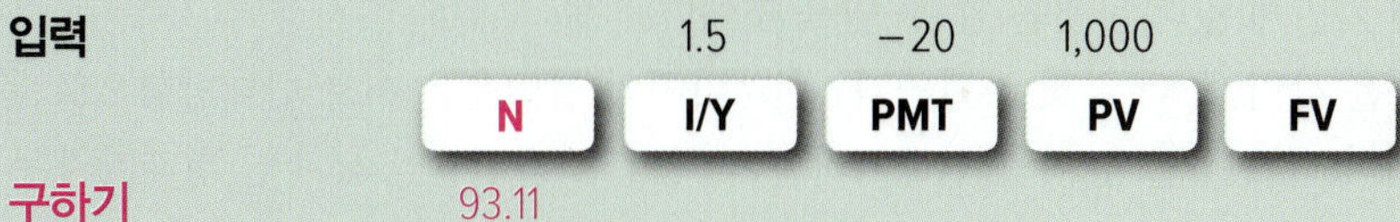

	N	I/Y	PMT	PV	FV
입력		1.5	−20	1,000	
구하기	93.11				

상환하는 금액 앞에 음(−)의 부호를 붙인 것과 구한 답이 개월의 수라는 점에 유의하라. 따라서 몇 년이 걸리는가를 알기 위해서는 12로 나누어주어야 한다. 어떤 재무계산기는 N의 나머지 분수 부분을 나타내주지 않고 자동적으로 반올림하여 연수(年數)를 나타내기도 한다.

연금의 이자율 구하기 마지막으로 살펴볼 문제는 연금에 내재해 있는 이자율에 관한 것이다. 예를 들어 당신이 현재 6,710$를 불입하면 보험회사가 당신에게 매년 1,000$씩 10년간 지급하는 경우를 살펴보자. 이 10년짜리 연금에 내재해 있는 이자율은 얼마인가?

이 경우, 현재가치가 6,710$라는 것을 안다. 또한 현금흐름은 매년 1,000$이고 투자의 수명은 10년이다. 모르는 것은 할인율이다.

$$\$6,710 = \$1,000 \times [(1 - \text{현재가치요소})/r]$$
$$\$6,710/\$1,000 = 6.71 = \{1 - [1/(1 + r)^{10}]\}/r$$

따라서 10기간에 걸쳐 현금흐름을 발생시키는 연금의 현재가치요소는 6.71이고 이 식을 풀어 미지수 r을 구하면 된다. 불행하게도 이러한 계산을 직접 하는 것은 불가능하다. r을 구하는 방법은 표를 이용하거나, 시행착오법(trial and error)을 사용하는 것이다.

부록의 표 A.3에서 기간이 10인 행을 쭉 살펴보면 8%에서 6.7101인 숫자를 발견할 것이다. 따라서 보험회사가 당신에게 약 8%의 수익률(이자율)을 제시하고 있다는 것을 알 수 있다. 다른 방법으로는 답에 가까운 값을 얻을 때까지 여러 수치들을 대입해보는 것이다. 시행착오법은 약간 지루할 수도 있다. 그렇지만 다행히도 기계는 그러한 일을 잘 해낸다.[1]

시행착오법에 의해 어떻게 답을 구하는가를 보여주기 위해 당신 친척이 당신에게 3,000$를 빌린다고 하자. 그녀는 앞으로 4년 동안 매년 1,000$를 갚겠다는 조건을 제시했다. 그녀가 당신에게 제시한 이자율은 얼마인가?

이는 4년간 매년 1,000$의 현금흐름을 발생시키는 일반연금이다. 연금의 현재가치는 3,000$이다. 우리가 구해야 하는 것은 할인율 r이다. 이 문제를 풀어보는 이유는 당신이 연금의 가치와 할인율 사이의 관계에 대해 어떤 감을 갖도록 하기 위한 것이다.

어떤 할인율에서 시작해야 하는데, 아마도 10%가 출발점으로 적당할 것 같다. 10%에서 연금의 현재가치요소는 다음과 같다.

[1] 재무계산기는 답을 구할 때 시행착오법을 사용한다. 따라서 계산기로 계산할 때 계산기가 잠시 머뭇거리는 것처럼 보이는 이유가 계산기도 여러 값을 입력해 보기 때문이다. 기간이 다섯 기간보다 짧을 경우에는 실제로 r을 계산하여 구할 수도 있다. 그러나 그런 고생을 일부러 할 필요는 없다.

$$연금의\ 현재가치요소 = [1 - (1/1.10^4)]/0.10 = 3.16987$$

따라서 10%에서 현금흐름의 현재가치는 다음과 같다.

$$현재가치 = \$1,000 \times 3.16987 = \$3,169.87$$

이미 당신은 정답에 가깝게 있다는 것을 알 수 있을 것이다.

10%는 너무 높은 값인가, 너무 낮은 값인가? 현재가치와 할인율은 서로 반대방향으로 움직인다는 것을 기억하라. 할인율을 높이면 현재가치는 작아지고, 할인율을 낮추면 현재가치는 커진다. 여기서 우리가 구한 현재가치는 너무 크다. 따라서 할인율이 너무 낮은 것이다. 12%를 사용해보기로 하자.

$$현재가치 = \$1,000 \times \{[1 - (1/1.12^4)]/0.12\} = \$3,037.35$$

이제 답에 거의 다 도달했지만 할인율은 여전히 약간 낮으므로(현재가치가 약간 크므로) 13%의 할인율을 사용해보기로 하자.

$$현재가치 = \$1,000 \times \{[1 - (1/1.13^4)]/0.13\} = \$2,974.47$$

이 수치는 3,000$보다 적다. 따라서 답이 12%와 13% 사이에 어딘가에 있다는 것을 알 수 있다. 답은 약 12.5%인 것으로 보인다. 연습 삼아 좀 더 자세히 여러 수치를 넣어 보고 답이 약 12.59%로 나타나는지를 살펴보기 바란다.

재무계산기의 사용

연금의 이자율 구하기

이 문제를 재무계산기를 이용하여 구하기 위해서는 다음과 같이 하면 된다.

	N	I/Y	PMT	PV	FV
입력	4		1,000	−3,000	
구하기		12.59			

현재가치 앞에 음(−)의 부호를 붙이는 것을 잊지 말기 바란다. (그 이유는?)

할인율을 구하는 것이 매우 유용하다는 점을 이해하기 위해 한 예를 살펴보자. 메인, 버몬트, 뉴햄프셔주에 있는 트라이스테이트 메가벅스 복권(Tri-State Megabucks lottery)은 당신이 당첨금을 어떻게 받을 것인지를 선택하도록 하고 있다(대부분의 다른 복권들도 이렇게 하고 있다). 최근에 어떤 당첨자는 두 가지 선택 중 하나를 하도록 요구받았다. 하나는 한 번에 250,000$를 받는 것이며, 다른 하나는 500,000$를 25년 동안 매년 주는 연금형태로 받는 것이다(한 번에 받는 금액은 연금형태로 받는 금액의 절반이었다). 어떤 선택이 더 나은 선택인가?

답을 얻기 위해서 현재의 250,000$와 $500,000/25 = 20,000$를 매년 25년 동안 받는 연금을 비교해보기로 하자. 어떤 할인율에서 이 두 선택은 동일한 가치를 갖는가? 이는 앞에서 살펴보았던 문제와 같은 문제이다. 우리가 알아야 하는 것은 r이다. 현재가치는 250,000$, 매번 지급하는 금액은 20,000$, 기간은 25년이다. 계산을 제대로 했다면 r이 6.24%인 것을 발견할 것이다. 따라서 6.24%가 당신이 다른 투자로부터 얻는 수익률보다 높으면 당신은 연금형태로 받는 것을 선택해야 할 것이다. 이 경우 세금을 무시하고 있다는 점을 유의하기 바란다. 세금은 당신의 선택에 중대한 영향을 미친다. 복권에 당첨되었을 때는 당신의 세무사와 꼭 상담하기 바란다.

연금의 미래가치

때때로 연금의 미래가치를 구하는 방법을 알아두는 것이 편하다. 아마 당신이 짐작하듯이 연금의 현재가치요소가 있는 것처럼 연금의 미래가치요소도 있다. 연금의 미래가치요소는 다음과 같다.

$$\begin{aligned}\textbf{연금의 미래가치요소} &= (\textbf{미래가치요소} - 1)/r \\ &= [(1 + r)^t - 1]/r\end{aligned} \qquad [6.2]$$

연금의 미래가치요소를 어떻게 사용하는지 살펴보기 위해서, 당신이 은퇴에 대비해서 매년 2,000$를 은퇴계좌에 적립하고 있으며 이자율은 8%라고 하자. 30년 뒤에 은퇴한다면 그때 받는 금액은 얼마가 되는가?

기간을 나타내는 t는 30이고, 이자율 r은 8%이다. 따라서 연금의 미래가치요소는 다음과 같다.

$$\begin{aligned}\text{연금의 미래가치요소} &= (\text{미래가치요소} - 1)/r \\ &= (1.08^{30} - 1)/0.08 \\ &= (10.0627 - 1)/0.08 \\ &= 113.2832\end{aligned}$$

따라서 30년간 매년 2,000$를 적립하는 이 연금의 미래가치는 다음과 같다.

$$\begin{aligned}\text{연금의 미래가치} &= \$2,000 \times 113.28 \\ &= \$226,566.42\end{aligned}$$

재무계산기의 사용

연금의 미래가치 구하기

재무계산기를 사용하여 답을 구하기 위해서는 다음과 같이 하면 된다.

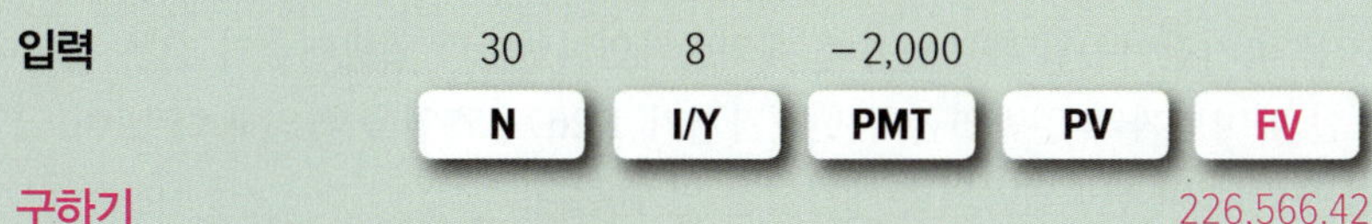

지급액에 음(−)의 부호를 붙인 것을 유의하라. (그 이유는?)

때때로 연금의 미래가치와 관련하여 r을 알아야 할 때가 있다. 예를 들어 만약 당신이 1978년 12월까지 매달 100$를 미국 증권시장의 주식에 25년간 투자했다면 25년 후에 나타나는 금액은 76,374$가 되었을 것이다. 이 기간은 1925년과 2019년 사이의 어떠한 25년 기간을 보더라도 가장 나쁜 주식투자 수익률을 보였던 기간이다. 이 기간 동안의 주식투자 수익률은 얼마나 나쁜 것이었을까?

이는 매달 100$가 발생하며, 미래가치는 76,374$이고, 기간은 25년(300개월)인 현금흐름이다. 여기서 찾아야 하는 것은 이 투자에 내재해 있는 r의 값이다.

$$\$76,374 = \$100 \times [(\text{미래가치요소} - 1)/r]$$
$$\$763.74 = [(1 + r)^{300} - 1]/r$$

이 기간이 가장 수익률이 나쁜 기간이었으므로 1%의 값을 대입해보기로 하자.

$$\text{연금의 미래가치요소} = (1.01^{300} - 1)/0.01 = 1,878.85$$

따라서 1%는 너무 높은 값이다. 시행착오법으로 답을 구해보면 월수익률인 r의 값이 약 0.55%가 됨을 알 수 있을 것이다. 이 장의 뒷부분에서 살펴볼 것인지만, 이러한 월수익률은 연수익률로는 약 6.8%가 된다.

선불연금

선불연금(annuity due): 매기간 초에 현금흐름이 발생하는 연금

지금까지는 일반연금을 다루었다. 이러한 연금이 가장 흔하기는 하지만 이와는 약간 다른 형태의 연금도 많이 있다. 일반연금에서는 현금흐름이 매기간 말에 나타나는 것을 기억하라. 매달 일정액을 상환하는 조건으로 자금을 대출받았을 때 최초의 상환은 대출을 받은 후 한 달 뒤에 이루어진다. 그러나 아파트를 월세로 임대하는 경우에는 계약과 동시에 바로 첫 달치의 임대료를 지불해야 하며, 두 번째 월세는 두 번째 달이 시작할 때 지불해야 한다. 임대료 지불은 **선불연금**(annuity due)을 보여주는 한 예이다. 선불연금이란 현금흐름이 매기간 초에 발생하는 연금을 말한다. 매기간이 시작될 때 일정액을 미리 지불해야 하는 것은 모두가 선불연금이다.

선불연금의 현재가치를 계산하는 방법에는 여러 가지가 있다. 재무계산기를 사용하는 경우에는 "due"나 "beginning"의 키를 눌러주면 된다. 계산을 마친 후에는 계산기의 키를 다시 원래대로 되돌려 놓는 것을 잊지 말기 바란다! 선불연금의 현재가치를 계산하는 방법은 시간선으로도 살펴볼 수 있다. 예를 들어 어떤 선불연금이 매기간 $400를 다섯 번 발생시키고 할인율은 10%라고 하자. 시간선은 다음과 같이 나타날 것이다.

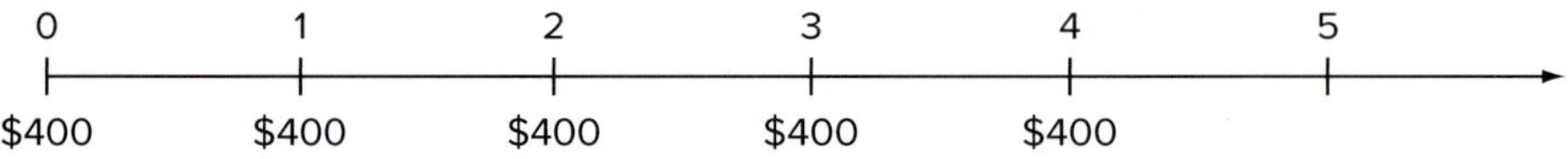

화폐의 시간가치를 응용하는 문제는 예를 들어, **www.collegeboard.org, personal.fidelity.com**을 참조하라.

이 현금흐름은 맨 처음의(기간이 0일 때) 400$를 제외한다면 4년짜리 일반연금과 같은 것이다. 할인율 10%를 적용할 때 4년짜리 일반연금의 현재가치가 1,267.95$임을 확인해보라. 이 금액에 400$를 더해주면 우리는 이 선불연금의 현재가치를 얻게 된다.

선불연금의 현재가치나 미래가치의 계산은 이보다 더 쉽게 할 수도 있다. 실제로 발생하는 현금흐름은 매기간 초에 발생하지만 매기간 말에 발생하는 것으로 생각하여 잘못 계산했다면, 이는 매기간의 각 현금흐름을 사실상 한 기간 할인해준 것과 같은 것이 된다. 따라서 이를 고치기 위해서는 우리가 얻은 답을 간단히 $(1 + r)$로 곱해주면 된다. 이 경우 r은 할인율이다. 따라서 선불연금과 일반연금의 가치에는 다음과 같은 관계가 성립한다.

$$\textbf{선불연금의 가치} = \textbf{일반연금} \times (1 + r) \quad [6.3]$$

이 공식은 연금의 미래가치와 현재가치 모두에 적용되는 것이다. 따라서 선불연금의 현재가치를 구하는 것은 두 단계로 구성된다. (1) 마치 일반연금인 것처럼 생각하여 현재가치나 미래가치를 구한다. (2) 구한 답을 $(1 + r)$로 곱해준다.

영구연금

지금까지 동일한 금액이 여러 번 발생하는 현금흐름을 연금으로 보고 그 가치를 쉽게 구할 수 있다는 것을 살펴보았다. 연금의 매우 특별한 경우로서 동일한 금액이 영구적으로 발생하는 경우가 있다. 이를 **영구연금**(perpetuity)이라고 한다. 이는 현금흐름이 영구적(perpetual)이기 때문에 지어진 이름이다. 영구연금은 캐나다와 영국에서는 **컨솔**(consol)이라고 불린다. 영구연금의 중요한 예를 살펴보기 위해서는 예제 6.7을 참고하기 바란다.

영구연금(perpetuity, consol): 동일한 크기의 현금흐름이 영원히 계속되는 연금

컨솔(consol): 영구연금의 한 형태

영구연금은 동일한 현금흐름이 무한대로 계속되는 것이므로 매기간의 현금흐름을 할인하여 영구연금의 현재가치를 구하는 것은 불가능하다. 그러나 다행스럽게도 영구연금의 가치를 평가하는 것은 매우 쉽다. 영구연금의 현재가치는 다음과 같이 간단하게 표현된다.

영구연금의 현재가치 = C/r [6.4]

예를 들어 어떤 투자가 매년 500$의 현금흐름을 영원히 발생시키고 당신이 이 투자에 대해 연 8%의 수익률을 요구한다면 이 투자의 가치는 얼마일까? 이 영구연금의 가치는 다음과 같이 계산된다.

영구연금의 현재가치 = C/r = \$500/0.08 = \$6,250

참고를 위하여 표 6.2는 연금과 영구연금의 기본 계산식을 요약해 보여준다. 연금문제의 계산을 위해서도 온라인상의 계산기를 사용할 수도 있다.

표 6.2

연금과 영구연금의 계산식

I.	**용어**
	PV = 현재가치, 미래현금흐름이 현재에 갖는 가치 FV_t = 미래가치, 현금흐름이 미래에 갖는 가치 r = 기간당(항상 그렇지는 않지만, 통상적으로 1년) 이자율(interest rate), 수익률(rate of return), 할인율(discount rate) t = 기간 수(항상 그렇지는 않지만, 통상적으로 연도 수) C = 현금의 크기
II.	**기간당 r%로 t 기간 동안 기간당 C가 발생하는 현금흐름의 미래가치**
	$FV_t = C \times \{[(1 + r)^t - 1]/r\}$ 일정 기간마다 동일한 크기의 현금흐름이 발생하는 것을 연금이라고 하며, $[(1 + r)^t - 1]/r$은 연금의 미래가치요소라고 부른다.
III.	**가중평균자본비용, WACC**
	$PV = C \times \{1 - [1/(1 + r)^t]\}/r$ $\{1 - [1/(1 + r)^t]\}/r$은 연금의 현재가치요소라고 부른다.
IV.	**기간당 C가 발생하는 영구연금의 현재가치**
	$PV = C/r$ 영구연금은 매년 동일한 현금흐름을 영원히 발생시킨다.

예제 6.7 **우선주**

우선주(preferred stock, preference stock)는 영구연금의 중요한 예이다. 기업은 우선주를 사는 사람에게 기간마다(일반적으로 3개월마다) 일정한 배당금을 영원히 지급할 것을 약속한다. 이 배당금은 보통주를 갖고 있는 주주들에게 배당이 이루어지기 전에 우선하여 지급된다. 우선주에서 "우선"이라는 표현은 이를 의미하는 것이다.

Fellini가 우선주를 한 주에 100$에 팔기 원한다고 하자. 이 회사와 비슷한 회사의 우선주가 3개월마다 1$의 배당금을 지불하는 조건으로 이미 시장에서 한 주에 40$로 거래되고 있다고 하자. Fellini가 한 주당 100$로 자신의 우선주를 팔기 원한다면 얼마의 배당금을 제시해야 하는가?

3개월마다 1$의 배당금을 지불하는 우선주의 현재가치는 시장에서 40$로 나타나 있다. 배당금이 영구적으로 지불되는 것이므로 이는 영구연금이다. 따라서 다음과 같이 계산된다.

$$\text{현재가치} = \$40 = \$1 \times (1/r)$$
$$r = 0.025 = 2.5\%$$

우선주를 판매하는 데 있어서 다른 회사들과 경쟁하기 위해서 Fellini는 3개월마다 2.5%의 수익률을 제시해야 한다. 현재가치가 100$라면 배당금은 다음과 같아야 한다.

$$\text{현재가치} = \$100 = C \times (1/0.025)$$
$$C = \$2.50 \text{ (3개월마다)}$$

성장연금과 성장영구연금

연금은 일반적으로 시간이 지남에 따라 지급액이 커지면서 지급된다. 예를 들어 20년에 걸쳐서 지급되는 복권당첨금의 경우를 보자. 지금부터 1년 후에 첫 지급액 200,000$가 지급되고, 그 이후 매년 지급액이 5%씩 증가한다. 따라서 두 번째 해에 지급되는 금액은 $\$200,000 \times 1.05 =$ 210,000$가 되고, 세 번째 해의 지급액은 $\$210,000 \times 1.05 =$ 220,500$가 된다. 나머지 해에도 이와 같이 증가한다. 적절한 할인율이 11%라면, 이러한 연금의 현재가치는 얼마가 될까?

증가율(성장률)을 g라 하면, 다음과 같이 일반연금공식을 수정한 공식을 사용하여 성장연금(growing annuity)의 현재가치를 계산할 수 있다.

$$\textbf{성장연금의 현재가치} = C \times \left[\frac{1-\left(\frac{1+g}{1+r}\right)^t}{r-g}\right] \quad \textbf{[6.5]}$$

이 공식에 이 복권의 수치를 집어넣으면($g = 0.05$), 다음과 같은 값을 얻게 된다.

$$\text{PV} = \$200{,}000 \times \left[\frac{1-\left(\frac{1+0.05}{1+0.11}\right)^{20}}{0.11-0.05}\right] = \$200{,}000 \times 11.18169 = \$2{,}236{,}337.06$$

또한 성장영구연금(growing perpetuity)의 현재가치를 구하는 공식도 있다.

$$\textbf{성장영구연금의 현재가치} = C \times \left[\frac{1}{r-g}\right] = \frac{C}{r-g} \quad \textbf{[6.6]}$$

우리의 예에서 복권이 영구적으로 지급된다면 그 현재가치는 다음과 같이 계산된다.

$$PV = \$200{,}000 \times \frac{1}{0.11 - 0.05} = \$200{,}000 \times 16.6667 = \$3{,}333{,}333.33$$

성장영구연금은 매년 금액이 영구적으로 증가하면서 지급되는 것이므로 약간 예외적인 것으로 생각될지도 모른다. 그러나 나중 장에서 살펴볼 것이지만, 성장영구연금은 주식가격을 분석할 때 매우 중요한 역할을 한다.

성장연금과 성장영구연금의 공식에 대해 한 가지 유의해야 할 점은, 두 공식 모두에서 C는 지금으로부터 정확하게 1년 뒤에 발생하는 현금흐름의 크기라는 것이다.

개념질문 _Concept Questions

6.2a 일반적으로, 기간당 할인율이 r%일 때, 기간당 $C$$를 발생시키는 연금의 현재가치는 얼마인가?

6.2b 영구연금의 현재가치는 얼마인가?

이자율의 비교: 복리계산의 효과 6.3

마지막으로 살펴볼 것은 이자율이 표시되는 방법과 관련된 것이다. 이자율이 다양한 방법으로 표시되고 있기 때문에 많은 혼란이 발생하고 있는 것이 사실이다. 이자율이 표시되는 방법은 관습 및 법 규정에 의해 영향을 받기도 한다. 그러나 불행하게도 이자율은 돈을 빌리는 사람이나 투자자들을 교묘하게 속이는 방법으로도 표시되기도 한다. 이 절에서는 이러한 것들에 대해 살펴보기로 한다.

실효연이자율과 복리계산

연이자율은 10%이고 6개월마다 복리계산된다고 표시되어 있다고 하자. 이는 실제로는 6개월마다 5%를 지불한다는 것을 의미하는 것이다. 따라서 연 10%와 6개월마다 5%를 지불하는 것은 동일한 것인가 하는 질문이 당연히 나오게 된다. 이 둘이 동일한 것이 아니라는 것은 쉽게 알 수 있다. 연간 10%의 수익률로 1$를 투자한다면 일 년 후에는 1.1$를 얻는다. 그러나 6개월마다 5%의 수익률을 얻으면서 1$를 투자하여 얻는 1년 후의 가치는 다음과 같다.

$$\$1 \times 1.05^2 = \$1.1025$$

이는 앞의 경우보다 0.0025$가 더 많은 것이다. 이는 투자한 돈 1$에 대해 6개월 후에 $\$1 \times 0.05 = 5$센트의 이자가 발생한 후 그 다음 6개월 동안 이 5센트의 이자에 대해 5%의 이자가 발생하여 $5 \times 0.05 = 0.25$센트가 추가적으로 발생했기 때문이다.

따라서 6개월마다 복리계산되는 연 10%의 이자율은 실제로는 연 10.25%의 이자율과 같은 것이다. 다시 말해 6개월마다 복리계산되는 연 10%의 이자율과 1년마다 복리계산되는 연 10.25%의 이자율은 동일한 것이다. 따라서 1년 내에 복리계산이 이루어지는 경우에는 실제로 이자율이 얼마인가를 살펴보아야 한다.

이 예에서 10%는 **표시이자율**(stated 또는 quoted interest rate)이라고 불린다. 물론 다른 이름으로 불리기도 한다. 10.25%는 실제로 당신이 버는 수익률이며, 이를 **실효연이자율**(effective

표시이자율
(stated or quoted interest rate): 단순히 매기간 지불되는 이자로 표시되는 이자율

실효연이자율
(effective annual rate: EAR): 일 년 내에 여러 번 복리계산이 되더라도 이를 연간 한 번만 복리계산되는 것으로 가정할 때에 나타나는 연이자율

annual rate: EAR)이라고 부른다. 투자의 수익률이나 이자율을 비교할 때는 항상 실효율(effective rate)을 살펴보아야 한다. 다음에서는 이들을 살펴보는 일반적인 방법에 대해 설명한다.

실효연이자율의 계산과 비교

실효이자율이 왜 중요한지 살펴보기 위해서 다음과 같은 서로 다른 세 가지 이자율이 서로 다른 은행들에 의해 제시되고 있다고 하자.

A은행: 매일 복리계산; 표시연이자율; 15%
B은행: 3개월마다 복리계산; 표시연이자율; 15.5%
C은행: 매년 복리계산; 표시연이자율; 16%

이 세 은행 중 어느 은행에 저축하는 것이 가장 유리한가? 이 세 은행 중 어느 은행으로부터 돈을 빌리는 것이 가장 유리한가?

C은행은 연 16%의 이자율을 제시하면서 1년 내에 복리계산 해주는 것이 없으므로 C은행의 표시연이자율은 실효연이자율과 같다. B은행은 실제로 3개월마다 0.155/4 = 0.03875, 즉 3.875%의 이자율을 제시하고 있는 것이다. 이러한 이자율에서 1$는 1년 후에 다음과 같이 커진다.

$$\$1 \times 1.03875^4 = \$1.1642$$

따라서 실효연이자율(EAR)은 16.42%이다. 돈을 저축하는 사람의 입장에서는 C은행이 제시하는 16%의 이자율보다는 더 나은 이자율이다. 그러나 돈을 빌리는 사람의 입장에서는 더 못한 이자율이다.

A은행은 매일 복리계산을 해준다. 이는 매우 극단적인 경우인 것처럼 보일지 모르지만 이자를 매일 계산하여 복리계산해주는 것은 매우 흔한 것이다. 이 경우, 하루의 이자율은 다음과 같다.

$$0.15/365 = 0.000411$$

하루에 0.0411%의 이자율로 매일 복리계산될 때 365일 후에 1$는 다음과 같이 커진다.

$$\$1 \times 1.000411^{365} = \$1.1618$$

따라서 실효연이자율은 16.18%가 된다. 이는 저축하는 사람의 입장에서는 B은행의 16.42%보다 못한 이자율이며, 돈을 빌리는 사람의 입장에서는 C은행의 16%보다 못한 이자율이다.

이 예는 첫째, 표시이자율이 가장 높은 것이 가장 좋은 것은 아니며, 둘째, 1년 내에 몇 번이나 복리계산을 해주는가 하는 복리계산의 횟수가 표시이자율과 실효이자율 사이에 매우 큰 차이를 발생시킬 수 있다는 두 가지 점을 알려주고 있다. 실효이자율이 실제로 받는 이자율이거나, 실제로 주는 이자율이라는 것을 기억하기 바란다.

이 예를 잘 살펴보면 실효연이자율을 계산하는 데 세 단계가 있다는 것을 알 수 있을 것이다. 먼저, 표시이자율을 이자율이 계산되는 횟수로 나누어 주어야 한다. 다음으로, 그 결과에 1을 더해 준 것을 복리 횟수만큼 거듭 제곱해 준다. 마지막으로, 1을 빼준다. 만약 1년간 복리계산되는 횟수를 m이라 하면 이러한 세 단계는 다음과 같이 요약된다.

$$\text{실효연이자율(EAR)} = [1 + (\text{표시연이자율}/m)]^m - 1 \qquad [6.7]$$

예를 들어 매달 복리계산 되는 연 12%의 이자율의 경우, 연간 복리 횟수가 12번이므로 m은 12이다. 따라서 실효연이자율은 다음과 같이 계산된다.

$$\begin{aligned} \text{EAR} &= [1 + (\text{표시연이자율}/m)]^m - 1 \\ &= [1 + (0.12/12)]^{12} - 1 \\ &= 1.01^{12} - 1 \\ &= 1.126825 - 1 \\ &= 0.126825 = 12.6825\% \end{aligned}$$

실효연이자율은? 예제 6.8

어떤 은행이 3개월마다 복리계산을 해주는 연 12%의 이자율을 표시하고 있다. 이 은행에 100$를 저축한다면 1년 후에는 얼마가 되는가? 실효연이자율은 얼마인가? 2년 후에는 얼마가 되는가?

이 은행은 실제로 3개월의 이자로 12%/4 = 3%를 제시하고 있는 것이다. 100$를 매기간 3%의 이자율로 네 기간 동안 저축하는 경우 미래가치는 다음과 같다.

$$\begin{aligned} \text{미래가치} &= \$100 \times 1.03^4 \\ &= \$100 \times 1.1255 \\ &= \$112.55 \end{aligned}$$

따라서 $100 × (1 + 0.1255) = 112.55$로 실효연이자율은 12.55%이다.

2년 후에 얼마가 되는지를 계산하기 위해서는 두 가지 방법을 사용할 수 있다. 한 방법은 2년을 3개월씩 8번으로 보는 것으로, 3개월에 3%는 3개월이 8번 지난 후에는 다음과 같이 된다.

$$\$100 \times 1.03^8 = \$100 \times 1.2668 = \$126.68$$

다른 방법은, 실효연이자율을 사용하여 2년 후의 금액을 알아내는 것이다.

$$\$100 \times 1.1255^2 = \$100 \times 1.2668 = \$126.68$$

이 두 방법은 동일한 결과를 가져다준다. 이 예는 미래가치나 현재가치를 계산할 때는 항상 실제(actual) 또는 실효(effective)이자율을 사용해야 한다는 중요한 점을 알려주고 있다. 이 예에서 실제 또는 실효이자율은 3개월당 3%이다. 실효연이자율 또는 실제연이자율은 12.55%이다. 실효연이자율을 일단 알면 두 방법 중 어느 것을 사용하든 관계없다.

이자율의 표시 예제 6.9

우리는 표시이자율을 실효이자율로 바꾸는 방법에 대해서 알게 되었다. 이제 그 반대의 경우를 살펴보자. 대여자로서 당신은 어떤 대여에 대해 실제로 연 18%를 벌기 원한다고 하자. 매달 복리계산되는 어떤 연이자율을 표시하고자 한다면 어떤 연이자율을 표시해야 하는가?

이 경우, 실효연이자율이 18%이며 이는 매달 복리계산해 줄 때 나타나는 이자율이라는 것을 안다. q를 표시연이자율이라고 하면 다음과 같은 관계를 얻는다.

$$\begin{aligned} \text{EAR} &= [1 + (\text{표시연이자율}/m)]^m - 1 \\ 0.18 &= [1 + (q/12)]^{12} - 1 \\ 1.18 &= [1 + (q/12)]^{12} \end{aligned}$$

(계속)

이 식을 q에 대해 풀면 된다. 이는 5장에서 이자율을 구할 때와 같다.

$$1.18^{1/12} = 1 + (q/12)$$
$$1.18^{0.08333} = 1 + (q/12)$$
$$1.0139 = 1 + (q/12)$$
$$q = 0.0139 \times 12$$
$$= 0.1668 = 16.68\%$$

따라서 당신이 표시해야 하는 것은 매달 복리계산되는 연이자율 16.68%이다.

실효연이자율과 연퍼센트율

연퍼센트율
(annual percentage rate: APR): 기간당 부과되는 이자율에 단순히 1년 동안 발생하는 기간 수를 곱해서 표시하는 이자율

때때로 어떤 이자율이 실효이자율인지 아닌지가 확실하지 않은 경우가 있다. 이에 해당하는 경우가 대출이자율에 대해 언급되는 **연퍼센트율**(annual percentage rate: APR)이다. 미국의 소비자보호법 중 대여법(truth-in-lending)은 모든 소비자 대여에 대해 대여자가 연간 퍼센트율을 모든 대여문서에 확실히 하고 눈에 띄는 방법으로 표시하도록 하고 있다.

이러한 연퍼센트율은 실효연이자율을 말해주는 것인가? 은행이 자동차대금을 자동차 구입자에게 대여해 줄 때 그 이자율을 연퍼센트율 12%로 표시한다면 소비자는 실제로 연간 12%의 이자를 지급하는 것인가? 놀랍게도 그렇지 않다. 따라서 연퍼센트율(APR)에 대한 이해에 약간의 혼란이 발생하고 있다.

연퍼센트율에 대한 혼란은 대여자가 연퍼센트율을 표시할 때 법에 규정된 방식에 의해 연퍼센트율을 계산하도록 요구받고 있기 때문이다. 법에 의하면 연퍼센트율은 기간당 이자율에 1년간 발생하는 기간의 수를 곱한 것으로 계산하여 표시하도록 규정되어 있다. 예를 들어 은행이 자동차대금의 대여에 대해 매달 1.2%의 이자를 부과한다면 연퍼센트율은 1.2% × 12 = 14.4%로 표시하도록 되어 있다. 따라서 연퍼센트율은 실제로는 우리가 지금까지 설명한 표시이자율과 같은 것이다. 예를 들어 매달 일정액을 상환해야 하는 연퍼센트율 12%의 대여는 실제로 한 달에 1%의 이자를 내는 것이다. 따라서 그러한 대여가 갖는 실효연이자율은 다음과 같다.

$$\text{EAR} = [1 + (\text{APR}/12)]^{12} - 1$$
$$= 1.01^{12} - 1 = 0.126825 = 12.6825\%$$

예제 6.10 당신이 지불하고 있는 이자율은 얼마인가?

신용카드 회사에 따라 다르지만 신용카드 대출의 경우, 전형적인 이자율은 연퍼센트율로 18%로 표시되고 있다. 상환은 매달 이루어져야 한다. 이러한 경우 당신이 신용카드 대출을 했다면 당신은 실제로 얼마의 연이자율을 지불하는 것인가?

매달 상환하는 연 18%의 연퍼센트율은 매달 실제로 0.18/12 = 1.5%의 이자율이 적용되는 것이다. 따라서 실효연이자율은 다음과 같다.

$$\text{EAR} = [1 + (0.18/12)]^{12} - 1$$
$$= 1.015^{12} - 1$$
$$= 1.1956 - 1$$
$$= 0.1956 = 19.56\%$$

이 이자율이 실제로 당신이 지불하는 연이자율이다.

미국 소비자보호법의 일부인 대여법이 대여금에 대한 실제의 이자율을 잘못 표시하도록 한 것은 매우 아이러니하다. 대여법은 또한 은행을 포함한 기타 저축기관의 저축계좌에 대해서 연퍼센트수익률(annual percentage yield: APY)을 표시하도록 하고 있다. 그러나 혼란스럽게도 이 연퍼센트수익률은 실효연이자율과 동일하다. 따라서 결과적으로 미국의 대여법은 금융기관으로부터 차입하는 사람에게 표시하는 연이자율(APR)과 금융기관에 예금하는 예금자에게 표시하는 연이자율(APY)을 서로 다르게 계산하여 표시하도록 하고 있다.

이자율이 클 경우에 APR과 EAR은 매우 큰 차이가 날 수 있다. 예를 들어 AmeriCash Advance(아메리캐쉬어드벤스)와 National Payday(내셔널패이데이)와 같은 회사들에 의해 이루어지고 있는 단기대출인 “패이데이 론(payday loan: 보통 2주 내의 기간을 대상으로 하여 일반인들에게 돈을 대출해주는 것)”을 살펴보자. 이 대출은 다음과 같이 이루어진다. 당신이 오늘 얼마 뒤의 날짜로 표시된 수표를 발행하여 그 수표를 이 회사에 발행한다. 이 회사는 그 수표를 받고 얼마간의 돈을 대출해준다. 수표에 적힌 날짜가 되면 당신은 이 회사의 지점에 가서 수표에 적힌 금액을 지불하든가, 아니면 이 회사가 당신의 수표를 현금화하거나 대출을 자동으로 연장시킨다.

예를 들어 AmeriCash Advance가 14일 후의 날짜가 적힌 115$짜리 수표를 당신으로부터 받는다고 하자. 이 수표를 받고 이 회사는 당신에게 100$를 지불한다. 이 경우에 APR과 EAR은 얼마가 될까? 먼저, 미래가치공식에 의해서 다음과 같이 이자율을 구할 수 있다.

$$\text{FV} = \text{PV} \times (1 + r)^1$$
$$\$115 = \$100 \times (1 + r)^1$$
$$1.15 = (1 + r)$$
$$r = 0.15 = 15\%$$

이 이자율이 14일간 돈을 사용하는 이자율이라는 것을 기억하지 못하는 한, 이 이자율은 높은 이자율로 생각되지 않을 수도 있을 것이다! 이 대출의 APR은 다음과 같다.

$$\text{APR} = 0.15 \times 365/14$$
$$\text{APR} = 3.9107 = 391.07\%$$

그러나 대출의 EAR은 다음과 같다.

$$\text{EAR} = (1 + \text{표시연이자율}/m)^m - 1$$
$$\text{EAR} = (1 + 0.15)^{365/14} - 1$$
$$\text{EAR} = 37.2366 = 3{,}723.66\%$$

이것이 이 경우의 이자율이다! 작은 차이가 얼마나 큰 이자율의 차이를 가져오는지 살펴보기 위해서 AmeriCash Advance가 동일한 금액인 100$를 당신에게 주면서 117.64$짜리 수표를 당신으로부터 받는다고 하면, 이 경우의 APR은 459.90%, EAR은 6,803.69%가 된다. 당신은 아마 이러한 대출을 받고 싶지 않을 것이다!

연속복리계산: 복리계산을 무한대 횟수 해주기

당신이 저축계좌에 돈을 저축한다면 당신의 돈은 1년 동안 얼마나 많은 횟수로 복리계산될 수 있을까? 조금 생각해보면 복리 횟수에 한계가 없다는 것을 알게 될 것이다. 예를 들어 앞에서도 보았지만 복리계산을 매일 해주는 데 아무런 문제가 없었다. 그러나 복리계산을 하루에 한 번만

표 6.3
복리계산 횟수와 실효연이자율

복리계산 기간	복리계산 횟수	실효연이자율
1년	1	10.00000%
3개월	4	10.38129
1개월	12	10.47131
1주일	52	10.50648
1일	365	10.51558
1시간	8,760	10.51703
1분	525,600	10.51709

해주는 것이 복리계산을 해줄 수 있는 한계가 아니다. 복리계산은 매시간, 매분, 매초 해줄 수 있다. 이 경우 실효연이자율은 얼마나 높아질 수 있을까? 표 6.3은 연 10%의 이자율을 갖고 복리계산 기간을 점점 더 짧게 해줄 때 나타나는 실효연이자율들을 보여주고 있다. 실효연이자율이 점점 더 커지기는 하지만, 실효연이자율 간의 차이는 점점 작아지는 것을 살펴보기 바란다.

표 6.3의 수치가 보여주고 있는 것처럼 실효연이자율에는 상한치가 있다. q를 표시연이자율이라고 하면 복리계산의 횟수가 극단적으로 커질 때 실효연이자율은 다음과 같은 값에 접근한다.

$$\text{EAR} = e^q - 1 \quad [6.8]$$

e의 값은 2.71828이다(재무계산기에 "e^x"로 표시된 키가 있는지 살펴보라). 예를 들어 연 10%의 표시이자율이 가질 수 있는 최대실효연이자율은 다음과 같이 계산된다.

$$\begin{aligned}\text{EAR} &= e^q - 1\\ &= 2.71828^{0.10} - 1\\ &= 1.1051709 - 1\\ &= 0.1051709 = 10.51709\%\end{aligned}$$

이러한 경우 우리는 돈이 연속적(continuously)으로 또는 즉각적(instantaneously)으로 복리계산된다고 말한다. 이자가 발생한 즉시 그 이자가 원금에 더해지는 것으로 이자가 연속적으로 커지는 것이다.

예제 6.11 법에 의하면?

한때 미국의 상업은행과 저축대여조합(savings and loan associations: S&L)은 그들이 저축계좌에 대해 지급하는 이자율에 대해 미국 정부의 법적 규제를 받았다. 규제법 Q라고 불린 이 법에 의하면 저축대여조합은 연 최대 5.5%의 이자율을 주도록 허용되었으며, 상업은행의 경우에는 5.25%보다 더 높은 이자율을 지급하지 못하게 되어 있었다(이러한 규제는 저축대여조합이 상업은행에 대해 경쟁우위를 갖도록 하기 위하여 시행된 것이었지만 결과는 그렇게 나타나지 않았다). 그러나 규제법 Q는 얼마나 자주 복리계산을 해주어야 하는지에 대해서는 규제를 하고 있지 않았다. 그렇다면 이 경우 규제법 Q에 의해 허용되는 최대 실효연이자율은 얼마인가?

최대로 허용된 실효연이자율은 연속복리계산으로 알 수 있다. 상업은행의 경우 5.25%가 지속적으로 복리계산되면 다음과 같은 실효연이자율이 나타난다.

(계속)

$$
\begin{aligned}
\text{실효연이자율} &= e^{0.0525} - 1 \\
&= 2.71828^{0.0525} - 1 \\
&= 1.0539026 - 1 \\
&= 0.0539026 = 5.39026\%
\end{aligned}
$$

이 이자율이 상업은행이 실제로 지불하던 이자율이다. 저축대여조합의 경우에는 실효연이자율이 5.65406%로 나타나는지 계산해보기 바란다.

개념질문 _Concept Questions

6.3a 매일 복리계산되는 연이자율이 12%로 주어졌다면 이러한 이자율을 무슨 이자율이라고 부르는가?

6.3b 연퍼센트율(APR)은 무엇인가? 실효연이자율(EAR)은? 이 둘은 같은 것인가?

6.3c 일반적으로 표시이자율과 실효이자율은 어떤 관계를 갖는가? 재무적 의사결정을 하는 경우에는 어떤 이자율이 더 적절한 것인가?

6.3d 연속복리계산이 의미하는 것은 무엇인가?

대출금의 상환형태와 분할상환 6.4

대여자(lender)는 언제나 원금과 이자의 상환방법에 대해 규정을 정한다. 예를 들어 대출금은 분할상환될 수도 있고 일시불로 한꺼번에 상환될 수도 있다. 원금과 이자에 대한 상환방법은 당사자들이 정하는 것이므로 실제로 수없이 많은 상환방법이 있을 수 있다.

이 절에서는 대출금의 상환방법으로서 자주 목격되면서 보다 복잡한 상환방법의 기초를 이루고 있는 순수할인상환, 이자우선상환, 분할상환이라는 세 가지 대표적 상환방법에 대해 살펴본다.

순수할인상환 대출

순수할인상환 대출(pure discount loan)은 상환형태 중 가장 간단한 상환형태를 갖는 대출이다. 차입자는 현재 돈을 빌리고 미래 어떤 시기에 일시불로 상환한다. 예를 들어 10% 이자율로 1년간 순수할인상환 대출을 받는 경우에 차입자는 돈을 대출받는 날로부터 1년 후에 대출금 각 1$에 대해 1.1$를 상환해야 한다.

순수할인상환 대출은 매우 간단하기 때문에 그 가치를 쉽게 구할 수 있다. 차입자가 5년 후에 25,000$를 상환하는 경우를 살펴보자. 이러한 대출금에 대해 대여자가 연 12%의 이자율을 원한다면 대여자는 얼마를 대출해주어야 하는가? 다시 말해 5년 후에 받는 25,000$의 현재가치를 얼마로 보아야 하는가? 5장에서 살펴본 것처럼 12%의 할인율을 가지고 5년 후에 발생하는 25,000$의 현재가치를 구하면 이에 대한 답이 구해진다.

$$
\begin{aligned}
\text{현재가치} &= \$25{,}000/1.12^5 \\
&= \$25{,}000/1.7623 \\
&= \$14{,}185.67
\end{aligned}
$$

순수할인상환 대출은 대출기간이 1년 이내의 짧은 기간인 경우에 매우 흔히 나타나는 대출형태이다. 최근에는 보다 긴 기간의 대출에서도 점점 많이 나타나고 있다.

예제 6.12 미국 재무부의 단기채권

미국 정부가 단기(1년 이내)로 돈을 빌릴 때 발행하는 채권을 재무부 단기증권(Treasury bill 또는 간단히 T-bill)이라고 부른다. 미 재무부 단기증권은 미국 정부가 예를 들어 3개월이나 12개월 후에 어떤 시점에서 일정한 금액을 상환하는 것을 약속하는 증권이다.

미 재무부 단기증권은 순수할인상환 대출이다. 어떤 미 재무부 단기증권이 12개월 후에 10,000$를 상환할 것을 약속하고 있고, 시장이자율이 7%라면, 이 증권은 시장에서 얼마에 판매될 수 있을까?

시장이자율이 7%이므로 미 재무부 단기증권은 7%의 이자율로 1년 후에 지급하는 10,000$의 현재가치에 판매될 것이다. 따라서 판매가격은 다음과 같이 된다.

현재가치 = $10,000/1.07 = $9,345.79

이자우선상환 대출

대출금에 대한 두 번째 상환형태는 차입자가 매기간 이자만 우선 지불하고, 미래 어떤 시점에 원금을 상환하는 것이다. 이러한 상환형태를 갖는 대출을 이자우선상환 대출(interest-only loan)이라고 한다. 기간이 한 기간인 경우에는 순수할인상환과 이자우선상환은 동일한 것이 된다.

기간 3년, 이자율 10%, 대출금 1,000$라는 내용을 갖는 이자우선상환 대출의 경우를 살펴보면 차입자는 첫해 말과 둘째 해 말에 각각 $1,000 × 0.1 = 100$를 이자로 지급한다. 셋째 해 말에 차입자가 상환해야 하는 금액은 원금 1,000$에 마지막 해의 이자 100$를 합한 1,100$가 된다. 마찬가지로 50년짜리 이자우선상환 대출의 경우 차입자는 49년 동안 매년 이자를 지불하고 마지막 50년째에 가서 마지막 해의 이자와 원금을 합한 금액을 갚아야 한다. 극단적인 예로는 차입자가 매기간 이자만을 영원히 지불하고 원금은 지불하지 않는 경우도 있을 수 있다. 이러한 경우는 이 장에서 이미 살펴본 것처럼 영구연금의 형태로 상환하는 것이 된다.

대부분의 회사채(corporate bond)는 이자우선상환 방법으로 발행된다. 회사채에 대해서는 다음 장에서 보다 자세히 살펴볼 것이므로 이에 대한 논의는 일단 뒤로 미루기로 한다.

분할상환 대출

순수할인상환 대출이나 이자우선상환 대출에서 원금은 모두 일시에 상환된다. 그러나 분할상환 대출(amortized loan)은 이와는 다른 상환방법을 가지며 대출기간 중 차입자는 원금의 일부를 상환해야 한다. 원금의 일부를 계속 상환하면서 차입금을 갚아 나가는 것을 분할상환(amortizing)이라고 부른다.

대출금을 분할상환하는 가장 간단한 방법은 차입자가 매기간의 이자에 일정 금액을 더한 금액을 상환해나가는 것이다. 이러한 상환방법은 중기(medium-term)적 사업자금의 대출에서 일반적으로 나타나는 상환방법이다. 예를 들어 어떤 회사가 연 9%의 이자율로 5년 동안 5,000$를 대출받는 경우를 살펴보자. 차입자는 남아 있는 원금에 대한 이자에 더해 1,000$씩 원금을 매년 상환해나가는 것으로 계약했다고 하자. 원금이 매년 1,000$씩 상환되므로 5년 후에는 원금이 모두 상환될 것이다.

이 경우에 매년 지불하는 금액은 점점 더 적어진다는 것을 살펴보라. 그 이유는 상환해야 할 원금이 매년 1,000$씩 점점 더 적어지고, 그에 따라 남아 있는 원금에 대해 지불해야 하는 이자도 점점 적어지기 때문이다. 예를 들어 첫해의 이자는 $5,000 × 0.09 = 450$이며, 첫해에 상환해야 할 총금액은 $1,000 + $450 = 1,450$가 된다. 둘째 해에 남아 있는 원금은 4,000$가 되고 그에 대한 이자는 $4,000 × 0.09 = 360$가 되므로 총상환금액은 1,360$가 된다. 나머지 기간에 대해서도 이러한 계산을 해보면 다음과 같은 분할상환표(amortization schedule)를 얻을 수 있다.

연	기초잔액	총지불액	이자지불액	원금상환액	기말잔액
1	$5,000	$1,450	$ 450	$1,000	$4,000
2	4,000	1,360	360	1,000	3,000
3	3,000	1,270	270	1,000	2,000
4	2,000	1,180	180	1,000	1,000
5	1,000	1,090	90	1,000	0
합계		$6,350	$1,350	$5,000	

매해 이자로 지불해야 하는 금액은 기초잔액에 이자율을 곱하여 구하며, 매해 기초잔액은 그전 해의 기말잔액과 같다.

한편, 가장 일반적인 분할상환 대출은 차입자가 매년 동일한 금액을 상환해나가는 것이다. 자동차대금의 대출과 같은 대부분의 가계대출과 주택저당대출은 이러한 상환방법을 갖고 있다. 예를 들어 매년 9%의 이자를 지급하면서 5년 동안 5,000$를 대출받을 때 이러한 방법으로 상환해야 하는 경우를 살펴보자. 이 경우 분할상환표는 어떻게 작성되겠는가?

우선 살펴보아야 할 것은 동일한 금액으로 매년 지불해야 하는 금액이다. 이 장의 앞부분에서 설명한 것과 같이, 이러한 형태의 상환이 갖는 현금흐름은 일반연금식 현금흐름이다. 따라서 매년 지불해야 하는 금액은 다음과 같이 구할 수 있다.

$$\begin{aligned}\$5{,}000 &= C \times \{[1 - (1/1.09^5)]/0.09\} \\ &= C \times [(1 - 0.6499)/0.09]\end{aligned}$$

C를 풀면 다음과 같다.

$$\begin{aligned}C &= \$5{,}000 / 3.8897 \\ &= \$1{,}285.46\end{aligned}$$

따라서 차입자는 동일한 금액 1,285.46$를 다섯 번 지불해야 한다. 이렇게 하면 차입금은 모두 상환되는 것인가? 이를 분할상환표를 통해 알아보자.

앞의 예에서 우리는 매년 상환해야 하는 원금의 크기를 알고 있다. 따라서 매년의 총지불액을 구하기 위해서는 이자로 지불해야 하는 금액을 구해야 했다. 그러나 이 예에서는 매년 지불해야 하는 총금액을 안다. 따라서 매년 지불해야 하는 총금액에서 이자로 지불하는 금액을 빼주면 매년 상환되는 원금을 알 수 있다.

첫해의 이자는 앞에서 계산한 것과 같이 $450이다. 첫해의 총지불액이 $1,285.46이므로 첫해의 원금상환액은 다음과 같다.

원금상환액 = $1,285.46 − $450 = $835.46

따라서 기말의 원금잔액은 다음과 같다.

기말원금잔액 = $5,000 − $835.46 = $4,164.54

둘째 해의 이자지불액은 $4,164.54 × 0.09 = 374.81$이고, 원금잔액은 $1,285.46 − $374.81 = 910.65$만큼 감소한다. 아래의 상환표는 나머지 부분의 계산을 모두 보여준다.

연	기초잔액	총지불액	이자지불액	원금상환액	기말잔액
1	$5,000.00	$1,285.46	$ 450.00	$ 835.46	$4,164.54
2	4,164.54	1,285.46	374.81	910.65	3,253.88
3	3,253.88	1,285.46	292.85	992.61	2,261.27
4	2,261.27	1,285.46	203.51	1,081.95	1,179.32
5	1,179.32	1,285.46	106.14	1,179.32	0.00
합계		$6,427.31	$1,427.31	$5,000.00	

1,285.46$를 다섯 번 지불함으로써 원금잔액이 0이 되므로 대출금은 모두 상환되는 것이다. 매기간 이자지불액은 점점 줄어든다는 것을 살펴보라. 원금잔액이 점점 감소하고 있기 때문에 이는 당연한 것이다. 또한 매기간 지불하는 금액은 일정하고 그중에서 이자로 지불되는 금액은 점점 적어지므로 매기간 원금상환액이 커지는 것도 당연한 것이다.

이상으로 살펴본 두 종류의 분할상환 대출을 비교해보면 동일한 상환기간을 갖는다고 할 때 매기간 동일한 금액을 지불하는 경우의 총이자지불액은 1,427.31$로 매기간 일정액의 원금을 상환하는 경우의 총이자지불액 1,350$보다 더 많다는 것을 알 수 있다. 그 이유는 매기간 동일한 금액을 지불하는 경우에는 원금이 초기에 더 적게 상환되기 때문이다. 따라서 이는 한 종류의 분할상환이 다른 종류의 분할상환보다 더 낫다는 것을 의미하지 않으며, 한 종류의 분할상환방법이 원금을 보다 빨리 상환하는 것임을 의미할 뿐이다. 예를 들어 동일한 금액을 지불하는 경우, 첫해에 원금이 줄어드는 크기는 835.46$이지만, 원금을 일정하게 상환하는 경우, 첫해에 원금이 줄어드는 크기가 1,000$이다. 많은 웹사이트가 대출금의 분할상환표를 제공해주고 있다. 예를 들어 www.bankrate.com은 주택담보대출(house mortgage loan)의 경우에 상환액을 계산해준다. 그러나 자동차 할부 상환액이나 학자금 대출상환액의 계산에도 동일하게 활용될 수 있다.

이제 하나의 예를 살펴보면서 이 장을 끝내기로 하자. 미국 연방정부의 스태포드 대출(Stafford loan)은 많은 미국 대학생들에게 등록금, 책, 자동차, 기숙사 등에 드는 비용을 지원해주는 중요한 대출프로그램이다. 그러나 때때로 학생들은 스태포드 대출이 심각한 문제를 발생시킬 수 있다는 것을 충분히 이해하지 못하고 있는 것 같다. 스태포드 대출은 매달 상환되어야 하며 통상적으로 학교를 졸업한 뒤 6개월 후부터 상환을 하도록 되어 있다.

어떤 스태포드 대출은 상환이 시작되기 전까지는 이자가 전혀 붙지 않게도 되어 있다(이 점은 좋은 점이다). 이러한 경우 학생이 대출받을 수 있는 최대금액은 23,000$이다. 최대 연이자율은 2019~2020년의 경우에 4.529% (4.529/12 = 월 0.3774%)이다. 이러한 "표준형 상환"에서 대출금은 10년 동안 원리금분할상환하게 되어 있다(월 최저상환액은 50$).

이제 당신이 이 대출프로그램에서 최대금액을 대출받고 최고이자율을 적용받는 경우를 살펴보기로 하자. 졸업한 뒤(또는 학교를 떠난 지) 6개월 후부터 매달 당신이 지불해야 하는 금액

부분 분할상환

예제 6.13

부동산 구입대금을 위한 대출의 경우 일반적으로 나타나는 대출계약은 5년간의 대출과 15년간의 원리금 분할상환(5-year loan with 15-year amortization)이다. 이러한 계약이 의미하는 것은 차입자가 15년 동안 분할상환하는 것을 가정하여 매달 일정한 금액을 상환해나가지만, 60개월(5년)이 지나면 나머지 금액은 일시불로 풍선(balloon) 또는 총알(bullet)이라고 불리는 매우 큰 금액을 지불하여 한꺼번에 상환해야 한다는 것이다. 이러한 경우 매달 일정하게 지불하는 금액이 대출금 전부를 상환하지 못하기 때문에 대출금이 부분 원리금분할상환(partially amortized)된다고 말한다.

예를 들어 당신이 상업용 건물을 구입하기 위해 100,000$를 대출받고 대출금을 연퍼센트율(APR) 12%로 20년(240개월) 동안 분할상환한다고 하자. 또한 이 대출이 5년짜리 풍선상환(일괄상환) 대출이라고 해보자. 매달 지불해야 하는 금액은 얼마인가? 5년 후에 일시불로 지불해야 하는 일괄상환액은 얼마인가?

매달 지불액은 현재가치 100,000$를 갖는 일반연금으로 생각하여 구하면 된다. 지불 횟수는 240번이고 월 이자율은 1%이다. 따라서 다음과 같이 계산된다.

$$\begin{aligned}\$100{,}000 &= C \times [(1 - 1/1.01^{240})/0.01] \\ &= C \times 90.8194 \\ C &= \$1{,}101.09\end{aligned}$$

이제 일괄상환액을 구하는 방법에는 어려운 방법과 쉬운 방법이 있다. 어려운 방법은 대출금을 60개월 동안 분할상환한 후에 상환되지 않고 남아 있는 원금잔액이 얼마인가를 살펴보는 것이다. 쉬운 방법은 60개월이 지나면 이 대출은 240 − 60 = 180개월(15년)짜리 대출이 된다는 것을 인식하는 것이다. 매달 지불하는 금액은 여전히 1,101.09$이고, 이자율도 마찬가지로 월 1%이다. 따라서 남은 기간 동안 매달 지불되는 금액의 현재가치가 아직 상환되지 않고 있는 원금잔액이 된다.

$$\begin{aligned}\text{원금잔액} &= \$1{,}101.09 \times [(1 - 1/1.01^{180})/0.01] \\ &= \$1{,}101.09 \times 83.3217 \\ &= \$91{,}744.33\end{aligned}$$

일괄상환액은 91,744$로 매우 큰 금액으로 나타난다. 왜 이렇게 큰 금액이 되는가? 이를 이해하기 위해서 첫 번째 상환액을 생각해보자. 첫 번째 달에 이자로 상환하는 금액은 $100,000 × 0.01 = 1,000$이다. 첫 번째 달에 상환하는 금액은 1,101.09$이다. 따라서 원금은 단지 101.09$만큼만 줄어드는 것이다. 원금잔액이 이렇게 아주 조금씩 감소하기 때문에 5년 동안 매달 일정한 금액을 지불하여 누적지불액이 크더라도 원금잔액이 줄어드는 것은 크지 않다.

은 얼마가 될까? 4년 동안 분할상환한 후에도 여전히 부채로 남아 있는 금액은 얼마일까?

앞에서 살펴본 것처럼 대출금 23,000$를 갚기 위해서 매달 지불해야 하는 금액이 238.69$인지 확인해보라. 또한 예제 6.13에서 설명한 것처럼, 4년 동안 매달 일정한 금액을 지불하더라도 4년 후 남은 기간 동안 매달 계속해서 지불해야 하는 금액의 현재가치만큼이 4년 후에도 부채로 남아 있게 된다. 10년 동안 120번을 지불해야 하므로 처음 4년간 48번이 지불된 후에도 여전히 72번의 지불이 남아 있다. 이제 당신은 월 0.3774%의 이자로 매달 238.69$씩 72개월을 지불하는 것의 현재가치가 약 15,023.89$임을 쉽게 확인할 수 있을 것이며, 당신이 계속해서 갚아나가야 할 금액이 여전히 큰 것을 알 수 있을 것이다.

물론 더 많은 금액을 대출받을 수 있다. 미국 의과대학연합의 자료에 의하면, 학자금 대출을 받고 2019년에 의대를 졸업한 학생들의 갚아야 하는 평균 대출액 잔고가 232,300$이다. 평균적으로 학생들이 이 금액을 상환하는 데 얼마나 걸리겠는가?

매달 1,500$를 상환한다고 하고, 대출금의 이자는 연 7%(월 0.5833%)라고 하자. 이 경우, 상환하는 데 약 402개월, 즉 거의 33년이 걸리는 것을 확인해보기 바란다. MD (Medical Doctor)라는 약자가 실제로 의미하는 것이 "Mucho Debt"가 아닌지 모르겠다!

개념질문 _Concept Questions

6.4a 순수할인상환 대출이란 무엇인가? 이자우선상환 대출은?

6.4b 분할상환 대출이란 무엇을 말하는가?

6.4c 풍선상환(balloon payment, 일괄상환)이란 무엇을 말하는가? 풍선상환액은 어떻게 구하는가?

6.5 요약과 결론

이 장을 통해서 화폐의 시간적 가치와 현금흐름의 할인에 의한 가치평가와 관련된 기본개념들에 대한 이해를 확실히 할 수 있었기를 바란다. 이 장에서 다루었던 중요한 점은 다음과 같다.

1. 여러 기간에 걸쳐 발생하는 현금흐름의 현재가치와 미래가치를 계산하는 데는 두 가지 방법이 있다. 이 두 가지 방법 모두 앞 장에서 살펴본 한 기간의 현금흐름에 대한 분석을 연장시킨 것뿐이다.
2. 각 기간 말에 동일한 크기로 들어오거나 나가는 일련의 현금흐름을 일반연금이라고 부르며, 우리는 일반연금의 현재가치와 미래가치를 계산하는 유용하고 빠른 방법에 대해 살펴보았다.
3. 이자율은 다양한 방법으로 표시될 수 있다. 재무적 의사결정에서는 어떤 이자율이라도 실효이자율로 일단 전환한 후에 비교하는 것이 중요하다. 연퍼센트율(APR)과 같은 표시이자율과 실효연이자율(EAR)의 관계는 다음과 같다.

   $$\text{EAR} = [1 + (\text{표시연이자율}/m)]^m - 1$$

   여기서 m은 1년 동안 이자가 복리계산되는 횟수이다.
4. 많은 대출들이 연금형태를 갖는다. 원금도 상환해나가는 대출을 분할상환 대출이라고 하며, 우리는 분할상환표를 어떻게 작성하고 또한 어떻게 해석하는지에 대해 살펴보았다.

이 장에서 설명된 원칙들은 앞으로 살펴볼 장들에서도 매우 중요한 것들이다. 그 이유는 실물자산에 대한 투자이든 금융자산에 대한 투자이든 대부분의 투자는 현금할인법(discounted cash flow method)에 의해 분석될 수 있기 때문이다. 현금할인법은 실무에서 폭넓게 사용되고 있다. 예를 들어 다음의 두 장들은 이 장에서 배운 기법을 확장하여 어떻게 채권과 주식의 가치를 평가하는가를 보여주고 있다. 따라서 더 앞으로 나가기 전에 다음의 문제들을 풀어보기 바란다.

복습과 자가진단

6.1 여러 기간에 걸친 현금흐름의 현재가치 한 운동선수가 3년간 25백만$를 받는 계약을 체결했다. 계약의 구체적 내용을 보면 계약 즉시 2백만$의 현금보너스를 받고, 계약 후 첫해 말에 5백만$, 그 다음 해 말에 8백만$, 마지막 해 말에 10백만$를 받게 되어 있다. 15%의 할인율을 적용한다면 이 계약은 25백만$의 가치를 갖는가? 만약 그렇지 않다면 이 계약의 가치는 얼마인가?

6.2 여러 기간에 걸친 현금흐름의 미래가치 당신이 개인퇴직계좌에 예금을 하려고 계획하여 오늘 당장 1,000$를 저축하고, 2년 후에는 2,000$ 그리고 5년 후에는 2,000$를 저축한다고 하자. 만약 당신이 3년 후에 1,500$를 인출하고, 7년 후에 1,000$를 인출한다면 이자율이 7%라고 할 때 8년 후에는 얼마가 계좌에 남아 있겠는가? 이 현금흐름의 현재가치는 얼마인가?

6.3 연금의 현재가치 당신은 앞으로 10년 동안 매년 12,000$를 가져다주는 투자를 살펴보고 있다. 당신이 요구하는 수익률이 15%라면, 이 투자에 대해 당신이 최대로 지불하고자 하는 금액은 얼마인가?

6.4 APR과 EAR 학자금대출에 대해 현재 적용되고 있는 이자율이 연퍼센트율(APR)로 8%로 표시되어 있다. 대출의 조건은 매달 일정한 금액을 상환하는 것이다. 이 학자금대출의 실효연이자율(EAR)은 얼마인가?

6.5 문제는 원금이다 당신은 10,000$를 빌렸고 이 차입금을 5년 동안 매년 일정한 금액을 지불함으로써 모두 상환하려 한다. 대출금의 연이자율은 14%이다. 이 대출금에 대한 분할상환표를 작성해보라. 대출기간 동안 당신은 얼마의 이자를 지급하는가?

6.6 매달 조금씩 당신은 최근에 다닛스쿨(Darnit School)에서 MBA 과정을 마치고 신형 BMW 자동차를 구입하려고 한다. 자동차 가격은 36,000$이다. 은행은 당신이 자동차 가격의 10%를 우선 현금으로 지불하면 나머지 금액을 72개월 동안 연퍼센트율(APR) 15%로 대출해준다고 말하고 있다. 당신은 2년 후에 자동차를 새 자동차로 교환하려고 한다. 당신이 매달 지불해야 하는 금액은 얼마인가? 이 대출의 실효연이율(EAR)은 얼마인가? 자동차를 새 자동차로 교환하려고 할 때 아직 상환하지 않은 원금잔액은 얼마인가?

복습과 자가진단의 해답

6.1 이 계약에 의해 지불되는 돈이 3년에 걸쳐 분산되어 있으므로 이 계약의 가치는 $2,500만가 되지 못한다. 보너스는 계약 즉시 지불되므로 $2백만의 가치를 갖는다. 나머지 세 번 지급되는 봉급의 현재가치는 다음과 같다.

$$(\$5/1.15) + (\$8/1.15^2) + (\$10/1.15^3) = (\$5/1.15) + (\$8/1.3225) + (\$10/1.5209)$$
$$= \$16.9721\text{백만}$$

따라서 이 계약의 가치는 총 18.9721백만$이다.

6.2 각 현금흐름의 미래가치를 개별적으로 구한 다음 이들을 모두 더해준다. 인출금은 음(−)의 현금흐름으로 처리한다.

$$\begin{aligned}
\$1{,}000 \times 1.07^8 &= \$1{,}000 \times 1.7182 = \$1{,}718.19\\
2{,}000 \times 1.07^6 &= 2{,}000 \times 1.5007 = 3{,}001.46\\
-1{,}500 \times 1.07^5 &= -1{,}500 \times 1.4026 = -2{,}103.83\\
2{,}000 \times 1.07^3 &= 2{,}000 \times 1.2250 = 2{,}450.09\\
-1{,}000 \times 1.07^1 &= -1{,}000 \times 1.0700 = \underline{-1{,}070.00}\\
\text{총미래가치} &= \underline{\underline{\$3{,}995.91}}
\end{aligned}$$

소수점 처리 문제로 구한 값이 약간 다르게 나타날 수도 있다.

현재가치를 구하기 위해서는 각 현금흐름의 현재가치를 개별적으로 구하여 이들을 모두 합해주거나, 한 번에 한 해씩 뒤로 할인해가면서 구할 수 있다. 그러나 8년 후의 미래가치가 3,995.91$라는 것을 이미 알기 때문에 현재가치(PV)를 구하는 쉬운 방법은 8년을 한 번에 할인해주는 것이다.

$$\begin{aligned} \text{현재가치} &= \$3{,}995.91/1.07^8 \\ &= \$3{,}995.91/1.718^2 \\ &= \$2{,}325.65 \end{aligned}$$

여기서도 소수점 처리 문제로 나타나는 약간의 차이는 무시하기로 한다. 연습 삼아 각 현금흐름을 개별적으로 할인해서 얻은 값과 일치하는지 확인해보라.

6.3 당신이 지불하려고 하는 최대금액은 15%의 할인율로 10년 동안 매해 12,000$의 현금을 발생시키는 연금의 현재가치와 같다. 여기서의 현금흐름은 일반연금의 형태이므로 적절한 현재가치요소는 다음과 같다.

$$\begin{aligned} \text{연금의 현재가치요소} &= (1 - \text{현재가치요소})/r \\ &= [1 - (1/1.15^{10})]/0.15 \\ &= (1 - 0.2472)/0.15 \\ &= 5.0188 \end{aligned}$$

10번 발생하는 현금흐름의 현재가치는 다음과 같다.

$$\begin{aligned} \text{현재가치} &= \$12{,}000 \times 5.0188 \\ &= \$60{,}225 \end{aligned}$$

이 금액이 당신이 최대로 지불하려고 하는 금액이다.

6.4 연퍼센트율(APR)이 8%라는 것은 월이자율이 8%/12 = 0.67%라는 것을 말한다. 따라서 실효연이자율(EAR)은 다음과 같다.

$$\text{EAR} = [1 + (0.08/12)]^{12} - 1 = 0.0830 = 8.30\%$$

6.5 우선 매년 지불하는 금액을 계산하여야 한다. 14%의 이자율로 현재가치가 $10,000인 5년짜리 연금에서 매년 지불하는 금액은 다음과 같이 구해진다.

$$\begin{aligned} \$10{,}000 &= \text{지불액} \times \{[1 - (1/1.14^5)]/0.14\} \\ &= \text{지불액} \times 3.4331 \end{aligned}$$

연	기초잔액	총지불액	이자지불액	원금상환액	기말잔액
1	$10,000.00	$2,912.84	$1,400.00	$1,512.84	$8,487.16
2	8,487.16	2,912.84	1,188.20	1,724.63	6,762.53
3	6,762.53	2,912.84	946.75	1,966.08	4,796.45
4	4,796.45	2,912.84	671.50	2,241.33	2,555.12
5	2,555.12	2,912.84	357.72	2,555.12	0.00
합계		$14,564.20	$4,564.17	$10,000.00	

따라서 매년 지불하는 금액은 10,000$/3.4331 = 2,912.84$이다(보다 정확하게는 2,912.8355$인데 이로 인해 다음의 상환표에 약간의 소수점 처리 문제가 발생할 수 있다). 분할상환표는 다음과 같다.

6.6 자동차 구입을 위해 받는 대출금의 상환형태는 연금형태의 상환이므로 매달 지불하는 금액을 구하면 된다. 월 이자율은 15%/12 = 1.25%이고, 기간은 72개월이다. 먼저 이자율이 기간당 1.25%이고, 기간이 72인 연금의 현재가치요소를 구해야 한다.

$$\begin{aligned}\text{연금의 현재가치요소} &= (1 - \text{현재가치요소})/r \\ &= [1 - (1/1.0125^{72})]/0.0125 \\ &= [1 - (1/2.4459)]/0.0125 \\ &= (1 - 0.4088)/0.0125 \\ &= 47.2925\end{aligned}$$

대출받으려는 금액은 이러한 연금의 현재가치가 된다. 10%를 현금으로 먼저 지불하기 때문에 대출받는 금액은 36,000$의 90%인 32,400$이다. 따라서 매달 지불하는 금액을 알기 위해서는 아래에서 C를 구하면 된다.

$$\begin{aligned}\$32,400 &= C \times \text{연금의 현재가치요소} \\ &= C \times 47.2925\end{aligned}$$

이를 다시 정리하면 다음과 같다.

$$\begin{aligned}C &= \$32,400 \times (1/47.2925) \\ &= \$32,400 \times 0.02115 \\ &= \$685.10\end{aligned}$$

따라서 매달 지불해야 하는 금액은 685$ 정도의 금액이다.

이 대출금의 월이자율은 1.25%이다. 이 장에서 배운 것을 이용해 실효연이자율을 다음과 같이 구할 수 있다.

$$\text{EAR} = (1.0125)^{12} - 1 = 0.1608 = 16.08\%$$

따라서 실효연이자율은 표시연이자율보다 약 1% 정도 높다.

2년 후에 남아 있는 원금의 잔액은 대출금의 분할상환표를 작성하여 살펴보면 된다. 그러나 이는 꽤 지루한 방법이다. 그 대신 이미 얻은 정보를 사용하여 남아 있는 기간 동안 매달 지불하는 금액들의 현재가치를 구하면 간단히 2년 후에 남아 있는 원금잔액을 구할 수 있다. 2년 후에는 이미 24번의 지불이 이루어졌다. 따라서 남은 지불 횟수는 72번 − 24번 = 48번이다. 월 1.25%로 매달 685.10$를 48개월 동안 지불하는 것의 현재가치는 얼마인가? 이에 해당하는 연금의 현재가치요소는 다음과 같다.

$$\begin{aligned}\text{연금의 현재가치요소} &= (1 - \text{현재가치요소})/r \\ &= [1 - (1/1.0125^{48})]/0.0125 \\ &= [1 - (1/1.8154)]/0.0125 \\ &= (1 - 0.5509)/0.0125 \\ &= 35.9315\end{aligned}$$

따라서 현재가치는 다음과 같다.

$$\text{현재가치} = \$685.10 \times 35.9315 = \$24,616.67$$

따라서 2년 후에도 갚지 못하고 있는 원금은 약 24,617$이다.

개념복습과 개념질문

1. **연금요소** [LO1] 연금의 현재가치에는 네 가지의 요소가 있다. 네 가지 요소들은 무엇인가?
2. **연금기간** [LO1] 연금기간이 증가할수록 연금의 현재가치는 어떻게 되는가? 미래가치는 어떻게 되는가?
3. **이자율** [LO1] 이자율 r을 증가시키면 연금의 미래가치는 어떻게 되는가? 현재가치는 어떻게 되는가?
4. **현재가치** [LO1] 앞에서 언급한 메가벅스(Megabucks) 복권의 경우, 당첨금 받는 것을 일시불로 선택한 경우에 받는 돈이 250,000$인데도 당첨금이 500,000$라고 광고하고 있다. 이것은 기만적 광고인가?
5. **현재가치** [LO1] 당신이 계약을 협상하고 있는 운동선수라면 계약보너스로 당장 많은 돈을 받고 나중에 적은 금액을 받는 제안을 선택하겠는가, 아니면 그 반대의 제안을 선택하겠는가? 구단의 입장에서는 어떤가?
6. **현재가치** [LO1] 두 운동선수가 10년간 80백만$를 받는 계약을 체결했다. 한 경우는 80백만$를 열 번에 걸쳐 균등하게 받는 것이며, 다른 경우는 80백만$를 균등하지는 않지만 열 번에 나누어 받고 매년 받는 금액이 연 5%씩 증가하는 것이다. 어느 쪽이 더 유리한 계약인가?
7. **APR과 EAR** [LO4] 대출자에게 APR 대신 EAR을 알려주도록 법이 바뀌어야 하는가? 왜 그런가? 왜 그렇지 않은가?
8. **시간적 가치** [LO1] 대학생에게 학자금을 지원해주는 스태포드 대출(Stafford loan)은 졸업 후 상환이 시작될 때까지 이자가 붙지 않는 경우도 있다. 이 경우, 1학년생과 4학년생이 각각 동일한 금액을 대출받는다면 누가 더 많은 보조를 받는 것일까? 설명해보라.
9. **시간적 가치** [LO1] 졸업할 때까지 대출금에 대한 이자를 받지 않는 스태포드 대출을 받을 자격은 학생의 현재 재정상태에 달려 있다. 그러나 졸업할 때까지 이자를 내든 안 내든 스태포드 대출금은 미래의 소득에 의해 상환된다. 이러한 경우 스태포드 대출이 두 가지 형태로 운영되는 것에 대해 반대가 있을 수 있다고 생각하는가?
10. **시간적 가치** [LO1] 말기 환금(viatical settlement)은 말기 환자의 생명보험증권을 할인하여 매입하여 그 대금을 환자가 자신의 의료비로 쓰게 하는 것이다. 환자가 사망하면 그 보험증권을 구입한 사람은 보험회사로부터 약정된 보험금을 지급받는다. 말기 환금의 가치에 영향을 미치는 것은 무엇이라고 생각하는가? 말기 환금은 윤리적인 것이라고 생각하는가? 왜 그런가, 왜 그렇지 않은가?
11. **영구연금의 가치** [LO1] 이자율이 상승하면 영구연금의 미래가치는 어떻게 되는가? 이자율이 하락하는 경우에는 미래가치가 어떻게 되는가?
12. **대여이자율** [LO4] 이 장에서 언급한 페이데이 론(payday loan)이라고 불리는 단기간의 무담보 대출은 그 이자율이 엄청 높다. 일부 사람은 거의 약탈적 수준이라고도 말한다. 그렇게 높은 이자율은 비윤리적이라고 생각하는가? 왜 그런가, 왜 그렇지 않은가?

연습문제

초급문제
(1-28)

1. **현재가치와 여러 기간에 걸친 현금흐름** [LO1] Mendez Co.는 다음과 같은 현금흐름을 갖는 투자안을 갖고 있다. 할인율이 10%라면 이 현금흐름의 현재가치는 얼마인가? 할인율이 18%일 때의 현재가치는? 할인율이 24%일 때의 현재가치는?

연	현금흐름
1	$470
2	610
3	735
4	920

2. **현재가치와 여러 기간에 걸친 현금흐름 [LO1]** 투자 X는 8년 동안 매년 5,300$를 가져다주고, 투자 Y는 5년 동안 매년 7,300$를 가져다준다. 할인율이 5%라면 이 두 현금흐름 중 어느 것의 현재가치가 더 높은가? 할인율이 15%인 경우에는?
3. **미래가치와 여러 기간에 걸친 현금흐름 [LO1]** Christie, Inc.는 다음과 같은 현금흐름을 갖는 투자안을 갖고 있다. 할인율이 6%라면 4년 후 이 현금흐름의 미래가치는 얼마인가? 할인율이 13%일 때의 미래가치는? 할인율이 27%일 때의 미래가치는?

연	현금흐름
1	$1,075
2	1,210
3	1,340
4	1,420

4. **연금의 현재가치 [LO1]** 어떤 투자가 15년 동안 매년 3,850$를 발생시킨다. 첫 번째 현금흐름은 1년 후에 발생한다. 요구수익률이 6%라면 이 투자의 가치는 얼마인가? 이러한 매년의 현금흐름이 40년 동안 계속 발생한다면 이 투자의 가치는 얼마인가? 75년 동안 계속 발생한다면 이 투자의 가치는 얼마인가? 영원히 계속 발생한다면 이 투자의 가치는 얼마인가?
5. **연금의 현금흐름 [LO1]** 연이자율이 6.4%일 때 15년 동안 매년 일정한 금액을 지불하는 연금을 받기 위해 현재 45,000$를 지불했다면 매년 받는 현금흐름은 얼마가 되는가?
6. **연금의 가치 [LO1]** 당신 회사가 새로운 정보데이터베이스를 사용함으로써 7년 동안 매년 55,000$의 비용을 절약한다고 하자. 적절한 이자율이 8.2%라고 하면 이러한 절약액의 현재가치는 얼마인가?
7. **연금의 가치 [LO1]** 연 10.3%의 이자를 지급하는 어떤 은행계좌에 향후 20년간 매년 말에 4,900$를 입금한다면, 20년 후에 이 계좌에 있는 돈은 얼마가 되겠는가? 40년 후에는?
8. **연금의 가치 [LO1]** 당신이 매년 말 동일한 금액을 불입하면서 12년 후에 당신의 저축계좌에 75,000$가 있기를 원한다고 하자. 그 계좌가 지불하는 연이자율이 6.4%라고 하면 매년 당신이 불입해야 하는 금액은 얼마인가?
9. **연금의 가치 [LO2]** Pursell Bank는 매년 일정한 금액을 상환하는 조건으로 연 6.8%의 이자율, 상환기간 5년으로 100,000$를 대출해 줄 수 있다고 한다. 이 경우 매년 상환해야 하는 금액은 얼마가 되는가?
10. **영구연금의 가치 [LO1]** Maybe Pay Life Insurance Co.는 당신과 당신의 상속자에게 매년 30,000$를 영원히 지급하는 투자보험증권을 당신에게 판매하려고 한다. 이러한 투자에 대해 요구되는 요구수익률이 5.6%라면, 이 투자보험증권에 대해 당신은 얼마를 지급하겠는가?
11. **영구연금의 가치 [LO1]** 문제 10에서 판매원이 투자보험증권을 525,000$에 판다면 공정한 거래가 되기 위해서는 이자율이 얼마가 되어야 하는가?
12. **EAR의 계산 [LO4]** 다음 각각의 경우에 EAR을 계산하라.

표시연이자율	복리계산 횟수	실효연이자율(EAR)
7.8%	매분기(매 3달)	
15.3	매달	
12.4	매일	
11.4	무한 횟수	

13. **APR의 계산** [LO4] 다음 각각의 경우에 연퍼센트율(APR), 즉 표시연이자율을 계산하라.

표시연이자율	복리계산 횟수	실효연이자율(EAR)
	반년	14.2%
	매달	18.4
	매주	11.1
	무한 횟수	8.9

14. **EAR의 계산** [LO4] First National Bank는 기업대출에 대해 매달 복리로 연 13.8%의 이자를 받고 있다. First United Bank는 6개월마다 복리로 연 14.1%를 받고 있다. 당신이 신규대출을 받으려고 한다면 어느 은행으로 가겠는가?

15. **APR의 계산** [LO4] Evergreen Credit Corp.은 가계대출에 대하여 연 18.2%의 실효수익률(effective rate of return)을 올리려고 한다. 이 은행은 대출에 대해 매일 복리계산을 한다. 미국 법에 의하면 이 은행은 잠재적인 차입자에게 얼마의 연이자율을 표시해야 하는가? 이렇게 표시되는 이자율이 차입자에게 잘못된 정보를 줄 수 있는 이유를 설명해보라.

16. **미래가치** [LO1] 연 8.4%의 이자율로 6개월마다 복리계산을 해줄 때 현재 5,500$의 17년 후의 미래가치는 얼마가 되는가?

17. **미래가치** [LO1] Spartan Credit Bank는 저축계좌에 대해 연 8.3%의 이자율로 매일 복리계산을 해준다. 당신이 오늘 7,500$를 저축한다면 5년 후에는 얼마의 돈을 갖게 되는가? 10년 후에는? 20년 후에는?

18. **현재가치** [LO1] 어떤 투자가 10년 후에 95,000$를 가져다준다고 하자. 적절한 할인율이 연 9%로 매일 복리 계산되는 것이라면 이 투자의 현재가치는 얼마인가?

19. **EAR과 APR** [LO4] Big Dom's Pawn Shop은 대출금에 대해 월 25.5%의 이자를 받는다. 다른 대출자와 마찬가지로 Big Dom's도 자신의 APR을 고객에게 표시해야 한다. 이 회사가 표시해야 하는 연이자율은 얼마인가? 실효연이자율은 얼마인가?

20. **대출상환금의 계산** [LO2, 4] 당신이 신형 스포츠카를 84,500$에 구입하기를 원하는데 자동차 딜러는 연퍼센트율(APR) 4.7%로 5년간 대출해주겠다고 제시하고 있다. 당신이 매달 상환해야 하는 돈은 얼마인가? 이 대출의 실효연이자율(EAR)은 얼마인가?

21. **기간 수** [LO3] 고객 중 한 명이 대금 지불을 미루고 있어 당신은 그 고객과 매월 500$를 상환받기로 합의했다. 당신은 밀린 금액에 대해 월 1.8%의 이자를 부과한다. 현재 밀린 대금은 18,000$이다. 고객이 대금을 모두 완납할 때까지 얼마의 기간이 걸리는가?

22. **EAR** [LO4] Friendly's Quick Loan, Inc.는 "three for four or I knock on your door."라고 광고를 하고 있다. 이는 당신이 오늘 3$를 가져가고 일주일 후 봉급을 받을 때 4$를 갚는다는 것을 말한다. 이 회사가 이러한 대출업에서 얻는 실효연수익률은 얼마인가? 당신이 용감하게 이러한 대출을 받기 위해 이 회사에게 APR이 얼마인가를 물어본다면 이 회사는 얼마라고 대답하겠는가?

23. **영구연금의 가치** [LO1] Live Forever Life Insurance Co.는 매월 1,500$를 지불하는 영구연금

을 판매하고 있다. 이 영구연금의 판매가격은 260,000$이다. 이 투자상품이 갖는 월수익률은 얼마인가? APR은 얼마인가? 실효연수익률은 얼마인가?

24. **연금의 미래가치** **[LO1]** 당신이 월 복리로 연 10%의 이자를 지급하는 어떤 퇴직계좌에 매월 475$를 입금한다고 하자. 지금부터 1개월 후 첫 번째 입금을 한다면, 40년 후에 이 퇴직계좌에 얼마가 있겠는가?

25. **연금의 미래가치** **[LO1]** 문제 24의 퇴직계좌에 매년 5,700$를 입금한다고 하면 40년 후에는 얼마의 잔고가 있겠는가?

26. **연금의 현재가치** **[LO1]** 당신은 대학에 다니는 비용을 지불하기 위해 3개월 후부터 3개월마다 3,000$를 4년 동안 당신의 은행계좌로부터 인출할 수 있기를 원한다. 그 은행계좌가 3개월마다 0.57%의 이자를 지급하는 계좌라고 할 때 4년 동안 필요한 대학경비를 조달하기 위하여 당신은 그 은행계좌에 오늘 얼마를 입금해야 하는가?

27. **현금흐름의 할인** **[LO1]** 다음의 현금흐름에 적용해야 하는 적절한 할인율이 3개월마다 복리계산되는 연 8.5%라고 할 때, 이 현금흐름의 현재가치는 얼마인가?

연	현금흐름
1	$ 815
2	990
3	0
4	1,520

28. **현금흐름의 할인** **[LO1]** 아래의 현금흐름에 적용되는 적절한 할인율은 연 9.32%이다. 이 현금흐름의 현재가치는 얼마인가?

연	현금흐름
1	$2,480
2	0
3	3,920
4	2,170

중급문제
(29-56)

29. **단리와 복리** **[LO4]** First Simple Bank는 투자계좌에 대해 연 6.4%의 단리를 지급하고, First Complex Bank는 연 복리로 이자를 지급한다. 10년 후 Complex의 투자계좌의 잔고가 Simple의 투자계좌의 잔고와 같아지도록 만들기 위해서 Complex는 이자율을 얼마로 정해야 하는가?

30. **EAR의 계산** **[LO4]** 실효연수익률이 14.3%인 투자안을 갖고 있다고 하자. 이 투자안의 6개월간의 실효수익률은 얼마인가? 3개월간의 실효수익률은? 1개월간의 실효수익률은?

31. **이자비용의 계산** **[LO2]** 당신은 Shady Banks Savings and Loan으로부터 연 1.25%의 이자율을 적용하여 첫 6개월간은 매달 복리계산되고, 그 이후부터는 연 17.8%의 이자율을 적용하여 매달 복리계산되는 신용카드의 발급을 제안받았다. 당신이 다른 신용카드 회사에게 지고 있는 부채 9,000$를 이 신용카드의 부채로 오늘 이전시킨다면 1년 후에 당신이 지불해야 하는 이자는 얼마인가?

32. **연금 계산** **[LO1]** 당신은 은퇴 후 노후를 대비해서 앞으로 30년 동안 저축할 계획을 하고 있다. 이를 위해 매달 주식계좌에 850$, 채권계좌에 250$를 저축한다고 하자. 주식계좌의 연수익률은 11%, 채권계좌의 연수익률은 6%로 기대된다. 은퇴 후에는 이들 계좌로부터 얻는 금액을 모두 합해서 5%의 수익률을 주는 계좌에 입금한다고 하자. 은퇴 후 이 계좌에서 25년 동안 매달 돈을 인

출하여 모두 사용하려고 한다면 매달 얼마씩의 돈을 인출할 수 있는가?

33. **미래가치의 계산 [LO1]** 월 0.83%의 수익률을 가져다주는 투자가 있다고 하자. 1년 후에는 투자 금액 1$당 얼마를 얻는가? 2년 후에는 얼마를 얻는가?

34. **연금지불액의 계산 [LO1]** 지금부터 40년 후, 당신이 은퇴한 후에 1백만$를 갖고 있기를 원한다고 하자. 연 10.2%의 수익률을 얻을 수 있다면 당신은 매달 얼마를 저축해야 하는가? 매달 저축하는 것을 10년 후로 미룬다면 매달 얼마를 저축해야 하는가? 20년 후로 미룬다면?

35. **수익률의 계산 [LO2]** 어떤 투자가 당신의 돈을 12개월 후에 3배로 만들어준다고 하자(이런 것은 믿지 말기 바란다!). 이 투자가 당신에게 제시하는 3개월간의 수익률은 얼마인가?

36. **현금흐름의 비교 [LO1]** 당신은 투자회사들인 Dewey, Cheatum, Howe로부터 두 가지 봉급안을 제시받았다. 이 중 하나는 앞으로 2년 동안 매년 말에 90,000$를 지불하는 것이고, 다른 하나는 앞으로 2년 동안 매년 말에 77,000$를 지불하지만 당장 근로계약을 체결함과 동시에 20,000$의 보너스를 지급하는 것이다. 봉급은 매달 말에 동일한 금액으로 지불된다. 연이자율이 7%이고 매달 복리계산된다면 당신은 이 두 가지 봉급안 중 어느 것을 택하겠는가?

37. **성장연금 [LO1]** 당신이 복권에 당첨되어 1년 후에 1.8백만$를 받는다. 그리고 30년 동안 매년 2.7%씩 증가하는 금액을 받게 되어 있다. 적절한 할인율이 5.4%라면, 이 복권의 현재가치는 얼마인가?

38. **성장연금 [LO1]** 당신은 1년 동안 일한 것에 대한 보수를 한꺼번에 받는다. 12월 31일 현재 당신은 48,000$를 받았고 이 돈을 모두 사용한다. 그러나 1년 후부터는 은퇴 후를 생각하여 연봉의 9%를 연 10%의 이자를 주는 은행계좌에 저축하려고 한다. 당신의 연봉은 당신이 근무하는 앞으로 40년 동안 매년 3.5%씩 증가한다. 40년 후 퇴직할 때 당신은 얼마의 돈을 받는가?

39. **현재가치와 이자율 [LO1]** 연금의 가치와 이자율 간에는 어떤 관계가 있는가? 이자율이 연 10%일 때 매년 10,000$를 13년간 지급하는 연금을 방금 구입했다고 하자. 이자율이 갑자기 5%로 하락한다면 이 연금의 투자가치는 어떻게 되는가? 이자율이 갑자기 15%로 상승한다면 어떻게 되겠는가?

40. **지급횟수 [LO2]** 당신은 이달 말부터 연 6.5%의 이자율로 매달 복리계산해 주는 은행계좌에 매달 225$를 입금하려고 한다. 계좌의 잔고가 15,000$가 될 때까지 몇 번을 입금해야 하는가?

41. **연금의 현재가치 [LO2]** 당신은 한 은행으로부터 95,000$를 대출받으려고 하고, 이 대출에 대해 매달 1,850$를 갚아 나갈 수 있다. 매달 복리계산 된다고 가정할 때 60개월짜리 APR 대출에 대하여 당신이 감당할 수 있는 최대이자율은 얼마인가?

42. **상환액 [LO2]** 당신은 245,000$짜리 집을 구입하기 위해 30년 만기의 고정이자율 주택담보부대출을 원한다. 은행은 이 360개월짜리 대출에 대해 당신에게 4.8%의 APR를 요구하고 있다. 그러나 당신이 매달 상환할 수 있는 금액이 900$밖에 안 되므로 당신은 대출기간이 끝날 때 나머지 잔금을 풍선상환(balloon payment)할 것을 은행에 제안했다. 이 경우 풍선상환액은 얼마인가?

43. **현재가치와 미래가치 [LO1]** 아래 현금흐름의 현재가치는 연 9%의 할인율을 적용할 때 8,200$가 된다. 아래의 현금흐름 중 빠진 현금흐름의 크기를 계산하라.

연	현금흐름
1	$2,100
2	?
3	2,740
4	3,270

44. **현재가치의 계산** **[LO1]** 당신이 방금 TVM 복권에 당첨되었다고 하자. 오늘 1백만$를 받고 또한 10년간 1백만$에 더해서 매년 450,000$씩 증가하는 금액을 받기로 되어 있다. 따라서 1년 후에 당신이 받는 돈은 1.45백만$이며, 2년 후에 받는 돈은 1.9백만$가 된다. 그 이후로 받는 돈도 이러한 식으로 증가한다. 적절한 이자율이 6.2%라고 하면 이 당첨금의 현재가치는 얼마인가?

45. **EAR과 APR** **[LO4]** 새 창고를 구입하는 비용을 충당하기 위해 창고 구매가격 2.6백만$의 80%에 대해 30년 만기 주택담보부대출을 받았다. 이 대출에 대해 매달 상환하는 금액은 14,200$이다. 이 대출의 APR은 얼마인가? EAR은?

46. **현재가치와 손익분기점 이자율** **[LO1]** 지금으로부터 4년 후에 자산을 175,000$에 매각하기로 계약한 회사가 있다. 이 자산을 현재 구입하기 위해서는 104,600$의 비용이 든다. 이 자산에 대해 적용할 수 있는 적절한 할인율이 연 11%라고 하면 이 회사는 이러한 거래로부터 이익을 낼 수 있는가? 어떤 할인율에서 이러한 거래는 손익분기점에 도달하는가?

47. **현재가치와 여러 기간에 걸친 현금흐름** **[LO1]** 매년 5,100$를 받는데, 이를 처음 받는 것은 지금으로부터 6년 후이고, 마지막으로 받는 것은 지금으로부터 20년 후라면 이러한 현금흐름의 현재가치는 얼마인가? (적절한 할인율은 연 7.9%라고 하자.)

48. **변동이자율** **[LO1]** 15년 동안 매달 말 1,750$를 지불하는 연금이 있다고 하자. 연이자율은 처음 7년간은 9%이고 매달 복리계산되며, 그 이후로는 연이자율이 6%로 매달 복리계산된다고 하자. 이 연금의 현재가치는 얼마인가?

49. **현금흐름의 비교** **[LO1]** 두 투자안이 있다. 투자안 A는 13년 동안 매달 말 1,600$를 투자하는 것으로 연이자율은 7.8%로 매달 복리계산된다. 투자안 B는 일시불로 투자하는 것으로 연이자율은 7%로 지속적으로 복리계산되며, 기간은 13년으로 동일하다. 13년 후에 투자안 B가 투자안 A와 동일한 가치를 갖게 하기 위해서는 투자안 B에 얼마를 투자해야 하는가?

50. **영구연금의 현재가치** **[LO1]** 연이자율이 4.6%라고 할 때, 매년 7,300$의 현금흐름을 발생시키는 영구연금이 t = 15기부터 시작된다면 t = 7기에서의 가치는 얼마인가?

51. **EAR의 계산** **[LO4]** 어떤 금융회사가 1년 동안의 대출에 대해 연 18.4%의 이자율을 표시하고 있다. 따라서 20,000$를 빌린다면 이자는 3,680$가 된다. 1년 후에는 총 23,680$를 상환해야 하므로 이 회사는 매달 23,680/12$ = 1,973.33$를 12개월 동안 지불할 것을 요구하고 있다. 이 대출의 이자율은 18.4%인가? 미국 법에 따르면 어떤 이자율로 표시해야 하는가? 실효연이자율은 얼마인가?

52. **현재가치의 계산** **[LO1]** 5년 동안 6개월마다 5,500$를 지급하는 연금이 지금으로부터 9년 후에 시작된다. 따라서 9.5년 후에 처음 5,500$가 지급된다. 할인율이 연 8%로 매달 복리계산된다면 지금으로부터 5년 후 이 연금의 가치는 얼마인가? 3년 후의 가치는? 현재가치는?

53. **선불연금의 계산** **[LO1]** 매년 14,500$를 5년간 받는다고 하자. 적절한 이자율은 7.1%이다.

a. 일반연금식으로 지급된다면 이 연금의 현재가치는 얼마인가? 선불연금으로 지급되는 경우에는 현재가치가 얼마인가?

b. 당신이 이를 받아 5년 동안 투자한다고 하자. 이 연금이 일반연금식으로 지급된다면 이러한 투자의 미래가치는 얼마인가? 선불연금으로 지급되는 경우에는 이 투자의 미래가치는 얼마인가?

c. 일반연금과 선불연금 중 어떤 것의 현재가치가 더 큰가? 어떤 것의 미래가치가 더 큰가? 항상 그런가?

54. **선불연금의 계산** **[LO1]** 당신은 새 자동차를 64,500$에 구입하려 한다고 하자. 60개월의 선불연금형태로 구입대금을 지불하고, 이자율은 5.4%의 APR을 적용하는 것으로 계약이 이루어졌다. 이 경우 당신이 매달 지불해야 하는 금액은 얼마인가?

55. 동일한 상환액의 분할상환 [LO3] 상환기간이 5년인 58,500$의 대출에 대하여 원리금분할상환하는 경우의 분할상환표를 작성해보라. 이자율은 연 6%이고, 이 대출에 대해 매년 동일한 금액을 상환해야 한다. 세 번째 해에 지불해야 하는 이자는 얼마인가? 대출기간 동안 지급하는 총이자는 얼마인가?

56. 동일한 원금상환액의 분할상환 [LO3] 매년 동일한 금액을 상환하는 것이 아니라 매년 11,700$의 원금을 상환한다고 가정하고 문제 55를 다시 풀어보라.

고급문제
(57-80)

57. 연금의 가치 [LO1] Bibo Baggins는 세 가지 목적을 달성하기 위하여 돈을 저축하려고 한다. 첫째, 지금으로부터 30년 후에 은퇴하면서 매달 16,000$의 돈을 은퇴 후 25년 동안 받기 원하며, 첫 번째 돈은 지금으로부터 30년 1개월 후에 받기를 원한다. 둘째, 10년 후에 리벤델(Rivendell)에 있는 375,000$짜리 조그만 오두막집을 구입하려고 한다. 셋째, 은퇴 후 25년 동안 매달 돈을 받다가 사망한 후 조카 Frodo에게 1.5백만$의 유산을 남겨주기를 원한다. Baggins는 앞으로 10년 동안 매달 2,150$를 저축할 수 있다. 은퇴 전에는 저축한 돈에 대해서 10%의 실효연수익률을 달성할 수 있고 은퇴 후에는 7%의 실효연수익률을 달성할 수 있다면, 지금으로부터 11년 후부터 시작하여 30년 후까지 매달 얼마의 돈을 저축해야 하는가?

58. 연금의 가치 계산 [LO1] 새 자동차를 리스(lease)할 수도 있고 3년 기간의 대출을 이용해 구입할 수도 있다. 자동차 구입비용은 49,000$이다. 자동차 딜러는 특별 리스계약을 제시하고 있는데 그 내용은 우선 5,100$를 먼저 지불하고 앞으로 3년 동안 매달 545$를 지불하는 것이다. 만약 자동차를 구입한다면 APR = 5.3%라는 조건으로 3년 동안 매달 일정한 금액을 지불하여 구입비용을 모두 지불할 수 있다. 3년 후에는 자동차를 32,000$에 판매할 수 있다. 이 경우 당신이라면 자동차를 구입하겠는가, 리스하겠는가? 3년 후 얼마의 가격으로 자동차를 팔 수 있을 때 자동차를 구입하는 것과 리스하는 것의 차이가 없는가?

59. 연금의 가치 계산 [LO1] 한 운동선수가 연봉계약을 협상하고 있다. 구단이 제시하고 있는 봉급 구조는 다음과 같다.

연	봉급
0	$7,900,000
1	$4,500,000
2	$5,300,000
3	$6,100,000
4	$6,700,000
5	$7,700,000
6	$9,300,000

모든 봉급은 일시불로 지불된다. 이 선수는 당신이 자신의 에이전트가 되어 구단과 협상해주기를 원한다. 이 선수는 10백만$를 보너스로 계약과 동시에 바로 받기 원하며, 계약의 가치가 2백만$ 더 증가하기를 원한다. 또한 3개월마다 일정한 금액의 봉급을 받기 원하며 지금부터 3개월 후에 처음 봉급을 받기 원한다. 연이자율이 4.8%이고 매일 복리계산된다면 이 선수가 3개월마다 받는 봉급은 얼마가 되는가? 1년은 365일이라고 가정하라.

60. 할인이자 대출 [LO4] 이 문제는 할인이자(discount interest)라고 알려진 것을 설명해주는 문제이다. 다소 정직하지 못한 대여자와 대출에 대해 논의하고 있다고 상상해보자. 당신은 1년 동안 20,000$를 빌리기 원한다. 이자율은 14.6%이다. 당신과 대여자는 이 대출에 대한 이자가 0.146 × $20,000 = 2,920$라는 것에 동의한다. 따라서 대출자는 대출금에서 이자를 공제하고 당신에게

17,080$를 지급한다. 이러한 경우 2,920$가 할인되었다고 말한다. 여기서 무엇이 잘못되었는가?

61. **연금의 가치계산 [LO1]** 어떤 사람이 도로 청소차에 의해 부상을 당하여 시(市)를 상대로 소송을 제기했다. 담당의사는 원고가 직장에 복귀하여 다시 일을 하기까지 5년이 걸린다고 법정에서 증언했다. 배심원들은 원고에게 다음과 같이 보상해 주어야 한다고 판정했다. (a) 지난 2년간 매년의 봉급인 각각 43,000$와 46,000$의 현재가치를 보상할 것. (b) 매년 51,000$로 추정되는 미래 5년간 봉급의 현재가치를 보상할 것. (c) 고통에 대해 150,000$를 보상할 것. (d) 재판비용 20,000$를 보상할 것. 봉급은 매달 말에 일정한 금액으로 지급된다고 가정하라. 사용되는 실효연이자율(EAR)이 5.9%라면 이러한 보상의 총가치는 얼마인가? 당신이 원고라면 더 높은 이자율을 적용하기 원하겠는가, 더 낮은 이자율을 적용하기 원하겠는가?

62. **포인트 점수가 붙는 경우의 EAR [LO4]** 1년 동안 10,000$가 대출되는 경우를 살펴보자. 이자율은 9.7% 더하기 2포인트(point)이다. 1포인트(point)는 단순히 대출금의 1%(one percentage point)를 의미하는 것이다. 이와 같이 포인트와 함께 표시되는 대출은 주택담보대출에 있어서 매우 흔한 것이다. 따라서 이 경우 차입자는 대출자에게 우선 2포인트를 지불하고, 10,000$에 대해서 9.7%의 이자를 지불해야 한다. 이 경우 실제로 지불하는 이자율은 얼마인가?

63. **포인트가 붙는 경우의 EAR [LO4]** 1년짜리 대출에 대해 이자율이 13% 더하기 3포인트로 표시되어 있다. 이 경우 EAR은 얼마인가? 구한 답은 대출액이 얼마인가에 따라 달라지는가?

64. **이자율의 계산 [LO2]** 당신이 265,000$짜리 집을 구입하기 위해 매달 일정액을 상환해가는 30년 만기 고정이자율 주택담보부 대출을 원한다. 은행은 이 360개월짜리 대출에 대해 당신에게 4.6%의 APR를 요구하고 있다. 이 은행의 담당자는 대출을 받으면서 포인트(point)를 지급하면 이자율을 4.25%로 낮추어줄 수 있다고 말한다. 1 point는 단순히 대출금의 1%(one percentage point)를 의미하는 것이다. 4.25%의 이자율을 적용받기 위해서 당신이 지불할 용의가 있는 포인트는 얼마인가?

65. **이자율의 계산 [LO2]** 문제 64에서, 당신이 그 집에서 8년만 살다가 팔고 다른 집을 구입하려고 한다고 하자. 이는 8년이 지난 후 나머지 잔금을 풍선상환(balloon payment)해야 하는 것을 말한다. 이 경우 당신은 최고 얼마의 포인트를 지불할 용의가 있는가?

66. **EAR과 APR [LO4]** 한 지역에 있는 두 은행이 30년 기간의 320,000$짜리 주택담보부대출을 4.9%의 APR과 5,500$의 접수비용을 받으면서 제공하고 있다. Insecurity Bank and Trust는 대출을 받지 못할 경우 접수비용을 되돌려주지만, I. M. Greedy and Sons는 돌려주지 않는다. 미국의 현행법에 의하면 접수가 승인을 받지 못할 경우에 환급되는 접수비용은 APR을 계산하는 데 포함되어야 하며, 접수비용이 환급되지 않는 경우에는 APR에 포함시키지 않아도 된다(이는 아마도 환급되는 접수비용은 접수비용이라고 하기보다는 대출금의 일부로 보기 때문일 것이다). 이 두 은행의 대출이 갖는 EAR은 각각 얼마인가? APR은?

67. **부가이자와 EAR [LO4]** 이 문제는 부가이자(add-on interest)라는 속임수적인 방법으로 이자율을 표시하는 경우에 관한 것이다. Crazy Judy's Stereo City라는 회사는 다음과 같은 광고를 하고 있다. "1,500$를 당장 대출해 줍니다! 18.4%의 단순이자로! 3년 동안만 상환하시면 됩니다. 매달 상환금은 아주 아주 적습니다!" 이 광고를 본 당신은 이 광고가 믿어지지 않아 무언가 잘못된 것이라고 생각하고 이 회사의 매니저인 Judy에게 전화를 걸어 물어본다.

Judy는 당신이 3년 동안 연 18.4%의 이자로 1,500$를 대출하면 3년 후에 갚아야 하는 돈은 다음과 같다고 설명한다.

$$\$1,500 \times 1.184^3 = \$1,500 \times 1.6598 = \$2,489.70$$

이어서 Judy는 이만한 돈을 3년 후에 일시불로 갚으려면 당신이 힘들 것이므로 매달 조금씩 $2,489.70/36 = 69.16$씩만 갚아 나가도록 편의를 봐주며, 또한 매달 장부를 성가시게 정리하는 수고는 기꺼이 자신이 하겠다고 말한다.

이 대출의 연이자율은 18.4%인가? 왜 그런가, 왜 그렇지 않은가? 이 대출의 APR은 얼마인가? EAR은 얼마인가? 왜 이 경우에 붙는 이자를 부가이자(add-on interest)라고 부르겠는가?

68. **연금의 계산** [LO1] 당신은 지난 10년 동안 회사를 잘 운영해왔다. 이제 당신은 회사를 다른 사람에게 팔고, 여생을 하와이에서 쉬면서 보내기로 결심했다. 당신 회사를 사고 싶어 하는 사람은 목돈을 갖고 있지 않다. 그 대신 그는 당신에게 500,000$를 먼저 지급하고 나머지 잔금은 연금형태로 갚아나가기를 원한다. 첫 잔금지급액은 3개월 후에 175,000$이며, 그 이후로는 잔금지급액이 3개월마다 2%씩 증가하는 식으로 지급하면서 총 25번 갚아나가기를 원한다. 당신이 9%의 실효연이자율(EAR)을 원한다면 당신은 회사를 얼마에 팔아야 하는가?

69. **지불횟수의 계산** [LO2] 당신은 매우 즐거운 겨울방학을 보냈지만 예산을 약간 초과하는 돈을 지출했다. 그러나 한 신용카드 회사로부터 현재 연 18.6%로 당신이 빌리고 있는 15,000$를 연 9.2%의 이자를 받는 새로운 신용카드 계좌로 옮겨줄 수 있다는 연락을 받았다. 새로운 신용카드 계좌에서 매달 275$를 상환한다면, 구 신용카드 계좌의 경우보다 얼마나 더 빨리 15,000$를 갚을 수 있는가? 계좌를 옮겨주는 데 대출금의 2%를 수수료로 받는다면 얼마나 더 빨리 돈을 상환할 수 있는가?

70. **미래가치와 여러 기간에 걸친 현금흐름** [LO1] 어떤 보험회사가 새로운 보험을 팔고 있다. 이 보험은 아이들이 생일을 맞는 날 부모가 가입할 수 있는 보험상품이다. 이 보험상품의 구체적 내용은 다음과 같다. 부모는 보험회사에게 다음과 같은 여섯 번의 금액을 납입한다.

첫 번째 생일날:	$ 800
두 번째 생일날:	$ 800
세 번째 생일날:	$ 900
네 번째 생일날:	$ 900
다섯 번째 생일날:	$1,000
여섯 번째 생일날:	$1,000

여섯 번째 생일이 지난 후에는 더 이상 납입하지 않는다. 아이가 65세가 되면 350,000$를 받는다. 만약 처음 6년 동안의 연이자율이 10%이고, 그 이후의 연이자율이 7%라면 이러한 보험상품은 구입할 가치가 있는가?

71. **풍선상환** [LO2] 넓은 토지를 구입하기 위해 2.55백만$를 대출받았다고 하자. 이 대출의 APR은 5.3%이고, 30년 동안 매달 일정한 금액을 갚아야 한다. 그러나 이 대출은 8년짜리의 풍선상환을 조건으로 하고 있다. 이는 8년 후에 나머지 돈을 일시에 갚아야 한다는 것을 의미한다. 이 경우 풍선상환액은 얼마가 되는가?

72. **이자율의 계산** [LO4] 어떤 금융회사가 당신 자녀의 대학비용을 마련하기 위한 자금계획을 제시하고 있다. 이 계획에 의하면 당신은 매년 15,000$를 6번 불입해야 하며, 첫 번째 15,000$는 자녀가 12번째 생일을 맞는 날에 불입해야 한다. 자녀가 18세가 되는 생일날부터 시작하여 4년 동안 이 금융회사는 매년 32,000$를 당신에게 지불한다. 이 투자의 수익률은 얼마인가?

73. **손익분기점 투자수익률** [LO4] 당신의 재무계획사가 두 투자를 제시하고 있다. 투자 X는 매년 35,000$를 영원히 지급하는 것이고, 투자 Y는 15년 동안 매년 47,000$를 지급하는 것이다. 두 투자 모두 1년 후부터 지급을 시작한다. 어떤 할인율에서 당신은 이 두 투자에 대해 무차별적이 되

는가?

74. **영구적 현금흐름 [LO1]** 어떤 투자가 1년 후부터 2년마다 75,000$를 영원히 지급하며 할인율은 연 7%이고, 이자는 매일 복리계산된다. 이 투자가 갖는 가치는 얼마인가? 처음 지급이 4년 후부터 시작된다면 이 투자의 (현재)가치는 얼마인가?

75. **일반연금과 선불연금 [LO1]** 본문에서 설명했듯이, 선불연금의 현금흐름은 기말이 아닌 기초에 발생한다는 점 이외에는 일반연금과 동일하다. 일반연금의 가치와 선불연금의 가치가 다음과 같은 관계를 갖는다는 것을 보여라.

선불연금의 가치 = 일반연금의 가치 × $(1 + r)$

76. **성장연금의 계산 [LO1]** 당신은 은퇴까지 40년을 남겨 놓고 있는데 은퇴할 때 4.5백만$를 갖기 원한다. 당신 봉급은 매년 지불되며 올해 말에 당신은 60,000$를 받는다. 당신 봉급은 매년 3%씩 증가하며, 당신은 당신이 투자한 돈에 대해 9%의 수익을 올릴 수 있다. 당신 봉급의 일정한 퍼센트를 저축한다면 매년 당신 봉급의 몇 퍼센트를 저축해야 하는가?

77. **EAR의 계산 [LO4]** 수표를 현금으로 바꾸어주는(check-cashing)업을 하는 어떤 점포가 찾아오는 고객에게 1주일에 6.3%의 이자율로 1주일간 돈을 빌려주는 사업을 하고 있다.

a. 이 점포가 고객에게 제시하는 APR은 얼마가 되어야 하는가? 고객이 실제로 지불하는 실효연이자율(EAR)은 얼마인가?

b. 이 점포가 1주일에 6.3%의 이자율을 적용하고, 또한 할인이자(discount interest)를 적용한다면(문제 60 참조), 이 경우 APR은 얼마인가? EAR은?

c. 이 점포는 1주일에 6.3%의 이자에 할인이자를 적용하고 거기에 더해 부가이자(add-on interest)식으로 상환받는 조건으로 한 달간의 대출도 하고 있다. 따라서 이 점포에서 한 달(4주) 동안 100$를 빌리면 이자로 지불하는 돈은 $(\$100 \times 1.063^4) - \$100 = 27.68\$$가 된다. 대출을 받을 때 이 이자비용이 먼저 공제되므로(할인이자) 실제로 대출받는 돈은 72.32$가 되며, 돈을 대출받고 한 달 후에 100$를 갚아야 한다. 또한 이 점포는 당신의 부담을 줄여준다는 핑계를 대면서 한 달 후에 100$를 상환하지 말고 매주 25$씩 상환하여 한 달 안에 갚도록 하고 있다. 이러한 대출의 APR은 얼마인가? EAR은?

78. **성장연금의 현재가치 [LO1]** 지금부터 한 기간 후에 C를 지불하면서, 기간마다 C만큼씩 지급액이 커지는 성장영구연금의 현재가치를 구하는 공식은?

79. **72법칙 [LO4]** 우리는 어떤 금액이 2배가 되는 데 걸리는 대략의 기간이나 이자율을 알아보는 데 유용한 72법칙에 대해서 배웠다. 10%의 이자율에 대해서는 "73법칙"이 약간 더 낫다는 것을 보여라. 72법칙이 보다 정확하게 적용될 수 있는 이자율은 어떤 이자율인가? (힌트: 엑셀의 Solver 기능을 활용하라.)

80. **69.3법칙 [LO4]** 72법칙에 부수적인 법칙으로 69.3법칙이 있다. 69.3법칙은 이자율이 연속복리계산될 때 반올림하는 경우를 제외하고는 매우 정확한 것이다. 연속복리계산의 경우에는 69.3법칙이 적용된다는 것을 보여라.

작은 사례

MBA 의사결정

Ben Bates는 6년 전, 재무관리를 전공하여 대학을 졸업했다. 현재의 직업에 만족하고 있지만 그의 목표는 투자은행가가 되는 것이다. Ben은 MBA 학위가 이러한 목표를 달성하는 데 도움이 될 것으로 판단하고 있다. 여러 대상 대학원을 물색하던 중 그는 Wilton대학과 Mount Perry대학 중 하나를 선택하는 것으로 결정하였다. 이 두 대학 모두 인턴 과목을 이수하도록 요구하고 있으며 인턴을 하는 동안에는 봉급이 지급되지 않는다. 또한 두 대학 모두 MBA 공부를 하는 동안에는 직장을 갖지 못하도록 하고 있다.

Ben은 현재 금융회사인 Dewey and Louis사에 근무하고 있다. 그가 받는 연봉은 57,000$이며, 연봉은 회사를 다닐 때까지 매년 3%씩 증가할 것으로 예상된다. 현재 Ben의 나이는 28세이며 앞으로 38년은 더 일할 수 있을 것으로 생각하고 있다. 그는 건강보험에 가입되어 있으며 그의 평균세율은 26%이다. Ben은 MBA 학비를 조달하는 데 충분한 돈을 갖고 있다.

Wilton대학의 Ritter College of Business대학원은 이 나라에서 톱10에 들어가는 대학원이다. MBA 학위를 취득하는 데는 2년이 걸린다. 연간 학비는 62,000$이며, 매년 학기가 시작할 때 지불해야 한다. 책과 기타 용품을 위한 비용은 연간 2,000$가 될 것으로 예상된다. Ben은 Wilton대학에서 MBA를 마치는 경우에는 계약보너스 10,000$와 함께 약 91,000$의 연봉을 받는 직장을 얻을 수 있다. 연봉은 매년 4%씩 증가한다. 높은 연봉으로 인해 Ben의 평균소득세율은 31%로 상승한다.

Mount Perry대학의 Bradley School of Business대학원은 16년의 역사를 갖고 있다. Bradley School은 Ritter College보다는 규모가 작고 덜 알려져 있다. Bradley는 1년짜리 MBA 프로그램을 제공하고 있다. 학비는 84,000$이며 입학이 허가되면 바로 지불해야 한다. 책과 기타 용품을 위한 비용은 4,200$가 될 것으로 예상된다. 이 학교를 졸업하면 계약보너스 8,000$와 함께 약 81,000$의 연봉을 받는 직장을 얻을 수 있다. 연봉은 매년 3.5%씩 증가한다. 이 경우 Ben의 평균소득세율은 29%가 된다.

두 대학 모두 건강보험을 제공하며 이를 위해 Ben은 연간 3,000$의 비용을 매년 초에 지불해야 한다. 또한 두 대학 모두 기숙사를 제공하며 이로 인해 Ben의 방값은 어느 대학을 다니든 매년 4,000$ 감소하게 된다. 적절한 할인율은 5.5%이다.

질문

1. Ben의 나이는 MBA를 취득하려는 그의 의사결정에 어떤 영향을 미치는가?
2. 수치로 나타날 수 없는 어떤 요소들이 Ben이 MBA를 취득하려는 의사결정에 영향을 미치는가?
3. 봉급이 매년 말에 지급된다고 하고, 금전적 측면으로만 볼 때 Ben이 택할 수 있는 최선의 선택은 어떤 것인가?
4. Ben은 각 선택의 미래가치를 살펴봄으로써 이 두 선택에 대해 적절한 분석을 할 수 있다고 판단하고 있다. 그의 이러한 판단에 대해 당신은 어떻게 생각하는가?
5. Wilton대학에 다니는 것과 지금의 직장에 그대로 있는 것에 대해 Ben이 차이를 느끼지 못하게 되려면 그가 처음 받는 봉급이 얼마가 되어야 하는가?
6. Ben이 MBA 비용을 지불할 현금을 갖고 있지 않아 5.4%의 이자율로 돈을 빌려야 한다고 하자. 이런 상황은 Ben의 MBA를 취득하려는 의사결정에 어떠한 영향을 미치겠는가?

7 이자율과 채권의 가치평가

Interest Rates and Bond Valuation

투자를 할 때, 사람들은 일반적으로 미래에 자신이 얻을 것으로 기대되는 금액이 오늘 현재 투자하는 금액보다 더 클 것으로 기대한다. 그러나 2019년과 2020년에 많은 채권투자자들이 경험한 것은 이와는 반대되는 것이었다. 2020년 5월에 영국 정부는 만기 3년, 수익률 −0.003%인 채권을 37.5억€어치 판매했다. 2019년 8월에 독일 정부는 만기 30년, 수익률 −0.11%인 채권을 판매했다. 투자자들은 이 채권을 8.24억€어치 매입했다. 이 경우 투자자들이 2050년에 가져가는 금액은 7.95억€이다. 실제로 그 당시에 15조$가 넘는 정부채권들이 음(−)의 수익률을 가졌었다. 음(−)의 수익률을 가진 것은 정부채권만이 아니었고 기업들이 발행한 1조$가 넘는 금액의 채권들도 음(−)의 수익률을 가졌었다. 예를 들어, 독일 거대기업인 Siemens는 −0.315%를 갖는 2년 만기 회사채를 15억€어치 판매했다.

이 장에서 살펴볼 것이지만 채권의 수익률은 채권의 가격을 결정하는 중요한 요소 중 하나이다. 이 장에서는 채권의 가치는 어떻게 구하는 것인지, 채권이 갖는 다양한 특징들은 무엇인지, 그리고 채권의 수익률에 영향을 주는 것들에는 어떤 것들이 있는지에 대해 살펴볼 것이다.

학습목표 _Learning Objectives

이 장을 공부한 후에는 다음과 같은 것들에 대해 알아야 한다.

- LO1 채권의 주요 특징들과 채권의 종류
- LO2 채권의 가치와 채권의 수익률, 그리고 이들이 변동하는 이유
- LO3 채권의 등급과 그 의미
- LO4 인플레이션이 이자율에 미치는 영향
- LO5 이자율의 기간구조와 채권의 수익률을 결정짓는 요소들

이 장의 목적은 채권에 대해 살펴보는 것이다. 5장과 6장에서 배운 기법들을 채권의 가치평가에 어떻게 적용할 수 있는가를 살펴보는 것으로 시작하기로 한다. 그런 다음 채권의 특징들에 대해 살펴보고, 또한 채권이 어떻게 사고 팔리는가에 대해 살펴볼 것이다. 우리가 알게 되는 한 가지 중요한 사실은 채권의 가치가 이자율에 의해 대부분의 영향을 받는다는 것이다. 따라서 이자율과 그 행태에 대해 살펴보는 것으로 이 장을 마칠 것이다.

7.1 채권과 채권의 가치평가

기업이나 정부가 대중들로부터 장기적으로 돈을 빌리기 원하는 경우에는 채권(bond)이라고 불리는 부채증권(debt security)을 발행하여 판매한다. 이 절에서는 회사채의 여러 특징들과 채권과 관련된 여러 용어들을 설명한다. 그런 다음, 채권과 관련된 현금흐름과 현금할인법을 사용해 채권의 가치를 어떻게 평가하는지에 대해 설명한다.

채권의 특징과 가격

앞 장에서 설명했듯이 채권은 일반적으로 이자우선상환 대출형식을 갖는다. 이는 채권의 발행자(채무자)가 매기간 이자만을 지불하고 대출기간이 만료될 때까지(만기까지)는 원금의 어느 부분도 상환하지 않는 것을 의미한다. 예를 들어 Beck Corporation이 30년 동안 1,000$를 빌리려 한다고 하자. Beck과 비슷한 회사가 발행한 비슷한 채권에 대해 12%의 이자율이 형성되어 있다고 하자. 따라서 Beck은 매년 0.12 × $1,000 = 120$를 30년간 지불해야 하며, 30년이 끝나는 시점에서 Beck은 원금 1,000$를 상환해야 한다. 이 예가 말해주고 있듯이 채권은 매우 간단한 자금조달 방식의 하나이다. 그러나 채권과 관련하여 많은 전문용어가 사용되고 있으므로, 이 예를 통해 전문용어 중 일부 주요 용어의 정의를 살펴보기로 한다.

쿠폰(coupon): 채권에 명시된 이자지급액이다. 액면이자, 표면이자, 이표라고도 부른다.

액면가(face value): 채권의 만기가 도래했을 때 상환되는 채권의 원금

쿠폰율(coupon rate): 매년 지불되는 쿠폰을 채권의 액면가로 나눈 것

만기(maturity): 채권의 원금이 상환되는 날

위 예에서 Beck이 정기적으로 지불하기로 약속한 120$의 이자는 채권의 **쿠폰**(coupon)이라고 한다. 쿠폰은 일정한 금액으로 매번 지불되므로 이러한 채권은 종종 균일쿠폰 채권(level coupon bond)이라고 한다. 만기에 가서 상환되는 원금은 채권의 **액면가**(face value 또는 par value)라고 한다. 위 예처럼 미국에서 발행되는 회사채의 액면가는 보통 1,000$이다. 액면가로 판매되는 채권은 액면가 채권(par value bond)이라고 한다. 액면가가 1,000$보다 큰 채권도 종종 발행되고 있다. 마지막으로 매년 지불되는 쿠폰을 액면가로 나눈 것은 채권의 **쿠폰율**(coupon rate)이라고 한다. 위 예에서 $120/$1,000 = 12%이므로 Beck의 회사채는 12%의 쿠폰율을 갖고 있는 것이다.

액면가가 상환될 때까지 걸리는 기간은 채권의 **만기**(maturity)라고 부른다. 미국의 경우, 회사채는 최초발행일을 기준으로 할 때 30년의 만기를 갖고 있는 것이 일반적이지만, 만기가 어떤 기간으로 통일되어 정해져 있는 것은 아니다. 채권이 발행된 후에는 시간이 감에 따라 해당 채권의 만기는 점점 짧아진다.

채권의 가치와 채권의 수익률

시장에서 형성되는 이자율은 시간이 감에 따라 변하지만 채권으로부터 발생하는 현금흐름의 크기는 변하지 않는다. 따라서 채권의 가치는 변동하게 된다. 이자율이 상승하면 채권으로부터 발생하는 현금흐름들의 현재가치는 감소하며 그에 따라 채권의 가치는 떨어진다. 그러나 이자율이 하락하면 채권의 가치는 증가한다.

만기수익률(yield to maturity: YTM): 어떤 채권에 대해 시장에서 요구하는 수익률

특정한 시점에서 채권의 가치를 구하기 위해서는 만기까지 남아 있는 기간, 액면가, 쿠폰, 그와 비슷한 특징을 갖는 다른 채권에 대해 형성되어 있는 시장이자율을 알아야 한다. 시장에서 요구되는 이러한 이자율을 채권의 **만기수익률**(yield to maturity: YTM)이라고 한다. 간단히 채권의 수익률(yield)이라고도 한다. 이러한 정보들이 주어진다면 채권으로부터 발생하는 현금흐름의 현재가치를 구함으로써 채권의 현재가치(시장가격)를 추정할 수 있다.

그림 7.1 Xanth의 채권이 발생시키는 현금흐름

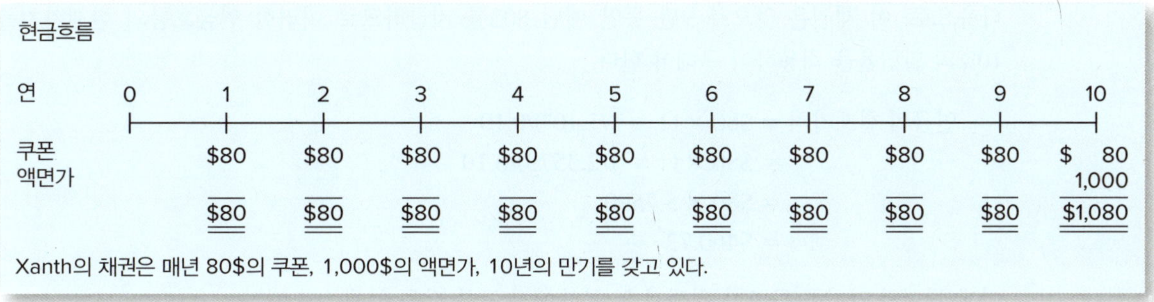

Xanth의 채권은 매년 80$의 쿠폰, 1,000$의 액면가, 10년의 만기를 갖고 있다.

예를 들어 Xanth사가 액면가 1,000$, 10년 만기의 채권을 발행한다고 하자. 이 채권이 매년 지불하는 쿠폰은 80$이다. 이 채권과 비슷한 채권에 대해 시장에서 형성되어 있는 만기수익률이 8%라고 하자. 따라서 Xanth의 채권은 앞으로 10년 동안 매년 80$의 쿠폰을 지불하게 된다. 10년째에 가서 Xanth는 채권소유자에게 1,000$를 지불해야 한다. 이 채권으로부터 발생하는 현금흐름은 그림 7.1에 표시되어 있다. 이 채권은 얼마의 가격에 판매될 수 있을까?

그림 7.1에서 알 수 있듯이 Xanth의 채권이 갖는 현금흐름은 연금형태의 현금흐름(쿠폰)과 일시불 형태의 현금흐름(만기에 지불되는 원금)으로 구성되어 있다. 따라서 이 채권의 시장가치를 알기 위해서는 두 부분의 현재가치를 각각 구하고 그 결과를 합하면 된다. 시장에서 형성되어 있는 8%의 이자에서 10년 후에 발생하는 1,000$의 현재가치는 아래와 같다.

$$현재가치 = \$1{,}000/1.08^{10} = \$1{,}000/2.1589 = \$463.19$$

또한 이 채권은 매년 80$를 10년간 발생시키므로, 매년 80$가 10년간 발생하는 연금의 현재가치는 아래와 같다.

$$\begin{aligned} 연금의\ 현재가치 &= \$80 \times (1 - 1/1.08^{10})/0.08 \\ &= \$80 \times (1 - 1/2.1589)/0.08 \\ &= \$80 \times 6.7101 \\ &= \$536.81 \end{aligned}$$

이제 채권의 가치를 구하기 위해서 두 부분에서 구한 값을 합해 주면 된다.

$$채권의\ 총가치 = \$463.19 + 536.81 = \$1{,}000$$

따라서 이 채권은 그 액면가와 동일한 가격으로 판매된다. 액면가와 동일한 가격으로 판매되는 것은 우연하게 나타난 것이 아니다. 시장에서 형성되어 있는 이자율은 8%이다. 그렇다면 이 채권이 지불하는 이자율은 얼마인가? 이 채권의 쿠폰이 80$이므로 1,000$에 판매될 경우에만 이 채권은 정확하게 8%의 이자를 지불하는 채권이 된다.

이자율이 변할 때 어떤 상황이 발생하는가를 알아보기 위해 1년이 지났다고 해보자. Xanth 채권의 만기는 이제 9년이 된다. 시장이자율이 10%로 상승했다면 이 채권의 가치는 어떻게 되는가? 이를 알아보기 위해서 10년 대신 9년의 만기를 갖고, 8%의 수익률이 아닌 10%의 수익률을 적용하여 이 채권의 현재가치를 구해야 한다. 먼저 9년 후에 발생하는 1,000$의 현재가치를 구하기 위해서 이를 연 10%의 할인율로 할인해주어야 한다.

현재가치 = $\$1{,}000/1.10^9 = \$1{,}000/2.3579 = \$424.10$

다음으로, 이 채권은 앞으로 9년 동안 매년 80$를 지급하므로 이러한 연금흐름의 현재가치를 10%의 할인율을 적용하여 구해야 한다.

$$
\begin{aligned}
\text{연금의 현재가치} &= \$80 \times (1 - 1/1.10^9)/0.10 \\
&= \$80 \times (1 - 1/2.3579)/0.10 \\
&= \$80 \times 5.7590 \\
&= \$460.72
\end{aligned}
$$

이제 채권의 가치를 구하기 위해서 두 부분에서 구한 값을 합해주면 된다.

채권의 총가치 = $\$424.10 + \$460.72 = \$884.82$

따라서 이 채권은 약 885$에 거래되어야 한다. 전문용어로 표현하면, 8%의 쿠폰을 갖고 있는 채권이 10%의 수익률을 갖도록 하기 위해서는 885$에 가격이 책정되어야 한다고 말한다.

채권에 대한 다양한 정보를 얻을 수 있는 유용한 웹사이트로는 **www.reuters.com/markets/bonds**가 있다.

Xanth 채권은 액면가 1,000$보다 낮은 가격에 판매된다. 왜 그런가? 시장에서 이와 비슷한 채권에 대해 형성된 시장이자율이 10%인데 1,000$에 대한 이자를 살펴보면 이 채권은 단지 8%의 이자를 지급하는 것이다. 이 채권이 시장에서 현재 형성되어 있는 이자율보다 낮은 이자를 지불하므로 투자자들은 지급하기로 약속된 액면가 1,000$보다 낮은 가격에 이 채권을 구입하려 할 것이다. 채권이 그 액면가보다 낮은 가격에 거래되는 채권을 할인채권(discounted bond)이라고 한다.

수익률을 10%로 올릴 수 있는 유일한 방법은 가격을 1,000$ 아래로 낮추어 이 채권의 구매자들이 구매이득을 얻도록 해주는 것이다. Xanth 채권이 그 액면가보다 115$ 낮은 885$의 가격에 거래됨으로써 이 채권을 구매하여 보유하는 투자자는 매년 80$를 얻고 만기에 가서 115$의 이득을 얻는 것이다. 투자자에게 주어지는 이러한 구매이득은 시장에서 형성되어 있는 수익률보다 낮은 쿠폰율을 갖는 것에 대한 보상으로 주어지는 것이다.

이 채권이 115$ 할인되어 판매되는 이유를 다르게 생각해보는 방법은 이 채권이 시장이자율(10%)에서 액면가대로 1,000$에 판매되는 새로운 채권보다 20$ 적은 쿠폰을 준다는 것에 주목하는 것이다. 채권이 매년 100$의 쿠폰을 지불하는 경우에만 채권은 1,000$의 가치를 갖는다. 따라서 이 채권을 구매하여 소유하는 투자자는 9년 동안 매년 20$를 잃는 것이다. 이러한 매년 20$의 9년 동안의 연금흐름 가치는 10%의 이자율을 적용할 때 다음과 같다.

$$
\begin{aligned}
\text{연금의 현재가치} &= \$20 \times (1 - 1/1.10^9)/0.10 \\
&= \$20 \times 5.7590 \\
&= \$115.18
\end{aligned}
$$

이 금액은 할인된 금액과 동일한 금액이다.

이자율이 2% 오르는 대신 2% 하락했다면 Xanth 채권은 얼마에 팔리겠는가? 추측할 수 있듯이 1,000$보다 높은 가격에 판매될 수 있을 것이다. 액면가보다 높은 가격에 거래되는 채권은 할증되어 거래되고 있다고 말하며 할증채권(premium bond)이라고 부른다.

채권의 가치를 구하는 계산기가 제공되는 곳으로는 **fidelity.com**, 이자율에 대한 정보는 **money.cnn.com/data/bonds**와 **www.bankrate.com**을 참조하라.

이는 할인채권과 정반대되는 경우이다. Xanth 채권은 시장이자율이 6%일 때 8%의 쿠폰율을 갖고 있는 채권이다. 투자자들은 프리미엄을 주더라도 이 추가쿠폰(추가이자)을 얻으려 할 것이다. 이 경우 적용해야 할 할인율은 6%이고, 남아 있는 기간은 9년이다. 액면가 1,000$의 현재가치는 아래와 같다.

$$\text{현재가치} = \$1{,}000/1.06^9 = \$1{,}000/1.6895 = \$591.90$$

쿠폰흐름의 현재가치는 아래와 같다.

$$\begin{aligned}\text{연금의 현재가치} &= \$80 \times (1 - 1/1.06^9)/0.06 \\ &= \$80 \times (1 - 1/1.6895)/0.06 \\ &= \$80 \times 6.8017 \\ &= \$544.14\end{aligned}$$

이제 채권의 가치를 구하기 위해서 두 부분에서 구한 값을 더해 주면 된다.

$$\text{채권의 총가치} = \$591.90 + \$544.14 = \$1{,}136.03$$

따라서 이 채권의 총가치는 액면가보다 약 136$ 더 높다. 이 금액을 다시 확인하는 방법은 앞에서 언급했던 것처럼 이 채권의 쿠폰이 시장에서 주어지는 쿠폰보다 20$ 더 많다는 것을 주목하면 된다. 매년 20$의 9년 동안의 연금흐름 가치는 6%의 이자율을 적용할 때 아래와 같다.

$$\begin{aligned}\text{연금의 현재가치} &= \$20 \times (1 - 1/1.06^9)/0.06 \\ &= \$20 \times 6.8017 \\ &= \$136.03\end{aligned}$$

이 금액은 조금 전에 계산한 금액과 같다.

이 예를 통해서 채권의 가치를 구하는 일반적 공식을 도출할 수 있다. (1) 채권의 만기에 지급되는 액면가를 F, (2) 매기간 지급되는 쿠폰을 C, (3) 만기까지의 기간을 t, (4) 기간당 수익률을 r이라고 하면 채권의 가치는 아래와 같이 표현된다.

채권에 대해 보다 많은 것을 알고 싶으면 **Investorguide.com**을 참조하라.

$$\textbf{채권의 가치} = C \times [1 - 1/(1 + r)^t]/r + F/(1 + r)^t \qquad \textbf{[7.1]}$$

채권의 가치 = 쿠폰의 현재가치 + 액면가의 현재가치

이 절에서 살펴본 것처럼 채권의 가격과 이자율은 항상 반대방향으로 움직인다. 이자율이

6개월마다 지불되는 쿠폰 — 예제 7.1

미국에서 발행되는 채권은 일반적으로 일 년에 두 번 쿠폰이 지급된다. 따라서 액면가 1,000$인 일반채권이 연 14%의 쿠폰율을 갖고 있다면 그 채권을 보유하고 있는 사람은 매년 140$를 받는다. 그러나 이 140$는 70$씩 두 번에 나누어 지급된다. 이 채권을 살펴보기로 하자. 일반채권의 만기수익률이 16%로 명시되어 시장에서 거래되고 있다고 하자.

채권의 수익률은 APR처럼 명시된다. 따라서 수익률은 한 기간당 수익률을 기간의 수로 곱해준 것으로 명시된다. 따라서 일반채권의 연 수익률이 16%로 명시되어 있고 6개월마다 쿠폰이 지급되는 경우에 실제 수익률은 6개월에 8%이다. 이 채권의 만기가 7년이라고 할 때 이 채권의 가격은 얼마가 되어야 하는가? 이 채권이 갖는 실효연수익률(effective annual yield)은 얼마인가?

시장에서 요구되는 수익률이 6개월에 8%인데, 이 채권은 6개월에 7%의 쿠폰율을 가지고 있기 때문에 우리는 앞에서 본 바와 같이 이 채권이 할인되어 판매될 것임을 안다. 따라서 이 채권의 가격이 1,000$보다 큰 것으로 나오면 계산이 잘못된 것이다.

(계속)

채권의 가격을 구하기 위해서 먼저 7년 후에 지급되는 액면가 1,000$의 현재가치를 구한다. 7년은 14번의 6개월이다. 기간당 8%의 할인율에서 나타나는 액면가의 현재가치는 다음과 같다.

$$\text{현재가치} = \$1{,}000/1.08^{14} = \$1{,}000/2.9372 = \$340.46$$

쿠폰은 14기간 동안 매기간 70$가 발생하는 연금으로 볼 수 있다. 8%의 할인율에서 이러한 연금의 현재가치는 다음과 같다.

$$\begin{aligned}\text{연금의 현재가치} &= \$70 \times (1 - 1/1.08^{14})/0.08 \\ &= \$70 \times (1 - 0.3405)/0.08 \\ &= \$70 \times 8.2442 \\ &= \$577.10\end{aligned}$$

총현재가치는 이 채권이 얼마에 판매되어야 하는가를 알려준다.

$$\text{총현재가치} = \$340.46 + \$577.10 = \$917.56$$

이 채권이 917.56$에 판매될 때 이 채권이 갖는 실효연수익률을 구하기 위해서는 6개월에 8%의 이자가, 연이자율로는 다음과 같이 계산된다는 것을 알면 된다.

$$\text{실효연이자율} = (1 + 0.08)^2 - 1 = 16.64\%$$

따라서 이 채권이 갖고 있는 실효연수익률은 16.64%이다.

상승하면 채권의 (현재)가치는 다른 현재가치와 마찬가지로 하락하며, 이자율이 하락하면 채권의 가치는 상승한다. 따라서 채무자가 확실히 상환한다는 의미에서 위험이 전혀 없는 채권이라고 하더라도 채권을 소유하는 것에는 여전히 위험이 따른다. 이에 대해 살펴보기로 하자.

채권의 이자율위험

이자율이 변함에 따라 채권의 소유자에게 발생하는 위험을 채권의 이자율위험(interest rate risk)이라고 부른다. 어떤 채권이 어느 정도의 이자율위험을 갖느냐는 이자율의 변화에 대해서 해당 채권의 가격이 얼마나 민감하게 변하는가에 달렸다. 채권가격 변화의 민감성은 만기까지의 기간(time to maturity)과 쿠폰율(coupon rate)이라는 두 측면에 달려 있다. 곧 살펴볼 것이지만 채권과 관련해서는 아래의 사항들을 항상 염두에 두어야 한다.

1. 다른 것들이 동일하다면, 만기까지의 기간이 길수록 채권의 이자율위험은 더 커진다.
2. 다른 것들이 동일하다면, 쿠폰율이 낮을수록 채권의 이자율위험은 더 커진다.

그림 7.2는 이 두 가지 중 첫 번째 것을 보여주고 있다. 그림 7.2는 10%의 쿠폰을 갖는 1년 만기 채권과 30년 만기 채권의 가격을 여러 이자율 수준에서 나타낸 것이다. 여러 이자율 수준에서 나타나는 30년 만기 채권의 가격들을 연결한 선이 1년 만기 채권의 가격들을 연결한 선보다 훨씬 더 가파른 기울기를 갖는 것을 살펴보라. 기울기가 더 가파르다는 것은 이자율의 작은 변화에서도 채권의 가치가 더 크게 변한다는 것을 의미한다. 이 둘을 비교해보면 1년 만기 채권의 가격이 이자율의 변화에 상대적으로 덜 민감하게 변한다.

직관적으로 생각해 볼 때, 더 긴 만기를 갖는 채권의 가격이 이자율의 변화에 대해 더 민감

그림 7.2

채권의 이자율위험과 만기

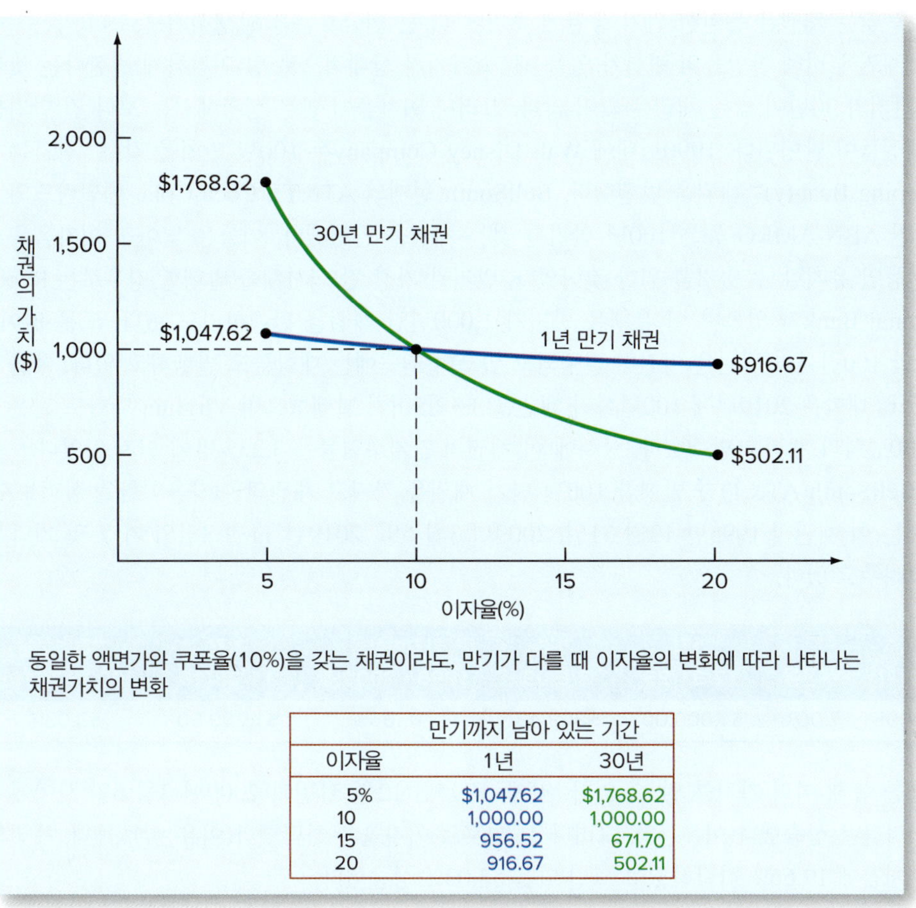

동일한 액면가와 쿠폰율(10%)을 갖는 채권이라도, 만기가 다를 때 이자율의 변화에 따라 나타나는 채권가치의 변화

	만기까지 남아 있는 기간	
이자율	1년	30년
5%	$1,047.62	$1,768.62
10	1,000.00	1,000.00
15	956.52	671.70
20	916.67	502.11

하게 반응하는 이유는 액면가가 채권가치의 대부분을 차지하기 때문이라는 것을 알 수 있다. 이자율이 조금 변할 때 만기가 1년인 채권인 경우 액면가의 현재가치는 그다지 큰 영향을 받지 않는다. 그러나 이자율이 조금 변하더라도 30년 만기 채권의 경우 액면가의 현재가치를 구하기 위해서는 액면가를 30년 동안 복리 할인해야 하므로 이자율의 변화에 크게 영향을 받는다. 따라서 더 긴 만기를 갖는 채권의 경우 이자율의 변화에 대해 액면가의 현재가치는 더 크게 변화한다.

채권의 이자율위험에 대해 알아 두어야 할 다른 하나는 재무이론이나 경제이론에서 일반적 현상으로 인식되고 있는 것으로, 채권의 이자율위험의 증가율은 감소하면서 증가한다는 것이다. 10년 만기 채권과 1년 만기 채권을 비교하면 10년 만기 채권이 더 큰 이자율위험을 갖고, 20년 만기 채권과 30년 만기 채권을 비교하면 30년 만기 채권이 더 큰 이자율위험을 갖지만, 30년 만기 채권과 20년 만기 채권의 이자율위험의 차이가 10년 만기 채권과 1년 만기 채권의 이자율위험의 차이보다 작다는 것이다.

더 작은 쿠폰을 갖는 채권이 더 큰 쿠폰을 갖는 채권보다 더 높은 이자율위험을 갖는 이유도 기본적으로는 이와 같다. 앞에서 본 바와 같이 채권의 가치는 쿠폰의 현재가치와 액면가의 현재가치에 달렸다. 두 채권이 동일한 만기를 갖지만 쿠폰이 서로 다른 경우 더 작은 쿠폰을 갖는 채권의 현재가치가 만기에 받는 액면가에 보다 더 영향을 받게 된다. 결과적으로, 다른 것이 동일하다면, 더 작은 쿠폰을 갖는 채권의 가치가 이자율의 변화에 대해 더 크게 변할 것이다. 더 큰 쿠폰을 갖는 채권은 동일한 만기 동안에 초기에 더 큰 현금흐름을 발생시키므로 더 작은 쿠폰을 갖는 채권에 비해 할인율의 변화가 있을 때 그 가치가 상대적으로 덜 민감하게 변한다는 것이다.

만기가 30년이 넘는 채권은 많지 않다. 그러나 이자율이 낮은 상황에서는 보다 긴 만기를 갖는 채권들이 발행된다. 1990년대에 Walt Disney Company는 100년 만기를 갖는 "잠자는 공주(Sleeping Beauty)" 채권을 발행했다. BellSouth(현재의 AT&T), Coca-Cola, 네덜란드의 대형은행인 ABN-AMRO 등은 100년 만기를 갖는 채권을 발행했다. 이들은 낮아진 이자율을 오랜 기간 동안 유지할 수 있기를 원한 것이었다. 만기가 가장 긴 회사채를 발행한 경우로는 Republic National Bank가 있으며 이 은행은 만기가 1,000년인 채권을 판매하기도 했다. 드문 일이기는 하지만 100년짜리 채권은 여전히 발행되고 있으며 최근에는 대학들도 발행하고 있다. 예를 들어 Rutgers 대학은 2019년에 100년짜리 채권을 3.3억$어치 발행했으며 Virginia 대학도 같은 시기에 100년짜리 채권을 발행했다. 당시에 이 채권의 만기수익률은 3.23%밖에 되지 않았다.

BellSouth(AT&T)가 발행한 100년 만기 채권을 가지고 채권의 이자율위험을 살펴보자. 다음 표는 이 채권의 1995년 12월 31일, 2009년 3월 6일, 2019년 11월 8일의 가격 및 기타 정보를 알려주고 있다.

만기	쿠폰율	가격 12/31/95	가격 3/6/09	가격변화율 1995~2009년	가격 11/08/19	가격변화율 2009~2019년
2095	7.00%	$1,000.00	$803.43	−19.66%	$1,229.50	53.03%

이 표를 통해 여러 가지를 알 수 있다. 첫째, 1995년 12월 31일과 2009년 3월 6일 사이에 분명히 이자율은 상승했다(이유는?). 그러나 그 이후로 이자율은 하락했다(이유는?). 둘째, 채권의 가격은 처음에 19.66% 하락하였고 그런 다음 53.03% 상승했다.

채권의 만기수익률 계산: 시행착오법

채권의 가격, 쿠폰율 그리고 만기일은 쉽게 알 수 있지만 종종 만기수익률은 쉽게 알지 못한다. 예를 들어 6년 만기, 8% 쿠폰율, 액면가 1,000$인 채권이 있다고 하자. 채권 중개인이 이 채권의 가격을 955.14$로 제시했다면 이 채권의 수익률은 얼마가 되는가?

앞에서 채권의 가격이 매번 일정하게 지불되는 연금과 한 번에 일시불로 지불되는 금액의 합으로 표현될 수 있다는 것을 보았다. 6년 동안 매년 80$가 발생하고 액면가가 1,000$이므로 우리는 이 채권의 가격이 다음과 같아진다는 것을 안다.

$$\$955.14 = \$80 \times [1 - 1/(1 + r)^6]/r + \$1{,}000/(1 + r)^6$$

여기서 r은 알려지지 않은 할인율, 즉 채권의 만기수익률이다. 방정식이 하나이고 미지수도 하나이므로 우리는 이 식을 풀어 r을 구할 수 있다. 그러나 r을 구할 수 있는 유일한 방법은 시행착오법을 사용하는 것이다.

이 문제는 앞 장에서 살펴본 연금의 이자율을 구하는 문제와 기본적으로 같은 것이다. 그러나 채권에 대한 할인율(채권의 수익률)을 구하는 것은 액면가도 할인해주어야 하므로 약간 더 복잡하다.

채권가격과 수익률에 대해 우리가 알고 있는 것들을 사용하면 시행착오법에 의한 계산을 보다 빨리 할 수 있다. 이 경우, 이 채권은 $80의 쿠폰을 갖고 있고, 할인되어 판매되고 있다. 따라서 우리는 이 채권의 수익률이 8%보다는 높다는 것을 안다. 10%의 할인율을 적용하여 채권가격을 구하면 아래와 같다.

$$\begin{aligned}\text{채권의 가치} &= \$80 \times (1 - 1/1.10^6)/0.10 + \$1{,}000/1.10^6 \\ &= \$80 \times 4.3553 + \$1{,}000/1.7716 \\ &= \$912.89\end{aligned}$$

채권의 경상수익률(current market rate)을 알아보려면 **www.bankrate.com**을 참조하라.

10%를 적용했을 때 얻은 수치는 실제 가격보다 낮다. 따라서 10%는 높은 할인율이다. 실제수익률은 8%와 10% 사이의 어딘가에 있음이 틀림없다. 이제 답을 얻기 위해서는 여러 할인율들을 대입해보아야 한다. 당신은 아마도 9%의 할인율을 사용해보려 할 것이다. 그렇게 해보면 9%가 이 채권의 만기수익률이라는 것을 발견하게 될 것이다.

채권의 만기수익률을 채권의 **경상수익률**(current yield)과 혼동해서는 안 된다. 채권의 경상수익률은 채권의 연간 쿠폰을 채권의 현재가격으로 나눈 것이다. 앞 예에서 채권의 연간 쿠폰은 80$이고, 가격은 955.14$이다. 따라서 이 채권의 경상수익률은 $80/$955.14 = 8.38%가 된다. 이는 이 채권의 만기수익률 9%보다 낮은 수익률이다. 경상수익률이 더 낮은 것은 경상수익률이 채권의 수익률 중 쿠폰에 의한 수익률만을 나타내기 때문이다. 다시 말해 액면가보다 낮게 거래되는 할인채권의 경우 경상수익률이 만기수익률보다 낮게 나타나는 것은 가격할인으로 인한 수익률 증가분을 만기수익률과는 달리 경상수익률이 반영하지 않기 때문이다. 할증채권의 경우에는 이와는 반대로 경상수익률이 가격할증으로 인한 수익률 감소분을 반영하지 않기 때문에 만기수익률보다 높게 나타날 것이다.

경상수익률(current yield): 채권의 연간 쿠폰을 채권의 현재가격으로 나눈 수익률

표 7.1은 채권의 가치를 구하는 지금까지의 설명을 요약해주고 있다.

표 7.1

채권가치의 계산 요약

I. 채권의 가치 구하기
채권의 가치 = $C \times [1 - 1/(1 + r)^t]/r + F/(1 + r)^t$ C = 매기간 지급되는 쿠폰 r = 기간당 이자율 t = 기간의 수 F = 채권의 액면가
II. 채권의 수익률 구하기
채권의 가치, 쿠폰, 만기, 액면가가 주어졌다면 시행착오법에 의해서만 이 채권에 내재해 있는 할인율, 즉 채권의 만기수익률을 구할 수 있다. 채권의 만기수익률을 구하는 방법은 채권의 가치가 주어진 가치와 같아질 때까지 여러 할인율을 대입해보는 것이다(재무계산기를 사용해도 된다). 할인율을 높이면 채권의 가치가 떨어진다는 점을 잊지 말기 바란다.

경상 이벤트 예제 7.2

어떤 채권의 가격이 1,080.42$로 형성되어 있으며, 이 채권의 액면가는 1,000$, 6개월마다 지급되는 쿠폰은 30$, 만기는 5년이다. 이 채권의 경상수익률(current yield)은? 이 채권의 만기수익률(yield to maturity)은? 이 중 어느 것이 더 높은가? 그 이유는?

이 채권이 6개월마다 30$의 쿠폰을 지급하므로 연 쿠폰액은 60$에 달한다. 따라서 경상수익률은 $60/$1,080.42 = 5.55%이다. 만기수익률의 계산은 예제 7.1의 경우처럼 계산하면 된다. 6개월마다 30$를 지급하고 만기까지 6개월이 10번 계속되므로 r은 다음과 같이 구해진다.

(계속)

$$\$1{,}080.42 = \$30 \times [1 - 1/(1 + r)^{10}]/r + \$1{,}000/(1 + r)^{10}$$

약간의 시행착오를 거쳐 r이 2.1%임을 알 수 있다. 간과해서는 안 되는 점은 2.1%가 6개월 동안의 수익률이라는 것이다. 따라서 만기수익률은 이것의 두 배인 4.2%가 된다. 이는 경상수익률보다 낮은 수익률이다. 경상수익률이 만기수익률보다 높게 나타나는 이유는 이 할증채권을 구매하기 위해 지금부터 만기까지의 기간에 대해 지불하는 프리미엄으로 인한 손실을 경상수익률은 고려하고 있지 않기 때문이다.

예제 7.3 채권의 수익률

쿠폰과 가격을 제외한 모든 것이 동일한 두 채권이 있다. 만기는 12년이고, 채권의 액면가는 1,000$이다. 첫 번째 채권은 10%의 쿠폰율을 갖고 있으며 935.08$에 거래되고 있다. 두 번째 채권은 12%의 쿠폰율을 갖고 있다. 두 번째 채권은 얼마에 거래될 것으로 생각하는가?

이 두 채권이 매우 유사하므로 거의 같은 수익률을 갖는 가격에 거래될 것이다. 우선 10%의 쿠폰율을 갖는 채권의 수익률을 구해보자. 이 채권이 할인되어 거래되고 있으므로 수익률은 10%보다 크다는 것을 알 수 있다. 이 채권의 만기는 12년으로 꽤 길다. 장기채권의 가격은 이자율의 변화에 보다 민감하게 반응하므로 아마도 이 채권의 수익률은 10%에 가까울 것이다. 약간의 시행착오 계산을 거쳐 우리는 이 채권의 수익률이 11%임을 알 수 있다.

$$\begin{aligned}\text{채권의 가치} &= \$100 \times (1 - 1/1.11^{12})/0.11 + \$1{,}000/1.11^{12} \\ &= \$100 \times 6.4924 + \$1{,}000/3.4985 \\ &= \$649.24 + \$285.84 \\ &= \$935.08\end{aligned}$$

수익률이 11%일 때, 두 번째 채권은 12%의 쿠폰율을 갖고 있기 때문에 할증되어 거래될 것임을 알 수 있다. 두 번째 채권의 가치는 다음과 같다.

$$\begin{aligned}\text{채권의 가치} &= \$120 \times (1 - 1/1.11^{12})/0.11 + \$1{,}000/1.11^{12} \\ &= \$120 \times 6.4924 + \$1{,}000/3.4985 \\ &= \$779.08 + \$285.84 \\ &= \$1{,}064.92\end{aligned}$$

재무계산기의 사용

계산기를 사용하여 채권의 가격과 수익률 구하기

많은 재무계산기들이 채권의 가치를 계산하는 기능을 갖고 있다. 그러나 사용하는 방법은 계산기에 따라 다르기도 하고, 어떤 계산기는 그런 기능을 갖고 있지 않기도 하다. 따라서 우리는 채권과 관련된 문제를 푸는 데 있어서 대부분의 재무계산기에서 작동하는 간단한 방법을 설명하기로 한다.

우선 계산기의 기존 기록을 모두 지우는 것을 잊지 말자! 다음으로 예제 7.3의 12년 만기를 갖고 있는 두 채권을 살펴보기로 한다. 첫 번째 채권은 935.08$에 거래되고 있으며 10%의 쿠폰율을 갖고 있다. 수익률을 구하기 위해서 다음과 같이 하면 된다.

입력	12		100	−935.08	1,000
	N	I/Y	PMT	PV	FV
구하기		11			

여기서 미래가치(FV)에 채권의 액면가인 1,000$를 입력하고, 1,000$의 10%인 연간 100$의 쿠폰을 지급액(PMT)에 입력하는 것을 주목하라. 또한 채권의 가격에 음(−)의 부호를 붙여 주어 현재가치(PV)에 입력하는 것을 주목하라.

두 번째 채권의 경우에 우리는 적절한 수익률이 11%임을 알고 있으며 또한 12%의 쿠폰과 12년의 만기를 갖는다. 그렇다면 이 채권은 얼마에 거래되겠는가? 답을 구하기 위해서 계산기의 해당 키에 적절한 값들을 입력하여 현재가치를 구하면 된다.

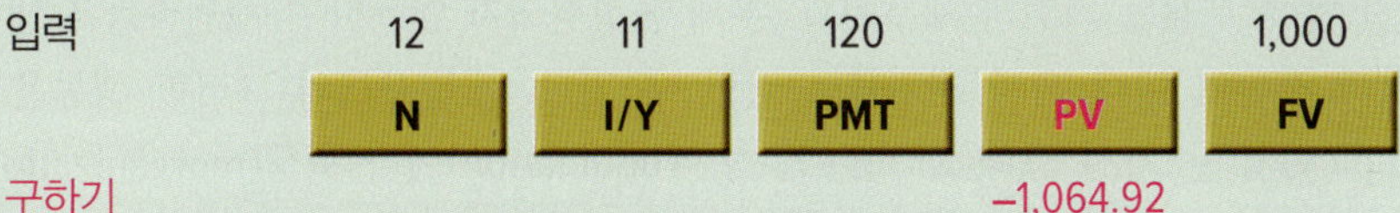

여기서 한 가지 유의할 사항이 있다. 어떤 채권의 가격이 902.29$이고, 만기가 10년 그리고 쿠폰율이 6%라고 하자. 앞에서 언급한 것처럼 미국의 경우 대부분의 채권은 6개월마다 쿠폰을 지불한다. 이 채권의 경우도 그렇다고 하면 이 채권의 수익률은 얼마인가? 답을 구하기 위해서 적절한 수치들을 아래와 같이 계산기에 입력하면 된다.

6개월마다 쿠폰이 지급되므로 지급액(PMT)에 30$를 입력하는 것에 주목하라. 또한 10년은 6개월이 20번인 기간이므로 N에는 20을 입력해야 한다. 우리가 얻은 수익률은 3.7%이다. 하지만 이 수익률은 6개월간의 수익률임을 잊지 말아야 한다. 따라서 이 채권에 대해 명시되는 연간수익률은 3.7% × 2 = 7.4%가 될 것이다.

개념질문 _Concept Questions

7.1a 채권과 관련된 현금흐름들은 무엇인가?
7.1b 채권의 가치를 나타내는 일반적 공식은 무엇인가?
7.1c 채권의 소유와 관련된 유일한 위험은 채권발행자가 지급하기로 약속한 금액을 지급하지 않는 것과 관련된 위험인가? 설명하라.

채권의 특징과 관련된 추가적 사항들 7.2

이 절에서 우리는 전형적인 회사채(corporate bond)와 관련된 기본적 특성들과 기본용어들을 자세히 살펴보면서 기업부채에 대한 설명을 계속하기로 한다. 다음 절들에서는 기업의 장기부채와 관련된 추가적 사항들에 대해 살펴볼 것이다.

기업이 발행하는 증권은 지분증권(equity securities)과 부채증권(debt securities)으로 크게 구분될 수 있다. 가장 기본적으로 말하면, 부채란 돈을 빌린 결과로 나타나는 상환해야 하는 어떤 것을 의미한다. 기업은 돈을 빌릴 때 통상 정기적으로 이자를 지불하고 또한 처음 빌린 금액(원금)을 상환할 것을 약속한다. 돈을 빌려주는 사람이나 기업을 채권자(creditor) 또는 대여자

(lender)라고 하며, 돈을 빌리는 기업을 채무자(debtor) 또는 차입자(borrower)라고 부른다.

재무적 관점에서 볼 때, 부채증권과 지분증권의 차이는 다음과 같다.

채권투자에 대한 정보는 **www.investinginbonds.com**을 참조하라.

1. 부채는 기업의 소유권 지분과 관련이 없다. 따라서 채권자는 일반적으로 의결권을 갖지 않는다.
2. 기업이 부채에 대해 지불하는 이자는 사업을 하는 데 따르는 비용으로 간주되어 세금부과 대상에서 모두 제외된다. 그러나 주주들에게 지급되는 배당은 세금부과 대상이 된다.
3. 상환되지 않은 부채는 기업의 채무이다. 부채가 상환되지 않는다면 채권자들은 법적으로 해당 회사의 자산에 대해 법적 권리를 주장할 수 있다. 채권자들의 그러한 행동은 기업파산(bankruptcy)의 두 가지 결과 중 하나인 청산(liquidation)이나 회생(reorganization; 법정관리)으로 나타날 수 있다. 따라서 부채증권을 발행하는 데 따르는 비용 중 하나는 재무적 실패의 가능성이다. 부채증권의 발행과 관련된 이러한 재무적 실패 가능성은 지분증권과 관련해서는 발생하지 않는다.

부채증권인가 지분증권인가?

때때로 어떤 증권이 부채증권인지 지분증권인지가 명확하지 않을 때가 있다. 예를 들어 어떤 기업이 이익이 발생하는 경우에만 이자를 지불하는 영구채권을 발행했다고 하자. 이러한 채권이 실질적으로 기업의 부채인지 아닌지를 판단하기는 어려우며, 이는 본질적으로 법적 문제이거나 의미론적 문제이다. 법원이나 세무당국이 아마 최종 판단을 해야 할 것이다.

기업들은 지분증권의 특징을 많이 가지면서 부채증권으로 간주될 수 있는 독특하고 혼합적인 성격을 갖는 증권들을 발행하는 데 아주 능숙하다. 부채증권과 지분증권의 구별은 세금과 관련하여 매우 중요하다. 따라서 기업들이 실질적으로는 지분증권인 부채증권을 개발하는 노력을 하는 이유 중 하나는 부채증권이 가져다주는 세금절약 혜택과 재무적 실패의 방지라는 지분증권이 가져다주는 혜택을 얻기 위한 것이다.

지분증권의 소유자는 기업의 소유권과 잔여청구권을 갖는다. 지분증권의 소유자가 갖는 잔여청구권이란 채권자에 대한 지급이 이루어진 후 남는 것에 대해 지분증권 소유자가 권리를 갖는다는 것을 의미한다. 따라서 부채증권과 지분증권은 관련된 위험과 혜택이란 측면에서 서로 다른 성격을 갖는다. 예를 들면, 부채증권을 소유할 때 얻는 최대의 혜택은 상환되는 금액에 제한되지만 지분증권을 소유할 때 얻을 수 있는 잠재적 보상에는 어떤 상한선이 없다.

장기부채: 기본사항

궁극적으로 모든 장기부채증권(장기회사채)은 만기가 되었을 때 발행기업이 원금을 상환하고, 상환되지 않은 원금의 잔액에 대해서는 적시에 이자를 지급하기로 약속하는 증권이다. 그러나 장기부채증권들을 서로 구별 짓는 여러 다른 특징들도 있다. 이러한 특징들의 일부에 대해 살펴보기로 하자.

장기부채증권의 만기는 채권이 완전히 상환되지 않은 상태로 남아 있는 기간을 말한다. 부채증권의 만기는 단기(1년 또는 1년 미만)일 수도 있고, 장기(1년보다 긴 기간)일 수도 있다.[1] 단

[1]단기부채(short-term debt)와 장기부채(long-term debt)를 구별하는 보편적으로 받아들여지고 있는 원칙은 없다. 1년보다 길고 3년이나 5년, 10년보다 짧은 만기를 갖는 채권을 중기부채(intermediate-term debt)라고 부르는 경우도 있다.

기부채(short-term debt)는 종종 비펀드부채(unfunded debt)라고 부르기도 한다.[2]

부채증권(debt securities)은 일반적으로 노트(note; 중기무담보채권), 디벤쳐(debenture;장기무담보채권), 본드(bond; 장기담보채권)로 구별된다. 엄밀하게 말해, 본드(bond)는 약속된 금액의 지급이 보장된 장기부채(secured long-term debt)를 의미한다. 그러나 일반적으로는 지급보장과 관계없이 모든 종류의 장기부채를 지칭하는 표현으로 사용되고 있다. 따라서 본드(bond)를 지급보장과 관계없이 단순히 장기부채(long-term debt)를 의미하는 것으로 한다.[3] 일반적으로 노트(note)와 본드(bond) 사이의 유일한 구별은 발행 시의 만기에 의한 것이다. 발행 시 10년 이하의 만기를 갖는 부채증권은 노트(note)라고 불리며, 그보다 긴 만기를 갖는 부채증권은 채권(bond)이라고 부른다.

개별채권에 대한 정보를 얻기 위해서는 **www.finra-markets.morningstar.com**을 참조하라.

장기채권은 공모채권(public issue)과 사모채권(privately placed issue)으로 구별되기도 한다. 우리는 공모채권을 중심으로 설명한다. 그러나 대부분의 내용은 사모채권에 대해서도 적용되는 것이다. 공모채권과 사모채권의 기본적인 차이점은 사모채권의 경우에는 대여자(lender)에게 직접 판매되고 일반 대중에게는 판매되지 않는 것이다. 사모채권은 사적인 거래이기 때문에 구체적인 거래조건은 당사자들에 의해 정해진다.

장기부채는 지급보장(security) 여부, 조기상환(call) 여부, 감채기금(sinking fund) 여부, 신용등급(rating), 보호조항(covenant) 등 여러 다른 측면에서도 서로 구별될 수 있다. 다음 표는 거대 기술기업인 Apple이 발행한 한 채권이 갖는 다양한 측면들을 보여주고 있다. 용어들이 생소하겠지만 용어들의 의미에 대해서는 이 절에서 설명될 것이다.

Apple이 발행한 한 채권의 특징들

용어		설명
발행금액(Amount of issue)	$15억	이 회사는 15억$의 채권을 발행했다.
발행일(Date of issue)	9/11/2019	채권의 판매는 9/11/2019에 이루어졌다.
만기(Maturity)	9/11/2049	만기는 9/11/2049이다.
액면가(Face value)	$2,000	채권의 액면가는 2,000$이다.
연간쿠폰율(Annual coupon)	2.95	이 채권의 소유자는 채권 한 장당 액면가의 2.95%(59$)를 매년 받는다.
매도가(Offer price)	99.270	판매가격은 액면가 2,000$의 99.270%인 1,985.40$이다.
쿠폰지급일(Coupon payment dates)	3/11, 9/11	이 날짜들에 $59/2 = 29.50$의 쿠폰이 지급된다.
지급보장(Security)	없음	이 채권은 어떤 자산에 의해 담보되어 있지 않다.
감채기금(Sinking fund)	없음	이 채권에 대한 감채기금은 없다.
콜조항(Call provision)	항시	지연콜(deferred call) 조건이 없다.
콜가격(Call price)	미 재무부 채권 이자율 더하기 0.20%	이 채권은 손실보전콜조항("make-whole" call)을 갖고 있다.
신용등급(Rating)	Moody's Aaa1 S&P AA+	이 채권은 매우 높은 등급에 속한다.

[2]펀딩(funding)은 재무분야에서 사용되는 전문용어로, 일반적으로 장기(long-term)를 의미하는 것으로 사용된다. 따라서 어떤 기업이 자신의 부채를 펀드(fund)화하려고 한다는 의미는 자신의 단기부채를 장기부채로 대체시키려는 것을 의미하는 것일 수 있다.

[3]역자 주: 우리는 장기채권을 의미하는 본드(bond)를 채권으로 표현하기로 한다. 따라서 특별한 설명이 없는 경우에 채권은 장기채권을 의미한다.

채권의 특징 중 상당수는 발행계약서(indenture)에 상세히 기술된다. 따라서 발행계약서에 나오는 내용에 대해 살펴보기로 한다.

발행계약서

발행계약서(indenture): 기업과 자금대여자 사이에 채권 발행과 관련된 세부적 사항을 적은 계약서

발행계약서(indenture)는 차입자(기업)와 채권자 사이에 작성되는 계약서로 신탁증서(deed of trust)라고도 불린다.[4] 기업은 채권자를 대변하는 수탁기관(일반적으로 은행)을 정한다. 수탁기관은 (1) 발행계약서의 조건대로 이행되도록 확인하고, (2) 감채기금(sinking fund)을 관리하며, (3) 기업이 채권자들에 대한 채무를 불이행하는 경우 채권자들을 대변한다.

채권의 발행계약서는 법적 문서이다. 발행계약서는 수백 쪽이 될 수도 있어 이를 읽는 데 지루할 수 있다. 그러나 매우 중요한 문서로 다음과 같은 사항을 담고 있다.

1. 채권의 기본 조건들
2. 발행되는 채권의 총금액
3. 지급보장 수단으로 제공되는 자산
4. 원금상환 내용
5. 조기상환 조항(콜조항)
6. 보호조항의 세부내용

이들에 대해 살펴보도록 한다.

채권의 발행조건(terms of a bond) 미국의 경우, 기업이 발행하는 채권(회사채)의 액면가(face value)는 일반적으로 1,000$이다. Apple의 채권처럼 액면가가 2,000$인 채권도 흔해졌다. 다른 액면가를 갖는 채권들도 있다. 예를 들어 미국 지방정부 채권은 종종 5,000$의 액면가를 가지며, 액면가가 10,000$이거나 100,000$ 미 재무부 채권도 종종 판매된다. 액면가는 원금가치(principal value)라고도 하며 채권 자체에 적혀 있다. 따라서 1백만$의 자금을 조달하려면 1,000장의 채권을 발행해야 한다. 최초 발행 시의 회계적 가치인 동일가치(par value)는 액면가와 같고, 따라서 이 두 용어는 서로 같은 의미로 사용되고 있다.

등록 형태(registered form): 채권소유주로 등록되어 있는 사람에 한해 쿠폰(이자)이나 원금을 지급하는 조건으로 발행되는 채권발행의 한 형태

회사채는 일반적으로 **등록 형태**(registered form)로 발행된다. 이 경우 발행계약서의 내용은 예를 들어 다음과 같다.

> **이자는 6개월마다 1월 1일과 7월 1일에 지급되며, 각각 12월 15일과 6월 15일을 기준으로 채권의 소유자로 등록된 사람에게 지급된다.**

이는 채권을 발행한 기업이 채권에 대한 소유권의 변화가 있을 때에 이를 그때그때 기록한다는 것을 의미하며, 기업은 채권의 이자와 원금을 채권소유자로 등록된 사람에게 직접 지불한다. 회사채는 소유자를 등록하고 쿠폰증을 별도로 채권증서에 붙여서 발행되는 경우도 있다. 따라서 이 경우 이자를 지급받기 위해서는 채권소유자가 쿠폰증을 채권으로부터 분리하여 이를 채권발행 기업에 보내야 한다.

소지인 형태(bearer form): 채권소유주를 채권발행 기업이 기록하지 않는 것으로 발행되는 채권발행의 한 형태. 쿠폰이나 원금은 채권의 소지자에게 지불된다.

채권은 **소지인 형태**(bearer form)로 발행될 수도 있다. 이는 채권을 소지하고 있다는 사실을

[4]사모(私募)의 경우에는 대여합의서(loan agreement) 또는 대여계약서(loan contract)라는 표현이 사용된다.

채권의 소유권을 갖고 있는 것으로 인식하는 것이다. 따라서 기업은 채권을 소지하고 있는 사람에게 이자와 원금을 지급한다. 특별한 경우가 아니라면 채권의 소유자는 등록되지 않으며 따라서 채권에 첨부된 쿠폰증을 소지하고 있는 사람이 쿠폰증을 기업에 보내면 쿠폰(이자)을 지급받는다.

소지인 형태로 발행되는 채권은 두 가지 결함을 갖고 있다. 첫째, 채권을 분실하거나 도둑맞는 경우에는 채권에 대한 권리를 행사하기 어렵다. 둘째, 기업은 누가 채권을 소지하고 있는지 알 수 없기 때문에 중요한 사항이 발생했을 때 이를 채권소지자에게 알릴 수 없다. 미국의 경우에 소지인 형태의 채권이 한때 유행하기도 했으나 이제는 점점 예외적인 경우로 되어 가고 있다.

지급보장 채권은 약속된 쿠폰과 원금의 지급보장(security)으로 채권자를 보호하기 위해 제공되는 담보(collateral)나 저당권(mortgage)에 의해서도 구분된다.

담보(collateral)는 지급보장의 수단으로 확보된 증권(예: 채권이나 주식)을 의미한다. 예를 들어 담보는 기업이 보유하고 있는 보통주(common stock)로 제공된다. 그러나 일반적으로 담보라는 용어는 부채에 대한 지급보장 수단으로 확보된 모든 종류의 자산을 의미하는 것으로 사용된다.

저당증권(mortgage securities)은 채무자가 갖고 있는 금융자산이 아닌 토지나 건물과 같은 실물자산에 의해 지급보장이 되는 증권을 말한다. 채권의 지급보장을 위한 저당권(mortgage)에 대해 기술하고 있는 법적 문서를 저당신탁증서(mortgage trust indenture 또는 trust deed)라고 부른다.

저당권은 때때로 특정한 자산에 대해 설정될 수도 있다. 그러나 일반적으로는 포괄적 저당권(blanket mortgage)이 이용된다. 포괄적 저당권이란 기업이 갖고 있는 모든 실물자산을 대상으로 저당권을 설정하는 것을 말한다.[5]

채권은 종종 지급보장 없이 발행되기도 한다. **장기무담보채권**(debenture)은 지급보장을 위한 담보가 제공되지 않고 발행되는 채권을 말한다. **중기무담보채권**(note)은 발행 시에 만기가 10년 미만인 무담보채권을 말한다. 장기무담보채권의 소유자는 담보채권을 소유하고 있는 사람에 대한 권리가 행사된 후에 남는 자산에 대해서만 청구권을 행사할 수 있다.

장기무담보채권(debenture): 발행 시에 10년 이상의 만기를 갖는 무담보채권

중기무담보채권(note): 발행 시에 10년 미만의 만기를 갖는 무담보 채권

우리가 사용하는 용어들은 미국에서 사용되는 표준용어들이다. 미국 이외의 국가에서는 다른 용어들이 사용될 수 있으며, 같은 용어라고 하더라도 다른 뜻을 가질 수 있다. 예를 들어 영국 정부가 발행하는 국채(gilt; 길트)는 treasury stock(트레저리스톡)이라고 불리며, 또한 영국의 경우에 디벤쳐(debenture)는 담보가 제공된 채권을 의미한다.

현재 미국의 제조회사나 금융회사가 발행하는 공모채권은 대부분 장기무담보채권이다. 그러나 공익사업체나 철도회사가 발행하는 장기채권은 지급이 보장되어 발행되고 있다.

우선순위 일반적으로 말해, 우선순위(seniority)는 다른 대여자보다 먼저 지급받을 수 있는 지위를 말하며, 채권은 때때로 지급 순위를 나타내기 위해서 선순위(senior) 또는 후순위(junior)로 표시되어 발행되기도 한다. 예를 들어 하위 장기무담보채권(subordinated debenture)의 소유자는 채권에 대한 의무를 기업이 모두 이행할 수 없는 경우에 특정하게 지정된 채권자들에 대한 보상이 이루어진 후에야 보상을 받을 수 있는 권리를 갖는다. 그러나 채권에 의한 권리는 주식에

증권금융산업 시장협회(The Securities Industry and Financial Markets Association: SIFMA)의 웹사이트는 **www.sifma.org**를 참조하라.

[5]실물자산(real property)에는 토지에 부속된 부속물은 포함되지만, 현금이나 재고는 포함되지 않는다.

의한 권리보다 후순위가 될 수 없다.

원금상환(repayment) 기업은 자신이 발행한 채권을 만기에 상환하거나 또는 만기가 도달하기 전에도 그 일부 또는 전부를 상환할 수 있다. 조기상환은 흔하게 나타날 수도 있는데 이는 감채기금을 통해 이루어진다.

감채기금(sinking fund): 채권의 수탁기관이 채권의 상환을 위해 관리하는 기금

감채기금(sinking fund)은 채권 원금의 상환을 목적으로 채권의 수탁기관(trustee)에 의해 관리되는 기금을 의미한다. 채권발행 기업은 매년 수탁기관에게 돈을 지불하고 수탁기관은 이를 통해 조성되는 기금을 채권의 일부를 회수하는 데 사용한다. 수탁기관은 이 기금을 사용해 시장에서 채권의 일부를 구입하거나 채권의 일부를 조기상환조항(콜조항)에 의해 조기상환하는 데 사용한다. 조기상환에 대해서는 다음 절에서 살펴볼 것이다.

감채기금의 사용은 여러 형태로 이루어질 수 있다. 자세한 내용은 발행계약서에 명시된다. 예를 들어

1. 어떤 감채기금은 채권이 발행된 지 약 10년 후부터 사용된다.
2. 어떤 감채기금은 채권의 잔존기간 동안 동일한 액수로 적립하도록 되어 있다.
3. 일부 우량채권의 경우에는 채권의 전부를 상환하기에 충분하지 않은 감채기금이 설정되는 경우도 있다. 따라서 이러한 경우에 기업은 채권이 만기에 도달했을 때 거액의 풍선상환(balloon payment)을 해야 한다.

콜조항(call provision): 채권 만기일 전에 기업에 특정한 가격으로 채권을 조기상환하는 옵션(option; 선택권)을 주는 조항

콜프리미엄(call premium): 콜가격이 채권의 액면가를 초과하는 금액

콜조항 **콜조항**(call provision; 조기상환조항)은 기업이 특정 기간 동안 채권의 일부 또는 전부를 명시된 가격에 강제매입(call)할 수 있게 해준다. 회사채(corporate bond)는 일반적으로 조기상환이 가능하다는(callable) 조항이 포함되어 발행된다.

일반적으로 콜가격(call price)은 채권의 액면가보다 높다. 콜가격과 액면가의 차이를 **콜프리미엄**(call premium)이라고 한다. 시간이 지남에 따라 일반적으로 콜프리미엄의 크기는 작아진다. 일반적으로 처음에는 콜프리미엄이 연간 쿠폰액과 같도록 책정되고, 콜 시기가 만기에 가까워질수록 콜프리미엄이 0에 가깝게 책정된다.

지연콜조항(deferred call provision): 특정 시기 이전에는 기업이 채권을 조기상환하지 못하도록 규정한 조항

콜방지채권(call protected bond): 특정 기간 동안 채권의 발행자가 채권을 조기상환할 수 없는 채권

콜조항은 종종 채권의 만기 중 앞부분의 기간 동안에는 콜이 행사될 수 없도록 되어 있다. 따라서 채권소유자는 채권이 발행된 초기에는 콜조항에 신경 쓰지 않아도 된다. 예를 들어 콜조항에 따른 기업의 조기상환권의 행사가 처음 10년간은 금지될 수도 있다. 이러한 조항을 **지연콜조항**(deferred call provision)이라고 한다. 조기상환권의 행사가 금지된 기간 동안 채권은 **콜방지**(call protected)가 되어 있다고 말한다.

최근 몇 년 전부터 새로운 형태의 콜조항인 손실보전 콜조항(made whole call provision)이 회사채에 널리 사용되고 있다. 이 경우 채권소유자는 채권이 기업에 의해 조기상환(콜)되는 경우에 채권이 갖는 가치를 전부 보상받는다. 콜이 행사될 때 채권소유자에게 발생할 수 있는 손실이 이 조항에 의해 보상되므로 이러한 조항의 이름에 "손실보전(made whole)"이라는 표현이 사용되고 있는 것이다.

손실보전콜조항이 있는 경우에 결정되는 콜가격은 발행계약서(indenture)에 명시된 할인율을 사용하여 남아 있는 기간 동안의 이자(쿠폰)와 원금의 현재가치로 정해진다. 예를 들어 Apple의 채권에 적용되는 할인율은 미 재무부 채권의 이자율에 0.20%를 더한 것이다. 이는 동일한 만기를 갖는 미 재무부 채권의 만기수익률을 구한 다음 거기에 0.20%를 더한 것을 할인율로 사용

한다는 것을 의미한다.

손실보전콜조항이 있는 경우에 이자율이 낮아진다면 콜가격이 높아지고, 이자율이 높아진다면 콜가격이 낮아지는 것을 살펴보라(이유는?). 또한 손실보전콜조항이 있는 경우에는 Apple의 경우처럼 지연콜이 없다는 것도 살펴보라. 이 경우 투자자들도 지연콜조항이 없다는 것에 대해 신경 쓸 필요가 없는 이유에 대해 생각해보기 바란다.

보호조항 **보호조항**(protective covenant)은 채권이 만기에 도달하기 전에 기업이 취할지도 모르는 어떤 행위를 하지 못하도록 하는 내용을 담고 있는 발행계약서(indenture)의 일부분이다. 보호조항은 부정적 보호조항(negative covenant)과 긍정적 보호조항(positive 또는 affirmative covenant)이라는 두 종류로 구분될 수 있다.

보호조항(protective covenant): 발행계약서의 일부분으로 채권이 만기에 도달하기 전에 기업이 채권자에게 피해를 주는 어떤 행동을 하는 것을 제한하는 조항

부정적 보호조항은 "해서는 안 된다"라는 식으로 표현된 보호조항을 말한다. 이는 기업이 취할 수 있는 행위를 제한하거나 금지한다. 대표적 내용으로는 다음과 같은 것들이 있다.

1. 기업은 어떤 공식에 따라 지급하는 배당금을 제한해야 한다.
2. 기업은 다른 채권자에게 어떠한 자산도 담보로 설정할 수 없다.
3. 기업은 다른 기업과 합병할 수 없다.
4. 기업은 채권자의 동의 없이는 중요한 자산을 대여하거나 판매할 수 없다.
5. 기업은 추가적인 장기채권을 발행할 수 없다.

긍정적 보호조항은 "해야 한다"는 식으로 표현된 보호조항을 말한다. 이는 기업이 취해야 할 행위나 준수해야 할 조건을 구체적으로 명시한다. 대표적인 내용으로는 다음과 같은 것들이 있다.

어떤 기업의 채권 발행조건이나 발행액에 대해 알고 싶은 경우에는 **www.sec.gov**에 접속하여 미국 증권거래위원회(SEC)가 제공하는 최근의 미국기업들의 재무제표 정보를 참조하라.

1. 기업은 규정된 최소 수준 이상의 운전자본을 유지해야 한다.
2. 기업은 정기적으로 회계감사를 받은 재무제표를 채권자에게 제공해야 한다.
3. 기업은 담보로 제공된 증권을 포함한 모든 종류의 자산을 양호한 상태로 유지해야 한다.

이상은 보호조항의 일부 내용일 뿐이며, 보호조항은 발행계약서에 따라 얼마든지 다른 내용을 가질 수 있다.

개념질문 _Concept Questions

7.2a 부채증권을 지분증권과 구별 짓는 특징들은 무엇인가?
7.2b 발행계약서(indenture)는 무엇인가? 보호조항(protective covenant)이란 무엇인가? 예를 들어보라.
7.2c 감채기금(sinking fund)은 무엇인가?

7.3 채권의 등급

기업은 자신의 채권에 대한 등급을 받기 위해 종종 돈을 지불한다. 채권의 등급을 결정하는 대표적인 신용평가회사는 Moody's와 Standard & Poor's(S&P)이다. 채권의 등급은 채권을 발행하는 기업의 신용도에 대한 평가이다. 무디스의 기업신용도에 대한 평가는 해당 기업이 채무불이

행(부도)에 처할 수 있는 가능성과 부도가 났을 경우에 채권자가 얼마나 보호될 수 있는가에 기초해서 이루어진다.

채권에 대한 등급 매김(bond rating)은 채무불이행의 가능성만 고려하여 결정한다는 점을 인식하는 것이 중요하다. 앞에서 이자율의 변화로 인해 채권의 가치가 변하는 위험을 채권의 이자율위험으로 정의하였다. 채권의 등급에서는 이러한 위험이 고려되지 않는다. 따라서 매우 높은 등급을 갖는 채권이라고 하더라도 그 가격은 이자율의 변화에 따라 매우 크게 변할 수 있다. 다시 말해 매우 높은 등급을 갖는 채권이라고 하더라도 이자율 위험은 매우 클 수 있다.

채권의 등급은 기업이 제공하는 정보를 바탕으로 이루어진다. 등급의 종류와 각 등급의 의미가 다음 표에 정리되어 있다.

	투자적격 등급				투자부적격 등급					
	고등급		중등급		저등급		최저등급			
Standard & Poor's	AAA	AA	A	BBB	BB	B	CCC	CC	C	D
Moody's	Aaa	Aa	A	Baa	Ba	B	Caa	Ca	C	

Moody's	S&P	
Aaa	AAA	가장 높은 등급이다. 원리금 상환능력이 극히 뛰어나다.
Aa	AA	원리금 상환능력이 매우 뛰어나다. 가장 높은 등급과 함께 이 등급은 고등급채권으로 분류된다.
A	A	고등급채권에 비해 경제여건이나 환경악화에 조금 취약하지만 원리금 상환능력이 뛰어나다.
Baa	BBB	원리금 상환능력은 충분하지만 상위등급에 비해서 경제여건이나 환경악화에 따라 지급능력이 저하할 가능성을 갖고 있다. 이 등급은 중등급으로 분류된다.
Ba; B Caa Ca C	BB; B CCC CC C	원리금 상환능력에 비추어 볼 때 기본적으로 투기적 요소를 갖고 있다. Ba와 BB는 가장 낮은 투기성을 갖고 있으며 Ca, CC, C는 가장 높은 투기성을 갖고 있다. 원리금 상환을 받을 수 있는 보호적인 측면을 갖고 있기는 하지만 환경이 악화될 때 큰 불확실성과 위험을 갖고 있다. Moody's의 C등급 채권은 전형적으로 채무불이행에 빠져 있는 채권이다.
	D	채무불이행 상태에 빠져 원리금 상환이 늦어지고 있다.

참고: 때때로 Moody's와 S&P는 등급을 더 세부적으로 조정하기도(notch라고 부름) 한다. Moody's의 경우에는 Aa1, Aa2, Aa3처럼 1, 2, 3의 부호를 가지고 미세조정하며, 1은 같은 등급 중 가장 높은 등급을 의미한다. S&P의 경우에는 A+, A−처럼 +와 − 부호를 사용한다. A+는 A등급 중 가장 높은 등급을, A−는 A등급 중 가장 낮은 등급을 의미한다.

기업의 채권 중 가장 높은 등급은 AAA나 Aaa로 표시되며, 이런 채권은 최우량채권으로 가장 낮은 채무불이행위험을 갖는 채권이다. 예를 들어 앞에서 언급한 100년 만기 BellSouth의 채권은 AAA 등급을 받았다. 이런 등급은 자주 주어지지 않는다. 2020년 2월 현재, 단 2개의 비금융 미국기업 Johnson & Johnson과 Microsoft만이 AAA 등급을 받고 있었다. AA나 Aa 등급은 매우 높은 질의 채권을 의미하며 이런 등급이 주어지는 경우는 많이 있다.

회사채나 지방정부채의 등급을 정하는 데 이용되는 일반적 기준에 대해서 알고 싶다면 **www.standardandpoors.com, www.moodys.com, www.fitchinv.com**을 참조하라.

기업은 저등급채권인 정크본드(junk bond)를 발행하여 자금을 조달하는 경우도 많다. 저등급채권에 대해 어떤 등급이 주어진다면 주요 신용평가회사들은 투자부적격 등급을 줄 것이다. 투자적격 등급(investment-grade) 채권은 S&P의 경우에는 적어도 BBB 등급을 받아야 하며, Moody's의 경우에는 적어도 Baa의 등급을 받아야 한다.

신용평가회사들이 항상 일치된 채권등급 판정을 내리는 것은 아니다. 크로스오버(crossover) 또는 5B 채권으로 불리는 채권이 있는데 그렇게 불리는 이유는 한 신용평가회사가 그 채권에 대해 BBB(또는 Baa) 등급을 줄 때, 다른 신용평가회사는 BB(또는 Ba) 등급을 주어 신용평가회사에 따라 등급이 서로 엇갈리기 때문이다.

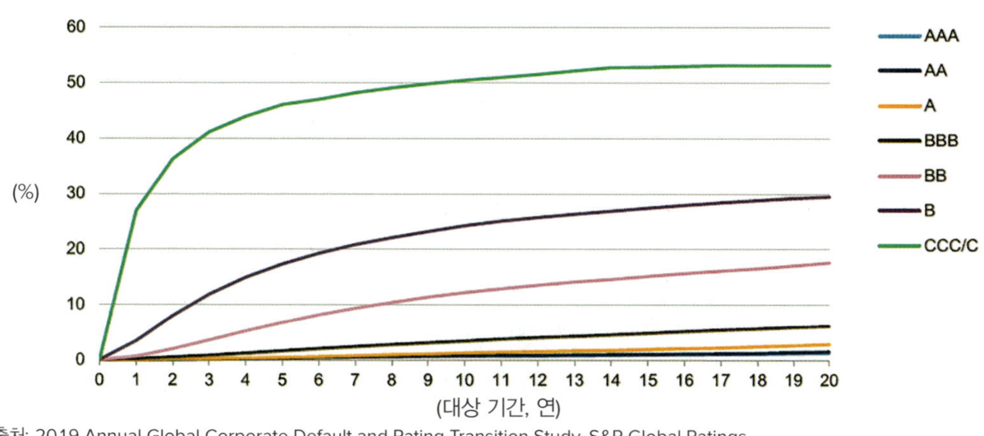

출처: 2019 Annual Global Corporate Default and Rating Transition Study, S&P Global Ratings.

그림 7.3
S&P Global Ratings (1981~2019년)에 따른 기업들의 채무불이행 비율

채권에 대한 신용평가는 기업(발행자)의 재무적 능력을 향상시키거나 저하시킬 수 있다. 예를 들어 2020년 2월에 S&P Global Ratings는 케첩 제조회사인 Kraft Heinz의 채권 등급을 BBB−의 투자적격 등급에서 BB+의 정크본드 등급으로 낮추었다. 이렇게 정크본드 등급으로 추락한 채권을 추락한 천사(fallen angel)라고 부른다. S&P의 평가는 Kraft Heinz의 수익성과 현금창출 능력의 저하를 반영한 것이었다. 그러나 이는 COVID-19 팬데믹 상황이 발생하기 이전이었다. COVID-19 팬데믹이 시작한 후인 2020년에는 5월까지 24개의 미국 기업의 채권이 추락한 천사가 되었으며 금액은 약 3,000억$였다. 또한 111개 미국 기업의 4,440억$에 달하는 채권이 추락한 천사가 될 수 있는 위험에 빠졌었다.

신용평가가 중요한 이유는 실제로 기업들의 채무불이행 사태가 발생하며 그에 따라 투자자들이 엄청난 손해를 볼 수 있기 때문이다. 그림 7.3은 신용평가에 따른 채무불이행 비율을 보여주고 있다. 예를 들어 CCC/C 등급을 받은 채권의 약 30%가 1년 안에 채무불이행에 빠졌으며 약 50%가 9년 안에 채무불이행에 빠졌다. 이와는 대조적으로 AAA나 AA 등급을 받은 채권의 경우에는 20년 동안 약 1~2%만 채무불이행에 빠졌다. 10년이 지난 후에 BB 등급 채권의 채무불이행이 바율이 BBB 등급 채권의 채무불이행 비율의 두 배 이상으로 나타났다는 점에서 투자적격 등급을 받는 것이 중요하다는 것을 잘 알 수 있다.

미국 정부의 커져가는 부채를 알아보려면 **www.fiscal.treasury.gov, www.usdebtclock.org/world-debt-clock.html**을 참조하라.
미국 국채에 대해 상세히 알아보려면 **www.newyorkfed.org**를 참조하라.

개념질문 _Concept Questions

7.3a 채권등급이 이자율의 변화에 의해 채권가치가 변하는 위험에 대해 말해주고 있는 것은 무엇인가?

7.3b 정크본드(junk bond)란 어떤 채권을 말하는가?

다른 종류의 채권들 7.4

지금까지 우리는 기업이 발행하는 채권인 회사채에 대해서만 설명했다. 이 절에서는 정부가 발행하는 채권인 정부채권과 독특한 특징을 갖는 채권들에 대해서 간단히 살펴보기로 한다.

정부채권

세계에서 가장 큰 차입자는 미국인들이 가족 중 한 사람인 것처럼 가끔 엉클샘(Uncle Sam)이라고 부르는 미국 정부이다. 2020년 초에 미국 정부의 부채는 23.7조$였으며, 이는 미국 국민 일인당 약 85,000$에 달하는 것이었다(그리고 점점 더 커지고 있다). 미국 정부가 1년보다 더 긴 기간 동안 돈을 차입하려는 경우에 미국 정부는 재무부채권(Treasury note 또는 Treasury bond)으로 불리는 채권을 대중에게 판매한다. 실제로 미국 정부는 매달 이들을 판매하고 있다. 현재 발행되는 미 재무부 채권은 2년에서 30년 사이의 만기를 갖고 있다.

대부분의 미 재무부 채권은 일반적인 쿠폰채권이다. 미 재무부 채권과 관련해서는 두 가지 중요한 사실을 알고 있어야 한다. 첫째, 미 재무부 채권은 다른 채권과는 달리 채무불이행위험을 갖고 있지 않다. 왜냐하면 정부는 항상 채무를 이행할 돈을 갖고 있기 때문이다. 둘째, 미 재무부 채권에 대해서는 연방정부의 소득세는 부과되지만 주(州)정부의 소득세는 면제된다. 즉, 미 재무부 채권으로부터 당신이 받는 쿠폰에 대해서는 연방정부의 소득세만 내면 된다.

지방채권의 가격을 포함한 여러 가지를 살펴보려면 **emma.msrb.org**를 참조하라.

주정부나 지방정부도 채권을 판매하여 돈을 빌린다. 그러한 채권은 지방채(municipal note 또는 municipal bond)라고 부르며, 간단히 muni(s)[뮤니(스)]라고도 부른다. 미 재무부 채권과는 달리, muni들은 다양한 수준의 채무불이행위험을 갖고 있으며, 실제로 이들에 대해서는 회사채처럼 등급이 매겨지고 있다. 또한 muni들은 항상 조기상환이 가능한 것으로 발행되고 있다. Muni들에 대한 가장 흥미로운 점은 이들로부터 받는 쿠폰에 대해서는 주정부의 소득세가 부과될 수 있지만, 연방소득세는 면제된다는 것이다. 이러한 점은 높은 소득세율이 적용되는 고소득층에게는 큰 매력으로 작용한다.

고소득층이 받는 엄청난 세금감면 때문에 지방채는 세금이 부과되는 채권보다 훨씬 낮은 수익률을 갖고 있다. 예를 들어 2019년 11월에 Aa 등급의 회사채는 약 2.45%의 수익률을 보였지만, 같은 등급의 muni는 약 2.05%의 수익률을 보였다. 어떤 투자자가 30%의 소득세율을 적용받고 다른 상황이 동일하다면 이 투자자는 Aa 등급의 회사채와 Aa 등급의 지방채 사이에 어느 것을 더 선호하겠는가?

채권시장에 대한 것을 알려주는 또 하나의 좋은 웹사이트로는 **money.cnn.com/data/bonds**를 참조하라.

이에 대한 답을 구하기 위해서는 이 두 채권의 세후수익률(aftertax yield)을 비교해야 한다. 주정부나 지방정부 세금을 무시하면 muni의 세전수익률과 세후수익률은 2.45%이다. 회사채의 세전수익률은 2.45%이지만, 30%의 소득세를 지불한 후의 수익률은 0.0245 × (1 − 0.3) = 0.0172 = 1.72%가 된다. 따라서 회사채가 muni보다 더 좋은 수익률을 나타내고 있기는 하지만 세금으로 나가는 돈을 빼고 나면 muni가 더 좋은 수익률를 갖는다.

예제 7.4 과세대상 채권과 지방채

과세대상 채권의 현재 수익률은 8%이고, 이와 동일한 채무불이행위험과 만기를 갖는 지방채의 수익률은 6%라고 하자. 40%의 소득세율을 적용받는 투자자에게는 어느 쪽이 더 매력적인 투자인가? 둘의 수익률을 동일하게 만드는 손익분기점 소득세율은 얼마인가? 그러한 세율을 어떻게 해석하겠는가?

이 투자자에게 과세대상 채권이 가져다주는 세후수익률은 8% × (1 − 0.4) = 4.8%이다. 따라서 지방채가 훨씬 더 매력적이다. 손익분기점 세율(break-even tax rate)은 과세채권과 비과세채권의 수익률을 동일하게 만드는 세율이다. 따라서 손익분기점 세율을 t^*로 표시하면, 이를 구하기 위해서는 다음의 식을 풀면 된다.

(계속)

$$0.08 \times (1 - t^*) = 0.06$$
$$1 - t^* = 0.06/0.08 = 0.75$$
$$t^* = 0.25$$

따라서 25%의 소득세율을 적용받는 투자자는 어느 채권의 경우에나 동일한 6%의 수익률을 얻는다.

제로쿠폰채권 무이표채권

제로쿠폰채권(zero coupon bond): 쿠폰이 지급되지 않는 채권으로, 발행 시에 할인된 가격으로 판매되는 채권

쿠폰을 지급하지 않는 채권은 액면가보다 훨씬 낮은 가격에 판매되어야 한다. 이러한 채권을 **제로쿠폰채권**(zero coupon bond) 또는 간단히 제로스(zeroes)라고 부른다.[6]

Eight-Inch Nails (EIN)사가 액면가 1,000$, 5년 만기의 제로쿠폰채권을 발행한다고 하자. 최초 발행가격은 508.35$로 책정되었다. 제로쿠폰채권이 중간에 쿠폰(이자)은 지급하지는 않지만 6개월마다 쿠폰을 주는 쿠폰채권을 가정하여 만기수익률을 구한다. 따라서 이 가격에서 이 채권이 갖는 만기수익률이 14%라는 것은 쉽게 알 수 있다. 채권의 만기까지 지급되는 총이자는 $1,000 − $508.35 = 491.65$이다.

제로쿠폰채권의 발행자는 실제로는 이자를 지급하지 않지만 세금과 관련해서는 이자를 지급하는 것으로 간주되어 발행자는 이자비용에 대해 세금을 감면받는다. 마찬가지로 채권의 소유자는 실제로 매년 이자를 받는 것이 아니지만 매년 이자를 받는 것으로 간주되어 이자수입에 대한 세금을 내야 한다.

제로쿠폰채권으로부터 매년 발생하는 이자비용의 크기는 미국 세법에 의해 규정된다. 1982년 이전에 기업들은 정액법에 의해 이자비용의 크기를 계산할 수 있었다. EIN의 경우, 매년 지급하는 이자는 $491.65/5 = 98.33$로 계산되었을 것이다.

현재의 미국 세법에서는 묵시적 이자는 분할상환 방식에 의해 계산된다. 이를 계산하기 위해서는 우선 매년 초의 채권가치를 구해야 한다. 예를 들어 1년 후 이 채권은 만기까지 4년이 남았으므로 $\$1,000/1.07^8$ = 582.01$의 가치를 가질 것이다. 2년 후의 가치는 $\$1,000/1.07^6$ = 666.34$가 될 것이다. 그 이후에도 이와 같이 계산할 수 있다. 매년 발생하는 묵시적 이자는 단순히 그해에 발생하는 채권가치의 변화이다. EIN의 채권가치와 이자비용은 표 7.2에 정리되어 있다.

표 7.2
EIN의 제로쿠폰채권의 이자비용

연	기초의 가치	기말의 가치	묵시적 이자비용	정액법에 의한 이자비용
1	$ 508.35	$ 582.01	$ 73.66	$ 98.33
2	582.01	666.34	84.33	98.33
3	666.34	762.90	96.55	98.33
4	762.90	873.44	110.54	98.33
5	873.44	1,000.00	126.56	98.33
합계			$ 491.65	$491.65

[6]매우 낮은 쿠폰율로 발행되는 채권은(제로쿠폰채권과 구별하여) 최초발행할인채권(original-issue discount bond: OID bond)이라고 부른다.

제로쿠폰채권은 과거의 세법하에서 기업에 더 매력적이라는 점을 주목하라. 그 이유는 초기에 더 많은 이자비용이 세금대상에서 공제되기 때문이다(표에서 묵시적 이자비용과 정액법에 의한 구해진 이자비용을 비교해보라).

현재의 미국 세법에서 EIN이 첫해에 이자비용으로 공제할 수 있는 금액은 73.66$이고, 채권소유자는 실제로 이자를 받지 않음에도 73.66$에 대한 세금을 지불해야 한다. 이러한 이유로 인해 제로쿠폰채권은 개인투자자들에게는 인기가 적다. 그러나 세금이 면제되고 미래에 상환해야 하는 일정한 금액의 장기부채를 갖고 있는 연(금)기금(pension fund)과 같은 기관투자자들에게는 제로쿠폰채권이 여전히 인기 있는 투자대상이 되고 있다.

변동금리채권

이 장에서 설명하고 있는 전통적 채권은 쿠폰율이 액면가의 일정한 퍼센트(%)로 정해져 있는 채권이기 때문에 고정금리채권이다. 또한 원금도 액면가와 동일하게 정해져 있다. 따라서 쿠폰지급액과 원금은 완전히 고정되어 있는 것이다.

변동금리채권(floating-rate bond 또는 간단히 floater)은 쿠폰지급액이 조정될 수 있는 채권이다. 쿠폰의 조정은 미 재무부 단기채권(Treasury bill) 이자율이나 30년 만기 미 재무부 채권의 이자율과 같은 이자율 지수에 연계해서 이루어진다.

변동금리채권의 가치는 쿠폰지급액이 어떤 식으로 조정되는가에 따라 달라진다. 대부분의 경우, 쿠폰은 기준이 되는 어떤 이자율에 맞추어 시간적 간격을 두고 조정된다. 예를 들어 쿠폰율이 6월 1일에 조정된다고 하자. 그러한 조정은 그 이전 3개월 동안 나타난 미 재무부 채권의 수익률의 단순평균치를 기준으로 이루어질 수 있다. 대부분의 변동금리채권은 다음과 같은 특징들을 갖고 있다.

1. 채권소유자는 어떤 정해진 시간이 지난 후에는 쿠폰지급일에 액면가로 채권의 상환을 요구할 수 있는 권리를 갖는다. 이를 풋조항(put provision)이라고 하는데 이에 대해서는 다음 절에서 살펴볼 것이다.
2. 쿠폰율은 상한율과 하한율을 갖고 있다. 이는 최고로 지급될 수 있는 쿠폰의 크기와 최저로 지급될 수 있는 쿠폰의 크기가 정해져 있다는 의미이다. 이 경우, 쿠폰율이 제한(capped)되어 있다고 하며, 상한쿠폰율과 하한쿠폰율을 콜라(collar)라고 부르기도 한다.

인플레이션 연계 채권에 대한 정보는 **www.treasurydirect.gov**에서 얻을 수 있다.

독특한 변동금리채권의 예로는 쿠폰율이 인플레이션율과 연계되어 결정되는 인플레이션연계 채권(inflation-linked bond)이 있다. 원금도 인플레이션율에 따라 조정되는 경우도 있다. 미국 재무부는 1997년 1월부터 이러한 채권을 발행하기 시작했다. 이러한 채권은 "TIPS"(Treasury Inflation Protection Securities)라고 불리기도 한다. 캐나다, 이스라엘, 영국과 같은 국가들도 이와 유사한 채권을 발행했었다.

다른 종류의 채권

많은 채권들이 일상적이지 않은 독특한 특징들을 갖고 있다. 소위 대재해채권(catastrophe bond) 또는 캣본드(cat bond)라고 불리는 채권은 매우 흥미로운 채권이다. 이는 보험회사가 고객으로부터 일정한 보험료를 받고 받아드린 재난 위험에 대해 채권을 발행하여 투자자에게 판매함으로써 그 위험을 투자자들에게 전가하는 채권이다. 2019년 6월에 Hamilton Insurance Group은 60백만$어치의 캣본드를 발행했다. 이 캣본드는 미국 내 폭풍이나 지진에 의한 피해를 보상해준다. 그러한 재해가 발생하면 이 채권을 매입한 투자자들은 투자한 돈의 일부나 전부를 잃는다.

현재까지 발행된 캣본드 중 그 금액이 가장 큰 것은 재보험회사 Merna Reinsurance가 2007년에 연속적으로 발행한 여섯 종류 채권이다(재보험회사는 보험회사를 상대로 보험을 파는 회사이다). 이 재보험회사가 State Farm 보험회사의 재보험회사이므로 이 캣본드는 모두 여러 재앙을 대상으로 발행된 채권이었다. 이 여섯 종류 채권들의 액면가 총액수는 약 12억$였다. 2019년에 발행되어 있던 캣본드들의 액면가 총액은 약 930억$였다.

재해(catastrophe)라는 용어는 넓게 정의되고 있다. 2020년에 World Bank가 3.2억$어치를 발행한 채권을 매입한 투자자들은 이 채권이 전세계적 COVID-19 팬데믹과 연결되어 있었을 때 1.325억$의 손실을 보았다. 이 채권 중 조금 덜 위험한 채권으로 6.9%의 이자율을 가졌던 채권에 투자한 투자자들은 투자금액의 16.7%의 손해를 보았으며, 위험이 조금 더 큰 채권으로 11.5%의 이자율을 가졌던 채권에 투자한 투자자들은 투자금액 전부를 잃어버렸다. 투자자들이 투자한 금액은 Ethiopia, Ghana, Bangladesh, Cambodia와 같은 가난한 국가들을 돕는 데 사용되었다.

Conservation Capital은 2019년에 rhino impact bonds (RIB)을 발행했다. 이 채권은 Kenya와 South Africa에 있는 흑코뿔소(black rhino)의 수를 증가시키기 위한 자금을 마련하는 것을 목적으로 고안된 채권이었다, 1970년대에 65,000마리였던 흑코뿔소의 수는 현재는 약 5,500마리로 줄어들었다. 이 채권의 투자자들이 받는 보상은 5년 후에 나타나는 흑코뿔소의 수에 따라 달라진다. 다시 말해 별도로 만들어진 평가기준은 RIB이 목표로 한 흑코뿔소의 수와 실제로 나타난 흑코뿔소의 수를 비교해서 목표가 얼마나 잘 달성되었는지를 판단하며 투자자들은 그러한 평가에 따른 수익을 얻는다. 이 채권의 수익성은 환경적 목표를 가지고 발행된 다른 많은 채권들의 수익률과 비교해서 판단될 수 있을 것이다.

COVID-19 팬데믹 기간에는 코로나바이러스 채권이라는 새로운 채권이 시장에서 거래되었다. 이 채권의 판매대금은 팬데믹 관련 업무를 지원하는 데 사용되는 것이었다. 2020년 2월과 5월 사이에 이러한 종류의 채권이 1,500억$ 이상 판매되었다. 예를 들어 Bank of America는 의료산업을 지원하기 위한 자금을 마련하기 위해 10억$어치의 코로나바이러스 채권을 발행했다. 어떤 것이 코로나바이러스 채권이고 어떤 것이 아닌지를 명확히 구별하기는 힘들다. Pfizer는 외부기관이 코로나바이러스 채권으로 구분한 채권을 12.5억$어치 발행했다. 하지만 Pfizer는 그러한 분류에 동의하지 않았다.

캣본드는 매우 위험한 것으로 보일지도 모른다. 그러나 1997년 캣본드가 처음 발행되기 시작한 이후, 단 네 번만의 전액 손실이 있었을 뿐이다. 2005년에 미국 남동부를 강타한 허리케인 카트리나(Katrina) 때문에 캣본드 채권자들은 1.9억$의 손실을 보았다. 또한 2011년에는 일본에서 발생한 쓰나미(tsunami)로 인하여 캣보드 채권자들은 3억$의 손실을 보았다. 2011년에는 강력한 토네이도(tornado) 현상으로 인해 각각 1억$어치가 되는 두 종류의 캣본드가 소진되기도 했다.

한편, 채권에는 그 회사의 주식을 정해진 가격에 매입할 수 있는 권리인 워런트(warrant; 신주인수권)가 주어질 수 있다. 이러한 권리는 주식가격이 크게 오르면 매우 큰 가치를 갖는다(나중 장에서 워런트가 주어진 채권에 대해 보다 자세히 살펴볼 것이다). 따라서 워런트가 주어진 채권의 쿠폰율은 종종 매우 낮다.

이러한 예들을 통해 알 수 있듯이, 채권이 그 특징으로 가질 수 있는 것을 제한하는 것은 사람들이 갖는 상상력의 한계라는 것뿐이다. 채권들의 다양한 특징들 모두를 살펴보기에는 채권의 종류가 너무 다양하다. 따라서 보다 일반적인 특징을 갖는 채권에 대해 언급하면서 채권의 특징에 대한 설명을 마치기로 한다.

수익채권(income bond, 收益채권)은 쿠폰지급이 회사의 이익에 따라 달라진다는 점을 제외하고는 전통적인 채권과 유사한 채권이다. 구체적으로 말해, 쿠폰은 회사가 충분한 이익을 냈을 경우에만 채권자에게 지급된다. 이는 매우 매력적인 특징으로 보일지는 모르지만 수익채권은 그다지 흔하지 않다.

전환채권(convertible bond: CB, 轉換채권)은 채권자의 선택에 따라 채권의 만기가 도래하기 전까지 채권을 일정한 수의 주식으로 교환할 수 있는 채권을 말한다. 전환채권은 매우 흔한 채권이지만 미국의 경우에는 최근 그 수가 줄어들고 있다.

풋채권(put bond)은 채권의 소유자가 발행자로 하여금 명시된 가격에 채권을 사도록 강제할 수 있는 채권을 말한다. 예를 들어 International Paper Co.는 어떤 "위험사건"이 발생했을 때 채권자들이 액면가의 100%의 가격으로 자신에게 되팔 수 있는 채권을 발행했다. 위험사건의 예로는 Moody's나 S&P가 해당 채권의 등급을 투자적격에서 투자부적격으로 낮추는 경우가 될 수 있다. 따라서 풋조항은 콜조항과 반대되는 것이다.

역전환채권(reverse convertible)은 상대적으로 최근에 나온 구조화채권(structured note)이다. 이러한 채권의 일반적인 유형은 예를 들어 높은 쿠폰율을 갖는 채권이지만 만기가 되면 액면가를 일정한 양의 주식으로도 상환될 수 있게 만든 채권이다. 최근 General Motors (GM)는 16%의 쿠폰율을 갖는 역전환채권을 발행했다. 이는 전반적으로 매우 낮은 이자율을 보이는 오늘날과 같은 상황에서는 예외적으로 매우 높은 쿠폰율이다. 그러나 만기가 되면 원금의 상환을 일정한 수의 GM주식으로 할 수 있기 때문에 GM의 주식가격이 하락하면 이 채권의 소유자들은 채권의 액면가보다 훨씬 적은 금액을 돌려받을 수도 있게 된다. 따라서 채권소유자가 중간에 받은 소득부분(쿠폰)은 크지만 액면가를 제대로 돌려받을 수 없게 되어 쿠폰이 낮은 채권보다 못할 수 있는 것이다.

또 하나의 예로, 아마도 가장 엽기적인 채권인 사망채권(death bond)이 있다. Stone Street Financial과 같은 회사는 10년 내에 사망할 것으로 예상되는 개인들로부터 그들이 갖고 있는 생명보험을 사들여서 그들이 사망했을 때 생명보험회사로부터 돌려받는 보험금을 기초자산으로 하여 그를 근거로 한 채권을 판매한다. 이러한 채권에 투자하는 투자자들이 얻는 수익률은 기본적으로 생명보험가입자들이 얼마나 오래 사는가에 달려 있다. 따라서 이 채권에 따르는 주요 위험요소는 의술이 급격히 발달하면서 생명보험가입자들이 훨씬 더 오래 살 수 있다는 것이다. 이러한 경우에 이 채권의 소유자들이 얻는 수익률은 하락하게 된다.

구조화채권(structured note)이란 원금 또는 쿠폰(액면이자)이 주식(이나 주가), 상품(commodities) 가격, 환율, 옵션 등과 연동된 채권으로, 간단히 말해 해당 채권이 갖는 기본적 특성(profile)에 이를 변화시키는 다른 어떤 것을 추가하여 해당 채권이 갖는 위험-수익 관계를 변형시킨 채권을 말한다. 한 예로, 채권의 수익률이 주가지수와 연결되어 결정되도록 한 것이 있다. 만기일에 주가지수(stock index)가 하락하면 채권의 원금을 돌려준다. 하지만 주가지수가 상승하면 원금을 그대로 돌려주지 않고 주가지수로 나타난 주가수익률의 일정 비율(예: 80%)만 돌려주는 것이다. 또 다른 형태로는 채권의 원금은 돌려받지 못할 수 있지만 주가지수가 보여주는 수익률보다 두 배 높은 쿠폰을 주는 것도 있다.

채권은 여러 독특한 특징을 가질 수 있다. 가장 최근의 독특한 예로는 쿠폰을 지급하는 코코(CoCo)채권과 제로쿠폰채권인 노노(NoNo)채권이 있다. 코코와 노노는 조건부 전환 가능(contingent convertible)하고, 발행자에게 되팔 수도 있고(putable), 발행자가 되살 수도 있는(callable), 하위(subordinated)채권이다. 조건부란 어떤 조건이 발생했을 때 주식으로 교환할 수 있다는 것을 의미한다. 조건은 예를 들어 "해당 기업의 주식이 최근 30일 중 20일 동안 전환가격의 110%에 거래되는 경우"라는 것이 될 수 있다. 이러한 채권의 가치를 구하는 것은 매우 복잡하며 또한 이러한 채권이 갖는 만기수익률도 그 의미가 없을 때가 많다. 코코채권은 유럽에서 2013년과 2018년 사이에 1,600억€(1,810억$)가 발행될 정도로 유럽에서는 인기가 꽤 높다.

이슬람 채권

이슬람의 율법인 샤리아(shariah)나 이슬람의 문화적 관습을 따르는 금융상품에 대한 수요가 전 세계적으로 급성장했다. 2011년에 이러한 금융상품의 규모는 이슬람 금융기관에 저축된 금액을 포함하여 약 1.3조$에 달하고 있으며, 2018년에는 약 2.1조$가 되었다. 서구 금융관행과 샤리아 금융관행의 중요한 차이점 중 하나는 이슬람 율법이 이자(riba) 받는 것을 허용하고 있지 않다는 것이다. 이는 샤리아를 따르면 이 장에서 설명한 전통적인 채권을 구매하거나 발행할 수 없다는 것을 의미하는 것이다.

이자에 대한 이러한 제한을 피해가기 위해서 이슬람 채권인 스쿠크(sukuk)가 만들어졌다. 스쿠크는 여러 형태로 발행되고 있는데 대표적인 것으로는 부채에 대해 부분적 소유권을 인정하는 무라바하(Sukuk Murabaha), 자산에 대해 부분적인 소유권을 인정하는 이자라(Sukuk Ijara)가 있다. 이자라의 경우에는 자산을 매입하여 이를 채권발행기업(채무자)으로부터 채권을 사면서 제공하고, 만기가 되었을 때 채권발행기업이 채권을 회수하면서 그 자산을 되사는 약속을 하는 것이다. 채권의 만기가 도래하기 전까지는 채무자는 해당 자산에 대해 임대료를 지불한다. 일반적으로 채권은 주식에 비해 상대적으로 유동성이 낮은데, 특히 스쿠크의 경우는 대부분 구입 후 만기까지 보유되므로 유통시장(secondary market)에서 유동성이 매우 낮다.

스쿠크에 대해 더 알아보려면 **www.sukuk.com**을 참조하라.

IN THEIR OWN WORDS ...

정크본드에 대한 Edward I. Altman 교수의 설명

기업재무와 관련하여 지난 40년 동안 나타난 가장 중요한 사건 중 하나는 저등급 회사채가 대중들에게 판매되고 또한 그들 사이에서 거래되는 상황이 다시 등장했다는 것이다. 1900년대 초에 처음 나타나서 대중에게 판매되기 시작한 저등급 회사채는 그 당시 급속하게 성장하는 산업의 기업들이 필요한 자금을 빌리기 위한 수단이었다. 이러한 고수익-고위험 채권(정크본드)은 대공황 시기에 많은 기업들이 채무불이행에 빠지면서 결국 사라졌다. 그러나 그렇게 거의 사라진 정크본드시장이 1970년대 후반부터 가장 급속하게 성장한 시장 중 하나가 되었으며, 정크본드시장에 대해 많은 논란도 있어 왔다. 기술적으로 정의하면, 고수익 채권은 Fitch, Moody's, S&P와 같은 주요 신용평가회사 중 하나 이상으로부터 투자부적격 등급을 받는 회사가 발행하는 채권이다(S&P의 경우에는 BBB−아래의 등급).

정크(junk)라는 용어는 높은 등급을 받았던 채권들이 1977년에 와서 낮은 등급으로 추락하면서 채권시장에서 저등급 채권으로 지배적으로 나타나기 시작하면서 그런 채권들을 지칭한 데서 유래했다. 이러한 소위 추락한 천사(fallen angel)들의 가치는 1977년에 약 85억$에 달했다. 2016년에 이러한 추락한 천사들은 1.6조$에 달하는 정크본드시장의 약 12%를 차지했다.

유럽에서의 고수익채권시장은 수십 년 전부터 존재는 했지만 최근에 와서야 성장하기 시작하여 2009년에 약 1천억€ 규모의 시장에서 2019년에 약 4,320억€ 규모의 시장을 형성하고 있었다. 유럽의 고수익채권시장은 분산화가 잘 되어 있으며, 규모로는 미국시장의 약 1/3 정도이다.

1977년을 기점으로 기업들은 성장을 위한 자금을 마련할 목적으로 일반 대중을 상대로 정크본드를 판매하기 시작했다. 초기에 정크본드를 판매하던 기업들은 에너지 관련 기업, 케이블TV회사, 항공운송회사, 기타 여러 산업에 있는 기업들이었다. 새롭게 성장하는 기업들을 지원한다는 정당성과 초기 투자자들에게 상대적으로 높은 수익이 돌아갔다는 사실은 1980년대 중반부터 정크본드시장을 중요한 시장으로 많은 투자자들이 받아들이게 만들었고 투자은행들도 이에 관심을 보이기 시작했다. 고수익 채권시장을 일으키는 데 선구자적 역할을 한 사람은 고수익 채권 운용을 목적으로 한 Drexel Burnham Lambert라는 작은 회사에서 일하면서 고수익−고위험 채권시장에 뛰어든 정크본드의 황제(king)라고 불리던 Michael Milken이다. 나는 이 시장의 잠재성을 평가해달라는 주문을 1980년대 초반에 한 대형은행으로부터 받고 이 새로운 자금조달방식에 관심을 갖기 시작했다.

정크본드의 발행을 통한 자금조달과 관련하여 지금까지 가장 중요하게 논란이 되어 왔던 점은 1985～1989년에 미국 기업들 사이에 활발하게 나타났던 구조조정 과정에서 정크본드의 역할에 관한 것이었다. 과도한 차입에 의한 기업인수(leveraged buyout: LBO)는 주식회사 미국의 얼굴을 바꾸었으며 LBO에 의해 인수된 기업들의 부채−자본 비율이 적어도 6:1이 될 정도였다. 따라서 이러한 결과가 가져올 수 있는 경제적, 사회적 문제에 대해 열띤 논쟁이 있게 되었다. 2004～2007년의 두 번째 LBO 물결이 일었을 때에도 이와 비슷한, 그러나 보다 덜 감정적인 논쟁들이 있었다. 한편 사모펀드들의 활발한 기업인수 활동으로 인해 2017년에 와서는 이러한 시장이 확립되기 시작하면서 논쟁은 크게 줄어들었다. 그러나 2015년과 2016년의 경우에 인수대상기업에 지불되는 가격이 그 기업 EBITA의 10배 이상으로 치솟는 상황이 발생하면서 이러한 과다한 차입에 의한 기업인수 활동에 대한 우려의 목소리가 여전히 들려왔다.

갈수록 많은 대기업들이 이러한 거래에 참가하게 되었으며 수십억 달러가 드는 기업인수가 매우 일반적인 현상으로 나타날 정도였다. 최대 크기의 LBO는 250억$ 이상의 돈이 들었던 1989년의 알제이알 나비스코(RJR Nabisco)의 LBO였다. LBO에 사용되는 자금의 전형적인 구성 형태는 은행이나 보험회사로부터의 차입금이 약 60%, 저등급 채권(정크본드)에 의해 조달되는 자금이 약 25～30%, 자기자본이 10～15%이다. 정크본드의 발행으로 자금을 조달하는 것을 때때로 "메자닌(mezzanine)" 금융이라고 부른다. 이는 부채라는 맨 위 "발코니"와 자기자본이라는 "맨 아래층"의 중간에 있는 발코니에 정크본드가 있다는 것을 비유한 표현이다. 그러나 최근에 발생한 LBO들은 평균적으로 그 거래 규모가 1980년대 후반에 비해 더 커지면서 30% 이상이 자기자본(주식)의 발행으로 이루어졌다.

미국기업들의 이러한 구조조정은 자문단(advisor), 증권을 인수하여 판매하는 인수회사(underwriter)와 팔린 기업의 옛 주주들에게 엄청난 크기의 프리미엄을 가져다주었으며, 정크본드가 갖는 위험-수익률 관계가 괜찮은 것으로 시장에서 받아들여지는 동안 이러한 상황은 계속 이어졌다. 그러나 1989년 후반부의 6개월 동안 정크본드의 채무불이행 사례가 크게 증가하고, 미국 정부가 저축대여조합(S&L)의 정크본드 매입을 금지하고, 또한 차입을 통해 여러 백화점을 인수하여 미국에서 가장 큰 백화점 유통업체가 된 페더레이티드 백화점(Federated Department Stores)이 파산한 사건 등으로 인해 정크본드시장이 무너지게 되었다. 또한 Drexel Burnham사가 파산하고 Milken은 사기, 내부자 거래 등의 죄목으로 구속되었다. 이러한 결과로 1990년대 초 금융시장은 정크본드시장의 생존 가능성에 대해 질문을 던지고 있었는데 정크본드시장은 이에 대답이라도 하듯이 강하게 재등장했다. 1992년에는 새로운 정크본드의 발행액이 그동안의 연간 수치로는 최고치인 400억$에 달했으며, 1993년에는 거의 800억$, 1997년에는 무려 1,190억$에 달하게 되었다. 또한 급격하게 줄어든 채무불이행률(1993～1997년 기간 동안에는 매년 2% 미만)과 이 기간 동안에 나타난 매력적인 수익률은 정크본드의 위험-수익률 관계를 극히 양호한 것으로 만들었다. 여러 가지 문제가 많이 있었음에도 불구하고, Drexel사와 Milken이 고수익 채권시장에서 보여준 선구자적 역할이 보인 긍정적 측면은 매우 중요한 것이다.

1990년대 후반 정크본드시장은 1980년대와 비교하여 비교적 조용했지만 성장이나 수익률 측면에서는 과거 어느 때보다 건전하게 되었다. 1992~1998년 동안에 나타난 낮은 채무불이행률은 새로운 투자자금을 기업들이 조달하고 그에 따라 새로운 정크본드가 발행되는 것을 도왔다. 그 이후로 이 시장은 상승과 하락을 보여주었다. 1999년에는 채무불이행률이 상승하기 시작했으며 2000~2002년에는 채무불이행률이 더 급속하게 증가했다. 2002년에는 미국 경제가 침체기에 빠지면서 채무불이행률이 기록적인 수준에 달했고, 정크본드에 투자한 투자자들은 1990년대 후반의 과다한 투자로 인해 손실을 입었다.

한편, 1990년대 중반 이후 정크본드시장과 유사한 쌍둥이 시장인 레버리지론(leveraged loan: LL) 시장이 형성되기 시작했다.[7] 이 시장은 2005~2007년 사이에 미국과 유럽에서 크게 성장하였으며, 2008년에는 정크본드시장보다 30%나 더 크게 성장했다. 2008년의 금융위기 이후에 LL시장은 다시 급격히 성장하여 사모 채권시장에서 중요한 자금원이 되었다. 그 이유 중 하나는 은행을 포함한 기타 금융기관들이 자신들이 저등급 기업에 대해 해준 이러한 대출을 담보로 하여 구조화된 부채담보부증권(collateralized-debt-obligation: CDO)을 쉽게 판매할 수 있었기 때문이다.

한동안 이 고수익 레버리지론 채권은 돈을 빌려준 금융기관이 해당 기업에 대해 갖는 선순위 상환 조건으로 인해서 정크본드보다 낮은 부도율을 보였다. 이 채권이 보여준 매력적인 위험-수익 관계 때문에 주요 은행들뿐만 아니라 비은행 대여업체로 구성된 소위 유사은행업(shadow-banking) 기관들이 이러한 채권의 판매에 뛰어들었으며 이들의 역할로 이 채권시장은 기업들이 자금을 조달하는 주요 시장이 되었다. 이 채권을 통해 기업들이 조달한 자금은 지난 5년간 4000억$가 넘었다. 내 추측으로는 2017년에 유사은행 기관들이 다루고 있었던 이 채권의 액수는 2000억$ 이상이 되는 것으로 보인다.

고수익-고위험 채권시장은 2003년에 급격하게 다시 살아났으며 2008~2009년 금융위기가 발생할 때까지 지속적으로 성장해왔다. 2007년 후반과 2008년에 미국의 서브프라임(sub-prime) 주택담보대출시장의 붕괴로 인해 투자자들은 고품질의 채권으로 급격하게 돌아서기 시작했으며 그에 따라 고수익 회사채와 부채담보부채권의 수익률은 크게 하락했고 이러한 채권의 신규발행도 사라졌다. 이렇게 시장의 변동이 심하고 유동성 문제가 있음에도 불구하고, 고수익채권(high-yield bond)과 부채담보부채권은 기업에게는 부채 금융(debt financing)의 중요한 원천이며, 투자자들에게도 자신의 투자대상으로 포함시킬 수 있는 투자로 자리매김했다.

실제로 일반 채권과 주식뿐만 아니라 고수익채권도 2009년 1분기 이후에 커다란 회복세를 보였다. 2009년 전체적으로 볼 때, 고수익채권과 부채담보부채권에 투자한 투자자들의 수익률은 약 60%로 고수익 채권시장의 지난 40년간의 역사에서 가장 높은 수익률을 보였다. 2009년에 나타난 기록적인 부도 상황에도 불구하고 이는 그 회복 속도나 회복 폭에서 볼 때 놀라운 반전이었다. 인상적으로 높은 수익률과 새로운 고수익채권의 발행은 2016년까지 계속되었다. 금융시장은 2012~2016년에 나타난 낮은 이자율이라는 상황에서 고수익채권시장을 받아들였다. 그러나 2008년의 금융위기 이후 여러 해가 지난 2017년 현재, 양호하게 보이는 금융상황, 낮은 부도율, 새롭게 발행되는 고위험채권들을 보면서 또 다른 버블이 서서히 형성되고 있는 것은 아닌가 하는 의구심도 든다. 아마도 다음 몇 년간은 증가하는 부도율, 낮은 수익률 등 상당히 유동적인 상황이 나타날지도 모른다. 그러나 늘 그러했듯이 고수익 채권시장은 여전히 존재하면서 미국을 포함하여 전 세계적으로 점점 확장되어 갈 것이다.

Edward I. Altman은 금융전공 Max L. Heine 교수이며, 뉴욕대학 스턴스쿨(the Stern School of Business of New York University)의 살로몬 센터(Salomon Center) 부원장이다. Altman 교수는 기업파산과 신용분석에 대한 전문가로서뿐만 아니라 고수익 증권 또는 정크본드시장에 대한 전문가로서 전 세계적으로 인정받고 있다.

[7] 레버리지론(leveraged loan)은 은행 등의 금융기관이 채권등급이 투자부적격인 기업들에게 자금을 빌려주고 이자를 받는 담보대출을 의미한다.

개념질문 _Concept Questions

7.4a 현금흐름의 변동이 큰 기업에서 수익채권(income bond)을 매력적이라 여기는 이유는 무엇인가? 수익채권이 큰 인기를 얻지 못하는 이유는 무엇인가?

7.4b 쿠폰에 대해 풋(put) 조건을 붙인다면 어떤 효과가 있을 것으로 생각하는가? 전환 가능성 조건을 붙인다면? 그 이유는?

7.5 채권시장

채권(bond)은 매일 엄청난 양이 거래된다. 어떤 특정한 날에서 채권의 거래규모(trading volume)가 주식의 거래규모보다 몇 배나 더 크다는 것을 알면 당신은 아마도 놀랄 것이다(여기서 거래규모는 거래액을 말한다). 세계에서 가장 큰 증권시장은 어디인가? 라는 간단한 질문을 하면 대부분의 사람들은 뉴욕주식시장이라고 생각할 것이다. 그러나 세계에서 가장 큰 증권시장은 거래액으로 보면 미 재무부 채권시장이다.

채권은 어떻게 거래되는가?

1장에서 언급했던 것처럼 채권의 거래는 대부분 장외시장(over the counter: OTC)에서 이루어진다. 이는 채권을 사고파는 특별한 장소가 없다는 것을 의미한다. 그 대신 전국 또는 전 세계에 있는 딜러(dealer)들은 항상 증권을 사고팔 준비가 되어 있다. 수많은 딜러들은 전자통신으로 서로 연결되어 있다.

증권시장이 엄청나게 큰 이유 중 하나는 채권의 발행 수가 주식의 발행 수보다 훨씬 많기 때문이다. 그 이유는 두 가지이다. 첫째, 일반적으로 기업은 단 한 종류의 주식만을 발행한다(물론 예외는 있지만). 그러나 대기업은 쉽게 다양한 종류의 채권을 발행할 수 있다. 뿐만 아니라 연방정부, 주정부, 지방정부가 채권을 발행하여 조달하는 자금이 엄청나게 크다. 예를 들어 한 작은 도시도 통상적으로 도로, 하수처리, 학교 등을 짓는 데 드는 비용을 조달하기 위하여 다양한 채권을 발행한다. 미국에 얼마나 많은 작은 도시들이 있는지 생각해보면 채권시장의 규모가 엄청나게 클 것임을 짐작할 수 있을 것이다.

채권시장(bond market)은 거의 모두 장외시장(OTC)이므로 역사적으로 그 투명성이 매우 떨어진다. 가격이나 거래액을 쉽게 알 수 있을 때 금융시장은 투명한 것이다. 예를 들어 뉴욕증권거래소(New York Stock Exchange)에서는 각 거래의 가격과 거래량을 볼 수 있다. 하지만 채권시장의 경우에는 가격과 거래량을 알 수 없는 경우가 많다. 거래는 당사자들 간에 사적으로 이루어지며 이러한 사적인 거래들을 한데 모아 알려주는 보고 체계도 거의 존재하지 않는다.

채권의 거래규모가 주식의 거래규모를 훨씬 능가하지만, 특정한 날에 거래되는 채권은 전체 채권 중 매우 작은 부분이다. 이러한 사실과 투명성의 결여라는 점을 함께 고려하면 개별 채권에 대한 가장 최근의 가격을 아는 것은 어렵거나 거의 불가능하다. 특히 상대적으로 작은 기업과 지방채에 대한 정보는 더욱 얻기 어렵다. 그 대신, 추정가격을 제공하는 다양한 정보원(情報源)들이 존재하여 이들이 자주 사용되고 있다.

그림 7.4 TRACE의 채권시세표

가장 활발하게 거래되는 투자적격 채권들

Issuer Name	Symbol	Coupon	Maturity	Moody's®/S&P	High	Low	Last	Change	Yield%
PETROLEOS MEXICANOS	PEMX4606164	6.500%	03/13/2027	Baa3/	106.75000	104.15000	105.19000	0.190000	5.625124
SANTANDER UK PLC	SAN4637043	3.400%	06/01/2021	Aa3/	101.95800	101.87700	101.87700	-0.205570	2.163683
INTERNATIONAL BUSINESS MACHS CORP	IBM4832193	3.000%	05/15/2024	A2/A	103.37600	103.15900	103.25500	-0.330000	2.236927
INTERNATIONAL BUSINESS MACHS CORP	IBM4832197	4.250%	05/15/2049	A2/A	111.83300	110.72000	111.80900	-1.018000	3.597231
CVS HEALTH CORP	CVS4607885	5.050%	03/25/2048	Baa2/BBB	114.50800	113.55200	113.96200	-1.329000	4.195339
GE CAP INTL FDG CO MEDIUM TERM NTS BOOK	GE4373445	4.418%	11/15/2035	Baa1/BBB+	106.55500	105.23400	105.96091	-0.807094	3.913357
MPLX LP	MPLX4766119	5.500%	02/15/2049	Baa2/BBB	109.40600	108.07300	109.40600	-1.779000	4.887019
MITSUBISHI UFJ FINL GROUP INC	MTU4803872	3.218%	03/07/2022	A1/	102.16100	102.11100	102.16100	-0.206000	2.255559
ENERGY TRANSFER PARTNERS L P	ETP4050942	4.150%	10/01/2020	Baa3/BBB-	101.45400	100.98367	101.39600	0.000000	2.184435
HCA INC	HCA4506080	5.500%	06/15/2047	Baa3/BBB-	113.01700	111.16200	112.04900	-0.566000	4.708012

채권가격의 공시

2002년에는 회사채시장의 투명성이 크게 개선되었다. 미국 정부의 새로운 규제로 인해 이제 회사채의 딜러들은 Trade Report and Compliance Engine (TRACE)이라는 것을 통해 채권거래에 대한 정보를 제공해야 한다.

TRACE 채권시세표는 finra-markets.morningstar.com에서 볼 수 있다. 그림 7.4에서 알 수 있듯이 Financial Industry Regulatory Authority (FINRA)는 가장 활발하게 거래되는 채권들의 내용을 TRACE에서 추출하여 매일 보여주고 있다. 그림의 내용들은 쉽게 이해할 수 있는 것들이다. HCA의 채권가격이 이날 0.566% 하락한 것을 볼 수 있을 것이다. 이 채권의 만기수익률은 어떻게 되었다고 생각되는가? 그림 7.4는 투자적격 채권 중 가장 활발하게 거래되고 있는 채권들의 상황을 보여주고 있다. 그러나 이 웹사이트는 가장 활발히 거래되고 있는 고수익 전환채권에 대한 정보도 제공하고 있다.

TRACE에 대해 더 알고 싶다면 **www.finra.org**를 참조하라.

이 웹사이트에 들어가 어떤 특정한 채권을 클릭하면, 그 채권의 등급, 콜 스케줄, 초기 발행과 관련된 정보, 거래 정보 등 다양한 정보를 얻을 것이다.

세인트루이스의 연방준비은행은 미 재무부 채권의 수익률과 거시경제 자료를 온라인으로 제공하고 있다. 이를 살펴보려면 **fred.stlouisfed.org**를 참조하라.

앞에서 말했지만, 미 재무부 채권시장은 전 세계에서 가장 큰 증권시장이다. 다른 채권시장이 그렇듯이 이 시장도 장외시장(OTC)이기 때문에 투명성이 결여되어 있다. 그러나 다른 시장과 달리, 이 시장에서 거래되는 미 재무부 채권은 그 양이 매우 많고 특히 최근에 발행된 채권의 경우에는 그 양이 더 많기 때문에 현재 발행되어 있는 각 채권에 대한 대표적 가격만이 매일 보도되고 있다.

그림 7.5는 웹사이트 wsj.com에 나타나는 미 재무부 중기채권과 장기채권의 일간 목록 중 일부를 보여주고 있다. 표에서 "2/15/2036"로 음영으로 표시되어 있는 곳을 보라. "2/15/2036"은 이 채권의 만기가 2036년 2월 15일이라는 것이다. 다음 열은 쿠폰율을 보여주고 있으며 이 채권의 경우 4.500%이다. 미 재무부 채권은 모두 6개월마다 쿠폰을 지급하며, 최소액면가는 1,000$이다. 따라서 이 채권은 만기가 될 때까지 6개월마다 22.50$를 지급한다.

그 다음의 두 정보는 **매수가**(bid price)와 **매도가**(asked price, ask price)를 나타낸다. 매수가는 딜러가 구매하려는 가격이고, 매도가는 판매하려는 가격을 나타낸다. 이 두 가격의 차이는 **매수매도 스프레드**(bid-ask spread) 또는 간단히 스프레드(spread)라고 불리며, 이는 딜러가 얻

매수가(bid price): 딜러가 구매하려는 가격

매도가(asked price, ask price): 딜러가 판매하려는 가격

매수매도 스프레드(bid-ask spread): 매수가와 매도가의 차이

는 이익을 나타낸다.

미 재무부 채권의 가격은 액면가의 퍼센트(%)로 표시된다. 딜러가 매수하려는 매수가격은 2/15/2036 채권의 가격은 132.23이다. 액면가가 1,000$이므로 이는 딜러의 매수가격이 1,322.30$라는 것을 의미한다. 딜러가 매도하려는 매도가격은 132.25, 즉 1,322.50$이다.

그 다음의 수치는 액면가의 퍼센트로 표시된 전날과 비교한 매도가격의 변화를 나타낸다.

그림 7.5

***Wall Street Journal*의 미 재무부 중기채권과 장기채권 시세표 일부**

출처: Table recreated with data from wsj.com, November 9, 2019.

Treasury Notes and Bonds					
Maturity	Coupon	Bid	Asked	Chg	Asked Yield
5/15/2020	8.750	103.180	103.184	−0.022	1.649
12/31/2020	2.500	100.294	100.300	−0.006	1.661
9/30/2021	1.125	98.304	98.310	0.102	1.684
4/30/2022	1.750	100.050	100.054	0.008	1.679
12/31/2022	2.125	101.096	101.102	0.002	1.690
1/31/2023	1.750	100.042	100.046	0.006	1.702
3/31/2023	2.500	102.194	102.000	0.002	1.698
7/31/2023	1.250	98.114	98.120	0.004	1.703
4/30/2024	2.000	101.036	101.042	−0.006	1.735
5/31/2024	2.000	101.066	101.072	0.004	1.719
1/31/2025	2.500	103.202	103.206	−0.004	1.765
10/31/2025	3.000	106.212	106.216	−0.002	1.814
11/15/2026	6.500	130.200	130.210	−0.030	1.821
8/15/2027	6.375	132.170	132.180	−0.022	1.850
2/15/2029	2.625	105.296	105.306	−0.008	1.919
2/15/2031	5.375	134.140	134.160	−0.036	1.947
2/15/2036	4.500	132.230	132.250	−0.770	2.108
2/15/2037	5.000	141.220	141.240	−0.094	2.131
5/15/2038	4.500	135.026	136.046	−0.074	2.182
2/15/2039	3.500	119.214	119.234	−0.076	2.233
5/15/2040	4.375	134.034	135.054	−0.078	2.280
8/15/2041	3.750	123.230	123.250	−0.786	2.348
8/15/2042	2.750	106.094	106.114	−0.080	2.386
11/15/2042	2.750	106.082	106.102	−0.082	2.391
2/15/2043	3.125	113.000	113.020	−0.760	2.390
5/15/2043	2.875	108.152	108.172	−0.094	2.398
8/15/2044	3.125	113.116	113.136	−0.078	2.402
11/15/2045	3.000	111.136	111.156	−0.080	2.403
2/15/2046	2.500	101.174	101.194	−0.080	2.417
5/15/2047	3.000	111.250	111.270	−0.760	2.409
8/15/2049	2.250	96.160	96.180	−0.074	2.413

일부 국가의 10년 만기 채권의 수익률	
	수익률
미국	1.94
영국	0.79
일본	−0.07
캐나다	1.58
오스트레일리아	1.29
그리스	1.28
독일	−0.26
멕시코	6.85
스위스	−0.45

출처: www.bloomberg.com, November 9, 2019.

따라서 이 채권의 매도가는 전날과 비교하여 0.770%, 즉 7.70$ 하락한 것이다. 마지막으로 맨 나중에 표시된 매도가에 기초한 만기수익률을 나타낸 것이다. 이 채권은 액면가보다 높은 가격에 판매되고 있으므로 할증채권(premium bond)이라는 것을 주목하라. 따라서 당연히 이 채권의 만기수익률(2.108%)은 쿠폰율(4.50%)보다 낮다.

맨 아랫부분에 8/15/2049라고 표시된 채권은 종종 대표채권(bellwether bond)이라고 불린다. 이 채권의 수익률이 매일 저녁뉴스에 보도되는 미 재무부 채권의 수익률이다. 따라서 예를 들어 장기이자율이 상승했다는 뉴스를 듣는다면 이 채권의 수익률이 상승했다는 것(따라서 그 가격은 하락했다는 것)을 의미한다.

그림 7.5에 있는 여러 채권들의 수익률을 살펴보면 만기에 따라 수익률이 다르다는 것을 확실히 보게 된다. 왜 이런 일이 일어나고, 이것이 무엇을 의미하는지가 다음 절에서 살펴보려고 하는 내용 중 하나이다. 정부(sovereign)채권의 수익률도 발행국가에 따라 다르다. 그림 7.5 다음에 있는 표에 여러 국가들의 10년 만기 채권의 수익률이 표시되어 있다. 이러한 수익률은 채무불이행 위험, 환율위험 등에 따라 달라진다.

현재와 과거의 미 재무부 채권의 수익률에 관한 정보는 **www.treasury.gov**를 참조하라.

채권의 공시가격에 대한 참고사항

당신이 쿠폰지급일 사이에 채권을 산다면 일반적으로 당신은 공시된 가격보다 높은 가격을 지불한다. 그 이유는 채권가격이 발생이자(accrued interest)를 뺀 후의 가격으로 공시되기 때문이다. 공시된 가격은 따라서 **클린가격**(clean price)이라고 불린다. 그러나 당신이 지불하는 가격은 발생이자가 포함된 가격이며, 그러한 가격을 **더티가격**(dirty price)이라고 한다. 더티가격은 풀가격(full price), 청구가격(invoice price)이라고 부르기도 한다.

클린가격(clean price): 발생비용을 차감한 채권가격. 이 가격이 채권가격으로 공시된다.

더티가격(dirty price): 발생이자를 포함한 가격으로 풀가격(full price) 또는 청구가격(invoice price)이라고도 불린다. 이는 구매자가 실제로 지불하는 채권가격이다.

예를 통해 이를 살펴보기로 하자. 당신이 액면가가 1,000$이고 6개월마다 연 12%의 쿠폰을 지급하는 채권을 산다고 하자. 이 채권에 대해 당신이 실제로 지불하는 가격이 1,080$라면 이 가격이 더티가격(청구가격)이다. 이 채권을 사는 날부터 4개월 후에 다음번의 쿠폰이 지급된다고 하자. 따라서 당신은 쿠폰지급일 사이에 이 채권을 사는 것이다. 다음번에 지불되는 쿠폰은 60$이다.

발생이자는 쿠폰기간 중 지나간 날을 가지고 계산한다. 이 경우에는 6개월의 쿠폰기간 중 2개월이 지나갔으므로 발생이자는 $60 × 2/6 = 20$가 된다. 따라서 공시된 채권가격(클린가격)은 $1,080 − $20 = 1,060$가 된다.[8]

개념질문 _Concept Questions

7.5a 채권시장이 투명성이 없다는 말은 무엇을 의미하는가?
7.5b 매수가(bid price)와 매도가(ask price)는 어떤 가격인가?
7.5c 채권의 클린가격과 더티가격의 차이는 무엇인가?

7.6 인플레이션과 이자율

이자율, 채권의 수익률(yield) 그리고 일반적인 수익률(rate of return, return)을 설명할 때 지금까지는 인플레이션의 역할을 고려하지 않았다. 그러나 인플레이션은 중요한 것이므로 인플레이션의 영향에 대해 살펴보기로 한다.

실질률과 명목률

실질률(real rate): 인플레이션에 대한 조정이 이루어진 후의 이자율이나 수익률

명목률(nominal rate): 인플레이션에 대한 조정이 이루어지지 않은 이자율이나 수익률

이자율(interest rate), 할인율(discount rate), 채권의 수익률(yield), 일반적인 수익률(rate of return, return), 요구수익률(required return)에 대해서 말할 때 **실질률**(real rate)과 **명목률**(nominal rate)을 구별해야 할 때가 종종 있다. 명목률은 인플레이션에 대한 조정이 이루어지지 않은 것을 말하고, 실질률은 인플레이션에 대한 조정이 이루어진 것을 말한다.

인플레이션의 효과를 살펴보기 위해서 가격이 연간 5% 오른다고 해보자. 즉, 인플레이션율이 5%라고 하자. 또한 1년 후에 115.5$의 가치를 갖는 투자가 있으며 현재 이 투자를 위해 지불해야 하는 비용이 100$라고 하자. 현재가치가 100$이고 1년 후의 미래가치가 115.5$이므로 이 투자는 15.5%의 수익률을 갖고 있는 것이다. 그러나 이 15.5%의 수익률은 인플레이션 효과가 고려된 수익률이 아니므로 명목수익률이다.

이 경우 인플레이션이 미치는 효과는 얼마인가? 이에 대한 답을 구하기 위해서 연초에 피자 한 개가 10$였다고 하자. 따라서 100$로 피자를 10개 살 수 있다. 인플레이션율이 5%이므로 연말에 가서 피자가격은 5%가 오른 10.50$가 될 것이다. 만약 앞에서 언급한 투자를 했다면 연말에 가서 얼마나 많은 피자를 살 수 있겠는가? 피자를 가지고 계산할 때 이 투자의 수익률은 얼마가 되는가?

투자로부터 얻는 115.5$를 가지고 $115.5/$10.50 = 11개의 피자를 살 수 있을 것이다. 이는 10개의 피자에서 11개의 피자가 되는 것이므로 피자로 계산한 투자수익률은 10%가 된다. 이 예에서 투자의 명목수익률은 15.5%이지만 인플레이션 때문에 구매력(buying power)은 10%밖

[8]발생이자를 계산하는 방법은 실제로는 채권에 따라(예를 들어 정부채권인지 회사채인지에 따라) 다르다. 그 차이는 쿠폰기간 중 지나간 기간이 얼마인가를 계산하는 데서 발생한다. 우리의 예에서는 각각의 달이 동일한 날 수를 갖는 것으로 가정했다(즉, 1년 360일 중 각 달은 30일로 가정했다). 이는 회사채의 가격공시에서 사용되는 방법이다. 그러나 미 재무부 채권의 경우에는 실제의 날 수가 사용된다.

에 증가하지 않는다. 다시 말해 실제로는 10%만큼만 더 부유해진 것이다. 이 경우 투자의 실질수익률이 10%라고 말한다.

달리 표현하면, 인플레이션율이 5%이므로 115.5$라는 명목가치는 실질가치로는 그보다 5%만큼 줄어들 것이다. 따라서 이 투자가 1년 후에 갖는 실질가치는 다음과 같이 계산된다.

$$\$115.50/1.05 = \$110$$

이는 115.50$를 5%만큼 감소시킨(deflate) 것이다. 이 투자는 현재의 구매력 100$를 포기하여 1년 후에 현재의 구매력을 기준으로 110$를 얻은 것이므로 이 투자가 달성한 실질수익률은 10%가 되는 것이다. 인플레이션 효과를 제거해주었기 때문에 110$는 경상가치(current value)로 측정한 금액이라고 한다.

명목수익률과 실질수익률의 구별은 중요하므로 다시 반복하도록 하자.

투자의 명목수익률은 투자로 인해 얻는 금액의 변화율을 의미한다.
투자의 실질수익률은 투자로 인해 얻는 금액이 갖는 구매력(purchasing power)의 변화율을 의미한다.

피셔효과

실질수익률과 명목수익률에 대한 지금까지의 설명은 위대한 경제학자인 Irving Fisher의 이름을 따서 **피셔효과**(Fisher effect)라고 부르는 어떤 관계를 설명한 것이다. 투자자들이 궁극적으로 관심을 갖는 것은 자신의 돈으로 얼마만큼 살 수 있는가 하는 것이므로 투자자들은 인플레이션에 대한 보상을 요구한다. R을 명목수익률, r을 실질수익률, h를 인플레이션율을 나타내는 것으로 하면, 피셔효과는 명목수익률, 실질수익률, 인플레이션율 사이의 관계는 다음과 같이 표현될 수 있다고 말해준다.

피셔효과(Fisher effect): 명목수익률, 실질수익률, 인플레이션율 간의 관계

$$\mathbf{1 + R = (1 + r) \times (1 + h)} \qquad [7.2]$$

앞 예에서 명목수익률은 15.5%이었고 인플레이션율은 5%였다. 실질수익률은 얼마인가? 수치들을 위 식에 대입하여 답을 구할 수 있다.

$$\begin{aligned} 1 + 0.1550 &= (1 + r) \times (1 + 0.05) \\ 1 + r &= 1.1550/1.05 = 1.10 \\ r &= 10\% \end{aligned}$$

이 실질수익률은 앞에서 구한 실질수익률과 같다. 피셔효과의 다른 측면을 살펴보기 위해서 위 식을 달리 정리하면 아래와 같다.

$$\begin{aligned} \mathbf{1 + R} &= \mathbf{(1 + r) \times (1 + h)} \\ \mathbf{R} &= \mathbf{r + h + (r \times h)} \end{aligned} \qquad [7.3]$$

이 식이 말해주는 것은 명목수익률이 3가지 요소로 구성된다는 것이다. 첫째 요소는 투자의 실질수익률인 r이며, 둘째 요소는 처음에 투자한 돈이 인플레이션 때문에 그 가치가 줄어든 것에 대한 보상인 h이며, 셋째 요소는 투자로 인해 벌어들인 돈이 인플레이션 때문에 그 가치가 줄어

든 것에 대한 보상이다.

세 번째 요소의 크기는 일반적으로 매우 작아서 종종 무시되기도 한다. 따라서 명목수익률은 실질수익률에 인플레이션율을 더한 것과 대략 같다.

$$R \approx r + h \tag{7.4}$$

예제 7.5 피셔효과

투자자들이 10%의 실질수익률을 요구하고 인플레이션율이 8%라면, 명목수익률은 대략 얼마가 되어야 하는가? 명목수익률이 정확하게는 얼마가 되어야 하는가?

명목수익률은 대략적으로 실질수익률에 인플레이션율을 합한 것이 된다. 따라서 10% + 8% = 18%이다. 피셔효과를 가지고 계산하면 아래와 같다.

$$\begin{aligned} 1 + R &= (1 + r) \times (1 + h) \\ &= 1.10 \times 1.08 \\ &= 1.1880 \end{aligned}$$

따라서 명목수익률은 실제로는 19%에 더 가깝다.

투자자들은 항상 양(+)의 실질이자율을 원한다. 투자를 하는 이유는 오늘보다 더 많은 돈을 미래에 갖기 위한 것이다. 이 장의 처음 부분에서 언급한 음(−)의 수익률을 보인 채권들의 경우로 돌아가보면, 그 당시에 인플레이션율은 낮았지만 음(−)의 값을 가지지는 않았다. 그리고 투자자들은 음(−)의 실질수익률을 받아들였다. 왜 그랬을까? 현금을 갖고 있는 경우에 얻는 실질이자율은 0이므로 차라리 현금을 그대로 갖고 있는 것이 더 낫지 않은가? 한 가지 이유는 엄청난 양의 현금을 갖고 있는 것은 매우 힘들고 비용이 많이 들 수 있다는 것이다. 따라서 투자자들은 실질이자율이 0에 약간 못미쳐서 손해를 본다고 하더라도 그 손해가 현금을 보관하는 데 드는 비용 정도인 경우에 이를 감수한다는 것이다.

이자율, 할인율, 수익률과 같은 금융 관련 비율들이 거의 모든 경우에 명목수치(nominal term)로 표시된다는 것을 아는 것이 중요하다. 이를 기억하도록 앞으로 r 대신에 R을 사용하기로 한다.

인플레이션과 현재가치

흔히 떠오르는 의문 중 하나는 인플레이션이 현재가치의 계산에 미치는 영향이다. 기본 원리는 간단한 것이다. 명목현금흐름을 명목이자율로 할인하거나 실질현금흐름을 실질이자율로 할인하는 것이다. 이와 같이 일관성 있게 하면 동일한 답을 얻게 된다.

예를 들어 앞으로 3년간 매년 돈을 인출하려고 한다고 하자. 그리고 매번의 인출금액이 현재의 돈 가치로 측정하여 25,000$의 구매력을 갖는 금액이라고 하자. 인플레이션율이 연간 4%라고 하면 인출금액은 인플레이션 효과를 상쇄하기 위하여 매년 4%씩 증가해야 한다. 따라서 매년 인출하는 금액은 다음과 같다.

$$C_1 = \$25,000(1.04) = \$26,000$$
$$C_2 = \$25,000(1.04)^2 = \$27,040$$

$$C_3 = \$25,000(1.04)^3 = \$28,121.60$$

이러한 현금흐름을 명목할인율 10%로 할인하면 현재가치는 얼마인가? 답은 다음과 같다.

$$PV = \$26,000/1.10 + \$27,040/1.10^2 + \$28,121.60/1.10^3 = \$67,111.65$$

이 경우, 명목현금흐름을 명목할인율로 할인한 것에 유의하라.

실질현금흐름을 사용하여 현재가치를 구하기 위해서는 실질할인율을 사용해야 한다. 피셔 공식을 사용하면 실질할인율은 다음과 같다.

$$\begin{aligned} 1 + R &= (1 + r)(1 + h) \\ 1 + 0.10 &= (1 + r)(1 + 0.04) \\ r &= 5.77\% \end{aligned}$$

실질인출액은 연금형태로 매년 25,000$이다. 따라서 실질수치로 구한 현재가치는 다음과 같다.

$$PV = \$25,000[1 - (1/1.0577^3)]/0.0577 = \$67,111.65$$

따라서 (실질할인율의 반올림 오차를 고려하면) 정확하게 동일한 답이 구해진다. 한편, 앞 장에서 살펴본 증가하는 연금 공식을 사용해도 된다. 인출금액이 매년 4% 증가하므로 증가하는 연금 공식으로 현재가치를 구하면 다음과 같다.

$$PV = \$26,000\left[\frac{1 - \left(\frac{1 + 0.04}{1 + 0.10}\right)^3}{0.10 - 0.04}\right] = \$26,000\ (2.58122) = \$67,111.65$$

이는 앞에서 계산한 현재가치와 정확하게 일치하는 현재가치이다.

개념질문 _Concept Questions

7.6a 명목수익률과 실질수익률의 차이는 무엇인가? 투자자에게는 어떤 수익률이 더 중요한가?
7.6b 피셔효과는 무엇인가?

채권수익률의 결정요인들 7.7

이제 채권의 수익률을 결정하는 요인들에 대해 살펴보기로 하자. 곧 알게 되겠지만 채권의 수익률은 여러 요소의 영향을 반영하고 있다. 여러 요소 중 일부는 대부분의 채권에 공통적으로 영향을 주지만, 다른 일부는 특정 채권에만 영향을 준다.

이자율의 기간구조

어떤 시점에서 단기이자율(short-term interest rate)과 장기이자율(long-term interest rate)은 일반적으로 서로 다르게 나타난다. 때로는 단기이자율이 더 높게 나타날 수도 있고 때로는 장기이자율이 더 높게 나타날 수 있다. 그림 7.6은 장기적인 시각에서 2세기 동안 나타난 장기이자율과 단기이자율의 변화를 보여주고 있다. 그림에서 볼 수 있듯이, 단기이자율과 장기이자율의 차이

그림 7.6 미국의 이자율: 1800~2020년 중반

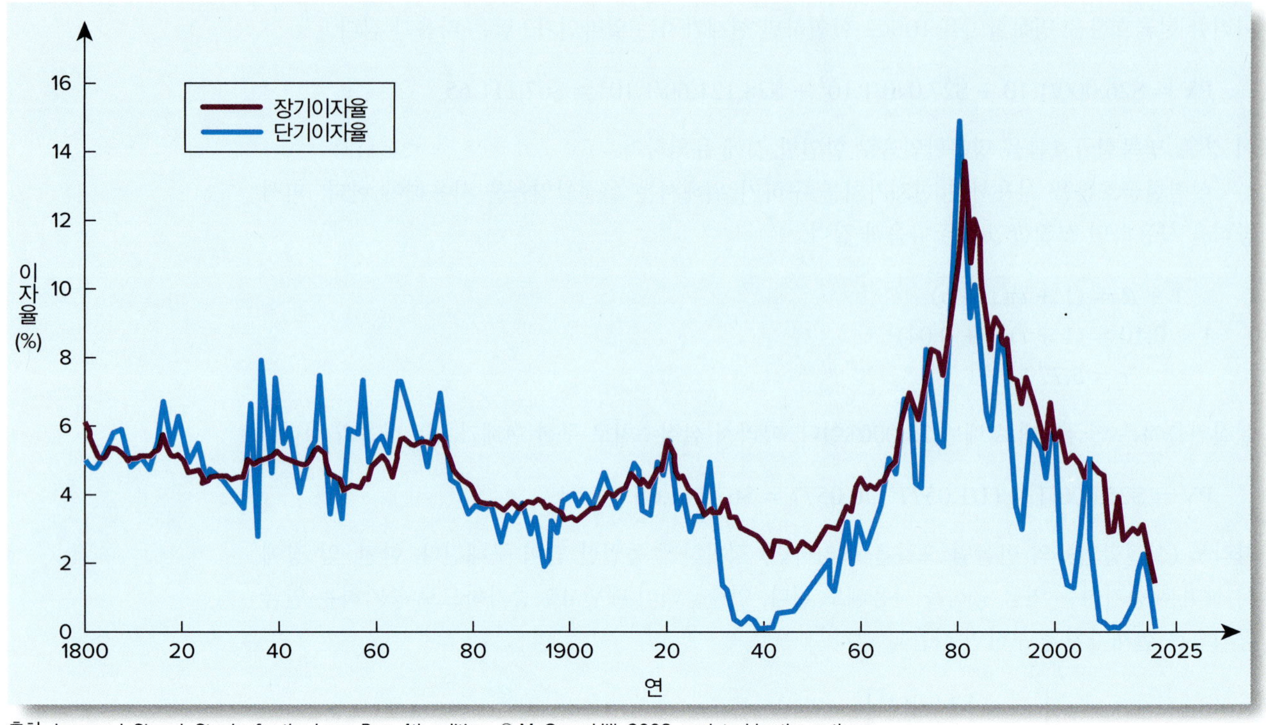

출처: Jeremy J. Siegel, *Stocks for the Long Run*, 4th edition, © McGraw-Hill, 2008, updated by the authors.

는 거의 없을 때도 있고, 위 또는 아래로 몇 퍼센트의 차이를 보일 때도 있다. 또한 2020년 중반을 보면 이자율이 매우 낮은 수준으로 하락한 것을 볼 수 있다. 이는 부분적으로 COVID-19 팬데믹으로 각국 중앙은행이 자국 경제가 추락하는 것을 막기 위해 이자율을 크게 낮추었기 때문이다.

이자율의 기간구조(term structure of interest rates): 채무불이행위험이 없는 순수할인채권의 명목이자율과 만기와의 관계. 화폐의 순수한 시간적 가치를 나타냄

단기이자율과 장기이자율 간의 관계는 **이자율의 기간구조**(term structure of interest rates)라고 불린다. 좀 더 정확하게 말하면, 이자율의 기간구조는 채무불이행위험이 없는(default free) 순수할인채권(pure discount bond)의 모든 만기에서 나타나는 명목이자율들에 대한 것이다. 기본적으로 이 이자율은 채무불이행위험이 없고, 만기 때 한 번에 일시불로 상환되는 채권에서 나타나는 이자율이므로 순수(pure)이자율이다. 다시 말해 이자율의 기간구조는 서로 다른 시간의 길이(length of time)에 대해 나타나는 화폐의 순수한 시간적 가치를 나타낸다.

장기이자율이 단기이자율보다 높을 때는 기간구조가 우상향한다고 말하고, 단기이자율이 장기이자율보다 높을 때는 기간구조가 우하향한다고 말한다. 기간구조는 혹처럼 튀어나온 모양을 보일 수도 있다. 이러한 모양이 나타나는 경우는 일반적으로 처음에는 이자율이 증가하다가 점점 더 긴 기간을 볼 때 이자율이 하락하는 경우이다. 최근에 나타나는 가장 일반적인 모양은 우상향하는 모양이지만 그 기울기는 상당히 다르게 나타나기도 했다.

기간구조의 모양을 결정짓는 요소들은 무엇인가? 기본적으로 세 가지 요소를 살펴볼 수 있다. 처음 두 가지 요소들은 앞 절에서 살펴본 실질이자율과 인플레이션율이다. 실질이자율은 투자자들이 자신의 돈을 다른 용도에 사용하지 않는 것에 대한 보상이다. 이는 인플레이션 효과를 조정한 후에 나타나는 화폐의 순수한 시간적 가치라고 생각할 수 있다.

실질이자율은 만기에 관계없이 모든 이자율의 기본적인 요소이다. 실질이자율이 높을 때에는 모든 이자율이 높아지는 경향을 가지며 그 반대도 마찬가지다. 따라서 실질이자율이 이자율의 기간구조가 갖는 모양을 결정하는 것은 아니며, 그 대신 이자율의 전반적 수준에 영향을 미친다.

이와는 반대로 미래의 인플레이션에 대한 기대는 기간구조의 모양에 강한 영향을 미친다. 다양한 기간을 대상으로 자신의 돈을 빌려주려고 하는 투자자들은 미래의 인플레이션이 미래에 자신들에게 돌아올 돈의 실질가치를 잠식한다는 것을 안다. 따라서 투자자들은 이러한 손실을 보다 높은 명목이자율이라는 형태로 보상받기 원한다. 이러한 보상을 **인플레이션프리미엄**(inflation premium)이라고 한다.

인플레이션프리미엄(inflation premium): 예상되는 미래의 인플레이션에 대한 보상을 대변하는 명목이자율의 일부분

투자자들이 미래의 인플레이션율이 더 높아질 것이라고 믿는다면 장기명목이자율은 단기명목이자율보다 더 높아지는 경향을 가질 것이다. 따라서 우상향하는 기간구조는 예상되는 인플레이션율의 상승을 반영하는 것일 수 있다. 마찬가지로 우하향하는 기간구조는 미래에는 인플레이션율이 하락할 것이라는 투자자들의 믿음을 반영하는 것일 수 있다.

기간구조의 마지막 세 번째 요소는 이자율위험과 관련을 갖고 있다. 이 장의 앞부분에서 설명했듯이 장기채권은 단기채권보다 이자율의 변화로 인해 생기는 손실이 더 커지는 위험을 갖는다. 투자자들은 이러한 위험도 알고 있으며, 따라서 이러한 위험을 감수하는 대가로 더 높은 이자율이라는 추가적인 보상을 요구한다. 이러한 추가적 보상을 **이자율위험프리미엄**(interest rate risk premium)이라고 한다. 만기가 길어질수록 이자율위험은 더 커지므로 이자율위험프리미엄도 만기와 함께 증가한다. 그러나 앞에서 본 바와 같이, 이자율위험은 점점 감소하면서 증가하므로 이자율위험프리미엄도 점점 감소하면서 증가한다.[9]

이자율위험프리미엄(interest rate risk premium): 이자율위험을 감수하는 것에 대해 투자자들이 요구하는 보상

지금까지의 설명을 종합하면, 기간구조는 실질이자율, 인플레이션프리미엄, 이자율위험프리미엄의 종합적인 효과를 반영한다. 그림 7.7은 이러한 것들이 어떻게 서로 상호작용하여 우상향하는 기간구조(위 그림)를 만들기도 하고, 우하향하는 기간구조(아래 그림)를 만들기도 하는지를 보여주고 있다.

그림 7.7의 위 그림(그림 A)에서, 투자자들이 인플레이션율이 어떻게 점차 상승할 것이라고 예상하는지를 살펴보라. 동시에 이자율위험프리미엄은 체감하면서 증가한다. 따라서 이러한 효과들이 종합되어 우상향하는 기간구조를 만들어내고 있다. 그림 7.7의 아래 그림(그림 B)에서는 투자자들이 미래에 인플레이션율이 하락할 것이라고 예상하고 있으며, 예상되는 하락의 정도가 이자율위험프리미엄을 상쇄하고도 남아 우하향하는 기간구조를 만들어 내고 있다. 만약 투자자들이 인플레이션율이 아주 조금 하락할 것으로 예상한다면 이자율위험프리미엄 때문에 우상향하는 기간구조가 나타날 수 있다는 것도 살펴보기 바란다.

그림 7.7은 실질이자율이 일정한 크기로 유지된다고 가정하고 있다. 실제로 예상되는 미래의 실질이자율은 현재의 실질이자율보다 더 클 수도 있고 더 작을 수도 있다. 한편 설명의 편의를 위해 미래에 예상되는 인플레이션율이 계속 증가하거나 감소하는 것으로 표시하였지만 반드시 그런 것은 아니다. 예를 들어 미래에 예상되는 인플레이션율은 증가하다가 하락할 수 있으며 그에 따라 혹 모양의 기간구조가 나타날 수 있다.

[9]이자율위험프리미엄을 옛날에는 유동성프리미엄(liquidity premium)이라고 불렀다. 그러나 다음 절에서 곧 살펴볼 것이지만, 유동성프리미엄은 오늘날에는 전혀 다른 의미를 갖는 것으로 사용되고 있다. 한편, 이자율위험프리미엄은 만기위험프리미엄(maturity risk premium)이라고도 한다.

그림 7.7
이자율의 기간구조

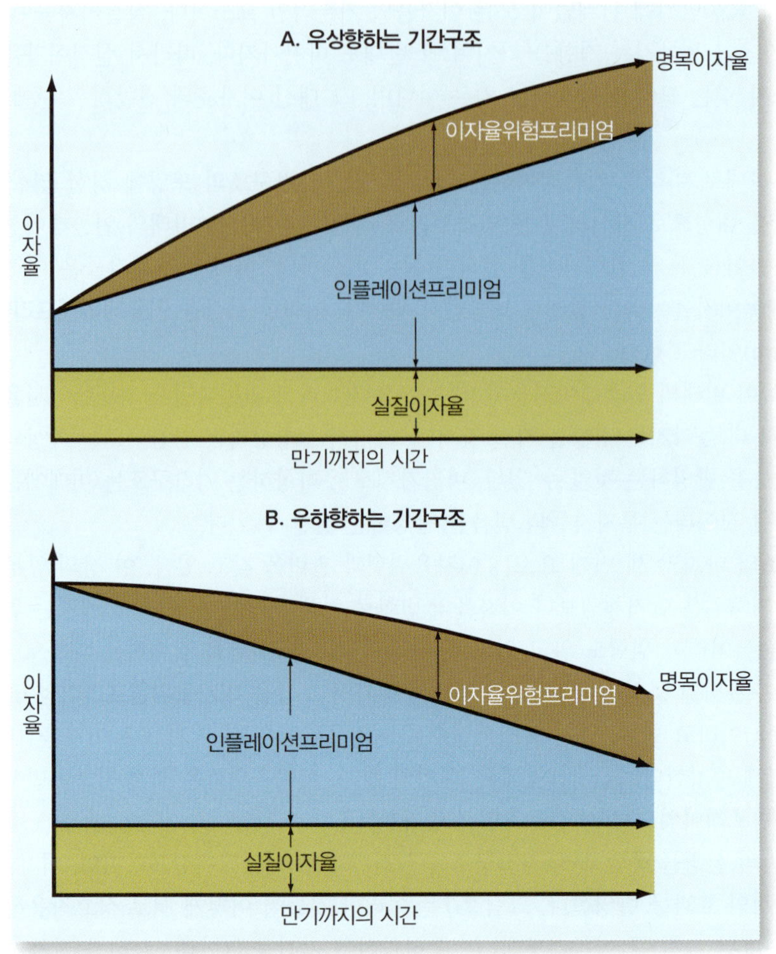

채권의 수익률과 수익률곡선

그림 7.5에서 우리는 서로 다른 만기를 갖는 미 재무부 채권의 수익률이 서로 다르다는 것을 보았다. *Wall Street Journal*은 그림 7.5와 같은 자료를 매일 제공할 뿐만 아니라 만기에 따라 달리 나타나는 미 재무부 채권의 수익률을 그래프로도 보여주고 있다. 이러한 그래프를 **미 재무부 채권의 수익률곡선**(Treasury yield curve) 또는 간단히 수익률곡선(yield curve)이라고 한다. 그림 7.8은 2020년 5월 28일의 수익률곡선을 보여주고 있으며, 명목수익률곡선과 실질수익률곡선 둘 다 보여주고 있다.

미 재무부 채권의 수익률곡선
(Treasury yield curve):
만기에 따라 달리 나타나는 미 재무부 채권들(Treasury note, Treasury bond)의 수익률을 나타내는 곡선

수익률곡선에 대한 정보는 **www.bloomberg.com/markets**를 참조하라.

당신이 이미 생각했을지도 모르지만, 수익률곡선의 모양은 이자율의 기간구조를 반영하고 있는 것이다. 실제로 수익률곡선은 이자율의 기간구조와 거의 동일한 것이다. 유일하게 다른 점은 기간구조는 순수할인채권에 기초한 것이고, 수익률곡선은 쿠폰채권에 기초한 것이라는 것뿐이다. 따라서 미 재무부 채권의 수익률도 기간구조를 결정하는 세 가지 요소인 실질이자율, 예상되는 미래인플레이션율, 이자율위험프리미엄에 의해 영향을 받는다.

미 재무부 채권은 세 가지 중요한 특징을 갖고 있다는 것을 기억하기 바란다. 채무불이행위험이 없고, 과세대상이며, 매우 유동성이 강하다는 점이다. 이는 일반적인 채권의 특징이 아니므

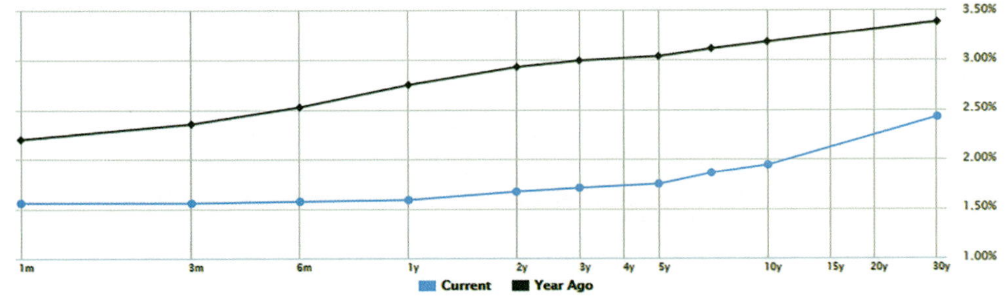

그림 7.8

미 재무부 채권의 수익률곡선: 2020년 5월 28일

출처: www.wsj.com, May 28, 2020.

로 기업이나 지방정부가 발행하는 채권을 살펴볼 때 이러한 점들을 비교해 보아야 한다.

수익률곡선이 어떻게 변해왔는가를 보려면 **stockcharts.com/freecharts/yieldcurve.php.www.bloomberg.com/markets**에서 "living yield curve"를 살펴보라.

첫 번째로 살펴보아야 할 사항은 신용위험(credit risk), 즉 채무불이행의 가능성이다. 투자자들은 미국 재무부 이외의 다른 발행자들이 그들의 채권에 의해 약속된 금액을 지불하지 않을 수도 있다는 것을 알기 때문에 위험에 대한 보상으로 보다 높은 수익률을 요구한다. 이러한 추가적인 보상을 **채무불이행위험프리미엄**(default risk premium)이라고 부른다. 우리는 이 장의 앞부분에서 신용위험에 따라 채권의 등급이 어떻게 정해지는가를 살펴보았다. 서로 다른 등급을 가진 채권을 살펴보면, 더 낮은 등급의 채권이 더 높은 수익률을 갖는다는 것을 발견할 것이다.

채무불이행위험프리미엄(default risk premium): 명목이자율이나 채권의 수익률에서 채무불이행 가능성에 대한 보상을 반영하는 부분

채권의 수익률에 대해 알고 있어야 할 중요한 점은 모든 지급약속이 이행된다는 가정하에서 계산된 것이라는 것이다. 다시 말해 채권의 수익률은 약속된 수익률일 뿐이므로 투자자들이 실제로 얻는 수익률은 채권의 수익률과 같지 않을 수도 있다는 것이다. 특히 발행자가 채무불이행 상태에 빠지면 투자자들이 얻는 실제의 수익률은 채권의 수익률보다 아마도 훨씬 낮을 것이다. 이러한 사실은 정크본드의 경우에 특히 중요하다. 약삭빠른 마케팅 덕분에 정크본드는 이제 일반적으로 훨씬 듣기 좋은 표현인 고수익률채권(high-yield bond)으로 불리고 있다. 그러나 고수익률채권이라는 표현이 고수익률이 보장된 채권이 아니라 약속되어(promised) 있는 채권을 의미할 뿐이라는 점을 알고 있어야 한다.

지방채(municipal bond)의 경우에는 대부분의 세금이 면제되기 때문에 세금이 부과되는 채권보다 훨씬 낮은 수익률을 갖고 있다고 한 점을 기억하여야 한다. 따라서 투자자들은 과세대상채권(taxable bond)에 대해서는 불리한 세금적용에 대한 보상으로 추가적인 수익률을 요구한다. 이러한 추가적인 보상을 **과세대상프리미엄**(taxability premium)이라고 부른다.

과세대상프리미엄(taxability premium): 명목이자율이나 채권의 수익률에서 불리한 세금적용에 대한 보상을 반영하는 부분

마지막으로, 채권들은 다양한 수준의 서로 다른 유동성을 갖는다. 앞에서 언급했듯이 엄청난 종류의 채권들이 발행되고 있지만 채권의 대부분은 정기적으로 거래되지 않는다. 따라서 채권을 급히 팔려고 하는 경우에는 아마도 받을 수 있는 충분한 가격을 받지 못할 수 있다. 투자자들은 유동성(시장성)이 낮은 자산보다 유동성이 높은 자산을 더 선호한다. 따라서 투자자들은 지금까지 설명한 다른 모든 프리미엄에 더하여 **유동성프리미엄**(liquidity premium)을 추가적으로 요구한다. 그 결과, 다른 상황이 동일하다면 유동성이 떨어지는 채권은 유동성이 높은 채권보다 더 높은 수익률을 갖게 될 것이다.

유동성프리미엄(liquidity premium): 명목이자율이나 채권의 수익률에서 유동성이 부족한 것에 대한 보상을 반영하는 부분

결론

채권의 수익률에 대해서 지금까지 설명한 모든 것을 종합하면, 채권의 수익률은 적어도 여섯 가지 요소들의 효과가 혼합되어 반영된 결과로 나타날 것이다. 맨 처음 요소는 실질이자율이다. 실질이자율에 다섯 가지의 프리미엄들이 추가되는데 이들은 (1) 예상되는 미래의 인플레이션율,

(2) 이자율위험, (3) 채무불이행위험, (4) 세금부과, (5) 유동성 부족에 대한 보상으로 주어지는 프리미엄들이다. 따라서 어떤 채권에 대한 적절한 수익률을 알기 위해서는 이들 각각에 대한 세심한 분석이 요구된다.

개념질문 _Concept Questions

7.7a 이자율의 기간구조란 무엇인가? 기간구조의 모양을 결정하는 것은 무엇인가?
7.7b 미 재무부 채권의 수익률곡선이란 무엇인가?
7.7c 채권의 수익률을 구성하는 여섯 가지 요소는 무엇인가?

7.8 요약과 결론

이 장에서는 채권, 채권의 수익률, 이자율에 대해서 살펴보았으며 다음과 같은 것을 알게 되었다.

1. 채권가격과 채권수익률의 계산에는 현금흐름할인법을 적용한다.
2. 채권의 가치(가격)는 이자율과 반대방향으로 움직이면서 채권투자자들에게 잠재적인 이득과 손실을 발생시킨다.
3. 채권은 다양한 특징들을 가지며 그 내용은 발행계약서(indenture)에 기술되어 있다.
4. 채권의 등급은 채무불이행위험에 따라 정해진다. 미 재무부 채권과 같은 채권은 채무불이행위험을 갖고 있지 않지만, 정크본드라고 불리는 채권은 상당한 채무불이행위험을 갖고있다.
5. 채권의 종류는 매우 다양하며 그중에는 매우 특이하고 일상적이지 않은 특징을 갖는 채권도 있다.
6. 거의 대부분의 채권이 장외시장(OTC)에서 거래되고 있기 때문에 대부분 채권의 시장투명성은 거의 또는 전혀 없다. 그 결과, 어떤 종류의 채권에 대해서는 그 가격과 거래규모에 대한 정보를 얻기 어렵다.
7. 채권의 수익률과 이자율은 여섯 가지 요소를 반영하고 있다. 첫 번째 요소는 실질이자율이며 이에 더해 인플레이션, 이자율위험, 채무불이행위험, 세금부과, 유동성 부족이라는 다섯 가지 요소에 대해 투자자들이 요구하는 보상으로 주어지는 다섯 가지의 프리미엄이다.

채권은 모든 종류의 정부, 모든 종류의 기업에 매우 중요한 자금조달원이다. 채권가격이나 채권의 수익률에 대해 살펴볼 수 있는 내용들은 방대하지만 우리는 가장 중요한 개념들에 대해서만 살펴보았다.

복습과 자가진단

7.1 채권의 가치 Microgates Industries 채권의 쿠폰율은 연 10%, 액면가는 1,000$이다. 이자는 반년마다 지급되며, 만기는 20년이다. 투자자가 12%의 수익률을 원한다면 이 채권의 가치는 얼마인가? 이 채권의 실효연수익률은?

7.2 채권의 수익률 Macrohard의 채권은 연 8%의 쿠폰을 반년마다 지급한다. 액면가는 1,000$이고, 만기는 6년이다. 이 채권이 현재 911.37$에 거래된다면 이 채권의 만기수익률은 얼마인가? 실효연수익률은?

복습과 자가진단의 해답

7.1 이 채권의 쿠폰수익률은 10%인데 투자자들은 12%의 수익을 요구하기 때문에 이 채권은 할인되어 판매되어야 한다는 것을 알 수 있다. 이자를 반년마다 지급하기 때문에 6개월마다 지급되는 쿠폰은 $100/2 = 50$이다. 6개월에 대한 요구수익률은 12%/2 = 6%이다. 마지막으로 이 채권의 만기 20년은 6개월 단위로 총 40번의 기간이다.

따라서 이 채권의 가치를 구하기 위해서는 6개월마다 $50가 40번 지급되는 현금흐름의 현재가치와 액면가 $1,000의 현재가치를 구해서 이들을 합해주면 된다.

$$\begin{aligned}\text{채권의 가치} &= \$50 \times [(1 - 1/1.06^{40})/0.06] + \$1{,}000/1.06^{40}\\ &= \$50 \times 15.0463 + \$1{,}000/10.2857\\ &= \$849.54\end{aligned}$$

여기서 1,000$를 연 12%의 할인율로 20년 동안 할인해준 것이 아니라 6%로 40기간 동안 할인해주어야 한다는 점에 주의해야 한다. 그 이유는 채권의 실효연수익률은 12%가 아니라 $1.06^2 - 1 =$ 12.36%이기 때문이다. 따라서 액면가 1,000$의 현재가치를 계산할 때 20년간 연 12.36%의 할인율을 사용한다면 동일한 답을 얻을 것이다.

7.2 이 채권이 갖는 현금흐름의 현재가치는 현재의 가격인 911.37$이다. 쿠폰은 6개월마다 40$가 12번 지급되며, 액면가는 1,000$이다. 따라서 이 채권의 수익률은 다음의 식에서 구해지는 할인율이다.

$$\$911.37 = \$40 \times [1 - 1/(1 + r)^{12}]/r + \$1{,}000/(1 + r)^{12}$$

이 채권은 할인되어 거래되고 있다. 쿠폰율이 8%이므로 이 채권의 만기수익률은 이보다 커야 한다.

시행착오법에 의해 우선 연 12%(또는 6개월마다 6%)를 사용해보기로 한다.

$$\begin{aligned}\text{채권의 가치} &= \$40 \times (1 - 1/1.06^{12})/0.06 + \$1{,}000/1.06^{12}\\ &= \$832.32\end{aligned}$$

채권의 가치가 실제 가치보다 작은 것으로 나타나므로 우리가 사용한 할인율은 너무 높은 할인율이다. 따라서 이 채권의 수익률은 8%와 12% 사이에 있다. 여러 할인율을 사용해보면(계산기를 사용하든지) 이 채권의 연수익률이 10%(6개월에 5%)임을 알게 된다.

따라서 이 채권의 만기수익률은 현실의 관행대로 5% × 2 = 10%로 명시될 것이다. 그러나 실효수익률은 $1.05^2 - 1 =$ 10.25%가 된다.

개념복습과 개념질문

1. **미 재무부 채권 [LO1]** 미 재무부 채권에는 위험이 없다는 것이 사실인가?
2. **이자율위험 [LO2]** 30년 만기의 미 재무부 채권과 30년 만기의 BB 등급 회사채 중 어느 것의 이자율위험이 더 큰가?
3. **미 재무부 채권의 가격 [LO1]** 미 재무부 채권의 경우에 매수가(bid price)가 매도가(ask price)보다 더 높을 수 있는가? 왜 그런가? 왜 그렇지 않은가?
4. **만기수익률 [LO2]** 미 재무부 채권의 매수가와 매도가는 수익률로 표현될 때도 있다. 따라서 매수수익률(bid yield)과 매도수익률(ask yield)이 있다. 이 중 어느 것이 더 높을 것으로 생각하는가? 설명해보라.
5. **콜조항 [LO1]** 어떤 기업이 장기채권을 발행하려고 하는데 콜조항(call provision)을 포함시킬 것인지 아닌지에 대해 논의 중이다. 콜조항을 포함시킬 경우에 이 기업이 얻을 수 있는 혜택은 무엇

인가? 비용은 무엇인가? 풋조항(put provision)의 경우에는 답이 어떻게 바뀌는가?

6. **쿠폰율** [LO1] 채권발행자는 발행하는 채권에 대한 적정 쿠폰율을 어떻게 결정하는가? 채권의 쿠폰율과 요구수익률의 차이를 설명해보라.

7. **실질수익률과 명목수익률** [LO4] 투자자가 실질수익률보다 명목수익률에 더 관심을 가질 수 있는 경우가 있을 수 있는가?

8. **채권의 등급** [LO3] 기업들은 자신의 채권에 대한 등급을 받기 위해 Moody's나 S&P와 같은 신용평가회사에 상당한 비용을 지불한다. 그러나 기업이 자신의 채권에 대해 등급심사를 받도록 되어 있는 것은 아니며 이는 순전히 자발적인 것이다. 그렇다면 기업들이 자발적으로 등급심사를 받는 이유는 무엇인가?

9. **채권의 등급** [LO3] 종종 정크본드에 대해서는 등급이 주어지지 않는다. 왜 그렇다고 생각하는가?

10. **기간구조** [LO5] 이자율의 기간구조와 수익률곡선의 차이점은 무엇인가?

11. **크로스오버와 채권** [LO3] 이 장에서 언급했던 크로스오버(crossover)채권의 경우, 신용평가회사들의 등급이 서로 다르게 나타나는 이유는 무엇이라고 생각하는가?

12. **지방채** [LO1] 미국에서 지방채에 대해서는 주정부 세금은 부과되면서 연방정부 세금은 부과되지 않고, 미 재무부 채권의 경우에는 주정부 세금이 부과되지 않는 이유는 무엇인가? (이를 알기 위해서는 미국 역사책을 읽어볼 필요가 있을 것이다.)

13. **채권시장** [LO1] 채권시장의 투명성이 부족하다는 사실이 투자자들에게 의미하는 바는 무엇인가?

14. **신용평가회사** [LO3] 일부 신용평가회사가 등급심사를 요청받지 않은 채권에 대해 등급을 매기는 것에 대해 논란이 있었다. 왜 그러한 것이 문제가 될 수 있다고 생각하는가?

15. **주식과 같은 채권** [LO1] 이 장에서 언급한 100년 만기 채권은 정크본드와 공통점이 있다. 비판가들은 두 경우 모두 발행자가 부채증권으로 가장하여 실제로는 지분증권을 파는 것이라고 주장하고 있다. 무엇이 문제인가? 기업이 "부채로 가장한 주식"을 팔려는 이유는 무엇인가?

연습문제

초급문제
(1-17)

1. **채권수익률의 해석** [LO1] 채권의 만기수익률과 요구수익률은 동일한 것인가? 만기수익률은 쿠폰율과 동일한 것인가? 현재 10% 쿠폰채권이 액면가에 매각되고 있다고 하자. 2년 후에 이 채권에 대한 요구수익률이 8%가 되었다. 이제 이 채권의 쿠폰율은 얼마인가? 만기수익률은?

2. **채권수익률의 해석** [LO2] 당신이 오늘 처음 발행된 7% 쿠폰율을 갖는 20년 만기의 채권을 구입했다고 하자. 이자율이 갑자기 15%로 상승했다면 당신이 산 채권의 가치는 어떻게 되는가? 그 이유는?

3. **채권의 가치평가** [LO2] 미국에서 발행되는 회사채의 대부분은 반년마다 쿠폰을 지급하지만 다른 국가들의 경우는 매년 쿠폰을 지급한다. 한 독일 회사가 만기 27년, 매년 지불하는 쿠폰의 쿠폰율이 3.6%, 액면가 1,000€인 채권을 발행한다고 하자. 이 채권의 만기수익률이 3.2%라면, 이 채권의 현재가격은 얼마인가?

4. **채권의 수익률** [LO2] 한 일본 회사가 액면가 100,000¥의 96.318%에 거래되고 있는 채권을 발행했다고 하자. 채권의 쿠폰은 매년 지불되고 쿠폰율은 3.4%, 만기는 16년이다. 이 채권의 만기수익률은 얼마인가?

5. **쿠폰율** [LO2] Nikita Enterprises는 매년 쿠폰을 지급하는 만기 8년, 액면가 1,000$의 채권을 962$에 판매하고 있다. 이 가격에서 이 채권의 만기수익률은 5.1%이다. 이 채권의 쿠폰율은 얼마인가?

6. **채권가격** [LO2] Westco Co.는 액면가 1,000$, 만기 15년짜리 채권을 1년 전에 발행했으며, 이 채권의 쿠폰율은 5.4%이다. 쿠폰은 6개월마다 지급된다. 이 채권의 만기수익률이 4.5%라면 이 채권의 현재가격은 얼마인가?

7. **채권의 수익률** [LO2] Ashburn Corp.은 2년 전에 5.6%의 쿠폰율로 만기가 25년인 채권을 발행했다. 쿠폰은 반년마다 지급된다. 이 채권이 현재 액면가의 97%에 거래되고 있다면 이 채권의 만기수익률은 얼마인가?

8. **쿠폰율** [LO2] Draiman Corporation은 만기까지 14.5년 남아 있고, 만기수익률(YTM)이 5.3%이며, 액면가는 1,000$인 채권을 발행하고 있다. 이 채권은 현재 987$에 거래되고 있다. 쿠폰은 반년마다 지급된다. 이 채권의 쿠폰율은 얼마인가?

9. **제로쿠폰채권** [LO2] 액면가가 10,000$, 만기 24년인 제로쿠폰채권이 있다. 이 채권의 만기수익률이 4.2%라면 이 채권의 가격은 얼마인가? 6개월마다 복리계산을 가정하라.

10. **채권의 가치평가** [LO2] Yan Yan Corp.은 액면가 2,000$, 쿠폰율 4.7%, 쿠폰은 6개월마다 지불되며, 만기는 13년이고, 만기수익률이 5.05%인 채권을 갖고 있다. 이 채권의 가격은 얼마인가?

11. 채권의 가치평가 [LO2] Union Local School District는 만기 16년, 쿠폰율 2.9%인 채권을 발행하고 있다. 쿠폰은 반년마다 지급된다. 이 채권의 만기수익률은 2.7%이며, 액면가는 5,000$이다. 이 채권의 가격은 얼마인가?

12. **실질수익률의 계산** [LO4] 미 재무부 단기채권(Treasury bill)이 현재 4.6%의 수익률을 보이고 있고, 인플레이션율이 1.9%라면, 이 채권의 대략적인 실질수익률은 얼마인가? 정확한 실질수익률은 얼마인가?

13. **인플레이션과 명목수익률** [LO4] 실질이자율이 1.8%이고, 인플레이션율이 2.7%라고 할 때 미 재무부 단기채권의 수익률은 얼마가 될 것으로 기대되는가?

14. **명목수익률과 실질수익률** [LO4] 어떤 투자가 다음 한 해 동안 11.7%의 수익률을 제공한다. Janice Yellen은 이 투자의 실질수익률이 9%밖에 되지 않을 것으로 생각한다. Janice는 다음 해의 인플레이션율이 얼마가 될 것으로 예상하고 있는가?

15. **명목수익률과 실질수익률** [LO4] 당신이 지난 해에 14.1%의 수익률을 보인 자산을 갖고 있다고 하자. 지난해의 인플레이션율이 2.83%였다면 당신이 얻은 실질수익률은 얼마인가?

16. **미 재무부 채권 시세표의 활용** [LO2] 그림 7.5에서 2029년 2월이 만기인 채권을 찾아보라. 이 채권의 쿠폰율은 얼마인가? 이 채권의 매수가는 얼마인가? 전날의 매도가는 얼마인가? 액면가는 10,000$라고 가정한다.

17. **미 재무부 채권 시세표의 활용** [LO2] 그림 7.5에서 2026년 11월이 만기인 채권을 찾아보라. 이 채권은 할증채권인가 할인채권인가? 이 채권의 경상수익률(current yield)은 얼마인가? 만기수익률은 얼마인가? 매수매도 스프레드(bid-ask spread)는 얼마인가? 액면가는 10,000$이라고 가정한다.

중급문제 (18-31)

18. **채권가격의 변화** [LO2] 채권 X는 반년마다 이자를 지급하는 할증채권이다. 연 7.4%의 쿠폰을 지급하는 이 채권의 만기수익률은 6.2%이며, 만기까지는 13년이 남아 있다. 채권 Y는 반년마다 이자를 지급하는 할인채권이다. 연 6.2%의 쿠폰을 지급하는 이 채권의 만기수익률은 6.8%이며, 만기까지는 마찬가지로 13년이 남아 있다. 이 채권들의 액면가는 1,000$이다. 이 채권들의 현재 가격은 얼마인가? 이자율이 변하지 않는다면 일 년 후 이 채권들의 가격은 얼마가 될 것으로 예상되는가? 3년 후에는? 8년 후에는? 12년 후에는? 13년 후에는? 이렇게 살펴볼 때 어떤 현상이 나타나는가? 만기까지의 시간에 따라 나타나는 채권가격들을 그래프로 표시하여 설명해보라.

19. **이자율위험** [LO2] 채권 Sam과 채권 Dave는 모두 연 7.1%의 쿠폰을 반년마다 지급하며 가격이 액면가(1,000$)와 동일하게 거래되고 있다. Sam은 만기까지 3년이 남아 있고, Dave는 만기까지

20년이 남아 있다. 이자율이 갑자기 2% 상승한다면 Sam의 가격은 몇 퍼센트 변하겠는가? Dave의 가격은 몇 퍼센트 변하겠는가? 이자율이 갑자기 2% 하락한다면 Sam의 가격은 몇 퍼센트 변하겠는가? Dave의 가격은 몇 퍼센트 변하겠는가? 만기수익률에 대한 채권가격을 그래프로 그려서 구한 답에 대해 설명하라. 이 문제가 더 장기인 채권의 이자율위험에 대해서 말해주고 있는 것은 무엇인가?

20. **이자율위험 [LO2]** 채권 J는 3% 쿠폰채권이며, 채권 K는 9% 쿠폰채권이다. 두 채권 모두 만기까지 18년이 남아 있으며, 쿠폰은 반년마다 지급되고, 두 채권 모두 6%의 만기수익률을 갖고 있다. 이자율이 갑자기 2% 상승한다면 이 두 채권의 가격은 몇 퍼센트 변하겠는가? 이자율이 갑자기 2% 하락한다면 이 채권들의 가격은 몇 퍼센트 변하겠는가? 이 문제가 더 낮은 쿠폰율을 갖는 채권의 이자율 위험에 대해 말해주고 있는 것은 무엇인가?

21. **채권의 수익률 [LO2]** Williams Software는 만기까지 18년이 남아 있는 쿠폰율 6.4% 쿠폰채권을 발행했다. 이 채권은 반년마다 쿠폰을 지급하며 현재 액면가의 106.32%에 거래되고 있다. 이 채권의 경상수익률(current yield)은 얼마인가? 만기수익률(YTM)은? 실효연수익률은?

22. **채권의 수익률 [LO2]** Uliana Co.는 공장 확장을 위한 대규모 자금을 조달하기 위해 만기 20년인 채권을 새로 발행하려고 한다. 이 회사는 이미 쿠폰이 반년마다 지급되고 20년 후에 만기가 되는 6%의 쿠폰채권을 발행했으며, 액면가 1,000$인 이 채권은 현재 시장에서 967$에 거래되고 있다. Uliana Co.가 새 채권을 액면가에 팔 수 있기 위해서는 쿠폰율을 얼마로 정해야 하는가?

23. **발생이자 [LO2]** 당신이 $1,053로 공시된 액면가 1,000$인 채권을 구매했다고 하자. 이 채권은 5.3%의 쿠폰율을 갖고 있으며, 반년마다 지급되는 쿠폰지급일까지는 현재 4개월이 남아 있다. 이 채권의 클린가격(clean price)은 얼마인가?

24. **발생이자 [LO2]** 당신이 6.4%의 쿠폰율을 갖는 액면가 1,000$, 클린가격 1,027$인 채권을 구매했다고 하자. 반년마다 지급되는 쿠폰지급일까지는 현재 2개월이 남아 있다. 이 채권의 청구가격(invoice price)은 얼마인가?

25. **채권의 만기 [LO2]** Milton Corp.은 매년 쿠폰을 지급하는 8%의 쿠폰율을 갖는 채권을 발행하고 있다. 이 채권의 만기수익률은 7.2%이며, 경상수익률은 7.55%이다. 이 채권은 만기까지 얼마의 기간을 남기고 있는가?

26. **채권시세표의 활용 [LO2]** IOU주식회사의 채권에 대한 시세표가 다음과 같이 오늘 날짜 신문의 금융면에 나왔다고 하자. 이 채권의 액면가가 2,000$이고, 오늘 날짜가 2021년 4월 19일이라고 하자. 이 채권의 만기수익률은 얼마인가? 이 채권과 유사한 미 재무부 채권의 만기수익률은 얼마인가?

Company (Ticker)	Coupon	Maturity	Last Price	Last Yield	EST Vol (000s)
IOU (IOU)	5.7	Apr 19, 2043	108.96	??	1,827

27. **채권가격과 수익률 [LO2]**

a. 채권의 가격과 만기수익률 간의 관계는 무엇인가?

b. 어떤 채권은 액면가보다 높게 할증되어 거래되고 어떤 채권은 할인되어 거래되는 이유를 설명하라. 할증채권의 쿠폰율과 만기수익률 간의 관계에 대해서 알고 있는 바는 무엇인가? 할인채권의 경우에 대해서는? 액면채권의 경우에 대해서는?

c. 할증채권의 경상수익률과 만기수익률 간의 관계는 무엇인가? 할인채권의 경우는? 액면채권의 경우는?

28. **제로쿠폰채권의 이자 [LO2]** Imagination Dragons Corporation은 공장 확장을 위한 자금을 조달하기 위해서 액면가 1,000$인 25년 만기의 제로쿠폰채권을 발행하기로 결정했다. 이 채권에 대

한 요구수익률은 5.3%일 것이다. 반년마다 복리계산한다고 가정한다.

a. 이 채권의 발행가는 얼마가 되겠는가?

b. 미국세청(IRS)의 분할상환법(amortization rule)을 이용하면 첫해에 이 회사가 이 채권의 이자비용으로 공제할 수 있는 금액은 얼마인가? 마지막 해의 금액은 얼마인가?

c. 정액법(straight-line method)을 사용하여 이자비용으로 공제할 수 있는 금액을 다시 계산해보라.

d. 문제 b와 c에 대한 답에 근거할 때 이 회사는 어떤 공제방법을 선호하겠는가? 그 이유는?

29. **제로쿠폰채권** [LO2] 당신 회사가 65백만$의 자금을 조달하기 위해서 만기가 20년인 채권을 발행하려고 한다고 하자. 이 채권에 대한 요구수익률이 4.9%가 될 것이라고 가정하고, 당신 회사는 반년마다 쿠폰을 지급하는 연 4.9%의 쿠폰채권과 제로쿠폰채권 중 하나를 선택하려고 한다. 당신 회사의 법인세율은 21%이다. 두 채권 모두 액면가는 1,000$이다.

a. 65백만$를 조달하기 위해서 쿠폰채권을 얼마나 많이 발행해야 하는가? 제로쿠폰채권은 얼마나 많이 발행해야 하는가?

b. 쿠폰채를 발행하면 20년 후에 얼마를 상환해야 하는가? 제로쿠폰채권을 발행하면 얼마를 상환해야 하는가?

c. 문제 a와 문제 b에서 구한 답에서 볼 때 당신이 제로쿠폰채권의 발행을 선호한다면 그 이유는 무엇인가? 답을 얻기 위해서는 두 경우에 발생하는 첫해의 세후 현금유출을 계산하라. 미국세청(IRS)의 분할상환법이 제로쿠폰채권에 적용된다고 가정하라.

30. **만기의 계산** [LO2] 10% 쿠폰채권이 시장에서 액면가에 거래되는 것을 알았다고 하자. 이 채권의 만기는 얼마인가?

31. **실질현금흐름** [LO4] 당신은 40년 뒤에 은퇴할 때 실질가치로 2.5백만$를 갖기 원한다. 당신이 하는 투자가 갖는 명목수익률은 10.1%이고, 인플레이션율은 3.4%이다. 목적을 달성하기 위해서는 당신이 매년 투자해야 하는 실질금액은 얼마인가?

고급문제 (32-38)

32. **채권수익률의 구성요소** [LO2] 채권 P는 할증채권으로 9%의 쿠폰을 지급한다. 채권 D는 5%의 쿠폰을 지급하며 현재 할인되어 거래되고 있다. 두 채권 모두 매년 1번 쿠폰을 지급하며, 액면가는 1,000$, 만기수익률(YTM)은 7%이고 또한 만기까지 15년이 남아 있다. 채권 P의 경상수익률은 얼마인가? 채권 D의 경상수익률은? 이자율이 변하지 않는다면 채권 P로부터 내년에 얻을 것으로 기대되는 자본이득수익률(capital gain yield)은 얼마인가? 채권 D의 경우는? 구한 답에 대해 설명하고 다양한 수익률 간의 상호관계에 대해 설명해보라.

33. **보유기간수익률** [LO2] 채권의 만기수익률은 이자율이 변하지 않는다면 그 채권을 만기까지 갖고 있을 때 얻는 수익률이다. 그러나 채권을 만기가 되기 전에 판매한다면 그때 나타나는 수익률은 보유기간수익률(holding period yield: HPY)이라고 부른다.

a. 오늘 당신이 만기가 17년이고 7%의 쿠폰을 매년 1번 지급하는 채권을 1,050$에 산다고 하자. 이 투자로부터 당신이 기대하는 수익률은 얼마인가? 액면가는 1,000$라고 가정한다.

b. 지금부터 2년 후 당신이 구입한 이 채권의 만기수익률이 1% 하락했기 때문에 이를 팔기로 했다고 하자. 당신 채권은 얼마에 팔리겠는가? 당신이 얻는 HPY는 얼마인가? HPY를 당신이 처음 이 채권을 샀을 때의 만기수익률(YTM)과 비교해보라. 이들이 서로 다른 이유는 무엇인가?

34. **채권의 가치평가** [LO2] J Cookie Dough Corporation은 현재 두 종류의 채권을 발행하고 있다. 채권 M은 액면가 20,000$, 만기 20년인 채권이다. 이 채권은 처음 6년간은 전혀 쿠폰을 지급하지 않는다. 그러나 그 후 8년간은 반년마다 900$를 지급하며 그리고 다시 그 후 6년간은 반년마다 1,300$를 지급한다. 채권 N도 마찬가지로 액면가가 20,000$, 만기가 20년이다. 이 채권은 만기까지 쿠폰을 전혀 지급하지 않는다. 이 채권들에 대해 투자자들이 요구하는 요구수익률이 연 4.7%이고 반년마다 복리계산된다면, 채권 M의 현재가격은 얼마가 되겠는가? 채권 N의 현재가격은?

35. **콜조항의 가치평가** **[LO2]** 2021년 5월 15일에 세 종류의 미 재무부 채권에 대한 시세는 다음과 같다.

5/15/2027	6.500	106.31250	106.37500	−0.31250	5.28
5/15/2027	8.250	103.43750	103.50000	−0.09375	5.24
5/15/2027	12.000	134.78125	134.96875	−0.46875	5.32

가운데 있는 채권은 2022년 2월에 미국 정부가 조기상환할 수 있다. 이러한 조기상환(call)권리의 가치는 얼마인가? 액면가는 1,000$로 가정한다. (힌트: 조기상환조건이 붙지 않은 두 채권을 잘 혼합하여 조기상환이 가능한 채권과 동일한 쿠폰을 갖는 채권을 만들어 낼 수 있는가?)

36. **미 재무부 채권** **[LO2]** 미 재무부 채권에 대한 다음의 시세표가 2004년 5월 11일 *Wall Street Journal*에 게재되었다.

5/15/2009	9.125	100.09375	100.12500	0	−2.15

만기수익률이 음(−)인 이 채권을 구입하려는 투자자가 있다면 그 이유는 무엇인가? 어떻게 이러한 일이 나타날 수 있는가?

37. **실질현금흐름** **[LO4]** 1962년 Marilyn Monroe가 사망했을 때, 전 남편이었던 Joe DiMaggio는 자신이 살아 있는 동안에 매주 일요일 그녀의 무덤에 신선한 새 꽃을 갖다 놓겠다고 맹세하고, 매번 약 7$어치의 신선한 꽃을 갖다 놓기 시작했다. 보험적 통계수치에 근거할 때, Joe는 Marilyn의 사망 후 30년간 살아 있을 것으로 예상된다. EAR이 6.8%라고 가정하자. 또한 신선한 꽃의 가격은 매년 EAR로 볼 때 3.5% 상승한다고 가정하자. 1년을 52주로 가정할 때, Joe의 맹세가 갖는 현재가치는 얼마인가? Joe는 Marilyn이 사망한 주부터 30년간 매주 7$어치의 신선한 꽃을 구매하기 시작했다.

38. **실질현금흐름** **[LO4]** 당신은 다음 30년간 은퇴를 위해 저축하려고 한다. 주식계좌에 매달 실질가치로 700$를 저축하고, 채권계좌에 매달 실질가치로 300$를 저축한다. 주식계좌의 실효연수익률은 11%로 기대되며, 채권계좌의 실효연수익률은 7%로 기대된다. 은퇴했을 때 당신은 이 돈을 합하여 9%의 실효연수익률을 갖는 계좌에 저축하려고 한다. 이 기간 동안 인플레이션율은 4%로 예상된다. 25년간 매달 돈을 인출한다고 가정하면 매달 당신은 얼마의 실질금액을 인출할 수 있는가? 당신이 마지막으로 인출하는 명목금액은 얼마인가?

작은 사례

채권발행에 의한 S&S Air의 자금조달

S&S Air의 소유주인 Mark Sexton와 Todd Story 두 사람은 사업을 확장하기로 하고, 새로 채용한 재무분석가 Chris Guthrie에게 35백만$의 10년 만기 채권을 인수할 인수회사(underwriter)를 물색하도록 지시했다. Chris는 Raines and Warren사를 주간사로 하여 그 회사 직원인 Renata Harper와 어떤 특징을 갖는 채권을 발행해야 할 것이며, 쿠폰율은 얼마로 하는 것이 좋은가에 대한 논의를 시작했다.

Chris는 채권이 갖는 특징들에 대해서는 알고 있지만 각 특징들이 발생시키는 비용과 혜택을 알고 있지 못하기 때문에 각 특징들이 채권의 쿠폰율에 어떤 영향을 미치는지 알지 못한다. Renata가 당신에게 다음의 채권의 각 특징들이 채권의 쿠폰율에 미치는 영향에 대해 Chris에게 설명하고, 또한 각 특징이 갖는 이점과 불리한 점도 설명한 서류를 작성하도록 요구했다고 하고 다음의 특징들에 대해 기술해보라.

질문

1. 지급보장 여부
2. 우선순위
3. 감채기금의 존재 여부
4. 조기상환 날짜와 상환가격을 규정하는 콜조항
5. 지연콜조항
6. 손실보전콜조항
7. S&S Air가 취할 수 있는 여러 행동을 고려한 긍정적 보호조항
8. S&S Air가 취할 수 있는 여러 행동을 고려한 부정적 보호조항
9. 주식으로의 전환 여부(S&S Air의 주식은 공개되지 않고 있다는 점을 유의하라)
10. 변동금리채권 여부

8 주식의 가치평가

Stock Valuation

2020년 5월 26일 미국 주식시장이 마감되었을 때, Charles Schwab의 주식가격은 주당 34.48$였다. 같은 날, 캔디 회사 Tootsie Roll의 주식가격은 주당 34.44$, Uber의 주식가격은 주당 34.56$였다. 이 세 회사의 주식가격이 서로 매우 비슷했기 때문에 이 회사들이 주주에게 지급한 배당도 비슷했을 것이라는 생각이 들지도 모르지만 그 생각은 맞지 않다. 실제로 Charles Schwab은 한 주당 연간 0.72$의 배당을 했으며, Tootsie Roll은 0.35$의 배당을 했다. 그리고 Uber는 배당을 전혀 하지 않았다!

이 장에서 살펴볼 것이지만, 현재 지급되는 배당은 보통주의 가치를 평가하는 데 있어서 중요한 요소 중 하나이다. 그러나 Uber의 경우를 볼 때 배당이 주식 가격을 결정하는 모든 것이 아니라는 점은 확실하다. 이 장에서는 배당, 주식가치, 그리고 이들 간의 관계에 대해 살펴본다.

학습목표 _*Learning Objectives*

이 장을 공부한 후에는 다음과 같은 것들에 대해 알아야 한다.

- **LO1** 미래의 배당과 배당성장률이 주식가격에 미치는 영향
- **LO2** 배수를 이용한 주식의 가치 구하기
- **LO3** 주식회사의 이사를 선출하는 방법

앞 장에서는 채권과 채권의 가치평가에 대해 설명했다. 이 장에서는 기업에 또 하나의 중요한 자금조달 수단인 보통주와 우선주에 대해서 살펴보기로 한다. 먼저 주식과 관련된 현금흐름에 대해 설명하고, 그런 다음 매우 유명한 모형인 배당성장모형에 대해 살펴보기로 한다. 그 다음으로는 주주의 권리를 중심으로 보통주와 우선주가 갖는 중요한 특징들에 대해 살펴보기로 한다. 이 장의 마지막 부분에서는 주식이 어떻게 거래되고, 주식가격이나 기타 주식과 관련된 중요한 정보가 금융 관련 매체에서 어떻게 보도되는지에 대해 설명한다.

8.1 보통주의 가치평가

보통주의 가치를 평가하는 것은 실제로 채권의 가치를 평가하는 것보다 더 어렵다. 그 이유는 세 가지다. 첫째, 보통주의 경우 지급이 약속된 현금흐름을 미리 알 수 없다. 둘째, 주식은 만기가

없기 때문에 주식의 투자기간은 기본적으로 무한대이다. 셋째, 주식의 경우에는 시장이 요구하는 수익률을 쉽게 알 수 있는 방법이 없다. 그럼에도 불구하고 주식이 발생시키는 미래현금흐름의 현재가치를 알 수 있으며 그에 따라 주식의 가치를 평가할 수 있다.

현금흐름

오늘 어떤 주식 한 주를 사서 일 년 후에 파는 경우를 생각해보자. 일 년 후에는 그 주식의 가격이 70$가 될 것으로 예측하며 또한 일 년 동안 10$의 배당을 받을 것으로 예측한다고 하자. 당신이 이러한 투자를 하고 이러한 투자에 대해 당신이 요구하는 수익률이 25%라면, 당신이 이 주식에 대해 지불하고자 하는 최대금액은 얼마일까? 다시 말해 할인율이 25%일 때 일 년 후 받는 10$의 배당금과 70$의 판매가격의 현재가치는 얼마일까?

오늘 주식을 사고 연말에 이를 판다면 총 80$의 현금이 발생한다. 25%의 할인율을 적용하는 경우에 이 현금의 현재가치는 다음과 같다.

현재가치 = ($10 + $70)/1.25 = $64

64$는 당신이 오늘 이 주식에 대해 부여하는 가치이다.

보다 일반적으로 P_0를 주식의 현재가격, P_1을 한 기간 후의 가격으로, D_1을 기간 말에 지급되는 배당금이라고 하면 다음과 같은 관계가 성립한다.

$$\boldsymbol{P_0 = (D_1 + P_1)/(1 + R)} \qquad \textbf{[8.1]}$$

R은 이 투자에 대해 시장에서 요구하는 요구수익률(required return)이다.

지금까지 언급한 것은 별로 특별한 것이 아니다. 다만 주식의 현재가치(P_0)를 구하기 위해서 먼저 일 년 후의 가격(P_1)을 알아야 한다는 것인데, 이는 알기가 어려워 문제를 오히려 어렵게 만든 것 같다.

한 기간 후의 가격인 P_1은 얼마가 될까? 우리는 이를 알지 못한다. 따라서 약간 달리 생각해보자. 두 기간 후의 가격 P_2를 어떻게 알았다고 하고, 또한 두 기간 후에 받는 배당금 D_2를 안다고 하자. 그렇다면 한 기간 후의 주식가격은 아래와 같이 표현될 것이다.

$$P_1 = (D_2 + P_2)/(1 + R)$$

이 P_1의 식을 위의 P_0의 식에 대입하면 다음과 같은 결과를 얻는다.

$$P_0 = \frac{D_1 + P_1}{1 + R} = \frac{D_1 + \dfrac{D_2 + P_2}{1 + R}}{1 + R}$$
$$= \frac{D_1}{(1 + R)^1} + \frac{D_2}{(1 + R)^2} + \frac{P_2}{(1 + R)^2}$$

이제 두 기간 후의 주식가격을 알아야 한다. 그러나 우리는 이것도 알 수 없다. 따라서 이를 아는 것을 계속 뒤로 미루면 P_2는 다음과 같이 표현된다.

$$P_2 = (D_3 + P_3)/(1 + R)$$

이 식을 다시 P_2에 대입하면 다음과 같이 된다.

$$P_0 = \frac{D_1}{(1+R)^1} + \frac{D_2}{(1+R)^2} + \frac{P_2}{(1+R)^2}$$

$$= \frac{D_1}{(1+R)^1} + \frac{D_2}{(1+R)^2} + \frac{\frac{D_3 + P_3}{1+R}}{(1+R)^2}$$

$$= \frac{D_1}{(1+R)^1} + \frac{D_2}{(1+R)^2} + \frac{D_3}{(1+R)^3} + \frac{P_3}{(1+R)^3}$$

이제 당신은 주식가격을 아는 것을 계속 미래로 미루면 된다는 것을 눈치챘을 것이다. 주식가격을 아는 것을 계속 뒤로 미루어 아주 먼 미래까지 가면, 그때 가서 주식가격이 얼마가 되든 그 가격의 현재가치는 0이 된다는 것을 이해하는 것이 중요하다.[1] 위와 같은 방법으로 계속 이어가면 결국 주식의 현재가치는 한 기간 후부터 시작하여 영원히 주어지는 매기간 배당들의 현재가치로 표현될 수 있다.

$$P_0 = \frac{D_1}{(1+R)^1} + \frac{D_2}{(1+R)^2} + \frac{D_3}{(1+R)^3} + \frac{D_4}{(1+R)^4} + \frac{D_5}{(1+R)^5} + \cdots$$

위의 표현은 주식의 현재가격은 미래 배당들의 현재가치와 같다는 것을 말해주고 있다. 미래에 주어지는 배당은 언제까지 계속되는가? 원칙적으로는 무한대로 계속될 수 있다. 그러나 이 경우 계속해서 매번 주어지는 배당의 크기를 알 수 없다면, 주식의 가치를 계산할 수 없다. 이제 이 문제를 피해 나갈 수 있는 특별한 경우를 살펴보기로 하자.

성장주 — 예제 8.1

현재 배당을 지급하지 않고 있는 Alphabet과 같은 회사의 경우에는 주식가격이 어떻게 결정될 수 있는가에 의문을 가질 수 있다. 작지만 성장하는 기업은 주주들에게 배당을 지급하지 않고 번 돈을 재투자하는 경우가 많다. 그러한 기업의 주식은 가치가 전혀 없는 것인가? 상황에 따라 다를 것이다. 주식의 가치가 미래 배당들의 현재가치와 같다고 말할 때 이는 미래의 일부 기간들에서 배당이 0이 될 수 있다는 것을 부정하는 것이 아니고, 다만 미래의 모든 기간에 배당이 0이 된다는 것을 부정하는 것이다.

어떤 회사가 정관에 지금부터 영원히 배당을 지급하지 않는다는 조항을 포함시키고 있다고 하자. 만약 그런 회사가 있다면 아마도 그 회사는 앞으로 주식발행으로 자금을 조달하지 않을 것이며, 주주들에게 어떤 돈도 지급하지 않을 것이며, 또한 어떤 자산도 팔지 않을 것이다. 과연 그러한 회사가 존재할 수 있을지는 의문스럽다. 주주들은 자신들이 원하면 그러한 정관을 고칠 수 있다. 어쨌든 만약 그런 회사가 존재한다면 그 회사의 주식가치는 얼마가 될까?

그 회사의 주식은 전혀 가치가 없을 것이다. 그 회사는 재무적으로는 블랙홀(black hole)이다. 왜냐하면 주식의 발행으로 이미 회사로 돈은 들어갔는데 앞으로 어떤 가치도 그 회사 밖으로 나오지 않기 때문이다. 주주들은 그 회사에 투자하여 아무도 어떤 수익을 볼 수 없기 때문에 그 회사에 대한 투자는 아무런 가치를 갖지 못한다. 이 예는 과장된 예일 수 있지만, 이 예를 통해 우리가 말하려는 것은 어떤 회사가 배당을 지급하지 않는다고 말할 때 그것은 그 회사가 현재 또는 당분간 배당을 지급하지 않고 있다는 것을 의미할 뿐이라는 것이다.

[1] 주식가격에 대해 우리가 가정한 것은 아주 먼 미래에서도 주식가격은 무한대가 되지는 않는다는 것이다. 아주 먼 미래에 주식가격은 아주 큰 값을 가질 수 있지만 무한대의 값을 갖지는 않을 것이다. 무한대의 가격을 갖는 주식을 본 사람이 아무도 없기 때문에 우리의 가정에는 문제가 없다.

특별한 상황들

주식의 가치를 계산할 수 있는 매우 유용하고 특별한 경우가 있을 수 있는데 그것은 미래에 지급되는 배당의 형태를 단순하게 가정할 수 있는 경우이다. 그러한 경우들로 다음과 같은 세 가지 경우가 있다. (1) 배당이 일정한 경우, (2) 배당이 일정한 비율로 계속 증가하는 경우, (3) 일정 기간이 지난 후 배당이 일정한 비율로 증가하는 경우. 다음에서는 이들 각 경우에 주식의 가치를 어떻게 평가하는가에 대해 설명하기로 한다.

무성장 배당이 증가(성장)하지 않는 상황은 이미 앞에서 본 바 있다. 배당의 크기가 매번 일정한 보통주는 우선주와 거의 같다. 6장(예제 6.7)에서 본 것처럼, 우선주의 배당은 일정하다. 배당이 증가하지 않는 보통주가 의미하는 것은 다음과 같다.

$$D_1 = D_2 = D_3 = D = \text{일정한 크기}$$

따라서 이 경우에 보통주의 가치는 다음과 같이 구해진다.

$$P_0 = \frac{D}{(1+R)^1} + \frac{D}{(1+R)^2} + \frac{D}{(1+R)^3} + \frac{D}{(1+R)^4} + \frac{D}{(1+R)^5} + \cdots$$

배당의 크기가 매번 일정하므로 이 경우 보통주는 매기간 D가 발생하는 일반영구연금과 같은 것이 된다. 따라서 한 주의 가치는 다음과 같다.

$$\mathbf{P_0 = D/R} \qquad [8.2]$$

여기서 R은 요구수익률이다.

예를 들어 Paradise Prototyping이 매년 주당 \$10의 배당금을 지급하는 정책을 취하고 있다고 하자. 그리고 이러한 정책이 영원히 유지되고, 투자자들이 요구하는 요구수익률이 20%라고 할 때 이 회사의 주당가치는 얼마가 되는가? 이 주식은 일반영구연금과 같은 현금흐름을 보인다. 따라서 이 주식 한 주의 가치는 \$10/0.2 = 50\$가 된다.

고정성장 어떤 회사의 배당이 일정한 비율로 성장한다고 하고 그 성장률을 g라고 하자. D_0를 이번 기에 지급되는 배당이라고 하면, 다음 기에 지급되는 배당 D_1은 아래와 같다.

$$D_1 = D_0 \times (1 + g)$$

두 기간 후에 지급되는 배당은 다음과 같다.

$$\begin{aligned} D_2 &= D_1 \times (1+g) \\ &= [D_0 \times (1+g)] \times (1+g) \\ &= D_0 \times (1+g)^2 \end{aligned}$$

이러한 과정을 계속 반복하면 우리는 미래의 어떤 특정 기간에서든 그 기간에서의 배당금을 알 수 있다. 따라서 6장에서 본 것처럼 복리계산을 하면 미래 t 기간의 배당은 다음과 같다.

$$D_t = D_0 \times (1 + g)^t$$

6장에서 설명했듯이 현금흐름이 영원히 일정한 비율로 증가하는 자산을 성장영구연금(growing perpetuity)이라고 한다.

일정한 비율로 배당이 커간다는 가정은 매우 특이한 경우라는 생각이 들 수 있다. 배당이 매번 일정한 비율로 커가는 이유는 무엇인가? 그 이유는 많은 회사들이 배당을 안정된 비율로 증가시키는 것을 명시적 목표로 하고 있기 때문이다. 예를 들어 2016년에 Procter & Gamble은 배당금으로 한 주당 1% 올린 2.68$를 지불했다. 이 회사는 그 전부터 계속해서 배당금을 증가시켜 왔으며 2016년의 배당금 증가는 60번째의 연속적인 증가였다. 배당금의 증가는 기업의 배당정책에 관한 문제이므로 이에 대해서는 나중 장에서 살펴볼 것이다.

배당의 성장 예제 8.2

Hedless 주식회사는 방금 주당 3$의 배당금을 지급했다. 이 회사의 배당금은 매년 8%씩 꾸준히 성장한다. 5년 후에 이 회사의 배당금은 얼마가 되겠는가?

매년 8%씩 증가하는 현재 3$의 5년 후의 가치는 아래와 같다.

$$\$3 \times 1.08^5 = \$3 \times 1.4693 = \$4.41$$

따라서 5년 후에 배당금은 1.41$ 더 증가할 것이다.

배당이 일정한 비율로 꾸준히 커져 간다면 미래에 계속해서 무한대 횟수로 주어지는 매번의 배당금을 한 개의 성장률을 가지고 표현할 수 있기 때문에 문제가 상당히 간단해진다. 이 경우, D_0를 방금 지급된 배당으로, g를 고정성장률이라고 하면 한 주의 가치는 아래와 같이 표현될 수 있다.

$$\begin{aligned} P_0 &= \frac{D_1}{(1+R)^1} + \frac{D_2}{(1+R)^2} + \frac{D_3}{(1+R)^3} + \cdots \\ &= \frac{D_0(1+g)^1}{(1+R)^1} + \frac{D_0(1+g)^2}{(1+R)^2} + \frac{D_0(1+g)^3}{(1+R)^3} + \cdots \end{aligned}$$

배당금의 성장률인 g가 할인율 R보다 작은 값을 갖는 한, 위의 현금흐름은 다음과 같이 간단히 요약된다.

$$\boldsymbol{P_0 = \frac{D_0 \times (1+g)}{R-g} = \frac{D_1}{R-g}} \qquad [8.3]$$

이러한 멋진 결과는 여러 이름으로 불리고 있다. 우리는 이를 **배당성장모형**(dividend growth model)이라고 부르기로 한다. 어떻게 불리든, 이 식은 사용하기가 매우 간편하다. D_0가 2.3$, R이 13%, g가 5%라고 해보자. 이 경우 보통주 한 주의 가치는 다음과 같이 구해진다.

배당성장모형(dividend growth model): 다음 기의 배당을 할인율에서 배당성장률을 빼준 값으로 나누어 현재의 주식가격을 구하는 모형

$$\begin{aligned} P_0 &= D_0 \times (1+g)/(R-g) \\ &= \$2.30 \times 1.05/(0.13 - 0.05) \\ &= \$2.415/0.08 \\ &= \$30.19 \end{aligned}$$

배당성장모형은 현재의 주식가격뿐만 아니라 미래 어떤 시점에서의 주식가격을 구하는 데 사용될 수 있다. 일반적으로, t 시점에서의 주식가격은 다음과 같이 표현된다.

$$P_t = \frac{D_t \times (1+g)}{R-g} = \frac{D_{t+1}}{R-g} \quad [8.4]$$

위 예에서 5년 후의 주식가격(P5)을 알고 싶다면, 5기에서의 배당(D_5)을 우선 알아야 한다. 방금 지급된 배당금이 2.3$이므로 매년 5%로 배당금이 성장해 나간다면 D_5는 아래와 같이 된다.

$$D_5 = \$2.3 \times 1.05^5 = \$2.3 \times 1.2763 = \$2.935$$

배당성장모형에 의하면 5년 후의 주식가격은 다음과 같다.

$$P_5 = \frac{D_5 \times (1+g)}{R-g} = \frac{\$2.935 \times 1.05}{0.13 - 0.05} = \frac{\$3.0822}{0.08} = \$38.53$$

예제 8.3 Gordon Growth Company

Gordon Growth가 다음 기에 지급하는 배당금은 한 주당 4$이다. 투자자들은 Gordon과 같은 회사에 대해 16%의 수익률을 요구하고 있다. Gordon의 배당금은 매년 6% 성장한다. 배당성장모형에 의하면 Gordon의 현재 주식가격은 얼마가 되어야 하는가? 4년 후의 주식가격은?

다음 기의 배당이 4$로 이미 주어졌기 때문에 4$를 다시 $(1+g)$로 곱해 주어서는 안 된다는 점만 조심하면, 이 회사 주식 한 주당 가격은 아래와 같이 구해진다.

$$\begin{aligned} P_0 &= D_1/(R-g) \\ &= \$4/(0.16 - 0.06) \\ &= \$4/0.10 \\ &= \$40 \end{aligned}$$

이미 일 년 후의 배당을 알고 있기 때문에 4년 후의 배당금은 $D_1(1+g)^3 = \$4 \times 1.06^3 = 4.764\$$가 된다. 따라서 4년 후의 주식가격은 다음과 같다.

$$\begin{aligned} P_4 &= D_4 \times (1+g)/(R-g) \\ &= \$4.764 \times 1.06/(0.16 - 0.06) \\ &= \$5.05/0.10 \\ &= \$50.50 \end{aligned}$$

이 예에서 P_4가 $P_0 \times (1+g)^4$와 같아진다는 점을 주목하기 바란다.

$$P_4 = \$50.50 = \$40 \times 1.06^4 = P_0 \times (1+g)^4$$

왜 이렇게 되는지 알려면 먼저 다음과 같은 관계가 성립하는 것을 알아야 한다.

$$P_4 = D_5/(R-g)$$

또한 D_5는 $D_1 \times (1+g)^4$와 같으므로 P_4는 아래와 같이 된다.

$$\begin{aligned} P_4 &= D_1 \times (1+g)^4/(R-g) \\ &= [D_1/(R-g)] \times (1+g)^4 \\ &= P_0 \times (1+g)^4 \end{aligned}$$

이 마지막 식은 배당성장모형이 묵시적으로 주식가격이 배당과 동일한 비율로 상승한다는 가정을 하고 있다는 점을 보여준다. 그러나 이는 놀라운 결과는 아니다. 이 결과가 말해주고 있는 점은 어떤 투자가 발생시키는 현금흐름이 일정한 비율로 증가할 때는 그 투자의 가치도 그와 동일한 비율로 증가한다는 것이다.

배당성장모형에서 성장률 g가 할인율 R보다 크다면 어떻게 될까? 하는 것이 궁금할 수 있다. 이 경우에 $(R - g)$가 0보다 적게 되므로 음(−)의 주식가격이 나타날 것으로 생각될 수 있다. 그러나 주식가격이 음(−)이 될 수는 없다.

그 대신, 만약 일정한 배당성장률이 할인율보다 크게 나타난다면 주식가격은 무한대로 커질 것이다. 왜 그런가? 배당성장률이 할인율보다 큰 경우에는 배당금의 현재가치는 계속해서 점점 더 커질 뿐이다. 기본적으로 배당성장률이 할인율과 같은 경우에도 같은 현상이 발생한다. 따라서 두 경우 모두 무한대 횟수로 발생하는 배당금을 간단한 배당성장모형으로 표현할 수 없게 된다. 따라서 배당성장률이 할인율보다 작지 않는 한, 배당성장모형에서 얻는 답은 의미가 없는 답이 된다.

마지막으로 하나 알아두어야 할 점은 현금흐름이 일정한 성장률로 증가한다는 가정하에서 도출한 앞에서 살펴본 간단한 공식은 보통주의 배당에만 적용되는 것이 아니고, 고정된 비율로 현금흐름이 증가하는 모든 성장영구연금(growing perpetuity)에도 적용된다는 것이다. 6장에서 살펴본 성장영구연금에서 C_1을 다음 기에 발생하는 현금흐름이라고 하면 성장영구연금의 현재가치는 다음과 같이 구해진다.

$$\text{현재가치} = C_1/(R - g) = C_0(1 + g)/(R - g)$$

이 표현은 분모에 R 대신 $R - g$를 넣는 것을 제외하고는 일반영구연금의 결과와 같다는 것도 살펴보기 바란다.

불규칙성장 다음으로 살펴볼 것은 배당이 불규칙적으로 성장하는 경우이다. 이러한 경우를 살펴보는 것은 어떤 기간 동안 배당성장률이 보통 때와는 다르게 나타나는 경우를 포함하기 위한 것이다. 앞에서 언급한 것처럼, 배당성장률(g)이 요구수익률(R)을 영속적으로 능가할 수는 없다. 그러나 어떤 한정된 기간 동안에는 그러한 경우가 발생할 수도 있다. 배당이 불규칙적으로 성장할 때 미래에 무한대 횟수로 발생하는 배당 하나하나를 예측하여 주식의 현재가치를 구하기 위해 이들을 각각 할인해주어야 하는 복잡한 문제를 피하려면 미래 일정한 시점 이후부터는 배당이 고정된 비율로 증가한다고 가정해야 한다.

불규칙성장의 간단한 예로서 한 회사가 현재 배당을 지급하지 않고 5년 후부터 배당을 한 주당 0.5$ 지급하며 그 이후로 매년 계속해서 배당이 10%씩 성장하는 경우를 살펴보자. 한편, 이 회사와 같은 회사에 대해 투자자들이 요구하는 수익률이 20%라고 하자. 이 회사 주식의 현재 가격은 얼마인가?

이 경우 주식의 현재가치를 구하는 순서는 먼저 배당이 처음 지급되는 시기에 주식가치가 얼마가 될 것인가를 살펴보고, 그런 다음 그때 나타나는 주식가치를 할인하여 주식의 현재가치를 구해야 한다. 처음 배당이 지급되는 것은 5년 후이고 그 이후로 배당은 고정된 비율로 성장한다. 배당성장모형을 사용하면 우리는 4년 후의 주식가격을 아래와 같이 구할 수 있다.

$$\begin{aligned} P_4 &= D_4 \times (1 + g)/(R - g) \\ &= D_5/(R - g) \\ &= \$0.50/(0.20 - 0.10) \\ &= \$5 \end{aligned}$$

4년 후 주식가격이 5$가 되기 때문에 현재가치를 구하기 위해서는 이를 20%의 할인율로 할인해주면 된다.

$$P_0 = \$5/1.20^4 = \$5/2.0736 = \$2.41$$

따라서 이 주식의 현재가치는 2.41$이다.

처음 몇 해 동안 지급되는 배당이 0이 아닐 경우에는 문제가 약간 복잡해질 뿐이다. 예를 들어 어떤 회사의 다음 3년간의 배당이 아래와 같이 예측되었다고 하자.

연	예상 배당금
1	$1.00
2	$2.00
3	$2.50

3년 후부터 배당은 매년 5%의 비율로 성장하며, 요구수익률은 10%라고 하자. 이 경우 주식의 현재가치는 얼마인가?

배당의 성장이 불규칙한 경우에는 시간선(time line)을 그려보는 것이 도움이 된다. 그림 8.1은 이 문제의 시간선을 보여주고 있다. 중요한 점은 언제부터 배당이 고정성장을 하는지 살펴보는 것이다. 이 문제에서 고정성장은 시점 3에서 시작한다. 이는 고정성장모형을 시점 3에서의 주식가격(P_3)을 결정하는 데 사용할 수 있다는 것을 의미한다. 가장 일반적인 실수는 고정성장이 시작하는 시점을 잘못 판단하여 틀린 시점에서의 미래 주식가격을 계산하는 것이다.

지금까지 설명한 것처럼 주식의 가치는 그로부터 발생하는 모든 미래 배당들의 현재가치이다. 따라서 현재가치를 구하기 위해서는 바로 앞에서 했던 것처럼 먼저 3년 후 주식가격의 현재가치를 구해야 한다. 그런 다음 지금부터 3년 동안 지급되는 배당의 현재가치를 구해 이들을 합해 주어야 한다. 3년 후 이 주식의 가격은 아래와 같다.

$$\begin{aligned} P_3 &= D_3 \times (1 + g)/(R - g) \\ &= \$2.50 \times 1.05/(0.10 - 0.05) \\ &= \$52.50 \end{aligned}$$

이제 처음 세 번 지급되는 배당금의 현재가치를 구하고 이를 시점 3에서 나타나는 주식가격(P_3)의 현재가치와 합해서 이 주식의 총현재가치를 구해야 한다.

$$\begin{aligned} P_0 &= \frac{D_1}{(1+R)^1} + \frac{D_2}{(1+R)^2} + \frac{D_3}{(1+R)^3} + \frac{P_3}{(1+R)^3} \\ &= \frac{\$1}{1.10} + \frac{\$2}{1.10^2} + \frac{\$2.50}{1.10^3} + \frac{\$52.50}{1.10^3} \\ &= \$0.91 + \$1.65 + \$1.88 + \$39.44 \\ &= \$43.88 \end{aligned}$$

그림 8.1
시간선의 활용

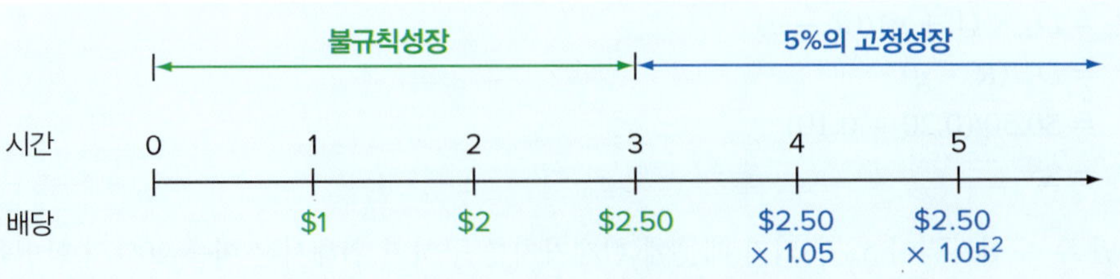

따라서 이 주식의 현재가치는 43.88$이다.

비정상적 성장

예제 8.4

Chain Reaction사는 빠른 확장과 급격한 매출증가로 인해 매년 30% 성장하고 있다. 이 회사의 이러한 성장세는 앞으로 3년간 더 지속될 것으로 예측되며 그 이후로는 계속해서 10%의 성장을 기록할 것으로 예측되고 있다. 이 회사 주식의 총현재가치는 얼마인가? 방금 지급된 총배당금은 5백만$이고, 요구수익률은 20%라고 하자.

Chain Reaction은 비정상적 성장을 보여주는 예이다. 30%의 성장률이 더 길게 지속되는 것은 거의 불가능할 것이다. 이 회사 주식의 총가치를 구하기 위해서는 먼저 비정상적인 성장을 보인 기간 동안에 지급되는 총배당금을 계산해야 한다.

연	총배당금(단위: 백만$)
1	$ 5.00 × 1.3 = $ 6.500
2	6.50 × 1.3 = 8.450
3	8.45 × 1.3 = 10.985

시점 3에서의 가격은 아래와 같이 계산된다.

$$P_3 = D_3 \times (1 + g)/(R - g)$$

g는 장기성장률이다. 따라서 아래와 같이 구해진다.

$$P_3 = \$10.985 \times 1.10/(0.20 - 0.10) = \$120.835$$

이 회사 보통주의 총현재가치를 구하기 위해서는 이 금액의 현재가치에 3년 동안 지급되는 총배당금의 현재가치를 더해주어야 한다.

$$\begin{aligned} P_0 &= \frac{D_1}{(1+R)^1} + \frac{D_2}{(1+R)^2} + \frac{D_3}{(1+R)^3} + \frac{P_3}{(1+R)^3} \\ &= \frac{\$6.50}{1.20} + \frac{\$8.45}{1.20^2} + \frac{\$10.985}{1.20^3} + \frac{\$120.835}{1.20^3} \\ &= \$5.42 + \$5.87 + \$6.36 + \$69.93 \\ &= \$87.58 \end{aligned}$$

따라서 이 회사 주식의 총가치는 87.58백만$이다. 만약 이 회사가 발행하고 있는 주식 수가 총 20백만 주라면, 한 주당 가격은 $87.58/20 = 4.38$가 될 것이다.

두 단계 성장 마지막으로 살펴볼 것은 불규 칙성장의 특수한 경우인 두 단계 성장이다. 이는 배당이 t 기간 동안에는 g_1의 성장률로 성장하고 그 이후로는 g_2의 성장률로 성장하는 경우를 말한다. 이 경우에 주식의 가치는 다음과 같이 계산된다.

$$\boldsymbol{P_0 = \frac{D_1}{R - g_1} \times \left[1 - \left(\frac{1 + g_1}{1 + R}\right)^t\right] + \frac{P_t}{(1 + R)^t}} \qquad [8.5]$$

이 공식의 곱하기로 표시된 첫 번째 항은 6장에서 살펴본 성장연금의 현재가치 공식이라는 점을 확인하기 바란다. 첫 번째 단계의 성장률인 g_1은 R보다 클 수 있다. 두 번째 항은 두 번째 단계가 시작하는 t 시점에서의 주식의 현재가치이다.

P_t는 다음과 같이 계산된다.

$$P_t = \frac{D_{t+1}}{R - g_2} = \frac{D_0 \times (1 + g_1)^t \times (1 + g_2)}{R - g_2} \qquad [8.6]$$

t 시점에서의 주식가격인 P_t를 구하기 위해서는 $t + 1$시점에서의 배당인 D_{t+1}를 알아야 한다. 이를 구하기 위하여 현재의 배당인 D_0를 g_1의 성장률로 t 기간 동안 성장시킨 다음에, 추가적으로 한 기간을 g_2로 성장시켜야 한다. 또한 두 번째 단계에서는 g_2가 R보다 작아야 한다.

예제 8.5 **두 단계 성장**

Highfield사의 배당은 다음 5년간 연 20%씩 증가하고, 그 이후로는 매년 4%씩 영원히 증가할 것으로 기대된다. 요구수익률이 10%라면 이 회사 주식의 가치는 얼마인가? 방금 지급된 배당은 주당 2$이다.

답을 구하기 위해서는 많은 계산이 요구되지만 계산기를 사용하면 쉽게 구할 수 있을 것이다. 현재에서 5년 뒤의 주식가격인 P_5를 먼저 구하면 다음과 같다.

$$\begin{aligned} P_5 &= \frac{D_6}{R - g_2} = \frac{D_0 \times (1 + g_1)^5 \times (1 + g_2)}{R - g_2} \\ &= \frac{\$2 \times (1 + 0.20)^5 \times (1 + 0.04)}{0.10 - 0.04} = \frac{\$5.18}{0.06} \\ &= \$86.26 \end{aligned}$$

이제 현재의 주식가격을 구하기 위해서 두 단계 성장공식을 사용하면 된다.

$$\begin{aligned} P_0 &= \frac{D_1}{R - g_1} \times \left[1 - \left(\frac{1 + g_1}{1 + R}\right)^t\right] + \frac{P_t}{(1 + R)^t} \\ &= \frac{\$2 \times (1 + 0.20)}{0.10 - 0.20} \times \left[1 - \left(\frac{1 + 0.20}{1 + 0.10}\right)^5\right] + \frac{\$86.26}{(1 + 0.10)^5} \\ &= \$66.64 \end{aligned}$$

D_0 = 2$로 주어졌기 때문에 D_1을 구하기 위해서는 이를 20% 증가시키면 된다. 이 문제에서 g_1이 R보다 큰 것을 확인해보라. 그러나 이것이 문제가 되지는 않는다.

요구수익률의 구성요소들

지금까지 요구수익률(또는 할인율) R은 주어진 것으로 간주했다. 요구수익률에 대해서는 12장과 13장에서 더 자세히 살펴볼 것이다. 여기서는 배당성장모형이 요구수익률에 대해 의미하는 바를 살펴보도록 한다. 배당성장모형은 주식의 현재가격(P_0)을 다음과 같이 구한다.

$$P_0 = D_1/(R - g)$$

이 식을 R에 대해 풀면 다음과 같은 결과를 얻는다.

$$R - g = D_1/P_0$$
$$R = D_1/P_0 + g \qquad [8.7]$$

이 식에서 볼 때 총수익률 R은 두 가지 요소로 구성된다. 첫 번째 요소는 D_1/P_0로 **배당수익률**(dividend yield)이라고 하며, 기대되는 현금배당금을 주식의 현재가격으로 나누어준 것이다. 이는 채권의 경상수익률(current yield)과 유사한 개념이다.

배당수익률(dividend yield): 주식으로부터 예상되는 현금배당금을 주식의 현재가격으로 나누어준 것

주식의 총수익률을 구성하는 두 번째 요소는 배당성장률 g이다. 우리는 배당성장률이 주식가격의 성장률과 같다는 것을 알고 있다(예제 8.3 참조). 따라서 이는 투자가치의 증가율인 **자본이득률**(capital gains yield)로 해석될 수 있다.[2]

자본이득률(capital gains yield): 투자가치의 증가율

요구수익률의 구성요소를 구체적으로 살펴보기 위해서 어떤 주식이 주당 20$에 거래되고 있다고 하자. 다음번에 지급되는 배당금은 주당 1$이다. 배당금은 매년 10%씩 계속 증가한다고 하자. 만약 이러한 상황이 맞는다면 이 주식이 가져다주는 총수익률은 얼마인가?

배당성장모형에 의하면 총수익률은 아래와 같다.

R = 배당수익률 + 자본이득률
$$R = D_1/P_0 + g$$

이 경우, 총수익률은 다음과 같이 계산된다.

$$\begin{aligned} R &= \$1/\$20 + 10\% \\ &= 5\% + 10\% \\ &= 15\% \end{aligned}$$

따라서 이 주식으로부터 기대할 수 있는 총수익률은 15%이다.

여기서 구한 답이 맞는지 검증하기 위해서는 일 년 후의 가격 P_1을 15%의 요구수익률을 사용하여 구해보면 된다. 배당성장모형에 의하면 일 년 후의 가격은 다음과 같다.

$$\begin{aligned} P_1 &= D_1 \times (1 + g)/(R - g) \\ &= \$1 \times 1.10/(0.15 - 0.10) \\ &= \$1.10/0.05 \\ &= \$22 \end{aligned}$$

22$는 $20 × 1.1이므로 주식가격이 10% 증가한 것이다. 이 주식을 현재 20$를 주고 구입하면 연말에 $1의 배당금을 받을 뿐만 아니라 $22 − $20 = 2$의 이득을 얻게 된다. 따라서 배당수익률은 $1/$20 = 5%이고, 자본이득률은 $2/$20 = 10%가 되어 이 주식이 가져다주는 총수익률은 5% + 10% = 15%가 된다.

주식수익률 수치에 대한 실제적 감각을 갖기 위해 실제 수치를 사용해보자. 2020년 3월 Value Line의 Investment Survey에 의하면 Precter & Gamble(P&G)의 배당은 앞으로 5년 이상 매년 4% 성장할 것으로 예상되었다. 이 회사의 과거 5년간의 배당성장률은 4%였으며, 과거 10년간의 배당성장률도 6.5%였다. 한편 2020년도에 예상된 그 다음 해의 배당금은 3.00$였다.

[2]우리는 자본이득(capital gain)이라는 용어를 다소 느슨하게 사용하기로 한다. 엄밀하게 말해서 자본이득(또는 자본손실)은 세무당국에 의해서 정의되는 것이다. 우리의 경우에는 자본이득(capital gain)이라는 표현보다는 가격상승(price appreciation)이라는 표현이 (덜 보편적인 표현이지만) 더 정확한 표현일 것이다.

2020년에 이 회사의 주식가격은 주당 약 120$였다. 그렇다면 투자자들이 P&G에 대해 요구한 수익률은 얼마였을까? 이 경우 배당수익률은 2.5%이고 자본이득률은 4%이다. 따라서 P&G 주식에 대해 투자자들이 요구한 총수익률은 6.5%였다.

배수들을 사용한 주식의 가치평가

지금까지 살펴본 배당에 기초한 주식가치의 평가가 갖는 문제점은 실제로 많은 기업들이 배당을 하지 않는다는 것이다. 이런 경우에는 어떻게 해야 하는가? 한 가지 방법은 3장에서 설명한 PE 비율(PER)을 활용하는 것이다. PER는 주식가격을 전년도의 주당순이익(EPS)으로 나눈 비율이다. 따라서 벤치마크가 되는 PER에 EPS를 곱하면 주식가격을 구할 수 있다.

t 시점의 주식가격 = P_t = 벤치마크 PER × EPS **[8.8]**

벤치마크로 이용하는 PER는 여러 출처에서 구할 수 있다. 해당 기업과 유사한 기업들의 수치(해당 산업에 있는 기업들의 평균치 또는 중앙값)를 사용하거나 해당 기업의 과거 수치를 사용할 수도 있다. 예를 들어 Slack Ops 시리즈로 유명한 비디오 게임개발회사인 Inactivision, Inc.의 주식가치를 평가하려고 한다고 하자. Inactivision은 배당을 하지 않는다. 그러나 이 산업을 살펴본 후에 이런 회사의 PER 값으로 20이 적당하다는 판단이 들었다고 하자. 가장 최근 연도의 주당순이익(EPS)이 2$라면 주식가격은 $20 × $2 = 40$여야 한다고 생각할 수 있다. 따라서 이 회사의 주식가격이 현재 40$ 아래라면 구입할 만한 가치가 있는 것이고, 40$보다 높다면 구입할 가치가 없는 것으로 생각하는 것이다.

증권분석가들은 기업의 미래이익을 예측하는데, 특히 다음 해의 이익을 예측하는 데 많은 시간을 할애한다. 추정된 미래 순이익에 근거해 구해진 PER를 선도PER (forward PER)라고 한다. 예를 들어 Inactivision의 Slackcraft라는 온라인게임이 크게 인기를 얻고 있어 이 회사의 내년 순이익이 주당 2.5$로 예상되는데, 현재 이 회사의 주식가격이 40$라면, 선도PER의 값은 $40 / $2.5 = 16이 된다.

표 8.1
여러 산업에서 나타나는 PE, PS, EV/EBITDA 비율

	PE	PS	EV/EBITDA
Aerospace/Defense	21.31	1.54	10.78
Beverage (Soft)	24.71	3.84	18.48
Cable TV	23.55	1.79	9.12
Drugs (Biotechnology)	43.88	5.87	10.00
Entertainment	87.08	3.02	14.23
Farming/Agriculture	15.88	0.58	11.03
Food wholesalers	16.73	0.37	12.29
Furniture/Home furnishings	13.89	0.68	7.18
Green & renewable energy	28.64	3.73	18.64
Power	18.21	1.99	10.93
Restaurant/Dining	24.88	2.66	16.97

출처: Aswath Damodaran, http://pages.stern.nyu.edu/~adamodar/, retrieved November 11, 2019.

한편, 벤치마크 PER의 값인 20은 전년도의 순이익으로 계산된 것임을 기억하라. 따라서 내년의 순이익이 2.5$로 나타난다면 지금부터 1년 뒤 이 회사의 주식가격은 $20 × $2.5 = 50$가 되어야 한다. 이와 같은 예측가격을 흔히 목표가격(target price)이라고 부른다.

우리는 종종 배당을 하지 않을 뿐만 아니라 아직 수익성을 갖추지도 못하여 손실을 발생시키고 있는, 생긴 지 얼마 안 된 기업의 가치를 알아보려고도 한다. 이런 경우에는 어떻게 해야 할까? 한 가지 방법은 3장에서 살펴본 주가매출액비율(price-sales ratio: PSR)을 사용할 수 있다. PSR은 주당가격을 주당매출액으로 나눈 것이다. 이 비율을 PER를 사용하는 것처럼 사용하면 된다. 다만 주당순이익(EPS) 대신 주당매출액(sales per share: SPS)을 사용하는 것이다. PER와 마찬가지로 PSR도 해당 기업의 연혁과 해당 기업이 속한 산업의 성격에 따라 변한다. 통상적으로 이 수치는 0.8~2.0 범위에 있다. 그러나 빠르게 성장하고 있는 기업의 경우에는 이 수치가 훨씬 높을 수 있다.

기업가치를 평가하는 데 종종 사용되는 세 번째 비율은 3장에서 설명한 EBITDA(= EV/EBITDA) 비율이다. EBITDA 비율은 기업의 현금 창출 능력(EBITDA)을 기업가치(EV) 평가와 연결시키는 비율이다.

다른 비율들도 마찬가지지만 이 세 가지 PE, PS, EBITDA 비율도 기업의 연령과 기업이 속한 산업에 따라 다르게 나타난다. 표 8.1은 산업에 따라 다르게 나타나는 이들의 평균비율을 보여주고 있다. 표에서 볼 수 있듯이 산업 간에 이 비율들의 값이 상당히 다르며, 또한 그 차이가 일관성 있게 나타나지도 않는다. 예를 들어 Beverage (Soft) 산업과 Cable TV 산업의 PE 비율은 비슷하게 나타나지만 Beverage (Soft drink) 산업의 PS, EBITDA 비율은 Cable TV 산업의 약 2배로 나타난다.

표 8.2는 지금까지 설명한 주식가치 평가기법들을 요약하고 있다.

표 8.2
주식의 가치평가 요약

I. 일반적인 경우

주식의 현재가격 P_0는 그것이 미래에 발생시키는 모든 배당들 D_1, D_2, D_3, …의 현재가치이다.

$$P_0 = \frac{D_1}{(1+R)^1} + \frac{D_2}{(1+R)^2} + \frac{D_3}{(1+R)^3} + \cdots$$

R은 요구수익률이다.

II. 고정성장의 경우

배당이 일정한 비율 g로 성장한다면, 주식의 현재가격(현재가치)은 아래와 같이 구해진다.

$$P_0 = \frac{D_1}{R-g}$$

이를 배당성장모형이라고 부른다.

III. 불규칙성장의 경우

배당이 t 기간 이후부터 일정한 비율로 성장한다면, 주식의 현재가격(현재가치)은 아래와 같이 구해진다.

$$P_0 = \frac{D_1}{(1+R)^1} + \frac{D_2}{(1+R)^2} + \cdots + \frac{D_t}{(1+R)^t} + \frac{P_t}{(1+R)^t}$$

여기서

$$P_t = \frac{D_t \times (1+g)}{(R-g)}$$

(*계속*)

표 8.2 (계속)
주식의 가치평가 요약

IV. 두 단계 성장
배당이 t 기간 동안 g_1의 성장률로 성장하고, 그 이후로는 g_2의 성장률로 성장하는 경우의 주식가격은 다음과 같이 구해진다. $P_0 = \frac{D_1}{R - g_1} \times \left[1 - \left(\frac{1 + g_1}{1 + R}\right)^t\right] + \frac{P_t}{(1 + R)^t}$ 여기서 $P_t = \frac{D_{t+1}}{R - g_2} = \frac{D_0 \times (1 + g_1)^t \times (1 + g_2)}{R - g_2}$
V. 배수들을 사용한 가치평가
배당을 하지 않는(또는 매우 변덕스러운 배당성장률을 갖는) 기업의 주식가치를 평가하기 위해서는 PER나 PSR을 사용할 수 있다. P_t = 벤치마크 PER × EPS P_t = 벤치마크 PSR × SPS
VI. 요구수익률
요구수익률 R은 두 가지 요소를 합한 것이다. $R = D_1/P_0 + g$ D_1/P_0는 배당수익률이고, g는 자본이득률(이는 고정성장모형의 배당성장률과 같다)이다.

개념질문 _Concept Questions

8.1a 보통주 한 주의 가치를 평가하는 데 사용되는 관련된 현금흐름은 무엇인가?
8.1b 주식의 가치는 주식을 얼마나 오랫동안 소유할 것인지에 따라 달라지는가?
8.1c 배당이 일정한 비율로 성장하는 경우에 주식가치는 어떻게 결정되는가?

8.2 보통주와 우선주의 몇 가지 특징들

보통주의 특징 중에서 우리는 주주의 권리와 배당의 지급에 초점을 맞출 것이다. 우선주에 대해서는 우선(preferred)이 의미하는 바를 설명하고 우선주가 실제로 부채인지, 자기자본인지에 대해 논의해볼 것이다.

보통주의 특징

보통주(common stock): 기업이 파산할 경우나 배당을 받는 경우에 우선권을 갖지 않는 주식

보통주(common stock)라는 용어는 사람에 따라 다른 의미를 가질 수도 있지만, 일반적으로 기업이 파산할 경우에 또는 배당을 받는 경우에 특별한 우선권을 갖지 않는 주식을 말할 때 사용되는 용어이다.

주주의 권리 기업의 개념적 구조는 주주들이 이사(director)를 선임하고, 다시 이사들은 주주들의 지시를 수행하기 위한 경영진을 고용하는 것을 가정하고 있다. 따라서 주주들은 이사를 선임하는 권리를 통해 기업을 통제한다. 일반적으로 주주들만이 이러한 권리를 갖는다.

이사들은 매년 열리는 정기총회에서 선임된다. 예외적인 경우가 있기는 하지만 한 명의 주주가 하나의 의결권을 갖는 것이 아닌 "한 주에 하나의 의결권"이 주어지는 것이 일반적이다. 따라서 기업의 민주주의는 정치적 민주주의와는 매우 다르다. 기업의 민주주의에서는 황금 법칙

(golden rule)이 절대적으로 지배한다.[3]

이사들은 매년 열리는 주주총회에 의결권을 갖고 참석한 주주들에 의해서 주식 수의 과반수 이상의 표를 얻어 선출된다. 그러나 이사를 선임하는 정확한 방법은 회사에 따라 다를 수 있다. 가장 중요한 차이는 집중투표 방식을 택하는가, 단일투표 방식을 택하는가에 있다.

이 두 가지 투표방식은 예를 들어 설명하면 다음과 같다. 어떤 회사에 두 명의 주주가 있다고 하자. 이 중 한 주주인 Smith는 20주를 갖고 있고, 다른 주주인 Jones는 80주를 갖고 있다. 두 사람 모두 이사가 되기를 원하지만 Jones는 Smith가 이사가 되는 것을 원하지 않는다. 선출되어야 하는 이사 수는 전부 4명이라고 하자.

집중투표제(cumulative voting)는 소액주주들의 참여를 가능하게 해주는 투표방식이다.[4] 집중투표제에서는 각 주주들이 행사할 수 있는 의결권의 수가 먼저 정해진다. 이는 일반적으로 각 주주가 소유하거나 지배할 수 있는 주식 수에 선임해야 하는 이사 수를 곱해서 정해진다.

집중투표제(cumulative voting): 한 번의 투표로 선출될 이사 모두를 선출하는 투표방식

집중투표제에서는 이사들을 한 번의 투표로 모두 선출한다. 우리의 예에서는 가장 많은 표를 얻는 4명이 새로운 이사로 선출된다. 각 주주는 자신이 원하는 대로 자신의 표를 던질 수 있다.

Smith는 이사가 될 수 있을까? 다섯 명이 똑같은 수의 표를 얻을 가능성을 배제한다면 Smith는 이사가 될 수 있을 것이다. Smith는 $20 \times 4 = 80$표를 행사할 수 있으며, Jones는 $80 \times 4 = 320$표를 행사할 수 있다. 만약 Smith가 자신의 표를 모두 자기 자신에게 투표한다면 Smith는 이사에 선임될 수 있다. 그 이유는 Jones가 자신의 320표를 자신이 원하는 4명의 후보 모두 80표보다 많은 표를 얻도록 분산할 수 없기 때문이다. 따라서 Smith는 아무리 못한 경우라도 네 번째로 많은 표를 얻은 이사로 선임될 수 있을 것이다.

일반적으로, 선출할 이사의 수가 N명일 때 $1/(N + 1) \times 100\% + 1$의 표를 확보할 수 있으면 이사 자리가 보장된다. 우리의 예에서는 $1/(4 + 1) = 20\%$에 1표를 더한 표 수가 이에 해당한다. 따라서 선임해야 하는 이사의 수가 증가할수록 자신이 원하는 이사 한 사람을 선출하는 것은 더 쉬워진다.

단일투표제(straight voting)에서는 한 번의 투표로 한 사람의 이사만을 선출하는 것으로, 각 이사 후보자에 대해 매번 투표권이 행사된다. 매번 Smith는 20표를 행사할 수 있고 Jones는 80표를 행사할 수 있다. 따라서 Jones는 자신이 원하는 사람 모두를 이사로 선임할 수 있다. 이 경우 이사 자리를 확보하는 유일한 방법은 50%의 주식 수 + 1주를 확보하는 것이다. 이러한 투표방식은 자신이 원하는 이사를 모두 선출할 수 있게 해 주는 것이므로 "전부 아니면 전무"라는 결과를 의미한다.

단일투표제(straight voting): 한 번의 투표로 한 사람의 이사만을 선출하여 필요한 수의 이사를 선임하는 투표방식

의결권 매수 — 예제 8.6

JRJ Corporation의 주식은 주당 20$에 거래되고 있으며 이 회사는 이사선임 방법으로 집중투표제를 실시하고 있다. 현재 이 회사가 발행한 주식 수는 10,000주이다. 3명의 이사를 뽑는 투표에서 만약 당신이 이 회사의 이사로 선임되기 원한다면 당신이 지불해야 하는 비용은 얼마인가?

이 질문은 "이사 자리를 차지하기 위해서 얼마나 많은 수의 주식을 확보해야 하는가"이다. 답은 2,501주이다. 따라서 당신이 지불해야 하는 비용은 $2,501 \times \$20 = 50,020$$이다. 왜 2,501주인가? 그 이유는 나머지 7,499주를 3명의 후보자에게 나누어 투표하여 각자가 모두 2,501표보다 많은 표를 얻도록 만

(계속)

[3]황금 법칙(golden rule): 금을 가진 사람이 법칙을 정하는 것.

[4]소액주주란 상대적으로 적은 수의 주식을 갖고 있는 주주를 의미한다.

드는 것이 불가능하기 때문이다. 예를 들어 처음에 두 사람이 각각 2,502표를 얻어 이사로 선출되었다고 하자. 이 경우 세 번째 사람이 최대로 얻는다고 하더라도 10,000 − 2,502 − 2,502 − 2,501 = 2,495표밖에 얻지 못한다. 따라서 세 번째 이사 자리는 당신 것이 된다.

많은 기업들은 이사를 시차를 두고 선출하는 시차투표제(staggered election)를 실시하고 있다. 이는 특정시점에서 전체 이사의 일부(보통 1/3)만 선출하는 것을 의미한다. 따라서 한 시점에서 두 명의 이사만 선출한다면 이사직 하나를 확보하는 데 필요한 주식 수는 1/(2 + 1) = 33.33%의 주식 수에 1주를 더한 것이 된다. 시차를 둔 투표로 선출되어 그 임기가 서로 다른 이사로 구성되는 시차이사진(staggered boards)은 유별(類別)이사진(classified boards)이라고도 불린다. 최근에 기업들은 매년 모든 이사를 한꺼번에 선출하라는 압력을 투자자들로부터 받고 있는데 많은 기업들이 실제로 그렇게 하고 있다.

시차투표제는 기본적으로 두 가지의 효과를 갖고 있다.

1. 한 번에 선출하는 이사의 수가 적기 때문에 집중투표제하에서도 소액주주들이 자신들이 원하는 이사를 선출하기가 어려워진다.
2. 새로운 이사를 다수 선출하기가 어렵기 때문에 해당 기업을 인수하려는 시도가 성공할 가능성이 낮아진다.

시차투표제가 유익한 목적에 활용될 수 있는 제도라는 것에도 유의할 필요가 있다. 이는 기관적 기억력(institutional memory), 다시 말해 이사진(board of directors)의 연속성(continuity)을 제공해주는 제도이다. 이러한 점은 중요한 장기계획과 투자안을 갖고 있는 기업들에게는 매우 중요한 점일 수 있다.

위임장(proxy): 주주가 자기를 대신해서 다른 사람이 투표할 수 있는 권리를 부여하는 증서

위임장에 의한 투표 **위임장**(proxy)은 주주가 자기를 대신해서 다른 사람이 투표할 수 있는 권리를 부여하는 증서를 말한다. 대기업들에서의 투표는 실제로 대부분 위임장을 통해서 이루어진다.

앞에서 본 것처럼 단일투표제에서는 한 주가 하나의 투표권을 갖는다. 10,000주를 갖고 있는 주주는 10,000개의 투표권을 갖는다. 대기업의 경우 일반적으로 수십만 내지 수백만 명의 주주들을 갖고 있다. 주주들은 매년 열리는 주주총회에 직접 참석하여 투표권을 행사할 수도 있고 자신의 투표권을 다른 사람에게 넘겨줄 수도 있다.

현재의 경영진은 항상 가능한 많은 위임장을 주주들로부터 넘겨받으려고 한다. 그러나 현재의 경영진에 대해 만족하지 않는 주주들은 위임장을 통해서 자신들의 투표권을 확보하려 할 수 있다. 이러한 주주들은 위임장으로 확보된 투표권을 행사하여 자신들이 원하는 이사들을 선출하여 현재의 경영진을 교체하려 할 수 있다. 그러한 상황에서 나타나는 현재의 경영진과 주주들 사이의 싸움을 위임장 대결(proxy fight)이라고 부른다.

주식의 종류 어떤 회사는 한 종류 이상의 보통주를 발행하고 있다. 종종 다른 종류의 보통주가 만들어지는 이유는 투표권을 달리하기 위한 것이다. 예를 들어 Ford Motor Company는 클래스 B (Class B)라는 보통주를 갖고 있다. 이 주식은 시장에서 거래되지 않으며 Ford 일가의 신탁재산으로 보유되고 있다. 클래스 B 주식은 주식 수로는 전체 주식 수의 10%에도 미치지 못하지만 투표권의 40%를 갖고 있다.

다른 클래스의 주식을 갖고 있는 기업들도 많이 있다. 예를 들어 한때 General Motors는 "GM Classic"이라고 불린 주식을 처음 발행하고 그 이후 클래스 E 주식(GME)과 클래스 H 주식(GMH)을 발행했었다. 이런 클래스의 주식들은 GM이 Electronic Data Systems와 Hughes Aircraft를 인수하는 데 드는 막대한 자금을 마련하기 위해서 만들어진 것이다. 또 다른 예로는 2004년에 공개상장된 웹검색 서비스를 제공하는 Alphabet의 경우가 있다. Alphabet은 클래스 A와 클래스 B라는 두 종류의 보통주를 갖고 있다. 클래스 A 주식은 일반인들에 의해 소유될 수 있는 주식으로 한 주당 하나의 투표권을 갖는다. 클래스 B 주식은 회사 내부자들에 의해 소유되고 있으며 한 주당 10개의 투표권을 갖는 주식이다. 한편 2014년에 이 회사는 클래스 B 주식을 분할하여 의결권이 없는 클래스 C 주식을 만들었다. 이에 따라 Alphabet 설립자들과 경영진이 회사를 통제할 수 있게 되어 있다.

역사적으로 볼 때, 뉴욕증권거래소는 기업들이 불평등한 투표권을 갖는 주식을 만드는 것을 허용하지 않았다. 그러나 예외적인 상황(Ford의 경우처럼)도 허용된 것으로 보인다. 한편, 뉴욕증권거래소에 상장되어 있지 않은 기업들은 많은 경우에 두 종류의 보통주를 갖고 있다.

기업들이 두 클래스 또는 그보다 많은 클래스의 주식을 발행하는 주된 이유는 기업의 통제권과 관련되어 있다. 그러한 주식은 경영진으로 하여금 회사에 대한 통제권을 유지하면서 투표권이 없거나 투표권이 제한된 주식을 발행하여 자기자본을 조달할 수 있게 해준다.

불평등한 투표권을 갖는 주식의 발행은 미국에서 많은 논란의 대상이 되고 있다. "한 주당 하나의 투표권"이라는 개념은 미국의 경우 이를 지지하는 사람들이 많고 또한 역사적으로도 오래된 개념이다. 그러나 흥미롭게도 영국이나 기타의 국가들에서는 불평등한 투표권을 갖는 주식이 매우 일반적이다.

기타의 권리 보통주의 가치는 주주들이 갖는 일반적인 권리와 직접적으로 연결되어 있다. 이사를 선임하는 권리 이외에 주주들은 일반적으로 다음과 같은 권리를 갖는다.

1. 배당금을 지분에 비례하여 받을 권리
2. 기업이 청산될 때 부채상환 후에 남는 잔여 자산을 지분에 비례해서 나누어 가질 수 있는 권리
3. 합병과 같이 주주들에게 매우 중요한 사안에 대해 투표할 수 있는 권리. 이 경우 투표는 정기총회나 특별총회에서 이루어진다.

이에 더해 주주들은 때때로 신주가 발행되는 경우, 지분에 비례해서 신주를 매입할 수 있는 권리를 갖기도 한다. 이러한 권리를 신주인수권(preemptive right)이라고 한다.

기본적으로 신주인수권은 회사가 신주를 발행할 때 일반 대중을 상대로 판매하기 전에 기존의 주주들에게 먼저 팔아야 하는 것을 말한다. 이는 기존 주주가 회사에 대해 자신이 갖고 있는 비례적 소유권을 보호할 수 있도록 해주기 위한 것이다.

배당 주식회사는 법에 의해 주주들에게 배당금을 지급할 수 있다. 주주들에게 지불되는 **배당**(dividend)은 주주들이 직접 또는 간접적으로 기업에 제공한 자본에 대한 반대급부이다. 배당금의 지급은 이사회가 결정한다.

배당(dividend): 주식회사가 주주들에게 지급하는 현금 또는 주식

배당의 중요한 특징은 다음과 같다.

1. 이사회가 배당의 지급을 결정하지 않는 한, 배당은 기업의 부채가 아니다. 기업은 결정되지 않은 배당으로 인해 채무불이행 상황에 빠지지 않는다. 따라서 배당금을 지급하지 않았다고

해서 기업이 파산하는 것은 아니다. 배당금의 지급 여부와 배당금의 크기는 이사회의 경영적 판단에 달려 있다.

2. 기업이 지급하는 배당금은 영업상의 비용이 아니다. 따라서 배당금은 법인세 감면대상이 되지 않는다. 간단히 말해, 배당금은 기업의 세후 이익에서 지급되는 것이다.
3. 개인 주주들이 받는 배당금에 대해서는 세금이 부과된다. 2018년에 배당금에 대한 미국의 세율은 15~20%였다. 또한 미국의 경우, 다른 기업의 주식을 보유하고 있는 기업이 그로 인해 받는 배당금의 50%는 세금부과 대상에서 제외되며 나머지 50%에 대해서만 세금이 부과된다. [50%는 2017년에 통과된 미국의 감세 및 일자리법(The Tax Cuts and Jobs Act)에 의해 이전의 70%보다 낮아진 수치이다.][5]

우선주의 특징

우선주(preferred stock): 보통주에 우선해서 배당을 받을 권리를 갖는 주식으로, 일반적으로는 일정한 배당률이 주어지며 통상적으로 투표권이 주어지지 않는다.

우선주(preferred stock)는 배당을 받거나 기업의 청산으로 인해 잔여 재산을 분배받는 경우에 보통주에 우선한 권리를 갖기 때문에 보통주와는 다르다.

법적 관점이나 세무적 관점에서 볼 때 우선주는 주식의 한 형태이다. 그러나 우선주의 소유주는 때때로 투표권을 갖지 못한다는 것에 유의해야 한다.

명시가치 미국의 경우, 우선주에 대해 통상적으로 한 주당 100$의 청산가치가 명시되어 있다. 현금배당은 주당 금액으로 정해진다. 예를 들어 어떤 기업의 우선주가 주당 5$의 배당을 받는 것("$5 preferred")으로 되어 있다면 배당수익률은 $5/$100 = 5%가 된다.

누적배당과 비누적배당 우선주의 배당은 채권의 이자와는 다른 성격을 갖는다. 이사회는 우선주에 대해 배당을 하지 않기로 결정할 수도 있으며, 그러한 결정은 기업의 당기순이익과 아무런 관련을 갖지 않을 수도 있다.

우선주에 대해 지급되는 배당은 누적배당일 수도 있고 비누적배당일 수도 있다. 그러나 일반적으로는 누적배당이다. 우선주에 대한 배당이 누적배당이고 특정 해에 배당금이 지급되지 않았을 경우에는 그 금액은 연체금(arrearage)으로 간주되어 다음 해로 이월된다. 일반적으로 우선주의 누적배당금과 현재의 배당금은 보통주 주주가 배당금을 받기 전에 지급되어야 한다.

지급되지 않은 우선주의 배당금은 기업의 부채가 아니다. 보통주 주주들에 의해 선출된 이사들은 우선주에 대한 배당을 무기한 연기할 수 있다. 그러나 그런 경우에는 보통주 주주들도 배당금을 받지 못한다. 더욱이 우선주에 대한 배당이 일정 기간 이루어지지 않는 경우 우선주 주주들은 종종 투표권이나 기타 권리를 부여받는다. 예를 들어 USAir는 한때 1년 6개월 동안 자신이 발행한 어떤 우선주에 대해서 배당을 하지 못한 적이 있다. 그 결과 우선주를 소유하고 있던 주주들은 자신들의 이익을 대변할 두 명의 이사를 지명할 권리를 얻었다. 지급이 안 되어 누적된 배당금에 대해서 우선주 주주들이 아무런 이자를 받지 못하기 때문에 일부 사람들은 기업이 우선주에 대한 배당을 지연시키려는 인센티브를 갖는다고 주장한다. 그러나 기업이 우선주에 대한

[5]기업이 다른 기업으로부터 받는 배당금의 50%에 대해 세금면제 혜택을 받는 것은 다른 기업 주식의 20% 미만을 소유하는 경우이다. 그러나 20% 이상, 65% 미만을 소유하고 있는 경우에는 배당금의 80%가 세금면제의 혜택을 받는다. 또한 65%보다 많은 주식을 보유하는 경우에는 다른 기업으로부터 받은 배당금을 해당 기업의 연결수익(consolidated return)으로 세무당국에 보고할 경우 100% 세금면제 혜택을 받을 수 있다.

배당을 지연시키는 것은 앞에서 언급했듯이 우선주 주주들에게 기업의 지배권을 나누어줘야 한다는 것을 의미할 수 있다.

우선주는 기업의 부채인가? 우선주는 주식으로 포장된 실질적인 채권이라고 볼 수 있는 여러 측면들을 갖고 있다. 다시 말해 우선주는 일종의 자기자본채권(equity bond)이라는 것이다. 우선주 주주들은 명시된 배당금만을 받으며, 기업이 청산되는 경우 우선주 주주들은 명시된 청산가치를 돌려받는다. 또한 종종 우선주에 대해서는 채권의 경우처럼 신용등급이 매겨지며, 채권의 경우처럼 종종 조기상환(콜)이 가능하다.

또한 많은 경우에 우선주에 대해서는 감채기금(sinking fund)이 의무화되어 있다. 감채기금이 존재한다는 것은 우선주가 결국에는 상환된다는 것을 의미하여 우선주에 최종 만기일을 설정하는 효과를 갖는다. 이러한 이유들로 인해 우선주는 채권과 아주 흡사한 것으로 보인다. 그러나 세금과 관련해서 볼 때 우선주의 배당은 보통주의 배당과 동일하게 처리된다.

1990년대에 미국 기업들은 흡사 우선주처럼 보이지만 세금과 관련해서는 채권과 같이 취급되는 증권을 판매하기 시작했다. 그러한 새로운 증권들에 대해서 TOPrS (trust-originated preferred securities, or toppers), MIPS (monthly income preferred securities), QUIPS (quarterly income preferred securities)와 같은 매우 흥미로운 약어가 주어졌다. 이러한 증권들은 세금과 관련해서 기업의 부채로 취급되어 기업이 그에 대해 지급하는 이자에 대해서 세금감면 혜택이 주어졌다. 투자자들이 이러한 증권으로부터 지급받는 배당금은 이자소득으로 간주되었다. 2003년까지 미국은 개인들의 이자소득과 배당소득에 대해 동일한 한계세율을 적용했었다. 그러나 배당소득에 대한 세율이 인하되었을 때 이러한 증권들로부터 지급받는 배당소득은 제외되었다. 따라서 개인들은 이러한 증권들로부터 받는 배당금에 대해서 더 많은 소득세를 지불하게 되었다.

개념질문 _Concept Questions

8.2a 위임장은 무엇인가?
8.2b 주주들은 어떤 권리들을 갖는가?
8.2c 우선주의 우선은 무엇을 의미하는가?

8.3 요약과 결론

이 장에서는 주식과 주식시장에 관한 기본 사항들에 대해 살펴보았다. 중요한 점은 다음과 같다.

1. 주식을 소유함으로써 얻는 현금흐름은 미래의 배당금이라는 형태로 나타난다. 어떤 특별한 가정하에서는 모든 미래 배당금들의 현재가치를 계산하여 주식의 가치를 구할 수 있다.
2. 보통주를 소유하는 사람은 이사를 선출할 수 있는 권리를 포함하여 다양한 권리를 갖는다. 이사는 단일투표제로 선출할 수도 있고, 집중투표제로 선출할 수도 있다. 이사 선출을 위한 투표는 실제로는 대부분 위임장을 통해서 이루어진다. 쌍방이 서로 자신들이 원하는 이사를 선출하는 데 충분한 투표권을 확보하려고 할 때 위임장 확보를 위한 싸움이 발생한다.

3. 어떤 기업들은 보통주 외에 우선주도 발행한다. 우선주의 우선이라는 말은 보통주 주주들에게 무엇이 지급되기 전에 먼저 우선주 주주들에게 지급된다는 것을 의미한다. 우선주는 일정하게 정해진 배당을 받는다.

이 장으로 이 책의 3부를 마친다. 이제 당신은 현재가치가 무엇을 의미하는가를 충분히 이해하고 있어야 한다. 또한 현재가치, 부채상환액 등을 어떻게 계산하는지에 대해서도 익숙해져 있어야 한다. 4부에서는 자본예산 의사결정을 다룬다. 앞으로 알게 되겠지만 5장에서 8장까지에서 배운 기법들은 기업의 투자 의사결정을 평가하는 데 기초가 된다.

복습과 자가진단

8.1 배당성장과 주식의 가치평가 Brigapenski는 방금 주당 2$의 현금배당을 지급했다. 투자자들은 이 회사의 주식에 투자하는 것에 대해 16%의 수익률을 요구하고 있다. 배당이 매년 8%씩 지속적으로 성장할 것으로 기대된다면 이 회사 주식의 현재가치는 얼마인가? 5년 후의 가치는 얼마가 되겠는가?

8.2 배당성장과 주식의 가치평가 문제 8.1에서 배당이 앞으로 3년간 매년 20%씩 성장하고 그 이후로는 매년 계속해서 8%씩 성장할 것으로 기대된다면 이 회사의 주식은 얼마에 거래되겠는가?

복습과 자가진단의 해답

8.1 마지막으로 지급된 배당 D_0는 2$였다. 배당은 매년 8%씩 꾸준히 성장할 것으로 기대되고, 요구수익률은 16%이다. 배당성장모형에 의하면 현재가격은 다음과 같다.

$$\begin{aligned} P_0 &= D_1/(R \times g) = D_0 \times (1 + g)/(R - g) \\ &= \$2 \times 1.08/(0.16 - 0.08) \\ &= \$2.16/0.08 \\ &= \$27 \end{aligned}$$

먼저 5년 후의 배당을 구한 다음, 배당성장모형을 사용하면 5년 후의 주식가격을 구할 수 있다. 다른 방법으로는 주식가격도 매년 8%씩 증가한다는 점을 이용해서 주식의 미래가격을 바로 구하는 것이다. 둘 다 계산해보기로 하자. 우선 5년 후의 배당은 다음과 같이 된다.

$$\begin{aligned} D_5 &= D_0 \times (1 + g)^5 \\ &= \$2 \times 1.08^5 \\ &= \$2.9387 \end{aligned}$$

따라서 5년 후의 주식가격은 아래와 같이 된다.

$$\begin{aligned} P_5 &= D_5 \times (1 + g)/(R - g) \\ &= \$2.9387 \times 1.08/0.08 \\ &= \$3.1738/0.08 \\ &= \$39.67 \end{aligned}$$

그러나 우리가 배당성장모형을 알고 있기 때문에 아래와 같이 쉽게 계산할 수 있다.

$$P_5 = P_0 \times (1+g)^5$$
$$= \$27 \times 1.08^5$$
$$= \$27 \times 1.4693$$
$$= \$39.67$$

두 가지 방법이 5년 후에 동일한 가격을 가져다준다는 점을 확인하라.

8.2 이 경우는 앞으로 3년간 급격한 성장이 발생하는 경우이다. 우선 급성장하는 기간 동안의 배당금을 계산하고 3년 후의 주식가격을 계산한다. 배당금은 아래와 같다.

$$D_1 = \$2.00 \times 1.20 = \$2.400$$
$$D_2 = \$2.40 \times 1.20 = \$2.880$$
$$D_3 = \$2.88 \times 1.20 = \$3.456$$

3년 후부터 성장률은 8%로 계속 유지된다. 따라서 그 당시의 가격 P_3는 다음과 같이 계산된다.

$$P_3 = D_3 \times (1+g)/(R-g)$$
$$= \$3.456 \times 1.08/(0.16 - 0.08)$$
$$= \$3.7325/0.08$$
$$= \$46.656$$

마지막으로 주식의 현재가치를 위해서 배당금들의 현재가치와 3년 후 주식가격의 현재가치를 구하여 이들을 합해야 한다.

$$P_0 = \frac{D_1}{(1+R)^1} + \frac{D_2}{(1+R)^2} + \frac{D_3}{(1+R)^3} + \frac{P_3}{(1+R)^3}$$
$$= \frac{\$2.40}{1.16} + \frac{\$2.88}{116^2} + \frac{\$3.456}{116^3} + \frac{\$46.656}{116^3}$$
$$= \$2.07 + \$2.14 + \$2.21 + \$29.89$$
$$= \$36.31$$

개념복습과 개념질문

1. **주식의 가치평가 [LO1]** 주식의 가치가 배당에 의해 결정되는 이유는 무엇인가?
2. **주식의 가치평가 [LO1]** NYSE나 Nasdaq에 상장된 기업들의 상당수가 배당을 하지 않고 있다. 그럼에도 불구하고 투자자들은 그러한 기업들의 주식을 매입하고 있다. 앞의 질문에 대한 답에 비추어 볼 때 어떻게 이런 일이 발생하는가?
3. **배당정책 [LO1]** 앞의 문제들을 다시 살펴볼 때, 어떤 상황에서 기업들은 배당을 지급하지 않기로 할 수 있는가?
4. **배당성장모형 [LO1]** 주식가치를 구하기 위해 배당성장모형을 사용할 경우에 어떤 두 가지 가정이 필요한가? 그러한 가정들의 합리성에 대해 언급해보라.
5. **보통주와 우선주 [LO1]** 어떤 기업이 우선주와 보통주를 발행하고 있다고 하자. 두 주식 모두 $2의 배당금을 지급하고 있다. 우선주와 보통주 중 어떤 주식이 더 높은 가격을 갖겠는가?
6. **배당성장모형 [LO1]** 배당성장모형에 의하면 주식의 수익률을 구성하는 두 가지 요소는 무엇인가? 일반적으로 두 요소 중 어느 것이 더 크다고 생각하는가?

7. **성장률 [LO1]** 배당성장모형에서 배당성장률과 주가상승률이 같다는 것은 사실인가?
8. **투표권 [LO3]** 선거에서 투표를 할 때 정치적 민주주의와 기업적 민주주의의 차이점은 무엇인가?
9. **기업윤리 [LO3]** 불평등한 투표권을 갖는 주식을 발행하는 것은 공정하지 않거나 비윤리적인가?
10. **투표권 [LO3]** Alphabet과 같은 일부 회사들은 투표권이 전혀 없는 주식을 발행했다. 투자자들은 그러한 주식을 매입하겠는가?
11. **주식의 가치평가 [LO1]** 다음의 문장을 평가하라. "경영자들은 주식의 현재가치에 초점을 맞추어 기업을 경영해서는 안 된다. 그 이유는 그렇게 하는 경우, 장기적 이익을 희생하면서 단기적 이익을 강조하게 되기 때문이다."
12. **두 단계 성장모형 [LO1]** 두 단계 성장모형의 가정 중 하나는 배당이 높은 성장률에서 갑자기 보다 낮은 영구적인 성장률로 바뀐다는 것이다. 이 가정에 대해 어떻게 생각하는가? 이 가정이 성립하지 않는다면 어떤 상황이 발생하는가?
13. **투표권 [LO3]** 이 장에서 많은 회사들이 이사진을 한 번에 모두 선출하라는 압력을 받고 있다고 언급했다. 투자자들이 이러한 선출방식을 원하는 이유는 무엇인가? 유별이사진(classified board)이 갖는 이점은 무엇인가?
14. **주가비율 평가 [LO2]** PER를 사용하여 주식가치를 평가하는 데 부딪치는 어려움은 무엇인가?

연습문제

초급문제
(1-13)

1. **주식의 가치평가 [LO1]** RLX Co.는 방금 주당 3.20$의 배당을 지급했다. 배당은 연간 4%로 영원히 증가할 것으로 기대된다. 투자자들이 이 회사의 주식에 대해서 요구하는 요구수익률이 10.5%라면, 이 회사의 주식의 현재가격은 얼마가 되겠는가? 3년 후의 주식가격은? 15년 후의 주식가격은?
2. **주식의 가치평가 [LO1]** Im, Inc.는 다음 기에 주당 1.87$의 배당을 지급할 예정이다. 배당금은 계속해서 매년 4.3% 성장할 것으로 기대된다. 이 회사의 주식이 현재 주당 37$에 거래되고 있다면 요구수익률은 얼마인가?
3. **주식의 가치평가 [LO1]** 문제 2에서 배당수익률은 얼마인가? 예상되는 자본이득률은 얼마인가?
4. **주식의 가치평가 [LO1]** Five Star Corporation은 다음 해에 주당 3.04$의 배당을 지급한다. 이 회사는 앞으로 계속해서 배당금을 매년 3.75% 증가시킬 것을 약속하고 있다. 당신이 이 회사 주식에 대한 투자로부터 11%의 수익률을 요구한다면 당신은 이 회사의 주식에 대해 현재 얼마를 지불하겠는가?
5. **주식의 가치평가 [LO1]** Caccamise Co.는 배당금을 매년 3.4%씩 증가시킬 것으로 기대된다. 이 회사 주식의 배당수익률이 5.3%면 이 회사 주식에 대해 투자자들이 요구하는 요구수익률은 얼마인가?
6. **주식의 가치평가 [LO1]** 현재 어떤 회사의 주식이 주당 78$에 거래되고 있고 이 주식에 대한 요구수익률이 10.9%라고 하자. 또한 이 주식의 총수익률이 균등하게 자본이득률과 배당수익률로 나뉜다고 하자. 이 회사가 항상 일정한 배당성장률을 유지한다는 정책을 유지한다면 현재의 주당 배당금은 얼마인가?
7. **주식의 가치평가 [LO1]** Hailey Corp.은 현재 주당 일정하게 9.45$의 배당금을 지급하고 있다. 이 회사는 이러한 배당을 앞으로 13년 동안 계속 유지한다. 그러나 그 이후로는 배당금을 전혀 지급하지 않는다. 이 주식에 대한 요구수익률이 10.7%라면 이 주식의 현재가격은 얼마인가?
8. **우선주의 가치평가 [LO1]** Fegley, Inc.은 매년 3.80$의 배당금을 영구히 지급하는 우선주를 발

행했다. 이 주식이 현재 주당 93$에 거래되고 있다면, 요구수익률은 얼마인가?

9. **주식의 가치평가와 요구수익률** [LO1] Red, Yellow, Blue라는 세 회사는 내년에 모두 4.15$의 배당을 지급한다. 이 세 회사의 배당성장률은 4%이다. 이 세 회사에 대한 요구수익률은 각각 8%, 11%, 14%이다. 각 회사의 주식가격은 얼마인가? 요구수익률과 주식가격의 연관성에 대해 어떤 결론을 내릴 수 있는가?

10. **투표권** [LO3] 재무관리 강의를 잘 수강한 후에 당신이 할 일이 Cornwall Enterprises의 이사로 근무하는 것이라고 하자. 그런데 불행하게도 당신에게 표를 줄 사람은 당신밖에 없다. 이 회사가 발행한 주식 수는 720,000주이고, 현재 한 주당 48$에 거래되고 있다. 이 회사가 단일투표제를 실시한다면 이사가 되기 위해 당신은 얼마어치의 주식을 사야 하는가?

11. **투표권** [LO3] 문제 10에서 Cornwall이 집중투표제를 실시하고 이번에는 4명의 이사를 선출한다고 하자. 이 회사의 이사가 되기 위해서 당신은 얼마어치의 주식을 사야 하는가?

12. **주식의 가치평가와 PER** [LO2] Dahlia Flower Co.는 주당 3.64$의 순이익을 발생시키고 있다. 벤치마크 PER의 값은 18이다. 당신은 이 회사의 주식가격이 얼마가 되어야 적절하다고 생각하는가? 벤치마크 PER의 값이 21이라면?

13. **주식의 가치평가와 PER** [LO2] Z Space, Inc.은 신생기업이며 현재 손실을 발생시키고 있다. 이 회사의 매출액은 2.7백만$이며, 발행주식수는 175,000주이다. 벤치마크 주가매출액비율(PSR)은 4.3이라면 당신이 예상하는 적절한 주가는 얼마인가? PSR이 3.6인 경우에는?

중급문제 (14-31)

14. **주식의 가치평가** [LO1] Quinoa Farms는 방금 2.95$의 배당을 지급했다. 배당성장률은 매년 3.4%로 일정하게 계속 유지될 것으로 기대된다. 이 회사 주식에 대해서 투자자들은 앞으로 3년 동안은 매년 15%의 수익률을 요구하며, 그 다음 3년 동안은 13%, 그 이후로는 11%의 수익률을 요구한다. 이 회사 주식의 현재가격은 얼마인가?

15. **불규칙성장** [LO1] Metallica Bearings Inc.은 새로 출발한 젊은 기업으로, 번 돈을 다시 투자해야 하기 때문에 앞으로 9년간은 주식에 대해 아무런 배당도 지급하지 않기로 했다. 그러나 10년 후에는 주당 14$의 배당을 지급하고, 그 이후부터는 매년 배당을 3.9%씩 증가시키기로 했다. 이 회사 주식에 대한 요구수익률이 11.5%라면 이 회사 주식의 현재 가격은 얼마인가?

16. **불규칙배당** [LO1] Premier, Inc.은 특이한 배당정책을 갖고 있다. 이 회사는 방금 주당 3.75$의 배당금을 지급했다. 그리고 배당금을 앞으로 5년간 매년 주당 5$씩 증가시키며, 그 이후부터는 배당을 지급하지 않는다고 발표하였다. 이 회사 주식에 대한 요구수익률이 11%라면, 당신은 이 회사 주식 한 주에 대해 현재 얼마를 지불할 용의를 갖는가?

17. **불규칙배당** [LO1] McCabe Corporation은 다음 4년 동안 15$, 11$, 9$, 2.95$의 배당금을 지급할 것으로 예상된다. 그 이후부터는 영원히 배당성장률을 4%로 일정하게 유지하기로 약속했다. 이 회사 주식에 대한 요구수익률이 10.3%라면, 이 회사의 현재 주가는 얼마가 되겠는가?

18. **비정상적 성장** [LO1] Synovec Co.는 매우 빠르게 성장하고 있다. 배당은 다음 3년간 매년 30%의 증가율을 보이고 그 이후부터는 4%의 성장률을 보일 것으로 기대되고 있다. 요구수익률이 10%이고, 이 회사가 방금 2.65$의 배당금을 지급했다면 현재의 주가는 얼마가 되겠는가?

19. **비정상적 성장** [LO1] Orkazana Corp.은 빠르게 성장하고 있다. 배당은 다음 3년간 매년 25%씩, 그 다음 해에는 15%, 그리고 그 이후로는 매년 6%로 영원히 성장할 것으로 기대되고 있다. 이 회사 주식에 대한 요구수익률은 10%이고, 현재의 주가는 주당 86$이다. 내년에 예상되는 배당금은 얼마인가?

20. **마이너스 성장** [LO1] Antiques R Us는 성숙단계에 접어든 제조회사이다. 이 회사는 주당 12.40$의 배당금을 방금 지급했다. 그러나 이 회사의 경영진은 배당금을 앞으로 매년 4%씩 계속

해서 줄여 나가야 할 것으로 판단하고 있다. 이 회사 주식에 대한 요구수익률이 9.5%라면, 당신은 현재 이 회사 주식 한 주에 대해 얼마를 지불하겠는가?

21. **배당금의 계산** **[LO1]** Matterhorn Corporation의 주식은 현재 주당 49$에 거래되고 있다. 이 회사의 주식에 대해 시장이 요구하는 수익률은 11%이다. 이 회사가 배당성장률을 3.5%로 계속 유지한다면 가장 최근에 지급된 주당 배당금은 얼마인가?

22. **우선주의 가치평가** **[LO1]** E-Eyes.com은 방금 새로운 우선주를 발행했다. 이 우선주는 20년 후부터 연간 20$의 배당을 영원히 지급한다. 이 주식에 투자하는 대가로 시장이 요구하는 수익률이 5.4%라면, 이 우선주를 한 주 구매하는 데 드는 비용은 얼마인가?

23. **주식시세표의 사용** **[LO3]** RJW Enterprises, Inc.의 주식 시세가 오늘 날짜 신문의 금융 면에 다음과 같이 보도되었다. 어제 신문에 보도된 이 회사 주식의 종가는 얼마였겠는가? 이 회사가 현재 2천5백만 주를 발행하고 있다면 이 회사의 최근 1년간의 순이익은 얼마였겠는가?

52-WEEK							
HI	LO	STOCK (DIV)	YLD %	PE	VOL 100s	CLOSE	NET CHG
95.13	63.17	RJW 1.85	2.15	19	17652	??	0.27

24. **두 단계 배당성장모형** **[LO1]** Impossible Corp.은 방금 주당 1.93$의 배당을 지급했다. 배당은 앞으로 8년간 매년 24% 증가할 것으로 기대되며 그 이후로는 계속해서 3.5% 증가할 것으로 기대된다. 요구수익률이 12%라면, 이 회사 주식의 현재 가격은 얼마인가?

25. **두 단계 배당성장모형** **[LO1]** Navel County Choppers, Inc.은 급격하게 성장하고 있다. 이 회사의 배당은 앞으로 11년 동안 매년 18%씩 증가하고, 그 이후로는 4%씩 영원히 증가할 것으로 기대된다. 이 회사 주식에 대한 투자에 대해 투자자들이 요구하는 요구수익률은 11%이다. 방금 주당 2.13$의 배당이 지급되었다면, 이 회사 주식의 가격은 얼마인가?

26. **주식의 가치평가와 PER** **[LO2]** Meadow Dew Corp.의 현재 EPS는 4.05$이며, 벤치마크 PER의 값은 21이다. 순이익은 매년 4.9%씩 성장할 것으로 기대된다.

a. 추정되는 현재의 주가는 얼마인가?

b. 1년 후의 목표주가는 얼마인가?

c. 이 회사가 배당을 지급하지 않는다고 가정하면, 이 회사의 주식가격으로 구한 이 회사의 묵시적 수익률은 얼마인가? PER를 사용하여 구한 이 묵시적 수익률이 말해주는 것은 무엇인가?

27. **주식의 가치평가와 PER** **[LO2]** Daniela Company에 대해 다음과 같은 자료를 발견했다.

	연도 1	연도 2	연도 3	연도 4
주식가격	$53.27	$59.48	$62.42	$66.37
EPS	2.35	2.47	2.78	3.04

순이익은 다음 해에 11% 증가할 것으로 기대된다. 이 회사의 과거 평균 PER를 벤치마크 PER로 사용하면, 다음 해 이 회사의 목표주가는 얼마인가?

28. **주식의 가치평가와 PER** **[LO2]** 문제 27에서 한 해의 주식가격을 하나로 간주했다. 그러나 어떤 해든 주식가격은 높을 때도 있고 낮을 때도 있다. 따라서 이제 하나의 PER가 아닌 매년 높은 PER와 낮은 PER를 갖게 된다. 이러한 PER를 사용하여 다음 해의 높은 주식가격과 낮은 주식가격을 계산해 볼 수 있다. 어떤 회사에 대해 다음과 같은 정보가 주어졌다고 하자.

	연도 1	연도 2	연도 3	연도 4
높은 가격	$62.18	$67.29	$74.18	$78.27
낮은 가격	40.30	43.18	39.27	46.21
EPS	2.35	2.58	2.73	2.89

다음 해에 순이익은 9% 증가할 것으로 기대된다. 다음 해의 높은 목표가격과 낮은 목표가격은 각각 얼마인가?

29. **주식의 가치평가와 PER** [LO2] Regal, Inc.의 현재 EPS는 3.25$이고, 순이익 증가율은 8%이다. 벤치마크 PE비율이 23라면, 지금부터 5년 후의 목표주가는 얼마인가?

30. **주식의 가치평가와 PER** [LO2] 배당을 지급하는 기업의 주가를 평가하는 데 일반적으로 사용되고 있는 방법 중 하나는 다음 5년 정도의 배당금을 예측한 후, 벤치마크 PER를 사용하여 최종 주가를 판단하는 것이다. 한 회사가 방금 주당 1.41$의 배당을 지급했다고 하자. 배당액은 5년에 걸쳐 13%씩 매년 성장할 것으로 기대된다. 5년 후, 예상되는 배당성향률(payout ratio: 순이익 중 배당금으로 지급되는 비율)은 30%이고, 벤치마크 PER의 값은 19이다. 5년 후의 목표가격은 얼마인가? 이 주식에 대한 요구수익률이 11%라고 할 때 현재의 주가는 얼마가 되어야 하는가?

31. **주식의 가치평가와 PER** [LO2] Penguin, Inc.의 자기자본은 7.9백만$이다. 이 회사의 손익계산서가 보여주는 순이익은 832,000$이다. 이 회사는 285,000$의 배당을 했으며 발행주식수는 245,000주이다. 벤치마크 PER가 16이라면, 이 회사의 1년 후 목표 주가는 얼마인가?

고급문제 (32-38)

32. **자본이득과 소득** [LO1] 요구수익률이 모두 12%이고, 가장 최근에 지급된 배당금이 모두 주당 3.45$인 네 종류의 주식이 있다고 하자. 주식 W, X, Y는 예견할 수 있는 미래기간 동안 각각 10%, 0%, −5%의 배당성장률을 유지할 것으로 기대된다. 주식 Z는 성장주로서 다음 2년간 배당금이 매년 20%씩 성장하고 그 이후로는 매년 5%의 배당성장률을 나타낸다. 이 네 주식 각각의 배당수익률은 얼마인가? 기대되는 자본이득률은 얼마인가? 각 주식의 수익률들 간의 관계에 대해 설명해보라.

33. **주식의 가치평가** [LO1] 대부분의 미국 회사들은 3개월마다 배당을 지급한다. 특별한 상황이 발생하지 않는 한, 이사회는 배당금을 올릴 것인가 내릴 것인가 아니면 현재와 같은 수준으로 유지할 것인가에 대한 결정을 일 년에 한 번 하고, 그에 따라 결정된 배당금을 네 등분하여 3개월마다 균등하게 주주들에게 지급한다.

a. 어떤 회사가 현재 자신의 보통주에 대해서 연간 3.60$의 배당금을 지급하고 있다고 하자. 이 회사의 경영진은 배당금을 매년 3.4%씩 영원히 증가시키려고 한다. 이 회사 주식에 대한 요구수익률이 10.5%라면, 이 회사의 현재 주가는 얼마이겠는가?

b. 이제 문제 a의 회사가 연간 배당금을 균등하게 네 등분하여 3개월마다 동일한 금액의 배당금을 지급한다고 하자. 따라서 이 회사는 방금 주당 0.90$의 3개월분 배당금을 지급했다. 이 회사의 현재 주가는 얼마인가? (힌트: 이와 동일한 매년 한 번 지급하는 배당금의 크기를 계산하라.) 이렇게 주식 가치를 평가하는 것이 적절하다고 생각하는지에 대해 설명해보라.

34. **불규칙성장** [LO1] Storico Co.는 방금 주당 3.65$의 배당을 지급했다. 이 회사는 내년에 배당금을 20% 증가시키고 그 다음 해부터는 배당성장률이 산업평균 배당성장률인 5%에 도달할 때까지 매년 5%씩 감소시켜 나가서 배당성장률이 5%에 달한 이후부터는 5%의 성장률을 영원히 유지하려고 한다. Storico 주식에 대한 요구수익률이 12%라면, 이 회사 주식의 현재가격은 얼마가 되겠는가?

35. **불규칙성장** [LO1] 이 문제는 약간 더 어렵다. 앞의 문제에서 현재의 주가가 67.25$이고 배당에

관한 모든 정보들이 그대로 유지된다고 하자. 투자자들은 Storico 주식에 대해 얼마의 수익률을 요구해야 하는가? (힌트: 관련된 모든 현금흐름의 현가를 구하는 식을 구하여 시행착오법에 의해 요구수익률을 구하라.)

36. **(고정)배당성장모형** **[LO1]** 어떤 주식에 대한 배당이 일정한 비율로 영원히 증가한다고 하자. 이 주식을 배당 고정성장모형을 사용하여 평가할 때, 이 주식의 가치가 현재가치의 1/2이 되기 위해서는 몇 년간 배당이 지불되어야 하는가?

37. **두 단계 배당성장** **[LO1]** 본문에서 살펴본 두 단계 배당성장모형에 대하여 주식의 현재가치가 다음과 같이 표현될 수 있음을 보여라.

$$P_0 = \frac{D_0 \times (1+g_1)}{R-g_1} \times \left[1 - \left(\frac{1+g_1}{1+R}\right)^t\right] + \left(\frac{1+g_1}{1+R}\right)^t \times \frac{D_0 \times (1+g_2)}{R-g_2}$$

이 식에 대해 직관적인 설명을 할 수 있는가?

38. **두 단계 배당성장** **[LO1]** 두 단계 배당성장모형에서 첫 번째 단계의 성장률 g_1은 할인율 R보다 크거나 작을 수 있다. 그렇다면 이들이 같아질 수는 있는가? (힌트: 그렇다. 하지만 주식의 가치를 나타내는 공식은 어떻게 표현될 수 있는가?)

작은 사례

Ragan Inc. 주식에 대한 가치평가

Ragan Inc.는 Carrington Ragan과 Genevieve Ragan 자매에 의해 9년 전에 설립되었다. 이 회사는 상업용 난방, 환기, 냉각장치(heating, ventilation, and coolong: HVAC)를 제조하고 있다. Ragan Inc.는 에너지 효율성을 높인 기술을 보유하고 있으면서 급격한 성장을 하였다. 이 회사는 두 자매에 의해 균등하게 소유되고 있다. 합명회사 계약을 통해 이 자매는 각자 50,000주를 소유하고 있다. 둘 중 한 명이 주식을 팔려고 하면 상대방에게 할인된 가격에 판매하여야 한다.

누구도 주식을 팔려고 하지는 않지만, 이 자매는 자신들이 소유하고 있는 주식의 가치를 평가해보기로 했다. 이를 위해 먼저 이들은 주요 경쟁회사에 대한 다음과 같은 정보를 수집하였다.

Expert HVAC의 EPS가 음(−)인 것은 지난해에 회계상 손실처리가 있었기 때문이다. 그렇게 하지 않았다면 이 회사의 주당순이익(EPS)은 1.06$가 될 수 있었다. Expert HVAC의 ROE는 손실처리를 하지 않은 순이익을 가지고 계산한 것이다.

지난해에 Ragan Inc.는 4.54$의 EPS를 보였으며, 이 자매에게 각각 60,000$의 배당금을 지급했다. Ragan Inc.의 ROE는 18%였다. 이 두 사람은 자기 회사 주식에 대한 적절한 할인율이 15%라고 생각하고 있다.

질문

1. Ragan사가 현재의 성장률을 그대로 유지한다고 가정한다면 이 회사 주식의 현재가치는 얼마인가?
2. 자신들의 계산을 확인하기 위해서, 이 자매는 Josh Schlessman에게 자문을 구했다. Josh는 이전에 주식애널리스트로 일했고, 그가 전문적으로 살펴본 산업이 바로 이 회사가 속해 있는 산업이다. Josh는 이 회사와 경쟁회사들의 재무제표를 검토했다. 비록 Ragan Inc.가 현재는 기술적 우위를 갖고 있지만, 그가 분석한 바에 의하면 경쟁회사들이 에너지 효율성을 높일 수 있는 기술을 연구하고 있었다. 이를 바탕으로 Josh는 Ragan Inc.의 기술 우위가 다음 5년 동안만 유지될 것이

Ragan, Inc.의 주요 경쟁사에 대한 정보

	EPS	DPS	Stock Price	ROE	*R*
Arctic Cooling, Inc.	$0.81	$0.20	$14.18	10.00%	10.00%
National Heating & Cooling	1.38	0.62	11.87	13.00	13.00
Expert HVAC Corp.	−0.46	0.38	13.21	14.00	12.00
Industry Average	$0.58	$0.40	$13.09	12.33%	11.67%

라고 판단했고, 따라서 그 이후로는 이 회사의 성장률이 산업 평균성장률과 같은 수준으로 낮아질 것이라고 판단했다. 또한 Josh는 이 회사가 생각하고 있는 요구수익률이 너무 높다고 판단했다. 그의 판단에는 산업평균 요구수익률이 적절한 요구수익률이었다. 성장률에 대한 이러한 가정하에서, 당신은 이 회사의 주식가격이 얼마가 될 것이라고 판단하는가?

3. 산업평균 주가순이익률(PER)은 얼마인가? Ragan Inc.의 PER는 얼마인가? 이 두 수치의 이러한 관계는 당신이 기대하는 관계를 보이고 있는가? 그 이유는?
4. Ragan 자매는 PER를 어떻게 해석해야 하는지를 잘 몰랐다. 한참 동안 살펴본 결과, 이들은 PER에 대해 다음과 같은 공식을 도출하게 되었다.

   배당성장모형을 가지고 이 공식이 성립함을 보여라. 이 공식이 배당성향률, 이 회사 주식에 대한 요구수익률, 이 회사의 ROE 간의 관계에 대해 의미하고 있는 것은 무엇인가?
5. 5년 후에 이 회사의 성장률이 산업 평균성장률과 같아진다고 가정하고, 또한 배당성향률(순이익 중 배당되는 금액의 비율)이 일정하다고 가정할 때, 성장률에 대한 이러한 가정이 이 회사의 미래 ROE에 대해 의미하는 것은 무엇인가?
6. Josh와 주식 가치에 대해 의논한 후에, 이 자매는 회사 주식의 가치를 증가시키기로 했다. 다른 많은 소규모 기업 소유자들처럼 이들도 회사에 대한 자신들의 지배권을 유지하기를 원했다. 또한 주식을 외부사람들에게 판매하지 않기로 했다. 이들은 또한 회사의 부채가 관리할 수 있는 수준이라고 판단하여 추가적으로 자금을 차입하는 것을 원하지 않았다. 그렇다면 이들은 어떻게 회사의 주가를 올릴 수 있겠는가? 어떤 조건(상황)하에서 그러한 전략이 주가를 상승시키는 데 도움을 주지 못하는가?

9 순현가법과 기타 투자평가방법들

Net Present Value and Other Investment Criteria

메이저 자동차 제조회사인 Toyota는 전 세계에 공장을 갖고 있다. 2019년에 미국 Tennessee, Kentucky, West Virginia, Missouri, Alabama의 공장을 확장하기 위해서 다음 5년간 130억$의 투자할 계획이라고 발표했다. 이 발표는 Toyota가 Panasonic와 합작하여 전기차 배터리를 생산하기로 했다는 발표가 있은 후 한 달 뒤에 이루어졌다. 이는 현재 사용되고 있는 리튬이온 배터리보다 더 작고 더 가볍고 더 안전한 고체배터리를 생산하는 합작사업이었다.

Toyota가 공장을 확장하기로 한 결정은 자본예산 의사결정의 한 예이다. 130억$라는 큰 금액이 투자되는 이와 같은 의사결정은 아주 중대한 의사결정이므로 그에 따른 위험과 보상을 신중하게 저울질해봐야 한다. 이 장에서는 그러한 의사결정을 하는 데 사용되는 기본 도구들에 대해 살펴본다.

1장에서 기업의 주식가치를 증가시키는 것이 재무관리의 목표라고 설명했다. 따라서 어떤 투자가 그러한 목표를 달성하게 하는 것인지 아닌지를 판단하는 방법을 알아야 한다. 이 장에서는 이러한 판단을 위해서 실제로 사용되고 있는 여러 투자평가방법들에 대해 살펴볼 것이다. 또한 이들 중 어떤 투자평가방법이 잘못된 투자판단을 하게 할 수 있는지에 대해서도 설명할 것이며, 순현가법(net present value approach)이 왜 올바른 투자평가방법인지에 대해서도 설명할 것이다.

학습목표 _Learning Objectives

이 장을 공부한 후에는 다음과 같은 것들에 대해 알아야 한다.

- **LO1** 순현가법이 투자안을 평가하는 가장 좋은 방법인 이유
- **LO2** 회수기간법과 그 문제점
- **LO3** 할인회수기간법과 그 문제점
- **LO4** 평균회계이익률법과 그 문제점
- **LO5** 내부수익률법과 그 장점과 단점
- **LO6** 수정내부수익률법
- **LO7** 수익성지수법과 순현가법의 관계

1장에서는 재무관리자가 살펴보아야 할 세 가지 유형의 기본적인 사항에 대해 언급했었다. 그중 첫 번째가 "기업이 어떤 고정자산들을 구입해야 하는가?"에 관한 것이었으며 이를 자본예산 의사결정(capital budgeting decision)이라고 한다. 이 장에서는 이 질문에 대한 답과 관련된 사항들에 대해 살펴본다.

자본을 배분하거나 자본예산을 편성하는 과정은 단지 어떤 특정한 고정자산을 구입할 것인지 아닌지를 결정하는 것보다 더 복잡하다. 기업은 종종 신제품을 개발하여 시장에 진입해야 할 것인가 아닌가와 같은 폭넓은 문제에 직면하게 된다. 이에 대한 의사결정은 향후 수년간 기업의 영업과 생산제품을 규정해버린다. 그 이유는 그와 같은 의사결정에 의한 고정자산에 대한 투자는 일반적으로 그 수명이 길고, 일단 이루어지면 쉽게 번복될 수 없기 때문이다.

기업의 의사결정 중 가장 기본적인 의사결정은 생산제품과 관련된 의사결정이다. 어떤 서비스를 제공해야 할 것인가? 어떤 제품을 판매해야 할 것인가? 어떤 시장에서 경쟁할 것인가? 어떤 신제품을 시장에 내놓아야 할 것인가? 이와 같은 질문 중 어느 것에 대해 답을 하든 기업은 그에 따라 자신의 희소한 자본을 어떤 종류의 자산을 구입하는 데 사용하게 된다. 따라서 이러한 질문들에 의해 의미되는 모든 전략적 문제들이 자본예산(capital budgeting)이라는 폭넓은 주제에 속하게 된다. 이렇게 볼 때 자본예산은 그 의미를 보다 잘 표현하기 위해서는 전략적 자산배분(strategic asset allocation)이라는 (더 인상적인) 이름으로 불릴 수 있을 것이다.

이러한 이유로 인해 자본예산에 관한 문제는 아마도 기업재무관리에서 가장 중요한 문제일 것이다. 기업이 어떻게 경영에 필요한 자금을 조달하고(자본구조 문제), 어떻게 단기적 경영활동을 관리할 것인가(운전자본 문제) 하는 것들도 분명히 중요한 문제들이다. 그러나 기업의 사업성격을 결정짓는 것은 고정자산이다. 예를 들어 항공회사는 자금을 어떻게 조달하는지에 관계없이 비행기를 운항하기 때문에 항공회사이다.

어떤 기업이든 많은 수의 선택 가능한 투자를 갖고 있다. 각 선택 가능한 투자는 기업에 주어진 투자기회이다. 어떤 투자기회는 가치가 있고, 어떤 투자기회는 가치가 없다. 성공적인 재무관리의 핵심은 가치 있는 투자를 구별하여 선택하는 것이다. 이러한 점을 기억하면서 이 장에서는 어떤 투자가 가치 있는 투자인지를 분석하는 데 사용되는 투자평가방법들을 설명한다.

이제 실무에서 사용되는 몇 가지 서로 다른 투자평가방법들을 소개하고 이들을 서로 비교해 보기로 한다. 여러 투자평가방법들이 갖는 장점과 단점에 대해 익숙해지기 바란다. 앞으로 살펴볼 것이지만 투자평가 개념 중에서 가장 중요한 개념은 순현가(net present value)라는 개념이다. 이에 대해서 살펴보도록 한다.

9.1 순현가법

1장에서는 재무관리의 목적이 주주들에게 가치를 창조해주는 것이라고 했다. 따라서 재무관리자는 어떤 투자가 자기 기업의 주식가격에 어떤 영향을 미칠 것인가를 살펴봐야 한다. 이 절에서는 이를 위해 널리 사용되고 있는 방법인 순현가법(net present value approach)에 대해 살펴본다.

기본개념

어떤 투자가 그 소유주에게 가치를 창조해준다면 그 투자는 선택할 가치가 있는 것이다. 다시 말해, 획득하는 데 드는 비용보다 더 높은 시장가치를 갖는 투자를 할 때 가치가 창조되는 것이다. 비용보다 가치가 더 큰 경우는 어떤 경우인가? 이는 부분들의 비용의 합보다 전체가 더 큰 가치를 갖는 경우이다.

당신이 낡은 집을 50,000$에 구입하고 페인트공, 배관공들에게 추가적으로 50,000$를 주고 집을 수리한다고 하자. 당신이 투자한 총금액은 100,000$이다. 그리고 모든 수리를 끝내고 집을 팔기 위해 시장에 내놓았을 때 120,000$를 받을 수 있다는 것을 알았다 하자. 시장가치(120,000$)는 비용(100,000$)보다 20,000$만큼 크다. 이 경우 당신이 한 일은 마치 경영자처럼 행동하여 어떤 고정자산(집), 어떤 노동(배관공, 목수 등), 어떤 원료(카페트, 페인트 등)를 서로 결합시킨 것이다. 그 결과 당신은 20,000$의 가치를 창조했다. 달리 말해 20,000$는 당신이 경영을 통해 발생시킨 부가가치(value added)이다.

이 예에서는 사후(after the fact)에 20,000$의 가치가 창조되었다. 따라서 일이 매우 잘 풀린 것이다. 이 경우에 매우 어려운 부분은 필요자금 100,000$를 투자하는 것이 좋은 생각인가를 사전적(ahead of time)으로 판단하는 것이다. 이러한 판단을 하는 것이 자본예산의 핵심이다. 다시 말해 어떤 투자가 그 비용보다 높은 가치를 가질 것인가를 판단하는 것이 자본예산의 전부이다.

투자가 갖는 시장가치와 투자가 발생시키는 비용의 차이를 투자의 순현재가치(net present value), 간단히 **순현가**(NPV)라고 한다. 즉, 순현가는 어떤 투자를 함으로써 현재 창조된(부가된) 가치를 나타내는 척도이다. 주주들에게 가치를 창조해주는 것이 재무관리의 목적이라면 자본예산 과정은 양(+)의 순현가를 갖는 투자들을 찾는 과정이라고 볼 수 있다.

순현가(net present value: NPV): 투자의 시장가치와 투자비용의 차이

앞의 낡은 집 예에서 당신은 아마도 자본예산 의사결정이 어떤 과정을 거쳐 이루어지는지에 대해 짐작할 수 있을 것이다. 우리는 먼저 시장에서 판매되고 있는 그 집과 비교할 만한 수리된 집들을 살펴보고 그러한 집들이 얼마에 판매되고 있는가를 살펴볼 것이다. 그런 다음, 어떤 집을 구입해서 수리하여 시장에 내놓는 비용을 추정할 것이다. 그 시점에서 우리는 추정된 시장가치와 추정된 총비용을 갖게 될 것이다. 이 둘의 차이가 양(+)으로 나타난다면 그 투자는 양(+)의 추정된 순현가를 가지는 것이므로 투자할 가치가 있는 것이다. 추정한 것이 틀릴 수도 있기 때문에 물론 이 경우 위험이 존재한다.

이 예가 말해주고 있듯이 투자대상인 자산과 유사한 자산이 시장에서 거래되고 있을 때 투자의사결정은 매우 단순해진다. 그러나 최소한 대강이라도 비교할 수 있는 자산의 시장가격을 알 수 없는 경우에는 자본예산은 훨씬 더 어려워진다. 그 이유는 간접적인 정보만을 가지고 투자의 가치를 추정해야 하는 문제에 직면하기 때문이다. 그러나 불행하게도 이러한 상황이 재무관리자가 직면하는 상황이다. 이에 대해 살펴보기로 한다.

순현가의 추정

당신이 새로운 제품(예를 들어 유기비료)을 생산하여 판매하는 회사를 차리려 한다고 하자. 당신은 생산을 위해서 무엇을 구입해야 하는지를 알기 때문에 착수비용은 비교적 정확하게 추정할 수 있다. 이는 좋은 투자가 되겠는가? 앞에서 설명한 것처럼 이에 대한 답은 이 사업의 가치가 그 비용보다 큰지 작은지에 따라 달라진다. 다시 말해 이 투자가 양(+)의 순현가를 갖는지 안 갖는지에 따라 달라진다.

이 문제는 조금 전에 살펴본 "수리 후에 가치가 높아진" 주택의 예보다 훨씬 더 어려운 문제이다. 왜냐하면 비료회사 전체가 시장에서 일상적으로 매매되고 있는 것이 아니기 때문이다. 따라서 이와 유사한 투자의 시장가치를 아는 것은 기본적으로 불가능하다. 결과적으로 이 투자의 가치는 다른 어떤 방법으로 추정할 수밖에 없다.

5장과 6장의 내용을 기억한다면 당신은 비료사업의 가치를 어떻게 추정할 것인지를 짐작할

수 있을 것이다. 이는 먼저 새 사업이 가져다주는 미래현금흐름들을 추정하는 것이다. 그런 다음 현금흐름할인법을 사용하여 그 현금흐름들의 현재가치를 구하는 것이다. 일단 계산이 완료되면 미래현금흐름의 현재가치와 투자비용의 현재가치 사이의 차이로 이 투자의 순현가(NPV)가 추정되는 것이다. 5장에서 언급한 것처럼 이러한 과정을 **현금흐름할인법**(discounted cash flow valuation: DCF)이라고 부른다.

현금흐름할인법(discounted cash flow valuation: DCF): 미래현금흐름을 할인하여 투자의 가치를 판단하는 것

순현가를 구하는 방법을 살펴보기 위해 모든 것이 예상대로 된다는 가정하에서 비료사업으로부터 들어오는 수입이 매년 20,000$가 될 것이고 세금을 포함한 현금비용은 매년 14,000$가 될 것이라고 하자. 8년 후에는 사업을 정리한다고 하자. 그때 가서 공장, 토지, 설비들의 잔존가치가 2,000$가 될 것이다. 이 사업을 하는 데는 30,000$의 비용이 들어간다. 이 새로운 사업에 대해서는 15%의 할인율을 사용하기로 한다. 이는 좋은 투자인가? 만약 1,000주의 주식이 발행되었다면 이 투자는 주가에 어떤 영향을 미치겠는가?

먼저 15%의 할인율을 사용하여 미래현금흐름의 현재가치를 구한다. 순현금흐름은 8년 동안 매년 20,000$에서 14,000$를 뺀 금액이 될 것이다. 그림 9.1은 이러한 현금흐름을 보여주고 있다. 그림 9.1에서 알 수 있듯이 이는 매년 ($20,000 − $14,000) = 6,000$가 8년 동안 발생하고, 8년 후에 2,000$가 발생하는 8년짜리 연금이다. 따라서 이 투자의 미래현금흐름의 현재가치는 6장에서 살펴본 것처럼 다음과 같이 구해진다.

$$\begin{aligned}\text{현재가치} &= \$6{,}000 \times [1 - (1/1.15^8)]/0.15 + (\$2{,}000/1.15^8)\\ &= (\$6{,}000 \times 4.4873) + (\$2{,}000/3.0590)\\ &= \$26{,}924 + \$654\\ &= \$27{,}578\end{aligned}$$

이 값을 추정된 30,000$의 비용과 비교하면 순현가는 다음과 같다.

$$\text{NPV} = -\$30{,}000 + \$27{,}578 = -\$2{,}422$$

따라서 이 투자는 좋은 투자가 아니다. 이 투자를 하는 경우 주식의 총가치는 2,422$가 감소한다. 발행주식이 1,000주이기 때문에 이 투자를 하는 경우 주당 $2,422/1,000 = 2.42$의 가치를 잃게 될 것이다.

비료사업의 예는 순현가를 가지고 투자가 바람직한 것인지 아닌지를 결정할 수 있다는 것을 보여준다. 이 예에서 투자의 순현가가 음(−)의 값을 가지면 투자가 주가에 미치는 효과가 부정적이라는 점에 주목하라. 따라서 투자의 순현가가 양(+)의 값을 가지면 그 투자는 주가에 미치는 영향은 긍정적일 것이다. 결과적으로 어떤 특정한 투자안을 채택할 것인지 아닌지를 결정하기 위해서는 그 투자의 순현가가 양(+)인지 음(−)인지를 알기만 하면 된다.

그림 9.1

투자의 추정현금흐름 (단위: 1,000$)

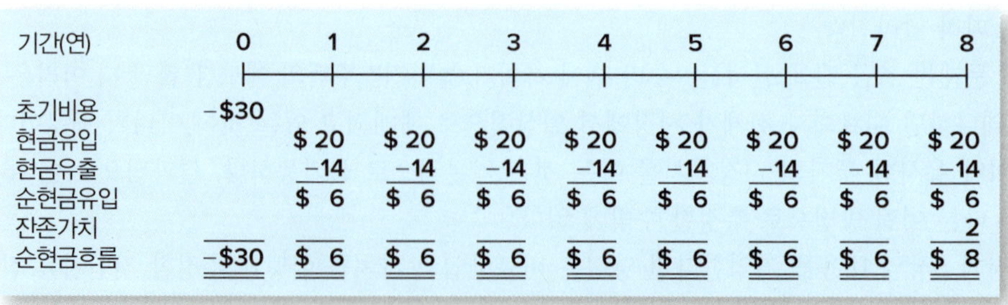

기간(연)	0	1	2	3	4	5	6	7	8
초기비용	−$30								
현금유입		$ 20	$ 20	$ 20	$ 20	$ 20	$ 20	$ 20	$ 20
현금유출		−14	−14	−14	−14	−14	−14	−14	−14
순현금유입		$ 6	$ 6	$ 6	$ 6	$ 6	$ 6	$ 6	$ 6
잔존가치									2
순현금흐름	−$30	$ 6	$ 6	$ 6	$ 6	$ 6	$ 6	$ 6	$ 8

재무관리의 목표가 주식의 가치를 상승시키는 것이라고 할 때 이 절에서 지금까지의 살펴본 내용은 다음과 같은 순현가법(net present value rule)에 대해 말해준다.

투자의 순현가가 양(+)의 값을 갖는다면 그 투자는 채택되어야 하고, 음(−)의 값을 갖는다면 그 투자는 거부되어야 한다.

아주 드물게 순현가가 정확하게 0이 되는 경우에는 투자를 하든 안 하든 상관없을 것이다.

앞의 예에 대해 두 가지 점을 첨부하고자 한다.

첫째, 중요한 것은 단순히 기계적으로 현금흐름을 할인하는 것이 아니라는 점이다. 현금흐름과 적절한 할인율을 갖고 있다면 그에 따라 계산하는 것은 매우 쉽다. 그러나 그에 앞서 현금흐름과 적절한 할인율을 알아내는 것이 매우 어렵다. 이에 대해서는 다음의 여러 장들에서 더 많은 설명을 할 것이다. 이 장에서는 현금수입과 비용, 그리고 적절한 할인율이 주어진 것으로 본다.

둘째로, 순현가 −2,422$는 어디까지나 추정치라는 것이다. 추정치라는 것이 항상 그렇듯이 실제로 나타나는 값은 더 클 수도 있고 작을 수도 있다. 진정한 순현가를 알 수 있는 유일한 방법은 해당 투자를 시장에 내놓고 얼마를 받을 수 있는지 살펴보는 것이다. 그러나 일반적으로 그렇게 하지 못하므로 추정치가 믿을 만한 것이어야 하는 것이 중요하다. 이에 대해서도 나중에 더 설명할 것이다. 이 장에서는 추정치가 정확한 것이라고 가정한다.

순현가법의 사용 예제 9.1

어떤 새로운 소비자 제품을 생산해야 하는지 아닌지를 검토해달라는 부탁을 받았다고 하자. 추정된 매출액과 비용에서 볼 때 이 투자의 수명인 5년에 걸쳐 처음 두 해에는 매년 2,000$, 그 다음 두 해에는 매년 4,000$, 마지막 해에는 5,000$의 현금흐름이 발생할 것으로 기대된다. 생산에 드는 비용은 대략 10,000$이다. 이를 평가하기 위해서 우리는 10%의 할인율을 사용한다. 이제 어떻게 해야 하는가?

현금흐름과 할인율이 주어졌기 때문에 신제품 생산이 갖는 총가치를 구하기 위해서 현금흐름을 할인해야 한다.

$$
\begin{aligned}
\text{현재가치} &= (\$2{,}000/1.1) + (\$2{,}000/1.1^2) + (\$4{,}000/1.1^3) + (\$4{,}000/1.1^4) + (\$5{,}000/1.1^5) \\
&= \$1{,}818 + \$1{,}653 + \$3{,}005 + \$2{,}732 + \$3{,}105 \\
&= \$12{,}313
\end{aligned}
$$

기대되는 현금흐름의 현재가치는 12,313$이고 이를 얻기 위해 지불해야 하는 비용은 10,000$이다. 따라서 순현가는 $12,313 − $10,000 = 2,313$이다. 순현가의 값이 양(+)이므로 순현가법에 따라 신제품은 생산되어야 한다.

이 절에서 보았듯이 투자안의 순현가를 추정하는 것은 투자안이 갖는 수익성을 평가하는 한 가지 방법이다. 투자안의 수익성을 평가하는 방법에는 다른 방법들도 있다. 이제 다른 방법들에 대해서 살펴보도록 한다. 그러나 투자안의 수익성을 평가하는 다른 방법들은 순현가법과 비교할 때 중대한 결함을 갖고 있다. 따라서 실무에서는 그렇지 않을지 모르지만 원칙적으로는 순현가법이 가장 선호되어야 할 투자평가방법이다.

개념질문 _Concept Questions

9.1a 순현가법이란 무엇인가?

9.1b 투자의 순현가가 1,000$라는 것은 정확히 무엇을 의미하는가?

9.2 회수기간법

실무에서는 제안된 투자의 회수기간에 대해 말하는 것이 매우 흔한 일이다. 회수기간은 초기투자금액을 회수하는 데 걸리는 기간을 말한다. 회수기간은 아주 널리 사용되고 있기 때문에 이에 대해 자세히 살펴보기로 한다.

회수기간법의 정의

예를 통해 회수기간을 어떻게 계산하는가를 살펴보도록 하자. 그림 9.2는 어떤 투자안의 현금흐름을 보여주고 있다. 이 투자로부터 발생하는 현금흐름의 합이 투자비용과 같거나 이를 초과할 때까지 얼마나 기다려야 하는가? 그림 9.2에서 초기투자금액은 50,000$이다. 첫해가 지난 후 기업이 회수한 금액은 30,000$이고 아직 회수되지 않은 금액은 20,000$이다. 두 번째 해의 현금흐름이 정확히 20,000$이기 때문에 이 투자는 정확히 2년 후 "스스로를 지불한다." 다시 말해 이 투자의 **회수기간**(payback period)은 2년이다. 만약 이 투자에 대해 우리가 3년 미만의 회수기간을 원했다면 이 투자는 채택되어야 한다. 이 예는 다음과 같은 회수기간법을 말해준다.

회수기간(payback period): 어떤 투자로부터 발생하는 현금흐름이 그 투자의 초기투자비용을 회복할 때까지 걸리는 기간

회수기간법에 의하면 어떤 투자의 회수기간이 미리 정해진 어떤 기간보다 짧다면 그 투자는 채택된다.

위의 예에서 회수기간은 정확히 2년이었다. 물론 이렇게 회수기간이 연 단위로 정확하게 맞아 떨어지는 경우는 흔치 않다. 회수기간이 연 단위로 정확하게 맞아떨어지지 않을 경우에는 연 단위를 세분화하는 것이 관행이다. 예를 들어 초기투자금액이 60,000$이고 첫해에 20,000$, 두 번째 해에 90,000$의 현금흐름이 발생한다고 하자. 처음 두 해의 현금흐름의 합이 110,000$이므로 이 투자는 두 번째 해 어디에서 스스로를 지불한다. 첫해가 지난 후 이 투자는 20,000$를 지불하고, 40,000$를 지불하지 않고 있다. 두 번째 해의 어디에서 40,000$가 지불되는지를 살펴보기 위해서 40,000$가 두 번째 해의 현금흐름 90,000$의 $40,000/$90,000 = 4/9에 해당된다는 것을 파악한다. 따라서 연간 현금흐름이 일정하게 발생한다고 가정하면 이 투자의 회수기간은 $1\frac{4}{9}$년이 된다.

그림 9.2
투자안의 순현금흐름

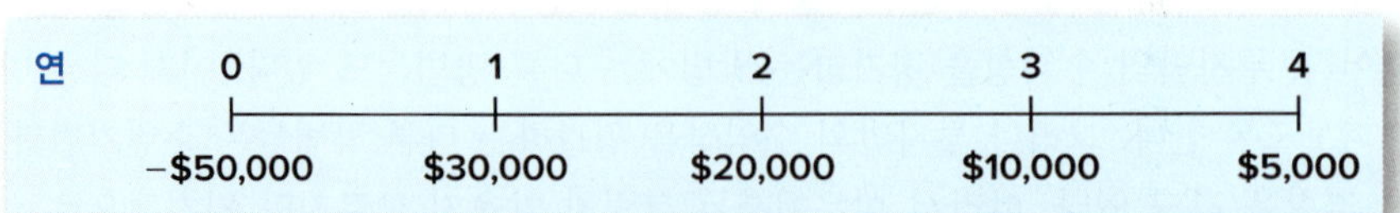

회수기간의 계산 예제 9.2

제안된 투자안으로부터 예상되는 현금흐름이 다음과 같다.

연	현금흐름
1	$100
2	200
3	500

이 투자의 비용은 500$이다. 이 투자의 회수기간은 얼마인가?

초기투자비용이 500$이다. 2년 후에 얻는 총현금흐름은 300$이다. 3년 후에는 총현금흐름이 800$가 된다. 따라서 이 투자는 2년째와 3년째 사이의 어느 시점에서 스스로를 지불한다. 처음 두 해에 발생하는 총현금흐름이 300$이므로 세 번째 해에 200$가 지불되어야 한다. 세 번째 해의 현금흐름은 500$이다. 이 투자가 초기투자금액을 완전히 지불하려면 $200/$500 = 0.4년이 더 필요하다. 따라서 이 투자의 회수기간은 2.4년으로 약 2년 5개월이 된다.

회수기간을 어떻게 구하는지 알았다면 투자의사결정을 위해 회수기간법을 사용하는 것은 간단하다. 어떤 기준기간, 예를 들어 2년이 정해지면 2년 이하의 회수기간을 갖는 모든 투자안은 채택되고, 2년보다 긴 회수기간을 갖는 모든 투자안은 거부된다.

표 9.1은 다섯 개의 서로 다른 투자안의 현금흐름을 보여주고 있다. 연도 0의 현금흐름으로 표시된 수치들은 초기투자비용을 의미한다. 이들을 사용하여 회수기간과 관련된 특이사항들에 대해 살펴보기로 하자.

투자안 A의 경우, 처음 2년간의 총현금흐름은 70$이며 2년 후 아직 $100 − $70 = 30$가 더 회수되어야 한다. 세 번째 해의 현금흐름이 50$이므로 회수기간은 세 번째 해의 어디에서 나타날 것이다. 따라서 남은 기간은 $30/$50 = 0.6년으로 구해진다. 따라서 이 투자안의 회수기간은 2.6년이 된다.

투자안 B의 회수기간도 쉽게 구해진다. 이 투자가 발생시키는 총현금흐름은 초기투자금액보다 적기 때문에 이 투자는 스스로를 지불하지 못한다. 투자안 C의 회수기간은 정확하게 4년이다. 투자안 D는 약간 이상하다. 이 투자는 3년째에 음(−)의 현금흐름을 발생시키며 2년과 4년이라는 두 개의 회수기간을 갖고 있다. 이 중 어느 것이 맞는 것인가? 둘 다 맞는 것이다. 회수기간법은 회수기간이 하나만 되어야 한다고 말하고 있지 않다. 마지막으로, 투자안 E는 분명히 비현실적인 투자안이지만, 빠른 회수가 좋은 투자를 보장하는 것이 아니라는 점을 보여주고 있다.

연	A	B	C	D	E
0	−$100	−$200	−$200	−$200	−$ 50
1	30	40	40	100	100
2	40	20	20	100	−50,000,000
3	50	10	10	−200	
4	60		130	200	

표 9.1
각 투자안(A에서 E까지)이 갖는 현금흐름의 기대치

회수기간법의 분석

순현가법과 비교할 때 회수기간법은 상당히 심각한 문제점을 갖고 있다. 무엇보다도 회수기간은 미래의 현금흐름을 단순히 합하여 구해진다. 미래현금흐름이 전혀 할인되고 있지 않기 때문에 화폐의 시간적 가치가 완전히 무시되고 있다. 회수기간법은 또한 투자와 관련된 위험을 전혀 고려하고 있지 않다. 회수기간은 위험한 투자이든 안전한 투자이든 그에 관계없이 계산된다.

회수기간법이 갖는 가장 큰 문제점은 판단기준이 되는 어떤 기간을 설정할 어떠한 객관적 기초가 없다는 것이다. 다시 말해 어떤 투자에 대한 판단기준으로 우선 설정되어야 하는 회수기간을 선택하는 데 있어서 아무런 기준이 없다는 것이다. 따라서 자의적으로 선택한 수치를 판단기준으로 갖게 된다.

예를 들어 어떤 투자의 판단기준으로 2년 미만이라는 회수기간을 설정했다고 하자. 회수기간법은 이 기간에서의 화폐의 시간적 가치를 무시한다. 더욱 심각한 것은 두 번째 해 이후의 현금흐름이 완전히 무시된다. 이를 표 9.2의 장기투자와 단기투자 두 경우를 가지고 살펴보자. 두 투자 모두 투자비용이 250$이다. 장기투자의 회수기간은 2 + ($50/$100) = 2.5년이고, 단기투자의 회수기간은 1 + ($150/$200) = 1.75년이다. 판단기준 기간이 2년이므로 회수기간법에 의하면 단기투자는 채택되어야 하고 장기투자는 채택되지 않아야 한다.

회수기간법은 올바른 투자판단을 하게 해주는가? 그렇지 않은 것 같다. 이러한 종류의 투자에 대해 15%의 수익률이 요구되고 있다고 해보자. 이 두 투자의 순현가를 구하면 다음과 같다.

$$\text{순현가(단기투자)} = -\$250 + (\$100/1.15) + (\$200/1.15^2) = -\$11.81$$
$$\text{순현가(장기투자)} = -\$250 + (\$100 \times \{[1 - (1/1.15^4)]/0.15\}) = \$35.50$$

이를 보면 회수기간법에 문제가 있음을 알 수 있다. 단기투자의 순현가는 음(−)이며 이는 이 투자가 주주의 지분가치를 감소시킨다는 것을 의미한다. 장기투자의 경우에는 이와는 반대로 주식가치를 증가시키는 것으로 나타난다.

이 예는 회수기간법이 갖는 두 가지 중요한 문제점을 보여주고 있다. 첫째, 화폐의 시간적 가치를 무시함으로써 투자비용보다 더 적은 가치를 가져다주는 투자를 선택하게 할 수 있다. 둘째, 설정된 판단기준 기간을 넘는 기간에 발생하는 현금흐름을 무시하므로 수익성이 있는 장기투자를 채택하지 않게 할 수도 있다. 일반적으로 말해, 회수기간법은 단기투자를 더 선호하게 하는 편견을 갖게 하는 경향이 있다.

표 9.2
투자안의 예상 현금흐름

연	장기투자	단기투자
0	−$250	−$250
1	100	100
2	100	200
3	100	0
4	100	0

회수기간법의 장점

회수기간법이 갖고 있는 문제점에도 불구하고 세련된 대기업들도 상대적으로 사소한 의사결정을 할 때 종종 회수기간법을 이용한다. 그렇게 하는 데는 몇 가지 이유가 있다. 주된 이유는 올바른 판단을 위해 보다 자세한 분석을 하는 데 드는 비용이 잘못된 의사결정으로 인해 입을 수 있는 손실보다 큰 의사결정들이 많이 있기 때문이다. 실무적인 기준에서 볼 때, 투자비용이 빨리 회수되고 회수기간 이후에도 수익을 발생시키는 투자는 아마도 양(+)의 순현가를 가지는 투자라고 말할 수 있다.

대규모 기업들의 경우 하루에도 수많은 작은 투자의사결정이 모든 수준에서 이루어진다. 따라서 그러한 기업들이, 예를 들어 투자규모가 10,000$보다 작은 모든 투자에 대해서 2년이라는 회수기간을 투자판단 기준으로 설정하는 것은 흔히 나타날 수 있다. 그보다 더 큰 규모의 투자에 대해서는 보다 자세한 투자분석을 할 것이다. 2년과 같이 어떤 회수기간을 투자판단 기준으로 하는 것은 앞에서 설명한 것처럼 완벽한 것이 아니다. 그러나 어떤 회수기간을 설정하는 것은 지출을 통제함으로써 손실이 발생할 가능성을 줄이는 효과를 갖는다.

간단하다는 것 이외에 회수기간법은 다른 두 가지 긍정적 특징을 갖고 있다. 첫째, 단기투자에 대해 편향적이기 때문에 유동성에 대해서도 편향적이다. 다시 말해 회수기간법은 현금을 보다 빨리 발생시키는 투자를 선호하는 경향을 갖게 한다. 이러한 점은 소규모 사업에서는 매우 중요할 수도 있으나 대기업에서는 상대적으로 덜 중요할 수도 있다. 둘째, 투자기간 이후에 발생할 것으로 기대되는 현금흐름은 아마도 더 불확실할 것이다. 따라서 회수기간법은 나중에 발생하는 현금흐름이 갖는 추가적인 불확실성(위험)을 조정해주는 것이라고 할 수도 있다. 그러나 이러한 점을 인정한다고 하더라도 나중에 발생하는 현금흐름을 완전히 무시한다는 것은 여전히 회수기간법이 갖는 문제이다.

간단하게 보인다고 회수기간법에 대해 환상을 갖지 않기 바란다. 그 이유는 회수기간법을 사용하더라도 여전히 현금흐름을 먼저 추정해야 하며 이는 앞에서 언급한 바와 같이 쉬운 일이 아니다. 따라서 회수기간이라는 개념은 직관적이며 이해하기 쉽다고 말하는 것이 간단하다고 말하는 것보다 정확한 표현이다.

회수기간법의 요약

간단히 말해, 회수기간은 일종의 "손익분기점(break-even)" 척도이다. 그러나 시간적 가치가 무시되고 있기 때문에 회수기간은 경제적 의미가 아닌 회계적 의미에서 손익분기점에 도달할 때까지 걸리는 기간이라고 할 수 있다. 회수기간법의 가장 큰 결점은 투자에 대해 올바른 질문을 하지 않는다는 것이다. 투자에 대해 살펴보아야 하는 것은 투자가 주식가치에 미치는 영향이지, 초기투자비용을 회수하는 데까지 걸리는 시간이 아니다.

그럼에도 불구하고 회수기간은 매우 간단한 개념이기 때문에 기업들은 종종 수많은 작은 의사결정을 다룰 때 하나의 예비적 판단기준으로 회수기간을 사용한다. 이러한 관행은 전혀 문제가 되지 않는다. 모든 어림짐작법(rule of thumb)이 그러하듯이 항상 문제만 있고 유용하지 않은 것이라면 지금까지 사용되고 있을 이유가 없을 것이다. 그러나 회수기간법이 문제를 발생시킬 수 있는 상황들이 존재한다는 것에 대해서는 항상 유의해야 한다. 회수기간법의 장점과 단점을 요약하면 다음과 같다.

회수기간법의 장점과 단점	
장점	**단점**
1. 이해하기 쉽다.	1. 화폐의 시간적 가치를 무시한다.
2. 나중에 발생하는 현금흐름의 불확실성을 반영한다.	2. 자의적인 판단기준 기간이 사용된다.
3. 유동성을 강조하는 편향성을 갖는다.	3. 판단기준 기간 이후의 현금흐름을 무시한다.
	4. 연구개발이나 신규투자와 같은 장기적 투자를 선호하지 않는 편향성을 갖는다.

개념질문 _Concept Questions

9.2a 회수기간은 무엇인가? 회수기간법은 무엇인가?

9.2b 회수기간이 회계적 손익분기점을 측정하는 척도인 이유는 무엇인가?

9.3 할인회수기간법

할인회수기간(discounted payback period): 투자의 할인된 현금흐름이 초기투자비용과 같아질 때까지 걸리는 기간

회수기간법의 단점 중 하나는 화폐의 시간적 가치를 무시한다는 것이다. 따라서 이러한 문제를 없애기 위해 변형된 회수기간인 **할인회수기간**(discounted payback period)이 사용되고 있다. 이는 할인된 현금흐름이 초기투자비용과 같아질 때까지 걸리는 기간을 말한다. 할인회수기간법(discounted payback rule)은 다음과 같다.

할인회수기간법에 의하면 어떤 투자의 할인회수기간이 미리 정해진 어떤 기간보다 짧다면 그 투자는 채택된다.

할인회수기간을 구하는 방법을 예를 통해 살펴보자. 어떤 신규투자에 대해 12.5%의 수익률이 요구되고 있다고 하자. 이 투자의 초기투자비용은 300$이고, 이 투자는 5년 동안 매년 100$의 현금흐름을 발생시킨다. 할인회수기간을 구하기 위해서 먼저 각 현금흐름을 12.5%로 할인하여 이들을 모두 합한다. 표 9.3은 이를 보여주고 있다. 표 9.3에는 할인된 현금흐름과 할인되지 않은 현금흐름이 모두 표시되어 있다. 누적현금흐름을 살펴보면 통상적인 회수기간은 정확하게 3년이고, 할인된 현금흐름의 누적현금흐름은 4년이 되어야 300$가 된다는 것을 알 수 있다. 따라서 할인회수기간은 4년이다.[1]

할인회수기간을 어떻게 해석해야 하는가? 회수기간은 회계적 의미에서 손익분기점에 도달할 때까지의 기간을 의미한다. 그러나 할인회수기간은 화폐의 시간적 가치를 고려하는 회수기간이므로 "경제적 또는 재무적 의미에서 손익분기점에 도달할 때까지의 기간"을 말한다. 간단히 말해 이 예에서 나타난 4년의 할인회수기간은 초기투자비용과 함께 초기투자비용을 다른 곳에 투자했다면 얻을 수 있었던 이자를 모두 돌려받는 데 4년이 걸린다는 것을 의미하는 것이다.

[1]여기서는 할인회수기간이 연 단위로 나타났다. 그러나 물론 항상 이런 것은 아니다. 보다 세밀하게 할인회수기간을 구하기 위해서는 더 많은 계산을 필요로 하지만 보통 그렇게 계산하지는 않고 있다.

표 9.3
회수기간과 할인회수기간

	현금흐름		누적현금흐름	
연	할인되지 않음	할인됨	할인되지 않음	할인됨
1	$100	$89	$100	$ 89
2	100	79	200	168
3	100	70	300	238
4	100	62	400	300
5	100	55	500	355

그림 9.3은 초기투자금액 300$의 미래가치를 12.5%의 이자율을 사용하여 구한 것과 매년 100$의 현금흐름의 미래가치를 12.5%의 이자율을 사용하여 구한 것을 비교해서 보여주고 있다. 두 선이 정확하게 4년에서 교차하는 것을 살펴보라. 이는 이 투자가 발생시키는 현금흐름의 미래가치가 초기투자비용의 미래가치를 따라잡고 이를 능가하기 시작하는 것이 4년 후라는 것을 말해주고 있다.

표 9.3과 그림 9.3은 할인회수기간의 또 다른 흥미로운 특징을 알려주고 있다. 미래현금흐름의 할인을 전제로 해서 어떤 투자의 투자비용이 모두 회수된다면 그 투자는 양(+)의 순현가를 갖고 있음에 틀림없다.[2] 그 이유는 정의상 순현가가 0이 되는 것은 미래현금흐름을 할인해준 것들의 합이 초기투자비용과 같아질 때이기 때문이다. 예를 들어 표 9.3에서 모든 미래현금흐름의 현재가치는 355$이고 투자비용은 300$이므로 이 투자의 순현가는 분명히 55$이다. 이 55$는 할인회수기간이 지난 후에 나타나는 현금흐름의 (현재)가치이다(표 9.3의 마지막 행을 살펴보라). 할인회수기간법을 사용하여 투자의사결정을 하는 경우에는 음(−)의 순현가를 갖는 투자를 채택하게 되는 경우는 없다.

이 예를 통해 볼 때, 할인회수기간법은 상당히 추천할 만한 투자판단 기준인 것처럼 보인다. 그러나 실무에서는 거의 사용되고 있지 않다는 것을 알면 놀랄지도 모르겠다. 왜 그럴까? 아마도 그 이유는 이 방법이 순현가법보다 더 간단한 방법이 아니라는 데 있을 것이다. 할인회수기간을 계산하기 위해서는 미래의 현금흐름들을 모두 다 할인하여 그들을 다시 합한 값들을 투자비용과 비교해야 한다. 이는 순현가를 구할 때와 같다. 따라서 통상적인 회수기간과는 달리 할인회수기간은 계산하기가 간단한 것이 아니다.

할인회수기간법도 두 가지 중대한 결함을 가지고 있다. 가장 큰 결함은 판단기준 기간이 여전히 자의적으로 정해진다는 것이고, 다른 하나는 판단기준 기간 이후에 발생하는 현금흐름을 무시한다는 것이다.[3] 그 결과 판단기준 기간이 너무 짧은 경우에는 양(+)의 순현가를 갖는 투자가 채택되어서는 안 되는 투자로 나타날 수 있다. 또한 어떤 투자가 다른 투자보다 더 짧은 할인회수기간을 갖는다고 해서 그 투자가 다른 투자보다 더 큰 순현가를 갖는 것은 아니다.

이상에서 볼 때 할인회수기간은 통상적인 회수기간이 갖는 간단함과 순현가가 갖는 개념적

[2]이 설명은 첫 번째 현금흐름을 제외한 나머지 모든 현금흐름들이 모두 양(+)의 값을 갖는다는 것을 가정한 것이다. 만약 그렇지 않다면 이 설명은 맞지 않을 수도 있으며, 하나 이상의 할인회수기간이 나타날 수도 있다.

[3]할인회수기간은 순현가가 0이 되는 기간이 되며, 또한 나중에 살펴볼 수익성지수의 값이 1이 되는 기간이 된다.

그림 9.3

예상 현금흐름의 미래가치와 초기투자금액의 미래가치

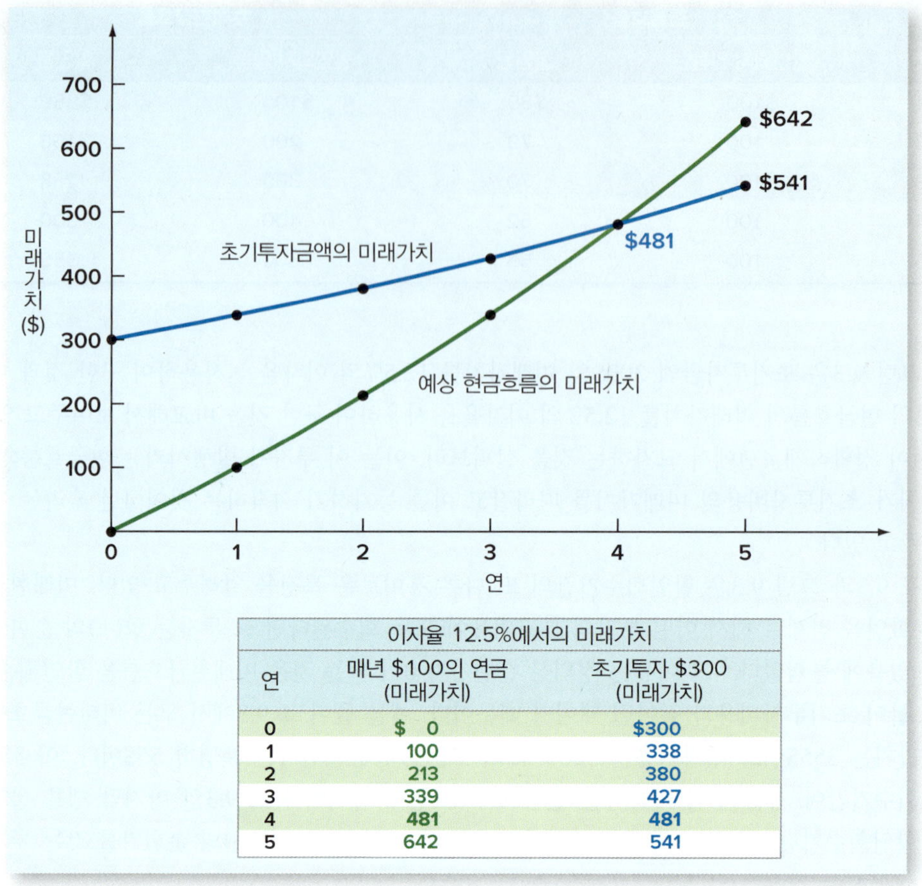

이자율 12.5%에서의 미래가치		
연	매년 $100의 연금 (미래가치)	초기투자 $300 (미래가치)
0	$ 0	$300
1	100	338
2	213	380
3	339	427
4	481	481
5	642	541

타당성을 절충한 것이라고 할 수 있다. 그럼에도 불구하고 투자비용을 회수하는 데 걸리는 시간을 판단할 필요가 있을 때에는 할인회수기간이 통상적인 회수기간보다 더 나은 것이다. 그 이유는 할인회수기간이 화폐의 시간적 가치를 고려해주고 있기 때문이다. 다시 말해 할인회수기간은 해당 투자금액을 다른 곳에 투자하여 그로부터 수익을 얻을 수 있다는 점을 반영하고 있다. 그러나 통상적인 회수기간은 이러한 점을 반영하지 않는다. 할인회수기간법의 장점과 단점은 다음과 같이 정리된다.

할인회수기간법의 장점과 단점	
장점	**단점**
1. 화폐의 시간적 가치를 고려한다.	1. 순현가가 양(+)인 투자를 거부할 수 있다.
2. 이해하기 쉽다.	2. 자의적인 판단기준 기간이 사용된다.
3. 순현가가 음(−)인 투자안을 받아들이지 않는다.	3. 판단기준 기간 이후의 현금흐름을 무시한다.
4. 유동성을 강조하는 편향성을 갖는다.	4. 연구개발이나 신규투자와 같은 장기적 투자를 선호하지 않는 편향성을 갖는다.

할인회수기간의 계산 **예제 9.3**

400$의 초기투자비용이 들고, 매년 100$의 현금흐름을 영원히 발생시키는 투자가 있다고 하자. 이 투자에 대해서는 20%의 할인율을 적용한다. 이 투자의 통상적인 회수기간은 얼마인가? 할인회수기간은? 순현가는?

이 투자가 영구연금 형태의 현금흐름을 발생시키므로 순현가와 통상적인 회수기간은 쉽게 계산된다. 통상적인 회수기간은 당연히 4년이다. 현금흐름의 현재가치는 $100/0.2 = 500$이다. 따라서 이 투자의 순현가는 $500 − $400 = 100$이다.

할인회수기간을 구하기 위해서는 100$짜리 연금이 20%의 할인율을 적용할 때 400$의 현재가치를 가질 때까지 걸리는 기간을 구해야 한다. 다시 말해 '연금의 현재가치요소'가 $400/$100 = 4이고 이자율이 20%일 때 연금의 현재가치가 400$가 되기 위해서는 얼마의 기간이 필요한가? 답은 9년보다 약간 모자란 기간이다. 따라서 이것이 이 투자의 할인회수기간이다.

개념질문 _Concept Questions

9.3a 할인회수기간은 무엇인가? 할인회수기간이 어떤 의미에서는 재무적(경제적) 손익분기점인 이유는 무엇인가?

9.3b 회수기간법이 갖지 않는 할인회수기간법의 장점(들)은 무엇인가?

9.4 평균회계이익률법

자본예산 의사결정을 위한 또 하나의 결점을 가진 방법은 **평균회계이익률**(average accounting return: AAR)을 이용하는 방법이다. 평균회계이익률은 세부적으로는 다양하게 정의되고 있지만, 일반적인 정의는 항상 다음과 같다.

평균회계이익률(average accounting return: AAR): 투자의 평균순이익을 투자의 평균장부가치로 나눈 것

$$\frac{\text{평균 회계적 이익을 측정하는 어떤 척도}}{\text{평균 회계적 가치를 측정하는 어떤 척도}}$$

우리가 사용할 보다 세부적인 정의는 다음과 같다.

$$\frac{\text{장부상에 나타난 것으로 예상되는 평균순이익}}{\text{장부상에 나타나는 평균투자액}} = \frac{\text{평균순이익}}{\text{평균장부가치}}$$

새로운 쇼핑몰에 상점을 개설할 것인가를 결정하는 예를 가지고 이를 계산하는 방법에 대해 살펴보기로 하자. 실내장식에 필요한 투자금액은 500,000$이다. 상점은 5년 동안 운영하는 것으로 한다. 투자금액은 5년에 걸쳐 정액법으로 100% 감가상각된다. 따라서 매년 $500,000/5 = 100,000$가 감가상각된다. 세율은 25%이다. 표 9.4는 예상수입과 비용을 보여주고 있다. 이에 따른 매년의 순이익(net income)도 표에 계산되어 있다.

이 투자의 평균장부가치를 계산하기 위해서 초기투자비용이 500,000$의 장부가치(book value)에서 시작하여 0$의 장부가치로 끝난다는 것에 유의한다. 따라서 이 투자의 투자수명기간 동안의 평균장부가치는 ($500,000 + $0)/2 = 250,000$가 된다. 정액상각법(straight-line

표 9.4
평균회계이익률을 구하기 위한 연도별 예상수입과 비용

	1년	2년	3년	4년	5년
수입	$433,333	$450,000	$266,667	$200,000	$ 133,333
비용	200,000	150,000	100,000	100,000	100,000
감가상각전 순이익	$233,333	$300,000	$166,667	$100,000	$ 33,333
감가상각	100,000	100,000	100,000	100,000	100,000
법인세 차감전 이익	$133,333	$200,000	$ 66,667	$ 0	− $ 66,667
법인세(25%)	33,333	50,000	16,667	0	− 16,667
순이익	$100,000	$150,000	$ 50,000	$ 0	−$ 50,000

$$\text{평균순이익} = \frac{\$100{,}000 + \$150{,}000 + \$50{,}000 + \$0 - \$50{,}000}{50} = \$50{,}000$$

$$\text{평균장부가치} = \frac{\$500{,}000 + \$0}{2} = \$250{,}000$$

depreciation)을 사용하는 경우에는 평균투자액은 항상 초기투자금액의 절반이 된다.[4]

표 9.4에서 첫해의 순이익은 100,000$, 두 번째 해의 순이익은 150,000$, 세 번째 해의 순이익은 50,000$, 네 번째 해의 순이익은 0$, 다섯 번째 해의 순이익은 −50,000$이다. 따라서 평균순이익은 다음과 같다.

$$[\$100{,}000 + \$150{,}000 + \$50{,}000 + \$0 + (-\$50{,}000)]/5 = \$50{,}000$$

평균회계이익률은 다음과 같다.

$$\text{평균회계이익률(AAR)} = \frac{\text{평균순이익}}{\text{평균장부가치}} = \frac{\$50{,}000}{\$250{,}000} = 20\%$$

이 회사의 목표평균회계이익률이 20% 미만이라면 이 투자는 채택되어야 하고, 그렇지 않다면 거부되어야 한다. 따라서 평균회계이익률법은 다음과 같다.

평균회계이익률법에 의하면 어떤 투자의 평균회계이익률이 목표평균회계이익률보다 크다면 그 투자는 채택된다.

평균회계이익률법은 여러 문제점을 갖고 있다.

평균회계이익률법의 주요 단점은 금방 알 수 있는 것이다. 무엇보다도 평균회계이익률은 경제적 의미에서의 수익률이 아니라는 것이다. 다시 말해 이는 두 개의 회계적 수치를 가지고 구한 비율이기 때문에 어떤 수익률(예를 들어 금융시장에서 나타나는 수익률)과 비교할 수 있는 수익

[4]물론 여섯 장부가치들의 평균을 다음과 같이 직접 구할 수도 있다. 단위를 천으로 하면($500 + $400 + $300 + $200 + $100 + $0)/6 = $250.
역자 주: 이러한 식으로 구하는 것이 혼란스럽게 느껴지면 ($500 + $400)/2 + ($400 + $300)/2 + ($300 + $200)/2 + ($200 + $100)/2 + ($100 + $0)/2를 5로 나누는 것으로 생각하라.

률 개념이 아니라는 것이다.[5]

평균회계이익률이 진정한 수익률을 나타내는 수익률이 아닌 이유는 화폐의 시간적 가치를 무시하고 있기 때문이다. 다른 시기에 나타나는 수치의 평균을 구하면 가까운 미래와 보다 멀리 떨어진 미래를 동일하게 취급하는 것이다. 평균순이익을 계산할 때 우리는 어떤 할인도 해주지 않았다.

평균회계이익률법의 두 번째 문제점은 회수기간법의 문제점과 같은 것으로, 판단의 기준이 되는 어떤 객관적 이익률이 없다는 것이다. 계산된 평균회계이익률이 시장수익률과 비교할 수 있는 것이 아니기 때문에 목표평균회계이익률이 정해져야 하는데, 일반적으로 받아들여지고 있는 목표회계이익률을 정하는 방법이 없다. 목표회계이익률을 정하는 한 가지 방법은 회사 전체의 평균회계이익률을 구하여 그것을 하나의 기준으로 사용하는 것이지만 이외에도 다른 여러 가지 방법들이 있다.

세 번째 문제점은 아마도 가장 심각한 문제점으로, 평균회계이익률법이 올바른 것을 기준으로 하지 않는다는 것이다. 다시 말해 평균회계이익률법은 현금흐름과 시장가치를 사용하지 않고 순이익과 장부가치를 사용한다. 이들은 각각 현금흐름과 시장가치의 대리변수로 사용하기에는 매우 부적합한 것들이다. 결과적으로 평균회계이익률은 해당 투자를 채택함으로써 주식가격이 어떤 영향을 받는지 말해주지 않으며, 따라서 우리가 알고 싶어 하는 것에 대해 전혀 말해주지 않는다.

평균회계이익률은 이러한 단점들을 보상하는 어떤 장점을 갖고 있는가? 아마도 가장 유일한 장점은 항상 계산될 수 있다는 것이다. 그 이유는 고려대상이 되는 특정 투자나 회사 전체에 대한 회계적 정보는 거의 대부분의 경우 항상 이용 가능하기 때문이다. 회계적 정보가 이용 가능하다면 우리는 그러한 정보를 가지고 언제나 "현금흐름"에 관한 정보를 도출해낼 수 있다. 따라서 회계적 정보가 항상 이용 가능하다는 것도 평균회계이익률법이 갖는 중요한 장점이라고 하기는 어렵다. 평균회계이익률법을 정리하면 다음과 같다.

평균회계이익률법의 장점과 단점

장점	단점
1. 계산하기 쉽다.	1. 진정한 수익률이 아니다. 화폐의 시간적 가치를 무시한다.
2. 필요한 정보가 항상 이용 가능하다.	2. 자의적인 기준율을 사용한다.
	3. 회계적(장부) 가치를 사용하며 현금흐름과 시장가치를 사용하지 않는다.

개념질문 _Concept Questions

9.4a 평균회계이익률(AAR)은 무엇인가?

9.4b 평균회계이익률법의 문제점은 무엇인가?

[5] AAR은 3장에서 설명한 총자산순이익률(ROA)과 밀접한 관련을 갖는다. 따라서 실무적으로 매년의 ROA를 구하여 그것들의 평균을 계산하는 방식으로도 AAR을 구한다. 그렇게 계산한 수치는 우리가 계산한 수치와 동일하지는 않지만 유사하게 나타난다.

9.5 내부수익률법

내부수익률(internal rate of return: IRR): 투자의 순현가를 0으로 만드는 할인율

이제 순현가의 가장 중요한 대체 투자평가방법으로 IRR이라고 널리 알려진 **내부수익률**(internal rate of return)에 대해 살펴볼 차례이다. 내부수익률은 순현가와 밀접하게 관련되어 있다. 내부수익률은 투자안의 특징을 요약해주는 어떤 하나의 수익률(rate of return)이다. 또한 외부에서 주어지는 수익률이 아니라 해당 투자의 현금흐름에 의해서 해당 투자 자체적으로 결정되는 수익률이기 때문에 "내부(internal)"라는 표현이 붙은 것이다.

내부수익률의 개념을 이해하기 위해서 100$의 비용이 들고 일 년 후에 110$를 발생시키는 투자가 있다고 하자. "이 투자의 수익률이 얼마인가?"라는 질문을 받으면 얼마라고 답하겠는가? 투자하는 돈 1$에 대해서 1.10$를 돌려받으므로 수익률이 10%라고 말하는 것은 당연하고 명백한 것처럼 보인다. 잠시 후 살펴볼 것이지만 10%가 바로 이 투자의 내부수익률이다.

10%의 내부수익률을 갖는 이 투자는 좋은 투자인가? 직관적으로 생각할 때, 우리가 이 투자에 대해 요구하는 수익률이 10%보다 작다면 이 투자는 분명히 좋은 투자로 보인다. 이러한 직관은 맞는 것으로, 우리는 다음과 같은 내부수익률법(internal rate of return rule)을 얻는다.

내부수익률법에 의하면 어떤 투자의 내부수익률이 요구수익률보다 크다면 그 투자는 채택된다. 그렇지 않은 경우에는 그 투자는 채택되지 않는다.

순현가를 구하는 경우, 할인율 R에서 이 투자의 순현가는 다음과 같다.

$$\text{NPV} = -\$100 + [\$110/(1 + R)]$$

만약 할인율을 모른다면 순현가는 구할 수 없지만, 그렇더라도 이 투자를 받아들일 수 없을 정도가 되려면 할인율이 얼마가 되어야 하는가 하는 다른 질문은 던질 수 있다. 우리는 이 투자의 순현가가 0이 될 때 이 투자를 채택하는 것과 채택하지 않는 것 사이에 차이가 없다는 것을 안다. 다시 말해 순현가가 0이 된다면 이 투자로 인해 가치가 창조된 것도 없고, 그렇다고 파괴된 것도 없기 때문에 이 투자는 경제적으로 손익분기점에 있는 것이다. 경제적 손익분기점 할인율(break-even discount rate)을 구하기 위해서는 순현가를 0으로 놓고 R을 구하면 된다.

$$\begin{aligned} \text{NPV} = 0 &= -\$100 + [\$110/(1 + R)] \\ \$100 &= \$110/(1 + R) \\ 1 + R &= \$110/\$100 = 1.1 \\ R &= 10\% \end{aligned}$$

이 10%는 이미 앞에서 이 투자의 수익률이라고 한 것이다. 우리가 살펴본 것은 어떤 투자의 내부수익률(또는 간단히 수익률)이란 그 투자의 순현가를 0으로 만드는 할인율이라는 것이다. 이는 매우 중요한 것으로, 다시 한 번 요약하기로 한다.

어떤 투자의 내부수익률이란 그 투자의 순현가를 0으로 만드는 할인율이다.

어떤 투자의 내부수익률이 그 투자의 순현가를 0으로 만드는 할인율이라는 사실은 매우 중

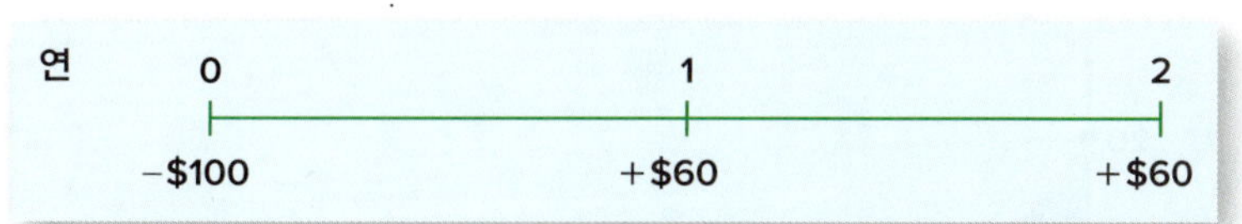

그림 9.4
예상 현금흐름

요하다. 왜냐하면 이는 보다 복잡한 투자의 수익률을 어떻게 구하는지에 대해 말해주는 것이기 때문이다. 앞에서 본 것처럼, 한 기간의 투자에 대해서 그 내부수익률을 구하는 것은 매우 쉽다. 그러나 그림 9.4와 같은 현금흐름을 갖는 투자를 살펴보자. 이 투자의 초기투자비용은 100$이고, 이 투자는 2년 동안 매년 60$의 현금흐름을 발생시킨다. 이 예는 앞의 한 기간을 갖는 예보다 약간 더 복잡한 문제일 뿐이다. 그러나 이 투자의 수익률이 얼마인지 물어보면 얼마라고 말하겠는가? 분명한 답이 바로 나올 것 같지 않다. 그러나 지금까지 설명한 대로 이 투자의 순현가를 0으로 놓고 할인율을 구하면 답을 얻게 된다.

$$\text{NPV} = 0 = -\$100 + [\$60/(1 + \text{IRR})] + [\$60/(1 + \text{IRR})^2]$$

불행하게도 내부수익률을 구하는 유일한 방법은 직접 계산하거나 계산기를 사용하여 시행착오법으로 구하는 것이다. 이는 5장에서 연금의 이자율을 구하거나, 7장에서 채권의 만기수익률을 구할 때 사용했던 방법과 똑같은 방법이다. 이것들은 사실상 모두 내부수익률(연금의 내부수익률, 채권의 내부수익률)을 구하는 것이었다.

이 문제는 두 기간을 갖는 60$짜리 연금이다. 이자율(할인율)을 구하기 위해서는 답을 얻을 때까지 여러 할인율들을 대입해보아야 한다. 0%의 할인율을 대입해보면 순현가는 $120 − $100 = 20$이다. 10%의 할인율을 대입하면 다음과 같은 결과를 얻는다.

$$\text{NPV} = -\$100 + (\$60/1.1) + (\$60/1.1^2) = \$4.13$$

이제 답에 가까워지고 있다. 표 9.5는 여러 할인율을 사용했을 때 나타나는 순현가를 보여주고 있다. 순현가는 10%와 15% 사이에 있는 할인율에서 0이 되는 것으로 보인다. 따라서 내부수익률도 이 범위 내에 있는 어떤 할인율이다. 조금만 더 살펴보면 내부수익률이 약 13.1%라는 것을 알 수 있다.[6] 따라서 요구수익률이 13.1%보다 작다면 이 투자는 채택되어야 한다. 요구수익률이 13.1%보다 크다면 이 투자를 채택해서는 안 된다.

이제 당신은 내부수익률법이 순현가법과 관련이 있다는 것은 알게 되었을 것이다. 실제로

표 9.5
여러 할인율에서의 순현가

할인율	순현가
0%	$20.00
5	11.56
10	4.13
15	− 2.46
20	− 8.33

[6]훨씬 더 많은 노력을 하면 IRR이 소수점 이하 9자리를 갖는 13.066238629%가 된다는 것을 알 수 있다. 그러나 누구도 이 정도로 많은 소수점 이하의 값을 원하지는 않을 것이다.

그림 9.5

순현가선(NPV profile)

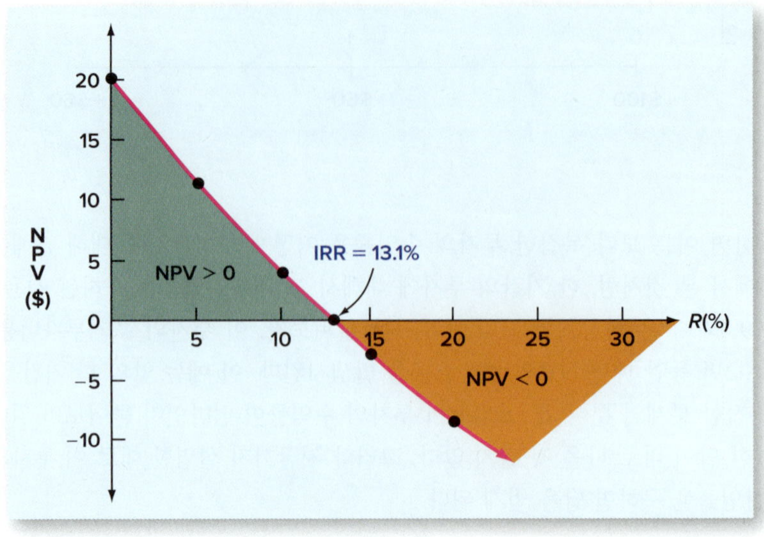

순현가선(net present value profile): 여러 할인율에 따른 투자의 순현가를 나타내는 선

내부수익률은 때때로 간단히 할인현금흐름수익률(discounted cash flow return: DCF return)이라고도 불린다. 순현가(NPV)와 내부수익률(IRR)의 관계를 나타내는 가장 쉬운 방법은 표 9.5의 수치들을 그래프로 표시하는 것이다. 수직축에는 순현가를, 수평축에는 할인율을 표시하고 많은 점들을 연결하면 **순현가선**(net present value profile)이라고 불리는 매끈한 선을 얻게 된다. 그림 9.5는 이 투자의 순현가선을 보여주고 있다. 0%의 할인율에서는 순현가가 20$가 되어 수직축에 20$를 표시하면 된다. 할인율이 커짐에 따라 순현가는 점점 작아진다. 순현가선은 어디서 수평축을 통과하는가? 이는 순현가가 0이 되는 점이며, 따라서 내부수익률(할인율)이 13.1%가 되는 점이다.

이 예에서 순현가법과 내부수익률법은 투자를 선택할 것인지 아닌지에 대해 동일한 결론을 내리고 있다. 요구수익률이 13.1%보다 작다면 이 투자는 채택되어야 한다. 또한 그림 9.5에서 알 수 있듯이 13.1%보다 낮은 할인율에서는 순현가법을 사용하더라도 마찬가지로 이 투자를 채택하게 된다. 따라서 이 경우 이 두 평가방법의 결론은 동일하다.

예제 9.4 내부수익률의 계산

어떤 투자의 초기비용이 435.44$이다. 이 투자는 첫해에 100$, 두 번째 해에 200$, 세 번째 해에 300$의 현금흐름을 발생시킨다. 이 투자의 내부수익률은 얼마인가? 우리가 이 투자에 대해 18%의 수익률을 원한다면 이 투자는 채택되어야 하는가?

여러 할인율을 사용하여 순현가가 0이 되게 하는 할인율(내부수익률)을 구해보아야 한다. 여러 할인율에서 나타나는 순현가를 요약하면 다음과 같다.

할인율	순현가
0%	$164.56
5	100.36
10	46.15
15	0.00
20	− 39.61

(계속)

15%에서 순현가가 0이 된다. 따라서 내부수익률은 15%이다. 18%의 수익률을 원한다면 이 투자를 해서는 안 된다. 그 이유는 18%의 할인율에서 순현가가 음(−)이 되기 때문이다(순현가가 −24.47$가 되는지 확인해보라). 이 경우 내부수익률법도 같은 결론을 내고 있다. 이 투자의 내부수익률 15%는 요구수익률 18%보다 작다. 따라서 이 투자는 하지 말아야 한다.

내부수익률법과 순현가법은 이와 같이 항상 동일한 결론을 내리는가? 이에 대한 답은 두 가지 조건만 충족된다면 "그렇다"는 것이다. 첫째 조건은 투자안의 현금흐름이 전통적(conventional)이어야 한다는 것으로, 이는 처음의 현금흐름(초기투자비용)이 음(−)이고 나머지 현금흐름은 모두 양(+)이어야 한다는 것을 의미한다. 둘째 조건은 투자안이 독립적(independent)이어야 한다는 것으로, 이는 이 투자의 채택 여부가 다른 투자안의 채택 여부에 영향을 주지 않는다는 것을 의미한다. 이 두 조건 중 처음 조건은 일반적으로 충족되지만 두 번째 조건은 충족되지 않는 경우가 종종 있다. 어떤 경우이든 이 두 조건 중 어느 하나라도 충족되지 않는다면 문제가 발생하게 된다. 이에 대해서 잠시 후 살펴보기로 한다.

내부수익률의 문제점

내부수익률의 문제점은 현금흐름이 전통적이지 않거나, 둘 이상의 여러 투자안들을 서로 비교하여 어느 투자안이 제일 좋은 투자안인가를 비교할 때 발생한다. 현금흐름이 전통적이지 않을 경우에는 놀랍게도 "내부수익률이 얼마인가?"라는 간단한 질문에 답하기가 매우 곤란해진다. 또한 여러 투자안 중 제일 좋은 투자안을 선택해야 하는 경우에는 내부수익률이 잘못된 판단을 하게 할 수 있다.

비전통적 현금흐름 60$의 초기투자비용이 들어가는 광산개발 투자안이 있다고 하자. 첫해의 현금흐름은 155$이고, 두 번째 해에는 채굴이 모두 끝나 그 지역을 흙으로 메우기 위해 100$를 지출해야 한다. 그림 9.6이 보여주고 있듯이 첫째와 셋째 현금흐름은 음(−)의 값을 갖는다.

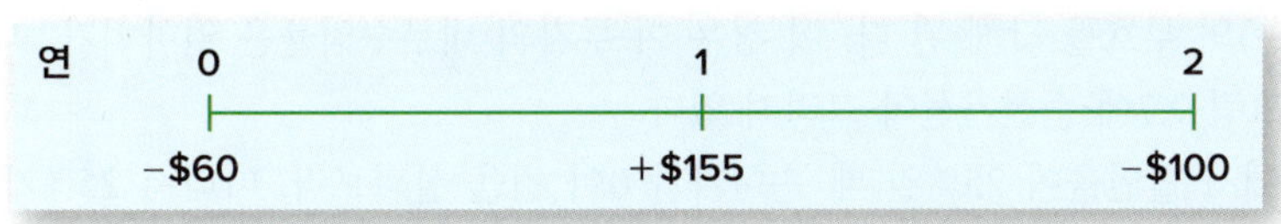

그림 9.6
예상 현금흐름

이 투자안의 내부수익률을 구하기 위해서 여러 할인율에서의 순현가를 계산해보면 다음과 같이 나타난다.

할인율	NPV
0%	−$5.00
10	− 1.74
20	− 0.28
30	0.06
40	− 0.31

이 경우 순현가가 매우 독특한 형태로 나타난다. 할인율이 0%에서 30%로 증가할 때, 순현가는 음(−)의 값을 갖고 출발하다가 나중에는 양(+)의 값을 갖게 된다. 할인율이 증가할 때 순현

그림 9.7
순현가선(NPV profile)

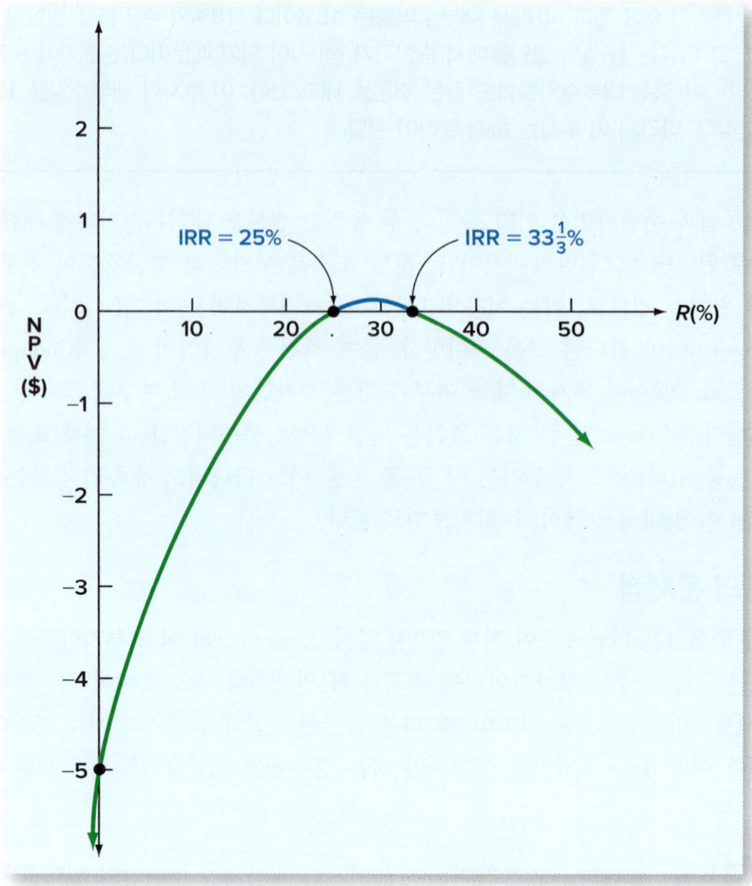

가가 오히려 증가하므로 이는 뭔가 거꾸로 되어 가는 것처럼 보인다. 다시 현금흐름은 작아지기 시작하여 음(−)의 부호를 갖게 된 다. 이 경우 이 투자의 내부수익률은 얼마인가? 내부수익률을 구하기 위해 그림 9.7에 순현가선이 그려져 있다.

그림 9.7에서 할인율이 25%일 때 순현가가 0이 됨을 살펴보라. 따라서 25%가 내부수익률이다. 진짜 그런가? 순현가는 할인율이 33.33%일 때도 0이 된다. 그렇다면 이 중 어느 할인율이 내부수익률인가? 답은 둘 다이든지, 둘 다 아니다. 좀 더 정확히 말해 이 경우 확실한 답은 없다. 이러한 문제점을 **복수의 내부수익률**(multiple rates of return) 문제라고 한다. 많은 개인용 컴퓨터(PC) 프로그램들은 이 문제를 인식하지 못하고 처음 발견되는 내부수익률을 내부수익률로 나타내버린다. 다른 컴퓨터 프로그램은 양(+)의 값을 갖는 내부수익률 중(다른 값들보다 더 타당한 값도 아닌) 가장 작은 값을 내부수익률로 나타낸다.

복수의 내부수익률(multiple rates of return): 투자의 순현가를 0으로 만드는 할인율이 두 개 이상으로 나타나는 것

이 예에서 내부수익률법은 전혀 의미가 없는 것이 된다. 요구수익률이 10%라고 하면 이 투자를 해야 하는가? 나타난 두 내부수익률 모두 10%보다 크다. 따라서 내부수익률법에 의하면 이 투자는 채택되어야 하는 것일지도 모른다. 그러나 그림 9.7이 보여주고 있듯이 25%보다 낮은 어떠한 할인율에서든 이 투자의 순현가는 음(−)이 된다. 따라서 이 투자는 좋은 투자가 아니다. 그렇다면 이 투자는 언제 채택되어야 하는가? 그림 9.7을 다시 살펴보면 요구수익률이 25%에서 33.33% 사이에 있는 경우에만 순현가가 양(+)의 값을 갖는다.

비전통적 현금흐름은 다양한 경우에 나타날 수 있다. 예를 들어 모든 원자로는 결국 언젠가는 폐기 처분되어야 하는데, 폐기에 드는 비용이 엄청나며 결국 투자수명이 다할 때 매우 큰 음(−)의 현금흐름이 발생하게 된다. 원자력 발전소를 운영하는 독일의 네 기업은 나중에 원전을 해체하기 위한 비용으로 450억$를 책정해놓고 있다.

이 예는 현금흐름이 전통적인 방식으로 나타나지 않을 때 내부수익률에 이상한 현상들이 발생한다는 것을 보여주기 위한 것이다. 그러나 이에 대해 불편하게 생각할 필요는 없다. 왜냐하면 순현가법은 항상 잘 작동하기 때문이다. 이 예는 "수익률이 얼마인가?"라는 자연스러운 질문에 대해 항상 좋은 답변을 할 수 있는 것이 아니라는 점을 알려주고 있다.

내부수익률은 무엇인가? 예제 9.5

오늘 51$를 투자하면 1년 후에 100$를 받고 2년 후에는 50$를 지불해야 하는 투자가 있다고 하자. 이 투자의 내부수익률은 얼마인가?

이 문제가 비전통적 현금흐름을 갖는 문제인 것을 유의하면 두 개 이상의 내부수익률이 나와도 놀라지 않을 것이다. 그러나 시행착오법에 의해 내부수익률을 구하기 시작하면 아마도 오랜 시간이 걸릴 것이다. 왜냐하면 이 투자는 내부수익률을 갖고 있지 않기 때문이다. 어떠한 할인율을 사용하더라도 순현가는 항상 음(−)으로 나타난다. 따라서 어떤 상황에서든 이 투자를 채택해서는 안 된다. 이 투자의 수익률은 얼마인가? 당신이 생각하는 답은 우리 생각과 마찬가지로 좋은 답일 것이다.

"나는 생각한다. 고로 나는 얼마나 많은 내부수익률이 있을 수 있는지 안다." 예제 9.6

우리는 어떤 투자가 한 개보다 많은 내부수익률을 가질 수 있다는 것을 안다. 모두 몇 개의 내부수익률이 있을 수 있는가를 알고 싶다면 이를 어떻게 알 수 있을까? 이에 대한 답은 위대한 수학자이며 철학자이고 또한 재무분석가인 "나는 생각한다. 고로 나는 존재한다"라는 말로 유명한 Descartes가 하고 있다. Descartes의 부호법칙(rule of sign)은 최고로 많이 있을 수 있는 내부수익률의 수는 현금흐름이 양(+)에서 음(−)으로 또는 음(−)에서 양(+)으로 바뀌는 숫자와 같다고 말해준다.[7]

25%와 33⅓%의 두 개의 내부수익률을 갖는 위의 예에서 또 다른 내부수익률이 있을 수 있는가? 현금흐름의 부호는 음(−)에서 양(+)으로 다시 음(−)으로 두 번 바뀌었기 때문에 부호가 변한 것은 두 번이다. 따라서 Descartes의 법칙에 의하면 나타날 수 있는 내부수익률의 수는 최대 2개이다. 따라서 다른 하나가 더 있는지에 대해 살펴볼 필요가 없다. 그러나 실제로 나타나는 내부수익률의 개수는 최대로 나타날 수 있는 개수보다 적다는 것에 유의하라(예제 9.5 참조).

상호배타적 투자안 내부수익률이 하나인 경우에도 **상호배타적 투자의사결정**(mutually exclusive investment decision)에서는 문제가 발생할 수 있다. 두 투자안 X와 Y가 상호배타적이라고 말하는 것은 이 중 하나를 선택하면 다른 하나를 선택하지 못한다는 것을 의미한다. 두 투자안이 상호배타적이 아니라는 말은 서로 독립적이라는 것을 의미한다. 예를 들어 길모퉁이에

상호배타적 투자의사결정 (mutually exclusive investment decision): 한 투자안을 택하면 다른 투자안을 택할 수 없는 상황

[7]보다 정확하게 말해, −100%보다 큰 내부수익률의 수는 부호가 바뀌는 수와 같거나 그 수보다 짝수만큼씩 적어질 수 있다. 예를 들어 부호가 다섯 번 바뀐다면, IRR이 5개 또는 3개 또는 1개가 있을 수 있다. 부호가 두 번 바뀐다면, IRR이 두 개 있거나 또는 전혀 없게 된다.

있는 땅에 주유소나 아파트를 지을 수 있다고 할 때 이 중 하나를 지을 수는 있지만 둘 다를 짓지는 못한다. 따라서 이들은 상호배타적인 투자안이다.

지금까지는 어떤 하나의 투자가 채택할 가치가 있는지 없는지에 대해서만 살펴보았다. 그러나 자주 나타나는 질문은 "두 개 이상의 상호배타적 투자안이 있을 때 어느 것이 제일 좋은 투자안인가?"하는 것이다. 이에 대한 답은 매우 간단하다. 가장 좋은 투자안은 가장 큰 순현가를 갖는 투자안이다. 그렇다면 가장 좋은 투자안은 가장 높은 수익률을 갖는가? 이에 대한 답은 "그렇지 않다"이다.

상호배타적 투자안과 관련하여 내부수익률법이 갖는 문제를 살펴보기 위해서 상호배타적인 두 투자안이 다음과 같은 현금흐름을 갖고 있다고 하자.

연	투자안 A	투자안 B
0	−$100	−$100
1	50	20
2	40	40
3	40	50
4	30	60

투자안 A의 내부수익률은 24%이고, 투자안 B의 내부수익률은 21%이다. 이 투자들이 상호배타적이기 때문에 이 중 하나만을 선택할 수 있다. 직관적으로 생각하면 투자안 A가 더 높은 수익률을 갖기 때문에 더 좋은 투자안인 것처럼 보인다. 그러나 아쉽게도 직관이 항상 맞는 것은 아니다.

왜 투자안 A가 더 나은 투자가 아닌지를 살펴보기 위해서 여러 수준의 요구수익률에서 나타나는 이 두 투자의 순현가들을 살펴보면 결과는 다음과 같다.

할인율(요구수익률)	NPV(A)	NPV(B)
0%	$ 60.00	$ 70.00
5	43.13	47.88
10	29.06	29.79
15	17.18	14.82
20	7.06	2.31
25	−1.63	−8.22

A의 내부수익률(24%)은 B의 내부수익률(21%)보다 크다. 그러나 순현가를 비교해보면 어떤 투자안이 더 높은 순현가를 갖는지는 사용하는 요구수익률(할인율)에 따라 달라진다는 것을 알 수 있다. 총현금흐름의 크기는 B의 경우가 더 크다. 그러나 투자안 B는 투자안 A에 비해 현금흐름이 보다 나중에 더 많이 발생한다. 따라서 더 낮은 할인율에서 더 높은 순현가를 갖는다.

이 예에서 순현가와 내부수익률에 의해 정해지는 우선순위는 일부 할인율에서 서로 다르게 나타난다. 예를 들어 요구수익률이 10%인 경우에는 B가 더 높은 순현가를 갖고, 따라서 비록 A가 더 높은 (내부)수익률을 갖더라도 B는 A보다 더 좋은 투자이다. 요구수익률이 15%인 경우에는 순현가와 내부수익률에 의해 정해지는 우선순위는 서로 다르지 않으며 A가 더 좋은 투자이다.

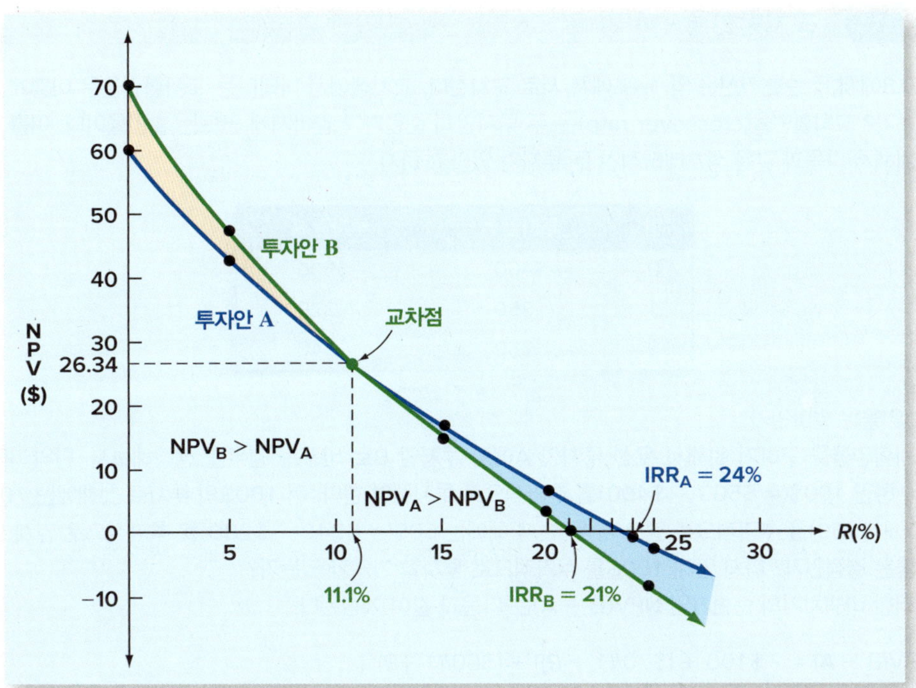

그림 9.8
상호배타적 투자안의 순현가선

상호배타적 투자안에 대해 내부수익률과 순현가가 갖는 서로 다른 결과는 그림 9.8에서처럼 투자의 순현가선(NPV profile)을 가지고 설명할 수 있다. 그림 9.8에서 순현가선이 약 11.1%의 할인율에서 서로 교차한다는 것을 살펴보라. 또한 11.1%보다 낮은 할인율에서는 투자안 B가 더 큰 순현가를 갖는다는 것도 살펴보라. 따라서 비록 A가 더 높은 내부수익률을 갖지만, 이 경우에는 A보다 B를 선택함으로써 더 많은 혜택을 얻는다. 11.1%보다 높은 할인율에서는 투자안 A가 더 큰 순현가를 갖는다.

이 예는 투자안들이 상호배타적인 경우에는 투자안들이 갖는 수익률을 가지고 투자의 우선순위를 가려서는 안 된다는 것을 보여주고 있다. 다시 말해 어느 투자안이 더 나은 투자안인지를 결정하기 위해 투자안들을 비교할 때 투자안의 내부수익률을 비교하는 것은 잘못된 선택을 가져올 수 있다. 잘못된 판단을 하지 않기 위해서는 투자안들이 갖는 순현가의 크기를 서로 비교해 보아야 한다. 우리가 궁극적으로 관심을 가져야 할 것은 주주들에게 가치를 창조해주는 것임을 기억하라. 따라서 투자안들의 상대적 수익률에 관계없이 더 높은 순현가를 갖는 투자안이 선호되어야 한다.

만약 이러한 판단이 직관과 다른 판단으로 느껴진다면 다음과 같이 생각해보자. 당신이 두 개의 투자안을 갖고 있다고 하자. 한 투자는 수익률이 10%로, 여기에 투자하면 당신은 즉시 100$를 더 벌 수 있다. 다른 투자는 수익률이 20%로, 여기에 투자하면 당신은 즉시 50$를 더 벌 수 있다. 당신은 어느 투자가 더 낫다고 생각하는가? 수익률에 관계없이 50$보다는 100$가 더 좋은 것이므로 처음 투자가 더 나은 것이다.

예제 9.7 교차할인율 구하기

그림 9.8에서 두 순현가선은 약 11%에서 서로 교차한다. 교차점에서 나타나는 교차할인율은 어떻게 구할 수 있는가? 교차할인율(crossover rate)은 두 투자안의 순현가가 같아지게 만드는 할인율이다. 이를 살펴보기 위해서 다음과 같은 상호배타적인 두 투자가 있다고 하자.

연	투자안 A	투자안 B
0	–$400	–$500
1	250	320
2	280	340

교차할인율은 얼마인가?

교차할인율을 구하기 위해서 우선 투자안 A에서 투자안 B로 바꾸는 경우를 생각해보자. 만약 바꾸는 결정을 하면 100$(= $500 – $400)를 추가적으로 투자해야 한다. 이 100$의 투자로 첫해에는 70$(= $320 – $250)를 추가적으로 얻으며, 두 번째 해에는 60$(= $340 – $280)를 추가적으로 얻게 된다. 이는 좋은 결정인가? 다시 말해 100$를 추가적으로 투자할 가치가 있는가?

이러한 바꿔치기의 순현가인 NPV(B – A)는 다음과 같이 계산된다.

$$\text{NPV(B} - \text{A)} = -\$100 + [\$70/(1 + R)] + [\$60/(1 + R)^2]$$

이 바꿔치기의 수익률을 구하기 위해서는 순현가를 0으로 놓고 내부수익률을 구하면 된다.

$$\text{NPV(B} - \text{A)} = 0 = -\$100 + [\$70/(1 + \text{IRR})] + [\$60/(1 + \text{IRR})^2]$$

이를 계산하면 내부수익률이 정확히 20%라는 것을 알 수 있다. 이것이 말해주는 것은 20%의 할인율에서는 이 두 투자 간의 현금흐름 차이의 순현가가 0이 되기 때문에 이 두 투자는 서로 차이가 없다는 것이다. 따라서 이 할인율에서 두 투자는 동일한 가치를 갖기 때문에 교차할인율은 20%가 된다. 20%의 할인율에서 이 두 투자의 순현가가 동일하게 2.78$로 나타나는지 확인해보라.

일반적으로, 두 투자안의 현금흐름 차이를 구하고 그 현금흐름 차이의 내부수익률을 구하면 교차할인율을 구할 수 있다. 어떤 투자의 현금흐름에서 어떤 투자의 현금흐름을 빼주는가는 문제되지 않는다. 이를 확인하기 위해서 (A – B)의 내부수익률을 구해보면 동일한 값을 얻게 될 것이다. 연습 삼아 그림 9.8의 정확한 교차할인율을 구해보기 바란다. (힌트: 답은 11.0704%이다.)

투자형 또는 자금형? 다음과 같은 서로 독립적인 투자안이 있다고 하자.

연	투자안 A	투자안 B
0	–$100	$100
1	130	–130

투자안 A에서 회사는 현금을 먼저 지불하지만, 투자안 B에서는 현금을 먼저 받는다. 대부분의 투자안이 A와 같은 투자안이지만, 투자안 B와 같은 경우도 발생할 수 있다. 예를 들어 어떤 회사가 세미나를 개최하는데 참가자들이 돈을 먼저 지불한다고 하자. 세미나 당일 현금이 지출되므로, 이 경우 현금유입이 현금유출보다 먼저 발생하는 것이다.

이 두 투자안에 대한 요구수익률이 12%라고 하자. IRR법은 이 중 어떤 투자안을 선택하도

그림 9.9 투자형 투자와 자금형 투자의 NPV profile

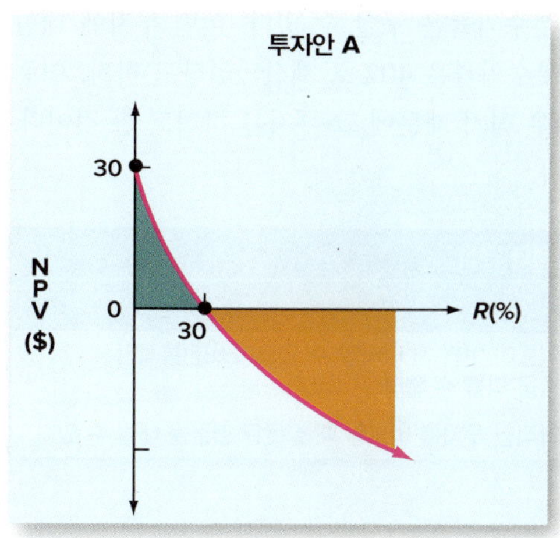

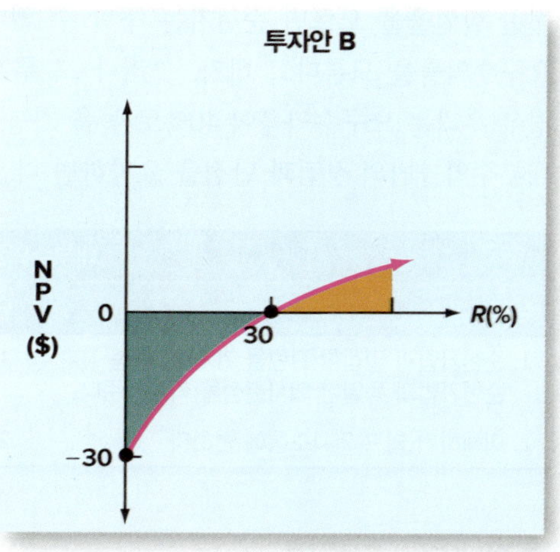

록 말해주는가? IRR을 계산해보면 두 투자안의 내부수익률이 모두 30%로 나오는 것을 알게 될 것이다.

IRR법에 의하면 이 두 투자안이 모두 선택되어야 한다. 그러나 12%의 요구수익률을 적용하여 투자안 B의 NPV를 구해보면 다음과 같이 나타난다.

$$\$100 - \frac{\$130}{1.12} = -\$16.07$$

이 경우, NPV와 IRR은 의견을 달리한다. 그림 9.9의 각 투자안의 순현가선은 어떤 상황이 발생하고 있는지를 말해주고 있다. 그림에서 투자안 B의 순현가선은 우상향하고 있다. 따라서 요구수익률이 30%보다 크다면 이 투자안은 받아들여져야 한다.

어떤 투자안이 투자안 B와 같은 현금흐름을 갖는다면, 그 투자안의 IRR은 당신이 얻는 수익률이 아니라 당신이 잃는 수익률을 의미하는 것이다. 이러한 이유로 투자안 B를 자금형(financing type) 현금흐름을 갖는다고 말하고, 투자안 A를 투자형(investing type) 현금흐름을 갖는다고 말한다. 자금형 현금흐름을 갖는 투자안의 경우에는 자금조달에 적은 비용이 드는 투자안을 선택해야 한다. 따라서 당신의 요구수익률보다 낮은 IRR을 갖는 투자안이 선택되어야 한다.

내부수익률의 장점

내부수익률(IRR)이 결함을 갖고 있음에도 불구하고 실무에서는 순현가(NPV)보다 더 인기가 있다. 그 이유는 아마도 순현가가 충족시켜 주지 못하는 어떤 것을 내부수익률이 충족시켜 주기 때문일 것이다. 투자를 분석할 때 일반 사람들이나 재무분석가들은 돈의 크기보다는 수익률을 가지고 말하는 것을 더 선호하는 것으로 보인다.

이와 비슷한 맥락이지만 내부수익률은 투자에 대한 정보를 간단하게 전달하는 방법인 것으로 보인다. 예를 들어 어느 경영자가 다른 경영자에게 "사무공간을 개조하면 수익률이 20% 증가한다"고 말하는 것은 "10%의 할인율을 사용하면 순현가가 4,000$가 된다"고 말하는 것보다 훨씬 간단하게 들린다.

마지막으로, 어떤 상황에서는 내부수익률이 순현가보다 실무적인 우위를 가질 수 있다. 적절한 할인율을 모르면 순현가는 구할 수 없지만 내부수익률은 구할 수 있다. 어떤 투자에 대한 요구수익률을 모른다고 하자. 그러나 그 투자의 내부수익률은 40%로 계산되었다고 하자. 이런 경우 우리는 요구수익률이 40%로 높을 가능성은 매우 적기 때문에 그 투자를 하려고 할 것이다. 내부수익률법의 장점과 단점을 요약하면 다음과 같다.

내부수익률법의 장점과 단점	
장점	**단점**
1. 순현가법과 밀접한 관련을 가지며, 종종 순현가법과 동일한 의사결정을 가져다준다.	1. 내부수익률이 여러 개 나타날 수 있으며 비전통적인 현금흐름을 다룰 수 없다.
2. 이해하기 쉽고 의사소통에 편하다.	2. 상호배타적인 투자를 비교할 때 잘못된 결론을 내릴 수 있다.

수정내부수익률법

표준형 내부수익률법이 갖는 일부 문제점을 해소하기 위하여 수정된 내부수익률법이 종종 언급되고 있다. 곧 살펴볼 것이지만, 수정내부수익률(modified internal rate of return: MIRR)을 구하는 방법은 여러 가지가 있다. 그러나 현금흐름을 먼저 수정하고 그 수정된 현금흐름을 가지고 투자안의 내부수익률(IRR)을 구한다는 점에서는 기본적으로 동일하다.

그림 9.6의 현금흐름인 −60$, +155$, −100$를 가지고 이에 대해 살펴보기로 하자. 그림 9.7에서 보았듯이 이 투자안의 내부수익률은 25%와 $33\frac{1}{3}$% 두 개이다. 이제 세 종류의 MIRR을 구하는 방법에 대해 살펴보기로 하자. 이 방법들에 의하면 단 한 개의 IRR만 나타난다. 따라서 여러 개의 IRR이 나타나는 문제는 없어진다.

방법 1: 할인법 할인법은 모든 음(−)의 현금흐름을 요구수익률을 사용하여 할인하여 이들을 초기비용에 포함시킨 후 IRR을 계산하는 방법이다. 이에 따라 처음의 현금흐름만 음(−)의 값을 가지므로 하나의 IRR만이 나타나게 되는 것이다. 할인율로는 요구수익률이 사용될 수도 있고, 다른 할인율을 사용해도 된다. 우리는 해당 투자안에 대한 요구수익률을 사용하기로 한다.

이 투자안에 대한 요구수익률이 20%라면 수정된 현금흐름은 다음과 같다.

$$\text{기간 0: } -\$60 + \frac{-\$100}{1.20^2} = -\$129.44$$

기간 1: +$155

기간 2: +$0

이러한 현금흐름의 MIRR을 구하면 19.74%를 얻게 될 것이다.

방법 2: 재투자법 재투자법은 처음의 현금흐름만 제외하고, 양(+)의 현금흐름이든, 음(−)의 현금흐름이든 투자수명까지 나타나는 모든 현금흐름을 복리로 투자안의 수명까지 증식시킨 후에 IRR을 구하는 방법이다. 따라서 이는 현금흐름을 계속 투자수명까지 "재투자"하는 것으로 볼 수 있다. 수익률로는 요구수익률이 사용될 수도 있고, 아니면 따로 정한 "재투자수익률"이 사용될 수 있다. 우리는 해당 투자안에 대한 요구수익률을 사용하기로 한다. 수정된 현금흐름은 다음과 같다.

기간 0: −\$60
기간 1: +\$0
기간 2: −\$100 + (\$155 × 1.2) = \$86

이러한 현금흐름의 MIRR은 19.72%로 할인법을 사용하는 경우보다는 조금 낮게 나타난다.

방법 3: 혼합법 명칭에서 알 수 있듯이 혼합법은 앞의 두 방법을 섞은 것이다. 음(−)의 현금흐름은 모두 할인하여 초기비용에 포함시키고, 양(+)의 현금흐름은 투자수명까지 복리로 증식시키는 방법이다. 서로 다른 할인율과 복리율이 사용될 수도 있다. 그러나 우리는 해당 투자안의 요구수익률을 계속 사용하기로 한다.

혼합법에 의한 수정된 현금흐름은 다음과 같다.

기간 0: $-\$60 + \dfrac{-\$100}{1.20^2} = -\$129.44$
기간 1: +\$0
기간 2: \$155 × 1.2 = \$186

이 경우의 MIRR은 19.87%로 셋 중에서 가장 높게 나타난다.

MIRR 또는 IRR: 어느 것이 더 좋은가? MIRR에 대해서는 논란이 많이 있다. 한쪽의 극단적인 입장은 MIRR이 IRR보다 낫다고 주장한다. 예를 들어 MIRR법은 그 방법상 복수의 내부수익률이 발생하는 문제를 완전히 제거한다.

다른 한쪽의 극단적인 입장은 MIRR이 "의미 없는 IRR (meaningless internal rate of return)"의 약자로 보아야 한다고 주장한다. 앞의 예에서 나타나듯이 MIRR의 문제점 중 하나는 이를 계산하는 방법이 여러 가지이고, 이 중 어떤 것이 다른 것보다 더 낫다고 말할 수 없다는 것이다. 앞의 예에서는 세 가지 서로 다른 방법의 결과가 크게 차이 나지는 않는다. 그러나 보다 복잡한 투자안의 경우에는 서로 큰 차이가 날 수 있다. 더욱이 MIRR을 무엇으로 보아야 하는지가 분명하지 않다. MIRR을 해당 투자안의 수익률로도 볼 수 있지만, MIRR은 해당 투자안의 실제 현금흐름이 아닌 수정된 현금흐름에 대한 수익률이다.

우리는 이 두 주장 중 어느 한쪽의 입장을 취하지는 않는다. 그러나 MIRR을 계산하기 위해서는 할인해주거나, 복리로 증식시켜주거나 또는 둘 다 해주어야 한다는 것을 주목하라. 이러한 점에 비추어볼 때 두 가지가 확실하다. 첫째, 적정 할인율을 갖고 있다면 NPV를 구하면 되지 구태여 이러한 방법을 사용할 필요가 있는가? 둘째, MIRR이 외부적으로 주어지는 할인율(복리율)에 따라 달라지므로, 그에 따라 구해지는 수익률은 해당 투자안의 진정한 "내부" 수익률이 아니다. 왜냐하면, "내부" 수익률이란 정의상 해당 투자안의 현금흐름에 의해서만 결정되는 수익률을 의미하기 때문이다.

투자안의 수익률과 관련하여 한 가지 분명히 해야 할 점은 어떤 투자안의 가치가 기업이 그 투자안으로부터 발생하는 현금흐름을 가지고 무엇을 하는가에 따라 달라지지 않는다는 점이다. 기업은 해당 투자안의 현금흐름을 가지고 다른 투자안에 필요한 자금으로 사용할 수도 있고, 배당을 지급하는 데도 사용할 수 있으며 중역들의 제트기를 구입하는 데도 사용할 수 있다. 그리고 이러한 것은 해당 투자안의 평가와는 관련이 없는 문제이다. 어떤 투자안이 발생시키는 현금흐름을 미래에 어떻게 사용하느냐 하는 것은 그 투자안의 현재가치에 영향을 주지 않는다. 따라서 어떤 투자안의 타당성을 분석할 때 그 투자안으로부터 발생하는 현금흐름을 재투자한다는 고려는 할 필요가 없다.

개념질문 _Concept Questions

9.5a 어떤 상황에서 내부수익률법과 순현가법은 동일한 투자판단 의사결정을 내리는가? 이들이 서로 충돌하는 경우는 어떤 경우인가?

9.5b 내부수익률법을 사용할 때는 요구수익률을 알 필요가 없다는 것이 순현가법에 대해서 내부수익률법이 갖는 장점이라고 말하는 것은 일반적으로 맞는 말인가?

9.6 수익성지수법

수익성지수(profitability index: PI): 투자가 가져다주는 미래현금흐름의 현재가치를 초기투자비용으로 나눈 것. 혜택-비용(benefit-cost) 비율이라고도 한다.

투자안을 평가하는 데 사용되는 또 하나의 도구는 **수익성지수**(profitability index: PI) 또는 혜택-비용 비율(benefit-cost ratio)이다. 이 지수는 미래현금흐름의 현재가치를 초기투자금액으로 나눈 것으로 정의된다. 따라서 어떤 투자안의 비용이 200$이고 그 투자안이 발생시키는 미래현금흐름의 현재가치가 220$라면 수익성지수의 값은 $220/$200 = 1.1이 된다. 이 투자의 순현가가 20$이므로 이 투자가 바람직한 투자라는 것도 확인하기 바란다.

어떤 투자안이 양(+)의 순현가를 가지면 미래현금흐름의 현재가치는 초기투자비용보다 큰 것이 틀림없다. 따라서 양(+)의 순현가를 갖는 투자의 수익성지수값은 1보다 크고, 음(−)의 순현가를 갖는 투자안의 수익성지수값은 1보다 작다.

수익성지수를 어떻게 해석할 수 있는가? 앞의 예에서 PI는 1.1이었다. 이는 투자된 1$에 대해서 1.1$의 가치를 얻는다는 것을 말하며, 또한 투자된 1$에 대한 순현가가 0.1$라는 것을 말해준다. 따라서 수익성지수는 투자된 1$에 의해 창출된 가치를 의미한다. 이런 이유로 인해 수익성지수는 정부나 기타 비영리투자의 성과를 측정하는 척도로 자주 이용된다. 또한 자금이 부족할 때 가장 높은 PI를 갖는 투자안에 자금을 할당하는 것이 맞는 행동이다. 이에 대해서는 뒤에 다시 살펴볼 것이다.

수익성지수는 순현가와 아주 유사하다. 그러나 투자비용이 5$이고 미래현금흐름의 현재가치가 10$인 투자와 투자비용이 100$이고 미래현금흐름의 현재가치가 150$인 두 투자를 비교해 보자. 첫 번째 투자의 순현가는 5$이고, PI는 2이다. 두 번째 투자의 순현가는 50$이고, PI는 1.5이다. 만약 이 두 투자가 서로 상호배타적인 투자라면 두 번째 투자가 비록 PI는 낮지만 채택되어야 한다. 수익성지수법이 갖는 이러한 우선순위 문제는 앞 절에서 본 내부수익률의 우선순위 문제와 매우 유사한 것이다. 결론적으로 말해, 순현가 대신에 수익성지수에 의존할 이유는 거의 없다. 수익성지수법의 장점과 단점은 다음과 같다.

수익성지수법의 장점과 단점

장점	단점
1. 순현가법과 밀접한 관련을 가지며, 일반적으로 순현가법과 동일한 의사결정을 가져다준다. 2. 이해하기 쉽고 의사소통에 편하다. 3. 투자에 사용할 자금이 제한되어 있는 경우에는 유용하게 사용될 수 있다.	1. 상호배타적인 투자안들을 비교할 때 잘못된 결론을 내릴 수 있다.

개념질문 _Concept Questions

9.6a 수익성지수가 측정하는 것은 무엇인가?
9.6b 수익성지수법을 어떻게 설명하겠는가?

자본예산의 실제 사용 9.7

순현가가 제대로 된 판단을 하게 해주는 투자평가방법이라면 왜 다른 평가방법들이 존재하고 또 실제로 사용되고 있는가에 대해 의문이 생길지 모른다. 이에 대해서는 기업이 하려는 것은 투자의사결정이며 기업은 미래에 대한 상당한 불확실성하에서 사업을 하고 있다는 점을 인식할 필요가 있다. 다시 말해 기업은 단지 순현가의 추정치(estimates)만을 알 뿐이며, 따라서 실제로 나타나는 결과는 추정치와 매우 다를 수 있는 것이다.

진정한 순현가를 알 수 없으므로 영리한 재무관리자는 추정된 순현가(estimated NPV)의 신뢰성을 평가할 수 있는 단서들을 찾는다. 이러한 이유로 기업들은 투자안을 평가할 때 다양한 투자판단 기준을 사용한다. 예를 들어 추정된 순현가가 양(+)인 어떤 투자가 있다고 하자. 그동안의 경험을 통해 볼 때 이 투자는 짧은 회수기간을 갖고 있는 것이고 또한 평균회계이익률도 높은 것으로 판단된다고 하자. 이는 다른 투자판단 기준들도 이 투자가 타당성을 갖고 있다는 것을 말해주는 것이다. 다시 말해 회수기간이나 평균회계이익률의 결과도 이 투자가 양(+)의 순현가를 갖는다는 판단을 지지하고 있는 것이다.

한편, 어떤 투자의 추정된 순현가는 양(+)으로 나타나지만, 회수기간은 길고 평균회계이익률은 낮게 나타난다고 하자. 이 경우 이 투자는 여전히 좋은 투자일 수 있지만, 다른 투자판단 기준들로 볼 때는 그렇게 나타나지 않으므로 순현가에 따른 투자의사결정을 하는 경우에 더 신중할 필요가 있다. 미래에 대한 예측을 바탕으로 구해진 추정순현가에 대해 어느 정도의 확신이 서지 않는다면 보다 자세한 분석을 해야 할 것이다. 추정된 순현가를 어떻게 평가할 것인가에 대해서는 다음의 두 장에서 자세히 살펴볼 것이다.

대기업들은 종종 엄청난 크기의 자본예산을 갖고 있다. 예를 들어 ExxonMobil은 2020년도의 자본지출액으로 330~350억$를 계획하고 있다고 발표했는데, 이는 2019년도의 300억$에서 줄어든 것이기는 하지만 매우 큰 금액이다. 이 회사의 자본예산이 가장 컸던 경우는 2013년의 425억$였다. 비슷한 시기에 경쟁회사인 Chevron도 2020년에 180~200억$의 투자를 계획하고 있다고 발표했다. 이는 2019년에 이 회사가 투자한 198억$와 비슷한 금액이었다. 한편 Walmart와는 AT&T는 2020년도 예상 자본지출액으로 각각 약 110억$, 약 200억$를 발표했다.

2019년 미국 통계국의 자료에 의하면 미국 경제 전체적으로 본 기업들의 자본지출은 2015년에 1.642조$, 2016년에 1.575조$, 2017년에 1.683조$였다. 따라서 이 세 해의 자본지출을 모두 합하면 4.9조$가 넘는다! 이와 같이 투자 금액이 매우 크기 때문에 자본 지출(투자)에 대한 조심스러운 분석은 성공을 원하는 기업들에게 필수적인 것이다.

기업들이 실제로 어떤 종류의 투자평가방법을 사용하는가에 대한 조사가 많이 이루어지고 있다. 표 9.6은 이러한 조사들에서 나타난 결과를 요약해주고 있다. 표 A는 대기업들이 과거에 주로 사용해온 자본예산 기법들을 서로 비교해주고 있다. 1959년에는 조사대상이 된 기업들의

표 9.6 실무에서 사용되는 자본예산 기법들

A. 주로 사용되어 온 자본예산 기법들의 역사적 비교							
	1959	1964	1970	1975	1977	1979	1981
회수기간법	34%	24%	12%	15%	9%	10%	5%
평균회계이익률(ARR)	34	30	26	10	25	14	11
내부수익률(IRR)법	19	38	57	37	54	60	65
순현가(NPV)법	–	–	–	26	10	14	17
IRR법 또는 NPV법	19	38	57	63	64	74	82

B. 항상 또는 대부분의 경우에 아래의 주어진 자본예산 기법을 사용하는 최고재무관리자(CFO)의 비율(1999년)				
		4(항상 사용함)에서 0(전혀 사용하지 않음)까지로 구분한 척도의 평균치		
자본예산 기법들	% (항상 또는 대부분의 경우)	전체	대기업	소기업
내부수익률법	76%	3.09	3.41	2.87
순현가법	75	3.08	3.42	2.83
회수기간법	57	2.53	2.25	2.72
할인회수기간법	29	1.56	1.55	1.58
회계적 이익률법	20	1.34	1.25	1.41
수익성지수법	12	0.83	0.75	0.88

출처: J. R. Graham and C. R. Harvey, "The Theory and Practice of Corporate Finance: Evidence from the Field," *Journal of Financial Economics*, May-June 2001, pp. 187–244; J. S. Moore and A. K. Reichert, "An Analysis of the Financial Management Techniques Currently Employed by Large U.S. Corporations," *Journal of Business Finance and Accounting*, Winter 1983, pp. 623–45; M. T. Stanley and S. R. Block, "A Survey of Multinational Capital Budgeting," *The Financial Review*, March 1984, pp. 36–51.

19%만이 내부수익률법이나 순현가법을 사용했으며, 기업들의 68%는 회수기간법이나 평균회계이익률법을 사용했다. 그러나 1980년대에 와서는 내부수익률법이나 순현가법이 기업들이 주로 사용하는 투자판단기법으로 나타났다.

표 B는 미국의 대기업과 소기업 최고재무관리자(CFO)를 대상으로 1999년에 이루어진 설문의 결과를 요약한 것이다. 총 392명의 CFO들이 조사에 응했다. 표 B가 보여주고 있는 것은 지금까지 우리가 설명한 다양한 투자판단기법들을 항상 또는 거의 대부분의 경우 사용하고 있는 CFO들의 비율이다. 내부수익률(IRR)법과 순현가(NPV)법이 가장 많이 사용되고 있는 방법이라는 것은 놀랄 일이 아니며, 특히 대기업의 경우는 더욱 그렇다. 그러나 응답자의 반 이상이 항상 또는 거의 대부분의 경우 회수기간법을 사용하고 있는 것으로 나타나고 있다. 소기업의 경우에는 실제로 회수기간법이 순현가법과 내부수익률법만큼 자주 사용되고 있다. 할인회수기간이나 회계적 이익률, 수익성지수 등은 상대적으로 덜 사용되고 있다. 표 9.7은 나중에 참고할 수 있도록 지금까지 설명한 다양한 투자평가방법들을 요약해주고 있다.

개념질문 _*Concept Questions*

9.7a 자본예산에서 어떤 투자판단기법이 가장 일반적으로 사용되고 있는가?

9.7b 개념적으로 순현가법이 가장 좋은 투자판단기법이라면, 다양한 투자평가기법들이 실무에서 사용되고 있는 이유는 무엇이라고 생각하는가?

표 9.7

투자평가기법들의 요약

I. 할인현금흐름(discount cash flow) 기준
A. **순현가(net present value: NPV)법**. 투자안의 순현가는 투자비용과 투자의 시장가치가 갖는 차이이다. 순현가법은 어떤 투자안의 순현가가 양(+)이면 그 투자안을 채택하는 것이다. 순현가는 투자안의 미래현금흐름의 현재가치로 추정된 투자안의 시장가치에서 투자비용을 빼줌으로써 추정된다. 순현가법은 특별히 중대한 결점을 갖지 않기 때문에 가장 좋은 투자의사결정기법이다.
B. **내부수익률(internal rate of return: IRR)법**. 내부수익률은 투자안의 추정순현가를 0으로 만드는 할인율로, 때때로 할인현금수익률(discounted cash flow return: DCF return)이라고도 불린다. 내부수익률법은 투자안의 내부수익률이 요구수익률을 능가할 때 그 투자안을 채택하는 것이다. 내부수익률법은 순현가법과 밀접한 관련을 가지며 투자안의 현금흐름이 전통적이고, 투자안이 독립적(independent)일 때는 순현가법과 동일한 투자의사결정을 가져다준다. 투자안의 현금흐름이 비전통적일 경우에는 투자안의 내부수익률이 존재하지 않거나, 두 개 이상의 내부수익률이 나타날 수 있다. 보다 심각한 문제는 상호배타적 투자안들의 우선순위를 정할 때에는 내부수익률이 사용될 수 없다는 것이다. 가장 높은 내부수익률을 갖는 투자안이 항상 가장 좋은 투자안은 아니다.
C. **수정내부수익률(modified internal rate of return: MIRR)법**. MIRR은 IRR을 수정한 것이다. 투자안의 현금흐름은 다음의 방법 중 하나에 의해 수정된다. (1) 음(−)의 현금흐름은 할인하여 초기비용에 포함시킨다. (2) 나머지 모든 현금흐름을 투자수명까지 복리로 증식시킨다. (3) (1)과 (2)를 혼합한다. 이렇게 수정된 현금흐름을 가지고 IRR을 구한다. MIRR은 복수의 IRR이 나타나는 현상을 제거해주지만, MIRR을 어떻게 해석해야 하는지는 불분명하다. 또한 MIRR은 외부적으로 주어지는 할인율이나 복리율을 사용하기 때문에 해당 투자안의 진정한 "내부"수익률이 아니다.
D. **수익성지수(profitability index: PI)법**. 수익성지수는 혜택−비용 비율이라고도 불리는 것으로, 투자안의 미래현금흐름의 현재가치와 투자비용의 비율이다. 수익성지수법은 투자안의 수익성지수가 1보다 크게 나타날 때 그 투자안을 채택하는 것이다. 수익성지수는 투자된 금액 1단위에 대해 투자안이 갖는 현재가치를 나타내는 척도이다. 수익성지수는 순현가와 밀접한 관련을 갖지만 내부수익률의 경우와 마찬가지로 상호배타적인 투자안들의 순위를 매기는 데 사용될 수 없다. 하지만 수익성지수는 기업이 현재 투자할 수 있는 금액보다 양(+)의 순현가를 갖는 투자안들의 투자금액의 총액이 더 클 경우에 이들의 투자순위를 정하는 데 사용된다.
II. 회수기간(payback) 기준
A. **회수기간(payback period)법**. 회수기간은 투자안의 현금흐름의 합이 투자비용과 같아질 때까지 걸리는 기간을 말한다. 회수기간법은 투자안의 회수기간이 어떤 판단기준 기간보다 짧게 나타날 때 그 투자안을 채택한다. 회수기간법은 위험, 화폐의 시간적 가치 그리고 판단기준 기간 이후에 나타나는 투자안의 현금흐름을 무시하기 때문에 문제가 있는 투자판단기법이다.
B. **할인회수기간(discounted payback period)법**. 할인회수기간은 투자안의 할인된 현금흐름의 합이 투자비용과 같아질 때까지 걸리는 기간을 말한다. 할인회수기간법은 투자안의 할인회수기간이 어떤 판단기준 기간보다 짧을 때 그 투자안을 채택한다. 할인회수기간법은 판단기준 기간 이후에 나타나는 투자안의 현금흐름을 무시하는 결점을 갖는다.
III. 회계적(accounting) 기준
A. **평균회계이익률(average accounting return: AAR)법**. 평균회계이익률은 투자안의 장부 가치에 대한 투자안의 회계적 이익을 비율로 나타낸 척도이다. 이는 투자안의 내부수익률과는 관련을 갖지 않으며 3장에서 살펴본 총자산순이익률(ROA)과 유사한 것이다. 평균회계이익률법은 투자안의 평균회계이익률이 기준으로 설정된 평균회계이익률보다 크게 나타날 때 그 투자안을 채택한다. 평균회계이익률은 여러 가지 심각한 결점을 갖고 있기 때문에 바람직한 투자판단기법이 아니다.

요약과 결론 9.8

이 장에서는 제안된 투자의 타당성을 판단하는 여러 투자판단방법들에 대해서 살펴보았다. 일곱 가지 투자평가방법을 설명한 순서대로 나열하면 다음과 같다.

1. 순현가(NPV)
2. 회수기간(payback period)
3. 할인회수기간(discounted payback period)

4. 평균회계이익률(AAR)
5. 내부수익률(IRR)
6. 수정내부수익률(MIRR)
7. 수익성지수(PI)

이들을 어떻게 계산하는지, 그 결과를 어떻게 해석하는지에 대해서 설명했으며 이들의 장점과 단점에 대해서도 설명했다. 궁극적으로 좋은 자본예산 평가방법은 두 가지를 알려주어야 한다. 첫째, 해당 투자안이 좋은 투자안인가? 둘째, 좋은 투자안이 둘 이상이고 그들 중 하나의 투자안을 선택해야 하는 경우에 어느 투자안을 선택해야 하는가? 이 장의 요점은 순현가법만이 이 두 가지 질문에 항상 옳은 답을 준다는 것이다.

이러한 이유로 순현가(NPV)는 재무에서 가장 중요한 두세 개의 개념 중 하나이다. 우리는 앞으로 살펴볼 장들에서 순현가에 대해 자주 언급할 것이다. 순현가가 언급될 때 두 가지 점을 항상 기억하기 바란다. (1) 순현가는 항상 어떤 자산이나 투자안의 시장가치와 비용의 차이이다. (2) 재무관리자가 주주들의 이해관계를 최대로 대변하기 위해서는 양(+)의 순현가를 갖는 투자안을 가려내서 채택해야 한다.

마지막으로, 순현가는 일반적으로 시장에서 관찰될 수 있는 것이 아니므로 추정되어야 한다. 추정이 잘못될 가능성은 항상 있는 것이므로 재무관리자는 투자안을 평가할 때 여러 투자평가방법들을 동시에 사용한다. 다른 투자평가방법들은 해당 투자가 정말로 양(+)의 순현가를 갖는지에 대해 추가적인 정보를 제공한다.

복습과 자가진단

9.1 투자평가방법 이 문제는 순현가와 회수기간을 계산하는 문제이다. 해외로 사업을 확장하는 어떤 투자안이 다음과 같은 현금흐름을 갖고 있다.

연	현금흐름
0	–$200
1	50
2	60
3	70
4	200

10%의 요구수익률을 사용하여 회수기간, 할인회수기간, 순현가를 구해보라.

9.2 상호배타적 투자안 다음과 같은 상호배타적인 두 투자안이 있다. 각 투자안의 내부수익률과 이들의 교차할인율을 구해보라. 어떤 경우에 내부수익률법과 순현가법은 이 두 투자안에 대해 다른 결론을 내리는가?

연	투자안 A	투자안 B
0	–$75	–$75
1	20	60
2	40	50
3	70	15

9.3 평균회계이익률 첫해의 순이익이 2,000$, 둘째 해의 순이익이 4,000$, 셋째 해의 순이익이 6,000$이고, 수명이 3년인 투자안이 있다. 투자비용은 12,000$이며 이는 3년에 걸쳐 정액법으로 감가상각

되어 3년 후에 이 투자의 잔존가치는 0이 된다. 이 투자안의 평균회계이익률(AAR)은 얼마인가?

복습과 자가진단의 해답

9.1 아래 표에 이 투자의 현금흐름, 누적현금흐름, 할인현금흐름(10%의 할인율 사용), 누적 할인현금흐름이 요약되어 있다.

	현금흐름		누적현금흐름	
연	할인되지 않음	할인됨	할인되지 않음	할인됨
1	$ 50	$ 45.45	$ 50	$ 45.45
2	60	49.59	110	95.04
3	70	52.59	180	147.63
4	200	136.60	380	284.24

초기투자비용 200$를 누적비할인현금흐름과 비교하면 회수기간이 세 번째 해와 네 번째 해 사이에 나타나는 것을 알 수 있다. 처음 세 해의 현금흐름이 총 180$이므로 네 번째 해로 넘어가면서 20$가 모자란다. 네 번째 해의 현금흐름이 200$이므로 회수기간은 3 + ($20/$200) = 3.1년이다.

누적할인현금흐름의 경우에도 할인회수기간이 세 번째 해와 네 번째 해 사이에 나타나는 것을 알 수 있다. 할인현금흐름의 합이 284.24$이므로 이 투자안의 순현가는 84.24$이다. 이는 할인회수기간 이후에 발생하는 현금흐름의 현재가치라는 점도 살펴보기 바란다.

9.2 내부수익률을 알아내기 위해서 다음의 경우처럼 몇 가지 할인율을 살펴볼 수 있다.

할인율	순현가(A)	순현가(B)
0%	$55.00	$ 50.00
10	28.83	32.14
20	9.95	18.40
30	−4.09	7.57
40	−14.80	−1.17

이를 통해 바로 알 수 있는 것은 첫째, A투자안의 내부수익률이 20%와 30% 사이에 있다는 것이다(왜 그런가?). 약간의 노력을 더 기울인다면 내부수익률이 26.79%임을 발견할 것이다. 투자안 B의 내부수익률은 40%보다 작다는 것을 알 수 있다(왜 그런가?). 정확한 내부수익률은 38.54%이다. 또한 0%와 10% 사이의 할인율을 사용하면 이 두 투자안의 순현가가 매우 가까워진다는 것을 살펴보라. 따라서 교차할인율은 그 근처에 있다.

정확한 교차할인율을 구하기 위해서 이 두 현금흐름의 차이가 갖는 내부수익률을 계산할 수 있다. A의 현금흐름에서 B의 현금흐름을 빼주면 다음과 같은 현금흐름이 나타난다.

연	A − B
0	$ 0
1	−40
2	−10
3	55

이 현금흐름은 약간 이상하게 보인다. 그러나 부호가 단 한 번 바뀌므로 하나의 내부수익률을 갖는

다. 시행착오법에 의해 5.42%의 할인율에서 이 현금흐름의 순현가가 0이 된다는 것을 알 수 있다. 따라서 교차할인율은 5.42%이다.

투자안 B가 더 높은 내부수익률을 갖고 있지만 5.42%보다 낮은 할인율에서는 투자안 A가 더 높은 순현가를 보인다. 따라서 이러한 범위에 있는 할인율에서는 순현가법과 내부수익률법에 의한 우선순위는 서로 다르게 나타난다. 그러나 이러한 충돌이 발생할 경우, 더 높은 순현가를 갖는 투자안을 선택해야 한다는 것을 기억하기 바란다. 따라서 의사결정은 간단하다. 요구수익률이 5.42%보다 작다면 투자안 A를 택하고, 요구수익률이 5.42%와 38.54%(투자안 B의 내부수익률) 사이에 있다면 투자안 B를 택한다. 또한 요구수익률이 38.54%보다 높다면 어느 투자안도 채택하지 않는다.

9.3 평균회계이익률을 구하기 위해서는 이 투자의 평균순이익을 평균장부가치로 나눈 비율을 계산해야 한다. 평균순이익과 평균장부가치는 다음과 같이 계산된다.

평균순이익 = ($2,000 + $4,000 + $6,000)/3 = $4,000

평균장부가치 = $12,000/2 = $6,000

따라서 평균회계이익률은 $4,000/$6,000 = 66.67%이다.

이는 매우 인상적인 수익률이다. 하지만 이 수익률이 내부수익률과 같은 수익률이 아니라는 것에 주목하라. 따라서 이 수익률의 크기가 크다는 것이 우리에게 말해주는 것은 거의 없다. 특히 돈이 매년 66.67%로 증가하는 경우는 아마도 거의 없을 것이다(좀 섭섭하게 들리겠지만).

개념복습과 개념질문

1. **회수기간과 순현가 [LO1, 2]** 전통적인 현금흐름을 갖는 어떤 투자안의 회수기간이 그 투자안의 수명보다 짧은 경우에는 순현가가 양(+)으로 나타날 것이라고 확신할 수 있는가? 왜 그런가, 왜 그렇지 않은가? 할인회수기간이 투자안의 수명보다 짧은 경우에는 순현가에 대해 무엇을 말할 수 있는가? 설명하라.
2. **순현가 [LO1]** 어떤 투자안이 전통적 현금흐름을 갖고 있으면서 양(+)의 순현가를 갖는다면 이 투자안의 회수기간에 대해서는 무엇을 알 수 있는가? 할인회수기간에 대해서는? 수익성지수에 대해서는? 내부수익률에 대해서는? 설명하라.
3. **회수기간 [LO2]**
   a. 회수기간이 어떻게 계산되는지 설명하고 회수기간이 투자안이 발생시키는 일련의 현금흐름에 대해 주는 정보를 설명하라. 회수기간법은 무엇인가?
   b. 현금흐름을 평가하는 수단으로 회수기간을 사용하는 것의 문제점은 무엇인가?
   c. 현금흐름을 평가하기 위해 회수기간을 살펴보는 것의 장점은 무엇인가? 회수기간법이 유용한 투자평가방법이 될 수 있는 상황이 있는가? 설명하라.
4. **할인회수기간 [LO3]**
   a. 할인회수기간이 어떻게 계산되는지 설명하고, 투자안이 발생시키는 일련의 현금흐름에 대해 할인회수기간이 주는 정보를 설명하라. 할인회수기간법은 무엇인가?
   b. 현금흐름을 평가하는 수단으로 할인회수기간을 사용하는 것의 문제점은 무엇인가?
   c. 할인회수기간법은 통상적인 회수기간법에 비교해 어떤 개념적 이점을 갖는가? 할인회수기간이 통상적인 회수기간보다 더 길 수 있는가? 설명하라.
5. **평균회계이익률 [LO4]**
   a. 평균회계이익률이 어떻게 계산되는지 설명하고, 투자안이 발생시키는 일련의 현금흐름에 대

해 평균회계이익률이 주는 정보를 설명하라. 평균회계이익률법은 무엇인가?

b. 투자안의 현금흐름을 평가하는 수단으로 평균회계이익률을 사용하는 것의 문제점은 무엇인가? 재무적 관점에서 평균회계이익률의 특징 중 어느 것이 제일 문제가 되는가? 평균회계이익률은 어떤 장점을 갖는가?

6. 순현가 [LO1]

a. 순현가가 어떻게 계산되는지 설명하고, 투자안이 발생시키는 일련의 현금흐름에 대해 순현가가 주는 정보를 설명하라. 순현가법은 무엇인가?

b. 투자안의 현금흐름을 평가하는 방법으로 순현가가 가장 좋은 방법인 이유는 무엇인가? 어떤 투자안의 현금흐름의 순현가가 2,500$로 나타난다면 이 수치가 주주들에게 의미하는 것은 무엇인가?

7. 내부수익률 [LO5]

a. 내부수익률을 어떻게 계산하는지 설명하고, 투자안이 발생시키는 일련의 현금흐름에 대해 내부수익률이 주는 정보를 설명하라. 내부수익률법은 무엇인가?

b. 내부수익률과 순현가는 어떤 관계를 갖는가? 순현가와 내부수익률 중 어느 하나를 더 선호할 수 있는 상황이 있는가? 설명하라.

c. 내부수익률이 어떤 상황에서는 결함을 가질 수 있음에도 불구하고 왜 대부분의 재무관리자들은 투자안을 평가할 때 순현가와 함께 내부수익률을 사용하는가? 순현가보다 내부수익률이 더 나은 척도가 될 수 있는 상황이 있다고 생각하는가? 설명하라.

8. 수익성지수 [LO7]

a. 수익성지수가 어떻게 계산되는지 설명하고, 투자안이 발생시키는 일련의 현금흐름에 대해 수익성지수가 주는 정보를 설명하라. 수익성지수법은 무엇인가?

b. 수익성지수와 순현가는 어떤 관계를 갖는가? 수익성지수와 순현가 중 어느 하나를 더 선호할 수 있는 상황이 있는가? 설명하라.

9. 회수기간과 내부수익률 [LO2, 5] 어떤 투자안이 매기간 일정한 크기 C의 현금흐름을 영원히 발생시키고, 초기투자비용은 I, 요구수익률은 R이다. 이 투자안의 회수기간과 내부수익률은 어떤 관계를 갖는가? 이러한 관계가 현금흐름이 비교적 일정하게 나타나는 장기투자안에 대해 의미하는 것은 무엇인가?

10. 국제적 투자 [LO1] 이 장의 처음 부분에서 미국에 있는 여러 공장을 확장하기 위해 130억$를 투자한다는 Toyota의 의사결정에 대해 언급했다. Toyota는 미국에 있는 공장을 확장하는 것이 다른 기업들과 경쟁하는 데 유리하다고 판단한 것 같다. Fuji Film, 스위스 제약회사인 Lonza도 비슷한 계획을 발표하고 실행에 옮겼다. 자동차, 필름, 약품과 같이 서로 매우 다른 제품을 생산하는 외국 기업들이 같은 결론을 내린 이유는 무엇이라고 생각하는가?

11. 자본예산 [LO1] 이 장에서 살펴본 여러 투자평가방법들을 실제로 적용할 때 어떤 어려움들이 나타날 것으로 생각하는가? 실제로 적용하기가 가장 쉬운 투자평가방법은 무엇이라고 생각하는가? 가장 어려운 투자평가방법은?

12. 비영리법인의 자본예산 [LO1] 우리가 살펴본 자본예산 평가방법은 비영리법인에도 적용될 수 있는가? 비영리법인들은 자본예산 의사결정을 어떻게 해야 하는가? 미국 정부는 어떻게 하는가? 미국 정부는 지출제안서를 우리가 살펴본 방법들을 사용하여 평가해야 하는가?

13. 수정내부수익률 [LO6] MIRR을 "meaningless internal rate of return"의 약자로 보는 극단적인 주장이 있다. 이러한 주장의 근거는 어디에 있다고 보는가?

14. 순현가 [LO1] 다음과 같은 말이 종종 거론된다. "순현가법은 투자안에서 발생하는 중간의 현금흐름을 요구수익률로 재투자하는 것으로 보는 것이다." 이 말은 맞는가? 이에 답하기 위해서 어떤

투자안의 NPV를 구한 다음에 다음과 같이 해보라.

a. 투자수명이 끝날 때까지 초기비용을 제외한 투자안의 모든 현금흐름을 요구수익률로 재투자한다고 가정하고 그 투자안의 미래가치를 구하라.

b. 앞에서 구한 투자안의 미래가치와 초기비용을 가지고 그 투자안의 NPV를 구하라. 이렇게 구한 NPV는 재투자수익률로 요구수익률을 사용하였을 경우에만 처음 구한 NPV와 동일하게 나타난다는 것을 확인해보라.

15. **내부수익률 [LO5]** 다음과 같은 말이 종종 거론된다. "내부수익률법은 투자안에서 발생하는 중간의 현금흐름을 그 투자안의 내부수익률로 재투자한다고 가정하고 있는 것이다."

이 말은 맞는가? 이에 답하기 위해서 어떤 투자안의 IRR을 구한 다음에 다음과 같이 해보라.

a. 투자수명이 끝날 때까지 초기비용을 제외한 투자안의 모든 현금흐름을 IRR로 재투자한다고 가정하고 그 투자안의 미래가치를 구하라.

b. 앞에서 구한 투자안의 미래가치와 초기비용을 가지고 그 투자안의 IRR을 구하라. 이렇게 구한 IRR은 재투자수익률로 IRR을 사용하였을 경우에만 처음 구한 IRR과 동일하게 나타난다는 것을 확인해보라.

연습문제

초급문제
(1-19)

1. **회수기간의 계산 [LO2]** 다음의 현금흐름이 갖는 회수기간은 얼마인가?

연	현금흐름
0	–$7,700
1	1,900
2	3,000
3	2,300
4	1,700

2. **회수기간의 계산 [LO2]** 어떤 투자안이 8년간 매년 835$의 현금흐름을 발생시킨다고 하자. 초기투자비용이 1,900$라면 이 투자안의 회수기간은 얼마인가? 초기투자비용이 3,600$라면? 초기투자비용이 7,400$라면?

3. **회수기간의 계산 [LO2]** Kara, Inc.은 어떤 해외투자에 대해 회수기간을 3년으로 정하고 있다. 이 회사가 다음과 같은 두 가지 투자안을 갖고 있다면 어느 투자안을 선택해야 하는가?

연	현금흐름(A)	현금흐름(B)
0	–$40,000	–$ 55,000
1	14,000	11,000
2	18,000	13,000
3	17,000	16,000
4	11,000	255,000

4. **할인회수기간의 계산 [LO3]** 어떤 투자안이 연간 현금흐름 2,800$, 3,700$, 5,100$, 4,300$를 갖고 있다. 할인율은 11%이다. 초기투자비용이 5,200$라면 이 현금흐름의 할인회수기간은 얼마인가? 초기투자비용이 6,400$인 경우에는? 10,400$인 경우에는?

5. **할인회수기간의 계산 [LO3]** 초기투자비용이 19,000$인 어떤 투자가 6년 동안 매년 5,100$의 현

금흐름을 발생시킨다고 하자. 할인율이 0%라면 이 투자안의 할인회수기간은 얼마인가? 할인율이 5%인 경우에는? 19%인 경우에는?

6. **평균회계이익률의 계산 [LO4]** 당신이 공장을 새로 지어 사업을 확장할 것인가를 결정해야 한다고 하자. 공장 건설비용은 12.6백만$이고, 이 금액은 투자수명 4년 동안 정액상각법에 의해 모두 감가상각된다. 공장설립으로 4년 동안 예상되는 순이익이 1,430,000$, 1,523,460$, 1,716,300$, 1,097,400$라면 이 투자안의 평균회계이익률(AAR)은 얼마인가?

7. **내부수익률의 계산 [LO5]** 어떤 회사가 자신의 모든 투자안을 내부수익률법을 사용하여 평가하고 있다. 요구수익률이 14%라면 이 회사는 다음과 같은 투자안을 채택해야 하는가?

연	현금흐름
0	−$41,000
1	22,000
2	23,000
3	14,000

8. **순현가의 계산 [LO1]** 문제 7에서 이 회사가 순현가법을 사용한다고 하자. 요구수익률이 11%라면 이 회사는 이 투자안을 채택해야 하는가? 요구수익률이 24%인 경우에는 어떠한가?

9. **순현가와 내부수익률의 계산 [LO1, 5]** 현재 74,000$가 드는 어떤 투자안이 앞으로 9년 동안 매년 15,300$의 현금흐름을 발생시킨다. 요구수익률이 8%라면 이 투자안은 좋은 투자인가? 요구수익률이 20%인 경우는 어떤가? 어떤 할인율에서 이 회사는 이 투자안을 채택하거나 채택하지 않는 것에 대해 무차별적이라고 생각되는가?

10. **내부수익률의 계산 [LO5]** 아래의 현금흐름에서 나타나는 내부수익률(IRR)은 얼마인가?

연	현금흐름
0	−$18,700
1	9,400
2	10,400
3	6,500

11. **순현가의 계산 [LO1]** 문제 10의 현금흐름에서 할인율이 0%일 때 순현가는 얼마인가? 할인율이 10%일 때는? 20%일 때는? 30%일 때는?

12. **순현가와 내부수익률 [LO1, 5]** Bruin, Inc.는 다음과 같은 상호배타적인 두 투자안을 갖고 있다.

연	현금흐름(A)	현금흐름(B)
0	−$41,300	−$41,300
1	19,100	6,300
2	17,800	14,200
3	15,200	17,900
4	8,400	30,300

a. 각 투자안의 내부수익률은 얼마인가? 내부수익률법을 사용한다면 어떤 투자가 채택되어야 하는가? 이 선택은 항상 맞는가?

b. 요구수익률이 11%일 때 각 투자안의 순현가는 얼마인가? 순현가법을 사용한다면 어떤 투자가 채택되어야 하는가?

c. 어떤 범위의 할인율에서 투자안 A가 선택되어야 하는가? 어떤 범위의 할인율에서 투자안 B가 선택되어야 하는가? 어떤 할인율에서 두 투자안은 무차별적인가? 설명하라.

13. **순현가와 내부수익률 [LO1, 5]** 다음과 같은 상호배타적인 두 투자안이 있다.

연	현금흐름(A)	현금흐름(B)
0	–$30,000	–$30,000
1	37,700	15,600
2	14,200	12,200
3	13,400	13,300

0%에서 25% 사이의 할인율에서 투자안 X와 투자안 Y의 순현가선(NPV profile)을 그려보라. 이 두 투자안의 교차할인율을 얼마인가?

14. **내부수익률의 문제점 [LO5]** Howell Petroleum, Inc.은 다음과 같은 현금흐름을 갖는 투자안을 검토하고 있다.

연	현금흐름
0	–$52,000,000
1	74,000,000
2	–12,000,000

a. 이 회사가 자신의 투자에 대해 12%의 수익률을 기대하고 있다면, 이 투자안은 채택되어야 하는가? 그 이유는?

b. 이 투자안의 내부수익률을 구해보라. 몇 개의 내부수익률이 나타나는가? 내부수익률법을 사용한다면 이 투자안은 채택되어야 하는가, 거부되어야 하는가? 무엇이 문제인가?

15. **수익성지수의 계산 [LO7]** 다음과 같은 현금흐름에서 적절한 할인율이 10%라면 수익성지수는 얼마인가? 할인율이 15%라면? 22%라면?

연	현금흐름
0	–$14,800
1	8,400
2	7,600
3	4,300

16. **수익성지수의 문제점 [LO1, 7]** Michner Corporation은 다음과 같은 상호배타적인 두 투자안 중 하나를 채택하려고 한다.

연	현금흐름(A)	현금흐름(B)
0	–$82,000	–$21,700
1	37,600	11,200
2	37,600	11,200
3	37,600	11,200

a. 요구수익률이 10%이고, 수익성지수법을 사용한다면, 이 회사는 어떤 투자안을 채택해야 하는가?

b. 순현가법을 사용한다면 어떤 투자안을 채택해야 하는가?

c. 문제 a의 답과 문제 b의 답이 서로 다른 이유를 설명하라.

17. **투자평가방법의 비교** [LO1, 2, 3, 5, 7] 다음과 같은 상호배타적인 두 투자안이 있다.

연	현금흐름(A)	현금흐름(B)
0	−$291,000	−$41,600
1	37,000	20,000
2	55,000	17,600
3	55,000	17,200
4	366,000	14,000

어떤 투자안이 채택되든 11%의 요구수익률이 요구되고 있다.

a. 회수기간법을 사용하는 경우, 어느 투자안이 채택되어야 하는가? 그 이유는?

b. 할인회수기간법을 사용하는 경우, 어느 투자안이 채택되어야 하는가? 그 이유는?

c. 순현가법을 사용하는 경우, 어느 투자안이 채택되어야 하는가? 그 이유는?

d. 내부수익률법을 사용하는 경우, 어느 투자안이 채택되어야 하는가? 그 이유는?

e. 수익성지수법을 사용하는 경우, 어느 투자안이 채택되어야 하는가? 그 이유는?

f. 문제 a에서 문제 e까지의 답에서 볼 때 최종적으로 어떤 투자안이 채택되어야 하는가? 그 이유는?

18. **순현가와 할인율** [LO1] 어떤 투자의 초기투자비용이 574,380$이다. 이 투자는 투자수명 4년간 매년 각각 216,700$, 259,300$, 214,600$, 167,410$의 현금흐름을 발생시킬 것으로 예상되고 있다. 할인율이 0%라면 이 투자의 순현가는 얼마인가? 할인율이 무한대라면 이 투자의 순현가는 얼마인가? 어떤 할인율에서 이 투자의 순현가가 0이 되는가? 이러한 세 가지 할인율을 가지고 이 투자의 순현가선을 그려보라.

19. **수정내부수익률** [LO6] Duo Corp.은 다음과 같은 현금흐름을 갖는 투자안을 검토하고 있다.

연	현금흐름
0	−$53,000
1	16,900
2	21,900
3	27,300
4	20,400
5	−8,600

이 회사는 모든 투자안에 대해 10%의 이자율을 사용한다. 수정내부수익률(MIRR)을 구하는 3가지 방법을 모두 사용하여 이 투자안의 MIRR을 구하라..

중급문제 (20-22)

20. **수정내부수익률** [LO6] 앞의 문제에서 이 회사 모든 투자안에 대해 11%의 할인율과 8%의 재투자수익률을 사용한다고 하자. 이러한 이자율을 사용하여 수정내부수익률을 구하는 3가지 방법을 모두 사용하여 이 투자안의 MIRR을 구하라.

21. **순현가와 수익성지수** [LO1, 7] 순현가지수(NPV index)가 순현가를 초기투자비용으로 나눈 것이라고 하면, 이 지수와 수익성지수(profitability index)는 어떤 관계를 갖는가?

22. **현금흐름에 대한 직관** [LO1, 2] 초기투자비용이 I이고, 요구수익률이 R이며, N년 동안 매년 C의 현금흐름을 발생시키는 어떤 투자안이 있다고 하자.

a. 이 투자안의 회수기간이 투자수명과 같아지게 만드는 C를 I와 N으로 표시해보라.

b. 순현가법에 따라 이 투자가 수익성을 갖는 투자가 되도록 만드는 C를 I, N, R로 표시해보라.

c. 이 투자안의 혜택-비용 비율의 값이 2가 되게 만드는 C를 I, N, R로 표시해보라.

고급문제
(23-28)

23. **회수기간과 순현가** [LO1, 2] 현재 고려 중인 어떤 투자가 7년의 회수기간을 갖고 있으며, 초기투자비용은 745,000$이다. 요구수익률이 11%라면 가장 작게 나타날 수 있는 순현가는 얼마인가? 가장 크게 나타날 수 있는 순현가는 얼마인가? 설명하라. 현금흐름은 전통적인 현금흐름이라고 가정하라.

24. **복수의 내부수익률** [LO5] 이 문제는 재무계산가를 활용할 수 있는 당신의 능력을 살펴보는 데 유용한 문제이다. 다음과 같은 현금흐름이 있다고 하자. 이 현금흐름은 얼마나 많은 수의 내부수익률(IRR)을 갖는가? (힌트: 20%와 70% 사이에서 찾아보라.) 이 투자안은 채택되어야 하는가?

연	현금흐름
0	−$3,024
1	17,172
2	−36,420
3	34,200
4	−12,000

25. **순현가의 평가** [LO1] Yurdone Corporation은 묘지사업을 하려고 한다. 이 회사의 CFO인 Barry M. Deep은 이 사업의 전망을 좋게 보고 있다. 이 투자는 첫해에 180,000$의 순현금흐름을 발생시키고, 그 이후부터는 매년 4%씩 증가하는 현금흐름을 영원히 발생시킬 것으로 예상되고 있다. 이 투자의 초기투자비용은 2.2백만$이다.

a. 만약 이 회사가 이 투자에 대해 11%의 수익률을 요구한다면, 묘지사업을 시작해야 하는가?

b. 이 회사는 이 투자의 현금흐름이 매년 4% 증가할 것이라는 점에 대해 약간 불확실하게 생각하고 있다. 투자에 대한 요구수익률을 11%로 그대로 유지한다면, 어떤 성장률에서 이 회사는 손익분기점에 도달하는가?

26. **IRR의 문제점** [LO5] 어떤 투자안의 현금흐름이 다음과 같다.

연	현금흐름
0	$74,000
1	−49,000
2	−41,000

이 투자안의 IRR은 얼마인가? 요구수익률이 12%라면 이 투자안은 선택되어야 하는가? 이 투자안의 NPV는 얼마인가? 요구수익률이 0%이라면 이 투자안의 NPV는 얼마인가? 24%라면? 어떤 상황이 발생하고 있는가? 답을 구하기 위해 이 투자안의 순현가선을 그려보라.

27. **IRR의 문제점** [LO5] McKeekin Corp.는 다음과 같은 현금흐름을 갖는 투자안을 갖고 있다. 이 투자안의 IRR은 얼마인가? 어떤 상황이 발생하고 있는가?

연	현금흐름
0	$25,000
1	−11,000
2	7,000

28. **NPV와 IRR** [LO1, 5] Anderson International Limited는 어떤 나라에서 이루어지는 다음과 같은 현금흐름을 갖는 투자안에 대해 고려하고 있다.

연	현금흐름
0	−$1,785,000
1	610,000
2	707,000
3	580,000
4	483,000

모든 현금흐름은 이 나라 안에서 발생하며, 금액은 달러로 표시된다. 이 나라는 경제를 살리기 위해 모든 외국기업들이 발생시키는 현금흐름은 1년간 이 나라에 재투자해야 한다고 선언했다. 재투자수익률은 4%이다. 이 투자안에 대해 Anderson이 11%의 요구수익률을 적용한다면, 이 투자안의 NPV와 IRR은 얼마인가? 당신이 계산한 IRR은 MIRR인가? 왜 그런가? 왜 그렇지 않은가?

작은 사례

Bullock Gold Mining

Bullock Gold Mining의 소유주인 Seth Bullock는 사우스다코다주에 있는 새로운 금광 개발에 대해 판단하고 있다. 이 회사의 지질학자인 Dan Dority은 이 금광에 대한 분석을 마쳤다. 그의 추정에 의하면 이 광산은 8년 동안 채굴이 가능하다. Dan은 그가 추정한 금의 양을 이 회사의 재무담당 이사인 Alma Garrett에게 알려주었다. Seth는 Alma에게 이 금광을 개발해야 하는지를 분석하여 판단하도록 지시했다.

Alma는 Dan이 알려준 금의 양을 가지고 발생하는 수입에 대해 추정했다. 그녀는 또한 금광을 개발하는 데 드는 비용과 연간 운영비용에 대해서도 추정하였다. 회사가 이 금광을 개발하기 위해서는 당장 745백만$의 비용이 들고, 금광을 폐쇄하고 주변을 정리하기 위해 9년 뒤에 55백만$의 비용이 들 것으로 추정했다. 이 광산으로부터 기대되는 현금흐름은 다음의 표에 정리되어 있다. Bullock Gold Mining은 모든 금광에 대해 12%의 요구수익률을 적용하고 있다.

연	현금흐름
0	−$745,000,000
1	127,000,000
2	135,000,000
3	145,000,000
4	185,000,000
5	225,000,000
6	165,000,000
7	155,000,000
8	134,000,000
9	−55,000,000

질문

1. 당신의 분석에 의하면 이 회사는 이 금광을 개발해야 하는가?

10 자본투자의 의사결정

Making Capital Investment Decisions

녹색혁명은 돈이 되는가? Elon Musk는 확실히 그렇게 생각하고 있는 것 같다. Musk는 상업용 우주여행을 개발할 목적으로 유명한 우주탐사기업 SpaceX를 설립했다. 좀 덜 알려져 있지만 SpaceX는 Starlink 사업도 추진하고 있다. 이는 궁극적으로 30,000개의 위성을 통해 전 세계를 인터넷으로 묶으려는 위성망 사업이다. 이에 드는 비용은 600억$로 예상되며 이에 더해 낡은 위성을 대체하기 위한 120억$의 추가적인 비용이 매년 발생할 것으로 예상되고 있다.

한편 상업용 우주여행 사업을 하는 기업이 SpaceX만 있는 것은 아니다. Virgin Atlantic Airways의 소유주인 Sir Richard Branson도 상업용 우주여행 사업을 시작하고 있으며, 또한 Amazon도 글로벌 인터넷 서비스의 공급을 위해서 3,000개가 넘는 위성을 쏘아 올리려는 계획을 갖고 있다.

앞 장에서 살펴보았듯이, 위성을 기반으로 한 통신사업을 하려는 SpaceX의 의사결정은 자본예산 의사결정이다. 이 장에서는 자본예산 의사결정에 대해 더 자세히 살펴보면서 자본예산 의사결정이 어떻게 이루어지며, 자본예산 의사결정을 어떻게 객관적으로 하는가에 대해 살펴본다.

앞 장에서 우리는 현금흐름의 정확한 추정이 순현가법에서 매우 중요하다고 했다. 그러나 현금흐름이 어떻게 추정되는지에 대해서는 언급하지 않았다. 이 장에서는 이에 대해서 자세히 살펴볼 것이다. 또한 추정된 순현가를 객관적으로 어떻게 평가하는가에 대해서, 특히 불확실한 미래에 대한 가정이 변함에 따라 추정된 순현가가 얼마나 민감하게 반응하는가에 대해 살펴볼 것이다.

학습목표 _*Learning Objectives*

이 장을 공부한 후에는 다음과 같은 것들에 대해 알아야 한다.

LO1 해당 투자안 때문에 발생하는 현금흐름을 측정하는 방법

LO2 어떤 투자안의 선택 여부를 결정하는 방법

LO3 입찰가격을 책정하는 방법

LO4 동일연간비용을 구하는 방법

지금까지는 자본예산 의사결정을 위한 다양한 투자평가방법들에 대해 살펴보았다. 이 장에서는 자본예산 의사결정과 관련된 여러 측면들을 한데 모았다. 특히 투자안이 갖고 있는 여러 수치들을 어떻게 구분하고, 그러한 수치에 근거해서 투자안의 선택 여부를 어떻게 결정하는가에 대해 설명한다.

우리는 현금흐름할인에 대한 분석을 어떻게 해나가는지에 초점을 맞출 것이다. 앞 장에서

미래현금흐름의 추정이 현금흐름할인분석에서 매우 중요하다는 점을 언급했다. 따라서 미래현금흐름의 추정을 위해 재무와 회계정보를 어떻게 이용하는지에 대해 살펴볼 것이다.

투자안을 평가할 때는 어떤 정보가 의사결정과 관련된 정보이고, 어떤 정보가 관련이 없는 정보인가를 판단하는 데 세심한 주의를 기울여야 한다. 왜냐하면 자본예산과 관련된 중요한 정보가 때때로 간과되기 쉽기 때문이다.

현금흐름할인분석의 결과를 어떻게 평가할 것인지에 대해서는 다음 장에서 자세히 살펴볼 것이다. 이 장에서는 적절한 요구수익률이나 할인율이 주어진 것으로 가정한다. 이에 대한 논의는 5부에서 깊이 있게 다룰 것이다.

10.1 투자안의 현금흐름

어떤 투자안을 선택한다는 것은 기업 전반적으로 현재의 현금흐름과 미래의 현금흐름을 변화시키는 것을 말한다. 제안된 투자안을 평가하기 위해서 우리는 현금흐름의 변화를 살펴보아야 하며, 그런 다음에 그러한 변화가 기업의 가치를 증가시키는 것인지 아닌지를 판단해야 한다. 따라서 첫 번째로 가장 중요한 단계는 현금흐름이 해당 투자안과 관련을 갖는 것인지 아닌지를 판단하는 것이다.

투자안과 관련된 현금흐름

어떤 현금흐름이 해당 투자안과 관련된(relevant) 현금흐름인가? 이에 대한 일반원칙은 간단하다. 어떤 투자안과 관련된 현금흐름이란 그 투자안을 선택한 직접적 결과로 발생하는 기업의 전체적 현금흐름의 변화분이다. 투자안과 관련된 현금흐름(relevant cash flows of an investment)은 기업의 기존 현금흐름에 대한 변화분(증분; increment)으로 정의되기 때문에 투자안의 현금흐름을 **증분적 현금흐름**(incremental cash flow)이라고 부른다.

증분적 현금흐름(incremental cash flow): 투자안을 선택했을 때 발생하는 미래현금흐름과 선택하지 않았을 때 발생하는 미래현금흐름의 차이

증분적 현금흐름이라는 개념은 투자안의 분석에서 핵심적인 개념이다. 따라서 우리는 이에 대한 일반적 정의를 내리고 필요한 경우에 다시 언급할 것이다.

> **투자안의 평가에서 있어 증분적 현금흐름이란 해당 투자안을 선택한 직접적 결과로 기업에게 발생하는 미래현금흐름의 모든 변화분이다.**

증분적 현금흐름을 이렇게 정의하면 명백하고 중요한 하나의 결과를 얻는다. 즉, 어떤 투자안의 선택여부에 관계되지 않으면서 발생하는 현금흐름은 그 투자안의 현금흐름이 아니라는 것이다.

독립평가의 원칙

투자안을 선택할 경우에 발생하는 기업의 전체적 미래현금흐름과 선택하지 않을 경우의 기업의 전체적 현금흐름 간의 차이를 실제로 계산하는 것은 (특히 대규모 기업인 경우에는) 매우 복잡한 일이다. 그러나 다행스럽게도 그렇게 할 필요가 없다. 일단 해당 투자안이 기업의 어떤 현금흐름에 영향을 미치는가를 파악한 후에는 해당 투자안으로 인해 발생하는 증분적 현금흐름에만 초점을 맞추기만 하면 된다. 이를 **독립평가의 원칙**(stand-alone principle)이라고 한다.

독립평가의 원칙(stand-alone principle): 해당 투자안에 대한 평가는 그 투자안으로 인해 발생하는 증분적 현금흐름만 갖고 하면 된다는 가정

독립평가의 원칙이 의미하는 것은 어떤 투자안을 선택함으로써 발생하는 증분적 현금흐름

을 일단 파악한 후에는 그 투자안을 자체적인 미래 수입과 비용, 자산, 자체적인 현금흐름을 갖는 하나의 "소형회사(minifirm)"로 간주해야 한다는 것이다. 따라서 투자안을 평가하는 데 있어서 해야 하는 것은 이 소형회사로부터 발생하는 미래현금흐름과 이 소형회사를 획득하는 데 드는 비용을 비교하는 것이다. 다시 말해 어떤 투자안에 대한 평가는 다른 활동이나 다른 투자안과 분리하여 순전히 그 투자안 자체에 의해 이루어져야 한다.

개념질문 _Concept Questions

10.1a 투자안의 평가에 있어서 증분적 현금흐름이란 무엇을 의미하는가?
10.1b 독립평가의 원칙이란 무엇인가?

증분적 현금흐름 10.2

우리는 해당 투자안으로부터 발생하는 증분적 현금흐름에만 관심을 갖는다. 어떤 현금흐름이 증분적인 것인지 아닌지는 쉽게 판단될 수 있을 것이라는 생각이 들 수 있다. 그렇다 하더라도 몇 가지 실수하기 쉬운 경우가 있다. 이 절에서는 일반적인 실수에 대해 설명하고, 그러한 실수를 피하는 방법에 대해 알아본다.

매몰비용

매몰비용(sunk cost)은 이미 지불했거나 지불할 의무가 있는 비용으로 정의된다. 이러한 비용은 해당 투자안을 선택하거나 선택하지 않는 의사결정에 의해서 변화시킬 수 없는 비용이다. 다시 말해 기업은 어떠한 경우라도 이러한 비용을 지불해야 한다. 앞에서 언급한 증분적 현금흐름의 일반적 정의에 따르면 이러한 비용이 당면한 투자의사결정과 관련된(relevant) 비용이 아니라는 것은 명백하다. 따라서 투자안의 분석에서는 매몰비용을 항상 제외시키는 것에 유의해야 한다.

매몰비용(sunk cost): 지불했거나 지불할 의무를 피할 수 없는 비용으로 투자의사결정에서 고려되어서는 안 되는 비용

매몰비용이 투자안과 관련된 비용이 아니라는 것이 명백함에도 불구하고 매몰비용을 투자안의 비용으로 보는 함정에 빠지기 쉽다. 예를 들어 General Milk가 초콜릿우유를 생산해야 할 것인지 아닌지에 대한 평가를 위해서 재무컨설턴트를 고용했다고 하자. 이 컨설턴트가 보고서를 제출했을 때 General Milk는 막대한 컨설팅비용을 초콜릿우유 투자안의 비용에 포함시키지 않은 이유로 이의를 제기했다.

누가 옳은가? 당신은 컨설팅비용이 매몰비용이라는 것을 알 것이다. 왜냐하면 컨설팅비용은 초콜릿우유를 실제로 생산하든 안 하든 지불되어야 하는 비용이기 때문이다(이것이 컨설팅사업의 매력적인 측면이다).

기회비용

흔히 비용을 생각할 때는 주머니에서 나간 비용, 즉 실제로 지출된 비용만을 생각한다. **기회비용**(opportunity cost)은 이러한 개념의 비용과는 약간 다른 비용 개념이다. 이는 포기되어야 하는 혜택의 크기로 측정되는 비용이다. 투자안을 위해 사용될 예정인 어떤 자산을 기업이 이미 소유하고 있는 경우에 흔히 기회비용 문제가 발생한다. 예를 들어 수년 전에 100,000$에 구입한 낡

기회비용(opportunity cost): 투자안을 선택할 때 포기되어야 하는 차선(next best)의 선택이 갖는 가치

은 방직공장을 최고급 콘도로 개조할 생각을 하고 있다고 하자.

이 콘도 투자안을 선택한다면 낡은 방직공장을 이미 소유하고 있기 때문에 낡은 방직공장의 구입에 따른 직접적 현금유출은 없을 것이다. 이 콘도 투자안을 평가할 때 방직공장을 "공짜"로 얻은 것으로 간주해야 하는가? 답은 "그렇지 않다"는 것이다. 방직공장은 이 투자가 사용하는 가치 있는 자원이다. 만약 콘도를 짓는 데 사용하지 않는다면 그것을 가지고 다른 어떤 것을 할 수 있다. 어떤 것을 할 수 있는가? 분명한 답은 최소한 그 방직공장을 팔 수도 있다는 것이다. 따라서 콘도를 짓기 위해 방직공장을 사용하는 것은 기회비용을 발생시키는 것이다. 왜냐하면 방직공장을 가지고 어떤 다른 가치 있는 것을 할 기회를 포기하는 것이기 때문이다.[1]

한편, 방직공장의 사용이 기회비용을 발생시키는 것이라는 것을 인정한다고 하더라도 콘도 투자안에서 그 기회비용을 얼마로 계산하여 비용으로 간주해야 하는가 하는 문제가 남아 있다. 방직공장을 구입할 때 100,000$를 지불했기 때문에 이 금액을 콘도 투자안의 비용에 포함시켜야 하는 것으로 판단하기 쉽다. 그러나 이러한 판단은 틀린 판단이다. 그 이유는 매몰비용과 관련되어 있다.

수년 전에 100,000$를 지불했다는 것은 그 비용이 매몰비용이라는 것을 의미한다. 따라서 콘도 투자안에 비용으로 포함시켜야 하는 기회비용은 방직공장을 현재의 시장에서 팔 때 받을 수 있는 금액(판매에 따르는 비용을 빼 준 금액)이다. 왜냐하면 그 금액이 방직공장을 팔지 않고 콘도 건설에 사용할 때 포기하는 금액이기 때문이다.[2]

부수적 효과

투자안의 증분적 현금흐름은 그 투자로 인해 발생하는 기업의 모든 미래현금흐름의 변화분이 포함되어야 한다는 것을 기억하라. 어떤 투자가 좋은 것이든 나쁜 것이든 부수적 효과(side effect, spillover effect)가 발생하는 것은 흔한 일이다. 예를 들어 영화관에서 영화가 상영되는 것과 그 영화의 DVD가 생산되는 것 사이의 기간이 1998년의 29주에서 2019년에는 12주로 줄어들었다. 영화관들의 수입이 감소한 부분적인 이유로 이러한 기간 단축이 지적되고 있다. 이러한 변화가 DVD 판매량의 증가와 스트리밍 매출의 증가로 이어지기 때문에 소매업자들은 좋아했다. 또한 COVID-19 팬데믹은 영화관의 수입을 완전히 바꾸어 놓았다. 예를 들어 사회적 거리두기로 인해 Greyhound, Lovebirds 같은 영화는 영화관에서 개봉되지 않고 바로 스트리밍 판매로 시작했다. 신제품이 기존제품의 현금흐름에 부정적 영향을 주는 것을 **잠식**(erosion)이라고 한다. 이 경우 신제품의 현금흐름은 기존제품의 이익감소분을 반영하여 하향 조정되어야 할 것이다.

잠식(erosion): 신제품이 기존제품의 현금흐름을 감소시키는 것

잠식을 반영할 때 시장에서의 경쟁으로 인해 어차피 미래에 발생할 수 있는 기존 제품의 매출액 감소를 구별하는 것이 중요하다. 잠식은 신제품에 의해서만 영향을 받아 발생하는 기존제품의 매출액 감소와 관련된 것이다.

부수적 효과는 여러 형태로 나타날 수 있다. 예를 들어 Walt Disney Company는 유럽에 디

---

[1]경제학자들은 종종 공짜로 주어지는 것이 거의 없다는 것을 표현하기 위해서 "공짜 점심은 없다(There ain't no such thing as a free lunch)"라는 표현을 사용하며 이를 두문자(acronym)로 TANSTAAFL로 표현하기도 한다.

[2]해당 자산이 매우 드문 자산이라면 그 자산을 사용할 수 있는 다른 가치 있는 투자안이 있을 수 있기 때문에 기회비용은 더 높아질 수 있다. 그러나 해당 자산이 일반적으로 거래되는 것(예: 중고차)이라면 시장에서 형성되어 있는 그 자산의 가격이 항상 기회비용이다. 왜냐하면 그와 비슷한 자산을 구입할 때는 시장가격을 비용으로 지불해야 하기 때문이다.

즈니놀이공원을 건설하려 했을 때 유럽인들이 많이 방문하는 플로리다주(州)의 디즈니놀이공원 방문객이 줄어들 것을 염려했다.

물론 혜택적인 파급효과(beneficial spillover)가 발생하는 경우도 많이 있다. 예를 들어 Hewlett-Packard는 1994년 500$에서 600$ 사이의 가격으로 판매되던 자사의 프린터가 2020년에 100$ 미만으로 하락했을 때 크게 염려하지 않았다. 그 이유는 HP 프린터를 갖고 있는 사람들이 사용하는 프린터의 잉크, 토너, 특수 종이가 실제로 큰 돈이 되는 부분을 차지하고 있었기 때문이다. 이 제품들의 이익마진율은 매우 크다.

순운전자본

투자안을 실행하기 위해서 기업은 장기자산에 투자해야 할 뿐만 아니라 그에 추가하여 순운전자본에도 투자해야 하는 것이 일반적이다. 예를 들어 비용을 지불하기 위하여 기업은 어느 정도의 현금을 보유할 필요가 있을 것이다. 또한 재고나 외상매출금에 대해서도 어느 정도의 초기 투자액이 필요할 수 있다. 이러한 비용 중 일부는 공급자에게 진 빚(외상매입금)으로 조달될 수도 있지만 나머지 부분은 기업이 조달해야 하는 것이다. 이러한 부분이 순운전자본에 대한 투자를 의미한다.

자본예산에서 순운전자본의 중요성을 간과하기 쉽다. 투자수명이 끝나면 재고는 판매되고, 외상매출금은 회수되며, 매입채무는 지불되고 현금잔고는 인출된다. 이렇게 함으로써 처음에 투자되었던 순운전자본은 회수된다. 따라서 기업이 투자안을 실행하기 위해서 순운전자본에 투자하는 것은 대출과 흡사한 것이다. 기업은 투자 초기에 순운전자본을 제공하고 투자 말기에 가서는 이를 회수한다.

금융비용

투자안의 분석에서는 이자나 배당, 원금상환액 같은 금융비용은 비용으로 포함하지 않는다. 그 이유는 우리가 관심을 갖는 것은 해당 투자안의 자산에 의해 발생하는 현금흐름이기 때문이다. 2장에서 보았듯이, 예를 들어 이자는 채권자에로의 현금흐름에 포함되는 현금흐름이지 자산으로부터의 현금흐름에 포함되는 현금흐름이 아니기 때문이다.

다시 말해 투자안의 평가에서 우리가 해야 하는 것은 투자안으로부터 발생하는 현금흐름과 투자안의 비용을 비교하여 투자안의 순현가(NPV)를 추정하는 것이다. 기업이 투자를 위해 필요한 자금 중 어느 정도를 부채로 조달하고, 어느 정도를 자기자본으로 조달할 것인가는 또 다른 경영적 판단이며, 투자로부터 발생하는 순현금흐름을 소유주와 채권자 사이에 어떻게 나눌지를 결정짓는 것이기도 하다. 이는 자금조달방식에 대한 의사결정이 중요하지 않다는 것을 의미하는 것은 아니고, 이러한 의사결정이 해당 투자안과 분리되어 결정되어야 하는 또 다른 결정이라는 것을 의미한다. 나중 장에서 이 문제에 대해서 살펴볼 것이다.

기타 유의사항

유의해야 할 사항이 몇 가지 더 있다. 첫째, 우리가 관심을 갖는 것은 오직 현금흐름의 측정이다. 또한 현금흐름은 실제로 실현(occur)될 때 측정되어야 하며, 회계에서처럼 발생한(accrue) 것을 기준으로 측정되어서는 안 된다. 둘째, 세금은 분명히 현금유출이므로 현금흐름은 항상 세후현금흐름(aftertax cash flow)으로 측정되어야 한다. 따라서 "증분적 현금흐름"이라고 말할 때 이는 세후 증분적 현금흐름을 말한다. 또한 세후현금흐름과 회계적 순이익은 서로 완전히 다른 개념이라는 점도 기억하기 바란다.

개념질문 _Concept Questions

10.2a 매몰비용이란 무엇인가? 기회비용은?

10.2b 잠식(erosion)이 무엇이며 투자안과 관련된 현금흐름을 파악할 때 잠식이 고려되어야 하는 이유를 설명하라.

10.2c 투자안의 평가에서 이자비용을 투자안과 관련된 현금흐름으로 봐서는 안 되는 이유를 설명하라.

10.3 추정재무제표와 투자안의 현금흐름

제안된 투자안을 평가할 때 가장 먼저 필요한 것이 추정재무제표이다. 추정재무제표를 가지고 투자안의 추정현금흐름을 파악할 수 있다. 현금흐름을 추정한 다음에, 우리는 앞 장에서 설명한 투자평가방법을 사용하여 투자안의 가치를 평가할 수 있다.

추정재무제표

추정재무제표(pro forma financial statements): 미래의 영업활동을 추정하는 재무제표

추정재무제표(pro forma financial statements, projected financial statements)는 투자안과 관련된 정보를 간편하고 이해하기 쉽게 요약하는 수단이다. 추정재무제표를 작성하기 위해서는 매출량, 매출단가, 단위당 변동비용, 총고정비용 등과 같은 수치를 추정해야 한다. 또한 순운전자본에 대한 투자를 포함한 총투자비용을 알아야 한다.

이를 예를 가지고 살펴보기 위하여 캔 한 개당 4$의 가격에 연간 50,000개의 상어유인물(shark attractant)을 판매할 수 있다고 하자. 캔 한 개당 생산비용은 약 2.5$이며 이와 같은 제품은 일반적으로 3년의 사업수명을 갖는다고 하자. 이 신제품에 대해서는 20%의 수익률이 요구되고 있다고 하자.

생산설비의 임차료 등을 포함하여 이 투자안의 고정비용은 연간 17,430$이다.[3] 또한 생산시설에 총 90,000$가 투자되어야 한다. 이 90,000$는 투자안의 수명인 3년에 걸쳐 100% 감가상각된다.[4] 또한 3년 후에 시설을 철거하는 데 드는 비용이 3년 후 이 시설의 실제가치와 거의 같다고 하자. 따라서 이 시설은 시장가치로 볼 때 아무런 가치를 갖지 않는다. 마지막으로, 이 투자안은 초기에 20,000$의 순운전자본에 대한 투자를 필요로 한다. 세율은 21%이다.

표 10.1은 추정손익계산서(pro forma income statement)를 보여주고 있다. 어떠한 이자비용도 차감하지 않았다는 것을 살펴보기 바란다. 앞에서 언급한 것과 같이 이자비용은 금융비용이지 영업과 관련된 현금유출이 아니다.

표 10.2는 투자안에 의해 요구되는 자본지출을 보여주는 단순화한 매년의 추정재무상태표(pro forma balance sheet)이다. 매년 20,000$의 순운전자본이 계상되어 있는 것을 살펴보라.

[3]고정비용은 말 그대로 판매량에 관계없이 발생하는 현금유출을 의미한다. 따라서 고정비용을 어떤 비용을 여러 기간으로 나누어 일정한 크기로 배분하는 회계적 기간비용과 혼돈해서는 안 된다.

[4]우리는 일 년 후부터 감가상각이 이루어진다고 가정한다.

표 10.1
상어유인물 투자안의 추정손익계산서

매출액(캔당 4$에 50,000캔)	$200,000
변동비용(캔당 $2.50)	125,000
고정비용	17,430
감가상각비($90,000/3)	30,000
EBIT	$ 27,570
세금(21%)	5,790
순이익	$ 21,780

표 10.2
상어유인물 투자안의 추정자본지출액

	연			
	0	1	2	3
순운전자본	$ 20,000	$ 20,000	$ 20,000	$ 20,000
순고정자산	90,000	60,000	30,000	0
총투자액	$110,000	$ 80,000	$ 50,000	$ 20,000

고정자산은 투자가 시작되는 해(연도 0)에 90,000$이며 매년 30,000$씩 감가상각되어 감소하면서 마지막에는 0$가 된다. 매년의 총투자액은 총장부가치(회계적 가치)이며 시장가치가 아니라는 점도 유의하기 바란다.

이제 우리는 이러한 회계적 정보를 현금흐름으로 전환해야 한다. 다음에서는 어떻게 전환하는가를 살펴보기로 한다.

투자안의 현금흐름

투자안의 현금흐름을 계산하기 위해서 2장에서 살펴본 것처럼 자산으로부터의 현금흐름(cash flow from assets)은 영업현금흐름(operating cash flow), 자본지출(capital spending), 순운전자본(NWC)의 변화라는 세 가지 요소로 구성되어 있다는 것을 기억해야 한다. 투자안, 즉 소형회사를 평가하기 위해서 이들 각각에 대한 추정치를 구해야 한다.

이들 각각의 현금흐름을 추정한 후에는 2장에서 전체 기업에 대해서 했던 것처럼 이 소형회사에 대한 현금흐름을 계산해야 한다.

투자안의 현금흐름 = 투자안의 영업현금흐름
　　　　　　　　　– 투자안의 순운전자본 변화
　　　　　　　　　– 투자안의 자본지출

이제 이들에 대해 각각 살펴보기로 하자.

투자안의 영업현금흐름 투자안과 관련된 영업현금흐름을 알기 위해서는 영업현금흐름이 다음과 같이 정의된다는 것을 기억할 필요가 있다.

영업현금흐름 = 이자 및 법인세 차감전 이익
　　　　　　+ 감가상각비
　　　　　　– 세금

표 10.3
상어유인물 투자안의 단순화된 추정손익계산서

매출액	$200,000
변동비용	125,000
고정비용	17,430
감가상각비	30,000
EBIT	$ 27,570
세금(21%)	5,790
순이익	$ 21,780

표 10.4
상어유인물 투자안의 추정영업현금흐름

EBIT	$ 27,570
감가상각비	+ 30,000
세금	− 5,790
영업현금흐름	$ 51,780

영업현금흐름을 계산하기 위해서 우리는 상어유인물 투자안에서 얻은 정보를 사용하기로 한다. 알아보기 쉽게 하기 위하여 표 10.3에 단순화시킨 손익계산서를 작성하였다.

표 10.3을 가지고 영업현금흐름을 계산하는 것은 매우 간단하다. 표 10.4에서 볼 수 있는 것처럼 이 투자안의 추정영업현금흐름은 51,780$이다.

투자안의 순운전자본과 자본지출 이제 이 투자안이 요구하는 고정자산과 순운전자본에 대해 살펴보자. 재무상태표를 통해 볼 때 이 회사는 초기 고정자산에 90,000$, 순운전자본에 20,000$를 투자해야 한다. 따라서 당장 지불해야 하는 금액은 110,000$이다. 투자안의 수명이 끝날 때 고정자산은 가치를 전혀 갖지 않지만, 그동안 운전자본에 묶여 있었던 20,000$를 회수할 수 있다.[5] 이는 마지막 해에 20,000$의 현금유입(cash inflow)을 가져올 것이다.

순전히 기계적인 계산으로 말하면, 순운전자본에 대한 투자가 있는 경우에는 언제나 그 투자금액과 동일한 금액을 회수해야 한다는 것을 유의하라. 다시 말해 동일한 금액이 미래의 어떤 시점에 반대되는 부호로 나타나야 한다는 것이다.

총추정현금흐름과 투자안의 가치

지금까지의 정보를 가지고 우리는 일차적 현금흐름분석을 표 10.5가 보여주고 있는 것처럼 할 수 있다.

투자안의 현금흐름 추정치를 갖고 있다면 이전 장에서 설명한 다양한 투자평가방법을 사용할 준비가 되어 있는 것이다. 우선 20%의 요구수익률로 이 투자안의 순현가(NPV)를 구하면 다음과 같다.

$$\begin{aligned} \text{NPV} &= -\$110{,}000 + \$51{,}780/1.2 + \$51{,}780/1.2^2 + \$71{,}780/1.2^3 \\ &= \$10{,}648 \end{aligned}$$

[5] 실제로는 불량대출이나 재고손실 등으로 인해 이 회사는 이 금액을 100% 회수하지는 못할 것이다. 예를 들어 우리는 이 금액의 90%만 회수하는 것으로 할 수도 있다.

표 10.5
상어유인물 투자안의 총추정현금흐름

	연			
	0	1	2	3
영업현금흐름		$51,780	$51,780	$51,780
순운전자본의 변화	−$ 20,000			+ 20,000
자본지출	− 90,000			
총추정현금흐름	−$110,000	$51,780	$51,780	$71,780

이러한 추정치에 근거해 볼 때 이 투자안은 10,000$가 넘는 가치를 창출하기 때문에 선택되어야 한다. 또한 이 투자안이 갖는 수익률은 분명히 20%가 넘는다(20%의 할인율에서 NPV의 값이 0보다 크기 때문에). 시행착오법으로 몇 번 계산해보면 우리는 이 투자안이 약 25.8%의 내부수익률을 갖는다는 것을 발견하게 된다.

우리는 이 투자안의 회수기간(payback period)과 평균회계이익률(AAR)도 구할 수 있다. 현금흐름을 살펴보면 이 투자안의 회수기간이 2년을 약간 넘는다는 것을 알 수 있다(약 2.1년이라는 것을 확인해보라).[6]

앞 장에서 설명한 것처럼, 평균회계이익률(AAR)은 평균순이익을 투자액의 평균장부가치로 나눈 것이다. 이 투자안에서 발생하는 순이익은 매년 21,780$이다. 표 10.2에서 알 수 있듯이 네 번에 걸친 투자액의 평균장부가치는(단위를 1,000$로 할 때) ($110 + $80 + $50 + $20)/4 = 65$이다. 따라서 이 투자안의 평균회계이익률은 $21,780/$65,000 = 33.51%이다.[7] 이 투자안의 내부수익률(IRR)은 앞에서 설명한 것처럼 약 26%이다. 평균회계이익률이 이보다 높게 나타난다는 것은 다시 한 번 말하지만, 평균회계이익률이 투자안의 수익률로서 의미를 갖지 못한다는 것을 말해준다.

개념질문 _Concept Questions

10.3a 투자안의 영업현금흐름은 어떻게 정의되는가? 순이익과는 어떻게 다른가?
10.3b 상어유인물 투자안에서 마지막 해에 순운전자본에 대한 투자액을 더해주는 이유는 무엇인가?

10.4 투자안의 현금흐름에 대한 추가설명

이 절에서는 투자안의 현금흐름이 갖는 특징에 대해서 몇 가지 더 살펴보기로 한다. 특히 투자안의 순운전자본에 대해 더 자세히 살펴보기로 한다. 그런 다음 감가상각에 대한 현행 미국 세법을

[6] 우리의 계산에 일관성이 약간 결여되어 있는 것이 사실이다. NPV나 IRR을 계산할 때는 모든 현금흐름이 매년 말에 발생한다고 가정하지만, 회수기간을 구할 때에는 한 해 동안의 현금흐름이 일정한 크기로 꾸준히 발생한다고 가정한다.

[7] 총장부가치의 평균이 초기 투자금액 110,000$를 2로 나눈 것이 아님에 유의하라. 그 이유는 순운전자본(20,000$)은 "감가상각"되지 않기 때문이다.

살펴보고, 마지막으로 보다 복잡한 자본예산 의사결정의 예를 살펴보기로 한다.

순운전자본을 더 자세히 살펴보기

영업현금흐름을 계산할 때 우리는 일부 매출은 외상매출일 수 있다는 것을 고려하지 않았다. 또한 일부 비용도 실제로는 지불하지 않을 수 있다. 어느 경우이든 이들 현금흐름은 아직 발생한 것이 아니었을 것이다. 우리가 여기에서 보이고자 하는 것은 순운전자본의 변화를 투자안 분석에 포함시켜야 한다는 것을 잊지 않는 한, 이러한 것은 문제가 되지 않는다는 것이다.

어떤 투자안에 대해서 특정 해에 다음과 같이 단순화한 손익계산서가 주어졌다고 하자.

매출액	$500
비용	310
순이익	$190

감가상각비와 세금은 0이다. 이 해에 고정자산은 전혀 구입되지 않았다. 또한 핵심을 설명하기 위해서 순운전자본이 외상매출금과 외상매입금으로만 구성되어 있다고 가정한다. 이 두 항목의 기초 금액과 기말 금액은 다음과 같다.

	기초	기말	변화
외상매출금	$880	$910	+$30
외상매입금	550	605	+ 55
순운전자본	$330	$305	−$25

이 정보에 의하면 이 해에 발생한 총현금흐름은 얼마인가? 우선 지금까지 살펴본 대로 기계적인 계산을 통해 답을 구해보자. 영업현금흐름은 이 경우에는 세금과 감가상각이 없기 때문에 EBIT와 같으며, 따라서 190$이다. 또한 순운전자본은 실제로 25$가 감소하였다. 이는 이 해에 순운전자본이 25$ 회수되었다는 것을 의미한다. 자본지출도 없기 때문에 이 해의 총현금흐름은 다음과 같다.

$$
\begin{aligned}
\text{총현금흐름} &= \text{영업현금흐름} - \text{순운전자본(NWC)의 변화} - \text{자본지출} \\
&= \$190 - (-\ \$25) - \$0 \\
&= \$215
\end{aligned}
$$

우리는 215$가 이 해에 “들어온 돈”과 “나간 돈”의 차이라는 것을 안다. 따라서 우리는 다른 질문을 할 수 있다. 이 해에 발생한 현금수입은 얼마인가? 또한 현금비용은 얼마인가?

현금수입을 계산하기 위해서는 순운전자본을 보다 자세히 살펴볼 필요가 있다. 이 해의 매출액은 500$이다. 그러나 외상매출금은 30$ 증가했다. 이는 무엇을 의미하는가? 30$의 증가는 매출액이 회수금액보다 30$ 더 많다는 것을 말해준다. 다시 말해 500$의 매출액 중 30$를 아직 회수하지 못한 것이다. 따라서 현금유입(cash inflow)은 $500 − $30 = 470$가 된다. 일반적으로 현금수입은 매출액에서 외상매출금의 증가분을 빼준 금액이다.

현금유출(cash outflow)도 이와 유사하게 계산된다. 이 해에 손익계산서에 나타난 비용은 310$이지만, 외상매입금이 55$ 증가했다. 이는 310$ 중 아직 55$를 지불하고 있지 않다는 것을 의미한다. 따라서 이 해에 발생한 현금비용은 $310 − $55 = 255$이다. 다시 말해 현금비용은 비용에서 외상매입금의 증가분을 빼준 금액이다.[8]

이를 종합하면, 현금유입에서 현금유출을 차감한 금액은 $470 − $255 = 215$가 되며, 이는 앞에서 구한 값과 같다. 이제 다음의 계산을 살펴보자.

현금흐름 = 현금유입 − 현금유출
= ($500 − $30) − ($310 − $55)
= ($500 − $310) − ($30 − $55)
= 영업현금흐름 − 순운전자본의 변화
= $190 − (− $25)
= $215

이 예가 말해주고 있는 것은 순운전자본의 변화를 투자안의 분석에 포함한다는 것은 회계적 매출액과 회계적 비용이 실제의 현금수입과 현금비용이 다르게 나타나는 것을 조정해주는 효과도 갖는다는 것이다.

현금회수와 비용 예제 10.1

방금 끝난 회계연도에서 Combat Wombat Telestat (CWT) Co.는 998$의 매출액과 734$의 비용을 발생시켰다. 이 회사의 기초와 기말의 재무상태표로부터 얻은 정보는 아래와 같다.

	기초	기말
외상매출금	$100	$110
재고	100	80
외상매입금	100	70
순운전자본	$100	$120

이러한 수치에 의하면 현금유입은 얼마인가? 현금유출은 얼마인가? 각각의 항목에 어떤 변화가 발생했는가? 순현금흐름은 얼마인가?

매출액은 998$였지만 외상매출금은 10$ 증가했다. 따라서 현금회수는 매출액보다 10$ 적은 988$이다. 비용은 734$였지만 재고는 20$ 감소했다. 이는 20$만큼의 재고를 다시 채워 넣지 못했다는 것을 의미하며, 따라서 현금비용은 실제로 이 금액만큼 과대계상된 것이다. 또한 외상매입금은 30$ 감소했다.

이는 순변화란 측면에서 볼 때 원료공급자에게 실제로 30$를 전보다 더 지불했다는 것을 의미하며, 따라서 현금비용은 30$만큼 과소계상된 것이다. 이러한 것들을 모두 조정하면 현금비용(cash cost)은 $734 − $20 + $30 = 744$가 된다. 따라서 순현금흐름은 $988 − $744 = 244$가 된다.

마지막으로, 순운전자본은 전체적으로 20$ 증가했다. 회계적 매출액에서 회계적 비용을 차감한 금액은 $998 − $734 = 264$이다. 또한 이 회사는 순운전자본에 20$를 지출했다. 따라서 결과적으로 나타나는 순현금흐름은 $264 − $20 = 244$이며, 이는 바로 앞에서 계산한 것과 같은 결과임을 확인할 수 있다.

[8]다른 항목들이 있었다면 이들을 조정하기 위한 계산도 더해주었을 것이다. 예를 들어 재고의 순증가는 현금유출이다.

IN THEIR OWN WORDS ...

Hershey Company의 자본예산에 대한 Samuel Weaver 박사의 설명

포춘(Fortune) 잡지가 선정하는 500대 기업이나 1,000대 기업의 자본예산 프로그램은 대부분 Hershey 식품회사의 자본예산 프로그램처럼 계획, 평가, 실행 후 점검이라는 세 단계로 되어 있다.

첫 번째 단계는 전략 계획기간에 가능한 투자안들을 개발하는 것으로, 이 단계에서 기업의 전략적 목적을 달성하기 위한 투자안들이 선택된다. 선택 가능한 투자안들의 확인은 최소한의 재무적 평가를 통해 보다 넓게 이루어진다. 투자안들은 신제품 개발, 비용절약, 시설확장 등으로 구분된다. 계획이 단기계획에 더 초점이 맞추어져서 검토되면서 주요 자본지출은 더 면밀히 검토된다. 투자안의 비용은 더 정확하게 측정되며 그에 따라 특정 투자안은 재고려될 수 있다.

그런 다음 각 투자안은 개별적으로 검토되어 승인여부가 결정된다. 투자안의 현금흐름을 보다 정확히 예측하기 위한 현금흐름에 대한 추정, 계산 및 재확인 과정은 Hershey의 자본예산 분석의 기초를 이룬다. 현금흐름이 일단 파악된 후에는 통상적으로 순현가법, 내부수익률법, 회수기간법 등의 자본예산 기법들을 이용하여 투자안에 대한 평가가 이루어진다. 평가결과는 중요한 가정의 변화와 그에 따른 결과의 변화를 살펴보는 데 중요한 역할을 하는 민감도 분석을 통해 더 자세히 검토된다.

마지막 단계는 실행 후 점검의 단계로, 이 단계에서는 투자안으로부터 기대되던 성과가 실제 성과와 비교되며, 경우에 따라서는 기대치를 조정하기도 한다.

자본지출에 대한 분석은 투자안에서 가정한 대로 자본지출이 이루어졌는가를 확인하는 것으로 이루어지며, 엉터리 수치가 들어와서 엉터리 수치가 나간 것은 아닌가(garbage in, garbage out: GIGO) 하는 수준에서 검토된다. 증분적 현금흐름은 주로 매출액 증대와 수익성 개선(비용절약)으로 확인된다. 대부분의 경우 실현된 증분적 현금흐름의 크기는 마케팅 부서나 엔지니어링 부서에 의해서 확인된다. 그러나 일부 투자안들에 대해서는 관련된 현금흐름을 제대로 분석하는 것이 매우 힘들다. 예를 들어 어떤 신제품이 개발되어 수백만 달러의 매출액을 달성할 것으로 예상되었을 때 그를 확인하기 위한 적절한 현금흐름 분석은 기존제품의 매출액 감소를 반영한 후의 증분적 매출액이 얼마인가에 초점이 맞춰진다.

Hershey에서 우리가 직면했던 문제 중 하나는 순현가법을 사용하느냐, 아니면 내부수익률법을 사용하느냐 하는 문제였다. 순현가법은 상호배타적 투자안들을 다루는 데 올바른 판단을 하게 해준다. 그러나 의사결정자들은 때때로 그 결과를 이해하는 데 어려움을 갖고 있다. 예를 들어 어떤 투자의 순현가가 535,000$라고 말하면 그 뜻이 무엇인가를 설명해 주어야 했다. 순현가가 양(+)의 값을 갖고 또한 다른 투자보다 더 큰 값을 갖는다는 것을 말해주는 것만으로는 충분하지 않았다. 의사결정자들은 투자의 수익성을 어떤 기준이 되는 다른 수익성과 비교하여 어느 정도로 만족할 만한가 하는 "만족(comfort)" 수준의 수익률을 찾는 것으로 보였다.

내부수익률법이 여러 개의 투자안 중에서 어떤 투자안을 선택해야 하는지에 대해서 잘못된 정보를 줄 수 있지만 내부수익률은 모든 의사결정자들이 이해할 수 있는 어떤 결과를 보여준다. 나타난 내부수익률은 경영진의 머릿속에서 예상 인플레이션율, 현재의 대출이자율, 자본비용, 자기자본순이익률과 같은 것들과 비교될 수 있다. 예를 들어 내부수익률이 18%라고 말하면 경영진은 곧바로 알아들었다. 아마도 바로 쉽게 이해된다는 점이 포춘에 의해 선정된 500대 기업이나 1,000대 기업이 주된 투자평가방법으로 내부수익률법을 사용하는 이유를 말해주는 것 같다.

순현가법인가, 내부수익률법인가라는 문제에 더하여, 현금흐름을 파악할 수 없기 때문에 전통적인 자본예산분석을 하기 어려운 투자안들도 있었다. 새로운 컴퓨터를 도입하거나, 사무실을 새롭게 개조하거나, 주차장을 포장하는 것과 같은 것에 대해서는 기본적으로 현금흐름을 확인하기 어렵다. 따라서 이러한 경우 전통적 투자평가방법을 사용하기란 불가능하다. 이러한 종류의 "자본지출" 의사결정에 대해서는 경영자의 판단에 의존하는 다른 판단방법이 사용되었다.

Samuel Weaver 박사는 Hershey 초콜릿사의 북미지역 금융부서 이사를 역임하였다. 그는 Hershey에 있을 당시 이론적이고 현실적인 문제들을 담당했으며, 자본예산의 분석과 더불어 금융의 여러 분야에서 좋은 성과를 거두었다.

감가상각

이미 언급했듯이 회계적 감가상각비는 비현금비용이기 때문에 그 자체로서는 현금흐름에 영향을 미치지 않는다. 그러나 감가상각비는 세금에 영향을 미치기 때문에 간접적으로 현금흐름에 영향을 미친다. 따라서 세금과 관련하여 감가상각비가 계산되는 방법은 투자의사결정에서 살펴보아야 할 사항이다. 감가상각비가 기업이 지불해야 하는 세금에 영향을 주기 때문에 감가상각비의 계산방법이 세법에 의해 규정된다는 것은 놀랄 일이 아니다. 우리는 미국의 1986년 개정세법(Tax Reform Act)에서 규정되고 있는 감가상각법에 대해서 살펴보기로 한다. 이 감가상각법은 1981년의 세법에서 규정된 **가속상각법**(accelerated cost recovery system: ACRS)을 수정한 수정가속상각법이다.

가속상각법(accelerated cost recovery system: ACRS): 미국 세법이 규정하고 있는 감가상각법으로, 자산을 가속상각하는 것을 허용하고 있다.

수정가속상각법(Modified ACRS: MACRS) 감가상각비는 기계적으로 계산된다. 상당히 많은 조건들(if, and, but)이 붙기는 하지만, 수정가속상각법은 기본적으로 각 자산을 그것이 속하는 특정한 분류(class)로 구분한다. 자산의 분류는 세금을 내야 하는 자산의 수명을 결정한다. 자산의 세금수명이 결정되면 자산의 취득원가에 고정된 비율을 곱해서 해당 자산의 연도별 감가상각비가 계산된다.[9] 이 경우 예상 잔존가치(expected salvage value; 자산을 처분할 경우에 실제로 받을 것으로 생각되는 해당 자산의 가치)와 예상 경제적 수명(expected economic life; 자산이 사용될 수 있을 것으로 생각되는 기간)은 고려되지 않는다.

표 10.6은 일부 대표적 자산의 분류를 보여주고 있으며, 표 10.7은 그에 따른 감가상각률(IRS의 규정에 따른)을 보여주고 있다.[10]

사무실빌딩과 같은 비거주용 실물자산의 경우에는 31.5년에 걸쳐 정액감가상각(straight-line depreciation)되고, 아파트와 같은 거주용 실물자산의 경우에는 27.5년에 걸쳐 정액감가상각된다. 토지는 감가상각이 될 수 없다는 점을 기억하라.[11]

감가상각비가 어떻게 계산되는지 예를 통해 살펴보기로 하자. 12,000$의 비용(취득원가)을 지불하고 자동차를 구입했다고 하자. 자동차는 보통 5년짜리 자산으로 분류된다. 표 10.7에서 5년짜리 자산의 첫해에 해당되는 감가상각률은 20%이다.[12] 따라서 첫해의 감가상각비는

표 10.6
수정가속상각법(MACRS)의 자산 분류

분류	자산의 예
3년	연구에 사용되는 장비
5년	자동차, 컴퓨터
7년	대부분의 산업장비

[9] 경우에 따라서는 감가상각비를 계산하기 전에 자산의 비용이 조정된다. 조정된 비용은 감가상각기저(depreciable basis)라고 불리며, 감가상각비는 실제의 비용이 아닌 이 조정된 비용을 가지고 계산된다.

[10] 이 감가상각률은 이중체감잔액법(double-declining balance scheme)을 적용한 것이다. 정액법(straight-line)이 더 유리한 경우에는 정액법으로 전환하는 것이 허용되고 있다. 또한 6개월 기준을 적용한 것이다. 6개월 기준이란 자산이 한 해의 중간까지는 사용되고 있다는 것을 가정한다는 뜻이다.

[11] 그러나 채광사업을 하는 기업에 대해서는 감모(減耗)상각비(depletion allowance)가 허용되며 이에 대해서는 감가상각비와 유사한 규정이 적용된다.

[12] 5년짜리 자산이 6년에 걸쳐 감가상각되는 것이 이상하게 생각될 수 있다. 세무회계적 이유로 인하여 첫해의 경우에는 후반 6개월만 소유하고 있는 것으로 본다. 따라서 마지막 해를 지나 그 다음 해 전반 6개월을 소유하고 있는 것으로 보게 된다. 결과적으로 세금과 관련된 기간은 6년이다.

표 10.7
수정가속상각법(MACRS)의 감가상각률

	자산 분류		
연	3년	5년	7년
1	33.33%	20.00%	14.29%
2	44.45	32.00	24.49
3	14.81	19.20	17.49
4	7.41	11.52	12.49
5		11.52	8.93
6		5.76	8.92
7			8.93
8			4.46

$12,000 × 0.2 = 2,400$이다. 두 번째 해의 감가상각률은 32%이므로 두 번째 해의 감가상각비는 $12,000 × 0.32 = 3,840$가 된다. 나머지 해들도 이와 같이 계산하면 다음과 같은 결과를 얻는다.

연	MACRS의 감가상각률	감가상각비	
1	20.00%	0.2000 × $12,000 =	$2,400.00
2	32.00	0.3200 × 12,000 =	3,840.00
3	19.20	0.1920 × 12,000 =	2,304.00
4	11.52	0.1152 × 12,000 =	1,382.40
5	11.52	0.1152 × 12,000 =	1,382.40
6	5.76	0.0576 × 12,000 =	691.20
	100.00%		$12,000.00

수정가속상각법(MACRS)의 비율들을 모두 합하면 100%가 된다는 것을 살펴보라. 따라서 자산비용(취득원가) 12,000$가 결과적으로 모두 감가상각된다.

보너스 감가상각 2018년 이전의 여러 해 동안은 미국 세법에 의해 미국 기업들은 보너스(bonus) 감각상각을 할 수 있었다. 2015년의 Protecting Americans from Tax Hikes (PATH)법에 근거해서 2017년에 허용되었던 보너스 감가상각의 비율은 50%였다. 이는 기업이 첫 해에 감가상각의 대상이 되는 자산의 구입비용의 50%를 감가상각할 수 있다는 것을 의미한다. 그 이후로는 나머지 50%를 우리가 설명한 수정가속상각법(MACRS)에 의해 감가상각하게 되어 있었다. 또한 2017년에 미 의회가 감세 및 일자리법(Tax Cuts and Jobs Act)을 통과시킴에 따라, 2018년에는 보너스 감가상각비율이 100%까지 가능하게 되었으며 이는 2022년 말까지 유지되는 것으로 되어 있다. 그 이후로는 연간 20%씩 보너스 감가상각비율이 줄어들어 2026년 이후에는 보너스 감가상각비율이 0이 되게 되어 있다. 이러한 상황이 의미하는 것은 대부분의 미국 기업들이 2023년까지는 자신이 원하지 않으면 MACRS에 의한 감가상각을 하지 않을 것이라는 것이다(보너스 감가상각 여부는 기업이 선택하게 되어 있다). 물론, 또 다른 법이 통과되면 상황은 다시 바뀔 것이다.

장부가치와 시장가치 미국의 현행 세법에서의 감가상각비 계산은 자산의 경제적 수명이나

연	기초 장부가치	감가상각비	기말 장부가치
1	$12,000.00	$2,400.00	$9,600.00
2	9,600.00	3,840.00	5,760.00
3	5,760.00	2,304.00	3,456.00
4	3,456.00	1,382.40	2,073.60
5	2,073.60	1,382.40	691.20
6	691.20	691.20	0.00

표 10.8
MACRS에서의 장부가치

자산의 미래 시장가치를 고려하고 있지 않다. 따라서 자산의 장부가치는 실제의 시장가치와 상당히 다를 수 있다. 예로 들었던 12,000$짜리 자동차의 경우, 첫해가 지난 후에 나타나는 장부가치는 12,000$에서 첫해의 감가상각비 2,400$를 차감한 9,600$이다. 나머지 기간의 장부가치는 표 10.8에 정리되어 있다. 6년이 지난 후 자동차의 장부가치는 0이 된다.

5년이 지난 후에 이 자동차를 판다고 할 때, 과거의 경험에 의하면 평균적으로 구입가격의 25%에 해당하는 $12,000 × 0.25 = 3,000$의 가치가 남아 있는 것으로 나타난다. 실제로 이 자동차를 팔았다고 하면 판매가격 3,000$에서 장부가치 691.20$를 뺀 차액에 대해서 소득세를 내야 한다. 한계세율이 21%인 기업의 경우 납부해야 할 세금은 $2,308.80 × 0.21 = 484.85$가 된다.[13]

이와 같이 세금을 납부해야 하는 이유는 감가상각비가 과다(excess)하게 인정되었기 때문에 시장가치와 장부가치의 차이가 나타나는 것이므로, 자산이 판매되었을 때 납부하지 않았던 세금을 환수(recapture)한다는 것이다. 이 예에서는 감가상각비가 $3,000 − $691.20 = 2,308.80$만큼 과다하게 계산된 것이다. 과세대상 소득액을 계산할 때 감가상각비를 2,308.80$만큼 더 계산하여 빼주었기 때문에 세금은 484.85$만큼 덜 낸 것이다. 따라서 덜 낸 세금을 마저 내야 한다.

이는 자본이득(capital gain)에 대한 세금이 아니라는 것에 유의하라. 일반적으로 자본이득은 시장가격이 구입비용을 초과할 때만 발생하는 것이다. 그러나 어느 부분이 자본이득이고 어느 부분이 자본이득이 아니냐에 대한 판단은 궁극적으로 세무당국이 하는 것이며 그 판단의 구체적 기준은 매우 복잡할 수 있다. 우리는 자본이득세를 대부분의 경우 무시할 것이다.

마지막으로, 만약 장부가치가 시장가치보다 크다면 그 차이는 세금과 관련해서는 손실로 간주된다. 예를 들어 자동차를 2년 후에 4,000$에 팔았다면 장부가치가 시장가치보다 1,760$만큼 더 크다. 이 경우 $1,760 × 0.21 = 369.60$의 감세효과가 발생한다.

수정가속상각법(MACRS) 예제 10.2

Staple Supply Co.는 새 컴퓨터시스템을 160,000$에 구입했다. 컴퓨터는 5년짜리 자산으로 분류된다. 매년의 감가상각비는 얼마인가? Staple은 과거의 경험에서 볼 때 4년 후에 이 컴퓨터를 판다면 10,000$를 받을 수 있을 것으로 판단하고 있다. 이 값에 판매했을 때 세금계산은 어떻게 되는가? 판매한 다음에 나타나는 세후 총현금흐름은 얼마인가?

(계속)

[13]잔존가치에 대해 내야 되는 세금은 자산의 종류에 따라 다를 수 있으며, 실제로 내야 할 세금의 계산은 이보다 더 복잡할 수도 있다.

매년의 감가상각비는 160,000$에 표 10.7에서 5년짜리 자산에 적용되는 감가상각률로 계산된다.

연	MACRS 비율	감가상각비	기말 장부가치
1	20.00%	0.2000 × $160,000 = $ 32,000	$128,000
2	32.00	0.3200 × 160,000 = 51,200	76,800
3	19.20	0.1920 × 160,000 = 30,720	46,080
4	11.52	0.1152 × 160,000 = 18,432	27,648
5	11.52	0.1152 × 160,000 = 18,432	9,216
6	5.76	0.0576 × 160,000 = 9,216	0
	$100.00%	$160,000	

우리는 매년 말 이 컴퓨터시스템의 장부가치도 계산했다. 4년 말의 장부가치는 27,648$이다. 그 시점에서 Staple이 컴퓨터시스템을 10,000$에 판다면 이들의 차액인 17,648$가 세금과 관련해서는 손실로 처리된다. 이 손실은 감가상각비와 마찬가지로 현금비용(현금유출)이 아니다.

실제로 어떤 일이 발생하고 있는가? 두 가지이다. 첫째, Staple은 구매자로부터 10,000$를 받는다. 둘째, Staple은 $17,648 × 0.21 = 3,706$의 세금을 절약한다. 따라서 판매로 인해 세후 총 13,706$의 현금유입이 발생한다.

예제: THE MAJESTIC MULCH AND COMPOST COMPANY (MMCC)

이제 좀 더 복잡한 자본예산 분석을 해보도록 하자. 이 문제를 다루는 기본적 접근방법은 앞서 본 상어유인물 예에서의 접근방법과 완전히 동일하다는 것을 기억하기 바란다. 차이가 나는 것은 약간의 현실적 상황이 추가되고 수치가 더 많아졌다는 것뿐이다.

MMCC는 새로운 동력제초기 생산의 타당성을 검토하고 있다. 대형 종묘상의 고객들과 대화를 나눈 결과, 판매량은 다음과 같이 추정되었다.

연	판매량
1	3,000
2	5,000
3	6,000
4	6,500
5	6,000
6	5,000
7	4,000
8	3,000

새로운 동력제초기는 한 대당 120$에 판매될 것이다. 그러나 3년 후 다른 회사들과의 경쟁이 시작되면 가격이 110$로 하락할 것으로 MMCC는 예상하고 있다.

이 동력제초기 투자안은 초기에 20,000$의 순운전자본을 필요로 하고, 이어서 매년 말의 순운전자본은 그해 매출액의 약 15%가 될 것으로 예상되고 있다. 한 대당 변동비용은 60$이며, 총고정비용은 연간 25,000$이다.

생산장비를 구입하는 데는 약 800,000$의 비용이 필요하다. 이는 산업장비에 속하므로

MACRS에서 7년짜리 자산에 해당한다. 우리는 보너스 감가상각은 없는 것으로 가정한다. 따라서 감가상각비는 MACRS만으로 판단한다. 이 생산장비의 8년 후 가치는 구입비용의 약 20%인 $800,000 × 0.2 = 160,000$가 될 것이다. 관련 세율은 21%이며, 이 투자에 대한 요구수익률은 15%이다. 이상의 정보가 주어졌을 때, MMCC는 새로운 동력제초기 투자안을 선택해야 하는가?

영업현금흐름 우리는 이러한 많은 정보들을 체계적으로 정리해야 한다. 첫 번째로 해야 하는 것은 추정매출액을 구하는 것이다. 첫해에는 한 대당 120$에 3,000대를 판매해 매출액은 총 360,000$로 추정된다. 나머지 해의 추정매출액은 표 10.9에 계산되어 있다.

다음으로 800,000$의 투자에 대한 감가상각비를 계산하는 것으로 이는 표 10.10에 정리되어 있다. 이러한 정보를 가지고 표 10.11과 같은 추정손익계산서를 작성할 수 있다. 이를 통해 영업현금흐름을 계산하는 것은 간단하다. 결과는 표 10.13의 첫 부분에 정리되어 있다.

순운전자본의 변화 이제 영업현금흐름을 구했기 때문에 다음으로 구해야 할 것은 순운전자본(NWC)의 변화이다. 이 예에서 매출액이 변함에 따라 순운전자본의 크기도 변한다. MMCC는 매년 순운전자본을 증가시키기도 하고 회수하기도 한다. 초기의 순운전자본은 20,000$이고 그 이후로는 매출액의 15%로 증가한다. 표 10.12는 매년 필요한 순운전자본의 크기를 정리해서 보여주고 있다.

표에서 볼 수 있듯이 첫해에 순운전자본은 20,000$에서 $360,000 × 0.15 = 54,000$로 증

표 10.9
동력제초기 투자안의 추정 수입

연	단위가격	판매량	수입
1	$120	3,000	$360,000
2	120	5,000	600,000
3	120	6,000	720,000
4	110	6,500	715,000
5	110	6,000	660,000
6	110	5,000	550,000
7	110	4,000	440,000
8	110	3,000	330,000

표 10.10
동력제초기 투자안의 연도별 감가상각비

연	MACRS 비율	감가상각비	기말 장부가치
1	14.29%	0.1429 × $800,000 = $114,320	$685,680
2	24.49	0.2449 × 800,000 = 195,920	489,760
3	17.49	0.1749 × 800,000 = 139,920	349,840
4	12.49	0.1249 × 800,000 = 99,920	249,920
5	8.93	0.0893 × 800,000 = 71,440	178,480
6	8.92	0.0892 × 800,000 = 71,360	107,120
7	8.93	0.0893 × 800,000 = 71,440	35,680
8	4.46	0.0446 × 800,000 = 35,680	0
	100.00%	$800,000	

표 10.11 동력제초기 투자안의 추정손익계산서

	연							
	1	2	3	4	5	6	7	8
단위가격	$ 120	$ 120	$ 120	$ 110	$ 110	$ 110	$ 110	$ 110
판매량	3,000	5,000	6,000	6,500	6,000	5,000	4,000	3,000
수입	$360,000	$600,000	$720,000	$715,000	$660,000	$550,000	$440,000	$330,000
변동비용	180,000	300,000	360,000	390,000	360,000	300,000	240,000	180,000
고정비용	25,000	25,000	25,000	25,000	25,000	25,000	25,000	25,000
감가상각비	114,320	195,920	139,920	99,920	71,440	71,360	71,440	35,680
EBIT	$ 40,680	$ 79,080	$195,080	$200,080	$203,560	$153,640	$103,560	$ 89,320
세금(21%)	8,543	16,607	40,967	42,017	42,748	32,264	21,748	18,757
순이익	$ 32,137	$ 62,473	$154,113	$158,063	$160,812	$121,376	$ 81,812	$ 70,563

표 10.12
동력제초기 투자안의 순운전자본 변화

연	수입	순운전자본	현금흐름
0		$ 20,000	−$20,000
1	$360,000	54,000	−34,000
2	600,000	90,000	−36,000
3	720,000	108,000	−18,000
4	715,000	107,250	750
5	660,000	99,000	8,250
6	550,000	82,500	16,500
7	440,000	66,000	16,500
8	330,000	49,500	16,500

가한다. 따라서 첫해에 순운전자본은 $54,000 − $20,000 = 34,000$ 증가한다. 나머지 해들도 같은 방법으로 계산할 수 있다.

순운전자본의 증가는 현금유출임을 기억하라. 따라서 순운전자본에 대한 추가적 투자가 요구되는 경우에는 수치 앞에 음(−)의 부호를 붙인다. 순운전자본의 수치가 양(+)의 값을 갖는 것은 기업이 그만큼의 순운전자본을 회수하는 것을 의미한다. 따라서 예를 들어 6년째에는 순운전자본에 투자되었던 금액 중 16,500$가 기업으로 되돌아온다. 투자안의 수명 기간 동안 순운전자본은 최고 108,000$에 이르다가 그 이후부터는 매출액의 감소와 함께 감소한다.

순운전자본의 변화는 표 10.13의 두 번째 부분에 표시되어 있다. 투자안의 수명이 끝날 때 49,500$의 순운전자본이 회수된다는 것을 유의하라. 따라서 이 투자안은 마지막 해에 16,500$의 순운전자본을 회수할 뿐만 아니라 나머지 49,500$도 회수하여 총 66,000$의 순운전자본이 회수된다.

자본지출 마지막으로, 이 투자안에 투자된 장기자본을 계산해야 한다. MMCC는 초기(0년)에 800,000$를 투자한다. 우리의 가정에 의하면 이 투자안의 수명이 끝날 때 생산장비는 160,000$의 가치를 갖는다. 또한 장부가치는 0이 된다. 따라서 시장가치가 장부가치보다 160,000$만큼

표 10.13 동력제초기 투자안의 추정현금흐름

	연								
	0	1	2	3	4	5	6	7	8
I. 영업현금흐름									
EBIT		$ 40,680	$ 79,080	$195,080	$200,080	$203,560	$153,640	$103,560	$ 89,320
감가상각비		114,320	195,920	139,920	99,920	71,440	71,360	71,440	35,680
세금		− 8,543	− 16,607	− 40,967	− 42,017	− 42,748	− 32,264	− 21,748	− 18,757
영업현금흐름		$146,457	$258,393	$294,033	$257,983	$232,252	$192,736	$153,252	$106,243
II. 순운전자본									
초기 순운전자본	−$ 20,000								
순운전자본의 변화		−$ 34,000	−$ 36,000	−$ 18,000	$ 750	$ 8,250	$ 16,500	$ 16,500	$ 16,500
순운전자본의 회수									49,500
순운전자본의 총변화	−$ 20,000	−$ 34,000	−$ 36,000	−$ 18,000	$ 750	$ 8,250	$ 16,500	$ 16,500	$ 66,000
III. 자본지출									
초기 지출	−$800,000								
세후 잔존가치									$126,400
자본지출	−$800,000								$126,400

더 높기 때문에 앞에서 살펴본 것처럼 이에 대해 세금이 부과되며 세금을 납부한 후에 남는 금액은 $160,000 × (1 − 0.21) = 126,400$가 된다. 이 수치는 표 10.13의 셋째 부분에 표시되어 있다.

총현금흐름과 가치 이제 우리는 모든 종류의 현금흐름을 파악하였기 때문에 이들을 모두 표 10.14에 정리해놓았다. 매년 투자안의 추정현금흐름은 3장에서 살펴본 "자산으로부터의 현금흐름(cash flow from asset)"과 같은 것이라는 점을 주목하기 바란다. 투자안의 총현금흐름과 함께 누적현금흐름과 할인현금흐름도 같이 표시해놓았다. 남은 것은 이 값들을 이용하여 순현가, 내부수익률, 회수기간을 구하는 것이다.

15%의 할인율로 할인된 현금흐름과 초기 투자액을 합하면 이 투자안의 순현가는 146,852$로 나타난다. 순현가가 양(+)으로 나타나기 때문에 동력제초기 투자안은 선택되어야 한다. 또한 순현가가 양(+)으로 나타나므로 이 투자안의 내부수익률은 15%보다 높다. 내부수익률을 계산하면 19.86%로 나타나므로 이 투자안은 내부수익률법에 의해서도 선택되어야 한다.

누적현금흐름을 살펴보면 4년이 지난 후에 누적현금흐름이 0에 접근하면서 이 투자안의 투자금액이 거의 모두 회수된다는 것을 알 수 있다. 3년 후 남은 기간을 계산하면 $209,116/$258,733 = 0.81이 된다. 따라서 이 투자안의 회수기간은 3.81년이 된다. 우리는 MMCC의 판단기준 회수기간을 알 수 없기 때문에 이 정도의 회수기간이 좋은 것인지 아닌지 알 수 없다. 이러한 점이 회수기간법의 일반적 문제점이다.

결론 이상으로 일차적 현금할인분석(DCF)이 끝났다. 이제 더 살펴보아야 할 것은 무엇인가? 이 투자안에 대해서 추정된 수치가 미래에 그대로 나타날 것으로 확신한다면 더 이상의 분석은 필요하지 않다. MMCC는 생산과 마케팅을 바로 시작해야 한다. 그러나 일반적으로는 이렇게 간단히 끝나지 않는다. 지금까지 구한 것은 순현가의 추정치일 뿐이라는 점에 유의해야 한다. 이는

표 10.14 동력제초기 투자안의 추정총현금흐름

	연								
	0	1	2	3	4	5	6	7	8
영업현금흐름		$146,457	$258,393	$ 294,033	$257,983	$232,252	$192,736	$153,252	$ 106,243
순운전자본의 변화	−$ 20,000	− 34,000	− 36,000	− 18,000	750	8,250	16,500	16,500	66,000
자본지출	− 800,000								126,400
투자안의 현금흐름	−$820,000	$112,457	$222,393	$276,033	$258,733	$240,502	$209,236	$169,752	$298,643
누적현금흐름	−$820,000	−$707,543	−$485,150	−$209,116	−$ 49,617	$290,119	$499,355	$669,107	$967,750
할인현금흐름 (15%의 할인율)	− 820,000	97,789	168,161	181,496	147,932	119,572	90,458	63,816	97,627
순현가(15%의 할인율) = $146,852 내부수익률 = 19.86% 회수기간 = 3.81년									

좀 더 살펴봐야 할 점이 있다는 것을 의미한다. 다시 말해 추정치가 얼마나 믿을 만한 것인가를 살펴보아야 한다. 이에 대해서는 다음 장에서 살펴볼 것이다. 이 장의 나머지 부분에서는 영업현금흐름에 대한 다른 정의에 대해 살펴보고, 또한 일부 다른 상황에서의 자본예산에 대해서 살펴보기로 한다.

개념질문 _Concept Questions

10.4a 현금흐름을 파악할 때 순운전자본의 변화를 고려해야 하는 것이 왜 중요한가? 그렇게 해주는 것은 어떤 효과를 가져오는가?

10.4b 미국의 현행 세법에서 고정자산에 대한 감가상각비는 어떻게 계산되는가? 고정자산의 예상 잔존가치와 예상 경제적 수명이 감가상각비의 계산에 어떤 영향을 미치는가?

10.5 영업현금흐름에 대한 다른 정의들

앞 절에서 우리가 행한 분석은 매우 일반적인 분석이며, 모든 종류의 자본투자 의사결정문제에 적용될 수 있는 것이다. 다음 절에서는 특수한 경우에 적용될 수 있는 일부 매우 유용한 변형된 분석에 대해서 살펴볼 것이다. 그러나 다음 절로 넘어가기 전에, 실무에서 또는 다른 재무교과서에서 자주 사용되는 투자안의 영업현금흐름에 대한 다른 정의들에 대해서 살펴보기로 한다.

그러나 영업현금흐름에 대한 다른 정의들도 결국은 모두 동일한 것을 측정하는 것이라는 점을 곧 알게 될 것이다. 따라서 제대로 사용된다면 어떠한 접근방법을 사용하든지 모두 동일한 답을 얻게 된다. 어떤 정의(접근방법)가 다른 정의(접근방법)보다 특별히 낫다거나 못한 것은 아니다. 그러나 다른 접근방법을 사용할 수 있다는 것이 때때로 혼란을 초래하기도 하므로 여러 다른 접근방법들에 대해서 유의해서 살펴보기 바란다.

앞으로의 설명에서 현금흐름이라고 말할 때 이는 글자 그대로 들어오는 돈과 나가는 돈의 차이를 의미하는 것을 항상 기억하기 바란다. 관심을 가져야 할 것은 그것뿐이다. 즉, 영업현금흐름에 대한 다른 정의들은 현금흐름을 구하기 위해서 매출, 비용, 감가상각, 세금과 같은 기본적 정보들을 다루는 방법에서 차이가 날 뿐이다.

이를 다음과 같은 간단한 투자안을 가지고 살펴보기로 하자.

매출액 = $1,500
비용 = $700
감가상각비 = $600

이 경우 EBIT는 다음과 같이 계산된다.

EBIT = 매출액 − 비용 − 감가상각비
= $1,500 − $700 − $600
= $200

다시 말하지만 이자비용(금융비용)은 고려되지 않는다. 따라서 세금은 다음과 같이 계산된다.

세금 = EBIT × 세율(T)
= $200 × 0.21 = $42

T는 법인세율로, 21%로 가정한다.

이를 종합하면 이 투자안의 영업현금흐름(OCF)은 다음과 같이 계산된다.

OCF = EBIT + 감가상각비 − 세금
= $200 + $600 − $42 = $758

이제 영업현금흐름을 계산할 수 있는 실제로 사용되기도 하는 몇 가지 다른 방법에 대해서 살펴보도록 하자.

밑에서 위로의 접근방법

투자안의 영업현금흐름을 계산할 때는 어떠한 금융적 비용(예: 이자비용)도 고려되어서는 안 되므로 투자안의 순이익은 다음과 같이 계산될 수 있다.

투자안의 순이익 = EBIT − 세금
= $200 − $42
= $158

위 식의 양변에 감가상각비를 더하면 약간 다르지만 매우 일반적인 다음과 같은 영업현금흐름의 정의를 얻게 된다.

OCF = 순이익 + 감가상각 **[10.1]**
= $158 + $600
= $758

이러한 접근방법을 밑에서 위로의 접근방법(bottom-up approach)이라고 하며, 이는 손익계산서의 맨 밑에 나타나는 순이익에 감가상각비와 같은 모든 비현금비용을 되돌려 더해줌으로써 영업현금흐름을 구하는 방법이다. 이와 같이 순이익에 감가상각비를 더해서 영업현금흐름을 구할 때 유의해야 하는 점은 여기서의 순이익이 이자비용을 빼준 순이익이 아니라는 것이다. 다시 말해 이자비용을 빼지 않은 순이익을 사용해야 한다.

상어유인물 투자안(10.3절)에서 순이익은 21,780$였고 감가상각비는 30,000$였다. 따라서 밑에서 위로의 접근방법에 의해 구해지는 영업현금흐름은 다음과 같다.

$$\text{OCF} = \$21{,}780 + \$30{,}000 = \$51{,}780$$

이는 우리가 구했던 영업현금흐름과 정확하게 일치하는 영업현금흐름이다.

위에서 밑으로의 접근방법

영업현금흐름을 구하는 가장 명백한 방법은 다음과 같다.

$$\begin{aligned} \textbf{OCF} &= \textbf{매출액} - \textbf{비용} - \textbf{세금} \\ &= \$1{,}500 - \$700 - \$42 \\ &= \$758 \end{aligned} \qquad [10.2]$$

영업현금흐름을 이렇게 구하는 것을 위에서 밑으로의 접근방법(top-down approach)이라고 한다. 이는 영업현금흐름의 기본적 정의의 두 번째 변형 정의이다. 이는 손익계산서의 맨 위에 나타나는 매출액에서 출발하여 비용, 세금, 기타 비용을 빼가면서 영업현금흐름을 구하는 방법이다. 이러한 식으로 영업현금흐름을 구하는 과정에서는 비용에 감가상각비와 같은 비현금항목이 비용으로 포함되지 않아야 한다는 점을 기억해야 한다. 이자비용도 당연히 비용에 포함되지 않는다.

상어유인물 투자안에서 위에서 밑으로의 접근방법에 의해 영업현금흐름을 구하는 것은 매우 간단하다. 매출액은 200,000$이고, 총비용(고정비용 + 변동비용)은 142,430$이며 세금은 5,790$였다. 따라서 영업현금흐름은 다음과 같다.

$$\text{OCF} = \$200{,}000 - \$142{,}430 - \$5{,}790 = \$51{,}780$$

이는 앞에서 얻은 결과와 동일한 것이다.

세금절약 접근방법

세금절약 접근방법(tax shield approach)은 영업현금흐름의 기본 정의에 대한 세 번째 변형 정의를 가져다준다. 이 접근방법은 다음 절에서 살펴보는 것과 같은 문제에서는 매우 유용하게 사용된다. 세금절약 접근방법에 의해 정의되는 영업현금흐름은 다음과 같다.

$$\textbf{OCF} = (\textbf{매출액} - \textbf{비용}) \times (\mathbf{1} - \boldsymbol{T}) + \textbf{감가상각비} \times \boldsymbol{T} \qquad [10.3]$$

여기서 T는 법인세율이다. $T = 21\%$를 가정하면 영업현금흐름은 다음과 같이 계산된다.

$$\begin{aligned} \text{OCF} &= (\$1{,}500 - \$700) \times 0.79 + \$600 \times 0.21 \\ &= \$632 + \$126 \\ &= \$758 \end{aligned}$$

이는 앞에서 구해진 것과 동일한 결과이다.

이 접근방법은 영업현금흐름이 두 부분으로 구성되어 있다고 본다. 첫 번째 부분은 감가상각비가 없었을 경우에 투자안이 가져다주었을 현금흐름이다. 이 예에서는 발생하는 현금흐름이 632$이다.

두 번째 부분은 감가상각비에 세율을 곱한 것이다. 이 부분을 **감가상각의 세금절약액**(depreciation tax shield)이라고 부른다. 감가상각비 그 자체는 비현금비용이다. 그러나 감가상각비는 현금흐름에 영향을 미친다. 감가상각비가 현금흐름에 영향을 미치는 유일한 부분은 감가상각비를 차감함으로써 얻게 되는 혜택인 세금절약 부분이다. 21%의 법인세율을 적용할 경우에 감가상각비 1$당 절약되는 세금은 21센트이다. 따라서 이 예에서의 감가상각비인 600$는 $600 × 0.21 = 126$의 세금을 절약해준다.

감가상각의 세금절약액
(depreciation tax shield):
감가상각비에 법인세율을 곱한 금액이며, 감가상각을 공제해 줌으로써 발생하는 세금절약액

상어유인물 투자안에서의 감가상각의 세금절약액은 $30,000 × 0.21 = 6,300$이다. 매출액에서 총비용을 뺀 금액의 세후 금액은 ($200,000 − $142,430) × (1 − 0.21) = 45,480$이다. 이들을 합하면 다음과 같은 영업현금흐름을 얻게 된다.

OCF = $45,480 + $6,300 = $51,780

이는 세금절약 접근방법이 앞의 다른 접근방법들과 완전히 동일한 결과를 가져다준다는 것을 확인해주고 있다.

결론

영업현금흐름을 구하기 위한 다양한 접근방법이 동일한 결과를 가져다준다면 왜 사람들은 하나의 방법만을 사용하지 않는가 하는 질문이 생길 수 있다. 이유 중 하나는 다음 절에서 살펴보듯이 상황에 따라서 다른 접근방법이 더 유용하기 때문이다. 제일 좋은 접근방법은 해당되는 문제에 가장 편하게 사용될 수 있는 접근방법일 것이다.

개념질문 _Concept Questions

10.5a 위에서 밑으로의 접근방법에 의해 정의되는 현금흐름과 밑에서 위로의 접근방법에 의해 정의되는 영업현금흐름은 무엇인가?

10.5b 감가상각의 세금절약액이란 무엇을 말하는가?

10.6 몇 가지 특수한 현금할인분석

이 장을 끝내면서 현금흐름분석이 사용될 수 있는 세 가지 일반적인 경우를 살펴보도록 한다. 첫 번째 경우는 기본적으로 효율성을 증가시켜 비용을 감소시키는 것을 목적으로 하는 투자의 경우이고, 두 번째 경우는 경쟁적으로 입찰가격을 제시하는 경우이며, 세 번째 경우는 서로 다른 경제적 수명을 갖고 있는 장비들 중 하나를 선택하는 경우이다.

고려해볼 수 있는 특수한 경우는 이밖에도 많이 있을 수 있다. 그러나 이 세 가지 경우가 가장 일반적으로 나타나는 특수한 경우이다. 또한 이들은 현금흐름할인(DCF) 분석이 다양하게 응용될 수 있다는 것을 보여주는 대표적인 경우들이다.

비용을 절약해주는 투자안의 평가

기업은 종종 생산비용을 낮추기 위해서 기존의 시설을 개선해야 하는가에 대한 의사결정을 해야 한다. 이 경우 핵심사항은 그러한 시설개선을 통해 얻는 비용절약액이 자본지출액을 정당화하기

에 충분히 큰가 하는 것이다.

예를 들어 생산공정의 일부를 자동화할 것을 고려 중인 한 기업의 경우를 살펴보자. 시설개조에는 80,000$가 들어가고, 자동화로 인한 인건비 절약과 원료비 절약으로 인해 세전 가치로 매년 연간 22,000$가 절약된다고 하자. 문제를 단순화하기 위하여 새로운 시설의 수명은 5년이고, 이 기간 동안 정액상각법을 사용하여 감가상각을 하여 시설의 수명이 끝날 때 시설의 잔존가치는 0이라고 하자. 그러나 5년 후 실제로 받을 수 있는 가치는 20,000$이다. 이 경우 자동화를 위한 시설투자를 해야 하는가? 세율은 21%이고, 할인율은 10%라고 하자.

지금까지 했던 대로 먼저 살펴보아야 하는 것은 이러한 투자와 관련된 증분적 현금흐름이다. 첫째, 관련된 자본지출은 쉽게 파악된다. 초기투자비용은 80,000$이다. 5년 후에 장부가치가 0이므로 세후 잔존가치는 $20,000 × (1 − 0.21) = 15,800$이다. 둘째, 이러한 투자로 인해 순운전자본이 영향을 받는 것은 없기 때문에 순운전자본의 변화에 대해 신경 쓸 필요는 없다.

셋째, 영업현금흐름을 살펴봐야 한다. 새로운 장비를 구입하는 것은 영업현금흐름에 두 가지 측면에서 영향을 미친다. 먼저, 매년 세전 22,000$가 절약된다. 다시 말해 이 투자로 인해 이 기업의 영업이익(operating income)은 22,000$ 증가한다. 따라서 이는 이 투자안과 관련된 증분적 영업이익이다.

그 다음으로 살펴봐야 할 것은 추가적인 감가상각비이며 이는 간과하기 쉽다. 이 예에서 감가상각비는 매년 $80,000/5 = 16,000$이다.

이 투자안은 22,000$(세전 비용절약액)의 영업이익을 발생시키고 감가상각비가 16,000$이므로, 이 투자안으로 인한 EBIT의 순증가액은 $22,000 − $16,000 = 6,000$이다. 따라서 이 금액이 이 투자안의 EBIT이다.

마지막으로 살펴보아야 하는 것은 EBIT의 증가가 가져오는 세금의 증가이다. 세금 증가액은 $6,000 × 0.21 = 1,260$이다. 이런 정보들을 다음과 같이 영업현금흐름을 구할 수 있다.

EBIT	$ 6,000
+ 감가상각비	16,000
− 세금	1,260
영업현금흐름	$ 20,740

따라서 세후 영업현금흐름은 20,740$이다.

이 경우 다른 접근방법으로 영업현금흐름을 계산하는 것이 더 편할 수 있다. 이 예의 상황은 매우 간단한 것이다. 첫째, 비용절약액은 세전 이익을 22,000$ 증가시킨다. 따라서 이 금액에 대한 세금을 납부해야 하며 세금은 $22,000 × 0.21 = 4,620$만큼 증가한다. 다시 말해 세전 22,000$의 절약은 세후 $22,000 × (1 − 0.21) = 17,380$의 절약과 같다.

둘째, 추가적인 16,000$의 감가상각비는 실제의 현금유출은 아니면서 세금을 $16,000 × 0.21 = 3,360$만큼 절약해준다. 이 두 부분을 합하면 $17,380 + $3,360 = 20,740$가 되며, 이는 조금 전에 구한 수치와 동일한 수치이다. 3,360$는 앞에서 언급한 감가상각의 세금절약액(depreciation tax shield)이라는 것에 주목하면 우리가 사용한 접근방법은 세금절약 접근방법이라는 것을 알 수 있을 것이다.

이제 이 투자안을 선택해야 하는지 아닌지를 분석해야 할 차례이다. 이상에서 파악된 이 투자안과 관련된 현금흐름은 다음과 같다.

	연					
	0	1	2	3	4	5
영업현금흐름		$ 20,740	$ 20,740	$ 20,740	$ 20,740	$ 20,740
자본지출	−$80,000					15,800
총현금흐름	−$80,000	$ 20,740	$ 20,740	$ 20,740	$ 20,740	$ 36,540

10%의 할인율을 적용할 때 이 투자안의 NPV가 8,431$가 됨을 쉽게 알 수 있고, 따라서 이 기업은 자동화를 해야 한다.

구매할 것인가, 아닌가?

예제 10.3

컴퓨터 재고관리시스템을 200,000$를 주고 구입할 것인지에 대해 고려 중이라고 하자. 이 시스템은 4년의 수명을 가지며 그 기간 동안 정액법으로 감가상각하여 수명이 끝날 때 장부상의 잔존가치는 0이다. 그러나 그때 가서 이 시스템이 실제로 갖는 시장가치는 30,000$이다. 이 시스템은 재고관리와 관련된 비용을 세전 기준으로 연간 60,000$를 절약해준다. 적용되는 세율은 21%이다. 이 시스템은 기존의 재고관리 방식보다 더 효율적이기 때문에 전보다 적은 재고를 가질 수 있게 해주고, 따라서 순운전자본도 45,000$ 절약해준다. 16%의 할인율을 적용할 때 이 투자안이 갖는 NPV는 얼마인가? 이 투자안의 IRR은 얼마인가?

먼저 영업현금흐름을 계산하자. 세후 기준으로 절약되는 금액을 계산하면 $60,000 × (1 − 0.21) = 47,400$이다. 매년의 감가상각비는 $200,000/4 = 50,000$이며 감가상각의 세금절약액은 $50,000 × 0.21 = 10,500$가 된다. 따라서 매년의 영업현금흐름은 $47,400 + $10,500 = 57,900$이다.

자본지출을 보면 초기투자액은 200,000$이며, 세후 잔존가치는 $30,000 × (1 − 0.21) = 23,700$이다. 마지막으로, 약간 조심해야 할 부분은 이 시스템이 운전자본을 줄여주기 때문에 순운전자본의 초기투자액이 45,000$의 현금유입이라는 점이다. 또한 이 금액은 이 투자안의 수명이 끝날 때 다시 되돌려 주어야 하는 금액이다. 이것이 의미하는 것은 간단하다. 이 시스템이 사용되는 동안 45,000$를 다른 곳에 사용할 수 있다는 것이다.

현금흐름의 분석을 끝내기 위해서 총현금흐름을 구하면 다음과 같다.

	연				
	0	1	2	3	4
영업현금흐름		$57,900	$57,900	$57,900	$57,900
순운전자본의 변화	$ 45,000				−45,000
자본지출	−200,000				23,700
총현금흐름	−$155,000	$57,900	$57,900	$57,900	$36,600

16%의 할인율을 적용할 경우 이 투자안의 NPV는 −4,749$이고, 따라서 이 투자는 매력적인 투자안이 아니다. 시행착오법으로 계산하면 할인율 14.36%에서 이 투자안의 NPV가 0이 됨을 안다. 따라서 이 투자안의 IRR은 약 14.4%이다.

입찰가격의 책정

앞의 어디에선가 우리는 신제품 생산의 타당성을 검토할 때 현금흐름할인분석을 사용했다. 그와는 약간 다르지만 매우 자주 나타나는 경우는 제품을 판매하기 위해 경쟁적으로 입찰가격을 제시해야 하는 경우가 있다. 그러한 경우에는 누구든지 가장 낮은 가격을 제시하는 사람이 승자가 된다.

이러한 경쟁입찰과 관련해서는 "가장 낮은 가격을 제시하여 낙찰을 받는 사람은 가장 큰 실수를 하는 사람이다"라는 농담이 있다. 이러한 경우를 "승자의 재앙(winner's curse)"이라고 한다. 다시 말해 경쟁입찰에서 낙찰받기 위해서는 가격을 손해볼 정도로 낮출 가능성이 있다는 것이다. 이 절에서는 "승자의 재앙"을 피하기 위해서 입찰가격을 어떻게 책정해야 하는지에 대해 살펴보도록 한다. 우리가 설명하는 것은 제품이나 서비스의 가격을 책정하는 다른 경우에도 유용하게 적용되는 것이다.

입찰가격을 어떻게 책정하는가를 한 예를 통해 살펴보기로 하자. 어떤 기업이 골격만 갖춘 트럭 플랫폼(platform)을 구입하여 이를 고객의 요구에 맞게 만들어 파는 사업을 하는데, 그 지역의 트럭판매상이 앞으로 4년 동안 매년 5대(총 20대)의 그러한 트럭을 공급하는 입찰에 참가할 것을 공고했다고 하자.

이 기업이 결정해야 하는 것은 트럭 한 대당 입찰가격이다. 다시 말해 이익을 가져다주는 가장 낮은 트럭가격이다. 이러한 가격을 책정함으로써 이 기업은 승자의 재앙에 빠지지 않으면서 낙찰받을 가능성을 최대로 만들 수 있는 것이다.

트럭 플랫폼 하나당 가격은 10,000$라고 하자. 트럭을 개조하기 위한 시설은 연간 24,000$에 임대할 수 있고, 트럭을 개조하는 데 드는 인건비와 재료비는 트럭 한 대당 약 4,000$라고 하자. 따라서 매년 발생하는 총비용은 $\$24{,}000 + 5 \times (\$10{,}000 + \$4{,}000) = 94{,}000\$$이다.

또한 새로운 장비에 60,000$를 투자해야 하며 이 장비는 4년에 걸쳐 정액법으로 감가상각되어 투자수명이 끝날 때의 잔존가치는 0이라고 하자. 그러나 그때 가서의 실제 시장가치는 약 5,000$가 될 것으로 예상된다. 또한 원재료 재고와 기타 운전자본에 40,000$가 투자되어야 한다. 적용되는 세율은 21%이다. 이 기업이 이러한 투자에 대해서 20%의 투자수익률을 원한다면 이 기업은 트럭 한 대당 얼마의 가격으로 입찰에 참가해야 하는가?

우선 자본지출과 순운전자본에 대한 투자를 살펴보기로 하자. 새로운 장비의 구입에 60,000$가 초기에 지출되어야 한다. 이 장비의 세후 잔존가치는 $\$5{,}000 \times (1 - 0.21) = 3{,}950\$$이다. 또한 운전자본에 대한 초기 투자액은 40,000$이며 이 금액은 4년 후에 회수된다.

판매가격을 알 수 없기 때문에 영업현금흐름은 아직 알 수 없다. 따라서 시간선(time line)을 그려보기 위해서 지금까지 알고 있는 사항을 표시해보면 다음과 같다.

	연				
	0	1	2	3	4
영업현금흐름(OCF)		+OCF	+OCF	+OCF	+OCF
순운전자본의 변화	−$ 40,000				$40,000
자본지출	− 60,000				3,950
총현금흐름	−$100,000	+OCF	+OCF	+OCF	+OCF + $43,950

이를 염두에 둔다면 중요한 점은 다음과 같은 것임을 주목하라. 이익을 낼 수 있는 최저 입찰가격은 20%의 할인율에서 NPV가 0이 되게 하는 가격이다. 그 이유는 그 가격에서 이 기업이 가져갈 수 있는 수익률이 정확하게 20%이기 때문이다.

따라서 우리는 NPV가 0이 되기 위해서 영업현금흐름이 얼마가 되어야 하는지를 알아내야 한다. 이를 위해 마지막 해에 나타나는 영업현금흐름(OCF)을 제외한 43,950$의 현금흐름의 현재가치를 구한 다음, 그 금액을 100,000$의 초기투자액에서 빼주어야 한다.

$$\$100{,}000 - \$43{,}950/1.20^4 = \$100{,}000 - \$21{,}195 = \$78{,}805$$

이 계산을 한 후에 시간선은 다음과 같이 나타난다.

	연				
	0	1	2	3	4
총현금흐름	−$78,805	+OCF	+OCF	+OCF	+OCF

시간선이 보여주고 있듯이 영업현금흐름은 일반연금형태의 현금흐름을 갖고 있다. 20%의 할인율에서 4년짜리 연금의 현재가치요소는 2.58873이다. 따라서 우리는 다음과 같이 된다는 것을 안다.

$$\text{NPV} = 0 = -\$78{,}805 + \text{OCF} \times 2.58873$$

이 식에서 영업현금흐름은 다음과 같이 구해진다.

$$\text{OCF} = \$78{,}805/2.58873 = \$30{,}442$$

따라서 매년 발생하는 영업현금흐름은 30,442$가 되어야 한다.

아직 계산이 완전히 끝난 것이 아니며, 마지막 남은 문제는 어떤 판매가격이 30,442$의 영업현금흐름을 가져다주는가 하는 것이다. 이를 가장 쉽게 구하는 방법은 영업현금흐름(OCF)이 순이익에 감가상각비를 더하는(밑에서 위로의) 접근방법을 사용하는 것이다. 감가상각비는 $60,000/4 = 15,000$이다. 따라서 순이익은 다음과 같아야 한다.

$$\begin{aligned} \text{영업현금흐름} &= \text{순이익} + \text{감가상각비} \\ \$30{,}442 &= \text{순이익} + \$15{,}000 \\ \text{순이익} &= \$15{,}442 \end{aligned}$$

이제 여기서, 손익계산서 윗부분의 항목을 구하기 위해서 거꾸로 올라가야 한다. 순이익이 15,442$라면 손익계산서는 다음과 같아야 한다.

매출액	?
비용	$94,000
감가상각비	15,000
세금(21%)	?
순이익	$15,442

매출액을 구하기 위해서는 다음과 같이 하면 된다.

$$\begin{aligned} \text{순이익} &= (\text{매출액} - \text{비용} - \text{감가상각비}) \times (1 - T) \\ \$15{,}442 &= (\text{매출액} - \$94{,}000 - \$15{,}000) \times (1 - 0.21) \\ \text{매출액} &= \$15{,}442/0.79 + \$94{,}000 + \$15{,}000 \\ &= \$128{,}546 \end{aligned}$$

따라서 연간 매출액은 128,546$가 되어야 한다. 계약에 의하면 매년 5대의 트럭을 판매할 수 있으므로 트럭 한 대당 판매가격은 $128,546/5 = 25,709$가 되어야 한다. 우수리를 반올림하면 트럭 한 대당 판매가격은 약 26,000$가 되어야 한다. 이 가격에서 낙찰을 받을 때 이 기업이 얻는 수익률은 20%보다 약간 높을 것이다.

경제적 수명이 다른 투자안에 대한 평가

마지막으로 살펴볼 문제는 여러 가능한 시스템이나 장비 중에서 하나를 골라야 하는 것이다. 우리의 목표는 비용적으로 가장 효율적인 것을 고르는 것이다. 여기에서 살펴보는 접근방법은 두 가지 특별한 조건이 성립하는 경우만 이용될 수 있다. 첫 번째 조건은 투자의 경제적 수명이 다른 것이며, 두 번째 조건은 투자기간이 상당히 오랜 기간 동안 거의 영구적이어야 한다는 것이다. 따라서 기계의 경우, 닳아지면 계속 새롭게 구입해야 한다.

간단한 예를 통해 이러한 경우를 살펴보기로 하자. 압축기를 사용하여 어떤 부품을 생산하는 기업이 있다고 하자. 이 기업은 사업을 계속하는 동안은 압축기가 닳을 때마다 기존의 압축기를 새 압축기로 교체해주어야 한다. 우리가 살펴보고자 하는 것은 두 종류의 압축기 중 어느 것을 구입해야 하는가 하는 문제이다.

기계 A의 구입비용은 100$이고 이를 가동하는 데 연간 10$가 든다. 이 기계는 마모로 인하여 2년마다 새로운 기계로 교체해야 한다. 기계 B의 구입비용은 140$이고 이를 가동하는 데 연간 8$가 든다. 이 기계는 3년마다 새 기계로 교체되어야 한다. 세금을 무시하고 할인율을 10%로 할 때 이 기업은 어떤 기계를 구입해야 하는가?

두 기계를 비교할 때, 처음 기계는 구입비용은 낮지만 가동비용이 더 높고 마모도 더 빨리 되는 기계인 것을 알 수 있다. 이러한 상호교환관계를 어떻게 평가해야 하는가? 우리는 각 기계가 발생시키는 비용의 현가를 구하는 것부터 출발할 수 있다.

기계 A: $PV = -\$100 + -\$10/1.1 + -\$10/1.1^2 = -\$117.36$
기계 B: $PV = -\$140 + -\$8/1.1 + -\$8/1.1^2 + -\$8/1.1^3 = -\$159.89$

모든 수치들이 비용을 나타내기 때문에 수치 앞에 음(−)의 부호가 붙는 것을 살펴보라. 여기서 투자판단 분석을 끝낸다면 기계 A가 발생시키는 비용의 현재가치가 더 작게 나타나므로 기계 A가 더 좋은 선택인 것처럼 보인다. 그러나 지금까지 알아낸 것은 A는 117.36$의 비용으로 2년 동안 압축서비스를 제공하는 반면, B는 159.89$의 비용으로 3년 동안 압축서비스를 제공한다는 사실뿐이다. 따라서 서비스 제공기간이 서로 다르므로 이 두 비용을 직접 비교하는 것은 의미가 없다.

따라서 알아보아야 할 것은 이 두 기계가 각각 발생시키는 연간 비용이다. 각 기계의 연간 비용을 계산하기 위해서는 각 기계에 대해서 그 수명기간 동안 매년 얼마의 동일한 비용이 발생해야 위와 동일한 비용의 현재가치를 갖게 되는가를 알아내야 한다. 이러한 연간비용을 **동일연간비용**(equivalent annual cost: EAC)이라고 부른다.

동일연간비용(equivalent annual cost: EAC): 투자안이 발생시키는 비용의 현재가치와 같은 현재가치를 갖는 투자안의 연간비용

동일연간비용(EAC)을 계산하는 것은 동일한 크기의 지불액을 계산하는 문제이다. 예를 들어 기계 A의 동일연간비용을 알아내는 것은 10%의 할인율에서 현재가치가 117.36$가 되는 2년짜리 일반연금의 연간 지불액을 알아내는 것과 같다. 6장으로 돌아가면 우리는 2년짜리 일반연금의 현재가치요소가 다음과 같다는 것을 안다.

연금의 현재가치요소 = $(1 - 1/1.10^2)/0.10 = 1.7355$

따라서 기계 A의 EAC는 다음과 같이 계산된다.

$$\begin{aligned} \text{비용의 현재가치} &= -\$117.36 = \text{EAC} \times 1.7355 \\ \text{EAC} &= -\$117.36/1.7355 \\ &= -\$67.62 \end{aligned}$$

기계 B의 수명은 3년이다. 따라서 3년짜리 연금의 현재가치요소를 알아야 한다.

연금의 현재가치요소 = $(1 - 1/1.10^3)/0.10 = 2.4869$

따라서 기계 B의 EAC는 다음과 같이 계산된다.

$$\begin{aligned} \text{비용의 현재가치} &= -\$159.89 = \text{EAC} \times 2.4869 \\ \text{EAC} &= -\$159.89/2.4869 \\ &= -\$64.30 \end{aligned}$$

이상의 분석에서 볼 때, 기계 B의 연간 비용인 64.30$가 기계 A의 연간 비용인 67.62$보다 적기 때문에 기계 B가 선택되어야 한다는 것을 알 수 있다. 다시 말해 모든 점을 고려할 때 기계 B가 더 싼 기계인 것이다. 이 경우 더 긴 수명과 더 낮은 가동비용이 더 높은 초기 구입비용을 상쇄하고도 남는 것이다. 다만 이 문제는 기계가 노후되면 계속 새로 구입하여 영구적으로 사용하는 경우에 적용되는 것임을 잊지 말기 바란다.

동일연간비용 — 예제 10.4

이 확장된 예제는 세금이 고려될 때 EAC가 어떻게 계산되는지를 보여준다. 고려 중인 공해제거 장치가 두 개 있다고 하자. 필터방식 장치를 구입하는 비용은 1.1백만$이고, 연간 가동비용은 세전 기준으로 60,000$이다. 또한 이 장치는 5년마다 교체해줘야 한다. 한편, 침전방식 장치를 구입하는 비용은 1.9백만$이고, 연간 가동비용은 세전 기준으로 10,000$이다. 이 장치의 수명은 8년이다. 감가상각법으로는 정액법이 적용되며 어느 장치든 잔존가치는 0이다. 할인율이 12%라고 할 때 어떤 공해제거 장치를 구입해야 하는가? 세율은 21%이다.

두 장치의 수명이 서로 다르고, 장치의 수명이 다할 때마다 계속 새 것으로 교체해주어야 하므로 우리가 구해야 하는 것은 각각의 장치가 발생시키는 동일연간비용(EAC)이다. 관련된 정보는 다음과 같다.

	필터방식 장치	침전방식 장치
세후 가동비용	−$ 47,400	−$ 7,900
감가상각의 세금절약액	46,200	49,875
영업현금흐름	−$ 1,200	$ 41,975
경제적 수명	5년	8년
연금의 현재가치요소(12%의 할인율에서)	3.6048	4.9676
영업현금흐름의 현재가치	−$ 4,326	$ 208,517
자본지출	− 1,100,000	− 1,900,000
비용의 총현재가치	−$ 1,104,326	−$1,691,483

(계속)

영업현금흐름은 두 번째의 경우에 실제로 양(+)의 값을 갖는다는 것을 살펴보라. 이는 감가상각의 세금 절약액이 매우 크기 때문에 나타나는 현상이다. 이런 현상은 가동비용이 구입가격에 비해 상대적으로 적을 때는 언제든지 발생할 수 있다.

어느 장치를 선택해야 하는가를 결정하기 위해서는 적절한 연금의 현재가치요소를 사용하여 각 장치가 갖는 동일연간비용(EAC)을 구해야 한다.

필터방식 장치: $-\$1,104,326 = \text{EAC} \times 3.6048$

$\text{EAC} = -\$306,351$

침전방식 장치: $-\$1,691,483 = \text{EAC} \times 4.9676$

$\text{EAC} = -\$340,500$

필터방식의 장치가 더 값싼 것으로 나타나며 이 장치를 선택해야 한다. 침전방식 장치가 갖는 더 긴 수명과 더 적은 운영비용은 더 높은 초기비용을 상쇄시키기에 충분하지 않다.

개념질문 _Concept Questions

10.6a 입찰가격을 판단할 때 우리는 NPV가 0이 되는 것을 기준으로 했다. 왜 이 기준이 적절한 기준인가를 설명하라.

10.6b 어떤 경우에 경제적 수명이 같지 않다는 점을 고려해야 하는가? EAC는 무엇인가?

10.7 요약과 결론

이 장에서는 현금흐름할인분석을 구체적으로 어떻게 하는가에 대해서 살펴보았으며 다음과 같은 것들을 살펴보았다.

1. **투자안과 관련된 현금흐름의 파악:** 매몰비용, 기회비용, 금융비용, 순운전자본, 잠식 등을 포함하여 투자안의 현금흐름을 알아내는 데 유의해야 할 점들에 대해서 살펴보았다.
2. **추정재무제표(pro forma financial statements, projected financial statements)의 작성과 이용:** 추정재무제표를 사용하여 추정현금흐름을 구하는 방법에 대해서 또한 영업현금흐름에 대한 다른 정의들에 대해서도 살펴보았다.
3. **순운전자본과 감가상각이 투자안의 현금에 미치는 영향:** 현금흐름을 파악할 때는 순운전자본의 변화를 포함시키는 것이 중요하다. 왜냐하면 그렇게 함으로써 회계적 수입과 비용이 실제의 현금수입과 현금자본과 차이가 나는 것을 조정해줄 수 있기 때문이다. 미국의 현행 세법을 이용하여 감가상각비를 계산하는 것에 대해서 살펴보았다.
4. **현금흐름할인분석을 사용할 수 있는 일부 특수한 경우들:** 우리가 살펴본 세 가지 경우는 비용을 절약해주는 투자안의 평가, 입찰가격의 책정, 경제적 수명이 다른 투자안에 대한 평가였다.

이 장에서 살펴본 현금흐름할인분석은 비즈니스 세계에서 사용되는 표준적인 도구이다. 이는 매우 강력한 도구이므로 이를 사용할 때는 많은 점에 유의해야 한다. 가장 중요한 점은 경제적으로 의미가 있는 현금흐름이 파악되어야 한다는 것이다. 이 장은 이러한 점을 인식하는 데 좋은 출발점이 된다.

복습과 자가진단

10.1 투자안 X에 대한 자본예산 투자안 X에 대한 정보가 다음과 같이 주어졌을 때 이 투자안은 선택되어야 하는가? 이에 답하기 위해서 먼저 매해의 추정손익계산서를 작성하라. 그 다음으로 영업현금흐름을 계산하라. 이 투자안의 총현금흐름을 계산하고, 요구수익률을 28%로 가정하여 이 투자안의 NPV를 구하는 것으로 이 문제의 답을 끝내도록 하라. 세율은 21%이다. 도움을 얻기 위해서는 본문에서 살펴본 상어유인물과 동력제초기의 예를 참고하기 바란다.

투자안 X는 그라파이트가 첨가된 새로운 인라인스케이트(in-line skate) 바퀴를 생산하는 투자안이다. 한 개당 1,000$에 연간 6,000개가 판매될 것으로 예상된다. 변동비용은 한 개당 약 400$이고, 이 투자안의 수명은 4년이다.

연간 발생하는 고정비용은 450,000$이다. 또한 제조장비를 구입하는 데 총 1,250,000$가 든다. 제조장비는 MACRS에서 7년짜리 자산에 해당한다. 4년 후에 이 장비는 구입가격의 절반의 가치를 갖는다. 운전자본에 대한 초기 투자비용은 1,150,000$이며 그 이후로 요구되는 순운전자본에 대한 투자는 매출액의 25%이다.

10.2 영업현금흐름의 계산 Mont Blanc Livestock Pens, Inc.의 시설확장 투자안은 두 번째 해의 매출액을 1,650$로 추정하고 있다. 비용은 통상 매출액의 60%로, 이 경우 약 990$가 된다. 감가상각비는 100$이고, 세율은 21%이다. 이 투자안의 영업현금흐름은 얼마인가? 이 장에서 살펴본 모든 접근방법(위에서 밑으로, 밑에서 위로, 세금절약 접근방법)을 사용하여 답을 구해보라.

10.3 돈을 절약하기 위해서 돈을 지출하기? 이 문제의 답을 구하기 위해서는 예제 10.3의 컴퓨터 재고관리시스템의 경우를 참고하라. 이 문제는 구형 감시장치를 교체하기 위한 신형 자동감시장치의 구입에 대한 문제이다. 신형 장치의 구입에는 450,000$의 비용이 들며, 이 장치에 대한 감가상각은 이 장치의 수명인 4년에 걸쳐 정액법으로 이루어지고, 따라서 4년 후 장부상의 잔존가치는 0이 된다. 그러나 4년 후에 이 장치는 철거비용을 빼고 나서도 250,000$의 가치를 가질 것으로 예상된다.

이 신형 장치는 구형 장치와 비교해서 세전 기준으로 연간 125,000$의 비용을 절약할 것으로 기대된다. 세율은 21%이다. 이 신형 자동감시장치를 구입하는 투자안의 NPV와 IRR은 각각 얼마인가? 요구수익률은 17%로 한다.

복습과 자가진단의 해답

10.1 추정손익계산서를 구하기 위해서 4년 동안 발생하는 매년의 감가상각비를 구해야 한다. 적용되는 4년 동안 매년의 MACRS의 감가상각률, 감가상각비, 장부가치는 다음과 같다.

연	MACRS의 감가상각률	감가상각비	기말 장부가치
1	14.29%	0.1429 × $1,250,000 = $178,625	$1,071,375
2	24.49	0.2449 × 1,250,000 = 306,125	765,250
3	17.49	0.1749 × 1,250,000 = 218,625	546,625
4	12.49	0.1249 × 1,250,000 = 156,125	390,500

따라서 추정손익계산서는 다음과 같다.

	연			
	1	2	3	4
매출액	$6,000,000	$6,000,000	$6,000,000	$6,000,000
변동비용	2,400,000	2,400,000	2,400,000	2,400,000
고정비용	450,000	450,000	450,000	450,000
감가상각비	178,625	306,125	218,625	156,125
EBIT	$2,971,375	$2,843,875	$2,931,375	$2,993,875
세금(21%)	623,989	597,214	615,589	628,714
순이익	$2,347,386	$2,246,661	$2,315,786	$2,365,161

이러한 정보에 기초한 영업현금흐름은 다음과 같다.

	연			
	1	2	3	4
EBIT	$2,971,375	$2,843,875	$2,931,375	$2,993,875
감가상각비	178,625	306,125	218,625	156,125
세금	623,989	597,214	615,589	628,714
영업현금흐름	$2,526,011	$2,552,786	$2,534,411	$2,521,286

이제 비영업현금흐름에 대해서 살펴보아야 할 차례이다. 순운전자본은 1,150,000$에서 출발하여 매출액의 25%인 1,500,000$로 증가한다. 따라서 순운전자본의 변화는 350,000$이다.

마지막으로, 제조장비의 구입을 위해 1,250,000$가 투자되어야 한다. 4년 후엔 제조장비의 장부가치는 390,500$이며, 시장가치는 625,000$(구입가격의 절반)로 예상된다. 따라서 세후 잔존가치는 $\$625,000 - 0.21 \times (\$625,000 - \$390,500) = 575,755\$$가 된다.

이상의 모든 정보를 종합하면 투자안 X의 추정현금흐름은 다음과 같이 나타난다.

	연				
	0	1	2	3	4
영업현금흐름		$2,526,011	$2,552,786	$2,534,411	$2,521,286
순운전자본의 변화	−$1,150,000	−350,000			1,500,000
자본지출	− 1,250,000				575,755
총추정현금흐름	−$2,400,000	$2,176,011	$2,552,786	$2,534,411	$4,597,041

이러한 현금흐름을 가지고 할인율 28%에서 NPV를 구하면 다음과 같다.

$$\begin{aligned} \text{NPV} &= -\$2{,}400{,}000 + 2{,}176{,}011/1.28 + 2{,}552{,}786/1.28^2 \\ &\quad + 2{,}534{,}411/1.283 + 4{,}597{,}041/1.284 \\ &= \$3{,}779{,}139 \end{aligned}$$

따라서 이 투자안은 수익성이 꽤 높은 것으로 나타난다.

10.2 우선 이 투자안의 EBIT, 세금, 순이익을 구할 수 있다.

$$\begin{aligned} \text{EBIT} &= \text{매출액} - \text{비용} - \text{감가상각비} \\ &= \$1{,}650 - \$990 - \$100 = \$560 \end{aligned}$$

$$\text{세금} = \$560 \times 0.21 = \$118$$
$$\text{순이익} = \$560 - \$118 = \$442$$

영업현금흐름을 구하면 다음과 같다.

$$\begin{aligned}\text{영업현금흐름(OCF)} &= \text{EBIT} + \text{감가상각비} - \text{세금} \\ &= \$560 + \$100 - \$118 \\ &= \$542\end{aligned}$$

영업현금흐름을 구하는 다른 접근방법들을 사용해서 구하면 다음과 같다.

$$\begin{aligned}\text{밑에서 위로의 접근방법에 의한 OCF} &= \text{순이익} + \text{감가상각비} \\ &= \$442 + \$100 \\ &= \$542\end{aligned}$$

$$\begin{aligned}\text{위에서 밑으로의 접근방법에 의한 OCF} &= \text{매출액} - \text{비용} - \text{세금} \\ &= \$1,650 - \$990 - \$118 \\ &= \$542\end{aligned}$$

$$\begin{aligned}\text{세금절약 접근방법에 의한 OCF} &= (\text{매출액} - \text{비용}) \times (1 - 0.21) + \text{감가상각비} \times 0.21 \\ &= (\$1,650 - \$990) \times 0.79 + \$100 \times 0.21 \\ &= \$542\end{aligned}$$

이미 알고 있는 바와 같이 이러한 접근방법들은 모두 동일한 결과를 가져다준다.

10.3 125,000$의 세전 절약액은 세후 기준으로는 $125,000 × (1 − 0.21) = 98,750$가 된다. 연간 감가상각비 $450,000/4 = 112,500$는 매년 $112,500 × 0.21 = 23,625$의 세금을 절약해준다. 따라서 영업현금흐름은 $98,750 + $23,625 = 122,375$가 된다. 4년 후에 장부가치는 0이 되고, 세후 잔존가치는 $250,000 × (1 − 0.21) = 197,500$이다. 순운전자본에는 변화가 없으므로 현금흐름은 다음과 같이 나타난다.

	연				
	0	1	2	3	4
영업현금흐름		$122,375	$122,375	$122,375	$122,375
자본지출	−$450,000				197,500
총추정현금흐름	−$450,000	$122,375	$122,375	$122,375	$319,875

할인율이 17%라고 할 때 이 투자안의 NPV는 −8,901$가 되고, 내부수익률은 약 16.14%밖에 되지 않는다는 것을 확인해보기 바란다. 이 투자안은 수익성이 없는 것으로 나타난다.

개념복습과 개념질문

1. **기회비용 [LO1]** 자본예산에서 기회비용이란 무엇을 말하는가?
2. **감가상각 [LO1]** 선택할 수 있다면 기업들은 MACRS의 감가상각법을 사용하겠는가, 정액상각법을 사용하겠는가? 그 이유는?
3. **순운전자본 [LO1]** 자본예산에서 우리는 투자된 운전자본이 모두 회수된다고 가정했다. 이는 합리적인 가정인가? 어느 경우에 맞지 않는 가정이 될 수 있는가?

4. **독립평가의 원칙** [LO1] 한 재무관리자가 다음과 같이 말했다고 하자. “우리 회사는 독립평가의 원칙을 사용한다. 왜냐하면 우리는 투자안을 하나의 소형회사로 간주하기 때문이다. 따라서 하나의 별도의 회사이기 때문에 당연히 투자안을 평가할 때 투자안이 발생시키는 금융비용도 포함시킨다.” 이 말은 맞는가?
5. **동일연간비용** [LO4] 둘 이상의 투자안을 비교할 때 동일연간비용(EAC) 분석을 사용하는 것이 적절한 경우는 어떤 경우인가? 동일연간비용 분석이 사용되는 이유는 무엇인가? 이 분석을 사용할 때 요구되는 묵시적 가정들은 문제가 있다고 생각하는가? 설명하라.
6. **현금흐름과 감가상각** [LO1] “투자안들을 평가할 때 우리는 관련된 증분적 세후 현금흐름에만 관심을 갖는다. 따라서 감가상각비는 비현금비용이므로 투자안을 평가할 때 감가상각비가 현금흐름에 미치는 영향을 무시한다.” 이 말은 맞는가?
7. **자본예산 관련 사항** [LO1] 대학교재를 출판하는 어떤 출판사가 재무관리 교과서를 출판하고 있다. 이 출판사는 이 교과서의 핵심내용을 요약한 별도의 교과서를 출판할 것인지에 대해 논의하고 있다. 이 경우 어떤 점이 고려되어야 하는가?

이 예를 가지고 다음의 세 질문에 답하라. 2003년 Porsche는 신형 스포츠유틸리티 자동차(sports-utility vehicle: SUV)인 Cayenne을 시장에 내놓았다. Cayenne은 대당 가격이 $40,000가 넘는 자동차로 9.7초 내에 시속 0마일에서 62마일로 가속이 가능하다. Porsche가 SUV시장에 뛰어들기로 한 이유는 Mercedes-Benz의 M-class가 고가임에도 불구하고 큰 성공을 거둔 것에 자극받았기 때문이다. 이러한 종류의 자동차는 자동차 회사들에게 수년간 높은 이익을 가져다주었다. Cayenne이 시장에서 성공하자 Porsche는 그 후속 모델로 Cayenne Turbo S를 시장에 내놓았다. Cayenne Turbo S는 최대 시속이 183마일이며 3.8초 내에 시속 0마일에서 60마일로 가속이 가능하다. Cayenne Turbo S의 2020년 가격은 얼마였을까? 약 163,250$였다!

일부 전문가들은 Porsche가 고급 SUV시장에 들어가는 것에 대해 의문을 제기했다. 이들이 염려한 점은 Porsche가 이 시장에서 후발주자라는 사실뿐만 아니라 Cayenne을 생산하는 것이 고품질의 자동차를 생산하는 회사라는 Porsche의 이미지를 손상시킬 수도 있다는 것이었다.

8. **잠식** [LO1] Cayenne을 생산하는 투자안을 평가할 때 Porsche의 명성에 손상을 주는 잠식효과(erosion effect)를 고려해야 하는가?
9. **자본예산** [LO1] Porsche는 스포츠 유틸리티 자동차 시장에서 늦게 들어간 후발주자이다. 다른 회사들이 들어가지 않으려는 시장에 어떤 회사가 뒤늦게 들어가는 이유는 무엇인가?
10. **자본예산** [LO1] Cayenne에 대한 투자안을 평가할 때 SUV 시장이 갖고 있는 높은 수익성에 대해서 Porsche가 어떤 가정을 해야 한다고 생각하는가? 시장이 점점 경쟁적으로 되어갈 때 높은 수익성이 그대로 유지될 가능성이 있는가? Porsche는 자신의 이미지와 Cayenne의 성능 때문에 여전히 이 시장에서 이익을 낼 수 있다고 생각되는가?

연습문제

초급문제
(1-20)

1. **관련된 현금흐름** [LO1] Parker & Stone, Inc.는 사우스파크에 새로운 공장을 짓는 것을 고려하고 있다. 이 회사는 창고와 물류센터로 활용하기 위해서 어떤 부지를 6년 전에 2.8백만$를 주고 구입했다. 그러나 그 이후로 사용하고 있지 않다. 이 부지는 여러 비용을 제하고도 현재 3.2백만$에 시장에서 판매될 수 있다. 이 회사는 이 부지에 새 공장을 지으려고 한다. 공장건설비는 14.3백만$이며, 공장건설을 위해 부지를 정비하는 데 825,000$가 든다. 이 투자안을 평가할 때 고정자산에 대한 초기 투자비용으로 보아야 하는 현금흐름은 얼마인가? 왜 그런가?
2. **관련된 현금흐름** [LO1] Winnebagel Corp.는 현재 연간 20,000대의 이동식 주택차량을 한 대당

103,000$에 판매하고 있으며, 고급형 14,000대는 한 대당 155,000$에 판매하고 있다. 이 회사는 제품군을 갖추기 위해서 캠핑용 자동차도 추가로 생산할 것을 고려하고 있다. 이 자동차는 연간 25,000대가 팔릴 것으로 기대하고 있으며, 한 대당 가격은 19,000$로 하기로 했다. 어떤 컨설턴트의 분석에 의하면 Winnebagel이 캠핑용 자동차를 새로 생산한다면 기존의 이동식 주택차량의 판매량이 연간 2,700대 증가할 것이며 고급형의 판매량은 연간 1,300대 줄어들 것으로 나타났다. 캠핑용 자동차의 투자안을 평가할 때 연간 매출액으로 보아야 하는 금액은 얼마인가? 왜 그런가?

3. 추정순이익의 계산 [LO1] 어떤 투자안의 추정매출액이 515,000$이고, 변동비용이 매출액의 36%, 고정비용이 173,000$, 감가상각비는 46,000$로 나타났다. 세율을 21%로 하여 추정손익계산서를 작성해보라. 추정순이익은 얼마인가?

4. 영업현금흐름의 계산 [LO1] 손익계산서가 다음과 같이 주어졌다.

매출액	$704,600
비용	527,300
감가상각비	82,100
EBIT	?
세금(22%)	?
순이익	?

빈칸의 수치를 채우고 영업현금흐름(OCF)을 계산하라. 감가상각의 세금절약액은 얼마인가?

5. 여러 접근방법에 의한 영업현금흐름 [LO1] 어떤 투자안의 추정매출액이 215,000$이고, 비용은 104,000$, 감가상각비는 25,300$로 나타났다. 세율은 23%이다. 본문에서 살펴본 네 가지 서로 다른 접근방법을 사용하여 영업현금흐름을 구하고 이들이 동일한 결과를 가져다주는지 확인하라.

6. 감가상각비의 계산 [LO1] 새롭게 구입한 산업장비의 구입비용이 1.475백만$이고, 이 장비는 MACRS의 자산분류에서 7년짜리 자산으로 분류된다. 이 장비에 대한 매년의 감가상각비를 계산하고 연말 장부가치를 계산하라.

7. 잔존가치의 계산 [LO1] 구입비용이 745,000$인 자산이 있다. 정액상각법을 사용하여 이 자산의 수명인 8년간 감가상각을 할 때 잔존가치는 0이다. 이 자산을 5년간 사용하는 어떤 투자안이 있다. 투자안의 수명이 끝나면 이 자산은 135,000$에 판매될 수 있다. 세율이 21%라고 하면 이 자산의 판매로부터 발생하는 세후 현금흐름은 얼마인가?

8. 잔존가치의 계산 [LO1] 4년짜리 투자안에 사용되는 어떤 자산이 MACRS의 분류에 의하면 5년짜리 자산으로 분류된다. 이 자산의 구입비용은 5.7백만$이고, 투자안이 끝날 때 1.8백만$에 판매될 수 있다. 세율이 21%라고 하면 이 자산의 세후 잔존가치는 얼마가 되는가?

9. 투자안의 영업현금흐름 [LO1] Esfandairi Enterprises는 3년짜리 확장 투자안을 검토하고 있다. 이 투자안의 고정자산에 대한 초기 투자비용은 2.18백만$이다. 고정자산은 3년에 걸쳐 정액법에 감가상각되며, 잔존가치는 0으로 그 이후로 고정자산은 전혀 가치를 갖지 못한다. 이 투자안은 매년 1.645백만$의 매출액을 발생시킬 것으로 예상되며, 비용은 610,000$이다. 세율이 21%라면 이 투자안의 영업현금흐름은 얼마인가?

10. 투자안의 NPV계산 [LO1] 문제 9에서 투자안에 대해 요구되는 수익률이 12%라면 투자안의 NPV는 얼마인가?

11. 투자안의 자산으로부터의 현금흐름 [LO1] 문제 9에서 투자안의 초기 순운전자본이 250,000$이고 투자수명이 끝날 때 고정자산이 갖는 시장가치가 180,000$라 하자. 이 경우 이 투자안이 연도 0에 발생시키는 순현금흐름은 얼마인가? 연도 1에 발생시키는 순현금흐름은? 연도 2는? 연도 3은? 새로운 NPV는 얼마인가?

12. **NPV와 MACRS** [LO1] 문제 9에서 고정자산이 실제로 MACRS의 분류에서 3년짜리 자산으로 분류된다고 하자. 다른 것들이 변하지 않는다면 이 투자안의 연도 1의 순현금흐름은 얼마인가? 연도 2의 순현금흐름은? 연도 3은? 새로운 NPV는 얼마인가?

13. **NPV와 보너스 감가상각** [LO1] 문제 9에서 고정자산이 첫해에 100%의 보너스 감가상각률을 적용받을 수 있다고 하자. 다른 것들이 변하지 않는다면 이 투자안의 연도 1의 순현금흐름은 얼마인가? 연도 2의 순현금흐름은? 연도 3은? 새로운 NPV는 얼마인가?

14. **투자안의 평가** [LO1] Dog Up! Franks는 신형 소시지 생산장비를 385,000$에 구입하는 것을 고려하고 있다. 이 장비는 투자안의 수명인 5년간에 걸쳐 정액법으로 감가상각되며 5년 후 잔존가치는 0이 된다. 그러나 이 장비를 철거하는 데는 60,000$가 든다. 이 신형 생산장비는 세전 기준으로 운영비용을 연간 135,000$ 절약해준다. 또한 순운전자본에 대한 초기 투자비용으로 35,000$가 든다. 세율이 21%이고 할인율이 10%라면 이 투자안의 NPV는 얼마인가?

15. **NPV와 보너스 감가상각** [LO1] 문제 14에서 고정자산이 첫해에 100%의 보너스 감가상각률을 적용받을 수 있다고 하자. 새로운 NPV는 얼마인가?

16. **투자안의 평가** [LO1] 당신 회사가 컴퓨터 주문관리시스템을 535,000$에 구입하는 것을 고려 중이라고 하자. 이 시스템은 5년의 수명 동안 정액법에 의해 감가상각되어 잔존가치가 0이 된다. 그러나 그때 가서 시장가치는 30,000$가 될 것으로 예상된다. 이 시스템을 갖춤으로써 세전 기준으로 연간 165,000$의 비용이 절약될 것으로 기대되며, 또한 운전자본도 60,000$ 감소될 것으로 예상된다(이는 한 번만 발생한다). 세율이 24%라면 이 투자안의 내부수익률(IRR)은 얼마인가?

17. **투자안의 평가** [LO1] 문제 16에서 투자안에 대한 요구수익률이 11%이고, 세전 비용절약액이 연간 150,000$라면 이 투자안은 선택되어야 하는가? 세전 비용절약액이 연간 100,000$인 경우에는 어떤가? 세전 비용절약액이 얼마가 될 때 투자안을 선택하는 것과 선택하지 않는 것에 차이가 없어지는가?

18. **EAC의 계산** [LO4] 고정자산에 대한 초기 투자비용이 345,000$이고, 순운전자본에 대한 초기 투자비용이 25,000$이며, 연간 영업현금흐름이 −41,000$인 5년짜리 투자안이 있다. 고정자산은 투자안의 수명기간 동안 완전히 감가상각되어 잔존가치를 전혀 갖지 않는다. 요구수익률이 11%라면 이 투자안의 동일연간비용(EAC)은 얼마인가?

19. **EAC의 계산** [LO4] 두 종류의 실리콘 웨이퍼 가공기계가 있다. 기계 Techron I의 비용은 265,000$이며, 수명은 3년, 세전 운영비용은 연간 74,000$이다. 기계 Techron II의 비용은 445,000$이며, 수명은 5년, 세전 운영비용은 연간 47,000$이다. 두 기계에 대한 감가상각은 정액상각법을 사용하며, 투자안의 수명이 끝날 때 장부상의 잔존가치는 0이 되지만, 시장가치로 본 잔존가치는 35,000$이다. 세율이 22%이고, 할인율이 10%라고 하면 이 두 기계의 EAC는 각각 얼마인가? 어느 기계를 선택해야 하는가? 그 이유는?

20. **입찰가격의 계산** [LO3] Martin Enterprises는 앞으로 5년간에 걸쳐 매년 110,000개의 공구통을 공급할 수 있는 업체를 물색하고 있는데 당신이 이 계약을 따기 위해서 공개입찰에 참가하기로 했다고 하자. 공구통을 생산하기 위한 생산장비를 구입하는 데는 940,000$가 든다. 생산장비는 투자안의 수명기간 동안 정액법에 의해 감가상각되고 장부상의 잔존가치는 0이 된다. 그러나 5년 후에 생산장비는 실제로 75,000$를 받을 수 있을 것으로 기대된다. 연간 고정 생산비용은 850,000$이고, 변동비용은 공구통 1개당 21.43$이다. 순운전자본에 대한 초기 투자비용은 90,000$이다. 당신에게 적용되는 세율이 21%이고, 당신이 이 투자에 대해 요구하는 수익률이 12%라고 하면 당신은 입찰가격을 얼마로 책정해야 하는가?

중급문제 (21-33)

21. **비용절약 투자안** [LO2] Tanaka Machine Shop은 생산의 효율성을 높이기 위해 새로운 기계를 구입하는 4년짜리 투자안을 검토하고 있다. 새 기계의 구입비용은 445,000$이고, 새 기계는 세전

기준으로 연간 160,000$의 생산비용을 절약해줄 것으로 기대된다. 이 기계는 MACRS의 분류에서 5년짜리 자산으로 분류된다. 또한 투자안의 수명이 끝날 때 이 기계의 잔존가치는 40,000$가 될 것으로 예상된다. 또한 기계의 부품을 재고로 갖고 있어야 하기 때문에 초기에 20,000$가 투자되어야 하며, 그 이후로는 투자안의 수명이 끝날 때까지 매년 2,800$의 추가적 비용이 부품의 재고확보를 위해 요구된다. 이 회사의 세율이 22%이고, 할인율이 9%라면, 이 회사는 새 기계를 설치해야 하는가?

22. **NPV와 보너스 감가상각** **[LO1]** Eggz, Inc.은 닭털을 판매하기 위해서 닭털을 수거하는 장비를 구입할 것을 고려하고 있다. 장비의 구입비용은 525,000$이고, 이에 대해 100%의 보너스 감가상각률을 적용할 수 있다. 5년 후에 투자안의 수명이 끝날 때 이 장비의 잔존가치는 35,000$가 될 것으로 예상된다. 예상되는 닭털 매출액은 연간 348,000$이고, 연간 고정비용은 56,000$, 변동비용은 판매액의 35%이다. 이 투자안은 40,000$의 순운전자본(NWC)에 대한 투자를 요구하며, 이는 투자수명이 끝나면 다시 회수된다. 이 회사에 적용되는 세율이 22%이고, 요구수익률이 9%라면, 이 투자안의 순현가(NPV)는 얼마인가?

23. **상호배타적 투자안의 비교** **[LO1]** Rust Industrial Systems Company는 두 종류의 컨베이어벨트 시스템 중 하나를 선택하려고 한다. 이때, 시스템 A의 비용은 295,000$이고, 수명은 4년이며, 세전 기준으로 연간 77,000$의 가동비용이 든다. 시스템 B의 비용은 355,000$이고, 수명은 6년이며, 세전 기준으로 연간 83,000$의 가동비용이 든다. 두 시스템 모두 정액상각법으로 각 기계의 수명에 따라 감가상각되어 잔존가치는 0이다. 어떤 기계가 선택되든 기계의 수명이 끝나면 새 기계로 대체되지 않는다. 세율은 21%이고 할인율은 8%이다. 이 회사는 어떤 투자안을 선택해야 하는가?

24. **상호배타적 투자안의 비교** **[LO4]** 문제 23에서 이 회사가 계속해서 컨베이어벨트 시스템을 사용해야 한다면, 다시 말해 기계가 낡아 계속해서 새 기계로 대체해 나가야 한다면, 어떤 투자안이 선택되어야 하는가?

25. **입찰가격의 계산** **[LO3]** 앞으로 5년 동안 미국 우정청에 연간 1억 장의 우표를 공급하는 투자안이 있다고 하자. 당신은 5년 전에 750,000$를 주고 구입한 후, 지금은 사용하고 있지 않는 토지를 갖고 있다. 지금 이 토지를 판다면 세후 기준으로 1.1백만$를 받을 수 있고, 5년 후에 판다면 세후 1.3백만$를 받을 수 있다. 우표를 생산하기 위한 새 공장을 짓고 생산장비를 구입하는 데 5.4백만$가 들며 공장과 생산장비는 투자안의 수명인 5년에 걸쳐 정액상각되어 장부상의 잔존가치는 0이 된다. 그러나 투자안의 수명이 끝날 때 생산장비는 575,000$에 판매될 수 있다. 순운전자본에 대한 초기 투자비용은 450,000$이며 그 이후로 매년 순운전자본에 대해 40,000$가 투자되어야 한다. 생산비용은 우표 1장당 0.29센트이고, 연간 고정비용은 1.1백만$이다. 당신에게 적용되는 세율은 23%이고, 당신이 이 투자안에 대해 요구하는 수익률이 10%라면, 계약을 따내기 위해 당신은 어떤 입찰가격을 제시해야 하는가?

26. **입찰가격의 계산** **[LO3]** 앞의 문제에서 생산장비에 대해 MACRS의 3년짜리 자산에 대한 감가상각률이 적용되고 또한 운전자본에 대한 투자를 연간 25,000$로 줄일 수 있다면 입찰가격은 얼마가 되어야 하는가? 100% 감가상각률을 적용할 수 있는 보너스 감가상각을 사용하는 경우에는?

27. **상호배타적 투자안의 비교** **[LO4]** Vandalay Industries는 라텍스를 생산하기 위해 새 기계의 구입을 고려하고 있다. 기계 A의 구입비용은 2.1백만$이고, 수명은 6년이다. 변동비용은 매출액의 35%이고, 고정비용은 연간 315,000$이다. 기계 B의 구입비용은 4.8백만$이고, 수명은 9년이다. 이 기계의 변동비용은 매출액의 30%이고, 고정비용은 연간 355,000$이다. 어느 기계를 사용하든 연간 매출액은 10백$가 될 것으로 예상된다. 요구수익률은 10%이고 세율은 24%이다. 두 기계 모두 정액법으로 감가상각된다. 기계가 낡으면 계속해서 새 기계로 교체해나갈 계획이라면 이 회사

는 어떤 기계를 선택해야 하는가?

28. **EAC의 계산** [LO4] LED 전구가 최근에 인기를 얻고 있다. 금전적으로 볼 때 LED를 사용하는 것이 더 나은 것인가? 전형적인 60와트 백열등의 가격은 0.45$이며 1,000시간 사용할 수 있다. 동일한 밝기를 갖는 7와트 LED의 가격은 2.25$이고 40,000시간을 사용할 수 있다. 미국에서 1킬로와트 시간의 평균 전기료는 0.121$이다. 1킬로와트 시간은 1시간당 1,000와트를 말한다. 당신이 10%의 수익률을 원하고, 1년에 500시간 전등을 사용한다면 LED전구와 백열등의 연간동일비용(EAC)은 각각 얼마인가?

29. **손익분기점 비용** [LO2] 문제 28은 당연히 백열등 대신 LED를 사용해야 한다고 말하고 있다. 그러나 전기료는 지역이나 사용자의 유형(가정용 또는 산업용)에 따라 크게 달라진다. 웨스트버지니아주의 경우에 산업용 전기사용자는 1킬로와트 시간당 0.04$의 전기료가 부과되고, 하와이의 경우에는 가정용으로 전기를 사용할 경우에 1킬로와트 시간당 0.25$의 전기료가 부과된다. 문제 28에서 LED와 백열등의 사용이 동일한 비용을 발생시키는 전기료(손익분기점 전기료)는 1킬로와트당 얼마인가?

30. **손익분기점 비용** [LO2] 문제 28와 29는 당신이 상대적으로 전기료가 낮은 지역에 살지 않는 한, LED전구를 사용하는 것이 금전적인 측면에서 볼 때 더 나은 선택임을 알려준다. 그러나 생각해봐야 할 다른 문제가 있다. 당신이 백열등을 많이 사용하는 집에 살고 있고 평균적으로 연간 500시간을 사용한다고 하자. 따라서 지금 사용하고 있는 전등들은 평균적으로 그 수명(1,000시간)의 반 정도(500시간)를 사용한 전등들이다. 당신은 어떤 전등이 더 오래 사용한 것이고 어떤 전등이 덜 사용한 것인지 구분할 수 없다. 전기료가 1킬로와트 시간당 얼마일 때 백열등을 LED로 당장 교체하는 것이 금전적으로 더 나은 선택이 되는가?

31. **자본예산과 관련하여 고려되어야 할 점들** [LO1] LED 전구가 백열등을 대체해가기 전까지는 절전형 형광등(compact fluorescent lamps: CFL)이 인기를 끌었었다. 그러나 백열등을 CFL을 바꾸는 경우에 비교해봐야 할 점들이 많았다.

1. 백열등은 CFL보다 더 많은 열을 낸다.
2. CFL의 가격은 백열등 가격에 비해 점점 더 낮아질 것이다.
3. CFL은 어쩔 수 없이 약간의 수은을 함유하게 되며 이는 환경에 중대한 위협이 될 수 있고, 다 사용한 CFL은 별도의 조심스러운 관리를 통해 처리되어야 한다. 현재로서는 CFL을 재활용하는 방법이 세워져 있지 않다. 백열등의 처리에는 아무런 위험요소가 없다.
4. 전등이 설치된 지역이나 사용하는 전등 수에 따라 전등을 바꾸는 데 무시할 수 없는 비용(기업의 경우, 상당한 노동비용)이 발생할 수 있다.
5. 가까운 장래에 수은 방출량은 크게 줄어들 것으로 기대되지만, 석탄을 사용하는 발전소는 상당한 양의 수은을 발생시키고 있다.
6. 발전소는 이산화탄소 배출에 큰 부분을 차지하고 있다.
7. CFL을 제조하는 데는 더 많은 에너지와 원료가 들어간다. 작업장에서의 수은 중독과 작업장의 안전이 문제가 될 수 있다.
8. 건물의 고정된 곳에 CFL을 설치한 경우에는 CFL의 수명이 다할 때까지 사용하지 못하고 당신은 다른 곳으로 이사할 수 있다.
9. 발광다이오드(light emitting diode: LED)를 사용한 새로운 기술이 개발되어 점점 더 발전하고 있었다. 현재는 LED가 CFL보다 훨씬 더 비싸지만 점차 값이 하락하고 있었다. LED는 CFL보다 수명이 훨씬 길면서 더 적은 양의 전기를 사용한다. 또한 LED는 수은을 함유하고 있지 않다.

이러한 측면들을 고려할 때, 백열등을 선택하느냐 CFL을 선택하느냐 하는 문제에 대해서 당신은 어떤 입장에 있는가? 최근에 일부 국가들은 백열등의 판매를 금지했다. 당신의 분석에 의하면 이러한 조치는 현명한 것인가? 당신은 백열등의 사용을 바로 전면적으로 금지하는 것 외에 다른 어떤 규제가 있을 수 있다고 판단하는가?

32. **교체 결정** **[LO2]** 당신이 운영하는 조그마한 리모델링 회사는 두 개의 작업장비를 사용한다. 하나는 작업장에 가거나 다른 업무 용도로 사용되는 승용차이며, 다른 하나는 장비를 이동하는 데 사용되는 대형 트럭이다. 자동차는 1갤런당 25마일을 가고, 트럭은 10마일을 간다. 당신은 연료효율성을 높여 비용을 절약하기 위해서 차를 개조하려고 한다. 개조비용은 두 자동차의 경우 동일하다. 개조된 승용차는 1갤런당 40마일을, 개조된 트럭은 1갤런당 12.5마일을 간다. 현재 휘발유 가격은 1갤런당 2.65$이다. 일단 개조하는 것이 좋은 것이라고 가정하고, 어떤 자동차를 개조해야 하는가? 두 자동차 모두 1년 동안에 12,000마일 운행된다.

33. **교체결정** **[LO2]** 문제 32에서 트럭을 1년에 x마일 운행하고, 승용차를 개조하는 것이 더 좋은 선택이 되기 위해서는 승용차를 개조하기 전까지 얼마나 많이 운행해야 하는가? (힌트: 상대적인 휘발유 절약량을 살펴보라.)

고급문제 (34-40)

34. **투자안의 NPV계산** **[LO1]** 당신이 고급 치터(zither)를 생산하는 Pristine Urban-Tech Zither, Inc.(PUTZ)의 컨설턴트로 채용되었다고 하자. 치터시장은 빠르게 성장하고 있다. 이 회사는 유독성 폐기물을 처리하기 위해서 3년 전에 약간의 토지를 1.9백만$에 구입했다. 그러나 지금은 유독성 폐기물의 처리를 다른 회사에 맡기고 있다. 최근의 평가에 의하면 이 회사는 이 토지를 세후 2.2백만$에 팔 수 있고, 4년 뒤에는 세후 2.4백만$에 팔 수 있다. 이 회사는 치터시장에 대한 분석을 275,000$에 한 마케팅 회사에게 맡겼다. 다음은 마케팅 보고서의 일부이다.

> 치터시장은 앞으로 4년간 빠르게 커질 것이다. 브랜드 네임에 대한 인지도를 높이면 PUTZ는 앞으로 매년 5,200개, 5,900개, 6,500개, 4,800개의 치터를 4년간 판매할 수 있을 것이다. PUTZ에 대한 소비자들의 인지도가 높아지면 치터를 1개당 435$라는 프리미엄 가격에도 판매할 수 있다고 판단된다. 치터가 인기를 끄는 것은 유행 때문이므로 4년 후에는 판매를 중단해야 한다고 판단된다.

PUTZ는 이 투자안에 들어가는 고정비용이 매년 375,000$이고, 변동비용이 매출액의 20%가 될 것으로 판단하고 있다. 생산장비의 구입에는 2.8백만$가 들어가고 MACRS의 3년짜리 자산으로 간주되어 감가상각된다. 투자수명이 끝나면 생산장비는 405,000$에 처분될 수 있다. 당장 필요한 순운전자본은 150,000$이다. PUTZ의 법인세율은 22%이고 요구수익률은 13%이다. 이 투자안의 NPV는 얼마인가?

35. **NPV와 보너스 감가상각** **[LO1]** 문제 34에서 생산장비를 구입한 그 해에 100% 감가상각률을 적용할 수 있는 보너스 감가상각을 하는 경우에 NPV는 얼마가 되는가?

36. **투자안의 평가** **[LO1]** Aria Acoustics, Inc.(AAI)는 7옥타브의 임플란트용 음성장치의 판매량을 다음과 같이 예측하고 있다.

연	판매량
1	71,000
2	84,000
3	103,000
4	95,000
5	64,000

이 장치의 생산에는 순운전자본에 대한 초기 투자비용으로 2.3백만$가 들며, 그 이후로는 추정매출액 증가액의 15%에 해당하는 금액이 매년 순운전자본에 추가적으로 투자되어야 한다. 연간 총 고정비용은 2.9백만$이고, 변동비용은 제품 한 개당 285$이며, 제품 한 개당 가격은 410$이다. 생산장비의 구입에 드는 비용은 14.8백만$이다. 이 생산장비는 산업용 기계로 분류되어 MACRS의 7년짜리 자산으로 분류된다. 5년 후에 이 생산장비는 구입비용의 약 20%에 판매될 수 있다. AAI의 한계세율은 21%이고, AAI는 자신의 모든 투자안에 대해서 18%의 수익률을 요구하고 있다. 이 투자안의 NPV는 얼마인가? IRR은?

37. **비용절약액의 계산 [LO2]** 구입비용이 905,000$인 생산비용을 절약해주는 어떤 장비가 있다. 이 장비는 5년간 사용될 수 있지만 세금 목적으로는 MACRS의 분류에서 3년짜리 자산으로 분류된다. 요구되는 초기 순운전자본은 65,000$이고, 한계세율은 22%이며, 할인율은 9%이다. 5년 후 이 장비의 잔존가치는 125,000$로 추정되고 있다. 이 장비에 대한 투자가 수익성을 갖기 위해서는 이 장비는 세전 기준으로 얼마의 비용을 절약해주어야 하는가?

38. **재무적 손익분기점 계산 [LO2]** 본문에서 입찰가격을 살펴볼 때 우리는 투자안의 NPV를 0으로 놓고, 영업현금흐름(OCF)을 가지고 적정 입찰가격을 구했다. 따라서 적정 입찰가격은 투자안이 재무적으로 손익분기점에 도달하는 가격이다. 이러한 분석은 다른 많은 문제들에 대해서도 적용될 수 있다.

a. 문제 20에서 공구통 한 개의 가격을 33$라 하고 투자안의 NPV를 구해보라. 당신이 얻은 답이 입찰가격에 대해 말해주고 있는 것은 무엇인가? 손익분기점에 도달할 때 팔 수 있는 공구통의 수에 대해 알 수 있는 것은 무엇인가? 그 경우 비용은 어떻게 되는가?

b. 문제 20에서 가격이 여전히 33$라고 할 때 손익분기점에 도달할 때 팔 수 있는 공구통 수는 연간 몇 개인가? (힌트: 110,000개보다 적음.)

c. 문제 b에서 가격이 여전히 33$이고 연간 판매량이 110,000개라고 할 때 손익분기점에 있으면서 당신이 감당할 수 있는 최고의 고정비용을 계산해보라. (힌트: 850,000$보다 큼.)

39. **입찰가격의 계산 [LO3]** 음성인식 컴퓨터 키보드를 연간 5,000개씩 4년간 공급하는 계약을 체결하는 입찰에 당신 회사가 참가한다고 하자. 기술발전으로 인해 4년 이후에는 더 이상 이 키보드를 사는 사람이 없어 판매량이 0이 된다고 하자. 이 키보드를 생산하는 장비에 드는 비용은 3.4백만$이고, 생산장비는 정액법으로 감가상각되어 잔존가치가 0이 된다. 순운전자본에 투자되어야 하는 금액은 395,000$이며, 이는 투자안의 수명이 끝날 때 회수된다. 또한 투자수명이 끝날 때 생산장비는 325,000$에 시장에서 판매될 수 있다. 연간 고정비용은 595,000$이고, 변동비용은 키보드 한 개당 85$이다. 이 계약에 추가해서 당신 회사는 앞으로 4년간 한 개당 180$의 가격으로 매년 각각 12,300개, 14,600개, 19,200개, 11,600개의 키보드를 외국에 있는 기업들에게 판매할 수 있다고 생각한다. 세율은 23%이고, 요구수익률은 10%이다. 당신 회사 사장은 순현가가 적어도 100,000$가 되는 투자안만을 선택한다. 이 계약을 따내기 위해서 당신이 책정해야 하는 입찰가격은 얼마인가?

40. **교체 투자안 [LO2]** 구형 컴퓨터를 신형 컴퓨터로 교체하는 것을 고려하고 있다고 하자. 구형 컴퓨터의 비용은 1.4백만$였으며, 신형 컴퓨터의 비용은 1.7백만$가 될 것으로 예상된다. 신형 컴퓨터는 5년의 수명을 가지며, 그 기간 동안 정액상각되어 수명이 끝날 때 장부상의 가치는 0이 된다. 그러나 5년 후에 실제가치는 약 325,000$가 될 것으로 기대된다.

구형 컴퓨터는 연간 281,000$씩 감가상각되고 있으며 3년 후에 완전히 감가상각된다. 지금 이 컴퓨터를 교체하지 않으면 2년 후에 교체해야 한다. 구형 컴퓨터를 지금 시장에서 판다면 450,000$를 받을 수 있다. 그러나 2년 후에는 아마도 130,000$를 받을 것으로 예상된다. 신형 컴퓨터는 연간 315,000$의 운영비용을 절감해준다. 세율은 22%이고, 할인율은 12%이다.

a. 지금 컴퓨터를 교체하지 않으면 2년 후에 교체해야 한다. 지금 교체해야 하는가, 아니면 2년 후에 교체해야 하는가? (힌트: 우리가 여기서 살펴보고 있는 것은 구형 컴퓨터에 "투자"(팔지 않음)해야 하는가, 아니면 신형 컴퓨터에 투자해야 하는가 하는 문제이다. 두 투자안이 서로 다른 수명을 갖고 있다는 것에 유의하라.)

b. 2년 후에 어떻게 되는지에 대해서는 고려하지 않고 구형 컴퓨터를 현재 대체해야 하는지 아닌지에 대해서만 고려한다고 하자. 이 경우의 현금흐름은 어떻게 되는가? 지금 교체해야 하는가, 아닌가? (힌트: 교체하지 않을 경우에 나타나는 세후 현금흐름의 순변화를 살펴보라.)

작은 사례

Conch Republic Electronics (1)

Conch Republic Electronics는 중간 규모의 전자회사로 플로리다주 Key West에 위치하고 있다. 이 회사의 소유주인 Shelly Couts는 70년 전에 설립된 이 회사를 유산으로 물려받았다. 이 회사는 라디오와 다른 가전기구들을 수리하는 사업으로 출발한 회사이다. 그동안 이 회사는 제조회사로 성장했으며 현재는 여러 전자제품을 생산하는 회사로 명성을 날리고 있다. Jay McCanless는 최근에 MBA학위를 획득한 후 이 회사의 재무부서에 취업했다.

Conch Republic의 매출액에 큰 기여를 하고 있는 제품은 이 회사가 생산하고 있는 스마트폰으로 현재 한 개의 스마트폰 모델을 시장에 내놓고 있다. 이 모델은 멋있는 색상과 Jimmy Buffett 음악을 들을 수 있도록 설계되어 있어 시장에서 선풍적인 인기를 얻고 있다. 그러나 전자제품이 다 그러하듯이 기술이 빠른 속도로 발전해서 현재의 스마트폰은 신형에 비해 한정된 기능만을 갖고 있다. Conch Republic은 기존 스마트폰의 기능은 모두 갖고 있으면서 휴대전화기로 사용될 수 있는 신형 스마트폰을 개발하는 데 950,000$를 지출했다. 또한 이 회사는 신형 스마트폰의 시장성을 살펴보기 위한 마케팅 연구에 250,000$를 추가적으로 지출했다.

Conch의 신형 스마트폰은 한 대당 245$의 변동생산비용을 발생시키며, 고정생산비용은 연간 6.9백만$에 달한다. 판매량은 앞으로 5년간 매년 각각 160,000대, 170,000대, 130,000대, 105,000대, 80,000대로 추정되고 있다. 신형 스마트폰의 한 대당 가격은 575$가 될 것이다. 신형 스마트폰을 생산하기 위한 생산장비를 구입하는 데는 49.5백만$의 비용이 들며, 생산장비는 MACRS 분류에서 7년짜리 자산으로 분류되어 있다. 5년 후 생산장비는 6.8백만$의 가치를 갖는 것으로 예상되고 있다.

Conch Republic은 기존 스마트폰의 생산을 2년 후에 중지하려고 계획하고 있다. Conch Republic이 신형 스마트폰을 생산하지 않는다면 앞으로 2년간 기존 스마트폰의 판매량은 각각 매년 95,000대와 65,000대가 될 것이다. 기존 스마트폰은 한 대당 435$에 판매되고 있으며 한 대당 155$의 변동생산비용을 발생시키고 고정생산비용은 연간 4.3백만$에 달한다. Conch Republic이 신형 스마트폰을 시장에 내놓는다면 기존 스마트폰의 판매량은 연간 30,000대 줄어들 것으로 예상되며, 또한 기존 스마트폰의 가격도 한 대당 235$로 낮추어야 한다. 스마트폰의 생산과 판매에는 매출액의 20%에 해당하는 순운전자본이 발생하며 그해의 현금흐름 발생과 같은 기간에 발생한다. 예를 들어 순운전자본에 대한 초기 투자는 없지만 첫해의 매출과 함께 첫해에 순운전자본의 변화가 발생한다. Conch Republic의 법인세율은 21%이고, 요구수익률은 12%이다.

사장 Shelly는 Jay에게 다음과 같은 문제에 대한 답을 구해서 보고할 것을 요구했다.

질문

1. 신형 스마트폰 투자안의 회수기간은 얼마인가?
2. 신형 스마트폰 투자안의 수익성지수는 얼마인가?
3. 신형 스마트폰 투자안의 IRR은 얼마인가?
4. 신형 스마트폰 투자안의 NPV는 얼마인가?

11 투자안의 분석평가

Project Analysis and Evaluation

2019년 여름, Jennifer Lawrence와 James McAvoy가 주연한 *Dark Phoenix*가 "The Phoenix will rise."라는 광고 문구를 가지고 힘차게 상영관에 배포되었다. 하지만 매표소를 통해 얻은 이 영화의 흥행 수입은 형편없었다. 비평가들은 이 영화에 대해 다양한 표현으로 혹평했다.

*Dark Phoenix*가 가져다준 손실은 매우 컸다. 이 영화 제작사인 Twentieth Century Studios와 이 영화 제작에 투자한 투자파트너들이 입은 손실은 1.2억$로 추정되었다. DVD나 스트리밍 판매로 추가적 수입이 발생하기는 하지만, 실제로 10개의 영화 중 4개 정도의 영화가 매표소를 통한 흥행 수입에서는 손실을 발생시킨다. 물론 큰 성공을 거두는 영화들도 많이 있다. 같은 해인 2019년에 Marvel Studios production은 *Avengers: Endgame*으로 전 세계적으로 28억$를 벌었다. 이 영화의 제작비는 3.56억$였다.

Twentieth Century Fox가 영화 *Dark Phoenix*를 제작하면서 1.2억$의 손해를 보려고 계획한 것은 아니지만 실제로 커다란 손해가 발생했다. 이 예가 말해주듯이 투자 결과는 항상 회사가 예상한 대로 나타나는 것이 아니다. 이 장에서는 이러한 상황이 발생할 가능성을 미리 점검해보기 위해서 기업이 어떠한 분석을 해볼 수 있는지에 대해 살펴볼 것이다.

학습목표 _Learning Objectives

이 장을 공부한 후에는 다음과 같은 것들에 대해 알아야 한다.

- **LO1** 투자안의 민감도 분석
- **LO2** 투자안의 시나리오 분석
- **LO3** 현금, 회계적, 재무적 손익분기점
- **LO4** 영업레버리지도가 투자안의 현금흐름에 미치는 영향
- **LO5** 자본할당이 투자안의 선택에 미치는 영향

앞 장에서는 자본투자 의사결정에서 투자안과 관련된 현금흐름을 어떻게 파악하는지에 대해 설명했다. 앞 장의 주된 관심사는 제안된 투자안의 순현가를 구하는 것이었다. 이 장에서는 추정된 순현가의 신뢰성을 평가하는 것에 초점을 맞추면서 투자안 분석에서 고려되어야 할 추가적인 사항들에 대해서 살펴본다.

추정된 현금흐름과 추정된 순현가를 평가해야 하는 필요성에 대해 먼저 언급한 다음, 그러한 추정치를 평가하는 방법들에 대해 살펴본다. 또한 투자안의 평가와 관련된 추가적인 사항들에 대해서도 살펴볼 것이다.

11.1 추정 NPV에 대한 평가

9장에서 설명했듯이 어떤 투자안의 시장가치가 그 비용보다 클 경우에 그 투자안은 양(+)의 순현가를 갖는다. 그러한 투자안은 그 투자안의 소유주에게 가치를 창출해주는 것이기 때문에 바람직한 것이다. 그러나 양(+)의 순현가를 갖는 투자안을 발견하는 데 있어서 가장 큰 문제는 대부분의 경우, 투자안이 갖는 시장가치를 실제로 관찰할 수 없다는 데 있다. 우리는 투자안의 시장가치를 추정할 뿐이다. 투자안의 시장가치가 추정된 것이기 때문에 추정치가 투자안의 진정한 가치에 가까운 것인지를 살펴보는 것은 당연한 것이다. 다음에서는 이에 대해서 살펴보도록 한다.

근본적 문제

앞 장에서 설명한 현금흐름할인(DCF)분석을 한다고 하자. 매몰비용을 피하고, 또한 운전자본의 변화를 고려해야 한다는 것을 기억하면서, 감가상각비는 더해주고, 잠식효과도 고려해주며, 기회비용에 대해서도 유의하면서 해당 투자안과 관련된 현금흐름을 주의 깊게 파악했다고 하자. 그런 다음 파악된 현금흐름을 다시 한 번 점검하고 모든 것이 완료되었을 때 해당 투자안의 순현가가 양(+)의 값을 갖는 것으로 확인되었다고 하자.

이제 무엇을 해야 하는가? 해당 투자안에 대한 분석은 여기서 멈추고 다음 투자안에 대한 분석을 해야 하는가? 아마도 그렇지 않을 것이다. 양(+)의 순현가가 추정되었다는 사실은 분명히 긍정적인 것이다. 그러나 추정치가 양(+)으로 나타났다는 사실은 그 추정치에 대해 더 자세히 살펴볼 필요가 있다는 것을 말해주는 것이기도 하다.

현금흐름할인분석에서 어떤 투자안이 양(+)의 순현가를 갖는 것으로 결론지을 수 있는 경우에는 두 가지 경우가 있다. 첫 번째 경우는 해당 투자안이 정말로 양(+)의 순현가를 갖는 경우이다. 두 번째 경우는 추정치가 부정확하여 해당 투자안이 양(+)의 순현가를 갖는 것처럼 나타나는 경우이다.

또한 반대의 경우도 나타날 수 있다. 다시 말해 현금흐름할인분석이 어떤 투자안의 순현가를 음(−)인 것으로 결론짓더라도 해당 투자안은 실제로는 양(+)의 순현가를 가질 수 있으며, 그러한 경우 우리는 가치 있는 기회를 놓치게 되는 것이다.

추정된 현금흐름과 실제의 현금흐름

여기서 하나 확실히 해둘 필요가 있는 것이 있다. “4년째의 추정현금흐름이 700$이다”라고 말할 때 이는 무엇을 의미하는 것인가? 이는 4년째의 현금흐름이 실제로 700$가 된다는 것을 의미하는가? 그렇지 않다. 물론 실제로 그렇게 나타날 수도 있다. 그러나 700$는 현재 우리가 알고 있는 것을 기초로 하여 추정된 것이다. 그때 가서 나타날 현금흐름의 크기를 변화시킬 수 있는 상황은 얼마든지 존재한다.

우리가 말하고 있는 것은 4년째 가서 나타날 모든 가능성의 현금흐름의 크기를 볼 때 평균적으로 700$의 현금흐름이 나타날 것이라는 것이다. 따라서 우리는 추정된 현금흐름이 실제로 그대로 나타날 것으로 기대하는 것은 아니다. 우리가 기대하는 것은 여러 가능한 경우를 살펴볼 때 평균적으로 그렇게 될 것이라는 것이다.

예측위험

현금흐름할인분석의 주요 요소는 미래현금흐름의 추정치이다. 따라서 추정된 현금흐름이 큰 결함을 가질 때 전형적인 GIGO (garbage in, garbage out; 쓰레기가 들어가서 쓰레기가 나옴) 상황에 빠지게 된다. 이러한 경우에는 수치들을 주의 깊게 배정하고 조정하더라도 총체적으로 다른 결과를 얻게 된다. 이는 현금흐름할인분석과 같이 상대적으로 정교한 기법을 사용하는 경우에 발생할 수 있는 위험이다. 수치를 활용하는 데 너무 신경을 쓰다가 수치 자체가 부정확할 수 있다는 점을 간과하는 실수를 범할 때가 종종 있다.

현금흐름을 잘못 추정함으로써 잘못된 결론에 도달할 수 있는 가능성을 **예측위험**(forecasting risk, 또는 추정위험: estimation risk)이라고 한다. 예측위험 때문에 투자안이 실제로 양(+)의 순현가를 갖지 않는데도 양(+)의 순현가를 갖는 것으로 생각할 수 있다. 이런 경우는 어떤 경우일까? 이런 경우는 미래에 대해 너무 낙관적으로 생각하여 추정현금흐름이 가능한 미래현금흐름을 제대로 반영하지 못할 때 나타날 수 있다.

예측위험(forecasting risk): 현금흐름을 잘못 추정함으로써 틀린 의사결정을 하게 될 가능성 추정위험(estimation risk)이라고도 부른다.

예측위험은 여러 형태로 나타날 수 있다. 예를 들어 Microsoft는 Xbox 게임기를 개발하여 시장에 내놓기 위해서 수십억 달러를 지출했다. Xbox가 기술적으로는 앞섰지만 불행하게도 Microsoft는 판매를 시작한 첫 4개월 동안 단지 4백만 대의 Xbox밖에 팔지 못했다. 이는 Microsoft가 예상한 최저 판매량이었으며, 같은 기간 동안 Sony의 PS4게임기는 6.6백만 대 팔렸다. Xbox가 그 당시로서는 가장 앞선 게임기였음에도 불구하고 많이 판매되지 않은 이유는 무엇인가? 분석가들이 보는 주된 이유는 Xbox의 가격이 Sony의 PS4보다 100$ 정도 비쌌다는 것이다.

지금까지 우리는 예측이 잘못될 가능성에 대해서 무엇을 할 수 있는지에 대해 살펴보지 않았다. 따라서 이 장에서는 예측이 잘못될 경우가 어느 경우이고, 또한 특히 심각한 경우는 어느 경우인지를 확인할 수 있는 도구들에 대해서 살펴보기로 한다. 살펴보아야 하는 것은 추정치가 갖는 경제적 합리성(economic reasonableness)이며, 또한 추정치가 잘못되었을 때 그 잘못이 어느 정도로 심각한 것인지에 대해서 살펴보아야 한다.

가치의 원천

예측위험을 막기 위한 가장 첫 번째 방법은 단순히 다음과 같이 질문하는 것이다. “이 투자가 양(+)의 순현가를 갖게 하는 것은 무엇인가?” 이는 해당 투자에 가치를 가져다주는 가치의 원천으로 무언가 구체적인 것을 지적할 수 있어야 한다는 것이다. 예를 들어 고려 중인 투자안이 신제품의 개발에 관한 것이라면 다음과 같은 질문들을 할 수도 있다. 개발하고자 하는 신제품이 경쟁기업들의 제품보다 확실히 더 나은 것인가? 정말로 더 적은 생산비용으로 제품을 생산할 수 있는가? 더 적은 유통비용으로 제품을 판매할 수 있는가? 아직 개발되지 않은 틈새시장을 확인할 수 있는가? 시장을 관리할 수 있는가?

이러한 것들은 잠재적으로 가치의 원천이 될 수 있는 것들의 단지 일부이며 이외에도 가치를 가져다주는 것들은 많이 있다. 예를 들어 2004년에, Google은 새로운 무료 이메일 서비스인 g-mail을 제공한다고 발표했다. 그 이유는 무엇이었을까? 무료 이메일서비스는 Microsoft나 Yahoo!와 같은 회사들도 널리 제공하고 있는 것이었다. 그 이유는 Google의 이메일 서비스가 찬사를 받고 있는 Google의 검색엔진과 통합되어 제공될 예정이었으므로 Google의 경쟁력을 높여주는 것이었기 때문이었다. 또한 이를 통해 Google은 자신에게 많은 수익을 가져다주는 키워드(key-word)만을 쳐도 광고가 나타나는 사업을 확장할 수 있었다. 따라서 Google이 가진 가치의 원천은 자신이 가진 웹검색 능력과 광고전달 기술을 지렛대로 이용하는 데 있었다.

항상 염두에 두어야 할 가장 핵심적인 사항은 시장에서의 경쟁정도이다. 경제학의 기본원칙은 경쟁이 매우 심한 환경에서는 양(+)의 순현가를 갖는 투자가 매우 드물다는 것이다. 따라서 심한 경쟁에 직면한 상황에서 어떤 투자안이 매우 큰 가치를 갖는 것으로 나타나는 경우에는 해당 투자안에 대해서 특히 유의해서 살펴보아야 하며, 또한 경쟁기업들의 대응에 대해서도 면밀하게 살펴보아야 한다.

예를 들면, 2008년에 평면 LCD텔레비전에 대한 수요가 많았고 가격도 높아서 이익이 매우 높았다. 그러나 2008년에 평면 LCD패널을 생산하기 위해서는 Samsung이나 Sony와 같은 제조회사들은 수십억 달러를 투자해야 했었다. 따라서 이익이 매우 높은 이 시장에 진입하고자 하는 기업들은 수년 후에 공급상황(과 이익률)이 어떻게 될 것인지에 대해서도 고려해야 한다. 실제로 LCD패널의 높은 가격은 오래 가지 않았다. 불과 몇 년 전에 1,000$가 넘는 가격에 판매되던 텔레비전이 2020년에 와서는 300~400$에 판매되었다. 새롭게 나온 4K텔레비전도 수년 후에는 이와 비슷한 가격 하락에 직면할 것이다.

또 한 가지 살펴보아야 할 점은 잠재적(potential) 경쟁이다. 예를 들어 집수리 자재를 파는 소매업체인 Lowe's가 아직 개발되지 않은 지역을 발견하고 그 지역에 상점을 낼 것을 고려하고 있다고 하자. 그 상점이 성공한다면 어떤 상황이 발생할까? 답은 또 다른 집수리 자재 공급업체로 경쟁회사인 Home Depot가 자신의 상점을 그 지역에 낼 가능성이 높으며, 그에 따라 Lowe's의 판매량과 이익도 줄어들 가능성이 높다는 것이다. 따라서 성공이 모방자와 경쟁자를 발생시킨다는 점은 항상 기억해 두어야 할 점이다.

기억해야 할 점은 양(+)의 순현가를 갖는 투자가 그렇게 흔하지 않으며, 특정한 기업이 가질 수 있는 양(+)의 순현가를 갖는 투자안의 수가 거의 확실히 한정되어 있다는 것이다. 따라서 뭔가 특별한 투자안을 다른 기업보다 앞서 발견했다는 것에 대해서 어떤 확실한 경제적 근거를 댈 수 없을 때에는 해당 투자안이 양(+)의 순현가를 갖는 것으로 나타나는 것에 대해서 의심을 갖고 살펴보아야 한다.

개념질문 _Concept Questions

11.1a 예측위험이란 무엇인가? 재무관리자가 예측위험에 대해 유의해야 하는 이유는 무엇인가?
11.1b 투자안이 갖는 잠재적 가치의 원천들에는 어떤 것들이 있는가?

11.2 시나리오 분석과 기타 분석들

투자안이 갖는 현금흐름과 추정순현가를 평가하는 기본적인 방법은 상황이 달라지면 어떻게 되냐는 질문을 하는 것이다. 따라서 상황설정에 의한 분석(what-if analysis)을 어떻게 하는지에 대해 살펴보기로 한다. 이러한 분석을 하는 것은 투자안이 갖는 예측위험의 정도를 평가하고 투자안의 성패를 결정짓는 핵심요소들을 확인하고자 하는 것이다.

시작하기

새로운 투자안을 검토하고 있다고 하자. 첫 번째로 해야 하는 것은 추정된 현금흐름에 기초하여 순현가를 추정하는 것이다. 이를 기초상황(base case)이라고 부르기로 한다. 투자안의 현금흐름은 잘못 추정될 수 있다. 따라서 기초상황에 더하여 미래에 대한 다른 가정이 추정현금흐름에 어떤 영향을 주는가를 조사해야 한다.

조사를 하는 방법 중 하나는 투자안이 갖는 여러 요소들에 대해 상한선과 하한선을 설정하는 것이다. 예를 들어 연간 100단위의 판매량을 예측하고 있다고 하자. 이 추정치는 높은 것일 수도 있고 낮은 것일 수도 있지만, 어느 경우든 예측치보다 위아래로 10단위 이상은 벗어나지 않을 것이라고 어느 정도 확신할 수 있다. 따라서 하한선으로 90단위를 잡고 상한선으로 110단위를 잡을 수 있다. 그런 다음, 판매량 이외의 현금흐름을 구성하는 다른 요소들에 대해서도 한계선들을 설정할 수 있다.

상한선과 하한선을 정한다는 것은 실제로 나타나는 수치가 이러한 범위를 벗어날 가능성을 배제한다는 것을 의미하는 것은 아니며, 다만 실제로 나타나는 평균치가 추정평균치와는 다르게 이 범위 밖에서 나타날 가능성이 없다는 것을 의미하는 것이다.

예를 통해 살펴보기로 하자. 고려 중인 어떤 투자안의 비용이 200,000$이고 그 수명은 5년, 잔존가치는 0이라고 하자. 감가상각은 정액법으로 이루어지며, 이 투자안에 대해 요구되는 요구수익률은 12%, 세율은 21%라고 하자. 또한 다음과 같은 정보가 주어졌다고 하자.

	기초상황	하한선	상한선
판매량	6,000	5,500	6,500
단위당 가격	$ 80	$ 75	$ 85
단위당 변동비용	$ 60	$ 58	$ 62
연간 고정비용	$50,000	$45,000	$55,000

이러한 정보를 가지고 우리는 이 투자안이 갖는 기초상황의 순현가를 구할 수 있다. 먼저 이 투자안의 순이익을 계산하면 다음과 같다.

매출액	$480,000
변동비용	360,000
고정비용	50,000
감가상각비	40,000
EBIT	$ 30,000
세금(21%)	6,300
순이익	$ 23,700

따라서 연간 영업현금흐름은 $30,000 + $40,000 − $6,300 = 63,700$가 된다. 12%의 할인율을 갖는 5년짜리 연금의 현재가치요소의 값은 3.6048이다. 따라서 기초상황의 순현가는 다음과 같다.

$$
\begin{aligned}
\text{기초 사항의 NPV} &= -\$200{,}000 + \$63{,}700 \times 3.6048 \\
&= \$29{,}624
\end{aligned}
$$

따라서 이 투자안은 지금까지는 괜찮아 보인다.

시나리오 분석

시나리오 분석(scenario analysis): what-if 라는 질문에 의해 설정된 상황에 따라 추정된 순현가가 어떻게 변하는지를 살펴보는 것

상황설정에 의한 분석의 기본형태는 **시나리오 분석**(scenario analysis)이다. 시나리오 분석은 예를 들어 판매량이 6,000단위가 아닌 5,500단위로 추정되었을 경우에 순현가는 어떻게 변하는가를 살펴보는 것이다.

다른 상황들에서 나타나는 순현가의 추정치들을 살펴본 결과, 대부분의 상황에서 양(+)의 순현가가 나타나는 것을 발견할 수도 있다. 그러한 경우에는 해당 투자안에 대해 어느 정도의 확신을 가질 수 있게 된다. 그러나 상당히 많은 상황들에서 좋지 않은 결과가 나타나는 경우에는 해당 투자안의 예측위험이 높은 것이며, 따라서 해당 투자안에 대해 더 자세한 분석이 이루어져야 할 것이다.

살펴볼 수 있는 상황들은 여러 개가 있을 수 있다. 가장 먼저 살펴보아야 할 상황은 가장 나쁜 상황일 것이다. 이러한 상황에서 나타나는 순현가는 해당 투자안의 최저 순현가를 알려주는 것이다. 만약 이 경우의 순현가가 양(+)으로 나타난다면 해당 투자안에 대해서 일단 어느 정도 긍정적으로 생각할 수 있을 것이다. 다음으로는 가장 좋은 상황에서 나타나는 순현가의 추정치를 살펴볼 수 있을 것이다. 이 경우에 나타나는 순현가는 해당 투자안이 가질 수 있는 최대 순현가를 알려주는 것이다.

가장 나쁜 상황의 결과를 얻기 위해서는 각 요소에 대해 가장 바람직하지 않은 수치를 부여하는 것이다. 이는 판매량에 대해서는 최저 판매량을, 가격에 대해서는 가장 낮은 가격을, 비용에 대해서는 가장 높은 비용을 부여하는 것을 말한다. 가장 좋은 상황에 대해서는 이와 반대로 하면 된다. 위의 투자안에 대해서 이러한 상황들의 수치들을 집어넣으면 다음과 같이 된다.

	가장 나쁜 상황	가장 좋은 상황
판매량	5,500	6,500
단위당 가격	$ 75	$ 85
단위당 변동비용	$ 62	$ 58
연간 고정비용	$55,000	$45,000

이러한 정보를 가지고 각 상황에서 나타나는 순이익과 현금흐름을 계산하면 다음과 같다. (스스로 해보기 바란다.)

시나리오	순이익	현금흐름	NPV	IRR
기초상황	$ 23,700	$63,700	$ 29,624	17.8%
가장 나쁜 상황*	−18,565	21,435	−122,732	−17.7
가장 좋은 상황	71,495	111,495	201,915	47.9

* 가장 나쁜 상황에서는 세금이 환급된다고 가정한다.

우리가 알 수 있는 것은 가장 나쁜 상황에서도 현금흐름이 여전히 양(+)의 값인 21,435$로 나타난다는 것이다. 이는 좋은 소식이다. 나쁜 소식은 내부수익률(IRR)이 −17.7%이고, 순현가(NPV)가 −122,732$라는 것이다. 이 투자안의 비용이 200,000$이므로 가장 나쁜 상황에서는 초기 투자액의 절반을 넘는 금액을 손해 보게 된다. 가장 좋은 상황에서의 수익률은 47.9%로 매

력적으로 나타난다.

가장 좋은 상황(best case)이나 가장 나쁜 상황(worst case)으로 상황을 구별하는 것은 일반적으로 자주 사용되는 상황 구분으로, 우리도 상황을 이렇게 구분할 것이다. 그러나 이러한 식으로 상황을 구분하는 것은 잘못된 상황 구분이 될 수도 있다. 예를 들어 발생할 수 있는 가장 좋은 상황이란 다이어트 음료를 개발했는데 우연히 감기 치료에도 효과가 있는 것으로 나타나는 경우처럼 때로는 발생할 가능성이 극히 적은 상황일 수도 있다. 마찬가지로 가장 나쁜 상황이란 총체적 재앙이라는 발생 가능성이 거의 없는 상황일 수도 있다.

물론 이러한 상황들이 전혀 발생하지 않는다는 것은 아니며 실제로 발생하기도 한다. 스마트폰과 같은 일부 제품들은 가장 낙관적인 기대치도 훨씬 뛰어넘는 대성공을 보였으며, 또 다른 일부 제품들은 총체적 재앙의 결과를 보이기도 했다. 예를 들어 거대 제약회사 Gilead의 remdesivir는 C형 간염 치료를 위해 2009년에 개발되었지만 큰 효과를 나타내지 못했다. 그러다가 2020년에 많은 환자들을 COVID-19로부터 빠르게 회복시키는 효과를 보였는데 이는 전혀 예상하지 못한 상황이었다.

2018년에 California의 가스 및 전력 공급회사인 Pacific Gas & Electric (PG&E)는 자신의 불량 배전시설로 인해 발생한 대형 산불로 소방당국으로부터 막대한 피해보상 소송을 당했다. 이 산불로 86명이 사망했으며 여러 소도시들이 막대한 피해를 입었다. 2019년 중반까지 PG&E이 소송 당한 배상액은 170억$가 넘었다. 이로 인해 이 회사는 300억$가 넘는 잠재적 부채를 이유로 파산을 신청했다. 또한 PG&E는 추가적인 산불 발생을 예방하기 위해 2019년 10월에 800,00명을 넘는 고객들에 대한 가스 및 전력 공급을 차단하라는 명령을 소방당국으로부터 받았다.

이와 같이 때에 따라서는 매우 극단적인 결과가 나타날 수도 있지만, 순현가의 추정치가 갖는 합리성에 대한 평가는 합리적으로 생각하여 발생할 가능성이 어느 정도 있는 상황을 전제로 해야 한다. 따라서 "가장 좋은 상황"이나 "가장 나쁜 상황"이라는 용어 대신에 "낙관적(optimistic) 상황"이나 "비관적(pessimistic) 상황"이라는 용어를 사용하는 것이 보다 정확할 것이다. 예를 들어 판매량의 합리적인 범위를 설정할 때 가장 좋은 상황이란 상한선에 가까운 판매량을 말하며 가장 나쁜 상황이란 하한선에 가까운 판매량을 말한다.

앞에서 언급한 것과 같이, 검토될 수 있는 상황에 따른 시나리오는 수도 없이 많을 수 있다. 가장 간단하게 생각할 수 있는 조금 더 많은 수의 상황 설정은 기초상황과 2개의 가장 극단적인 상황들 가운데에 있는 상황들을 포함한 것으로, 기초상황을 포함하여 다섯 가지의 상황일 것이다.

그러나 다섯 가지 상황보다 더 많은 상황을 설정하는 경우에는 어디서 선을 그어 그러한 상황들을 서로 구별해야 할지 판단하기 어렵다. 가능한 상황을 더 많이 만들수록 "분석의 마비(paralysis of analysis)"라는 현상에 빠질 위험에 직면한다. 아무리 많은 상황을 설정하더라도 알 수 있는 것은 좋은 상황과 나쁜 상황이 발생할 가능성들에 대한 것뿐이라는 점이 시나리오 분석이 갖는 한계점이다. 시나리오 분석을 어떻게 해야 하는지에 대해 어떤 지침을 주는 것은 없다. 시나리오 분석은 해당 투자안을 선택하는 경우에 어떤 상황이 발생할 수 있고 또한 어떤 잠재적 손실이 발생할 수 있는지를 판단하는 데 도움을 주기는 하지만, 막상 해당 투자안을 선택해야 하는지 선택하지 말아야 하는지에 대해서는 아무것도 말해주고 있지 않다.

그러나 불행하게도 더욱 문제가 되는 것은 가장 나쁜 상황보다도 더 나쁜 상황이 실제로 나타날 수 있다는 것이다. 최근의 Berlin Brandenburg 공항과 Boeing 737 Max 사례는 이를 잘 말해주고 있다.

베를린 Brandenburg 공항의 건설은 1996년에 시작하여 2006년에 건설을 마치는 것으로 되어 있었다. 처음에 예상한 건설 비용은 28.6억€(31억$)였다. 그러나 여러 가지 문제점이 복잡하게 얽히는 바람에 건설은 2006년에도 시작되지 못했고 완공은 2011년 후반까지로 미루어졌다. 그러나 2011년에 완공 사전 검사를 하는 과정에서 전등 일부가 소등되지 않고, 에스컬레이터의 길이가 너무 짧고, 사무실 방의 번호가 잘못 매겨진 실수 등이 발견되었다. 더 심각하게는 화재진압시스템이 제대로 작동하지 않았다.

이러한 문제점으로 인해 항공권이 발행되고 공항 터미널 역이 완공되는 2012년 봄까지로 공항 개항이 미루어졌다. 그러나 이 날짜도 지켜지지 못해서 미리 판매된 모든 항공권이 취소되었으며 일부 열차가 추가 운영되어야 하는 것으로 판단되어 추가적인 건설비도 발생하게 되었다.

개항일은 2014년으로 미루어지고, 다시 2016년으로 미루어졌다. 그러나 2016년이 되면서 실시한 감사를 통해 공항 시설의 57%만이 사용 가능한 것으로 나타났다. 또한 화재진압시스템도 여전히 제대로 작동하지 않는 것으로 나타났다. 6번의 개항 날짜가 지켜지지 못하면서 공항 관계 당국은 개항 날짜에 대한 추정을 포기했다. Brandenburg 공항은 2020년 10월 31일에 마침내 문을 열었다. 하지만 또 새로운 문제가 발생했다. COVID-19로 인해 공항 이용 승객 수가 줄어들어 항공승객이 늘어날 때까지 공항은 손실을 보면서 운영될 수밖에 없는 상황이 되어 버렸다. Brandenburg 공항 건설에 최종적으로 얼마의 비용이 발생했는가는 아직 정확히 집계되지는 않고 있지만, 103억€(112억$)가 든 것으로 보도되고 있는데 이는 처음 예상했던 건설 비용의 3.5배보다 많은 비용이다.

또 다른 예는 Boeing 737 Max의 경우이다. 이 비행기는 처음 운항을 시작한 지 5개월 내에 두 번의 추락 사고를 일으켰다. 이 추락 사고로 인해 전 세계적으로 이 신형여객기의 운항이 금지되었다. 2019년 2분기 동안 Boeing사는 이로 인해 항공사들로부터 총 49억$의 배상 소송을 당했다. 737 Max 항공기만 운항하던 Southwest는 이 항공기의 운항금지로 2019년 2분기에 1.75억$의 손실을 입은 것으로 보도되었다. 이에 따라 Southwest가 자신의 운항기에 Airbus 비행기를 포함하기 위해서 다른 항공사를 인수하려고 한다는 소문도 났었다. 또한 2020년에 Brandenburg 공항에 처음 착륙할 항공기가 Boeing 737 Max이 될 것이라는 냉소적인 농담이 항공업계에 돌아다녔다.

민감도 분석

민감도 분석(sensitivity analysis): 하나의 변수만이 변할 때 순현가가 어떻게 변하는지를 살펴보는 것

민감도 분석(sensitivity analysis)은 시나리오 분석의 한 변형이다. 민감도 분석은 예측위험이 가장 큰 부분이 어느 부분인지를 알게 해주는 데 유용하다. 민감도 분석의 기본개념은 하나의 변수를 제외한 다른 모든 변수들을 동결시켜 놓고, 그 하나의 변수가 변할 때 추정된 순현가가 얼마나 민감하게 변하는가를 살펴보는 것이다. 투자안의 현금흐름을 구성하는 어떤 요소의 추정치가 조금 변할 때 투자안의 순현가가 매우 민감하게 변한다면 그 요소와 관련된 예측위험은 매우 높은 것이다.

민감도 분석을 어떻게 하는가를 살펴보기 위해서 위의 예에서 판매량을 제외한 다른 것들을 기초상황에 고정시킨 다음, 가장 많은 판매량과 가장 적은 판매량에서 현금흐름과 순현가가 어떻게 나타나는지 계산해보자.

시나리오	순이익	현금흐름	NPV	IRR
기초상황	6,000	$63,700	$29,624	17.8%
가장 나쁜 상황	5,500	55,800	1,147	12.2
가장 좋은 상황	6,500	71,600	58,102	23.2

비교를 위해서, 고정비용을 제외한 다른 것들을 고정시켜 놓고 이 분석을 다시 하면 다음과 같은 결과를 얻는다.

시나리오	순이익	현금흐름	NPV	IRR
기초상황	$50,000	$63,700	$29,624	17.8%
가장 나쁜 상황	55,000	59,750	15,385	15.1
가장 좋은 상황	45,000	67,650	43,863	20.5

여기서 알게 되는 것은 주어진 범위 내에서 이 투자안의 추정순현가는 추정고정비용의 변화보다 추정판매량의 변화에 대해서 더 민감하게 반응한다는 것이다. 고정비용이 가장 높은 상황(가장 나쁜 상황)에서도 순현가는 여전히 양(+)으로 나타난다.

판매량에 대한 민감도 분석의 결과는 그림 11.1에서처럼 그래프로 표현될 수도 있다. 그림 11.1의 수직축에는 순현가(NPV)가 표시되어 있고 수평축에는 판매량이 표시되어 있다. 판매량과 그에 상응하는 순현가를 표시하면 이들의 배합이 하나의 직선으로 나타나는 것을 보게 된다. 직선의 기울기가 더 가파르게 나타난다는 것은 해당 변수의 추정치가 변할 때 추정순현가가 더 민감하게 변한다는 것을 말해준다.

민감도 분석은 어떤 가정을 하는가에 따라 결과가 극적으로 변한다. 예를 들어 Bard Ventures는 British Columbia의 몰리브덴 광산개발 투자안을 발표했다. 자본비용 10%로, 몰리브덴의 가격을 톤당 19$로 가정했을 때 이 투자안의 NPV는 1.12억$, IRR은 12.4%로 나타났다. 그러나 톤당 30$를 가정했을 때는 NPV가 11.52억$, IRR이 32%로 나타났다.

이상에서 살펴보았듯이, 민감도 분석은 가장 유의해야 할 변수를 알아내는 데 유용하게 사

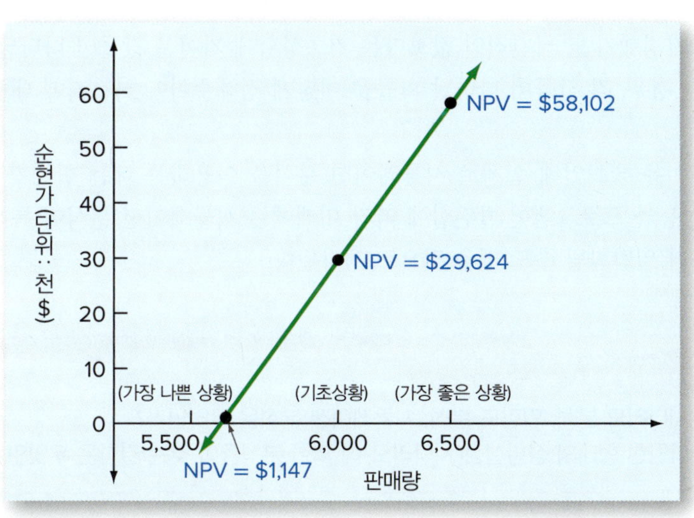

그림 11.1
판매량에 대한 민감도 분석

용된다. 판매량과 같이 예측하기 힘든 변수의 변화에 대해 추정순현가가 특히 민감하게 반응하는 것으로 나타난다면 예측위험이 매우 높은 것이다. 이러한 경우에는 시장조사를 더 해보는 것이 필요할 것이다.

민감도 분석은 시나리오 분석의 한 형태이므로 시나리오 분석과 같은 결함을 갖고 있다. 민감도 분석은 어느 부분에서의 예측 실수가 가장 큰 손실을 가져오는가를 살펴보는 데는 유용하지만 예측 실수에 대해 무엇을 해야 하는지 말해주지 않는다.

시뮬레이션 분석

시뮬레이션 분석(simulation analysis): 시나리오 분석과 민감도 분석을 혼합한 분석

시나리오 분석과 민감도 분석은 널리 사용되고 있다. 시나리오 분석에서는 모든 변수들의 값을 변화시키지만 변수들이 가질 수 있는 값들은 제한되어 있다. 민감도 분석에서는 한 변수의 값만을 변화시키지만 그 변수가 가질 수 있는 값은 여러 개이다. 만약 이 두 분석을 혼합한다면 우리는 투박한 형태의 **시뮬레이션 분석**(simulation analysis)을 하게 되는 것이다.

모든 항목들의 값을 동시에 여러 가지로 변화시킨다면 수많은 상황을 가지게 되며, 따라서 그러한 경우에는 컴퓨터의 도움을 받을 수밖에 없다. 간단한 경우로서 판매량이 5,500에서 6,500 사이의 어떠한 판매량으로도 나타날 수 있으며, 각 판매량이 나타날 가능성이 동일하다고 하자. 이 경우 아무 판매량이나 임의적으로 택한다(또는 컴퓨터에게 그렇게 하도록 명령한다). 그런 다음 가격과 변동비용 그리고 다른 변수들에 대해 임의적인 값을 택할 수 있다(물론 이러한 것도 컴퓨터에게 명령할 수 있다).

관련되는 모든 요소들에 대한 값을 택한 다음에는 그것들을 가지고 투자안의 순현가를 계산할 수 있다. 이러한 과정은 원하는 만큼 아마도 수천 번 이상 얼마든지 반복될 수 있다. 이러한 반복과정에서 나타나는 수많은 추정순현가들의 평균치를 구하고, 또한 그 평균치로부터 벗어날 수 있는 가능성을 알려주는 척도를 얻을 수 있다. 또한 예를 들어 추정순현가가 음(−)으로 나타나는 상황이 전체에서 몇 퍼센트를 차지하는지도 살펴볼 수 있을 것이다.

시뮬레이션 분석은 시나리오 분석을 확장한 형태의 분석이므로 시나리오 분석과 동일한 문제점을 갖고 있다. 다시 말해 시뮬레이션 분석을 통해 얻은 결과를 가지고 무엇을 해야 하는지에 대해 말해주는 의사결정 원칙이 존재하지 않는다. 또한 앞에서 설명한 것은 간단한 형태의 시뮬레이션 분석이다. 제대로 된 시뮬레이션 분석을 하기 위해서는 현금흐름을 구성하는 요소들 간의 관계도 살펴보아야 한다. 또한 앞에서는 각 요소들이 가질 수 있는 값들이 나타날 가능성이 동일하다고 가정했지만, 극단적인 값보다는 기초상황에 가까운 값들이 나타날 가능성이 더 높을 것이다. 그럴 경우, 각 값들이 나타날 확률을 어떻게 정해주어야 하는지에 대해서도 객관적인 기준이 없다.

이러한 이유들로 인해 실제로 시뮬레이션 분석을 이용하는 데는 한계가 있다. 그러나 최근에 컴퓨터 성능과 프로그램이 발전함에 따라 미래에는 시뮬레이션 분석이 특히 대규모 투자안의 분석에서 보다 일반화될 수도 있을 것으로 생각된다.

개념질문 _Concept Questions

11.2a 시나리오 분석, 민감도 분석, 시뮬레이션 분석은 무엇인가?
11.2b 다양한 형태의 상황설정(시나리오)에 의한 분석들이 갖는 결함은 무엇인가?

손익분기점 분석 11.3

투자안의 분석에서 판매량이 핵심변수로 나타나는 경우가 자주 있다. 예를 들어 새로운 시장에 진입하기 위한 신제품의 개발을 고려 중에 있다면 정확하게 예측하기가 가장 힘든 것이 얼마나 판매할 수 있을 것인가 하는 것이다. 이러한 이유 때문에 일반적으로 판매량은 다른 변수들보다 더 자세히 분석되고 있다.

손익분기점 분석(break-even analysis)은 판매량과 이익 간의 관계를 분석하는 데 가장 많이 사용되는 도구이다. 손익분기점 분석에 사용되는 척도들은 다양하며 이들 중 하나에 대해서는 이미 살펴보았다. 즉, 회수기간이 화폐의 시간적 가치를 무시할 때 투자안이 손익분기점에 도달하는 기간으로 해석될 수 있다는 것에 대해서 설명했다(9장).

모든 손익분기점 분석 척도들은 유사한 목적을 갖는다. 간단히 말해, 손익분기점 분석에서는 항상 다음과 같은 질문을 한다. "손실을 보기 위해서는 매출이 얼마나 나쁘게 나타나야 하는가?" 이는 "상황이 그렇게 나쁘게 나타날 가능성이 있는가?" 하는 질문과도 통하는 것이다. 손익분기점 분석을 시작하기 전에 고정비용과 변동비용에 대해서 설명하기로 한다.

고정비용과 변동비용

손익분기점을 이해하기 위해서는 고정비용과 변동비용의 차이를 이해하는 것이 매우 중요하다. 따라서 우리는 이들의 차이에 대해서 보다 명확히 해둘 필요가 있다.

변동비용 **변동비용**(variable cost)은 그 정의상 생산량의 변화와 함께 변하며, 생산량이 0인 경우에는 변동비용도 0이다. 직접노동비용(direct labor cost)과 원재료비용(raw material cost)은 일반적으로 변동비용으로 간주된다. 만약 내일부터 생산활동을 멈춘다면 미래에 사용되는 노동과 원재료가 없기 때문에 당연히 그에 대한 비용도 발생하지 않으므로 이러한 비용들을 변동비용으로 보는 것은 당연하다.

변동비용(variable cost): 생산량이 변할 때 변하는 비용

우리는 변동비용이 생산량 한 단위에 대해 일정한 금액으로 발생한다고 가정한다. 따라서 생산량 한 단위당 변동비용에 생산량을 곱한 것이 총변동비용이다. 총변동비용(VC), 생산량 한 단위당 변동비용(v), 총생산량(Q)의 관계는 다음과 같이 간단히 표현된다.

$$\text{총변동비용} = \text{총생산량} \times \text{생산량 한 단위당 변동비용}$$
$$\text{VC} = Q \times v$$

예를 들어 단위당 변동비용(v)이 2$이고 총생산량($Q$)이 1,000개라면 총변동비용(VC)은 얼마가 되겠는가?

$$\begin{aligned}\text{VC} &= Q \times v \\ &= 1{,}000 \times \$2 \\ &= \$2{,}000\end{aligned}$$

마찬가지로 생산량이 5,000개라면 총변동비용은 5,000 × $2 = 10,000$가 될 것이다. 그림 11.2는 이 경우에 나타나는 생산량과 변동비용 간의 관계를 보여주고 있다. 그림 11.2에서 생산량을 한 단위 증가시킬 때 변동비용이 2$ 증가하는 것을 살펴보라. 따라서 직선의 기울기는 $2/1 = 2$가 된다.

그림 11.2

생산량과 변동비용

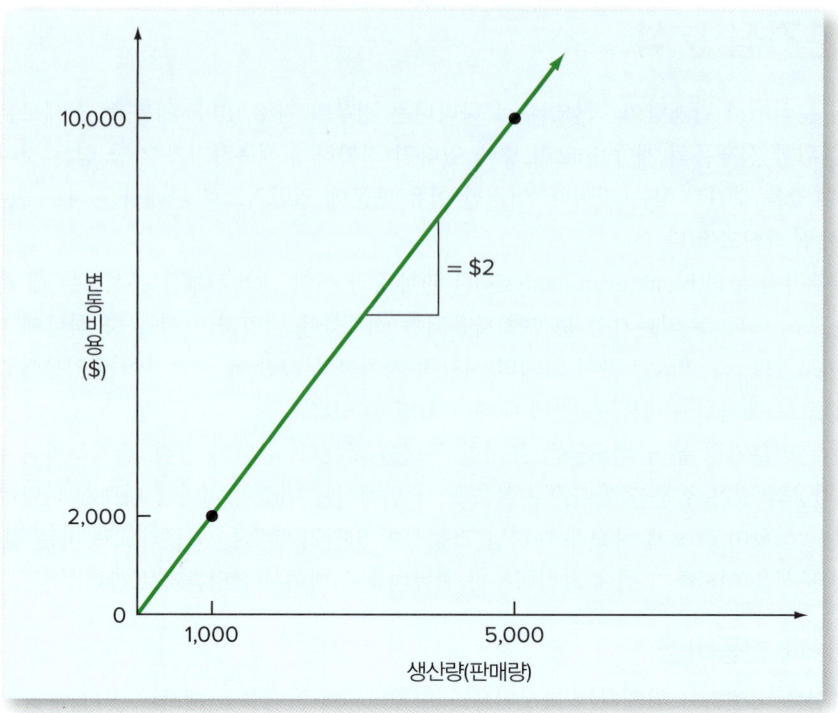

예제 11.1 변동비용

Blume Corporation은 연필을 제조하는 회사이다. 이 회사는 5,000자루의 연필을 주문받고 이 주문을 받을 것인지 아닌지 결정해야 한다. 최근의 경험에 의하면 연필 한 자루를 생산하는 데 5센트의 원재료비용이 들며, 50센트의 직접노동비용이 들어간다. 이러한 변동비용은 미래에도 계속 그대로 발생할 것으로 기대된다. Blume이 이 주문을 받아들인다면 총변동비용은 얼마인가?

연필 한 자루당 50센트의 노동비용과 5센트의 원재료비용이 들어가므로 연필 한 자루당 총변동비용은 55센트이다. 생산량이 5,000자루이므로 총변동비용은 다음과 같이 계산된다.

$$\begin{aligned} VC &= Q \times v \\ &= 5{,}000 \times \$0.55 \\ &= \$2{,}750 \end{aligned}$$

따라서 총변동비용은 2,750$이다.

고정비용(fixed cost): 생산량이 변하는 일정한 기간 동안에 변하지 않는 비용

고정비용 **고정비용**(fixed cost)은 그 정의상 일정한 기간 동안 변하지 않는다. 따라서 변동비용과는 달리 고정비용은 일정 기간 동안(적어도 어떤 생산량의 범위 내에서는) 재화나 서비스의 생산량에 따라 변하지 않는다. 예를 들어 생산시설을 임대하는 임대비용이나 회사 사장의 월급은 적어도 일정 기간 동안에는 고정비용이다.

고정비용이 영원히 고정되어 있는 비용은 아니다. 고정비용은 일정한 기간 동안(예를 들어 1/4분기나 1년 동안)에만 고정되어 있다. 일정한 기간이 지나면 임대료는 더 이상 내지 않게 될 수도 있으며, 사장도 "은퇴"할 수도 있다. 더 정확히 말해 충분한 기간이 주어진다면 모든 고정비용은 변화될 수 있고 없어질 수도 있다. 따라서 장기적으로 모든 비용은 변동비용이다.

일정한 기간 동안 어떤 비용이 고정되어 있고 또한 그 기간 동안 어떠한 상황이 발생하든지 그 비용이 지불되어야 한다면 실제로 그 고정비용은 그 기간 동안에 대해서는 매몰비용이 된다는 점도 유의하기 바란다.

총비용 어떤 생산량에서 발생하는 총비용(TC)은 변동비용(VC)과 고정비용(FC)의 합이다.

$$\begin{aligned} TC &= VC + FC \\ &= v \times Q + FC \end{aligned}$$

따라서 단위당 변동비용이 3$이고, 연간 고정비용이 8,000$라면, 총비용은 다음과 같다.

$$TC = \$3 \times Q + \$8{,}000$$

만약 6,000단위가 생산된다면 총생산비용은 $3 × 6,000 + $8,000 = 26,000$가 된다. 다른 생산량 수준에서는 다음과 같은 결과를 얻는다.

생산량	총변동비용	고정비용	총비용
0	$ 0	$8,000	$8,000
1,000	3,000	8,000	11,000
5,000	15,000	8,000	23,000
10,000	30,000	8,000	38,000

이러한 수치들을 점으로 표시하면 그림 11.3에서처럼 생산량과 총비용의 관계가 직선으로 나타나는 것을 볼 수 있다. 그림 11.3에서 생산량(판매량)이 0일 때 총비용은 고정비용과 같아지는 것을 살펴보라. 생산량이 0보다 클 때에는 생산량이 한 단위 증가할 때마다 총비용이 3$ 증가하며, 따라서 직선의 기울기는 3이다. 다시 말해 한 단위를 더 생산하는 데 발생하는 **한계비용**(marginal cost) 또는 증분적 비용(incremental cost)은 3$이다.

한계비용(marginal cost): 생산량이 한 단위 변할 때 발생하는 비용의 변화. 증분적 비용(incremental cost)이라고도 한다.

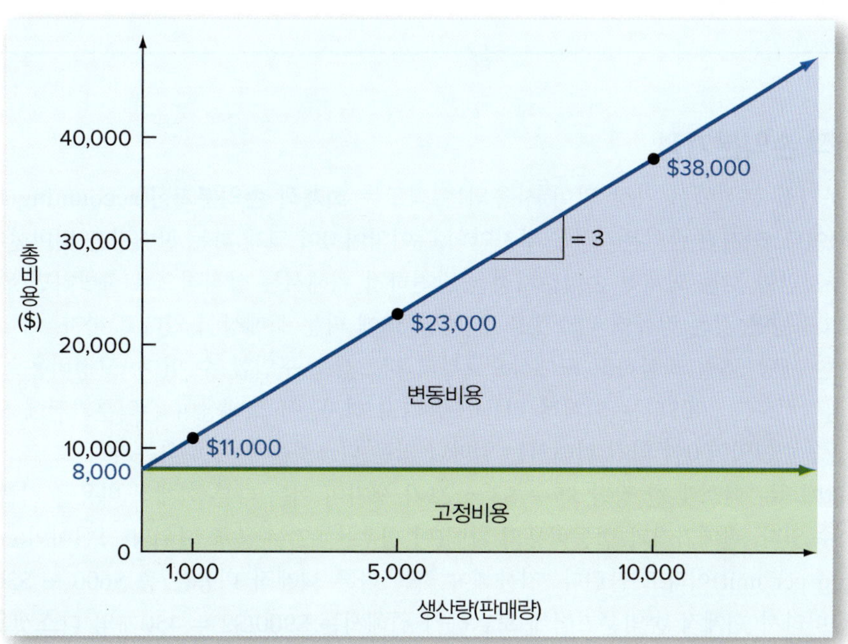

그림 11.3
생산량과 총비용

예제 11.2 **평균비용과 한계비용**

Blume Corporation의 변동비용은 연필 한 자루당 55센트이다. 생산시설의 임대료는 매달 5,000$이다. Blume이 연간 100,000자루의 연필을 생산한다면 총생산비용은 얼마가 되는가? 연필 한 자루당 평균비용은 얼마가 되는가?

매달 발생하는 고정비용이 5,000$이므로 연간 고정비용은 60,000$이다. 변동비용은 연필 한 자루당 55센트이다. 따라서 Blume이 연간 100,000자루의 연필을 생산한다고 가정하면 연간 총비용은 다음과 같이 계산된다.

$$
\begin{aligned}
\text{총비용} &= v \times Q + \text{FC} \\
&= \$0.55 \times 100,000 + \$60,000 \\
&= \$115,000
\end{aligned}
$$

연필 한 자루당 평균비용은 $115,000/100,000 = 1.15$이다.

이제 Blume이 5,000자루의 연필을 특별주문 받았다고 하자. Blume은 이미 생산하고 있는 100,000자루의 연필에 더해 5,000자루의 연필을 추가적으로 생산하기에 충분한 생산용량을 갖고 있다고 하자. 따라서 추가적인 고정비용은 발생하지 않는다. 또한 5,000자루의 주문이 기존에 받고 있는 주문에도 아무런 영향을 미치지 않는다고 하자. 이 주문에 대해 연필 한 자루당 75센트를 받을 수 있다면 Blume은 이 주문을 받아야 하는가?

이 문제의 핵심은 간단하다. 연필 한 자루를 더 생산하는 데는 55센트가 든다. 55센트라는 증분적 비용을 초과해서 받는 금액은 모두 고정비용을 지불하는 데 공헌한다. 75센트의 **한계수입**(marginal revenue) 또는 증분적 수입(incremental revenue)은 55센트의 한계비용보다 큰 금액이다. 따라서 Blume은 이 주문을 받아들여야 한다.

한계수입(marginal revenue): 생산량이 한 단위 변할 때 발생하는 수입의 변화, 증분적 수입(incremental revenue)이라고도 한다.

Blume의 의사결정에서 고정비용인 60,000$는 고려되어서는 안 된다. 왜냐하면 적어도 현재의 기간 동안에는 이 비용은 매몰비용이기 때문이다. 마찬가지로 연필 한 자루당 평균비용이 1.15$라는 사실도 의사결정과는 무관한 비용이다. 왜냐하면 평균비용은 고정비용을 반영하는 비용이기 때문이다. 추가적으로 연필을 5,000자루 더 생산하는 것이 연필 한 자루당 55센트의 변동비용 외에 추가적인 변동비용을 발생시키지 않고, 연필 한 자루당 55센트가 넘는 가격에 판매할 수 있는 한, Blume은 주문을 받아들이는 것이 자신에게 이득이 된다.

회계적 손익분기점

회계적 손익분기점(accounting break-even point): 투자안의 순이익이 0이 되게 하는 판매량

손익분기점 분석에서 가장 많이 사용되는 척도는 **회계적 손익분기점**(accounting break-even point)이다. 회계적 손익분기점은 투자안의 순이익이 0이 되게 하는 판매량을 의미한다.

투자안이 갖는 회계적 손익분기점을 발견하기 위해서는 상식적으로 출발하면 된다. 1조 바이트의 용량을 갖는 컴퓨터 디스켓을 한 개당 5$에 파는 소매상이 있다고 하자. 이 소매상은 디스켓 한 개당 3$를 지불하고 도매상으로부터 디스켓을 구입할 수 있다. 고정비용으로는 600$, 감가상각비로는 300$라는 회계적 비용이 든다고 하자. 이 소매상이 손익분기점에 도달하기 위해서, 즉 순이익이 0이 되기 위해서는 얼마나 많은 디스켓을 팔아야 하는가?

판매되는 디스켓 한 장당 $5 − $3 = 2$가 생기며 이는 다른 회계적 비용을 지불하는 데 사용될 수 있다. 판매가격과 변동비용의 차이(이 경우는 $2)는 종종 단위당 공헌이익(contribution margin per unit)이라고 불린다. 지불해야 하는 다른 회계적 비용은 총 $600 + $300 = 900$이다. 따라서 회계적 손익분기점에 도달하기 위해서는 $900/$2 = 450개의 디스켓을 팔아야만

한다. 450개의 디스켓을 팔 때 총수입이 $5 × 450 = 2,250$가 되고, 변동비용은 $3 × 450 = 1,350$가 된다. 따라서 손익계산서는 다음과 같이 나타난다.

매출액	$2,250
변동비용	1,350
고정비용	600
감가상각비	300
EBIT	$ 0
세금(21%)	0
순이익	$ 0

우리가 살펴보고 있는 것은 제안된 투자안에 대한 것이므로 해당 투자안으로부터 발생하는 순이익이나 현금흐름을 계산할 때 어떠한 이자비용도 고려하지 않는다는 점을 기억하라. 또한 감가상각비가 현금유출은 아니지만 비용에는 포함된다는 점도 유의하라. 감가상각비가 비용에 포함되기 때문에 여기서 살펴보는 것은 회계적 손익분기점이다. 마지막으로 순이익이 0일 때 세전이익과 세금도 0이 된다. 회계적 표현으로는 총수입이 총비용과 같으며, 따라서 세금이 부과될 이익이 존재하지 않는다.

그림 11.4는 실제로 어떤 상황이 발생하는가를 그래프로 보여주고 있다. 그림 11.4는 그림 11.3과 같은 그림에서 총수입을 나타내는 선을 추가한 것이다. 그림 11.4에서 판매량이 0일 때 총수입도 0이다. 생산량이 0보다 클 때 판매되는 한 단위당 5$가 발생하므로 총수입선의 기울기는 5이다.

회계적 손익분기점은 회계적 총수입이 총비용과 일치할 때 발생한다. 총수입선과 총비용선

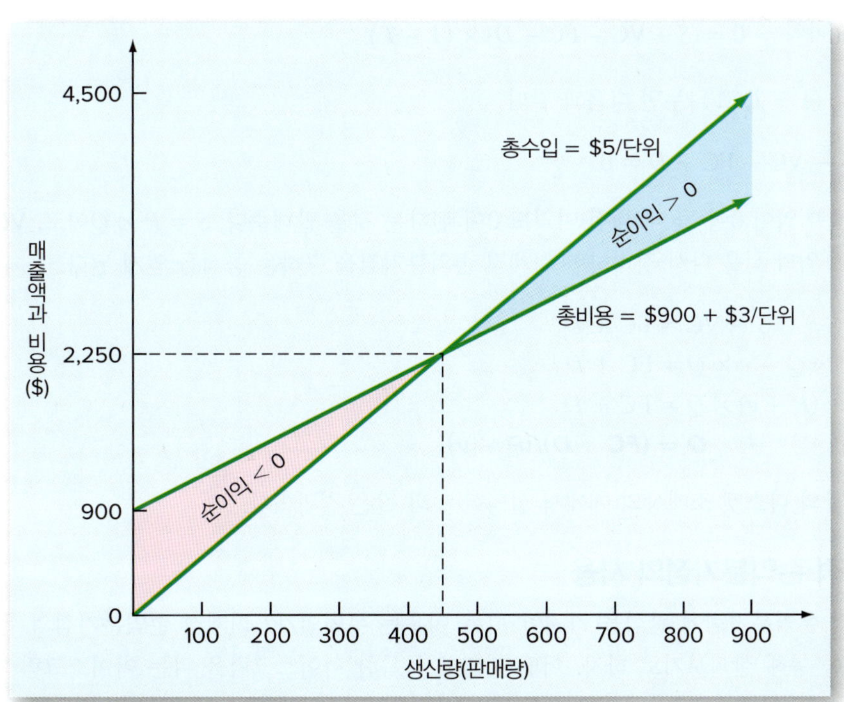

그림 11.4
회계적 손익분기점

은 판매량이 450단위일 때 서로 교차한다. 그림에서 볼 수 있듯이 450개보다 적은 판매량에서는 회계적 순이익은 음(−)이 되고, 판매량이 450개보다 많을 경우에는 회계적 순이익은 양(+)이 된다.

회계적 손익분기점: 보다 자세히 살펴보기

앞의 계산에서, 고정비용과 감가상각비의 합을 (단위당 가격 − 단위당 변동비용)으로 나누어 주면 회계적 손익분기점을 얻게 된다는 것을 살펴보라. 이는 항상 맞는 것이다. 그 이유를 알아보기 위해서 앞에서 사용한 변수들을 다시 정리해 보자.

P = 단위당 판매가격
v = 단위당 변동비용
Q = 총판매량
S = 총매출액 = $P \times Q$
VC = 총변동비용 = $v \times Q$
FC = 고정비용
D = 감가상각비
T = 세율

투자안의 순이익은 다음과 같다.

$$\begin{aligned} \text{순이익} &= (\text{총매출액} \times \text{총변동비용} \times \text{고정비용} \times \text{감가상각비}) \times (1 \times T) \\ &= (\mathrm{S} \times \mathrm{VC} \times \mathrm{FC} \times D) \times (1 \times T) \end{aligned}$$

이를 가지고 회계적 손익분기점을 알아내는 것은 어렵지 않다. 순이익을 0으로 놓으면 다음과 같이 된다.

$$\text{순이익} \overset{\text{SET}}{=} 0 = (S - \mathrm{VC} - \mathrm{FC} - D) \times \left(1 - T\right)$$

양변을 $(1 - T)$로 나누면 다음과 같다.

$$\mathrm{S} - \mathrm{VC} - \mathrm{FC} - D = 0$$

이는 순이익이 0이 될 때 세전 이익도 0이 된다는 것을 말해준다. $S = P \times Q$이고, $\mathrm{VC} = v \times Q$이므로 위의 식을 다시 정리하면 회계적 손익분기점을 구하는 공식을 얻게 된다.

$$\begin{aligned} S - \mathrm{VC} &= \mathrm{FC} + D \\ P \times Q - v \times Q &= \mathrm{FC} + D \\ (P - v) \times Q &= \mathrm{FC} + D \\ \boldsymbol{Q} &= \boldsymbol{(\mathrm{FC} + D)/(P - v)} \end{aligned} \qquad \textbf{[11.1]}$$

이는 앞의 디스켓 소매상의 예에서 설명한 것과 같은 결과이다.

회계적 손익분기점의 사용

회계적 손익분기점에 관심을 가져야 하는 이유는 무엇인가? 회계적 손익분기점의 유용성에 대해 예를 통해 살펴보기로 하자. 어떤 지역에 독특한 아이스크림을 파는 아이스크림 제조업체가 있다고 하자. 이 제조업체는 새로운 시장에 진입할 것을 고려 중에 있다. 시장진입과 관련된 현금흐름의 추정치를 근거로 계산된 시장진입의 순현가는 양(+)으로 나타났다.

예측위험과 관련해서 살펴본 내용을 기억해 볼 때, 새로운 시장에 진입하여 사업을 확장할 것인지 아닌지에 대한 의사결정에 주로 영향을 주는 것은 새로운 시장에서의 판매량이 될 가능성이 높다. 그 이유는 이 아이스크림 제조업체가 적어도 자신이 책정할 아이스크림 가격에 대해서는 알고 있을 것이며, 또한 이미 아이스크림 사업을 하고 있기 때문에 새로운 시장진입과 관련된 생산비용이나 판매비용에 대해서는 상당한 정확성을 갖고 알고 있을 것이기 때문이다. 따라서 이 회사가 상대적으로 정확하게 알지 못하는 것은 새로운 시장에서 얼마나 많은 아이스크림을 팔 수 있을까 하는 것이다.

비용과 판매가격을 안다면 손익분기점은 바로 계산될 수 있다. 손익분기점을 알아낸 후 손익분기점에 도달하기 위해서는, 예를 들어 새 시장에서 30%의 시장점유율을 차지할 정도로 아이스크림을 판매해야 된다는 것을 알 수 있을 것이다. 그러나 이 회사가 이 정도의 판매량을 달성할 수 없을 것으로 판단한다면 (예를 들어 현재의 시장점유율이 10%밖에 되지 않기 때문에) 시장확대 투자안의 순현가가 양(+)으로 나오는 경우에 뭔가 예측이 잘못되어 실제의 순현가는 음(−)이 될 가능성이 있다는 것을 알게 될 것이다. 그러나 다른 한편, 이 회사는 이미 구매자들로부터 손익분기점에 가까운 판매량을 구입하겠다는 사전 언약을 받고 있을지도 모른다. 따라서 손익분기점의 판매량보다 더 많은 양의 아이스크림을 팔 수 있을 것으로 거의 확신하고 있을 수도 있다. 이러한 경우에는 예측위험이 훨씬 낮아지며 이 회사는 시장확대 투자안의 순현가가 양(+)으로 나타난 것에 대해 보다 큰 믿음을 가질 수 있을 것이다.

회계적 손익분기점은 여러 측면에서 유용한 척도이다. 첫째, 나중에 더 자세히 살펴볼 것이지만 회계적 손익분기점과 회수기간은 매우 유사한 척도이다. 회수기간처럼 회계적 손익분기점도 그 계산과 설명이 상대적으로 쉬운 척도이다.

둘째, 경영자들은 종종 투자안이 기업의 회계적 이익에 기여하는 것에 관심을 갖고 있다. 회계적 의미에서 손익분기점에 도달하지 못하는 투자안은 실제로 기업의 회계적 이익을 감소시키는 투자안이다.

셋째, 회계적 손익분기점에 있는 투자안은 재무적 또는 기회비용적 기준에서 볼 때는 실제로 돈을 잃는 투자안이다. 이는 그 투자안에 투자된 돈을 다른 곳에 투자했더라면 더 많은 돈을 벌 수 있다는 것을 의미한다. 회계적 손익분기점에 있는 투자안은 주머니에서 나온 돈만을 생각할 때는 돈을 잃고 있는 것은 아니다. 즉, 주머니에서 꺼내서 지불한 돈을 다시 주머니로 회수하는 것이다. 비경제적으로 생각할 때 기회상실로 인해 잃게 되는 돈은 주머니에서 꺼낸 돈을 잃게 되는 것보다 편하게 생각될 수는 있다.

개념질문 _Concept Questions

11.3a 고정비용은 어떤 점에서 매몰비용과 유사한가?
11.3b 회계적 손익분기점에서 순이익은 얼마인가? 세금은 얼마인가?
11.3c 재무관리자가 회계적 손익분기점에 관심을 갖는 이유는 무엇인가?

11.4 영업현금흐름, 판매량, 손익분기점

회계적 손익분기점은 투자안을 분석하는 데 유용하게 사용될 수 있는 도구 중 하나이다. 그러나 궁극적으로 관심을 가져야 하는 것은 회계적 순이익이 아니라 현금흐름이다. 따라서 예를 들어 판매량이 주요 변수라면 판매량과 회계적 손익분기점의 관계보다는 판매량과 현금흐름의 관계에 대해 더 많은 관심을 가져야 한다.

이 절에서는 영업현금흐름과 판매량 간의 관계에 대해서 살펴볼 것이다. 또한 다른 손익분기점 척도에 대해서도 설명할 것이다. 설명을 간단히 하기 위하여 세금이 미치는 효과에 대해서는 무시하기로 한다. 우선 회계적 손익분기점과 영업현금흐름의 관계를 살펴보는 것으로 시작해 보자.

회계적 손익분기점과 영업현금흐름

회계적 손익분기점을 찾는 방법을 알고 나면 영업현금흐름은 어떻게 되는가 하는 의문이 당연히 생길 것이다. 이들 간의 관계를 예를 통해 살펴보기로 하자. Wettway Sailboat 주식회사가 새로운 요트의 개발을 검토하고 있다고 하자. 이 새 요트의 판매가격은 한 척당 40,000$, 변동비용은 한 척당 20,000$, 고정비용은 연간 500,000$이다.

기초상황 새 요트 개발에 필요한 생산장비에 투자되어야 하는 금액은 3,500,000$이다. 이 금액은 생산장비의 수명인 5년에 걸쳐 정액법에 모두 감가상각된다. 생산장비의 잔존가치는 0이며, 운전자본에는 변화가 없다. Wettway는 이 투자안에 대해 20%의 수익률을 기대한다.

시장조사와 과거의 경험에 기초해서 볼 때 Wettway는 5년 동안 약 425척, 연간 약 85척의 새 요트를 판매할 수 있을 것으로 예상하고 있다. 세금을 무시한다면 이 투자안은 채택되어야 하는가?

우선 연간 85척의 요트가 가져다주는 (세금을 무시한) 영업현금흐름은 다음과 같이 구할 수 있다.

$$
\begin{aligned}
\text{영업현금흐름} &= \text{EBIT} + \text{감가상각비} - \text{세금} \\
&= (S - \text{VC} - \text{FC} - D) + D - 0 \\
&= 85 \times (\$40{,}000 - \$20{,}000) - \$500{,}000 \\
&= \$1{,}200{,}000/\text{연}
\end{aligned}
$$

20% 할인율에서 5년짜리 연금의 현재가치요소의 값은 2.9906이므로 이 투자안의 순현가는 다음과 같다.

$$
\begin{aligned}
\text{NPV} &= -\$3{,}500{,}000 + \$1{,}200{,}000 \times 2.9906 \\
&= -\$3{,}500{,}000 + \$3{,}588{,}720 \\
&= \$88{,}720
\end{aligned}
$$

따라서 추가적인 정보가 없다면 이 투자안은 채택되어야 한다.

손익분기점의 계산 이 투자안을 보다 자세히 살펴보기 위해서는 다음과 같은 질문들을 할 수 있다. 예를 들어 회계적 손익분기점에 도달하기 위해서 Wettway는 새 요트를 몇 척이나 팔아야 하는가? Wettway가 손익분기점에 있다면 이 투자안이 발생시키는 연간 영업현금흐름은 얼마인가? 그 경우 이 투자안이 갖는 수익률은 얼마인가?

고정비용과 감가상각비를 고려하기 전에 Wettway는 요트 한 척당 \$40,000 − \$20,000 = 20,000\$를 발생시킨다. 이는 수입에서 변동비용을 빼준 금액이다. 연간 감가상각비는 \$3,500,000/5 = 700,000\$이다. 고정비용과 감가상각비를 합하면 총 120만\$가 된다. 따라서 Wettway가 회계적 손익분기점에 도달하기 위해서는 연간 $(\text{FC} + D)/(P - v)$ = \$120만/\$20,000 = 60척의 요트를 팔아야 한다. 이는 예상 판매량보다 25척 적은 판매량이다. 따라서 Wettway가 예상 판매량에 대해, 예를 들어 15척의 오차를 갖고 확신한다고 가정하면 이 투자안이 회계적 손익분기점에도 도달하지 못하는 결과를 가져올 것이라고 보기는 어렵다.

이 경우에 Wettway의 영업현금흐름을 계산하기 위해서는 60척이 판매되면 순이익은 정확히 0이 된다는 사실에 주목할 필요가 있다. 앞 장에서 투자안의 영업현금흐름이 순이익에 감가상각비를 더한 것으로 표현될 수 있다고(밑에서 위로의 접근방법) 한 것을 기억하면, 이 경우에는 영업현금흐름이 감가상각비 700,000\$와 같게 700,000\$가 된다는 것을 알 수 있다. 내부수익률은 정확히 0이 된다(왜 그런가?).

회수기간과 손익분기점 위의 예가 보여주듯이, 투자안이 회계적 기준으로 손익분기점에 있는 경우에는 항상 그 기간 동안의 현금흐름이 감가상각비와 일치하게 된다. 이러한 결과는 회계적으로 볼 때 완전히 맞는 것이다. 예를 들어 5년짜리 투자안에 100,000\$를 투자하고 정액법으로 연간 20,000\$씩 감가상각하여 잔존가치가 0인 경우를 보자. 만약 투자안이 매기간 손익분기점에 도달한다면 매기간의 현금흐름은 20,000\$가 되어야 할 것이다.

투자안의 수명 동안 발생하는 현금흐름의 합계는 \$20,000 × 5 = 100,000\$로 초기 투자액과 같아진다. 이러한 사실이 말해주고 있는 것은 투자안이 매기간 회계적 손익분기점에 있다면 투자안의 회수기간은 정확히 투자안의 수명과 같아진다는 것이다. 마찬가지로 투자안이 손익분기점보다 더 나은 성과를 가져다준다면 투자안의 회수기간은 투자안의 수명보다 짧고, 투자안은 양(+)의 내부수익률을 갖는다.

투자안이 회계적 손익분기점에 있다는 것이 말해주는 나쁜 소식은 그러한 경우 투자안의 순현가가 음(−)으로 나타난다는 것이다. 앞의 요트 투자안의 경우, Wettway가 거의 확실하게 적어도 회계적 손익분기점에는 도달한다는 사실은 "하방(downside)위험"(잠재적 손실)이 제한되어 있다는 것을 의미하기 때문에 부분적으로 위안이 되는 것이기도 하지만, 새 요트 투자안이 정말로 수익성을 갖는 투자안인지에 대해서는 아직 알지 못한다. 이에 대해서는 더 살펴보아야 할 것이다.

판매량과 영업현금흐름

이제 보다 일반화된 예를 통해 다른 손익분기점 척도들에 대해 살펴보기로 한다. 앞의 절에서 살펴본 것처럼 투자안의 영업현금흐름(OCF)은 세금을 무시한다면 EBIT에 감가상각비를 더한 것으로 간단히 표현된다.

$$\begin{aligned}\textbf{OCF} &= [(P - v) \times Q - \text{FC} - D] + D \\ &= \boldsymbol{(P - v) \times Q - \text{FC}}\end{aligned} \qquad \textbf{[11.2]}$$

따라서 Wettway의 새 요트 투자안의 경우, 영업현금흐름(단위: 1,000\$)과 판매량의 일반적인 관계는 다음과 같다.

$$\begin{aligned} \text{OCF} &= (P - v) \times Q - \text{FC} \\ &= (\$40 - \$20) \times Q - \$500 \\ &= \$20 \times Q - \$500 \end{aligned}$$

이 결과가 말해주고 있는 것은 영업현금흐름과 판매량의 관계가 기울기가 20$(단위: 1,000$)이고, Y축의 절편이 −500$(단위: 1,000$)인 직선으로 나타난다는 것이다. 여러 판매량에서의 영업현금흐름을 계산하면 다음과 같다.

판매량	영업현금흐름
0	−$ 500
15	− 200
30	100
50	500
75	1,000

그림 11.5는 이를 나타내고 있다. 이제 그림 11.5에 표시되어 있는 세 개의 서로 다른 손익분기점에 대해 살펴보기로 하자.

현금 손익분기점, 회계적 손익분기점, 재무적 손익분기점

영업현금흐름과 판매량의 관계가 (세금을 무시할 때) 다음과 같다는 것을 앞에서 보았다.

$$\text{OCF} = (P - v) \times Q - \text{FC}$$

이 식을 정리하여 Q에 대해 풀면 다음과 같다.

$$\mathbf{Q = (FC + OCF)/(\mathit{P} - \mathit{v})} \quad [11.3]$$

이 식은 주어진 영업현금흐름(OCF)을 달성하기 위해 필요한 판매량을 말해주고 있다. 따라서 이는 회계적 손익분기점보다 넓은 개념이다. 우리는 이를 사용하여 그림 11.5에 표시되어 있는 여러 손익분기점을 발견할 수 있다.

그림 11.5
영업현금흐름과 판매량

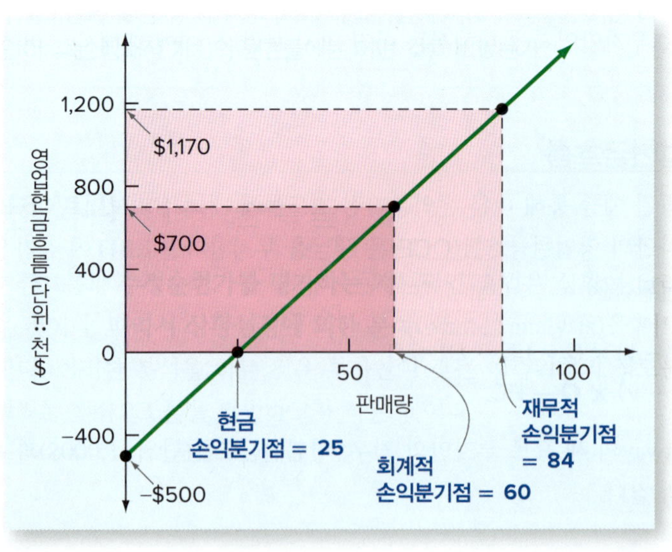

회계적 손익분기점 그림 11.5에서 영업현금흐름이 감가상각비(D)와 같은 경우를 보자. 이는 회계적 손익분기점에 있는 상황이다. 이 상황에서의 판매량을 알기 위해서 700$의 감가상각비를 영업현금흐름(OCF)에 대입한다.

$$
\begin{aligned}
Q &= (\text{FC} + \text{OCF})/(P - v) \\
&= (\$500 + \$700)/\$20 \\
&= 60
\end{aligned}
$$

이는 앞에서 이미 구한 판매량과 동일한 판매량이다.

현금 손익분기점 투자안이 회계적 손익분기점에 있다면 순이익은 0이 되지만, 영업현금흐름은 여전히 양(+)으로 나타난다. 따라서 회계적 손익분기점 아래의 어떤 판매량에서 영업현금흐름은 음(−)으로 나타날 것이다. 이는 매우 반갑지 않은 상황이다. 만약 이러한 상황이 발생한다면 투자안을 유지하기 위해서는 실제로 투자안에 추가적인 자금을 공급해야 한다.

현금 손익분기점(cash break-even point; 영업현금흐름이 0이 되는 점)을 발견하기 위해서는 OCF에 0을 대입한다.

현금 손익분기점
(cash break-even point):
영업현금흐름이 0이 되는 판매량

$$
\begin{aligned}
Q &= (\text{FC} + 0)/(P - v) \\
&= \$500/\$20 \\
&= 25
\end{aligned}
$$

따라서 Wettway는 500$(단위: 1,000$)의 고정비용을 지불하기 위해서 25척의 요트를 팔아야 한다. 그림 11.5에서 이 점은 영업현금흐름선이 수평축을 지날 때 나타난다.

영업현금흐름 기준으로 손익분기점에 있는 투자안은 자기 자신의 고정비용은 지불하고 있지만 그것이 전부라는 점에 유의하기 바란다. 다시 말해 투자안이 돌려주는 것은 아무것도 없으며, 따라서 초기 투자액은 완전한 손실액이 되는 것이다. IRR은 −100%이다.

재무적 손익분기점 마지막으로 살펴볼 것은 순현가가 0이 되게 하는 판매량을 의미하는 **재무적 손익분기점**(financial break-even point)이다. 재무관리자에게는 이 경우가 가장 관심 있는 경우이다. 재무적 손익분기점을 발견하기 위해서는 순현가를 0으로 만드는 연간 영업현금흐름이 얼마인가를 먼저 살펴보고, 그런 다음에 그 금액에서의 판매량을 확인해야 한다.

재무적 손익분기점(financial break-even point): 순현가(NPV)가 0이 되는 판매량

Wettway는 자신의 투자액 3,500$(단위: 1,000$)에 대해서 20%의 수익률을 요구하고 있다. 연간 20%의 기회비용을 고려하면 재무적 손익분기점에 도달하기 위해서 Wettway는 요트를 얼마나 팔아야 하는가?

요트 투자안의 수명은 5년이다. 이 투자안의 영업현금흐름의 현재가치가 3,500$의 투자액과 같아질 때 이 투자안은 0의 순현가를 갖는다. 매년의 영업현금흐름이 동일하기 때문에 우리는 이를 일반연금으로 생각하여 구할 수 있다. 5년짜리 일반연금의 현재가치요소는 20%의 할인율에서 2.9906이다. 따라서 연간 영업현금흐름(OCF)은 다음과 같이 구해진다.

$$
\begin{aligned}
\$3{,}500 &= \text{OCF} \times 2.9906 \\
\text{OCF} &= \$3{,}500/2.9906 \\
&= \$1{,}170
\end{aligned}
$$

따라서 Wettway는 재무적 손익분기점에 도달하기 위해서는 매년 1,170$의 영업현금흐름을 필

요로 한다. 이제 이 영업현금흐름을 식에 대입하여 판매량을 구하면 된다.

$$Q = (\$500 + \$1{,}170)/\$20$$
$$= 83.5$$

따라서 Wettway는 연간 약 84척의 요트를 판매해야 한다. 이는 좋은 소식이 아닌 것 같다.

그림 11.5에서 볼 수 있듯이 재무적 손익분기점은 회계적 손익분기점보다 훨씬 높게 나타난다. 이러한 경우가 일반적으로 나타나는 경우이다. 우리가 알게 된 것은 새 요트 투자안이 상당한 예측위험을 갖고 있다는 것이다. Wettway는 연간 85척의 요트를 판매할 수 있을 것으로 예상하고 있다. 그러나 겨우 요구수익률을 달성하기 위해서도 84척의 요트를 판매해야 한다.

결론 전반적으로 볼 때, Wettway의 새 요트 투자안이 회계적 손익분기점에 도달하지 못할 것으로는 보이지 않는다. 그러나 실제로 음(−)의 순현가가 나타날 가능성이 매우 높다. 따라서 이 예는 회계적 손익분기점만을 살펴보는 것에 대한 위험을 알려주고 있다.

Wettway는 어떻게 해야 하는가? 이 새 투자안은 채택하기 어려운 투자안인가? 이 상황에서의 의사결정은 기본적으로 경영적 판단에 달려 있다. 경영적 판단을 위해서는 다음과 같은 중대한 질문들을 해보아야 할 것이다.

1. 회사는 투자안과 관련된 예측치에 대해 얼마나 확신하고 있는가?
2. 이 투자안이 회사의 미래에 얼마나 중요한가?
3. 판매량이 매우 저조한 것으로 나타날 때 회사가 입는 피해는 어느 정도인가?
4. 이 경우 회사가 가질 수 있는 옵션(선택권)은 무엇인가?

이와 같은 문제에 대해서는 나중에 살펴볼 것이다. 앞으로의 참조를 위해서, 표 11.1에 지금까지 설명한 여러 손익분기점 척도들을 요약하였다.

표 11.1
손익분기점 척도들

I. 손익분기점의 일반적 표현

세금을 무시할 때, 영업현금흐름(OCF)과 판매량(Q)과의 관계는 다음과 같다.

$$Q = \frac{FC + OCF}{P - v}$$

FC = 총고정비용
P = 단위당 가격
v = 단위당 변동비용

이러한 관계는 회계적 손익분기점, 현금 손익분기점, 재무적 손익분기점을 계산하는 데 이용될 수 있다.

II. 회계적 손익분기점

순이익을 0으로 만드는 판매량을 회계적 손익분기점이라고 한다. 순이익이 0일 때 영업현금흐름은 감가상각비와 같아진다. 따라서 회계적 손익분기점은 다음과 같이 구해진다.

$$Q = \frac{FC + D}{P - v}$$

매기간 회계적 손익분기점에 있는 투자안의 회수기간(payback period)은 투자안의 수명과 같다.
회계적 손익분기점에서 순현가는 음(−)이 되고 IRR은 0이 된다.

III. 현금 손익분기점

영업현금흐름을 0으로 만드는 판매량을 현금 손익분기점이라고 한다. 현금 손익분기점은 다음과 같이 구해진다.

$$Q = \frac{FC}{P - v}$$

현금흐름을 기준으로 항상 손익분기점에 있는 투자안은 아무것도 돌려주지 않는다.
순현가는 음(−)의 값을 가지며, 그 크기는 초기투자액과 같다.
따라서 초기투자액이 전부 손실로 발생하므로 IRR은 −100%이다.

(계속)

IV. 재무적 손익분기점

투자안의 순현가를 0으로 만드는 판매량을 재무적 손익분기점이라고 한다.
재무적 손익분기점은 다음과 같이 구해진다.

$$Q = \frac{FC + OCF^*}{P - v}$$

OCF*는 순현가를 0으로 만드는 OCF이다. 재무적 손익분기점에 있는 투자안의 할인 회수기간(discounted payback period)은 투자안의 수명과 같으며, 순현가는 0이고, IRR은 요구수익률과 같다.

표 11.1
손익분기점 척도들

개념질문 _Concept Questions

11.4a 어떤 투자안이 회계적 기준으로 손익분기점에 있다면 투자안의 영업현금흐름은 얼마인가?
11.4b 어떤 투자안이 현금 기준으로 손익분기점에 있다면 투자안의 영업현금흐름은 얼마인가?
11.4c 어떤 투자안이 재무적 기준으로 손익분기점에 있다면 그 투자안의 할인회수기간에 대해 알 수 있는 것은 무엇인가?

영업레버리지 11.5

지금까지는 투자안이 갖는 다양한 손익분기점들을 어떻게 계산하고 그 의미가 무엇인지에 대해서 살펴보았다. 여기서는 그러한 손익분기점들을 결정하는 것이 무엇이며 손익분기점들이 어떻게 변할 수 있는가에 대해서 살펴보기로 한다.[1]

기본개념

영업레버리지(operating leverage)는 투자안이나 기업이 갖고 있는 고정비용의 정도를 말한다. 낮은 영업레버리지를 갖고 있는 기업은 높은 영업레버리지를 갖고 있는 기업과 비교할 때 적은 고정비용을 발생시키고 있는 기업이다. 일반적으로 말해, 공장이나 시설에 상대적으로 많은 투자를 요구하는 투자안은 상대적으로 높은 영업레버리지도(degree of operating leverage)를 가지게 된다. 그러한 투자안을 자본집약적(capital intensive) 투자안이라고 부른다.

영업레버리지(operating leverage): 기업이나 투자안이 고정비용에 의존하는 정도

제품을 생산하거나 판매할 때는 항상 고정비용에 대해 다른 선택을 할 수 있다. 예를 들어 Wettway 주식회사는 요트 생산에 필요한 설비를 갖추어 요트에 들어가는 부품을 자체적으로 생산할 수 있다. 그러나 다른 선택으로는 일부 작업을 다른 기업에 위탁할 수도 있다. 첫 번째 선택을 한다는 것은 공장이나 설비에 대한 투자를 더 많이 하는 선택이며, 그에 따라 고정비용과 감가상각비가 더 커져서 높은 영업레버리지도를 발생시키는 선택이다.

영업레버리지가 갖는 의미

어떻게 측정하는가에 관계없이 영업레버리지는 투자안의 평가에 중요한 의미를 갖는다. 고정비용이 영업수입의 작은 변화율을 영업현금흐름과 순현가의 큰 변화율로 확대시키는 역할을 한다는 의미에서 고정비용은 지렛대와 같은 역할을 한다. 따라서 영업 레버리지(leverage)라고 부르

[1] 세금을 무시한다는 가정은 그대로 유지된다. 세금이 손익분기점과 DOL에 미치는 영향을 살펴보기 위해서는 문제 25와 문제 26을 참고하라.

는 것은 고정비용의 이러한 지렛대(lever) 역할을 가리키는 것이다.

영업레버리지도가 높을수록 예측위험의 잠재적 크기는 더 커진다. 그 이유는 영업레버리지도가 높으면 판매량의 작은 예측오차가 현금흐름의 큰 예측오차로 증폭(levered up)될 수 있기 때문이다.

경영관리적 측면에서 매우 불확실한 투자안을 다루는 하나의 방법은 그 투자안의 영업레버리지도를 가능한 한 최대로 낮추는 것이다. 이렇게 하는 것은 일반적으로 손익분기점을 (어떠한 척도의 손익분기점이든) 최저 수준으로 낮추는 효과를 발생시킨다. 이에 대해서는 곧 살펴볼 것이므로 여기서는 우선 영업레버리지를 어떻게 측정하는지에 대해 살펴보기로 한다.

영업레버리지의 측정

영업레버리지도(degree of operating leverage: DOL): 판매량의 변화율에 대한 영업현금흐름의 변화율

영업레버리지를 측정하는 한 가지 방법은 예를 들어 판매량이 5% 증가한다면 영업현금흐름은 몇 % 변하는가 하는 질문을 해보는 것이다. 이는 **영업레버리지도**(degree of operating leverage: DOL)로 다음과 같이 정의된다.

OCF의 변화율 = DOL × 판매량(Q)의 변화율

OCF와 Q의 관계를 이용하면 DOL은 다음과 같이 표현된다.[2]

DOL = 1 + FC/OCF **[11.4]**

FC/OCF 비율은 단순히 고정비용을 총영업현금흐름의 비율로 나타낸 것이다. 고정비용이 0일 때 DOL의 값은 1이 된다는 점을 살펴보라. 이는 판매량의 변화율이 바로 영업현금흐름의 변화율과 동일하다는 것을 의미한다. 즉, 고정비용의 지렛대 역할이 전혀 발생하지 않는다는 것이다.

영업레버리지를 영업레버리지도로 측정하는 것을 구체적으로 살펴보기 위해 Wettway의 요트 투자안으로 돌아가보자. 고정비용은 500$였으며, $(P - v)$는 20$였다. 따라서 OCF는 다음과 같았다.

$$\text{OCF} = \$20 \times Q - \$500$$

Q가 현재 50척이라면, OCF는 \$1,000 − \$500 = 500\$가 된다.

Q가 50척에서 51척으로 한 단위 증가한다면 Q의 변화율은 (51 − 50)/50 = 0.02 = 2%이다. $(P - v)$가 20$ 증가하기 때문에 OCF는 520$로 증가한다. 따라서 OCF의 변화율은 (\$520 − \$500)/\$500 = 0.04 = 4%이다. 따라서 요트 판매량의 2% 증가는 영업현금흐름의 4% 증가로 이어지고, 영업레버리지도는 2가 된다. 이는 다음의 관계에서 확인해볼 수 있다.

$$\begin{aligned}\text{DOL} &= 1 + \text{FC/OCF}\\ &= 1 + \$500/\$500\\ &= 2\end{aligned}$$

[2] Q가 한 단위 증가하면 OCF는 $(P - v)$만큼 증가한다. 이 경우, Q의 변화율은 $1/Q$이고, OCF의 변화율은 $(P - v)$/OCF이다. 따라서 우리는 다음과 같은 관계를 얻게 된다.

OCF의 변화율 = DOL × Q의 변화율

$(P - v)/\text{OCF} = \text{DOL} \times 1/Q$

$\text{DOL} = (P - v) \times Q/\text{OCF}$

OCF의 정의에 의하면, OCF + FC = $(P - v) \times Q$이다.

따라서 DOL = (OCF + FC)/OCF = 1 + FC/OCF가 된다.

이를 통해 우리의 계산이 맞다는 것이 확인되었다.

DOL은 현재의 판매량 수준(Q)에 따라 달라진다. 그러나 현재의 판매량에서 한 단위만 변하는 것이 아니라 어떤 단위가 변하더라도 DOL은 계산될 수 있다. 이를 확인하기 위해서 Q가 50에서 75로 50% 증가했다고 하자. DOL = 2라면 영업현금흐름은 100%(정확히 두 배) 증가해야 한다. 그렇게 나타나는가? 그렇다. Q가 75일 때 OCF는 다음과 같이 나타난다.

$$\text{OCF} = -\$500 + \$20 \times 75 = \$1{,}000$$

영업레버리지도는 판매량(Q)이 증가함에 따라 감소한다는 것에 유의하라. 판매량이 75일 때 DOL은 다음과 같이 나타난다.

$$\begin{aligned}\text{DOL} &= 1 + \$500/\$1{,}000 \\ &= 1.50\end{aligned}$$

판매량이 증가함에 따라 DOL이 감소하는 이유는 영업현금흐름의 비율로 표시된 고정비가 점점 작아지므로 고정비용의 레버리지 효과가 감소하기 때문이다.

영업레버리지 **예제 11.3**

Sasha 주식회사는 현재 한 캔당 1.20$에 강아지 먹이를 팔고 있다. 캔당 변동비용은 80센트이고, 포장 및 마케팅활동을 위한 고정비용은 연간 360,000$이다. 감가상각비는 연간 60,000$이다. 이 회사의 회계적 손익분기점은 얼마인가? 세금을 무시할 때 판매량이 회계적 손익분기점보다 10% 증가한다면 그에 따라 영업현금흐름은 얼마나 증가하는가?

회계적 손익분기점은 $420,000/$0.4 = 1,050,000캔이다. 회계적 손익분기점에서 영업현금흐름은 감가상각비(60,000$)와 같으므로 영업레버리지도는 다음과 같이 구해진다.

$$\begin{aligned}\text{DOL} &= 1 + \text{FC/OCF} \\ &= 1 + \$360{,}000/\$60{,}000 \\ &= 7\end{aligned}$$

영업레버리지도가 7이므로 판매량의 10% 증가는 영업현금흐름을 70% 증가시킨다.

구한 답이 맞는지 확인하기 위해서, 판매량이 10% 증가했을 때의 판매량이 1,050,000캔 × 1.1 = 1,155,000캔임을 우선 살펴보라. 따라서 이 경우 세금은 고려되지 않기 때문에 영업현금흐름은 1,155,000 × $0.4 − $360,000 = 102,000$가 될 것이다. 판매량이 증가하기 전의 영업현금흐름이 $60,000였으므로 영업현금흐름이 정확하게 70% ($102,000/$60,000 = 1.7) 증가한 것을 알 수 있다.

영업레버리지와 손익분기점

우리는 Wettway의 요트 투자안을 가지고 영업레버리지가 왜 중요한가를 살펴보도록 한다. 기초상황에서 연간 요트 판매량은 85척이었으므로 영업레버리지도는 다음과 같이 계산된다.

$$\begin{aligned}\text{DOL} &= 1 + \text{FC/OCF} \\ &= 1 + \$500/\$1{,}200 \\ &= 1.42\end{aligned}$$

또한 판매량이 85척일 때 NPV는 88,720$였고, 회계적 손익분기점은 60척이었다.

Wettway가 가질 수 있는 옵션(option)은 선체를 하청생산하는 것이다. 이렇게 할 경우 Wettway의 필요투자금액은 3,200,000$로 줄어들며, 고정영업비용은 180,000$로 줄어든다. 그러나 변동비용은 한 척당 25,000$로 상승한다고 하자. 그 이유는 하청을 주는 것이 자체 생산보다 더 비싸기 때문이다(물론 항상 그런 것은 아니다). 세금을 고려하지 않고 이 옵션을 평가해보기로 하자.

연습을 위해 다음과 같이 되는지 확인해보라.

20%의 할인율에서 판매량이 85척일 때의 NPV = $74,720
회계적 손익분기점 = 55척
영업레버리지도 = 1.16

어떤 상황이 발생한 것인가? 이 옵션을 선택할 경우의 추정순현가는 이 옵션을 선택하지 않았을 경우보다 약간 낮게 나타나며, 회계적 손익분기점도 60척에서 55척으로 감소한다.

하청생산이 투자안의 순현가를 낮게 만든다면 하청생산을 고려해야 할 이유가 있는가? 있을 수 있다. 하청생산을 하는 경우에 영업레버리지도는 상당히 낮아진다. 따라서 Wettway가 자신이 이 투자안에 대해 너무 낙관적으로 판단하고 있을지도 모른다는 우려를 하고 있다면 Wettway는 하청을 선호할 수도 있다.

또 다른 이유로 Wettway는 하청을 고려할 수도 있다. 만약 판매가 기대한 것보다 호조를 보인다면 이 회사는 나중에 언제든지 선체를 자체 생산하는 옵션을 선택할 수도 있다. 현실적으로, 생산설비를 구매함으로써 영업레버리지를 증가시키는 것은 생산장비를 판매함으로써 영업레버리지를 감소시키는 것보다 훨씬 쉽다. 우리가 살펴본 현금흐름할인(DCF)분석이 갖는 결함 중 하나는 옵션(나중에 24장에서 살펴볼 것이지만)이 매우 중요함에도 불구하고 투자안과 관련된 옵션을 고려하지 않은 분석이라는 점이다.

개념질문 _Concept Questions

11.5a 영업레버리지란 무엇인가?
11.5b 영업레버리지는 어떻게 측정되는가?
11.5c 재무관리자에게 투자안의 영업레버리지가 갖는 의미는 무엇인가?

11.6 자본할당

자본할당(capital rationing): 기업이 양(+)의 순현가를 갖는 투자안들을 갖고 있음에도 불구하고 이들에 필요한 자금을 충분히 확보하지 못하고 있는 상황

양(+)의 순현가를 갖는 수익성 있는 투자안을 여러 개 갖고 있음에도 불구하고 이들에 투자할 자금이 충분하지 않을 경우에 **자본할당**(capital rationing)이 존재한다고 말한다. 예를 들어 대규모 기업의 어떤 부문을 맡고 있는 경영자가 5백만$가 투자되어야 하는 매우 좋은 투자안을 발견하였는데도 사용할 수 있는 자금은 2백만$밖에 되지 않을 수 있다. 이러한 경우에는 어떻게 해야 하는가? 불행하게도 이에 대해서는 다음에서 설명하는 이유들로 인해 만족스러운 답을 얻기가 어렵다.

연성할당

방금 언급한 것과 같은 상황은 **연성할당**(soft rationing)이라고 부른다. 이러한 상황은 예를 들어 기업 내의 여러 부문들이 자신의 자본지출로 매년 일정한 금액만을 할당받고 있을 때 발생한다. 기업 내에서 부문별로 자본지출로 사용될 수 있는 일정 금액을 할당하는 것은 기업 전체적으로 지출을 통제하고 관리하기 위한 것이다. 연성할당에 대해 유의해야 할 점은 이러한 상황이 기업 전체적으로 자금이 부족한 상황을 말하는 것은 아니라는 것이다. 경영진은 원한다면 일반적인 조건으로 필요한 자금을 조달할 수 있다.

연성할당(soft rationing): 기업 내 각 부문의 자본지출이 일정액으로 할당되어 있는 상황

연성할당에 직면할 때 각 부문의 경영자가 할 수 있는 것은 보다 많은 자금을 할당받으려고 노력하는 것이다. 그러나 추가자금을 할당받는 데 실패한다면 할당된 자금을 가지고 얻을 수 있는 최대의 순현가를 얻는 수밖에 없다. 이는 투자안들 중에서 가장 높은 혜택-비용 비율(수익성지수)을 보이는 투자안을 선택해야 한다는 것을 의미한다.

그러나 이는 엄밀하게 말해서 연성할당이 한 번만 발생하고 다음 해에는 발생하지 않는 경우에만 맞는 말이다. 그러나 연성할당 상황이 계속 발생하고 그에 따라 수익성지수를 기준으로 수익성지수가 높은 투자안만을 선택하게 되면 문제가 발생할 수 있다. 그 이유는 1장으로 돌아가보면 알 수 있다. 연성할당이 지속되는 상황에서 지속적으로 수익성지수가 높은 투자안들만 채택하게 되면 매우 큰 양(+)의 순현가를 갖는 투자안을 계속 놓치게 되는 상황이 발생한다. 이는 1장에서 언급한 기업의 목적(재무관리의 목적)에 맞지 않는 선택을 한다는 것을 의미한다. 기업가치를 극대화하는 선택을 하지 않는다면 의사결정의 객관적 목적이 더 이상 존재하지 않기 때문에 어떤 투자안을 채택해야 하는지도 불분명해진다.

강성할당

강성할당(hard rationing)은 어떠한 경우에도 해당 투자안을 실행하기 위한 자본을 조달할 수 없는 상황을 말한다. 건실한 대기업의 경우에 이러한 상황은 자주 발생하지 않는데 이는 매우 다행스러운 것이다. 왜냐하면 강성할당이 존재한다면 투자안 자체를 실행할 수 없기 때문에 현금흐름할인분석도 결국 아무 의미가 없게 된다.

강성할당(hard rationing): 어떠한 경우에도 해당 투자안에 필요한 자금을 조달할 수 없는 상황

강성할당은 기업이 재무적 곤경(financial distress)에 처했을 때 발생할 수 있다. 이는 기업이 파산 가능성에 직면한 경우를 의미한다. 또한 기업은 기존의 계약을 파기하지 않고서는 필요한 자금을 조달할 수 없는 상황에 처할 수도 있다. 이러한 상황에 대해서는 나중 장에서 살펴볼 것이다.

개념질문 _*Concept Questions*

11.6a 자본할당은 무엇을 말하는가? 자본할당에는 어떤 종류가 있는가?
11.6b 자본할당은 현금흐름할인분석에 어떤 문제를 발생시키는가?

11.7 요약과 결론

이 장에서는 현금흐름할인분석의 결과를 평가하는 방법들에 대해 살펴보았으며 실제로 발생하는 일부 문제점들에 대해서도 언급하였다. 이 장의 내용을 요약하면 다음과 같다.

1. 추정된 순현가는 추정된 미래현금흐름에 따라 달라진다. 잘못된 미래현금흐름의 추정은 잘못된 추정순현가로 연결된다. 이를 예측위험(forecasting risk)이라고 한다.
2. 시나리오 분석과 민감도 분석은 투자안의 성공에 중요한 영향을 미치는 변수들을 확인하고, 어떤 변수에 대한 예측이 잘못되었을 때 가장 큰 피해가 발생할 수 있는가를 확인하는 데 유용한 도구들이다.
3. 다양한 형태의 손익분기점 분석들은 달성해야 하는 판매량을 확인하는 데 유용하다.
4. 영업레버리지는 손익분기점의 크기를 결정짓는 핵심요소 중 하나이다. 영업레버리지는 기업이나 투자안이 사용하는 고정비용의 상대적 크기를 반영한다. 영업레버리지도는 판매량의 변화에 대해 영업현금흐름이 얼마나 민감하게 변하는지를 말해준다.
5. 일반적으로 투자안은 그와 관련하여 기업이 택할 수 있는 미래의 여러 경영적 옵션(선택권)을 갖고 있다. 그러한 옵션들은 매우 중요할 수 있다. 그러나 표준적인 현금흐름할인분석은 투자안이 갖고 있는 옵션들을 무시하고 있다.
6. 수익성이 거의 확실한 투자안을 실행하기 위한 자금이 부족할 때 자본할당이 존재한다고 말한다. 자본할당이 존재하는 경우에는 순현가가 반드시 적절한 판단기준이 되지 않을 수도 있으므로 일반적인 현금흐름할인분석은 문제를 가질 수 있다.

이 장이 강조하고 있는 것은 추정된 순현가나 추정된 수익률을 액면 그대로 받아들여서는 안 된다는 것이다. 이들은 추정된 현금흐름에 따라 크게 달라진다. 추정된 현금흐름에 상당한 오차가 있다면 현금흐름할인분석의 결과는 가감하여 판단되어야 할 것이다.

그러나 이러한 문제점에도 불구하고, 현금흐름할인분석은 여전히 가장 좋은 투자판단분석이다. 왜냐하면 현금흐름할인분석은 우리로 하여금 투자안에 대해서 올바른 질문을 하도록 유도하기 때문이다. 그러나 이 장이 말하고 있는 것은 올바른 질문이 올바른 답을 항상 보장하는 것은 아니라는 것이다.

복습과 자가진단

다음과 같은 상황을 기초상황(base case)으로 하여 질문들에 답하라.

고려 중인 어떤 투자안에 드는 비용은 750,000$이고, 이 투자안의 수명은 5년이다. 감가상각은 정액법에 의하며 잔존가치는 없다. 요구수익률은 17%이고, 세율은 21%이다. 판매량은 연간 500단위로 추정된다. 단위당 가격은 2,500$이고, 단위당 변동비용은 1,500$, 고정비용은 연간 200,000$이다.

11.1 시나리오 분석 위에 주어진 판매량, 가격, 변동비용, 고정비용이 모두 5%의 오차로 정확한 것이라고 하자. 이들의 상한치와 하한치는 얼마인가? 기초상황에서의 순현가는 얼마인가? 가장 좋은 상황과 가장 나쁜 상황에서의 순현가는 얼마인가?

11.2 손익분기점 분석 기초상황에서 이 투자안의 현금 손익분기점, 회계적 손익분기점, 재무적 손익분기점에서의 판매량은 얼마인가? 세금은 고려하지 않는다.

복습과 자가진단의 해답

11.1 이 투자안과 관련된 정보들을 요약하면 다음과 같다.

	기초상황	하한선	상한선
판매량	500	475	525
단위당 가격	$ 2,500	$ 2,375	$ 2,625
단위당 변동비용	$ 1,500	$ 1,425	$ 1,575
연간 고정비용	$200,000	$190,000	$210,000

연간 감가상각비는 150,000$이다. 이러한 정보를 가지고 각 상황(시나리오)에서의 현금흐름을 구할 수 있다. 가장 나쁜 상황에 대해서는 가장 높은 비용과 가장 낮은 가격을 적용하고, 가장 좋은 상황에 대해서는 그 반대로 한다는 것을 기억하라.

시나리오	판매량	판매가격	단위당 변동비용	고정비용	현금흐름
기초상황	500	$2,500	$1,500	$200,000	$268,500
가장 좋은 상황	525	2,625	1,425	190,000	379,100
가장 나쁜 상황	475	2,375	1,575	210,000	165,800

17%의 할인율에서 5년짜리 연금의 현재가치요소는 3.19935이다. 따라서 각 상황에서 나타나는 순현가는 다음과 같다.

$$\text{기초상황의 NPV} = -\$750{,}000 + 3.19935 \times \$268{,}500 = \$109{,}024$$

$$\text{가장 좋은 상황의 NPV} = -\$750{,}000 + 3.19935 \times \$379{,}100 = \$462{,}872$$

$$\text{가장 나쁜 상황의 NPV} = -\$750{,}000 + 3.19935 \times \$165{,}800 = -\$219{,}548$$

11.2 이 경우에 지불해야 할 고정비용이 200,000$이다. 판매량 1단위는 고정비용을 지불하는 데 사용될 수 있는 금액으로 $2,500 − $1,500 = 1,000$를 발생시킨다. 따라서 현금 손익분기점은 $200,000/$1,000 = 200단위이다. 감가상각비는 150,000$이다. 따라서 회계적 손익분기점은 ($200,000 + $150,000)/$1,000 = 350단위이다.

재무적 손익분기점을 구하기 위해서는 투자안의 순현가가 0이 되는 영업현금흐름(OCF)을 알아야 한다. 17%의 할인율에서 5년짜리 연금의 현재가치요소는 3.19935이고, 투자안의 초기 투자비용은 750,000$이다. 따라서 OCF는 다음과 같다.

$$\$750{,}000 = \text{OCF} \times 3.19935$$

따라서 이 투자안이 재무적 손익분기점에 도달하기 위해서는 연간 현금흐름이 $750,000/3.19935 = 234,423$가 되어야 한다. 이 금액에 200,000$의 고정비용을 합하면 총 434,423$가 되며 이 금액이 확보되어야 한다. 단위당 1,000$의 현금이 발생하므로 재무적 손익분기점은 $434,423/$1,000 = 435단위이다.

개념복습과 개념질문

1. **예측위험 [LO1]** 예측위험은 무엇인가? 일반적으로 신제품 생산의 투자안과 생산비용의 절감을 위한 투자안 중 어느 쪽의 예측위험도가 더 큰가? 그 이유는?
2. **민감도 분석과 시나리오 분석 [LO1, 2]** 민감도 분석과 시나리오 분석의 기본적 차이점은 무엇인가?
3. **한계적 현금흐름 [LO3]** 어떤 근로자가 한계적이라든가 증분적이라고 하는 것은 모두 허튼소리라고 주장하면서 다음과 같이 말했다. "잘 들어, 평균수입이 평균비용보다 크지 않으면 우리는 음(−)의 현금흐름을 갖게 되고, 따라서 파산할 거야!" 이러한 주장에 대해 어떻게 대답하겠는가?
4. **영업레버리지 [LO4]** 상당한 기간 동안 많은 일본 기업들이 "종신고용정책"을 취했었다(미국의 경우 IBM사도 이러한 정책을 취했었다). 이러한 정책이 기업의 영업레버리지도에 대해 말해주고 있는 것은 무엇인가?
5. **영업레버리지 [LO4]** 항공운송산업은 영업레버리지도가 매우 높은 산업의 대표적 예이다. 왜 그런가?
6. **손익분기점 [LO3]** 당신이 새로운 투자를 고려하고 있는 기업의 주주라고 할 때 당신은 회계적 손익분기점, 현금 손익분기점, 재무적 손익분기점 중 어느 것에 더 관심을 갖겠는가? 그 이유는?
7. **손익분기점 [LO3]** 초기 투자비용이 들고, 판매량과 비용이 투자수명 동안 균일한 어떤 투자안이 있다고 하자. 이 투자안은 회계적 손익분기점, 현금 손익분기점, 재무적 손익분기점 중 어떤 분기점에 가장 먼저 도달하겠는가? 그 다음으로 도달하는 분기점은 어떤 분기점인가? 마지막으로 도달하는 분기점은? 항상 이러한 순서로 나타나는가?
8. **자본할당 [LO5]** 연성할당과 강성할당은 어떻게 다른가? 기업이 연성할당에 있다는 것은 무엇을 의미하는가? 강성할당에 있다는 것은?
9. **자본할당 [LO5]** 1장에서 언급했듯이 합명 · 합자회사와 개인회사는 필요한 자금을 조달하는 데 제약을 받는다고 했다. 이 장에서의 표현을 빌리면 이러한 회사들이 직면하는 문제점을 무엇이라고 말할 수 있는가?
10. **시나리오 분석 [LO2]** 당신과 같이 일하는 동료가 새 투자안에 대한 시나리오 분석을 막 마치고 나서 세 개의 시나리오 모두에서 이 투자안의 NPV가 양(+)으로 나타난 것을 당신에게 보여주면서 "우리는 이 투자안을 택해야 해"라고 말했다. 이에 대해 당신은 어떻게 반응하겠는가? 당신은 시나리오 분석의 결과를 믿는가?

연습문제

초급문제
(1-15)

1. **비용과 손익분기점의 계산 [LO3]** Night Shades, Inc.는 바이오텍 선글라스를 생산하고 있다. 변동재료비용은 단위당 12.14$이고, 변동노동비용은 단위당 6.89$이다.
   a. 단위당 변동비용은 얼마인가?
   b. 이 회사가 연간 210,000단위를 생산하면서 연간 845,000$의 고정비용을 발생시키고 있는 연간 총비용은 얼마인가?
   c. 단위당 판매가격이 49.99$라면, 이 회사는 현금 손익분기점에 도달하는가? 감가상각비가 연간 450,000$라면, 회계적 손익분기점은 얼마인가?
2. **평균비용의 계산 [LO3]** Ojo Outerwear Corporation은 산악용 신발을 제조하고 있다. 한 켤레당 변동재료비용은 45.17$이고, 변동노동비용은 29.73$이다. 또한 한 켤레당 판매가격은 210$이다. 지난해에는 155,000켤레를 생산했으며 고정비용으로 2.15백만$가 발생했다. 총생산비용은 얼마

인가? 한 켤레당 한계비용은 얼마인가? 평균비용은 얼마인가? 이 회사는 한 번으로 그치는 5,000 켤레의 신발 주문을 받아야 하는지에 대해 고려하고 있다. 이 주문을 받아들이기 위해서는 이 주문이 최소한 얼마의 총수입을 가져다주어야 하는가? 설명하라.

3. **시나리오 분석 [LO2]** Stinnett Transmissions, Inc.은 다음과 같은 새로운 변속기 투자안을 갖고 있다. 한 대당 가격 = 1,220$, 한 대당 변동비용 = 380$, 고정비용 = 3.75백만$, 생산량 = 90,000대. 회사는 자신의 추정치가 ±15%의 오차로 정확하다고 믿고 있다. 가장 좋은 상황이라는 시나리오에서 이 회사가 이 네 변수들에 대해 적용해야 하는 수치들은 얼마인가? 가장 나쁜 상황에서는 어떤 수치들을 적용해야 하는가?

4. **민감도 분석 [LO1]** 문제 3에서 이 회사의 경영진은 가격이 투자안의 수익성에 미치는 영향에 대해 가장 우려하고 있다고 하자. 이 문제를 어떻게 살펴보겠는가? 구체적으로 어떤 수치들을 사용하여 이 문제를 살펴보겠는가? 다른 변수들의 예측치로는 어떤 수치를 사용하겠는가?

5. **민감도 분석과 손익분기점 [LO1, 3]** 초기 투자비용이 845,000$, 수명은 8년, 잔존가치 0인 투자안을 평가한다고 하자. 투자비용은 정액감가상각법에 의해 투자안의 수명 동안 모두 감가상각된다. 연간 판매량은 51,000단위로 추정되고, 단위당 가격은 53$, 단위당 변동비용은 27$이며, 연간 고정비용은 950,000$로 추정된다. 세율은 22%이며, 요구수익률은 10%이다.
   a. 회계적 손익분기점을 계산하라. 회계적 손익분기점에서의 영업레버리지도는 얼마인가?
   b. 기초상황에서의 현금흐름과 순현가를 계산하라. 판매량의 추정치가 변하면 순현가가 갖는 민감도는 얼마인가? 구해진 답의 추정판매량이 500단위 감소하는 것에 대해 말해주고 있는 것은 무엇인가?
   c. 변동비용이 변할 때 OCF는 얼마나 민감하게 변하는가? 구해진 답이 추정된 변동비용이 1$ 하락하는 것에 대해 말해주고 있는 것은 무엇인가?

6. **시나리오 분석 [LO2]** 문제 5에서 가격, 판매량, 변동비용, 고정비용에 대한 추정치가 ±10% 내의 오차로 정확하다고 할 때, 가장 좋은 상황과 가장 나쁜 상황에서의 NPV를 각각 구해보라.

7. **손익분기점의 계산 [LO3]** 다음 각 상황에서 회계적 손익분기점과 현금 손익분기점을 계산해보라. 현금 손익분기점을 계산할 때 세금효과는 무시하라.

단위당 가격	단위당 변동비용	고정비용	감가상각비
$2,980	$1,640	$7,200,000	$2,900,000
44	39	275,000	183,000
8	3	5,800	1,100

8. **손익분기점의 계산 [LO3]** 다음 각 상황에서 알지 못하는 변수의 값을 구해보라.

회계적 손익분기점	단위당 가격	단위당 변동비용	고정비용	감가상각비
143,286	$39	$30	$ 820,000	?
104,300	?	27	2,320,000	$975,000
24,640	92	?	237,000	128,700

9. **손익분기점의 계산 [LO3]** 어떤 투자안에 대해 추정된 수치들이 다음과 같다. 단위당 가격 = 53$, 단위당 변동비 = 22$, 고정비용 = 31,460$, 요구수익률 = 12%, 초기 투자액 = 46,200$, 투자안의 수명 = 4년. 감가상각은 정액법으로 한다. 세금효과를 무시할 때, 회계적 손익분기점에서의 판매량은 얼마인가? 현금 손익분기점에서의 판매량은? 재무적 손익분기점에서의 판매량은? 재무적 손익분기점의 판매량에서 영업레버리지도는 얼마인가?

10. **손익분기점 분석의 사용 [LO3]** 어떤 투자안에 대해 추정된 수치들이 다음과 같다. 회계적 손익분기점에서의 판매량 = 14,300단위, 현금 손익분기점의 판매량 = 9,700단위, 투자안의 수명 = 5년, 고정비용 = 205,000$, 단위당 변동비용 = 19$, 요구수익률 = 12%. 세금효과를 무시하고 재무적 손익분기점에서의 판매량을 구하라.

11. **영업레버리지의 계산 [LO4]** 40,000단위의 판매량에서 영업레버리지도가 3.19로 나타났다. 판매량이 44,000단위로 증가한다면 영업현금흐름의 변화율은 얼마가 되는가? 새로운 영업레버리지는 전보다 높게 나타나는가, 낮게 나타나는가? 설명하라.

12. **레버리지 [LO4]** 문제 11에서 고정비용이 183,000$라고 하자. 판매량이 38,000단위일 때 영업현금흐름은 얼마인가? 영업레버리지도는?

13. **영업현금흐름과 레버리지 [LO4]** 어떤 투자안이 연간 76,000$의 고정비용을 발생시키고 있다. 9,200단위가 판매될 때 영업현금흐름은 108,700$로 나타난다. 세금효과를 무시할 때 영업레버리지도는 얼마인가? 판매량이 9,200단위에서 10,000단위로 증가한다면 영업현금흐름은 얼마가 증가하는가? 새로운 영업레버리지도는 얼마로 나타나는가?

14. **현금흐름과 레버리지 [LO4]** 판매량이 14,500단위일 때 영업레버리지도가 3.41로 나타났으며 영업현금흐름은 81,000$로 나타났다. 세금효과를 무시하면 고정비용은 얼마인가? 판매량이 15,500단위로 증가하면 영업현금흐름은 얼마가 되는가? 판매량이 13,500단위로 감소하는 경우에는?

15. **레버리지 [LO4]** 앞의 문제에서 각각의 경우에 나타나는 새로운 영업레버리지도는 얼마인가?

중급문제
(16-24)

16. **손익분기점에 대한 직관 [LO3]** 어떤 투자안의 요구수익률이 R%, 투자비용이 $I$$, 투자수명이 N년이라고 하자. 투자비용은 투자수명 기간 동안 정액감가상각법으로 모두 감가상각된다. 잔존가치는 없으며 추가적으로 요구되는 순운전자본도 없다.
    a. 회계적 손익분기점의 판매량에서, 이 투자안의 IRR은 얼마인가? 회수기간은? NPV는?
    b. 현금 손익분기점의 판매량에서, 이 투자안의 IRR은 얼마인가? 회수기간은? NPV는?
    c. 재무적 손익분기점의 판매량에서, 이 투자안의 IRR은 얼마인가? 회수기간은? NPV는?

17. **민감도 분석 [LO1]** 다음과 같은 4년짜리 투자안이 있다. 초기 고정비용 투자액 = 655,000$. 4년에 걸쳐 정액감가상각법에 의해 모두 감가상각됨. 잔존가치는 없음. 가격 = 28$. 변동비용 = 16$. 고정비용 = 245,000$. 판매량 = 61,000단위. 세율 = 21%. 판매량의 변화에 대해 이 투자안의 OCF는 얼마나 민감하게 반응하는가?

18. **영업레버리지 [LO4]** 앞의 문제에서 주어진 판매량에서 영업레버리지도는 얼마로 나타나는가? 회계적 손익분기점에서 영업레버리지도는 얼마로 나타나는가?

19. **투자안의 분석 [LO1, 2, 3, 4]** 새로운 투자안이 있다고 하자. 이 투자안의 투자비용은 1,675,000$이고, 투자수명은 4년이며, 잔존가치는 없다. 투자비용은 정액상각법을 사용하여 모두 감가상각된다. 연간 판매량이 195단위로 추정되며, 단위당 가격은 16,300$이다. 단위당 변동비용은 9,400$이고, 연간 고정비용은 550,000$이다. 이 투자안에 대한 요구수익률은 12%이고, 해당되는 세율은 21%이다.
    a. 과거의 경험으로 볼 때, 이 투자안의 판매량, 변동비용, 고정비용에 대한 예측은 ±10%의 오차에서 정확한 것으로 판단된다. 이러한 추정치들의 상한치와 하한치는 각각 얼마인가? 기초상황의 NPV는 얼마인가? 가장 좋은 상황과 가장 나쁜 상황은 어떻게 나타나는가?
    b. 고정비용이 변할 때 기초상황에서 NPV가 갖는 민감도를 평가해보라.
    c. 현금손익분기점에서의 판매량은 얼마인가(세금은 무시한다)?
    d. 회계적 손익분기점에서의 판매량은 얼마인가? 회계적 손익분기점에서의 영업레버리지도는 얼마인가? 이러한 수치들을 어떻게 해석하겠는가?

20. **투자안의 분석 [LO1, 2]** McGilla Golf는 새로운 골프채를 판매하기로 결정했다. 새 골프채는

한 세트당 815$에 판매될 것이며, 한 세트당 365$의 변동비용이 발생한다. 이 회사는 150,000$를 들여 마케팅 조사를 한 후, 연간 55,000세트를 7년간 판매할 수 있을 것으로 판단하고 있다. 마케팅 조사는 또한 이로 인해 이 회사가 생산하고 있는 고가 골프채의 판매량이 10,000세트 줄어들 것이라고 판단하고 있다. 고가 골프채는 한 세트당 1,345$에 판매되고 있으며 세트당 7300$의 변동비용을 발생시키고 있다. 그러나 한편, 이 회사는 저가 골프채의 판매량이 12,000세트 증가할 것이라고 판단하고 있다. 저가 골프채는 한 세트당 445$에 판매되고 있으며 세트당 210$의 변동비용을 발생시키고 있다. 연간 고정비용은 9.45백만$가 될 것으로 판단되고 있다. 이 회사는 새 골프채를 개발하는 데 1백만$의 연구개발비를 지출했다. 생산공장과 설비를 마련하는 데는 37.1백만$가 들며, 이들은 정액감가상각법으로 모두 감가상각된다. 새 골프채의 생산으로 순운전자본이 1.85백만$ 증가하며, 이 금액은 투자수명이 끝날 때 모두 회수된다. 세율은 25%이고 자본비용(cost of capital)은 10%이다. 이 투자안의 회수기간(payback period), 순현가(NPV), 내부수익률(IRR)을 구해보라.

21. **시나리오 분석 [LO2]** 앞의 문제에서 수치들이 ±10%의 오차 내에서 정확하다고 하자. 가장 좋은 상황과 가장 나쁜 상황에서 NPV는 각각 얼마인가? (힌트: 현재 판매되고 있는 두 골프채의 가격과 변동비용은 확실한 것이고, 판매량의 증가 또는 감소만이 불확실한 것이다.)

22. **민감도 분석 [LO1]** 문제 20에서 McGilla Golf는 새 골프채의 가격과 판매량이 변할 때 NPV가 얼마나 민감하게 반응하는지 알고 싶어 한다. 이 두 변수의 변화에 대해서 NPV는 얼마나 민감하게 변하는가?

23. **손익분기점 분석 [LO3]** 하이브리드 자동차는 "녹색에너지"의 한 대안으로 간주되고 있다. 그러나 하이브리드 차의 경제적 측면은 아직 확실하지 않다. 예를 들어 2019년에 휘발유 SUV 경쟁차종보다 5,900$(세금 포함)나 더 높은 가격으로 판매되는 Toyota RAV4 하이브리드의 경우를 살펴보자. 연료비를 제외한 연간 유지비는 하이브리드 자동차가 휘발유 차보다 250$나 더 드는 것으로 판단되고 있다. 미국환경청이 발표에 의하면 하이브리드 자동차는 1갤런당 39마일을, 휘발유 SUV는 30마일을 달린다.

a. 휘발유 가격이 1갤런당 2.85$라 하고, 이 두 자동차 중 하나를 6년간 사용하려 한다고 하자. 화폐의 시간적 가치를 무시할 때 하이브리드를 구입하는 것이 더 나은 선택이 되기 위해서는 자동차를 연간 몇 마일을 운행해야 하는가?

b. 연간 15,000마일을 6년간 운행한다면, 화폐의 시간적 가치를 무시할 때 하이브리드를 구입하는 것이 더 나은 선택이 되기 위해서는 휘발유 가격이 얼마가 되어야 하는가?

c. 할인율이 10%이고, 현금흐름이 매년 말에 발생한다고 가정하고 문제 a, b의 답을 다시 구해보라.

d. 앞에서의 분석은 각 자동차의 재판매 가격에 대해 어떤 가정을 하고 있는가?

24. **손익분기점 분석 [LO3]** 대형 항공기 시장을 확보하기 위해, Airbus사는 800명의 승객을 실을 수 있는 A380을 개발하는 데 130억$를 투자했다. 이 항공기의 판매가격은 2.8억$이다. 이 항공기에 대해 언급하면서, Airbus는 A380을 249대 판매하게 되면 손익분기점에 도달한다고 말했다.

a. 언급된 손익분기점이 현금 손익분기점을 말하는 것이라고 할 때, 항공기 1대당 현금흐름은 얼마인가?

b. Airbus사는 주주들에게 20%의 수익률을 보장한다고 약속했다. 이 항공기의 판매가 영원히 계속된다고 가정할 때, 이 약속을 지키기 위해서 Airbus는 연간 몇 대의 A380를 판매해야만 하는가?

c. A380의 판매가 10년 동안만 유지된다고 할 때, 동일한 수익률을 보장하기 위해서 Airbus는 이를 연간 몇 대 팔아야 하는가?

고급문제
(25-30)

25. **손익분기점과 세금 [LO3]** 이 문제는 여러 손익분기점 척도에 세금이 주는 영향을 살펴보는 문제이다.

a. 세금이 고려될 때, 영업현금흐름(OCF), 판매량(Q)의 일반적인 관계가 다음과 같이 표현됨을 보여라.

$$Q = \frac{\text{FC} + \dfrac{\text{OCF} - T \times D}{1 - T}}{P - v}$$

b. 문제 a의 표현을 사용하여 이 장에서 살펴본 Wettway의 새 요트 투자안의 현금 손익분기점, 회계적 손익분기점, 재무적 손익분기점을 구해보라. 세율은 21%이다.

c. 문제 b에서 회계적 손익분기점은 세금이 고려되지 않는 경우와 동일하게 나와야 한다. 왜 그런가? 이를 수식으로 증명해보라.

26. **영업레버리지와 세금 [LO4]** 세금이 고려되는 경우에는 영업레버리지도가 다음과 같이 표현됨을 보여라.

$$\text{DOL} = 1 + [\text{FC} \times (1 - T) - T \times \text{D}]/\text{OCF}$$

$T = 0$일 경우에 이 표현은 우리가 본문에서 살펴본 것과 같아진다는 것을 확인하라. 왜 그렇게 되는지를 말로 설명할 수 있겠는가?

27. **시나리오 분석 [LO2]** 어떤 회사가 디트로이트에 자동차 생산에 사용되는 나사를 매년 20,000톤 공급하는 투자안을 고려하고 있다고 하자. 이 투자안은 생산시설에 대한 초기 투자금액으로 3.1백만$를 요구하고 있다. 투자안의 수명은 5년이다. 회계부서는 연간 고정비용이 925,000$, 톤당 변동비용이 185$가 될 것으로 추정하고 있다. 초기 투자비용은 5년에 걸쳐 정액법에 의해 모두 감가상각된다. 시설 해체비용을 차감한 후의 잔존가치는 400,000$가 될 것으로 추정되고 있다. 마케팅부서는 나사를 톤당 295$에 공급하는 계약을 자동차 생산업체와 맺을 수 있을 것으로 판단하고 있다. 생산부서는 초기 순운전자본에 380,000$가 투자되어야 할 것으로 추정하고 있다. 이 투자에 대해 이 회사가 갖는 요구수익률은 13%이고, 적용되는 한계세율은 22%이다.

a. 이 투자안의 추정 영업현금흐름(OCF)은 얼마인가? NPV는? 이 투자안은 채택되어야 하는가?

b. 회계부서가 추정한 초기 비용과 잔존가치가 ±15%의 오차범위에서 정확하고, 마케팅부서의 가격에 대한 추정은 ±10%의 오차범위에서 정확하며, 생산부서의 순운전자본에 대한 추정치는 ±5%의 오차범위에서 정확하다고 하자. 이 투자안의 가장 나쁜 상황은 어떤 상황인가? 이 투자안의 가장 좋은 상황은 어떤 상황인가? 이 투자안은 여전히 채택되어야 하는가?

28. **민감도 분석 [LO1]** 문제 27에서 다른 수치들의 추정치에 대해서는 확신하지만, 나사 판매량에 대해서만 약간 확신이 서지 않는다고 하자. 나사 판매량의 변화에 대해 이 투자안의 영업현금흐름(OCF)은 얼마나 민감하게 반응하는가? 순현가(NPV)는 얼마나 민감하게 반응하는가? 계산된 민감도 수치를 갖고 볼 때, 이 투자안의 채택여부를 알려주는 어떤 최소한의 판매량이 존재하는가? 왜 그런가?

29. **손익분기점 분석 [LO3]** 문제 25의 결과를 이용하여 문제 27에서 회계적 손익분기점, 현금 손익분기점, 재무적 손익분기점을 구해보라.

30. **영업레버리지 [LO4]** 문제 26의 결과를 이용하여 문제 27의 기초상황 판매량인 20,000톤의 판매량에서 나타나는 영업레버리지도를 구해보라. 이 수치는 문제 28에서 구한 민감도 수치와 어떻게 비교되는가? 새로운 판매량이 어떤 수준으로 나타나든 이 두 접근방법이 동일한 OCF를 가져다준다는 것을 증명해보라.

작은 사례

Conch Republic Electronics (2)

Conch Republic Electronics의 소유주인 Shelley Couts는 Jay McCanless로부터 회사가 생산을 고려하고 있는 신형 스마트폰에 대한 자본예산 분석 결과를 받았다. Shelley는 그 결과에 대해 만족하고 있지만 여전히 신형 스마트폰에 대해 불확실하게 생각하고 있다. Conch Republic은 과거 20년 동안 한 작은 마케팅 연구 회사를 활용해왔는데 그 회사의 설립자가 최근에 회사 일에서 손을 뗐다. 이런 이유로 Shelley는 이 마케팅 연구 회사의 판매예측에 대해 확신하지 못하고 있다. 그녀는 또한 빠른 기술발전으로 인해 경쟁기업이 시장에 진입하는 것에 대해서도 우려하고 있다. 그렇게 되면 Conch Republic은 신형 스마트폰의 판매가격을 낮추어야 하는 압력을 받을 가능성이 높다. 이러한 이유들로 인해 그녀는 Jay에게 신형 스마트폰의 판매가격의 변화와 판매량의 변화가 이 투자안의 NPV에 어떤 영향을 미치는가에 대해 분석해보도록 지시했다.

Shelley는 Jay에게 다음의 질문에 답하는 메모를 준비하도록 요청했다.

질문

1. 신형 스마트폰의 가격 변화에 대해 투자안의 NPV가 얼마나 민감하게 변하는가?
2. 신형 스마트폰의 판매량 변화에 대해 투자안의 NPV가 얼마나 민감하게 변하는가?

12 자본시장의 역사로부터 배우는 교훈

Some Lessons from Capital Market History

2020년 2월 19일에 미국 주식시장은 그때까지 나타난 최고의 주가 수준을 보였다. 하지만 그 이후 3월 23일까지 COVID-19 팬데믹 공포로 인해 주가가 약 34%나 빠졌다. 그러나 많은 사람들의 예상과는 달리 그러한 하락 장세는 오래 가지 않았고 6월에 주가는 다시 이전 수준을 회복하면서 1933년 이후 그와 같이 짧은 기간에 나타난 것으로는 가장 높은 주가상승율을 보여주었다.

주가 상승은 개별 기업에 투자한 투자자들에게 더욱 크게 나타났다. 대학의 비대면 강의 프로그램으로 널리 사용되는 Zoom을 개발한 기업의 주가는 250% 이상 상승했다. 또한 사람들이 온라인 구매를 많이 함에 따라서 PayPal의 주가는 54%, Amazon의 주가는 43% 상승했다. 이와는 반대로 여행 관련 회사의 주식에 투자한 투자자들은 커다란 주가 하락을 경험하였다. American Airlines의 주가는 78%, Hertz의 주가는 88%, Royal Caribbean Cruises의 주가는 56%나 하락했다.

이러한 예들은 COVID-19 팬데믹 기간 동안에 엄청난 이익을 얻을 수 있는 잠재적 기회가 존재했으며, 동시에 큰 돈을 잃을 수 있는 위험도 함께 존재했었다는 것을 말해준다. 그렇다면 당신이 당신 돈을 주식에 투자할 때 당신은 무엇을 기대해야 하는가? 이에 대한 답을 얻기 위해 90년 넘는 지난 기간에 미국 주식시장에서 나타난 역사적 수치들에 대해 살펴보기로 한다.

학습목표 _Learning Objectives

이 장을 공부한 후에는 다음과 같은 것들에 대해 알아야 한다.

- **LO1** 투자수익률
- **LO2** 주요 투자들에서 나타난 수익률
- **LO3** 주요 투자들에서 나타난 위험
- **LO4** 시장의 효율성이 갖는 의미

지금까지는 투자의 요구수익률(required return)을 결정하는 것이 무엇인지에 대해서는 언급하지 않았다. 어떤 의미에서 이에 대한 답은 간단하다. 즉, 요구수익률은 그 투자의 위험에 달려 있다는 것이다. 위험이 클수록 요구수익률도 그만큼 크다.

그런데 이렇게 말한 후에 조금 더 복잡한 문제와 마주치게 된다. 즉, 투자에 내재된 위험의 크기를 어떻게 측정할 수 있는가? 다시 말해 어떤 투자가 다른 투자보다 위험하다는 것은 무슨 의미를 가지는가 하는 것이다. 이 질문에 답하려면 먼저 위험에 대한 정의를 분명히 해야 할 것이다. 이것이 이 장과 다음 장에서 살펴보려는 것이다.

앞의 여러 장에서 재무관리자의 책임 중의 하나는 실물자산 투자안의 가치를 평가하는 것이라고 배웠다. 이를 위해서는 먼저 금융투자를 이해하는 것이 중요하다. 비금융투자안에 대한 요구수익률은 비슷한 위험을 갖는 금융자산에 투자할 때 얻을 수 있는 수익률보다는 높아야 한다.

이 장의 목표는 자본시장의 역사로부터 위험과 수익에 대한 관계를 이해하고자 하는 것이다. 이 장에서는 여러 종류의 수치에 대한 감각을 익혀야 한다. 높은 수익성이란 무엇인가? 낮은 수익성이란 무엇인가? 좀 더 일반적으로, 금융자산에 투자할 때 어느 정도의 수익을 기대할 수 있으며 또한 그런 투자의 위험은 무엇인가? 이러한 관점은 위험한 투자안을 분석하고 그 가치를 평가하는 데 있어서 필수적이다.

우선 미국 금융시장에서 나타난 역사적인 자료를 살펴봄으로써 투자의 위험과 수익에 대한 논의를 시작하고자 한다. 1931년의 예를 들면, 주식시장의 가치는 44% 하락하였다. 그리고 불과 2년 뒤에, 주식시장은 54%의 가치를 다시 회복하였다. 더 최근의 경우를 살펴보면, 1987년 10월 19일 단 하루에 주식시장의 가치는 약 25% 하락하였다. 이와 같은 주식시장의 움직임을 통해서 재무관리자가 배울 점은 무엇이겠는가? 지난 반세기 동안의 주식시장을 돌아봄으로써 그에 대한 답을 찾아보자.

역사를 배우는 것이 가치가 있다는 것에 모두가 동의하는 것은 아니다. 철학자 George Santayana는 "역사를 기억하지 못하는 사람은 똑같은 실수를 반복하는 저주를 받는다"*라는 명언을 남겼지만, Henry Ford는 "역사는 대략적으로 사람들을 속인다"†라는 명언을 남겼다. 어쩌면 Mark Twain의 다음과 같은 말에 우리 모두가 동의할지도 모르겠다. "10월은 주식에 손대기가 유난히 위험한 달 중에 하나이다. 그밖에 7월, 1월, 9월, 4월, 11월, 5월, 3월, 6월, 12월, 8월, 2월도 그렇다."‡

시장의 역사를 통해서 배울 수 있는 두 가지 핵심적인 교훈은 다음과 같다. 첫 번째는 위험을 감수하는 것에 대한 보상이 있다는 것이다. 두 번째는 잠재적인 보상이 클수록 위험도 커진다는 것이다. 시장의 수익과 연관된 이러한 사실들을 설명하기 위해서, 이 장에서는 미국의 현대 주식시장의 역사를 반영하는 통계와 수치들에 대해서 주로 다룬다. 다음 장에서는 이를 바탕으로 금융시장이 위험의 가격을 어떻게 결정해 주는가에 대해 공부하게 될 것이다.

12.1 수익

이제 여러 금융자산들의 역사적 수익률에 대해 살펴보기로 하자. 그전에 먼저 투자의 수익을 어떻게 계산하는지에 대해서 간단히 알아보기로 한다.

수익금

금융시장의 상황이 궁금하면 **finance.yahoo.com**을 참조하라.

어떤 종류든 하나의 자산을 구입한 후, 그러한 투자로부터 얻는 것(혹은 잃는 것)을 투자수익(return on investment)이라고 말한다. 이 수익에는 일반적으로 두 가지의 구성요소가 있다. 첫 번째는 투자를 하고 있는 동안 직접 받게 되는 현금이 있다. 이를 수익의 소득요소(income component)라고 한다. 두 번째는 구입한 자산의 가치가 변하는 것이다. 이 경우에는 투자로 인한 자

*출처: George Santayana, 철학자(1863~1952)

†출처: Henry Ford, 사업가(1863~1947)

‡출처: Mark Twain (1835~1910)

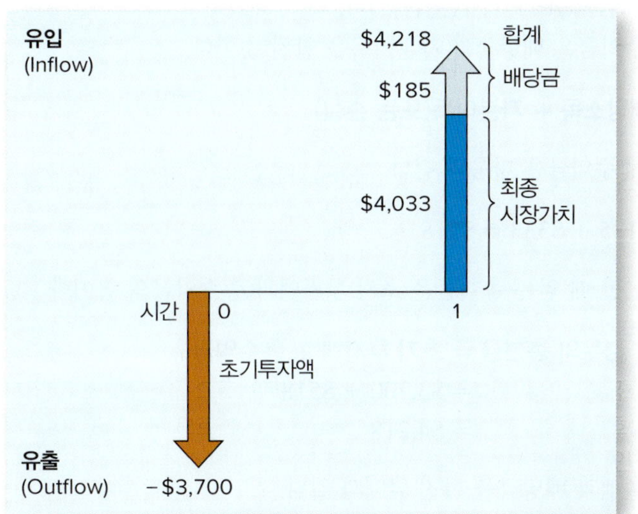

그림 12.1
수익금($)

본이득(capital gain)이나 자본손실(capital loss)이 발생하게 된다.[1]

예를 들어 Video Concept Company가 수천 주의 주식을 발행했다고 가정하자. 당신은 연초에 이 회사로부터 일정 수의 주식을 구입했다. 연말이 되어서 투자를 얼마만큼 잘했는지 평가하려고 한다.

첫째, 한 해의 실적에 대해 회사는 주주에게 배당금을 지급할 수가 있다. Video Concept의 주주로서 당신은 회사의 주인 중 한 명이다. 회사가 이익을 냈다면 그 이익의 일부를 주주들에게 분배하기로 결정할 수 있다(배당정책에 대해서는 나중 장에서 자세히 다룬다). 그렇다면 당신은 주주로서 일정량의 현금을 받게 되는 것이다. 이 현금은 주식의 보유로부터 발생하는 소득요소이다.

배당금 이외에 수익을 발생시키는 또 다른 요소는 주식으로부터 발생하는 자본이득, 혹은 자본손실이다. 이는 투자한 자산의 가치가 변하면서 발생하는 것이다. 예를 들어 그림 12.1의 현금흐름을 살펴보자. 연초에 주식은 주당 37$에 거래되고 있었다. 만약에 당신이 100주를 샀다면, 총지출액은 3,700$였을 것이다. 일 년 동안, 1주당 1.85$의 배당금이 지급되었다고 가정하자. 그렇다면 연말에 당신이 얻는 소득은 다음과 같다.

$$배당금 = \$1.85 \times 100 = \$185$$

또한 연말까지 주식의 가치가 주당 40.33$로 올랐다고 하자. 당신이 보유한 100주는 4,033$의 가치를 가지게 되는 것이며, 따라서 다음과 같은 자본이득이 발생한다.

$$자본이득 = (\$40.33 - \$37) \times 100 = \$333$$

반대로 주가가 주당 34.78$까지 하락했다고 하면, 다음과 같은 자본손실이 발생한다.

$$자본손실 = (\$34.78 - \$37) \times 100 = -\$222$$

[1]앞 장에서 언급한 바와 같이, 엄격히 말해 무엇이 자본이득이고, 무엇이 자본손실인지는 미국세청(IRS)이 결정한다. 따라서 여기서는 이런 용어들을 좀 느슨한 의미로 사용한다.

참고로 자본손실은 음(−)의 자본이득이다.

이 투자의 총수익금은 배당금과 자본이득을 합친 것이다.

총수익금 = 배당소득 + 자본이득(또는 손실) **[12.1]**

처음의 경우, 총수익금은 다음과 같다.

총수익금 = \$185 + \$333 = \$518

연말에 주식을 팔 때 얻는 총현금은 초기 투자액과 총수익금의 합이다.

주식을 팔았을 경우의 총현금 = 초기 투자액 + 총수익금 **[12.2]**

= \$3,700 + \$518

= \$4,218

이는 주식의 총매출액과 배당금을 합친 금액과 같다.

주식 판매로부터의 현금 + 배당금 = \$40.33 × 100 + \$185

= \$4,033 + \$185

= \$4,218

연말에 Video Concept의 주식을 팔지 않고 계속 보유했다고 하자. 이 경우, 자본이득을 투자수익에 포함시켜야 할까? 자본이득은 주식을 팔지 않는 경우에는 실제로 발생한 현금흐름이 아니라 단지 "서류상"의 이득이 아닐까?

첫 번째 질문에 대한 답은 강한 긍정이고, 두 번째 질문에 대한 답은 강한 부정이다. 자본이득은 배당금과 마찬가지로 수익의 중요한 부분이므로 당연히 수익에 포함되어야 한다. 또한 당신이 마음만 먹으면 주식을 현금으로 바꿀 수 있기 때문에 주식을 팔든, 팔지 않고(이득을 "현금화"시키지 않고) 계속 있든 상관없는 것이다. 주식을 팔고 안 팔고는 당신에게 달려 있는 것이다.

이득 본 것을 일단 현금으로 바꾸기 원한다면 연말에 주식을 팔고 즉시 주식을 다시 사들이는 식으로 재투자를 하면 된다. 이렇게 하는 것과 주식을 팔지 않고 계속 가지고 있는 것 사이에는 아무런 차이도 존재하지 않는다. (물론, 이는 주식을 파는 데 있어서 세금이 발생하지 않는다는 가정하에서이다.) 다시 말해 중요한 점은 주식을 팔아 다른 것을 사든 주식을 팔지 않든 당신의 수익은 영향을 받지 않는다는 점이다.

수익률

일반적으로는 수익에 대한 정보를 퍼센트로 나타내는 것이 금액으로 나타내는 것보다 편리한데, 그 이유는 수익률이 실제로 투자한 금액의 크기에 따라 달라지는 것이 아니기 때문이다. 알고자 하는 것은 투자하는 1\$당 얼마를 벌어들이느냐 하는 것이다.

이를 위해 P_t를 주식의 초기가격이라고 하고, D_{t+1}을 1년 동안 1주당 받게 되는 배당금이라고 하자. 그림 12.2의 현금흐름을 살펴보자. 이는 그림 12.1의 수치들을 1주당 수치로 바꾼 것이다.

이 예에서, 연초에 주식가격은 주당 37\$였으며, 1년 동안 1주당 받게 되는 배당금은 1.85\$였다. 8장에서 언급했듯이 배당금을 주식의 가격으로 나누어서 백분율로 나타내면 배당수익률

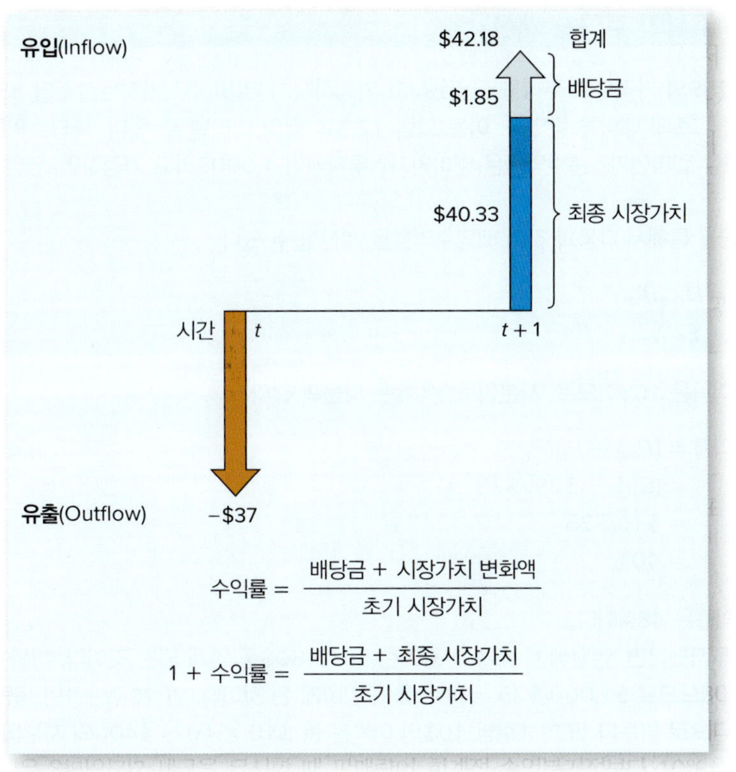

그림 12.2
수익률

(dividend yield)을 구할 수 있다.

$$
\begin{aligned}
\text{배당수익률} &= D_{t+1}/P_t \\
&= \$1.85/\$37 = 5\%
\end{aligned}
$$

이는 투자한 금액 1$당 5센트의 배당금을 받는다는 것을 가리킨다.

수익률의 두 번째 요소는 자본이득수익률이다. 8장에서 배운 것처럼 이는 1년 동안의 주식 가격 변화액(자본이득)을 주식의 초기가격으로 나눈 것이다.

$$
\begin{aligned}
\text{자본이득수익률} &= (P_{t+1} - P_t)/Pt \\
&= (\$40.33 - \$37)/\$37 \\
&= \$3.33/\$37 \\
&= 9\%
\end{aligned}
$$

그러므로 투자한 금액 1$당 9센트의 자본이득이 발생했다.

종합하면, 이 투자는 1$당 5센트의 배당금과 9센트의 자본이득, 총 14센트를 벌어들였으며 수익률은 1$당 14센트, 즉 14%이다.

다시 확인하면, 초기 투자액은 3,700$였고 이는 4,218$로 증가하였다. 이는 3,700$가 몇 퍼센트 증가한 것일까? 앞에서 본 것처럼 $4,218 − $3,700 = 518$만큼 번 것이다. 따라서 이는 $518/$3,700 = 14%가 증가한 것이다.

예제 12.1 주식의 수익률 계산

연초에 1주당 25$의 가격으로 주식을 구입했다고 가정하자. 연말의 주식가격은 1주당 35$이다. 그리고 1년 동안, 1주당 2$의 배당을 받았다. 이는 그림 12.3과 같이 나타낼 수 있다. 배당수익률은 얼마인가? 자본이득수익률은 얼마인가? 총수익률은 얼마인가? 투자액이 1,000$라고 가정하면, 연말에 얼마를 벌게 되겠는가?

2$의 배당금을 통해서 다음과 같이 배당수익률을 계산할 수 있다.

$$
\begin{aligned}
\text{배당수익률} &= D_{t+1}/P_t \\
&= \$2/\$25 = 8\%
\end{aligned}
$$

1주당 자본이득은 10$이므로, 자본이득수익률은 다음과 같다.

$$
\begin{aligned}
\text{자본이득수익률} &= (P_{t+1} - P_t)/P_t \\
&= (\$35 - \$25)/\$25 \\
&= \$10/\$25 \\
&= 40\%
\end{aligned}
$$

그러므로 총수익률은 48%이다.

1,000$를 투자했다면, 연말에는 48%가 증가한 총 1,480$를 얻게 되는 것이다. 이를 다시 검토하면, 1,000$를 투자했으므로 $1,000/$25 = 40주를 구입하게 된 것이다. 이 40주는 1년 동안, 총 $2 × 40 = 80$를 배당금으로 받는다. 또한 1주당 10$의 이득은 총 $10 × 40 = $400의 자본이득을 가져온다. 이 둘을 합하면 480$가 증가했음을 확인할 수 있다.

그림 12.3
주식투자로부터 현금흐름의 예

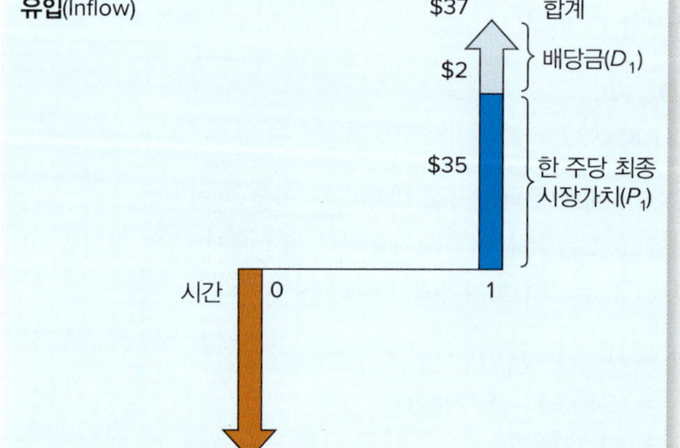

다른 예를 보면, IBM의 주가는 2019년에 주당 113.67$였다. 그 해에 IBM은 주당 6.43$의 배당금을 지급했으며 2019년 말에 IBM의 주식가격은 134.04$로 마감했다. 그렇다면 2019년의 IBM 주식의 수익률은 얼마였을까? 수익률이 23.58%였음을 확인해보라. 물론, 수익률이 음(−)이 되는 경우도 발생한다. 예를 들어 2019년 초에 Cabot Oil & Gas의 주식가격은 22.35$로 시작했고 그 해에 주당 0.35$의 배당금을 지급하였다. 그 해 말에 이 회사의 주식가격은 17.41$로 마감했다. 그 해에 이 회사 주식의 수익률이 −20.54%였음을 확인해보라.

개념질문 _Concept Questions

12.1a 총수익을 구성하는 두 가지 요소는 무엇인가?
12.1b 총수익을 계산하는 데 있어서 현금화되지 않은 자본이득과 손실을 왜 포함시켜야 하는가?
12.1c 수익(return)과 수익률(rate of return)의 차이는 무엇인가? 수익률을 사용하는 것이 왜 더 편리한가?

역사적 기록 12.2

Roger Ibbotson과 Rex Sinquefield는 미국 금융시장의 수익률에 대한 유명한 연구결과를 발표한 바 있다.[2] 이들은 5가지의 주요 금융투자가 보여준 과거 수익률들을 1년 단위로 나타냈다. 이 수익률은 다음과 같은 포트폴리오를 구성했을 때 벌어들일 수 있는 것으로 해석한다.

시장의 역사에 대해 더 알고 싶으면 **www.globalfinancialdata.com**을 참조하라.

1. **대기업 주식**: 보통주(common stock)로 구성된 이 포트폴리오는 미국의 500대 기업(발행주식의 총시장가치를 기준으로)의 주식으로 이루어진 스탠다드 앤 푸어스(Standard & Poor's: S&P) 500 지수를 기초로 한다.
2. **소기업 주식**: 이는 발행주식의 총시장가치를 기준으로 뉴욕증권거래소에서 하위 20%에 해당되는 기업의 주식을 반영한다.
3. **장기 회사채**: 이는 20년 만기의 우량채권을 기초로 한다.
4. **장기 미국 정부채권**: 이는 20년 만기의 미국 정부채권을 기초로 한다.
5. **미 재무부 단기채권**: 이는 1개월 만기의 미 재무부 단기채권을 기초로 한다.

이 수익률은 물가상승률이나 세금을 반영하지 않기 때문에 명목상의 수익률, 세금지불 이전의 수익률이라 할 수 있다.

위 포트폴리오들의 매년 수익률과 더불어, 1년 단위로 변하는 소비자물가지수(consumer price index: CPI)도 계산되어 있다. 소비자물가지수는 물가상승률을 측정하기 위한 것으로, 이를 통해 물가상승률이 반영된 실질수익률을 구할 수 있다.

큰 그림 보기

여러 가지 포트폴리오의 수익률을 하나하나 자세히 들여다보기 전에, 우선 전체적인 큰 그림을 한번 볼 필요가 있다. 그림 12.4는 1925년 말에 이러한 포트폴리오들에 투자된 1$가 각각 어떻게 변했는지를 보여주고 있다. 2019년 말까지 94년 동안 각 포트폴리오들의 가치가 얼마나 성장했는지 나타나 있다(장기 회사채의 경우에는 생략되어 있음). 모두를 하나의 그래프에 나타내기 위해서 일부는 크기를 조정하였다.

일반적인 금융지표와 마찬가지로 이 그래프의 수직축은 간격이 동일한 크기의 수익률(수익금이 아님) 변화를 반영하도록 그려져 있다.[3]

[2] R. G. Ibbotson and R. A. Sinquefield, *Stocks, Bonds, Bills, and Inflation* [SBBI] (Charlottesville, VA.: Financial Analysis Research Foundation, 1982).

[3] 달리 말해 눈금은 로그 값으로 표현된 것이다.

그림 12.4 여러 포트폴리오들에서 나타난 1$의 투자성과: 1926~2016년(1925년 말 = 1$ 기준)

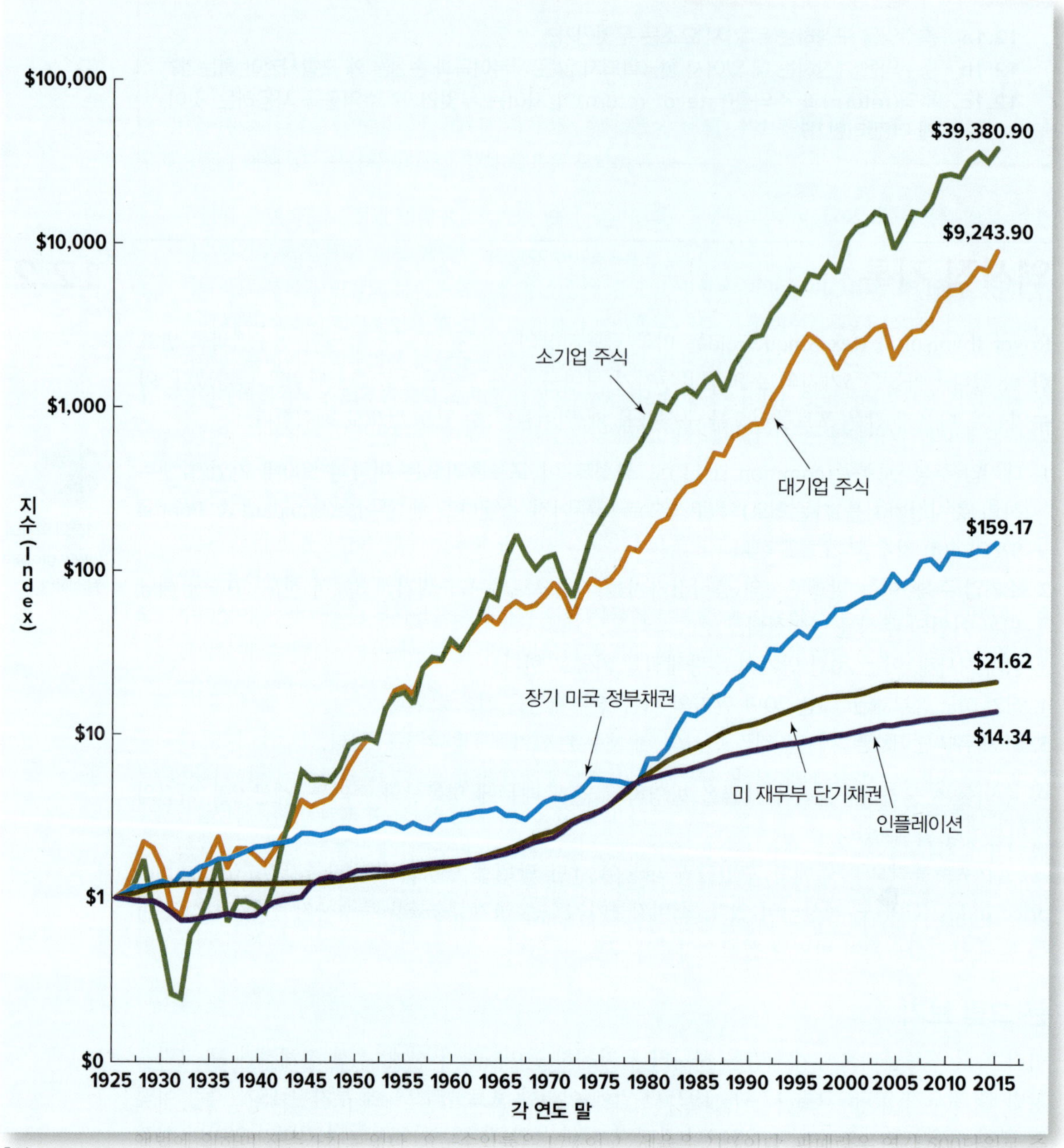

출처: 2020 SBBI Yearbook. Duff & Phelps.

일중(intraday) 및 장기 차트를 살펴보려면 **bigcharts.marketwatch.com**을 참조하라.

그림 12.4를 보면 소기업 주식의 포트폴리오가 모든 포트폴리오를 통틀어 가장 좋은 결과를 낳았다. 여기에 투자된 1$가 94년 후에 39,380.90$라는 놀라운 금액으로 커졌으며, 대기업 주식의 포트폴리오의 경우에는 투자된 1$가 94년 후에 9,243.90$로 이에 훨씬 못 미치는 결과를 보여주었다.

이와는 상반되게, 미 재무부 단기채권(T-bill)의 포트폴리오는 겨우 21.62$로 커졌을 뿐이다. 이는 이 기간 동안의 물가상승률을 고려한다면 더욱 실망스러운 결과이다. 그림에서 볼 수 있듯이, 2019년의 13.49$는 1925년의 1$와 같은 것이다.

과거의 실적이 이러한데 사람들은 왜 소기업 주식 이외의 것들에도 투자하는 것일까? 그림 12.4를 자세히 들여다보면 그에 대한 해답을 찾을 수 있을 것이다. 미 재무부 단기채권 포트폴리오와 미국 정부의 장기채권 포트폴리오는 주식 포트폴리오들에 비해서 성장속도가 느리지만, 지속적으로 꾸준한 성장을 보여줬다. 소기업 주식의 포트폴리오는 결과적으로는 가장 높은 성장률을 기록했지만, 그 과정에서 불규칙적인 움직임을 보여주고 있다. 예를 들어 소기업 주식의 포트폴리오는 처음 약 10년간은 가장 낮은 수익률 성장을 기록했고, 거의 15년간 미국 정부의 장기채권 포트폴리오보다 낮은 수익률을 기록했다.

자세히 보기

서로 다른 투자들의 변동성을 나타내기 위해서, 그림 12.5부터 그림 12.8까지는 매년의 수익률을 수평축 위에 수직 막대기 형태로 나타내고 있다. 수직 막대그래프의 높이는 그 해 기록한 수

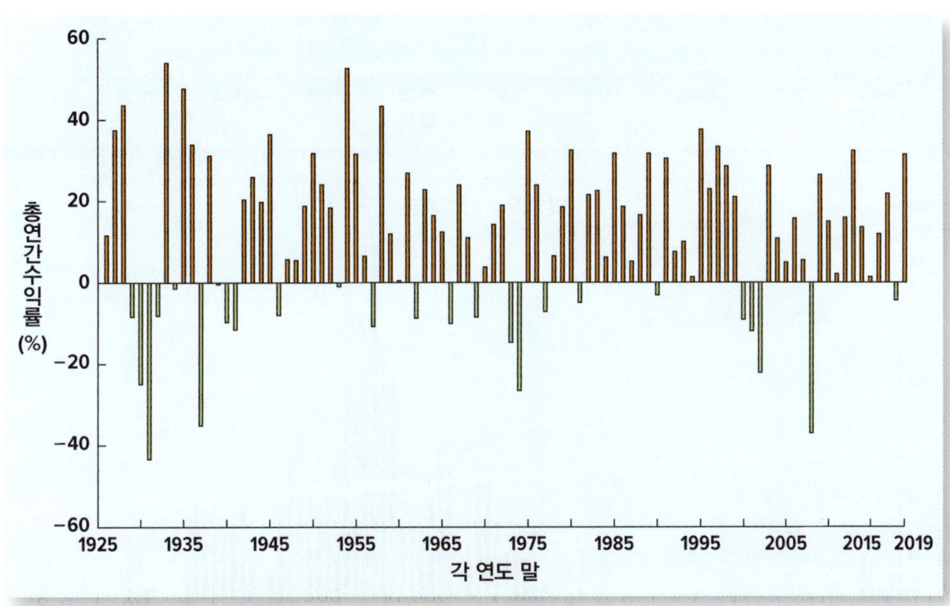

출처: 2020 SBBI Yearbook. Duff & Phelps.

그림 12.5
대기업 보통주의 연도별 총수익률

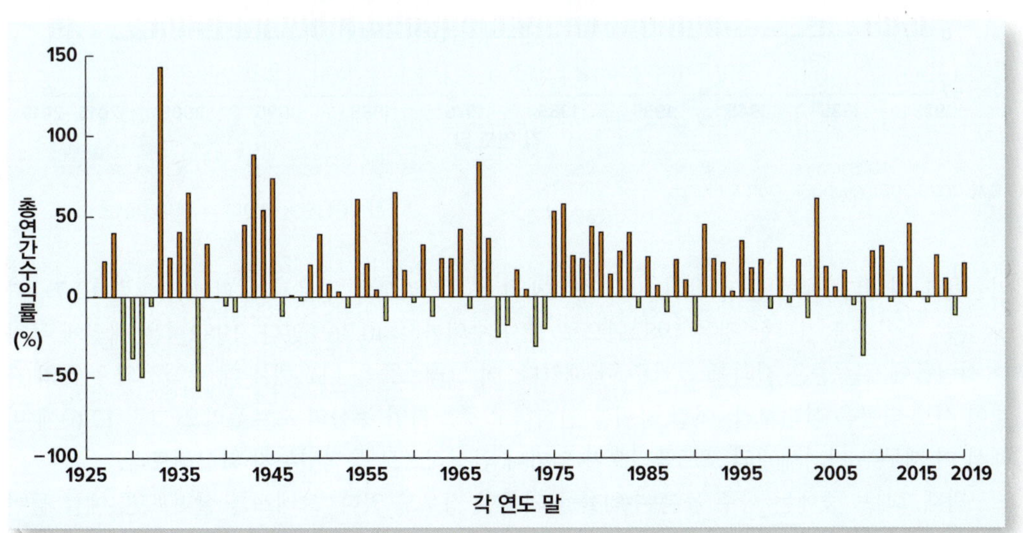

출처: 2020 SBBI Yearbook. Duff & Phelps.

그림 12.6
중소기업 주식의 연도별 총수익률

그림 12.7

채권들의 연도별 총수익률

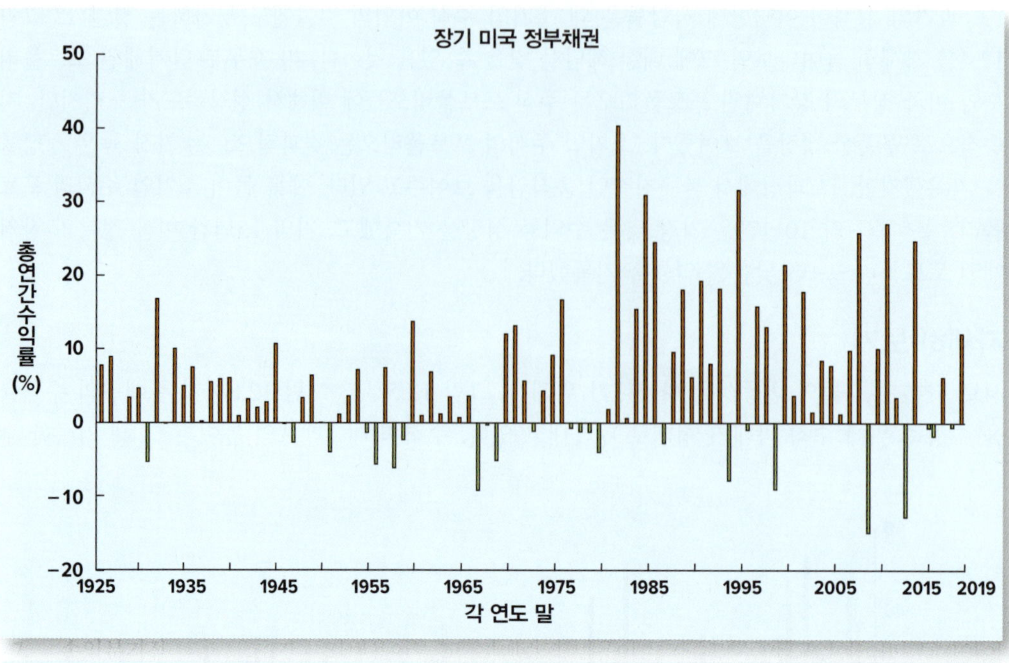

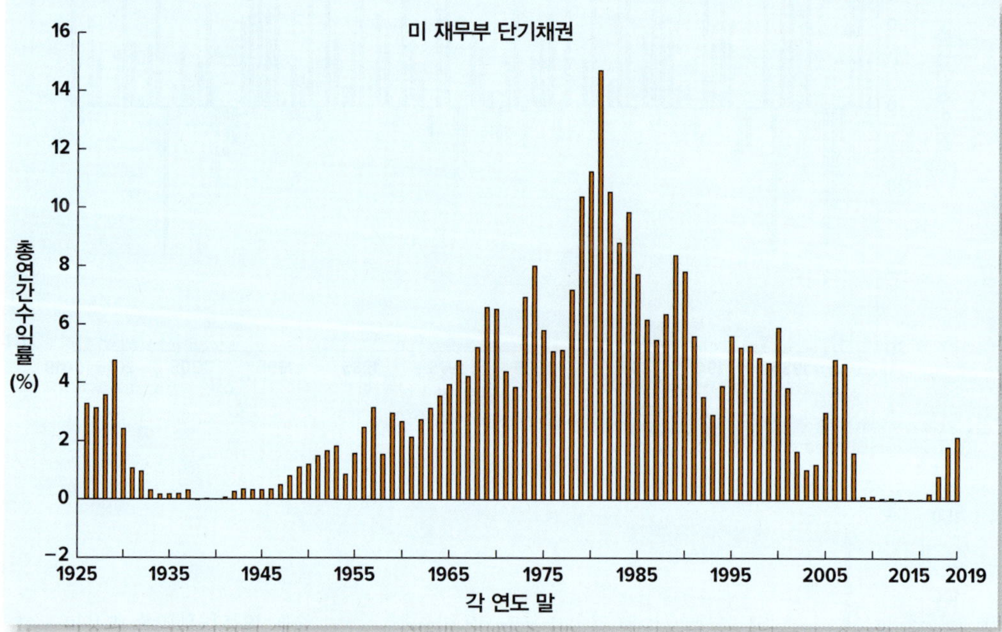

출처: 2020 SBBI Yearbook. Duff & Phelps.

익률을 나타낸다. 예를 들어 장기 미국 정부채권 포트폴리오의 경우를 살펴보면(그림 12.7), 가장 높은 수익률을 기록한 것은 1982년으로 당시 수익률은 40.36%였다. 1982년은 채권에 투자한 사람들에게는 좋은 결과를 안겨준 한 해였다. 이 그래프들을 비교해볼 때 수직선의 눈금의 간격이 서로 다름을 살펴보라. 이런 차이를 인식하고 중소기업 주식의 포트폴리오(그림 12.6)에 비해서 미 재무부 단기채권의 포트폴리오가 얼마나 안정적으로 움직였는지 확인해보라.

막대그래프 중에는 아주 높은 수익률을 기록한 경우도 있다. 그래프를 살펴보면, 예를 들어 가장 높은 1년간의 수익률로는 1933년에 소기업 주식의 포트폴리오가 기록한 142.87%라는 놀라운 수치를 발견할 수 있을 것이다. 같은 해, 대기업 주식은 53.99%밖에 수익률을 거두지 못했다. 이와 반대로 미 재무부 단기채권이 기록한 가장 높은 수익률은 1981년의 14.71%였다. 표 12.1은 대기업 주식, 장기 미국 정부채권, 미 재무부 단기채권들의 연수익률과 소비자물가지수(CPI)를 보여주고 있다.

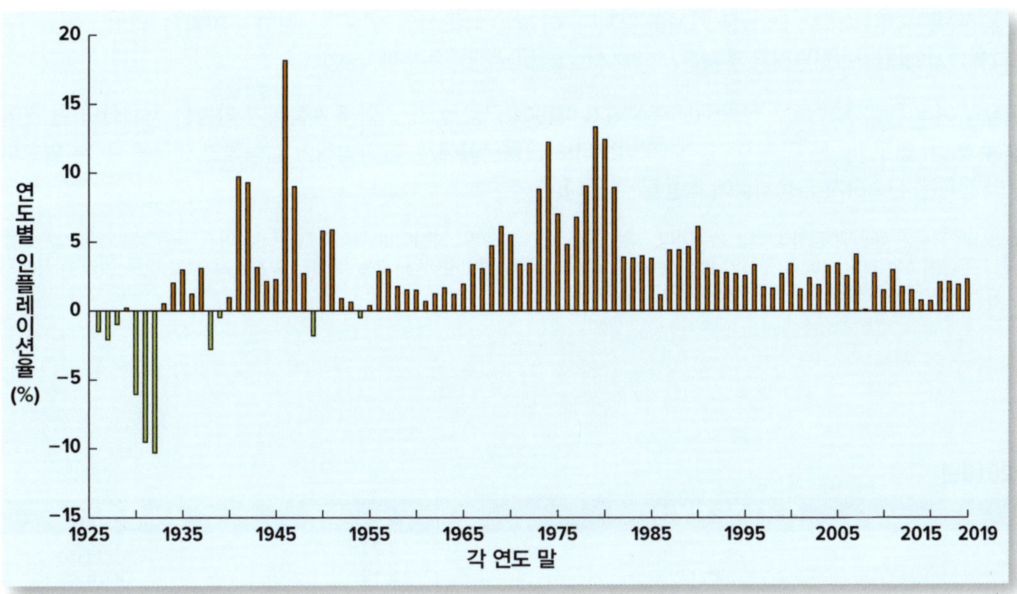

출처: 2020 SBBI Yearbook. Duff & Phelps.

그림 12.8
연도별 인플레이션율

IN THEIR OWN WORDS ...

시장의 역사에 대한 Roger Ibbotson 교수의 견해

금융시장은 역사상 가장 잘 기록된 인류의 기록이다. 매일, 거의 2,000개의 종목이 뉴욕증권거래소에서 거래되고 있으며, 최소한 8,000개 이상의 종목이 다른 거래소나 해외시장에서 거래되고 있다. 채권, 원자재(commodities), 선물(futures), 옵션(options)들도 많은 정보를 제공한다. 이러한 정보들은 웹사이트, 뉴스와이어, 블룸버그(Bloomberg)와 같은 시장정보 플랫폼(platform) 등 다양한 전자미디어를 통해서 접할 수 있다. 거의 모든 거래들에 대한 기록이 남으며 실시간 정보뿐만 아니라 과거 100년 이상의 정보도 기록되어 있다.

글로벌 시장은 정보의 폭을 더해 준다. 일본 주식시장에서는 2,500종목이 넘는 주식들이 거래되고 있으며, 런던의 증권거래소는 하루에 2,000종목이 넘는 국내외 주식들이 거래되고 있다. 전 세계적으로 하루에 200억 주가 넘는 많은 주식들이 거래되고 있다.

이러한 거래들을 통해서 발생하는 정보는 컴퓨터를 통해서 계량화되어 신속히 분석, 배포되어 이용 가능하게 된다. 이 때문에 금융은 이제 점점 과학분야로 인식돼 가고 있다. 금융시장의 정보는 포트폴리오의 성과를 평가하기 위해서 S&P 500을 사용하는 간단한 것에서부터 매우 복잡한 용도까지 넓은 범위로 사용되고 있다. 예를 들어 불과 수십 년 전까지만 해도 채권시장은 미국금융가(Wall Street)에서 가장 조용한 분야였다. 그러나 오늘날에는 많은 투자자들이 이 시장에 모여들어 실시간 정보와 컴퓨터를 통해서 재정거래(차익거래)의 기회—작고 일시적인 가격불균형—를 노리고 있는 실정이다.

금융시장의 정보는 금융시장에 대한 실증적 연구를 통해 알고 있는 것의 바탕이 된다. 그러한 연구들을 통해 찾아낸 일련의 주요 발견을 요약하면 다음과 같다.

- 거래는 점점 더 자동화되고 있으며 거래비용은 점점 더 낮아지고 있다.
- 주식과 같이 위험이 큰 증권은 미 재무부 단기채권과 같이 위험이 거의 없는 증권보다 높은 평균수익률을 가진다.
- 소기업의 주식은 대기업의 주식보다 높은 평균수익률을 가진다.
- 더 높은 유동성을 갖는 주식은 더 높은 가치를 갖지만, 더 낮은 유동성을 갖는 주식보다 수익률은 낮다.
- 기업, 투자안, 사업부문의 자본비용은 금융시장의 정보를 이용하여 추정할 수 있다.

금융시장의 여러 현상들이 매우 정확하게 측정되기 때문에 금융은 가장 쉽게 계량화가 가능한 경제학의 한 분야라고 말할 수 있다. 연구자들은 다른 어떤 경제분야보다도 금융분야에서 더 광범위한 실증적인 연구를 할 수 있으며 또한 연구의 결과는 신속하게 금융시장에 적용될 수 있다.

Roger Ibbotson 교수는 예일대 경영대학의 교수이다. 그는 Zebra Capital의 회장이며 주식투자 관리자이다. 금융정보와 분석자료를 제공하는 주요 공급처 Morningstar의 전신인 Ibbotson Associates의 창업자이다. 그는 뛰어난 학자로서 서로 다른 여러 시장에서 투자자들이 얻은 역사적 수익률을 최초로 측정한 학자로 잘 알려져 있다.

표 12.1 연도별 수익률: 1926~2019년

연도	대기업 주식	장기 미국 정부채권	미 재무부 단기채권	소비자 물가지수
1926	11.62%	7.77%	3.27%	−1.49%
1927	37.49	8.93	3.12	−2.08
1928	43.61	0.10	3.56	−.97
1929	−8.42	3.42	4.75	0.20
1930	−24.90	4.66	2.41	−6.03
1931	−43.34	−5.31	1.07	−9.52
1932	−8.19	16.84	0.96	−10.30
1933	53.99	−0.07	0.30	0.51
1934	−1.44	10.03	0.16	2.03
1935	47.67	4.98	0.17	2.99
1936	33.92	7.52	0.18	1.21
1937	−35.03	0.23	0.31	3.10
1938	31.12	5.53	−0.02	−2.78
1939	−0.41	5.94	0.02	−.48
1940	−9.78	6.09	0.00	0.96
1941	−11.59	0.93	0.06	9.72
1942	20.34	3.22	0.27	9.29
1943	25.90	2.08	0.35	3.16
1944	19.75	2.81	0.33	2.11
1945	36.44	10.73	0.33	2.25
1946	−8.07	−0.10	0.35	18.16
1947	5.71	−2.62	0.50	9.01
1948	5.50	3.40	0.81	2.71
1949	18.79	6.45	1.10	−1.80
1950	31.71	0.06	1.20	5.79
1951	24.02	−3.93	1.49	5.87
1952	18.37	1.16	1.66	0.88
1953	−0.99	3.64	1.82	0.62
1954	52.62	7.19	0.86	−0.50
1955	31.56	−1.29	1.57	0.37
1956	6.56	−5.59	2.46	2.86
1957	−10.78	7.46	3.14	3.02
1958	43.36	−6.09	1.54	1.76
1959	11.96	−2.26	2.95	1.50
1960	0.47	13.78	2.66	1.48

표 12.1 연도별 수익률: 1926~2019년(*계속*)

연도	대기업 주식	장기 미국 정부채권	미 재무부 단기채권	소비자 물가지수
1961	26.89	0.97	2.13	0.67
1962	−8.73	6.89	2.73	1.22
1963	22.80	1.21	3.12	1.65
1964	16.48	3.51	3.54	1.19
1965	12.45	0.71	3.93	1.92
1966	−10.06	3.65	4.76	3.35
1967	23.98	−9.18	4.21	3.04
1968	11.06	−0.26	5.21	4.72
1969	−8.50	−5.07	6.58	6.11
1970	3.86	12.11	6.52	5.49
1971	14.30	13.23	4.39	3.36
1972	19.00	5.69	3.84	3.41
1973	−14.69	−1.11	6.93	8.80
1974	−26.47	4.35	8.00	12.20
1975	37.23	9.20	5.80	7.01
1976	23.93	16.75	5.08	4.81
1977	−7.16	−.69	5.12	6.77
1978	6.57	−1.18	7.18	9.03
1979	18.61	−1.23	10.38	13.31
1980	32.50	−3.95	11.24	12.40
1981	−4.92	1.86	14.71	8.94
1982	21.55	40.36	10.54	3.87
1983	22.56	0.65	8.80	3.80
1984	6.27	15.48	9.85	3.95
1985	31.73	30.97	7.72	3.77
1986	18.67	24.53	6.16	1.13
1987	5.25	−2.71	5.47	4.41
1988	16.61	9.67	6.35	4.42
1989	31.69	18.11	8.37	4.65
1990	−3.10	6.18	7.81	6.11
1991	30.47	19.30	5.60	3.06
1992	7.62	8.05	3.51	2.90
1993	10.08	18.24	2.90	2.75
1994	1.32	−7.77	3.90	2.67
1995	37.58	31.67	5.60	2.54
1996	22.96	−.93	5.21	3.32
1997	33.36	15.85	5.26	1.70
1998	28.58	13.06	4.86	1.61
1999	21.04	−8.96	4.68	2.68
2000	−9.10	21.48	5.89	3.39
2001	−11.89	3.70	3.83	1.55
2002	−22.10	17.84	1.65	2.38
2003	28.68	1.45	1.02	1.88
2004	10.88	8.51	1.20	3.26
2005	4.91	7.81	2.98	3.42
2006	15.79	1.19	4.80	2.54
2007	5.49	9.88	4.66	4.08
2008	−37.00	25.87	1.60	0.09
2009	26.46	−14.90	0.10	2.72
2010	15.06	10.14	0.12	1.50
2011	2.11	27.10	0.04	2.96
2012	16.00	3.43	0.06	1.74
2013	32.39	−12.78	0.02	1.51
2014	13.69	24.71	0.02	0.76
2015	1.38	−0.65	0.02	0.73
2016	11.96	1.75	0.20	2.07
2017	21.83	6.24	0.80	2.11
2018	−4.38	−0.57	1.81	1.91
2019	31.49	12.16	2.14	2.29

출처: 2020 SBBI Yearbook. Duff & Phelps.

개념질문 _ Concept Questions

12.2a 되돌아볼 때, 1926년과 1935년 사이에 가장 좋은 투자대상은 무엇이었다고 생각하는가?
12.2b 모든 사람들이 소기업 주식에만 투자하지 않는 이유는 무엇인가?
12.2c 지난 94년간 각 포트폴리오에서 나타난 최저수익률은 각각 얼마인가? 대략 언제쯤 발생했는가?
12.2d 대기업 주식이 30% 이상의 수익률을 기록한 것은 몇 번인가? −20% 이하의 수익률을 기록한 것은 몇 번인가?
12.2e 대기업의 주식이 양(+)의 수익률을 계속 유지한 가장 오랜 기간은 몇 년인가? 장기 미국 정부채권의 경우에는 몇 년인가?
12.2f 미 재무부 단기채권 포트폴리오는 얼마나 자주 음(−)의 수익률을 기록했는가?

12.3 평균수익률: 첫 번째 교훈

자본시장의 수익률에 대한 기록은 그대로 활용하기에는 너무 복잡하다. 따라서 이 수치들을 요약할 필요가 있다. 여기서는 이러한 수치들을 어떻게 요약하는지에 대해 살펴보기로 한다. 먼저, 평균수익률의 계산에 대해서 다루자.

평균수익률의 계산

표 12.1에 나와 있는 투자안의 평균수익률을 계산하는 가장 확실한 방법은 우선 모든 연도의 수익률을 더해준 다음에 94로 나눠주는 것이다. 이는 과거에 나타난 개별 값들의 전체적 평균을 나타내는 것이다.

예를 들어 그림 12.5에 나와 있는 대기업 주식의 94년간 수익률을 모두 더해주면 약 11.37이라는 값을 얻을 것이다. 따라서 평균수익률은 11.37/94 = 0.121 = 2.1%이다. 이는 일반적으로 평균치를 말할 때 갖는 의미와 똑같은 의미를 갖는 평균치이다. 따라서 94년 중에 어떤 해를 무작위로 뽑아서 그 해의 수익률을 추정한다면 12.1%가 가장 좋은 추측치가 될 것이다.

평균수익률: 역사적인 기록

표 12.2는 지금까지 다룬 여러 포트폴리오들의 평균수익률을 나타내고 있다. 표에서 볼 수 있듯이, 소기업 주식의 경우에는 연평균 16.3%만큼 가치가 상승하였다. 주식의 수익률이 채권의 수

표 12.2
연평균수익률: 1926~2019년

투자	평균수익률
대기업 주식	12.1%
소기업 주식	16.3
장기 회사채	6.4
장기 미국 정부채권	6.0
미 재무부 단기채권	3.4
물가상승률(인플레이션율)	2.9

출처: 2020 SBBI Yearbook. Duff & Phelps.

익률보다 얼마나 높은지도 살펴보기 바란다.

물론, 이 평균치는 물가상승률을 고려하지 않았기 때문에 명목적인 수치이다. 94년 동안, 평균 물가상승률이 2.9%였다는 것에 유의하자. 미 재무부 단기채권의 명목수익률은 연평균 3.4%였다. 따라서 이 채권의 실질 평균수익률은 대략 0.5%라고 할 수 있다. 따라서 미 재무부 단기채권의 실질수익률은 역사적으로 상당히 낮은 수준이다.

이와는 반대로 소기업 주식의 경우에는 실질 평균수익률이 16.3% − 2.9% = 13.4%로 상대적으로 높은 수준이다. 5장에서 배운 72법칙을 기억하고 있다면, 13.4%라는 실질성장률은 구매력을 약 5년마다 2배로 증가시킨다는 것을 알 수 있을 것이다. 대기업 주식의 실질가치도 매년 평균적으로 약 9.2% 이상 증가했다는 것을 살펴보기 바란다.

위험프리미엄

이제 이러한 평균수익률들을 서로 어떻게 비교하는지 살펴보아야 할 차례이다. 한 가지 비교방법은 정부에서 발행한 증권들과 비교하는 것이다. 정부에서 발행한 증권들은 주식시장에서 나타나는 것과 같은 변동성이 없다.

정부는 다양한 채권을 발행함으로써 자본을 조달한다. 여기서는 미 재무부 단기채권(T-bill)에 초점을 맞추기로 한다. 이 채권은 미국 정부의 채권들 중에서 가장 짧은 만기를 갖고 있다. 정부는 지출을 충당하기 위해서 언제라도 세금을 거둘 수 있기 때문에 만기가 아주 짧은 이 채권에는 사실상 어떠한 채무불이행위험도 없다고 할 수 있다. 따라서 이러한 채권의 수익률을 무위험수익률(risk-free return)이라고 부르며, 이것을 하나의 표준으로 삼는다.

특별히 흥미로운 것은 미 재무부 단기채권의 무위험수익률과 매우 위험한 보통주의 수익률과의 비교이다. 이 두 수익률의 차이는 평균적인 위험을 갖는 자산(미국 대기업 주식이 평균적인 위험을 가진다는 가정하에)의 초과수익(excess return)으로 해석할 수 있다.

이를 "초과"수익이라고 부르는 것은 이러한 수익이 상대적으로 무위험자산에서 위험이 있는 자산으로 투자를 옮기는 과정에서 추가적으로 얻게 되는 수익이기 때문이다. 이는 위험을 감수하면서 얻게 되는 수익이기 때문에 **위험프리미엄**(risk premium)이라고도 부른다.

위험프리미엄(risk premium): 위험투자에 대한 요구수익률과 무위험투자에 대한 요구수익률의 차이

표 12.2를 통해서 서로 다른 투자안의 위험프리미엄을 구할 수가 있는데 표 12.3은 이를 보여주고 있다. 표에는 명목위험프리미엄만 표시되어 있는데 그것은 역사적으로 명목위험프리미엄과 실질위험프리미엄과의 차이가 근소했기 때문이다.

미 재무부 단기채권의 경우에는 위험이 존재하지 않는다고 가정했기 때문에 이 채권의위험프리미엄은 0이다.

첫 번째 교훈

표 12.3을 보면 전형적인 미국 대기업 주식이 평균 12.1% − 3.4% = 8.7%의 위험프리미엄을 가진다는 것을 알 수 있다. 이는 적지 않은 보상이다. 이러한 초과수익이 역사적 사실로 존재한다는 것은 매우 중요한 발견이며, 이것이 주식시장으로부터 배울 첫 번째 교훈이다. 즉, 평균적으로 위험자산들은 위험프리미엄을 벌어들인다. 다시 말해 평균적으로 볼 때 위험을 감수하면 그에 대한 보상이 따른다는 것이다.

왜 그런 것일까? 예를 들어 왜 소형주의 위험프리미엄이 대형주의 것보다 높은 것일까? 달리 말해 서로 다른 자산이 가지는 위험프리미엄의 상대적 크기를 결정짓는 것은 무엇일까? 이

표 12.3
연평균수익률과 위험프리미엄: 1926~2019년

투자	평균수익률	위험프리미엄
대기업 주식	12.1%	8.7%
소기업 주식	16.3	12.9
장기 회사채	6.4	3.0
장기 미국 정부채권	6.0	2.6
미 재무부 단기채권	3.4	0.0

출처: 2020 SBBI Yearbook. Duff & Phelps.

러한 질문에 대한 답은 현대 금융의 핵심이 되는 것이며, 이는 다음 장에서 집중적으로 다룰 것이다. 여기서는 이 질문에 대한 부분적인 해답을 역사적 자료를 통해 서로 다른 투자들이 보이고 있는 수익의 변동성에서 찾고자 한다. 우선 수익의 변동성을 어떻게 측정하는지 살펴보기로 하자.

개념질문 _Concept Questions

12.3a 초과수익과 위험프리미엄이 뜻하는 것은 무엇인가?
12.3b 보통주 포트폴리오의 실질(명목과 달리) 위험프리미엄은 무엇인가?
12.3c 회사채의 명목위험프리미엄은 얼마인가? 실질위험프리미엄은 얼마인가?
12.3d 자본시장의 역사로부터 배운 첫 번째 교훈은 무엇인가?

12.4 수익률의 변동성: 두 번째 교훈

앞에서 보통주의 연간수익률이 장기 정부채권의 수익률보다 변동성이 심하다는 것을 확인했다. 이제 주식수익률의 변동성을 어떻게 측정하는지 설명함으로써 위험의 개념에 대해서 알아보기로 한다.

분포도와 변동성

보통주의 수익률이 가지는 분포도(frequency distribution)는 그림 12.9와 같이 나타낼 수 있다. 이 그림은 보통주 포트폴리오의 연간수익률을 10% 단위로 나누어서 각 단위에 해당되는 연도의 수를 표시한 것이다. 예를 들어 그림 12.9를 보면, 10%에서 20%의 범위의 높이는 18번인데, 이는 94개 연간수익률 중에 18개 연도가 이 범위에 해당되는 수익률을 기록했다는 뜻이다.

이제 해야 할 일은 수익률의 분산을 직접 구하는 것이다. 앞에서 본 것과 같이 소형주의 수익률은 매년 평균적으로 16.3%를 기록하였다. 이제 한 해의 실제수익률이 평균수익률과 얼마만큼 차이가 나는지 알아야 한다. 다시 말해 수익률의 변동성이 얼마인지 알아야 한다. **분산**(variance)과 그 제곱근인 **표준편차**(standard deviation)는 변동성을 측정하는 데 쓰이는 가장 일반적인 방법이다. 이들을 어떻게 계산하는지 살펴보자.

분산(variance): 실제수익률과 평균수익률의 차이를 제곱한 값들의 평균치

표준편차(standard deviation): 분산의 제곱근

역사적 분산과 표준편차

분산은 실제수익률과 평균수익률 간의 차이를 제곱하여 그 평균을 구한 것이다. 분산이 클수록,

그림 12.9 대기업 주식의 수익률의 분포도: 1926~2019년

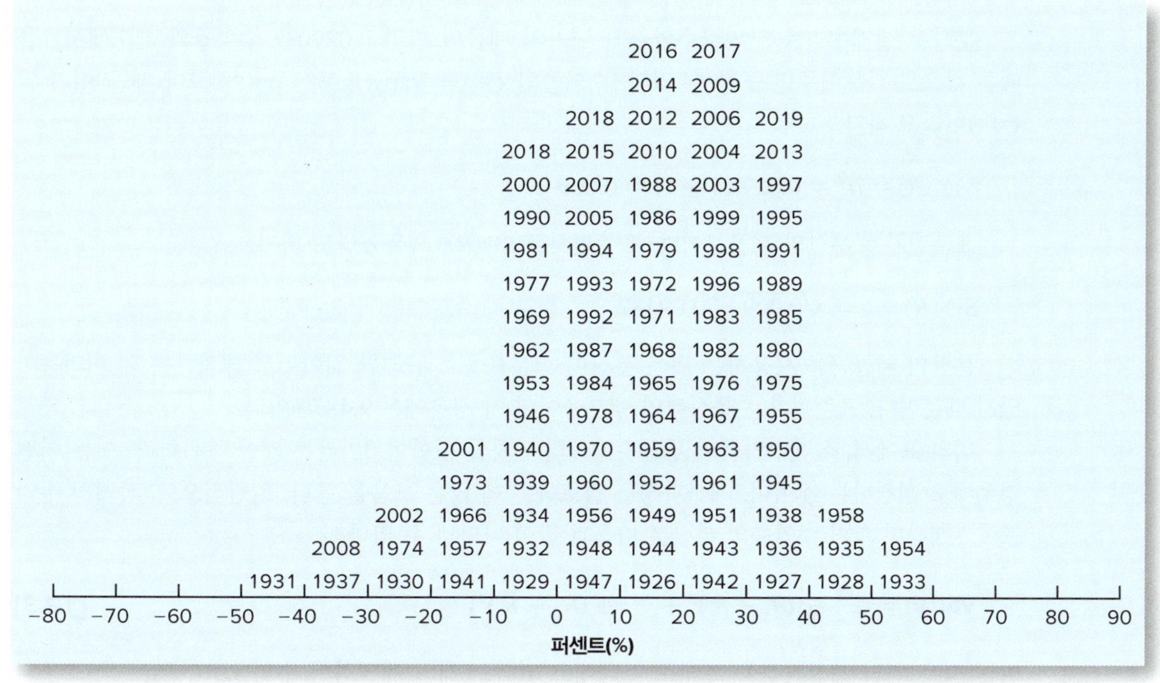

출처: 2020 SBBI Yearbook. Duff & Phelps.

실제수익률과 평균수익률의 차이는 더욱 커진다. 또한 분산이나 표준편차가 클수록 수익률이 더 넓게 퍼져 있다.

분산이나 표준편차를 계산하는 방법은 상황에 따라 다르다. 이 장에서는 과거의 수익률을 살펴보고 있기 때문에 이제부터 설명할 계산과정은 과거수익률의 분산과 표준편차를 계산하는 것이다. 만일 미래수익률에 대한 것이라면, 계산과정은 달라진다. 미래수익률에 대해서는 다음 장에서 살펴볼 것이다.

기초 통계학을 복습하려면 **www.robertniles.com/stats/**을 참조하라.

과거의 분산을 어떻게 계산하는지 설명하기 위해서, 예를 들어 한 기업이 지난 4년 동안 매년 각각 10%, 12%, 3%, −9%의 수익률을 기록했다고 하자. 평균수익률은 (0.10 + 0.12 + 0.03 − 0.09)/4 = 0.04 = 4%이다. 그러나 실제로 나타난 수익률이 4%가 아니었음에 주목하라. 첫해 수익률은 평균수익률과의 차이가 0.10 − 0.04 = 0.06이었다. 두 번째 해에는 평균과의 차이가 0.12 − 0.04 = 0.080이었고, 나머지도 계산하면 차이를 구할 수 있을 것이다. 이 경우에 분산을 구하기 위해서는 이 차이들을 제곱하여 모두 더해주고, 이를 총수익률의 개수에서 1을 빼준 값(이 경우에는 3)으로 나누어야 한다. 이에 대한 정보가 다음 표에 요약되어 있다.

	(1) 실제수익률	(2) 평균수익률	(3) 편차: (1) − (2)	(4) 편차의 제곱
	0.10	0.04	0.06	0.0036
	0.12	0.04	0.08	0.0064
	0.03	0.04	−0.01	0.0001
	−0.09	0.04	−0.13	0.0169
합계	0.16		0.00	0.0270

첫 번째 열은 4년간의 실제수익률이다. 세 번째 열은 실제수익률에서 평균수익률인 0.04를 뺀 차이다. 마지막으로 네 번째 열은 세 번째 열의 값을 제곱한 값이다.

분산은 실제수익률과 평균수익률의 편차의 제곱의 합인 0.0270을 수익률의 개수에서 1을 빼준 값으로 나누어주면 구할 수 있다. 수익률의 분산을 Var(R), 혹은 σ^2("시그마 제곱"이라 읽는다)이라고 하자.

$$\text{Var}(R) = \sigma^2 = 0.027/(4 - 1) = 0.009$$

표준편차는 분산의 제곱근이다. 표준편차를 SD(R), 혹은 σ라고 하자.

$$\text{SD}(R) = \sigma = \sqrt{0.009} = 0.09487$$

분산의 제곱근을 사용하는 것은 분산이 백분율을 "제곱"한 것이어서 해석하는 데 어려움이 있기 때문이다. 표준편차는 통상적인 백분율이며 이 경우에는 9.487%이다.

위의 표에서, 실제수익률과 평균수익률의 편차들의 합이 0이라는 것에 주목하라. 이는 어떤 경우에도 성립하는 것이며, 계산과정을 검토하는 데 많은 도움을 준다. 일반적으로, 과거의 수익률이 T개라면 과거 수익률의 분산은 다음과 같이 나타낼 수 있다.

$$\text{Var}(R) = \frac{1}{T-1}[(R_1 - \bar{R})^2 + \cdots + (R_T - \bar{R})^2] \quad [12.3]$$

이 공식은 위의 계산과정을 그대로 나타내고 있다. T개의 개별적인 수익률(R_1, R_2, . . .)로부터 평균수익률($\bar{R}$)을 빼주고, 이를 제곱하여 다 더해준 다음에 그 결과를 수익률의 개수에서 1을 빼준 값 ($T - 1$)으로 나누어준다. 표준편차는 항상 Var(R)의 양(+)의 제곱근이다. 표준편차는 변동성을 측정하는 데 널리 쓰이는 방법이다.

예제 12.2 분산과 표준편차의 계산

지난 4년간 Supertech사와 Hyperdrive사의 수익률은 다음과 같았다고 가정하자.

연도	Supertech의 수익률	Hyperdrive의 수익률
2017	−0.20	0.05
2018	0.50	0.09
2019	0.30	−0.12
2020	0.10	0.20

평균수익률은 얼마인가? 분산은 얼마인가? 표준편차는 얼마인가? 둘 중에 어느 투자가 더 변동성이 심한가?

평균수익률을 구하기 위해서는 모든 수익률을 더해주고 이를 4로 나누어준다. 결과는 다음과 같다.

Supertech의 수익률 = $\bar{R}$ = 0.70/4 = 0.175
Hyperdrive의 수익률 = $\bar{R}$ = 0.22/4 = 0.055

(계속)

Supertech의 분산을 구하기 위해서, 다음과 같이 계산과정을 요약할 수 있다.

연도	(1) 실제수익률	(2) 평균수익률	(3) 편차: (1) − (2)	(4) 편차의 제곱
2014	−0.20	0.175	−0.375	0.140625
2015	0.50	0.175	0.325	0.105625
2016	0.30	0.175	0.125	0.015625
2017	0.10	0.175	−0.075	0.005625
합계	0.70		0.000	0.267500

수익률이 4개이기 때문에, 0.2675를 (4 − 1) = 3으로 나누어 분산을 구한다.

	Supertech	Hyperdrive
분산	0.2675/3 = 0.0892	0.0529/3 = 0.0176
표준편차	$\sqrt{0.0892}$ = 0.2987	$\sqrt{0.0176}$ = 0.1327

표에 나와 있는 Hyperdrive의 분산과 표준편차를 직접 계산해서 검토해보자. 결과적으로, Supertech의 표준편차가 29.87%로, Hyperdrive의 표준편차인 13.27%보다 두 배 이상 높다. 그러므로 Supertech의 투자가 더 큰 변동성을 가진다.

역사적 기록

그림 12.10은 지금까지 다룬 미국 금융시장의 역사에 대한 거의 모든 것을 요약하고 있다. 이 그림에는 평균수익률, 표준편차, 수익률의 분포도에 대한 정보가 있다. 예를 들어 그림 12.10에서 소기업 주식 포트폴리오의 표준편차(연 31.5%)가 미 재무부 단기채권 포트폴리오의 표준편차(연 3.1%)보다 높다는 것을 확인할 수 있다. 이 그림에 대해서는 잠시 후에 다시 논의하기로 한다.

정규분포

분포도 중의 하나인 **정규분포**[normal distribution, 벨 커브(bell curve)라고도 부른다]는 실제생활에서 임의의 사건이 특정 범위 내에 발생할 확률을 설명하는 데 유용하게 쓰인다.

정규분포(normal distribution): 평균과 표준편차에 의해서 완전히 정의되는 벨 모양의 좌우대칭 분포도

그림 12.11은 정규분포와 그 특유의 벨 모양을 보여주고 있다. 그림에서 볼 수 있듯이, 정규분포는 그림 12.10에 나오는 실제수익률의 분포보다 균형 잡힌 모습을 하고 있다. 그렇지만, 실제 분포도 정규분포와 같이 좌우대칭적이고 언덕과 비슷한 모양을 띤 경우가 있다. 이럴 때 정규분포는 아주 좋은 근사치가 되어준다.

한편 그림 12.10의 분포는 94년간의 기록만 보여주고 있지만, 그림 12.11은 원칙적으로 무한한 수를 바탕으로 그려졌다는 것도 간과해서는 안 된다. 그러므로 만약 1,000년간의 수익률을 기록하게 된다면 곡선의 불규칙한 부분을 채우면서 그림 12.10의 분포는 점점 정규분포와 비슷한 모양을 띠게 될 것이다. 우리의 목적을 위해서는 수익률이 대략 정규분포와 비슷한 모양을 띠게 되는 것만으로도 충분하다.

정규분포의 유용성은 분포가 평균과 표준편차에 의해 완벽히 설명된다는 데 있다. 평균과 표준편차, 이 둘만 알고 있다면 다른 것을 알 필요가 없다. 정규분포의 경우에, 예를 들어 평균으로부터 1 표준편차 이내의 범위에서 나타날 확률은 약 2/3이다.

그림 12.10
역사적 수익률, 표준편차, 분포도: 1926~2019년

유형	연평균 수익률	표준편차	분포도
대기업 주식	12.1%	19.8%	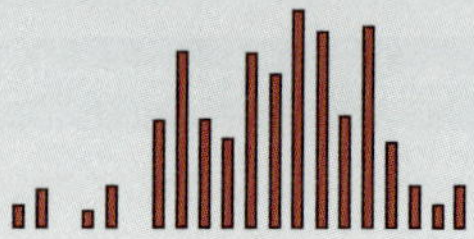
소기업 주식	16.3	31.5	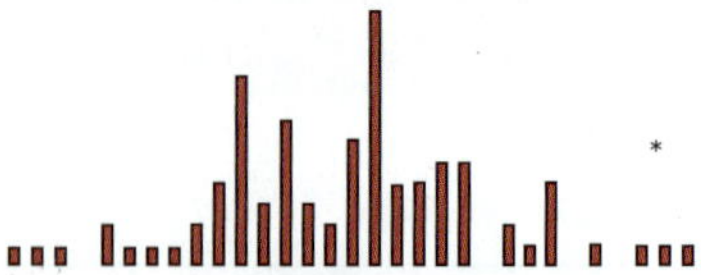 *
장기 회사채	6.4	8.5	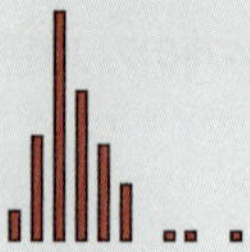
장기 미국 정부채권	6.0	9.8	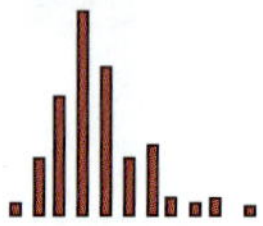
중기 미국 정부채권	5.2	5.6	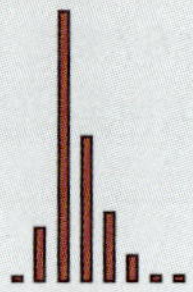
미 재부무 단기채권	3.4	3.1	
인플레이션율	2.9	4.0	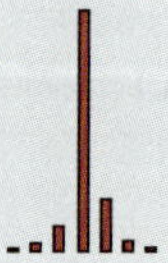

*1933년에 중소기업 주식의 총수익률은 142.9%를 기록했다.
출처: 2020 SBBI Yearbook. Duff & Phelps.

그림 12.11
정규분포
(Normal Distribution)

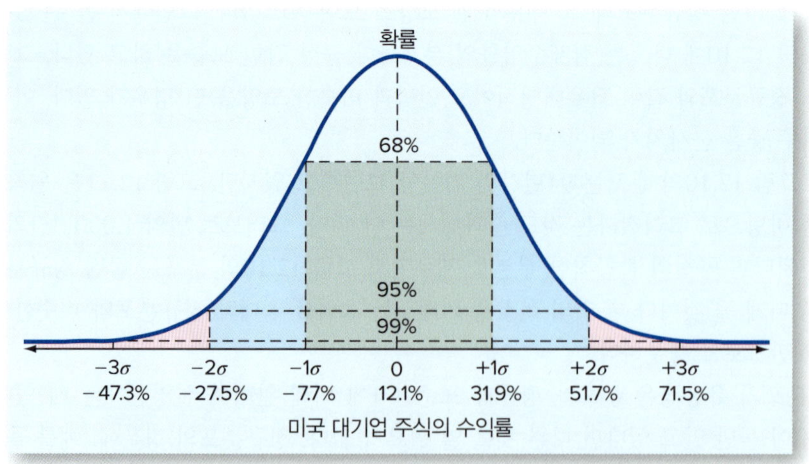

주: 표시된 수치는 대기업 보통주로 구성된 포트폴리오의 과거 수익률과 표준편차에 기준한 것이다.

표준편차의 2배 내에서 발생할 확률은 약 95%이다. 또한 평균으로부터 표준편차의 3배 범위를 벗어날 확률은 1% 미만이다. 이와 같은 범위와 확률은 그림 12.11에 잘 나타나 있다.

정규분포가 왜 유용한지 이해하기 위해서 그림 12.10에서 대기업 주식의 표준편차가 19.8%였다는 것을 기억하라. 평균수익률은 12.1%이다. 그러므로 이의 분포도가 정규분포에 거의 근접하다는 가정하에서 한 해의 수익률이 −7.7%부터 31.9%까지의 범위(12.1%에 1 표준편차인 19.8%를 더하거나 빼준 것)에 속할 확률은 약 2/3인 것이다. 이 범위는 그림 12.11에 나타나 있다. 다시 말해 3번 중에 1번꼴로 수익률이 이 범위를 벗어나는 것이다. 이는 대기업 주식을 산다면 3년 중에 1년은 수익률이 위의 범위를 벗어난다는 것을 의미한다. 이는 앞에서 배운 주식시장의 변동성을 뒷받침해 준다. 그러나 수익률이 −27.5%에서 51.7% 사이의 범위(12.1%에 19.8%의 두 배를 더하거나 빼준 것)를 벗어날 확률은 5%밖에 되지 못한다. 이는 그림 12.11에도 잘 나타나 있다.

두 번째 교훈

지금까지 연간수익률의 변동성에 관해 살펴본 것은 자본시장으로부터 배울 두 번째 교훈의 기초를 이루고 있다. 평균적으로 봤을 때, 위험을 감수한다면 그에 따른 마땅한 보상이 있기 마련이다. 그러나 특정 연도에 가치가 급격히 변화할 수도 있다. 그러므로 두 번째 교훈은 다음과 같다. 즉, 잠재적 보상이 클수록 그에 따른 위험도 커진다는 것이다.

2008년: 기억해야 할 해

주식시장의 변동성을 더 잘 보여준 몇 해 전으로 돌아가보자. 2008년은 주식투자자들에게 미국 역사상 가장 안 좋은 해 중 하나였다. 얼마나 안 좋았을까? 이 장에서도 보여 주고 있듯이(예, 표 12.1) 이 해에 S&P 500 지수는 37%나 하락했다. 이 지수에 속하는 500종목의 주식 중 485종목의 주식가격이 하락했다.

1926~2019년 기간 중 1931년만 2008년보다 낮은 수익률(−43% 대 −37%)을 보였다. 2008년 후에 상황은 더 나빠져서 2009년 1월까지 8.43% 더 하락했다. 전체적으로 볼 때, 2007년 11월(하락이 시작됨)부터 2009년 3월(하락이 멈춤)까지의 기간 동안 S&P 500는 그 가치의 50%를 잃어버렸다.

그림 12.12는 2008년의 월별 S&P 500의 결과를 보여주고 있다. 12개월 중 8개월이 음(−)의 수익률을 나타냈다. 대부분의 하락은 가을에 나타났으며 투자자들은 10월 한 달 동안에만 거의 17%의 손실을 입었다. 소기업 주식들도 마찬가지였다. 이들 주식도 이 해에 37% 하락했다(10월에는 21% 하락). 이는 1937년의 58% 하락 이후 최악의 성과였다.

그림 12.12가 보여주고 있듯이 2008년에 주식가격의 변동은 매우 심했다. 희한하게도 S&P가 상승한 날과 하락한 날들은 둘 다 각각 126일이었다(주말과 휴일에는 시장이 문 닫는다는 것을 기억하라). 물론 하락한 날들의 하락률이 상승한 날들의 상승률보다 전체적으로 훨씬 컸다. 2008년에 주식가격의 변동성이 얼마나 심했는가는 이 해에 S&P 지수가 5% 이상 변동하는 날이 18일이나 되었다는 것에서 잘 알 수 있다. 1956~2007년 사이에 이러한 크기의 변동률을 보인 경우는 17번 정도밖에 없었다!

주식가격의 하락은 전 세계적인 현상이었으며 세계 주요 주식거래소에서의 주식가격 하락률은 S&P 지수의 경우보다 더 심했다. 예를 들어 2008년에 중국, 인도, 러시아의 경우는 모두

그림 12.12
S&P 500의 월 수익률: 2008년

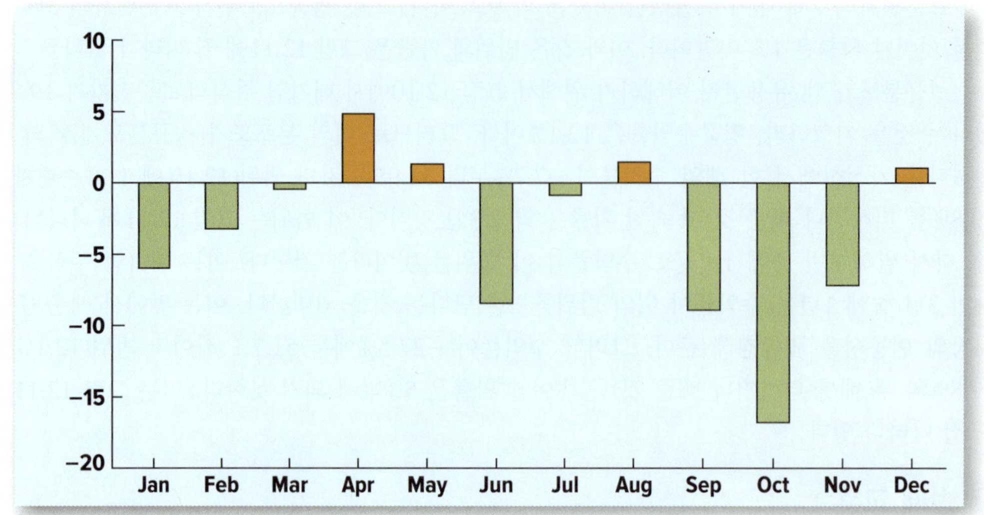

50% 이상의 가격하락이 나타났다. 작은 나라인 아이슬란드의 경우에는 2008년에 주식가격이 90% 이상 하락했다. 이 해 10월 9일에 아이슬란드 거래소의 거래는 잠정 폐쇄되기도 했다. 거래가 재개된 14일에는 하루 가격하락률로는 최근 역사상 가장 큰 76%의 가격하락이 있었다.

2008년에 미국 투자자들에게 그래도 햇볕이 든 곳이 있었을까? 있었다. 주식시장은 추락했지만 채권시장은 날개를 달았다. 특히 미 재무부 장기채권의 경우 더욱 그러했다. 실제로 미 재무부 단기채권의 가격은 13% 상승했고, 미 재무부 장기채권의 가격은 40% 상승했다. 장기 회사채의 경우에는 이보다 못했지만 9% 상승했다. 이러한 수익률은 소비자물가지수(CPI)가 거의 0인 상태에서 나타난 것이기 때문에 특히 인상적인 수익률이었다.

주식가격은 물론 크게 상승하는 변동성도 보여준다. 2009년 3월부터 2011년 2월까지, 약 700일간 S&P 500 지수는 두 배가 되었다. 이는 500일 만에 S&P 지수가 두 배가 된 1936년 이래로 가장 빠른 가격상승이었다. 이러한 가장 격동적이었던 최근의 자본시장으로부터 투자자들이 얻을 수 있는 교훈은 무엇일까? 첫째, 가장 중요한 교훈은 주식시장이 매우 큰 위험을 갖고 있는 시장이라는 것이다! 그러나 마찬가지로 중요한 두 번째 교훈이 있다. 어떻게 구성되었는가에 따라 달랐겠지만 주식과 채권에 분산한 포트폴리오도 2008년에 손실을 보았다. 하지만 그러한 포트폴리오들이 입은 손실은 주식만으로 구성된 포트폴리오가 입었던 손실보다 훨씬 적었다. 다시 말해 분산투자가 중요하다는 것이다. 이에 대해서는 다음 장에서 자세히 살펴보기로 한다.

자본시장 역사의 이용

이 장에서 배운 것을 바탕으로 이제는 투자의 위험과 보상에 대한 개념이 잡히기 시작해야 할 것이다. 예를 들어 2020년 초에 미 재무부 단기채권들은 약 0.2%의 수익률을 기록하고 있었다. 만약 위험수준이 대기업 보통주의 포트폴리오와 비슷한 투자안이 있다면, 이 투자안이 최소한 얼마만큼의 수익률을 보장해야 우리가 관심을 가지게 될까?

표 12.3을 보면, 과거 미국 대기업 주식의 위험프리미엄이 8.7%였다는 것을 알 수 있다. 그러므로 적절한 수준의 요구수익률은 위험프리미엄에 미 재무부 단기채권의 수익률을 더한 0.2% + 8.7% = 8.9%라고 말할 수 있다. 이러한 수익률은 상당히 높은 수익률이라고 생각될 수도 있

다. 그러나 만약 새로운 사업을 시작한다고 하면 그 경우의 위험수준은 아마도 소기업 주식에 투자하는 것과 비슷한 수준이 될 것이다. 과거 소기업 주식의 위험프리미엄이 12.9%였기 때문에, 따라서 최소한 13.1%의 수익률이 요구되어야 할지도 모른다.

위험과 요구수익률의 관계는 다음 장에서 더 자세히 다룬다. 그러나 지금까지 살펴본 것만으로도 위험이 있는 투자안의 경우에 내부수익률(IRR)이 10~20% 사이에 있다는 것이 특별하게 높은 것이 아니라는 것을 알 수 있을 것이다. 위험이 어느 정도인가에 따라 요구수익률은 달라지는 것이다. 이것 또한 자본시장의 역사로부터 배울 점이다.

성장주에의 투자 예제 12.3

성장주(growth stock)라는 용어는 소기업의 주식을 좋게 표현하는 것이다. 소기업 주식에 대한 투자는 안정된 "금전적 도움이 절실한 사람들"에게 적합한 투자일까? 이 질문에 답하기 전에 먼저 과거의 변동성을 살펴보아야 할 것이다. 예를 들어 과거의 기록에 따르면 실제로 이와 같은 소기업 주식의 포트폴리오에 투자하게 되었을 때, 16% 이상의 손해를 볼 확률은 얼마인가?

그림 12.10을 다시 돌아보면, 소기업 주식의 평균수익률이 16.3%이고, 표준편차가 31.5%라는 것을 확인할 수 있다. 이 수익률이 정규분포를 이룬다는 가정하에서 실제수익률이 −15.2%에서 47.8%까지의 범위(16.3% ± 31.5%)를 벗어날 확률이 1/3이다.

정규분포가 좌우대칭을 이루기 때문에 이 범위를 초과하거나 미치지 못할 확률은 각각 동일하다. 그러므로 15.2% 이상의 손해를 본 확률은 1/6(1/3의 반)이다. 평균적으로, 6년 중에 한 번 이런 일이 발생한다고 말할 수 있다. 결과적으로, 이러한 투자는 수익률의 변동성이 매우 큰 위험한 것이며, 위험을 감당하지 못하는 투자자들에게는 적합하다고 할 수 없다.

주식시장의 위험프리미엄에 대한 추가설명

앞에서 살펴보았듯이 역사적으로 나타나는 주식시장의 위험프리미엄은 상당히 크다. 실제로 표준적인 경제모형에 근거해볼 때, 역사적으로 나타난 위험프리미엄은 너무 크고, 따라서 앞으로 나타날 수 있는 위험프리미엄에 대해 과장된 추정을 하게 만든다고 주장하는 사람들도 있다.

물론, 과거의 자료를 가지고 미래를 예측할 때는 과거의 자료가 미래의 상황을 제대로 대변하지 못하는 위험이 항상 존재한다. 예를 들어 이 장에서 우리는 1925~2019년의 자료를 가지고 살펴보았다. 이 기간 동안에 투자자들은 운이 좋았기 때문에 높은 수익률을 얻었을 수도 있다. 이 기간 이전의 역사적 자료들도 자료의 질은 같지 않지만 존재한다. 이러한 점을 감안하고, 연구자들은 1802년부터의 수익률도 추적해보았다. 1926년 이전의 자료로 볼 때는 위험프리미엄이 약간 작은 것으로는 나타났다. 그러나 크게 작은 것으로는 나타나지 않았다.

다른 하나의 가능성은 미국 주식시장이 비정상적으로 매우 양호했을 가능성이다. 적어도 일부 주요 국가들의 투자자들은 그들의 자본시장이 혁명, 전쟁, 하이퍼인플레이션 등과 같은 것으로 인해 거의 또는 완전히 무너졌기 때문에 미국시장의 투자자들만큼 좋은 수익을 얻지 못했을 수도 있다. 최근의 한 연구는 이러한 점을 살펴보기 위해 17개국을 대상으로 한 1900~2005년까지의 자료를 분석하였다.

그림 12.13은 17개 국가의 106년간에 걸쳐 나타난 주식시장의 역사적 평균 위험프리미엄을 보여주고 있다. 수치를 살펴보면 미국의 위험프리미엄은 10번째로 높은 7.4로 나타난다(앞에

그림 12.13 17개국 주식시장의 위험프리미엄: 1900~2005년

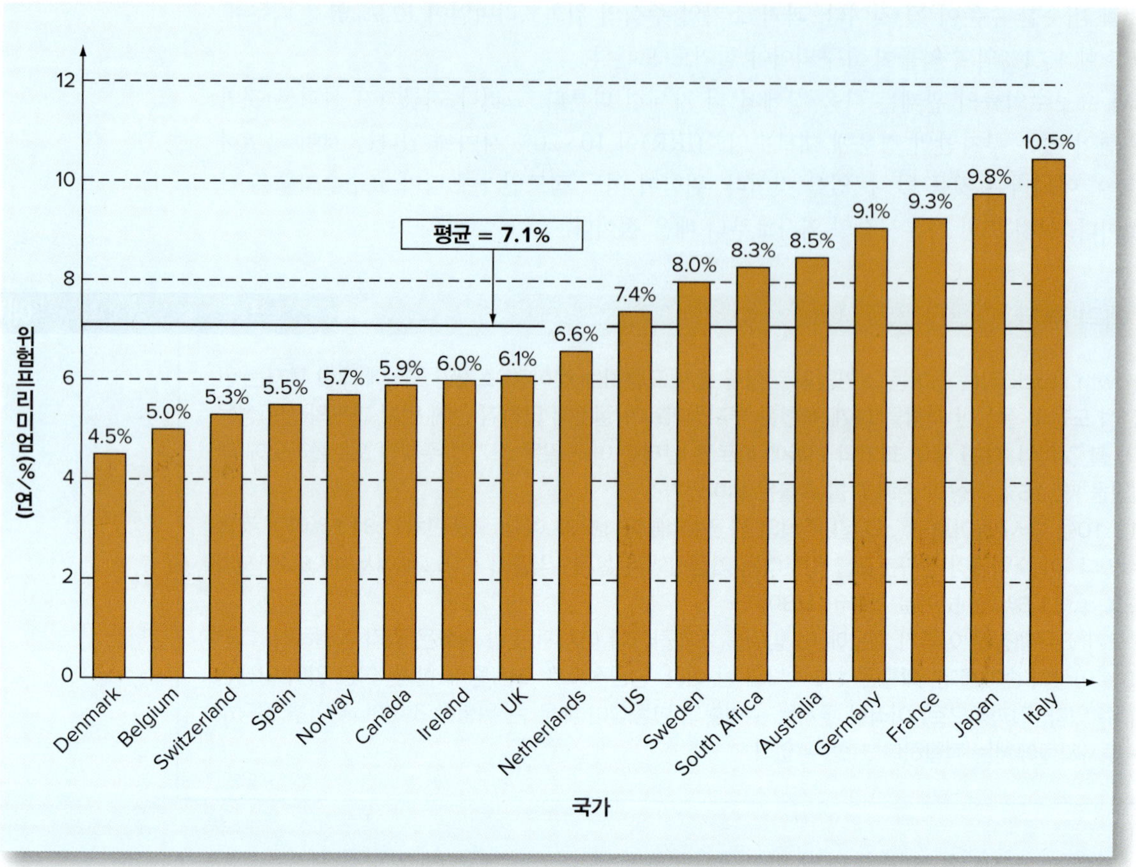

출처: Based on Dimson, Elroy et al., "The Worldwide Equity Premium: A Smaller Puzzle," *in Handbook of the Equity Risk Premium*, Rajnish Mehra, ed., Amsterdam: Elsevier, 2007.

서 살펴본 것과 수치가 다른 것은 분석기간이 다르기 때문이다). 전체적인 평균 위험프리미엄은 7.1%로 나타났다. 이러한 수치들로 볼 때 미국 투자자들이 좋은 성과를 얻은 것은 분명한 것으로 보인다. 하지만 다른 많은 국가들과 상대적으로 비교해볼 때 크게 좋은 성과를 보인 것은 아니다.

그렇다면 1926~2019년의 자료를 갖고 측정된 미국 주식시장의 위험프리미엄은 너무 높은 것인가? 나타난 증거로 볼 때, 이에 대한 답은 "아마 약간"일 것이다. 한 가지 언급하지 않은 것은 106년간의 자료를 가지고 살펴본 평균 위험프리미엄도 정확한 것이 아니라는 점이다. 미국 시장의 위험프리미엄으로 나타난 7.4%의 통계적 표준오차(standard error)는 약 2%이다.[4] 따라서 1 표준오차의 범위는 5.4%에서 9.4%이다.

[4]샘플 평균의 표준오차(standard error)는 샘플 표준편차를 샘플 크기의 제곱근으로 나눈 것이다. 미국 주식시장의 경우 1900~2005년에 나타난 수익률의 표준편차는 19.6%였다. 따라서 표준오차는 $0.196\sqrt{106}$ = 0.019였다.

개념질문 _Concept Questions

12.4a 분산을 어떻게 구하는지 말로 설명해보라. 표준편차는 어떻게 구하는가?
12.4b 정규분포에서 평균보다 1 표준편차 이상 벗어날 확률은 얼마인가?
12.4c 장기 회사채의 수익률이 정규분포를 이룬다고 가정할 때, 1년에 14.7% 이상의 수익률을 기록할 확률은 얼마인가? 미 재무부 단기채권(T-bill)의 경우에는 어떠한가?
12.4d 자본시장의 역사로부터 배울 수 있는 두 번째 교훈은 무엇인가?

평균수익률: 더 살펴보기 12.5

이 장에서 지금까지는 단순한 평균수익률에 대해서만 다뤘다. 그러나 평균수익률을 구하는 다른 방법도 있다. 평균수익률을 구하는 방법이 두 가지라는 사실이 혼란을 가져올 수 있기 때문에 이 두 가지 접근방법에 대해서 설명하고, 어떤 상황에서 어떤 방법을 쓰는 것이 적합한지 설명하려 한다.

산술평균과 기하평균

먼저 간단한 예를 들어보자. 당신이 100$를 내고 특정 주식을 샀다고 가정하자. 불행하게도, 첫 해에 주식가치가 50$로 하락하였다. 그 다음 해에 주식가격은 다시 100$로 상승하여 결국 원점으로 돌아왔다(2년 동안 배당금은 지급되지 않았다).

이 투자의 평균수익률은 얼마인가? 상식적으로 생각했을 때, 100$에서 시작하여 100$로 끝났기 때문에 정확히 0일 것이다. 하지만 매년의 수익률을 계산해보면, 첫해에 50%의 손해를 봤다는 것을 알 수 있다(투자금의 반을 잃은 것이다). 두 번째 해에는 100%의 수익률을 거둔 것이다(돈을 두 배로 늘렸다). 그러므로 2년간의 평균수익률은 (−50% + 100%)/2 = 25%인 것이다.

그렇다면 0%와 25% 중에서 어느 것이 맞는 것일까? 답은 둘 다 맞다는 것이다. 이 둘은 단지 서로 다른 측면에서 평균수익률을 구한 것일 뿐이다. 0%는 **기하평균수익률**(geometric average return)이라고 부른다. 25%는 **산술평균수익률**(arithmetic average return)이라고 부른다. 기하평균수익률은 "특정 기간 동안 얻은 연평균 복리수익률(compound return)은 얼마인가?"라는 질문에 대한 답이다. 산술평균수익률은 "특정 기간 동안 얻은 평균년의 수익률은 얼마인가?"라는 질문에 대한 답이라 할 수 있다.

기하평균수익률
(geometric average return): 특정 기간 동안 얻은 연평균 복리수익률

산술평균수익률
(arithmetic average return): 특정 기간 동안 얻은 평균년의 수익률

앞에서 우리가 구한 평균수익률은 모두 산술평균이었기 때문에 이것을 어떻게 계산하는지는 이미 알고 있을 것이다. 이제 우리가 해야 할 일은 (1) 기하평균을 어떻게 계산하는지, (2) 이 두 가지의 평균이 어떤 상황에서 상대적으로 더 큰 의미를 갖는지를 살펴보는 것이다.

기하평균수익률의 계산

기하평균수익률의 계산과정을 설명하기 위해서 어떤 투자안이 지난 4년 동안 매년 각각 10%, 12%, 3%, −9%의 수익률을 기록했다고 가정하자. 4년 동안의 기하평균은 $(1.10 \times 1.12 \times 1.03 \times 0.91)^{1/4} - 1 = 0.0366 = 3.66\%$와 같이 계산할 수 있다. 대조적으로, 산술평균은 $(0.10 + 0.12 + 0.03 - 0.09)/4 = 0.04 = 4.0\%$와 같이 계산할 수 있다.

IN THEIR OWN WORDS ...

주식의 장기적 성과에 대한 Jeremy J. Siegel 교수의 견해

내가 수집한 자료로 살펴볼 때 자본시장의 실질수익률에 대해 나타나는 가장 인상적인 특징은 주식의 실질수익률이 장기적으로 매우 안정적이라는 점이다. 미국 주식의 복리(기하) 연실질수익률은 1802년에서 2013년 사이의 자료로 볼 때 연평균 6.7%로 나타난다. 그리고 이 수익률은 장기간에 걸쳐 놀랍도록 안정적인 상태를 유지했다. 1802년에서 1871년 사이에 평균 연실질수익률은 6.7%였고, 1871년에서 1925년 사이에는 6.6%, 1925년 이후에는 6.7%로 나타났다. 제2차 세계대전 이후로 물가는 10배 이상 상승했음에도 불구하고 주식의 연실질수익률은 여전히 평균 6.8%를 나타냈다.

주식의 실질수익률의 장기적 안정성은 주식수익률이 갖는 평균회귀성(mean reversion)을 강하게 말해주고 있다. 평균회귀성이란 단기적으로는 주식의 수익률이 매우 변동적이라고 하더라도 장기적으로는 놀라울 정도로 안정적이라는 것을 의미한다. 나의 연구결과가 처음 발표되었을 때 주식수익률의 평균회귀성에 대해 많은 사람들이 의문을 품었었지만, 이제는 많은 사람들이 주식수익률의 평균회귀성을 인정하고 있다. 평균회귀성이 존재하면 장기적 성과를 목표로 하는 포트폴리오는 단기적 성과를 목표로 하는 포트폴리오보다 더 많은 부분을 주식에 투자해야 한다. 이러한 결론은 투자에 있어서 오랫동안 받아들여지고 있는 "전통적" 지혜이다. 그러나 1970년대와 1980년대에 학계에서 널리 받아들여지고 있었던 주식수익률의 랜덤워크(random walk)설에 의하면 이러한 결론은 받아들여지지 않는다.

내 연구 결과가 발표되었을 때, 서바이버쉽 바이어스(survivorship bias) 논쟁이 있었다. 즉 미국의 주식투자 수익률이 이례적으로 좋게 나타난 것은 미국이 가장 성공적인 자본주의 국가이기 때문이라는 것이다. 그러나 세 명의 영국 학자 Elroy Dimson, Paul Marsh, Michael Staunton이 16개국을 대상으로 20세기 초부터의 자료를 사용하여 연구한 결과를 "Triumph of the Optimists"라는 책으로 발표했는데, 이들은 채권에 비해 주식이 더 나은 성과를 가져다준다는 전 세계적 현상에 비추어볼 때, 미국시장에서 나타난 주식수익률이 크게 왜곡되어 나타난 것은 아니라는 결론을 내리고 있다.

Jeremy J. Siegel 교수는 미국 펜실베이니아 대학 와튼 스쿨의 Russell E. Palmer 재무교수이다. 그는 "Stocks for the Long Run and The Future Investors"의 저자이다. 그의 연구는 거시경제학, 금융정책, 자본시장의 수익률, 장기적 경제추세에 걸쳐서 이루어지고 있다.

일반적으로, T개의 연도별 수익률이 있다면, T년 동안의 기하평균수익률은 다음의 공식을 이용하여 구할 수 있다.

$$\text{기하평균수익률} = [(1 + R_1) \times (1 + R_2) \times \ldots \times (1 + R_T)]^{1/T} - 1 \qquad [12.4]$$

이 공식은 4가지의 단계를 필요로 한다.

1. T개의 연도별 수익률인 $R_1, R_2, \ldots, R_T$를 소수로 바꾼 다음, 각각의 값에 1을 더해준다.
2. 첫 번째 단계에서 구한 값들을 모두 곱해준다.
3. 두 번째 단계에서의 결과값을 $1/T$ 제곱해준다.
4. 마지막으로, 세 번째 단계에서의 결과값으로부터 1을 빼주면 기하평균수익률을 구할 수있다.

기하평균수익률의 계산 예제 12.4

표 12.1에 나와 있는 S&P 500 대형주들의 1926년부터 1930년까지 기하평균수익률을 구해보자.

먼저, 퍼센트의 수익률을 소수로 바꾸고 각각 1을 더한 다음, 모든 값들을 곱한다.

S&P 500의 수익률(%)	곱하기
11.62	1.1162
37.49	× 1.3749
43.61	× 1.4361
−8.42	× 0.9158
−24.90	× 0.7510
	1.5158

1.5158이라는 숫자는 우리가 처음에 1$를 투자한다면 5년 뒤에 갖게 되는 가치이다. 이제 기하평균수익률은 다음과 같이 구할 수 있다.

$$기하평균수익률 = 1.5158^{1/5} - 1 = 0.0867 = 8.67\%$$

그러므로 이 경우의 기하평균수익률은 8.67%라고 할 수 있다. 재무계산기를 사용한다면 현재가치에 1$를 입력하고, 미래가치에 1.5158$를 입력하고, 기간에는 5년을 입력한다. 그리고 수익률을 구하면 위에서 계산한 값과 동일한 값을 얻을 수 있을 것이다.

지금까지의 설명을 통해서 볼 때 당신은 기하평균수익률이 산술평균수익률보다 상대적으로 낮다고 느꼈을 것이다. 이는 항상 성립하는 진실이다(연도별 수익률이 모두 동일하여 기하평균수익률이 산술평균수익률과 같은 경우를 제외하면). 이는 그림 12.10의 산술평균수익률과 표준편차와 함께 기하평균수익률을 보여주는 표 12.4에서도 확인할 수 있다.

표 12.4에서도 볼 수 있듯이, 기하평균수익률은 산술평균수익률보다 작지만 둘 간의 차이의 크기는 경우에 따라 많이 다르다. 이는 투자안의 변동성이 클수록 기하평균과 산술평균의 차이가 커지기 때문이다. 모든 수익률을 소수로 바꿨다고 가정한다면, 기하평균수익률은 산술평균수익률에서 분산(variance)의 반을 빼준 값과 거의 동일하다. 예를 들어 대기업 주식의 포트폴리오의 경우, 산술평균수익률은 0.121, 표준편차가 0.198이므로 분산은 약 0.039이다. 이를 통해서 기하평균수익률의 근사값을 구해보면, 0.121 − 0.039/2 = 0.101으로 실제값과 거의 같다는 것을 알 수 있다.

기하평균: 더 살펴보기 예제 12.5

그림 12.4를 다시 한 번 살펴보자. 이 그림을 통해 투자한 1$의 가치가 91년간 얼마만큼 성장했는지 알 수 있다. 대기업 주식에 투자된 경우를 예로 들어, 표 12.4에 나와 있는 기하평균을 검토해보자.

그림 12.4에서, 대기업 주식에 투자된 1$는 94년 후에 9,243.90$의 가치를 가지게 된다. 그러므로 기하평균수익률은 다음과 같다.

$$기하평균수익률 = 9{,}243.90^{1/94} - 1 = 0.1020 = 10.2\%$$

이는 표 12.4에 나와 있는 10.2%와 같은 값이다. 연습 삼아, 표 12.4의 다른 수치들에 대해서도 같은 방법으로 살펴보라.

표 12.4
기하평균수익률과 산술평균수익률의 비교: 1926~2019년

	평균수익률		
	기하평균	산술평균	표준편차
대기업 주식	10.2%	12.1%	19.8%
중소기업 주식	11.9	16.3	31.5
장기 회사채	6.1	6.4	8.5
장기 미국 정부채권	5.5	6.0	9.8
중기 미국 정부채권	5.1	5.2	5.6
미 재무부 단기채권	3.3	3.4	3.1
인플레이션율	2.9	2.9	4.0

출처: 2020 SBBI Yearbook. Duff & Phelps.

산술평균수익률인가, 기하평균수익률인가?

과거의 수익률을 살펴보면 기하평균수익률과 산술평균수익률의 차이를 이해하는 것이 어려운 것이 아님을 알 수 있다. 둘의 차이를 약간 달리 말하면 기하평균수익률은 연 복리로 계산했을 때 평균적으로 연간 얼마의 수익률을 얻었는가를 말해준다. 반면에, 산술평균수익률은 특정한 해에 얼마의 수익률을 얻었는가를 말해준다. 이 둘의 차이를 잘 분간하여 상황에 맞게 사용해야 한다.

미래의 부(wealth)를 추정하는 경우에 있어서는 둘 중 어느 것을 사용하는 것이 좋은가 하는 판단에는 약간 미묘한 문제가 발생하는데, 이에 대해서는 많은 분석가들과 재무계획자(financial planner)들도 혼란을 일으키고 있다. 그러나 한 가지는 확실히 해두자. 당신이 진정한 산술평균수익률을 알고 있다면, 미래를 예측하는 데 있어서 이 평균을 사용해야 할 것이다. 예를 들어 산술평균이 매년 10%임을 알고 있다면, 1,000$의 가치를 가진 10년 만기의 투자안은 10년 동안 1,000$에서 매년 10%씩 증가하여 2,593.74$의 미래가치를 가진다고 할 수 있다.

그러나 문제는 대부분의 경우에 우리가 알고 있는 것은 산술평균이나 기하평균수익률의 추정치이며, 이러한 추정치는 실제와 오차를 보인다는 것이다. 이러한 경우에는 산술평균수익률은 기간이 길수록 실제보다 지나치게 높게 나타나고, 기하평균수익률은 기간이 짧을수록 실제보다 지나치게 낮게 나타나는 경향을 보여준다. 따라서 산술평균을 이용해서 기간이 긴 투자의 미래가치를 예측한다는 것은 낙관적으로 본 것이라고 해석할 수 있다. 반대로 기하평균을 이용해서 기간이 짧은 투자의 미래가치를 예측한다는 것은 비관적으로 본 것이라고 해석할 수 있다.

다행인 것은 이 두 평균을 섞는 간단한 방법이 있다는 것이다. 이는 Blume 공식(Blume's formula)이라 부른다.[5] *N*년간의 자료를 가지고 기하평균수익률과 산술평균수익률을 구했다고 하고, 이를 사용해 앞으로 *T*년간의 평균수익률 R(T)을 예측하는 데 사용한다고 하자. 이 경우, *T*는 *N*보다 작다. Blume 공식에 의하면 다음과 같다.

$$R(T) = \frac{T-1}{N-1} \times \text{기하평균} + \frac{N-T}{N-1} \times \text{산술평균} \qquad [12.5]$$

예를 들어 25년간의 연간수익률 자료를 가지고 구한 산술평균수익률이 12%이고 기하평균수익

[5]이 결과는 Marshal Blume("Unbiased Estimates of Long-Run Expected Rates of Return," *Journal of the American Statistical Association*, September 1974, pp. 634-638)에 의해 도출되었다.

률이 9%라고 하자. 이러한 평균을 가지고 앞으로 1년, 5년, 10년의 평균수익률을 구하는 경우에 다음과 같이 계산된다.

$$R(1) = \frac{1-1}{24} \times 9\% + \frac{25-1}{24} \times 12\% = 12\%$$

$$R(5) = \frac{5-1}{24} \times 9\% + \frac{25-5}{24} \times 12\% = 11.5\%$$

$$R(10) = \frac{10-1}{24} \times 9\% + \frac{25-10}{24} \times 12\% = 10.875\%$$

따라서, 1년, 5년, 10년의 예측 연수익률은 각각 12%, 11.5%, 10.875%가 된다.

실용성의 관점에 볼 때, Blume 공식이 말해주고 있는 것은 오랜 과거의 기록(앞에서 다룬 94년간의 수익률과 같은)을 통해 구한 평균을 이용하여 미래의 10년 정도를 예측하는 경우에는 산술평균을 사용하는 것이 좋다. 그리고 20~30년간의 미래(노후대책의 경우와 같이)를 예측한다면 산술평균수익률과 기하평균수익률의 차이를 반으로 나누어 기하평균에 더해 사용하는 것이 좋다. 마지막으로, 아주 먼 수십 년간의 긴 미래를 예측한다면 기하평균수익률을 사용하는 것이 좋다.

기하평균과 산술평균에 대한 설명은 이것으로 끝낸다. 이제부터는 "평균수익률"이라고 할 때는 다른 언급이 없는 한 산술평균을 가리키는 것으로 한다.

개념질문 _Concept Questions

12.5a 주식시장이 내년에 어떤 모습을 보여줄지 예측하고자 한다면, 산술평균을 사용하는 것이 좋은가, 기하평균을 사용하는 것이 좋은가?

12.5b 주식시장이 향후 100년간 어떤 모습을 보여줄지 예측하고자 한다면, 산술평균을 사용하는 것이 좋은가, 기하평균을 사용하는 것이 좋은가?

12.6 자본시장의 효율성

자본시장의 역사를 통해서 볼 때 주식과 채권의 시장가치가 해마다 크게 변동한다는 것을 알 수 있다. 왜 그런 것일까? 이는 새로운 정보에 따라 가격이 변하고 투자가들도 그런 정보를 바탕으로 자산의 가치를 재평가하기 때문이라고 말할 수 있다.

지금까지 시장가격의 움직임에 대해서 많은 연구가 있었다. 많은 논쟁을 불러일으키는 것은 가격이 새로 나온 정보를 신속하고 정확하게 반영하느냐는 것이다. 만약 그렇다면 그러한 시장을 "효율적" 시장이라고 부른다. 더 정확히 말하면, **효율적 자본시장**(efficient capital market)에서는 현재의 시장가격이 모든 이용 가능한 정보를 반영하고 있는 것이다. 이는 모든 이용 가능한 정보에 입각하여 판단할 때, 현재의 시장가격이 지나치게 높거나 낮다고 믿을 이유가 없다는 것을 의미한다.

효율적 자본시장(efficient capital market): 유가증권의 가격이 모든 이용 가능한 정보를 반영하고 있는 시장

시장 효율성의 개념은 많은 사람들의 관심을 끌고 있는 주제이며, 실제로 이에 대해서 수많은 논문들이 쓰여졌다. 효율적 자본시장의 개념을 충분하게 설명하는 것은 이 책의 범위를 넘는 것이다. 그러나 이 개념이 시장을 연구하는 데 아주 중요한 개념이기 때문에 이제부터 핵심적인 사항만 간단히 짚어보기로 한다.

효율적 시장에서 가격의 움직임

효율적 시장에서 가격이 어떻게 움직이는지 설명하기 위해서 우선 하나의 예를 들자. F-stop Camera Corporation (FCC)이 몇 년간의 비밀연구와 개발을 통해 자동초점기능의 속도가 현재 시장에서 유통되는 카메라보다 2배 빠른 카메라를 만들어냈다고 가정하자. FCC사의 자본예산 분석결과는 이 새 카메라의 판매가 큰 수익을 가져올 것으로 나타났다. 다시 말해 순현재가치(NPV)가 양(+)의 값을 가지며, 상당히 클 것이라는 말이다. 지금까지의 가장 중요한 가정은 FCC가 새로운 제품에 관한 어떠한 정보도 유출하지 않았고, 새로운 제품에 대해서는 회사의 "내부자"들만 안다는 것이다.

이제 FCC의 주식에 대해서 생각해보자. 효율적 시장에서 주식가격은 FCC의 현재의 영업활동과 수익성, 그리고 미래의 성장과 수익에 대한 시장의 전망을 반영한다. 그러나 새로운 제품에 대한 정보가 시장에 없기 때문에 이에 대한 가치가 가격에 반영된 것은 아니다.

만약 시장이 신제품의 가치에 대해 FCC와 동일한 판단을 한다면 신제품의 판매가 공개되는 순간 주식가격은 오를 것이다. 예를 들어 신제품의 발매가 수요일 아침, 언론을 통해서 발표되었다고 하자. 효율적 시장이라면, FCC의 주식가격은 이 새로운 정보에 따라 신속히 움직일 것이다. 투자자들은 수요일 오후에 주식을 사서 목요일에 팔아 수익을 얻을 수는 없을 것이다. 이는 주식시장이 FCC의 공식발표를 단 하루 만에 완전히 반영한다는 것을 의미한다. 효율적 시장이라면, 수요일 오후에 형성되는 FCC의 주식가격은 아침에 있었던 신제품 판매의 공식발표를 이미 반영한 가격일 것이다.

그림 12.14는 FCC의 주식가격이 반응할 수 있는 세 가지 방법을 보여준다. 그림 12.14에서 0번째 날은 공식발표가 있는 날이다. 그림을 통해서 알 수 있듯이, 공식발표가 있기 전까지 FCC의 주가는 주당 140$이다. 새로운 제품의 순현재가치가 주당 40$이고, 공식발표 후에 이 가치가

그림 12.14
효율적 시장과 비효율적 시장에서 새로운 정보에 따른 주식가격의 반응

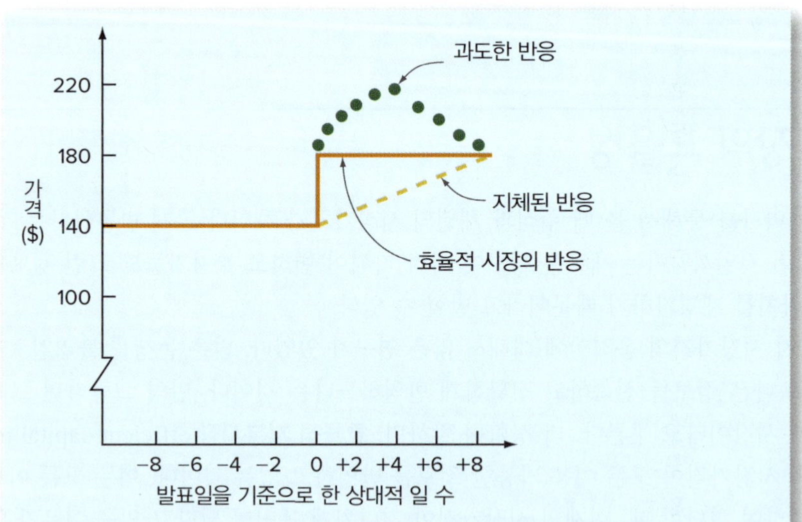

효율적 시장의 반응(efficient market reaction): 주식가격은 새로운 정보에 따라 즉각적으로 변하고 새로운 정보를 가격에 완전히 반영한다. 이후에 주가가 서서히 상승하거나 하락하지 않는다.

지체된 반응(delayed reaction): 새로운 정보에 따라 주가가 부분적으로 변하고, 새로운 정보를 완전히 반영하는 데 8일이 소요된다.

과도한 반응(overreaction): 새로운 정보에 따라 주식가격이 과도하게 반응하여 정상가격보다 높게 자리 잡으며, 이후에 가격이 하락하면서 조정이 이루어진다.

모두 반영된다면 주가는 주당 180$로 오를 것이다.

그림 12.14에서 직선은 효율적 시장에서 주가의 움직임을 나타내고 있다. 이 경우에, 주가는 새로운 정보에 따라 신속하게 변하고 그 후에는 일정한 수준을 유지한다. 그림 12.14의 파선(破線)은 지연된 움직임을 보여준다. 이 경우에는 주가가 새로운 정보를 완전히 반영하는 데 거의 8일이 걸린다. 마지막으로, 점선은 과도한 반응 이후에 적정한 가격에로의 조정을 보여주고 있다.

그림 12.14에서 파선과 점선은 비효율적 시장에서 주가가 갖는 움직임을 나타내고 있다. 만약 파선의 경우와 같이 주가가 새로운 정보를 신속히 반영하지 못한다면, 새로운 정보의 공식발표 이후에 즉시 주식을 사들여 며칠 뒤에 다시 팔아 돈을 벌 수 있을 것이다. 왜냐하면 발표 후에도 며칠간은 주가가 낮게 형성되어 있을 것이기 때문이다.

효율적 시장가설

효율적 시장가설(efficient market hypothesis: EMH)은 뉴욕증권거래소와 같이 잘 조직된 자본시장은 실제로 효율적이라고 주장한다. 다시 말해 효율적 시장가설을 옹호하는 사람들은 비효율적 시장이 존재할 수 있지만, 상대적으로 규모가 작으며 흔치 않다고 주장한다.

효율적 시장가설(efficient market hypothesis: EMH): 뉴욕증권거래소와 같은 현실의 자본시장이 효율적이라는 가설

시장이 효율적이라는 말에는 다음과 같은 중요한 의미가 함축되어 있다. 그러한 시장에서의 모든 투자는 순현가(NPV)가 0인 투자들이다. 그 이유는 그리 복잡하지 않다. 가격이 지나치게 높거나 낮은 것이 아니라면, 투자의 시장가치와 투자비용 간의 차이는 0이 되고, 따라서 순현가는 0이다. 결과적으로, 효율적 시장에서는 투자자들은 유가증권을 구매할 때 지불하는 만큼의 가치를 그대로 얻게 되는 것이고, 기업은 주식이나 채권을 팔 때 그것들이 가지는 가치만큼을 받게 되는 것이다.

시장을 효율적으로 만드는 것은 투자자들 간의 경쟁이다. 많은 개인투자자들은 가격이 잘못 매겨진 주식을 찾으려고 평생 동안 노력한다. 그들은 모든 주식에 대해서 과거에 주가가 어떻게 움직였고, 얼마의 배당금이 지급되었는지를 연구한다. 그렇게 하여 그들은 기업이 얼마를 벌어들였는지, 채무자들에게 얼마를 빚졌는지, 얼마의 세금을 냈는지, 어느 사업에 속해 있는지, 어디에 새로운 투자를 했는지, 경제상황에 얼마나 민감한지와 그 외의 것들을 배우게 된다.

EMH에 대해 더 알고자 한다면 **www.investorhome.com**에서 "Contents"에 연결해보라.

특정 기업에 대해서 알아야 하는 것이 많을 뿐만 아니라 그것들을 알려고 하는 강력한 인센티브, 즉 이윤동기도 존재한다. 시장에서 한 기업에 대해 다른 투자자들보다 많은 것을 알고 있다면 긍정적 소식과 부정적 소식을 접할 때 주식을 사고 팔면서 이익을 창출할 수 있다.

이와 같이 투자자들이 이윤을 추구하기 위해 모든 정보를 수집하고 분석한다는 것은 결과적으로 가격이 잘못 책정된 주식들이 점점 더 줄어든다는 것을 의미한다. 다시 말해 투자자들 간의 경쟁이 시장을 점점 더 효율적 시장으로 만든다. 결과적으로, 이익창출의 기회는 정보를 직업적으로 다루는 소수의 전문가들에게만 주어지게 되고, 대부분의 투자자들에게 정보의 수집과 분석은 무의미하게 되는 것이다.[6]

[6]EMH의 개념은 다음과 같은 간단한 이야기로 설명될 수 있다. 어떤 학생이 재무전공 교수와 함께 복도를 걸어갈 때 두 사람 다 바닥에 20$짜리 지폐가 떨어져 있는 것을 발견했다. 학생이 그것을 주우려고 허리를 굽히자 그 교수는 머리를 천천히 흔들고 얼굴에는 실망의 표정을 지으면서 차분하게 그 학생에게 다음과 같이 말했다. "헛고생하지 말게. 그 돈이 진짜 돈이라면 다른 사람이 벌써 집어 갔을 것이네." 이 이야기는 효율적 시장가설이 갖는 논리를 잘 보여주고 있다. 당신이 주식가격의 움직임에서 어떤 형태를 발견했거나, 주식투자로 돈을 벌 수 있는 방법을 알아냈다고 생각하더라도, 당신은 아마 틀린 것일 것이다.

효율적 시장가설에 대한 사람들의 오해

재무금융분야에서 효율적 시장만큼 사람들로부터 많은 관심을 끈 주제는 없었지만, 그러한 관심이 효율시장을 모두 좋게 본 것은 아니었다. 여기서는 이러한 논쟁을 다시 시작하기보다는 어떤 시장은 다른 시장들보다 더 효율적이라는 것을 살펴보려 한다. 예를 들어 금융시장은 전체적으로 실물자산 시장보다는 훨씬 효율적일 수가 있다.

또한 EMH에 대한 비판이 EMH가 의미하는 것과 의미하지 않는 것을 잘못 이해하는 데서 비롯되었다고 할 수 있다. 예를 들어 시장의 효율성에 대한 개념이 처음 발표되어 금융인들이 논쟁을 벌이기 시작할 때, 많은 사람들은 글자 그대로 아무 주식이나 무작위로 선정해서 포트폴리오를 구성해도 전문적인 증권분석가들과 같은 수익을 창출할 수 있다고 착각하였다.[7]

이와 같은 착각들로 인해 사람들은 시장의 효율성이 갖는 진정한 의미를 이해하지 못하고 있다. 예를 들어 어떤 사람들은 시장의 효율성이 손해를 막아줄 것이니 아무렇게나 투자를 해도 마찬가지라고 그릇되게 주장한다. 그러나 주식을 아무렇게나 고르는 경우에도, 위험이 큰 한두 개의 주식(예를 들어 바이오 주식)에만 투자하게 될 수도 있다. 당신 같으면 이와 같은 주식 한두 개에 가지고 있는 모든 돈을 투자하고 싶겠는가?

Wall Street Journal에 연재되고 있던 한 콘테스트는 시장의 효율성에 대한 논쟁을 잘 보여주고 있다. 매달, 이 신문은 4명의 주식분석 전문가들에게 한 명당 하나의 주식을 선정하게 했다. 동시에, 이와 비교하기 위해서 화살을 던져 임의로 4개의 주식을 선정하였다. 1990년 7월부터 2002년 9월까지 행해진 147번의 시합에서 전문가들이 승리를 거둔 것은 90번이었다.

전문가들이 선정한 주식이 90 대 57로, 화살을 던져 무작위로 주식을 선정했을 때보다 수익률이 앞선다는 것은 시장이 효율적이지 못하다는 것을 말해 주는 것인가? 정말 그런가? 여기서 알아야 할 것은, 일반적으로 화살을 던져 선정하게 되는 주식은 평균적인 위험수준을 가진다는 것이다. 반대로 전문가들은 이기기 위해서 참여하고 있으며, 통상적으로 위험수준이 높은 주식을 선정하려 한다. 그렇다면 우리는 전문가들의 승리를 예상할 수 있을 것이다. 게다가, 전문가들이 선정한 주식은 시작과 동시에 대중에게 공개된다. 이 때문에 선정된 주식들의 가격이 어느 정도 상승하여 결과적으로는 전문가들의 승리를 가져올 수도 있다. 아쉽게도 이 신문은 이 콘테스트를 더 이상 하지 않았으며 따라서 시장의 효율성에 대한 실험은 끝나버린 셈이다.

효율성이 의미하는 것 중에서 가장 중요한 것은 어떤 기업이 주식을 시장에 팔 때, 한 주당 받게 되는 가격이 "정당한" 가격이라는 것이다. 여기서 "정당한"이 의미하는 것은 그 기업과 관련된 이용 가능한 정보가 주어졌을 때 그를 바탕으로 판단된 주식가치가 주식가격으로 형성된다는 것을 말한다. 주주들은 적은 배당금을 주는 주식을 높은 가격에 샀다거나, 기타 어떤 특징을 갖는 주식을 비싼 가격에 샀다고 걱정할 필요가 없다. 왜냐하면 이미 주식의 시장가격이 그와 같은 특징들과 관련된 모든 정보를 반영하고 있기 때문이다. 이럴 때 우리는 정보의 "가격이 매겨졌다"고 말하기도 한다.

효율적 시장에 대해 자주 제기되는 이의(異議)를 반박함으로써 시장의 효율성을 더 깊이 설명할 수도 있다. 주식가격이 매일 변동하기 때문에 시장은 효율적이지 못하다는 주장이 가끔 나오기도 한다. 이러한 주장은 가격이 맞게 책정된 것이라면 왜 그리 자주 큰 폭으로 변하는가 라고 반문한다. 우리가 지금까지 시장에 대해서 다룬 것들을 뒤돌아보면 이러한 가격의 움직임이

[7] B. G. Malkiel, *A Random Walk Down Wall Street*, revised and updated ed. (New York: Norton, 2016).

IN THEIR OWN WORDS ...

시장의 효율성에 대한 Richard Roll 교수의 견해

효율적 시장 개념은 "공짜점심은 없다"라는 원리를 독특하게 적용시킨 것이라 할 수 있다. 효율적인 금융시장에서 돈을 들이지 않고 하는 거래전략으로는 "초과"수익을 창출하지 못한다. 평균적으로 봤을 때, 거래전략의 위험에 대한 보상을 제외하면 주식거래인의 수익은 무작위로 구성한 포트폴리오의 것보다 적어도 평균적으로 더 높을 수가 없다.

효율적 시장 개념은 마치 자산가격에 반영된 "정보"의 양에 대해서 뭔가 말해주는 것처럼 생각될 수 있다. 그러나 이 개념이 가격이 모든 정보 혹은 공개적으로 이용 가능한 정보를 다 반영하고 있다는 것을 의미하지는 않는다. 대신에, 반영되지 않는 정보와 가격 간의 관련성이 비용을 들이지 않고 쉽게 찾아내기에는 지나치게 미묘하고 빈약하다는 것을 의미한다.

관련 있는 정보를 밝혀내고 평가하기란 힘들고, 비용 또한 많이 들어가는 작업이다. 따라서 비용을 들이지 않고는 돈을 벌 수 없다면, 시장보다 나은 수익을 창출하면서 먹고 사는 거래인들이 존재한다고 보아야 한다. 이들은 거래를 통해 비용(시간의 기회비용도 포함)보다 큰 수익을 얻는다. 이런 거래인의 존재가 실제로 효율적 시장의 전제조건이다. 만약 그러한 전문 거래인들이 없다면, 시장의 가격은 "값싸고 평가하기 쉬운" 모든 정보를 반영하지 못할 것이다.

효율적 시장 내에서 가격의 움직임은 랜덤워크에 근접해야 하는데, 이는 가격이 대략 무작위로 움직이는 것을 의미한다. 가격은 무작위로부터 다소 이탈할 수도 있지만, 그것은 사람들이 돈을 써야만 알아낼 수 있는 좁은 범위 내에서만 그렇다. 또한 선호도와 기대의 변화로 인해서 가격은 무작위로부터 멀어질 수 있지만, 이는 기술적인 현상(technicality)일 뿐이며 공짜점심을 의미하는 것이 아니다.

Richard Roll 교수는 California Institute of Technology 대학 재무전공 전임교수이다. 그는 뛰어난 재무학 연구가이며, 현대 재무의 모든 분야에 걸쳐 논문을 발표했다. 그는 현실에서 나타나는 현상에 대한 창의적인 통찰력으로 유명하다.

시장의 효율성과 상치되는 것이 아니라는 것은 쉽게 알 수 있다. 투자자들은 매일 넘쳐나는 정보와 마주치게 마련이다. 가격이 변동한다는 것은 그러한 정보의 흐름을 반영한 것이라 할 수 있다. 사실상 오늘날과 같이 급변하는 세상 속에서 가격의 움직임이 없다면 그것이 오히려 비효율성을 의미하는 것이다.

시장 효율성의 형태

일반적으로 시장 효율성의 형태를 3가지로 구분한다. 우리는 효율성의 수준에 따라 시장을 약형 효율성(weak form efficient), 준강형 효율성(semistrong form efficient), 강형 효율성(strong form efficient)의 형태로 구분한다. 이 형태들의 차이점은 시장의 가격이 어떤 정보를 반영하고 있느냐에 달려 있다.

먼저 가장 극단적인 경우를 살펴보자. 시장이 강형 효율성의 형태라면 모든 종류(all and every)의 정보들이 주식의 가격에 반영된 것이다. 이 형태의 시장에서는 내부자 정보의 가치라는 것이 존재하지 않는다. 그러므로 앞에서 살펴본 FCC사의 예는 시장이 강형 효율성의 형태를 띠지 않는다고 가정한 것이다.

최근 몇 년간 관찰된 바에 따르면 시장에서 내부자 정보는 존재하며 상당한 의미를 가진다. 이러한 정보의 사용이 윤리적이고 합법적인지는 또 다른 문제라고 할 수 있다. 어떤 상황에서든지 현재 주식가격에 반영되지 않은 주식의 비밀정보가 존재한다고 결론 내릴 수 있다. 예를 들어 기업의 인수에 관한 사전정보는 매우 중요할 수 있다.

두 번째 형태는 준강형 효율성의 형태로, 가장 많은 논쟁을 불러일으킨다. 만약 시장이 준강형 효율성의 형태라면 주식의 가격에 모든 공개정보(public information)가 반영된 것이다. 이 형태가 가장 많은 논쟁을 불러일으키는 것은 증권분석가가 재무제표의 정보를 가지고 가격이 잘못 책정된 주식을 찾고자 한다면 이미 주식가격이 그와 같은 정보를 반영하고 있기 때문에 결국 시간만 낭비하게 되기 때문이다.

세 번째 형태는 약형 효율성의 형태로, 이에 따르면 주식의 현재가격은 최소한 과거의 가격을 반영하고 있다. 즉 약형 효율성의 형태를 가진 시장에서 주식의 과거 가격을 분석하는 것은 무의미하다. 이 형태는 시장의 가장 약한 효율성을 말하고 있지만, 주식의 과거 움직임을 분석하여 가격이 잘못 매겨진 주식을 찾으려는 시도는 아무런 도움이 되지 못한다는 것을 의미하는 것이다(그러나 이런 시도는 아주 흔하게 목격되고 있다).

자본시장의 역사가 시장의 효율성에 대해서 말해주고 있는 것은 무엇일까? 이 경우에도 많은 논쟁이 있다. 자칫하면 궁지에 몰리게 될 수 있겠지만, 과거의 기록은 세 가지의 교훈을 보여주고 있다고 말할 수 있다. 첫째, 주식의 가격은 새로운 정보에 따라서 신속하게 반응하는 것으로 보이며, 이러한 반응은 적어도 전체적으로 보았을 때 효율적 시장에서 기대할 수 있는 반응과 큰 차이가 없다. 둘째, 공개된 정보를 활용하여 앞으로의 주식가격, 특히 단기적으로 주식가격을 예측한다는 것은 힘들다. 셋째, 가격이 잘못 형성되고 있는 주식이 있다고 하더라도 이를 찾아낼 수 있는 확실한 방법이 존재하지 않는다. 즉, 공개된 정보를 활용한 주식투자 전략은 성공하지 못할 가능성이 높다.

개념질문 _Concept Questions

12.6a 효율적 시장은 무엇인가?
12.6b 자본시장의 효율성 구분에는 어떤 것들이 있는가?

12.7 요약과 결론

이 장에서는 자본시장의 역사라는 주제를 다뤘다. 이러한 과거 역사는 위험 있는 자산의 수익에 관해 무엇을 기대할 수 있는가를 말해주기 때문에 매우 유용한 것이다. 시장의 역사를 통해서 배운 것은 다음과 같이 두 가지로 요약할 수 있다.

1. 위험한 자산에는 평균적으로 볼 때 위험프리미엄이 주어진다. 이는 위험을 감수하는 것에 대한 보상이다.
2. 위험한 투자로부터 얻을 수 있는 잠재적 보상이 더 클수록 위험도 더 크다.

이 두 교훈은 재무관리자에게 매우 중요한 의미를 갖는다. 이들의 의미에 대해서는 앞으로 다룰 것이다.

이 장에서는 시장효율성의 개념에 대해서도 언급하였다. 효율적 시장에서는 가격이 새로운 정보에 따라 신속하고 정확하게 변한다. 결과적으로, 자산의 가격은 지나치게 높거나 낮게 형성되는 경우가 드물다. 뉴욕증권거래소와 같은 자본시장이 어느 정도의 효율성을 갖는지에 대해서는 아직도 논쟁이 계속되고 있지만, 대부분의 실물자산 시장들보다는 훨씬 효율적이라고 말할 수 있다.

복습과 자가진단

12.1 **최근의 수익률 기록** 표 12.1을 보고 대기업 주식과 장기 정부채권, 미 재무부 단기채권의 1996년부터 2000년까지의 평균수익률을 계산해보라.

12.2 **최근의 수익률 기록** 문제 12.1의 정보를 가지고 각 증권유형들의 표준편차를 계산하라. 이 기간 동안 어느 것의 변동성이 가장 컸는가?

복습과 자가진단의 해답

12.1 평균수익률은 다음과 같이 구해진다.

평균수익률			
연도	대기업 주식	장기 미국 정부채권	미 재무부 단기채권
1996	0.2296	0.0093	0.0521
1997	0.3336	0.1585	0.0526
1998	0.2858	0.1306	0.0486
1999	0.2104	−0.0896	0.0468
2000	−0.0910	0.2148	0.0589
평균	0.1937	0.0810	0.0518

12.2 먼저 평균수익률과의 편차를 구해야 한다. 문제 12.1에서 구한 평균수익률을 이용해서 편차를 계산하면 다음과 같다.

평균수익률과의 편차			
연도	대기업 주식	장기 미국 정부채권	미 재무부 단기채권
1996	0.0359	−0.0903	−0.0003
1997	0.1399	0.0775	0.0008
1998	0.0921	0.0496	−0.0032
1999	0.0167	−0.1706	−0.0050
2000	−0.2847	0.1338	0.0071
평균	0.0000	0.0000	0.0000

이 편차를 제곱하여 분산과 표준편차를 다음과 같이 구할 수 있다.

편차의 제곱			
연도	대기업 주식	장기 미국 정부채권	미 재무부 단기채권
1996	0.0012902	0.0081541	0.0000001
1997	0.0195776	0.0060063	0.0000006
1998	0.0084861	0.0024602	0.0000102
1999	0.0002796	0.0291044	0.0000250
2000	0.0810427	0.0179024	0.0000504
분산	0.0276691	0.0159068	0.0000216
표준편차	0.1663402	0.1261223	0.0046470

분산을 구하기 위해서, 편차제곱을 다 더해주고, 이를 연도의 개수에서 1을 빼준 후, 4로 나누어준다. 주식이 채권보다 높은 평균수익률을 갖지만 변동성이 더 크다는 것을 살펴보라. 이 기간은 대기업 주식의 경우에는 19.37%의 평균수익률을 기록한 좋은 기간이었다.

개념복습과 개념질문

1. **투자안 선택 [LO4]** Zoom의 주식가격이 2020년에 약 250% 이상 상승했는데, 모든 투자자들이 이 주식을 미리 사두지 않은 이유는 무엇인가?
2. **투자안 선택 [LO4]** Hertz 의 주식가격이 2020년에 88% 하락했는데도 일부 투자자들이 이 회사의 주식을 갖고 있던 이유는 무엇인가? 그들은 주가가 그렇게 급락하기 전에 왜 이 회사 주식을 팔지 않았는가?
3. **위험과 수익 [LO2, 3]** 우리가 오랜 과거를 통해서도 볼 수 있듯이, 주식투자의 수익률이 채권투자의 수익률을 훨씬 능가하였다. 그렇지만, 장기간 오로지 채권에만 투자하는 투자자들이 있다. 이들의 투자가 비이성적인 것인가?
4. **시장 효율성의 의미 [LO4]** 효율적 시장에서 투자안이 0의 순현가를 갖는 이유를 설명해보라.
5. **효율적 시장가설 [LO4]** 어떤 증권시장 분석가는 지난 10일간의 평균가격과 지난 60일간의 평균가격을 비교함으로써 가격이 잘못 형성된 주식을 찾아낼 수가 있다. 만약 이것이 사실이라면, 당신은 시장에 대해서 무엇을 알 수 있는가?
6. **준강형 효율성 [LO4]** 시장이 준강형 효율성의 형태라면, 약형 효율성의 형태라고도 할 수 있는가? 그 이유를 설명하라.
7. **효율적 시장가설 [LO4]** 주식을 사고팔아서 주가지수 이상의 성과를 내려는 투자자들에게 효율적 시장가설이 가지는 의미는 무엇인가?
8. **주식투자와 도박의 비교 [LO4]** 다음의 진술내용을 비판적으로 분석해보라. 주식시장에 투자를 하는 것은 도박을 하는 것과 같다. 이와 같은 투기는 도박처럼 사람들에게 쾌락을 가져다주는 것 외의 사회적 가치를 지니지 못한다.
9. **효율적 시장가설 [LO4]** 지난 20년간, 주식투자를 통해서 엄청난 수익률을 거둔 일부 투자자들이 경제신문에서 자주 다뤄졌었다. 이와 같은 투자자들의 성공은 효율적 시장가설을 부정하고 있는 것인가? 설명해보라.
10. **효율적 시장가설 [LO4]** 다음 각각의 상황에 대해서 (1) 시장이 약형 효율성의 형태가 아님 (2) 시장이 약형 효율성의 형태이지만, 준강형 효율성의 형태는 아님 (3) 시장이 준강형 효율성의 형태이지만, 강형 효율성의 형태가 아님 (4) 시장이 강형 효율성의 형태가 아니라는 가정하에 주식거래를 통한 이익창출의 기회가 존재하는지 설명해보라.
    - **a.** 지난 30일 동안, 주식가격은 매일 꾸준히 상승하였다.
    - **b.** 기업들의 재무제표가 3일 전에 공개되었고, 당신은 기업의 재고와 비용관리에 대한 보고서들의 모순점을 찾아내어 기업의 실질적인 유동성 수준에 대해서 알게 되었다고 믿는다.
    - **c.** 지난 1주일 동안, 기업의 간부들이 공개시장에서 많은 양의 자사주식을 사들이는 것을 목격하였다.

연습문제

초급문제
(1-12)

1. **수익의 계산 [LO1]** 어떤 주식이 처음에 주당 74$의 가격으로 시작하여 1년 동안 주당 1.65$의 배당금을 지급했고, 연말에 주당 83$의 가격으로 마감했다고 하자. 총수익률은 얼마인가?

2. **수익의 계산 [LO1]** 문제 1에서 배당수익률은 얼마인가? 자본이득수익률은 얼마인가?
3. **수익의 계산 [LO1]** 연말에 주당 58$의 가격으로 마감했다고 가정하고 문제 1, 2를 다시 계산하라.
4. **수익의 계산 [LO1]** 당신이 작년에 6%의 쿠폰율을 가진 1년 만기의 쿠폰채권을 1,010$에 샀다고 가정하자. 현재 채권의 가격은 1,025$이다.
   a. 채권의 액면가가 1,000$라고 가정한다면, 지난 1년간 투자의 총수익금은 얼마인가?
   b. 이 투자의 지난 1년간의 명목총수익률은 얼마인가?
   c. 지난해 물가상승률이 3%라고 한다면, 투자의 실질 총수익률은 얼마인가?
5. **명목수익률과 실질수익률의 비교 [LO2]** 1926년부터 2019년까지 미국의 대기업 주식의 매년 평균수익률은 얼마인가?
   a. 명목수익률?
   b. 실질수익률?
6. **채권의 수익률 [LO2]** 장기 정부채권의 과거 실질수익률은 얼마인가? 장기 회사채의 경우는 얼마인가?
7. **수익률과 분산의 계산 [LO1]** 다음과 같은 수익률을 이용하여 X와 Y의 산술평균수익률, 분산, 표준편차를 구하라.

	수익률	
연	X	Y
1	13%	27%
2	26	36
3	7	11
4	−5	−29
5	11	16

8. **위험프리미엄 [LO2, 3]** 본문의 표 12.1을 참조하여 1970년부터 1975년까지의 기간을 살펴보자.
   a. 이 기간 동안에 대기업 주식과 미 재무부 단기채권이 거둔 산술평균수익률을 구하라.
   b. 이 기간 동안에 대기업 주식과 미 재무부 단기채권이 거둔 수익률의 표준편차를 구하라.
   c. 대기업 주식이 미 재무부 단기채권과 비교하여 가지게 되는 매년의 위험프리미엄을 계산하라. 이 기간 동안에, 평균 위험프리미엄은 얼마인가? 이 기간 동안의 위험프리미엄의 표준편차는 얼마인가?
   d. 투자가 행해지기 전에 위험프리미엄이 음(−)이 될 수 있는가? 투자가 행해지고 나서 음(−)이 될 수 있는가? 설명하라.
9. **수익률과 분산의 계산 [LO1]** Crash-n-Burn Computer의 주식이 지난 5년 동안 보인 매년의 수익률이 다음과 같다고 하자. 8%, −12%, 14%, 21%, 16%
   a. 이 회사 주식이 5년간 보여준 산술평균수익률은 얼마인가?
   b. 이 회사 주식이 5년간 보여준 수익률의 분산은 얼마인가? 표준편차는 얼마인가?
10. **실질수익률과 위험프리미엄의 계산 [LO1]** 문제 9에서 이 기간 동안 연평균 인플레이션율이 3.1%이고 미 재무부 단기채권의 연평균이자율이 3.9%라고 가정하자.
    a. 이 회사 주식의 연평균 실질수익률은 얼마인가?
    b. 이 회사주식의 연평균 명목위험프리미엄은 얼마인가?
11. **실질이자율의 계산 [LO1]** 문제 10의 정보를 바탕으로, 이 기간 동안 연평균 실질무위험이자율은 얼마인가? 연평균 실질위험프리미엄은 얼마인가?

12. **인플레이션의 영향 [LO2]** 본문의 표 12.1과 그림 12.7을 살펴보라. 1926년부터 2019년까지 미 재무부 단기채권(T-bill)의 수익률이 가장 높았던 기간은 언제인가? 이 기간 동안 수익률이 그렇게 높았던 이유는 무엇이라고 생각하는가? 당신의 답은 어떤 관계를 근거로 하고 있는가?

중급문제
(13-22)

13. **투자수익률의 계산 [LO1]** 작년에 당신은 5.1%의 쿠폰율을 가진 Great White Shark Repellant Co.의 채권을 1,010$에 샀다. 이 채권의 쿠폰은 매년 1번 지급되며, 액면가는 1,000$이다. 현재 만기일까지는 14년이 남았다. 채권의 요구수익률이 4.9%인 현재, 당신은 채권을 팔려고 한다. 작년 한 해, 물가상승률이 2.8%였다면, 이 투자의 실질 총수익률은 얼마인가?

14. **수익률과 분산의 계산 [LO1]** 지난 5년 중 4년간 매년 각각 18%, −23%, 16%, 9%의 수익률을 보인 주식이 있다고 하자. 5년간의 평균 연수익률이 10.3%라고 하면, 포함되지 않은 한 해의 수익률은 얼마인가? 이 주식의 수익률의 표준편차는 얼마인가?

15. **산술평균과 기하평균 [LO1]** 지난 6년 동안, 매년 각각 6%, 29%, 13%, −19%, 34%, −2%의 수익률을 거둔 주식이 있다고 하자. 이 주식수익률의 산술평균 연수익률과 기하평균 연수익률은 얼마인가?

16. **산술평균과 기하평균 [LO1]** 어떤 주식의 연말 가격과 배당금이 다음과 같다.

연	가격	배당금
1	$73.20	—
2	81.27	$1.05
3	90.37	1.15
4	86.18	1.26
5	95.68	1.39
6	112.32	1.53

이 주식의 산술평균 연수익률과 기하평균 연수익률은 얼마인가?

17. **수익률의 분포 [LO3]** 장기 회사채(권)들의 수익률분포가 정규분포를 한다. 과거의 기록을 볼 때, 한 해에 장기 회사채들의 수익률이 −2.1% 밑으로 떨어질 확률은 대략 얼마인가? 95%의 확률로 분포되는 수익률의 범위는 어디서부터 어디까지인가? 99%의 확률로 분포될 수익률의 범위는 어디서부터 어디까지인가?

18. **수익률의 분포 [LO3]** 소기업 주식의 수익률이 정규분포를 이룬다고 가정했을 때, 1년 이내로 당신이 투자한 돈의 가치가 2배로 커질 확률은 얼마인가? 3배로 커질 확률은 얼마인가?

19. **분포 [LO3]** 문제 18에서 수익률이 −100% 아래로 떨어질 확률은 얼마인가? 수익률의 분포를 어떻게 해석할 수 있겠는가?

20. **Blume 공식 [LO1]** 지난 40여 년간의 어떤 주식의 산술 연평균수익률이 12.8%, 기하 연평균수익률이 9.7%였다. Blume 공식을 사용할 때, 앞으로 5년간의 연평균수익률은 얼마인가? 앞으로 10년간의 연평균수익률은? 앞으로 20년간의 연평균수익률은?

21. **Blume 공식 [LO1, 2]** 미국 대기업 주식의 과거 수익률이 미래수익률의 예측치로 사용될 수 있다고 가정하고, 당신이 예측하는 내년의 미국 대기업 주식의 수익률은 얼마인가? 앞으로 10년간의 연평균수익률은? 20년간의 연평균수익률은? 40년간의 연평균수익률은?

22. **수익률의 계산 [LO2, 3]** 본문의 표 12.1에서 1973년에서 1980년까지의 수치에 대하여 다음의 질문에 답하라.

a. 이 기간 동안의 미 재무부 단기채권의 연평균 수익률과 연평균 인플레이션율(소비자물가지수: CPI)을 계산해보라.

b. 미 재무부 단기채권의 수익률의 표준편차와 인플레이션율의 표준편차를 계산해보라.

c. 매년의 실질수익률을 계산해보라. 미 재무부 단기채권의 연평균 실질수익률은 얼마인가?

d. 많은 사람들이 미 재무부 단기채권을 무위험자산으로 생각하고 있다. 앞의 여러 계산들은 미 재무부 단기채권의 잠재적 위험에 대해 무엇을 말해주고 있는가?

중급문제 (23-24)

23. 확률분포의 이용 [LO3] 미국 대기업 주식의 수익률이 정규분포를 이룬다고 가정하자. 과거의 기록을 바탕으로 하여 엑셀(Excel®)에 있는 NORMDIST 기능을 사용하여 한 해에 보통주에 투자해서 손해를 볼 수 있는 확률을 구하여라.

24. 확률분포의 이용 [LO3] 미국 장기 회사채와 미 재무부 단기채권의 수익률이 정규분포를 이룬다고 가정하자. 과거의 기록을 바탕으로 하여 엑셀(Excel®)에 있는 NORMDIST 기능을 사용하여 다음의 질문에 답하라.

a. 한 해에 장기 회사채가 10% 이상의 수익률을 기록할 확률은 얼마인가? 0% 이하의 수익률을 기록할 확률은 얼마인가?

b. 한 해에 미 재무부 단기채권이 10% 이상의 수익률을 기록할 확률은 얼마인가? 0% 이상의 수익률을 기록할 확률은 얼마인가?

c. 1980년에 장기 회사채의 수익률은 −3.95%였다. 미래에 이와 같은 낮은 수익률을 기록할 확률은 얼마인가? 같은 해에 미 재무부 단기채권의 수익률은 11.24%였다. 미래에 이와 같은 높은 수익률을 기록할 확률은 얼마인가?

작은 사례

S&S Air에서의 일

당신은 대학을 졸업하고 S&S Air에 취업했다. 이 회사의 사업이 전망이 좋을 것 같아 당신은 이 회사를 선택했다. 취업 첫날 신입사원이 제출해야 하는 서류의 작성을 막 끝내려고 할 때 이 회사의 재무부서에서 일하는 Chris Guthrie가 당신에게 들러 이 회사의 401(k)안에 대해 알려주었다.

401(k)안은 많은 회사들이 제공하고 있는 은퇴계획안이다. 이 안은 세금을 지연시켜 주는 저축안이다. 즉, 이 안에 의해 저축하는 봉급은 세전소득에서 차감되어 세금이 부과되지 않는다. 다시 말해 당신 봉급이 연 50,000$라고 하고, 당신이 3,000$를 401(k)에 지불한다면 당신은 47,000$에 대해서만 소득세를 내게 된다. 또한 이 계획안에 의한 투자로부터 얻는 자본이득이나 수익에 대해서는 바로 세금이 부과되지 않고, 은퇴 시 돈을 찾을 때 세금이 부과된다. 통상적으로 회사는 5%의 대응투자를 한다. 즉 당신이 이 계획안에 따라 투자를 하는 경우에 회사는 당신 봉급의 5% 내에서 당신이 투자한 금액과 동일한 금액을 투자해 준다.

401(k)안은 선택 가능한 여러 투자안을 제시하고 있으며 이들은 대부분 뮤추얼펀드(mutual fund)에 대한 투자안들이다. 뮤추얼펀드는 여러 자산들로 구성된 포트폴리오이다. 뮤추얼펀드의 주식을 매입하는 경우에 당신은 그 펀드 자산의 부분적인 소유권을 갖게 된다. 뮤추얼펀드의 수익률은 그 펀드가 소유하고 있는 여러 투자자산들의 가중평균수익률에서 각종 비용을 차감한 것이다. 가장 큰 비용은 관리비용으로 펀드매니저에게 지불되는 비용이다. 이는 해당 펀드의 투자와 관련된 모든 결정을 하는 매니저에게 지불되는 보상금이다.

S&S Air는 Bledsoe financial Service사를 자신의 401(k) 관리회사로 이용하고 있다. 다음은 S&S Air의 근로자가 선택할 수 있는 투자안들이다.

Company Stock 401(k)안이 갖고 있는 한 가지 투자옵션 중 하나는 S&S Air의 보통주에 대한 투자이다. 이 회사는 현재 공개되어 있지 않다. 그러나 당신이 이 회사의 소유주인 Mark Sexton과 Todd Story를 만나 인터뷰를 했을 때 그들은 S&S Air가 3, 4년 후에는 공개될 것이라는 정보를 주었다. 회사가 공개되기 전까지는 S&S Air의 주식가격은 매년 이사회가 결정한다.

Bledsoe S&P 500 Index Fund 이 뮤추얼펀드는 S&P 500 지수에 맞추어 운영된다. 다시 말해 이 펀드에서 투자하는 주식들의 구성비율은 S&P 500 지수의 주식 구성 비율과 똑같다. 따라서 이 펀드의 수익률은 S&P 500 지수가 보여주는 수익률에서 비용을 차감한 것과 거의 같다. 지수펀드의 주식이 해당 지수의 주식 구성과 동일하게 이루어지므로 펀드매니저는 투자할 주식에 대해 별도의 연구를 할 필요가 없다. 따라서 이 펀드에 지불하는 비용은 낮다. Bledsoe S&P 500 지수펀드는 연간 투자금액의 0.15%를 비용으로 부과한다.

Bledsoe Small-Cap Fund 이 펀드는 주로 소기업의 주식에 투자하는 펀드이다. 따라서 이 펀드의 수익률은 그 변동성이 더 크다. 또한 이 펀드는 전체 펀드 기금의 10%를 미국 밖에 있는 기업에 투자할 수 있게 되어 있다. 이 펀드가 부과하는 비용은 투자금액의 1.7%이다.

Bledsoe Large-Company Stock Fund 이 펀드는 주로 미국에 있는 대기업의 주식에 투자하는 펀드이다. 이 펀드는 Evan Bledsoe(에반)에 의해 관리되고 있으며 지난 8년 중 6번 시장 전반적 수익률보다 높은 수익률을 달성했다. 이 펀드가 부과하는 비용은 투자금액의 1.5%이다.

Bledsoe Bond Fund 이 펀드는 미국 국내 기업의 장기 회사채에 투자하는 펀드이다. 투자는 투자적격 채권에 대해서만 이루어지도록 제한되어 있다. 이 펀드가 부과하는 비용은 투자금액의 1.4%이다.

Bledsoe Money Market Fund 이 펀드는 단기 고신용 부채증권에 투자하는 펀드이다. 따라서 미 재무부 단기채권에도 투자한다. 따라서 머니마켓펀드의 수익률은 미 재무부 단기채권의 수익률보다 약간 더 높을 뿐이다. 높은 신용을 갖는 것을 투자대상으로 하고 또한 투자기간이 단기이기 때문에 음(−)의 수익률이 나타날 가능성은 매우 작다. 이 펀드가 부과하는 비용은 투자금액의 0.6%이다.

질문

1. 이 회사 주식에 투자하는 것과 비교해서 뮤추얼펀드에 투자하는 것이 어떤 이점을 갖는가?
2. 당신이 봉급의 5%를 투자하고 S&S Air로부터 5% 대응투자를 전액 받는다면 이러한 대응투자로부터 당신이 얻는 EAR은 얼마인가? 회사의 대응투자에 대해 당신이 얻는 결론은 무엇인가?
3. 당신이 당신 봉급의 일부를 미국에 근거를 두는 대기업의 주식에 투자한다고 할 때, Bledsoe Large-Company Stock Fund를 택하는 것이 Bledsoe S&P 500 Index Fund를 택하는 것보다 더 나은 점과 더 못한 점은 무엇인가?
4. 401(k)안에서 선택할 수 있는 뮤추얼펀드 중에서 Bledsoe Small-Cap Fund의 수익률이 가장 변동이 심하다. 이 펀드에 당신이 투자하려고 한다면 그 이유는 무엇인가? 여러 펀드들에 지불하는 비용을 살펴보면 이 펀드에 지불하는 비용이 가장 크다는 것을 알 수 있을 것이다. 이 사실이 이 펀드에 투자하려는 당신의 결정에 영향을 미치는가?
5. 위험을 조정한 성과를 보는 데는 종종 샤프비율(Sharpe ratio)이 사용된다. 샤프비율은 어떤 투자자산의 위험프리미엄을 그 자산의 수익률의 표준편차로 나눈 것이다. 펀드의 지난 10년간의 수익률과 그 표준편차는 다음의 표에 나타나 있다. 각 펀드들의 샤프비율을 계산하라. S&S Air 보통주의 기대수익률과 표준편차가 각각 17%와 70%라고 가정하면, 이 회사 보통주의 샤프비율은 얼마인가? 이러한 투자자산들에 대한 샤프비율은 얼마나 적절한 척도인가? 어느 경우에 샤프비율을 사용하겠는가?

	지난 10년간의 연수익률	표준편차
Bledsoe S&P 500 Index Fund	10.45%	19.45%
Bledsoe Small-Cap Fund	13.18	28.16
Bledsoe Large-Company Stock Fund	9.86	21.43
Bledsoe Bond Fund	6.13	7.12

6. 당신은 어떤 포트폴리오를 만들겠는가? 그 이유는? 당신이 생각한 바를 자세히 설명해보라.

13 수익, 위험과 증권시장선

Return, Risk, and the Security Market Line

2020년 초에 Boeing, Norwegian Cruise Lines, Tencent 세 회사는 주요 발표를 하였다. Boeing은 자신의 매출액이 분석가들의 예상치보다 약 2% 줄었고, EPS는 분석가들의 예상치보다 약 6% 낮다고 발표했다. Norwegian Cruise Lines는 자신의 EPS가 −0.99$라고 발표했으며 분석가들의 예상치는 −0.28$였다. 이 회사의 전년도 EPS는 0.83$였다. 중국의 거대 인터넷 회사인 Tencent는 자신의 1분기 수입과 이익이 분석가들의 예상치를 능가했다고 발표했다. 이 세 경우를 보고, 당신은 아마도 Tencent 경우는 좋은 소식이고, Boeing과 Norwegian Cruise Lines의 경우는 나쁜 소식이라고 생각할 것이다. 통상적으로는 당신의 이런 생각은 맞는 것이다. 하지만 이러한 소식에도 불구하고 Tencent의 주식가격은 약 5% 정도 하락했으며, Boeing의 주식가격은 약 6%, Norwegian Cruise Lines의 주식가격은 약 1.6% 상승했다.

이런 경우들을 볼 때, 주식가격의 움직임이 어떤 뉴스에 근거해서 우리가 통상적으로 예상하는 것과 늘 같은 방향으로 나타나지는 않는다는 것을 알 수 있다. 그렇다면 좋은 뉴스가 정말로 좋은 뉴스가 되는 경우는 어떤 경우인가? 이에 대한 답을 얻기 위해서는 수익과 위험의 관계를 이해하는 것이 필수적이며, 이 장에서는 이에 대해 자세히 살펴본다.

학습목표 _Learning Objectives

이 장을 공부한 후에는 다음과 같은 것들에 대해 알아야 한다.

- **LO1** 기대수익률, 분산, 표준편차를 구하는 방법
- **LO2** 분산투자의 효과
- **LO3** 체계적 위험의 원칙
- **LO4** 증권시장선과 위험-수익의 상호교환 관계

앞 장에서는 자본시장의 역사로부터 중요한 것을 배웠다. 그중에서 가장 중요한 것은 위험을 감수하면 평균적으로 그에 대한 보상이 따른다는 것이다. 우리는 이를 위험프리미엄(risk premium)이라고 불렀다. 두 번째로 배운 것은 위험수준이 더 큰 투자일수록 위험프리미엄이 더 커진다는 것이다. 이러한 기본개념이 갖는 경제, 경영적 의미들을 이 장에서 자세히 다루려고 한다.

지금까지는 소수의 대규모 포트폴리오가 기록한 수익률의 움직임에 대해서만 집중적으로 다뤄왔다. 그러나 개별자산의 수익률에 대해서도 살펴볼 필요가 있다. 따라서 먼저, 위험에 대한 정의를 내리고 이를 어떻게 측정하는지를 살펴본다. 그런 다음, 개별자산의 위험수준과 개별자산에 대한 요구수익률 간의 관계를 어떻게 계량화하는지에 대해 살펴보기로 한다.

개별자산의 위험을 살펴보면 체계적(systematic)인 것과 비체계적(unsystematic)인 것, 두 종류의 위험이 있다. 앞으로 살펴보겠지만 이 둘의 구분이 매우 중요한데, 그것은 체계적 위험은 시장 내의 모든 자산들에게 영향을 미치는 반면에, 비체계적 위험은 기껏해야 일부 소수의 자산들에게만 영향을 미치기 때문이다. 다음으로는 분산투자의 원칙에 대해서 살펴볼 것인데 고도로 분산된 포트폴리오는 비체계적 위험을 거의 갖지 않는다는 것을 보여준다.

분산투자의 원칙(principle of diversification)은 중요한 의미를 가진다. 그것은 분산투자를 하는 투자자에게는 체계적 위험만이 영향을 미친다는 것이다. 이는 특정 개별자산을 살 것인지 아닌지를 결정하는 과정에서 분산투자자는 그 자산의 체계적 위험만을 고려한다는 것을 가리킨다. 이는 매우 중요한 사실로서 개별자산의 위험과 수익률에 대해서 많은 것을 가르쳐준다. 이는 증권시장선(security market line: SML)이라고 부르는 위험과 수익률의 관계에 대한 이론의 기초가 되는 것이다. SML을 도출하기 위해서 베타(beta)계수에 대해 설명할 것이다. 베타계수는 현대 재무의 핵심주제 중 하나이다. SML과 베타는 투자안의 요구수익률을 어떻게 결정짓는지에 대해서 적어도 부분적인 해답을 제시하기 때문에 꼭 알아두어야 할 개념이다.

13.1 기대수익률과 분산

앞 장에서는 과거의 자료를 바탕으로 평균수익률과 분산을 어떻게 계산하는지에 대해서 설명했다. 여기서는 미래의 가능한 수익과 이의 확률에 대해 알고자 할 때 수익률과 분산을 어떻게 분석하는지에 대해 살펴보기로 한다.

기대수익률

먼저 간단한 예를 하나 들어보자. 투자기간을 1년이라고 했을 때 다음과 같은 특징을 가진 두 종류의 주식 L과 U를 가지고 있다고 하자. 주식 L은 다가오는 해에 25%의 수익을 거둘 것으로 예상된다. 주식 U는 같은 기간에 20%의 수익을 거둘 것으로 예상된다.

이와 같은 상황에서 이러한 기대수익률에 대해 모든 투자자들이 동의한다면, 과연 누가 주식 U를 보유하려고 할까? 다른 주식이 더 좋은 성과를 거둘 것이라고 예상되는 데도 불구하고 더 못한 성과를 거둘 것으로 예상되는 주식에 투자하는 이유는 무엇인가? 이에 대한 답은 두 투자안의 위험에 달려 있다고 할 수 있다. 주식 L이 25%의 수익을 거둘 것으로 예상은 되지만, 실제로는 수익률이 이보다 높거나 낮게 나타날 수 있는 것이다.

예를 들어 경제가 호황이라고 하자. 이 경우에 우리는 주식 L이 70%의 수익을 거둘 것으로 생각한다. 반대로 경제가 불황이라면 주식 L이 −20%의 수익을 거둘 것으로 생각한다. 이 경우 두 경제상황(two states of economy)이 있다고 하며, 이는 두 가지의 상황만이 가능하다는 것을 의미한다. 물론, 이와 같은 가정은 현실을 지나치게 단순화시킨다고 볼 수 있지만 복잡한 계산 없이도 핵심개념을 설명할 수 있게 해준다.

경제가 호황이거나 불황이 될 확률이 각각 50 대 50으로 동일하다고 가정하자. 표 13.1은 주식 U에 대해서 우리가 설명한 기본적인 정보와 추가적인 정보를 담고 있다. 주식 U가 경제가 호황일 때 10%, 불황일 때 30%의 수익을 거둔다는 점에 유의하라.

특정 해에 이 주식 중에서 하나를 사게 된다면(여기서는 주식 U를 샀다고 하자), 당신이 얻게 될 수익은 그 해의 경제상황이 어떠하냐에 달려 있다. 각각의 경제상황이 발생할 확률이 변하

경제상황	각 경제상황이 발생할 확률	각 경제상황에 따른 수익률	
		주식 L	주식 U
불황	0.50	−20%	30%
호황	0.50	70%	10%
	1.00		

표 13.1
경제상황과 주식의 수익률

지 않는다고 가정하자. 주식 U를 수년 동안 가지고 있다면 그중에 반은 30%의 수익을 거두는 것이고, 나머지 반은 10%의 수익을 거두는 것이다. 이럴 때 주식 U의 **기대수익률**[expected return, $E(R_U)$]이 20%라고 한다.

기대수익률(expected return): 위험이 있는 자산이 미래에 거둘 것으로 기대되는 수익률

$$E(R_U) = 0.50 \times 30\% + 0.50 \times 10\% = 20\%$$

다시 말해 이 주식으로부터 평균적으로 20%의 수익률을 기대할 수 있는 것이다.

주식 L의 경우, 각 경제상황의 확률은 똑같지만 수익률은 다르다. 반은 20%의 손해를 볼 것이고, 나머지 반은 70%의 수익을 거둘 것이다. 그러므로 주식 L의 기대수익률, $E(R_L)$은 25%이다.

$$E(R_L) = 0.50 \times -20\% + 0.50 \times 70\% = 25\%$$

표 13.2는 이와 같은 계산과정들을 보여주고 있다.

앞 장에서 위험프리미엄을 위험 있는 투자와 위험 없는 투자의 수익률 차이라고 정의했고, 서로 다른 투자들의 과거 위험프리미엄을 직접 계산해보았다. 여기서는 예상되는 미래수익률을 바탕으로 위험 있는 투자의 기대수익률과 위험 없는 투자의 확정수익률 간의 차이를 이용해서 예상위험프리미엄, 즉 기대위험프리미엄(projected, expected risk premium)을 구할 수 있다.

예를 들어 위험이 없는 투자가 8%의 수익률을 보장한다고 하자. 이때 우리는 무위험수익률(R_f)이 8%라고 한다. 이를 바탕으로 주식 U의 기대위험프리미엄을 구하면 얼마인가? 주식 L의 경우에는 얼마인가? 주식 U의 기대수익률인 $E(R_U)$이 20%이기 때문에 기대위험프리미엄은 다음과 같다.

$$\begin{aligned} \textbf{위험프리이엄} &= \textbf{기대수익률} - \textbf{무위험수익률} \\ &= E(R_U) - R_f \\ &= 20\% - 8\% \\ &= 12\% \end{aligned} \qquad [13.1]$$

이와 같은 똑같은 방법으로 계산하면, 주식 L의 위험프리미엄은 $25\% - 8\% = 17\%$이다.

일반적으로 증권이나 다른 자산의 기대수익률은 각 상황에서의 수익률과 그 상황이 발생할 확률을 곱하여 모두 더해준 값과 같다. 따라서 만약 100개의 미래수익률이 있다면, 이 수익률에

(1) 경제상황	(2) 각 경제상황이 발생할 확률	주식 L: (3) 각 경제상황에 따른 수익률	주식 L: (4) (2) × (3)	주식 U: (5) 각 경제상황에 따른 수익률	주식 U: (6) (2) × (5)
불황	0.50	−0.20	−0.10	0.30	0.15
호황	0.50	0.70	0.35	0.10	0.05
	1.00	$E(R_L) = 0.25 = 25\%$		$E(R_U) = 0.20 = 20\%$	

표 13.2
기대수익률의 계산

각각의 확률을 곱하여 이 값들을 다 더해주면 된다. 그 결과가 기대수익률이 되는 것이다. 위험프리미엄은 이 기대수익률과 무위험수익률의 차이이다.

예제 13.1 동일하지 않은 확률

표 13.1과 13.2를 다시 한 번 살펴보자. 경제가 호황일 확률이 50%가 아니라 20%라고 가정하자. 이 경우에 주식 U와 주식 L의 기대수익률은 각각 얼마인가? 무위험수익률이 10%이면, 위험프리미엄은 각각 얼마인가?

두 가지의 상황만이 가능하기 때문에 경제가 불황일 확률은 1 − 0.2 = 0.8 = 80%이다. 이를 바탕으로 주식 U가 총투자기간의 80% 동안 30%의 수익을 거두고, 나머지 20% 동안 10%의 수익을 거둔다는 것을 알 수 있다. 기대수익률을 구하기 위해서 다음과 같이 각 수익률에 확률을 곱하여 모두 더해주면 된다.

$$E(R_U) = 0.80 \times 30\% + 0.20 \times 10\% = 26\%$$

표 13.3은 두 주식에 대한 계산과정을 요약하고 있다. 주식 L의 기대수익률이 −2%라는 점에 유의하자.

표 13.3
기대수익률의 계산

		주식 L		주식 U	
(1) 경제상황	(2) 각 경제상황이 발생할 확률	(3) 각 경제상황에 따른 수익률	(4) (2) × (3)	(5) 각 경제상황에 따른 수익률	(6) (2) × (5)
불황	0.80	−0.20	−0.16	0.30	0.24
호황	0.20	0.70	0.14	0.10	0.02
		$E(R_L) = -0.02 = -2\%$		$E(R_U) = 0.26 = 26\%$	

주식 U의 위험프리미엄은 26% − 10% = 16%이다. 주식 L의 위험프리미엄은 음(−)으로 −2% − 10% = −12%이다. 주식 L의 경우에 약간 이상한 결과가 도출되었다고 볼 수도 있겠지만, 이와 같은 음(−)의 위험프리미엄이 불가능하지 않음을 나중에 설명할 것이다.

분산의 계산

앞의 두 주식의 수익률의 분산(variance)을 구하기 위해서는 먼저 기대수익률과의 편차(deviation)를 제곱해준다. 그런 다음, 편차의 제곱에 각각의 확률을 곱해준다. 이 값들을 모두 더해주면 분산을 구할 수 있다. 표준편차(standard deviation)는 분산의 양(+)의 제곱근(square root of variance)이다.

예를 들어 $E(R_U) = 20\%$의 기대수익률을 가진 주식 U의 경우를 살펴보자. 한 해에 이 주식은 30% 또는 10%의 수익률을 거둘 것이다. 그러므로 편차는 각각 30% − 20% = 10%, 10% − 20% = −10%이다. 따라서 분산은 다음과 같이 구할 수 있다.

$$\text{분산} = \sigma^2 = 0.50 \times 0.10^2 + 0.50 \times (-0.10)^2 = 0.01$$

표준편차는 이 값의 제곱근이다.

$$\text{표준편차} = \sigma = \sqrt{0.01} = 0.10 = 10\%$$

표 13.4는 두 주식에 대한 계산을 요약하고 있다. 주식 L의 분산이 훨씬 크다는 것을 살펴보라.

두 주식의 기대수익률과 분산은 다음의 표와 같이 요약된다.

	주식 L	주식 U
기대수익률, E(*R*)	25%	20%
분산, σ^2	0.2025	0.0100
표준편차, σ	45%	10%

주식 L의 기대수익률이 높지만, 주식 U의 위험수준이 주식 L보다 낮다. 주식 L에 투자하면 70%의 수익을 거둘 수 있지만, 20%의 손해를 볼 수도 있다. 하지만 주식 U는 10%의 수익을 최소한으로 보장하고 있다.

당신이라면 이 둘 중에 어느 주식을 살 것인가? 이는 전적으로 당신의 선호도에 달려 있기 때문에 우리로서는 알 수가 없다. 어느 정도 확실히 말할 수 있는 것은 어떤 투자자들은 주식 L을 주식 U보다 선호하고, 다른 투자자들은 주식 L보다 주식 U를 더 선호할 것이라는 것이다.

여기서 우리가 구한 기대수익률과 분산이 앞 장에서 계산한 방법과 약간 다른 방법으로 계산한 것임을 알 수 있을 것이다. 앞 장에서는 과거의 실제수익률을 가지고 실제 상황을 바탕으로 한 평균수익률과 분산을 구한 것이며, 여기서는 미래수익률과 그 확률을 갖고 있기 때문에 그것을 사용해야 한다.

표 13.4
분산의 계산

(1) 경제상황	(2) 각 경제상황이 발생할 확률	(3) 기대수익률과의 편차	(4) 편차의 제곱	(5) (2) × (4)
주식 L				
불황	0.50	−0.20 − 0.25 = −0.45	$-0.45^2 = 0.2025$	0.10125
호황	0.50	−0.70 − 0.25 = −0.45	$0.45^2 = 0.2025$	0.10125
				$\sigma_L^2 = 0.20250$
주식 U				
불황	0.50	0.30 − 0.20 = −0.10	$0.10^2 = 0.01$	0.005
호황	0.50	0.10 − 0.20 = −0.10	$-0.10^2 = 0.01$	0.005
				$\sigma_U^2 = 0.010$

추가 문제: 동일하지 않은 확률 — 예제 13.2

예제 13.1로 돌아가서, 각각의 확률이 동일하지 않다고 했을 때, 두 주식의 분산은 얼마인가? 표준편차는 얼마인가?

계산과정은 다음과 같이 요약될 수 있다.

(1) 경제상황	(2) 각 경제상황이 발생할 확률	(3) 기대수익률과의 편차	(4) 편차의 제곱	(5) (2) × (4)
주식 L				
불황	0.80	−0.20 − (−0.02) = −0.18	0.0324	0.02592
호황	0.20	−0.70 − (−0.02) = −0.72	0.5184	0.10368
				$\sigma_L^2 = 0.12960$
주식 U				
불황	0.80	0.30 − 0.26 = 0.04	0.0016	0.00128
호황	0.20	0.10 − 0.26 = −0.16	0.0256	0.00512
				$\sigma_U^2 = 0.00640$

(계속)

이 계산을 바탕으로, 주식 L의 표준편차를 구하면 $\sigma_L = \sqrt{0.1296} = 0.36 = 36\%$이다. 주식 U의 표준편차는 이보다 훨씬 작으며 $\sigma_U = \sqrt{0.0064} = 0.08 = 8\%$이다.

개념질문 _Concept Questions

13.1a 어떤 증권의 기대수익률은 어떻게 구하는가?
13.1b 기대수익률의 분산을 어떻게 구하는지 말로 설명해보라.

13.2 포트폴리오

포트폴리오(portfolio): 투자자가 보유하는 주식, 채권과 같은 종류가 다른 여러 자산의 집합

지금까지는 개별자산을 각각 별도로 살펴보았다. 그러나 실제로 대부분의 투자자들은 여러 종류의 자산이 포함된 **포트폴리오**(portfolio)를 구성하여 투자를 한다. 이는 투자자들이 단 하나의 주식, 채권 또는 기타 자산보다는 복수의 자산에 투자하려는 경향이 있음을 보여준다. 따라서 포트폴리오의 기대수익률과 분산에 대해 살펴보기로 하자.

포트폴리오 비중

포트폴리오 비중(portfolio weight): 포트폴리오의 총가치에서 특정 자산이 차지하는 비율

포트폴리오를 설명하는 데는 여러 가지 방법이 있다. 가장 쉬운 접근 방법은 포트폴리오의 총가치 중 각 자산에 투자된 가치를 퍼센트로 나타내는 것이다. 이와 같은 퍼센트를 **포트폴리오 비중**(portfolio weight)이라고 한다.

예를 들어 한 자산에 50$를 투자하고 다른 자산에 150$를 투자한다면 포트폴리오의 총가치는 200$이다. 처음의 자산이 포트폴리오에서 차지하는 퍼센트는 \$50/\$200 = 0.25이다. 두 번째 자산이 포트폴리오에서 차지하는 퍼센트는 \$150/\$200 = 0.75이다. 그러므로 포트폴리오 비중은 각각 0.25, 0.75이다. 돈이 모두 포트폴리오에 투자된 것이기 때문에, 포트폴리오 비중을 다 더해주면 1.00이 된다는 점에 유의하라.[1]

포트폴리오의 기대수익률

주식 L과 주식 U를 다시 예로 들어보자. 이번에는 투자를 양쪽에 똑같이 나누어서 한다고 하자. 그러므로 포트폴리오 비중은 각각 0.5와 0.5이다. 이 포트폴리오의 수익률은 어떻게 움직이는가? 기대수익률은 어떠한가?

이 질문에 답하기 위해, 먼저 경제가 불황이 된다고 가정하자. 이 경우에 반이 투자된 주식 L에서는 20%의 손해를 볼 것이다. 나머지 반이 투자된 주식 U에서는 30%의 수익을 거둘 것이다. 그러므로 경제불황하의 포트폴리오 수익, R_P는 다음과 같다.

$$R_P = 0.50 \times -20\% + 0.50 \times 30\% = 5\%$$

경제가 호황일 때, 포트폴리오의 수익은 40%이다.

[1]물론 일부 투자가 현금 상태로 유지될 수 있겠지만 이 경우에는 현금을 포트폴리오를 구성하는 한 자산이라고 간주한다.

(1) 경제상황	(2) 각 경제상황이 발생할 확률	(3) 각 경제상황에 따른 포트폴리오의 수익률	(4) (2) × (3)
불황	0.50	0.50 × −20% + 0.50 × 30% = 5%	0.025
호황	0.50	0.50 × 70% + 0.50 × 10% = 40%	0.200
			$E(R_p)$ = 0.225 = 22.5%

표 13.5
비중이 동일한 주식 L과 주식 U로 구성한 포트폴리오의 기대수익률

$$R_P = 0.50 \times 70\% + 0.50 \times 10\% = 40\%$$

표 13.5는 나머지 계산과정을 요약하고 있다. 표 13.5에서 볼 수 있듯이, 이 포트폴리오의 기대수익률, $E(R_P)$은 22.5%이다.

포트폴리오의 기대수익률을 직접적인 방법으로 구하면 계산과정을 줄일 수 있다. 포트폴리오 비중을 바탕으로, 주식 L에 투자된 반이 25%의 수익률을 거두고, 주식 U에 투자된 반이 20%의 수익률을 거둔다고 예상할 수 있다. 그러므로 포트폴리오의 기대수익률은 다음과 같다.

$$\begin{aligned} E(R_P) &= 0.50 \times E(R_L) + 0.50 \times E(R_U) \\ &= 0.50 \times 25\% + 0.50 \times 20\% \\ &= 22.5\% \end{aligned}$$

이는 앞에서 계산한 포트폴리오의 기대수익률과 같은 값이다.

포트폴리오의 기대수익률을 계산하는 방법은 포트폴리오를 구성하는 자산의 개수가 아무리 많다고 해도 유사하다. 포트폴리오에 n개의 자산이 있다고 하자. x_i가 자산 i의 포트폴리오 비중이라면, 포트폴리오의 기대수익률은 다음과 같이 구할 수 있다.

$$E(R_P) = x_1 \times E(R_1) + x_2 \times E(R_2) + \ldots + x_n \times E(R_n) \qquad [13.2]$$

이는 포트폴리오의 기대수익률이 포트폴리오를 구성하는 자산들의 기대수익률을 선형 결합한 것을 의미한다.

투자에 관한 정보가 더 필요하면 **www.thestreet.com**을 참조하라.

포트폴리오의 기대수익률 예제 13.3

3가지의 주식에 대해서 다음과 같은 정보가 주어졌다고 가정하자.

경제상황	각 경제상황이 발생할 확률	각 상황에 따른 수익률 주식 A	주식 B	주식 C
호황	0.40	10%	15%	20%
불황	0.60	8%	4%	0%

두 가지의 경우에 대해서 기대수익률을 계산하고자 한다. 첫째, 3개의 주식에 동일하게 투자한 포트폴리오의 기대수익률은 얼마인가? 둘째, 반을 A에 투자하고, 나머지 반을 나누어서 B와 C에 똑같이 투자한 포트폴리오의 기대수익률은 얼마인가?

앞에서처럼 세 주식의 기대수익률을 각각 다음과 같이 구할 수 있다. (연습 삼아 직접 계산해서 검토해 보라.)

$E(R_A) = 8.8\%$
$E(R_B) = 8.4\%$
$E(R_C) = 8.0\%$

(계속)

각 자산에 똑같이 투자한 포트폴리오라면, 모든 포트폴리오 비중이 동일할 것이다. 이러한 포트폴리오를 동일한 비중의 포트폴리오라고 한다. 위의 경우에는 세 주식이 있기 때문에, 비중은 1/3로 모두 같다. 그러므로 포트폴리오의 기대수익률은 다음과 같다.

$$E(R_P) = (1/3) \times 8.8\% + (1/3) \times 8.4\% + (1/3) \times 8\% = 8.4\%$$

두 번째 경우에 포트폴리오의 기대수익률이 8.5%임을 증명해보라.

포트폴리오의 분산

앞에서 구했던 것과 같이, 주식 U와 주식 L에 동일하게 투자한 포트폴리오의 기대수익률은 22.5%이다. 이 포트폴리오의 수익률의 표준편차는 얼마인가? 단순하게 생각한다면, 반이 45%의 표준편차를, 나머지 반이 10%의 표준편차를 갖기 때문에 이 포트폴리오의 표준편차를 다음과 같이 계산할 수 있다는 생각이 들 것이다.

$$\sigma_P = 0.50 \times 45\% + 0.50 \times 10\% = 27.5\%$$

그러나 불행히도, 이렇게 구한 표준편차는 완전히 틀린 것이다!

이제 포트폴리오의 표준편차가 실제로 얼마인지 알아보자. 표 13.6은 이와 관련된 계산과정을 요약하고 있다. 이 표에서 볼 수 있듯이, 포트폴리오의 분산은 약 0.031이고, 표준편차는 우리가 생각했던 것보다 훨씬 작은 17.5%이다. 여기서 알 수 있는 것은 포트폴리오의 분산이 그를 구성하는 자산의 분산을 단순히 평균한 것이 아니라는 점이다.

이를 보다 극적으로 설명하기 위해서 비중이 약간 다른 포트폴리오의 경우를 예로 들자. 주식 L에 2/11 (18% 정도)를 투자하고, 주식 U에 나머지 9/11 (82% 정도)를 투자했다고 하자. 경제상황이 불황이라면, 포트폴리오의 수익률은 다음과 같을 것이다.

$$R_P = (2/11) \times -20\% + (9/11) \times 30\% = 20.91\%$$

경제가 호황이라면, 포트폴리오의 수익률은 다음과 같을 것이다.

$$R_P = (2/11) \times 70\% + (9/11) \times 10\% = 20.91\%$$

경제적 상황과는 상관없이 수익률이 같다는 것을 주목하라. 따라서 포트폴리오의 분산은 계산할 필요가 없다. 다시 말해 포트폴리오의 분산은 0이다. 여기서 알 수 있는 것은 여러 자산을 합쳐 포트폴리오를 구성함으로써 투자자는 자신이 직면하는 위험수준을 크게 변화시킬 수 있다는 것이다. 이는 매우 중요한 사실이며, 이것의 의미는 다음 절부터 설명할 것이다.

표 13.6
비중이 동일한 주식 L과 주식 U로 구성된 포트폴리오의 분산

(1) 경제상황	(2) 각 경제상황이 발생할 확률	(3) 각 경제상황에 따른 포트폴리오의 수익률	(4) 기대수익률과의 편차의 제곱	(5) (2) × (4)
불황	0.50	5%	$(0.05 - 0.225)^2 = 0.030625$	0.0153125
호황	0.50	40%	$(0.40 - 0.225)^2 = 0.030625$	0.0153125
				$\sigma_P^2 = 0.030625$
			$\sigma_P = \sqrt{0.030625} = 0.175 = 17.5\%$	

포트폴리오의 분산과 표준편차 예제 13.4

예제 13.3에서 두 포트폴리오의 표준편차는 각각 얼마인가? 이 질문에 답하기 위해서는 먼저, 두 가지의 경제상황에 대한 포트폴리오의 수익률을 구해야 할 것이다. 여기서는 두 번째 포트폴리오, 즉 50%가 A에 투자되고, 나머지가 B와 C에 25%씩 투자된 경우를 다루려고 한다. 이에 대한 계산과정을 요약하면 다음과 같다.

		각 상황에 따른 수익률			
경제상황	각 경제상황이 발생할 확률	주식 A	주식 B	주식 C	포트폴리오
호황	0.40	10%	15%	20%	13.75%
불황	0.60	8%	4%	0%	5.00%

경제가 호황일 때, 포트폴리오의 수익률은 다음과 같이 계산할 수 있다.

$$E(R_P) = 0.50 \times 10\% + 0.25 \times 15\% + 0.25 \times 20\% = 13.75\%$$

경제가 불황일 때의 수익률도 이와 같은 방법으로 계산할 수 있다. 포트폴리오의 기대수익률은 8.5%이다. 그러므로 분산은 다음과 같다.

$$\begin{aligned}\sigma_P^2 &= 0.40 \times (0.1375 - 0.085)^2 + 0.60 \times (0.05 - 0.085)^2 \\ &= 0.0018375\end{aligned}$$

그러므로 표준편차는 약 4.3%이다. 동일한 비중의 포트폴리오에 대해서는 표준편차가 약 5.4%임을 확인해보라.

개념질문 _Concept Questions

13.2a 포트폴리오 비중이란 무엇인가?
13.2b 포트폴리오의 기대수익률은 어떻게 계산하는가?
13.2c 포트폴리오의 표준편차와 그를 구성하는 자산의 표준편차 간에 단순한 관계가 성립하는가?

공개발표, 놀람, 그리고 기대수익률 13.3

포트폴리오를 구성하고 그 수익성을 평가하는 것에 대해서 살펴보았기 때문에, 개별 증권(자산)의 수익과 위험에 대해서 좀 더 자세히 살펴보기로 하자. 지금까지는 특정 자산이나 포트폴리오의 실제수익률인 R과 기대수익률인 $E(R)$ 간의 편차를 통해서 변동성을 측정하였다. 여기서는 이 같은 편차가 왜 존재하는지에 대해서 알아보기로 한다.

기대한 수익률과 기대하지 못한 수익률

예를 들어 Flyers의 주식수익률에 대해서 구체적으로 살펴보자. 돌아오는 해에 이 회사 이 주식의 수익률을 결정짓는 것은 무엇이라고 말할 수 있는가?

금융시장에서 거래되는 모든 주식의 수익률은 두 부분으로 구성된다. 첫째, 주식의 정상수익률(normal return) 또는 기대수익률(expected return)은 시장에서 주주들이 예상하거나 기대하는 수익률이다. 이와 같은 수익률은 주식에 대해서 주주들이 가지고 있는 정보에 의해 결정되며, 돌아오는 해에 주식에 영향을 미칠 요소들에 대한 현재 시장의 이해를 바탕으로 하고 있다.

두 번째는 주식수익률의 불확실한 또는 위험한 부분이다. 이는 한 해 동안 기대하지 못한 정보로부터 발생하는 부분이다. 이와 같은 정보의 출처는 무수히 많을 수 있지만 몇 가지의 예를 들면 다음과 같은 것들이 있다.

- Flyers의 연구개발에 대한 뉴스
- 국내 총생산량에 대한 정부의 통계발표
- 최근에 있었던 군축회담의 결과
- Flyers의 매출액이 예상보다 높았다는 뉴스
- 이자율의 예상치 못한 하락

이를 바탕으로 돌아오는 해에 Flyers가 거둘 수익률을 다음과 같이 나타낼 수가 있다.

총수익률 = 기대수익률 + 기대하지 못한 수익률

$$R = \mathrm{E}(R) + U \qquad [13.3]$$

R은 한 해의 실제수익률을 가리키고, E(R)는 수익률의 기대부분을, U는 수익률의 기대치 못한 부분을 가리킨다. 이는 한 해 동안, 의외의 요소들로 인해서 실제수익률 R과 기대수익률 E(R) 간에 편차가 발생함을 보여주고 있다. 특정 해에 기대치 못한 수익률은 양(+)이나 음(−)의 값을 가질 수 있지만, 시간을 오래 놓고 본다면 U의 평균값은 0이다. 이는 평균적으로 실제수익률과 기대수익률이 같음을 의미한다.

공개발표와 뉴스

수익률에 대하여 뉴스가 가지는 영향을 다룰 때 신중할 필요가 있다. 예를 들어 GDP가 높은 수준의 성장을 기록할 때 Flyers의 성과가 좋은 반면, GDP가 상대적으로 침체되어 있을 때에는 그렇지 못하다고 하자. 이 경우에 Flyers의 주주들은 한 해의 수익률을 예상하는 데 있어서 그 해의 GDP에 대하여 명시적 또는 묵시적으로 생각해볼 필요가 있다.

만약에 정부가 한 해의 실제 GDP 수치를 발표하게 된다면, Flyers의 주식가치는 어떻게 될까? 이는 발표된 수치가 어떤지에 달려 있다. 하지만 더 중요한 것은 이 수치가 얼마만큼 최근의 정보인지에 따라서 미치는 영향의 크기가 달라진다.

연초에 시장의 투자자들은 그 해의 GDP가 어떨지에 대해서 추측을 하거나 예상을 한다. 주주들이 GDP를 예상했다면, 이는 이미 수익률의 기대부분, E(R)에 포함되는 것이라 할 수 있다. 반대로 GDP의 발표가 의외의 결과라면, 이로 인한 영향은 수익률의 기대치 못한 부분, U에 포함되는 것이다. 예를 들어 주주들이 GDP가 0.5%의 성장을 할 것으로 예상했다고 하자. 만약에, 예상한 것과 같이 GDP가 0.5% 성장한 것으로 공식 발표된다면 주주들이 새롭게 알게 된 것은 없으며, 따라서 이 발표는 뉴스라고 말할 수 없다. 따라서 주식가격에 아무런 영향을 미치지 못한다. 이는 예상했던 것을 확인한 것이지 새로운 것을 알려주는 것이 아니다.

어떤 공식발표가 뉴스가 되지 못한다는 것을 표현하기 위해서 시장이 그 발표를 이미 할인했다(discounted)고 말한다. 여기서의 할인(discount)은 현재가치를 구할 때 사용하는 할인이라는 용어와는 그 뜻이 다르지만, 기본적인 의미는 같은 것이다. 미래의 어떤 현금을 할인한다고 말할 때 우리는 그 가치가 화폐의 시간적 가치 때문에 작아진다는 것을 의미한다. 어떤 발표나 뉴스를 할인한다고 말할 때 우리는 그러한 정보에 대해 시장이 이미 많이 알고 있기 때문에 그러한 것이 가격에 미치는 효과가 작아진다는 것을 의미한다.

Flyers의 경우로 다시 돌아가서, 정부가 그 해의 실제 GDP가 1.5% 증가한 것으로 발표했다고 하자. 이제 주주들은 새로운 것을 배우게 되는데, 그것은 자신들이 예상한 것보다 GDP의 성장이 1%p 높았다는 것이다. 이 경우처럼 실제 결과와 예상한 것의 차이를 종종 새로움(innovation) 또는 놀람(surprise)이라고 부르기도 한다.

이러한 구분은 좋은 뉴스로 보이는 것이 왜 실제로는 나쁜 뉴스가 될 수 있는지를 설명해준다. 그리고 반대의 경우도 마찬가지이다. 이 장 첫머리에서 언급했던 Boeing의 경우를 보면, 비록 회사의 매출액과 이익이 예측액보다 투자자들은 낮았지만 COVID-19 팬데믹 상황을 고려하면 그렇게 나쁜 성과가 아니라고 판단했다. Norwegian Cruise Lines도 COVID-19 팬데믹으로 크루즈 여행이 완전히 멈추는 상황이 되었다. 놀라운 것은 이 회사의 크루즈 여행 예약이 크루즈 여행 가격을 크게 낮추지 않았는데도 2020년 4분기에서 2021년 사이에 매우 증가했다는 것이다. Tencent의 경우는 예상치보다 좋게 나온 이 회사의 실적이 발표되던 날 주식시장이 전체적으로 하락세를 보였다. 다음 절을 읽으면서 이러한 측면을 잘 기억하기 바란다.

요약하면, 공개발표는 두 가지 부분으로 나눌 수 있었는데, 첫 번째는 "기대한(예상한)" 부분이고, 두 번째는 "놀람(새로운)" 부분이다.

공개발표(announcement) = 기대 부분(expected part) + 놀람 부분(surprise) **[13.4]**

모든 발표의 "기대 부분"은 시장이 주식의 기대수익률 E(R)를 구하는 데 있어서 쓰이는 정보의 일부분이다. "놀람 부분"은 주식의 기대하지 못한 수익률인 U에 영향을 미치는 뉴스이다.

이와 같은 설명의 바탕에는 앞 장에서 다뤘던 시장의 효율성에 대한 개념이 깔려 있다. 우리는 오늘 알고 있는 모든 관련된 정보는 이미 기대수익률에 반영되었다고 가정하고 있다. 이는 주식의 현재가격이 관련되어 있는 모든 공개적인 정보를 반영하고 있다는 말과 동일한 뜻을 가진다. 그러므로 우리는 시장이 최소한 준강형적이라는 의미에서 상당히 효율적임을 가정하고 있는 것이다.

따라서 우리가 뉴스라고 말할 때는 공식발표 중에서 시장이 기대(expected)하여 이미 할인한(discounted) 부분이 아니라 "놀람 부분(surprise)"을 의미하는 것이다.

개념질문 _Concept Questions

13.3a 수익률의 두 기본적인 부분은 무엇인가?

13.3b 회사의 공개발표가 주가에 영향을 미치지 않을 조건은 무엇인가?

13.4 위험: 체계적, 비체계적

수익률의 기대치 못한 부분은 “놀람” 부분으로부터 발생하는데, 이 부분이 모든 투자의 진정한 위험이라고 할 수 있다. 결과적으로, 우리가 예상한 그대로를 벌어들이는 투자라면, 그러한 투자는 완벽한 예측이 가능한 투자이며, 정의상 위험이 없는 무위험투자이다. 다시 말해 한 자산을 보유하는 데 따르는 위험은 예상하지 못한 사건(놀람)들로부터 발생하는 것이다.

그러나 여러 종류의 위험 간에는 중요한 차이점이 존재한다. 앞에서 다뤘던 Flyers와 관련된 뉴스들을 다시 한 번 살펴보자. 이 중에는 Flyers에 직접적인 영향을 미치는 뉴스들이 있으며 그 외의 일반적인 것들도 있다. 어떤 뉴스들이 Flyers에게 중요한 의미를 가진다고 말할 수 있겠는가?

이자율이나 GDP에 관한 발표는 거의 모든 기업들에게 중요한 의미를 갖지만, Flyers의 회장, Flyers의 연구개발 또는 Flyers의 매출에 대한 뉴스는 이 회사가 특별히 관심을 가지는 것이다. 이 두 가지 종류의 정보가 가지는 의미가 서로 크게 다르기 때문에 이제 이들을 어떻게 구분하는지 살펴보기로 하자.

체계적 위험과 비체계적 위험

체계적 위험(systematic risk): 수많은 자산에게 영향을 미치는 위험. ‘시장위험(market risk)’이라고도 부름

“놀람 부분” 중 첫 번째 종류는 수많은 자산들에 영향을 미치는 것으로서 앞으로는 **체계적 위험**(systematic risk)이라고 부를 것이다. 체계적 위험은 수많은 자산들에게 각각 크고 작은 범위 내에서 영향을 미친다. 또한 체계적 위험은 전반적인 시장에 영향을 미치기 때문에 ‘시장위험(market risk)’이라고도 부른다.

비체계적 위험(unsystematic risk): 소수의 자산에게만 영향을 미치는 위험. ‘특이 위험’, ‘고유자산 위험’이라고도 부름

두 번째 종류의 “놀람 부분”은 **비체계적 위험**(unsystematic risk)이라고 부를 것이다. 비체계적 위험은 단 하나의 또는 소수의 자산들에 영향을 미친다. 이와 같은 위험은 개별회사나 개별자산만이 가지는 독특한 것이기 때문에, ‘특이 위험(unique risk)’, ‘고유자산 위험(asset-specific risk)’이라고도 부른다. 앞으로는 이 용어들을 바꿔가면서 사용할 것이다.

앞에서 본 것과 같이 GDP, 이자율, 물가상승률과 같은 일반적인 경제지표의 불확실성은 체계적 위험의 예라고 할 수 있다. 이와 같은 지표는 어느 정도의 범위 내에서 거의 모든 기업들에게 영향을 미친다. 예를 들어 물가상승률의 예상치 못한 의외의 증가는 임금과 기업의 부품비용에 영향을 미치고, 기업이 보유하고 있는 자산의 가치를 변화시키며, 기업의 제품가격에 영향을 미친다. 이러한 영향들에 대해서는 모든 기업들이 노출되어 있으므로 이러한 영향들이 체계적 위험의 핵심이라고 할 수 있다.

이와는 반대로 한 기업의 석유파업은 기본적으로 그 기업 자신과 소수의 경쟁자, 혹은 공급자들에게만 영향을 미치지만 세계 석유시장이나 석유산업에 속하지 않는 기업들에게 거의 영향을 미치지 않으므로, 비체계적 사건이라고 할 수 있다.

수익률의 체계적, 비체계적 요소들

현실적으로 체계적 위험과 비체계적 위험 간의 구분이 우리가 정의한 것과 같이 항상 명확한 것은 아니다. 특정 기업에만 관련되어 있는 사소한 뉴스도 시장 내에서 파문을 일으킬 수가 있는 것이다. 그것은 아무리 규모가 작은 회사라고 해도 그 모두가 시장에 참여하고 있기 때문이다. 마치 한 마리의 말이 굽을 하나 잃어버려 왕조 하나가 사라졌다는 설화와 같은 것이다. 그렇지만 이는 사소한 일을 하나하나 따졌을 때의 얘기이다. 분명히 어떤 위험은 다른 것에 비해서 일반적

이다. 이를 보여주는 증거에 대해서는 잠시 뒤에 살펴볼 것이다.

위험의 종류를 이렇게 구분하면 Flyers 주식의 수익률에서 놀람 부분, U를 두 가지로 나눌 수 있을 것이다. 앞에서, 우리는 실제수익률을 기대 부분과 놀람 부분으로 나누었다.

$$R = \text{E}(R) + U$$

이제 Flyers의 놀람 부분, U를 체계적 부분과 비체계적 부분으로 나누면 다음과 같이 다시 쓸 수 있다.

$$\boldsymbol{R = \text{E}(R) + \text{체계적 부분} + \text{비체계적 부분}} \qquad [13.5]$$

전통적인 방법에 따라서 비체계적 부분을 표기할 때에는 그리스 문자인 "ϵ"을 사용할 것이다. 또한 체계적 위험을 시장위험이라고도 부르기 때문에 체계적 부분을 표기할 때에는 문자 "m"을 사용할 것이다. 이러한 문자를 써서 총수익률에 대한 식을 다음과 같이 다시 쓸 수가 있다.

$$\begin{aligned} R &= \text{E}(R) + U \\ &= \text{E}(R) + m + \epsilon \end{aligned}$$

총 "놀람 부분"인 U를 두 가지로 나누는 데 있어서 중요한 것은 비체계적 부분인 ϵ이 Flyers에게만 특이하게 발생하는 부분이라는 점이다. 이런 이유로 ϵ은 다른 자산의 수익률의 비체계적 부분과 관련성이 없다. 이 점이 왜 중요한 점인지를 알기 위해서는 포트폴리오의 위험에 대해서 다시 살펴보아야 한다.

개념질문 _Concept Questions

13.4a 두 가지 기본적인 위험의 종류는 무엇인가?
13.4b 이 두 가지 종류의 위험을 구분 짓는 것은 무엇인가?

분산투자와 포트폴리오의 위험 13.5

앞에서 본 것과 같이 원칙적으로 포트폴리오의 위험은 포트폴리오를 구성하는 자산의 위험과는 많이 다를 수가 있다. 이제부터는 개별자산의 위험과 여러 개의 자산으로 구성된 포트폴리오의 위험을 보다 깊이 있게 비교해볼 필요가 있다. 다시 한 번 시장의 역사를 돌아봄으로써 미국 금융시장 내의 투자들이 어떠했는지 알아보자.

분산투자의 효과: 시장의 역사로부터 얻을 수 있는 또 다른 교훈

위험과 분산투자에 관해 더 알려면 www.investopedia.com을 참조하라.

앞 장에서 보았듯이, 500개의 대기업 주식으로 구성한 포트폴리오의 과거 연수익률은 매년 평균적으로 20%의 표준편차를 기록해왔다. 이를 근거로 500개 기업 중 한 특정 기업의 주식의 연수익률이 약 20%의 표준편차를 가지고 있다고 말할 수 있겠는가? 그렇지 않다. 이는 아주 중요한 점이다.

포트폴리오의 규모와 포트폴리오의 위험 간의 관련성을 설명하기 위해서 표 13.7은 비중이 동일한 여러 포트폴리오들의 연간수익률의 평균 표준편차를 보여주고 있다. 이 포트폴리오들은 서로 다른 수의 주식을 뉴욕증권거래소에서 무작위로 선정하여 구성된 것들이다.

표 13.7에서 두 번째 열을 보면 한 개의 주식으로 구성된 "포트폴리오"의 표준편차가 거의 49%라는 것을 알 수 있다. 이는 당신이 만약 뉴욕증권거래소에서 주식 하나를 무작위로 선정하여 거기에다가 모든 돈을 투자한다면, 당신이 벌게 될 수익률의 표준편차가 매년 49%일 것이라는 얘기이다. 만약에 두 개의 주식을 무작위로 선정하여 양쪽에 똑같이 투자한다면 당신의 표준편차는 평균적으로 약 37%일 것이다.

표 13.7에서 주목해야 할 것은 주식의 종류가 증가할수록 표준편차가 감소한다는 점이다. 100개의 주식을 무작위로 선정한다면, 포트폴리오의 표준편차는 49%에서 약 20%로, 거의 60% 감소하게 된다. 500개의 주식을 선정한다면 표준편차는 19.27%로, 이는 앞 장에서 본 대기업 주식 포트폴리오의 표준편차, 20%와 비슷한 값이다. 약간의 차이는 포트폴리오를 구성하는 주식과 투자기간이 동일하지 않기 때문에 발생한 것이다.

분산투자의 원칙

그림 13.1은 지금까지 우리가 얘기한 것을 그림으로 보여주고 있다. 이 그림에서는 수익률의 표준편차와 포트폴리오를 구성하는 주식의 종류 수가 가지는 상관성을 선으로 그려놓았다. 그림에서 주식의 종류 수가 많아질수록 추가적인 위험감소의 효과가 작아진다는 점을 살펴보라. 주식의 종류 수가 10개 정도에 달하면 위험감소의 효과는 거의 한계에 이르고, 주식의 종류 수가 30개 정도 되면 그 이상으로 주식의 종류 수를 증가시킨다고 해도 볼 수 있는 추가적인 위험감소의 혜택은 거의 없다.

그림 13.1은 두 가지 핵심요소를 지적하고 있다. 첫 번째는 포트폴리오를 구성함으로써 개

표 13.7
포트폴리오들의 연간수익률의 표준편차

(1) 포트폴리오의 주식 종류 수	(2) 포트폴리오 연간수익률의 평균 표준편차	(3) 포트폴리오의 표준편차를 단일 주식의 표준편차로 나눈 비율
1	49.24%	1.00
2	37.36	0.76
4	29.69	0.60
6	26.64	0.54
8	24.98	0.51
10	23.93	0.49
20	21.68	0.44
30	20.87	0.42
40	20.46	0.42
50	20.20	0.41
100	19.69	0.40
200	19.42	0.39
300	19.34	0.39
400	19.29	0.39
500	19.27	0.39
1,000	19.21	0.39

출처: These figures are from Table 1 in M. Statman, "How Many Stocks Make a Diversified Portfolio?" *Journal of Financial and Quantitative Analysis* 22, September 1987, 353–63. They were derived from E. J. Elton and M. J. Gruber, "Risk Reduction and Portfolio Size: An Analytical Solution," *Journal of Business* 50, October 1977, 415–37.

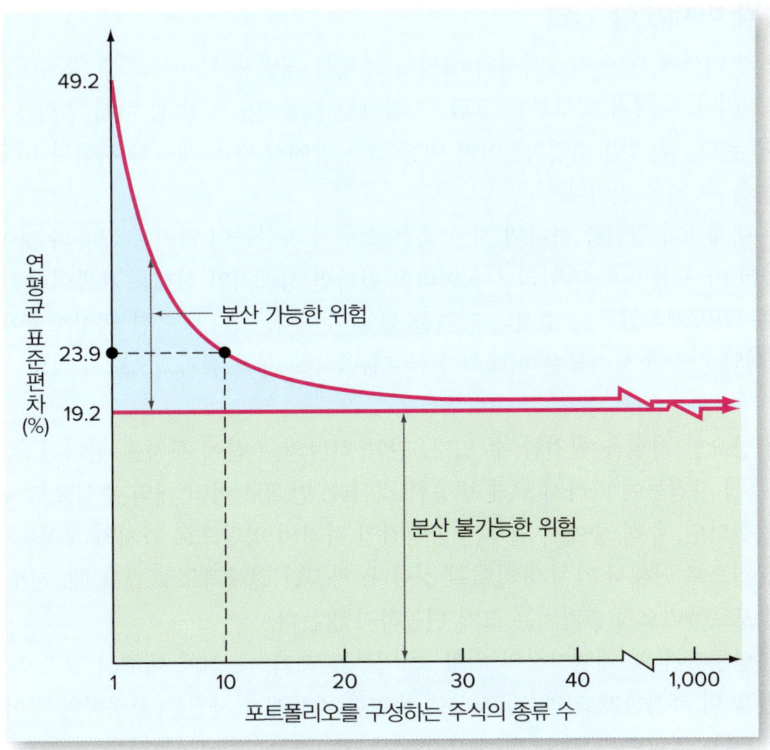

그림 13.1
포트폴리오 분산투자 (Portfolio Diversification)

별자산의 위험 중 일부분을 제거할 수 있다는 것이다. 여러 개의 자산으로 나누어 포트폴리오를 구성하는 투자를 분산투자(diversification)라고 한다. **분산투자의 원칙**(principle of diversification)은 투자를 여러 개의 자산으로 분산시키면 위험을 어느 정도 제거할 수 있다고 말한다. 그림 13.1에서 "분산 가능한 위험"이라고 표기되어 있는 하늘색 영역은 분산투자를 통해서 제거될 수 있는 부분이다.

분산투자의 원칙(principle of diversification): 여러 자산에 투자를 분산시키면 위험의 일부(전부는 아니지만)를 제거할 수 있다.

두 번째로 지적하고 있는 것도 첫 번째와 마찬가지로 중요하다. 그것은 분산투자에 의해서 제거될 수 없는 최소한의 위험수준이 존재한다는 것이다. 이 최소한의 수준은 그림 13.1에서 "분산 불가능한 위험"이라고 표기되어 있다. 이 두 가지를 통해서 시장의 역사가 우리에게 가르쳐 주고 있는 또 하나의 중요한 교훈은 다음과 같다. "분산은 위험을 감소시키지만 그것도 어느 정도까지만이다." 다시 말해 "위험의 일부분은 분산이 가능하지만 나머지 부분은 그렇지 못하다."라고 할 수 있다.

분산투자의 효과를 말해주는 최근의 예를 보자. 미국의 유명한 500개 대기업의 주식으로 구성한 주식시장 지수인 S&P 500은 2019년에 약 22% 상승했다. 앞 장에서 보았듯이, 이는 미국 대기업 주식으로 구성된 포트폴리오의 연수익률이 보통 해의 연수익률보다 높았다는 것을 의미한다. 이 해에 주식가격이 가장 크게 상승한 개별 회사들에는Advanced Micro Devices(약 130% 상승), Lam Research Corporation(120% 상승), Target(101% 상승) 등이 있다. 하지만 500개 대기업 모두의 주가가 상승한 것은 아니다. 주가가 하락한 기업들에는 Abiomed(49% 하락), Macy's(39% 하락), Occidental Petroleum(29% 하락) 등이 있다. 이는 좋은 경우이든 나쁜 경우이든, 분산투자가 극단적인 결과를 피하게 해준다는 교훈을 다시 한 번 확인해주고 있는 것이다.

분산투자와 비체계적 위험

포트폴리오의 위험에 대한 지금까지의 설명을 통해서 개별자산의 위험 중 일부분은 분산시켜서 제거할 수 있지만, 나머지 일부분은 그럴 수 없다는 것을 알 수 있다. 이제 우리는 한 가지 질문에 직면하게 된다. 왜 그런 것일까? 이에 대한 답은 앞에서 다룬 체계적 위험과 비체계적 위험의 구분에서 찾을 수 있을 것이다.

우리는 비체계적 위험을 하나의 자산 혹은 소수의 자산군이 가지는 고유의 것이라고 정의했다. 예를 들어 이 자산이 한 기업의 주식이라고 한다면 성공적인 신제품 개발이나 혁신적인 비용절감과 같은 NPV계획안들은 주식의 가치를 높일 것이다. 예기치 못한 법정소송이나 산업재해, 파업 또는 이와 비슷한 사건들은 미래의 현금흐름을 감소시켜 결과적으로 주식의 가치를 떨어뜨릴 것이다.

여기서 중요한 사실을 발견할 수 있다. 만약 하나의 주식에 투자를 한다면, 투자의 성과는 그 회사의 특정 사건들에 따라서 크게 변동할 것이다. 반대로 여러 개의 주식으로 구성한 포트폴리오에 투자한다면, 주식 중에서 일부는 긍정적인 사건의 영향으로 가치가 오를 것이며, 일부는 부정적인 사건으로 인해서 가치가 떨어질 것이다. 하지만 전체적으로 봤을 때, 서로가 서로를 상쇄시키면서 포트폴리오의 총가치는 크게 변동하지 않는다.

이제 분산투자가 왜 개별자산의 위험 중 일부를 제거하는지에 대해서 알게 되었다. 포트폴리오에 자산을 더 추가하게 되면, 각 자산에 특이한 비체계적 사건들(긍정적인 것이든, 부정적인 것이든)이 가지는 영향력은 몇 안 되는 자산에 투자할 때보다 “줄어든다.”

이는 매우 중요한 점이므로 다음과 같이 다시 정리한다.

비체계적 위험은 본질적으로 분산투자에 의해 제거되기 때문에, 많은 종류의 자산으로 구성된 포트폴리오에는 비체계적 위험이 거의 존재하지 않는다.

따라서 분산가능 위험(diversifiable risk)이라는 용어가 비체계적 위험(unsystematic risk)이라는 용어와 같은 의미로 사용되고 있다.

분산투자와 체계적 위험

우리는 분산투자를 통해서 비체계적 위험이 제거될 수 있다는 것을 확인했다. 그렇다면 체계적 위험은 어떠한가? 이 또한 분산투자에 의해서 제거될 수 있을까? 그럴 수는 없다. 정의에 따라 체계적 위험은 거의 모든 자산에 어느 정도든 영향을 미치는 것이다. 결과적으로, 포트폴리오에 아무리 많은 종류의 자산을 더한다 해도 체계적 위험은 사라지지 않는다. 이런 이유로 인해, 체계적 위험(systematic risk)은 분산불가능 위험(nondiversifiable risk)과 동일한 의미를 가진다.

지금까지 새로운 용어를 많이 소개하고 다뤄왔다. 앞으로 나가기 전에 이들을 먼저 요약해 볼 필요가 있을 것이다. 우리가 배운 바와 같이, 수익률의 표준편차를 통해서 구하는 투자안의 총위험은 다음과 같이 표현된다.

총위험 = 체계적 위험 + 비체계적 위험 **[13.6]**

체계적 위험은 분산불가능 위험(nondiversifiable risk) 또는 시장위험(market risk)이라고 불리기도 한다. 또한 비체계적 위험은 분산가능 위험(diversifiable risk), 특이 위험(unique risk), 고유자산 위험(asset-specific risk)이라고 불린다. 분산투자가 잘 되어 있는 포트폴리오의 경우에는 비체계적 위험이 거의 존재하지 않는다. 이 경우에 모든 위험은 본질적으로 체계적 위험이라고 할 수 있다.

개념질문 _Concept Questions

13.5a 포트폴리오를 구성하는 자산의 종류 수를 증가시키면, 수익률의 표준편차는 어떻게되는가?
13.5b 분산투자의 원칙은 무엇인가?
13.5c 위험 중에 일부가 분산이 가능한 이유는 무엇인가? 분산이 가능하지 않은 이유는 무엇인가?
13.5d 분산투자를 통해서 체계적 위험을 제거할 수 없는 이유는 무엇인가?

13.6 체계적 위험과 베타

이제부터 살펴보려는 것은 "위험자산이 갖는 위험프리미엄의 크기를 결정짓는 것이 무엇인가?"이다. 다시 말해 왜 어떤 자산은 다른 자산보다 더 큰 위험프리미엄을 가지는 것일까에 대한 것이다. 이에 대한 답도 체계적 위험과 비체계적 위험의 구분에 바탕을 두고 있다.

체계적 위험의 원칙

지금까지, 자산의 총위험이 체계적 위험과 비체계적 위험으로 나뉜다는 것을 보았다. 또한 분산투자를 통해서 비체계적 위험을 제거할 수 있다는 것도 보았다. 한편, 체계적 위험은 모든 자산에 존재하며 분산투자를 통해서도 제거할 수 없는 위험이다.

자본시장의 역사를 통해 우리가 알 수 있는 것은 위험을 감수하면 평균적으로 볼 때 그에 따른 보상이 주어진다는 것이다. 그러나 위험이 어떤 위험을 의미하는지에 대해서는 조금 더 자세히 살펴볼 필요가 있다. **체계적 위험의 원칙**(systematic risk principle)에 의하면, 위험을 감수하는 데에 따르는 보상은 투자안의 체계적 위험에만 달려 있다고 한다. 즉, 비체계적 위험을 감수한다고 해서 보상이 따르지는 않는다. 왜냐하면 비체계적 위험은 분산투자를 통해 비용을 들이지 않고도 제거할 수 있기 때문이다. 다시 말해 시장은 불필요하게 갖고 있는 위험에 대해서는 보상을 하지 않는다는 것이다.

체계적 위험의 원칙(systematic risk principle): 위험자산의 기대수익률은 그 자산의 체계적 위험에만 달려 있다.

체계적 위험의 원칙은 주목해야 할 중요한 의미를 갖는다.

위험자산의 기대수익률은 그 자산의 체계적 위험에만 의존한다.

이 원칙을 바탕으로 다음과 같은 추론을 내릴 수 있다. 한 자산의 총위험이 아무리 크다고 하더라도 그 자산의 위험에 대한 기대수익률(위험프리미엄)을 결정짓는 것은 그 자산의 "체계적 위험" 부분뿐이다.

체계적 위험의 측정

자산의 기대수익률을 결정짓는 것은 그 자산이 갖는 체계적 위험이기 때문에 서로 다른 투자가 갖는 서로 다른 체계적 위험의 크기를 측정할 수 있는 방법이 필요하다. 이를 측정하게 해주는

베타에 대해 더 알고 싶으면 **money.msn.com**을 참조하라.

베타계수(beta coefficient): 평균적인 자산에 비해서 한 자산이 가지는 체계적 위험의 상대적 크기

것이 **베타계수**(beta coefficient) 또는 간단히 베타(beta)라고 하는 것이다. 그리스 문자인 β로 표기한다. 베타계수, 즉 베타는 특정 자산이 다른 평균적인 자산에 비해 상대적으로 얼마의 체계적 위험을 가지고 있는지 말해준다. 정의에 따르면, 평균적인 자산이 가지는 베타의 값은 1.0이다. 그러므로 베타가 0.5인 자산의 체계적 위험은 평균적인 자산의 반이며, 베타가 2.0인 자산의 체계적 위험은 평균적인 자산의 두 배라고 할 수 있다.

표 13.8은 잘 알려진 기업의 주식이 가지는 베타계수의 측정값을 보여주고 있다. 표 13.8에 나오는 베타의 분포범위 내에 미국 대기업 주식의 거의 대부분이 포함되어 있다고 할 수 있다. 이 범위를 벗어날 때도 있지만 그런 경우는 흔하지 않다.

잊지 말아야 할 것은 자산의 위험에 대한 기대수익률, 즉 위험프리미엄이 체계적 위험에만 달려 있다는 것이다. 베타가 높은 자산일수록 체계적 위험이 크기 때문에 기대수익률이 더 높다고 할 수 있다. 그러므로 표 13.8에서 베타가 약 0.70인 Johnson & Johnson에 투자한 투자자는 베타가 약 1.23인 Sherwin-Williams에 투자한 투자자보다 평균적으로 낮은 수익률을 기대해야 할 것이다.

한 가지 주의해야 할 것은 모든 베타들이 똑같은 과정을 통해서 구해진 것이 아니라는 점이다. 여러 전문가들은 베타를 구하는 데 있어서 서로 다른 방법을 쓰기도 하며, 그렇게 구해진 베타들이 상당한 편차를 보일 때도 있다. 따라서 여러 개의 자료를 검토해보는 것이 좋을 것이다.

표 13.8
몇몇 기업의 베타계수

	베타(β)계수
Coca-Cola	0.55
McDonald's	0.66
Johnson & Johnson	0.70
Visa	0.93
Mastercard	1.08
Walt Disney	1.11
Sherwin-Williams	1.23
Shopify	1.59

출처: Yahoo! Finance, 6/11/2020.

예제 13.5 총위험과 베타

두 개의 주식에 대해 다음과 같은 정보가 있다고 하자. 어느 것의 총위험이 더 큰가? 어느 것의 체계적 위험이 더 큰가? 어느 것의 비체계적 위험이 더 큰가? 어느 것이 더 높은 위험프리미엄을 가질까?

	표준편차	베타
주식 A	40%	0.50
주식 B	20%	1.50

주식 A의 총위험이 더 크지만, 체계적 위험은 더 작다고 할 수 있다. 총위험은 체계적 위험과 비체계적 위험을 합친 것이기 때문에 주식 A가 더 큰 비체계적 위험을 가진다. "체계적 위험의 원칙"에 근거하여 주식 B의 총위험이 더 작지만, 주식 A보다는 위험프리미엄과 기대수익률이 높다고 할 수 있다.

포트폴리오의 베타

앞에서 포트폴리오의 위험과 그를 구성하는 자산들의 위험 간에 단순한 관계가 존재하지 않는다는 것을 확인했다. 그러나 포트폴리오의 베타는 포트폴리오의 기대수익률을 계산하는 것과 동일한 방법으로 구할 수 있다. 표 13.8을 다시 한 번 보자. 예를 들어 가진 돈의 반은 Shopify에, 나머지 반은 Coca-Cola에 투자했다고 가정하자. 이와 같이 조합했을 때, 베타는 얼마인가? Shopify의 베타는 1.59, Coca-Cola의 베타는 0.55이기 때문에, 이 포트폴리오의 베타, β_P는 다음과 같다.

$$\begin{aligned}\beta_P &= 0.50 \times \beta_{Shopify} + 0.50 \times \beta_{Coca\text{-}Cola}\\ &= 0.50 \times 1.59 + 0.50 \times 0.55\\ &= 1.07\end{aligned}$$

일반적으로, 여러 주식으로 구성한 포트폴리오의 경우라면 각 자산의 베타에 각각의 포트폴리오 비중을 곱하여 그 값을 모두 더해주면 포트폴리오의 베타를 구할 수 있다.

포트폴리오의 베타 — 예제 13.6

다음과 같은 투자안이 있다고 하자.

주식	투자금	기대수익률	베타
주식 A	$1,000	8%	0.80
주식 B	2,000	12%	0.95
주식 C	3,000	15%	1.10
주식 D	4,000	18%	1.40

이 포트폴리오의 기대수익률은 얼마인가? 이 포트폴리오의 베타는 얼마인가? 이 포트폴리오의 체계적 위험은 평균적인 자산의 체계적 위험보다 큰가, 작은가?

먼저 포트폴리오 비중들을 계산해야 할 것이다. 총투자액이 10,000$라는 것에 유의하자. 이 중에 $1,000/$10,000 = 10%는 주식 A에 투자되었다. 같은 방법으로 20%는 주식 B에, 30%는 주식 C에, 40%는 주식 D에 투자되었다. 그러므로 기대수익률은 다음과 같다.

$$\begin{aligned}E(R_P) &= 0.10 \times E(R_A) + 0.20 \times E(R_B) + 0.30 \times E(R_C) + 0.40 \times E(R_D)\\ &= 0.10 \times 8\% + 0.20 \times 12\% + 0.30 \times 15\% + 0.40 \times 18\%\\ &= 14.9\%\end{aligned}$$

같은 방법으로 포트폴리오의 베타, β_P를 구하면 다음과 같다.

$$\begin{aligned}\beta_P &= 0.10 \times \beta_A + 0.20 \times \beta_B + 0.30 \times \beta_C + 0.40 \times \beta_D\\ &= 0.10 \times 0.80 + 0.20 \times 0.95 + 0.30 \times 1.10 + 0.40 \times 1.40\\ &= 1.16\end{aligned}$$

이 포트폴리오의 기대수익률은 14.9%이고, 베타는 1.16이다. 베타가 1보다 크기 때문에 이 포트폴리오의 체계적 위험은 평균적인 자산보다 큰 것이다.

베타는 웹상에서 찾기 쉽다. **finance.yahoo.com**이나 **money.cnn.com**에 들어가보라.

개념질문 _Concept Questions

13.6a 체계적 위험의 원칙은 무엇인가?
13.6b 베타계수가 측정하고자 하는 것은 무엇인가?
13.6c "어떤 위험자산의 기대수익률은 그 자산의 총위험에 따라 달라진다." 맞는가? 설명하라.
13.6d 포트폴리오의 베타는 어떻게 구하는가?

13.7 증권시장선

이제 시장에서 위험에 대한 보상이 어떻게 이뤄지는지 알아볼 차례이다. 먼저, 자산 A의 기대수익률 $E(R_A)$가 20%이고, 베타(β_A)가 1.6이라고 가정하자. 여기에 무위험수익률, R_f가 8%라고 하자. 무위험자산은 체계적 위험, 비체계적 위험이 없기 때문에 베타의 값이 0이라는 것에 유의해야 한다.

베타와 위험프리미엄

자산 A와 무위험자산으로 구성된 포트폴리오가 있다고 하자. 투자비율을 다르게 해서 계산한다면 여러 개의 기대수익률과 베타값을 구할 수 있을 것이다. 예를 들어 포트폴리오의 25%가 자산 A에 투자된다면, 기대수익률은 다음과 같다.

$$\begin{aligned} E(R_P) &= 0.25 \times E(R_A) + (1 - 0.25) \times R_f \\ &= 0.25 \times 20\% + 0.75 \times 8\% \\ &= 11\% \end{aligned}$$

같은 방법으로 베타를 구하면 다음과 같다.

$$\begin{aligned} \beta_P &= 0.25 \times \beta_A + (1 - 0.25) \times 0 \\ &= 0.25 \times 1.6 \\ &= 0.40 \end{aligned}$$

포트폴리오 비중은 모두 더하면 1이기 때문에 무위험자산에 투자된 비중은 1에서 자산 A에 투자된 비중을 빼준 값이다.

여기서 한 가지 궁금한 것은, 자산 A에 투자된 비중이 100%를 넘을 수 있느냐는 것이다. 충분히 가능한 얘기이다. 투자자가 무위험이자율로 돈을 빌리면 되는 것이다. 예를 들어 투자자가 현재 100$를 가지고 있는데, 추가적으로 50$를 무위험이자율인 8%에 빌렸다고 하자. 자산 A에 총 150$, 즉 투자자 자본의 150%가 투자된 셈이다. 이 경우에 기대수익률은 다음과 같다.

$$\begin{aligned} E(R_P) &= 1.50 \times E(R_A) + (1 - 1.50) \times R_f \\ &= 1.50 \times 20\% - 0.50 \times 8\% \\ &= 26\% \end{aligned}$$

이 포트폴리오의 베타를 구하면 다음과 같다.

$$\begin{aligned} \beta_P &= 1.50 \times \beta_A + (1 - 1.50) \times 0 \\ &= 1.50 \times 1.6 \\ &= 2.4 \end{aligned}$$

다음과 같이 여러 경우에 대해서 기대수익률과 베타를 구할 수 있다.

자산 A의 포트폴리오에서의 비중(%)	포트폴리오의 기대수익률	포트폴리오의 베타
0%	8%	0.0
25	11	0.4
50	14	0.8
75	17	1.2
100	20	1.6
125	23	2.0
150	26	2.4

그림 13.2A에서는 이들 포트폴리오의 기대수익률을 각각의 베타와 연결시켜 점으로 표시하였다. 이 점들이 "일직선"을 이룬다는 것에 주목하라.

위험-수익 비율(reward-to-risk ratio) 그림 13.2A에 표시되어 있는 직선의 기울기는 얼마인가? 이 직선의 기울기는 "위험의 증가에 대한 수익률"의 증가 비율과 같다고 할 수 있다. 투자를 무위험자산에서 자산 A로 옮긴다면 베타는 0에서 1.6으로 증가한다. 동시에 기대수익률은 8%에서 20%로, 12%가 증가한다. 그러므로 직선의 기울기는 12%/1.6 = 7.5%이다.

이 직선의 기울기는 자산 A의 위험프리미엄인 $[E(R_A) - R_f]$를 자산 A의 베타(β_A)로 나눠준 것이다.

$$\text{직선의 기울기} = \frac{E(R_A) - R_f}{\beta_A}$$
$$= \frac{0.20 - 0.08}{1.6} = 0.075 = 7.5\%$$

이는 자산 A의 위험-수익 비율(reward-to-risk ratio)이 7.5%라는 것을 의미한다.[2] 다시 말해 자산 A의 위험프리미엄은 체계적 위험 "한 단위"당 7.5%이다.

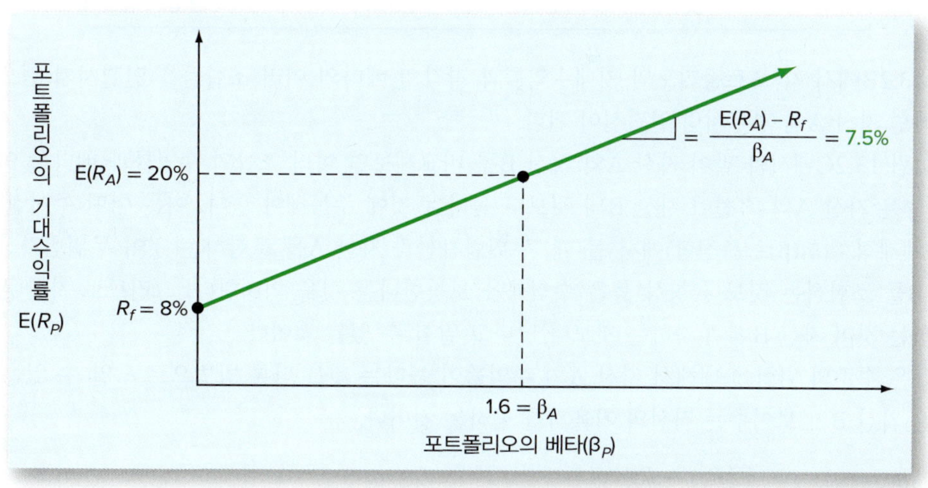

그림 13.2A
포트폴리오의 기대수익률과 자산 A의 베타

[2]이를 만든 Treynor 박사의 이름을 따서 트레이너 지수(Treynor Index) 또는 트레이너 비율(Treynor ratio)이라고 부르기도 한다.

기본적 주장 이제 두 번째 자산인 자산 B에 대해서 생각해보자. 이 자산의 베타는 1.2이고, 기대수익률은 16%이다. 자산 A와 자산 B, 둘 중 어느 것에 투자하는 것이 좋을까? 어떤 투자자들은 자산 A를 선호하고, 다른 투자자들은 자산 B를 선호하기 때문에 확답을 내린다는 것이 어렵게 보일 수도 있을 것이다. 그러나 자산 A가 더 좋다. 이는 자산 B의 체계적 위험에 대한 보상이 자산 A의 체계적 위험에 대한 보상과 비교할 때 상대적으로 불충분하기 때문이며 이는 다음의 설명을 통해서 증명할 수 있다.

먼저 자산 A의 경우에 했던 것과 마찬가지로 자산 B와 무위험자산의 비중을 달리한 여러 가지의 경우에 대해서 그 기대수익률과 베타를 구해야 한다. 예를 들어 25%를 자산 B에 투자하고 나머지 75%를 무위험자산에 투자한 포트폴리오의 기대수익률은 다음과 같이 구할 수 있다.

$$\begin{aligned}E(R_P) &= 0.25 \times E(R_B) + (1 - 0.25) \times R_f \\ &= 0.25 \times 16\% + 0.75 \times 8\% \\ &= 10\%\end{aligned}$$

마찬가지로 이 포트폴리오의 베타 β_p를 구하면 다음과 같다.

$$\begin{aligned}\beta_P &= 0.25 \times \beta_B + (1 - 0.25) \times 0 \\ &= 0.25 \times 1.2 \\ &= 0.30\end{aligned}$$

다른 경우들에 대해서도 기대수익률과 베타를 구하면 다음의 표와 같이 나타난다.

자산 B의 포트폴리오에서의 비중(%)	포트폴리오의 기대수익률	포트폴리오의 베타
0%	8%	0.0
25	10	0.3
50	12	0.6
75	14	0.9
100	16	1.2
125	18	1.5
150	20	1.8

그림 13.2B에서 각 포트폴리오의 기대수익률과 각각의 베타의 여러 조합들을 연결시켜 점으로 표시하면 자산 A의 경우처럼 일직선이 된다.

그림 13.2C에서와 같이 자산 A와 자산 B를 비교해보면 여러 조합의 수익률과 베타를 연결시켜 놓은 자산 A의 직선이 자산 B의 것보다 높다는 것에 주목해야 한다. 이는 어떤 주어진 수준의 체계적 위험(β로 측정함)에서 볼 때, 무위험자산과 자산 A를 조합하는 것이 무위험자산과 자산 B를 조합하는 것보다 항상 높은 수익률을 보장한다는 것을 의미한다. 그러므로 자산 A에 투자하는 것이 자산 B에 투자하는 것보다 낫다고 말할 수 있는 것이다.

같은 수준의 위험에 대해서 자산 A의 수익률이 높다는 것을 다른 방법으로도 알 수 있는데, 그것은 자산 B가 보여주는 직선의 기울기를 구하는 것이다.

$$\begin{aligned}\text{직선의 기울기} &= \frac{E(R_B) - R_f}{\beta_B} \\ &= \frac{0.16 - 0.08}{1.2} = 0.0667 = 6.67\%\end{aligned}$$

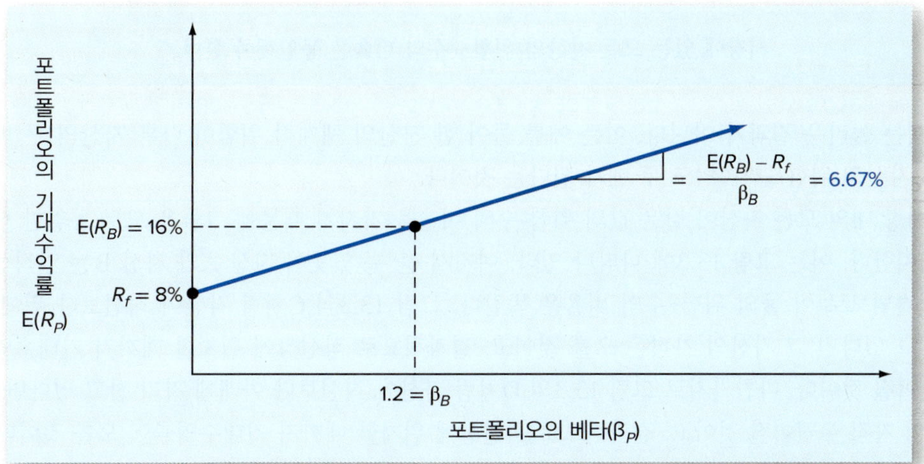

그림 13.2B

포트폴리오의 기대수익률과 자산 B의 베타

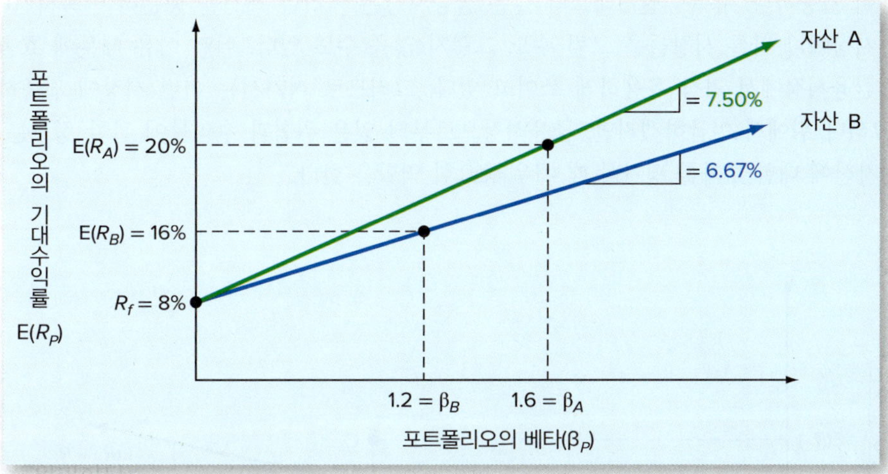

그림 13.2C

포트폴리오의 기대수익률과 각 자산의 베타

자산 B의 위험-수익 비율은 6.67%이고, 이는 자산 A의 7.5%보다 낮은 값이다.

기본적 결과 잘 조직되어 있고 활발하게 거래가 이루어지는 시장에서 자산 A와 자산 B 간에 이와 같은 상황이 계속 유지될 것이라고 보기는 어렵다. 왜냐하면 투자자들이 자산 B보다는 자산 A에 투자하려고 할 것이기 때문이다. 그에 따라 자산 A의 가격은 오를 것이고, 자산 B의 가격은 떨어질 것이다. 가격과 수익률은 서로 반대 방향으로 움직이기 때문에 A의 기대수익률은 떨어질 것이고 B의 기대수익률은 오를 것이다.

이 두 자산의 매도와 매수는 두 자산의 일직선이 일치할 때까지, 다시 말해 위험에 대한 보상이 같아질 때까지 계속되어 활동적이고 경쟁적인 시장에서는 다음과 같은 결과가 나타나게 된다.

$$\frac{\mathrm{E}(R_A) - R_f}{\beta_A} = \frac{\mathrm{E}(R_B) - R_f}{\beta_B}$$

이것이 위험과 수익률 간의 기본적인 관계이다.

이는 두 개 이상의 자산의 경우에도 적용된다. 자산의 수가 아무리 많다고 해도 마찬가지이다.

시장에 있는 모든 자산의 위험-수익 비율은 동일해야 한다.

이는 놀라운 결과가 아니다. 이는 예를 들어 한 자산의 체계적 위험이 다른 자산의 두 배이면 그 자산의 위험프리미엄도 두 배가 된다는 것이다.

시장 내의 모든 자산이 같은 값의 위험-수익 비율을 가지기 때문에 그들은 모두 동일한 선상에 위치한다. 이는 그림 13.3에 나타나 있다. 여기서 볼 수 있듯이 자산 A와 자산 B는 일직선으로 연결되므로 이 둘의 위험-수익 비율은 똑같다. 그림 13.3의 C처럼 자산이 직선보다 위에 자리 잡고 있다면 그 자산의 가격은 오를 것이고, 결과적으로 직선상에 위치할 때까지 기대수익률이 떨어질 것이다. 마찬가지로 그림 13.3의 D처럼 자산이 직선보다 아래에 자리 잡고 있다면, 그 자산의 가격은 떨어질 것이고, 결과적으로 직선상에 위치할 때까지 기대수익률이 오를 것이다.

이와 같이 될 것이라는 우리의 주장은 활동적이고, 경쟁적이며 잘 작동하는 시장에 대해서만 적용이 가능하다. 뉴욕증권거래소와 같은 금융시장은 이러한 조건을 충분히 만족시킨다. 실물자산 시장이나 다른 시장들은 그럴 수도 그렇지 않을 수도 있다. 이런 이유 때문에 효율시장 개념은 금융시장에서 가장 유용하게 쓰이고 있다. 그러므로 여기서는 이런 시장에 집중하고자 한다. 그러나 뒤에서 언급하겠지만, 금융시장으로부터 얻은 위험과 수익률에 관한 정보는 기업이 유형자산에 대한 투자를 평가할 때 매우 중요한 역할을 한다.

그림 13.3

기대수익률과 체계적 위험

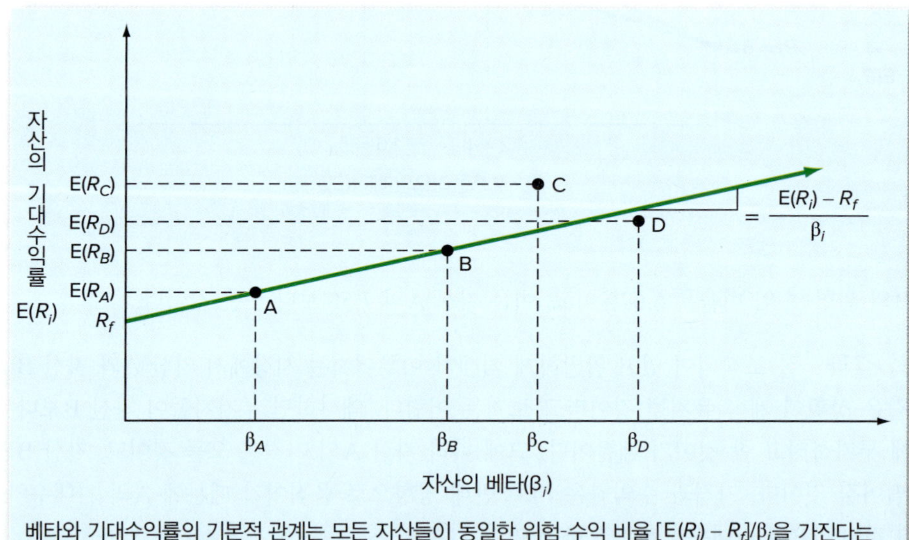

베타와 기대수익률의 기본적 관계는 모든 자산들이 동일한 위험-수익 비율 $[E(R_i) - R_f]/\beta_i$을 가진다는 것이다. 이는 모든 자산이 동일한 선상 위에 위치한다는 것을 의미한다. 자산 A와 자산 B가 그러한 예라고 볼 수 있다. 반면에, 자산 C의 기대수익률은 너무 높으며, 자산 D의 기대수익률은 너무 낮다.

예제 13.7 낮은 가격에서 매수, 높은 가격에서 매도

자산이 그 기대수익률과 위험에 비해서 가격이 지나치게 높을 때, 자산이 과대평가되어 있다고 말한다. 다음과 같은 상황이 있다고 하자.

(계속)

주식	베타	기대수익률
SWMS Co.	1.3	14%
Insec Co.	0.8	10%

무위험수익률은 현재 6%이다. 둘 중에 어떤 하나의 주식이 다른 것에 비해 상대적으로 과대평가되어 있는가?

이에 답하기 위해서는 두 주식의 위험-수익(reward-to-risk) 비율을 구해야 한다. SWMS사의 경우, 비율은 (14% − 6%)/1.3 = 6.15%이다. Insec사의 경우, 이 비율은 5%이다. 따라서 Insec의 위험에 대한 기대수익률이 SWMS에 비해 상대적으로 불충분하다. 기대수익률이 너무 낮기 때문에 Insec의 주식가격은 너무 높은 것이다. 다시 말해 Insec의 주식은 SWMS에 비해 상대적으로 과대평가되어 있으며, Insec의 주식가격이 SWMS의 주식가격에 비해 상대적으로 떨어질 것이라고 예상할 수 있다. 아니면 SWMS가 Insec에 비해 상대적으로 과소평가되어 있다고 말할 수도 있다.

증권시장선

기대수익률과 베타계수를 연결시켜 놓은 점들이 이루는 직선은 매우 중요한 의미를 가지므로 이 직선은 이름을 갖고 있다. 즉, 금융시장에서 체계적 위험과 기대수익률의 관계를 설명하는 이 직선은 **증권시장선**(security market line: SML)이라고 불린다. NPV의 뒤를 이어 SML은 현대금융에 있어서 가장 중요한 개념이라고 할 수 있다.

증권시장선(security market line: SML): 기대수익률과 베타의 관계를 나타내는 양(+)의 기울기를 갖는 직선

시장포트폴리오 SML등식을 아는 것은 많은 도움을 준다. 이를 여러 가지 방법으로 표현할 수 있지만 한 가지 방법이 특히 많이 쓰인다. 시장 내의 모든 자산으로 구성한 포트폴리오가 있다고 하자. 이런 포트폴리오를 시장포트폴리오(market portfolio)라고 부르며 이 시장포트폴리오의 기대수익률을 $E(R_M)$이라고 표기하기로 하자.

시장 내의 모든 자산들이 SML 위에 위치하고 있기 때문에 이 자산들로 구성한 시장포트폴리오도 SML 위에 위치해야 한다. 시장포트폴리오가 SML상에 위치한 지점을 파악하려면 먼저 이 포트폴리오의 베타 β_M을 알아야 한다. 시장포트폴리오는 시장 내의 모든 자산들을 대표하기 때문에 평균적인 체계적 위험을 가졌다고 말할 수 있다. 즉, 시장포트폴리오의 베타값은 1이다. 그러므로 SML의 기울기는 다음과 같다.

$$\text{SML의 기울기} = \frac{E(R_M) - R_f}{\beta_M} = \frac{E(R_M) - R_f}{1} = E(R_M) - R_f$$

여기서 $[E(R_M) - R_f]$는 시장포트폴리오의 위험프리미엄이기 때문에 흔히 **시장위험프리미엄**(market risk premium)이라고 부른다.

시장위험프리미엄(market risk premium): SML의 기울기로서 시장포트폴리오의 기대수익률과 무위험수익률의 차이이다.

자본자산가격결정모형 마지막으로, 시장 내의 어떤 자산에 대해서든 그 기대수익률과 베타를 $E(R_i)$과 β_i라고 표기하면 그 자산은 SML상에 위치해야 할 것이다. 결과적으로, 그 자산의 위험−수익 비율은 전체적 시장의 위험−수익 비율과 같은 값을 가지게 된다.

$$\frac{E(R_i) - R_f}{\beta_i} = E(R_M) - R_f$$

이를 다시 정리하면, 다음과 같이 SML등식을 쓸 수가 있다.

$$\mathbf{E}(R_i) = R_f + [\mathbf{E}(R_M) - R_f] \times \beta_i \quad [13.7]$$

자본자산가격결정모형(capital asset pricing model: CAPM): 기대수익률과 베타의 관계를 보여주는 SML등식

이것이 바로 그 유명한 **자본자산가격결정모형**(capital asset pricing model: CAPM)이다.

CAPM이 보여주고 있는 것은 특정 자산의 기대수익률이 다음과 같은 세 가지 요소에 의해 좌우된다는 것이다.

1. **화폐의 순수한 시간적 가치**: 이는 아무런 위험을 감수하지 않고 돈을 기다리고 있을 때 얻는 보상이며, 무위험이자율(R_f)에 의해 측정된다.
2. **체계적 위험의 감수에 따른 보상**: 시장위험프리미엄을 통해서 측정하며, $E(R_M) - R_f$로 나타낸다. 이는 평균적인 체계적 위험에 대한 시장의 보상이다.
3. **체계적 위험의 크기**: β_i를 통해서 측정하며, 이는 평균적 자산(시장포트폴리오)에 비해 상대적으로 한 자산 또는 한 포트폴리오가 갖고 있는 체계적 위험의 크기이다.

CAPM은 개별자산에 적용될 뿐만 아니라 여러 개의 자산으로 구성한 포트폴리오에도 적용된다. 앞에서, 포트폴리오의 β를 어떻게 계산하는지에 대해서 살펴보았다. 따라서 그렇게 구한 β의 값을 CAPM 등식에 대입하면 포트폴리오의 기대수익률을 구할 수 있다.

그림 13.4는 지금까지 SML과 CAPM에 대해 설명한 것을 요약하고 있다. 앞에서 본 그림들처럼 이 그림도 기대수익률을 베타에 대응시켜 표시해주고 있다. 이제 CAPM을 통해서 SML의 기울기가 시장의 위험프리미엄 $[E(R_M) - R_f]$과 같다는 것을 알 수 있다.

그림 13.3을 다시 살펴보면, C 점은 SML의 위에 위치하고, D점은 SML의 아래에 위에 위치한다. 포트폴리오의 실제 수익률과 SML이 말해주는 수익률 간의 이러한 차이를 포트폴리오 관리 용어로는 **알파**(alpha)라고 부른다. 어떤 자산이 SML 선상에 위치한다면 이는 그것이 갖는 체계적 위험(beta)에 상응하는 수익을 갖는 것이다. 어떤 자산(또는 포트폴리오)의 알파 값이 양(+)이라면 이는 그것의 체계적 위험의 크기(베타값)에 상응하는 수익보다 더 높은 수익을 얻었다는 것을 의미한다. 자산(또는 포트폴리오)의 알파값은 당연히 음(−)이 될 수 있으며, 이는 그것의 체계적 위험의 크기(베타값)에 상응하는 수익보다 더 낮은 수익을 얻었다는 것을 의미하는

알파(alpha): SML이 말해주는 체계적 위험의 크기에 상응하는 수익률과 실제 수익률 간의 차이

그림 13.4

증권시장선(Security Market Line: SML)

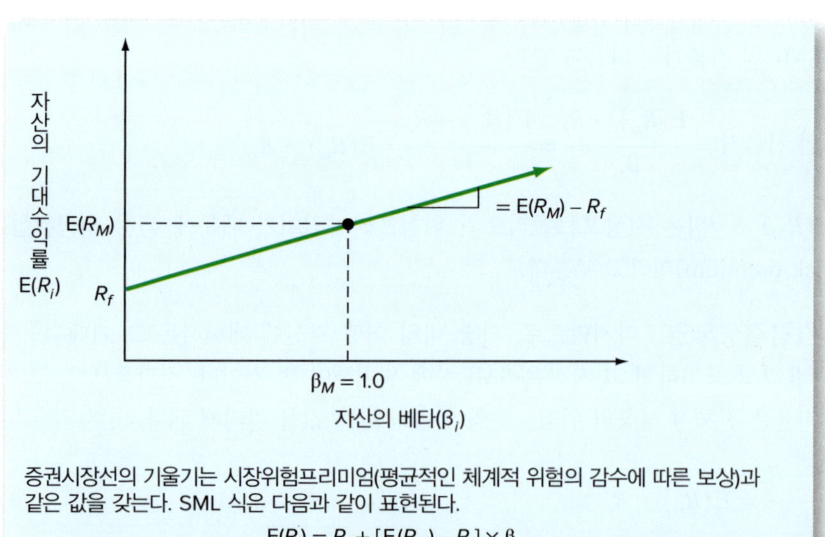

증권시장선의 기울기는 시장위험프리미엄(평균적인 체계적 위험의 감수에 따른 보상)과 같은 값을 갖는다. SML 식은 다음과 같이 표현된다.

$$E(R_i) = R_f + [E(R_M) - R_f] \times \beta_i$$

이것이 바로 자본자산가격결정모형(CAPM)이다.

것으로 바람직한 결과는 아니다.

이제 위험과 수익률의 상호교환관계(risk-return trade-off)에 대한 설명을 마치려고 한다. 참고로, 표 13.9는 지금까지 다룬 개념들을 순서대로 요약해주고 있다.

표 13.9
위험과 수익률의 요약

I. 총위험

투자의 총위험은 수익률의 분산, 더 일반적으로는 표준편차를 통해서 구해진다.

II. 총수익률

투자의 총수익률은 기대수익률과 기대하지 못한 수익률의 두 부분으로 나뉜다. 기대하지 못한 수익률은 예상하지 못한 사건들로부터 발생하는 것이다. 투자의 위험은 이 예상하지 못한 사건들이 발생할 가능성 때문에 발생하는 것이다.

III. 체계적 위험과 비체계적 위험

체계적 위험(시장위험이라고도 부름)은 시장 내의 모든 자산에게 어느 정도는 영향을 미치는 예상치 못한 사건이다. 비체계적인 위험은 하나의 자산 또는 소수의 자산에게 영향을 미치는 예상치 못한 사건이다. 비체계적 위험을 "특이 위험", "고유자산 위험"이라고도 부른다.

IV. 분산투자의 효과

분산투자를 통해서 위험한 투자의 위험 중 일부를 제거할 수 있다. 이는 개별자산에 특이한 비체계적 위험이 미치는 영향은 큰 포트폴리오 내에서는 사라지지만, 모든 자산에 어느 정도의 영향을 미치는 체계적 위험은 그렇지 않기 때문이다.

V. 체계적 위험의 원칙과 베타

분산투자를 통해서 비체계적 위험을 제거할 수 있기 때문에 "체계적 위험의 원칙"은 위험감수에 따른 보상은 체계적 위험에 의해서만 좌우된다고 말한다. 평균적 체계적 위험에 대해 특정 자산이 상대적으로 갖는 체계적 위험의 크기는 그 자산의 베타값에 의해 측정된다.

VI. 위험-수익 비율과 증권시장선

자산 i의 위험-수익 비율은 베타(β_i)에 대한 위험프리미엄, $E(R_i) - R_f$의 비율이다.

$$\frac{E(R_i) - R_f}{\beta_i}$$

제대로 작동하는 시장에서, 이 비율은 모든 자산에 대해서 동일한 값을 가진다. 결과적으로, 각 자산의 기대수익률을 각 자산의 베타와 연결시켜 점을 찍으면 모두 동일한 일직선 위에 위치하게 되는데, 이 직선을 증권시장선(SML)이라고 부른다.

VII. 자본자산가격결정모형

SML을 통해서, 자산 i의 기대수익률을 다음과 같이 쓸 수 있다.

$$E(R_i) = R_f + [E(R_M) - R_f] \times \beta_i$$

이것이 자본자산가격결정모형(CAPM)이다. 따라서 위험 있는 자산의 기대수익률은 세 가지 부분으로 나뉜다. 첫 번째는 화폐의 순수한 시간적 가치(Rf)이며, 두 번째는 시장의 위험프리미엄[$E(R_M) - R_f$], 세 번째는 자산의 베타(β_i)이다.

위험과 수익률 예제 13.8

무위험이자율이 4%이고, 시장의 위험프리미엄은 8.6%, 그리고 특정 주식의 베타가 1.3이라고 가정하자. CAPM을 통해서 이 자산의 기대수익률을 구하면 얼마인가? 베타를 2배로 증가시키면, 기대수익률은 얼마인가?

베타가 1.3이라면, 이 주식의 위험프리미엄은 1.3 × 8.6% = 11.18%이다. 무위험이자율이 4%이기 때문에, 기대수익률은 15.18%이다. 만약에 베타가 2배인 2.6이라면, 위험프리미엄은 22.36%로 2배가 증가할 것이고, 결과적으로 기대수익률은 26.36%일 것이다.

개념질문 _Concept Questions

13.7a 제대로 작동하고 있는 시장에서 위험과 수익률의 기본적인 관계는 무엇인가?
13.7b 증권시장선은 무엇인가? 제대로 작동하고 있는 시장에서 모든 자산이 이 선상에 위치하는 이유는 무엇인가?
13.7c 자본자산가격결정모형(CAPM)은 무엇인가? CAPM이 위험자산의 요구수익률에 대해서 말하고 있는 것은 무엇인가?

13.8 SML과 자본비용: 미리 살펴보기

위험과 수익률에 대해서 공부하는 목적은 두 가지로 나뉜다. 그 첫 번째는 위험은 거의 모든 사업분야에 걸쳐서 매우 중요하게 다뤄지는 것이기 때문에, 위험이란 무엇이고 시장 내에서 그에 따른 보상이 어떻게 이뤄지는지 설명하는 것이다. 두 번째는 미래현금흐름의 적절한 할인율을 결정짓는 것이 무엇인지 배우는 것이다. 여기서는 이 두 번째 부분에 대해 간단히 살펴보기로 하자. 이후의 장에서 이에 대해 더 자세히 다룰 것이다.

기본개념

증권시장선은 금융시장에서 위험을 감수함에 따라 받게 되는 보상을 보여주고 있다. 기업이 새로운 투자를 한다면, 그 투자는 최소한 금융시장이 같은 위험의 수준에서 보상하는 것 이상의 기대수익률을 가져야만 할 것이다. 이는 기업의 주주들이 언제라도 금융시장에서 비슷한 위험을 갖는 대안에 투자할 수 있기 때문이다.

주주들에게 혜택을 가져다줄 수 있는 유일한 방법은 같은 위험수준에서 금융시장이 보상하는 것보다 높은 기대수익률을 가진 투자안을 찾는 것이다. 그와 같은 투자안은 양(+)의 NPV값을 가질 것이다. 따라서 NPV를 구할 때 사용해야 하는 적절한 할인율이 무엇인지 묻는다면, 동일한 수준의 체계적 위험을 가진 투자안에 대해서 금융시장이 가져다주는 기대수익률이라고 답해야 할 것이다.

다시 말해 새로운 투자안의 NPV값이 양수인지 음수인지 결정짓기 위해서는 같은 베타값을 가진 투자안에 대해 금융시장이 제공하는 기대수익률과 새 투자안의 기대수익률을 비교해야 한다. 이러한 이유 때문에 금융시장에서 나타나는 위험감수에 따른 수익률을 보여주는 SML이 매우 중요한 것이다.

자본비용

자본비용(cost of capital): 새로운 투자에 대해 요구되는 최소수익률

새로운 투자안에 대한 적절한 할인율은 그 투자안이 제공해야 하는 최소한의 기대수익률이다. 이와 같은 최소한의 요구수익률을 투자안과 관련된 **자본비용**(cost of capital)이라고 부른다. 이렇게 부르는 이유는 이 요구수익률이 기업이 자본투자를 했을 때 본전을 거두기 위해서 벌어들여야 하는 수익률이기 때문이다. 이는 기업의 자본투자가 갖는 기회비용이라고 해석될 수 있다.

새로운 투자안이 동일한 위험수준을 지닌 투자안에 대해 금융시장이 제공하는 것보다 높은 기대수익률을 제공할 때, 그 투자안이 매력적인 투자안이 되는 것이라고 말하는 것은 9장에서

다룬 내부수익률(IRR) 기준이 말하고 있는 것이다. 이 장을 통해서 투자안의 요구수익률을 결정짓는 것에 대하여 더 확실한 개념을 갖게 되었기를 바란다. 이는 이 책의 제6부에서 다룰 자본비용과 자본구조를 이해하는 데 있어 매우 중요하다.

개념질문 _Concept Questions

13.8a 어떤 투자안이 양(+)의 NPV를 가진다면, 이는 SML의 윗부분에 위치하는가, 아랫부분에 위치하는가? 왜 그런가?

13.8b 자본비용이란 무엇을 의미하는가?

요약과 결론 13.9

이 장에서는 위험의 본질에 대해서 다루었으며, 그 과정에서 여러 정의와 개념을 소개했다. 그중에서 가장 중요한 것은 증권시장선(SML)이다. SML이 중요한 것은 위험감수에 대해 금융시장이 주는 보상을 알려주기 때문이다. 금융시장이 주는 보상의 크기를 안다면, 그것을 실물투자로부터 기대되는 수익률과 비교하여 실물투자의 타당성을 판단할 수 있다.

많은 내용을 설명했기 때문에 다음과 같이 SML의 밑바탕에 깔려 있는 기본적 경제논리를 요약하는 것이 도움이 될 것이다.

1. 자본시장의 역사를 뒤돌아보면, 위험의 감수에 따른 보상이 있었음을 알 수 있다. 이 보상이 자산의 위험프리미엄이다.
2. 한 자산이 가지는 전체적인 위험은 두 가지 부분으로 나뉘는데 바로 체계적 위험과 비체계적 위험이다. 비체계적 위험은 분산투자를 통해서 제거할 수 있기 때문에(분산투자의 원칙) 체계적 위험에 대해서만 보상이 따른다. 결과적으로, 자산의 위험프리미엄은 체계적 위험에 의해 결정된다. 이를 "체계적 위험의 원칙"이라고 한다.
3. 한 자산의 상대적인 체계적 위험은 베타계수 β_i를 통해서 측정할 수 있다. 한 자산의 위험프리미엄은 베타계수에 시장의 위험프리미엄을 곱한 것, 즉 $[E(R_M) - R_f] \times \beta_i$로 주어진다.
4. 자산의 기대수익률인 $E(R_i)$는 무위험이자율인 R_f에 위험프리미엄을 더한 값과 같다.

$$E(R_i) = R_f + [E(R_M) - R_f] \times \beta_i$$

이것이 SML등식이며, 자본자산가격결정모형(CAPM)이라고 부르기도 한다.

이 장에서는 위험과 수익률에 관한 설명을 마무리 짓는다. 이제 우리는 투자안에 대한 기업의 자본비용을 결정하는 것이 무엇인지에 대해 더 정확히 이해하게 됐다. 이후의 장들에서는 기업이 투자를 위한 장기자본을 어떻게 조달하는지에 대해 더 자세히 살펴볼 것이다.

복습과 자가진단

13.1 **기대수익률과 표준편차** 이 문제는 포트폴리오의 성과를 계산하는 연습문제이다. 다음과 같이 두 개의 자산과 세 가지의 경제상황이 있다고 가정하자.

경제상황	각 경제상황이 발생할 확률	경제상황에 따른 수익률	
		주식 A	주식 B
불황	0.20	−0.15	0.20
보통	0.50	0.20	0.30
호황	0.30	0.60	0.40

이 두 주식의 기대수익률과 표준편차는 각각 얼마인가?

13.2 **포트폴리오의 위험과 수익률** 앞의 문제에서 주어진 정보를 바탕으로, 당신에게 총 20,000$가 있다고 하자. 그중에 15,000$를 주식 A에 투자하고 나머지를 주식 B에 투자한다면, 이 포트폴리오의 기대수익률과 표준편차는 얼마인가?

13.3 **위험과 수익률** 다음과 같은 상황이 주어졌다고 하자.

주식	베타	기대수익률
Cooley사	1.8	22.00%
Moyer사	1.6	20.44%

무위험이자율이 7%라면, 위 주식들의 가격은 제대로 형성되어 있는 것인가? 주식가격이 제대로 형성되기 위해서는 무위험이자율이 얼마여야 하는가?

13.4 **CAPM** 무위험이자율이 8%라고 가정하자. 시장의 기대수익률은 16%이다. 특정 주식의 베타가 0.7이면, 이 주식의 기대수익률은 얼마인가? 다른 주식의 기대수익률이 24%이면, 그 주식의 베타는 얼마인가?

복습과 자가진단의 해답

13.1 기대수익률은 나타날 수 있는 각 수익률에 나타날 확률을 곱하여 더해주면 된다.

$$E(R_A) = (0.20 \times -0.15) + (0.50 \times 0.20) + (0.30 \times 0.60) = 0.25 = 25\%$$

$$E(R_B) = (0.20 \times 0.20) + (0.50 \times 0.30) + (0.30 \times 0.40\ ) = 0.31 = 31\%$$

수익률과 기대수익률 간의 편차를 제곱하여, 이 값들에 각각의 확률을 곱해주고 이들을 모두 더해주면 분산을 구할 수 있다.

$$\begin{aligned}\sigma^2{}_A &= 0.20 \times (-0.15 - 0.25)^2 + 0.50 \times (0.20 - 0.25)^2 + 0.30 \times (0.60 - 0.25)^2 \\ &= (0.20 \times -0.40^2) + (0.50 \times -0.05^2) + (0.30 \times 0.35^2) \\ &= (0.20 \times 0.16) + (0.50 \times 0.0025) + (0.30 \times 0.1225) \\ &= 0.0700\end{aligned}$$

$$\begin{aligned}\sigma^2{}_B &= 0.20 \times (0.20 - 0.31)^2 + 0.50 \times (0.30 - 0.31)^2 + 0.30 \times (0.40 - 0.31)^2 \\ &= (0.20 \times -0.11^2) + (0.50 \times -0.01^2) + (0.30 \times 0.09^2)\end{aligned}$$

$= (0.20 \times 0.0121) + (0.50 \times 0.0001) + (0.30 \times 0.0081)$

$= 0.0049$

그러므로 표준편차는 다음과 같다.

$\sigma_A = \sqrt{0.0700} = 0.2646 = 26.46\%$

$\sigma_B = \sqrt{0.0049} = 0.07 = 7\%$

13.2 포트폴리오 비중은 각각 $15,000/20,000 = 0.75, $5,000/20,000 = 0.25이다. 따라서 기대수익률은 다음과 같다.

$E(R_P) = 0.75 \times E(R_A) + 0.25 \times E(R_B)$

$= (0.75 \times 0.25) + (0.25 \times 0.31)$

$= 0.265 = 26.5\%$

다른 방법으로 각각의 경제상황에 대한 포트폴리오의 수익률을 구하면 다음과 같다.

경제상황	경제상황이 발생할 확률	경제상황에 따른 포트폴리오의 수익률
불황	0.20	$(0.75 \times -0.15) + (0.25 \times 0.20) = -0.0625$
보통	0.50	$(0.75 \times 0.20) + (0.25 \times 0.30) = 0.2250$
호황	0.30	$(0.75 \times 0.60) + (0.25 \times 0.40) = 0.5500$

포트폴리오의 기대수익률은 다음과 같다.

$E(R_P) = (0.20 \times -0.0625) + (0.50 \times 0.2250) + (0.30 \times 0.5500) = 0.265$, 또는 26.5%

이는 우리가 앞에서 구한 것과 같은 값이다.

포트폴리오의 분산은 다음과 같이 구할 수 있다.

$\sigma^2_P = 0.20 \times (-0.0625 - 0.265)^2 + 0.50 \times (0.225 - 0.265)^2$

$+ 0.30 \times (0.55 - 0.265)^2$

$= 0.0466$

따라서 표준편차는 $\sqrt{0.0466} = 0.2159 = 21.59\%$이다.

13.3 Cooley와 Moyer의 위험-수익 비율은 각각 (0.22 − 0.07)/1.8 = 0.0833 = 8.33%와 (0.2044 − 0.07)/1.6 = 0.084 = 8.4%이다. Cooley에 비하여 Moyer의 기대수익률이 상대적으로 높다. 따라서 그 가격은 상대적으로 낮은 것이다. 가격이 제대로 형성되었다면 둘의 위험-수익 비율은 동일해야 한다. 따라서 무위험이자율은 다음과 같은 조건을 만족해야 하는 것이다.

$(0.22 - R_f)/1.8 = (0.2044 - R_f)/1.6$

간단한 계산을 통해서, 무위험이자율이 8%의 값을 가져야 한다는 것을 알 수 있다.

$0.2\% - Rf = (0.2044 - R_f)(1.8 / 1.6)$

$0.22 - 0.2044 \times 1.125 = R_f - R_f \times 1.125$

$R_f = 0.08 = 8\%$

13.4 시장의 기대수익률이 16%이기 때문에 시장의 위험프리미엄은 0.16 − 0.08 = 0.08 = 8%이다. 첫

번째 주식의 베타는 0.7이기 때문에 기대수익률은 0.08 + 0.7 × 0.08 = 0.136 = 13.6%이다.

두 번째 주식의 경우에는 위험프리미엄이 0.24 − 0.08 = 16%의 값을 가진다. 이는 시장위험프리미엄의 두 배에 해당되는 값이기 때문에 베타는 정확히 2의 값을 가져야 한다. 이는 CAPM을 통해서도 확인할 수가 있다.

$$E(R_i) = R_f + [E(R_M) - R_f] \times \beta_i$$
$$0.24 = 0.08 + (0.16 - 0.08) \times \beta_i$$
$$\beta_i = 0.16/0.08$$
$$= 2.0$$

개념복습과 개념질문

1. **분산 가능한 위험과 분산 불가능한 위험 [LO3]** 넓은 의미에서, 위험 중 일부가 분산이 가능한 이유는 무엇인가? 가능하지 않은 이유는 무엇인가? 이는 투자자가 포트폴리오의 체계적 위험이 아닌, 비체계적 위험을 조정할 수 있다는 것을 의미하는가?
2. **정보와 시장수익률 [LO3]** 정부가 통계자료를 바탕으로 내년의 경제성장률이 작년의 5%보다 떨어진 2%를 기록할 것이라고 공식 발표했다. 그렇다면 이 발표 직후에 주가는 상승할 것인가, 하락할 것인가, 아니면 그대로 유지될 것인가? 시장이 2%라는 성장률을 예상했는지, 못했는지에 따라서 달라지는 점이 있을까? 설명해보라.
3. **체계적 위험과 비체계적 위험 [LO3]** 다음과 같은 사건들에 대해서 체계적인 것인지, 비체계적인 것인지 구분해보라. 이들의 구분이 명확하다고 말할 수 있는가?
   a. 단기이자율이 예상 밖으로 급격히 상승하였다.
   b. 은행들이 기업의 단기대출에 대한 이자율을 상승시켰다.
   c. 유가가 예상 밖으로 하락하였다.
   d. 석유저장고에 사고가 발생하여 대규모의 석유가 누출되었다.
   e. 한 제조업체가 수천 달러의 손해배상청구소송에서 패소하였다.
   f. 대법원이 제품의 손해배상에 대한 생산업체의 책임범위를 넓히는 판결을 내렸다.
4. **체계적 위험과 비체계적 위험 [LO3]** 다음과 같은 사건들이 전반적으로 모든 주식들의 가격을 변하게 하는지, 아니면 Big Widget Corp의 주식가격만 변하게 하는지 답하라.
   a. 정부가 지난달의 물가상승률이 예상치보다 2% 더 증가했다고 발표했다.
   b. 이번 분기에 Big Widget이 거둔 순이익이 애널리스트들의 예상과 맞아떨어졌다.
   c. 정부 보고에 따르면 작년의 경제성장률은 3%였고, 이는 대부분의 경제학자들이 예상한 것과 비슷한 결과였다.
   d. Big Widget의 고위간부들이 비행기 사고로 사망하였다.
   e. 국회는 세법개정을 통해 가장 높은 단계의 한계법인세율을 높이는 법안을 통과시켰다. 이는 지난 6개월간 계속 논쟁이 되어왔던 사항이다.
5. **포트폴리오의 기대수익률 [LO1]** 모든 자산에 투자한 포트폴리오가 있다고 하자. 이 포트폴리오의 기대수익률이 모든 자산들 각각의 기대수익률보다도 높겠는가? 낮겠는가? 이 두 질문 중, 한 가지에 또는 두 가지 모두에 대해 그럴 수 있다고 대답했다면 이를 뒷받침하는 예를 들어보라.
6. **분산투자 [LO2]** 다음의 문장이 옳은지 틀리는지 설명해보라. 분산이 잘된 포트폴리오의 기대수익률을 결정짓는 것 중에서 가장 중요한 것은 그것을 구성하는 개별자산들의 분산이다.

7. **포트폴리오의 위험 [LO2]** 모든 자산에 투자한 포트폴리오가 있다고 하자. 이 포트폴리오의 표준편차가 포트폴리오를 구성하는 모든 자산들 각각의 표준편차보다 낮을 수 있는가? 또 포트폴리오의 베타는 어떠한가?
8. **베타와 CAPM [LO4]** 위험자산으로 0의 베타를 갖는 포트폴리오를 만들 수 있는가? 설명해보라. CAPM을 바탕으로 이러한 자산의 기대수익률을 구하면 얼마인가? 위험자산이 음(−)의 베타를 가질 수 있는가? CAPM을 통해 이러한 자산의 기대수익률을 구하면 얼마인가? 당신이 답한 것에 대해 예를 들 수 있겠는가?
9. **알파(Alpha) [LO4]** 본문에서 SML에 대해 설명할 때 alpha에 대해서도 잠시 언급했다. Alpha는 무엇을 측정해주는가? 당신은 당신이 투자하려는 것이 어떤 alpha를 갖기를 원하는가?
10. **알파(Alpha) [LO4]** 미국 금융가(Wall Street)에서는 다음과 같은 충고의 영어 말이 들린다. "Keep your alpha high and your beta low." 왜 그런가?
11. **기업의 규모축소 [LO1]** 최근 몇 년간, 기업들의 대량해고에 따라 주가가 급격히 상승하는 것은 흔히 볼 수 있는 일이다. 비판가들은 이러한 것은 기업들이 오랫동안 일을 해온 직원들을 해고하도록 자극하고, Wall Street에서도 이를 부추긴다고 말한다. 이에 동의하는가, 동의하지 않는가?
12. **기업의 이윤과 주식의 수익률 [LO1]** 이 장에서 다룬 예들의 수치를 통해서도 볼 수 있듯이 기업들이 이윤에 관한 공식발표를 한 직후, 그에 따라 주가가 변동하는 경우가 많았다. 이 경우, 두 가지 측면에 대해 생각해볼 필요가 있다. 첫째, 이와 같은 공식발표들은 과거에 대한 것이라는 점이다. 시장이 기업들의 미래에 대한 기대를 바탕으로 주식가치를 매긴다면, 과거 성과를 요약한 수치들이 주가에 영향을 미치는 이유는 무엇일까? 둘째, 이와 같은 공식발표들은 회계적 이익에 대한 것이라는 점이다. 2장에서 배운 것과 같이 회계적 이익은 현금흐름과 관련이 적은데 그럼에도 불구하고 이것이 주가에 영향을 미치는 이유는 무엇일까?

연습문제

초급문제 (1-19)

1. **포트폴리오 비중 구하기 [LO1]** 주당 가격이 47$인 주식 A 145주, 주당 가격이 21$인 주식 B 200주로 구성된 포트폴리오에서 각 주식의 투자 비중은 각각 얼마인가?
2. **포트폴리오의 기대수익률 [LO1]** 주식 A에 4,450$, 주식 B에 9,680$ 투자되고 있는 포트폴리오가 있다고 하자. 이 주식들의 기대수익률이 각각 8%, 11%라면, 이 포트폴리오의 기대수익률은 얼마인가?
3. **포트폴리오의 기대수익률 [LO1]** 주식 X에 15%, 주식 Y에 35%, 주식 Z에 50%를 투자한 포트폴리오가 있다고 하자. 이 주식들의 수익률이 각각 9%, 15%, 12%라면, 이 포트폴리오의 기대수익률은 얼마인가?
4. **포트폴리오의 기대수익률 [LO1]** 10,000$를 주식으로 구성된 포트폴리오에 투자한다고 가정하자. 선택할 수 있는 주식은 기대수익률이 12.4%인 주식 X와, 기대수익률이 10.1%인 주식 Y이다. 포트폴리오의 기대수익률을 10.85%로 만드는 것이 목표라면, 주식 X에는 얼마의 돈을 투자해야 하는가? 주식 Y에는 얼마를 투자해야 하는가?
5. **기대수익률의 계산 [LO1]** 다음의 정보를 바탕으로, 기대수익률을 계산하라.

경제상황	각 경제상황이 발생할 확률	각 경제상황에 따른 수익률
불황	0.20	−0.13
호황	0.80	0.19

6. 기대수익률의 계산 [LO1] 다음의 정보를 바탕으로, 기대수익률을 계산하라.

경제상황	각 경제상황이 발생할 확률	각 경제상황에 따른 수익률
불황	0.10	−0.17
보통	0.60	0.08
호황	0.30	0.27

7. 수익률과 표준편차의 계산 [LO1] 다음의 정보를 바탕으로, 주식 A와 주식 B 각각의 기대수익률과 표준편차를 계산하라.

		경제상황에 따른 수익률	
경제상황	각 경제상황이 발생할 확률	주식 A	주식 B
불황	0.15	0.04	−0.17
보통	0.55	0.09	0.12
호황	0.30	0.17	0.27

8. 기대수익률의 계산 [LO1] 주식 G에 45%를, 주식 J에 40%를, 주식 K에 15%를 투자한 포트폴리오가 있다고 하자. 이 주식들의 기대수익률이 각각 11%, 9%, 15%라면, 이 포트폴리오의 기대수익률은 얼마인가? 이에 대한 답을 어떻게 해석할 수 있는가?

9. 수익률과 표준편차 [LO1] 다음의 정보를 가지고 답하라.

		경제상황에 따른 수익률		
경제상황	각 경제상황이 발생할 확률	주식 A	주식 B	주식 C
호황	0.75	0.07	0.18	0.27
불황	0.25	0.12	−0.08	−0.21

a. 이 세 주식을 동일한 비중으로 구성한 포트폴리오의 기대수익률은 얼마인가?

b. 주식 A와 주식 B에는 똑같이 20%를, 주식 C에는 60%를 투자한 포트폴리오의 분산은 얼마인가?

10. 수익률과 표준편차 [LO1] 다음의 정보를 가지고 답하라.

		경제상황에 따른 수익률		
경제상황	각 경제상황이 발생할 확률	주식 A	주식 B	주식 C
호황	0.15	0.35	0.40	0.28
양호	0.45	0.16	0.17	0.09
침체	0.30	−0.01	−0.03	−0.01
불황	0.10	−0.10	−0.12	−0.09

a. 당신의 포트폴리오가 주식 A와 주식 C에 똑같이 30%를, 주식 B에는 40%를 투자한다고 하자. 이 포트폴리오의 기대수익률은 얼마인가?

b. 이 포트폴리오의 분산은 얼마인가? 표준편차는 얼마인가?

11. 포트폴리오 베타의 계산 [LO4] 주식 Q에 15%, 주식 R에는 20%, 주식 S에는 30%, 주식 T에는 35%를 투자한 포트폴리오를 가지고 있다고 하자. 이 주식들의 베타는 각각 0.79, 1.23, 1.13, 1.36이다. 포트폴리오의 베타는 얼마인가?

12. **포트폴리오 베타의 계산** [LO4] 무위험자산과 두 개의 주식에 똑같이 3등분하여 투자한 포트폴리오가 있다고 하자. 한 주식의 베타가 1.34이고, 전체적인 포트폴리오의 위험이 시장위험과 동일할 때, 다른 한 주식의 베타는 얼마인가?

13. **CAPM의 적용** [LO4] 어떤 주식의 베타가 1.15이고, 시장의 기대수익률은 11.3%, 무위험이자율은 3.6%라고 하자. 이 주식의 기대수익률은 얼마여야 하는가?

14. **CAPM의 적용** [LO4] 어떤 주식의 기대수익률이 11.4%, 무위험이자율이 3.9%, 그리고 시장위험프리미엄이 6.8%라고 하자. 이 주식의 베타는 얼마여야 하는가?

15. **CAPM의 적용** [LO4] 어떤 주식의 기대수익률이 11.85%, 베타는 1.08, 그리고 무위험이자율이 3.9%라고 하자. 시장의 기대수익률은 얼마인가?

16. **CAPM의 적용** [LO4] 어떤 주식의 기대수익률이 10.45%, 베타는 0.85, 그리고 시장의 기대수익률이 11.8%라고 하자. 무위험이자율은 얼마여야 하는가?

17. **SML의 적용** [LO4] 자산 W의 기대수익률은 8.8%, 베타는 0.90이다. 무위험이자율이 2.6%라면, 자산 W와 무위험자산으로 구성된 여러 개의 포트폴리오들에 대한 다음의 표를 완성해보라. 기대수익률을 각각의 베타에 대해서 표시하여, 포트폴리오의 기대수익률과 베타가 갖는 관계를 나타내보라. 이를 통해 그려지는 직선의 기울기는 얼마인가?

포트폴리오에서 자산 W가 차지하는 비중(%)	포트폴리오의 기대수익률	포트폴리오의 베타
0%		
25		
50		
75		
100		
125		
150		

18. **위험-수익 비율** [LO4] 주식 Y의 베타는 1.2이고, 기대수익률은 11.5%이다. 주식 Z의 베타는 0.8이고, 기대수익률은 8.5%이다. 무위험이자율이 3.2%, 시장위험프리미엄이 6.8%라면, 이 주식들의 가격은 제대로 형성되어 있는 것인가?

19. **위험-수익 비율** [LO4] 문제 18에서 주식들의 가격이 제대로 형성되기 위해서는 무위험이자율이 얼마여야 하는가?

중급문제 (20-24)

20. **CAPM의 적용** [LO4] 어떤 주식의 기대수익률이 12.4%, 베타는 1.19라고 하자. 무위험자산의 수익률은 2.7%이다.

a. 이 두 자산에 똑같이 투자한 포트폴리오의 기대수익률은 얼마인가?

b. 이 두 자산으로 구성된 포트폴리오의 베타가 0.92라면, 포트폴리오 비중은 각각 얼마인가?

c. 이 두 자산으로 구성된 포트폴리오의 기대수익률이 10%라면 포트폴리오의 베타는 얼마인가?

d. 이 두 자산으로 구성된 포트폴리오의 베타가 2.38이라면 포트폴리오 비중은 각각 얼마인가? 이 경우에 각 자산에 대한 비중을 어떻게 해석할 수 있겠는가? 설명해보라.

21. **포트폴리오의 수익률** [LO2] 전 장에서 다룬 금융시장의 역사에 관한 정보를 바탕으로 대기업 주식과 장기 정부채권에 똑같이 투자한 포트폴리오의 수익률이 얼마인지 구해보라. 중소기업 주식과 미 재무부 단기채권에 똑같이 투자한 포트폴리오의 수익률은 얼마인가?

22. **CAPM** [LO4] CAPM을 이용해서 두 자산의 위험프리미엄이 가지는 상대적 비율이 그들의 베타가 가지는 상대적 비율과 같다는 것을 증명해보라.

23. **포트폴리오의 수익률과 편차 [LO2]** 세 가지 주식에 대한 다음의 정보를 가지고 답하라.

경제상황	각 경제상황이 발생할 확률	경제상황에 따른 수익률		
		주식 A	주식 B	주식 C
호황	0.25	0.13	0.29	0.60
보통	0.60	0.08	0.11	0.13
불황	0.15	0.02	−0.18	−0.45

a. 주식 A와 주식 B에는 똑같이 40%를, 주식 C에는 20%를 투자한 포트폴리오의 기대수익률은 얼마인가? 분산은 얼마인가? 표준편차는 얼마인가?

b. 미 재무부 단기채권의 기대수익률이 3.70%라면, 포트폴리오의 위험프리미엄의 기대값은 얼마인가?

c. 인플레이션율의 기대값이 3.30%라면, 포트폴리오 실질수익률의 대략의 값과 정확한 값은 각각 얼마인가? 포트폴리오의 실질위험프리미엄의 대략의 값과 정확한 값은 각각 얼마인가?

24. **포트폴리오의 분석 [LO2]** 시장과 동일한 위험을 갖는 포트폴리오를 만들고자 한다. 투자할 수 있는 돈은 1,000,000$이다. 주어진 정보를 바탕으로 표의 빈칸들을 채워라.

자산	투자액	베타
주식 A	$195,000	0.80
주식 B	$365,000	1.09
주식 C		1.23
무위험자산		

고급문제
(25-28)

25. **포트폴리오의 분석 [LO2, 4]** 주식 X와 주식 Y로 구성한 포트폴리오에 투자할 돈이 100,000$라고 하자. 목표는 기대수익률이 12.1%인 포트폴리오를 만드는 것이다. 주식 X의 기대수익률이 10.28%, 베타가 1.20이고, 주식 Y의 기대수익률이 7.52%, 베타가 0.80이다. 주식 Y에 얼마의 돈을 투자해야 하는가? 이에 대한 답을 어떻게 해석할 수 있는가? 이 포트폴리오의 베타값은 얼마인가?

26. **체계적 위험과 비체계적 위험 [LO3]** 위험주식 I과 주식 II에 대해서 다음과 같은 정보가 주어졌다.

경제상황	각 경제상황이 발생할 확률	각 경제상황에 따른 수익률	
		주식 I	주식 II
불황	0.15	0.05	−0.21
보통	0.70	0.18	0.10
초호황	0.15	0.07	0.39

시장위험프리미엄은 7%이고, 무위험이자율은 3.5%이다. 어느 주식의 체계적 위험이 제일 높은가? 어느 주식의 비체계적 위험이 제일 높은가? 둘 중에 어느 것이 더 위험하다고 말할 수 있는가? 설명해보라.

27. **SML [LO4]** 다음과 같은 상황이 주어졌다고 하자.

주식	베타	기대수익률
Pete사	1.25	0.108
Repete사	0.87	0.082

이 주식들의 가격이 제대로 형성되어 있다고 가정하면, CAPM을 바탕으로 시장의 기대수익률을 구하면 얼마인가? 무위험이자율은 얼마인가?

28. **SML** **[LO4]** 다음과 같은 상황이 주어졌다고 하자.

경제상황	각 경제상황이 발생할 확률	경제상황에 따른 수익률	
		주식 A	주식 B
불황	0.15	−0.08	−0.10
보통	0.60	0.11	0.09
호황	0.25	0.30	0.27

a. 각 주식의 기대수익률을 구하라.

b. 자본자산가격결정모형(CAPM)이 성립한다고 가정하고, 주식 A의 베타가 주식 B의 베타보다 0.35 크다면 기대 시장위험프리미엄은 얼마인가?

작은 사례

Colgate-Palmolive의 베타

Joey Moss는 재무전공으로 대학을 졸업하고 투자회사인 Covili and Wyatt에 취업했다. 창업자 중 한 사람인 Paul Covili는 Joey에게 회사의 투자 포트폴리오에 대해 이야기하고 있었다.

늘 그렇지만, Paul도 투자의 잠재적 수익률뿐만 아니라 위험에 대해 관심을 가졌다. 이 회사는 현재 Colgate-Palmolive (CL)의 주식에 투자하고 있다. Colgate-Palmolive는 Colgate, Palmolive, Softsoap, Irish Spring, Ajax 등 여러 브랜드의 소비자제품을 생산하고 있는 회사로 잘 알려져 있는 회사이다.

Covili and Wyatt는 현재 주식에 관한 정보를 판매하는 회사로부터 정보를 얻고 있다. 따라서 Paul은 정확히 어떻게 그러한 수치들이 계산되는지 모르고 있다. 정보공급회사는 베타(Beta)나 기타 정보를 계산하는 방법은 공개하지 않는다고 말했다. Paul은 그러한 수치들이 어떻게 계산되는지를 모르는 것에 대해 불편하게 생각하고 있으며, 또한 그러한 수치들을 자체적으로 계산할 수 있다면 비용도 줄일 수 있을 것으로 생각하고 있다. 따라서 Paul은 Joey에게 다음과 같은 과제를 주었다.

질문

1. finance.yahoo.com에 들어가서 지난 60개월간의 Colgate-Palmolive 주식의 매월 말 가격을 다운로드받아라. 가격으로는 배당과 주식분할이 반영된 조정 주식가격을 사용하라. 그런 다음, 같은 기간 동안의 S&P 500 지수의 매월 말 수치를 다운로드 받아라. 역사적 무위험이자율을 알기 위해서는 세인트루이스 연방준비위원회(St. Louis Federal Reserve)의 웹사이트인 www.stlouisfed.org에 들어가 3개월짜리 미 재무부 단기채권의 유통시장에서 나타나는 이자율을 찾아라. 이를 파일로 다운로드받아라. 이 기간 동안 나타난 Colgate-Palmolive 주식, 3개월짜리 미 재무부 단기채권(T-bill), S&P 500 지수의 월수익률들, 평균 월수익률, 표준편차는 얼마인가?
2. 베타는 직선회귀선으로 추정된다. 사용되는 회귀모형은 시장모형(market model)이라고 불리는 것으로 다음과 같다.

$$R_t - R_{ft} = \alpha_i + \beta_i [R_{Mt} - R_{ft}] + \varepsilon_t$$

이 회귀모형에서 R_t는 해당 주식에 대한 수익률, R_{ft}는 동일 기간의 무위험이자율, R_{Mt}는 S&P 500 지수와 같은 주식시장 지수의 수익률이다. α_i는 회귀선의 절편, β_i는 회귀선의 기울기(해당 주식의 추정 베타값), ε_t는 회귀잔차이다. 이 회귀모형은 어디에 근거한 것이라고 생각하는가? 절편 α는 종종 젠슨 알파(Jensen's alpha)라고 불린다. 이는 무엇을 측정하는 것인가? 어떤 투자자산이 양(+)의 젠슨 알파를 갖는다면 이는 SML 그래프로 볼 때 어디에 나타나겠는가? 잔차(residual)에 대한 재무적 해석은 무엇인가?

3. 지난 36개월간의 수익률을 갖고 시장모형을 사용하여 Colgate-Palmolive 주식의 베타를 추정해보라. (Excel을 사용하여 회귀분석을 해보는 것이 쉬운 방법 중 하나이다.) Colgate-Palmolive의 월수익률을 S&P 500 지수의 월수익률과 비교하여 그려보고, 그러한 점들을 가장 잘 나타낼 수 있는 직선을 그려

보라.

4. 어떤 주식의 베타값이 월수익률을 가지고 계산될 때 계산에 사용되는 월(月) 수에 대한 논쟁이 있다. 지난 60개월간의 월수익률을 사용한 결과는 36개월간의 자료를 사용한 경우의 결과와 어느 정도 다른가? 보다 단기적인 자료를 사용하는 것과 보다 장기적인 자료를 사용하는 것에 대한 주장들의 내용은 무엇인가? 당신은 가장 많이 사용하는 월별 자료를 사용했다. 그러나 일별, 주별, 분기별, 연별 자료를 사용할 수도 있다. 이러한 기간 선택에 있어서 문제가 되는 것은 무엇이라고 생각하는가?
5. 당신이 발견한 Colgate-Palmolive 주식의 베타값과 finance.yahoo.com에 나타나는 Colgate-Palmolive 주식의 베타값을 비교해보라. 서로 비슷한가? 왜 서로 다르게 나타날 수도 있는가?

14 자본비용
Cost of Capital

독일 기업인 BASF는 5대륙에 걸쳐 117,000명이 넘는 사원들이 근무하는 다국적 기업이다. 이 기업은 농업, 원유, 천연가스, 화학, 플라스틱 등 다양한 산업에서 활동하고 있다. BASF는 가치기반 경영(value-based management)을 하고 있는데 이것은 회사 내의 모든 기능을 포함하면서 모든 직원들이 기업가적 자세를 갖고 일하도록 독려하는 종합 플랜이다. 이 전략의 주요 재무적 요소는 회사의 가중평균자본비용(weighted average cost of capital: WACC)에 프리미엄(추가이익)을 더한 이익을 달성한다는 것이다. 그렇다면 WACC는 정확히 무엇을 말하는가?

WACC는 주주, 채권자, 우선주주를 포함하여 이 기업에 투자한 모든 이들을 만족시키기 위해 회사가 달성해야 하는 최소한의 수익률이다. 예를 들어, 2020년에 BASF는 자신의 WACC를 9%로 정했는데, 이것은 2018년과 2019년에 적용했던 10%에 비해서는 약간 낮은 수치이다. 이 장에서는 기업의 자본비용을 어떻게 계산하는지 살펴보고, 그것이 기업과 그 기업의 투자자들에게 무엇을 의미하는지에 대해 살펴본다. 또한 언제 기업의 자본비용을 사용하고, 아마 더 중요할 듯 싶은데, 언제 그것을 사용하지 않는지에 대해서도 살펴볼 것이다.

학습목표 _Learning Objectives

이 장을 공부한 후에는 다음과 같은 것들에 대해 알아야 한다.

- **LO1** 기업의 자기자본비용 결정
- **LO2** 기업의 부채비용 결정
- **LO3** 기업 전체 자본비용의 결정과 기업가치평가를 위해 그것을 사용하는 방법
- **LO4** 자본예산(capital budgeting) 프로젝트를 할 때 증권발행비용을 반영하는 방법
- **LO5** 기업 전체의 자본비용을 사용하는 경우의 함정과 그 해결 방법

대기업의 사장이 된 당신이 제품의 창고물류시스템을 개조하려는 계획안에 대해서 검토 중이라고 가정하자. 이 계획안의 총비용은 5,000만$이며, 앞으로 6년 동안 세후 1,200만$를 매년 절약해줄 것으로 기대하고 있다.

이와 같은 상황은 자본예산(capital budgeting)에서 흔히 볼 수 있는 것이다. 결정을 내리기 위해서는 먼저 관련된 미래 현금흐름이 얼마인지 추정하고 이를 할인해야 한다. 그런 다음, NPV를 구하여 NPV가 0보다 크면 그대로 투자안을 추진하고, 0보다 작으면 기각하는 것이다. 그렇다면 이 과정에서 할인율은 얼마로 정하는 것이 옳을까?

위험과 수익에 대해서 배웠던 것과 같이, 적절한 할인율은 창고물류시스템을 개조하려는 투

자안의 위험수준에 달려 있다. 특히, 어떤 투자안이 0보다 큰 NPV를 가지기 위해서는 그 투자안의 수익률이 금융시장에서 유사한 위험수준을 갖는 투자안이 거두는 수익률보다 높아야 한다. 이러한 최저요구수익률을 해당 투자안의 자본비용(cost of capital)이라고 부른다.[1]

따라서 올바른 결정을 내리기 위해서는 자본시장이 제공하는 유사한 투자안의 수익률이 어느 정도인지 알아야 한다. 그런 다음, 이를 바탕으로 해당 투자안의 자본비용을 구한다. 이와 같은 과정을 보다 확실히 이해하는 것이 이 장의 목표이다. 이에 대해서는 여러 가지의 접근방법이 있으며, 개념적인 측면과 현실적인 측면에서 살펴볼 것들이 많이 있다.

이 장에서 중요하게 다룰 개념은 가중평균자본비용(weighted average cost of capital: WACC)이다. 이는 기업이 지니는 전체적인 자본비용이며, 기업에 대한 요구수익률로도 해석할 수 있다. WACC를 설명하는 데 있어서 한 가지 잊지 말아야 할 점은 기업이 자본을 끌어 모으는 방법은 여러 가지이며, 각 방법마다 요구되는 비용이 다르다는 점이다.

또한 투자안에 대한 요구수익률을 계산할 때 세금을 잊어서는 안 된다. 왜냐하면 관심을 갖는 것은 해당 투자안이 세금을 내고 난 후에 현금흐름을 얼마나 발생시키는지이기 때문이다. 따라서 자본비용을 구할 때 세금을 어떻게 반영하는지에 대해서도 살펴볼 것이다.

14.1 자본비용: 사전 지식

13장에서는 증권시장선(SML)에 대해 설명하였고 이를 바탕으로 증권의 기대수익률과 체계적 위험(systematic risk) 간의 관계를 살펴봤다. 그때는 투자자의 입장에서 금융시장에 나타나는 다양한 위험자산을 어떻게 보아야 할 것인지에 초점을 맞추었다. 그에 따라 금융자산에 대한 투자자로서의 안목을 넓힐 수 있었다.

이 장에서 우리는 상황을 조금 돌려 놓고 문제의 반대편을 보다 상세히 들여다 볼 것인데, 이것은 증권을 발행하는 기업의 입장에서 수익과 증권을 어떻게 볼지에 초점을 맞추는 것이다. 한 가지 중요하게 인식해야 할 점은 증권에 투자하는 투자자의 수익이 기업의 입장에서는 비용이라는 점이다.

요구수익률과 자본비용

한 실물투자안의 요구수익률이 10%라면 이는 그 투자안의 수익률이 10%를 넘어야 그 투자안의 NPV가 0보다 크다는 것을 의미한다. 다르게 해석하면, 그 투자안의 수익률이 10%는 되어야 그 투자를 위해 자본을 빌려준 투자자들에게 보상을 할 수 있다는 말이다. 따라서 10%가 그 투자안의 자본비용(cost of capital)인 셈이다.

보다 자세히 설명하기 위해서 위험이 전혀 없는 어떤 투자안에 대해 평가한다고 하자. 이 경우에 요구수익률을 어떻게 구하는지는 명확하다. 자본시장에서 거래되고 있는 무위험(금융)자산에 대해 현재 주어지고 있는 수익률을 확인하면 된다. 그런 다음 그 무위험수익률을 할인율로 사용하여 해당 실물투자안의 추정현금흐름을 할인하면 된다. 따라서 위험이 전혀 없는 실물투자안의 자본비용은 금융시장에서 나타나는 무위험수익률이다.

만약 위험이 있는 투자안이라면 (다른 것들이 동일하다면) 요구수익률은 더 높아진다. 즉,

[1] 기준수익률(hurdle rate) 혹은 화폐비용(cost of money)이라고도 부른다.

위험이 있는 투자안의 자본비용은 무위험이자율보다 높으며, 따라서 투자안의 현금흐름을 할인하는 데 사용하는 적절한 할인율도 무위험이자율보다 높아야 한다.

요구수익률(required return), 적정 할인율(appropriate discount rate), 자본비용 등은 모두 동일한 의미를 갖는 용어들이다. 중요한 것은 투자안의 자본비용이 투자안의 위험수준에 따라 달라진다는 사실이다. 이는 기업재무에 있어서 가장 핵심적인 사항 중 하나이며 다음과 같이 표현할 수 있다.

자본비용은 자금의 원천(source of funds)에 의해서가 아니라 자금의 사용(use of funds)에 의해서 결정된다.

이러한 매우 중요한 점을 망각하고 많은 사람들은 한 투자안의 자본비용이 그 자본을 어디에서, 어떻게 조달했는지에 따라 달라진다고 잘못 생각하는 실수를 범하고 있다.

재무정책과 자본비용

기업의 자본구조(자기자본과 부채의 비율)는 또 다른 경영적 판단 변수(managerial variable)이다. 이 장에서는 기업의 재무정책을 주어진 것으로 간주한다. 더 정확히 말해, 기업의 자기자본-부채비율이 정해져 있다고 가정할 것이다. 이 비율은 기업이 목표로 하는 자본구조를 반영하고 있다. 기업이 자기자본-부채비율을 어떻게 결정하는지에 대해서는 다음 장에서 배울 것이다.

앞에서 설명한 바와 같이, 기업의 총자본비용은 기업의 총자산에 대한 요구수익률을 반영한다. 기업의 자본은 자기자본과 부채로 나뉘므로, 총자본비용은 채권자와 주주를 동시에 보상할 수 있는 수익인 셈이다. 다시 말해 기업의 총자본비용은 부채의 비용과 자기자본의 비용을 합쳐 놓은 것이다. 이제부터는 이 두 가지 비용을 구분해서 설명할 것이다.

개념질문 _Concept Questions

14.1a 투자안의 자본비용을 결정짓는 기본적인 것은 무엇인가?
14.1b 투자안의 요구수익률과 투자안의 자본비용 간의 관계는 무엇인가?

14.2 자기자본의 비용

자본비용에 대한 설명을 시작하면서 가장 어려운 질문부터 다루어보기로 한다. 기업의 전체 **자기자본 비용**(cost of equity)은 얼마인가? 이 질문이 어려운 이유는 자기자본에 투자한 투자자들이 얼마의 수익을 요구하는지 알 수 있는 직접적인 방법이 없기 때문이다. 결국 예측을 할 수 밖에 없는데, 이에 대한 접근방법으로는 배당성장모형(dividend growth model)과 증권시장선(security market line: SML)이 있다.

자기자본 비용(cost of equity): 기업의 자기자본에 투자한 투자자들, 즉 주주들이 요구하는 수익률

배당성장모형

자기자본의 비용을 예측할 수 있는 가장 쉬운 방법은 8장에서 배운 배당성장모형을 사용하는 것

이다. 기업의 배당금이 일정한 비율 g로 증가한다는 가정하에서 주가 P_0는 다음과 같이 구할 수 있다.

$$P_0 = \frac{D_0 \times (1+g)}{R_E - g} = \frac{D_1}{R_E - g}$$

D_0는 현재 지급된 배당금이며, D_1는 다음 기에 지급될 배당금이다. 여기서 R_E는 주식에 대한 요구수익률을 가리킨다.

8장에서 이미 설명한 것처럼 위의 식을 다시 정리하면 다음과 같이 R_E를 표시할 수 있다.

$$\boldsymbol{R_E = D_1/P_0 + g} \qquad \textbf{[14.1]}$$

R_E는 주주들이 주식에 대하여 요구하는 수익률이기 때문에 자기자본의 비용으로 해석할 수 있다.

배당성장모형의 적용 배당성장모형을 이용하여 R_E를 예측하기 위해서는 P_0, D_0, g에 대한 정보가 필요하다.[2] 시장에서 주식이 거래되고, 배당금을 지급하는 기업이라면 P_0와 D_0의 값을 알아내는 것은 어렵지 않다. 다만 g의 값은 주어져 있지 않기 때문에 얼마인지 예측해야 한다.

R_E를 어떻게 구하는지 설명하기 위해서 하나의 예를 들어보자. Greater States Public Service는 작년에 주당 4$의 배당금을 지급하였다. 주식의 현재가격은 60$이다. 배당금은 앞으로 매년 6%씩 증가할 것으로 기대된다. Greater States의 자기자본의 비용은 얼마인가?

배당성장모형을 이용하려면 먼저 내년에 배당금 D_1이 얼마인지 구해야 한다.

$$\begin{aligned} D_1 &= D_0 \times (1+g) \\ &= \$4 \times 1.06 \\ &= \$4.24 \end{aligned}$$

이를 바탕으로, 자기자본의 비용 R_E를 다음과 같이 구할 수 있다.

$$\begin{aligned} R_E &= D_1/P_0 + g \\ &= \$4.24/\$60 + 0.06 \\ &= 0.1307 = 13.07\% \end{aligned}$$

따라서 자기자본의 비용은 13.07%이다.

배당성장률(g)의 예측 배당성장모형을 이용하기 위해서는 배당금의 성장률 g의 값이 얼마인지 예측해야 한다. 이때 두 가지 방법이 있는데, 하나는 과거의 성장률을 바탕으로 예측하는 것이고, 다른 하나는 분석가들이 예측한 미래의 성장률을 이용하는 것이다. 분석가들이 예측하는 성장률에 대한 자료는 여러 곳에서 찾아볼 수 있다. 출처가 다르면 예측된 성장률도 다르기 때문에 이들을 모두 합쳐서 평균을 내는 것도 하나의 좋은 방법이다.

과거의 성장률을 이용하는 경우에는, 예를 들어 과거 5년간 배당금이 얼마였는지 조사한 다음, 1년마다 배당금이 얼마 증가했는지 구하여 이들을 평균 내면 g를 구할 수 있다. 예를 들어 한 기업에 대한 정보가 다음과 같이 주어졌다고 하자.

[2] D_0와 g의 값이 주어지면, D_1은 D_0에 $(1+g)$를 곱하여 구할 수 있다.

연도	배당금
2017	$1.10
2018	1.20
2019	1.35
2020	1.40
2021	1.55

성장률의 예측치는 **www.zacks.com**에서 찾아보라.

매년 배당금이 몇 퍼센트 변했는지는 다음과 같이 구할 수 있다.

연도	배당금	변화액	퍼센트 변화율
2017	$1.10	—	—
2018	1.20	$.10	9.09%
2019	1.35	0.15	12.50
2020	1.40	0.05	3.70
2021	1.55	0.15	10.71

매년 배당금의 변화액을 알아낸 후 그것을 퍼센트로 바꿔 주었다. 2018년의 경우에는 1.10$에서 1.20$로 배당금이 0.10$만큼 증가했는데 이는 $0.10/$1.10 = 0.0909 = 9.09%가 증가한 것이다.

이들의 평균을 구하면, (9.09 + 12.50 + 3.70 + 10.71)/4 = 9%가 되며, 우리는 이를 기대 성장률인 g의 예측치로 사용할 수 있다. 여기서 구한 9%의 성장률은 산술평균임을 주의해야 한다. 12장에서 배운 것과 같이, 기하평균도 구할 수 있다. 위의 예에서, 배당금은 4년 동안 1.10$에서 1.55$까지 증가하였다. 1.10$를 현재가치로 두고, 1.55$를 미래가치로 두면, 기하평균 성장률이 8.95%임을 어렵지 않게 구할 수 있다.

산술평균(9%)이 기하평균(8.95%)보다 크지만, 이 차이가 현실적으로 큰 문제가 될 가능성은 적다. 배당성장모형을 사용하는 경우에는 배당금의 변화가 그다지 크지 않다고 가정하기 때문에 일반적으로 배당금이 큰 폭으로 변하지 않는 경우에는 어느 것을 사용하느냐는 크게 상관이 없다.

배당성장모형의 장점과 단점 배당성장모형의 가장 큰 장점은 그 단순성에 있다. 이해하기 쉬울 뿐만 아니라 사용하기도 쉽다. 그러나 배당성장모형을 사용하는 데 있어서 몇 가지의 현실적인 문제와 단점도 있다.

첫 번째로 가장 중요한 것은, 이 모형이 배당금을 지급하는 기업에만 적용된다는 점이다. 이는 배당성장모형을 적용할 수 없는 경우가 많다는 말이다. 또한 배당금을 지급하는 기업이라도, 배당금이 일정한 비율로 증가한다는 가정이 뒷받침되어야 한다. 앞의 예를 통해서 볼 수 있듯이 항상 그런 것만은 아니다. 일반적으로 배당성장모형은 배당금이 꾸준하게 일정한 비율로 증가하는 기업에만 적용된다.

두 번째 문제는 자기자본 비용의 예측값이 성장률의 예측값에 매우 민감하다는 점이다. 예를 들어 주어진 주가의 성장률이 1% 증가하면 D_1도 그만큼 증가하기 때문에 결과적으로 자기자본의 비용은 실제로 1%보다 더 크게 증가하게 된다.

마지막으로, 배당성장모형은 위험을 명시적으로 반영하지 않는다. 투자안의 위험수준이 변했을 때, SML과 달리 배당성장모형은 이를 직접적으로 반영하지 않는다. 다시 말해 예측된 배당성장률의 불확실성에 대한 고려가 없다. 결과적으로, 이 모형에 의한 자기자본 비용의 예측값은 위험성에 상응한다고 말할 수 없는 것이다.[3]

SML 접근법

13장에서는 증권시장선, SML에 대해 설명했다. 그리고 다음과 같은 요인들에 의해서 위험이 있는 투자안의 요구수익률 또는 기대수익률이 달라진다는 것을 보았다.

1. 무위험이자율: R_f
2. 시장의 위험프리미엄: $E(R_M) - R_f$
3. 위험자산의 평균치에 대한 자산의 상대적 체계적 위험: 베타계수(β)

SML을 이용해서 기업의 자기자본에 대한 기대수익률, $E(R_E)$을 구하면 다음과 같다.

$$E(R_E) = R_f + \beta_E \times [E(R_M) - R_f]$$

여기서 β_E는 베타의 추정값이다. SML의 접근방법을 배당성장모형과 일관성 있게 나타내기 위해서 $E(R_E)$와 $E(R_M)$을 R_E와 R_M으로 표시하기로 한다. 따라서 SML로부터 구해지는 자기자본의 비용은 다음과 같이 표현될 수 있다.

$$\boldsymbol{R_E = R_f + \beta_E \times (R_M - R_f)} \quad [14.2]$$

베타(Beta)와 무위험이자율(T-bill 이자율)은 **www.bloomberg.com**에서 찾을 수 있다.

SML의 적용 SML을 적용하기 위해서는 무위험이자율(R_f)과 시장위험프리미엄 ($R_M - R_f$), 베타(β_E)에 대한 추정값이 필요하다. 12장에서 살펴보았듯이 대기업 주식에 대한 시장위험프리미엄은 약 7%였다. 그리고 지금 현재 미 재무부 단기채권이 지급하는 이자율이 약 0.40%인데, 이를 무위험이자율로 간주할 수 있다. 또한 상장기업들의 베타는 쉽게 찾을 수 있다.[4]

하나의 예를 살펴보자. 13장의 표 13.8에서 Walt Disney의 추정 베타값이 1.11인 것을 보았다(표 13.8). 따라서 이 회사의 자기자본의 비용을 다음과 같이 구할 수 있다.

$$\begin{aligned} R_{Walt\ Disney} &= R_f + \beta_{Walt\ Disney} \times (R_M - R_f) \\ &= 0.0153 + 1.11 \times 0.07 \\ &= 0.0930 = 9.30\% \end{aligned}$$

즉, SML을 이용하여 구한 Walt Disney의 자기자본의 비용은 약 9.30%이다.

SML 접근방법의 장점과 단점 SML 접근방법에는 두 가지 기본적인 장점이 있다. 첫째, 위험을 반영한다는 것이다. 둘째, 배당금이 꾸준히 증가하지 않는 기업에도 적용할 수 있다는 것이다. 따라서 보다 많은 기업에 적용할 수 있다.

[3]현재의 주가를 사용하기 때문에 위험을 묵시적으로는 고려하고 있다고 할 수 있다. 다른 것들이 동일하면 위험이 클수록 주식가격은 낮아진다. 또한 다른 것들이 동일하면 주식가격이 낮을수록 자기자본의 비용은 높아진다.

[4]베타계수는 과거의 자료를 바탕으로 구할 수도 있다. 보다 자세한 내용은 S.A. Ross, R.W. Westerfield, J. J.Jaffe, B. D. Jordan의 *Corporate Finance* 제12판(New York: McGraw-Hill, 2019)의 10장, 11장, 13장을 참조하기 바란다.

물론 단점이 없는 것은 아니다. SML 접근방법은 시장위험프리미엄과 베타계수에 대한 추정값을 필요로 한다. 정확한 추정값을 구하는 것이 사실상 불가능하므로, 자기자본의 비용도 100% 정확할 수가 없다. 앞의 예에서 7%의 시장위험프리미엄은 특정 주식포트폴리오가 지난 100년간 기록한 수익을 바탕으로 예측한 것이다. 그러나 투자기간이 달라지거나 투자종목이 달라지면 추정값도 변하기 마련이다.

마지막으로, 배당성장모형과 마찬가지로 SML을 이용하게 되면 미래를 예측하는 데 있어서 과거에 의존하게 된다. 그러나 경제상황은 언제라도 변할 수 있기 때문에 과거는 미래를 알려주는 좋은 길잡이가 되지 않을 수도 있다. 어떤 경우에는 배당성장모형과 SML을 똑같이 적용할 수 있고 그 결과도 비슷하게 나타난다. 그러한 경우에는 추정치에 대해 상당한 신뢰를 줄 수 있다. 또한 다른 유사한 기업에서 나타나는 결과와 비교해보는 것도 자기자본 비용의 적절성 여부를 다시 한 번 확인하는 방법일 수 있다.

자기자본의 비용 — 예제 14.1

Alpha Air Freight의 베타값이 1.2라고 가정하자. 시장의 위험프리미엄은 7%이고, 무위험이자율은 6%이다. Alpha는 작년 주당 2$의 배당금을 지급하였고, 앞으로 매년 8%씩 배당금이 영원히 증가할 것으로 예상된다. 주식의 현재가격은 30$이다. 그렇다면 Alpha의 자기자본의 비용은 얼마인가?

먼저, SML을 적용하여 Alpha의 보통주식에 대한 기대수익률을 다음과 같이 구할 수 있다.

$$\begin{aligned} R_E &= R_f + \beta_E \times (R_M - R_f) \\ &= 0.06 + 1.2 \times 0.07 \\ &= 0.144 = 14.4\% \end{aligned}$$

이는 Alpha의 자기자본의 비용이 14.4%라는 말이다. 다음으로 배당성장모형을 적용할 수 있다. 내년의 배당금은 $D_0 \times (1 + g) = \$2 \times 1.08 = 2.16\$$이다. 그러므로 기대수익률은 다음과 같이 구할 수 있다.

$$\begin{aligned} R_E &= D_1/P_0 + g \\ &= \$2.16/\$30 + 0.08 \\ &= 0.152 = 15.2\% \end{aligned}$$

두 추정치가 매우 비슷하다. 그러므로 둘의 평균인 약 14.8%가 Alpha의 자기자본의 비용이라고 볼 수 있을 것이다.

개념질문 _Concept Questions

14.2a 어떤 기업의 자기자본의 비용이 16%라고 말할 때, 이는 무슨 의미를 지니는가?
14.2b 자기자본의 비용을 구하는 두 가지의 접근방법은 무엇인가?

14.3 부채와 우선주의 비용

기업은 자기자본과 더불어 부채와 우선주를 통해서 투자안의 자금을 조달한다. 이들의 자본비용은 자기자본의 비용보다 쉽게 구할 수 있다.

부채의 비용

부채의 비용(cost of debt): 채권자들이 기업의 부채에 대해서 요구하는 수익

부채의 비용(cost of debt)은 기업의 채권자들이 자금의 대여에 대해 요구하는 수익이다. 원칙적으로는 기업의 부채에 대한 베타를 구하여 자기자본의 비용에서 했던 것과 같이 SML을 적용해서 부채의 비용을 추정할 수 있다. 그러나 굳이 그럴 필요가 없다.

자기자본의 비용과 달리, 부채의 비용은 직접 또는 간접적으로 관찰할 수 있다. 왜냐하면 부채의 비용은 기업이 새로운 차입에 대해서 지급하는 이자율인데, 이와 같은 이자율은 금융시장에서 관찰할 수 있기 때문이다. 예를 들어 한 기업이 채권을 발행했다면 그 채권의 만기수익률이 그 기업의 부채에 대한 시장의 요구수익률이다.

또한 기업이 이전에 발행한 채권의 등급이 예를 들어 "AA"라면, 새로 발행될 AA 등급 채권의 이자율이 얼마인지 쉽게 알 수 있다. 어느 경우이든, 우리는 알고자 하는 채권의 이자율을 관찰할 수 있기 때문에 구태여 부채의 베타값을 추정할 필요가 없다.

그러나 한 가지 조심해야 할 것은 기업이 이미 발행한 부채의 쿠폰율(표면이자율; coupon rate)을 사용해서는 안 된다는 것이다. 이는 현재의 부채의 비용이 아니라 채권이 발행되었던 당시의 과거 부채의 비용을 가리키기 때문이다.[5] 시장에서 거래되는 채권의 현재 이자율이 얼마인지 알아야 하는 것이다. 부채의 비용은 R_D로 표시하기로 한다.

예제 14.2 부채의 비용

General Tool Company가 8년 전에 만기가 30년이고 이자율이 7%인 채권을 발행했다고 하자. 이 채권은 현재 액면가의 96%인 960$에 팔리고 있다. General Tool의 부채의 비용은 얼마인가?

7장으로 돌아가서, 채권의 만기수익률이 얼마인지 알아야 한다. 채권이 할인되어 팔리고 있기 때문에 만기수익률이 7%보다 큰 것은 확실하지만, 할인율이 비교적 작아서 그 차이가 크지 않을 것이다. 이자가 매년 지급된다면, 만기수익률이 약 7.37%라는 것을 확인할 수 있을 것이다. 따라서 General Tool의 부채의 비용, R_D는 7.37%이다.

우선주의 비용

우선주의 비용(cost of preferred stock)을 구하는 것은 간단하다. 6장과 8장에서 설명한 것과 같이, 우선주의 경우 매년 정해진 배당금이 영구적으로 지급되기 때문에 영구연금(perpetuity)의 한 종류라고 할 수 있다. 따라서 우선주의 비용은 다음과 같이 구할 수 있다.

$$R_P = D/P_0 \qquad [14.3]$$

[5]과거의 차입에서 나타났던 부채비용은 때때로 체화(體化)된 부채비용(embedded cost of debt)이라고 부른다.

여기서 D는 매년 지급되는 배당금이며, P_0는 우선주의 현재가격이다. 우선주의 비용이 우선주의 배당금 수익률과 같다는 것을 살펴보기 바란다. 또한 우선주는 채권처럼 등급이 매겨지기 때문에 비슷한 등급을 가진 다른 우선주의 요구수익률을 통해서도 우선주의 비용을 알 수 있다.

Alabama Power사의 우선주의 비용 예제 14.3

2019년 12월 6일, Alabama Power사의 액면가 100$인 우선주 두 개가 뉴욕증권거래소에서 거래되고 있었다. 하나는 매년 주당 4.52$의 배당금을 지급하고 102.50$에 거래되었다. 나머지 하나는 매년 주당 4.92$의 배당금을 지급하고 104.70$에 거래되었다. Alabama Power의 우선주의 비용은 얼마인가?

첫 번째 우선주의 비용은 다음과 같이 구할 수 있다.

$$\begin{aligned} R_P &= D/P_0 \\ &= \$4.52/\$102.50 \\ &= 0.0441 = 4.41\% \end{aligned}$$

두 번째 우선주의 비용은 다음과 같이 구할 수 있다.

$$\begin{aligned} R_P &= D/P_0 \\ &= \$4.92/\$104.70 \\ &= 0.0470 = 4.70\% \end{aligned}$$

그러므로 Alabama Power의 우선주의 비용은 약 4.55%로 볼 수 있다.

개념질문 _Concept Questions

14.3a 기업의 부채의 비용으로 쿠폰의 이자율을 사용해서는 안 되는 이유가 무엇인가?
14.3b 부채의 비용은 어떻게 계산할 수 있는가?
14.3c 우선주의 비용은 어떻게 계산할 수 있는가?

가중평균자본비용 14.4

지금까지 기업이 사용하는 주요 자본조달원과 관련된 비용을 살펴보았는데, 이제는 이들의 특정 조합에 대해서 살펴볼 차례이다. 앞에서 언급한 것과 같이 이들의 특정 조합, 다시 말해 기업의 자본구조는 주어진 것으로 간주할 것이다. 또한 여기서는 부채와 자기자본에 초점을 맞출 것이다.

3장에서 재무분석가들이 장기부채와 자기자본을 합한 것인 총장기자본(total capitalization)에 초점을 맞추는 경우가 많다고 말한 바 있다. 이는 자본비용을 구하는 경우에는 특히 맞는 말이다. 다시 말해 단기부채는 자본비용을 구하는 과정에서 종종 무시된다. 앞으로의 설명에서는 총가치(total value; 총자산의 가치)와 총장기자본(total capitalization)을 구분하여 언급하지는 않을 것이다. 어느 경우이든 자본비용을 구하는 일반적 접근방법이 적용될 수 있다.

자본구조의 가중치

기업의 자기자본이 가지는 시장가치를 E (equity의 앞 글자를 따서)로 표기하기로 한다. 이는 발행주식 수에 주가를 곱해서 구할 수 있다. 또한 기업의 부채가 가지는 시장가치는 D (debt의 앞 글자를 따서)로 표기한다. 장기부채의 경우, 발행채권 수에 채권가격을 곱하여 구할 수 있다.

발행한 채권의 종류가 여러 개일 때는 각각의 시장가치를 모두 더해서 D를 구할 수 있다. 발행된 채권이 시장에서 거래되지 않는 경우가 있는데 (예를 들어 생명보험회사가 보유하고 있는 경우), 이러한 경우에는 시장에서 거래되고 있는 유사한 채권의 수익률을 찾아서 이를 할인율로 사용하여 거래되고 있지 않은 채권의 가치를 추정한다. 단기부채의 경우에는 장부가치(book value, accounting value)와 시장가치가 유사하므로 장부가치를 시장가치의 추정치로 사용할 수 있다.

마지막으로, 자기자본과 채권의 시장가치를 합친 것을 V (value의 앞 글자를 따서)로 표기한다.

$$V = E + D \tag{14.4}$$

양변을 V로 나누어주면, 총자본에 대한 자기자본과 부채의 비율을 계산할 수 있다.

$$100\% = E/V + D/V \tag{14.5}$$

이 비율을 포트폴리오 가중치(portfolio weight)로 해석할 수 있으며, 자본구조 가중치(capital structure weight)라고도 부른다.

한 예로, 기업 주식의 총시장가치가 200백만$이고, 기업 부채의 총시장가치가 50백만$라면 기업의 총가치는 250백만$이다. 이 가운데서 E/V = $200백만/$250백만 = 80%이므로, 기업의 자본 중 80%는 자기자본이고, 나머지 20%가 부채인 셈이다.

여기서 중요한 것은 자기자본과 부채의 시장가치를 사용해야 한다는 것이다. 비공개기업의 경우와 같이 특수한 상황에서는 자기자본과 부채에 대하여 믿을 만한 추정치를 구하기가 거의 불가능하다. 이 경우에는 자기자본과 부채의 장부가치를 사용할 수밖에 없지만 이는 어쩔 수 없는 선택일 뿐이다.

세금과 가중평균자본비용

이제 마지막으로 하나 더 살펴볼 것이 있다. 우리가 항상 기억해야 할 것은 세금을 지불한 후의 현금이라는 것이다. 따라서 그러한 현금흐름을 할인할 때 사용하는 할인율도 세후할인율이어야 한다.

앞에서 여러 번 언급한 것과 같이, 기업이 지불하는 이자는 비용으로서 세금혜택을 받는다. 그러나 주주에게 지급하는 배당금은 기업의 비용이 아니기 때문에 세금혜택을 받지 않는다. 이는 정부가 이자의 일부를 부담한다는 의미이다. 따라서 세후 할인율을 결정할 때 세전 부채의 비용과 세후 부채의 비용을 구별해야 한다.

산업에 따른 WACC에 대해 실제적인 감을 느끼려면, Aswath Damodaran 교수의 **pages.stern.nyu.edu/~adamodar/**을 방문하여 "cost of capital by sector"를 참조하라.

예를 들어 한 기업이 연 9%의 이자로 1백만$를 빌렸다고 가정하자. 이 기업의 세율은 21%이다. 이 차입금의 세후 이자율은 얼마인가? 기업은 연간 90,000$의 이자를 지불해야 한다. 이 자비용은 세금공제를 받기 때문에 90,000$의 이자는 기업이 내야 하는 세금을 $90,000 × 0.21 = 18,900$만큼 줄인다. 그러므로 세금공제 후의 이자는 $90,000 − $18,900 = 71,100$이다.

따라서 세후 이자율은 $71,100/$1백만 = 7.11%이다.

이 예에서 볼 수 있듯이, 세후 이자율은 세전 이자율에 1에서 세율을 빼준 값을 곱하여 구할 수 있다. 법인세율을 T로 표기하면, 세후 이자율은 $R_D \times (1 - T)$로 나타낼 수 있다. 이 예에서는 9% × (1 − 0.21) = 7.11%로 세후 이자율을 구할 수 있다.

2017년에 통과된 미국의 "감세 및 일자리법"은 상황에 따라 세금감면을 받을 수 있는 이자비용에 제한을 두고 있다. 그러나 우리는 모든 이자비용에 대해 세금이 감면된다고 가정하기로 한다. 자세한 내용에 대해서는 다음 장에서 살펴볼 것이다.

지금까지 이 장에서 배운 개념들을 모두 한데 묶으면, 자기자본의 비용과 세후 부채의 비용, 그리고 각각의 자본구조 가중치가 나온다. 기업의 전체적인 자본비용을 계산하기 위해서는 이 두 가지 비용에 각각의 자본구조 가중치를 곱해서 모두 더해주면 된다. 이를 **가중평균자본비용**(weighted average cost of capital: WACC)이라고 한다.

가중평균자본비용(weighted average cost of capital: WACC): 자기자본비용과 세후 부채비용의 가중평균

$$\mathbf{WACC} = (E/V) \times R_E + (D/V) \times R_D \times (1 - T_C) \qquad [14.6]$$

WACC가 갖는 의미는 간단하다. 이는 기업이 현재의 자산을 가지고 자기 주식의 가치를 유지하기 위해서 벌어들여야 하는 전반적인 수익률이다. 이는 또한 기업이 현재 하고 있는 사업과 기본적으로 동일한 위험을 갖는 모든 투자에 대해서 요구되는 요구수익률이기도 하다. 따라서 기존의 사업을 확장했을 때 발생하는 현금흐름을 평가하려고 할 때 사용해야 하는 할인율이 바로 이것이다.

기업의 자본구조에 우선주가 포함되면 WACC에 약간의 변화를 주어야 한다. P/V를 전체 자본에 대한 우선주의 가중치로 정의한다면, WACC는 다음과 같이 정리할 수 있다.

$$\mathbf{WACC} = (E/V) \times R_E + (P/V) \times R_P + (D/V) \times R_D \times (1 - T_C) \qquad [14.7]$$

여기서 R_P는 우선주의 비용이다.

WACC의 계산 — 예제 14.4

B.B. Lean Co.는 1.4백만 주의 주식을 발행하였다. 현재 주식의 가격은 주당 20$이다. 채권은 시장에서 거래되고 있으며, 가격은 액면가의 93%이다. 총액면가치는 500만$이며, 현재의 가격에서 나타나는 수익률은 11%이다. 무위험이자율은 8%이며, 시장위험프리미엄은 7%이다. B.B. Lean의 베타는 0.74로 예측하고 있다. 법인세율이 21%라면, B.B. Lean Co.의 WACC는 얼마인가?

먼저, 자기자본의 비용과 부채의 비용을 구해야 한다. SML을 통해서 자기자본의 비용을 구하면 8% + (0.74 × 7%) = 13.18%이다. 자기자본의 총시장가치는 1.4백만 × $20 = 28백만$이다. 세전 부채의 비용은 발행한 채권의 만기수익률인 11%이다. 채권이 액면가의 93%에 팔리고 있으므로, 총시장가치는 0.93 × $5백만 = 4.65백만$이다. 자기자본과 부채를 합친 총시장가치는 $28백만 + $4.65백만 = 32.65백만$이다.

이로부터 WACC를 쉽게 구할 수 있다. B.B. Lean의 전체 자본 중에서 자기자본이 차지하는 비중을 계산하면 $28백만/$32.65백만 = 85.76%가 나온다. 모든 비중을 더하면 1이므로, 부채의 비중은 1 − 0.8576 = 14.24%이다. 그러므로 WACC는 다음과 같이 구할 수 있다.

(계속)

$$WACC = (E/V) \times R_E + (D/V) \times R_D \times (1 - T)$$
$$= 0.8576 \times 0.1318 + 0.1424 \times 0.11 \times (1 - 0.21)$$
$$= 0.1254 = 12.54\%$$

따라서 B.B. Lean의 전체적 가중평균자본비용은 12.54%이다.

Eastman Chemical사의 WACC 계산하기

여기서는 Eastman Chemical Co.를 예로 하여 WACC를 구하는 방법에 대해 살펴보기로 한다. 이 회사는 Eastman Kodak에서 분리되어 1993년에 설립된 세계적인 화학산업 기업으로, 음료 수용 플라스틱 용기도 생산하고 있다. 우리는 온라인 상의 정보를 이용해서 WACC를 구하는 과정을 단계별로 설명할 것이다. 많은 정보가 필요하지만 대부분의 중요한 정보는 쉽게 구할 수 있게 되어 있다.

Eastman의 자기자본의 비용 먼저 finance.yahoo.com에 접속하여 Eastman의 주요 지표들을 찾아야 한다[Eastman의 티커(ticker)는 EMN이다]. 이를 다음의 두 표가 요약하고 있으며, 이는 2019년 말의 자료들이다.

Previous Close	75.69	Market Cap	10.584B
Open	76.83	Beta (3Y Monthly)	1.39
Bid	77.77 x 1100	PE Ratio (TTM)	14.15
Ask	77.78 x 1200	EPS (TTM)	5.50
Day's Range	76.46 - 78.00	Earnings Date	Jan 29, 2020 - Feb 3, 2020
52 Week Range	61.22 - 86.18	Forward Dividend & Yield	2.48 (3.28%)
Volume	775,433	Ex-Dividend Date	2019-09-13
Avg. Volume	1,073,303	1y Target Est	86.50

다음으로 우리는 "Key Statistics"에 들어가 다음과 같은 화면을 보게 되었다. 이 화면을 보면, Eastman은 1.3598억 주의 주식을 발행하고 있다. 주당 장부가치는 44.27$이지만, 주식은 77.83$에 거래되고 있었다. 총자기자본의 장부가액은 약 60.20억$였지만, 시장가치를 기준으로 했을 때에는 약 105.83억$에 가까웠다.

Balance Sheet	
Total Cash (mrq)	207M
Total Cash Per Share (mrq)	1.52
Total Debt (mrq)	6.41B
Total Debt/Equity (mrq)	105.07
Current Ratio (mrq)	1.65
Book Value Per Share (mrq)	44.27

Stock Price History	
Beta (3Y Monthly)	1.39
52-Week Change [3]	-0.05%
S&P500 52-Week Change [3]	15.63%
52 Week High [3]	86.18
52 Week Low [3]	61.22
50-Day Moving Average [3]	78.14
200-Day Moving Average [3]	73.32

Share Statistics	
Avg Vol (3 month) [3]	1.07M
Avg Vol (10 day) [3]	969.93k
Shares Outstanding [5]	135.98M
Float	135.27M
% Held by Insiders [1]	0.43%
% Held by Institutions [1]	85.56%
Shares Short (Nov 14, 2019) [4]	2.86M
Short Ratio (Nov 14, 2019) [4]	2.5
Short % of Float (Nov 14, 2019) [4]	2.31%
Short % of Shares Outstanding (Nov 14, 2019) [4]	2.11%
Shares Short (prior month Oct 14, 2019) [4]	1.48M

Eastman의 자기자본의 비용을 구하기 위해서, 시장위험프리미엄을 7%라고 가정한다(이는 12장에서 계산한 것과 유사하다). Yahoo!에서 찾은 Eastman의 베타는 1.39로, 이는 평균적인 주식의 베타보다 훨씬 높은 수치이다. 보다 확실히 하기 위해서 우리는 잘 알려진 Value Line Investment Survey에 들어가 확인해보았다. 이곳에서는 아주 높거나 아주 낮은 베타값을 적절히 조정한, 보다 적절한 베타값을 알려준다. 이곳에서 확인된 베타값은 1.25였다. Yahoo!에서 얻은 베타값이 너무 높아 보이므로 우리는 Value Line 베타값을 사용하기로 한다. finance.yahoo.com에 나와 있는 채권에 대한 정보에 따르면, T-bill은 약 1.53%의 이자율을 지급하고 있었다. CAPM을 이용하면 다음과 같이 Eastman의 자기자본의 비용을 추정할 수 있다.

$$R_E = 0.0153 + 1.25(0.07) = 0.1028 = 10.28\%$$

Eastman이 배당금을 지급한 기간이 몇 년밖에 안 되어 배당성장모형을 이용하기 위한 배당성장률을 계산하는 것은 문제가 있는 것 같았다. 그러나 finance.yahoo.com의 Analysts link에서 다음과 같이 분석가들이 추정한 값들을 찾을 수 있었다.

Growth Estimates	EMN
Current Qtr.	0.70%
Next Qtr.	5.60%
Current Year	-13.40%
Next Year	11.00%
Next 5 Years (per annum)	4.26%
Past 5 Years (per annum)	1.98%

분석가들은 앞으로 5년 동안 Eastman의 주당순이익(EPS)이 4.26% 증가할 것으로 예상하였다. 우리는 자기자본의 비용을 구하기 위해서 배당성장모형을 사용하며, 이때의 배당성장률로 이 증가율을 사용할 것이다. 이 수치는 배당성장률이 아니라 순이익증가율이라는 점을 인식하기 바란다. 순이익의 증가율과 배당의 성장률의 관계에 대해서는 뒷장에서 살펴볼 것이다. 배당성장모형을 사용하여 예측한 자기자본의 비용은 다음과 같다.

$$R_E = \frac{\$2.48(1 + 0.0426)}{\$77.83} + 0.0426 = 0.0758 = 7.58\%$$

앞서 두 가지의 방법을 통해서 구한 자기자본의 비용의 추정치는 서로 다르다. 이러한 경우는 흔히 나타난다. 두 가지의 방법을 뒷받침하는 가정들이 서로 다르므로 서로 다른 추정치가 나와도 그리 놀랄 만한 일이 아니다. 추정치들이 서로 다르면 두 가지 해결방안이 있다. 첫 번째는 어떤 것의 값이 너무 높거나 너무 낮은지를 살펴보고 이 중 하나의 값을 무시하는 것이다. 두 번째는 두 개의 평균치를 사용하는 것이다. Eastman의 경우, 10.28%와 7.58%의 추정치를 얻었는데 이는 그런대로 유사한 수치이다. 우리는 이 두 수치를 평균한 8.93%를 Eastman의 자기자본 비용으로 보기로 한다.

Eastman 부채의 비용 Eastman의 장기부채는 10가지의 장기채권으로 이루어져 있다. 부채의 비용을 구하기 위해서는 이들 10가지 채권을 한데 모아야 한다. 여기서는 가중평균을 계산할 것이다. 먼저 finra-market.morningstar.com/BondCenter/Default.jsp에 접속하여 이 채권들에 대한 수치들을 찾았다. 한 가지 유의해야 할 점은 기업의 모든 채권에 대한 만기수익률을 특정일 기준으로 찾기가 힘들다는 것이다. 채권시장은 주식시장만큼 유동적이지 못하기 때문에 어떤 채권이 시장에서 거래되지 않는 날도 많다. 채권의 장부가치를 알기 위해서 www.sec.gov에 접속하여 2019년 9월 30일자로 되어 있으나 2019년 11월 1일 SEC에 등록된 "10-Q 보고서"를 찾았다. 다음은 이 채권들에 대한 기본 정보들이다.

부채의 가중평균비용을 계산하기 위해서는 총부채에 대한 각 채권의 비중에 각각의 만기수익률을 곱해야 한다. 이들을 모두 더해주면 부채의 평균비용을 구할 수 있다. 우리는 비교를 위해서 장부가치와 시장가치를 둘 다 사용했다. 계산한 결과는 다음의 표와 같다.

쿠폰이자율	만기일	장부가 (액면가, 백만)	가격 (액면의 %)	만기수익률
4.50%	2021	$ 185	102.045	2.062%
3.50	2021	298	102.611	2.144
3.60	2022	740	103.358	2.174
7.25	2024	198	118.456	2.533
7.625	2024	43	118.166	3.264
3.80	2025	696	105.222	2.680
7.60	2027	539	128.793	3.105
4.50	2028	195	111.345	3.012
4.80	2042	492	109.218	4.160
4.65	2044	493	107.884	4.133
		$3,879		

쿠폰 이자율	장부가 (액면가, 백만)	비중 %	시장가 (백만)	비중 %	만기 수익률	장부가	시장가
4.50%	$ 185	0.05	$ 188.78	0.04	2.062%	0.10%	0.09%
3.50	298	0.08	305.78	0.07	2.144	0.16	0.15
3.60	740	0.19	764.85	0.18	2.174	0.41	0.39
7.25	198	0.05	234.54	0.06	2.533	0.13	0.14
7.625	43	0.01	50.81	0.01	3.264	0.04	0.04
3.80	696	0.18	732.35	0.17	2.680	0.48	0.46
7.60	539	0.14	694.19	0.16	3.105	0.43	0.51
4.50	195	0.05	217.12	0.05	3.012	0.15	0.15
4.80	492	0.13	537.35	0.13	4.160	0.53	0.53
4.65	493	0.13	531.87	0.12	4.133	0.53	0.52
	$3,879	1.00	$4,257.65	1.00		2.96%	2.98%

위의 표에서도 볼 수 있듯이, Eastman의 부채의 비용은 장부가치를 기준으로 할 때는 2.96%, 시장가치를 기준으로 할 때는 2.98%이다. 따라서 Eastman의 경우에는 장부가치와 시장가치를 두고 어느 것을 고를지 고민할 필요가 없다. 이는 장부가치와 시장가치가 서로 비슷하기 때문이다. 보통 이러한 경우가 자주 있기 때문에 기업들은 부채의 비용을 구할 때 장부가치를 자주 사용한다. 한편, Eastman의 경우에 우선주를 발행하지 않고 있기 때문에 우선주의 비용은 계산할 필요가 없다.

Eastman의 WACC 이제 Eastman의 WACC를 계산하는 데 필요한 값들을 모두 얻은 셈이다. 먼저, 자본구조 가중치를 계산해야 한다. 장부가치를 기준으로 할 때 Eastman의 자기자본과 부채는 각각 38.79억$와 60.20억$의 가치를 지닌다. 총가치가 98.99억$이므로, 각각의 비중은 $38.79억/$98.99억 = 0.39와 $60.20억/$98.99억 = 0.61이다. 세율이 21%라고 한다면, Eastman의 WACC는 다음과 같이 구할 수 있다.

$$\text{WACC} = 0.61 \times 0.0893 + 0.39 \times .0296 \times (1 - 0.21) = 0.0635 = 6.35\%$$

따라서 장부가치를 사용해서 구한 자본구조 비중을 갖고 계산한 Eastman의 WACC는 약 6.35%이다.

그러나 시장가치를 사용해서 구한 자본구조 비중을 이용하면 WACC는 이보다 높게 나타난다. 시장가치를 기준으로 할 때, 자기자본과 부채의 가치는 각각 105.83억$, 42.58억$이다. 따라서 자본구조 비중은 각각 $105.83억/$148.41억 = 0.71과 $42.58억/$148.41억 = 0.29로 자기자본의 비중이 크게 높아졌다. 이를 바탕으로 Eastman의 WACC를 계산하면 다음과 같다.

$$\text{WACC} = 0.71 \times 0.0893 + 0.29 \times 0.0298 \times (1 - 0.21) = 0.0704 = 7.04\%$$

결국 시장가치에 의한 자본구조 비중을 사용했을 때의 Eastman의 WACC는 약 7.04%이다. 이는 장부가치를 사용하여 구한 6.35%의 WACC보다 상당히 높다.

이 예에서도 볼 수 있듯이, 장부가치를 사용하면(특히 자기자본의 경우에 장부가치를 사용하면) 문제가 발생할 수 있다. 3장에서 배운 시장가치 대 장부가치 비율(market-to-book ratio: M/B ratio)을 생각해보자. 일반적으로 이 비율은 1보다 훨씬 크다. Eastman의 경우에는 비율이 약 1.76이기 때문에 주식의 장부가치를 사용하면 부채의 비중을 상대적으로 과대평가하는 결과가 된다. 따라서 시장에서 주식이 거래되지 않는 기업의 WACC를 계산하는 경우에는 주식이 거래되고 있는 기업들의 M/B비율을 찾아서, 그것을 기준으로 해당 기업의 장부가치를 조정할 수 있을 것이다. 이러한 조정을 해주지 않으면 여기서 보는 것처럼 WACC를 너무 과소평가하는 실수를 하게 된다.

창고물류시스템 개조 및 그와 유사한 자본예산 문제들

이제 우리는 WACC를 이용하여 이 장의 첫 머리에서 언급한 창고물류시스템 개조라는 투자안에 대해 평가할 수 있다. 그러나 현금흐름을 WACC로 할인하여 투자안의 NPV를 구하기 전에 몇 가지 확실히 해둘 것이 있다.

먼저 금융시장에서 창고물류시스템 개조와 견줄 만한 다른 투자안을 찾아야 한다. 즉, 창고물류시스템 개조와 위험수준이 같은 투자안을 찾아야 하는 것이다. 같은 위험을 지닌 투자안들을 보고 위험등급(risk class)이 같다고 말하기도 한다.

WACC는 기업의 자산이 갖고 있는 위험과 목표 자본구조를 전체적으로 반영하는 것이다. 따라서 엄격히 말하면 새로운 투자안이 그 기업의 기존 생산활동과 같은 선상에 있어야만 WACC를 할인율로 쓸 수 있다.

보다 넓은 의미에서, WACC의 사용여부는 창고물류시스템 개조 투자안이 그 기업 전체와 같은 위험등급을 가지느냐에 달려 있다. 우리는 이 투자안을 이 기업의 전반적 사업 중 한 부분이라고 가정하기로 한다. 이와 같은 경우에 비용의 절감은 기업의 전체 현금흐름과 같은 수준의 위험을 가지며, 결과적으로 투자안은 전체 기업과 같은 위험등급을 가지게 된다. 창고개조와 같은 투자안은 기업의 실제적인 생산활동과 연관성이 깊으므로 위험등급이 전체 기업과 같다고 볼 수 있다.

이제 투자안을 평가할 차례이다. 기업이 1/3의 자기자본-부채비율을 목표로 한다고 가정하자. 3장에서 보듯이, D/E = 1/3의 자기자본-부채비율은 E/V와 D/V가 각각 0.75, 0.25임을 의미한다. 부채의 비용은 10%이고, 자기자본의 비용은 20%이다. 세율이 21%라면, WACC는 다음과 같이 계산된다.

$$\begin{aligned}\text{WACC} &= (E/V) \times R_E + (D/V) \times R_D \times (1 - T)\\ &= 0.75 \times 0.20 + 0.25 \times 0.10 \times (1 - 0.21)\\ &= 0.1698 = 16.98\%\end{aligned}$$

창고 투자안의 초기비용은 50백만$이고, 앞으로 6년 동안 매년 12백만$의 세후 현금흐름(비용절감)이 발생할 것이다. 그러므로 NPV는 다음과 같다.

$$\text{NPV} = -\$50 + \frac{12}{(1 + \text{WACC})^1} + \cdots + \frac{12}{(1 + \text{WACC})^6}$$

현금흐름은 일반연금의 형태를 가지므로 16.98%의 WACC를 할인율로 사용하여 다음과 같이 NPV를 구할 수 있다.

$$\begin{aligned}\text{NPV} &= -\$50 + 12 \times \frac{1 - [1/(1 + 0.1698)^6]}{0.1698}\\ &= -\$50 + 12 \times 3.5915\\ &= -\$6.90\end{aligned}$$

이 기업은 이 창고 투자안을 받아들여야 할까? WACC를 이용해서 구한 투자안의 NPV는 0보다 작다. 이는 금융시장이 이와 같은 위험을 가지면서도 보다 큰 수익을 주는 투자안(즉, 이 기업 자체)을 갖고 있다는 것을 의미한다. 그러므로 창고의 투자안을 기각하는 것이 옳은 판단이다. 앞으로의 참고를 위하여 표 14.1은 WACC에 대한 지금까지의 논의를 요약해주고 있다.

표 14.1
자본비용계산의 요약

I. 자기자본비용, R_E

A. 배당성장모형접근법(8장으로부터):

$R_E = D_1/P_0 + g$

여기서 D_1은 1기의 기대배당금이고, g는 배당금성장률, P_0는 현재의 주가

B. SML 접근법(13장으로부터):

$R_E = R_f + \beta_E \times (R_M - R_f)$

여기서 R_f는 무위험이자율, R_M는 시장전체의 기대수익률, β_E는 자기자본의 체계적 위험

II. 부채의 비용, R_D

A. 상장된 부채(회사채)를 가진 기업의 경우, 부채의 비용은 부채의 만기수익률로 측정될 수 있다. 쿠폰이자율은 상관이 없다. 만기수익률은 7장에서 다루었다.

B. 만약 상장된 부채가 없다면, 부채의 비용은 유사등급 채권의 만기수익률로 측정할 수 있다(채권의 등급은 7장에서 논하였다).

III. 가중평균자본비용, WACC

A. 기업의 WACC는 기업전체에 대한 전체적 요구수익률이다. 이것은 전 기업의 위험과 유사한 현금흐름의 할인율로서 적당하다.

B. WACC은 다음과 같이 계산된다.

$\text{WACC} = (E/V) \times R_E + (D/V) \times R_D \times (1 - T)$

여기서 T는 기업소득세율, E는 기업 자기자본의 시장가치, D는 기업부채의 시장가치, $V = E + D$. E/V는 기업이 자기자본으로 자본조달하는(시장가치 기준) 비중, D/V는 부채의 비중.

예제 14.5 WACC의 적용

한 기업이 첫 해에 세후 5백만$의 현금절약을 가져다주는 투자안을 놓고 고민 중이다. 비용 절감액은 매년 5%씩 증가할 것이다. 이 기업의 자기자본-부채비율은 0.5, 자기자본의 비용은 29.2%, 부채의 비용은 10%이다. 이 투자안은 이 기업의 핵심사업과 관련성이 깊은 것으로, 이 기업 전체의 위험과 비슷한 수준의 위험을 지닌다. 이 기업은 이 투자안을 받아들여야 할까?

21%의 세율을 가정할 때, 이 기업은 이 투자안의 비용이 30백만$보다 적게 든다면, 이 투자안을 선택해야 한다. 이를 살펴보기 위해 우선 PV를 구하면 다음과 같다.

$$\text{PV} = \frac{\$5\text{백만}}{\text{WACC} - 0.05}$$

이는 6장에서 살펴본 성장영구연금(growing perpetuity)의 한 예다. WACC는 다음과 같이 계산된다.

$$\begin{aligned}\text{WACC} &= (E/V) \times R_E + (D/V) \times R_D \times (1 - T)\\ &= 2/3 \times 0.292 + 1/3 \times 0.10 \times (1 - 0.21)\\ &= 0.2210 = 22.10\%\end{aligned}$$

그러므로 PV는 다음과 같다.

$$\text{PV} = \frac{\$5\text{백만}}{0.2210 - 0.05} = \$29.2\text{백만}$$

투자안의 비용이 29.2백만$보다 작아야 NPV가 양(+)의 값을 가진다.

기업성과의 평가: WACC의 다른 용도

EVA에 대해 더 알아보려면 **www.sternstewart.com**을 참조하라.

WACC는 기업성과를 평가하는 데도 사용된다. 기업성과를 평가하는 데 가장 많이 사용되는 개념은 Stern Stewart and Co.가 개발한 경제적 부가가치(economic value added: EVA)일 것이다. 실제로 AT&T, Coca-Cola, Quaker Oats, Briggs & Stratton과 같은 많은 기업들이 성과를 평가하기 위해서 EVA를 활용하고 있다. 이 장 서두에서 우리가 논의한 BASF의 가치기준경영도 사실 EVA 접근법의 하나이다. 이 외에도 시장부가가치(market value added: MVA), 주주부가가치(shareholder value added: SVA)가 유용하게 쓰인다.

세세한 부분은 다를지라도 WACC를 활용한 EVA, MVA, SVA의 개념들은 동일하다. 예를 들어 다음과 같다. 한 기업이 1억$의 자본(자기자본과 부채)을 가지고 있고, WACC는 12%라고 가정하자. 이 둘을 곱하면 1,200만$이다. 2장에서 설명한 것과 같이, 만약 자산으로부터의 현금흐름(cash flow from assets)이 1,200만$를 넘지 못하면 전체적으로 볼 때 가치가 파괴되고 있는 것이고, 만약 자산으로부터의 현금흐름이 1,200만$를 넘으면 가치가 창조되고 있다는 것이다.

WACC를 활용하여 기업의 성과를 평가하는 이러한 평가방법들을 사용할 때는 어느 정도의 문제점이 발생하기도 한다. 예를 들어 많은 기업들이 자본비용을 계산할 때 부채와 자기자본의 장부가격을 사용하고 있는 문제점이 있기는 하지만, 가치창조에 초점을 맞추어 WACC에 기초한 가치평가는 근로자와 경영진이 궁극적으로 살펴보아야 할 것(즉, 주식가격의 상승)에 신경을 쓰도록 만들고 있다.

개념질문 _Concept Questions

14.4a WACC는 어떻게 계산하는가?
14.4b WACC를 계산할 때 부채의 비용에 $(1 - T)$를 곱하는 이유는 무엇인가?
14.4c NPV를 구할 때 WACC를 사용할 수 있는 조건은 무엇인가?

IN THEIR OWN WORDS ...

Bennett Stewart의 EVA

기업의 가중평균자본비용(WACC)은 투자안의 가치를 평가하는 데 사용되는 할인율로 사용되는 것 외에도 매우 중요한 의미를 갖고 있는데, 예를 들어 기업의 진정한 경제적 이윤, 다시 말해 경제적 부가가치(economic value added: EVA)를 측정하는 데 있어서 WACC는 핵심요소이다. 회계원칙에 따르면 기업이 사용하는 부채에 대해 지불하는 이자비용은 기업의 이익을 계산할 때 비용으로 간주되어 차감된다. 그러나 아이러니하게도 회계원칙은 기업이 주주의 자금을 사용하는 것에 대한 비용은 비용으로 간주하여 차감하지 못하도록 하고 있다. 경제적 관점에서 볼 때, 자기자본 형태로 자본을 조달하는 데는 매우 비싼 금융비용이 발생한다. 그 이유는 주주들은 다른 모든 이해관계자(stakeholder)와 투자자들에 대한 지불이 끝난 후에 제일 마지막으로 자신에 대한 지불을 받는 위험을 감수하기 때문이다. 하지만 회계사들이 볼 때는 주주가 제공하는 기업의 자기자본은 비용이 들지 않는 공짜이다.

이런 큰 실수는 심각한 결과들을 발생시키고 있으며 그중 하나가 회계사들이 맞다고 인증해주는 회계장부상의 이익을 순현가에 근거한 의사결정 원칙과는 일치하지 않는 개념으로 만들어버린 것이다. 예를 들어 경영진은 세후 부채의 비용보다는 높지만 전체 자본의 비용보다는 낮은 수익을 발생시키는 투자안에 투자하는 간단한 방법으로 실제로 주주들에게 피해를 주면서도 회계장부에 보고되는 순이익과 주당순이익은 부풀릴 수 있다. 대부분의 경우, 세후 부채의 비용은 상대적으로 미미하며 기껏해야 2~3% 정도이다. 실제로 EPS(주당순이익)가 경영진이 3피트 허들을 뛰어넘도록 요구하는 것이라면, 경영진은 자기자본의 비용을 포함한 10피트 허들을 뛰어넘어야 주주들을 만족시킬 수 있는 것이다. 회계적 이익이 똑똑한 경영자들로 하여금 바보 같은 행동을 하도록 만드는 것을 보여주는 극명한 예가 Enron의 경우이다. 이 회사의 전 최고경영진이었던 Ken Lay와 Jeff Skilling은 이 회사의 2000년도 연간보고서에서 자신들이 “주당순이익(EPS)에 큰 관심을 두고 거기에 초점을 맞추었다”라고 당당하게 말했고 실제로 그들은 그렇게 했다. 중역들에 대한 보너스는 장부상에 이익이 나타난 것을 근거로 흥청망청 주어졌고, 새로운 투자로부터 실제로 상당한 현금유입이 발생하지 않아도 새로운 투자를 위한 거래를 계약만 한 것에 대해서 투자안의 개발자들에게 보너스가 주어졌다. 그에 따라 모든 자본비용을 차감한 후에 측정되는 경제적 이윤인 EVA가 이 회사가 망할 때까지 (크게 잘못된 자본배분과 신경제투자안으로 인해) 계속 수직으로 하락하고 있는 와중에도 Enron의 EPS는 상승하고 있었다. 간단히 말해, EVA가 진정한 이익인 경제적 이익(이윤)을 측정해준다는 것이다. 순현가는 경제적 이윤을 구하는 것이며, 경제적 이윤의 극대화가 모든 기업에 가장 중요한 재무적 목표인 것이다. EPS가 여전히 많이 사용되고 있지만 이는 주주의 부를 극대화하거나, 의사결정에 필요한 적절한 신호를 경영진에게 보내는 것과는 전혀 관련을 갖지 않는 회계상의 하나의 고안된 수치일 뿐이다.

1990년대 초를 출발점으로 하여 미국의 Coca-Cola, Briggs&Stratton, Herman Miller, Eli Lilly, 독일의 Siemens, 인도의 Tata Consulting그룹과 Godrej그룹, 브라질의 Brahma Beer를 포함한 전 세계 여러 국가의 기업들이 기업의 성과를 측정하고, 목표를 설정하는 데 있어서, 의사결정을 하는 데 있어서, 보너스를 결정하는 데 있어서, 투자자들과 의사소통을 하는 데 있어서, 그리고 경영자와 종업원들에게 경영과 재무의 기본을 가르치는 데 있어서 새롭고 더 좋은 방법인 EVA를 사용하기 시작했다. EVA가 제대로 적용되면 자본비용의 진정한 개념이 제대로 살아나게 되며, 또한 기업의 모든 구성원들이 자본비용에 대해 더 유의하면서 각자가 기업의 소유자처럼 행동하게 될 것이다.

Bennett Stewart는 Stern Stewart and Co.의 공동설립자이며, EVA 자료와 가치평가 모형, 헤지펀드관리 서비스를 제공하는 EVA Dimensions사의 CEO이기도 하다. Stewart는 그의 책 "The Quest for Value"에서 밝히고 있듯이 실무적인 EVA를 개발한 창시자이다.

14.5 부문별 및 투자안별 자본비용

앞에서 본 것과 같이, 새로운 투자안이 기업의 현재 활동과 유사할 때에만 그 투자안의 미래 현금흐름을 WACC로 할인할 수 있다. 이는 제한적인 조건으로 생각될 수도 있지만 꼭 그렇지만은 않다. 예를 들어 피자를 만드는 사업자가 새로운 가게를 차릴지 말지 고민할 때 WACC를 할인율로 적용할 수 있다. 이는 새로운 점포를 낼 것을 고려 중인 소매상, 생산시설의 확장을 고려 중인 제조기업 또는 소비자제품을 생산하는 기업이 시장을 확대시킬 것인가를 고려 중일 때에도 해당된다.

이와 같이 WACC가 하나의 기준으로 유용하게 쓰이기도 하지만 고려 중인 투자안의 현금흐름의 위험수준이 기업 전체적인 위험수준과 매우 크게 차이가 날 때도 분명히 있다. 이와 같은 상황을 어떻게 다룰 것인지에 대해 이제부터 알아보자.

SML과 WACC

기업의 전체적인 위험수준과 위험수준이 많이 다른 투자안을 평가할 때 WACC를 적용하면 엉뚱한 길로 빠지기 마련이다. 그 이유는 그림 14.1에 잘 나타나 있다.

그림 14.1에는 7%의 무위험이자율과 8%의 시장위험프리미엄에 대한 SML이 그려져 있다. 문제를 간단하게 하기 위해서 자기자본만을 사용하고 있고, 베타가 1인 기업의 경우를 살펴보기로 하자. 기업에 부채가 존재하지 않기 때문에 WACC와 자기자본의 비용은 똑같이 15%이다.

우리 기업이 모든 투자안에 대해서 WACC를 적용한다고 가정하자. 이것은 수익률이 15% 이상인 모든 투자안을 받아들이는 반면에 수익률이 15% 미만인 모든 투자안은 기각한다는 것을 의미한다. 우리는 위험과 수익에서 배웠던 것처럼 바람직한 투자는 그 수익률이 SML 이상이어야 한다는 것을 알고 있다. 그림 14.1에서 볼 수 있듯이, 모든 투자안에 대해서 WACC를 적용하면 상대적으로 위험이 높은 투자안을 받아들이고, 상대적으로 위험이 낮은 투자안을 거절하는 실수를 저지를 수 있다.

예를 들어 A점의 경우에 대해서 생각해보자. 이 투자안의 베타(β_A)는 0.60으로 기업 전체의 베타보다 낮다. 기대수익률이 14%라면 이 투자안을 받아들여야 할까? 그렇다. 그 이유는 이 투자안에 대한 요구수익률이 다음과 같기 때문이다.

$$\begin{aligned}\text{요구수익률} &= R_f + \beta_A \times (R_M - R_f)\\ &= 0.07 + 0.60 \times 0.08\\ &= 0.118 = 11.8\%\end{aligned}$$

그러나 WACC를 기준으로 하면, 수익률이 15%보다 낮아서 이 투자안을 기각하게 된다. 따라서

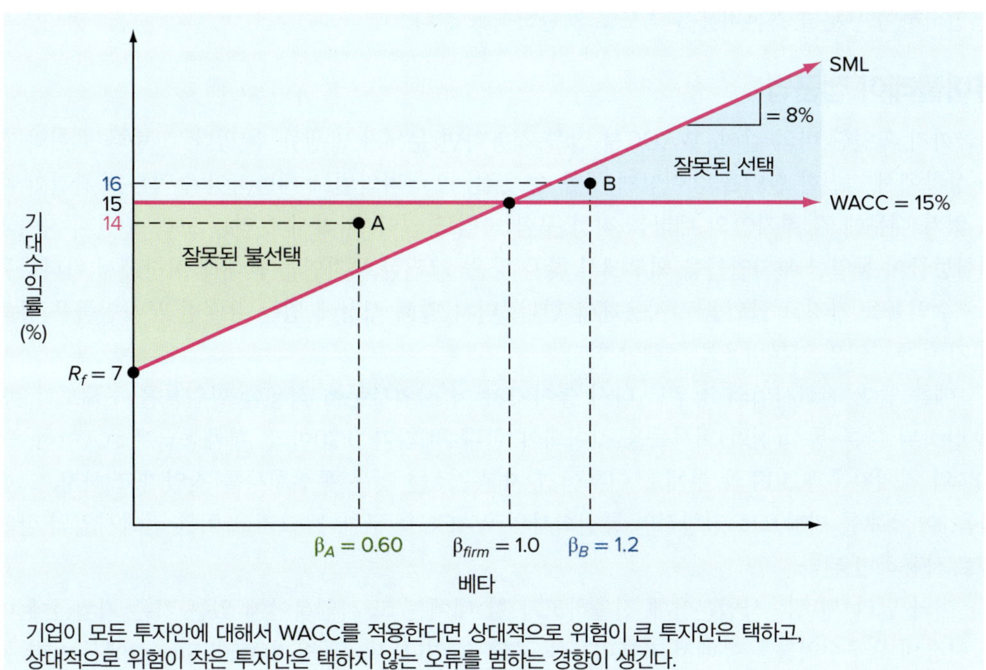

기업이 모든 투자안에 대해서 WACC를 적용한다면 상대적으로 위험이 큰 투자안은 택하고, 상대적으로 위험이 작은 투자안은 택하지 않는 오류를 범하는 경향이 생긴다.

그림 14.1
증권시장선(SML)과 가중평균자본비용(WACC)

WACC를 적용하면 기업의 전체적 위험보다 위험이 낮고 수익성이 좋은 투자안을 선택하지 않는 잘못된 경향이 생긴다는 것을 알 수 있다.

반대로 B점의 경우에 대해서 생각해보자. 이 투자안의 베타(β_B)는 1.2이고, 수익률은 16%로 기업 전체의 자본비용(WACC)을 넘는다. 그러나 이 투자안은 좋은 투자안이 아니다. 체계적 위험수준에 비해 수익률이 높지 않기 때문이다. 그럼에도 불구하고 WACC를 적용한다면 이 투자안을 받아들이게 된다. 따라서 WACC를 적용하면 기업의 평균위험보다 위험수준이 높은데 수익성이 뒷받침되지 않는 투자안을 받아들일 수도 있다. 따라서 WACC를 적용하여 모든 투자안을 평가하는 기업은 시간이 지남에 따라 점점 수익성이 없는 투자안을 받아들이고 기업의 전체적인 위험수준을 상승시키는 경향을 갖는다.

부문별 자본비용

WACC를 획일적으로 적용할 때, 발생하는 이러한 문제는 여러 종류의 사업을 영위하고 있는 기업에서도 발생할 수 있다. 예를 들어 전화사업과 전자제품사업이라는 두 부문(division)을 갖고 있는 기업이 있다고 하자. 전화사업은 상대적으로 위험이 적은 반면, 전자제품사업은 상대적으로 위험이 크다.

이 경우에 기업 전체적 자본비용은 각 사업부문의 서로 다른 자본비용을 합친 것이다. 만약 이 두 부문이 자본을 놓고 경쟁할 때 하나의 WACC를 적용한다면 어느 부문에 더 많은 자본이 투자될까?

위험이 더 높은 사업부문이 더 높은 수익을 가져오는 경향이 있으므로(더 높은 위험을 무시할 때) 여기에 보다 많은 자본이 투자될 것이다. 그래서 위험이 낮은 사업은 잠재적으로 큰 이익이 날 가능성이 있음에도 불구하고 무시될 가능성이 있다. 미국의 대기업들은 이와 같은 문제점을 인식하여 부문별 자본비용을 별도로 계산하기도 한다.

퓨어플레이 접근법

지금까지 확인한 바와 같이, WACC를 잘못 적용하면 문제가 발생할 수 있다. 그렇다면 이와 같은 상황에서 적절한 할인율을 어떻게 구할 수 있을까? 투자안별로 개별적인 수익률을 관찰할 수도 없기 때문에 각 투자안의 베타를 직접 구할 방법도 없다. 따라서 우리는 고려 중인 투자안과 위험등급이 동일한 투자안들을 외부에서 찾은 다음, 그러한 투자안들에 대해 시장에서 나타나는 요구수익률을 가지고 할인율로 사용해야 한다. 다시 말해 시장에 있는 유사한 투자안들을 통해서 기존 투자안의 자본비용을 구해야 한다.

예를 들어 전화사업의 경우로 다시 돌아가서 이 사업부문에 적용할 할인율을 구해보자. 먼저 상장된 다른 통신(전화)회사들을 찾아봐야 한다. 베타가 0.80이고, 부채등급은 AA이며, 약 50%의 자기자본과 50%의 부채로 이루어진 자본구조를 갖는 통신회사를 찾았다고 하자. 그런 다음, 이 정보를 바탕으로 전형적인 통신회사의 WACC를 구한다. 그리고 이를 전화사업의 할인율로 사용하면 된다.

이와 달리 새로운 사업분야에 진출하고자 할 때에는 그 사업분야에 있는 기존 기업들에 대한 시장의 요구수익률을 통해서 자본비용을 구할 수 있다. 미국금융가(Wall Street)에서는 한 종류의 사업에만 집중하는 기업을 "퓨어플레이(pure play)"라고 부른다. 예를 들어 당신이 원유가격의 변화로 수익을 얻기 위해 어떤 주식을 산다고 하자. 이러한 경우에 당신이 살펴보아야 하는 주식은 원유만을 가지고 사업을 하는 회사들의 주식이 되어야 한다. 왜냐하면 그러한 회사들의 주식이 원유가격의 변화에 가장 큰 영향을 받을 것이기 때문이다. Wall Street에서는 그러한 회사들을 "원유가격에 대한 퓨어플레이"라고 부른다.

퓨어플레이 접근법
(pure play approach): 유사한 사업분야에 전문화한 기업들을 기초로 해서 특정 투자안별로 고유한 WACC를 사용하는 것

여기서의 목표는 한 투자안에 대해서 평가를 내릴 때, 이와 유사한 투자안에 집중하는 기업을 찾는 것이다. 그러므로 이와 같은 접근방법을 투자안의 요구수익률을 구하는 **퓨어플레이 접근법**(pure play approach)이라고 부른다. 예를 들어 McDonald's가 McPhone이라는 제품을 들고 스마트폰과 태블릿 사업을 하기로 했다고 하자. 이 분야의 위험성은 패스트푸드 분야와는 많이 다르다. 그러므로 McDonald's는 이미 스마트폰 사업을 하고 있는 기존 회사들을 살펴봄으로써 자신의 새로운 분야의 자본비용을 계산해야 한다.

두 개의 선택지는 애플과 삼성이지만 둘 다 이상적이지는 않다. 애플은 매우 다른 위험을 가진 음악, TV, 및 콘텐츠 사업에 진출했고, 삼성은 TV 및 가전을 팔고 있는데 이 역시 위험수준이 다르다. 결과적으로 퓨어플레이 회사를 찾기는 쉽지 않다.

3장에서는 비교를 목적으로 유사한 기업들을 찾는 것에 대해서 설명했다. 거기서 언급했던 문제들이 여기서도 발생한다. 그중에서 가장 명백한 것은 적당한 기업을 하나도 찾지 못하는 상황이 올 수 있다는 점이다. 이 경우에 적절한 할인율을 결정하는 것은 상당히 어려운 문제가 된다. 그렇다고 하더라도 모든 투자안에 대해서 WACC를 획일적으로 적용하는 것보다는 문제를 일으킬 확률이 적다고 할 수 있다.

주관적 접근방법

개별적인 투자안들의 할인율을 결정짓는 데 많은 어려움이 따르기 때문에 일부 기업들은 전체적인 WACC에 주관적 판단에 따라 변화를 주는 방법을 쓰기도 한다. 예를 들어 한 기업의 전체적

인 WACC가 14%라고 가정하자. 이 기업은 모든 투자안을 다음과 같은 네 가지 부류로 구분하였다.

유형	예	조정치	할인율
고위험	신제품 출시	+6%	20%
중위험	비용절감, 생산라인 확충	+0	14
저위험	기존 장비의 대체	−4	10
강제사항	공해 감소 장비	n/a	n/a

n/a = Not applicable.

여기서는 모든 투자안이 세 가지 위험등급 중 하나에 속하거나 강제사항에 속한다고 가정했다. 마지막 부류의 투자안은 강제적으로 받아들여야 하는 것이기 때문에 자본비용을 계산할 필요가 없다. 주관적 접근방법(subjective approach)에서 WACC는 경제상황이 달라질 때마다 변할 수 있다. 따라서 투자안의 할인율도 변하기 마련이다.

동일한 부류(위험등급)에 속해 있다고 해도 일부 투자안들은 다른 투자안들에 비해 상대적으로 위험이 높을 수 있기 때문에 잘못된 결정을 내릴 가능성은 여전히 존재한다. 이는 그림 14.2에서 확인할 수 있다. 그림 14.1에서 볼 수 있었던 문제점이 아직 여전히 남아 있는 것은 사실이지만, 주관적 접근방법을 사용함으로써 잘못된 판단을 할 가능성을 많이 줄일 수 있다는 것을 그림 14.2에서 보여주고 있다. 예를 들어 A점의 투자안은 WACC를 적용했을 때는 받아들여지지만, 높은 위험의 유형으로 분류되면 받아들여지지 않는다. 이는 위험을 조정하는 것이 주관적이라고 하더라도 위험을 조정하는 것이 위험을 조정하지 않는 것보다는 더 나은 것이라는 것을 보여주고 있다.

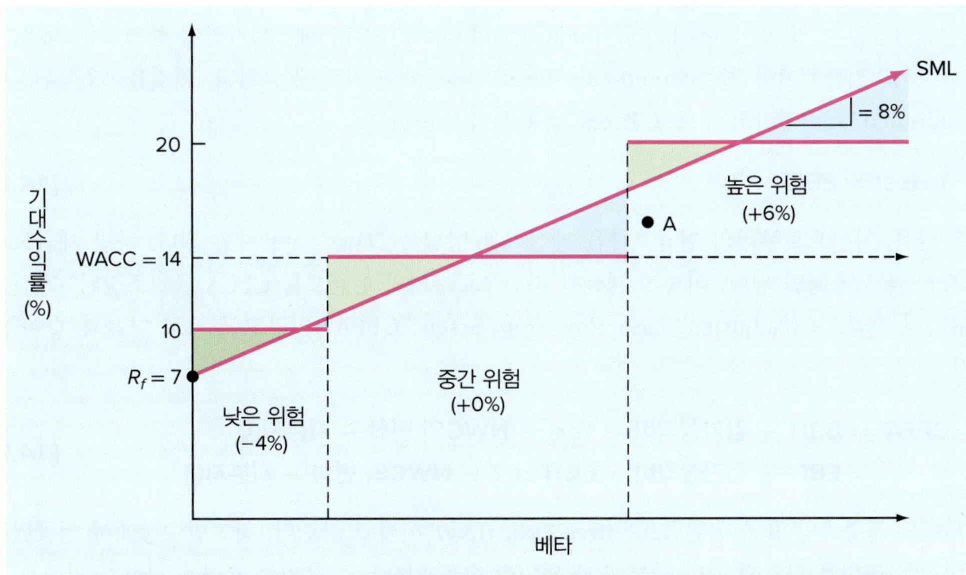

주관적 접근방법을 통해서, 기업은 투자안들을 여러 위험유형 중 하나로 분류한다. 그런 다음 기업의 전체적인 WACC에 조정 요인을 더하거나(높은 위험등급) 빼서(낮은 위험등급) 각 투자안의 할인율을 결정짓는다. 이는 WACC를 그대로 적용했을 때보다 잘못된 결정을 내릴 가능성을 줄여준다.

그림 14.2
증권시장선(SML)과 주관적 접근방법

원칙적으로는 각 투자안의 요구수익률을 개별적, 객관적으로 구하는 것이 더 좋은 것이다. 그러나 현실적으로 정보의 부족, 그에 따르는 비용과 노력으로 인하여 주관적인 조정을 하는 선에서 그치는 경우가 많다.

개념질문 _Concept Questions

14.5a 모든 투자안에 WACC를 획일적으로 적용하면 어떤 결과가 발생하는가?
14.5b 할인율을 결정하는 데 있어서 퓨어플레이 접근법은 무엇인가? 이는 어느 경우에 적용할 수 있는가?

14.6 WACC를 이용한 기업의 가치평가

기존 기업의 가치를 평가하는 경우에도 앞에서 살펴본 창고물류시스템 개조와 같은 개별 투자안을 평가하는 방법을 그대로 사용하면 된다. 다만 한 가지 유의할 점이 있다. 통상적으로 기업은 부채를 갖고 있으므로 순이익을 계산할 때 이자비용을 차감해준 순이익을 표시한다. 그러나 우리가 계속 강조했듯이 이자비용은 금융비용이지 기업의 영업활동에 따른 비용이 아니다. 이는 이미 10장에서 영업현금흐름의 다른 정의들을 살펴볼 때 언급한 것이기도 하다. 하지만 이자비용은 세금이 면제되는 비용이다. 따라서 다른 상황이 같다면 부채를 사용하지 않았을 때보다 부채를 사용했을 때 기업이 지불하는 세금은 적어진다. 이에 대해서는 다음 장에서 더 설명할 것이다.

따라서 자산으로부터의 현금흐름(cash flow from assets: CFFA)을 계산할 때 먼저 부채를 사용하지 않았을 경우에 기업이 내는 세금을 계산해야 한다. 그렇게 하기 위해서는 먼저 이자 및 법인세 차감전 이익(earnings before interest and taxes: EBIT)에 그 기업에 해당되는 세율(T)을 곱하여 "지불했어야 하는(would-have-been)" 세금액을 계산해야 한다. 이것을 "조정된" 세금("adjusted" tax)이라고 부르고 Taxes*로 표시하기로 한다.

$$\text{Taxes}^* = \text{EBIT} \times T \qquad [14.8]$$

그런 다음, 자산으로부터의 현금흐름을 계산하는 방법을 그대로 사용하면 된다. 다만 세금으로는 Tax*를 사용하면 된다. 이렇게 계산한 자산으로부터의 현금흐름(CFFA)을 "조정된" 자산으로부터의 현금흐름("adjusted" cash flow from assets: CFFA*)이라고 부르고 다음과 같이 구한다.

$$\begin{aligned}\text{CFFA}^* &= \text{EBIT} + \text{감가상각비} - \text{Tax}^* - \text{NWC의 변화} - \text{자본지출} \\ &= \text{EBIT} + \text{감가상각비} - \text{EBIT} \times T - \text{NWC의 변화} - \text{자본지출}\end{aligned} \qquad [14.9]$$

CFFA*도 종종 "잉여(공짜)현금흐름(free cash flow)"이라고 불린다. 하지만 2장에서 언급했듯이 이러한 표현은 사람에 따라 다른 것을 의미할 수도 있으므로 우리는 혼란을 피하기 위해서 조정된 자산으로부터의 현금흐름(CFFA*)이라고 부르기로 한다.

CFFA*는 다음과 같이 더 간단히 표현될 수도 있다.

$$\textbf{CFFA}^* = \textbf{EBIT} \times (1 - T) + \textbf{감가상각비} - \textbf{NWC의 변화} - \textbf{자본지출} \quad [14.10]$$

EBIT × (1 − T)는 기업이 부채를 사용하지 않는 경우에 나타나는 순이익과 같다. 따라서 EBIT × (1 − T) + 감가상각비는 10장에서 살펴본 밑에서 위로의 접근방법에 의해 구한 영업현금흐름과 동일한 것이다.

만약 기업이 동일한 비율로 꾸준히 성장한다면 기업의 가치를 구하기 위해서 6장에서 살펴본 성장영구연금의 공식을 사용하면 된다. 예를 들어, 어떤 기업의 다음 해의 CFFA^*를 CFFA_1^* = 120백만$로 예상하고, 이 현금흐름이 매년 g = 5%로 영원히 증가할 것이라고 판단한다고 하자. 이 기업의 WACC은 9%로 추정되었다면 이 기업의 현재가치(V_0)는 다음과 같아진다.

$$\text{기업의 현재가치} = V_0 = \frac{\text{CFFA}_1^*}{\text{WACC} - g} = \frac{\$120}{0.09 - 0.05} = \$30\text{억}$$

결론적으로 말해서, 기업의 가치를 판단하는 것은 어떤 투자안의 가치를 판단하는 것과 다르지 않다. 부채에 의한 자본조달로 인해 나타나는 세금절약액을 다시 조정해준다는 것만 유의하면 된다.

또한 기업의 성장률이 불규칙한 경우에도 8장에서 살펴본 주식의 가치 평가에서처럼 해주면 된다. t 기간 후에 고정성장률을 보인다고 가정하면 기업의 현재가치는 다음과 같이 계산된다.

$$V_0 = \frac{\text{CFFA}_1^*}{1 + \text{WACC}} + \frac{\text{CFFA}_2^*}{(1 + \text{WACC})^2} + \frac{\text{CFFA}_3^*}{(1 + \text{WACC})^3} + \cdots + \frac{\text{CFFA}_t^* + V_t}{(1 + \text{WACC})^t} \quad [14.11]$$

여기서 V_t는 t 시점에서의 기업의 미래가치이다. 이를 구하기 위해서는 성장영구연금의 공식을 사용하면 된다.

$$V_t = \frac{\text{CFFA}_{t+1}^*}{\text{WACC} - g} \quad [14.12]$$

항상 조심해야 할 것이지만, 여기서 t 시점에서의 가치를 구하려면 t + 1 기간 말에서 나타나는 현금흐름을 사용해야 한다. V_t처럼 미래 일정 시점에 나타나는 가치를 구하기 위해서는 그 이후에 나타나는 현금흐름들의 그 시점에서의 현재가치를 구해야 한다. 이렇게 구해진 미래가치를 터미널 가치(terminal value)라고 부른다.

기업의 가치평가 　　예제 14.6

고양이 장난감을 만들어 팔고 있는 Feline Fancy라는 회사의 주인이 외부로부터 자금을 투자받기 원한다. 잠재적 투자자는 개인회사인 이 회사의 가치를 평가해주기를 원했다. 이를 위해 그녀는 퓨어플레이 방법을 사용하여 적절한 WACC이 8%라고 추정했다. 이 회사에 적용되는 세율은 21%이다.

(계속)

Feline Fancy는 현재 40백만$의 부채를 갖고 있으며 3.5백만 주의 주식을 발행하고 있다. 올해의 매출액은 30백만$로 예상되고 있으며, 매출액은 그 다음 4년 동안 연 15%로 계속 증가할 것으로 기대된다. 그 이후로는 연 2%로 영원히 증가할 것으로 기대된다. 올해의 EBIT는 10백만$가 될 것이다. EBIT, 감가상각비, 자본지출, 순운전자본의 증가는 매출액 증가율과 동일한 비율로 증가할 것이다. Feline Fancy의 가치를 어떻게 판단하는가? 주당 가격은 얼마로 평가하는가?

이 회사의 가치를 구하기 위해서, 우리는 다음 5년간의 조정된 자산으로부터의 현금흐름(CFFA*)을 구한다. 아래 표에서 연도 1은 올해 말 수치를 나타낸다. 단위는 백만$이다.

	연도 1	연도 2	연도 3	연도 4	연도 5
EBIT	$10.00	$11.50	$13.23	$15.21	$17.49
감가상각비	1.50	1.73	1.98	2.28	2.62
세금*	2.10	2.42	2.78	3.19	3.67
NWC의 변화	0.80	0.92	1.06	1.22	1.40
자본지출	2.40	2.76	3.17	3.65	4.20
CFFA*	$ 6.20	$ 7.13	$ 8.20	$ 9.43	$10.84

조정된 자산으로부터의 현금흐름(CFFA*)이 5년 후부터는 연 2% 증가할 것이므로 연도 5에서의 이 회사의 터미널 가치는 다음과 같이 계산된다.

$$V_5 = \frac{\$10.84(1 + 0.02)}{0.08 - 0.02} = \$184.35\text{백만}$$

이제 처음 5년 동안의 CFFA*와 터미널 가치의 현재가치를 구하면 이 회사의 현재가치를 구할 수 있다. 사용하는 WACC은 8%이다.

$$V_0 = \frac{\$6.20}{1 + 0.08} + \frac{\$7.13}{(1 + 0.08)^2} + \frac{\$8.20}{(1 + 0.08)^3} + \frac{\$9.34}{(1 + 0.08)^4} + \frac{\$10.84 + 184.35}{(1 + 0.08)^5}$$
$$= \$158.14\text{백만}$$

자기자본의 가치를 구하기 위해서 40백만$의 부채를 빼주면 자기자본 총액은 118.14백만$가 된다. 주당 가격을 알기 위해서 이를 3.5백만으로 나누면,

주당 가격 = $118.14/3.5 = 33.75$가 된다.

터미널 가치(terminal value)를 구하는 다른 일반적인 방법은 목표비율을 사용하는 것이다. 이는 8장에서 살펴본 PER(PE)나 PSR 배수를 사용하여 주식가치를 구하는 것과 유사하다. 예를 들어 잠재적 투자자가 이 회사의 성장률이 낮을 때의 PSR(주당 가격/주당 매출액)인 3을 사용하는 것이 적절하다고 생각한다면 5년째 매출액은 $30백만 × 1.154 = 52.47백만$이다(매출액 30백만$를 4번 복리 계산하는 것에 유의하라. 왜냐하면 매출액 30백만$는 연도 1의 기말 매출액이기 때문이다.) 따라서 추정된 터미널 가치는 V_5 = 3 × $52.47백만 = 157.41백만$이다. 이 새로운 터미널 가치를 가지고 이 회사의 현재가치를 구하면 다음과 같다.

$$V_0 = \frac{\$6.20}{1 + 0.08} + \frac{\$7.13}{(1 + 0.08)^2} + \frac{\$8.20}{(1 + 0.08)^3} + \frac{\$9.34}{(1 + 0.08)^4} + \frac{\$10.84 + 157.41}{(1 + 0.08)^5}$$
$$= \$139.80\text{백만}$$

이렇게 터미널 가치를 구할 때 나타나는 주당 가격은 28.52$가 된다.

개념질문 _Concept Questions

14.6a 기업가치를 평가할 때 세금을 조정하는 이유는 무엇인가?
14.6b 기업가치 계산에서 터미널 가치를 계산할 때 비율의 사용을 더 선호할 수도 있는 이유는 무엇인가?

발행비용과 가중평균자본비용 14.7

지금까지는 가중평균자본비용에 발행비용을 포함시키지 않았다. 그러나 기업이 투자안을 받아들이면 자금을 조달하기 위하여 새로운 채권이나 주식을 발행해야 하는 경우가 있다. 이러한 경우에 기업의 입장에서는 어느 정도의 추가적인 비용이 발생하는 것이고, 이를 발행비용(flotation cost)이라고 부른다. 발행비용에 대한 보다 자세한 내용은 15장에서 설명할 것이다.

발행비용을 반영하기 위해서 WACC를 위로 약간 끌어올려야 한다는 주장이 나오기도 한다. 그러나 이는 좋은 방법이 아니다. 왜냐하면 다시 말하지만 어떤 투자에 대해 요구되는 요구수익률은 그 투자를 위한 자금이 어떻게 조달되었냐 하는 자금의 원천이 아니라, 그 투자가 갖는 위험에 의해 결정되기 때문이다. 이는 발행비용을 무시해도 된다는 것을 뜻하는 것은 아니다. 이 비용은 투자안을 받아들인다는 결정에 의해서 발생하는 것이기 때문에 투자안과 관련된 현금흐름(relevant cash flow)이다. 따라서 우리는 이 비용을 투자안 분석에 어떻게 포함시키는지 간단하게 살펴보기로 한다.

기본적 접근

간단한 예를 통해 살펴보자. Spatt Company는 자본의 100%가 자기자본으로 이루어져 있고, 자기자본의 비용은 20%이다. 부채가 없기 때문에 WACC는 자기자본의 비용과 같다. 현재 Spatt은 100백만$의 대규모 생산확장안을 놓고 고민 중이다. 만약 확장하기로 결정한다면 주식의 발행을 통해 자본을 조달할 것이다.

투자은행과 상의한 후, Spatt은 발행비용이 전체 발행주식액의 10%를 차지할 것으로 추정하였다. 따라서 전체 발행주식액의 90%만이 투자자금으로 조달되게 된다. 그렇다면 발행비용을 고려했을 때 이 확장안의 비용은 얼마인가?

더 자세한 것은 15장에서 보겠지만, Spatt은 우선 발행비용을 지불한 후에 100백만$의 자본이 조달되도록 해야 한다. 따라서 총발행주식액은 다음과 같이 계산된다.

$100백만 = (1 − 0.10) × 총발행주식액
총발행주식액 = $100백만/0.90 = $111.11백만

그러므로 발행비용은 11.11백만$이다. 따라서 발행비용을 포함시키면 확장안의 실질적인 비용은 111.11백만$가 된다.

기업이 자기자본과 부채를 동시에 가지고 있으면 문제는 약간 더 복잡해진다. 예를 들어 Spatt이 목표로 하는 자본구조가 60%의 자기자본과 40%의 부채라고 가정하자. 자기자본 관련 발행비용은 그대로 10%이지만, 부채 관련 발행비용은 5%라고 하자.

앞에서는 자기자본과 부채의 비용이 다를 때 목표로 하는 자본구조의 비중을 이용해서 가중

평균자본비용을 계산하였다. 여기서도 이와 똑같이 할 것이다. 가중평균발행비용(f_A)은 자기자본의 발행비용(f_E)에 자기자본의 비중(E/V)을 곱하고, 부채의 발행비용(f_D)에 부채의 비중(D/V)을 곱한 다음, 이 둘을 합하여 구할 수 있다.

$$\begin{aligned} f_A &= (E/V) \times f_E + (D/V) \times f_D \\ &= 0.60 \times 0.10 + 0.40 \times 0.05 \\ &= 0.08 = 8\% \end{aligned} \tag{14.13}$$

따라서 가중평균발행비용은 8%이다. 이것이 의미하는 것은 1$의 자본을 조달하기 위해서 기업은 실제로 $1/(1 − 0.08) = 1.087$만큼을 발행해야 하는 것이다. 이 예에서, 발행비용을 무시할 때 투자안의 비용은 100백만$이다. 하지만 발행비용을 포함시키면, $100백만/(1 − f_A) = $100백만/0.92 = 108.7백만$의 비용이 발생한다.

발행비용을 반영하는 데 있어서 기업은 잘못된 비중을 사용하지 않도록 조심해야 한다. 설령 투자안에 필요한 자본을 부채만으로 또는 주식의 발행(자기자본)만으로 조달할 수 있다고 하더라도 기업은 목표로 하는 자본구조의 비중을 사용해서 발행비용을 계산해야 한다. 기업이 해당 투자안에 필요한 자본을 부채만으로 조달할 수 있다거나, 주식의 발행만으로 조달할 수 있다는 사실은 문제가 되지 않는다. 기업이 목표로 하는 자기자본-부채비율이 예를 들어 1이고, 특정 투자안을 위한 자본을 모두 부채로 조달할 수 있더라도 목표로 하는 자기자본-부채비율을 유지하기 위해서는 나중에 추가적으로 주식을 발행하여 자기자본을 증가시켜야 할 것이다. 이러한 점을 고려한다면 발행비용을 계산할 때 기업은 항상 목표로 하는 자본구조의 비중을 사용해야 한다.

예제 14.7 가중평균발행비용의 계산

Weinstein Corporation은 자기자본이 80%, 부채가 20%인 자본구조를 목표로 하고 있다. 자기자본의 발행비용은 전체 주식발행액의 20%, 부채의 발행비용은 전체 채권발행액의 6%이다. Weinstein이 새로운 공장을 위해서 65백만$의 자본을 필요로 할 때, 발행비용을 포함한 실질적인 비용은 얼마인가?

먼저, 다음과 같이 가중평균발행비용(f_A)을 계산한다.

$$\begin{aligned} f_A &= (E/V) \times f_E + (D/V) \times f_D \\ &= 0.80 \times 0.20 + 0.20 \times 0.06 \\ &= 0.172 = 17.2\% \end{aligned}$$

그러므로 Weinstein의 가중평균발행비용은 17.2%이다. 발행비용을 무시했을 때, 투자안의 비용은 65백만$이다. 그러나 발행비용을 포함시키면 실질적인 비용은 $65백만/(1 − f_A) = $65백만/0.828 = 78.5백만$이다.

발행비용과 NPV

발행비용을 NPV의 분석에 어떻게 포함시키는지 설명하기 위해서 하나의 예를 들어보자. Tripleday Printing Company는 현재 100%의 자기자본-부채비율을 목표로 하고 있다. 그리고 캔자스주에 500,000$의 새로운 인쇄공장을 지을지 고려 중이다. 이 공장은 앞으로 매년 73,150$(세후)의 현금흐름을 영원히 창출할 것으로 기대된다. 세율은 21%이다. 다음과 같이 두 가지의 대안이 있다고 하자.

1. 500,000$에 해당되는 보통주식을 새로이 발행한다. 새로운 보통주의 발행비용은 전체 발행액의 10%이다. 기업의 새로운 자기자본에 대한 요구수익률은 20%이다.
2. 500,000$에 해당되는 30년 만기의 채권을 발행한다. 새로운 부채의 발행비용은 전체 발행액의 2%이다. 채권의 요구수익률은 10%이다.

그렇다면 새로운 인쇄공장의 NPV는 얼마인가?

먼저, 인쇄는 이 기업의 주력사업이므로 새로운 인쇄공장을 평가하는 데 있어서 기업의 가중평균자본비용을 적용한다.

$$\begin{aligned}\text{WACC} &= (E/V) \times R_E + (D/V) \times R_D \times (1 - T)\\ &= 0.50 \times 0.20 + 0.50 \times 0.10 \times (1 - 0.21)\\ &= 0.1395 = 13.95\%\end{aligned}$$

매년 73,150$의 현금흐름이 영구적으로 창출되기 때문에 다음과 같이 현금흐름을 13.95%로 할인하여 현재가치(PV)를 구할 수 있다.

$$\text{PV} = \frac{\$73{,}150}{0.1395} = \$524{,}373$$

발행비용을 무시하면 NPV는 다음과 같다.

$$\text{NPV} = \$524{,}373 - 500{,}000 = \$24{,}373$$

발행비용을 고려하지 않을 때는 NPV가 0보다 크므로 이 투자안을 받아들이는 것이 옳은 판단이다.

발행비용을 포함시키면 어떻게 될까? 새로운 자본을 조달해야 하기 때문에 발행비용은 발생하기 마련이다. 주어진 정보에 따르면 부채의 발행비용은 2%이고, 자기자본의 발행비용은 10%이다. 이 기업의 자기자본비중과 부채비중은 같으므로, 가중평균발행비용(f_A)은 다음과 같다.

$$\begin{aligned}f_A &= (E/V) \times f_E + (D/V) \times f_D\\ &= 0.50 \times 0.10 + 0.50 \times 0.02\\ &= 0.06 = 6\%\end{aligned}$$

Tripleday가 모든 투자자본을 부채로만 또는 자기자본으로만 조달할 수 있다는 사실은 아무런 상관이 없음을 기억하라. Tripleday가 새로운 공장을 짓기 위해서 500,000$를 필요로 하기 때문에 발행비용을 포함시킨 투자안의 실제 비용은 $\$500{,}000/(1 - f_A) = \$500{,}000/0.94 =$ 531,915$이다. 현금흐름의 현재가치가 524,373$이기 때문에 새로운 공장의 NPV는 $524,373 − $531,915 = −7,542$이다. 따라서 이 투자안은 더 이상 좋은 투자안이 아니다.

내부적으로 조달되는 자기자본과 발행비용

지금까지의 발행비용에 대한 설명에서 묵시적으로 가정한 것은 기업들이 새로운 투자를 위해서는 항상 외부로부터 자본을 조달해야 한다는 것이었다. 그러나 현실에서 기업들은 거의 새로운 주식을 발행하지 않는다. 그 대신 기업들은 자본지출을 위해 요구되는 자기자본 부분에 해당되

IN THEIR OWN WORDS ...

Hershey Company의 자본비용과 기준수익률에 대한 Samuel Weaver 박사의 견해

Hershey에서는 매년 또는 시장조건이 변할 때마다 자본비용을 평가한다. 자본비용의 계산은 주로 다음의 세 가지 부분으로 이루어지며, 각각의 경우에 몇 가지 대안이 존재한다.

- **자본의 비중**
  과거의 장부가치 또는 시장가치 비중
  현재 자본구조 또는 목표 자본구조
- **부채의 비용**
  과거의 표면이자율(쿠폰율)
  시장이자율
- **자기자본의 비용**
  배당성장모형
  자본자산가격결정모형(CAPM)

Hershey에서는 3년마다 계획된 "목표" 자본구조를 바탕 삼아 자본비용을 공식적으로 계산한다. 이는 경영진으로 하여금 회사가 계획하고 있는 자본총량의 구성과 관련된 전략적 의사결정이 미치는 영향을 즉각적으로 알 수 있게 해준다. 부채의 비용은 계획기간 종료 연도의 채권의 쿠폰율을 바탕으로 부채의 세후가중평균비용으로 계산한다. 자기자본의 비용은 배당성장모형을 통해서 계산한다.

최근 Hershey는 경쟁자인 10개의 식품가공업체들을 대상으로 조사를 하였다. 이 자료에 따르면, 대부분의 기업들은 7%에서 10%까지의 자본비용을 갖고 있었다. 게다가 10개 기업 모두가 자기자본의 비용을 계산하는 데 있어서 CAPM을 사용했다. Hershey의 경우에는 경험상 배당성장모형이 효과적이었다. Hershey는 매년 배당금을 지급하고, 이 배당금 또한 꾸준히 증가하고 있다. 이와 같은 성장은 Hershey의 전략에도 포함되어 있다. 따라서 배당성장모형은 기술적으로 적용이 가능하며 Hershey의 경영진이 생각하고 있는 Hershey의 미래 장기성장률과도 잘 부합하는 모형이기 때문에 경영진에서도 이 모형을 선호하고 있다.

앞에서 언급한 계산과 더불어, 그 외의 조합과 변화에 대한 계산도 참고를 위하여 이루어진다. 비공식적으로 자본비용은 시장가치 비중, 현재의 시장 한계이자율을 이용하여 구하기도 하며, CAPM을 사용한 자기자본 비용이 계산되기도 한다. 대부분의 경우에 자본비용의 값을 반올림하거나 내림을 하면 계산 방법이 다르더라도 대략 같은 결과를 얻는다.

개별 투자안의 특징을 바탕으로 한 주관적인 위험프리미엄을 통해서 개별 투자안의 기준수익률을 구하기도 한다. 투자안들은 비용절감, 생산공장확장, 생산라인확장, 신제품 출시와 같은 것으로 구분된다. 예를 들어 신제품 출시의 투자안은 비용절감의 투자안보다 위험하다. 결과적으로 투자안의 기준수익률은 그 위험수준에 상응한 요구수익률을 반영하도록 하고 있다. 그 결과 투자안의 기준수익률은 자본비용(WACC)보다 약간 높은 수준과 자본비용의 약 2배 사이에서 나타난다.

Samuel Weaver 박사는 Hershey의 재무계획 및 분석을 담당하는 이사를 역임하였다. 그는 Hershey에 있을 당시 이론적이고 현실적인 문제들을 담당하며, 자본예산의 분석과 더불어 금융의 여러 분야에서 좋은 성과를 거두었다.

는 자금을 충족시키기에 충분한 현금흐름을 발생시키고 있다. 따라서 자본지출의 부채 부분에 대해서만 외부적으로 조달하면 된다.

그러나 내부적으로 조달되는 자기자본을 사용하는 경우에도 우리가 사용한 접근방식은 그대로 사용된다. 다만 주식(자기자본)의 발행비용을 0으로 해주면 된다. 이 경우, Tripleday의 예를 가지고 가중평균발행비용을 구해보면 다음과 같이 된다.

$$f_A = (E/V) \times f_E + (D/V) \times f_D$$
$$= 0.50 \times 0 + 0.50 \times 0.02$$
$$= 0.01 = 1\%$$

자기자본이 기업 내부적으로 조달되느냐 외부적으로 조달되느냐에 따라 가중평균발행비용이 매우 달라진다. 그 이유는 자기자본을 외부적으로 조달할 때의 발행비용이 상대적으로 높기 때문이다.

개념질문 _Concept Questions

14.7a 발행비용(flotation cost)은 무엇인가?
14.7b NPV 분석에 발행비용을 어떻게 포함시키는가?

요약과 결론 14.8

이 장에서는 자본비용에 대해 살펴보았다. 가장 중요한 개념은 가중평균자본비용(WACC)으로, 이는 해당 기업 전체에 대한 요구수익률이라고 해석할 수 있다. 따라서 WACC는 기업 전체적 위험수준과 비슷한 위험을 갖는 투자안의 현금흐름에 대한 할인율로 사용할 수 있다. WACC를 어떻게 계산하는지, 그리고 어떻게 사용하는지에 대해서도 살펴보았다.

또한 WACC를 할인율로 적용해서 안 되는 상황들도 살펴보았으며, 그와 같은 상황에서 할인율을 구하는 다른 방법(퓨어플레이 접근법)도 제시했다. 마지막으로, 발행비용을 NPV분석에 어떻게 적용하는지도 설명했다.

복습과 자가진단

14.1 자기자본의 비용 계산 Watta Corporation 주식의 베타가 0.80이라고 하자. 시장위험프리미엄은 6%이고, 무위험이자율도 6%이다. Watta는 작년에 주당 1.20$의 배당금을 지급하였고, 앞으로 배당금은 매년 8%씩 꾸준히 영원히 성장할 것이다. 주식의 현재가격은 주당 45$이다. Watta의 자기자본의 비용은 얼마인가?

14.2 WACC의 계산 앞의 문제에서 주어진 정보와 더불어, Watta가 50%의 자기자본-부채비율을 목표로 한다고 하자. 세전 부채의 비용은 9%이다. 세율이 21%라면, WACC는 얼마인가?

14.3 발행비용 앞의 문제에서 Watta가 새로운 투자안을 위해 30백만$의 자본을 구한다고 가정하자. 이 자본은 외부에서만 조달될 수 있다. 부채와 자기자본의 발행비용은 각각 2%와 16%이다. 발행비용을 고려한다면, 새로운 투자안의 실제 비용은 얼마인가?

복습과 자가진단의 해답

14.1 먼저 SML의 접근방법을 써보자. 주어진 정보를 바탕으로 Watta의 보통주식에 대한 기대수익률은 다음과 같이 구할 수 있다.

$$\begin{aligned} R_E &= R_f + \beta_E \times (R_M - R_f) \\ &= 0.06 + 0.80 \times 0.06 \\ &= 0.1080 = 10.80\% \end{aligned}$$

이제 배당성장모형을 적용해보자. 내년의 배당금은 $D_0 \times (1 + g) = \$1.20 \times 1.08 = 1.296\$$이다. 그러므로 기대수익률은 다음과 같다.

$$\begin{aligned} R_E &= D_1/P_0 + g \\ &= \$1.296 \,/\, \$45 + 0.08 \\ &= 0.1088 = 10.88\% \end{aligned}$$

두 개의 값이 서로 거의 비슷하므로 평균을 내도 된다. Watta의 자기자본의 비용은 약 10.84%이다.

14.2 목표로 하는 자기자본-부채비율이 50%이므로 Watta는 1$의 자기자본에 대해서 0.50$의 부채를 사용한다. 다시 말해 부채의 비중은 1/3이고 자기자본의 비중은 2/3이다. 그러므로 WACC는 다음과 같이 구할 수 있다.

$$\begin{aligned} \text{WACC} &= (E/V) \times R_E + (D/V) \times R_D \times (1 - T) \\ &= 2/3 \times 0.1084 + 1/3 \times 0.09 \times (1 - 0.21) \\ &= 0.0960 = 9.60\% \end{aligned}$$

14.3 Watta가 자본조달에 있어서 자기자본과 부채를 모두 사용하므로, 먼저 가중평균발행비용을 구해야 한다. 문제 14.2에서 본 것과 같이, 자기자본의 비중은 2/3이다. 그러므로 가중평균발행비용은 다음과 같다.

$$\begin{aligned} f_A &= (E/V) \times f_E + (D/V) \times f_D \\ &= 2/3 \times 0.16 + 1/3 \times 0.02 \\ &= 0.1133 = 11.33\% \end{aligned}$$

발행비용을 제외하고 30백만$의 자금이 필요하기 때문에 새로운 투자안의 실제 비용은 $30백만/$(1 - f_A)$ = $30백만/0.8867 = 33.83백만$이다.

개념복습과 개념질문

1. **WACC** [LO3] 한 기업의 WACC가 12%라면, 이는 무엇을 의미하는가?
2. **장부가치 대 시장가치** [LO3] WACC를 계산하는 데 있어서, 부채 또는 자기자본 중 어느 하나의 장부가치를 적용해야 한다면, 어느 것을 선택하겠는가? 그 이유는 무엇인가?
3. **투자안의 위험** [LO5] 투자안에 필요한 자금을 6%의 이자율에 빌릴 수 있다면, 이 6%를 투자안의 자본비용이라 할 수 있는가?
4. **WACC와 세금** [LO3] 부채의 비용에 대해서는 세후의 수치를 적용하고, 자기자본의 비용에 대해서는 그렇게 하지 않는 이유는 무엇인가?
5. **배당성장모형을 이용한 자기자본의 비용의 측정** [LO1] 자기자본의 비용을 구할 때, 배당성장모

형을 이용하면 어떤 장점이 있는가? 단점은 무엇인가? 이때 필요한 정보는 무엇인가? 이와 동일한 결과를 얻기 위해서 어떤 방법을 쓸 수 있는가?

6. **SML을 이용한 자기자본의 비용의 측정 [LO1]** 자기자본의 비용을 구할 때, SML접근법을 이용하면 어떤 장점이 있는가? 단점은 무엇인가? 이때 필요한 정보는 무엇인가? 모든 변수가 관측이 가능한가, 아니면 측정해야 하는가? 이와 동일한 결과를 얻기 위해서 어떤 방법을 쓸 수 있는가?

7. **부채의 비용 측정 [LO2]** 부채의 비용은 어떻게 구하는가? 부채가 시장에서 공개되어 거래될 때와 그렇지 않을 때에 다른 점이 있는가? 모든 부채를 기관투자자에게 사모로 발행한 기업이 있다면, 이 기업의 부채의 비용은 어떻게 구하는가?

8. **자본비용 [LO5]** Bedlam Products, Inc.의 회장인 Tom O'Bedlam이 자사의 부채의 비용과 자기자본의 비용을 계산하기 위해서 전문가를 고용했다고 가정하자.
   a. 주식의 현재가격은 주당 50$이며, 주당 5$의 배당금을 지급할 예정이다. Tom은 "주주들의 자금을 사용하는 데 주당 5$의 비용이 들기 때문에, 자기자본의 비용은 10%($5/$50)이다"라고 주장한다. 이와 같은 Tom의 주장에 잘못된 점은 무엇인가?
   b. 최근의 재무제표에 따르면, Bedlam의 총부채는 8백만$이다. 내년에 총이자비용은 1백만$를 기록할 전망이다. Tom은 "부채가 8백만$이고 1백만$의 이자를 지불해야 하기 때문에, 부채의 비용은 $1백만/$8백만 = 12.5%이다"라고 말한다. 이와 같은 결론에 잘못된 점은 무엇인가?
   c. Tom은 자신의 분석(부채의 비용: 12.5%, 자기자본의 비용: 10%)을 바탕으로, 자기자본조달을 늘려야 한다고 주장한다(자기자본의 비용이 상대적으로 낮기 때문에). 자기자본의 비용이 부채의 비용보다 낮다는 결론에 대해서 어떻게 생각하는가?

9. **기업의 위험과 투자안의 위험 [LO5]** Dow Chemical Company와 Superior Oil은 휴스턴 근교의 유정에 투자할지 고려 중이다. 두 기업 모두 부채가 없다. 그리고 두 기업이 고려 중인 투자안도 서로 동일하다. 그들은 투자안으로 인한 현금흐름이 당장은 0보다 작지만, 미래에는 0보다 높아질 것이라고 분석했다. 이와 같은 현금흐름은 두 기업 모두 동일하며, 투자안의 자금을 조달하기 위해서 부채를 발행할 필요가 없다. 할인율이 18%일 때 NPV는 100만$, 할인율이 22%일 때 NPV는 −110만$일 것이라고 추정했다. Dow의 베타는 1.25이고, Superior의 베타는 0.75이다. 시장의 기대위험프리미엄은 8%이고, 무위험채권의 수익률은 12%이다. 그렇다면 두 기업 모두 투자안을 받아들여야 할까? 아니면 모두 기각해야 할까? 설명해보라.

10. **부문별 자본비용 [LO5]** 어떤 상황에서 서로 다른 부서에 대해 서로 다른 자본비용을 적용하는 것이 적절하겠는가? 기업의 WACC를 모든 부서의 기준수익률(hurdle rate)로 적용한다면 대부분의 자금이 위험이 더 높은 부서에 투자될까, 아니면 더 낮은 부서에 투자될까? 그 이유는 무엇인가? 서로 다른 부서들에 대한 자본비용을 구하려 한다면 어떤 문제에 부딪히게 되는가? 각 부서의 자본비용에 대해 대략적인 측정값을 구할 수 있는 두 가지 방법은 무엇인가?

연습문제

초급문제 (1-19)

1. **자기자본의 비용 계산 [LO1]** Tribiani Co.가 방금 주당 2.90$의 배당금을 지급했다고 하자. 이 기업은 배당금이 앞으로 매년 4.5%씩 계속 영원히 성장할 것이라고 예상한다. 주식의 현재가격이 주당 56$라면, 자기자본의 비용은 얼마인가?

2. **자기자본의 비용 계산 [LO1]** Swanson Corporation의 보통주의 베타는 1.07이다. 무위험이자율은 3.4%이고, 시장의 기대수익률은 11%이다. 이 회사의 자기자본의 비용은 얼마인가?

3. **자기자본의 비용 계산 [LO1]** Stock in Jansen Industries의 베타는 1.05이다. 시장의 위험프리미엄은 7%이고, 미 재무부 단기채권(T-bill)의 수익률은 3.5%이다. 이 회사는 가장 최근에 주당

2.45$의 배당금을 지급하였고, 배당금은 앞으로 매년 4.1%씩 꾸준히 성장할 것이다. 주식의 현재 가격이 44$라면, 이 회사의 자기자본의 비용은 얼마겠는가?

4. **배당성장모형을 이용한 자기자본의 비용 계산 [LO1]** Wacken, Ltd.가 방금 주당 2.73$의 배당금을 지급했다고 하자. 이 회사는 지난 4년 동안 매년 각각 2.31, 2.39, 2.48, 2.58$의 배당금을 지급했다. 이 회사 주식의 현재가격이 43$라면, 배당금의 산술평균성장률을 가지고 계산한 이 회사의 자기자본의 비용은 얼마인가? 기하평균성장률을 사용한 경우에는 얼마인가?

5. **우선주의 비용 계산 [LO1]** Savers은행은 방금 주당 3.85$의 배당금을 지급하는 우선주를 주당 87$에 판매했다. 이 은행의 우선주의 비용은 얼마인가?

6. **부채의 비용 계산 [LO2]** Sunrise, Inc.는 부채의 비용을 구하려고 한다. 이 기업이 발행한 채권은 만기가 23년이고, 현재의 가격은 액면가의 96%이다. 이 채권은 연간 5%의 쿠폰을 반년마다 지급한다. 이 회사의 세전 부채의 비용은 얼마인가? 세율이 21%라면, 세후 부채의 비용은 얼마인가?

7. **부채의 비용 계산 [LO2]** Jiminy's Cricket Farm사는 3년 전에, 만기가 30년이고 연간 4.5%의 쿠폰을 반년마다 지급하는 채권을 발행했다. 이 채권은 현재 액면가의 104%에 팔리고 있다. 기업의 세율은 22%이다.
   a. 세전 부채의 비용은 얼마인가?
   b. 세후 부채의 비용은 얼마인가?
   c. 이 둘 중에서 어느 것이 더 적절한가? 왜 그런가?

8. **부채의 비용 계산 [LO2]** 문제 7에서 발행된 채권의 장부가치가 75백만$라고 가정하자. 또한 이 회사의 두 번째 채권은 만기가 8년 남은 제로쿠폰채권으로 현재 시장에서 거래되고 있다. 이 채권의 장부가치는 30백만$이고, 액면가의 81%에 거래되고 있다. 이 회사 부채의 총장부가치는 얼마인가? 이 회사 부채의 총시장가치는 얼마인가? 세후 부채의 비용은 얼마로 추정되는가?

9. **WACC의 계산 [LO3]** Ninecent Corporation은 보통주 70%, 우선주 5%, 부채 25%를 자신의 목표 자본구조로 하고 있다. 자기자본의 비용은 11%, 우선주의 비용은 5%, 부채의 세전 자본비용은 6%이다. 세율은 23%이다.
   a. 이 회사의 WACC는 얼마인가?
   b. 이 회사 사장이 우선주의 비용이 더 싼데 왜 우선주의 비중을 더 높이는 자본구조를 택하지 않는지를 당신에게 물었다. 당신은 이 회사 사장에게 어떤 말을 하겠는가?

10. **세금과 WACC [LO3]** Brannan Manufacturing의 목표 자기자본-부채비율은 0.35이다. 자기자본의 비용은 11%이고, 부채의 비용은 6%이다. 세율이 21%라면, 이 회사의 WACC는 얼마인가?

11. **목표 자본구조 구하기 [LO3]** Fama's Llamas의 가중평균자본비용은 8.4%이다. 자기자본의 비용은 11%이고 세전 부채의 비용은 5.8%이다. 세율은 25%이다. 이 회사가 목표로 하고 있는 자기자본-부채비율은 얼마인가?

12. **장부가치와 시장가치 [LO3]** Dani Corp.는 5.5백만 주의 보통주를 발행하였다. 주식의 현재 가격은 83$이고, 장부가치는 주당 5$이다. 이 회사는 또한 두 가지의 채권을 발행하였다. 첫 번째 채권의 총액면가치는 80백만$이고, 5.5%의 쿠폰을 지급한다. 현재 이 채권의 가격은 액면가의 109%이다. 두 번째 채권의 총액면가치는 45백만$이고, 5.8%의 쿠폰을 지급한다. 현재 이 채권의 가격은 액면가의 108%이다. 첫 번째 채권의 만기는 21년이고, 두 번째 채권의 만기는 6년이다.
   a. 장부가치를 기준으로 했을 때, 이 회사의 자본구조 비중은 얼마인가?
   b. 시장가치를 기준으로 했을 때, 이 회사의 자본구조 비중은 얼마인가?
   c. 장부가치 비중과 시장가치 비중은 둘 중에서 어느 것이 더 적절한 것인가? 그 이유는?

13. **WACC의 계산 [LO3]** 문제 12에서 가장 최근에 지급된 배당금이 3.85$이고, 배당성장률은 5%라고 하자. 그리고 부채 전체의 비용은 두 채권의 비용을 가중평균한 것이라고 하자. 두 채권 모두

반년마다 쿠폰을 지급한다. 세율은 21%이다. 이 회사의 WACC는 얼마인가?

14. **WACC [LO3]** Ursala, Inc.는 0.65의 자기자본-부채비율을 목표로 하고 있다. 이 기업의 WACC는 10.4%이고, 세율은 23%이다.

a. 이 회사의 자기자본의 비용이 14%라면, 세전 부채의 비용은 얼마인가?

b. 세후 부채의 비용이 6.5%라면, 자기자본의 비용은 얼마인가?

15. **WACC 구하기 [LO3]** Lightning Power Co.에 대해서 다음과 같은 정보가 주어졌다. 이 회사의 WACC를 구하라. 법인세율은 21%라고 가정하라.

부 채: 액면가 = $1,000, 쿠폰율 = 4.6%, 만기 = 25년, 현재가격 = 액면가의 105%, 반년마다 쿠폰 지급, 총발행 수 = 12,000

보통주: 현재가격 = $81, 베타 = 1.04, 총발행 수 = 575,000

우선주: 배당률 = 3.4%, 현재가격 = $94, 총발행 수 = 30,000 (액면가 = $100)

시 장: 시장위험프리미엄 = 7%, 무위험이자율 = 3.2%

16. **WACC 구하기 [LO3]** Lingenburger Cheese Corporation은 보통주 640만 주, 배당률 4.2%인 우선주 20만 주, 쿠폰율이 3.8%이고 반년마다 쿠폰을 지급하는 액면가 1,000$인 채권 12만 개를 발행하였다. 보통주의 현재가격은 주당 54$이고, 베타는 1.08이다. 우선주의 현재가격은 주당 103$이다. 채권의 만기는 15년이고, 현재가격은 액면가의 107%이다. 시장위험프리미엄은 7.5%이다. 미 재무부 단기채권의 수익률은 2.4%이며, 이 회사의 세율은 22%이다.

a. 시장가치를 기준으로 할 때, 이 회사의 자본구조는 어떻게 되는가?

b. 이 회사 전체의 위험수준과 비슷한 위험을 지닌 새로운 투자안에 대해서 평가할 때, 그 투자안의 현금흐름을 할인하는 데 사용할 수 있는 적절한 할인율은 얼마가 되어야 하는가?

17. **SML과 WACC [LO1]** 100% 자기자본으로 운영되고 있는 기업(all-equity firm)이 다음 4가지의 투자안을 검토하고 있다고 하자.

투자안	베타	기대수익률
W	0.83	9.4%
X	0.92	11.6
Y	1.09	12.9
Z	1.35	14.1

T-bill의 수익률은 4%이며, 시장의 기대수익률 E(rm)은 12%이다.

a. 이 기업이 갖는 12%의 자본비용보다 기대수익률이 높은 투자안은 어느 것인가?

b. 어느 투자안을 받아들여야 할까?

c. 기업 전체에 대한 자본비용을 기준수익률(hurdle rate)로 적용했을 때, 잘못 선택하거나 잘못 선택하지 않을 투자안은 어떤 것인가?

18. **발행비용의 계산 [LO4]** 새로운 생산라인의 구축을 위해서 어떤 기업이 43백만$를 필요로 한다고 하자. 목표 자기자본-부채비율은 0.75이다. 새로운 자기자본의 발행비용은 6%이지만, 부채의 발행비용은 2%에 불과하다. 이 회사 사장은 발행비용이 낮고 필요한 자금이 상대적으로 적기 때문에 채권을 발행하기로 결정했다.

a. 채권을 발행하여 전체 금액을 조달하기로 결정한 이유는 무엇인가?

b. 목표 자기자본-부채비율을 유지하는 경우 자기자본으로 조달해야 하는 부분은 새로운 주식의 발행으로 조달한다고 했을 때 이 기업의 가중평균발행비용은 얼마인가?

c. 발행비용을 고려했을 때 새로운 생산공정을 짓는 데 들어가는 실제 비용은 얼마인가? 이 경우에 전체 금액을 채권의 발행으로 조달하는 것이 문제가 되는가?

19. **발행비용의 계산 [LO4]** Shinedown Company는 새로운 투자안을 위해서 95백만$의 자금을 필요로 한다. 이 자금을 조달하기 위해서 이 회사는 새로운 채권을 발행하기로 했다. 기업이 목표하는 자본구조는 65%의 보통주와 5%의 우선주, 30%의 부채이다. 보통주의 발행비용은 7%, 우선주의 발행비용은 4%, 채권의 발행비용은 2%이다. 그렇다면 이 투자안을 평가할 때 사용해야 하는 실제 초기비용은 얼마인가?

중급문제
(20-25)

20. **WACC와 NPV [LO3, 5]** Lebleu, Inc.은 새로운 투자안을 고려하고 있다. 이 투자안은 첫해 말에 2.9백만$의 비용(세후 기준)을 절감하게 해주고, 이와 같은 비용절감액은 매년 2%씩 꾸준하게 영원히 증가할 것이다. 이 기업의 목표 자기자본-부채비율은 0.75이며, 자기자본의 비용은 10%, 세후 부채의 비용은 4.6%이다. 이 비용절감 투자안은 이 기업의 일반적인 위험수준보다 약간 더 큰 위험을 갖는다. 이 회사의 경영진은 주관적 접근방법을 사용하여 이와 같은 투자안에 대해서는 자본비용을 3% 높게 적용한다. 어떤 상황에서 이 투자안을 받아들이는 것이 옳은가?

21. **발행비용 [LO4]** Being Human, Inc.는 새로운 TV쇼의 자금을 조달하기 위해서 증권을 발행하였다. 이 투자안에는 45백만$의 비용이 들고, 이 회사는 발행비용으로 2.2백만$를 지불하였다. 또한 자기자본의 발행비용은 그 금액의 7%이며, 부채의 발행비용은 그 금액의 2%이다. 만약 이 회사가 자신이 목표하는 자본구조와 동일한 비중으로 증권을 발행했다면, 목표 자기자본-부채비율은 얼마인가?

22. **부채의 비용의 계산 [LO2]** Ying Inyort사는 현재 여러 종류의 채권을 발행하고 있다. 각 채권의 쿠폰은 반년마다 지급된다. 채권들의 내용은 다음과 같다. 이 회사의 세율이 22%라면 이 회사의 세후 부채의 비용은 얼마인가?

채권	쿠폰율	현재가격	만기	액면가
1	4.00%	103.18	5년	$45,000,000
2	7.10	112.80	8년	40,000,000
3	5.30	107.45	15.5년	50,000,000
4	4.90	102.75	25년	65,000,000

23. **자기자본의 비용 계산 [LO1]** Ginger Industries 주식의 베타값은 1.08이다. 이 회사는 방금 주당 0.85$의 배당금을 지급했으며 배당금은 매년 4% 증가할 것으로 기대된다. 기대시장수익률은 11.3%이고, 미 재무부 단기채권(T-bill)의 수익률은 3.4%이다. 이 회사 주식의 가장 최근 시장가격은 72$이다.

a. 배당성장모형을 사용하여 자기자본의 비용을 구하라.

b. SML을 사용하여 자기자본의 비용을 구하라.

c. 문제 a와 문제 b의 답이 다른 이유는 무엇인가?

24. **기업의 가치(조정된 자산으로부터의 현금흐름) [LO3]** Derry Corp.은 내년에 2.1백만$의 EBIT를 보일 것으로 예상된다. 감가상각비, 순운전자본의 증가액, 자본지출은 각각 165,000, 80,000, 120,000$로 예상된다. 이들은 모두 계속해서 4년 동안 연 18%로 증가할 것으로 예상된다. 이 회사가 발행한 주식 수는 750,000주이며, 이 회사는 현재 10.4백만$의 부채를 갖고 있다. 5년 이후에 이 회사의 조정된 자산으로부터의 현금흐름은 연 3%씩 영원히 증가할 것으로 기대된다. 이 회사의 WACC은 8.5%이고, 세율은 21%이다. 이 회사의 주식가격은 얼마인가?

25. **기업의 가치(조정된 자산으로부터의 현금흐름) [LO3]** 문제 24에서, 당신은 조정된 자산으로부터의 현금흐름의 항구적 증가율 대신에 주가매출액 비율(price-sales ratio: PSR)을 사용하여 터미널 가치(terminal value)를 구하기로 했다. 당신은 이 회사의 5년째 매출액이 23.7백만$이고, 적절한 PSR은 2.9라고 판단한다. 이렇게 구한 이 회사 주식의 적정한 현재가격은 얼마인가?

고급문제
(26-31)

26. **기업의 가치(조정된 자산으로부터의 현금흐름) [LO3]** 당신은 방금 J&R Homes, Co.의 재무제표를 살펴보았다. 이 회사는 올해 3.35백만$의 EBIT을 보이고 있다. 감가상각비, 순운전자본의 증가액, 자본지출은 각각 295,000, 125,000, 535,000$이다. 당신은 앞으로 5년간 EBIT가 매년 15% 증가할 것이며, 감가상각비와 자본지출은 매년 20%, NWC는 매년 10% 증가할 것으로 예상한다. 이 회사가 발행한 주식 수는 400,000주이고 현재 19.5백만$의 부채를 갖고 있다. 5년 이후에 조정된 자산으로부터의 현금흐름은 매년 3.5% 영원히 증가할 것으로 예상된다. 이 회사의 WACC은 8.6%, 세율은 22%이다. 이 회사의 주식가격은 얼마인가.

27. **기업의 가치(조정된 자산으로부터의 현금흐름) [LO3]** 문제 26에서 당신은 이 회사의 5년째 매출액이 45.5백만$이고, PSR은 2.15가 될 것으로 판단한다. 이 회사 주식의 적정한 현재가격은 얼마인가?

28. **발행비용과 NPV [LO3, 4]** Landman Corporation (PC)은 사진장비를 생산한다. 이 기업이 현재 목표로 하는 자기자본-부채비율은 0.60이다. 이 회사는 요즘 73백만$의 생산시설을 새로 짓는 것을 고려 중이다. 이 새로운 시설은 앞으로 매년 9.4백만$의 세후 현금흐름을 꾸준히 창출할 것으로 기대된다. 자금을 조달하는 데 있어서 다음과 같은 세 가지 대안이 있다고 하자.

1. 보통주를 새로 발행한다. 보통주의 발행비용은 그 금액의 6%이다. 이 신규 자기자본에 대한 요구수익률은 13%이다.
2. 만기가 20년인 채권을 새로이 발행한다. 채권의 발행비용은 그 금액의 3%이다. 채권은 매일매일 사업에서 발생하는 것이므로 발행비용이 없으며, 외상매입금비용은 회사 매년 7%의 쿠폰을 지급하고, 판매가격은 액면가와 동일하다.
3. 외상매입금(accounts payable)을 보다 많이 활용한다. 외상매입금을 이용한 자금조달은 전체의 WACC와 동일한 것으로 책정한다. 장기부채에 대한 외상매입금의 비율은 0.15를 목표로 하고 있다(세전과 세후의 외상매입금비용은 같다고 가정하자).

이 새로운 시설의 NPV는 얼마인가? 세율은 21%라고 가정하라.

29. **발행비용 [LO3]** Chauhan Corp.의 자기자본-부채비율은 0.65이다. 이 회사는 55백만$가 들어가는 새로운 공장의 건설을 고려 중이다. 새로운 주식을 발행하면 그 발행비용은 그 금액의 6%이다. 부채로 자금을 조달하는 경우에 그 발행비용은 그 금액의 2.4%이다. 이 회사가 필요한 자금을 모두 주식발행으로 조달한다면 공장건설에 들어가는 비용은 얼마인가? 필요한 자금의 60%를 유보이익(이익잉여금)으로 조달하면 공장건설에 들어가는 비용은 얼마인가? 모두 유보이익으로 조달하면 비용은 얼마인가?

30. **투자안의 평가 [LO3, 4]** 이 문제는 이 장과 이전 장들에서 배운 내용을 모두 합한 투자안 평가에 관한 문제이다. 당신이 Defense Electronics Inc. (DEI)의 재무상담역으로 취임했다고 가정하자. 이 회사는 상장된 회사로서 레이더 감지시스템(radar detecting system: RDS) 분야에서 시장 선도자의 지위를 차지하고 있다. 현재 이 회사는 새로운 RDS의 생산라인을 위해 해외에 공장을 세우는 것에 대해 고려 중이다. 이 투자안의 수명은 5년이다. 이 회사는 화학폐기물을 폐기하기 위해서 3년 전에 3.9백만$짜리 땅을 사들였지만, 이를 사용하지 않고 그 대신 안전한 배출시스템을 구축하였다. 이 땅은 지난 주에 세후 4.1백만$로 평가되었다. 5년 후에 이 땅은 세후 4.4백만$가 될 것으로 기대되지만 이 회사는 이 땅 위에 새로운 공장을 세우고자 한다. 생산장비를 구입하는

데는 37백만$가 든다. 현재 시장에서 거래되는 DEI의 증권들에 대한 정보는 다음과 같이 주어져 있다.

부 채: 쿠폰율 = 5.8%, 만기 = 25년, 액면가 = $1,000, 현재가격 = 액면가의 106%, 반기마다 쿠폰지급, 총발행 수 = 205,000
보통주: 현재가격 = 주당 $67, 베타 = 1.15, 총발행 수 = 8,600,000
우선주: 배당률 = 4%, 현재가격 = 주당 $83, 총발행 수 = 500,000, 액면가 $100
시 장: 기대 시장위험프리미엄 = 7%, 무위험이자율 = 3.1%

DEI는 G.M. Wharton을 증권인수 대표회사로 고용한다. Wharton은 새로 발행되는 보통주, 우선주, 채권에 각각 7%, 5%, 3%의 비용을 부과한다. 이에는 모든 직간접 발행비용(Wharton의 이익도 포함하여)이 포함되어 있다. Wharton은 DEI에게 보통주의 발행을 통해서 투자에 필요한 자금을 조달하라고 권유하였다. DEI의 세율은 25%이다. 이 투자안에는 또한 1,500,000$의 초기 순운전자본이 든다. 자기자본에 의한 자금조달은 모두 새로운 주식의 발행으로 이루어진다고 가정한다.

a. 모든 부수효과(side effect)를 고려한 투자안의 초기(시점 0) 현금흐름을 계산하라.
b. 새 공장을 해외에 세운다는 점에서, 이 새 투자안은 이 회사의 전형적인 투자안보다 위험수준이 높다. 경영진은 이와 같이 위험수준이 높은 것에 대해서 2% 더 높은 자본비용을 적용한다. 이 회사의 새 투자안을 평가하는 데 있어서 적절한 할인율이 얼마인지 계산해보라.
c. 공장의 세금적용 기간은 8년이며, 이 회사는 감가상각에 있어서 정액법을 적용한다. 투자안이 끝나면(5년 뒤), 공장을 4.9백만$에 매각할 수 있다. 그렇다면 공장의 세후 잔존가치(salvage value)는 얼마인가?
d. 이 회사는 매년 6.9백만$의 고정비용을 발생시킨다. 앞으로 매년 8,500개의 RDS를 생산하고, 하나당 13,450$에 판매할 계획이다. RDS 하나당 변동생산비용은 10,600$이다. 이 투자안의 매년 영업현금흐름(operating cash flow: OCF)은 얼마인가?
e. DEI의 회계사는 이 회사의 투자안이 회계보고서에 어떤 영향을 미치는지 궁금해한다. 새로운 투자안의 회계적 손익분기점에서의 RDS 판매량은 얼마인가?
f. DEI의 회장은 당신이 한 모든 계산, 가정 등은 전부 버리고 RDS 투자안의 내부수익률(IRR)과 순현가(NPV)에 대해서만 보고받기를 원한다. 당신은 어떻게 보고하겠는가?

31. **기업의 가치(조정된 자산으로부터의 현금흐름) [LO3]** 당신이 살펴보고 있는 회사는 자본지출도 없고, 순운전자본의 변화도 없고, 감가상각비도 없다. 이 회사는 자산을 증가시키고 있지 않기 때문에 EBIT도 일정하다. 이 회사의 가치는 얼마인가?

작은 사례

Master Tool의 자본비용

당신은 최근에 Master Tools(MT)의 비교적 새로운 재무경영부서에 고용되었다. MT는 8년 전에 Martha Masters에 의해서창업되었다. Martha는 제조과정을 간소화시켜 저렴하게 도구를 생산하는 방법을 개발하였다. MT가 생산하는 도구들은 일반대중 시장을 겨냥하고 있으며 주로 소매를 통해 팔린다. 이 회사는 Martha와 그 가족에 의해 소유되고 있으며, 작년에 9,700만$의 매출을 기록했다.

MT는 개인 일을 스스로 하는 고객들에게 주로 판매하지만 여러 온라인 시장에서도 판매하고 있다. 따라서 회사의 매출은 가격에 민감하다. 이 회사는 충분한 자본이 있을 때, 생산을 확대한다. 자본예산 과정에서 공식적인 분석은 상대적으로 거의 이루어지지 않았다. Martha가 자본예산기법에 관련된 기사를 읽고 당신에게 조언을 구하러 왔다. 우선, 이 회사는 그 자본비용이 얼마인지 결정하지 못했는데 Martha는 당신이 그 분석부터 해 주기를 바랐다. 이 회사가 개인소유이기 때문에 자기자본의 비용을 결정하는 것은 쉬운 일이 아니다. Martha는 "퓨어플레이 접근법(pure play approach)"을 통해서 MT의 자본비용을 구해 주기를 원했다. 그리고 대표적 기업으로 Snap-on Tools를 정했다. 자본비용을 구하기 위해서 당신은 다음과 같은 순서로 살펴보면 될 것이다.

질문

1. 대부분의 공개기업들은 자신의 금융정보를 분기마다(10Q), 또한 해마다(10K) SEC에 제출해야 한다. 이 보고서들은 SEC의 홈페이지인 www.sec.gov에서 직접 확인할 수 있다. 여기에 접속해 "Search Company and Individual Filings"를 링크하여 Snap-On Tools(SNA)가 작성한 보고서들을 찾아보라. 그리고 가장 최근의 10Q와 10K를 받아보라. 재무상태표를 보면 부채와 자기자본의 장부가치를 알 수 있을 것이다.
2. SNA의 자본비용을 알려면, 먼저 finance.yahoo.com에 접속하여 티커 심볼인 SNA를 입력해야 한다. 링크를 따라가면 다음과 같은 질문들에 답할 수 있을 것이다. SNA의 가장 최근 주가는 얼마인가? 주식의 총시장가치는 얼마인가? SNA의 총발행주식수는 얼마인가? 가장 최근에 지급한 연간배당금은 얼마인가? 애널리스트들은 연간 6%의 배당성장률을 추정했다. DGM을 이용하여 구한 자기자본비용은 얼마인가? SNA의 베타는 얼마인가? 이제 finance.yahoo.com로 돌아가서 "Bonds" 링크를 클릭해보자. 3개월 만기 미 재무부 채권의 수익률은 얼마인가? 역사적 시장위험프리미엄을 적용한 CAPM을 이용하여 구한 SNA의 자기자본 비용은 얼마인가? 결론적으로 자기자본의 비용은 얼마인가?
3. 이제 SNA의 부채의 비용을 구해야 한다. finra-markets.morningstar.com에 접속하여 회사 이름을 SNA로 넣고 SNA 채권의 만기수익률이 얼마인지 알아보라. 장부가치 가중치를 적용했을 때 및 시장가치 가중치를 적용했을 때, SNA의 부채의 가중평균자본비용은 얼마인가? 이 경우에 두 가지 가중치에 따라 차이가 있는가?
4. 이제 SNA의 WACC을 구하는 데 필요한 정보를 모두 얻은 셈이다. 장부가치 가중치와 시장가치 가중치를 적용하고 SNA의 세율이 21%라고 가정하여 WACC를 구해보라. 어느 결과가 더 현실적인가?
5. 당신은 MT의 자본비용을 추정하기 위해서 SNA를 퓨어플레이 기업으로 이용했다. 이런 상황에서 이와 같은 접근방법을 적용할 때 발생할 수 있는 어떤 잠재적인 문제점이 있는가?

15 자본조달

Raising Capital

2019년 12월 11일, Saudi Aramco가 사우디 주식시장에 상장되었을 때, 세계 최대의 IPO로 기록되었다. 이 회사는 Morgan Stanley, Goldman Sachs, JP Morgan Chase를 비롯한 여러 기타 투자은행들의 도움을 받아 총발행주식의 1.5%인 30억 주를 주당 32리얄($8.53)에 발행하였다. 이렇게 이 회사는 256억$를 조달하였는데 이것은 종전 Alibaba가 세운 최고기록 250억$를 넘어선 것이었다. 첫 거래일의 장마감 시간에 회사의 가치는 1조 8,800만$이었는데, 이는 사우디 왕가가 기대했던 2조$에 못 미쳤지만 여전히 세계에서 가장 큰 상장회사 기록을 세운 것이다. 이 장에서는 Aramco와 같은 기업이 주식을 대중에게 공매하는 절차, 기업을 공개할 때 발생하는 비용, 또한 그 과정에서 투자은행들이 하는 역할에 대해서 살펴볼 것이다.

학습목표 _*Learning Objectives*

이 장을 공부한 후에는 다음과 같은 것들에 대해 알아야 한다.

LO1 벤처캐피탈시장과 그것의 신생 고위험벤처기업에 대한 자금조달 역할

LO2 주식의 일반공모 절차와 그 과정에서의 투자은행의 역할

LO3 최초기업공모(IPO)와 그에 따르는 비용

LO4 기존 주주에게 주식인수권이 발행되는 방법 및 인수권의 가치평가

모든 기업들은 수시로 자본을 조달해야 한다. 그러기 위해서 돈을 빌리거나(부채 조달), 회사의 일부를 팔거나(자기자본 조달) 또는 이 둘을 병행한다. 기업이 어떻게 자본을 조달하느냐는 기업의 규모, 수명 주기(life-cycle)의 단계, 성장 가능성에 따라 많이 다르다.

이 장에서는 기업들이 실제로 어떤 방법을 통해서 자본을 조달하는지 알아본다. 먼저, 초기단계에 있는 기업들을 살펴보고 이들에게 벤처캐피탈이 얼마나 중요한지 설명할 것이다. 그런 다음 주식공개의 과정과 투자은행의 역할에 대해서 살펴볼 것이다. 또한 증권의 공개매각과 관련된 여러 가지 이슈들에 대해서 알아보고 이들이 모든 형태의 기업에 갖는 의미를 살펴볼 것이다. 마지막으로 채권발행에 대해서도 살펴볼 것이다.[1]

[1]이 장은 University of Florida의 Jay R. Ritter와 *The Currency Report* (www.globalcurrencyreport.com)의 M. Shane Hadden의 조언과 제안에 큰 도움을 받았다.

15.1 기업가정신: 초기단계의 자본조달과 벤처캐피탈

어느 날 당신이 친구와 함께 다음 세대의 인터넷 사용자를 위한 컴퓨터 소프트웨어에 대해서 기발한 아이디어를 생각해냈다고 가정하자. 사업적인 열정을 바탕으로 당신은 이 소프트웨어에 Megacomm이라는 이름을 붙이고 시장에 내놓을 계획을 세운다.

며칠 밤을 샌 후, 드디어 이 제품의 원형을 만들 수 있게 되었다. 실제로 작동하지는 않지만 새로운 아이디어가 무엇인지 보여주기에는 충분하다. 그러나 제품을 개발하기 위해서는 프로그래머를 고용해야 하고, 컴퓨터 장비도 사야 하고, 사무실도 임대해야 한다. 대학생 신분으로 당신에게 그럴 만한 돈이 있을 리가 없다. 그러므로 다른 곳으로부터 돈을 빌려야 한다.

가장 먼저 생각나는 곳이 은행일 것이다. 그러나 은행은 (아이디어 외에) 자산도 없고 경력도 없는 초보 창업기업(startup company)에 대출을 하려 하지 않는다. 자금을 찾아서 Shark Tank와 같은 히트작 TV콘테스트에 출연할 수도 있겠으나 이런 데서는 얼마 안 되는 자본이라도 조달할 수 있는 사람은 많지 않다. 결국 은행 대신에 **벤처캐피탈**(venture capital: VC) 시장으로 발을 돌려야 할 것이다.

벤처캐피탈(venture capital): 새롭고, 종종 위험이 높은 벤처기업에 제공되는 자본

기업가정신

기업가들은 새로운 기업을 일으키는데 이것은 그들이 대부분의 위험을 부담하지만 동시에 많은 보상을 얻는다는 뜻이다. 그리고 대부분의 기업가들은 그 같은 수준에 도달하기 어렵겠지만, Microsoft의 Bill Gates와 Apple의 Steve Jobs는 차고에서 시작한 회사 중에서 최고의 성공 사례이다. 전통적인 직업과 달리, 기업가에게 성공으로 가는 길은 정해져 있지 않다. 그저 땀흘리는 노력과 폭넓은 기술이 중요하다.

기업가 정신은 많은 대학에서 이 주제에 대한 학위를 제공할 정도로 성장했지만 도움을 얻을 수 있는 다른 출처도 있다. 대부분의 대도시에는 기업가 센터가 있으며, 기업가를 위한 종자투자자(seed investor) 그룹도 있다. 가장 잘 알려진 것 중 하나는 Y Combinator(YC)이다. YC는 "부트 캠프(boot camp)" 스타일로 많은 스타트업 기업들에게 자금을 지원하며 기업가들이 함께 일할 수 있도록 돕는다. 네트워킹과 정보공유는 기업의 일생 중 이 초기 시점에서 성공의 중요한 결정 요인이 될 수 있다. Y Combinator에서 자금을 지원받은 유명한 회사를 몇 개 들자면 Airbnb, Dropbox 및 DoorDash가 있다.

Y Combinator를 더 알고 싶으면 **www.ycombinator.com**을 참조하라.

벤처캐피탈

벤처캐피탈은 정확한 정의를 내리기 어렵지만 일반적으로 새롭고 위험이 높은 벤처기업에 제공되는 자본을 가리킨다. 소위 엔젤(angels)은 자기자신의 돈을 투자하는 개인들이지만 소규모의 투자에 집중하는 경향이 있다. 벤처캐피탈 회사(venture capital firm)는 여러 곳으로부터 자금을 모아 투자하는 일을 전문으로 한다. 이 회사들의 자금 출처로는 개인자금, 연금, 보험회사, 대기업, 대학재단기금 등을 꼽을 수 있다. 광범위하게 사용되는 용어로서 사모자기자본(private equity)은 비공개(nonpublic) 기업에 투자하는 급성장하는 영역을 말한다.[2]

벤처캐티탈에서 훈련을 쌓고 싶으면 **https://venturecapital-university.com**에 있는 학교에 가보라.

[2]소위 "벌처 자본가 혹은 독수리자본가(vulture capitalist)"란 재정난을 겪고 있는 기존 기업을 상대로 고위험의 투자를 전문적으로 한다. 통속자본가(vulgar capitalist)들은 여러모로 좋지 않은 것으로 인식되는 기업들에 투자하는 투자자들이다.

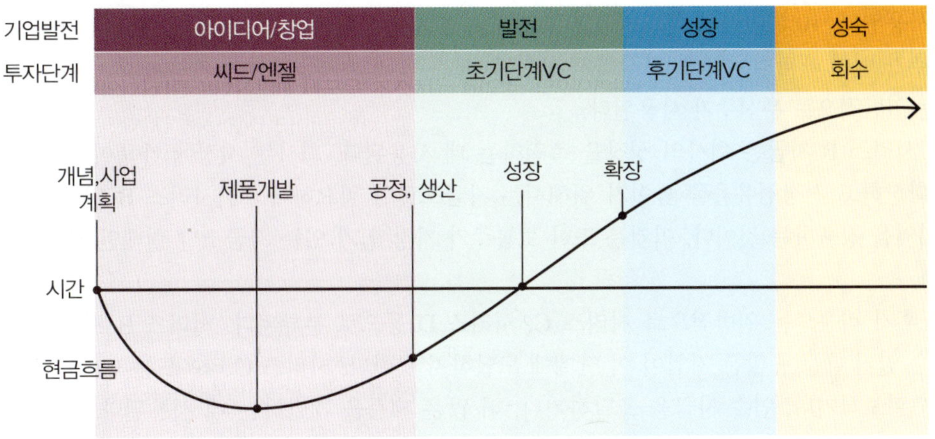

그림 15.1
창업 기업의 현금흐름

출처: *National Venture Capital Association Yearbook* 2020 (Pitchbook Data, Inc.).

벤처캐피탈 시장은 신생기업의 중요한 자금원 역할을 한다. 그림 15.1은 신생기업의 초기 현금 흐름을 보여준다. 기업의 생명이 움틀 때, 제품이 개발되는 동안 현금흐름은 마이너스이다. 이 단계에서 자주 매우 큰 현금 유출이 발생한다. 제품이 시장에 출시되더라도 성장과 확장이 일어날 때까지 현금흐름은 여전히 마이너스이다.

벤처 자본가들과 벤처캐피탈 기업들은 많은 아니 대부분의 새로운 벤처기업은 추락하고 어쩌다 한둘 정도만 성공할 수 있다는 사실을 잘 알고 있다. 그러나 성공할 경우, 그 잠재적 수익이 엄청나기에 실패를 감수할 수 있는 것이다. 위험수준을 조절하기 위해서 벤처자본가들은 단계별로 자본을 투자한다. 각 단계마다 필요한 만큼만 투자하는 셈이다. 예를 들어 초기단계의 자본조달은 제품의 모형을 개발하고 생산계획을 완성시킬 정도로만 이루어진다. 초기단계의 결과를 바탕으로 두 번째 단계에서는 생산, 마케팅, 유통을 위한 대규모의 자금이 투자될 수 있다. 이와 같은 단계는 여러 개 존재할 수 있으며, 이는 기업의 성장과정에서 나타나는 주요 단계적 진행을 반영하여 결정한다.

벤처캐피탈 기업들은 서로 다른 단계에 전문화하기도 한다. 일부는 초기단계의 "씨드머니(종자돈, seed money)"나 밑바닥 자본조달에 전념한다. 이와는 대조적으로 이후의 단계들에서는 벤처자본가들이 밑바닥보다 한 단계 높은 중간수준(mezzanine level)의 자본조달에 전문화하는 경우도 있다.

엔젤 투자자 그룹 리스트를 포함하여 자본조달 단계를 더 알아보려면 **https://www.fundz.net**을 참조하라.

씨드(seed) 또는 엔젤 라운드는 초기 투자이다. 이 단계에서 기업은 제품을 생산할 수 있더라도 대개는 베타 단계에 불과하다. 기업은 씨드 라운드에서 얻은 돈을 사용하여 시장 수요에 맞게 제품을 조정하고 그것이 시장에서 살아남을 수 있음을 증명하려고 한다. 가격 책정도 이 기간 동안의 핵심 목표이다. 씨드 라운드 투자자는 직접 주식을 받지만, 자금 조달은 종종 전환채권 또는 자문주식(advisory shares)의 형태로 제공된다. 자문주식은 시간이 지남에 따라 행사권리가 서서히 부여되어 엔젤 투자자가 회사에 계속 머물도록 한다. 씨드 머니에 특화된 VC회사가 있긴 하지만, 이 초기 단계에서 중요한 투자원은 종종 친구와 가족이다. 다음 절에서 논의하는 것처럼, 자금은 Kickstarter와 같은 웹사이트에서 올 수도 있다.

VC 산업에 대해 더 알아보려면 **nvca.org**를 참조하라.

초기 단계의 벤처 캐피탈은 일반적으로 시리즈 A 또는 시리즈 B로 분류된다. 시리즈 A 펀딩은 시드 펀딩 이후의 다음 단계이다. 시리즈 A 펀딩은 대개 직원 봉급, 시장조사 및 제품 완성에 사용된다. 10% 미만의 벤처기업만이 시리즈 A로 진행되는 이상, 씨드 라운드 투자를 받더라도 추가 벤처 캐피털 투자를 보장하지 못한다. 모든 형태의 자금조달이 가능하지만, 이 라운드에서는 일반적으로 우선주가 사용된다.

시리즈 B 자금은 회사의 성장을 촉진하는 데 사용된다. 회사는 시장에 제품이 있지만 생산을 확장하고 시장점유율을 높이기 위해서는 자금조달이 필요하다. 이 시리즈 B 펀딩의 목표는 순이익을 창출하는 것이다. 이것은 또한 보통주가 가장 인기 있는 자금조달 형태인 첫 번째 단계이다.

후기 라운드는 일반적으로 시리즈 C, 시리즈 D 등으로 분류된다. 시리즈 B 자금으로 충분할 수 있기 때문에 많은 기업이 이 단계에 도달하지 못한다. 시리즈 C 라운드는 더 큰 시장 점유율을 확보하거나, 인수 자금을 조달하거나, 더 많은 제품을 개발하는 데 사용된다. 후기 자금은 또한 회사가 인수되도록 하거나 상장시키는 데 사용될 수 있다. 익년쯤에 상장을 목표로 하는 기업은 브리지 파이낸싱(bridge financing)을 자주 사용한다. 브리지 파이낸싱은 IPO 비용을 충당하는데 사용되며 종종 투자은행이 제공한다.

최근에는 성장주식(growth equity)이 회사 성장의 후반기에 벤처캐피탈의 한 형태로 더 보편화되고 있다. 성장주식은 성숙한 회사에 자금을 제공하는데 이때 이런 기업들은 기업매수나 IPO가 의미가 없을 때이다. 성장주식은 기업이 과거보다 더 오랫동안 비상장 상태를 유지할 수 있게 해준다. 성장주식은 10억$를 초과하는 가치를 지닌 비상장 기업인 유니콘(unicorns)이 자주 이용하지만 그에만 국한되지는 않는다. 표 15.1은 지난 10년간 VC별 자본조달 건수를 보여주고 있다. 어떤 연도이든 성장주식 라운드보다 더 많은 엔젤 라운드가 있음을 알 수 있다.

표 15.2에서 볼 수 있듯이, 벤처캐피탈의 많은 투자가 창업 초기단계에 이루어지는 것처럼 보이지만, 금액으로 보면 투자의 대부분은 나중 단계에서 이루어진다. 이것은 빠르게 성장하는 기업들이 더 큰 규모의 자금 조달을 요구하기 때문이다.

자본조달이 단계별로 이루어지고, 그에 따라 단계별 목표가 충족되어야 자본이 계속 조달된다는 사실은 기업의 설립자에게 강한 동기를 심어준다. 종종 설립자들이 받는 봉급은 상대적으로 적지만, 해당 사업과 묶여 있는 개인 자산을 많이 갖고 있다. 따라서 자본조달의 단계들이 지

표 15.1
라운드별 벤처캐피탈 거래건수

	엔젤/씨드	초기VC	후기VC	성장에퀴티
2010	1,746	2,129	1,588	551
2011	2,618	2,453	1,751	643
2012	3,557	2,630	1,771	670
2013	4,668	2,852	1,893	695
2014	5,491	3,172	2,057	891
2015	5,783	3,250	2,040	1,001
2016	4,790	3,016	1,888	885
2017	4,956	3,384	2,052	1,021
2018	4,622	3,731	2,295	1,217
2019	4,760	3,882	4,717	1,217

출처: *National Venture Capital Association Yearbook* 2020 (Pitchbook Data, Inc.).

표 15.2
2019년 자본조달 단계별 벤처캐피탈 투자액(10억)

엔젤/씨드	$ 9.6
초기VC	43.2
후기VC	80.7
성장에퀴티	66.4

출처: *National Venture Capital Association Yearbook* 2020 (Pitchbook Data, Inc.).

나갈수록 설립자가 보유하게 되는 가치는 점점 커지고 성공할 확률도 점점 증가하게 된다.

자본제공과 더불어, 벤처자본가들은 이전에 다른 벤처기업이나 일반기업에서 자신이 습득한 경험을 제공하면서 기업의 운영에 실질적으로 참여하기도 한다. 이는 기업의 설립자가 실제로 회사를 운영한 경험이 없을 때 특히 중요하다.

벤처캐피탈의 실체

벤처캐피탈 시장의 규모가 큰 것은 분명하지만 실제로 벤처캐피탈을 이용하는 것은 매우 제한되어 있다. 벤처캐피탈 기업들은 수많은 신청서를 받게 되지만 대부분은 검토조차 하지 않는다. 그리고 벤처자본가들은 새로운 투자처를 찾을 때 변호사, 회계사, 은행가, 다른 벤처자본가들에게 많이 의존한다. 결국, 벤처캐피탈 시장에 접근하는 데 있어서 개인적인 인간관계가 중요한 역할을 한다고 볼 수 있다. 그것은 하나의 "소개" 시장이다.

벤처 캐피탈리스트는 특정 산업에 투자하는 전문화 경향이 있다. 사실 표 15.3을 보면 대부분의 벤처 캐피털 투자의 첫 단계 금융은 소프트웨어와 헬스케어 분야이다.

벤처캐피탈에 대한 또 하나의 사실은 그 비용이 상당하다는 것이다. 일반적인 경우 벤처자본가는 회사지분의 40% 또는 그 이상을 요구한다. 또한 벤처자본가는 의결권이 있는 우선주(voting preferred stock)를 보유하여 회사가 매각되거나 파산할 때 여러 가지 우선권을 가지게 된다. 벤처자본가는 자신이 자본을 제공하는 회사의 이사 자리를 직접 차지하기도 하며 경영진에 대한 인사정책까지 관여하기도 한다.

인터넷은 자본의 공급자나 수요자에게 벤처캐피탈에 대한 정보의 보고이다. 예를 들면 **www.dealflow.com**에서 여러분은 자본의 수요자인 기업가 혹은 자본의 공급자인 벤처캐피탈리스트의 데이터베이스를 쉽게 찾아볼 수 있다.

표 15.3
2019년 산업분야별 벤처캐피탈 흐름: 1차 모금

	건수	자본모금총액
상업서비스	317	$1,097.7
소비재 및 오락	161	521.6
에너지	31	54.0
헬스케어 장비	105	551.1
헬스케어 서비스	205	538.3
IT 하드웨어	70	205.8
미디어	110	239.9
기타	820	2,608.1
의약 및 생명공학	208	2,893.3
소프트웨어	903	2,585.9

출처: *National Venture Capital Association Yearbook* 2020 (Pitchbook Data, Inc.).

표 15.4
2019년 출범한 10대 VC 펀드

투자자명	펀드명	펀드규모(백만)	마감일	펀드소재 주
TCV	TCV X	$3,200.0	January 31, 2019	California
Andreesson Horowitz	Andreeson Horowitz LSV Fund I	2,238.9	July 17, 2019	California
Norwest Venture Partners	Norwest Venture Partners XV	2,000.0	November 14, 2019	California
Founders Fund	The Founders Fund VII	1,496.4	November 20, 2019	California
Vivo Capital	Vivo Capital Fund IX	1,430.0	October 30, 2019	California
Sapphire Ventures	Sapphire Ventures Fund IV	1,400.0	December 18, 2019	California
Lightspeed Venture Partners	Lightspeed Venture Partners Select III	1,361.8	June 21, 2019	California
Bond Capital (San Francisco)	Bond Capital Fund	1,250.0	May 1, 2019	California
Sequoia Capital	Sequoia Capital US Growth Fund VIII	998.5	December 6, 2019	California
Andreesson Horowitz	Andreesson Horowitz Fund VI	840.0	July 17, 2019	California

출처: *National Venture Capital Association Yearbook* 2020 (Pitchbook Data, Inc.).

벤처캐피털 기업

벤처캐피탈 펀드는 뮤추얼펀드와 매우 유사하게 투자자로부터 자금을 모아 운영된다. VC 기업이 투자풀로 자금을 모으면, 경영자는 투자자를 위해 투자한다. 약 1,000개의 VC 회사와 2,000개의 VC 펀드가 있다. 2019년에 시작된 가장 큰 펀드는 표 15.4에 나와 있다.

대형 VC 기업은 스타트업 기업에 대한 후기 투자의 대부분을 감당한다. 예를 들어, 가장 큰 VC 기업 중 하나인 SoftBank는 WeWork에 약 185억$를 투자했지만 WeWork의 가치가 2020년 중반에 약 29억$에 불과했기 때문에 투자의 대부분을 잃었다.

크라우드 펀딩을 더 알아 보려면 크라우드펀딩 전문협회의 웹사이트인 **www.cfpa.org**를 참조하라.

VC 투자는 전 세계적으로 이용가능하지만, VC세계의 중심은 유명한 캘리포니아 실리콘밸리 Menlo Park의 Sand Hill Road라고 할 수 있다. 표 15.5는 VC가 각 주에서 운용하는 벤처캐피탈 총액을 보여준다. 보다시피 캘리포니아는 2019년에 상당한 차이로 가장 많은 VC 펀드를 조성했다.

크라우드펀딩

더 잘 알려진 프로젝트형 크라우드펀딩과 자선목적형 크라우드펀딩의 웹사이트는 **www.kickstarter.com**과 **www.gofundme.com**이다.

2012년 4월 5일, Jumpstart Our Business Startups ("JOBS")법이 통과되었다. 이 법은 기업들이 크라우드펀딩(crowdfunding)을 통해 자금을 모을 수 있도록 허용하고 있다. 크라우드펀딩(crowdfunding)이란 인터넷을 통하여 다수의 사람들로부터 소액의 자금을 모으는 행위를 말한다. 크라우드펀딩은 영국 록밴드 Marillion이 미국 연주여행을 위해 맨 처음 사용한 것이다. JOBS법은 기업이 크라우드펀딩을 통해서 회사의 지분을 파는 것을 허용하고 있다. 처음에 JOBS법은 한 회사가 12개월의 기간 내에 1백만$까지 지분을 판매할 수 있게 하였지만, 얼마 지나서 최대로 허용되는 지분판매액을 5천만$까지로 확대하였다.

2016년 5월, Regulation CF(JOBS 법의 Title III이라고도 함)가 시작되어 소액 투자자가 새로운 크라우드펀딩 "포털"에 접근할 수 있게 되었다. 그 전에는 투자자들이 크라우드펀딩에서

표 15.5

2019년 VC모금액 10대 주 통계

	펀드수	모금총액(백만)
California	123	$ 31,513.4
Massachusetts	28	7,515.5
New York	40	4,583.5
Connecticut	2	910.0
Ohio	7	894.1
Illinois	10	721.1
Washington	10	689.1
Texas	9	546.3
Pennsylvania	4	417.0
District of Columbia	2	365.0

출처: *National Venture Capital Association Yearbook* 2020 (Pitchbook Data, Inc.).

"인증"을 받아야 했었다. 개인의 경우 그 조건은 순자산이 100만$ 이상이거나 또는 소득이 지난 3년 중 2년에 대해 200,000$ 이상이어야 했다. Regulation CF는 소득이나 자산이 107,000$ 미만인 투자자가 최소 연간 2,200$부터 최대 5,350$까지 투자할 수 있도록 허용한다.

Regulation CF를 통해 증권을 판매할 수 있게 된 회사도 SEC에 등록해야 한다. 등록이 된 후에는 미국의 금융규제 감독기관인 FINRA (Financial Industry Regulatory Authority)가 승인한 크라우드펀딩 전문포털에 자신의 증권을 등록할 수 있게 된다. FINRA는 전에 채권가격공시를 한다고 언급한 바로 그 기관이다. 크라우드펀딩 포털들은 이미 전문화가 이루어지고 있다. 예를 들면 신용등급이 높은 투자자만을 위한 포털, 모든 투자자들을 위한 포털, 부동산 투자를 위한 포털 등이 바로 그중 하나이다.

가상화폐공개

채권이나 주식을 팔아 자금을 조달해온 기업이 토큰(token: 화폐 대신 쓰는 교환권)을 팔아 자금을 조달할 수 있게 되었다. 토큰을 갖고 있는 사람은 그 회사가 제공하는 미래 서비스를 사용할 권리를 갖는다. 예를 들어 철로를 깔고 있는 회사는 철로가 완성된 뒤에 그 철로를 달리는 기차를 탈 때 사용할 수 있는 기차표를 토큰으로 발행할 수 있다.

다가오는 ICO에 대해서 **icodrops.com**을 참조하라.

토큰의 판매는 특정 플랫폼에 기반해서 전자화폐 형태로 이루어지며, 이들은 전문화된 가상화폐거래소들을 통해 서로 쉽게 거래될 수 있고, 실제 화폐로도 교환된다. 이러한 유통성으로 인해 토큰은 2015년에 처음 도입된 이후로 자금을 모으는 수단으로 인기를 끌고 있다. 해당 토큰을 통해 제공되는 서비스를 전혀 이용하지 않을지도 모르는 소비자나 투자자들도 토큰을 구입하고 있을 정도이다.

전자화폐 형태로 처음 토큰을 판매하는 것을 종종 가상화폐공개(Initial Coin Offering: ICO)라고 부른다. 많은 스타트업 기업들이 전통적인 벤처케피탈을 통해 필요한 자금을 조달하기보다는 ICO를 통해 자금을 조달하는 방법을 택하고 있다. 가장 일반적인 플랫폼은 이더리움(Ethereum)이며 이외에도 여러 경쟁회사들이 많이 나타나고 있다. 2019년에는 109개의 가상화폐공개(ICO)가 있었으며 그 총 금액은 약 3.71억$였는데 이것은 2018년 1,253개 ICO에 총금액 78억$ 발행에 비하면 매우 줄어든 것이다.

블록체인(blockchain) 기술에 기반을 두고 토큰을 판매하는 회사들이 가장 왕성하게 토큰을 판매하고 있다. 블록체인 기술은 비트코인(bitcoin)이나 기타 암호화폐가 만들어지는 기반이 되는 기술이다. 블록체인 기술은 중앙에서 어떤 관리자가 토큰의 발행을 통제하는 시스템이 아니라 네트워크로 연결된 여러 참가자가 갖고 있는 전자 원장(ledger)들을 통해 지속적으로 서로 상호 확인할 수 있게 해서 누군가 마음대로 자료를 조작할 수 없게 만드는 기술이다. 이는 전통적인 데이터베이스(database)와 유사한 것이지만, 어떤 데이터가 추가되면 기존의 데이터베이스를 변화시킬 수 없는 암호가 사용된다는 점이 다른 것이다. 이러한 특징 때문에 금융산업을 포함한 많은 산업들이 자신들의 기록을 업데이트 시킬 때 블록체인 기술을 이용하고 있다.

SEC가 ICO에 대해 유의하도록 하고 있는 것을 살펴보려면 **www.sec.gov/news/public-statement/statement-clayton-2017-12-11**을 찾아보라.

토큰의 판매는 효과적인 마케팅 도구로 이용될 수 있다. 토큰 가격이 오를 가능성으로 인해 더 많은 새로운 고객을 끌어 올 수 있는 네트워크 효과가 발생하는 경우에는 더욱 그러하다. 고객의 증가는 해당 서비스의 가치를 증가시킨다. 이는 다시 토큰 가격을 상승시킨다. 예를 들어 Civic은 블록체인 기술에 기반을 둔 신원확인 플랫폼을 구축하고 있다. 이 회사가 파는 가상화폐는 신원확인 서비스를 필요로 하는 기업이 이 회사가 제공하는 신원확인 서비스를 구입하는 데 사용한다. 2017년 6월에 이 회사는 CVC 토큰의 가상화폐공개를 통해 33백만$를 조달하였다. 2017년 말에 발행된 이 토큰의 가치는 224백만$가 되었다. 2018년 1월 이 가상화폐의 총가치는 약 462백만$이었지만, 2020년 초에는 변동성과 더불어 19백만$ 아래로 떨어졌다.

토큰(가상화폐)의 시장가치를 알아보려면 **coinmarketcap.com**을 참조하라.

결론

새로운 기업이 성공을 거둔다면 그에 따른 막대한 수익은 그 기업이 다른 기업에 팔리거나 주식을 공개했을 때 비로소 발생한다. 이 과정에서 투자은행들이 관여하기도 한다. 다음의 여러 절에서는 증권의 공개매각에 대해서 살펴볼 것이며, 특히 주식공개의 과정에 초점을 맞출 것이다.

개념질문 _Concept Questions

15.1a 벤처캐피탈이란 무엇인가?
15.1b 벤처캐피탈이 단계별로 제공되는 이유는 무엇인가?

15.2 증권의 공개매각: 기본절차

증권의 매각과 관련해서는 수많은 법과 규제가 존재한다. 1933년의 증권법(The Securities Act)은 미국의 각 주에서 새로 발행되는 증권에 대한 연방정부 규제의 근거가 되는 법이다. 1934년의 증권거래법(The Securities and Exchange Act)은 이미 발행된 증권을 규제하는 데 근거가 되는 법이다. 증권거래위원회(Securities and Exchange Commission: SEC)는 이 두 법을 근거로 활동하고 있다.

증권을 공개적으로 발행하는 데는 일련의 절차가 따른다. 일반적 절차는 다음과 같다.

등록신청서(registration statement): 기업이 증권을 공개적으로 발행할 때, 그와 관련된 모든 정보를 담고 있는 것으로, SEC에 제출되어야 한다.

1. 증권을 공개적으로 발행하기 전에 경영진은 먼저 이사회의 승인을 얻어야 한다. 이때 허가된 주식의 수를 증가시켜야 하는 경우도 있다. 그럴 경우에는 주주들의 투표를 거쳐야만 한다.
2. 회사는 **등록신청서**(registration statement)를 작성한 다음에 증권거래위원회(SEC)에 제출해

야 한다. 등록신청서는 공개적으로 발행되는 모든 증권에 대해서 작성돼야 하지만, 다음과 같이 두 가지 예외가 있다.

a. 만기가 9개월 이내인 융자
b. 전체 액수가 500만$ 미만인 증권의 발행

두 번째 해당하는 예외는 소규모 발행 면제(small-issues exemption)라고 한다. 이때는 보다 간단한 절차를 통해서 증권을 발행할 수 있다. "소규모 발행 면제"하에서 500만$ 이하의 발행은 **규제 A** (regulation A)에 따라 간단한 신청서만 작성하면 된다. 그러나 일반적인 등록신청서는 재무정보와 과거의 재무제표, 현재 사업개황, 자본조달의 대안, 그리고 미래의 사업계획을 담고 있어야 하며 그 분량만 해도 50쪽을 넘는다.

규제 A(Regulation A): 500만$ 이하의 증권발행에 대해서는 대부분의 등록절차를 면제해주는 SEC의 규제

3. 증권거래위원회는 대기기간 동안 등록신청서를 검토한다. 대기기간 동안 기업은 임시 **투자설명서**(prospectus)를 배포할 수 있다. 임시 투자설명서는 등록신청서에 포함되어 있는 대부분의 정보를 담고 있으며 잠재적인 투자자에게 제공된다. 임시 투자설명서의 표지에 빨간색의 굵은 글자가 쓰여 있다고 해서 이를 **레드헤링**(red herring)이라고 부르기도 한다.

투자설명서(prospectus): 발행회사에 대한 정보와 투자자들에게 제공되는 증권에 대한 정보를 담고 있는 법적 문서

레드헤링(redherring): 증권을 새로 발행할 때 잠재적인 투자자들에게 배포되는 임시 투자설명서

SEC가 수정을 요구하는 서한을 보내지 않는 한, 등록신청서는 제출한 지 20일 뒤에 효력을 가진다. SEC가 수정을 요구한다면, 그 조건을 만족시킨 후 다시 20일이 지나야 효력을 가질 수 있다. 여기서 중요한 것은 SEC가 공개매각의 경제적 수익성에 대해서 신경 쓰지 않는다는 점이다. 단지, 모든 절차가 합법적으로 이뤄졌는지만 검토될 뿐이다. 또한 투자설명서에 나와 있는 정보의 사실성에 대해서도 검토하지 않는다.

등록신청서에 새로 발행되는 증권가격이 처음부터 기재되지는 않는다. 일반적으로 대기기간 말에 증권가격 수정서가 제출되며 그 뒤에야 등록신청서가 효력을 가진다.

4. 대기기간 중에는 증권을 매각할 수 없다. 그러나 구두청약은 이뤄질 수 있다.
5. 등록신청서가 효력을 가지게 되는 날, 증권가격이 정해지고 본격적으로 증권의 매각이 이뤄지기 시작한다. 최종투자설명서는 증권이 전달되거나 매각이 확정될 때 함께 전해진다.

묘석광고(tombstone advertisement)는 대기기간 동안과 그 후에 증권의 인수회사가 사용하는 것이다. 그림 15.2는 묘석광고의 예를 보여주고 있다. 묘석광고에는 발행회사의 이름(the World Wrestling Federation, 지금은 World Wrestling Entertainment)을 포함한다. 이는 새로 발행되는 증권에 대한 정보와 증권의 매각과 연관되어 있는 투자은행들(인수회사들)의 목록을 담고 있다. 증권을 매각하는 데 있어서 투자은행들이 하는 역할은 이후에 자세히 언급할 것이다.

묘석광고
(tombstone advertisement): 증권의 공개매각을 알리는 광고

묘석광고에서 투자은행들은 증권발행의 참여도에 따라 여러 등급으로 나뉘며, 각 등급의 순서는 계층적 순위로 간주할 수 있다. 일반적으로, 높은 등급에 속한 투자은행일수록 더 큰 영향력을 갖는다. 그러나 최근에는 비용절약 차원에서 묘석광고가 상당히 감소했다.

개념질문 _Concept Questions

15.2a 신규 증권을 매각하는 경우에 그 기본절차는 어떻게 되어 있는가?
15.2b 등록신청서는 무엇인가?

그림 15.2
묘석광고의 예

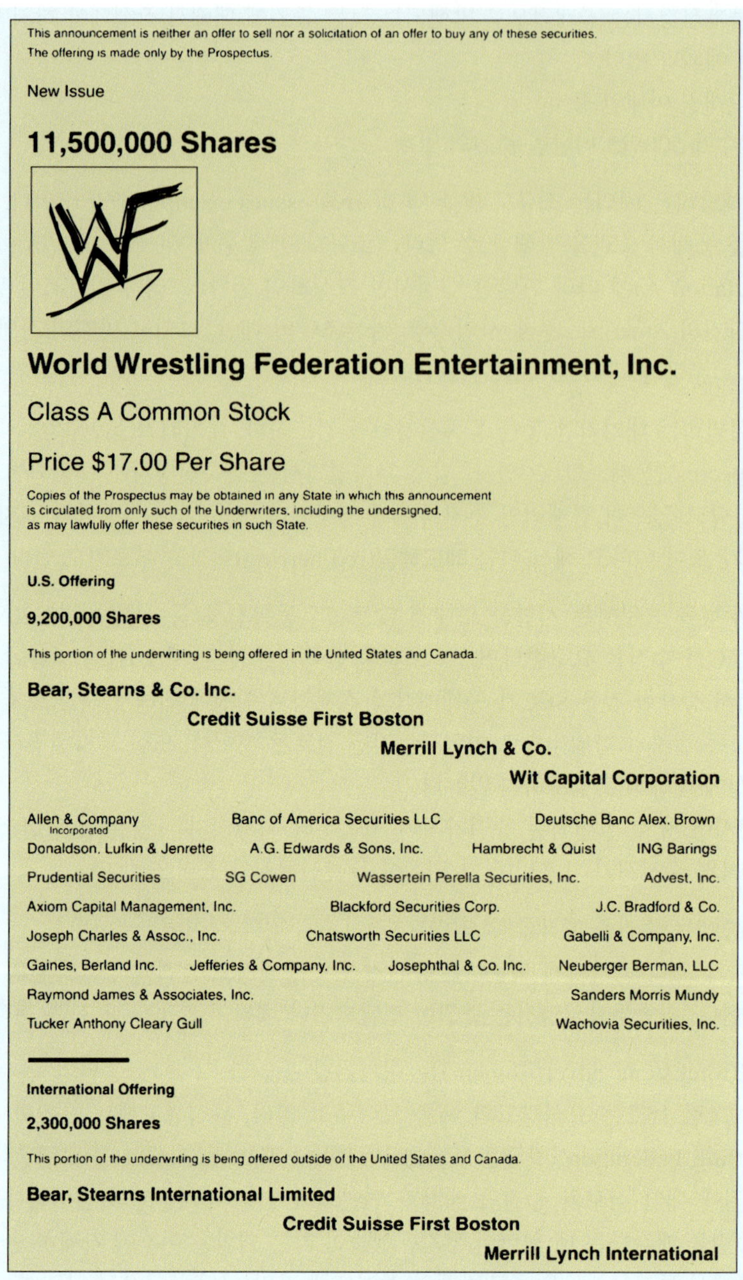
This announcement is neither an offer to sell nor a solicitation of an offer to buy any of these securities.
The offering is made only by the Prospectus.

New Issue

11,500,000 Shares

World Wrestling Federation Entertainment, Inc.

Class A Common Stock

Price $17.00 Per Share

Copies of the Prospectus may be obtained in any State in which this announcement is circulated from only such of the Underwriters, including the undersigned, as may lawfully offer these securities in such State.

U.S. Offering

9,200,000 Shares

This portion of the underwriting is being offered in the United States and Canada.

Bear, Stearns & Co. Inc.
Credit Suisse First Boston
Merrill Lynch & Co.
Wit Capital Corporation

Allen & Company Incorporated — Banc of America Securities LLC — Deutsche Banc Alex. Brown
Donaldson, Lufkin & Jenrette — A.G. Edwards & Sons, Inc. — Hambrecht & Quist — ING Barings
Prudential Securities — SG Cowen — Wassertein Perella Securities, Inc. — Advest, Inc.
Axiom Capital Management, Inc. — Blackford Securities Corp. — J.C. Bradford & Co.
Joseph Charles & Assoc., Inc. — Chatsworth Securities LLC — Gabelli & Company, Inc.
Gaines, Berland Inc. — Jefferies & Company, Inc. — Josephthal & Co. Inc. — Neuberger Berman, LLC
Raymond James & Associates, Inc. — Sanders Morris Mundy
Tucker Anthony Cleary Gull — Wachovia Securities, Inc.

International Offering

2,300,000 Shares

This portion of the underwriting is being offered outside of the United States and Canada.

Bear, Stearns International Limited
Credit Suisse First Boston
Merrill Lynch International

15.3 그 외의 발행방법

신규 증권은 공개적으로 또는 사모로 매각할 수 있다. 공개적으로 매각하는 경우에는 SEC에 등록을 해야 한다. 그러나 35명 이하의 투자자들에게 매각하는 것이라면 사모로 매각할 수 있으며 이 경우에는 등록신청서를 제출할 필요가 없다.[3]

[3]주식의 사모발행에는 여러 가지 형태와 절차가 있다. 등록되지 않은 주식을 매각하는 경우에는 1934년의

표 15.6
신규주식의 발행 방법

방법	형태	정의
공모 전통적 협상에 의한 일반공모	전량인수의 일반공모	회사는 투자은행과 새로운 주식의 인수와 배정에 대해서 협상한다. 인수회사는 특정 수의 주식을 사들여 보다 높은 가격에 판매한다.
	위탁모집의 일반공모	회사는 투자은행으로 하여금 정해진 가격에 최대한의 주식을 팔도록 위탁한다. 얼마의 자본이 조달될지에 대해서는 보장이 없다.
	더치옥션의 일반공모	회사는 투자은행의 입찰을 통해서 매각하려는 신주를 모두 팔 수 있는 가장 높은 입찰가격을 정하게 된다.
우선적 모집	직접적 주주모집	회사는 기존의 주주들에게만 신주를 매각한다.
	보증약정에 의한 주주모집	직접적인 주주모집과 마찬가지로, 기존의 주주들에게 우선적인 기회가 제공된다. 총발행대금은 인수업체가 보장한다.
비전통적 일반공모	일괄등록공모	자격을 갖춘 회사는 2년 안에 매각할 것으로 예상하는 주식에 대해서 공인을 받고, 필요할 때마다 매각할 수 있다.
	경쟁적 기업공모	회사는 개별적인 협상 대신에 공개적인 입찰을 통해서 인수계약을 맺게 된다.
사모	직접배정	증권을 투자자에게 기업이 직접 매각하는 것. 매수자는 매수 후 최소 2년간 증권을 되팔 수 없다.

IPO 정보는 널리 이용 가능하다. 다음 사이트를 시험해보라: **www.iposcoop.com**.

주식의 공매에는 **일반공모**(general cash offer)와 **주주모집**(rights offer)의 두 가지 방법이 있다. 일반공모는 증권을 일반 대중에게 매각하는 것이다. 그러나 주주모집은 기존의 주주들에게만 증권을 매각하는 것이다. 주주모집은 많은 나라에서 상당히 흔하게 나타나지만 최근에 미국에서는 찾아보기가 어려워졌다. 따라서 이 장에서 일반공모에 대해 설명한다.

회사가 주식을 처음으로 일반 대중을 대상으로 공개 발행할 때, 이를 **최초공모**(initial public offering: IPO) 또는 최초 신주발행(unseasoned new issue)이라고 부른다. 즉, 기업이 주식을 처음으로 일반투자자들에게 매각하기로 결정할 때 IPO가 발생하는 것이다. 따라서 최초공모는 당연히 일반공모이다. 기존의 주주들이 주식을 사길 원한다면 회사가 공모를 할 필요가 처음부터 없기 때문이다.

유상증자(seasoned equity offering: SEO)는 이전에 주식을 발행한 기업이 주식을 추가적으로 발행하는 것이다.[4] 유상증자는 일반공모나 주주모집의 형태로 이루어질 수 있다.

이와 같은 신규주식의 발행방법들은 표 15.6에 요약되어 있다. 이에 대한 자세한 설명은 15.4절부터 15.8절에서 할 것이다.

일반공모(general cash offer): 일반투자자들에게 현금을 받고 증권을 판매하는 것

주주모집(rightsoffer): 기존의 주주들에게 먼저 매입할 수 있는 기회를 주는 증권의 발행으로서 'rights offering'이라고도 한다.

최초공모(initial public offering): 기업이 증권을 최초로 일반투자자들에게 매각하는 것으로 양념이 안 된 신주발행(unseasoned new issue)이라고도 한다.

유상증자(seasoned equity offering: SEO): 이전에 증권을 공개적으로 발행한 적이 있는 기업이 증권을 추가로 새로 발행하는 것

개념질문 _Concept Questions

15.3a 주주모집과 일반공모의 차이점은 무엇인가?
15.3b 최초공모(IPO)가 일반공모의 형태로 이루어지는 이유가 무엇인가?

증권거래법에 따라 발생하는 비용을 절감할 수 있다. 그러나 이 규제는 등록되지 않은 주식을 되파는 것을 엄격히 금지하고 있다. 예를 들어 미등록 주식을 구매한 사람은 적어도 1년 이상 보유해야 하는 의무가 있었다. 그러나 이 규제는 1990년에 대규모 기관투자자들을 위해서 완화되었다. 채권의 사모에 대해서는 뒤에 설명할 것이다.

[4] 후속발행(follow-on offering) 또는 2차발행(secondary offering)이라고도 한다.

15.4 인수회사

인수회사(underwriter): 증권을 매각하는 회사와 투자자 간의 중개자 역할을 하는 투자회사로서 간사회사(幹事會社)라고도 부른다.

주식의 일반공모에는 대부분의 경우에 **인수회사**(underwriter)가 관여하게 된다. 주식의 인수는 Morgan Stanley와 같은 대규모의 투자회사들에게 있어서 중요한 사업 중에 하나이다. 인수회사는 발행회사를 대신해서 다음과 같은 업무를 처리해준다.

1. 신규주식의 발행방법을 제시한다.
2. 신규주식의 가격을 책정한다.
3. 신규주식을 판매한다.

인수연합(syndicate): 위험을 분담하고 증권을 파는 데 서로 도울 수 있도록 인수회사들이 형성한 연합

일반적으로 인수회사는 주식을 발행가격보다 낮은 가격에 매수하여 이를 모두 다 매각하지 못할 수도 있는 위험을 감수한다. 이러한 위험이 존재하므로 인수회사들은 **인수연합**(syndicate)을 구성하여 위험을 분담하고 주식을 팔 수 있도록 서로 돕는다.

인수연합에서는 한 명의 대표 또는 공동대표가 거래를 주선한다. 대표자는 발행회사와 상대하고 주식의 가격을 책정할 책임이 있다. 연합 내의 다른 인수회사들은 이후에 증권을 분배하고 여러 보고서를 작성한다.

총스프레드(gross spread): 인수회사가 받게 되는 보상으로, 인수회사의 매수가격과 발행가격 간의 차이이다.

인수회사의 매수가격과 발행가격 간의 차이를 **총스프레드**(gross spread) 또는 인수할인(underwriting discount)이라고 한다. 이는 인수회사에게 주어지는 기본적인 보상이다. 소규모 거래에 있어서는 인수회사가 이 차액과 더불어 신주인수권(warrant; 워런트)이나 주식을 받게 되는 경우도 종종 있다.[5]

인수회사의 선정

기업은 경쟁을 통해서 입찰가격이 가장 높은 인수회사에게 증권을 맡길 수도 있고, 인수회사와 직접 협상할 수도 있다. 일부 대기업을 제외하고는 대부분의 기업들이 협상(negotiated offer basis)을 통해서 신규 증권을 발행한다. 예외적으로, 공익기업지주회사(public utility holding company)들은 경쟁입찰이 의무화되어 있다.

경쟁입찰이 협상을 통하는 경우보다 발행비용이 낮다는 증거가 실제로 있음에도 불구하고, 미국에서 많은 기업들이 협상을 통해 인수회사를 결정하고 있는 이유에 대해서는 아직도 논란의 대상이 되고 있다.

인수의 형태

일반공모에는 전량인수, 위탁모집, 더치옥션 인수라는 세 가지의 기본형태가 있다.

전량인수
(firm commitment underwriting): 인수회사가 미매각 주식에 대해서는 모든 재무적 책임을 지고 발행회사의 발행증권을 모두 사들이는 인수의 형태

전량인수 **전량인수**(firm commitment underwriting)에서는 발행회사가 발행증권 전량을 인수회사에게 매각하고 인수회사는 이를 다시 시장에 되판다. 이는 미국에서 가장 흔히 볼 수 있는 인수의 형태이다. 전량인수는 물건을 사서 되파는 간단한 원리를 바탕으로 하고 있으며 인수회사의 수익은 그 차액인 셈이다. 유상증자 시에 인수회사는 기존의 시장가격을 바탕으로 새로운 발행가격을 책정할 수 있으며 이와 같은 증권발행의 95% 이상이 전량인수의 형태로 이루어진다.

인수회사가 약정한 발행가격에 모든 주식을 팔 수 없다면 그보다 낮은 가격에 팔아야 할 것

메릴린치의 **www.ml.com**에서 투자은행에 대해 더 알아보라.

[5]신주인수권(워런트)은 정해진 기간 내에 정해진 가격으로 주식을 살 수 있는 옵션이다.

이다. 그럼에도 불구하고, 전량인수의 경우 발행회사는 모든 발행주식에 대해서 미리 약정한 값을 받아낸다. 결국 신주의 판매에 대해서는 인수회사가 모든 책임을 지게 된다.

그러나 인수회사는 시장의 반응을 검토하고 발행가격을 책정하기 때문에 그 위험은 적다고 볼 수 있다. 또한 발행가격은 실제로 판매가 이뤄지기 직전까지 책정이 안 되기 때문에 발행회사는 얼마의 수익을 거둘 수 있는지 미리 알 수 없다.

발행가격을 정하기 위해서 인수회사는 잠재적 구매자인 뮤추얼펀드를 비롯한 대형 기관투자자들과 사전에 만난다. 종종 인수회사와 발행회사의 경영진은 여러 도시를 돌며 주식의 판매를 위한 로드쇼(road show)라고 부르는 홍보활동을 한다. 잠재적 구매자들은 자신들이 구매를 원하는 가격과 구매 주식 수를 알려준다. 이렇게 구매자들에 대한 정보를 수집하는 과정을 북빌딩(bookbuilding)이라고 한다. 이러한 북빌딩 과정이 있음에도 불구하고 인수회사들은 종종 발행가격을 잘못 책정하고 있는 것으로 보인다.

물론 전량인수 공모는 인수회사에게 위험이 있다. 2018년 11월, Credit Suisse는 비싼 코트와 파카로 유명한 Canada Goose를 위해 1,000만 주의 유상증자 공모를 인수했다. 공모가 이루어졌을 때, 이 사건과 아무 관련 없는 화웨이 테크놀로지스의 재무책임자가 밴쿠버에서 체포되면서 캐나다와 중국 간의 외교 분쟁이 촉발됐다. 이 체포는 캐나다 브랜드 제품에 대한 중국의 보이콧으로 이어졌다. 이로 인해 Canada Goose의 주가는 20% 폭락했다. Credit Suisse는 공모가 대비 손실을 보고 팔거나 주가의 추가 하락을 떠안아야 할 위험이 있었다. 이 거래로 인해 Credit Suisse는 6천만$를 잃었다고 한다.

위탁모집 **위탁모집**(best effort underwriting)에서 인수회사는 증권을 정해진 발행가격에 팔 수 있도록 "최대한의 노력"을 해야 할 책임이 있다. 그 이상으로는 발행회사에게 책임질 필요가 없다. 이와 같은 인수형태는 최근에 들어와서 점점 사라지고 있는 추세이다.

위탁모집(best effort underwriting): 인수회사가 최대한 팔 수 있는 만큼의 증권을 파는 인수의 형태로, 팔지 못한 증권에 대해서는 재무적 책임을 지지 않고 발행회사에게 돌려줄 수 있다.

더치옥션 인수 **더치옥션 인수**(dutch auction underwriting)에서 인수회사는 증권의 판매가격을 정하지 않는다. 대신에 인수회사는 투자자들을 상대로 증권을 경매에 붙인다. 발행가는 투자자들이 제시한 입찰가격에 따라 정해진다. 더치옥션은 동일가격 경매(uniform price auction)로도 알려져 있다. 이와 같은 형태는 IPO의 시장에서 아직까지는 생소하다고 할 수 있다. 하지만 더치옥션 인수는 채권시장에서 오늘날 널리 쓰이고 있다. 예를 들어 미국 재무부는 엄청난 금액의 단기채권(bill), 중기채권(note), 장기채권(bond)을 발행할 때 이 방법만을 이용한다.

더치옥션 인수(dutch auction underwriting): 투자자들의 경쟁적인 입찰을 통해서 발행가격이 정해지는 인수의 형태로, '동일가격 경매'라고도 부른다.

더치옥션(동일가격 경매)을 가장 쉽게 이해하는 방법은 간단한 예를 살펴보는 것이다. Rial Company가 400주의 주식을 공개매각한다고 가정하자. 이 회사는 다음과 같은 다섯 개의 입찰가격을 제안받았다.

입찰자	수량	가격
A	100주	$16
B	100주	14
C	200주	12
D	100주	12
E	200주	10

찰자 A는 100주의 주식을 한 주당 16$에 사고자 하며, 입찰자 B는 100주의 주식을 한 주당 14$에, 나머지는 표를 통해서 확인할 수 있다. Rial은 최대한의 가격을 받고 모든 주식을 팔아야 한다. 가격이 14$라면 A와 B만이 200주의 주식을 사들인다. 그러므로 가격을 낮추어야 한다. 가격이 12$가 돼서야 400주 모두를 팔 수 있기 때문에 IPO시장에서의 발행가는 12$이다. 입찰자 A부터 D까지는 주식을 받지만, 입찰자 E는 받지 못한다.

위의 예에서 주의해야 할 점이 두 가지가 있다. 첫 번째는, 주식을 받게 되는 모든 입찰자들이 12$의 가격을 지불한다는 점이다. 입찰자 A와 B의 경우에는 더 높은 가격을 불렀는데도 불구하고, 결국에는 모두 동일한 가격을 지불하기 때문에 이를 "동일가격 경매"라고 부르는 것이다. 이는 입찰자들이 서로 높은 가격을 부르도록 하되 지나치게 높은 가격을 불렀을 때 보호장치를 마련해주기 위함이다.

두 번째는, 4명의 입찰자(A, B, C, D)가 요구하는 주식이 500주라는 점인데, 이는 Rial이 팔려고 하는 400주를 넘어선다. 그러므로 주식을 재분배해주어야 한다. 여러 가지 방법이 있지만, 일반적으로 IPO시장에서는 전체 매각주식 수를 전체 요구주식 수로 나누어 비율을 구한다. 위의 예에서는 그 비율이 400주/500주 = 0.8이므로, 모든 입찰자가 자신이 요구한 주식 수의 80%를 주당 12$에 가져가게 되는 것이다.

발행 이후의 시장

신규주식이 최초로 시장에 공개된 직후의 시기를 후시장(aftermarket)이라고 부른다. 이 기간에 인수연합에 속해 있는 인수회사들은 주식을 발행가(offering price)보다 낮은 가격에 매도하지 않는다.

대표인수회사(principal underwriter)는 시장가격이 발행가격보다 낮아지면 주식을 사들일 수 있다. 이는 시장을 지원하고 일시적인 하락으로부터 가격을 안정화시키기 위해서이다. 일정 기간이 지나도 주식이 팔리지 않으면, 인수회사들은 연합을 탈퇴하고 시장이 원하는 가격에 주식을 팔 수 있다.[6]

그린슈 조항

그린슈 조항
(green shoe provision):
인수회사에게 발행회사로부터 추가적인 주식을 발행가격에 매수할 수 있도록 옵션을 주는 계약상의 규정

인수계약에는 **그린슈 조항**[green shoe provision; 초과배정 옵션(overallotment option)이라고도 부른다]이 포함되어 있는 경우가 많다. 이는 인수회사들에게 발행회사로부터 주식을 발행가에 추가적으로 사들일 수 있는 옵션을 주는 것이다.[7] 기본적으로, 모든 IPO와 유상증자(SEO)에는 이와 같은 규정이 포함되어 있지만, 채권발행의 경우에는 보통 포함되지 않는다. '그린슈 옵션'의 목적은 초과수요와 초과청약에 대응하려는 것이며, 기간은 대개 30일로 신규주식의 15%에 적용한다.

실제로 대부분의 인수회사는 처음부터 인수하려는 주식의 115%를 인수하려고 한다. 주식이 발행되고 나서 시장의 수요가 많다면 인수회사는 '그린슈 옵션'을 행사하여 회사로부터 15%

[6]인수회사가 주식가격을 안정화시키려는 노력을 중지하면 간혹 주식가격이 급격히 하락하는 경우도 있다. 이와 같은 경우에 Wall Street에 관한 농담을 즐기는 사람들은 aftermarket을 aftermath라고 유머스럽게 부르기도 한다.

[7]그린슈 조항(green shoe provision)이라는 용어가 다소 이국적으로 들릴 수도 있지만, 그 기원은 비교적 평범하다. 이는 1963년에 Green Shoe Manufacturing Company(그린슈 제조회사)가 최초로 그와 같은 옵션을 보장하면서 유래된 것이다.

의 주식을 추가적으로 받아낸다. 만약 수요가 적다면 인수회사는 발행시장에서 필요한 만큼의 주식만 사들인다. 이는 후시장에서 주식의 가격을 안정화시키려는 것이다.

매도금지 계약

법적으로 규정되어 있는 것은 아니지만, 대부분의 인수계약에는 **매도금지 계약**(lockup agreement)이라는 것이 포함되어 있다. 이는 IPO 이후에 일정 기간 기업 내부자들의 주식매도를 금지하는 것이다. 최근에 들어와서 매도금지 기간은 180일로 상당히 표준화되어 있다. 그러므로 IPO시 기업 내부자들은 6개월이 지나야 주식을 현금화할 수 있다. 이렇게 함으로써 내부자들이 공개되는 회사에 상당한 경제적 이해관계를 갖도록 만드는 것이다.

매도금지 계약
(lockup agreement): 인수계약의 한 부분으로, IPO 이후에 기업 내부자들의 주식매도를 일정 기간 동안 금지한다.

매도금지 기간이 중요한 또 하나의 이유는, 매도금지된 주식의 수가 시장에서 거래되고 있는 전체 주식의 수보다 많을 수 있기 때문이다. (실제로 몇 배 이상인 경우도 있다.) 매도금지 기간이 만료되는 날에 많은 양의 주식이 동시에 시장으로 투입되면서 주식의 가치가 하락할 수 있다. 과거의 자료로 볼 때, 실제로 벤처자본을 조달한 기업의 경우 매도금지 기간이 만료되는 날에 그 가치가 떨어지기도 한다.

침묵기간

IPO 이후에 40일(달력 날짜로) 동안 SEC는 기업과 인수회사로 하여금 "침묵기간(quiet period)"을 지키도록 규정하고 있다. 이는 대중과의 의사소통을 일반적인 발표와 몇 가지의 사실적 보고로 제한하는 것이다. 이러한 조치를 취하는 SEC의 논리는 관련된 모든 정보를 투자설명서에 포함시키라는 것이다. 이 규정 때문에 인수회사의 애널리스트는 투자자에게 해당 주식의 매수를 추천할 수 없다. 그러나 침묵기간이 끝나면 인수회사들은 관련된 연구보고서를 공개하고 대개 주식의 "매수"를 추천한다.

직접상장

일반적으로 자신의 주식을 일반투자자에게 판매할 때 기업들은 이를 도와주는 인수회사를 선정한다. 하지만 주식을 인수회사를 통해서만 판매하도록 강제되어 있는 것은 아니다. 따라서 기업은 해당 주식거래소가 요구하는 조건을 충족시키면 인수회사의 도움을 받지 않고 자신이 직접 그 거래소에서 상장을 할 수도 있다. 이를 **직접상장**(direct listing)이라고 한다. 대기업의 경우에는 일반적으로 직접상장을 하지 않는다. 그러나 전 세계적으로 최대 음원 서비스 업체인 Spotify는 2018년 4월에 뉴욕증권거래소에서 직접상장을 했다. 그 가치는 수십억 달러가 되었다. 직접상장을 하는 가장 큰 이유는 인수회사에 지불하는 수수료와 기타 관련된 비용이 들지 않으므로 비용을 많이 절약할 수 있다는 것이다. 다음 절에서 살펴볼 것이지만 상장과 관련된 비용은 상당히 클 수가 있다.

직접상장(direct listing): 기업이 인수회사의 마케팅이나 기타 도움을 받지 않고 자신이 직접 거래소에 자신의 주식을 상장하는 것

개념질문 _Concept Questions

15.4a 인수회사가 하는 일은 무엇인가?
15.4b 그린슈 조항이란 무엇인가?

15.5 IPO와 저가책정

신규 증권의 공모에 있어서 인수회사에게 가장 힘든 일은 정확한 발행가격을 결정하는 것이다. 발행가격이 지나치게 높거나 낮으면 발행회사는 잠재적인 비용을 감당해야 한다. 만약 발행가격이 지나치게 높다면 증권이 시장에서 팔리지 않고 철회될 수도 있다. 그리고 발행가격이 실제 시장가치보다 낮다면 발행회사의 기존 주주들은 주식을 실제보다 낮은 가격에 팔게 되어 기회 손실을 입을 수 있다.

저가책정(underpricing)은 흔히 있는 일이다. 이는 신규 주주로 하여금 자신들이 매수한 주식에 대해서 보다 높은 수익을 거둘 수 있게 해준다. 그러나 저가책정은 발행회사의 기존 주주들에게 아무런 도움이 되지 않는다. 기존 주주들에게 있어서 이는 신규주식발행의 간접비용이다.

어떤 기업이 이번 주에 공개되는가를 알고 싶으면 **www.marketwatch.com**을 참조하라.

예를 들어, 인터넷 자동차 판매 플랫폼 Vroom의 2020 IPO를 생각해보자. Vroom은 IPO에서 주당 22$에 2,125만 주를 팔았다. 개장 첫날 이 주식은 40.25$에서 시작하여 최고가 48.88$를 찍고 47.90$로 마감했다. 이런 기록을 보면 Vroom의 공모가는 주당 25.90$ 저평가된 것인데 이것은 회사가 추가로 5.5억$를 놓쳤음을 의미한다. 이것은 채 가져가지 못하고 "테이블 위에 남겨 놓은 돈"이라고나 할 것이다. 1999년에 eToys는 IPO 당시 820만 주의 주식을 공모하였는데, 주당 57$가 낮은 저가책정을 해서 총 약 5억$의 손실을 봤다. eToys는 그 돈을 사용할 수도 있었는데 그걸 놓치고 안타깝게도 2년 뒤에 파산하고 말았다.

IPO와 저가책정: 1999~2000년의 사례

표 15.7과 그림 15.3, 15.4에서도 볼 수 있듯이, 1999년과 2000년은 IPO시장에 있어서 엄청난 해였다. 이 2년 동안 거의 850개의 기업들이 주식을 공개했으며, 이들이 공개 첫날에 벌어들인 수익률은 평균적으로 약 65%였다. 이 기간 동안 194개의 IPO들이 첫날에 두 배 이상으로 가치

표 15.7

IPO의 수, 첫날 평균수익률, 총조달금액: 1960~2019년

연도	IPO의 수*	첫날 평균수익률(%)†	총조달금액(백만$)‡
1960~1969	2,661	21.2	7.99
1970~1979	1,536	7.1	6.66
1980~1989	2,048	7.2	53.99
1990~1998	3,614	14.8	226.38
1999~2000	856	64.6	129.47
2001~2009	918	11.6	227.30
2010~2019	1,172	17.1	526.25
1960~2019	**12,805**	**17.3**	**1,178.04**

출처: 1960~1974년 데이터는 Roger Ibbotson, Jody Sindelar 및 Jay R. Ritter, "The Market's Problems with the Pricing of Initial Public Offerings," Journal of Applied Corporate Finance 7, no. 1, Spring 1994, 66–74 (Table 1)에서 인용했고, 1975년부터 2019년까지의 데이터는 Jay R. Ritter가 Thomson Financial, Dealogic 및 기타 소스에서 수집했다. 1975~1993년 수치는 1994년 JACF 논문에서서 보고된 수치와 다르다. 논문에는 Nasdaq, Amex 또는 NYSE에 상장할 자격이 없는(주로 Penny 주식) IPO가 포함되었기 때문이다.

*1975년부터 발행가격이 5.00$ 미만인 IPO와 기타 ADR, 위탁모집, units, Regulation A공모(소규모공모: 1980년대에 150만$ 미만 모금 및 2012년까지 500만$ 미만), 부동산 투자신탁(REIT), 천연자원 유한회사 및 폐쇄형펀드 등은 제외되었다. 은행 및 S&L IPO, 2012년 이후부터 Regulation A공모(최대 5천만$ 대상)가 포함된다.

†첫날 수익률은 발행가격을 첫날 주식시장 마감가격으로 나눈 것이다.

‡총액은 초과배정가능옵션은 제외시켰으나 국제 트란쉐가 있으면 포함시켰다. 인플레이션에 대한 조정을 하지 않은 수치이다.

그림 15.3 SEC에 등록된 IPO들의 월별 공모 첫날 평균수익률: 1960~2019년

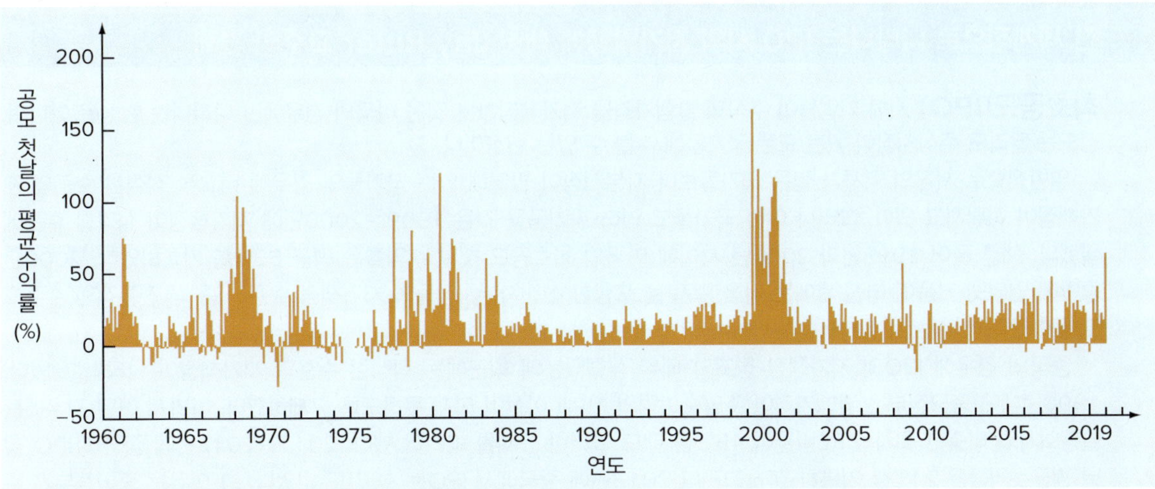

출처: Roger Ibbotson, Jody Sindelar, and Jay R. Ritter, "The Market's Problems with the Pricing of Initial Public Offerings," *Journal of Applied Corporate Finance* 7, no. 1, Spring 1994, as updated by the authors.

그림 15.4 SEC에 등록된 IPO의 월별 건수: 1960~2019년

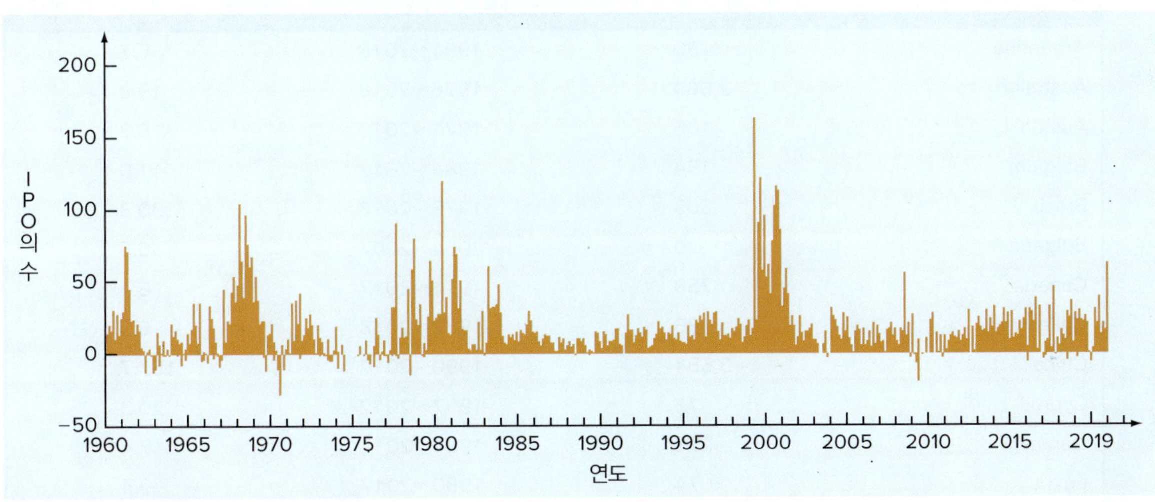

출처: Roger Ibbotson, Jody Sindelar, and Jay R. Ritter, "The Market's Problems with the Pricing of Initial Public Offerings," *Journal of Applied Corporate Finance* 7, no. 1, Spring 1994, as updated by the authors.

가 상승했다. VA Linux의 경우, 첫날에 가치가 무려 698% 상승하였다. 이에 비해 과거 24년 동안 IPO기업들의 39%만이 이와 같은 가치 상승을 경험할 수 있었다.

2000년에 기업들이 조달한 자금은 648억$를 기록하면서 역사상 가장 높은 수치를 기록하였고, 1999년에는 646.7억$로서 역대 2위를 기록하였다. 그러나 저가책정 때문에 많은 기업들이 손실을 봤는데, 1999년에만 '테이블에 남겨놓은 돈이' 370억$를 기록하여 1990~1998년간을 모두 합친 것보다 훨씬 컸고, 2000년에도 300억$의 기록적인 손실을 보았다. 결론적으로, 2년 동안 총 670억$의 자금을 저가책정 때문에 날린 것이다.

IN THEIR OWN WORDS ...

전 세계적으로 나타나는 IPO 시의 저가발행에 대한 Jay Ritter 교수의 견해

최초공모(IPO) 시에 기업들이 주식의 발행가격을 저가책정하는 것은 미국의 경우에만 나타나는 현상은 아니며, 정도는 달라도 주식시장이 있는 모든 국가들에서 볼 수 있는 현상이다.

일반적으로 시장의 역사가 짧은 국가들보다 자본시장이 발달해 있는 국가들의 경우에 비교적 적절한 수준의 저가책정이 이뤄지고 있다. 그러나 이런 국가들도 인터넷 거품을 겪은 1999~2000년에 저가책정이 심각한 수준에 달했다. 예를 들어 1999년과 2000년 사이에 미국의 최초공모 첫날 수익률은 평균 65%를 기록하였다. 2000년 중반에 인터넷 거품이 터진 후에는 미국, 독일을 포함한 선진자본시장들의 저가책정 수준이 좀 더 전통적인 수준으로 돌아갔다.

중국의 경우에 IPO의 저가책정 정도가 매우 심했었는데 최근에는 적정한 수준의 저가책정이 나타나고 있다. 1990년대에 중국정부는 발행가격이 주당순이익의 15배 이상이 되지 못하도록 규제하였다. 따라서 어떤 경우에는 발행회사와 비슷한 회사의 PE비율이 45였을 때도 그러한 규제를 따라야 했다. 2011~2012년에 중국의 IPO 첫날 평균수익률은 21%를 기록하였다. 그러나 2013년에 중국에서 IPO는 한 건도 없었다. 그 이유는 중국정부가 주식공급이 늘면 주식가격이 오르지 않을 것이라고 판단해서 IPO를 금지했기 때문이다.

아래 표는 여러 국가들에서 나타난 IPO 첫날 주식의 평균수익률을 요약하고 있다. 이 수치들은 여러 학자들의 연구결과물을 종합한 것이다.

국가	샘플 수	기간	첫날 평균수익률(%)
Argentina	30	1991~2018	5.7
Australia	2,069	1976~2018	19.8
Austria	106	1971~2018	6.2
Belgium	154	1984~2017	11.0
Brazil	303	1979~2018	30.3
Bulgaria	9	2004~2007	36.5
Canada	758	1971~2017	6.4
Chile	86	1982~2018	6.9
China	3,554	1990~2017	157.7
Cyprus	73	1997~2012	20.3
Denmark	173	1984~2017	7.4
Egypt	74	1990~2017	9.4
Finland	209	1971~2018	14.2
France	834	1983~2017	9.7
Germany	779	1978~2014	23.0
Greece	373	1976~2013	50.8
Hong Kong	2,042	1980~2017	44.5
India	3,145	1990~2017	85.2
Indonesia	531	1990~2017	26.4
Iran	279	1991~2004	22.4

(계속)

국가	샘플 수	기간	첫날 평균수익률(%)
Ireland	38	1991~2013	21.6
Israel	348	1990~2006	13.8
Italy	312	1985~2013	15.2
Japan	3,488	1970~2016	44.7
Jordan	53	1999~2008	149.0
Korea	1,758	1980~2014	58.8
Malaysia	562	1980~2018	51.0
Mauritius	40	1989~2005	15.2
Mexico	149	1987~2017	9.9
Morocco	33	2004~2011	33.3
Netherlands	212	1982~2017	13.3
New Zealand	269	1979~2018	15.9
Nigeria	125	1989~2017	12.8
Norway	266	1984~2018	6.7
Pakistan	80	2000~2013	22.1
Philippines	173	1987~2018	17.3
Poland	309	1991~2014	12.7
Portugal	33	1992~2017	11.5
Russia	64	1999~2013	3.3
Saudi Arabia	80	2003~2011	239.8
Singapore	687	1973~2017	25.8
South Africa	316	1980~2013	17.4
Spain	199	1986~2018	9.2
Sri Lanka	105	1987~2008	33.5
Sweden	405	1980~2015	25.9
Switzerland	164	1983~2013	27.3
Taiwan	1,620	1980~2013	38.1
Thailand	697	1987~2018	40.0
Tunisia	38	2001~2014	21.7
Turkey	404	1990~2014	9.6
United Arab Emirates	24	2003~2010	270.1
United Kingdom	5,185	1959~2016	15.8
United States	13,134	1960~2018	16.8
Vietnam	69	2005~2012	49.1

Jay Ritter는 Joseph B. Cordell Eminent Scholar and Professor of Finance at the University of Florida이며 뛰어난 학자로서 유상증자와 기업공개에 대한 명석한 분석으로 잘 알려져 있다.

저가책정의 증거

그림 15.3은 저가책정의 현상을 잘 보여주고 있다. 이 그림을 통해서 SEC에 등록된 IPO들의 월별 저가책정을 확인할 수 있으며, 1960년부터 2019년까지의 기간을 다루고 있다.[8] 그림 15.4는 이 기간, 월별로 최초공모 수량이 얼마였는지 보여준다.

그림 15.3에서 볼 수 있듯이, 저가책정은 큰 폭으로 나타날 수 있으며 실제로 어떤 달에서는 100%를 넘어선 경우도 있다. 이와 같은 경우에는 때때로 몇 시간도 안 돼 IPO의 가치가 두 배 이상으로 증가하기도 했다. 또한 저가책정의 정도는 시간이 지남에 따라 변하며, 엄청난 저가책정의 시기가 지나고 난 뒤에 상대적으로 약한 저가책정의 시기가 따르기 마련이다. 예를 들어 1960년대에는 평균적인 IPO가 21.2% 정도 저가책정되었으며, 1970년대에는 이보다 훨씬 낮은 7.1% 정도 저가책정되었다. 이 기간 동안에는 저가책정의 정도가 실제로 작았고 심지어 음(−)의 값(고가책정)을 보이기도 했다. 1980년대의 저가책정의 크기는 약 7.2%였다. 2001년부터 2009년까지 저가책정의 크기는 평균적으로 11.6%였고, 2010년부터 2019년까지는 17.1%의 저가책정을 나타내고 있다.

그림 15.4에서 볼 수 있듯이, IPO 건수도 시간이 지남에 따라 변한다. 더욱이 저가책정의 정도와 IPO 건수에는 명백하게 눈에 띄는 주기가 나타난다. 그림 15.3과 15.4를 비교해보면, 눈에 띄는 저가책정의 시기가 끝나고 6개월이 지나면 전체 IPO 건수가 증가한다는 것을 확인할 수 있다. 이는 아마도, 시장이 새로운 증권을 충분히 수용할 수 있다고 믿는 시기에 기업들이 공개를 결정하기 때문일 것이다.

부분조정현상

기업이 SEC에 상장관련 서류를 제출하는 과정에서 자신이 발행할 주식의 가격이 어떤 범위에서 결정될 것인지를 SEC에 알린다. 이러한 가격범위를 "책정가격범위(file price range)"라고 하는데, "IPO 가격범위(IPO price range)"처럼 동일한 의미의 다른 용어로 표현되기도 한다. 흔히 나타나는 가격범위는 10~12$이다. 그러나 이와 다른 경우도 많다. 예를 들어 Bill.com이 2019년 11월 15일 IPO를 했을 때, 이 회사는 예상하는 최대 책정가격을 18$로 보고했다.

주식을 투자자들에게 매도하기 직전에 최종 IPO 가격이 결정된다. 표 15.8의 A 부분에서 볼 수 있듯이, 최종 IPO 가격은 해당 기업이 처음 보고한 책정가격범위 내에서 결정되거나, 그보다 더 높게 결정되거나, 그보다 낮게 결정될 수 있다. 1980~2019년의 경우를 보면, 전체 IPO건수의 49%가 보고한 책정가격범위 내에 있었던 것으로 나타났으며, 28%가 그보다 낮게 나타났고, 23%가 그보다 높게 나타났다.

표 15.8의 B 부분은 매우 흥미 있는 분명한 패턴을 보여주고 있다. 즉, 최종 IPO 가격이 해당 기업이 보고한 책정가격범위보다 높게 책정되었을 경우에 IPO 저가책정 현상이 더 심하게 나타난다는 것이다. 1980~2019년의 경우를 보면, 최종 IPO 가격이 책정가격범위보다 높게 결정된 경우의 IPO들을 보면 가격이 평균적으로 50% 정도 낮게 저가책정된 것으로 나타났다. 이는 최종 IPO 가격이 책정가격범위보다 낮게 결정된 IPO들의 경우를 보면 가격이 평균적으로 3% 정도 낮게 저가책정된 것으로 나타나는 것과 대조된다. 1999~2000년 기간은 저가책정 현

[8]이 부분의 설명은 Roger G. Ibbotson, Jody L. Sindelar, and Jay R. Ritter의 "The Market's Problems with the Pricing of Initial Public Offerings," *Journal of Applied Corporate Finance 7* (Spring 1994)를 바탕으로 하고 있다.

표 15.8
IPO의 저가책정과 기업들이 거래소에 제출한 예상되는 주식가격의 범위

A: 책정가격범위(file price range)와 비교한 최종 IPO 가격			
기간	범위 아래	범위 내	범위 위
1980～1989	30%	57%	13%
1990～1998	27	49	24
1999～2000	18	38	44
2001～2019	33	45	22
1980～2019	28	49	23
B: 책정가격범위(file price range)와 비교한 상장 첫날의 평균수익률			
기간	**범위 아래**	**범위 내**	**범위 위**
1980～1989	0%	6%	20%
1990～1998	4	11	31
1999～2000	8	26	122
2001～2019	3	12	38
1980～2019	3	11	50

상이 두드러지게 나타나고 있다. 최종 IPO 가격이 책정가격범위보다 높게 결정된 경우의 IPO들을 보면 가격이 평균적으로 122%나 낮게 저가책정된 것으로 나타났다!

이러한 패턴이 나타나는 것을 "부분조정"현상이라고 부른다. 이렇게 부르는 이유는 기업들이 자기 주식의 최종 IPO 가격을 정할 때 가격을 충분히 올리지 않고 부분적으로만 올리는 현상이 나타나기 때문이다. 예를 들어 Bill.com의 경우, 이 회사는 IPO 주 초반에 최고가격을 21$로 올렸는데 최종적으로는 원래 최고 가격보다 약 22% 높은 금액인 22$로 공모가격을 정하였다. 이 주식은 거래 첫날 61% 급등하였다.

부분조정현상은 왜 나타나는가? 이에 대한 명확한 답은 주어지지 않고 있다. 다만 이러한 질문은 'IPO 시 저평가가 존재하는 이유가 무엇인가'라는 보다 넓은 질문과 관련되어 있다. 이에 대해서 살펴보기로 하자.

저가책정이 존재하는 이유

지금까지 살펴본 자료들을 통해, 우리는 저가책정(underpricing)이 왜 존재하는지에 대해서 의문을 가지게 될 것이다. 이에 대해서는 여러 가지의 설명이 가능하지만, 아직까지는 확실한 해답이 나오지 않은 상태이다.

이와 같은 저가책정의 의문에 대해서 두 가지의 중요한 단서를 제공하고자 한다. 첫 번째로, 지금까지 살펴본 평균수치들은 한 가지 중요한 사실을 감추고 있다. 그것은 저가책정이 상대적으로 규모가 작고 매우 투기성이 강한 증권들의 발행에 영향을 받는다는 것이다. 이는 1980년부터 2019년까지의 저가책정 수준을 보여주고 있는 표 15.9에서도 확인할 수 있다. 이 표에서 기업들은 IPO 이전의 매출액(12개월간)에 따라 분류된다.

표 15.9에서 볼 수 있듯이, 전년도에 매출이 낮은 기업일수록 저가책정의 수준이 높다. 이와 같은 기업들은 생긴 지가 얼마 안 된 것들로서 여기에 투자하는 것은 상당히 위험하다고 할 수 있다. 따라서 투자자들을 끌어들이기 위해서 기업들은 신주의 발행가를 평균적으로 상당한 저가로 책정할 필요가 있다고 주장할 수 있는데, 이것이 바로 저가책정 현상의 한 가지 설명이 될 것이다.

표 15.9 매출액을 기준으로 분류한 기업들의 IPO 첫날 주식의 평균수익률: 1980~2019년*

	1980~1989년		1990~1998년		1999~2000년		2001~2019년	
연 매출액	첫날 평균수익률	기업 수	첫날 평균수익률	기업 수	첫날 평균수익률	기업 수	첫날 평균수익률	기업 수
0 ≤ 매출액 < $10 m	10.3%	425	17.4%	742	68.9%	331	10.6%	429
$10 m ≤ 매출액 < $20 m	8.6	242	18.5	393	81.4	138	13.1	85
$20 m ≤ 매출액 < $50 m	7.8	501	18.8	789	75.5	154	16.8	228
$50 m ≤ 매출액 < $100 m	6.3	356	12.8	590	62.2	86	21.3	293
$100 m ≤ 매출액 < $200 m	5.1	234	11.8	454	35.8	56	19.9	259
$200 m ≤ 매출액	3.4	290	8.7	646	25.0	91	12.3	686
총계	**7.2**	**2,048**	**14.8**	**3,614**	**64.6**	**856**	**14.8**	**1,980**

*매출액의 단위는 백만$이며, IPO 전 마지막 12개월 동안의 매출액으로 소비자물가지수를 사용한 2003년의 구매력을 기준으로 환산한 것이다. 자료에 사용된 IPO의 숫자는 8,498개이고, 기타 IPO들은 그 특수성으로 인해 제외되었다. 첫날 평균수익률의 평균치는 17.9%였다.

출처: Professor Jay R. Ritter, University of Florida.

두 번째 단서는 소수의 투자자만이 IPO를 통한 초기의 높은 수익률을 가져가고, 대부분의 나머지가 손해를 본다는 점이다. 평균적으로 IPO들이 처음에 양(+)의 수익률을 가져다주는 것이 사실이기는 하지만, 이들 중 상당수가 가격이 큰 폭으로 하락한다. 또한 발행가격이 너무 낮으면 수요가 공급을 초과하게 된다. 따라서 투자자들은 원하는 주식 수를 살 수 없고, 인수업자가 투자자들에게 주식을 분배하게 된다.

충분한 수의 주식이 거래되지 않기 때문에, 보통의 투자자는 "성공적인"(가격이 오르는) 주식을 사기가 힘들 것이다. 반대로 IPO에 무조건적으로 주문을 하는 투자자는 가격이 떨어지는 주식을 보다 많이 배정받게 된다.

이를 살펴보기 위해 두 명의 투자자의 예를 들어보자. Smith는 Bonanza Corporation이 주식을 발행했을 때, 회사의 가치가 정확히 얼마인지 알고 있었다. 그녀는 주식가격이 낮게 책정되었다고 확신하고 있다. 한편, Jones는 일반적으로 IPO가 한 달이 지난 후에 주식의 가격이 오른다는 것만 알고 있다. 이를 바탕으로 Jones는 IPO마다 1,000주의 주식을 사기로 결심한다. 그렇다면 그는 과연 엄청난 수익을 벌어들일 수 있을까?

그렇지 않다. 한 가지 이유로 Smith의 존재를 꼽을 수 있다. 자신의 지식을 바탕으로 Smith는 Bonanza의 IPO에 자신의 모든 돈을 투자한다. 결국 주식의 청약량이 초과되어서 인수회사는 Smith와 Jones에게 Bonanza의 주식을 분배하게 된다. 결과적으로 발행증권이 저가책정되면, Jones는 그가 원하던 만큼의 주식을 살 수 없는 것이다.

또한 Smith가 Blue Sky Corporation의 IPO 가격이 가치에 비해 높게 책정되었다는 것을 알고 있다고 가정하자. 이 경우에 그녀는 Blue Sky의 투자를 피하게 되고, Jones는 1,000주의 주식을 모두 배정받게 된다. 이런 상황을 종합하면 다음과 같이 정리할 수 있다. 많은 정보를 알고 있는 투자자들이 저가책정된 발행증권에 투자하면 Jones가 살 수 있는 주식의 수는 그만큼 줄어든다. 그러나 Jones는 정보가 많은 투자자들이 기피하는 주식은 자신이 원하는 만큼 모두 살 수 있다.

이는 "승자의 재앙(winner's curse)"을 한 예로 보여준 것이다. 이를 통해서 IPO가 왜 엄청난 평균수익률을 나타내는지를 알 수 있다. 보통의 투자자들이 모든 주식을 사게 된다면, 그것은 보다 많은 정보를 알고 있는 다른 투자자들이 투자를 기피했기 때문이다. 따라서 인수회사가 승자의 재앙이 발생하지 않도록 하여 보통의 투자자를 끌어들일 수 있는 유일한 방법은 발행증권의 가격을 낮게 책정해서 보통의 투자자도 이익을 거둘 수 있게끔 하는 것이다.

저가책정이 존재하는 또 하나의 이유는 저가책정이 투자은행에게는 일종의 보험으로 작용하기 때문이다. 다시 말해 투자은행이 증권가격을 높게 책정하면 고객들이 소송을 할 수도 있다. 그러나 저가책정을 하게 되면 최소한 고객들이 소송하는 일은 없을 것이다.

저가책정의 마지막 이유는 발행가격이 정해지기 전에 투자은행이 대형 기관투자자들과 그들이 해당 주식에 대해 얼마나 관심을 갖고 있고, 또한 어느 정도가 적절한 가격인지에 대해 상의를 하기 때문이다. 저가책정은 투자은행이 기관투자자들에게 그들이 생각하는 주식의 가치와 매수하려고 하는 주식의 수량을 솔직히 밝히는 것에 대한 보상이 될 수 있다.

개념질문 _Concept Questions

15.5a 저가책정이 기업에 비용을 발생시키는 것이 되는 이유는 무엇인가?

15.5b 한 중개인이 당신에게 갑자기 전화를 걸어 "당신이 원하는 만큼의 신주"를 사주겠다고 제안했다고 하자. 이 주식은 저가책정의 수준이 평균보다 높은 것일까, 낮은 것일까?

유상증자와 기업의 가치 15.6

이제부터는 유상증자(seasoned offering)에 대해서 살펴볼 것이다. 앞에서도 언급했듯이 유상증자는 이미 주식을 발행한 기업이 추가적으로 주식을 발행하는 것을 말한다. 기업의 입장에서 장기적인 자본조달은 일반적으로 투자안의 순현재가치가 0보다 클 때 결정되는 것이다. 따라서 외부로부터의 자본조달을 발표했다면 기업의 시장가치는 상승해야 할 것이다. 그러나 흥미롭게도 현실에서는 그렇지가 않다. 부채의 발행에는 꿈쩍도 하지 않던 주식가격이 신주발행이 발표됨에 따라 하락하는 것이다. 이 부분에 대해서는 많은 학자들이 연구한 바 있으며, 이와 같이 이상한 현상이 발생하는 이유로 생각될 수 있는 것으로는 다음과 같은 것들이 있다.

1. **경영정보**: 경영진이 기업의 시장가치에 대한 자세한 정보를 알고 있다면, 기업이 언제 과대평가되었는지 알 수 있다. 만약 그렇다면 그들은 시장가치가 실제가치보다 높을 때 신주를 발행하려 할 것이다. 이는 결과적으로 기존의 주주들에게 이익을 가져다준다. 그러나 잠재적인 새 주주들도 바보가 아니다. 그들도 이와 같은 (내부)정보의 우월성을 예상하고 주식이 새로 발행될 때 주가를 끌어내릴 것이다.
2. **부채의 사용량**: 기업이 신주를 발행한다면, 이는 그 기업의 부채가 지나치게 많거나, 유동성이 매우 낮다는 사실을 드러내는 것일 수 있다. 이런 관점에서 볼 때 신주발행은 시장에 던지는 나쁜 신호라고 해석될 수 있다. 새로운 투자안의 수익성이 좋다면, 기업이 그것을 새로운 주주에게 나눠줄 이유가 없지 않은가? 부채를 발행해서 자본을 조달한 후, 기존 주주들에게 이익을 가져다줄 수 있는데 말이다.
3. **발행비용**: 다음에 논의하는 것처럼, 증권을 발행하는 데는 상당한 비용이 든다.

신주발행 발표 이후에 기존에 있는 주식의 가치가 하락하는 것은 주식을 매각하는 데 들어가는 간접비용의 한 예라고 볼 수 있다. 이와 같은 가치하락은 일반 제조업 기업의 경우에 평균적으로 3%로 나타나는데(공익사업 기업의 경우는 이보다 약간 작다) 이는 대기업의 경우 결코 작은 금액이 아니다.

최근에 있었던 두 경우를 살펴보자. 2019년 9월 상거래 플랫폼 회사인 Shopify가 유상증자를 발표했다. 발표 당일 이 회사 주가는 약 5% 하락했다. 2019년 12월, 스트리밍 플랫폼 회사인 Roku가 유상증자를 발표한 당일, 이 회사의 주가는 7% 하락했다.

개념질문 _Concept Questions

15.6a 신주의 발행이 발표되면 주식의 가격이 떨어지는 이유가 무엇인가?

15.6b NPV가 0보다 큰 투자안이 있을 때, 기업이 그에 필요한 자금을 주식의 발행으로 조달하는 대신에 부채로 조달하려는 이유에 대해서 설명해보라.

15.7 증권의 발행비용

비용을 들이지 않고 증권을 공개 발행할 수는 없다. 그리고 그 비용은 어떤 방법을 쓰느냐에 따라서 달라진다. 신규 증권을 발행하는 데 있어서 드는 비용을 발행비용(flotation cost)이라고 부른다. 여기서는 주식의 공개매각과 관련된 발행비용을 자세히 다루고자 한다.

주식의 발행비용

주식을 공모하는 데 드는 비용은 다음과 같이 6가지 종류로 나눌 수 있다. (1) 총스프레드(gross spread), (2) 기타 직접비용, (3) 간접비용, (4) 비정상적 수익률, (5) 저가책정, (6) 그린슈 옵션.

주식의 발행비용

1.	총스프레드	총스프레드는 발행회사가 인수연합에게 지불하는 비용으로, 발행회사가 받는 가격과 신주 발행가격의 차이이다.
2.	기타 직접비용	직접적 비용 중에서 인수회사에게 지불하지 않는 부분으로 등록비, 법적 비용, 세금이 포함되어 있다. 이들은 투자설명서에 기재된다.
3.	간접비용	이와 같은 비용은 투자설명서에 기재되지 않으며 신주를 발행하는 데 있어서 소요된 시간의 비용도 포함된다.
4.	비정상적 수익	유상증자의 경우 기존주식의 가격은 공표 시 평균적으로 3% 하락한다. 이와 같은 주식가격의 하락을 비정상적 수익이라고 부른다.
5.	저가책정	IPO의 경우, 주식이 실제 가치보다 낮은 가격에 발행되면서 손실이 발생한다.
6.	그린슈 옵션	이 옵션은 초과청약이 발생했을 때, 인수회사가 발행가격에 추가로 주식을 살 수 있는 권리를 부여한다.

연구에 의하면 IPO의 직접비용은 매우 클 수 있으며, 특히 소규모 발행(1천만$ 미만)이 그러하다.[9] 예를 들어 규모가 작은 IPO의 경우에는 조달금액의 25.22%가 직접비용이다. 이는 결

[9]Inmoo Lee, Scott Lockhead, Jay Ritter, and Quanshai Zhao, "The Costs of Raising Capital," *Journal of Financial Research* 19 (Spring 1996), updated by the authors.

국, 한 기업이 1,000만$의 주식을 발행한다면, 그중에서 기업이 가져가는 것은 약 750만$이고, 나머지 250만$는 인수회사 차액 및 그 외의 직접비용에 지불되는 것이다. 5억$ 이상 발행의 경우, 발행회사는 직접비용으로 5.5%를 지불해야 할 것으로 예상된다. 일반적으로 IPO의 경우 인수회사에게는 전체 발행액의 5~10%가 지불된다. 그러나 조상대상 IPO의 과반수 이상은 인수회사에게 정확히 7%를 지불했고, 이는 지금까지 가장 흔한 수준이라고 볼 수 있다.

네 가지의 중요한 특징을 발견할 수 있다. 첫째, 일반채권을 제외한 모두의 경우에서 규모의 경제가 존재한다. 발행의 규모가 커질수록 인수회사에게 가는 총스프레드는 줄어들고, "기타 직접비용"도 조달되는 금액의 비율로 볼 때 감소한다. 이는 발행규모가 커지면서 고정비용의 비중이 낮아지는 현상을 보여주는 것이다. 둘째, 부채를 매각하는 데 드는 비용이 주식을 매각하는 데 드는 비용보다 상대적으로 낮다. 셋째, IPO의 비용은 SEO보다 높은데 그 차이가 그리 큰 것은 아니다. 마지막으로, 전환채권보다 일반채권을 발행하는 데 비용이 적게 든다.

앞에서 설명한 것과 같이, 발행회사의 입장에서 IPO의 저가책정은 추가적인 비용이다. 대체로 대기업들은 2억$ 이상을 발행하는 데 저가발행은 훨씬 적다. 발행규모에 관계없이 직접비용은 총자본조달의 10% 정도를 차지하지만, 저가책정은 19% 정도를 차지한다. 둘째, 투자등급 채권은 투자부적격등급 채권보다 훨씬 낮은 직접비용을 발생시킨다. 전환채권보다 일반채권에서 발행비용이 훨씬 더 낮게 나타난다.

마지막으로, 채권발행과 관련하여, 직접 비용에는 두 가지 일반적인 패턴이 있다: 첫째, 여기에도 상당한 규모의 경제가 있다. 둘째, 투자등급의 경우, 직접 비용이 훨씬 낮은데 특히 보통사채의 경우에 더 그렇다. 7장에서 배웠듯이 채권은 고유한 신용등급을 가지고 있다. 신용등급이 높은 채권을 투자적격등급이라고 하는 반면에, 낮은 등급은 투자비적격 또는 정크 채권이라고 한다. 1,000만$ 미만 보통사채의 발행비용은 투자 등급인 경우 약 1.90%의 비용이 들 것으로 예상할 수 있지만, 정크 채권 등급은 5.27%를 예상한다. 5억$ 이상의 보통채권 발행비용은 0.08%에 불과하지만 유사한 정크 채권드 발행비용은 약 2.63%로 예상된다.

기업공개에 따른 비용: 사례

2020년 1월 30일, 매사추세츠주에 자리잡은 둔 종양 제약회사인 Black Diamond Therapeutics가 IPO를 통해 기업공개를 했다. Black Diamond는 10,586,316주를 주당 19$에 발행했다. IPO의 주요인수자는 JP Morgan Chase, Jefferies, Cowen었고, 다른 투자은행 신디케이트의 지원을 받았다. IPO를 통해 총액 2억 110만$를 모금했지만 Black Diamond는 비용을 제하고 1억 8,440만$를 확보했다. 가장 큰 비용은 7%의 인수회사 스프레드였다. 이것은 이런 규모의 공모에 대한 대체적인 스프레드이다. Black Diamond는 1,059만 주를 인수회사에 주당 17.67$에 매도하고, 인수회사는 다시 주식을 일반 투자자들에게 주당 19$에 판매했다.

하지만 추가 비용이 있다. Black Diamond는 SEC 등록비로 23,914$, FINRA 제출 수수료로 28,135$를 지출했다. 회사는 또한 거래소 상장 수수료 125,000$, 법률비용 130만$, 필요한 감사를 받기 위한 회계비용 95만$, 주식양도 대리인이 물리적으로 주식을 주주에게 양도하고 주주명부를 유지하기 위한 비용 4,000$, 인쇄 및 판화제작 비용 150,000$, Blue Sky 비용 10,000$, 그리고 마지막으로, 기타 비용 98,981$를 지불해야 했다.

Black Diamond의 지출에서 알 수 있듯이 IPO는 비용이 많이 드는 작업이 될 수 있다! 결국, Black Diamond는 총 1,677만$를 비용으로 지출했으며 그중 1,408만$는 인수회사 몫으로,

269만$는 다른 당사자에게 갔다. Black Diamond에 대한 총직접비용은 회사가 발행한 총금액의 8.97%였다. Black Diamond의 경우, 주가는 거래 첫날 2배 이상 상승하여 39.48$에 마감되었고 결과적으로 간접 비용이 훨씬 더 컸다.

개념질문 _Concept Questions

15.7a 증권의 발행과 관련되어 있는 비용에는 어떤 것들이 있는가?
15.7b 증권의 발행비용을 통해서 배울 수 있는 교훈은 무엇인가?

15.8 신주인수권

보통주가 시장에 새로 발행되면 기존 주주들의 지분은 줄어들기 쉽다. 그러나 기업이 정관에 신주우선인수권(preemptive right)을 규정하고 있다면, 기업은 기존 주주들에게 먼저 주식을 살 수 있는 기회를 제공해야 한다. 만약 정관에 신주우선인수권이 규정되어 있지 않으면, 기업은 신주를 발행하는 데 있어서 기존 주주와 시장을 놓고 선택해야 한다.

보통주를 기존 주주에게 발행할 때 이를 주주모집(rights offering; 주주할당 발행) 또는 우선적 배정(privileged subscription)이라고 한다. 주주모집에서는 모든 주주에게 새로운 주식의 일정량을 유효기간 동안 정해진 가격에 살 수 있는 인수권이 주어진다. 그리고 주주모집은 주식워런트(share warrant)나 인수권(rights)에 의해서 보장받는다. 이와 같은 신주인수권은 증권거래소나 그밖의 시장에서 거래되기도 한다.

일반공모와 비교했을 때 주주모집은 몇 가지 장점을 가진다. 예를 들어 발행회사의 입장에서는 일반공모보다 비용이 적게 든다. 실제로 발행회사는 인수회사 없이도 주주모집을 할 수 있다. 이는 인수회사가 필수인 일반공모와 다른 점이라고 할 수 있다. 미국에서는 주주모집을 하는 경우가 드물지만, 다른 나라에서는 일반공모보다 많이 이용하고 있다. 왜 이런 현상이 나타나는가에 대해서는 아직까지도 많은 사람들이 의문을 가지고 있지만, 아무도 정확한 해답을 제시하지 못하고 있다.

주주모집의 절차

주주모집에서 재무관리자가 살펴보아야 하는 것에는 어떤 것들이 있는가? 이를 설명하기 위해서 National Power Company의 예를 살펴보자. 이 기업의 재무제표는 표 15.10에 요약되어 있다.

표 15.10에서 볼 수 있듯이, National Power는 세후 2백만$의 순이익을 기록했으며, 100만주의 주식을 발행했다. 그러므로 주당순이익은 2$이며, 주식의 가격은 주당 20$이다(PE비율은 10이다). National Power는 새로운 확장계획에 필요한 자금을 충당하기 위해서 주주모집을 통해 5백만$의 새로운 자기자본을 조달하려고 한다.

주주모집을 하기에 앞서, National Power의 재무관리자는 다음과 같은 질문에 답해야 할 것이다.

1. 신주의 가격은 얼마로 책정해야 할까?

표 15.10
주주모집이 있기 전 National Power Company의 재무상태표

NATIONAL POWER COMPANY 재무상태표			
자산		자기자본	
자산	$15,000,000	보통주	$ 5,000,000
		유보이익(이익잉여금)	10,000,000
합계	$15,000,000	합계	$15,000,000

손익계산서	
세전 이익	$ 2,531,646
세금(21%)	531,646
순이익	$ 2,000,000
기발행주식수	1,000,000
주당순이익(EPS)	$ 2
주당 시장가격	$ 20
총시장가치	$20,000,000

2. 몇 주를 발행해야 할까?
3. 1명의 주주가 몇 주를 살 수 있도록 정할까?

또한 경영진은 다음과 같은 질문을 하려고 할 것이다.

4. 주주모집이 이미 발행한 주식의 가치에는 어떤 영향을 미칠까?

결과적으로, 이러한 질문에 대한 답은 서로 깊은 연관성을 지닌다. 이는 잠시 뒤에 다루기로 하자.

주주모집의 초기단계는 일반공모와 같다고 할 수 있다. 주주모집과 일반공모의 차이는 주식이 어떻게 팔리느냐에 달려 있다. National Power의 기존 주주들은 자신이 갖고 있는 주식 주당 하나의 인수권을 가지게 된다. National Power는 하나의 주식을 지정가격에 사기 위해서 몇 개의 인수권이 필요한지 결정한다.

주주모집을 이용하기 위해서는 주주들이 인수권을 행사해야 한다. 인수권을 행사한다는 것은 청약서와 함께 청약에 필요한 금액을 기업의 청약기관(대개 은행)에게 보내는 것이다. 실제로 National Power의 주주들은 다음의 세 가지 중에서 하나를 선택하게 된다. (1) 인수권을 행사하여 그에 해당하는 주식의 일부 또는 전부를 배당받거나 (2) 인수권의 일부 또는 전부의 매도를 주문하거나 (3) 아무것도 하지 않고 인수권의 유효기간이 지나기를 기다린다. 뒤에서 설명하겠지만 이 중에서 세 번째를 선택한다면 그것은 결코 현명한 판단이 아니다.

1주를 사기 위해서 필요한 인수권의 수

National Power는 500만$의 신규 지분을 조달하려는 것이다. 청약가격이 주당 10$라고 하자. National Power가 이와 같은 가격을 어떻게 정했는지는 잠시 뒤에 설명하겠지만, 여기서 한 가지 주의해야 할 것은 이 청약가격이 현재 이 회사 주식의 시장가격인 20$보다 많이 낮다는 점이다.

주당 가격이 10$라면, National Power는 50만 주의 신주를 발행해야 한다. 이는 조달하고자 하는 자금의 총액을 청약가격으로 나누어서 구할 수 있다.

$$\text{신규주식의 수} = \frac{\text{조달자금}}{\text{청약가격}} \qquad [15.1]$$

$$= \frac{\$5{,}000{,}000}{\$10} = 500{,}000\text{주}$$

주주는 항상 자신이 소유한 주식 한 주당 하나의 인수권을 가지므로, National Power는 100만 개의 인수권을 발행한 셈이다. 하나의 신주를 사는 데 필요한 인수권의 수를 구하기 위해서는 기존에 발행한 주식의 수(100만 주)를 신주의 수로 나누어주어야 한다.

$$\text{하나의 주식을 사기 위해서 필요한 인수권의 수} = \frac{\text{기존주식 수}}{\text{신규주식 수}} \qquad [15.2]$$

$$= \frac{1{,}000{,}000}{500{,}000} = 2\text{개의 인수권}$$

결과적으로 주주는 하나의 신주를 사기 위해서 2개의 인수권을 행사하고, 10$를 지불해야 한다. 모든 주주들이 이와 같이 한다면, National Power는 500만$의 자금을 조달할 수 있다.

이와 같이 청약가격, 신규발행주식 1주를 사기 위해 필요한 인수권의 수는 서로 연관성이 깊다. 예를 들어 National Power가 청약가격을 낮춘다면, 500만$의 자금을 조달하기 위해서 보다 많은 수의 신주를 발행해야 할 것이다. 몇 가지의 대안을 다음과 같이 정리할 수 있다.

청약가격	신주의 수	신주 1주를 사기 위해 필요한 인수권의 수
$20	250,000	4
10	500,000	2
5	1,000,000	1

인수권의 가치

인수권은 분명히 가치를 지닌다. National Power의 경우, 시장가격이 20$인 주식을 10$에 살 수 있기 때문에 그만큼의 가치를 지닌 셈이다. 사실상 인수권은 기본적으로 콜옵션(call option)이다. 콜옵션에 대해서는 옵션 관련 장에서 자세히 살펴볼 것이다. 인수권과 일반적 콜옵션의 가장 큰 차이점은 인수권은 기업에 의해서 발행된다는 것이다. 즉 인수권은 워런트(warrant)에 가깝다고 할 수 있다. 일반적으로 옵션과 인수권, 그리고 워런트의 가치를 평가하는 과정은 다소 복잡하므로 나중 장에서 자세히 살펴볼 것이다. 그러나 몇 가지의 중요한 점을 지적하기 위해서 만기일 직전의 인수권의 가치에 대해 살펴보기로 하자.

National Power의 한 주주가 주주모집의 만기일 직전에 2개의 주식을 보유하고 있다고 가정하자. 표 15.11은 이와 같은 상황을 보여주고 있다. National Power의 주식가격은 주당 20$이기 때문에 주주가 갖고 있는 가치는 2 × $20 = 40$이다. National Power의 주주모집은 2개의 인수권을 가지고 신주 1주를 10$의 가격에 살 수 있는 기회를 제공한다. 신주에는 인수권이 주어지지 않는다.

2주를 가지고 있는 주주는 2개의 인수권을 받게 된다. 그리고 이 주주가 인수권을 행사하여 신주를 산다면 보유주식은 3주로 증가한다. 그러므로 총투자가치는 $40 + $10 = 50$가 된다(40$의 초기가치와 회사에게 지불하는 10$를 합친 것이다).

이제 주주는 인수권이 없는 3개의 주식을 보유하게 된다(신주에는 인수권이 없고, 기존주식

표 15.11

인수권의 가치: 개인 주주의 경우

초기 상황	
보유주식 수	2
주가	$20
보유가치	$40
청약 조건	
청약가격	$10
발행된 인수권의 수	2
신주 하나에 필요한 인수권의 수	2
배정 이후	
보유주식 수	3
보유가치	$50
주가	$16.67
인수권의 가치: 기존의 주가 – 새로운 주가	$20 – 16.67 = $3.33

표 15.12

National Power의 주주모집

초기 상황	
발행주식 수	100만
주가	$20
기업의 가치	$2,000만
청약 조건	
청약가격	$10
발행된 인수권의 수	100만
신주 하나에 필요한 인수권의 수	2
배정 이후	
발행주식 수	150만
주가	$16.67
기업의 가치	$2,500만
인수권의 가치	$20 – 16.67 = $3.33

의 인수권은 이미 행사되었기 때문이다). 3개의 주식을 사는 데 총 $40 + $10 = 50$의 비용을 지불했으므로, 주당 평균가격은 $50/3 = 약 16.67$인 셈이다.

표 15.12에는 National Power의 주식가격이 어떻게 변하는지 요약되어 있다. 모든 주주가 자신의 인수권을 행사한다면 전체 발행주식수는 150만 주(= 100만 + 50만)로 증가하게 된다. 또한 회사의 가치는 $2,000만 + $500만 = 2,500만$로 상승하게 된다. 그러나 주주모집 이후에 주식의 가치는 주당 $2,500만/150만 주 = 16.67$로 감소하게 된다.

기존주식가격(주당 20$)과 신주가격(주당 16.67$) 간의 차이는 기존주식에 신규주식을 배당받을 수 있는 인수권이 포함된 것을 반영한다. 이 두 가격 간의 차이가 인수권 한 개의 가치($20 – $16.67 = $3.33)이다.

기존에 National Power의 주식을 보유하지 않은 투자자라도 인수권을 사들여 신규주식을 배당받을 수 있다. 예를 들어 외부의 투자자가 2개의 인수권을 샀다고 가정하자. 이때 $3.33 × 2 = 6.67$(앞의 16.67$의 소수점 처리와 맞추기 위해서 0.01$를 더해줬다)의 비용이 들 것이다.

만약 이 투자자가 인수가격이 10$일 때 인수권을 행사한다면, 신규주식을 사는 데 드는 총비용은 $10 + $6.67 = 16.67$이다. 결론적으로 이 투자자는 앞에서 계산한 것과 같이 16.67$의 가치를 지닌 주식을 가지게 된다.

예제 15.1 인수권의 행사(I)

National Power의 예에서, 청약가격이 8$라고 가정하자. 얼마의 주식을 새로 발행해야 하는가? 하나의 신주를 사기 위해서 필요한 인수권은 몇 개인가? 인수권의 가치는 얼마인가? 인수권배정 이후에 주식의 가격은 주당 얼마인가?

500만$의 자본을 조달하기 위해서는 $500만/$8 = 625,000주의 주식을 새로 발행해야 한다. 100만 주의 주식이 이미 발행된 상태이기 때문에, 하나의 신규주식을 사기 위해서는 100만/625,000 = 8/5 = 1.6개의 권리가 필요하다(즉 기존주식이 8주 있으면 5주의 신주를 살 수 있다). 인수권배정 이후에, 2,500만$에 해당되는 주식의 수가 162.5만 주이기 때문에 1주의 가치는 $25/1.625 = 15.38$이다. 따라서 인수권 1개의 가치는 $20 − $15.38 = 4.62$이다.

인수권리락

인수권리락일(ex-rights date): 주식이 인수권을 잃기 시작하는 날로, 보통 명부기준일의 2일 전이다.

명부기준일(holder-of-record date; date of record): 기존 주주들이 주식 인수권자로 기록되는 날

National Power의 인수권은 상당한 가치를 지닌다. 이와 더불어 주주모집은 National Power 주식의 시장가격에 큰 영향을 미친다. 위에서 볼 수 있듯이, 주식가격은 **인수권리락일**에 3.33$ 하락한다.

인수권을 발행하는 과정에서 기업은 **명부기준일**을 정하게 된다. 증권거래법에 따르면, 명부기준일로부터 2영업일 전에 권리락이 발생한다. 만약 권리락일 전에 주식이 팔리면 새 주주가 인수권을 가지게 된다. 이를 인수권리부라고 한다. 그리고 권리락일부터는 주식을 사도 인수권을 가질 수 없다. 그림 15.5는 이를 보여주고 있다.

그림에서 볼 수 있듯이, National Power는 9월 30일에 주주모집을 발표하였다. 여기에 따르면, 11월 1일에 인수권을 받게 되는 주주들을 10월 15일에 정하게 된다. 10월 14일이 권리락일이므로 10월 13일까지 주식을 소유하고 있는 주주만이 인수권을 받게 된다.

예제 15.2 인수권의 행사(II)

Lagrange Point Co.는 주주모집을 제안했다. 주식의 현재가격은 주당 40$이다. 모집조건에 따르면 주주는 5주를 가지고 신주 하나를 25$의 가격에 살 수 있다. 그렇다면 인수권의 가치는 얼마인가? 권리락 가격은 얼마인가?

5주의 주식을 5 × $40 = 200$에 살 수 있고, 권리를 행사하여 신규주식 하나를 25$에 살 수 있다. 따라서 총투자액은 225$이며, 6주의 권리락 주식을 가지게 된다. 그러므로 권리락 주식의 가격은 주당 $225/6 = 37.5$이다. 따라서 인수권의 한 개의 가치는 $40 − $37.5 = 2.5$이다.

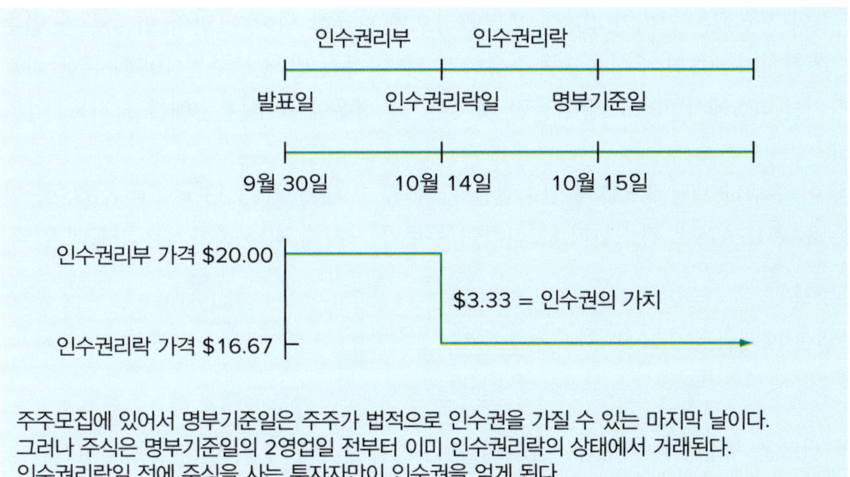

그림 15.5
인수권리락 주식의 가격

인수권리부 **예제 15.3**

예제 15.2에서, 인수권의 가격이 2.5$가 아니라 2$라고 가정하자. 그렇다면 어떻게 이익을 거둘 수 있을까?

당신은 이제 돈을 찍어 내는 기계를 갖게 되었으므로 금방 부자가 될 수 있다. 처방전은 다음과 같다. 먼저 10$를 주고 5개의 인수권을 산다. 그런 다음, 권리를 행사하여 신주 한 주를 25$에 산다. 결국, 하나의 권리락 주식을 얻기 위해서 총 5 × $2 + $25 = 35$를 투자한 것이다. 이 주식을 37.5$에 팔고, 그 차액 2.5$를 주머니에 챙기면 된다. 그리고 이를 당신이 원할 때까지 계속 반복하라.

인수계약

일반적으로 주주모집은 **잔액인수**(standby underwriting)를 통해서 이루어진다. 잔액인수에서는 발행회사가 주주모집을 하고, 인수회사는 그중에서 응모되지 않은 주식을 사들이기로 약속한다. 이에 대한 보상으로 인수회사는 **대기수수료**(standby fee)를 받고, 사들인 부분에 대해서 추가로 주식을 받기도 한다.

잔액인수(standby underwriting): 인수회사가 발행주식 중에서 청약되지 않은 부분을 사들이기로 약속하는 인수의 형태

대기수수료(standby fee): 예비인수를 계약함에 따라 인수회사에게 지불되는 비용

투자자가 인수권을 포기하거나, 나쁜 뉴스 때문에 주식의 시장가격이 청약가격보다 떨어지면 청약이 되지 않는 실권주식이 발생하는데, 잔액인수는 이와 같은 상황으로부터 발행회사를 보호해준다.

실제로 주주들 중에서 아주 일부만(전체의 10% 이하)이 인수권을 행사하지 않는다. 이는 아마도 주주의 무관심이나 휴가 등에 비롯된 것이라고 할 수 있다. 또한 주주에게는 **초과청약우선권**(oversubscription privilege)이 주어지는데, 이는 주주들이 청약이 되지 않은 주식을 청약가격에 살 수 있도록 해준다. 초과청약우선권 덕분에 발행회사는 인수회사의 도움 없이도 문제를 해결할 수 있다.

초과청약우선권(oversubscription privilege): 주주모집에 있어서, 청약이 되지 않은 주식을 청약가격에 기존 주주가 신주를 살 수 있도록 부여되는 신주우선인수권

주주에게 미치는 영향

주주는 “인수권”을 행사할 수도 있고 혹은 매각할 수도 있다. 어느 것을 선택하든 주주는 결코 이익을 보거나 손해를 보지 않는다. National Power의 주식을 2주 소유한 주주가 있다고 가정하

자. 이 주주의 경우에는 가치가 40$인 포트폴리오를 보유한 셈이다. 만약 이 주주가 인수권을 행사한다면 총가치가 50$인 주식을 3주 소유하게 된다. 다시 말해 주주는 10$의 돈을 지불해서 주식의 총가치를 40$에서 50$로 끌어올린 것이다. 이 경우에 주주는 손해를 보지도, 이익을 얻지도 않는다.

한편, 이 주주가 개당 3.33$에 인수권을 판다면, 그 대가로 $3.33 × 2 = 6.67$를 받고 주식의 가치는 주당 16.67$로 감소한다. 그리하여 주주가 가지게 되는 총가치는 다음과 같다.

보유주식	= 2 × $16.67 =	$33.33
인수권 판매대금	= 2 × $3.33 =	6.67
총액	=	$40.00

33.33$의 새로운 시장가치와 현금 6.67$의 합은 처음에 주주가 가지고 있었던 40$와 동일하다. 결과적으로 주주는 인수권의 행사나 매도를 통해서 손해를 보지도 않고 이익을 얻지도 않는다.

한 가지 분명한 것은 주주모집 이후에 주식의 시장가격이 떨어진다는 것이다. 그러나 방금 보았듯이 그렇다고 해서 주주가 손해를 보는 것은 아니다. 따라서 이와 같은 주식가격의 하락은 주식이 분할될 때와 유사하다고 볼 수 있다(주식의 분할에 대해서는 17장에서 살펴볼 것이다). 한편, 청약가격이 낮을수록 주주모집으로 인한 주식의 가격하락은 커지기 마련이다. 그리고 주주는 주식의 가격이 아무리 많이 떨어져도 그만큼의 가치를 지닌 인수권을 받기 때문에 영향을 받지 않는 것이다.

마지막으로 주주모집에서 청약가격을 얼마로 정해야 하는가 하는 문제가 남는데, 잘 생각해보면 상관이 없다는 답을 내릴 수 있을 것이다. 인수권이 가치를 지니기 위해서는 청약가격이 주식의 시장가격보다 낮아야 하지만, 가격이라는 것은 항상 임의로 움직이는 것이다. 원칙적으로는 0이 아닌 이상 청약가격을 내리고 싶은 만큼 내릴 수 있다. 다시 말해 주주모집에서는 저가책정이라는 것이 있을 수 없는 것이다.

개념질문 _Concept Questions

15.8a 주주모집은 어떻게 이루어지는가?
15.8b 주주모집 과정에서 재무관리자가 결정해야 하는 것은 무엇인가?
15.8c 인수권의 가치는 어떻게 결정되는가?
15.8d 주주모집이 회사의 주식가치에 영향을 미치는 것은 언제인가?
15.8e 주주모집이 주식가격을 떨어뜨리는가? 주주모집은 기존 주주에게 어떤 영향을 미치는가?

15.9 희석

희석(dilution): 소유권, 시장가치, 장부가치 또는 EPS에 관해 기존 주주가 갖고 있는 가치가 손실되는 것

주식 발행과 관련해서 대두되는 한 가지 문제가 **희석**(dilution)이다. 희석은 기존 주주가 갖고 있는 가치가 손실되는 것을 가리키며 다음과 같은 형태를 띤다.

1. 소유권 비율의 희석
2. 시장가치의 희석
3. 장부가치와 주당순이익의 희석

이 절에서는 이 세 가지 형태의 희석에 대해 설명하고, 사람들이 '희석'에 대해서 가지고 있는 잘못된 생각에 대해 살펴본다.

소유권 비율의 희석

이와 같은 형태의 희석은 주식을 일반대중에게 판매하는 기업이라면 언제든지 발생할 수 있는 것이다. 예를 들어 Joe Smith가 Merit Shoe Company의 주식을 5,000주 소유한다고 하자. Merit Shoe는 50,000주의 주식을 발행한 상태이고, 한 주당 하나의 의결권을 가진다. 그러므로 Smith는 전체 의결권 중에서 10%(= 5,000/50,000)를 보유하고 있으며, 배당금의 10%를 받게 된다.

만약 Merit Shoe가 일반공모를 통해서 50,000주의 신주를 발행한다면 Merit Shoe에 대한 Smith의 소유권은 희석된다. 그리고 Smith가 신주를 사지 않는다면 소유권은 5%(= 5,000/100,000)로 줄어든다. 결국 Smith가 보유한 주식의 가치는 그대로이지만 그가 소유한 회사의 지분비율은 줄어든 것이다.

이 예에서 보듯이, 주주모집은 Joe가 자신이 소유한 지분비율을 그대로 유지할 수 있는 기회를 제공한다. 따라서 주주모집은 기존 주주의 소유권 희석을 피할 수 있게 해준다.

가치의 희석: 장부가치와 시장가치

이제 회계수치를 가지고 가치의 희석에 대해 알아보자. 이는 희석에 대한 잘못된 생각을 지적하기 위한 것이지, 회계장부상의 가치희석이 시장가치의 희석보다 더 중요하다는 것을 의미하고자 하는 것은 아니다. 오히려 그 반대로 시장가치의 희석이 장부가치의 희석보다 더 중요하다.

먼저, 다음과 같은 상황을 가정하자. Upper States Manufacturing (USM)은 미래의 수요를 감당하기 위해서 새로운 발전소를 지으려고 한다. 표 15.13에서 볼 수 있듯이 USM은 1백만 주의 주식을 발행한 상태이고, 부채는 없다. 주식의 가격은 주당 5$이며, 기업의 시장가치는 총 5백만$이다. USM의 장부가치는 총 1천만$이며, 1주당 장부가치는 10$이다.

USM은 과거에 과다한 생산비용, 핵발전소 건립에 대한 규제로 인한 핵발전소 건립의 지체, 평균보다 낮은 수익성 등의 여러 경영난을 경험한 바 있다. 이와 같은 어려움 때문에 USM의 시장가치 대 장부가치 비율은 $5/$10 = 0.50에 불과하다(대부분의 성공적인 기업들은 시장가치가 장부가치보다 높다).

USM의 순이익은 현재 1백만$이다. 전체 발행주식이 1백만 주이므로, 주당순이익(EPS)은 1$이고, 자기자본순이익률(ROE)은 $1/$10 = 10%이다.[10] 결과적으로 USM의 주식은 주당순이익의 5배인 가격에 팔리고 있다(PER = 5). USM의 주주 수는 현재 200명이며, 각자는 5,000주를 소유하고 있다. 한편 새로운 발전소를 짓는 데 총 2백만$의 자금이 필요하다. 그러므로 USM은 40만 주를 신규로 발행해야 한다($5 × 40만 = 2백만$). 신주가 발행된 후에 총발행주식수는 1.4백만 주로 증가하게 된다.

새로운 발전소의 ROE는 기업의 전체적인 수준과 같을 것으로 예상된다. 다시 말해 순이익은 0.10 × $2백만 = 20만$ 증가하여, 총순이익은 1.2백만$가 된다. 또한 발전소가 지어진다면 다음과 같은 결과를 예상할 수 있다.

1. 전체 발행주식수가 1.4백만 주라면, EPS는 $1.2/1.4 = 0.857$로 떨어진다.

[10]자기자본순이익률(ROE)은 주당순이익을 주당 장부가치로 나눈 것이다. 순이익을 총자기자본으로 나눠서 구할 수도 있다. ROE와 그밖의 재무비율들에 대해서는 3장에서 살펴보았다.

표 15.13
신주발행과 희석: Upper States Manufacturing (USM)의 경우

		새로운 투자안의 시행 이후	
	초기 상황	희석이 발생한 경우	희석이 발생하지 않은 경우
발행주식수	1,000,000	1,400,000	1,400,000
총장부가치	\$10,000,000	\$12,000,000	\$12,000,000
1주당 장부가치(*B*)	\$10	\$8.57	\$8.57
시장가치	\$5,000,000	\$6,000,000	\$8,000,000
시장가격(*P*)	\$5	\$4.29	\$5.71
순이익	\$1,000,000	\$1,200,000	\$1,600,000
자기자본순이익률(ROE)	0.10	0.10	0.13
주당순이익(EPS)	\$1	\$.86	\$1.14
EPS/*P*	0.20	0.20	0.20
P/EPS	5	5	5
P/*B*	0.5	0.5	0.67
투자안의 투자비용: \$2,000,000		NPV = −\$1,000,000	NPV = \$1,000,000

2. 기존주주가 가지는 지분은 1주당 0.5%에서 5,000/1,400,000 = 0.36%로 감소한다.
3. 주가순이익비율(PER)이 5로 유지된다면 주식의 가치는 5 × \$0.857 = 4.29\$로 떨어져 1주당 0.71\$의 손실을 보게 된다.
4. 총장부가치는 기존의 10백만\$에 새로운 2백만\$를 더하여 12백만\$가 된다. 1주당 장부가치는 \$12백만/1.4백만 = 8.57\$로 감소한다.

위의 예가 실제 있었던 일이라고 그대로 받아들인다면 지분의 희석과 시장가치의 희석, 장부가치의 희석이 모두 발생한 것이다. USM의 기존주주들은 엄청난 손해를 본 셈이다.

잘못된 생각 위의 예를 통해서 보면 시장가치가 장부가치보다 낮을 때 신주를 발행한다는 것은 기존 주주들에게 치명적인 영향을 미치는 것처럼 보인다. 일부 전문가들은 시장가치가 장부가치보다 낮을 때 신주를 발행하면 EPS가 낮아져서 희석이 발생한다고 주장한다.

실제로 시장가치 대 장부가치의 비율이 1보다 낮을 때, 전체 발행주식수를 증가시키면 EPS는 감소하게 된다. 이러한 EPS의 감소는 회계상의 희석이며, 회계상의 희석은 이와 같은 상황에서는 언제든지 발생한다.

그렇다면 이와 같은 상황에서 시장가치의 희석은 항상 발생하는 것일까? 그렇지 않다. USM의 예에서 잘못된 부분이 있는 것은 아니지만, 시장가치가 왜 감소했는지는 분명하지 않다. 이제부터 그 이유에 대해서 생각해보자.

올바른 생각 USM의 예에서 시장가치는 주당 5\$에서 4.29\$로 감소한다. 이는 희석이라고 볼 수 있는데, 그렇다면 이와 같은 희석이 발생한 이유가 무엇일까? 여기에 대한 해답은 새로운 투자안과 관련이 있다고 볼 수 있다. USM은 발전소를 짓기 위해서 2백만\$의 비용을 지불할 것이다. 그러나 표 15.13에서 볼 수 있듯이, 전체적으로 기업의 가치는 5백만\$에서 6백만\$로 겨우 1백만\$ 증가하게 된다. 이는 발전소를 짓는 새로운 투자안의 NPV가 −1백만\$인 것을 의미한다. 전체 발행주식수가 140만 주라면, 1주당 손실은 \$1/1.4 = 0.71\$로 앞에서 계산한 값과 동일하다.

따라서 USM 기존 주주들에게 실질적인 손실(희석)이 발생한 것이다. 그러나 이는 시장가치 대 장부가치 비율(market-to-book ratio)이 1보다 작기 때문에 발생한 것이 아니고, 새로운 투자안의 NPV가 음(−)이기 때문에 발생한 것이다. 음(−)의 NPV가 주식의 시장가격을 떨어뜨린 것이지 회계장부상의 가치희석은 이와 아무런 관련이 없는 것이다.

만약 새로운 투자안의 NPV가 +$1백만이면 어떻게 될까? 먼저, 기업의 전체적인 시장가치는 $2백만 + $1백만 = 3백만$로 증가하게 된다. 표 15.13(세 번째 열)에서, 1주당 주식가격은 5.71$로 증가한다. 여기서 1주당 장부가치가 감소하기 때문에 회계수치상의 희석은 그대로 발생하지만, 이로 인한 경제적 영향은 없다. 그리고 주식의 시장가치는 오른다.

주식의 가치가 0.71$만큼 증가한 것은 투자안의 NPV가 +1백만$이기 때문이다. 또한 EPS 대비 주식가격의 비율이 5로 유지되면, EPS는 $5.71/5 = 1.14$로 증가하게 된다. 총순이익은 $1.14 × 1.4백만 주 = 1.6백만$가 된다. 마지막으로, ROE는 $1.6백만/$12백만 = 0.1333 = 13.33%로 증가한다.

개념질문 _Concept Questions

15.9a 희석에는 어떤 종류가 있는가?
15.9b 희석은 중요한가?

15.10 장기채권의 발행

채권의 공모도 그 과정은 일반적으로 주식의 경우와 같다고 할 수 있다. SEC에 등록을 해야 하고, 투자설명서(prospectus)도 마찬가지로 작성해야 한다. 그러나 채권의 등록신청서는 주식과 다르다. 채권의 경우에는 등록신청서에 채권발행계약서(indenture)를 기재해야 한다.

장기채권과 주식의 발행이 또 하나 중요하게 차이가 나는 점은 전체 장기채권 발행의 50%가 공모가 아닌 사모로 이루어진다는 것이다. 장기부채에 의한 기업의 자금조달은 기본적으로 **장기대출**(term loan)과 **사모발행**(private placement)이라는 두 가지 형태로 이루어진다.

장기대출은 금융기관이 기업에 직접 해주는 대출이다. 이들의 만기기간은 1년에서부터 5년까지이다. 대부분의 장기대출은 만기 전에 상환이 가능하다. 상업은행, 보험회사 등의 기관이 해주는 대출이다. 사모발행은 제한된 수의 투자자들을 대상으로 채권을 발행하여 자금을 조달받는 것으로, 장기대출과 거의 비슷하지만 만기가 상대적으로 긴 대출이다.

장기대출 (term loan): 금융기관들이 직접 기업에 해주는 일정 기간 동안의 대출이며, 기간은 보통 1년에서 5년까지이다.

사모발행(private placement): 채권을 공식거래소에서 발행하지 않고 특정한 소수의 투자자들에게 발행하는 것을 말한다. 기간은 일반적으로 장기이다.

한편, 채권의 사모발행과 채권의 공모발행의 중요한 차이점은 다음과 같이 정리할 수 있다.

1. 사모채권의 경우에는 증권거래위원회(SEC)의 등록비용을 피할 수 있다.
2. 직접발행(direct placement)할 때의 계약이 상대적으로 더 강한 보호조항(covenant)을 갖는다.
3. 채무불이행(default)이 발생했을 때, 장기대출과 사모발행은 재협상하기가 상대적으로 쉽다. 공모발행의 경우 수백 명의 채권소유자가 있기 때문에 재협상을 하기가 어렵다.
4. 채권시장에서 생명보험회사와 연금기금(pension fund)이 사모발행의 대부분을 차지한다. 장기대출시장(term-loan market)에서는 상업은행이 차지하는 비중이 크다.

5. 사모시장(private market)에서 채권을 발행하는 것이 상대적으로 발행비용이 적게 든다.

장기대출과 사모발행의 이자율은 일반적으로 공모로 채권을 발행할 때 지불하는 이자율보다 높다. 이러한 차이는 사모발행을 할 경우가 상대적으로 낮은 비용을 기업이 지불한다는 점뿐만 아니라 더 높은 이자율과 더 높은 유연성을 갖는 계약이 갖는 상충관계(trade-off)가 반영된 것이다.

또 한 가지 참고해 둘 필요가 있는 중요한 점은 채권에 의한 자금조달이 주식에 의한 자금조달보다 발행비용이 훨씬 적게 든다는 것이다.

개념질문 _Concept Questions

15.10a 채권의 사모발행과 채권의 공모발행은 어떻게 다른가?
15.10b 일반적으로 채권의 사모발행의 이자율은 공모발행의 경우보다 높다. 왜 그럴까?

15.11 일괄등록제도

증권발행의 과정을 보다 단순화하기 위해서, SEC는 1982년 3월에 Rule 415를 도입하여 1983년 11월부터 본격적으로 시행하였다. Rule 415는 일괄등록제도를 규정하고 있으며, 부채발행과 지분발행 모두 일괄등록을 신청할 수 있다.

일괄등록제도(shelf registration): SEC의 Rule 415에 의해 규정되어 있는 등록제도이다. 기업이 2년 안에 발행할 것으로 예상하는 모든 증권을 한 번에 등록할 수 있고, 이 2년 내 아무 때나 증권을 발행할 수 있다.

일괄등록제도(shelf registration)에 의하면 기업은 2년 안에 발행할 것으로 예상하는 증권을 한 번에 등록할 수 있고, 이 2년 중 아무 때나 기업이 원하는 때에 발행할 수 있다. 예를 들어 2020년 4월에 음식배달회사인 Blue Apron은 75억$에 달하는 여러 종류(채권, 우선주, 보통주, 워런트)의 증권을 일괄등록한다고 발표했다. 한편 모든 기업이 Rule 415를 이용할 수 있는 것은 아니며, 다음과 같은 조건을 만족시켜야만 한다.

1. 기업의 투자등급이 좋아야 한다.
2. 지난 3년간 부채에 대해서 채무를 불이행한 적이 없어야 한다.
3. 기업이 기발행한 주식의 총시장가치가 150백만$보다 커야 한다.
4. 지난 3년간 "1934년 증권법(Securities Act of 1934)"을 위반한 적이 없어야 한다.

일괄등록제도에 의하면 기업은 신규주식을 발행하는 데 있어서 드리블 방법(dribble method)을 사용할 수 있다. 드리블 방법에서는 기업이 증권을 등록하고, 판매대리인으로 인수회사를 고용한다. 그리고 기업은 직접 주식거래소(예: NYSE)를 통해서 "수시로 조금씩(dribs and drabs)" 주식을 발행하게 된다. 실제로 Wells Fargo & Co., Tesla, The Southern Company와 같은 기업들이 드리블 방법을 사용한 바 있다.

일괄등록제도는 아직도 많은 논쟁을 불러일으키고 있다. 이 제도에 반대하는 전문가들은 다음과 같은 주장을 내세운다.

1. 인수회사가 미래의 투자자에게 정보를 충분히 제공하지 못한다면 투자자들의 투자액이 줄어들고 증권발행의 비용이 높아질 수 있다. 그리고 그 영향으로 증권을 모두 한꺼번에 파는 것보다 따로따로 파는 것이 더 큰 비용을 유발할 수 있다.

2. 일괄등록제도는 "시장에 위협을 가하여" 시장가격을 끌어내린다. 다시 말해 기업이 언제든지 주식의 공급을 증가시킬 수 있다면 이는 주식의 현재가격에 나쁜 영향을 미친다.

개념질문 _Concept Questions

15.11a 일괄등록제도란 무엇인가?
15.11b 일괄등록제도에 반대하는 사람들의 주장은 무엇인가?

요약과 결론 15.12

이 장에서는 기업이 어떻게 증권을 발행하는지에 대해서 살펴보았다. 몇 가지 요점을 정리하면 다음과 같다.

1. 증권을 발행하는 데 상당한 비용이 들 수 있다. 일반적으로 발행의 규모가 클수록 상대적 비용은 줄어든다.
2. 기업공개에는 상당한 액수의 직접비용, 간접비용이 발생한다. 그러나 기업이 일단 공개되면, 추가적인 자본을 보다 쉽게 조달할 수 있다.
3. 주주모집(rights offerings)은 일반공모(general cash offer)보다 비용이 적게 든다. 그럼에도 불구하고 미국에서는 신주 발행이 대부분 일반공모를 통해서 이루어진다.

복습과 자가진단

15.1 **발행비용** L5 Corporation은 새로운 우주정거장 건설자금을 조달하기 위해서 주식발행을 고려 중이다. L5가 필요로 하는 자금은 총 1,500만$이다. 만약 발행비용이 전체 자본조달의 7%에 해당된다면, L5는 총 얼마의 주식을 발행해야 하는가? 발행비용은 얼마인가?

15.2 **주주모집** Hadron Corporation은 현재 300만 주의 주식을 발행한 상태이다. 주식의 현재가격은 주당 40$이다. 2,000만$의 자금을 조달하기 위해서 Hadron은 주당 25$의 주주모집을 고려 중이다. 이 경우에 인수권의 가치는 얼마인가? 권리락(ex-rights)의 가격은 얼마인가?

복습과 자가진단의 해답

15.1 L5는 7%의 발행비용을 지불한 후 1,500만$의 자금을 얻어야 한다. 그러므로 총자본조달액은 다음과 같이 구할 수 있다.

총자본조달액 × (1 − 0.07) = $15백만
총자본조달액 = $15백만/0.93 = $16.129백만

총발행비용 = $1.129백만

15.2 주당 가격이 25$이므로, 2,000만$의 자금을 조달하기 위해서는 $2,000만/$25 = 800,000주를 팔아야 한다. 주주모집 이전에 회사의 가치는 3백만 × $40 = 120백만$이다. 주주모집은 2,000만$

의 자금을 조달하고, 총발행주식수는 3.8백만 주로 증가하게 된다. 그러므로 인수권리락 주식의 가치는 $140백만/3.8백만 = 36.84$이다. 따라서 인수권의 가치는 $40 − $36.84 = 3.16$이다.

개념복습과 개념질문

1. **부채발행과 주식발행의 규모 [LO2]** 일반적으로 부채발행은 주식발행보다 많이 쓰이며 그 규모 또한 크다. 왜 그런 것일까?
2. **부채와 자기자본의 발행비용 [LO2]** 주식의 발행비용이 부채의 발행비용보다 훨씬 더 큰 이유는 무엇인가?
3. **채권의 등급과 발행비용 [LO2]** 투자부적격 등급(noninvestment grade)의 채권을 발행하는 데 드는 직접비용이 투자등급(investment grade) 채권보다 높은 이유는 무엇인가?
4. **부채발행의 저가책정 [LO2]** 채권을 발행하는 데 있어서 저가책정이 문제가 되지 않는 이유는 무엇인가?

   다음의 정보를 이용하여 문제 5에서 문제 7까지 답하라. 카셰어링(car sharing: 시간대별 자동차 대여)을 하는 회사인 Zipcar는 2011년 4월에 기업을 공개하였다. 투자은행인 Goldman Sachs의 도움을 받아, Zipcar는 968만 주를 주당 18$에 팔아서 총 174.24백만$의 자본을 조달하였다. 상장 첫날에 이 회사의 주식은 주당 28$의 가격으로 마감하였다. 결국 주식은 주당 10$ 정도나 저가 책정되었고, 이 회사는 9,680만$의 돈을 날려버린 셈이다.
5. **IPO의 가격책정 [LO3]** Zipcar 주식의 IPO가격은 56% 정도 저가책정되었다. 이를 Goldman Sachs의 탓으로 돌릴 수 있을까?
6. **IPO의 가격책정 [LO3]** 다음과 같은 정보가 있다면, 문제 5에 대한 답이 달라지는가? Zipcar가 약 10년 전에 설립되었지만 2010년까지 겨우 1억8천6백만$의 매출액만 기록했을 뿐 이익을 전혀 내지 못했다. 또한 이러한 비즈니스 모델이 성공할 수 있을지는 의문이다.
7. **IPO의 가격책정 [LO3]** 다음과 같은 정보가 있다면, 문제 5, 6에 대한 답이 달라지는가? IPO를 통해 발행한 968만 주와 더불어 Zipcar는 이미 그전에 3천만 주를 발행한 상태이다. 이 중에서 1,410백만 주는 4개의 벤처캐피탈 회사가 소유하고 있으며, 1,550만 주는 12명의 이사와 중역들이 소유하고 있다.
8. **일반공모와 주주모집의 비교 [LO4]** Ren-Stimpy International은 대량의 보통주를 발행해서 자본을 조달할 계획이다. 이 회사의 주식은 이미 시장에서 거래되고 있으며, 회사의 경영진은 일반공모(인수가 포함됨)와 기존주주에 대한 주주모집(인수회사가 개입하지 않음) 중에서 하나의 방법을 선택해야 한다. 이 회사의 경영진은 발행비용(판매비용)은 최소화시키고 싶어 한다. 어느 방법을 추천해야 하는가?
9. **IPO의 저가책정 [LO3]** 1980년 어느 경영대학의 조교수는 12개 기업의 IPO 주식을 사들였다. 그리고 그는 이 주식들을 약 한 달이 지난 뒤 팔아버렸다. 그가 선택한 투자 방법은 석유나 가스개발 기업이 주식을 공개상장할 때 이를 사들이는 것이었다. 당시 22개의 기업이 IPO를 시행했는데, 그는 이 기업들에게 각각 1,000$만큼의 주식을 주문하였다. 22개 중에서 10개의 기업으로부터는 주식을 하나도 사지 못했다. 그리고 나머지 12개의 기업 중에서 5곳으로부터는 주문한 것만큼의 주식을 사지 못하고 일부만 살 수 있었다.

   1980년은 석유나 가스개발 기업들이 눈부신 성과를 거둔 한 해였다. 공개된 22개의 기업들은 한 달만에 주식의 가치가 평균 80% 상승하였다. 그러나 이 조교수는 그만큼의 수익을 거두지 못했다. 그가 12개의 기업으로부터 사들인 IPO 주식은 8,400$에서 10,000$로 가치가 증가하였다. 이는 약 20%밖에 안 되는 수익률이었다. 이 조교수의 운이 좋지 않았던 것일까? 아니면 당시에 그가 이와 같은 결과를 예상했던 것일까? 설명해보라.

10. **IPO의 가격책정 [LO3]** Pest Investigation Control Corporation (PICC)의 IPO에 대한 투자설명서가 아래의 표와 같이 주어져 있다. PICC는 내일, 투자은행인 Erlanger and Ritter의 관리하에 전량인수조건으로 주식공개를 시행한다. 다음의 질문에 답하라.

   a. 투자설명서에 나와 있는 정보를 제외하고는 PICC에 대해서 아는 것이 없다고 가정하자. 재무에 대한 지식을 바탕으로 내일 PICC의 주식가격을 예상한다면 얼마일까? 이에 대한 설명을 간단히 제시하라.

   b. 투자할 수 있는 돈이 몇천 달러 있다고 가정하자. PICC의 IPO 전날 밤, 당신의 주식거래인이

PROSPECTUS PICC

200,000 SHARES

PEST INVESTIGATION CONTROL CORPORATION

Of the shares being offered hereby, all 200,000 are being sold by the Pest Investigation Control Corporation, Inc. ("the Company"). Before the offering there has been no public market for the shares of PICC, and no guarantee can be given that any such market will develop.

These securities have not been approved or disapproved by the SEC nor has the commission passed upon the accuracy or adequacy of this prospectus. Any representation to the contrary is a criminal offense.

	Price to Public	Underwriting Discount	Proceeds to Company*
Per share	$11.00	$1.10	$9.90
Total	$2,200,000	$220,000	$1,980,000

*Before deducting expenses estimated at $27,000 and payable by the Company.

This is an initial public offering. The common shares are being offered, subject to prior sale, when, as, and if delivered to and accepted by the Underwriters and subject to approval of certain legal matters by their Counsel and by Counsel for the Company. The Underwriters reserve the right to withdraw, cancel, or modify such offer and to reject offers in whole or in part.

Erlanger and Ritter, Investment Bankers

July 12, 2021

Prospectus Summary

The Company	The Pest Investigation Control Corporation (PICC) breeds and markets toads and tree frogs as ecologically safe insect-control mechanisms.
The Offering	200,000 shares of common stock, no par value.
Listing	The Company will seek listing on Nasdaq and will trade over the counter.
Shares Outstanding	As of June 30, 2021, 400,000 shares of common stock were outstanding. After the offering, 600,000 shares of common stock will be outstanding.
Use of Proceeds	To finance expansion of inventory and receivables and general working capital, and to pay for country club memberships for certain finance professors.

Selected Financial Information (amounts in thousands except per-share data)

	Fiscal Year Ended June 30				As of June 30, 2021	
	2019	2020	2021		Actual	As Adjusted for This Offering
Revenues	$60.00	$120.00	$240.00	Working capital	$ 8	$1,961
Net earnings	3.80	15.90	36.10	Total assets	511	2,464
Earnings per share	0.01	0.04	0.09	Stockholders' equity	423	2,376

오랜만에 전화를 걸어왔다. 그녀는 PICC가 내일 주식을 공개하는데, 연락만 준다면 몇 백 주를 발행가격에 살 수 있게 해준다고 메시지를 남겼다. 이 제안을 받아들여야 할까? 설명해보라.

연습문제

초급문제
(1-8)

1. 주주모집 [LO4] Hassinah, Inc.는 주주모집을 계획 중이다. 435,000주가 이미 발행된 상태이고 주식의 현재가격은 주당 71$이다. 주주모집을 통해서 50,000주의 신주가 주당 64$의 가격에 발행될 것이다.

a. 이 기업의 시장가치는 얼마가 되는가?

b. 신주 1주를 사기 위해서 몇 개의 인수권이 필요한가?

c. 인수권리락의 가격은 얼마인가?

d. 인수권의 가치는 얼마인가?

e. 기업이 일반공모보다 주주모집을 택하는 이유가 무엇인가?

2. 주주모집 [LO4] Clifford Corporation은 새로운 잡지, the Journal of Financial Excess의 발행을 위해 필요한 2천5백만$의 자금을 조달하기 위해서 주주모집을 공식 발표했다. 이 잡지는 페이지 당 5,000$의 리뷰 수수료를 받고 논문을 모집할 예정이다. 이 회사는 이미 270만 주를 발행한 상태이고, 주식의 현재가격은 주당 48$이다.

a. 청약가격이 가질 수 있는 최대값은 얼마인가? 최소값은 얼마인가?

b. 청약가격이 주당 41$로 정해졌다면, 신주를 몇 주나 팔아야 하나? 1주를 사기 위해서 몇 개의 인수권이 필요한가?

c. 인수권리락의 가격은 얼마인가? 인수권의 가치는 얼마인가?

d. 신주발행 전부터 1,000주를 보유하고 있는 주주가 더 이상 주식을 살 마음이 없다고 하자. 이 주주가 인수권발행에 의해서 아무런 손해를 보지 않는다는 것을 증명해 보라.

3. 인수권 [LO4] The Tennis Shoe Co.는 주주모집을 통해서 사업확장에 필요한 자금을 조달하기로 결정했다. 주주모집의 영향으로 주식가격은 한 주당 56$에서 54.30$로 떨어질 것이다[56$는 권리부(right on) 가격이고, 54.30$는 권리락 가격이다]. 이 회사는 총 1,750$만의 자금을 조달하기 위해서 청약가격을 주당 41$로 정했다. 그렇다면 이 회사가 주주모집 전부터 이미 발행한 주식의 수는 얼마인가? (자기자본의 시장가치 증가액은 발행을 통해 조달한 자금만큼 증가한다고 가정하라.)

4. IPO의 저가책정 [LO3] Woods Co.와 Koepka Co.는 둘 다 주당 40$의 IPO를 발표했다. 이 중에서 하나는 12$만큼 저가 책정되어 있고, 나머지 하나는 5$만큼 고가책정되었다는 사실밖에 모른다. 이 둘로부터 각각 1,000주를 사들인다고 하자. 그리고 주식이 저가책정되었다면, 주문량의 반밖에 살 수 없다. 만약 Woods와 Koepka로부터 각각 1,000주를 사들이게 된다면 이익이 얼마인가? 실제로 얼마의 이익을 기대할 수 있는가? 이를 통해서 확인한 원칙은 무엇인가?

5. 발행비용의 계산 [LO3] The Meadows Corporation은 새로운 시장을 개척하기 위해서 75백만$의 자본을 조달해야 한다. 이 회사는 일반공모를 통해 신주를 발행하기로 결정했다. 발행가격이 주당 23$이고, 인수회사가 7%의 총스프레드(gross spread)를 요구한다면 총 몇 주를 발행해야 하는가?

6. 발행비용의 계산 [LO3] 문제 5에서 등록비용과 주식발행과 관련된 기타 관리비용을 합친 것이 190만$라고 하자. 그렇다면 총 몇 주를 팔아야 하는가?

7. 발행비용의 계산 [LO3] The Telwar Co.는 얼마 전에 주식을 공개했다. 전량인수 계약을 통해서, 이 회사는 3천만 주를 주당 25.11$를 받고 발행하였다. 최초공모 가격은 주당 27$였지만, 거래를

시작한 지 몇 분만에 32.49$로 올랐다. 이 회사는 140만$의 법적비용과 375,000$의 간접비용을 지불하였다. 발행비용은 전체 자본조달액의 몇 %인가?

8. **가격희석 [LO3]** Damron, Inc.는 250,000주를 이미 발행한 상태이다. 이 회사의 주식 가치가 주당 81$이므로 자기지분의 총시장가치는 20,250,000$이다. 이 회사가 40,000주의 신규주식을 81$, 76$, 68$의 가격에 발행한다고 하자. 이 세 가지 발행가격은 각각 기존주식의 가격에 어떤 영향을 미치는가?

중급문제 (9-15)

9. **희석 [LO3]** Marker, Inc.는 생산설비를 확충하려고 한다. 이 기업은 현재 5백만 주를 발행한 상태이고 부채는 없다. 주식의 시장가격은 주당 64$이지만, 장부가치는 주당 19$이다. 이 회사의 순이익은 현재 1,220만$이다. 새로운 생산설비의 비용은 28백만$이며, 순이익을 775,000$ 증가시킬 것으로 예상된다.

a. 주가순이익비율(price to earnings ratio: PER)이 일정하다고 가정할 때, 신주의 발행은 어떤 영향을 미치는가? 먼저 장부가치와 총순이익, EPS, 주식가격, 시장가치 대 장부가치 비율이 어떻게 변하는지 계산해보라.

b. 주식가격이 변하지 않기 위해서는 이 회사의 순이익이 얼마여야 하는가?

10. **희석 [LO3]** Metallica Heavy Metal Mining (MHMM) Corporation은 현재 사업의 다각화를 추진 중이다. 이 기업의 최근 재무정보가 다음과 같이 주어졌다.

주식가격	$ 75
발행주식수	64,000
총자산	$9,400,000
총부채	$4,100,000
순이익	$ 980,000

1MHMM는 PE비율(PER)이 회사 전체의 PE비율과 동일한 투자안을 계획하고 있다. 이 투자안의 비용은 150만$이며, 신주 발행을 통해서 자본을 조달할 예정이다. 이 투자안의 수익률은 이 회사의 현재 ROE와 일치할 것이다. 주당 장부가치, 주당 시장가치와 EPS는 어떻게 변하는가? 이 투자안의 NPV는 얼마인가? 희석(dilution)이 발생하는가?

11. **희석 [LO3]** 문제 10에서 발행 후의 주식가격이 주당 75$가 되게 만들려면, 이 투자안의 ROE는 얼마여야 하는가? [주가순이익비율(PE비율, PER)은 그대로 유지된다고 가정하라.] 이 투자안의 NPV는 얼마인가? 희석이 발생하는가?

12. **인수권 [LO4]** Bell Buckle Mfg.는 주주모집을 고려 중이다. 이 회사는 인수권리락의 가격을 71$로 결정지었다. 현재 주식의 가격은 주당 76$이며, 29백만 주가 발행된 상태이다. 주주모집을 통해 총 95백만$의 자본을 조달할 것이다. 그렇다면 청약가격은 얼마인가?

13. **인수권의 가격 [LO4]** 인수권 하나의 가치가 다음과 같이 구해진다는 것을 증명해보라.

$$\text{인수권 하나의 가치} = P_{RO} - P_X = (P_{RO} - P_S)/(N + 1)$$

P_{RO}: 인수권리부(rights on) 가격
P_S: 청약가격
P_X: 인수권리락의 가격
N: 신규주식을 청약가격에 사기 위해 필요한 인수권의 수

14. **인수권의 판매 [LO4]** Nougat Corp.는 주주모집을 통해 510만$의 자본을 조달하려고 한다. 현재 530,000주가 발행된 상태이고, 주식가격은 주당 55$이다. 이 회사 주식을 인수하는 인수회사(underwriter)는 청약가격을 주당 30$로 정했고, 6%의 총스프레드를 요구하였다. 만약 당신이 이

회사의 주식 5,000주를 소유하고 있고 주주모집에 참여하지 않는다면 인수권을 팔아서 얼마의 돈을 벌 수 있는가?

15. **인수권의 가치평가 [LO4]** Knight Inventory Systems, Inc.가 주주모집을 발표하였다. 이 회사는 4개의 인수권으로 신규주식 1주를 35$의 청약가격에 살 수 있도록 정했다. 인수권리락일 하루 전에 주식의 가격은 주당 60$였다. 그러나 다음 날 아침이 되자 주식은 주당 53$, 인수권은 1개에 3$의 가격에 팔리기 시작했다. 인수권리락일에 책정된 인수권의 가격은 정확한 것일까? 이와 같은 상황에서 발생하는 차익거래의 과정을 설명해보라.

작은 사례

S&S Air의 기업공개

Mark Sexton과 Todd Story는 S&S Air의 미래에 대해서 의논하고 있다. 이 회사는 그동안 빠른 속도로 성장해왔으며, 이 두 사람은 회사의 전망을 아주 밝게 생각하고 있다. 그러나 빠른 성장을 더 이상 내부자금으로 지원할 수가 없었다. 따라서 Mark와 Todd는 이제 회사를 공개할 때가 되었다고 판단했다. 이를 위해 이들은 투자은행인 Crowe & Mallard사와 의논했다. 이 회사는 S&S Air가 채권을 발행했을 때 도움을 준 Renata Harper와 업무제휴를 맺고 있는 회사이며, 그동안 많은 소기업들의 기업공개(IPO)에 참여하여 상당한 경험을 갖고 있기 때문에 MarK와 Todd는 이 회사를 잘 선택했다고 생각했다.

Renata는 Mark와 Todd에게 공개 과정에 대해 설명하기 시작했다. Crowe & Mallard가 채권의 발행에 대해서는 4%의 인수요금(underwriter fee)을 부과하지만, S&S Air 규모 정도의 IPO에 대해서는 7%의 인수요금을 부과하고 있다. Renata는 Mark와 Todd에게 약 230만$의 법적 비용과 16,000$의 SEC 등록비용, 20,000$의 기타 등록비용이 들 것이라고 말했다. 또한 나스닥(NASDAQ)에 상장하기 위해서는 추가적으로 100,000$가 들어가며, 또한 주식의 양도와 주주목록의 등록을 위해 8,500$, 인쇄비로 480,000$가 들어가고, 거기에 더해 IPO와 관련된 기타 부대비용으로 125,000$가 더 들어갈 것으로 생각해야 한다고 말했다.

마지막으로 Renata는 SEC에 등록하기 위해서는 과거 3년간의 감사를 받은 재무제표를 제출해야 한다고 말했다. 그녀는 감사비용에 대해서는 확실히 알지 못했다. Mark는 Renata에게 발행한 채권의 보호조항(covenant)에 따라 회사가 매년 외부감사에게 275,000$를 지불하면서 재무제표에 대한 감사를 받고 있다고 말했다.

질문

1. 이러한 논의가 있은 후, Mark는 Renata에게 더치옥션식(Dutch auction) IPO 과정에 대해서 물어보았다. 전통적인 방식으로 인수회사에게 전량인수를 시켜 IPO를 하는 것과 더치옥션식 IPO를 하는 것은 S&S Air의 IPO 비용에 어떤 차이를 가져오는가? 이 회사는 이 중 어떤 방식으로 IPO를 하는 것이 좋은가?
2. 선택할 IPO의 종류와 회사의 미래에 대해서 논의하던 중, Mark는 회사가 7천5백만$의 자금을 필요로 할 것 같다고 말했다. 그러나 Renata는 만약 S&S Air가 가까운 장래에 더 많은 현금을 필요로 한다면 IPO 이후에 바로 유상증자를 하는 것은 문제가 될 수 있다고 말했다. Renata는 차라리 IPO를 할 때 9천만$를 조달하는 것이 좋을 것 같다고 말했다. 적절한 규모의 IPO는 어떻게 계산할 수 있는가? IPO로 9천만$를 조달하는 것이 갖는 이점과 불리한 점은 무엇인가?
3. 한참을 숙고한 후에 Mark와 Todd는 Crowe & Mallard를 주(主) 인수회사로 하여 전량인수를 시키고, IPO로 조달하는 금액은 7천5백만$로 결정했다. 저가책정의 가능성이 없다고 가정하고, 이 회사가 지불하는 IPO 비용은 조달되는 자금의 몇%가 되는가?
4. 종업원들의 주식구매 권장 방침에 따라 S&S Air의 종업원들 중 많은 수가 S&S Air의 주식을 보유하고 있다. 종업원들은 자신이 갖고 있는 주식을 IPO 때 발행가격으로 판매하거나, 아니면 IPO가 끝난 후 유통시장에서 자신들의 주식을 판매할 수 있다. Todd가 당신에게 종업원들에게 어떤 선택이 더 좋은 것인지를 말해주라고 요청했다. 당신은 종업원들에게 어떤 선택을 하라고 말하겠는가?

16 재무레버리지와 자본구조정책

Financial Leverage and Capital Structure Policy

2020년 5월, COVID-19 팬데믹은 568,000대의 차량을 보유한 대표적인 자동차 렌탈회사인 Hertz를 파산으로 몰아 넣었다. Hertz는 188억$의 부채를 가지고 있었고, 그중 144억$는 차량으로 담보가 제공되었다. 여행자들이 급감하면서 회사의 매출도 급격히 감소하였고, 회사는 부채의 일부라도 갚기 위해 차량을 매도하기 시작하였다. 팬데믹으로 인해 JC Penney, Neiman Marcus 및 J. Crew를 비롯한 다른 유명 회사도 파산하였다.

자기자본에 비해 어느 정도의 타인자본(부채)을 보유할 것인가에 대한 결정은 자본구조의 선택에 관한 문제이다. 자본구조의 선택과 관련된 의사결정에는 많은 함축적 의미가 포함되어 있기 때문에 이론적으로나 실무적으로 일치된 의견이 존재하지 않는다. 이 장에서는 기업의 자본구조와 관련된 기본 개념들과 기업이 그 자본구조를 어떻게 선택하는지에 대해 살펴보려고 한다.

기업의 자본구조는 그 기업의 부채 정책을 그대로 반영하는 것이다. 자본을 얼마나 많이 빌려서 사업을 해야 하는가? 언뜻 생각하기에는 부채가 많아질수록 파산위험이 커지기 때문에 부채는 가급적 피하는 것이 좋을 것처럼 생각될 수도 있다. 그러나 부채는 양날의 칼과 같은 것으로, 적절하게 사용한다면 기업에 엄청난 혜택을 가져다줄 수도 있다.

부채의 역할에 대한 잘못된 인식과 많은 기업들이(개인들도) 부채를 사용하는 것에 대해 너무나 보수적인 태도를 갖고 있는 것이 현실이므로, 부채를 통한 자금조달이 가져다주는 효과를 제대로 이해하는 것은 매우 중요하다. 그러나 다른 한편으로, 기업들이 너무나 많은 부채를 사용함으로써 파산이라는 불행한 결과를 때때로 초래하는 것이 현실이기도 하다. 따라서 결국 자본구조에서 다루는 것은 부채와 자기자본 간의 적절한 균형에 관한 것이다.

학습목표 _*Learning Objectives*

이 장을 공부한 후에는 다음과 같은 것들에 대해 알아야 한다.

- **LO1** 재무레버리지 효과
- **LO2** 자본구조의 선택에 있어서 세금과 파산이 미치는 영향
- **LO3** 파산절차의 주요 내용

지금까지는 기업의 자본구조를 이미 주어진 것으로 간주하였다. 그러나 이제 기업이 자신의 자기자본-부채비율(debt-equity ratio)을 어떻게 결정하는지 알아볼 차례이다. 1장에서 설명한 것과 같이, 기업이 자기자본-부채비율을 결정하는 것은 기업의 자본구조를 결정하는 것과 같다.[1]

대부분의 경우, 기업은 언제나 자신이 원하는 자본구조를 택할 수 있다. 경영진이 원하면 기업은 채권을 발행하고 그에 따라 조달된 돈을 가지고 주식을 다시 사들여 자기자본-부채비율을 높일 수 있다. 반대로 주식을 발행하고 부채를 상환하여 자기자본-부채비율을 낮출 수도 있다. 이와 같이 기업의 자본구조를 바꾸는 것을 자본구조조정(capital restructuring)이라고 한다. 일반적으로 이와 같은 자본구조조정의 결과로 기업의 총자산은 변하지 않는다.

자본구조조정이 기업의 자산에 직접적인 영향을 미치지 않으므로 자본구조에 대한 의사결정을 다른 기업활동과 분리해서 살펴볼 수 있다. 이는 기업이 투자의사결정과 분리해서 자본구조 의사결정을 할 수 있다는 것을 의미한다. 그러므로 이 장에서는 투자안에 관한 결정사항을 무시하고 기업의 자본구조 또는 장기자본조달에 초점을 맞출 것이다.

이 장을 통해서 강조하고자 하는 것은 자본구조가 기업의 총가치와 자본비용에 중요한 의미를 갖는다는 점이다. 한편, 자본구조를 결정하는 데 있어서 중요한 몇 가지 요소를 밝히는 것은 쉽지만 그러한 요소들의 가치를 정확히 계산하는 것은 거의 불가능하다. 그러므로 특정 기업에 특정 시점에서 어떤 자본구조가 최선인지에 대해서는 완전한 해답을 제시할 수가 없다.

16.1 자본구조 문제

기업은 자기자본-부채비율을 어떻게 결정지을까? 하나의 원칙이 있다면 그것은 주식의 가치를 극대화하는 것이다. 후술하는 바와 같이 자본구조 의사결정에 관한 한, 주식의 가치를 극대화하는 것이 궁극적으로는 기업의 가치를 극대화하는 것과 같기 때문에 편의상 기업의 가치극대화 관점에서 자본구조를 설명하고자 한다.

기업가치와 주식가치: 예

다음의 예는 기업가치를 극대화하는 자본구조에 대한 것으로, 주주를 위해서 기업의 재무관리자가 어떤 결정을 내려야 하는지 보여주고 있다. 우선 J.J. Sprint의 시장가치가 1,000$라고 하자. 현재 이 기업은 부채가 없으며 발행된 100주의 주식가격은 주당 10$이다. J.J. Sprint는 500$를 차입하여 자신의 자본구조를 바꾸고, 차입금은 주주들에게 주당 $500/100 = 5$의 추가배당금을 지급하는 데 사용한다.

이와 같은 자본구조조정은 J.J. Sprint의 총자산에 영향을 미치지 않고 자본구조를 변화시킬 것이다. 당장은 부채가 증가하고 자기자본은 감소한다. 그렇다면 자본구조의 변경은 어떤 결과를 가져올까? 표 16.1은 부채가 없는 처음의 경우와 함께 세 가지 시나리오의 경우를 보여 주고 있다. 첫 번째 시나리오에서는 기업의 가치가 1,250$로 증가하고, 두 번째 시나리오에서는 기업의 가치가 1,000$로 변하지 않는다. 마지막 세 번째 시나리오에서는 기업의 가치가 750$로 감소한다. 우리는 왜 이런 결과가 나타날 수 있는가에 대해서는 말하지 않고 있다. 다만 한 가지 중요

[1] 일반적으로 자기자본-부채비율에 관한 의사결정을 자본구조 의사결정(capital structure decision)이라고 한다. 그러나 재무구조 의사결정(financial structure decision)이라고 하는 것이 보다 정확한 표현일 것이다. 따라서 앞으로 이 두 용어를 혼용해서 사용한다.

표 16.1

기업가치: 부채가 없는 경우와 (부채 + 배당금)의 경우

	부채가 없는 경우	부채 + 배당금 I	부채 + 배당금 II	부채 + 배당금 III
부채	$ 0	$ 500	$ 500	$500
자기자본	1,000	750	500	250
기업의 가치	$1,000	$1,250	$1,000	$750

표 16.2

주주의 이득: 부채 + 배당금

	부채 + 배당금 I	부채 + 배당금 II	부채 + 배당금 III
자기자본 가치의 감소	−$250	−$500	−$750
배당금	500	500	500
순효과	+$250	$ 0	−$250

한 점에 대해 언급하기 위하여 이러한 세 경우가 발생할 수 있다고 가정하는 것이다.

자본구조조정의 목적이 주주들에게 이득을 가져다주어야 하는 것이기 때문에 표 16.2에서는 각 시나리오별로 주주에게 어떤 순이득이 발생하는지를 살펴보았다. 두 번째 시나리오의 경우처럼 기업의 가치가 변하지 않는다면, 주주는 정확하게 추가 배당금만큼의 자본손실을 보게 된다(주주의 순이득 = $0). 첫 번째 시나리오에서는 기업가치가 1,250$로 증가하고 주주는 250$의 이득을 본다. 다시 말해 자본구조조정의 NPV가 250$인 셈이다. 세 번째 시나리오의 NPV는 −250$이다.

이 예를 통해서 확인할 수 있는 핵심적 사항은 기업의 가치가 변하는 만큼 주주의 이득도 변한다는 점이다. 그러므로 재무관리자는 기업가치를 극대화시키는 자본구조를 발견하는 노력을 해야 한다.

다시 말해 자본구조에 대한 의사결정에서도 순현가(NPV)의 원칙이 그대로 적용된다. 그리고 기업 전체 가치의 변화 크기가 자본구조 변경이 갖는 NPV이다. 만약 J.J. Sprint가 첫 번째 시나리오를 예상한다면 500$의 대출을 받아야 할 것이다. 물론, 기업의 자본구조를 결정하는 데 있어서 중요한 것은 어떤 시나리오가 발생할 가능성이 높은가 하는 것이다.

자본구조와 자본비용

14장에서 기업의 가중평균자본비용(WACC)의 개념에 대해 설명한 바 있다. WACC란 자본구조를 구성하는 여러 요소들의 자본비용을 가중평균하여 구한 기업 전체적 자본비용을 뜻한다는 것을 기억할 것이다. WACC를 구할 때 기업의 자본구조는 이미 주어진 것으로 간주했었다. 이 장에서 살펴보려고 하는 중요한 문제는 부채 비중, 다시 말해 자기자본-부채비율을 변화시킬 때, 기업의 자본비용이 어떤 영향을 받느냐 하는 것이다.

WACC가 중요한 것은 WACC가 최소화될 때 기업의 가치가 극대화되기 때문이다. WACC는 기업의 현금흐름에 대한 할인율이라는 것을 기억하라. 가치와 할인율은 반대의 방향으로 움직이기 때문에, WACC를 최소화하는 것은 기업의 현금흐름의 가치를 극대화하는 것이다.

따라서 기업은 WACC를 최소화하는 자본구조를 택해야 한다. WACC를 낮추는 자본구조가 다른 자본구조들보다 좋은 것이다. 이러한 이유로 WACC를 최대한으로 낮추는 자본구조가 최적자본구조라고 말할 수 있다. 때때로 최적자본구조를 기업의 목표자본구조(target capital structure)라고 부르기도 한다.

개념질문 _Concept Questions

16.1a 재무관리자가 기업가치를 극대화하는 자본구조를 택해야 하는 이유는 무엇인가?
16.1b WACC와 기업가치는 어떤 관계를 갖는가?
16.1c 최적자본구조란 무엇인가?

16.2 재무레버리지의 영향

앞 절에서는 기업가치를 극대화하는 (또는 자본비용을 최소화하는) 자본구조가 주주들에게 가장 좋은 자본구조인 이유를 설명했다. 이 절에서는 재무레버리지가 주주들의 이득에 어떤 영향을 미치는지에 대해서 살펴보고자 한다. 재무레버리지(financial leverage)는 기업이 부채에 의존하는 정도를 가리킨다. 기업의 자본구조에서 부채가 차지하는 비중이 높을수록 재무레버리지도 그만큼 높아지는 것이다.

앞으로 설명하겠지만, 재무레버리지는 주주들의 이득을 크게 변화시킬 수 있다. 그러나 놀랍게도, 재무레버리지가 기업 전체적 자본비용에는 영향을 미치지 않을 수도 있다. 만약 이것이 사실이라면, 기업의 자본구조는 의미 없는 것이 되어버린다. 왜냐하면 자본구조의 변화가 기업의 가치에 영향을 미치지 않기 때문이다. 이에 대해서는 잠시 뒤에 살펴보기로 한다.

재무레버리지의 기본

우선 재무레버리지가 어떻게 작용하는지 알아보자. 세금은 무시하기로 한다. 또한 이해를 보다 쉽게 하기 위해서 재무레버리지의 영향을 주당순이익(EPS)과 자기자본순이익률(ROE)의 관점에서 살펴볼 것이다. 물론, 이와 같은 값들은 회계상의 수치이기 때문에 궁극적인 관심사라고 할 수 없다. 다만 회계수치 대신에 현금흐름을 가지고 설명을 하더라도 똑같은 결과가 나오며 약간의 작업이 더 필요할 뿐이다. 재무레버리지가 시장가치에 미치는 영향에 대해서는 이후에 설명할 것이다.

재무레버리지, EPS, ROE: 예 Trans Am Corporation은 현재 부채를 가지고 있지 않다. 최고재무관리자(CFO)인 Morris는 부채를 발행하여 자사주를 취득하는 자본구조 조정안을 추진 중이다. 표 16.3은 현재의 자본구조와 미래의 자본구조를 보여주고 있다. 표에서 볼 수 있듯이 Trans Am 자산의 시장가치는 8백만$이고, 40만 주가 발행된 상태이다. 자기자본이 100%를 차지하므로 주식의 가격은 주당 20$이다.

부채의 발행으로 4백만$의 자본을 조달하며 이자율은 10%이다. 주식가격이 주당 20$이기 때문에 $4백만/$20 = 200,000주를 사들일 수 있다. 자본구조조정 이후에 Trans Am의 자본구조에서 부채가 차지하는 비율은 50%이고, 따라서 자기자본-부채비율은 1이 된다. 주식가격은 20$로 변하지 않는다고 가정하자.

표 16.3
Trans Am의 현재의 자본구조와 미래의 자본구조

	현재의 자본구조	미래의 자본구조(자본구조조정 이후)
자산	$8,000,000	$8,000,000
부채	$ 0	$4,000,000
자기자본	$8,000,000	$4,000,000
자기자본-부채비율	0	1
주식의 가격	$ 20	$ 20
발행주식수	400,000	200,000
이자율	10%	10%

표 16.4
Trans Am의 자본구조 시나리오

현재의 자본구조: 부채 = $0			
	불황	보통	호황
EBIT	$500,000	$1,000,000	$1,500,000
이자	0	0	0
순이익	$500,000	$1,000,000	$1,500,000
ROE	6.25%	12.50%	18.75%
EPS	$ 1.25	$ 2.50	$ 3.75
미래의 자본구조(자본구조조정 이후): 부채 = $4백만			
EBIT	$500,000	$1,000,000	$1,500,000
이자	400,000	400,000	400,000
순이익	$100,000	$ 600,000	$1,100,000
ROE	2.50%	15.00%	27.50%
EPS	$ 0.50	$ 3.00	$ 5.50

자본구조조정의 영향을 살펴보기 위해서 Morris는 표 16.4를 준비하였다. 이 표에서는 Trans Am의 현재 자본구조와 세 가지의 시나리오를 예상한 미래의 자본구조를 비교하고 있다. 이 세 가지의 시나리오는 기업의 EBIT에 대해서 서로 다른 가정을 반영하고 있다. "보통" 시나리오에서는, EBIT가 1백만$이다. "불황" 시나리오에서는 EBIT가 0.5백만$로 감소하고, "호황" 시나리오에서는 EBIT가 1.5백만$로 증가한다.

표 16.4의 계산과정을 보여주기 위해서 "호황" 시나리오를 예로 들어보자. EBIT는 1.5백만$이다. 부채가 없고(현재의 자본구조), 세금을 계산하지 않는다면 순이익 또한 1.5백만$이다. 이 경우에는 총 $8백만에 해당하는 40만 주가 발행된 셈이다. 따라서 EPS는 1.5백만$/400,000 = 3.75$이다. 또한 ROE는 순이익을 총자기자본으로 나눈 것이기 때문에, ROE의 값은 $1.5백만/$8백만 = 18.75%이다.[2]

그러나 4백만$의 부채(미래의 자본구조)가 생긴다면 모든 것이 달라진다. 이자율이 10%이기 때문에 총이자부담은 40만$이다. EBIT가 150만$, 이자부담이 40만$, 그리고 세금을 계산하지 않는다면 순이익은 110만$이다. 또한 주식은 총 4백만$의 가치를 갖고 20만 주로 줄어든다. 그러므로 EPS는 $110만/20만 = 5.50$로, 과거의 3.75$보다 높은 값을 가진다. ROE도 $110

[2]ROE에 대한 설명은 3장을 참조하라.

그림 16.1
재무레버리지: Trans Am의 EPS와 EBIT

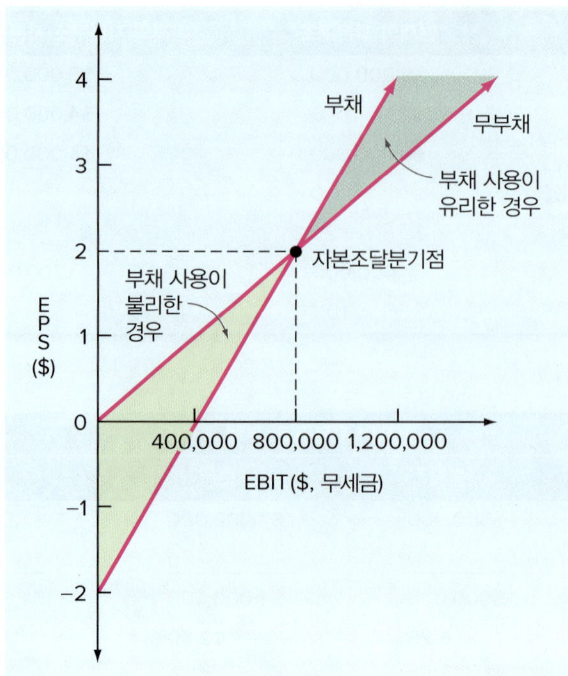

만/$4백만 = 27.5%로 증가한다. 이는 앞에서 현재의 자본구조에서 계산한 18.75%보다 크게 증가한 것이다.

EPS와 EBIT 자본구조의 조정으로 인해서 EPS와 ROE의 값이 변하므로 재무레버리지의 효과가 확실히 존재한다고 할 수 있다. 특히, EPS와 ROE의 변동성은 현재보다 미래의 자본구조에서 훨씬 더 커진다. 이는 재무레버리지가 주주의 이득과 손실을 확대시키는 작용을 한다는 것을 보여준다.

그림 16.1은 자본구조조정의 영향을 보다 자세히 보여주고 있다. 이 그림은 현재와 미래의 자본구조에서 EPS와 EBIT가 갖는 관계를 보여주고 있다. "무부채"로 표기된 첫 번째 직선은 재무레버리지가 존재하지 않는 경우를 나타내고 있다. 이 직선은 그래프의 원점에서 출발하는데 이는 EBIT가 0일 때 EPS도 0이라는 것을 의미한다. 그 점에서부터 EBIT가 40만$만큼씩 증가할 때마다 EPS의 값은 1$만큼씩 증가한다(발행주식수가 40만 주이기 때문이다).

두 번째 직선은 미래의 자본구조를 반영하고 있다. 이 경우에 EBIT가 0이라면 EPS는 0보다 작은 값을 가진다. 이는 기업의 이익과는 상관없이 40만$의 이자가 항상 지급되어야 하기 때문이다. 발행주식수가 20만 주이기 때문에 EPS는 −2$이다. 또한 EBIT가 40만$라면 EPS는 0$이다.

그림 16.1에서 주의해야 할 것은 두 번째 직선의 기울기가 첫 번째의 것보다 더 가파르다는 점이다. 실제로 EBIT가 40만$만큼 증가할 때마다 EPS가 2$만큼 증가하기 때문에 기울기가 2배인 셈이다. 이는 재무레버리지가 존재하는 경우, EPS가 EBIT의 변화에 대해 2배 더 민감해진다는 것을 의미한다.

또 하나 살펴보아야 할 것은 두 직선이 교차한다는 점이다. 교차점에서 두 자본구조가 가지는 EPS는 동일하다. 이러한 교차점을 찾기 위해서는 먼저 부채가 없는 경우에 EPS는

EBIT/400,000의 값과 같고, 부채가 있는 경우에는 EPS는 (EBIT − $400,000)/200,000의 값과 같으므로 이 두 개의 값을 동일한 것으로 놓고 EBIT를 구하면 된다.

$$\begin{aligned} \text{EBIT}/400{,}000 &= (\text{EBIT} - \$400{,}000)/200{,}000 \\ \text{EBIT} &= 2 \times (\text{EBIT} - \$400{,}000) \\ &= \$800{,}000 \end{aligned}$$

EBIT가 800,000$일 때, 어느 자본구조하에서나 EPS는 2$가 된다. 이는 그림 16.1에서 자본조달분기점으로 표기되어 있다. 이 점을 무차별점(indifference point)이라고도 부른다. EBIT가 이 점이 의미하는 수준보다 높다면 재무레버리지가 이득을 가져다주는 것이고, 낮다면 그렇지 않은 것이다.

자본조달분기점이 800,000$라는 것을 보다 직관적으로 알 수 있는 방법이 있다. 만약 기업이 부채가 없고 EBIT가 800,000$라면, 순이익 또한 800,000$이다. 이 경우에 ROE는 10%이다. 이는 부채의 이자율과 같은 값으로, 기업은 이자를 지급하기에 충분한 이익을 거둔 것이다.

자본조달분기점의 EBIT

예제 16.1

MPD Corporation은 자본구조를 조정하기로 결정했다. 현재 MPD는 부채가 없다. 그러나 자본구조조정 이후에는 100만$의 부채가 생기며 이자율은 9%이다. MPD의 발행주식수는 200,000주이고, 주식의 가격은 주당 20$이다. 자본구조조정을 통해서 EPS를 높이고자 한다면 MPD의 경영진이 목표로 해야 하는 EBIT의 최소값은 얼마인가? 세금은 무시해도 된다.

답을 구하기 위해서는 자본조달분기점의 EBIT를 구해야 한다. 이 점보다 높은 EBIT이면 자본구조조정을 통해서 EPS를 높일 수 있다. 기존의 자본구조에서는 EPS가 EBIT/200,000이다. 새로운 자본구조에서는 총이자부담이 $1,000,000 × 0.09 = 90,000$이다. 그리고 MPD가 $1,000,000/$20 = 50,000주를 사들이기 때문에 전체 발행주식수는 150,000주로 감소한다. 그러므로 EPS는 (EBIT − $90,000)/150,000이다.

두 경우의 EPS를 동일한 것으로 놓고 자본조달분기점의 EBIT를 구할 수 있다.

$$\begin{aligned} \text{EBIT}/200{,}000 &= (\text{EBIT} - \$90{,}000)/150{,}000 \\ \text{EBIT} &= 4/3 \times (\text{EBIT} - \$90{,}000) \\ &= \$360{,}000 \end{aligned}$$

EBIT가 360,000$일 때 두 자본구조의 EPS가 모두 1.80$가 되는 것을 확인해보라. MPD의 경영진은 EPS가 1.80$보다 분명히 높아질 것으로 판단하고 있는 것 같다.

기업차입과 홈메이드레버리지

표 16.3, 16.4, 그리고 그림 16.1을 바탕으로 Morris는 다음과 같은 결론을 내린다.

1. 재무레버리지의 영향은 기업의 EBIT에 따라 달라진다. EBIT가 상대적으로 높은 경우에는 재무레버리지는 이득을 가져다준다.
2. "보통" 시나리오에서는 재무레버리지가 ROE와 EPS를 높여 주주들의 수익을 증가시킨다.
3. 조정 후의 자본구조에서는 EPS와 ROE가 EBIT에 더 민감하게 반응하므로 주주들은 더 높은

표 16.5
자본구조조정을 한 경우와 기존 자본구조하에서 홈메이드레버리지를 이용한 경우

자본구조조정의 경우			
	불황	보통	호황
EPS	$ 0.50	$ 3.00	$ 5.50
100주의 이익	50.00	300.00	550.00
순투자비 = 100 shares × $20 = $2,000			
기존 자본구조하에서 홈메이드레버리지를 이용한 경우			
EPS	$ 1.25	$ 2.50	$ 3.75
200주의 이익	250.00	500.00	750.00
빼기: 이자($2,000의 10%)	200.00	200.00	200.00
순수익	$ 50.00	$300.00	$550.00
순투자비 = 200 shares × $20 − Amount borrowed = $4,000 − 2,000 = $2,000			

위험에 노출된다.

4. 재무레버리지가 주주들의 기대수익률과 주식의 위험성에 모두 영향을 미치므로 자본구조는 매우 중대한 결정사항이다.

세 번째 결론까지는 옳다. 그러나 네 번째 결론도 그럴까? 놀랍게도 답은 그렇지 않다는 것이다. 다음에 설명하듯이, 그 이유는 주주들이 대출받거나 대출해 줌으로써 스스로 재무레버리지를 조절할 수 있기 때문이다. 이와 같이 개인 대출을 이용하여 재무레버리지의 수준을 바꾸는 것을 **홈메이드레버리지**(homemade leverage)라고 한다.

홈메이드레버리지 (homemade leverage): 자신이 직면하는 재무레버리지 수준을 변화시키기 위해서 개인 스스로가 차입금을 사용하는 것

이제 Trans Am이 자본구조조정을 하는 경우와 안 하는 경우가 차이가 없다는 것을 살펴보자. 그 이유는 Trans Am이 하려는 것과 같은 자본구조조정을 원하는 주주라면 언제라도 스스로 홈메이드레버리지를 통해 그와 똑같이 할 수 있기 때문이다. 먼저, 표 16.5의 첫 부분은 자본구조조정을 한 Trans Am의 주식을 2,000$만큼 사들인 투자자에게 어떤 일이 일어나는지 보여준다. 주식의 가격이 주당 20$이므로 이 투자자는 100주를 사들인 것이다. 표 16.4에서, EPS는 0.5$, 3$ 또는 5.5$의 값을 갖는다. 그러므로 100주의 총이익은 50$, 300$ 또는 550$가 된다.

다음으로, Trans Am이 자본구조조정을 하지 않는 경우에 대해서 생각해보자. 이때 EPS는 1.25$, 2.50$ 또는 3.75$의 값을 갖는다. 표 16.5의 두 번째 부분은 이 주주가 개인차입을 통해서 어떻게 Trans Am이 자본구조조정을 한 경우와 동일한 수익을 얻을 수 있는지를 보여준다. 그러기 위해서 이 주주는 10%의 이자율에 2,000$를 직접 빌려야 한다. 이렇게 빌린 돈으로 주식을 사면 기존에 투자한 2,000$를 합쳐서 주식을 200주 가질 수 있다. 표에서 볼 수 있듯이 이렇게 하면 순수익은 자본구조조정을 한 경우와 똑같아진다.

그렇다면 투자자가 2,000$의 돈을 빌려야 한다는 것은 어떻게 알 수 있는가? 똑같은 수익을 거두기 위해서 투자자는 개인적 차원에서 Trans Am의 자본구조를 그대로 모방해야 한다. 자본구조조정 이후에 Trans Am의 자기자본-부채비율은 1이 된다. 이와 같은 비율을 가질 수 있도록 투자자는 그만큼의 돈을 빌려야 하는 것이다. 2,000$는 이미 자기자본으로 투자한 상태이기 때문에 2,000$를 추가로 빌린다면 투자자의 자기자본-부채비율도 1이 된다.

이 예를 통해서 볼 수 있듯이, 투자자는 언제나 자기 스스로 재무레버리지를 증가시켜서 서로 다른 크기의 수익을 창출할 수 있다. 따라서 주주에게는 Trans Am이 자본구조조정을 하든 안 하든 아무런 상관이 없다.

레버리지의 제거

예제 16.2

Trans Am의 예에서 경영진이 자본구조조정을 받아들였다고 하자. 그러나 100주를 소유하고 있는 투자자는 기존의 자본구조를 선호한다고 가정하자. 이 경우, 이 투자자가 어떻게 "레버리지를 제거하고" 기존의 보상구조를 유지할 수 있는지 설명해보라.

레버리지를 만들기 위해서는 투자자 자신이 돈을 빌려야 하지만, 레버리지를 제거하기 위해서는 투자자가 반대로 돈을 빌려줘야 한다. 위의 예에서 Trans Am은 기업가치의 절반에 해당하는 돈을 빌렸다. 투자자가 이와 같은 비중의 돈을 외부로 빌려준다면 레버리지를 제거할 수 있다. 따라서 투자자는 50주를 팔고, 그로부터 얻은 1,000$를 10%의 이자율로 빌려줘야 한다. 이익은 다음의 표와 같이 구할 수 있다.

	불황	보통	호황
EPS(미래의 자본구조)	$ 0.50	$ 3.00	$ 5.50
50주의 이익	25.00	150.00	275.00
더하기: $1,000의 이자(10%)	100.00	100.00	100.00
총수익	$125.00	$250.00	$375.00

이와 같은 투자자가 얻는 이익은 기존 자본구조하에서 투자자가 얻는 이익과 동일하다.

개념질문 _Concept Questions

16.2a 재무레버리지가 주주에게 미치는 영향은 무엇인가?
16.2b 홈메이드레버리지(homemade leverage)란 무엇인가?
16.2c Trans Am의 자본구조가 크게 문제되지 않는 이유는 무엇인가?

16.3 자본구조와 자기자본의 비용

지금까지 살펴본 것처럼 투자자가 직접 돈을 빌리거나 빌려줄 수 있기 때문에 기업의 차입이 특별한 것이라고 볼 수 없다. Trans Am이 어떤 자본구조를 택하든 주식가격은 변하지 않을 것이다. 그러므로 Trans Am의 자본구조는 (적어도 우리가 살펴본 단순한 경우에는) 문제가 되지 않는다고 볼 수 있다.

Trans Am의 예는 노벨상을 받은 두 경제학자 Franco Modigliani와 Merton Miller가 제시한 이론을 바탕으로 하고 있다(이 둘을 M&M이라고 부른다). Trans Am의 예를 통해서 보여준 것은 **M&M 제1명제**(M&M proposition I)의 한 사례이다. M&M 제1명제는 기업의 자본구조와 기업의 가치는 전혀 무관하다고 주장한다.

M&M 제1명제
(M&M proposition I): 기업의 가치는 기업의 자본구조와는 무관하다는 명제

M&M 제1명제: 파이모형

M&M 제1명제를 쉽게 설명하기 위해서 재무상태표의 차변(왼쪽)이 완전히 일치하는 두 기업이 있다고 가정하자. 이 두 기업의 총자산과 경영활동은 똑같다. 그러나 자본을 조달하는 방식이 다르기 때문에 재무상태표의 대변(오른쪽)은 일치하지 않는다. 이 두 기업의 자본구조를 그림 16.2

그림 16.2
자본구조에 관한 2개의 파이모형

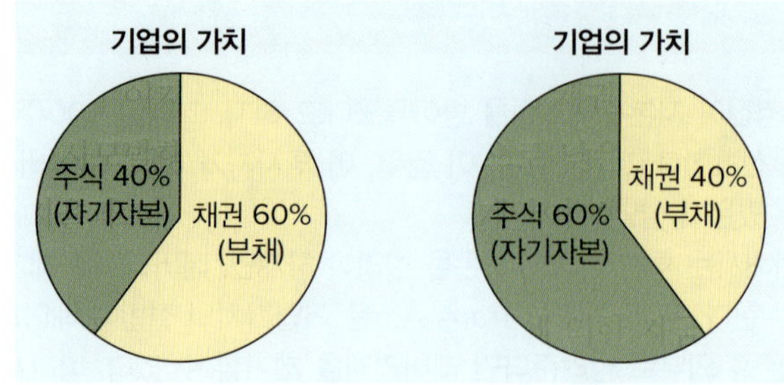

와 같이 파이모형(pie model)으로 나타낼 수 있다. 두 개의 파이모형에서 자기자본과 부채가 차지하는 비중은 40% 대 60%, 60% 대 40%로 서로 다르다. 그러나 두 기업의 자산가치가 일치하기 때문에 원의 크기는 똑같다. 이 점이 M&M 제1명제가 말하고자 하는 것이다. 이는 원을 어떻게 나누느냐에 따라서 원의 크기가 달라지지 않는다는 것이다.

자기자본의 비용과 재무레버리지: M&M 제2명제

자본구조가 변한다고 해서 기업의 가치가 변하는 것은 아니지만 기업의 부채와 자기자본에는 큰 변화가 일어난다. 이제 자기자본-부채비율이 변할 때 부채와 자본을 같이 쓰는 기업에 무슨 일이 일어나는지 살펴보자. 일단 세금은 고려하지 않는다.

14장에서 설명한 것과 같이, 세금을 고려하지 않는다면 가중평균자본비용(WACC)은 다음과 같이 구할 수 있다.

$$\text{WACC} = (E/V) \times R_E + (D/V) \times R_D$$

여기서 $V = E + D$이다. WACC는 기업의 전체적인 자산에 대한 요구수익률로도 해석할 수 있다. 그러므로 WACC를 다음과 같이 R_A로 바꿀 수 있다.

$$R_A = (E/V) \times R_E + (D/V) \times R_D$$

그리고 이 식을 다시 정리하면, 자기자본의 비용을 다음과 같이 구할 수 있다.

$$\boldsymbol{R_E = R_A + (R_A - R_D) \times (D/E)} \qquad \textbf{[16.1]}$$

M&M 제2명제
(M&M proposition II):
기업의 자기자본의 비용은 부채비율과 양(+)의 선형함수 관계를 가지면서 증가한다는 명제

이것이 바로 그 유명한 **M&M 제2명제**(M&M proposition II)이며, 자기자본의 비용이 기업자산에 대한 요구수익률(R_A), 기업의 부채의 비용(R_D), 그리고 자기자본-부채비율(D/E)에 따라 달라진다고 정의한다.

그림 16.3은 자기자본-부채비율과 자기자본의 비용과의 관계를 보여준다. 그림에서 볼 수 있듯이, M&M 제2명제는 기업의 자기자본의 비용을 기울기가 $(R_A - R_D)$인 일직선으로 나타낸다. 수직축 절편은 자기자본-부채비율이 0인 기업의 경우로 $R_A = R_E$이다. 그림 16.3은 기업이 자기자본-부채비율을 높이면 자기자본의 위험이 커져서 결과적으로 자기자본에 대한 요구수익률, 즉 자기자본의 비용(R_E)이 증가한다는 것을 보여주고 있다.

그림 16.3에서 한 가지 주의해야 할 것은 WACC가 자기자본-부채비율에 의존하지 않는다는 점이다. 다시 말해 자기자본-부채비율이 어떤 값을 갖든 WACC는 변하지 않는다. 따라서 M&M 제1명제의 정의는 다음과 같이 다시 내릴 수 있다. "기업의 전체적인 자본비용은 자본구

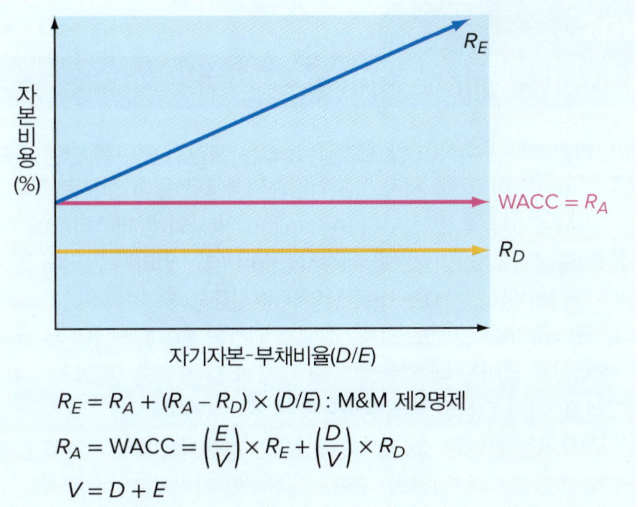

그림 16.3
자기자본의 비용과 WACC: 세금이 없을 경우의 M&M 제1명제와 제2명제

조의 영향을 받지 않는다."

그림에서 보는 것처럼 부채의 비용은 자기자본의 비용보다 낮지만, 차입을 할수록 자기자본의 비용이 그만큼 증가하기 때문에 그 의미를 잃게 된다. 즉 자본구조의 비중(*E*/*V*와 *D*/*V*)은 변하지만, 정확히 그만큼 자기자본의 비용도 변하기 때문에 WACC는 불변의 값을 유지할 수 있다.

자기자본의 비용 예제 16.3

Ricardo Corporation의 가중평균자본비용(WACC)은 12%이며(세금을 제외한), 8%의 이자율에 돈을 빌릴 수 있다. Ricardo의 목표자본구조가 80%의 자기자본과 20%의 부채라면, 자기자본의 비용은 얼마인가? 목표자본구조가 50%의 자기자본과 50%의 부채라면, 자기자본의 비용은 얼마인가? 두 경우에 WACC의 값이 일치하는 것을 증명해보라.

M&M 제2명제에 따르면, 자기자본의 비용은 다음과 같이 구할 수 있다.

$$R_E = R_A + (R_A - R_D) \times (D/E)$$

첫 번째 경우에 자기자본-부채비율이 0.2/0.8 = 0.25이므로 자기자본의 비용은 다음과 같다.

$$\begin{aligned} R_E &= 0.12 + (0.12 - 0.08) \times 0.25 \\ &= 0.13 = 13\% \end{aligned}$$

두 번째 경우에 자기자본-부채비율이 1.0이므로 자기자본의 비용은 16%이다.

이제 자기자본비중이 80%이고, 자기자본의 비용은 13%, 세율이 0이라고 한다면 WACC를 다음과 같이 계산할 수 있다.

$$\begin{aligned} \text{WACC} &= (E/V) \times R_E + (D/V) \times R_D \\ &= 0.80 \times 0.13 + 0.20 \times 0.08 \\ &= 0.12 = 12\% \end{aligned}$$

(계속)

IN THEIR OWN WORDS ...

M&M 명제에 대한 Merton H. Miller의 30년 후 설명

Franco Modigliani의 노벨경제학상 수상이 발표되던 날, 나는 그간의 연구를 간단히 요약하는 것이 얼마나 힘든 일인지 새삼 느끼게 되었다. 그날 밤이 되자, 시카고 지역방송의 취재진들이 집으로 몰려왔다. 그중에서 한 기자는 나에게 이런 말을 던졌다. "박사님께서 몇 년 전부터 Modigliani 박사와 함께 이 M&M 이론을 연구해 왔다고 알고 있습니다. 그에 대해서 시청자들에게 간단한 설명을 해주시겠습니까?" "얼마나 간단히 말이요?"라고 나는 되물었다. 그러자 기자는 다음과 같은 대답을 했다. "10초 내로 요약해 주시겠습니까?"

10초 내로 내 생애의 업적을 요약하라니! 그것도 30쪽이 넘고 각주가 60개 이상인 두 논문을 10초 내로 설명하라니 당황할 수밖에 없었다. 취재진은 굳어진 내 얼굴을 보고 다음과 같은 말을 던졌다. "자세히 설명하실 필요는 없습니다. 일반적인 상식의 선에서 몇 가지 요점만 짚어주세요."

자본비용 논문의 요점은 원칙적으로는 간단한 것이었다. 이상적인 경제시장에서 기업이 발행한 증권들의 시장가치는 자산의 수익성과 위험성에 따라 달라지며, 기업의 자본구조(부채와 자기자본의 비중)와는 별개의 것이다. 일부 기업회계 담당자들은 자기자본보다 이자율이 낮고 위험성도 낮은 부채의 비중을 높여서 기업가치를 높일 수 있다고 생각한다. 그러나 이상적인 시장조건하에서는 부채의 비중을 높여서 주주들에게 부담되는 위험성이 자기자본에 대한 요구수익률을 높이게 된다. 결과적으로 낮은 비용의 부채를 사용해서 얻을 수 있는 이득이 사라지게 되는 것이다.

이와 같이 짧게 요약할 수도 있었지만, 경제학자들에게 익숙한 용어와 개념을 많이 써서 일반 대중이 쉽게 이해하는 데 무리가 있었다. 그래서 나는 쉽게 이해할 수 있는 예를 들어 설명하기 시작했다. "우유를 생산하는 농장이 있다고 가정합시다. 농장의 주인은 우유만을 팔 수도 있습니다. 아니면 우유로부터 크림을 추출해서 보다 높은 가격에 팔 수도 있습니다. (이는 낮은 수익률의 채권, 달리 말해 높은 가격에 채권을 파는 것과 같다.) 물론, 크림을 추출하고 남은 탈지유(skim milk)는 유지방이 적고 기존의 우유보다 낮은 가격에 팔아야 하겠지요. 이 탈지유가 부채와 함께 총자본을 구성하는 자기자본에 해당됩니다. M&M 명제는 우유를 분리하는 데 비용이 안 든다면, 크림과 탈지유를 합친 것이 기존의 우유가격과 같다고 말합니다."

설명이 끝나자 취재진들은 잠시 의논을 나누기 시작했다. 그리고 얼마 뒤에, 설명이 너무 길고 복잡하며 학술적이라고 말했다. "더 간단한 설명은 없나요?"라고 나에게 물어왔다. 나는 증권(채권과 주식)의 구성비율이 기업의 성과를 채권자와 주주에게 어떤 비율로 나누어 주는가를 결정하는 역할을 할 뿐이라는 점을 강조하고 있는 M&M 명제를 다르게 설명할 방법에 대해 잠시 고민했다. "기업을 하나의 큰 피자라고 생각해 보세요. 칼을 가지고 피자를 잘라서 8등분으로 만들 수도 있습니다. 그러나 M&M 명제는 조각 수가 증가할 뿐, 피자의 전체적인 크기는 변하지 않는다고 말합니다."

취재진들이 또 다시 의논을 나누기 시작했다. 그러더니 이번에는 조명을 끄고 촬영장비들을 챙기기 시작했다. 그들은 나의 협조에 감사해하며 다음에 다시 한 번 찾아오겠다고 말했다. 하지만 나는 그 순간, 시청자들에게 경제지식을 10초라는 짧은 시간에 전할 수 있는 기회를 날려버렸다는 생각이 들었다. 어떤 사람한테는 그게 가능해도 또 다른 어떤 사람한테는 그러한 재능이 없는 것 같다.

고(故) Merton H. Miller는 Franco Modigliani와 함께 기업의 자본구조와 자본비용, 배당정책에 대한 연구를 개척한 것으로 유명하다. 그리고 그 공로를 인정받아 노벨경제학상을 수상했다.

두 번째 경우에 자기자본의 비중은 50%, 자기자본의 비용은 16%이므로 WACC는 다음과 같다.

$$\begin{aligned}\text{WACC} &= (E/V) \times R_E + (D/V) \times R_D \\ &= 0.50 \times 0.16 + 0.50 \times 0.08 \\ &= 0.12 = 12\%\end{aligned}$$

이처럼 두 경우의 WACC는 12%로 일치한다.

경영위험과 재무위험

M&M 제2명제는 기업의 자기자본의 비용이 두 가지의 요소로 나뉜다는 것을 보여주고 있다. 첫 번째 요소는 기업의 총자산에 대한 요구수익률(R_A)로, 이는 기업의 생산활동에 따라 달라진다. 기업의 영업활동에 내재하는 위험을 자기자본의 **경영위험**(business risk)이라고 한다. 13장에서 언급했듯이, 이러한 경영위험은 기업자산의 체계적 위험(systematic risk)에 의해 결정된다. 경영위험이 높은 기업일수록 R_A가 높고, 결과적으로 자기자본의 비용이 크다.

경영위험(business risk): 기업의 생산활동이 가지는 본질적인 자기자본의 위험

자기자본의 비용의 두 번째 요소는 $(R_A - R_D) \times (D/E)$로, 이는 기업의 재무구조(자본구조)에 의해 결정된다. 부채가 없는 기업의 경우에는 이 요소가 0의 값을 가진다. 그러나 부채를 사용하기 시작하면, 자기자본의 요구수익률도 증가하기 마련이다. 그것은 부채의 조달로 주주들이 갖게 되는 위험이 높아지기 때문이다. 이와 같이, 부채의 조달로 인해 발생하는 추가적인 위험을 자기자본의 **재무위험**(financial risk)이라고 한다.

재무위험(financial risk): 기업의 재무정책(예: 자본구조)으로부터 발생하는 자기자본의 위험

결국, 자기자본의 총 체계적 위험은 경영위험과 재무위험으로 구성된다. 경영위험은 기업의 자산과 경영활동에 의해 결정되며, 이는 자본구조의 영향을 받지 않는다. 그리고 기업의 경영위험과 부채의 비용이 주어져 있다면, 재무위험은 순전히 기업의 자본구조에 의해 결정된다. 기업이 재무레버리지의 수준을 높이면 자기자본의 비용은 증가하는데, 그것은 경영위험은 그대로 유지되지만 자기자본의 재무위험이 증가하기 때문이다.

개념질문 _Concept Questions

16.3a M&M 제1명제가 말하고자 하는 것은 무엇인가?
16.3b 기업의 자기자본의 비용을 결정짓는 세 가지 요소는 무엇인가?
16.3c 자기자본의 총 체계적 위험은 두 가지로 구분된다. 그 두 가지는 무엇인가?

법인세와 M&M 제1명제 및 제2명제 16.4

부채는 두 가지 중요한 특징을 지닌다. 첫째, 부채의 이자는 세금이 공제된다. 이는 기업의 입장에서 부채조달의 장점으로 작용한다. 둘째, 부채의 채무를 이행하지 못하면 파산으로 이어질 수 있다. 이는 기업의 입장에서는 부채조달의 단점이며 부채금융이 발생시키는 추가적인 비용일 수 있다. 부채의 이러한 특징들을 고려한다면 자본구조에 대한 설명이 달라질 수 있다. 이 절에서는 먼저 세금에 대해서 살펴보고, 파산에 관한 내용은 다음 절에서 다루도록 하자.

여기서의 우리의 설명은 모든 이자비용에 대해 세금이 공제된다고 가정한다. 실제로는 미국의 경우에, 2017년에 통과된 감세 및 일자리법은 세금이 공제되는 이자비용에 대해 제한을 두고 있다. 구체적으로는 2018년부터 2021년까지 세금이 공제되는 순이자공제액((net interest deduction)의 최대공제액은 EBITDA의 30%이다. 2021년 이후에는 최대공제액이 EBIT의 30%까지 줄어든다. 여기서 순이자(net interest)란 이자비용에서 이자수익(있는 경우에)을 차감한 이자비용을 말한다. 또한 최대공제액이 일부 조정으로 인해 정확하게 EBITDA나 EBIT에 기초하고 있지는 않지만 대부분의 경우에는 그 차이가 미미하다. 한편, 어떤 한 해에 공제받지 못한 이자비용에 대해서는 다음 기로 미루어 나중에 공제받을 수 있게 되어 있다.

법인세를 고려했을 때 M&M 제1 및 제2명제는 어떻게 달라질까? 그에 대한 답은 두 기업의 비교를 통해서 찾을 수 있다. 부채가 없는 기업 U와 부채가 있는 기업 L에 대해서 생각해보자. 이 두 기업의 재무상태표의 차변(왼쪽)은 일치하며 그에 따라 총자산가치와 생산활동도 동일하다.

이 두 기업의 EBIT가 매년 1,000$로 서로 같은 값을 가진다고 가정하자. 그러나 기업 L은 기업 U와는 달리, 매년 이자율이 8%인 1,000$의 영구채권을 발행했다. 그러므로 기업 L이 매년 부담해야 하는 이자는 $1,000 × 0.08 = 80$이다. 법인세율은 21%라고 하자.

이를 바탕으로, 기업 U와 기업 L의 순이익을 계산하면 다음과 같다.

	기업 U	기업 L
EBIT	$1,000	$1,000.00
이자비용	0	80.00
과세대상 소득	$1,000	$ 920.00
세금(21%)	210	193.20
순이익	$ 790	$ 726.80

이자의 세금절약효과

설명을 간단하게 하기 위해서 감가상각률은 0이라고 하자. 또한 순자본지출도 0이고 순운전자본(NWC)도 변하지 않는다고 가정하자. 이 경우 자산으로부터의 현금흐름(cash flow from assets)은 EBIT에서 세금을 뺀 것과 같다. 기업 U와 기업 L의 현금흐름은 다음과 같이 계산된다.

자산으로부터의 현금흐름	기업 U	기업 L
EBIT	$1,000	$1,000.00
−세금	210	193.20
합계	$ 790	$ 806.80

표에서 볼 수 있듯이, 기업 U와 기업 L의 총자산가치는 동일하지만, 현금흐름은 서로 다른 값을 가진다. 이는 기업의 자본구조가 중요한 역할을 한다는 뜻이다.

그것이 정확히 무엇인지 알기 위해서 다음과 같이 주주와 채권자에로의 현금흐름(cash flow to stockholders and bondholders)을 계산했다.

현금흐름	기업 U	기업 L
주주에로의 현금흐름	$ 790	$726.80
채권자로에로의 현금흐름	0	80.00
합계	$ 790	$806.80

결과적으로, 기업 L의 총현금흐름은 기업 U보다 16.80$만큼 많다. 그 이유는 기업 L이 지불하는 세금(현금유출)이 16.80$만큼 적기 때문이다. 총이자(80$)에 법인세율(21%)을 곱한 만큼의 세금($80 × 0.21 = $16.80)이 공제된 것이다. 이를 **이자의 세금절약효과**(interest tax shield)라고 한다.

이자의 세금절약효과 (interest tax shield): 이자비용에 대해서 기업이 받는 세금감면

세금과 M&M 제1명제

부채가 영구적이라면 매년 16.80$의 세금절약액이 꾸준히 발생할 것이다. 그러므로 기업 L은 앞으로 매년 790$에 16.80$의 세금절약액을 더한 현금흐름을 가지게 된다. 기업 L의 현금흐름이 기업 U의 현금흐름보다 항상 16.80$만큼 많기 때문에 기업 L의 가치가 기업 U의 가치보다 높으며 그 차이는 16.80$이다.

세금절약효과는 이자를 지급할 때 발생하기 때문에 부채와 위험수준이 같다. 따라서 8%의 부채의 비용을 할인율로 적용해야 한다. 그러므로 세금절약액의 가치는 다음과 같이 계산된다.

$$\text{PV} = \frac{\$16.80}{0.08} = \frac{0.21 \times \$1{,}000 \times 0.08}{0.08} = 0.21 \times \$1{,}000 = \$210$$

이 예를 통해서 볼 때 세금절약효과의 현재가치는 다음과 같이 표현된다.

$$\textbf{세금절약의 현재가치} = (T \times D \times R_D)/R_D = T \times D \qquad [16.2]$$

이제 우리는 법인세를 포함한 M&M 제1명제를 갖게 되었다. 위에서 볼 수 있듯이, 기업 L의 가치(V_L)는 기업 U의 가치(V_U)보다 세금절약액의 현재가치($T \times D$)만큼 높다. 그러므로 "법인세를 포함한 M&M 제1명제"는 다음과 같은 관계를 말해주고 있다.

$$V_L = V_U + T \times D \qquad [16.3]$$

이를 그래프로 그린 것이 그림 16.4이다. 이 그림에서 수직축은 부채가 있는 기업(부채 기업)의 가치(V_L)에 해당하며, 수평축은 부채의 크기(D)에 해당한다. 법인세를 포함한 M&M 제1명제는 이 둘의 관계를 기울기가 T이고, 수직축의 절편이 V_U인 일직선으로 정의한다.

또한 그림 16.4에는 V_U의 값을 나타낸 수평선이 그려져 있다. 두 직선 간의 거리가 바로 세

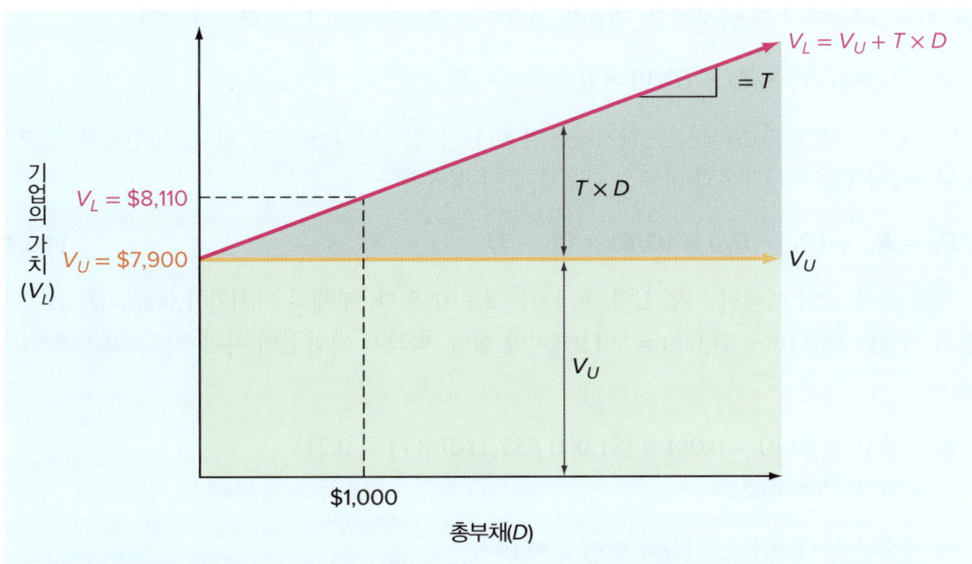

기업의 가치는 이자의 세금감면 효과 때문에 총부채가 증가하는 것과 비례하여 증가한다. 이것이 법인세를 포함한 M&M 제 1명제이다.

그림 16.4
법인세를 포함한 M&M 제1명제

금절약액의 가치($T \times D$)인 셈이다.

무부채자본비용
(unlevered cost of capital): 부채가 없는 기업의 자본비용

기업 U의 자본비용이 10%라고 가정하자. 우리는 이를 **무부채자본비용**(unlevered cost of capital)이라 부르고, R_U로 표기할 것이다. R_U는 무부채기업의 자본비용이라고 볼 수 있다. 기업 U의 현금흐름은 매년 790$이며, 부채가 없기 때문에 R_U = 10%의 할인율을 적용해야 한다. 이를 바탕으로 무부채기업의 가치를 구하면 다음과 같다.

$$
\begin{aligned}
V_U &= \frac{\text{EBIT} \times (1 - T)}{R_U} \\
&= \frac{\$790}{0.10} \\
&= \$7{,}900
\end{aligned}
$$

부채가 있는 기업의 가치는 다음과 같이 계산할 수 있다.

$$
\begin{aligned}
V_L &= V_U + T \times D \\
&= \$7{,}900 + 0.21 \times 1{,}000 \\
&= \$8{,}110
\end{aligned}
$$

그림 16.4에서 볼 수 있듯이, 부채가 1$만큼 증가할 때마다 기업가치는 0.21$만큼 증가한다. 그러므로 1$의 부채가 가지는 NPV는 0.21$인 셈이다. 이러한 경우에는 기업 입장에서는 최대한으로 부채를 조달하는 것이 좋다.

우리는 지금까지의 분석을 통해 자본구조에 대한 새로운 시각을 가질 수 있게 되었다. 즉, 세금을 고려하는 경우에는 자본구조는 기업가치에 확실히 영향을 미치게 된다는 것이다. 그러나 우리는 100%의 부채가 최적의 자본구조라는 비합리적으로 보이는 결론에 도달하게 된다.

세금, WACC, 그리고 M&M 제2명제

가중평균자본비용(WACC)을 통해서 볼 때도 100%의 부채가 최적의 자본구조라는 결론에 도달할 수 있다. 14장에서 배운 것처럼, 세금을 고려하는 경우에 WACC는 다음과 같다.

$$\text{WACC} = (E/V) \times R_E + (D/V) \times R_D \times (1 - T)$$

이 WACC를 계산하기 위해서는 자기자본의 비용이 얼마인지 알아야 한다. 법인세를 포함한 M&M 제2명제는 자기자본의 비용을 다음과 같이 정리한다.

$$\boldsymbol{R_E = R_U + (R_U - R_D) \times (D/E) \times (1 - T)} \qquad \textbf{[16.4]}$$

예를 들어 앞의 예에서 기업 L의 총가치는 8,110$였다. 부채의 가치가 1,000$이므로 자기자본의 가치는 \$8,110 − \$1,000 = 7,110$여야 한다. 따라서 기업 L의 자기자본의 비용은 다음과 같다.

$$
\begin{aligned}
R_E &= 0.10 + (0.10 - 0.08) \times (\$1{,}000 / \$7{,}110) \times (1 - 0.21) \\
&= 0.1022 = 10.22\%
\end{aligned}
$$

따라서 가중평균자본비용은 다음과 같이 구해진다.

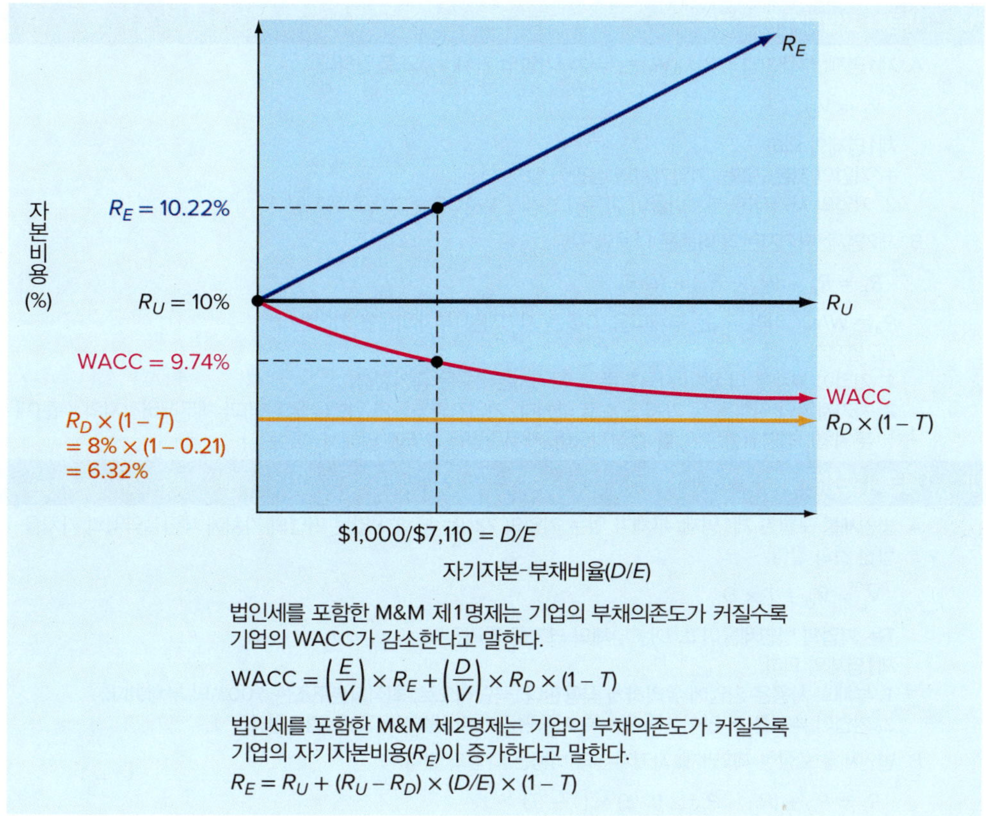

그림 16.5
자기자본의 비용과 WACC: 법인세를 포함한 M&M 제2명제

$$\begin{aligned}\text{WACC} &= (\$7{,}110/\$8{,}110) \times 0.1022 + (\$1{,}000/\$8{,}110) \times 0.08 \times (1 - 0.21)\\ &= 0.0974 = 9.74\%\end{aligned}$$

부채가 없을 때 WACC는 10%를 넘었지만, 부채가 있을 때는 9.74%의 값을 가진다. 결과적으로 부채가 기업에 좋게 작용한 것이다.

결론

그림 16.5는 자기자본의 비용과 세후 부채의 비용, 그리고 가중평균자본비용 간의 관계를 요약하고 있다. 참고로 무부채자본비용(unlevered cost of capital) R_U도 그림에 나타나 있다. 그림 16.5의 수평축은 자기자본-부채비율이다. 그림에서 자기자본-부채비율이 증가함에 따라 WACC가 어떻게 감소하는지 살펴보라. 이는 더 많은 부채를 사용할수록, WACC가 더 낮아진다는 것을 보여주고 있다. 표 16.6은 M&M 명제의 중요한 결과들을 요약하고 있다.

표 16.6

M&M 명제의 요약

I. 세금이 포함되지 않는 경우
A. 제1명제: 부채기업의 가치(VL)는 무부채기업의 가치(V_U)와 동일하다. $V_L = V_U$ 제1명제의 의미: 1. 기업의 자본구조는 기업가치와 상관이 없다. 2. 기업의 자기자본-부채비율이 아무리 변해도 WACC는 그대로 유지된다.
B. 제2명제: 자기자본의 비용은 다음과 같다. $R_E = R_A + (R_A - R_D) \times (D/E)$ R_A는 WACC이며, R_D는 부채비용, D/E는 자기자본-부채비율을 가리킨다. 제2명제의 의미: 1. 기업이 부채를 더 많이 사용할수록, 자기자본비용은 증가한다. 2. 자기자본의 위험은 두 가지 요소로 나뉜다. 기업경영활동의 위험(경영위험)과 재무레버리지의 수준(재무위험), 경영위험은 R_A를 결정지으며, 재무위험은 D/E에 의해서 결정된다.
II. 세금이 포함된 경우
A. 법인세를 포함한 제1명제: 부채가 있는 기업의 가치는 부채가 없는 기업의 가치에 세금절약액의 가치를 합친 것과 같다. $V_L = V_U + T \times D$ T는 기업의 법인세율이고, D는 부채의 크기를 가리킨다. 제1명제의 의미: 1. 부채의 사용은 기업에 유리하게 작용한다. 극단적으로, 최적자본구조는 100%의 부채이다. 2. 기업이 부채를 더 많이 사용할수록 가중평균자본비용(WACC)은 감소한다.
B. 법인세를 포함한 제2명제: 자기자본의 비용은 다음과 같다. $R_E = R_U + (R_U - R_D) \times (D/E) \times (1 - T)$ R_U는 무부채자본비용으로 무부채기업의 자본비용이다. 제1명제와 달리, 제2명제는 세금의 존재 여부에 따라 달라지지 않는다.

예제 16.4 자기자본의 비용과 기업의 가치

지금까지 배운 것을 하나의 문제로 복습해보자. Format Co.에 대한 정보가 다음과 같이 주어져 있다.

$$\text{EBIT} = \$126.58$$
$$T = 0.21$$
$$D = \$500$$
$$R_U = 0.20$$

부채의 비용은 10%이다. 그렇다면 Format의 자기자본가치는 얼마인가? 자기자본의 비용은 얼마인가? WACC는 얼마인가?

이 문제는 생각보다 쉽게 해결할 수 있다. 먼저, 모든 현금흐름이 영구적이라는 것을 되새겨보자. 부채가 없는 기업의 가치(V_U)는 다음과 같다.

$$V_U = \frac{\text{EBIT} - \text{세금}}{R_U} = \frac{\text{EBIT} \times (1 - T)}{R_U}$$
$$= \frac{\$100}{0.20}$$
$$= \$500$$

법인세를 포함한 M&M 제1명제를 이용해서 부채기업의 가치를 다음과 같이 구할 수 있다.

(*계속*)

$$
\begin{aligned}
V_L &= V_U + T \times D \\
&= \$500 + 0.21 \times \$500 \\
&= \$605
\end{aligned}
$$

기업의 총가치가 605$이고, 부채의 가치가 500$이기 때문에 자기자본의 가치는 105$이다.

$$
\begin{aligned}
E &= V_L - D \\
&= \$605 - 500 \\
&= \$105
\end{aligned}
$$

법인세를 포함한 M&M 제2명제에 의하면 자기자본의 비용은 다음과 같이 구해진다.

$$
\begin{aligned}
R_E &= R_U + (R_U - R_D) \times (D/E) \times (1 - T) \\
&= 0.20 + (0.20 - 0.10) \times (\$500/\$105) \times (1 - 0.21) \\
&= 0.5762 = 57.62\%
\end{aligned}
$$

마지막으로, WACC는 다음과 같다.

$$
\begin{aligned}
\text{WACC} &= (\$105/\$605) \times 0.5762 + (\$500/\$605) \times 0.10 \times (1 - 0.21) \\
&= 0.1653 = 16.53\%
\end{aligned}
$$

이는 무부채기업의 자기자본의 비용(R_U = 20%)보다 상당히 낮은 것이다. 따라서 부채를 조달하는 것이 훨씬 유리하다.

개념질문 _Concept Questions

16.4a 법인세를 고려한다면, 부채가 없는 기업의 가치와 부채가 있는 기업의 가치는 어떤 관계를 갖는가?

16.4b 세금효과를 고려한다면, 최적자본구조는 어떤 자본구조인가?

파산비용 16.5

기업의 부채조달을 제한하는 요인이 있다면 그것은 바로 파산비용(bankruptcy cost)이다. 자기자본-부채비율(D/E)이 높아질수록 기업이 채권자들에게 채무를 이행하지 못할 확률도 증가한다. 만약 그런 일이 발생한다면 기업의 자산에 대한 소유권은 주주로부터 채권자에게 넘어간다.

원칙적으로 자산의 가치가 부채의 가치와 같아질 때 기업은 파산하게 된다. 이 경우에 자기자본의 가치는 0이 되며 주주는 기업에 대한 통제권을 채권자에게 넘긴다. 결과적으로, 채권자는 부채의 가치와 동일한 가치를 지닌 자산을 얻게 되는 것이다. 이상적인 경제세계에서는 소유권을 양도하는 데 비용이 발생하지 않으며, 따라서 채권자도 손해를 보지 않는다.

하지만 현실세계에서는 그렇지가 않다. 실제로 기업이 파산하는 데 드는 비용은 상당하다. 뒤에서 설명하겠지만, 이와 같은 파산의 비용은 부채의 사용이 가져오는 세금상의 이점을 무색하게 만든다.

직접 파산비용

기업의 자산가치가 부채가치와 같아질 때 자기자본의 가치는 0이 된다. 따라서 기업은 경제적으로 파산을 한 것이나 다름없다. 그러나 기업의 자산을 채권자에게 넘겨주는 과정은 경제적인 것이 아니라 법적인 과정이다. 그러므로 파산에는 그와 관련된 법적, 행정적 비용이 든다. 변호사들은 피냄새를 맡은 상어처럼 파산의 냄새를 맡고 여기저기서 몰려들기 마련이다.

예를 들어 2008년 9월, 유명한 투자은행 Lehman Brothers는 미국 역사상 가장 큰 파산신청을 했다. 2019년 미국 뉴욕연방준비은행은 리먼파산의 최종 비용을 공개했다. 보상 및 혜택이 19억 7,000만$, 전문 및 컨설팅 비용 25억 6,000만$, 기타 운영비가 13억 7,000만$ 등으로 총 파산비용은 59억$에 달하였다. 일반적으로 파산 비용은 파산 전 기업가치의 1.4%에서 3.4% 사이로 알려져 있다. 리먼의 파산 전 가치는 약 3,000억$였으므로 파산비용은 기업가치의 약 2%였다. 그러나 파산의 여타 비용이 이보다 훨씬 더 컸을지도 모른다. 일부 전문가들은 리먼이 파산을 서두르는 바람에 갖고 있던 자산의 판매를 보다 계획적으로 했더라면 얻을 수도 있었던 750억$를 잃었다고 추정했다.

파산과 관련된 비용 때문에 채권자는 자신이 소유했던 것을 전부 되돌려 받지는 못한다. 기업자산의 일부분은 파산의 법적 과정에 있어서 "사라지기" 마련이다. 이와 같이 사라지는 자산이 바로 파산과 관련된 법적, 행정적 비용에 해당하며 이를 **직접 파산비용**(direct bankruptcy cost)이라고 한다.

직접 파산비용
(direct bankruptcy cost): 법적, 행정적 비용과 같이 파산과 직접적인 연관이 있는 비용

직접 파산비용은 부채로 자금을 조달하는 것의 단점으로 작용한다. 만약 파산한다면, 기업은 자기 자산의 일부를 잃게 되는 것이다. 이는 파산과 관련하여 마치 파산세금(bankruptcy tax)을 납부하는 것과 같은 것이다. 결과적으로 기업은 다음과 같은 딜레마에 빠지게 된다. 부채조달을 통해서 기업의 법인세를 줄일 수 있지만, 부채가 많아질수록 파산할 확률이 증가하고 만약 파산한다면 파산세금을 지불해야 한다.

간접 파산비용

파산의 비용이 크기 때문에 기업은 이를 피하기 위해서 노력한다. 기업이 부채의 의무를 이행하는 데 있어서 어려움을 겪고 있다면 재무적 곤경(financial distress)에 처해 있다고 말한다. 재무적 곤경에 처해 있는 일부 기업은 결국 파산을 신청하기도 하지만 대부분의 기업들은 상황을 극복하고 살아남으려 한다.

재무적 곤경에 처해 있는 기업이 파산신청을 피하기 위해서 발생시키는 비용을 **간접 파산비용**(indirect bankruptcy cost)이라고 한다. 그리고 파산으로 가거나, 파산신청을 피하기 위해 들어가는 직접비용과 간접비용을 합쳐서 **재무적 곤경비용**(financial distress cost)이라고 한다.

간접 파산비용
(indirect bankruptcy cost): 재무적 곤경에 처해 있는 기업이 파산신청을 피하기 위해 들어가는 비용

재무적 곤경비용
(financial distress cost): 파산으로 가거나 파산신청을 피하기 위해 기업이 지불하는 직접비용과 간접비용을 합한 총비용

재무적 곤경에 처해 있을 때 발생하는 문제점들은 해결하기가 쉽지 않다. 그리고 주주와 채권자의 소속집단이 다를 때 재무적 곤경비용은 상대적으로 크다. 법적으로 파산이 확정되기 전까지는 주주들이 기업을 소유한다. 물론, 이들은 자신의 경제적 이익에 맞춰서 움직이기 마련이다. 결과적으로 주주는 파산을 통해서 모든 것을 잃기 때문에 파산선고를 피하고자 하는 의지가 강하다.

반대로 채권자의 주요 관심사는 기업자산의 가치를 그대로 유지하면서 주주로부터 소유권을 넘겨받는 것이다. 자신들의 이익을 보호하고 주주들이 기업의 자산을 더 낭비하는 것을 막기 위해서 채권자는 파산을 시키려는 강한 인센티브를 갖는다. 이와 같은 채권자와 주주의 대립은

장기간에 걸쳐서 계속되며 그 과정에서 여러 법적 소송이 발생한다.

한편, 경영진이 기업활동에 주력하는 대신 파산(신청)을 피하는 것에만 노력을 기울이는 동안에 기업의 자산은 점점 그 가치를 잃게 된다. 정상적인 기업운영이 불가능하고 매출도 감소한다. 중요한 위치에 있는 직원들이 기업을 떠나고, 현금을 확보하여 갖고 있기 위해서 수익성이 좋은 투자안을 포기할 수밖에 없다.

예를 들어 2008년에 General Motors사와 Ford사는 매우 심각한 재무적 곤경상태에 처해 있었으며 많은 사람들이 이 중 한 회사가 파산을 신청하게 될 것이라고 생각하고 있었다. 두 회사에 대한 나쁜 소식들이 떠돌면서 사람들은 이 두 회사가 만드는 자동차에 대해서 신뢰를 잃기 시작했다. 한 조사에 의하면, 미국인들 중 75%가 부도난 회사의 자동차를 사면 보증도 제대로 받을 수 없을 것이고 부품도 구하기가 어려울 것이므로 그러한 회사의 자동차를 사지 않을 것이라고 답한 것으로 나타났다. 이러한 우려로 인해 이 두 회사의 자동차 판매는 줄어들 것이며, 그에 따라 이 회사들의 재무적 곤경은 더욱 악화될 것이다.

이러한 것들은 모두 간접 파산비용, 즉 재무적 곤경비용에 속한다. 따라서 기업이 결과적으로 파산을 하든 안 하든 간에 기업가치가 줄어들 수 있는 것이다. 이와 같은 가능성 때문에 기업은 부채로 조달하는 자본에 대해 어떤 한계를 두게 된다.

개념질문 _Concept Questions

16.5a 직접 파산비용은 무엇인가?
16.5b 간접 파산비용은 무엇인가?

최적자본구조 16.6

앞의 두 절을 통해, 우리는 최적자본구조를 결정짓는 기본 토대를 마련했다. 기업은 이자의 세금절약효과가 가치를 갖는 한도까지 부채를 조달할 것이다. 상대적으로 낮은 부채의 수준에서는 파산이나 재무적 곤경이 발생할 확률이 적고, 세금절약액이 파산비용을 능가한다. 그러나 부채수준이 높을 때에는 재무적 곤경이 발생할 확률이 높아지고 부채조달의 이득이 재무적 곤경비용에 미치지 못한다. 따라서 최적자본구조는 이 두 양극 사이의 어딘가 존재하는 것이다.

자본구조의 정태이론

위에서 언급한 자본구조의 이론을 **자본구조의 정태이론**(the static theory of capital structure)이라고 한다. 이는 부채가 1$만큼 증가함에 따라 발생하는 세금절약 이득이 재무적 곤경의 확률이 증가함에 따라 발생하는 비용과 일치할 때까지 기업이 부채를 조달한다는 이론이다. 정태이론(static theory)이라고 부르는 이유는 기업의 자산과 활동을 고정된 것으로 가정하고, 단지 자기자본-부채비율이 변하는 경우만 생각하기 때문이다.

자본구조의 정태이론(the static theory of capital structure): 부채가 1$만큼 증가함에 따라 발생하는 세금절약의 이득이 재무적 곤경의 확률이 증가함에 따라 발생하는 비용과 일치할 때까지 기업이 부채를 조달한다는 이론

그림 16.6은 정태이론을 그래프로 설명하고 있다. 그래프의 수직축은 기업의 가치(V_L)를, 수평축은 부채의 크기(D)를 나타낸다. 이 둘의 관계를 표시한 세 개의 선 중에서, 첫 번째는 "법인세를 포함하지 않는 M&M 제1명제"의 경우를 나타낸 것이다. 이 선은 V_U에서 출발하는 수평선

그림 16.6

자본구조의 정태이론: 최적자본구조와 기업가치

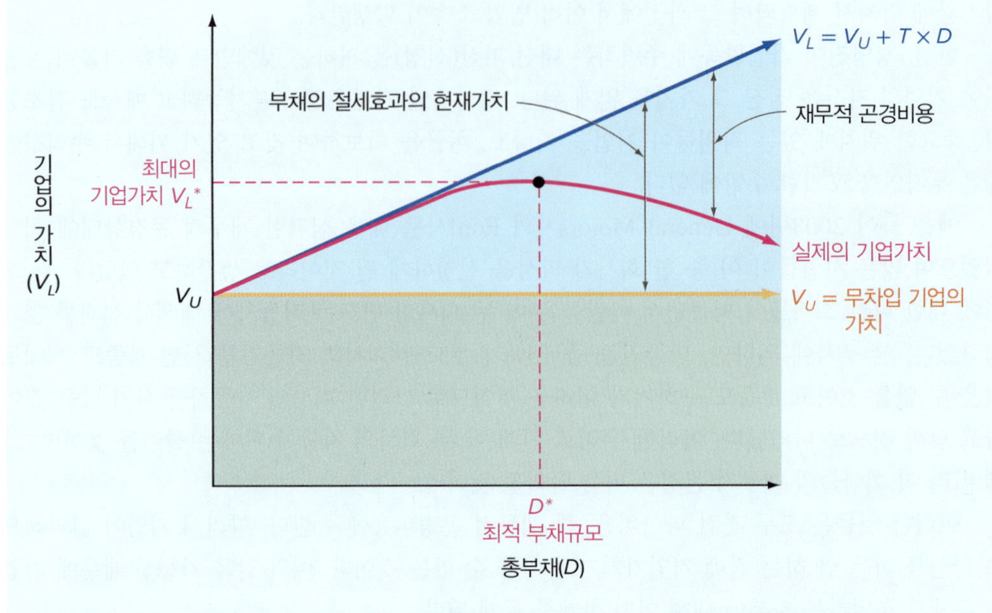

정태이론에 따르면, 부채의 세금절약효과로부터 발생하는 이득은 재무적 곤경 비용에 의해서 상쇄된다. 최적자본구조에서는 부채조달의 추가적인 이득이 재무적 곤경의 추가적인 비용과 균형을 이룬다.

으로, 기업의 가치가 자본구조에 영향을 받지 않는다는 것을 의미한다.

두 번째 선은 "법인세를 포함한 M&M 제1명제"의 경우를 나타낸 것으로, 양(+)의 기울기를 가진 직선이다. 이 두 가지의 경우는 그림 16.4에서 이미 다룬 것이다.

마지막으로, 그림 16.6의 세 번째 경우는 정태이론을 그린 것이다. 기업의 가치는 최대값까지 상승하고 그 이후에 다시 감소한다. 점 D^*에서 기업의 가치가 최대(V_L^*)이므로, D^*만큼이 부채의 최적 수준인 것이다. 즉, 최적의 자본구조는 D^*/V_L^*의 부채와 $(1 - D^*/V_L^*)$의 자기자본이다.

그림 16.6에서 두 번째 선(법인세를 포함한 M&M 제1명제)과 세 번째 선(정태이론)의 간격은 재무적 곤경에 의해서 손실된 가치에 해당한다. 또한 첫 번째 선(법인세를 포함하지 않은 M&M 제1명제)과 세 번째의 선의 간격은 세금절약액의 가치에서 재무적 곤경의 비용을 뺀 것과 같다.

최적자본구조와 자본비용

앞에서 이미 언급했듯이, 기업의 가치를 극대화하는 자본구조는 자본비용을 최소화한다. 그림 16.7은 자본구조의 정태이론을 가중평균자본비용(WACC)과 부채와 자기자본의 비용과의 관계로 보여주고 있다. 그래프상의 수직축은 자본비용에 해당하고, 수평축은 자기자본-부채비율(D/E)에 해당한다.

그림 16.7은 그림 16.5와 전체적으로 유사하지만, 새로운 WACC 선을 그렸다는 것이 다르다. 이 WACC 선은 정태이론에 따른 것으로, 처음에는 하락하기 시작한다. 이는 세금절약혜택을 포함하지 않은 부채의 비용이 자기자본의 비용보다 낮기 때문이다. 따라서 처음에는 전체적 자본비용이 하락한다.

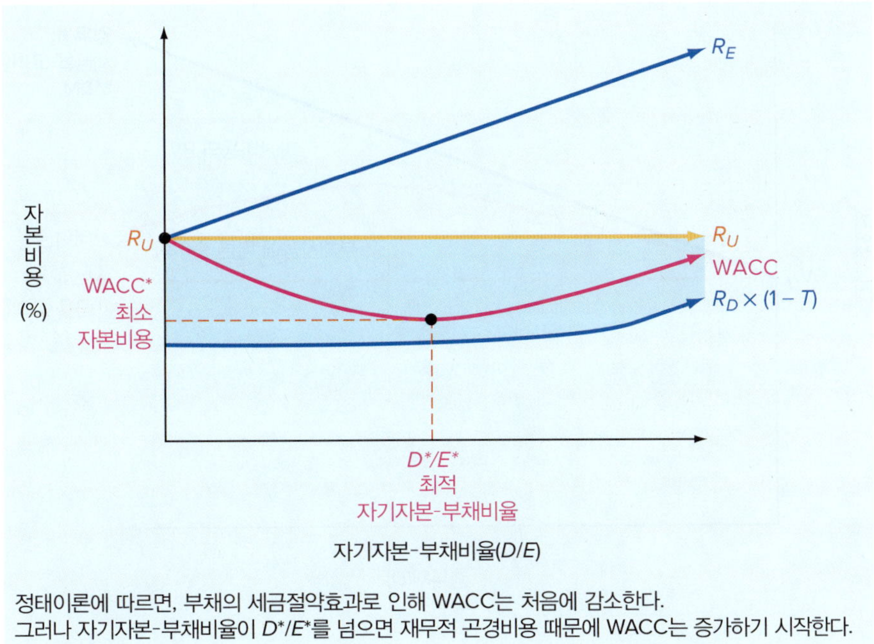

정태이론에 따르면, 부채의 세금절약효과로 인해 WACC는 처음에 감소한다.
그러나 자기자본-부채비율이 D^*/E^*를 넘으면 재무적 곤경비용 때문에 WACC는 증가하기 시작한다.

그림 16.7
자본구조의 정태이론: 최적자본구조와 자본비용

그러나 어느 점을 지나면, 부채의 비용은 오르기 시작하고 부채가 자기자본보다 비용이 싸다는 부채의 장점은 재무적 곤경비용에 의해서 사라지게 된다. 그때부터는 부채의 증가와 더불어 WACC도 증가하게 한다. 그림에서 볼 수 있듯이, 자기자본-부채비율이 D^*/E^*일 때 WACC가 최소값(WACC*)을 가진다.

최적자본구조: 요약

그림 16.8에서 지금까지 설명한 자본구조와 자본비용의 개념을 다시 한 번 정리하고자 한다. 앞에서 보았듯이 기본적으로 세 가지의 경우가 있다. 이를 출발점으로 하여 자본구조의 정태이론을 설명할 것이다. 이 과정에서 자본구조, 기업가치, 자본비용이 가지는 관계에 대해서 주의 깊게 살펴볼 것이다.

그림 16.8에서 첫 번째 경우는 세금과 파산을 고려하지 않은 처음의 M&M 명제를 다루고 있다. 이는 세 가지 경우 중에서 가장 기본적인 것이다. 두 개의 그래프 중 위의 그래프에서는 수직축이 기업가치(V_L)에 해당하고, 수평축이 부채의 크기(D)에 해당한다. 세금과 파산비용이 없을 때 기업의 가치는 부채정책에 영향을 받지 않으므로 V_L은 일정한 값을 유지한다. 이를 자본비용의 관점에서 그린 것이 밑에 있는 그래프이다. 이 그래프에서는 수직축이 가중평균자본비용(WACC)에 해당하고, 수평축이 자기자본-부채비율(D/E)에 해당한다. 기업가치와 마찬가지로 자본비용도 부채정책에 영향을 받지 않으므로 WACC는 일정한 값을 유지한다.

이제 세금을 고려했을 때 M&M 명제가 어떻게 변하는지 알아보자. 두 번째 경우에서 볼 수 있듯이 기업은 부채정책의 영향을 받게 된다. 즉 부채가 많아질수록 기업가치도 증가한다. 앞에서도 설명했듯이, 이는 부채의 이자가 세금을 공제받기 때문이며 "이자의 세금절약효과"의 현재가치만큼 기업가치가 증가하는 것이다.

그림 16.8의 아래 그래프는 두 번째 경우에 기업의 부채가 증가할수록 WACC가 어떻게

그림 16.8
자본구조 문제

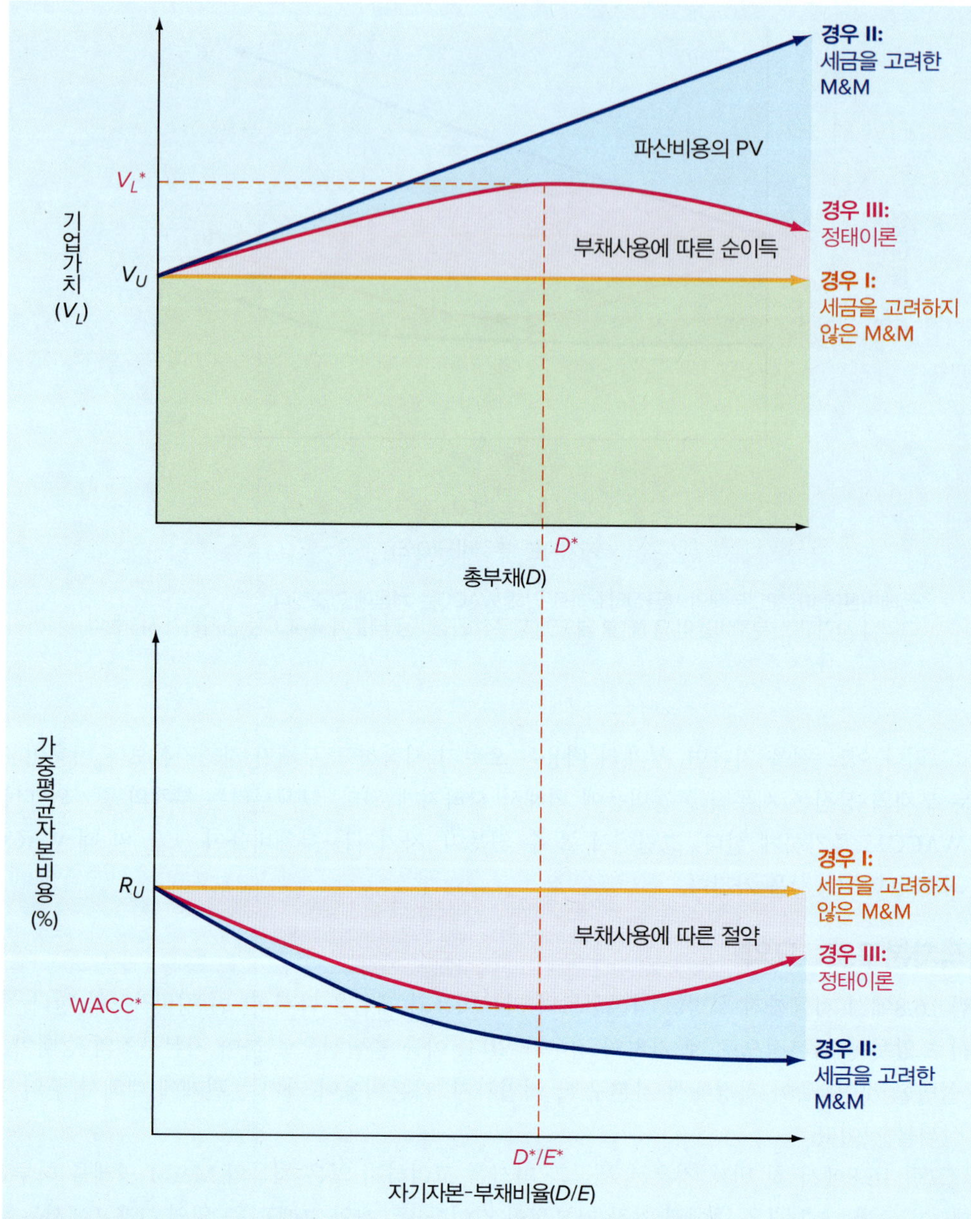

경우 I:
세금이 없을 때, 기업가치와 가중평균 자본비용은 자본 구조의 영향을 받지 않는다.

경우 II:
세금이 있을 때, 부채가 증가할수록 기업가치는 증가하고 가중평균자본비용은 감소한다.

경우 III:
세금과 파산비용이 있을 때, 기업의 가치는 부채가 D^*일 때, 최대값(V_L^*)을 가진다. 가중평균자본 비용은 자기자본-부채비율이 D^*/E^*일 때, 최소값(WACC*)을 가진다.

감소하는지 보여준다. 기업의 재무레버리지가 증가할 때 자기자본의 비용은 증가하지만, 부채가 가져다주는 세금절약 이득이 이를 능가한다. 따라서 기업의 전체적 자본비용이 감소하는 것이다.

마지막으로, 세 번째 경우는 파산과 재무적 곤경이 미치는 영향을 고려한 경우이다. 그림 16.8의 위에 있는 그래프는 기업가치가 앞에서 본 경우보다 낮다는 것을 보여준다. 그 이유는 기업가치가 파산비용만큼 감소하기 때문이다. 이러한 비용은 기업의 부채가 증가할수록 증가하며 결국 부채가 갖는 세금상의 이득을 능가하게 된다. 최적자본구조는 부채가 D^*일 때이다. D^*에서는 부채가 1$만큼 증가함에 따라 발생하는 세금상의 이득이 추가적인 부채조달에 따라 증가하는 파산비용으로 인한 손실과 일치한다. 이것이 바로 자본구조에 대한 정태이론의 핵심내용이다.

그림 16.8의 아래 그래프는 자본비용의 관점에서 최적자본구조를 보여주고 있다. 최적 부채수준인 D^*에 상응하는 최적 자기자본비율 D^*/E^*에서, 가중평균자본비용은 최소값(WACC*)을 가진다.

자본구조: 몇 가지의 경영상 제안

엄밀히 말해, 지금까지 설명한 정태이론으로 정확한 최적자본구조를 알아내기는 어렵다. 그러나 "세금"과 "재무적 곤경"이라는 두 가지 중요한 요소를 지적했다는 점에서 정태이론은 큰 의의를 지닌다. 이제 이 두 가지 요소에 대해서 약간의 설명을 더 하기로 한다.

세금 부채조달이 가져오는 세금상의 이득은 세금을 낼 수 있는 정도의 기업에만 적용된다. 엄청난 손실을 보고 있는 기업에 이자의 세금절약효과는 무의미한 것이다. 다른 부분(예: 감가상각)에서 상당한 세금절약효과를 보는 기업에는 부채사용에 따른 이득이 작아진다.

또한 2018년부터 모든 미국 기업에는 똑같은 21%의 세율이 적용된다. 그러나 다른 세금(예를 들어, 주정부 세금)으로 인해 실제로 모든 기업에 똑같은 세율이 적용되는 것은 아니다. 세율이 높은 기업일수록, 부채사용에 대해 더 강한 인센티브를 갖는다.

재무적 곤경 재무적 곤경에 처할 위험이 높은 기업은 위험이 낮은 기업보다 부채를 적게 조달하려 할 것이다. 예를 들어 EBIT의 변동성이 높은 기업일수록 더 적은 부채를 사용하려 할 것이다.

또한 일부 기업에는 재무적 곤경비용이 상대적으로 높을 수 있다. 기본적으로, 재무적 곤경비용은 기업의 자산에 따라 달라진다. 특히, 기업자산에 대한 소유권을 얼마나 쉽게 이전시킬 수 있느냐에 따라서 재무적 곤경비용이 결정된다고 볼 수 있다.

예를 들어 유형자산을 가진 기업은 큰 손해 없이 자산을 매각할 수 있으므로 더 많은 부채를 사용하려는 인센티브를 가질 것이다. 반면에, 인력기술이나 성장기회와 같은 무형자산에 의존하는 기업들은 자산을 효과적으로 매각할 수 없으므로 부채는 덜 매력적인 것이 될 것이다.

개념질문 _Concept Questions

16.6a 자본구조의 정태이론이 의미하는 상충(trade-off)효과란 무엇인가?
16.6b 자본구조 의사결정에서 중요하게 여겨야 할 요소들은 무엇인가?

16.7 파이모형 – 다시 살펴보기

세금이나 재무적 곤경비용과 같은 현실적인 요소들을 고려할 때 기업이 최적자본구조를 가질 수 있다. 이는 M&M 제1명제(세금이 없는 경우)가 우리에게 주는 직관력이 의미가 없다는 것을 말해주는 것처럼 보인다.

M&M 이론을 비판하는 학자들은 현실적인 요소들을 감안할 때 M&M 이론이 성립하지 않는다고 말하면서 이를 현실과 동떨어진 이론으로 간주한다. 실제로 그들은 자본구조가 의미없는 것이 아니라 M&M 이론이 의미없는 것이라고 주장한다. 그러나 이와 같은 시각은 M&M 이론의 진정한 가치를 깨닫지 못하고 있는 것이다.

확장된 파이모형

M&M 이론의 진정한 가치를 알기 위해서는 먼저 확장된 파이모형(extended pie theory)에 대해서 살펴보아야 한다. 확장된 파이모형에서 세금은 기업의 현금흐름에 대한 일종의 청구권이다. 부채가 증가할수록 세금도 감소하기 때문에, 기업의 현금흐름에 대한 정부의 청구권(G)의 가치도 줄어들게 된다.

파산비용도 현금흐름에 대한 일종의 청구권이다. 이들은 기업의 파산이 가까워질 때 발생하며 실제로 기업이 파산하면 큰 가치를 지니게 된다. 따라서 현금흐름에 대한 이 청구권(B)의 가치는 자기자본-부채비율이 높아질수록 증가한다.

확장된 파이모형 이론은 이와 같은 청구권들이 모두 기업의 현금흐름으로부터 지불되는 것이라고 정의한다. 그러므로 기업의 현금흐름(CF)을 다음과 같이 정리할 수 있다.

CF = 주주에게 지급되는 금액
　　+ 채권자에게 지급되는 금액
　　+ 정부에게 지급되는 금액
　　+ 파산소송이나 변호사에게 지급되는 금액
　　+ 그 외의 청구자에게 지급되는 금액

그림 16.9는 확장된 파이모형을 보여주고 있다. 16.3절에서 본 처음의 파이모형과 비교했을 때 확장된 파이모형은 더 많은 조각으로 나뉘어져 있다. 또한 각 조각의 상대적인 크기는 부채의 크기가 증가할 때 변한다.

앞에서 정리한 현금흐름의 목록에는 미래에 발생할 수 있는 청구권이 포함되어 있지 않다. 그러나 그러한 미래에 발생할 수 있는 청구권을 빠뜨려서는 안 된다. 일상적이지 않은, 예를 들면 이 책을 읽고 있는 독자들은 누구나 General Motors의 현금흐름에 대한 청구권을 갖고 있다고 말할 수 있다. 따라서 당신이 GM 때문에 사고를 당했다면 당신은 GM에 대해 소송을 제기해 이길 수도 있고 질 수도 있다. 이 경우, GM은 자신의 현금흐름 중 일부를 소송관련 비용으로 지불해야 할 것이다. 따라서 GM뿐만 아니라 모든 기업들이 발생하는 미래의 청구권을 위해서 전체 파이 중에서 또 다른 한 조각의 파이를 구분해서 갖고 있어야 할 것이다. 이것이 M&M의 직관력과 이론의 핵심이다. 즉 기업가치는 기업의 총현금흐름에 달려 있다는 것이다. 기업의 자본구조는 현금흐름을 조각으로 나눌 뿐, 전체적인 크기는 바꾸지 못한다. 이제 우리가 알 수 있는

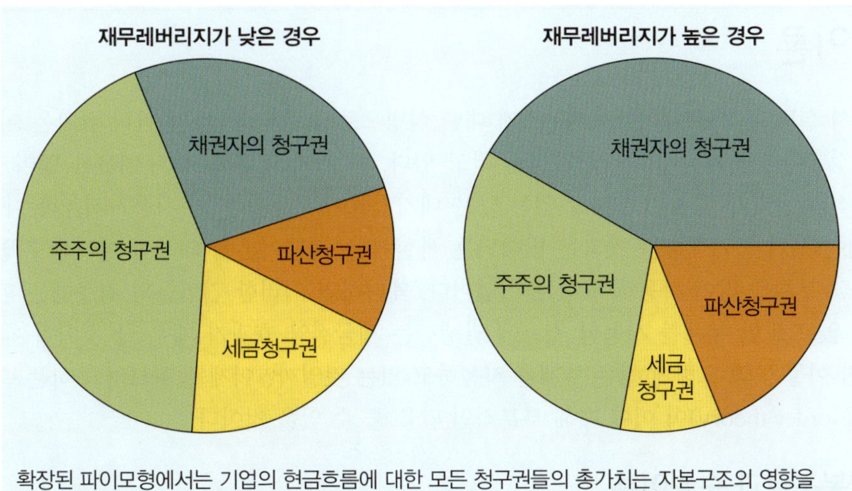

확장된 파이모형에서는 기업의 현금흐름에 대한 모든 청구권들의 총가치는 자본구조의 영향을 받지 않는다. 다만 부채의 크기가 증가할 때, 각 청구권의 상대적 가치는 변한다.

그림 16.9
확장된 파이모형

것은 주주와 채권자들만이 현금흐름(파이)에 대한 청구권을 가지는 것은 아니라는 점이다.

시장성 청구권과 비시장성 청구권

확장된 파이모형에서는 청구권을 크게 두 종류로 나눌 수 있다. 첫 번째는 시장성 청구권으로 주주와 채권자의 청구권이 여기에 해당한다. 두 번째는 비시장성 청구권으로 정부와 소송관계자의 청구권이 여기에 해당한다. 이 둘의 가장 큰 차이점은 시장성 청구권은 금융시장에서 거래할 수 있지만, 비시장성 청구권은 그럴 수 없다는 점이다.

일반적으로, 기업의 가치를 말할 때는 시장성 청구권의 가치(V_M)를 가리키는 것이며, 비시장성 청구권의 가치(V_N)는 제외된다. V_T가 기업의 현금흐름에 대한 모든 청구권의 가치라면, 다음과 같이 정리할 수 있다.

$$\begin{aligned} V_T &= E + D + G + B + \ldots \\ &= V_M + V_N \end{aligned}$$

확장된 파이모형의 핵심은 기업의 현금흐름에 대한 모든 청구권의 가치, 즉 V_T가 자본구조에 영향을 받지 않는다는 것이다. 그러나 시장성 청구권의 가치, V_M은 자본구조의 영향을 받을 수 있다.

확장된 파이모형에 의하면 V_M이 증가하는 만큼 V_N은 감소한다. 따라서 확장된 파이모형은 시장성 청구권의 가치를 최대화하거나, 세금과 파산비용 같은 비시장성 청구권의 가치를 최소화하는 것이 최적자본구조라고 말해주고 있다.

개념질문 _Concept Questions

16.7a 기업의 현금흐름에 대한 청구권에는 어떤 것이 있는가?

16.7b 시장성 청구권과 비시장성 청구권의 차이는 무엇인가?

16.7c 확장된 파이모형은 기업의 현금흐름에 대한 모든 청구권의 가치에 대해 어떤 말을 하고 있는가?

16.8 순위이론

이 장에서 설명한 정태이론은 자본구조에 대한 설명으로 오랜 기간 동안 자리 잡아온 이론이다. 하지만 정태이론도 나름대로의 한계점을 갖고 있다. 한 가지 명확한 것은 이윤을 많이 내고 있고 재무적인 관리가 잘 이루어지고 있는 많은 대기업들이 부채를 거의 사용하지 않는다는 사실이다. 이는 우리가 기대하는 것과는 반대되는 사실이다. 정태이론에 의하면 이러한 기업들이야말로 가장 부채를 많이 사용해야 하는 기업이다. 왜냐하면 이러한 기업들의 경우에는 파산위험도 거의 없고 또한 부채를 사용할 경우에 발생하는 세금절약 효과가 매우 클 것이기 때문이다. 그렇다면 이들은 왜 그렇게 적은 부채를 사용하고 있는 것일까? 이제 살펴보려고 하는 순위이론(pecking-order theory)이 이에 대해 부분적인 답을 줄 수 있을 것이다.

내부자본조달과 순위이론

순위이론(pecking-order theory)은 정태이론의 대안적 이론이다. 순위이론의 핵심은 기업들이 가능하면 언제나 내부자본을 사용하는 것을 선호한다는 것이다. 이에 대한 한 가지 간단한 이유는 증권을 판매하여 현금을 조달하는 데 많은 비용이 들기 때문이라는 것이다. 기업이 많은 이윤을 내고 있다면 아마도 외부자금을 조달할 필요가 없을 것이며, 그에 따라 부채를 거의 또는 전혀 사용하지 않을 것이다. 예를 들어 2019년 말에 Alphabet의 재무상태표는 2,630억$의 자산을 기록하고 있었고, 이 중 약 1,210억$를 현금이나 유동성 증권이 차지하고 있었다. 실제로 Alphabet은 자신의 자산 중 많은 부분을 증권으로 갖고 있었고, 따라서 어떤 때는 뮤추얼펀드 회사로 간주되어 규제를 받을 수도 있는 상황에도 처했었다!

기업들이 내부자금조달을 선호하는 데는 또 다른 미묘한 이유도 있다. 당신이 어떤 회사의 경영자이고, 새로운 벤처를 위한 자금을 마련하여야 한다고 하자. 회사의 내부자로서 당신은 일반투자자들이 알지 못하는 많은 정보를 알고 있을 것이다. 당신은 회사의 미래에 대해서 외부투자자들이 생각하고 있는 것보다 훨씬 더 밝게 생각하고 있다. 그에 따라 당신은 당신 회사의 주식이 현재 저평가되고 있다고 생각한다. 이 경우 당신은 새로운 벤처를 위한 자금조달을 위해서 채권을 발행하겠는가, 아니면 주식을 발행하겠는가?

잘 생각해보면 이 경우 당신은 새로운 주식을 발행하지는 않을 것이다. 당신 회사의 주식이 저평가되어 있는 상황에서 주식을 매도하고 싶지 않을 것이기 때문이다. 따라서 당신은 채권을 발행할 것이다.

그렇다면 당신은 어느 경우에 주식을 발행하겠는가? 당신 회사의 주식이 고평가되어 있다고 생각한다고 하자. 고평가된 가격으로 주식을 발행하여 자금을 조달하는 것은 좋을 것이다. 그러나 이 경우 한 가지 문제가 발생한다. 당신이 주식을 발행하려고 한다면 아마도 투자자들은 당신 회사 주식이 고평가되어 있기 때문에 당신이 그렇게 하려고 한다고 생각할 것이다. 다시 말해 당신이 주식을 발행해 자금을 조달하려고 하면 당신은 당신 회사 주식의 현재가격이 너무 높게 형성되어 있다는 신호를 외부투자자들에게 보내는 위험에 처하게 된다. 실제로 기업들은 새로운 주식을 거의 발행하지 않으며, 또한 새로운 주식이 발행되는 경우에 그에 대한 시장의 반응은 부정적인 것으로 나타나고 있다.

따라서 우리는 순위이론을 갖게 된다. 기업들은 제일 먼저 내부자금조달을 하고, 그 다음으로 필요한 경우에 채권을 발행하며, 맨 마지막 최후의 수단으로 주식을 발행한다는 것이다.

순위이론의 함의

순위이론은 여러 가지 중요한 함의를 갖고 있다. 이 중 몇몇은 우리의 정태적 상충이론(trade-off theory)과는 배치되는 것이기도 하다.

1. **목표 자본구조는 존재하지 않는다:** 순위이론에서는 목표 자기자본-부채비율, 즉 최적 자기자본-부채비율이 존재하지 않는다. 기업의 자본구조는 기업이 필요로 하는 외부자금에 의해 결정되는 부채의 크기에 의해 결정된다.
2. **이윤을 많이 내고 있는 기업들은 상대적으로 적은 부채를 사용한다:** 이윤을 많이 내는 기업들은 큰 내부현금흐름을 가질 것이기 때문에 외부자금조달의 필요성을 덜 가지며, 그에 따라 더 적은 부채를 사용할 것이다. 앞에서 언급한 것처럼 이러한 현상은 일부 기업들에서 목격되고 있는 것이다.
3. **기업들은 재무적 여분을 갖기 원한다:** 신주발행을 피하기 위해서 기업들은 내부적으로 발생한 현금을 쌓아 놓기를 원할 것이다. 그러한 현금보유액을 재무적 여분(financial slack)이라고 한다. 재무적 여분 때문에 경영자들은 투자를 위한 자금이 필요해질 때보다 빠르게 자금을 조달할 수 있는 능력을 갖게 된다.

정태이론과 순위이론 중 어느 것이 맞는 이론인가? 이 문제에 대한 확실한 결론은 아직 내려지고 있지 않다. 그러나 이 두 이론은 함께 공존할 수 있다. 정태이론은 보다 장기적인 재무목표나 전략에 초점을 맞춘 것이라고 할 수 있다. 장기적인 측면에서 세금절감효과와 재무적 곤경비용은 확실히 중요한 것이다. 순위이론은 보다 단기적인 투자에 필요한 외부자금을 조달하는 전술적인 측면에 초점을 맞춘 것이라고 할 수 있다. 따라서 이 두 이론 모두 기업이 부채를 사용하는 이유를 이해하는 데 도움을 주는 이론이다. 예를 들어 기업들은 장기적인 목표자본구조를 갖고 있으면서도 신주발행을 피하기 위해 장기적인 목표에 벗어난 행동을 할 수도 있다.

개념질문 _Concept Questions

16.8a 순위이론에서 기업은 어떤 순위로 외부자금을 조달하는가?
16.8b 기업들이 신주발행을 꺼려할 수도 있는 이유는 무엇인가?
16.8c 정태이론과 순위이론은 어떤 점에서 차이를 갖는가?

기업들의 실제 자본구조 16.9

두 기업의 자본구조가 일치하는 경우는 없다. 그럼에도 불구하고 기업들의 실제 자본구조를 살펴보면 몇 가지 규칙적인 요소를 발견할 수 있다. 어떤 규칙성이 존재하는지 알아보자.

한 가지 놀라운 사실은 많은 기업들의 자기자본-부채비율이 상대적으로 낮다는 점이다(특히 미국기업의 경우). 실제로 대부분의 기업들이 부채보다는 자기자본을 더 많이 사용한다. 이는 표 16.7에서도 확인할 수 있다. 표 16.7은 표준산업분류(SIC)번호에 의해서 분류된 미국의 산업별 부채비율, 자기자본-부채비율이 얼마인지 보여준다.

표 16.7에서 가장 주목할 만한 점은 산업별로 차이가 심하다는 것이다. 제약과 컴퓨터산업

표 16.7
미국의 산업별 자본구조

산업	총자본에서 부채의 비율*	자기 자본-부채비율	기업의 수	SIC 번호	대표적 기업
Electric utilities	45.9%	85.4%	13	491	American Electric Power, Southern Co.
Computer equipment	13.7	12.0	14	357	Apple, HP
Paper	45.7	84.2	14	26	Avery Dennison, International Paper
Petroleum refining	41.1	69.8	10	291	Chevron, ExxonMobil
Airlines	55.5	124.9	9	451	Delta, Southwest
Telephone communications	37.5	59.9	9	484	AT&T, T-Mobile
Motor vehicle equipment	34.7	53.2	23	371	Allison Transmission, Sorl Auto Parts
Fabric apparel	42.0	56.5	10	23	Hanes Brands, Under Armour
General merchandise stores	23.5	30.7	11	53	Costco, Dollar General
Eating places	51.9	107.9	22	5812	McDonald's, Papa John's
Drugs	10.5	11.7	49	283	Merck, Pfizer
Steel works	20.6	31.4	6	331	Insteel Industries, Steel Dynamics

*부채에는 우선주, 장기부채, 단기부채의 장부가치로 측정되었으며 자기자본은 발행된 주식의 시장가치로 측정된 것이다. 총자본은 부채와 자기자본의 합이다. 표시된 비율은 중앙값들이다.

출처: *Duff & Phelps Cost of Capital*, costofcapital.duffandphelps.com, 07/07/2020.

의 경우에는 부채가 거의 없지만, 항공산업과 케이블 TV산업은 부채에 크게 의존하고 있다. 이 두 산업을 제외하고는 모든 산업이 부채보다 자기자본에 훨씬 더 많이 의존하고 있다는 것은 놀라운 사실이다. 이 기업들은 많은 세금을 내면서도 부채보다는 자기자본에 의존하고 있는 것이다. 표 16.7이 확실히 보여주고 있듯이 기업들은 납세상의 이득을 전부 활용할 수 있을 만큼 부채를 발행하지 않는다. 따라서 우리는 기업들이 사용할 수 있는 부채에는 어떤 한계가 있다는 결론을 내릴 수 있다.

서로 다른 산업은 "EBIT의 변동성"이나 "자산의 유형"과 같은 특징들도 다르다. 그렇기 때문에 이러한 특징들과 자본구조 사이에 어떤 연관이 있다고 볼 수 있다. 세금 절약과 재무적 곤경비용, 그리고 순위이론이 분명히 부분적으로 설명하기는 하지만 아직까지 여러 기업의 자본구조가 가지는 규칙성을 충분히 만족할 만하게 설명할 수 있는 이론은 없다.

개념질문 _Concept Questions

16.9a 미국기업들은 부채에 크게 의존하는가?
16.9b 여러 기업들의 자본구조에서 발견되는 규칙성은 무엇인가?

파산절차 일별하기

16.10

지금까지 논의한 것처럼 부채를 사용했을 때 한 가지 결과는 재무적 곤경에 빠질 수 있다는 것이다 재무적 곤경은 다음과 같이 여러 가지로 정의내릴 수 있다.

1. 사업실패(business failure): 채권자들이 손해를 보고 사업이 마무리되는 경우를 가리킨다. 그러나 부채가 없는 기업도 실패할 수 있다.
2. 법적 파산(legal bankruptcy): 기업이나 채권자가 연방법원에 파산신청을 하는 것이다. **파산**(bankruptcy)은 기업의 청산(liquidation)이나 회생(reorganization)을 위한 법적 절차이다.
3. 기술적 지급불능(technical insolvency): 사업이 잘되고 있든 아니든 그와는 상관없이 기업이 채무를 갚지 못하게 되는 경우를 가리킨다.
4. 회계적 지급불능(accounting insolvency): 자기자본(net worth)이 음(−)인 기업은 장부상으로 파산한 상태라고 볼 수 있다. 이는 장부상의 부채가 총자산의 장부가치보다 높을 때 발생한다.

파산(bankruptcy): 기업의 청산이나 회생을 위한 법적 절차

우리는 파산과 재무적 곤경에 관련된 용어와 중요한 이슈들에 대해서 간단히 살펴보기로 한다.

청산과 회생

채무를 이행할 수 없는 기업은 청산과 회생 중 하나를 선택해야 한다. **청산**(liquidation)은 계속기업(going concern)으로서의 기업을 해체하는 것이며 기업의 자산이 매각된다. 그에 따른 수익금은 채권자들에게 우선순위에 따라 배분된다. **회생**(reorganization; 법정관리)은 계속기업으로서의 기업을 유지하는 것이며 그 과정에서 기존의 증권을 신규 증권으로 대체하게 된다. 청산과 회생은 파산절차의 결과물이라고 볼 수 있다. 둘 중에서 어느 것을 선택하느냐는 생존가치의 여부에 달려 있다.

청산(liquidation): 기업(계속기업: going concern)을 없애는 것

회생(reorganization): 계속기업을 유지하기 위한 재무적 구조조정

파산 청산 1978년의 연방파산개혁법(Federal Bankruptcy Reform Act)의 Chapter 7은 청산(liquidation)을 다루고 있다. 일반적 절차는 다음과 같다.

1. 연방법원에 파산신청서를 제출한다. 기업이 자발적으로 제출하거나 채권자들에 의해서 강제적으로 제출된다.
2. 채무기업의 자산을 넘겨받기 위해서 채권자들이 파산관재인(trustee-in-bankruptcy)을 선출한다. 파산관재인은 자산을 청산한다.
3. 자산이 청산되면 행정비용을 지불하고 남은 수익금을 채권자들에게 나눠준다.
4. 그래도 남는 수익금이 있다면 주주들에게 나눠준다.

SEC는 **www.sec.gov**에 파산절차에 관해 잘 정리해놓고 있다.

청산을 통해서 발생하는 수익금은 다음과 같은 우선순위에 따라 배분된다.

1. 파산과 관련된 행정비용
2. 강제적 파산신청 이후로 파산관재인이 선출될 때까지 발생하는 그 외의 비용
3. 임금, 봉급, 수수료
4. 직원들의 연금
5. 소비자들의 청구권

6. 정부의 세금
7. 무담보채권의 소유자
8. 우선주 주주
9. 보통주 주주

절대적 우선 원칙(APR): 기업이 청산되는 경우에 변상받는 우선순위를 정한 원칙

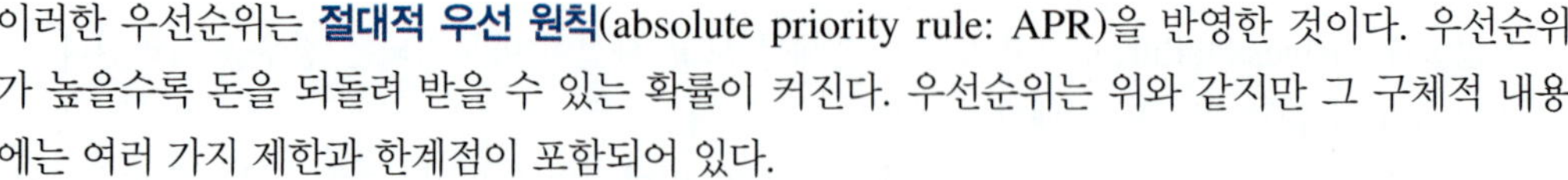

이러한 우선순위는 **절대적 우선 원칙**(absolute priority rule: APR)을 반영한 것이다. 우선순위가 높을수록 돈을 되돌려 받을 수 있는 확률이 커진다. 우선순위는 위와 같지만 그 구체적 내용에는 여러 가지 제한과 한계점이 포함되어 있다.

이들 중 두 가지만 살펴보면 다음과 같다. 첫 번째는 담보부 채권의 소유자에 관한 것이다. 이들은 증권매각에 따른 수익금을 받을 권리를 갖고 있기 때문에 위의 우선순위에서는 제외된다. 그러나 담보된 자산의 청산에 따른 수익금이 모든 부채를 충당할 정도로 충분하지 않을 때, 이들은 무담보채권의 소유자들과 함께 그 수익금을 나눠 가진다. 반대로 담보된 자산의 수익금이 담보부 채권에 대한 모든 채무를 충당하고도 남을 때, 그 나머지 수익금은 무담보채권의 소유자들과 기타의 사람들에게 지불된다. 두 번째는 APR을 적용한다고 하더라도 실제로 파산이 발생할 때 누가 얼마만큼을 받느냐는 대부분 협상에 의해서 결정된다는 것이다. 따라서 APR이 지켜지지 않는 경우도 종종 볼 수 있다.

최근의 파산상황을 살펴보기 위해서는 **www.bankruptcydata.com**을 참조하라.

파산 회생 미국기업의 회생은 1978년 연방파산개혁법(Federal Bankruptcy Reform Act)의 Chapter 11에 근거해 이루어진다. Chapter 11의 목적은 기업의 회생을 위해 채권자들에 대한 보상을 규정짓는 것이다. 일반적 절차는 다음과 같다.

1. 기업이 자발적으로 파산보호 신청서를 제출하거나, 채권자들에 의해서 강제적으로 제출된다.
2. 연방법원이 파산보호 신청을 승인하거나 거절한다. 만약 승인한다면, 채권증명(proof of claims)을 제출할 수 있는 기한이 정해진다.
3. 대부분의 경우에 기업은 영업활동을 계속한다.
4. 기업이 회생안(reorganization plan)을 제출한다. 채권자가 제출하는 경우도 있다.
5. 채권자와 주주들이 그룹별로 분류된다. 그룹마다 다수결에 따라서 회생안을 받아들일지를 결정한다.
6. 채권자들이 회생안을 받아들이면 이를 연방법원이 공포한다.
7. 기업이 채권자들과 주주들에게 현금, 자산, 증권을 지불한다. 회생안에 의해 신규 증권이 발행되기도 한다.
8. 일정 기간 회생안의 규정에 따라서 기업이 운영된다.

기업은 기존 주주들이 회사에 대해 일부 소유권을 유지하길 바랄 수도 있다. 그러나 이러한 경우에는 당연히 무담보채권 소유자자들로부터 항의를 받을 수 있다.

파산법 Chapter 11에 따른 파산신청의 하나로 소위 사전합의파산(prepackaged bankruptcy)이 일반적으로 많이 나타나고 있다. 이는 다수의 채권자들로부터 회생안의 승인을 사전에 받은 후에 파산을 신청하는 것이다. 결과적으로 기업은 파산하자마자 바로 파산으로부터 벗어날 수 있는 것이다.

예를 들어 2009년 11월 1일 CIT Group은 지금까지 가장 큰 사전합의파산신청을 했다. 채권자들과 회사 간의 합의조건은 주주들의 잔여 권리는 완전히 소멸시키고 채권자들의 권리는 105억$를 차감하는 것이었다. 그와 동시에 이 회사 채권의 만기는 3년 연장되었다. 또한 미국정

부의 부실자산구제 프로그램(Troubled Assets Relief Program: TARP)에 의해 지원된 자금으로 추가적으로 23억$의 부채가 줄어들었다. 사전합의 덕분에 이 회사는 파산절차를 밟으면서 빠르게 2009년 12월 10일에 회생하였다.

최근의 예로, 2019년 5월 1일 펜실베니아에 기반을 둔 Sungard Availability Services Capital은 사전합의 파산을 신청했다. 회생계획의 조건에 따라 회사의 부채는 12억 5,000만$에서 3억$로 줄어들고, 기존 채권자는 회사의 신주를 부여받았다. 사전합의 파산신청은 유례없이 빨리 처리되었다. 회사는 2019년 5월 1일 오후 9시 직전에 회생계획을 제출했는데 판사가 이 파산합의에 서명한 것은 바로 다음 날 오후 6시였던 것이다.

어떤 경우에는 파산절차에서 파산법원의 크램다운(cram dawn) 권한을 발동시킬 필요가 있다. 어떤 상황에서 일부 채권자들은 그들이 동의하지 않은 파산계획을 강제로 받아들여야 하는데 크램다운이란 말은 바로 이런 경우를 기가 막히게 묘사하고 있다.

2005년에 미 의회는 25년 만에 미국의 파산법에 중요한 변화를 가져온 파산남용방지 및 소비자 보호법(Bankruptcy Abuse Prevention and Consumer Protection Act: BAPCPA)을 통과시켰다. 이 법의 대부분은 개인채무자에 대한 것이지만 기업도 이 법의 영향을 받는다. BAPCPA가 통과되기 이전에는, 파산한 기업은 파산법원에 회생안을 제출할 배타적 권한을 가졌었다. 그러나 기업에 주어진 이러한 배타적 권한 때문에 기업들이 너무 오랜 기간 파산상태로 남아 있게 된다는 비판이 있어 왔다. 그러나 새로운 법에서는 18개월이 지난 후 채권자들은 자신들의 계획안을 법원에 제출할 수 있게 되어 있다. 이러한 변화로 인해 파산절차가 더 빨리 진행되고 또한 더 많은 사전합의 파산(prepacks) 신청이 이루어질 가능성이 높아졌다.

BAPCPA에 의한 변화 중 논쟁이 되고 있는 하나는 핵심종업원 유지계획(key employee retention plans: KERPs)이다. 이상하게 생각될지는 모르지만, 파산한 기업은 기업이 파산상태에 빠지도록 만든 장본인들인 그 회사의 중역들에게 계속해서 보너스를 지급한다. 그 이유는 가치있는 근로자들이 보다 성공적인 다른 기업으로 이동하는 것을 막기 위한 것이다. 그러나 이러한 보너스가 종종 남용되는 것에 대해서 비판이 있어 왔다. BAPCPA는 보너스 지급 대상이 되는 근로자가 실제로 다른 기업으로부터 채용제안을 받았을 경우에만 KERPs를 적용하여 보너스를 지급할 수 있도록 하고 있다.

최근에, 파산법 363조가 뉴스에 나왔다. 전통적인 파산법 11조(Chapter 11) 신청, 즉 파산신청계획서는 채권자와 주주들에게 마치 투자설명서처럼 공개된다. 그런 다음 이 계획은 이해관계자들의 투표에 의해 승인되어야 한다. 363항(Section 363) 파산은 경매에 가깝다. 최초 입찰자는, 스토킹 호스(stalking horse)라고도 하는데 파산한 회사 자산의 전부 또는 일부에 대한 입찰을 한다. 그러면 다른 입찰자들이 회사 자산에 대한 최고 입찰가를 결정하는 프로세스에 참여한다. 363항 파산의 최대 장점은 그 속도에 있다. 전통적인 파산은 이해관계자의 승인을 요구하기 때문에 그 절차에 수년이 소요되는 경우가 드물지 않은데 비하여, 363항 파산은 일반적으로 훨씬 빠르다. 예를 들어 2009년 중반에, General Motors와 Chrysler는 363조 매각의 도움으로 45일 이내에 모든 파산 절차를 마칠 수 있었다.

재무관리와 파산절차

이상하게 들릴 수도 있지만 파산을 신청할 권리는 매우 큰 가치를 갖는다. 왜 그런가에 대해서는 몇 가지 이유를 들 수 있다. 첫 번째로, 기업경영의 측면에서 파산을 신청하면 채권단은 일정기간을 대기해야 한다. 다시 말해 채권단에게 지불을 연장할 수 있고, 채권단은 파산의 절차가 끝나야만 얼마를 받는지 알 수 있다. 이 기간 동안 기업은 여러 대안을 놓고 비교할 수 있으며 신중한 결정을 내릴 수 있다.

또한 기업의 경쟁력을 높이기 위해서 파산신청이 하나의 경영전략으로 사용되기도 한다. 실제로 채무를 이행할 수 있는 기업들이 파산을 신청한 경우도 있다. 가장 잘 알려진 예로 Continental Airlines의 경우를 들 수 있다. 1983년에 항공산업의 규제가 완화되면서 Continental은 자신보다 임금수준이 낮은 항공사들과 경쟁하게 되었다. 결국, Continental은 채무를 이행할 수 있으면서도 파산법 Chapter 11에 따라 회생(reorganization)을 신청했다.

Continental의 주장에 따르면 미래에 채무를 불이행할 것이 예상되므로 파산신청을 통한 회생이 불가피하다는 것이었다. 파산신청을 통해서 Continental은 기존의 노동협약을 폐기하여 인원감축과 더불어 임금수준을 낮출 수 있었다. 다시 말해 Continental에게 파산절차는 인건비를 줄이기 위한 하나의 수단이었던 것이다. 이후에 의회가 파산법을 수정하긴 했지만 파산절차를 통한 노동협약의 폐기가 힘들어졌을 뿐이지 불가능해진 것은 아니다. 예를 들어 Delta Air Lines는 노동조합 근로자들과의 계약을 재협상하기 위해서 2005년에 파산을 신청했었다.

Continental 외에도 파산을 전략적으로 이용한 기업들이 많다. 한 예로, Manville과 Dow Corning이 각각 석면(asbestos)과 가슴확대용 실리콘 때문에 발생할 수 있는 미래의 손실을 우려하여 파산을 신청했다. 이와 유사한 경우로, Texaco는 1987년 Pennzoil에 대해 103억$를 배상하라는 판결이 났을 때 그 당시로는 규모가 가장 컸던 파산신청을 하였다. 나중에 두 회사 간에 35억$의 배상이 합의되면서 텍사코는 파산에서 벗어났다. 2020년초를 기준으로 할 때, 자산규모상으로 미국에서 가장 규모가 컸던 파산은 2008년의 Lehman Brothers(자산규모 6,910억$)의 파산과 Washington Mutual(자산규모 3,280억$)의 파산이 있었다. 그러나 2003년에 이탈리아의 낙농기업인 Parmalat에 의한 파산신청은 그 상대적 중요성에 있어서 이 두 기업을 능가하였다. 이 회사는 이탈리아 총국민생산의 1.5%의 비중을 차지하고 있던 회사였다!

파산을 피하기 위한 협약

기업이 채무를 이행할 수 없을 때, 파산신청을 피할 방법이 없는 것은 아니다. 파산의 법적 절차가 길고, 비용도 많이 들기 때문에 어쩌면 파산을 피하는 것이 모두에게 최선의 선택이 될 수도 있다. 파산을 피하기 위해서는 채무를 불이행한 기업의 경영진과 채권단의 협력이 이루어져야 한다. 이를 통해서 기업의 자본구조를 자발적으로 개편할 수 있는 것이다. 여기에는 지급기한을 연장하는 지급연장(extension)과 지급액을 줄이는 화의제도(和議, composition)가 쓰이기도 한다.

개념질문 _Concept Questions

16.10a APR은 무엇인가?

16.10b 청산과 회생(법정관리)의 차이점은 무엇인가?

요약과 결론 16.11

최적자본구조는 부채와 자기자본의 이상적인 조합으로서 기업의 가치를 최대화하고 전체적인 자본비용을 최소화하는 자본구조를 말한다. 그러나 세금, 재무적 곤경비용, 기타의 불완전성을 무시한다면 최적자본구조는 존재하지 않는다. 이러한 경우에 자본구조는 기업가치에 영향을 미치지 않는다.

반대로 세금을 고려했을 때 자본구조는 큰 의미를 가지게 된다. 이는 부채의 이자가 세금절약효과를 가져오기 때문이다. 그러나 이 경우 100%의 부채라는 자본구조가 최적자본구조가 된다. 이는 건강한 기업들에서는 볼 수 없는 자본구조이다.

다음으로 파산비용, 넓은 의미에서는 재무적 곤경비용을 고려할 수 있다. 이러한 비용들은 부채조달의 단점으로 작용한다. 이를 바탕으로 다음과 같은 결론을 내릴 수 있다. "부채가 1$만큼 증가함에 따라 발생하는 세금절약의 이득이 이로 인해 발생하는 추가적인 재무적 곤경비용과 일치할 때(상쇄될 때) 최적자본구조가 존재한다." 이것이 바로 자본구조에 대한 "정태이론"의 핵심내용이다.

우리는 정태이론의 대안적 이론으로 순위이론에 대해서도 살펴보았다. 순위이론은 기업들이 가능한 한 내부자본을 먼저 사용하고, 그 다음으로 부채를 사용하려고 한다고 말하고 있다. 주식 발행에 의한 외부자금조달은 가능하면 하지 않는다는 것이다. 따라서 순위이론에 의하면 기업의 자본구조는 기업이 그동안 조달해온 외부자금에 의해 결정되며, 최적자본구조는 존재하지 않는다.

기업들의 실제 자본구조를 살펴보면 두 가지의 규칙성을 발견할 수 있다. 첫 번째로, 미국의 기업들은 많은 세금을 내고 있으면서도 부채에 크게 의존하지 않고 있다. 이는 세금절약효과를 거두기 위해 부채를 사용하는 것에 어떤 한계가 있다는 것을 의미한다. 두 번째로, 유사한 산업에 속한 기업들은 자본구조도 서로 유사하다. 이는 기업의 자산과 경영활동이 갖는 성격이 자본구조를 결정짓는 중요한 요소 중 하나임을 의미한다.

복습과 자가진단

16.1 EBIT와 EPS BDJ Corporation이 80백만$의 부채를 125백만$로 증가시켜 자본구조를 변화시키기로 결정했다고 하자. 부채의 이자율은 9%로 유지될 전망이다. 현재 1천만 주가 발행된 상태이고, 주식가격은 주당 45$이다. 자본구조조정이 ROE를 끌어올린다면, BDJ 경영진이 기대할 수 있는 EBIT의 최소값은 얼마인가? 세금은 무시한다.

16.2 M&M 제2명제(세금을 고려하지 않은 경우) Habitat Corporation의 WACC는 16%이다. 부채의 비용은 13%이다. Habitat의 자기자본-부채비율이 2라면, 자기자본의 비용은 얼마인가? 세금은 무시한다.

16.3 M&M 제1명제(세금을 고려한 경우) Gypco 앞으로 매년 10,000$의 EBIT를 예상하고 있다. 또한 7%의 이자율에 대출을 받을 수 있다. Gypco는 현재 부채를 갖고 있지 않으며 자기자본의 비용은 17%이다. 법인세율이 21%라면, Gypco의 기업가치는 얼마인가? Gypco가 15,000$를 빌려서 그 돈으로 자사주를 사들인다면, Gypco의 기업가치는 어떻게 변하는가?

복습과 자가진단의 해답

16.1 이 질문에 답하기 위해서는 자본조달분기점의 EBIT를 구해야 한다. 자본조달분기점에서의 EBIT보다 값이 높을 때 재무레버리지가 높아질수록 EPS가 증가한다. 기존의 자본구조에서 총이자비용은 $80백만 × 0.09 = 7.2백만$이다. 발행주식수가 10백만 주이므로 세금을 무시한다면 EPS는 (EBIT − $7.2백만)/10백만과 같다.

새로운 자본구조에서 총이자비용은 $125백만 × 0.09 = 11.25백만$이다. 부채는 45백만$로 증가한다. 이를 가지고 $45백만/$45 = 100만 주를 사들일 수 있고, 발행주식수는 9백만 주로 줄어든다. 그러므로 EPS는 (EBIT − $11.25백만)/9백만과 같다.

이 두 경우의 EPS를 동일한 것으로 놓고 자본조달분기점의 EBIT를 구하면 다음과 같다.

$$(\text{EBIT} - \$7.2\text{백만})/10\text{백만} = (\text{EBIT} - \$11.25\text{백만})/9\text{백만}$$
$$\text{EBIT} - \$7.2\text{백만} = 1.11 \times (\text{EBIT} - \$11.25\text{백만})$$
$$\text{EBIT} = \$47.70\text{백만}$$

EBIT가 47.70백만$일 때, EPS는 4.05$이다.

16.2 "세금을 고려하지 않은 M&M 제2명제"에 따르면, 자기자본의 비용은 다음과 같다.

$$\begin{aligned} R_E &= R_A + (R_A - R_D) \times (D/E) \\ &= 0.16 + (0.16 - 0.13) \times 2 \\ &= 0.22 = 22\% \end{aligned}$$

16.3 부채가 없을 때, Gypco의 WACC는 17%이다. 이는 무차입자기자본의 비용인 셈이다. 세금을 계산한 후의 현금흐름은 $10,000 × (1 − 0.21) = $7,900이므로, 기업가치는 다음과 같다.

$$V_U = \$7,900/0.17 = \$46,471$$

부채가 생기면, Gypco의 가치는 기존의 46,471$에 세금절약효과의 가치를 더한 만큼이 된다. "세금을 고려한 M&M 제1명제"에 따르면, 세금절약효과의 가치는 $T \times D$ 또는 0.21 × $15,000 = 3,150$이다. 그러므로 기업가치는 $46,471 + $3,150 = 49,621$로 증가한다.

개념복습과 개념문제

1. **경영위험과 재무위험 [LO1]** 경영위험과 재무위험이 의미하는 것은 각각 무엇인가? 기업 A의 경영위험이 기업 B보다 높다고 가정하자. 그렇다면 기업 A의 자기자본의 비용이 높다는 것도 사실일까? 설명해보라.
2. **M&M 명제 [LO1]** 다음과 같은 논쟁에 어떻게 답해야 하는가?

   Q: 기업이 부채를 많이 사용할수록 자기자본의 위험이 증가하는 것이 사실 아닙니까?

   A: 그렇습니다. 그것이 M&M 제2명제의 핵심입니다.

   Q: 그렇다면 부채를 많이 사용할수록 채무를 불이행할 확률이 높아져서 부채의 위험이 증가하는 것도 사실 아닙니까?

   A: 네, 그렇습니다.

   Q: 다시 말해 부채가 많아질수록 자기자본과 부채의 위험이 모두 증가하는 것이지요?

   A: 맞습니다.

   Q: 부채와 자기자본으로 조달하는 기업이 있다고 가정합시다. 그렇다면 부채가 많아질수록 기업

전체의 위험이 증가해서 기업의 가치가 떨어진다고 말할 수 있는 것 아닙니까?

A: ?

3. **최적자본구조 [LO1]** 기업가치를 극대화하는 자기자본-부채비율은 쉽게 구할 수 있는가? 왜 그런가, 왜 그렇지 않은가?
4. **실제의 자본구조 [LO1]** 표 16.7에 나와 있는 기업들의 실제 자본구조를 살펴보자. 기업들의 자기자본-부채비율의 평균치가 산업별로 특성이 있는가? 상대적으로 부채비율이 높은 산업은 어느 것인가? 이처럼 산업별 부채비율이 서로 다른 이유는 무엇인가? 기업의 경영성과와 납세실적이 영향을 미치는가? 미래수익에 대한 전망은 영향을 미치는가? 설명해보라.
5. **재무레버리지 [LO1]** 부채의 사용을 재무적 "레버리지(leverage)"로 부르는 이유는 무엇인가?
6. **이자비용에 대한 세금공제와 재무비율 [LO1]** 3장에서 살펴본 이자보상배수비율[times interest earned (TIE) ratio]로 돌아가서, 2017년 통과된 미국의 감세 및 일자리법(The Tax Cuts and Jobs Act)에 의해 이자비용 전체에 대해 완전히 세금공제를 받는다면 TIE비율은 어떻게 변하는가? 기업의 이자수입은 없다고 가정한다.
7. **파산과 기업윤리 [LO3]** 본문에서 언급한 바와 같이, 소송에 따른 손실을 우려하여 파산을 신청하는 기업들이 있다. 이는 파산절차를 올바르게 이용하는 것이라고 볼 수 있는가?
8. **파산과 기업윤리 [LO3]** 채권단에게 재협상하도록 하기 위해 파산신청을 채권단에 대한 위협수단으로 사용하는 기업들이 있다. 이에 대해서 일부 비판가들은 기업들이 파산법을 "방패가 아니라 칼"로 사용한다고 비유한다. 이는 윤리적인 전략인가?
9. **파산과 기업윤리 [LO3]** 본문에서 언급했듯이, Continental Airlines는 인건비를 줄이기 위해서 파산을 신청한 적이 있다. 이러한 행동이 윤리적인 것인지, 비윤리적인 것인지에 대해 많은 논쟁이 있었다. 양쪽의 주장을 설명해보라.
10. **자본구조의 목표 [LO1]** 자본구조와 관련해서 재무관리의 기본목표는 무엇인가?

연습문제

초급문제 (1-15)

1. **EBIT와 레버리지 [LO1]** Fujita, Inc.는 부채가 없으며, 기업의 총시장가치가 222,000$이다. 경기가 보통 수준으로 유지된다는 가정하에 EBIT는 18,000$로 예상되고 있다. 경기가 호황을 이루면 EBIT는 25% 증가한다. 반대로 경기가 침체되면 EBIT는 30% 감소한다. 이 회사는 60,000$의 채권을 7%의 이자율로 발행할 계획이다. 이를 통해 조달된 자금은 자사주를 사들이는 데 사용된다. 현재 발행주식수는 7,400주이다. 다음 질문에 답하라. 세금은 무시한다.
   - **a.** 세 가지 시나리오에 대해서 채권이 발행되기 전에 이 회사의 EPS(주당순이익)가 얼마인지 계산해보라. 경기가 호황을 이루거나, 침체될 때 EPS가 몇 % 변하는지도 계산해보라.
   - **b.** 이 회사가 자사주 매입을 위해서 채권을 발행했다고 하고, 문제 a를 다시 풀어보라. 어떤 차이점이 있는가?
2. **EBIT, 세금, 레버리지 [LO2]** 이 회사의 법인세율이 21%라고 가정하고, 문제 1의 a, b를 다시 풀어보라.
3. **ROE와 레버리지 [LO1, 2]** 문제 1에서 이 회사의 시장가치 대 장부가치 비율(market-to book ratio)이 1.0이고, 주가는 고정되어 있다고 하자.
   - **a.** 세 가지 시나리오에 대해서 ROE(자기자본순이익률)가 얼마인지 계산해보라. 또한 경기가 호황을 이루거나 침체될 때 ROE가 몇 % 변하는지도 계산해보라. 세금은 무시한다.
   - **b.** 이 회사가 자사주를 매입할 자금을 마련하기 위해서 부채를 발행했다고 가정하고, 문제 a를 다시 풀어보라.

c. 이 회사의 법인세율이 21%라고 가정하고, 문제 a와 b를 다시 풀어보라.

4. **자본조달분기점의 EBIT [LO1]** Foundation, Inc,는 2개의 자본구조를 비교 중이다. 하나는 100% 자기자본(계획안 1)이고, 다른 하나는 부채가 있는 것이다(계획안 2). 계획안 1에서 이 회사의 발행주식수는 145,000주이다. 계획안 2에서 이 회사의 발행주식수는 125,000주이고 716,000$의 부채가 있다. 부채의 이자율은 8%이고, 세금은 없다.

a. EBIT가 300,000$라면, EPS가 더 높은 자본구조는 어느 것인가?

b. EBIT가 600,000$라면, EPS가 더 높은 자본구조는 어느 것인가?

c. 자본조달분기점의 EBIT는 얼마인가?

5. **M&M과 주식가치 [LO1]** 문제 4에서 M&M 명제를 이용하여 두 자본구조하에서 자기자본의 주당 가격이 각각 얼마가 되는지 구해보라. 기업가치는 얼마인가?

6. **손익분기점의 EBIT와 레버리지 [LO1, 2]** Dickson Corp.은 두 개의 자본구조를 비교 중이다. 첫 번째 자본구조에서는 12,700주가 발행되고 부채는 100,050$이다. 두 번째 자본구조에서는 9,800주가 발행되고 부채는 226,000$이다. 부채의 이자율은 10%이다.

a. 세금을 무시할 때, EBIT가 70,000$라고 가정했을 때, 이 두 자본구조와 부채가 없는 자본구조를 비교해보라. 부채가 없는 자본구조에서는 발행되어 있는 주식수가 15,000주이다. 이 셋 중에서 EPS가 가장 높은 것은 어느 것인가? 가장 낮은 것은 어느 것인가?

b. 문제 a에서 부채가 없는 자본구조와 비교했을 때, 나머지 두 자본구조의 자본조달분기점 EBIT는 각각 얼마인가? 어느 것이 더 높은가? 그 이유는 무엇인가?

c. 세금을 무시할 때, 첫 번째 자본구조와 두 번째 자본구조의 EPS가 같아지는 것은 언제인가?

d. 법인세율이 21%라고 가정하고, 문제 a, b, c를 다시 풀어보라. 자본조달분기점의 EPS가 달라지는가? 그 이유는 무엇인가?

7. **레버리지와 주식의 가치 [LO1]** 문제 6에서 세금을 무시할 때, 첫 번째 자본구조에서 자기자본의 주당 가격은 얼마인가? 두 번째 자본구조에서는 얼마인가? 이를 통해서 확인할 수 있는 원칙은 무엇인가?

8. **홈메이드레버리지 [LO1]** Finch, Inc.는 부채가 없는 현재의 자본구조를 부채가 30%인 자본구조로 바꿀지 고민 중이다. 현재 발행주식수는 6,500주이고, 주식가격은 주당 51$이다. EBIT는 앞으로 영원히 매년 41,000$를 기록할 예상이다. 신규 부채의 이자율은 8%이고, 세금은 없다.

a. Allison 여사는 이 회사의 주주로서 100주를 보유하고 있다. 이 회사의 배당성향률(순이익에서 배당금을 지불하는 비율)이 100%라고 가정할 때, 현 자본구조하에서 그녀의 현금흐름은 얼마인가?

b. 자본구조가 바뀐다면 Allison 여사의 현금흐름은 어떻게 변하는가? 그녀가 100주를 계속 보유한다고 가정한다.

c. Allison 여사는 부채가 없는 현재의 자본구조를 선호한다. 하지만 이 회사는 자본구조를 바꾸기로 결정했다. 이 경우, 부채가 없는 자본구조에 있었던 상태를 유지하기 위해서는 그녀는 어떻게 해야 하는가?

d. 문제 c의 답을 통해서, 이 회사의 자본구조 선택이 왜 의미 없는 것인지를 설명해보라.

9. **홈메이드레버리지와 WACC [LO1]** ABC Co.와 XYZ Co.는 자본구조를 제외하고는 모든 것이 서로 일치한다. ABC는 부채가 없으며, 680,000$어치의 주식을 발행했다. XYZ는 주식과 영구부채로 자금을 조달하고 있으며 주식의 가치는 340,000$이고, 부채에 대한 이자율은 7%이다. 두 기업 모두 67,000$의 EBIT를 기대하고 있다. 다음의 질문에 답하라. 세금은 무시하라.

a. Rico는 XYZ의 주식을 41,500$만큼 보유하고 있다. 그가 기대하는 수익률은 얼마인가?

b. Rico가 ABC의 주식과 홈메이드레버리지를 이용해서 문제 a와 동일한 현금흐름, 수익률을 거둘 수 있다는 것을 증명해보라.

c. ABC의 자기자본의 비용은 얼마인가? XYZ의 자기자본의 비용은 얼마인가?

d. ABC의 WACC는 얼마인가? XYZ의 WACC는 얼마인가? 이를 통해서 알 수 있는 원칙은 무엇인가?

10. **M&M [LO1]** Sugar Skull Corp.은 부채가 없다. WACC는 7.9%이다. 자기자본의 현재 시장가치가 1,560만$이고 세금이 없다면, EBIT는 얼마인가?

11. **M&M과 세금 [LO2]** 문제 10에서 법인세율이 22%라고 가정하자. 이 경우에 EBIT는 얼마인가? WACC는 얼마인가?

12. **WACC의 계산 [LO1]** Solar Industries의 자기자본-부채비율은 1.25이다. WACC는 7.8%이고, 부채의 비용은 4.7%이다. 법인세율은 21%이다.

a. 이 회사의 자기자본의 비용은 얼마인가?

b. 부채가 없을 경우에 이 회사의 자기자본의 비용은 얼마인가?

c. 자기자본-부채비율이 2라면, 자기자본의 비용은 얼마인가? 1.0일 때는 얼마인가? 0일 때는 얼마인가?

13. **WACC의 계산 [LO1]** Navarro Corp.은 부채가 없지만 5.9%의 이자율에 돈을 빌릴 수 있다. 현재 이 회사의 WACC는 9.2%이고 법인세율은 21%이다.

a. 이 회사의 자기자본의 비용은 얼마인가?

b. 부채의 비율이 25%가 된다면, 자기자본의 비용은 얼마인가?

c. 부채의 비율이 50%가 된다면, 자기자본비용은 얼마인가?

d. 문제 b에서 이 회사의 WACC는 얼마인가? 문제 c에서의 WACC는 얼마인가?

14. **M&M과 세금 [LO2]** Fields & Co.는 앞으로 영원히 매년 125,000$의 EBIT를 예상하고 있다. 이 회사는 부채가 없지만, 7%의 이자율에 돈을 빌릴 수 있다. 이 회사의 자기자본의 비용은 12%이다. 법인세율이 24%라면, 이 회사의 가치는 얼마인가? 이 회사가 205,000$를 빌려서 자사주를 매입한다면, 기업가치는 얼마가 되는가?

15. **M&M과 세금 [LO2]** 문제 14에서 이 회사가 자사주를 매입하고 난 후에 자기자본의 비용은 얼마가 되는가? WACC는 얼마가 되는가? 이러한 것이 기업의 자본구조의 의사결정에 대해서 의미하는 바는 무엇인가?

중급문제
(16-18)

16. **M&M [LO2]** Tool Manufacturing은 앞으로 영원히 매년 57,000$의 EBIT를 예상하고 있다. 법인세율은 21%이다. 이 회사는 이자율이 5.35%인 134,000$의 부채를 갖고 있다. 부채를 사용하지 않는 경우의 자기자본의 비용은 10.3%이다. "세금을 포함한 M&M 제1명제"에 따르면, 이 기업의 기업가치는 얼마인가? 기업가치를 최대화하기 위해서 이 회사는 자기자본-부채비율을 바꿔야 하는 것인가? 설명해보라.

17. **기업의 가치 [LO2]** Tempest Corporation은 앞으로 영원히 매년 37,700$의 EBIT를 예상하고 있다. 이 회사는 현재 부채가 없으며 이 회사의 자기자본의 비용은 11%이다. 세율은 22%이다.

a. 이 회사의 현재가치는 얼마인가?

b. 이 회사는 6%의 이자율에 돈을 빌릴 수 있다. 이 회사가 무부채기업가치의 50%에 달하는 부채를 사용하기로 한다면 이 회사의 기업가치는 얼마가 되겠는가? 무부채기업가치의 100%에 달하는 부채를 사용한다면 이 회사의 기업가치는 얼마가 되는가?

c. 이 회사가 부채기업가치의 50%에 달하는 부채를 사용한다면 이 회사의 기업가치는 얼마가 되는가? 부채기업가치의 100%에 달하는 부채를 사용한다면 이 회사의 기업가치는 얼마가 되는가?

18. **홈메이드레버리지 [LO1]** Day Company와 Knight Company는 Day가 부채를 전혀 사용하지 않고 있다는 것 외에는 모든 면에서 동일하다. 이 두 회사의 재무적 정보는 다음과 같다. 모든 이익은 영구적으로 발생하며, 어느 기업도 세금을 내지 않는다. 두 회사 모두 순이익 전부를 바로 주주들에게 배당한다.

	Day	Knight
예상 영업이익	$ 325,000	$ 325,000
연말에 지불하는 부채에 대한 이자비용	—	$ 48,000
주식의 시장가치	$2,100,000	$1,500,000
부채의 시장가치	—	$ 800,000

a. 연 6%로 돈을 빌릴 수 있는 어떤 투자자가 Knight의 주식을 5% 사려고 한다. 그가 돈을 빌려서 Day의 주식을 5% 사면 Knight의 주식을 5% 사는 것보다 더 높은 수익을 얻는가?

b. 문제 a의 경우처럼 두 투자안이 있을 때, 투자자들은 어떤 투자안을 선택하려고 하겠는가? 그러한 선택은 언제 멈추게 되는가?

고급문제
(19-24)

19. **EBIT, 세금 및 레버리지 [LO2]** 다음을 가정하여 문제 1의 a 및 b 부분을 반복하라: 이 회사의 세율은 21%, 자본구조재조정 전 장부가-시장가총액 비율은 1.0, 주가는 M&M에 따라 변한다.

20. **ROE 및 레버리지 [LO1, 2]** 문제 3에서 다음을 대신 가정한다고 하자: 회사의 자본구조재조정 전 장부가-시장가 비율은 1.0이고, 주가는 M&M에 따라 변경된다. 이렇게 가정하면 당신의 답에 어떤 영향을 미치는가?

21. **가중평균자본비용 [LO1]** 기업의 세금만을 고려했을 때, WACC가 $R_U \times [1 - T(D/V)]$임을 증명해보라.

22. **자기자본의 비용과 레버리지 [LO1]** 기업의 세금만을 고려했을 때, 자기자본의 비용(R_E)이 "세금을 포함한 M&M 제2명제"와 같음을 증명해보라.

23. **경영위험과 재무위험 [LO1]** 어떤 기업의 부채가 위험이 전혀 없다고 가정하자(따라서 부채의 비용은 무위험이자율과 같다). β_A는 기업의 자산에 대한 베타(체계적 위험), β_E는 기업의 자기자본에 대한 베타이다. 자본자산가격결정모형(CAPM)과 M&M 제2명제를 이용하여 $\beta_E = \beta_A \times (1 + D/E)$임을 증명해보라. 여기서 D/E는 자기자본-부채비율을 가리킨다. 세율은 0이라고 가정하자.

24. **주주의 위험 [LO1]** 어떤 기업의 경영활동이 경제 전반적 변화와 매우 유사하게 움직인다고 하자. 다시 말해 이 기업의 자산에 대한 베타가 1.0이라고 가정하자. 문제 23의 식을 이용하여, 자기자본-부채비율이 0, 1, 5, 20일 때 자기자본에 대한 베타가 각각 얼마인지 구해보라. 이를 통해서 자본구조와 주주의 위험은 어떤 관계를 가진다고 할 수 있는가? 자기자본에 대한 주주의 요구수익률은 어떻게 변하는가? 설명해보라.

Stephenson 부동산회사의 자본구조 조정

Stephenson 부동산(Stephenson Real Estate)은 현재의 CEO인 Robert Stephenson에 의해 25년 전에 설립되었다. 이 회사는 토지, 건물을 구입한 후에 이를 임대하는 사업을 하고 있다. 지난 18년 동안 이 회사는 지속적으로 이윤을 발생시켜 왔고, 주주들은 이 회사의 경영진에 대해 만족해하고 있다. 이 회사를 설립하기 전에 Robert는 앨파카(alpaca)를 사육하는 농장을 경영하다가 실패한 쓰라린 경험을 갖고 있다. 이런 경험 때문에 그는 부채를 사용하는 것에 대해 극히 부정적으로 생각하고 있다. 따라서 이 회사는 완전히 자기자본에 의해 운영되고 있으며, 현재 발행되어 있는 주식 수는 7백만 주이다. 현재의 주가는 주당

48.40$이다.

이 회사는 미국 남동부에 거대한 크기의 토지를 95백만$에 구입하려는 계획에 대해 평가하고 있다. 이 토지는 구매 후 농부들에게 임대될 것이다. 이로 인해 이 회사의 세전 순이익은 연간 1,465만$ 증가하고, 그 상태는 영원히 계속될 것으로 예상된다. 이 회사의 새 CFO인 Jennifer Weyand는 이 투자안을 책임지고 있다. Jennifer는 회사의 현재 자본비용이 10.2%라고 판단했다. 부채를 사용하면 회사의 가치가 더 높아질 것이라고 생각하고 있기 때문에 그녀는 이 투자안을 위한 자금을 전부 부채로 조달하는 것에 대해 평가해보고 있다. 투자은행과의 상담에 근거해서, 그녀는 회사가 6%의 쿠폰율을 갖는 채권을 액면가로 발행할 수 있을 것으로 보고 있다. 분석을 통해 그녀는 회사의 최적자본구조를 자기자본 70%, 부채 30%로 보고 있다. 부채비율이 30%를 넘으면 재무적 곤경에 처할 가능성으로 인해 채권에 대한 등급이 낮아져서 훨씬 높은 쿠폰율을 지급해야 하므로 채권발행에 따른 비용이 급격하게 상승한다. 이 회사의 법인세율은 23%이다.

질문

1. 이 회사가 자신의 시장가치를 극대화하려고 한다면 이 투자안을 위한 자금을 채권 발행으로 조달해야 한다고 생각하는가, 주식발행으로 조달해야 한다고 생각하는가? 설명하라.
2. 토지를 구매하기 이전에 이 회사의 시장가치를 기준으로 한 재무상태표를 작성해보라.
3. 이 회사가 주식을 발행해서 필요한 자금을 조달하기로 했다고 하자.
   a. 이 투자안의 순현가는 얼마인가?
   b. 주식을 발행하여 이 투자에 필요한 자금을 조달하기로 했다고 발표한 후에 이 회사의 시장가치를 기준으로 한 재무상태표를 작성해보라. 이 회사의 주식가격은 어떻게 되는가? 필요한 자금을 위해서 이 회사는 몇 주의 주식을 발행해야 하는가?
   c. 주식이 발행된 이후에 아직 토지를 구매하지 않고 있는 상황에서 나타나는 이 회사의 시장가치를 기준으로 한 재무상태표를 작성해보라. 이 회사가 발행하고 있는 주식은 몇 주가 되는가? 이 회사의 주당 주식가격은 어떻게 되겠는가?
   d. 토지의 구매가 이루어진 이후, 이 회사의 시장가치를 기준으로 한 재무상태표를 작성해보라.
4. 토지 구매를 위해서 채권을 발행한다고 해보자.
   a. 이 경우 이 회사의 시장가치는 얼마가 되는가?
   b. 채권이 발행되고, 토지가 구매된 이후에 나타나는 이 회사의 시장가치를 기준으로 한 재무상태표를 작성해보라. 이 회사의 주당 주식가격은 어떻게 되는가?
5. 이 회사의 주당 주식가격을 극대화하는 자금조달 방법은 어느 것인가?

17 배당과 배당지급 정책

Dividends and Payout Policy

2019년 9월 19일 Microsoft는 주주들에게 회사의 최근 사업성공에 따른 성과를 지급하는 광범위한 계획을 발표했다. 이 계획에 따르면 Microsoft는 (1) 연간 배당금을 주당 0.45$에서 주당 0.51$로 11% 인상하고, (2) 약 400억$의 Microsoft 보통주를 매수할 것이라고 하였다. 발표 당일, 투자자들은 주가를 3%까지 끌어올리며 환호했다. 바로 이날 주식시장은 전체적으로 하락했는데도 말이다. 투자자들은 왜 그렇게 기뻐했을까? 이를 알아보기 위해, 이 장에서는 기업의 이러한 결정과 그것이 주주들에게 무엇을 의미하는지를 살펴본다.

학습목표 _*Learning Objectives*

이 장을 공부한 후에는 다음과 같은 것들에 대해 알아야 한다.

- **LO1** 배당의 종류와 배당지급 방법
- **LO2** 배당정책과 관련된 문제들
- **LO3** 현금배당과 주식배당의 차이
- **LO4** 자사주매입이 배당의 대안인 이유

배당정책은 기업재무에 있어서 매우 중요한 주제이며, 많은 기업들은 엄청난 배당금을 지급한다. 따라서 배당금은 많은 기업들에게 중요한 현금유출이다. S&P 500 기업들은 2019년에 약 4,850억$의 배당금을 지급했다. 전 세계적으로 볼 때 그 해에 지급된 배당금은 1.4조$였다. Microsoft와 Apple이 배당금을 가장 많이 지급한 기업들이다. 얼마만큼의 배당금을 지급했을까? 2019년, Microsoft와 Apple은 각각 약 140억$의 배당금을 지급했다. 그러나 이와는 대조적으로 S&P 500에 속하는 기업 중 약 15%는 배당금을 전혀 지급하지 않았다.

물론 2020년에는 COVID-19로 인한 경제 침체 때문에 배당은 부정적인 영향을 받았다. 예를 들어, Shell은 분기 배당금을 0.47$에서 0.16$로 삭감할 것이라고 발표했는데, 이것은 제2차 세계 대전 이후 이 회사가 배당금을 삭감한 첫 사례였다. 이 결정으로 100억$의 현금을 여유 자금으로 확보할 수 있었다. 한편 Southwest Airlines, Weyerhaeuser 및 Walt Disney를 포함한 여타 회사들은 배당을 전면 중단했다. 전반적으로 전 세계 배당금은 2020년에 15~35% 감소했을 것으로 예상됐다.

언뜻 생각해보면 기업의 입장에서는 주주에게 배당금을 최대한 많이 지급하고 싶을 것이다. 그러나 또 한편으로는 배당금을 지급하는 대신에 그 돈을 주주를 위해 다른 곳에 투자하고 싶을 수도 있다. 배당정책의 핵심은 "기업은 주주에게 배당금을 지급해야 하는가, 아니면 주주의 미래를 위해서 그 돈을 투자해야 하는가?" 하는 것이다.

이 장에서 우리는 배당과 그 지불정책에 관련된 다양한 주제들에 대해 살펴볼 것인데, 먼저 다양한 형태의 현금배당에 대해 설명하고, 이들이 어떻게 지불되는지를 알아볼 것이다. 우리는 배당정책이 문제가 되는지에 대해서 질문을 던지고 높은 배당률이나 낮은 배당률을 선호하는 주장들에 대해서 살펴볼 것이다. 다음으로, 현금배당의 중요한 대안이 되고 있는 자사주매입에 대해서 살펴볼 것이다. 그런 다음, 배당과 그 지불정책에 대해 수십 년 동안 이루어진 연구들을 종합하여 배당지불 정책을 확립하는 데 있어서 나타나는 핵심적인 상충 관계에 대해 설명할 것이다. 이 장의 마지막 부분에서는 주식분할과 주식배당에 대해 살펴볼 예정이다.

17.1 현금배당과 배당금의 지급

배당(dividend): 기업의 순이익으로부터 현금 또는 주식의 형태로 주주에게 지급되는 것

분배(distribution): 당기 유보이익 또는 누적유보이익이 아닌 다른 출처에서 주주에게 지급되는 것

일반적으로 배당금은 순이익으로부터 지급되는 현금을 가리킨다. 출처가 당해 연도의 유보이익 또는 누적유보이익이 아닌 지급에 대해서는 **배당** 대신에 **분배**라는 말을 쓴다. 따라서 배당을 순이익으로부터의 분배로 부르거나 청산배당(liquidating dividend)을 자본으로부터의 분배라고 부를 수도 있다. 더 일반적으로 말하면, 기업이 주주에게 직접 지급하는 모든 지급을 배당금 또는 배당정책의 일부분이라고 할 수 있다.

배당금은 몇 가지 종류로 나뉜다. 현금배당의 기본적 형태는 다음과 같다.

1. 정기배당(regular dividend)
2. 추가배당(extra dividend)
3. 특별배당(special dividend)
4. 청산배당(liquidating dividend)

이 장의 후반에서는 현금 대신 주식의 형태로 지급되는 배당에 대해서 설명하고, 현금배당의 대안인 자사주매입에 대해서도 살펴볼 것이다.

현금배당

정기현금배당(regular cash dividend): 통상적으로 이루어지는 현금배당. 미국의 경우, 보통 1년에 4번 이루어진다.

가장 일반적인 배당의 형태로 현금배당을 꼽을 수 있다. 보통 상장기업들은 **정기현금배당**(regular cash dividend)을 1년에 4번 지급한다. 이름에서 알 수 있듯이, 이는 주주들에게 직접 지급되는 현금지급이며 통상적인 경영활동의 하나로 인식되어 이루어진다. 다시 말해 경영진은 배당을 이례적인 것으로 인식하지 않는다.

기업은 정기적인 현금배당과 더불어 추가적인 현금배당을 지급하는 경우도 있다. "추가(extra)"라는 말은 이와 같은 배당금이 미래에는 없을 수 있다는 것을 의미한다. 특별배당(special dividend)도 이와 유사한 의미를 갖지만 상대적으로 훨씬 드물며, 두 번 이상 반복되는 경우가 없다. 예를 들어 2004년 12월에 Microsoft는 주당 3$의 특별배당을 지급했다. 총배당지급액은 320억$로 역사상 가장 규모가 큰 특별배당이었다. 회사의 설립자이자 대주주인 Bill Gates는 그 당시에 30억$를 받았으며 전액을 자선단체에 기부하기도 했다. 이 특별배당 금액이 얼마나 큰 금액이었는지는 투자자들에게 배당금이 지불된 12월에 미국의 1인당 소득이 3.7% 상승한 것으로 알 수 있다. 이 배당금을 제외하면 1인당 소득이 상승한 크기는 0.3%에 그쳤다. 따라서 이 배당금은 그 달의 미국 국민 전체 개인소득의 약 3%에 해당하는 것이었다! 마지막으로, 청산배당

배당금을 지급하는 기업들을 알아보려면 **www.thestreet.com/dividends/**를 참조하라.

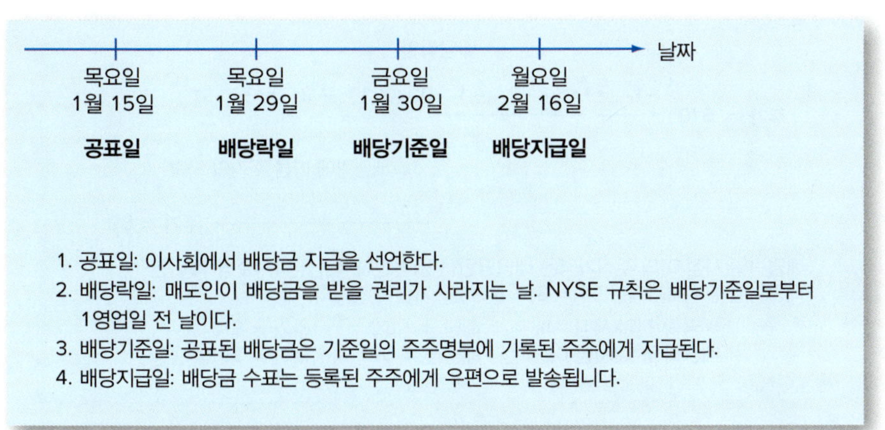

그림 17.1
배당금 지급 절차 예

(liquidating dividend)의 지급은 기업의 일부분 또는 전체가 청산, 다시 말해 매각되었음을 의미한다.

그 이름이 어떻든 청산배당의 경우를 제외하고는 모든 현금배당이 기업의 현금과 유보이익을 감소시킨다[청산배당은 납입자본금(paid-in capital)을 감소시킨다].

현금배당금 지급의 표준절차

배당금의 지급여부는 기업의 이사회에서 결정된다. 배당이 공식적으로 발표되는 순간, 기업의 입장에서는 배당금이 부채가 되며, 이를 쉽게 번복할 수 없다. 공식발표 후 특정 날짜에 맞춰서 배당금이 주주들에게 지급된다.

통상적으로 현금배당액은 주당 현금으로 표시된다(dividend per share). 그러나 또한 주가에 대한 비율(배당수익률: dividend yield), 순이익 또는 주당순이익(EPS)에 대한 비율(배당성향: dividend payout)로 표시되기도 한다.

배당금의 지급절차

그림 17.1은 현금배당의 지급절차를 예시하고 있다.

1. **공표일**(declaration date): 1월 15일에 이사회는 1월 30일을 기준으로 주주명부에 기록되어 있는 주주들에게 주당 1$의 배당금을 2월 16일에 지급하기로 한 결의안을 통과시킨다.

공표일(declaration date): 이사회가 배당금의 지급을 공식 발표하는 날

2. **배당락일**(ex-dividend date): 누가 배당금을 받을 수 있는 자격을 갖느냐를 정하기 위해서 배당락일이 설정된다. 이는 배당기준일로부터 영업일 기준으로 하루 전이다. 이전에 주식을 매수하면 배당금을 받을 수 있다. 그러나 배당락일이나 그 이후에 주식을 사면 매도자에게 배당금이 지급된다.

   그림 17.1의 예에서, 배당락일은 1월 29일 목요일이다. 이날 이전에 거래된 주식에 대해서는 배당금이 있지만(배당부: "with dividend, cum dividend"), 이날 이후에 거래되는 주식은 배당금이 없는 "배당락" 주식이 된다.

   배당락일의 설정을 통해서 누가 배당금을 받게 되는지 확실히 정해진다. 배당금이 가치를 갖기 때문에 주식가격은 배당락일을 기준으로 차이가 나기 마련이다. 자세한 설명은 잠시 뒤로 미루자.

배당락일(ex-dividend date): 배당기준일로부터 1영업일 전이며, 누가 배당금을 받게 되는지를 정하는 기준일로 정하는 날

3. **배당기준일**(date of record): 기록된 정보에 따라 기업은 1월 30일에 주주명부를 작성한다. 주

배당기준일(date of record): 배당금이 지급되는 주주들을 확정짓는 날

그림 17.2

1주당 현금배당이 1$일 때, 배당락일을 기준으로 본 주식가격의 변화

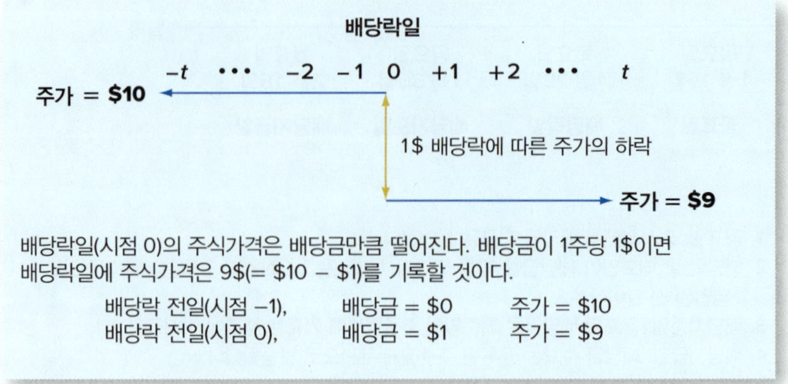

주명부에 있는 주주들이 배당금을 받게 되는 주주가 되므로 1월 30일이 배당기준일인 셈이다. 만약 배당기준일 얼마 전에 주식을 매입하면 우편배달의 지연이나 기타의 지연 이유로 주주명부에 기록되지 않을 수도 있다. 이 경우, 배당금이 엉뚱한 사람에게 지급될 수도 있다. 이와 같은 이유 때문에 배당락일이 설정되는 것이다.

배당지급일(date of payment): 배당금이 실제로 지급되는 날

4. **배당지급일**(date of payment): 배당금이 실제로 지급되는 날은 2월 16일이다.

배당락일에 대한 추가사항

배당락일은 중요한 의미를 지니지만 많은 혼란을 낳기도 한다. 배당락일에 주식가격이 어떻게 변하는지 알아보자. 먼저, 가격이 주당 10$인 주식이 있다고 하자. 이사회는 주당 1$의 배당금을 지급하기로 하고, 배당기준일은 6월 12일 화요일로 정하였다. 배당락일은 이보다 2영업일(달력의 하루가 아니고)이 앞선 6월 8일 금요일이다.

따라서 6월 7일에 주식을 매수한다면 1$의 배당금을 받을 수 있지만, 6월 8일에 주식을 매수한다면 배당금을 받을 수 없다. 하루 사이에 주식가치는 어떻게 변할까?

6월 8일부터는 배당금을 받을 수 없기 때문에 주식가치는 약 1$ 정도 감소할 것이다. 일반적으로, 배당락일이 되면 주식의 가치는 대략 배당금만큼 감소하기 마련이다. 그러나 정확히 얼마가 감소하는지는 알 수가 없다. 배당금에도 세금이 부과되기 때문에 주가의 실제 하락 크기는 세금을 뺀 배당금의 가치에 가까울 것이다. 주주마다 적용되는 세율과 세법이 다르기 때문에 그 정확한 값을 말하기는 매우 어렵다.

지금까지 설명한 주가의 변화는 그림 17.2에서 확인할 수 있다.

예제 17.1 배당락일

Divided Airlines의 이사회는 5월 30일 화요일에 주당 2.5$의 배당금을 지급하기로 하고, 배당기준일은 5월 9일 화요일로 정했다. Cal Icon은 5월 2일 화요일에 Divided의 주식 100주를 주당 150$에 사들였다. 배당락일은 언제인가? 현금배당과 주가에 미칠 사건들을 설명해보라.

배당락일은 배당기준일인 5월 9일 화요일보다 1영업일이 앞서기 때문에 5월 8일 월요일이 된다. Cal은 5월 2일 화요일에 주식을 매수했기 때문에 배당부 주식(stock cum dividend)을 산 것이다. 다시 말해 $2.5 × 100주 = 250$의 배당금을 받을 수 있다. 배당금은 5월 30일 화요일에 지급된다. 배당락일인 월요일 직전에, 그러니까 밤 사이에 주가는 주당 약 2.5$ 하락할 것이다.

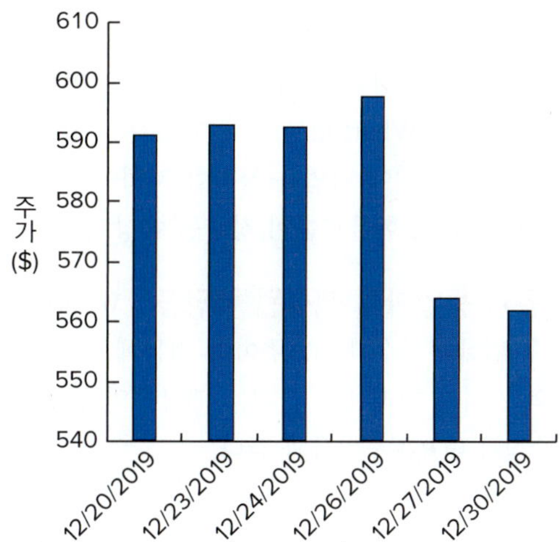

배당락일에 주가가 하락하는 예를 살펴보기 위해서 2019년 12월 우주항공회사 TransDigm Group이 지불한 대규모 배당의 경우를 살펴보자. 그 당시 이 회사의 주가는 약 600$였고, 주당 배당금은 32.50$였다. 따라서 배당된 금액은 총주식가격의 약 5%에 해당하는 액면 그대로 특별 배당이었다. 이 주식의 배당락일은 2019년 12월 27일이었다. 위의 주식가격 그래프는 그 해 12월 TransDigm 주가의 변화를 보여 주고 있다.

12월 26일에 이 주식의 종가는 597.78$였고, 12월 27일 개장가는 568.00$였다. 주가의 하락 폭은 29.78$였다. 배당금에 대해서 20%의 세율이 적용되므로 우리는 약 26$의 가격하락을 예상할 수 있었으며, 실제로 나타난 가격하락 폭은 우리가 예상한 것보다 더 크게 나타났다. 배당금과 세금에 대해서는 나중 절에서 더 자세히 살펴볼 것이다.

개념질문 _Concept Questions

17.1a 현금배당의 종류에는 어떤 것이 있는가?
17.1b 현금배당의 지급절차는 무엇인가?
17.1c 배당락일에 주식가격은 어떻게 변하는가?

배당정책은 중요한가? 17.2

배당정책이 중요한 것인지 아닌지를 판단하기 위해서는 우선 배당정책이라고 말할 때 그것이 무엇을 뜻하는지를 확실히 할 필요가 있다. 물론, 다른 것들이 동일하다면 배당금은 중요한 것이 분명하다. 배당금은 보통 현금으로 지급되는데 현금을 마다할 사람은 없다. 그러나 우리가 살펴보고자 하는 것은 기업이 배당금을 지금 지급해야 하느냐, 아니면 그 현금을 다른 곳에 투자하고 배당금을 나중에 지급하느냐 하는 문제이다. 따라서 배당정책은 시간에 따른 배당금의 지급 패턴에 관한 것이다. 기업은 순이익 중에서 지금 얼마나 많은 배당금 혹은 적은 배당금(혹은 0의 배당금)을 지급해야 하는가? 이것이 배당정책의 문제이다.

배당정책 무관련성의 예

배당정책이 중요하지 않다는 강력한 주장을 할 수 있다. 우리는 이를 Wharton Corporation 주식회사의 예를 통해서 보일 수 있다. Wharton은 부채가 없는 기업으로 영업을 시작한 지 10년이 지났다. Wharton의 경영진은 2년 뒤에 기업을 청산할 계획이다. 앞으로 2년 동안, 청산에 따른 수익금을 포함해서 매년 10,000$의 현금흐름이 창출될 예상이다.

현재의 배당정책: 현금흐름과 동일하게 책정된 배당금 Wharton은 매년 10,000$의 현금흐름을 배당금으로 지급한다. 발행주식수가 100주이기 때문에 주당 배당금은 100$이다. 6장에서 설명한 바와 같이, 주식의 가치는 미래에 지급되는 배당금의 현재가치와 같다. 요구수익률을 10%로 가정할 때, 현재의 주식가치(P_0)는 다음과 같다.

$$P_0 = \frac{D_1}{(1+R)^1} + \frac{D_2}{(1+R)^2}$$
$$= \frac{\$100}{1.10} + \frac{\$100}{1.10^2} = \$173.55$$

그러므로 Wharton의 총기업가치는 100 × $173.55 = 17,355$이다.

Wharton의 이사 몇 명이 이와 같은 배당정책에 불만을 표시하고 새로운 정책을 분석해달라고 요청했다.

새로운 배당정책: 현금흐름보다 높게 책정된 초기배당금 새로운 대안은 첫 번째 지급일에 주당 110$의 배당금을 지급하는 것이다. 이는 총 11,000$의 배당금을 지급하는 것이다. 현금흐름이 10,000$이기 때문에 부족한 1,000$를 추가로 조달해야 한다. 이를 위해서는 첫 번째 지급일에 신규주식 또는 채권을 발행할 수 있다. 주식을 발행한다고 해보자. 신규 주주들은 자신들이 첫 번째 배당금 지급을 위해 투자한 금액에 대해서 10%의 요구수익률을 달성하기 위해서 두 번째 지급일에 받는 배당금이 그만큼의 현금흐름이 되기를 바랄 것이다.[1]

새로운 배당정책에 따라 Wharton의 기업가치는 어떻게 되는가? 신규 주주들은 총 1,000$를 투자했다. 요구수익률이 10%이기 때문에 그들은 두 번째 지급에 $1,000 × 1.10 = 1,100$의 현금흐름을 요구할 것이다. 결과적으로 기존 주주들에게는 8,900$가 돌아간다. 기존 주주들이 받게 되는 배당금은 다음과 같다.

	첫 번째 지급	두 번째 지급
구주주들에 대한 총배당금	$11,000	$8,900
주당배당금	110	89

그러므로 주당 배당금의 현재가치는 다음과 같이 구할 수 있다.

$$P_0 = \frac{\$110}{1.10} + \frac{\$89}{1.10^2} = \$173.55$$

이는 앞에서 구한 값과 일치한다.

배당정책이 바뀌어 새롭게 책정된 배당금을 지불하기 위해서 새로운 주식을 발행했음에도

---

[1]채권을 발행하는 경우에도 결과는 같지만, 그 과정을 설명하기가 상대적으로 쉽지 않다.

불구하고 Wharton의 주식가치는 변하지 않는다. 실제로 앞의 예에서 Wharton이 어떤 형태의 배당정책을 택하는지에 관계없이 주가는 영향을 받지 않는다. 다시 말해 Wharton의 경우에는 배당정책이 의미가 없다. 그 이유는 간단하다. 어떤 시점에서 배당금이 증가하더라도 언젠가는 다른 시점에서 배당금이 감소하며, 따라서 화폐의 시간적 가치를 고려한 순효과는 0이 되기 때문이다.

홈메이드 배당

배당정책이 중요하지 않다는 것은 보다 직관적이며 흥미 있는 다른 방법으로도 증명할 수 있다. 만약 개인투자자인 X가 첫 번째와 두 번째 지급일에 주당 100$의 배당금을 받길 원한다고 가정하자. Wharton이 첫 번째 지급일에 110$를, 두 번째 지급일에 89$의 배당금을 지급하는 새로운 배당정책을 채택한다면 X가 실망하겠는가? 그럴 필요가 없을 것이다. 왜냐하면 X는 첫 번째 지급일에 받은 배당금 중에서 10$를 Wharton의 주식에 재투자하면 똑같은 현금흐름을 갖게 되기 때문이다. 수익률이 10%이기 때문에 이 10$는 두 번째 지급일에 11$로 증가한다. 결과적으로, X는 첫 번째 지급일에 $110 − $10 = 100$를, 두 번째 지급일에 $89 + $11 = 100$를 지급받는 것과 같다.

반대로 첫 번째 지급일에 110$를, 두 번째 지급일에 89$의 배당금을 받길 원하는 개인투자자 Z가 있다고 하자. Wharton이 기존의 배당정책을 고수하더라도 Z는 첫 번째 지급일에 10$어치의 주식을 매도하면 자기가 원하는 현금흐름을 가질 수 있다. 즉, 첫 번째 지급일에는 $100 + $10 = 110$를 얻고, 두 번째 지급일에는 팔아버린 주식 10$의 수익률이 10%이므로 11$($10 × 1.1)를 덜 받게 되어 $100 − $11 = 89$를 받게 될 것이다.

위의 예에서 X와 Z는 스스로 주식을 사거나 팔아서 기업의 배당정책을 자신이 원하는 형태로 바꿀 수 있다. 이를 투자자들이 만드는 **홈메이드 배당정책**(homemade dividend policy)이라고 한다. 결과적으로, 기업이 어떤 배당정책을 택하든, 개인투자자는 자신이 원하는 것으로 바꿀 수 있는 것이다. 이는 기업이 어떤 특정한 배당정책을 취한다고 하더라도 그에 따른 기업가치의 변화는 없다는 것을 의미한다.

홈메이드 배당정책(homemade dividend policy): 배당금의 재투자나 주식의 매도를 통해서 개인투자자들이 스스로 만들어내는 배당정책

실제로 기업들은 배당금자동재투자안(automatic dividend reinvestment plans: ADRs 또는 DRIPs)을 제공하여 주주들이 홈메이드 배당정책을 만들 수 있도록 도와준다. 예를 들어 McDonald's, Walmart, Procter & Gamble이 이러한 재투자안을 제공하고 있다. 이름에서도 알 수 있듯이 ADR을 통해서 주주들은 배당금의 전부 또는 일부를 주식에 재투자할 수 있다. 그뿐만 아니라 주식을 사들이는 과정에서 할인을 받는 경우도 있다.

DRIPS에 대한 더 많은 정보는 **www.fool.com**에서 Motley Fool을 참조하라.

질문

지금까지 설명한 것을 다음과 같은 질문들로 요약할 수 있다.

1. 참 또는 거짓: 배당금은 중요하지 않다.
2. 참 또는 거짓: 배당정책은 의미가 없다.

상식적으로 첫 번째 질문은 거짓임에 틀림없다. 다른 날들에 지급되는 배당금이 일정하다면 주주들은 어떤 날에 지급되는 배당금이 더 낮은 것보다는 더 높은 것을 분명히 더 선호한다. 다시 말해 다른 지급일의 배당금이 변하지 않는다고 가정했을 때, 특정 지급일의 배당금이 높을수록 주식의 가격은 올라간다. 그것은 미래 배당금들의 현재가치가 상승하기 때문이다. 한편, 이와

같이 배당금을 높이기 위해서는 생산성의 증가, 세금의 절감 또는 마케팅 효과의 강화를 통해 현금흐름을 향상시켜야 한다.

Wharton의 예로 봤을 때, 두 번째 질문에 대한 답은 참이라고 할 수 있다. 배당정책만으로는 다른 날들의 배당금을 유지하면서 어떤 날의 배당금을 높일 수가 없다. 배당정책은 단지 배당금을 시간적으로 배분하는 것뿐이다. 화폐의 시간적 가치를 고려한다면 배당금흐름의 현재 가치는 변하지 않는다. 따라서 단순한 세상에서는 배당정책은 기업가치에 영향을 미치지 않으므로 의미가 없다. 그러나 현실적인 요소들을 고려했을 때는 얘기가 달라진다. 이에 대해서는 다음 절들에서 살펴보기로 한다.

개념질문 _Concept Questions

17.2a 개인투자자는 홈메이드 배당금을 어떻게 만들어 내는가?
17.2b 배당금은 중요하지 않은가?

17.3 낮은 배당금을 선호하는 현실적 요소들

배당정책이 중요하지 않다는 위의 예에서는 세금과 발행비용을 고려하지 않았다. 이제 이와 같은 요소 때문에 기업은 배당금을 적게 지급하려 한다는 것을 보여주고자 한다.

세금

미국의 세법은 복잡할 뿐만 아니라 기업의 배당정책에 여러 방면으로 영향을 미친다. 미국 세법의 중요한 특징은 배당소득과 자본이득(양도소득)에 대한 과세가 다르다는 점이다. 역사적으로 수취된 배당소득은 경상소득으로 과세되었다. 자본이득에 대한 세율은 상대적으로 낮고 또한 주식이 팔려야 세금이 부과된다. 자본이득에 대한 세금의 2번째 특징, 주식을 매도할 때까지 세금을 연기할 수 있기 때문에 세금의 현재가치가 작아져서 실효세율이 훨씬 낮다.[2]

시간이 지남에 따라 세법이 바뀌면서 기업 배당 정책에 대한 세금의 영향에 대한 관심이 다시 높아졌다. 2003년부터 배당금 및 장기 자본이득에 대한 세율은 최대 35~39% 범위에서 15%로 낮아져 기업이 배당금에 대해 훨씬 더 큰 세금 인센티브를 가질 수 있었다. 2020년 배당세율은 개인의 한계 세율에 따라 0%, 15% 또는 20%였다. 그럼에도 불구하고 자본이득에 대한 세금을 늦추어 낼 수 있다는 점에서 많은 투자자에게 배당금의 유효세율이 여전히 더 높을 것이다.

발행비용

배당정책이 의미가 없다는 것을 보여준 앞의 예에서, 기업은 필요하다면 배당금을 지급하기 위해서 신규주식을 발행할 수 있다는 것을 보았다. 그러나 15장에서 설명한 것처럼 신규주식의 발행은 엄청난 비용을 초래할 수 있다. 발행비용을 고려한다면, 신규주식의 발행에 따라 주식의 가

[2]실제로 자본이득에 대한 과세를 피할 수도 있다. 이런 방법으로 세금을 피하는 것을 권하지는 않지만, 자본이득은 사망하면 피할 수 있다. 투자자가 사망하면 그 상속인은 자본이득에 대한 세금을 내지 않아도 된다. 이러한 경우의 의사결정은 스스로 결정해서 내려야 할 것 같다.

치가 하락한다는 것을 알 수 있다.

예를 들어 서로 거의 유사한 두 기업, A와 B가 있다고 하자. 한 가지 다른 점이 있다면 기업 A가 상대적으로 많은 배당금을 지급한다는 것이다. 배당금을 적게 지급하는 기업 B의 자기자본은 기업 A보다 빨리 증가하기 마련이다. 그런데 기업 A가 이를 따라가려 한다면 정기적으로 신규주식을 발행할 수밖에 없다. 그러나 이는 발행비용을 초래하여 결과적으로 기업 A도 배당금을 적게 지불하려는 경향을 가질 것이다.

배당금 규제

기업은 배당금 지급에 대해서 규제를 받을 수도 있다. 예를 들어 7장에서 언급한 바와 같이, 채권발행계약서(bond indenture)는 일정 수준 이상의 배당금을 제한한다. 또한 기업이 이익잉여금(유보이익)보다 많은 배당금을 지급하는 것을 법적으로 금지하는 경우도 있다.

개념질문 _Concept Questions

17.3a 낮은 배당금을 지급함으로써 얻을 수 있는 세금상의 이득은 무엇인가?
17.3b 발행비용으로 인해서 배당금이 낮아지는 이유는 무엇인가?

높은 배당금을 선호하는 현실적 요소들 17.4

이 절에서는 신규주식의 발행을 감수하면서도 기업이 높은 배당금을 지급하려는 이유에 대해 설명하고자 한다.

Benjamin Graham, David Dodd, Sidney Cottle은 다음과 같은 이유로 인해서 기업들이 높은 배당금을 지급한다고 주장했다.

1. "가까운 미래에 지급되는 배당금의 현재가치가 먼 미래에 지급되는 배당금의 현재가치보다 높다".
2. "한 산업 내에서 차지하고 있는 위치와 수익창출력이 동일한 두 기업이 있다면, 더 많은 배당금을 지급하는 기업이 거의 항상 주가가 더 높다."[3]

이와 더불어, 현재소득에 대한 욕구와 불확실성의 해소라는 2가지 요인도 기업들이 배당금을 높이는 요소로 언급되고 있다.

현재소득에 대한 욕구

많은 사람들이 현재의 소득을 더 선호한다는 주장이 있다. 고전적인 예로, 퇴직자들과 고정된 수입에 살아가고 있는 가난한 사람들의 경우를 들 수 있다. 이들은 보다 높은 배당수익률을 얻기 위해서 프리미엄을 지불할 의사를 갖고 있다고 주장되고 있다. 만약 그것이 사실이라면 Grahpm, Dodd, 그리고 Cottle의 두 번째 주장이 어느 정도 들어맞는 셈이다.

그러나 이러한 주장은 의미가 없다는 것을 쉽게 알 수 있다. 높은 현재소득을 선호하는 투자

[3]Benjamin Graham, David Dodd, Sidney Cottle, *Security Analysis* (New York: McGraw-Hill, 1962).

자가 배당수익률이 낮은 주식을 보유하고 있다면 주식의 일부를 팔아서 필요한 돈을 마련할 수 있다. 또한 낮은 현재소득을 선호하는 사람이 배당수익률이 높은 주식을 보유하고 있다면 배당금을 다시 투자하면 된다. 이는 앞에서 설명한 홈메이드 배당금의 개념과 유사하다. 따라서 거래비용이 존재하지 않는 세계에서는 고배당정책은 주주들에게 의미가 없다.

그렇지만 현실에서는 현재소득이 큰 의미를 가질 수 있다. 현실적으로는 배당수익률이 낮은 주식을 팔 때 중개비용과 그 외의 거래비용이 발생할 수밖에 없다. 이와 같은 직접적인 비용은 배당수익률이 높은 주식에 투자함으로써 피할 수 있다. 게다가 주식을 파는 데 드는 시간이라는 비용과 원금을 까먹을 수도 있다는 이성적이지는 않지만 자연스러운 두려움으로 인해 많은 투자자들이 배당수익률이 높은 주식을 사려고 할 수 있다.

그러나 개인투자자들이 이러한 경향을 가질 수 있다는 것을 인정하더라도 뮤추얼펀드와 같은 금융중개기관들이 이러한 개인투자자들을 위해 낮은 배당을 하는 주식을 사서 잘 관리하여 높은 수익을 이들에게 돌려주는 역할을 할 수 있다는 것을 기억해야 할 것이다.

높은 배당금이 가져다주는 세금상의 이득과 법적인 이득

앞에서 본 것과 같이 투자자들은 배당소득에 대해서 높은 세율을 감수해야 했다. 이는 기업으로 하여금 낮은 배당금을 지급하게 하는 요인 중 하나이다. 그러나 배당수익률이 높은 주식을 보유하고 있어도 세금상의 불이익을 받지 않는 투자자들도 있다.

기업투자자 한 기업이 다른 기업의 주식을 보유하고 있으면 배당금에 대해서 세금우대를 받을 수 있다. 기업이 다른 기업의 보통주나 우선주에 투자하여 받는 배당금에 대해서는 그 금액의 50%(또는 그 이상)에 대해서 세금을 면제해주고 있다[과거의 70%(또는 그 이상)에 대해서 세금을 면제해주던 것이 2017년 통과된 감세 및 일자리법에 의해서 줄어든 것이다]. 그러나 자본이득에 대해서는 50%의 공제가 주어지지 않기 때문에 기업투자자(corporate investor)의 입장에서는 자본이득에 대해서 세금상의 불이익을 받고 있는 것과 마찬가지이다.

이 같은 배당공제 때문에 기업의 입장에서는 배당금이 높고 자본이득이 낮은 주식을 보유하는 것이 좋다. 이는 기업들이 다른 기업들의 우선주에 많이 투자하는 이유이다. 기업투자자들이 장기채권보다 다른 기업의 주식에 많이 투자하는 것도 배당금의 세금공제 때문이다. 기업들이 장기채권에 투자하여 얻는 이자소득에 대해서는 이와 같은 세금공제혜택이 주어지지 않고 있다.

면세투자자 지금까지의 내용을 돌아보면 낮은 배당금에 대해 세금상의 장점과 단점이 모두 있다는 것을 알 수 있다. 그러나 이는 세금이 면제되는 투자자(tax-exempt investor)들에게 아무런 의미가 없다. 이와 같은 투자자에는 연금기금(pension fund), 기부기금(endowment fund), 신탁기금(trust fund)을 운영하는 대규모 투자기관이 포함된다.

결론

이상의 내용을 정리해보면, 개인투자자들은 여러 이유로 인해서 현재소득에 대한 욕구가 강할 수 있고 그렇기 때문에 배당금에 대한 세금도 감수하려 할 수 있다. 또한 기업투자자나 세금이 면제되는 투자기관들도 높은 배당금을 선호하는 경향이 강할 수 있다.

개념질문 _Concept Questions

17.4a 개인투자자가 높은 배당금을 선호하는 이유는 무엇인가?
17.4b 비개인투자자가 높은 배당금을 선호하는 이유는 무엇인가?

현실적 요소들에 대한 합리적 해석 17.5

앞 절에서 우리는 낮은 배당금을 선호하는 쪽이 있고, 높은 배당금을 선호하는 쪽이 있다는 것을 설명했다. 이 절에서는 배당금과 배당정책에 관한 두 가지의 중요한 개념을 설명하고자 한다. 첫 번째가 배당금의 정보효과이고, 두 번째가 고객효과이다. 배당금의 정보효과는 배당금의 일반적인 중요성, 그리고 배당금과 배당정책 간의 구별을 강조한다. 고객효과는 순이익 중 배당금 비율인 배당성향률(dividend payout ratio)이 생각만큼 중요한 것이 아니라고 제시해준다.

배당금의 정보효과

배당금의 정보효과를 설명하기 앞서, 지금까지 다룬 내용을 돌아볼 필요가 있다. 앞에서 설명한 것과 같이, 배당금에 대한 견해를 정리하면 다음과 같다.

1. 홈메이드 배당을 고려하면 배당정책은 의미가 없다.
2. 세금이 개인투자자들에게 미치는 영향과 발행비용을 고려하면, 낮은 배당금을 지급하는 것이 최선의 선택이다.
3. 현재소득에 대한 욕구와 불확실성의 해소를 고려하면, 높은 배당금을 지급하는 것이 최선의 선택이다.

이 셋 중에서 어느 것이 옳은지 알고 싶다면, 기업들이 배당금을 변화시킬 때 주식가격이 어떻게 되는가를 살펴보는 것이 제일 확실한 방법 중 하나이다. 어느 정도 일관성 있게 나타나고 있는 것은 배당금이 예상 밖으로 증가할 때 주가가 상승하고, 배당금이 예상 밖으로 감소할 때, 주가가 하락한다는 것이다.

이와 같은 주가의 움직임은 위에서 세 번째의 견해를 뒷받침하는 것처럼 보인다. 이는 실제로 많은 전문가들이 주장하는 바이기도 하다. 배당금이 증가할 때 주가가 오르고 배당금이 감소할 때 주가가 내린다면, 높은 배당금을 지급하는 것이 좋지 않은가?

반면에 이와 같은 주가의 움직임이 배당정책에 대해서 어떤 의미를 갖는 것은 아니라고 지적하는 학자들도 있다. 다른 것들이 동일하면, 배당금이 중요하다는 점에 대해서는 모든 사람들이 동의하고 있다. 기업들은 어쩔 수 없는 상황에서 배당금을 줄인다. 따라서 배당금을 줄인다는 것은 기업이 큰 어려움을 겪고 있음을 알려주는 신호역할을 종종 한다.

좀 더 정확히 말하면, 일반적으로 배당금의 축소는 자발적이고 계획된 배당정책(dividend policy)의 변화를 의미하는 것이 아니다. 이는 경영진이 현재의 배당정책을 유지할 수 없는 것으로 판단하고 있다는 것을 알려주는 것이다. 이에 따라 결과적으로 미래의 배당금에 대한 기대가 일반적으로 낮아질 수밖에 없다. 그리하여 미래에 지급될 배당금의 현재가치가 감소하고, 주가도 하락한다.

이 경우에 주가가 하락하는 것은 기업이 순이익 중에서 배당금으로 지불하는 비율을 낮추어서가 아니라 미래의 배당금들이 낮아질 것이라는 일반적인 예상 때문이다.

예를 들어, 2019년 12월 19일, US Steel은 배당금을 연간 0.20$에서 연간 0.04$로 80% 삭감한다고 발표했다. 회사는 급격한 철강 가격 하락이 원인이라고 말했다. 주주들은 큰 충격에 빠졌다. 평일에, 이 회사 주식의 일일 거래량은 약 1,400만 주였다. 그런데 이 발표에 이어 단 하루만에 약 4,300만 주가 거래되었으며, 주가는 약 11% 빠졌다. 더불어 본 장 첫머리에서 언급했던 Shell이 배당금 삭감을 발표한 날, 그 회사 주가는 약 13% 하락했다.

물론 배당금을 축소한다는 발표가 주가의 하락을 가져오는 현상은 미국에서만 나타나는 것은 아니다. 2019년 5월, Nissan은 주당 연 배당금을 전년도 57¥에서 40¥으로 크게 줄인다고 발표했다. 이 뉴스 직후 이 회사의 주가는 약 7% 하락했다.

이와 비슷한 맥락으로, 배당금의 예상치 못한 증가는 주가에 긍정적인 영향을 미친다. 경영진은 기업의 미래수익과 현금흐름, 그리고 영업활동에 대한 전망이 밝을 때에만 배당금을 증가시킬 것이다. 그러므로 배당금이 증가한다는 것은 경영진이 시장에 대해 기업의 미래수익성이 좋다는 신호를 주는 것으로 투자자들에게 해석된다. 따라서 배당금의 증가로 주가가 오르는 것은 단순히 기업이 배당금을 증가시켰다는 이유 때문이 아니라 미래의 배당금이 증가할 것이라는 투자자들의 기대 때문인 것이다.

배당의 정보효과(information content effect): 기업의 배당금 변화에 대한 시장의 반응

이 두 경우를 통해서, 주가가 배당금의 변화에 따라 움직인다는 것을 알 수 있다. 이는 배당정책 때문이 아니라, 미래의 배당금에 대한 기대치가 달라지기 때문이다. 이와 같은 반응을 **배당의 정보효과**(information content effect)라고 한다. 배당금의 변화는 기업에 대한 정보를 시장에 알리는 신호역할을 하는 것이지, 이를 기업의 배당정책의 효과로 해석해서는 안 된다.

고객효과

앞에서 본 것처럼 배당금이 낮은 주식이나 배당금이 거의 0인 주식을 선호하는 그룹이 있다(예: 부유한 개인투자자). 반대로 배당금이 높은 주식을 선호하는 그룹도 있다(예: 기업투자자). 그러므로 높은 배당금을 지급하는 기업과 낮은 배당금을 지급하는 기업은 서로 다른 집단의 투자를 유치하려고 할 것이다.

고객효과(clientele effect): 배당수익률과 그에 따른 세금효과가 다르기 때문에 서로 다른 투자자들이 서로 다른 주식을 선호하는 현상

이와 같이 서로 다른 그룹을 고객(clientele)이라고 하며, 기업들이 서로 다른 그룹의 투자를 유치하려는 것을 **고객효과**(clientele effect)라고 한다. 고객효과가 말해 주는 것은 서로 다른 그룹의 투자자들은 서로 다른 수준의 배당금을 원한다는 것이다. 기업은 특정 고객의 투자를 유치하기 위해서 배당정책을 취한다. 만약 기업이 배당정책을 바꾼다면 그것은 다른 고객을 유치하기 위함이다.

고객효과가 의미하는 것은 단순한 수요공급이론이다. 투자자의 40%가 높은 배당금을 선호하지만 20%의 기업만이 높은 배당금을 지급한다고 가정하자. 배당수익률이 높은 주식의 공급이 부족하기 때문에 이 주식들의 가격은 오를 수밖에 없다. 결국, 낮은 배당금을 지급하는 기업들은 40%의 공급이 채워질 때까지 배당정책을 바꾸려 할 것이다. 만약 수요와 공급이 일치하면, 배당시장(dividend market)은 균형을 이루게 된다. 이러한 균형상태에서는 모든 고객들이 만족하고 있기 때문에 더 이상의 배당정책 변화가 무의미하다. 그러므로 기업들의 입장에서는 배당정책이 더 이상 중요하지 않게 된다.

고객효과에 대해 이해를 충분히 했는지 알고자 한다면 다음의 진술이 참인지 거짓인지 판단

해보길 바란다. "배당정책이 의미가 없다거나 기업이 배당금을 지급할 필요가 없다고 주장하는 이론이 있음에도 불구하고, 많은 투자자들은 높은 배당금을 선호한다. 그렇기 때문에 기업은 배당성향을 높여서 주식가격을 단기간에 올릴 수 있다."

고객효과를 고려한다면 이 진술은 거짓이다. 높은 배당금을 선호하는 투자자들에게 공급이 충분히 이루어지는 한, 기업은 배당성향을 높인다고 해서 주식가격을 단기간에 올릴 수 없다. 주식가격이 올라가기 위해서는 높은 배당성향을 보이는 주식을 공급받지 못하는 고객이 있어야만 하는데, 그런 투자자가 존재한다는 증거는 어디에도 없다.

개념질문 _Concept Questions

17.5a 기대하지 못한 배당금의 변화에 대해서 시장은 어떻게 반응하는가? 이는 배당금에 대해서 무엇을 의미하는가? 배당정책에 대해서는 무엇을 의미하는가?

17.5b 배당의 고객이란 무엇인가? 성장가능성이 높지만 위험이 많은 기업은 낮은 배당금을 지급할까, 아니면 높은 배당금을 지급할까?

17.6 자사주매입: 현금배당의 대안

지금까지는 현금배당에 대해서만 살펴보았다. 그러나 현금배당만이 기업이 현금을 분배할 수 있는 유일한 방법이 아니다. 기업들은 자신의 주식을 매입(repurchase)하기도 한다. 기업들의 **자사주매입**(repurchase, buyback)은 점점 더 인기를 얻고 있으며, 기업들이 자사주매입을 위해 지불하는 금액도 엄청나게 커졌다. 예를 들어 2010년 이후 S&P 500 회사들은 자사주매입에 5.3조$ 이상을 쏟아 부었다.

자사주매입(stock repurchase): 기업의 이익을 주주들에게 나눠주는 대안으로, 세금 측면에서 배당금보다 유리하다.

자사주매입이 얼마나 중요한 수단이 되고 있는지 살펴볼 수 있는 방법은 이를 현금배당과 비교해보는 것이다. 그림 17.3은 1971년에서 2018년에 걸쳐 미국의 상장 제조업 기업들에서 나타난 현금배당액, 자사주매입액, 이 둘의 합계를 보여주고 있다. 배당금은 실질가치로 볼 때 꾸준히 증가해왔다. 그러나 자사주매입은 지난 20년간 큰 폭으로 증가했다. 2007년에 자사주매입액은 최고치에 도달했으며 현금배당액의 거의 2.5배에 달했다. 2008~2009년 경기침체기에는 기업들이 현금을 보존하려고 했기 때문에 자사주매입액이 급격하게 줄어들었다. 하지만 2010년

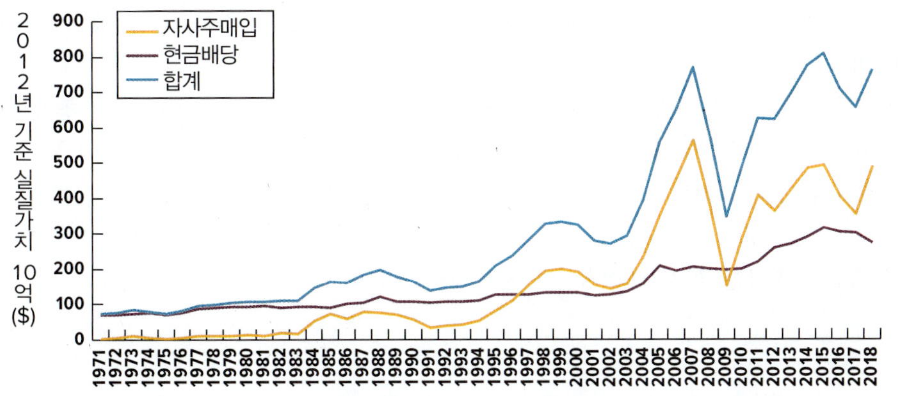

그림 17.3
미국 상장 제조업 기업들의 배당액과 자사주매입액: 1971~2018년 (2012년 기준 실질가치)

출처: Redrawn by authors using Compustat data, following Farre-Mensa, J., Michaely, R., and Schmaltz, M., "Payout Policy," Annual Review of *Financial Economics* 6, 2014, pp. 75-134.

에는 다시 크게 증가했다.

자사주매입은 전형적으로 다음 세 가지 중 하나의 방법으로 이루어진다. 첫째, 일반투자자들이 어떤 기업의 주식을 매입하는 것처럼 단순히 자사의 주식을 매입하는 것이다. 이러한 공개시장매입(open market purchase)에서는 기업이 스스로를 드러내지 않는다. 따라서 매도자들은 자신이 매도한 주식을 해당 기업이 매입한 것인지 일반투자자가 매입한 것인지를 알지 못한다.

둘째, 주식공개매수(tender offer)를 할 수 있다. 즉, 기업들은 자기 회사의 주식을 갖고 있는 모든 주주들에게 특정한 가격에 특정한 수량의 주식을 구입하려고 한다는 것을 공표한다. 예를 들어 Arts & Crafts (A&C)가 1백만 주를 발행하고 있다고 하자. 주당 가격은 50$로 형성되어 있다. 이 회사는 300,000주의 자사주를 주당 60$에 매입하는 주식공개매수를 제의할 수 있다. A&C는 주주들이 주식을 판매하도록 유도하기 위해서 50$보다 높은 가격을 제시하며 주주들이 주식을 팔도록 부드럽게 유도하는(즉, tender) 것이다. 주식공개매수 가격이 충분히 높게 책정되면 이 회사의 주식을 보유하고 있는 투자자들은 300,000주 이상을 판매하려고도 할 수 있다. 극단적으로는 현재 발행된 모든 주식을 전부 공개매수할 수도 있다. A&C의 경우에는 주주들이 갖고 있는 주식 10주 중에서 3주만 매입하려는 것이다.

마지막으로, 특정한 개별 주주로부터 자사주를 매입할 수 있다. 이를 “지정 자사주매입(targeted repurchase)”이라 한다. 예를 들어 International Biotechnology Corporation은 Prime Robotics Company (P-R Co.)의 주식을 4월에 주당 38$에 약 10% 매입했다. 그 당시에 International은 궁극적으로 Prime에 대한 지배권을 확보하기 위해 주식을 매입한 것이라고 SEC에 보고했다. 그러나 한 달 뒤 Prime은 International이 보유하고 있던 자사주를 시장가격보다 훨씬 높은 주당 48$에 매입했다. 이 매입에서 다른 주주들은 배제되었다.

현금배당 대 자사주매입

부채가 없고 초과현금이 300,000$인 기업이 있다고 하자. 이 기업은 배당금을 지급하지 않으며 올해의 순이익은 49,000$로 마감했다. 연말 재무상태표는 다음과 같다.

시장가치 재무상태표(초과현금을 지불하기 전)			
초과현금	$ 300,000	부채	$ 0
그 외의 자산	700,000	자기자본	1,000,000
합계	$1,000,000	합계	$1,000,000

총 100,000주가 발행된 상태이다. 주식의 총시장가치가 1,000,000$이므로, 주식가격은 주당 10$이다. 주당순이익(EPS)은 $49,000/100,000 = 0.49$이고, 주가수익비율(PER)은 $10/$0.49 = 20.4이다.

이 기업은 두 가지 선택이 가능하다. 하나는 주당 $300,000/100,000 = 3$의 추가현금배당을 지급하는 것이다. 다른 하나는 $300,000/$10 = 30,000주를 다시 사들이는 것이다.

수수료와 세금, 그리고 그밖의 시장의 불완전성(imperfection)을 고려하지 않는다면, 주주의 입장에서는 어느 것을 선택하든 상관이 없다. 이는 놀랄 일이 아니다. 어느 방법을 선택하든 기업이 지출하는 현금은 총 300,000$이다. 재무상태표를 새로 작성하면 다음과 같다.

시장가치 재무상태표(초과현금을 지불한 후)			
초과현금	$ 0	부채	$ 0
그 외의 자산	700,000	자기자본	700,000
합계	$700,000	합계	$700,000

만약 현금을 배당금으로 지급한다면, 총발행주식수가 여전히 100,000주이기 때문에 주식의 가치는 주당 7$가 된다.

주식의 가치가 주당 10$에서 7$로 떨어졌지만 이는 중요하지 않다. 100주를 보유한 주주의 경우를 생각해보자. 배당금이 지급되기 전에는 주식의 가치가 주당 10$이기 때문에 총가치는 1,000$이다.

3$의 배당금이 지급되고 나면 주식의 가치는 주당 7$로 떨어지지만, 총 100주 × $3 = 300$의 현금배당이 지급되기 때문에 총가치는 $700 + $300 = 1,000$로 변하지 않는다. 결국, 시장이 완전하다면 현금배당은 주주의 부에 아무런 영향을 미치지 못한다. 이는 배당락이 되면서 주가가 3$만큼 떨어진 것과 마찬가지이다.

또한 총순이익과 발행주식수가 변한 것이 아니기 때문에 EPS(주당순이익)는 0.49$로 유지된다. 그러나 주가수익비율(PER)은 $7/$0.49 = 14.3으로 감소한다. 주당순이익과 주가수익비율을 살펴보는 이유는 잠시 뒤에 설명할 것이다.

만약 배당금을 지급하지 않고 현금으로 30,000주를 다시 사들인다면, 총발행주식수는 70,000주로 줄어들게 된다. 재무상태표는 다음과 같이 변하지 않는다.

시장가치 재무상태표(자사주매입 이후)			
초과현금	$ 0	부채	$ 0
그 외의 자산	700,000	자기자본	700,000
합계	$700,000	합계	$700,000

마찬가지로 기업의 총가치가 700,000$이기 때문에 남은 주식의 가치는 주당 $700,000/70,000 = 10$이다. 결국, 100주를 보유한 주주는 아무런 영향을 받지 않는다. 주주가 현금배당을 원한다면 30주를 팔면 된다. 이 경우 300$를 받고 700$의 가치를 주식으로 보유한 것이므로 배당금을 받은 것과 같은 것이다. 이는 홈메이드 배당금(homemade dividend)의 한 예라고 볼 수 있다.

자사주를 매입한 경우, 총순이익은 변하지 않지만 총발행주식수가 감소하므로 EPS는 $49,000/70,000 = 0.70$로 증가한다. 그러나 주가수익비율은 $10/$0.70 = 14.3으로 배당금을 지급한 경우와 일치한다.

이를 통해서 알 수 있듯이 시장의 불완전성이 없다면 자사주매입은 배당금을 지급하는 것과 같은 결과를 낳는다. 이는 세금과 시장의 불완전성을 고려하지 않을 때 배당정책이 의미가 없다는 것을 보여주는 또 하나의 예이다.

자사주매입에 대한 현실적인 고려

자사주매입과 현금배당이 같다고 보여준 위의 예에서는 세금과 거래비용을 고려하지 않았다. 그러나 현실에서는 자사주매입과 현금배당 간에 회계적 차이가 존재한다. 가장 큰 차이점은 세금상의 차이이다.

미국의 현행 세법하에서는 자사주매입이 현금배당보다 납세 측면에서 유리하다. 배당금에 대해서는 보통의 소득과 같이 세금이 부과되며 주주는 배당금을 받을지 안 받을지 선택할 수 없다. 그러나 자사주매입에서는 (1) 주주가 실제로 주식의 매도를 결정하고, (2) 이를 통해서 자본이득이 발생할 때에만 세금이 부과된다.

예를 들어 주당 1$의 배당금에 일반 소득세율이 적용된다고 하자. 100주를 보유한 주주의 개인세율이 28%라면, $100 × 0.28 = 28$의 세금을 지불해야 한다. 그러나 기업이 이 주주로부터 100$어치의 주식을 사들인다면 그가 지불해야 하는 세금은 28$보다 적다. 그것은 주식의 매도를 통해 벌어들인 이득에 대해서만 세금이 부과되기 때문이다. 만약 이 주주가 100$의 주식을 원래 60$에 사들였다면, 자본이득에 대한 세금은 $40 × 0.28 = 11.20$이다. 2003년에 배당금과 자본이득에 적용되는 세율이 낮아진 것은 사실이지만, 자사주매입이 세금상의 우위를 점하고 있는 것은 여전하다.

최근 몇 가지 예를 들면, 앞서 언급한 것처럼 Microsoft는 2019년 400억$의 자사주매입을 발표했지만, 이 회사는 그 해에 또 약 1억 5천만 자사주를 약 200억$에 사들였다. Apple은 2019년에 670억$ 자사주매입을 완료하고 다시 또 400억$의 자사주매입을 발표했다. 비슷한 시기에 Bank of America는 익년도에 자사주 309억$를 매입하겠다고 발표했다. 물론, 자사주매입은 미국에만 국한되지 않았다. 2020년 1월, 독일 스포츠용품 회사 Adidas도 10억€의 자사주매입을 발표했다.

IBM은 공격적인 자사주매입 정책으로 잘 알려져 있다. 회사는 2003년초부터 2019년 말까지 자사주매입에 약 1,475억$를 지출했다. 사실, 2003년 초부터 2019년 말까지 회사의 발행주식 수는 17억 2,000만 주에서 8억 8,600만 주로 감소했다. 2019년 말, 회사는 기발표한 Red Hat 인수자금 340억$를 지불하기 위해 더 이상의 추가 자사주매입을 유보할 것이라고 발표했다.

한 가지 간과하지 말아야 할 것은 모든 자사주매입 계획이 실제로 그대로 실행되는 것은 아니라는 점이다. 2004~2007년에 대한 연구결과를 보면 계획의 약 81%만 실행된 것으로 나타났다.[4]

자사주매입과 EPS

금융신문을 읽어보면 자사주매입이 주당순이익(EPS)을 증가시켜서 좋다는 기사를 찾을 수 있을 것이다. 우리가 앞에서 보았듯이 이는 사실이다. 자사주매입은 총발행주식을 감소시키지만, 기업의 총순이익에는 영향을 미치지 않기 때문이다. 따라서 EPS가 상승하는 것이다.

그러나 금융신문들은 자사주매입에 따른 EPS의 상승을 지나치게 강조하는 경향이 있다. 위의 예에서 본 것처럼, 주식의 가치는 자사주매입에 따른 EPS의 변화에 의해서 영향을 받지 않았다. 실제로 주가수익비율(PER)은 현금배당과 자사주매입의 경우에서 모두 일치한다.

자사주매입에 따른 EPS의 증가는 현금배당과 비교해서 상대적으로 상승한 주식가격에 의해 정확히 상쇄되어 순효과는 없게 되는 것이다. 다시 말해 자사주매입에 따른 EPS의 상승은 총발행주식수의 감소를 반영하는 회계적인 조정일 뿐이다.

만약 현실적인 측면에서 자사주매입의 이득을 설명하고자 한다면 앞에서 언급한 세금상의 우위를 강조해야 할 것이다.

[4] A. A. Bonaimé, "Mandatory Disclosure and Firm Behavior: Evidence from Share Repurchases," *The Accounting Review* 90 (2015).

개념질문 _Concept Questions

17.6a 자사주매입이 현금배당보다 효과적일 수 있는 이유는 무엇인가?
17.6b 자사주매입이 기업의 EPS에 미치는 효과는 무엇인가? 주가수익비율(= PER)에 미치는 효과는?

17.7 배당과 배당정책에 대해 우리가 아는 것과 알지 못하는 것

배당과 배당을 지급하는 기업들

이미 설명했듯이 낮은 배당성향률(또는 무배당) 배당정책을 선호하는 이유에는 여러 가지가 있다. 그럼에도 불구하고 미국 기업들이 지급하고 있는 총배당금은 매우 크다. 예를 들어 1978년에 주요 주식시장에 상장되어 있는 미국의 제조업 기업들이 지급한 총배당금은 313억$였지만, 2000년에 와서는 그 금액이 1,016억$(인플레이션이 반영 안 된 금액)가 되어 200% 넘게 증가하였다(인플레이션을 반영할 경우에는 증가율이 22.7%로 낮아지지만 이것도 상당한 증가율이다).

배당금이 총액으로 볼 때 매우 큰 수치이지만, 배당을 지급하는 기업들의 수는 감소했다. 같은 기간인 1978~2000년에 배당을 지급하는 제조업 기업의 수는 2,000개 이상에서 1,000개 미만으로 줄어들었다. 배당을 지급하는 기업들의 수는 퍼센트로 보아서 65%나 감소해서 19%에 그치고 있다.[5]

총배당금은 증가하면서 배당을 지급하는 기업의 수는 급격하게 줄어들었다는 것은 약간 역설적인 것으로 생각되지만 쉽게 설명될 수 있다. 배당금의 지급은 상대적으로 수가 적은 대기업들에 집중되어 나타나고 있다. 예를 들어 2000년 기업들이 지급한 총배당금의 약 80%가 100개의 기업에 의해 지급된 배당금이다. ExxonMobil이나 General Electric처럼 잘 알려진 기업들이 포함된 상위 25개 기업들이 총배당금의 약 55%에 해당하는 배당금을 지급하였다. 따라서 총배당금은 증가하면서 배당을 지급하는 기업들의 수가 줄어든 것은 상대적으로 규모가 작은, 따라서 적은 배당금을 지급하는 기업들의 수가 감소했기 때문인 것이다.

배당을 지급하는 기업들의 수가 감소한 중요한 이유는 기업들의 구성분포가 변했기 때문이다. 지난 25년간 새롭게 주식이 상장된 기업들의 수가 엄청나게 증가했다. 이러한 기업들은 상대적으로 역사가 짧고 수익성도 떨어진다. 따라서 이러한 기업들은 성장을 위해서 내부적으로 조달된 자금을 사용하고 그에 따라 배당을 지급하지 않는다

또 다른 이유로는 현금배당보다는 더 유연성을 갖는 자사주매입을 이용하여 주주들에게 돈을 지급하는 것을 기업들이 더 선호하는 것처럼 보인다는 것이다. 앞서 설명한 것을 기억하면 그러한 정책이 더 선호될 수도 있다. 그러나 기업들의 구성분포가 변했다는 사실과 자사주매입의 증가를 고려한 후에도 여전히 역사가 더 오래되고 더 확실한 위치를 갖고 있는 기업들의 배당지

[5]이 수치와 다음 문단의 수치들은 다음에서 발췌한 것이다. H. DeAngelo, L. DeAngelo, D. J. Skinner의 “Are Dividends Disappearing? Dividend Concentration and the Consolidation of Earnings,” *Journal of Financial Economics* 72 (2004).

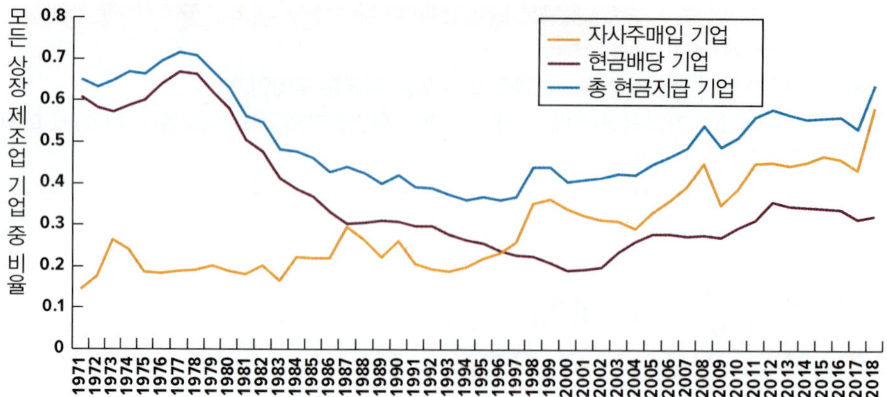

그림 17.4

미국 상장 제조업 기업 중에서 배당을 지급한 기업의 비율, 자사주매입을 한 기업의 비율, 또는 (어느 방법이든) 양의 현금을 지급한 기업의 비율: 1971~2018년

출처: Redrawn by authors using Compustat data, following J. Farre-Mensa, R. Michaely, and M. Schmaltz, "Payout Policy," *Annual Review of Financial Economics* 6 (2014), pp. 75–134.

급 경향이 줄어들고 있는 것으로 보인다. 그 이유에 대해서는 앞으로 더 연구가 이루어져야 할 것으로 생각된다.

배당을 지급하는 기업들의 수가 매우 급격하게 감소했다는 사실은 흥미로운 현상이다. 이를 더 흥미롭게 만드는 것은 그러한 추세가 반전되기 시작했다는 사실이다. 그림 17.4는 1971~2018년에 배당을 지급한 공개된 제조업 기업들의 비율과 함께 (1) 자사주매입을 한 기업, (2) 이 중 하나를 했거나, 둘 다를 한 기업들의 비율을 보여주고 있다. 그림 17.4에서 볼 수 있듯이 눈에 띄는 하락추세는 2000년에 바닥을 친 후 2002년에 크게 반전되어 상승하고 있다. 무슨 일이 발생하고 있는 것인가?

그림 17.4에 나타나는 반전세의 그 일부는 아마도 착시현상일 수 있다. 2000~2005년에 주요 주식시장에 상장된 기업들의 수는 5,000개 이상에서 4,000개 이하로 크게 줄어들었다. 이 기간 동안 약 2,000개의 기업이 상장폐지되었으며, 이들 중 98%가 배당을 지급하지 않는 기업들이었다. 2013년에 와서는 상장된 기업의 수가 3,000개 미만으로 감소했으며 배당금을 지급한 기업들의 비율이 36%에 달했다. 따라서 배당을 지급하는 기업들의 퍼센트가 증가한 부분적 이유는 배당을 지급하지 않는 기업들이 퇴출하였기 때문이다.[6]

그러나 이러한 퇴출기업들의 효과를 상쇄한 후에도 배당을 지급하는 기업들의 수는 증가한 것으로 나타난다. 다만 그 현상이 2003년도에 나타났다. 그림 17.5가 보여주듯이 증가는 2003년 5월 이후의 달에 집중되어 나타나고 있다. 이달에 특별한 것은 무엇인가? 이에 대한 답은 2003년 5월에 배당에 대한 최고 개인세율이 약 38%에서 15%로 크게 낮춰졌다는 것이다. 따라서 앞서 언급한 세금관련 설명과 부합되는 현상으로, 개인세율의 인하가 배당의 증가를 가져온 것이다.

그러나 그림 17.5가 배당지급 기업들의 수에 대해 모든 것을 말해주고 있다고는 생각하지 않기 바란다. 세율인하가 영향을 미친 것은 확실하지만, 우리가 보는 것은 배당지급을 시작한 단지 수백 개의 기업들이다. 세율인하 폭이 매우 컸음에도 불구하고 배당지급을 시작하지 않고 있는 기업들의 수는 수천 개에 달한다. 따라서 이러한 사실에 비추어 볼 때, 세율이 중요한 것은 사

[6]이러한 수치와 설명은 R. Chetty and E. Saez의 "The Effects of the 2003 Dividend Tax Cut on Corporate Behavior: Interpreting the Evidence," *American Economic Review Papers and Proceedings* 96 (2006)에서 발췌하였다.

그림 17.5 분기당 배당지급을 시작한 기업의 수

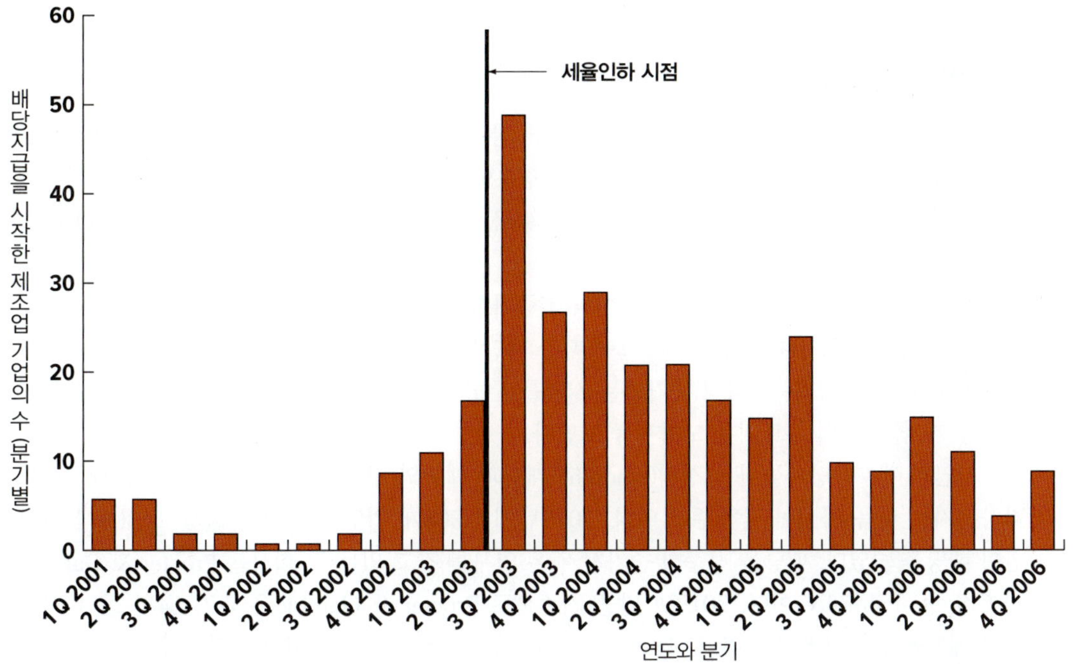

출처: A. P. Brav, J. R. Graham, C. R. Harvey, and R. Michaely, "Managerial Response to the May 2003 Dividend Tax Cut," *Financial Management* 37 (2008), pp. 611–24.

실이지만 세율이 기업의 배당정책에 영향을 주는 주요 결정요소는 아니다. 이러한 설명은 2005년에 기업의 재무담당 중역들에 대한 실시한 설문조사의 결과와 일치한다. 이들 중 2/3 이상이 세율인하가 자기 회사의 배당정책에 아마도 영향을 주지 않거나 전혀 영향을 주지 않는다고 응답했다.[7]

시간이 감에 따라 영향을 미칠 수 있는 두 번째 요소로는 앞서 언급한 새롭게 상장한 기업들 중 상당수가 성숙단계에 접어든다는 것이다. 이러한 기업들의 위치가 점점 더 확고해지며 그들의 이윤성이 증가하면서 (그리고 잠재적 투자기회는 줄어들면서) 이들이 배당을 지급하기 시작한다는 것이다.

배당지급 기업의 수를 증가시키는 세 번째 이유는 약간 복잡하다. 2000년에 닷컴 회사들이 무너지면서 기술에 기반을 둔 기업들이 많이 상장하고 있는 NASDAQ 지수는 곤두박질쳤으며, 이 시장에 새롭게 상장된 기업들 중 많은 수가 실패할 것이라는 것이 명확해졌다. 그런 후, Enron이나 WorldCom과 같은 기업들의 엄청난 회계부정이 밝혀지면서 투자자들은 기업이 발표하는 순이익에 대한 신뢰성을 잃게 되었다. 그러한 상황에서 기업들은 투자자들에게 자신들이 배당을 지불할 정도의 현금을 확보하고 있고 또한 앞으로도 그럴 것이라는 신호를 보내기 위해서 배당을 지급하기 시작하는 선택을 했었을 수도 있다.

배당지급 기업들의 수가 증가한 현상은 최근의 현상이다. 따라서 이러한 현상이 기업들의 배당정책의 중요한 변화를 의미하는지는 앞으로 더 지켜보아야 할 것이다. 이러한 현상은 장기

[7]A. P. Brav, J. R. Graham, C. R. Harvey, and R. Michaely, "Managerial Response to the May 2003 Dividend Tax Cut," *Financial Management* 37 (2008), pp. 611-624를 참조하라.

적인 하락추세에서 잠시 나타난 이벤트적 현상일 수도 있다. 우리는 더 기다렸다가 다시 살펴보기로 하자.

기업의 안정적 배당

앞서 살펴본 것처럼 배당의 감소는 종종 시장에 참가하고 있는 사람들에게 매우 나쁜 소식으로 인식된다. 따라서 기업들은 다른 대안이 없을 경우에만 배당을 감소시킨다. 같은 이유로 기업들은 새로운 배당 수준을 계속 유지할 수 있다는 확신이 서지 않는 한 배당을 증가시키는 것도 꺼려한다.

실제로 배당을 지급하는 기업들은 이익이 증가한 후에야 배당을 증가시키는 경향을 보이며, 이익이 잠시 증가하거나 하락한다고 그에 따라 배당을 증가시키거나 감소시키지는 않는다. 다시 말해 (1) 배당의 증가는 이익의 증가와는 시차를 두고 나중에 나타난다. (2) 이익의 증가보다 배당의 증가가 훨씬 더 부드러운 모양새를 보인다.

기업의 재무담당자들이 안정적(smooth) 배당과 배당의 꾸준한 증가를 얼마나 중요하게 생각하는지는 다음 사실이 말해주고 있다. 2019년에 1,808개 기업이 배당을 늘렸고, 309개 기업만이 배당을 줄였다. 배당을 꾸준히 증가시켜 온 역사를 갖고 있는 두 회사는 Procter & Gamble과 Colgate-Palmolive이다. 2019년 말을 기준으로 Procter & Gamble은 과거 64년 동안 연속해서 배당을 증가시켜 왔으며, Colgate-Palmolive는 57년 동안 연속해서 배당을 증가시켜 왔다. 전체적으로 볼 때 2019년 초에 S&P 500에 포함되어 있는 기업 중 56개 기업들이 적어도 25년 동안 연속적으로 배당을 증가시켜 왔다.

종합 정리

이 장에서 언급한 많은 것들(배당에 대한 수십 년간의 연구를 통해 우리가 알게 된 것들을 포함하여)을 종합하여 정리하면 다음과 같은 5가지의 내용으로 정리될 수 있다.[8]

1. 배당과 자사주매입액 총액은 매우 엄청나며 그 금액은 그동안 명목금액과 실질금액 모두에서 점진적으로 증가했다.
2. 배당은 상대적으로 소수인 대규모 성숙기업들에 집중되어 있다.
3. 기업들은 배당의 축소를 매우 꺼려하며, 자사에 특별한 문제가 발생했을 경우에만 그렇게 한다.
4. 기업들은 이익이 증가할 때 배당을 천천히 조금씩 증가시키면서 배당의 증가가 부드럽게 나타나도록 하고 있다.
5. 주식가격은 예상치 못한 배당의 변화에 반응한다.

이제 남은 일은 이러한 5가지의 내용을 하나의 그림으로 엮는 것이다. 전반적인 지불(현금배당과 자사주매입 둘 다를 포함한)에 대해서는 단순한 라이프사이클 이론(life cycle theory)이 1과 2에 부합된다. 설명의 핵심은 간단한 것이다. 첫째, 상대적으로 역사가 짧고 수익성이 낮은 기업들은 일반적으로 현금배당을 해서는 안 된다. 이러한 기업들은 투자를 위해 현금을 필요로 한다. (또한 발행비용으로 인해 외부로부터 현금을 조달하는 것이 어렵다.)

---

[8] 이 부분은 좀 더 많은 내용으로 정리해주고 있는 DeAngelo, H., and DeAngelo, L., "Payout Policy Pedagogy: What Matters and Why," *European Financial Management* 13, 2007에서 부분적으로 발췌한 것이다.

그러나 기업이 성숙해 가면서 여유현금(free cash flow; 투자에 필요한 자금을 제외하고 남는 기업 내부적으로 발생한 현금흐름임을 기억하라)이 발생하게 된다. 여유현금이 매우 클 경우에 이를 분배하지 않으면 대리인 문제가 발생할 수 있다. 다시 말해 경영자들은 건물을 크게 짓는다거나, 주주의 이해관계를 최우선적으로 고려하지 않는 방식으로 여유현금을 사용할 수 있다. 따라서 기업들은 현금을 쌓아 놓지 않고 분배해야 하는 압력을 받게 된다. 따라서 관찰된 것과 일치하게, 우리는 높은 수익성을 오랫동안 유지해온 대기업들이 대규모의 배당을 할 것이라고 기대할 수 있다.

이렇게 볼 때, 라이프사이클 이론은 기업들이 잉여현금을 보유하고 있을 때 발생하는 대리인 비용을 주식발행에 의한 외부자금조달에서 발생하는 잠재적 미래의 비용과 맞바꾸고 있다고 말하는 것이다. 기업은 현재와 가까운 장래의 투자를 지원하기에 충분한 현금을 발생시키고 있을 때 분배를 하기 시작해야 한다.

보다 복잡한 문제는 현금배당을 할 것이냐 아니면 자사주매입을 할 것이냐 하는 분배의 형태이다. 세금과 관련해서는 자사주매입이 더 유리할 것이라는 것은 매우 명확하다. 또한 자사주매입은 훨씬 더 유연한 옵션(경영자들은 재무적 유연성에 대해 매우 큰 가치를 부여한다)이다. 이 경우, 다음과 같은 질문이 있을 수 있다. 그렇다면 도대체 왜 기업들은 현금배당을 선택하는가?

우리가 이 질문에 답하기 위해서는 다른 질문을 봐야 한다. 현금배당은 자사주매입으로는 하지 못하는 어떤 것을 달성하는가? 이에 대한 하나의 답은, 기업이 현재와 장래에 현금배당을 한다고 언약했을 때 기업은 시장에 두 가지 신호를 보내는 것이다. 이미 설명한 것이지만, 하나의 신호는 지속적으로 현금을 지불할 능력을 가질 정도로 기업이 사업의 수익성을 예상하고 있다는 것을 말해주는 신호이다. 이 점에 대해서는 기업이 시장을 속일 수는 없다는 것을 주목하라. 왜냐하면 기업이 만약 배당을 하지 못하거나 (또는 외부자금 조달 없이는 배당을 할 수 없다면) 기업은 결국 시장의 응징을 받을 것이기 때문이다. 따라서 현금배당을 함으로써 기업은 자신을 수익성이 낮은 다른 경쟁기업들과 차별화시킬 수 있다.

두 번째의 보다 미묘한 신호는 여유현금흐름(free cash flow)의 대리인 문제와 관련되어 있다. 현재와 미래에 현금배당을 한다는 약속을 함으로써 기업은 현금(적어도 상당한 크기의 현금)을 쌓아 놓지 않고 대리인 비용을 줄여 주주의 부를 증가시키겠다는 신호를 보내는 것이다.

이 두 신호 이야기는 앞에 정리된 것의 3~5번과 부합하는 것이다. 그러나 이에 대해서는 한 가지 반론이 제기될 수 있다. 기업은 현금배당을 하는 데 사용하든 자사주매입에 사용하든, 두 용도 중 어디에 사용할지는 정하지 않고 이 중 하나를 하기 위해 돈을 회사 내에 그대로 둔다는 정책을 가질 수도 있는 것 아닌가? 현금배당을 언약하든, 이러한 정책을 언약하든 결국은 주주들에게 현금이 돌아가는 것이다.

고정 자사주매입 전략은 두 가지 결함을 갖고 있다. 첫 번째 결함은 그것을 입증할 수가 없다는 것이다. 기업은 공개시장매수(open market repurchase)를 발표하고도 하지 않을 수 있다. 약간의 장부조작으로 거짓이 한동안 드러나지 않을 수도 있다. 따라서 이 경우 주주들은 실제로 자사주매입을 했는지 안 했는지를 확인할 수 있는 감시시스템을 개발해야 한다. 그러나 그러한 감시시스템을 만들기가 어렵진 않을 것이다(채권시장에서 볼 수 있는 단순한 신뢰관계만 구축하면 될 것이다). 그러나 현재로서는 그러한 시스템이 존재하지 않는다. 물론 주식공개매수(tender offer repurchase)를 하는 경우에는 입증의 필요성이 거의 없거나 전혀 없을 수 있다. 그러나 주식공개매수에는 비용이 발생한다. 현금배당이 갖는 매력은 감시할 필요성이 없다는 것이다. 기업은 일 년에 4번씩 매년 수표를 끊어 주주들에게 발송하기만 하면 된다.

고정 자사주매입 전략이 갖는 두 번째 결함에 대해서는 약간의 논쟁이 있다. 기업 내부에 있는 경영자가 기업 외부에 있는 일반투자자들보다 회사의 주식이 너무 높게 형성되어 있는지 너무 낮게 형성되어 있는지에 대해 더 잘 판단할 수 있다고 하자(내부정보가 그 이유인 한, 이는 준강형효율시장과 배치되는 것은 아니다). 이 경우 기업이 고정 자사주매입을 언약하면 기업은 자사 주식이 과대평가되고 있는 경우에도 자사주를 매입해야 하는 압력을 받게 된다. 다시 말해 기업은 NPV가 음(−)인 투자를 할 수밖에 없는 상황에 처하는 것이다.

현금배당과 자사주매입에 대해서는 앞으로 더 많은 연구가 이루어져야 한다. 그러나 역사적으로 나타나는 추세는 현금배당에 비해 자사주매입이 꾸준한 증가세를 보이고 있다.

기업들이 지불한 총지불액은 상당한 기간 동안 대략 총순이익의 20% 정도로 상당히 안정되어 나타나고 있다(그림 17.3 참조). 그러나 이 중 자사주매입이 차지하는 비중이 더 크다. 현금배당과 자사주매입은 1990년대 후반부에 대략 50 대 50으로 나타나고, 이보다 최근에 와서는 자사주매입 총액이 현금배당 총액을 능가하는 것으로 나타난다.

총현금배당액과 관련된 것으로 그동안 큰 주목을 받아 오지 못했던 주장은 총현금배당액과 관련해서는 강한 법 관련 효과가 있을지도 모른다는 것이다. 1982년 이전에는 자사주매입에 대한 규제조항이 상당히 모호해 기업들이 자사주매입에 별다른 인센티브를 갖지 않았다. 그러나 1982년 SEC가 여러 해에 걸친 논의를 통해 기업들이 자사주매입 시에 준수해야 하는 명확한 가이드라인을 제시하여 자사주매입이 더 매력적이 될 수 있도록 만들었다.

이러한 법 관련 효과가 존재하는 이유는 총현금배당금 중 큰 부분을 차지하고 있는 많은 수의 거대기업들이 1982년 이전부터 현금배당을 해왔기 때문이다. 이러한 기업들이 자신들의 배당금을 감소시키는 것을 꺼려하기 때문에 총현금배당액이 크게 나타나고 있다는 것이다. 따라서 총현금배당액이 크게 나타나는 이유는 이러한 "잠금효과" 때문이라는 것이다. 만약 이러한 잠금효과가 실제로 크다면, 우리는 다음과 같은 것을 관찰할 수 있어야 한다. (1) 성숙해져 가는 기업들이 현금배당을 하려는 경향이 급격하게 줄어드는 현상, (2) 시간이 감에 따라 자사주매입이 현금배당보다 더 증가하는 현상. 우리는 실제로 이 두 추세를 목격하고 있다. 그러나 법 관련 효과만 가지고는 현금배당을 하는 기업들을 모두 설명할 수는 없다.

현금배당을 지지하는 주장과 반대하는 주장	
지지하는 주장	반대하는 주장
1. 현금배당은 좋은 기업성과를 확인해주는 것으로 주가를 지지해준다.	1. 배당을 받는 경우에 세금이 부과된다.
2. 배당은 배당형태로 수익의 일부를 갖기 원하는 기관투자자들에게 매력적인 것일 수 있다. 기관투자자들과 개인투자자들이 동시에 투자하는 기업은 그 기업이 보다 큰 시장과 연결된다는 것을 의미하므로 자본조달 시에 더 낮은 자본비용을 지불하게 될 수 있다.	2. 배당은 사용할 수 있는 내부자금을 감소시킨다. 배당은 기업이 양(+)의 NPV를 갖는 투자를 하지 못하게 하거나, 투자에 필요한 자금을 비싼 외부 자기자본으로 조달하도록 만들 수 있다.
3. 통상적으로 주가는 새로운 배당 소식이나 배당금 증가 발표와 함께 상승한다.	3. 일단 시작하면, 자사주 가격에 나쁜 영향을 미치지 않고는 배당을 줄일 수 없다.
4. 배당은 과잉 현금흐름을 흡수하여 경영진과 주주 사이에 발생하는 이해관계의 충돌로 인해 발생하는 대리인 비용을 줄여줄 수 있다.	

배당에 관한 설문조사 결과

한 연구에서 여러 기업의 재무관리자들을 상대로 배당정책에 관해 설문조사를 한 바 있다. 그중에 한 질문은 재무관리자들에게 자기기업의 배당정책에 영향을 미치는 요소들을 묻는 것이었다. 이에 대한 결과를 표 17.1이 정리해서 보여주고 있다.

표 17.1에서 볼 수 있듯이 재무관리자들은 배당금의 축소를 꺼려한다. 더욱이 과거에 지급한 배당금을 크게 의식하여 배당금을 안정되게 유지하려고 한다. 반대로 외부로부터의 자본조달 비용과 "신중한" 투자자(기관투자자)를 유치하는 것은 그리 중요하게 생각하지 않는다.

표 17.2는 배당에 대한 의사결정에 있어서 각 요소들의 중요성을 물은 것이다. 표 17.1에서의 응답과 우리가 앞에서 설명한 것처럼 응답자들은 일관성 있는 배당정책의 유지를 최우선으로 여기고 있다. 그밖의 질문들에 대한 응답을 통해서도 우리가 앞에서 설명한 것과 일치하는 응답이 나오는 것을 알 수 있다.

재무관리자들은 배당정책을 결정하는 데 있어서 수익의 안정성과 미래의 수익의 크기를 중요하게 여기며, 좋은 투자기회의 가능성 여부도 고려한다. 또한 기관투자자와 일반투자자의 유치가 모두 중요하다고 믿는다.

그러나 이 설문조사에 응한 재무관리자들은 우리가 이 장의 앞부분에서 세금과 발행비용에

표 17.1

배당과 관련된 의사결정에 대한 설문조사 결과*

출처: Adapted from Table 4 of Brav, A. el at., "Payout Policy in the 21st Century," *Journal of Financial Economics*, 2005.

질문내용	질문에 동의하거나 강하게 동의한 응답자의 비중(%)
1. 배당금이 감소하는 것을 막으려고 한다.	93.8%
2. 배당금을 매년 "안정적으로" 유지하려고 노력한다.	89.6
3. 최근에 지급한 배당금이 얼마인지 고려한다.	88.2
4. 그대로 계속해서 유지할 수 없는 배당금의 조정은 가급적 피한다.	77.9
5. 주당 배당금의 변화, 또는 성장을 고려한다.	66.7
6. 외부로부터의 자본조달비용이 배당금 축소에 따른 비용보다 낮다고 생각한다.	42.8
7. 투자에 제한을 받는 기관투자자들을 유치하기 위해서 배당금을 지급한다.	41.7

*응답자에게 제시한 질문은 다음과 같다. "다음의 표현들은 당신 기업의 배당에 관한 의사결정에 영향을 미치는 요소들에 대해 언급하고 있는가?"

표 17.2

배당과 관련된 의사결정에 대한 설문조사 결과*

출처: Adapted from Table 5 of Brav, A. el at., "Payout Policy in the 21st Century," *Journal of Financial Economics*, 2005.

질문내용	중요하거나 매우 중요하다고 답한 응답자의 비중(%)
1. 과거의 배당정책과 일관성을 유지하는 것	84.1%
2. 미래이익의 안정성	71.9
3. 지속 가능한 이익의 변화	67.1
4. 기관투자자들을 유치하는 것	52.5
5. 좋은 투자기회의 가능성	47.6
6. 일반투자자들을 유치하는 것	44.5
7. 배당금을 받을 때 주주들이 내야 하는 개인소득세	21.1
8. 신주의 발행비용	9.3

*응답자에게 제시한 질문은 다음과 같다. "당신 기업의 배당에 관한 의사결정에서 다음의 요소들이 얼마나 중요한가?

IN THEIR OWN WORDS ...

기업은 배당을 왜 지급할까? – Fisher Black의 생각

내가 보기에 투자자들은 배당금을 좋아하는 것 같다. 그들은 배당금이 주식의 가치를 높인다고 믿으며, 그들의 자본을 다른 데로 지출하는 것을 싫어한다.

이를 보여주는 증거들은 도처에 있다. 투자상담사와 전문기관들은 배당금이 많은 주식을 좋고 안전한 주식으로 간주한다. 또한 재무분석가들은 미래에 예상되는 배당금들을 할인하는 방법으로 주식의 가치를 판단한다. 재무경제학자들은 주식가격과 배당금의 관계에 대해서 연구하고, 주주들은 배당금이 감축되면 불평을 늘어놓는다.

만약 투자자들이 배당금에 대해서 중립적이라면, 어떻게 될까? 투자상담사들은 자신의 고객들에게 배당소득과 자본이득을 똑같은 것으로 생각하라고 할 것이며, 만약 배당에 대해 세금이 붙는다면 배당소득을 피하라고 할 것이다. 재무분석가들은 주식의 가치를 판단하는 데 있어서 배당금을 고려하지 않을 것이고, 재무경제학자들은 주식가격이 잘못 형성되어 있는 경우에도 주식가격이 배당의 할인가치와 동일한 것으로 간주할 것이다. 기업들은 누적소득세 때문에 어쩔 수 없이 지급하는 배당에 대해 세금을 내야 하는 주주들에게는 사과해야 할 것이다. 그러나 이는 우리 주위에서 볼 수 있는 일이 아니다.

더욱이 배당을 변화시킴으로써 기업의 전망에 대해 금융시장이 좋게 생각하도록 만들기는 어렵다. 차라리 사업계획서를 작성하여 발표하는 것이 경영진과 기업의 평판에 좋은 영향을 미칠 것이다.

내가 예상하기에는 지금과 같은 세법이 유지된다면 배당은 서서히 사라질 것이다.

고(故) Fischer Black 교수는 투자은행인 Goldman Sachs and Co.의 공동대표를 역임했다. 그 전에는 MIT의 재무학 교수로 재직했었다. 그는 옵션가격결정이론의 창시자 중 한 명이며, 많은 사람들이 재무학의 선구자 중 하나로 인식하고 있다. 그의 창조적인 생각들은 처음에는 외면을 당했지만, 시간이 지나면서 인정을 받기 시작했다. 오늘날까지도 그를 그리워하는 학자들이 많다.

대해 설명한 것과는 달리, 배당금에 대해서 주주들이 내는 개인세를 중요하게 여기지 않는 것으로 밝혀졌다. 또한 신주의 발행비용이 중요하다고 답한 응답자는 이보다 훨씬 적었다.

17.8 주식배당과 주식분할

주식배당(stock dividend): 주주들에게 주식을 지급하는 것으로, 발행된 주식의 가치를 떨어뜨린다.

배당의 또 다른 형태는 주식으로 지급하는 것이다. 이를 주식배당이라 한다. **주식배당**(stock dividend)은 현금을 지급하는 것이 아니기 때문에 실질적인 배당이라 할 수 없다. 기업들이 현금 대신 주식을 지급하는 것은 주주들이 보유하는 주식의 수를 늘리는 것이다. 그러나 총발행주식수가 증가하기 때문에 주식의 가치는 떨어지기 마련이다.

주식배당은 보통 퍼센트(%)로 표현한다. 예를 들어 20%의 주식배당에서는 주주가 보유한 5주에 대해서 하나의 신주를 지급하는 것이다(주주의 보유주식 수가 20% 증가한다). 모든 주주의 보유주식이 20% 증가하기 때문에 총발행주식수도 20% 증가한다. 결과적으로 주식의 가치는 주당 20% 감소하게 된다.

주식분할(stock split): 자기자본의 증가 없이, 총발행주식수를 늘리는 것

주식분할(stock split)은 주식배당과 거의 유사하다. 한 가지 다른 점이 있다면, 그것은 주식배당을 퍼센트로 표현하는 반면, 주식분할은 비율로 표현한다는 것이다. 주식분할에서는 기존의 주식을 세분하여 새로운 주식을 만들어낸다. 예를 들어 1 대 3의 주식분할은 기존의 1주를 신규주식 3주로 분할하는 것이다.

주식분할과 주식배당에 대해 더 자세히 알아보기

주식분할과 주식배당이 기업과 주주들에게 미치는 영향은 본질적으로 같다. 이 둘은 똑같이 발행주식수를 늘리고 주식의 가치를 떨어뜨린다. 그러나 회계상의 처리는 (1) 주식배당인지 주식분할인지와 (2) 주식배당이면 그 규모가 얼마인지에 따라 달라진다. 최근에 와서는 주식분할이 줄어들었다. 1990년대에는 S&P 500에 포함되어 있는 기업 중 평균적으로 매년 64개의 기업이 주식분할을 했다. 2008년에서 2012년까지는 그 수가 매년 약 12개로 줄어들었다. 2018년에는 S&P 500 기업 중 단지 5개사 만이 주식분할을 하였다.

예정된 주식분할에 대한 정보를 얻으려면 **www.investmenthouse.com**과 **finance.yahoo.com**을 참조하라.

20~25% 이하의 주식배당은 소규모 주식배당이라 한다. 이와 같은 배당의 회계절차는 잠시 뒤에 설명할 것이다. 한편, 20~25% 이상인 주식배당은 대규모 주식배당이라 한다. 대규모 주식배당은 우리의 주위에서 흔히 볼 수 있다. 예를 들어 2019년 4월, First Financial Bankshares 1 대 2 주식분할 형태인 100% 주식배당을 공표하였다. 약간의 회계상의 차이를 제외하면, 주식배당은 주식분할과 동일한 효과를 갖는다.

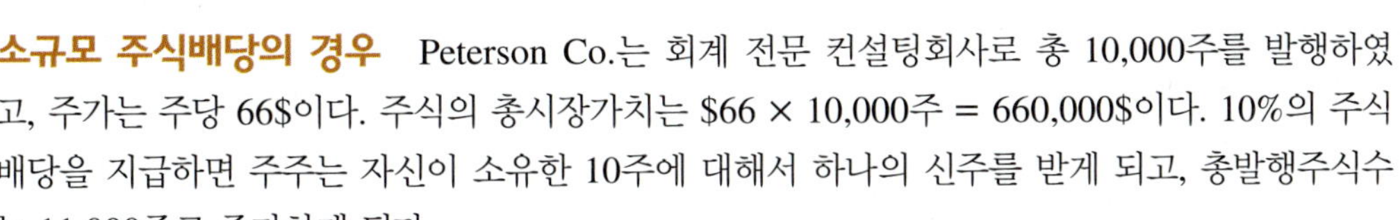

소규모 주식배당의 경우 Peterson Co.는 회계 전문 컨설팅회사로 총 10,000주를 발행하였고, 주가는 주당 66$이다. 주식의 총시장가치는 $66 × 10,000주 = 660,000$이다. 10%의 주식배당을 지급하면 주주는 자신이 소유한 10주에 대해서 하나의 신주를 받게 되고, 총발행주식수는 11,000주로 증가하게 된다.

주식배당을 지급하기 전에 Peterson의 재무상태표의 대변에 있는 자본계정은 다음과 같다.

보통주(액면가: $1, 발행주식수: 10,000주)	$ 10,000
주식발행초과금	200,000
이익잉여금(유보이익)	290,000
총자기자본	$500,000

소규모 주식배당 이후에는 재무상태표를 맞추기 위해서 몇 가지의 회계절차를 따라야 한다. 먼저, 1,000주가 새로 발행된 것이기 때문에 주식계정에 1,000$를 더하면(액면가가 주당 1$임), 총 11,000$가 된다. 주식의 시장가격(66$)은 액면가(1$)보다 65$가 높기 때문에, $65 × 1,000 = 65,000$를 주식발행초과금(capital in excess of par value) 계정에 더해야 한다. 따라서 주식발행초과금은 총 265,000$가 된다.

주식배당으로 인해서 총자본금이 변하지 않기 때문에(실제로 들어오거나 나가는 돈이 없다), 이익잉여금은 66,000$($66 × 1,000주)만큼 감소하여 224,000$가 된다. 결국, 10%의 주식배당을 하면 Peterson의 자본계정은 다음과 같이 변한다.

보통주(액면가: $1, 발행주식수: 11,000주)	$ 11,000
주식발행초과금	265,000
이익잉여금(유보이익)	224,000
총자기자본	$500,000

주식분할의 경우 주식분할은 주식배당과 유사한 개념이지만, 비율로 표현하는 경우가 많다. 예를 들어 2 대 3의 주식분할에서는 주주가 자신이 소유한 2주에 대해서 하나의 주식을 받기 때

문에 50%의 주식배당과 같은 것이다. 또한 현금을 지급하는 것이 아니기 때문에 주주들의 지분은 영향을 받지 않는다.

주식분할의 회계절차는 주식배당의 경우와 약간 다르다. Peterson이 1 대 2의 주식분할을 발표했다고 하자. 총발행주식수는 두 배인 20,000주로 늘어나고 주식의 액면가는 주당 0.5$로 감소할 것이다. 주식분할 이후에 Peterson의 자본계정은 다음과 같다.

최근의 주식분할에 관한 정보는 **www.stocksplits.net**을 참조하라.

보통주(액면가: $0.50, 발행주식수: 20,000주)	$ 10,000
주식발행초과금	200,000
이익잉여금(유보이익)	290,000
총자기자본	$500,000

주식분할 이전과 비교했을 때, 각 계정의 수치는 변하는 게 하나도 없다. 다만 주식항목에서 액면가가 감소하고 총발행주식수가 증가했을 뿐이다. 주식 수가 두 배가 되었으므로 액면가는 반으로 줄어들었다.

대규모 주식배당의 경우 만약 Peterson이 100%의 주식배당을 선언했다면, 10,000주가 새로 생기는 것이고 총발행주식수는 20,000주로 증가한다. 액면가가 주당 1$이므로 주식계정은 10,000$만큼 증가하여 총 20,000$가 된다. 이익잉여금 항목은 10,000$만큼 감소하여 280,000$가 된다. 이 경우 Peterson의 자본계정은 다음과 같이 변한다.

보통주(액면가: $1, 발행주식수: 20,000주)	$ 20,000
주식발행초과금	200,000
이익잉여금(유보이익)	280,000
총자기자본	$500,000

주식분할과 주식배당의 가치

주식분할과 주식배당으로 인해서 기업의 가치는 (1) 변하지 않거나, (2) 증가하거나, (3) 감소한다. 그러나 이 세 가지 중에서 어느 것이 나타날지는 판단하기 쉽지 않다.

기업의 가치가 변하지 않는 경우(기준사례) 주식배당과 주식분할이 주주의 부(wealth)나 기업의 부에 영향을 미치지 않는 경우에 대해서 생각해보자. 앞의 예에서, 주식의 총시장가치는 660,000$였다. 소규모 주식배당을 하면 총발행주식수가 11,000주로 증가하여 주식의 가치가 주당 $660,000/11,000 = 60$로 떨어진다.

100주를 보유한 주주가 있다고 하자. 주식배당 이전에 이 주주가 보유한 주식의 총가치는 6,600$ ($66 × 100주)이다. 주식배당 이후에는 보유주식 수가 110주로 증가하지만 총가치는 $60 × 110주 = 6,600$로 변하지 않는다. 결국, 주식배당이 실질적으로 아무런 영향도 미치지 못한다.

주식분할의 경우를 살펴보면, 발행주식수가 20,000주로 증가하지만 주식의 주당 가치가 반으로 줄어든다($660,000/20,000 = $33). 결국, 주식배당과 마찬가지로 아무런 영향을 미치지 않는다. 이렇게 볼 때 주식배당과 주식분할은 서류상의 작업에 지나지 않는다고 말할 수 있다.

그렇다고 해서 주식배당과 주식분할이 아예 중요하지 않은 것은 아니다. 실제로 재무관리자들은 현실적인 복잡성을 인식하여 주식배당과 주식분할에 대한 결정사항들을 신중히 다룬다.

인기 있는 주식의 거래가격폭 주식분할과 주식배당의 지지자들은 모든 주식에게 그것만의 **거래가격폭**(trading range)이 있다고 강조한다. 주식가격이 이보다 높게 책정되면, 대부분의 투자자들은 이를 통상적인 거래 단위인 100주 단위('round lot'이라고 부른다)로 사들이기가 벅차다. 100주 이하('odd-lot'이라고 부른다)로도 주식을 사들일 수 있지만 그럴 경우에는 수수료가 그만큼 높아진다. 그러므로 기업들은 가격을 이와 같은 거래폭 안에서 유지하기 위해 주식을 분할하게 된다.

거래가격폭(trading range): 주식이 거래되는 최고가와 최저가 간의 가격폭

예를 들어 Microsoft는 회사를 주식시장에 상장한 1986년 이후, 아홉 번의 주식분할을 실시했다. 2 대 3의 주식분할이 두 번 있었고, 1 대 2의 주식분할이 7번 있었다. 따라서 당신이 1986년부터 Microsoft의 주식을 1주 보유했다면 그 수가 288배로 늘어났을 것이다. 마찬가지로 Walmart도 1970년 이후로 1 대 2의 주식분할을 11번 했고, Apple은 1980년 기업공개 이후에 1 대 7의 주식분할을 한 번, 1 대 2의 주식분할을 3번 했다. 주식분할의 긴 역사를 갖고 있는 기업은 Procter & Gamble로, 이 회사는 1920년 이후에 1 대 5의 주식분할을 두 번, 1 대 1.5의 주식분할을 한 번, 1 대 2의 주식분할을 8번 했다. 당신이 P&G가 처음 주식분할을 하기 전에 P&G 주식 1주를 보유하고 있었다면 현재 당신이 갖고 있는 주식 수는 9,600주가 된다.

이러한 주장이 힘을 얻고 있기는 하지만 거래가격폭의 유효성에 대해서는 몇 가지 의문점을 제기할 수 있다. 뮤추얼펀드, 연금기금, 그리고 그 외의 투자기관들은 제2차 세계대전 이후부터 거래를 시작하여 오늘날에는 총거래량 중에서 큰 비중(뉴욕증권거래소의 거래량의 90%)을 차지하고 있다. 엄청난 양을 사고파는 이들에게 주식 1주의 가격의 크기는 그다지 중요하지가 않다.

더욱이 우리는 가격이 엄청 높게 책정된 주식이 아무런 문제 없이 거래되는 경우도 종종 목격한다. 잘 알려진 예로는 전설적인 투자자인 Warren Buffett이 운영하는 Berkshire-Hathaway의 주식이 있으며, 2020년 초에 이 회사 주식은 주당 345,000$에 거래되었다.

마지막으로, 주식분할이 오히려 주식의 유동성을 줄이는 것으로 보이는 증거도 나타나고 있다. 1 대 2의 주식분할 이후에, 만약 유동성이 증가한다면 주식의 거래량은 2배보다 더 증가해야 한다. 그러나 그러한 현상은 나타나지 않고 오히려 그 반대의 현상이 발생하곤 한다.

주식병합

주식병합은 자주 접하는 것은 아니지만 또 하나의 재무 전술이다. 예를 들어, 2019년 12월 Ann Taylor and Loft의 모회사인 Ascena Retail Group은 20 대 1의 주식병합을 발표했다. 또 같은 달에 Recon Technology도 5 대 1의 주식병합을 단행했다. 5 대 1의 주식병합에서 주주들은 5개의 구주 당 1개의 신주와 교환한다. 이 과정에서 액면가는 5배로 늘어난다. 아마도 역사 상 가장 큰 (시장가치 기준으로) 주식병합에서 은행업의 거인 Citigroup은 2011년 3월 10 대 1의 주식병합을 발표했는데 그 결과 이 회사의 발행주식은 290억 주에서 29억 주로 축소시키는 것이었다. 주식분할이나 주식배당처럼 주식병합도 기업가치에 영향을 미치지는 못한다.

주식병합(reverse split): 주식분할과는 반대로 총발행주식수가 줄어들게 된다.

실제 주식시장의 현실적 불완전성과 관련하여 거론되고 있는 주식병합의 이유는 세 가지이다. 첫 번째는, 주식병합으로 인해서 주주의 거래비용이 낮아질 수 있다는 것이다. 두 번째는, 주식병합으로 인해서 주가가 통상적인 거래가격 수준 범위에 있게 되면, 주식의 유동성과 시장성이 향상될 수 있다는 점이다. 세 번째는, 주가가 어느 수준에 미치지 못하면 투자자들이 기업의 수익성, 성장성, 안정성을 과소평가한다는 것이다. 몇몇 전문가들은 주식병합이 투자자들에게

일시적인 호감을 준다고 말한다. 그러나 주식분할의 경우와 마찬가지로 이러한 이유들은 특히 세 번째 이유는 충분한 설득력을 갖지는 못한다.

주식병합의 이유로 이외에도 두 가지가 더 거론되고 있다. 첫째는 주식이 거래되기 위해서는 어느 정도의 최소 수준을 넘어야 한다는 것이다. 주식병합은 주가를 그러한 최소 수준 이상으로 끌어올릴 수 있다. 예를 들어 Nasdaq은 주가가 1$ 미만의 수준에서 30일 동안 머물러 있는 기업의 주식을 상장폐지한다. 2001~2002년에 두 번째 인터넷 붐이 사라지면서 자신들의 주식이 상장폐지 위험에 직면하자 많은 인터넷 관련 기업들이 주식병합을 통해서 자사 주식의 가격을 올렸다. 둘째는 기업들이 주식병합을 하면서 동시에 보유주식이 일정 수준에 못 미치는 주주의 지분을 사들인다는 것이다.

예를 들어 2019년 10월에 FitLife Brands는 주식병합/분할(reverse/forward)을 동시에 했다. 즉, 이 회사는 8,000 대 1의 주식병합을 한 후에, 보유량이 1주가 안 되는 주주들의 주식을 모두 사들였다. 이로 인해 극소액 주주를 제거하고 전체 주주 수도 줄였다. 이 회사의 재무 전술이 특히 인상적인 것은 이 주식병합 직후에 1 대 800이라는 일반 주식분할을 실시한 것이다. 남은 주주들에게 순효과는 10 대 1의 주식병합과 같은 것이었다.

개념질문 _Concept Questions

17.8a 주식분할은 주주들의 부에 어떤 영향을 미치는가?
17.8b 주식분할의 회계절차는 소규모 주식배당과 어떤 차이가 있는가?

17.9 요약과 결론

이 장에서는 먼저 배당금의 종류와 배당금이 어떻게 지급되는지에 대해서 설명했다. 그리고 배당정책을 정의하고, 배당정책이 중요한지를 살펴봤다. 또한 기업이 배당정책을 어떻게 수립하는지에 대해서 설명했고, 현금배당의 대안으로 자사주매입을 제시하였다.

전체적인 내용을 요약하면 다음과 같다.

1. 세금과 그 외의 불완전성이 없다면, 기업의 배당정책은 의미가 없다. 홈메이드 배당을 통해, 기대 이상의 배당금을 받은 주주들은 그 초과량을 다시 투자하면 된다. 반대로 기대 이하의 배당금을 받은 주주들은 추가적으로 주식을 팔면 된다.
2. 개인투자자들의 개인소득세와 신주 발행비용은 낮은 배당금을 정당화시키는 현실적인 요소들이다. 세금과 발행비용 측면들을 고려한다면, 기업은 투자안(NPV가 0보다 큰)에 필요한 자기자본을 모두 확보한 후에야 배당금을 지급할 수 있다.
3. 시장에는 높은 배당금을 선호하는 집단들이 있다. 여기에는 연금기금과 같은 대규모 기관투자자들이 포함된다. 그러나 높은 배당금을 선호하는 집단이 있는 반면, 낮은 배당금을 선호하는 집단도 있기 때문에 고객효과(clientele effect)가 강조되고 있다. 고객효과는 기업들의 배당정책이 주주들의

욕구에 맞추어진다는 개념이다. 예를 들어 40%의 주주가 낮은 배당금을 선호하고 60%의 주주가 높은 배당금을 선호한다면, 전체 기업들 중에서 약 40%가 낮은 배당금을 지급하고 60%가 높은 배당금을 지급하게 된다. 이에 따라 어떤 개별 기업의 배당정책이 그 기업의 시장가치에 미치는 영향은 크게 줄어든다.

4. 자사주매입은 현금배당과 유사하지만 세금상 유리하다. 그렇기 때문에 자사주매입은 기업의 배당정책에서 중요한 부분을 차지하고 있다.
5. 우리는 배당정책에 관한 최근의 연구결과와 견해에 대해 설명했다. 현금배당은 더 규모가 크고 역사가 더 오래된 소수의 기업들에 집중되어 나타나며 기업들이 현금배당보다는 자사주매입을 이용하는 경향이 증가하는 것으로 나타났다. 라이프사이클 이론은 기업들이 잉여현금을 보유하고 있을 때 발생하는 대리인 비용을 주식발행에 의한 외부자금조달에서 발생하는 잠재적 미래의 비용과 맞바꾼다고 설명한다. 따라서 이 이론에 의하면 역사가 길지 않으면서 중요한 성장기회를 갖고 있는 젊은 기업들은 기업이 갖고 있는 현금을 주주들에게 분배하지 않으며(현금배당을 하지 않으며), 역사가 오래되고 수익성이 높은 기업으로 상당한 여유현금을 갖고 있는 기업들은 현금배당을 한다.

배당에 대한 설명을 마무리 짓기 전에, 배당과 배당정책의 차이를 다시 한번 강조하려고 한다. 주식의 가치는 궁극적으로 미래에 지급되는 배당의 크기에 따라 결정되기 때문에 배당이 중요한 것은 분명하다. 그러나 배당의 지급시기를 결정하는 것(지금 더 주는가, 나중에 더 주는가), 다시 말해 배당정책이 중요한지에 대해서는 아직까지도 쉽게 결론 내릴 수 없다.

개념복습과 개념문제

1. **배당정책의 무관련성 [LO2]** 배당은 매우 중요하지만, 배당정책은 중요하지 않은 이유는 무엇인가?
2. **자사주매입 [LO4]** 자사주매입이 기업의 부채비율에 미치는 영향은 무엇인가? 이는 초과현금의 다른 용도로의 사용을 의미하는가?
3. **배당금의 지급절차 [LO1]** 12월 5일(화요일)에 Hometown Power Co.의 이사회는 주당 75센트의 배당을 발표했다. 배당기준일은 1월 3일(수요일)이고, 지급일은 1월 17일(수요일)이다. 그렇다면 배당락일은 언제인가? 배당락일 이전에 주식이 거래된다면 배당금을 받는 이는 주식을 판 사람인가, 주식을 산 사람인가?
4. **배당의 대안 [LO1]** 영국의 어느 회사처럼 일부 기업들은 배당을 지급하는 대신에 주주들에게 화장장 이용과 같은 서비스를 무료로 제공하거나, 낮은 이용료로 어떤 서비스를 제공하기도 한다. 뮤추얼펀드는 이와 같은 대안적 배당을 주는 주식에 투자해야 할까? (정작 뮤추얼펀드에 투자한 사람들은 이러한 배당을 받지 못한다.)
5. **배당과 주가 [LO1]** 배당이 증가한 이후에 주가가 (바로) 상승한다면, 배당정책이 중요하다고 말할 수 있지 않은가?
6. **배당과 주가 [LO1]** 지난달에 Central Virginia Power Company는 공장신축에 따른 자금난을 견디지 못하고 배당금의 지급을 연기하기로 결정했다. 이와 같은 사실이 발표되면서 Central Virginia의 주식가격은 28.50$에서 25$로 떨어졌다. 이와 같은 주가의 변화를 어떻게 해석할 수 있는가? (다시 말해 주가하락의 이유는 무엇인가?)
7. **배당재투자안 [LO1]** DRK Corporation은 최근에 배당재투자안(DRIP)을 내놓았다. 이는 주주들이 배당금을 곧바로 DRK에 재투자하여 주식을 새로이 받는 것이다. 이를 통해서 주주는 자신의 보유량을 꾸준히 늘릴 수 있다.

많은 기업들이 배당금재투자안을 제공한다. 대부분의 기업들은 이에 대해서 수수료나 중개비용을 부과하지 않는다. 실제로 DRK의 경우에는 시장가격의 10%를 할인받을 수 있다.

DRK는 주주들의 75%가 배당금재투자안에 참여할 것이라고 예상한다. 이는 평균보다 상당히 높은 수준이다.

DRK가 시행할 배당재투자안의 가치를 검토해보라. 이로 인해서 주주들의 부는 증가할까? 배당재투자안의 장점과 단점에 대해 설명해보라.

8. **배당정책 [LO2]** 2017년 미국의 보통주 IPO 시장은 상대적으로 위축되어 있었다. 그로 인해 기업들이 조달한 금액은 약 245.3억$였다. 이때 기업공개를 한 108개의 기업 중 얼마 안 되는 기업들만이 현금배당을 하고 있다. 기업들이 현금배당을 지급하지 않는 이유는 무엇이라고 생각하는가?

다음의 정보를 이용하여 문제의 두 문제에 답하라.

역사적으로 미국의 세법은 주주에게 주어지는 배당을 보통의 소득과 같이 간주해왔다. 이에 따라 배당에 대해서는 개인투자자들의 한계소득세율이 적용되었다. 이는 2002년에 최대 38.6%까지 달했다. 자본이득에 대해서는 자본이득세율이 적용되었고, 해마다 그 수준이 변해왔다. 2002년에는 자본이득세율이 20%에 달했다. George W. Bush 대통령은 경제를 활성화하기 위해 배당금과 자본이득에 대한 세율을 조정하는 계획안을 내놓는다. 이 2003년부터 시행된 안에 따르면 높은 과세표준(tax bracket)에 해당되는 경우에는 배당소득과 자본이득에 대해서 동일하게 15%의 세율이 적용된다. 그리고 낮은 과세표준에 해당되는 경우에는 배당소득과 자본이득에 대해서 2007년까지는 5%의 세율이 적용되고, 2008년에는 세율이 0%가 된다.

9. **배당락 주가 [LO1]** 이와 같은 세법의 변화는 배당락 주가에 어떤 영향을 미치겠는가?
10. **자사주매입 [LO4]** 이와 같은 세법의 변화는 현금배당과 비교했을 때 자사주매입에 대한 선호도에 어떤 영향을 미치는가?

연습문제

초급문제
(1-9)

1. **배당금과 세금 [LO2]** Gatto, Inc.는 주당 5.85$의 배당금을 선언했다. 자본이득에는 세금이 부과되지 않지만, 배당금에는 15%의 세금이 부과된다고 가정하자. 새로운 세법은 배당금을 지급할 때 세금을 징수하도록 규정하고 있다. 이 회사의 주식은 현재 주당 78.35$에 거래되고 있고, 곧 배당락일이 된다. 이 회사의 배당락 주가는 얼마일까?
2. **주식배당 [LO3]** Vulcano International의 자기자본계정은 다음과 같다.

보통주(액면가: $0.50)	$ 20,000
자본잉여금	210,000
이익잉여금(유보이익)	587,300
총자기자본	$817,300

   a. 이 회사의 주식가격이 현재 주당 42$이고 10%의 주식배당을 선언한다면, 얼마만큼의 신규주식이 생기는 것인가? 자본계정이 어떻게 변하는지 보여라.
   b. 25%의 주식배당을 선언한다면, 자본계정은 어떻게 변하는가?
3. **주식분할 [LO3]** 문제 2에서 다음과 같은 상황이 발생할 때, 이 회사의 자기자본계정이 어떻게 달라지는지 설명해보라.
   a. 이 회사가 1 대 4의 주식분할을 선언한다. 총발행주식수는 얼마가 되는가? 주당 액면가는 얼마인가?

b. 이 회사가 5 대 1의 주식병합을 선언한다. 총발행주식수는 얼마가 되는가? 주당 액면가는 얼마인가?

4. **주식분할과 주식배당 [LO3]** Stockton Mineral Operations, Inc. (SMO)가 발행하고 있는 주식은 총 540,000주이고, 주가는 주당 83$이다. 시장의 불완전성과 세금효과를 고려하지 않는다면, 다음의 선택에 따라서 주가가 어떻게 변하는지 설명해보라.

a. 3 대 5의 주식분할

b. 15%의 주식배당

c. 42.5%의 주식배당

d. 7 대 4의 주식병합

e. 위의 각각의 경우에 총발행주식수가 얼마인지 구해보라.

5. **정규배당 [LO1]** Quinn Corp.의 시장가치를 기준으로 한 재무상태표가 다음과 같이 주어졌다. 현재 12,000주가 발행된 상태이다.

시장가치 재무상태표			
현금	$ 49,300	자기자본	$404,300
고정자산	355,000		
합계	$404,300	합계	$404,300

이 회사가 주당 1.45$의 배당금을 선언했다고 가정하자. 그리고 배당락일은 바로 내일이다. 세금을 무시한다면, 오늘의 주가는 얼마인가? 내일의 주가는 얼마인가? 배당금을 지급하고 난 후에 재무상태표는 어떻게 변할까?

6. **자사주매입 [LO4]** 문제 5에서 이 회사가 배당금 대신에 17,400$의 자사주매입을 선언했다고 하자. 이는 기업의 자본금에 어떤 영향을 미치는가? 총발행주식수는 얼마가 되는가? 자사주매입 이후에 주가는 얼마인가? 세금을 무시했을 때, 자사주매입이 현금배당과 같은 것임을 증명해보라.

7. **주식배당 [LO3]** Murray Manufacturing의 시장가치 재무상태표가 다음과 같이 주어졌다. 이 회사가 25%의 주식배당을 선언했다고 하자. 그리고 배당락일은 내일이다(주식배당의 지급절차는 현금배당의 경우와 유사하다). 총발행주식수는 11,000주이다. 배당락 주가는 얼마가 되는가?

시장가치 재무상태표			
현금	$134,000	부채	$116,000
고정자산	652,000	자기자본	670,000
합계	$786,000	합계	$786,000

8. **주식배당 [LO3]** 자기자본계정이 다음과 같이 주어진 기업이, 주가가 주당 64$인 상황에서 15%의 주식배당을 선언했다고 하자. 주식배당이 자기자본계정에 미치는 영향은 무엇인가?

보통주(액면가: $1)	$ 225,000
자본잉여금	535,000
이익잉여금(유보이익)	2,968,500
총자기자본	$3,728,500

9. **주식분할 [LO3]** 문제 8에서 이 기업이 주식배당 대신에 1 대 4의 주식분할을 택했다고 가정하자. 주식분할 이후에 이 기업은 주당 0.75$의 배당금을 지급할 계획이다. 이는 주식분할 전인 작년의 배당금을 기준으로 10%가 증가한 것이다. 이 기업의 자본계정은 어떻게 달라지는가? 작년의

배당금은 주당 얼마였는가?

중급문제
(10-12)

10. **홈메이드 배당 [LO2]** 당신은 Avondale Corporation의 주식을 1,000주 보유하고 있다. 1년 후 당신은 주당 3.45$의 배당금을 받을 것이다. 2년 뒤에 이 회사는 주당 57$의 청산배당금을 지급할 예정이다. 이 회사 주식에 대한 주주의 요구수익률은 15%이다. 당신이 보유하고 있는 주식의 주당 현재가격은 얼마인가(세금은 무시하라)? 당신이 2년 동안 배당금을 매년 똑같이 받고 싶다면, 홈메이드 배당을 이용하면 된다. 이 과정을 증명해보라. (힌트: 배당금은 연금 형태가 된다.)
11. **홈메이드 배당 [LO2]** 문제 10에서 당신이 첫해에는 1,500$의 배당금만 받기 원한다고 하자. 2년 후, 당신의 홈메이드 배당금은 얼마가 되는가?
12. **자사주매입 [LO4]** Erna Corporation은 추가배당과 자사주매입을 놓고 고민 중이다. 어느 것을 선택하든 53,500$를 쓰는 것은 마찬가지다. 현재 주당순이익은 1.79$이고, 주가는 주당 64$이다. 총발행주식수는 9,000주이다. 처음 두 문제의 답을 구할 때는 세금과 그 외의 불완전성은 없다고 가정하라.
    a. 주가와 주주의 부에 미치는 영향에 대해서 자사주매입과 추가배당을 비교해보라.
    b. 추가배당과 자사주매입이 이 회사의 주당순이익과 주가순이익비율에 미치는 영향은 각각 무엇인가?
    c. 현실적으로 당신은 어느 방법을 추천하겠는가? 그 이유는?

고급문제
(13-16)

13. **기대수익률, 배당금, 세금 [LO2]** Gecko Company와 Gordon Company의 경영위험은 같지만, 배당정책은 다르다. Gecko는 배당금을 지급하지 않는 반면에, Gordon은 배당수익률이 2.9%이다. 자본이득에 대해서는 세금이 부과되지 않고, 소득세율은 35%라고 가정하자. Gecko의 연간 수익의 기대성장률은 11%이고, 주식가격도 이와 같이 성장할 것으로 예상된다. 이 두 기업 주식의 세후 기대수익률이 동일하다면(두 기업의 위험수준이 같기 때문에), Gordon 주식에 대한 세전(pretax) 요구수익률은 얼마인가?
14. **배당금과 세금 [LO2]** 시장의 불완전성과 세금효과가 없다면, 배당락일이 되면서 주가는 배당금의 양만큼 감소한다. 그러나 세금을 고려했을 때는 이야기가 달라진다. 다음의 식은 법인세에 의해서 배당락 주가가 어떻게 결정되는지 보여준다.

    $$(P_0 - P_X)/D = (1 - T_P)/(1 - T_G)$$

    P_0는 배당락일 직전의 주가이며 P_X는 배당락 주가이다. D는 주당 배당금이며 T_P는 배당금에 대한 한계개인세율, T_G는 자본이득에 대한 실효한계세율을 가리킨다.
    a. 만약 $T_P = T_G = 0$이라면, 배당락일이 되면서 주가는 얼마만큼 감소할까?
    b. 만약 $T_P = 15\%$이고 $T_G = 0\%$라면, 주가는 얼마만큼 감소할까?
    c. 만약 $T_P = 15\%$이고 $T_G = 30\%$라면, 주가는 얼마만큼 감소할까?
    d. 기관투자자가 한 기업의 모든 주식을 보유했다고 가정하자. 기업의 배당소득에 대해서 50%의 세금공제를 받지만 자본이득(capital gain)에 대해서는 세금공제를 받지 못한다. 법인소득세율과 자본이득세율이 모두 21%일 때, 위의 식을 통해서 배당락 주가를 구하면 얼마인가?
    e. 이 문제를 통해서 알 수 있는 현실적인 세금과 기업의 배당정책의 관계는 무엇인가?
15. **배당과 재투자 [LO2]** National Business Machine Co. (NBM)는 세금을 지불한 후에 5백만$의 잉여현금을 갖고 있다. NBM은 두 가지 방법으로 현금을 사용할 수 있다. 한 가지 방법은 이를 금융자산에 투자하는 것이다. 그에 의해 발생하는 이익은 3년 말에 가서 특별배당으로 지급할 것이다. 이 경우, 이 회사는 2.5%의 수익률을 갖는 미 재무부 단기채권에 투자하거나, 4.3%의 배당률을 갖는 우선주에 투자할 수 있다. IRS(미국 국세청)가 다른 기업의 주식에 투자하여 받는 배당금에 대해서는 그 50%를 과세대상에서 제외할 수 있게 해주고 있다고 하자. 다른 한 가지 방법은 이

잉여현금을 지금 배당금으로 지급하는 것이다. 이 경우, 주주들은 자신들 스스로가 위와 동일한 수익률을 갖는 미 재무부 단기채권과 우선주에 투자할 수 있다. 이 회사의 법인세율은 21%이다. 이자소득과 우선주의 배당소득에 대해서 이 회사 주주들에게 적용되는 개인소득세율은 31%이고, 이 회사의 배당금에 대해 적용되는 개인소득세율은 15%이다. 주주들에게 지금 현금을 지불하는 것이 좋은가, 아니면 3년 후에 지불하는 것이 좋은가? 이 두 방법 중 어느 것이 주주들에게 더 높은 세후 소득을 가져다주는가?

16. 배당과 재투자 [LO2] 필요한 자본지출을 하고 나서 Carlson Manufacturing은 1,000$의 여유현금을 갖게 되었다. 이 회사의 경영자는 이 돈을 3%의 수익률을 갖는 미 재무부 장기채권에 투자하거나, 주주들에게 배당하여 주주들이 자신이 직접 미 재무부 장기채권에 투자할 수 있게 하는 것 중 하나를 선택해야 한다.

a. 법인세율이 21%라고 하면, 주주들이 배당을 받는 것과 이 회사가 직접 투자하는 것에 대해서 차이를 느끼지 못하게 하기 위해서는 주주의 개인소득세율이 얼마여야 하는가?

b. 문제 a에 대한 답은 합리적인가, 아닌가? 그 이유는?

c. 이 회사가 6%의 배당률을 갖는 우선주에 투자한다고 하자. 기업의 배당소득에 대해서는 그 50%가 과세대상에서 제외된다고 하자. 주주들의 개인소득세율이 얼마가 되면 주주들이 이 회사의 우선주 투자와 자신들이 배당을 받는 것 사이에 차이가 없다고 생각하겠는가?

d. 문제 c에서 얻은 답은 투자자들이 저배당성향률(low dividend-payout ratio)을 원하는 이유를 말해주고 있는가? 왜 그런가, 왜 그렇지 않는가?

작은 사례

Electronic Timing, Inc.

Electronic Timing, Inc (ETI)은 전자기술자인 Tom Miller와 Jessica Kerr가 15년 전에 세운 작은 회사이다. ETI는 복잡혼합 시그널 디자인 기술을 사용하는 집적회로(integrated circuit)를 생산하고 있으며, 최근에 주파수 타이밍 발생기 시장에 진입했다. 이 기술은 처음에 PC 비디오 게임기에만 사용되었지만, 지금은 PC의 마더보드, 주변장치, 그리고 기타 디지털 TV나 게임기와 같은 가전제품에도 사용되어 시장이 크게 확장되었다. ETI는 또한 기업의 개별주문에 맞춘 집적회로(ASIC)도 생산하고 있다. Tom과 Jessica와 함께 이 회사에 자본을 제공한 Nolan Pittman도 이 회사의 주요 소유주 중 한 사람이다. 이들은 각자가 발행된 1백만 주의 주식 25%씩을 갖고 있다. 나머지 부분의 주식은 이 회사의 종업원을 포함한 다른 여러 개인들에 의해 소유되고 있다.

최근에 이 회사는 새로운 컴퓨터 마더보드를 개발했다. 이 회사가 개발한 제품은 보다 효율적이고 생산비용도 더 낮아, 많은 개인용 컴퓨터에 표준적인 마더보드로 사용될 것으로 기대되고 있다. 새로운 마더보드의 자체 생산에 대해 검토해본 결과, ETI는 이를 위해 새로운 공장을 짓는 데 너무 많은 비용이 들어 자사의 능력으로는 불가능한 것으로 판단하였다. 또한 이 회사의 소유주들은 자신들 외에 다른 외부인을 회사의 또 다른 소유주의 한 사람으로 만드는 것도 싫어했다. 이에 따라 ETI는 자신이 설계한 마더보드를 세후 3천만$의 금액을 받고 다른 기업에 판매했다.

질문

1. Tom은 회사의 여유현금을 특별배당해야 한다고 생각하고 있다. 이렇게 하는 것은 이 회사의 주가에 어떤 영향을 미치는가? 이 회사의 가치에는 어떤 영향을 미치는가?
2. Jessica는 여유현금을 부채를 상환하고 기존 생산설비를 확장하고 개선하는 데 사용해야 한다고 생각하고 있다. Jessica의 생각은 회사에 어떤 영향을 미치는가?
3. Nolan은 자사주매입을 주장한다. 그는 자사주매입이 회사의 PE 비율, ROA, ROE를 높여준다고 말했다. 그의 말은 옳은가? 자사주매입은 이 회사의 가치에 어떤 영향을 미치는가?
4. Tom, Jessica, Nolan이 논의한 다른 선택은 일반배당(regular dividend)을 시작하는 것이었다. 당신은 이 선택에 대해 어떻게 평가하는가?

5. 주식의 가치를 평가하는 한 가지 방법은 배당성장모형, 성장영구연금모형을 사용하는 것이다. 다음의 경우를 살펴보자. 배당성향률(dividend payout ratio)은 $1 - b$이다. 여기서 b는 “유보율(retention ratio, plowback ratio)”이다. 따라서 다음 해에 지급되는 배당은 다음 해의 순이익 $E_1 \times (1 - b)$이다. 유지가능성장률을 계산하는 데 가장 흔히 사용되는 공식은 $\text{ROE} \times b$이다. 이를 배당성장모형에 대입하면 한 주의 현재가격을 계산해주는 다음과 같은 공식을 얻게 된다.

$$P_0 = \frac{E_1(1 - b)}{R_s - \text{ROE} \times b}$$

이 회사가 배당을 해야 하는지, 생산시설을 확장하고 개선해야 하는지를 결정하는 데 있어서 이 공식이 의미하는 것은 무엇인가? 설명해보라.

6. 이 회사가 배당을 해야 하는가 하는 질문은 이 회사가 주식회사가 아니고 LLC인 경우에는 달라지는가?

18 단기재무와 단기재무계획

Short-Term Finance and Planning

2020년 COVID-19 상황 초기에, 자동차 딜러들은 90일간 현금지급 없이 최대 7년간 무이자대출 제공과 같은 전례 없는 할인정책을 내놓았다. 2020년 5월, 자동차 판매량은 전년 대비 30% 감소했지만 이는 4월의 전년 동기 대비 50% 감소보다는 개선된 것이었다. 이러한 할인정책이 작동한다는 것은 어느 도요타 딜러가 정상 수준인 550대보다 낮은 200대의 자동차 재고를 보고하면서 알려졌다. 산업 전반에 걸쳐 자동차 재고는 전국적으로 하락하고 있었다. 예를 들어, Ford F-150, Chevrolet Silverado와 같은 대형 픽업 트럭의 재고가 44일 판매분에 불과한 것으로 당시 추정되었다. 평상시 같았으면 이는 사소한 문제일 수 있지만, 자동차 공장 가동 중단으로 인해 하루가 지날수록 재고가 하루치씩 줄어들고 있었던 것이다.

이 장에서 살펴보겠지만, 제품이 판매되기 전에 재고로 남아 있는 기간은 단기재무관리에서 살펴봐야 할 중요한 요소 중 하나이다. 자동차 제조업과 같은 산업에서는 특히 더 주의를 기울여야 한다.

학습목표 _Learning Objectives

이 장을 공부한 후에는 다음과 같은 것들에 대해 알아야 한다.

- **LO1** 영업주기와 현금주기 그리고 이들의 중요성
- **LO2** 여러 종류의 단기재무정책들
- **LO3** 단기재무계획의 핵심 내용
- **LO4** 재무상태표로 본 현금의 원천과 사용

지금까지는 자본예산, 배당정책, 재무구조 등과 같이 장기재무와 관련된 많은 사항들에 대해 살펴보았다. 이 장에서는 단기재무관리에 대한 설명을 시작한다. 단기재무관리에서 주로 다루는 것은 유동자산과 유동부채에 영향을 미치는 의사결정에 대한 분석이다.

단기재무관리 의사결정과 관련해서는 종종 순운전자본(net working capital)이라는 용어가 자주 사용된다. 2장과 그 밖의 장들에서 설명했듯이 순운전자본은 유동자산과 유동부채의 차이를 말한다. 단기재무관리(short-term financial management)는 종종 운전자본관리(working capital management)라고도 불린다.

널리 받아들여지고 있는 단기재무관리에 대한 정의는 없다. 단기재무와 장기재무의 가장 중요한 차이점은 현금흐름의 시간성이다. 단기재무관리에서의 의사결정은 일 년 혹은 그 이내에 발생하는 현금유입과 현금유출과 관련되어 있다. 예를 들어 단기재무적 의사결정은 기업이 원재

료를 주문하고 그 대금을 지불하고 완제품을 만들어 1년 내에 그 대금을 회수하는 것과 관련된 것이다. 이와 대조적으로 장기재무 의사결정은, 예를 들어 앞으로 5년 동안 생산비용을 낮추는 특수기계를 구입하는 것과 관련된 것이다.

단기재무와 관련된 문제들에는 어떤 것들이 있을까? 간단히 몇 가지만 들어보면 다음과 같은 것들이 있다.

1. 대금지불을 위해 어느 정도의 현금을 수중에(은행에) 보유하고 있어야 하는가?
2. 기업은 단기적으로 얼마를 빌려야 하는가?
3. 어느 정도의 외상매출을 해야 하는가?

이 장에서는 단기재무 의사결정과 관련된 기본사항들에 대해서 살펴보기로 한다. 따라서 첫째로 기업의 단기영업활동에 대해 설명할 것이며, 둘째로 여러 대안적 단기재무정책에 대해 살펴볼 것이다. 마지막으로는 단기재무계획의 기본요소들에 대해 살펴보고 또한 단기자금의 조달방법들에 대해 설명할 것이다.

18.1 현금과 순운전자본의 추적

단기재무와 관련된 경력에 대해 관심이 있다면 **www.treasury-management.com**을 참조하라.

이 절에서는 현금과 순운전자본의 변화를 구성하는 구성요소들에 대해 살펴본다. 현금과 순운전자본의 다양한 측면에 대해서는 이미 2장, 3장, 4장에서 살펴보았다. 여기서는 이들이 단기재무적 의사결정과 관련된 부분을 간단히 다시 정리하기로 한다. 이 절의 목적은 기업의 단기영업활동과 그러한 활동이 기업의 현금과 운전자본에 미치는 영향을 살펴보는 것이다.

유동자산(current assets)이란 현금과 1년 내에 현금화될 수 있을 것으로 예상되는 기타 자산들을 의미한다. 유동자산은 재무상태표상에 그 회계적 유동성 순서에 따라 표시된다. 회계적 유동성이란 현금화의 용이성과 현금화에 걸리는 시간을 포함하는 개념이다. 재무상태표상에서 유동자산으로 구별되는 가장 중요한 네 가지 항목은 현금 및 현금등가물(cash and cash equivalents), 유가증권(marketable securities), 외상매출금(accounts receivable; 매출채권), 재고(inventory)이다.

여러 유동자산들에 대한 투자와 함께 기업은 유동부채(current liabilities)라고 불리는 여러 종류의 단기부채를 이용한다. 유동부채란 1년 내에 (또는 영업기간이 1년보다 긴 경우에는 그 영업기간 내에) 현금으로 지불해야 할 것으로 예상되는 채무를 의미한다. 유동부채를 구성하는 세 가지 중요한 항목은 외상매입금(accounts payable; 매입채무), 발생된 임금과 세금을 포함하는 미지급비용(expenses payable), 지급어음(notes payable)이다.

우리가 초점을 맞추고 있는 것은 현금의 변화이므로 현금을 재무상태표상에 나타나는 현금 이외의 항목들에 의해 정의할 필요가 있다. 이렇게 함으로써 기업의 영업의사결정이나 재무의사결정이 현금에 미치는 영향을 살펴볼 수 있다. 기본적 재무상태표 항등식은 다음과 같다.

순운전자본 + 고정자산 = 장기부채 + 자기자본 **[18.1]**

순운전자본은 현금에 기타 유동자산을 더한 것에서 유동부채를 빼준 것으로 다음과 같다.

순운전자본 = (현금 + 현금 이외의 유동자산) − 유동부채 **[18.2]**

이를 기본적 재무상태표 항등식의 순운전자본에 대입하고 다시 정리하면 현금이 다음과 같이 표현된다는 것을 알 수 있다.

$$\text{현금} = \text{장기부채} + \text{자기자본} + \text{유동부채} - \text{현금 이외의 유동자산} - \text{고정자산} \quad [18.3]$$

이 식이 말해주고 있는 것은 어떤 활동은 자연스럽게 현금을 증가시키고, 어떤 활동은 자연스럽게 현금을 감소시킨다는 것이다. 이러한 활동을 예와 함께 나열하면 다음과 같다.

현금을 증가시키는 활동들

장기부채의 증가(장기채권을 발행함)
자기자본의 증가(주식을 발행함)
유동부채의 증가(90일 동안 차입함)
현금 이외의 유동자산의 감소(현금을 받고 재고를 판매함)
고정자산의 감소(자산을 매각함)

현금을 감소시키는 활동들

장기부채의 감소(장기부채를 상환함)
자기자본의 감소(자사주를 매입함)
유동부채의 감소(90일짜리 차입금을 상환함)
현금 이외의 유동자산의 증가(현금을 주고 재고를 구입함)
고정자산의 증가(자산을 매입함)

위의 두 종류의 활동들은 서로 정반대의 활동임을 살펴보라. 예를 들어 장기채권의 발행은 적어도 채권발행으로 들어온 돈을 사용할 때까지는 현금을 증가시킨다. 장기채권의 상환은 현금을 감소시킨다.

3장에서 설명했듯이, 현금을 증가시키는 활동은 현금의 원천(sources of cash)이라 하고, 현금을 감소시키는 활동은 현금의 사용(uses of cash)이라고 한다. 앞의 목록을 다시 살펴보면 현금의 원천은 항상 부채 항목이나 자기자본 항목을 증가시키거나 자산 항목을 감소시키는 활동임을 알 수 있다. 부채를 증가시킨다는 것은 차입으로 현금을 조달하는 것을 말하고, 자기자본을 증가시킨다는 것은 회사에 대한 소유권을 판매함으로써 현금을 조달하는 것을 말하며, 자산을 감소시킨다는 것은 자산을 팔거나 청산함으로써 현금을 조달하는 것을 말하므로 어느 경우이든 현금유입이 발생한다.

현금의 사용은 이와 반대되는 것이다. 현금의 사용은 부채를 상환하거나, 자산을 증가시키는 활동이다. 이러한 활동들은 기업이 현금을 지출하도록 만든다.

현금의 원천과 사용 — 예제 18.1

현금의 원천과 사용에 대해 이해하고 있는지 간단히 확인해보자. 외상매입금이 100$ 증가한다면 이는 현금의 원천인가 사용인가? 외상매출금이 100$ 증가한다면 이는 현금의 원천인가 사용인가?

외상매입금은 기업이 원재료 공급자에게 지고 있는 채무이다. 이는 단기부채이다. 외상매입금이 100$ 증가하면 이는 기업이 실제로 돈을 빌리는 것을 의미하므로 현금의 원천이다. 외상매출금은 고객이 기업에 지고 있는 채무이다. 따라서 외상매출금이 100$ 증가한다는 것은 기업이 그만큼의 돈을 고객에게 대출해 준다는 것을 의미한다. 따라서 이는 현금의 사용이다.

개념질문 _Concept Questions

18.1a 순운전자본과 현금의 차이는 무엇인가?
18.1b 현금이 증가하면 순운전자본은 항상 증가하는가?
18.1c 현금의 사용이 될 수 있는 경우를 5가지 열거해보라.
18.1d 현금의 원천이 될 수 있는 경우를 5가지 열거해보라.

18.2 영업주기와 현금주기

단기재무에서 가장 큰 관심을 갖는 것은 기업의 단기영업활동 및 단기재무활동이다. 전형적인 제조업 기업의 경우, 이러한 단기활동들은 다음과 같은 일련의 사건과 의사결정들로 이루어진다.

사건	의사결정
1. 원재료 구입	1. 재고를 얼마나 주문해야 하는가?
2. 현금지불	2. 대출을 받을 것인가, 보유하고 있는 현금을 사용할 것인가?
3. 제품생산	3. 어떤 생산기술을 사용할 것인가?
4. 제품판매	4. 특정 고객에게 신용판매를 해야 할 것인가?
5. 현금회수	5. 어떻게 대금을 회수할 것인가?

이러한 활동들은 현금유입과 현금유출의 형태를 결정한다. 그러나 현금흐름은 동시에 발생하는 것도 아니고 또한 확실한 것도 아니다. 예를 들어 원재료 구입대금을 현금으로 지불하는 시기는 제품판매로 현금이 들어오는 시기와 다르다. 또한 미래의 매출액과 비용은 정확하게 예측할 수 있는 것이 아니기 때문에 현금흐름이 확실한 것도 아니다.

영업주기와 현금주기

간단한 예를 살펴보는 것으로 영업주기와 현금주기에 대한 설명을 시작하기로 한다. 어느 특정한 날(0일)에 1,000$의 재고를 외상으로 구입한다. 그리고 30일 후에 대금을 지불한다. 그리고 다시 30일 후에 어떤 구매자에게 1,000$의 재고를 1,400$에 판매한다. 구매자는 45일 동안 대금을 지불하지 않는다. 이러한 일련의 사건들을 정리하면 다음과 같다.

일(day)	활동	현금에 미치는 영향
0	재고의 획득	없음
30	재고구입에 대한 대금지급	–$1,000
60	재고를 외상으로 판매함	없음
105	판매대금의 회수	+$1,400

영업주기(operating cycle): 재고구입에서 판매대금의 회수까지 걸리는 시간

영업주기 앞의 예에서 살펴보아야 할 것이 여러 가지 있다. 첫째로 살펴보아야 할 것은 재고를 구입한 시점부터 판매대금을 회수하는 시점까지의 전체 주기이다. 이러한 주기를 **영업주기**(operating cycle)라고 부른다. 이 예에서 영업주기는 105일이다.

영업주기는 재고를 획득하고, 판매하고, 판매대금을 회수하는 일련의 활동이 한 번 이루어

지는 데 걸리는 시간을 말한다. 영업주기는 두 개의 기간으로 구성되어 있다. 첫 번째 부분은 재고를 구입하고 판매하는 데까지 걸리는 기간이다. 이 기간은 **재고기간**(inventory period)이라고 불린다. 앞의 예에서 이 기간은 60일이다. 두 번째 부분은 외상매출금을 회수하는 데 걸리는 기간이다. 이 기간은 **외상매출금기간**(accounts receivable period)이라고 불린다. 앞의 예에서 이 기간은 45일이다.

재고기간(inventory period): 재고획득 후 재고판매까지 걸리는 기간

외상매출금기간(accounts receivable period): 재고판매 후 대금회수까지 걸리는 기간

이러한 정의에 의하면 영업주기는 당연히 재고기간과 외상매출금기간의 합이 된다.

영업주기 = 재고기간 + 외상매출금기간
105일 = 60일 + 45일 **[18.4]**

영업주기는 제품이 유동자산 항목들 사이에서 어떻게 이동하는가를 설명해준다. 제품은 재고로 시작하여, 제품이 판매되면 외상매출금으로 전환되고, 판매대금이 회수되면 마지막으로 현금으로 전환된다. 각 단계에서 자산이 점점 현금에 가까운 것으로 전환하는 것을 살펴보라.

현금주기 두 번째로 살펴보아야 할 것은 현금흐름이 발생하는 시기와 활동이 이루어지는 시기가 서로 일치하지 않는다는 것이다. 예를 들어 재고구입 후 30일까지는 실제로 대금을 지불하지 않는다. 이러한 기간은 **외상매입금기간**(accounts payable period)이라고 불린다. 또한 30일에 현금을 지출하지만 재고판매 후 현금은 아직 회수되지 못하고 있다. 따라서 어떻게 해서든 1,000$의 현금을 105일 − 30일 = 75일 동안 조달해야 한다. 이러한 기간을 **현금주기**(cash cycle)라고 부른다.

외상매입금기간(accounts payable period): 재고구입 후 재고구입 대금지불까지 걸리는 기간

현금주기(cash cycle): 현금지불 후 현금회수까지 걸리는 시간

따라서 현금주기는 재고구입 대금을 현금으로 지급한 날부터 재고판매 대금을 현금으로 회수할 때까지 걸리는 기간을 말한다. 우리의 정의에 따르면, 현금주기는 영업주기와 외상매입금기간의 차이가 된다는 점에 주목하라.

현금주기 = 영업주기 − 외상매입금기간
75일 = 105일 − 30일 **[18.5]**

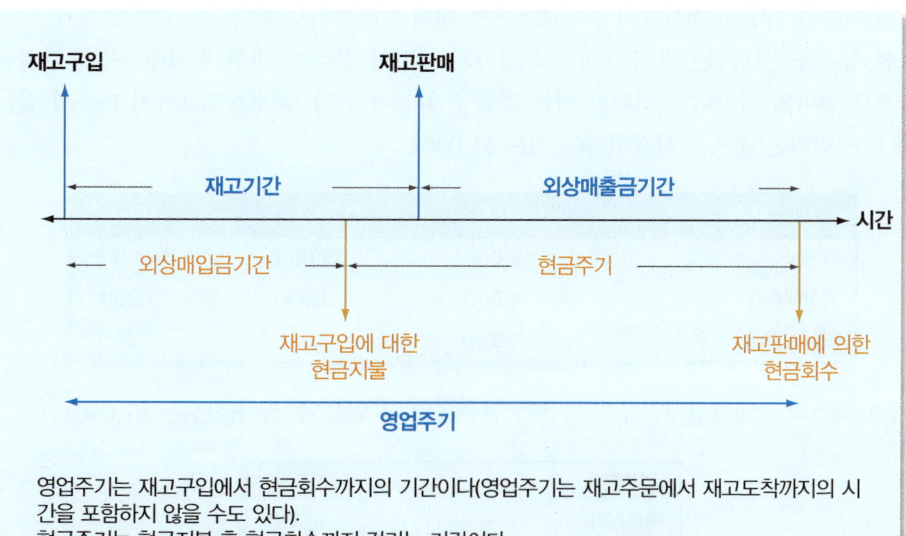

그림 18.1
전형적 제조업 기업의 현금흐름 시간선과 단기영업 활동

현금흐름시간선(cash flow time line): 영업주기와 현금주기를 나타낸 그래프

그림 18.1은 전형적 제조업 기업의 단기영업활동과 현금흐름을 **현금흐름시간선**(cash flow time line)을 통해 보여주고 있다. 그림에서 볼 수 있듯이 현금흐름시간선은 영업주기와 현금주기를 그래프 형태로 보여주고 있다. 그림 18.1에서 볼 수 있듯이, 현금유출과 현금유입 사이에 나타나는 시간적 갭(gap)은 단기재무관리의 필요성을 말해주고 있다. 이러한 시간적 갭은 영업주기와 외상매입금기간의 길이와 관련되어 있다.

단기적 현금유출과 현금유입의 차이는 차입이나 현금 또는 유가증권의 형태로 유동성을 확보하고 있음으로써 채워질 수 있다. 이러한 차이는 또한 재고기간, 외상매출금기간, 외상매입금기간을 변화시킴으로써 줄일 수 있다. 이러한 차이에 대해 어떻게 대처할 것인가는 모두 다음 절과 다음 장에서 논의할 경영상의 선택과 관련된 문제이다.

영업주기와 기업의 조직도

영업주기와 현금주기에 대해 보다 자세히 살펴보기 전에 기업의 유동자산과 유동부채를 관리하는 사람들에 대해 살펴볼 필요가 있다. 표 18.1은 대규모 주식회사에서의 단기재무관리에 많은 수의 재무 관련 관리자와 비재무 관련 관리자가 관여되어 있다는 것을 보여주고 있다. 표 18.1에서 신용판매와 관련해서는 신용관리자, 마케팅관리자, 경리관리자라는 적어도 세 종류의 관리자가 관여하고 있다는 것을 볼 수 있다. 이 세 관리자 중에서 두 관리자만이 재무담당 부사장에게 책임을 진다(마케팅 기능은 일반적으로 마케팅담당 부사장과 연결되어 있다). 따라서 관리자들 간에 갈등이 발생할 소지가 있으며, 특히 서로 다른 관리자가 그림의 일부분에만 집중할 때에는 더욱 갈등의 소지가 있다. 예를 들어 마케팅부서가 새로운 거래선을 유치하려고 노력 중이라면 마케팅부서는 이를 위해 보다 느슨한 신용조건을 추구할 수 있다. 그러나 그렇게 할 경우 기업의 외상매출금에 대한 투자가 증가하거나, 기업이 악성부채에 노출되는 위험이 증가하기 때문에 이로 인해 서로 다른 관리자들 간에 갈등이 발생할 수 있다.

영업주기와 현금주기의 계산

앞의 간단한 예에서는 여러 기간과 주기를 바로 쉽게 알 수 있었다. 그러나 재무제표에 대한 정보밖에 갖고 있지 않는 경우에 여러 기간과 주기들을 구하기 위해서는 약간의 계산을 해야 한다. 여기서는 이들을 어떻게 계산해서 알아내는지에 대해 살펴보기로 한다.

우선 재고를 판매하는 데 평균적으로 얼마의 기간이 걸리며, 또한 판매대금을 회수하는 데 평균적으로 얼마의 기간이 걸리는가 하는 것들을 알아야 한다. 재무상태표에서 다음과 같은 일부 정보를 수집하는 것으로 시작하자(단위는 $1,000).

항목	기초	기말	평균
재고	$2,000	$3,000	$2,500
외상매출금	1,600	2,000	1,800
외상매입금	750	1,000	875

또한 가장 최근의 손익계산서로부터 다음과 같은 수치를 얻을 수 있다(단위는 $1,000).

순매출액	$11,500
매출원가	8,200

관리자의 직책	단기재무관리와 관련된 임무	영향을 받은 자산/부채
현금관리자	현금의 회수, 집중, 지불; 단기투자; 단기차입; 은행과의 관계	현금, 유가증권, 단기차입금
신용관리자	외상매출금의 감독과 통제; 신용정책 결정	외상매출금
마케팅관리자	신용정책	외상매출금
구매관리자	구매와 원재료 공급자에 대한 결정; 지불조건의 조성	재고, 외상매입금
생산관리자	생산계획과 필요 원재료에 대한 결정	재고, 외상매입금
외상매입 관리자	지불정책의 결정, 할인구입에 대한 결정	외상매입금
경리관리자	현금흐름에 대한 회계적 정보; 외상매입금의 조정; 외상매출금 지급의 회계처리	외상매입금, 외상매출금

표 18.1
단기재무관리 문제를 다루는 관리자들

이제 몇 가지 재무비율을 구해야 한다. 재무비율들에 대해서는 3장에서 자세히 살펴보았다. 여기서는 필요한 비율만 사용하도록 한다.

영업주기 우선 재고기간을 알아야 한다. 재고(매출원가)에 8.2백만$가 지출되었다. 평균재고액은 2.5백만$이다. 따라서 한 해 동안의 재고자산회전율은 $8.2/$2.5 = 3.28회로 나타난다.[1]

$$\text{재고자산회전율} = \frac{\text{매출원가}}{\text{평균재고}}$$

$$= \frac{\$8.2\text{백만}}{\$2.5\text{백만}} = 3.28\text{회}$$

이는 한 해 동안 재고를 사고파는 것을 3.28번 했다는 것을 의미한다. 이는 다시 평균적으로 다음과 같은 기간 동안 재고를 보유하고 있었음을 의미한다.

$$\text{재고기간} = \frac{365\text{일}}{\text{재고자산회전율}}$$

$$= \frac{365\text{일}}{3.28} = 111\text{일}$$

따라서 재고기간은 약 111일이다. 다시 말해 평균적으로 재고는 판매되기 전에 약 111일 동안 재고로 남아 있었다.[2]

한편 외상매출금은 평균 1.8백만$이고, 매출액은 11.5백만$이다. 모든 판매가 외상으로 이루어졌다고 가정하면 외상매출금회전율은 다음과 같다.[3]

$$\text{외상매출금회전율} = \frac{\text{외상매출금}}{\text{평균외상매출금}}$$

---

[1]여기서 재고자산회전율을 계산할 때는 3장에서 기말재고를 사용한 것과는 다르게 평균재고를 사용했다. 현실에서는 두 가지 방법이 모두 사용된다. 평균치를 사용하는 연습을 하기 위해서 이 장에서는 재무비율들을 계산할 때 평균치를 사용하기로 한다.

[2]이 수치는 3장에서 설명한 평균재고일(days' sales in inventory)과 일치한다.

[3]100% 신용매출(외상매출)이 아니라면, 우리는 정보가 조금 더 필요하다. 즉, 한 해 동안의 신용매출액을 알아야 한다. 이에 대해서는 3장을 참고하라.

$$= \frac{\$11.5\text{백만}}{\$1.8\text{백만}} = 6.39\text{회}$$

외상매출금회전율이 6.39이므로 외상매출금기간은 다음과 같이 계산된다.

$$\text{재고기간} = \frac{365\text{일}}{\text{외상매출금회전율}}$$
$$= \frac{365}{6.39} = 57\text{일}$$

외상매출금기간을 외상매출금평균회수일(days' sales in receivables) 또는 평균회수기간(average collection period: ACP)이라고 부른다는 것은 3장에서 언급하였다. 어떻게 불리든 이는 고객이 대금을 지불하는 데 평균 57일이 걸린다는 것을 말해주고 있다.

영업주기는 재고기간과 외상매출금기간의 합이다.

$$\text{영업주기} = \text{재고기간} + \text{외상매출금기간}$$
$$= 111\text{일} + 57\text{일} = 168\text{일}$$

이는 재고를 구입하고 이를 판매하여 현금을 회수하기까지 평균적으로 168일이 걸린다는 것을 말해주고 있다.

현금주기 이제 외상매입금기간을 구해야 한다. 앞의 정보에 의하면 평균외상매입금은 875,000$이고, 매출원가는 8.2백만$이다. 따라서 외상매입금회전율은 다음과 같다.

$$\text{외상매입금회전율} = \frac{\text{매출원가}}{\text{평균외상매입금}}$$
$$= \frac{\$8.2\text{백만}}{\$0.875\text{백만}} = 9.37\text{회}$$

외상매입금기간은 다음과 같다.

$$\text{외상매입금기간} = \frac{365\text{일}}{\text{외상매입금회전율}}$$
$$= \frac{365}{9.37} = 39\text{일}$$

따라서 외상매입금을 지불하는 데 평균적으로 39일이 걸린다.

마지막으로, 현금주기는 영업주기와 외상매입금기간의 차이로 구한다.

$$\text{현금주기} = \text{영업주기} - \text{외상매입금기간} = 168\text{일} - 39\text{일} = 129\text{일}$$

따라서 재고구입 대금을 지불한 후 평균 129일이 지체되어 재고판매 대금이 현금으로 회수된다.

영업주기와 현금주기 **예제 18.2**

Slowpay에 대해 다음과 같은 정보를 수집하였다.

항목	기초	기말
재고	$5,000	$7,000
외상매출금	1,600	2,400
외상매입금	2,700	4,800

한 해 동안의 신용판매액(외상매출금)은 50,000$였으며 매출원가는 30,000$였다. Slowpay가 외상매출금을 회수하는 데는 얼마나 걸리는가? 상품은 판매되기 전까지 얼마 동안 재고로 남아 있는가? Slowpay는 얼마나 지나서 구매대금을 지불하는가?

먼저 세 가지의 회전율을 구한다.

재고자산회전율 = $30,000/6,000 = 5회
외상매출금회전율 = $50,000/2,000 = 25회
외상매입금회전율 = $30,000/3,750 = 8회

이들을 사용하여 여러 기간을 구하면 된다.

재고기간 = 365/5일5 = 73일
외상매출금기간 = 365/25일 = 14.6일
외상매입금기간 = 365/8일5 = 45.6일

모든 것을 계산한 결과, Slowpay의 평균회수기간은 14.6일, 평균재고기간은 73일, 평균외상매입금기간은 약 45.6일로 나타난다. 영업주기는 재고기간과 외상매출금기간의 합이므로 73일 + 14.6일 = 87.6일이다. 현금주기는 영업주기와 외상매입금기간의 차이이므로 87.6일 − 45.6일 = 42일이다.

현금주기의 해석

우리의 예는 현금주기가 재고기간, 외상매출금기간, 외상매입금기간에 의해 결정된다는 것을 알려주고 있다. 재고기간과 외상매출금기간이 길어질수록 현금주기는 증가한다. 기업이 외상매입금의 지불을 연기하여 외상매입금기간을 연장할 수 있다면 현금주기는 감소한다.

대부분의 기업은 양(+)의 현금주기를 갖고 있으며 따라서 재고와 외상매출금을 위한 자금을 필요로 한다. 현금주기가 길어질수록, 더 많은 자금이 필요해진다. 또한 기업의 현금주기는 종종 조기경보기의 역할을 한다. 현금주기가 길어진다는 것은 기업이 재고를 판매하거나 외상매출금을 회수하는 데 문제를 갖고 있다는 것을 알려준다. 이러한 문제는 적어도 부분적으로 외상매입금기간이 길어짐으로써 감춰질 수 있으므로 외상매입금기간도 동시에 검토되어야 한다.

기업의 현금주기가 기업의 수익성과 연결되어 있다는 점은 기업의 수익성과 성장을 결정짓는 기본적 요소 중 하나가 매출액/총자산으로 정의되는 총자산회전율이라는 것을 기억하면 쉽게 이해할 수 있다. 3장에서 우리는 총자산회전율이 높을수록 회계적 수익률인 총자산순이익률(return on asset: ROA)과 자기자본순이익률(return on equity: ROE)이 증가한다는 것을 보았다. 다른 것들이 동일하면 현금주기가 짧을수록 기업이 재고와 외상매출금에 투자되는 금액은 작아지게 된다. 또한 이에 따라 결과적으로 총자산이 작아지고 총자산회전율은 높아진다.

개념질문 _Concept Questions

18.2a 영업주기와 현금주기를 설명하라. 이들의 차이는 무엇인가?
18.2b 어떤 기업의 재고자산회전율이 4라는 것은 무엇을 말하는가?
18.2c 기업의 현금주기와 회계적 수익성이 서로 관련되어 있다는 것을 설명해보라.

18.3 단기재무정책의 몇 가지 측면

기업이 선택하는 단기재무정책은 적어도 두 가지 측면에서 구분될 수 있다.

1. **유동자산에 대한 투자규모:** 이는 보통 총매출액 수준과 관련하여 측정된다. 유연한(flexible) 또는 수용적(accommodative) 단기재무정책은 매출액에 비해 상대적으로 높은 유동자산을 유지하는 정책을 말한다. 제한적(restrictive) 단기재무정책은 매출액에 대한 유동자산의 비율을 낮게 유지하는 정책을 말한다.[4]
2. **유동자산에 대한 자금조달:** 이는 유동자산을 위한 자금을 조달하는 데 사용되는 단기부채(유동부채)와 장기부채의 비율로 측정된다. 이 경우, 제한적 단기재무정책은 장기부채에 비해 단기부채를 더 많이 사용하는 정책을 말하고, 유연한 단기재무정책은 단기부채에 비해 장기부채를 더 많이 사용하는 정책을 말한다.

이러한 두 측면을 혼합하면 유연한 정책을 갖고 있는 기업은 유동자산에 대해 상대적으로 큰 투자를 하며, 또한 그를 위한 자금을 상대적으로 더 적은 단기부채로 조달한다는 것을 알 수 있다. 따라서 유연한 정책은 순운전자본이 상대적으로 높게 나타나는 효과를 발생시킨다. 다시 말해 유연한(보수적) 정책을 갖는 기업은 전반적으로 보다 높은 유동성을 유지하는 기업이다.

유동자산에 대한 투자규모

유동자산에 대한 유연한(보수적) 단기재무정책은 다음과 같은 행동을 내포하고 있다.

1. 현금잔고와 유가증권의 보유액을 크게 유지한다.
2. 재고에 많은 투자를 한다.
3. 신용조건을 완화해 외상매출금의 크기를 크게 유지한다.

유동자산에 대한 제한적(공격적) 단기재무정책은 이와는 정반대되는 행동을 내포하고 있다.

1. 현금잔고와 유가증권 보유액을 작게 유지한다.
2. 재고에 적은 투자를 한다.
3. 신용판매를 억제해 외상매출금의 크기를 작게 유지한다.

단기자산(유동자산)에 대한 최적의 투자액을 결정하기 위해서는 서로 다른 단기재무정책들에서 나타나는 서로 다른 비용들을 확인해야 한다. 다시 말해 제한적 정책에서 발생하는 비용과 유연한 정책에서 발생하는 비용 사이의 상호교환 관계를 살펴보고 유동자산에 대한 최적의 투자

[4] 일부에서는 유연(flexible)이라는 표현 대신에 보수적(conservative)이라는 표현을 사용하며, 제한적(restrictive)이라는 표현 대신에 공격적(aggressive)이라는 표현을 사용하기도 한다.

액을 결정해야 한다.

유동자산의 보유액은 유연한(보수적) 단기재무정책에서는 가장 크고, 제한적(공격적) 단기재무정책에서는 가장 작다. 따라서 유연한 단기재무정책은 현금과 유가증권, 재고, 외상매출금에 대한 투자가 더 크다는 점에서 비용이 발생하는 정책이다. 그러나 유연한 정책에서는 보다 많은 미래현금흐름을 기대할 수 있다. 예를 들어 판매량은 고객에 대해 신용정책을 완화함으로써 증가할 수 있다. 또한 제품의 재고를 많이 갖고 있음으로써 고객에 대해 더 빨리 제품을 전달하고 이에 따라 판매량이 더 증가할 수 있다. 마찬가지로 원재료 재고를 많이 갖고 있으면 원료부족으로 인한 생산활동의 장애가 덜 발생할 수도 있다.

제한적 단기재무정책은 아마도 유연한 정책에서 달성할 수 있는 미래의 판매량보다 더 적은 미래의 판매량을 발생시킬 것이다. 또한 유연한 정책에서는 제품가격을 더 높게 책정할 수도 있을 것이다. 고객들은 빠른 배달과 더 완화된 신용조건에 대해 더 높은 가격을 지불하려고 할지 모른다.

유동자산에 대한 투자수준과 함께 증가하기도 하고 감소하기도 하는 비용들 사이의 상호교환 관계를 내포하고 있는 것이 유동자산의 관리라고 생각할 수 있다. 유동자산에 대한 투자가 증가할 때 그와 함께 증가하는 비용은 **유지비용**(carrying cost)이라고 불린다. 기업이 유동자산에 대한 투자를 많이 할수록 유지비용도 높아질 것이다. 유동자산에 대한 투자가 증가할 때 그와 함께 감소하는 비용은 **부족비용**(shortage cost)이라고 불린다.

유지비용(carrying cost): 유동자산에 대한 투자가 증가할수록 증가하는 비용

부족비용(shortage cost): 유동자산에 대한 투자가 증가할수록 감소하는 비용

일반적인 의미에서 유지비용은 유동자산과 관련된 기회비용이다. 유동자산의 수익률은 다른 자산과 비교할 때 상당히 낮다. 예를 들어 미재무부 단기채권의 수익률은 일반적으로 약 3~4%이다. 이는 기업이 달성하려는 전반적인 수익률과 비교할 때 매우 낮은 수준의 수익률이다(미재무부 단기채권은 기업이 보유하는 유가증권 중 중요한 것의 하나이다).

부족비용은 유동자산에 대한 투자가 적을 때 발생한다. 현금이 부족하다면 기업은 보유하고 있는 유가증권을 팔아야 한다. 현금이 부족할 때 판매할 수 있는 유가증권을 갖고 있지 않을 때에는 기업은 돈을 빌리거나 아니면 채무불이행에 빠질 수밖에 없다. 이러한 상황을 현금소멸(cash-out)이라고 부른다. 또한 재고가 없거나(stock-out), 고객에게 신용대출을 할 수 없다면 기업은 고객을 잃을지도 모른다.

좀 더 일반적으로 말하면 두 종류의 부족비용이 있다.

1. 거래비용 또는 주문비용: 주문비용은 추가적으로 현금을 마련하거나(예: 중개수수료) 추가적으로 재고를 갖는 데 따르는 비용(예: 생산착수비용)이다.
2. 안전재고의 부족과 관련된 비용: 이는 판매의 상실, 고객의 신뢰상실, 생산계획의 차질로 발생하는 비용이다.

그림 18.2의 위에 있는 그림은 유지비용과 부족비용 간에 존재하는 기본적인 상호교환관계를 보여주고 있다. 수직축은 비용을 나타내며, 수평축은 유동자산의 크기를 나타낸다. 유동자산이 없을 때 유지비용은 0이 되고, 유동자산이 증가함에 따라 점점 증가한다. 부족비용은 매우 높게 출발하여 유동자산이 증가함에 따라 감소하기 시작한다. 유동자산을 보유하는 데 따르는 총비용은 이 두 비용을 합한 비용이다. 총비용이 CA^*에서 최저점에 도달하는 것을 살펴보라. 이것이 유동자산의 최적 수준이다.

최적 유동자산의 크기는 유연한 정책에서 가장 높게 나타난다. 이 정책에서는 유지비용이

그림 18.2
유지비용과 부족비용

단기재무정책: 유동자산에 대한 최적 투자

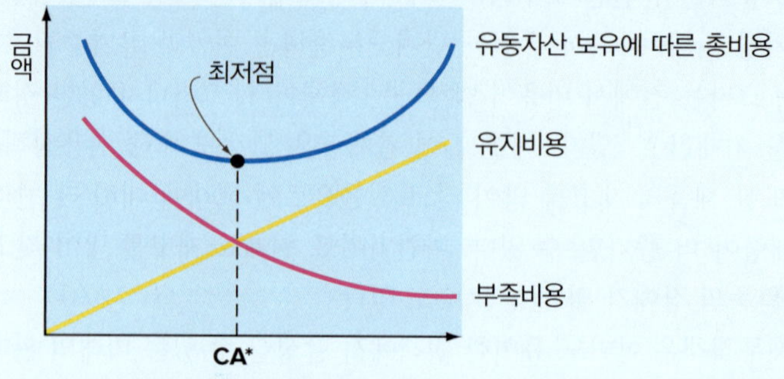

CA*는 최적 유동자산의 크기를 나타낸다.
이 정도 크기의 유동자산을 갖는 것이 유동자산과 관련된 총비용을 최소화하는 것이다.

유지비용은 유동자산에 대한 투자와 함께 증가한다. 유지비용은 경제적 가치를 유지하는 비용과 기회비용을 포함한다. 부족비용은 유동자산에 대한 투자와 함께 감소한다. 부족비용은 거래비용과 유동자산의 부족과 관련된 비용(예: 현금의 부족)을 포함한다. 기업의 단기재무정책은 유연한 정책과 제한적 정책으로 구별될 수 있다.

A. 유연한(보수적) 정책

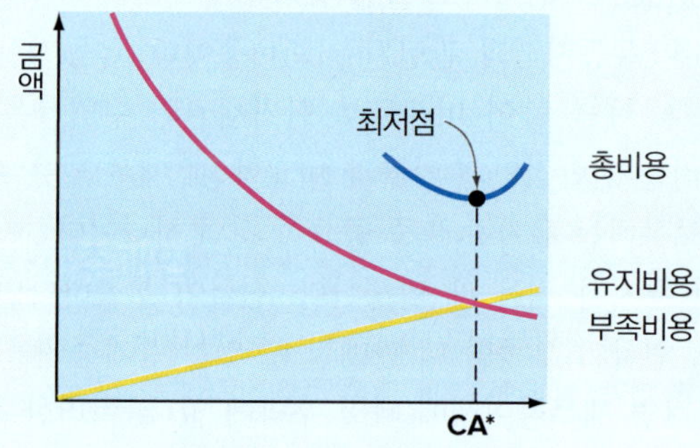

유연한 정책은 유지비용이 부족비용보다 상대적으로 적을 때 가장 적합하다.

B. 제한적(공격적) 정책

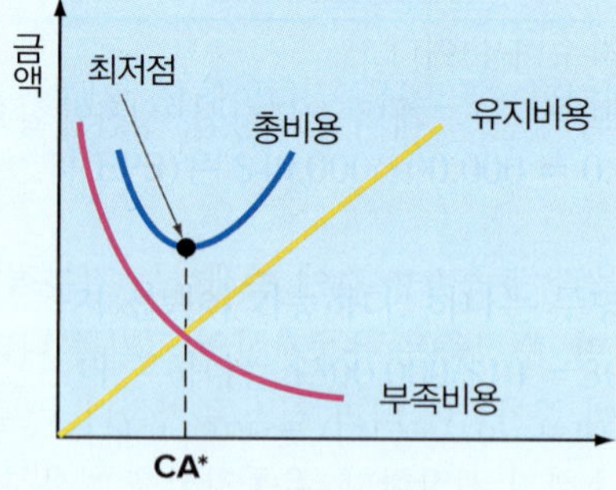

제한적 정책은 유지비용이 부족비용보다 상대적으로 높을 때 가장 적합하다.

부족비용보다 상대적으로 낮은 것으로 인식된다. 이는 그림 18.2에서 A의 경우이다. 이와는 대조적으로, 유동자산에 대한 제한적 정책에서는 유지비용이 부족비용보다 상대적으로 높은 것으로 인식되어 유동자산을 적게 보유한다. 이는 그림 18.2에서 B의 경우이다.

유동자산에 대한 자금조달정책

앞의 절에서는 유동자산에 대한 투자규모를 결정짓는 기본요소들에 대해 살펴보았다. 이는 재무상태표상의 자산 측면을 살펴본 것이었다. 여기서는 자금조달 측면에 대해 살펴보기로 한다. 따라서 유동자산에 대한 투자수준이 정해졌다고 가정하고, 단기부채와 장기부채로 조달할 금액의 상대적 크기에 대해 살펴보기로 한다.

이상적인 상황 가장 간단한 상황인 "이상적인(ideal)" 상황을 살펴보는 것으로 시작하자. 여기서 이상적인 상황이란 단기자산(유동자산)을 위한 자금은 항상 단기부채로 조달되고, 장기자산(고정자산)을 위한 자금은 항상 장기부채와 자기자본으로 조달되는 상황을 말한다. 이러한 상황에서는 순운전자본이 항상 0이 된다.

곡물저장용 탱크를 운영하는 간단한 경우를 살펴보기로 하자. 곡물용 저장탱크를 운영하는 기업들은 수확된 곡물을 구입하고 이를 저장한 후 해당연도에 곡물을 판매한다. 이러한 기업들은 곡물 수확철에는 높은 곡물재고량을 가지며 다음 수확철 직전에는 매우 낮은 곡물재고량을 갖는다.

곡물 구입비용과 저장비용을 지불하기 위한 자금은 1년 미만의 상환기간을 갖는 은행대출로 조달한다. 은행대출금은 곡물판매로 들어오는 돈을 가지고 상환한다.

그림 18.3은 이러한 상황을 보여준다. 장기자산(고정자산)은 시간이 지남에 따라 증가하는 것으로 가정되지만, 한 해 동안의 유동자산은 수확철에 증가하고 그 이후로는 점점 감소한다. 따라서 유동자산은 다음 수확철 직전에는 거의 0이 된다. 유동자산을 위한 자금은 단기부채에 의해 조달되고, 고정자산을 위한 자금은 장기부채와 자기자본으로 조달된다. 순운전자본(유동자산-유동부채)은 항상 0이다. 그림 18.3은 "톱니"와 같은 자금조달 형태를 보여준다. 이러한 형태는 다음 장에서 살펴볼 현금관리에서도 다시 보게 될 것이다. 이제 덜 이상적인 상황에서 유동자

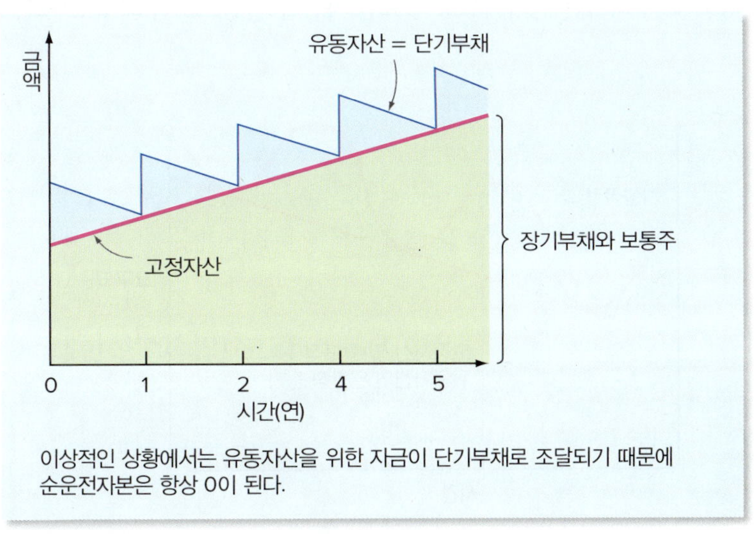

이상적인 상황에서는 유동자산을 위한 자금이 단기부채로 조달되기 때문에 순운전자본은 항상 0이 된다.

그림 18.3
이상적인 상황에서의 자금조달정책

산을 위한 자금을 조달하는 대안들에 대해서 살펴보기로 하자.

유동자산에 대한 다른 자금조달정책 현실적으로 유동자산이 0이 되는 경우는 거의 없다. 예를 들어 장기적으로 증가하는 판매량은 유동자산에 대해서도 일정한 크기의 항구적인 투자를 요구하게 될 것이다. 또한 장기자산에 대한 기업의 투자도 상당한 변화를 보일 수 있다.

성장하는 기업은 사업을 효율적으로 운영하기 위해 유동자산과 장기자산으로 구성된 총자산을 갖고 있는 것으로 생각할 수 있다. 필요한 총자산의 규모는 (1) 일반적 성장추세, (2) 추세를 중심으로 나타나는 계절적 변화, (3) 예상되지 않은 일별 변화와 월별 변화 등을 포함한 여러 이유로 인해 시간이 지나감에 따라 변화할 수 있다.

그림 18.4는 이러한 상황을 보여주고 있다. (필요한 총자산에서 예측할 수 없는 일별 또는 월별 변화는 반영하지 않았다.)

그림 18.4의 봉우리와 골짜기를 갖는 곡선은 기업의 총자산이 시간이 지나감에 따라 변하는 것을 나타낸다. 예를 들어 정원관리용품을 판매하는 회사의 경우에 봉우리는 성수기인 봄을 앞둔 시점에서 재고가 증가할 때 나타날 수 있다. 또한 골짜기는 비수기에 재고가 낮아질 때 나타날 수 있다. 주기적인 수요에 대응하기 위해 이 회사가 고려할 수 있는 전략에는 두 가지가 있다. 첫째, 이 회사는 비교적 많은 유가증권을 보유할 수 있다. 재고나 기타 유동자산의 필요성이 증가할 때 이 회사는 유가증권을 팔아 필요한 유동자산을 확보하기 위한 현금을 마련한다. 일단 재고가 판매되어 줄어들기 시작하면 이 회사는 유가증권에 재투자한다. 이러한 전략은 그림 18.5에서 정책 F로 표시되어 있는 유연한 단기재무정책을 취하는 전략이다. 필요한 유동자산의 변화에 대한 완충장치로 이 회사가 기본적으로 사용하는 것은 유가증권이라는 점을 주목하라.

한편, 이와는 정반대로 이 회사는 유가증권을 거의 보유하지 않을 수 있다. 재고나 기타 유동자산의 필요성이 증가하면 이 회사는 단순히 현금을 단기로 빌린다. 그리고 유동자산의 필요성이 줄어들면 빌린 돈을 상환한다. 이러한 전략은 그림 18.5에서 "정책 R"로 표시되어 있는 제한적 단기재무정책을 취하는 전략이다.

그림 18.5에 있는 두 전략을 비교할 때 이들 간의 중요한 차이점은 필요한 자산의 계절적 변화에 대해 자금을 조달하는 방법에 있다는 것을 주목하라. 유연한 정책을 취하는 경우에 이 회사는 자신이 보유하고 있는 현금과 유가증권을 이용하여 내부적으로 자금을 조달한다. 제한적 정책을 취하는 경우에 이 회사는 단기적으로 필요한 자금을 빌림으로써 외부로부터 자금을 조달한

그림 18.4
시간이 지남에 따라 요구되는 총자산의 크기

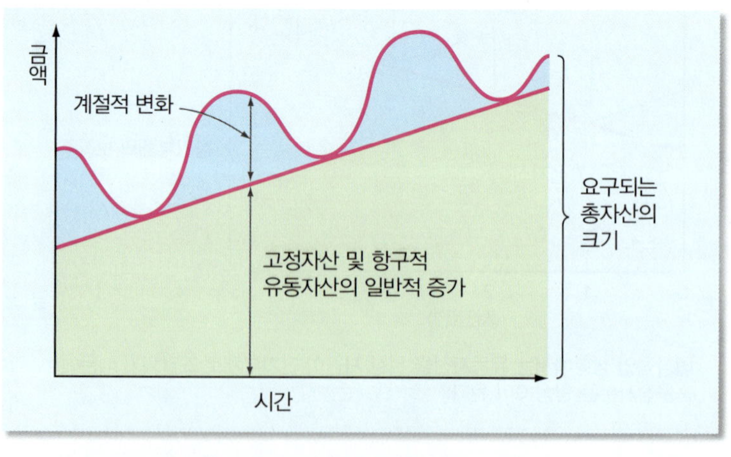

그림 18.5 유동자산에 대한 자금조달정책들

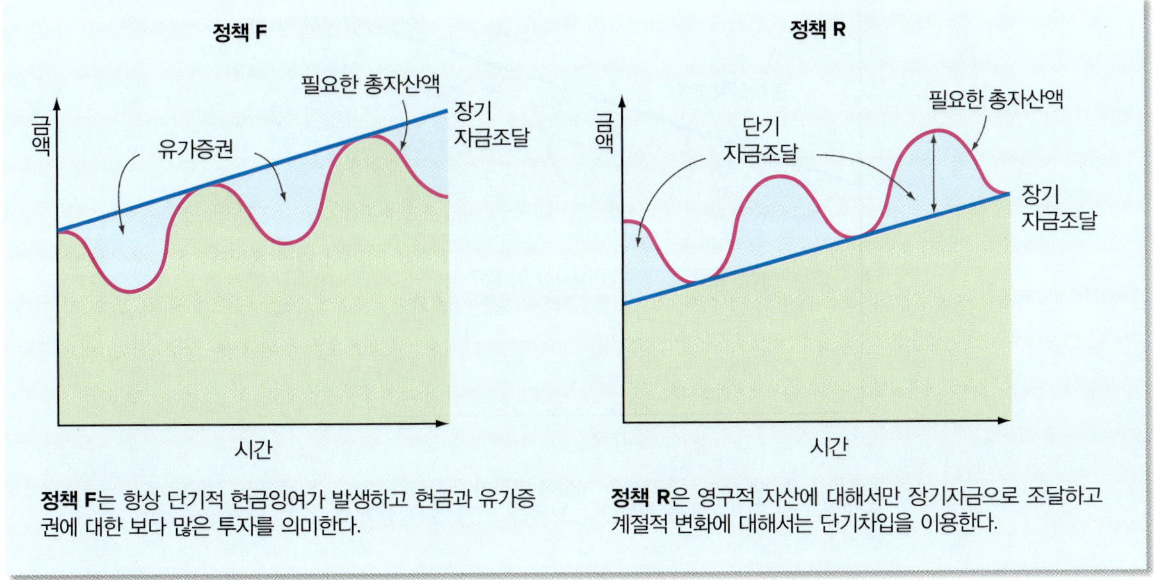

정책 F는 항상 단기적 현금잉여가 발생하고 현금과 유가증권에 대한 보다 많은 투자를 의미한다.

정책 R은 영구적 자산에 대해서만 장기자금으로 조달하고 계절적 변화에 대해서는 단기차입을 이용한다.

다. 앞에서 설명한 것처럼, 다른 것들이 동일하면 유연한(보수적) 정책을 갖는 기업이 순운전자본에 대해 더 많이 투자하게 될 것이다.

어떤 재무정책이 가장 좋은가?

가장 적절한 수준의 단기부채액은 얼마인가? 이에 대한 단정적인 답은 없다. 다만 적절한 분석을 위해서는 몇 가지 점들이 고려되어야 한다.

1. 현금보유액: 유연한 정책은 잉여현금이 존재하고 단기차입이 거의 없는 것을 의미한다. 이러한 정책은 기업이 재무적 곤경에 처할 확률을 줄여준다. 기업은 되풀이하여 나타나는 단기적 채무를 갚는 데 큰 걱정을 할 필요가 없을지도 모른다. 그러나 현금과 유가증권에 대한 투자는 잘해야 그 순현가가 0인 투자이다.
2. 만기헤징: 대부분의 기업들은 자산과 부채의 만기를 맞추려고 한다. 따라서 기업들은 재고를 위한 자금은 은행을 통한 단기대출로 조달하고, 고정자산을 위한 자금은 장기자금으로 조달한다. 다시 말해 기업들은 수명이 긴 자산을 위한 자금을 단기차입으로 조달하는 것을 피하려는 경향을 갖는다. 자산의 성격과 자금의 성격을 잘못 짝짓는 것은 자금을 자주 재조달하게 만들고 또한 단기이자율이 장기이자율에 비해 변동이 더 심하기 때문에 본질적으로 더 위험한 것이다.
3. 상대적 이자율: 일반적으로 단기이자율은 장기이자율보다 낮다. 이는 단기차입에 의존하여 자금을 빌리는 것보다 장기차입에 의해 자금을 조달하는 것이 평균적으로 더 많은 비용을 발생시킨다는 것을 의미한다.

그림 18.5의 두 정책 F와 R은 물론 극단적인 경우이다. 정책 F에서 이 기업은 단기차입을 전혀 하지 않는다. 정책 R에서 이 기업은 현금(유가증권에 대한 투자)을 전혀 보유하지 않는다. 그림 18.6은 이 두 정책을 절충한 정책 C를 보여주고 있다.

그림 18.6
절충적 재무정책

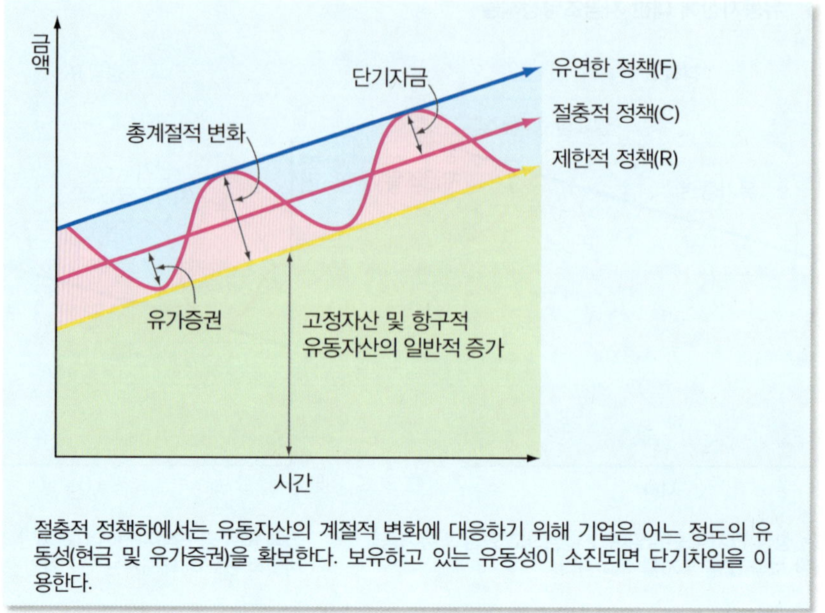

절충적 정책하에서는 유동자산의 계절적 변화에 대응하기 위해 기업은 어느 정도의 유동성(현금 및 유가증권)을 확보한다. 보유하고 있는 유동성이 소진되면 단기차입을 이용한다.

이러한 절충적 단기재무정책에서 이 기업은 자금이 많이 필요한 기간에는 단기로 자금을 빌리며, 자금의 필요성이 줄어드는 기간에는 유가증권 형태로 현금을 보유한다. 유동자산의 필요성이 증가하면 이 기업은 이에 필요한 자금을 단기로 빌리기 전에 보유하고 있는 현금을 자금으로 활용한다. 이는 단기차입에 의존하기 전에 어느 정도의 유동자산을 확보할 수 있게 해준다.

현실적으로 나타나는 유동자산과 유동부채의 비중

전형적인 기업에서 유동자산은 총자산의 상당한 부분을 차지하고 있다. 미국의 제조회사, 광업회사, 무역회사의 경우 1960년대에 유동자산은 총자산의 약 50%를 차지하고 있었다. 오늘날 이 수치는 40%에 가까운 것으로 나타나고 있다. 유동자산의 비중이 이렇게 감소한 이유의 대부분은 보다 효율적인 현금관리와 재고관리 때문이다. 같은 기간 동안 유동부채는 부채와 자기자본 총액의 약 20%에서 거의 30%로 증가했다. 그 결과 총자산에 대한 순운전자본의 비율로 측정된 유동성이 줄어들었으며, 이는 기업들이 보다 제한적(공격적) 단기재무정책을 취하는 것으로 이동했다는 것을 알려주고 있다.

대부분의 재무분석 영역과 마찬가지로, 영업 및 현금 주기는 산업 및 회사에 따라 고유한 특성이 있다. Hackett Group은 다양한 산업의 운전자본에 대한 연례 설문조사를 발표한다. 이 설문조사의 결과는 산업 전반에 걸쳐 현금주기와 영업주기의 차이를 강조한다. 표 18.2는 4개의 다른 산업 각각에 대해 영업 및 현금주기를 보여주고 있다. 이 중에서 식품소매업은 영업주기가 가장 짧고, 인터넷 소매업은 현금주기가 가장 짧다. 재고기간은 인터넷 소매업이 가장 짧고, 의료전문업이 가장 길다. 인터넷 소매업의 재고기간이 짧은 이유는 부분적으로 제품이 제휴 판매자로부터 직접 선적되기 때문이다.

식품 및 인터넷 소매업의 영업주기는 비슷하지만, 인터넷 소매업의 현금주기는 훨씬 짧은데 그 이유는 외상매입금기간이 길기 때문이다. 식품업의 경우 고객들은 현금으로 지불하거나 신용카드를 이용하기 때문에 외상매출금 기간이 매우 짧다. 그 결과 이 산업의 기업들은 외상매출금이 아주 적거나 전혀 없다. 의료 전문업은 다른 산업보다 외상매출금기간이 긴데 그 이유는 보험금 지급이 늦게 이루어지기 때문이다. 긴 재고기간과 함께 이는 의료전문업의 영업 주기가 거의 6개월에 달함을 의미한다.

영업 및 현금주기가 산업에 따라 상당히 다를 수 있음을 확인했지만, 이러한 주기는 동일한 산업 내의 회사에서도 다를 수 있다. 표 18.3은 선택된 인터넷 및 카탈로그 소매 회사의 영업 및 현금주기를 보여주고 있다. 보는 바와 같이 차이점들이 있다. Wayfair와 Amazon은 모두 음의 현금주기를 가지고 있다. 하지만 두 회사는 다른 이유로 음의 현금주기를 가지고 있다. Wayfair는 외상매출금기간과 재고기간이 모두 낮은 데 비해, Amazon은 두 지표 모두에서 훨씬 더 크다. 하지만 Amazon의 외상매입금기간은 110일, 거의 4개월이다.

영업 및 현금주기를 볼 때 각 지표는 실제로 재무비율이라는 것을 놓쳐서는 안 된다. 다른 어떤 재무비율과도 마찬가지로 회사 및 산업의 특성이 이 지표에 영향을 미치므로 주의를 기울여 해석해야 한다. 예를 들어, Lands' End를 보면 이 회사는 재고기간이 길다. 이게 나쁜 일인가? 아마 그렇지 않을 것이다. Lands' End는 표의 다른 세 회사와 비교하여 비즈니스 모델이 다르며 결과적으로 다른 재고관리 전략을 가지고 있는 것이다.

개념질문 _Concept Questions

18.3a 현실적으로 순운전자본이 항상 0이 되는 이상적인 상황이 나타나지 않는 이유는 무엇인가?

18.3b 유동자산에 대한 최적 투자수준을 결정할 때 고려해야 하는 점은 무엇인가?

18.3c 유연한 순운전자본정책과 제한적 순운전자본정책 사이에서 최적의 절충정책을 찾는 데 고려해야 할 점은 무엇인가?

표 18.2
여러 산업의 영업주기와 현금주기

	외상매출금기간 (일수)	재고기간 (일수)	영업주기 (일수)	외상매입금기간 (일수)	현금주기 (기간)
식품소매업	6	36	42	28	14
건축자재업	43	53	96	37	59
인터넷 및카탈로그 소매업	14	31	45	50	–5
의료전문업	63	110	173	52	121

출처: *2019 Working Capital Survey*, The Hackett Group.

표 18.3
인터넷 및 카탈로그 소매업에 속한 기업의 영업주기와 현금주기

	외상매출금기간 (일수)	재고기간 (일수)	영업주기 (일수)	외상매입금기간 (일수)	현금주기 (기간)
Amazon.com	19	50	69	110	-41
Wayfair	3	3	6	47	-41
Qurate Retail	48	53	20	43	58
Lands' End	9	141	10	54	96

출처: *2019 Working Capital Survey*, The Hackett Group.

18.4 현금예산

현금예산(cash budget): 다음 계획기간 동안 예상되는 현금수령액과 현금지출액을 추정하는 것

현금예산(cash budget)은 단기재무계획의 주요 수단이다. 현금예산은 재무관리자로 하여금 단기금융의 필요성과 기회를 확인하게 해준다. 현금예산의 중요한 기능 중 하나는 경영자가 단기차입의 필요성을 확인하는 것을 돕는 것이다. 현금예산의 개념은 간단하다. 현금예산은 추정되는 현금수령액(현금유입액)과 현금지출액(현금유출액)을 기록하는 것이다. 그리고 그에 따라 현금잉여액과 현금부족액을 추정한다.

매출액과 현금회수

Fun Toys Corporation을 예로 하여 이 회사의 분기(3개월)별 현금예산을 작성해보기로 하자. 현금예산은 월별, 주별, 심지어 일별로도 작성될 수 있다. 우리가 분기별 현금예산을 택한 것은 편의를 위한 것이기도 하지만, 분기별 기간이 일반적인 단기 사업계획 기간이기 때문이다. (이 예에서 사용되는 수치의 단위는 모두 백만 달러이다.)

Fun Toys의 모든 현금유입은 장난감 판매로부터 발생한다. 따라서 Fun Toys의 현금예산은 다음 해의 분기별 판매예측에서 출발해야 한다.

	1분기	2분기	3분기	4분기
매출액(단위: 백만$)	$200	$300	$250	$400

이 수치는 예상매출액이기 때문에 예측위험이 있다는 것을 유의해야 한다. 실제의 매출액은 이보다 더 클 수도 작을 수도 있다. Fun Toys의 연초 외상매출금은 120$이다.

Fun Toys의 외상매출금기간(평균회수기간)은 45일이다. 이는 어떤 분기의 외상매출액의 절반이 다음 분기에 회수된다는 것을 의미한다. 분기의 처음 45일 동안 발생한 외상매출액은 그 분기에 회수되고, 두 번째 45일 동안 발생한 외상매출액은 다음 분기에 회수되는 것이다. 우리는 각 분기를 90일로 가정한다. 따라서 회수기간이 45일이라는 것은 회수기간이 반분기라는 것과 같은 말이다.

이러한 판매예측에 근거하여 Fun Toys의 현금회수를 추정해야 한다. 첫째, 각 분기 초에 Fun Toys가 갖고 있는 외상매출금(매출채권)은 45일 내에 회수될 것이므로, 그러한 외상매출금은 모두 그 분기 내에 회수될 것이다. 둘째, 앞에서 언급한 것과 같이 각 분기에 발생하는 외상매출액 중 처음 45일 동안에 발생한 매출은 모두 그 분기 내에 회수될 것이다. 따라서 분기별 총현금회수액은 다음과 같이 된다.

분기별 총현금회수액 = 분기 초 외상매출금 + 1/2 × 분기별 외상매출금 [18.6]

현금예산을 포함하여 여러 유용한 템플릿을 알고 싶다면 **www.toolkit.com**을 참조하라.

1분기의 현금회수액은 연초 외상매출금 120$에 1분기 외상매출액의 절반인 1/2 × $200 = 100$를 더한 것이 되어 총 220$가 될 것이다.

또한 1분기의 추정매출액이 200$이므로 분기 말 외상매출금은 100$가 되며, 이는 2분기의 기초 외상매출금이 될 것이다. 따라서 2분기의 현금회수액은 100$에 추정매출액 300$의 절반을 더한 총 250$가 될 것이다.

이러한 식으로 계속 살펴보면 표 18.4가 요약해서 보여주고 있는 Fun Toys의 분기별 추정 현금회수액을 구할 수 있다.

표 18.4
Fun Toys의 현금회수액 (단위: 백만$)

	1분기	2분기	3분기	4분기
분기 초 외상매출금	$120	$100	$150	$125
매출액	200	300	250	400
현금회수액	− 220	− 250	− 275	− 325
분기 말 외상매출금	$100	$150	$125	$200

분기별 현금회수 = 분기 초 외상매출금 + 1/2 × 분기별 외상매출금
분기 말 외상매출금 = 분기 초 외상매출금 + 분기별 외상매출금 − 분기별 현금회수액
= 1/2 × 분기별 외상매출금

표 18.4에서는 현금회수만이 유일한 현금의 원천이다. 물론 항상 이와 같은 것은 아니다. 다른 현금의 원천들이 있을 수 있으며 그러한 것들 중에는 자산매각, 투자소득, 장기자금조달계획에 의해 조달되는 자금 등이 포함될 수 있다.

현금유출

다음으로 현금지출에 대해 살펴본다. 현금지출은 크게 네 가지 범주로 구분된다.

1. 외상매입금의 지불: 이는 원재료 공급자들이 제공한 재화와 서비스에 대한 현금지불이다. 일반적으로 이러한 현금지불은 구매 후 어느 정도 시간이 지난 후에 이루어진다.
2. 임금, 세금, 기타 비용: 여기에는 사업을 하는 데 일상적으로 발생하고 또한 실제로 지불되는 다른 모든 비용들이 포함된다. 감가상각비는 사업을 하는 데 일상적으로 발생하는 비용이라고 생각되지만 실제로 현금이 지불되는 것이 아니므로 이에 포함되지 않는다.
3. 자본지출: 수명이 긴 자산에 대한 현금지출이다.
4. 장기금융비용: 여기에 속하는 것으로는 예를 들어 장기부채에 대한 이자지급과 주주들에게 지급되는 배당금이 있다.

Fun Toys가 원재료 공급자들로부터 구매하는 재화나 서비스의 금액은 다음 분기 예상매출액의 60%이다. Fun Toys가 원재료 공급자들에게 지불하는 현금의 크기는 이전 분기에 구입한 금액과 같다. 따라서 Fun Toys의 외상매입금기간은 90일이다. 예를 들어 지난해 마지막 분기에서 Fun Toys가 공급자들에게 $200 × 0.6 = 120$어치를 주문했다면 이에 대한 실제 대금지불은 올해 1분기에 이루어질 것이다.

임금, 세금, 기타 비용은 항상 매출액의 20%이고, 이자와 배당금은 분기별로 20$라고 하자. 또한 Fun Toys는 2분기에 100$(자본지출)를 들여 공장을 확장할 계획을 갖고 있다. 이러한 정보를 종합하면 분기별 현금유출은 표 18.5처럼 나타난다.

현금잔고

예측되는 순현금유입(net cash inflow)은 현금회수액과 현금지출액의 차이이다. Fun Toys의 순현금유입액은 표 18.6에 정리되어 있다. 표에서 바로 알 수 있는 것은 1분기와 3분기에서는 현금잉여가 발생하고 2분기와 4분기에서는 현금부족이 발생한다는 것이다.

우리는 Fun Toys가 연초에 20$의 현금잔고를 갖고 있다고 가정한다. 또한 Fun Toys는 예측할 수 없는 돌발상황과 예측오차를 대비해서 최소 10$의 현금잔고를 유지한다. 따라서 이 회사는 20$의 현금을 갖고 1분기를 시작한다. 현금잔고는 1분기에 40$ 증가한다.

따라서 1분기의 현금잔고는 60$가 된다. 이 중 10$를 최소현금보유액으로 남겨두므로 이를

표 18.5
Fun Toys의 현금 지출액(단위: 백만$)

	1분기	2분기	3분기	4분기
외상매입금(매출액의 60%)	$ 120	$ 180	$ 150	$ 240
임금, 세금, 기타 비용	40	60	50	80
자본지출	0	100	0	0
장기금융비용(이자와 배당금)	20	20	20	20
총현금지출액	$180	$360	$220	$340

표 18.6
Fun Toys의 순현금 유입(단위: 백만$)

	1분기	2분기	3분기	4분기
총현금회수액	$220	$250	$275	$325
총현금지출액	180	360	220	340
순현금유입액	**$ 40**	**−$110**	**$ 55**	**−$ 15**

빼주면 1분기에 $60 − $10 = 50$의 현금잉여가 발생하는 것을 알 수 있다.

Fun Toys는 2분기를 60$(이전 분기의 현금잔고)를 갖고 시작한다. 2분기에는 −110$의 순현금유입이 발생하므로 2분기의 현금잔고는 $60 − $110 = −50$가 된다. 최소현금보유액으로 10$가 필요하므로 총부족액은 −60$가 된다. 이런 식으로 계산한 결과가 표 18.7에 정리되어 있다.

2분기 말에 Fun Toys는 60$의 현금부족을 발생시키고 있다. 이는 매출의 계절적 패턴, 미회수금액의 증가, 자본지출 때문에 발생한 것이다.

3분기에는 Fun Toys의 현금상황이 어느 정도 개선되어 5$의 현금부족이 발생할 것으로 추정되고 있지만, 연말에 가서 여전히 20$의 현금부족이 발생하는 것으로 예측되고 있다. 따라서 어떤 형태로든 자금을 조달하지 않으면 이 부족액은 다음 해로 넘어갈(이월될) 것이다. 다음 절에서는 현금조달수단들에 대해 살펴볼 것이다.

Fun Toys의 현금상황에 대해서는 다음과 같은 일반적인 설명을 할 수 있다.

1. 2분기에 발생하는 많은 현금유출이 반드시 문제가 있음을 알려주는 것은 아니다. 이는 매출액 증대에 따라 발생한 회수되지 않은 현금액의 증가와 계획된 자본지출(아마도 가치 있는 것)의 결과이다.
2. 이 예에서의 수치는 예측치이다. 실제로 나타나는 매출액은 예측치보다 훨씬 나쁠 수도 있고 훨씬 좋을 수도 있다.

표 18.7
Fun Toys의 순현금 유입(단위: 백만$)

	1분기	2분기	3분기	4분기
분기 초 현금잔고	$20	$ 60	−$50	$ 5
순현금유입	**40**	**− 110**	**55**	**− 15**
분기 말 현금잔고	$60	−$ 50	$ 5	−$10
최소현금보유액	− 10	− 10	− 10	− 10
누적현금잉여(부족)액	$50	−$ 60	−$ 5	−$20

개념질문 _Concept Questions

18.4a Fun Toys의 순현금잔고에 대해 (11장에서 살펴본) 민감도 분석을 어떻게 할 수 있는가?
18.4b 그러한 분석에서 무엇을 알 수 있는가?

단기차입 18.5

Fun Toys는 단기자금 문제를 갖고 있다. 내부자금으로는 2분기에 나타날 것으로 예측되는 현금유출에 대응할 수 없다. 이러한 현금부족을 어떻게 대처할 것인가는 이 회사의 재무정책에 달려 있다. Fun Toys가 매우 유연한(보수적) 재무정책을 갖고 있다면 Fun Toys는 6천만$를 장기부채로 조달하려고 할지 모른다.

현금부족액의 대부분이 대규모의 자본지출로 인해 발생하는 것이므로 이러한 점이 필요한 금액을 장기자금으로 조달하게 만들 수도 있다. 그러나 장기자금의 조달에 대해서는 다른 곳에서 설명했기 때문에 여기서는 (1) 무담보차입과 (2) 담보차입이라는 두 가지 단기차입에 대해서만 살펴보기로 한다.

무담보대출

일시적인 현금부족액을 조달하는 가장 일반적인 방법은 단기무담보 은행대출을 받는 것이다. 단기은행대출을 이용하는 기업들은 종종 신용한도를 설정한다. **신용한도**(line of credit)는 기업이 은행으로부터 특정한 금액까지 대출받을 수 있도록 되어 있는 계약을 의미한다. 신용한도가 단기적 목적으로만 이용되는 것을 확실히 하기 위해서 은행은 때때로 기업이 차입액을 갚아 일년 중 상당한 기간 동안 한도액을 0으로 유지할 것을 요구하기도 한다. 이러한 기간을 정화기간(cleanup period)이라고 부르는데 보통 60일이다.

신용한도(line of credit): 공식적(약정된) 또는 비공식적(약정되지 않은)으로 사전에 정해진 단기은행대출

신용한도는 약정된(committed) 것과 약정되지 않은(noncommitted) 것으로 구별된다. 비약정신용한도(noncommitted line of credit)는 기업이 통상적인 서류 제출 없이 (마치 신용카드의 사용한도액처럼) 사전에 정해진 일정한 금액까지 빌릴 수 있게 되어 있는 신용한도이다. 한편, 회전신용계약(revolving credit arrangement) 또는 간단히 리볼버(revolver)라고 불리는 것은 신용한도와 매우 유사하지만 신용한도가 연단위로 평가되고 계약되는 것과는 달리 2년 이상 계약되는 것을 의미한다.

약정신용한도(committed lines of credit)는 보다 공식적인 법적 계약으로 이루어지는 신용한도로, 일반적으로 기업이 은행에게 약정수수료를 지불한다. (수수료는 일반적으로 연간 총약정금액의 0.25%로 되어 있다.) 신용한도의 이자율은 은행의 프라임대출금리에 추가적인 얼마의 이자율을 더한 것으로 정해지며, 또한 일반적으로 이자율은 변동금리이다. 약정신용한도에 대해 기업이 약정수수료를 지불하는 것은 기본적으로 은행이 (차입자의 지위에 중대한 변화가 발생하지 않는 한) 계약을 철회하지 않도록 보장하는 보험을 구입하는 것과 같다.

보상예금 신용한도나 기타 대출계약의 일부분으로 은행은 때때로 기업이 빌리는 금액의 일부를 저축할 것을 요구한다. 이러한 금액을 보상예금이라고 부른다. **보상예금**(compensating balance)은 은행이 매우 낮은 이자를 주거나, 이자를 전혀 주지 않는 계좌에 기업의 돈을 강제적으

보상예금(compensating balance): 은행과의 대출계약에 포함되어 있는 것으로 이자가 전혀 또는 거의 붙지 않는 계좌에 기업이 저축해야 하는 금액

로 갖고 있는 것이다. 이자를 전혀 또는 거의 받지 않고 이러한 금액을 은행에 남겨둠으로써 기업은 신용한도로 설정한 금액에 대해 은행이 받는 실효이자율을 높여 주는 것이다. 따라서 이는 은행에게 "보상(compensating)"하는 것이 된다. 통상적으로 보상예금은 대출액의 2~5%이다.

보상예금의 비용 보상예금은 이자가 전혀 붙지 않거나, 거의 붙지 않는 계좌에 저축되기 때문에 분명히 기회비용을 발생시킨다. 예를 들어 100,000$의 신용한도에 10%의 보상예금이 요구되고 있다고 하자. 이는 10%의 돈이 실제로 이자가 주어지지 않은 계좌에 남겨져야 한다는 것을 의미한다.

신용한도에 적용되는 표시이자율이 16%라고 하고, 재고를 구입하기 위해 54,000$의 돈이 필요하다고 하자. 54,000$의 돈을 대출받기 위해서는 실제로 얼마의 돈을 대출받아야 하는가? 이 경우 지불하고 있는 실효이자율은 얼마인가?

필요한 돈이 54,000$라면 10%의 보상예금을 제하고 남는 돈이 54,000$가 되도록 충분한 돈을 대출받아야 할 것이다. 따라서 대출받아야 하는 금액은 아래와 같이 계산된다.

$$\$54{,}000 = (1 - 0.10) \times \text{대출받아야 하는 금액}$$
$$\text{대출받아야 하는 금액} = \$54{,}000/0.90 = \$60{,}000$$

$60,000에 대해 일 년간 16%의 이자가 붙으므로 이자는 $60,000 × 0.16 = 9,600$가 된다. 그러나 실제로 사용할 수 있는 금액은 54,000$밖에 되지 않는다. 따라서 실효이자율(effective interest rate)은 다음과 같이 계산된다.

$$\begin{aligned}\text{실효이자율} &= \text{이자/사용할 수 있는 금액}\\ &= \$9{,}600/\$54{,}000\\ &= 0.1778 = 17.78\%\end{aligned}$$

1$를 기준으로 볼 때, 보상예금으로 묶여 있는 10센트는 사용할 수 없으므로 실제 발생하고 있는 것은 매 90센트에 대해서 16센트의 이자를 지불하는 것이다. 따라서 실제의 이자율은 앞에서 계산한 것과 같이 0.16/0.9 = 17.78%가 되는 것이다.

보상예금과 관련해서 몇 가지 점을 알아둘 필요가 있다. 첫째, 보상예금은 일반적으로 사용되지 않은 일일 잔고의 월 평균액을 기준으로 계산된다. 이는 실제로 나타나는 실효이자율이 앞의 예에서 살펴본 실효이자율보다는 더 낮을 수도 있다는 것을 의미한다. 둘째, 신용한도액에서 사용되지 않은 부분의 일정률이 보상예금으로 정해지는 것이 일반적이다. 따라서 은행이 보상예금을 요구하는 것은 신용한도로 약정된 금액 중 사용되지 않은 부분에 대해 묵시적으로 수수료를 요구하는 것과 같은 것이다. 셋째, 가장 중요한 점은 기업이 사업상 은행으로부터 빌리게 되는 단기대출의 자세한 계약내용은 어느 경우나 은행과의 협상에 따라 크게 달라질 수 있다는 것이다. 일반적으로 은행은 수수료나 이자를 하나의 패키지로 묶어 기업과 협상한다.

신용장 신용장(letter of credit)은 국제적 거래에서 매우 흔한 협정이다. 신용장을 개설해주는 수입업자의 은행은 일정한 조건이 충족되면 대금을 지불할 것을 약속한다. 전형적으로 신용장은 물건이 약속한 대로 도착할 것을 가정하고 물건이 선적되었을 때 대금의 지불을 보장해준다. 신용장은 취소가능신용장(revocable L/C)일 수도 있으며, 취소불가능신용장(irrevocable L/C)일 수도 있다. 그러나 최근에는 국가 간 신용이 상승됨에 따라 신용장보다는 송금방식을 많이 사용한다.

담보대출

은행이나 기타 금융회사들은 장기대출에 대해서 담보를 요구하는 것처럼 종종 단기대출에 대해서도 담보를 요구한다. 단기대출에 대한 담보로는 일반적으로 외상매출금이나 재고 또는 이 두 가지 모두가 요구된다.

외상매출금금융 **외상매출금금융**(accounts receivable financing)은 외상매출금을 양도(assigning)하거나 외상매출금을 팩터링(factoring)하는 식으로 이루어진다. 외상매출금을 양도하는 경우에는 대출자가 외상매출금을 담보로 갖고 있지만 외상매출금이 회수되지 못하는 경우에는 그에 대해 차입자가 책임을 진다. 일반적인 팩터링에서는 외상매출금이 할인되어 대출자(팩터: factor)에게 판매된다. 일단 판매된 뒤에는 외상매출금의 회수에 대해서는 팩터가 책임을 지게 되어 있다. 따라서 팩터는 불량 외상매출금과 관련된 모든 위험을 떠안게 된다. 만기팩터링(maturity factoring)에서는 팩터가 미래 약정된 날에 돈을 송금한다.

외상매출금금융(accounts receivable financing): 외상매출금의 양도나 팩터링에 의한 단기담보대출

소매업에서는 팩터들의 역할이 특히 중요하다. 예를 들어 옷소매업체들의 경우 시즌이 시작할 때 많은 양의 옷을 구매해야 한다. 그러나 구매한 옷을 판매하기까지에는 긴 시간이 걸리므로 옷제조업체에게 대금을 지불하기 위해서는 30일에서 60일 기다려야 한다. 옷제조업체가 그렇게 오래 기다릴 수 없을 경우에는 이들은 팩터들에게 자신의 외상매출금을 판매하고 또한 외상매출금의 회수에 대한 책임도 이들에게 떠넘긴다. 실제로 미국의 경우 전체 팩터링의 약 80%가 의류산업에서 발생하고 있다.

최근의 새로운 팩터링 중에는 신용카드매출액의 일부를 미리 주는 것으로 credit card receivable funding 또는 business cash advances로 불리는 것이 있다. 이는 기업이 팩터로부터 미리 돈을 받아가고, 그 시점부터 가져간 돈을 갚을 때까지 매 신용카드매출액의 일부 금액(아마도 6~8% 정도)을 신용카드회사가 팩터에게 직접 송금하는 것이다. 이러한 계약은 특히 중소기업에는 매우 유용한 것일 수 있다. 그러나 이렇게 하는 데 따르는 비용은 매우 비싸다. 먼저 가져간 돈에 붙는 프리미엄이 약 35%이다. 이는 먼저 가져간 돈이 100,000$라면 비교적 짧은 기간 내에 갚아야 할 돈이 135,000$라는 것을 의미한다.

또한 구매주문금융(purchase order financing: PO financing)도 중소기업들이 자주 이용하는 팩터링이다. 한 중소기업이 고객으로부터 주문을 받았는데 제품을 공급하는 제조회사에 대금을 지불할 수 있을 정도로 충분한 자금을 갖고 있지 않을 때 PO금융을 이용하면 팩터가 대신 제조회사에 대금을 지불해준다. 거래가 끝나고 고객으로부터 판매대금을 받으면 그 중소기업은 팩터에게 대금을 지불한다. PO금융의 전형적 이자율은 처음 30일간은 3.5%이고, 그 이후로는 10일마다 1.25%이다. 연이자율은 50%가 넘는다(매우 높은 이자율이다).

팩터링의 비용 — 예제 18.3

지난해에 LuLu's Pies는 평균적으로 50,000$의 외상매출금을 갖고 있었다. 지난해의 총외상매출금은 500,000$였다. LuLu's는 자신의 외상매출금을 3%의 할인율로 팩터링했다. 다시 말해 외상매출금을 1$당 97센트에 판매하였다. 이러한 단기금융의 실효이자율은 얼마인가?

이자율을 구하기 위해서는 우선 외상매출금기간과 평균회수기간을 알아야 한다. 한 해 동안 LuLu's는 자신의 외상매출금을 $500,000/$50,000 = 10회 회전시켰다. 따라서 평균회수기간은 365/10 = 36.5일이다.

(계속)

이 경우 지불하는 이자는 할인이자(discount interest; 6장 문제 60번 참고)이다. LuLu's는 매 97센트의 자금에 대해 3센트의 이자를 지불하는 것이다. 따라서 36.5일간의 이자는 0.03/0.97 = 3.09%이다. 따라서 연퍼센트율(APR)은 10 × 3.09% = 30.9%이다. 그러나 실효연이자율(effective annual rate)은 다음과 같다.

$$\text{EAR} = 1.0309^{10} - 1 = 0.356 = 35.6\%$$

이 경우에 팩터링은 비교적 비싼 자금조달 방법이다.

그러나 팩터가 외상매출금에 대한 위험을 떠안는다는 것은 팩터가 즉시 현금을 제공할 뿐만 아니라 보험을 제공하고 있다는 점도 주목해야 한다. 보다 일반적으로 말해, 팩터는 해당 기업의 외상매출금에 대한 관리를 떠맡는 것이다. 따라서 이는 해당 기업에 상당한 비용절약을 가져다주는 것이다. 따라서 위에서 계산된 이자율은 매우 높은 이자율이라고 보지 않을 수도 있다. 특히 채무불이행의 가능성이 클 경우에는 더욱 그렇다.

재고대출(inventory loan): 재고를 담보로 하는 단기대출

재고대출 재고를 담보로 하는 단기대출을 **재고대출**(inventory loan)이라고 하며 이는 기본적으로 백지재고선취권, 신탁증서, 창고금융의 세 가지로 구분된다.

1. 백지재고선취권(blanket inventory lien): 백지선취권은 대출자에게 차입자의 모든 재고에 대한 선취권을 부여한다.
2. 신탁증서(trust receipt): 신탁증서는 차입자가 대출자의 "위탁"을 받아 특정한 재고를 보유하는 형태를 취하는 것이다. 예를 들어 자동차딜러금융은 신탁증서를 이용해서 이루어진다. 이러한 형태의 담보금융은 전시장의 재고와 관련을 갖기 때문에 매장계획(floor planning)이라고도 불린다. 그러나 신탁증서를 이용한 재고대출은 곡물의 경우에는 이용하기 번거로운 것이다.
3. 창고금융(field warehouse financing): 창고금융에서는 창고관리회사(재고관리를 전문으로 하는 회사)가 대출자의 재고를 관리하는 대리인의 역할을 한다.

기타 단기자금조달 방법

기업은 기타 여러 형태로 단기자금을 조달할 수 있다. 가장 대표적인 것으로는 상업어음(commercial paper)과 신용거래(trade credit)가 있다.

상업어음은 매우 높은 신용등급을 받고 있는 대기업이 발행하는 단기어음(short-term note)이다. 전형적으로 이러한 어음의 최장 만기는 270일이다(이 기간을 넘을 경우, 기업은 SEC에 등록신고서를 제출해야 한다). 상업어음은 기업이 직접 발행하고 또한 은행과의 특별 신용한도 설정에 의해 보증되는 것이기 때문에 기업이 부담하는 이자율은 종종 은행의 일반 대출이자율보다 매우 낮다.

기업이 이용할 수 있는 또 다른 단기자금조달 방법에는 외상매입금기간을 늘리는 것이 있다. 다시 말해 대금의 지불을 늦추는 것이다. 이는 원재료 공급자로부터 신용거래의 형태로 돈을 빌리는 것과 같다. 이는 작은 기업들에게는 극히 중요한 단기자금 조달 수단이다. 그러나 20장에서 살펴볼 것이지만 신용거래를 이용하는 기업은 매우 비싼 가격에 구매하는 것일 수도 있다.

개념질문 _Concept Questions

18.5a 단기금융의 두 가지 기본형태는 무엇인가?
18.5b 담보대출의 두 가지 형태에 대해 설명하라.

단기재무계획 18.6

단기재무계획을 완성하기 위해 Fun Toys가 필요한 자금을 모두 단기차입으로 조달한다고 가정하자. 또한 Fun Toys가 단기부채 없이 출발한다고 가정한다. 차입금에 대한 이자율은 연퍼센트율(APR)로 20%이다. 따라서 6장에서 본 것처럼 분기별 이자율은 20%/4 = 5%이다.

표 18.7을 다시 보면, 2분기에 Fun Toys는 60백만$의 현금부족을 발생시킨다. 따라서 Fun Toys는 이만큼의 자금을 빌려야 한다. 다음 분기의 순현금유입은 55백만$이다. 그러나 $60백만 × 0.05 = 3백만$의 이자를 지불해야 하므로 나머지 52백만$로 차입금을 상환한다.

3분기 말에도 Fun Toys는 여전히 $60백만 − $52백만 = 8백만$의 현금부족을 겪는다. 따라서 마지막 분기에 지불해야 하는 이자는 $8백만 × 0.05 = 0.4백만$이다. 또한 마지막 분기의 순현금유입이 −15백만$이므로 총 15.4백만$를 빌려야 한다. 따라서 총단기차입금은 $15.4백만 + $8백만 = 23.4백만$가 된다. 표 18.8은 표 18.7에 이러한 상황을 추가하여 정리해주고 있다.

최종 단기부채액은 표 18.5의 전체 연도의 누적현금부족액 20백만$에 연간 지불하는 이자인 $3백만 + $0.4백만 = 3.4백만$를 더한 총 23.4백만$가 된다는 것도 살펴보라.

이상의 예로 살펴본 단기재무계획은 매우 단순한 것이다. 예를 들어 이 예에서는 단기부채 이자 때문에 발생하는 세금공제 효과는 무시했다. 또한 1분기에 발생하는 현금잉여액은 세금을 지불하고도 얼마간의 이자를 벌어들일 수 있다는 사실도 무시했다. 따라서 이와 같은 여러 사항들을 반영한 세심한 계획을 세울 수도 있다. 그러나 비록 단순하게 살펴보기는 했지만, 우리가 살펴본 단기재무계획은 약 90일 후에 Fun Toys가 60백만$를 단기로 빌려야 할 것이라는 점을 잘 나타내준다. 이제 이러한 자금을 어떻게 마련할 것인가를 살펴보아야 할 차례이다.

표 18.8
Fun Toys의 단기 재무계획(단위: 백만$)

	1분기	2분기	3분기	4분기
분기 초 현금잔고	$20	$ 60	$10	$10.0
순현금유입	40	− 110	55	− 15.0
신규단기차입	0	60	0	15.4
단기차입에 대한 이자	0	0	− 3	− 0.4
단기차입금의 상환	0	0	− 52	0
분기 말 현금잔고	$60	$ 10	$10	$10.0
최소현금보유액	− 10	− 10	− 10	− 10.0
누적현금잉여(부족)액	$50	$ 0	$ 0	$ 0.0
분기 초 단기차입금	0	0	60	8.0
단기부채의 변화	0	60	− 52	15.4
분기 말 단기부채	$ 0	$ 60	$ 8	$23.4

Fun Toys의 단기재무계획은 단기자금을 조달하는 데 한 해 동안 약 3.4백만$의 세전 이자가 비용으로 발생한다는 것을 보여주고 있다. 이를 출발점으로 Fun Toys는 비용을 감소시킬 수 있는 대안들에 대해 살펴보아야 한다. Fun Toys는 예를 들어 예정된 100백만$의 자본지출을 연기하거나 여러 해로 분산시킬 수 있는가에 대해 살펴볼 수 있다. 분기별 5%의 이자는 단기자금 조달비용으로서는 비싼 것이라고 할 수 있다.

또한 Fun Toys의 매출액이 증가할 것으로 예상된다면 20백만$가 넘는 현금부족액도 더 커질 수 있고 영구적으로 추가적인 자금조달을 해야 할지도 모른다. 따라서 Fun Toys는 이러한 것에 대비해 현금부족액을 장기자금으로 조달할 것을 고려할 수도 있다.

개념질문 _Concept Questions

18.6a 표 18.8에서 Fun Toys의 경우 현금부족이 예상되는가, 현금잉여가 예상되는가?

18.6b 표 18.8에서 최소현금보유액을 5백만$로 줄이면 Fun Toys의 현금부족액과 현금잉여액에는 어떤 변화가 나타나는가?

18.7 요약과 결론

1. 이 장에서는 단기재무관리에 대해 살펴보았다. 단기재무관리는 단기적인 자산과 부채에 대한 관리이다. 우리는 재무제표를 이용해서 현금의 원천과 현금의 사용을 파악했다. 또한 단기영업활동에서 유동자산과 유동부채가 어떻게 발생하는지에 대해 살펴보았고, 기업의 현금주기에 대해서도 살펴보았다.
2. 단기적 현금흐름의 관리는 그에 따른 비용을 최소화하는 것과 관련을 갖는다. 두 가지 주요 비용에는 현금과 같은 유동자산에 너무 많이 투자하여 상실하게 되는 수익을 나타내는 유지비용(carrying cost)과 유동자산의 부족으로 발생하는 비용인 부족비용(shortage cost)이 있다. 단기재무관리와 단기재무계획의 목적은 이러한 두 비용 사이의 최적 상호교환 관계를 발견하는 것이다.
3. 이상적인 상황에서는 기업은 자신의 단기적 현금의 원천과 현금의 사용을 정확하게 예측할 수 있고, 따라서 순운전자본을 0으로 유지할 수 있다. 그러나 현실적으로는 현금과 순운전자본은 기업이 지속적으로 갖게 되는 채무를 제대로 이행할 수 있도록 해주는 완충작용을 한다. 재무관리자는 각 유동자산의 최적 수준이 어느 정도인가를 항상 살펴보아야 한다.
4. 재무관리자는 단기자금조달의 필요성을 확인하기 위해서 현금예산을 이용할 수 있다. 현금예산을 통해 재무관리자는 단기적으로 얼마를 빌려야 하고 얼마를 빌려줄 수 있는가를 알 수 있다. 기업은 담보대출과 무담보대출을 포함하여 단기적으로 부족한 자금을 조달할 수 있는 여러 방법들을 갖고 있다.

복습과 자가진단

18.1 영업주기와 현금주기 다음은 Route 66 Company의 재무제표로부터 얻은 정보이다.

항목	기초		기말
재고	$1,273		$1,401
외상매출금	3,782		3,368
외상매입금	1,795		2,025
순매출액		$14,750	
매출원가		11,375	

영업주기와 현금주기를 계산하라.

18.2 Greenwell Corporation의 현금잔고 Greenwell Corporation의 평균회수기간은 60일이고, 최소현금보유액은 160백만$이다. 이러한 정보와 다음의 현금예산 정보를 가지고 현금예산을 완성해보라. 어떤 결론을 얻을 수 있는가?

GREENWELL CORPORATION
현금예산(단위: 백만$)

	1분기	2분기	3분기	4분기
분기 초 외상매출금	$240			
매출액	150	$165	$180	$ 135
현금회수액	_____	_____	_____	_____
분기 말 외상매출금	_____	_____	_____	_____
총현금회수액				
총현금지출액	170	160	185	190
순현금유입	_____	_____	_____	_____
분기 초 현금잔액	$ 45			
순현금유입	_____	_____	_____	_____
분기 말 현금잔액	_____	_____	_____	_____
최소현금보유액	_____	_____	_____	_____
누적현금잉여(부족)액	_____	_____	_____	_____

복습과 자가진단 해답

18.1 먼저 회전율을 구해야 한다. 모든 재무상태표 항목에 대해서는 평균치를 사용하고 매출원가를 가지고 재고자산회전율과 외상매입금회전율을 계산하는 것에 유의하기 바란다.

재고자산회전율 = $11,375/[($1,273 + 1,401)/2] = 8.51회
외상매출금회전율 = $14,750/[($3,782 + 3,368)/2] = 4.13회
외상매입금회전율 = $11,375/[($1,795 + 2,025)/2] = 5.96회

이제 여러 가지 기간들을 계산할 수 있다.

재고기간 = 365일/8.51회 = 42.90일
외상매출금기간 = 365일/4.13회 = 88.47일
외상매입금기간 = 365일/5.96회 = 61.29일

따라서 재고를 구입하여 판매하기까지 약 43일이 걸린다. 외상매출금을 회수하는 데는 88일이 걸린다. 따라서 영업주기는 43일 + 88일 = 131일이다. 현금주기는 131일에서 외상매입금기간을 빼준 131일 − 61일 = 70일이다.

18.2 Greenwell의 회수기간이 60일이므로 분기의 처음 30일 동안 발생한 매출액만 같은 분기에 회수될 것이다. 1분기의 총현금회수액은 매출액의 30/90 = 1/3에 분기 초의 외상매출금을 더한 $150 × 1/3 + $240 = 290$가 된다. 1분기의 분기 말 외상매출금(2분기의 분기 초 외상매출금)은 매출액의 나머지 2/3인 $150 × 2/3 = 100$이다. 나머지 계산은 쉽게 할 수 있으며 완성된 현금예산은 다음과 같다.

GREENWELL CORPORATION
현금예산(단위: 백만$)

	1분기	2분기	3분기	4분기
분기 초 외상매출금	$240	$100	$110	$ 120
매출액	150	165	180	135
현금회수액	290	155	170	165
분기 말 외상매출금	$100	$110	$120	$ 90
총현금회수액	$290	$155	$170	$165
총현금지출액	170	160	185	190
순현금유입	$120	−$ 5	−$15	−$ 25
분기 초 현금잔액	$ 45	$165	$160	$145
순현금유입	120	− 5	− 15	− 25
분기 말 현금잔액	$165	$160	$145	$120
최소현금보유액	− 160	− 160	− 160	− 160
누적현금잉여(부족)액	$ 5	$ 0	−$ 15	−$ 40

이 현금예산에서 얻을 수 있는 가장 중요한 결론은 3분기 초에 Greenwell의 현금잉여가 현금부족으로 바뀐다는 것이다. Greenwell은 연말까지 내부적으로 조달 가능한 현금액을 초과하는 4천만$를 마련해야 한다.

개념복습과 개념질문

1. **영업주기 [LO1]** 영업주기가 긴 회사가 갖는 특징들은 무엇인가?
2. **현금주기 [LO1]** 현금주기가 긴 회사가 갖는 특징들은 무엇인가?
3. 현금원천과 사용 **[LO4]** Holly Corporation의 회계연도 말 정보는 다음과 같다.
   a. 200$의 배당금이 지불되었다.
   b. 외상매입금이 500$ 증가하였다.
   c. 고정자산의 구매액은 900$였다.
   d. 재고는 625$ 증가했다.
   e. 장기부채는 1,200$ 줄었다.
   각 항목에 대해서 현금의 원천인지, 사용인지 밝히고 이 회사 현금잔액에 미치는 영향을 설명하라.
4. **유동자산의 비용 [LO2]** Shank Manufacturing, Inc.는 최근 지트(just-in-time: JIT)라고 불리는 재고관리시스템을 도입했다. 이러한 시스템이 이 회사의 유지비용, 부족비용, 영업주기에 미칠 것

으로 예상되는 영향에 대해 설명하라.

5. **영업주기와 현금주기 [LO1]** 현금주기가 영업주기보다 길어지는 것이 가능한가? 왜 그런지, 왜 그렇지 않은지를 설명하라.

다음 정보를 이용하여 문제 6에서 문제 10까지 답하라. 지난달에 BlueSky Airline은 물품대금의 지급기간을 30일에서 45일로 연장하겠다고 발표하였다. 그 이유는 "비용을 통제하고 현금흐름을 최적화하기" 위한 것이라고 설명하였다. 이러한 외상매입금기간의 연장은 4,000여 물품공급업체들 모두에 대해 적용되는 것이었다.

6. **영업주기와 현금주기 [LO1]** 외상매입금정책의 이러한 변화가 BlueSky의 영업주기에 미치는 영향은 무엇인가? 현금주기에 미치는 영향은 무엇인가?
7. **영업주기와 현금주기 [LO1]** 이러한 발표가 BlueSky의 물품 공급업체에게 미치는 영향은 무엇인가?
8. **기업윤리 [LO1]** 대기업이 일방적으로 외상매입금기간을 연장하는 것, 특히 소규모 원재료 공급업자에게 그렇게 하는 것은 윤리적인가?
9. **외상매입금기간 [LO1]** 현금주기를 줄이기 위해서 모든 회사들이 자신의 외상매입금기간을 연장하지 않는 이유는 무엇이라고 생각하는가?
10. **외상매입금기간 [LO1]** BlueSky는 "비용을 통제하고 현금흐름을 최적화하기" 위해서 외상매입금기간을 연장한다고 발표했다. 이러한 변화로 BlueSky가 얻는 현금혜택은 정확히 무엇인가?

연습문제

초급문제
(1-12)

1. **현금흐름의 변화 [LO4]** 다음과 같은 기업의 활동들이 현금에 미치는 영향에 대해서 현금의 증가는 I로, 감소는 D로, 변화가 없으면 N으로 표시하라.
   - **a.** 부채로 자금을 조달하여 그를 가지고 배당금을 지급했다.
   - **b.** 부동산을 구입하고 그 대금을 단기부채를 조달하여 지급하였다.
   - **c.** 완제품을 외상으로 판매했다.
   - **d.** 은행의 단기차입금을 상환했다.
   - **e.** 내년도의 세금을 선불했다.
   - **f.** 우선주를 상환했다.
   - **g.** 외상으로 매출했다.
   - **h.** 장기부채에 대한 이자를 지불했다.
   - **i.** 외상매출금이 회수되었다.
   - **j.** 외상매입금이 감소했다.
   - **k.** 배당금이 지급되었다.
   - **l.** 생산원료를 구입하고 그 대금을 단기어음으로 지급했다.
   - **m.** 각종 사용료를 지불했다.
   - **n.** 원료재고를 현금으로 구입했다.
   - **o.** 유가증권을 판매했다.
2. **현금항등식 [LO3]** Cori's Corp.의 자기자본의 가치는 14,735$이고, 장기부채는 8,300$이다. 또한 현금 이외의 순운전자본은 2,850$이며, 고정자산은 18,440$이다. 이 회사는 얼마의 현금을 갖고 있는가? 유동부채가 2,325$라면 유동자산은 얼마인가?
3. **영업주기의 변화 [LO1]** 다음의 상황이 영업주기에 미치는 영향에 대해서 영업주기의 증가는 I로, 감소는 D로, 변화가 없으면 N으로 표시하라.

a. 평균 외상매출금이 증가했다.

b. 고객들의 외상매출금 지급기간이 증가했다.

c. 재고자산회전율이 3회에서 6회로 되었다.

d. 매입채무회전율이 6회에서 11회로 되었다.

e. 외상매출금회전율이 7회에서 9회로 되었다.

f. 원재료 공급자에 대한 대금지불이 가속화되었다.

4. **주기의 변화 [LO1]** 다음 상황이 현금주기와 영업주기에 미치는 영향에 대해서 각각 표시하라. 증가에는 I로, 감소에는 D로, 변화가 없으면 N으로 표시하라.

a. 고객들에게 제공하는 현금할인 조건이 더 나빠졌다.

b. 원재료 공급자들이 제공하던 현금할인이 감소했다. 따라서 대금지불을 더 빨리 하게 되었다.

c. 외상으로 구입하는 대신 현금으로 지불하는 고객 수가 증가했다.

d. 보통 때보다 더 적은 원료를 구입했다.

e. 원료구입을 전보다 더 많이 외상으로 했다.

f. 주문량보다 더 많은 생산이 이루어져 재고가 증가했다.

5. **현금회수액 계산 [LO3]** Morning Jolt Coffee Company는 다음 해의 분기별 매출액을 다음과 같이 예상하고 있다.

	Q1	Q2	Q3	Q4
매출액	$750	$810	$890	$980

a. 연초 외상매출금은 335$이다. 이 회사의 평균회수기간은 45일이다. 다음 표를 완성하여 각 분기별 현금회수액을 계산하라.

	1분기	2분기	3분기	4분기
분기 초 외상매출금				
매출액				
현금회수액				
분기 말 외상매출금				

b. 회수기간을 60일이라고 가정하여 문제 a를 다시 계산하라.

c. 회수기간을 30일이라고 가정하여 문제 a를 다시 계산하라.

6. **주기의 계산 [LO1]** 다음은 Newk Corporation의 재무제표 정보이다.

Item	Beginning		Ending
재고	$12,435		$15,615
외상매출금(매출채권)	6,120		6,287
외상매입금(매입채권)	7,930		9,140
총신용판매액		$143,187	
매출원가		79,218	

영업주기와 현금주기를 계산하라. 구한 답을 어떻게 해석하겠는가?

7. **외상매출금의 팩토링 [LO3]** 당신 회사의 평균회수기간은 38일이다. 현행의 관습은 모든 외상매출금을 1.75% 할인하여 즉시 팩토링하는 것이다. 이 경우에 실효차입비용은 얼마인가? 외상매출금의 채무불이행 가능성은 거의 없다고 가정하라.

8. **지불액 계산 [LO3]** Sexton Corp.은 다음 해의 분기별 매출액을 다음과 같이 예상하고 있다.

	Q1	Q2	Q3	Q4
매출액	$940	$1,130	$1,210	$1,450

다음 해의 매출액은 분기마다 15% 증가할 것으로 추정되고 있다.

a. 각 분기마다 다음 분기 예상매출액의 30%를 주문한다고 가정하고 원재료 공급자에게 지불하는 금액을 계산하라. 대금의 지불은 즉시 이루어진다고 가정한다. 이 경우 외상매입금기간은 얼마인가?

	1분기	2분기	3분기	4분기
외상매입금 지불액	$	$	$	$

b. 외상매입금기간이 90일이라고 가정하고 문제 a를 다시 계산하라.

c. 외상매입금기간이 60일이라고 가정하고 문제 a를 다시 계산하라.

9. **지불액의 계산 [LO3]** Bandon Pine Corporation은 다음 분기 예상매출액의 75%를 원재료공급자로부터 구입한다. 외상매입금기간은 60일이다. 임금, 세금, 기타 비용은 매출액의 20%이고, 이자와 배당은 분기당 110$이다. 자본지출계획은 없다.

분기별 예상매출액은 다음과 같다.

	Q1	Q2	Q3	Q4
매출액	$1,925	$2,460	$2,120	$1,850

다음 해 1분기의 예상매출액은 1,950$이다. 다음 표를 완성하여 이 회사의 현금지출액을 계산하라.

	1분기	2분기	3분기	4분기
외상매입금				
임금, 세금, 기타비용				
장기자금 조달비용				
(이자와 배당금)				
합계				

10. **현금회수액의 계산 [LO3]** 다음은 Profit, Inc.의 2021년 1분기 외상매출예산이다.

	1월	2월	3월
외상매출예산	$185,000	$203,000	$225,000

외상매출금은 다음과 같이 회수된다.

65%는 외상매출이 발생한 달에 회수된다.

20%는 외상매출이 발생한 다음 달에 회수된다.

15%는 외상매출이 발생한 지 두 달 후에 회수된다.

이전 분기 말의 외상매출금 잔액은 81,000$였다. (이 중 59,000$는 12월의 매출에서 회수되지 않는 금액이다.)

a. 11월의 외상매출액을 계산하라.

b. 12월의 외상매출액을 계산하라.

c. 1월부터 3월까지 매월의 외상매출금 회수액을 계산하라.

11. 현금예산 [LO3] 다음은 Nashville Nougats, Inc.의 2021년도 2분기 현금예산에서 나타난 중요한 수치들이다.

	4월	5월	6월
외상매출금	$357,400	$342,500	$402,600
외상매입금	125,100	157,300	195,500
현금지출액			
임금, 세금, 기타 비용	51,200	64,700	77,300
이자	12,400	12,400	12,400
설비구입	84,500	131,000	0

이 회사는 신용판매액(외상매출금) 중 5%는 회수되지 못할 것으로 예상하고 있다. 외상매출금의 35%는 외상매출이 발생한 달에 회수될 것이고, 나머지 60%는 다음 달에 회수될 것이다. 외상매입금은 원재료를 구입한 다음 달에 지불될 것이다.

2021년도 3월의 외상매출금은 245,300$였으며, 외상매입금은 149,300$였다. 이러한 정보를 이용하여 다음의 현금예산을 완성하라.

	4월	5월	6월
기초현금잔고	$125,000		
현금유입			
외상매출금의 회수			
총가용현금			
현금지출			
구매			
임금, 세금, 기타 비용			
이자			
설비구입			
총현금지출			
월말 현금잔고			

12. 차입비용 [LO4] 다음의 Country Kettles, Inc.의 가장 최근의 재무상태표이다. 누적감가상각비를 제외하고 각 항목이 현금의 원천인지 현금의 사용인지를 그 금액과 함께 표시해보라.

COUNTRY KETTLES, INC.
재무상태표

	2019	2020
자산		
현금	$ 40,414	$ 39,291
외상매출금	93,041	97,621
재고	80,925	94,833
공장 및 시설	199,474	209,207
누적감가상각비	60,830	66,419
자산 총계	$353,024	$374,533
부채 및 자기자본		
외상매입금	$ 65,489	$ 67,855
미지급비용	8,359	7,497
장기부채	34,074	37,180
보통주	21,000	25,300
누적 유보이익	224,102	236,671
부채 및 자기자본 총계	$353,024	$374,533

중급문제 (13-16)

13. **차입비용 [LO3]** 당신은 언제든지 5천만$까지 빌릴 수 있는 신용한도를 은행과 약정했다. 월간 이자율은 0.37% 이다. 또한 대출금의 4%에 해당하는 금액을 이자를 지불하지 않는 계좌에 저축해야 한다. 은행이 신용한도 대출에 대해 복리이자를 적용한다고 가정하라.

a. 이와 같은 신용한도에 적용되고 있는 실효연이자율은 얼마인가?

b. 당신이 오늘 15백만$를 빌리고 6개월 후에 갚는다면 당신은 얼마의 이자를 지불하는가?

14. **차입비용 [LO3]** 어떤 은행이 당신에게 75백만$ 리볼빙(revolving) 대출을 제의하고 있다. 이에 대한 분기별(3개월) 이자는 1.75%이다. 이 은행은 또한 사용 안 된 신용한도에 대해 5%의 보상예금을 무이자계좌에 입금할 것을 요구하고 있다. 당신이 분기별 0.85%의 이자를 주는 단기투자계좌를 이 은행에 갖고 있고, 또한 이 은행은 리볼빙 대출에 대해 복리이자를 적용한다고 가정하라.

a. 리볼빙 대출을 한 해 동안 전혀 사용하지 않는다면 당신이 지불하는 기회비용인 실효연이자율은 얼마인가?

b. 30백만$를 빌리고 이를 일 년 후에 갚는다면, 당신이 이러한 리볼빙 대출에 대해 지불하는 실효연이자율은 얼마인가?

c. 50백만$를 빌리고 이를 일 년 후에 갚는다면, 당신이 이러한 리볼빙 대출에 대해 지불하는 실효연이자율은 얼마인가?

15. **현금예산 [LO3]** Wildcat, Inc.는 다음 해의 분기별 매출액을 다음과 같이 예측하고 있다.

	1분기	2분기	3분기	4분기
매출액	$170	$185	$200	$225

다음 해 1분기의 매출액은 180백만$로 예측하고 있다. 다음 해 초의 외상매출금은 71백만$이다. 이 회사의 평균회수기간은 45일이다.

이 회사가 매 분기 원재료 공급자로부터 구입하는 금액은 다음 분기 예상매출액의 45%이다. 공급자들은 통상적으로 36일만에 대금을 받는다. 임금, 세금, 기타 비용은 매출액의 약 25%이다. 분기별로 지불되는 이자와 배당금은 14백만$이다.

이 회사는 2분기에 85백만$의 대규모 자본지출을 계획하고 있다. 마지막으로, 이 회사는 다음 해를 54백만$의 현금잔고를 갖고 출발하며 이 회사의 최소현금보유액은 30백만$이다.

a. 아래의 빈칸을 채워 Wildcat의 현금예산을 완성하라.

WILDCAT, INC.
현금예산(단위: 백만$)

	1분기	2분기	3분기	4분기
분기 초 현금잔액	$54			
순현금유입				
분기 말 현금잔액				
최소현금보유액	30			
누적잉여(부족)액				

b. Wildcat이 필요한 자금을 모두 분기당 3%의 이자를 지급하여 단기차입으로 조달한다고 가정하고, 또한 현금잉여액은 분기당 2%의 수익률을 갖는 단기유가증권에 투자한다고 가정하라. 다음 표의 빈칸을 채워 단기 무계획표를 완성하라. 이 해에 지불하는 순현금비용(총이자에서 총투자수익을 차감한 금액)은 얼마인가?

WILDCAT, INC. 단기재무계획표(단위: 백만$)				
	1분기	2분기	3분기	4분기
분기 초 현금잔액	$30			
순현금유입				
새로운 단기투자				
단기투자로부터의 수익				
매각한 단기투자				
새로운 단기차입				
단기차입에 대한 이자				
단기차입의 상환				
분기 말 현금잔액				
최소현금보유액				
누적잉여(부족)액				
분기 초 단기투자				
분기 말 단기투자				
분기 초 단기부채				
분기 말 단기부채				

16. 현금관리정책 **[LO3]** 아래와 같이 가정하고 문제 15를 다시 풀어보라.

a. Wildcat의 최소현금보유액이 40백만$이다.

b. Wildcat의 최소현금보유액이 20백만$이다.

문제 a와 b의 답에 근거할 때, 당신은 이 회사가 현금관리정책을 바꿈으로써 이윤을 증가시킬 수 있을 것으로 판단하는가? 이 경우 고려되어야 할 다른 요소들이 있는가? 설명하라.

고급문제
(17-18)

17. 차입비용 **[LO3]** 300백만$의 고정신용한도를 개설하는 대가로 당신 회사는 은행과 다음과 같이 합의했다.

1. 실제로 빌려간 돈에 대해 분기당 1.93%의 이자를 지불한다.

2. 실제로 빌려간 돈의 4.5%를 보상예금(compensating balance)으로 저축한다.

3. 신용한도액의 0.45%를 수수료로 우선 지불한다.

이러한 정보를 가지고 다음에 답하라.

a. 수수료를 무시할 때, 이 신용한도의 실효연이자율은 얼마인가?

b. 당장 115백만$를 빌리고 일 년 후에 갚는다면 이 115백만$에 대한 실효연이자율은 얼마인가?

18. **차입비용 [LO3]** Cheap Money Bank는 당신 회사에게 9.85%의 할인이자율을 적용하여 25백만$까지 대출해주는 것을 제의하고 있다. 또한 이 은행은 실제로 빌리는 돈의 5%를 보상예금으로 저축할 것을 요구하고 있다. 이러한 대출계약이 갖고 있는 실효연이자율은 얼마인가?

작은 사례

Piepkorn Manufacturing의 운전자본 관리

당신은 최근 Piepkorn Manufacturing에 새롭게 설립된 재무부서에 취직되었다. Piepkorn은 다양한 크기의 종이상자를 제조하는 조그만 회사이다. 이 회사의 소유주인 Gary Piepkorn은 주로 판매와 생산에 관여하고 있다. 현재 Piepkorn은 외상매출금과 외상매입금을 각각 따로 관리하고 있다. 이러한 비조직화된 관리 때문에 재무적 관리가 필요하게 되었으며 이 회사가 당신을 고용한 이유도 여기에 있다.

Piepkorn의 현재 현금보유액은 305,000$이고, 4분기에 525,000$를 들여 종이박스를 접는 기계를 새로 도입하려고 계획하고 있다. 기계를 현금으로 구입할 경우에는 할인이 주어지므로 Piepkorn은 현금으로 기계를 구입하려고 한다. 회사의 정책은 최소한 125,000$의 현금을 보유하는 것이다. 모든 판매와 구매는 신용으로 이루어지고 있다.

Gary는 다음 해 각 분기별 총매출액을 다음과 같이 예상하고 있다.

	1분기	2분기	3분기	4분기
총매출액	$1,310,000	$1,390,000	$1,440,000	$1,530,000

또한 다음 해의 1분기 매출액은 1,405,000$로 예상하고 있다. Piepkorn의 현재 외상매출금기간은 53일이며, 외상매출금은 645,000$이다. 외상매출금의 20%는 얼마 전에 파산한 기업에 신용판매한 금액으로 회수될 가능성이 없는 것으로 판단된다.

Piepkorn은 다음 분기 예상매출액의 50%를 현재 분기에 주문한다. 또한 원재료 공급자들에게는 42일만에 대금을 지불한다. 임금, 세금, 기타 비용은 총매출액의 약 30%를 차지한다. Piepkorn은 매 분기에 장기부채에 대해 135,000$의 이자를 지불하고 있다.

Piepkorn은 단기자금의 조달을 위해서 지역은행을 이용하고 있으며 모든 단기차입에 대해 분기당 1.5%의 이자를 지불하고 있다. 또한 모든 단기저축에 대해서는 분기당 1%의 이자를 받고 있다.

Gary는 당신에게 현금예산을 작성하고 현재의 회사 정책하에서 단기재무계획을 세울 것을 요구했으며, 또한 여러 변화를 가정한 추가적인 재무계획을 세울 것도 요구했다.

질문

1. 주어진 수치를 이용하여 현금예산을 완성하고 단기 재무계획을 세워보라.
2. Piepkorn이 최소 현금보유액을 100,000$로 변경했다고 가정하여, 현금예산을 작성하고 단기재무계획을 세워보라.
3. 당신은 경쟁회사의 신용정책을 살펴본 뒤, 이 산업의 표준 신용정책이 1/10, net 40*이라는 것을 알게 되었다. 이러한 할인정책을 적용한다면 1분기 첫날부터 적용한다. 당신은 이러한 신용정책이 현금예산과 단기재무계획에 미치는 효과를 검토하려고 한다. 만약 이러한 신용정책이 시행된다면 매출액의 40%가 이러한 신용정책을 활용할 것으로 예상되어 외상매출금기간이 36일로 줄어들 것으로 예상된다. 최소현금보유액이 100,000$라고 가정하여, 새로운 신용정책하에서의 현금예산을 작성하고 단기재무계획을 세워보라. 당신이 고객들에게 제시하고 있는 이자율은 실제로 얼마인가?
4. 당신은 원재료 공급자들과 Piepkorn이 그들로부터 받는 신용조건에 대해 의견을 나누었다. 현재 Piepkorn은 net 45의 조건으로 거래하고 있다. 원재료 공급자들은 새로운 신용조건으로 1.5/15, net 40을 제의했다. 할인은 1분기 첫날부터 적용된다. 원재료 공급자들이 Piepkorn에 제시하고 있는 이자율은 얼마인가? 최소현금보유액이 100,000$라고 가정하고, 또한 Piepkorn의 모든 주문이 새로운 신용조건을 활용한다고 가정하여 현금예산을 작성하고 단기재무계획을 세워보라. 또한 Piepkorn이 질문 3에서의 새로운 신용조건을 택한다고 가정하라.

*신용정책에 대해서는 20장 참조

PIEPKORN MANUFACTURING 현금예산				
	Q1	Q2	Q3	Q4
분기 초 현금잔액				
순현금유입				
분기 말 현금잔액				
최소현금보유액	____	____	____	____
누적잉여(부족)액				

PIEPKORN MANUFACTURING 단기재무계획표				
	1분기	2분기	3분기	4분기
분기 초 현금잔액				
순현금유입				
새로운 단기투자				
단기투자로부터의 수익				
매각한 단기투자				
새로운 단기차입				
단기차입에 대한 이자				
단기차입의 상환	____	____	____	____
분기 말 현금잔액				
최소현금보유액	____	____	____	____
누적잉여(부족)액				
분기 초 단기투자				
분기 말 단기투자				
분기 초 단기부채				
분기 말 단기부채				

19 현금과 유동성관리

Cash and Liquidity Management

회사의 현금보유 상황에 관한 뉴스가 나왔다하면 대개 그것은 그 회사의 현금이 바닥나고 있다는 것이었다. 그러나 2020년 초에는 많은 기업이 그렇지 않았다. 예를 들어, 자동차회사 Ford의 현금 잔액은 464억$, 주당 약 11.86$였다. 이게 놀라운 이유는 그 주식이 당시 주당 약 5$에 거래되고 있었기 때문인데, 이 사실은 Ford의 주당 보유 현금이 주가의 두 배 이상이라는 것으로 이는 결코 좋은 징조가 아니었다.

다른 회사들도 많은 액수의 현금을 가지고 있었다. 예를 들어, Microsoft는 현금 잔고가 약 1,340억$, Alphabet은 약 1,220억$의 현금을 보유하고 있었다. 이러한 현금 보유 수치로 볼 때, 이 회사들은 확실히 충분한 현금 보유고를 가지고 있었다. 아니, 사실 거대하다는 말이 더 적절할 수도 있다.

왜 이 회사들은 그렇게 많은 양의 현금을 보유했을까? 물론, 한 가지 분명한 해답은 2020년 COVID-19 팬데믹과 같은 현금 흐름에 대한 갑작스러운 충격에 대비하기 위한 완충장치라고 할 수 있을 것이다. 하지만 다른 이유들은 없을까? 이를 조사하기 위해서 이 장은 단기금융을 조사하고 현금과 같은 유동자산에 대한 최적의 투자를 검토하고자 한다.

학습목표 _Learning Objectives

이 장을 공부한 후에는 다음과 같은 것들에 대해 알아야 한다.

LO1 지체(float)의 중요성과 지체가 현금잔고에 미치는 영향

LO2 현금의 회수, 집중, 지출의 관리를 통한 현금관리 방법

LO3 현금보유의 장 · 단점과 여유현금의 투자방법

이 장은 기업들이 어떻게 현금을 관리하는가에 대한 것이다. 현금관리의 기본목표는 기업을 효율적으로 또한 효과적으로 운영하면서도 현금에 대한 투자는 될 수 있으면 적게 한다는 것이다. 이러한 목적은 흔히 "일찍 회수하고 늦게 지불한다"라는 원칙으로 압축된다. 따라서 현금회수를 가속화하고 현금지출을 관리하는 방법에 대해 살펴볼 것이다.

기업은 남아도는 현금을 일시적으로 단기증권에 투자해야 한다. 전체적으로 볼 때 단기증권들은 매우 낮은 채무불이행위험과 매우 높은 시장거래성(유동성)을 갖고 있다. 소위 화폐시장증권(money market security)이라고 불리는 단기증권에는 여러 종류가 있으며 이들 중 중요한 몇 가지에 대해서도 살펴볼 것이다.

19.1 현금을 보유하는 이유

John Maynard Keynes는 그의 고전적 저서인 『고용, 이자 그리고 화폐의 일반이론(*The General Theory of Employment, Interest, and Money*)』에서 유동성을 선호하는 세 가지 동기로서 투기적 동기, 예비적 동기, 거래적 동기를 들었다. 이에 대해서 살펴보기로 한다.

투기적 동기와 예비적 동기

투기적 동기(speculative motive): 할인구매와 같은 좋은 투자기회를 이용하기 위해 현금을 보유하는 것

투기적 동기(speculative motive)는 예를 들어 할인구매기회, 유리한 이자율, 또한 국제적 기업인 경우에는 유리한 환율변동을 이용하기 위하여 현금을 보유하는 것이다.

대부분의 기업들은 자신이 갖고 있는 자금조달능력과 증권을 투기적 동기를 충족시키는 데 사용할 수 있다. 따라서 기업은 투기적 동기로 유동성을 확보하고 있을 수 있다. 그렇다고 반드시 현금 자체를 보유하고 있을 필요는 없다. 이는 다음과 같이 생각하면 간단하다. 예를 들어 당신이 신용한도액이 매우 큰 신용카드를 갖고 있다면 좋은 구매기회를 이용하기 위해 반드시 많은 금액의 현금을 갖고 다닐 필요는 없을 것이다.

예비적 동기(precautionary motive): 안전장치의 역할을 하는 여유자금으로 현금을 보유하는 것

예비적 동기(precautionary motive)는 예상치 못한 상황에 대비하기 위해 여유현금을 보유하는 것이다. 따라서 기업도 예비적 동기로 유동성을 확보하고 있을 수 있다. 그러나 금융상품의 가치가 비교적 확실한, 특히 단기국채와 같은 금융상품들은 그 유동성이 매우 크기 때문에 투기적 동기의 경우와 마찬가지로 예비적 동기를 위해서도 반드시 상당한 크기의 현금을 보유하고 있을 필요는 없다. 그러나 2020년 COVID-19 바이러스가 발생했을 때, 많은 기업들이 수요 감소로 인한 매출 하락을 극복하지 못함에 따라 적절한 적립금을 보유하는 것이 얼마나 중요한지 충분히 아주 명확해졌다.

거래적 동기

거래적 동기(transaction motive): 기업활동에서 나타나는 일상적인 현금지불과 현금회수 활동을 지원하기 위해 현금을 보유하는 것

대금을 지불하기 위해 현금을 갖고 있으려고 하는 **거래적 동기**(transaction motive)를 위해서 현금이 필요하다. 거래와 관련하여 현금을 보유해야 하는 필요성은 기업의 일상적인 현금지불과 현금회수 활동들로부터 발생한다. 현금지불은 임금과 봉급의 지불, 외상 매입금의 지불, 세금의 납부, 배당금의 지급 등에서 발생한다.

현금회수는 제품의 판매, 자산의 판매, 새로운 자금조달 등에서 발생한다. 현금회수(현금유입)와 현금지출(현금유출)은 완전한 동시성을 갖지 않는다. 따라서 이들 간에 완충작용을 하는 장치로서 일정한 수준의 현금을 보유할 필요가 있다.

전자자금이체와 같이 빠른 대금 지급수단이 발달함으로써 거래적 동기를 충족시키기 위해 현금을 보유할 필요성도 점점 사라질지 모른다. 그렇다고 하더라도 기업이 유동성을 확보할 필요성과 유동성을 효율적으로 관리할 필요성은 계속 존재할 것이다.

보상예금

보상예금(compensating balance)은 기업이 현금을 보유하게 되는 또 하나의 이유이다. 앞 장에서 설명했듯이, 기업은 은행이 제공하는 대출서비스에 대한 보상으로 은행에 현금잔고를 갖고 있다. 보상예금액은 기업이 갖고 있는 최소한의 현금을 의미할 수도 있다.

현금보유의 비용

필요한 최소한의 현금보다 더 많은 현금을 보유하고 있을 때에는 기업은 기회비용을 발생시키고 있는 것이다. 초과현금(현금으로 갖고 있든, 은행예금으로 갖고 있든)의 기회비용은 증권에 투자하는 것처럼 차선의 용도(next best use)에 사용했을 경우 벌어들일 수 있는 이자이다.

현금을 갖고 있는 것이 기회비용을 발생시킨다면 왜 기업은 보상예금을 초과하는 현금을 보유하려고 하는가? 이에 대한 답은 대금의 지불과 같이 거래가 원활하게 이루어지도록 유동성을 확보하기 위한 것이다. 너무 적은 현금을 갖고 있다면 현금부족 상황이 발생할 수도 있다. 현금부족 상황이 발생하면 기업은 증권을 판매하거나 차입을 통해 현금을 조달해야 할지도 모른다.

증권을 팔거나 차입을 할 경우 그에 따른 여러 비용이 발생한다. 앞에서도 언급한 것과 같이 현금을 보유하는 것은 기회비용을 발생시킨다. 따라서 적절한 현금보유액을 결정하기 위해서는 기업은 현금을 보유할 때 얻는 혜택과 현금을 보유함으로써 지불하는 비용을 비교해야 한다. 다음 절에서는 이에 대해 더 자세히 살펴보도록 한다.

현금관리와 유동성관리

앞으로 나가기 전에, 우선 현금관리와 보다 넓은 의미의 유동성관리를 구별하는 것이 중요하다. 현금관리와 유동성관리가 혼돈스럽게 사용되고 있는 이유는 현금(cash)이 실제로 두 가지 다른 의미로 사용되고 있기 때문이다. 현금은 문자 그대로 현재 갖고 있는 현금을 말한다. 그러나 재무관리자들은 종종 현금이라는 용어를 현금 이외에 기업이 갖고 있는 유동성(시장성)이 강한 증권을 포함하는 의미로 사용한다. 이러한 증권들은 종종 현금등가물(cash equivalent) 또는 유사현금(near-cash)이라고 불린다. 예를 들어 이 장의 처음에서 Cisco나 Microsoft가 보유하고 있는 현금을 언급했을 때 우리가 실제로 언급한 것은 그들이 갖고 있는 현금과 현금등가물 모두를 의미하는 것이었다.

유동성관리와 현금관리를 구별하는 것은 쉽다. 유동성관리는 기업이 갖고 있어야 하는 최적 유동자산에 관한 것이고, 이는 앞 장에서 설명한 유동자산관리에 포함되는 것이다. 현금관리는 현금을 회수하고 지불하는 것을 최적화시키는 것과 관련된 것이다. 우리가 이 장에서 주로 살펴보고자 하는 것은 현금관리에 대한 것이다.

개념질문 _Concept Questions

19.1a 현금보유의 거래적 동기란 무엇을 말하는가? 거래적 동기와 기업의 현금보유는 어떻게 연결되는가?

19.1b 필요 이상의 초과현금을 보유할 경우에 기업이 지불하는 비용은 무엇인가?

지체 19.2

기업 장부상에 기록되어 있는 금액과 은행에 잔고로 남아 있는 금액은 때로는 서로 매우 다를 수 있다. 그 이유는 기업이 발행한 수표 중 일부를 아직 상대방이 결제를 위해 은행에 제시하지 않고 있거나, 제시하였더라도 아직 결제되지 않고 있기 때문이다. 기업 장부상에 기록되어 있는 현금잔고는 장부잔고(book balance) 또는 원장잔고(ledger balance)라고 불린다. 은행계좌에 나타나는 바로 사용 가능한 현금잔액은 사용가능잔고(available balance) 또는 수취잔고(collected balance)라고 불린다. 사용가능잔고와 원장잔고의 차이는 **지체**(float)라고 불리며, 이는 은행들 간의 결제(clearing) 과정에 있는 수표들의 순효과를 나타낸다.

지체(float): 장부상에 기록되어 있는 현금잔액과 은행계좌에 나타나는 현금잔액의 차이로, 이는 은행들 간의 결제 과정에 있는 수표들의 순효과를 나타낸다.

지출지체

기업이 발행한 수표는 지출지체(disbursement float)를 발생시켜, 기업의 장부잔고는 감소시키지만 기업의 사용가능잔고에는 변화를 발생시키지 않는다. 예를 들어 General Mechanics, Inc.(GMI)가 은행계좌에 현재 100,000$를 갖고 있다고 하자. 6월 8일 이 회사는 원재료를 구입하고 그 대금 100,000$를 수표로 지급했다. 그 결과 이 회사의 장부잔고는 바로 100,000$ 감소했다.

그러나 GMI가 거래하는 은행은 이 수표가 자신에게 돌아오는, 예를 들어 6월 14일까지는 이 수표에 대해 알지 못할 것이다. 따라서 이 수표가 은행에 돌아와서 GMI의 은행계좌에서 인출되기 전까지 GMI의 사용가능잔고는 장부잔고보다 100,000$ 더 많다. 다시 말해 6월 8일 이전에는 GMI는 0$의 지체를 갖고 있지만,

지체 = 기업의 사용가능잔고 − 기업의 장부잔고
= $100,000 − 100,000
= $0

6월 8일부터 6월 14일까지 GMI의 상황은 다음과 같이 된다.

지출지체 = 기업의 사용가능잔고 − 기업의 장부잔고
= $100,000 − 0
= $100,000

수표가 결제되는 동안, GMI는 자신의 거래은행의 계좌에 여전히 100,000$를 갖고 있는 것이다. 따라서 GMI는 수표가 결제되는 동안 이만큼의 현금이 주는 혜택을 얻을 수 있다. 예를 들어 GMI는 사용가능잔고를 일시적으로 유동성(시장성)이 강한 증권에 투자하여 약간의 수익을 얻을 수 있다. 이러한 가능성에 대해서는 조금 후에 살펴볼 것이다.

수취지체와 순지체

기업이 받는 수표들은 수취지체(collection float)를 발생시킨다. 수취지체는 장부잔고를 증가시키지만 사용가능잔고를 바로 증가시키지는 않는다. 예를 들어 GMI가 10월 8일 한 고객으로부터 100,000$의 수표를 받았다고 하자. 앞에서처럼 GMI가 은행에 100,000$의 잔고를 갖고 있고 지체는 0이라고 하자. GMI는 이 수표를 은행에 입금하고 GMI의 장부잔고는 100,000$에서 200,000$로 증가한다. 그러나 추가적인 현금은 GMI의 거래은행이 GMI 고객의 거래은행에 이 수표를 제시하여 100,000$를 결제받기 전에는 사용할 수 없다. 예를 들어 GMI의 은행이 10월 14일에 100,000$를 결제받았다고 하자. 그러나 그 사이 GMI의 현금 상황은 100,000$의 수취지체를 발생시키고 있는 것이다. 이러한 상황을 정리하면 10월 8일, GMI의 상황은 다음과 같다.

지체 = 기업의 사용가능잔고 − 기업의 장부잔고
= $100,000 − 100,000
= $0

10월 8일부터 10월 14일까지의 GMI의 상황은 다음과 같다.

수취지체 = 기업의 사용가능잔고 − 기업의 장부잔고
= $100,000 − 200,000
= −$100,000

일반적으로 기업의 지불(지출)행위는 지출지체를 발생시키고, 회수행위는 수취지체를 발생시킨다. 따라서 이 두 지체 간의 순효과는 수취지체와 지출지체의 합으로 나타나며 이를 순지체(net float)라고 한다. 어떤 시점에서의 순지체는 단순히 사용가능잔고와 장부잔고의 전체적인 차이이다. 순지체가 양(+)의 값을 갖는다면 이는 기업의 지출지체가 수취지체보다 크다는 것을 의미하며, 이는 사용가능잔고가 장부잔고보다 크다는 것을 말한다. 사용가능잔고가 장부잔고보다 적다면 기업은 순수취지체(net collection float)를 갖고 있는 것이다.

기업은 자신의 장부잔고보다 순지체와 사용가능잔고에 대해 더 신경을 써야 한다. 만일 재무관리자가 회사가 발행한 수표가 여러 날 동안 결제되지 않는다는 것을 안다면, 그는 그렇지 않은 경우보다 은행에 더 적은 현금잔고를 유지할 수 있으며, 그에 따라 사용할 수 있는 현금을 더 많이 가질 수 있을 것이다.

예를 들어 Walmart의 경우를 보자. Walmart의 일일 평균매출액은 약 14.6억$이다. 만약 Walmart의 대금회수가 하루만 더 빨리 이루어진다면, 이 회사는 투자를 위한 14.6억$ 현금을 갖게 될 것이다. 적절한 일일 이자율이 0.01%이라 하면, Walmart는 이 금액을 투자하여 하루에 146,000$를 벌 수 있는 것이다.

지체(float)의 유지 **예제 19.1**

당신이 은행계좌에 5,000$를 갖고 있다고 하자. 어느 날 책값을 지불하기 위해서 1,000$의 개인수표를 발행하고 또한 2,000$짜리 수표를 은행에 예금했다고 하자. 이 경우 당신의 지출지체, 수취지체, 순지체는 얼마인가?

1,000$의 수표를 발행한 후 당신 장부의 잔고는 4,000$가 된다. 그러나 수표가 결제되는 동안 당신의 계좌에는 여전히 5,000$가 있는 것이다. 이 두 금액의 차이는 1,000$의 지출지체이다.

2,000$짜리 수표를 은행에 입금하는 경우 당신 장부의 잔고는 6,000$가 되지만, 당신의 사용가능잔고는 수표가 결제될 때까지 증가하지 않는다. 따라서 −2,000$의 수취지체가 발생한다. 당신이 갖게 되는 순지체는 수취지체와 지출지체의 합인 −1,000$가 된다.

전체적으로 장부에 나타나는 금액은 6,000$이고 은행계좌에는 (입금한 2,000$가 더해져서) 7,000$로 나타나지만 수표들이 아직 결제되지 않았기 때문에 실제로 사용할 수 있는 금액은 5,000$뿐이다. 사용가능잔고와 장부잔고의 차이는 −1,000$의 순지체이고 이는 당신에게 좋지 않다. 만약 당신이 5,500$의 수표를 발행하고 그 수표가 빨리 결제된다면 이를 결제하기에 충분한 돈이 없을 수도 있으며, 따라서 수표가 부도날 수 있다. 이것이 재무관리자가 장부잔고보다 사용가능잔고에 더 신경을 써야 하는 이유이다.

지체의 관리

지체관리(float management)는 현금의 회수와 지출을 통제하는 것을 말한다. 현금회수의 목표는 회수를 빨리하고, 고객이 대금을 지불하는 시각과 그 대금을 현금으로 사용할 수 있도록 만드는 시각 사이의 지연(lag)을 줄이는 것이다. 현금지출의 목표는 지출을 통제하고 지출과 관련된 비용을 최소화하는 것이다.

현금을 회수하거나 지출하는 데 걸리는 총시간은 배달시간, 처리지연, 사용지연의 세 부분으로 나누어질 수 있다. 이것에 대한 정의는 다음과 같다.

1. 배달시간(mailing time)은 회수나 지출 과정의 일부로 수표가 배달 과정에 있는 시간을 말한다.
2. 처리지연(processing delay)은 수표를 받은 사람이 수표를 현금화하기 위하여 이를 은행에 입금하는 데 걸리는 시간을 말한다.
3. 사용지연(availability delay)은 은행들 간의 결제시스템을 통해 수표가 결제되는 데 걸리는 시간을 말한다.

현금회수를 가속화하기 위해서는 이러한 요소들 중 하나 이상을 줄여야 한다. 현금지출을 늦추기 위해서는 이러한 요소들 중 하나를 늘려야 한다. 현금회수와 현금지출을 관리하는 과정에 대해서는 나중에 살펴볼 것이다. 여기서는 우선 지체(float)가 어떻게 측정되는가에 대해 살펴보기로 한다.

지체의 측정 지체의 크기는 돈의 크기와 시간적 지연에 의해 결정된다. 예를 들어 당신이 매달 500$의 수표를 미국의 한 주(州)에서 다른 주로 발송한다고 하자. 목적지에 수표가 도달하는 데는 5일이 걸리며(배달시간), 수표를 받은 사람이 수표를 은행에 입금하는 데 1일 걸린다고(처리지연) 하자. 수표수령자의 은행은 다른 주에서 발행된 수표를 3일간 갖고 있다고(사용지연) 하자. 따라서 총지연시간은 5 + 1 + 3 = 9일이 된다.

이 경우, 당신의 일일 평균지출지체는 얼마인가? 이에 대한 답을 얻는 방법에는 두 가지가 있다. 첫 번째 방법을 살펴보면, 당신은 9일간 500$의 지체를 가지므로 총지체는 9 × $500 = 4,500$이다. 따라서 한 달을 30일로 가정하면, 일일 평균지출지체는 $4,500/30 = 150$이다.

두 번째 방법을 살펴보면, 한 달 동안 당신은 9일간 500$의 지출지체를 갖고 나머지 21일간(한 달을 30일로 가정하고)은 0$의 지불지체를 갖는다. 따라서 당신의 일일 평균지출지체는 다음과 같이 계산된다.

$$
\begin{aligned}
\text{일일 평균지출지체} &= (9 \times \$500 + 21 \times 0)/30 \\
&= \$4{,}500/30 \\
&= \$150
\end{aligned}
$$

이는 평균적인 날에 당신의 장부잔고는 당신의 사용가능잔고보다 150$가 적다는 것을 의미하며, 이는 평균지출지체가 150$임을 말해주고 있는 것이다.

현금의 수령이 여러 번 있을 경우에는 문제가 약간 더 복잡해질 뿐이다. 이를 살펴보기 위해 Concepts사가 매달 다음과 같이 수표들을 받는다고 하자.

	금액	처리지연과 사용지연	총지체
수표 1:	$5,000,000	× 9일	= $45,000,000
수표 2:	$3,000,000	× 5일	= $15,000,000
총	$8,000,000		$60,000,000

일일 평균지체는 다음과 같이 계산된다.

$$\textbf{일일 평균수취지체} = \frac{\textbf{총지체}}{\textbf{총일수}} \quad [19.1]$$

$$= \frac{\$60\text{백만}}{30\text{일}} = \$2\text{백만}$$

따라서 평균적인 날에 2백만$가 회수되고 있지 않아 사용할 수 없는 것으로 나타난다.

이를 살펴보는 다른 방법은 일일 평균수표수령액을 가중평균지연일로 곱해주는 것이다. 일일 평균수표수령액은 다음과 같이 계산된다.

$$\text{일일 평균수표수령액} = \frac{\text{총수표수령액}}{\text{총일수}} = \frac{\$8\text{백만}}{30\text{일}} = \$266{,}666.67$$

총수표수령액 8백만$ 중 5백만$, 즉 5/8가 9일 동안 지연된다. 나머지 3/8은 5일 동안 지연된다. 따라서 가중평균지연일은 다음과 같다.

$$\begin{aligned}\text{가중평균지연일} &= (5/8) \times 9\text{일} + (3/8) \times 5\text{일} \\ &= 5.625\text{일} + 1.875\text{일} = 7.50\text{일}\end{aligned}$$

따라서 일일 평균수취지체는 다음과 같다.

$$\begin{aligned}\textbf{일일 평균수취지체} &= \textbf{일일 평균수표수령액} \times \textbf{가중평균지연일} \quad [19.2] \\ &= \$266{,}666.67 \times 7.50\text{일} = \$2\text{백만}\end{aligned}$$

자세히 살펴보기 지체를 측정할 때, 수취지체와 지출지체 사이에 차이가 있다는 점에 유의해야 한다. 지체는 기업의 사용가능잔고와 장부잔고의 차이로 정의된다고 했다. 지출의 경우, 수표가 발송되면서 기업의 장부잔고는 줄어든다. 따라서 수표의 배달시간은 지출지체의 중요한 부분을 구성한다. 그러나 수취의 경우 기업의 장부잔고는 수표를 받기 전까지는 증가하지 않는다. 따라서 배달시간은 수취지체를 구성하는 한 부분이 아니다.

이는 배달시간이 중요하지 않다는 것을 의미하는 것은 아니다. 핵심은 수취지체를 계산할 때 배달시간은 고려되어서는 안 된다는 것이다. 그러나 나중에 살펴볼 것이지만 배달시간은 회수기간의 중요한 구성요소이다.

또한 사용지연과 관련해서는 수표가 결제될 때까지 걸리는 시간은 실제로 중요한 것이 아니다. 중요한 것은 수표로 입금된 금액을 사용 가능한 것으로 은행이 인정할 때까지 얼마나 기다려야 하는가이다. 은행들은 입금시간과 기타 요소들을 고려하여 수표로 입금된 금액을 실제로 사용한 금액으로 인정하는 데 걸리는 시간을 자체적으로 결정하고 있다. 따라서 결제에 걸리는 시간을 넘는 사용지연은 은행과의 협상으로 결정될 수 있다. 이와 같은 맥락에서 수표를 발행한 경우, 중요한 것은 상대방이 발행된 수표를 현금으로 사용할 수 있는 시점이 아니라 은행이 실제로 현금이 언제 나간 것으로 보는가이다.

지체의 비용 수취지체로 기업이 지불하게 되는 기본적인 비용은 현금을 사용할 수 없기 때문에 발생하는 기회비용이다. 현금을 사용할 수 있다면 최소한 기업은 현금에 대한 이자를 벌 수 있다.

Lambo 주식회사의 일일 평균수표수령액이 1,000$이고, 가중평균지연일이 3일이라고 하자. 따라서 일일 평균지체는 $1,000 × 3 = 3,000$이다. 이는 평균적으로 매일 3,000$에 대한 이자

그림 19.1
지체의 증가

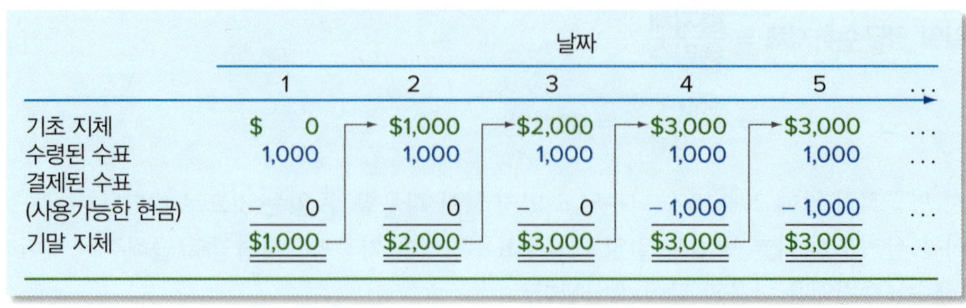

	날짜					
	1	2	3	4	5	...
기초 지체	$ 0	$1,000	$2,000	$3,000	$3,000	...
수령된 수표	1,000	1,000	1,000	1,000	1,000	...
결제된 수표 (사용가능한 현금)	– 0	– 0	– 0	– 1,000	– 1,000	...
기말 지체	$1,000	$2,000	$3,000	$3,000	$3,000	...

수입을 얻지 못하고 있다는 것을 의미한다. Lambo가 수취지체를 곧바로 완전히 제거할 수 있다고 한다면, Lambo가 얻는 혜택은 얼마인가? 수취지체를 완전히 제거하는 데 2,000$가 든다면, 이 경우 순현가(NPV)는 얼마인가?

그림 19.1은 Lambo의 경우를 보여주고 있다. Lambo가 0의 지체로 시작하여 날짜 1에 1,000$를 수표로 받아 입금한다고 하자. 그 돈을 사용할 수 있는 것은 3일 후인 날짜 4이다. 날짜 1에 Lambo의 장부잔고는 사용가능잔고보다 1,000$ 더 많다. 따라서 지체는 1,000$이다. 날짜 2에 이 회사는 다른 수표를 받아 은행에 입금한다. 이는 3일 후인 날짜 5에 사용 가능하다. 이제 날짜 2에 수취되지 않고 있는 수표는 2장이며, 장부잔고는 2,000$이다. 그러나 은행의 사용가능잔고는 여전히 0$이다. 따라서 수취지체는 2,000$이다. 동일한 과정이 날짜 3에도 발생하며 수취지체는 총 3,000$로 증가한다.

날짜 4에 Lambo는 다시 1,000$의 수표를 받아 입금한다. 그러나 이 날짜에 날짜 1의 수표 1,000$의 현금을 수취한다. 따라서 장부잔고의 변화액이 사용가능잔고의 변화액과 동일하므로 수취지체는 3,000$로 계속 유지된다. 동일한 상황이 날짜 4 후에도 매일 발생하며 수취지체는 계속해서 3,000$로 영원히 유지된다.[1]

그림 19.2는 미래 어떤 날짜 t에 지체가 완전히 제거되면 어떤 상황이 발생하는가를 보여주고 있다. 지체가 제거된 후에도 일일 수표수령액은 계속해서 1,000$이다. 수취지체가 완전히 제거되었기 때문에 Lambo는 수표를 수령한 날과 동일한 날에 현금을 수취한다. 따라서 일일 현금수취액도 마찬가지로 계속해서 1,000$가 된다. 그림 19.2가 보여주고 있듯이 유일한 변화는 첫째 날(t)에 나타난다. 이날 역시 계속 그렇게 해 왔던 것처럼 3일 전에 발생한 판매로 1,000$를 현금으로 수취한다. 날짜 t에 수취지체가 제거된다는 것은 Lambo가 2일 전에 발생한 판매대금을 수취하고 1일 전에 발생한 판매대금도 수취하며, 이날 이루어진 판매의 대금도 수취한다는 것을 말한다. 따라서 날짜 t에 수취하는 금액은 1,000$가 아니라 4,000$가 된다.

그림 19.2
지체 제거의 효과

	날짜			
	t	$t+1$	$t+2$	...
기초 지체	$3,000	$ 0	$ 0	...
수령된 수표	1,000	1,000	1,000	...
결제된 수표 (사용가능한 현금)	– 4,000	– 1,000	– 1,000	...
기말 지체	$ 0	$ 0	$ 0	...

[1]영원히 유지되는 영구적 지체는 종종 안정적 지체(steady-state float)라고 불린다.

따라서 수취지체를 제거함으로써 Lambo는 날짜 *t*에 3,000$를 추가적으로 얻는다. 그 이후 계속되는 날들에서 Lambo는 지체가 제거되기 전에 수취했던 것과 같이 1,000$의 현금을 계속 수취한다. 따라서 지체를 제거함으로써 Lambo에게 발생하는 현금흐름의 변화는 곧바로 발생하는 추가적인 3,000$이다. 다른 현금흐름들은 영향을 받지 않는다. 이제 Lambo는 전보다 3,000$ 더 부자가 되었다.

다시 말해 수취지체를 곧바로 제거하는 것의 현재가치는 총지체의 크기와 같다. Lambo는 이 금액으로 배당을 지불하거나, 이자를 발생시키는 자산에 투자할 수 있으며, 그 밖에 다른 것들을 할 수도 있다. 지체를 제거하는 비용이 2,000$라면 지체의 제거가 가져다주는 순현가(NPV)는 $3,000 − $2,000 = 1,000$이다. 따라서 Lambo는 수취지체를 제거해야 한다.

지체의 감소(I) — 예제 19.2

Lambo가 지체를 완전히 제거하지는 않고 하루로 단축할 수 있다고 해보자. 이를 위해 Lambo가 지불할 용의가 있는 금액은 최고 얼마가 되어야 하는가?

Lambo가 지체를 3일에서 1일로 단축시킬 수 있다면 지체는 3,000$에서 1,000$로 줄어들 것이다. 바로 앞에서 살펴보았듯이 이렇게 하는 것의 현재가치(PV)는 2,000$의 지체 감소액과 동일한 것이다. 따라서 Lambo는 최고 2,000$까지 지불할 수 있을 것이다.

지체의 감소(II) — 예제 19.3

예제 19.2를 다시 살펴보자. 한 대형은행이 지체를 하루로 단축해주는 대가로 연간 175$를 요구하며 이를 연말에 받는 것을 제안하고 있다. 적절한 할인율은 8%이다. Lambo는 이 제안을 받아들여야 하는가? 이 투자의 NPV는 얼마인가? 이 할인율은 어떻게 해석하겠는가? Lambo가 지불할 용의가 있는 금액은 연간 최대 얼마인가?

Lambo가 지체를 단축시키는 것이 갖는 현재가치(PV)는 여전히 2,000$이다. 지체의 단축을 영원히 유지하기 위해서는 매년 175$를 지불해야 한다. 따라서 비용은 영구연금으로, 그 현재가치는 $175/0.08 = 2,187.5$이다. 따라서 순현가(NPV)는 $2,000 − $2,187.5 = −187.5$이며, 은행이 제안하는 서비스는 받을 만한 서비스가 아니다.

수표가 부도날 가능성을 무시한다면, 여기에서의 할인율은 단기차입금에 대한 비용과 거의 같은 것이다. 그 이유는 Lambo가 수표를 입금할 때마다 매번 은행으로부터 수표금액과 동일한 금액인 1,000$를 빌리고 이를 3일 후에 갚으면 되기 때문이다. 이 경우 Lambo가 지불하는 이자가 비용이 되는 것이다. Lambo가 지불할 용의가 있는 최대금액은 이러한 거래의 순현가를 0으로 만드는 금액이다. 순현가가 0이 되는 것은 2,000$의 혜택이 비용의 현재가치와 일치할 때이다. 다시 말해 $2,000 = C/0.08에서 C는 연간 비용이다. C를 풀면, C = 0.08 × $2,000 = 160$가 된다.

윤리적 문제와 법적 문제 현금관리자는 은행의 현금잔고(수취된 현금)를 가지고 일을 해야 하며 (은행에 입금되었지만 아직 수취되지 않은 수표를 반영하는) 기업 장부상의 현금잔고를 가지고 일을 해서는 안 된다. 만약 그렇게 하지 않는다면 현금관리자는 수취되지 않은 돈을 자금원으로 착각하여 단기투자에 활용하게 될 수 있다. 대부분의 은행들은 수취되지 않은 돈을 사용하는 것에 대해 벌금을 부과한다. 그러나 은행들은 수취되지 않은 돈을 사용하는 것을 제대로 감독하지 못할 수도 있다. 따라서 이러한 수취되지 않은 돈을 사용하는 것은 기업에 윤리적 문제와 법적 문제를 발생시킨다.

예를 들어 1985년 5월 대형 투자은행인 E. F. Hutton의 회장인 Robert Fomon은 1980년부터 1982년까지 이 회사가 사용해온 방법과 관련하여 2,000건의 우편 및 통신 사기로 유죄판결을 받았다. Hutton은 수취되지 않은 현금에 대해 수억 달러의 수표를 발행했다. 그 금액은 화폐시장의 단기금융상품에 투자되었다. 이러한 종류의 조직적인 당좌대월[또는 공수표발행(check kiting)이라고도 함]은 합법적인 것도 아니고, 윤리적인 것도 아니며, 기업들 사이에 널리 행해지는 관행도 분명히 아니다. 또한 이 사건으로 인해 그동안 Hutton이 이용해오던 은행의 관리시스템의 허점도 많이 제거되었다.

Hutton은 2백만$의 벌금을 물었으며, 미법무성에도 750,000$를 상환했고, 또한 추가적으로 사기를 당한 은행에게 8백만$의 손해배상금을 지불했다. 이 사건의 핵심은 Hutton의 지체관리(float management) 자체에 있는 것이 아니고, 아무런 경제적 이유도 없이 지체를 활용하기 위해서 수표를 발행하는 관행에 있는 것이다.

공수표발행에 대해 엄격한 벌칙이 주어지고 있음에도 불구하고 공수표 발행 행위는 계속 발생하고 있는 것으로 보인다. 예를 들어 2019년 5월에 캔자스주에 거주하는 한 부부는 20억$가 넘는 금액의 공수표를 발행한 혐의로 기소되었다. 이 사기사건은 409개의 송금과 7,584개의 수표를 포함하고 있었다.

전자데이터교환: 지체의 종말인가?

전자데이터교환(electronic data interchange: EDI)은 모든 상거래에서 점점 더 증가하고 있는 직접적인 전자정보교환을 지칭하는 일반용어이다. EDI의 중요한 용도 중 하나는 금융 EDI 또는 FEDI라고 불리는 것으로, 이는 당사자들 간의 금융정보나 자금을 전자적으로 이동시키는 것을 말한다. 이로 인해 송장이나 수표의 발송과 처리 등이 제거된다. 예를 들어 요즈음은 당좌예금 계좌에서 매달 많은 종류의 청구서 대금이 직접 인출되고, 기업들도 근로자들의 은행계좌에 급여를 직접 입금시킨다. 보다 일반적으로 말해, EDI는 판매자가 청구서를 전산으로 직접 구매자에게 보내어 우편발송을 피하게 해준다. 구매자가 판매자의 대금청구를 승인하면 구매자의 은행은 다른 은행의 판매자 계좌로 대금을 바로 송금한다. 전자데이터 교환으로 인해 상거래를 완결 짓는 데 걸리는 시간이 크게 단축되게 되었다. 또한 지체(float)로 인식되던 부분이 크게 감소하거나, 제거되게 되었다. FEDI의 사용이 증가하면서 지체관리(float management)는 컴퓨터화된 정보의 교환과 전자자금이체 문제에 더 중점을 두고 발전할 것이다.

EDI와 FEDI가 갖는 결함 중 하나는 이를 확립하는 것이 매우 복잡하고 비용을 많이 발생시킨다는 것이다. 그러나 인터넷의 발달로 e-커머스(e-commerce)라는 새로운 형태의 EDI가 생겨났다. 예를 들어 시스코시스템스(Cisco Systems)는 전 세계적으로 하루에 수백만 건의 주문을 웹을 통해 연결해주고 있다. 기업들은 또한 주요 원재료 공급자와 고객을 상용망인 엑스트라네트(extranet)를 통해 자신의 내부망에 연결하고 있다. 보안문제와 표준화의 미비로 e-커머스와 엑스트라네트가 EDI를 바로 대체할 것으로 보이지는 않으며, 현재로서는 EDI를 보완하는 수단으로 같이 사용되고 있다.

2004년 10월 29일부터 Check 21이라고 간단히 불리는 Check Clearing Act for the 21st

Century가 시행되기 시작했다. Check 21이 시행되기 전에는 한 은행이 수표를 받고 결제를 요청하기 위해서는 그 수표를 직접 해당 고객의 은행에 보내야 했다. 그러나 이제부터는 해당 수표의 전자이미지를 고객의 은행에 전송하면 바로 지급이 이루어지게 되었다. 이전에는 미국의 주(州)들 간의 수표결제에 3일 정도가 걸렸었다. 그러나 Check 21로 결제시간이 하루가 되었으며, 종종 당일에 결제되는 경우도 있다. 다시 말해 Check 21로 인해 지체가 크게 줄어들었다.

개념질문 _Concept Questions

19.2a 수취지체와 지출지체 중 어느 것을 단축시키는 데 기업이 더 관심을 가질 것으로 생각되는가? 그 이유는?

19.2b 일일 평균지체는 어떻게 계산하는가?

19.2c 지체를 단축하거나 제거함으로써 얻는 혜택은 무엇인가?

현금회수와 집중 19.3

다른 것이 동일하다면 기업은 현금의 회수를 가속화시켜 회수기간을 줄이는 과정을 채택해야 할 것이다. 또한 현금이 회수된 후에도 기업은 회수된 현금이 가장 잘 활용될 수 있는 곳으로 현금을 연결시키는 (또는 집중시키는) 절차를 필요로 한다. 여기서는 회수와 집중의 일반적인 과정에 대해 살펴보도록 한다.

회수기간의 구성요소

앞에서 언급한 것처럼 현금회수의 기본과정은 다음과 같은 과정들로 표현할 수 있다. 이러한 과정들에 걸리는 총시간은 배달시간, 처리지연, 사용지연으로 구성된다.

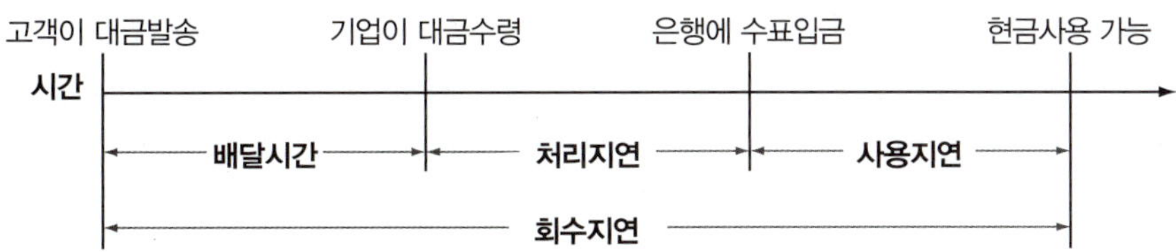

현금회수 과정의 각 부분에서 소비되는 시간은 기업이 거래하는 고객과 은행이 어느 곳에 위치하는가와 기업이 현금을 회수하는 데 얼마나 효율적인가에 따라 달라진다.

현금회수

기업이 고객들로부터 어떻게 현금을 회수하는가는 기업이 하는 사업의 성격에 의해 대부분 결정된다. 가장 간단한 경우는 레스토랑 체인점과 같은 사업이 될 것이다. 레스토랑의 경우 대부분의 고객은 현금, 수표, 신용카드로 대금을 지불할 것이다. 이러한 회수를 오버더카운터 회수(over-the-counter collection)라고 부른다. 따라서 이러한 경우에는 현금 배달시간과 관련된 문제는 발생하지 않는다. 대금은 보통 해당 지역은행에 예금되고, 기업은 (나중에 설명할 것이지만) 몇 가지 방법을 통해 이러한 돈을 회수할 수 있다.

기업이 대금의 일부 또는 대부분을 우편을 통해 수표로 받는다면 회수기간을 구성하는 세 가지 구성요소가 모두 회수기간에 포함되게 된다. 기업은 모든 수표가 한 곳에 배달되도록 할 수도 있고, 보다 일반적으로 배달시간을 절약하기 위해서 여러 회수지점을 정할 수도 있다. 또한 기업은 회수 활동을 스스로 할 수도 있고, 현금회수를 전문으로 하는 외부기업을 이용할 수도 있다. 이에 대해 더 자세히 살펴보도록 하자.

현금을 회수하는 다른 방법들도 존재한다. 하나의 방법은 점점 일반화되고 있는 사전승인 지불방법이다. 이 방법에서는 지불금액과 지불날짜가 사전에 고정되어 있다. 사전에 합의한 날짜가 도래하면 고객의 은행계좌로부터 일정한 금액이 자동으로 기업의 은행계좌로 이체된다. 이러한 방법은 회수기간을 크게 단축하거나 제거해준다. 온라인 단말장치를 갖고 있는 기업들도 이러한 방법을 사용하고 있으며 판매가 이루어지면 현금이 자동적으로 고객의 계좌에서 기업의 계좌로 이체된다.

사서함

대금을 우편으로 받을 때 기업은 수표를 어디로 보내고 어떻게 수령하여 입금할 것인가를 결정해야 한다. 회수지점의 위치와 숫자를 잘 선택함으로써 회수기간을 크게 단축할 수 있다. 많은 기업들은 현금회수를 가속화시키기 위하여 **사서함**(lockbox)이라는 특별한 우체국 박스를 이용한다.

사서함(lockbox): 외상매출금을 중간에서 받음으로써 회수를 가속화하기 위한, 우체국에 마련된 박스

그림 19.3은 사서함시스템을 보여주고 있다. 회수과정은 고객이 자신의 수표를 기업에 보내는 대신에 우체국 사서함으로 보냄으로써 시작된다. 사서함은 해당 지역은행에 의해 관리된다. 대형 기업들은 실제로 미국 전역에 20개가 넘는 사서함을 갖고 있기도 하다.

사서함시스템의 전형적인 운영방식은 해당 지역의 은행이 하루에도 수차례 우체국의 사서함에서 수표를 회수하고, 회수된 수표를 기업의 계좌에 직접 입금하는 형태로 이루어진다. 회수된 수표의 세부 내역은 컴퓨터로 읽을 수 있는 형태로 기업에 보내진다.

사서함시스템은 수표를 기업의 본사가 아닌 가까운 우체국에서 받기 때문에 수표의 배달시간을 단축시켜 준다. 또한 사서함시스템에서는 기업이 봉투를 개봉하고 수표를 입금할 필요가 없기 때문에 처리시간도 크게 단축된다. 결국 은행의 사서함시스템은 기업이 수표를 본사에서 받아 입금과 결제를 위해 은행으로 보내는 것보다 더 빨리 수표를 수령하여 입금하고 결제할 수 있게 해준다.

일부 기업들은 전통적인 사서함시스템 대신에 전자사서함(electronic lockbox)을 이용하고 있다. 전자사서함의 한 형태는 고객이 전화나 인터넷으로 자신의 (신용카드)계좌에 접근해서 청구된 금액을 확인하고 대금의 지불을 승인하는 식으로 운영된다. 전자사서함은 전통적인 사서함에 비해 적어도 대금청구자의 입장에서는 훨씬 월등한 것이다. 이러한 시스템은 점점 더 인기를 얻을 것으로 보인다.

현금집중

앞에서 언급한 것처럼, 기업은 보통 많은 수의 회수지점을 갖고 있기 때문에 현금회수가 서로 다른 은행들과 은행계좌들로 분산되어 이루어진다. 따라서 기업은 현금을 자신의 주 계좌(main account)로 모으는 과정을 필요로 하게 된다. 이를 **현금집중**(cash concentration)이라고 부른다. 정기적으로 현금을 한데 모음으로써 기업은 계속 살펴봐야 할 은행계좌 수를 줄여 현금관리를

현금집중(cash concentration): 현금을 여러 은행들의 계좌로부터 기업의 주(主) 계좌로 모으는 과정

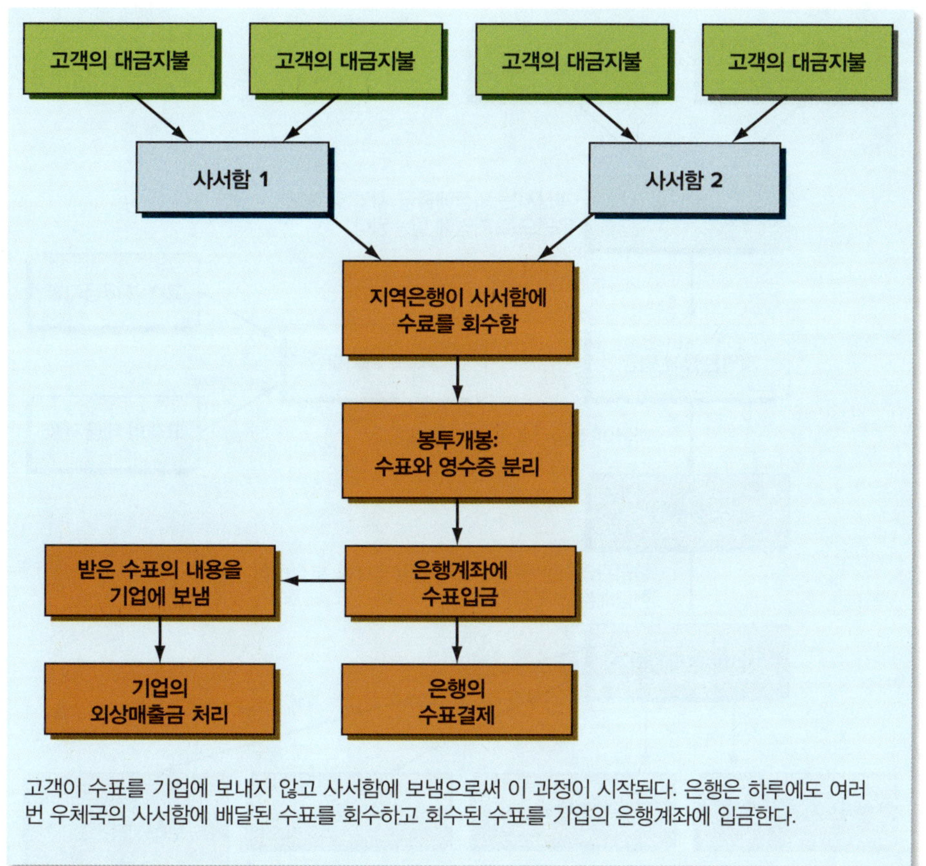

그림 19.3
사서함을 통한 처리과정

크게 단순화시킬 수 있다. 또한 현금을 한 곳으로 모아 큰 금액을 갖게 됨으로써 기업은 단기투자에서 유리한 이자율을 협상할 수도 있다.

집중시스템을 확립할 때 기업은 보통 한 개 이상의 집중은행(concentration bank)을 갖는다. 집중은행은 특정 지역에 국한되어 영업활동을 하는 지역은행들로부터 회수된 자금을 한데 모은다. 집중시스템은 종종 사서함과 연계하여 사용된다. 그림 19.4는 현금집중시스템이 어떤 식으로 이루어지는가를 보여주고 있다. 그림 19.4가 보여주고 있듯이 현금회수와 집중의 핵심은 자금을 집중은행으로 이동시키는 데 있다. 자금을 한 곳으로 이전시키는 데는 여러 가지 방법이 있을 수 있다. 가장 비용이 적게 드는 방법은 예금이전수표(depository transfer check: DTC)를 이용하는 것으로, 한 기업이 갖고 있는 특정한 계좌들 사이에 자금을 이체할 목적으로만 사용되는 사인을 할 필요가 없는 수표이다. 이 수표로 입금된 돈은 하루나 이틀 뒤에 현금으로 사용할 수 있다. 자동결제망(automated clearinghouse: ACH)을 이용한 자금의 이체는 기본적으로 종이수표를 사용하지 않는 전자 이체시스템이다. 이를 이용하는 경우에는 더 많은 비용이 발생할 수 있지만 경우에 따라서는 자금이 입금된 날의 다음 날부터 자금을 사용할 수 있게 되어 있다. 가장 비용이 많이 드는 자금이체 방법은 전신환(wire transfer)을 이용하는 것으로, 이 경우에는 자금이 입금된 날에 바로 자금을 사용할 수 있다. 이러한 여러 방법 중 어느 방법을 택해야 하는가는 고객들의 대금지불횟수와 지불액의 크기를 고려하여 결정되어야 할 것이다. 예를 들어 ACH를

그림 19.4
현금관리시스템에서의 사서함과 집중은행

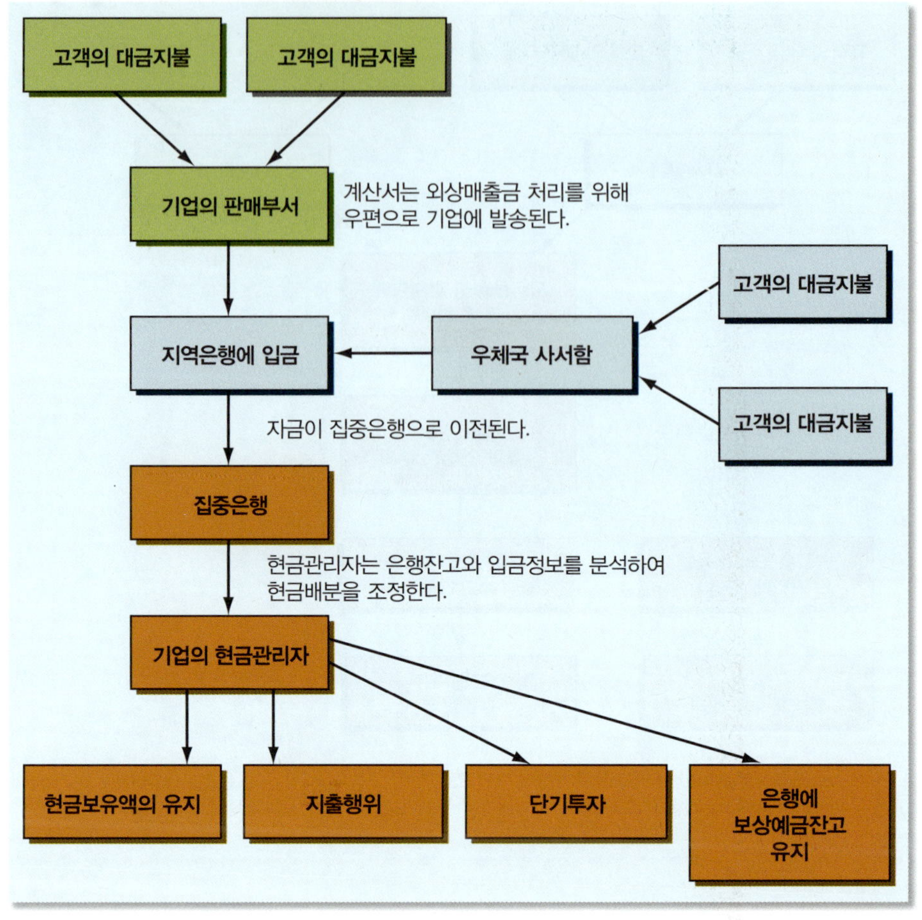

이용한 자금이체는 이체액이 보통 200$가 되는 반면, 전신환을 이용한 자금 이전은 보통 수백만 달러가 될 수 있다. 많은 수의 회수지점을 갖고 있고, 또한 고객들의 한 번 지불액이 비교적 작은 기업의 경우에는 보다 값싼 방법을 선택할 것이며, 고객들의 지불액이 비교적 크고 지불횟수가 적은 기업의 경우에는 보다 값비싼 방법을 선택할 것이다.

현금회수의 가속화: 예제

사서함과 집중은행을 포함한 은행이 제공하는 현금관리서비스를 사용할 것인지 아닌지에 대한 의사결정은 고객들의 위치와 정부의 우편시스템이 갖는 신속성에 따라 달라진다. 필라델피아에 위치하고 있는 Atlantic 주식회사가 사서함을 이용하는 것에 대해 검토하고 있다고 하자. 이 회사의 회수지연 일수는 현재 8일이다.

현금관리의 국제적 측면에 대해 살펴보고 싶으면, Global Treasury News가 제공하는 **www.theglobaktreasurer.com**을 참조하라.

Atlantic은 미국 남서부 지역(뉴멕시코, 애리조나, 캘리포니아)을 대상으로 사업을 하고 있다. 제안된 안은 로스앤젤레스에 사서함을 위치시키는 것이다. 이를 관리하는 은행은 Pacific 은행이다. Atlantic의 현금회수시스템을 분석한 Pacific 은행은 회수기간을 현재보다 2일 단축시킬 수 있다는 결론을 내렸다. 이 은행은 제안된 사서함시스템에 대해 다음과 갖는 정보를 제공하고 있다.

배달시간의 단축 = 1.0일
사용지연(결제기간)의 단축 = 0.5일
처리지연(회사 내 처리기간)의 단축 = 0.5일
합계 = 2.0일

또한 다음과 같은 정보도 주어져 있다.

미 재무부 단기채권의 일일 이자율 = 0.025%
사서함에 수령되는 일일 평균수표매수 = 2,000
수표 한 장당 평균금액 = $600

현재의 현금회수 활동이 보여주고 있는 현금흐름은 다음의 현금흐름선에 의해 표시되어 있다.

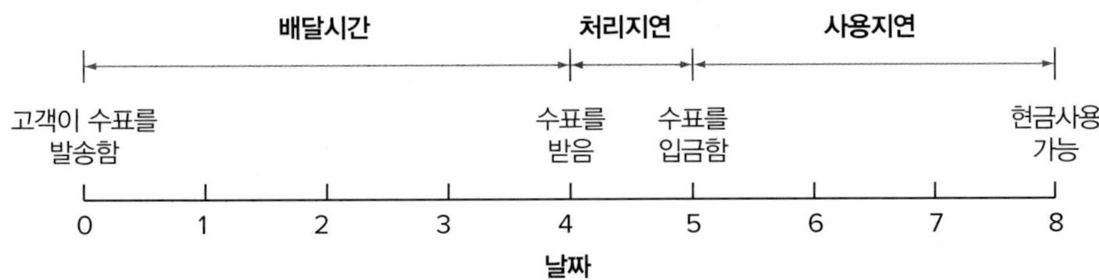

사서함을 통한 회수에서 나타나는 현금흐름은 다음과 같다.

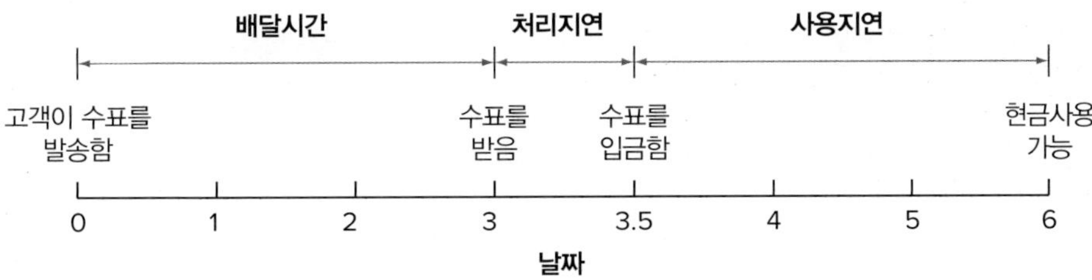

Pacific 은행은 처리되는 수표 한 건당 25센트를 받고 사서함시스템을 운영하는 것에 동의했다. Atlantic은 이 제안을 받아들여야 하는가?

우선 이 시스템이 가져다주는 혜택을 살펴보아야 한다. 남서부 지역으로부터의 일일 평균 회수액은 1.2백만$($600 × 2,000)이다. 회수기간이 2일 단축되므로 사서함시스템은 회수된 금액의 은행잔고를 $1.2백만 × 2 = 2.4백만$ 증가시킬 것이다. 다시 말해 사서함시스템은 배달, 처리, 은행 간의 결제시간을 2일 단축함으로써 기업에 2.4백만$를 더 사용할 수 있게 할 것이다. 따라서 2.4백만$가 제안된 안이 갖는 현재가치(PV)이다.

순현가(NPV)를 알기 위해서는 비용의 현재가치를 구해야 한다. 이를 구하는 데는 여러 방법이 있다. 첫째, 하루 2,000장의 수표가 사서함에 들어오고 수표 한 장당 0.25$를 지불해야 하므로, 하루에 발생하는 비용은 500$가 된다. 이 비용은 매일 영원히 발생할 것이다. 하루 0.025%의 이자율에서 이러한 비용의 현재가치는 $500/0.00025 = 2백만$가 된다. 따라서 순현가가 $2.4백만 − $2백만 = 400,000$이므로 이 사서함시스템은 바람직한 것으로 보인다.

다른 방법으로 살펴보면, Atlantic은 2.4백만$를 일일 0.025%의 수익을 얻는 투자를 할 수 있다. 이러한 투자가 가져다주는 이자수입은 하루에 $2.4백만 × 0.00025 = 600$가 될 것이다.

이 사서함시스템이 하루에 500$의 비용을 발생시키므로, 이 시스템을 운영하면 분명히 하루에 100$의 이윤을 얻을 수 있다. 하루 100$가 영원히 발생한다면 그 현재가치는 $100/0.00025 = 400,000$가 된다. 이는 조금 전에 계산한 결과와 같다.

가장 간단한 방법은, 수표 한 장당 600$이고 이 시스템을 활용하면 이 금액을 2일 더 빨리 사용할 수 있으므로 600$에 대한 이틀간의 이자수입은 $600 × 2 × 0.00025 = 0.3$가 된다. 수표 한 장당 비용이 0.25$이므로 Atlantic은 수표 한 장당 ($0.3 − $0.25) = 5센트의 이윤을 얻는다. 하루에 2,000장의 수표가 들어오므로 일일 이윤은 $0.05 × 2,000장 = 100$이다. 이 수치도 앞에서 계산한 것과 같은 수치이다.

예제 19.4 현금회수의 가속화

앞의 Atlantic의 예에서 Pacific 은행이 수표 한 장당 25센트에 더해 연간 20,000$의 고정요금을 추가적으로 요구한다고 할 때, 이 시스템을 이용하는 것은 여전히 좋은 생각인가?

답을 알기 위해서 우리는 고정요금의 현재가치를 계산해야 한다. 일일 이자율이 0.025%이므로 연간 이자율은 1.00025365 − 1 = 9.553%이다. 매년 영원히 지불해야 하는 고정요금의 현재가치는 $20,000/0.09553 = 209,358$이다. 고정요금을 지불하지 않는 경우의 순현가(NPV)가 400,000$이므로, 고정요금을 지불하는 경우의 NPV는 $400,000 − $209,358 = 190,642$가 된다. 따라서 이 시스템을 이용하는 것은 여전히 좋은 생각이다.

개념질문 _Concept Questions

19.3a 사서함은 무엇인가? 사서함은 어떤 역할을 하는가?
19.3b 집중은행이란 무엇인가? 집중은행은 어떤 역할을 하는가?

19.4 현금지출의 관리

기업의 입장에서 보면 지출지체(disbursement float)는 바람직한 것이다. 따라서 지출지체를 관리하는 데 있어서의 목표는 현금지출을 지연시키는 것이다. 이를 위해 기업은 자신이 발행한 수표의 배달시간, 처리지연, 사용지연을 늘리는 전략들을 사용할 수도 있다. 이외에도 기업들은 지불할 목적으로 갖고 있는 현금을 최소화하는 방법을 갖고 있다. 이들 중 가장 일반적인 것에 대해서 살펴보기로 하자.

지출지체를 증가시키기

무료로 제공되는 현금예산 스프레드시트를 구하기 위해서는 **finance.toolkit.com**을 참조하라.

앞에서 이미 본 바와 같이 지불이 늦어지는 것은 배달시간, 수표처리시간, 수표를 사용 가능한 현금으로 만드는 데 걸리는 결제시간 때문에 발생한다. 따라서 지불지체는 지리적으로 먼 은행의 수표를 발행함으로써 증가시킬 수 있다. 예를 들어 뉴욕에 있는 원재료 공급자에게 로스앤젤레스에 있는 은행이 발행한 수표로 대금을 지불할 수도 있다. 이는 은행들이 수표를 결제하는 데 걸리는 시간을 증가시킬 것이다. 멀리 떨어진 우체국에서 수표를 발송하는 것도 현금지출을 지연시키는 방법이 될 수 있다.

지출지체를 극대화하는 전략은 윤리적 이유와 경제적 이유로 문제가 될 수 있다. 첫째, 다음 장에서 살펴볼 것이지만 거래와 관련되어 제시되는 지불조건은 대부분의 경우 조기지불에 대해 상당한 할인을 제공한다. 그러한 할인은 일반적으로 지체게임(float game)을 해서 절약하는 금액보다 훨씬 크다. 그러한 경우에 만약 수령인이 대금지불일을 우체국 소인이 찍힌 날짜가 아니라 자신이 수령한 날짜로 정한다면(일반적으로 그렇다) 수표의 배달시간을 늘린다고 하여 혜택이 발생하지는 않는다.

또한 원재료 공급자가 지체를 늘리려는 상대방의 시도를 모르고 지나칠 가능성도 거의 없다. 공급자들과 좋은 관계를 맺지 못하는 것은 비싼 비용을 발생시킬 수 있다. 넓은 의미에서 배달시간을 이용하거나 어리숙한 공급자를 이용할 목적으로 의도적으로 대금지불을 지연시키는 것은 지불기한이 지났음에도 대금을 지불하지 않고 있는 것과 같을 수 있으며, 이는 비윤리적인 사업행위이다.

현금지출의 통제

지출지체를 극대화하는 것이 좋지 않은 사업행위라는 점을 지적했다. 그러나 기업은 여전히 지불할 목적으로 갖고 있는 현금을 최소화하기 원한다. 따라서 기업들은 현금지출을 효율적으로 관리하는 시스템을 갖고 있다. 그러한 시스템들의 일반적 현금관리 개념은 대금지불에 필요한 최소한의 금액보다 더 많은 금액을 은행에 입금해두고 있지 않는다는 것이다. 그러한 목표를 달성하기 위한 방법에 대해 살펴보기로 하자.

무잔고계좌 **무잔고계좌**(zero-balance account) 시스템을 운영하는 경우, 기업은 은행과 협조하여 주 계좌(master account)와 여러 하위계좌(subaccount)들을 갖는다. 어떤 하위계좌로부터 현금을 인출하는 수표를 발행하는 경우에는 필요한 만큼의 현금이 주 계좌에서 하위계좌로 이전된다. 그림 19.5는 무잔고계좌시스템이 어떻게 운영되는지 보여주고 있다. 이 경우, 기업은 두 개의 지출계좌를 유지하고 있다. 하나는 원재료 공급자를 위한 것이고 다른 하나는 직원들의 급여지급을 위한 것이다. 그림에서 볼 수 있듯이, 만약 기업이 무잔고계좌 시스템을 이용하지 않는

무잔고계좌(zero-balance account): 대금지불을 위해 발행한 수표를 결제하기 위한 계좌로 이용하기 위해서 잔고를 0으로 해두고 수표발행 시에 주 계좌로부터 현금을 이전시키는 계좌

그림 19.5 무잔고계좌

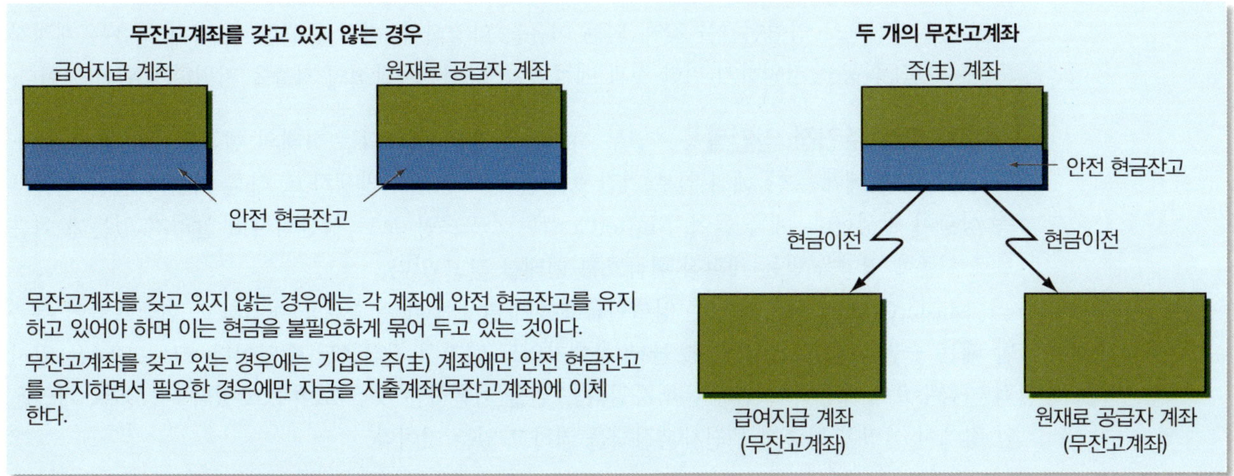

다면 예상하지 못한 현금인출에 대비하기 위한 안전 현금잔고를 각 계좌들에 유지해야 한다. 그러나 무잔고계좌 시스템을 이용하는 경우에 기업은 주 계좌에만 안전 현금잔고를 갖고 있으면서 필요한 경우에 하위지출계좌에 자금을 이체시킬 수 있다. 핵심적 내용은 무잔고계좌 시스템을 이용하는 경우에는 안전장치로 보유해야 하는 총현금액이 더 적어진다는 것이다. 따라서 기업은 절약된 현금을 다른 목적에 사용할 수 있다.

지출통제계좌(controlled disbursement account): 필요한 금액만을 이전할 목적으로 유지하는 지출계좌

지출통제계좌 **지출통제계좌**(controlled disbursement account)를 갖고 있는 경우, 하루에 지불해야 하는 총금액을 은행이 기업에 아침에 알려주고 기업은 그 금액을 이 계좌에 이체한다.

개념질문 _Concept Questions

19.4a 지출지체를 극대화하는 것은 좋은 기업행위인가?
19.4b 무잔고계좌란 무엇인가? 그러한 계좌를 갖고 있을 때 얻는 이점은 무엇인가?

19.5 잉여현금의 투자

기업이 일시적으로 잉여현금을 갖고 있다면 이를 단기증권에 투자할 수 있다. 앞에서 여러 번 언급했듯이 단기금융자산을 거래하는 시장을 화폐시장(money market)이라고 한다. 화폐시장에서 거래되는 단기금융자산의 만기는 1년이나 그 미만이다.

대부분의 대기업들은 자신들의 단기금융자산을 은행과 딜러를 통해서 거래하면서 스스로 관리한다. 그러나 일부 대기업들과 많은 중소기업들은 뮤추얼펀드(mutual fund)를 이용하기도 한다. 뮤추얼펀드들은 관리수수료를 받고 단기금융자산을 관리해준다. 관리수수료는 펀드매니저의 전문지식과 분산투자에 대한 보상이다.

많은 뮤추얼펀드 중 일부는 기업고객을 전문적으로 상대한다. 또한 은행들도 매 영업일 마감 전에 기업이 갖고 있는 이용 가능한 초과자금을 기업을 대신해서 투자하는 서비스를 제공하기도 한다.

일시적인 잉여현금

기업이 일시적으로 잉여현금을 갖게 되는 이유는 다양하다. 가장 중요한 두 가지 이유는 계절적 또는 주기적 활동을 지원하기 위한 것과 예정되어 있거나 돌발적인 지출을 지원하기 위한 것이다.

계절적 또는 주기적 영업활동 일부 기업들은 미리 예상되는 형태의 현금흐름을 갖고 있다. 이러한 기업들에게는 한 해의 일부 기간 동안은 잉여현금이 발생하고, 다른 기간 동안은 현금부족 상황이 발생한다. 예를 들어, MasterCraft는 스포츠용 보트 생산회사로 알려져 있는데 여름 보트 시즌에 영향을 받는 계절적 현금흐름 행태를 갖고 있다.

MasterCraft와 같은 기업은 잉여현금흐름이 발생할 때는 증권을 매입하고, 현금흐름이 부족할 때는 증권을 매도할 수 있다. 물론 은행차입도 단기적 자금조달 수단이다. 그림 19.6은 일시적 자금수요에 대응하기 위해 은행차입과 증권을 이용하는 것을 보여주고 있다. 이 경우, 기업은 앞 장에서 설명한 절충적 운전자본정책을 취하고 있는 것이다.

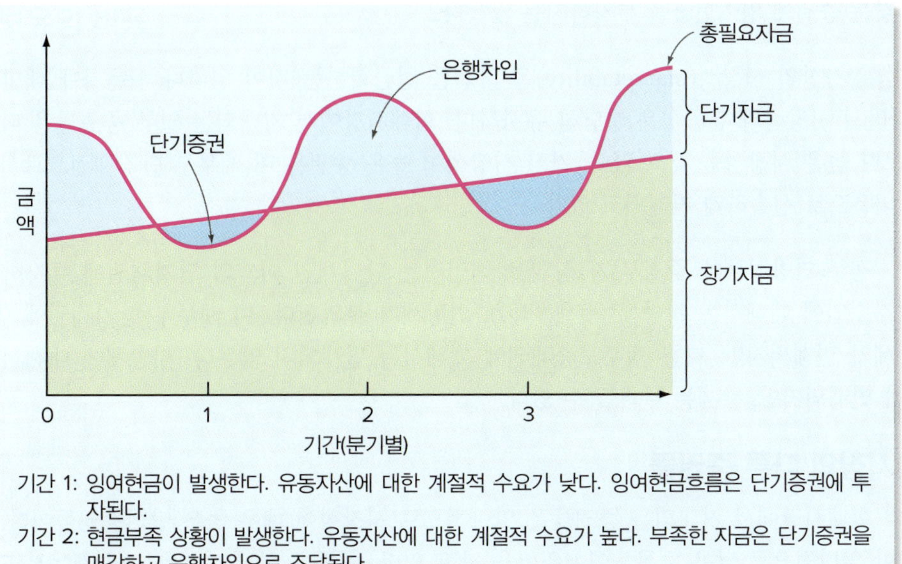

기간 1: 잉여현금이 발생한다. 유동자산에 대한 계절적 수요가 낮다. 잉여현금흐름은 단기증권에 투자된다.
기간 2: 현금부족 상황이 발생한다. 유동자산에 대한 계절적 수요가 높다. 부족한 자금은 단기증권을 매각하고 은행차입으로 조달된다.

그림 19.6
계절적 현금수요

예정된 지출과 돌발적 지출 기업들은 종종 계획된 공장건설, 배당금 지급, 기타 큰 규모의 지출에 필요한 현금을 제공하기 위해 단기증권에 대한 투자를 축적하고 있다. 즉, 기업들은 현금이 필요하기 전에 채권이나 주식을 발행하여 자금을 마련하고 그 자금을 단기증권에 투자한 후, 현금이 필요해질 때 단기증권을 매각한다. 또한 대규모의 현금지출이 발생할 가능성에 대비하기 위해서도 현금을 보유한다. 좋은 예로는 큰 법적 소송에서 패하는 경우를 들 수 있다. 그러한 돌발상황에 대처하기 위해서도 기업들은 잉여현금을 보유한다.

단기증권의 특성

기업이 일시적인 잉여현금을 투자할 수 있는 단기증권에는 다양한 종류가 있다. 이러한 단기증권들의 가장 중요한 특징들은 만기, 채무불이행위험, 시장성, 과세여부이다.

만기 7장에서 이자율의 변동에 대해서 만기(maturity)가 긴 채권의 가격이 만기가 짧은 채권의 가격보다 더 많이 변동한다는 것을 살펴보았다. 따라서 장기채권에 투자하고 있는 기업은 단기채권에 투자하고 있는 기업보다 더 큰 위험을 감수하고 있는 것이다.

이러한 종류의 위험을 이자율위험(interest rate risk)이라고 했다. 이자율이 변함에 따라 채권가치의 손실이 발생하는 위험을 피하기 위하여 기업들은 종종 채권에 대한 투자를 만기가 90일 미만인 채권에 국한한다. 물론 만기가 짧은 채권의 기대수익은 일반적으로 만기가 긴 채권의 기대수익률보다 낮다.

채무불이행위험 채무불이행위험(default risk)은 약속된 이자와 원금을 제대로 받지 못할(또는 전혀 받지 못할) 가능성에 대한 것이다. 7장에서 Moody's와 S&P와 같은 다양한 신용평가회사들이 여러 기업들의 증권과 기타 증권에 대한 신용등급을 발표하고 있는 것에 대해 살펴보았다. 그러한 등급은 채무불이행위험에 대한 것이다. 물론 미 재무부 단기채권(U.S. Treasury bill)과 같은 일부 증권들은 채무불이행위험을 거의 갖고 있지 않다. 기업들은 매우 큰 채무불이행위험을 갖는 증권에 잉여현금을 투자하지는 않는다.

시장성 자산의 시장성(marketability)은 자산을 현금화하는 것이 얼마나 쉬운가에 대한 것이다. 따라서 시장성과 유동성은 상당히 유사하다. 화폐시장에서 거래되는 일부 증권들은 다른 증권들보다 높은 시장성을 갖고 있다. 가장 시장성이 높은 증권은 미 재무부 단기채권으로서 매우 낮은 비용으로 신속하게 거래되고 있다.

세금 정부(연방정부나 주정부)가 상환을 책임지는 단기채권 이외의 단기채권에 투자하여 얻는 이자수입에 대해서는 지방세, 주세(州稅), 연방세가 부과된다. 미 재무부 단기채권에 대해서는 주세가 면제되지만, 다른 정부보증채권에 대해서는 면제되지 않는다. 지방채에 대해서는 연방세가 면제되지만, 주세는 부과될 수 있다.

화폐시장의 다른 증권들

미국의 화폐시장에서 거래되는 증권들은 일반적으로 시장성이 매우 높은 단기증권들이다. 이들은 또한 일반적으로 낮은 채무불이행위험을 갖고 있다. 이들은 미국 정부(예: 미 재무부 단기채권), 미국 은행과 외국 은행들(예: 양도성예금증서, certificate of deposit), 기업들(예: 상업어음, commercial paper)에 의해 발행된다. 전체적으로는 여러 형태의 단기증권들이 있지만 여기서는 가장 일반적인 몇 가지에 대해서만 살펴보기로 한다.

미 재무부 단기채권은 미국 정부의 채무로 30일, 90일, 180일의 만기를 갖고 있다. 이러한 채권들은 매주 경매로 매각되고 있다.

단기면세채권(short-term tax-exempt)들은 주, 시, 기타 지방 대리기관에 의해 발행되는 단기채권들이다. 이들은 모두 지방채로 인정되어 연방세가 면제된다. 예를 들어 RAN, BAN, TAN으로 불리는 채권들은 각각 revenue, bond, tax anticipation note의 약자로, 지방정부가 단기로 자금을 빌리기 위해 발행하는 채권들이다.

단기면세채권들은 미 재무부 채권보다 채무불이행위험이 크고 시장성도 떨어진다. 이자수입에 대해서 연방소득세가 면제되므로 단기면세채권들의 세전수익률은 비교대상이 되는 미 재무부 채권과 같은 채권들의 수익률보다 낮다. 한편, 기업들이 투자목적으로 면세채권을 보유하는 것은 제한되고 있다.

상업어음(commercial paper)은 금융회사, 은행, 기업들이 발행하는 단기증권이다. 보통 상업어음은 무담보증권이다. 만기는 몇 주에서 270일 내로 되어 있다.

단기채권의 수익률에 대해서는 **www.bloomberg.com**을 참조하라.

상업어음이 특별히 활발하게 거래되고 있는 유통시장은 없다. 따라서 상업어음의 시장성은 낮다. 그러나 상업어음을 발행한 기업들은 종종 만기가 되기 전에 자신의 상업어음을 재매입한다. 상업어음의 채무불이행위험은 발행기관의 재무건전성에 따라 달라진다. Moody's와 S&P는 상업어음에 대한 등급을 발표하고 있다. 이러한 등급은 7장에서 언급한 채권등급과 유사한 것이다.

양도성예금증서(negotiable certificates of deposit: NCD 또는 보통 certificates of deposit: CD라고 함)는 상업은행의 단기채무증서이다. 미국의 경우 가장 일반적인 CD는 100,000$가 넘는 점보 CD이다. 만기가 3개월, 6개월, 9개월, 12개월인 CD는 활발히 거래되고 있다.

재매입약정(repurchase agreements, repos)은 정부채권(예: 미 재무부 단기채권)을 은행이나 증권딜러가 재매입할 것을 약속하고 판매하는 것이다. 투자자는 채권딜러로부터 미 재무부 채권을 매입하면서 동시에 후일에 보다 높게 정해진 가격에 되파는 것을 약정한다. 재매입약정은 일반적으로 하루나 수일이라는 초단기의 만기를 갖는다.

미국의 경우, 기업이 다른 기업의 보통주나 우선주에 투자하여 받는 배당금에 대해서는 그 금액의 50%(또는 그 이상)에 대해서 세금을 면제해주고 있다[과거의 70%(또는 그 이상)에 대해서 세금을 면제해 주던 것이 2017년 통과된 감세 및 일자리법에 의해서 줄어든 것이다]. 비교적 높은 배당수익률을 주는 우선주는 미국의 경우 매우 매력적인 투자대상이 되고 있다. 한 가지 문제점은 일반적인 우선주의 경우, 배당률이 고정되어 있어 가격변화의 폭이 단기투자 대상이 될 수 있을 정도보다 더 클 수 있다는 것이다. 그러나 화폐시장 우선주(money market preferred stock; 단기시장의 이자율과 연결되어 있는 우선주)는 변동배당(floating dividend)을 특징으로 갖고 있으며 최근에 개발된 금융상품이다. 배당은 종종(보통 49일마다) 다시 정해진다. 따라서 이러한 종류의 우선주는 보통우선주보다 가격변화가 적어 단기투자 대상으로 인기를 얻고 있다.

개념질문 _Concept Questions

19.5a 기업들이 잉여현금을 갖게 되는 이유는 무엇인가?
19.5b 화폐시장에서 거래되는 증권들에는 어떤 것들이 있는가?
19.5c 화폐시장에서 거래되는 우선주가 단기투자의 대상으로 매력적인 이유는 무엇인가?

요약과 결론 19.6

이 장에서 우리는 현금관리와 유동성관리에 대해 살펴보았다. 우리가 살펴본 것은 다음과 같은 것들이다.

1. 기업은 거래를 수행하기 위하여, 또한 은행이 제공하는 여러 서비스에 대해 보상하기 위하여 현금을 보유한다.
2. 기업의 사용가능잔고와 장부잔고의 차이는 기업의 순지체이다. 지체는 일부 수표가 아직 결제되지 않아 사용 가능한 현금으로 되어 있지 않다는 사실을 알려준다. 재무관리자는 항상 결제가 완료된 사용가능잔고에 관심을 가져야 한다. 만일 그렇지 않으면 은행이 알지 못하는 상태에서 은행의 현금을 사용하는 것이 된다. 이는 윤리적, 법적 문제를 발생시킨다.
3. 기업은 현금회수는 가속화하고, 현금지출은 지연시키는 식으로 현금회수와 현금지출을 관리하기 위해 다양한 방법을 사용할 수 있다. 현금회수를 가속화하는 방법에는 사서함의 이용, 현금집중, 전신환을 이용한 현금이체 등이 있다.
4. 계절적이거나 주기적인 활동, 또는 예정된 지출이나 돌발상황에 대비하기 위해 기업은 일시적으로 잉여현금을 보유한다. 화폐시장은 잉여현금을 투자할 수 있는 다양한 단기증권을 제공한다.

복습과 자가진단

19.1 **지체의 측정** 어떤 기업이 일상적으로 매일 3,000$어치의 수표를 발행하고 있다. 이 수표들은 7일 후에 결제된다. 동시에 이 기업은 매일 1,700$어치의 수표를 받으며 현금은 평균적으로 2일 후에 사용 가능하다. 지출지체, 수취지체, 순지체를 계산하라. 결과를 어떻게 해석하겠는가?

복습과 자가진단의 해답

19.1 지출지체는 $3,000 × 7일 = 21,000$, 수취지체는 (−$1,700) × 2일 = −3,400$이다. 따라서 순지체는 $21,000 + (−$3,400) = 17,600$이다. 다시 말해 어떤 시점에서 이 기업은 현금으로 지출되지 않은 수표액이 21,000$이며, 또한 동시에 현금으로 수취되지 않은 수표액이 3,400$이다. 따라서 기업의 장부잔고는 항상 사용가능잔고보다 17,600$ 적게 나타난다.

개념복습과 개념질문

1. **현금관리 [LO3]** 기업이 너무 많은 현금을 갖고 있는 것은 가능한가? 기업이 너무 많은 현금을 축적하고 있는 것에 대해 주주들이 신경 쓰는 이유는 무엇인가?
2. **현금관리 [LO3]** 너무 많은 현금을 갖고 있다고 생각하는 기업이 선택할 수 있는 방법에는 어떤 것들이 있는가? 너무 적은 현금을 갖고 있는 경우에는?
3. **대리인문제 [LO3]** 주주들과 채권자들은 기업이 어느 정도의 현금을 갖고 있어야 하는가에 대해 서로 동의할 가능성이 있는가?
4. **현금의 보유동기 [LO3]** 이 장을 시작할 때 우리는 엄청난 현금을 보유하고 있는 기업들에 대해 언급했다. 그러한 기업들은 왜 그와 같은 엄청난 현금을 보유하고 있는 것인가?
5. **현금관리와 유동성관리 [LO3]** 현금관리와 유동성관리의 차이점은 무엇인가?
6. **단기투자 [LO3]** 잉여현금을 갖고 있는 기업에서 단기이자율과 연결되어 있는 우선주가 매력적인 단기투자 대상이 되는 이유는 무엇인가?
7. **수취지체와 지출지체 [LO1]** 순수취지체와 순지출지체 중 기업이 선호하는 것은 어느 것인가? 그 이유는?
8. **지체 [LO1]** 어떤 기업이 2백만$의 장부잔고를 갖고 있다고 하자. 현금자동지급기(ATM)에서 현금관리자는 은행잔고가 2.5백만$라는 것을 발견했다. 이 경우 어떤 상황이 발생하고 있는 것인가? 이러한 상황이 계속 발생한다면 어떤 윤리적 딜레마가 발생하는가?
9. **단기투자 [LO3]** 다음과 같은 단기증권들에 대한 투자가 기업의 현금관리목표에 대해 미치는 잠재적으로 불리한 점은 무엇인가?
   - **a.** 미 재무부 단기채권
   - **b.** 보통우선주
   - **c.** 양도성예금증서(NCD)
   - **d.** 상업어음
   - **e.** 수입예상어음(revenue anticipation note: RAN)
   - **f.** 재매입약정(repos)
10. **대리인문제 [LO3]** 기업이 과다한 현금을 보유하는 것은 대리인문제(1장 참조)를 증폭시키는 것이라는, 좀 더 일반적으로 말해 주주의 부를 극대화하는 인센티브를 줄이는 것이라는 주장이 종종 제기되고 있다. 이러한 주장을 어떻게 설명할 수 있겠는가?

11. **잉여현금의 사용** [LO3] 잉여현금을 가지고 기업이 할 수 있는 것 중 하나는 원재료 공급자에게 대금을 보다 빨리 지급하는 것이다. 잉여현금을 이러한 식으로 사용하는 경우의 장점과 단점은 무엇인가?
12. **잉여현금의 사용** [LO3] 잉여현금을 가지고 기업이 할 수 있는 하나의 옵션은 부채를 상환하는 것이다. 잉여현금을 이러한 식으로 사용하는 경우의 장점과 단점은 무엇인가?
13. **지체** [LO1] 불행하게도 다음과 같은 행위가 발생하고 있다(경고: 당신은 이러한 행위를 하지 말기 바란다). 예를 들어 당신 계좌에 돈이 바닥났다고 하자. 그런데 당신이 잘 가는 단골식품점에서 당신이 발행한 수표를 현금으로 바꾸어줘서 당신이 200$짜리 개인수표를 발행하여 200$의 현금을 받았다고 하자. 물론 당신이 발행한 수표는 당신이 계좌에 돈을 입금하지 않으면 부도가 날 것이다. 이러한 사태를 막기 위해 당신은 다음 날 다시 그 식품점에 가서 또 한 장의 200$짜리 수표를 발행하고 200$의 현금을 받는다. 이러한 과정을 매일 반복하면서 당신은 당신이 발행한 수표가 부도처리 되는 것을 막으려 한다. 이런 행위를 하고 있는 동안 마침내 하늘에서의 축복처럼 부모님이 당신에게 상당한 금액의 돈을 송금해 주어서 지금까지 발행한 수표액을 전부 갚을 수 있게 되었다.

    문제를 더 재미있게 만들기 위해서 당신이 발행한 수표들이 절대로 부도나지 않는다고 가정하자. 또한 이러한 행위가 법적으로도 문제가 될 것이 없다고 가정하자(사실 이러한 행위는 아마도 공수표 발행이라는 불법적인 행위에 해당될 것이다). 이러한 행위는 비윤리적인가? 만약 그렇다고 생각한다면, 그 이유는 무엇인가? 구체적으로 누가 손해를 보는가?

연습문제

초급문제 (1-10)

1. **지체의 계산** [LO1] Monk Corporation은 매일 80장의 수표를 받으며 그 총금액은 113,000$에 달한다. 평균지연일은 4일이다. 일일 평균지체는 얼마인가? 한 달을 30일로 가정한다.
2. **순지체의 계산** [LO1] 어떤 회사가 원재료 공급자에게 대금을 지불하기 위해서 매 영업일에 평균적으로 총 19,500$의 수표를 발행한다. 수표가 결제되는 데는 4일이 걸린다. 한편, 이 회사는 고객들로부터 매일 총 24,600$의 수표를 받는다. 이 수표들이 결제되는 데는 2일이 걸린다.
    a. 이 회사의 지출지체, 수취지체, 순지체를 계산하라.
    b. 수령된 수표가 2일이 아닌 1일만에 결제된다면 문제 a에서의 답은 어떻게 달라지는가?
3. **지체의 비용** [LO1] Purple Feet Wine, Inc.는 매일 평균적으로 18,600$에 달하는 수표들을 받는다. 수표가 결제되는 데는 보통 3일이 걸린다. 일일 이자율은 현재 0.017%이다.
    a. 이 회사의 지체는 얼마인가?
    b. 지체를 완전히 제거하기 위해서 이 회사가 최대로 지불할 용의가 있는 금액은 얼마인가?
    c. 지체를 완전히 제거하기 위해서 이 회사가 일일 수수료로 지불할 수 있는 금액은 최대 얼마인가?
4. **지체와 가중평균지연일** [LO1] 당신 이웃이 한 달에 한 번 우체국에 가서 두 장의 수표를 수령한다. 한 장은 8,450$짜리 수표이고, 다른 한 장은 4,200$짜리 수표이다. 금액이 큰 수표는 결제되는 데 4일이 걸리며, 금액이 작은 수표는 3일이 걸린다. 한 달을 30일로 가정한다.
    a. 한 달 동안의 총지체는 얼마인가?
    b. 일일 평균지체는 얼마인가?
    c. 일일 평균수령액은 얼마이고, 가중평균지연일은 얼마인가?
5. **순현가와 회수기간** [LO2] 당신 회사의 평균수표수령액이 135$이다. 한 은행이 당신에게 와서 총회수기간을 2일 단축시키는 사서함의 이용을 제안했다. 하루에 받는 수표 수는 평균적으로

4,900장이다. 일일 이자율은 0.016%이다. 이 은행은 사서함을 이용하는 하루의 수수료로 185$를 요구하고 있다. 이 사서함에 대한 투자는 받아들여야 하는가? 사서함을 이용할 경우 연간 순절약액은 얼마인가?

6. **가중평균지연일** **[LO1]** 어떤 우편주문회사가 한 달에 5,800장의 수표를 받는다. 이 중 60%는 47$짜리이고, 나머지 40%는 79$짜리이다. 47$짜리 수표는 결제되는 데 평균 2일이 걸리며, 79$짜리 수표는 평균적으로 3일 걸린다. 한 달을 30일로 가정한다.

a. 일일 평균수취지체는 얼마인가? 구한 답을 어떻게 해석하겠는가?

b. 가중평균지연일은 얼마인가? 구한 답을 가지고 일일 평균지체를 구해보라.

c. 지체를 제거하기 위해 이 회사가 지불할 용의가 있는 금액은 얼마인가?

d. 연이자율이 7%라면, 지체의 일일 비용은 얼마인가?

e. 가중평균지연일을 1.5일 단축하기 위해서 이 회사가 지불할 용의가 있는 금액은 얼마인가?

7. **사서함의 가치** **[LO2]** Paper Submarine Manufacturing은 회수기간을 단축하기 위해 사서함시스템의 활용을 고려하고 있다. 다음은 이와 관련된 정보이다.

하루에 수령되는 수표의 수	435
수표 한 장당 평균금액	$845
사서함 이동 변동비용(수표 한 장당)	$0.15
화폐시장 증권들의 일일 이자율	0.068%

사서함시스템을 이용하는 경우 총현금회수기간은 3일 줄어든다.

a. 이 사서함시스템의 현재가치(PV)는 얼마인가?

b. 이 사서함시스템의 순현가(NPV)는 얼마인가?

c. 이 사서함시스템의 일일 순현금흐름은 얼마인가? 수표 한 장당 순현금흐름은?

8. **사서함과 현금회수** **[LO2]** Cookie Cutter Modular Homes, Inc.가 대금을 고객들로부터 수표로 받아 입금하는 데는 약 6일이 걸린다. 이 회사의 경영진은 현금회수기간을 단축하기 위해서 사서함시스템의 이용을 고려 중이다. 사서함시스템은 수표의 수령과 입금까지 걸리는 시간을3일 단축할 것으로 기대된다. 일일 평균 수령액은 205,000$이고, 연 요구수익률은 4%이다. 일 년을 365일로 가정한다.

a. 사서함시스템을 이용함으로써 줄어드는 현금잔고는 얼마인가?

b. 현금잔고를 줄임으로써 벌어들일 수 있는 수익은 얼마인가?

c. 이 회사가 이 사서함시스템을 이용하기 위해서 지불할 수 있는 월간 최대금액은 얼마인가?

9. **지연의 가치** **[LO2]** No More Pencils, Inc.는 2주마다 평균 124,000$를 수표로 송금한다. 수표가 결제되는 데는 7일이 걸린다. 이 회사가 하루에 0.009%의 이자를 받는 은행계좌에서 이 금액이 빠져나가는 것을 7일 연기할 수 있다면 그로 인해 얻는 연간 이자수입은 얼마가 되는가? 복리이자의 효과는 무시하라.

10. **회수기간 단축의 순현가** **[LO2]** No More Books Corporation은 은행이 하루에 3.4백만$의 대금회수를 관리해주고 그 대가로 320,000$의 보상예금을 유지하는 계약을 Floyd은행과 체결했다. 이 회사는 이 계약을 취소하고, 미국 동부 지역을 두 지역으로 나누어 다른 두 은행이 대금회수를 관리하도록 하는 것에 대해 고려 중이다. 은행 A와 은행 B는 각각 하루에 1.7백만$의 대금회수를 관리해주는 대가로 각각 175,000$의 보상예금을 유지할 것을 요구하고 있다. 이 회사의 재무관리팀은 동부 지역을 둘로 나누면 대금회수가 하루 빨라질 것으로 예상하고 있다. 이 회사는 이 새로운 선택을 해야 하는가? 연간 절약되는 금액은 얼마인가? 미 재무부 단기채권(T-bill)의 연이자율

이 2.5%라고 가정하라.

중급문제 (11-12)

11. **사서함과 회수기간** **[LO2]** 켄터키주에 있는 Bird's Eye Treehouses, Inc.는 자신의 고객들의 대부분이 펜실베이니아주에 거주하고 있는 것을 확인했다. 따라서 이 회사는 피츠버그에 있는 한 은행의 사서함을 활용하려고 한다. 이 은행은 사서함의 활용으로 회수기간이 1.5일 단축될 것으로 추정했다. 아래의 정보가 주어졌을 때 이 사서함시스템은 활용할 가치가 있는가?

하루에 수령되는 수표의 평균	825
수표 한 장당 평균금액	$745
사서함 이동 변동비용(수표 한 장당)	$0.15
화폐시장 증권의 연이자율	5.5%

사서함을 이용하는 데 변동비용 외에 연 5,000$의 고정수수료를 지불해야 한다면 사서함은 활용가치가 있는가?

12. **요구되는 고객 수** **[LO2]** 캘리포니아주에 있는 대형 비료유통회사인 Cow Chips, Inc.는 사서함을 활용해서 미국 동부에 있는 고객들로부터의 대금회수를 가속화할 계획을 갖고 있다. 필라델피아 지역에 있는 어떤 은행이 연간 수수료로 6,500$를 받고, 거기에 덧붙여 거래 한 건당 10센트를 받는 조건으로 사서함서비스를 제공하겠다고 제의하고 있다. 사서함의 활용으로 회수와 처리에 걸리는 시간이 하루 단축될 것으로 예상되고 있다. 한 고객이 지불하는 평균금액이 2,900$라고 하면 하루에 평균적으로 몇 명의 고객들이 대금을 지불해야 이 사서함시스템을 활용하는 것이 이 회사에 유리한가? 미 재무부 단기채권의 연이자율은 현재 4%이다. 1년을 365일로 가정한다.

작은 사례

Webb Corporation의 현금관리

Webb Corporation은 이 회사 사장인 Bryan Webb에 의해 20년 전에 설립되었다. 이 회사는 처음에는 우편주문회사로 출발하였으나 웹사이트를 이용함으로써 최근에 빠른 속도로 성장하였다. 이 회사 고객이 미국 전역에 넓게 퍼져 있기 때문에 이 회사는 현재 샌프란시스코, 세인트루이스, 애틀랜타, 보스턴에서 사서함시스템을 활용하고 있다.

이 회사의 재무담당이사인 Holly Lennon은 그동안 회사의 현금회수정책에 대해 검토해왔다. 평균적으로 각 사서함으로 매일 들어오는 현금은 235,000$이다. 회사의 현재 정책은 이 돈을 해당 사서함을 관리하는 은행들의 투자계좌를 이용해 단기증권에 투자하는 것이다. 이 계좌에 투자된 돈은 2주마다 달라스에 있는 Webb 본사에 송금되고 회사는 급여를 지급하는 데 사용하고 있다. 투자계좌는 하루에 0.013%의 이자를 받으며, 송금수수료는 송금액의 0.20%이다.

달라스 외곽에 있는 Third National은행이 Holly에게 집중은행시스템을 도입할 것을 제안해왔다고 하자. Third National은행은 각 지역의 사서함에 수령된 수표를 매일 자동결제망(ACH)을 통해 이체받고, 이를 하루에 0.013%의 수익률을 갖는 증권투자계좌에 바로 입금한다. ACH를 통해 Third National은행에 이체된 자금은 하루 동안 사용할 수 없다. ACH를 통한 자금이체에 대해 매번 250$의 비용을 지불해야 한다면, Bryan은 Holly에게 어떤 현금관리시스템이 더 좋은가를 판단해보라고 요청했다. Holly를 보조하고 있는 당신에게 그녀는 다음에 대해 답해줄 것을 요청했다.

질문

1. Webb이 사서함시스템을 통해 얻는 순현금흐름은 총 얼마인가?
2. Webb은 Third National은행이 제시하는 집중은행시스템을 도입해야 하는가?
3. ACH를 이용한 자금이체 비용이 얼마가 될 때 Webb은 두 시스템 중 어느 것을 선택하든 관계없다고 판단하겠는가?

19A 목표현금보유액의 결정

목표현금보유액(target cash balance): 유지비용과 부족비용 간의 상충관계에 의해 결정되는 기업의 바람직한 현금보유 수준

조정비용(adjustment cost): 매우 적은 현금을 보유하는 경우에 발생하는 비용으로서 '부족비용'이라고도 한다.

앞 장에서 설명한 유동자산 전반에 대한 관리에 비추어볼 때, **목표현금보유액**(target cash balance)은 현금을 보유할 때의 기회비용(유지비용)과 매우 적은 현금을 보유할 때의 비용[부족비용 또는 **조정비용**(adjustment cost)이라고도 함] 사이의 상호교환관계에 의해 결정된다. 이러한 비용들은 기업의 운전자본정책에 의해 결정된다.

기업이 유연한(flexible) 운전자본정책을 갖고 있다면, 그러한 기업은 아마도 시장성을 갖는 증권들을 소유할 것이다. 이 경우에는 증권을 사거나 팔 때 지불하는 거래비용(trading cost)이 조정비용(또는 부족비용)이 될 것이다. 그러나 기업이 제한적(restrictive) 운전자본정책을 갖고 있다면, 그러한 기업은 아마도 현금이 부족할 경우 단기로 차입할 것이다. 따라서 이러한 경우에 부족비용은 대출과 관련된 이자비용이 기타 비용이 될 것이다.

지금부터의 설명에서는 기업이 유연한 정책을 갖는다고 가정하기로 한다. 따라서 기업의 현금관리는 증권을 매도해서 현금을 마련하기도 하고, 증권을 매수해서 현금을 줄이는 것으로 이루어질 것이다. 이러한 가정하에서 목표현금보유액에 대해 살펴보는 것은 매우 전통적인 접근방법이며, 또한 현금보유와 관련된 비용과 혜택을 잘 살펴볼 수 있게 해주는 접근방법이다.

그러나 현금에 대한 투자와 화폐시장증권에 대한 투자의 구별이 점점 더 불분명해지고 있다는 점을 염두에 두기 바란다. 예를 들어 수표발행권이 주어지는 화폐시장펀드를 현금에 대한 투자와 증권에 대한 투자 중 어디에 속한다고 말할 수 있겠는가? 이와 같은 유사현금(near-cash) 약정은 점점 더 일반화되어 가고 있다. 아마도 이와 같은 유사현금(현금등가물)이 보다 널리 이용되지 못하고 있는 것은 그러한 것들의 이용을 제한하는 정부의 규제 때문일 것이다. 이러한 종류의 약정에 대해서는 이후 여러 군데에서 다시 언급될 것이다.

기본개념

그림 19A.1은 우리가 가정한 유연한 기업의 현금관리문제를 보여주고 있다. 기업이 매우 적은 현금을 갖고 있으려고 한다면 필요 이상으로 자주 현금부족에 빠질 것이고, 더 많은 현금을 갖고 있을 때보다도 더 자주 증권을 매도해야 할 것이다. (그리고 아마도 나중에 다시 매입해야 할 것이다.) 따라서 현금보유액이 적을 경우에는 거래비용이 더 크게 나타날 것이다. 이러한 비용은 현금보유액이 더 커짐에 따라 감소할 것이다.

이와는 반대로 기업이 매우 적은 현금을 보유한다면 현금보유에 따른 기회비용은 매우 적게 나타날 것이다. 이러한 비용은 현금보유액이 커짐에 따라 증가할 것이다. 왜냐하면 현금보유액이 커짐에 따라 현금을 다른 곳에 투자했더라면 벌어들일 수 있는 이자수입도 더 커지기 때문이다.

그림 19A.1에는 이러한 두 비용의 합을 나타내는 총비용곡선이 그려져 있다. 그림에서 볼 수 있듯이 총비용곡선의 최저점은 이 두 비용곡선이 서로 교차하는 C^*에서 나타난다. 이 점에서 기회비용과 거래비용은 같아진다. 이 점이 목표현금보유액을 나타내는 점이며, 기업은 이 점을 찾아내는 노력을 해야 할 것이다.

그림 19A.1은 기본적으로 앞 장에 있는 그림 18.2와 동일한 것이다. 그러나 여기서는 현금에 대한 최적 투자액과 그에 영향을 미치는 요소들에 대해서 살펴볼 것이다.

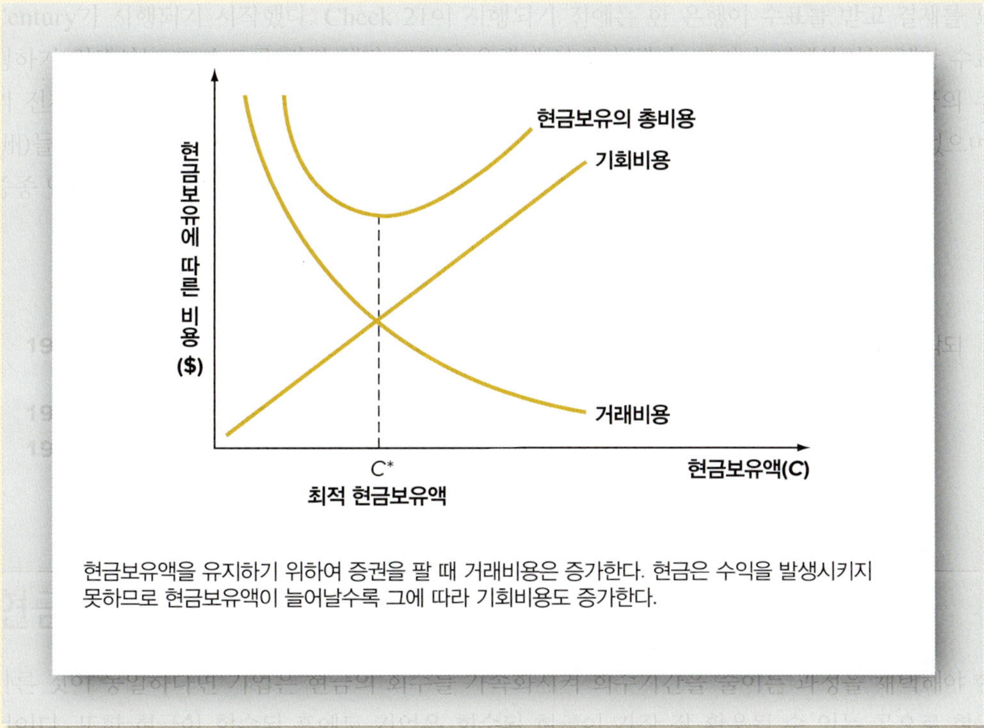

현금보유액을 유지하기 위하여 증권을 팔 때 거래비용은 증가한다. 현금은 수익을 발생시키지 못하므로 현금보유액이 늘어날수록 그에 따라 기회비용도 증가한다.

그림 19A.1
현금보유에 따른 비용

배트(BAT)모형

보몰-알레스-토빈(Baumol-Allais-Tobin: BAT)모형은 현금관리문제를 분석하는 고전적인 수단이다. 우리는 이 모형이 목표현금보유액을 결정하는 데 실제로 어떻게 사용될 수 있는가를 보일 것이다. 이 모형은 간단한 모형이면서도 현금관리(보다 일반적으로 유동자산관리)의 여러 측면을 잘 보여주는 매우 유용한 모형이다.

BAT모형을 살펴보기 위해서, Golden Socks Corporation이 0주(週)에 현금 C = 120만$를 갖고 출발했다고 하자. 매주 현금유출액은 현금유입액보다 600,000$ 크게 발생한다. 따라서 Golden Socks의 현금보유액은 2주 말에 가서 0이 된다. 2주간에 걸친 평균현금보유액은 기초 현금보유액(120만$)에 기말 현금보유액(0$)을 더한 것을 2로 나눈 ($120만 + $0)/2 = 600,000$가 된다. 2주 말에 가서 Golden Socks는 새롭게 120만$를 채워 넣는다.

이상에서 살펴본 Golden Socks의 현금관리정책은 2주마다 120만$의 현금을 채워 넣는 아주 간단한 정책이다. 그림 19A.2는 이 정책을 보여주고 있다. 현금보유액이 매주 600,000$씩 감소한다는 것을 살펴보라. 현금보유액이 다 소진되면 새롭게 120만$를 채워 넣는 식으로 현금이 보유되기 때문에 현금보유액은 그림 19A.2처럼 톱니 형태로 나타난다.

그림 19A.2는 순현금유출이 매일 같은 크기로 나타날 뿐만 아니라 또한 그 크기도 정확히 알 수 있다는 것을 묵시적으로 가정하고 있는 것이다. 이 두 가지 가정은 상황을 다루기 쉽게 해준다. 다음 절에서는 이 두 가정이 성립하지 않을 때 어떻게 되는가를 살펴볼 것이다.

만약 *C*가 더 높게, 예를 들어 240만$로 책정된다면, 현금잔고는 4주일 동안 남아있게 될 것이다. 그러나 Golden Socks의 평균현금보유액은 600,000$에서 120만$로 증가할 것이다. 또한 만약 *C*가 600,000$로 책정된다면, 현금은 1주일 만에 소진될 것이며 Golden Socks는 더 자

그림 19A.2
Golden Socks Corporation의 현금보유액

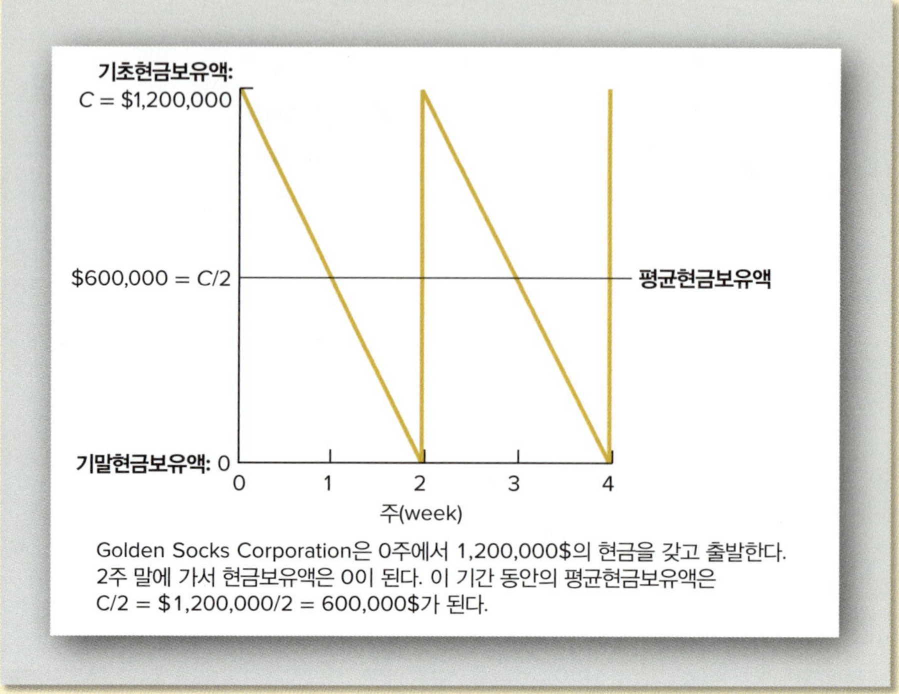

Golden Socks Corporation은 0주에서 1,200,000$의 현금을 갖고 출발한다. 2주 말에 가서 현금보유액은 0이 된다. 이 기간 동안의 평균현금보유액은 C/2 = $1,200,000/2 = 600,000$가 된다.

주 현금을 보충해야 할 것이다. 그러나 평균현금보유액은 600,000$에서 300,000$로 감소할 것이다.

현금을 보충할 때마다 거래비용(예를 들어 증권을 팔 때 지불해야 하는 브로커 수수료)이 발생하므로 기초에 큰 현금보유액을 갖는 것은 현금관리와 관련된 거래비용을 낮추어 줄 것이다. 그러나 평균현금보유액이 더 커지면 그에 따라 기회비용(현금을 단기증권에 투자함으로써 벌어들일 수 있는 수익)은 더 커질 것이다.

최적 현금보유액을 알기 위해서 Golden Socks는 아래의 세 가지를 알아야 한다.

F = 현금을 보충하기 위해 증권을 매도할 때마다 지불해야 하는 고정비용
T = 해당되는 계획기간(예: 1년) 동안 새롭게 보충되어야 하는 현금의 총액
R = 현금보유에 따른 기회비용. 증권에 대한 투자로부터 얻을 수 있는 수익

Golden Socks는 이러한 정보를 가지고 현금보유정책에 따른 총비용을 알 수 있으며 그에 따라 최적 현금보유정책을 결정할 수 있다.

기회비용 현금보유에 따른 기회비용을 알기 위해서는 얼마만큼의 이자를 포기해야 하는지를 살펴보아야 한다. 평균적으로 Golden Socks는 C/2의 현금을 보유한다. 이 금액은 R의 이자율로 수익을 올릴 수 있을 것이다. 따라서 현금보유에 따른 총기회비용은 평균현금보유액에 이자율을 곱한 것이다.

$$\text{기회비용} = (C/2) \times R \qquad [19A.1]$$

예를 들어 이자율을 10%라고 할 때 여러 초기 현금보유액에 따른 기회비용은 다음과 같다.

초기 현금보유액	평균 현금보유액	기회비용(R = 0.10)
C	$C/2$	$(C/2) \times R$
$4,800,000	$2,400,000	$240,000
2,400,000	1,200,000	120,000
1,200,000	600,000	60,000
600,000	300,000	30,000
300,000	150,000	15,000

초기의 현금보유액이 120만$일 때, 평균현금보유액은 600,000$이다. 이 금액에 대해 Golden Socks가 벌어들일 수 있었던 이자수입은 10%의 이자율에서 60,000$이다. 이는 이 회사가 현재의 현금보유정책에서 포기하고 있는 금액이다. 초기(그에 따른 평균) 현금보유액이 증가함에 따라 기회비용도 증가한다는 것을 살펴보라.

거래비용 한 해 동안의 총거래비용을 알기 위해서는 한 해 동안 Golden Socks가 얼마나 자주 증권을 판매해야 하는가를 알아야 한다. 먼저, 한 해 동안 지출하는 총현금액을 구하면 T = $600,000 × 52주 = 3,120만$가 된다. 초기 현금보유액을 C = 120만$로 정했을 경우, Golden Socks는 매번 120만$어치의 증권을 팔아야 한다. 따라서 한 해 동안 증권을 판매해야 하는 횟수는 T/C = $3,120만/$120만 = 26번이 된다. 증권을 판매할 때마다 매번 $F$$의 비용을 지불해야 하므로 한 해 동안의 총거래비용은 다음과 같다.

$$\frac{\$3{,}120\text{만}}{\$120\text{만}} \times F = 26 \times F$$

일반적으로 표현하면, 총거래비용은 다음과 같이 표현된다.

$$\textbf{거래비용} = (T/C) \times F \qquad \textbf{[19A.2]}$$

이 예에서 F가 (좀 과장된 금액이기는 하지만) 1,000$라고 하면, 총거래비용은 26,000$가 될 것이다.

여러 초기의 현금보유액에 따른 총거래비용은 다음과 같다.

해당 기간 동안의 총현금지출액	초기 현금보유액	거래비용 (F = $1,000)
T	C	$(T/C) \times F$
$31,200,000	$4,800,000	$ 6,500
31,200,000	2,400,000	13,000
31,200,000	1,200,000	26,000
31,200,000	600,000	52,000
31,200,000	300,000	104,000

총비용 기회비용과 거래비용을 알았기 때문에 이제 이들을 합한 총비용을 계산할 수 있다.

$$\begin{aligned}\textbf{총비용} &= \textbf{기회비용} + \textbf{거래비용} \\ &= (C/2) \times R + (T/C) \times F\end{aligned} \qquad \textbf{[19A.3]}$$

앞의 수치들을 사용하면 다음과 같은 결과를 얻는다.

초기 현금보유액	기회비용	+	거래비용	=	총비용
$4,800,000	$240,000		$ 6,500		$246,500
2,400,000	120,000		13,000		133,000
1,200,000	60,000		26,000		86,000
600,000	30,000		52,000		82,000
300,000	15,000		104,000		119,000

총비용이 거의 250,000$(246,500$)에서 시작하여 82,000$로 감소한 후 다시 증가함을 살펴보라.

해답 앞의 표에서 초기 현금보유액이 600,000$일 때 총비용이 82,000$로 최저가가 됨을 알 수 있다. 초기 현금보유액이 700,000$나 500,000$ 또는 다른 금액일 때 총비용은 어떻게 되는가? 최적 초기 현금보유액은 300,000$와 120만$ 사이의 어디에 있는 것으로 보인다. 이를 염두에 두고 시행착오법을 사용하여 최적 현금보유액을 구할 수 있을 것이다. 그러나 직접적으로 최적 초기 현금보유액을 구하는 것이 어렵지 않으므로 이에 대해 살펴보기로 하자.

그림 19A.1를 다시 살펴보면 최적 초기 현금보유액 C^*는 두 선이 만나는 곳에서 발생한다. 따라서 C^*점에서 기회비용과 거래비용은 같아진다.

$$\text{기회비용} = \text{거래비용}$$
$$(C^*/2) \times R = (T/C^*) \times F$$

이를 다시 정리하면 다음과 같다.

$$C^{*2} = (2T \times F)/R$$

C^*에 대해 풀기 위해서 양변에 제곱근을 해주면 다음과 같이 된다.

$$\mathbf{C^* = \sqrt{(2T \times F)/R}} \qquad \textbf{[19A.4]}$$

따라서 이 금액이 최적 초기 현금보유액이 된다.

Golden Socks의 경우 T = $3,120만, F = $1,000, R = 10%이므로 이 회사의 최적 초기 현금보유액은 다음과 같이 계산된다.

$$\begin{aligned} C^* &= \sqrt{(2 \times \$31{,}200{,}000 \times 1{,}000)/0.10} \\ &= \sqrt{\$624\text{억}} \\ &= \$789{,}937 \end{aligned}$$

이 금액보다 약간 큰 금액과 약간 작은 금액에서 나타나는 총비용들을 비교해봄으로써 여기서 구한 답이 맞는가를 확인할 수 있을 것이다.

초기 현금보유액	기회비용	+	거래비용	=	총비용
$850,000	$42,500		$36,706		$79,206
800,000	40,000		39,000		79,000
789,937	39,497		39,497		78,994
750,000	37,500		41,600		79,100
700,000	35,000		44,571		79,571

최적 현금보유액에서 총비용은 78,994$가 되며, 최적 현금보유액을 증가시키거나 감소시키면 총비용은 증가하는 것으로 나타난다.

BAT모형 **예제 19A.1**

Vulcan Corporation의 일일 현금유출액은 100$이고, 1주일은 7일이다. 연이자율은 5%이고, 현금보유액을 보충할 때마다 지불하는 고정비용은 10$이다. 최적 초기 현금보유액은 얼마인가? 총비용은?

연간 요구되는 총현금은 $100 × 365일 = 36,500$이다. BAT모형에 의하면 최적 초기 현금보유액은 다음과 같이 계산된다.

$$C^* = \sqrt{(2T \times F)/R}$$
$$= \sqrt{(2 \times \$36{,}500 \times 10)/0.05}$$
$$= \sqrt{\$14.6\text{백만}}$$
$$= \$3{,}821$$

평균현금보유액은 $3,821/2 = 1,911.5$이며, 따라서 기회비용은 $1,911.5 × 0.05 = 96$이다. Vulcan은 매일 100$를 필요로 하므로, 현금은 $3,821/$100 = 38.21일 동안 남아 있게 될 것이다. 이 회사는 연간 365/38.21 = 9.6번 현금을 보충해야 할 것이다. 따라서 거래(주문)비용은 96$가 된다. 총비용은 192$이다.

결론 BAT모형은 최적 현금보유액을 알려주는 가장 단순한 모형일 뿐만 아니라 현금보유정책의 핵심을 알려주는 의미 있는 모형이다. 이 모형의 단점은 현금유출액의 크기가 일정하다는 점에 있다. 이제 이 모형의 이러한 단점을 극복하기 위해 개발된 모형에 대해 살펴보기로 하자.

밀러-오어(Miller-Orr)모형: 더 일반적 접근법

여기서는 현금유입액과 현금유출액이 매일 변동하는 경우를 다루는 밀러-오어모형에 대해 살펴본다. 이 모형에서도 우리가 살펴보고자 하는 것은 적절한 현금보유액이다. 그러나 BAT모형과는 달리, 밀러-오어모형은 현금보유액이 무작위로(randomly) 변하고, 또한 변화의 평균치가 0이라고 가정한다.

기본개념 그림 19A.3은 밀러-오어모형을 보여주고 있다. 이 모형은 현금보유액의 상한선(upper limit)인 U^*와 하한선인 L을 갖고 있으며, 또한 목표현금보유액 C^*를 보여주고 있다. 기업은 자신의 현금보유액이 하한선과 상한선 사이에서 마음대로 변하는 것을 허용한다. 현금보유액이 U^*와 L 사이에 있는 한, 아무 일도 발생하지 않는다.

X점처럼 현금보유액이 상한선(U^*)에 도달하게 되면 기업은 ($U^* - C^*$)의 현금을 증권에 투자한다. 이에 따라 현금보유액은 C^*로 감소한다. 마찬가지로 Y점처럼 현금보유액이 하한선(L)에 도달하게 되면 기업은 ($C^* - L$)의 금액만큼 증권을 팔아 그만큼의 현금을 보충한다. 이러한 행동은 기업의 현금보유액을 C^*로 가져다준다.

모형의 사용 먼저 경영자는 하한선(L)을 설정한다. 이 하한선은 기본적으로 현금의 안전재고를 의미한다. 따라서 하한선의 수준은 현금부족 위험을 기업이 얼마나 감수하려는가에 따라 결

그림 19A.3
밀러-오어모형

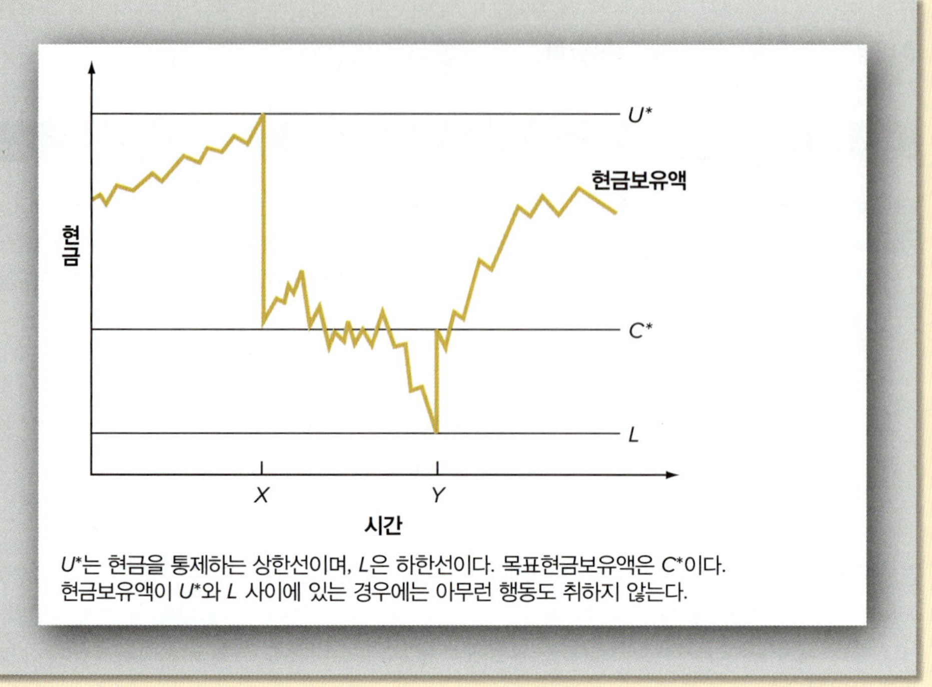

U^*는 현금을 통제하는 상한선이며, L은 하한선이다. 목표현금보유액은 C^*이다. 현금보유액이 U^*와 L 사이에 있는 경우에는 아무런 행동도 취하지 않는다.

정된다. 이러한 최소현금보유액은 은행이 요구하는 보상예금과 같은 수준으로 설정될 수도 있다.

BAT모형에서와 마찬가지로 최적 현금보유액은 거래비용과 기회비용에 의해 결정된다. 증권을 사고파는 거래에 대해 매번 지불하는 고정비용을 앞에서와 마찬가지로 F라고 하자. 또한 현금보유에 따른 기회비용을 R이라고 하고, 이는 증권에 투자했을 때 기간당 얻을 수 있는 수익률이라고 하자.

추가적으로 필요한 정보는 σ^2(기간당 나타나는 순현금흐름의 분산)이다. 기간은 이자율(R)과 분산(σ^2)이 동일한 기간에 대한 것이라면 하루가 되든 일주일이 되든 관계없다.

기업이 L을 정했을 때 밀러-오어모형은 현금보유에 따른 총비용을 최소화해 주는 목표현금보유액 C^*와 상한선 U^*를 알려준다.[2]

$$C^* = L + (3/4 \times F \times \sigma^2/R)^{(1/3)} \quad [19A.5]$$
$$U^* = 3 \times C^* - 2 \times L \quad [19A.6]$$

또한 밀러-오어모형에서 평균현금보유액은 다음과 같이 계산된다.

$$\text{평균현금보유액} = (4 \times C^* - L)/3 \quad [19A.7]$$

평균현금보유액 공식을 구하는 것은 비교적 복잡하므로 이에 대해서는 살펴보지 않기로 한다. 그러나 다행히도 이 모형의 결과를 사용하는 것은 어렵지 않다.

예를 들어 F = 10\$, 월이자율 = 1%, 순현금흐름의 월간 표준편차(σ)를 200\$라고 하면, 월간 순현금흐름의 분산(σ^2)은 다음과 같다.

[2] M. H. Miller and D. Orr, "A Model of the Demand for Money by Firms," *Quarterly Journal of Economics*, August 1966.

$\sigma^2 = \$200^2 = \$40,000$

최저현금보유액을 L = 100$라고 하면, 목표 현금보유액 C^*는 다음과 같이 계산된다.

$$\begin{aligned} C^* &= L + (3/4 \times F \times \sigma^2/R)^{1/3} \\ &= \$100 + (3/4 \times \$10 \times \$40,000/0.01)^{1/3} \\ &= \$100 + 30,000,000^{1/3} \\ &= \$100 + 311 = \$411 \end{aligned}$$

상한선 U^*는 다음과 같이 계산된다.

$$\begin{aligned} U^* &= 3 \times C^* - 2 \times L \\ &= 3 \times \$411 - 2 \times \$100 \\ &= \$1,033 \end{aligned}$$

마지막으로, 평균현금보유액은 다음과 같다.

$$\begin{aligned} \text{평균현금보유액} &= (4 \times C^* - L)/3 \\ &= (4 \times \$411 - \$100)/3 \\ &= \$515 \end{aligned}$$

BAT모형과 밀러-오어모형의 시사점

이상에서 살펴본 두 개의 현금관리모형은 복잡성에서는 서로 다르지만 동일한 점을 시사해주고 있다. 다른 것들이 동일하면 우리는 두 모형을 통해서 다음과 같은 것을 알게 된다.

1. 이자율이 높아질수록 목표현금보유액은 낮아진다.
2. 거래(주문)비용이 커질수록 목표현금보유액은 높아진다.

이러한 시사점은 모두 쉽게 이해될 수 있는 것들이다. 밀러-오어모형은 순현금흐름의 변동성으로 측정된 불확실성의 효과를 포함시킴으로써 현금관리문제에 대한 이해를 증가시켜주고 있다.

밀러-오어모형은 불확실성이 커질수록(σ^2이 커질수록), 목표현금보유액과 최소현금보유액의 차이가 더 커진다는 것을 말해주고 있다. 마찬가지로 불확실성이 더 커질수록 현금보유 상한선이 더 커지며, 또한 그에 따라 평균현금보유액도 더 커진다는 것을 말해주고 있다. 이러한 점은 직관적으로도 쉽게 이해될 수 있는 것이다. 예를 들어 순현금흐름의 변동성이 커질수록 현금보유액이 최소현금보유액보다 낮아질 경우가 더 많아진다. 따라서 그러한 상황이 발생하는 것을 막기 위해 목표현금보유액을 높여야 한다.

목표현금보유액에 영향을 미치는 다른 요소들

여기서는 목표현금보유액에 영향을 미치는 추가적인 두 가지 점을 살펴보기로 한다.

첫째, 현금관리에 대해 살펴보면서 우리는 여유현금을 단기증권에 투자한다고 가정했다. 단기증권을 판매함으로써 기업은 현금을 얻는다. 그러나 기업은 돈을 차입할 수도 있다. 차입을 고려한다면 현금관리에 대해 추가적으로 살펴보아야 할 것이 있다.

1. 차입의 경우에는 일반적으로 이자율이 더 높을 수 있으므로 증권을 판매하는 경우보다 더 높

은 비용을 지불해야 할 가능성이 높다.

2. 차입의 필요성은 낮은 현금보유액을 유지하겠다는 경영자의 판단에 의해 영향을 받는다. 현금흐름의 변동성이 더 클수록, 또한 증권에 대한 투자가 적을수록 기대하지 못한 현금유출에 대응하기 위해 차입을 해야 할 가능성이 더 높아진다.

둘째, 대기업의 경우에는 증권을 사고파는 데 따른 거래비용이 현금보유의 기회비용과 비교할 때 매우 작다. 예를 들어 어떤 회사가 24시간 동안 필요하지 않은 1백만$의 현금을 갖고 있다고 하자. 이 회사는 이 돈을 투자해야 하는가, 그대로 갖고 있어야 하는가?

이 회사가 이 돈을 연 7.57%의 수익률을 얻는 데 투자할 수 있다고 하자. 이 경우 하루의 이자는 2베이시스 포인트(basis point)인 약 0.02% (0.0002)가 된다.[3] 따라서 1백만$로 하루에 벌어들일 수 있는 금액은 $1백만 × 0.0002 = 200$가 된다. 많은 경우에 주문비용은 이보다 훨씬 적다. 따라서 대기업은 여유현금을 그대로 갖고 있기보다는 증권을 사고파는 것을 더 선호할 것이다.

개념질문 _Concept Questions

19A.1a 목표현금보유액은 무엇인가?
19A.1b BAT모형이 내포하고 있는 기본적인 상호교환관계는 무엇인가?
19A.1c 밀러-오어모형이 어떻게 작동하는가를 설명하라.

복습과 자가진단

19A.1 BAT모형 다음의 정보를 가지고 BAT모형을 사용하여 목표현금보유액을 계산하라.

연간 이자율	12%
고정주문비용	$100
총필요현금	$240,000

현금보유의 기회비용은 얼마인가? 거래비용과 총비용은?
만약 15,000$를 보유한다면 이들은 어떻게 변하는가? 25,000$를 보유한다면?

복습과 자가진단의 해답

19A.1 BAT모형을 사용할 경우, 목표현금보유액은 다음과 같이 계산된다.

$$\begin{aligned} C^* &= \sqrt{(2T \times F)/R} \\ &= \sqrt{(2 \times \$240{,}000 \times \$100)/0.12} \\ &= \sqrt{\$400{,}000{,}000} \\ &= \$20{,}000 \end{aligned}$$

[3] 베이시스 포인트는 1%의 1%를 말한다. 또한 연간 이자율은 $(1 + R)^{365} = 1.0757$이므로 일일 이자율은 0.02%이다.

평균현금보유액은 $C^*/2$ = $20,000/2 = 10,000$가 된다. 10,000$의 현금을 보유하는 기회비용은 12%의 이자율에서 $10,000 × 0.12 = 1,200$가 된다. 한 해 동안의 주문횟수는 $240,000/$20,000 = 12번이며, 주문비용은 $100 × 12 = 1,200$가 된다. 따라서 총비용은 2,400$이다.

만약 15,000$의 현금을 보유한다면 평균현금보유액은 7,500$이다. 이 경우에 기회비용, 거래비용, 총비용이 각각 900$, 1,600$, 2,500$가 되는 것을 확인해보라. 25,000$의 현금을 보유한다면 이들은 각각 1,500$, 960$, 2,460$가 된다.

연습문제

1. **목표현금보유액의 변화 [LO2]** 다음의 각 상황이 기업의 목표현금보유액에 미치는 영향에 대해 설명하라. 목표현금보유액이 증가하는 경우에는 *I*로, 감소하는 경우에는 *D*로 표시하라. 각 경우에 대해 그렇게 생각하는 이유를 간단히 설명하라.
   a. 증권브로커가 요구하는 커미션이 하락했다.
   b. 화폐시장증권에 대한 이자율이 상승했다.
   c. 은행이 요구하는 보상예금이 증가했다.
   d. 기업의 신용등급이 높아졌다.
   e. 차입비용이 증가했다.
   f. 은행이 제공하는 서비스에 대해 수수료를 지불하게 되었다.
2. **BAT모형 [LO2]** 다음의 정보를 가지고 BAT모형을 사용하여 목표현금보유액을 구하라.

연간 이자율	4.5%
고정주문비용	$25
총필요현금	$10,200

   구한 답을 어떻게 해석하겠는가?
3. **기회비용과 거래비용 [LO2]** White Whale사의 일일 평균현금보유액은 1,700$이다. 연간 총필요현금은 64,000$이다. 이자율은 5%이고, 현금을 보충할 때마다 매번 8$를 지불해야 한다. 현금보유에 따른 기회비용, 거래비용, 총비용은 얼마인가? White Whale의 현금정책에 대해 어떻게 생각하는가?
4. **비용과 BAT모형 [LO2]** Debit and Credit Bookkeepers사는 거래와 기타 목적을 위해 매년 총 21,000$의 현금을 필요로 한다. 현금보유액이 낮아질 때마다 이 회사는 1,500$의 증권을 팔아 현금을 보충한다. 연간 이자율은 4%이고, 증권을 판매할 때마다 25$의 비용을 지불한다.
   a. 현재의 정책에서 기회비용은 얼마인가? 거래비용은? 추가적인 계산을 하지 않고도 현재 이 회사가 현재 너무 많은 현금이나 너무 적은 현금을 보유하고 있다고 말할 수 있는가? 설명하라.
   b. BAT모형을 사용할 경우에 목표현금보유액은 얼마인가?
5. **최적 현금보유액의 결정 [LO2]** All Day Company는 현재 690,000$의 현금으로 갖고 있다. 다음 해에는 현금유출이 현금유입보다 매달 140,000$ 더 클 것으로 예상하고 있다. 현재 갖고 있는 현금 중 얼마를 계속 갖고 있고, 얼마를 증권에 투자해야 하는가? 증권은 브로커를 통해서 매매하고 있으며 이 회사는 매번 250$의 수수료를 지불한다. 화폐시장증권의 연간 이자율은 3.2%이다. 잉여현금을 처음 투자한 후에 다음 12개월 동안 몇 번이나 증권을 팔아야 하는가?
6. **밀러-오어모형의 해석 [LO2]** All Night, Inc.는 밀러-오어 현금관리모형을 사용하고 있으며 하

한선은 43,000$, 상한선은 125,000$, 목표현금보유액은 80,000$이다. 이러한 금액들이 의미하는 바를 설명하고, 이 회사의 현금관리가 어떻게 이루어지고 있는지를 설명하라.

7. **밀러-오어모형** [LO2] Slap Shot 주식회사는 증권거래 수수료로 거래당 매번 40$의 고정비용을 지불하고 있다. 현재의 일일 이자율은 0.013%이고, 일일 순현금흐름의 표준편차는 80$이다. 이 회사의 경영자는 현금보유액의 하한선으로 1,500$를 책정하고 있다. 밀러-오어모형을 사용하여 목표현금보유액과 상한선을 계산하라. 이 회사의 현금관리가 어떻게 이루어지고 있는지 설명하라.

8. **밀러-오어모형의 해석** [LO2] 밀러-오어모형에서 순현금흐름의 변동성이 커진다면 하한선, 상한선, 스프레드(하한선과 상한선의 차이)에 어떤 변화가 발생하는지를 설명하라. 그러한 상황이 발생하는 이유를 직관적으로 설명하라. 변동성이 0으로 떨어지는 경우에는 어떻게 되는가?

9. **밀러-오어모형** [LO2] Pele Bicycle Shop사의 일일 현금흐름의 분산(variance)은 890,000$이다. 현금보유에 따른 기회비용은 연간 4.1%이다. 하한선이 160,000$로 책정되었다면 목표현금보유액과 상한선은 얼마가 되어야 하는가? 증권을 사고팔 때 매번 지불하는 거래비용은 300$이다.

10. **BAT모형** [LO2] Rise Against 주식회사는 BAT모형을 사용하는 경우 자신의 목표현금보유액이 5,100$라는 것을 알아냈다. 연간 필요한 총현금액은 31,000$이고, 주문비용은 10$이다. Rise Against가 사용해야 하는 이자율은 얼마여야 하는가?

20 신용관리와 재고관리
Credit and Inventory Management

2019년, Popeyes Lousiana Chicken은 라이벌인 Chick-fil-A와 경쟁하기 위해 새로운 치킨 샌드위치를 내놓았다. 불행하게도 (또는 다행스럽게도) 이 샌드위치는 너무 인기가 많아서 2주 만에 다 팔리고 말았다. 이 회사가 이 샌드위치를 식당에서 다시 제공하기까지는 두 달이 걸렸다. 또 같은 해 2019년, Adidas는 회사의 매출이 증가하고 있지만, 재고 부족으로 인해 약 2억 2,400만$~4억 4,800만$의 매출을 손해 보았다고 공표했다. 미래의 재고 부족을 해결하기 위해 Adidas는 항공 운송을 더 많이 이용하기로 했는데, 이것이 운송비를 증가시켰다. Popeyes와 Adidas만 예외가 아니다. 한 산업 그룹의 추정치에 의하면 소매업체들이 재고가 바닥난 품목으로 인해 연간 최대 5,000억$의 손실을 보고 있다고 한다..

물론 재고를 너무 많이 들여놔도 문제가 생길 수 있다. 2020년 COVID-19 사태로 인해 연중 최고 성수기인 성 패트릭 데이와 NCAA 농구대회를 앞두고 술집이 폐쇄되었다. 그 결과, 1천만 갤런 이상의 맥주를 버려야만 했다. 김빠진 맥주의 최종 비용은 10억$가 넘는 것으로 추정되었다. 그리고 식당의 폐쇄는 다른 산업들에게도 문제를 야기했으니, 식재료 생산자들은 남아도는 고기, 채소, 우유 그리고 기타 다른 제품들을 버려야 했다.

이러한 사례에서 알 수 있듯이 재고에 차질이 생기면 기업에 큰 문제를 일으킬 수 있지만, 기업 또한 다양한 이유로 과도한 재고 수준을 보유하는 것을 싫어한다. 이 장에서는 무엇보다도 기업이 어떻게 최적의 재고 수준에 도달하는지 논의하고자 한다.

학습목표 _Learning Objectives

이 장을 공부한 후에는 다음과 같은 것들에 대해 알아야 한다.

- **LO1** 신용판매(외상매출)의 관리와 신용판매(외상매출)정책의 기본요소들
- **LO2** 신용판매(외상매출) 여부에 대한 의사결정
- **LO3** 재고의 종류와 재고관리기법들
- **LO4** 재고유지 비용과 최적 재고수준

20.1 신용제공과 신용판매액

제품과 서비스를 판매할 때 기업은 배달과 동시에 또는 그 이전에 현금을 요구할 수도 있고, 고객에게 신용을 제공하여 대금지불을 연기해 줄 수도 있다. 이어지는 절에서는 기업이 고객에게 신용을 제공할 때 고려해야 할 점들에 대해서 살펴본다. 신용을 제공한다는 것은 고객에게 투자

를 하는 것이며, 그러한 투자는 제품이나 서비스의 매출과 연관된 투자이다.

물론 모든 기업이 신용(외상판매)을 제공하고 있는 것은 아니지만 기업들이 고객에게 신용을 제공하는 것은 극히 일반적인 관행이다. 기업들이 고객에게 신용을 제공하는 이유는 무엇인가? 신용제공은 분명히 매출을 자극하는 수단이다. 그러나 신용제공과 관련하여 발생하는 비용은 무시할 수 없다. 첫째, 고객이 대금을 지불하지 않을 가능성이 있다. 둘째, 기업은 외상매출금을 유지하는 비용을 떠안아야 한다. 따라서 신용정책에 대한 의사결정에서는 신용제공에 따른 비용과 판매증가로부터 발생하는 혜택 간의 상호교환관계가 고려되어야 한다.

회계적으로 보면, 신용이 제공될 때 매출채권(외상매출금)이 발생한다. 신용에는 기업이 다른 기업에 제공하는 거래신용(trade credit)과 일반소비자들에게 제공되는 소비자신용(consumer credit)이 있다. 미국 제조업 기업들이 갖고 있는 모든 자산의 약 1/6이 외상매출금이다. 따라서 외상매출금은 분명히 기업들이 갖고 있는 재무적 자원의 주된 사용처이다.

신용정책의 구성요소

기업이 고객에게 신용제공을 결정할 때 신용제공절차와 회수절차를 확립해야 한다. 구체적으로 기업은 다음과 같은 신용정책의 구성요소들을 다루어야 한다.

판매조건(terms of sale): 제품과 서비스를 현금이나 신용으로 판매하는 조건들

1. **판매조건**(terms of sale): 판매조건은 기업이 제품과 서비스를 판매하는 방법을 정한다. 기본적인 의사결정은 기업이 현금판매를 할 것인가, 신용판매를 할 것인가 하는 것이다. 만약 고객에게 신용을 제공하기로 했다면, 판매조건은 신용기간(명시적으로 또는 묵시적으로), 현금할인과 할인기간, 신용증서의 유형을 구체화한다.

신용분석(credit analysis): 고객이 대금을 지불하지 않을 가능성을 판단하는 수단과 절차

2. **신용분석**(credit analysis): 신용을 제공함에 있어서 기업은 대금을 지불할 고객과 지불하지 않을 고객을 구별하기 위하여 얼마나 많은 노력을 기울일 것인가를 결정해야 한다. 기업은 고객이 대금을 지불하지 않을 가능성을 검토하기 위해 다양한 수단과 절차를 사용한다. 이러한 것들을 통틀어 신용분석이라고 한다.

회수정책(collection policy): 외상매출금의 회수와 관련된 절차

3. **회수정책**(collection policy): 신용을 제공한 후, 기업은 현금회수와 관련된 잠재적 문제를 갖게 된다. 따라서 이를 위해 회수정책이 확립되어야 한다.

이어지는 절에서는 신용정책의 이러한 구성요소들에 대해 살펴보기로 한다.

신용판매의 현금흐름

앞 장에서 외상매출금기간을 외상매출금을 회수하는 데 걸리는 시간이라고 했다. 이 기간 동안 여러 상황들이 발생한다. 이는 신용제공(외상매출)과 관련되어 나타나는 현금흐름들도 현금흐름도(cash flow diagram)로 표현될 수 있다.

기업의 운전자본관리를 돕는 회사들을 살펴보기 위해서는 **www.treasurystrategies.com**을 참조하라.

신용판매의 현금흐름

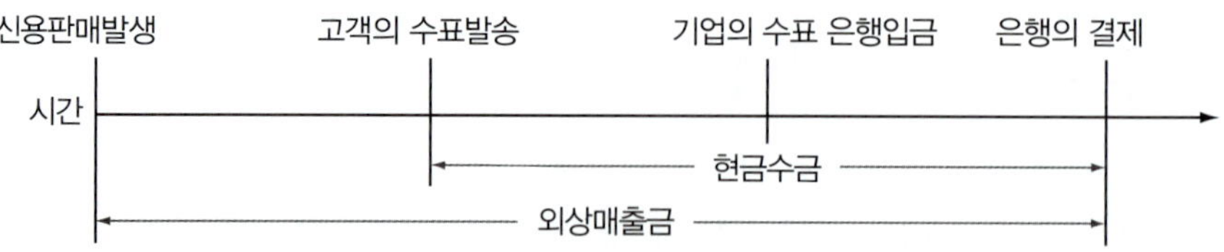

시간선(time line)은 기업이 신용을 제공했을 때 전형적으로 나타나는 일련의 상황들을 다음과 같이 알려주고 있다. (1) 신용판매의 발생, (2) 고객이 수표로 대금을 기업에 발송함, (3) 기업은 해당 수표를 은행에 입금함, (4) 은행은 기업의 계좌에 수표에 표시된 금액을 입금한 후 결제 처리함.

앞 장에서의 설명에 비추어 볼 때, 외상매출금기간에 영향을 미치는 요소 중 하나가 지체(float)라는 것이 명백하게 나타난다. 외상매출금기간을 줄일 수 있는 하나의 방법은 수표의 발송, 처리, 결제를 빠르게 하는 것이다. 지체에 대해서는 이미 살펴보았으므로 이 장에서는 외상매출금기간에 중대한 영향을 미치는 신용정책에 초점을 맞추기로 한다.

외상매출금에 대한 투자

어떤 기업이든 외상매출금에 대한 투자는 신용판매액과 평균회수기간에 의해 결정된다. 예를 들어 어떤 기업의 평균회수기간(average collection period: ACP)이 30일이라면 어떤 시점에서든 그 시점에서 30일분의 매출액이 현재 회수되고 있지 않는 것이다. 만약 하루의 외상매출금이 1,000$라면 평균외상매출금은 $1,000 × 30일 = 30,000$가 된다.

외상매출금(매출채권)의 관리에 대해 더 살펴보기 위해서는 **www.insidearm.com**을 참조하라.

따라서 외상매출금을 일반적으로 표현하면 다음과 같다.

외상매출금 = 일일 평균외상매출액 × ACP **[20.1]**

따라서 기업의 외상매출금에 대한 투자액은 신용판매액과 회수기간에 의해 영향을 받는다.

평균회수기간은 앞의 여러 장들에서 이미 언급한 것이다. 외상매출금평균회수일(days' sales in receivables), 외상매출금기간(accounts receivables period), 평균회수기간(average collection period)이 모두 동일한 의미를 갖는 것으로, 신용판매 후 대금회수까지 걸리는 시간을 말하는 것임을 기억하기 바란다.

개념질문 _Concept Questions

20.1a 신용정책의 기본 구성요소들은 무엇인가?
20.1b 기업이 신용판매를 결정했다면, 판매조건을 구성하는 기본요소들은 무엇인가?

판매조건 20.2

앞에서 언급한 것과 같이 판매조건은 세 가지 요소로 구성된다.

1. 신용이 주어지는 기간(신용기간)
2. 현금할인과 할인기간
3. 신용증서의 유형

일반적으로 동일한 산업 내에서는 판매조건이 상당히 표준화되어 있다. 그러나 산업들 간에는 판매조건이 상당히 다르다. 많은 경우에 판매조건은 매우 오랜 역사를 갖고 형성된 것이며, 그 형성 시기는 수 세기 전으로도 거슬러 올라갈 수 있다. 오늘날과 같은 신용거래(trade credit) 관습이 확립된 것은 중세기 유럽까지 거슬러 올라간다. 그러나 아마 분명히 그 이전에도 존재했을 것이다.

기본유형

판매조건은 예를 통해 가장 쉽게 이해될 수 있다. "2/10, 네트(net) 60"이라는 조건은 매우 흔한 조건이다. 이는 고객이 대금을 모두 지불하기까지 가질 수 있는 기간이 송장일(invoice date)로부터 60일이며, 또한 대금을 10일 이내에 전부 지불한다면 대금의 2%를 할인해 준다는 것을 의미한다.

1,000$어치를 구입한 구매자가 있다고 하자. 판매조건은 "2/10, net 60"이다. 이 경우 구매자는 10일 이내에 $1,000 × (1 − 0.02) = 980$를 지불하든가, 60일 이내에 1,000$를 지불하는 두 가지 옵션(선택권)을 갖는다. 만약 조건이 단순이 net 30으로 주어진다면 구매자는 송장일로부터 30일 이내에 1,000$를 모두 지불해야 하며, 이보다 빨리 지불하더라도 할인이 주어지지 않는다는 것을 의미한다.

일반적으로 판매조건은 다음과 같이 해석된다.

<청구서가격에서 이만큼 할인받음> / <만약 이 날수 내에 지불하면>,
<아니면 이 날수 내에 청구서에 표시된 총금액을 지불해야 함>

따라서 "5/10, net 45"는 10일 내에 지불하여 가격에서 5%를 할인받든가, 아니면 45일 내에 총금액을 지불하라는 의미이다.

신용기간

신용기간(credit period): 신용이 제공되는 기간

신용기간(credit period)은 신용이 주어지는 기본적인 시간의 길이이다. 신용기간은 산업에 따라 매우 다르지만 거의 대부분의 경우 30일과 120일 사이이다. 현금할인이 주어진다면 신용기간은 순신용기간(net credit period)과 현금할인기간(cash discount period)의 두 부분으로 구성된다.

순신용기간은 고객이 지불해야 하는 시간의 길이이다. 현금할인기간은 할인이 가능한 기간이다. 예를 들어 "2/10, net 30"의 경우 순신용기간은 30일이고 현금할인기간은 10일이다.

청구서(invoice): 판매자가 구매자에게 보내는 제품이나 서비스에 대한 청구서

청구서일 청구서일(invoice date)은 신용기간이 시작하는 시점이다. **청구서**(invoice)는 구매자에게 선적된 상품의 계산서이다. 관행적으로 청구서일은 구매자가 물품을 받거나 청구서를 받는 날이 아니라, 선적일(shipping date) 또는 청구일(billing date)이다.

그러나 신용기간이 시작하는 날짜가 다른 식으로 정해지는 경우도 있다. 예를 들어 판매조건이 ROG (receipt of goods)로 정해지는 경우도 있다. 이 경우 신용기간은 고객이 물품을 받았을 때부터 시작한다. 이는 고객이 멀리 떨어져 있는 경우에 사용될 수 있다.

EOM (end of month)으로 정해지는 경우, 특정한 달에 이루어진 모든 판매는 그 달의 마지막 날에 이루어진 것으로 본다. 이러한 방식은 구매자가 한 달 동안 계속해서 구매를 하는 경우에 유용하다. 따라서 판매자는 한 달에 한 번만 청구서를 발송한다.

예를 들어 "2/10th, EOM"은 구매자가 그 달 10일 내에 대금을 지불하면 2%의 할인혜택을 받고, 그렇지 않은 경우에는 총금액을 모두 지불해야 한다. 혼란스럽게도, 해당 달의 마지막 날을 25일로 정하고 있는 경우도 있다. MOM (middle of month)은 또 다른 형태의 신용기간 시작일이다.

또한 계절적 날짜(seasonal dating)가 비수기에 계절적 제품의 판매를 촉진하기 위해 사용되

기도 한다. 주로 여름에 판매되는 제품(예: suntan oil)의 경우 2/10, net 30의 조건으로 1월에 제품이 선적될 수 있다. 그러나 청구서는 5월 1일 날짜로 발행되고, 이에 따라 신용기간이 실제로 청구서일로부터 시작한다. 이러한 관행은 구매자가 주문을 보다 빠른 시기에 하도록 만든다.

신용기간 여러 요소가 신용기간에 영향을 미친다. 두 가지 중요한 요소는 구매자의 재고기간과 영업주기이다. 다른 것들이 동일하다면, 이 기간들이 짧을수록 신용기간도 더 짧아질 것이다.

18장에서 보았듯이, 영업주기는 재고기간과 외상매출금기간이라는 두 가지 기간으로 구성된다. 구매자의 재고기간은 구매자가 재고를 구입하고 이를 가공하여 판매하기까지 걸리는 시간이다. 구매자의 외상매출금기간은 구매자가 판매 후 판매대금을 회수하는 데까지 걸리는 시간이다. 판매자가 제공하는 신용기간이 실제로 상대방 구매자의 외상매입금기간이 된다는 점에 주목하라.

신용을 제공함으로써 판매자는 구매자의 영업주기 일부를 위해 자금을 제공하는 것이 되며, 따라서 구매자의 현금주기를 짧게 해주는 것이 된다(그림 18.1 참조). 판매자가 제공하는 신용기간이 구매자의 재고기간보다 길 경우에는 판매자는 구매자의 재고구입을 위한 자금을 제공하는 것일 뿐만 아니라 구매자의 외상매출금의 일부도 지원하고 있는 것이다.

더욱이 판매자가 제공하는 신용기간이 구매자의 영업주기보다 길 경우에는 판매자는 실제로 구매자의 구매와 판매를 지원하는 것에 그치지 않고, 그를 넘어 구매자의 사업 자체를 위한 자금을 제공하는 것이 된다. 그 이유는 구매자가 자신의 제품을 판매한 후에도 판매자로부터 얻은 실질상의 신용대출을 여전히 사용할 수 있고 그러한 신용대출을 다른 목적으로도 사용할 수 있기 때문이다. 이러한 이유 때문에 구매자의 영업주기가 판매자가 설정할 수 있는 신용기간의 적절한 상한선이라고 종종 언급되고 있다.

신용기간의 결정에 영향을 주는 요소들은 이외에도 여러 가지가 있으며 이들 중 많은 것들이 구매자의 영업주기에 영향을 준다. 이러한 의미에서 이러한 요소들은 서로 관련되어 있다. 가장 중요한 것으로는 다음과 같은 것들이 있다.

1. 소멸성과 담보가치(perishability and collateral value): 소멸되는 제품은 상대적으로 회전이 빠르며 또한 상대적으로 낮은 담보가치를 갖는다. 따라서 이러한 제품의 경우, 신용기간이 더 짧다. 예를 들어 신선한 과일과 야채를 파는 식품도매상은 net 7일이라는 조건으로 신용판매를 할 수 있다. 한편, 보석상은 5/30, net 4개월이라는 조건으로 보석을 신용판매할 수 있다.
2. 소비자 수요(consumer demand): 잘 확립된 제품은 일반적으로 보다 빠른 회전율을 갖고 있다. 반면에 신제품이나 성장이 더딘 제품은 구매자를 유인하기 위하여 종종 더 긴 신용기간을 갖고 있다. 또한 앞에서 언급한 것과 같이 수요가 저조한 계절에 철이 지난 제품의 판매를 위해서 판매자들은 매우 긴 신용기간을 선택할 수도 있다.
3. 비용, 수익성, 표준화(cost, profitability, standardization): 상대적으로 가격이 싼 제품은 더 짧은 신용기간을 갖는 경향이 있다. 상대적으로 표준화된 제품이나 원료들의 경우에도 마찬가지다. 이들은 모두 이윤이 낮고 높은 회전율을 갖는 경향이 있어, 이러한 이유로 더 짧은 신용기간을 갖게 된다. 물론 예외인 경우도 있으며, 예를 들어 자동차 딜러들은 일반적으로 자동차를 받는 대로 그 대금을 자동차 제조회사에 지불한다.
4. 신용위험(credit risk): 구매자의 신용위험이 더 클수록 신용판매가 되더라도 신용기간은 더 짧아지기 쉽다.

5. 거래규모(size of the account): 거래규모가 작을수록 이를 관리하는 데 드는 비용이 상대적으로 더 많이 들고, 그러한 고객의 중요성이 떨어지므로 신용기간이 더 짧아질 수 있다.
6. 경쟁(competition): 판매자가 매우 경쟁적인 시장에 있다면 고객을 끌어들이기 위해서 더 긴 신용기간을 제공할 수 있다.
7. 고객의 유형(customer type): 판매자는 서로 다른 고객에게 서로 다른 신용조건을 제공할 수 있다. 예를 들어 식품도매상은 식품점, 제과점, 식당에 물품을 공급할 수 있으며, 이 경우 각 그룹에 대해 서로 다른 신용조건이 주어질 수 있다. 일반적으로 판매자는 종종 도매고객과 소매고객을 동시에 상대하며 이 두 유형의 고객들에게 종종 서로 다른 신용조건을 제시한다.

현금할인

현금할인(cash discount): 현금지불을 유도하기 위해서 주어지는 할인이다. '판매할인(sales discount)'이라고도 한다.

앞에서 언급한 것과 같이 **현금할인**(cash discount)은 종종 판매조건의 일부분을 구성한다. 현금구매의 경우, 할인을 해주는 관행은 미국의 경우 남북전쟁까지 거슬러 올라가며 오늘날 현금할인은 널리 이용되고 있다. 현금할인이 제공되는 이유 중 하나는 외상매출금의 회수를 촉진하기 위한 것이다. 현금할인은 외상매출금을 줄여주는 효과를 가질 것이며, 기업은 이러한 혜택을 할인비용과 교환하는 것이다.

현금할인이 제공될 때 할인기간 동안은 신용이 사실상 무료로 제공되는 것이다. 구매자는 할인기간이 만료된 후에야 신용에 대해 그 대가를 지불한다. 2/10, net 30의 조건에서 이성적 구매자라면 10일째에 대금을 지불하여 무료로 주어지는 신용을 최대한 이용하거나, 30일째에 대금을 지불하여 할인액을 포기하고 그 대신 대금을 최대로 긴 기간 이용할 것이다. 현금할인을 받지 않음으로써 구매자는 30일 − 10일 = 20일간의 신용대출을 얻는 셈이다.

현금할인이 제공되는 또 다른 이유는 현금할인이 외상구매를 하려는 고객들에게 더 높은 가격을 부담시키는 수단이기 때문이다. 이러한 의미에서 현금할인은 고객에게 제공된 신용에 대해 비용을 지불하게 하는 편리한 방법이다.

미국의 신용관리협회에 대해 알아보려면 **www.nacm.org**를 참조하라.

신용구매의 비용 위 예에서의 할인혜택은 다소 적은 것으로 보일 수 있다. "2/10, net 30"에서 구매자는 대금을 조기에 지불할 경우, 2%의 할인을 받는다. 이 정도의 혜택이 조기지불을 유도하는 데 충분한 인센티브로 작용하는가? 이에 대한 답은 그렇다는 것이다. 그 이유는 이러한 할인이 갖는 묵시적(implicit) 이자율이 매우 높기 때문이다.

현금할인이 왜 중요한가를 알아보기 위해, 조기지불하지 않을 경우에 구매자가 지불하는 비용에 대해 살펴보기로 하자. 이를 위해서는 신용거래에 대해 구매자가 사실상 지불하는 이자율을 계산해 보아야 한다. 주문액이 1,000$일 경우, 위의 조건에서 10일 내에 지불하면 구매자는 980$만 지불하면 된다. 그렇지 않으면 20일 더 있다가 1,000$를 지불해야 한다. 이는 분명히 구매자가 사실상 980$를 20일 동안 빌리고 그러한 "대출"에 대해서 20$의 이자를 지불하는 것과 같은 것이다. 이 경우 이자율은 얼마인가?

이는 5장(문제 60)에서 살펴본 할인이자이다. 980$의 대출에 대해 $20의 이자를 내면 이자율은 $20/$980 = 2.0408%이다. 이 수치는 비교적 낮은 수치로 보인다. 그러나 이것이 20일 동안의 이자라는 것을 기억하라. 1년 동안에는 20일 기간이 365/20 = 18.25번 있다. 따라서 이러한 할인을 선택하지 않음으로써 구매자가 사실상 지불하게 되는 실효연이자율(effective annual rate: EAR)은 다음과 같다.

$$\text{EAR} = 1.020408^{18.25} - 1 = 44.59\%$$

구매자의 입장에서는 이는 매우 비싼 자금조달 수단이다.

이처럼 이자율이 매우 높다면 판매자는 구매자의 조기지불로 혜택을 볼 것 같지 않다. 구매자의 채무불이행 가능성을 무시한다면, 할인을 받지 않겠다는 구매자의 의사결정은 거의 확실히 판매자에게 이득이 되는 것이다.

거래할인 어떤 경우에는 현금할인이 조기지불을 위한 인센티브로 전혀 작용하지 않고 어떤 유형의 구매자에게 거래상 일상적으로 주어지는 거래할인(trade discount)으로 주어진다. 예를 들어 2/10th, EOM 조건의 경우 구매자는 10일째까지 청구서에 적힌 대금을 지불하면 2%의 할인을 받는다. 그러나 대금지불기한도 마찬가지로 10일까지이고 그 이후는 지불기한이 지난 것이 된다. 따라서 신용기간과 할인기간은 사실상 같으며 지불기한 이전에 지불하는 것에 대해 아무런 보상이 주어지지 않는다.

현금할인과 ACP 현금할인이 고객들의 조기지불을 유도하는 경우에 현금할인은 외상매출금 기간을 줄여준다. 또한 다른 것들이 동일하면, 기업의 외상매출금에 대한 투자도 줄여준다.

한 기업이 현재 net 30이라는 조건을 제시하고 있고, 이 기업의 평균회수기간(ACP)이 30일이라고 하자. 이 기업이 “2/10, net 30”을 제시하면 50%(매출액 기준)의 고객이 10일 이내에 대금을 지불한다고 하자. 나머지 고객들은 여전히 평균적으로 30일 후에 대금을 지불할 것이다. 이 경우 새로운 평균회수기간은 얼마가 되는가? 이 기업의 연간 매출액이 1,500만$(현금할인 시행 전)라면 이 기업이 외상매출금에 투자하는 금액에는 어떤 변화가 발생하는가?

고객의 절반이 대금을 지불하는 데 10일 걸리고, 나머지 절반이 30일 걸린다면 새로운 평균회수기간은 다음과 같이 될 것이다.

$$\text{새로운 ACP} = 0.50 \times 10\text{일} + 0.50 \times 30\text{일} = 20\text{일}$$

따라서 평균회수기간은 30일에서 20일로 줄어든다. 일일 평균매출액은 $1,500만/365 = 41,096$이다. 따라서 외상매출금은 $41,096 × 10 = 410,960$만큼 줄어든다.

신용증서

신용증서(credit instrument)는 채무를 나타내는 기본 증거이다. 대부분 청구서가 신용거래는 청산계정(open account)으로 처리된다. 이는 물품의 선적과 함께 보내지는 청구서가 유일한 공식 신용증서이며 고객은 청구서에 서명함으로써 물품의 수령을 확인하고, 그 이후로는 기업과 고객은 거래를 그들의 장부에 기입한다는 것을 의미한다.

신용증서(credit instrument): 채무의 증거

때때로 기업은 고객이 약속어음(promissory note)을 발행할 것을 요구하기도 한다. 이는 기본적인 차용(IOU)증서로 주문량이 크거나, 현금할인이 없는 경우이거나, 기업이 회수에 문제가 있을 것으로 예상하는 경우에 이용될 수 있다. 약속어음이 흔히 요구되는 것은 아니지만 약속어음은 채무의 존재여부에 대해 후에 논란이 있을 가능성을 제거해준다.

약속어음과 관련된 하나의 문제는 물품이 고객에게 배달된 후에 약속어음이 발행된다는 것이다. 물품이 고객에게 배달되기 전에 지불약속을 받는 방법 중 하나는 상업어음(commercial draft)을 이용하는 것이다. 이는 기업이 고객이 정해진 날짜까지 정해진 금액을 지불할 것을 요구하는 상거래상의 어음이다. 상업어음은 고객의 거래은행에 선적송장과 함께 발송된다.

상업어음이 즉각적인 대금지불을 요구하는 경우에는 일람출급어음(sight draft)이라고 부른다. 즉각적인 대금지불을 요구하지 않는 경우에는 이를 기한부어음(time draft)이라고 부른다. 어음이 제시되어 구매자가 이를 인수(accept)하면 이는 구매자가 대금을 미래에 지불할 것을 약속한 것을 의미한다. 이를 거래인수(trade acceptance)라고 부르며 거래인수된 어음은 판매자에게 반송된다. 판매자는 이 거래인수된 어음을 보유하거나 다른 사람에게 팔 수 있다. 만약 은행이 이 어음을 인수한다면 은행이 지불을 보장한다는 것을 의미하며, 이 경우 이 어음을 은행인수어음(banker's acceptance: B/A)이라고 부른다. 이러한 식의 대금결제는 국제무역에서 일반적으로 나타나는 대금결제 방법이다. 은행인수어음은 단기금융시장(화폐시장; money market)에서 활발하게 거래된다.

기업은 또한 조건부판매계약서(conditional sales contract)를 신용증서로 사용할 수 있다. 이 경우 기업은 고객이 대금을 완불하기까지 물품에 대한 법적 소유권을 보유한다. 조건부판매계약서는 분할상환되는 것이 일반적이며 분할상환에 따른 이자비용은 이미 그 안에 계산되어 포함되어 있다.

개념질문 _Concept Questions

20.2a 판매조건을 정할 때 고려되어야 할 점들은 무엇인가?
20.2b "3/45, net 90"의 의미를 설명하라. 이 경우에 실효연이자율은 얼마인가?

20.3 신용정책의 분석

이 절에서는 신용제공여부에 영향을 미치는 요소들에 대해 보다 자세히 살펴보기로 한다. 신용제공(외상매출)은 그로 인해 나타나는 순현가(NPV)가 양(+)의 값을 가질 때만 주어져야 한다. 따라서 우리는 신용제공 의사결정이 갖는 순현가에 대해 살펴보아야 한다.

신용정책의 효과

신용정책에 대한 평가에서는 기본적으로 다섯 가지 요소가 고려된다.

1. 수입효과(revenue effect): 기업이 신용을 제공하면 고객 중 일부가 이를 이용하기 때문에 수입(매출액)의 회수가 늦어진다. 그러나 신용제공을 통해 기업은 더 높은 가격을 받을 수 있고 또한 판매량을 증가시킬 수 있다. 따라서 총수입은 증가할 수도 있다.
2. 비용효과(cost effect): 신용제공으로 기업의 매출액 회수는 지연되지만 비용은 바로 발생할 수 있다. 현금으로 팔든, 신용(외상)으로 팔든, 기업은 제품을 구입하거나 생산해야 하며 또한 그에 따른 대금도 지불해야 한다.
3. 부채의 비용(cost of debt): 신용을 제공할 때 기업은 그에 따른 외상매출금(매출채권)의 증가를 지원하는 자금을 마련해야 한다. 따라서 단기차입에 대해 기업이 지불하는 비용은 신용제공을 결정할 때 고려되어야 할 요소이다.[1]

[1]단기차입 비용을 외상매출금에 대한 요구수익률과 같은 것으로 흔히 가정하지만, 반드시 동일한 크기라고

4. 채무불이행 확률(probability of nonpayment): 신용이 제공되면 고객 중 일부는 대금을 지불하지 않을 것이다. 이는 물론 현금판매에서는 발생하지 않는 것이다.
5. 현금할인(cash discount): 신용조건(판매조건)의 일부로 현금할인이 주어진다면 일부 고객은 할인혜택을 얻기 위해 조기지불할 것이다.

신용정책의 평가

비교적 간단한 예를 가지고 신용정책을 어떻게 분석하는가를 살펴보기로 하자. Locus Software는 생긴 지 2년이 된 회사이며, 컴퓨터 프로그램에서 성공한 회사 중 하나이다. 현재 Locus는 현금판매만을 하고 있다.

Locus는 현재의 정책을 net 30일로 바꿔달라는 일부 고객의 요청에 대해 평가하고 있다. 이를 분석해보기 위해서 우리는 다음과 같이 정의하는 것으로 시작한다.

P = 단위당 가격
v = 단위당 변동비용
Q = 현재의 연간 판매량
Q' = 새로운 정책에서의 판매량
R = 월 요구수익률

일단 할인이나 채무불이행의 가능성은 무시하기로 하자. 또한 세금이 결과에 영향을 미치지 않으므로 세금도 무시하기로 한다.

신용정책 변화에 따른 NPV 새로운 정책을 채택하는 경우의 순현가를 살펴보기 위해 Locus의 현재 상황이 다음과 같다고 하자.

$P = \$49$
$v = \$20$
$Q = 100$
$Q' = 110$

요구수익률 R이 월 2%라면, Locus는 새로운 정책을 채택해야 하는가?

Locus의 현재 월간 매출액은 $P \times Q$ = 4,900$이다. 또한 월간 변동비용은 $v \times Q$ = 2,000$이다. 따라서 월간 현금흐름은 다음과 같다.

$$\text{현재의 정책에서의 현금흐름} = (P - v)Q \quad [20.2]$$
$$= (\$49 - \$20) \times 100$$
$$= \$2{,}900$$

물론 이것이 Locus의 총현금흐름은 아니다. 그러나 새로운 정책을 취하든 현재의 정책을 그대로 유지하든, 고정비용과 기타 요소들은 동일하기 때문에 우리가 살펴볼 필요가 있는 것은 이

가정할 필요는 없다. 이미 우리가 살펴보았듯이 투자에 대해 요구되는 요구수익률은 투자의 위험에 따라 달라지는 것이지, 자금을 어떻게 조달하느냐 하는 자금의 원천에 의해 달라지는 것이 아니다. 따라서 개념적으로 볼 때, 구매자가 단기차입에 대해 지불하는 비용을 판매자가 단기차입에 대해 지불하는 비용으로 보는 것이 더 정확한 구매자의 단기차입 비용일 것이다. 우리는 묵시적으로 판매자와 구매자가 동일한 단기부채 비용을 갖는다는 가정을 한다. 어떻게 가정하든, 일반적으로 신용제공 기간은 시간적으로 긴 기간이 아니기 때문에 할인율에서의 비교적 작은 오차는 NPV의 추정에 큰 영향을 미치지는 않을 것이다.

것뿐이다.

Locus가 net 30으로 정책을 바꾼다면 판매량은 $Q' = 110$으로 증가할 것이다. 따라서 월간 매출액은 $P \times Q'$로 증가하고, 비용은 $v \times Q'$이 될 것이다. 새로운 정책에서의 월간 현금흐름은 다음과 같이 될 것이다.

$$\textbf{새로운 정책에서의 현금흐름} = (P - v)Q' \quad \textbf{[20.3]}$$
$$= (\$49 - \$20) \times 110$$
$$= \$3,190$$

10장으로 돌아가 생각하면, 관련된(relevant) 증분적(incremental) 현금흐름은 현재의 현금흐름과 새로운 현금흐름의 차이이다.

$$\text{증분적 현금흐름} = (P - v)(Q' - Q)$$
$$= (\$49 - \$20) \times (110 - 100)$$
$$= \$290$$

이는 정책을 바꿀 때 얻는 매달의 혜택이 단위당 이윤(P − v = $29)에 판매량의 증가($Q' - Q = 10$)를 곱한 것이라고 말해주고 있다. 따라서 증분적 미래현금흐름의 현재가치는 다음과 같다.

$$\mathbf{PV = [(P - v)(Q' - Q)]/R} \quad \textbf{[20.4]}$$

Locus의 경우는 다음과 같다.

$$\text{PV} = (\$29 \times 10)/0.02 = \$14,500$$

여기서 매달의 현금흐름을 영구연금처럼 취급한 것에 유의하기 바란다. 그 이유는 매달 동일한 현금흐름이 영원히 실현될 것이기 때문이다.

이제 정책변화에 따른 혜택의 크기를 파악했다. 그렇다면 정책변화의 비용은 얼마인가? 두 가지 요소를 고려해야 한다. 첫째, 판매량이 Q에서 Q'로 증가하기 때문에 Locus는 $(Q' - Q)$ 단위를 $v(Q' - Q) = \$20 \times (110 - 100) = 200\$$의 비용을 더 들여 생산해야 한다. 둘째, 현재의 정책에서 이번 달에 회수될 수 있는 매출액($P \times Q = \$4,900$)이 회수되지 않는다. 새로운 정책에서는 이번 달의 매출액은 30일이 지나기 전까지는 회수되지 않을 것이다. 정책변화에 따른 비용은 이 두 요소의 합이다.

$$\textbf{정책변화의 비용} = \mathbf{PQ + v(Q' - Q)} \quad \textbf{[20.5]}$$

Locus의 경우, 이 비용은 $4,900 + $200 = 5,100$가 된다.

이상의 것들을 모두 종합하면 정책변화에 따른 순현가는 다음과 같이 계산된다.

$$\textbf{정책변화에 따른 NPV} = \mathbf{-[PQ + v(Q' - Q)] + [(P - v)(Q' - Q)]/R} \quad \textbf{[20.6]}$$

Locus의 경우, 정책변화에 따른 비용은 $5,100이고, 월간 혜택은 영원히 발생하는 290$이다. 월간 2%의 할인율에서 순현가는 다음과 같이 계산된다.

$$\text{NPV} = -\$5,100 + \$290/0.02$$
$$= -\$5,100 + 14,500$$
$$= \$9,400$$

따라서 새로운 정책으로의 정책 변화는 매우 큰 수익성을 갖는다.

변화하기보다는 차라리 싸우겠다 **예제 20.1**

어떤 회사가 현금판매에서 net 30의 외상판매 조건으로 바꾸는 것을 고려 중이라고 하자. 이러한 정책변화로 판매량이 변하지는 않을 것으로 예상하고 있다. 이러한 정책변화가 갖는 NPV는 얼마인가?

이 경우에 $Q' - Q$는 0이다. 따라서 NPV는 단순히 $-PQ$이다. 이는 이러한 정책변화가 아무런 혜택도 발생시키지 않으면서 단지 한 달분의 회수액을 한 달 뒤로 영원히 미룰 뿐이라는 것을 말해주고 있다.

손익분기점의 활용 지금까지의 설명에 비추어 볼 때, Locus에게 가장 핵심적인 변수는 판매량의 증가분인 $(Q' - Q)$이다. 판매량의 증가분 10단위는 추정치에 불과하기 때문에 예측위험을 갖고 있다. 따라서 손익분기점에 도달하기 위해서 판매량이 어느 정도 증가해야 하는지를 살펴보는 것은 이러한 상황에서는 당연한 것이다.

앞에서 정책변화에 따른 NPV는 다음과 같이 정의되었다.

$$NPV = -[PQ + v(Q' - Q)] + [(P - v)(Q' - Q)]/R$$

따라서 NPV를 0으로 놓아 손익분기점 상황을 만들어 $(Q' - Q)$의 값을 구할 수 있다.

$$\begin{aligned} NPV = 0 &= -[PQ + v(Q' - Q)] + [(P - v)(Q' - Q)]/R \\ Q' - Q &= PQ/[(P - v)/R - v] \end{aligned} \qquad [20.7]$$

Locus의 손익분기점에 도달하는 판매량 증가는 다음과 같다.

$$\begin{aligned} Q' - Q &= \$4{,}900/(\$29/0.02 - \$20) \\ &= 3.43\text{단위} \end{aligned}$$

이는 Locus가 한 달에 적어도 3.43단위를 더 판매할 수 있다고 확신할 수 있는 한, 새로운 정책으로의 변화가 Locus에게 득이 된다는 것을 말해주고 있다.

개념질문 _Concept Questions

20.3a 신용제공 여부를 결정할 때 고려되어야 할 중요한 효과들에는 어떤 것들이 있는가?
20.3b 신용정책의 변화에 따른 NPV를 어떻게 구하는지 설명하라.

최적 신용정책 20.4

지금까지 우리는 신용정책 변화 시에 나타나는 순현가(NPV)를 계산했지만, 최적 신용정책 또는 최적 신용판매액에 대해서는 논의하지 않았다. 원칙적으로 최적 신용판매액(최적 외상매출금)은 신용판매로 나타나는 판매량 증가에 따른 증분적 현금흐름이 외상매출금에 대한 투자증가분을 유지하는 데 발생하는 증분적 비용과 정확하게 일치할 때 나타나는 신용판매액이다.

신용제공 총비용곡선

신용을 제공하는 것과 신용을 제공하지 않는 것 사이에 존재하는 상충관계를 확인하는 것은 어렵지 않지만, 이들 간의 상충관계를 수치로 정확하게 파악하는 것은 어렵다. 따라서 우리는 단지 최적 신용정책이 어떤 것인가에 대해서만 설명할 것이다.

신용제공에 따른 유지비용은 다음과 같은 세 가지 형태로 나타난다.

1. 외상매출금에 대한 요구수익률
2. 대손(bad debt)으로 인한 손실
3. 신용관리와 신용회수에 따른 비용

이들 중 첫 번째 비용과 두 번째 비용에 대해서는 이미 설명하였다. 세 번째 비용은 신용관리부서를 운영하는 데 따른 비용이다. 신용판매를 하지 않는 기업은 신용관리부서를 두지 않을 것이며, 따라서 이러한 비용은 들지 않을 것이다. 신용정책이 완화되면 이들 세 가지 비용은 모두 증가한다.

만약 기업이 매우 제한적 신용정책을 취한다면 이러한 비용들은 모두 낮게 나타날 것이다. 이 경우에 기업은 "신용부족(credit shortage)"을 겪게 되고 그에 따른 기회비용이 발생한다. 이러한 기회비용은 신용판매가 거절됨으로써 상실하게 되는 신용판매가 가져다줄 수 있는 잠재적인 추가이윤이다. 상실하게 되는 혜택은 $(Q' - Q)$의 판매량 증가와 신용판매 시에 얻는 보다 높은 잠재적 가격이라는 두 가지 측면에서 나타난다. 신용정책이 완화되면 이러한 기회비용은 줄어들게 된다.

신용제공 총비용곡선
(total credit cost curve): 신용정책의 유지비용과 기회비용의 합을 나타내는 곡선

어떤 신용정책의 유지비용과 기회비용의 합은 **신용제공 총비용곡선**(total credit cost curve)으로 불리는 곡선에 의해 표현된다. 그림 20.1은 이러한 곡선을 보여주고 있다. 그림 20.1에서 볼 수 있듯이 총신용비용이 최소화되는 점이 존재한다. 이 점에서 신용판매액이 최적 신용판매

그림 20.1
신용제공에 따른 비용

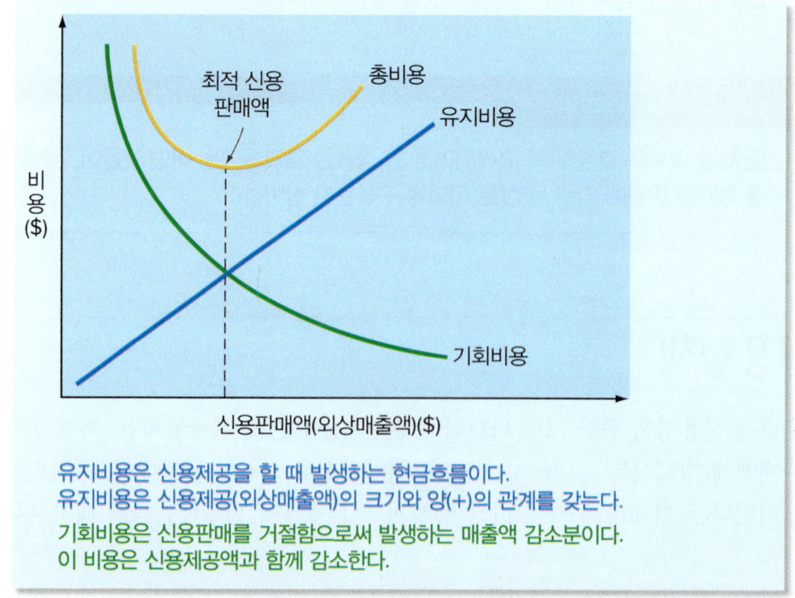

액, 즉 신용판매액에 대한 최적 투자액이 된다.

기업이 최적 신용판매액보다 더 많이 신용판매한다면 새로운 고객들로부터 발생하는 추가적인 현금흐름은 신용판매에 대한 추가적 투자에 따른 유지비용을 보상하지 못할 것이다. 신용판매액이 최적 신용판매액보다 낮을 경우에는 기업은 이윤획득의 가치 있는 기회를 상실하게 될 것이다.

일반적으로 신용제공에 따른 비용과 혜택은 기업과 산업에 따라 다르게 나타난다. 다른 것들이 동일하다면 (1) 초과생산능력을 갖고 있고, (2) 낮은 변동비용을 갖고 있고, (3) 단골고객을 갖고 있는 기업의 경우에는 다른 기업에 비해 보다 자유롭게 신용판매를 확대할 것이다. 이러한 점들이 보다 자유로운 신용정책을 갖게 만드는 이유임을 스스로 설명해보기 바란다.

신용관리기능의 조직화

신용을 제공하는 기업들은 신용부서를 운영하는 비용을 발생시킨다. 실제로 기업들은 종종 신용관리기능의 일부 또는 전부를 팩터, 보험회사, 전속금융회사와의 계약을 통해 외부에 맡긴다. 18장에서 설명한 바와 같이 팩터링은 기업이 자신의 외상매출금(매출채권)을 판매하는 계약이다. 구체적 계약에 따라 팩터(factor)는 신용조사, 신용제공, 신용회수에 대한 모든 책임을 질 수도 있다. 소기업의 경우에는 이러한 계약을 이용하는 것이 자체적으로 신용부서를 운영하는 것보다 비용이 더 적게 들 수 있다.

내부적으로 신용을 관리하는 기업은 채무불이행위험을 스스로 부담하는 것을 의미한다. 다른 대안으로는 신용보험을 보험회사로부터 매입하는 것이다. 보험회사는 미리 약정된 외상매출금 금액에 대해서만 위험을 부담한다. 보험회사의 신용판매액에 대한 보장은 수출업체들에게는 특히 중요한 것이며, 일부 수출에 대해서는 정부보험이 제공되기도 한다.

대기업들은 종종 **전속금융회사**(captive finance company)를 통해 신용을 제공한다. 전속금융회사는 모회사의 신용관리기능을 담당하는, 모회사에 의해 소유되고 있는 자회사인 경우가 많다. Ford Motor Credit (FMC)은 잘 알려진 예이다. Ford는 자동차를 딜러들에게 팔고 딜러들은 이를 일반고객에게 판다. FMC는 딜러들의 자동차 재고에 대한 자금을 대여하고 또한 자동차를 구입하는 일반고객들에게도 자금을 대여한다.

전속금융회사(captive finance company): 모회사의 신용관리기능을 담당하는 모회사 소유의 자회사

신용관리를 위해서 기업들은 왜 별도의 기업을 세우는가? 그 이유에는 여러 가지가 있다. 가장 큰 이유는 생산부분과 금융부분을 분리하는 것이 더 유리할 수 있기 때문이다. 예를 들어 금융 자회사는 자신의 외상매출금(매출채권)을 담보로 하여 자신의 명의로 돈을 빌릴 수 있으며 또한 자회사는 모회사보다 종종 더 높은 신용등급을 받는다. 이는 기업이 생산부분과 금융부분을 합해서 동시에 갖고 있는 경우보다 전체적으로 부채에 대한 비용을 낮춰준다.

개념질문 _Concept Questions

20.4a 신용제공에 따른 유지비용은 무엇인가?
20.4b 신용을 제공하지 않는 데 따른 기회비용은 무엇인가?
20.4c 전속금융회사는 무엇인가?

20.5 신용분석

지금까지는 신용조건(판매조건)에 대해 살펴보았다. 신용을 제공하기로 일단 결정했다면 기업은 누구에게 신용을 제공하고 누구에게 신용을 제공하지 않을 것인가 하는 지침을 마련해야 한다. 신용분석(credit analysis)은 특정한 고객에게 신용을 제공할 것인지 아닌지를 결정하는 것이다. 이는 관련된 정보의 획득과 신용제공의 가치가 있는지를 판단하는 두 단계로 이루어진다.

외상매출금의 잠재적 손실은 매우 클 수 있기 때문에 신용분석이 매우 중요한 것이다. 회수될 수 없을 것으로 예상되는 외상매출금(매출채권)은 재무상태표에 기록된다. 2019년 말에 IBM은 5.46억$의 외상매출금을 회수할 수 없는 것으로 보고했으며, Microsoft는 3.03억$를 대손충당금(allowance for losses)으로 보고했다.

신용은 어느 경우에 제공되어야 하는가?

어떤 기업이 한 고객에게 신용을 제공할 것인지 아닌지를 결정해야 한다고 하자. 이러한 의사결정은 매우 복잡해질 수 있다. 이에 대한 판단은 신용제공이 거절되었을 때 어떤 상황이 발생하는가에 달렸다. 그 고객은 단순히 현금구매를 할 것인가, 아니면 구매를 하지 않을 것인가? 이러한 점과 다른 어려운 점들이 문제의 초점을 흐리기 전에, 특별한 경우를 살펴봄으로써 신용분석의 핵심사항에 대해 살펴보기로 하자.

일회성 판매 가장 단순한 경우를 살펴보는 것으로 시작하자. 한 새로운 고객이 한 단위의 제품을 P의 가격으로 구매하려고 한다. 신용판매가 거절되면 이 고객은 구매를 하지 않는다고 하자.

또한 만약 신용이 제공되면 이 고객은 한 달 뒤에 대금을 지불하거나, 채무불이행에 빠진다고 하자. 채무불이행에 빠질 확률을 π라고 하면, 이 경우에 확률(π)은 새로운 고객 중 대금을 지불하지 않는 고객의 비율로 해석될 수 있다. 단골고객은 없으며, 따라서 판매는 단지 일회성으로 끝나는 거래이다. 마지막으로, 매출채권에 대한 요구수익률은 월 R이라고 하고, 변동비용은 제품 단위당 v라고 하자.

이와 같이 단순한 경우에 대한 분석은 쉽다. 기업이 신용판매를 거절하면 증분적 현금흐름은 0이다. 신용판매를 허용하면 이 달에 v(변동비용)를 지출하고 다음 달에 $(1 - \pi)P$를 회수할 것으로 기대할 수 있다. 신용제공에 따른 순현가(NPV)는 다음과 같이 계산된다.

$$\mathbf{NPV} = -v + (1 - \pi)P/(1 + R) \qquad \textbf{[20.8]}$$

Locus의 경우에 NPV는 다음과 같다.

$$\text{NPV} = -\$20 + (1 - \pi) \times \$49/1.02$$

채무불이행의 확률이 20%라면 결과는 다음과 같이 나타난다.

$$\text{NPV} = -\$20 + 0.80 \times \$49/1.02 = \$18.43$$

따라서 신용이 제공되어야 한다. 여기서 R이 아닌 $(1 + R)$로 나눠준 것을 살펴보라. 그 이유는 이 거래가 일회성 거래이기 때문이다.

이 예는 중요한 점을 말해주고 있다. 새로운 고객에게 신용을 제공함에 있어서 기업이 자신의 변동비용(v)을 잃는 위험을 감수하고, 그 대신 가격(P)을 얻는다. 따라서 새로운 고객의 채무불이행 확률이 매우 높더라도 신용은 제공될 수 있다. 이 경우, 손익분기점의 채무불이행 확률은 순현가를 0으로 놓고 π를 계산하면 구해진다.

$$\text{NPV} = 0 = -\$20 + (1 - \pi) \times \$49/1.02$$
$$1 - \pi = \$20/\$49 \times 1.02$$
$$1 - \pi = 58.4\%$$

따라서 Locus는 회수할 확률이 1 − 0.584 = 41.6%이거나 이보다 클 때 외상판매를 해야 한다. 이 예는 매우 높은 마진율을 갖는 제품을 파는 기업들이 보다 완화된 판매조건을 제공하는 경향을 갖는 이유를 설명해 주고 있다.

확률 58.4%는 새로운 고객에 대해 받아들여질 수 있는 최대의 채무불이행 확률이다. 만약 현금구입을 해오던 기존 고객이 신용판매를 원한다면 분석은 달라질 것이며, 받아들일 수 있는 최대 채무불이행 확률은 이보다 훨씬 낮아질 것이다.

그 이유는 현금구입을 해오던 기존 고객에게 신용판매를 하면 그 고객으로부터 회수해 오던 금액인 가격(P)을 잃게 되는 것이고, 새로운 고객에게 신용판매를 하면 변동비용만 잃게 되는 것이기 때문이다.

반복구매 신용제공과 관련하여 기억해야 할 매우 중요한 점은 반복구매의 가능성이다. 일회성 판매의 예를 확장하여 이에 대해 살펴보기로 하자. (우리는 첫 거래에서 채무불이행을 하지 않는 고객은 영원히 고객으로 남으면서 또한 영원히 채무불이행에 빠지지 않는다는 중요한 가정을 하기로 한다.)

신용판매를 하면 기업은 이 달에 v를 지출해야 한다. 다음 달에 만약 이 고객이 채무불이행에 빠지면 기업은 아무것도 얻지 못하며, 만약 대금을 지불하면 P를 얻는다. 이 고객이 대금을 지불하면 이 고객은 또 다른 한 단위를 신용구입할 것이며 기업은 다시 v를 지출한다. 따라서 한 달간 순현금흐름은 $(P - v)$가 된다. 고객이 전 달의 대금을 지불하고 새로 다시 한 단위를 신용구입하는 한, 계속해서 매달 동일한 순현금흐름 $(P - v)$가 발생할 것이다.

따라서 한 달 후에 기업은 π의 확률로 0$를 받을 것이며, $(1 - \pi)$의 확률로 영구적인 새로운 고객을 확보하게 될 것이다. 한 명의 새로운 고객이 갖는 가치는 영구적으로 매달 발생하는 현금흐름 $(P - v)$의 현재가치이다.

$$\text{PV} = (P - v)/R$$

따라서 신용판매가 갖는 순현가는 다음과 같다.

$$\textbf{NPV} = -v + (1 - \pi)(P - v)/R \quad [20.9]$$

Locus의 경우는 다음과 같이 나타난다.

$$\text{NPV} = -\$20 + (1 - \pi) \times (\$49 - \$20)/0.02$$
$$= -\$20 + (1 - \pi) \times \$1{,}450$$

채무불이행 확률이 90%라고 하더라도 순현가는 여전히 양(+)의 값으로 나타난다.

$$\text{NPV} = -\$20 + 0.10 \times \$1{,}450 = \$125$$

채무불이행이 확실하지 않다면 Locus는 신용판매를 해야 한다. 그 이유는 어떤 고객이 좋은 고객이고 어떤 고객이 그렇지 않은 고객인가를 확인하는 데 단 20$의 비용만 들지만, 좋은 고객 한 명은 1,450$의 가치를 가지기 때문이다. 따라서 Locus는 채무불이행을 어느 정도 감당할 수 있다.

반복구매의 이 예는 받아들일 수 있는 채무불이행 확률을 아마도 과장하고 있을지도 모른다. 그러나 이 예는 결국 거의 모든 사람들에게 신용판매를 하는 것이 신용분석에서 가장 좋은 신용정책으로 종종 나타나고 있다는 사실을 보여주고 있다. 이 예는 또한 반복구매의 확률이 매우 중요하다는 것을 지적하고 있다. 발생할 수 있는 손실을 제한하기 위해서는, 한 고객에 대해 맨 처음에 주어지는 신용판매액을 통제하는 것이 중요하다. 신용판매액은 시간이 감에 따라 증가시킬 수 있다. 통상적으로 어떤 고객이 미래에 대금을 지불할 것인지 아닌지를 알려주는 가장 좋은 지표는 그 고객이 과거에 대금을 지불했는지 안 했는지 하는 것이다.

신용정보

Dun & Bradstreet의 홈페이지는 신용정보를 제공하는 가장 큰 공급처이다. 이를 살펴보기 위해서는 **www.dnb.com**을 참조하라.

고객에 대한 신용정보는 다양한 곳으로부터 구할 수 있다. 고객의 신용 정도를 판단하는 데 사용할 수 있는 정보의 원천에는 다음과 같은 것들이 있다.

1. **재무제표**: 기업은 고객에게 재무상태표나 손익계산서와 같은 재무제표를 요구할 수 있다. 3장에서 살펴본 재무비율을 근거로 한, 최소한의 기준과 어림원칙은 신용제공 여부를 판단하는 데 도움을 줄 수 있다.
2. **다른 기업과 관련된 고객의 지불기록에 대한 신용보고서**: 일부 기관들은 기업의 신용도와 신용역사에 대한 정보를 판매한다. 가장 잘 알려진 가장 큰 회사로는 Dun & Bradstreet가 있으며 가입자에게 개별기업에 대한 신용정보를 제공하고 있다. Experian도 잘 알려진 신용정보제공회사이다. 아주 작은 기업을 포함하여 수많은 기업들에 대한 신용등급과 신용정보를 제공하고 있다. Equifax, Trans union, Experian은 소비자 신용정보를 공급하는 중요한 회사들이다.
3. **은행**: 은행은 일반적으로 자신의 고객기업이 다른 기업에 대한 신용정보를 획득하는 데 도움을 준다.
4. **고객의 과거 지불기록**: 고객의 지불 가능성 정보를 얻는 가장 확실한 방법은 자신과의 거래에서 해당 고객이 과거에 채무를 상환했는지, 했으면 얼마나 빨리 했는지를 살펴보는 것이다.

신용평가와 신용점수의 부여

신용의 5C(five Cs of credit): 평가되어야 할 가장 기본적인 다섯 가지의 신용요소인 성격, 능력, 자본, 담보, 상황

고객이 대금을 지불하지 않을 확률을 계산해주는 마법과 같은 공식은 없다. 매우 일반적인 평가항목인 **신용의 5C** (five Cs of credit)가 평가되어야 할 가장 기본적인 요소들이다.

1. 성격(character): 신용채무를 이행하려는 고객의 용의
2. 능력(capacity): 영업현금흐름으로 신용채무를 이행할 수 있는 고객의 능력
3. 자본(capital): 고객의 금융적 여력
4. 담보(collateral): 채무불이행에 대비하여 제공되는 자산
5. 상황(conditions): 고객의 사업이 처한 일반적 경제상황

신용점수의 부여(credit scoring): 고객에 대한 신용제공 여부를 판단하기 위해서 채무불이행 가능성을 계량화하는 것

신용점수의 부여(credit scoring)는 수집된 정보를 가지고 고객에 대해 점수를 부여하는 것이다. 주어진 점수를 기초로 해당 고객에 대한 신용제공 여부가 판단된다. 예를 들어 기업은 고객에 대해 얻을 수 있는 모든 정보를 사용하여 신용의 5C 각각에 대해 1(매우 나쁨)에서 10(매우 좋음)까지의 척도를 가지고 점수를 줄 수 있다. 이러한 점수를 가지고 전체적 신용점수를 계

산할 수 있다. 과거의 경험에 비추어 기업은 30점보다 높은 점수를 얻는 고객에게만 신용을 제공할 수도 있다.

신용카드회사들은 신용점수를 부여하기 위한 통계적 모형을 개발해 놓고 있다. 이러한 모형은 일반적으로 많은 수의 고객을 대상으로 관찰된 특징을 가지고 과거기록과 채무불이행의 관계를 살펴본 뒤, 한 고객의 지불여부를 가장 잘 예측해주는 변수들을 파악하여 그러한 변수들을 기초로 신용점수를 부여한다.

신용점수에 의해 누가 신용을 받을 자격이 있고 누가 없는지가 결정되므로 고객에 대한 정보를 사용하는 것에 대해 정부가 규제하는 것은 놀랄 일이 아니다. 따라서 신용평가기관이 사용할 수 있는 개인에 대한 자료는 제한되어 있을 수 있다.

개념질문 _Concept Questions

20.5a 신용분석은 무엇인가?

20.5b 신용의 5C는 무엇인가?

20.6 회수정책

회수정책은 신용정책의 마지막 요소이다. 회수정책은 문제점을 일으킬 수 있는 매출채권(외상매출금)을 검토하고, 대금지불 기한이 지난 외상매출금을 지불받는 것에 대한 것이다.

외상매출금의 검토

고객의 대금지불을 검토하기 위해 대부분의 기업들은 자신의 현재 상태를 살펴본다. 무엇보다도 먼저, 기업들은 자신의 평균회수기간(ACP)을 살펴본다. 기업이 계절적 사업을 하고 있다면 평균회수기간은 한 해 동안에도 변동할 수 있겠지만 예상하지 못한 평균회수기간의 증가가 나타나는 경우에는 그 원인을 살펴봐야 한다. 고객이 일반적으로 대금지불을 늦추거나 외상매출금 중 일부가 심각하게 대금지불기한이 지났을 수 있다.

노화표(aging schedule)는 외상매출금을 검토하기 위한 두 번째 기본도구이다. 노화표를 작성하기 위해서 신용부서는 외상매출금을 기간에 따라 분류한다.[2] 어떤 기업이 100,000$의 외상매출금을 갖고 있다고 하자. 이 중 일부는 며칠 되지 않는 것이고, 다른 일부는 상당히 오래된 것이다. 다음은 노화표의 한 예이다.

노화표(aging schedule): 기간에 따라 외상매출금을 구분하여 정리한 표

노화표

계좌의 노화기간	금액	외상매출금총액 대비 비중
0~10일	$ 50,000	50%
11~60일	25,000	25
61~80일	20,000	20
80일 초과	5,000	5
	$100,000	100%

[2]노화표는 재고 추적 등에도 사용된다.

이 기업이 60일의 신용기간을 갖고 있다면 나머지 25%의 외상매출금은 기간이 지난 것이다. 이것이 심각한 것인지 아닌지는 기업의 회수정책과 고객에게 달려 있다. 종종 특정한 기간이 지난 외상매출금은 거의 회수되지 못하는 것이 보통이다. 따라서 외상매출금의 기간을 검토하는 것은 매우 중요하다.

계절적 사업을 하는 기업의 경우, 한 해 동안 노화표의 비율이 변한다. 예를 들어 이번 달의 매출이 매우 크다면 총외상매출금도 매우 급격히 상승할 것이다. 이는 전체 외상매출금 중 차지하는 비율로 볼 때 오래된 외상매출금이 더 적어지고 또 덜 중요하게 보이도록 만든다. 일부 기업들은 매출액이 최고일 때와 최저일 때 노화표가 어떻게 변해야 하는지를 알기 위해 보다 상세한 노화표를 작성하여 이용하고 있다.

회수노력

지불기한을 넘긴 고객들에 대해 기업은 일반적으로 다음과 같은 절차를 밟는다.

1. 고객에게 기한이 지났음을 알리는 채무불이행 통지서를 발송한다.
2. 고객에게 전화를 한다.
3. 회수대리인을 이용한다.
4. 법적 조치를 취한다.

때때로 기업은 고객이 연체금을 상환할 때까지 추가신용을 주지 않을 수 있다. 이러한 것은 평소 우수고객이었던 고객의 반감을 살 수 있고 회수부서와 판매부서 간의 이해관계의 충돌로 이어질 수 있다.

아마도 가장 나쁜 경우는 고객이 파산신청을 하는 경우일 것이다. 이러한 상황이 발생하면 신용을 제공한 기업은 지급보장을 받지 못한 채권자가 되어 버리는 상황에 빠지게 된다. 이 경우, 기업은 기다리거나 아니면 자신의 매출채권(외상매출금)을 판매할 수 있다. 예를 들어 소매판매업 회사인 Sports Authority가 2016년에 파산신청을 했을 때 이 회사는 10억$ 이상의 빚을 지고 있었으며, 회계장부상의 자산가치는 50,000$도 안 되었다. 이 회사가 물품공급업체인 Nike와 Under Armour에 대해 갚아야 할 물품대금은 각각 48백만$와 23백만$였다.

개념질문 _Concept Questions

20.6a 외상매출금을 검토할 때 경영자가 사용할 수 있는 도구들에는 어떤 것이 있는가?
20.6b 노화표(aging schedule)는 무엇인가?

20.7 재고관리

많은 기업들이 외상매출금과 마찬가지로 재고에도 상당한 투자를 하고 있다. 전형적인 제조업 기업의 경우, 재고자산이 총자산에서 차지하는 비율이 15%를 넘는 경우도 자주 있다. 소매업 기업의 경우 재고가 총자산의 25%를 넘기도 한다. 18장에서 보았듯이 기업의 영업주기는 재고기간과 외상매출금기간으로 구성된다. 이는 우리가 신용정책과 재고정책을 같은 장에서 살펴보고 있는 이유 중 하나이다. 이외에도, 신용정책과 재고정책은 매출을 증가시키는 데 사용되며, 두 정책은 재고를 획득하고, 판매하고, 외상매출금을 회수하기까지의 과정이 부드럽게 연결되도록 서로 조정되어야 한다. 예를 들어 매출을 증가시키기 위한 신용정책의 변화는 적절한 재고정책과 동반되어야 한다.

재무관리자와 재고정책

www.simba.org에 들어가 재고관리 벤치마킹분석협회를 찾아보라.

재고에 대한 기업의 투자가 상당함에도 불구하고 재무관리자는 통상적으로 재고관리에 대해 주된 통제권을 갖지 않는다. 그 대신 구매, 생산, 마케팅과 같은 다른 분야가 일반적으로 재고에 대한 의사결정권을 나누어 갖고 있다. 재고관리는 그 자체만으로도 중요성이 점점 커지고 있는 전문분야가 되고 있으며 재무관리는 종종 재고관리에 대한 의사결정에 필요한 하나의 투입물로 인식되고 있다. 이러한 이유로 우리는 재고와 재고정책의 일부 기본적 사항들에 대해서만 살펴보기로 한다.

재고의 종류

제조업 기업의 경우에 재고는 일반적으로 세 가지 유형으로 구분된다. 첫 번째 유형은 원재료(raw material) 재고이다. 기업이 생산과정에서 사용하는 모든 것이 이 유형에 속한다. 원재료는 철강 제조회사의 경우에는 철광석이 될 수 있고, 컴퓨터 제조회사의 경우에는 디스크드라이브와 같은 정교한 것이 될 수 있다.

두 번째 유형의 재고는 재공품(在工品, work-in-progress) 재고이다. 이는 이름에서 알 수 있듯이 완성되지 않은 제품이다. 재고 중 재공품 재고가 얼마나 큰 부분을 차지하는가는 상당 부분이 생산기간과 관련되어 있다. 예를 들어 항공기 제조회사의 경우 전체 재고 중 재공품 재고가 매우 큰 부분을 차지할 수 있다. 마지막 세 번째 유형의 재고는 완제품(finished goods) 재고로, 이는 선적되거나 판매될 수 있는 제품의 재고를 말한다.

재고유형과 관련해서는 세 가지 점을 기억해야 한다. 첫 번째로 각 유형에 붙여진 이름은 약간 오해를 가져올 수도 있다. 왜냐하면 한 기업의 원재료는 다른 기업의 완제품이 될 수 있기 때문이다. 예를 들어 철강 제조회사의 경우 철광석은 원재료가 되고 철강이 완제품이 될 것이다. 자동차의 몸체를 생산하는 기업의 경우 철강은 원재료가 되고 철강으로 찍어낸 자동차 몸체가 완제품이 된다. 또한 자동차 조립회사의 경우 몸체가 원재료가 되고 자동차가 완제품이 될 것이다.

두 번째로 기억해야 할 것은 다양한 유형의 재고가 유동성 측면에서 서로 매우 다를 수 있다는 것이다. 상품이나 비교적 표준화된 원재료는 쉽게 현금으로 전환될 수 있다. 다른 한편, 재공품의 유동성은 매우 떨어져 폐품 정도의 가치를 가질 수 있다. 또한 완제품의 유동성은 제품의 성격에 따라 달라진다.

마지막으로 완제품 재고와 다른 재고 간의 매우 중요한 차이는 다른 품목의 일부로 사용되는 재고의 수요는 일반적으로 완제품 수요에 의해 결정되는 파생수요(derived demand) 또는 종속수요(dependent demand)라는 점이다. 반대로 완제품에 대한 수요는 다른 재고에 대한 수요로부터 파생하여 발생하는 것이 아니기 때문에 독립수요(independent demand)라고 불린다.

재고비용

18장에서 설명한 것과 같이, 일반적으로 유동자산과 관련된 보다 구체적으로 재고와 관련된 비용에는 두 가지 기본적인 비용이 있다. 이 중 하나가 유지비용(carrying cost)이다. 재고의 경우, 유지비용은 재고를 유지하는 데 따른 모든 직접비용과 기회비용을 포함한다. 재고의 유지비용에는 다음과 같은 것들이 포함된다.

1. 저장비용과 운반비용
2. 보험과 세금
3. 진부화, 품질저하, 도난에 의한 손실
4. 재고에 투자된 자본에 대한 기회비용

이러한 비용들을 모두 합한 비용은 대략적으로 매해 재고가치의 20~40%가 될 정도로 상당히 클 수 있다.

재고와 관련된 또 하나의 비용은 부족비용(shortage cost)이다. 부족비용은 적절한 양의 재고를 갖고 있지 않음으로써 발생하는 비용이다. 부족비용을 구성하는 두 가지 요소는 재고보충비용과 안전재고량과 관련된 비용이다. 기업의 사업종류에 따라 재고보충비용(또는 주문비용)은 원재료 공급자에게 주문하는 비용일 수도 있고 생산에 착수하는 비용일 수도 있다. 안전재고와 관련된 비용에는 재고부족으로 잃게 되는 매출손실과 같은 기회비용과 고객의 신뢰를 잃음으로써 발생하는 비용이 있다.

재고가 증가함에 따라 유지비용은 상승하지만 부족비용 또는 재고보충비용은 감소하므로 재고관리비용에는 기본적으로 상호교환관계가 존재한다. 따라서 재고관리의 기본적 목표는 이 두 비용의 합을 최소화하는 것이다. 다음 절에서는 이러한 목표를 달성하는 방법에 대해 살펴보기로 한다.

유지비용과 부족비용의 균형을 잡는 것이 얼마나 중요한가를 이해하기 위해서, 이 장의 처음에 언급한 기업들이 직면한 배송지연 상황을 생각해보라. 이 기업들은 모두 재고부족에 직면했고 매출의 일부를 상실하거나 아니면 좀 더 비싼 운송수단을 이용할 수밖에 없었다.

개념질문 _Concept Questions

20.7a 재고의 유형에는 어떤 것들이 있는가?
20.7b 재고유형과 관련하여 기억해야 할 세 가지 점은 무엇인가?
20.7c 재고관리의 기본목표는 무엇인가?

20.8 재고관리기법

앞에서 언급한 것과 같이 재고관리의 목표는 통상적으로 비용최소화이다. 이 절에서는 비교적 간단한 것에서부터 좀 더 복잡한 것까지 세 가지 종류의 재고관리기법에 대해 살펴보기로 한다.

ABC기법

ABC기법은 매우 간단한 재고관리기법으로, 기본적인 개념은 재고를 세 그룹(또는 그 이상)으로 구분하는 것이다. 기본적인 원리는 수량면에서는 적은 부분을 차지하지만 재고가치로는 큰 부분을 차지하는 재고가 있다는 것에서 출발한다. 이러한 상황은 예를 들어 상대적으로 고가의 부품과 상대적으로 저가의 부품을 같이 사용하여 제품을 생산하는 제조업 기업의 경우에 존재할 수 있다.

그림 20.2는 수량면에서 각 그룹의 재고가 차지하는 비율과 가치면에서 각 그룹이 차지하는 비율을 대비해서 보여주고 있다. 그림 20.2가 보여주고 있는 것처럼 A 그룹에 속하는 재고는 수량면에서는 10%밖에 차지하지 않지만, 가치면에서는 절반 이상을 차지하고 있다. 따라서 A 그

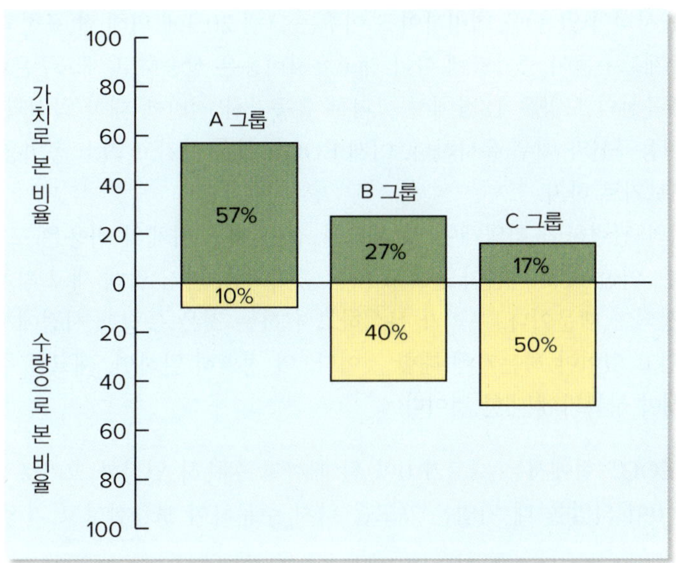

그림 20.2

ABC 재고관리기법

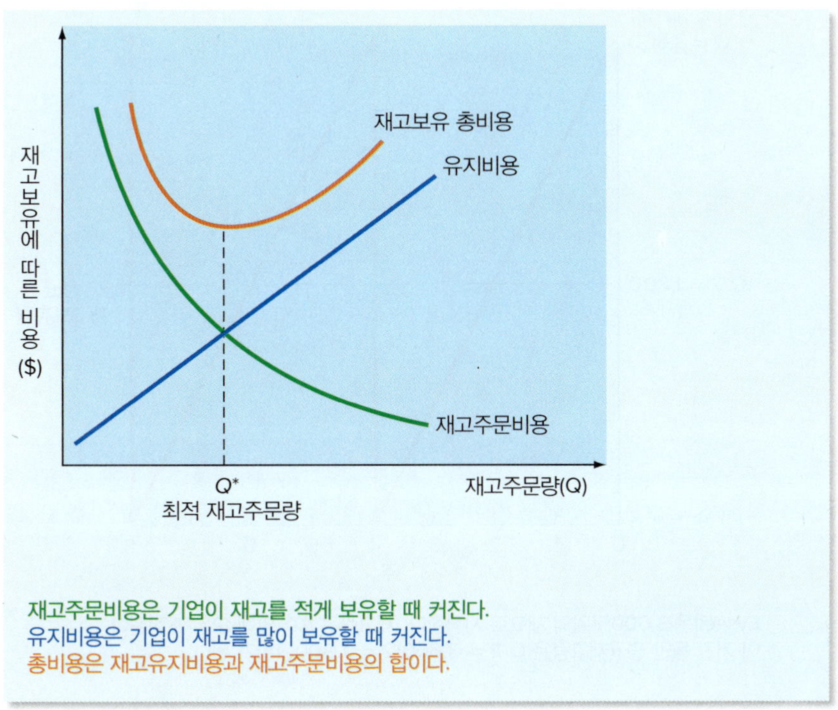

그림 20.3

재고보유에 따른 비용

룹에 속하는 재고는 보다 자세히 확인되고 재고량은 상대적으로 적게 유지된다. 한편, 볼트와 너트 같은 기본 재고들은 매우 중요하지만 상대적으로 값이 저렴하기 때문에 많은 양을 재고로 보유한다. 이러한 품목들은 C 그룹으로 분류될 수 있다. B 그룹에 속하는 재고들은 이들의 중간적 성격을 갖는 재고들이다.

경제적 주문량모형

경제적 주문량(economic order quantity: EOQ)모형은 최적 재고수준을 명시적으로 알려주는 잘 알려진 재고관리기법이다. 기본개념은 재고수준(수평축에 표시되어 있음)과 그에 따른 각종 비용(수직축에 표시되어 있음)을 대비하여 보여주는 그림 20.3에 의해 잘 표현되고 있다. 그림에서 알 수 있듯이 재고수준이 증가함에 따라 재고유지비용은 상승하고 재고주문비용은 하락한다. 재고보유 총비용곡선의 모양은 18장에서 살펴본 유동자산 전반에 대한 곡선과 이 장에서 살펴본 신용제공 총비용곡선과 매우 유사하다. 이제 EOQ모형을 가지고 최소 총비용점 Q^*의 위치를 구체적으로 살펴보기로 하자.

다음의 논의와 관련하여 기억해야 할 중요한 점은 재고 자체의 비용은 포함되지 않는다는 것이다. 그 이유는 어떤 해에 기업이 필요로 하는 총재고량, 다시 말해 재고 자체의 총비용은 판매량에 의해 결정되기 때문이다. 우리가 분석하고자 하는 것은 특정한 시점에서 기업이 얼마만큼의 재고를 가지고 있어야 하는가에 대한 것이다. 더 정확히 말하면, 재고를 주문할 때 재고주문량을 얼마로 해야 하는가에 대한 것이다.

재고의 소진 EOQ모형에서는 재고가 0이 될 때까지 꾸준히 일정한 크기로 팔린다고 가정하고, 또한 재고가 0이 되었을 때 기업은 재고를 다시 주문하여 보충한다고 가정한다. 예를 들어

그림 20.4
Eyssell사의 재고보유량

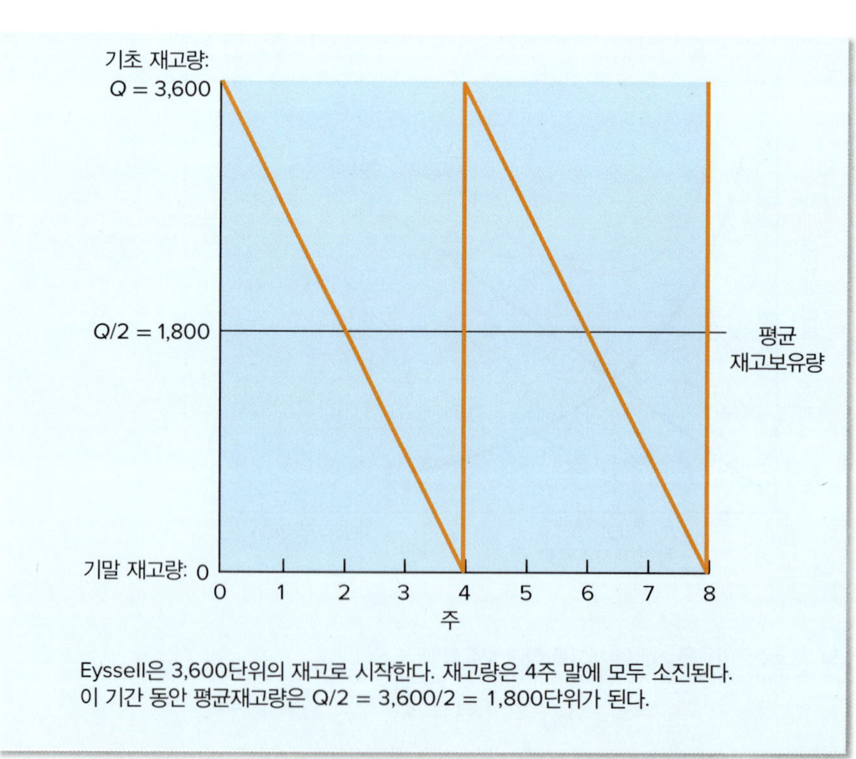

Eyssell은 3,600단위의 재고로 시작한다. 재고량은 4주 말에 모두 소진된다. 이 기간 동안 평균재고량은 Q/2 = 3,600/2 = 1,800단위가 된다.

Eyssell이 현재 어떤 종류의 재고를 3,600단위 갖고 시작한다고 하자. 이 재고의 연간 판매량은 46,800단위로 일주일에 약 900단위가 판매된다. Eyssell이 매주 900단위의 재고를 판매한다면 4주 후에는 재고가 모두 소진될 것이고 Eyssell은 3,600단위의 재고를 다시 주문(또는 생산)하여 보충해야 할 것이다. 이러한 재고판매와 재고주문 과정은 보유재고량을 톱니처럼 나타나게 한다. 그림 20.4는 이를 보여주고 있다. 그림에서 볼 수 있듯이 Eyssell은 항상 3,600단위의 재고로 시작하여 0단위의 재고로 끝낸다. 따라서 평균적으로 보유하는 재고량은 3,600단위의 절반인 1,800단위가 된다.

유지비용 그림 20.3이 보여주고 있는 것처럼, 일반적으로 유지비용은 재고수준과 정비례한다고 가정된다. Q를 Eyssell이 매번 주문하는 재고량(3,600단위)이라고 하면 이것이 재고보충량이다. 평균재고량은 따라서 $Q/2$ (1,800단위)가 된다. 또한 CC를 재고 단위당 연간 유지비용이라고 하면, Eyssell의 총유지비용은 다음과 같다.

$$\begin{aligned}\textbf{총유지비용} &= \textbf{평균재고량} \times \textbf{재고 단위당 연간 유지비용} \\ &= (Q/2) \times \text{CC}\end{aligned} \quad [20.10]$$

Eyssell의 경우, 재고 단위당 연간 유지비용이 0.75$라고 하면, 총유지비용은 평균재고량 1,800단위에 0.75$를 곱한 연간 1,350$가 될 것이다.

부족비용 이제 재고주문비용에 대해 살펴보기로 하자. 우리는 Eyssell이 재고부족 상황을 발생시키지 않는다고 가정하자. 따라서 안전재고량과 관련된 비용은 크게 고려하지 않아도 된다. 안전재고량과 관련된 비용에 대해서는 나중에 살펴볼 것이다.

재고주문비용은 일반적으로 고정된 것으로 가정한다. 다시 말해 매번 주문을 할 때마다 주문과 관련해서는 일정한 크기의 고정비용이 발생한다고 가정한다(재고 자체의 비용은 고려하지 않는다는 것을 기억하라). T를 연간 판매량이라고 하고, 매번 주문량을 Q단위라고 하면 T/Q번의 주문을 해야 할 것이다. Eyssell의 연간 판매량이 46,800단위이고, 일회 주문량이 3,600단위이므로 Eyssell은 연간 총 46,800/3,600 = 13번의 주문을 해야 할 것이다. 한 번 주문하는 데 드는 고정비용을 F라고 하면 연간 발생하는 총재고주문비용은 다음과 같다.

$$\begin{aligned}\textbf{총재고주문비용} &= \textbf{주문당 고정비용} \times \textbf{주문횟수} \\ &= F \times (T/Q)\end{aligned} \quad [20.11]$$

Eyssell의 1회 주문비용이 50$라고 하면, 13번의 주문으로 발생하는 연간 총재고주문비용은 $50 × 13 = 650$가 된다.

총비용 재고보유와 관련된 총비용은 유지비용과 주문비용의 합이다.

$$\begin{aligned}\textbf{총비용} &= \textbf{유지비용} + \textbf{주문비용} \\ &= (Q/2) \times \text{CC} + F \times (T/Q)\end{aligned} \quad [20.12]$$

위 식에서 구해야 하는 것은 총비용을 최소화해 주는 재고주문량(1회 주문량) Q이다. 이를 찾기 위해서 여러 Q값을 대입해 보고 그에 따라 나타나는 총비용을 계산해 볼 수 있다. Eyssell의 경우, 유지비용(CC)은 단위당 연간 0.75$이고, 고정비용($F$)은 주문당 50$이다. 또한 총판매량(T)은 46,800단위이다. 이러한 수치를 가지고 여러 Q값을 대입해서 총비용을 계산해보면(연습 삼아 이들 중 몇 개를 확인해보라) 다음과 같다.

주문량 (Q)	유지비용 ($Q/2 \times CC$)	+	주문비용 ($F \times T/Q$)	=	총비용
500	$ 187.5		$4,680.0		$4,867.5
1,000	375.0		2,340.0		2,715.0
1,500	562.5		1,560.0		2,122.5
2,000	750.0		1,170.0		1,920.0
2,500	**937.5**		**936.0**		**1,873.5**
3,000	1,125.0		780.0		1,905.0
3,500	1,312.5		668.6		1,981.1

이들 수치를 살펴보면 총비용은 약 5,000$에서 시작하여 1,900$ 이하로 감소하다가 다시 증가함을 알 수 있다. 비용을 최소화해 주는 재고주문량(1회 주문량)은 약 2,500단위이다.

비용을 최소화해 주는 재고주문량을 살펴보기 위해서 그림 20.3으로 돌아가보자. 그림에서 비용최소화점이 두 선이 교차하는 점임을 알 수 있다. 이 점에서 유지비용과 주문비용은 같아진다. 비용이 여기서 가정하는 것과 같은 형태일 경우에는 항상 이와 같이 된다. 따라서 비용최소화점을 구하기 위해서는 이들 두 비용을 동일한 것으로 놓고 Q^*를 구하면 된다.

$$\text{유지비용} = \text{주문비용}$$
$$(Q^*/2) \times CC = F \times (T/Q^*) \qquad [20.13]$$

이 식을 약간 정리하면 다음과 같이 된다.

$$Q^{*2} = \frac{2T \times F}{CC}$$

Q*를 구하기 위해서 양변의 제곱근을 취하면 다음과 같은 결과를 얻는다.

$$Q^* = \sqrt{\frac{2T \times F}{CC}} \qquad [20.14]$$

경제적 주문량(EOQ): 재고보유 총비용을 최소화해주는 1회 재고주문량

이 재고주문량은 재고보유 총비용을 최소화해주는 주문량으로 **경제적 주문량**(economic order quantity: EOQ)이라고 부른다. Eyssell의 경우에 EOQ는 다음과 같이 계산된다.

$$\begin{aligned} Q^* &= \sqrt{\frac{2T \times F}{CC}} \\ &= \sqrt{\frac{(2 \times 46{,}800) \times \$50}{\$0.75}} \\ &= \sqrt{6{,}240{,}000} \\ &= 2{,}498\text{단위} \end{aligned}$$

따라서 Eyssell의 경제적 주문량은 2,498단위이다. 이 주문량에서 주문비용과 유지비용이 모두 936.75$가 됨을 확인해보라.

유지비용 예제 20.2

Thiewes Shoes는 매 기간을 100켤레의 등산화 재고를 가지고 시작하고, 매 기간 재고가 다 소진되면 다시 주문한다. 한 켤레당 연간 유지비용이 3$라면 등산화 재고의 총유지비용은 얼마인가?

재고가 항상 100켤레로 시작하여 모두 소진된다면 평균재고량은 50켤레이다. 한 켤레당 연간 유지비용이 3$이므로 총유지비용은 150$이다.

주문비용 예제 20.3

예제 20.2에서 Thiewes가 연간 600켤레의 등산화를 판다고 하자. 이 회사는 연간 몇 번 재고를 주문해야 하는가? 주문비용은 1회당 20$라고 하자. 총주문비용은 얼마인가?

Thiewes는 한 번에 100켤레를 주문한다. 연간 판매량이 600켤레이므로 이 회사는 연간 6번, 2개월에 한 번씩 재고를 주문해야 한다. 따라서 총주문비용은 6회 × $20 = 120$가 된다.

EOQ 예제 20.4

앞의 두 예에서 Thiewes는 재고비용을 최소화하기 위해서 한 번에 몇 켤레의 등산화를 주문해야 하는가? Thiewes는 얼마나 자주 재고를 주문해야 하는가? 총유지비용과 총주문비용은 얼마인가? 총비용은?

연간 주문량(T)은 600켤레이다. 주문비용(F)은 1회당 20$이고, 유지비용(CC)은 3$이다. 이 회사의 경제적 주문량(EOQ)은 다음과 같다.

$$\begin{aligned}\text{EOQ} &= \sqrt{\frac{2T \times F}{\text{CC}}} \\ &= \sqrt{\frac{(2 \times 600) \times \$20}{\$3}} \\ &= \sqrt{8{,}000} \\ &= 89.44\text{단위}\end{aligned}$$

Thiewes는 연간 600켤레를 팔므로 600/89.44 = 6.71번 재고를 주문해야 할 것이다. 따라서 총주문비용은 $20 × 6.71 = 134.2$이다. 평균재고량은 89.44/2 = 44.72이다. 따라서 유지비용은 $3 × 44.72 = 134.16$로 주문비용과 같다. 따라서 총비용은 268.33$가 된다.

EOQ모형의 확장

지금까지는 재고가 소진될 때까지 기다렸다가 완전히 소진되었을 때 다시 주문한다고 가정했다. 그러나 현실적으로 기업은 재고가 완전히 소진되기 전에 주문할 것이다. 그 이유에는 두 가지가 있다. 첫째, 항상 얼마간의 재고를 가지고 있음으로써 기업은 재고고갈에 따른 매출 및 고객상실의 위험을 최소화할 수 있다. 둘째, 주문을 하더라도 실제로 재고가 도달하기까지는 시간이 걸린다. 따라서 경제적 주문량(EOQ)에 안전재고와 재주문점을 추가하여 살펴보기로 한다.

안전재고 안전재고(safety stock)는 기업이 유지하는 최소 수준의 재고량이다. 재고가 안전재고 수준으로 떨어질 때마다 재고를 다시 주문한다. 그림 20.5에서 맨 위의 그림은 안전재고가 EOQ모형과 어떻게 결합될 수 있는가를 보여주고 있다. 안전재고를 더한다는 것은 기업이 재고를 완전히 소진시키지 않는다는 것을 의미할 뿐이다. 이 점을 제외하고, 이 상황은 앞에서 EOQ를 살펴볼 때의 상황과 동일하다.

재주문점 배달시간을 고려하여 기업은 재고가 어떤 특정 수준에 도달하기 전에 재고를 주문한다. 재주문점(reorder point)은 기업이 실제로 재고를 주문하는 시점을 말한다. 재주문점은 그림 20.5의 가운데 그림에 표시되어 있다. 그림에서 보는 바와 같이, 재주문점은 재고가 0에 도달할 것으로 예측되는 며칠(또는 몇 주, 몇 달) 전에 발생한다.

기업이 안전재고를 유지하는 이유 중 하나는 불확실한 배달시간을 고려하기 위한 것이다. 그림 20.5의 마지막 그림은 재주문점과 안전재고를 결합해서 보여주고 있다. 이와 같은 것이 일반화된 EOQ모형이며, 여기서 기업은 필요한 재고량에 앞서 미리 주문을 하고 또한 안전재고도 유지한다.

파생수요적 재고의 관리

재고관리의 세 번째 기법은 파생수요적 재고를 관리하는 데 사용된다. 앞에서 언급한 것과 같이 어떤 유형의 재고에 대한 수요는 다른 재고에 대한 수요로부터 파생되는(다른 재고에 대한 수요에 의존하는) 수요이다. 자동차 제조산업이 하나의 좋은 예를 보여주고 있다. 타이어, 배터리, 헤드라이트 등에 대한 수요는 완전히 자동차 수요에 의해 결정된다. 자재소요계획(materials requirements planning)과 저스트인타임(just-in-time) 재고관리는 파생수요적 재고를 관리하는 두 가지 재고관리기법이다.

자재소요계획(MRP): 재공품이나 원재료와 같이 파생수요적 재고의 재고수준을 결정하는 데 사용되는 컴퓨터 시스템

자재소요계획 생산과 재고전문가들은 파생수요적 재고의 생산이나 주문을 관리하는 컴퓨터 시스템을 개발했다. 이러한 컴퓨터시스템을 전반적으로 **자재소요계획**(materials requirements planning: MRP)이라고 부른다. MRP의 기본개념은 완제품의 생산량이 일단 먼저 결정되면 그에 맞추어 어느 정도의 재공품이 필요한가를 결정하는 것이다. 또한 재공품의 필요량이 결정되면 그에 따라 필요한 원재료의 양도 계산될 수 있다. 이와 같이 완제품 재고량에서 시작해서 거꾸로 생산계획을 짤 수 있는 이유는 재공품이나 원재료의 재고량이 완제품 재고량에 의존하기 때문이다. MRP는 다양한 부품들이 결합되어 하나의 복잡한 완제품이 생산되는 경우에 특히 중요하다.

저스트인타임(just-in-time: JIT) 재고관리법: 재고를 최소화하기 위하여 파생수요적 재고를 최소로 유지하는 기법

저스트인타임 재고관리법 **저스트인타임**(just-in-time: JIT) 재고관리기법은 파생수요적 재고를 관리하는 현대적 관리기법이다. JIT는 파생수요적 재고를 최소화함으로써 재고자산회전율을 최대로 하는 것이다. 이러한 기법은 일본에서 개발되었으며, 일본의 제조업 분야에서 하나의 철학으로 자리 잡고 있다. 이름에서 말해주듯이 JIT의 기본목표는 당장의 완제품 생산에 필요한 최소한의 파생수요적 재고들을 갖고 있는 것이다.

JIT시스템은 결과적으로 재고를 자주 주문하여 보충하게 만든다. 이와 같은 시스템이 작동하게 만들고 또한 부족현상을 발생시키지 않기 위해서는 원재료 공급자들과의 매우 높은 수준의 협력이 요구된다. 일본의 제조기업들은 종종 서로 매우 긴밀하게 통합되어 있는 비교적 소규모인 공급자들과 같이 협력하면서 필요한 조정을 잘하는 것으로 알려져 있다. 이러한 공급자들은 Toyota와 같은 대규모 제조기업의 산업그룹 또는 게이레츠(keiretsu; 계열)의 일부분으로 존재

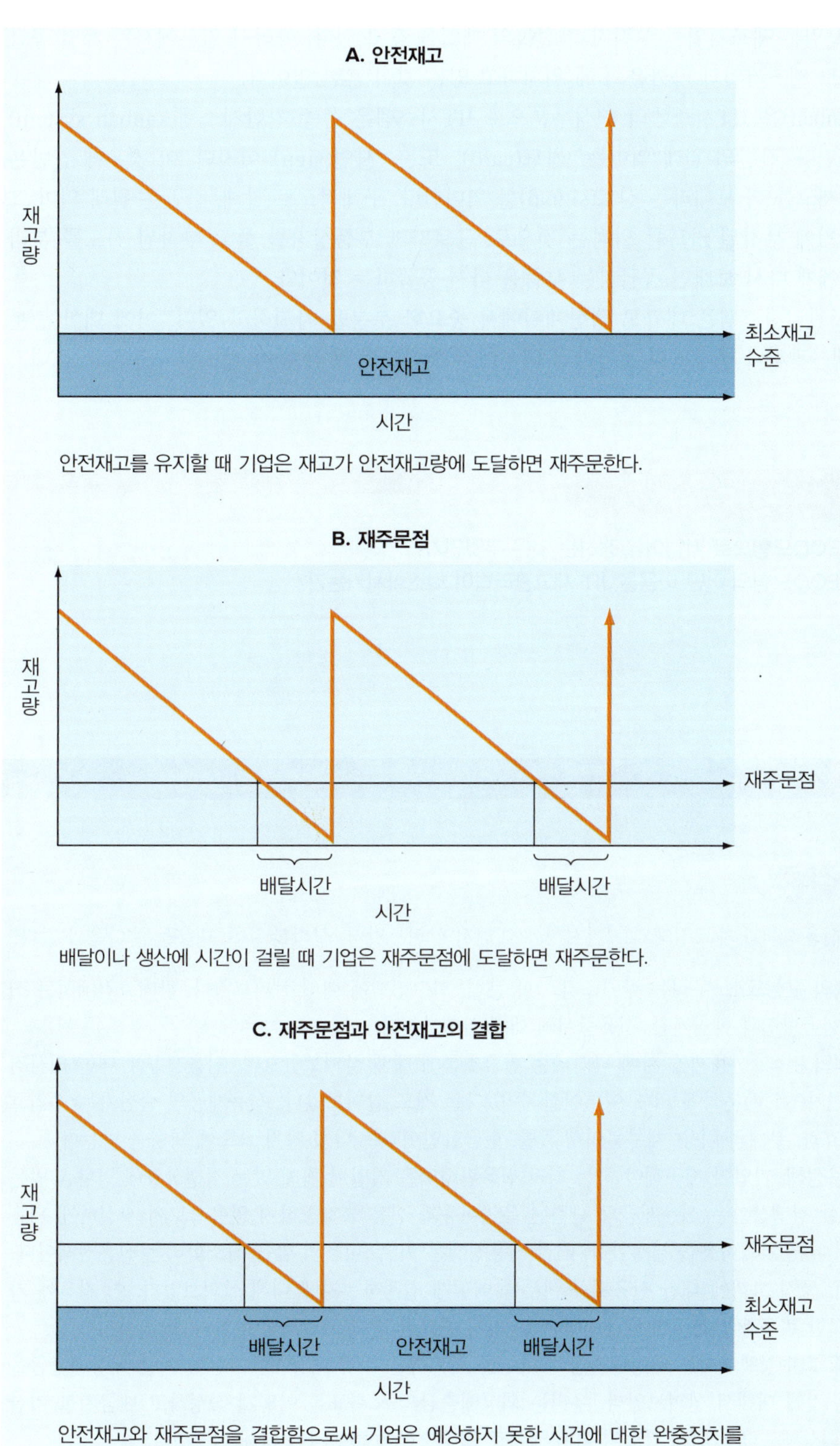

그림 20.5
안전재고와 재주문점

한다. 대규모 일본 제조기업들은 각자 자신들의 계열을 갖고 있다. 따라서 일본에서는 계열 공급자들이 대규모 제조기업과 가까운 곳에 위치하고 있는 것이 흔한 일이다.

간반(kanban)은 JIT시스템의 핵심부분으로 JIT시스템은 종종 간반시스템(kanban system)이라고도 불린다. 간반의 원래 의미는 "카드(card)" 또는 "사인(sign)"이지만, 이 경우에 간반은 공급자에게 재고를 더 보내라는 신호(signal)를 의미한다. 구체적으로 말해, 간반은 원래 의미 그대로 부품상자에 부착된 카드를 말하는 것으로, 근로자가 부품상자를 풀고 부착된 카드를 분리하여 공급자에게 다시 보내면 공급자는 부품을 다시 공급하는 것이다.

JIT 재고관리시스템은 대규모 생산계획에서 중요한 부분을 차지하고 있다. 이에 대한 충분한 설명은 생산관리나 공정관리 분야에서 이루어질 것이므로 우리는 이 정도의 설명으로 끝내기로 한다.

개념질문 _Concept Questions

20.8a EOQ모형으로 기업이 결정하는 것은 무엇인가?
20.8b EOQ모형의 어떤 비용을 JIT 재고관리법이 최소화시키는가?

20.9 요약과 결론

이 장에서는 신용정책과 재고정책의 기본사항에 대해서 살펴보았다. 살펴본 주요 내용들은 다음과 같다.

1. 신용정책의 구성요소: 우리는 판매조건, 신용분석, 회수정책에 대해 살펴보았다. 판매조건에서는 신용기간, 현금할인과 할인기간, 신용증서에 대해 살펴보았다.
2. 신용정책의 분석: 신용제공 시에 나타나는 현금흐름에 대해 살펴보았으며, 신용제공에 대한 의사결정이 순현가(NPV)분석에 의해 이루어질 수 있다는 것도 살펴보았다. 신용제공의 순현가는 수입효과, 비용효과, 부채의 비용, 채무불이행 확률, 현금할인이라는 다섯 가지 요소에 영향을 받는다.
3. 최적 신용정책: 기업이 제공해야 하는 최적 신용판매액은 기업이 처해 있는 경쟁상황에 영향을 받는다. 이러한 경쟁상황은 신용제공과 관련된 유지비용과 신용을 제공하지 않음으로써 상실하게 되는 매출액에 따른 기회비용을 결정한다. 최적 신용정책은 이 두 비용의 합을 최소화하는 신용정책이다.
4. 신용분석: 특정 고객에 대한 신용제공 여부를 어떻게 결정하는지에 대해 살펴보았다. 이 경우에 가격에 비교한 비용과 반복구매 확률이라는 두 가지 중요한 점이 고려되어야 한다.
5. 회수정책: 회수정책에서는 외상매출금의 나이를 검토하는 것과 대금지불기한이 지난 외상매출금을 회수하는 것에 대해서 살펴보았다. 우리는 외상매출금의 노화표를 어떻게 작성하고 대금지불 기한이 지난 외상매출금에 대해 기업이 어떤 절차로 회수노력을 하는지에 대해 설명했다.
6. 재고의 유형: 재고의 여러 유형에 대해 살펴보았으며, 재고가 유동성과 수요라는 측면에서 어떻게 서로 다른지를 설명했다.
7. 재고비용: 두 가지 기본적 재고비용은 재고유지비용과 재고주문비용이다. 재고관리와 관련하여 이 두 비용 사이에 어떠한 상호교환관계가 존재하는지를 살펴보았다.

8. **재고관리기법**: 재고관리기법으로 ABC기법과 EOQ모형에 의한 관리기법을 살펴보았다. 또한 자재소요계획(MRP)과 저스트인타임(JIT) 재고관리기법에 대해서도 간단히 살펴보았다.

복습과 자가진단

20.1 신용정책 Cold Fusion Corp.은 새로운 신용정책을 검토하고 있다. 현재는 현금판매만을 하고 있다. 새로운 정책은 한 기간 동안만 신용을 제공하는 것이다. 다음의 정보를 가지고 새로운 정책을 채택하는 것이 바람직한 것인지를 판단하라. 기간당 이자율은 2%이다.

	현재의 정책	새로운 정책
단위당 가격	\$ 175	\$ 175
단위당 비용	\$ 130	\$ 130
기간당 판매량	1,000	1,100

20.2 신용제공 당신은 어떤 고객에게 신용판매를 할 것인지 아닌지를 결정해야 한다. 변동비용은 단위당 15\$이고, 판매가격은 22\$이다. 이 고객은 1,000단위를 구입하고 대금은 30일 후에 지불하기 원한다. 당신은 이 고객의 채무불이행 가능성을 15%로 보고 있다. 30일 동안의 요구수익률은 3%이다. 당신은 신용판매를 하겠는가? 이 거래는 일회성 거래이고, 신용판매를 하지 않으면 이 고객은 당신 제품을 구입하지 않는다고 가정하라.

20.3 EOQ Annondale Manufacturing은 매기간 10,000개의 골프채 세트를 가지고 시작한다. 재고는 매달 소진되고 다시 주문한다. 골프채 한 세트당 연간 유지비용이 1\$이고, 1회 주문비용은 5\$이다. Annondale은 경제적으로 추천할 만한 재고전략을 갖고 있는 것인가?

복습과 자가진단 해답

20.1 새로운 정책을 채택하면 기간당 100단위를 더 판매할 수 있고 한 단위당 \$175 − \$130 = 45\$의 이윤이 발생한다. 따라서 영원히 기간당 \$45 × 100 = 4,500\$의 혜택이 발생하고, 기간당 이자율이 2%이므로 혜택의 현재가치는 \$4,500/0.02 = 225,000\$이다.

새로운 정책을 채택할 때의 비용은 이번 기간의 수입 \$175 × 1,000단위 = 175,000\$에 100단위를 추가적으로 생산하는 데 드는 비용 100 × \$130 = 13,000\$를 더한 188,000\$가 된다. 따라서 새로운 정책의 NPV는 \$225,000 − \$188,000 = 37,000\$가 되므로 새로운 정책으로 전환해야 한다.

20.2 고객이 30일 후에 대금을 지불하면 당신이 회수하는 금액은 \$22 × 1,000 = 22,000\$이다. 그러나 이 금액을 회수할 가능성은 85%이다. 따라서 당신은 30일 후에 \$22,000 × 0.85 = 18,700\$를 회수할 수 있을 것으로 기대한다. 이 금액의 현재가치는 \$18,700/1.03 = 18,155.34\$이다. 당신이 지불하는 비용이 \$15 × 1,000 = 15,000\$이므로 NPV는 \$18,155.34 − \$15,000 = 3,155.34\$가 된다. 신용판매를 해야 한다.

20.3 Annondale의 유지비용과 주문비용을 먼저 계산한다. 평균재고는 5,000세트이다. 골프채 한 세트당 연간 유지비용이 1\$이므로 연간 총유지비용은 5,000\$이다. Annondale은 매달 한 번 주문하며 주문비용은 5\$이다. 따라서 연간 총주문비용은 60\$이다. 유지비용이 재주문비용에 비해 매우 크므로 Annondale은 너무 많은 재고를 갖고 있는 것이다.

최적 재고정책을 알기 위해서 EOQ모형을 사용할 수 있다. Annondale이 10,000개의 골프채 세트를 연간 12번 주문하므로 연간 필요한 골프채 세트의 수(T)는 총 120,000이다. 고정주문비용은 5$이고, 골프채 한 세트당 유지비용(CC)은 1$이다. 따라서 EOQ는 다음과 같이 계산된다.

$$\begin{aligned}\text{EOQ} &= \sqrt{\frac{2T \times F}{\text{CC}}}\\ &= \sqrt{\frac{(2 \times 120{,}000) \times \$5}{\$1}}\\ &= \sqrt{1{,}200{,}000}\\ &= 1{,}095.45\text{단위}\end{aligned}$$

이를 확인하기 위해서 유지비용과 주문비용이 같아지는지를 살펴보자. 평균재고가 약 550세트이므로 유지비용은 550$이다. Annondale은 120,000/1,095.45 = 109.54번, 약 110번 주문해야 한다. 고정주문비용이 5$이므로 주문비용도 마찬가지로 550$이다.

개념복습과 개념문제

1. **신용증서 [LO1]** 다음의 각각을 설명하라.
   a. 일람출급어음(sight draft)
   b. 기한부어음(time draft)
   c. 은행인수어음(banker's acceptance)
   d. 약속어음(promissory note)
   e. 거래인수(trade acceptance)
2. **신용거래의 형태 [LO1]** 가장 흔하게 나타나는 신용거래(trade credit)의 형태는 무엇인가? 이 경우 어떤 신용증서가 이용되는가?
3. **외상매출금의 비용 [LO1]** 외상매출금(매출채권)을 보유하는 데 따른 비용은 무엇인가? 신용을 제공하지 않는 데 따르는 비용은 무엇인가? 외상매출금 수준에 따라 나타나는 비용들의 합을 무엇이라고 부르는가?
4. **신용의 5C [LO1]** 신용의 5C는 무엇을 말하는가? 이들 각각이 왜 중요한가를 설명하라.
5. **신용기간 [LO1]** 신용기간을 결정하는 요소들에는 어떤 것들이 있는가? 구매자의 영업주기를 종종 신용기간의 상한선으로 보는 이유는 무엇인가?
6. **신용기간 [LO1]** 다음 각각의 경우 어느 기업이 더 긴 신용기간을 갖는지를 설명하라.
   a. 기업 A는 대머리 특효약을 판매하고, 기업 B는 가발(toupee)을 판매한다.
   b. 기업 A는 땅주인을 위한 제품을 전문으로 취급하고, 기업 B는 임차인을 위한 제품을 전문으로 취급한다.
   c. 기업 A의 재고자산회전율은 10회이고, 기업 B의 재고자산회전율은 20회이다.
   d. 기업 A는 신선한 과일을 판매하고, 기업 B는 통조림과일을 판매한다.
   e. 기업 A는 카펫을 판매하여 깔아주고, 기업 B는 양탄자를 판매한다.
7. **재고의 유형 [LO3]** 재고에는 어떤 유형이 있는가? 유형들은 어떻게 다른가? 왜 어떤 유형은 종속수요를 갖는다고 말하고, 어떤 유형은 독립수요를 갖는다고 말하는가?
8. **저스트인타임 재고관리법 [LO3]** 어떤 회사가 JIT 재고관리시스템을 채택한다면 재고자산회전율에는 어떤 변화가 생기는가? 총자산회전율에는 어떤 변화가 생기는가? 자기자본순이익률(ROE)에는 어떤 변화가 생기는가? (힌트: 3장의 듀퐁방정식을 생각하라.)
9. **재고비용 [LO3]** 어떤 회사의 재고유지비용이 연간 5백만$이고, 연간 고정주문비용이 8백만$라

면, 이 회사는 너무 많은 재고를 보유한다고 생각하는가, 너무 적은 재고를 보유한다고 생각하는가? 이유는?

10. **재고기간 [LO3]** Dell이 벌어들이는 이윤 중 적어도 일부는 이 회사의 효율적인 재고관리와 관련되어 있다. JIT 재고관리시스템을 사용하여 Dell은 3일 내지 4일분의 판매량을 재고로 유지한다. Dell의 경쟁회사인 Hewlett-Packard나 IBM은 Dell과 같은 재고관리시스템을 갖추려고 노력하고 있지만 아직은 그에 따라가지 못하고 있다. 개인용 컴퓨터(PC)의 부품가격이 계속 하락하고 있는 상황에서 Dell은 분명히 경쟁우위를 갖고 있다. 짧은 재고기간이 Dell에게 경쟁우위를 가져다주는 것이라고 말할 수 있는 이유는 무엇인가? 만약 Dell과 같이 하는 것이 매우 큰 가치를 갖는다면 다른 PC 제조회사들이 Dell 방식의 재고관리를 채택하지 않는 이유는 무엇인가?

연습문제

초급문제
(1-12)

1. **현금할인 [LO1]** 당신은 한 개당 190$의 재고를 250개 주문한다. 공급업체는 1/10, net 30의 조건을 제시하고 있다.
   a. 당신은 지불기한이 지나기 전까지 얼마나 나중에 지불할 수 있는가? 전체 신용기간을 사용한다면 당신은 얼마를 송금해야 하는가?
   b. 공급업체가 제시하는 할인액은 얼마인가? 할인혜택을 받기 위해서는 얼마나 빨리 지불해야 하는가? 할인을 받는다면 당신은 얼마를 송금해야 하는가?
   c. 할인을 받지 않는다면 당신이 묵시적으로 지불하는 이자는 얼마인가? 신용이 제공되는 기간은 며칠인가?

2. **외상매출금의 규모 [LO1]** Caccamisse Corporation의 연간 매출액은 29백만$이고, 평균회수기간은 34일이다. 이 회사의 재무상태표에 나타나는 매출채권(외상매출금)에 대한 평균투자액은 얼마인가? 1년을 365일로 가정한다.

3. **ACP와 외상매출금 [LO1]** Kyoto Joe, Inc.는 일본 증권들에 대한 수익률 예측정보를 판매하고 있다. 이 회사의 판매조건(신용조건)은 2/10, net 30이다. 과거의 경험에 비추어 볼 때 고객들의 65%가 현금할인을 택했다.
   a. Kyoto Joe의 평균회수기간은 얼마인가?
   b. Kyoto Joe가 매달 1,120개의 예측을 예측 하나당 1,670$에 판매한다면, 재무상태표상에 나타나는 평균외상매출금(매출채권)은 얼마인가?

4. **외상매출금의 규모 [LO1]** Sweetens Cove, Inc.의 주당(weekly) 신용판매액은 23,400$이고, 평균회수기간은 31일이다. 이 회사의 평균외상매출금은 얼마인가?

5. **판매조건 [LO1]** 어떤 회사가 1/10, net 30의 조건을 제시하고 있다. 고객이 할인을 택하지 않는다면 이 회사가 얻는 실효연이자율은 얼마인가? 계산은 하지 말고, 만약 다음과 같은 상황이 된다면, 이 실효연이자율에 어떤 변화가 발생하는지 말해보라.
   a. 할인율이 2%로 변했다.
   b. 신용기간이 45일로 증가했다.
   c. 할인기간이 14일로 증가했다.

6. **ACP와 외상매출금 [LO1]** Starset, Inc.의 평균회수기간은 24일이다. 또한 외상매출금에 대한 일일 평균투자액은 49,300$이다. 이 회사의 연간 외상매출액은 얼마인가? 외상매출금회전율은 얼마인가? 1년을 365일로 가정한다.

7. **외상매출금의 규모 [LO1]** Essence of Skunk Fragrances, Ltd.는 매년 단위당 415$의 가격에 9,300단위의 향수를 팔고 있다. 모든 판매는 1/10, net 40 조건으로 이루어지고 있으며, 45%의

고객이 할인혜택을 선택하고 있다. 이 회사의 외상매출금은 얼마인가? 주요 경쟁회사인 Sewage Spray에 대응해 자신의 시장점유율을 지키기 위해서 Essence of Skunk는 신용조건을 2/10, net 30으로 바꾸는 것을 고려하고 있다. 이러한 정책변화는 외상매출금에 어떤 영향을 주는가?

8. **외상매출금의 규모** [LO1] Paa Ko Corporation은 net 30의 조건으로 제품을 판매하고 있다. 외상매출금은 평균적으로 5일 연체되고 있다. 연간 외상매출금이 7.2백만$이라면, 이 회사의 재무상태표에 나타나는 외상매출금은 얼마인가?

9. **신용정책의 평가** [LO2] Air Spares는 상업용 비행기의 엔진부품과 테스트 장비를 판매하는 회사이다. 새로운 고객이 연료효율성을 높여 주는 고압력 터보엔진을 주문했다. 한 개당 변동비용은 1.325백만$이고, 외상판매가격은 한 개당 1.74백만$이다. 신용은 한 기간 동안 주어지며, 과거의 경험으로 볼 때 그러한 주문 200개 중 1개의 외상매출금이 회수되지 않는다. 기간당 요구수익률은 1.8%이다.

   a. 이 주문이 일회성 주문이라고 가정하면 신용판매를 해야 하는가? 이 고객은 신용판매를 하지 않으면 구입하지 않는다.

   b. 문제 a에서 손익분기점 채무불이행 확률은 얼마인가?

   c. 채무불이행을 하지 않는 고객들은 반복구매를 하며, 매기간 동일한 주문을 영원히 한다고 가정하자. 또한 반복구매 고객은 영원히 채무불이행에 빠지지 않는다고 가정하자. 외상판매를 해야 하는가? 이 경우 손익분기점 채무불이행 확률은 얼마인가?

   d. 반복구매가 있을 때에는 왜 일반적으로 신용조건이 더 완화되어야 하는지를 설명하라.

10. **신용정책** [LO2] Red hawk, Inc.는 현재의 현금판매정책을 바꾸는 것에 대해 검토하고 있다. 새로운 판매조건은 net 한 달이다. 아래의 정보를 가지고 지금의 판매조건을 바꾸어야 하는지에 대해 설명하라. 판매조건을 바꿀 경우, 외상매출금은 얼마가 되는지 설명하라. 요구수익률은 월 0.95%이다.

	현재의 정책	새로운 정책
단위당 가격	$ 485	$ 485
단위당 비용	$ 365	$ 365
월 판매량	920	975

11. **EOQ** [LO4] Queen Manufacturing은 매주 3,900개의 스위치를 사용하며 스위치가 소진되면 다시 3,900개를 주문한다. 스위치 한 개당 유지비용이 연간 6.25$이고, 1회 고정주문비용은 1,400$이다. 이 회사의 재고정책은 합리적인가? 왜 그런가, 혹은 왜 그렇지 않은가?

12. **EOQ** [LO4] Trektronics는 매주 380대의 프린터를 재고로 두고 장사를 하며, 재고가 매주 소진되면 다시 주문한다. 프린터 한 대당 유지비용이 연간 31$이고, 1회 고정주문비용이 325$이면 총 유지비용은 얼마인가? 주문비용은 얼마인가? 이 회사는 주문량을 증가시켜야 하는가, 감소시켜야 하는가? 이 회사의 최적 재고정책을 주문규모와 주문횟수로 설명해보라.

중급문제
(13-16)

13. **EOQ의 도출** [LO4] 유지비용과 주문비용이 이 장에서 설명한 것과 같다면 경제적 주문량(EOQ)은 유지비용과 주문비용이 같아지는 점에서 나타난다는 것을 증명하라.

14. **신용정책의 평가** [LO2] Branson Corporation은 현재의 현금판매정책을 바꾸는 것을 검토하고 있다. 새로운 판매조건은 "net 한 기간"이다. 다음의 정보를 가지고 이 회사가 새 판매조건을 채택해야 하는지에 대해 설명하라. 기간당 요구수익률은 2.3%이다.

	현재의 정책	새로운 정책
단위당 가격	$ 83	$ 86
단위당 비용	$ 47	$ 47
월 판매량	2,960	3,045

15. **신용정책의 평가 [LO2]** Fitzgerald, Inc.는 현재 현금판매정책을 사용하고 있는데 신용정책을 net 30일로 바꾸는 것에 대해 검토하고 있다. 다음의 정보를 가지고 당신은 어떤 것을 추천하겠는가? 월 요구수익률은 0.85%이다.

	현재의 정책	새로운 정책
단위당 가격	$ 127	$ 129
단위당 비용	$ 94	$ 96
월 판매량	1,320	1,340

16. **신용평가정책의 평가 [LO2]** Silver Spoke Bicycle은 봄 판매 기간 중에 외상판매를 하기로 결정했다. 판매 예상 자전거량은 125대이다. 자전거 한 대당 평균비용은 750$이다. 이 회사의 소유주는 고객 중 96%만이 대금을 지불할 수 있을 것으로 판단하고 있다. 나머지 4%의 고객에 대한 대금회수는 신용회수기관에 맡기기로 했다. 이 서비스를 받기 위해 지불해야 하는 계약금은 1,000$이다. 그리고 고객 한 명당 8.95$가 부과된다. 이 회사는 신용회수기관을 이용해야 하는가?

고급문제
(17-22)

17. **손익분기점 판매량 [LO2]** 문제 14에서 새로운 신용정책의 손익분기점 판매량은 얼마인가?
18. **손익분기점 가격 [LO2]** 문제 14에서 새로운 신용정책이 손익분기점에 도달하기 위해서 책정해야 하는 단위당 가격은 얼마인가? 새로운 정책에서의 판매량은 3,310단위이고, 다른 것들은 일정하다고 가정하라.
19. **손익분기점 가격 [LO2]** 문제 15에서 새로운 신용정책이 손익분기점에 도달하기 위해서 책정해야 하는 단위당 가격은 얼마인가? 다른 것들은 일정하다고 가정하라.
20. **안전재고와 주문점 [LO4]** Saché Inc.는 매주 700벌의 디자이너 옷을 판매할 것을 기대하고 있다. 가게는 1주일 내내 열며, 매일 동일한 수의 옷을 판매할 수 있을 것으로 기대하고 있다. 회사의 EOQ는 500벌이며, 안전재고는 100벌이다. 주문 후 3일이 지나야 옷이 배달된다. 이 회사는 연간 몇 번 주문해야 하는가? 현재 시점이 가게를 열기 전 월요일 아침이라 하고 주문한 옷이 방금 도착했다고 가정하자. Saché는 다음 번 주문을 언제 해야 하는가?
21. **신용평가정책의 평가 [LO2]** Solar Engines는 트랙터용 엔진을 생산한다. 이 회사의 엔진은 연비가 좋아서 고객들이 125대를 외상주문하였다. 한 대당 변동비용은 14,800$이고, 외상판매가격은 한 대당 16,100$이다. 신용기간은 한 기간이다. 이 기간 동안의 요구수익률은 1.9%이다. 이 회사는 신용판매를 할 경우에 고객 중 30%가 반복구매 고객이 되어 앞으로 영원히 매기간 동일한 주문을 할 것으로 예상하고 있다. 나머지 고객은 일회성 고객으로 판단되었다. 신용판매를 해야 하는가?
22. **신용평가정책의 평가 [LO2]** 문제 21에서 채무불이행 확률이 15%라고 하자. 외상판매를 해야 하는가? 반복구매 고객 수는 채무불이행에 의해 영향을 받는다. 다시 말해 30%의 고객 중 채무를 불이행하지 않는 고객만이 반복구매 고객이 된다.

작은 사례

Howlett Industries의 신용판매정책

Howlett Industries의 사장인 Sterling Wyatt는 회사의 재무성과를 높이는 방법에 대해 생각하고 있다. 이 회사는 소매점에 사무용 기구들을 제조, 판매하고 있다. 최근에 이 회사의 성장은 저조했으나 경제상황이 나아지면서 앞으로는 더 많은 매출이 예상되고 있다. Sterling은 재무담당 이사인 Evan Bradds에게 회사의 신용정책의 변화가 회사의 수익성을 증가시킬 수 있는지를 검토해 보도록 요청했다.

이 회사의 현재 신용정책은 net 30이다. 신용판매가 다 그런 것처럼, 채무불이행률(대손율)이 항상 문제이다. 고객들에 대한 신용평가와 회수정책의 효율적 운영으로 이 회사의 대손율(default rate)은 현재 1.6%이다. Evan은 다른 회사들과 비교하여 회사의 신용정책을 살펴본 후, 다음과 같은 세 가지 옵션을 발견했다.

첫 번째 옵션은 신용판매의 기준을 낮추는 것이며, 두 번째 옵션은 신용기간을 net 45로 늘리는 것이다. 그리고 세 번째 옵션은 이 두 가지를 병행하는 것이다. 이 세 정책이 갖는 공통의 긍정적인 측면은 전부 매출액을 증가시킬 것이라는 점이다. 그러나 이들은 모두 대손율을 증가시키고, 외상매출금을 관리하는 데 드는 관리비용을 증가시키며, 외상매출금 회수기간을 증가시킨다. 신용정책의 변화는 매출액을 포함한 이 4가지 변수 모두에 서로 다른 영향을 미친다. Evan은 이 변수들에 대한 영향을 보여주는 다음의 표를 작성했다.

Howlett의 변동생산비용은 매출액의 45%이며, 적용되는 이자율은 실효연이자율로 6%이다.

질문

1. 이 회사는 어떤 신용정책을 택해야 하는가?
2. 옵션 3의 대손율(채무불이행률)과 관리비용은 옵션 2의 그것보다 높다. 이는 있을 수 있는 일인가? 왜 그런가, 왜 그렇지 않은가?

	연간 매출액 (단위: 백만)	대손율 (매출액의 %)	관리비용 (매출액의 %)	외상매출금기간
현재의 정책	$119	1.6%	2.2%	37일
옵션 1	143	2.5	3.2	40일
옵션 2	140	1.8	2.4	50일
옵션 3	155	2.2	3.0	48일

20A 신용정책분석에 대해 더 알아보기

이 부록에서는 신용정책에 대한 다른 분석방법들을 살펴보고, 현금할인과 채무불이행 가능성의 효과에 대한 분석을 통해 신용정책분석을 보다 자세히 살펴본다.

다른 두 가지의 분석방법

신용정책의 변화에 따른 순현가를 어떻게 분석하는지에 대해서는 이미 살펴보았다. 여기서는 일회법과 외상매출금법이라는 지금까지와는 다른 두 가지 분석방법에 대해 살펴보기로 한다. 이들은 매우 일반적으로 사용되는 분석방법이다. 우리가 보이고자 하는 것은 이들과 우리가 사용한 순현가법이 동일한 것이라는 것이다. 이 이후로는 셋 중 어느 것이든 편한 것을 사용하면 된다.

일회법(one-shot approach) Locus(20.3절)의 경우를 다시 살펴보자. 신용정책을 변경하지 않으면, Locus가 이달에 갖는 순현금흐름은 $(P - v)Q$ = \$29 × 100 = 2,900\$이다. 신용정책을 변경하면 Locus는 이달에 vQ' = \$20 × 110 = 2,200\$를 투자할 것이며 다음 달에 PQ' = \$49 × 110 = 5,390\$를 받을 것이다. 다른 모든 달과 그에 따른 현금흐름을 무시하고 이를 일회성 투자로 보자. Locus는 이번 달에 2,900$를 받는 것이 더 나은가, 아니면 2,200$를 투자하여 다음 달에 5,390$를 받는 것이 나은가?

다음 달에 받는 5,390$의 현가는 $5,390/1.02 = 5,284.31$이고, 비용은 2,200$이다. 따라서 순혜택(net benefit)은 $5,284.31 − $2,200 = 3,084.31$이다. 이 금액을 현재의 정책을 고수할 때 얻는 2,900$의 순현금흐름과 비교하면 Locus는 신용정책을 바꾸어야 하며 그에 따른 순현가는 $3,084.31 − $2,900 = 184.31$이다.

실제로 Locus는 이와 같은 일회성 투자를 매달 반복할 수 있으며 그에 따라 매달(이 달을 포함하여) 184.31$의 순현가를 발생시킬 수 있다. 이러한 일련의 순현가의 현재가치를 구하면 다음과 같다.

현재가치 = $184.31 + $184.31/0.02 = $9,400

이 현재가치는 20.3절에서 우리가 구한 답과 동일하다.

외상매출금법(accounts receivable approach) 두 번째 방법은 가장 많이 논의되고 있는 매우 유용한 분석방법이다. 신용을 제공함으로써 기업은 증가한 이윤을 통해 자신의 현금흐름을 증가시킬 수 있다. 그러나 기업은 외상매출금에 대한 투자를 늘려야 하며 외상매출금의 유지비용도 지불해야 한다. 외상매출금법은 외상매출금에 대한 추가적 투자로 발생하는 비용과 증가하는 이윤을 비교하는 데 초점을 맞춘 것이다.

앞에서 이미 본 것과 같이, 신용제공으로부터 발생하는 월간 혜택은 단위당 이윤($P - v$)에 판매량 증가분($Q' - Q$)을 곱한 것이다. Locus의 경우, 월간 혜택은 ($49 − $20) × (110 − 100) = 290$이다.

Locus가 신용정책을 바꾸면 외상매출금은 0$(현재는 신용판매를 전혀 하지 않으므로)에서 PQ'로 증가하며, 이에 따라 Locus는 외상매출금에 투자해야 한다. 필요한 투자는 두 부분으로 구성된다. 첫 번째 부분은 구 정책을 유지했다면 회수할 수 있었던 금액(PQ)이다. 새로운 정책으로 회수가 30일 연기되었으므로 Locus는 매달 이 금액을 외상매출금으로 갖게 된다.

두 번째 부분은 판매량 증가로 인한 외상매출금의 증가와 관련되어 있다. 판매량이 Q에서 Q'로 증가하기 때문에 대금회수는 30일 동안 이루어지지 않지만 Locus는 Q'을 생산해야 한다. 추가적 생산에 대해 Locus가 실제로 지불하는 비용은 단위당 v이므로 추가적 판매를 위해 투자해야 하는 금액은 $v(Q' - Q)$이 된다.

이상을 종합해서, Locus가 신용정책을 변경하면 Locus의 외상매출금에 대한 투자는 수입(매출액) $P \times Q$에 추가적 생산비용 $v(Q' - Q)$을 더한 것이 될 것이다.

외상매출금에 대한 추가적 투자 = $PQ + v(Q' - Q)$

이 투자에 대한 요구수익률(외상매출금 유지비용)은 월 R이다. 따라서 Locus의 외상매출금 유지비용은 다음과 같다.

$$\begin{aligned}\text{유지비용} &= [PQ + v(Q' - Q)] \times R \\ &= (\$4{,}900 + \$200) \times 0.02 \\ &= 102\$\end{aligned}$$

매달 290$의 혜택이 발생하고 매달 비용은 102$밖에 되지 않으므로 매달 발생하는 순혜택은

\$290 − \$102 = 188\$이다. Locus는 이 188\$를 매달 버는 것이다. 따라서 신용정책의 변경이 가져다주는 혜택의 현재가치는 다음과 같다.

$$\text{현재가치} = \$188/0.02 = \$9{,}400$$

이 수치도 20.3절에서 우리가 계산한 수치와 동일하다.

외상매출금법은 우리가 사용했던 순현가(NPV)법을 해석하는 데 도움을 준다. 신용정책을 변경하기 위해서 필요한 외상매출금에 대한 투자액은 $PQ + v(Q' - Q)$이다. 우리가 사용했던 순현가법을 다시 살펴보면, 이 금액은 순현가법에서 Locus가 신용정책을 변경할 때 지불해야 하는 비용으로 인식한 금액과 정확히 일치하는 것이다. 따라서 우리가 사용한 순현가법은 외상매출금에 대한 증분적 투자(현금유출)를 증분적 미래현금유입의 현재가치(PV)와 비교한 것과 같은 것이다.

마지막으로 살펴보아야 할 점이 하나 있다. 외상매출금(이 경우에는 외상매출금의 증가액)은 PQ'이며, 이는 재무상태표상에 나타나는 외상매출금이다. 그러나 외상매출금에 대한 추가적 투자는 $PQ + v(Q' - Q)$이다. 이 금액이 외상매출금(증가액)보다 $(P - v)(Q' - Q)$만큼 적은 금액이라는 것은 쉽게 알 수 있다. 이 차이가 새로운 판매가 가져다주는 이윤이며, Locus는 신용정책을 변경할 때 이 금액을 실제로 지불할 필요가 없다.

다시 말해 신용판매가 거절되면 제품을 구입하지 않을 어떤 새로운 고객에게 신용을 제공하는 경우에 기업이 부담하는 것은 이러한 비용이지, 판매가격이 전체가 아니다. 이는 20.5절에서 설명한 것과 같은 것이다.

예제 20A.1 신용제공

Locus의 경우로 다시 돌아가서 외상판매로 예상되는 판매량의 증가가 10단위가 아닌 5단위라고 할 때 신용정책변경에 따른 순현가를 구해보라. 외상매출금에 대한 투자는 얼마인가? 외상매출금의 유지비용은? 신용정책변경이 가져다주는 매달의 순혜택은?

신용정책을 변경하면, Locus가 포기해야 하는 금액은 $P \times Q$ = 4,900\$이다. 단위당 20\$의 비용으로 5단위를 더 생산해야 한다. 따라서 신용정책변경에 따른 비용은 \$4,900 + 5 × \$20 = 5,000\$이다. 추가적으로 5단위를 더 팔게 됨으로써 매달 얻는 혜택은 5 × (\$49 − \$20) = 145\$이다. 정책변경의 순현가는 −\$5,000 + \$145/0.02 = 2,250\$이다. 따라서 신용정책변경은 여전히 수익성이 있는 것이다.

신용정책의 변경에 따른 5,000\$의 비용은 외상매출금에 대한 투자로 해석될 수 있다. 월 2%에서 유지비용은 \$5,000 × 0.02 = 100\$이다. 매달 발생하는 혜택이 145\$이므로 정책변경의 순혜택은 월 45\$ (\$145 − \$100)이다. 매월 45\$가 영원히 발생할 때 그 현재가치는 2%의 할인율에서 \$45/0.02 = 2,250\$가 된다. 이는 바로 앞에서 우리가 계산한 것과 동일하다.

현금할인과 채무불이행위험

이제 현금할인과 채무불이행위험에 대해서 또한 이들 간의 관계에 대해서 살펴보기로 하자. 설명을 시작하기 전에 다음과 같이 정의하기로 한다.

π = 신용판매액 중 회수되지 않는 금액의 비율

d = 현금고객에게 주어지는 할인율
P' = 신용판매가격(무할인가격)

현금가격 P는 신용판매가격 P'에 $(1 - d)$를 곱한 것과 같다. 따라서 $P = P'(1 - d)$ 또는 $P' = P/(1 - d)$이다.

Locus의 상황은 이제 조금 더 복잡해진다. 신용판매를 하지 않는 현재의 상황에서 신용판매로 전환하면 이로 인해 얻게 되는 혜택은 더 높은 가격(P')과 더 많은 판매량(Q')으로부터 발생한다.

또한 앞의 예에서는 신용이 공짜로 제공되었기 때문에 모든 고객들이 신용구매를 한다고 가정한 것은 합리적인 가정이었다. 그러나 여기서는 현금구매에 대해 할인이 주어지기 때문에 모든 고객이 신용구매를 택하지는 않을 것이다. 또한 신용구매를 하는 고객 중 일정비율(π)이 대금을 지불하지 않는다.

설명을 단순화하기 위해 우리는 판매량이 신용정책의 전환에 영향을 받지 않는다고 가정한다. 이는 큰 문제가 되지 않는 가정이고 계산을 간단히 해주는 것뿐이다(이 부록의 문제 5를 살펴보라). 또한 모든 고객이 신용구매를 한다고 가정하기로 한다. 이 역시 큰 문제가 되지 않는 가정이다. 몇 퍼센트의 고객이 신용구매를 하는지는 실제로 문제가 되지 않는다.[3]

신용정책변경에 따른 NPV 현재 Locus는 Q단위를 P = 49$ 가격에 판매하고 있다. Locus는 신용기간을 30일로 하는 새로운 신용정책으로 변경하면서 신용판매가격을 P' = 50$로 하는 것에 대해 검토하고 있다. 현금판매가격은 그대로 49$이다. 따라서 Locus는 실제로 현금구입에 대해 ($50 − $49)/$50 = 2%의 할인혜택을 주는 것이다.

Locus의 신용정책변경이 가져다주는 순현가는 얼마인가? 답을 구하기 위해 우선 Locus가 현재 매달 $(P - v)Q$를 얻고 있다는 점을 확인하라. 더 높은 판매가격을 갖는 새로운 정책에서 이 금액은 모든 고객이 채무를 이행한다고 가정하면 $(P' - v)Q$로 증가한다. 그러나 매출액의 일정한 비율이 회수되지 않을 것으로 기대되기 때문에 Locus는 $(1 - \pi) \times P'Q$의 금액만을 회수하게 된다. 따라서 순수입액은 $[(1 - \pi)P' - v] \times Q$가 된다.

Locus의 신용정책변경이 가져다주는 순효과는 새로운 정책에서의 현금흐름과 과거 정책에서의 현금흐름의 차이이다.

$$\text{순증분적 현금흐름} = [(1 - \pi)P' - v] \times Q - (P - v) \times Q$$

$P = P' \times (1 - d)$이므로 이는 다음과 같이 간단히 표현된다.[4]

[3]그 이유는 모든 고객에게 동일한 조건이 제시되기 때문이다. 모든 고객이 신용구매를 할 경우에 신용정책의 변화로 발생하는 순현가가 100$라면 50%의 고객이 신용구입을 하는 경우의 순현가는 그것의 절반인 50$가 될 뿐이다. 이러한 가정이 갖는 묵시적 가정은 채무불이행비율이 신용판매액의 일정한 비율이라는 것이다.

[4]이것을 보기 위해서 순증분적 현금흐름은 다음과 같다는 것을 알라.

$$\begin{aligned}\text{순증분적 현금흐름} &= [(1 - \pi)P' - v] \times Q - (P - v) \times Q \\ &= [(1 - \pi)P' - P] \times Q\text{이고,}\end{aligned}$$

$P = P' \times (1 - d)$이므로, 위 식은 아래와 같이 쓸 수 있다.

$$\begin{aligned}\text{순증분적 현금흐름} &= [(1 - \pi)P' - (1 - d)P'] \times Q \\ &= P'Q \times (d - \pi)\end{aligned}$$

$$\text{순증분적 현금흐름} = P'Q \times (d - \pi) \qquad \text{[20A.1]}$$

Locus가 신용정책을 변경하면 외상매출금에 대한 투자라는 비용은 $Q = Q'$이므로 $P \times Q$가 된다. 따라서 신용정책의 변경이 가져다주는 순현가(NPV)는 다음과 같다.

$$\text{NPV} = -PQ + P'Q \times (d - \pi)/R \qquad \text{[20A.2]}$$

예를 들어 이 산업에서 나타난 과거의 상황을 볼 때 "채무불이행률"(π)이 1%라고 하면, Locus의 신용정책변경이 가져다주는 순현가는 얼마인가? 해당되는 수치를 위 식에 대입하면 다음과 같은 결과를 얻는다.

$$\begin{aligned}\text{NPV} &= -PQ + P'Q \times (d - \pi)/R \\ &= -\$49 \times 100 + \$50 \times 100 \times (0.02 - 0.01)/0.02 \\ &= -\$2{,}400\end{aligned}$$

순현가가 음(−)으로 나타나기 때문에 Locus는 신용정책을 변경해서는 안 된다.

순현가(NPV) 식에서 중요한 요소는 현금할인율(d)과 채무불이행률(π)이다. 바로 알 수 있는 것 중 하나는 채무불이행률이 할인율을 넘으면 $(d - \pi)$가 음(−)이 된다는 것이다. 따라서 정책변경의 순현가도 항상 음(−)이 될 것이다. 이러한 결과는 일반적으로 말해, 신용판매에 대한 의사결정이 더 높은 가격에 따른 매출액 증가와 회수되지 않는 매출액 사이의 상호교환관계에 대한 것임을 말해주고 있다.

이러한 점을 염두에 두고, $P'Q \times (d - \pi)$가 매출액 증가분에서 회수되지 않는 부분을 빼준 것을 의미한다는 것을 살펴보라. 이는 신용정책의 변경으로 발생하는 증분적 현금유입이다. 만약 d가 5%이고 π가 2%라면, 대략적인 의미에서 수입(매출액)은 더 높아진 가격 때문에 5% 증가하지만 채무불이행률이 2%이므로 회수액은 3%밖에 증가하지 않는다. $d > \pi$가 되지 않으면 신용정책의 변경으로 현금유입은 실제로 감소할 것이다.

손익분기점의 활용 할인율(d)은 기업이 정하는 것이므로 알 수 있는 것이고, 모르는 것은 채무불이행률(π)이다. Locus의 경우, 손익분기점 채무불이행률은 얼마인가?

순현가(NPV)를 0으로 만드는 채무불이행률을 구하면 답을 얻는다.

$$\text{NPV} = 0 = -PQ + P'Q \times (d - \pi)/R$$

이를 약간 다시 정리하면 다음과 같이 된다.

$$\begin{aligned}PR &= P'(d - \pi) \\ \pi &= d - R \times (1 - d)\end{aligned}$$

Locus의 경우, 손익분기 채무불이행률은 다음과 같이 계산된다.

$$\begin{aligned}\pi &= 0.02 - 0.02 \times (0.98) \\ &= 0.04\%\end{aligned}$$

손익분기점 채무불이행률이 이렇게 낮게 나타나는 이유는 Locus가 신용고객들에게 요구하는 묵시적 이자율(월 2%의 할인율, 따라서 0.02/0.98 = 2.0408%의 실효이자율)이 월 요구수익률 2%보다 아주 조금 더 클 뿐이기 때문이다. 따라서 신용정책의 변경이 타당성을 갖기 위해서는 채무불이행률이 매우 낮아야 한다.

개념질문 _Concept Questions

20A.1a 신용판매 시에 기업이 외상매출금에 투자해야 하는 증분적 투자액은 어떤 것인가?
20A.1b 대손율(채무불이행률)과 현금할인 사이의 상호교환관계를 설명하라.

복습과 자가진단

20A.1 **신용정책** 본문의 문제 20.1을 일회법과 외상매출금법을 사용하여 다시 풀어보라. 요구수익률은 앞에서와 마찬가지로 기간당 2%이고, 채무불이행은 없다. 기본정보를 다시 적으면 다음과 같다.

	현재의 정책	새로운 정책
단위당 가격	$ 175	$ 175
단위당 비용	$ 130	$ 130
기간당 판매량	1,000	1,100

20A.2 **할인과 채무불이행위험** De Long 주식회사는 신용정책의 변경에 대해 검토하고 있다. 현재의 정책은 현금판매이고, 기간당 판매량은 2,000단위이며, 단위당 가격은 110$이다. 신용판매가격은 단위당 120$이며, 신용판매 기간은 한 기간이다. 판매량은 변하지 않을 것으로 예상하며, 모든 고객들이 신용구매를 할 것으로 기대된다. De Long은 고객 중 4%가 대금을 지불하지 않을 것으로 예상하고 있다. 기간당 요구수익률이 2%라면, 신용정책의 변경은 좋은 생각인가? 고객 중 절반만이 신용구매를 하는 경우에는 어떤가?

복습과 자가진단 해답

20A.1 이미 살펴보았듯이, 신용정책을 변경하면 매기간 추가적으로 100단위를 더 판매할 수 있고 $175 − $130 = 45$의 이윤이 발생한다. 따라서 매기간 발생하는 총혜택은 $45 × 100 = 4,500$이다. 이 금액이 매기간 영원히 발생하므로 2%의 요구수익률에서 혜택의 현재가치는 $4,500/0.02 = 225,000$가 된다.

정책변경의 비용은 이 기간의 매출액(수입) $175 × 1,000 = 175,000$에 100단위를 더 생산하는 데 드는 비용 $130 × 100 = 13,000$를 더한 것이다. 따라서 총비용은 188,000$이고 순현가(NPV)는 $225,000 − $188,000 = 37,000$가 된다. 따라서 신용정책을 변경해야 한다.

외상매출금법에서는 188,000$의 비용을 외상매출금에 대한 투자비용으로 본다. 기간당 2%의 요구수익률에서 기간당 유지비용은 $188,000 × 0.02 = 3,760$가 된다. 기간당 혜택은 4,500$로 계산된다. 따라서 기간당 순이득은 $4,500 − $3,760 = 740$이다. 기간당 2%의 요구수익률에서 이 금액의 현재가치(PV)는 $740/0.02 = 37,000$가 된다.

일회법의 경우, 신용판매를 하지 않으면 이번 기간에 ($175 − $130) × 1,000 = 45,000$를 얻는다. 신용판매를 하면 이번 기간에 $130 × 1,100 = 143,000$를 투자하여 다음 기간에 $175 × 1,100 = 192,500$를 얻는다. 신용판매의 NPV는 $192,500/1.02 − $143,000 =

45,725.49$이다. 이번 기간에 이 회사는 $45,725.49 − $45,000 = 725.49$의 이득을 얻으며 이 이득은 미래에도 매기간 발생한다. 이러한 현금흐름의 현재가치는 $725.49 + 725.49/0.02 = 약 37,000$가 된다.

20A.2 신용판매를 하든 하지 않든, 기간당 비용은 동일하다. 따라서 우리는 생산비용을 무시할 수 있다. 이 회사의 현재 기간당 매출액과 회수액은 $110 × 2,000 = 220,000$이다. 신용판매를 하면 매출액은 $120 × 2,000 = 240,000$로 증가한다.

채무불이행 금액은 매출액의 4%이다. 따라서 새로운 정책에서 발생하는 현금유입은 $240,000 × 0.96 = 230,400$가 된다. 이는 매기간 추가적 수입이 10,400$임을 의미한다. 기간당 2%의 요구수익률에서 이 금액의 현재가치는 $10,400/0.02 = 520,000$가 된다. 신용정책을 변경하면, De Long은 이번 달의 수입 220,000$를 포기해야 한다. 따라서 신용정책변경의 순현가는 300,000$가 된다. 만약 고객의 절반만이 신용구매를 한다면 순현가도 150,000$로 절반이 될 것이다. 따라서 고객 중 몇 퍼센트가 신용구매를 하는가에 관계없이 순현가는 양(+)으로 나타난다. 신용정책변경은 좋은 생각이다.

연습문제

초급문제
(1-5)

1. **신용정책의 평가 [LO2]** Bismark Co.는 판매조건의 변경을 고려 중에 있다. 현재의 정책은 현금판매이다. 새로운 정책에서는 한 기간 동안 신용이 주어진다. 기간당 판매량은 25,000단위이고, 판매가격은 단위당 350$이다. 신용판매가격은 368$이며 판매량은 변하지 않을 것으로 예상된다. 또한 모든 고객이 외상구매를 할 것으로 예상된다. Bismark는 신용판매액(외상매출금)의 3%가 회수되지 않을 것으로 예상하고 있다. 기간당 요구수익률이 2.5%라면 신용정책변경은 좋은 생각인가?

2. **신용정책의 평가 [LO2]** Johnson Company는 매달 2,400켤레의 운동화를 판매하고 있다. 켤레당 현금판매가격은 99$이다. 이 회사는 30일간의 신용기간을 주고 신용판매가격을 켤레당 100$로 인상하는 정책을 검토하고 있다. 현금판매가격은 99$로 그대로 유지된다. 새로운 신용정책은 판매량에는 영향을 미치지 않을 것으로 기대된다. 할인기간은 20일이다. 요구수익률은 월 0.75%이다.

a. 새로운 신용조건은 어떻게 표시될 수 있는가?

b. 새로운 정책에서 요구되는 외상매출금에 대한 투자액은 얼마인가?

c. 변동비용을 고려할 필요가 없는 이유를 설명하라.

d. 채무불이행률이 8%로 예상된다면 새로운 신용정책은 채택되어야 하는가? 손익분기점 신용판매가격은 얼마인가? 손익분기점 현금할인율은?

3. **신용분석 [LO2]** Silicon Wafers, Inc. (SWI)는 어떤 고객에 신용판매를 할 것인지 안 할 것인지에 대해 논의하고 있다. 주로 반도체의 생산에 사용되는 SWI의 제품은 현재 한 개당 975$에 판매되고 있다. 한 개당 변동비용은 540$이다. 논의의 대상이 되고 있는 주문은 15개이다. 대금지불은 30일 후로 약속되어 있다.

a. 채무불이행 가능성이 20%라면 SWI는 주문을 받아야 하는가? 요구수익률은 월 2%이다. 이 주문은 일회성 주문으로 신용판매가 거절되면 고객은 구매하지 않는다.

b. 문제 a에서 손익분기점 채무불이행 확률은 얼마인가?

c. 이 문제는 약간 어렵다. 일반적으로 말해, 고객이 외상판매가 거절될 때 현금으로 구매한다면 문제 a에서의 답은 어떻게 변할 것으로 생각하는가? 한 개당 현금판매액은 910$이다.

4. **신용분석** **[LO2]** 두 가지 신용정책에 대해 다음과 같은 정보가 주어졌다.

	신용판매 거절	신용판매 수용
단위당 가격	$ 64	$ 69
단위당 비용	$ 32	$ 33
분기당 판매량	5,800	6,400
대금지불 확률	1.0	0.90

신용판매에서 단위당 비용이 더 높게 나타나는 것은 신용판매로 발생하는 비용을 반영한 것이다. 신용판매가격이 더 높은 것은 현금할인을 반영한 것이다. 신용기간은 90일이고, 부채의 비용은 월 0.75%이다.

a. 이러한 정보를 갖고 판단할 때, 신용판매를 해야 하는가?

b. 문제 a에서 손익분기점 신용판매가격은 얼마인가?

c. 문제 a에서 고객 한 사람당 1.5$를 지불하여 고객의 신용정보를 구입한다고 하자. 고객 한 사람당 한 단위만 구매하며, 신용정보가 어떤 고객이 대금을 지불하지 않을 것인가를 정확하게 알려준다고 가정하면 신용판매는 해야 하는가?

5. **신용정책 변경의 순현가** **[LO2]** 어떤 회사가 현재 매달 현금판매가격 P로 Q단위를 판매하고 있다고 하자. 새로운 신용정책은 한 달간의 신용기간을 주며, 새로운 신용정책으로 예상되는 판매량은 Q'이고, 단위당 신용판매가격은 P'이다. 채무불이행률은 신용판매액의 π%이다. 단위당 변동비용은 v이고, 이 비용은 변하지 않을 것으로 기대된다. 신용구매를 하는 고객의 비율은 α%이고, 요구수익률은 월 R이다. 신용정책변경에 따른 순현가(NPV)는 얼마인가? 구한 답을 여러 측면에서 설명해보라.

21 국제 기업재무
International Corporate Finance

2019년, 미국에 본사를 둔 기업들이 해외에서 보유하고 있는 현금 잔고가 큰 뉴스가 되었다. 오랫동안 가장 현금이 풍부한 회사였던 Apple은 1,020억$ 보유에 불과한 2위로 떨어졌다. 새로운 현금 리더는 1,170억$의 현금을 보유한 Alphabet. Inc이었다.

2018년 이전에, Apple과 같은 회사는 미국 외 지역에서 막대한 현금을 보유할 강력한 과세상 인센티브가 있었다. 이 모든 것이 미국 기업의 해외 사업에 부과되는 과세방식에 변화를 초래한 2017년 감세 및 일자리법(Tax Cuts and Jobs Act of 2017)이 공포되면서 바뀌었다. 2019년 한 해, 미국 기업은 현금으로 1조$ 이상을 본국으로 송금한 것으로 추정되었다. 이 장에서는 통화, 환율 및 국제금융 환경의 기타 특성이 벌이는 중요한 역할과 함께 이 주제에 대해 논의하기로 한다.

학습목표 _*Learning Objectives*

이 장을 공부한 후에는 다음과 같은 것들에 대해 알아야 한다.

- **LO1** 환율의 표시방법과 그 의미, 현물환율과 선도환율의 차이
- **LO2** 구매력평가설, 이자율평가설, 불편선도환율, 위험노출 이자율평가설, 국제피셔효과와 이들이 환율변화에 대해 갖는 의미
- **LO3** 여러 종류의 환율위험과 환율위험의 관리
- **LO4** 해외투자의 정치적 위험

해외 영업활동의 비중이 큰 기업을 흔히 국제적(international) 또는 다국적(multinational) 기업이라 부른다. 이러한 기업들은 순수하게 국내 기업인 기업들에게는 영향을 주지 않는 요소들에 대해서도 고려해야만 한다. 여기에는 환율, 나라마다 다른 이자율과 회계기준, 세율, 외국 정부의 개입 등이 포함된다.

한편, 국제적 기업에도 기업재무의 기본원칙들이 적용되는 것은 마찬가지이다. 이들은 국내 기업과 마찬가지로 수익성이 높은 투자안을 찾고, 최소한의 비용으로 자본을 조달하려 한다. 다시 말해 "NPV 원칙"은 국내 기업이든 국제적 기업이든 모두 적용된다. 다만 해외투자의 NPV 분석이 상대적으로 어려운 것은 사실이다.

국제 기업재무의 가장 중요한 요소로 외환(foreign exchange)을 꼽을 수 있다. 외환시장은 국제적 기업이 자본예산을 편성하거나 재무적 의사결정을 내릴 때 중요한 정보와 기회를 제공한다. 환율과 이자율, 물가상승률은 서로 밀접하게 연결되어 있다. 이 장에서는 이들의 관계에 초

점을 맞춘다.

사회적, 문화적 차이를 비롯해서 각 나라의 정치, 경제체제 등이 국제적 사업에서 중요한 요소들임이 틀림없지만, 이들에 대해서 설명하고자 한다면 책 한 권으로도 부족할 것이다. 따라서 우리는 국제 기업재무에서 순전히 재무적인 측면과 외환시장의 주요 측면에 초점을 맞출 것이다.

21.1 전문용어

ADR에 대해 더 알고 싶으면 **www.adr.com**을 참조하라.

재무분야에서도 국제화(globalization)는 유행어처럼 번지고 있다. 금융시장의 국제화를 배우는 데 있어서 첫 번째 단계는 새로운 용어들을 알아두는 것이다.

다음의 용어들은 알파벳 순으로 정리한 것이며, 각각 중요성이 다르다. 이들은 경제신문에도 자주 등장하므로 꼭 알아둘 필요가 있다.

미국예탁증서(American Depositary Receipt): 미국에서 외국주식을 대신하며 발행하는 증서로, 미국 내에서 외국 주식의 거래를 가능케 한다.

1. **미국예탁증서**(American Depositary Receipt: ADR)는 외국의 주식을 미국시장에서 거래하기 위해서 주식을 대신하는 증서를 미국에서 발행하여 유통시키는 것이다. 외국기업들은 달러로 표시된 ADR을 통해서 미국의 투자자들을 유치할 수 있다. ADR에는 두 가지 종류가 있는데, 하나는 기업보증(company sponsored)의 ADR이고, 나머지 하나는 기업무보증(company unsponsored)의 ADR이다. 전자는 거래시장에 등록되지만, 후자는 투자은행들이 보유하게 된다. 신문에서 볼 수 있는 ADR들은 대부분이 기업보증의 ADR인 셈이다.

교차환율(cross rate): 두 통화 간(대개 미국이 아닌 두 나라)의 환율을 제3국의 통화(일반적으로 달러)를 기준으로 추정한 묵시적 환율

2. **교차환율**(cross rate)은 달러와의 환율을 기준으로 미국이 아닌 두 나라 통화 간의 내재적(implicit) 환율을 구한 것이다.

유로본드(Eurobond): 여러 나라에서 발행되지만 하나의 통화(대개 발행인의 국가통화)로 표시되는 국제적 채권

3. **유로본드**(Eurobond)는 여러 나라에서 발행되는 채권으로 하나의 통화, 보통은 발행인의 국가통화로 표시된 것이다. 국제적 기업이나 정부가 이와 같은 채권을 통해서 자본을 조달하는 경우가 늘어나고 있는 추세이다. 유로본드는 국내의 규제를 받지 않으며, 국제적인 신디케이트에 의하여 인수되어 대부분이 런던에서 거래된다. 그러나 원칙적으로는 매매가 성립되면 어디에서든지 거래가 가능하다.

유로통화(Eurocurrency): 해외의 금융센터에 예치되어 있는 자국 통화

4. **유로통화**(Eurocurrency)는 통화발행국 이외의 지역에 있는 금융기관에 예치되어 있는 통화이다. 예를 들어 유로달러(가장 많이 쓰이는 유로통화)는 미국 외의 은행에 예치되어 있는 달러이다.

외국채권(foreign bond): 해외에서 발행되는 국제채권으로, 발행되는 나라의 통화로 표시된다.

5. **외국채권**(foreign bond)은 유로본드와 달리, 발행되는 해외 국가의 통화로 표시되는 채권이다. 이러한 채권이 발행되는 국가에서는 자국기업이 발행한 채권과 다른 세법을 적용하기도 하며, 발행량은 제한하는 경우도 있다. 외국채권은 발행되는 국가에 따라서 이름이 붙여지곤 한다. 양키(Yankee)본드(미국), 사무라이본드(일본), 렘브란트(Rembrandt)본드(네덜란드), 불독(Bulldog)본드(영국), 딤섬(dim sum)본드(홍콩에서 발행되는 위안화 본드) 등이 있다. 엄격한 규제와 공개조건 때문에 외국채권시장은 유로본드시장만큼 성장하지 못했다.

길츠(gilts): 영국과 아일랜드 정부의 증권

6. **길츠**(gilts)는 영국과 아일랜드의 정부가 발행한 국채이다. 그러나 영국의 지방정부나 해외에 위치한 공공기관이 발행한 채권을 포함하기도 한다.

리보(London Interbank Offered Rate; LIBOR): 유로달러의 1일물(overnight) 대출에 대해 런던시장의 국제은행들이 적용하는 금리

7. **리보**(London Interbank Offered Rate: LIBOR)는 영국의 런던에서 유로달러에 대해 국제은행들이 서로에게 1일물(overnight) 대출에 대해 적용하는 금리이다. 리보는 단기금융시장에서의 증권발행이나 정부와 기업이 발행한 단기부채의 가격을 매기는 데 있어서 기본이 된

다. 이자율은 리보와 비교되어 리보보다 일정 수준만큼 높게 책정되어 인용되는 경우가 많으며, 리보금리의 움직임에 따라서 변동한다. 그런데 LIBOR 시장의 추문(scandals) 때문에 LIBOR는 다른 기준 금리로 대체되고 있다. 영국 금융감독원(Financial Conduct Authority)에 따르면 이 제도는 빠르면 2021년 말까지 단계적으로 폐지될 예정이다. 미국에서는 **소파**(Secured Overnight Financing Rate: SOFR)가 이를 대체하고 있다. 2020년 10월, 약 80조 $에 달하는 스왑의 기준금리가 리보에서 소파로 바뀌었다. 소파는 환매된 국채의 이자율이며, 뉴욕 연준에서 매일 발표한다.

소파(Secured Overnight Financing Rate; SOFR): 소파는 투자자들이 채권자산을 담보로 은행에 1일물(overnight) 대출을 제공하는 국채환매시장에서의 거래에 기초한 이자율이다.

8. **스왑**(swap)에는 두 가지의 종류가 있으며 첫째가 이자율스왑, 둘째가 통화스왑이다. 이자율스왑은 변동금리부 채무를 고정금리부 채무와 교환하는 것이다. 통화스왑은 말 그대로 두 통화를 서로 교환하는 것이다. 통화가 서로 다른 두 채무를 교환할 때 이 두 가지 스왑이 같이 쓰이기도 한다.

스왑(swap): 두 증권 또는 두 통화를 교환하기로 한 계약

개념질문 _Concept Questions

21.1a 유로본드(Eurobond)와 외국채권(foreign bond)의 차이점은 무엇인가?
21.1b 유로달러는 무엇인가?

현재의 리보(LIBOR)금리를 알아보기 위해서는 **www.bloomberg.com**을 참조하라.

21.2 외환시장과 환율

외환시장(foreign exchange market: forex market, FX market이라고 간단히 부르기도 함)은 세계에서 규모가 가장 큰 금융시장으로 꼽힌다. 이 시장에서는 한 나라의 통화가 다른 나라의 통화와 거래된다. 그러나 소수의 통화만이 중점적으로 거래되는 것이 현실이다(미국의 달러, 영국의 파운드, 일본의 엔, 그리고 유로). 표 21.1은 자주 사용되는 통화와 그 기호들을 보여주고 있다.

외환시장(foreign exchange market): 한 국가의 통화가 다른 나라의 통화와 교환되는 시장

외환시장은 장외시장(over-the-counter market)이기 때문에 특정 장소에서만 거래가 이뤄지는 것은 아니다. 대신에 대부분의 거래가 세계 곳곳에 위치해 있는 주요 은행들을 통해서 이뤄진다. 이들은 컴퓨터나 전화 등을 통해서 서로의 정보를 교환한다. 예를 들어 벨기에의 비영리기업인 Society for Worldwide Interbank Financial Telecommunications (SWIFT)는 국제거래상의 정보교환을 위한 네트워크를 운영하고 있다. 이와 같은 네트워크를 통해서 뉴욕에 있는 은행이 런던에 있는 은행과 정보를 교환할 수 있는 것이다.

외환시장의 관계자들은 다음과 같이 구분할 수 있다.

SWIFT를 방문해보려면 **www.swift.com**에 들어가보라.

1. 외국통화로 물품대금을 지불하는 수입업자
2. 외국통화를 자국통화로 바꾸고자 하는 수출업자
3. 외국주식과 채권을 사고파는 포트폴리오 매니저
4. 매도주문과 매수주문을 짝짓는 외환 브로커
5. 외국통화로 "시장을 조성"하는 거래자
6. 환율변화에 따른 차익거래 기회를 통해 차익을 노리는 투기업자

표 21.1
각국의 통화기호

국가	통화명	기호
호주	달러	A$
캐나다	달러	Can$
중국	위안(Renminbi)	元
덴마크	크론	DKr
유럽경제통화동맹	유로	€
인도	루피	Rs
이란	리알	Rl
일본	엔	¥
쿠웨이트	디날	KD
멕시코	페소	Ps
노르웨이	크론	NKr
사우디아라비아	리얄	SR
싱가포르	달러	S$
남아프리카공화국	랜드	R
스웨덴	크로나	SKr
스위스	프랑	SF
영국	파운드	£
미국	달러	$
한국	원	₩

환율

환율(exchange rate): 한 국가의 통화가격을 다른 나라 통화로 표시한 것

환율(exchange rate)은 한 통화의 가격을 다른 통화로 표시한 것이다. 실제로 대부분의 통화들이 달러로 표시되어 거래된다. 예를 들어 일본의 엔과 스위스의 프랑은 미국의 달러를 기준으로 가격이 책정되어 거래된다.

매 분마다의 최신 환율정보를 알아보기 위해서는 **www.xe.com**과 **www.exchangerate.com**을 참조하라.

환율시세표 그림 21.1은 2020년 www.wsj.com과 www.barchart.com에 실린 환율시세표(exchange rate quotation)를 요약한 것이다. 두 번째 열("in US$"라고 표시됨)은 외국통화 한 단위를 사기 위해서 얼마의 달러가 필요한지 보여주고 있다. 즉, 외국통화 가격을 달러로 표시한 것인데, 직접 환율(direct quote) 또는 미국 환율(American quote)이라고 부른다. 예를 들어 호주 달러(Australian dollar)의 경우에는 0.6825로 표시되어 있는데, 이는 호주 달러 1달러를 사기 위해서 0.6825$가 필요하다는 의미이다.

세 번째 열은 미국 달러를 한 단위 사기 위해서 외국통화 얼마가 필요한지를 표시한 것인데 간접 환율(indirect exchange rate) 또는 유러피안 환율(European exchange rate)이라고 부른다(통화가 유로화가 아니더라도). 예를 들어 호주 달러의 경우에는 1.4652로 표시되어 있는데, 이는 미국 화폐 1달러를 사기 위해서 1.4652의 호주 달러가 필요하다는 말이다. 이는 직접 환율의 역수를 취한 것과 같은 것이다(약간의 소수점 처리문제가 따를 수 있지만). 1/0.6825 = 1.4652.

교차환율과 삼각차익거래 환율을 구할 때 미국의 달러를 공통분모로 사용하면 나타날 수 있는 교차환율(cross-rate)의 수를 크게 감소시킨다. 예를 들어 5개의 주요 통화가 있다고 할 때 공

Country/Currency	in US$	per US$
Americas		
Argentina peso	.0167	60.0116
Brazil real	.2391	4.1816
Canada dollar	.7608	1.3145
Chile peso	.001287	777.3
Colombia peso	.000297	3365.07
Ecuador US dollor	1	1
Mexico peso	.0532	18.7872
Uruguay peso	.02678	37.34
Asia-Pacific		
Australian dollar	.6825	1.4652
1 month	.6822	1.4659
3 month	.6813	1.4678
6 month	.6799	1.4708
China yuan	.1442	6.9367
Hong Kong dollar	.1287	7.7725
India rupee	.01402	71.316
Indonesia rupiah	.0000737	13573
Japan yen	.00915	109.28
1 month	.00915	109.29
3 month	.00915	109.30
6 month	.00915	109.31
Kazakhstan tenge	.00264	378.6
Macau pataca	.1248923	8.007
Malaysia ringgit	0.246	4.0655
New Zealand dollar	.6607	1.5135
Pakistan rupee	.00647	154.63
Philippines peso	.0197	50.801
Singapore dollar	.7400	1.3514
South Korea won	.0008546	1170.2
Sri Lanka rupee	.0055063	181.61
Taiwan dollar	.03328	30.05
Thailand baht	.03272	30.56
Vietnam dong	.00004315	23173

Country/Currency	in US$	per US$
Europe		
Bulgaria lev	.56382	1.774
Croatia kuna	.1481	6.75
Czech Rep. koruna	.04381	22.827
Denmark krone	.1475	6.778
Euro area euro	1.1026	.9070
Hungary forint	.00327912	304.96
Iceland krona	.008025	124.61
Norway krone	.1105	9.0484
Poland zloty	.2590	3.8614
Romania leu	.2306	4.336
Russia ruble	.01611	62.073
Sweden krona	.1045	9.5669
Switzerland franc	1.0297	.9712
1 month	1.0317	.9693
3 month	1.0358	.9654
6 month	1.0418	.9599
Turkey lira	.1684	5.9391
Ukraine hryvnia	.0407	24.5652
UK pound	1.3074	.7649
1 month	1.3062	.7656
3 month	1.3049	.7663
6 month	1.3038	.7670
Middle East/Africa		
Bahrain dinar	2.6529	.3769
Egypt pound	.0633	15.8006
Israel shekel	.2894	3.455
Kuwait dinar	3.2912	.3038
Oman sul rial	2.5974	.39
Qatar rial	.2747	3.6408
Saudi Arabia riyal	.2665	3.7517
South Africa rand	.0695	14.3928

그림 21.1

환율시세표

출처: www.wsj.com and www.barchart.com, January 27, 2020.

통분모로 사용되는 통화가 있으면 가능한 환율의 가짓수가 10개에서 4개로 줄어든다.[1] 또한 달러를 공통분모로 사용하면 환율시세의 불규칙성이 어느 정도 감소하기도 한다.

엔(¥)과 유로(€) — 예제 21.1

1,000$가 있다고 하자. 그림 21.1의 환율에 따르면 얼마의 엔으로 바꿀 수 있는가? 포르쉐 자동차 한 대의 가격이 100,000€라면 이를 사기 위해 얼마의 달러가 필요한가?

1$당 엔(yen)의 환율은(3번째 열) 109.28이다. 그러므로 1,000$를 다음과 같이 바꿀 수 있다.

$$\$1{,}000 \times ¥109.28 / \$1 = ¥109{,}280$$

1유로당 달러의 환율은(2번째 열) 1.1026이다. 따라서 필요한 달러는 다음과 같다.

$$€100{,}000 \times \$1.1026/€ = \$110{,}260$$

앞에서, 환율(cross-rate)을 미국 달러가 아닌 두 통화 간의 환율이라고 했다. 예를 들어 미국

[1] 5개의 통화가 있는데 환율이 5가지가 아니고 4가지인 이유는 그중에서 하나가 자기 자신과의 환율이기 때문이다. 더 구체적으로 말하자면, 5개의 통화가 있을 때는 총 25개의 환율을 조합할 수 있다. 이 중에서 5개는 각국 통화의 자기 자신과의 환율이다. 나머지 20개 중에서 반은 다른 환율의 역수이므로 제거할 수 있다. 결국 10개가 남는데, 그중에 6개를 공통분모를 통해서 제거할 수 있다.

달러에 대한 유로(€)와 스위스 프랑(SF)의 환율이 다음과 같다고 하자.

€/$1 = 1.00
SF/$1 = 2.00

두 통화 간의 환율이 다음과 같이 되어 있다고 해보자.

€/SF = 0.40

이러한 교차환율에 대해 어떻게 생각하는가?

이 교차환율은 앞에서 본 두 환율과 일치하지 않는다. 이를 증명하기 위해서 먼저 $100가 있다고 가정하자. $100를 스위스 프랑으로 바꾸면 다음과 같다.

$100 × SF 2/$1 = SF 200

이를 다시 유로로 바꾸면 다음과 같다(위의 교차환율을 적용).

SF 200 × €0.4/SF 1 = €80

그러나 미국 달러를 스위스 프랑을 통하지 않고 바로 유로로 바꾸면 다음과 같다.

$100 × €1/$1 = €100

결국, 유로의 가격이 1$당 0.8€와 1$당 1€로 두 가지인 셈이다.

돈을 벌기 위해서는 낮은 가격에 사서 높은 가격에 팔아야 한다. 여기서 중요한 것은 달러를 가지고 유로를 사는 것이 저렴하다는 점이다. 왜냐하면 1$로 0.8€가 아닌 1€를 얻기 때문이다. 다음과 같은 절차를 따르면 된다.

1. 100$로 100€를 산다.
2. 100€를 이용해서 교차환율에 스위스 프랑을 산다. 하나의 스위스 프랑을 사기 위해서 0.4유로가 들기 때문에, 총 €100/0.4 = 250SF을 받게 된다.
3. 250SF으로 달러를 산다. 환율이 1$당 2SF이기 때문에 총 SF250/2 = 125$를 받고, 25$의 이익을 내게 된다.
4. 1부터 3까지의 단계를 계속 반복한다.

이를 삼각차익거래(triangle arbitrage)라 하는데, 그 이유는 세 가지의 서로 다른 환율을 통해서 차익거래가 발생하기 때문이다.

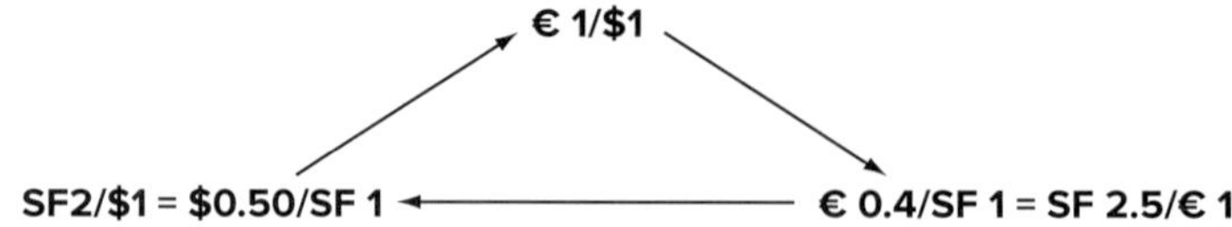

이와 같은 차익거래를 방지하기 위해서는 (1$로 1€ 또는 2SF을 살 수 있기 때문에) 두 통화 간의 교차환율이 다음과 같아야 한다.

(€1/$1)/(SF2/$1) = €1/SF2

즉, 두 통화 간 환율은 2스위스 프랑(SF 2)당 1유로(€1)여야 한다. 환율이 이와 조금이라도 다르면 삼각차익거래의 기회가 발생할 수밖에 없다.

파운드를 통한 차익거래 — 예제 21.2

달러에 대한 영국 파운드와 스위스 프랑의 환율이 다음과 같다고 하자.

1$당 파운드 = 0.60
1$당 SF = 2.00

두 통화 간 교차환율은 파운드당 3프랑이다. 이는 위의 환율들과 일치하는가? 차익거래를 통해 어떻게 돈을 벌 수 있는지 설명해보라.

교차환율은 SF 2.00/£0.6 = 파운드당 3.33SF이어야 한다. 한 시장에서 1파운드를 3SF에 산 후 다른 시장에서 3.33SF에 팔면 이익을 낼 수 있다. 구체적으로 말하면, 먼저 프랑을 사서 파운드로 바꾼 뒤 파운드를 팔면 된다. 100$가 있다고 가정하면 다음의 절차를 따르면 된다.

1. 달러를 프랑으로 교환한다. $100 × 2 = SF 200
2. 프랑을 파운드로 교환한다. SF 200/3 = £66.67
3. 파운드를 달러로 교환한다. £66.67/0.60 = $111.12

결과적으로 11.12$의 이익이 발생한다.

www.ft.com에 접속해보면 국제적 뉴스와 사건사고를 접할 수 있다.

거래의 종류 외국환시장에서는 기본적으로 두 가지의 거래가 있다. 첫째는 **현물거래**(spot trade, 現物去來)이고, 두 번째가 **선도거래**(forward trade, 先渡去來)이다. 현물거래는 통화를 즉각적으로 교환하는 계약이며, 영업일이 이틀 지나기 전에 결제가 이루어진다. 현물거래에서의 환율을 **현물환율**(spot exchange rate)이라 부른다. 지금까지 설명한 환율과 거래들은 모두 현물시장의 것들이다.

현물거래(spot trade): 당일의 환율을 바탕으로 통화를 거래한다는 계약이며, 2 영업일이 지나기 전에 결제가 이뤄진다.

선도거래(forward trade): 미래의 어느 시점에 통화를 결제하는 계약

현물환율(spot exchange rate): 현물거래에서의 환율

선도환율(forward exchange rate): 선도거래에서의 환율

선도거래는 미래의 어느 시점에 통화를 교환하는 계약이다. 교환할 때의 환율을 미리 정해야 하며, 이를 **선도환율**(forward exchange rate)이라 부른다. 선도거래는 보통 1년 안에 이뤄진다.

그림 21.1로 돌아가면 주요 통화의 선도환율을 찾을 수 있을 것이다. 예를 들어 스위스 프랑의 현물환율은 SF 1 = 1.0297$이다. 180일(6개월) 이후의 선도환율은 SF 1 = 1.0418$이다. 이는 오늘 1.0297$에 1SF을 살 수도 있고, 180일 뒤에 1.0418$를 주고 1SF을 산다는 계약을 할 수도 있다는 것을 말한다.

스위스 프랑이 선도시장에서 더 비싸다는 것을 확인해보라($1.0418 대 $1.0297). 스위스 프랑의 미래가격이 오늘보다 높기 때문에 달러보다는 상대적으로 프리미엄이 붙어서 팔린다고 말할 수 있다. 같은 이유로 달러는 프랑보다 상대적으로 할인되어서 팔린다고 할 수 있다.

선도시장(forward market)은 왜 존재할까? 한 가지 이유는 개인이나 기업이 미래의 환율을 현재 고정시켜서 환율변동에 따른 위험을 제거할 수 있기 때문이다.

예제 21.3 **선도거래**

1백만 영국 파운드를 6개월 뒤에 받기로 돼 있다. 그리고 이를 달러와 교환하는 선도거래를 계약했다고 가정하자. 그림 21.1에 따르면, 6개월 뒤에 얼마의 달러를 받게 되는가? 파운드는 달러보다 상대적으로 할인되었는가? 아니면 프리미엄이 붙었는가?

그림 21.1에서, 1파운드당 달러의 현물환율과 180일 뒤의 선도환율은 각각 \$1.3074 = £1, \$1.3038 = 1£이다. 180일 뒤에 1백만£를 받는다면, 이를 £1백만 × \$1.3038/£1 = 1.3038백만 \$로 바꿀 수 있다. 선도시장(\$1.3038)에서 파운드를 사는 것이 현물시장(\$1.3074)에서 사는 것보다 싸기 때문에 파운드는 달러보다 상대적으로 할인이 되어서 팔린다고 할 수 있다.

앞에서 언급한 바와 같이, 환율을 달러를 기준으로 표시하는 것이 일반적인 관행이다(물론 예외도 있다). 즉, 환율이 미국 달러 1달러당 해당 국가의 통화의 양으로 표시된다는 말이다. 이 장에서는 항상 이와 같은 가정을 밑바탕에 두고 설명할 것이다. 이 점을 잊는다면 매우 큰 혼란을 느낄 것이다. 따라서 "환율이 상승할 것이다"라고 말할 때 이는 미국 달러 1달러당 외화의 단위로 표시된 환율을 가리키고 있다는 것을 기억하기 바란다.

개념질문 _Concept Questions

21.2a 삼각차익거래란 무엇인가?
21.2b 90일 선도환율은 무엇을 의미하는가?
21.2c 환율이 SF 1.90이라고 할 때 이는 무엇을 의미하는가?

21.3 구매력평가설

구매력평가설(purchasing power parity): 통화 간의 구매력을 일정하게 유지하기 위해서 환율이 조절된다는 개념

앞에서 환율시세표에 대해 살펴보았다. 이제 다음과 같은 질문을 할 수 있다. 현물환율의 수준을 결정짓는 것은 무엇일까? 또한 시간이 지남에 따라 환율이 변하는 것을 알게 됐으므로 이와 관련된 질문도 할 수 있다. 환율의 변동률을 결정짓는 것은 무엇일까? **구매력평가설**(purchasing power parity: PPP)은 이 두 가지의 질문에 대해서 부분적이나마 답을 제공한다. PPP는 통화들 간의 구매력을 일정하게 유지하기 위해서 환율이 조절된다는 개념이다. 다음에 설명하듯이 PPP는 절대적 및 상대적 개념으로 나뉜다.

절대적 구매력평가설

절대적 구매력평가설(absolute purchasing power parity)의 밑바탕에 깔려 있는 기본개념은 어떤 상품을 어떤 통화로 어디에서 사고팔든지 그 가격은 같다는 것이다. 이는 아주 간단한 개념이다. 예를 들어 런던에서 맥주의 가격이 2£이고, 환율이 달러당 0.6£라면, 뉴욕에서 맥주의 가격은 £2/0.6 = 3.33\$가 된다는 것이다. 다시 말해 절대적 PPP는 \$1로 세계 어디에서든지 같은 수의 예를 들어 치즈버거를 살 수 있다는 것이다.

이를 식으로 표현해보자. 영국 파운드와 미국 달러 간의 현물환율을 S_0(시간 0)이라 하자. 이 환율이 1\$당 파운드의 양으로 표현된 것임을 잊지 말기 바란다. P_{US}와 P_{UK}은 각각 미국

과 영국에서의 사과 가격을 가리킨다고 가정하자. 이제 절대적 PPP를 식으로 나타내면 다음과 같다.

$$P_{UK} = S_0 \times P_{US}$$

이 식이 뜻하는 바는 영국에서 파는 특정 상품의 가격이 미국에서 파는 특정 상품의 가격에 환율을 곱한 것과 같다는 것이다.

PPP가 성립하는 원리는 삼각차익거래가 성립하는 원리와 유사하다. PPP가 성립하지 않는다면 원칙적으로 한 나라에서 다른 나라로 사과를 옮겨 차익거래를 발생시킬 수 있다. 예를 들어 뉴욕에서 사과 한 부셸(bushel)이 4$인 반면에 런던에서 사과 한 부셸은 2.40£라 하자. 절대적 PPP에 따르면 다음과 같은 관계가 성립한다.

$$P_{UK} = S_0 \times P_{US}$$
$$£2.40 = S_0 \times \$4$$
$$S_0 = £2.40/\$4 = £0.0.6$$

즉, 현물환율이 1$당 0.6£가 되어야 한다는 것이다. 이와 마찬가지로 1£는 $1/£0.6 = 1.67$의 가치를 갖는다.

실제 환율이 0.5£이면 어떻게 될까? 한 상인이 4$에 뉴욕에서 사과 한 부셸을 산 다음에 런던으로 운반하면 그곳에서 2.4£에 팔 수 있다. 이 2.4£를 현재의 환율 S_0 = 0.5£인 달러로 바꾸면 £2.4/0.5 = 4.8$를 받게 된다. 따라서 이러한 차익거래를 통해서 0.8$의 이익을 낼 것이다.

이러한 잠재적 이익이 존재하기 때문에 환율이나 사과의 가격을 조절하는 힘이 작동하게 된다. 이 예에서는 뉴욕에서 런던으로 사과들이 이동되기 시작할 것이다. 결과적으로 뉴욕에서는 사과의 공급이 감소하고 그에 따라 사과의 가격이 상승하게 된다. 반대로 런던에서는 사과의 공급이 증가함에 따라 사과의 가격이 떨어지게 된다.

사과의 이동과 더불어 사과상인들은 미국에서 사과를 사기 위해서 파운드를 달러로 바꾸는 데 바빠진다. 이는 파운드의 공급을 증가시키는 동시에 달러의 수요를 증가시킨다. 이에 따라 파운드의 가치가 떨어질 것으로 예상할 수 있다. 이는 달러의 가치가 상대적으로 상승한다는 것을 의미하며, 그에 따라 1$를 사기 위해 필요한 파운드의 양이 증가할 수밖에 없다. 환율을 달러당 파운드로 표시했기 때문에 환율은 0.5£에서 0.6£로 상승할 것이다.

절대적 PPP가 성립되기 위해서는 다음과 같은 조건이 만족되어야 한다.

1. 사과를 거래하는 데 있어서 거래비용(운반, 보험, 손상 등)이 0이어야 한다.
2. 사과를 거래하는 데 있어서 장벽(관세, 세금, 정치적 장벽 등)이 없어야 한다.
3. 뉴욕에서 파는 사과가 런던에서 파는 사과와 동일해야 한다. 쉽게 말해, 뉴욕에서 영국으로 보내는 사과는 모두 빨간색인데 영국 사람들이 먹는 사과는 모두 녹색이면 안 된다.

거래비용이 0이 될 수 없고 그 밖의 조건들도 만족되기 어렵다는 사실을 고려한다면, 교역이 이루어지고 있는 매우 동질적인 상품이 아니라면 절대적 PPP를 실제로 적용하기에는 무리가 있다.

이 때문에 절대적 PPP가 벤츠와 Ford의 자동차 가격이 같고, 프랑스의 핵발전소 비용과 뉴욕의 핵발전소 비용이 같다고 말하는 것은 아니다. 벤츠와 Ford의 자동차는 동일한 것이 아니다. 그리고 두 발전소도 동일하지 않다. 설령 동일하더라도 발전소를 한 나라에서 다른 나라로 운반하는 것은 거의 불가능하다. 한편, 금의 경우에 절대적 PPP가 성립하지 않는다는 것은 다소 의 외의 결과이다.

절대적 PPP가 성립되지 않는 예를 찾기란 어렵지 않다. 예를 들어 2010년 후반에 〈미녀와 야수(*Beauty and the Beast*)〉 블루레이 다이아몬드판 DVD가 뉴욕에서는 약 36$에 판매되고 있었다. 그러나 같은 시기에 서울에서는 27,500₩($25), 런던에서는 16.83£($25)에 판매되고 있었다. 일부 다른 국가들에서는 이 DVD 가격이 더 비쌌다. 홍콩에서는 325HK$($42), 방콕에서는 1,334THB($45)에 판매되고 있었다. 이보다 더 값비싼 물건은 어떠했을까? 드리스 반 노튼(Dries van Noten)의 태슬 클럽 스카프(tassel club scarf)는 뉴욕에서는 222$에, 런던에서는 165£($259)에, 도쿄에서는 23,100￥($284)에 판매되고 있었다.

가장 최근의 빅맥지수를 알아보려면 **www.economist.com/content/big-mac-index**를 참조하라.

*Economist*지가 발표하는 빅맥지수(Big Mac Index)는 여러 국가들에서 McDonald의 빅맥(Big Mac) 가격을 비교하여 해당 국가의 통화가 미국 달러에 비해 상대적으로 과대평가되고 있는지 과소평가되고 있는지를 보여준다. 2020년 1월에 발표된 빅맥지수에 의하면, 55개 통화 중에서 단지 2개 통화가 10% 이상 과대평가되고 있었고, 49개 통화가 10% 이상 과소평가되고 있는 것으로 나타났다.

상대적 구매력평가설

절대적 구매력평가설에 대해 현실적 문제점들이 제기되면서 상대적 구매력평가설이 발전하게 되었다. 상대적 구매력평가설(relative purchasing power parity)은 환율의 절대적 수준을 결정짓는 것이 무엇인지 말해주지 않는다. 그 대신에 시간이 지남에 따라 환율을 변하게 하는 것이 무엇인지 말해준다.

기본개념 현재 영국 파운드와 미국 달러 간의 환율이 $S_0 = 0.5$£라 하자. 앞으로 1년간 영국의 물가상승률(인플레이션율)이 10%를 기록할 것으로 예상되고 있으며, 미국의 물가상승률은 0%를 기록할 것으로 예상되고 있다고 우선 가정하자. 그렇다면 1년 뒤에 환율이 어떻게 변할 것으로 생각하는가?

먼저, 현재 1$의 가격이 영국에서는 0.5£라는 것을 알고 있다. 물가상승률이 10%라면, 영국에서 모든 가격들이 10% 증가한다고 예상할 수 있다. 따라서 1$의 가격도 10% 상승할 것이고, 환율은 1$당 £0.5 × 1.1 = 0.55£로 상승하게 된다.

미국에서의 물가상승률이 0%가 아니라면, 두 나라의 상대적 물가상승률을 비교할 필요가 있다. 예를 들어 미국의 물가상승률이 4%가 될 것으로 예측되었다고 하자. 이 경우 영국에서의 1년 동안의 물가상승률은 미국과 비교했을 때 상대적으로 10% − 4% = 6%가 높다. 따라서 영국에서 1$의 가격이 6% 상승할 것이고, 환율은 1$당 £0.5 × 1.06 = 0.53£가 될 것으로 예상할 수 있다.

결과 일반적으로 상대적 구매력평가설은 두 나라 물가상승률의 차이로 인해서 환율이 변한다고 말한다. 보다 자세한 설명을 위해서 다음과 같은 기호를 사용하기로 한다.

S_0 = 현재(시점 0)의 현물환율(미국 달러 1달러당)
$E(S_t)$ = t 기간 이후의 기대환율
h_{US} = 미국의 물가상승률
h_{FC} = 외국의 물가상승률

방금 설명한 것과 같이, 상대적 PPP는 앞으로 1년간 환율의 퍼센트 변화, $[E(S_1) - S_0]/S_0$가 다음과 같다고 말한다.

$$[E(S_1) - S_0]/S_0 = h_{FC} - h_{US} \quad [21.1]$$

즉, 상대적 PPP는 환율의 변화율이 두 나라 물가상승률의 차이만큼 된다고 말하고 있다.

위의 식을 다시 정리하면 다음과 같다.

$$E(S_1) = S_0 \times [1 + (h_{FC} - h_{US})] \quad [21.2]$$

이와 같은 결과는 이해하기 쉽지만, 환율을 계산할 때 조심할 필요가 있다.

미국과 영국의 경우를 다룬 앞의 예에서 상대적 PPP는 환율이 1년 동안 $h_{FC} - h_{US} = 10\% - 4\% = 6\%$만큼 상승한다고 말한다. 물가상승률이 변하지 않는다고 가정했을 때 2년 뒤의 기대환율, $E(S_2)$는 다음과 같이 구할 수 있다.

$$\begin{aligned} E(S_2) &= E(S_1) \times (1 + 0.06) \\ &= 0.53 \times 1.06 \\ &= 0.562 \end{aligned}$$

여기서 $E(S_2)$를 다음과 같이 다르게 구할 수도 있다.

$$\begin{aligned} E(S_2) &= 0.53 \times 1.06 \\ &= 0.50 \times (1.06 \times 1.06) \\ &= 0.50 \times 1.06^2 \end{aligned}$$

결과적으로, 상대적 PPP를 통해서 미래 특정 시기(t 기간 이후)의 기대환율, $E(S_t)$을 구하면 다음과 같다.

$$E(S_t) = S_0 \times [1 + (h_{FC} - h_{US})]^t \quad [21.3]$$

이 식은 앞으로 유용하게 쓰일 것이다.

절대적 PPP가 다소 비현실적이기 때문에 이제부터는 상대적 PPP에 초점을 맞추어서 설명할 것이다. 따라서 특별한 조건 없이 PPP를 언급한다면 상대적 PPP로 간주하길 바란다.

모두 상대적임 — 예제 21.4

현재 일본의 환율은 달러당 105엔이다. 앞으로 3년 동안 일본의 물가상승률은 매년 2%, 미국의 물가상승률은 매년 6%를 기록할 것이다. 그렇다면 상대적 PPP에 의하면 3년 뒤의 환율은 얼마인가?

미국의 물가상승률이 높기 때문에, 달러의 가치가 상대적으로 떨어진다고 예상할 수 있다. 환율은 매년 6% − 2% = 4%씩 감소할 것이다. 결국 3년 뒤의 환율을 구하면 다음과 같다.

$$\begin{aligned} E(S_3) &= S_0 \times [1 + (h_{FC} - h_{US})]^3 \\ &= 105 \times [1 + (-0.04)]^3 \\ &= 92.90 \end{aligned}$$

통화의 평가절상(appreciation)과 평가절하(depreciation) "오늘 금융시장에서 달러가 강세(약세)를 이어 나갔다" 또는 "달러가 파운드보다 상대적으로 평가절상(평가절하)될 것이다"라는 기사는 신문이나 뉴스를 통해서 흔히 접할 수 있다. 달러가 강세이거나 평가절상되었다는 말은 달러의 가치가 상승한다는 것을 의미하며 달러를 사기 위해서 더 많은 외화가 필요하다는 말이다.

통화의 가치가 변함에 따라 환율이 어떤 값을 갖는지는 환율이 어떻게 표시되느냐에 달려 있다. 지금까지 한 것처럼 달러당 외화단위로 환율을 표시하면 달러의 가치가 상승할 때 환율도 상승한다. 달러가 강세일 때 환율이 상승하고, 달러가 약세일 때 환율이 떨어지는 것이다.

상대적 PPP에 의하면 환율은 미국의 물가상승률이 외국의 물가상승률보다 낮을 때 상승한다. 그것은 외국화폐의 가치가 달러에 비해 상대적으로 떨어지기 때문이다.

개념질문 _Concept Questions

21.3a 절대적 PPP가 말하는 것은 무엇인가? 이를 많은 종류의 재화에 적용할 수 없는 이유는 무엇인가?

21.3b 상대적 PPP에 의하면 환율을 변하게 하는 것이 무엇인가?

21.4 이자율평가설, 불편선도환율, 국제피셔효과

이제 현물환율과 선도환율, 그리고 이자율의 관계에 대해서 살펴본다. 우선 다음과 같은 기호를 알아둘 필요가 있다.

F_t = t 시점의 선도환율
R_{US} = 미국의 무위험 명목이자율
R_{FC} = 외국의 무위험 명목이자율

앞에서와 같이 S_0는 현물환율을 가리킨다. 미국의 무위험 명목이자율인 R_{US}는 미 재무부 단기채권(T-bill)의 이자율로 간주해도 된다.

위험제거 이자율 차익거래

미국과 스위스의 통화에 대한 정보가 다음과 같이 주어졌다고 하자.

$$S_0 = \text{SF } 2.00$$
$$F_1 = \text{SF } 1.90$$
$$R_{US} = 10\%$$
$$R_S = 5\%$$

외국통화들의 미국 달러와의 환율과 외국 통화의 모양을 알고 싶다면 **www.travlang.com/money**를 참조하라.

여기서 R_S는 스위스의 무위험 명목이자율이다. 기간은 1년 단위이므로, F_1은 360일 후의 선도환율이다.

이 상황에서 차익거래가 가능할까? 방법이 있다. 1$가 있다 하고, 위험이 없는 투자를 하려 한다고 가정하자. 먼저 이 1$를 미국의 360일짜리 재무부 단기채권에 투자하는 경우에 1년 후

1$는 다음과 같이 증가하게 된다.

$$1년\ 후\ 1\$의\ 가치 = \$1 \times (1 + R_{US}) = \$1.10$$

대안으로 스위스의 무위험 투자안에 할 수도 있다. 그러기 위해서는 1$를 스위스 프랑으로 바꾸고, 1년 뒤에 이를 다시 달러로 바꾸는 선도계약을 맺어야 한다. 이 과정을 정리하면 다음과 같다.

1. 1$를 스위스 프랑으로 바꾼다. $\$1 \times S_0 = SF\ 2.00$
2. 이와 동시에 1년 뒤에 스위스 프랑을 달러로 바꾸는 선도계약을 맺어야 한다. 선도환율이 1.90SF이기 때문에 1년 뒤에 벌어들인 1.90SF을 1$로 바꿀 수 있다.
3. R_S의 이자율로 스위스에서 SF 2.00을 투자한다. 1년 뒤에 받게 되는 돈은 다음과 같다.

$$1년\ 뒤에\ SF의\ 가치 = SF\ 2.00 \times (1 + R_S) = SF\ 2.00 \times 1.05 = SF\ 2.10$$

4. 미리 계약한 환율(SF 1.90 = $1)에 2.10SF을 달러로 바꾼다. 결국 남는 것은 다음과 같다.

$$1년\ 뒤에\ \$의\ 가치 = SF\ 2.10/1.90 = \$1.1053$$

위의 과정을 다음과 같이 하나의 식으로 요약할 수 있다.

$$1년\ 뒤에\ \$의\ 가치 = \$1 \times S_0 \times (1 + R^S)/F_1 = \$1 \times 2 \times 1.05/1.90 = \$1.1053$$

이 투자안의 수익률은 10.53%이다. 이는 미재무부 단기채권에 투자했을 때의 수익률(10%)보다 높은 값이다. 두 투자 모두 위험이 없으므로 차익거래의 기회가 존재한다.

이자율이 다르다는 점을 이용하기 위해서는 미국의 낮은 이자율에 돈을 빌리고, 이를 이자율이 높은 스위스에 투자해야 한다. 미국에서 5백만$를 빌렸다고 가정하자. 차익거래를 통해서 얼마를 벌어들일 수 있을까? 이를 확인하기 위해서는 다음과 같이 위의 과정을 따라하면 확인할 수 있다.

1. 5백만$를 SF 2 = $1의 환율에 10백만SF으로 바꾼다.
2. 1년 뒤에 스위스 프랑을 SF 1.90 = $1의 환율에 달러로 바꾼다는 선도계약을 맺는다.
3. 10백만SF을 $R_S = 5\%$에 1년간 투자한다. 1년이 지나면 10.5백만SF을 받게 된다.
4. 선도계약에 따라 10.5백만SF을 달러로 바꾼다. 결국, SF 10.5백만/1.90 = 5,526,316$를 받게 된다.
5. 빌린 돈과 그에 대한 이자를 갚는다. 5백만$에 10%의 이자를 더하여 총 550만$를 갚아야 한다. 5,526,316$를 받았기 때문에 차익거래를 통해서 아무런 위험없이 벌어들일 수 있는 돈은 26,316$이다.

이와 같은 과정을 "위험제거 이자율 차익거래(covered interest arbitrage)"라 부른다. "위험제거(covered)"라는 말이 붙는 것은 미리 정한 선도환율 때문에 환율이 변할 수 있는 위험을 제거했기 때문이다.

이자율평가설

"위험제거 이자율 차익거래"가 발생할 수 없다고 가정한다면 현물환율과 선도환율, 이자율 간에 어떤 관계가 반드시 성립하기 마련이다. 어떤 관계가 성립하는지 살펴보기로 하자. 미국에 1$를 투자하면 1년 뒤에 $1 + R_{US}$을 얻게 된다. 그리고 외국에 1$를 투자하면 1년 뒤에 $S_0 \times (1 + R_{FC})/F_1$을 얻게 된다. 차익거래가 발생하지 않기 위해서는 이 두 값이 일치해야 한다. 그러므로 다음과 같은 관계가 성립한다.

$$1 + R_{US} = S_0 \times (1 + R_{FC})/F_1$$

이자율평가설(interest rate parity: IRP): 두 국가 간의 이자율 차이가 선도환율과 현물환율의 퍼센트 차이와 같다는 조건

이를 정리하면, 다음과 같은 유명한 **이자율평가설**(interest rate parity: IRP)의 조건식을 구할 수 있다.

$$\boldsymbol{F_1/S_0 = (1 + R_{FC})/(1 + R_{US})} \quad [21.4]$$

대략적인 IRP를 쉽게 이해하여 기억할 수 있는 방법을 하나 제시하고자 한다. 선도환율의 프리미엄 비율이나 할인비율을 $(F_1 - S_0)/S_0$이라 정의한다면, IRP는 이것이 대략적으로 이자율의 차이와 일치한다고 말한다.

$$\boldsymbol{(F_1 - S_0)/S_0 = R_{FC} - R_{US}} \quad [21.5]$$

즉, IRP가 의미하는 바를 대략적으로 말하면, 일정 기간 동안 두 국가 간의 이자율 차이는 두 국가 통화 간의 상대적 가치의 변화에 의해 상쇄되어 어떠한 차익거래의 기회도 제거된다는 것이다. 위의 식을 다음과 같이 정리할 수도 있다.

$$\boldsymbol{F_1 = S_0 \times [1 + (R_{FC} - R_{US})]} \quad [21.6]$$

1년이 아니라 t 기간을 생각한다면, IRP의 조건식은 다음과 같이 쓸 수도 있다.

$$F_t = S_0 \times [1 + (R_{FC} - R_{US})]^t$$

예제 21.5 이자율평가설

일본 엔의 현재 환율(S_0)이 ¥120 = 1$라고 가정하자. 미국의 이자율($R_{US}$)이 10%이고 일본의 이자율($R_J$)이 5%라면, 위험제거 이자율 차익거래를 방지하기 위해서는 선도환율이 얼마여야 하는가?

이는 IRP를 통해서 쉽게 구할 수 있다.

$$\begin{aligned} F_1 &= S_0 \times [1 + (R_J - R_{US})] \\ &= ¥120 \times [1 + (0.05 - 0.10)] \\ &= ¥120 \times 0.95 \\ &= ¥114 \end{aligned}$$

결과적으로 엔은 달러보다 상대적으로 프리미엄이 붙어서 팔리게 된다. (왜 그런가?)

선도환율과 미래의 현물환율

PPP, IRP와 더불어 알아야 할 기본적인 관계가 하나 더 있다. 선도환율은 미래의 기대현물환율과 어떤 관계가 있을까? **불편선도환율**(不偏先渡換率, unbiased forward rates: UFR)의 조건은 선도환율(F1)이 기대현물환율 E(S1)과 일치한다고 말한다.

불편선도환율(unbiased forward rates: UFR): 현재의 선도환율이 미래 현물환율의 불편추정치(unbiased predictor)라는 조건

$$F_1 = \mathrm{E}(S_1)$$

t 기간을 고려했을 때, UFR은 다음과 같은 조건식으로 표현된다.

$$F_t = \mathrm{E}(S_t)$$

간단히 말해 선도환율이 미래의 현물환율과 일치한다는 뜻이다. 위험을 고려하지 않을 때 UFR의 조건이 성립한다. 예를 들어 일본 엔의 선도환율이 미래의 현물환율보다 항상 10엔이 낮다고 하자. 이는 미래에 달러를 엔으로 바꾸려는 사람은 선도계약을 하면 손해를 본다는 것을 의미한다. 누군가 선도계약을 맺게 하기 위해서는 선도환율이 높아져야 할 것이다.

국제시장이 어떻게 돌아가고 있는지 알고 싶다면 **www.marketwatch.com**을 참조하라.

이와 마찬가지로 선도환율이 미래의 현물환율보다 항상 높다면, 미래에 엔을 달러로 바꾸려는 사람은 선도계약을 하면 손해를 볼 수밖에 없다. 이 경우에는 선도환율이 낮아져야 손해가 사라진다.

이와 같은 이유로 인해서 선도환율과 미래의 현물환율은 평균적으로 일치해야 한다. 물론, 미래의 현물환율은 어디까지나 기대값이며 확실한 것이 아니다. 만약 이와 같은 불확실성을 피하기 위해서 거래자들이 프리미엄을 지불하고자 한다면, UFR의 조건은 성립할 수가 없다. 그러나 UFR의 조건이 성립한다면 180일의 선도환율은 지금으로부터 180일 이후의 현물환율과 일치할 것이다.

종합

지금까지 이자율, 환율, 물가상승률의 관계를 나타낸 PPP, IRP, UFR에 대해 설명했다. 이제 이 세 가지 관계를 한데 묶어서 생각해볼 필요가 있다.

위험노출 이자율평가설 우선 지금까지 살펴본 국제금융시장의 조건식을 모두 정리해보면 다음과 같다.

$$\text{PPP: } E(S_1) = S_0 \times [1 + (h_{FC} - h_{US})]$$
$$\text{IRP: } F_1 = S_0 \times [1 + (R_{FC} - R_{US})]$$
$$\text{UFR: } F_1 = E(S_1)$$

먼저, UFR와 IRP를 같이 묶어서 생각해보자. UFR에서 $F_1 = E(S_1)$이므로, IRP에서의 F_1을 $E(S_1)$로 대체할 수 있다. 그 결과는 다음과 같다.

$$\text{UIP: } E(S_1) = S_0 \times [1 + (R_{FC} - R_{US})]$$

이 조건식을 **위험노출 이자율평가설**(uncovered interest parity: UIP)이라고 하며, 이는 조금 후에 살펴볼 국제적 자본예산편성에 있어서 중요한 역할을 담당한다. t 기간을 고려했을 때 UIP는 다음과 같이 다시 쓸 수 있다.

위험노출 이자율평가설(uncovered interest parity: UIP): 환율의 기대 변화율이 이자율의 차이와 일치한다는 조건식

$$E(S_t) = S_0 \times [1 + (R_{FC} - R_{US})]^t$$

국제피셔효과 이제 PPP와 UIP를 비교해보자. 두 경우 모두 좌변이 $E(S_1)$이므로 우변도 일치해야 한다. 결국 다음과 같은 식을 얻을 수 있다.

$$S_0 \times [1 + (h_{FC} - h_{US})] = S_0 \times [1 + (R_{FC} - R_{US})]$$
$$h_{FC} - h_{US} = R_{FC} - R_{US}$$

이는 미국과 다른 나라의 이자율 차이가 물가상승률의 차이와 같다는 것을 의미한다. 이를 다시 정리하면, **국제피셔효과**(international Fisher effect: IFE)를 구할 수 있다.

국제피셔효과(international Fisher effect: IFE): 모든 나라의 실질이자율(real interest rate)이 같다는 이론

$$\boldsymbol{R_{US} - h_{US} = R_{FC} - h_{FC}} \quad \textbf{[21.7]}$$

IFE가 말해주고 있는 것은 모든 나라의 실질이자율이 동일하다는 것이다.[2]

모든 나라의 실질이자율(real return)이 같다는 결론은 기본적인 경제논리라고 볼 수 있다. 예를 들어 미국보다 브라질의 실질이자율이 높다고 하자. 그렇다면 미국 금융시장의 자본은 브라질의 시장으로 옮겨갈 것이다. 그에 따라 브라질에서 자산의 가격은 상승하고 수익률은 떨어진다. 동시에 미국에서 자산의 가격은 떨어지고 수익률이 상승한다. 이와 같은 과정을 통해서 결국 두 나라의 실질수익률은 균형을 이루게 된다.

마지막으로, 몇 가지 주의해야 할 부분이 있다. 첫 번째로, 지금까지 설명에서는 위험을 고려하지 않았다. 만약 위험을 고려한다면 다른 결론이 나올 수도 있다. 특히, 나라마다 사람들의 위험에 대한 태도나 성향이 다를 때 그렇다. 두 번째로, 돈이나 자본을 세계 곳곳으로 옮기는 데 많은 장벽이 있다. 만일 나라 사이에 돈을 자유롭게 옮기지 못한다면, 두 나라의 실질수익률은 오랫동안 다를 수도 있을 것이다.

그러나 이와 같은 문제점이 있음에도 불구하고, 자본시장의 국제화는 멈추지 않고 있다. 자본시장의 국제화와 더불어 실질이자율의 어떠한 차이도 결국은 사라질 것이다. 경제논리는 국가 간의 장벽을 큰 문제로 생각하지 않는다.

개념질문 _Concept Questions

21.4a "위험제거 이자율 차익거래"란 무엇인가?
21.4b 국제피셔효과란 무엇인가?

21.5 국제 자본예산

미국의 다국적 기업인 Kihlstrom Equipment는 해외투자를 준비 중이다. 최근 Kihlstrom의 수출이 증가하면서 프랑스에 유통센터의 건립을 고려하고 있다. 여기에 들어가는 비용은 2백만€이다. 그리고 그로 인해서 앞으로 3년간, 매년 90만€의 현금흐름이 발생할 것으로 예상하고 있다.

현재 유로의 현물환율은 0.5€이다. 이는 달러당 유로의 환율이기 때문에 1€의 가치가

[2]PPP와 IRP에 대한 근사값을 적용했기 때문에, 실질이자율, $R - h$의 결과도 근사값이라 할 수 있다. 정확한 결과는 이 장의 연습문제 18번에서 구해보길 바란다.

\$1/€0.5 = 2\$인 셈이다. 미국의 무위험이자율은 5%이고, 유럽의 무위험이자율은 7%이다. 여기에서의 환율과 이자율은 "예측값"이 아니라 "관측값"이라는 점에 주의해야 한다.[3] 이와 같은 형태의 달러 투자안에 대한 Kihlstrom의 요구수익률은 10%이다.

Kihlstrom은 이 해외투자안을 받아들여야 할까? 항상 그러하듯이 이는 NPV에 달려 있다. 그러나 이 투자안의 순현재가치를 어떻게 달러로 계산할 것인가? 여기에는 다음과 같은 두 가지의 방법이 있다.

1. **자국통화 접근법**(home currency approach): 유로의 현금흐름을 모두 달러로 바꿔준 다음, 10%로 할인하여 NPV를 달러로 구한다. 이때 미래의 환율을 알아야 미래에 발생할 유로의 현금흐름을 달러로 바꿔줄 수 있다.
2. **외국통화 접근법**(foreign currency approach): 유로투자안에 대한 요구수익률을 구하고, 유로의 현금흐름을 할인하여 NPV를 유로로 구한다. 그런 다음 이 NPV를 달러로 바꿔준다. 이 과정에서 10%의 달러 요구수익률을 유로 요구수익률로 바꿔줘야 한다.

이 두 가지 방법의 차이점은 언제 유로를 달러로 바꿔주느냐 하는 것이다. 첫 번째 방법에서는 NPV를 구하기 전에 바꿔주는 반면, 두 번째 방법에서는 NPV를 구하고 나서 바꿔준다.

두 번째 방법에서는 유로의 할인율(요구수익률)만 구하면 되기 때문에 두 번째 방법이 더 나아 보일지도 모른다. 또한 첫 번째 방법에서는 미래의 환율을 예측해야 하기 때문에 오차가 상대적으로 많이 발생할 것이라고 생각할 수 있다. 그러나 실제로 이 두 방법은 서로 다른 게 하나도 없다.

첫 번째 방법: 자국통화 접근법

미래의 현금흐름을 달러로 바꿔주려면, 위험노출 이자율평가설(UIP)을 이용해서 미래의 환율을 구해야 한다. 앞에서 했던 것과 같이, t 시점의 기대환율, $E(S_t)$을 구하면 다음과 같다.

$$E(S_t) = S_0 \times [1 + (R_€ - R_{US})]^t$$

$R_€$는 유럽의 무위험 명목이자율을 가리킨다. $R_€$가 7%, R_{US}가 5%, 현재의 환율(S_0)이 0.5€이기 때문에, 다음과 같이 $E(S_t)$을 계산할 수 있다.

$$\begin{aligned} E(S_t) &= 0.5 \times [1 + (0.07 - 0.05)]^t \\ &= 0.5 \times 1.02^t \end{aligned}$$

그러므로 각 해마다의 환율예측값은 다음과 같다.

연	기대환율
1	€0.5 × 1.02¹ = €0.5100
2	€0.5 × 1.02² = €0.5202
3	€0.5 × 1.02³ = €0.5306

이 환율들과 현재의 환율을 이용하면, 유로의 현금흐름을 모두 달러로 바꿔줄 수 있다.

[3] 예를 들어 중앙은행이 제공하는 유로달러, 유로의 단기예금이자율을 가리키는 것일 수 있다.

연	(1) 현금흐름 € 백만	(2) 기대환율	(3) 현금흐름 백만$(1)/(2)
0	−€2.0	€0.5000	−$4.00
1	0.9	0.5100	1.76
2	0.9	0.5202	1.73
3	0.9	0.5306	1.70

마지막으로, 평상시대로 NPV를 구하면 된다.

$$\begin{aligned} NPV_{\$} &= -\$4 + \$1.76/1.10 + \$1.73/1.10^2 + \$1.70/1.10^3 \\ &= \$0.3\text{백만} \end{aligned}$$

두 번째 방법: 외국통화 접근법

Kihlstrom은 달러의 현금흐름에 대해서 10%의 수익률을 요구한다. 이제는 이 요구수익률을 유로의 현금흐름에 적합한 것으로 바꿔야 한다. 국제피셔효과에 의해서 두 나라 이자율의 차이를 구할 수 있다.

$$\begin{aligned} R_{€} - R_{US} &= h_{€} - h_{US} \\ &= 7\% - 5\% = 2\% \end{aligned}$$

유로의 현금흐름에 적합한 할인율을 구하기 위해서는 유로의 높은 물가상승률을 보상할 수 있도록 기존의 10%에 2%를 추가로 더해야 한다.

이 할인율을 바탕으로 유로 현금흐름의 NPV를 구하면 다음과 같다.

$$\begin{aligned} NPV_{€} &= -€2 + €0.9/1.12 + €0.9/1.12^2 + €0.9/1.12^3 \\ &= €0.16\text{백만} \end{aligned}$$

결국 이 투자안의 NPV는 0.16백만€이다. 이 투자안에 투자하면 현재가로 0.16백만€의 가치가 늘어난다. 이제 이를 달러로 바꿔줘야 한다. 이는 현재가치이기 때문에 현재의 환율(€0.5)을 적용하면 다음과 같이 달러로 된 NPV를 구할 수 있다.

$$NPV_{\$} = NPV_{€}/S_0 = €0.16/0.5 = \$0.3\text{백만}$$

이는 자국통화 접근법을 통해서 구한 NPV와 일치하는 값이다.

이 예를 통해서 볼 수 있듯이, 자본예산편성의 두 가지 접근법은 서로 일치하며 항상 같은 결과를 낳는다.[4] 외국통화 접근법에서는 묵시적으로 환율을 예측하고 있는 것이 사실이지만 큰 문제가 되지 않으며, 외국통화 접근법이 계산하는 데 더 편하다.

모기업에 보낼 수 없는 현금흐름

위의 예에서는 해외투자로 인해 발생하는 현금흐름에 대해서 세금을 계산한 뒤 모기업에 모두

[4]사실상 대략적인 관계식을 이용할 때는 근소한 차이가 존재한다. 만약 요구수익률을 $1.10 \times (1 + 0.02) - 1 = 0.122 = 12.2\%$로 계산하게 되면, 두 NPV가 정확히 일치한다. 보다 구체적으로 살펴보기 위해서는 문제 18을 참조하라.

보낼 수 있다고 가정했다. 그러나 실제로 발생한 현금흐름과 모기업에 보낼 수 있는 현금이 다를 수 있다.

해외에 위치한 자회사는 모기업에 여러 가지의 형태로 자금을 송금할 수 있으며 몇 가지를 정리하자면 다음과 같다.

1. 배당금
2. 본부 서비스에 대한 경영수수료
3. 브랜드와 특허의 사용에 따른 로열티

현금흐름을 본국에 보낼 수 있더라도 국제적 기업들은 송금에 주의할 필요가 있다. 송금에 대한 현재의 제재가 있거나 미래의 제재가 있을 수 있기 때문이다. 실제로 많은 국가의 정부들은 국제적 기업들에게 이용당하고 있다는 비난에 매우 민감하다. 이 경우, 해당 국가의 정부는 국제적 기업이 현금흐름을 송금하는 데 제한을 두기 마련이다. 이와 같이 송금할 수 없는 자금을 차단된 자금(blocked fund)이라 부르기도 한다.

개념질문 _Concept Questions

21.5a 국제 자본예산에서 신경 써야 할 부분은 무엇인가? 해외투자안의 NPV를 구하는 두 가지 방법에 대해 설명해보라.

21.5b 차단된 자금(blocked fund)이란 무엇을 말하는가?

21.6 환율위험

환율위험(exchange rate risk): 국제적 경영에서 통화의 상대적 가치가 변함에 따라 부담해야 하는 위험

통화가치가 오르락내리락 하는 세계에서 **환율위험**(exchange rate risk)이 발생하는 것은 국제적 영업활동에 따른 자연스러운 현상이라 볼 수 있다. 따라서 환율위험의 관리는 국제금융에서 매우 중요한 부분이기도 하다. 환율위험에는 단기위험노출(short-run exposure), 장기위험노출(long-run exposure), 전환위험노출(translation exposure)의 세 가지 종류가 있다. 보다 자세한 내용은 23장에서 다룰 것이다.

단기위험노출

매일의 환율변동은 국제적 기업에 단기위험을 발생시킨다. 대부분의 국제적 기업들은 가까운 미래에 물품을 정해진 가격으로 사고 파는 계약을 맺는다. 이 경우 서로 다른 통화가 연관되어 있으며, 따라서 이러한 거래에는 추가적인 위험이 따르기 마련이다.

예를 들어 이탈리아에서 Impasta라는 브랜드의 파스타를 미국으로 수입해 온다고 가정하자. 최근 구매처에서 10,000통의 Impasta를 주문했다. 이 주문을 공급자에게 주문하고 돈은 60일 이내에 상품이 도착할 때 지불한다. 판매가격은 한 통당 6$이다. 사들이는 비용은 한 통당 8.4€이며, 현재의 환율은 1.50€이다(1$를 사기 위해서 1.50€가 필요하다).

현재의 환율을 고려했을 때, 한 통당 비용이 €8.4/€1.5 = 5.60$이기 때문에 이익은 10,000 × ($6 − $5.60) = 4,000$이다. 그러나 60일 이내에 환율이 변할 수 있기 때문에 이익은 미래의 환율이 얼마냐에 달려 있다.

만약 환율이 1.6€로 오른다면, 비용은 한 통당 €8.4/€1.6 = 5.25$이다. 따라서 이익은 7,500$로 증가한다. 만약 환율이 1.4€로 떨어진다면, 비용은 €8.4/€1.4 = 6$이고 이익은 0이 된다.

이와 같은 단기위험노출은 몇 가지 방법을 통해 감소시키거나 제거할 수 있다. 가장 확실한 방법은 선도계약을 맺어서 환율을 묶어 놓는 것이다. 예를 들어 60일의 선도환율이 1.58€라 하자. 선도계약을 할 경우, 이익은 얼마인가? 선도계약을 하지 않을 경우, 얼마의 이익을 기대할 수 있는가?

선도계약을 맺어 헤징을 한다면, 환율을 1.58€로 묶어 놓는 것이다. 결과적으로 비용은 한 통당 €8.4/€1.58 = 5.32$이며, 이익은 10,000 × ($6 − $5.32) = 6,800$를 기록하게 된다. 그러나 선도계약을 하지 않았을 때 선도환율이 미래 현물환율의 불편추정치와 같다면, 즉 UFR의 조건이 성립한다고 가정한다면, 60일 뒤의 환율은 1.58€가 될 것이며, 따라서 6,800$의 이익을 기대할 수 있을 것이다.

그러나 이러한 전략이 제대로 달성될 것 같지 않게 느껴지면 단기위험을 없앴을 수 있는 다른 방법을 택할 수 있다. 이는 오늘 달러를 빌려서 유로로 바꾼 다음, 이를 60일 동안 투자해서 이자를 받는 것이다. IRP에 따르면 이는 선물계약을 맺는 것과 같은 결과를 낳는다.

장기위험노출

장기적으로 봤을 때, 예상치 못한 경제상황의 변화로 해외투자의 가치는 증가하거나 감소할 수 있다. 예를 들어 인건비를 절감하기 위해서 외국에 노동집약적인 공장을 세운 기업이 있다고 하자. 시간이 지남에 따라 경제상황이 변하면서 외국의 인건비가 오를 수도 있다. 이 경우, 기업의 입장에서는 손실을 볼 수밖에 없다.

또한 장기적인 환율의 변동은 엄청난 영향을 미칠 수 있다. 예를 들어 2017년 초 미국 달러 가치가 상승세를 보이던 경우를 보자. 이는 미국의 수출기업들이 자신들의 수출대금을 미국 달러로 바꿀 때 전보다 더 적은 달러를 받는다는 것을 의미하며 이는 기업의 수익성을 크게 낮춘다. 예를 들어 2016년에 IBM은 환율변화만으로 약 1.4억$의 손실을 본 것으로 추정했다. 이 금액이 매우 큰 것처럼 보이지만 이는 2015년에 IBM이 환율변화로 입은 손실액 17억$에 비하면 훨씬 적은 금액이다. 호주의 광업회사인 Iluka Resources의 경우는 환율변화가 기업의 수익성에 미치는 극적인 효과를 더욱 잘 보여주고 있다. 이 회사는 호주 달러와 미국 달러의 환율이 1센트만 변화해도 회사의 순이익이 5백만$가 변한다고 말했다.

장기위험의 헤징(hedging)은 단기위험의 헤징보다 더 어렵다. 그 이유 중 하나는 장기간의 계약을 위한 선도시장(forward market)이 없는 것을 들 수 있다. 그 대신 기업들은 외국통화의 유입량과 유출량의 균형을 맞추려고 노력한다. 외국통화로 이뤄진 자산, 부채의 경우에도 마찬가지이다. 예를 들어 해외영업을 하는 기업은 원재료 구입과 노동력을 그 나라 안에서 충당하려 할 것이다. 그에 따라 수입의 달러 가치와 비용의 달러 가치가 같이 움직이게 된다. 이와 같은 헤징방법 중 가장 좋은 예는 생산공장을 해외로 이전하는 것으로 이는 BMW, Honda, Mercedes, Toyota, Hyundai 등 자동차 제조회사들이 취하고 있는 방법이다. 이들은 미국에서 파는 자동차를 대부분 미국 내에서 생산하여 환율변동의 위험을 어느 정도 제거하고 있다.

예를 들어 BMW의 경우, 미국의 사우스캐롤라이나에서 자동차 400,000대를 생산하며 그중에서 약 280,000대를 수출한다. 자동차 제조비용은 대부분 달러로 지불되며 BMW가 유럽으로 수출될 때에는 유로를 받는다. 달러가 약세를 띨 때는 BMW의 입장에서는 유럽으로 수출한 차들의 수익성이 높아진다. 동시에 BMW는 매년 250,000대를 미국으로 수출한다. 이 차들의 제조비용은 대부분은 유로로 지불하기 때문에 달러가 약세일 때 수익성이 낮아진다. 결과적으로, 손해와 이익이 서로 상쇄되어 BMW는 환율변동의 위험을 자연스럽게 헤징하고 있는 것이다. 실제로 독일 자동차산업협회 자료에 의하면 미국에서 만들어진 독일 자동차 회사의 자동차들의 약 60%가 수출되고 있다.

마찬가지로 기업은 외국에서 대출을 받아 장기환율위험을 줄일 수도 있다. 해외 자회사 자산의 가치가 변동하는 부분은 부분적으로나마 해외부채의 가치 변동으로 상쇄되기 때문에 그만큼 위험을 줄일 수 있다.

전환위험노출

미국기업이 회계상의 순이익과 EPS를 계산할 때는 모든 것을 달러로 전환(translate)해야 한다. 이때 해외영업이 큰 비중을 차지한다면 다음과 같은 두 가지의 회계문제에 부딪힐 수밖에 없다.

1. 재무상태표의 항목을 달러로 전환할 때 적용해야 할 적정한 환율은 얼마인가?
2. 달러로 전환할 때 발생하는 재무상태표상의 이익과 손실은 어떻게 처리해야 하는가?

회계문제를 살펴보기 위해, 1년 전 어느 작은 나라에 해외 자회사를 세웠다고 가정하자. 이 나라의 자국통화는 GL로 표시한다. 연초 환율은 GL 2 = 1$였으며, 재무상태표는 다음과 같다.

자산	GL 1,000	부채	GL 500
		자기자본	500

여기서 GL 2를 1$로 바꿔주면, 달러의 재무상태표는 다음과 같이 구할 수 있다.

자산	$500	부채	$250
		자기자본	250

워낙 조용한 나라이다 보니 한 해 동안 아무 일도 일어나지 않았다. 결과적으로 순이익은 0을 기록했다(환율의 변화를 고려하기 전). 그러나 최근에 물가상승률이 미국보다 높아져서 환율이 GL 4 = 1$로 뛰어올랐다.

아무 일이 없었기 때문에 GL로 표시된 재무상태표는 변하지 않는다. 그러나 새로운 환율을 가지고 GL을 달러로 바꿔주면, 달러의 재무상태표는 다음과 같이 변한다.

자산	$250	부채	$125
		자기자본	125

이와 같이 순이익이 여전히 0임에도 불구하고 자기자본의 가치는 125$ 감소했다. 즉, 전혀 아무 일도 발생하지 않았는데 회계상으로는 125$의 손실이 발생한 것이다. 이와 같은 손실을 어떻게 다룰 것인가에 대해서는 회계분야에서 상당한 논란이 있어 왔다.

이와 같은 손실을 확실하고 일관성 있게 다루는 한 가지 방법은 모기업의 손익계산서에서 손실로 기록하는 것이다. 그러나 환율의 변동이 심한 시기에는 이와 같은 처리방법은 국제적 기업의 EPS에 매우 큰 영향을 미친다. 이는 순전히 회계적으로만 나타나는 현상일 뿐이므로 일부 재무관리자들은 이러한 방법을 좋아하지 않는다.

전환손실과 전환이익을 처리하는 현재의 방법은 미국의 재무회계기준위원회(FASB)가 1981년에 발행한 재무회계기준 제52조(FASB 52)를 바탕으로 하고 있다. FASB 52는 모든 자산과 부채를 외화에서 자국통화로 전환할 때 그 시점에서의 현재 환율을 적용하도록 요구한다.

한편, 모든 전환손실과 전환이익은 재무상태표에서 자기자본(shareholders equity)의 특별항목에 누적된다. 이 특별항목의 이름은 미실현 외환 이익 및 손실(unrealized foreign exchange gains, losses)과 같은 것이 될 수 있다. 이 항목의 액수는 상당히 커질 수도 있다. 예를 들어 Apple이 2019년 12월 31일에 발표한 재무상태표에 따르면 해외자회사들의 자산과 부채를 달러로 전환하는 과정에서 자기자본의 가치가 15억$나 감소했다. 그러나 이와 같은 손실(또는 이익)은 손익계산서에 보고되지 않는다. 결과적으로 관련된 자산과 부채를 팔거나 청산하기 전까지는 전환손실(또는 이익)은 순이익에 명시적으로 영향을 미치지 않는다.

환율위험의 관리

규모가 큰 다국적 기업의 입장에서 여러 나라에 자회사가 있으면 그만큼 거래하는 외화가 다양하기 때문에 환율위험을 관리하는 데 어려움이 따를 수밖에 없다. 이 경우 환율의 변동은 일부 자회사에게는 이익을 가져다주고, 동시에 다른 자회사에게는 손실을 가져다주기 마련이다.

예를 들어 두 부서를 갖고 영업을 하는 기업이 있다고 하자. 부서 A는 미국에서 달러로 상품을 산 다음, 이를 영국에서 파운드로 파는 것이다. 부서 B는 영국에서 파운드로 상품을 산 다음, 이를 미국에서 달러로 파는 것이다. 만약 두 부서의 영업활동의 규모가(현금유입과 현금유출의 측면에서) 일치한다면, 전체적 환율위험은 작다.

위의 예에서, 순포지션(net position; 유입된 금액에서 유출된 금액을 뺀 값)이 작기 때문에 환율위험도 작은 것이다. 그러나 두 부서 중 하나가 자신의 입장에서만 환율위험을 헤징한다면, 기업 전체적인 환율위험은 오히려 증가한다. 결국, 기업의 입장에서는 외화의 전체적인 균형에 신경을 써야 한다. 중앙에 집중된 환율위험관리가 효과적인 것도 이 때문이다.

개념질문 _Concept Questions

21.6a 환율위험의 종류에는 어떤 것이 있는가?
21.6b 기업의 입장

21.7 정치적 위험

정치적 위험(political risk): 정치적 활동 때문에 가치가 변하는 것과 관련된 위험

해외투자와 관련된 위험 중에서 마지막 요소는 **정치적 위험**(political risk)이다. 정치적 위험은 정치적 활동에 따라 가치가 변하는 것을 가리킨다. 2016년 6월 영국이 유럽연합으로부터 탈퇴하는 결정을 내린 것(Brexit)은 정치적 위험의 예를 잘 보여준다. 탈퇴가 최종 마무리되기까지는 2년간의 과정이 요구되지만, 금융시장은 이 결정에 대해 즉각적인 반응을 보였다. 탈퇴결정이 내려진 바로 그날 영국 파운드가 미국 달러에 비해 그 가치가 11%나 하락했다. 또한 영국 주요 은행과 기업의 주가가 30% 이상 하락했다. 영국 파운드의 가치 하락은 1985년도에 나타났던 최저 수준에 도달할 때까지 계속되었다.

한편, 정치적 위험은 국제적 기업만이 부딪히는 문제가 아니다. 예를 들어 미국의 세법개정과 규제완화는 일부 미국기업들에는 이로울 수 있지만, 다른 미국기업에는 해가 될 수 있다. 따라서 정치적 위험은 국제적으로뿐만 아니라 국내적으로도 존재한다고 볼 수 있다.

2017년 미국의 감세 및 일자리법

이 장의 처음에서, 우리는 미국 기업들이 해외에 많은 현금을 쌓아두고 있는 것에 대해 언급했었다. Apple을 포함한 다른 미국 대기업들이 해외에 현금을 쌓아두고 있는 것은 미국세법과 관련된 현상이다. 다국적 기업들에게 각 국가의 세법은 정치적 위험의 한 형태이다.

감세 및 일자리법(Tax Cuts and Jobs Act)이 2017년에 통과되기 전까지, 미국의 법인세율은 선진국들 중 가장 높은 쪽에 속했었다. 또한 미국의 경우에 독특한 것은 기업이 해외에서 벌어들인 이익에 대해서 그 이익을 미국에 가져올 때에 미국 법인세가 부과된다는 것이다. 이는 무엇을 의미하는 것일까?

이를 살펴보기 위해서 미국의 법인세율은 35%이고, 이에 비해 꼬마 국가 Lilliputia(릴리퓨시아)의 법인세율이 20%라고 하자. Lilliputia에 있는 지사에서 이익을 내면 그에 대해 20%의 법인세를 내면 된다. 그 나머지 이익을 Lilliputia에 그대로 두면 더 이상의 세금은 내지 않는다. 그러나 이익을 미국으로 가져온다면 미국과 Lilliputia의 법인세율 차이 15%만큼의 세금을 더 내야 한다. 따라서 이러한 추가적인 세금을 피하기 위해서 미국기업들은 벌어들인 이익을 미국으로 가져오지 않으려는 강한 인센티브를 갖는 것이다.

그러나 여기서 한 가지 혼란스러운 점이 있다. 뉴스 매체들은 Apple과 같은 기업들이 미국 밖에 거대한 현금을 쌓아두고 있다고 보도하고 있다. 그러나 이는 실제로 발생하고 있는 현상이 아니다. Apple이 갖고 있는 돈은 대부분이 달러이다. 그리고 그 돈은 상당 부분이 여러 종류의 미국 금융자산에 투자되어 있다. 따라서 그 돈이 실제로 미국 "밖"에 있는 것이 아니다.

또한 Apple의 경우에 해외에서 벌어들인 이익을 미국으로 가져와서 미국 세법에 따른 추가 세금을 내지 않기로 결정했기 때문에 그 이익금을 사용하여 미국 내에서 배당금을 지급하거나 새로운 시설을 구입할 수 없게 규제된다. 그러나 Apple은 이러한 규제를 쉽게 우회할 수 있다. 예를 들어 자신이 갖고 있는 현금이나 증권을 담보로 하여 돈을 빌려서 그 돈을 미국 내에서 여러 용도에 얼마든지 마음만 먹으면 사용할 수 있다.

미국의 감세 및 일자리법은 상황을 다양하게 변화시켰다. 첫째, 법인세율은 단일세율인 21%가 적용된다. 이는 최고 35%에 이르던 종전의 법인세율을 대폭 내린 것이며, 법인세율을 이익의 크기에 관계없이 일정하게 만든 것이다. 이에 따라 해외에 현금을 남겨두려는 기업의 인센티브는 크게 약화된다. 둘째, 해외에 두었던 현금, 해외에서 번 돈으로 사들인 증권, 기타 해외에서 발생한 외상매출금에 대해서는 한시적으로 15.5%의 세율이 적용되고, 해외에서 번 돈으로 사들인 비유동자산(공장, 토지, 장비 등)에 대해서는 한시적으로 8%의 세율이 적용되도록 하고 있다. 마지막으로, 전반적으로 볼 때 이 법이 통과된 이후에 해외서 새롭게 얻는 이익에 대해서는 더 이상 미국세법에 의한 추가적 세금을 내지 않도록 되어 있다. 따라서 기업이 해외에 남겨놓는 현금의 본국 송환 문제가 더 이상 이슈가 되지 않도록 하고 있다.

정치적 위험의 관리

일부 국가의 정치적 위험은 다른 국가에 비해 상대적으로 더 높다. 이 같은 국가에 투자하는 기업은 정치적 위험(자금의 차단, 작업의 방해, 계약의 불이행)이 높은 만큼, 높은 수익률을 요구하게 된다. 극단적으로 정치적 환경이 불안정한 나라에서는 자산을 압류당할 수도 있다.

국가의 정치적 위험을 평가하는 데 큰 도움이 되는 사이트로는 **www.cia.gov/library/publications/the-worldfactbook/index.html**이 있다.

정치적 위험은 사업의 성격에 따라 달라지기도 한다. 어떤 사업은 압수당할 가능성이 적을 수 있다. 왜냐하면 압수 후에 그 사업을 운영하기가 힘들 수 있기 때문이다. 예를 들어 모기업에서만 부품을 공급하는 조립공장의 경우에도 상대적으로 정치적 위험이 적을 수 있다. 마찬가지로 모기업으로부터 부품을 받아서 제품을 제조하는 공장도 모기업의 협조없이는 그 가치가 거의 없으므로 정치적 위험이 적을 수 있다.

그러나 천연자원을 개발하는 경우(구리채광이나 원유채굴 등)에는 정반대이다. 일단 생산이 시작되면 생산된 천연자원 그 자체의 가치가 상대적으로 크기 때문에 그러한 투자의 경우에는 정치적 위험이 훨씬 더 크다. 또한 그러한 투자의 경우에는 착취라는 개념이 더 부각되기 쉬우므로 그만큼 정치적 위험이 훨씬 더 높아진다.

정치적 위험은 몇 가지 방법을 통해서 회피할 수 있다. 특히 압류와 국유화의 경우에 한 가지 방법은 해당 국가 안에서(가능하면 정부로부터) 자본을 조달하는 것이다. 왜냐하면 부당한 정치적 압력을 받을 경우에 부채의 상환을 거부할 수 있기 때문이다. 앞에서 언급한 것과 같이 모기업과의 관련성을 높이는 것도 정치적 위험을 줄일 수 있는 방법이다.

개념질문 _Concept Questions

21.7a 정치적 위험이란 무엇인가?
21.7b 정치적 위험을 회피할 수 있는 방법에는 어떤 것이 있는가?

21.8 요약과 결론

국제적 기업은 순수 국내 기업보다 일이 복잡할 수밖에 없다. 경영진은 이자율, 환율, 물가상승률의 관계에 대해서 충분히 이해해야 하며, 나라마다 서로 다른 규제와 다양한 세금제도를 파악하고 있어야 한다. 이 장은 해외투자와 관련된 금융문제들에 대해 간단한 설명을 하고 있다.

이 장에서 다룬 내용은 다음과 같다.

1. **기본 용어들**: LIBOR, 유로통화와 같은 새로운 용어를 정의한 바 있다.
2. **환율시세표**: 현물시장, 선물시장에 대해서 설명하였으며 환율을 어떻게 해석하는지 설명했다.
3. **국제적 금융지표들의 기본적인 관계**
    - **a.** 절대적, 상대적 구매력평가설(PPP)
    - **b.** 이자율평가설(IRP)
    - **c.** 불편선도환율(unbiased forward rates: UFR)

    절대적 구매력평가설은 1$의 구매력이 모든 나라에서 동일하다고 말한다. 이는 뉴욕에서 사든 도쿄에서 사든 오렌지의 가격이 항상 같다는 뜻이다.

    상대적 구매력평가설은 두 나라 간의 환율이 두 나라 물가상승률의 차이만큼 변한다는 것을 의미한다.

    이자율평가설은 선도환율과 현물환율 간의 차이가 이자율의 차이와 일치한다고 말한다. 위험제거 이자율 차익거래(covered interest arbitrage)가 이와 같은 관계가 성립하도록 만드는 것을 살펴보았다.

    불편선도환율(unbiased forward rates)의 조건식은 현재의 선도환율을 통해서 미래의 현물환율을 예측할 수 있다고 말한다.

4. **국제 자본예산**: 기본적 환율관계식들이 다음과 같은 두 가지 추가적인 조건을 발생시킨다는 것을 살펴보았다.
   a. 위험노출 이자율평가설
   b. 국제피셔효과

   이 두 가지 조건을 통해서 외국통화 접근법을 이용한 NPV, 자국통화 접근법을 이용한 NPV를 어떻게 구하는지를 살펴보았다.
5. **환율위험과 정치적 위험**: 환율위험의 여러 종류와 이를 관리할 수 있는 몇 가지 방법에 대해 설명했다. 또한 정치적 위험과 이를 줄일 수 있는 방법을 간단히 소개했다.
6. **2017년 미국의 감세 및 일자리법**: 이 법으로 인해 미국 기업들이 해외에 쌓아 놓았던 현금을 미국으로 가져온 것에 대해 설명했으며, 이 법이 다국적 기업에 대해 주는 여러 세금 혜택에 대해서도 언급하였다.

복습과 자가진단

21.1 상대적 구매력평가설 앞으로 몇 년간 미국의 물가상승률은 매년 3%를 기록할 것으로 전망된다. 같은 기간 동안, 뉴질랜드의 물가상승률은 매년 5%로 예상하고 있다. 현재의 환율이 1.66NZ$이라고 하자. 상대적 구매력평가설에 따르면 2년 뒤의 기대환율은 얼마인가?

21.2 위험제거 이자율 차익거래 스위스 프랑의 현물환율과 360일의 선도환율은 각각 SF 2.1, SF 1.9이다. 미국의 무위험이자율은 6%이고, 스위스의 무위험이자율은 4%이다. 이 상황에서 차익거래가 가능한가? 그 과정을 설명해보라.

복습과 자가진단 해답

21.1 상대적 구매력평가설에 따르면 2년 뒤의 기대환율, $E(S_2)$은 다음과 같다.

$$E(S_2) = S_0 \times [1 + (h_{NZ} - h_{US})]^2$$

h_{NZ}는 뉴질랜드의 물가상승률을 가리킨다. 현재의 환율이 1.66NZ$이기 때문에 기대환율을 다음과 같이 구할 수 있다.

$$\begin{aligned} E(S_2) &= \text{NZ\$}1.66 \times [1 + (0.05 - 0.03)]^2 \\ &= \text{NZ\$}1.66 \times 1.02^2 \\ &= \text{NZ\$}1.73 \end{aligned}$$

21.2 이자율평가설에 따르면 선도환율은 대략 다음과 같은 값을 가져야 한다.

$$\begin{aligned} F_1 &= S_0 \times [1 + (R_{SF} - R_{US})] \\ &= \text{SF } 2.1 \times [1 + (0.04 - 0.06)] \\ &= \text{SF } 2.06 \end{aligned}$$

실제 선도환율이 1.9SF이기 때문에 차익거래의 기회가 존재한다.

먼저, 선도시장에서는 달러를 1.9SF에 사들일 수 있다. 이는 IRP를 통해서 구한 환율(SF 2.06)보다 낮은 가격이다. 그러므로 선도시장에서 스위스 프랑으로 달러를 사들이면 이익을 볼 수 있다. 그 과정은 다음과 같다.

1. 오늘: 1백만$를 360일 동안 빌려온다. 이를 현물시장에서 2.1백만SF으로 바꿔준 다음, 360일 뒤에 1.9SF에 다시 달러로 바꾼다는 선도계약을 맺는다. 그리고 그동안, 2.1백만SF을 4%의 이자율에 투자한다.
2. 1년 뒤: 이자율은 4%이므로, 1년 뒤에 투자액 2.1백만SF은 2.184백만SF(= SF 2.1백만 × 1.04)으로 증가한다. 이를 SF 1.9 = 1$의 환율에 다시 달러로 바꾼다. 결과적으로, SF 2.184백만/1.9 = 1,149,474$를 받게 된다. 빌린 돈에 대해서 원금($1백만)과 이자($1백만 × 1.06 = $1,060,000)를 갚으면, 89,474$의 차익이 남는다.

개념복습과 개념문제

1. **현물환율과 선도환율** [LO1] 스위스 프랑의 현물환율과 90일의 선도환율이 각각 1.50SF, 1.53SF이라고 하자.
   a. 프랑과 비교했을 때 달러에 프리미엄이 붙었는가, 아니면 할인이 되어서 팔리는 것인가?
   b. 프랑이 달러보다 강세를 띨 것으로 외환시장이 예상하고 있는 것인가? 설명해보라.
   c. 미국과 스위스의 상대적인 경제상황에 대해서 말할 수 있는 것은 무엇인가?
2. **구매력평가설** [LO2] 앞으로 몇 년간 멕시코의 물가상승률이 미국의 물가상승률보다 3% 높을 것이라고 가정하자. 다른 변수가 없다고 가정했을 때, 멕시코 페소(peso) 대 달러의 환율은 어떻게 변할까? 이 경우, 어떤 관계식을 적용해야 하는가?
3. **환율** [LO1] 호주 달러의 환율은 현재 1.40A$이다. 내년에 환율은 10% 상승할 것으로 예상하고 있다.
   a. 호주 달러의 강세가 예측되고 있는 것인가? 아니면 약세가 예측되고 있는 것인가?
   b. 미국과 호주의 상대적인 물가상승률에 대해 어떻게 생각하는가?
   c. 미국과 호주의 상대적인 명목이자율에 대해 어떻게 생각하는가? 상대적인 실질이자율에 대해 어떻게 생각하는가?
4. **양키본드(Yankee Bond)** [LO3] 다음의 보기 중에서 양키본드를 가장 정확히 표현한 것은 어느 것인가?
   a. General Motors가 일본에서 발행한 것으로, 이자를 달러로 지불해야 하는 채권
   b. General Motors가 일본에서 발행한 것으로, 이자를 엔으로 지불해야 하는 채권
   c. Toyota가 미국에서 발행한 것으로, 이자를 엔으로 지불해야 하는 채권
   d. Toyota가 미국에서 발행한 것으로, 이자를 달러로 지불해야 하는 채권
   e. Toyota가 세계시장에 발행한 것으로, 이자를 달러로 지불해야 하는 채권
5. **환율** [LO1] 환율의 변화가 특정 기업에 항상 이롭거나 항상 해롭다고 할 수 있는가?
6. **국제적 위험** [LO4] Duracell International은 중국과 인도에 건전지 공장을 설립한다는 계획안을 발표했다. 중국과 인도에서 건전지를 생산하면 Duracell은 30~35%의 수입관세를 면할 수 있다. 이와 더불어, 중국과 인도에 공장을 세워서 Duracell이 얻을 수 있는 추가적인 이득에는 무엇이 있는가? Duracell이 부담해야 하는 위험에는 어떤 것이 있는가?
7. **다국적 기업** [LO3] 다국적 기업의 외국에서의 매출이 국내시장에서의 매출보다 훨씬 크다고 가정했을 때, 그들의 입장에서 자국통화는 어떠한 의미를 지니는가?
8. **환율의 변동** [LO3] 다음의 설명이 맞는지 틀린지 말해보라.
   a. 영국의 물가지수가 미국보다 빠르게 증가한다면, 파운드의 가치가 달러보다 높아진다고 예상할 수 있다.

b. 모든 매출에 대해서 외화만을 받는 독일의 기계수출업자가 있다고 가정하자. 최근 들어 유럽의 주요 금융기관들은 통화팽창정책을 시행하기 시작했다. 만약 이로 인해서 유럽의 물가상승률이 상대적으로 높아진다면, 이 수출업자는 유로의 가치하락으로 손실이 발생하는 것을 방지하기 위해서 선도시장을 이용해야 한다.

c. 오랜 기간에 걸친 두 나라의 상대적인 물가상승률의 차이를 정확히 파악할 수 있다면(다른 사람은 못한다고 가정하자), 현물통화시장에서 투기로 성공을 거둘 수 있다.

9. **환율의 변동 [LO3]** 해외무역의 균형을 맞추기 위해서 일부 국가는 환율을 조정하는 경우도 있다. 다음의 상황에서 미국의 수출업자와 미국의 수입업자가 어떤 영향을 받는지에 대해 설명해보라.

a. 미국 행정부가 유로의 가치가 달러에 대해 상승하는 데 대해 만족한다는 의사를 표명했다.

b. 영국의 금융당국은 외환시장에서 환투기세력에 의해 파운드의 가치가 달러보다 상대적으로 너무 낮게 평가되고 있는 것으로 본다는 의사를 표명했다.

c. 브라질 정부가 실업률을 낮추기 위해서 자국통화의 공급량을 대폭 증가시킨다는 계획을 발표했다.

10. **국제자본시장의 관계식 [LO2]** 이 장에서는 국제자본시장의 다섯 가지 관계식인 상대적 PPP, IRP, UFR, UIP, 국제피셔효과에 대해 설명했다. 이들 중에서 성립할 확률이 가장 높은 것은 어떤 것인가?

연습문제

초급문제
(1-13)

1. **환율 [LO1]** 그림 21.1을 참조하여 다음의 질문에 답하라.

a. 100$가 있다면, 얼마의 유로와 바꿀 수 있는가?

b. 1€의 가치는 얼마인가?

c. 5백만€가 있다면, 얼마의 달러를 가진 것과 같은가?

d. 뉴질랜드 달러와 싱가포르 달러 중에서 가치가 높은 것은 어느 것인가?

e. 멕시코 페소와 칠레 페소 중에서 가치가 높은 것은 어느 것인가?

f. 1유로로 멕시코 페소를 얼마만큼 가질 수 있는가? 이와 같은 비율을 무엇이라 부르는가?

g. 1단위당 가치가 가장 높은 통화는 어느 것인가? 가치가 가장 낮은 통화는 어느 것인가?

2. **교차환율 [LO1]** 그림 21.1을 참조하여 다음의 질문에 답하라.

a. 100$와 100£ 중에서 하나를 선택하라면 어느 것을 선택하겠는가? 그 이유는 무엇인가?

b. 100SF과 100£ 중에서 하나를 선택하라면 어느 것을 선택하겠는가? 그 이유는 무엇인가?

c. 영국 파운드로 환산한 스위스 프랑의 교차환율은 얼마인가? 스위스 프랑으로 환산한 영국 파운드의 교차환율은 얼마인가?

3. **선도환율 [LO1]** 그림 21.1을 참조하여 다음의 질문에 답하라.

a. 일본 엔의 6개월 선도환율(미국 달러당 엔)은 얼마인가? 엔은 프리미엄이 붙어서 팔리는 것인가, 아니면 할인되어 팔리는 것인가? 설명해보라.

b. 호주 달러의 3개월 선도환율(미국 달러당 캐나다 달러)은 얼마인가? 달러에 프리미엄이 붙어서 팔리는 것인가, 아니면 할인되어서 팔리는 것인가? 설명해보라.

c. 엔과 호주 달러에 대한 달러의 상대적인 가치는 어떻게 변할까? 설명해보라.

4. **현물환율과 선도환율 [LO1]** 캐나다 달러의 현물환율과 6개월 선도환율이 각각 1.34Can$, 1.41Can$라고 하자.

a. 미국 달러와 캐나다 달러 중에서 가치가 높은 것은 어느 것인가?

b. 절대적 PPP가 성립한다고 가정했을 때, 캐나다에서 3.50Can$인 맥주는 미국 내에서 가격이 얼마인가? 미국에서의 가격이 다른 이유는 무엇인가?

c. 캐나다 달러와 비교했을 때, 미국 달러는 프리미엄이 붙어서 팔리는 것인가, 아니면 할인되어서 팔리는 것인가?

d. 미국 달러와 캐나다 달러 중에서 평가절상될 것으로 예상되는 것은 무엇인가?

e. 미국과 캐나다 중에서 이자율이 높은 쪽은 어느 쪽일까? 설명해보라.

5. **교차환율과 차익거래** [LO1] 일본 엔의 환율이 ¥116 = 1$, 영국 파운드의 환율이 £1 = 1.27$라고 하자.

a. 파운드당 엔으로 환산한 교차환율은 얼마인가?

b. 교차환율이 ¥156 = 1£라고 하자. 이 상황에서 차익거래가 가능할까? 만약 가능하다면, 어떻게 하면 차익거래 이득을 얻을 수 있는지 설명하라. 1달러당 얻게 되는 차익거래 이득은 얼마인가?

6. **이자율평가설** [LO2] 그림 21.1을 참조하여 다음의 질문에 답하라.
이자율평가설이 성립한다고 가정했을 때, 미국의 6개월 무위험이자율이 현재 1.3%라면, 영국의 6개월 무위험이자율은 얼마인가? 일본에서는 얼마인가? 스위스에서는 얼마인가?

7. **이자율과 차익거래** [LO2] 어떤 미국 대기업의 재무이사가 3개월 동안 투자할 수 있는 3천만$를 갖고 있다고 하자. 현재 미국의 이자율은 매달 0.15%이다. 영국의 이자율은 매달 0.26%이다. 현물환율은 0.813£이고, 3개월 선도환율은 0.827£이다. 거래비용을 무시한다면, 기업의 입장에서는 자금을 어느 나라에 투자하는 것이 좋은가? 그 이유는 무엇인가?

8. **물가상승률과 환율** [LO2] 폴란드 즈라티(zloty)의 현재 환율이 3.91Z라고 하자. 3년 뒤의 기대환율은 3.98Z이다. 이 기간 동안 미국과 폴란드의 물가상승률은 매년 얼마의 격차를 보일까? 두 나라의 매년 예상 물가상승률은 일정한 크기를 갖는다고 가정하라. 이 경우, 어떤 관계식을 적용해야 하는가?

9. **환율위험** [LO3] 싱가포르로부터 컴퓨터 마더보드를 수입해오는 기업이 있다고 하자. 환율은 그림 21.1에 주어져 있다. 얼마 전 이 기업은 30,000개의 마더보드를 한 개당 218.50 싱가포르 달러에 주문했다. 대금은 물건이 도착하는 90일 후에 지불한다. 이 마더보드들은 한 개당 175$에 팔 수 있다. 앞으로 90일 동안 환율이 10% 상승하거나 떨어질 때, 기업의 이익이 얼마가 될지 계산해보라. 손익분기점의 환율은 얼마인가? 이는 싱가포르 달러 대 미국 달러로 환산했을 때, 환율이 얼마만큼 증가 또는 감소한다는 것인가?

10. **환율과 차익거래** [LO2] 노르웨이 크로네(krone)의 현물환율과 6개월 선도환율이 각각 9.14Kr, 9.27Kr이라고 하자. 미국의 연간 무위험이자율은 3.8%이고, 노르웨이의 연간 무위험이자율은 5.7%이다.

a. 이 상황에서 차익거래가 가능할까? 만약 가능하다면 그 과정을 설명해보라.

b. 차익거래를 방지하기 위해서 6개월 선도환율은 얼마여야 하는가?

11. **국제피셔효과** [LO2] 미국의 연간 물가상승률이 2.6%이고, 미재무부 단기채권의 연간수익률이 3.2%이다. 다음의 질문에 답하라.

a. 호주 정부의 단기채권이 연간 4%의 수익률을 기록한다면, 호주의 물가상승률은 얼마인가?

b. 캐나다 정부의 단기채권이 연간 7%의 수익률을 기록한다면, 캐나다의 물가상승률은 얼마인가?

c. 대만 정부의 단기채권이 연간 9%의 수익률을 기록한다면, 대만의 물가상승률은 얼마인가?

12. **현물환율 대 선도환율** [LO1] 엔의 현물환율과 3개월 선도환율이 각각 114.37¥, 113.89¥이라고 하자.

a. 엔이 강세를 띨 것으로 예상할 수 있는가? 아니면 그 반대인가?

b. 미국 물가상승률과 일본 물가상승률의 격차는 얼마라고 예상할 수 있는가?

13. **기대 현물환율** [LO2] 미국 달러에 대한 헝가리 포린트(forint)의 현물환율이 308.27HUF이라고 하자. 미국의 연간 인플레이션율은 2.6%이다. 헝가리의 연간 인플레이션율은 4.5%이다. 1년 뒤에 환율은 얼마가 될 것으로 예상할 수 있는가? 2년 뒤에는? 5년 뒤에는? 이 경우, 어떤 관계식을 적용해야 하는가?

중급문제 (14-16)

14. **자본예산** [LO2] Lakonishok Equipment는 유럽에 투자기회를 갖고 있다. 이 투자안의 예상비용은 9.5백만€이며, 1차 연도에는 1.6백만€, 2차 연도는 2.1백만€, 3차 연도에는 3.2백만€의 현금흐름을 발생시킬 것으로 기대된다. 현재의 현물환율은 €0.94/$이다. 미국의 현재 무위험이자율은 2.3%이며, 유럽의 무위험이자율은 1.8%이다. 이 투자안에 적용될 수 있는 적절한 할인율은 13%로 추정되었으며, 이는 이 회사의 미국 본사의 자본비용이다. 그리고 3년 뒤에 이 자회사는 7.8백만€에 판매될 수 있을 것으로 예상된다. 이 투자안의 NPV는 얼마인가?

15. **자본예산** [LO2] 스위스에 위치한 자회사의 확장안을 검토 중이라고 가정하자. 이 확장안에 드는 비용은 13.8백만SF이다. 이를 통해서 앞으로 5년간, 매년 4.1백만SF의 현금흐름이 발생할 것으로 기대된다. 달러의 연간 요구수익률은 12%이며, 현재의 환율은 1.12SF이다. 유로달러의 현행 연이자율은 5%이다. 유로스위스의 경우에는 연 4%이다.

a. 앞으로 4년간, 환율은 어떻게 변할까?

b. 문제 a에서 구한 답을 가지고 프랑의 현금흐름을 달러의 현금흐름으로 전환하여 NPV를 계산해보라.

c. 프랑의 현금흐름에 대한 요구수익률은 얼마인가? 구한 답을 가지고 프랑의 NPV를 계산한 다음, 달러로 전환해보라.

16. **전환위험노출** [LO3] Atreides International은 아라키스(Arrakis)에 자회사를 갖고 있다. 이 자회사의 재무상태표는 39,000 solaris의 자산, 11,000 solaris의 부채, 28,000 solaris의 자기자본을 보여주고 있다.

a. 현재의 환율이 1.50 solaris/$1라면, 달러로 표시된 이 재무상태표는 어떻게 나타나는가?

b. 1년 후의 재무상태표가 올해와 동일하다고 하자. 환율이 1.60 solaris/$1가 되면 달러로 표시된 1년 후의 재무상태표는 어떻게 나타나는가?

c. 환율이 1.41 solaris/$1가 되었다고 하고, 문제 b의 재무상태표를 다시 작성해보라.

고급문제 (17-18)

17. **전환위험노출** [LO3] 앞의 문제에서 자기자본이 유보이익의 증가로 1,250 solaris 증가했다고 하자. 환율이 연말에 1.54 solaris/$1가 되었다면 재무상태표는 어떻게 나타나는가?

18. **국제피셔효과** [LO2] 7장에서 설명한 것과 같이 명목이자율(R)과 실질이자율(r), 그리고 물가상승률(h)의 정확한 관계는 다음과 같이 나타낼 수 있다.

$$1 + r = (1 + R)/(1 + h)$$

이를 국내피셔효과(domestic fisher effect)라 한다.

a. 국제피셔효과의 정확한 관계는 무엇인가?

b. 문제 a의 답을 바탕으로 했을 때, UIP의 정확한 관계는 무엇인가? (힌트: IRP의 정확한 관계를 떠올리고 UFR을 이용해보라.)

c. 상대적 PPP의 정확한 관계는 무엇인가? (힌트: 위의 질문에 대한 답을 종합해보라.)

d. UIP와 국제피셔효과의 정확한 관계를 이용해서, Kihlstrom이 검토 중인 투자안(21.5절에서 살펴봄)의 NPV를 계산해보라. 그리고 두 경우의 답이 정확하게 일치한다는 것을 증명해보라.

작은 사례

S&S Air의 국제화

S&S Air의 소유주인 Mark와 Todd는 모나코에 있는 판매업자와 이 회사가 생산하고 있는 경비행기의 유럽 판매에 대해 논의하고 있었다. 판매업자 Jarek Jachowicz는 경비행기의 매출액이 매월 약 5.7백만€가 될 것이라고 예측했다. 모든 판매는 유로로 계산되며, Jarek은 매출액의 5%인 판매수수료를 유로로 받는다. 비행기는 주문생산을 하므로 첫 번째 판매는 한 달 뒤에 발생하며, Jarek은 판매가 이루어진 후 90일 만에 대금을 지불한다. 이러한 지불방식은 계약이 끝날 때까지 계속 유지된다.

Mark와 Todd는 회사가 현재의 생산설비를 가지고 추가적인 판매량을 충족시킬 수 있을 것으로 확신하고 있지만, 비행기를 유럽에 판매하는 데서 발생하는 잠재적 재무위험에 대해서는 확실한 판단을 내리지 못하고 있다. 현재의 환율은 $1.13/€이다. 현재의 환율에서 이 회사의 생산비용은 매출액의 80%를 차지한다. 이 수치는 Jarek에 대한 판매수수료를 포함하지 않는 것이다.

Mark와 Todd는 회사의 재무분석가인 Chris에게 이 해외판매에 대해 분석해보도록 요청했다. 이들은 특히 다음과 같은 질문을 Chris에게 던졌다.

질문

1. 해외판매를 해야 한다는 의견과 하지 않아야 한다는 의견이 있다면 그 이유는 무엇인가? 해외판매를 함으로써 직면하게 되는 추가적인 위험은 무엇인가?
2. 달러 가치가 올라가면 이 회사의 이익에는 어떤 변화가 발생하는가? 달러 가치가 하락한다면 어떤 변화가 발생하는가?
3. 세금을 무시하고, 현재의 환율 $1.13/€에서 이 계약이 S&S Air에게 가져다줄 것으로 예상되는 이득이나 손실은 얼마인가? 환율이 $1.05/€이 되면 이 회사의 이익은 어떻게 되는가? 어떤 환율에서 이 회사는 손익분기점에 있게 되는가?
4. 이 회사는 환율위험을 헤징할 수 있는가? 그러한 헤징이 의미하는 것은 무엇인가?
5. 모든 측면들을 모두 감안할 때, 이 회사는 해외판매를 더 해야 하는가? 그렇게 해야 하는 이유와 그렇게 해서는 안 되는 이유는?

22 행동재무학과 재무관리

Behavioral Finance: Implications for Financial Management

1990년대 후반에 NASDAQ 주식시장은 사납게 몰아치고 있었다. 1996년에는 약 23% 상승하고, 1997년에는 14%, 1998년에는 35%, 1999년에는 87%나 상승했다. 물론 이러한 놀라운 질주는 덜컹거리면서 멈추었다, 2000년에 NASDAQ은 약 40% 하락하고, 2001년에는 다시 30% 하락했다. ISDEX(인터넷과 관련 주식들의 지수)는 1996년 1월에 100에서 2000년 2월에 1,100으로 상승했다. 이는 약 1,000%의 상승이다. 그러나 2000년 5월에는 600으로 마치 돌덩어리가 굴러 떨어지듯 하락했다! 이와 같은 버블(bubble)은 한 기업의 주식에 대해서도 나타날 수 있다. 예를 들어 많은 투자자들은 Tesla Motors의 주가가 2013년 3월 22일에서 2014년 2월 26일 사이에 590% 이상으로 상승한 것을 기술주 버블이라고 보았다. 실제로 이 회사의 가치에 대한 어떤 분석은 이 회사 주식이 적어도 약 150% 이상 과대평가되고 있다고 진단했다. Tesla의 주식은 다음 3년간 겨우 약 12% 정도 상승하면서 힘을 잃고 말았다. 물론 그러고 나서 Tesla는 또다른 급상승을 맛보았다. 즉, 이 주식은 2019년 10월 4일부터 2020년 7월 2일까지 423% 폭등하였다.

많은 사람들은 NASDAQ이 보여준 위와 같은 결과를, 특히 인터넷 관련 주식들이 보여준 가격상승과 가격하락을 역사상 가장 큰 "버블"이라고 말하고 있다. 주식가격은 투자자들이 인정할 수 없을 정도로 터무니없는 수준까지 부풀어 올랐고 결국 버블이 터지면서 주식가격은 곤두박질쳤다. 1990년대 후반의 주식시장이 실제로 버블이었는지에 대해서는 많은 논쟁이 있다.

이 장에서는 행동재무학에 대해 살펴본다. 우리는 버블이 어떻게 발생하게 되는지에 대해서 살펴볼 것이다. 우리가 살펴볼 여러 내용 중 일부에 대해서는 다른 설명이 있기도 하다. 따라서 다른 설명에 대해서도 언급할 것이며 양쪽의 주장을 뒷받침해주는 증거에 대해 살펴보면서 이것이 재무관리자에게 주는 함축적 의미를 살펴볼 것이다.

학습목표 _Learning Objectives

이 장을 공부한 후에는 다음과 같은 것들에 대해 알아야 한다.

- **LO1** 과신, 과낙관, 확증편향과 같은 것들이 의사결정에 미치는 영향
- **LO2** 프레이밍 효과가 가져올 수 있는 일관성 없거나 잘못된 의사결정
- **LO3** 휴리스틱스(heuristics)로 인해 놓칠 수 있는 최선의 재무적 선택
- **LO4** 행동재무학의 관점에서 본 효율적 시장 이론이 갖는 문제점과 한계

정직하라. 당신은 다른 평균적인 운전자보다 자신이 더 낫다고 생각하는가? 그렇게 생각한다면 당신만 그렇게 생각하는 것이 아니다. 이러한 질문에 대해 약 80%의 사람들이 그렇다고 답했다. 확실히 우리는 자동차를 운전하는 자신의 능력을 과대평가하는 경향이 있다. 재무관리의 의사결정에 있어서도 이러한 현상이 존재하는가?

인간은 때로 실수를 할 수 있다고 하는 말이 당신에게 새삼스럽지는 않을 것이다. 실수와 인간이 하는 행동들의 다른 측면이 어떻게 재무관리자에게 영향을 미치는가를 살펴보는 것이 행동재무학(behavioral finance)이 다루는 내용이다. 이 장의 목적은 통상적으로 발생하는 실수와 그것들이 갖는 재무적 의미에 대해서 당신이 알도록 하는 것이다. 앞으로 보게 되겠지만, 연구자들은 잠재적으로 피해를 가져다주는 다양한 인간 행동들을 확인하고 있다. 실수가 발생할 수 있는 일반적인 상황을 앎으로써 재무관리를 포함하여 다른 경우에 있어서도 당신은 더 나은 의사결정자가 될 것이다.

22.1 행동재무학의 소개

여러분은 언젠가 당신에게 (그리고 당신의 고용주와/또는 주주에게) 상당한 비용을 발생시키는 결과를 가져오는 재무적 의사결정을 하게 될 것이다. 그러한 경우가 발생하는 이유는 무엇일까? 당신은 답을 이미 알고 있을 것이다. 당신은 적절한 의사결정을 하지만, 때때로 합리적으로는 예상할 수 없는 어떤 상황이 발생하는 의미에서 당신은 운이 없을 수도 있다. 또 다른 경우에 당신은 (인정하기는 괴롭겠지만) 피할 수 있었고 피했어야만 했을 어떤 잘못된 의사결정을 할 수 있다. 경영에 대한 지혜를 얻는 출발점은 좋지 않은 의사결정을 하게 되는 상황을 인식하고, 그에 따른 재무적 실수로 인해 발생하는 손실을 줄이는 데 있다.

행동재무학(behavioral finance): 재무적 의사결정에 있어서 잘못된 추론이 갖는 함의를 다루는 재무의 한 분야

앞서 언급한 것과 같이 **행동재무학**(behavioral finance)으로 알려진 연구분야는 합리적인 판단을 하지 못하는 것이 재무적 의사결정에 어떻게 영향을 미치는가를 이해하고 설명하려고 한다. 행동재무학에서 이루어진 연구의 많은 부분이 인지심리학(cognitive psychology)에서 이루어진 결과에 그 뿌리를 두고 있다. 인지심리학은 사람들(재무관리자도 포함하여)이 어떻게 생각하고, 추론하고, 의사결정을 하는가에 대해 연구하는 분야이다. 잘못된 추론은 인지오류(cognitive error)라고 불린다. 우리는 인지오류의 중요한 세 가지 구분인 (1) 편견(bias), (2) 프레이밍 효과(framing effect), (3) 휴리스틱스(heuristics)에 대해 살펴보기로 한다.

22.2 편견

당신의 의사결정이 체계적 편견(systematic bias)을 보인다면 당신은 판단에 있어서 체계적 실수를 하고 있는 것이다. 실수의 종류는 편견의 종류에 따라 다르다. 이 절에서는 세 가지 특히 관련 있는 편견 (1) 과신(overconfidence), (2) 과낙관(overoptimism), (3) 확증편향(confirmation bias)에 대해서 살펴보기로 한다.

과신

과신(overconfidence): 당신의 능력이 실제보다 더 크다고 믿는 것

비즈니스 세계에서 발생하는 심각한 판단실수는 **과신**(overconfidence)으로 인해 발생한다. 우리 모두는 적어도 어떤 부분에서 우리의 능력에 대해 과신하고 있다. (이 장의 처음에서 물어본 운전능력에 대한 질문을 기억해보라.) 우리의 과신을 잘 보여주는 다른 좋은 예도 있다. 이 과목에서 (교수의 자의적이고 변덕스러운 성격에도 불구하고) 당신이 받을 것으로 기대하는 학점에 대해 스스로 물어보라. 우리의 경험에 비추어볼 때 거의 모든 사람들이 "A"를 기대하거나 아무리 나쁜 경우에도 "B"를 기대한다. 이런 경우에 우리는 항상 가슴 아프지만 우리 학생들의 적어도

일부가 실망할 것이라는 것을 확신(이것은 과신이 아님)하고 있다.

일반적으로 사람들은 올바른 선택이나 의사결정을 할 수 있는 자신의 능력에 대해 과신한다. 예를 들어 대부분의 경영관련 의사결정은 알 수 없는 미래에 대한 판단을 요구한다. 미래를 정확히 예측할 수 있다는 믿음은 과신의 일반적인 형태이다.

과신의 또 다른 좋은 예는 주식투자자들에 대한 연구에서 발견되고 있다. 이 분야의 연구자들은 투자자들이 주식을 선택할 때 어떻게 하는가를 알아보기 위해 많은 주식계좌들을 분석했다. 연구자들이 발견한 것은 투자자들이 자신에 대해 갖는 과신이 그들로 하여금 가장 좋은 주식을 선택할 수 있는 그들의 능력을 과신하게 만들어 과다한 주식거래를 하도록 한다는 것이다. 그 증거로는 첫째, 투자자들은 거래를 통해서 자신들에게 손해를 입힌다는 것이다. 거래가 가장 많은 주식계좌들은 거래가 가장 적은 주식계좌들에 비해서 주로 잦은 거래에 따른 거래비용으로 인하여 그 투자성과가 매우 낮게 나타났다.

두 번째 발견도 마찬가지로 흥미롭다. 남성 이름으로 되어 있는 주식계좌들의 거래는 여성 이름으로 되어 있는 주식계좌들의 거래에 비해 그 성과가 낮게 나타났다. 그 이유는 남성들이 평균적으로 더 많은 수의 주식거래를 하기 때문이다. 이는 남성이 여성보다 자기 자신에 대해 더 큰 과신을 한다는 심리학에서 발견된 증거와 일치한다.

과낙관

과낙관(overoptimism): 나타날 수 있는 결과에 대해 과다하게 낙관적으로 보는 것

과낙관(overoptimism)은 좋은 결과가 나올 가능성을 과장되게 생각하고 나쁜 결과가 나올 가능성을 과소하게 생각하게 만든다. 과낙관과 과신은 서로 관련은 있지만 같은 것은 아니다. 예를 들어 과신하는 개인도 나쁜 결과가 나타날 것이라는 것에 대해서는 과다하게 확신할 수있다.

낙관은 일반적으로 좋은 것으로 생각되고 있다. 낙관적인 사람은 "명랑한 개성"과 "밝은 성격"을 갖고 있다. 그러나 과다한 낙관은 나쁜 의사결정으로 이어질 수 있다. 자본예산의 측면에서 볼 때, 과낙관적인 분석자는 지속적으로 현금유입을 과다하게 추정하고 실패의 가능성을 낮게 추정할 수 있다. 이러한 경우에 투자안의 NPV는 편향적으로 높게 추정되게 된다. 현실의 경영에서 이러한 것은 흔히 발생한다.

확증편향

어떤 의사결정을 하는 경우에 당신은 그와 관련된 정보나 의견을 수집한다. 이 경우에 흔히 나타나는 편견은 당신의 의견과 일치하는 정보에 더 초점을 맞추고 당신의 입장을 지지하지 않거나 당신의 입장에 동의하지 않는 정보는 무시하는 것이다. 이러한 현상은 **확증편향**(confirmation bias)으로 알려져 있다. 확증편향에 빠진 사람은 자신이 틀렸다는 것을 증명해주는 정보보다는 자신이 맞는다는 것을 증명해주는 정보를 수집하는 데 더 많은 시간을 할애하는 경향을 갖는다.

확증편향(confirmation bias): 자신이 믿는 것에 반하는 견해나 정보보다는 자신이 믿는 것을 확인해주는 정보나 견해를 (더 많은 비중을 두고) 찾는 것

다음은 심리학에서 사용되는 고전적인 예이다. 다음에 네 개의 카드가 있다. 카드에는 각각 a, b, 2, 3이 매겨져 있다. 당신은 다음과 같은 말을 평가하도록 요구받는다. "한쪽 면이 모음으로 시작하는 카드는 다른 쪽 면에는 짝수가 나타난다." 이에 대해 당신은 이 말이 참이거나 거짓임을 결정하기 위해서 네 개의 카드 중 어떤 것을 뒤집어 보아야 하는가에 대해 질문을 받는다. 카드를 하나 뒤집는 데 100$를 지불해야 한다. 따라서 당신은 가능한 한 비용이 덜 들도록 경제적으로 뒤집어볼 카드를 선택해야 한다. 당신은 어떻게 하겠는가?

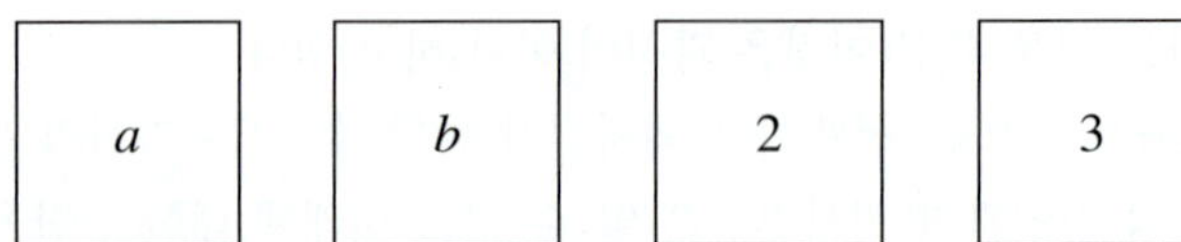

당신은 아마도 “a”로 표시된 카드를 먼저 뒤집어 볼 것이며 이는 맞는 결정이다. 만약 홀수를 발견하게 된다면 위의 말이 틀리다는 것을 확인하게 되므로 더 이상 카드를 뒤집을 필요가 없다.

그러나 당신이 짝수를 발견했다고 해보자. 그렇다면 그 다음에는 어떤 카드를 뒤집어보아야 하는가? 대부분의 사람들은 2가 적힌 카드를 뒤집는다. 이는 맞는 선택인가? 만약 모음을 발견하게 된다면 이 말이 맞다는 것을 확인하게 된다. 그러나 자음을 발견하게 된다면 위의 말의 진위를 판단하기 위해 얻은 정보는 아무것도 없다. 다시 말해 이 카드는 위의 말이 틀리다는 것을 증명하지 못한다. 단지 위의 말이 맞다는 것을 확인해줄 수만 있다. 따라서 이 카드를 선택하는 것이 확증편향의 한 예인 것이다.

계속하면, “*b*”로 표시된 카드를 뒤집어 볼 필요는 없다. 왜냐하면 위의 말이 자음에 대해서 말하는 것이 아니기 때문이다. 따라서 이제 마지막 카드가 남게 된다. 이 카드를 뒤집어보아야 할 것인가? 답은 그렇게 해야 한다는 것이다. 왜냐하면 이 카드의 다른 쪽이 모음으로 시작할지도 모르고, 만약 그렇다면 이 카드는 위의 말이 틀리다는 것을 알려주기 때문이다. 그러나 대부분의 사람들은 3번 카드를 선택하는 대신에 2번 카드를 선택한다.

개념질문 _Concept Questions

22.2a 과신은 무엇을 말하는가? 과신이 매우 비싼 비용을 발생시킬 수 있는 가능성은?
22.2b 과낙관은 무엇을 말하는가? 과낙관이 매우 비싼 비용을 발생시킬 수 있는 가능성은?
22.2c 확증편향은 무엇을 말하는가? 확증편향이 매우 비싼 비용을 발생시킬 수 있는 가능성은?

22.3 프레이밍 효과

문제나 질문이 어떻게 프레임되는가에 따라 당신의 의사결정이 달라진다면 당신은 프레이밍 효과(framing effect)에 취약한 것이다. 다음과 같은 질문이 있다고 하자. 어떤 재해가 발생하여 600명이 위험에 처해 있고, 당신은 이에 대해 책임을 지는 입장에 있다. 당신은 다음의 두 가지 구출작전 중 하나를 선택해야 한다.

시나리오 1

선택 A: 정확히 200명이 구출된다.
선택 B: 600명이 구출될 확률이 1/3이고, 아무도 구출되지 못할 확률이 2/3이다.

이 중 어떤 선택을 하겠는가? 이 경우에 정답은 없다. 그러나 대부분의 사람들은 선택 A를 취한다. 이제 당신의 선택이 다음과 같이 주어졌다고 하자.

시나리오 2

선택 C: 정확히 400명이 사망한다.
선택 D: 아무도 사망하지 않을 확률이 1/3이고, 600명 모두가 사망할 확률이 2/3이다.

이제 당신은 선택을 취하겠는가? 이 경우에도 정답은 없다. 그러나 대부분의 사람들은 D를 택한다.

이러한 가상적인 시나리오에서 대부분의 사람들이 A와 D를 택하지만 그렇게 하는 것은 일관성 있는 선택이 아니라는 것을 당신은 아마도 알 것이다. 왜냐하면 A와 C는 동일한 것이기 때문이다. B와 D도 동일한 것이다. 사람들은 왜 일관성이 없는 선택을 하는가? 그 이유는 선택이 서로 다르게 프레임되어 있기 때문이다. 첫 번째 시나리오는 구출되는 사람 수를 강조하고 있기 때문에 긍정적인 것이다. 두 번째 시나리오는 사망하는 사람 수에 초점을 맞추고 있기 때문에 부정적인 것이다. 그리고 사람들은 긍정적인 프레이밍과 부정적인 프레이밍에 다르게 반응한다. 이러한 것을 **프레임 의존성**(frame dependence)이라고 한다.

프레임 의존성(frame dependence): 문제나 질문이 어떻게 프레임되는가에 따라 사람들이 다른 (그리고 일관성 없는) 의사결정을 하는 경향

손실회피

어떤 특정한 타입의 프레임 의존성을 보여주는 다른 예로는 다음과 같은 것이 있다.

시나리오 1: 당신에게 1,000$가 주어지고 당신은 다음의 선택을 해야 한다고 하자.
선택 A: 당신은 확실히 500$를 더 받는다.
선택 B: 당신은 동전 던지기를 할 수 있다. 동전의 앞면이 나오면 추가적으로 1,000$를 받고, 만약 뒷면이 나오면 추가적으로 아무것도 받지 못한다.

시나리오 2: 당신에게 2,000$가 주어지고 당신은 다음의 선택을 해야 한다고 하자.
선택 C: 당신은 확실히 500$를 잃는다.
선택 D: 당신은 동전 던지기를 할 수 있다. 동전의 앞면이 나오면 추가적으로 1,000$를 잃고, 만약 뒷면이 나오면 아무것도 잃지 않는다.

당신은 어떤 선택을 하겠는가? 당신은 첫 번째 시나리오에서 A를 택하고, 두 번째 시나리오에서 D를 선택했는가? 만약 그렇게 했다면 당신은 이득과 손실에만 초점을 맞추었고 정말로 문제가 되어야 하는 것, 즉 당신의 부(wealth)에 미치는 영향에는 주의를 기울이지 않는 것이다. 그러나 당신만이 그러한 선택을 하는 것은 아니다. 첫 번째 시나리오가 주어진 사람들 중 약 85%가 A를 선택했고, 두 번째 시나리오가 주어진 사람들 중 약 70%가 D를 선택했다.

두 시나리오를 주의 깊게 살펴보면 이 두 시나리오가 실제로 동일한 것임을 알 수 있을 것이다. A나 C를 택한다면 당신은 1,500$를 확실히 갖는다. B나 D를 선택한다면 1,000$나 2,000$를 가질 확률은 50:50이다. 따라서 두 시나리오에서 동일한 선택을 해야 할 것이다. 어떤 선택을 더 좋아하는가는 당신에게 달려 있다. 그러나 확실한 점은 첫 번째 시나리오에서 A를 선택하고 두 번째 시나리오에서는 D를 선택해서는 안 된다는 것이다.

이 예는 재무적 의사결정에 있어서의 중요한 측면을 보여주고 있다. 전체적인 부의 수준보다 이득이나 손실에 초점을 맞추는 것은 좁은 프레이밍(narrow framing)의 한 예이며, 이러한 현상은 손실회피(loss aversion)라고 알려져 있다. 실제로 많은 사람들이 시나리오 2에서 C를 피하는 것은 손실을 확실한 500$로 표현하기 때문이다. 연구자들은 개인이 일반적으로 손실이 실현되는 것을 싫어하고, 따라서 손실을 피하기 위해서 예를 들어 좋지 않은 결과가 나올 수도 있는 도박을 선택한다는 것을 발견했다.

손실회피는 get-evenitus, break-even(손익분기) 효과라고도 언급되고 있다. 그 이유는 개인이나 기업이 손해를 보지 않고 적어도 손익분기점에는 도달하게 해주는 어떤 상황이 발생할 것

을 기대하면서 나쁜 투자에 매달리는 (그리고 아마도 그러한 것에 더 많이 투자하면서) 경우가 자주 목격되기 때문이다. 예를 들어 자본예산을 설명할 때 언급한 것처럼 매몰비용(sunk cost)은 의사결정과 아무런 관련이 없는 비용이며, 그 개념 또한 분명하다. 그럼에도 불구하고, 기업이나 개인이 매몰비용으로 인한 손실을 그대로 감수하려 하지 않고 나쁜 투자에 더 많은 돈을 투자하는 것을 보게 된다.

Get-evenitus 효과는 얼마나 파괴적인가? 아마도 가장 잘 알려진 경우로는 1995년에 발생한 사건으로, 28세의 Nicholas Leeson은 자신의 고용주였으며 233년의 역사를 가진 Barings 은행을 파산시켰다. 1992년 말에 Leeson은 약 2백만 파운드의 손실을 발생시켰으며 이를 자신의 비밀계좌에 숨겨 놓고 있었다. 1993년 말에 그가 발생시킨 손실은 2천3백만 파운드에 달하였으며 그런 후 1994년 말에 가서 손실액은 2억8백만 파운드로 커졌다. 이는 그 당시의 달러 가치로 약 3억$에 달했다.

Leeson은 이러한 손실을 인정하지 않고 손실을 회복하기 위해서 더 많은 은행 돈을 도박에 걸었다. 1995년 2월 23일에 Leeson이 발생시킨 손실액은 약 8억2천7백만 파운드(13억$)에 달하게 되었으며, 그의 비정상적인 거래가 드러났다. 그는 고소를 당하는 것을 피하기 위하여 도망갔지만 결국 잡혀서 재판을 받고 감옥에 들어가게 되었으며 그의 부인은 그와 이혼하였다.

당신도 get-evenitus에 걸려 있는가? 아마도 그럴지도 모른다. 다음과 같은 시나리오가 있다고 하자. "어떤 이유로 당신은 78$를 잃게 되었다. 당신은 손실을 그냥 감수하든지 아니면 어떤 베팅을 할 수 있다. 베팅을 하면 당신의 손실액이 78$에서 100$로 늘어날 가능성이 80%이다. 그리고 손실을 보지 않을 가능성이 20%이다." 당신은 손실을 감수하겠는가 아니면 베팅을 하겠는가? 우리는 당신이 베팅할 것으로 생각한다. 만약 베팅을 한다면 당신은 get-evenitus에 걸려 있는 것이다. 왜냐하면 이 베팅이 나쁜 것이기 때문이다. 78$의 확실한 손실 대신에, 이 베팅으로 인한 당신의 기대손실액은 $0.8 \times \$100 + 0.2 \times \$0 = 80\$$이다.

기업의 재무관리에서 경영자의 손실회피 성향은 매우 큰 피해를 발생시킬 수 있다. 앞에서 언급했듯이 사람들은 종종 매몰비용에 연연한다. 또한 경영자들은 (매우 낮은 확률로) 큰 손실을 발생시킬 가능성이 있는 양(+)의 NPV를 갖는 투자기회를 그냥 지나치는 경우도 있다. 우리가 목격하는 또 다른 현상은 부채회피(debt avoidance) 성향이다. 자본구조를 설명할 때 언급한 것처럼 부채에 의한 자본조달은 이윤을 내고 있는 기업이 세금을 피할 수 있게 해주는 가치를 갖는다. 하지만 그럼에도 불구하고 주요 주식시장들에 상장되어 있으면서 이윤을 내고 있는 수백 개의 기업들이 모두 (또는 거의 모두) 부채에 의한 자본조달을 회피하고 있다. 이는 부채에 의한 자본조달이 손실과 파산의 가능성을 증가시키기 때문이다. 그러나 기업들이 이와 같이 부채에 의한 자본조달을 회피하여 비용을 발생시키는 행위를 하는 것은 손실회피 성향에 의한 것이라고 할 수 있다.

하우스머니

카지노들은 하우스머니로 놀기(playing with house money)라고 알려진 개념에 대해 잘 알고 있다. 카지노들은 도박꾼들이 카지노로부터 딴 돈(하우스머니)을 가지고는 큰 위험을 훨씬 더 잘 택한다는 것을 발견했다. 또한 도박꾼들이 하우스머니를 잃었을 때는 자신이 도박을 하려고 가져온 돈을 잃었을 때만큼 기분 상해하지 않는다는 것을 발견했다.

당신은 땀과 희생을 통해 힘들게 번 돈이 우연히 재수 좋게 번 돈보다 더 가치 있다고 느끼

는 것을 자연스러운 반응이라고 생각할지 모른다. 그러나 그러한 느낌은 비이성적인 것이다. 왜냐하면 힘들게 번 돈이든 쉽게 번 돈이든지에 관계없이 당신은 갖고 있는 돈으로 동일한 양의 재화나 서비스를 구입하기 때문이다.

지금까지 살펴본 여러 개념들을 보여주는 또 다른 일반적인 상황을 살펴보자. 다음과 같은 두 투자 결과가 당신에게 나타났다고 해보자.

> **투자 1**: 당신은 Moore Enterprises 주식을 한 주당 35$에 100주를 매입했다. 그런데 매입한 직후 한 주당 가격이 20$로 하락했다.
>
> **투자 2**: 동시에 Miller Co. 주식을 한 주당 5$에 100주를 매입했다. 그런데 매입한 직후 한 주당 가격이 20$로 상승했다.

이러한 당신의 투자에 대하여 당신은 어떻게 느끼는가?

아마도 당신은 Miller에 대한 투자에 대해서는 매우 기분 좋게 생각할 것이지만, Moore에 대한 투자에 대해서는 기분 좋지 않게 느낄 것이다. 이외에 이제 당신이 느낄 수 있는 상황들에 대해서 살펴보도록 하자.

1. 당신은 스스로 Miller에 대한 투자에 대해서는 잘 생각한 것이고 주식을 고르는 데 자신이 천재성을 갖는다고 생각할지도 모른다. 또한 Moore의 주식가격이 하락한 것은 당신의 실수가 아니고 단지 운이 나빴다고 생각할지도 모른다. 이렇게 생각하는 것은 확증편향의 한 형태이며 또한 자기귀인편향(self-attribution bias)을 보여주는 것이다. 자기귀인편향은 자신의 통제 밖에 있는 이유들로 인해 발생하는 좋은 결과에 대해서 자신이 그렇게 한 것이라고 생각하고, 나쁜 결과는 나쁜 운에 그 탓을 돌리는 것을 말한다.
2. 당신은 당신이 번 것을 당신이 잃은 것이 상쇄해버리는 것에 대해 불행하다고 생각할지도 모른다. 그러나 이 예에서 당신의 전체적인 부의 수준은 변하지 않았다는 점을 주목하라. 두 회사의 주식가격이 전혀 변하지 않았고 그에 따라 당신의 전체적인 부의 수준도 변하지 않았다고 해보자. 이 경우에도 당신은 똑같은 생각을 하겠는가?
3. 당신은 Miller의 주식을 팔아 이득을 "실현"시키고, Moore의 주식은 손실을 회피하기 위하여 그대로 갖고 있으려는(물론 이것은 손실회피이다) 성향을 가질지도 모른다. 이득을 발생시키는 것을 팔고 손실을 발생시키는 것을 그대로 갖고 있으려는 성향은 처분효과(disposition effect)라고 알려져 있다. 이 경우에 분명한 합리적인 판단은 해당 주식이 그 새로운 가격에서 여전히 매력적인 투자인가를 판단하고 그 판단에 따라 행동하는 것이다.

당신이 두 주식을 당분간 갖고 있기로 했다고 하자. 이 경우에 두 주식의 가격이 15$로 하락한다. 이제 당신은 당신이 어떤 주식을 살펴보느냐에 따라 매우 다른 느낌을 가질지도 모른다. Moore 주식에 대해서 이러한 가격의 하락은 상황을 더 나쁘게 만든다. 이 주식에 대한 투자로 인해 주당 20$나 더 낮은 수준에 있게 된다. 한편, Miller 주식에 대해서는 당신은 "실현되지 않은 이익"(주당 15$) 중 일부를 다시 "돌려주는 것"뿐이며 여전히 당신은 이익을 보고 있는 것이다. 이러한 식의 생각이 하우스머니와 관련되어 발생하는 것이다. 처음 투자금액에서 잃는 것이든 투자이득에서 잃는 것이든 잃는 것은 잃는 것이므로 어느 것에서 잃느냐는 관계없는 것이다.

이 예는 주식구매 결정과 같은 경우에 감성적으로 판단할 때 어떤 상황이 발생하는가를 보여주고 있다. 당신이 자신의 포트폴리오에 새로운 주식을 추가할 때 그 주식의 구매가격과 그 주식을 연관시키는 것은 인간의 본성이다. 시간이 지남에 따라 해당 주식의 가격이 변하고 그에 따른 구매가격과 그 당시의 가격을 비교하면 실현되지 않은 이익이나 손실이 발생할 것이다. 그리고 그에 따라 당신은 이득과 손실을 계산해볼 것이다. 또한 당신의 기분은 그 당시의 주식가격이 구매가격보다 높은지 낮은지에 따라 달라질 것이다. 이러한 현상은 심적회계(mental accounting)로 알려져 있다.

당신이 심적회계를 하고 있을 때 당신은 당신도 모르게 자신이 투자한 각각의 주식과 개인적인 관계를 맺고 있는 것이며, 그에 따라 그러한 주식 중 어떤 주식을 판매하는 것은 점점 더 어려워진다. 어떤 주식을 파는 것에 대해 당신은 해당 주식과 "관계를 끊는 것"이거나 당신의 포트폴리오로부터 그 주식을 "파면"시키는 것과 같은 느낌을 갖게 된다. 인간관계처럼 자신이 투자한 주식들과 관계는 매우 복잡해질 수 있으며, 그에 따라 당신이 믿든 안 믿든 주식을 파는 것에 대해 당신은 때때로 매우 힘들게 생각하게 된다. 이러한 심적회계를 어떻게 극복할 수 있을까? 투자의 귀재인 Warren Buffett은 다음과 같은 충고를 하고 있다. "그 주식은 당신이 그 주식을 소유하고 있다는 것을 모른다. 당신은 그 주식에 대해 느낌을 갖지만 그 주식은 당신에 대해 아무 느낌도 갖고 있지 않다. 그 주식은 당신이 그 주식을 위해 얼마를 지불했는지를 모른다. 사람들은 그들이 갖고 있는 주식과 감성적 관계를 가져서는 안 된다."

손실회피, 심적회계, 하우스머니 효과 등은 좁은 프레이밍(narrow framing)이 좋지 않은 의사결정을 하게 만드는 것을 보여주는 중요한 예들이다. 한편, 이와 관련된 다른 형태의 판단실수들에 대해서도 언급되고 있는데 다음은 몇 가지 예들이다.

근시적 손실회피(myopic loss aversion) 이는 장기이득을 대가로 지불하면서까지 단기손실을 피하는 것에 초점을 맞추는 경향을 말한다. 예를 들어 당신은 가까운 미래에 발생하는 손실이 두려워 은퇴를 대비하여 주식에 장기적으로 투자하지 못할 수 있다.

후회회피(regret aversion) 이는 지나고 보면 자신이 택한 결정이 가장 좋은 결정이 아니었을지도 모른다는 두려움으로 인해 의사결정을 피하는 경향을 말한다. 후회회피는 근시적 손실회피와 관련을 갖는다.

소유효과(endowment effect) 이는 어떤 것을 자신이 소유하고 있을 때 자신이 소유하지 않았을 때보다 더 가치 있는 것으로 보는 경향을 말한다. 소유효과로 인해, 사람들은 때때로 어떤 것을 포기할 때 자신이 그것을 얻기 위해 지불하려는 금액보다 더 많은 돈을 요구한다.

화폐환상(money illusion) 당신이 화폐환상에 빠져 있다면 당신은 화폐의 실질구매력과 명목구매력을 구분하지 못하고 있는 것이다(즉, 당신은 인플레이션 효과를 고려하지 못하고 있다).

개념질문 _*Concept Questions*

22.3a 프레임 의존성(frame dependence)이란 무엇인가? 프레임 의존성이 매우 비싼 비용을 발생시킬 수 있는 가능성은?

22.3b 손실회피(loss aversion)는 무엇인가? 손실회피가 매우 비싼 비용을 발생시킬 수 있는 가능성은?

22.3c 하우스머니(house money) 효과란 무엇인가? 이것이 비이성적인 이유는 무엇인가?

휴리스틱스

22.4

재무관리자(또한 경영자 일반)는 의사결정을 할 때 종종 어림원칙(rule of thumb), 즉 **휴리스틱스**(heuristics)에 의존한다. 예를 들어 어떤 경영자는 회수기간이 2년 미만인 투자안은 받아들이는 것으로 결정하고 더 이상의 추가적인 분석을 하려고 하지 않을 수 있다. 현실적으로 이렇게 심적(mental) 지름길을 택하는 것이 대부분의 경우에 큰 문제가 되지 않을 수 있다. 그러나 우리는 이러한 방식이 얼마 지나지 않아 음(−)의 NPV를 갖는 투자안을 선택하게 만들 것임을 알고 있다.

휴리스틱스(heuristics): 의사결정에 사용되는 어림원칙이나 간단한 방법들

감성휴리스틱

우리는 종종 기업계의 리더나 정치계의 리더들이 자신들의 감성적 직감에 대해 이야기하는 것을 목격한다. 간단히 말해, 이런 사람들은 선택된 결과나 방향이 감성적으로 "옳다고" 느껴지는가에 의존하여 의사결정을 하고 있는 것이다. 심리학자들은 이러한 감성적 느낌을 "affect"라는 용어로 표현하며, 감성적 직감에 의존하는 것을 **감성휴리스틱**(affect heuristic)이라고 부른다.

감성휴리스틱(affect heuristic): 의사결정을 할 때 분석보다는 직감에 의존하는 것

직감(instinct)에 의존하는 것은 직관과 (또는) 경험에 의존하는 것에 매우 가깝게 연결되어 있다. 직관(intuition)이나 경험(experience)은 모두 중요한 것으로, 올바르게 사용될 경우에 의사결정자가 잠재적 위험과 보상을 인식하는 데 도움을 준다. 그러나 직감, 직관, 경험 등은 공식적인 분석에 대한 보완재이지 대체재가 아니다. 의사결정 시에 과다하게 감성에 의존하는 것은 조심스러운 체계적인 사고를 했더라면 거의 확실히 피할 수 있었던 비싼 대가를 (적어도 때때로) 지불하게 만든다. 이러한 예로 시장조사나 현금흐름할인 분석에 의존하지 않고 직감에 의존하여 자본예산에서의 의사결정을 하는 경우를 들 수 있을 것이다.

대표성 휴리스틱

사람들은 종종 어떤 한 사람이나 한 물체 또는 한 결과가 더 큰 집단을 전체적으로 대표하는 것으로 생각한다. 예를 들어 한 고용주가 어떤 대학의 졸업생을 고용한 후에 그 사람에 대해 매우 만족해한다고 하자. 그 고용주는 앞으로 고용할 직원을 고를 경우에도 그 대학 졸업생들이 좋다고 생각하여 그 대학 졸업생을 살펴보려는 경향을 가질 수 있다. 이 경우, 이 고용주는 최근에 자신이 고용한 졸업생이 그가 나온 대학의 졸업생들 모두를 대변한다고 생각하고 있는 것이다. 이는 **대표성 휴리스틱**(representativeness heuristic)의 한 예이다. 좀 더 일반적으로 대표성 휴리스틱은 스테레오타입, 유추, 제한된 자료에 의존하여 전체를 판단하는 것을 말한다.

대표성 휴리스틱(representativeness heuristic): 스테레오타입, 유추, 제한된 자료에 의존하여 전체를 판단하는 것을 말한다.

대표성과 무작위성

대표성 휴리스틱이 주는 또 다른 함의는 실제로 존재하지도 않는 원인이나 패턴을 인식하려는 것에 대한 것이다. 예를 들어 농구 팬들은 일반적으로 성공이 또 다른 성공을 가져다준다고 믿는다. LeBron과 Shaquille이라는 두 농구선수가 보여준 최근의 성과를 본다고 하자. 이 두 선수는 동일한 횟수의 슛을 한다. 그러나 LeBron은 두 번을 계속해서 슛에 성공하고, Shaquille은 두 슛을 연달아 실패했다, 연구자들은 100명의 농구 팬들을 대상으로 어느 선수가 다음 슛을 성공시킬 가능성이 높은가에 대해 물어보면 그들 중 91명이 LeBron이라고 말하는 것을 발견하였다. 왜냐하면 농구 팬들은 LeBron이 소위 핫핸드(hot hand)를 가졌다고 생각하기 때문이다. 또

한 LeBron이 계속해서 두 번이나 세 번의 슛을 성공시킨 후에는 이들 중 84명이 다른 선수들이 LeBron에게 공을 패스해주는 것이 중요하다고 생각했다.

그러나 연구자들은 핫핸드라는 것이 하나의 착각일 뿐이라는 것을 발견했다. 즉 선수들은 그들의 장기적 평균 슛 성공률에서 크게 벗어나지 않는다—비록 팬, 선수, 게임 중계방송자, 코치들은 그렇게 생각하고 있지 않지만. 인지심리학자들은 한 연구에서 실제로 한 시즌 동안 한 프로농구팀의 슛 성공에 대해 분석해보았다.[1] 다음의 표는 이들이 발견한 것이다.

이전의 슛 성공 기록과 슛 성공률	
다음 슛의 성공률	이전의 슛 기록
46%	연속 3슛 성공
50	연속 2슛 성공
51	연속 1슛 성공
52	시합의 최초 슛 성공
54	연속 1슛 실패
53	연속 2슛 실패
56	연속 3슛 실패

슛에 대한 자료를 가지고 이루어진 상세한 분석은 우연에 의해 기대되는 것보다 더 많거나 더 적은 슛을 성공시키거나 실패하는 경우를 보여주지 않았다. 다시 말해 여기에 나타난 모든 슛 성공률은 통계적으로 볼 때 동일하다는 것이다.

위의 슛 성공률을 볼 때 이전에 연속해서 두 번이나 세 번의 슛을 성공시킨 선수들을 봉쇄하는 데 상대팀이 더 적극적이었을지도 모른다고 느껴질 수 있다. 이러한 점을 감안하여 연구자들은 자유투의 성공률과 관련해서도 분석해보았다. 연구자들은 자유투 성공률이 70%인 어떤 선수가 자유투를 두 번 한다고 농구 팬들에게 말한 다음, 만약 그 선수가 다음과 같은 결과를 보일 때 두 번째 자유투가 어떻게 될 것으로 생각하는지 농구 팬들에게 물어보았다.

1. 첫 번째 자유투를 성공했을 때
2. 첫 번째 자유투를 실패했을 때

농구 팬들은 70% 성공확률을 가진 선수가 첫 번째 자유투를 성공시켰을 때, 두 번째 자유투를 성공시킬 확률이 74%라고 생각했지만, 첫 번째 자유투를 실패했을 때, 두 번째 자유투를 성공시킬 확률은 66%밖에 되지 않는다고 생각했다. 연구자들은 두 시즌에 걸친 자유투에 대한 성공률을 한 프로농구팀으로부터 수집하였다. 그 결과 그들이 발견한 것은 첫 번째 자유투의 결과는 두 번째 자유투를 성공시키거나 성공시키지 못하는 것과는 아무 관련이 없음을 발견했다. 평균적으로 첫 번째 자유투를 성공시킨 후에 두 번째 자유투도 성공시킬 확률은 75%였다. 또한 평균적으로 첫 번째 자유투를 실패한 후에 두 번째 자유투를 성공시킬 확률도 75%였다.

농구선수들이 연속해서 슛을 성공시키는 것은 사실이다. 그러나 이러한 연속적인 성공도 장기적인 슛 성공률의 범위 안에서 이루어지는 것이다. 따라서 선수들이 "핫(hot)"하다거나 "쿨(cool)"하다고 생각하는 것은 하나의 착각이다. 그러나 당신이 핫핸드를 믿는다면 당신은 이러

[1] Gilovich, T., Vallone, R., and Tervesky, A., "The Hot Hand in Basketball: On the Misperception of Random Sequences," *Cognitive Psychology* 17, 1985, 294 – 314.

한 사실을 부정하려고 할 것이다. 왜냐하면 당신은 여러 해 동안 당신이 좋아하는 팀의 경기를 보아 왔으므로 당신이 "더 잘 안다"고 생각하기 때문이다. 만약 당신이 그렇게 생각한다면 당신은 무작위(randomness)에 의해 기만당하고 있는 것이다.

클러스터링 착각(clustering illusion)은 무작위로 발생하는 어떤 사건이 한꺼번에 몰려서 발생할 때 그것이 무작위로 발생하는 사건이 아니라고 믿는 것을 말한다. 예를 들어 동전 던지기에서 연속해서 네 번 앞면이 나올 경우에 사람들은 이를 매우 이례적인 것으로 생각한다. 그러나 동전을 20번 던질 때 네 번 연속해서 앞면이 나올 확률은 약 50%이다. 당신이 동전을 던질 때 앞면이 계속해서 네 번 나온다면 당신은 스스로 당신이 동전 던지기에서 "핫핸드"를 갖고 있는 사람이라고 생각하는가?

도박꾼의 오류

평균적으로 또는 장기적으로 발생하는 것과는 다르게 어떤 것이 나타날 때 그것이 단기에 교정될 것이라고 생각한다면 사람들은 도박꾼의 오류(gambler's fallacy)에 빠지는 것이다. 흥미롭게도, 일부 사람들은 핫핸드 착각(단기적으로 연속해서 나타날 것이라고 예상하는 것)과 도박꾼의 오류(단기적으로 그 반대가 나타날 것이라고 예상하는 것)에 동시에 빠진다! 도박꾼의 오류란 어떤 사건이 최근에 발생하지 않았고 또한 발생할 시기가 지났기 때문에 이제 그 사건이 발생할 가능성이 높다고 생각하는 것이다. 이러한 경우에 사람들은 잘못되게 평균의 법칙(law of average)을 적용하고 있는 것이다.

룰렛(roulette)은 돌아가는 바퀴에 베팅을 하는 무작위 도박게임이다. 미국식 룰렛 판에는 38개의 번호가 주어져 있다. 이 중 2개는 녹색으로, 18개는 적색으로, 18개는 흑색으로 되어 있다. 베팅 방법 중 하나는 바퀴를 돌렸을 때 바퀴가 적색번호에서 멎는지, 흑색번호에서 멎는지에 돈을 거는 것이다. 예를 들어 적색번호가 연달아 다섯 번 나타났다고 해보자. 이 경우 다음 번의 회전에서 바퀴가 흑색에서 멈출 확률이 약 50%(정확히 말해 18/38)이지만, 도박꾼들은 종종 다음 번의 회전에서는 흑색에서 바퀴가 멈출 것이라고 (매우) 확신한다.

이러한 잘못된 인식은 바퀴 전체에 대해 적용되는 확률이 몇 번의 회전에도 그대로 반영될 것이라는 사람들의 직관으로 인해 발생하는 것이다. 도박꾼들은 종종 적색번호가 계속해서 나타난 후에는 흑색번호가 나타날 차례가 되었다고 너무 과신하게 된다. 도박꾼들도 흑색번호가 나타날 확률이 항상 변함없이 18/38이라는 것을 알고 있다. 그렇지만 도박꾼들은 적색번호가 여러 번 연속해서 나타난 후에는 시간이 감에 따라 전체적으로 적색번호와 흑색번호가 균형되게 나타날 것이기 때문에 다음 번의 회전에서는 흑색번호가 나타날 것이라고 어쩔 수 없이 느끼게 되는 것이다.

한편, 휴리스틱스로 인해 발생하는 다른 여러 가지 실수와 편견도 많이 있다. 다음은 이 중 일부이다.

소수의 법칙(law of small number) 만약 당신이 소수의 법칙을 믿는다면 당신은 적은 수의 샘플이 항상 장기적인 결과들의 분포와 비슷하게 나타날 것이라고 믿는 것이다. 당신이 아는 어떤 투자의 귀재(guru)가 최근에 일곱 번 중 다섯 번 옳았다고 해보자. 이 경우 당신은 아마도 그가 장기적으로도 일곱 번 중 다섯 번 옳을 것이라고 믿을지 모른다. 소수의 법칙은 최근성 편견과 도박꾼의 오류와 관련을 갖고 있다.

최근성 편견(recency bias) 사람들은 보다 최근의 것을 그렇지 않은 것보다 더 중요하게 생각하는 경향을 갖고 있다. 예를 들어 1995년에서 1999년 사이에 나타났던 주가의 상승장(bull market)에서 많은 투자자들은—하락장(bear market)도 발생할 수 있다는 것을 잊어버리고(실제로 2008년에서 2009년 초 사이에 발생하였다)—그러한 상황이 오랜 기간 지속될 것이라고 생각했다. 앞에서 언급했듯이 최근성 편견은 소수의 법칙과 관련을 갖는다.

계류화(anchoring) 새로운 정보를 반영할 줄 모르는 사람은 계류화 편견을 갖고 있다. 다시 말해 이들은 앞서 나타난 가격이나 다른 가치에 붙잡혀(anchored) 있는 것이다. 만약 당신이 계류화 편견을 갖고 있다면 당신은 새로운 정보에 대해 과다하게 보수적인 경향을 가질 것이다.

모호성 회피(aversion to ambiguity) 이 편견은 사람들이 잘 알지 못하는 것을 피하려 할 때 나타난다. 예를 들어 당신은 확실히 1,000$를 받거나 아니면 100개의 구슬이 들어 있는 상자에서 하나의 구슬을 집어낼 수 있다. 구슬의 색깔이 파란색일 때 당신은 2,000$를 받는다. 그러나 구슬의 색깔이 붉은색이면 당신은 아무것도 받지 못한다. 이 경우에 상자 안에 50개의 파란색 구슬과 50개의 붉은색 구슬이 있다는 것을 알려주면 사람들 중 약 40%는 상자에서 구슬을 집어내는 것을 선택한다. 그러나 상자 안에 있는 구슬 중 몇 개가 파란색인지를 알려주지 않을 때 대부분의 사람들은—상자 안에 파란색 구슬이 50개보다 더 많이 있을 수 있다는 가능성을 무시한 채—1,000$를 받는 것을 선택한다.

허위 일치성(false consensus) 이는 다른 사람들도 당신처럼 생각하고 있다고 (아무런 증거도 없이) 생각하는 경향을 말한다. 허위 일치성은 과신(overconfidence)이나 확증편향(confirmation bias)과 관련이 있다.

행동재무학과 관련된 많은 용어나 개념을 알아보기 위해서는 **www.behaviouralfinance.net**을 참조하라.

가용성 편견(availability bias) 쉽게 구할 수 없는 정보보다 쉽게 구할 수 있는 정보에 훨씬 더 많은 비중을 두고 있다면 당신은 가용성 편견에 빠져 있는 것이다. 쉽게 얻을 수 있는 정보만을 고려하여 재무적 의사결정을 한다면 당신의 그 결정은 잘못된 의사결정일 수 있다.

개념질문 _Concept Questions

22.4a 감성휴리스틱(affect heuristic)이란 무엇인가? 감성휴리스틱이 매우 비싼 비용을 발생시킬 수 있는 가능성은?

22.4b 대표성 휴리스틱(representativeness heuristic)이란 무엇인가? 대표성 휴리스틱이 매우 비싼 비용을 발생시킬 수 있는 가능성은?

22.4c 도박꾼의 오류(gambler's fallacy)란 무엇인가?

22.5 행동재무학과 시장의 효율성

지금까지 사람들의 인지실수(cognitive error)가 어떻게 좋지 않은 경영적 의사결정으로 이어질 수 있는지에 초점을 맞추었다. 그러한 실수가 실제적인 것이고 또한 재무적으로도 매우 중요하다는 것은 확실한 것이어서 이에 대해서는 논란의 여지가 없어 보인다. 그러나 이제 좀 덜 확실하기는 하지만 행동재무학이 주가에 대해 던지는 의미에 대해 살펴보기로 하자.

12장에서 우리는 시장의 효율성이라는 개념에 대해 설명하였고, 그 핵심은 효율적인 시장에서는 가격이 이용 가능한 모든 정보를 충분히 반영하고 있다는 것이다. 다시 말해 시장에서 형성되는 주식가격은 주식의 구매나 판매가 0의 NPV를 갖는 투자가 되게 만드는 가격이라는 것이다. 시장의 효율성을 지지하는 주장은 주식거래가 활발히 이루어지는 잘 조직된 NYSE와 같은 시장에서는 이윤동기를 갖는 경제적으로 이성적인 주식거래자들 간의 경쟁으로 인해 주식가격이 주식에 대한 투자가 0의 NPV를 갖는 투자로부터 멀어지도록 형성될 수 없다는 것이다.

이 장에서는 과신과 같은 인지실수가 어떻게 주식매입과 관련하여 손실을 발생시킬 수 있는가를 몇 가지 예를 통해 이미 살펴보았다. 많은 주식거래자들이 그와 같이 비이성적인 경제적 행동을 할 때에도 시장이 여전히 효율적이라고 생각할 만한 이유가 있는가?

첫째, 효율적 시장가설(efficient market hypothesis)이 성립하기 위해서 모든 투자자들이 합리적이어야 할 필요는 없다는 것을 인식하는 것이 중요하다. 한 시장이 효율적인 시장이 되기 위해서는 적어도 일부 투자자들이 매우 스마트하고 또한 충분한 자금력을 갖고 있으면 된다. 이러한 투자자들은 시장에서 가격이 제대로 된 가격으로 형성되어 있지 않을 때 그 기회를 이용하여 주식을 사고팔 준비가 되어 있다. 이들의 이러한 행동이 시장을 효율적인 시장으로 유지되도록 만드는 것이다. 시장의 효율성을 위해서는 모든 참가자가 합리적이어야 되는 것이 아니라 일부(some) 참여자들이 합리적이기만 해도 된다.

차익거래의 한계

잘못 형성된 주식가격을 이용하여 주식을 사고팔면서 이익을 챙기는 사람을 차익거래자(arbitrageur 또는 간단히 "arb"라고 부르기도 함)라고 한다. 그러나 이러한 차익거래자들의 경우에도 때때로 문제가 발생할 수 있다. **차익거래의 한계**(limits to arbitrage) 또는 차익거래의 장벽(barriers to arbitrage)이란 어떠한 상황에서는 충분한 자금력을 갖고 있는 합리적인 거래자들도 잘못 형성된 주식가격을 적어도 빠른 시간 내에 교정시키는 것이 불가능하다는 개념을 나타내는 용어이다. 그 이유는 잘못 형성된 가격을 제거하는 데 사용하는 전략이 종종 위험할 수 있고, 많은 비용을 발생시킬 수 있으며, 어떤 식으로든 제한성을 갖는다는 데 있다. 차익거래를 제한하는 세 가지 중요한 문제들은 다음과 같다.

차익거래의 한계(limits to arbitrage): 충분한 자금력을 갖고 있는 합리적인 거래자들도 잘못 형성된 주식가격을 빠른 시간 내에 교정시키는 것이 불가능하다는 개념

1. 기업 고유의 위험(firm-specific risk): 이는 차익거래자가 직면하는 가장 분명한 위험이다. 예를 들어 당신이 GM사의 주가가 너무 낮게 형성되어 있다는 것을 발견한 후 그 주식을 아주 많이 구입했다고 하자. 그런 후 GM에 대한 예상하지 못한 좋지 않은 소식으로 인해 이 회사의 주가가 더 낮아진다고 하자. 물론 당신은 기업 고유의 위험에 대해 어느 정도 헤징(hedging)을 할 수도 있다. 그러나 어떠한 헤징도 완전하지 못하고/또는 매우 비싼 비용을 발생시킬 수 있는 것이다.
2. 노이즈 거래자 위험(noise trader risk): **노이즈 거래자**(noise trader)란 정보나 재무적으로 의미 있는 분석을 기초로 하여 거래를 하지 않는 사람을 말한다. 만약 노이즈 거래자들이 같은 방향으로 행동한다면 주식가격은 단기적으로 더 왜곡될 수 있다. 노이즈 거래자가 주가를 더 왜곡시키는 것은 차익거래자로 하여금 큰 손실을 입고 주식을 처분하도록 만들 수 있으므로 차익거래자들에게 이러한 노이즈 거래자 위험은 중요한 위험이다. 시장을 관찰한 후에, Keynes는 다음과 같은 유명한 말을 했다. "시장은 당신이 부도가 나지 않는 상태로 버틸 수 있는 기

노이즈 거래자(noise trader): 정보나 재무적으로 의미 있는 분석을 기초로 하여 거래를 하지 않는 사람

감성기저 위험(sentiment-based risk): 자산의 가격이 사실에 기반한 재무분석보다는 감정(또는 비합리적인 믿음)의 영향을 받을 위험

간보다 더 오랜 기간 비이성적인 상태에 있을 수 있다."[2] 노이즈 거래자 위험은 또한 **감성기저 위험**(sentiment-based risk)이라고도 불리며, 이는 어떤 자산의 가격이 사실에 기초한 재무적 분석에 의해서 결정되는 것이 아니라 감성(비이성적인 믿음)에 영향을 받아 결정되는 위험을 말한다. 감성기저 위험이 존재한다면 이는 이전의 장에서 살펴본 체계적 위험과 비체계적 위험 이외에 또 다른 위험이 존재한다는 것을 의미한다.

3. 실행비용(implementation cost): 모든 거래에는 돈이 든다. 어떤 경우들에 있어서는 잘못 형성된 가격을 교정하는 비용이 잠재적 이득의 크기를 능가할 수도 있다. 예를 들어 당신이 아주 조금씩 거래되는 어떤 주식이 상당히 저평가되어 있는 것으로 생각하여 그 주식을 대량구매하려고 한다고 하자. 문제는 그 주식이 대량으로 거래되고 있는 주식이 아니기 때문에 당신이 대량주문을 하면 곧바로 그 주식의 가격이 크게 상승한다는 것이다.

이러한 위험들과 비용이 존재할 경우에, 차익거래는 매우 위험하거나 비용을 많이 발생시키게 되고, 따라서 잘못 형성된 가격은 그대로 유지되고 있을 수 있다. 이러한 위험들과 비용이 합쳐져서 차익거래의 장벽 혹은 한계를 발생시킬 수 있다. 이러한 한계들이 얼마나 중요한 것인가를 판단하기란 어렵다. 그러나 확실한 것은 가격은 적어도 간혹 잘못 형성되어 나타날 수 있다는 것이다. 이러한 경우를 잘 알려진 두 경우를 통해 살펴보기로 하자.

3Com/Palm 주식의 잘못된 가격 2000년 3월 2일, 컴퓨터 네트워킹 관련 제품과 서비스를 제공하면서 수익을 내고 있던 3Com은 자신의 자회사인 Palm이 기업공개(IPO)를 했을 때 자신이 갖고 있는 이 회사의 주식의 5%를 매각하였다. 3Com은 주주들에게 추후에 자신이 갖고 있는 Palm의 나머지 주식을 분배하려는 계획을 갖고 있었다.[3] 이 계획은 3Com 주식 1주당 Palm 주식 1.5주를 분배하는 것이었다. 따라서 3Com이 자신이 갖고 있던 Palm의 주식을 IPO를 통해 판매한 후에, 투자자들은 Palm 주식을 직접 구매하거나 아니면 3Com의 주식을 구매함으로써 간접적으로 Palm의 주식을 구매할 수 있었다.

이 경우를 흥미롭게 만든 것은 Palm이 IPO를 한 후 며칠 만에 발생한 상황이었다. 당신이 3Com 주식을 1주 갖고 있다면 당신은 궁극적으로 Palm의 주식을 1.5주 소유할 권리를 갖는다. 따라서 3Com 주식 1주는 Palm 주식 1주당 가치의 적어도 1.5배의 가치를 가져야 한다. 여기서 "적어도"라는 표현을 사용한 것은 3Com의 다른 사업분야들도 수익성을 내고 있었기 때문이다. 따라서 3Com 주식 1주는 Palm 주식 1주당 가치의 1.5배보다 훨씬 더 큰 가치를 가져야 한다. 그러나 아마도 당신이 추측했을지도 모를 그러한 상황은 나타나지 않았다.

Palm이 IPO를 하기 전날 3Com 주식가격은 104.13$였다. 거래 첫날 Palm의 주식은 1주당 95.06$로 마감했다. 95.06$를 1.5배 하면 142.59$가 된다. 따라서 3Com 주식이 적어도 이 정도의 가치는 가질 것으로 기대할 수 있다. 그러나 Palm의 주식이 주당 95.06$로 장을 마쳤을 때, 3Com의 주식은 주당 81.81$로 마감했으며, 이는 Palm 주식의 가격에 의해 의미되는 3Com의 주식가격보다 60$ 이상 낮은 것이었다. 또한 상황은 더 이상하게 전개되고 있었다.

Palm의 주식이 주당 95.06$에 판매되고 있을 때 3Com의 주식가격이 81.81$로 형성되었던

---

[2] 이 말은 일반적으로 Keynes가 말한 것으로 전해지고 있다. 그러나 그가 실제로 이런 말을 했는지는 알려지지 않고 있다.

[3] 다시 말해 3Com은 (합병과 인수의 장에서 살펴볼 것이지만) 자회사 분할상장(equity carve-out)을 한 것이다. 그리고 자회사에 대한 나머지 지분도 모기업의 주주들에게 배분(spin-off)할 계획을 갖고 있었다.

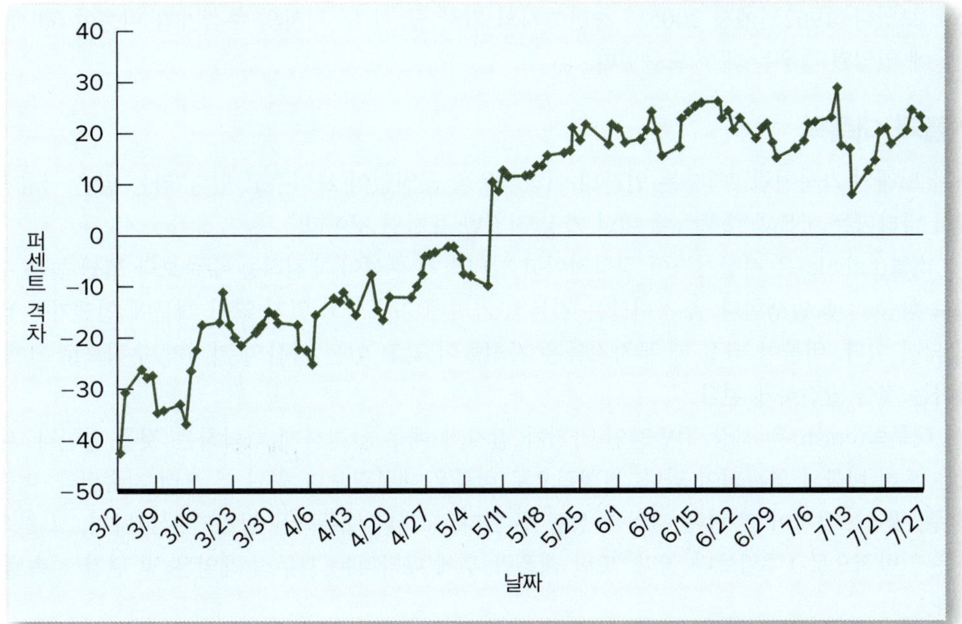

그림 22.1

2000년 3월 2일에서 2000년 7월 27일까지 3Com 주식 1주와 Palm 주식 1. 5주 사이에 나타난 퍼센트로 표시된 가격 격차

것은 3Com이 운영하고 있는 다른 사업들의 주당 시장가치가 \$81.81 − \$142.59 = −60.78\$라는 것을 의미한다. 그 당시에 시장에 나와 있던 3Com의 주식 수를 고려할 때 이는 3Com이 운영하고 있는 다른 사업들의 가치가 음(−)의 가치인 약 −220억\$라는 것을 의미한다. 물론 주식의 가격이 음(−)이 될 수는 없다. 그렇다면 이는 3Com 주식의 가격에 비해 Palm 주식의 가격이 너무 높게 형성되어 있었던 것이며, 따라서 투자자들은 이러한 음(−)의 가치가 바로 사라지도록 주식을 사고팔아야 했다.

무슨 일이 일어났던 것일까? 그림 22.1에서 볼 수 있듯이 2000년 3월 2일부터 2000년 5월 8일 사이인 약 2개월 동안, 3Com의 사업 중 Palm이 하던 사업을 제외한 다른 사업부분의 가치가 음(−)의 가치를 갖도록 시장은 3Com 주식과 Palm 주식의 가치를 평가하였다. 또한 Palm이 하던 사업을 제외한 다른 사업부분의 가치가 양(+)의 가치를 갖기도 전에 미국 국세청은 3Com이 Palm의 주식을 자신의 주주들에게 배분하는 것을 허용하였다.

Royal Dutch/Shell 주식의 가격비율 가격이 잘못 형성되었던 또 하나의 예로 대규모 원유회사 두 곳과 관련된 이야기가 잘 알려져 있다. 1907년 네덜란드의 Royal Dutch사와 영국의 Shell사는 서로 합병하고 영업이익은 60 대 40으로 나누어 갖기로 하였다. 따라서 Royal Dutch와 Shell의 주식이 60 대 40의 비율을 갖지 않으면 차익거래를 통해 이윤을 얻을 수 있는 기회가 존재하는 것이었다.

그림 22.2는 Royal Dutch 주식가격과 Shell 주식가격이 60 대 40의 비율로부터 벗어난 날들의 경우를 보여주고 있다. Royal Dutch 주식의 가격과 Shell 주식의 가격이 60 대 40의 비율을 유지한다면 나타난 격차의 퍼센트 값은 0이 된다. Royal Dutch 주식가격이 Shell 주식가격에 비해 높게 형성된 경우는 격차가 양(+)으로 표시되어 있고, Royal Dutch 주식가격이 Shell 주식가격에 비해 낮게 형성된 경우는 격차가 음(−)으로 표시되어 있다. 그림 22.2에서 볼 수 있듯이, 오랜 기간 동안 합병된 이 두 회사의 주식가격은 60 대 40 비율에서 크게 벗어난 행태를 지속적

으로 보였다. 1962년에서 2005년 중반까지의 기간 중 이 두 회사의 주식가격 비율이 60 대 40 비율에 있었던 경우는 매우 드물었다.

버블과 대폭락

어떤 노래의 가사처럼 "역사는 인간의 어리석음을 끊임없이 보여주고 있다"라는 말은 금융시장에서 나타나는 버블과 대폭락에 대한 가장 적절한 표현일 것이다.

버블(bubble): 시장가격이 정상적이고 합리적인 분석이 제시하는 수준보다 훨씬 높은 수준으로 상승하는 상황

대폭락(crash): 시장의 전반적인 가격이 갑자기 매우 급격하게 추락하는 상황

버블(bubble)은 시장가격이 정상적이고 합리적인 분석이 제시하는 수준보다 훨씬 높은 수준으로 상승할 때 발생한다. 투자버블은 기본적 가치에 기초하고 있지 않기 때문에 언젠가는 터지게 되어 있다. 버블이 터질 때 투자자들은 자신들이 갖고 있는 자산의 가치가 수직으로 크게 추락하는 것을 발견하게 된다.

대폭락(crash)은 시장 전반적인 가치가 갑자기 매우 급격하게 하락하는 것을 말한다. 대폭락은 흔히 버블과 연관되어 있다. 전형적으로 버블은 대폭락보다 훨씬 더 오래 지속된다. 버블은 몇 주, 몇 달, 심지어 몇 년에 걸쳐 형성될 수 있다. 그러나 대폭락은 갑자기 나타나며, 그 지속기간은 일반적으로 1주일보다 짧다. 또한 대폭락 후에 나타나는 재무적 재앙은 몇 년간 지속될 수 있다.

1929년 미국 주식시장의 대폭락 주식가격이 상승하던 1920년대에 주식시장은 모든 사람들을 부자로 만들어주는 시장으로 생각되었었다. 거의 모든 사람들이 시장에 아무런 위험이 존재하지 않는 것처럼 생각했었다. 많은 사람들이 투자가 실패할 수도 있다는 것을 인식하지 못하고 자신들이 평생 모은 돈을 투자했다. 그 당시에 투자자들은 주식가격의 10%만 지불하고 나머지는 브로커로부터 빌리는 방식으로 주식을 구매할 수 있었다. 이러한 높은 레버리지 수준이 1929년 10월 갑자기 주식시장이 추락하도록 만든 원인 중에 하나였다.

그림 22.3에서 볼 수 있듯이 10월 25일 금요일에 다우존스 산업평균(Dow Jones Industrial Average)지수는 301.22 근처에 있었다. 10월 28일 월요일에는 13.5%나 하락한 260.64를 보였

그림 22.2

1962년부터 2005년까지 Royal Dutch 주식가격과 Shell 주식가격이 60 대 40의 가격비율에서 벗어난 격차의 퍼센트

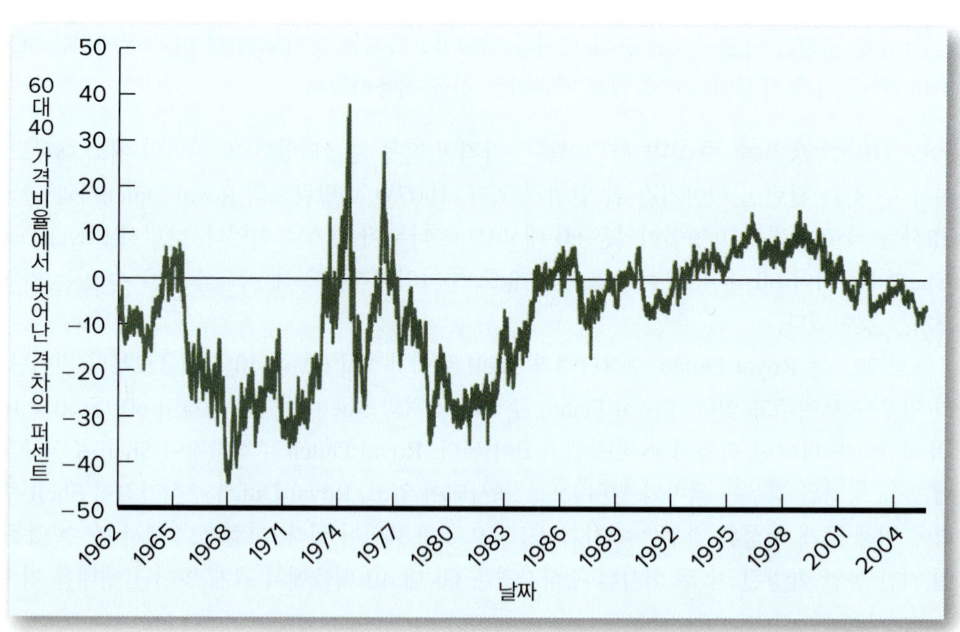

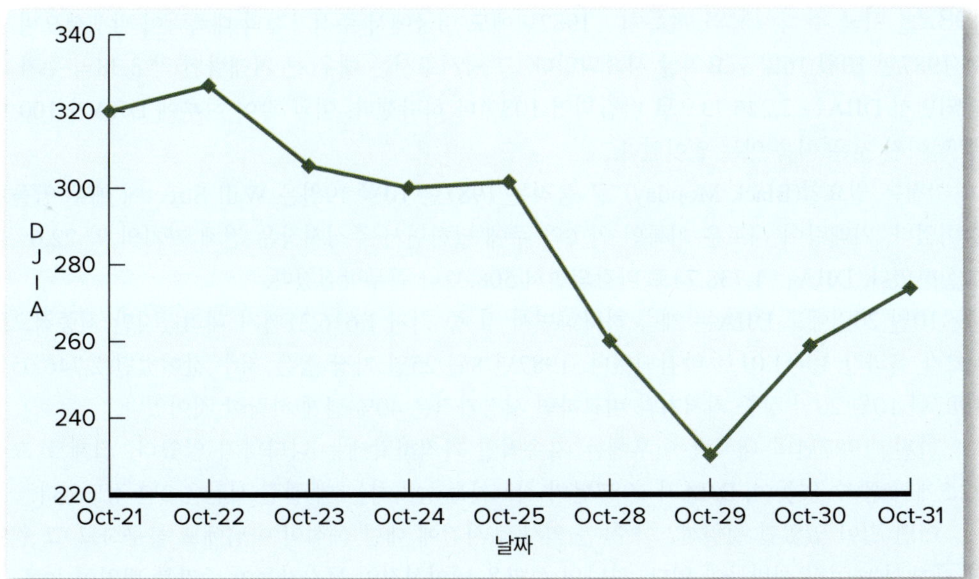

그림 22.3
다우존스 산업평균: 1929년 10월 21일~1929년 10월 31일

다. 10월 29일 화요일에 다우지수는 장 중 한때 212.33을 기록하면서 230.07을 보였다. 이는 전번 주 금요일 종가수준보다 약 30%나 하락한 것이었다. "검은 화요일(Black Tuesday)"로 알려져 있는 이날 NYSE의 주식거래량은 16.4백만 주였으며, 이는 정상적인 거래량의 4배 이상이었다.

1929년의 대폭락이 매우 큰 폭의 가격하락을 보인 것이지만, 그 이후에 나타나는 약세시장(bear market)과 비교해서는 가격하락의 크기가 작은 것이었다. 그림 22.4에서 보듯이 DJIA는 1929년 10월의 대폭락 이후에 약 20% 다시 상승했다. 그러나 DJIA는 그 이후 지속적인 하락세를 보이면서 1932년 7월 8일에는 40.56까지 도달하였다. 이는 1929년 9월 3일의 최고수준과 비교할 때 약 90%나 하락한 것이다. 그리고 DJIA는 그 이후 약 25년이 지난 1954년 11월 24일이 되기까지는 이전의 최고수준을 넘어서지 못했다.

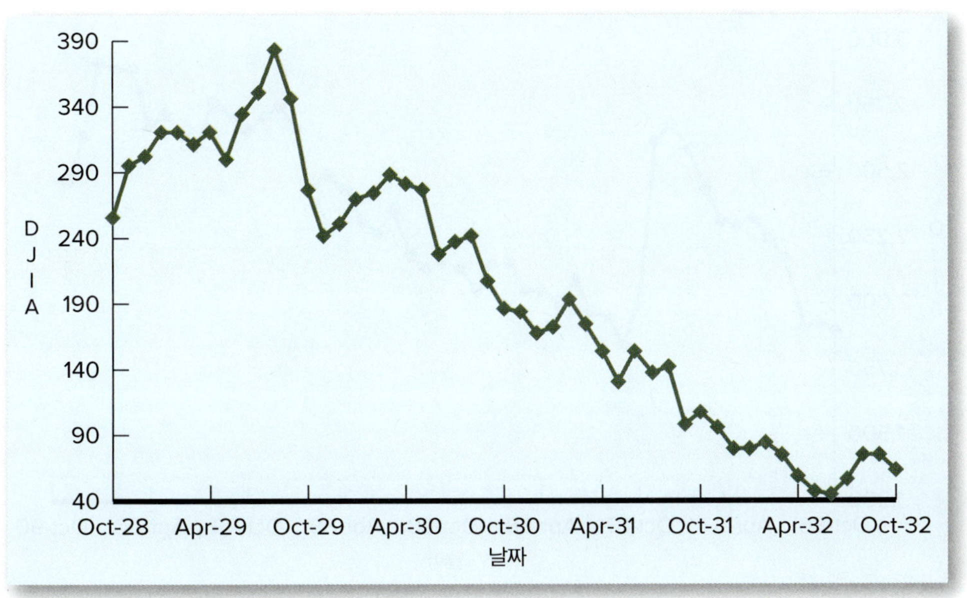

그림 22.4
다우존스 산업평균: 1928년 10월~1932년 10월

1987년 미국 주식시장의 대폭락 1987년에도 미국에서 주식가격의 대폭락이 발생했으며 이는 1987년 10월 16일 금요일날 시작되었다. 그 당시로서는 매우 큰 거래량인 약 3.38억 주가 거래되면서 DJIA는 2,246.73으로 마감되어 108이나 하락했다. 이와 같이 하루에 DJIA가 100 이상 떨어진 것은 처음 있는 일이었다.

"검은 월요일(Black Monday)"로 불리는 1987년 10월 19일은 Wall Street에 매우 암울한 날이었다. 거래량이 새로운 기록인 약 6억 주에 달하면서 주식시장은 전체 가치의 약 22.6%를 상실하였다. DJIA는 1,738.74로 마감되면서 508.32나 곤두박질쳤다.

10월 20일에도 DJIA는 계속 하락하면서 장 중 최저 1,616.21까지 내려갔지만 최종적으로 102가 올라간 1,841.01로 마감되었다. 1987년 8월 25일 가장 높은 지수 값이었던 2,746.65를 1987년 10월 20일 장중 최저치와 비교하면 시장가격은 40% 넘게 하락한 것이었다.

한편, 1987년의 대폭락 이후에는 지속적인 가격하락세는 나타나지 않았다. 실제로 그림 22.5에서 볼 수 있듯이, DJIA가 1987년의 최고치를 능가하는 데 걸린 시간은 2년 정도였다.

어떤 일이 있었던 것일까? 아주 먼 역사적 사건에 대한 해석이 아님에도 불구하고 그 원인에 대해서는 여러 설명들이 있다. 하나의 설명은 비이성적인 투자자들이 주가를 턱없이 높은 수준까지 높여 놓았고, 그에 따라 버블이 터지면서 투자자들이 자신들의 주식을 투매하면서 검은 월요일이 나타났다는 것이다. 또 다른 설명은 검은 월요일 이전에 시장이 매우 변동적이었고 거래량도 매우 컸었는데 이러한 상황에서 경제에 대한 어떤 불길한 신호가 시장에 흘러들어 왔기 때문이라는 것이다. 예를 들어 1987년 10월 13일 마감장에서 10월 16일 마감장까지 시장은 10% 넘게 하락했다. 이는 1940년 5월(독일군이 프랑스를 침공하기 시작하면서 제2차 세계대전이 터질 무렵) 이후에 가장 큰 연속 3일 하락장이었다. 그러나 한편 기업들의 인수합병 활동이 크게 증가하면서 시장가치는 다시 크게 상승했다. 하지만 한편으로 미의회는 기업들의 합병을 제한하는 법안을 통과시키려고 활발한 움직임을 보였었다.

또 다른 요인으로는 1987년 대폭락이 나타나기 몇 년 전부터 대규모 투자자들이 개발해놓은 프로그램 거래(program trading)가 지적되고 있다. 프로그램 거래란 시장가격이 하락할 경우

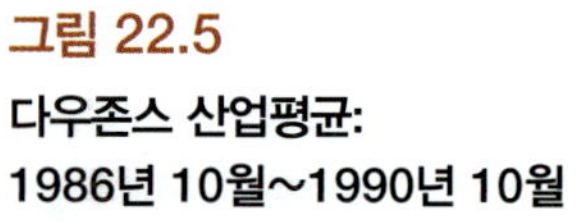

그림 22.5
다우존스 산업평균: 1986년 10월~1990년 10월

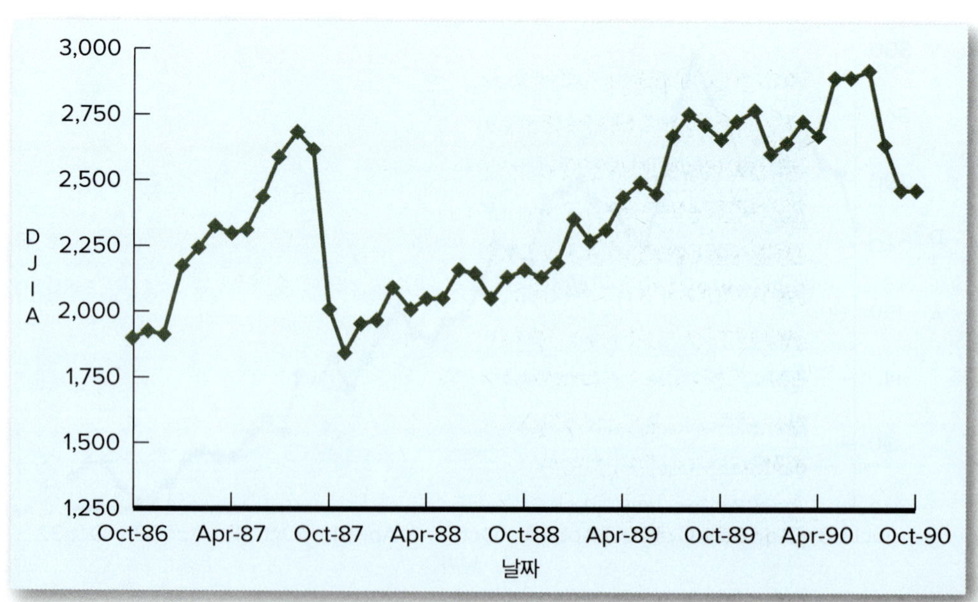

에 엄청난 양의 주식을 빨리 처분하도록 설계된 프로그램이다. 그러나 그동안 시장이 매우 강하게 유지되었으므로 이러한 기법들이 실제로는 활용되고 있지 않았었다. 하지만 1987년 10월 16일 주식의 대량 판매가 발생한 후, 검은 월요일 전에는 목격되지 않던 주식의 매도주문이 폭주하였는데 그 원인 중 하나가 프로그램 거래에 있었다는 것이다.

1987년의 대폭락에 대해서 우리가 확실히 알고 있는 몇 안 되는 것 중 하나는 주식거래가 용해(溶解, meltdown) 현상에 직면할 수 있다는 것이다. NYSE는 거래량을 전부 처리할 수 없었다. 시장에 자신의 매입가격이나 매도가격을 올리는 데도 몇 시간이 걸리게 되어 투자자들이 자신들의 현재 상황이 어떤 것인지에 대해 전혀 알 수 없는 경우가 발생한다는 것이다. 전반적으로 스페셜리스트(specialist)들이 폭주하는 거래주문을 제대로 처리할 수 없는 상황에서 일부 스페셜리스트들이 실제로 주식을 매도하기 시작했다. NASDAQ은 이들 시장조성자(market maker)들을 통해 거래를 할 수 없게 되어 거래가 중단되기도 했었다.

대폭락 이후 이틀간 주식가격이 약 14% 상승했는데 이는 단기적으로 가장 크게 주식가격이 오른 경우 중 하나였다. 가격은 그 이후 얼마 동안 상당히 큰 변동을 보였지만 미국 의회가 합병을 부정적으로 보는 시각이 사라지면서 다시 회복세를 보였다.

닛케이의 대폭락 일본 주식시장의 닛케이 지수(Nikkei Index)의 대폭락은 1990년에 시작되었고 그 이후로도 상당 기간 약세시장이 이어졌다. 이 점에서 이는 1929년 미국 주식시장의 대폭락과 유사하다.

아시아 주식시장의 대폭락은 1980년대의 강세장(bull market) 이후에 나타났다. 일본과 기타 아시아 국가들의 경제는 매우 강력한 경제적 힘을 구축해 나가고 있는 것처럼 보였다. 1987년 미국 주식시장의 대폭락 이후에 미국 주식시장을 경계해왔던 투자자들은 아시아 시장을 그들의 출구로 생각했다.

1955년에서 1989년 사이에 일본에서 형성되어 갔던 버블이 어떤 것이었는지는 그 기간 동안 일본의 부동산가격이 70배 상승했으며, 주식가격은 100배 상승했다는 것을 보면 알 수 있다. 1989년에 일본 주식시장 주식들의 평균 PER는 닛케이 지수가 39,000을 넘을 정도로 크게 상승하면서 전례 없이 높아졌다. 과거를 돌이켜볼 때, 그동안 일본 주식시장에 대해 수많은 경고 신호들이 나타났었다. 그러나 그 당시에는 일본 주식시장이 계속 높은 수준에 머무를 것이라는 낙관론이 지배적이었다. 다른 주식시장들의 대폭락 때와 마찬가지로 전망이 그렇게 밝지 않았을 때에도 대폭락까지는 가지 않을 것으로 생각되었었다. 따라서 많은 사람들이 곧 다가올 닛케이 지수의 대폭락을 알아차리지 못했다.

그림 22.6에서 볼 수 있듯이, 1986년 12월에서 1989년 12월 닛케이 지수가 최고점에 도달하던 3년 동안, 닛케이 225 지수는 115% 상승했었다. 그러나 그 다음 3년 동안 이 지수는 57%나 하락했다. 2020년 초의 닛케이 지수는 1989년 12월 최고점과 비교해서 50%나 하락하였다.

닷-컴 버블과 대폭락 당신은 1994년에 얼마나 많은 웹사이트가 있었을 것으로 생각하는가? 약 10,000개였다면 당신은 믿겠는가? 1999년 말에 활발하게 이용되던 웹사이트는 약 950만 개였고, 2020년 초에 약 15억 개였다.

World Wide Web (WWW)의 성장은 **www.zakon.org/robert/internet/timeline**에 기록되어 있다.

1990년대 중반에, 인터넷 사용의 증가와 인터넷의 국제적 성장잠재력으로 인해 많은 사람들이 신경제(new economy)에 대해 매우 고무적으로 생각하고 있었다. 투자자들은 견실한 사업계획에 대해서는 그다지 큰 관심을 보이지 않았으며 단지 새로운 사업 아이디어만 강조되었었

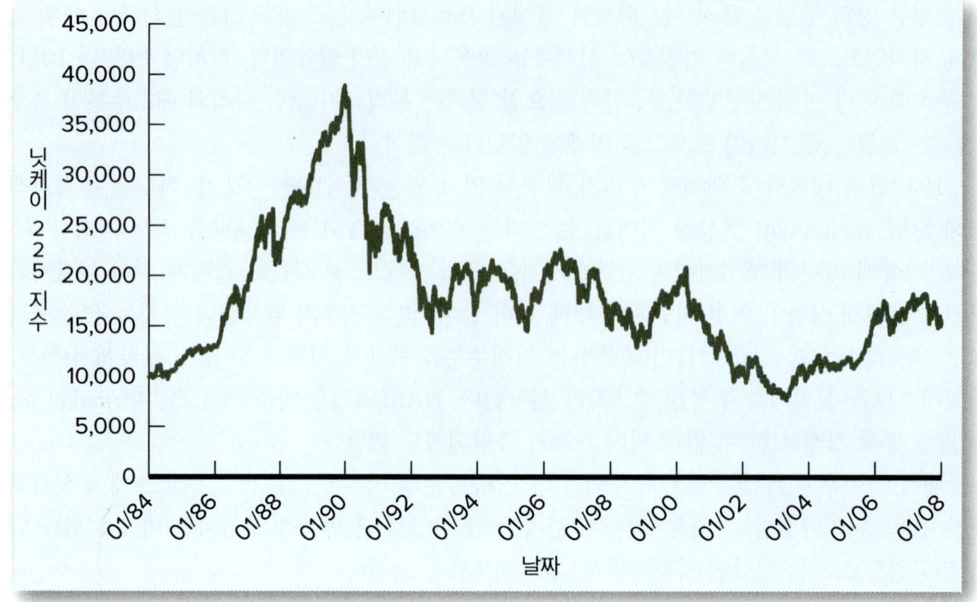

그림 22.6
닛케이 225 지수: 1984년 1월~2007년 12월

다. 투자자들의 도취감은 수많은 인터넷 기업들(이들의 회사명이 전부 ".com"으로 끝났으므로 사람들은 이들 회사를 지칭해 "닷컴"이라고 불렀다)의 IPO로 이어졌다. 그러나 견실한 사업계획을 갖지 않고 탄생한 이들 신생기업 중 상당수가 당연히 쇠락의 길을 걷게 되었다. 어떤 기업들은 IPO 이후에 얼마 안 되어 바로 사업을 그만두기도 했다.

표 22.1과 그림 22.7은 Amex 인터넷 지수와 S&P 500 지수를 비교하여 닷컴 버블과 그 이후에 나타난 대폭락의 정도가 어느 정도였는지를 보여주고 있다. 표 22.1에 나타나듯이, Amex 지수는 1998년 10월 1일 114.68에서 2000년 3월 말에 688.52까지 치솟았다. 이는 500%의 상승이다. 그런 후, Amex 지수는 2002년 10월 초에 58.59까지 하락했으며 이는 91%의 하락이다. 이와는 대조적으로 S&P 500 지수는 1998~2000년간 약 31% 상승했으며 2000~2002년간에는 40% 하락했다.

이제 이와 같은 여러 현상들을 보고, 당신은 아마도 사람들이 어떻게 금융시장이 어떤 식으로든 효율적이라고 생각할 수 있는지에 대해 의문을 가질 것이다. 그러나 당신이 어떤 판단을 내리기 전에 다음 절을 유심히 읽어보기 바란다. 당신이 곧 알게 되겠지만, 시장의 효율성을 지지하는 매우 강력한 주장이 있다.

표 22.1 AMEX 인터넷 지수와 S&P 500 지수의 값

날짜	Amex 인터넷 지수	1998년 10월 1일과 최고점 사이의 이득(%)	최고점과 최저점 사이의 손실(%)	S&P 500 지수	1998년 10월 1일과 최고점 사이의 이득(%)	최고점과 최저점 사이의 손실(%)
1998년 10월 1일	114.68			986.39		
2000년 3월 말 (인터넷 지수의 최고점)	688.52	500%		1,293.72	31%	
2002년 10월 초 (인터넷 지수의 최저점)	58.59		−91%	776.76		−40%

출처: 저자의 계산

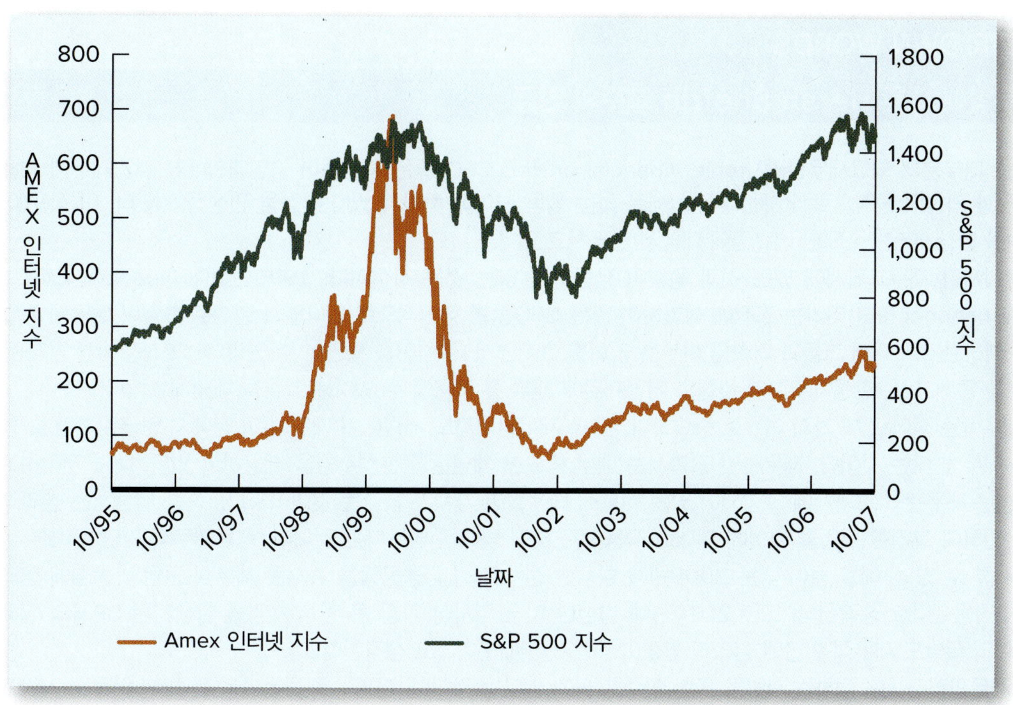

그림 22.7
1995년 10월~2007년 10월의 AMEX 인터넷 지수와 S&P 500 지수의 값

개념질문 _ *Concept Questions*

22.5a "차익거래의 한계"란 무엇을 의미하는가?
22.5b "노이즈 거래자 위험"이란 무엇인가?

시장의 효율성과 전문투자자들의 성과 22.6

당신은 뮤추얼펀드가 무엇인지는 알 것이다. 이는 투자자들이 그들의 자금을 한데 모아 투자전문가에게 맡겨서 그들에게 일정 수수료를 지불하고 그 자금을 관리하도록 하는 것이다. 뮤추얼펀드에는 여러 종류가 있지만, 여기서는 주식만을 거래하는 뮤추얼펀드에 초점을 맞추기로 한다. 이러한 펀드는 general equity fund(GEF)라고 부른다. 미국에는 수천 개의 GEF가 있으며, 투자전문가들에 의해 운영되는 이러한 펀드들의 성과에 대해 많은 분석이 이루어져 왔다.

대부분의 GEF는 펀드관리자(fund manager)들이 펀드의 수익을 높이기 위해 활발하게 주식을 거래하기 때문에 매우 적극적으로 관리되고 있다. 다만 지수펀드(index fund)라고 불리는 한 종류의 뮤추얼펀드만 소극적으로 관리되고 있다. 지수펀드는 주식시장 지수만큼의 성과를 내는 것을 목표로 하고 있다. 따라서 시장지수가 변하지 않는 한, 이러한 펀드의 주식거래는 발생하지 않는다. 가장 대표적인 지수펀드로는 S&P 500 지수를 모방하는 펀드로 Vanguard 500 지수펀드가 가장 잘 알려진 예이다. 2020년 초를 기준으로 할 때, 이 펀드는 약 5,000억$의 자산을 갖고 있는 미국에서 가장 큰 뮤추얼펀드이다.

투자자들이 비이성적으로 행동하기 때문에 시장이 비효율적이라면, 주식가격은 0의 NPV를 갖는 가격수준과는 다르게 나타날 것이고, 그러한 잘못 형성된 가격 기회를 이용하여 이윤을 낼

IN THEIR OWN WORDS ...

행동재무학에 대한 Hersh Shefrin 교수의 언급

내가 아는 대부분의 최고재무관리자(chief financial officer: CFO)들은 자신들이 경영대학에서 기업재무에 대해서 배운 것과 기업의 중역으로서 자신들이 실제로 하는 행동 사이에 차이가 있다는 점을 인정하고 있다. 이 장은 이러한 차이를 발생시키는 중요한 이유들에 대해서 언급하고 있다.

재무관리자가 재무교과서에 있는 것과 똑같이 행동하지 않는 것은 사실이다. 1990년대에 Financial Executives International (FEI)이라는 조직에 참가하여 많은 CFO들과 정기적으로 만나면서 실제로 그들이 어떻게 기업재무를 수행하는가에 대해 그들과 대화를 나누는 기회를 가지면서 나는 이를 확인할 수 있었다. 그 과정에서 얻게 된 많은 정보를 통해, 나는 행동재무학이 현실의 기업재무에 매우 잘 적용될 수 있다는 결론을 내리게 되었다.

행동재무학은 적어도 세 가지 이유로 중요하다. 첫째, 재무관리자도 사람이기 때문에 이 장에서 언급된 행동을 할 가능성이 매우 높다는 것이다. 재무관리 교과서는 매우 중요한 개념들과 분석수단을 제공하고 있다. 내가 지적하고자 하는 점은 재무관리 교과서에 포함되어 있는 전통적 내용들이 가치가 없다는 것이 아니라, 종종 발생하는 심리적 장애들로 인하여 그러한 것들을 현실에 제대로 적용하는 것이 방해를 받는다는 것이다. 행동재무적 판단에 따른 비용은 매우 클 수 있다. 예를 들어 나는 2008년에 발생한 전 세계적 금융공황을 가져온 재무적 판단의 중심에 심리적 함정이 작용했다고 생각한다. 또한 2010년에 발생한 미국 역사상 가장 큰 환경 재앙을 발생시킨 BP사의 심해유정(油井)의 폭발도 재무적 판단에 심리적 함정이 작용했기 때문이라고 생각한다.

둘째, 재무관리자들이 접하는 사람들 또한 실수를 하기 쉽다는 것이다. 다른 사람들은 실수를 하지 않을 것이라고 기대하는 것 자체가 재무관리자로 하여금 좋지 않은 의사결정을 하게 만들 수 있다.

셋째, 투자자들의 실수가 때때로 비효율적인 가격이 나타나게 한다는 것이다. 이러한 측면에서 볼 때, 경영자들은 두 가지 실수 중 하나를 할 수 있다. 경영자들은 가격이 실제로 비효율적인 수준임에도 그것을 효율적인 수준으로 인식할 수 있다. 또한 가격이 실제로 효율적인 수준임에도 그것을 비효율적인 수준으로 인식할 수 있다. 따라서 경영자들은 이 두 종류의 실수에 노출되어 있다는 것을 인식하고 이들을 어떻게 다룰 것인가에 대해 생각할 필요가 있다.

이 장에서 설명된 내용은 행동재무학을 이해하는 데 있어서 좋은 출발점을 제공하고 있다. 그러나 이 장이 소개하고 있는 행동재무학을 잘 활용하기 위해서는 자본예산, 자본구조, 가치평가, 배당정책, 시장의 효율성, 기업의 지배구조, 합병이나 인수와 같은 전통적인 재무관리의 주제들에서 당신이 배우는 것을 이 장의 내용과 잘 결합시킬 줄 알아야 할 것이다. 보다 나은 의사결정을 하기 위해서 당신은 사람들의 심리가 사람들의 실제 의사결정에 어떻게 영향을 미치는가를 살펴보아야 할 것이다. 또한 당신의 보다 나은 의사결정을 위해서 사람들의 실수로부터 배워야 할 점이 무엇인가를 살펴봐야 할 것이다. 그렇게 하는 경우에 행동재무학은 당신에게 어떤 가치를 가져다 줄 것이다.

Hersh Shefrin 교수는 Santa Clara University의 경영대학장으로 있으며, *Behavioral Corporate Finance: Decisions that Create Value*의 저자이기도 하다.

수 있는 거래전략을 수립해 거래함으로써 활발하게 관리되고 있는 뮤추얼펀드의 전문관리자들은 지수펀드의 성과보다 더 나은 성과를 낼 수 있을 것이다. 실제로 전문관리자들에게 거액의 수수료를 지불하는 것은 바로 이런 이유 때문이다.

GEF의 수는 지난 20년간 매우 크게 증가했다. 그림 22.8은 1989년부터 2018년까지 증가한 GEF의 수를 보여주고 있다. 위의 실선은 적어도 1년 이상 존재했던 펀드의 수를 나타내며, 아래 실선은 적어도 10년 이상 존재한 펀드의 수를 나타낸다.

그림 22.8에서 전문 펀드관리자들이 자신들의 펀드를 10년 동안 존재하도록 만드는 것이 어렵다는 것을 볼 수 있다(만약 그것이 쉬웠다면 위의 실선과 아래 실선 사이의 간격이 넓지 않아야 한다).

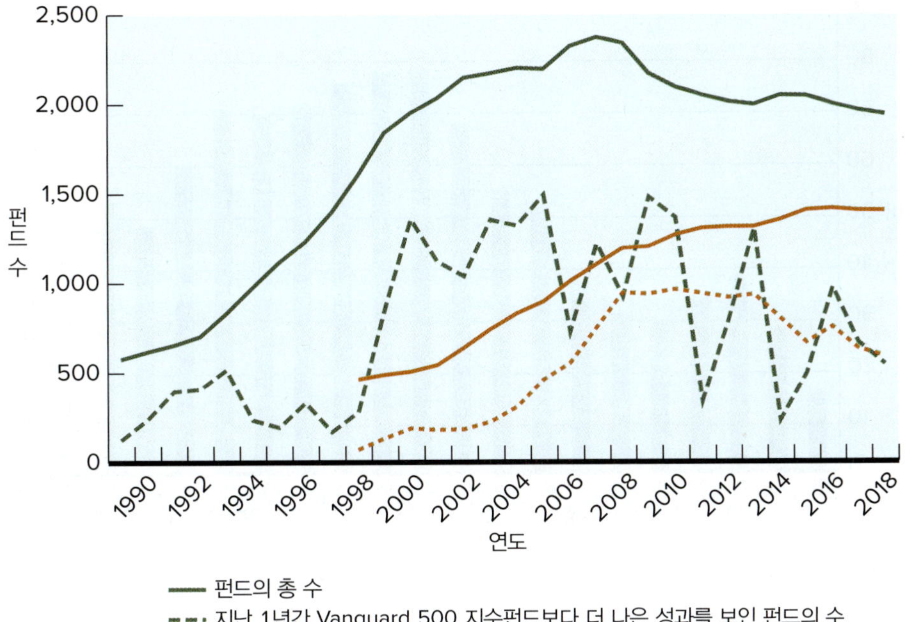

그림 22.8

적극적으로 관리된 주식펀드의 성장, 1989~2018년

출처: 저자의 계산

그림 22.8은 Vanguard 500 지수펀드보다 더 나은 성과를 보인 뮤추얼펀드들의 수도 보여주고 있다. 아래의 점선보다 위의 점선이 더 많은 변동을 갖는다는 것을 볼 수 있을 것이다. 이는 어떤 특정한 해에 얼마나 많은 전문 펀드관리자들이 Vanguard 500 지수펀드보다 더 나은 성과를 보일지를 예측하는 것이 어렵다는 것을 의미한다. 또한 아래의 점선이 보여주는 낮은 수치와 적은 변동성은 과거 10년간의 투자성과를 기준으로 할 때, Vanguard 500 지수펀드보다 더 나은 성과를 보이는 전문 펀드의 비율이 매우 낮고 크게 변하지도 않는다는 것을 의미한다.

그림 22.9와 22.10은 Vanguard 500 지수펀드보다 더 나은 성과를 보인 주식펀드들의 비율

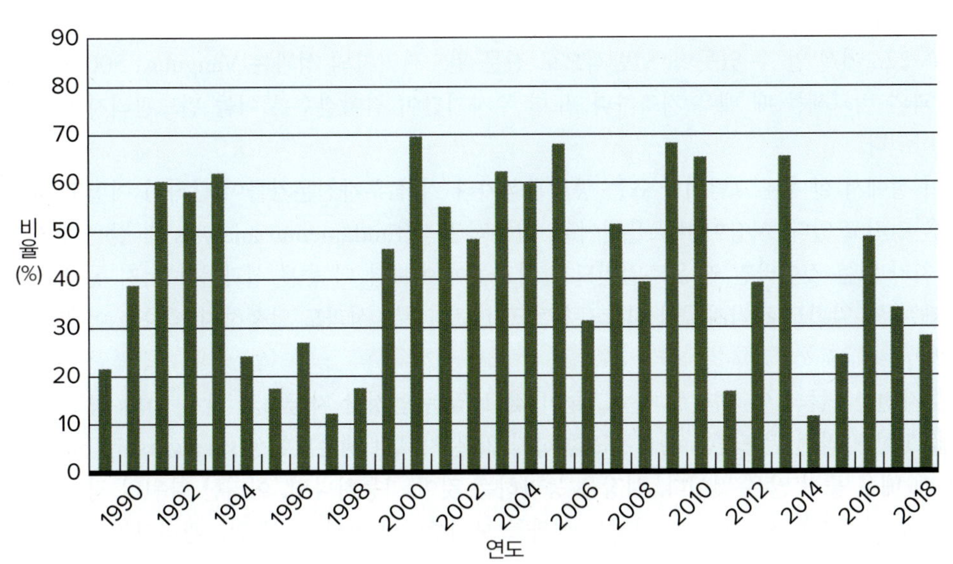

그림 22.9

1년간의 성과를 기준으로 Vanguard 500 지수펀드보다 더 나은 성과를 보인 주식펀드의 비율

출처: 저자의 계산

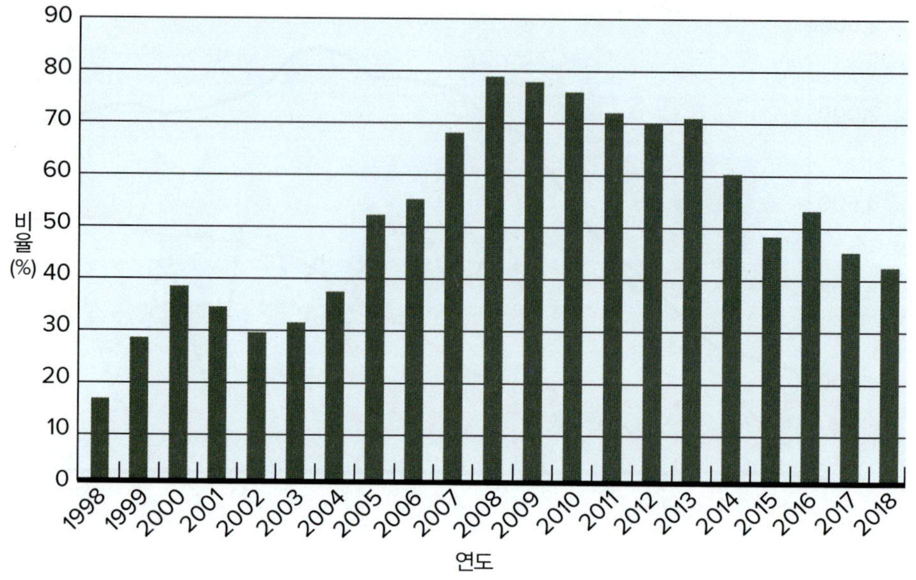

그림 22.10
10년간의 성과를 기준으로 Vanguard 500 지수펀드보다 더 나은 성과를 보인 주식펀드의 비율
출처: 저자의 계산

을 보여주는 막대그래프이다. 그림 22.9는 1년간의 성과만을 본 경우이고, 그림 22.10은 과거 10년간의 성과를 본 경우이다. 그림 22.9에서 알 수 있듯이, 1989년에서 2018년까지의 30년 동안 전문 펀드관리자들의 반 이상이 Vanguard 500 지수펀드보다 더 나은 성과를 보인 연도는 12개에 그친다. 10년간의 성과를 기준으로 비교했을 때는 더 좋지 않다. 1989~1998년을 시작으로 2009~2018년까지 총 21개의 10년간 투자기간 중 전문 펀드관리자들의 과반수가 Vanguard 500 지수펀드보다 더 나은 성과를 보인 경우는 11개 투자기간에 그친다.

표 22.2는 전문 펀드관리자의 성과에 대해 더 많은 증거를 제시하고 있다. 1989년에서 2018년까지의 자료를 사용하여 이 기간을 1년간의 투자성과, 3년간의 투자성과, 5년간의 투자성과, 10년간의 투자성과로 나누어서, (1) 전문 펀드관리자들의 반 이상이 Vanguard 500 지수펀드보다 더 나은 성과를 보인 경우는 전체 기간의 수에서 몇 퍼센트인가? (2) 전문 펀드관리자들의 3/4 이상이 Vanguard 500 지수펀드보다 더 나은 성과를 보인 경우는 전체 기간의 수에서 몇 퍼센트인가를 보여주고 있다.

표 22.2에서 알 수 있듯이, 일반적으로 전문 펀드관리자의 성과는 Vanguard 500 지수펀드의 성과와 비교해볼 때 매우 저조하다. 또한 투자기간이 길어질수록 이들 펀드관리자의 성과는 더 낮아진다.

이 절에서 살펴본 그림이나 표는 증권분석가나 기타 투자전문가들이 답하기 어렵고 불편한 질문을 던지고 있다. 시장이 비효율적이고, 기본적 분석(fundamental analysis)과 같은 투자분석이 가치가 있는 것이라면 왜 뮤추얼펀드 관리자들이 이보다 더 좋은 성과를 보이지 못하고 있는 것인가? 뮤추얼펀드 관리자들이 시장지수펀드가 보여주는 성과도 달성하지 못하는 이유는 무엇인가?

투자전문가들의 이러한 성과는 그들이 갖고 있는 엄청난 자금력과 많은 양의 정보를 고려할 때, 또한 사라진 펀드들은 분석에 포함하지 않은 자료의 생존편향성(survivorship bias)을 고려할 때 매우 좋지 않은 것이다. 시장을 능가하는 것이 가능하다면, 이러한 다윈의 적자생존 과정을 통해 생존자들은 시장을 능가하는 성과를 보여주어야 한다. 전문 펀드관리자들이 보여주고

표 22.2 전문 펀드관리자들의 성과와 Vanguard 500 지수펀드의 성과

각 투자의 투자기간(연)	전체 기간	투자기간 수	전문 펀드관리자들의 반 이상이 Vanguard 500 지수펀드보다 더 나은 성과를 보인 경우	퍼센트	전문 펀드관리자들의 3/4 이상이 Vanguard 500 지수펀드보다 더 나은 성과를 보인 경우	퍼센트
1	1989~2018년	30	12	40.0%	0	0.0%
3	1991~2018년	28	13	46.4	1	3.6
5	1993~2018년	26	13	50.0	1	3.8
10	1998–2018년	21	11	52.4	3	14.3

출처: 저자의 계산

있는 성과가 전반적인 시장지수펀드의 성과보다 나은 것이 없다는 사실은 전체적으로 주식시장이 효율적이라는 개념과 일치하는 것이다.

이제 행동재무학과 시장효율성에 대한 설명이 우리에게 의미하는 것은 무엇일까? 주요 자본시장들은 효율적인 시장인가? 지난 40여 년간의 연구를 토대로 우리는 한두 가지 점을 언급할 수 있다. 첫째, 합당한 질문은 "시장은 효율적인가?"라는 질문이 아니라 "시장이 어느 정도로 효율적인가?"라는 질문이어야 한다는 것이다. 시장이 완전한 효율성을 갖고 있지 않다는 것은 확실하며, 차익거래의 한계도 존재한다. 둘째, 그러나 전문 펀드관리자들이 간단한 시장지수가 보여주는 성과보다 나은 성과를 일관성 있게 보여주지 못하고 있는 것은 주요 자본시장들이 상당히 높은 효율성을 갖고 작동하고 있다는 점을 강하게 말해주고 있다는 것이다.

개념질문 _Concept Questions

22.6a 지수펀드와 적극적으로 관리되고 있는 뮤추얼펀드의 차이점은?
22.6b 적극적으로 관리되는 GEF들의 과거 성과를 살펴보면서 우리가 알게 되는 것은 무엇인가?

요약과 결론 22.7

이 장에서는 인지심리학과 행동재무학이 전통적 재무관리에 대해 갖는 몇 가지 함의에 대해 살펴보았다. 이 장의 첫째 부분에서는 보다 나은 재무관리자가 되기 위한 핵심요건 중 하나로 어떤 유형들의 행동에 대해 주의해야 하며 그러한 행동은 피해야 하는 것임을 배웠다. 행동재무학은 편견, 프레임 의존성, 휴리스틱스로 인한 판단실수가 손실을 가져다 줄 수 있다는 점을 알려주고 있다.

편견은 미래의 결과에 대해 잘못된 추정을 하게 만들어 나쁜 의사결정을 하게 만든다. 예를 들어 과낙관은 과다하게 낙관적인 추정이나 판단을 하게 만든다. 프레임 의존성은 보다 큰 그림을 보지 않고 작은 그림에 초점을 맞추는 좁은 프레이밍을 발생시킬 수 있다. 심적 지름길로 휴리스틱을 사용하는 것은 보다 자세한 분석에 의해 얻을 수 있는 가치 있는 통찰력을 무시하는 행동이다.

이 장의 두 번째 부분에서는 투자자들의 판단실수가 시장가격에 영향을 미치고 그로 인해 시장은 비효율적인가라는 보다 어렵고 증거가 확실하지 않은 질문에 대해 살펴보았다. 이는 많은 연구자와 실제의 투자전문가들 사이에 상당한 논쟁을 발생시키고 있는 질문이다. 우리는 이 질문과 관련된 여러 현상과 견해들에 대해 살펴보았다.

기업 고유의 위험, 노이즈 거래자 위험(감성기저 위험), 실행비용 등의 이유로 차익거래자들이 시장의 비효율성을 활용하여 차익거래 이익을 얻기가 어려울 수 있다. 이러한 어려움을 차익거래의 한계(차익거래의 장벽)라고 부른다. 차익거래의 한계가 의미하는 것은 시장의 비효율성이 곧바로 사라지는 것이 아니고 점차적으로 사라지며, 또한 상대적으로 작은 시장의 비효율성은 차익거래자의 수익성이 보장되지 않을 때 지속적으로 나타날 수 있다는 것이다.

과거 역사를 통해 시장을 살펴보았을 때, Palm사의 IPO의 경우처럼 시장가격이 잘못 형성되어 나타날 수 있다는 것이 확인되었다. 또한 시장이 버블이나 대폭락에 취약할 수 있다는 것도 확인되었다. 이는 시장에 비효율성이 존재함을 보여주는 것이다. 그러나 전문투자자들의 성과를 살펴본 결과는 이와는 반대되는 증거를 확실히 보여주고 있다. 우리는 전문투자자들의 성과가 시장지수가 보여주는 성과보다 일관성 있게 더 좋게 나타나지는 않는다는 것을 확인하였으며, 이는 시장의 효율성을 지지해주는 강한 증거이다.

개념복습과 개념문제

1. **차익거래의 한계** [LO4] 3Com/Palm과 Royal Dutch/Shell의 경우에 시장가격이 왜곡되어 형성될 수 있음을 보았다. 차익거래의 한계 중, 시장가격을 왜곡시키는 이유가 될 가능성이 가장 낮은 것은 어떤 것인가? 설명하라.
2. **과신** [LO1] 과신(overconfidence)은 재무관리자나 주주들에게 어떻게 영향을 미치는가?
3. **프레임 의존성** [LO2] 프레임 의존성(frame dependence)이 어떻게 비합리적인 투자결정을 가져오는가?
4. **노이즈 거래자 위험** [LO4] 노이즈 거래자(noise trader) 위험이란 무엇인가? 이것이 어떻게 시장의 비효율성을 가져오는가?
5. **확률** [LO3] 당신이 동전 던지기 대회에 참가하여 연속해서 동전의 앞면을 발생시켰다고 하자. 다음번 동전 던지기에서 다시 앞면을 발생시킬 확률은 얼마인가? 9번째의 던지기에서 앞면을 발생시켰다면, 10번째 던지기에서 앞면을 발생시킬 확률은?
6. **프로들의 성과** [LO4] 1990년대 중반과 후반에 투자전문가들의 투자성과는 매우 낮았으며, 에퀴티 뮤추얼펀드의 거의 90%가 수동적으로 관리되는 지수펀드보다 낮은 성과를 보였다. 이러한 사실이 시장의 효율성에 대해 갖는 의미는 무엇인가?
7. **효율적 시장가설** [LO4] 효율적 시장가설은 모든 뮤추얼펀드들이 동일한 위험대비 수익을 가져야 한다는 것을 의미한다. 따라서 아무 뮤추얼펀드나 무작위로 선택해도 된다. 이 말은 맞는가, 틀리는가? 설명하라.
8. **시장의 효율성에 대한 증거** [LO4] 어떤 사람들은 효율적 시장가설이 1987년의 주식시장의 대폭락과 1990년대 후반의 인터넷 기업 주식들의 높은 PER를 설명하지 못한다고 주장한다. 어떤 가정들이 이 두 현상을 설명하는 데 사용되고 있는가?
9. **행동재무학과 효율적 시장** [LO4] 행동재무학을 주장하는 사람들은 시장이 효율적이지 않다는 것을 주장하기 위해 세 가지 개념을 사용한다. 그 세 가지 개념들은 무엇인가?
10. **프레임 의존성** [LO2] $78를 잃은 상태에서 손실이 100$로 증가할 가능성이 80%이고, 손실이

0이 될 가능성이 20%인 도박의 기회가 당신에게 주어진 예를 이 장에서 살펴보았다. 자본예산(capital budgeting)에서 언급한 독립평가의 원칙(stand-alone principle)을 사용하여, 당신이 이 제안을 받아들이거나 받아들이지 않는 의사결정이 프레임 의존성에 의해 어떻게 영향을 받는가를 설명하라. 다시 말해 대부분의 사람들이 이 제안을 제대로 분석할 가능성이 있도록 이 질문을 다시 프레이밍 해보라.

작은 사례

S&S Air에서의 당신의 401(K) 계좌

당신이 S&S Air에서 근무하기 시작한 지 이제 1주일이 되었고, 이 회사의 401(k) 계획에 대해 당신이 선택한 것에 서명해야 한다. Bledsoe 금융회사 직원인 Audrey Sanborn과 의논을 해보기는 했지만, 아직 이 계획 중 어떤 투자 옵션들을 선택해야 할지 당신은 결정을 내리지 못하고 있다. 선택할 수 있는 옵션 중의 투자안들에는 S&S Air의 주식에 대한 투자, Bledsoe의 S&P 500 지수펀드에 대한 투자, 규모가 작지만 성장성이 기대되는 기업들에 대해 투자하는 Bledsoe의 Small-Cap 펀드에 대한 투자, 대기업을 대상으로 하여 투자하는 Bledsoe의 Large-Company 주식펀드에 대한 투자, Bledsoe의 채권펀드에 대한 투자, Bledsoe의 Money Market 펀드에 대한 투자 등이 있음을 기억하라. 당신은 분산된 포트폴리오를 구성하기로 결정했으며 구체적으로는 70%는 주식에, 25%는 채권에, 나머지 5%는 Money Market 펀드에 투자하기로 하였다.

또 한 가지 결정한 것은 주식투자는 대기업 주식을 대상으로 한다는 것인데, 문제는 S&P 500 지수펀드에 투자할 것인지, Large-Company 주식펀드에 투자할 것인지 하는 것이다. S&P 500 지수펀드는 대기업 중심의 주가지수를 모방하면서 매우 수동적으로 관리되는 수수료가 낮은 펀드이다. 그러나 Large-Company 주식펀드는 지수펀드에 비해 더 나은 성과를 내도록 하기 위하여 전문 투자가가 활발하게 관리하는 펀드이며, 수수료는 상대적으로 지수펀드보다 높다. 어떤 것을 선택해야 할지 잘 몰라 당신은 S&S Air의 재무분석가인 Chris에게 물어보았다.

Chris와 상의한 결과, Chris는 당신에게 에퀴티 뮤추얼펀드와 Vanguard 500 지수펀드의 성과를 비교하여 보여주는 정보를 알려주었다. Vanguard 500 지수펀드는 전 세계적으로 가장 규모가 큰 주가지수 뮤추얼펀드이다. 이 펀드는 S&P 500 지수를 모방하여 포트폴리오를 구성하고 있는 펀드이기 때문에 수익률이 S&P 500 지수가 보여주는 수익률과 거의 차이가 없고, 수수료는 매우 낮은 편이다. 따라서 401(k) 계획이 제공하는 Bledsoe의 S&P 500 지수펀드는 기본적으로 Vanguard 500 지수펀드와 같은 것이지만 Vanguard 500 지수펀드보다는 더 오랜 역사를 갖고 있어서 지난 20년간의 성과를 살펴볼 수 있다. Chris는 그림 22.10을 살펴보고 다음과 같은 질문에 대해 당신이 답해 보도록 제안했다.

질문

1. 뮤추얼펀드를 관리하는 전문 투자가들의 성과를 보여주는 이 그래프로부터 당신이 알 수 있는 것은 어떤 것인가?
2. 이 그래프는 시장의 효율성을 말해주는가, 시장의 비효율성을 말해주는가? 조심스럽게 답해보라.
3. 당신의 401(k) 계좌 중 주식투자 부분에서 당신이 내려야 하는 투자결정은 어떤 것인가? 그 이유는?

23 기업위험관리

Enterprise Risk Management

SOUTHWEST AIRLINES은 한때 연료가격을 헤지하는 것으로 유명했다. 이 회사는 연료 공급가격을 고정시켜 다른 많은 항공사들이 손을 놓고 있을 때 돈을 벌 수 있었다. 시간이 지나면서 경쟁자들이 그 뒤를 따랐고 보다 적극적으로 연료 가격을 헤지했다. 그러나 2020년 COVID-19 위기에 항공 여행은 급격히 줄어들었고, 항공사들은 헤지비용으로 손실을 보고 있음을 알았다. 가장 큰 문제는 수요 감소에 비해 너무 많은 헤지를 걸었다는 것이었다. 2020년 5월, British Airways의 모회사인 International Airlines Group은 헤지로 인해 13.25억€(14.2억$)의 손실을 보았다고 발표했다. 같은 달, Air France는 4억 8,800만$의 헤지 손실을 발표했고, Singapore Airlines은 6억 3,800만$의 헤지 손실을 발표했다. 이 장에서 살펴보겠지만 선물, 옵션 및 스왑을 포함하여 위험을 처리하고 헤지할 수 있는 다양한 정교한 금융 수단이 있다. 우리는 그러한 수단이 어떻게 양날의 검이 될 수 있는지도 알아볼 것이다.

학습목표 _Learning Objectives

이 장을 공부한 후에는 다음과 같은 것들에 대해 알아야 한다.

- **LO1** 기업이 직면하는 위험들과 그에 대한 헤징
- **LO2** 선물계약과 선도계약의 유사점 및 차이점, 이들을 이용한 헤징
- **LO3** 스왑계약과 스왑계약을 이용한 이자율 변화에 대한 헤징
- **LO4** 옵션계약의 보상파일과 옵션계약을 이용한 헤징

기업들은 다양한 종류의 위험에 늘 직면하고 있다. 이러한 위험 중 예상치 못한 비용증가와 같은 위험은 쉽게 인지될 수 있는 위험이지만, 인재(human error)로 인한 재난처럼 쉽게 인지되기 어려운 위험도 있다. **기업위험관리**(enterprise risk management: ERM)는 전사적(全社的)으로 위험을 감지하고 평가할 뿐만 아니라 금전적으로 큰 손실을 가져다줄 수 있는 위험인 경우에는 그 손실을 줄일 수 있는 방법을 찾는 과정을 말한다. 많은 기업들은 위험을 관리하는 조치들을 항상 취해 왔다. 그러나 최근에는 각각의 위험을 개별적인 것으로 관리하는 것에서 벗어나 기업이 직면하는 모든 위험을 전체적(holistic)으로 통합관리하는 것으로 기업들의 위험관리에 대한 인식이 바뀌고 있다. 이는 회사 전반적(company wide level)으로 다양하고 복잡한 위험들이 존재하면서 그러한 위험들이 서로 연관되어 있다는 것에 대한 인식이 높아져 왔기 때문이다. 이와 같이 전사적 위험관리를 뜻하는 기업위험관리(ERM)가 가져다주는 혜택이 실제로 매우 크다는 것이 점점 더 확실해지면서 많은 기업들이 회사의 전반적 위험관리를 위해 최고위험관리자(chief risk

기업위험관리(enterprise risk management: ERM): 전사적으로 위험을 감지하고, 평가할 뿐만 아니라 위험이 가져올 금전적 손실을 줄이는 방법을 찾는 과정

위험관리에 관해 더 살펴보기를 원한다면 **ifci.ch**를 참조하라.

officer: CRO)를 임원으로 두고 있다.

위험은 크게 네 가지로 구분될 수 있다. 첫째는 재해위험(hazard risk)으로 자연재해, 도난, 피소(被訴) 등과 같이 기업 외부로부터 예상치 못하게 발생하는 위험이다. 둘째는 금융위험(financial risk)으로 환율변동, 원자재(commodity) 가격변동, 이자율변동 위험이다. 셋째는 운영위험(operational risk)으로 인적자원, 제품개발, 유통, 마케팅, 공급사슬 등 기업과 관련된 여러 측면에서 발생하면서 기업활동이 손상받거나 기업활동에 장애를 발생시키는 위험이다. 넷째는 전략위험(strategic risk)으로 시장에서의 경쟁 양상(樣相)의 변화, 소비자 욕구의 변화, 사회 및 인구적(demographic) 변화, 정부규제 및 정치상황 변화, 기술혁신과 같은 것들이 발생시키는 위험이다. 전략위험에는 제품불량, 사기(fraud), 기타 나쁜 소문으로 인해 기업의 명성을 손상시키는 위험도 포함된다.

기업위험관리(ERM)의 중요한 측면 중 하나는 위험들을 회사 전체적 시각에서 본다는 것이다. 회사의 한 부서에 손해를 발생시키는 위험이 다른 부서에는 혜택을 발생시켜 결과적으로 그 효과가 서로 상쇄될 수도 있다. 이러한 경우에는 한 부서의 위험을 줄이는 것이 회사 전체적으로는 오히려 더 안 좋은 결과를 가져다줄 수 있다. 예를 들어 수직적으로 통합되어 있는 원유회사의 경우를 보자. 이 회사의 한 부서는 원유를 채취하는 부서이고, 다른 부서는 채취된 원유를 정제하는 부서라고 하자. 이 경우, 원유가격의 상승은 원유채취 부서에는 혜택을 가져다주지만 원유정제 부서에게는 손해를 발생시킨다. 그러나 회사 전체적으로 볼 때는 원유가격의 상승이 회사 전체적 현금흐름에 미치는 영향은 거의 없을 수 있다. 마찬가지로 여러 국가에서 활동하는 다국적 기업의 경우에 국가 간 환율의 변화가 회사 전체적으로는 큰 영향을 미치지 않을 수 있다. 또 하나 알아야 할 것은 모든 위험들이 제거되어야 할 정도의 가치를 갖는 것은 아니라는 점이다. 잠재적으로 가장 큰 경제적 손실을 가져올 위험들을 파악하고 이들의 관리에 대해서 우선순위를 결정하는 것이 중요하다.

모든 기업들에게 위험관리는 위험을 예방하는 것으로부터 시작된다. 제품의 안전성을 높이고 사고를 예방하는 조치를 취하는 것이 매우 중요하다. 그러나 이러한 것들은 각 기업에 특화된 사항으로 일반적으로 논의하기는 어렵다. 또한 예방은 재무활동이라기보다는 운영활동이라고 할 수 있다. 그러나 기업의 종류에 관계없이 모든 기업들이 위험을 관리하고 완화시키는데, 특히 금융위험과 재해위험을 관리하고 완화하는 데 이용하는 금융상품들이 있으며 이 장에서는 이러한 것들에 초점을 맞춘다.

23.1 보험

보험(insurance)은 가장 널리 사용되고 있는 위험관리 금융도구이다. 보험은 일반적으로 재해위험(hazard risk)을 줄이는 데 사용된다. 보험은 회사의 재산이 피해를 입음으로써 발생하는 손실이나 소득상실에 대한 보호막으로 이용될 수 있다. 보험은 또한 제3자와의 관계에서 발생하는 채무로부터 보호해준다. 예를 들어 개인과 마찬가지로 기업도 화재나 폭풍으로부터 발생하는 대규모 피해를 막기 위해 손해보험(property insurance)에 가입한다. 기업이 이용하는 다른 종류의 보험에는 다음과 같은 것들이 있다.

- 상업책임보험(commercial liability insurance): 제품, 기업활동, 근로자에 의해 다른 사람이 피해를 보았을 때 이로 인해 발생하는 비용을 보상해준다.

- **휴업보험**(business interruption insurance): 보험대상으로 가입된 화재나 자연재해 등으로 인해 기업활동이 중단되어 발생한 손실을 보상해준다.
- **요인(要人)보험**(key personnel insurance): 회사의 주요 근로자를 잃음으로써 발생하는 손실을 보상해준다.
- **산재보험**(workers' compensation and employer's liability insurance): 근로자가 업무와 관련해 입은 손실을 회사가 보상해야 할 때 발생하는 비용을 보상해준다.

기업이나 기업의 위험관리자는 보험이 갖는 보상한계, 보험조건, 보험대상이 되는 위험들을 제대로 인식해야 한다. 예를 들어 지진이나 홍수, 테러에 의해 발생하는 손실은 일반적으로 상업책임보험의 대상에서 제외되어 있다. 이러한 재난을 보험대상에 포함시키려면 보험회사와 특별계약을 해야 한다. 기업은 또한 보험조건을 지켜야 한다. 예를 들어 보험약관에는 발생한 손실에 대해서 제때 보험회사에 알려야 한다는 조항이 포함되어 있다. 손실이 발생한 후에 그러한 손실이 보험에 의해 보상을 받지 못한다는 것을 기업이나 기업의 위험관리자가 알게 되는 경우는 없어야 한다. 어떤 보험에 가입해야 하는지, 하지 말아야 하는지는 원칙적으로 순현가(NPV)적 판단에 의해 결정할 문제이다. 보험료는 비용(현금유출)이고 보험회사가 지불할 것으로 예상되는 금액의 현재가치가 혜택(현금유입)이다. 예를 들어 한 기업이 매우 중요한 생산시설을 갖고 있다고 하자. 내년에 이 생산시설이 화재나 기타 자연재해로 파괴될 가능성은 10,000분의 1로 매우 낮다고 하자. 실제로 재난이 발생하였을 경우에 생산시설을 새로 짓는 데 드는 비용과 재난으로 인해 발생시키지 못한 이익을 합한 비용이 200백만$라고 하자. 이 기업은 0$의 손실을 보거나 200백만$의 손실을 본다. 따라서 기대손실은 다음과 같다.

$$\text{기대손실} = (0.9999 \times \$0) + (0.0001 \times \$200\text{백만}) = \$20{,}000$$

기업이 현재가치로 20,000$의 손실(또는 그보다 적은 손실)이 발생할 가능성을 스스로 막을 수 있다면 그렇게 하려고 할 것이다. 그러나 스스로 위험을 완전히 제거하는 것이 기술적으로 가능하다고 하더라도 그렇게 하는 데 드는 비용이 현재가치로 20,000$가 넘는 경우에는 보험에 가입하는 것이 낫다.

보험에 가입해야 하는지, 어떤 종류의 보험에 가입해야 하는지는 기업의 사업성격, 기업규모, 기업의 위험회피도에 따라, 또한 보험가입의 법적의무 여부와 제3자에 의한 보험가입 요구 여부에 따라 달라질 수 있다. 대기업은 종종 비용이 크게 발생하지 않는 사건들에 대해서는 보험에 들지 않고 자체보험(self-insure)으로 해결하기도 한다. 즉, 그러한 위험의 발생으로 인한 손실은 기업이 자체적으로 감당한다는 것이다. 대기업의 경우에는 자신이 직면하는 작은 위험들 전체에 대해 일정한 손실액을 스스로 감수하는 것이 그러한 위험들에 대해 보험에 가입하여 보험료를 지불하는 것보다 더 경제적인 선택이 될 수도 있다. 또한 기업은 때때로 공제액이 큰 보험에 가입하여 거기에 해당하는 손실은 직접 부담하는 쪽을 선택할 수도 있다. 이러한 보험은 진짜 큰 재앙이 닥쳐서 엄청난 손실이 발생할 때 기업을 잘 보호해준다.

우리는 법인보험이나 개인보험 가릴 것 없이 보험회사의 보험금 지급책임을 효과적으로 제한하는 조항을 가지고 있는 많은 유형의 보험이 있다는 것을 주목해야 한다. 그러한 조항의 한 가지 예가 소위 불가항력 조항(force majeure provision)이며, 이것은 본질적으로 양 당사자의 부채 또는 책임을 완전히 면제하는 사건에 관한 것이다. 예를 들어, 전미농구협회(National Basketball Association: NBA)는 연맹이 대재앙 시에 단체교섭협정을 취소하고 선수들에게 지급해야 할 의무를 줄일 수 있도록 한 불가항력 조항을 가지고 있다. 내셔널풋볼리그(National Football League: NFL)은 그러한 조항이 없다.

2020년 COVID-19 위기 동안 많은 사업체가 그들이 가입한 사업중단보험이 불가항력 조항을 가지고 있다는 것을 알게 되었고, 이것은 팬데믹에 의한 손실은 보험으로 보상받지 못한다는 것을 의미했다. 그러한 조항의 이면에 있는 이유는 간단하다. 보험회사에 있어서, 화재는 한 번에 극소수의 사업체에 영향을 미치며 손실은 지리적으로 널리 퍼져 있어서 많은 수의 피보험회사 회사에 대해 어느 정도 예측 가능하다. 팬데믹으로 인한 사업중단은 우리가 최근 목격한 바와 같이, 지역적으로 집중되고 훨씬 더 많다. 이러한 상황에서 수많은 보험사고에 대해 보험금을 지급하면 많은 보험회사들은 파산하고 말 것이다.

2020년에 의회는 사업중단보험금 지급을 거부하는 사건에서 팬데믹을 제외시킬 것을 고려했다. 그러자 몇몇 주요 보험회사들은 연방정부에 사업체가 팬데믹에 따른 사업중단을 커버할 수 있는 사업중단보험에 가입할 수 있도록 허용하는 조치를 마련해줄 것을 제안했다. 이 제안에 의하면 동 프로그램은 9/11 테러 공격 후 입법된 테러위험보험법(Terrorism Risk Insurance Act)을 모델로 삼을 것이다. 개인을 위해 홍수피해를 보상하는 유사한 연방프로그램은 주택소유자들이 이용 가능하다. 사적 재무 측면에서 주택소유자는 주택 보험이 홍수피해를 보상하지 않는다는 것을 알고 있어야 한다. 이런 종류의 손실에 대해 보상을 받기 위해서는 National Flood Insurance Program이 제공하는 별도의 보험에 가입해야만 한다.

개념질문_Concept Questions

23.1a 기업들이 가입하는 보험에는 기본적으로 어떤 종류의 보험이 있는가?

23.1b 기업이 위험을 자체보험(self-insure)으로 해결한다는 것은 무슨 말인가?

23.2 금융위험의 관리

보험에 가입하는 것은 위험(특히 재해위험)을 관리하는 하나의 수단이다. 그러나 금융위험은 보험회사의 도움을 받지 않고 기업이 스스로 관리하기도 한다. 이 장의 나머지 부분에서는 가격이나 이자율변동 위험에 대해 기업이 노출되는 것을 줄이는 방법에 대해 살펴본다. 이를 **헤징**(hedging)이라고 하며, 면역화(immunization)라고 하기도 한다. 앞으로 살펴보겠지만, 헤징에는 여러 가지 방법이 있으며 다양한 기술이 사용된다. 많은 경우에 기업이 특정 위험을 제거하고 싶어도 한 번에 직접 해결할 수 있는 방법은 없다. 대신에 기존의 금융상품을 통해서 새로운 것을 만들어낼 수 있는 방법을 찾아야 한다. 이와 같은 과정을 금융공학(financial engineering)이라 부른다.

헤징(hedging): 가격변동이나 이자율변동에 대한 기업의 노출을 줄이는 것으로서 면역화(immunization)라 부르기도 한다.

금융위험에 대한 관리는 종종 **파생상품**(derivative securities)을 사거나 파는 것을 통해서 이루어진다. 파생상품은 다른 금융자산에 대한 권리를 나타내는 금융자산이다. 예를 들어 주식옵션은 금융자산인 주식을 사거나 팔 수 있는 권리를 주기 때문에 파생상품이다. 금융공학에서는 새로운 파생상품을 만들어내거나, 기존의 파생상품들을 결합시켜서 특정한 위험을 헤징하는 것을 연구한다.

파생상품(derivative security): 다른 금융자산에 대한 권리를 나타내는 금융자산

금융위험을 효율적으로 관리하기 위해서 재무관리자는 어떤 종류의 가격변동이 기업의 가치에 가장 큰 영향을 미치는지 구분해야 한다. 그러한 것을 쉽게 알 수도 있지만 그렇지 않은 경우도 허다하다. 예를 들어 목재를 생산하는 기업의 경우를 생각해보자. 만약 이자율이 상승한다면, 기업의 차입비용이 오르는 것은 당연하다. 그러나 이자율이 상승함에 따라 주택에 대한 수요도 줄어들게 된다. 주택에 대한 수요가 준다면 목재에 대한 수요도 줄기 마련이다. 결국 이자율의 상승은 자본조달비용을 높일 뿐만 아니라 기업의 매출액도 감소시키는 셈이다.

위험 프로파일

위험 프로파일(risk profile)은 금융위험에 대한 기업의 노출수준을 파악하고 측정할 수 있는 기본적인 도구라 할 수 있다. 이는 특정 재화나 서비스의 가격 또는 이자율의 변화가 기업의 가치와 어떤 관계를 갖는지를 그래프로 나타낸 것이다. 위험 프로파일을 만드는 것은 개념적으로 민감도 분석(11장)을 하는 것과 매우 유사하다.

위험 프로파일(risk profile): 가격 또는 이자율이 변함에 따라 기업의 가치가 어떻게 변하는지 보여주는 그래프

예를 들어 밀을 대규모로 생산하는 기업이 있다고 하자. 밀 가격은 큰 폭으로 변할 수 있기 때문에 밀 가격의 변동에 대한 이 기업의 위험노출 수준을 알 필요가 있다. 즉, 밀 가격에 대한 이 기업의 위험 프로파일을 만들어야 한다. 이를 위해 우리는 밀 가격의 예상치 못한 변화(ΔP_{wheat})에 대해서 기업가치의 변화(ΔV)를 좌표상으로 이어준다. 그림 23.1은 이를 보여준다.

그림 23.1의 위험 프로파일은 두 가지를 말해주고 있다. 첫째, 기울기가 우상향하므로 밀 가격의 상승이 기업가치를 상승시킨다는 것이다. 둘째, 기울기 상승이 가파르므로 이 기업은 밀 가격의 변동이라는 위험에 상당히 노출되어 있고, 따라서 이러한 노출을 감소시키려는 조치를 취할 수 있다는 것이다.

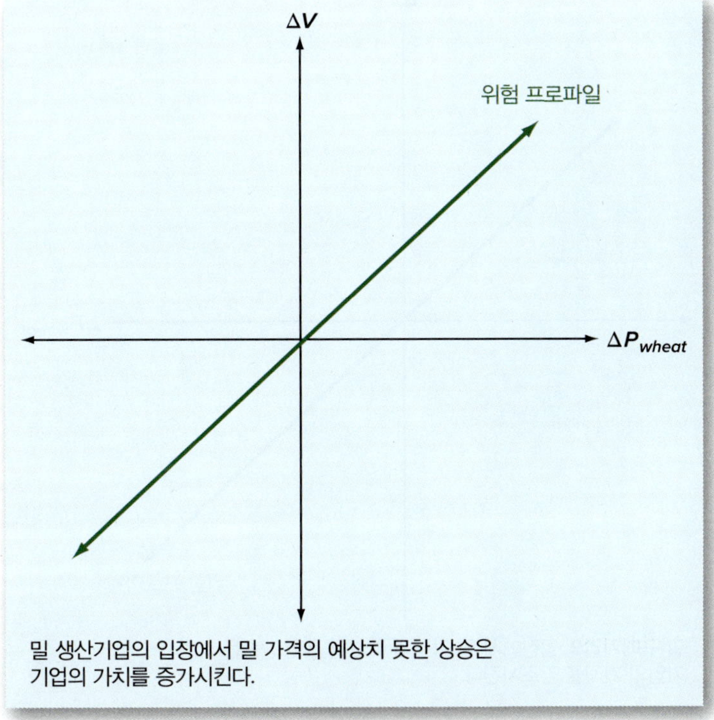

그림 23.1

밀 생산기업의 위험 프로파일

위험노출의 축소

어느 특정 재화 또는 서비스의 가격변동이 기업에 미치는 영향은 기업에 따라 매우 다를 수 있다. 밀 가격으로 돌아가서, 식품가공업체의 경우에 대해 생각해보자. 이 기업은 다량의 밀을 구매하며 그림 23.2와 같은 위험 프로파일을 가진다. 밀을 생산하는 기업과 마찬가지로 이 가공업체도 밀 가격에 따라 기업의 가치가 좌우된다. 그러나 밀이 재료이기 때문에 밀 가격이 상승함에 따라 기업의 가치가 떨어진다.

밀을 생산하는 기업과 가공하는 기업은 모두 밀 가격의 변동에 노출되어 있다. 그러나 밀 가격의 변동은 이 두 기업에 정반대의 영향을 미친다. 만약 이 두 기업이 서로 계약을 맺는다면 이와 같은 위험을 제거할 수도 있다. 두 기업이 미래에 날짜를 정하여, 밀 생산기업은 일정량의 밀을 밀 가공기업에 전달하고 밀 가공기업은 정해진 가격을 지불하는 것이다. 이와 같은 계약이 맺어지면 계약이 유효한 동안 두 기업은 밀 가격을 묶어 두게 되고, 따라서 두 기업의 위험 프로파일은 수평선을 이루게 된다.

여기서 한 가지 주의해야 할 것은 실제로 금융위험을 헤징하는 기업이 위험 프로파일을 완전한 수평선으로 만드는 것은 거의 불가능하다는 점이다. 예를 들어 밀 생산기업은 미래에 밀의 수확량이 정확히 얼마가 될지 모른다. 수확량이 예상보다 많다면 수확량의 일정 부분에 대해서는 위험을 헤징할 수 없다. 또한 수확량이 예상보다 적다면 밀 생산업자는 계약을 지키기 위해서 추가로 밀을 사야 되므로 가격변동 위험에 노출되게 된다. 따라서 어느 경우에나 밀 가격의 변동에 노출되기 마련이다. 그러나 헤징을 하면 이와 같은 노출은 크게 감소한다.

완벽한 헤징이 불가능한 이유는 이외에도 있지만, 이는 그리 중요한 문제가 아니다. 대부분의 금융위험관리는 위험을 보다 낮은 수준으로 끌어내려서 위험 프로파일의 기울기를 줄이는 것

그림 23.2

밀 구매기업의 위험 프로파일

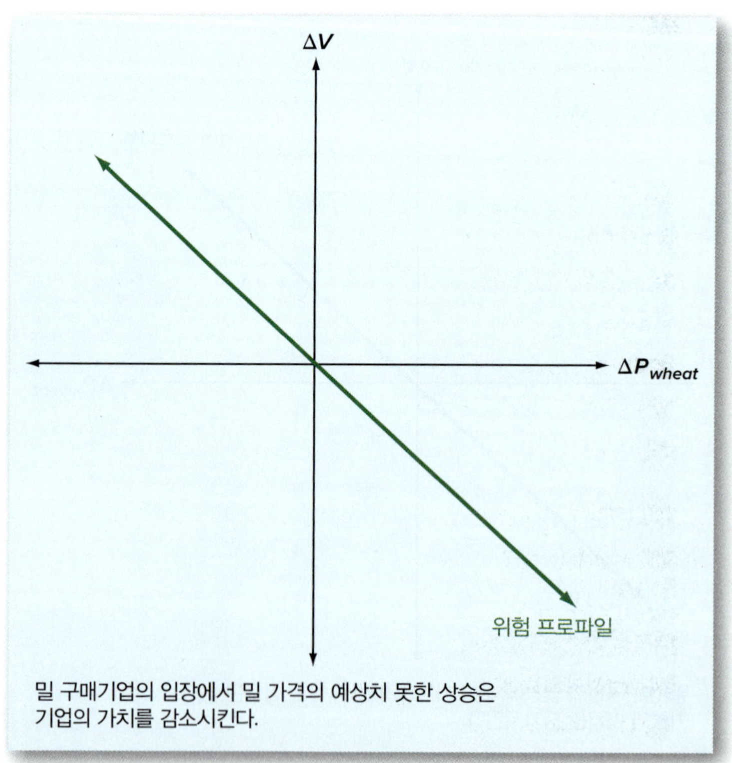

밀 구매기업의 입장에서 밀 가격의 예상치 못한 상승은 기업의 가치를 감소시킨다.

이 목표이지 위험을 완벽히 제거하는 것이 목표가 아니다.

금융위험에 대해서 생각할 때, 한 가지 구분을 명확히 해야 한다. 가격변동은 두 가지 부분으로 나뉜다. 첫 번째가 단기적(일시적) 가격변동이다. 두 번째는 장기적(영구적) 가격변동이다. 앞으로 설명하겠지만, 이 두 가지의 가격변동은 기업에 매우 다른 의미를 갖는다.

단기노출의 헤징

단기적, 일시적(short run, temporary) 가격변동은 예상치 못한 사건의 결과라 볼 수 있다. 예를 들어 플로리다주에서 서리가 발생함에 따라 오렌지주스의 가격이 오르고, 정치적 갈등에 따라 유가가 상승하기도 한다. 또한 허리케인에 의해 공급이 감소하여 목재가격이 오르는 경우도 있다. 이와 같은 종류의 가격변동을 일시적(transitory) 가격변동이라 부르기도 한다.

장기적 관점에서 아무 문제가 없는 기업일지라도 단기적 가격변동으로 인해 금융위기에 부딪힐 수 있다. 이는 기업이 갑작스러운 비용의 증가를 소비자들에게 전가할 수 없을 때 일어나는 일이다. 이로 인해서 현금흐름이 0보다 작아지고 기업이 채무를 이행하지 못할 수도 있다.

예를 들어 특정한 해에 날씨가 좋아 밀의 생산량이 기대한 양보다 훨씬 많아지는 경우, 수확을 할 무렵의 밀 가격은 기대한 것보다 훨씬 낮은 수준으로 하락할 것이다. 그러나 수확할 무렵에 밀 생산자는 밀 생산에 따르는 모든 비용을 거의 다 지불한 상태이다. 밀 가격이 너무 하락한다면 수입은 비용을 보상하지 못할 것이며, 기업은 재무적 곤경에 빠질 수 있다.

단기금융위험을 **거래노출**(transaction exposure)이라 부르기도 한다. 이와 같은 이름이 붙여진 것은 기업이 불확실한 가격 또는 이자율을 가지고 가까운 미래에 거래를 함에 따라 단기금융위험이 발생하기 때문이다. 위의 예에서 밀 생산업자는 수확이 끝나면 밀을 팔아야 하지만, 밀 가격이 얼마일지는 아무도 모른다. 마찬가지로 1년 만기인 채권을 기업이 발행한다면 1년 후에 그것을 대환하기 위해 새로운 채권을 발행해야 할 때 얼마의 이자를 지급해야 할지 알 수가 없다.

거래노출(transaction exposure): 가까운 미래에 불확실한 가격 또는 이자율을 가지고 거래함에 따라 발생하는 단기금융위험

뒤에서 설명하겠지만, 단기금융위험은 여러 가지 방법을 통해서 관리할 수 있다. 최근 단기헤징의 기회가 급격히 증가했고, 미국에서는 일시적인 가격변동을 헤징하는 기업들이 점점 늘고 있다.

현금흐름의 헤징: 유의사항

지금까지 설명한 내용에서 한 가지 잊지 말아야 할 것은 기업가치의 헤징이 목표라는 점이다. 그러나 밀 가격을 언급한 위의 예에서 실질적으로 헤징되는 것은 기업의 단기현금흐름이다. 실제로 약간의 미세한 차이점을 무시한다면 단기금융노출의 헤징, 거래노출의 헤징, 현금흐름의 헤징은 모두 같은 개념이다.

일반적으로 기업의 가치를 직접 헤징하는 것은 거의 불가능하기 때문에 기업은 단기현금흐름의 불확실성을 줄이려고 한다. 이를 통해서 기업이 혼란을 피할 수 있다면 현금흐름의 헤징은 기업가치를 헤징하는 것과 같다. 그러나 이들 간의 관계는 간접적이다. 따라서 이 경우에 현금흐름의 헤징이 기업가치를 헤징하는 효과를 갖는지 유의해서 살펴볼 필요가 있다.

예를 들어 석유 생산부서와 가솔린 소매부서가 수직통합된 기업이 있다고 하자. 이 두 부서는 유가변동에 영향을 받기 마련이다. 그러나 유가변동은 한 부서의 비용을 증가시키는 동시에 다른 부서의 이익을 증가시키기 때문에 기업 전체의 입장에서는 거래노출이 작은 셈이다. 결국 유가에 관한 이 기업의 위험 프로파일은 수평선을 그리게 된다. 다시 말해 이 기업의 순노출(net exposure)이 작은 것이다. 그런데 만약 각 부서가 개별적으로 현금흐름을 헤징한다면, 기업의 전체적인 금융노출은 커진다. 즉, 현금흐름의 헤징이 서로 분리되지 않는 것이 중요하다. 따라서 기업은 순노출에 신경을 써야 한다. 따라서 모든 헤징은 유기적인 협력을 바탕으로 이뤄져야 한다.

장기노출의 헤징

가격변동은 장기적이거나 영구적인 문제가 될 수도 있다. 이는 산업의 경제적 여건들이 변하면서 발생하는 현상이다. 예를 들어 농업기술이 진보한다면 밀 가격은 영구적으로 하락하게 된다(정부의 농산물 보조금이 없다고 가정했을 때). 이 경우 기업이 새로운 기술에 적응할 수 없다면 장기적으로 봤을 때 시장에서 살아남을 수 없다.

경제적 노출(economic exposure): 가격이나 기타 기본적 경제여건들의 영구적 변화로 인해 발생하는 장기금융위험

기업의 장기금융노출을 **경제적 노출**(economic exposure)이라 부르기도 한다. 장기노출은 그 뿌리가 경제적인 이유에 있기 때문에 이를 헤징하는 것은 너무나 힘든 일이다. 예를 들어 밀 생산업자와 밀 가공업자가 밀 가격을 고정시킴으로써 위험노출을 영구적으로 제거하는 것이 가능한 일이겠는가?

물론 가능하지 않다. 뿐만 아니라, 이와 같이 밀 가격을 고정시키는 계약은 예상했던 것과 정반대의 결과를 낳을 수도 있다. 그 이유는 장기적으로 밀 가격이 변한다고 가정했을 때, 이러한 계약이 한쪽에게는 감당하기가 너무 힘들기 때문이다. 밀을 사들이는 쪽이 너무 많은 돈을 지불해야 하거나, 반대로 밀을 파는 쪽에서 받는 돈이 턱없이 적을 수 있다. 어느 경우이든 손해를 보는 쪽은 경쟁력을 잃게 되고 결국 시장에서 퇴출할 수밖에 없다. 이는 실제로 1970년대에 전력회사나 기타 에너지 사용 기업들이 천연가스 생산기업과 장기계약을 맺으면서 나타났던 현상이다. 수년 후 천연가스 가격은 급격히 하락했으며, 그에 따라 한바탕 소동이 일어나기도 했었다.

결론

장기적으로 볼 때 어떤 기업이든 경제적으로 살아남든가 아니면 실패하게 된다. 어떠한 헤징도 이러한 단순한 사실을 바꿀 수는 없다. 그럼에도 불구하고 기업은 단기적 헤징을 통해서 기업활동에 변화를 줄 수 있는 시간을 벌고, 그에 따라 새로운 경제상황에 적응하게 된다. 결과적으로, 금융위험의 관리를 통해서 기업은 크게 두 가지 목표를 달성할 수 있다. 첫째는 일시적인 가격의 변동으로부터 보호받을 수 있다는 것이다. 둘째로 시장의 변화에 적응할 시간을 벌게 된다.

개념질문 _Concept Questions

23.2a 위험 프로파일이란 무엇인가? 유가에 대한 석유 생산업자와 가솔린 소매업자의 위험 프로파일을 그려보라.

23.2b 금융위험의 헤징을 통해서 기업은 어떠한 목표를 달성할 수 있는가?

23.3 선도계약을 통한 헤징

선도계약(forward contract)은 금융위험을 관리하는 도구 중에서 가장 오래되고 기본적인 것이다. 이제부터는 선도계약이 무엇이며, 선도계약이 금융위험을 헤징하는 데 어떻게 쓰이는지 알아보자.

선도계약: 기본적인 내용

선도계약은 두 당사자가 특정 자산이나 상품을 미래에 정해진 가격으로 거래하겠다는 약속이다. 계약상으로 한쪽이 다른 쪽에게 상품을 미래의 특정 날짜에 건네주어야 하는데 이 날을 결제일이라 한다. 상품을 사는 쪽에서는 미리 정해진 선도가격을 내고 물건을 받게 된다. 앞에서 설명한 밀 생산업자와 식품가공업자의 경우, 사실상 선도계약을 맺은 셈이다.

선도계약(forward contract): 두 당사자 간에 특정 자산이나 상품을 현재 정한 가격으로 미래에 거래하기로 하는 법적 계약

선도계약은 사고팔 수도 있다. 선도계약을 사는 쪽은 물건을 받고 정해진 가격을 내야 하는 책임이 있다. 반대로 선도계약을 파는 쪽에서는 정해진 가격을 받고 물건을 건네주어야 하는 책임이 있다. 상품의 가격이 오르면 선도계약을 사는 쪽이 이익이다. 그러나 상품의 가격이 떨어지면 이익을 보는 것은 선도계약을 파는 쪽이다. 결국 한쪽에서 이익을 보는 만큼 다른 쪽에서 손해를 보기 때문에 선도계약은 제로섬 게임(zero-sum game)이라 할 수 있다.

보상 프로파일

보상 프로파일(payoff profile)은 선도계약과 그 외의 계약들이 금융위험을 어떻게 헤징하는지 이해하는 데 매우 중요하다. 일반적으로, 보상 프로파일은 예상치 못한 가격변화로 특정 계약이 보게 되는 이익과 손해를 그래프로 그린 것이다. 예를 들어 석유에 대한 선도계약을 생각해보자. 앞에서 설명한 것처럼, 선도계약의 구매자는 미래의 특정 날짜에 약속한 양의 석유를 정해진 가격에 사야 할 책임이 있다. 그림 23.3에서, 첫 번째 그래프는 구매자의 입장에서 본 선도계약의 보상 프로파일을 보여주고 있다.

보상 프로파일(payoff profile): 가격이 변함에 따라, 계약으로 인해 보게 되는 이익과 손해를 그린 그래프

그림에서 볼 수 있듯이, 유가가 상승하면 선도계약의 구매자는 시장보다 낮은 가격에 석유를 살 수 있기 때문에 이익을 본다. 반대로 유가가 떨어지면 시장보다 높은 가격에 석유를 사야 하기 때문에 손해를 보게 된다. 선도계약 판매자의 입장에서는 정반대이다. 그림 23.3의 두 번째 그래프에서 이를 확인할 수 있다.

선도계약을 통한 헤징

선도계약이 헤징에 어떻게 쓰이는지 설명하기 위해서 석유로 전기를 생산하는 전력회사(public

그림 23.3 선도계약의 보상 프로파일(payoff profile)

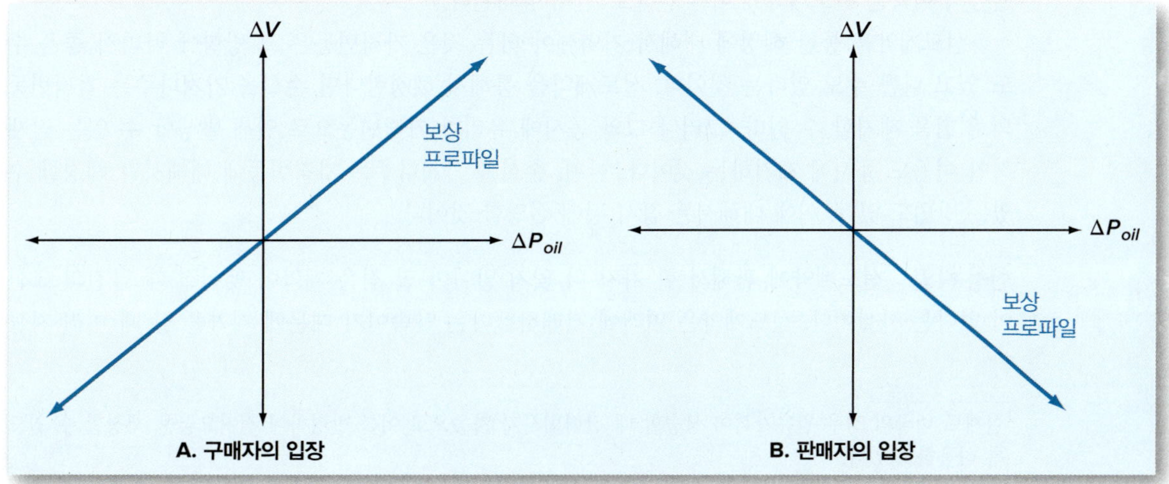

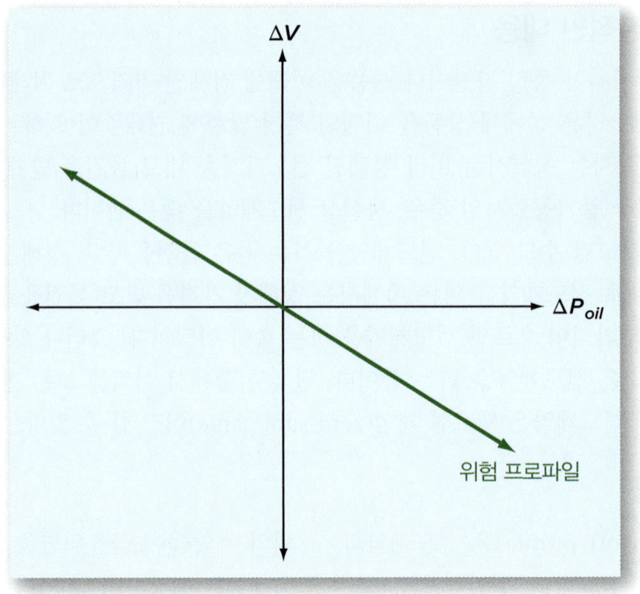

그림 23.4
석유 구매자의 위험 프로파일

utility)의 예를 들어보자. 미국의 경우, 전력회사는 전력가격을 정할 때 정부규제를 받으며, 쉽게 바꿀 수도 없다. 결과적으로 급격한 유가의 상승은 금융위험을 발생시킨다.[1] 그림 23.4는 전력회사의 위험 프로파일을 그리고 있다.

그림 23.4와 그림 23.3에서 선도계약 구매자의 보상 프로파일을 비교해보면 전력회사가 무엇을 해야 하는지 알 수 있다. 석유에 대한 선도계약 구매자의 보상 프로파일은 석유에 대한 전력회사의 위험 프로파일과 정반대이다. 따라서 만약 전력회사가 선도계약을 산다면, 유가의 변동에 대한 위험노출을 제거할 수 있다. 이는 그림 23.5에서 확인할 수 있다.

이와 같은 전력회사의 예는 금융위험을 관리하는 데 있어서 기본적인 접근방법이 무엇인지 보여주고 있다. 먼저, 위험 프로파일을 통해서 금융위험에 대한 기업의 노출 정도가 얼마인지 알아야 한다. 그런 다음 정반대의 보상 프로파일을 갖는 선도계약과 같은 금융계약을 찾아야 한다.

유의해야 할 점 그림 23.5에서 유가의 변동에 대한 전력회사의 순위험노출은 0이다. 유가가 상승하면 선도계약을 통해서 보는 이익이 비용상승을 상쇄시킨다. 반대로 유가가 떨어지면 비용절감의 이득은 선도계약에 따른 손실로 인해 상쇄된다.

선도계약을 통한 헤징에 대해서 기억해야 하는 것은 가격변동은 그 방향에 따라서 좋을 수도 있고 나쁠 수도 있다는 것이다. 선도계약을 통해서 헤징한다면 손실을 가져다주는 가격변동의 위험을 제거할 수 있다. 그러나 그와 동시에 유리한 가격변동으로 인해 발생할 수 있는 잠재적인 이득도 동시에 제거하는 것이다. 한편, 손실을 가져다주는 가격변동에 대해서만 헤징할 수 있는 방법도 있다. 이에 대해서는 잠시 뒤에 설명할 것이다.

신용위험 선도계약에 관해서 한 가지 더 잊지 말아야 할 점은 계약이 맺어질 때 금전의 교환이 없다는 사실이다. 선도계약은 미래에 거래하겠다는 약속이기 때문에 계약을 할 때 미리 지불

[1]실제로 미국의 경우 원유가격이 상승할 때 전력회사가 자동으로 이를 반영하여 전기요금을 책정할 수 있도록 허용하고 있다.

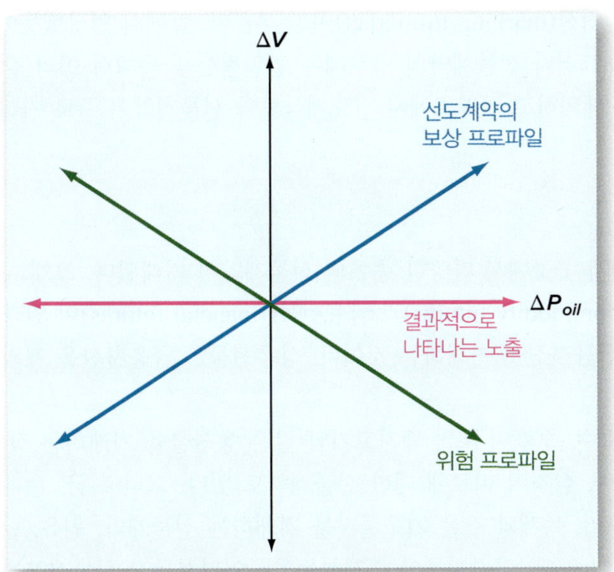

그림 23.5
선도계약을 통한 헤징

하는 비용이 없다. 그러나 금융상의 책임이기 때문에 신용위험(credit risk)은 존재한다. 결산일이 다가오면 선도계약으로 인해 손해를 보는 쪽에서는 계약을 어기고자 하는 마음이 생길 수밖에 없다. 다음 절에서 설명하겠지만 이와 같은 신용위험을 제거하는 선도계약도 있다.

현실에서의 선도계약 헤징을 위해서 선도계약이 많이 쓰이는 분야는 어디일까? 환율의 변동은 무역비중이 높은 기업에 치명적인 영향을 미치기 때문에 이와 같은 기업들이 환위험을 제거하기 위해서 수시로 선도계약을 이용하기도 한다. 예를 들어 영국의 자동차 생산기업인 Jaguar는 미국 달러와 영국 파운드 환율에 대해서 6개월의 선도계약을 맺은 바 있다(선도계약을 통한 환율의 헤징은 21장에서 자세히 설명하고 있다).

개념질문 _Concept Questions

23.3a 선도계약이란 무엇인가? 선도계약의 구매자와 판매자의 보상 프로파일에 대해서 설명해보라.

23.3b 기업이 선도계약을 통해서 위험 프로파일을 어떻게 바꾸는지 설명해보라.

23.4 선물계약을 통한 헤징

선물계약(futures contract): 이익과 손실이 결산일에만 실현되는 것이 아니라, 매일 실현되는 선도계약의 일종

선물계약(futures contract)은 한 가지 점만 제외하고는 선도계약과 완전히 일치한다. 선도계약을 맺으면 구매자와 판매자는 결산일에만 이익과 손실이 실현된다. 그러나 선물계약은 매일매일 이익과 손실이 실현된다. 석유에 대한 선물계약을 오늘 산 후, 유가가 오늘 상승했다면 선물계약 구매자는 오늘 당장 이익을 보게 되며, 선물계약 판매자는 오늘 당장 손실을 본다. 거래결과는 바로 정산되며 내일은 어느 쪽도 상대방에 대한 부채없이 새롭게 시작한다.

하루 간격으로 결산이 이루어지는 것을 일일정산(一日精算)이라 하는데 이러한 선물계약의

특성을 시장에 따른 정산(marking-to-market)이라 부른다. 앞에서 언급했듯이, 선도계약은 채무불이행위험이 높다. 그러나 선물계약의 경우에는 일일정산을 통해서 이와 같은 위험이 크게 감소한다. 국제거래를 제외하고 거래소에서 선도계약보다 선물계약이 주로 거래되는 것도 이 때문이다.

선물거래

미국뿐만 아니라 세계 곳곳에서 다양한 종류의 선물계약이 거래된다. 크게 두 가지로 나누자면, 상품(원자재) 선물(commodity futures)과 금융선물(financial futures)이 있다. 금융선물은 주식, 채권, 통화와 같은 금융자산을 거래하는 것이다. 상품선물은 금융자산을 제외한 그 밖의 상품을 거래하는 것이다.

오늘날에는 옥수수, 오렌지주스, 돼지고기와 같은 농산물을 거래하는 상품선물계약을 주위에서 흔히 볼 수 있다. 심지어 비료에 대한 선물계약도 있다. 그리고 금, 은과 같은 귀금속을 거래하는 선물계약, 구리, 목재와 같은 기초물자를 거래하는 선물계약, 원유, 난방유, 가솔린을 거래하는 선물계약 등이 있다. 가격변동이 존재하는 한, 어디서든지 선물계약에 대한 수요가 있기 마련이며 이에 따라 새로운 선물계약이 수시로 나오는 실정이다.

선물거래소

두 웹사이트 **www.cmegroup.com**과 **derivatives.euronext.com**은 각 거래소에서 거래되는 서비스와 금융상품에 대해 많은 정보를 제공하고 있다.

선물거래소는 미국과 세계에 걸쳐 몇 개가 있으며 계속해서 설립되고 있는 중이다. 그중에서 가장 오래된 것이 시카고거래소(Chicago Board of Trade: CBT)이다. 그 밖에 시카고상업거래소(Chicago Mercantile Exchange: CME), Ice유럽선물거래소(the Ice Futures Exchange), 뉴욕상업거래소(New York Mercantile Exchange: NYMEX) 등이 있다.

표 23.1은 *Wall Street Journal*의 선물계약시세표 일부를 발췌한 것이다. 표의 왼쪽 부분을 보면, 옥수수에 대한 선물계약을 찾을 수 있는데 이들은 CBOT에서 거래되며 한 계약당 옥수수 5,000부셸을 주고받는다. 가격은 1부셸당 센트로 표기되어 있다. 각 계약의 만기가 되는 월은 첫 번째 열에서 확인할 수 있다.

7월에 만기되는 옥수수 계약의 경우, 줄에서 첫 번째 숫자는 개시가격이며(부셸당 320.00센트), 두 번째 숫자는 당일의 최고가(322.00센트), 세 번째 숫자는 당일의 최저가(318.00센트)이다. 다음으로, 네 번째 숫자는 결제가격이며(320.75센트), 당일의 종가라 할 수 있다. 이는 매일의 이익과 손실을 계산할 때 쓰는 가격이다. 다섯 번째 숫자는 결제가격이 전번 거래일보다 얼마만큼 변했는지 보여준다. 마지막으로, 미결제잔고(open interest)는 당일 거래를 마감할 때, 발행돼 있는 계약의 수(603,507)가 얼마인지 보여준다.

시카고거래소에서 거래되는 선물계약의 거래규모가 얼마나 큰지 알아보기 위해서는 (Interest Rate Futures라는 제목에서) 5년만기 미 재무부 채권(Treasury Notes)을 보면 알 수 있다. 미 재무부 중기채권에 대한 계약은 1건당 액면가가 100,000$이다. 이러한 계약의 미결제잔고는 총 약 366만 개이다. 따라서 총미결제잔고는 액면가 총액으로 볼 때, 한 종류의 계약인데도 3,660억$에 달한다!

저렴한 비용으로 실무와 관련된 경험을 얻으려면 University of Iowa가 제공하는 환상적인 선물거래소를 방문해보라: **iemweb.biz.uiowa.edu.**

선물계약을 통한 헤징

선물계약을 통한 헤징은 선도계약을 통한 헤징과 개념상으로 동일하며, 선물계약의 보상 프로파일은 선도계약의 보상 프로파일과 동일한 모습을 보여준다. 한 가지 다른 점이 있다면 선물계약

표 23.1 *Wall Street Journal* 선물시세표의 일부

Metal & Petroleum Futures							
	Contract						
	Open	High	hi Lo	Low	Settle	Chg	Open Interest
Copper-High (CMX)—25,000 lb; $ per lb							
May	2.3655	2.4260		2.3400	**2.4050**	0.0715	1,672
July	2.3375	2.4285		2.3340	**2.4040**	0.0735	99,558
Gold (CMX)—100 troy oz; $ per troy oz							
May	1755.70	1770.50	▲	1734.10	**1731.80**	−21.60	1,335
June	1757.50	1775.80		1729.30	**1734.40**	−21.90	257,707
Aug	1769.40	1787.50		1741.90	**1746.70**	−21.30	165,420
Oct	1780.00	1792.90	▲	1750.50	**1753.60**	−19.60	18,096
Dec	1780.00	1800.00	▲	1756.20	**1760.60**	−18.10	63,563
Feb' 21	1765.00	1775.00		1762.00	**1763.60**	−17.40	10,863
Palladium (NYM)—50 troy oz; $ per troy oz							
May	. . .	. . .		. . .	**2021.80**	169.20	. . .
June	1873.10	20770.00		1863.70	**2027.10**	169.20	3,381
Sept	1880.00	2050.00		1880.00	**2016.20**	161.30	3,318
Dec	2000.00	2000.00		2000.00	**2009.20**	161.50	393
Platinum (NYM)—50 troy oz; $ per troy oz.							
May	807.60	807.60		805.10	**864.70**	52.20	8
July	823.10	877.00		822.70	**869.30**	52.20	42,602
Silver (CMX)—5,000 troy oz.; $ per troy oz							
May	17.220	17.585		17.220	**17.464**	0.418	353
July	17.225	17.985		17.125	**17.468**	0.398	111,605
Crude Oil, Light Sweet (NYM)—1,000 bbl; $ per bbl							
June	29.53	33.32		29.53	**31.82**	2.39	54,931
July	29.81	33.10		29.55	**31.65**	2.13	308,131
Aug	30.30	33.52		30.15	**32.27**	2.15	248,058
Sept	30.92	33.90		30.69	**32.87**	2.18	304,304
Dec	32.25	34.77		32.13	**34.07**	2.06	339,481
Dec'21	35.55	37.81		35.55	**37.30**	1.76	129,484
NY Harbor ULSD (NYM)—42,000 gal; $ per gal							
June	0.9205	1.0286		0.9195	**1.0064**	0.0860	52,223
July	0.9585	1.0586		0.9556	**1.0379**	0.0831	70,002
Gasoline-NY RBOB (NYM)—42,000 gal; $ per gal							
June	0.9700	1.0588		0.9682	**1.0258**	0.0556	45,072
July	0.9882	1.0699		0.9830	**1.0426**	0.0588	92,197
Natural Gas (NYM)—10,000 MMBtu; $ per MMBtu							
June	1.725	1.851		1.702	**1.783**	0.137	101,895
July	1.903	2.020		1.878	**1.959**	0.126	311,801
Sept	2.062	2.163		2.047	**2.110**	0.110	133,670
Oct	2.145	2.244		2.138	**2.198**	0.100	102,926
Jan'21	2.965	3.033		2.964	**2.993**	0.038	94,105
April	2.527	2.566		2.523	**2.541**	0.022	69,921
Agriculture Futures							
Corn (CBT)—5,000 bu; cents per bu							
July	320.00	322.00		318.00	**320.75**	1.50	603,507
Dec	332.25	334.00		330.75	**332.75**	0.75	346,236
Oats (CBT)—5,000 bu; cents per bu							
March	313.00	323.00	▲	309.50	**318.75**	6.75	2,732
May	270.00	273.75		267.50	**269.50**	−0.75	1,132
Soybeans (CBT)—5,000 bu; cents per bu							

Metal & Petroleum Futures							
	Contract						
	Open	High	hi Lo	Low	Settle	Chg	Open Interest
July	840.50	847.75		838.75	**845.00**	6.50	319,483
Nov	848.00	855.00		845.75	**852.75**	7.25	173,440
Soybean Meal (CBT)—100 tons; $ per ton							
July	287.80	288.00	▼	284.50	**285.10**	−2.40	174,198
Dec	293.50	293.80	▼	291.80	**292.30**	−0.70	74,397
Soybean Oil (CBT)—60,000 lb; cents per lb							
July	26.61	27.40		26.61	**27.32**	0.74	177,486
Dec	27.43	28.17		27.38	**28.13**	0.76	87,635
Rough Rice (CBT)—2,000 cwt; $ per cwt							
July	16.06	16.38		15.99	**16.07**	0.05	6,877
May	11.91	11.95		11.86	**11.95**	0.04	4,385
Wheat (CBT)—5,000 bu; cents per bu							
July	501.50	502.75	▼	493.75	**497.00**	−3.25	198,564
Sept	504.50	505.25	▼	497.00	**500.00**	−3.00	76,746
Wheat (KC)—5,000 bu; cents per bu							
July	454.25	455.50		444.50	**446.25**	−6.00	121,388
Sept	461.75	461.75		451.00	**452.00**	−6.00	39,334
Cattle-Feeder (CME)—50,000 lb; cents per lb							
May	126.175	127.000		125.500	**126.600**	1.875	2,013
Aug	132.100	133.700		131.575	**132.550**	1.475	15,413
Cattle-Live (CME)—40,000 lb; cents per lb							
June	98.000	100.000		97.175	**98.725**	1.725	46,632
Aug	98.625	99.825		97.500	**98.850**	1.025	103,245
Hogs-Lean (CME)—40,000 lb; cents per lb							
June	58.500	58.800		57.100	**57.650**	−0.225	32,852
July	58.375	58.450		57.050	**57.650**	−0.100	58,077
Lumber (CME)—110.000 bd ft, $ per 1,000 bd ft							
July	349.80	351.00		343.30	**346.20**	1.20	1,579
Sept	351.10	352.90		346.70	**349.40**	2.50	715
Milk (CME)—200,000 lb; cents per lb							
May	12.25	12.29		12.20	**12.24**	. . .	4,600
June	16.75	16.90		16.32	**16.66**	−0.19	4,992
Cocoa (ICE-US)—10 metric tons; $ per ton							
July	2,393	2,416		2,376	**2,404**	5	73,008
Sept	2,367	2,390		2,354	**2,379**	4	57,839
Coffee (ICE-US)—37,500 lb; cents per lb							
May	105.70	105.70		105.70	**105.70**	0.90	9
July	106.75	108.10		105.00	**107.75**	0.90	80,326
Sugar-World (ICE-US)—112,000 lb; cents per lb							
July	10.52	10.83		10.47	**10.80**	0.42	334,001
Oct	10.63	10.93		10.59	**10.90**	0.40	239,325
Sugar-Domestic (ICE-US)—112,000 lb; cents per lb							
July	25.80	25.80		25.80	**25.80**	. . .	1,378
Sept	25.91	25.91		25.91	**25.91**	0.01	2,611
Cotton (ICE-US)—50,000 lb; cents per lb							
July	58.40	58.96		57.40	**57.80**	−0.45	86,781
Dec	57.98	58.78		57.35	**57.93**	−0.24	60,174
Orange Juice (ICE-US)—15,000 lb; cents per lb							
July	123.00	126.95	▲	122.45	**126.80**	3.25	7,233

(계속)

표 23.1 *Wall Street Journal* 선물시세표의 일부(계속)

Metal & Petroleum Futures							
Contract							
	Open	High	hi Lo	Low	Settle	Chg	Open Interest
Sept	122.90	125.20	▲	122.10	**125.05**	2.25	1,942
Interest Rate Futures							
Ultra Treasury Bonds (CBT)—$100,000; pts 32nds of 100%							
June	224–000	224–020		217–300	**218–030**	−5–18.0	1,040,215
Sept	222–080	222–110		216–130	**216–170**	−5–18.0	75,948
Treasury Bonds (CBT)—$100,000; pts 32nds of 100%							
June	181–010	181–040		178–020	**178–050**	−2–25.0	1,004,681
Sept	179–160	179–170		176–180	**176–200**	−2–25.0	17,806
Treasury Notes (CBT)—$100,000; pts 32nds of 100%							
June	139–115	139–125		125–117	**125–122**	−11.0	3,265,401
Sept	139–035	139–050		125–062	**125–067**	−12.0	160,418
5 Yr. Treasury Notes (CBT)—$100,000; pts 32nds of 100%							
June	125–255	125–255		125–117	**125–122**	−11.5	3,301,676
Sept	125–200	125–207		125–062	**125–067**	−12.0	357,677
2 Yr. Treasury Notes (CBT)—$200,000; pts 32nds of 100%							
June	110–094	110–099		110–066	**110–068**	−2.1	2,306,556
Sept	110–141	110–144		110–109	**110–110**	−2.5	131,607
30 Day Federal Funds (CBT)—$5,000,000; 100-daily avg							
May	99.9475	99.9500		99.9450	**99.9475**	−0.0025	228,664
July	99.9450	99.9500		99.9350	**99.9350**	−0.0150	215,465
10 Yr. Del. Int. Rate Swaps (CBT)—$100,000; pts 32nds of 100%							
June	105–315	106–080		105–060	**105–070**	−1–01.0	73,230
Eurodollar (CME)—$1,000,000; pts of 100%							
May	99.6375	99.6375		99.6350	**99.6234**	−0.0141	388,142
June	99.6850	99.7000		99.6650	**99.6700**	−0.0050	1,723,403
Sept	99.7200	99.7300		99.6950	**99.6950**	−0.0200	1,628,149
Dec	99.7100	99.7200		99.6750	**99.6800**	−0.0250	1,121,949
Currency Futures							
Japanese Yen (CME)— ¥12,500,000; $ per 100¥							
May	0.9335	0.9339		0.9303	**0.9305**	−0.0016	703
June	0.9337	0.9343		0.9305	**0.9315**	−0.0010	154,057
Canadian Dollar (CME)—CAD 100.000; $ per CAD							
May	0.7134	0.7173		0.7088	**0.7162**	0.0073	820
June	0.7087	0.7175		0.7086	**0.7162**	0.0073	118,950
British Pound (CME)—£62,500; $ per £							
May	1.2236	1.2208		1.2080	**1.2181**	0.0064	1,718
June	1.2085	1.2229		1.2079	**1.2193**	0.0075	173,099

Metal & Petroleum Futures							
Contract							
	Open	High	hi Lo	Low	Settle	Chg	Open Interest
Swiss Franc (CME)—CHF 125,000; $ per CHF							
March	1.0302	1.0342		1.0253	**1.0287**	−0.0008	42,543
June	1.0328	1.0370		1.0284	**1.0316**	−0.0008	135
Australian Dollar (CME)—AUD 100,000; $ per AUD							
May	0.6459	0.6504		.6415	**0.6483**	0.0065	329
June	0.6414	0.6528		.6413	**0.6515**	0.0096	131,261
Mexican Peso (CME)—MXN 500,000; $ per MXN							
May	0.04199	0.04258		0.04166	**0.04235**	0.00071	1,002
June	0.04145	0.04245		0.04139	**0.04196**	0.00048	98,421
Euro (CME)—€125,000; $ per €							
May	1.0825	1.0866		1.0801	**1.0856**	0.0042	1,861
June	1.0820	1.0933		1.0805	**1.0920**	0.0100	539,884
Index Futures							
Mini DJ Industrial Average (CBT)—$5 × index							
June	23600	24640		23538	**24507**	990	71,344
Sept	23559	24526		23468	**24405**	971	843
S&P 500 Index (CME)—$250 × index							
June	2854.90	2947.30		2851.10	**2947.90**	101.50	103,060
Sept	...	...		...	**2939.20**	101.30	11
Mini S&P 500 (CME)—$50 × index							
June	2859.75	2954.75		2850.00	**2948.00**	101.50	3,152,167
Dec	2844.25	2950.00		2838.00	**2934.00**	101.25	37,353
Mini S&P Midcap 400 (CME)—$100 × index							
June	1573.00	1680.90		1571.50	**1672.60**	96.40	71,759
June	1628.00	1672.50		1573.00	**1668.40**	94.00	4
Mini Nasdaq 100 (CME)—$20 × index							
June	9135.00	9361.50		9110.25	**9325.50**	229.00	197,701
Sept	9097.00	9344.00		9097.00	**9310.50**	229.50	2,118
Mini Russell 2000 (ICE-US)—$100 × index							
June	1254.10	1338.20		1247.50	**1333.20**	86.80	547,583
Sept	1269.70	1334.70		1246.60	**1330.80**	86.60	4,901
Mini Russell 1000 (ICE-US)—$100 × index							
June	1615.10	1632.40		1575.20	**1625.00**	50.70	8,189
U.S. Dollar Index (ICE-US)—$1,000 × index							
June	100.44	100.52		99.60	**99.68**	−0.75	31,406
Sept	100.38	100.50		99.63	**99.69**	−0.74	867

출처: *The Wall Street Journal*, May 19, 2020.

을 통한 헤징에서 기업은 중개인에 개설한 계좌를 통해 일일정산의 일환으로 매일매일의 이익과 손실을 대변과 차변에 기입해야 한다는 것이다.

선물계약의 종류가 다양한 것은 사실이지만, 특정 기업이 자사에 꼭 필요한 계약을 찾기란 쉽지 않다. 예를 들어 특정 등급의 석유를 생산하는 기업이 그 등급에 맞는 선물계약을 찾지 못할 수도 있다. 그러나 모든 등급의 유가가 같이 움직이는 경향이 있기 때문에 다른 등급의 석유에 대한 선물계약을 통해서도 비용을 헤징할 수 있다. 항공사들은 난방유 선물계약을 이용해서

비행기 연료비를 헤징한다. 이처럼 동일하지는 않지만 관련이 있는 자산에 대한 선물계약을 이용해서 헤징하는 것을 **교차헤징**(cross-hedging)이라 한다.

교차헤징(cross-hedging): 같지는 않지만, 관련이 깊은 자산에 대한 선물계약을 이용해서 특정 자산을 헤징하는 것

기업이 교차헤징을 한다고 해서 계약상의 자산을 실제로 사거나 팔려는 것은 아니다. 그럴 필요가 없는 것은 만기일 전에 반대가 되는 선물계약을 할 수 있기 때문이다. 이는 기업이 어떤 헤징을 위해서 선물계약을 판다면, 얼마 후 동일한 선물계약을 삼으로써 자신의 선물포지션을 제거할 수 있다는 것을 의미한다. 사실상 선물계약을 만기일까지 가지고 있는 경우는 드물다. 그에 따라 만기일에 자산이 실제로 거래되는 경우도 거의 없다.

한편, 선물계약의 만기도 문제가 될 수 있다. 기업이 오랜 기간에 걸쳐 헤징을 하려 해도 계약의 만기가 짧아서 못하는 경우가 있다. 이 경우 기업은 단기 계약을 계속해야 하지만 여기에는 위험이 따른다. 예를 들어 독일 기업인 Metallgesellschaft AG사는 석유시장에서 10억$의 손실을 입고 1993년에 파산 직전까지 몰렸다. 문제가 심각해진 것은 1992년에 미국에 있는 자회사인 MG Corp.이 가솔린, 난방유, 디젤을 팔기 시작하면서 비롯되었다. MG는 최대 10년간 고정된 가격을 받고 제품을 공급하는 계약을 체결하였다. 따라서 유가가 상승하면 손해를 볼 수밖에 없었다. MG는 이러한 위험으로부터 보호받기 위한 방책의 하나로 단기 에너지가격에 의해 변동하는 단기 원유선물계약을 매수하였다. 이 선물계약으로 유가가 상승하면 이 파생상품의 가치가 올라 손해를 막을 수 있었다. 그러나 불행하게도 유가는 떨어졌고 단기선물계약의 손실은 엄청났다. 장기공급계약을 통해서 보는 이득도 이를 감당하지 못했다. 단기선물계약을 통해서 장기계약의 위험을 회피해보려는 그다지 바람직하지 않은 정책이 큰 문제를 일으킨 것이다.

선물계약에 대한 규제에 관한 정보를 알려면, **www.cftc.gov**에서 Commodity Futures Trading Commission을 찾아보라.

개념질문 _Concept Questions

23.4a 선물계약이란 무엇인가? 선도계약과 다른 점은 무엇인가?
23.4b 교차헤징이란 무엇인가? 교차헤징이 왜 중요한가?

23.5 스왑계약을 통한 헤징

이름에서 알 수 있듯이, **스왑계약**(swap contract)은 두 당사자가 특정한 기간 후에 특정한 현금흐름을 서로 교환(스왑: swap)하겠다는 계약이다. 스왑은 최근에 이루어진 금융혁신의 하나이며, 1981년에 IBM과 세계은행이 최초로 스왑계약을 맺으면서 세상에 알려졌다. 그 뒤로 스왑시장은 눈에 띄게 발전했다.

스왑계약(swap contract): 두 당사자가 일정한 기간 후에 일정한 현금흐름을 서로 교환하겠다는 계약

스왑계약은 선도계약들의 포트폴리오 또는 연속된 선도계약들이라 할 수 있다. 앞에서 설명한 것처럼 선도계약은 두 당사자가 미래의 특정 날짜에 자산(예: 밀과 현금)을 서로 교환하는 것이다. 스왑의 다른 점은 이와 같은 교환이 한 번이 아니라 여러 번이라는 것이다. 원칙적으로 스왑계약은 무엇을 두고도 맺을 수 있다. 하지만 실제로는 대부분의 스왑계약이 세 가지 중 하나로 분류되는데 통화스왑(currency swap), 이자율스왑(interest rate swap), 상품스왑(commodity swap)이 그것이다. 다른 종류의 스왑도 개발될 수 있지만 여기서는 이들에 초점을 맞추기로 한다.

스왑에 관한 정보를 얻기에 아주 좋은 곳은 국제스왑 및 파생상품 연합회의 웹사이트인 **www.isda.org**이다.

통화스왑

통화스왑에서, 두 기업은 미래에 일정한 간격을 두고 한 통화의 일정량을 다른 통화의 일정량과 교환하게 된다. 예를 들어 독일에 자회사가 있는 미국 기업이 자회사의 확장을 위해서 부채를 조달하려 한다고 가정해보자. 자회사의 현금흐름이 대부분 유로로 발생하기 때문에 모기업은 유로-달러 환율변동을 헤징하기 위해서 자회사로 하여금 필요한 자본을 유로로 빌리고, 유로로 갚고자 할 것이다. 그러나 이 회사는 미국 부채시장에 접근이 용이한 반면, 독일 부채시장에는 그렇지 못하다.

이와 동시에, 독일 기업이 미국 달러를 조달하려 한다고 하자. 이 기업은 유로를 빌리는 데 비용이 적게 들지만 미국 달러를 빌리기가 부담스러울 수밖에 없다. 여기서, 두 기업 모두 비슷한 문제를 겪고 있는 셈이다. 각각 유리한 이자율에 자금을 조달할 수는 있지만 원하는 통화로 빌릴 수는 없는 상황이다. 이와 같은 경우에는 통화스왑이 해결책이다. 두 기업이 미래의 특정 날짜(부채 상환일)에 정해진 환율로 달러와 유로를 교환하는 계약을 하면 된다. 이에 따라 각 기업은 자신들이 원하는 낮은 이자율로 부채를 조달할 수 있고, 통화스왑을 통해 환율변동의 위험을 제거할 수 있다.

이자율스왑

고정금리대출(fixed-rate loan)을 원하는 기업이 있다고 하자. 그러나 이자율의 변동에 따라 지불액이 수시로 달라지는 변동금리대출(floating rate loan)을 받아야만 유리한 조건으로 대출을 받을 수 있다. 반대로 고정금리대출을 받을 수 있지만 가장 낮은 이자율을 지불하기 위해서 변동금리대출을 원하는 기업이 있다고 하자(일반적으로, 변동금리대출의 이자율은 고정금리대출의 이자율보다 낮다. 왜 그럴까?). 이때, 두 기업이 서로 대출지불액을 교환하면 각자의 목표를 달성할 수 있다. 즉, 두 기업이 서로의 대출을 대신 갚아주면 된다. 이를 이자율스왑이라 한다. 실질적으로 교환되는 것은 변동이자율과 고정이자율인 셈이다.

가끔 이자율스왑과 통화스왑이 합쳐지는 경우가 있다. 한 기업이 특정 통화의 변동금리대출을 다른 통화의 고정금리대출과 교환하는 것이다. 변동금리대출의 경우에는 항상 어떤 기준치, 예를 들어 1년 만기 미 재무부 단기채권의 이자율과 같은 지수를 바탕으로 지불이 이루어진다. 이자율스왑 중에는 어떤 지수를 바탕으로 한 변동금리대출을 다른 지수를 바탕으로 한 변동금리대출로 교환하는 경우도 있다.

상품스왑

상품스왑은 미래의 정해진 시점에 일정량의 상품(commodity; 원자재)을 교환하겠다는 계약이다. 상품스왑은 가장 최근에 나온 스왑이며 시장규모도 다른 것들에 비해서 작다. 그러나 성장잠재력은 어마어마하다.

석유에 대한 상품스왑을 예로 들어보자. 먼저, 분기마다 20,000배럴의 석유를 소비하는 기업이 있다고 하자. 이 기업은 원활한 공급을 위해서 석유생산기업과 상품스왑을 맺을 수 있다. 그렇다면 가격은 얼마로 정해야 할까? 앞에서 언급했듯이, 이 두 기업이 가격을 영원히 고정시키는 계약을 할 수는 없다. 대신에 지난 90일간 유가의 하루 평균치를 가격으로 정할 수 있다. 이처럼 평균가를 이용하면 가격이 매일매일 달라지는 석유시장으로부터 보호받을 수 있으며, 거래노출을 줄임으로써 양쪽이 모두 이익을 보게 된다.

스왑딜러

선물계약과 다르게 스왑계약은 거래소에서 거래되지는 않는다. 그 이유는 스왑계약의 표준화가 덜 되어 있기 때문이다. 대신에 스왑시장에서는 스왑딜러가 중요한 역할을 담당한다. 스왑딜러가 없으면 스왑을 원하는 기업이 자신에게 맞는 상대방을 직접 찾아야 한다. 이는 비용뿐만 아니라 시간도 오래 걸리는 작업이다.

스왑을 원하는 기업이 스왑딜러에게 의뢰하면 스왑딜러가 스왑계약의 한쪽을 책임지게 된다. 그런 다음, 여기에 맞는 상대방(아마도 다른 기업이나 딜러)을 찾아서 상쇄되는 거래를 한다. 만약 스왑딜러가 그런 기업을 찾지 못하면 스왑딜러는 선물계약을 이용해서 자신의 위험노출을 스스로 헤징해야 한다.

미국에서는 주로 상업은행들이 스왑딜러의 역할을 맡는다. 대규모 스왑딜러로서 한 은행이 여러 계약들을 할 수 있다. 고정금리대출과 변동금리대출의 스왑, 그 반대의 스왑도 모두 거래한다. 한 스왑딜러가 관리하는 계약들을 모두 묶어서 스왑북(swap book)이라 한다. 스왑딜러는 순노출을 제한하기 위해서 스왑북의 균형을 맞춰야 한다. 이처럼 균형이 잡힌 스왑북을 매치드북(matched book)이라 부르기도 한다.

이자율스왑의 예

스왑계약과 스왑딜러의 역할을 보다 잘 이해하기 위해서 변동이자율과 고정이자율의 스왑을 예로 들어보자. 기업 A는 우대금리에 1%를 더한 변동이자율 또는 10%의 고정이자율에 대출을 받을 수 있다. 한편, 기업 B는 우대금리에 2%를 더한 변동이자율 또는 9.5%의 고정이자율에 대출을 받을 수 있다. 기업 A가 고정금리대출을 원하는 반면, 기업 B는 변동금리대출을 원한다. 이 경우, 스왑계약이 성립할 수 있는 것이다.

먼저, 기업 A가 스왑딜러에게 의뢰하여 계약이 맺어진다. 이제 기업 A는 우대금리에 1%를 더한 이자율로 대출을 받는다. 이 대출에 대한 상환은 스왑딜러가 책임지고, 대신에 기업 A는 스왑딜러에게 9.75%(예를 들어)의 고정이자율로 돈을 지급한다. 이 경우, 스왑딜러는 변동금리를 지불하고 고정금리를 받는 것이다. 기업 A의 입장에서는 변동금리대출을 고정금리대출과 교환하는 셈이다.

기업 B도 스왑딜러와 계약을 맺고 9.5%의 고정이자율에 대출을 받는다. 스왑딜러는 이 대출에 대한 상환을 책임지고, 대신에 기업 B로부터 우대금리에 1.5%(예를 들어)를 더한 이자율을 받는다. 이 경우, 스왑딜러는 고정금리를 지불하고 변동금리를 받는 것이다.

과연 어떤 효과가 있을까? 먼저, 기업 A는 9.75%의 고정이자율에 대출을 받을 수 있고, 이는 기존의 10%보다 낮은 이자율이다. 기업 B의 경우, 우대금리에 1.5%를 더한 이자율로 대출을 받을 수 있는데 이는 2%를 더한 것보다 낮은 이자율이다. 결국 양쪽 모두가 이득을 보게 된다.

마찬가지로 스왑딜러도 이익을 거둔다. 계약이 맺어지면 기업 A로부터 9.75%의 고정이자율로 돈을 받고, 기업 B의 대출상환을 위해서 9.5%의 고정이자율로 돈을 지급한다. 동시에 기업 B로부터 우대금리에 1.5%를 더한 이자율로 돈을 받고, 기업 A의 대출상환을 위해서 우대금리에 1%를 더한 이자율로 돈을 지급한다. 결과적으로, 스왑딜러는 고정금리와 변동금리 양쪽에서 균형 있게 위치하면서 이자율변동(우대금리의 변화)에 대한 위험노출도 깨끗이 없애버렸다.

그림 23.6은 방금 예로 들었던 이자율스왑의 거래과정을 그림으로 보여주고 있다. 스왑거래에서 가장 중요한 것은 고정금리대출을 변동금리대출로, 변동금리대출을 고정금리대출로 바꾸

그림 23.6
이자율스왑의 예

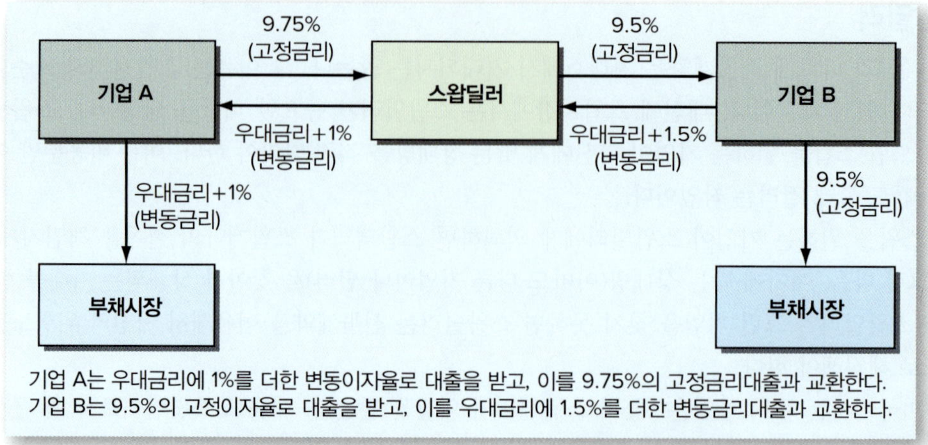

려는 기업이 꼭 하나씩 있어야 한다는 점이다. 스왑딜러는 이 두 기업의 중개자 역할을 하고, 자신이 받는 이자율과 지불하는 이자율의 차액으로 이득을 본다.

개념질문 _Concept Questions

23.5a 스왑계약이란 무엇인가? 스왑계약의 세 종류에 대해 설명해보라.
23.5b 스왑딜러의 역할에 대해서 설명해보라.
23.5c 그림 23.6의 현금흐름을 설명해보라.

23.6 옵션계약을 통한 헤징

지금까지 설명한 선도계약, 선물계약 그리고 스왑계약은 모두 개념이 유사한 것들이다. 세 가지 모두가 미래의 거래를 약속하는 계약들이다. 이들의 핵심은 계약을 맺은 집단이 반드시 거래를 이행할 책임이 있다는 것이다.

옵션계약(option contract): 소유자에게 미래의 일정 기간에 특정 자산을 특정 가격으로 사거나 팔 수 있는 (의무가 아닌) 권리를 부여하는 계약

이와는 달리, **옵션계약**(option contract)은 미래의 일정 기간에 자산을 주어진 가격으로 사거나 팔 수 있는 권리(의무가 아닌)를 부여하는 것이다. 옵션에 대한 자세한 설명은 따로 상세히 다루고 있으므로 여기서는 옵션의 기본적 성격을 간단히 설명하고 물가, 이자율, 환율의 변동성을 헤징하는 데 옵션이 어떻게 쓰이는지에 초점을 맞춘다. 따라서 옵션 관련 용어, 옵션의 거래 전략, 옵션의 가치평가와 관련된 자세한 내용은 살펴보지 않는다.

옵션용어

콜옵션(call option): 특정 자산을 일정 기간 정해진 가격에 살 수 있는 권리

풋옵션(put option): 특정 자산을 일정 일정 기간 정해진 가격에 팔 수 있는 권리

옵션은 풋옵션과 콜옵션으로 나뉜다. **콜옵션**(call option)의 소유자에게는 미래의 일정 기간에 기초자산(underlying asset)을 행사가격(strike price, exercise price)이라고 부르는 정해진 가격으로 살 권리(의무가 아님)가 주어진다. **풋옵션**(put option)의 소유자는 미래의 일정 기간에 특정 자산을 정해진 가격으로 팔 권리(의무가 아님)가 있다.

옵션계약을 통해서 자산을 실제로 사거나 파는 행위를 옵션의 행사(exercising the option)

라고 한다. 아메리칸옵션(American option)은 만기일을 포함해서 그 전에 언제든지 행사할 수 있지만, 유러피안옵션(European option)은 만기일에만 행사할 수 있다. 대부분의 옵션은 아메리칸옵션이다.

콜옵션을 산 사람은 행사가격을 내고 자산을 살 권리가 있기 때문에 콜옵션을 발행한 사람은 옵션이 행사될 경우, 자산을 행사가격에 팔아야 할 책임이 있다. 마찬가지로 풋옵션을 산 사람은 행사가격을 받고 자산을 팔 권리가 있기 때문에 풋옵션을 발행한 사람은 행사가격을 받고 자산을 사주어야만 한다.

옵션과 선도계약

옵션계약과 선도계약의 차이점은 크게 두 가지를 꼽을 수 있다. 첫째, 선도계약에서는 양쪽이 모두 거래를 이행할 책임이 있다. 한쪽에서 자산을 양도하고 다른 쪽에서는 가격을 지불한다. 옵션계약에서는 옵션의 소유자가 옵션을 행사할 때에만 거래가 발생한다.

Chicago Board Options Exchange (CBOE)는 세계에서 가장 큰 옵션 거래소인 **www.cboe.com**을 참조하라.

둘째, 차이점은, 선도계약 시점에서는 돈이 오고 가지 않는데 반해, 옵션계약을 산 사람은 가치 있는 권리를 취득한 것에 대해 매도자에게 그 권리에 대한 가격을 지불해야 한다. 옵션의 가격을 흔히 옵션프리미엄(option premium)이라 부른다.

옵션의 보상 프로파일

그림 23.7은 콜옵션의 보상 프로파일을 소유자의 입장에서 보여주고 있다. 수평축은 자산의 가치에서 옵션의 행사가격을 뺀 값에 해당된다(ΔP). 그림에서 볼 수 있듯이, 기초자산의 가격이 행사가격보다 높아지면 콜옵션의 소유자는 옵션을 행사하고 이득을 보게 된다(ΔV). 반대로 기초자산의 가격이 행사가격보다 낮아지면 옵션을 행사하지 않는다. (참고: 이 보상 프로파일은 콜옵션 소유자가 옵션을 사기 위해 지불하는 가격, 즉 옵션프리미엄을 포함하고 있지 않다.)

옵션시장에 대한 입문적 이해를 위해서는 **www.optionseduaction.org**를 참조하라.

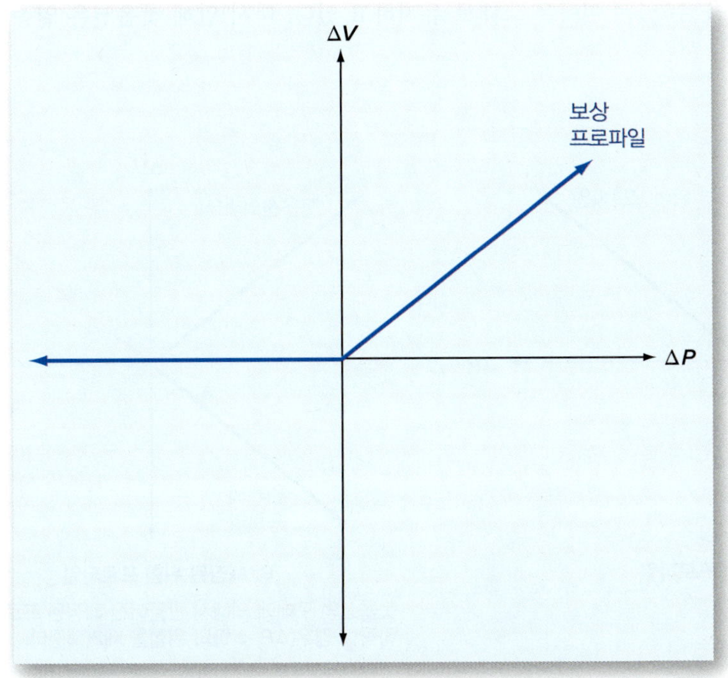

그림 23.7
콜옵션 소유자의 보상 프로파일

그림 23.8 옵션의 보상 프로파일

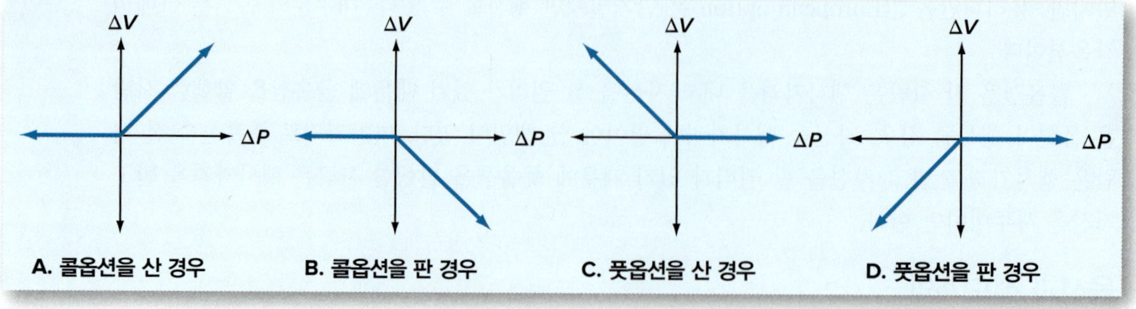

그림 23.8에서 A는 그림 23.7의 그래프와 동일한 것이다. B는 콜옵션을 판매한 사람의 입장에서 보상 프로파일을 그린 것이다. 콜옵션은 제로섬(zero-sum) 게임이기 때문에 판매자의 보상 프로파일은 콜옵션 구매자의 보상 프로파일과 정반대의 양상을 띤다.

그림 23.8에서 C는 풋옵션 구매자의 보상 프로파일을 그린 것이다. 이 경우 기초자산의 가격이 행사가격보다 떨어지면 풋옵션을 판 사람은 행사가격을 지불해야 하기 때문에 풋옵션을 산 사람이 이득을 본다. D는 기초자산의 가격이 행사가격보다 떨어지면 풋옵션을 판 사람이 손해본다는 것을 보여주고 있다.

옵션헤징

그림 23.9의 A와 같은 위험 프로파일을 가진 기업이 있다고 가정하자. 옵션을 이용해서 가격변동의 위험을 헤징하려 한다면 어떻게 해야 할까? 그림 23.8 중에서 여기에 맞는 것은 C의 보상 프로파일이다. 즉, 풋옵션을 사는 것이다. 이 기업이 풋옵션을 사면, 순노출은 그림 23.9의 B와 같이 변한다.

이 경우 기업은 풋옵션을 사서 가격이 떨어지는 위험을 제거할 수 있다. 그러나 가격이 올라갈 경우에 얻을 수 있는 이득은 그대로 유지하고 있다. 다시 말해 풋옵션은 일종의 보험과 같은

그림 23.9 옵션을 이용한 헤징

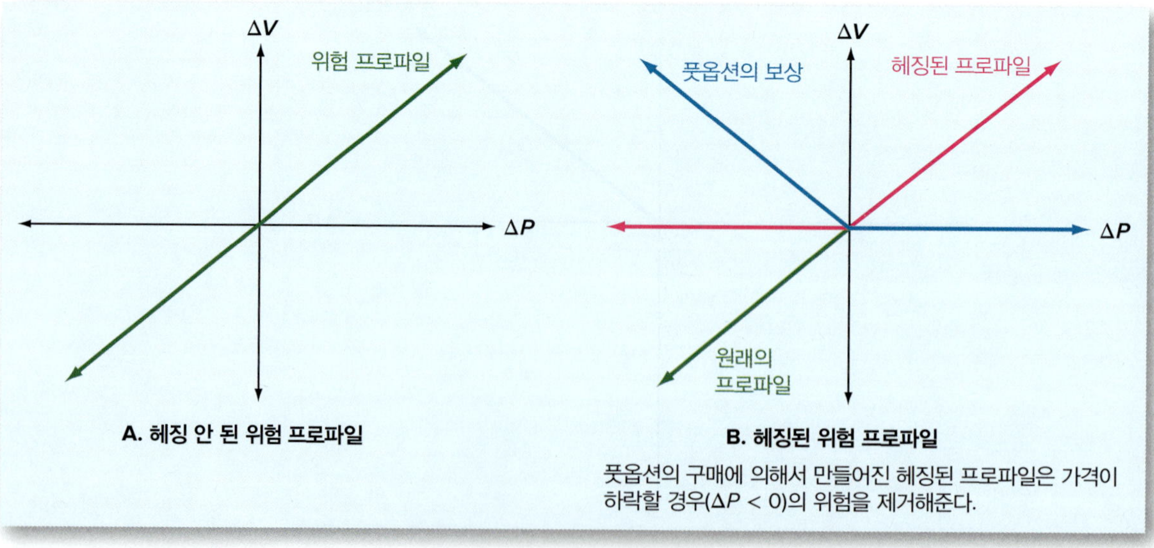

역할을 한다. 다만 보험이 공짜가 아니라는 것을 기억하라. 다시 말해 이 기업이 풋옵션을 사기 위해 비용을 지불해야 한다는 것은 잊지 말아야 한다.

옵션을 통한 상품가격위험의 헤징

앞에서 언급한 것처럼, 여러 가지 상품(commodity; 원자재)에 대한 선물계약이 있다. 또한 상품에 대한 옵션도 그 수가 증가하고 있는 추세이다. 사실상 상품에 대한 옵션은 선물계약에 대한 옵션이기 때문에 선물옵션(futures option)이라고 부른다.

이런 것들이 작동하는 원리는 다음과 같다. 예를 들어 밀에 대한 선물콜옵션이 행사되었을 경우에 옵션의 소유자는 두 가지를 얻는다. 그 하나는 현재 형성된 선물가격으로 계약되는 밀에 대한 선물계약이며(이는 비용을 들이지 않고 바로 해지할 수 있다), 다른 하나는 옵션 행사가격과 현재 형성된 선물가격의 차이이다. 이 차이는 현금으로 지급된다.

표 23.2는 CME Group 웹사이트에 나타나는 2020년 7월 만기, 옥수수 선물옵션의 시세를 보여주고 있다. 앞부분의 열은 콜옵션의 시세를, 뒷부분의 열은 풋옵션의 시세를 나타낸다. 검정 음영으로 표시된 가운데 열에 있는 숫자들은 옵션의 서로 다른 여러 행사가격(strike price)을 보여준다.[2] "High", "Low" 열은 그날의 최고가격과 최저가격을 나타낸다. "Prior Settle" 열은 전날의 마감가격을 나타내며, "Last" 열은 가장 최근의 거래가격을 나타낸다. 가격이 생략부호(apostrophe)로 표시된 것은 1/8센트 단위로 거래되는 것을 말한다. 행사가격 320인 7월 만기 풋옵션의 Last 열의 숫자는 9'2로 표시되어 있는데 이는 9 2/8센트, 즉 0.0925$를 의미하는 것이다.

당신이 7월 만기 행사가격 330인 옥수수 선물콜옵션(futures call option)을 샀다고 하면, 당

표 23.2
CME Group의 선물옵션시세표 일부

UNDERLYING FUTURE	CHARTS	LAST	CHANGE	PRIOR SETTLE	HIGH	LOW	VOLUME	HI / LOW LIMIT	UPDATED
Jul 2020		321'2	+0'4	320'6	325'4	320'4	116,289	345'6 / 295'6	15:53:59 CT 19 May 2020

Type: American Options
Expiration: Jul 2020
Strike Range: At The Money

CALLS									PUTS								
UPDATED	HI / LOW LIMIT	VOLUME	HIGH	LOW	PRIOR SETTLE	CHANGE	LAST	STRIKE PRICE	LAST	CHANGE	PRIOR SETTLE	LOW	HIGH	VOLUME	HI / LOW LIMIT	UPDATED
13:21:47 CT 19 May 2020	No Limit / No Limit	1	24'4	24'4	23'6	+0'6	24'4	300.0	2'7	-0'1	3'0	2'2	3'0	604	No Limit / No Limit	13:21:47 CT 19 May 2020
13:21:47 CT 19 May 2020	No Limit / No Limit	0	-	-	19'7	-	-	305.0	3'4	-0'5	4'1	3'1	3'4	151	No Limit / No Limit	13:21:47 CT 19 May 2020
13:21:47 CT 19 May 2020	No Limit / No Limit	91	18'0	16'1	16'3	+1'3	17'6	310.0	5'1	-0'4	5'5	4'1	5'4	1,150	No Limit / No Limit	13:21:47 CT 19 May 2020
13:21:47 CT 19 May 2020	No Limit / No Limit	259	15'4	13'5	13'1	+0'4	13'5	315.0	6'7	-0'4	7'3	5'5	7'2	270	No Limit / No Limit	13:21:47 CT 19 May 2020
13:21:47 CT 19 May 2020	No Limit / No Limit	1,228	12'1	10'2	10'3	+0'1	10'4	320.0	9'2	-0'3	9'5	7'4	9'5	2,040	No Limit / No Limit	13:21:47 CT 19 May 2020
13:21:47 CT 19 May 2020	No Limit / No Limit	639	10'0	8'0	8'1	+0'2	8'3	325.0	9'6	-2'5	12'3	9'6	10'7	344	No Limit / No Limit	13:21:47 CT 19 May 2020
13:21:47 CT 19 May 2020	No Limit / No Limit	881	7'7	6'2	6'2	UNCH	6'2	330.0	15'0	-0'4	15'4	12'4	15'0	699	No Limit / No Limit	13:21:47 CT 19 May 2020
13:21:47 CT 19 May 2020	No Limit / No Limit	906	6'0	4'7	4'6	+0'1	4'7	335.0	16'5	-2'3	19'0	16'5	16'5	20	No Limit / No Limit	13:21:47 CT 19 May 2020
13:21:47 CT 19 May 2020	No Limit / No Limit	696	4'5	3'6	3'5	+0'1	3'6	340.0	21'5	-1'1	22'6	19'3	21'5	49	No Limit / No Limit	13:21:47 CT 19 May 2020
13:21:47 CT 19 May 2020	No Limit / No Limit	424	3'4	2'7	2'6	+0'1	2'7	345.0	-	-	27'0	-	-	0	No Limit / No Limit	13:21:47 CT 19 May 2020

출처: CME Group (www.cmegroup.com), May 19, 2020.

[2] 모든 행사가격(strike price)은 센트(cent) 단위로 표시되어 있다. 예를 들어 표에 맨 처음 적혀 있는 행사가격 300.0은 부셸당 3.00$를 의미한다.

신은 이 옵션에 대해 부셸당 0.0625$를 지불해야 할 것이다(실제의 거래는 5,000단위를 거래단위로 하여 거래되지만 우리는 이를 무시하기로 한다). 당신이 옵션을 행사한다면 당신은 옥수수에 대한 선물계약과 함께, 현재의 선물가격과 행사가격 3.30$ 간의 차액을 현금으로 받을 것이다.

옵션을 통한 환율위험의 헤징

선물옵션은 상품(commodity; 원자재)뿐만 아니라 외국통화에 대해서도 거래되고 있으며, 상품에 대한 선물옵션과 똑같이 작용한다. 한편, 기초자산이 "외환에 대한 선물계약"인 옵션뿐만 아니라 기초자산이 외환 그 자체인 옵션도 있다. 환율위험에 대한 노출이 높은 기업은 환율하락의 위험으로부터 보호받기 위해서 풋옵션을 수시로 구매해야 한다.

옵션을 통한 이자율위험의 헤징

옵션은 이자율위험의 헤징을 위해서도 많이 쓰이고 있으며 그 종류 또한 다양하다. 이 중에는 앞에서 살펴본 선물옵션도 포함되어 있으며, 이것들은 거래소에서 거래되고 있다. 예를 들어 우리는 선물계약의 한 종류로 미 재무부 중기채권에 대한 선물계약을 언급한 바 있다. 이와 같은 채권선물계약, 그리고 그 밖의 많은 금융선물에 기초한 옵션도 있다. 이뿐만 아니라 이자율옵션을 거래하는 장외시장(over-the-counter market)이 번창하고 있다. 이 절에서는 이러한 옵션 중 일부에 대해 살펴보기로 하자.

위험관리를 비롯한 여러 주제들에 관한 많은 정보를 얻고 싶으면 **www.treasurers.org**를 참조하라.

미리 알아둘 것 어떤 이자율옵션은 사실은 채권(또는 채권에 대한 선물계약)과 같이 이자를 지불하는 자산에 대한 옵션이다. 거래소에서 거래되는 옵션의 대부분은 여기에 속한다. 그러나 그 외의 것들은 말 그대로 이자율에 대한 옵션이다. 이와 같이 구분하는 것은 옵션을 통해 헤징을 하고자 할 때 매우 중요하다. 예를 들어 옵션을 통해 이자율의 상승으로부터 보호받고자 한다면 어떻게 해야 할까?

이자율이 상승할 때는 가치가 오르는 옵션을 사야 한다. 첫 번째 방법은 채권에 대한 풋옵션을 사는 것이다. 왜 풋옵션일까? 그것은 이자율이 상승할 때 채권의 가치가 떨어지기 때문이다. 자산의 가치가 떨어질 때 풋옵션은 이득을 가져오므로 이자율의 상승위험을 헤징할 수 있는 것이다. 두 번째 방법은 이자율에 대한 콜옵션을 사는 것이다. 이 방법에 대한 설명은 잠시 뒤로 미루자.

우리는 7장에서 이미 이자율옵션을 본 적이 있다. 즉, 채권이 가지는 콜조항의 특성이 바로 그것이다. 콜조항이 있으면 채권의 발행자는 미리 정해진 가격, 콜가격에 채권을 다시 사들일 수 있는 권리가 있다. 이자율이 떨어지면 채권가격은 오르기 마련이다. 채권의 가격이 콜가격보다 높아지면, 발행자는 옵션을 행사하여 채권을 낮은 가격에 사들일 것이다. 그러므로 이와 같은 콜조항의 특성은 채권에 대한 콜옵션 또는 이자율에 대한 풋옵션과 같다고 할 수 있다.

이자율상한 계약 이자율상한(interest rate cap) 계약은 이자율에 대한 콜옵션이다. 변동금리 대출을 받은 기업이 있다고 가정하자. 이때 기업의 입장에서는 이자율의 급격한 상승으로 인해 대출상환액이 증가하면 엄청난 금융위기를 초래할 수도 있다. 이를 막기 위해서 기업은 은행으로부터 이자율상한 계약을 사야 한다. 이 경우, 대출상환액이 미리 계약된 상한선(ceiling)을 넘는다면 은행이 그 차액을 현금으로 보상해준다.

반대로 이자율하한(floor) 계약은 이자율에 대한 풋옵션이다. 만약 기업이 상한계약을 사고 하한계약을 팔면, 둘이 합쳐져서 이자율상하한(collar) 계약이 된다. 풋옵션을 팔고 콜옵션을 사면 기업은 이자율이 상한선을 넘을 때 보호를 받고, 이자율이 하한선 아래로 떨어지면 기업을 상대로 풋옵션이 행사될 것이므로, 결과적으로 기업의 입장에서는 지급해야 할 이자율이 하한선 아래로 떨어지지 않는다. 다시 말해 기업이 지급해야 할 이자율은 상한선과 하한선 사이를 벗어나지 않는다.

그 외의 이자율옵션들 마지막으로 비교적 최근에 나타난 두 종류의 이자율옵션을 소개하고 이 장을 마치기로 한다. 변동금리대출을 받은 기업이 있다고 가정하자. 당장은 변동금리대출에 만족하지만, 미래에 언젠가 고정금리대출로 바꿀 수 있는 권리도 가지려고 하는 것이 이 기업의 생각이다.

그렇다면 어떻게 해야 할까? 이 기업이 원하는 것은 변동금리대출을 고정금리대출로 교환할 수 있는 권리(의무가 아님)이다. 이 기업은 스왑에 대한 옵션을 사야 한다. 실제로 이러한 스왑옵션은 존재하며 이들은 스왑션(swaption)이라는 귀여운 이름을 갖고 있다.

지금까지 선물계약과 스왑계약에 대해 옵션이 존재한다는 것을 보았다. 그렇다면 옵션에 대한 옵션은 없을까? 물론 있다. 이들을 복합옵션(compound option)이라 한다. 앞에서 설명한 이자율상한 계약은 이자율에 대한 콜옵션이다. 어떤 기업이 이자율변동에 민감하다면 그 기업은 미래에 이자율상한 계약을 사려고 할 수도 있다. 이 경우, 기업이 현재 원하는 것은 이자율상한 계약에 대한 옵션을 사는 것이다. 이와 같이 이자율상한 계약에 대한 옵션을 캡션(caption)이라 하며, 이들은 오늘날 큰 시장을 형성하고 있다.

파생상품의 실제 사용

파생상품은 재무제표에 나타나지 않으므로 기업들이 어느 정도의 파생상품을 이용하고 있는지를 파악하는 것은, 예를 들어 기업들이 어느 정도의 은행대출을 이용하고 있는지를 파악하는 것보다 훨씬 어렵다. 따라서 기업들의 파생상품 이용 정도에 대해서는 모두 학문적 설문조사를 통해서만 밝혀지고 있다. 대부분의 설문결과가 보여주고 있는 것은 대규모 상장기업들의 경우에도 파생상품의 이용 정도가 매우 다르다는 것이다. 또한 소기업보다는 대기업이 훨씬 더 파생상품을 이용하고 있다는 것이다. 표 23.3은 파생상품을 사용하는 기업들이 주로 이용하는 파생상품이 외국통화 파생상품, 이자율 파생상품임을 보여주고 있다.

기업들이 일반적으로 갖고 있는 생각은 파생상품이 기업의 현금흐름의 변동성을 감소시키는 데 매우 도움이 된다는 것이다. 다시 말해 재무적 곤경(financial distrest)과 관련된 여러 비용들을 줄이는 데 도움을 준다는 것이다. 한편 일반적으로 대기업들이 소기업들보다는 더 작은 현금흐름의 변동성을 갖고 있는데, 소기업들보다 대기업들이 더 자주 파생상품을 이용하고 있는 것으로 나타난 것은 다소 의외의 결과로 보인다. 또한 일부 설문들을 통해 나타나는 것은 기업들이 파생상품을 가끔 이용하는 이유가 위험을 헤징하기 위한 것이 아니라 선물가격을 이용한 투기에 있다는 것이다.

그러나 대부분의 설문조사들은 재무적 곤경비용이 높고 자본시장에 대한 접근이 어려운 기업들이 가장 자주 파생상품을 이용하고 있다는 주장과 일치하는 결과를 보여주고 있다.

표 23.3

파생금융상품을 이용하는 기업들에 대한 설문조사 결과

출처: *Treasury & Risk Management* (March 2010 and March 2012).

파생상품을 이용하는 기업의 비율	
2010년	71%
2009년	79

어떤 종류의 파생상품을 사용하는가?	2010년	2009년
이자율	65%	68%
통화	62	58
신용	13	13
에너지	19	13
상품	23	22
주식	13	9

파생상품의 사용 정도가 변할 것으로 생각하는가?	2010년		2009년	
	증가	감소	증가	감소
이자율	19%	15%	13%	20%
통화	20	8	31	6
신용	4	4	2	13
에너지	11	7	5	9
상품	16	6	12	10
주식	6	7	7	6

총위험 헤징전략을 사용하고 있는가? 아니면 거래노출이나 특정 통화노출에 대해서만 헤징을 하고 있는가?	2010년	2009년
총위험 헤징	31.8%	21.1%
거래노출 헤징	34.1	47.4
특정 통화노출 헤징	34.1	31.6

개념질문 _*Concept Questions*

23.6a 그림 23.9에서, 헤징 안 된 위험 프로파일의 기울기가 양(+)이 아니라 음(−)이라고 가정해보자. 이 경우 어떤 옵션헤징전략이 적합한가?

23.6b 선물옵션이란 무엇인가?

23.6c 캡션이란 무엇인가? 누가 캡션을 사려고 하는가?

요약과 결론 23.7

이 장에서는 금융위험관리와 금융공학의 몇 가지 기본원칙에 대해 알아봤다. 이들이 중요한 것은 어떤 기업이라도 원치 않는 위험에 노출될 수 있기 때문이다. 더군다나 오늘날 이자율, 환율, 물가 등의 변동성이 증가하면서 위험관리와 금융공학은 더욱 더 강조되고 있다.

위험 프로파일은 특정 위험에 대한 기업의 노출을 보여준다. 금융위험관리의 목표는 선물계약, 스왑계약, 옵션계약과 같은 파생상품의 거래를 통해서 기업의 위험 프로파일을 바꾸는 것이다. 적절한 보상 프로파일을 갖고 있는 파생상품을 이용해서 기업은 여러 가지 위험에 대한 노출을 줄이거나 완벽히 제거할 수도 있다.

헤징을 통해서 산업의 밑바탕에 깔려 있는 경제적 현실을 바꿀 수는 없다. 그러나 단기 또는 장기 가격변동으로 인한 금융위기를 피할 수는 있다. 또한 헤징은 달라지는 시장조건에 적응할 시간을 벌어준다. 오늘날 가격변동성과 경제의 급격한 변화 때문에 변동성에 대처하는 것은 금융관리자에게 매우 중요한 과제이다.

이 장에서 설명한 옵션 외에도 다양한 종류의 옵션이 있으며 매일매일 새로운 옵션들이 태어난다. 중요한 것은 옵션, 선도, 선물, 스왑 등을 조합해서 새로운 종류의 파생상품을 다양하게 만들어낼 수 있다는 점이다. 이러한 기초 계약들을 이용하여 금융공학자들은 기업의 위험관리를 위한 새롭고 혁신적인 상품들을 창조하고 있다.

복습과 자가진단

23.1 선물계약 Golden Grain Farms (GGF)는 9월에 밀의 수확량을 50,000부셸로 예상하고 있다. 그러나 지금부터 9월까지 밀 가격이 변동할 수 있기 때문에 고민이 많을 수밖에 없다. 밀의 9월 선물가격은 1부셸당 2$이며, 계약의 거래단위는 5,000부셸이다. 밀 가격을 2$로 못박기 위해서 GGF는 어떤 행동을 취해야 할까? 예를 들어 9월에 밀 가격이 3$로 증가했다고 가정하자. GGF의 이익과 손해가 얼마인지 계산해보라. 또한 가격이 1$로 떨어진 경우도 생각해보라.

23.2 옵션계약 문제 23.1에서 행사가격이 1부셸당 2$인 9월 선물풋옵션의 가격이 1부셸당 0.15$라고 가정해보자. GGF가 풋옵션을 이용한다고 가정했을 때, 밀 가격이 1$, 2$, 3$일 때, 이익과 손실이 각각 얼마인지 계산해보라.

복습과 자가진단 해답

23.1 GGF는 정해진 가격을 받고 밀을 팔기 원하기 때문에 선물계약을 팔아야 한다. 계약의 거래단위가 5,000부셸이므로 10개의 계약을 팔아야 한다. 당장에는 손실이나 이익이 발생하지 않는다.

만약 밀 가격이 3$로 오르면 GGF는 수확량에 대해서 150,000$를 받을 수 있지만, 계약상으로 50,000부셸을 2$에 팔아야 하기 때문에 50,000$의 손실을 볼 것이다. 따라서 순이익은 100,000$이다.

밀 가격이 1$로 떨어지면 수확량의 총가치는 50,000$밖에 되지 않는다. 그러나 선물계약으로 50,000$의 이익을 보기 때문에 GCF의 순이익은 다시 한번 100,000$를 기록하게 된다.

23.2 만약 GGF가 밀 가격의 하락에 대해서만 보호받고자 할 경우, 10개의 풋옵션을 구입하면 된다. 한

계약당 5,000부셸이기 때문에, 계약당 비용은 5,000 × $0.15 = 750$이다. 10개를 계약하면 총비용은 7,500$이다.

밀 가격이 3$로 오른다면, GGF는 풋옵션을 행사하지 않을 것이다. 수확량의 가치가 150,000$이고, 옵션의 비용이 7,500$이기 때문에 순이익은 142,500$이다.

밀 가격이 1$로 떨어지면, 수확량의 가치는 50,000$이다. GGF는 풋옵션을 행사할 것이고, 그에 따라 풋옵션을 판매한 사람은 1부셸당 2$를 지불해야 한다. GGF가 받는 돈은 총 100,000$이다. 여기서 풋옵션의 비용을 빼면 GGF의 순이익은 92,500$이다. 사실상 밀 가격이 2$이거나 그보다 낮아지면 GGF의 순이익은 항상 92,500$를 기록하게 된다.

개념복습과 개념문제

1. **헤징전략 [LO1]** 만약 어느 기업이 헤징전략으로 목재에 대한 선물계약을 판다면, 목재가격에 대한 기업의 위험노출은 어떻게 되는가?
2. **헤징전략 [LO1]** 만약 어느 기업이 헤징전략으로 돼지고기에 대한 콜옵션을 산다면, 돼지고기가격에 대한 기업의 위험노출은 어떻게 되는가?
3. **선도계약과 선물계약 [LO2]** 선도계약과 선물계약의 차이점은 무엇인가? 선도계약보다 선물계약이 많이 쓰이는 것은 무엇 때문인가? 선물계약보다 선도계약이 더 적합한 상황은 어떤 경우인가? 설명해보라.
4. **상품헤징 [LO1]** 텍사스의 석유생산기업인 Bubbling Crude Corporation은 유가의 변동위험을 헤징하려고 한다. 어떻게 해야 할까? 위험 프로파일을 완전한 수평선으로 만들기가 불가능한 이유를 최소한 두 가지 설명해보라.
5. **위험의 근원 [LO1]** 기업 A는 천연가스를 주원료로 하여 에너지 집약적인 상품을 생산하는 기업이다. 한편, 이 기업의 경쟁업체인 기업 B는 석유를 주원료로 사용한다. 기업 A는 유가와 천연가스의 가격변동이라는 두 가지 위험에 모두 노출되어 있다. 그 이유가 무엇인지 설명해보라.
6. **상품헤징 [LO1]** 만약 섬유생산기업이 솜가격의 변동위험을 헤징하려 한다면, 솜선물계약을 사거나 솜선물계약에 대한 콜옵션을 사면 된다. 이 두 가지 방법의 장단점은 각각 무엇인가?
7. **옵션 [LO4]** 채권에 대한 풋옵션이 이자율에 대한 콜옵션과 개념적으로 일치하는 이유에 대해서 설명해보라.
8. **이자율의 헤징 [LO1]** 발행한 채권이 1년 뒤에 만기가 되는 기업이 있다. 이 기업은 1년 뒤에 새로운 채권을 다시 발행할 계획이다. 현재의 이자율은 비교적 괜찮은 수준이지만 내년에 이자율이 상승할 위험도 있다. 이와 같은 경우에 기업이 사용할 수 있는 헤징전략은 어떤 것이 있는가?
9. **스왑 [LO3]** 스왑이 연속적인 선도계약과 같은 이유를 설명해보라. 한 기업이 스왑딜러를 통해서 스왑계약을 맺는다고 가정하자. 기업과 스왑딜러가 부담해야 하는 채무불이행위험에 대해 설명해보라.
10. **스왑 [LO3]** 한 기업이 스왑딜러를 통해서 고정금리대출을 변동금리대출과 교환한다고 가정하자. 이 스왑으로 인해서 발생하는 현금흐름에 대해 설명해보라.
11. **거래노출과 경제적 노출 [LO1]** 거래노출과 경제적 노출의 차이점은 무엇인가? 어느 것의 헤징이 더 쉬운가? 그 이유는 무엇인가?
12. **환율위험의 헤징 [LO2]** 만약 미국기업이 일본으로 상품을 수출한다면 환율위험을 헤징하기 위해서 일본 엔에 대한 선물계약을 어떻게 이용해야 할까? 엔 선물계약을 사야 할까, 아니면 팔아야 할까? 답을 할 때 선물계약에서 표시되는 환율이 1엔당 달러로 표시된다고 가정하라.

13. **헤징전략** [LO1] 다음 상황들에 대해서 선물계약을 이용하여 어떻게 헤징전략을 써야 하는지 설명해보라. 만약 교차헤징이 적합하고 생각한다면, 그 이유에 대해 설명해보라.
   a. 전력회사가 비용의 상승을 걱정하고 있다.
   b. 사탕제조업체가 비용의 상승을 걱정하고 있다.
   c. 옥수수 생산업체가 올해의 수확량이 전국적으로 높아질 것이라고 예상하고 있다.
   d. 필름 제조업체가 비용의 상승을 걱정하고 있다.
   e. 천연가스 생산업체가 올해의 시장에서 초과공급이 나타날 것으로 예상하고 있다.
   f. 어떤 은행이 이익의 100%를 장기, 고정금리의 주택담보대출을 통해 얻고 있다.
   g. 대형주에 투자한 주식 뮤추얼펀드가 주식시장의 침체를 걱정하고 있다.
   h. 스위스 군용칼을 수입하는 미국 업체가 주문한 것을 6개월 뒤에 스위스 프랑으로 결제한다.
   i. 건설장비를 수입하는 미국 업체가 독일 건설업체에게 크레인을 팔기로 계약을 맺었다. 이 미국 업체는 3개월 뒤에 돈을 유로로 받는다.
14. **스왑** [LO3] 2009년과 2010년에 투자은행들은 공공기관과 비영리단체에게 이자율스왑을 판매한 것에 대해 비난을 받았다. 예를 들어 스왑계약을 청산하기 위해 캘리포니아 수자원공사는 약 3.05억$를 지불했다. 노스캐롤라이나주는 약 6천만$를, 하버드대학은 9.23억$를 지불했다. 스왑을 청산하기 위해서는 역거래를 해야 한다. 예를 들어 변동이자율을 고정이자율로 바꾸는 스왑계약을 맺었다면 고정이자율을 변동이자율로 바꾸는 스왑계약을 맺어야 한다. 많은 사람들은 투자은행들이 공공기관과 비영리단체를 이용했다고 생각하여 이들을 비난했다. 사람들의 이러한 비난은 정당한 것인가? 왜 그런가, 왜 그렇지 않은가?
15. **보험** [LO4] 당신이 200,000$짜리 주택을 구입한 후에 화재, 토네이도 등 여러 재해에 의한 피해를 보상해주는 주택보험에 가입했다고 하자. 당신이 보험에 가입한 것은 옵션을 구매한 것으로 볼 수 있다. 주택보험은 어떤 종류의 옵션인가? 주택소유자로서 당신은 옵션을 구매한 것인가, 판매한 것인가?
16. **보험** [LO4] 일부 보험은 피해를 입은 자산에 대해 현재의 시장가치로 보상해준다. 예를 들어 5년 전에 1,000$짜리 소파를 구입하고 현재 그 가치가 300$라면 소파가 망가졌을 때 보험회사가 지불하는 금액은 300$이다. 그러나 많은 보험회사들은 특약(特約; rider)을 통해 새 소파가격으로 보상해준다. 이 경우 그와 같은 소파의 가격이 현재 1,200$라면 소파가 망가졌을 때 보험회사는 1,200$를 지불한다. 이러한 특약은 옵션용어로는 어떻게 말할 수 있는가?

연습문제

초급문제 (1-5)

1. **선물시세** [LO2] 표 23.1을 참조하여 다음의 질문에 답하라. 만기가 2020년 9월인 코코아 선물계약을 당일의 마감가격에 샀다고 가정하자. 만기일에 코코아의 가격이 톤당 2,308$라면, 이익 또는 손해가 얼마인가?
2. **선물시세** [LO2] 표 23.1을 참조하여 다음의 질문에 답하라. 만기가 2020년 7월인 5개의 은(silver) 선물계약을 당일의 마감가격에 팔았다고 가정하자. 만기일에 은가격이 온스당 17.68$ 된다면, 이익 또는 손해는 얼마인가? 은가격이 17.29$인 경우에는 어떠한가?
3. **선물옵션시세** [LO4] 표 23.2를 참조하여 다음의 질문에 답하라. 만기가 2020년 7월이고, 행사가격이 3.25$인 옥수수(corn) 선물에 대한 콜옵션을 당일의 마감가격에 샀다고 가정하자. 옥수수 1부셸당 이 옵션의 비용은 얼마인가? 총비용은 얼마인가? 옵션 만기일에 옥수수의 선물가격이 1부셸당 3.14$가 된다면 순이익 또는 손실은 얼마겠는가? 옵션 만기일에 옥수수의 선물가격이 1부셸당 3.43$인 경우에는 어떠한가?

4. **풋옵션과 콜옵션의 보상 프로파일** [LO4] 어느 투자자가 석유 50,000배럴에 대한 콜옵션을 샀다고 가정해보자. 콜옵션의 행사가격은 배럴당 57$이다. 이와 동시에 그는 석유 50,000배럴에 대한 풋옵션을 팔았으며 행사가격은 배럴당 57$로 동일하다. 유가가 52$, 55$, 57$, 59$, 62$인 경우에 각각의 이익 또는 손해가 얼마인지 계산해보라. 보상 프로파일에서 눈에 띄는 점은 무엇인가?

5. **선물옵션시세** [LO4] 표 23.2를 참조하여 이 질문에 답하라. 만기가 2020년 7월이고, 행사가격이 3.25$인 옥수수 선물에 대한 풋옵션을 당일의 마감가격에 샀다고 가정하자. 총비용은 얼마인가? 옵션 만기일에 옥수수의 선물가격이 1부셸당 3.08$가 된다면 순이익 또는 손실은 얼마인가? 옥수수의 선물가격이 1부셸당 3.32$인 경우에는 어떠한가?

중급문제 (6-7)

6. **보험** [LO1] 당신 회사가 125백만$의 가치를 갖는 건물을 소유하고 있다고 하자. 그런데 이 건물이 자연재해를 받을 가능성이 매우 큰 지역에 위치하고 있기 때문에 자연재해로 어떤 해에 그 가치가 몽땅 사라질 가능성이 1.05%라고 하자. 당신 회사가 이 빌딩에 대해 갖는 연간 기대손실의 크기는 얼마인가?

7. **선물을 통한 헤징** [LO2] 본문 표 23.1을 참조하여 다음의 질문에 답하라. 당신 회사는 아침 시리얼을 생산하는데, 다가올 판촉행사를 위해 2020년 12월에 165,000부셸의 옥수수가 필요하다고 가정하자. 당신은 현재와 12월 사이에 옥수수 가격이 오를지도 모른다고 생각하여 옥수수 가격을 미리 고정하고자 한다.
   - **a.** 위험노출을 헤지하기 위해서는 옥수수에 대한 선물계약을 어떻게 이용해야 하는가? 당일 종가를 기준으로 옥수수 가격을 얼마에 고정시킬 수 있겠는가?
   - **b.** 12월에 옥수수 가격이 부셸당 3.23$가 된다고 가정해보자. 그렇다면 선물계약으로 인한 이익 또는 손실은 얼마겠는가? 선물계약이 옥수수 가격의 변동위험을 어떻게 제거했는지 설명해보라.

고급문제 (8-10)

8. **이자율스왑** [LO3] ABC기업과 XYZ기업은 공장의 개량공사를 위해서 자본을 조달해야 한다. ABC기업은 부채시장에서 신용등급이 좋으며, 11%의 고정금리대출 또는 리보금리(LIBOR)에 1%를 더한 변동금리대출을 받을 수 있다. XYZ기업은 생긴 지 얼마 안 된 탓에 신용등급이 그리 좋은 편은 아니며 10%의 고정금리대출 또는 리보금리에 3%를 더한 변동금리대출을 받을 수 있다.
   - **a.** ABC기업과 XYZ기업이 서로 이자율스왑을 통해서 이득을 볼 수 있겠는가?
   - **b.** 스왑시장에서 딜러 일을 하는 은행직원이 있다고 가정하자. 이 직원은 얼마 전에 상사로부터 ABC기업과 XYZ기업의 대출정보를 입수했다. 스왑딜러로서 그는 두 기업의 이자율스왑을 통해 양쪽이 모두 이득을 보게 하고 동시에 자신의 은행에게는 2%의 이익을 가져다주어야 한다. 이것이 어떻게 가능한지 설명해보라.

9. **금융공학** [LO2, 4] 석탄에 대해서 콜옵션과 선도계약은 있지만 풋옵션은 아직 없다고 가정해보자. 금융공학자가 기존의 계약을 조합해서 풋옵션을 어떻게 만들어낼 수 있는지 설명해보라. 이를 통해서 알 수 있는 풋, 콜, 선도계약 간의 관계는 무엇인가?

10. **보험** [LO1] 보험료를 계산할 때, 보험수리적으로 공정한 보험료는 보험회사나 보험가입자의 NPV를 0으로 만드는 보험료이다. 이 경우 기대손실액의 현재가치가 보험수리적으로 공정한 보험료가 된다. 당신 회사가 245백만$짜리 건물에 대해 보험을 들려고 한다고 하자. 어떤 한 해에 이 건물가치가 몽땅 사라질 가능성이 1.25%라고 하고, 할인율은 4%라고 하자.
    - **a.** 보험수리적으로 공정한 보험료는 얼마인가?
    - **b.** 빌딩을 수리하여 손실발생 가능성을 0.9%로 낮출 수 있다고 하자. 이 경우 이러한 수리에 당신은 얼마를 지불할 용의가 있는가?

작은 사례

Chatman Mortgage, Inc.

Joi Chatman은 최근에 재무전공 학위를 받고 mortgage(모기지: 주택담보대출) 브로커 사업을 하기로 결정했다. 또한 다른 사람을 위해 일하기보다는 자신의 회사를 차리기로 했다. 그녀의 사촌인 Mike는 그가 짓고 있는 건물에 대한 mortgage를 그녀에게 문의해왔다. 건물은 3개월 후에 완공되며 그때 가서 mortgage가 필요했다. Mike가 원하는 mortgage는 매달 일정액을 상환하는 25년 고정이자율로 매달 400,000$를 상환하는 mortgage이다.

Joi는 현재의 시장이자율인 6%로 3개월 후에 Mike에게 돈을 빌려주기로 했다. Joi는 400,000$를 갖고 있지 않았으므로 이 금액을 대출받기 위해 IT 보험회사의 사장인 Ian Turnbell에게 3개월 후에 그녀로부터 mortgage를 구매해줄 것을 요청했다. Ian은 mortgage의 구매에는 동의하였지만 mortgage에 대한 이자율을 미리 정하려고는 하지 않았다. 그 대신 그는 3개월 후의 시장이자율로 mortgage를 구매하는 데 동의했다. 현재 3개월 후에 만기가 되는 미 재무부 장기채권에 대한 선물계약이 가능하며, 이 계약은 액면가 100,000$인 미 재무부 장기채권에 대한 것이다.

질문

1. Mike가 mortgage로 지불해야 하는 매달의 상환액은 얼마인가?
2. 이 계약으로 Joi가 직면하는 가장 큰 위험은 무엇인가?
3. Joi는 이 위험을 어떻게 헤징할 수 있는가?
4. 3개월 후에 시장이자율이 7%로 상승한다고 하자.
   a. Ian은 이 mortgage에 대해 얼마를 지불하겠는가?
   b. 미 재무부 장기채권의 선물계약의 가치는 어떻게 변하겠는가? 롱포지션(long position) 혹은 숏포지션(short position)은 그 가치가 증가하는가?
5. 3개월 후에 시장이자율이 5%로 하락한다고 하자.
   a. Ian은 이 mortgage에 대해 얼마를 지불하겠는가?
   b. 미 재무부 장기채권의 선물계약의 가치는 어떻게 변하겠는가? 롱포지션 혹은 숏포지션은 그 가치가 증가하는가?
6. Joi가 자신의 이자율위험을 헤징하기 위하여 미 재무부 장기채권 선물계약을 이용하는 데는 어떤 위험이 존재하는가?

24 옵션과 기업재무
Options and Corporate Finance

당신이 5,000$어치의 Alphabet 보통주를 사서 몇 달 뒤에 7,500$에 판다면 수익률은 50%이다. 아주 좋은 결과이다. 같은 때에 당신 이웃은 Alphabet 스톡옵션에 5,000$를 투자하고 만기일에 25,000$를 얻는다면 이건 400%의 수익률이다. 와우! 반대로 당신이 산 주식가치가 2,500$로 떨어지면 당신은 50%의 손실을 입는다. 아주 나쁜 결과이다. 그러나 같은 때에 당신 이웃의 Alphabet 스톡옵션은 아예 아무런 가치도 없어진다. 아악! 주식(stock)과 스톡옵션(stock option)은 전혀 다른 것이다.

이 장에서 우리는 옵션의 기본내용과 옵션의 가치평가에 대해 살펴볼 것이다. 우리는 옵션이 기업재무의 곳곳에 존재한다는 것을 알게 될 것이다. 사실상 옵션이 무엇인지 알게 되는 순간, 주변의 어느 곳에서나 쉽게 옵션을 발견할 수 있다. 따라서 옵션이 어떻게 작동하는지에 대한 이해는 필수적이다.

학습목표 _Learning Objectives

이 장을 공부한 후에는 다음과 같은 것들에 대해 알아야 한다.

- **LO1** 콜옵션과 풋옵션의 기본내용과 옵션의 이익과 손실의 계산
- **LO2** 옵션가치에 영향을 미치는 요소들과 옵션의 가치평가
- **LO3** 임직원스톡옵션의 기본내용과 그 유리한 점과 불리한 점
- **LO4** 자산에 대한 콜옵션으로서의 자기자본의 가치
- **LO5** 연기옵션, 확장옵션, 포기옵션, 축소옵션 등의 옵션가치를 반영한 투자안의 평가
- **LO6** 전환채권과 워런트의 기본내용과 그들의 가치평가

오늘날 옵션은 우리의 일상에서 빼놓을 수 없는 일부가 되어 버렸다. "여러 가지 옵션을 마련해 두라"라는 말은 사업상 빠뜨리지 않는 충고이며, "더 이상의 옵션이 없다"라는 말은 위험한 상황에 처해져 있음을 의미한다. 금융분야에 있어서 **옵션**(option)은 만기일에 이르기까지 한 자산을 정해진 가격에 사거나 팔 수 있는 권리를 부여하는 계약을 의미한다. 가장 많이 알려진 옵션은 스톡옵션이다. 이는 보통주 주식을 사거나 팔 수 있는 옵션이며, 이에 대해서는 다음의 몇 쪽에 걸쳐 자세히 다룰 것이다.

옵션(option): 소유자에게 만기일이나 그 전까지, 특정한 자산을 정해진 가격에 사거나 팔 수 있는 권리를 부여하는 계약

물론 스톡옵션만 옵션인 것은 아니다. 실제로는 금융상의 여러 의사결정들이 옵션들을 평가하는 것과 같다. 예를 들어 옵션을 이해하면 앞에서 배운 NPV분석에 대해 중요한 추가적인 상황들을 살펴볼 수 있다.

또한 회사의 모든 증권들은 실질적으로 묵시적이든 명시적이든 모두 옵션의 특징을 갖고 있으며, 그러한 특징들을 이용하는 추세가 점점 커져가고 있다. 따라서 옵션의 특징을 지니고 있는 증권을 이해하기 위해서는 옵션의 가치를 결정짓는 요소들이 무엇인지 알아야 한다.

이 장에서는 먼저 여러 종류의 옵션에 대해서 설명한 후, 옵션의 가치를 결정짓는 요소들에 대해서 다루고, 기업의 부채와 주식이 어떻게 옵션의 특징을 지니는지에 대해 설명할 것이다. 그런 다음 스톡옵션을 살펴보고, 옵션이 자본예산에 있어서 차지하는 중요한 역할에 대해 논의할 것이다. 마지막으로 워런트(warrant), 전환채권(convertible bond), 그리고 그 외의 옵션형 증권을 통해서 옵션의 특징이 기업의 증권에 어떻게 나타나는지 살펴볼 것이다.

24.1 옵션에 대한 기본사항

옵션은 특정 자산을 만기일 혹은 그 전에 사거나 팔 수 있는 권리를 부여하는 계약의 일종이다. 예를 들어 한 건물에 대한 어떤 옵션은 그 옵션의 소유자에게 그 건물을 1백만$에 2021년 1월 셋째 수요일 직전의 토요일 혹은 그 이전에 살 수 있도록 권리를 부여할 수 있다.

옵션은 독특한 종류의 금융계약이라고 할 수 있는데 왜냐하면 옵션이 소유자에게 권리를 부여할 뿐, 의무를 지게 하는 것은 아니기 때문이다. 소유자는 이익이 발생할 때에만 옵션을 행사하며, 그렇지 않은 경우에는 옵션을 그냥 버릴 수 있다.

옵션과 관련해서 몇 가지의 중요한 전문용어가 있다. 다음은 주요용어에 대한 설명이다.

옵션의 행사(exercising the option): 옵션에서 기초자산을 사거나 파는 행위

행사가격(strike price): 옵션에서 그 가격에 기초자산을 사거나 팔 수 있는 미리 정해진 가격

만기일(expiration date): 옵션을 행사할 수 있는 마지막 날

아메리칸옵션(American option): 만기일까지 아무 때나 행사할 수 있는 옵션

유러피안옵션(European option): 만기일에만 행사할 수 있는 옵션

1. **옵션의 행사**(exercising the option): 옵션에서 그 대상이 되는 기초자산(underlying asset)을 사거나 파는 행위를 옵션의 행사라고 부른다.
2. **행사가격**(strike price, exercise price): 옵션에서 그 가격에 기초자산을 사거나 팔 수 있는 미리 정해진 가격을 행사가격이라고 부른다. 행사가격(strike price)은 행사하는 가격(striking price)이라고도 부른다.
3. **만기일**(expiration date): 일반적으로 옵션은 기한(期限)이 있다. 그 기한이 끝나갈 때 만기가 가까워진다고 말한다. 옵션이 행사될 수 있는 마지막 날을 만기일이라고 부른다.
4. **아메리칸옵션**과 **유러피안옵션**(American and European option): 아메리칸옵션은 만기일을 포함해서 그 이전에 행사할 수 있는 옵션이다. 유러피안옵션은 만기일에만 행사할 수 있는 옵션이다.

풋과 콜

콜옵션(call option): 특정 자산을 특정 기간 동안 정해진 가격에 살 수 있는 권리

풋옵션(put option): 특정 자산을 특정 기간 동안 정해진 가격에 팔 수 있는 권리

옵션은 기본적으로 풋옵션과 콜옵션 두 가지로 나뉜다. **콜옵션**(call option)은 특정 자산을 특정 기간 동안, 정해진 가격에 살 수 있는 권리를 준다. 특정한 자산을 "부를(call) 수 있는" 권리를 주는 것이 콜옵션이라고 기억해둔다면 도움이 될 것이다.

풋옵션(put option)은 콜옵션의 정반대이다. 소유자에게 특정 자산을 살 수 있는 권리를 주는 대신, 그 자산을 정해진 행사가격에 팔 수 있는 권리를 주는 것이 풋옵션이다. 풋옵션을 사면 이 옵션을 발행한 사람이 정해진 가격에 그 자산을 사도록 할 수가 있는 것이며, 이는 한마디로 그에게 자산을 "내놓는(put)" 것이다.

콜옵션을 발행한 투자자의 경우에는 어떠한가? 이 경우에 투자자는 선금을 받고, 옵션의 소

유자가 원할 때 해당 자산(기초자산)을 미리 정해진 행사가격에 팔아야 할 의무(obligation)를 갖는다. 마찬가지로 풋옵션을 발행하는 투자자는 선금을 받고, 옵션의 소유자가 원할 때 기초자산을 행사가격에 사야 할 의무를 갖는다.[1]

어떠한 자산이든 옵션을 통해 거래될 수 있다. 그러나 가장 많이 거래되는 것은 스톡옵션(stock option)이다. 이 옵션은 주식을 사거나 팔 수 있는 옵션이다. 이 옵션이 가장 많이 알려진 옵션이기 때문에 먼저 이에 대해서 살펴보기로 한다. 스톡옵션에 대해 설명하는 동안 한 가지 잊지 말아야 할 것은 옵션과 관련된 일반원칙들은 주식뿐만 아니라 모든 자산들에게도 똑같이 적용된다는 점이다.

스톡옵션의 가격표

1973년 4월 26일, 시카고옵션거래소(CBOE)가 개장하면서 스톡옵션을 체계적으로 거래하기 시작하였다. 미국의 유명한 대기업들의 주식과 관련된 풋옵션과 콜옵션이 이곳에서 거래된다. 시카고옵션거래소가 아직까지 가장 큰 옵션시장인 것은 사실이지만, NYSE, NASDAQ 등에서도 옵션이 거래되고 있다. 거래되는 대부분의 옵션들은 아메리칸옵션이다.

아래 표는 CBOE에서 거래되는 옵션의 가격표를 단순화한 예이다.

2021년 6월 15일의 마감 시세							
RWJ (RWJ)					Underlying Stock Price: $100.00		
		Call			Put		
Expiration	Strike	Last	Volume	Open Interest	Last	Volume	Open Interest
June	95	6	120	400	2	80	1,000
July	95	6.50	40	200	2.80	100	4,600
Aug	95	8	70	600	4	20	800

여기서 가장 먼저 살펴볼 수 있는 것은 기업의 종목코드인 RWJ이다. 이는 표에 나타나 있는 옵션들이 RWJ사의 주식을 사고팔 수 있는 권리와 관련되어 있음을 가리킨다. 기업 종목코드의 우측을 보게 되면, 해당 주식의 종가(closing price)를 찾을 수 있을 것이다. 위의 표에 따르면, 이 가격표가 작성되기 전까지 RWJ주식은 한 주당 100$에 거래되고 있었다.

표에서 첫 번째 열은, 옵션의 만기월(Expiration)을 보여주고 있다(6월, 7월, 8월). CBOE에서 거래되는 모든 옵션의 만기일은 만기월의 세 번째 금요일이다. 두 번째 열은 행사가격(strike price)이 얼마인지 보여주고 있다. 위의 표에서 RWJ옵션의 행사가격(exercise price)은 95$이다.

다음의 세 열은 콜옵션에 대한 정보를 담고 있다. 이 중 첫 번째 열은 가장 최근의 옵션가격(Last)을 보여주고 있다. 다음은 거래량(Volume)으로, 하루에 얼마나 많은 옵션계약(option contract)들이 거래되었는지 말해준다. 한 개의 옵션계약은 100개의 주식을 사거나(콜의 경우) 팔 수 있는(풋의 경우) 권리를 부여하는 계약이며, 모든 거래는 이 계약단위(100개의 주식)로 이뤄진다. 그러나 옵션가격은 1주당의 가격으로 표시된다.

www.cboe.com, www.euronext.com과 같은 옵션거래소를 확인해보라.

콜옵션에 대한 마지막 정보는 미결제약정(Open Interest)이라는 것이다. 이 숫자는 현재 체

[1]옵션을 발행하는 것을 보통 옵션을 "쓴다(written)"라고 한다.

표 24.1 Uber(UBER) 옵션에 대한 Nasdaq 옵션가격표

01/24/2020

CALLS							PUTS					
LAST	CHANGE	BID	ASK	VOLUME	OPEN INT.	STRIKE	LAST	CHANGE	BID	ASK	VOLUME	OPEN INT.
2.70	+0.74	2.94	3.05	122	562	30	0.16	-0.24	0.14	0.16	122	589
2.38	+0.68	2.52	2.57	62	289	30.5	0.24	-0.28	0.20	0.23	46	196
2.00	+0.69	2.11	2.15	995	1813	31	0.32	-0.38	0.30	0.33	56	130
1.75	+0.70	1.74	1.78	70	299	31.5	0.46	-0.49	0.43	0.46	16	15
1.35	+0.57	1.41	1.45	622	839	32	0.63	-0.54	0.59	0.63	32	26
1.08	+0.38	1.13	1.16	166	149	32.5	0.97	-0.39	0.80	0.83	21	18
0.81	+0.34	0.88	0.91	120	255	33	1.10	-1.67	1.05	1.09	5	4
0.68	+0.33	0.68	0.70	195	55	33.5	1.47	-1.01	1.35	1.38	4	28
0.51	+0.20	0.52	0.54	53	282	34	1.75	-0.68	1.69	1.72	13	1
0.28	+0.02	0.39	0.41	64	699	34.5	3.10	0.00	2.05	2.09	0	1
0.30	+0.13	0.29	0.31	122	237	35	2.78	-0.59	2.45	2.50	13	345
0.09	0.00	0.21	0.24	0	5	35.5			2.80	2.99	0	0
0.15		0.15	0.18	5	0	36			3.20	3.45	0	0

EXPIRES: 01/24/2020 LAST TRADE: $32.81 (AS OF JAN 7, 2020)

출처: www.nasdaq.com, January 24, 2020.

결되고 있지 않는 옵션계약이 얼마큼인지 말해준다. 다음의 세 열은 콜옵션의 경우와 같이 풋옵션에 관한 정보를 보여주고 있다(종가, 거래량, 미체결약정).

표에서 첫 번째 옵션은 "RWJ-6월-95-콜"로 표현된다. 이 옵션의 가격은 6$이다. 6$를 지불하면, 지금부터 6월 세 번째 금요일까지 언제든지 RWJ사의 주식을 한 주에 95$를 주고 살 수 있는 권리가 생기는 것이다. 모든 거래는 100주 단위로 이뤄지기 때문에 하나의 옵션계약을 하기 위해서는 총 $6 × 100 = 600$의 비용이 든다.

다른 옵션의 경우도 이와 같은 방법으로 해석할 수가 있다. 예를 들어 7월-95-풋옵션의 가격은 2.80$이다. $2.80 × 100 = 280$의 비용을 지불한다면, 지금부터 7월의 세 번째 금요일까지 RWJ사의 주식 100주를 한 주당 95$의 가격에 팔 수 있는 권리가 생기는 것이다.

표 24.1에는 www.nasdaq.com 에 자세히 나와 있는 CBOE 가격이 인용되어 있다. 그 회사는 차량 공유 앱을 제공하는 Uber(UBER)이다. 표 하단을 보면 UBER가 주당 32.81$에 거래되고 있다. 표에서 여러 행사가격이 인용됨을 알 수 있다. 표에서 보는 바와 같이, 풋과 콜의 행사가는 30.00~36.00$이다.

옵션 시세에 대한 이해를 확실하게 하기 위해 Uber 주식 100주를 33$에 1월 24일까지 언제든지 매도할 권리를 원한다고 가정하자. 무엇을 해야 하며 그 비용은 얼마나 되겠는가? 33$에 주식을 매도할 수 있는 권리를 갖기 위해서는 행사가격이 33$인 풋옵션을 매수해야 한다. 이를 위해 온라인으로 가서 "Uber-1월-33-풋" 계약 1개를 주문한다. 1월 33 풋옵션 가격이 1.09$이므로 주당 1.09$ 또는 모두 109$(수수료 포함)를 지불해야 한다.

옵션의 수익

당신이 표 24.1에서 '1월-30-콜' 옵션계약을 50개 샀다고 가정하자. 표에 따르면 콜옵션의 가격은 3.05$이므로 옵션 계약 하나당 305$의 비용이 들 것이다. 그러므로 총비용은 50 × $305 = 15,250$이다. 이 금액을 지불하고 나서 만기일이 도달할 때까지 기다리면 된다.

이제 어떻게 해야 하는 것일까? 당신에게는 Uber의 주식을 한 주당 30$에 살 수 있는 권리가 있다. 만약 Uber의 현재 주가가 한 주당 30$보다 낮다면, 이 콜옵션은 전혀 가치를 갖지 않기 때문에 휴지조각이 되어 버리고 만다. 이 경우, 주식의 현재가격이 행사가격보다 낮기 때문에 옵션이 외가격(out-of-the-money)에 있다고 말한다. 당신은 투자한 금액 15,250$ 전부를 손해볼 것이다.

만약 Uber의 현재 주가가 한 주당 30$보다 높다면 옵션을 행사할 필요가 있다. 이 경우 주식의 현재가격이 행사가격보다 높기 때문에 옵션이 내가격(in the money)에 있다고 말한다. Uber의 주가가 한 주당 35$까지 상승했다고 가정하면, 당신은 Uber의 주식을 한 주당 30$에 살 수 있는 권리가 있기 때문에 권리를 행사하면 한 주당 5$의 이득을 보는 것이다. 옵션계약 하나당 100주를 살 수 있으므로, 옵션계약 하나당 수익은 $5 × 100 = 500$이다. 마지막으로, 50개의 옵션계약을 보유하고 있기 때문에 옵션의 총가치는 가뿐히 25,000$나 된다. 초기에 투자한 비용이 15,250$였으므로, 순이익은 9,750$이다.

이 예를 통해서 알 수 있듯이 콜옵션을 사게 된다면 큰 손실을 볼 수도 있고 큰 이득을 볼 수도 있다. 이를 보다 확실히 알기 위해 한 가지 예를 더 보자. 15,250$의 돈을 가지고 콜옵션을 사는 대신에 주식을 샀다고 가정해보자. 이 경우에는 약 $15,250/$32.831 = 464.80주를 보유하게 되는 것이다. 이를 가지고 각각 다른 주식가격에서 만기가 되는 콜옵션의 결과들과 서로 비교해 보면 다음과 같다.

주식의 종가	옵션의 가치 (50개의 옵션계약)	순이익 또는 순손실 (50개의 옵션계약)	주식의 가치 (572.58주)	순이익 또는 순손실 (572.58주)
$20	$ 0	−$15,250	$ 9,296	−$5,954
25	0	−15,250	11,620	−3,630
28	0	−15,250	13,014	−2,236
32	10,000	−5,250	14,874	−376
35	25,000	9,750	16,268	1,018
40	50,000	34,750	18,592	3,342

옵션을 통해서 볼 수 있는 손실과 이득은 주식을 샀을 때보다 훨씬 크다. 이는 50개의 옵션계약에 따른 수익이 464.80주보다 훨씬 많은 50 × 100 = 5,000주에 달려 있기 때문이다.

이 예에서, 주가가 행사가격보다 낮을 때 이 옵션의 경우에는 15,250$를 모두 잃게 된다는 점에 유의하라. 주식을 사는 경우에는 산 만큼의 주식이 남아 있기 때문에 주가가 0이 되지 않는 한 투자금액의 일부는 남아 있는 것이다. 또 한 가지 유의해야 할 점은 옵션의 가치가 0 이하로 떨어지지는 않는다는 점이다. 이는 언제라도 옵션을 버릴 수 있기 때문이다. 즉, 초기 투자액(이 경우는 15,250$)보다 더 큰 손실은 보지 않는다는 것이다.

스톡옵션은 제로섬 게임(zero-sum game)이라는 것을 잊지 말아야 한다. 이는 스톡옵션의 구매자가 이익을 보는 만큼 판매자가 손해를 본다는 의미이며, 그 반대도 마찬가지이다. 이를 보여주기 위해 위의 예에서 50개의 옵션계약을 팔았다고 가정하자. 이에 따라 15,250$의 선금을 받게 된다. 한편, 이 옵션의 구매자가 권리를 행사한다면 주식을 30$에 팔아야 할 의무가 있다. 이 경우에 주가가 30$보다 낮으면 15,250$를 그대로 가지게 된다. 반대로 주가가 30$보다 높으면 손실을 보면서 주식을 팔아야 한다. 주가가 35$라고 하면, 50(계약) × 100(주) = 5,000주를 한 주당 30$에 팔아야 하므로, 한 주당 $35 − $30 = 5$의 손해를 보고, 총 $5 × 5,000 = 25,000$의 손실을 보는 것이다. 그러나 처음에 15,250$의 선금을 받았으므로, 최종 순손실액은 9,750$이다. 이를 여러 다른 상황에 대해서 정리하면 다음과 같다.

주식의 종가	옵션 판매자의 순이익
$20	$15,250
25	15,250
28	15,250
32	5,250
35	−9,750
40	−34,750

이를 통해 옵션 구매자의 순이익(앞의 표에서 계산했음)이 판매자의 순손실과 정확히 동일한 크기의 금액이라는 점을 확인해보라.

예제 24.1 풋옵션 수익

표 24.1에서 "Uber-1월-32-풋" 옵션계약을 10개 샀다고 하자. 총 얼마의 비용이 드는가(수수료는 제외)? 옵션 만기 직전에 Uber의 주가는 주당 28.50$이다. 이는 좋은 소식인가, 나쁜 소식인가? 순이익은 얼마인가?

옵션의 가격이 0.63$이므로, 옵션계약 1개당 비용은 100 × $0.63 = 63$이다. 따라서 10개의 계약에 드는 총비용은 630$이다. 풋옵션을 구매하였으므로, Uber 주식 1,000주를 한 주당 32$에 팔 수 있는 권리를 갖는 것이다. 주식의 현재가격이 28.50$라면, 이는 분명히 좋은 소식이다. 1,000주를 28.50$에 사서 32$에 팔 수 있다. 그러므로 풋옵션을 통해서 한 주당 $32 − $28.50 = $3.50, 총 $3.50 × 1,000 = 3,500$의 이득을 보는 것이다. 처음에 든 비용이 630$이므로 순이익은 $3,500 − $630 = 2,870$이다.

개념질문 _Concept Questions

24.1a 콜옵션이라는 것은 무엇인가? 풋옵션이라는 것은 무엇인가?
24.1b 주가가 급격히 하락할 것으로 예상한다면, 스톡옵션을 통해서 이득을 볼 수 있는 방법은 무엇인가?

24.2 옵션의 가치평가에 대한 기초

지금까지는 콜옵션과 풋옵션의 기본개념에 대해 설명했다. 이제부터는 이들의 가치를 결정짓는 것이 무엇인지 알아보기로 한다. 여기서는 콜옵션에 초점을 맞추지만 이와 같은 분석은 풋옵션에도 똑같이 적용된다.

만기일의 콜옵션 가치

앞에서 서로 다른 주식가격에 대해 콜옵션의 수익이 얼마가 되는지를 살펴보았다. 이를 보다 자세히 설명하기 위해서 다음과 같은 용어들을 알아둘 필요가 있다.

S_1 = 만기일의 주식가격(1기간 후)
S_0 = 현재의 주식가격
C_1 = 만기일의 콜옵션의 가치(1기간 후)
C_0 = 현재의 콜옵션의 가치
E = 옵션의 행사가격

앞에서 설명한 것과 같이 만기일에 주식가격(S_1)이 행사가격(E)보다 낮으면, 옵션의 가치(C_1)는 0이다. 다시 말해

$S_1 \leq E$인 경우, $C_1 = 0$

즉,

$S_1 - E \leq 0$인 경우, $C_1 = 0$ **[24.1]**

이는 만기일에 옵션이 외가격(out of the money)이 된다는 것을 의미한다.

만약 옵션이 내가격(in-the-money)이면, $S_1 > E$이고, 만기일에 옵션의 가치는 이 둘의 차이와 같다.

$S_1 > E$인 경우, $C_1 = S_1 - E$

즉,

$S_1 - E > 0$인 경우, $C_1 = S_1 - E$ **[24.2]**

예를 들어 행사가격이 10$인 콜옵션을 가지고 있다고 하자. 옵션의 만기가 바로 눈앞이다. 주식의 현재가격이 8$이면 가치가 8$인 주식을 10$를 주고 살 수 있는 권리를 가진 셈이다. 그러므로 이 옵션의 가치는 0이고, 이는 주식가격이 옵션의 행사가격보다 낮기 때문이다($S_1 \leq E$). 주식의 현재가격이 12$이면 그제야 옵션은 가치를 가지게 된다. 주식을 10$에 살 수 있기 때문에 만기일에 옵션의 가치는 $S_1 - E = \$12 - \$10 = 2\$$가 된다.

그림 24.1은 만기일에 옵션의 가치를 주가에 대하여 그린 것이다. 결과적으로 하키 스틱과 같은 모양을 띠고 있다. 그림을 통해서도 볼 수 있듯이 주식의 현재가격이 E보다 낮을 때, 만기일에 옵션의 가치는 항상 0이다. 주식의 현재가격이 E보다 높을 때, 만기일에 옵션의 가치는 $S_1 - E$이다. 또한 주가가 행사가격을 초과하는 순간, 옵션의 가치는 주가와 똑같은 금액의 크기로 상승하게 된다.

콜옵션 가치의 상한선과 하한선

이제 우리는 콜옵션의 만기일의 가치(C_1)가 어떻게 결정되는지를 알았다. 이제 보다 더 어려운 질문을 던져보자. 만기일 이전의 옵션가치(C_0)를 결정짓는 것은 무엇인가? 이를 살펴보기 전에 먼저 콜옵션의 가치가 갖는 상한선과 하한선에 대해 살펴보기로 하자.

그림 24.1

여러 주식가격에 대해서 만기일에 콜옵션이 갖는 가치

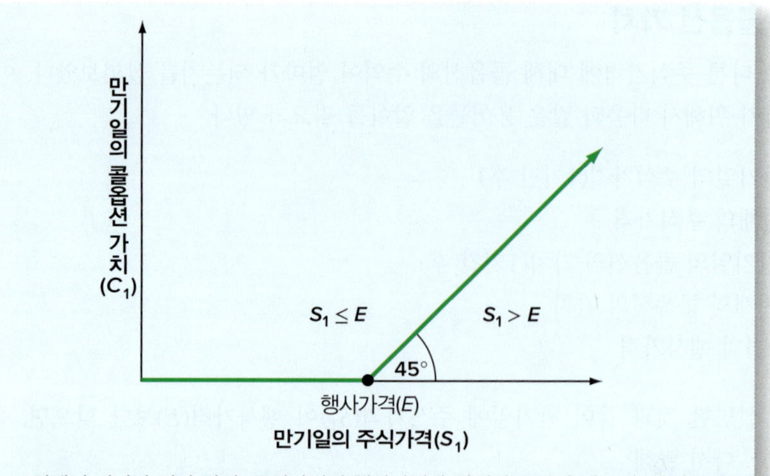

그림에서 나타난 것과 같이, 주식가격이 행사가격과 같거나 그보다 낮으면, 만기일에 옵션이 가지는 가치는 0이다. 주식가격이 행사가격보다 높으면, 옵션의 가치는 주식가격에서 행사가격을 뺀 것($S_1 - E$)과 같다. "하키 스틱" 모양과 같은 옵션의 가치가 표시되어 있다.

상한선 콜옵션이 가장 비싸게 팔릴 수 있는 가격은 얼마일까? 이에 대해서 곰곰이 생각해 본다면, 명백한 답을 얻을 수 있을 것이다. 콜옵션은 주식을 살 수 있는 권리를 부여하는 계약이기 때문에 옵션이 가지는 가치가 주식의 가치보다는 높을 수가 없다. 따라서 우리는 콜옵션이 가지는 가치의 상한선이 얼마인지 알 수 있다. 즉, 콜옵션은 기초자산(underlying asset)보다 높은 가격에 팔릴 수가 없다. 그러므로 다음과 같이 상한선을 정의할 수 있다.

$$C_0 \leq S_0 \quad [24.3]$$

하한선 콜옵션이 가장 싸게 팔릴 수 있는 가격은 얼마인가? 이에 대한 답은 다소 애매할 수가 있다. 먼저 콜옵션은 0 이하의 가격에 팔릴 수 없으므로, $C_0 \geq 0$이다. 또한 주가가 행사가격보다 높으면 콜옵션은 최소 $S_0 - E$의 가치를 가진다.

예를 들어 4$에 팔리고 있는 콜옵션이 있다고 하자. 주식의 가격은 10$이고 옵션의 행사가격은 5$이다. 이 경우 옵션을 통해서 이익을 발생시킬 수 있는가? 우선 4$를 주고 콜옵션을 산 뒤, 추가적으로 5$를 지급하여 옵션을 행사하면 된다. 하나의 주식을 얻기 위해서 들어간 비용은 총 $4 + $5 = 9$이다. 이때 곧바로 주식을 10$에 판다면, 1$의 이익을 얻는 셈이다.

이와 같이, 거래를 통해서 아무런 위험부담 없이 돈을 벌 수 있는 기회를 차익거래(arbitrage) 또는 차익거래 기회(arbitrage opportunity)라고 한다. 차익거래를 하는 사람을 차익거래자(arbitrageur) 또는 간추려서 "arb"라고 부르기도 한다. 차익거래는 중재하다(arbitrate)라는 어원에서 비롯된 말이며, 차익거래자는 여러 가격 사이에서 중재자 역할을 한다. 물론 오늘날 시장이 점점 체계화되면서 눈에 띌 정도의 차익거래 기회는 거의 없다.

콜옵션의 경우, 차익거래가 일어나지 않으려면 그 가치는 주식가격에서 행사가격을 뺀 것보다 높아야 한다.

$$C_0 \geq S_0 - E$$

두 가지 조건을 합치면, 다음과 같이 정리할 수 있다.

$$S_0 - E < 0\text{인 경우, } C_0 \geq 0$$
$$S_0 - E \geq 0\text{인 경우, } C_0 \geq S_0 - E \quad [24.4]$$

이 조건들이 의미하는 것은 콜옵션의 가치가 갖는 하한선이 0과 $S_0 - E$, 이 둘 중에 높은 값과 같다는 것이다.

이 하한선을 콜옵션의 **내재적 가치**(intrinsic value)라고 하는데 간단히 말해 옵션이 만기되는 순간의 가치이다. 이를 바탕으로 다음과 같이 정의를 다시 내릴 수 있다. 옵션은 만기일에 내재적 가치만큼의 가치를 지니며, 만기일 전에는 이보다 항상 높은 가치를 지닌다.

내재적 가치(intrinsic value): 옵션의 가치가 가지는 하한선, 즉 옵션이 만기가 되는 순간 갖는 가치

그림 24.2는 콜옵션의 가치가 갖는 상한선과 하한선을 보여주고 있다. 또한 그림의 곡선은 여러 주가에 대해서 만기일 전에 옵션이 갖는 가치를 그린 것이다. 이 곡선의 정확한 모양과 위치는 여러 요소들에 의해 영향을 받는다. 다음 절에서는 이들 요소들에 대해서 살펴본다.

간단한 모형(I)

옵션의 가격을 정하는 것은 다소 복잡한 개념이다. 이에 대한 자세한 설명은 뒷장에서 하기로 한다. 그러나 옵션가격의 결정과 관련된 핵심내용은 간단한 모형을 가지고도 알 수 있으므로 여기서는 간단한 모형을 통해 옵션의 가격을 어떻게 정하는지 알아보기로 한다. 만기일까지 1년이 남아 있고, 행사가격이 105$인 콜옵션이 있다고 하자. 주식의 현재가격은 100$이고, 무위험이자율 R_f는 20%이다.

물론 1년 후에 주식가격이 어떻게 될지는 아무도 모른다. 그러나 여기서는 문제를 단순화하기 위해서 주식가격은 110$ 또는 130$가 된다고 가정하자. 중요한 것은 이 두 가지의 가격에 대한 각각의 확률이 존재하지 않는다는 점이다. 다시 말해 주식가격이 얼마가 될지는 알지만 각각의 값이 나타날 확률이 얼마인지 모른다는 말이다.

옵션의 행사가격이 105$이기 때문에 옵션의 가치는 \$110 − \$105 = 5$ 또는 \$130 − \$105

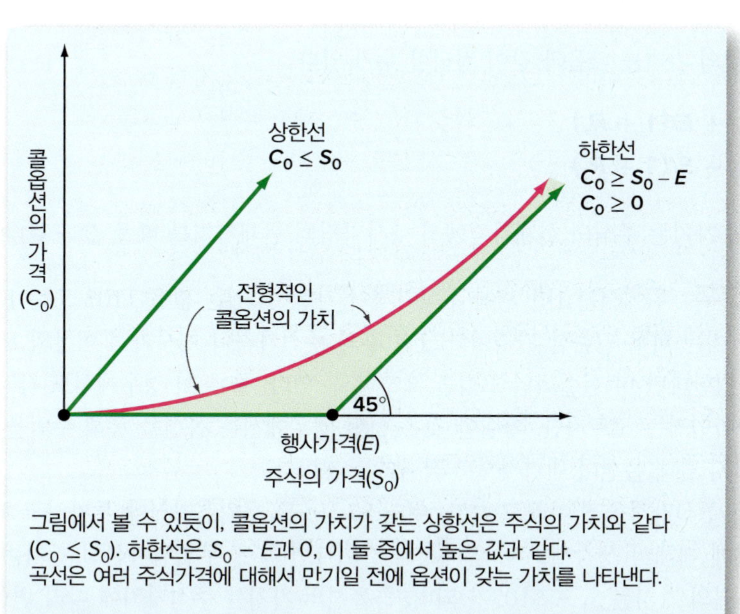

그림에서 볼 수 있듯이, 콜옵션의 가치가 갖는 상향선은 주식의 가치와 같다 ($C_0 \leq S_0$). 하한선은 $S_0 - E$과 0, 이 둘 중에서 높은 값과 같다. 곡선은 여러 주식가격에 대해서 만기일 전에 옵션이 갖는 가치를 나타낸다.

그림 24.2
여러 주식가격에 대해서 만기일 전에 콜옵션이 갖는 가치

= 25$ 중에서 하나의 값을 가질 것이다. 따라서 이 경우 한 가지 확실한 것은 어떤 경우든지 이 콜옵션이 내가격(in the money)으로 끝난다는 것이다.

기본적 접근 여기서 한 가지 매우 중요한 사실을 발견할 수 있다. 즉 옵션과 무위험자산을 합치면 주식에 투자했을 때와 똑같은 수익을 얻을 수 있다는 것이다. 어떻게 그럴 수 있을까? 다음과 같이 하나의 콜옵션을 사고, 87.50$를 미재무부 단기채권과 같은 무위험자산에 투자하면 된다.

옵션과 무위험자산을 합치면 1년 동안 얼마를 벌 수 있을까? 무위험자산은 20%의 수익을 거두기 때문에 연말에 $\$87.5 \times 1.2 = 105\$$의 가치를 지니게 된다. 옵션의 가치는 5$ 또는 25$이므로 무위험자산과 옵션의 총가치는 110$ 또는 130$이며, 이는 주식의 가격과 같은 값이다.

주식의 가치	:	무위험 자산의 가치	+	콜옵션의 가치	=	총가치
$110		$105		$ 5		$110
130		105		25		130

위에서 볼 수 있듯이 이 두 가지 전략, 즉 주식을 하나 사는 것과 콜옵션을 하나 사고 무위험자산에 투자하는 것은 미래에 똑같은 수익을 거둔다.

이 두 가지 전략이 미래에 똑같은 수익을 거두기 때문에 차익거래가 발생하지 않기 위해서는 오늘 이들이 가지는 현재가치가 같아야 한다. 주식의 현재가격이 100$이기 때문에 콜옵션의 현재가치 C_0는 다음과 같다.

$$\$100 = \$87.50 + C_0$$
$$C_0 = \$12.50$$

87.50$는 어디서 온 것인가? 이는 무위험이자율을 할인율로 사용하여 옵션 행사가격의 현재가치를 구한 것이다.

$$E/(1 + R_f) = \$105/1.20 = \$87.50$$

따라서 콜옵션의 가치를 다음과 같이 정리할 수가 있다.

$$\mathbf{S_0 = C_0 + E/(1 + R_f)}$$
$$\mathbf{C_0 = S_0 - E/(1 + R_f)} \qquad [24.5]$$

즉, “콜옵션의 가치는 주식의 현재가격에서 행사가격의 현재가치를 빼준 값과 같다.”

더 복잡한 경우 위에서는 1년 후에 주식가격이 가질 수 있는 값을 110$ 또는 130$라고 가정했다. 그러나 이는 너무 단순한 가정이다. 1년 후의 주식가격이 행사가격 이상의 모든 값을 취할 수 있다고 가정한다면 더 현실적인 모형을 제시할 수 있다. 물론 이 경우에서도 각각의 값이 나타날 확률이 얼마인지는 모르지만, 확실한 것은 어떤 경우에서든 옵션을 통해 수익을 얻을 수 있다는 것이다. 다시 말해 옵션이 내가격으로 끝난다는 것이다.

1년 후에 주식가격을 S_1이라고 하자. 이제 87.50$를 무위험자산에 투자하고 하나의 콜옵션을 사는 전략에 대해서 생각해보자. 앞에서와 같이 1년 후에 무위험자산의 가치는 105$이고, 1년 후에 콜옵션의 가치는 $S_1 - \$105$가 되며, 콜옵션의 가치는 주식가격에 따라 변한다.

무위험자산과 콜옵션을 합친 총가치를 보면 다음과 같은 흥미로운 결과를 얻는다.

$$\text{총가치} = \text{무위험자산의 가치} + \text{옵션의 가치}$$
$$= \$105 + (S_1 - \$105)$$
$$= S_1$$

이는 즉, 앞에서 얻은 결론과 같이 주식을 하나 사는 것은 콜옵션을 하나 사고 행사가격의 현재가치를 무위험자산에 투자하는 것과 똑같은 수익을 거둔다는 것이다.

앞에서 했던 것과 같이, 차익거래가 발생하지 않기 위해서는 이 두 전략의 현재가치가 같아야 한다. 그러므로 콜옵션의 가치는 주식의 가격에서 행사가격의 현재가치를 빼준 값과 같다.[2]

$$C_0 = S_0 - E/(1 + R_f)$$

이상의 논의로부터 옵션이 내가격으로 끝날 것이 확실한 이상, 옵션의 가치를 결정짓는 것이 무엇인지 아는 것은 어려운 일이 아님을 알 수 있다.

옵션의 가치를 결정짓는 네 가지 요소

옵션이 내가격으로 끝날 것이 확실할 경우에는 옵션의 가치를 결정짓는 네 가지 요소를 쉽게 확인할 수 있다. 옵션의 가치에 영향을 미치는 다섯 번째 요소가 존재하지만, 이는 옵션이 외가격으로 끝날 가능성이 있을 때 고려되는 요소이다. 이 마지막 요소에 대해서는 다음 절에서 설명할 것이다.

이제 옵션의 만기가 t년이라고 가정하자. 이 경우에 행사가격의 현재가치는 $E/(1 + R_f)^t$이며, 옵션의 가치는 다음과 같다.

콜옵션의 가치 = 주식의 가치 − 행사가격의 현재가치

$$\mathbf{C_0 = S_0 - E/(1 + R_f)^t} \quad \textbf{[24.6]}$$

이 식은 옵션의 가치가 네 가지 요소에 달려 있다는 것을 알려주고 있다.

1. 주식가격(stock price): 주식가격(S_0)이 높아질수록 콜옵션의 가치는 상승한다. 콜옵션이 주식을 특정 가격에 살 수 있는 권리를 주는 것이므로, 이는 당연한 것이다.
2. 행사가격(exercise price): 행사가격(E)이 높아질수록 콜옵션의 가치는 하락한다. 주식을 얻기 위해 지불하는 비용이 행사가격이라는 것을 생각하면 이 또한 당연한 것이다.
3. 만기일까지의 기간(time to expiration): 만기일까지의 기간이 길수록(t가 클수록), 옵션의 가치는 상승한다. 콜옵션은 일정한 기간 동안에 주식을 살 수 있도록 권리를 부여하기 때문에 그 일정한 기간이 길어질수록 콜옵션의 가치는 당연히 상승하게 마련이다.

[2]만약 주식가격이 행사가격의 현재가치보다 낮아서, 옵션의 가치가 0보다 작으면 어떻게 될까 하는 의문이 생길 것이다. 우리는 1년 후에 옵션이 내가격으로 끝나는 것으로 가정했기 때문에 1년 후의 주식가격은 최소한 E의 값을 가지게 되어 이 같은 상황은 발생하지 않는다. 그리고 주식의 현재가격이 $E/(1 + R_f)$보다 낮으면, 주식의 수익률이 무위험이자율보다 높아져서 차익거래의 기회가 발생할 것이다. 예를 들어 주식의 현재가격이 80$라면, 최소한의 수익률은 (\$105−\$80)/80 = 31.25%이다. 20%의 이자율로 돈을 빌릴 수 있기 때문에, 돈을 빌릴 때마다 최소 11.25%의 수익을 아무런 위험부담 없이 벌 수 있다. 이는 물론 차익거래의 기회이다.

4. 무위험이자율(risk-free rate): 무위험이자율(R_f)이 높아질수록 콜옵션의 가치는 상승한다. 이는 다소 이해하기 힘들 수 있다. 보통의 경우, 이자율이 상승할수록 자산의 가치는 하락한다. 그러나 이 경우에 행사가격은 외부로의 현금유출이기 때문에 채무의 일종이다. 채무의 현재가치는 이자율이 상승할수록 떨어진다.

개념질문 _Concept Questions

24.2a 만기일에 콜옵션의 가치는 얼마인가?
24.2b 만기일 전에 콜옵션이 갖는 가치의 상한선과 하한선은 얼마인가?
24.2c 주식가격이 콜옵션의 행사가격보다 높다고 가정한다면, 콜옵션의 가치는 얼마인가? 왜 그런가?

24.3 콜옵션의 평가

이제 콜옵션이 외가격으로 끝날 확률이 존재할 때 옵션의 가치에 대해 살펴보자. 주식이 두 가지의 가격을 가질 수 있다고 가정한 예를 다시 살펴보자. 이를 통해 옵션의 가치를 결정짓는 마지막 요소가 무엇인지 알 수 있다.

간단한 모형(II)

앞의 예처럼 현재가격이 100$인 주식이 있다고 하자. 1년 후, 주식의 가격은 110$ 또는 130$로 상승할 수 있지만, 정확히 어떤 값을 가질지는 아무도 모른다. 무위험이자율은 20%이다. 그러나 이번에는 콜옵션의 행사가격이 105$가 아닌 120$이다. 이 콜옵션의 가치는 얼마인가?

이는 앞에서 설명한 것보다 조금 복잡한 문제이다. 주식가격이 110$로 마감한다면, 옵션은 외가격으로 끝나 가치를 잃게 된다. 반대로 주식가격이 130$로 마감한다면, 옵션의 가치는 $130 − $120 = 10$이다.

콜옵션의 가치를 결정하는 우리의 기본적인 접근방법은 앞에서 한 것과 동일하다. 콜옵션과 무위험자산을 합쳐서 투자하면, 주식을 샀을 때와 같은 수익을 얻을 수 있다. 다만 이 둘을 어떻게 합치느냐가 문제이다.

예를 들어 앞에서 한 것과 같이 콜옵션을 하나 사고 행사가격의 현재가치를 무위험자산에 투자했다고 하자. 1년 후 무위험자산의 가치는 120$이고, 콜옵션의 가치는 0 또는 10$이다. 총가치는 120$ 또는 130$인 셈이다. 이는 주식의 가치($110 또는 $130)와 동일한 값이 아니므로 이 두 가지 전략은 서로 다른 것이다.

대신에 110$(두 가지의 주식가격 중에 낮은 것)의 현재가치를 무위험자산에 투자한 경우를 생각해보자. 이때 미래의 110$는 보장된 것이다. 주식의 가격이 110$라면, 모든 콜옵션은 가치를 잃게 된다. 결국 총가치는 무위험투자로부터의 수익 110$이다.

주식가격이 130$이면, 콜옵션은 10$의 가치를 지니게 된다. 무위험투자의 가치가 110$이므로, 무위험투자만으로는 $130 − $110 = 20$가 모자라게 된다. 따라서 옵션 하나의 가치가 10$이므로 두 개의 옵션을 사면, 주식가격과 동일한 가치를 얻을 수 있다.

그러므로 이 경우에는 낮은 주식가격의 현재가치를 무위험자산에 투자하고 두 개의 콜옵션을 사야만 한 주식의 가격과 동일한 수익을 얻을 수 있다. 주식의 가격이 110$이면, 무위험의 투자로부터 110$를 얻는다. 주식의 가격이 130$이면 무위험의 투자로부터 110$를 얻고 두 개의 콜옵션으로부터 각각 10$씩 얻는 것이다.

이 두 가지의 전략이 미래에 똑같은 가치를 지니기 때문에 차익거래가 발생하지 않기 위해서는 현재의 가치도 똑같아야 한다.

$$S_0 = \$100 = 2 \times C_0 + \$110/(1 + R_f)$$
$$2 \times C_0 = \$100 - \$110/1.20$$
$$C_0 = \$4.17$$

따라서 콜옵션의 가치는 4.17$이다.

두 가지의 콜옵션 **예제 24.2**

같은 주식에 대해 두 가지의 콜옵션이 있다고 하자. 하나의 행사가격은 20$이고, 다른 하나의 행사가격은 30$이다. 주식의 현재가격은 35$이며, 미래가격은 25$ 또는 50$이다. 무위험이자율이 10%라면, 이 두 옵션의 가치는 각각 얼마인가?

행사가격이 20$인 옵션의 경우, 수익을 거두는 것이 확실하기 때문에 옵션의 가치를 구하는 것은 간단하다. 옵션의 가치는 주식의 현재가격에서 행사가격의 현재가치를 빼준 것이다.

$$C_0 = S_0 - E/(1 + R_f)$$
$$= \$35 - \$20/1.1$$
$$= \$16.82$$

행사가격이 30$인 경우, 콜옵션이 수익을 거두지 못할 수도 있다. 만기일에 주식의 가격이 25$이면, 옵션의 가치는 0이다. 주식의 가격이 50$이면 옵션은 수익을 거두고 20$의 가치를 지닌다.

앞에서 했던 것과 같이 먼저 낮은 주식가격의 현재가치를 무위험자산에 투자한다. 이는 $25/1.1 = 22.73$의 비용이 든다. 만기일에 이 투자로부터 25$를 얻는다.

주식의 가격이 50$이면, 추가적으로 25$가 필요하다. 이 경우에 옵션은 한 개당 20$의 가치를 지니므로 $25/20 = 1.25개의 옵션이 필요한 셈이다. 따라서 차익거래를 방지하기 위해서는 25$의 현재가치를 무위험자산에 투자하고 1.25개의 콜옵션을 구매하여 주식의 가격과 동일한 수익을 거두어야 한다.

$$S_0 = 1.25 \times C_0 + \$25/(1 + R_f)$$
$$\$35 = 1.25 \times C_0 + \$25/(1 + 0.10)$$
$$C_0 = \$9.82$$

두 번째 옵션의 가치가 첫 번째보다 낮은 것은 행사가격이 높기 때문이다.

다섯 번째 요소

이제 옵션의 가치를 결정짓는 다섯 번째 요소에 대해 살펴보자. 앞에서는 미래에 주식가격이 110$ 또는 130$의 값을 가질 수 있다고 가정했지만, 이번에는 105$ 또는 135$라고 가정해보자. 이는 주식가격의 변동성을 높이기 위한 것이다.

앞에서 사용했던 것과 같은 전략에 대해 생각해보자. 이번에는 주식의 낮은 가격인 105$의 현재가치를 무위험자산에 투자하고, 두 개의 콜옵션을 사는 것이다. 주식의 가격이 105$라면, 옵션의 가치는 0이 되고, 결국 무위험자산에 투자한 105$만 남게 된다.

주식의 가격이 135$라면, 콜옵션의 가치는 각각 $S_1 - E = \$135 - \$120 = 15\$$이다. 콜옵션이 두 개이므로, 이 포트폴리오의 가치는 $\$105 + (2 \times \$15) = 135\$$이다. 결과적으로 주식을 하나 샀을 때와 같은 수익을 얻을 수 있다.

옵션의 가치는 어떻게 변했는가? 여기서 주의해야 할 것은 주식의 수익에 대한 변동성이 높아졌다는 점이다. 그렇다면 옵션의 가치는 상승했을까? 아니면 떨어졌을까? 이를 알기 위해서는 앞에서 했던 방법과 같이 옵션의 가치를 구해야 한다.

$$S_0 = \$100 = 2 \times C_0 + \$105/(1 + R_f)$$
$$2 \times C_0 = \$100 - \$105/1.20$$
$$C_0 = \$6.25$$

옵션의 가치는 4.17$에서 6.25$로 상승했다.

이를 통해서 우리는 옵션의 가치를 결정짓는 마지막 요소가 무엇인지 알 수 있다. 그것은 기초자산의 수익이 갖는 변동성이다. 또한 변동성이 높아질수록 옵션의 가치도 상승한다. 이와 같은 결과는 약간 이상하게 생각될지도 모른다. 기초자산의 위험(수익의 변동성)을 높이는 것이 옵션의 가치를 높이는 것이라는 것은 다소 이해하기 힘든 부분임에 틀림없다.

그러나 기초자산의 수익의 변동성을 높이는 것이 옵션의 가치를 증가시키는 이유는 생각보다 쉽게 알 수 있다. 미래에 주식의 낮은 가격을 105$에서 110$로 올리는 것은 옵션의 가치에 영향을 미치지 않는다. 두 경우 모두 옵션의 가치가 0이기 때문이다. 그러나 미래에 주식의 높은 가격을 130$에서 135$로 올리면 옵션이 내가격에 있을 때에는 옵션의 가치는 상승하게 된다.

즉, 옵션이 외가격으로 끝날 때에는 기초자산의 수익의 변동성을 높인다고 해서 옵션의 가치가 변하지는 않는다. 이 경우 옵션의 가치는 항상 0의 값을 가진다. 그러나 옵션이 내가격에 있을 때에는 기초자산의 수익의 변동성을 높이면 옵션의 가치는 상승하게 된다. 다시 말해 옵션의 가치는 0 이하로 떨어질 수 없지만, 위로는 끝없이 상승할 수 있다.

앞으로 우리는 기초자산의 수익의 분산(변동성, variance)을 나타내기 위해서 σ^2라는 기호를 사용하기로 한다.

더 자세히 보기

앞으로 나가기 전에 마지막으로 한 가지 예를 더 살펴보자. 주식의 현재가격이 100$이고, 미래에 20% 상승 또는 하락할 수 있다고 가정하자. 무위험이자율은 5%이다. 행사가격이 90$인 콜옵션의 가치는 얼마인가?

주식의 가격은 80$ 또는 120$일 수 있다. 주식의 가격이 80$이면 옵션의 가치는 0이 되고, 주식의 가격이 120$이면 옵션의 가치는 $\$120 - \$90 = 30\$$가 된다. 그러므로 80$의 현재가치를 무위험자산에 투자하고, 몇 개의 콜옵션을 사야 한다.

주식의 가격이 120$로 마감한다면, 무위험자산으로부터 얻는 80$를 제외하고는 아직까지 40$가 모자란 상황이다. 이 경우에 한 개의 콜옵션은 30$의 가치를 지니므로, 하나의 주식을 샀을 때와 같은 수익을 얻기 위해서는 $\$40/\$30 = 4/3$개의 옵션을 사야 한다. 따라서 옵션의 가치

는 다음과 같이 구할 수 있다.

$$S_0 = \$100 = 4/3 \times C_0 + \$80/1.05$$
$$C_0 = (3/4) \times (\$100 - 76.19)$$
$$= \$17.86$$

일반적으로 주식의 가격과 동일한 수익을 얻기 위해서 사야 하는 콜옵션의 개수는 $\Delta S/\Delta C$이다. 이때 ΔS는 미래에 나타날 수 있는 주식가격들 간의 차이이며, ΔC는 옵션이 가질 수 있는 가치들 간의 차이이다. 앞의 예에서 ΔS는 \$120 − \$80 = 40\$이며, ΔC는 \$30 − 0 = 30\$이다. 결과적으로, $\Delta S/\Delta C$의 값은 앞에서 계산한 것과 같이 \$40/\$30 = 4/3이다.

한 가지 살펴볼 것은 옵션이 내가격으로 끝날 것이 확실하다면, 다시 말해 옵션이 수익을 얻는 것이 확실하다면, $\Delta S/\Delta C$의 값은 정확히 1이라는 점이다. 즉, 한 개의 콜옵션만 필요하다. 그 외의 상황에서는 $\Delta S/\Delta C$의 값이 1보다 크며, 한 개 이상의 콜옵션이 필요한 것이다.

이제 옵션의 가치평가에 대한 설명을 마치기로 한다. 기억해야 할 가장 중요한 것은 옵션의 가치가 다섯 가지의 요소에 달려 있다는 것이다. 표 24.2는 이 다섯 가지 요소와 이들이 콜옵션과 풋옵션에 미치는 영향을 정리하고 있다. 표 24.2에서 괄호 안에 들어 있는 부호는 옵션의 가치가 움직이는 방향을 의미한다.[3] 이 부호를 통해서 각 요소가 증가함에 따라 옵션의 가치가 상승하는지 하락하는지를 알 수 있다. 예를 들어 행사가격이 높아짐에 따라 콜옵션의 가치가 떨어진다는 것을 볼 수 있다. 이 외에 나머지 네 가지 요소들은 그 값이 증가할수록 옵션의 가치를 증가시킨다. 또한 "만기일까지의 기간"과 "기초자산의 수익의 변동성"은 콜옵션과 풋옵션에 같은 영향을 미친다. 나머지 세 가지 요소들은 콜옵션과 풋옵션에 대해 서로 반대되는 부호를 가진다.

우리는 옵션이 수익을 얻지 못할 경우(옵션이 외가격으로 끝나는 경우)와 주식이 세 가지 이상의 미래가격을 가질 수 있을 때에 콜옵션의 가치가 어떻게 결정되는지에 대해서는 설명하지 않았다. 그런 경우에는 블랙-숄즈(Black-Scholes) 옵션가격결정모형을 사용해야 한다. 이 유명한 모형에 대해서는 다음 장에서 다룰 것이다.

표 24.2
옵션의 가치를 결정짓는 다섯 가지 요소

	옵션의 가치에 미치는 영향	
요소	콜옵션	풋옵션
기초자산의 현재가치	(+)	(−)
옵션의 행사가격	(−)	(+)
만기일까지의 기간	(+)	(+)
무위험이자율	(+)	(−)
기초자산의 수익의 변동성	(+)	(+)

[3]표 24.2의 부호는 아메리칸옵션에 대한 것들이다. 유러피안 풋옵션의 경우에는 만기일까지의 기간이 길어지는 것이 옵션의 가치에 미치는 영향은 분명치 않으며, 또한 부호는 양(+)이 될 수도 음(−)이 될 수도 있다.

개념질문 _Concept Questions

24.3a 옵션의 가치를 결정짓는 다섯 가지 요소는 무엇인가?

24.3b 다섯 가지 요소의 증가가 콜옵션의 가치에 미치는 영향은 무엇인가? 당신의 답에 대해 직관적인 설명을 해보라.

24.3c 다섯 가지 요소의 증가가 풋옵션의 가치에 미치는 영향은 무엇인가? 당신의 답에 대해 직관적인 설명을 해보라.

24.4 임직원스톡옵션

임직원스톡옵션(ESO): 회사가 임직원에게 지급하는 옵션으로, 임직원에게 특정 기간 내에 회사의 주식을 정해진 가격에 살 수 있도록 권리를 부여하는 것

옵션은 기업재무에 있어서 여러 방면으로 중요하다. 옵션의 중요성을 배우기 위해서 여기서는 먼저 **임직원스톡옵션**(employee stock option: ESO)에 대해 살펴보자. ESO는 기본적으로 회사가 임직원에게 지급하는 콜옵션으로서 회사의 주식을 살 수 있는 권리(선택권)를 부여하는 것이다. 오늘날 대부분의 회사가 임직원에게 ESO를 지급한다. 일반적으로 ESO는 회사의 고위간부에게 지급되는 경우가 많지만 Microsoft나 Starbucks와 같이 모든 직원들에게 옵션을 지급하는 회사도 늘고 있는 추세이다. 그러므로 ESO를 이해하는 것은 매우 중요하다. 왜냐하면 가까운 미래에 당신도 ESO의 소유자가 될 수 있기 때문이다.

ESO의 특징

ESO는 콜옵션이기 때문에 ESO의 중요한 특징은 앞에서 다룬 것들과 같다. 그러나 ESO는 보통의 스톡옵션과 구별되는 몇 가지의 특징을 갖고 있다. 기업마다 다를 수도 있겠지만 평균적으로 ESO의 만기기간은 10년인데, 이는 보통의 스톡옵션에 비해서 상당히 긴 것이다. 시장에서 거래되는 옵션과 달리 ESO의 매매는 불가능하다. 또 ESO에는 이른바 행사유예(vesting) 기간이 존재한다. 3년 또는 그 이상인 이 기간 중에는 옵션을 행사하지 못하며, 이 기간 중에 회사를 떠나면 옵션은 취소된다. 이 유예기간이 지나야 옵션을 "행사"할 수 있다. 때로는 직원이 회사를 떠나는 경우에 옵션의 행사가 가능하더라도 옵션의 행사기간이 제한되기도 한다.

회사가 ESO를 부여하는 이유는 무엇일까? 첫째, 1장에서 배운 것과 같이 회사의 주인인 주주는 자신들의 이익과 경영진의 이익을 조정하는 데 많은 어려움을 겪기 마련이다. 또한 직원들이 회사의 목표에 초점을 맞추도록 동기를 유발하는 것은 쉬운 일이 아니다. 이런 의미에서 ESO는 강력한 동기를 부여한다. 우리가 살펴본 것과 같이 옵션을 통해 엄청난 수입을 얻을 수 있는 가능성이 있기 때문에 임직원들은 회사의 가치, 즉 주식의 가치를 높이려고 노력한다. 특히 일부 고위임원들의 경우, 주주들에게 가치를 창조해주는 데 성공한다면 자신도 동시에 엄청난 부를 얻을 수 있다.

스톡옵션에 특화된 사이트로는 **www.esopassociation.org**를 참조하라.

둘째, 일부 회사들이 ESO를 많이 이용하는 것은 회사의 입장에서는 ESO로 인해 당장 돈이 나가는 비용이 발생하는 것이 아니기 때문이다. 현금흐름이 부족한 중소기업들은 ESO로 임금을 대체하는 경우가 많다. 근로자들은 미래에 큰 수입을 얻을 수 있다는 희망 때문에 현금보다는 ESO를 더 선호하기도 한다. 실제로 높은 연봉을 지급할 여유가 없는 기업은 ESO로 실력 있는 전문가들을 끌어 모은다.

ESO의 행사가격 조정

대부분의 ESO는 발행될 때 등가격(at the money)에 있다고 말하는데, 이는 주식의 가격이 행사가격과 같음을 의미한다. 이때 ESO의 내재적 가치는 0이며, 바로 옵션을 행사하면 얻는 것이 하나도 없다. 물론, 내재적 가치가 0이라고 해도, ESO는 만기일까지의 기간이 길기 때문에 어느 정도의 가치를 지닌다.

ESO가 지급된 이후 주식가격이 급격히 떨어지면, 옵션은 잠수(underwater)상태에 있다고 말한다. 이런 경우, 때때로 회사는 옵션의 행사가격을 낮춘다. 이를 옵션의 재조정(restrike), 행사가격 조정(reprice)이라고 한다.

스톡옵션에 관한 정보를 더 알려면 **www.nceo.org**를 참조하라.

ESO의 행사가 조정은 많은 논란의 대상이 되고 있다. ESO의 행사가를 조정하는 기업들은 ESO가 매우 큰 외가격인 상태에서는 ESO를 통해서 돈을 벌 수 있는 가능성이 크게 줄어드므로 ESO가 더 이상 직원들의 동기를 유발하는 인센티브로 작동하지 않는다고 주장한다. 실제로 어떤 직원들은 보다 좋은 조건의 옵션을 지급하는 회사로 자리를 옮긴다.

재평가를 비판하는 사람들은 행사가격을 낮추는 것이 기본적으로 실패에 대해 보상을 하는 것과 같은 것이라고 말한다. 또한 직원들이 옵션의 행사가격 조정을 예상한다면, ESO가 더 이상의 동기유발을 하지 못한다고 주장한다. 이와 같은 반대여론 때문에 많은 기업들이 옵션의 행사가 조정을 금지하고 있다. 예를 들어 제약회사인 Bristol-Myers Squibb은 행사가 조정을 금지하는 회사의 방침을 다음과 같이 밝히고 있다. "이사회의 정책에 따르면, 회사는 주주의 승인 없이 옵션의 행사가격을 낮출 수 없다(주식분할이나 이와 비슷한 경우의 조정에 대해서는 허용함)." 그러나 잘 알려진 일부 대기업들은 행사가 조정을 금지하고 있지 않으며, 주식가격이 떨어질 경우에 그에 따라 행사가격을 연속해서 낮추는 "serial repricers"라고 불리는 방침을 정해놓고 있기도 하다.

옵션교환(option exchange)은 행사가 조정의 변형이다. 옵션교환은 잠수상태가 된 ESO를 더 낮은 행사가격을 갖는 더 적은 수의 새로운 ESO와 교환해주는 것이다. 예를 들어 2019년에 Uber의 CEO인 Dara Khosrowshahi의 스톡옵션은 불과 8개월 전 발행될 때 행사가격이 41.65$였던 것을 무려 33.65$로 큰 폭으로 내린 행사가 조정을 했다. 이 행사가 조정으로 말미암아 이 옵션의 가치는 2천만$ 증가했다. 옵션교환은 흔히 신옵션의 가치가 구옵션의 가치와 거의 같아지도록 하여 이루어지고 있다. 간단히 말해, 잠수상태에 빠진 많은 수의 구스톡옵션을 등가격을 갖는 더 적은 수의 신스톡옵션으로 교환해주는 것이다.

오늘날 많은 회사들이 매년 또는 분기마다 옵션을 일정하게 지급한다. 이를 통해서 직원은 일부 옵션이 잠수상태에 있다고 해도 돈이 되는 옵션을 확보할 수 있다. 또한 정기적으로 이루어지는 옵션의 지급은 직원들에게 언제라도 행사할 수 있는 옵션이 있다는 확신을 심어주어 각자의 일자리에서 최선을 다하도록 하는 동기를 유발시킨다.

ESO 부여일의 소급

2006년에는 ESO의 부여날짜를 이전의 날짜로 소급(backdating)하는 것에 대한 논란이 벌어졌었다. ESO는 항상 거의 대부분 부여날짜(grant date)에 등가격이 되도록 부여된다. 다시 말해 부여날짜의 주식가격과 행사가격이 같도록 하여 주어진다. 그러나 재무분석가들은 많은 기업들이 관행적으로 부여날짜를 과거의 날짜로 소급하고 있는 것을 발견했다. 기업들이 이렇게 하고 있는 이유는 무엇일까? 그 이유는 기업들이 과거의 날짜 중에서 주식가격이 낮았던 날을 골라 행

IN THEIR OWN WORDS ...

Erik Lie 교수의 옵션 부여일을 소급하여 정하는 관행에 대한 견해

스톡옵션은 임원이나 기타 직원들에게 동기부여의 수단이다. 스톡옵션은 임직원들이 받는 보상과 해당 기업의 주가를 보다 강하게 연계시켜 주고, 그에 따라 기업의 임직원들이 보다 많은 노력과 보다 좋은 의사결정을 하도록 유도하기 위해서 고안된 것이다. 또한 기업의 의사결정자들이 위험회피적인 경우(우리들 대부분이 위험회피자인 것처럼)에 스톡옵션은 이들을 덜 위험회피적이게 만듦으로써 주주들에게 이득을 가져다줄 수 있다. 그러나 스톡옵션은 어두운 측면도 갖고 있다. 스톡옵션은 (i) 보상비용이 재무제표에 제대로 기록되지 않게 만듦으로써 실제 발생하는 보상비용을 감추며, (ii) 법인세를 피하게 만들고, (iii) 기업의 돈을 임원들이나 기타 직원들에게 빼돌리는 효과를 발생시킨다. 이러한 세 가지 부정적 효과는 스톡옵션의 부여날짜를 소급하여 정하는 관행을 통해 잘 드러나고 있다.

옵션 부여일을 과거의 날짜로 소급하여 정하는 관행이 초래하는 효과를 이해하기 위해서는 스톡옵션이 회계 측면에서, 세금 측면에서, 동기부여 측면에서 등가격(at the money)으로 부여되어야 한다는 점을 인식하는 것이 중요하다. 다시 말해 스톡옵션의 행사가격이 스톡옵션 부여일의 주가와 동일하게 책정되어야 한다는 것이다. 옵션 부여일의 소급 적용(option backdating)은 주가가 매우 낮았던 과거의 어느 날(예: 지난달의 어느 날)을 잡아 이를 공식적인 옵션 부여일로 정하는 것을 말한다. 이렇게 함으로써 스톡옵션이 내가격(in the money)이 되어 스톡옵션의 가치는 상승한다. 이러한 점이 회계적으로 제대로 처리되지 않는 한(대부분 제대로 처리되지 않고 있다) 스톡옵션 부여일의 소급은 여러 문제를 발생시킨다. 첫째, 스톡옵션이 내가격을 갖도록 만드는 것은 스톡옵션 부여일의 시장가치와 스톡옵션의 행사가격이 같아야 한다는 기업들이 일반적으로 지키고 있는 스톡옵션 부여원칙을 위배하는 것이다. 둘째, 내가격으로 주어지는 것을 등가격으로 주어지는 것처럼 위장하는 것은 재무제표상에서 표기되는 보상비용을 실제보다 적은 금액으로 기록하게 만든다. 실제로 2005년에 폐지된 구회계원칙 APB 25에 의하면, 기업들은 비용이 들어가는 스톡옵션을 그 내재적 가치를 기준으로 비용으로 기록하게 되어 있었으며, 따라서 등가격으로 책정된 스톡옵션에 대해서는 비용이 발생하지 않은 것으로 기록되었다. 셋째, 등가격으로 주어진 스톡옵션에 대해서는 세제상의 일정한 혜택이 주어졌지만 내가격으로 주어진 스톡옵션의 경우에는 그러한 혜택이 주어지지 않는다. 따라서 스톡옵션 부여일의 선택은 세금을 덜 내는 효과를 발생시키는 것이다.

실증자료에 의하면 기업들이 스톡옵션 부여일을 소급하여 잡는 관행은 1990년 초반부터 2005년까지 많이 나타났으며, 특히 기술 관련 기업들의 경우에 더욱 많이 나타났다. 기업들의 이러한 관행이 언론매체와 미국 정부의 주목을 받으면서 2006년에 하나의 큰 스캔들로 갑자기 부상되었다. 이에 따라 100개 이상의 기업들이 스톡옵션 부여일을 소급하여 적용하였다는 혐의로 수사를 받게 되었다. 그 결과 수많은 임원들이 파면되었으며, 과거의 재무제표 기록이 수정되었고, 세금이 추징되었으며, 기업과 임직원들을 상대로 수많은 소송이 발생했다. 2002년 제정된 사베인스-옥슬리법(The Sarbanes-Oxley Act)의 일부로 새로운 공개원칙이 수립됨에 따라 스톡옵션의 부여는 그 부여일로부터 2영업일 내에 보고하도록 되었으며, 감독기관과 투자자들에 의한 보다 강한 감독을 받게 되었다. 이제 과거의 날짜를 잡아 스톡옵션 부여일로 소급적용하는 관행은 과거의 산물로 남게 되었다.

Erik Lie 교수는 아이오와 대학의 Henry B. Tippie Research Fellow인 재무전공 부교수이다. 그의 연구는 기업의 재무정책, M&A, 임원보상에 초점을 맞추고 있다.

사가격을 그날의 주가에 맞추어 책정함으로써 현재의 주가보다 낮은 행사가격을 적용하려고 하는 데 있다.

이러한 부여일의 소급은 여러 세법상, 회계처리상의 원칙을 준수하는 한 그 자체가 불법이거나 비윤리적인 것이라고 할 수는 없다. 2002년 제정된 사베인스-옥슬리법(The Sarbanes-Oxley Act; 1장에서 언급함)이 통과되기 전에는 기업들은 회계연도가 지난 후 45일까지 옵션 부여 여부를 결정하여 보고하면 되었다. 따라서 기업들은 스톡옵션의 부여일을 과거의 어떤 날로 잡는 데 있어서 상당한 여유가 있었다. 그러나 이 법이 강화되면서 기업들은 옵션 부여일 2영업일 내에 이를 보고하도록 되어 있어, 스톡옵션의 부여일을 과거의 날짜로 되돌리는 관행은 크게 제한되었다.

개념질문 _Concept Questions

24.4a 시장에서 거래되는 옵션과 ESO의 가장 큰 차이점은 무엇인가?
24.4b ESO의 재평가란 무엇인가? 이것이 많은 논쟁의 대상이 되는 이유는 무엇인가?

회사의 자산에 대한 콜옵션으로서의 자기자본 24.5

옵션의 가치를 결정짓는 것이 무엇인지 알았으므로 이제 옵션이 기업재무의 곳곳에서 어떻게 쓰이는지 살펴볼 차례이다. 옵션을 공부하면서 한 가지 중요한 통찰력을 얻게 되는데 그것은 부채기업(부채를 사용하고 있는 기업)의 보통주(common stock)는 그 회사의 자산에 대한 콜옵션과 같다는 점이다. 이는 매우 놀라운 사실이며 우리는 이제부터 이에 대해서 살펴보기로 한다.

한 예를 가지고 시작해보자. 어느 회사가 자본을 빌리기 위해서 채권을 하나 발행했다고 하자. 액면가는 1,000$이며 1년 안에 상환해야 한다. 이 채권은 쿠폰(표면이자)이 지급되지 않으므로 순수할인채권인 셈이다. 한편 이 회사의 자산이 가지는 현재의 시장가치는 980$이고, 무위험이자율은 12.5%이다.

1년 후에 주주들은 다음과 같은 선택을 할 수 있다. 즉, 주주들은 1,000$의 부채를 상환하여 회사의 자산을 그대로 갖고 있거나 혹은 채무를 불이행할 수 있다. 채무를 불이행하게 되면 채권을 갖고 있는 사람들이 회사의 자산을 소유하게 된다.

이런 상황이라면 주주들은 회사의 자산에 대해서 행사가격이 1,000$인 콜옵션을 가진 것과 같다. 1,000$를 내어 옵션을 행사하여 자산을 깨끗하게 획득하거나, 채무를 불이행하여 옵션을 행사하지 않을 수 있다. 이 둘 중에서 어느 것을 선택하느냐는 채권의 만기일에 회사의 자산이 가지는 가치에 달려 있다.

자산의 가치가 1,000$를 넘으면 이 옵션은 내가격에 있기 때문에 주주들은 1,000$를 내고 옵션을 행사하여 부채를 갚을 것이다. 자산의 가치가 1,000$ 미만이면 이 옵션은 외가격에 있기 때문에 주주들은 옵션을 행사하지 않고 부도를 낼 것이다. 이제부터는 앞에서 살펴본 옵션의 가치평가 과정을 이용하여 자기자본과 부채의 가치를 어떻게 결정짓는지 알아본다.

사례 I: 무위험부채인 경우

1년 뒤에 회사의 자산이 가지는 가치가 1,100$ 혹은 1,200$가 될 것으로 가정하자. 현재 회사의 자기자본의 가치는 얼마인가? 부채의 가치는 얼마인가? 부채의 이자율은 얼마인가?

이 질문들에 대답하기 위해서는 먼저, 자산가치($1,100 또는 $1,200)가 부채의 액면가보다 높으므로 옵션(자기자본)을 통해 수익을 얻는 것이 확실하다는 점(옵션이 내가격으로 끝난다는 점)을 인식해야 한다. 이 경우에 옵션의 가치는 앞에서 했던 것과 같이 기초자산의 가치와 행사가격의 현재가치(무위험이자율을 가지고 계산함) 간의 차이로 구할 수 있다. 무위험이자율이 12.5%이므로, 1년 뒤 1,000$의 현재가치는 888.89$이다. 자산의 현재 시장가치(회사의 현재 시

IN THEIR OWN WORDS ...

옵션분석의 적용에 대한 Robert C. Merton 교수의 견해

지난 30년간 체계적인 시장을 통해 이뤄진 주식, 고정수익증권, 통화, 선물, 상품(commodity; 원자재)에 대한 옵션 거래는 가장 성공적인 금융혁신 중 하나로 손꼽힌다. 그러나 단지 상업적인 성공 때문에 옵션의 평가와 분석이 현대재무이론의 초석이 된 것은 아니다. 옵션이 핵심적인 역할을 하게 된 이유는 옵션과 그 파생상품들이 재무분야의 곳곳에서 쓰이기 때문이다.

부채와 함께 사용되는 자기자본이 콜옵션과 동일한 수익구조를 가졌다는 사실을 발견한 40년 전부터, 옵션평가이론은 부채, 우선주, 워런트, 인수권 등과 같은 기업의 부채에 대한 가격결정에 통합적 접근방법을 제시해왔다. 이와 같은 접근방법은 연금보험, 예금보험, 그리고 기타 정부보증채무를 평가하는 데도 적용되었다. 또한 최저임금과 같은 근로계약, 종신재직권(tenure)을 평가하는 데도 유용하게 사용되었다.

최근에 옵션분석은 자본예산(capital budgeting)에서의 의사결정에 있어서 실물(real)옵션을 평가하는 범위까지 영역을 넓혔다. 예를 들어 다양한 재료를 바탕으로 다양한 제품을 생산하는 공장은 기업에 생산옵션을 제공한다. 이러한 옵션은 한정된 소수의 재료를 가지고 한 종류의 제품을 생산하는 전문화된 공장에게는 주어지지 않는 것이다. 마찬가지로 고정비용과 변동비용의 비율이 다른 여러 기술 중에서 하나를 선택하는 것은 생산을 포기하는 것도 포함하여 생산량이 다른 여러 옵션들을 서로 평가하는 것으로 간주할 수 있다. 연구개발 투자안들은 새로운 시장을 개척할 것인지, 기존시장의 시장점유율을 늘릴지, 아니면 생산비용을 감소시킬지에 대한 옵션과 같은 것이다. 이런 예들을 통해서 볼 수 있듯이 옵션분석은 투자안이 갖는 "유연성"을 평가하는 데 유용하게 쓰인다. 이는 기존의 자본예산 기법들을 가지고 하기에는 매우 어려운 부분이다.

Robert C.Merton 교수는 옵션의 가치평가와 위험, 불확실성에 대한 연구업적을 인정받아 1997년에 노벨 경제학상을 수상하였으며 MIT 경영대학원과 Harvard 대학의 특별 교수로 있다.

장가치)가 980$이므로 옵션(자기자본)의 가치는 $980 − $888.89 = 91.11$이다.

이를 통해 우리가 알 수 있는 것은 기업의 자산을 살 수 있는 사실상의 옵션인 자기자본이 갖는 가치가 91.11$라는 것이다. 따라서 부채의 가치는 888.89$여야 한다. 사실상 부채에 위험이 존재하지 않기 때문에 옵션의 가치를 구하는 과정이 필요하지 않다. 그 이유는 이 경우에는 채권자가 1,000$를 확실히 받기 때문이다. 부채에 위험이 존재하지 않으므로 적절한 할인율로 부채의 현재가치를 구하면 된다. 부채의 이자율은 무위험이자율과 같고, 따라서 부채의 현재가치는 $1,000/1.125 = 888.89$이다. 결국, 앞에서와 마찬가지로 자기자본의 가치는 $980 − $888.89 = 91.11$가 된다.

사례 II: 위험부채인 경우

이제 1년 뒤에 이 회사의 자산이 가지는 가치가 800$로 떨어지거나, 1,200$로 오른다고 가정하자. 이 경우는 부채에 위험이 존재하므로 문제가 더 복잡해진 상황이다. 자산의 가치가 800$로 떨어지면, 주주들은 옵션을 행사하지 않고 채무를 불이행할 것이다. 이 경우에 주식의 가치는 0이다. 자산의 가치가 1,200$로 오른다면, 주주들은 부채를 갚고 옵션을 행사하여 $1,200 − $1,000 = 200$의 이익을 거둘 것이다.

결국 옵션(자기자본)의 가치는 0$ 또는 200$이다. 자산의 가치는 800$ 또는 1,200$이다. 앞의 절들에서 배운 것과 같이, 이 회사의 자산과 똑같은 가치를 만들어내기 위해서는 800$의 현재가치를 무위험자산에 투자하고, ($1,200 − $800)/($200 − $0) = 2개의 콜옵션을 사야 한다.

무위험이자율이 12.5%이기 때문에 800$의 현재가치를 구하면 $800/1.125 = 711.11$이다. 여기에 콜옵션의 가치를 두 개 더해주면 980$, 즉 회사의 현재가치와 같아진다.

$$\$980 = 2 \times C_0 + \$711.11$$
$$C_0 = \$134.44$$

여기서 콜옵션과 회사의 자기자본은 실제로 같은 것이므로 자기자본의 가치는 134.44$이다. 따라서 부채의 가치는 $980 − $134.44 = 845.56$이다.

마지막으로, 부채의 액면가가 1,000$이고 현재가치가 845.56$이므로 이자율을 계산하면 ($1,000/$845.56) − 1 = 18.27%이다. 이는 무위험이자율보다 높은 값인데 그 이유는 부채에 위험이 있기 때문이다.

콜옵션으로서의 자기자본 — 예제 24.3

Swenson Software는 액면가가 100$인 채권을 발행하였다. 채권의 상환기한은 1년이다. 1년 뒤에 이 회사의 자산가치는 제품의 판매량에 따라서 55$ 또는 160$의 값을 가질 수 있다. 현재 이 회사의 자산가치는 110$이다. 무위험이자율이 10%라면, Swenson의 자기자본이 갖는 가치는 얼마인가? 부채의 가치는 얼마인가? 부채의 이자율은 얼마인가?

이 회사의 자산가치와 동일한 값을 얻기 위해서는 먼저 55$의 현재가치를 무위험자산에 투자해야 한다. 이 비용은 $55/1.10 = 50$이다. 회사의 자산가치가 1년 뒤에 160$라면, 옵션의 가치는 $160 − $100 = 60$이다. 무위험자산은 55$의 가치를 가지므로 ($160 − $55)/60 = 1.75개의 콜옵션을 사야 한다. 이 회사 자산의 현재가치가 110$이므로, 자기자본의 가치는 다음과 같이 계산할 수 있다.

$$\$110 = 1.75 \times C_0 + \$50$$
$$C_0 = \$34.29$$

따라서 자기자본의 가치는 34.29$이며, 부채의 가치는 $110 − $34.29 = 75.71$이다. 부채의 이자율은 ($100/$75.71) − 1 = 약 32.1%이다.

개념질문 _Concept Questions

24.5a 부채를 사용하는 기업의 자기자본이 그 기업의 자산에 대한 콜옵션과 같다고 보는 이유는 무엇인가?

24.5b 다른 것들이 동일하다고 가정할 때, 주주는 자산이 갖는 수익의 변동성이 높은 것을 선호할까, 낮은 것을 선호할까? 왜 그럴까? 채권자의 경우는 어떠한가? 이에 대해 직관적으로 답하라.

24.6 옵션과 자본예산의 편성

지금까지 살펴본 대부분의 옵션은 주식과 같은 금융자산에 권리를 부여하기 때문에 금융옵션이라고 할 수 있다. 이와 반대로 **실물옵션**(real option)은 실물자산과 관련이 있다. 기업들의 투자

실물옵션(real option): 주식과 같은 금융자산이 아닌 실물자산에 대한 옵션

의사결정이 실제로는 실물옵션의 평가와 같다는 것을 인식한다면 자본예산에 대한 이해의 폭은 더 넓어진다.

실물옵션의 예로 당신이 중고자동차를 구매하려는 상황에 있다고 가정하자. 가격이 4,000$인 차가 마음에 들었는데 아직까지는 확실치 않다. 따라서 당신은 차의 주인에게 150$의 계약금을 주고, 일주일간 차를 팔지 않고 갖고 있도록 했다. 따라서 당신은 일주일 안에 차를 사거나 그렇지 않으면 150$를 포기해야 한다. 이는 특정한 기간 내에 정해진 가격에 차를 살 수 있는 권리를 얻었기 때문에 콜옵션을 산 것과 같다. 차는 실물자산이므로 이 옵션은 실물옵션에 해당된다.

이 예에서와 같이, 실물옵션을 사용하는 것은 오늘날 흔히 볼 수 있는 일이다. 예를 들어 부동산개발업자의 경우, 하나의 큰 대지를 만들어내기 위해서 여러 명의 지주들로부터 작은 땅들을 사서 모아야 한다. 작은 땅들을 모두 사기 전에는 개발업자는 일을 진행할 수 없다. 이런 경우 부동산개발업자는 종종 개별적인 토지에 대한 옵션을 사고, 필요한 토지를 모두 살 수 있을 경우에만 옵션을 행사한다.

이 예들은 모두 명시적(explicit) 옵션이다. 그러나 거의 대부분의 자본예산 의사결정은 수많은 묵시적(implicit) 옵션들을 갖고 있다. 우리는 그러한 묵시적 옵션들 중에서 가장 중요한 몇 가지에 대해 살펴보기로 한다.

투자시점결정 옵션

한 기업이 새로운 투자안을 검토하고 있다고 하자. 이는 경영진이 새로운 투자안에 필요한 자산을 얻기 위해서 그에 필요한 투자비용을 지출할 것인지를 결정해야 한다는 의미이다. 이를 다시 잘 들여다보면, 경영진이 가지고 있는 것은 일정한 비용(초기 투자액)을 지불하고 실물자산(해당 투자안)을 획득할 수 있는 권리(의무가 아님)이다. 달리 말해 기본적으로 모든 투자안은 실물옵션인 것이다!

앞의 장들에서 배운 내용을 기억한다면 당신은 투자안을 어떻게 분석해야 하는지 알고 있을 것이다. 먼저 관련된 현금흐름을 알아내고 이를 분석한다. 그런 다음 투자안의 순현가(NPV)를 구하면 된다. NPV의 값이 양(+)이면 투자안을 받아들이는데 이는 결국 옵션을 행사하는 것과 같은 것이다.

투자안이 상호배타적인 경우에는 이러한 설명은 한계점을 갖고 있다. 상호배타적이라는 표현은 두 개(또는 여러 개)의 투자안 중에서 하나의 투자안만을 선택해야 하는 경우를 말한다는 것을 기억하기 바란다. 간단한 예로 토지를 소유하고 있는데 그 위에다 건물을 지을 것이라고 가정하자. 주유소와 아파트 중에서 어떤 건물을 지을지 고민하고 있는 상황이다. 이 경우 두 가지의 투자안이 모두 양(+)의 NPV를 갖지만 이 중에서 하나만 선택해야 한다. 둘 중에 어느 것을 고를까? 당연히 NPV가 높은 것을 선택해야 할 것이다.

그러나 이 경우 한 가지 핵심적인 점은 NPV가 양(+)의 값인 투자안이라고 해서 당장 선택할 이유는 없다는 것이다. 이는 지금까지 배운 내용과 모순인 것처럼 들리지만 그렇지 않다. 그 이유는 투자안을 지금 선택한다면 나중에는 선택할 수 없기 때문이다. 다시 말해 모든 투자안들은 시간상으로 자기 자신과 경쟁하고 있다는 것이다. 투자안은 당장 선택할 수도 있지만 한 달 후에 또는 일 년 후에, 아니면 그 이상의 시간이 지난 후에 선택할 수도 있다. 그러므로 투자안을 당장 선택했을 때의 NPV와 시간이 지난 뒤 선택했을 때의 NPV를 비교해야 한다. 이와 같이 투자안을 언제 시작할지 결정짓는 것을 **투자시점결정**(investment timing decision)이라고 한다.

투자시점결정(investment timing decision): 투자에 착수할 최적 시기를 결정하는 것

투자시점결정에 대한 설명을 위해서 간단한 예를 들어보자. 어느 투자안의 비용이 100$이고, 미래 현금흐름은 한 번 발생한다고 하자. 이 투자안에 당장 착수한다면 1년 뒤에 현금흐름은 120$이다. 1년을 기다린다면 이 투자안의 비용은 그대로 100$이지만, 현금흐름은 2년 뒤에 130$가 된다(시장이 커질 것이므로). 할인율이 10%이다. 이 두 가지 투자안 중에서 하나를 택해야 한다면 어느 것을 택해야 하는가?

이 질문에 답하기 위해서는 먼저 각각의 NPV를 구해야 한다. 이 투자에 당장 착수한다면, NPV는 다음과 같이 구할 수 있다.

$$\text{NPV} = -\$100 + \$120/1.1 = \$9.09$$

1년을 기다린다면, NPV는 다음과 같다.

$$\text{NPV} = -\$100 + \$130/1.1 = \$18.18$$

여기서 18.18$는 1년 뒤의 NPV이다. 우리가 알고자 하는 것은 NPV의 현재가치이므로 1년을 다시 할인해야 한다.

$$\text{NPV} = \$18.18/1.1 = \$16.53$$

따라서 답은 분명하다. 1년을 기다린다면 NPV의 현재가치는 16.53$가 되어 당장 착수했을 때의 9.09$보다 큰 값을 갖는다. 그러므로 투자에 착수할 최적의 시기는 지금으로부터 1년 뒤이다.

당장은 투자에 착수할 필요가 없을 때 이런 상황을 두고 연기옵션(option to wait)이 있다고 한다. 위의 예에서 연기옵션의 가치는 두 NPV의 차이인 $16.53 − $9.09 = 7.44$이다. 이 7.44$는 투자를 뒤로 미룸으로써 창출된 가치라고 볼 수 있다.

위의 예처럼 기다리는 대안은 큰 가치를 지닐 수 있다. 얼마의 가치를 가지냐는 투자안의 종류에 달려 있다. 예를 들어 패션유행에 초점을 맞추어서 제품을 개발하는 경우에는 연기옵션의 가치는 미미할 수 있다. 유행에 발을 맞추기 위해서는 신속한 투자안의 진행이 요구되기 때문이다. 반대로 기존의 생산설비를 효율성이 뛰어난 최신의 설비로 교체하고자 하는 투자안이 있을 때는 당장에 착수할 수도 있고 시간이 지난 뒤에 착수할 수도 있다. 이 경우에 연기옵션의 가치는 클 수도 있다.

투자시점결정 — 예제 24.4

어느 투자안의 비용이 200$이고 미래에 매년 42$의 현금흐름이 발생한다고 가정하자. 1년을 기다리면 물가상승 때문에 투자안의 비용은 240$가 되지만, 현금흐름은 매년 48$로 증가한다. 할인율은 12%이다. 투자를 당장 시작하는 것과 1년을 기다리는 것, 이 두 가지의 대안 중에서 하나를 택해야 한다면 어느 것을 택해야 하는가? 연기옵션의 가치는 얼마인가?

이 경우 이 투자안의 현금흐름은 영구연금과 같다. 당장 오늘 시작한다면 NPV는 다음과 같다.

$$\text{NPV} = -\$200 + \$42/0.12 = \$150$$

1년을 기다린다면, 1년 뒤에 투자안의 NPV는 다음과 같다.

(계속)

NPV = −$240 + $48/0.12 = $160

이 NPV는 1년 뒤의 값이므로 1년만큼을 할인하여 현재가치를 구해야 한다.

NPV = $160/1.12 = $142.86

1년을 기다리면 NPV의 현재가치는 142.86$로 이는 당장 투자에 착수했을 때의 150$보다 작다. 그러므로 투자에 착수할 최적의 시기는 지금이다.

그렇다면 연기옵션의 가치는 얼마인가? 만약 $142.86 − $150 = −7.14$라고 대답한다면 한 가지 중요한 사실을 잊고 있는 것이다. 앞에서 설명한 것과 같이, 옵션의 가치는 0보다 작을 수 없다. 그러므로 연기옵션의 가치는 0이다.

연기옵션과 관련해서는 한 가지 중요한 점이 더 있다. 즉 투자안의 NPV가 0보다 작다고 해서 무조건 포기할 필요는 없다는 것이다. 예를 들어 비용이 120$이고, 앞으로 매년 10$의 현금흐름이 발생하는 투자안이 있다고 하자. 할인율이 10%라면 NPV는 $10/0.1 − $120 = −20$이다. 그러므로 지금 투자안에 투자해서는 안 된다.

그러나 미래에 이 투자안의 NPV가 변할 수 있다는 사실을 잊어선 안 된다. 만약에 내년의 할인율이 여러 가지 요인으로 인해서 5%로 하락한다면, NPV는 $10/0.05 − $120 = 80$이다. 그러므로 1년 뒤에 투자안에 착수할 수 있다(더 이상 기다리는 것이 무의미하다는 가정하에). 일반적으로 투자안의 NPV가 미래에 0보다 클 확률이 조금이라도 존재한다면, 연기옵션은 가치가 있는 것이고 투자를 미래로 연기할 필요가 있는 것이다.

경영옵션

투자에 착수할 최적 시기를 결정하고 나면 그 다음부터는 다른 실물옵션이 고려의 대상이 되기 시작한다. 지금까지 자본예산 분석에서는 투자가 시작된 후에 발생하는 경영자의 선택에 의한 영향력에 대해서는 고려하지 않았다. 사실상 우리는 투자가 일단 착수되면 그 기본틀이 바뀌지 않는다고 가정한 것이다.

그러나 현실적으로는 미래에 무슨 일이 일어나느냐에 따라서 투자안은 조정될 수 있다. 이와 같이 투자안이 조정될 수 있는 기회를 **경영옵션**(managerial option)이라고 부르는데, 이는 실물옵션의 중요한 형태 중 하나이다. 오늘날에는 수많은 경영옵션이 존재한다. 제품의 가격책정, 조립, 생산, 광고방법은 모두 변할 수 있으며, 이는 경영옵션의 단적인 예라고 할 수 있다.

경영옵션(managerial option): 미래에 특정 사건이 발생했을 경우에 경영진이 이용할 수 있는 기회

예를 들어 2008년에 연료값의 급격한 상승에 직면하면서 US Airways는 회사 운영에 대해 중대한 변화를 시도한다고 발표했다. 첫째, 2008년 4분기 내에 미국 내 운항을 6~8% 줄이고, 2009년에는 추가적으로 다시 7~9%를 줄이기로 했다. 또한 2009년에 임대한 제트항공기 10대를 리스회사에 반납한다는 계획도 수립하고, 2009년도에 취항시키려던 대형항공기들의 임대계약도 취소했다. 이러한 항공기 수의 감축은 2010년에도 계속되었다.

또한 이 회사는 퇴직, 자발적 휴직, 해고 등을 통해 1,700개의 일자리를 없앤다는 계획도 수립하였다. 가장 많은 일자리를 잃은 지역은 라스베이거스였으며, 이곳에서는 600개의 일자리가 없어졌다. 이 회사는 라스베이거스를 경유하는 항공노선을 55개에서 31개로 줄여, 라스베이거스로의 운항 횟수를 일일 141회에서 81회로 줄이는 계획도 갖고 있었다.

마지막으로 이 회사는 화물요금의 인상도 발표했다. 승객들의 첫 번째 화물에 대해서 15$를

부과했다가 나중에 25$로 인상했으며, 두 번째 화물에 대해서는 35$를 부과하였다. 또한 미국 국내선에서 제공되는 비알코올 음료의 가격을 5$에서 7$로 2$ 인상했다. 마일리지를 사용하여 발급받는 비행기표에 대해서도 25$를 부과했으며, 이 회사의 예약부서를 통한 비행기표의 구입에 대해서도 그 가격을 인상하였다.

또 하나의 예로 Krispy Kreme의 경우를 살펴보자. 2000년에 이 회사가 창립되었을 때 소비자들은 이 회사의 도넛에 폭발적인 반응을 보였고, 투자자들 또한 이 회사 주식에 폭발적인 반응을 보였다. 실제 그 이후 4년 동안, 이 회사의 주식은 미국 금융가(Wall Street)에서 가장 좋은 성과를 거둔 주식 중 하나였다. 그러나 2004년이 조금 지날 무렵 회사는 경영상의 어려움을 겪기 시작했고, 급기야 1분기에 24.4백만$의 손해를 본 것으로 공식발표하였다. 회사의 경영진은 탄수화물 다이어트가 유행처럼 퍼지면서 도넛에 대한 소비자들의 욕구가 줄어든 탓이라고 판단하였다.

결국 매출액이 급격히 떨어지는 것을 보다 못한 경영진은 회사의 혁신을 추진하게 되었다. 그중에 하나로, 다이어트하는 소비자들을 끌어 모으기 위해서 제품영역을 넓혔다. 새로운 제품에는 무설탕 도넛, 편의점에서 파는 도넛 묶음, 드립커피, 아이스커피, 미니 도넛, 도넛 링, 선물카드 등이 포함되어 있었다.

이와 더불어 경영진은 2004년에 새로 문을 여는 점포의 수를 당초 계획한 120개에서 100개로 줄였다. 이렇게 해서 회사는 자본투자를 처음에 계획했던 1억1천만$에서 7천5백만$로 줄일 수 있었다. 또한 회사는 최소 두 가지의 디자인 계획을 수립했다. 첫 번째 안은 벽이 없는 오두막 형태의 디자인으로서 이는 소비자들의 구매가 쉽게 이루어지는 것을 위함이다. 두 번째 안은 기존 점포 크기의 반이나 3/4에 해당되는 작은 점포들을 위한 디자인이었다.

Krispy Kreme의 경우에서도 볼 수 있듯이 미래에 사업내용을 변경시킬 수 있는 가능성은 매우 중요하다. 예상치 못한 일들은 언제나 일어나기 마련이며 이에 대해 회사가 적응하도록 하는 것이 경영진의 임무이다. 이제부터는 가장 잘 알려진 경영옵션 몇 가지에 대해 살펴보기로 한다.

대응계획 투자안의 분석과 평가부분에서 우리가 살펴본 여러 가지 상황분석, 특히 손익분기점 분석과 같은 것은 단순히 현금흐름을 평가하고 순현가를 추정한다는 의미를 넘어 투자안이 갖는 동태성과 그와 관련된 경영옵션들을 살펴보는 데 도움을 주는 기초적인 수단들이다. 이러한 경우에 우리가 생각하는 것은 미래에 일어날 수 있는 일들과 그에 대처하기 위한 행동들이다.

예를 들어 매출량이 10,000개 아래로 떨어지면 손익분기점에 도달하지 못하는 투자안이 있다고 하자. 이러한 사실을 아는 것은 흥미있지만, 실제로 그런 상황이 온다면 어떻게 대응해야 하는지가 중요하다. 여기서 필요한 것이 **대응계획**(contingency planning)이다. 이는 투자안 자체에 묵시적으로 내재해 있는 경영옵션들을 살펴보는 것과 같다.

대응계획(contingency planning): 투자안에 내재하고 있는 경영옵션을 고려하는 것

미래에 어떤 상황이 벌어질지는 아무도 모른다. 따라서 일어날 수 있는 상황의 수에는 제한이 없다. 그러나 그들을 다음과 같이 큰 부류로 나누어 볼 수 있다.

확장옵션 확장옵션(option to expand)이 가지는 의미는 매우 크다. 만약 정말로 NPV가 0보다 큰 투자안을 찾았다면 거기서 모든 것이 끝나는 것이 아니다. 더 큰 NPV를 얻기 위해서 그 투자를 반복하거나 확장할 생각을 해보아야 한다. 우리가 투자안의 분석에서 살펴본 것은 투자안의 규모가 정해져 있다는 것을 묵시적으로 가정한 정태적 분석이었다.

예를 들어 특정 제품에 대한 수요가 당초 예상을 훨씬 능가한다면 생산량을 증가시킬지 고민해야 한다. 이것이 가능하지 않다면, 가격을 올려서 현금흐름을 증가시킬 수도 있다. 이 중 어떤 방법을 택하든, 투자안의 잠재적인 현금흐름은 투자를 확대하거나 가격을 인상하는 것을 가정하지 않은 경우에 나타나는 현금흐름보다 더 커질 것이다. 결론적으로 확장옵션을 고려하지 않고 투자안을 분석한다면 이는 해당 투자안의 NPV를 과소평가하는 것이다.

포기옵션 정반대로 투자안을 축소하거나 포기하는 옵션 또한 큰 가치를 지닌다. 예를 들어 현금흐름을 기준으로 손익분기점에 도달하지 못하는 투자안이라면 그러한 투자안은 자신의 비용도 감당하지 못하는 투자안이다. 이러한 상황이 발생하는 경우에는 차라리 그 투자안을 중간에 포기하는 것이 좋은 판단이다. 그러나 우리가 살펴본 DCF 분석들은 이러한 경우에도 해당 투자안하에서 사업을 계속 운영하는 것을 묵시적으로 가정한 분석들이다.

때론 사업을 그만두는 것이 최선의 선택인 경우가 있다. 예를 들어, 2019년에 GM은 오하이오에 있는 공장을 폐쇄했는데 다음 해에 단행된 다섯 개의 공장 폐쇄 중 첫 번째 폐쇄였다. 오하이오 공장이 문을 닫은 것이 특별한 이유는 그 공장이 미국에서 쉐보레 크루즈를 제조하는 마지막 공장이었다는 것이다. 크루즈는 미국 운전자의 취향이 바뀌어 더이상 미국에서 팔지 않게 되었지만, 해외 판매를 위해 멕시코에서는 여전히 제조될 것이었다.

일반적으로 매출이 기대했던 것보다 많이 낮을 때, 일부 생산설비를 매각하거나 다른 용도로 사용할 수 있다. 아니면 제품의 설계를 다시 하거나 기능을 향상시킬 수도 있다. 그러나 미래에 무슨 상황이 벌어지든, 투자안을 일정 기간 동안 유지한다고 가정하는 것은 다시 한번 말하지만 해당 투자안의 NPV를 과소평가하는 것이다.

생산중단 혹은 축소옵션 포기옵션(option to abandon)과 가장 비슷한 옵션은 생산중단옵션(option to suspend operations)이다. 요즈음은 일부 기업들이 생산을 일시적으로 중단하는 것을 흔히 볼 수 있다. 예를 들어 자동차 제조업체들은 특정 제품의 재고량을 지나치게 많이 갖고 있을 때가 있다. 이러한 경우에는 초과공급량이 모두 처분될 때까지 생산을 중단하기도 한다. 그리고 시간이 어느 정도 지난 후에 생산을 재가동한다.

광업이나 석유산업과 같은 천연자원 사업에서는 생산중단옵션이 갖는 가치가 상당하다. 예를 들어 금광을 운영한다고 가정하자. 금 가격이 급격히 떨어져서 금을 채굴하는 비용이 금의 매출가격보다 높으면 작업을 중단해야 할 것이다. 그러나 금은 땅속에 그대로 묻혀 있기 때문에 금 가격이 다시 오르면 언제든지 작업을 재가동할 수 있다. 실제 광업에서는 오랜 기간 동안 작업을 중단한 뒤에 재가동하는 일이 흔하다.

또한 기업들은 투자안을 영구적으로 축소시키기도 한다. 신제품이 계획만큼의 매출을 거두지 못한다면 제품의 생산을 줄이고 초과생산설비는 다른 용도로 사용한다. 이는 확장옵션과 완전히 반대되는 것으로서 축소옵션(option to contract)이라고 한다.

예를 들어, 2019년에 Del Monte는 일리노이와 미네소타의 공장을 폐쇄했다. 그 회사는 야채와 과일 통조림 판매량 감소에 직면했었다. 또 같은 2019년, Nestle는 매달 공장 한 곳을 폐쇄할 것이라고 발표했다. 비록 그 회사는 1년 동안 공장 8곳만 닫았지만, 2020년 1분기에 나머지 4곳의 공장을 폐쇄할 예정이라고 말했다.

자본예산에서의 옵션: 예 새로운 투자안에 대해 살펴보자. 이 투자안은 한 개당 1$의 순현금흐름을 발생시키는 제품이 매년 100개 팔릴 것으로 기대하고 있다. 그러므로 매년 100$의 현금

흐름이 영구적으로 발생한다고 예상할 수 있다.

1년 뒤에는 이 투자안에 대해서 더 많은 것을 알게 된다. 다시 말해 이 투자안이 성공할 것인지 아닌지에 보다 더 잘 판단할 수 있다. 이 투자안이 장기적으로 성공적이라면 기대할 수 있는 매출이 매년 150개로 증가한다. 반대로 성공적이지 못하다면 기대할 수 있는 매출이 매년 50개로 감소한다. 투자안이 성공적일 확률과 그렇지 못할 확률이 같다고 가정하면 매년 150개의 제품을 팔 확률과 50개의 제품을 팔 확률이 같은 것이다. 그러므로 매출의 기대값은 기존에 예상했던 100개와 동일하다. 투자안의 비용은 550$이고, 할인율은 20%이다. 투자에 착수하고 난 뒤 포기하기로 결정한다면 1년 후에 400$를 받고 매각할 수도 있다. 이 투자안을 택하는 것이 좋은가?

기본적인 DCF분석은 그리 복잡하지 않다. 기대되는 현금흐름은 매년 영원히 100$이고, 할인율은 20%이다. 따라서 현금흐름의 현재가치는 $100/0.2 = 500$이므로 투자안의 NPV는 $500 − $550 = −50$이다. 따라서 이 투자안은 택하지 않는 것이 옳다.

그러나 이러한 분석은 여러 옵션을 고려하지 않고 있다. 1년 후에 400$를 받고 이 투자안을 매각할 수도 있다. 이를 어떻게 반영해야 할까? 먼저 1년 후의 상황에 대해서 생각해보아야 한다. 이때 기대되는 매년의 현금흐름은 증가하거나 감소하는 두 가지 경우이다. 따라서 이 두 경우에 대해서 분석해보면 된다.

1년 후에 기대되는 현금흐름이 50$로 수정된다면 현금흐름의 1년 후의 현재가치는 $50/0.2 = 250$로 줄어든다. 이 경우 400$에 매각할 수 있기 때문에 투자안을 포기하는 것이 옳은 판단이다(투자안을 유지한다면 1년 후에 그 NPV는 $250 − $400 = −150$이다).

반대로 만약에 수요가 증가한다면, 1년 후에 현금흐름이 갖는 현재가치는 $150/0.2 = 750$이다. 이는 1년 후에 매각했을 때 받을 수 있는 400$보다 높은 값이므로 투자안을 유지하는 것이 옳다.

현재 이 투자안의 비용은 550$이다. 그리고 1년 후에 기대되는 현금흐름은 100$이다. 또한 1년 후에 이 투자안이 갖는 가치는 400$(투자가 성공적이지 못해서 포기했을 때), 혹은 750$(투자가 성공적이어서 유지했을 때)이다. 두 경우가 발생할 확률이 동일하므로 이 투자안은 1년 후에 ($400 + $750)/2 = 575$의 가치를 갖는 것으로 기대할 수 있다.

결론적으로, 1년 후에 100$의 현금흐름과 575$의 가치를 갖는 투자안을 가짐으로써 1년 후에 총 675$를 기대할 수 있다. 할인율이 20%라면 675$의 현재가치는 562.50$이고 NPV는 $562.50 − $550 = 12.50$이다. 결국, 이 투자안을 택하는 것이 옳은 판단이다.

이 투자안의 NPV는 62.50$만큼 증가하였다. 이는 어디서 온 것인가? 처음에 이 투자안을 분석했을 때에는 투자안이 성공적이지 못해도 포기할 수 없다고 가정했다. 그러나 실제로 투자안이 성공적이지 못할 때, 포기하면 150$(= $400 − $250)의 이득을 볼 수 있다. 성공적이지 못할 확률이 50%이므로 포기를 통해서 기대할 수 있는 이득은 75$이다. 이 75$의 현재가치는 62.50$(= $75/1.2)이며, 이는 포기옵션이 지니는 가치이다.

전략적 옵션 기업들은 때때로, 가능성을 실험하고 미래의 잠재적인 사업전략을 평가하기 위해서 새로운 투자에 착수하기도 한다. 이는 수영하기 전에 발을 물에 담그는 것과 같다. 이와 같은 투자는 전통적인 DCF 방법을 가지고 분석하기가 어렵다. 그것은 대부분의 이익이 **전략적 옵션**(strategic option)의 형태로 발생하기 때문인데 전략적 옵션은 미래의 경영을 위한 옵션이다. 그

전략적 옵션(strategic option): 미래의 제품과 전략을 위한 옵션

와 같은 전략적 옵션을 만들어내는 투자안의 가치는 크지만, 그 가치를 측정하기는 힘든 일이다. 예를 들어 신제품과 신기술을 위한 전략적 옵션을 만들어낸다는 의미에서 연구개발은 큰 가치를 지니지만, 그 가치가 정확히 얼마인지는 누구도 쉽게 판단할 수 없다.

다른 예로, 큰 제조기업이 실험적으로 한 개의 할인점을 오픈할 수 있다. 주된 목적은 시장에 대한 관찰을 하기 위한 것이다. 초기 비용이 워낙 커서 한 개의 할인점으로부터 이익을 내기는 거의 불가능하다. 그러나 이 할인점을 통해서 기업은 제품매출에 대한 정보를 얻어 더 많은 할인점을 오픈할지, 제품에 변화를 줄지, 새로운 시장에 진출할지 등에 대해서 결정할 수 있다. 이 경우 수집된 정보에 의해 가질 수 있는 전략적 옵션들이 갖는 가치는 매우 크지만, 그러한 가치를 신뢰성 있는 수치로 나타내는 것은 아마 가능하지 않을 것이다.

결론 자본예산 분석에 옵션을 고려하는 것은 그리 쉬운 일은 아니다. 현실적으로 자본예산에서 옵션을 유용하게 쓸 수 있는 방법은 무엇일까? 이에 대한 답은 현금흐름을 추정할 때 옵션을 항상 고려해야 한다는 것이다. 옵션을 무시한다면 우리는 NPV를 과소평가할 수 있다. 그로 인한 손실은 아주 구체적이고 체계적인 투자안의 경우에는 작을 수 있지만, 실험적인 투자안의 경우에는 매우 클 수 있다.

개념질문 _Concept Questions

24.6a 거의 모든 투자안이 상호배타적이라고 하는 이유는 무엇인가?
24.6b 확장옵션, 포기옵션, 생산중단옵션이란 각각 무엇인가?
24.6c 전략적 옵션은 무엇인가?

24.7 옵션과 기업증권

이 절에서는 옵션이 기업증권이나 기타 금융자산에 어떻게 사용되고 있는지 알아보기로 한다. 먼저 워런트와 전환채권에 대해서 살펴보자.

워런트

워런트(warrant): 특정 기간 동안 주식을 정해진 가격에 살 수 있는 권리를 부여한 증권

워런트(warrant; 신주인수권)는 콜옵션처럼 보이는 기업증권의 한 종류이다. 워런트는 그것을 가지고 있는 사람에게 특정 기간 동안 회사로부터 직접 주식을 정해진 가격에 살 수 있도록 권리(의무가 아님)를 부여한다. 각 워런트마다 구매할 수 있는 주식의 수, 행사가격, 만기일이 명시되어 있다.

시카고옵션거래소에서 거래되는 콜옵션과 워런트 간에는 큰 차이가 없다. 한 가지 다른 점은 평균적으로 워런트의 만기일이 콜옵션보다 길다는 것이다. 실제로 일부 워런트는 만기일이 존재하지 않는 영구적인 것도 있다.

워런트는 기업이 사적으로 자금을 빌리거나 채권을 발행할 때 함께 발행되는 경우가 종종 있어 감미료(sweetener) 혹은 자기자본 촉진제(equity kicker)라고 부르기도 한다. 워런트를 발행함으로써 자금을 보다 쉽게 빌릴 수 있으므로 워런트의 발행은 실제로 매우 흔하게 나타난다. 또한 워런트는 1970년 4월 13일부터 뉴욕증권거래소(NYSE)에서 거래되기 시작하였다.

워런트는 장기채권과 함께 발행하는 경우가 많기 때문에 채권계약서에 워런트가 채권과 분리될 수 있는지를 명기하고 있다. 일반적으로 워런트는 언제라도 바로 분리될 수 있으며 다른 증권처럼 거래될 수 있다.

워런트와 콜옵션의 차이 앞에서 설명한 것과 같이, 워런트 소유자의 입장에서 워런트는 보통주에 대한 콜옵션과 상당히 유사하다. 콜옵션처럼 워런트는 주식을 정해진 가격에 살 수 있는 권리를 부여한다. 그러나 기업의 입장에서는 워런트는 보통주에 대한 콜옵션과는 매우 다르다.

콜옵션과 워런트의 가장 큰 차이점은 콜옵션이 개인들 간의 거래를 통해 개인에 의해서 발행되는 데 비해, 워런트는 기업에 의해서 발행된다는 것이다. 콜옵션이 행사되면 한 명의 투자자가 다른 투자자로부터 주식을 사들인다. 이때 기업은 아무런 관여를 하지 않는다. 그러나 워런트가 행사되면 기업은 새로운 주식을 발행해야 한다. 워런트가 행사될 때마다 기업은 현금을 받고 발행주식의 수를 늘리는 것이다. 앞에서 설명한 임직원스톡옵션도 기업이 발행하므로 정확히 말하면 옵션이 아니라 워런트인 것이다.

예를 들어 Endrun이 25$를 내고 자사 주식을 한 주 살 수 있는 워런트를 발행했다고 하자. 워런트가 행사되면 Endrun은 새로운 주식 한 주를 발행해야 한다. 결국 주식 한 주를 25$를 받고 발행하는 셈이다.

이와는 달리 콜옵션이 행사될 때에는 발행주식 수가 변하지 않는다. 예를 들어 갑이 을로부터 Endrun의 주식에 대한 콜옵션을 샀다고 하자. 이 옵션은 갑이 을로부터 Endrun의 주식을 한 주에 25$를 내고 살 수 있는 권리를 부여하는 것이다.

갑이 옵션을 행사하기로 결정한다면 을은 갑에게 Endrun의 주식을 한 주에 25$씩 받고 넘겨야 한다. 을이 보유하고 있는 주식이 없다면 주식시장에서 사서 넘겨야 할 것이다.

콜옵션은 갑과 을 간의 이익을 대립시킨다. 옵션이 행사되면 한 투자자는 이익을 보고 나머지 투자자는 손해를 본다. Endrun의 전체 발행주식의 수는 그대로이며, 회사에 새로 유입되는 자본도 없는 셈이다.

순이익의 희석 워런트나 전환채권(convertible bond)으로 인해서 주식의 수가 증가하는 경우는 상당히 많다. 이는 워런트를 행사하거나, 채권을 전환했을 때 발생하는 현상으로서 기업의 순이익을 더 많은 수의 주식으로 나누는 효과를 불러온다. 따라서 주당순이익(EPS)은 감소하게 된다.

아주 많은 워런트와 전환채권을 발행한 기업은 대개 희석되었을 경우를 가정하여(diluted basis) 주당순이익을 계산하여 발표한다. 결과적으로 주당순이익은 전보다 낮은 수준이 된다. 이는 모든 워런트가 행사되고 모든 전환채권이 전환되었을 경우의 전체 주식 수를 바탕으로 주당순이익을 계산하기 때문이다. 전체 주식의 수를 증가시키는 것이므로 실제 발행주식의 수를 바탕으로 계산한 “기존”의 주당순이익보다는 낮을 수밖에 없다.

전환채권

전환채권(convertible bond)은 워런트를 가진 채권과 유사하다. 가장 큰 차이점은 워런트를 가진 채권은 서로 다른 증권으로 나뉘어질 수 있는 반면(채권과 워런트), 전환채권은 그럴 수 없다는 것이다. 전환채권은 채권이 만기가 되기 전에 정해진 수의 주식과 교환할 수 있는 권리를 부여한다.

전환채권(convertible bond): 특정 기간 내에 정해진 수의 주식과 교환할 수 있는 회사채

우선주(preferred stock)는 보통주(common stock)로 전환될 수 있는 경우가 많다. 전환우선주는 만기일이 없다는 점을 제외하면 전환채권과 동일하다.[4]

전환채권의 특징 간단한 예를 통해서 전환채권의 기본적인 특징이 무엇인지 알 수 있다. 2019년 5월에 전기자동차 생산회사인 Tesla는 16억$어치의 전환채권을 발행했다. 이 채권의 쿠폰이자율은 2%로 2024년에 만기가 되며, 309.83$의 **전환가격**(conversion price)에 Tesla의 보통주로 전환할 수 있다. 채권의 액면가가 1,000$이기 때문에 하나의 채권을 $1,000/$309.83 = 3.2276개의 Tesla 보통주로 전환할 수 있다. 채권 하나당 전환되는 주식의 수를 의미하는 **전환비율**(conversion ratio)은 이 경우에 3.2276주였다.

전환가격(conversion price): 채권의 액면가 중에서, 하나의 주식과 교환할 수 있는 만큼의 금액

전환비율(conversion ratio): 하나의 채권을 주식으로 전환했을 때 얻게 되는 주식의 수

전환채권을 발행할 당시 Tesla의 주식은 한 주당 247.06$의 가격에 거래되고 있었다. 따라서 전환가격은 실제 주식가격보다 ($309.83 − $247.06)/$247.06 = 0.254, 혹은 25.4% 높았다. 이 25.4%를 **전환프리미엄**(conversion premium)이라고 한다. 이는 Tesla가 전환채권을 발행했을 당시, 이 회사 채권에 대한 전환옵션이 외가격(out-of-the-money)에 있었다는 것을 의미하며 이런 경우가 일반적이다.

전환프리미엄(conversion premium): 전환가격과 주식의 현재가격과의 차이를 주식의 현재가격으로 나눈 것

전환채권의 가치 전환채권의 전환특징을 워런트처럼 분리할 수는 없지만, 전환채권의 가치는 채권가치와 전환성의 가치로 구분할 수 있다. 이에 대해서 더 자세히 살펴보자.

전환채권의 가치는 간단한 예를 통해 살펴보는 것이 쉽다. Micron Origami (MO)라는 회사가 전환채권을 발행했다고 가정하자. 쿠폰이자율은 7%이고, 전환비율은 15이다. 아직 12개의 쿠폰(이자지급)이 남아 있으며, 주식은 현재 주당 68$의 가격에 거래되고 있다.

순수채권가치 **순수채권가치**(straight bond value)는 전환채권이 보통주로 전환될 수 없을 때 갖는 가치이다. 이는 일반적인 이자율 수준과 발행자가 채무를 이행하지 않을 위험성에 따라 달라진다.

순수채권가치(straight bond value): 전환채권이 주식으로 전환될 수 없을 때 갖는 가치

MO가 발행한 채권등급이 B라고 가정하자. B등급의 채권은 연간 8%의 수익을 갖도록 가격이 형성되어 있다고 하자. 7장에서 한 것처럼 이 경우 쿠폰이 6개월마다 지급된다고 하면, 반년간 35$의 쿠폰지급액(coupon payment)과 만기일의 가치(maturity value)를 연 8% (6개월 4%)로 할인하여 전환채권의 순수채권가치를 구할 수 있다.

$$\begin{aligned}\text{순수채권가치} &= \$35 \times (1 - 1/1.04^{12})/0.04 + \$1{,}000/1.04^{12} \\ &= \$328.48 + 624.60 \\ &= \$953.08\end{aligned}$$

순수채권가치는 전환채권이 지닐 수 있는 최소한의 가치로, 전환채권은 항상 적어도 순수채권가치 이상의 가치를 갖는다.

전환가치 **전환가치**(conversion value)는 전환채권을 당장 보통주로 전환했을 때 전환채권이 갖는 가치이다. 이는 전환채권이 전환되었을 때 받을 수 있는 주식의 개수에 주식의 현재가격을 곱하여 구할 수 있다.

전환가치(conversion value): 당장 주식으로 전환했을 때 전환채권이 갖는 가치

[4]기업은 배당금의 지급에 대해서는 세금을 공제받지 못하지만, 전환채권에 지급한 이자에 대해서는 세금을 감면받는다.

위 예의 경우, MO의 전환채권이 15주로 전환될 수 있고, 주식의 현재가격이 68$이기 때문에 전환가치는 $68 × 15 = 1,020$이다.

전환채권은 전환가치보다 낮은 가격에 거래할 수 없다. 만약 그렇게 된다면 차익거래가 발생할 수 있기 때문이다. MO의 전환채권이 1,020$보다 낮은 가격에 팔리고 있다면 투자자는 이 채권을 산 다음, 주식으로 전환해서 주식을 팔 수 있다. 이 경우 차익은 주식가격과 전환가치의 차이에서 발생한다.

최저가치 앞에서 본 것과 같이, 전환채권은 "순수채권가치"와 "전환가치"라는 두 개의 최저가치(floor value)를 지닌다. 전환채권의 최저가격은 이 둘 중에서 높은 것으로 정해진다. MO가 발행한 채권의 경우, 전환가치는 1,020$이고, 순수채권가치는 953.08$이므로 이 채권은 최소한 1,020$의 가치를 갖는다.

그림 24.3은 주식의 가치에 대한 전환채권의 최저가치를 나타낸 것이다. 전환가치는 회사의 주식가치에 의해서 결정된다. 주식의 가치(가격)가 증가하고 감소함에 따라 전환가치도 증가하고 감소한다. 예를 들어 MO의 보통주의 가치가 1$만큼 증가하면, MO의 전환채권의 전환가치는 15$만큼 증가한다.

그림 24.3에서는 전환채권에 대해서 채무불이행위험이 없다고 가정하였다. 이 경우에 순수채권가치는 주식의 가격에 영향을 받지 않는다. 따라서 수평선으로 나타낼 수 있다. 순수채권가치가 주어진 이상, 전환채권의 최저가치는 주식가치에 달려 있다. 주식가격이 낮을 때 전환채권의 최저가치는 순수채권가치에 가깝다. 반대로 주식의 가격이 높을 때 전환채권의 최저가치는 전환가치에 가깝다. 이는 그림 24.3에서 확인할 수 있다.

옵션가치 기업이 채무를 이행하지 못하거나 강제로 채권을 전환시키지 않는 이상, 전환채권의 가치는 순수채권가치와 전환가치보다 높다. 그 이유는 전환채권의 소유자가 전환채권을 바로 주식으로 전환할 필요가 없으며, 순수채권가치와 전환가치 중 더 높은 것을 택하기 위해서 기다릴 수 있기 때문이다.

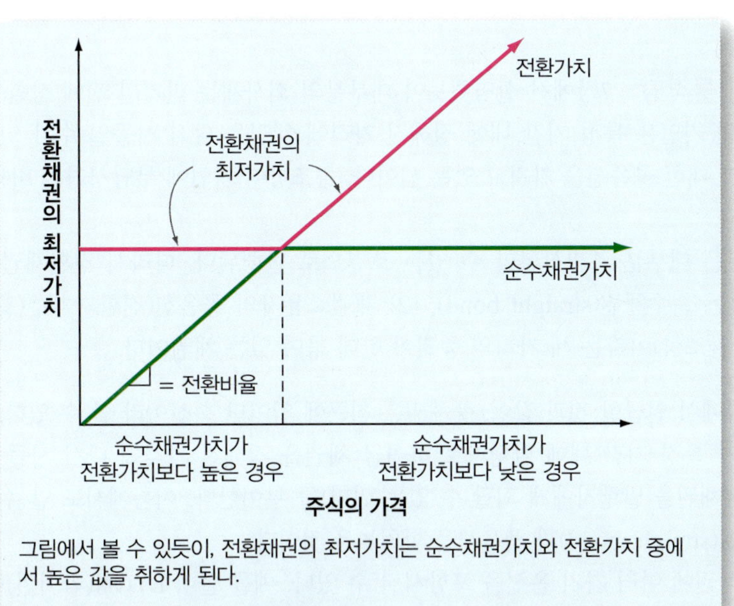

그림에서 볼 수 있듯이, 전환채권의 최저가치는 순수채권가치와 전환가치 중에서 높은 값을 취하게 된다.

그림 24.3
주어진 이자율하에서 나타나는 주식의 가치와 전환채권의 최저가치

그림 24.4

주어진 이자율하에서 나타나는 주식의 가치와 전환채권의 가치

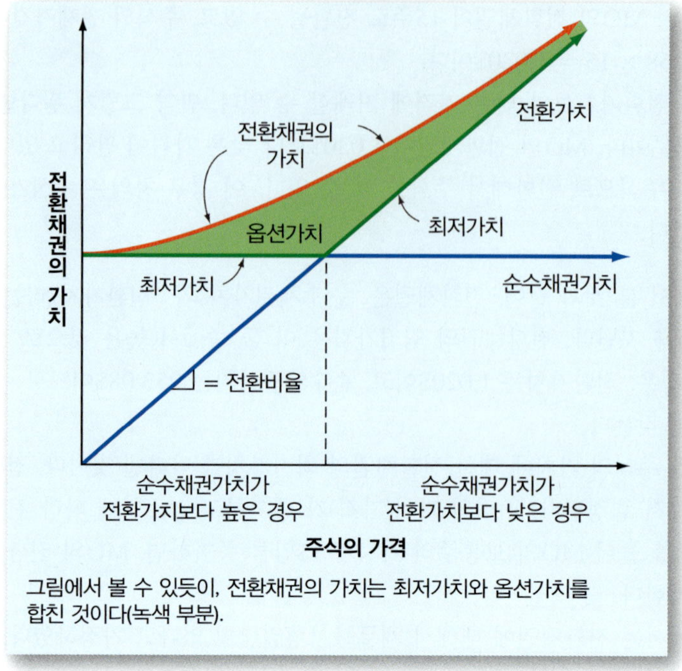

그림에서 볼 수 있듯이, 전환채권의 가치는 최저가치와 옵션가치를 합친 것이다(녹색 부분).

이처럼 "기다리는 옵션"은 가치를 지니며, 전환채권의 가치를 최저가치 이상으로 끌어올린다. 따라서 전환채권의 총가치는 최저가치와 옵션가치를 합한 것이다. 이는 그림 24.4에서 확인할 수 있다. 마지막으로, 그림 24.4가 콜옵션의 가치를 나타낸 그림 24.2와 비슷한 양상을 띤다는 것을 살펴보기 바란다.

그 밖의 옵션

지금까지는 옵션형태를 띤 증권 중에서 가장 잘 알려진 워런트와 전환채권에 대해 살펴보았다. 그러나 옵션은 다른 곳에서도 모습을 자주 드러낸다. 그 밖의 옵션에는 무엇이 있는지 간단하게 알아보자.

채권에 대한 콜조항 7장에서 설명했듯이 대부분의 회사채는 만기일 전에 상환될 수 있다. 콜조항에 따르면 기업은 특정 기간 내에 정해진 가격에 채권을 다시 사들일 수가 있다. 다시 말해 기업은 채권에 대한 콜옵션을 가지고 있는 셈이다. 콜조항이 기업에 부담시키는 비용은 그러한 옵션의 비용이다.

전환채권은 대부분 조기상환할 수 있는 조건으로 발행된다. 따라서 전환채권은 (1) 부대조건이 붙지 않는 순수채권(straight bond), (2) 채권소유자의 콜옵션(전환가치), (3) 기업이 갖고 있는 콜옵션(콜조항)이라는 세 가지의 증권이 한데 묶여 있는 채권이다.

풋채권 7장에서 언급한 것과 같이, 풋채권은 최근에 일어난 혁신이라 할 수 있다. 이와 같은 채권은 소유자가 특정 기간 내에 발행자로 하여금 채권을 정해진 가격에 다시 사들이도록 강제할 수 있는 권리(채권을 발행자에게 되팔 수 있는 권리)를 부여한다. 이름에서도 알 수 있듯이, 풋채권은 순수채권(straight bond)과 풋옵션을 합쳐놓은 것이다.

하나의 채권에 여러 가지 옵션을 포함시킬 수 있다. 예를 들어 LYON(라이언)이라는 채권이 있는데, 이는 "liquid yield option note"를 줄인 것이다. LYON은 조기상환할 수도 있고, 소유자가 되팔 수도 있으며, 주식으로 전환도 가능한 순수할인채권(pure discount bond)이다. 따라서 LYON은 두 개의 콜옵션, 하나의 풋옵션과 하나의 순수할인채권을 합쳐놓은 셈이다.

보험과 융자보증 오늘날 보험은 일상의 한 부분이 되어 버렸다. 일반적으로 보험에 든 것은 풋옵션을 가진 것과 같다. 예를 들어 한 건물에 대해서 1백만$의 화재보험에 가입했다고 하자. 어느 날 화재가 발생하여 건물은 더 이상 쓸모가 없게 되어 버렸다. 이 경우 보험금을 청구하는 것은 풋옵션을 행사하여 보험사가 1백만$를 지급하도록 하는 것과 같다.

융자보증은 보험의 한 종류이다. 누군가에게 융자를 해주었을 때 보증이 되어 있다면 정부나 다른 사람으로부터 돈을 되돌려 받을 수 있다. 예를 들어 예금을 함으로써 은행에게 돈을 빌려주었다면 이에 대해 정부로부터 최대 250,000$까지 보장받을 수 있는 것이다.

융자보증에 관해 두 가지의 유명한 사례가 있다. Lockheed Corporation(현재는 Lockheed Martin Corporation)과 Chrysler Corporation은 각각 1970년, 1980년에 미국정부가 융자보증을 약속하면서, 금융위기로부터 구제되었다. 이 보증에 따르면 Lockheed와 Chrysler가 채무를 이행하지 못했을 경우에 피해자들은 정부로부터 보상을 받을 수 있다. 돈을 빌려주는 사람의 입장에서 이와 같은 융자는 무위험채권을 사는 것과 같다. 결국 Lockheed와 Chrysler는 이 융자보증을 통해 다량의 자본을 끌어 모아서 어려운 고비를 넘겼다.

융자보증에 비용이 들지 않는 것은 아니다. 미국정부는 융자보증과 더불어 위험한 채권을 가진 사람들에게 풋옵션을 제공하였다. 이 풋옵션의 가치는 융자보증의 비용이다. 이와 같은 사실은 1980년대 초에 미국의 저축대여조합들이 붕괴하면서 확실히 드러났다. 그 당시 융자보증의 비용을 충당하기 위해서 미국 국민들이 부담한 세금은 1,500억$에 이르렀다.

최근에 2001년의 9.11테러와 같은 사건들이 잇달아 발생하면서 미국 의회는 항공운송안전위원회(Air Transportation Stabilization Board: ATSB)를 출범시켰다. 이는 테러로 인해 엄청난 손해를 보는 미국 항공사들에게 100억$가량의 융자보증을 제공하기 위해서였다. 2004년 중반에 이르러 156억$의 융자보증이 6개 항공사에게 제공되었다. 흥미로운 것은 융자보증을 받은 항공사들이 정부(납세자들)가 위험을 감수하는 것에 대해 그만한 보상을 해줘야 한다는 사실이다. 이와 같은 보상은 현금이나 워런트로 이루어졌는데, 워런트의 경우 항공사의 지분에서 차지하는 비중이 10%에서 33%까지 이르렀다. 몇몇 항공사들이 회복을 하고 덩달아 주식가격이 상승하면서 ATSB가 소유한 워런트의 총가치는 크게 증가했다. 미재무부에 의하면 미국 정부가 주식판매와 기타 수수료로 벌어들인 금액은 3.5억$에 약간 못 미치는 큰 금액이었다.

개념질문 _Concept Questions

24.7a 워런트와 콜옵션의 차이점은 무엇인가?
24.7b 전환채권의 최저가치는 얼마인가?
24.7c 자동차보험이 풋옵션과 같은 이유를 설명해보라.
24.7d 미국 정부의 융자보증이 공짜가 아닌 이유를 설명해보라.

24.8 요약과 결론

이 장에서는 옵션의 기본적인 평가방법을 제시하고, 옵션의 형태를 띤 기업의 증권에 대해서 설명했다. 이를 통해서 배운 내용은 다음과 같이 요약할 수 있다.

1. 옵션은 특정 기간 동안 기초자산을 정해진 가격에 사거나 팔 수 있도록 권리(의무가 아니다)를 부여하는 계약이다. 가장 많이 알려진 옵션은 콜옵션과 풋옵션이며, 이들은 주식과 관련이 있다. 이 옵션들은 한 회사의 주식을 정해진 가격에 사거나(콜옵션), 팔 수 있는(풋옵션) 권리를 부여한다.

앞에서 설명한 것과 같이, 옵션의 가치는 다음의 다섯 가지 요소에 의해서 좌우된다.

a. 기초자산의 가격
b. 행사가격
c. 만기일
d. 무위험채권의 이자율
e. 기초자산 가치의 변동성

2. 임직원스톡옵션(ESO)을 사용하는 기업들이 점점 늘고 있는 추세이다. ESO는 콜옵션과 유사하며, 임직원들로 하여금 회사의 주가를 높이도록 동기를 유발한다. 또한 ESO는 근로자들이 받는 보상에서 큰 비중을 차지하며, 특히 고위직 임원들의 경우에 더욱 그렇다.

3. 거의 모든 투자안들이 실물옵션과 같다고 볼 수 있다. 투자안에는 확장옵션, 포기옵션, 생산중단옵션과 같은 묵시적 옵션이 포함되어 있다.

4. 워런트는 특정기간 내에 주식을 정해진 가격에 회사로부터 직접 살 수 있도록 권리를 부여한다. 일반적으로 워런트는 채권과 같이 묶어 발행된다. 발행이 된 후에는 채권과 별도로 분리하여 개별적으로 거래할 수도 있다.

5. 전환채권은 순수채권과 콜옵션을 합쳐놓은 것과 같다. 전환채권은 정해진 수의 주식으로 전환할 수 있다. 전환채권의 최저가치는 순수채권가치와 전환가치 중에서 높은 값을 취하게 된다.

6. 그 밖의 기업들이 발행하는 많은 증권들이 옵션의 특징을 지닌다. 몇 가지 예로는 콜조항을 갖는 채권, 풋조항을 갖는 채권, 융자보증이 되어 있는 채권 등이 있다.

복습과 자가진단

24.1 콜옵션의 가치 Nantucket Corporation의 주식이 한 주당 25$에 팔리고 있다. 1년 후에, 주식가격은 20$로 떨어지거나 30$로 상승할 수 있다. 만기가 1년인 미재무부 단기채권(T-bill)의 이자율이 10%일 때, 행사가격이 20$인 콜옵션의 가치는 얼마인가? 행사가격이 26$인 콜옵션의 가치는 얼마인가?

24.2 전환채권 *Ancient Iron*이라는 잡지를 발행하는 Old Cycle Corporation (OCC)은 현재 시장에서 950$에 거래되는 전환채권을 발행하였다. 이 채권은 한 개당 100개의 주식으로 전환할 수 있다.

채권의 쿠폰율(표면이자율)은 연 7%이고, 만기일은 지금으로부터 10년 후이다. OCC의 채권은 등급이 BBB이며, 따라서 12%의 수익을 거두도록 가격이 형성되어 있다. OCC 주식의 현재가격은 한 주당 7$이다.

이 채권의 전환비율은 얼마인가? 전환가격은 얼마인가? 전환프리미엄은 얼마인가? 이 채권의 최저가치는 얼마인가? 옵션가치는 얼마인가?

복습과 자가진단 해답

24.1 행사가격이 20$라면, 옵션은 수익을 거둘 수가 없다(만약 주식가격이 20$로 떨어지면 정확히 "본전"이다). 20$의 현재가치를 T-bill에 투자하고 하나의 콜옵션을 산다면, 주식가치와 동일한 가치를 만들 수 있다. T-bill에 들어가는 비용은 $20/1.1 = 18.18$이다.

주식가격이 20$로 마감하면, 콜옵션의 가치는 0이 되며, T-bill은 20$를 그대로 지불한다. 주식가격이 30$로 마감하면, T-bill이 지불하는 20$와 더불어 콜옵션의 가치가 $30 − $20 = 10$이므로, 총 30$를 얻는다. T-bill과 옵션의 조합이 주식으로부터 얻을 수 있는 이득을 정확히 복사하기 때문에 이 조합의 가치가 25$가 되어야 한다. 만약 그렇지 않으면, 차익거래가 가능하다. 이 장에서 배운 공식을 통해서 콜옵션의 가치를 구할 수 있다.

$$
\begin{aligned}
S_0 &= C_0 + E/(1 + R_f) \\
\$25 &= C_0 + \$18.18 \\
C_0 &= \$6.82
\end{aligned}
$$

옵션의 행사가격이 26$이면, 먼저 더 낮은 주식가격($20)의 현재가치를 T-bill에 투자한다. 주식가격이 20$일 때, 콜옵션의 가치는 0이 되며 T-bill에 투자한 20$를 그대로 받게 된다. 주식의 가격이 30$로 상승한다면 콜옵션의 가치는 $30 − $26 = 4$이다. T-bill을 통해서 20$를 받기 때문에, 주식가격과 가치를 맞추기 위해서는 추가적으로 10$가 필요하다. 옵션 하나당 가치가 4$이므로 $10/$4 = 2.5개의 콜옵션을 사야 한다. 이때 주식가격의 편차(ΔS = $10)를 옵션가치의 편차($\Delta C$ = $4)로 나누어도 동일한 값($\Delta S/\Delta C = 2.5$)을 얻을 수 있다.

마지막으로, 차익거래를 방지하기 위해서는 20$의 현재가치와 2.5개의 콜옵션을 합친 것이 25$여야 한다.

$$
\begin{aligned}
\$25 &= 2.5 \times C_0 + \$20/1.1 \\
C_0 &= \$6.82/2.5 \\
&= \$2.73
\end{aligned}
$$

24.2 하나의 채권을 100개의 주식으로 전환할 수 있기 때문에 전환비율은 100이다. 채권의 액면가($1,000)를 전환비율(100)로 나누면 전환가격($1000/100 = $10)을 구할 수 있다. 전환프리미엄은 전환가격과 주식의 현재가격과의 차이를 주식의 현재가격으로 나누어 준 것으로 ($10 − $7)/7 = 43%이다.

순수채권가치와 전환가치 중에서 높은 것이 전환채권의 최저가치이다. 전환가치는 당장 주식으로 전환했을 때의 가치이므로 100 × $7 = 700$이다. 순수채권가치는 주식으로 전환하지 않을 때의 가치이다. 연간 쿠폰지급액은 70$이고, 만기일까지는 10년이 남았으며 요구수익률이 12%이므로 다음과 같이 순수채권가치를 구할 수 있다.

$$
\begin{aligned}
\text{순수채권가치} &= \$70 \times (1 - 1/1.12^{10})/0.12 + \$1{,}000/1.12^{10} \\
&= \$395.52 + 321.97 \\
&= \$717.49
\end{aligned}
$$

이는 전환가치보다 높으므로 채권의 최저가치는 717.49$이다. 마지막으로, 옵션가치는 전환채권의 가치와 최저가치 간의 차이이다. 전환채권이 950$에 팔리고 있으므로, 옵션가치는 다음과 같다.

$$
\begin{aligned}
\text{옵션가치} &= \$950 - 717.49 \\
&= \$232.51
\end{aligned}
$$

개념복습과 개념문제

1. **옵션 [LO1]** 콜옵션이란 무엇인가? 풋옵션은 무엇인가? 어떤 상황에서 콜옵션을 사야 하며, 어떤 상황에서 풋옵션을 사야 하나? 잠재적인 이익이 큰 옵션은 어느 것인가? 왜 그런가?
2. **옵션 [LO1]** 네 명의 투자자에게 적합하도록 다음의 문장을 수정해보라.
   a. 콜옵션의 구매자
   b. 풋옵션의 구매자
   c. 콜옵션의 판매자(발행자)
   d. 풋옵션의 판매자(발행자)
   "(풋/콜) 옵션의 (구매자/판매자)는 얼마의 기간 동안, 정해진 가격에 특정 자산을 (살 수 있는/팔아야 하는) (권리/의무)에 대해서 돈을 (낸다/받는다)"
3. **내재적 가치 [LO2]** 콜옵션의 내재적 가치는 무엇인가? 이를 어떻게 해석해야 할까?
4. **풋옵션 [LO2]** 만기일에 풋옵션의 가치는 얼마인가? 이를 바탕으로 풋옵션의 내재적 가치를 구하면 얼마인가?
5. **옵션의 평가 [LO2]** Patel Corporation의 주식가격이 주당 50$라고 가정하자. 행사가격이 35$인 콜옵션이 10$에 팔리고 있다. 이는 잘못된 가격인가? 콜옵션의 만기일이 오늘이라면, 잘못된 가격을 어떻게 역이용할지 설명해보라.
6. **옵션과 주식의 위험성 [LO2]** 어떤 주식의 위험성이 증가한다면, 그 주식에 대한 콜옵션의 가격은 어떻게 변하는가? 풋옵션의 가격은 어떻게 변하는가? 왜 그런가?
7. **옵션에 미치는 영향 [LO2]** 다음의 진술이 옳은지, 그른지에 대해서 설명해보라. "주식의 비체계적 위험은 분산투자를 통해서 제거할 수 있기 때문에 주식가격에 영향을 미치지 않는다. 따라서 옵션가격에도 영향을 미치지 못한다."
8. **옵션의 평가 [LO2]** 어느 주식이 한 주당 30$에 팔리고 있다. 행사가격이 30$인 콜옵션과 풋옵션이 있으면, 어느 것의 가격이 더 높게 책정될까? 설명해보라.
9. **옵션의 가격과 이자율 [LO2]** 미재무부 단기채권(T-Bill)에 대한 이자율이 급격히 상승했다. 이외의 모든 것이 변하지 않는다고 가정한다면, 이자율의 변화가 콜옵션의 가치에 미치는 영향은 무엇인가? 풋옵션의 가치에는 어떤 영향을 미치는가?
10. **채무보증 [LO4]** 일반적으로 학자금대출을 받게 되면 정부가 보증을 서게 된다. 즉 돈을 갚지 못하면 정부가 대신 갚는 것이다. 이는 정부가 제공하는 융자보증의 단적인 예이다. 그러나 이와 같은 정부보증은 정부지출을 계산하는 데 있어서 반영되지 않으며, 예산에도 포함되지 않는다. 왜 그런 것일까? 융자보증을 반영하는 것이 옳은 판단일까?
11. **포기옵션 [LO5]** 포기옵션이란 무엇인가? 이를 고려하지 않았을 때, NPV를 과소평가하게 되는 원인을 설명해보라.
12. **확장옵션 [LO5]** 확장옵션이란 무엇인가? 이를 고려하지 않았을 때, NPV를 과소평가하게 되는 원인을 설명해보라.
13. **자본예산편성의 옵션 [LO5]** 10장에서 Porsche가 신제품인 Cayenne을 출시하는 것에 대해 언급했었다. 만약 Cayenne이 시장에서 성공을 거두고, 그로 인해 수요가 증가하여 Porsche가 생산량을 늘려야 한다고 가정하자. 이때 Porsche의 행동은 어떤 종류의 옵션을 이용하는 것의 예인가?
14. **생산중단의 옵션 [LO5]** 유정이나 금광과 같이 천연자원을 채굴하는 생산설비들은 생산중단의 옵션을 분석하는 데 있어서 좋은 본보기가 된다. 왜 그런가?
15. **스톡옵션 [LO3]** Hendrix Guitar Company의 주식을 보유하고 있다고 가정하자. 회사는 직원들에게 스톡옵션을 지급하는 계획을 추진 중이다. 주주의 입장에서 볼 때 이와 같은 계획이 주주에

게 혜택을 가져다준다고 볼 수 있을까? 만약 그렇다면 어떤 혜택을 가져다주는 것일까?

연습문제

초급문제 (1-13)

1. **옵션의 가치계산 [LO2]** 현재 미재무부 단기채권(T-bill)의 이자율은 3.4%이다. Deadwood Manufacturing의 주식은 주당 67$의 가격에 거래되고 있다. 앞으로 1년 후에 주식가격이 60$ 미만으로 떨어질 확률은 없다.
   a. 행사가격이 55$인 콜옵션의 가치는 얼마인가? 내재적 가치는 얼마인가?
   b. 행사가격이 45$인 콜옵션의 가치는 얼마인가? 내재적 가치는 얼마인가?
   c. 행사가격이 55$인 풋옵션의 가치는 얼마인가? 내재적 가치는 얼마인가?
2. **옵션가격표의 이해 [LO1]** 옵션가격표가 다음과 같이 주어졌다고 하자. 주식의 현재가격은 $85이다.

			콜옵션		풋옵션	
옵션	만기일	행사가격	거래량	종가	거래량	종가
RWJ	3월	80	230	2.80	160	0.80
	4월	80	170	6.00	127	1.40
	7월	80	139	8.50	43	3.90
	10월	80	60	10.20	11	3.65

   a. 콜옵션을 통해서 수익을 얻을 수 있는가? RWJ사의 콜옵션의 내재적 가치는 얼마인가?
   b. 풋옵션을 통해서 수익을 얻을 수 있는가? RWJ사의 풋옵션의 내재적 가치는 얼마인가?
   c. 위의 표에서 가격이 잘못된 옵션이 두 개가 있다. 어떤 것인가? 이 옵션들은 최소한 얼마의 가격에 팔아야 할까? 잘못된 가격을 이용하여 이익을 볼 수 있는 방법에 대해 설명해보라.
3. **수익의 계산 [LO1]** 옵션의 가격표가 다음과 같이 주어졌다고 하자. 주식의 현재가격은 40$이다.

			콜옵션		풋옵션	
옵션	만기일	행사가격	거래량	종가	거래량	종가
Macro-soft	2월	38	85	2.35	37	0.24
	3월	38	61	3.15	22	0.93
	5월	38	22	4.87	11	2.44
	8월	38	3	6.15	3	3.56

   a. 10개의 "2월-38-콜옵션"을 사려고 한다. 수수료를 제외하고 얼마의 비용이 들까?
   b. 문제 a에서 옵션의 만기일에 Macrosoft사의 주식가격이 주당 43$라고 하자. 옵션에 투자한 것의 총가치는 얼마인가? 주식가격이 39$이면 얼마인가? 설명해보라.
   c. 10개의 "8월-38-풋옵션"을 사려고 한다. 최대 얼마의 이익을 얻을 수 있을까? 옵션의 만기일에 Macrosoft의 주식가격이 주당 32$라면, 옵션에 투자한 것의 총가치는 얼마인가? 순이익은 얼마인가?
   d. 문제 c에서 10개의 "8월-38-풋옵션"을 판다고 하자. 만기일에 Macrosoft의 주식가격이 주당 34$라면, 얼마만큼의 이익 또는 손실을 보는가? 주식가격이 41$인 경우에는 어떠한가? 0의 이익을 보기 위해서는 주식가격(손익분기점 가격; break-even price)이 얼마여야 하는가?
4. **옵션가치의 계산 [LO2]** 연말에 Chive Corp.의 주식가격이 57$ 또는 84$가 될 것이다. 콜옵션의

만기일은 지금으로부터 1년 뒤이며, 현재 미재무부 단기채권(T-bill)의 이자율은 4%이다.

a. 이 회사 주식의 현재가격이 65$라고 하자. 행사가격이 50$인 콜옵션의 가치는 얼마인가?

b. 문제 a에서 옵션의 행사가격이 60$라고 하자. 이 콜옵션의 가치는 얼마인가?

5. **옵션가치의 계산 [LO2]** 연말에 Cilantro, Inc.의 주식가격이 60$ 또는 80$가 될 것이다. 콜옵션의 만기일은 지금으로부터 1년 뒤이며, 현재 미재무부 단기채권(T-bill)의 이자율은 6%이다.

a. 이 회사 주식의 현재가격이 70$라고 하자. 행사가격이 50$인 콜옵션의 가치는 얼마인가?

b. 문제 a에서 옵션의 행사가격이 65$라고 하자. 이 콜옵션의 가치는 얼마인가?

6. **가격책정 공식의 이용 [LO2]** Cheesy Poofs Co.의 주식에 대한 콜옵션(1년 후에 만기) 계약이 725$의 가격에 팔리고 있다. 1년 후에 주식가격은 주당 64$ 또는 81$가 될 수 있다. 콜옵션의 행사가격은 70$이다. 무위험이자율이 3%라면, 이 주식의 현재가치는 얼마인가?

7. **옵션으로서의 자기자본 [LO4]** Rackin Pinion Corporation의 현재 자산가치는 1,030$이다. 이는 1년 후에 1,000$로 떨어지거나, 1,270$로 상승할 수 있다. 무위험이자율은 3.7%이다. 이 회사가 액면가가 1,000$인 채권을 발행했다고 하자.

a. 이 회사의 자기자본의 가치는 얼마인가?

b. 이 회사의 부채의 가치는 얼마인가? 부채에 대한 이자율은 얼마인가?

c. 무위험이자율이 20%라면, 자기자본의 가치는 올라가는가 내려가는가? 왜 그런가? 이는 어떤 것을 의미하는가?

8. **옵션으로서의 자기자본 [LO4]** Buckeye Industries는 액면가가 1,000$이고, 만기가 1년 후인 채권을 발행하였다. Buckeye의 현재 자산가치는 1,060$이다. CEO는 1년 후에 회사의 자산가치가 940$로 떨어지거나 1,250$로 상승할 것이라고 믿는다. 1년짜리 미재무부 단기채권(T-bill)의 현재 이자율은 4.8%이다.

a. Buckeye의 자기자본의 가치는 얼마인가? 부채의 가치는 얼마인가?

b. 이 회사는 자산의 구성을 변화시켜 1년 후에 자산의 가치가 650$가 되거나, 1,940$가 되게 할 수 있다. 현재의 자산가치가 변하지 않고 그대로 유지된다고 할 때, 주주들은 이 방안에 찬성할까? 왜 그런가? 왜 그렇지 않은가?

9. **전환가치의 계산 [LO6]** 액면가가 1,000$인 전환채권이 있다. 이 채권의 전환가격은 주당 18$이다. 주식의 현재가격이 25$라면, 이 채권의 전환가치는 얼마인가?

10. **전환채권 [LO6]** 다음과 같은 특징을 지닌 전환채권이 있다. 이 채권은 반년마다 한 번씩 이자를 지급한다.

전환가격	$37/주
쿠폰율(표면이자율)	2.6%
액면가	$1,000
순수채권의 이자율	5%
만기	25년
주식의 시장가격	$34/주

a. 이 전환채권의 최저가격은 얼마인가?

b. 주식으로 전환될 경우, 전환프리미엄은 얼마인가?

11. **전환채권의 가치계산 [LO6]** 만기가 30년이고, 조기상환이 가능한 전환채권의 가치를 평가해야 한다. 이 채권의 쿠폰율은 2.3%이고 반년마다 쿠폰을 지급한다. 액면가는 1,000$이다. 전환가격은 49$이고, 주식의 현재가격은 38$이다.

a. 순수채권의 수익률이 4.6%일 때, 이 채권의 최저가치는 얼마인가?

b. 이 채권의 전환프리미엄은 얼마인가?

12. **워런트의 가치계산** [LO6] 채권과 함께 20개의 분리될 수 있는 워런트가 1,000$의 가격에 팔리고 있다. 이 워런트들은 분리할 수 있으며, 채권의 만기는 20년이고, 매년 18$의 쿠폰을 지급한다. 하나의 워런트에 두 개의 주식을 한 주당 45$의 가격에 살 수 있는 권리가 부여되어 있다. 워런트가 제공되지 않는 비슷한 등급의 채권의 경우, 이자율이 7%이다. 워런트 1개의 가치는 얼마인가?

13. **연기옵션** [LO5] 당신 회사는 새로운 장비에 투자할지 고민 중이다. 이 장비는 현금흐름을 매년 485,000$씩 증가시킬 것이다. 이 장비의 기술은 앞으로 10년 동안만 생명력을 지니며 그 후로는 쓸모가 없게 된다. 이 장비의 현재가격은 2.95백만$이다. 장비의 가격은 1.375백만$가 될 때까지 매년 315,000$씩 감소한다. 요구수익률이 8%라면, 이 장비를 구입하는 것이 옳은 판단인가? 만약 그렇다면 언제 구입하는 것이 좋을까?

중급문제 (14-20)

14. **포기옵션의 가치** [LO5] 새로운 투자안을 검토한다고 가정하자. 앞으로 10년간, 매년 7,400개의 제품이 팔리고 제품 한 개당 59$의 순현금흐름이 발생한다고 기대할 수 있다. 즉 1년마다 $59 × 7,400 = 436,600$의 영업현금흐름이 발생하는 것이다. 할인율은 14%이고, 초기 투자액은 1.9백만$이다.

a. 이 투자안의 NPV는 얼마인가?

b. 1년 후에 투자안을 포기하면 1.1백만$에 매각할 수 있다. 첫해의 실적을 기준으로 하여 예상매출액이 수정된다고 할 때, 이 투자안을 언제 포기하는 것이 좋은가? 다시 말해 어떤 수준의 예상매출액에서 이 투자안을 포기하는 것이 좋은가?

c. 포기의 가치 1.1백만$를 1년 후에 이 투자안을 유지하는 기회비용으로 볼 수 있는 이유는 무엇인가?

15. **포기옵션** [LO5] 문제 14에서 첫해의 실적이 성공적이라면 예상판매량이 11,400개로 증가하고, 반대로 성공적이지 못한 경우에는 예상판매량이 3,500개로 감소한다고 하자.

a. 성공적일 확률과 성공적이지 못할 확률이 동일하다면, 이 투자안의 NPV는 얼마인가?

b. 포기옵션이 갖는 가치는 얼마인가?

16. **포기옵션** [LO5] 문제 15에서 투자안을 1년 후에 2배로 확장할 수 있다고 하자(생산량과 판매량이 2배 증가). 물론 투자가 성공적이어야만 확장을 할 것이다. 이는 투자가 성공적일 경우에 확장 후의 예상판매량이 22,800개가 된다는 것을 의미한다. 성공할 확률과 성공하지 못할 확률이 동일하다면, 이 투자안의 NPV는 얼마인가? 투자가 실패했을 경우를 대비해서 포기옵션이 아직도 존재한다면, 확장옵션이 갖는 가치는 얼마인가?

17. **직관과 옵션의 가치** [LO2] 한 주식의 현재가격이 54$이다. 무위험이자율은 5%이고, 1년 후에 주식가격은 60$ 또는 70$로 상승할 수 있다.

a. 행사가격이 60$인 콜옵션의 가치는 얼마인가?

b. 여기서 잘못된 부분이 있다면 무엇일까? 어떻게 고칠 수 있을까?

18. **직관과 전환채권** [LO6] 다음과 같은 특징을 지닌 두 개의 전환채권이 있다.

	A	B
채권의 발행가격	$ 800	$1,000
순수채권가치	800	950
전환가치	1,000	900

이 둘 중에서 어느 것이 전형적인 전환채권에 가깝다고 할 수 있을까? 왜 그런 것일까?

19. **전환채권의 계산** [LO6] Campbell, Inc.는 액면가가 1,000$인 전환채권을 발행했으며, 이는 현

재 960$의 가격에 팔리고 있다. 각 채권은 17개의 주식으로 전환할 수 있다. 전환채권의 쿠폰율은 4.6%이고, 반년마다 이자를 지급한다. 이와 유사하지만, 전환할 수 없는 채권의 경우, 수익률은 7.1%이다. 채권의 만기는 20년이다. 마지막으로, Campbell의 주식은 주당 47$에 팔리고 있다.

a. 전환비율, 전환가격, 전환프리미엄은 각각 얼마인가?

b. 순수채권가치는 얼마인가? 전환가치는 얼마인가?

c. 문제 b에서 전환가치와 순수채권가치가 같아지기 위해서 주식가격은 얼마가 되어야 하는가?

d. 이 채권의 옵션가치는 얼마인가?

20. 포기 결정 [LO5] Liberty Products, Inc.는 신상품의 생산을 계획하고 있다. 이로 인해 이 회사는 앞으로 8년간 매년 영업현금흐름이 4.9백만$ 발생할 것으로 예상하고 있다. 이 회사가 이 투자안에 대해 적용하는 할인율은 11%이다. 초기 투자비용은 21백만$이다. 이 투자의 잔존가치는 0이라고 하자.

a. 이 투자안의 NPV는 얼마인가?

b. 1년 후에 이 투자안은 폐기되고, 생산시설은 17.5백만$에 판매될 수 있다. 첫해의 성과를 기준으로 하여 나머지 기간 동안의 추정 현금흐름이 수정된다고 할 때, 어떤 추정현금흐름이 얼마가 될 때 이 투자안을 포기하는 것이 좋은가?

고급문제
(21-22)

21. 전환채권의 평가 [LO6] 만기가 25년이며, 조기상환이 가능한 전환채권을 평가하고자 한다. 이 채권의 쿠폰율은 2.1%이고, 매년마다 쿠폰을 지급한다. 전환가격은 54$이며, 주식의 현재가격은 26.45$이다. 매년 주식가격이 11%씩 증가할 것으로 예상된다. 이 채권은 1,200$에 상환할 수 있지만, 전환가치가 1,300$가 아닌 이상 조기상환할 이유가 없다. 이 채권에 대한 요구수익률은 8%이다. 이 전환채권의 가치는 얼마인가?

22. 포기 결정 [LO5] Hand Clapper Inc.는 다음과 같은 4년짜리 투자안을 고려 중이다. 초기 투자액은 12백만$이며, 투자수명 동안 정액상각되어 잔존가치가 0이 된다. 또한 부품의 재고관리를 위해서 900,000$가 순운전자본에 투자되며 순운전자본에 대한 투자는 투자안이 끝날 때 다시 전액 회수된다. 이 회사는 이 투자로 인해 9.1백만$의 세전 매출액과 3.7백만$의 세전 운영비용이 발생할 것으로 판단하고 있다. 세율은 21%이며 할인율은 13%이다. 투자수명 기간 동안 나타나는 생산장비의 시장가치는 다음과 같다.

연	시장가치(단위: 백만$)
1	$8.90
2	7.70
3	5.30
4	0.00

a. 이 회사가 이 투자안을 4년 동안 진행시킨다면, NPV는 얼마인가?

b. 1년 또는 2년 또는 3년 후에 이 투자안을 포기할 경우, 각각의 NPV는 얼마인가? 회사의 입장에서 언제 포기하는 것이 가장 좋은가? 이 문제는 투자안을 분석할 때 포기옵션을 고려하지 않는 것에 대해 어떤 것을 말해주고 있는가?

작은 사례

S&S Air의 전환채권

S&S Air는 회사 창립 이래 최초로 증권의 상장을 준비 중이다. 인수회사(underwriter)인 Raines and Warren사의 Renata Harper와 상의한 후, Chris는 만기가 20년인 전환채권(convertible bond)을 발행하는 것이 가장 좋은 방법이라는 결론을 내렸다. 그는 회사의 소유주인 Mark와 Todd를 만나서 자신이 전환채권에 대해 분석한 내용을 소개하였다. S&S Air의 주식이 아직 시장에서 거래되지 않기 때문에 그는 주식이 시장에서 거래되는 다른 항공사들과 서로 비교하여 항공산업의 평균적인 주가순이익비율(PE 비율)이 14.5%라고 가정하였다. S&S Air의 주당순이익은 1.30$이다. 이를 바탕으로 Chris는 1주당 25$의 전환가격(conversion price)을 제안하였다.

며칠이 지난 뒤 Mark와 Todd, 그리고 Chris는 채권발행에 대해서 의견을 나누기 위해 다시 모였다. Mark와 Todd는 모두 나름대로 전환채권에 대해서 알아보고, Chris에게 질문할 내용을 준비해왔다. 먼저 Todd는 전환할 수 없는 채권에 비해서 전환채권의 표면이자율(쿠폰율)이 얼마나 낮을 수 있는지에 대해 Chris에게 물었다. 이에 대해 Chris는 순수채권이 7%의 쿠폰율을 갖는데 비해, 전환채권은 800$의 전환가치(conversion value)와 더불어 4%의 쿠폰율이면 된다고 대답하였다. Todd는 이에 동의하고 금융에 있어서 전환채권이 윈-윈(win-win) 전략이라고 덧붙인다. 또한 그는 주식가격이 전환가격을 넘어서지 못한다면 시장수준보다 낮은 조건(7%가 아닌 4%)에 부채를 발행하는 것과도 같은 것이고, 주식가격이 전환가격 이상으로 상승한다면, 회사는 실제로 주식의 현재가치보다 높은 가격에 주식을 발행한 것이라고 말했다.

이에 Mark는 즉각적으로 부정하면서 전환채권은 윈-윈 전략이 될 수 없다고 주장한다. 그는 주식가격이 25$ 이상으로 상승하면, 회사는 의무적으로 전환가격에 주식을 발행해야 한다고 말하면서, 이는 전환채권을 산 투자자들이 헐값에 주식을 사게 하는 것이라고 하였다. 다시 말해 회사가 성장한다면, 전환채권을 발행하는 것보다 일반채권을 발행하는 것이 옳다는 얘기다.

Chris는 Renata를 다시 찾아가서 도움을 구하였다. 당신은 Renata의 조수로서 다음과 같은 질문들에 대한 답을 제시해야 한다.

질문

1. Chris가 25$의 전환가격을 제안하는 이유가 무엇일까? 회사의 주식이 시장을 통해 거래되지 않는 상황에서 전환가격에 대해 언급하는 것이 상식적으로 납득이 되는 것인가?
2. 쿠폰율이 낮으므로 전환채권을 발행하는 것이 비용적인 측면에서 더 싸다는 Todd의 주장에 잘못된 점이 있는가?
3. 새로운 주주들이 회사의 이익을 챙겨간다는 의미에서 전환채권은 잘못된 판단이라고 말하는 Mark의 주장에 잘못된 점이 있는가?
4. Todd와 Mark의 주장을 어떻게 조화시킬 수 있는가?
5. 의견을 나누는 과정에서, 이 채권이 일반 콜옵션(손실보전조항이 없는 콜옵션)의 특징을 가져야 하는지에 대한 질문이 발생했다. Chris는 "콜옵션의 특징 덕분에 S&S Air는 전환할 권리를 가지며, 결과적으로 Mark가 언급한 문제점을 해결할 수 있다."고 말하여 많은 사람을 혼란에 빠뜨렸다. Chris가 말하고자 하는 것은 무엇인가? 이는 상식적으로 말이 되는가?

25 옵션의 평가

Option Valuation

2020년 1월 14일, Community Bank Systems, 약국소유회사 CVS Corporation, 그리고 웹사이트 호스팅 회사인 GoDaddy의 종가는 각각 71.36$, 73.83$, 72.60$였다. 각 회사는 시카고옵션거래소에서 거래되는 콜옵션을 가지고 있었는데, 이 옵션들은 모두 행사가격 75$에 만기일은 122일 남은 2020년 5월 15일이었다. 이러한 콜옵션의 가격은 비슷할 것으로 생각하겠지만, 실제로는 그렇지 않았다. Community Bank 옵션은 1.40$에 팔렸고, CVS 옵션은 3.20$에 거래되었으며, GoDaddy는 4.18$에 거래되었다. 주가가 비슷한 이 세 주식의 옵션은 행사가격과 만기일이 정확히 같은 데도 왜 이렇게 그 가격이 다르게 매겨지는가?

옵션에 대해 설명한 앞장에서 언급했듯이, 기초자산의 변동성은 옵션의 가치를 결정짓는 중요한 요소 중 하나이다. 실제로 이 세 회사의 주식들은 변동성에 있어서 많은 차이가 있었다. 이 장에서는 노벨상을 수상한 블랙-숄즈(Black-Scholes) 옵션가격결정모형을 사용하여 이 이슈와 기타 여러 문제들에 대하여 훨씬 더 깊이 있게 살펴볼 것이다.

학습목표 _Learning Objectives

이 장을 공부한 후에는 다음과 같은 것들에 대해 알아야 한다.

LO1 풋-콜 패리티를 이용한 주식가격, 콜옵션가격, 풋옵션가격 간의 관계

LO2 블랙-숄즈 옵션가격결정모형과 그 활용

LO3 블랙-숄즈 공식의 5가지 요소가 옵션가치에 미치는 영향

LO4 블랙-숄즈 모형을 사용한 부채와 자기자본의 가치평가

LO5 합병과 자본예산 의사결정에 있어서 옵션가치 평가가 보여주는 놀라운 결과

이미 앞 장에서 옵션의 기본적 내용에 대해서는 설명하였다. 하지만 옵션의 평가에 대해서는 자세히 다루지 못했다. 이 장에서는 이를 자세히 다루고 옵션의 가치를 실제로 어떻게 매기는지 알아보기로 한다. 이를 위해서는 먼저 풋-콜 패리티 조건(put-call parity condition)과 블랙-숄즈 옵션가격결정모형(Black-Scholes option pricing model)이 무엇인지 알아야 한다.

옵션에 대한 가치평가를 이해하게 되면 기업재무와 관련된 여러 가지 중요한 개념들을 설명할 수 있다. 이 장에서는 한 예로 특정 형태의 기업합병이 왜 좋지 않은지 설명할 것이다. 그리고 채권자와 주주 간의 이해상충에 대해서도 알아볼 것이다. 마지막으로, NPV가 0보다 낮은 투자안을 기업이 받아들이는 경우에 대해 살펴볼 것이다. 이 세 가지의 개념은 모두 옵션과 관련이 있다.

25.1 풋-콜 패리티

우리가 알고 있는 것과 같이 콜옵션의 구매자는 자산을 특정 기간에 정해진 가격으로 살 수 있는 권리(의무가 아님)에 대해서 돈을 지불한다. 풋옵션의 경우에는 구매자가 자산을 특정 기간에 정해진 가격으로 팔 수 있는 권리에 대해서 돈을 지불한다. 이때 자산의 정해진 가격을 행사가격(exercise price, strike price)이라고 한다.

보호적 풋

다음의 투자전략에 대해 생각해보자. 당신은 오늘 110$를 내고 Microsoft의 주식을 1주 산다. 이와 동시에 행사가격이 105$인 풋옵션을 하나 산다. 풋옵션의 만기일은 1년 뒤이고, 프리미엄은 5$이다. 따라서 당신의 총투자액은 115$이며, 당신은 이를 1년 동안 보유한 뒤에 팔려고 한다.[1]

옵션산업위원회(Options Industry Council) 웹페이지 **www.optionseducation.org**에서는 옵션에 관한 많은 교육 자료를 확인할 수 있다.

당신은 어떤 결과를 얻는가? 이는 표 25.1에서 알 수 있다. 표 25.1은 1년 뒤에 주가가 달라질 경우, 이익 또는 손실이 얼마인지 보여준다. 표에서 볼 수 있듯이, 최악의 경우는 투자안의 가치가 105$로 떨어지는 것이다. 1년 뒤에 Microsoft의 주가가 주당 105$ 밑으로 떨어지면, 풋옵션을 행사하여 가지고 있던 1주를 105$(행사가격)에 팔아야 한다. 105$는 최소한으로 받아낼 수 있는 돈이다.

결국 풋옵션을 구매함으로써 최대한의 손실을 10$(= \$115 − \$105)로 제한한 셈이다. 이처럼 주식과 그에 대한 풋옵션을 같이 사는 전략은 일정 수준 이상의 손해로부터 투자자를 보호하기 때문에 **보호적 풋**(protective put) 전략이라 한다. 여기서 중요한 것은 자산의 가치가 떨어질 것에 대비해서 풋옵션이 일종의 보험 역할을 한다는 점이다.

보호적 풋(protective put): 주가가 떨어질 위험을 제한하기 위해서 주식을 살 때 풋옵션을 같이 사는 것

위의 예에서는 행사가격이 105$인 풋옵션을 샀다. 물론 행사가격이 보다 높은 것을 고르면 그만큼 위험을 더 제한할 수 있다. 그러나 행사가격이 높아지면 옵션의 가격(프리미엄)도 높아진다. 이는 보험금이 높을수록 보험료가 비싼 것과 같은 원리이다.

대안전략

이제 다른 대안을 살펴보자. 초기 투자금 115$를 가지고 Microsoft의 주식에 대한 콜옵션을 하

표 25.1

1년 뒤의 이익 또는 손실. 주식 1주($110)와 풋옵션(만기일: 1년 뒤, 행사가격: $105, 프리미엄: $5) 하나를 산 경우에 총비용은 115$이다.

1년 뒤의 주가	풋옵션의 가치 (행사가격 = $105)	총가치	총이익 또는 손실 (총가치 − $115)
$125	$ 0	$125	$ 10
120	0	120	5
115	0	115	0
110	0	110	−5
105	0	105	−10
100	5	105	−10
95	10	105	−10
90	15	105	−10

[1] 물론 현실에서는 주식 1주에 대한 옵션을 사는 것은 불가능하다. 최소한 Microsoft 100주와 풋옵션 계약 1개를 사야 이 전략을 수행할 수 있다. 우리는 다만 주식 1주를 기초로 계산과정을 설명하려는 것뿐이다.

1년 뒤의 주가	콜옵션의 가치 (행사가격 = $105)	무위험자산의 가치	총가치	총이익 또는 손실 (총가치 – $115)
$125	$ 20	$105	$125	$ 10
120	15	105	120	5
115	10	105	115	0
110	5	105	110	–5
105	0	105	105	–10
100	0	105	105	–10
95	0	105	105	–10
90	0	105	105	–10

표 25.2

1년 뒤의 이익 또는 손실. 콜옵션(만기일: 1년 뒤, 행사가격: $105, 프리미엄: $15)을 하나 사고, 100$를 무위험자산(이자율: 5%)에 투자한 경우. 총비용은 115$이다.

나 산다. 이 콜옵션의 만기일은 1년 뒤이며, 행사가격은 105$이다. 옵션의 프리미엄은 15$이다. 100$가 남는데, 이를 미재무부 단기채권(T-bill)과 같은 무위험자산에 투자한다. 무위험이자율은 5%이다.

이와 같은 전략은 어떤 결과를 낳을까? 이를 표로 나타낸 것이 표 25.2이다. 표에서 볼 수 있듯이 무위험자산에 투자한 100$는 1년 뒤에 105$로 증가한다(무위험이자율이 5%이기 때문에). 표 25.2를 표 25.1과 비교해보면, 한 가지 재미있는 사실을 발견할 수 있다. 1년 뒤에 주가와 상관없이 두 전략의 가치는 항상 일치한다.

두 전략의 가치가 1년 뒤에 일치한다는 것은 현재의 시점에서 이들의 비용이 서로 일치해야 한다는 것을 의미한다. 만약 둘 중에서 하나의 비용이 상대적으로 낮다면, 차익거래 기회가 발생하여 비용이 낮은 것을 사고 동시에 비용이 높은 것을 팔아 이익을 보게 된다.

결과

위의 예에서 우리는 매우 중요한 가격결정의 관계식을 발견할 수 있다. 즉, 콜옵션(행사가격이 풋옵션과 같음)과 무위험자산을 합친 것이 보호적 풋전략과 완벽히 일치하는 결과를 낳는다는 것이다. 여기서 한 가지 잊지 말아야 할 것은 무위험자산에 투자한 100$가 무위험이자율로 구한 행사가격의 현재가치($105/1.05 = $100)와 일치한다는 점이다.

이 관계식을 **풋-콜 패리티**(put-call parity: PCP) 조건식이라고 한다. 식으로 나타내면 다음과 같다.

풋-콜 패리티(put-call parity: PCP): 주식과 그에 대한 콜옵션, 풋옵션, 그리고 무위험자산 간의 관계식

1주의 주식 + 풋옵션 = 행사가격의 현재가치 + 콜옵션 **[25.1]**

이를 다음과 같이 기호로도 나타낼 수 있다.

$$S + P = PV(E) + C \qquad [25.2]$$

S와 P는 주식과 풋옵션의 가치를 나타내고, PV(E)와 C는 각각 행사가격의 현재가치와 콜옵션의 가치를 나타낸다.

한편, 행사가격의 현재가치가 무위험이자율을 가지고 계산된 것이기 때문에 이는 액면가가 행사가격과 같은 무위험채권(예: 국채, T-bill)의 가격으로 간주할 수 있다. PCP조건식을 가장 쉽게 기억하는 방법은 "주식 더하기 풋옵션은 국채 더하기 콜옵션이다"라고 기억하는 것이다.

PCP 조건식은 수학식이기 때문에 재정리가 가능하다. 예를 들어 한 달간의 무위험이자율이 0.5%라고 가정하자. 행사가격이 40$인 콜옵션의 가격은 4$이고, 같은 행사가격을 가진 풋옵션의 가격은 3$이다. 이들의 만기는 3개월 뒤다. 그렇다면 주식의 가격은 얼마일까?

여기서 PCP 조건식을 이용하면, 주식의 가격을 쉽게 구할 수 있다.

$$\begin{aligned} \boldsymbol{S} &= \boldsymbol{PV(E) + C - P} \\ &= \$40/1.005^3 + \$4 - \$3 \\ &= \$40.41 \end{aligned} \qquad [25.3]$$

결국 무위험자산(예: 국채), 콜옵션, 풋옵션, 주식 중에서 세 가지의 값을 알면 PCP 조건식을 통해 나머지 하나의 값도 구할 수 있다.

예제 25.1 풋-콜 패리티(1)

주가가 주당 60$라고 가정하자. 만기일이 6개월 뒤고, 행사가격이 70$인 콜옵션의 가격은 2$이다. 한 달간의 무위험이자율은 0.4%이다. 그렇다면 만기일이 6개월 뒤고, 행사가격이 70$인 풋옵션의 가격은 얼마일까?

풋옵션의 가격은 PCP 조건식을 통해서 다음과 같이 구할 수 있다.

$$\begin{aligned} P &= \mathrm{PV}(E) + C - S \\ &= \$70/1.004^6 + \$2 - \$60 \\ &= \$10.34 \end{aligned}$$

이 경우 풋옵션의 가치는 콜옵션의 가치보다 훨씬 높다. 왜 그럴까?

예제 25.2 풋-콜 패리티(2)

주당 가격이 110$인 주식이 있다고 하자. 만기가 1년 뒤고, 행사가격이 주식가격과 같은 콜옵션, 풋옵션의 가격은 각각 15$, 5$이다. 이 세 가지의 값을 이용해서 위험이 없는 투자안을 만들 수 있을까? 어떻게 만들어야 하는가? 무위험이자율은 얼마인가?

먼저, PCP 조건식을 통해서 행사가격의 현재가치를 구해야 한다.

$$\begin{aligned} \mathrm{PV}(E) &= S + P - C \\ &= \$110 + \$5 - \$15 \\ &= \$100 \end{aligned}$$

따라서 행사가격의 현재가치는 100$이다. 그리고 1년 뒤, 행사가격은 110$가 된다. 따라서 100$를 무위험투자안에 투자하고 1년 뒤에 110$를 받을 수 있다면 무위험이자율은 당연히 10%이다.

연속복리계산: 다시 살펴보기

6장에서 설명한 것처럼, 투자안의 실효연이자율(effective annual interest rate: EAR)은 복리계산을 얼마나 자주 하느냐에 달려 있다. 극단적인 경우에는 복리계산을 순간마다 연속적으로 해주기도 한다. 100$를 투자해서 연간 6%의 연속복리 이자율을 취한다면 1년 뒤에 얼마가 될까? 2년 뒤에는 얼마가 될까?

6장에서 본 것과 같이 연속복리계산을 해준 EAR은 다음과 같이 구할 수 있다.

$$\text{EAR} = e^q - 1$$

여기서 q는 표시된 연간 연속복리 이자율(6%)을 나타내고, e는 자연로그 값(2.71828⋯)을 나타낸다. 각각의 값을 대입하면 EAR는 다음과 같다.

$$\begin{aligned}\text{EAR} &= e^q - 1\\ &= 2.71828^{0.06} - 1\\ &= 0.06184\end{aligned}$$

대부분의 계산기에는 "e^x"라는 단축키가 있기 때문에 0.06을 입력하고 키를 누르기만 하면 된다. EAR이 6.184%이기 때문에 100$는 1년 뒤에 106.18$로 성장한다. 2년 뒤에는 다음과 같은 값을 가진다.

$$\begin{aligned}\text{미래가치} &= \$100 \times 1.06184^2\\ &= \$100 \times 1.1275\\ &= \$112.75\end{aligned}$$

옵션의 가치를 평가하는 데 있어서 연속복리계산은 지름길을 제공한다. 위의 예에서 우리는 표시된 연간 연속복리 이자율의 실효연이자율(EAR)을 구한 다음, 투자안의 미래가치를 계산했다. 그러나 굳이 그렇게 할 필요가 없다. 현재가치와 미래가치를 직접 구해주면 된다. 표시된 연간 연속복리 이자율이 R이라면, t년 뒤에 1$의 미래가치는 다음과 같다.

$$\text{미래가치} = \$1 \times e^{Rt}$$

예를 들어 위의 예에서 표시된 연간 연속복리 이자율이 6%이기 때문에 100$의 2년 뒤 미래가치를 계산하면 다음과 같다.

$$\begin{aligned}\text{미래가치} &= \$100 \times e^{0.06(2)}\\ &= \$100 \times 2.71828^{0.12}\\ &= \$100 \times 1.1275\\ &= \$112.75\end{aligned}$$

이는 앞에서 구한 값과 정확히 일치한다.

마찬가지로 연간 연속복리 이자율이 R일 때, t년 뒤에 받을 1$의 현재가치는 다음과 같이 구해진다.

$$\text{현재가치} = \$1 \times e^{-Rt}$$

연간 연속복리 이자율이 8%일 때, 5년 뒤에 받을 15,000$의 현재가치를 계산하면 다음과 같다.

$$\begin{aligned}\text{현재가치} &= \$15{,}000 \times e^{-0.08(5)}\\ &= \$15{,}000 \times 2.71828^{-0.4}\end{aligned}$$

$$= \$15{,}000 \times 0.67032$$
$$= \$10{,}054.80$$

예제 25.3 연속복리 계산

(표시) 할인율이 연간 9%이고 연속복리계산을 해준다면, 6개월 뒤에 받을 500$의 현재가치는 얼마인가?

이 경우 6개월은 1년의 반이므로 t의 값에 1/2를 대입해줘야 한다. 따라서 현재가치는 다음과 같다.

$$\text{현재가치} = \$500 \times e^{-0.09(1/2)}$$
$$= \$500 \times 2.71828^{-0.045}$$
$$= \$500 \times 0.956$$
$$= \$478$$

다시 되돌아가면, PCP 조건식은 다음과 같다.

$$S + P = \text{PV}(E) + C$$

이때 R을 연간 연속복리 무위험이자율이라고 가정한다면, PCP 조건식을 다음과 같이 쓸 수도 있다.

$$\boldsymbol{S + P = E \times e^{-Rt} + C} \qquad \textbf{[25.4]}$$

t는 옵션의 만기일까지 남은 기간(연)을 나타낸다.

마지막으로, 실효연이자율(EAR)을 연간 연속복리 이자율로 전환하는 것에 대해서 생각해보자. 예를 들어 연간 실효 무위험이자율이 8%라면, 표시된 연간 연속복리 무위험이자율은 얼마일까?

처음에 언급한 EAR의 공식은 다음과 같다.

$$\text{EAR} = e^q - 1$$

여기서 연간 연속복리 이자율인 q를 구해야 하기 때문에, 다음과 같이 EAR의 값을 대입해야 한다.

$$0.08 = e^q - 1$$
$$e^q = 1.08$$

양변에 자연로그를 취하면, q의 값을 다음과 같이 구할 수 있다.

$$\ln(e^q) = \ln(1.08)$$
$$q = 0.07696$$

약 7.7%이다. 대부분의 계산기에는 "ln"라는 단축키가 있기 때문에 1.08을 입력하고 누르기만 하면 된다.

예제 25.4 풋-콜 패리티(3)

가격이 30$인 주식이 있다고 가정하자. 만기일이 3개월 뒤고, 행사가격이 25$인 콜옵션의 가격은 7$이다. 이와 만기일이 같은 풋옵션의 가격은 1$이다. 연간 연속복리 무위험이자율은 얼마인가?

(계속)

우선 다음과 같이 PCP의 조건식에 각각의 값들을 대입해준다.

$$S + P = E \times e^{-Rt} + C$$
$$\$30 + 1 = \$25 \times e^{-R(1/4)} + \$7$$

t에 1/4을 대입한 것은 만기일이 3개월(1년의 1/4) 뒤이기 때문이다. 이제 R의 값을 구해야 한다.

$$\$24 = \$25 \times e^{-R(1/4)}$$
$$0.96 = e^{-R(1/4)}$$
$$\ln(0.96) = \ln(e^{-R(1/4)})$$
$$-0.0408 = -R(1/4)$$
$$R = 0.1633 = 16.33\%$$

이는 매우 높은 수준의 무위험이자율이라고 볼 수 있다.

개념질문 _Concept Questions

25.1a 보호적 풋전략이란 무엇인가?
25.1b 보호적 풋을 완벽히 대체할 수 있는 전략은 무엇인가?

블랙-숄즈 옵션가격결정모형 25.2

이제 현대재무이론의 가장 큰 성과 중 하나로 꼽히는 블랙-숄즈 옵션가격결정모형(Black-Scholes option pricing model: OPM)에 대해 알아보자. 이 모형은 그 중요성을 인정받아 1997년에 노벨 경제학상을 수상한 바 있다. 블랙-숄즈 OPM이 만들어진 과정은 상당히 복잡하기 때문에 여기서는 그 주요 결과와 이를 어떻게 사용하는지에 대해 초점을 맞추기로 한다.

콜옵션의 가격결정공식

블랙과 숄즈는 배당이 없는 주식에 대한 유러피안 콜옵션이 다음과 같은 가치를 가진다고 증명했다.

$$C = S \times N(d_1) - E \times e^{-Rt} \times N(d_2) \qquad [25.5]$$

S, E, e^{-Rt}는 앞에서 이미 정의한 대로이고, $N(d_1)$과 $N(d_2)$는 계산해야 하는 확률이다. 더 자세히 언급하면, $N(d_1)$은 표준정규분포의 랜덤변수("z"로 알려진)가 d_1보다 작거나 같을 확률이며, $N(d_2)$는 d_2보다 작거나 같을 확률이다. 이들의 값을 구하기 위해서는 표 25.3과 같은 표가 필요하다.

예를 들어 다음과 같은 정보가 주어졌다고 하자.

$S = \$100$
$E = \$90$
$R =$ 연간 4%, 연속복리

표 25.3 누적정규분포(Cumulative Normal Distribution)

d	N(d)	d	N(d)	d	N(d)	d	N(d)	d	N(d)	d	N(d)
−3.00	0.0013	−1.58	0.0571	−0.76	0.2236	0.06	0.5239	0.86	0.8051	1.66	0.9515
−2.95	0.0016	−1.56	0.0594	−0.74	0.2297	0.08	0.5319	0.88	0.8106	1.68	0.9535
−2.90	0.0019	−1.54	0.0618	−0.72	0.2358	0.10	0.5398	0.90	0.8159	1.70	0.9554
−2.85	0.0022	−1.52	0.0643	−0.70	0.2420	0.12	0.5478	0.92	0.8212	1.72	0.9573
−2.80	0.0026	−1.50	0.0668	−0.68	0.2483	0.14	0.5557	0.94	0.8264	1.74	0.9591
−2.75	0.0030	−1.48	0.0694	−0.66	0.2546	0.16	0.5636	0.96	0.8315	1.76	0.9608
−2.70	0.0035	−1.46	0.0721	−0.64	0.2611	0.18	0.5714	0.98	0.8365	1.78	0.9625
−2.65	0.0040	−1.44	0.0749	−0.62	0.2676	0.20	0.5793	1.00	0.8413	1.80	0.9641
−2.60	0.0047	−1.42	0.0778	−0.60	0.2743	0.22	0.5871	1.02	0.8461	1.82	0.9656
−2.55	0.0054	−1.40	0.0808	−0.58	0.2810	0.24	0.5948	1.04	0.8508	1.84	0.9671
−2.50	0.0062	−1.38	0.0838	−0.56	0.2877	0.26	0.6026	1.06	0.8554	1.86	0.9686
−2.45	0.0071	−1.36	0.0869	−0.54	0.2946	0.28	0.6103	1.08	0.8599	1.88	0.9699
−2.40	0.0082	−1.34	0.0901	−0.52	0.3015	0.30	0.6179	1.10	0.8643	1.90	0.9713
−2.35	0.0094	−1.32	0.0934	−0.50	0.3085	0.32	0.6255	1.12	0.8686	1.92	0.9726
−2.30	0.0107	−1.30	0.0968	−0.48	0.3156	0.34	0.6331	1.14	0.8729	1.94	0.9738
−2.25	0.0122	−1.28	0.1003	−0.46	0.3228	0.36	0.6406	1.16	0.8770	1.96	0.9750
−2.20	0.0139	−1.26	0.1038	−0.44	0.3300	0.38	0.6480	1.18	0.8810	1.98	0.9761
−2.15	0.0158	−1.24	0.1075	−0.42	0.3372	0.40	0.6554	1.20	0.8849	2.00	0.9772
−2.10	0.0179	−1.22	0.1112	−0.40	0.3446	0.42	0.6628	1.22	0.8888	2.05	0.9798
−2.05	0.0202	−1.20	0.1151	−0.38	0.3520	0.44	0.6700	1.24	0.8925	2.10	0.9821
−2.00	0.0228	−1.18	0.1190	−0.36	0.3594	0.46	0.6772	1.26	0.8962	2.15	0.9842
−1.98	0.0239	−1.16	0.1230	−0.34	0.3669	0.48	0.6844	1.28	0.8997	2.20	0.9861
−1.96	0.0250	−1.14	0.1271	−0.32	0.3745	0.50	0.6915	1.30	0.9032	2.25	0.9878
−1.94	0.0262	−1.12	0.1314	−0.30	0.3821	0.52	0.6985	1.32	0.9066	2.30	0.9893
−1.92	0.0274	−1.10	0.1357	−0.28	0.3897	0.54	0.7054	1.34	0.9099	2.35	0.9906
−1.90	0.0287	−1.08	0.1401	−0.26	0.3974	0.56	0.7123	1.36	0.9131	2.40	0.9918
−1.88	0.0301	−1.06	0.1446	**−0.24**	**0.4052**	0.58	0.7190	1.38	0.9162	2.45	0.9929
−1.86	0.0314	−1.04	0.1492	−0.22	0.4129	0.60	0.7257	1.40	0.9192	2.50	0.9938
−1.84	0.0329	−1.02	0.1539	−0.20	0.4207	0.62	0.7324	1.42	0.9222	2.55	0.9946
−1.82	0.0344	−1.00	0.1587	−0.18	0.4286	0.64	0.7389	1.44	0.9251	2.60	0.9953
−1.80	0.0359	−0.98	0.1635	−0.16	0.4364	0.66	0.7454	1.46	0.9279	2.65	0.9960
−1.78	0.0375	−0.96	0.1685	−0.14	0.4443	0.68	0.7518	1.48	0.9306	2.70	0.9965
−1.76	0.0392	−0.94	0.1736	−0.12	0.4522	0.70	0.7580	1.50	0.9332	2.75	0.9970
−1.74	0.0409	−0.92	0.1788	−0.10	0.4602	0.72	0.7642	1.52	0.9357	2.80	0.9974
−1.72	0.0427	−0.90	0.1841	−0.08	0.4681	0.74	0.7704	1.54	0.9382	2.85	0.9978
−1.70	0.0446	−0.88	0.1894	−0.06	0.4761	0.76	0.7764	1.56	0.9406	2.90	0.9981
−1.68	0.0465	−0.86	0.1949	−0.04	0.4840	0.78	0.7823	1.58	0.9429	2.95	0.9984
−1.66	0.0485	−0.84	0.2005	−0.02	0.4920	0.80	0.7881	1.60	0.9452	3.00	0.9987
−1.64	0.0505	−0.82	0.2061	0.00	0.5000	0.82	0.7939	1.62	0.9474	3.05	0.9989
−1.62	0.0526	−0.80	0.2119	0.02	0.5080	0.84	0.7995	1.64	0.9495		
−1.60	0.0548	−0.78	0.2177	0.04	0.5160						

이 표는 d보다 작거나 같은 값이 발견될 확률, N(d)를 보여 주고 있다. 예를 들어 d가 −0.24이면, N(d)는 0.4052이다.

$d_1 = 0.60$
$d_2 = 0.30$
$t = 9$개월

이 정보를 바탕으로 콜옵션의 가치, C를 구하면 얼마일까?

먼저 $N(d_1)$과 $N(d_2)$가 얼마인지 알아야 한다. 표 25.3에서 d의 값이 0.60인 행을 찾는다. 이에 따른 $N(d)$의 값은 0.7257이며, 이것이 바로 $N(d_1)$이다. d_2의 경우 그에 따른 $N(d_2)$의 값은 0.6179이다. 이제 블랙-숄즈 OPM을 이용해서 콜옵션의 가치를 다음과 같이 구할 수 있다.

$$
\begin{aligned}
C &= S \times N(d_1) - E \times e^{-Rt} \times N(d_2) \\
&= \$100 \times 0.7257 - \$90 \times e^{-0.04(3/4)} \times 0.6179 \\
&= \$18.61
\end{aligned}
$$

여기서 3/4을 t에 대입한 것은 9개월이 1년의 9/12 = 3/4이기 때문이다.

이처럼 d_1과 d_2의 값이 주어지면(표와 함께), 블랙-숄즈 공식을 쓰는 것이 그리 어렵지 않다. 그러나 대부분의 경우에는 d_1과 d_2의 값이 주어지지 않고, 이를 직접 구해야 한다. 이는 생각만큼 간단한 일이 아니다. 블랙-숄즈 공식에서 d_1과 d_2의 가치는 다음과 같이 정의하고 있다.

$$
\begin{aligned}
\boldsymbol{d_1} &= [\ln(S/E) + (R + \sigma^2/2) \times t]/(\sigma \times \sqrt{t}) \\
\boldsymbol{d_2} &= d_1 - \sigma \times \sqrt{t}
\end{aligned}
\qquad [25.6]
$$

σ는 기초자산의 수익률이 가지는 표준편차이다. 또한 $\ln(S/E)$은 주식의 현재가격을 행사가격으로 나눠준 값에 자연로그를 취한 것이다.

d_1에 관한 공식이 다소 복잡하게 보일 수도 있지만, 계산기를 이용하면 쉽게 풀 수 있다. 예를 들어 다음과 같은 정보가 주어졌다고 하자.

$S = \$70$
$E = \$80$
$R =$ 연간 4%, 연속복리
$\sigma =$ 연간 60%
$t = 3$개월

이를 바탕으로, d_1을 계산하면 다음과 같다.

$$
\begin{aligned}
d_1 &= [\ln(S/E) + (R + \sigma^2/2) \times t]/(\sigma \times \sqrt{t}) \\
&= [\ln(\$70/\$80) + (0.04 + 0.6^2/2) \times 1/4]/(0.6 \times \sqrt{1/4}) \\
&= -0.26 \\
d_2 &= d_1 - \sigma \times \sqrt{t} \\
&= -0.26 - 0.6 \times \sqrt{1/4} \\
&= -0.56
\end{aligned}
$$

표 25.3에서 $N(d_1)$과 $N(d_2)$의 값을 찾으면, 각각 0.3974, 0.2877이다. 이제 콜옵션의 가치를 다음과 같이 구할 수 있다.

$$C = S \times N(d_1) - E \times e^{-Rt} \times N(d_2)$$

$$= \$70 \times 0.3974 - \$80 \times e^{-0.04(1/4)} \times 0.2877$$
$$= \$5.03$$

블랙-숄즈의 공식과 위의 예들을 돌아보면, 옵션의 가격이 다섯 가지의 요인에 의해서만 결정된다는 것을 알 수 있다. 이는 앞에서 정의한 요인들인 주식의 현재가격, 행사가격, 만기일까지의 기간, 무위험이자율, 주식수익률의 표준편차와 그대로 일치한다.

예제 25.5 콜옵션의 가격결정

다음과 같은 정보가 주어졌다고 가정하자.

S = \$40
E = \$36
R = 연간 4%, 연속복리
σ = 연간 70%
t = 3개월

주식에 대한 콜옵션의 가치는 얼마일까?

블랙-숄즈 OPM을 이용하기 위해서는 먼저 d_1과 d_2의 값을 구해야 한다.

$$d_1 = [\ln(S/E) + (R + \sigma^2/2) \times t]/(\sigma \times \sqrt{t})$$
$$= [\ln(\$40/\$36) + (0.04 + 0.7^2/2) \times ¼]/(0.7 \times \sqrt{¼})$$
$$= 0.50$$
$$d_2 = d_1 - \sigma \times \sqrt{t}$$
$$= 0.50 - 0.7 \times \sqrt{¼}$$
$$= 0.15$$

표 25.3에 따르면, N(d_1)과 N(d_2)의 값은 각각 0.6915, 0.5597이다. N(d_2)의 경우, 0.5557과 0.5636의 평균을 낸 값이다[(0.5557 + 0.5636)/2 = 0.5596]. 따라서 콜옵션의 가치는 다음과 같다.

$$C = S \times N(d_1) - E \times e^{-Rt} \times N(d_2)$$
$$= \$40 \times 0.6915 - \$36 \times e^{-0.04(1/4)} \times 0.5596$$
$$= \$7.71$$

가끔 N(d_1)과 N(d_2)에 대해서 의문이 제기되는 경우가 있다. 이들은 무엇에 대한 확률일까? 다시 말해 이들을 어떻게 해석해야 할까? 굳이 대답하자면, 이들은 현실에서 그 어떤 것과도 실질적으로 관련이 없다. 이렇게 말한 것은 N(d_2)에 대해서 많은 사람들이 오해하고 있기 때문이다. 대부분의 사람들은 N(d_2)가 만기일에 주식가격이 행사가격보다 높을 확률, 즉 콜옵션이 이익을 볼 확률이라고 생각한다. 그러나 주식의 기대수익률이 무위험이자율과 같지 않는 한, 결코 그렇지 않다.

표 25.3과 같은 표는 "z"의 값을 찾기 위해서 오래전부터 사용되던 방법이다. 그러나 표에 있는 모든 값들은 반올림된 것이기 때문에 컴퓨터보다 정확성이 떨어지고 값의 개수도 제한되어 있다. 따라서 컴퓨터에서 스프레드시트를 이용하여 계산하는 것이 더 정확하고 편하다. 이 장에서의 모든 계산도 컴퓨터를 이용하여 계산한 것이다.

스프레드 전략

	A	B	C	D	E	F	G	H	I	J	K
1											
2	**Using a spreadsheet to calculate Black-Scholes option prices**										
3											
4	XYZ stock has a price of $65 and an annual return standard deviation of 50%. The riskless										
5	interest rate is 5%. Calculate call and put option prices with a strike of $60 and a 3-month										
6	time to expiration.										
7											
8	Stock =	65		d1 =	0.4952		N(d1) =	0.6898			
9	Strike =	60									
10	Sigma =	0.5		d2 =	0.2452		N(d2) =	0.5968			
11	Time =	0.25									
12	Rate =	0.05									
13											
14		Call = Stock x N(d1) – Strike x exp(– Rate x Time) x N(d2) =									$9.47
15											
16		Put = Strike x exp(– Rate x Time) + Call – Stock =									$3.72
17											
18	Formula entered in E8 is =(LN(B8/B9)+(B12+0.5*B10^2)*B11)/(B10*SQRT(B11))										
19	Formula entered in E10 is =E8–B10*SQRT(B11)										
20	Formula entered in H8 is =NORMSDIST(E8)										
21	Formula entered in H10 is =NORMSDIST(E10)										
22	Formula entered in K14 is =B8*H8–B9*EXP(–B12*B11)*H10										
23	Formula entered in K16 is =B9*EXP(–B12*B11)+K14–B8										

출처: Microsoft Excel.

풋옵션의 가치평가

지금까지의 예들은 콜옵션에 관해서만 초점을 맞추었다. 이제 풋옵션의 가치를 평가하기 위해서 조금 더 알아보이야 한다. 먼저 블랙-숄즈의 공식을 이용하여 같은 조건의 콜옵션의 가치를 구한다. 그런 다음에 풋-콜 패리티(PCP) 조건식을 통해서 풋옵션의 가치를 구하면 된다. 예를 들어 다음과 같은 정보가 주어졌다고 가정하자.

$S = \$40$

$E = \$40$

$R =$ 연간 4%, 연속복리

$\sigma =$ 연간 80%

$t =$ 4개월

이 주식에 대한 풋옵션의 가치는 얼마일까?

블랙-숄즈 옵션가격결정모형을 이용하면 콜옵션의 가치가 약 7.53$임을 알 수 있다(계산해 보기 바란다). 이제 PCP 조건식을 떠올려보자.

$$S + P = E \times e^{-Rt} + C$$

이를 재정리하면 풋가격을 다음과 같이 나타낼 수 있다.

$$P = E \times e^{-Rt} + C - S$$

여기에 해당되는 각각의 수치를 대입하면 다음과 같은 결과를 얻는다.

$$P = \$40 \times e^{-0.04(1/3)} + \$7.53 - \$40$$
$$= \$7.00$$

따라서 풋옵션의 가치는 7.00$이다. 결과적으로 콜옵션의 가치를 어떻게 구하는지 알면, 풋옵션의 가치도 구할 수 있다.

유의해야 할 점

연습 삼아서 다른 풋옵션의 가치를 평가해보자. 다음과 같은 정보가 주어졌다.

$S = \$70$
$E = \$90$
$R =$ 연간 8%, 연속복리
$\sigma =$ 연간 20%
$t =$ 12개월

이 경우, 이 주식에 대한 풋옵션의 가치는 얼마일까?

콜옵션의 가치를 계산해보면 1.65$의 값을 얻을 것이다. 이제 풋옵션의 가치를 구하기 위해서, 다음과 같이 PCP 조건식을 이용해야 한다.

$$P = E \times e^{-Rt} + C - S$$

풋옵션의 가치는 다음과 같다.

$$P = \$90 \times e^{-0.08(1)} + \$1.65 - \$70$$
$$= \$14.73$$

이 예에서 한 가지 주의해야 할 점이 있다. 주식가격과 행사가격이 각각 70$, 90$이기 때문에 풋옵션을 바로 행사하면 20$의 이익을 볼 수 있다고 생각할 수도 있다. 즉, 차익거래가 가능한 것으로 생각될 수 있지만, 그렇지 않다. 이 예는 블랙-숄즈 공식의 가정에 유의해야 한다는 것을 알려주고 있다. 블랙-숄즈 공식은 유러피안 형식의 옵션들을 위한 것이다(유러피안 형식의 옵션은 마지막 날에만 행사할 수 있는 반면에, 아메리칸 형식의 옵션은 언제든지 행사할 수 있다). 사실상, PCP 조건식은 유러피안 형식의 옵션에 대해서만 적용되는 것이다.

이 예를 통해서 알 수 있는 것은 아메리칸 풋옵션의 가치가 유러피안 풋옵션의 가치보다 높다는 것이다. 그 이유는 간단하다. 예를 들어 행사가격이 80$인 풋옵션을 샀다고 가정해보자. 이때 가장 좋은 상황은 주가가 0$로 떨어지는 것이다. 만약 주가가 0$로 떨어진다면, 옵션을 바로 행사하는 것이 이득이다. 아메리칸옵션이라면 그렇게 할 수 있지만 유러피안옵션의 경우에는 그렇게 할 수 없다. 일반적으로, 추가적인 잠재적 이득은 제한되어 있기 때문에 이득을 볼 수 있을 때 풋옵션을 행사하는 것은 종종 가치 있는 것으로 나타난다. 따라서 아메리칸 풋옵션의 가치가 상대적으로 높다.

그렇다면 콜옵션의 경우에는 어떨까? 배당이 없는 무배당주식을 가정하는 한, 콜옵션을 일찍 행사하는 것은 절대로 최선의 선택이 될 수 없다. 그 이유는 간단하다. 콜옵션은 살아있을 때가 죽었을 때보다 더 가치가 있다. 콜옵션의 경우에는 옵션을 행사하는 것보다 옵션을 파는 것이 항상 더 낫다는 것을 의미한다. 따라서 콜옵션의 경우에는 유러피안 형식이든, 아메리칸 형식이든 행사 형식은 문제가 되지 않는다.

이제 보다 수학적 취향이 있는 독자들을 위해 마지막 과제가 하나 남았다. 유러피안 풋옵션에 대해서는 공식이 존재한다. 그러나 아메리칸 풋옵션의 경우에는 어떠한가? 많은 노력이 있었음에도 불구하고 이 문제는 아직까지 해결되지 않았고, 따라서 이에 대한 공식은 알려지지 않았다. 좀 더 확실히 말하면, 숫자를 대입하는 절차를 밟아서 아메리칸 풋옵션의 가치를 계산할 수는 있지만, 확실한 공식을 제시할 수는 없다. 만약 누군가 공식을 찾는다면 그것은 획기적인 일일 것이다.

개념질문 _Concept Questions

25.2a 옵션의 가치를 결정짓는 다섯 가지 요소는 무엇인가?
25.2b 아메리칸 풋옵션과 유러피안 풋옵션 중에서 어느 것의 가치가 더 높은가? 그 이유는 무엇인가?

25.3 블랙-숄즈에 대해서 더 자세히 알아보기

이제부터는 옵션의 가격을 결정짓는 다섯 가지의 요소에 대해 더 자세히 살펴보고 이들이 옵션의 가치에 어떤 영향을 미치는지 알아보고자 한다. 표 25.4는 각 요소와 이들이 옵션의 가치에 미치는 영향을 보여주고 있다. 이 표에서 (+) 부호는 옵션가치의 상승, (−) 부호는 옵션가치의 하락을 의미한다.

표 25.4에서 볼 수 있듯이, 다섯 가지 중에서 네 가지의 영향은 각자 속칭(俗稱)을 갖고 있으며 이들을 전체적으로 그릭(greek)이라 부른다. 이들 각각에 대해서는 다음의 여러 절들에서 설명할 것이다. 경우에 따라서는 계산이 복잡하지만, 웹상에 있는 옵션계산기를 이용하면 쉽게 구해진다.

주가의 변화

주가가 풋옵션과 콜옵션의 가치에 미치는 영향은 명백하다. 주가의 상승은 콜옵션의 가치를 올리고, 풋옵션의 가치를 떨어뜨린다. 그러나 어느 정도로 영향을 미치냐는 행사가격이 주가보다 얼마나 높은지 낮은지에 달려 있다.

그림 25.1은 다른 요소들의 값이 주어졌다고 가정했을 때 주식가격과 콜옵션, 풋옵션 가격 간의 관계를 보여주고 있다. 수평축은 주식가격을 가리키고, 수직축은 옵션가격을 가리킨다. 그림에서 볼 수 있듯이 풋옵션과 콜옵션의 가치를 나타내는 선들은 활처럼 휘어진 모양을 하고 있다. 그것은 먼 외가격에 있는 옵션의 가치가 내가격에 있는 옵션의 가치만큼 민감하지 않기 때문이다.

옵션계산기를 이용하기 위해서는 **www.fincalcs.net/OptionsCalc.aspx**를 참조하라.

표 25.4
무배당주식에 대한 아메리칸옵션의 가치를 결정짓는 다섯 가지 요소

요소	요소가 증가함에 따라 옵션의 가격에 미치는 영향: 콜옵션	풋옵션	일반적인 명칭
주가(S)	+	−	델타(delta)
행사가격(E)	−	+	
만기일까지의 기간(t)	+	+	세타(theta)
주식수익률의 표준편차(σ)	+	+	베가(vega)
무위험이자율(R)	+	−	로(rho)

참고: 만기까지의 기간을 늘리는 것은 아메리칸 풋옵션의 가치를 증가시키지만, 유러피안 풋옵션의 경우에는 그 효과가 명확하지 않다.

그림 25.1 풋옵션과 콜옵션의 가격

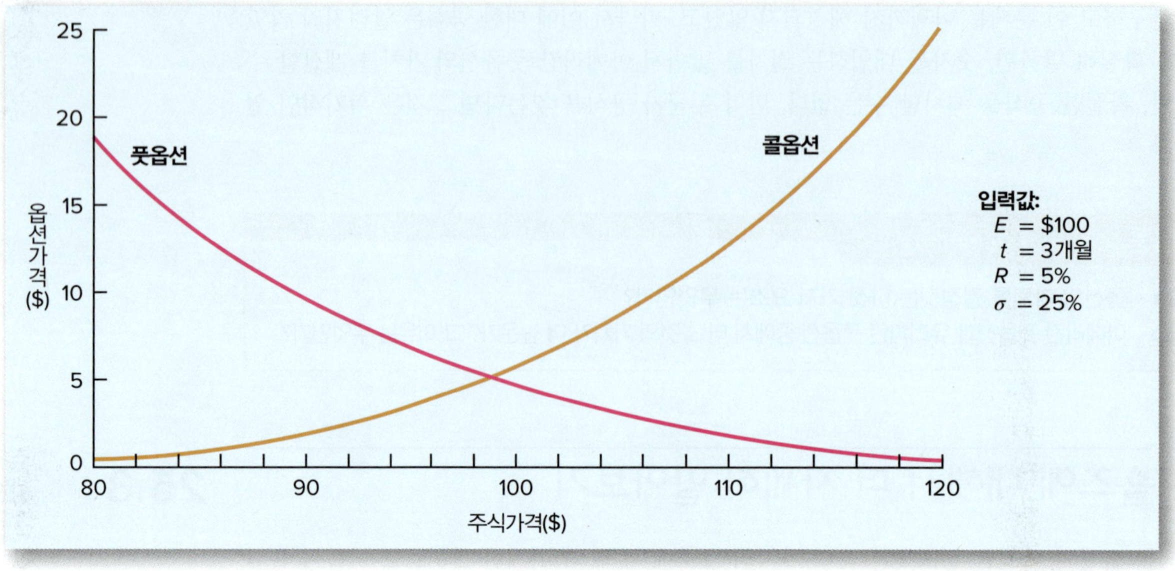

델타(delta): 주식가치의 작은 변화가 옵션의 가치에 미치는 영향을 측정한다.

주식가격의 변화에 대한 옵션가치의 민감도를 속칭으로 옵션의 **델타**(delta)라고 한다. 유러피안옵션의 경우에는 다음과 같이 델타를 바로 구할 수 있다.

콜옵션의 델타 = $\mathrm{N}(d_1)$
풋옵션의 델타 = $\mathrm{N}(d_1) - 1$

델타를 계산하기 위해서 필요한 "$\mathrm{N}(d_1)$"은 앞에서 옵션의 가치를 구할 때 사용한 것과 같은 것이다. $\mathrm{N}(d_1)$은 확률이기 때문에 그 값은 0과 1 사이에 있다는 것을 잊지 않기 바란다.

주식가격의 작은 변화에 대한 옵션가격의 변화는 델타에 주식가격의 변화를 곱해준 값과 거의 일치한다.

옵션가치의 변화 ≈ 델타 × 주식가치의 변화

예를 들어 다음과 같은 정보가 주어졌다고 하자.

S = \$120
E = \$100
R = 연간 8%, 연속복리
σ = 연간 80%
t = 6개월

블랙-숄즈 공식을 이용하면 콜옵션의 가치가 37.80\$이다. 콜옵션의 델타[$\mathrm{N}(d_1)$]는 0.75이다. 이는 주가가 1\$만큼 변할 때 옵션의 가치가 같은 방향으로 0.75\$만큼 변한다는 것을 의미한다.

이것이 옳은지 확인하고자 한다면 주가를 121\$로 바꾸고 옵션의 가치를 다시 계산하면 된다. 계산을 해보면 콜옵션의 가치는 38.55\$로 변할 것이다. 이는 0.75\$가 증가한 것으로 위의 계산과정이 상당히 정확한 것임을 알 수 있다(소수점 아래 셋째자리가 차이 난다).

이와 동일한 조건에서 풋옵션의 가치를 구하면 13.88\$이다. 델타는 0.75 − 1, 즉 −0.25

이다. 주가를 121$로 바꾸고 풋옵션의 가치를 다시 계산해보면, 13.63$가 나올 것이다. 이는 −0.25만큼 변한 것으로 −0.25의 델타와 거의 일치한다. 따라서 주가의 변화가 상대적으로 작을 때에 델타와 옵션가치의 관계식은 성립한다고 할 수 있다.

그림 25.1을 다시 살펴볼 때, 이제 우리는 콜옵션의 경우에 주가가 상승할수록, 풋옵션의 경우에는 주가가 떨어질수록 기울기가 왜 증가하는지 알 수 있다. 내가격이 큰 옵션일수록 델타는 1에 가깝고, 외가격이 큰 옵션일수록 델타가 0에 가깝기 때문이다.

델타 **예제 25.6**

다음과 같은 정보가 주어졌다고 하자.

S = $40
E = $30
R = 연간 6%, 연속복리
σ = 연간 90%
t = 3개월

콜옵션의 델타는 얼마인가? 풋옵션의 델타는 얼마인가? 주가의 변화에 더 민감한 것은 어느 것인가? 그 이유는 무엇인가?

먼저 $N(d_1)$의 값을 구해야 한다. $N(d_1)$는 0.815로, 이는 콜옵션의 델타에 해당된다. 풋옵션의 델타는 0.815 − 1 = −0.185로, 콜옵션의 경우보다 절대치로 본 크기가 작다. 콜옵션이 주가의 변화에 더 민감하다. 그 이유는 콜옵션이 상당히 크게 내가격인 반면 풋옵션은 외가격이기 때문이다.

만기일까지 기간의 변화

만기일까지의 기간이 아메리칸옵션의 가치에 영향을 미치는 것은 분명하다. 아메리칸옵션은 언제든지 행사할 수 있기 때문에 만기일까지의 기간이 증가할 때 옵션의 가치가 감소하는 경우는 없다. 오히려 외가격 옵션의 경우에는 가치를 증가시킬 수도 있다. 따라서 만기일까지의 기간을 증가시키는 것은 풋옵션과 콜옵션의 가치에 긍정적인 영향을 미친다.

앞에서 언급했듯이, 콜옵션의 경우에는 살아있을 때가 죽었을 때보다 더 가치가 있다. 따라서 만기일까지의 기간이 추가되면 "살아있는(alive)" 가치를 증가시킨다. 따라서 유러피안 콜옵션의 경우에도 만기일까지의 기간이 증가한다고 옵션의 가치가 줄어드는 것은 아니다. 그러나 유러피안 풋옵션의 경우에는 만기일까지의 기간이 증가하면 풋옵션의 가치가 상승할 수도 있고 떨어질 수도 있다. 앞에서 설명한 것처럼, 내가격이 아주 큰 풋옵션의 경우에는 옵션을 바로 행사하는 것이 이득이기 때문에 만기일까지의 기간을 증가시키는 것은 옵션의 가치를 떨어뜨린다. 반대로 외가격 풋옵션의 경우에는 만기일까지의 기간을 증가시키는 것이 옵션의 가치를 끌어올릴 수도 있다.

그림 25.2는 만기일까지의 기간의 증가가 풋옵션과 콜옵션에 미치는 영향을 보여주고 있다. 그림 25.1에서와 마찬가지로 그림 25.2에서도 등가격[at the money; 주가(S) = 행사가격(E)] 옵션들을 다루고 있다. 그림에서 볼 수 있듯이, 만기일까지의 기간이 6개월가량을 넘으면 만기일까지의 기간의 증가가 풋옵션의 가치에 미치는 영향은 거의 사라진다. 이와 달리 콜옵션의 경우

그림 25.2 옵션가격과 만기까지의 기간

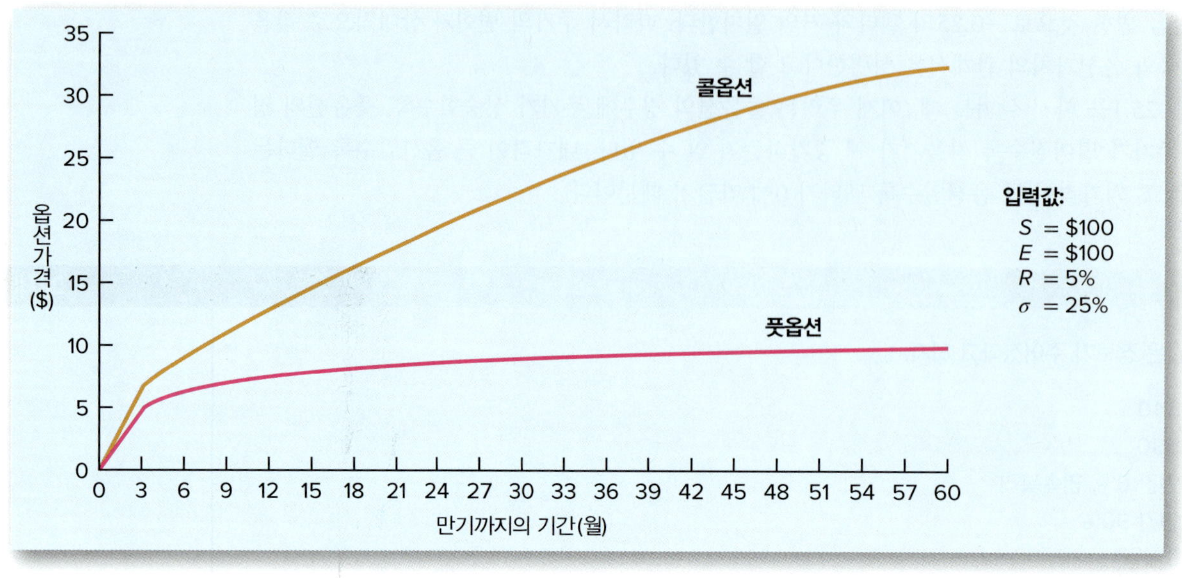

에는 만기가 길어질수록 그 가치가 계속 상승한다.

세타(theta): 만기일까지의 기간의 변화에 대한 옵션가치의 민감도를 측정한다.

기간의 경과에 대한 옵션가치의 민감도를 속칭 **세타**(theta)라고 한다. 세타에 대한 공식은 있지만 매우 복잡하므로 여기서는 생략하고자 한다. 중요한 것은 옵션의 가치(특히 콜옵션의 가치)가 시간이 감에 따라 달라진다는 것이다. 이를 예를 통해 알아보자. 오늘 옵션을 하나 사서 한 달 동안 가지고 있는다고 가정하자. 한 달 동안 주가는 변하지 않는다고 하자. 옵션의 가치는 어떻게 될까?

주식의 가치가 변하지 않았음에도 불구하고 만기일까지의 기간이 줄어들기 때문에 옵션의 가치는 떨어진다. 가끔 옵션을 소모성자산(wasting asset)이라고도 부르는데 그것은 다른 것들이 동일하다면, 시간이 지남에 따라 옵션의 가치가 떨어진다는 것을 의미한다. 또한 시간이 가면서 옵션의 가치가 떨어지는 성향을 시간 감쇠(time decay)라고 부르기도 한다. 결국, 옵션의 세타는 시간 감쇠의 정도(rate of time decay)를 측정하는 것이라 할 수 있다.

옵션에 대해서 이전 장에서 설명한 것을 기억하면, 옵션의 내재적 가치(intrinsic value)는 다음과 같다.

$$\text{콜의 내재적 가치} = \text{Max}[S - E, 0]$$
$$\text{풋의 내재적 가치} = \text{Max}[E - S, 0]$$

"Max[$S - E$, 0]"는 ($S - E$)와 0 중에서 큰 값을 가리킨다. 아메리칸옵션의 가격은 그 내재적 가치보다 낮을 수 없다. 만약 그렇다면 차액거래가 가능하기 때문이다. 예를 들어 주식의 가격이 60$라고 하자. 만기일이 3개월 뒤고, 행사가격이 50$인 콜옵션의 가격은 8$이다. 어떤 일이 벌어질까?

사람들은 8$에 옵션을 사고 50$에 행사한 다음 주식을 60$에 팔 것이다. 즉, 차익거래를 통해서 2$의 이익을 아무런 위험 없이 거둘 수 있는 것이다. 이와 같은 차익거래가 일어나지 않으려면 옵션의 가격은 최소한 내재적 가치, \$60 − \$50 = 10$보다 높아야 한다. 실제로 이 옵션은 11$에 팔릴 수 있다. 여기서 1$는 내재적 가치에 더해진 것으로 시간프리미엄(time premium)이라 부른다. 다시 말해 옵션의 가치는 다음과 같이 나타낼 수 있다.

그림 25.3 옵션가격과 시그마(σ)

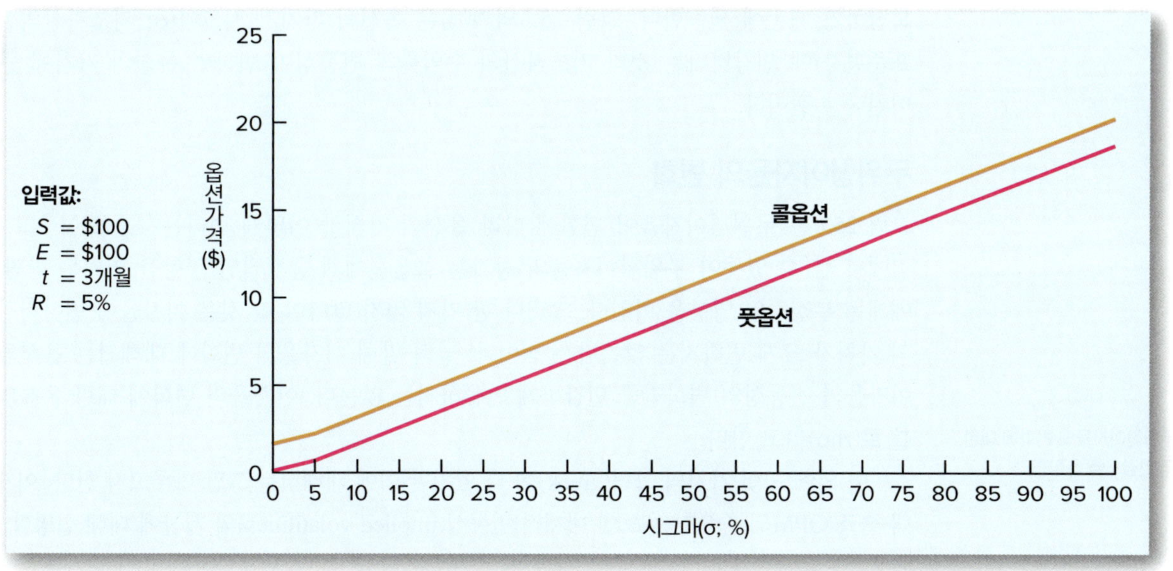

옵션의 가치 = 내재적 가치 + 시간프리미엄

시간이 지남에 따라 소모되는 것이 바로 이 시간프리미엄이다. 그것은 만기일에 옵션의 가치가 내재적 가치와 일치하기 때문이다(만기일에 옵션을 행사하거나 버려야 하므로). 시간프리미엄은 앞에서 언급한 것처럼 콜옵션은 죽은 것보다 살아있는 것이 왜 항상 더 가치가 있는 것인지를 설명해주는 것이기도 하다. 다시 말해 옵션을 행사하면 옵션의 내재적 가치만 받는다. 그러나 옵션을 행사하는 대신 팔면 내재적 가치와 남은 시간프리미엄의 합만큼 받을 수 있다.

시간프리미엄 **예제 25.7**

2020년 1월에 Tesla Motors의 주가는 약 529.42$였다. 만기일이 2020년 9월이고, 행사가격이 540$인 콜옵션의 가격은 81.20$였다. 이와 행사가격이 같은 풋옵션의 가격은 83.19$였다. 두 옵션의 경우 내재적 가치와 시간프리미엄은 얼마인가?

먼저 콜옵션의 경우 행사가격($540)이 주가($529.42)보다 높기 때문에 외가격 옵션이고, 내재적 가치는 0$이다. 따라서 81.20$ 옵션가격 모두가 시간프리미엄인 셈이다. 풋옵션의 경우 내가격 옵션으로서 내재적 가치는 $540 − $529.42 = 10.58$이다. 풋옵션의 가격이 83.19$이기 때문에, 풋옵션의 시간프리미엄은 $83.19 − $10.58 = 72.61$이다.

표준편차의 변화

그림 25.3은 기초자산이 거두는 수익률의 표준편차가 변함에 따라 옵션의 가치가 어떤 영향을 받는지 보여주고 있다. 그림에서 볼 수 있듯이, 콜옵션과 풋옵션에게 미치는 영향은 두 경우 모두 긍정적이다. 사실상 표준편차의 증가가 콜옵션과 풋옵션에게 미치는 영향은 서로 일치한다고 볼 수 있다.

베가(vega): 기초자산의 수익률의 표준편차에 대한 옵션가치의 민감도를 측정한다.

기초자산의 변동성에 대한 옵션가치의 민감도를 **베가**(vega)라고 한다.[2] 이에 관한 공식도 복잡하기 때문에 생략한다. 그림 25.3의 핵심은 옵션의 가치가 시그마(σ; 기초자산의 수익률의 표준편차)에 민감하다는 것과 기초자산의 수익률의 변동성이 변하면 옵션의 가치에 큰 영향을 미친다는 점이다.

무위험이자율의 변화

그림 25.4는 무위험이자율이 변함에 따라 옵션의 가치가 어떻게 변하는지를 보여주고 있다. 그림에서 볼 수 있듯이 무위험이자율의 증가는 콜옵션에게 긍정적인 영향을 미치는 반면, 풋옵션에게는 부정적인 영향을 미친다. 그러나 한 가지 잊지 말아야 할 것은 이자율이 변하더라도 옵션의 가치가 크게 변하지는 않는다는 점이다. 달리 말해 이자율의 변화에 대해서는 옵션의 가치가 이자율의 변동성의 변화만큼 민감하게 반응하지는 않는다. 이자율의 변화에 대한 옵션의 민감도를 **로**(rho)라고 한다.

로(rho): 무위험이자율의 변화에 대한 옵션가치의 민감도를 측정한다.

이 외에도 몇 가지의 그릭(greek)이 더 있지만 이에 대해서는 그만 다루고자 한다. 이제부터 블랙-숄즈 OPM의 중요한 용도인 내재적 변동성(implied volatilities)의 계산에 대해 설명할 것이다.

내재적 표준편차

지금까지는 블랙-숄즈 OPM을 이용해서 옵션의 가치를 구하는 데 초점을 맞췄지만 이외에도 매우 중요한 용도가 하나 있다. 옵션의 가치를 결정짓는 다섯 가지의 요소들 중에서 주가, 행사가격, 무위험이자율, 만기일까지의 기간이라는 네 가지 요소는 직접 관찰할 수 있다. 그러나 표준편차만은 그 값을 예측해야 한다.

실제로 OPM에서 사용하는 표준편차는 옵션이 만기가 될 때까지 기초자산이 거둘 수익률의 표준편차를 예측한 것이다. 금융시장에서 옵션의 가격이 나타나므로 우리는 옵션의 가치를

그림 25.4 옵션가격과 이자율

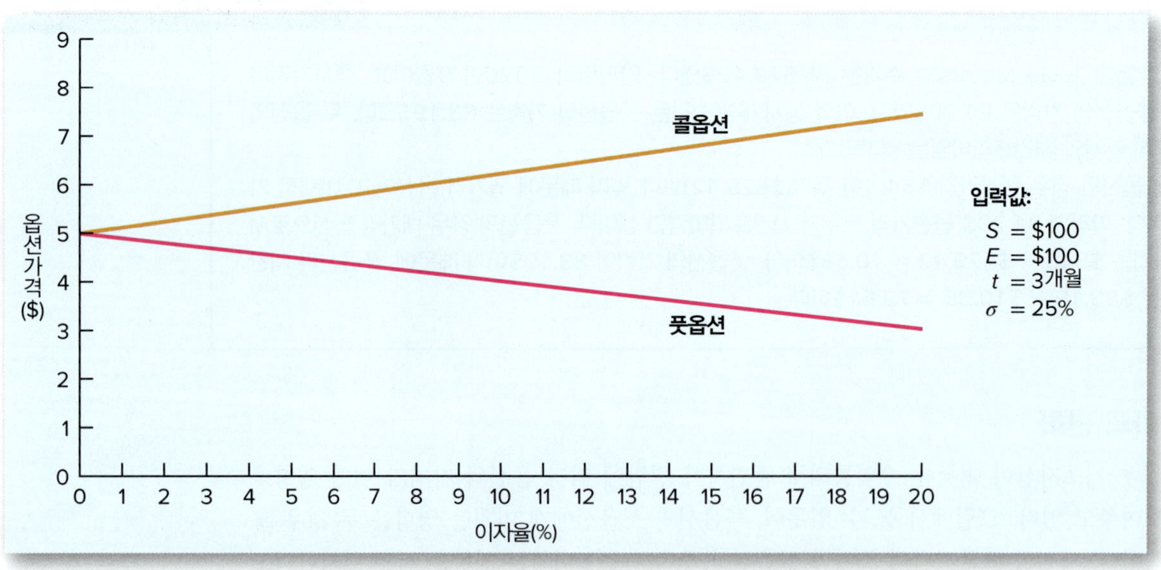

[2] 사실 베가(vega)는 그리스어가 아니다. [베가는 거문고별자리(Lyra) 내에 위치한 별의 이름이며, 1960~1970년대에 쉐보레가 생산했던 자동차 이름이기도 하다.]

먼저 알 수 있다. 그런 경우에는 그것과 나머지 네 가지 요소들의 값을 이용하여 표준편차의 값을 구할 수 있다. 그와 같은 방법을 통해서 구한 표준편차를 수익률의 **내재적 표준편차**(implied standard deviation: ISD; "이즈-디"라고 발음한다)라고 한다.

내재적 표준편차
(implied standard deviation: ISD): 블랙-숄즈 OPM으로부터 자산의 수익률에 대한 미래의 표준편차를 예측한 값

예를 들어 다음과 같은 정보가 주어졌다고 하자.

$S = \$12$
$E = \$8$
$R =$ 연간 5%, 연속복리
$t =$ 6개월

또한 금융시장에서 이 콜옵션은 4.59$에 팔리고 있다. 이러한 정보를 가지고, 이후 3개월 동안에 걸친 이 주식의 변동성이 어느 정도일지를 예측할 수 있는가?

이 정보들을 블랙-숄즈 공식에 대입하면 시그마(σ)의 값만 남게 된다. 그러나 이를 직접 계산할 수 없기 때문에 시행착오를 거쳐야 한다. 다시 말해 콜옵션의 가격이 4.59$가 나올 때까지 σ의 값을 하나씩 대입해봐야 한다.

주식옵션의 경우 0.50으로 시작하는 것이 좋다. 0.50을 블랙-숄즈 공식에 대입하면 콜옵션의 가치가 4.38$로 나오는데 이는 너무 낮은 값이다. σ가 증가하면 옵션의 가치가 증가하기 때문에 이번에는 0.60을 대입해보자. 이제 콜옵션의 가치는 4.53$로 나온다. 많이 근접해졌지만 아직도 약간 낮은 값이다. 0.65를 대입해보면, 콜의 가치가 4.61$로 나오는데 이는 실제 가격보다 약간 높다. 결국 값을 하나씩 대입하다 보면 내재적 변동성이 0.64, 즉 64%라는 것을 알 수 있다.

한편, 주식시장 전체에 대한 내재적 표준편차(ISD)를 알고 싶다면 쉽게 구할 수 있다. VIX(volatility index: 변동성 지수)는 시카고옵션거래소에 상장된 S&P 500 지수옵션의 향후 30일간의 시장의 내재적 변동성에 대한 예측이다. VIX의 값이 상승하면 다음 30일간 변동성이 더 커진다는 것을 의미하기 때문에 VIX는 공포지수(fear gauge)로 인식되고 있기도 하다. 2008년 금융위기 때에는 값이 80대까지 상승하기도 했지만 역사적으로는 통상 15~20의 수치를 보여주고 있다.

2020년 COVID-19 위기 이전에는 VIX 지수가 2019년 중 최저 11까지 내려갈 정도로 낮았으나, 2020년 3월에는 최고치 86을 기록했다. 아래 그래프는 2019년 말부터 2020년 3월까지 VIX 지수가 얼마나 극적으로 상승했는지 보여준다. 이 후 2020년 중반까지 다시 감소했지만 말이다. 그러나 내재적 변동성은 2020년 6월 말까지 코로나19 이전 수준으로 떨어지지 않았다.

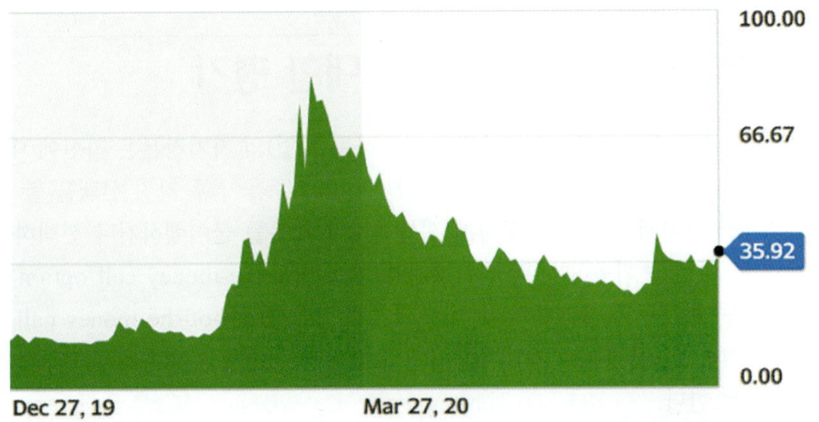

투자자들이 변동성에 대해 거래할 수 있도록 하기 위해, 거래소에서 거래되는 선물과 옵션 중에는 VIX 인덱스를 기초자산으로 하는 것도 있다. 만약 여러분이 VIX옵션의 내재표준편차(ISD)를 계산할 수 있다면 그 수치가 의미하는 것은 무엇일까?

예제 25.8 내재적 표준편차(ISD)

2020년 1월 15일, 소셜 네트워크 회사인 Facebook의 주가는 221.03$로 장을 마감했다. 만기일이 2020년 6월 19일이고, 행사가격이 225$인 콜옵션은 14.26$에 거래되고 있었다. 만기일이 거의 같은 미재무부 단기채권의 이자율은 1.537%를 기록했다. 이를 바탕으로 Facebook 수익률의 변동성을 예측한다면 얼마인가?

위의 정보를 다음과 같이 요약할 수 있다.

S = $221.03
E = $225
R = 연간 1.537%, 연속복리
σ = ?
t = 156일
C = $14.26

이제부터는 공식에 대입만 하면 답을 얻는다. 문제를 쉽게 풀기 위해서는 옵션계산기를 사용하는 것이 좋다. 그렇게 해보면, ISD가 약 27%로 나온다.

이 문제를 풀기 위해서는 원칙적으로 1.537%의 이자율을 연속복리 이자율로 전환해야 한다. 이렇게 할 경우에 얻는 연속복리 이자율은 1.5489%이다. 그러나 앞서 설명한 것처럼 옵션의 가치는 이자율의 작은 변화에 민감하지 않다. 이 문제에서도 거의 차이가 없다. 그렇기 때문에 실제로는 이자율이 연속복리 이자율인지 아닌지를 신경쓰지 않기도 한다. 특히, 이자율이 낮은 경우에는 더욱 그렇다.

개념질문 _Concept Questions

25.3a 옵션의 델타(delta), 로(rho), 세타(theta), 베가(vega)는 각각 무엇인가?
25.3b ISD란 무엇인가?

25.4 부채기업의 자기자본과 부채에 대한 평가

앞 장에서 지적한 바와 같이, 부채기업(부채를 사용하는 기업)의 자기자본은 자산에 대한 콜옵션으로 간주할 수 있다. 그 이유는 부채의 만기가 다가오면 주주들이 두 가지 선택을 할 수 있기 때문이다. 즉, 부채를 갚아서 자산을 깨끗하게 획득하거나 채무를 불이행하거나 선택하는 것이다. 부채를 갚는 것은 자산을 획득하기 위해서 내가격 콜옵션(in-the-money call option)을 행사하는 것과 같다. 반면에 채무를 불이행하는 것은 외가격 콜옵션(out-of-the money call option)을 포기하는 것과 같다. 이 절에서는 자기자본이 콜옵션이라는 개념을 활용하여 추가적으로 여러 가지를 살펴보기로 한다.

부채기업의 자기자본에 대한 평가

총액면가치가 1,000만$인 제로쿠폰채권(zero-coupon bond)을 발행한 기업이 있다고 하자. 만기는 6년이다. 이 기업의 자산이 갖는 현재의 시장가치는 총 1,200만$이다. 그리고 이 기업자산이 갖는 수익률의 변동성(표준편차)은 연간 40%이다. 연속복리 무위험이자율은 6%이다. 그렇다면 기업의 자기자본이 갖는 현재의 시장가치는 얼마인가? 부채의 현재 시장가치는 얼마인가? 부채의 연속복리비용은 얼마인가?

이 상황은 주주들이 6년 뒤에 1,000만$를 지불할 권리(의무가 아님)를 갖고 있다는 것을 의미한다. 돈을 지불하면 그들은 기업의 자산을 갖게 된다. 반대로 돈을 지불하지 않고 채무를 불이행하면 아무것도 받지 못한다. 따라서 이 기업의 자기자본은 행사가격이 1,000만$인 콜옵션으로 간주할 수 있다.

이 경우 우리가 구하고자 하는 것이 주식가격이므로 블랙-숄즈 공식을 이용할 때 약간의 혼동이 생길 수 있다. 기호 "C"는 이 경우에는 주식의 가치이고 기호 "S"는 기업자산의 가치라는 것을 확실히 해두자. S와 E에 각각 1,200만$, 1,000만$를 대입하여 블랙-숄즈 OPM을 풀면 자기자본의 가치를 구할 수 있다. 계산을 해보면 자기자본의 가치는 655.4만$로 나오고, 델타는 0.852이다.

이제 자기자본의 가치를 알았다면 재무상태표를 이용해서 부채의 가치도 계산할 수 있다. 기업자산의 가치는 1,200만$이고, 자기자본의 가치는 655.4만$이기 때문에 부채의 가치는 $1,200 − $655.4 = 544.6만$이다.

부채의 연속복리비용을 구하기 위해서는 부채의 현재가치와 미래가치가 얼마인지 알아야 한다. 부채의 현재가치는 544.6만$이고, 6년 뒤의 미래가치는 총액면가치인 1,000만$이므로, 연속복리비용(RD)은 다음과 같이 구할 수 있다.

$$
\begin{aligned}
\$5.446 &= \$10 \times e^{-R_D(6)} \\
0.5446 &= e^{-R_D(6)} \\
R_D &= -1/6 \times \ln(0.5446) \\
&= 0.10
\end{aligned}
$$

결국 6%의 무위험이자율과 비교했을 때 기업부채의 비용은 10%이다. 나머지 4%는 채무불이행위험프리미엄으로, 이는 기업의 채무불이행위험에 대해서 채권자들이 요구하는 프리미엄(보상)이다.

마지막으로, 앞의 예에서 옵션의 델타는 0.852이다. 이를 어떻게 해석할 수 있을까? 자기자본을 콜옵션으로 간주한다면, 델타는 기업자산의 가치가 변할 때 자기자본의 가치가 어떤 영향을 받는지 말해준다. 이는 매우 중요한 개념이다. 예를 들어 앞의 기업이 NPV가 10만$인 투자안을 받아들였다고 하자. 이는 기업자산의 가치가 10만$만큼 증가한다는 것을 의미한다. 그러나 주식의 가치는 0.852 × $10만 = 8.52만$만큼만 증가한다.[3] 왜 그런 것일까?

[3]델타는 기초자산가치의 작은 변화가 미치는 영향을 구하는 데 쓰이는 것이다. 그렇기 때문에 자산가치가 100,000$만큼 크게 변화하는 경우에 델타를 사용하는 것은 잘못이라고 생각할 수도 있다. 그러나 이 경우 100,000$의 가치변화는 총자산가치인 1,200만$와 비교했을 때 상대적으로 작은 것이기 때문에 델타를 적용하는 데 무리가 없다.

기업이 자산의 가치를 증가시켰다는 것은 미래에 채무를 불이행할 확률이 줄어들었음을 의미한다. 따라서 채권의 가치도 상승한다. 총자산의 가치가 10만$만큼 증가했기 때문에 채권의 가치는 $10만 − $8.52만 = 1.48$만이 증가한다. 다시 말해 주주들에게 돌려주고 남는 만큼 증가하는 셈이다.

예제 25.9 **콜옵션으로서의 자기자본**

총액면가치가 40백만$인 제로쿠폰채권을 발행한 기업이 있다고 하자. 만기는 5년이며, 무위험이자율은 4%이다. 기업자산의 현재 시장가치는 35백만$이고, 자기자본의 가치는 15백만$이다. 만약 이 기업이 NPV가 200,000$인 투자안을 받아들인다면, 주주들은 얼마의 이득을 볼까?

먼저 델타가 얼마인지 알아야 하기 때문에 $N(d_1)$을 구해야 한다. 그러기 위해서는 표준편차의 값을 알아야 한다. 문제에서 옵션의 가치(15백만$)가 주어졌으므로 ISD를 계산하면 된다. *C*에 15백만$, *S*에 35백만$, *E*에 40백만$, 무위험이자율에 4%, 마지막으로 만기일까지의 기간에 5년을 대입하면, ISD의 값은 48.1%로 나온다. 이를 바탕으로 델타를 구하면 0.725이다. 따라서 200,000$만큼 자산의 가치가 증가하면, 주주들은 이 중에서 72.5%, 즉 145,000$를 받게 된다.

옵션과 위험채권에 대한 평가

위에서 예로 든 기업에 대해 더 깊이 살펴보자. 이 기업의 총자산가치는 12백만$이며, 만기가 6년이고, 총액면가치가 10백만$인 제로쿠폰채권을 발행한 상태이다. 이를 바탕으로 구한 채권의 현재가치는 5,446,000$이다. 그런데 이 채권을 소유한 투자자들은 채무불이행위험을 제거하려고 한다. 즉, 위험채권을 무위험채권으로 전환하려는 것이다. 어떻게 해야 할까?

답은 채권자들이 보호적 풋(이 장의 앞부분에서 설명함)을 갖는 것이다. 이 경우 채권자들은 채권가치가 액면가치인 10백만$보다 낮아지는 것을 방지하려는 것이기 때문에 만기가 6년이고, 액면가치가 10백만$인 풋옵션을 사야 한다. 이 풋옵션은 기업의 자산을 10백만$에 팔 수 있는 옵션이다.

만약 6년 뒤에 기업의 자산가치가 10백만$보다 높아지면, 주주들은 10백만$를 갚을 것이다. 반대로 자산가치가 10백만$보다 낮아지면, 주주들은 채무를 불이행하고, 채권자들은 돈 대신 기업의 자산을 받게 된다. 그러나 채권자들은 풋옵션을 행사하여 기업의 자산을 10백만$에 팔 수 있다. 결국 어느 경우에든 채권자들은 10백만$를 받게 된다.

따라서 무위험채권은 위험채권과 기업의 자산에 대한 풋옵션(만기일이 채권과 같고, 행사가격이 채권의 액면가치와 일치하는)을 합쳐놓은 것과 같은 셈이다.

위험채권의 가치 + 풋옵션 = 무위험채권의 가치 **[25.7]**

위의 예에서 부채의 액면가치는 10백만$이고, 무위험이자율은 6%이기 때문에 무위험채권의 가치는 다음과 같이 구할 수 있다.

$$\text{무위험채권의 가치} = \$10\text{백만} \times e^{-0.06(6)} = \$6.977\text{백만}$$

이를 위험채권의 가치(5,446,000$)와 비교해보면, 풋옵션의 가치가 $6.977 − $5.446 = 1.531

백만$라는 것을 알 수 있다. 여기서 무위험채권의 가치가 무위험이자율을 이용해서 구한 행사가격의 현재가치와 일치한다는 점도 살펴보기 바란다.

이제 풋옵션의 가치를 정확히 구했는지 검토해보자. 기초자산의 가치는 12백만$이고, 콜옵션의 가치(주식의 가치)와 행사가격의 현재가치는 각각 6.554백만$, 6.977백만$이다. 이를 PCP 조건식에 대입하면 다음과 같다.

$$P = \$6.977 + \$6.554 - \$12$$
$$= \$1.531\text{백만}$$

이는 앞에서 구한 풋옵션의 가치와 일치한다.

여기서 식 25.7을 다음과 같이 정리할 수도 있다.

$$\textbf{위험채권의 가치} = \textbf{무위험채권의 가치} - \textbf{풋옵션} = E \times e^{-Rt} - P \qquad [25.8]$$

이는 풋옵션의 가치를 증가시키는 것은 기업채권의 가치를 감소시킨다는 것을 말해주고 있다. 여기에 PCP 조건식을 적용하면 이 장에서 설명한 내용을 하나로 묶을 수 있다.

PCP 조건식은 다음과 같다.

$$S = C + E \times e^{-Rt} - P$$

PCP 조건식에서 기초자산은 주식이었음을 기억하라. 이제 우리가 기업의 주식을 기업의 자산에 대한 콜옵션으로 간주한다면, PCP 조건식은 다음과 같이 해석할 수 있다.

$$\textbf{자산의 가치}(S) = \textbf{주식의 가치}(C) + (E \times e^{-Rt} - P) \qquad [25.9]$$

E는 행사가격으로 기업부채의 현재가치를 가리킨다. 여기서 괄호 안에 든 식은 조금 전에 본 것처럼 위험채권의 가치를 나타낸 것이기 때문에 식 25.9는 다음과 같이 재무상태표 항등식으로 정리할 수 있다.

$$\textbf{자산의 가치}(S) = \textbf{주식의 가치}(C) + \textbf{채권의 가치}(E \times e^{-Rt} - P) \qquad [25.10]$$

결과적으로 PCP 조건식과 재무상태표 항등식은 같은 것을 말하고 있는 것이다! 그러나 부채기업의 자기자본과 부채가 갖는 옵션적 성격을 이해하는 것은 기업재무를 보다 깊게 이해하도록 한다. 다음 절에서는 이와 관련된 주요 예들을 살펴볼 것이다.

개념질문 _Concept Questions

25.4a 부채기업의 자기자본을 콜옵션으로 간주하는 이유가 무엇인가? 이러한 맥락에서 콜옵션의 델타는 무슨 의미를 갖는가?

25.4b 재무상태표 항등식과 풋-콜 패리티(PCP) 조건식은 어떤 관계를 갖는가?

25.5 옵션과 기업의 의사결정

이 절에서는 자본예산과 기업합병에서 옵션분석이 어떻게 활용될 수 있는지 살펴본다. 먼저 기업합병에 대해서 설명하고 한 가지 놀라운 결과를 선보일 것이다. 그런 다음, 순현가 원칙이 부채기업의 경우에는 약간의 문제가 있음을 보여줄 것이다.

합병과 다각화

다음 장에서 합병과 인수에 대해 살펴볼 것이지만, 다각화는 두 기업이 합병하는 이유로 자주 언급되고 있다. 다각화가 기업이 서로 합병하는 좋은 이유가 될 수 있는가? 그럴 수도 있다. 앞의 어느 장에서 투자자들은 다각화를 통해서 자신의 포트폴리오가 갖는 비체계적 위험을 제거할 수 있기 때문에 투자자들에게 다각화는 매우 중요하다고 설명했었다.

이에 대해 살펴보기 위해서 Sunshine Swimwear와 Polar Winterwear라는 두 기업을 예로 들어보자. 이 두 기업의 현금흐름은 계절에 따라 뚜렷한 차이를 보인다. 즉 현금흐름이 특정 계절에 집중적으로 발생하는 것이다. 두 기업이 합병을 한다면, 새로운 기업의 현금흐름은 안정될 것이다. 다시 말해 합병은 계절적인 변동을 제거할 뿐만 아니라 기업이 파산할 확률도 줄일 것이다.

두 기업의 생산활동이 매우 다르기 때문에 여기서의 합병은 순수한 "금융"합병을 가리킨다. 이는 위험제거로 인한 이득 외에 "시너지" 효과나 기타 새로운 가치 창출은 없다는 의미이다. 합병 전의 기업정보는 다음과 같다.

	Sunshine Swimwear	Polar Winterwear
자산의 시장가치	$30백만	$10백만
순수할인부채의 액면가치	$12백만	$ 4백만
부채의 만기	3년	3년
자산수익률의 표준편차	50%	60%

연속복리 무위험이자율은 5%이다. 이를 바탕으로 다음과 같이 자기자본과 부채의 시장가치를 구할 수 있다(스스로 확인해보기 바란다).

	Sunshine Swimwear	Polar Winterwear
자기자본의 시장가치	$20.424백만	$7.001백만
부채의 시장가치	$9.576백만	$2.999백만

이 값들은 옵션계산기를 이용해서 계산한 것인데, 표 25.3을 이용해서 계산한 경우에는 약간 다르게 나올 것이다.

새로 만들어지거나 사라진 가치가 없기 때문에 합병 후 새로운 기업의 자산가치는 합병 전 두 기업의 자산가치를 합친 것과 같다($30백만 + $10백만 = $40백만). 마찬가지로 부채의 총 액면가치는 16백만$가 된다. 합병기업이 가지는 자산수익률의 표준편차는 40%라고 가정한다. 두 기업 모두가 합병 전보다 표준편차가 낮아진 것은 위험분산 효과 때문이다.

그렇다면 이 합병은 어떤 결과를 가져올까? 먼저 합병 후에 자기자본의 가치가 얼마인지 구해보자. 합병기업의 정보는 다음과 같다.

	합병기업
자산의 시장가치	\$40백만
순수할인부채의 액면가치	\$16백만
부채의 만기	3년
자산수익률의 표준편차	40%

이를 바탕으로 자기자본과 부채의 가치를 구하면 다음과 같다.

	합병기업
자기자본의 시장가치	\$26.646백만
부채의 시장가치	\$13.354백만

결과적으로 주주의 입장에서 이 합병은 아주 좋지 않은 선택임을 알 수 있다. 합병 전에 두 기업의 주식가치는 총 \$20.424백만 + \$7.001백만 = 27.425백만\$였다. 그러나 합병 후에 26.646백만\$로 줄어들었기 때문에 이 합병은 자기자본을 \$27.425백만 − \$26.646백만 = 0.779백만\$, 거의 1백만\$를 증발시킨 셈이다.

그렇다면 1백만\$의 자기자본은 어디로 간 것일까? 물론, 사라진 것은 아니고 채권자들에게 간 것이다. 채권의 가치는 합병 전에는 \$9.576백만 + \$2.999백만 = 12.575백만\$였지만, 합병 후에는 13.354백만\$이기 때문에 정확히 0.779백만\$만큼 증가한 것이다. 결국 이 합병은 가치를 새로 만들거나 없앤 것이 아니라 가치를 주주로부터 채권자에게 옮긴 것이다.

위의 예는 순수금융합병은 안 좋은 선택이며, 왜 안 좋은 선택인지를 보여주고 있다. 이러한 다각화는 기업자산이 갖는 수익률의 변동성을 줄인다는 데서 의미를 찾을 수 있다. 이와 같은 위험의 제거는 부도(채무불이행)의 가능성을 줄여주기 때문에 혜택을 보는 것은 채권자들이다. 이는 때때로 상호보험효과(coinsurance effect)라고 부르기도 한다. 기본적으로 합병을 통해서 기업은 서로의 채권을 보증하게 된다. 그에 따라 채권의 위험은 줄어들고 그 가치는 상승한다. 따라서 채권의 가치는 상승하는데 자산의 총가치가 변하지 않는다면 자기자본의 가치는 줄어들 수밖에 없다. 그러므로 순수금융합병은 채권자들에게 좋지만 주주들에게는 그렇지 않다.

다른 관점에서 생각해보자. 자기자본은 콜옵션이기 때문에 기초자산의 수익률이 가지는 변동성의 감소는 콜옵션의 가치를 떨어뜨릴 것이다. 순수금융합병에서 이와 같은 가치의 감소는 흥미로운 의미를 지닌다. 합병은 부도(따라서 파산) 가능성을 줄여준다. 이는 분명 채권자의 입장에서는 좋은 것이다. 그런데 주주의 입장에서는 왜 좋지 않은 것일까? 답은 간단하다. 주주의 입장에서 파산을 할 수 있는 권리는 가치있는 옵션이다. 그런데 순수금융합병은 이러한 옵션의 가치를 떨어뜨린다.

옵션과 자본예산

이전 장에서는 "연기옵션", "포기옵션" 등과 같이 자본예산의 의사결정과 관련된 여러 옵션들에 대해 설명하였었다. 여기서는 옵션과 관련된 두 가지 추가적인 점들에 대해 살펴보기로 한다. 우리가 보이고자 하는 것은 첫 번째로 부채기업의 경우에는 NPV가 높은 투자안보다 낮은 투자안을 주주들이 선호하는 경우가 있다는 것이다. 두 번째로 보이고자 하는 것은 심지어 NPV가 양(+)인 투자안보다 음(−)인 투자안을 주주들이 선호하는 경우도 있다는 것이다.

한 기업을 예로 들어보자. 이 기업에 관한 정보는 다음과 같다.

자산의 시장가치	$20백만
순수할인부채의 액면가치	$40백만
부채의 만기	5년
자산수익률의 표준편차	50%

연속복리 무위험이자율은 4%이다. 이를 바탕으로 다음과 같이 자기자본과 부채의 가치를 구할 수 있다.

자기자본의 시장가치	$ 5.744백만
부채의 시장가치	$14.256백만

이 기업의 경우에 레버리지도(부채조달의 수준)가 꽤 높다. 시장가치로 본 이 기업의 자기자본-부채비율은 $14.256/$5.744 = 2.48, 즉 248%이다. 이는 꽤 높은 수치이지만 이런 경우가 드문 경우는 아니다. 또 하나 살펴보아야 하는 것은 이 경우에 옵션이 외가격 옵션이며, 따라서 델타가 0.547이라는 점이다.

이 기업은 두 가지의 투자안 중에서 하나를 선택해야 한다. 현재 시점에서 선택을 하거나, 포기해야 하기 때문에 시간이 문제가 되지는 않는다. 두 투자안이 이 기업 자산의 시장가치와 자산수익률의 표준편차에 미치는 영향은 다음과 같다.

	투자안 A	투자안 B
NPV	$ 4	$ 2
자산의 시장가치($20 + NPV)	$24	$22
자산수익률의 표준편차	40%	60%

어느 투자안이 더 좋을까? 투자안 A의 NPV가 높은 것은 사실이지만, 여기서 중요한 것은 자산수익률의 표준편차가 어떻게 변하느냐이다. 투자안 A는 표준편차를 떨어뜨리는 반면 투자안 B는 증가시킨다. 주주들이 어느 것을 선호하는지 알기 위해서는 두 투자안에 따른 자기자본과 부채의 가치가 얼마인지 계산해야 한다. 계산을 해보면 다음과 같은 결과를 얻는다.

	투자안 A	투자안 B
자기자본의 시장가치	$ 5.965	$ 8.751
부채의 시장가치	$18.035	$13.249

계산 결과에서 볼 수 있듯이 두 투자안 간에는 뚜렷한 차이가 존재한다. 투자안 A는 주주와 채권자에게 모두 이익을 가져다주지만, 대부분의 이익이 채권자에게 간다. 이와 달리 투자안 B는 자기자본의 가치를 크게 증가시키지만, 부채의 가치를 떨어뜨린다. 결국 주주들은 투자안 B를 선호할 것이 분명하다.

위의 분석이 의미하는 바는 무엇일까? 기본적으로 두 가지를 말할 수 있다. 첫째, 자기자본의 델타가 1.0보다 월등히 작을 때는 새로이 창출되는 가치 중 일부가 채권자들에게 간다는 점이다. 둘째, 주주들은 기업자산의 수익률에 대한 표준편차를 증가시키려는 강한 인센티브를 갖는다는 점이다. 좀 더 정확히 말해 주주들은 설령 NPV가 낮더라도 표준편차를 감소시키는 것보다 표준편차를 증가시키는 투자안을 선호한다는 것이다.

마지막으로 한 가지의 예를 더 살펴보자. 기업의 정보는 다음과 같이 주어졌다.

자산의 시장가치	$20백만
순수할인부채의 액면가치	$100백만
부채의 만기	5년
자산수익률의 표준편차	50%

무위험이자율은 4%이고, 이에 따라 자기자본과 부채의 가치를 구하면 다음과 같다.

자기자본의 시장가치	$ 2.012백만
부채의 시장가치	$17.988백만

위의 예와 다른 것이 있다면, 부채의 액면가치가 100백만$라는 것밖에 없다. 따라서 옵션은 상당히 큰 외가격을 갖는 옵션이다. 델타가 0.24밖에 되지 않기 때문에 새로이 창출되는 가치의 대부분이 채권자들에게 돌아갈 것이다.

이 기업은 하나의 투자안을 놓고 당장 선택할지 아니면 영영 포기할지를 결정해야 한다. 이 투자안은 이 기업 자산의 시장가치와 자산수익률의 표준편차에 다음과 같은 영향을 미친다.

투자안의 NPV	−$ 1백만
기업 자산의 시장가치($20백만 + NPV)	$19백만
자산수익률의 표준편차	70%

따라서 이 투자안은 NPV는 0보다 작지만, 기업자산의 수익률에 대한 표준편차를 증가시킨다. 이 기업이 이 투자안을 받아들이면 다음과 같은 결과가 발생한다.

자기자본의 시장가치	$ 4.834백만
부채의 시장가치	$14.166백만

이 투자안은 자기자본의 가치를 두 배 이상으로 끌어올린다! 다시 말하지만, 주주들은 변동성을 증가시키려는 강한 인센티브를 갖는다. 특히 옵션이 상당히 큰 외가격을 갖는 옵션일수록 더욱 그러하다. 실제로 발생하고 있는 상황은 다음과 같다. 기업이 파산할 가능성이 높은 경우에는 주주들이 잃는 것이 상대적으로 작다. 따라서 그러한 경우 주주들은 모험을 건 도박(그러한 도박이 음(−)의 NPV를 갖는 경우라고 하더라도)을 하려는 강한 인센티브를 갖는다. 이는 마지막 돈까지 사용하여 복권을 사는 것과 같다. 이는 좋지 않은 투자이다. 그러나 문제는 이 옵션 외에 달리 취할 다른 옵션들이 별로 없다는 것이다.

개념질문 _Concept Questions

25.5a 순수금융합병이란 무엇인가?

25.5b 부채기업의 주주들이 높은 NPV의 투자안보다 낮은 NPV의 투자안을 선호한다면, 그 이유는 무엇인가?

25.6 요약과 결론

이 장에서는 옵션의 평가와 기업재무에서 옵션평가모형이 어떻게 사용되는지에 관해 살펴보았다. 주요 내용을 정리하자면 다음과 같다.

1. 풋-콜 패리티(PCP) 조건식은 콜옵션, 풋옵션, 무위험자산(예: 미재무부 단기채권), 기초자산(예: 주식) 중에서 세 가지의 가치를 알면 나머지 하나의 가치도 구할 수 있다고 말한다.
2. 기초자산의 가격, 행사가격, 만기일까지의 기간, 무위험이자율, 기초자산 수익률의 표준편차의 다섯 가지 요소를 블랙-숄즈 옵션가격결정모형(OPM)에 대입하면, 콜옵션의 가치를 구할 수 있다.
3. 블랙-숄즈 OPM에 대입할 요소에 변화를 주면 그 결과도 달라진다. 어떤 것은 긍정적인 영향을 미치는 반면, 부정적인 영향을 미치는 것도 있다. 영향을 미치는 수준도 각기 다르다. 예를 들어 무위험이자율의 작은 변화는 옵션가격에 큰 영향을 미치지 않지만, 표준편차의 변화는 큰 영향을 미친다. 이러한 여러 가지의 영향들을 그릭(greek)이라고 부르는데 그것은 그러한 영향들을 그리스 문자(또는 그 비슷한 것)로 정의했기 때문이다.
4. 부채기업의 자기자본은 그 기업자산에 대한 콜옵션으로 볼 수 있다. 이러한 점은 주주들이 NPV가 상대적으로 낮은 투자안을 선택해서 기업자산에 대한 변동성을 증가시키려는 강한 인센티브를 갖게 만든다.

개념복습과 개념문제

1. **옵션과 만기일** [LO3] 만기까지의 시간이 증가하면 옵션가치에 어떤 영향을 미치는가? 설명해 보라.
2. **옵션과 주가의 변동성** [LO3] 주식수익률의 변동성이 증가하면 옵션가치에 어떤 영향을 미치는가? 설명해보라.
3. **옵션과 이자율** [LO3] 이자율은 옵션가격에 어떤 영향을 미치는가? 설명해보라.
4. **보호적 풋** [LO1] 보호적 풋전략을 주가보험(stock price insurance)이라고 부르는 경우도 있다. 그 이유는 무엇인가?
5. **내재적 가치** [LO2] 콜옵션의 내재적 가치는 얼마인가? 풋옵션의 내재적 가치는 얼마인가? 이와 같은 가치를 어떻게 해석해야 하는가?
6. **시간적 가치** [LO2] 콜옵션의 시간적 가치는 얼마인가? 풋옵션의 시간적 가치는 얼마인가? 만기일까지의 시간이 증가하면, 콜옵션의 시간적 가치는 어떻게 변하는가? 풋옵션의 경우에는 어떠한가?
7. **옵션의 평가와 NPV** [LO5] Titan Industries의 CEO는 최근 상당량의 스톡옵션을 받았다. 현재, 이 회사는 두 개의 투자안을 놓고 어느 것을 선택할지 고민 중이다. 첫 번째 투자안은 NPV가 높고, 기업의 전체적인 위험수준을 줄일 것으로 기대된다. 두 번째 투자안은 NPV가 낮으며, 전체적인 기업의 위험수준을 끌어올릴 것으로 예상하고 있다. Titan의 CEO는 첫 번째 투자안을 선택하기로 하였다. 자신이 받은 스톡옵션을 고려한다면, CEO의 결정이 달라질까?
8. **풋-콜 패리티** [LO1] 행사가격과 만기일이 같은 풋옵션, 콜옵션이 있다고 하자. 이때 풋옵션과 콜옵션의 상대적인 가격이 얼마라고 할 수 있는가? 이를 뒷받침할 수 있는 설명을 제시하라.
9. **풋-콜 패리티** [LO1] 행사가격과 만기일이 일치하는 풋옵션과 콜옵션이 있다고 하자. 두 옵션의 가격이 같다면, 내가격 옵션인 것은 어느 것일까? 이를 뒷받침할 수 있는 설명을 제시하라.

10. **풋-콜 패리티** [LO1] 주식, 풋옵션, 콜옵션, 미재무부 단기채권 중에서 세 가지 값만 알면 풋-콜 패리티를 통해서 나머지 하나의 값도 구할 수 있다. 만약 풋옵션과 콜옵션, 미 재무부 단기채권의 가치가 주어졌다면 주식의 가치를 어떻게 구할 수 있을까?

연습문제

초급문제
(1-12)

1. **연속복리** [LO2] 현재 갖고 있는 돈 1,490$가 연 9%의 연속복리로 증가한다면 8년 뒤에 얼마가 되는가?
2. **연속복리** [LO2] 12년 뒤에 25,000$가 필요하다고 하자. 연 7%의 연속복리 이자율을 얻을 수 있다면 현재 시점에서 얼마를 저축해야 할까?
3. **풋-콜 패리티** [LO1] 한 주식의 가격이 주당 73$이다. 행사가격이 70$이고 만기가 3개월인 콜옵션의 가격은 5.27$이다. 무위험이자율이 연간 2.6%(연속복리)라면, 이와 행사가격이 일치하는 풋옵션의 가격은 얼마일까?
4. **풋-콜 패리티** [LO1] 만기가 6개월이고 행사가격이 45$인 풋옵션이 4.84$에 팔리고 있다. 현재의 주가는 43$이며 무위험이자율은 연간 3.5%(연속복리)이다. 그렇다면 이와 행사가격이 같은 콜옵션의 가격은 얼마일까?
5. **풋-콜 패리티** [LO1] 행사가격이 65$이고 만기가 3개월인 풋옵션과 콜옵션이 각각 5.27$, 1.04$에 팔리고 있다. 연속복리 무위험이자율이 연간 3.1%라면, 현재의 주가는 얼마일까?
6. **풋-콜 패리티** [LO1] 행사가격이 50$이고 만기가 4개월인 풋옵션과 콜옵션은 각각 5.99$, 8.64$에 팔리고 있다. 현재의 주가가 52.27$라면, 연간 연속복리 이자율은 얼마일까?
7. **블랙-숄즈** [LO2] 다음과 같은 정보가 주어졌다면 콜옵션과 풋옵션의 가격은 각각 얼마일까?

주가 = $58
행사가격 = $60
무위험이자율 = 연간 2.7%, 연속복리
만기 = 4개월
표준편차 = 연간 47%

8. **델타** [LO2] 다음과 같은 정보가 주어졌다면 콜옵션과 풋옵션의 델타는 각각 얼마인가? 옵션의 델타는 무슨 의미를 지니는가?

주가 = $74
행사가격 = $70
무위험이자율 = 연간 4.3%, 연속복리
만기 = 9개월
표준편차 = 연간 46%

9. **블랙-숄즈와 자산가치** [LO4] 당신이 미국 플로리다주, Key West에 땅을 소유하고 있다고 가정하자. 아직까지 그 땅을 사용하고 있지는 않지만, 최근에 이와 유사한 땅들이 1.35백만$에 팔린 적이 있다. 지난 5년간, 이 지역의 땅 가격은 연간 7% 상승했고 표준편차는 연간 35%를 기록하고 있다. 현재 한 부동산업자가 12개월 이내에 땅을 1.6백만$에 살 수 있는 옵션을 원하고 있다. 연간 연속복리 무위험이자율이 5%라면, 이 옵션의 가격을 얼마로 정해야 할까?
10. **블랙-숄즈와 자산가치** [LO4] 문제 9에서 당신이 부동산업자에게 땅을 1년 이내에 팔 수 있는 옵션을 원한다고 하자. 다른 것이 같다고 했을 때, 현재 어떤 거래가 발생할 수 있는지 설명해보라.

현재의 시점에서 이와 같은 거래의 가격은 얼마일까?

11. 옵션의 시간적 가치 [LO2] 어떤 주식과 그에 대한 옵션정보가 다음과 같이 주어졌다.

주가 = $64
행사가격 = $60
무위험이자율 = 연간 2%, 연속복리
만기 = 6개월
표준편차 = 연간 57%

a. 콜옵션의 내재적 가치는 얼마인가? 풋옵션의 내재적 가치는 얼마인가?

b. 콜옵션의 시간적 가치는 얼마인가? 풋옵션의 시간적 가치는 얼마인가?

c. 콜옵션과 풋옵션 중 어느 것에서 시간적 가치가 더 큰 비중을 차지하는가? 일반적으로 그러한가?

12. 풋-콜 패리티 [LO1] 행사가격이 25$이고 만기가 4개월 뒤인 콜옵션의 가격은 3.10$이다. 현재의 주가가 25.19$이고 연간 무위험이자율이 2.5%(연속복리)라면, 이와 행사가격이 같은 풋옵션의 가격은 얼마일까?

중급문제
(13-20)

13. 블랙-숄즈 [LO2] 만기일이 6개월인 콜옵션이 있다. 현재의 주가는 75$이며, 주식수익률의 표준편차는 연간 20%이다. 연간 연속복리 무위험이자율은 4%이다. 만약 행사가격이 0$라면, 콜옵션의 가격은 얼마일까?

14. 블랙-숄즈 [LO2] 행사가격이 70$이고 만기가 6개월 남은 콜옵션이 있다. 현재 주가는 73$이며 연간 연속복리 무위험이자율은 5%이다. 만약 주식수익률의 표준편차가 연간 0%라면, 콜옵션의 가격은 얼마일까?

15. 블랙-숄즈 [LO2] 47$에 팔리고 있는 주식이 있다. 여기에 대해서 만기가 1년이고 행사가격이 50$인 콜옵션이 있다. 연간 연속복리 무위험이자율은 12%이며 주식수익률의 표준편차는 무한대이다. 그렇다면 이 콜옵션의 가격은 얼마일까?

16. 옵션으로서의 자기자본 [LO4] Sunburn Sunscreen은 액면가가 10,000$이고 만기가 1년 남은 제로쿠폰채권(무이표채권)을 발행한 상태이다. 이 회사 자산의 현재 시장가치는 10,900$이다. 자산수익률의 표준편차는 연간 31%이며 연간 무위험이자율은 6%(연속복리)이다. 블랙-숄즈 모형을 바탕으로 이 회사의 자기자본과 부채의 시장가치를 구하면 얼마인가?

17. 옵션으로서의 자기자본과 NPV [LO4] 문제 16에서 이 회사가 두 개의 투자안을 놓고 어느 것을 선택할지 고민 중이라고 가정하자. 투자안 A의 NPV는 2,400$이며, 투자안 B의 NPV는 2,800$이다. 만약 투자안 A를 선택한다면, 이 회사 자산수익률에 대한 표준편차는 연간 49%로 증가할 것이다. 반대로 투자안 B를 선택한다면, 자산수익률에 대한 표준편차는 연간 26%로 감소할 것이다.

a. 투자안 A를 선택한다면, 이 회사의 자기자본과 부채의 가치는 얼마가 될까? 투자안 B를 선택한 경우에는 어떻게 될까?

b. 주주들은 어느 투자안을 선호할까? 이는 NPV 원칙을 만족시킬까?

c. 주주들과 채권자들이 사실은 같은 집단에 속한 투자자들이라고 가정하자. 그렇다면 문제 b에 대한 답이 달라질까?

d. 이 문제를 통해 주주들이 갖는 인센티브에 대해서 어떤 결론을 내릴 수 있는가?

18. 옵션으로서의 자기자본 [LO4] Frostbite Thermalwear가 발행한 제로쿠폰채권의 액면가는 20,000$이고 만기는 1년 남았다. 이 회사 자산의 현재 시장가치는 23,100$이다. 자산수익률에 대한 표준편차는 연간 38%이며 연간 무위험이자율은 6%(연속복리)이다. 블랙-숄즈 모형을 이용해서 자기자본과 부채의 시장가치를 구하면 얼마인가? 연속복리로 계산된 부채 비용은 얼마인가?

19. 기업합병과 옵션으로서의 자기자본 [LO5] 앞의 Sunburn Sunscreen과 Frostbite Thermalwear

가 합병한다고 하자. 두 기업의 매출이 계절에 따라 달라지기 때문에 합병기업의 자산수익률은 연간 21%의 표준편차를 갖는다.

a. 합병 전에 두 기업의 자기자본 가치를 합친 것은 얼마인가? 부채의 총가치는 얼마인가?

b. 합병기업의 자기자본 가치는 얼마인가? 부채의 가치는 얼마인가?

c. 주주들은 얼마의 이익 또는 손해를 보는가? 채권자의 경우에는 어떠한가?

d. 주주 가치(shareholder value)는 어떻게 변했는가?

20. **옵션으로서의 자기자본과 NPV** [LO4, 5] 액면가가 16.5백만$이고, 만기가 5년 남은 제로쿠폰채권을 한 장 발행하고 있는 기업이 있다고 하자. 이 기업의 자산은 현재가치가 15.1백만$이며, 자산수익률의 표준편차는 연간 41%이다. 연간 무위험이자율은 6%(연속복리)이다.

a. 이 기업의 자기자본은 현재 시장가치가 얼마인가?

b. 이 기업의 부채는 현재 시장가치가 얼마인가?

c. 이 기업의 연속복리로 계산된 부채 비용은 얼마인가?

d. 현재 이 기업은 새로운 투자안을 놓고 고민 중이다. 이 투자안의 NPV는 2.2백만$이다. 만약 이 투자안을 선택한다면 자기자본의 시장가치는 얼마가 될까? 표준편차는 변하지 않는다고 가정하자.

e. 기업이 새 투자안을 선택하고 추가로 자금을 빌리지 않는다고 가정했을 때, 연속복리 부채비용은 얼마가 되는가? 이는 어떻게 해석할 수 있는가?

고급문제 (21-28)

21. **부채의 가치평가와 만기일까지의 시간** [LO4] Zevon Industries의 제로쿠폰채권은 액면가가 50,000$이고 만기가 2년 남았다. 이 회사 자산의 현재가치는 34,600$이며, 자산의 수익률의 표준편차는 연간 60%이다.

a. 연간 무위험이자율이 5%(연속복리)라고 가정하자. 이 회사의 제로쿠폰채권과 액면가치가 같고 만기일이 일치하는 무위험채권은 가치가 얼마일까?

b. 행사가격이 부채의 액면가치와 같은 이 회사 자산에 대한 풋옵션에 대해서 채권자들은 얼마의 가격을 지불할까?

c. 문제 a와 b의 답을 이용해서 이 회사 부채의 가치를 구하면 얼마인가? 부채의 연속복리 수익률은 얼마인가?

d. 기업의 자산가치와 부채의 만기가 2년 남았다는 것을 고려했을 때, 이 회사는 채무를 불이행할 확률이 높다고 볼 수 있다. 결국 이 회사 경영진은 채권자들에게 부채의 액면가만큼을 5년 뒤에 갚는다는 계획안을 제시했다. 이와 같은 계획안에서 부채의 가치는 얼마가 될까? 부채의 연속복리 이자율은 얼마가 될까? 그 이유에 대해서 설명해보라.

22. **부채의 가치평가와 자산의 변동성** [LO4] Colosseum Corp.의 제로쿠폰채권은 5년 뒤에 만기가 되고, 액면가는 75,000$이다. 이 회사 자산의 현재가치는 71,000$이며, 자산의 수익률의 표준편차는 연간 34%이다. 연간 연속복리 무위험이자율은 7%이다.

a. 현재의 채권과 만기일이 같고 총액면가치가 일치하는 무위험채권의 가치는 얼마인가?

b. 행사가격이 부채의 액면가치와 같은 이 회사 자산에 대한 풋옵션의 가치는 얼마인가?

c. 문제 a와 b의 답을 가지고 이 회사 부채의 가치를 구하면 얼마인가? 이 회사 부채의 연속복리 수익률은 얼마인가?

d. 이 회사가 자산구조에 변화를 줘서 자산의 수익률의 표준편차가 연간 43%로 증가한다고 가정하자. 부채의 가치는 얼마로 변하는가? 부채의 연속복리 수익률은 어떻게 될까? 이를 문제 c와 d에서 구한 값과 비교해보라.

e. 이 회사가 자산구조에 변화를 준다면 채권자들에게는 어떤 일이 발생하는가? 주주들에게는 어떤 일이 발생하는가? 이것이 어떻게 대리인문제(agency problem)를 발생시키는지 설명해보라.

23. **블랙-숄즈와 배당금** **[LO2]** 이 장에서는 다섯 가지의 요소가 옵션의 가격을 결정한다고 말했는데, 이와 더불어 배당금 또한 옵션의 가격에 영향을 미친다. 배당금을 고려한 블랙-숄즈 모형은 다음과 같다.

$$C = S \times e^{-dt} \times \mathrm{N}(d_1) - E \times e^{-Rt} \times \mathrm{N}(d_2)$$
$$d_1 = [\ln(S/E) + (R - d + \sigma^2/2) \times t]/(\sigma \times \sqrt{t})$$
$$d_2 = d_1 - \sigma \times \sqrt{t}$$

변수 d를 추가한 것 외에는 모든 것이 기존의 블랙-숄즈 모형과 일치한다. d는 주식의 연속복리 배당수익률을 가리킨다.

a. 배당수익률은 콜옵션의 가격에 어떤 영향을 미칠까? 설명해보라.

b. 주식가격은 주당 94$이고 수익률의 표준편차는 연간 50%이며 연간 연속복리 무위험이자율은 4%이다. 주식의 배당수익률이 연간 2%라면, 행사가격이 90$이고 만기가 6개월 뒤인 콜옵션의 가격은 얼마일까?

24. **풋-콜 패리티와 배당금** **[LO1]** 배당금을 지급하는 경우에는 풋-콜 패리티 조건식에 변화가 생긴다. 배당금을 고려한 풋-콜 패리티 공식은 다음과 같다.

$$S \times e^{-dt} + P = E \times e^{-Rt} + C$$

여기서 d는 연속복리 배당수익률을 가리킨다.

a. 배당수익률은 풋옵션의 가격에 어떤 영향을 미칠까? 설명해보라.

b. 문제 23에서 콜옵션과 만기일과 행사가격이 일치하는 풋옵션의 가격은 얼마일까?

25. **풋옵션의 델타** **[LO2]** 이 장에서 언급했듯이 풋옵션의 델타는 $\mathrm{N}(d_1) - 1$이다. 이는 $-\mathrm{N}(-d_1)$와 같은 것일까? (힌트: 같은 것이다. 왜 같은 것일까?)

26. **블랙-숄즈 풋가격결정모형** **[LO2]** 블랙-숄즈 콜옵션 가격결정모형, 풋-콜 패리티, 그리고 문제 25를 이용하여 풋의 가격을 직접 결정하는 블랙-숄즈 모형이 다음과 같음을 증명해보라.

$$P = E \times e^{-Rt} \times \mathrm{N}(-d_2) - S \times \mathrm{N}(-d_1)$$

27. **블랙-숄즈** **[LO2]** 현재가격이 50$인 주식이 있다. 이 주식은 배당금을 지급하지 않는다. 연간 연속복리 무위험이자율은 12%이고, 주식수익률의 표준편차는 연간 60%이다. 이 주식에 대한 유러피안 콜옵션은 행사가격이 100$이고, 만기일이 없어 기한이 무한대이다. 블랙-숄즈를 바탕으로, 이 콜옵션의 가치를 구하면 얼마인가? 여기서 어떤 모순점을 찾을 수 있는가? 이와 같은 모순점을 해결할 방법은 없을까?

28. **델타** **[LO2]** 행사가격, 만기일이 같은 풋옵션을 하나 사고 콜옵션을 하나 팔았다고 하자. 이 경우, 전체적인 포트폴리오의 델타는 얼마인가? 그 이유는 무엇인가?

작은 사례

Exotic Cuisines의 스톡옵션

대학을 졸업한 후, 운 좋게 당신은 지난해에 주식을 공개한 레스토랑 체인기업인 Exotic Cuisines의 경영팀에 합류하게 되었다. 이 회사는 악어, 물소, 타조 등 매우 이색적인 재료로 만든 음식을 판매하는 데 전문화되어 있다. 당신이 걱정하고 있는 것은 레스토랑 사업이 매우 위험하다는 것이다. 그러나 자세히 살펴본 결과, 당신은 레스토랑 사업에 대한 이러한 일반적인 생각이 잘못된 것임을 알게 되었다. 사람들은 새로운 레스토랑의 90% 정도가 3년 안에 문을 닫는 것으로 알고 있다. 그러나 최근의 조사결과에 의하면 레스토랑 사업이 3년 안에 실패할 확률이 60% 정도로 나타난다. 따라서 레스토랑 사업이 위험한 사업이기는 하지만 생각했던 것처럼 그렇게 위험하지는 않은 것이다.

입사 당시의 취업인터뷰에서 당신은 이 회사가 주는 여러 혜택 중 하나가 스톡옵션이라고 들었다.

고용계약서에 사인하면서 당신은 행사가격이 60$인 이 회사의 보통주 10,000주에 대한 스톡옵션을 받았다. 다른 경우들과 마찬가지로 당신이 받은 스톡옵션은 3년의 유예기간(vesting period), 10년의 유효기간(expiration period)을 갖고 있다. 이는 당신이 3년간 옵션을 행사하지 못하며 3년 내에 회사를 떠나면 권리가 소멸된다는 것을 말한다. 3년 이후에는 언제든지 옵션을 행사할 수 있다. 따라서 스톡옵션은 처음 3년간은 유러피안(권리상실이 포함된)옵션이며, 그 이후로는 아메리칸옵션이다. 물론 스톡옵션은 판매할 수 없고, 또한 이에 대해 어떤 헤징계약도 맺을 수 없다. 옵션을 행사할 수 있게 된 후(3년 후)에 회사를 떠나게 되면 90일 내에 권리를 행사해야 하며 그렇지 않으면 권리가 소멸된다.

Exotic Cuisines의 주식은 현재 주당 32.18$에 거래되고 있다. 지난해에 기업공개(IPO)를 한 후 주식가격은 약간 상승하였다. 이 회사주식에 대한 옵션거래는 시장에서 이루어지고 있지 않다. 당신은 이 회사가 상장된 지 약 1년밖에 되지 않았으므로 과거자료를 가지고 이 회사 주식의 수익률의 표준편차를 추정하는 것은 적절하지 않다고 생각한다. 그 대신 레스토랑체인을 운영하는 기업들의 주식의 수익률의 연평균표준편차를 구해보았는데 이는 약 55%로 나타났다. Exotic Cuisines이 신규 레스토랑체인 기업이기 때문에 당신은 표준편차로 60%를 사용하기로 했다. 이 회사가 상대적으로 젊고 당분간은 벌어들인 돈을 모두 재투자할 것으로 기대된다. 따라서 적어도 앞으로 10년간은 배당이 지급되지 않을 것으로 예상된다. 3년 만기 미재무부 중기채권은 2.4%의 수익률을 보이고 있으며, 10년 만기 미재무부 중기채권은 3.1%의 수익률을 보이고 있다.

질문

1. 당신이 받은 옵션에 대해 당신이 부여할 수 있는 최저가치와 최고가치는 얼마인가?
2. 3년 후에 이 회사의 주식이 60$에 거래된다고 하자. 그렇다면 그때 당신은 옵션을 그대로 갖고 있어야 하는가 아니면 바로 행사해야 하는가? 이러한 판단을 하는 데 있어서 중요한 점들은 무엇인가?
3. 다른 스톡옵션과 마찬가지로 당신이 받은 스톡옵션도 거래를 통해 소유권을 이전할 수 없다. 이러한 점이 옵션가치에 큰 영향을 미치는가? 왜 그런가?
4. 스톡옵션이 일반적으로 유예기간을 설정하고 있는 이유는 무엇이라고 생각하는가? 유예기간이 지난 후, 당신이 회사를 떠날 경우에 권리행사 여부를 시일 내에 판단하도록 하고 있는 이유는 무엇이라고 생각하는가?
5. 스톡옵션과 관련하여 논쟁이 되고 있는 것은 재평가(repricing)이다. 이는 해당 기업의 주식가격이 하락하여 스톡옵션이 심한 외가격에 있게 되는 경우, 즉 잠수(underwater) 상태에 있게 되는 경우에 많은 기업들이 옵션의 행사가격을 낮추는 것을 말한다. 기업들의 이러한 행동을 긍정적으로 받아들이는 쪽은 주식가격의 하락으로 옵션이 내가격이 될 가능성이 희박해지면 스톡옵션이 갖는 동기유발 요인이 사라지게 된다고 주장하고 있다. 그러나 이에 대해 부정적으로 생각하는 쪽은 스톡옵션의 행사가격을 낮추는 것(재평가)이 기본적으로 실패에 대해 보상을 하는 것과 마찬가지라고 주장하고 있다. 이러한 주장들에 대해 어떻게 생각하는가? 스톡옵션이 부여되는 시점에서 재평가(repricing)의 가능성이 존재할 때 이는 스톡옵션의 가치에 어떤 영향을 미치는가?
6. 한 기업의 주식가격의 변동성 중 상당한 부분이 체계적(시장 전반적) 위험 때문에 발생하는 것이다. 그러나 한 기업이나 그 근로자들이 체계적 위험을 통제하기는 불가능한 것이다. 이러한 사실이 스톡옵션에 대해 의미하는 것은 무엇인가? 이러한 점에서 전통적인 스톡옵션 부여방식에 대해 어떤 개선 방안을 제의할 수 있는가?

26 합병과 인수

Mergers and Acquisitions

2019년 11월, Caesars Entertainment와 Eldorado Resorts의 주주들은 두 회사의 합병을 승인하면서 도박을 했다. 합병거래 조건에 따르면 Eldorado는 합병된 회사의 지분 51%를 인수하기 위해 현금 72억$와 주식 7,700만 주를 제공하기로 했다. 신설 합병회사는 60개의 카지노, 51,000개의 호텔룸, 71,000개의 슬롯머신을 확보할 것이었다.

그렇다면 Eldorado와 같은 기업들은 어떻게 이러한 인수가 가치를 갖는 것인지 아닌지를 판단할까? 이 장에서는 왜 기업이 합병이나 인수를 해야 하는지, 왜 하지 말아야 하는지에 대해 살펴보기로 한다.

학습목표 _Learning Objectives

이 장을 공부한 후에는 다음과 같은 것들에 대해 알아야 한다.

LO1 합병과 인수의 종류와 관련 용어들, 합병이나 인수를 해야 하는 이유와 하지 않아야 하는 이유

LO2 합병과 인수의 회계처리 방법

LO3 합병과 인수의 이득과 비용의 평가

기업재무 분야에서 한 기업이 다른 기업을 인수하거나, 두 기업이 합병하는 것만큼 극적이고 논란거리가 되는 사건이 없다. 이와 같은 일들은 경제신문의 머리기사로 다루어지기 마련이며 스캔들의 원천이 되는 경우도 있다. 그리고 합병은 아주 많이 발생한다. 2019년 글로벌 인수합병(M&A) 활동은 3.9조$에 달했는데 이것은 2018년 대비 3% 감소한 것이었지만 인수합병(M&A) 활동이 6년 연속 3조$를 초과한 것이었다.

한 기업이 다른 기업을 인수하는 것은 불확실성을 갖는 투자이기 때문에 당연히 가치평가의 기본법칙이 적용된다. 즉 다른 기업의 인수는 인수기업의 주주들에게 양(+)의 NPV를 가져다줄 때에만 이루어져야 한다. 그러나 인수안의 NPV를 구하는 것이 어려울 수 있기 때문에 합병과 인수(M&A) 그 자체가 흥미 있는 주제가 되고 있다.

합병과 인수에서 문제가 되는 사항들은 다음과 같이 몇 가지로 정리된다.

1. 기업인수의 혜택은 전략적 적합성(strategic fit)과 같은 것에 의해 결정된다. 전략적 적합성은 정확히 정의하기가 어려울 뿐만 아니라, 현금흐름할인법을 통해서 그 가치를 측정하는 것도 쉬운 일이 아니다.
2. 한 기업이 다른 기업을 인수할 때 회계, 세금, 법적인 문제가 복잡하게 영향을 미친다는 점을 고려해야 한다.

3. 기업인수는 주주들이 경영진을 통제할 수 있도록 해주는 중요한 수단이다. 기존 경영진과 주주들의 이해충돌 때문에 기업인수가 발생하는 경우도 있다. 다른 기업이 인수하도록 만드는 것은 표적기업의 주주들이 자기회사의 경영진을 제거할 수 있는 하나의 방법이다.
4. 합병과 인수에 "비우호적인" 분위기가 형성되는 경우도 있다. 이때 인수기업은 표적기업과의 조용한 협상에만 매달리지 않는다. 표적기업은 인수에 저항하며 독약증권(poison pill), 그린메일(green mail), 백기사(white knights)와 같은 이색적 이름을 갖는 방어전략들을 쓰기도 한다.

우리는 이러한 것들에 대해 살펴보고, 기타 합병과 관련된 문제들도 살펴보기로 한다. 먼저 인수의 기본적인 법적, 회계적, 세무적 특징에 대해 살펴보는 것으로 시작하기로 하자.

26.1 인수의 법적 형태

한 기업이 다른 기업을 인수(acquisition)하는 데는 다음과 같은 세 가지 법적 형태가 있다.

1. 합병 또는 통합(merger or consolidation)
2. 주식의 취득(acquisition of stock)
3. 자산의 취득(acquisition of assets)

이 세 가지 형태가 법적 측면에서는 서로 다른 것이 사실이지만 금융매체들은 종종 이들을 구별하지 않는다. 실제의 법적 형태에 상관하지 않고, 합병(merger)이라는 단어를 쓰는 경우가 많다.

다른 기업을 인수하려는 기업을 인수기업 혹은 입찰기업(bidder)이라고 부른다. 입찰기업은 다른 기업의 주식이나 자산을 인수하기 위해서 현금 또는 증권을 지급하기 마련이다. 반대로 인수되는 기업은 표적기업(target firm)이라고 부른다. 표적기업에 제시하는 현금이나 증권이 인수에서 살펴보아야 할 대상이 되는 것이다.

흡수합병 또는 신설합병

흡수합병(merger): 한 기업이 다른 기업을 완전히 흡수하는 것으로, 인수기업은 자신의 이름과 정체성(identity)을 그대로 유지하는 반면, 표적기업은 더 이상 개별기업으로 인정받지 못한다.

신설합병(consolidation): 인수기업과 표적기업이 모두 정체성을 잃고 완전히 새로운 기업으로 태어나는 것

흡수합병(merger)은 한 기업이 다른 기업을 완전히 흡수하는 것이다. 인수기업은 자신의 이름과 정체성을 그대로 유지하며, 표적기업의 모든 자산과 부채를 인수하게 된다. 합병 이후에 표적기업은 더 이상 독립적인 사업체로 인정받지 못한다.

신설합병(consolidation)은 새로운 기업이 만들어진다는 점만 빼고는 흡수합병과 같은 개념이다. 신설합병에서는 인수기업과 표적기업이 모두 종전의 법적 존재성은 상실하고 새로운 기업의 한 부분을 이루게 된다. 그렇기 때문에 인수기업과 표적기업의 구별이 흡수합병에서만큼 중요하지가 않다.

기본적으로 흡수합병과 신설합병의 원칙은 동일하다. 이들에 의한 인수는 인수기업과 피인수기업의 자산 및 부채를 합치는 결과를 낳는다. 단 한 가지의 차이점은 새로운 기업이 태어나느냐, 태어나지 않느냐이다. 따라서 우리는 "합병"이라는 용어를 "흡수합병과 신설합병" 둘 다를 가리키는 것으로 사용할 것이다.

합병을 통해서 기업을 인수하는 데에는 다음과 같은 장점과 단점이 있다.

1. 가장 큰 장점은 합병이 법적으로 간단하고 다른 형태의 인수만큼 비용이 높지 않다는 것이다.

그 이유는 두 기업이 자신들의 모든 생산활동을 합치는 데에 동의하기 때문이다. 그러므로 예를 들어 표적기업의 개별자산에 대해서 인수기업에 명의를 이전할 필요가 없다.

2. 가장 큰 단점은 양쪽 기업이 주주들의 투표를 거쳐서 승인을 얻어야 한다는 것이다.[1] 승인을 얻기 위해서는 일반적으로 전체 주주의 2/3 이상이 찬성해야 한다. 주주들로부터 찬성표를 받아내는 것은 많은 시간이 들어가는 힘든 작업이다. 게다가 조금 후에 설명하겠지만, 합병을 위해서는 표적기업 경영진의 협조가 절실히 필요하다. 그러나 그와 같은 협조는 비용을 들이지 않고 쉽게 얻기가 거의 불가능하다.

주식의 취득

다른 기업을 인수하는 두 번째 방법은 현금, 주식 또는 기타 증권을 지불하고 그 기업의 의결권주(voting stock)를 사들이는 것이다. 이때 한 기업의 경영진이 먼저 사적으로 다른 기업의 경영진에게 제안을 하는 경우가 많다.

누가 먼저 제안을 했건, 어느 시점에 도달하면 그 제안을 표적기업의 주주들에게 직접적으로 전해야만 한다. 이는 **주식공개매수**(tender offer)를 통해서 달성할 수 있다. 주식공개매수는 주식을 사겠다는 공개적인 제안이며 표적기업의 주주들에게 직접적으로 전해지는 것이다.

주식공개매수(tender offer): 한 기업이 다른 기업의 주식을 그 기업의 주주들로부터 직접 사겠다고 하는 공개적인 제안

제안을 받아들이는 주주는 자신의 주식을 현금 또는 증권(또는 둘 다)과 교환하게 된다. 대부분의 주식공개매수는 입찰자가 의결권주의 일정 비율을 획득하는 조건으로 이루어진다. 따라서 충분한 수의 주식을 얻지 못하면 해당 매수제안을 철회하거나 다시 짜기도 한다.

주식공개매수는 신문광고와 같은 공식발표를 통해 표적기업의 주주들에게 알려진다. 때로는 주주들에게 우편물을 직접 보내는 경우도 있다. 하지만 주주들의 이름과 주소를 정확히 알아야 하는 어려움이 있기 때문에 자주 쓰이는 방법은 아니다. 주주들의 목록을 얻는 것은 표적기업의 협조 없이는 쉬운 일이 아니다.

주식의 취득과 합병이 비교되는 점은 다음과 같이 정리할 수 있다.

M&A 시장에 대한최근 정보를 살펴보려면, **www.marketwatch.com**에 접속해서 "merger"를 선택하면 된다.

1. 주식의 취득에서는 주주총회와 투표가 필요하지 않다. 표적기업의 주주들은 마음에 들지 않는 제안은 거절하면 그만이다.
2. 주식의 취득에서는 개별적으로 인수기업이 주식공개매수를 통해 표적기업의 주주들과 직접 거래할 수 있다. 다시 말해 표적기업의 경영진과 이사회를 거치지 않아도 된다.
3. 인수는 가끔 비우호적으로 이루어질 때가 있다. 그러한 경우에는 주식의 취득이 경영진의 저항을 무력화시키는 데 쓰인다. 표적기업 경영진의 저항은 주식 취득을 통한 인수의 비용을 합병의 비용보다 높게 하는 요인으로 꼽힌다.
4. 많은 소액주주들이 주식공개매수에서 제외되는 경우가 자주 있다. 이러한 경우에는 표적기업을 완전히 흡수할 수 없게 되므로 합병의 효과가 늦춰지거나 다른 비용이 발생하기 마련이다. 예를 들어 입찰자가 표적기업의 주식을 80% 이상 인수하지 못하면 입찰자는 표적기업이 입찰자에게 지불하는 배당금에 대해서 20~30%의 세금을 내야 한다.
5. 한 기업이 다른 기업을 완전히 흡수하기 위해서는 합병이 필요하다. 주식의 취득을 통한 인수의 뒤에는 공식적인 합병이 따르는 경우가 많다.

[1]미국의 경우 두 기업 간의 합병은 주법(state law)에 따라 이루어진다. 미국의 모든 주에서는 양쪽 기업의 주주들로부터 동의를 받도록 규정하고 있다.

자산의 취득

한 기업이 다른 기업의 자산을 모두 (또는 대부분) 사들이면 그 기업을 효과적으로 인수할 수 있다. 이는 기업을 통째로 사들이는 것과 같다. 그러나 그렇다고 해서 표적기업이 더 이상 존재하지 않는 것은 아니다. 다만 그 자산을 모두 파는 것뿐이다. 주주들이 없애려고만 하지 않는다면 표적기업의 회사명칭이 없어지는 것도 아니다.

자산의 취득에 의한 인수에서는 표적기업의 주주들로부터 투표를 거쳐 승인을 받아야 한다. 자산의 취득에 의한 인수가 갖는 한 가지 장점은 소액주주라도 제외되지 않는다는 것이다. 그러나 자산의 취득에서는 개별자산의 명의를 이전해야 하는 경우가 있다. 이 과정에서 상당한 비용이 발생하기도 한다.

인수의 분류

재무분석가들은 인수를 다음과 같은 세 가지의 형태로 분류한다.

1. 수평적 인수(horizontal acquisition): 이는 인수기업과 표적기업이 같은 산업에 있는 경우이다. 예를 들어, 이 장의 첫머리에서 논의한 Eldorado와 Caesars의 인수는 수평적 인수이다. 수평적 인수의 한 가지 위험은 독점금지 규정이다. 예를 들어, 2019년에, 여러분이 읽고 있는 것과 같은 양질의 교과서를 출판하는 McGraw-Hill과 역시 주요 교과서 출판사인 Cengage는 합병 가능성을 발표했다. 그러나 2020년 초, 잠재적인 독점금지 문제로 인해 이 합병은 취소되었다.
2. 수직적 인수(vertical acquisition): 수직적 인수는 생산 과정에서 서로 다른 단계에 있는 두 기업이 관련되는 것이다. 예를 들어, 2019년에 NVIDIA는 데이터 센터 네트워킹 회사인 Mellanox를 약 69억$에 인수했다. NVIDIA는 Mellanox사의 여러 주요 제품의 주 고객이었다.
3. 복합적 인수(conglomerate acquisition): 인수기업과 표적기업이 서로 관련이 없는 다른 사업을 하고 있을 때 이들의 합병을 복합적 인수라고 한다. 복합적 인수는 기술분야에서 매우 흔히 나타난다. 예를 들어, 2003년부터 2020년까지 Alphabet(구 Google)은 230개 이상의 회사를 인수했으며 2019년에는 Fitbit을 21억$에 인수하겠다고 제안했다(2020년 중반에 법무부에서 검토 중이었다). 여러분은 아마 Google의 셀룰러폰의 Android 운영체제에 대해 잘 알고 있을 것이다. 하지만 아마 여러분은 Google이 2005년에 Android를 인수했다는 것은 모를 수도 있다.

합병하려고 하는가? 아이디어를 얻기 위해서는, **www.firstlist.com** 또는 **www.dealstream.com**을 찾아보라.

테이크오버에 대해서

테이크오버(takeover)라는 일반적이면서도 불명확한 용어는 한 기업에 대한 통제권이 특정 집단의 주주들로부터 다른 집단의 주주들에게 이전되는 것을 가리킨다.[2] 테이크오버는 세 가지의 방법을 통해서 달성할 수 있다: 인수(acquisition), 위임장경쟁(proxy contest), 비공개화거래(going-private transaction). 따라서 테이크오버는 인수보다 넓은 의미를 가진다. 그림으로 나타내면 다음과 같다.

[2] Takeover는 일반적으로 인수라고 번역된다. 그러나 우리는 이미 acquisition을 인수라고 번역하였으므로 혼동을 피하기 위하여 그대로 테이크오버라고 부르기로 한다. Takeover는 본문에서 설명하는 바와 같이 acquisition을 포함하는 더 넓은 개념이다.

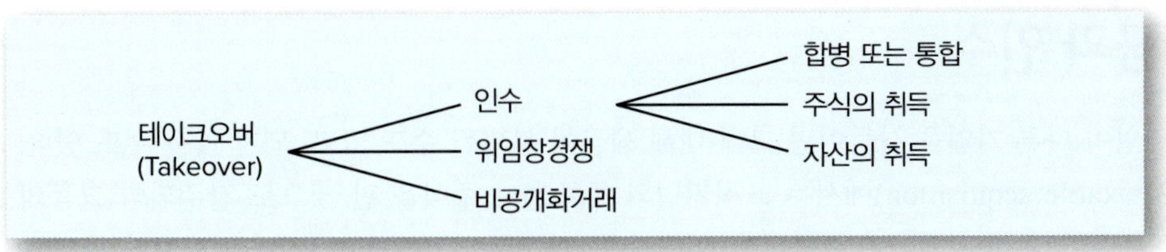

앞에서 언급했듯이 인수에 의한 테이크오버는 합병, 주식공개매수를 통한 주식의 취득, 자산의 취득을 통해 이루어진다. 합병과 주식공개매수에서는 입찰자가 표적기업의 의결권주를 사들인다.

테이크오버는 위임장경쟁을 통해서도 발생한다. **위임장경쟁**(proxy contest)에서는 한 집단이 새로운 이사진을 선출해서 이사회의 통제권을 확보하려는 것이다. 여기서 위임장은 다른 주주의 투표권을 대신 행사하는 권리를 말한다. 현 경영진에 만족하지 않는 주주들은 나머지 주주들로부터 위임장을 받아내려는 노력을 기울인다.

위임장경쟁(proxy contest): 주주들로부터 충분한 수의 투표권을 위임받아 기존의 경영진을 교체하여 기업에 대한 감독권을 확보하려는 시도

비공개화거래(going-private transaction)는 소수의 투자자들이 공개기업(public firm)의 주식을 모두 사들이는 것이다. 일반적으로 이와 같은 소수의 투자자 집단에는 몇 명의 경영진과 몇 명의 외부 투자자들이 포함된다. 이때 기업의 주식을 사들이기 위해 들어가는 자금은 대부분 빌린 돈이기 때문에 비공개화거래를 **차입매수**(leveraged buyout: LBO)라고도 한다. 현 경영진이 깊게 관여한 경우에는 경영진매수(management buyout: MBO)라는 이름을 붙이기도 한다. 결과적으로 해당 기업의 주식은 증권거래소에서 퇴출되어 더 이상 공개시장에서 살 수 없다.

비공개화거래(going-private transaction): 공개기업의 주식을 소수의 투자자들이 모두 사들이는 것

차입매수(leveraged buyout: LBO): 비공개화거래 중에서 주식을 매입하기 위해 들어가는 자금의 대부분이 빌린 돈인 경우를 말하며, 매수 대상 공개기업의 현 경영진이 관여하는 경우가 종종 있다.

최근에 와서 차입매수(LBO)는 눈에 띄게 증가했고 규모 또한 엄청 커졌다. 예를 들어 에너지 거인인 TXU사의 2007년 LBO는 역사상 가장 큰 규모의 현금인수이다. 인수가격은 무려 450억$나 되었다. 다른 대규모 LBO의 경우와 마찬가지로 이 LBO에서도 대부분의 자금조달은 정크본드(junk bond)의 매도를 통해서 이뤄졌다(정크본드에 대해서는 7장에서 설명한 바 있다).

합병의 대안들

기업들이 공동의 노력을 기울이기 위해서 반드시 합병을 해야 하는 것은 아니다. 최소한 두 기업(또는 그 이상의 기업들)이 일을 같이 하기로 동의하기만 하면 된다. 각 기업의 제품을 다른 브랜드 이름으로 판매할 수도 있고, 공동으로 새로운 제품이나 기술을 개발할 수도 있다. 기업들은 **전략적 제휴**(strategic alliance)를 맺는 경우가 많은데 이는 공동의 목표를 이루기 위해서 협력하겠다는 공식적인 계약이다. 보다 더 공식적인 것으로는 **합작투자**(joint venture)라는 것이 있는데 이는 두 기업이 공동으로 투자하여 새로운 기업을 세우는 것이다. 예를 들어 Verizon Wireless는 Verizon Communications와 Vodaphone의 합작회사이다.

전략적 제휴(strategic alliance): 두 기업이 공동목표를 달성하기 위해서 서로 협력한다는 계약

합작투자(joint venture): 두 기업이 공동목표를 달성하기 위해서 서로 협력한다는 계약

개념질문 _*Concept Questions*

26.1a 합병이란 무엇인가? 합병은 다른 형태의 인수와 어떻게 다른가?
26.1b 테이크오버는 무엇을 가리키는가?

26.2 세금과 인수

한 기업이 다른 기업을 사들이면 그에 대해 세금이 부과될 수도 있고, 되지 않을 수도 있다. 과세인수(taxable acquisition)에서는 표적기업의 주주들이 주식을 판 것으로 간주되어 그들의 이익 또는 손실에 대해서 세금이 부과된다. 면세인수(tax-free acquisition)에서는 인수가 판매(sale)가 아닌 교환(exchange)으로 간주되기 때문에 인수로 인해 자본이득이나 손실이 발생하지 않는다.

세금부과 여부의 결정요인

면세의 조건은 인수가 세금을 피하기 위한 수단이 아니라 사업상의 목적으로 이뤄져야 한다는 것과 지분적 이해관계(equity interest)가 계속 유지되어야 한다는 것이다. 다시 말해 표적기업의 주주들이 인수기업에서 자신들의 지분을 유지해야 한다.

구체적인 면세인수의 조건은 인수의 법적 형태에 따라 달라지겠지만, 일반적으로 인수기업이 표적기업의 자기자본에 대해서 현금을 지불한다면 세금이 부과될 수밖에 없다. 그러나 현금 대신에 주식으로 지불한다면 세금을 면제받을 수 있다.

면세인수에서 주식을 판 표적기업의 주주들은 기존의 주식을 가치가 동일한 새로운 주식과 교환한 것으로 간주되기 때문에 자본이득이나 손실이 발생하지 않는 것이다.

과세인수와 면세인수

면세인수와 과세인수를 비교할 때에는 자본이득 효과(capital gains effect)와 가치절상 효과(write-up effect)라는 두 가지 요소를 고려해야 한다. 자본이득 효과는 과세인수에서 표적기업의 주주들이 자본이득에 대해 세금을 지불해야 한다는 사실에서 비롯된다. 그에 대한 보상을 받기 위해 표적기업의 주주들은 더 높은 가격을 부를 것이고 그에 따라 합병의 비용이 증가하게 된다. 이는 과세인수의 비용인 셈이다.

인수의 과세여부는 표적기업의 자산가치를 평가하는 데도 영향을 미친다. 과세인수에서는 표적기업의 자산을 재평가한다. 즉 자산을 기존의 역사적 장부가에서 새로 추정한 시장가치로 "상향평가"한다. 이를 가치절상 효과라 하는데, 이것이 중요한 것은 표적기업의 자산에 대한 감가상각비가 증가할 수 있기 때문이다. 알다시피 감가상각비는 실제로 현금이 나가는 비용은 아니지만, 세금을 줄여주는 효과를 갖는다.

그러나 미국의 경우에 가치절상 효과에 의한 혜택은 1986년의 세법개정안에 의해서 크게 축소되었다. 개정사유는 자산가치의 절상을 통한 가치의 증가가 과세대상이 되는 이득으로 간주되었기 때문이다. 세법개정 이전에는 가치절상 효과에 대해 세금이 부과되지 않아서 과세인수가 나름 매력적이었지만 이제 더 이상 그렇지 않게 되었다.

개념질문 _Concept Questions

26.2a 과세인수와 면세인수의 선택에 영향을 미치는 요인들은 어떠한 것이 있는가?
26.2b 현행 미국의 세법하에서 과세인수가 옛날만큼 매력적이지 않게 된 이유는 무엇인가?

인수에 대한 회계처리 26.3

2001년에 미국의 연방회계기준위원회(Federal Accounting Standards Board: FASB)가 모든 인수의 회계처리를 매수회계법(purchase accounting method)으로 처리해야 하는 것으로 결정하였다. 2001년 이전에는 기업들이 2개 이상의 처리방법 중 하나를 선택할 수 있었다. 이 모두에 있어서 한 가지 잊지 말아야 할 것은 우리가 조사하고 있는 것이 순전히 회계상의 문제라는 것이다. 회계보고상으로 합병을 어떻게 처리할 것인지는 현금흐름에 아무런 영향을 미치지 않는다.

매수회계법

매수회계법(purchase accounting method)은 표적기업의 자산을 인수자의 장부에 기록할 때 공정시장가치(fair market value)로 기록하도록 요구한다. 이 방법을 적용하면 회계상의 목적으로 영업권(goodwill)이라는 자산이 만들어진다. 영업권은 인수된 순자산(= 자산 − 부채)의 매입가격과 공정시장가치 간의 차액을 가리킨다.

예를 들어 기업 A가 기업 B를 인수하여 새로운 기업 AB를 세웠다고 가정하자. 표 26.1은 인수 당일 두 기업의 재무상태표를 보여주고 있다. 기업 A가 기업 B를 인수하기 위해 18백만$의 현금을 지불했다고 하자. 이 자금은 모두 빌린 것이다. 기업 B의 순고정자산은 장부상에 8백만$로 기록되었지만, 공정시장가치는 14백만$로 평가되었다. 운전자본이 2백만$이기 때문에 기업의 재무상태표에서 총자산의 실제 가치는 16백만$이다. 그러므로 기업 A는 기업 B 자산의 시장가치보다 2백만$를 더 지불한 셈이다. 이 금액이 영업권에 해당하는 것이다.[3]

표 26.1에서 마지막의 재무상태표는 매수회계법을 적용했을 때 새로운 기업이 어떤 모습을 띠는지 보여주고 있다.

1. 기업 AB의 총자산가치는 38백만$로 증가한다. 고정자산은 30백만$로 증가한다. 이는 기업 A의 고정자산과 기업 B의 재평가된 고정자산을 합친 것이다($16백만 + $14백만 = $30백만).
2. 매수가격과 공정시장가치의 차액인 2백만$는 재무상태표에서 영업권으로 기록되었다.[4]

영업권에 대해서

방금 설명했듯이, 매수회계법을 적용함에 따라 영업권이라는 무형자산이 만들어진다. 2001년 이전의 미국 회계기준은 영업권을 상각(amortize)하도록 규정했다. 이는 일정기간 동안 영업권의 가치가 매년 일정비용만큼 줄어든다는 것을 의미한다. 결국, 영업권도 다른 자산처럼 0이 될 때까지 감가상각(depreciation)을 해주어야만 했다.

영업권의 감모상각이 현금흐름과 아무런 관련이 없음에도 불구하고, FASB가 매수회계법을

---

[3]재무상태표에서는 찾을 수 없지만 직원능력, 고객정보, 성장기회와 같은 무형자산도 자산에 포함된다. 결국 이러한 무형자산에 대해서 $2백만를 지불한 것이라고 볼 수 있다.

[4]매수가격이 추정된 공정시장가치보다 낮은 경우에는 어떻게 될까? 일관성 있게 회계처리를 하려면 아마도 회계사들이 나쁜 영업권(ill will)이라는 부채를 만들어야 할지도 모른다. 이러한 경우에는 공정시장가치를 매수가격으로 끌어내리는 것으로 처리한다.

표 26.1
인수에 대한 회계처리: 매수회계법(백만$)

기업 A				기업 B			
운전자본	$ 4	자기자본	$20	운전자본	$ 2	자기자본	$10
고정자산	$16			고정자산	8		
합계	$20	합계	$20	합계	$10	합계	$10

기업 AB			
운전자본	$ 6	부채	$18
고정자산	30	자기자본	20
Goodwill	2		
합계	$38	합계	$38

기업 B의 고정자산은 시장가치가 14백만$이다. 기업 A는 부채를 발행하여 기업 B에 18백만$를 지불한다.

원칙으로 규정하면서 많은 항의가 뒤따랐다. 이는 영업권의 회계처리가 장부상의 이익에 미치는 영향 때문이었다. 결국 FASB는 기업들의 항의를 이기지 못하고 영업권을 상각해야 한다는 규정을 없앴다. 그리고 새로운 원칙을 세웠다. 기업은 매년 영업권의 가치를 재무상태표에 평가하여야 한다. 만약 영업권의 가치가 떨어졌으면, 차액만큼을 감소시키고 그렇지 않으면 상각할 필요가 없다. 이 과정은 비용이 많이 들고 시간이 많이 소요되어 2020년 현재, FASB는 문제를 단순화시키기 위한 의도를 가지고 이 규칙에 대한 의견을 요청하고 있다.

개념질문 _Concept Questions

26.3a "영업권"이란 무엇인가?
26.3b 시간이 감에 따라 인수가치가 줄어든다면 영업권에는 어떤 문제가 발생하는가?

26.4 인수로 인한 이득

인수를 통해 볼 수 있는 이득이 무엇인지 알기 위해서는 인수로 인해 증가하는 현금흐름이 어떤 것인지 먼저 파악해야 한다. 다시 말해 가치를 증가시키는 원천을 찾아야 한다. 표적기업의 인수가 의미 있으려면 그 기업이 인수된 후에 어떤 점에서든 전보다 가치가 더 커질 것이라는 것을 믿을 수 있는 구체적인 이유가 있어야만 한다. 이제부터 일반적으로 언급되고 있는 그 이유들에 대해 살펴보기로 하자.

시너지

합병에 관한 최근 뉴스를 알고 싶으면 **www.thedeal.com**을 참조하라.

기업 A가 기업 B의 인수를 고려 중이라고 가정하자. 이 경우 인수는 새로 합친 기업의 가치가 두 기업 각각의 가치를 합한 것보다 더 커야만 이득을 보는 것이다. 합친 기업의 가치를 VAB라고 하면 다음과 같은 조건을 만족시켜야 한다.

$$V_{AB} > V_A + V_B$$

여기서 VA와 VB는 기존 두 기업 각각의 가치를 가리킨다. 결국 성공적인 합병이 되기 위해서는 전체 가치가 부분 가치를 합한 것보다 커야 한다.

합친 기업의 가치와 두 기업의 가치를 합한 것의 차이가 인수에 의한 순이득, ΔV이다.

$$\Delta V = V_{AB} - (V_A + V_B)$$

ΔV가 0보다 클 때 인수가 **시너지**(synergy)를 창출한다고 말한다. 예를 들어, Raytheon과 United Technology가 2019년 합병을 발표했을 때, 운영비용 절감액은 10억$가 될 것이며 수익은 4년 내 5억$ 증가할 것으로 추정했다.

시너지(synergy): 합병 또는 인수를 통해 두 기업이 합쳐짐에 따라 발생하는 순이득의 증가

기업 A가 기업 B를 사들이면 기업 B의 가치에 시너지를 더한 만큼이 기업 A에게 가는 것이다. 그러므로 기업 A의 입장에서 본 기업 B의 가치(V_B^*)는 다음과 같다.

$$\text{기업 A의 입장에서 본 기업 B의 가치} = V_B^* = \Delta V + V_B$$

V_B^*에서 *를 붙인 것은 기존의 기업 B의 가치와 기업 A에게 기업 B가 갖는 가치를 구별하기 위해서이다.

V_B^*를 결정짓기 위해서는 두 단계를 거쳐야 한다. (1) V_B를 예측하는 것이고, (2) ΔV를 예측하는 것이다. 기업 B가 공개기업이라면 V_B는 기업 B의 시장가치를 가지고 쉽게 확인할 수 있다. 만약 비공개기업이라면 그와 유사한 기업들을 바탕으로 V_B의 값을 예측해야 한다. 그러나 어느 경우이든 V_B^*를 알기 위해서는 ΔV의 값을 알아야 한다.

인수를 통해서 증가하는 가치가 얼마인지 알기 위해서는 현금흐름이 얼마나 증가할 것인지를 알아야 한다. 이는 인수 후에 발생하는 기업 AB의 현금흐름에서 개별적으로 발생할 기업 A와 기업 B의 현금흐름을 뺀 값이다. 다시 말해 합친 기업의 현금흐름과 합치지 않은 두 기업의 현금흐름을 더한 것의 차이만큼 현금흐름이 증가한 것이다. 이와 같은 현금흐름의 증가분을 ΔCF로 표시하기로 한다.

시너지 — 예제 26.1

기업 A와 기업 B는 서로 자산과 경영위험 수준이 비슷한 경쟁업체이다. 두 기업 모두 부채가 없으며, 세금을 제한 현금흐름이 앞으로 매년 10$를 기록할 것이다. 또한 두 기업 모두 자본비용이 10%이다. 현재 기업 A는 기업 B를 인수할지 고민 중이다. 인수 후에 새로운 기업에서 매년 21$의 현금흐름이 발생할 전망이다. 이 합병은 시너지를 창출하는가? V_B^*는 얼마인가? ΔV는 얼마인가?

합병기업에서 발생하는 현금흐름($21)이 두 기업에서 개별적으로 발생하는 현금흐름을 합친 것($20)보다 1$만큼 높기 때문에(ΔCF = $1) 시너지가 창출된다고 할 수 있다. 위험수준이 변하지 않는다고 가정했을 때 합병기업의 가치는 $21/0.1 = 210$이다. 기업 A와 기업 B의 가치는 각각 $10/0.1 = 100$이기 때문에 둘을 합친 것이 200$이다. 그러므로 합병으로 인해서 $210 − $200 = 10$의 가치가 증가한 것이다(ΔV = $10). 기업 A의 입장에서 본 기업 B의 총가치는 개별기업으로서의 가치($100)와 증가한 가치($10)를 더한 110$이다.

책의 앞부분에서 살펴본 것처럼, 현금흐름의 증가분(ΔCF)은 다음과 같은 네 가지 부분으로 나눌 수 있다.

$$\begin{aligned}\Delta \text{CF} &= \Delta \text{EBIT} + \Delta\text{감가상각비} - \Delta\text{세금} - \Delta\text{자본지출} \\ &= \Delta\text{매출액} - \Delta\text{비용} - \Delta\text{세금} - \Delta\text{자본지출}\end{aligned}$$

Δ매출액은 매출액의 변화를, Δ비용은 비용의 변화를, Δ세금은 세금의 변화를 나타낸다. 그리고 Δ자본지출은 새로운 고정자산과 운전자본의 변화를 가리킨다.

이와 같이 분류했을 때, 합병으로 이득을 보기 위해서는 이 네 가지의 현금흐름 요소 중 적어도 하나 이상이 합병으로 인한 혜택으로 나타나야 한다. 따라서 합병과 인수를 통해 볼 수 있는 현금흐름상의 이익은 매출액 증가, 비용의 절감, 세금의 감소, 자본지출의 감소라는 네 가지로 나뉜다고 할 수 있다.

수익의 증가

합병을 하는 이유 중 하나는 개별적인 두 기업보다 합쳐진 기업이 더 많은 매출액을 올릴 수 있다는 것이다. 매출액의 증가는 마케팅의 효율화, 전략적 우위, 그리고 시장지배력의 증가를 통해서 가능하다.

마케팅의 효율화 합병과 인수가 마케팅의 효율성을 높여서 매출액을 증진시킨다고 주장하는 사람들이 많다. 예를 들어 다음과 같은 분야에서 개선을 가져올 수 있다.

1. 비효율적인 미디어 편성과 광고
2. 체계적이지 못한 유통네트워크
3. 불균형한 제품믹스

예를 들어, 2019년 Avon Products가 Natura Cosmeticos 와의 합병을 발표했을 때, Avon은 라틴 아메리카에서 매년 1억 5천만$에서 2억 5천만$를 운영상 시너지로 절약할 수 있을 것으로 기대한다고 밝혔다. 추가적으로, 이 회사들은 연간 4억$의 간접비를 절약할 것으로 기대했다.

전략적 혜택 기업의 인수는 전략적 우위를 약속받는 것이기도 하다. 전략적 우위는 어떤 일이 발생했을 때 시장의 경쟁적 환경을 보다 잘 이용할 수 있는 것이라고 할 수 있다. 더 일반적으로 말해, 미래에 대한 경영의 유연성을 증가시키는 것이라고 할 수 있다. 후자의 의미에서 전략적 혜택은 일반적인 새로운 투자기회라기보다 옵션을 갖는 데 따른 하나의 혜택을 의미한다.

예를 들어 컴퓨터 생산회사는 자신의 기술을 사용하여 다른 사업을 시작할 수 있다. 처음 사업에서 갖는 전자기술과 소프트웨어 기술은 소비자 전자제품을 생산하는 기회를 제공할 수 있다(Apple사를 생각해보라).

교두보(beachhead)라는 용어는 기회를 잡기 위해 새로운 산업에 진출하는 과정에서 자주 등장한다. "무형"의 관계를 바탕으로 기업이 새로운 여러 기회를 잡으려고 할 때 교두보로 삼는다는 표현이 사용되고 있다. 예를 들어 Procter & Gamble은 Charmin Paper Company의 인수를 교두보로 삼아 여러 종류의 종이제품(기저귀, 종이타월, 생리대, 휴지 등)을 개발하게 되었다.[5]

시장지배력의 증대 시장점유율과 시장지배력을 높이기 위해서 다른 기업을 인수하는 경우도 있다. 이와 같은 합병에서는 제품가격이 높아지고 다른 기업과의 경쟁이 감소함에 따라 이익이

[5]이 예는 Michael Porter 교수의 저서인 "경쟁우위(Competitive Advantage; New York: Free Press, 1985)"에서 발췌하였다.

증가할 수 있다. 물론 시장경쟁을 크게 저해하는 합병의 경우에는 반독점법을 근거로 미국법무성과 연방통상위원회로부터 제재를 받을 수 있다.

비용의 절감

합병을 하는 가장 기본적인 이유 중 하나는 새로운 합병기업이 기존의 두 분리된 기업보다 생산효율성이 높기 때문이다. 합병이나 인수를 통해 기업이 생산효율성을 높이는 데는 몇 가지 방법이 있다.

규모의 경제 규모의 경제는 제품과 서비스의 단위당 평균생산비용과 관련이 있다. 생산량이 증가할수록 단위당 생산비용이 감소하면 규모의 경제가 존재하는 것이다.

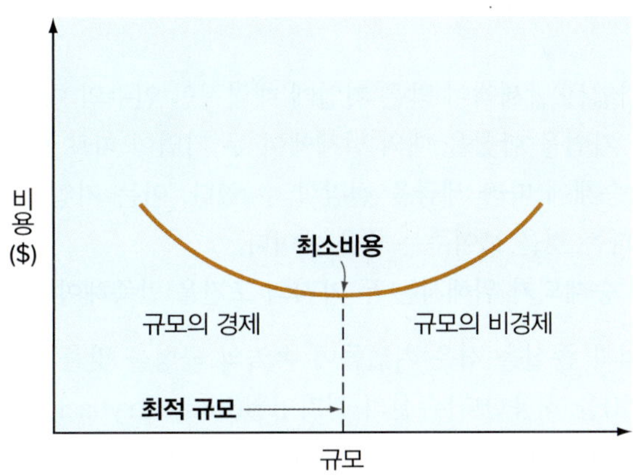

종종 간접비용의 분산(spreading overhead)이라는 표현이 규모의 경제와 관련하여 사용된다. 이는 기업의 본부, 최고경영부서, 컴퓨터서비스와 같이 중요한 시설이나 장비, 인력을 공유한다는 개념이다. 예를 들어, 2019년 3월에 Fidelity National Information Services (FIS)가 Worldpay를 인수했을 때, FIS는 이 거래로 인한 시너지 효과 4억$와 더불어 성장률이 6퍼센트에서 9퍼센트로 증가하는 것을 보게 될 것이라고 약속했다. FIS CEO인 Gary Norcross는 "우리처럼 빠르게 변화하는 산업에서는 규모가 중요하다"고 말했다.

수직적 통합의 경제성 수평적 통합과 마찬가지로 수직적 통합에서도 생산의 경제성이 발생한다. 수직적 인수의 가장 주된 목적은 서로 관련 있는 생산활동을 하나로 통합시키는 것이다. 대부분의 목재생산 기업들이 제재소와 운송장비를 소유하는 것은 수직적 통합을 통해서 이득을 볼 수 있기 때문이다. 몇몇 항공사들이 호텔이나 렌터카 업체를 인수하는 것도 그 이유를 수직적 통합의 경제성에서 찾을 수 있다.

수직적 통합의 또 다른 이유로 기술 이전을 꼽을 수 있다. 실제로 다른 기업의 기술을 가장 값싸고 빠르게 획득할 수 있는 방법은 그 기업을 직접 사는 것이라고 생각하는 기업들이 많다. 이와 같은 현상은 첨단산업일수록 흔히 볼 수 있다.

자원의 상호보완 일부 기업은 기존에 자신이 갖고 있는 자원의 활용도를 높이거나, 부족한 자원을 채우기 위해서 다른 기업을 인수하기도 한다. 스키장비를 파는 상점의 경우, 테니스장비를 파는 상점과 합병하면 여름과 겨울에 걸쳐 매출을 꾸준히 올릴 수 있고 따라서 상점의 공간 활용도도 높일 수 있다.

세금의 절감

세금상의 이득을 볼 수 있다는 것은 인수의 큰 장점이다. 인수를 통해서 볼 수 있는 세금상의 이득은 다음과 같다.

1. 손실의 세금공제 이용
2. 이용하지 않고 있는 부채조달능력의 이용
3. 잉여자금의 이용
4. 감가상각의 대상이 되는 자산들의 가치절상

순영업손실 세전 이익이 음(−)인 기업들은 세금을 내지 않는다. 이 경우 기업들은 세금공제의 혜택을 볼 수 없는 세금손실(tax loss)을 보게 된다. 이 손실을 순영업손실(net operating loss: NOL)이라 한다.

영업손실이 있는 기업은 납세액이 많은 기업에 매력적인 인수의 대상이 될 수 있다. 다른 상황에 변화가 없다면 두 기업을 합쳤을 때의 납세액이 두 기업이 따로 내는 세금의 합보다 적다. 다시 말해 영업손실의 승계에 따라 세금을 절감할 수 있다. 이는 기업이 합병에 의해서 자신의 가치를 증가시킬 수 있다는 것을 보여주는 좋은 예이다.

그러나 영업손실이 승계되기 위해서는 두 가지의 조건을 만족해야 한다.

1. 미국연방세법은 이익과 손실을 겪은 기업들이 손익의 균형을 맞출 수 있도록 손실의 차기이월(loss carryforward)을 허용한다[손실의 전기이월(loss carryback)은 2017년 감세 및 일자리법(Tax Cuts and Jobs Act)에 의해 폐지되었다]. 그러므로 세금상의 이득을 보기 위한 합병은 손실의 차기이월을 한 것보다 세금절감 효과가 더 높아야만 한다.
2. 기업을 인수해야지 받을 수 있는 세금공제 또는 세금감면의 특혜가 있다. 그러나 이를 악용해서 연방세금을 회피하는 것을 주 목적으로 하는 인수는 미국세청(IRS)이 허용하지 않을 수 있다.

미사용 부채조달능력 일부 기업들은 자신들이 감당할 수 있을 최대한도의 부채를 사용하지 않는다. 이 때문에 이들이 인수의 표적이 되기도 한다. 부채를 늘리면 세금절감의 효과를 거둘 수 있고, 많은 인수들이 부채로 인수자금을 조달한다. 인수기업은 추가된 부채에 대한 세금공제를 받아 세금을 절감할 수 있다(한편, 2017년 감세 및 일자리법은 이러한 세금감면 금액에 한계를 두고 있다).

잉여자금 세금상의 이득 중에는 잉여자금과 관련된 것도 있다. 잉여현금흐름(free cash flow)이 발생한 기업을 예로 들어보자. 잉여현금흐름이란 모든 세금을 지불하고, 순현재가치가 0보다 큰 모든 투자안에 자금을 조달하고 난 후에 남는 현금흐름을 가리킨다. 이때, 기업은 고정수입을 가져다주는 증권을 매입하는 것 말고도 다음과 같은 방법을 통해서 잉여현금흐름을 사용할 수 있다.

1. 배당금의 지급
2. 자사주매입
3. 다른 회사의 주식매입

첫 번째와 두 번째 방법에 대해서는 이전의 장에서 살펴보았다. 이미 설명했듯이 추가적인 배당금을 지급하면 주주들이 더 많은 소득세를 지불해야 한다. 그러나 자사주매입은 주주들의 소득세를 줄여준다. 그러나 자사주매입이 주주들이 내는 세금을 줄이는 목적으로 이루어지는 경우에는 법의 제재를 받을 수도 있다.

이와 같은 문제를 일으키지 않기 위해서는 다른 기업의 주식을 사는 방법이 있다. 이렇게 하면 배당금 지급에 따른 주주들의 소득세 증가 문제 같은 것은 발생하지 않는다. 한편, 합병의 경우에는 표적기업으로부터 받는 배당금에 대해서는 세금이 부과되지 않는다.

자산의 가치절상 앞에서 설명한 것처럼, 과세인수에서는 표적기업의 자산을 재평가할 수 있다. 자산의 가치가 증가하면 감가상각비가 증가해서 세금을 절감할 수 있다. 그러나 이와 같은 혜택은 가치절상으로 인한 세금 증가보다 적은 경우가 일반적이다.

자본지출의 감소

모든 기업은 효율적인 경영을 위해서 운전자본과 고정자산에 꾸준히 투자해야만 한다. 두 기업의 합병은 이와 같은 투자액을 줄여줄 수 있다. 예를 들어 공장을 확장해야 하는 기업 A와 공장의 수용능력이 남는 기업 B가 있다고 하자. 이때 기업 A의 입장에서는 새롭게 공장을 짓는 것보다는 기업 B를 사들이는 것이 저렴할 수 있다.

또한 인수기업은 기존 자산들의 효율성을 높일 수도 있다. 이는 현금, 매출금, 재고를 보다 효율적으로 관리하여 운전자본을 줄이는 데서 발생한다. 더불어 인수기업은 인수 이후에 필요 없게 되는 특정 자산들을 팔 수 있다.

기업들은 종종 합병을 하는 이유를 밝히기도 한다. 일반적으로 두 기업이 합병에 동의할 때 합병계약서를 작성하며 거기에는 합병을 통해 주주들이 볼 수 있는 경제적 혜택들이 적혀 있다. 위성 라디오 공급자인 XM과 Sirius의 합병은 또 다른 좋은 예이다. 2008년 중반, Sirius의 시가총액은 약 32억$였고, XM의 시가총액은 약 25억$였다. 분석가들은 이 합병이 현재가치로 30억$에서 70억$ 사이의 비용절감 효과를 얻을 수 있을 것으로 추정했는데 그것은 두 기업의 시장가치를 합친 것보다 잠재적으로 더 큰 수치였다. 예상 절감액이 이렇게 큰 이유는 무엇일까? 기업들은 다음과 같은 많은 이유를 제시했다.

1. 전반적인 운영비용의 감소
   a. 일반관리비용
   b. 판매 및 마케팅비용
   c. 시청자 모집비용
   d. 연구개발비용
   e. 제품개선비용, 제조비용, 재고비용
   f. 프로그램 운영비용
2. 위성장비와 지역기반 구조, 기타 자본적 비용의 중복 제거에 의한 보다 장기적으로 주주들에게 발생하는 추가적 가치
3. 보다 많은 전국적 광고 유치
4. 광고비용의 절약
5. 영업레버리지의 개선을 통한 여유현금의 빠른 증가

이 합병은 잘 된 것 같았다. 2020년 초에, Sirius XM의 시가총액이 약 320억$였으니 말이다.

실수의 방지

인수의 잠재적 혜택을 평가하는 것은 보통의 자본예산 분석보다 훨씬 힘든 일이다. 그것은 대부분의 가치가 무형 혹은 계량하기 어려운 혜택으로부터 오는 것이기 때문이다. 따라서 인수의 평가에서는 많은 오류가 발생할 여지가 있다. 이를 방지하기 위해서는 다음의 원칙들을 잊어서는 안 된다.

1. **시장가치를 무시하지 말라:** 공개된 기업의 가치는 바로 확인되므로 그 가치를 다시 추정하는 것은 별 의미가 없다. 현재의 시장가치는 그 기업의 가치(현재의 경영진하에서)에 대해서 투자자들이 생각하는 통일된 의견을 보여준다. 따라서 현재 시장가치를 바탕으로 기업을 평가해야 한다. 만약 비공개기업이라면, 그와 유사한 공개기업을 바탕으로 시작해야 할 것이다.
2. **현금흐름의 증분에 초점을 맞춰야 한다:** 인수 이후에 현금흐름이 얼마만큼 증가할지가 중요하다. 인수로 인해 현금흐름이 증가할 경우에만 인수기업의 가치가 올라가기 때문이다. 따라서 인수에 대한 평가는 제안된 인수로부터 새롭게 발생하는 현금흐름의 증분에 초점을 맞추어야 한다.
3. **올바른 할인율을 적용해야 한다:** 할인율은 인수로 인해 증가하는 현금흐름의 증분에 대한 요구수익률이어야 한다. 이는 자금의 원천이 아니라, 자금의 사용에 따른 위험을 반영해야 한다. 예를 들어 기업 A가 기업 B를 인수하는 경우, 기업 A의 자본비용은 크게 상관이 없다. 기업 B의 현금흐름에 대한 위험을 반영하기 때문에 기업 B의 자본비용이 더 적절한 할인율이다.
4. **거래비용을 항상 인식해야 한다:** 기업을 인수할 때는 상당한(때로는 어마어마한) 거래비용이 발생하기 마련이다. 여기에는 투자은행에게 지불하는 수수료, 법적 수수료, 그리고 공시의무의 비용이 포함된다.

비효율적인 경영진에 관하여

경영진이 교체된다면 그 가치가 커질 수 있는 기업들이 있다. 이러한 기업들은 경영이 잘못되고 있거나 주주가치를 증가시키는 방향으로 자산을 효율적으로 사용하지 못하고 있는 기업들이다. 이러한 경우에 합병은 경영진을 교체할 수 있는 수단이 된다.

그러나 경영진의 교체로 기업이 혜택을 볼 수 있다는 것이 기존 경영진이 반드시 불성실했다거나 무능력하다거나 업무를 소홀히 하고 있다는 것을 의미하지는 않는다. 다른 운동선수들보다 더 나은 운동선수들이 있는 것처럼 기업을 더 잘 경영하는 경영진이 있을 수 있다. 특히 급격한 기술변화 또는 경영혁신이 일어나는 시기에는 더욱 그러하다. 어떠한 경우이든 기업사냥꾼들(raiders)이 경영이 부실한 기업이나 혹은 어떤 다른 이유로 경영진의 교체를 통해 혜택을 볼 수 있는 기업을 골라낼 수 있다면 그것은 표적기업의 주주에게는 물론이고 사회적으로도 가치 있는 서비스를 제공하는 것이다.

개념질문 _Concept Questions

26.4a 합병 대상이 되는 기업을 평가할 때 측정되어야 하는 관련된(relevant) 증분적 현금흐름은 어떤 것인가?

26.4b 인수를 통해 볼 수 있는 이득의 원천이 되는 것들에는 어떤 것들이 있는가?

인수가 미치는 재무적 부수효과 26.5

지금까지 설명한 것 이외에도 합병은 순전히 재무적 부수효과들을 초래하기도 하는데 이들은 합병이 경제적으로 의미가 있든 없든 발생한다. 이들 중 특히 EPS의 증가와 다각화라는 두 가지 효과에 유의해야 한다.

EPS의 증가

기업의 인수로 인해 주당순이익(earnings per share: EPS)이 증가하는 것처럼 보일 수가 있다. 이로 인해서 투자자들이 기업을 실제보다 높이 평가하는 실수에 빠지기도 한다. 실제로 어떤 현상이 발생하는지를 예를 통해서 알아보도록 하자.

Global Resources Ltd.가 Regional Enterprise를 인수한다고 하자. Global과 Regional에 대한 정보는 표 26.2에 나타나 있다. 합병에 의해서 새로운 가치가 창출되지 않는다고 가정했을 때, 새로운 기업(Regional을 인수한 Global)의 가치는 기존의 두 기업이 갖는 가치를 합한 것과 같다.

합병 이전에 Global과 Regional의 발행주식수는 각각 100주이다. 그러나 Global의 주가는 25$인 반면, Regional의 주가는 10$이다. 그러므로 Global은 자사 주식 1주를 Regional의 주식 2.5주와 맞교환하여 Regional을 인수한다. Regional의 주식 수가 100주이기 때문에, 총 100/2.5 = 40주의 Global 주식과 교환된다.

합병 이후에 Global의 발행주식수는 140주로 증가하고 다음과 같은 결과가 나타난다(표 26.2에서 세 번째 열 참조).

1. 새 기업의 시장가치는 **3,500$**이다. 이는 기존의 두 기업이 갖는 가치를 합친 것과 같다. 시장이 "정확"하다면, 시장은 새 기업의 가치가 두 기업의 가치를 합친 것과 같다고 인식할 것이다.

표 26.2
Global과 Regional의 재무정보

			합병 후 Global	
	합병 전 Global	합병 전 Regional	시장이 정확한 경우	시장이 부정확한 경우
주당순이익(EPS)	$ 1	$ 1	$ 1.43	$ 1.43
주당가격	$ 25	$ 10	$ 25	$ 35.71
주가순이익비율(PER)	25	10	17.5	25
총발행주식수	100	100	140	140
총순이익	$ 100	$ 100	$ 200	$ 200
총가치	$2,500	$1,000	$3,500	$5,000

교환비율: Regional 주식 2.5주에 대해 Global 주식 1주

2. 새 기업의 주당순이익은 **1.43(= $200/140)$**이다. 인수를 통해서 Global은 주당순이익을 1$에서 1.43$로 끌어올렸다(43%의 증가).
3. Global의 주가는 합병 이후에도 합병 이전과 동일하기 때문에, 주가순이익비율은 떨어질 수밖에 없다. 이는 합병으로 인하여 총시장가치가 변하지 않았다는 것을 시장이 정확하게 인식하는 경우에는 맞는 말이다.

그러나 시장이 "부정확"하다면, 시장은 주당순이익이 43%만큼 증가한 것을 진짜 성장으로 착각할 수 있다. 이 경우에는 합병 이후에도 Global의 주가순이익비율(PER)은 떨어지지 않을 수 있다. 이때 Global의 주가순이익비율이 25로 유지된다고 가정하자. 새 기업의 총순이익이 **200$**이기 때문에 새 기업의 총가치는 **5,000$(= 25 × $200)**로 증가할 것이며 Global의 주당 가치는 **35.71$(= $5,000/140주)**로 오를 것이다.

순이익의 이러한 증가는 마술과 같은 것이며 모든 마술이 그렇듯이 눈속임에 불과하다. 실제로 순이익을 증가시키기 위해서는 Global과 Regional의 주주들이 아무런 대가를 지불하지 않고 무언가를 받아야 할 것이지만 이는 간단한 마술처럼 되는 일이 아니다.

다각화

사람들은 흔히 다각화를 합병에 따른 이득이라고 생각한다. 예를 들어, US Steel은 Marthon Oil 인수를 설명하는 과정에서 다각화라는 이점을 포함시켰다. 문제는 다각화 자체만으로 아무런 가치를 창출할 수 없다는 것이다.

13장에서 설명한 것처럼 다각화는 비체계적 위험을 줄인다. 그러나 자산의 가치를 결정짓는 체계적 위험은 다각화의 직접적인 영향을 받지 않는다. 비체계적 위험을 줄인다고 해서 얻을 수 있는 이익은 거의 없다.

다각화가 합병이 가져다주는 중요한 혜택이 될 수 없음을 이해하기 위해서 U.S. Steel과 Marathon Oil의 주식을 모두 보유한 주주가 있다고 가정하자. 이 주주는 자신의 투자를 두 기업에 이미 분산한 상태이다. 따라서 두 기업이 합병을 했다고 해서 주주가 스스로 하지 못했던 일을 한 것은 아니다.

일반적으로 말해 주주들은 다른 기업의 주식을 사는 것으로 그들이 원하는 충분한 분산효과를 직접 얻을 수 있는 것이다. 따라서 다각화라는 이점 때문에 주주들이 합병기업에 대해서 프리미엄을 지불할 필요가 전혀 없다.

그렇다고 하여 우리는 U.S. Steel이 실수를 저질렀다고 말하는 것은 아니다. 합병 당시에 U.S. Steel은 현금이 풍부한 기업이었다(총자산에서 현금과 시장성증권이 20% 이상의 비중을 차지함). 이처럼 여유현금이 있는 기업들이 다각화를 "필요"로 내세우는 경우가 자주 있다.

개념질문 _*Concept Questions*

26.5a 합병을 통해서 순이익이 증가하는 것처럼 보이는 이유는 무엇 때문인가?
26.5b 다각화 자체가 합병의 근거가 될 수 없는 이유는 무엇인가?

인수의 비용 26.6

지금까지는 인수를 통해 볼 수 있는 혜택에 대해 설명했다. 이제는 인수에 따른 비용이 무엇인지 알 필요가 있다.[6] 앞에서 설명했듯이 인수에 따른 가치의 증가분은 다음과 같다.

$$\Delta V = V_{AB} - (V_A + V_B)$$

또한 기업 A에게 기업 B의 총가치(V_B^*)는 다음과 같다.

$$V_B^* = V_B + \Delta V$$

따라서 합병의 NPV는 다음과 같이 쓸 수 있다.

NPV = V_B^* − 기업 A가 지불하는 인수비용 **[26.1]**

예를 들어 합병 전인 기업 A와 기업 B에 대해 다음과 같은 정보가 주어졌다고 하자.

	기업 A	기업 B
주당가격	$ 20	$ 10
총발행주식수	25	10
총시장가치	**$500**	**$100**

두 기업 모두 자기자본이 총자본의 100%를 차지한다. 그리고 인수의 가치증가분, ΔV는 100$로 측정되었다.

얼마 전 기업 B의 이사회는 150$의 가격(현금 또는 주식으로 지불)에 기업을 팔기로 동의했다. 이 가격은 두 부분으로 나뉜다. 첫 번째로, 기업 B의 독립가치는 100$이다. 이는 기업 B에게 매길 수 있는 최소한의 가치이다. 두 번째로, 나머지 50$는 합병프리미엄이라고 한다. 이는 독립가치에 더해지는 가치를 가리킨다.

기업 A는 기업 B를 인수해야 할까? 현금과 주식 중에서 어느 것으로 지불해야 할까? 이를 결정짓기 위해서는 현금으로 인수했을 때와 주식으로 인수했을 때의 NPV가 각각 얼마인지 알아야 한다. 우선 기업 A에게 기업 B의 가치는 다음과 같이 구할 수 있다.

$$\begin{aligned} V_B^* &= \Delta V + V_B \\ &= \$100 + \$100 = \$200 \end{aligned}$$

따라서 기업 B를 인수했을 때 기업 A가 얻는 가치는 총 200$이다. 이에 대해 기업 A는 얼마를 지불해야 할까? 이는 현금과 주식 중에서 어느 것으로 지불하느냐에 따라 달라진다.

사례 1 : 현금인수

현금을 이용한 인수의 비용은 지불한 현금 그 자체와 같다. 그러므로 기업 B의 모든 주식을 사

[6]합병의 비용과 관련된 보다 자세한 설명과 NPV 방법의 사용에 대해서는 S. C. Myers, "A Framework for Evaluating Mergers", in *Modern Developments in Financial Management*, ed. S. C. Myers (New York: Praeger Publishers, 1976)을 참조하라.

들이기 위해서 기업 A가 150$를 지불했다면, 기업 B의 인수비용은 150$이다. 결국 현금인수의 NPV는 다음과 같이 구할 수 있다.

$$\begin{aligned} \text{NPV} &= V_B^* - \text{비용} \\ &= \$200 - \$150 = \$50 \end{aligned}$$

따라서 기업 B의 인수는 이득이 된다고 할 수 있다.

합병 이후에도 기업 AB의 발행주식수는 25주로 유지된다. 합병 이후에 기업 AB의 가치는 다음과 같다.

$$\begin{aligned} V_{AB} &= V_A + (V_B^* - \text{비용}) \\ &= \$500 + \$200 - \$150 \\ &= \$550 \end{aligned}$$

이는 합병 전의 가치($500)에 합병의 NPV인 50$를 더한 것이다. 합병 이후에 주가는 $550/25 = 22$가 되고 이는 주당 2$의 이득을 본다는 뜻이다.

사례 2: 주식인수

주식으로 지불하는 경우에는 문제가 조금 복잡해진다. 현금인수의 경우, 기업 B의 주주들은 자신들이 소유한 주식을 현금과 교환하고, 더 이상 기업에 관여하지 않는다. 그러므로 앞에서 말했듯이 현금인수의 비용은 기업 B의 주주들로부터 주식을 사들이는 데 들어가는 현금인 셈이다.

그러나 주식인수에서는 현금이 오가지 않는다. 대신에 기업 B의 주주들은 합병기업의 새로운 주주들이 된다. 이 경우에 합병기업의 가치는 합병 전인 두 기업의 가치에 합병으로 인한 가치증가분(ΔV)을 더한 것과 같다.

$$\begin{aligned} V_{AB} &= V_A + V_B + \Delta V \\ &= \$500 + \$100 + \$100 \\ &= \$700 \end{aligned}$$

기업 B에 150$만큼의 주식을 지불하기 위해서 기업 A는 $150/$20 = 7.5주를 포기해야만 한다. 합병 이후 총발행주식수는 25 + 7.5 = 32.5주가 되고, 주당 가치는 $700/32.5 = 21.54$이다.

이처럼 합병 이후의 주가는 주식을 지불한 경우가 상대적으로 낮다. 이는 기업 B의 주주들이 새로운 기업의 주식을 소유하는 것과 관련이 있다.

기업 A는 기업 B에 150$를 지불한 것처럼 보인다. 그러나 실제로 지불한 금액은 이보다 많다. 합병 이후 기업 B의 주주들은 새로운 기업의 주식 7.5주를 소유하게 된다. 새로운 기업의 주식이 가지는 가치가 21.54$이기 때문에 기업 B의 주주들이 받는 총가치는 7.5주 × $21.54 = 161.55$가 된다.

이 161.55$가 인수의 진짜 비용(true cost)이다. 왜냐하면 이 금액이 기업 B의 주주들이 받게 되는 주식의 실질가치이기 때문이다. 그러므로 기업 A에게 합병안의 NPV는 다음과 같다.

$$
\begin{aligned}
\text{NPV} &= V_B^* - \text{비용} \\
&= \$200 - \$161.55 = \$38.45
\end{aligned}
$$

처음으로 돌아가서 생각한다면, 기업 A는 한 주당 가치가 20$인 25주로 시작했다. 기업 A에게 인수로 인한 기업 A의 이득 38.45$는 주당 $38.45/25 = 1.54$가 된다. 결국 주식의 가치가 21.54$로 증가하는데, 이는 바로 앞에서 계산한 것과 일치한다.

현금인수와 주식인수를 비교했을 때, 현금인수가 낫다고 할 수 있다. 그것은 현금을 지불한 경우, 모든 NPV가 기업 A에 돌아가기 때문이다. 이와는 달리 주식을 지불할 경우, 합병기업의 새로운 주주가 되는 기업 B의 주주들에게도 합병(인수)의 NPV 중 일부가 돌아간다.

현금과 보통주

합병 대금을 현금으로 할지, 보통주로 할지 구분하는 것은 매우 중요하다. 현금을 사용하는 경우에 인수비용은 인수를 통해 보는 이득과 상관없다. 하지만 보통주를 이용한 경우에는 다른 것들이 동일하다고 가정했을 때, 기업 A의 주주들이 인수에 따른 이득을 기업 B의 주주들과 나눠 가져야 하기 때문에 인수비용이 더 높아진다. 그러나 인수의 NPV가 0보다 낮다면, 그에 대한 손실도 두 기업이 나눠 가져야 한다.

기업이 인수자금을 현금으로 조달할 것인지 주식으로 조달할 것인지는 다음과 같은 요인들을 포함한 여러 요인들에 의해 결정된다.

1. 이득분배: 현금으로 자금을 조달하는 경우, 표적기업의 주주들은 합병에 따른 잠재적인 이득을 나눠 받을 수 없다. 물론 인수가 성공적이지 못한 경우에 그에 따른 손실도 표적기업의 주주들과는 상관없고 인수기업의 주주들이 모두 부담해야 한다. 따라서 인수기업의 주주들은 주식을 사용하여 인수한 경우보다 더 많은 손해를 보게 된다.
2. 세금: 현금을 통한 인수에는 일반적으로 세금이 따른다. 그러나 주식을 통한 인수에서는 일반적으로 세금이 면제된다.
3. 지배력: 현금을 통한 인수는 인수기업에 대한 지배력에 영향을 미치지 않는다. 그러나 의결권주를 통한 인수는 합병 후 기업에 대한 인수기업의 주주들이 갖는 지배력이 영향을 받을 수 있다.

지금까지 이루어진 인수거래를 특정한 연도와 거래횟수를 기준으로 보았을 때는 현금인수가 주식인수보다 많이 쓰인 것은 사실이다. 총달러가치를 놓고 봤을 때도 차이가 줄어들긴 하지만 현금인수가 많은 것으로 나타난다. 그 이유는 대규모 인수거래에서만 주식인수가 일반적이기 때문이다.

개념질문 _Concept Questions

26.6a 주식인수의 진짜 비용(true cost)이 합병으로부터의 이득에 따라 달라지는 이유는 무엇인가?

26.6b 인수의 자금조달 방법으로 주식과 현금 중 하나를 선택할 때 어떤 요인들이 고려되어야 하는가?

26.7 방어전략

다른 기업에 인수되는 것을 표적기업의 경영진이 막는 경우가 흔히 있다. 이와 같은 저항은 대부분 언론을 통한 공식발표나 경영진의 견해가 담겨진 편지를 주주들에게 보내는 것에서 출발한다. 이는 결국 법적 소송이나 인수경쟁으로 이어질 수도 있다. 기업의 인수를 저지하는 경영진의 노력이 입찰기업이나 다른 기업으로 하여금 보다 높은 프리미엄을 제안하게 한다면 표적기업의 주주들이 이익을 볼 수도 있다.

물론 경영진의 저항은 주주들을 희생시켜 자기 이익을 추구하려는 것에 불과할 수도 있다. 여기에 대해서는 아직도 많은 논쟁이 일고 있다. 때때로 경영진의 저항이 주주들이 받게 되는 가치를 크게 증가시키기도 했다. 그러나 경영진의 저항이 모든 인수기회를 차단시켜 결국 주주들에게 손해를 입히는 경우도 있다.

이 절에서는 적대적 인수(hostile takeover)에 대항하기 위해서 표적기업의 경영진이 사용하는 몇 가지 방어전략에 대해 설명할 것이다. 이와 같은 전략들에 대해서는 아직 법적 판단이 이루어지지 않고 있으며 일부 전략들은 불법이거나 합당하지 않은 것으로 인정될 수도 있을 것이다.

회사정관

회사정관은 기업의 지배권을 규정짓는 회사의 설립규약(articles of incorporation)들과 조례(by-laws)를 담고 있다. 여기에는 테이크오버(takeover)의 조건도 규정되어 있다. 기업들은 종종 인수를 보다 어렵게 만들기 위해서 정관을 수정하기도 한다. 예를 들어 일반적으로 합병의 승인을 얻기 위해서는 주주의 2/3 (67%)가 찬성해야 한다. 그러나 합병을 막기 위해서 찬성률의 최소 요구치를 80% 이상으로 올리는 경우가 있다. 이와 같은 변경을 절대다수결 수정(supermajority amendment)이라고 한다.

다른 방법으로는 이사들의 선출에 시차를 두는 방법이 있다. 이는 새로운 이사진을 빨리 선출하는 것을 방해한다. 이러한 이사진을 유별이사진(classified board)이라고 부르기도 한다. 시차투표제(staggered election)에 대해서는 8장에서 설명한 바 있다.

자사주매입과 정지협약

표적기업의 경영진은 입찰기업과 정지협약(standstill agreement)을 맺기도 한다. 정지협약은 입찰기업이 표적기업의 지분을 일정액 이상 소유하지 않겠다고 약속하는 계약이다. 이와 같은 계약 때문에 테이크오버가 이루어지지 않는 경우가 많다.

정지협약은 종종 표적 자사주매입(targeted repurchase)과 같이 발생한다. 표적 자사주매입은 표적기업이 상당한 액수의 프리미엄을 지불하면서 인수를 하려는 개인투자자들로부터 일정한 수의 자사주를 매입하는 것이며, 이와 같은 프리미엄은 비우호적인 인수를 막기 위해서 잠재적 입찰자들에게 지불하는 대가라고 생각할 수 있다. 비판자들은 이를 일종의 뇌물로 간주하여 **그린메일**(greenmail)이라는 이름을 붙이기도 한다.

그린메일(greenmail): 표적 자사주매입에서 비우호적 인수를 막기 위해서 잠재적인 입찰자들에게 지불하는 대가

독약증권과 주식인수권 플랜

독약증권(poison pills)은 인수의 포기를 유도하는 방어책이다. 이는 첩보용어에서 따온 말이다. 에이전트들은 잡히기보다는 청산가리 알약을 삼키도록 되어 있다. 적군이 주요 비밀을 알아내지

독약증권(poison pill): 표적기업에 대한 비우호적인 인수 시도가 불가능하지는 않더라도 매력적이지 않도록 만들려는 재무적 장치

못하게 하려는 것이다.

이와 비견될 정도로 흥미진진한 기업재무의 세계에 있어서 독약증권은 표적기업 경영자의 동의 없이는 인수하는 것이 불가능하게(입찰자가 재무적 자살행위를 원치 않는다면) 만든 재무적 장치이다.

미국에서 대다수의 대기업은 **주식인수권플랜**(share rights plan: SRP) 혹은 유사한 이름으로 불리는 독약증권 조항을 채택하고 있다. SRP는 기업마다 상당히 다르지만 공통점이 있다. 일반적으로 기업이 SRP를 채택하면 기존 주주들에게 주식인수권을 나눠준다.[7] 이 권리를 가진 주주들은 기업의 주식(또는 우선주)을 정해진 가격에 살 수 있다.

주식인수권플랜(share rights plan): 외부에서 인수 시도가 있을 때 기존의 주주들이 주식을 미리 정한 가격에 살 수 있도록 규정하는 조항으로서 적대적 인수를 방지한다.

SRP를 통해 발행되는 인수권에는 몇 가지 색다른 특징이 있다. 첫째, 인수권의 행사가격이 매우 높게 책정되어 인수권이 매우 큰 외가격에 있다는 것이다. 이는 구입가격이 현재의 주가보다 상당히 높다는 것을 의미한다. 이들 권리의 수명은 보통 10년인데 10년 후 주가가 얼마일지 고려하여 구입가격(행사가격)을 책정하기 때문에 그럴 수밖에 없다.

또한 일반 주식인수권과 달리 이 인수권은 즉시 행사할 수가 없고, 주식과 별도로 사거나 팔 수도 없다. 또한 언제든지 경영진이 그 효력을 무효화시킬 수 있으며, 아주 낮은 가격(한 주에 1페니나 그와 비슷한 하찮은 가격)에 되살 수 있도록 되어 있는 경우도 있다.

그러나 인수권을 "행사"할 수 있는 어떤 상황이 벌어지면 얘기가 달라진다. 이때는 인수권을 주식과 분리하여 사거나 팔 수 있으며, 경영진이 권리를 취소시키거나 낮은 가격에 다시 사오는 것도 힘들어진다. 일반적으로 누군가가 보통주의 20%를 인수하거나 주식공개매수(tender offer)를 선언할 때 이런 상황이 가능해진다.

인수권의 행사가격이 현재의 주가보다 워낙 높은 외가격에 있기 때문에 권리를 행사할 수 있다는 사실 자체는 중요하지 않다. 그러나 권리를 행사할 수 있게 되면 권리의 다른 특징들이 힘을 발휘하기 시작한다. 그중에서도 가장 중요한 것이 플립-인 조항(flip-in provision)이다.

플립-인 조항은 약(pill)에 들어가 있는 독(poison)이다. 외부에서 적대적 인수를 시도할 때 권리의 소유자는 행사가격을 지불하고, 행사가격의 두 배만큼의 표적기업의 보통주를 살 수 있다. 다시 말해 인수권의 소유자는 표적기업의 주식을 반값에 살 수 있다. 그와 동시에 기업사냥꾼(인수자)이 소유한 인수권은 무효가 된다. 결국 플립-인 조항의 목표는 기업사냥꾼의 소유지분을 크게 줄이는 것이다.[8] 이는 표적기업의 주주들에게 지분을 상당 부분 넘기는 것이기 때문에 인수자의 입장에서는 합병비용이 어마어마하게 증가하는 것이다.

플립-인 조항은 과반의 지분을 확보하여 기업의 경영권을 확보하는 것을 막는 장치는 아니다. 단지 경영권을 장악하기 위한 비용을 크게 증가시킬 뿐이다.

독약증권의 의도는 기업인수자가 경영진과 협상하도록 유도하는 것이다. 그래서 표적기업이 인수권을 취소한다는 조건하에 합병 제의가 이루어지는 경우가 많다.

최근에는 새로운 형태의 독약증권들이 등장하고 있다. 예를 들어 추어블 필(chewable pill; 미국에서는 보기가 힘들지만 캐나다에서는 흔함)은 주주의 결의에 의해서 발행하고 주주의 결의로 다시 되살 수 있는 것이다. 그리고 데드핸드 필(deadhand pill)의 경우에는 이 증권을 발행한 이사진이나 그들이 임명한 후계자들만이 그것을 제거할 수 있다. 이는 주주들에 의해 새로 선출

---

[7]일반적인 주식인수권에 대해서는 15장에서 설명한 바 있다.

[8]플립-오버 조항(flip-over provision)을 포함하는 것도 있다. 이는 인수권의 소유자에게 합병기업(merged company)의 주식을 반값에 살 수 있게 한다.

된 이사진이 이미 발행된 독약증권을 제거할 수 없다는 점에서 많은 논쟁을 불러일으키고 있다.

한편, 보다 최근에는 해당 기업의 경영진을 제거한다거나 해당 기업의 운영방식을 바꾼다거나 하는 공동목표를 갖고 있는 헤지펀드나 기타 대규모 투자자들이 서로 힘을 합하여 대량의 주식을 구매한 후에, 독약증권 조항을 건드리지 않고 해당 기업의 이사진을 제거하거나 해당 기업의 경영진을 제거하는 독약증권을 우회하는 방법이 사용되고 있기도 하다.

비공개화와 차입매수

앞에서 언급했듯이 비공개화는 공개기업의 주식을 사적(私的) 집단(현 경영진이 포함될 수 있음)이 전부 사들여서 100% 소유하는 구조로 바꾸는 것이다. 결과적으로 기업의 주식은 시장에서 더 이상 거래되지 않는다(기존에 증권거래소에 등록되어 있는 경우에는 등록이 취소된다).

비공개화 이후에는 공개적으로 거래되는 주식이 없기 때문에 주식공개매수를 통한 인수가 불가능하다. 그러므로 차입매수(LBO)나 경영진매수(MBO)도 인수에 대한 방어책이 될 수 있다. 그러나 이는 경영진에 대한 방어일 뿐이다. 주주들의 입장에서는 자신들의 주식을 파는 것이기 때문에 차입매수도 인수에 해당하는 것이다.

그 외의 전략과 기업인수의 전문용어

기업인수가 점점 흔해지면서 새로운 용어들이 많이 생겨나고 있다. 용어들은 매우 다채롭다. 그 중에서 특별한 순서 없이 다음과 같이 몇 개를 정리해보기로 한다.

1. **황금낙하산**(golden parachute): 일부 표적기업들은 인수가 이뤄질 때 최고경영층에게 보상을 제공한다. 예를 들어 2019년 10월 Softbank가 WeWork를 인수했을 때, 설립자 Adam Neumann은 전언에 의하면 17억$를 받고 자리에서 물러났다. 황금낙하산에 정반대되는 것은 황금수갑(golden handcuff)이다. 이는 인수 후에 표적기업의 경영진이 회사에 남도록 인센티브를 부여하는 것이다. 보는 입장과 보상액수에 따라 다르기는 하지만, 황금낙하산은 경영진으로 하여금 기업의 테이크오버 시도가 있을 때 자신의 후생보다 주주에 대해 더 신경을 쓰도록 만드는 하나의 인센티브로 볼 수 있다.
2. **독약풋**(poison put): 독약풋은 앞에서 설명한 독약증권의 변형된 형태이다. 독약풋은 기업으로 하여금 주식을 정해진 가격에 다시 사들이게 만든다.
3. **왕관보석**(crown jewel): 기업들은 인수위협을 느꼈을 때 가장 가치가 높은 자산(왕관보석)을 팔거나, 팔겠다고 위협한다. 이를 초토화 전략(scorched earth strategy)이라 부르기도 한다. 이 전략에 곧 소개할 록업(lockup)이 포함되는 경우가 있다.
4. **백기사**(white knight): 표적기업이 비우호적 합병으로부터 벗어나기 위해서 제3의 우호적인 기업이 자신을 인수하도록 하는 경우가 있다. 이러한 제3의 기업을 "백기사"라고 한다. 다른 방법으로는 표적기업의 주식 상당량을 우호적인 제3의 기업이 사게 하는 경우도 있다. 백기사의 존재는 종종 표적기업의 몸값을 올린다. 예를들면, 2019년, 일본 호텔 회사인 UNIZO Holdings는 여행사 H.I.S로부터 주당 3,100￥의 적대적 공개 인수제안을 받았다. 이에 대한 대응으로 UNIZO는 Softbank에서 백기사를 찾았다. 이 회사는 적대적 인수제안을 물리치기 위해 주당 4,000￥의 인수를 제안해줬다. Softbank가 공개매수를 마무리 짓기 전에 Chitocea Investment는 주당 5,100￥의 또 다른 공개매수를 했다. 우호적인 거래에 참가하는 제3세력을 백지주(white squire) 혹은 큰형(big brother)이라고도 부르는데 여기에는 우호적인 개인

투자자, 기업, 뮤추얼펀드 등이 포함된다. 때때로 백기사나 백지주에게 특별한 조건 또는 보상을 지급하기도 하는데 이를 화이트메일(white mail)이라고 한다.

5. 록업(lockup): 록업은 적대적 인수 시도가 있을 때 표적기업의 주식이나 특정 자산(왕관보석)을 우호적인 인수자(백기사)가 정해진 가격에 살 수 있는 옵션을 부여하는 것이다.
6. 상어퇴치장치(shark repellent): 상어퇴치장치는 원하지 않는 인수를 퇴치하기 위해 고안된 모든 전략(예를 들어 독약증권)을 통칭하는 말이다.
7. 베어허그(bear hug): 베어허크란 적대적 인수의 조건을 너무도 좋게 제시해서 표적기업의 경영진이 이를 받아들일 수밖에 없게 하는 것이다. 예를 들어, 2019년 12월, Hasbro는 Entertainment One에 38억$ 규모의 베어허그를 성사시켰다. 이 인수로 인해 Hasbro는 Peppa Pig와 PJ Masks와 같은 캐릭터들에 대한 관할권을 가질 수 있게 해 주었다.
8. 공정가격조항(fair price provision): 공정가격조항은 주식을 파는 모든 주주들이 인수자로부터 똑같은 가격을 받도록 규정하는 것이다. 이는 두 단계 매수(two-tier offer)를 사전에 방지하기 위함이다. 두 단계 매수는 지배권을 획득하는 데 필요한 최소한의 주식에 대해서만 높은 가격(일 단계)을 제시하고 나머지 주식에 대해서는 낮은 가격(이 단계)을 제시하는 것이다. 이와 같은 매수전략은 더 높은 가격을 받으려는 주주들의 과도한 경쟁을 부추긴다.
9. 이중(二重)자본화(dual class capitalization): 앞의 어떤 장에서 보았듯이 Alphabet과 같은 일부 기업들의 보통주는 둘 이상의 등급을 가지고 있으며, 의결권은 일반이 소유하지 않은 주식에 집중되어 있다. 그와 같은 자본구조에서는 비우호적인 인수자가 지배권을 획득하는 것이 거의 불가능하다.
10. 역공개매수(countertender offer): 팩맨(pac-man)전략으로 잘 알려진 이 방어전략은 표적기업이 비우호적인 인수기업을 인수하겠다는 역제의를 하는 것이다. 그러나 일반적으로 표적기업의 규모가 인수기업을 매수하기에는 너무 작기 때문에 흔히 볼 수 없는 전략이다. 그러나 2013년에 역공개매수가 발생했다. Jos. A. Bank는 Men's Wearhouse를 매입하기 위한 제안을 했으나 Men's Wearhouse는 이 제안을 거절하면서 거꾸로 Men's Wearhouse가 150억$에 Jos. A. Bank를 인수하겠다고 역공개매수를 제안했다. 결국 230억$의 인수금액을 지불하고 Men's Wearhouse는 Jos. A. Bank를 2014년 3월에 인수하였다.

개념질문 _Concept Questions

26.7a 인수를 어렵게 만들기 위해 기업이 할 수 있는 것은 무엇인가?
26.7b 주식인수권플랜(SRP)이란 무엇인가? 이를 어떻게 이용하는지 설명해보라.

인수에 관한 몇 가지의 증거: M&A는 보상하는가? 26.8

가장 많은 논쟁을 일으키는 질문 중에 하나가 인수와 합병이 주주들에게 이익을 가져다 주느냐 하는 것이다. 합병과 인수가 인수기업, 표적기업의 주가에 미치는 영향에 대해서 많은 연구가 이루어졌다. 이 중에는 합병을 선언한 시점을 기준으로 주식의 가치가 어떻게 변했는지 기록한 자료도 많이 포함돼 있다.

한 가지 확실한 결론으로 떠오르는 것은 M&A가 표적기업의 주주들에게 이롭다는 것이다. 이에 대해서는 누구도 의문을 갖지 않고 있다. 입찰자들이 지불하는 프리미엄은 즉각적이고 상대적으로 크며 20%를 넘는 경우도 흔히 있다.

반대로 인수기업의 입장에서 생각했을 때는 얘기가 복잡해진다. 이에 대한 연구결과들은 서로 다른 결론을 내리고 있다. 그러나 한 가지 분명한 사실은 적어도 평균적으로 봤을 때는 인수기업의 주주들이 큰 이익이나 손해를 보지는 않는다는 것이다. 인수기업에 대한 이와 같이 수수께끼와도 같은 결과를 설명하는 것으로는 다음과 같은 것들이 있다.

1. 합병에 따른 이득이 기대치에 완전히 미치지 못하면 주주들은 손실을 겪기 마련이다. 이는 인수기업의 경영진이 합병에 따른 이득을 과대평가했을 때 있는 일이다.
2. 일반적으로 인수기업은 규모면에서 표적기업보다 월등히 앞선다. 그러므로 인수기업의 이득이 표적기업의 이득과 크기가 같을지라도 그 수익률(percentage gain)은 낮을 수밖에 없다.
3. 인수기업의 주주들이 얻는 수익률이 낮은 또 다른 이유는 인수기업의 경영진이 주주들의 이익을 위해서 인수하는 것이 아닐 수 있기 때문이다. 인수로 인해 주당 가치가 내려가더라도 경영진은 기업의 규모를 늘리기 위해서 인수를 시도할 수 있다.
4. 기업인수 시장의 경쟁이 아주 치열하면 인수가격이 표적기업의 가치를 100% 반영하기 때문에 인수안의 NPV는 0이 된다. 다시 말해 모든 이득을 매도자가 차지하는 것이다.
5. 기업이 인수를 발표함에도 불구하고 그 발표가 인수기업에 대해 새로운 많은 정보를 시장에 주지 않는 것일 수 있다. 이는 기업들이 구체적인 인수계획을 발표하기 훨씬 전에 합병 의지가 있음을 미리 선언해 둔 경우가 종종 있기 때문이다. 이와 같은 경우에는 인수기업의 주가는 합병으로부터 기대되는 이익을 이미 반영하고 있는 것일 수 있다.

개념질문 _Concept Questions

26.8a 실증증거에 의하면 합병과 인수는 표적기업의 주주들에게 이롭게 나타나는가?
26.8b 실증증거에 의하면 합병과 인수는 인수기업의 주주들에게 이롭게 나타나는가?

26.9 기업분할과 구조조정

기업분할(divestiture): 회사의 자산, 활동, 사업부 및 기타 사업의 일부분을 제3자에게 매각하는 것

합병이나 인수와는 달리 **기업분할**(divestiture)은 기업의 자산, 활동, 사업부, 기타 사업의 일부를 제3자에게 매각하는 것이다. 기업분할이 M&A 활동의 중요한 부분을 차지한다는 것을 잊어서는 안 된다. 결국 한 회사의 인수는 다른 회사의 분할을 의미하기 때문이다. 또한 합병 이후에 특정 자산이나 부서를 매각하는 것은 흔히 있는 일이다. 이는 독점규제법에 의해 어쩔 수 없이 하는 경우가 있고, 필요한 자금을 조달하기 위해서 또는 인수자가 원치 않는 부분을 처분하기 위해서 하기도 한다.

예를 들어, 2020년 5월, General Electric이 130년 된 전구사업을 접기 위해 이 사업부를 2억 5천만$에 Savant에 매각하였다. 전구사업부의 매각으로 소비자 직거래 부문을 처분하던 GE의 다년간의 작업은 종지부를 찍었다.

합병이나 인수와 상관없이 기업이 자신의 한 부분을 매각하는 경우도 있다. 이는 특정 부분의 수익성이 떨어지거나 전략적으로 적합하지 않을 때 일어나기도 하고, 수익성이 높지만 투자 현금을 회수하기 위해서 매각을 결정하기도 한다. 또한 현금이 부족한 기업들은 자금을 마련하기 위해서 자산을 매각해야 하는 경우가 많다(이는 파산의 경우에 흔히 발생한다).

기업분할도 다른 종류의 매각과 같은 과정을 거친다. 기업이 자산을 매각한다는 사실을 알린 다음에 적당한 가격을 제시하는 자에게 넘기는 것이다.

기업분할의 규모가 큰 경우에는 기업이 **자회사 분할상장**(equity carve-out)을 선택하기도 한다. 자회사 분할상장을 하기 위해서는 먼저 모기업이 유일한 주주인 자회사를 따로 설립해야 한다. 그러고 나서 모기업은 자회사의 기업공개(IPO)를 통해 자신이 보유하고 있는 주식 중 일부를(대개는 20% 내외) 일반투자자에게 매각하여 공개회사를 만드는 것이다.

자회사 분할상장(equity carve-out): 자회사의 지분 일부를 기업공개(IPO)를 통해 일반투자자에게 매각하는 것

자회사 분할상장 대신에 **스핀오프**(spin-off)를 선택할 수도 있다. 스핀오프는 자회사의 지분을 모기업의 주주들에게 보유 지분에 비례하여 나누어주는 것이다. 주주들은 이 주식을 그대로 보유할 수도 있고 팔 수도 있다. 아주 흔히 기업이 먼저 자회사 분할상장을 통해 시장에서의 주식거래를 원활히 만든 다음, 나중에 스핀오프를 통해 나머지 주식을 처분한다. 많은 유명한 기업들이 이와 같은 과정을 거쳐서 태어난 바 있다. 예를 들어 거대 보험사인 Allstate는 Sears의 스핀오프를 통해 설립됐고, Agilent Technologies는 Hewlett-Packard의 스핀오프를 통해 태어났다. Conoco도 한때는 DuPont에 속해 있었다.

스핀오프(spin-off): 자회사의 지분을 모기업의 주주들에게 배분하는 것

그 외에도 흔히 있는 것은 아니지만, 보다 과격하게 기업이 **완전분할**(split-up)을 선택하는(혹은 선택하도록 강요당하는) 경우도 있다. 완전분할은 말 그대로 기업이 둘 이상의 새로운 기업으로 나눠지는 것이다. 이 과정에서 모기업은 사라지게 되고, 주주들은 기존의 주식을 새로운 기업의 주식으로 바꾼다. 지금까지 가장 유명한 완전분할은 1980년대에 일어났다. 미국 법무성의 반독점소송의 결과에 따라 AT&T는 7개 지역 전화회사(Baby Bells라고 불림)로 분할되었다. Baby Bells 중에서 Verizon과 같은 기업이 오늘날까지 살아남았다. 한편, 이와는 반대되는 이례적인 사건으로 2005년에 SBC는 자신의 이전 모기업이었던 AT&T사를 매입했다. AT&T의 긴 역사와 그 브랜드 네임의 인지도를 고려하여 새로운 회사는 실질적인 소유주가 SBC임에도 불구하고 AT&T이라는 이름을 그대로 사용하고 있다.

완전분할(split-up): 기업이 둘 이상의 새로운 기업으로 분할되는 것

완전분할은 종종 기업가치를 "올리는" 방법으로 활용되기도 한다. 다시 말해 전체가 부분의 합보다 그 가치가 적다고 판단될 때 이용되는 것이다. 예를 들어, 2019년 3월에 DowDuPont은 물질과학 사업부의 분사를 완료하여 Dow, Inc.를 만들었다. DowDuPont의 주주들은 DowDuPont의 3주당 1주씩의 Dow, Inc.의 주식을 받았다. 그러고 나서 2019년 6월, DowDuPont은 농업 사업부의 분사를 완료하여 Corteva, Inc.를 만들었다. DowDuPont의 주주들은 이번에도 DowDuPont 주식 3주당 Corteva, Inc. 주식을 1주씩 받았다.

개념질문 _Concept Questions

26.9a 자회사 분할상장이란 무엇인가? 기업이 이를 택하는 이유는 무엇인가?
26.9b 완전분할이란 무엇인가? 기업이 이를 택하는 이유는 무엇인가?

26.10 요약과 결론

이 장에서는 기업의 합병과 인수에 대해 설명했다. 그 내용을 몇 가지로 요약하면 다음과 같다.

1. **합병의 종류**: 한 기업이 다른 기업을 인수하는 데는 몇 가지의 방법이 있다. 인수의 세 가지 법적 형태에는 합병 또는 통합, 주식의 취득, 자산의 취득이 있다.
2. **세금상의 문제**: 합병과 인수는 과세가 될 수도 있고, 과세가 되지 않을 수도 있다. 중요한 점은 표적기업의 주주들이 자신의 주식을 파느냐 혹은 교환하느냐이다. 일반적으로 현금인수는 과세가 되고, 주식교환은 면세가 된다. 한편, 과세인수에서는 자본이득 효과와 가치절상 효과를 고려해야 한다. 그리고 주식교환의 경우 표적기업의 주주는 합병기업의 주주가 된다.
3. **회계상의 문제**: 2001년에 FASB는 모든 인수의 회계처리를 매수회계법(purchase accounting method)으로 처리해야 한다고 최종 결정을 내렸다. 그 결과 합병 또는 인수는 대개 영업권을 낳는 결과로 이어졌지만 영업권을 상각할 필요는 없어졌다.
4. **합병의 평가**: 기업 A가 기업 B를 인수할 때 인수에 따른 이득(ΔV)은 합병기업의 가치(V_{AB})에서 기존의 두 기업이 가지는 가치(V_A와 V_B)를 뺀 것과 같다.

   $$\Delta V = V_{AB} - (V_A + V_B)$$

   기업 B의 인수를 통해 기업 A가 얻는 것은 합병기업의 가치증가분(ΔV)에 기존의 기업 B가 가지는 가치(V_B)를 더한 것이다. 그러므로 기업 A의 입장에서 기업 B의 총가치(V_B^*)는 다음과 같다.

   $$V_B^* = \Delta V + V_B$$

   이 가치가 인수의 비용보다 높아야만 인수기업의 주주들에게 혜택이 발생하는 것이다. 인수의 비용은 표적기업의 주주들에게 지불하는 가격을 가리킨다. 여기에는 표적기업의 주주들에게 지불하는 합병프리미엄도 포함된다. 더구나 이 비용은 지불방법, 즉 현금과 주식 중에서 어느 것으로 지불하느냐에 따라 달라지기도 한다.
5. **인수에 따른 이득**: 인수를 통해서 볼 수 있는 이득은 여러 가지이다. 그중에 다음과 같은 것들이 속한다.
   a. 매출의 증가
   b. 비용의 절감
   c. 세금의 절감
   d. 자본지출의 감소
6. **방어전략**: 금융분야에서 대부분의 화려한 용어들은 적대적 인수에 대한 방어전략들을 가리킨다. 독약증권, 황금낙하산, 왕관보석, 그린메일 등은 인수를 막는 데 자주 쓰이는 전략들이다.
7. **주주에게 미치는 영향**: 합병과 인수에 대해서는 많은 연구가 있었다. 기본적 결론은 평균적으로 표적기업의 주주들이 큰 이득을 보는 반면, 인수기업의 주주들은 크게 이득을 보지 못한다는 것이다.
8. **기업분할**: 여러 이유로 기업이 자신의 자산이나 사업부분을 매각하는 경우가 있다. 사업부분의 분할 등 기업분할의 규모가 큰 경우에는 자회사 분할상장, 스핀오프, 완전분할을 이용하기도 한다.

복습과 자가진단

26.1 합병의 가치와 비용 부채가 없는 기업 A와 기업 B에 대해서 다음과 같은 정보가 있다고 하자.

	기업 A	기업 B
총발행주식수	2,000	6,000
주당가격	$ 40	$ 30

기업 A는 기업 B의 인수에 따른 시너지효과의 가치가 6,000$라고 평가했다. 한편, 기업 B는1주당 35$의 현금인수만 받아들이겠다는 입장을 밝혔다. 기업 A는 기업 B를 인수해야 하는가?

26.2 주식합병과 주당순이익(EPS) 부채가 없는 기업 A와 기업 B에 대해서 다음과 같은 정보가 주어졌다고 하자.

	기업 A	기업 B
총이익	$3,000	$1,100
총발행주식수	600	400
주당가격	$ 70	$ 15

기업 A는 자신의 주식 100주를 기업 B의 모든 주식과 교환하여 기업 B를 인수하고자 한다. 합병된 후 기업의 가치가 63,000$라면, 합병의 비용은 얼마인가? 기업 A의 주당순이익은 어떻게 변하는가? 주가순이익비율(PER)은 어떻게 변하는가?

복습과 자가진단 해답

26.1 기업 A에 기업 B의 총가치는 합병 전 기업 B의 가치에 합병에 따른 이득($6,000)을 더한 것이다. 합병 전 기업 B의 가치가 $30 × 6,000 = 180,000$이기 때문에 총가치는 186,000$이다. 주당 35$의 가격을 지불하면 총비용이 $35 × 6,000 = 210,000$인 셈이다. 결국 합병안의 NPV가 $186,000 − 210,000 = −24,000$이므로, 35$에는 기업 B를 인수하지 않을 것이다.

26.2 합병 이후 기업의 총발행주식수는 700주가 된다. 총가치가 63,000$이므로, 주식의 주당 가격은 70$에서 $63,000/700 = 90$로 증가한다. 기업 B의 주주들이 합병기업의 주식을 100주만큼 가지기 때문에 합병의 비용은 $70 × 100 = 7,000$가 아니라 $90 × 100 = 9,000$이다.

또한 합병기업의 총이익이 $3,000 + $1,100 = 4,100$이므로, 주당순이익(EPS)은 $3,000/600 = 5$에서 $4,100/700 = 5.86$로 증가한다. 이와 더불어 기존의 주가순이익비율(PER)도 $70/5 = 14에서 $90/5.86 = 15.37로 증가한다.

개념복습과 개념문제

1. **합병 종류** [LO1] 2019년 일본 미쓰비시주식회사가 네덜란드 전력회사 Eneco를 45.2억$에 매입했다. 이는 수평적 인수인가, 수직적 인수인가? Enerco의 국적이 미쓰비시의 의사결정에 어떠한 영향을 미쳤다고 생각하는가?
2. **합병용어** [LO1] 다음의 용어들에 대한 정의를 내려보라.
   a. 그린메일(Greenmail)
   b. 백기사(White Knight)

c. 황금낙하산(Golden Parachute)

d. 왕관보석(Crown jewels)

e. 상어퇴치장치(Shark repellent)

f. 기업사냥꾼(Corporate raider)

g. 독약증권(Poison pill)

h. 주식공개매수(Tender offer)

i. 차입매수(Leveraged buyout)

3. **합병의 이유** [LO1] 다각화 그 자체가 합병의 좋은 이유가 되지 못함을 설명해보라.

4. **완전분할** [LO3] 2019년, 행동주의 투자자 Elliott Management는 eBay에 StubHub를 매각하도록 압력을 가했다. 2020년 2월, eBay는 Viagogo에 StubHub의 매각을 완료했다. 투자자들은 왜 한 회사를 여러 개의 회사로 분할하는 것을 선호하는가? 역시너지(reverse synergy)가 발생할 수 있는가?

5. **독약증권** [LO1] 독약증권은 주주들에게 해로운 것인가, 아니면 이로운 것인가? 인수기업이 어떻게 독약증권을 우회할 수 있다고 생각하는가?

6. **합병과 세금** [LO2] 면세인수와 비교할 때, 과세인수의 장단점이 무엇인지 설명해보라. 합병에서 세금의 부과 여부를 결정짓는 기본적 요소는 무엇인가? 차입매수(LBO)에 세금이 부과되는가? 설명해보라.

7. **규모의 경제** [LO3] 합병을 통해 규모의 경제를 실현한다는 것은 무엇을 의미하는가? Eastern Power Co.와 Western Power Co.가 시간대가 다른 두 곳에 위치했다고 하자. 두 기업 모두 공장의 100%를 가동하는 최대전략소비시간(peak period)이 아니면 공장의 60%만을 가동한다. 최대전략소비시간은 현지 시각으로 오전 9시와 오후 5시에 각각 시작하여 45분간 진행된다. Eastern Power와 Western Power 간의 합병이 왜 타당한지에 대해서 설명해보라.

8. **적대적 인수** [LO1] 원하지 않는 적대적 인수를 막기 위해서 경영진은 어떤 전략을 쓸 수 있는가? 이와 같은 경영진의 방어전략이 표적기업의 주주들에게 어떻게 이득을 가져다주는가? 방어전략이 표적기업의 주주들에게 해를 끼치는 것은 어떤 경우인가? 설명해보라.

9. **합병제안** [LO1] 당신이 주식을 보유하고 있는 기업이 두 곳으로부터 인수제의를 받았다고 가정하자. 당신 기업의 경영진이 제시가격이 낮은 쪽을 선택하는 것이 더 나은 경우가 있는가? 지불형태가 당신이 하는 답에 영향을 주는가?

10. **합병의 이익** [LO2] 인수기업의 주주들은 인수로부터 많은 이득을 보지 못한다는 연구결과가 있었다. 이와 같은 결과를 놓고 수수께끼라고 보는 이유는 무엇인가? 이를 설명해주는 이유로는 어떤 것들이 있는가?

연습문제

초급문제
(1-8)

1. **시너지효과의 계산** [LO3] Pearl, Inc.는 Jam Corporation의 모든 주식을 1.97억$에 매수하는 제안을 했다. 최근의 시장정보에 따르면 독립적인 기업으로서 Jam의 가치는 1.78억$이다. Pearl의 입장에서 Jam의 합병이 경제적이기 위해서는 합병에 따른 시너지효과의 가치가 최소한 얼마여야 하는가?

2. **합병에서의 재무상태표** [LO2] 합병 전 기업 X와 기업 Y에 대해서 다음과 같은 정보가 주어졌다.

	기업 X	기업 Y
총이익	$95,000	$12,000
총발행주식수	20,000	9,000
주당가치:		
시장가치	$ 63	$ 15
장부가치	$ 6	$ 2

기업 Y의 모든 발행주식에 대해서 기업 X가 주당 5$ 합병프리미엄을 지불한다고 가정하자. 두 기업 모두 부채가 없다고 가정한다. 매수회계법을 사용하여 합병 이후 기업 X의 재무상태표를 작성해보라.

3. **합병 후의 재무상태표 [LO2]** 다음의 재무상태표들은 장부가치로 기록되었다. Meat Co.가 Loaf, Inc.를 인수한다고 하자.

Meat Co.			
유동자산	$21,600	유동부채	$ 7,320
순고정자산	51,600	장기부채	16,420
		자기자본	49,460
총계	$73,200	총계	$73,200

Loaf, Inc.			
유동자산	$ 4,700	유동부채	$ 1,800
순고정자산	8,300	장기부채	3,120
		자기자본	8,080
총계	$13,000	총계	$13,000

Loaf의 순고정자산의 공정시장가치는 11,500$이고 장부가치는 위에 기록된 대로 6,900$이다. Meat는 Loaf에게 18,400$를 지불하기로 했고 장기채권의 발행으로 인수에 필요한 자금을 조달하기로 했다. 매수회계법을 사용하여 합병 후에 나타나는 재무상태표를 작성해보라.

4. **합병 후의 재무상태표 [LO2]** Silver Enterprise는 합병 거래를 통해 All Gold Mining을 인수했다. 매수회계법을 사용한다고 가정했을 때, 합병기업의 재무상태표가 어떤 모습을 갖는지 나타내보라. 다음의 재무상태표는 합병 전 두 기업의 장부가치를 나타낸 것이다.

Silver Enterprises			
유동자산	$ 7,400	유동부채	$ 4,030
그 외의 자산	2,080	장기부채	10,600
순고정자산	23,910	자기자본	18,760
총계	$33,390	총계	$33,390

All Gold Mining			
유동자산	$ 2,080	유동부채	$ 2,070
그 외의 자산	880	장기부채	0
순고정자산	9,620	자기자본	10,510
총계	$12,580	총계	$12,580

All Gold Mining의 고정자산의 시장가치는 12,100$이다. 그 외의 자산들의 시장가치는 장부가치

와 일치한다. 한편, Silver Enterprise는 20,800$의 장기채권을 발행하여 인수에 필요한 자금을 조달한다.

5. **현금지급 대 주식지급 [LO3]** Penn Corp.은 Teller Company의 인수가능성을 분석 중이다. 두 기업은 모두 부채가 없다. Penn은 Teller를 인수하면, 영원히 매년 납세 후 현금흐름이 1.45백만$ 증가할 것이라고 믿는다. Teller의 현재 시장가치는 31.5백만$이고, Penn의 현재 시장가치는 53백만$이다. 현금흐름의 증가분에 대한 적정할인율은 10%이다. 이제 Penn은 Teller의 주주들에게 자신의 주식 40%를 지급할지, 혹은 44.5백만$의 현금을 지불할지 결정해야 한다.
   a. 두 가지 대안의 비용은 각각 얼마인가?
   b. 두 가지 대안의 NPV는 각각 얼마인가?
   c. Penn은 어느 대안을 선택하는 것이 좋은가?

6. **시너지효과의 계산 [LO3]** Three Guys Burgers, Inc.는 15.3백만$를 지불하고 Two Guys Fries, Corp.의 보통주를 모두 매입하겠다고 Two Guys에 제안했다. Two Guys의 현재 시장가격은 12.1백만$이다. 이 인수에 적용되는 요구수익률은 9%이다. 이 인수로 발생하는 시너지효과는 영구적으로 나타난다. 이 인수를 통해 매년 얻는 시너지효과의 최소가치를 Three Guys는 얼마라고 생각하는가?

7. **주당순이익(EPS), 주가순이익비율(PER), 합병 [LO3]** Bread Company의 주주들은 투표를 거쳐 Butter Corporation의 인수 제안을 받아들이기로 결정했다. 두 기업에 관한 정보는 다음과 같이 주어졌다.

	Bread	Butter
PER	7.2	14.4
총발행주식수	73,000	146,000
총이익	$210,000	$630,000

   Bread의 주주들은 자신들이 소유한 주식 3주당 Butter의 주식 1주를 받게 된다.
   a. 합병 후에 Butter의 주당순이익(EPS)은 얼마가 되는가? 인수의 NPV가 0이라면, 주가순이익비율(PER)은 얼마가 되는가?
   b. Butter의 입장에서는 두 기업 간의 시너지효과의 가치가 얼마라고 느끼겠는가? 이 인수를 받아들이기로 결정했다면, Butter가 느끼는 가치에 대해 뭐라고 말하겠는가?

8. **현금지급 대 주식지급 [LO3]** 합병 전 기업 B(인수기업)와 기업 T(표적기업)에 대해서 다음과 같은 정보가 주어졌다. 두 기업 모두 부채가 없다.

	기업 B	기업 T
총발행주식수	6,400	1,500
주당가격	$ 53	$ 19

   기업 B는 기업 T의 인수에 따른 시너지효과의 가치를 17,000$로 예상했다.
   a. 만약 기업 T가 주당 23$의 현금을 받고 인수되기를 원한다면, 합병의 NPV는 얼마인가?
   b. 문제 a에서의 조건을 가정하고, 합병된 기업의 주당 가격은 얼마나 될까?
   c. 문제 a에서 합병프리미엄은 얼마인가?
   d. 기업 T가 주식의 교환을 통한 합병에 동의한다고 하자. 기업 B의 주식 1주와 기업 T의 주식 2주를 교환한다면, 합병된 기업의 주당 가격은 얼마가 될까?
   e. 문제 d의 조건을 가정하고, 합병의 NPV를 구하면 얼마인가?

9. **현금지급 대 주식지급** [LO3] 문제 8에서 기업 T의 주주들은 현금을 받는 것이 더 이득인가, 아니면 주식을 교환하는 것이 더 이득인가? 기업 T의 주주들이 어느 것을 선택하든지 관계없도록 하려면 기업 B와 기업 T 간의 주식교환비율이 얼마여야 하는가? **중급문제** (9-13)

10. **주식교환이 미치는 영향** [LO3] 합병 전 기업 A와 기업 B에 대해서 다음과 같은 정보가 주어졌다.

	기업 A	기업 B
총이익	$5,850	$1,900
총발행주식수	1,600	400
주당가격	$ 56	$ 59

기업 A가 기업 B의 주식을 주당 61$의 가격을 지불하여 기업 B를 인수했다고 가정하자. 두 기업 모두 부채가 없다.

a. 합병 후에 기업 A의 주당순이익(EPS)은 얼마가 되는가?

b. 시장이 EPS의 증가를 제대로 반영하지 못한다면(다시 말해 PER가 변하지 않는다고 하면), 합병 후에 기업 A의 주당 가격은 얼마가 되겠는가?

c. 시장이 시너지효과를 반영하여 이 거래를 제대로 분석한다면 합병 후에 기업 A의 PER는 얼마가 되는가?

d. 시너지효과가 없다면, 합병 후에 기업 A의 주가는 얼마가 되는가? PER는 얼마인가? 이를 통해서 기업 A가 기업 B에게 제시한 가격에 대해서 뭐라고 말할 수 있는가? 지나치게 높다고 할 수 있는가? 아니면 지나치게 낮다고 할 수 있는가? 설명해보라.

11. **합병의 NPV** [LO3] 합병의 NPV는 시너지효과의 가치인 ΔV에서 합병프리미엄을 뺀 것과 같다는 것을 증명해보라.

12. **합병의 NPV** [LO3] Fly-By-Night Couriers는 Flash-in-the-Pan Restaurants의 인수를 검토하고 있다. 어느 기업도 부채를 갖고 있지 않다. Fly-By-Night의 예측에 의하면 이 인수는 세후 매년의 현금흐름을 345,000$ 영원히 증가시킬 것으로 나타났다. Flash-in-the-Pan의 현재 시장가치는 8.1백만$이고, Fly-By-Night의 현재 시장가치는 19백만$이다. 증가하는 현금흐름에 대해 적용할 수 있는 적절한 할인율은 8%이다. Fly-By-Night는 자사 주식 35%를 Flash에게 주는 것과 현금 11.5백만$를 Flash-in-the-Pan에게 주는 것 중 하나를 고려하고 있다.

a. 이 합병으로 발생하는 시너지효과는 무엇인가?

b. Fly-By-Night에게 Flash-in-the-Pan의 가치는 얼마인가?

c. 두 선택 각각이 Fly-By-Night에게 발생시키는 비용은 얼마인가?

d. 두 선택 각각이 Fly-By-Night에게 발생시키는 NPV는 얼마인가?

e. Fly-By-Night은 두 선택 중 어떤 것을 택해야 하는가?

13. **합병의 NPV** [LO3] Harrods PLC의 시장가치는 85백만£이고, 발행주식은 4.5백만 주이다. Selfridge Department Store의 시장가치는 30백만£이고, 발행주식은 1.8백만 주이다. Harrods는 Selfridge의 인수를 검토하고 있다. Harrods의 CFO는 합병회사는 시너지효과로 인해 130백만£의 가치를 가질 것으로 판단하고 있으며, Selfridge는 3.1백만£의 프리미엄을 주고 인수할 수 있다.

a. Harrods가 1.8백만 주의 Selfridge 주식을 자신의 주식 900,000 주와 교환하는 제의를 한다면 인수 후에 Harrods의 주가는 얼마가 되겠는가?

b. 두 회사 주식의 어떤 교환비율이 주식을 주는 것과 현금 33.1백만£를 주는 것을 동일한 제안으로 만드는가?

14. **NPV의 계산** [LO3] BQ, Inc.는 iReport Publication의 인수를 놓고 고민 중이다. 두 기업에 대한 정보는 다음과 같이 주어졌다. **고급문제** (14)

	BQ	iReport
주가순이익비율	14.5	9.2
총발행주식수	1,400,000	195,000
총이익	$4,300,000	$705,000
배당금	$1,075,000	$375,000

BQ는 증권분석가들이 iReport의 이익과 배당금이 매년 5%씩 꾸준히 성장할 것으로 예측하고 있다는 것을 알고 있다. 그리고 BQ의 경영진은 iReport의 인수가 규모의 경제(economies of scale)를 가져와 BQ의 성장률을 연간 7%로 끌어올릴 것으로 믿는다.

a. BQ에게 iReport의 가치는 얼마인가?

b. 인수를 통해서 BQ가 얻는 것은 얼마인가?

c. BQ가 iReport의 주식에 대해서 주당 38$의 현금을 제시한다면 인수의 NPV는 얼마일까?

d. BQ가 iReport의 주식 1주에 대해서 지급할 수 있는 최대한의 현금은 얼마인가?

e. BQ가 자신의 주식 205,000주를 iReport의 주식과 교환한다면 인수의 NPV는 얼마일까?

f. BQ의 입장에서는 인수를 시도하는 것이 옳을까? 만약 그렇다면 문제 c와 문제 e 중에서 어느 방법을 선택해야 하는가?

g. 얼마 전 BQ는 외부금융자문기관으로부터 "7%의 성장률은 너무 낙관적인 것이고, 6%가 현실적이다"라는 정보를 제공받았다. 그렇다면 BQ는 인수를 포기해야 하는 것일까? 아니면 계속 진행해야 하는 것일까?

작은 사례

Birdie Golf와 Hybrid Golf의 합병

지난 6개월 동안 Birdie Golf, Inc.는 Hybrid Golf Company와 서로의 합병에 대해 논의해왔다. 여러 번의 협상을 통해 최종적으로 제안된 안은 Birdie Golf가 Hybrid Golf에게 현금 155백만$를 지급하는 것이었다. 두 회사는 골프클럽 산업에서 틈새시장을 차지하고 있으며, 두 회사 모두 합병이 생산과 마케팅에서의 규모의 경제를 가져다줄 뿐만 아니라, 일반관리비용도 크게 줄여 주어 시너지효과를 발생시킬 것으로 믿고 있다.

Bryce Bichon는 Birdie Golf의 재무담당 이사로 이 합병에 대한 분석을 하였다. Bryce는 합병이 된다고 가정하고 다음과 같이 Hybrid Golf의 추정손익계산서를 작성했다. 이 추정손익계산서는 합병에 따른 모든 시너지효과를 반영한 것이다.

	2022	2023	2024	2025	2026
매출액	$264,000,000	$300,000,000	$332,000,000	$356,000,000	$396,000,000
생산비용	185,000,000	210,000,000	232,400,000	249,200,000	277,200,000
기타 비용	26,400,000	30,400,000	32,800,000	36,000,000	39,200,000
감가상각비	21,600,000	24,800,000	26,400,000	28,700,000	28,800,000
EBIT	$ 31,000,000	$ 34,800,000	$ 40,400,000	$ 42,100,000	$ 50,800,000
이자	6,000,000	7,200,000	8,000,000	8,400,000	8,800,000
과세대상소득	$ 25,000,000	$ 27,600,000	$ 32,400,000	$ 33,700,000	$ 42,000,000
세금(21%)	5,250,000	5,796,000	6,804,000	7,077,000	8,820,000
순이익(net income)	$ 19,750,000	$ 21,804,000	$ 25,596,000	$ 26,623,000	$ 33,180,000
유보이익의 증가	0	$ 12,800,000	$ 15,000,000	$ 17,000,000	$ 20,000,000

Birdie Golf가 Hybrid Golf를 인수한다면 Birdie Golf는 Hybrid Golf로부터 배당금 45백만$를 바로 받는다. Birdie Golf의 주식은 현재 주당 71$에 거래되고 있으며, 발행주식수는 14백만 주이다. Hybrid Golf의 발행주식수는 6.4백만 주이다. 두 회사 모두 8%의 이자율로 돈을 차입할 수 있다. Bryce는 Birdie Golf의 현재 자본비용을 11%로 판단하고 있다. Hybrid Golf의 자본비용은 12.4%이고, 자기자본의 비용은 16.9%이다. 5년 후에 Hybrid Golf의 가치는 190백만$가 될 것으로 기대되고 있다.

Bryce는 당신에게 이 합병의 재무적 측면을 검토해주도록 부탁했다. 특히 그는 다음과 같은 질문들을 당신에게 했다.

질문

1. Hybrid Golf의 주주들이 주당 24.22$의 가격으로 합병에 동의하면, Birdie Golf는 합병을 해야 하는가?
2. Birdie Golf가 Hybrid Golf에게 제시할 수 있는 주당 최고가격은 얼마인가?
3. Birdie Golf가 현금을 지급하는 것보다는 주식교환을 선호한다고 하자. 어떤 주식교환비율이 주당 24.22$의 가격을 지불하고 합병하는 것과 동일한 합병을 가져오는가?
4. Birdie Golf가 받아들일 수 있는 가장 높은 주식교환비율은 어떤 교환비율인가?

계산된 숫자표

MATHEMATICAL TABLES

부록 A

표 A.1

t 기간 말에 받는 1$의 미래가치
= 미래가치이자요소(future value interest factor)
$\text{FVIF}(r, t) = (1 + r)^t$

표 A.2

t 기간 후에 받는 1$의 현재가치
= 현재가치이자요소(present value interest factor)
$\text{PVIF}(r, t) = 1/(1 + r)^t$

표 A.3

t 기간 동안 매 기간 1$를 받는 일반연금의 현재가치
= 일반연금의 현재가치이자요소(present value interest factor for annuities)
$\text{PVIFA}(r, t) = [1 - 1/(1 + r)^t]/r$

표 A.4

t 기간 동안 매 기간 1$를 받는 일반연금의 미래가치
= 일반연금의 미래가치이자요소(future value interest factor for annuities)
$\text{FVIFA}(r, t) = [(1 + r)^t - 1]/r$

표 A.5

누적정규분포

표 A.1 ***t* 기간 말에 받는 1$의 미래가치: FVIF($r$, t) = $(1 + r)^t$**

	이자율								
기간(t)	1%	2%	3%	4%	5%	6%	7%	8%	9%
1	1.0100	1.0200	1.0300	1.0400	1.0500	1.0600	1.0700	1.0800	1.0900
2	1.0201	1.0404	1.0609	1.0816	1.1025	1.1236	1.1449	1.1664	1.1881
3	1.0303	1.0612	1.0927	1.1249	1.1576	1.1910	1.2250	1.2597	1.2950
4	1.0406	1.0824	1.1255	1.1699	1.2155	1.2625	1.3108	1.3605	1.4116
5	1.0510	1.1041	1.1593	1.2167	1.2763	1.3382	1.4026	1.4693	1.5386
6	1.0615	1.1262	1.1941	1.2653	1.3401	1.4185	1.5007	1.5869	1.6771
7	1.0721	1.1487	1.2299	1.3159	1.4071	1.5036	1.6058	1.7138	1.8280
8	1.0829	1.1717	1.2668	1.3686	1.4775	1.5938	1.7182	1.8509	1.9926
9	1.0937	1.1951	1.3048	1.4233	1.5513	1.6895	1.8385	1.9990	2.1719
10	1.1046	1.2190	1.3439	1.4802	1.6289	1.7908	1.9672	2.1589	2.3674
11	1.1157	1.2434	1.3842	1.5395	1.7103	1.8983	2.1049	2.3316	2.5804
12	1.1268	1.2682	1.4258	1.6010	1.7959	2.0122	2.2522	2.5182	2.8127
13	1.1381	1.2936	1.4685	1.6651	1.8856	2.1329	2.4098	2.7196	3.0658
14	1.1495	1.3195	1.5126	1.7317	1.9799	2.2609	2.5785	2.9372	3.3417
15	1.1610	1.3459	1.5580	1.8009	2.0789	2.3966	2.7590	3.1722	3.6425
16	1.1726	1.3728	1.6047	1.8730	2.1829	2.5404	2.9522	3.4259	3.9703
17	1.1843	1.4002	1.6528	1.9479	2.2920	2.6928	3.1588	3.7000	4.3276
18	1.1961	1.4282	1.7024	2.0258	2.4066	2.8543	3.3799	3.9960	4.7171
19	1.2081	1.4568	1.7535	2.1068	2.5270	3.0256	3.6165	4.3157	5.1417
20	1.2202	1.4859	1.8061	2.1911	2.6533	3.2071	3.8697	4.6610	5.6044
21	1.2324	1.5157	1.8603	2.2788	2.7860	3.3996	4.1406	5.0338	6.1088
22	1.2447	1.5460	1.9161	2.3699	2.9253	3.6035	4.4304	5.4365	6.6586
23	1.2572	1.5769	1.9736	2.4647	3.0715	3.8197	4.7405	5.8715	7.2579
24	1.2697	1.6084	2.0328	2.5633	3.2251	4.0489	5.0724	6.3412	7.9111
25	1.2824	1.6406	2.0938	2.6658	3.3864	4.2919	5.4274	6.8485	8.6231
30	1.3478	1.8114	2.4273	3.2434	4.3219	5.7435	7.6123	10.063	13.268
40	1.4889	2.2080	3.2620	4.8010	7.0400	10.286	14.974	21.725	31.409
50	1.6446	2.6916	4.3839	7.1067	11.467	18.420	29.457	46.902	74.358
60	1.8167	3.2810	5.8916	10.520	18.679	32.988	57.946	101.26	176.03

(계속)

10%	12%	14%	15%	16%	18%	20%	24%	28%	32%	36%
1.1000	1.1200	1.1400	1.1500	1.1600	1.1800	1.2000	1.2400	1.2800	1.3200	1.3600
1.2100	1.2544	1.2996	1.3225	1.3456	1.3924	1.4400	1.5376	1.6384	1.7424	1.8496
1.3310	1.4049	1.4815	1.5209	1.5609	1.6430	1.7280	1.9066	2.0972	2.3000	2.5155
1.4641	1.5735	1.6890	1.7490	1.8106	1.9388	2.0736	2.3642	2.6844	3.0360	3.4210
1.6105	1.7623	1.9254	2.0114	2.1003	2.2878	2.4883	2.9316	3.4360	4.0075	4.6526
1.7716	1.9738	2.1950	2.3131	2.4364	2.6996	2.9860	3.6352	4.3980	5.2899	6.3275
1.9487	2.2107	2.5023	2.6600	2.8262	3.1855	3.5832	4.5077	5.6295	6.9826	8.6054
2.1436	2.4760	2.8526	3.0590	3.2784	3.7589	4.2998	5.5895	7.2058	9.2170	11.703
2.3579	2.7731	3.2519	3.5179	3.8030	4.4355	5.1598	6.9310	9.2234	12.166	15.917
2.5937	3.1058	3.7072	4.0456	4.4114	5.2338	6.1917	8.5944	11.806	16.060	21.647
2.8531	3.4785	4.2262	4.6524	5.1173	6.1759	7.4301	10.657	15.112	21.199	29.439
3.1384	3.8960	4.8179	5.3503	5.9360	7.2876	8.9161	13.215	19.343	27.983	40.037
3.4523	4.3635	5.4924	6.1528	6.8858	8.5994	10.699	16.386	24.759	36.937	54.451
3.7975	4.8871	6.2613	7.0757	7.9875	10.147	12.839	20.319	31.691	48.757	74.053
4.1772	5.4736	7.1379	8.1371	9.2655	11.974	15.407	25.196	40.565	64.359	100.71
4.5950	6.1304	8.1372	9.3576	10.748	14.129	18.488	31.243	51.923	84.954	136.97
5.0545	6.8660	9.2765	10.761	12.468	16.672	22.186	38.741	66.461	112.14	186.28
5.5599	7.6900	10.575	12.375	14.463	19.673	26.623	48.039	85.071	148.02	253.34
6.1159	8.6128	12.056	14.232	16.777	23.214	31.948	59.568	108.89	195.39	344.54
6.7275	9.6463	13.743	16.367	19.461	27.393	38.338	73.864	139.38	257.92	468.57
7.4002	10.804	15.668	18.822	22.574	32.324	46.005	91.592	178.41	340.45	637.26
8.1403	12.100	17.861	21.645	26.186	38.142	55.206	113.57	228.36	449.39	866.67
8.9543	13.552	20.362	24.891	30.376	45.008	66.247	140.83	292.30	593.20	1178.7
9.8497	15.179	23.212	28.625	35.236	53.109	79.497	174.63	374.14	783.02	1603.0
10.835	17.000	26.462	32.919	40.874	62.669	95.396	216.54	478.90	1033.6	2180.1
17.449	29.960	50.950	66.212	85.850	143.37	237.38	634.82	1645.5	4142.1	10143.0
45.259	93.051	188.88	267.86	378.72	750.38	1469.8	5455.9	19426.7	66520.8	*
117.39	289.00	700.23	1083.7	1670.7	3927.4	9100.4	46890.4	*	*	*
304.48	897.60	2595.9	4384.0	7370.2	20555.1	56347.5	*	*	*	*

*는 FVIF > 99,999를 나타냄.

표 A.2 ***t*** **기간 후에 받는 1$의 현재가치: PVIF(*r*, *t*) = 1/(1 + *r*)^{t}**

	이자율								
기간(*t*)	1%	2%	3%	4%	5%	6%	7%	8%	9%
1	0.9901	0.9804	0.9709	0.9615	0.9524	0.9434	0.9346	0.9259	0.9174
2	0.9803	0.9612	0.9426	0.9246	0.9070	0.8900	0.8734	0.8573	0.8417
3	0.9706	0.9423	0.9151	0.8890	0.8638	0.8396	0.8163	0.7938	0.7722
4	0.9610	0.9238	0.8885	0.8548	0.8227	0.7921	0.7629	0.7350	0.7084
5	0.9515	0.9057	0.8626	0.8219	0.7835	0.7473	0.7130	0.6806	0.6499
6	0.9420	0.8880	0.8375	0.7903	0.7462	0.7050	0.6663	0.6302	0.5963
7	0.9327	0.8706	0.8131	0.7599	0.7107	0.6651	0.6227	0.5835	0.5470
8	0.9235	0.8535	0.7894	0.7307	0.6768	0.6274	0.5820	0.5403	0.5019
9	0.9143	0.8368	0.7664	0.7026	0.6446	0.5919	0.5439	0.5002	0.4604
10	0.9053	0.8203	0.7441	0.6756	0.6139	0.5584	0.5083	0.4632	0.4224
11	0.8963	0.8043	0.7224	0.6496	0.5847	0.5268	0.4751	0.4289	0.3875
12	0.8874	0.7885	0.7014	0.6246	0.5568	0.4970	0.4440	0.3971	0.3555
13	0.8787	0.7730	0.6810	0.6006	0.5303	0.4688	0.4150	0.3677	0.3262
14	0.8700	0.7579	0.6611	0.5775	0.5051	0.4423	0.3878	0.3405	0.2992
15	0.8613	0.7430	0.6419	0.5553	0.4810	0.4173	0.3624	0.3152	0.2745
16	0.8528	0.7284	0.6232	0.5339	0.4581	0.3936	0.3387	0.2919	0.2519
17	0.8444	0.7142	0.6050	0.5134	0.4363	0.3714	0.3166	0.2703	0.2311
18	0.8360	0.7002	0.5874	0.4936	0.4155	0.3503	0.2959	0.2502	0.2120
19	0.8277	0.6864	0.5703	0.4746	0.3957	0.3305	0.2765	0.2317	0.1945
20	0.8195	0.6730	0.5537	0.4564	0.3769	0.3118	0.2584	0.2145	0.1784
21	0.8114	0.6598	0.5375	0.4388	0.3589	0.2942	0.2415	0.1987	0.1637
22	0.8034	0.6468	0.5219	0.4220	0.3418	0.2775	0.2257	0.1839	0.1502
23	0.7954	0.6342	0.5067	0.4057	0.3256	0.2618	0.2109	0.1703	0.1378
24	0.7876	0.6217	0.4919	0.3901	0.3101	0.2470	0.1971	0.1577	0.1264
25	0.7798	0.6095	0.4776	0.3751	0.2953	0.2330	0.1842	0.1460	0.1160
30	0.7419	0.5521	0.4120	0.3083	0.2314	0.1741	0.1314	0.0994	0.0754
40	0.6717	0.4529	0.3066	0.2083	0.1420	0.0972	0.0668	0.0460	0.0318
50	0.6080	0.3715	0.2281	0.1407	0.0872	0.0543	0.0339	0.0213	0.0134

(계속)

10%	12%	14%	15%	16%	18%	20%	24%	28%	32%	36%
0.9091	0.8929	0.8772	0.8696	0.8621	0.8475	0.8333	0.8065	0.7813	0.7576	0.7353
0.8264	0.7972	0.7695	0.7561	0.7432	0.7182	0.6944	0.6504	0.6104	0.5739	0.5407
0.7513	0.7118	0.6750	0.6575	0.6407	0.6086	0.5787	0.5245	0.4768	0.4348	0.3975
0.6830	0.6355	0.5921	0.5718	0.5523	0.5158	0.4823	0.4230	0.3725	0.3294	0.2923
0.6209	0.5674	0.5194	0.4972	0.4761	0.4371	0.4019	0.3411	0.2910	0.2495	0.2149
0.5645	0.5066	0.4556	0.4323	0.4104	0.3704	0.3349	0.2751	0.2274	0.1890	0.1580
0.5132	0.4523	0.3996	0.3759	0.3538	0.3139	0.2791	0.2218	0.1776	0.1432	0.1162
0.4665	0.4039	0.3506	0.3269	0.3050	0.2660	0.2326	0.1789	0.1388	0.1085	0.0854
0.4241	0.3606	0.3075	0.2843	0.2630	0.2255	0.1938	0.1443	0.1084	0.0822	0.0628
0.3855	0.3220	0.2697	0.2472	0.2267	0.1911	0.1615	0.1164	0.0847	0.0623	0.0462
0.3505	0.2875	0.2366	0.2149	0.1954	0.1619	0.1346	0.0938	0.0662	0.0472	0.0340
0.3186	0.2567	0.2076	0.1869	0.1685	0.1372	0.1122	0.0757	0.0517	0.0357	0.0250
0.2897	0.2292	0.1821	0.1625	0.1452	0.1163	0.0935	0.0610	0.0404	0.0271	0.0184
0.2633	0.2046	0.1597	0.1413	0.1252	0.0985	0.0779	0.0492	0.0316	0.0205	0.0135
0.2394	0.1827	0.1401	0.1229	0.1079	0.0835	0.0649	0.0397	0.0247	0.0155	0.0099
0.2176	0.1631	0.1229	0.1069	0.0930	0.0708	0.0541	0.0320	0.0193	0.0118	0.0073
0.1978	0.1456	0.1078	0.0929	0.0802	0.0600	0.0451	0.0258	0.0150	0.0089	0.0054
0.1799	0.1300	0.0946	0.0808	0.0691	0.0508	0.0376	0.0208	0.0118	0.0068	0.0039
0.1635	0.1161	0.0829	0.0703	0.0596	0.0431	0.0313	0.0168	0.0092	0.0051	0.0029
0.1486	0.1037	0.0728	0.0611	0.0514	0.0365	0.0261	0.0135	0.0072	0.0039	0.0021
0.1351	0.0926	0.0638	0.0531	0.0443	0.0309	0.0217	0.0109	0.0056	0.0029	0.0016
0.1228	0.0826	0.0560	0.0462	0.0382	0.0262	0.0181	0.0088	0.0044	0.0022	0.0012
0.1117	0.0738	0.0491	0.0402	0.0329	0.0222	0.0151	0.0071	0.0034	0.0017	0.0008
0.1015	0.0659	0.0431	0.0349	0.0284	0.0188	0.0126	0.0057	0.0027	0.0013	0.0006
0.0923	0.0588	0.0378	0.0304	0.0245	0.0160	0.0105	0.0046	0.0021	0.0010	0.0005
0.0573	0.0334	0.0196	0.0151	0.0116	0.0070	0.0042	0.0016	0.0006	0.0002	0.0001
0.0221	0.0107	0.0053	0.0037	0.0026	0.0013	0.0007	0.0002	0.0001	*	*
0.0085	0.0035	0.0014	0.0009	0.0006	0.0003	0.0001	*	*	*	*

*는 FVIF가 소수점 네 자리까지 0임을 나타냄.

표 A.3 ***t* 기간 동안 매 기간 1$를 받는 일반연금의 현재가치: PVIFA(*r*, *t*) = [1 − 1/(1 + *r*)^t]/*r***

기간(*t*)의 수	이자율								
	1%	2%	3%	4%	5%	6%	7%	8%	9%
1	0.9901	0.9804	0.9709	0.9615	0.9524	0.9434	0.9346	0.9259	0.9174
2	1.9704	1.9416	1.9135	1.8861	1.8594	1.8334	1.8080	1.7833	1.7591
3	2.9410	2.8839	2.8286	2.7751	2.7232	2.6730	2.6243	2.5771	2.5313
4	3.9020	3.8077	3.7171	3.6299	3.5460	3.4651	3.3872	3.3121	3.2397
5	4.8534	4.7135	4.5797	4.4518	4.3295	4.2124	4.1002	3.9927	3.8897
6	5.7955	5.6014	5.4172	5.2421	5.0757	4.9173	4.7665	4.6229	4.4859
7	6.7282	6.4720	6.2303	6.0021	5.7864	5.5824	5.3893	5.2064	5.0330
8	7.6517	7.3255	7.0197	6.7327	6.4632	6.2098	5.9713	5.7466	5.5348
9	8.5660	8.1622	7.7861	7.4353	7.1078	6.8017	6.5152	6.2469	5.9952
10	9.4713	8.9826	8.5302	8.1109	7.7217	7.3601	7.0236	6.7101	6.4177
11	10.3676	9.7868	9.2526	8.7605	8.3064	7.8869	7.4987	7.1390	6.8052
12	11.2551	10.5753	9.9540	9.3851	8.8633	8.3838	7.9427	7.5361	7.1607
13	12.1337	11.3484	10.6350	9.9856	9.3936	8.8527	8.3577	7.9038	7.4869
14	13.0037	12.1062	11.2961	10.5631	9.8986	9.2950	8.7455	8.2442	7.7862
15	13.8651	12.8493	11.9379	11.1184	10.3797	9.7122	9.1079	8.5595	8.0607
16	14.7179	13.5777	12.5611	11.6523	10.8378	10.1059	9.4466	8.8514	8.3126
17	15.5623	14.2919	13.1661	12.1657	11.2741	10.4773	9.7632	9.1216	8.5436
18	16.3983	14.9920	13.7535	12.6593	11.6896	10.8276	10.0591	9.3719	8.7556
19	17.2260	15.6785	14.3238	13.1339	12.0853	11.1581	10.3356	9.6036	8.9501
20	18.0456	16.3514	14.8775	13.5903	12.4622	11.4699	10.5940	9.8181	9.1285
21	18.8570	17.0112	15.4150	14.0292	12.8212	11.7641	10.8355	10.0168	9.2922
22	19.6604	17.6580	15.9369	14.4511	13.1630	12.0416	11.0612	10.2007	9.4424
23	20.4558	18.2922	16.4436	14.8568	13.4886	12.3034	11.2722	10.3741	9.5802
24	21.2434	18.9139	16.9355	15.2470	13.7986	12.5504	11.4693	10.5288	9.7066
25	22.0232	19.5235	17.4131	15.6221	14.0939	12.7834	11.6536	10.6748	9.8226
30	25.8077	22.3965	19.6004	17.2920	15.3725	13.7648	12.4090	11.2578	10.2737
40	32.8347	27.3555	23.1148	19.7928	17.1591	15.0463	13.3317	11.9246	10.7574
50	39.1961	31.4236	25.7298	21.4822	18.2559	15.7619	13.8007	12.2335	10.9617

(계속)

10%	12%	14%	15%	16%	18%	20%	24%	28%	32%	36%
0.9091	0.8929	0.8772	0.8696	0.8621	0.8475	0.8333	0.8065	0.7813	0.7576	0.7353
1.7355	1.6901	1.6467	1.6257	1.6052	1.5656	1.5278	1.4568	1.3916	1.3315	1.2760
2.4869	2.4018	2.3216	2.2832	2.2459	2.1743	2.1065	1.9813	1.8684	1.7663	1.6735
3.1699	3.0373	2.9137	2.8550	2.7982	2.6901	2.5887	2.4043	2.2410	2.0957	1.9658
3.7908	3.6048	3.4331	3.3522	3.2743	3.1272	2.9906	2.7454	2.5320	2.3452	2.1807
4.3553	4.1114	3.8887	3.7845	3.6847	3.4976	3.3255	3.0205	2.7594	2.5342	2.3388
4.8684	4.5638	4.2883	4.1604	4.0386	3.8115	3.6046	3.2423	2.9370	2.6775	2.4550
5.3349	4.9676	4.6389	4.4873	4.3436	4.0776	3.8372	3.4212	3.0758	2.7860	2.5404
5.7590	5.3282	4.9464	4.7716	4.6065	4.3030	4.0310	3.5655	3.1842	2.8681	2.6033
6.1446	5.6502	5.2161	5.0188	4.8332	4.4941	4.1925	3.6819	3.2689	2.9304	2.6495
6.4951	5.9377	5.4527	5.2337	5.0286	4.6560	4.3271	3.7757	3.3351	2.9776	2.6834
6.8137	6.1944	5.6603	5.4206	5.1971	4.7932	4.4392	3.8514	3.3868	3.0133	2.7084
7.1034	6.4235	5.8424	5.5831	5.3423	4.9095	4.5327	3.9124	3.4272	3.0404	2.7268
7.3667	6.6282	6.0021	5.7245	5.4675	5.0081	4.6106	3.9616	3.4587	3.0609	2.7403
7.6061	6.8109	6.1422	5.8474	5.5755	5.0916	4.6755	4.0013	3.4834	3.0764	2.7502
7.8237	6.9740	6.2651	5.9542	5.6685	5.1624	4.7296	4.0333	3.5026	3.0882	2.7575
8.0216	7.1196	6.3729	6.0472	5.7487	5.2223	4.7746	4.0591	3.5177	3.0971	2.7629
8.2014	7.2497	6.4674	6.1280	5.8178	5.2732	4.8122	4.0799	3.5294	3.1039	2.7668
8.3649	7.3658	6.5504	6.1982	5.8775	5.3162	4.8435	4.0967	3.5386	3.1090	2.7697
8.5136	7.4694	6.6231	6.2593	5.9288	5.3527	4.8696	4.1103	3.5458	3.1129	2.7718
8.6487	7.5620	6.6870	6.3125	5.9731	5.3837	4.8913	4.1212	3.5514	3.1158	2.7734
8.7715	7.6446	6.7429	6.3587	6.0113	5.4099	4.9094	4.1300	3.5558	3.1180	2.7746
8.8832	7.7184	6.7921	6.3988	6.0442	5.4321	4.9245	4.1371	3.5592	3.1197	2.7754
8.9847	7.7843	6.8351	6.4338	6.0726	5.4509	4.9371	4.1428	3.5619	3.1210	2.7760
9.0770	7.8431	6.8729	6.4641	6.0971	5.4669	4.9476	4.1474	3.5640	3.1220	2.7765
9.4269	8.0552	7.0027	6.5660	6.1772	5.5168	4.9789	4.1601	3.5693	3.1242	2.7775
9.7791	8.2438	7.1050	6.6418	6.2335	5.5482	4.9966	4.1659	3.5712	3.1250	2.7778
9.9148	8.3045	7.1327	6.6605	6.2463	5.5541	4.9995	4.1666	3.5714	3.1250	2.7778

표 A.4 ***t*** **기간 동안 매 기간 1$를 받는 일반연금의 미래가치: FVIFA(*r*, *t*) = [(1 + *r*)^t − 1]/*r***

기간(*t*)의 수	이자율								
	1%	**2%**	**3%**	**4%**	**5%**	**6%**	**7%**	**8%**	**9%**
1	1.0000	1.0000	1.0000	1.0000	1.0000	1.0000	1.0000	1.0000	1.0000
2	2.0100	2.0200	2.0300	2.0400	2.0500	2.0600	2.0700	2.0800	2.0900
3	3.0301	3.0604	3.0909	3.1216	3.1525	3.1836	3.2149	3.2464	3.2781
4	4.0604	4.1216	4.1836	4.2465	4.3101	4.3746	4.4399	4.5061	4.5731
5	5.1010	5.2040	5.3091	5.4163	5.5256	5.6371	5.7507	5.8666	5.9847
6	6.1520	6.3081	6.4684	6.6330	6.8019	6.9753	7.1533	7.3359	7.5233
7	7.2135	7.4343	7.6625	7.8983	8.1420	8.3938	8.6540	8.9228	9.2004
8	8.2857	8.5830	8.8932	9.2142	9.5491	9.8975	10.260	10.637	11.028
9	9.3685	9.7546	10.159	10.583	11.027	11.491	11.978	12.488	13.021
10	10.462	10.950	11.464	12.006	12.578	13.181	13.816	14.487	15.193
11	11.567	12.169	12.808	13.486	14.207	14.972	15.784	16.645	17.560
12	12.683	13.412	14.192	15.026	15.917	16.870	17.888	18.977	20.141
13	13.809	14.680	15.618	16.627	17.713	18.882	20.141	21.495	22.953
14	14.947	15.974	17.086	18.292	19.599	21.015	22.550	24.215	26.019
15	16.097	17.293	18.599	20.024	21.579	23.276	25.129	27.152	29.361
16	17.258	18.639	20.157	21.825	23.657	25.673	27.888	30.324	33.003
17	18.430	20.012	21.762	23.698	25.840	28.213	30.840	33.750	36.974
18	19.615	21.412	23.414	25.645	28.132	30.906	33.999	37.450	41.301
19	20.811	22.841	25.117	27.671	30.539	33.760	37.379	41.446	46.018
20	22.019	24.297	26.870	29.778	33.066	36.786	40.995	45.762	51.160
21	23.239	25.783	28.676	31.969	35.719	39.993	44.865	50.423	56.765
22	24.472	27.299	30.537	34.248	38.505	43.392	49.006	55.457	62.873
23	25.716	28.845	32.453	36.618	41.430	46.996	53.436	60.893	69.532
24	26.973	30.422	34.426	39.083	44.502	50.816	58.177	66.765	76.790
25	28.243	32.030	36.459	41.646	47.727	54.865	63.249	73.106	84.701
30	34.785	40.568	47.575	56.085	66.439	79.058	94.461	113.28	136.31
40	48.886	60.402	75.401	95.026	120.80	154.76	199.64	259.06	337.88
50	64.463	84.579	112.80	152.67	209.35	290.34	406.53	573.77	815.08
60	81.670	114.05	163.05	237.99	353.58	533.13	813.52	1253.2	1944.8

(계속)

10%	12%	14%	15%	16%	18%	20%	24%	28%	32%	36%
1.0000	1.0000	1.0000	1.0000	1.0000	1.0000	1.0000	1.0000	1.0000	1.0000	1.0000
2.1000	2.1200	2.1400	2.1500	2.1600	2.1800	2.2000	2.2400	2.2800	2.3200	2.3600
3.3100	3.3744	3.4396	3.4725	3.5056	3.5724	3.6400	3.7776	3.9184	4.0624	4.2096
4.6410	4.7793	4.9211	4.9934	5.0665	5.2154	5.3680	5.6842	6.0156	6.3624	6.7251
6.1051	6.3528	6.6101	6.7424	6.8771	7.1542	7.4416	8.0484	8.6999	9.3983	10.146
7.7156	8.1152	8.5355	8.7537	8.9775	9.4420	9.9299	10.980	12.136	13.406	14.799
9.4872	10.089	10.730	11.067	11.414	12.142	12.916	14.615	16.534	18.696	21.126
11.436	12.300	13.233	13.727	14.240	15.327	16.499	19.123	22.163	25.678	29.732
13.579	14.776	16.085	16.786	17.519	19.086	20.799	24.712	29.369	34.895	41.435
15.937	17.549	19.337	20.304	21.321	23.521	25.959	31.643	38.593	47.062	57.352
18.531	20.655	23.045	24.349	25.733	28.755	32.150	40.238	50.398	63.122	78.998
21.384	24.133	27.271	29.002	30.850	34.931	39.581	50.895	65.510	84.320	108.44
24.523	28.029	32.089	34.352	36.786	42.219	48.497	64.110	84.853	112.30	148.47
27.975	32.393	37.581	40.505	43.672	50.818	59.196	80.496	109.61	149.24	202.93
31.772	37.280	43.842	47.580	51.660	60.965	72.035	100.82	141.30	198.00	276.98
35.950	42.753	50.980	55.717	60.925	72.939	87.442	126.01	181.87	262.36	377.69
40.545	48.884	59.118	65.075	71.673	87.068	105.93	157.25	233.79	347.31	514.66
45.599	55.750	68.394	75.836	84.141	103.74	128.12	195.99	300.25	459.45	700.94
51.159	63.440	78.969	88.212	98.603	123.41	154.74	244.03	385.32	607.47	954.28
57.275	72.052	91.025	102.44	115.38	146.63	186.69	303.60	494.21	802.86	1298.8
64.002	81.699	104.77	118.81	134.84	174.02	225.03	377.46	633.59	1060.8	1767.4
71.403	92.503	120.44	137.63	157.41	206.34	271.03	469.06	812.00	1401.2	2404.7
79.543	104.60	138.30	159.28	183.60	244.49	326.24	582.63	1040.4	1850.6	3271.3
88.497	118.16	158.66	184.17	213.98	289.49	392.48	723.46	1332.7	2443.8	4450.0
98.347	133.33	181.87	212.79	249.21	342.60	471.98	898.09	1706.8	3226.8	6053.0
164.49	241.33	356.79	434.75	530.31	790.95	1181.9	2640.9	5873.2	12940.9	28172.3
442.59	767.09	1342.0	1779.1	2360.8	4163.2	7343.9	22728.8	69377.5	*	*
1163.9	2400.0	4994.5	7217.7	10435.7	21813.1	45497.2	*	*	*	*
3043.8	7471.6	18535.1	29220.0	46057.5	*	*	*	*	*	*

*는 FVIFA > 99,999를 나타냄.

표 A.5 누적정규분포

d	N(*d*)	*d*	N(*d*)	*d*	N(*d*)	*d*	N(*d*)	*d*	N(*d*)	*d*	N(*d*)
−3.00	0.0013	−1.58	0.0571	−0.76	0.2236	0.06	0.5239	0.86	0.8051	1.66	0.9515
−2.95	0.0016	−1.56	0.0594	−0.74	0.2297	0.08	0.5319	0.88	0.8106	1.68	0.9535
−2.90	0.0019	−1.54	0.0618	−0.72	0.2358	0.10	0.5398	0.90	0.8159	1.70	0.9554
−2.85	0.0022	−1.52	0.0643	−0.70	0.2420	0.12	0.5478	0.92	0.8212	1.72	0.9573
−2.80	0.0026	−1.50	0.0668	−0.68	0.2483	0.14	0.5557	0.94	0.8264	1.74	0.9591
−2.75	0.0030	−1.48	0.0694	−0.66	0.2546	0.16	0.5636	0.96	0.8315	1.76	0.9608
−2.70	0.0035	−1.46	0.0721	−0.64	0.2611	0.18	0.5714	0.98	0.8365	1.78	0.9625
−2.65	0.0040	−1.44	0.0749	−0.62	0.2676	0.20	0.5793	1.00	0.8413	1.80	0.9641
−2.60	0.0047	−1.42	0.0778	−0.60	0.2743	0.22	0.5871	1.02	0.8461	1.82	0.9656
−2.55	0.0054	−1.40	0.0808	−0.58	0.2810	0.24	0.5948	1.04	0.8508	1.84	0.9671
−2.50	0.0062	−1.38	0.0838	−0.56	0.2877	0.26	0.6026	1.06	0.8554	1.86	0.9686
−2.45	0.0071	−1.36	0.0869	−0.54	0.2946	0.28	0.6103	1.08	0.8599	1.88	0.9699
−2.40	0.0082	−1.34	0.0901	−0.52	0.3015	0.30	0.6179	1.10	0.8643	1.90	0.9713
−2.35	0.0094	−1.32	0.0934	−0.50	0.3085	0.32	0.6255	1.12	0.8686	1.92	0.9726
−2.30	0.0107	−1.30	0.0968	−0.48	0.3156	0.34	0.6331	1.14	0.8729	1.94	0.9738
−2.25	0.0122	−1.28	0.1003	−0.46	0.3228	0.36	0.6406	1.16	0.8770	1.96	0.9750
−2.20	0.0139	−1.26	0.1038	−0.44	0.3300	0.38	0.6480	1.18	0.8810	1.98	0.9761
−2.15	0.0158	−1.24	0.1075	−0.42	0.3372	0.40	0.6554	1.20	0.8849	2.00	0.9772
−2.10	0.0179	−1.22	0.1112	−0.40	0.3446	0.42	0.6628	1.22	0.8888	2.05	0.9798
−2.05	0.0202	−1.20	0.1151	−0.38	0.3520	0.44	0.6700	1.24	0.8925	2.10	0.9821
−2.00	0.0228	−1.18	0.1190	−0.36	0.3594	0.46	0.6772	1.26	0.8962	2.15	0.9842
−1.98	0.0239	−1.16	0.1230	−0.34	0.3669	0.48	0.6844	1.28	0.8997	2.20	0.9861
−1.96	0.0250	−1.14	0.1271	−0.32	0.3745	0.50	0.6915	1.30	0.9032	2.25	0.9878
−1.94	0.0262	−1.12	0.1314	−0.30	0.3821	0.52	0.6985	1.32	0.9066	2.30	0.9893
−1.92	0.0274	−1.10	0.1357	−0.28	0.3897	0.54	0.7054	1.34	0.9099	2.35	0.9906
−1.90	0.0287	−1.08	0.1401	−0.26	0.3974	0.56	0.7123	1.36	0.9131	2.40	0.9918
−1.88	0.0301	−1.06	0.1446	−0.24	0.4052	0.58	0.7190	1.38	0.9162	2.45	0.9929
−1.86	0.0314	−1.04	0.1492	−0.22	0.4129	0.60	0.7257	1.40	0.9192	2.50	0.9938
−1.84	0.0329	−1.02	0.1539	−0.20	0.4207	0.62	0.7324	1.42	0.9222	2.55	0.9946
−1.82	0.0344	−1.00	0.1587	−0.18	0.4286	0.64	0.7389	1.44	0.9251	2.60	0.9953
−1.80	0.0359	−0.98	0.1635	−0.16	0.4364	0.66	0.7454	1.46	0.9279	2.65	0.9960
−1.78	0.0375	−0.96	0.1685	−0.14	0.4443	0.68	0.7518	1.48	0.9306	2.70	0.9965
−1.76	0.0392	−0.94	0.1736	−0.12	0.4522	0.70	0.7580	1.50	0.9332	2.75	0.9970
−1.74	0.0409	−0.92	0.1788	−0.10	0.4602	0.72	0.7642	1.52	0.9357	2.80	0.9974
−1.72	0.0427	−0.90	0.1841	−0.08	0.4681	0.74	0.7704	1.54	0.9382	2.85	0.9978
−1.70	0.0446	−0.88	0.1894	−0.06	0.4761	0.76	0.7764	1.56	0.9406	2.90	0.9981
−1.68	0.0465	−0.86	0.1949	−0.04	0.4840	0.78	0.7823	1.58	0.9429	2.95	0.9984
−1.66	0.0485	−0.84	0.2005	−0.02	0.4920	0.80	0.7881	1.60	0.9452	3.00	0.9987
−1.64	0.0505	−0.82	0.2061	0.00	0.5000	0.82	0.7939	10.62	0.9474	3.05	0.9989
−1.62	0.0526	−0.80	0.2119	0.02	0.5080	0.84	0.7995	1.64	0.9495		
−1.60	0.0548	−0.78	0.2177	0.04	0.5160						

이 표는 *d*값에 상응하는 N(*d*) 값을 보여준다. 예를 들어 *d* = −0.24이면 N(*d*)는 0.40520이다.

주요 공식들

KEY EQUATIONS

부록 B

2장

1. The balance sheet identity or equation:

   Assets = Liabilities + Shareholders' equity **[2.1]**

2. The income statement equation:

   Revenues − Expenses = Income **[2.2]**

3. The cash flow identity:

   Cash flow from assets =
   Cash flow to creditors +
   Cash flow to stockholders **[2.3]**

   where:

   a. Cash flow from assets = Operating cash flow (OCF) − Net capital spending − Change in net working capital (NWC)
      (1) Operating cash flow = Earnings before interest and taxes (EBIT) + Depreciation − Taxes
      (2) Net capital spending = Ending net fixed assets − Beginning net fixed assets + Depreciation
      (3) Change in net working capital = Ending NWC − Beginning NWC

   b. Cash flow to creditors = Interest paid − Net new borrowing

   c. Cash flow to stockholders = Dividends paid − Net new equity raised

3장

1. The current ratio:

   $$\text{Current ratio} = \frac{\text{Current assets}}{\text{Current liabilities}} \quad \textbf{[3.1]}$$

2. The quick or acid-test ratio:

   $$\text{Quick ratio} = \frac{\text{Current assets} - \text{Inventory}}{\text{Current liabilities}} \quad \textbf{[3.2]}$$

3. The cash ratio:

   $$\text{Cash ratio} = \frac{\text{Cash}}{\text{Current liabilities}} \quad \textbf{[3.3]}$$

4. The ratio of net working capital to total assets:

   Net working capital to total assets

   $$= \frac{\text{Net working capital}}{\text{Total assets}} \quad \textbf{[3.4]}$$

5. The interval measure:

   Interval measure

   $$= \frac{\text{Current assets}}{\text{Average daily operating costs}} \quad \textbf{[3.5]}$$

6. The total debt ratio:

   Total debt ratio

   $$= \frac{\text{Total assets} - \text{Total equity}}{\text{Total assets}} \quad \textbf{[3.6]}$$

7. The debt-equity ratio:

   $$\text{Debt-equity ratio} = \frac{\text{Total debt}}{\text{Total equity}} \quad \textbf{[3.7]}$$

8. The equity multiplier:

   $$\text{Equity multiplier} = \frac{\text{Total assets}}{\text{Total equity}} \quad \textbf{[3.8]}$$

9. The long-term debt ratio:

   Long-term debt ratio

   $$= \frac{\text{Long-term debt}}{\text{Long-term debt} + \text{Total equity}} \quad \textbf{[3.9]}$$

10. The times interest earned (TIE) ratio:

   $$\text{Times interest earned ratio} = \frac{\text{EBIT}}{\text{Interest}} \quad \textbf{[3.10]}$$

11. The cash coverage ratio:

   Cash coverage ratio

   $$= \frac{\text{EBIT} + \text{Depreciation}}{\text{Interest}} \quad \textbf{[3.11]}$$

12. The inventory turnover ratio:

   Inventory turnover

   $$= \frac{\text{Cost of goods sold}}{\text{Inventory}} \quad \textbf{[3.12]}$$

13. The average days' sales in inventory:

   Days' sales in inventory

   $$= \frac{\text{365 days}}{\text{Inventory turnover}} \quad \textbf{[3.13]}$$

14. The receivables turnover ratio:

$$\text{Receivables turnover} = \frac{\text{Sales}}{\text{Accounts receivable}} \quad [3.14]$$

15. The days' sales in receivables:

$$\text{Days' sales in receivables} = \frac{365 \text{ days}}{\text{Receivables turnover}} \quad [3.15]$$

16. The net working capital (NWC) turnover ratio:

$$\text{NWC turnover} = \frac{\text{Sales}}{\text{NWC}} \quad [3.16]$$

17. The fixed asset turnover ratio:

$$\text{Fixed asset turnover} = \frac{\text{Sales}}{\text{Net fixed assets}} \quad [3.17]$$

18. The total asset turnover ratio:

$$\text{Total asset turnover} = \frac{\text{Sales}}{\text{Total assets}} \quad [3.18]$$

19. Profit margin:

$$\text{Profit margin} = \frac{\text{Net income}}{\text{Sales}} \quad [3.19]$$

20. Return on assets (ROA):

$$\text{Return on assets} = \frac{\text{Net income}}{\text{Total assets}} \quad [3.20]$$

21. Return on equity (ROE):

$$\text{Return on equity} = \frac{\text{Net income}}{\text{Total equity}} \quad [3.21]$$

22. The price-earnings (PE) ratio:

$$\text{PE ratio} = \frac{\text{Price per share}}{\text{Earnings per share}} \quad [3.22]$$

23. The market-to-book ratio:

$$\text{Market-to-book ratio} = \frac{\text{Market value per share}}{\text{Book value per share}} \quad [3.23]$$

24. Enterprise value:

$$\text{Enterprise value} = \text{Total market value of the stock} + \text{Book value of all liabilities} - \text{Cash} \quad [3.24]$$

25. The EBITDA (earnings before interest, tax, depreciation, and amortization) ratio:

$$\text{EBITDA ratio} = \frac{\text{Enterprise value}}{\text{EBITDA}} \quad [3.25]$$

26. The DuPont identity:

$$\text{ROE} = \underbrace{\frac{\text{Net income}}{\text{Sales}} \times \frac{\text{Sales}}{\text{Assets}}}_{\text{Return on assets}} \times \frac{\text{Assets}}{\text{Total equity}}$$

$$= \text{Profit margin} \times \text{Total asset turnover} \times \text{Equity multiplier} \quad [3.26]$$

4장

1. The dividend payout ratio:

$$\text{Dividend payout ratio} = \frac{\text{Cash dividends}}{\text{Net income}} \quad [4.1]$$

2. The internal growth rate:

$$\text{Internal growth rate} = \frac{\text{ROA} \times b}{1 - \text{ROA} \times b} \quad [4.2]$$

3. The sustainable growth rate:

$$\text{Sustainable growth rate} = \frac{\text{ROE} \times b}{1 - \text{ROE} \times b} \quad [4.3]$$

5장

1. The future value of \$1 invested for t periods at a rate of r per period:

$$\text{Future value} = \$1 \times (1 + r)^t \quad [5.1]$$

2. The present value of \$1 to be received t periods into the future at a discount rate of r:

$$\text{PV} = \$1 \times [1/(1 + r)^t] = \$1/(1 + r)^t \quad [5.2]$$

3. The relationship between future value and present value (the basic present value equation):

$$\text{PV} \times (1 + r)^t = \text{FV}_t$$
$$\text{PV} = \text{FV}_t/(1 + r)^t = \text{FV}_t \times [1/(1 + r)^t] \quad [5.3]$$

6장

1. The present value of an annuity of C dollars per period for t periods when the rate of return or interest rate is r:

$$\text{Annuity present value} = C \times \left(\frac{1 - \text{Present value factor}}{r}\right) = C \times \left\{\frac{1 - [1/(1 + r)^t]}{r}\right\} \quad [6.1]$$

2. The future value factor for an annuity:

$$\text{Annuity FV factor} = (\text{Future value factor} - 1)/r = [(1 + r)^t - 1]/r \quad [6.2]$$

3. Annuity due value = Ordinary annuity value × (1 + r) [6.3]

4. Present value of a perpetuity:

$$\text{PV for a perpetuity} = C/r \quad [6.4]$$

5. Growing annuity present value

$$= C \times \left[\frac{1 - \left(\frac{1 + g}{1 + r}\right)^t}{r - g}\right] \quad [6.5]$$

6. Growing perpetuity present value

$$= \frac{C}{r - g} \quad [6.6]$$

7. Effective annual rate (EAR), where m is the number of times the interest is compounded during the year:

$$\text{EAR} = [1 + (\text{Quoted rate}/m)]^m - 1 \quad [6.7]$$

8. Effective annual rate (EAR), where q stands for the continuously compounded quoted rate:

$$\text{EAR} = e^q - 1 \quad [6.8]$$

7장

1. Bond value if bond has (1) a face value of F paid at maturity, (2) a coupon of C paid per period, (3) t periods to maturity, and (4) a yield of r per period:

Bond value
$$= C \times [1 - 1/(1 + r)^t]/r + F/(1 + r)^t$$
$$= \text{Present value of the coupons} + \text{Present value of the face amount} \qquad [7.1]$$

2. The Fisher effect:

$$1 + R = (1 + r) \times (1 + h) \qquad [7.2]$$
$$R = r + h + r \times h \qquad [7.3]$$
$$R \approx r + h \qquad [7.4]$$

8장

1. Per-share present value of common stock, where D_1 is the cash dividend paid at the end of the period, and R is the required return:

$$P_0 = (D_1 + P_1)/(1 + R) \qquad [8.1]$$

2. Per-share present value of common stock with zero growth, where the dividend is constant and R is the required return:

$$P_0 = D/R \qquad [8.2]$$

3. The dividend growth model:

$$P_0 = \frac{D_0 \times (1 + g)}{R - g} = \frac{D_1}{R - g} \qquad [8.3]$$

4. The dividend growth model can be modified slightly to give the price of a stock as of Time t:

$$P_t = \frac{D_t \times (1 + g)}{R - g} = \frac{D_{t+1}}{R - g} \qquad [8.4]$$

5. Two-stage growth model:

$$P_0 = \frac{D_1}{R - g_1} \times \left[1 - \left(\frac{1 + g_1}{1 + R}\right)^t\right] + \frac{P_t}{(1 + R)^t} \qquad [8.5]$$

6. The two-stage growth model can be modified to give the price of a stock at Time t:

$$P_t = \frac{D_{t+1}}{R - g_2} = \frac{D_0 \times (1 + g_1)^t \times (1 + g_2)}{R - g_2} \qquad [8.6]$$

7. Required return:

$$R = D_1/P_0 + g \qquad [8.7]$$

8. Stock valuation using benchmark PE evaluation:

$$\text{Price at Time } t = P_t = \text{Benchmark PE ratio} \times \text{EPS}_t \qquad [8.8]$$

9장

1. Net present value (NPV):

NPV = Present value of future cash flows − Investment cost

2. Payback period:

Payback period = Number of years that pass before the sum of an investment's cash flows equals the cost of the investment

3. Discounted payback period:

Discounted payback period = Number of years that pass before the sum of an investment's *discounted* cash flows equals the cost of the investment

4. The average accounting return (AAR):

$$\text{AAR} = \frac{\text{Average net income}}{\text{Average book value}}$$

5. Internal rate of return (IRR):

IRR = Discount rate or required return such that the net present value of an investment is zero

6. Profitability index:

$$\text{Profitability index} = \frac{\text{PV of cash flows}}{\text{Cost of investment}}$$

10장

1. Bottom-up approach to operating cash flow (OCF):

$$\text{OCF} = \text{Net income} + \text{Depreciation} \qquad [10.1]$$

2. Top-down approach to operating cash flow (OCF):

$$\text{OCF} = \text{Sales} - \text{Costs} - \text{Taxes} \qquad [10.2]$$

3. Tax shield approach to operating cash flow (OCF):

$$\text{OCF} = (\text{Sales} - \text{Costs}) \times (1 - T) + \text{Depreciation} \times T \qquad [10.3]$$

11장

1. Accounting break-even point:

$$Q = (\text{FC} + D)/(P - v) \qquad [11.1]$$

2. Project operating cash flow (OCF), ignoring taxes:

$$\text{OCF} = (P - v) \times Q - \text{FC} \qquad [11.2]$$

3. Relationship between operating cash flow (OCF) and sales volume, ignoring taxes:

$$Q = (\text{FC} + \text{OCF})/(P - v) \qquad [11.3]$$

4. Cash break-even point:

$$Q = \text{FC}/(P - v)$$

5. Cash break-even point:

$$Q = (\text{FC} + \text{OCF}^*)/(P - v)$$

where:

$$\text{OCF}^* = \text{Zero NPV cash flow}$$

6. Degree of operating leverage (DOL):

$$\text{DOL} = 1 + \text{FC}/\text{OCF} \qquad [11.4]$$

12장

1. Total dollar return on an investment:

Total dollar return = Dividend income + Capital gain (or loss) [12.1]

2. Total cash if stock is sold = Initial investment + Total return [12.2]

3. Standard deviation of returns, SD(R) or σ:

$$\text{SD}(R) = \sqrt{\text{Var}(R)}$$

4. Variance of returns, Var(R) or σ^2:

$$\text{Var}(R) = \frac{1}{T-1}\left[\left(R_1 - \overline{R}\right)^2 + \cdots + \left(R_T - \overline{R}\right)^2\right] \quad \textbf{[12.3]}$$

5. Geometric average return:

$$\text{Geometric average return} = [(1 + R_1) \times (1 + R_2) \times \cdots \times (1 + R_T)]^{1/T} - 1 \quad \textbf{[12.4]}$$

6. Blume's formula:

$$R(T) = \frac{T-1}{N-1} \times \text{Geometric average} + \frac{N-T}{N-1} \times \text{Arithmetic average} \quad \textbf{[12.5]}$$

13장

1. Risk premium:

$$\text{Risk premium} = \text{Expected return} - \text{Risk-free rate} \quad \textbf{[13.1]}$$

2. Expected return on a portfolio:

$$\text{E}(R_P) = x_1 \times \text{E}(R_1) + x_2 \times \text{E}(R_2) + \cdots + x_n \times \text{E}(R_n) \quad \textbf{[13.2]}$$

3. Risk and return:

$$\text{Total return} = \text{Expected return} + \text{Unexpected return}$$

$$R = \text{E}(R) + U \quad \textbf{[13.3]}$$

4. Components of an announcement:

$$\text{Announcement} = \text{Expected part} + \text{Surprise} \quad \textbf{[13.4]}$$

5. Systematic and unsystematic components of return:

$$R = \text{E}(R) + \text{Systematic portion} + \text{Unsystematic portion} \quad \textbf{[13.5]}$$

6. Total risk:

$$\text{Total risk} = \text{Systematic risk} + \text{Unsystematic risk} \quad \textbf{[13.6]}$$

7. The reward-to-risk ratio:

$$\text{Reward-to-risk ratio} = \frac{E(R_i) - R_f}{\beta_i}$$

8. The market risk premium:

$$\text{SML slope} = \text{E}(R_M) - R_f$$

9. The capital asset pricing model (CAPM):

$$E(R_i) = R_f + \left[E(R_M) - R_f\right] \times \beta_i \quad \textbf{[13.7]}$$

14장

1. Required return on equity, R_E (dividend growth model):

$$R_E = D_1/P_0 + g \quad \textbf{[14.1]}$$

2. Required return on equity, R_E:

$$R_E = R_f + \beta_E \times \left(R_M - R_f\right) \quad \textbf{[14.2]}$$

3. The cost of preferred stock, R_P:

$$R_P = D/P_0 \quad \textbf{[14.3]}$$

4. The market value of a firm's debt and equity:

$$V = E + D \quad \textbf{[14.4]}$$

5. The percentages of a firm's capital represented by debt and equity:

$$100\% = E/V + D/V \quad \textbf{[14.5]}$$

6. The weighted average cost of capital (WACC):

$$\text{WACC} = (E/V) \times R_E + (D/V) \times R_D \times (1 - T) \quad \textbf{[14.6]}$$

7. The weighted average cost of capital (WACC) with preferred stock:

$$\text{WACC} = (E/V) \times R_E + (P/V) \times R_P + (D/V) \times R_D \times (1 - T) \quad \textbf{[14.7]}$$

8. Calculating a firm's "adjusted" taxes:

$$\text{Taxes*} = \text{EBIT} \times T \quad \textbf{[14.8]}$$

9. Adjusted cash flow from assets (CFA):

$$\begin{aligned}\text{CFA*} &= \text{EBIT} + \text{Depreciation} - \text{Taxes*} \\ &\quad - \text{Change in NWC} - \text{Capital spending} \\ &= \text{EBIT} + \text{Depreciation} - \text{EBIT} \times T \\ &\quad - \text{Change in NWC} - \text{Capital spending}\end{aligned} \quad \textbf{[14.9]}$$

10. Simplified adjusted cash flow from assets (CFA):

$$\text{CFA*} = \text{EBIT} \times (1 - T) + \text{Depreciation} - \text{Change in NWC} - \text{Capital spending} \quad \textbf{[14.10]}$$

11. The value of a firm today is:

$$V_0 = \frac{\text{CFA}_1^*}{1 + \text{WACC}} + \frac{\text{CFA}_2^*}{(1 + \text{WACC})^2} + \frac{\text{CFA}_3^*}{(1 + \text{WACC})^3} + \cdots + \frac{\text{CFA}_t^* + V_t}{(1 + \text{WACC})^t} \quad \textbf{[14.11]}$$

12. Firm value, using the growing perpetuity formula:

$$V_t = \frac{\text{CFA}_{t+1}^*}{\text{WACC} - g} \quad \textbf{[14.12]}$$

13. Weighted average flotation cost, f_A:

$$f_A = (E/V) \times f_E + (D/V) \times f_D \quad \textbf{[14.13]}$$

15장

1. Rights offerings:
   a. Number of new shares:

$$\text{Number of new shares} = \frac{\text{Funds to be raised}}{\text{Subscription price}} \quad \textbf{[15.1]}$$

   b. Number of rights needed:

$$\text{Number of rights needed to buy a share of stock} = \frac{\text{Old shares}}{\text{New shares}} \quad \textbf{[15.2]}$$

   c. Value of a right:

$$\text{Value of a right} = \text{Rights-on price} - \text{Ex-rights price}$$

16장

1. Modigliani-Miller propositions (no taxes):

a. Proposition I:

$V_L = V_U$

b. Proposition II:

$R_E = R_A + (R_A - R_D) \times (D/E)$ **[16.1]**

2. Modigliani-Miller propositions (with taxes):

a. Value of the interest tax shield:

Present value of the interest tax shield $= T \times D$ **[16.2]**

b. Proposition I:

$V_L = V_U + T \times D$ **[16.3]**

c. Proposition II:

$R_E = R_U + (R_U - R_D) \times (D/E) \times (1 - T)$ **[16.4]**

18장

1. Basic balance sheet identity:

Net working capital + Fixed assets = Long-term debt + Equity **[18.1]**

2. Net working capital:

Net working capital = (Cash + Other current assets) − Current liabilities **[18.2]**

3. Cash identity:

Cash = Long-term debt + Equity + Current liabilities − Current assets other than cash − Fixed assets **[18.3]**

4. The operating cycle:

Operating cycle = Inventory period + Accounts receivable period **[18.4]**

5. The cash cycle:

Cash cycle = Operating cycle − Accounts payable period **[18.5]**

6. Total cash collections:

Cash collections = Beginning accounts receivable + 1/2 × Sales **[18.6]**

19장

1. Float measurement:

a. Average daily float:

$$\text{Average daily float} = \frac{\text{Total float}}{\text{Total days}}$$ **[19.1]**

b. Average daily float:

Average daily float = Average daily receipts × Weighted average delay **[19.2]**

2. The Baumol-Allais-Tobin (BAT) model:

a. Opportunity costs:

Opportunity costs $= (C/2) \times R$ **[19A.1]**

b. Trading costs:

Trading costs $= (T/C) \times F$ **[19A.2]**

c. Total cost:

Total cost = Opportunity costs + Trading costs **[19A.3]**

d. The optimal initial cash balance:

$C^* = \sqrt{(2T \times F)/R}$ **[19A.4]**

3. The Miller-Orr model:

a. The optimal cash balance:

$C^* = L + (3/4 \times F \times \sigma^2/R)^{(1/3)}$ **[19A.5]**

b. The upper limit:

$U^* = 3 \times C^* - 2 \times L$ **[19A.6]**

c. The average cash balance:

Average cash balance $= (4 \times C^* - L)/3$ **[19A.7]**

20장

1. The size of receivables:

Accounts receivable = Average daily sales × ACP **[20.1]**

2. NPV of switching credit terms:

a. Cash flow with old policy $= (P - v)Q$ **[20.2]**

b. Cash flow with new policy $= (P - v)Q'$ **[20.3]**

c. Present value of switching:

$\text{PV} = [(P - v)(Q' - Q)]/R$ **[20.4]**

d. Cost of switching:

Cost of switching $= PQ + v(Q' - Q)$ **[20.5]**

e. NPV of switching:

NPV of switching $= -[PQ + v(Q' - Q)] + [(P - v)(Q' - Q)]/R$ **[20.6]**

f. Break-even point of switching:

$Q' - Q = PQ/[(P - v)/R - v]$ **[20.7]**

3. NPV of granting credit:

a. With no repeat business:

$\text{NPV} = -v + (1 - \pi)P/(1 + R)$ **[20.8]**

b. With repeat business:

$\text{NPV} = -v + (1 - \pi)(P - v)/R$ **[20.9]**

4. The economic order quantity (EOQ) model:

a. Total carrying costs:

Total carrying costs = Average inventory × Carrying cost per unit $= (Q/2) \times \text{CC}$ **[20.10]**

b. Total restocking cost:

Total restocking cost
= Fixed cost per order
× Number of orders
$= F \times (T/Q)$ **[20.11]**

c. Total costs:

Total costs = Carrying costs + Restocking costs
$= (Q/2) \times CC + F \times (T/Q)$ **[20.12]**

d. Q^*:

Carrying costs = Restocking costs
$(Q^*/2) \times CC = F \times (T/Q^*)$ **[20.13]**

e. The optimal order size Q^*:

$$Q^* = \sqrt{\frac{2T \times F}{CC}}$$ **[20.14]**

5. Net incremental cash flow $= P'Q \times (d - \pi)$ **[20A.1]**

6. NPV $= -PQ + P'Q \times (d - \pi)/R$ **[20A.2]**

21장

1. Expected percentage change in the exchange rate:
   a. $[E(S_1) - S_0]/S_0 = h_{FC} - h_{US}$ **[21.1]**
   b. $E(S_1) = S_0 \times [1 + (h_{FC} - h_{US})]$ **[21.2]**
2. Purchasing power parity (PPP):
   $E(S_t) = S_0 \times [1 + (h_{FC} - h_{US})]^t$ **[21.3]**
3. Interest rate parity (IRP) condition:
   a. Exact, single period:
   $F_1/S_0 = (1 + R_{FC})/(1 + R_{US})$ **[21.4]**
   b. Approximate, single period:
   $(F_1 - S_0)/S_0 = R_{FC} - R_{US}$ **[21.5]**
   c. $F_1 = S_0 \times [1 + (R_{FC} - R_{US})]$ **[21.6]**
4. International Fisher effect (IFE):
   $R_{US} - h_{US} = R_{FC} - h_{FC}$ **[21.7]**

24장

1. Value of a call option at maturity:
   a. $C_1 = 0$ if $S_1 - E \le 0$ **[24.1]**
   b. $C_1 = S_1 - E$ if $S_1 - E > 0$ **[24.2]**
2. Bounds on the value of a call option:
   a. Upper bound:
   $C_0 \le S_0$ **[24.3]**
   b. Lower bound:
   $C_0 \ge 0$ if $S_0 - E < 0$
   $C_0 \ge S_0 - E$ if $S_0 - E \ge 0$ **[24.4]**
3. Value of a call option (simple case):
   $S_0 = C_0 + E/(1 + R_f)$
   $C_0 = S_0 - E/(1 + R_f)$ **[24.5]**
4. Value of a call that is certain to finish in the money:
   Call option value
   = Stock value
   − Present value of the exercise price
   $C_0 = S_0 - E/(1 + R_f)^t$ **[24.6]**

25장

1. Put-call parity condition (PCP):
   a. Share of stock + A put option
   = Present value of strike price + A call option **[25.1]**
   b. $S + P = PV(E) + C$ **[25.2]**
   c. Stock price:
   $S = PV(E) + C - P$ **[25.3]**
   d. $S + P = E \times e^{-Rt} + C$ **[25.4]**
2. The Black-Scholes call option formula:
   $C = S \times N(d_1) - E \times e^{-Rt} \times N(d_2)$ **[25.5]**

   PCP and the balance sheet identity:
   $d_1 = [\ln(S/E) + (R + \sigma^2/2) \times t]/(\sigma \times \sqrt{t})$
   $d_2 = d_1 - \sigma \times \sqrt{t}$ **[25.6]**
3. PCP and the balance sheet identity:
   a. Value of risky bond + Put option
   = Value of risk-free bond **[25.7]**
   b. Value of risky bond = Value of risk-free bond
   − Put option
   $= E \times e^{-Rt} - P$ **[25.8]**
   c. Value of assets (S) = Value of stock (C)
   $+ (E \times e^{-Rt} - P)$ **[25.9]**
   d. Value of assets (S)
   = Value of stock (C)
   + Value of bonds $(E \times e^{-Rt} - P)$ **[25.10]**

26장

4. The NPV of a merger:

   NPV $= V_B^*$ − Cost to Firm A of
   the acquisition **[26.1]**

연습문제 일부의 해답

ANSWERS TO SELECTED END-OF-CHAPTER PROBLEMS

부록 C

2장

2. $278,870
6. $21,260
10. $209,000
14. $22,844
18. $13,000
24. Cash flow from assets = −$2,373.94
Cash flow to creditors = −$6,297
Cash flow to stockholders = $3,923.06

3장

2. Net income = $710,000
ROA = 6.28%
ROE = 11.09%
6. EPS = $3.89
DPS = $1.40
BVPS = $32.57
Market-to-book ratio = 2.39 times
PE ratio = 20.07 times
P/S ratio = 1.83 times
10. 89.42 days
18. $177.40
22. Firm A: 11.25%
Firm B: 12.31%
26. **a.** 1.17 times; 1.30 times
b. 0.69 times; 0.79 times
c. 0.45 times; 0.45 times
d. 0.86 times
e. 8.51 times
f. 18.41 times
g. 0.35 times; 0.37 times
h. 0.53 times; 0.58 times
i. 1.53 times; 1.58 times
j. 5.22 times
k. 7.48 times
l. 12.29%
m. 10.62%
n. 16.81%

4장

2. $1,678
6. 8.81%
12. 5.70%
16. 6.38%
20. 7.99%
24. $13,683

5장

2. $9,961.73; $14,320.86; $397,253.81; $542,649.60
6. 7.74%
10. $163,266,738.60
14. −4.46%
18. $400,897.66; $154,563.40

6장

2. @ 5%: PV_X = $34,255.03
PV_Y = $31,605.18
@ 15%: PV_X = $23,782.80
PV_Y = $24,470.73
6. $284,402.08
10. $535,714.29
14. First National EAR = 14.71%
First United EAR = 14.60%
18. $38,628.40
22. APR = 1,733.33%
EAR = 313,916,515.69%
26. $45,751.83
30. 6.91% semiannual
3.40% quarterly
1.12% monthly
38. $2,840,931.41
42. $309,171.80
46. Profit = $10,677.92
Break-even rate = 13.73%
50. $115,835.92
54. $1,223.54

58. PV of lease payments = \$23,202.84
PV of purchase = \$21,694.56
Break-even resale price = \$30,232.41
60. 17.10%
64. 4.209 points
70. Value of payments at 65 = \$370,780.66
74. \$535,328.45; \$433,937.54

7장

4. 3.71%
8. 5.17%
12. Approximate real rate = 2.70%
Exact real rate = 2.65%
22. 6.29%
26. YTM = 5.02%; Current yield = 5.23%
28. **a.** \$270.43
b. First year = \$14.52; Last year = \$50.97
c. \$29.18

8장

2. 9.35%
6. \$4.03
10. \$17,280,048
14. \$34.93
18. \$87.03
22. \$136.35

9장

4. 1.84 years; 2.18 years; 3.26 years
8. \$5,922.01; −\$2,569.77
12. **a.** 19.75%; 18.75%
b. \$7,001.54; \$8,948.59
c. 16.36%
16. **a.** 1.140; 1.284
b. \$11,505.63; \$6,152.74
22. **a.** $C = I/N$
b. $C > I/\text{PVIFA}_{R\%,N}$
c. $C = 2 \times I/\text{PVIFA}_{R\%,N}$

10장

2. \$551,600,000
8. \$1,628,842
12. $\text{CF}_0 = -\$2{,}430{,}000$
$\text{CF}_1 = \$970{,}234.74$
$\text{CF}_2 = \$1{,}021{,}142.10$
$\text{CF}_3 = \$1{,}311{,}573.16$
NPV = \$183,881.12
16. 16.18%
22. \$101,078.23

11장

2. Total costs = \$13,759,500
Marginal cost = \$74.90
Average cost = \$88.77
Minimum revenue = \$374,500
8. $D = \$469{,}574$
$P = \$58.59$
VC = \$77.16
12. OCF = \$70,234
DOL = 3.606
18. DOL = 1.58
$\text{DOL}_A = 2.50$
22. $\Delta\text{NPV}/\Delta P = \$200{,}822.28$
$\Delta\text{NPV}/\Delta Q = \$1{,}643.09$
30. DOL = 1.52
$\Delta\text{OCF} = +7.59\%$

12장

2. Dividend yield = 2.23%
Capital gains yield = 12.16%
6. $r_G = 2.91\%$
$r_C = 3.40\%$
16. $R_A = 10.69\%$
$R_G = 10.43\%$
20. 12.48%; 12.08%; 11.29%

13장

2. 10.06%
6. 11.20%
10. **a.** 10.26%
b. $\sigma_p^2 = 0.01809$
$\sigma_p = 13.45\%$
14. 1.10
16. 2.80%
24. $C = \$362{,}723.58$
$R_F = \$77{,}276.42$
26. $\beta_I = 1.56$
$\sigma_I = 5.53\%$
$\beta_{II} = 0.89$
$\sigma_{II} = 16.44\%$

14장

2. 11.53%
4. $R_A = 10.89\%$
$R_G = 10.88\%$
8. Book value = \$105,000,000
Market value = \$102,300,000
Aftertax cost = 3.02%
12. **a.** $E/V = 0.1803$
$D/V = 0.8197$

b. $E/V = 0.7707$
$D/V = 0.2293$
16. a. $D/V = 0.2596$
$P/V = 0.0416$
$E/V = 0.6987$
b. 8.33%
20. $33,388,158

15장

2. a. $48; anything greater than $0
b. 609,756; 4.43
c. $46.71; $1.29
6. 3,595,138
12. $28.10
14. $34,091.59

16장

2. a. $1.35; $1.92; $2.40
b. $1.23; $2.02; $2.68
6. a. $4.72; $4.83; $4.67
b. $65,250; $65,250
c. $65,250
d. $3.73; $3.82; $3.69
e. $65,250; $65,250; $65,250
10. $1,232,400
12. a. 12.91%
b. 8.83%
c. 15.36%; 12.09%; 8.83%
16. $465,324.47

17장

2. a. 4,000 new shares
b. 10,000 new shares
4. a. $49.80
b. $72.17
c. $58.25
d. $145.25
e. 900,000; 621,000; 769,500; 308,571
8. Shares outstanding = 258,750
Capital surplus = $2,661,250
10. $P_0 = \$49.88$
$D = \$30.68$

18장

2. Cash = $1,745
Current assets = $6,920
4. a. *I, I*
b. *I, N*
c. *D, D*
d. *D, D*
e. *D, N*
f. *I, I*
8. a. $339.00; $363.00; $435.00; $324.30
b. $282.00; $339.00; $363.00; $435.00
c. $301.00; $347.00; $387.00; $398.10
14. a. 3.44%
b. 7.44%
c. 7.19%
18. 11.50%

19장

2. a. $78,000
−$49,200
$28,800
b. $78,000
−$24,600
$53,400
6. a. $30,856
b. 2.53 days
c. $30,856
d. $5.72
e. $12,586
10. NPV = $3,370,000
Net savings = $84,250

부록 19A

A.2 $3,366.50
A.4 a. Opportunity cost = $30
Trading cost = $350
b. $5,123.48
A.10 2.38%

20장

2. $2,701,369.86
6. Sales = $749,770.83
Accounts receivable turnover = 15.2083 times
10. NPV = $228,461.84
12. Carrying cost = $5,890
Order cost = $16,900
EOQ = 643.68
Orders = 30.70 per year
16. Net savings = $1,631.25

부록 20A

A.2 a. 1/20, net 30
b. $240,000
d. NPV = −$2,477,600
Break-even price = $108.42
Break-even discount = 8.68%
A.4 b. $70.45
c. NPV = $151,131.30

21장

6. Great Britain: 1.57%
   Japan: 1.33%
   Switzerland: 0.14%
10. b. Krone: 9.2264
12. b. U.S.: 1.67% greater

23장

2. Price = \$17.68: Loss = \$5,300
   Price = \$17.29: Gain = \$4,450

24장

4. a. \$7.50
   b. \$5.06
8. a. E_0 = \$131.49
   D_0 = \$928.51
   b. E_0 = \$320.45
14. a. \$377,356.09
    b. Abandon if $Q < 3,769$
20. a. \$4,216,001.53
    b. \$3,713,767.22

25장

2. \$10,792.76
6. 2.29%
10. \$296,928.02
14. \$4.73
18. Equity = \$5,729.86
    Debt = \$17,370.14
    Cost of debt = 14.10%
22. a. \$52,851.61
    b. \$10,554.38
    c. \$42,297.23; 11.46%
    d. \$38,075.41; 13.56%
    e. Bondholders lose \$4,221.81
    Stockholders gain \$4,221.81

26장

7. a. EPS = \$4.93
   PE = 12.60
9. 0.4203
13. a. £24.07
    b. 0.8540

27장

2. −\$58,646.08
6. \$33,392.96

TI BA II PLUS 재무계산기의 사용법

USING THE TI BA II PLUS FINANCIAL CALCULATORS

부록 D

이 부록은 텍사스인스트루먼트(Texas Instruments)의 TI BA II Plus 재무계산기를 사용하여 문제를 푸는 데 도움을 주기 위한 것이다. 계산기의 여러 가지 처음 설정에 대해 설명하고, 9개의 문제를 푸는 데 사용하는 키를 설명하기로 한다. 보다 충분한 설명이 필요하면 계산기 회사가 계산기 구매자에게 공급하는 매뉴얼을 보기 바란다. 또한 더 많은 문제를 풀기 위한 계산기 조작법에 대해서는 *Financial Analysis with an Electronic Calculator*, 7th edition, by Mark A. White (New York: McGraw-Hill, 2007)를 참조하기 바란다.

계산기의 초기화

계산기를 사용하는 경우에 얻는 대부분의 오답은 처음에 계산기를 제대로 초기화하지 않아서 나타나는 경우이다. 계산을 하기 전에 다음을 확인해야 한다.

1. 재무레지스터(financial registers)를 초기화하였는가?
2. 복리의 횟수를 기간당 1번으로 설정했는가?
3. 계산기가 END 모드에 있는가?
4. 음수(negative number)를 입력할 때 **+/–** 키를 사용했는가?

레지스터(register)에 있는 수치를 지우기

계산기는 기억을 유지하고 있는 영역을 갖고 있는데 이를 레지스터(register)라고 하다. 여기에는 변수나 중간계산 결과들이 비축되어 있다. 2종류의 레지스터는 화폐의 시간적 가치(time value of money)를 나타내는 TVM 레지스터와 현금흐름(cash flow)을 나타내는 CF 레지스터이다. 항상 새로운 계산을 할 때는 이 영역에 있는 기억들을 지워줘야 한다. TI BA II Plus 계산기의 TVM 레지스터의 기억을 지우려면 **2nd** {CLR TVM}을 누른다. CF레지스터의 기억을 지우려면 현금흐름을 입력하기 전에 **2nd** {CLR Work}을 누른다.

새로운 계산을 할 때 항상 이 두 개의 레지스터를 먼저 지워주고 시작하는 습관을 가지는 것이 중요하다.

복리횟수 설정하기

복리계산은 일반적으로 12번 해주는 것으로 계산기에 미리 설정되어 있다. 1년을 기준으로 매월 복리계산하는 것으로 미리 설정되어 있는 것이다. 그러나 재무관리의 계산문제는 일반적으로 1년에 한번 이자계산을 하는 식으로 되어 있기 때문에 이를 1기간에 1번 복리계산해주는 것으로 바꾸어 주어야 한다.

지급횟수와 복리계산 횟수가 동일하게 설정되는 것이 일반적이지만, TI BA II Plus의 경우에는, 따로 설정할 수도 있다. 1기간당 1번으로 설정하려면 다음의 순서로 키를 누르면 된다.

2nd {P/Y} 1 **ENTER** 를 누르고 나서 **↓** 1 **ENTER** 를 누른다. **2nd** {QUIT}를 누르면 원래의 12번 복리계산해주는 모드로 전환된다.

END 모드와 선불연금

대부분의 문제에서는 현금흐름이 기간 말에 발생하는 것으로 되어 있다. 계산기는 이렇게 end 모드 설정되어 있다. 선불연금(annuities due)의 현금흐름은 기간 초에 발생하는 것이므로, 선불연금의 계산에서는 begin 보드로 설정해주어야 한다.

TI BA II Plus의 다음 순서로 눌러주면 된다.

2nd {BGN} **2nd** [SET] **2nd** {QUIT}

부호의 변경

부호는 현금유입(cash inflow)과 현금유출(cash outflow)을 구별해주는 것이다. 일반계산기에서는 현금유입의 경우에는 +로, 현금유출인 경우에는 −로 표현되지만, 재무계산기에서는 숫자를 먼저 입력하고 나서 부호키를 눌러주어야 하는데 이때 − 키를 누르면 계산이 잘못 나오는 경우가 많기 때문에 부호를 바꿔주기 위해서는 항상 +/− 를 눌러주어야 하는 것을 잊지 말아야 한다.

9개의 예

여기서는 기본 유형 9개의 문제를 통해서 계산기의 키를 누르는 것에 대해 살펴본다.

1. 한 번만 발생하는 현금흐름의 미래가치와 현재가치 구하기

연 17%의 이자율로 커지는 2,250$의 30년 후의 가치(미래가치)를 계산하라.

TI BA II PLUS	
-2,250.00	PV
30.00	N
17.00	I/Y
CPT FV	249,895.46

미래가치는 249,895.46$이다.

2. 일반연금의 현재가치와 미래가치

Betty's 은행이 20,000$를 7년간 연 11%의 이자율로 당신에게 대출해준다. 당신이 매년 갚아야 하는 금액은 얼마인가?

TI BA II PLUS	
-20,000.00	PV
7.00	N
11.00	I/Y
CPT PMT	4,244.31

당신이 매년 상환해야 하는 금액은 4,244.31$이다.

3. 이자율의 계산

현재 당신이 갖고 있는 돈은 7,000$이다. 이 돈을 투자하여 18년 뒤에 75,000$를 마련하려면 매년 얼마의 수익률을 달성해야 하는가?

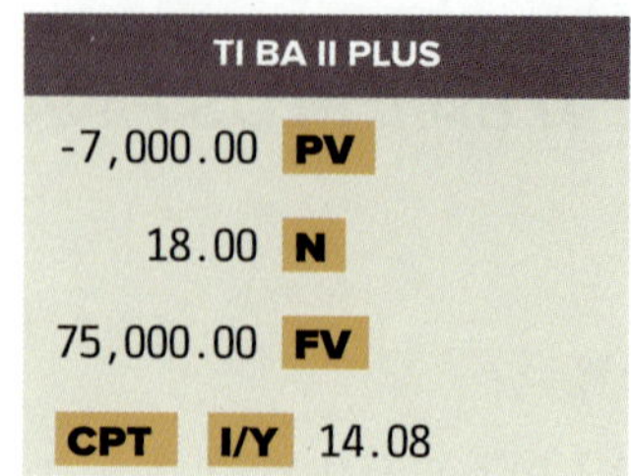

적어도 매년 14.08%의 수익률을 달성해야 한다.

4. 남은 기간(횟수)의 계산

외상매출금을 갚지 못하고 있는 고객이 매달 374$를 지불하는 식으로 갚기로 했다. 갚지 않고 있는 돈에 대해서는 매달 1.4%의 이자를 내기로 했다. 그 고객이 갚아야 하는 금액이 현재 12,000$라면, 이 돈을 다 갚는 데 얼마나 걸리는가?

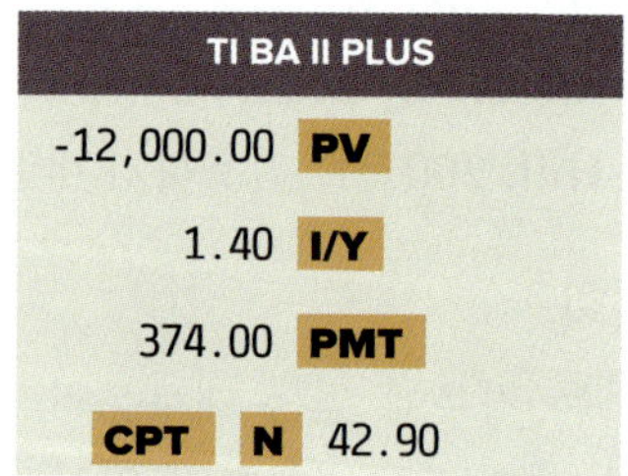

42.9개월 만에 다 갚게 된다.

5. 채권의 가격 책정

Mullineaux Co.는 1년 전 연 8.25%의 쿠폰율을 갖는 만기 11년의 채권을 발행했다. 쿠폰(이자)은 반년마다 지불한다. 이 채권의 만기수익률(YTM)은 현재 7.10%이다. 현재 이 채권의 가격은 얼마인가?

TI BA II PLUS	
41.25	PMT
1,000.00	FV
20.00	N
3.55	I/Y
CPT PV	-1,081.35

이 채권의 쿠폰이 반년마다 지급되므로 쿠폰액을 계산할 때 반으로 해야 하고(8.25 ÷ 2 = 4.125 ==> 41.25$), 만기수

익률(YTM)도 반으로(7.10 ÷ 2 ==> 3.55) 해야 한다. 또한 기간은 두 배로 해주어야 한다(남은 기간 10년 × 2 = 20기간). 따라서 현재 이 채권의 가격은 1,081.35$이다.

6. 채권의 만기수익률

Vasicek Co.의 채권이 시장에서 거래되고 있다. 이 채권은 만기까지 8년이 남아있고, 연쿠폰율은 12.5%이다. 쿠폰은 매년 한 번 지급된다. 이 채권은 현재 1,145.68$에 거래되고 있다. 이 채권의 만기수익률(YTM)은 얼마인가?

TI BA II PLUS

-1,145.68 **PV**
125.00 **PMT**
1,000.00 **FV**
8.00 **N**
CPT **I/Y** 9.79

만기수익률은 9.79%이다.

7. 현금흐름 분석

할인율이 10%일 때, 다음과 같은 현금흐름의 IRR과 NPV는 얼마인가?

연	현금흐름
0	–$1,300
1	400
2	300
3	1,200

TI BA II PLUS

CF
2nd {CLR Work}
-1,300.00 **ENTER** ↓
400.00 **ENTER** ↓
1.00 **ENTER** ↓
300.00 **ENTER** ↓
1.00 **ENTER** ↓
1,200.00 **ENTER** ↓
1.00 **ENTER** ↓
IRR **CPT** 17.40
NPV
10.00 **ENTER**
↓ **CPT** 213.15

이 현금흐름을 갖는 투자안의 IRR은 17.40%이고, NPV는 213.15$이다.

8. 대출금의 분할상환

24,000$를 대출받아 3년 동안 원리금 분할상환한다고 하자. 연이자율은 16%이고, 대출금의 상환은 매년 동일한 금액으로 상환하는 방식이다. 3년째 지불하는 이자는 얼마인가? 3년 동안 지불하는 이자는 총 얼마인가?

분할상환표를 만들어보라.

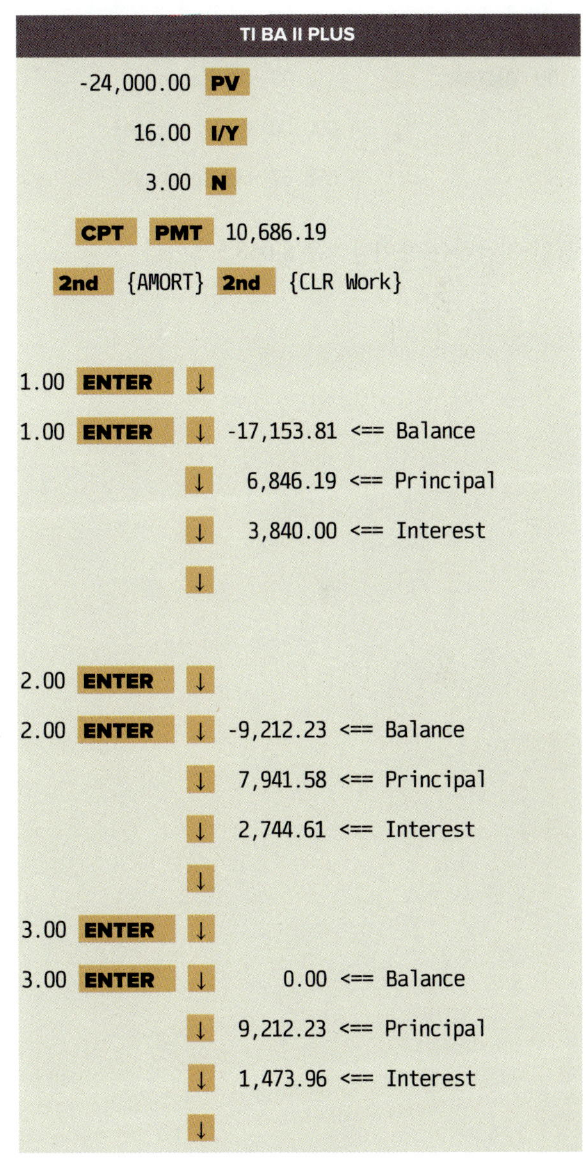

TI BA II PLUS

-24,000.00 **PV**
16.00 **I/Y**
3.00 **N**
CPT **PMT** 10,686.19
2nd {AMORT} **2nd** {CLR Work}

1.00 **ENTER** ↓
1.00 **ENTER** ↓ -17,153.81 <== Balance
↓ 6,846.19 <== Principal
↓ 3,840.00 <== Interest
↓

2.00 **ENTER** ↓
2.00 **ENTER** ↓ -9,212.23 <== Balance
↓ 7,941.58 <== Principal
↓ 2,744.61 <== Interest
↓
3.00 **ENTER** ↓
3.00 **ENTER** ↓ 0.00 <== Balance
↓ 9,212.23 <== Principal
↓ 1,473.96 <== Interest
↓

3년째 지불하는 이자는 1,473.96$이다.

일정기간 동안 지급하는 총이자나 원금을 계산하기 위해서 시작 기간과 끝나는 기간을 입력해야 한다.

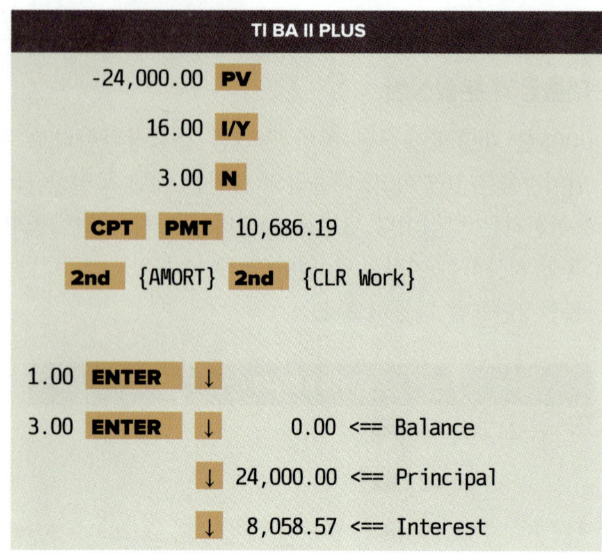

3년 동안 지급하는 총이자액은 8,058.57$이다.

9. 연퍼센트율(APR)의 실효연이자율(EAR) 알아내기

매 분기(3개월)마다 복리계산해 주는 7%의 APR의 실효연이자율은 얼마인가?

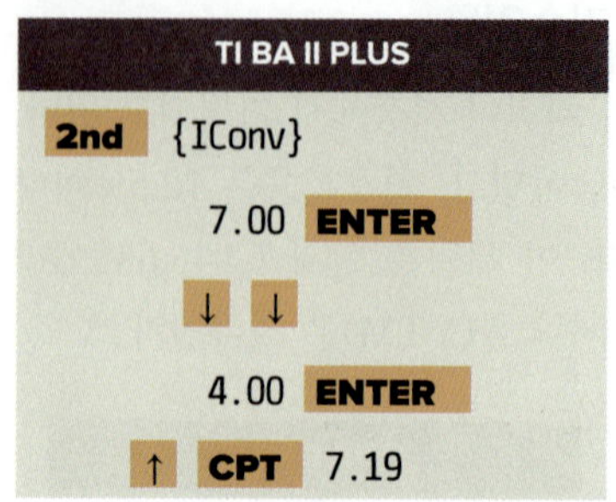

EAR은 7.19%이다.

찾아보기
Index

ㅂ

ㅅ

ㅇ

ㅈ

ㅊ

기타